D1175615

श्रीरामायणजी की आरती

आरति श्रीरामायणजी की । कीरति कलित ललित सिय पी की ॥

गावत ब्रह्मादिक मुनि नारद । बालमीक बिग्यान बिसारद ।

सुक सनकादि सेष अरु सारद । बरनि पवनसुत कीरति नीकी ॥ १ ॥

गावत बेद पुरान अष्टदस । छओ सास्त्र सब ग्रंथन को रस ।

मुनि जन धन संतन को सरबस । सार अंस संमत सबही की ॥ २ ॥

गावत संतत संभु भवानी । अरु घटसंभव मुनि बिग्यानी ।

ब्यास आदि कबिबर्ज बखानी । कागभुसुंडि गरुड़ के ही की ॥ ३ ॥

कलिमल हरनि बिषय रस फीकी । सुभग सिंगार मुक्ति जुबती की ।

दलन रोग भव मूरि अमी की । तात मात सब बिधि तुलसी की ॥ ४ ॥

गोस्वामी तुलसीदासकृत

श्रीरामचरितमानस

Tulasidasa's

SHRI RAMACHARITAMANASA

Tulasidasa reciting the Ramacharitamanasa

गोस्वामी तुलसीदासकृत

श्रीरामचरितमानस

Tulasidasa's
SHRIRAMACHARITAMANASA

(The Holy Lake of the Acts of Rama)

EDITED AND TRANSLATED INTO HINDI & ENGLISH
BY

R. C. PRASAD
Professor of English, Patna University

MOTILAL BANARSIDASS
Delhi Varanasi Patna Bangalore Madras

First Edition: Delhi' 1989

MOTILAL BANARSIDASS

Bungalow Road, Jawahar Nagar, Delhi 110 007

Branches:
Chowk, Varanasi 221 001
Ashok Rajpath, Patna 800 004
24 Race Course Road, Bangalore 560 001
120 Royapettah High Road, Mylapore, Madras 600 004

© MOTILAL BANARSIDASS. ALL RIGHTS RESERVED

ISBN: 81-208-0443-0

TYPESET BY GIRIASHO

PRINTED IN INDIA
BY JAINENDRA PRAKASH JAIN AT SHRI JAINENDRA PRESS, A-45
NARAINA, PHASE I, NEW DELHI-110028 AND PUBLISHED BY
NARENDRA PRAKASH JAIN FOR MOTILAL BANARSIDASS,
DELHI-110 007

अनुक्रम
CONTENTS

Preface (प्रस्तावना) ix

Introduction (भूमिका) xi

बालकाण्ड

मंगलाचरण 1; वन्दना 2; श्रीरामनाम-महिमा 18; श्रीरामचरित-महिमा 27; याज्ञवल्क्य-भरद्वाज-संवाद 37; सती-मोह 50; पार्वती-जन्म 51; पार्वती-तपस्या 56; कामदहन 62; शिव-पार्वती-विवाह 66; शिव-पार्वती-संवाद 79; नारद-मोह 90; मनु-शतरूपा की तपस्या 101; प्रतापभानु-कथा 107; रावण-जन्म 121; श्रीराम-जन्म 131; विश्वामित्र की यज्ञ-रक्षा 144; अहल्या-उद्धार 145; जनकपुर में राम-लक्ष्मण 147; धनुष-भंग 177; परशुराम का क्रोध 182; राम-विवाह 209; अयोध्या-आगमन 232

BALAKANDA

Invocation 1; Salutations 2; Glory of the Name of Rama 18; The Greatness of Rama's Story 27; Dialogue between Yajnavalkya and Bharadvaja 37; Sati's Folly 50; Birth of Parvati 51; Parvati's Penance 56; The Destruction of Kama 62; Marriage of Shiva and Parvati 66; Dialogue between Shiva and Parvati 79; Narada's Pride 90; The Penance of Manu and Shatarupa 101; The Story of King Pratapabhanu 107; Birth of Ravana 121; Birth of Rama 131; Protection of Vishvamitra's Sacrifice 144; Deliverance of Ahalya 145; Rama and Lakshmana in Janakapura 147; The Breaking of the Bow 177; Wrath of Parashurama 182; Wedding of Rama 209; Return to Ayodhya 232

अयोध्याकाण्ड

मंगलाचरण 249; राज्याभिषेक की तैयारी 252; कैकेयी की कुमति तथा राम-वनवास 263; राम का शृंगवेरपुर पहुँचना और निषाद से भेंट 303; प्रयाग में भरद्वाज-आश्रम में 316; वाल्मीकि से वार्ता 328; चित्रकूट में 332; सुमंत्र की वापसी 342; दशरथ की मृत्यु 344; भरत को बुलावा 349; भरत का आगमन 349; दशरथ की अंत्येष्टि 356; भरत का विषाद 357; भरत का चित्रकूट पहुँचना 367; भरद्वाज के आश्रम में भरत 379; भरत की श्रीराम से भेंट 413; जनक का चित्रकूट आगमन 425; राम-भरत-संवाद 437; भरत की अयोध्या वापसी 457

AYODHYAKANDA

Invocation 249; Preparations for Rama's Coronation 252; Kaikeyi's Opposition and Rama's Banishment 263; Rama's Arrival at Shringaverapura and Meeting with Nishada 303; With Bharadvaja in Prayaga 316; Dialogue with Valmiki 328; Living at Chitrakuta 332; Sumantra Returns to Ayodhya 342; Death of King Dasharatha 344; Summons to Bharata 349; Bharata Returns 349; Dasharatha's Cremation 356; Bharata's Grief 357; Bharata's Journey to Chitrakuta 367; Bharata with Bharadvaja 379; Bharata Meets Rama 413; Janaka's Arrival at Chitrakuta 425; Dialogue between Rama and Bharata 437; Bharata Returns to Ayodhya 457

अरण्यकाण्ड

मंगलाचरण 461; जयंत की दुष्टता 462; अत्रि के आश्रम में 464; सीता की अनसूया से भेंट 465; विराध-वध-शरभंग-प्रसंग 469; सुतीक्ष्ण की भक्ति 470; अगस्त्य के आश्रम में 473; पंचवटी में 475; शूर्पणखा-प्रसंग 478; खर-दूषण-वध 479; शूर्पणखा रावण के दरबार में 483; मारीच-वध 486; सीता-हरण 489; जटायु-मरण 490; कबन्ध-उद्धार 495; शबरी से भेंट 496; राम-नारद-संवाद 502

ARANYAKANDA

Invocation 461; Jayanta's Mischief 462; In Atri's Hermitage 464; Sita Meets Anasuya 465; The Killing of Viradha: The Episode of Sage Sharabhanga 469; Sutikshna's Devotion 470; In Agastya's Hermitage 473; Residence at Panchavati 475; The Story of Shurpanakha 478; Khara and Dushana Slain 479; Shurpanakha in Ravana's Court 483; The Slaying of Maricha in Golden Deer's Guise 486; The Abduction of Sita by Ravana 489; Death of Jatayu 490; Deliverance of Kabandha 495; Meeting with Shabari 496; Dialogue between Rama and Narada 502

किष्किन्धाकाण्ड

मंगलाचरण 507; राम-हनुमान-वार्ता 509; राम-सुग्रीव-मैत्री 510; बालि-वध 514; सुग्रीव का राज्याभिषेक 517; सीता की खोज 524; सम्पाति-उपदेश 528; हनुमान लंका की ओर 530

KISHKINDHAKANDA

Invocation 507; Rama and Hanuman 509; Alliance between Rama and Sugriva 510; The Slaying of Bali 514; Sugriva's Coronation 517; Search for Sita 524; Sampati's Advice to the Monkeys 528;

Hanuman Plans His Leap to Lanka 530

सुन्दरकाण्ड

मंगलाचरण 533; सुरसा और परछाईं से पकड़ने वाली राक्षसी का वध 534; हनुमान की विभीषण से भेंट 538; सीता-हनुमान-संवाद 543; मेघनाद द्वारा हनुमान का पकड़ा जाना 547; हनुमान-रावण-संवाद 548; लंका-दहन 551; हनुमान की वापसी 553; विभीषण-रावण-संवाद 560; विभीषण का श्रीराम की शरण में आना 564; रावण के गुप्तचर 570; सागर-निग्रह 574

SUNDARAKANDA

Invocation 533; The Killing of Surasa and the Image-catching Demoness 534; Hanuman meets Vibhishana 538; Conversation of Sita and Hanuman 543; Hanuman Captured by Meghanada 547; Dialogue between Hanuman and Ravana 548; The Burning of Lanka 551; Hanuman Returns from Lanka 553; Vibhishana Offers Advice to Ravana 560; Vibhishana Received and Blessed by Rama 564; Ravana's Spies 570; The Ocean Submits to Rama 574

लंकाकाण्ड

मंगलाचरण 577; सेतु-निर्माण 578; समुद्र-तरण 581; मन्दोदरी-रावण-संवाद 582; प्रहस्त का निवेदन 583; सुवेल पर्वत पर श्रीराम 590; रामदूत अंगद का लंका-गमन 591; अंगद-रावण-संवाद 592; मन्दोदरी का रावण को पुनः समझाना 604; युद्धारम्भ 608; मेघनाद का लक्ष्मण पर शक्ति-प्रयोग 618; हनुमान का वैद्य सुषेण को लाना तथा संजीवनी की खोज में जाना 619; कुम्भकर्ण-वध 630; मेघनाद-वध 635; रावण का रणभूमि में प्रवेश 640; लक्ष्मण-रावण युद्ध 641; रावण-यज्ञ-विध्वंस 643; भीषण युद्ध 644; रावण का माया-युद्ध 645; राम-रावण-युद्ध 648; रावण-वध 660; विभीषण का राज्याभिषेक 663; राम-सीता-समागम 666; देवताओं द्वारा राम की स्तुति 668; राम का अयोध्या प्रस्थान 674; अयोध्या में आगमन 677

LANKAKANDA

Invocation 577; The Bridge 578; The Crossing 581; Mandodari Pleads with Ravana 582; Prahasta's Plea 583; Rama on Mount Suvela 590; Angada Goes as Envoy to Ravana 591; Dialogue between Angada and Ravana 592; Mandodari Reiterates Her Plea 604; The Battle Begins 608; Meghanada Strikes Lakshmana with a Spear 618; Hanuman Brings the Physician Sushena and Proceeds in Search of the Life-giving Herbs 619; Kumbhakarna Killed 630; Meghanada Killed 635; Ravana Enters the Battle 640; Encounter between Lakshmana and Ravana 641; Ravana's Sacrifice Foiled 643; Fierce Battle 644; Ravana Employs Magic 645; Battle of Rama and Ravana 648; Death of Ravana 660; Vibhishana Enthroned 663; Meeting of Rama and Sita 666; Gods Praise Rama 668; Rama Leaves for Ayodhya 674; Rama in Ayodhya 677

उत्तरकाण्ड

मंगलाचरण 679; राम का स्वजनों से पुनर्मिलन 680; राम का राज्याभिषेक 689; वेदों और देवताओं द्वारा राम की स्तुति 691; राम के मित्रों की स्वदेश वापसी 695; रामराज्य-वर्णन 698; राम और सनकादि मुनियों का संवाद 707; सन्तों-असन्तों के लक्षण 709; धर्म और नीति का उपदेश 714; भुशुण्डि-गरुड-संवाद 721; राम की मोहनी शक्ति 738; भुशुण्डि की आत्मकथा 750; ज्ञान और भक्ति की व्याख्या 772; रामचरित की महिमा 788

UTTARAKANDA

Invocation 679; Rama Reunited with His People 680; The Enthronement of Rama 689; Vedas and Gods Praise Rama 691; Rama's Allies Return Home 695; Rama's Reign and Kingdom 698; Sanaka and Other Saints Talk with Rama 707; Characteristics of the Saintly and Unsaintly 709; True Religion and Virtue Expounded 714; Dialogue between Bhushundi and Garuda 721; Rama's Illusive Power 738; Bhushundi Tells His Life Story 750; Learning and Love Expounded 772; Greatness of Rama's Story 788

APPENDICES   (परिशिष्ट)

A. Lavakusakanda   (लवकुशकाण्ड)   791

B. Shri Hanumanchalisa   (श्रीहनुमानचालीसा)   849

C. Shri Ramashataka Prashnavali   (श्रीराम-शलाका-प्रश्नावली)   853

D. Mode of Recitation   (पाठविधि)   855

E. (i) Indian Criticisms   (भारतीय समीक्षाएं)   857

     (ii) European and American Criticisms   (यूरोपीय एवं अमेरिकी समीक्षाएं)   873

Glossary   (शब्दकोश)   883

LIST OF ILLUSTRATIONS

FRONTISPIECE: Tulasidasa reciting the *Ramacharitamanasa*.

BALAKANDA: The wedding.   *facing page* 1

AYODHYAKANDA: Dasharatha in agony.   *facing page* 249

ARANYAKANDA: Rama and Lakshmana emotionally upset searching for Sita.   *facing page* 461

KISHKINDHAKANDA: Bali and Sugriva fighting.   *facing page* 507

SUNDARAKANDA: Vibhishana in persuasive dialogue with Ravana.   *facing page* 533

LANKAKANDA: Sita passing through the fire ordeal.   *facing page* 577

UTTARAKANDA: Rama back on the throne.   *facing page* 679

SHRI HANUMANCHALISA: Hanuman with the Sanjivani bearing rock.   *facing page* 849

Illustrations by courtesy of American Institute of Indian Studies, Varanasi from nineteenth century paintings, All India Kashiraja Trust, Ramnagar, North India Varanasi School.

इदं पवित्रं पापघ्नं पुण्यं वेदैश्च सम्मितम् ।
यः पठेद् रामचरितं सर्वपापैः प्रमुच्यते ॥

एतदाख्यानमायुष्यं पठन् रामायणं नरः ।
सपुत्रपौत्रः सगणः प्रेत्य स्वर्गे महीयते ॥

पठन् द्विजो वागृषभत्वमीयात्
स्यात् क्षत्रियो भूमिपतित्वमीयात् ।
वणिग्जनः पुण्यफलत्वमीया-
ज्जनश्च शूद्रोऽपि महत्त्वमीयात् ॥

श्रीमद्वाल्मीकीय रामायण, १, ९८-१००

"Whoever reads this history of Rama, which is purifying, destructive of sin, holy, and the equal of the Vedas, is rid of all sins.

"A man who reads this Ramayana story, which leads to long life, will after death rejoice in heaven together with his sons, grandsons, and attendants.

"A Brahman who reads it becomes eloquent, a Kshatriya becomes a lord of the earth, a Vaishya acquires profit from his goods, and even a Shudra achieves greatness."

The Ramayana of Valmiki, 1, 98–100

PREFACE

'This *Holy Lake of Rama's Acts*,' says Tulasidasa, 'is a lake of merit that destroys all defilements and ever blesses the soul, granting wisdom and faith and washing away the filth of ignorance and illusion by its pure, clear waters brimful with love. Those who plunge with faith into it are never burnt by the scorching rays of the sun of birth and death.' This is a claim that no critic of the poem has refuted, either in India or in the West, so firm is his belief in the nobility and relevance of the poet's message. From each and every act performed by Tulasi's Rama, holy and never-ending evidence of unimaginable compassion appears, and out of every manifestation of his invincible power oceans of eternal light pour forth. This magnificent epic reveals Tulasi as a saint poet *athirst* for Rama's favour and eager to discover his essence, a poet yearning for a drop of the billowing ocean of the Lord's endless mercy, and a votary awaiting a sprinkling from the unfathomed deep of his master's sovereign and all-pervasive glory. The wonders of Rama's bounty, believes the poet, shall never cease, and the stream of his merciful grace can never be arrested. The process of his creation has had no beginning and can have no end.

Tulasi dwells again and again on the all-encompassing wonders of Rama's boundless grace and would like his reader to behold how they have pervaded all creation, moving or unmoving, animate or inanimate. Such is their virtue, declares the poet, that not a single atom in the three spheres of existence — *triloka* — can be found which does not declare the evidence of Rama's might, which does not glorify his holy name, or is not expressive of the effulgent light of Hari himself. So mysterious are his acts that no mind nor heart, however keen or pure, can ever grasp the nature of the most insignificant of his movements, much less fathom the mystery of him who is the lord of all creation and who is adored by Brahma, Shiva, Shesha, and all the high sages, masters of the Vedas. The conceptions of the devoutest of mystics, the attainments of the most accomplished among men, the highest praise which human tongue or pen can render are all the product of man's finite mind and are con-

ditioned by its limitations; nevertheless, Tulasi makes that supreme seer Atri his mouthpiece and, growing lyrical, describes Rama as the 'Lord of immeasurable power, dark and exquisitely beautiful, Mount Mandara to churn the ocean of mundane existence, with eyes like the full-blown lotus, the dispeller of pride and every other vice,... the ornament of the Solar race, the breaker of Shiva's bow, the delight of the greatest saints and sages, the destroyer of the demon hosts....' Like Atri, Tulasi adores Rama, 'the one mysterious Lord, the passionless and all-pervading sovereign, the eternal *guru* of the world, the perfect mystic, one alone; lover of love, whom the sensual can by no means comprehend, a tree of Paradise to his worshippers, impartial, ever worthy to be worshipped'.

From time immemorial Rama, the Blessed Lord, has been veiled in the ineffable sanctity of his exalted Self, and will everlastingly continue to be wrapt in the impenetrable mystery of his unknowable, elusive essence. *The Holy Lake of the Acts of Rama* is Tulasi's attempt to attain to an understanding of Rama's inaccessible Reality and to approach his exalted self and envisage his essence. He is convinced that the way to Rama's realm is the way of *bhakti* or devotion to a personal God characterized by ungrudging submission unto his command and contentment with his holy will and pleasure. The source of all good for Tulasi is devotion to Rama and the essence of wisdom is faith in him, trust in his sovereignty and the apprehension that 'I am the servant and he my master'. The essence of righteousness is to hold fast to this doctrine, and worship the lotus-feet of Rama. The source of all glory is love of Rama, and contentment with that which the Blessed Lord has ordained. The essence of love is for man to turn his heart to Raghunatha, and to sever himself from all else but him, and desire naught save that which the Lord desires. True worship is for the devotee to hold fast unto Rama the Lord, to seek naught but his grace, inasmuch as in his hands lies the destiny of all his servants. The essence of detachment is for man to endure pain to give pleasure to others, and good men are like the birch-tree, ready in their compassion to suffer the direst affliction if so they can help their neighbours. Ignorance is the root of all sicknesses, from which again spring many torments. Lust is wind; insatiable greed is phlegm; choler is bile, that continually inflames the soul.

Views such as these are now rooted in the Indian psyche, so popular is this Holy Lake among the common people here. It was the story of Rama, and not that of any other epic hero, that the Hindus took with them as a holy book on their adventurous journeys to such distant countries and islands as Jamaica, Surinam, Guyana, Fiji and Mauritius. This text and translation is intended for them and for those for whom English is either their mother tongue or a language they learn. The basic text for the first seven Books is the Kashi Raj edition of the *Ramacharitamanasa*, edited by Vishvanath Prasad Mishra. In some instances I have also used the Gita Press edition of the epic, but where no available sources yielded a satisfactory meaning, the translation has followed one or more of the popular versions or has adopted a reconstructed text, especially in the eighth canto, which by no means was written by Tulasidasa himself. The basic text for this eighth Book, given in Appendix A is the popular *Goswami Tulasidasakrit Ramayana* published by Shri Venkateshwar Steam Press, Bombay (1985), but in quite a few instances the text is based on a variant reading supported by one or more popular versions. Since the eighth Book, an elaborate interpolation, is not as popular as the first seven *sopanas*, the inclusion of it in the present volume has an incidental importance in making the Western reader familiar with the story of Rama in its entirety. If my efforts serve to make the *Manasa* more relevant for the twentieth-century reader and if they may help to show how far he has departed from truth and from Tulasi's ideals, they will serve their purpose.

For his kindness in supplying me with a large number of commentaries on the *Manasa*, I am very greatly indebted to Dr Bindeshwar Pathak, founder chairman of Sulabh International, who loves to bathe in the pellucid stream of knowledge and is pre-eminent in apprehension of the divine in man. To Dr Kameshwar Prasad, University Professor of English, Patna University, I am indebted for his assistance in the translation of the *Lavakushakanda*. I should like to thank him for his patience during the many laborious hours we spent in my home translating page after page of the eighth Book of the *Manasa*. Special thanks are also due to Acharya Ram Khelawan Roy, University Professor and Head of the Department of Hindi, Patna University, whose scholarship has contributed significantly to my

understanding of Tulasi's epic. Without his selfless and exhausting work on the annotation of the first seven Books, the present volume could not have appeared in print for several years.

Acharya Giridhar Mishra is responsible for many of my interpretations of the epic. The meticulousness of his profound scholarship and his extraordinary dedication to all aspects of Rama's story have led to his recognition as one of the greatest authorities on Tulasidasa in India today. Help has also come from two of his well-known disciples, Gopal Sharan Singh and Arjun Prasad Singh, who not only introduced me to their *guru* but also made available to me his scholarly works on the *Manasa*. I owe to them the revelation that the Acharya's knowledge of the *Ramacharitamanasa* is vast and breathtaking and that he is one of those rare scholars who know the text of the epic virtually by heart. Those to whom I am grateful for discussion of the material or advice which goes beyond that, or is not otherwise acknowledged, are Professor G. Mukherjee, Professor K.N. Sharma, Professor J.P. Singh, Dr Ashok Kumar Sinha, Professor Bijay Pratap Singh, Dr V.N. Mishra, Dr Siyaram Tiwary, Dr Bachandeo Kumar, Dr Gopal Rai, Dr Awadhesh Kumar Sharma, Dr Ajit Kumar Mishra, Miss Amrita Ojha, Shashi Bhushan Kumar, Jadugar Anand of Jabalpur, M.P., Chandramauli Prasad and Shri Somnath Singh.

My special thanks are due to Shri J.P. Jain of Messrs Motilal Banarsidass, the initiator and publisher of this vitally needed project, for his advice, friendly regard, and unfailing support and especially for his patient recognition that a project of this magnitude cannot be rushed for deadlines without losing much of its value. I thank him again and again for his readiness, ungrudgingly shown, to accommodate his plans to mine.

I also wish to thank Shri Satya Narayan Prasad, who with infinite patience and understanding has worked with me on this programme through the years and typed the rough and final drafts of this book.

The work owes, in addition, countless debts to F.S. Growse and W.D.P. Hill whose translations of the *Manasa* have contributed enormously to my own. There is hardly a line of the translation that has not benefited in some way from their excellent rendering of the epic

Finally, I wish to mention two of my unfailing sources of inspiration, Captain Awadhesh Kumar, my son-in-law, and Sumitra, my wife, whose advice, encouragement, and deep solicitude for my welfare enabled me to intensify my efforts on the editing, explication and translation of the *Ramacharitamanasa*.

INTRODUCTION

When a new age of Indian thought and literature began, during the years of the Bhakti Movement, Tulasidasa's importance as its most outstanding leader and prophet was clearly revealed. To study him, however briefly, is to delineate the main features of the period that may be called Bhakti; it is even beyond this, to sketch the essential traits of Vaishnava devotionalism, the upsurge of which in the North synchronized with the appearance of a galaxy of saint-poets, reformers and preachers whose utterances remain unparalleled in profundity and sincerity. Earlier theories that the movement originated under the impact of Islam or that the rich devotional poetry which came in its wake resulted from a sharp reaction to contemporary social and political conditions are now negated by the simple fact that there is so much genuine faith and hope embodied in the Bhakti cult that any suggestion of a mere negative outlook on life cannot be entertained. Though Islamic, and particularly Sufi, influences may have been felt later, there is no denying the fact that the earliest genuine devotional poetry of Tamil Nadu precedes the coming of Islam.

One of the factors that gave the new movement a decisive impetus was that Hinduism in the medieval North, overlaid as it was with all kinds of decadent notions and superstitions, did not answer the spiritual cravings of the common man and inspire him with faith and hope. Divided and subdivided into so many cults and sects, the *Siddhas* of the *Vajrayana* denomination and *Kapalikas* dominated the eastern region while the *Natha Yogis* filled the western parts. It was obvious that the ordinary man was beginning to lose all faith in Hinduism and was gradually getting alienated from it. His religious performances were confined to certain ritualistic formalities and observances, to the undertaking of pilgrimages and bathing in the sacred rivers on certain holy occasions. Neither the Buddhist *Siddhas* nor the *Yogis* of the *Natha* sect were concerned with resurrecting Hinduism or galvanizing it into some sort of life.

No sooner was the spark of the popular religious movement ignited in the Hindi-speaking areas than the whole of North India was aflame with this resurgent and fervent faith. A new attitude to God—emotional, passionate *bhakti*—replaced the age-old attitudes which demanded sacrificial rite and ascetic, monistic meditation. Love songs sung to the Lord replaced the older forms of religious expression and encouraged group singing—a new popular cultural form—of *kirtans*. With the change in the forms of religious expression not only were the old gods, old attitudes, and old cultural forms pushed aside but the new movement relegated Sanskrit, the sacred language, back into the memory of the pandits. The first and greatest among the leaders of the movement was the Vaishnava mystic Ramanuja (d. 1137), founder of the *Shrivaishnava* sect. Madhva (1197-1276), a Kanarese Brahman, founded the *Madhva* sect, while the Telugu Brahman Nimbarka (13th century) settled near Mathura where he sang the songs of *bhakti* and the praises of Krishna and Radha. The famous Telugu-born philosopher, saint Vallabha (1479-1531), wielded tremendous influence on the movement. The sect of the Lingayats was Shaivite and had considerable influence on several north Indian saints.

Ramananda (1400-70), who was the chief figure and recognized leader of the movement in the Hindi-speaking areas, was at first a follower of Ramanuja's *Shrivaishnava* sect and in his early days resided in South India. On his return to the North he is said to have settled down at Varanasi where he established the sect popularly called the 'Ramanandi'. What set the adherents of this sect apart from others was their frank egalitarian basis, which was possibly influenced by the contemporary Muslim Sufis, and the exclusive use of the vernacular with a flavour of the soil.

Kabir (1440 – 1518), a disciple of Ramananda preached antinomian theism through verses written in an unpolished, colloquial style suited to the taste of the people for whom it was written. Kabir's poetry is devotional and mystical and thoroughly imbued with religious ardour. An important trait of his religion is that God is conceived as a completely spiritual Being whom one should endeavour to discover in the depths of one's own interiority. Consequently the illusory manifestations of the divine under the form of *avataras* should be rejected. The influence of the Natha sect is particularly noticeable in Kabir's rejection of Brahmanical authority regarding prescribed ceremonies, *varna* distinctions, sacred languages, and scriptures; in his emphasis on mystical unity with God and his search for introspection based on experimental truth. The influence of the Sufis on Kabir may also account for the latter's tendency to oppose traditional duties and love of God. The Sufis were well known for their antinomian tendencies, and these tendencies were particularly noticeable among medieval Indian Sufis who claimed for themselves a way reserved for the initiates.

Kabir's community, known as the 'Kabirpanth', exists to this day. It gave rise to a dozen other sects, the most important of them being that of the Sikhs, founded by Guru Nanak (1469-1538), a disciple of Kabir. A large number of Kabir's compositions are found among the texts of the *Adi Granth*; his influence is further seen in the doctrines of Nanak, and in Sikhism. Nanak was followed by nine *gurus*, most of whom were poets. The tenth *guru*, whose name was Govind Singh, held office from 1675 to 1708. He composed many verses, mostly in Hindi (Brajabhasha), but some also in Persian and Punjabi.

Dadu (1544-1603) founded another community, known as the 'Dadupanth'. His spirit of forgiveness and kindness (*daya*), which earned for him the title of Dayal, reminds one of Kabir minus the latter's Muhammadan ideas. Dadu's doctrines are contained in the *Bani*, a book of about five thousand mellifluous verses divided into thirty-seven chapters dealing with such subjects as the Divine Teacher, Remembrance, Separation, Meeting, Mind, Truth, God, Faith, Prayer, etc. The sect which he founded has a rich literature in Hindi. His two sons were poets, and all his fifty-two disciples are reported to have composed verses.

Besides the Sufis who enriched Hindi literature, there were other sects too whose followers wrote and preached in Hindi. The contributions of the Lal Dasis, the Sadhus, the Charan Dasis, the Shiva Narayanis, the Garib Dasis, the Rama Sanchis, the Satnamis, the Prem Nathis, etc. cannot in this context be ignored.

The movement included two other important groups, namely the Krishnaite saints and the Ramaite saints. Like the Ramaite cult, the worship of Krishna had its beginnings in the centuries before this period, but about this time it received a new impetus, which was marked, as well as furthered, by the use of the vernacular for its religious literature. It was the child Krishna who was often—and especially—thought of as an object of worship, but more often it was that aspect of Krishna's life which was concerned with his relation to Radha and the other Gopis that received most attention.

The greatest Ramaite poet was Tulasidasa (1532-1623),

another spiritual heir of Ramananda. Tulasi belongs to the tradition of the Vaishnava poets who were devoted to Rama and who wrote their poetry mostly in Awadhi. He is not only the supreme poet, but the unofficial poet-laureate of India. A religious thinker and reformer as well as a poet, he strove, like the Italian poet Dante, to translate his dream from the sphere of ideas to the sphere of facts: first, his dream of a living Hindu culture, for which he strove to "revitalize every aspect of Hindu society and culture as he found it,"[1] and then, his dream of integrating this culture into his own devotional ideology, for which he strove to harmonize the divergent facets of Hindu culture by standing firmly in the existing tradition of which the Sanskrit *Adhyatma Ramayana* is an example, and translating it into the vernacular language.

The story of Rama appears again and again in the works of Tulasi, especially in his *Ramacharitamanasa* (1574-77), *Gitavali* (1571), *Kavitavali* (1612) and *Barvairamayana* (1612), while his *Vinaya Patrika* (Petition to Rama) consists of a large number of hymns to Rama.

Of Krishnaite works of the Vaishnava poets, mention should first be made of the love songs of Vidyapati, one of the contemporaries of Ramananda. His importance cannot be overestimated for the simple reason that though essentially a poet of love, his sweet warblings inspired devotional writings in Hindi, Bengali and Assamese, notably those of the Bengali poet Chaitanya. The latter's contemporary, Vallabha, bequeathed nothing remarkable to Hindi, but his teaching of the acquisition of divine grace called *pushtimarga* is embedded in the works of the four of his disciples and in those of the four disciples of his son, Vitthalanatha, collectively called the *ashta-chhapa* (eight die-stamps), the trailblazers of Krishnaite literature. Of these Suradasa (1483-1563) is the most outstanding devotional poet whose *Surasagara*, directly inspired as it is by the Sanskrit *Bhagavata Purana*, presents a pellucid, vivid account of Krishna's childhood pranks and youthful dalliance. Another poet of note belonging to the same tradition of Krishna worship is Nandadasa (b. 1528), whose poetry is suffused with a superb polish and urbanity and who excelled in describing the manifold merits of the impersonal and personal concepts of the Deity in the *Bhramaragita*. Mira Bai (1503-73), a Rajput princess who was widowed at an early age, was the first to achieve poetic fame as a devotee of Krishna and as one whose poetry is alive with a remarkable freshness and femininity, pathos and simplicity, without the frills and flowers of rhetoric.

But there is nothing in Hindi, or in any other Indian language, comparable to Tulasidasa's *Ramacharitamanasa*. It is acknowledged not merely as the greatest modern Indian epic, but as something like a living sum of Indian culture. Second only to the Gita in its influence, it has come

---

1. F.R. Allchin, *The Petition to Rama* (London: George Allen and Unwin, 1966), p. 18 (Introduction).

to dominate not only the literature of the Hindi language, where even some of the *avant-garde* poets and humanists have been unable to resist its influence, but the whole field of our culture in Northern India. It appears that apart from educational compulsion, the professional studies of scholars and college teachers, and the devotion of a few most sensitive and spiritual-minded among the Hindus and men of letters, it is unusual for a young North-Indian Hindu to read the Sanskrit *Ramayana* of Valmiki at all. But as literature and popular religious poem, the *Manasa* ministers munificently to the imagination and fancy of millions of people in Northern India who have made the poety of Tulasidasa one of their most frequent and precious companions. The distinct infusion of the values which their mind usually associates with the 'Hindu genius', the variety of human experience gathered into its vast embrace, the boundless inventiveness and ingenuity of the author, the thrills awakened by marvellous episodes and the endless surprise of unexpected events—all add to its popularity, even though the original poems on which it is based have fallen into neglect.[1]

The *Manasa* has apparently gone too deep. Like all normal people, the Hindus cannot saturate themselves for centuries with a book like the *Ramacharitamanasa* and throw off the spell in a couple of generations. Tulasi for them is not just a poet believing, as did Milton, in his destiny as a poet and despising prose; he is a seer, a law-giver, a liberator. When the country was plunged in that sinister, gloomy and morbid atmosphere which the Muslim rule had from time to time unleashed, it was Tulasi, they feel, who brought them hope and liberation. They got a new and fresh inspiration, an inspiration not only from the *Manasa's* literary beauty but from its real religious significance. For them it is the huge gamut of religious beliefs that mount up in its cresting tide that proves this Hindu epic to be a greater book than any other written in India except the Upanishads and the Gita. Tulasi is so passionately devoted to the son of Dasharath, so intensely in love with him, that by the sheer liveliness of his poetic imagination he transforms the hero of the Solar race, first into the qualified incarnation of Vishnu, and then into the Lord himself whom even the Vedas and the Puranas cannot fully comprehend, in other words into the Nameless Absolute or attributeless, formless, imperceptible and unborn Brahman.

The basic religious principles of Tulasidasa, so far as they can be known, are contained in the dialogue between Bhushundi and Garuda in the Epilogue (Uttarakanda). His religion is a religion of being wholeheartedly devoted to Rama whose Name itself, he says, is like a sun to dispel the darkness of ignorance. Tulasi's Rama is Truth, Consciousness and Bliss, untouched by the night of delusion. He is the Blessed Hari, whose being is Light itself. Joy and sorrow, knowledge and ignorance, egoism and pride—these are the characteristics of a *jiva* or mortal man; but Rama is the all-pervading Brahman; he is Supreme Bliss personified, the highest Lord and the most ancient Being. Tulasi makes Shiva describe the story of Rama as "the cow of heaven that grants all joys to those who tend her". "It is," as Shiva further says, "the pleasant clapping of the hands to scare away the birds of doubt; the story of Rama is an axe to fell the tree of the Kaliyuga."

There is utter humility, often reminiscent of the 'gentler qualities of Christian virtue', in Tulasidasa's religion, the humility of losing oneself in the service of Rama, the humility of beating down one's ego and surrendering oneself, body and soul, to the Lord himself. It is not a religion of being friends with the Lord, as Suradasa's is, or his spouse, as Mira's is, so as to sport with him like the Gopis. It is a religion of universal charity and of being pure and humble and looking upon the Lord as one's master, finding one's heaven in his service as well as in his grace, and obeying his mind in one's own soul. Essentially in keeping with the teachings of Christ and the Apostles, it is a religion in which God has a total claim on his devotees.

> Sooner may hair grow on the shell of a tortoise, sooner may a barren woman's progeny slay anyone, sooner may flowers of every description appear in the air than a creature find happiness even though hostile to Hari. Sooner may thirst be quenched by drinking of a mirage or horns sprout on a hare's head, or darkness efface the sun than a soul at odds with Rama find happiness. Sooner may fire appear out of snow than an enemy of Rama find peace. Sooner shall butter be churned out of water or oil be extracted by crushing sand than the ocean of worldly existence be crossed without worshipping Hari. This is a conclusion which cannot be set aside.

Few Catholic saints would have found these lines savouring of anything exclusively Hindu or pagan. Nor would Tulasi have found their message of humility and charity incompatible with his own. There is nothing sectarian in the Christian belief (he would have said) that a man who serves the King of kings has nothing to fear but his own shortcomings, or that the Christian magnanimous man will receive rewards beyond all human ambition. He must not, therefore, waste his energies on trivialities. He needs no possessions. In God he has the highest rank of all. To *serve* God is to rule.

And Tulasidasa would surely have agreed with 'the man on the palliasse', who taught St. Francis Xavier the importance of poverty. "Begging," he had told St. Francis, "is only a very small part of the matter. It is good for our humility. It is good also for the charity in the hearts of others. Poverty makes a man free. People will not envy him—except for a few and they can easily satisfy their envy by imitating him.

1. "The book," says Growse, "is in everyone's hands, from the court to the cottage, and is read, or heard, and appreciated alike by every class of the Hindu community, whether high or low, rich or poor, young or old."

A man who is not carrying possessions has his mind free as well as his hands."[1] Tulasi, who had refused to serve Mammon, was certainly envied by some of his contemporaries, especially the Brahmans of Kashi. But he never abandoned his humility or his potent talisman of faith in Rama. "Rama I adore, I adore, I adore!" he cried. "The imperishable I adore, by seeking sanctuary with whom even such guilt-stained sinners as myself are purified!"[2] And he refused to be cowed down by those who envied him but dedicated himself to his master, Hari, full of the humble realization of his entire dependence upon him for all that he was and had, and of the fact that whatever he had was derived from Rama not entirely for himself but also in trust for his neighbours. For him there is only one thing that matters, one word, one power, one magic touch, that ends the ignorance of men and enables them to cross the ocean of birth and death.

'I am the servant and he my master'—without this relationship, Garuda, the ocean of birth and death cannot be crossed. Hold fast to this doctrine and worship the lotus feet of Rama.[3]

And Again:

'I am That'—this unbroken mental state is the lamp's brightly burning flame. Then on the soul's experience dawns the fair light of bliss, and all distinction and error, source of rebirth, are destroyed.[4]

Where there is faith in Rama, the mind of material objects does not lead reason astray. Where there is genuine piety, one does not fall a prey to infatuation even in a dream. Like the Sufi mystic, Jalaluddin Rumi, or like St. Paul, Tulasi does not tire of stressing the value of self-loss for one seeking to attain the supreme state of final beatitude. The following passage in 'The Beautiful'[5] sums up his attitude to selfless love:

Even though a man should be the enemy of all creation, if he comes terror-striken to me, seeking my protection and discarding vanity, infatuation, hypocrisy and trickeries of various kinds, I speedily make him the very like of a saint. The ties of affection that bind a man to his mother, father, brother, son, wife, body, wealth, house, friends and relations are like so many threads which a pious soul gathers up and twists into a string wherewith he binds his soul to my feet. Nay, he looks

on all with an impartial eye and abandons all desire, grief and fear. A saint of this description *abides in my heart*[1] even as Mammon resides in the heart of a covetous man.

Rama makes it clear that those who surrender ther selfhood to God abide in his heart; they are 'deified', they have 'become' or 'been made' God. Therefore, when animated by a passionate and selfless love, they look to their centre, they see only God.[2]

As he was looked upon as the greatest poet of his time, it would be easy to expect that there should be in him some signs of consciousness of this, and, as a consequence, some of that unpleasant self-assertion which so often makes great creative and intellectual geniuses unpopular. Tulasi, however, never seems to have had any over-appreciation of his own talents, but, realizing how little he knew compared to the whole round of knowledge, and how imperfect he was compared to the perfection of the Lord about whom he was writing, it must be admitted that there is no question of conceit having a place in his life. There are scores of passages in the *Manasa* alone in which this humility finds expression and the poet tells us that he has sung of the glory of Rama to sanctify his voice. "I am no poet," he declares early in his *Manasa*, "nor am I called clever, but I sing the excellence of Rama according to the measure of my understanding; how wondrous are the acts of Raghupati, how poor my wit, devoted to this world!" Poets like Chaucer often appear to show the same urbanity and charity but not the same humility.[3] Tulasi did not possess their *courtly* sophistication or their inimitable ingenuity and skill in using subtle ironies and innuendoes.

While, with characteristic humility, Tulasi considered himself scarcely more than a childish babbler and his composition clumsy and devoid of all poetic charm, his natural genius was eminently original and he added much more of his own than what he took from the *Adhyatma Ramayana*, Valmiki's *Ramayana*, the *Hanumannataka* and the *Prasannaraghava*. There can be no doubt that his *Ramacharitamanasa* is a classical monument of the first importance for the exposition of the doctrines and the ritual of the *Advaita Vedanta* and the Ramaite teachings of Ramananda's disciples. In the variety of its contents, allusions and doctrinal teachings, it is a perfect encyclopaedia of the learning of the ancient Indian sages, especially of the learning contained in the Upanishads, Vedanta Sutras and the Gita. By it we can fix the high watermark of Vaishnava ideals, for it contains the thoughts and doctrines of a poet who considered Rama to be an incarnation of Vishnu and derived his doctrine of *jiva* from the Vaishnava Vedantins, whose views he synthesized.

---

1. Louis de Whol, *Set All Afire: A Novel of St. Francis Xavier* (1953), p. 35.
  2. The Epilogue, C. 119.
  3. *Ibid.*, D. 119 a.
  4. *Ibid.*, C. 113.
  5. See C. 48.

---

  1. Italics mine.
  2. F.C. Happold, *Mysticism* (Penguin Books, 1963), p. 97.
  3 On several occasions, Tulasi recalls Christ's first commandment that thou shalt love the Lord thy God with thy whole soul, with thy whole heart, and with thy whole mind.

It is by the study of such books that one enters into the mental life of the period in which they were written, not by the hasty perusal of histories of religious thought. No student of the *Manasa*, however, is likely to acquiesce in the belief that Tulasi was a religious bigot or that his work is limited in its appeal to those already acquainted with the Sanskrit *Adhyatma Ramayana*, Ramanuja's *Visishtadvaita* teachings and the Advaita Vedanta of Shankaracharya. Tulasi was a liberal, who made Rama, his hero, the sum of True Being, Thought and Bliss, the uncreated dwelling-place of wisdom, beauty and might, pervading all and all that is pervaded, undivided, infinite, entire, the Blessed Lord of never-failing power, impersonal, supreme, whom neither speech nor sense can grasp, all-seeing, faultless and invincible, disinterested, formless, everlasting, void of emotion, transcending nature, etc. Rama is not just a sectarian hero, a Hindu god. He is the gracious Lord himself in mortal form; the Word becomes Flesh to save the human race.

It is interesting that the Hindu theory of avatara is essentially not incompatible with the Christian concept of the plan of redemption. The Hindu, too, looks upon God as the saviour of man and believes that He must therefore manifest Himself whenever the forces of evil threaten to destroy human values. "An avatara is a descent of God into man and not an ascent of man into God, which is the case with the liberated soul:"[1] Making Shiva his mouthpiece, Tulasi explains why the Absolute took human form, and says that Rama "slays the demons and sets the gods upon their throne; he defends the bounds of his own Vedic law and proclaims throughout the world his spotless glory. This is the cause of Rama's descent." The "gracious Lord," he says further, "puts on mortal forms for the sake of the faithful." There is thus little difference between this 'gracious Lord' full of sportive wiles and the Son of God of the Puritans, for example, who was touched, as they say, with pity for the fallen race. His heart was moved with infinite compassion as the woes of the lost world rose up before Him. Thus it was that the Word became Flesh, and the Divine Nature, which was pure and holy, entered as a renovating principle into the corrupted line of Adam's race, without being affected by corruption. Through the Virgin Birth, Jesus Christ became operative in human history without being subject to the evil in it. Bethlehem, like Ayodhya, the birth-place of Rama, became a link between heaven and earth. Neither Christ nor Vishnu gained one perfection more by becoming man, nor did He lose anything of what He possessed as God. There was the Almightiness of God in the movement of Christ's arm as in that of Rama. Both Christ and Rama possessed the infinite love of God in the beatings of their human hearts and the unmeasured compassion of God to sinners in their eyes. While God's becoming manifest in the flesh is called the Incarnation in Christian theology, the Hindus call it *avatara* (descent, *avatarana*).

Growse has recorded the following story of Tulasi's wife who is said to have reproached the poet for his pursuit of her. According to Priya Dasa's gloss quoted by Growse, Tulasi, who had great love for his wife, Ratnavali, hastened to her when she went home to her parents without his permission. When she saw him, she was beside herself with shame and anger. "Have you," she said, "no love for Rama? My body is but a framework of skin and bone." Stung by his wife's reproaches, Tulasi sped at once to Kashi, where he made his abode and began to lead an austere life, "making a rigid vow, and thirsting exceedingly for a vision." Had Ratnavali not greeted the poet with her reproaches, as Tulasi's biographers remark, the *Ramacharitamanasa* would never have been written. With all home ties abandoned, Tulasi was left free to go on with his great work, and during the most creative years of his life he must have applied every spare moment to the composition of his *Manasa*. That it should be the basis in North India of the common man's knowledge of his faith to this day is of itself quite sufficient to proclaim its merit. The men who are most enthusiastic about it are those who have used it the longest and who know it the best.

Probably the most marvellous thing about the life of Tulasidasa, apart from his devotion to Rama, is his capacity for assimilating diverse tenets, Vaishnava, Shaiva, advaita, Sankhya, etc. Another marvellous thing about him was his capacity for work. He wrote twenty-two poems in all, though only twelve are considered by most scholars to be genuinely his own. This of itself would seem to be enough to occupy a lifetime without doing anything more. Tulasi's written works, however, represent apparently only the products of his hours at leisure. He was only forty-two when he began, on March 30, 1574, to write his longest poem at Ayodhya, a poem written by him "in accord with all the Puranas, the Vedas and the Agamas, that which is told in the *Ramayana*...for his own soul's delight". How could Tulasi assimilate so much learning in so short a period? It would seem as though his days must have been, like Aquinas', at least twice as long as those of the ordinary scholar and student to accomplish so much. Yet he is, again like Aquinas, only a type of the monks of the Middle Ages, of whom so many people seem to think that their principal traits were to be fat and lazy. Tulasi was not fat, as we know from his portraits. Though they reveal a little abdominal development, the last thing that would occur to anyone who knows anything about Tulasidasa would be to accuse him of laziness. Clearly those who accept the popular notion of *sadhus* being idle spongers will never understand the poet of the *Manasa*. The great Bhakti Movement in Hindi literature was due almost entirely to saints.

We know less of Tulasi, however, than of any of the great writers of the world. There are only great mysteries, or at least mysteries, in his literary career, and the biographer is driven, with the lovers of Suradasa and Kabir, to conjec-

---

1. S. Radhakrishnan, *The Bhagavadgita*, p. 34.

tural reconstruction from the shards of legend and anecdote. Even his personality is blurred beside the portraits of his European contemporaries who stand forth fresh and convincing. For this paucity of useful and trustworthy information about Tulasi's life Growse holds 'the Hindu mind' responsible. "It is a curious illustration," he says, "of the indifference to historical truth and the love for the marvellous, by which the Hindu mind has always been characterized, that although the *tika* even of the *Bhakt-Mala* was written less than a century after the poet's death, it still gives us little trustworthy information about the real incidents of his life and supplies so much that is clearly fictitious." Part of this indifference is traceable to the Hindu's indifference to grossly material events of life. In the case of Tulasi, this indifference went deeper, for he was not only a poet but a sage as well. We have many an early proof in his writings that Tulasi the poet was at one with Tulasi the saint—that his genius, so to say, did not run against his theology or his Vaishnava faith. There was no Savonarola in his soul fighting against an Ariosto or a Titian; he did not have to say *nay* to his genius. He was born to glorify Rama or reverently recite the tales of Raghupati's excellent perfections. And of these he sang to 'quiet his conscience.' Had he raised his beautiful structures on his own life, he would also in later years have suppressed them and declared them immoral or impious. His Muse very seldom prompted the saintly, impersonal Vaishnava in him to autobiographical or egotistical flights of poetic imagination.

Just as Dante's *Divina Commedia* embraces the triple worlds of Hell, Purgatory and Paradise and Milton's *Paradise Lost* sweeps across Hell, Chaos, Heaven and Earth, the scene of action in Tulasi's *Manasa* is not just Ayodhya or the forest to which Rama, Sita and Lakshmana were banished, or the isle of the demons; it extends as far as the triple world of the Nagas (Patala), gods (Heaven), demons and men (Earth). The world of the gods in the *Manasa* is so close to that of men that one always finds them showering flowers on the human actors below or worshipping Dasharath's son, Rama, who is an incarnation of Vishnu. The following extract provides a good illustration of this earth-heaven proximity:

Perceiving that the gods and Earth were afraid and hearing their loving plea, the Lord uttered these solemn words from heaven to dispel their anxiety and doubt:

Fear not, ye sages, adepts and high gods! For your sakes I will assume the form of man and with all my parts take human form in the noble Solar race. Kashyapa and Aditi performed severe penance, and I promised them a boon long since. They have become manifest as Dasharath and Kausalya, a royal pair in the city of Kosala. In their house I shall become incarnate as four brothers, princes of the line of Raghu. I shall bring to fulfilment the word of Narada and descend to earth with my high consort. I shall relieve the whole earth of its burden; be not afraid, O company of gods!

When they heard the divine voice from heaven the gods were comforted and straightway returned; then Brahma consoled Earth, and she was no more afraid but confident.

Brahma instructed the gods each to take on earth the form of a monkey and wait on the feet of Hari, and then returned to his own sphere. All the gods departed to their several homes; they and Earth were at rest.[1]

In the *Manasa*, too, as in the European epics, the reader has to reckon with new dimensions and unknown modes of being. There is both "an immense, an incalculable, extension in space and time," and "also—paradoxically enough—an amazing constriction, even an annihilation of space and time." Tulasi's 'fable', no less than Homer's or Milton's, involves an excellent action and great issues and is single and entire in a sense—Rama's victory over the demons, the beginning of the hostility, its course, its consequences. Episodes like Rama's childish sports, Vishvamitra's visit to king Dasharath to ask for Rama and Lakshmana, the redemption of Ahalya, Rama's visit to Janaka's garden, Lakshmana's fulmination and challenge to Janaka, the breaking of the bow, the arrival of Parashurama and exchange of hot words between Lakshmana and Parashurama, Kaikeyi in the sulking-chamber, the boatman's love and the passage across the Ganga, Bharata's arrival at Ayodhya and his lamentation, the gift of the sandals, the dialogue between the sage Narada and Rama in 'The Forest', etc.—all lead to the central action, the episode of Maricha, Sita's abduction and the destruction of the demon host. This excellent central action, in the words of Arnold, appeals most powerfully to "the great primary human affections" as do all the minor episodes, or to "those elementary feelings which subsist permanently in the race, and which are independent of time." Tulasi is so inextricably caught in these episodes that the very telling of them is extremely moving and coherent. His tone is clear and sure and full of the certainty that Rama is Hari himself even though he also suffers and acts like a human being. With love and untroubled faith, in his own voice and in that of Kakabhushundi, he declares, "For the sake of his worshippers, Rama, the Blessed Lord, assumed the form of a king and played his most holy part as an ordinary man. Just as an actor plays upon the stage in various disguises, exhibiting characters appropriate to his dress, but himself remains the same, so, too, O king of birds, does Raghupati act his part, destroying the demons but gladdening the faithful." It is clear that Tulasi, as the narrator, is nowhere completely

---

1. Childhood, D. 186; C. 186; D. 187; C. 187.

detached from the events he tells us about. Again and again he lets debates, arguments, long speeches interrupt the narrative and pours a whole philosophy of Advaita Vedanta into the epic story. Still when the worst has been said, the artistic unity of the work, under the circumstances, does not fall to pieces. With absolute ingenuity and artlessness he unites the conception of Rama as a man with that of Rama as an incarnation of Vishnu. In fact, it is remarkable how, throughout his epic, he succeeds in doing so without much didactic elaboration and over-insistence.

In the passage I have just quoted, as in much of the *Manasa*, the simile conveys all it is meant to convey with immediate significance and without in any way stopping the flow of narrative. Even complex images and states of mind fall simply and unerringly into place like the bits of glass in a kaleidoscope pattern.

Lust is wind; insatiable greed is phlegm; choler is bile, that continually inflames the soul; and when these three brothers form an alliance, there comes into being a painful state of general paralysis.... There are the ringworm of selfishness, the itch of jealousy, the swollen goitre of elation and despondency, the phthisis of envy at the sight of another's happiness, the leprosy of vice and perversity of soul, the excruciating rheumatism of egoism, the guinea-worm of hypocrisy, deceit, vanity and pride, the dreadful dropsy of greed, the fierce tertian ague of the three ambitions, the two fevers of covetousness and lack of discrimination — but why enumerate all the many diseases?[1]

Tulasi was as aware as Castiglione and Erasmus, for example, of the power of metaphor to please while teaching. Like them, he felt that it was one of the best means of impressing the reader with an important subject-matter, *doctrina*, by means of *eloquentia*, and facilitating the retention of knowledge. The *Manasa* abounds in vivid metaphors and displays of *ingegno*:

Devotion to Raghupati is the season of rain; his faithful servants are the growing rice, and the two fair syllables of Rama's name are the months of Shravana and Bhadra.
Two sweet and ravishing syllables that are the eyes of the alphabet and the life of the faithful, easy to remember, bringing happiness to all...[2]

Though not 'brief to prick the intellect' of the reader, the following metaphors please by their 'revelation of correspondences':

Right thoughts are the earth and the heart a deep place therein; Veda and Purana are the sea, and the saints the

clouds which rain down praise of Rama's glory in sweet, refreshing and auspicious showers. The sportive acts they tell of Rama as man are the pure cleansing property of rain, while loving devotion... is its sweetness and coolness. That rain refreshes the rice-fields of good deeds and is the life of Rama's faithful votaries. Its cleansing water falls on the earth of understanding and flows in one stream through the fair channel of the ears; it fills the holy place that is the Lake of the mind and settles there, a permanent source of joy and cool entrancing loveliness.[1]

Tesauro, one of the exponents of *concettismo*, felt that the *ingegno* often leads to excesses, for once it is set in motion, it is difficult to control. Most of Tulasi's metaphors, one feels, are indeed logically expanded metaphors, but there is no dearth in the *Manasa* of metaphors whose purpose is rather to create beauty than to develop the plot. The following metaphors, logically expanded as they are, reveal Tulasi's *ingegno* at its best:

The glory of Rama and Sita is its ambrosial flood; the similes are the enchanting play of its ripples; the *chaupais* are the lovely lotus leaves, thick-clustering; poetic skill the lustrous oyster-pearls; the elegant *chhands* and *sorathas* and *dohas* gleam like a mass of many-coloured lotus flowers; the unequalled sense, the lofty sentiment and graceful language are their pollen and juice and fragrance; all the meritorious deeds are pretty swarms of bees; knowledge, detachment and thought are swans; allusions, inversions and other poetic devices are many kinds of beautiful fish....[2]

It is plain to see that the images are not only *leggieri* or graceful, but also *mirabile* or extraordinary. All unwittingly, Tulasi displays an interest in metaphor which corresponds to that of such seventeenth-century continental Europeans as Baltasar Gracian in Spain and Emmanuele Tesauro, Cardinal Sforza-Pallavicino, Pierfrancesco Minozzi, and Matteo Pellegrini in Italy.[3] And all unwittingly, again, he voices the same humanistic belief in the nobility of 'the form of man'[4] as Vives and Pomponazzi, Shakespeare and Browne.

Although Tulasidasa is often compared with Suradasa, the celebrated author of *Surasagara*, his superiority is now an established fact, especially in view of the really very vast range of experience that he explores. Suradasa's poems lack the variety and breadth of appeal and the deep understanding of Tulasidasa. Both, however, stand for and typify the whole of their age. Like Wordsworth, both are burdened

---

1. *The Epilogue*, C. 116.
2. *Childhood*, D. 19; C. 20.

1. *Childhood*, C. 36.
2. *Ibid*., C. 37.
3. Joseph Anthony Mazzeo, *Renaissance and Seventeenth-Century Studies* (New York and London, 1964), p. 45.
4. See *The Epilogue*, C. 116.

with the mystery and the heavy and the weary weight of all this unintelligible world. Both feel the general sorrow of mankind. Both hear the still, sad music of humanity. They see the race moving in a mighty caravan of pain, and tower above their contemporaries more than any other giant of Hindi literature; but their real greatness lies less in the fact that they stand out, than that they both stand on their age, rising out of it to unsurpassed heights, but never forgetting the foundation of the society to which they belonged. In this, the most vital period in Hindi literature, poetry was, in the fullest sense of the word, popular. The rhetoricians and poets of the Riti school wrote for the court and scholars; the romantics of the Chhayavad school often so loathed their age that they refused to understand its problems and took recourse to escapism as a cult. But Tulasi and Suradasa took the subjects beloved by the mass of Indian people, and made from them songs and hymns which continued to appeal to the mass and yet had deep, abiding interest for the greatest minds of their own and every succeeding age.

Whereas Suradasa is the poet of Love's bow, Tulasi, it seems, is pre-eminently a poet of Rama's arms. While the *amor*-motif plays an important part in *Surasagara*, the amorous sentiment has been subordinated in the *Manasa*. While Suradasa is a poet of love, beauty, sweetness and other tender emotions, Tulasi ranges over the whole field of human experience and makes his poetry encompass all, or almost all, the nine sentiments, ranging from the sensitive or *shringara* to *bhayanaka* (i.e., the sentiment of fear). Like Bhamaha and Dandin, Tulasi holds *rasa* to be one of the characteristics of an epic (*mahakavya*) and in the episode of the meeting of Rama and Sita in the garden of Janaka, he expresses the aesthetic sentiment of *rati* (*shringara*, love); in the episodes describing how Lakshmana robbed Shurpanakha of her nose and how the people of Lanka kicked Hanuman and laughed at him with loud guffaws and then set fire to his tail, we have the comic or *hasya* (humour, *hasa*) *rasa*; in the scene where Rama mourns like a lover for his beloved, Sita, we have the compassionate or *karuna* (grief, *shoka*) *rasa*; in several scenes described in Lankakanda or in the famous episode of Kaikeyi's anger, one finds vivid illustrations of the furious or *raudra* (anger, *krodha*) *rasa*: in the episodes describing Lakshmana and Hanuman's exploits in Lanka or in Rama's encounter with the demons, Khara and Dushana, in 'The Forest', the aesthetic experience of heroism (*vira rasa*, energy, *utsaha*) is expressed; and in the episode of Shurpanakha revealing her own fearsome form in Panchavati or in that of the fight with Trishira, Khara and Dushana when "jackals snapped; ghosts, spirits and goblins collected skulls; vampires beat time on warriors' fleshless heads while witches danced," we have the apprehensive or *bhayanaka* (fear, *bhaya*) *rasa*. The horrific or *bibhatsa* (disgust, *jugupsa*) *rasa* is experienced in reading such passages as those dealing with vultures clutching entrails and flying off and Meghanada showering

down upon Rama ordure and pus and blood and hair and bones. Finally, the marvellous or *adbhuta* (astonishment, *vismaya*) *rasa* is encountered in Meghanada's magic show, in Hanuman's enlarging his tail in sport and then making himself so large that he touched the sky.

Tulasi was fully conscious of the fundamental principles of artistic creation. His world of beauty does not, however, seem to be isolated at all from the everyday experiences of life. Underlying the allegory and splendid imagery of his poetry there is always a firm foundation of ideas and principles. It is these ideas and principles which prevent his poems from losing contact with the common joys and sorrows of man. In fact, Tulasi must be recognized not only as an artist who conjures up before our imagination the scriptural realm of piety, the exploits of the princes of Ayodhya and the historic defeat of the demons of the Isle of Lanka but also as an independent poet who can create, out of materials derived from the *Ramayana* of Valmiki and the *Adhyatma Ramayana* and the *Bhagavata Purana*, a world of ideas with a value and significance all its own.

Altogether the *Ramacharitamanasa* is worthy of its position as the first signal work of a great literature. It outlines with a noble simplicity the image of a national genius who, by virtue of his superhuman deeds and miraculous achievements—the destruction of the country's outlaws symbolized by the various monsters and demons and of the enemy represented by the demon king of Lanka—is also an *avatara*. While not equalling the sheer formal impressiveness of the *Mahabharata*, it stands fitly for a human-spiritual world with which the Indian mind can adequately cope. The supernatural is close at hand; Lord Shiva is one of the narrators of the story and the smaller deities are always either raining down flowers or beating their kettledrums; but the subject works itself out on a plane of mixed allegory and legend which an unsophisticated audience—and the poet—thoroughly accept. An intuitive tendency to portray the scenes dramatically and leave room enough for the development of dramatic elements is perceptible in the progression and form of the poem, its vivid study of character, and its sustained force and dignity.

It can be truly said that except Dante in Italy and Shakespeare in England, there is perhaps no single figure in the national and literary annals of other lands who represents for his countrymen what Tulasidasa—the 'moon' of Hindi literature as a well-known couplet has it—represents for North Indians and even for those living far down South. He is the symbol of that essential and unbroken continuity between Puranic Aryavarta and modern India which is the dominant note of Indian civilization throughout the centuries; he is, to some extent, the father of Hindi poetry and Hindi literature; the incarnation of India's genius, the interpreter of her past and the prophet of her future. "It is here," observes F.R. Allchin, "that his skill as a poet plays its part. For, for the people of a large part of North

India Tulasi claims reverence comparable to that accorded to Luther as translator of the Bible into the native German. Many men have paid him their homage. His epic has been compared not only to that of Valmiki, but to the Vedas themselves, or to the Kuran for [sic] the Muslim, or the Bible of the Christian. Others (including Mahatma Gandhi) have set it besides the *Bhagavad-gita*."[1]

Of Tulasidasa's place among the major Indian poets there can be no question; he is as sublime as Valmiki and as elegant as Kalidasa in his handling of theme. Tulasi, as Nabhaji (fl. c. 1600 A.D.), the author of the *Bhaktamala*, said, was no other than Valmiki himself born again as Tulasidasa to supply, by means of his new *Ramayana*, a boat for the easy passage across the boundless ocean of existence. "Now again," he added, "as a blessing to the faithful, he has taken birth and published the sportive actions of the god." And time has substantiated Nabhaji's statement. Lest, however, the reader should form the impression that the *Ramacharitamanasa* is merely a Hindi translation of the Sanskrit epic, it must here be pointed out that while Tulasi follows the course of Valmiki's story, dividing it into seven *kandas* bearing the names that Valmiki had given to his sections, the Hindi *Ramayana* is essentially different from that of Valmiki, "the copious and original source of all the poems which celebrate the deed of Rama".[2] The *uttarakanda* in the Hindi epic, for instance, bears no resemblance whatever to that of the Sanskrit work. Nor does the reader find anything in the latter resembling the conversation between Garuda and Kakabhushundi. A.A. Macdonell's statement, that the Hindi 'version' by Tulasidasa is an important 'adaptation' of the Sanskrit epic, is therefore ill-founded.

Like the *Mahabharata* and the *Ramayana*, the Hindi epic too is rather a long nature poem in the grand manner, a poem in which we see the hero more in action amid woodland scenes than in the palace. Like its epic predecessors, again, it is closely connected with the religious faith of millions of people and is "the time-honoured repository of their legendary history and mythology, of their ancient customs and observances, as well as of their most cherished gems of poetry".[3] Although it belongs to medieval India, one feels that it actually belongs, like the *Ramayana* and the *Iliad*, to a younger world; we enter them "as we enter a house in Pompeii—the colours may still seem fresh, and no mark of decay reminds us of their age, but we feel that they belong not to us or ours, and a gulf of ages lies between us and our objects".[4] Both Valmiki and Tulasi possessed the qualities of divine furore and the universality of knowledge and were in no way less learned than Homer or Virgil or Petrarch, nor were they unfamiliar with the skill of hiding their erudition, like Dante, under an allegorical exterior. Probably because a part of his wisdom consisted in an understanding of the passions, Tulasidasa, like Valmiki, was able to produce a great emotional effect in his readers, and this is the source of his power both as entertainer and as teacher. No less than Valmiki or Kalidasa, he could also create a world not fettered by the laws of nature, a world "which is of the very essence of joy, which is self-existent and not depending on anything else, and which brings into being a creation shining with the nine *resas*".[1] If Valmiki's poetry gives—as all great poetry gives—in a beautiful form a message of deep meaning and overloaded significance, the greatness of Tulasi's epic lies in its suggestion of the profoundest vision in the most perfect style.

If Kalidasa claims merit for his power of evoking the emotions of love, pathos, heroism, and wonder, Tulasidasa too merits praise for the brilliance of his descriptions and skill in evoking all these emotions in addition to those of deep personal devotion, loyalty and friendship. The reader, it is said, marvels at the vividness and precision of Kalidasa's observations and at his skill in bringing before us scenes of Indian life in the court and forest, of the ancient *svayamvara*, of marriage rites, etc. He finds the same scenes depicted in the *Ramacharitamanasa* with equal, if not greater, vividness and precision. True, the Hindi *Ramayana* is not "the poetic reflex of the achievements" of any emperor,[2] but in the scenes where the demons torment the hermits and sages and are ultimately annihilated, it is certainly a reflex of the age, a crowning achievement of the poet who wished his contemporaries to remember that there was no reason whatever to despair. By depicting Rama's victory over the band of demons, Tulasi reminds his readers of the ultimate victory of truth over the forces of evil, over the Kaliyuga.

Just as the Kavya style attains in Kalidasa its highest pitch, so does the epic style in Hindi reach its perfection in Tulasi. If Kalidasa, as Keith said, chooses to show us his skill in poetical artifice in the *Raghuvamsha*, Tulasidasa chooses to do the same in the *Ramacharitamanasa*. Tulasi is not—he never was—behind Kalidasa in the use of a remarkable number of metres,[3] nor in the employment of alliterations, yamakas, paronomasias, onomatopoeias, etc.

1. F.R. Allchin, *op. cit.*, 18 *et seq.*

2. See W. Douglas P. Hill (tr.), *The Holy Lake of the Acts of Rama* (Oxford University Press, 1971), pp. xvii *et seq.*, for a detailed examination of the points of difference between Tulasidasa's poem and Valmiki's epic.

3. Monier Williams, *Indian Epic Poetry*, Preface, iii, iv. Quoted by Ralph T.H. Griffith, *The Ramayana of Valmiki* (Varanasi: The Chowkhamba Sanskrit Series, 1963), p. vii.

4. *Ibid.*, p.v. (Introduction).

1. Mulk Raj Anand, *The Hindu View of Art* (London: George Allen and Unwin Ltd., 1933).

2. *The Raghuvansha*, as A.B. Keith has observed, provides the poetic reflex of the achievement of Samudragupta and Chandragupta.

3. Of the *varnika* metres used in the *Ramacharitamanasa* the following may be mentioned: *anushtubh, indravajra, totaka, bhujangaprayata, malini, rathoddhata, vamshastha, vasantatilaka, shardulavikridita,* and *sragdhara.* All metres other than *chaupais, dohas* and *sorathas* are called *chhanda* by Tulasi, who generally used the varnika metres like *anushtubh* for the composition of his *shlokas* and hymns.

Kalidasa's *forte* is declared to lie in similes, Tulasidasa excels in both metaphors and similes, especially in the latter. The story of Rama's wedding is, for Tulasi, the happy and auspicious king of seasons, spring; Rama's departure to the forest is the intolerable heat of summer, and the tale of his journeying the burning sun and wind; the fierce war with the demons is the season of the rains, a blessing to the gods as rain is to the rice-fields; the rule of Rama—an age of happiness, gentle conduct and greatness—is the fair autumn, pure and pleasant; the story of the virtues of Sita, that crowning glory of womanhood, is the virtue of this water, incomparable, undefiled; the character of Bharata is its refreshing coolness, ever the same and indescribable. Vishvamitra's love, like the clear unfathomed depth of the ocean, swells to the highest tide of ecstasy under the full-moon influence of Rama's presence. When Rama tosses upon the ground the two broken pieces of Lord Shiva's bow the latter is as pleased and free of care as a tired swimmer on reaching a shallow; the kings who had failed to lift up the bow are as confounded at the breaking of the bow as a lamp is dimmed at dawn of day; but Sita's gladness can only be compared to that of the *chataki* on finding a rain-drop in October; while Lakshmana fixes his eyes on Rama as the *chakora* on the moon. When certain kings—all frantic degenerate fools—are inflamed with desire and want to carry off Sita, the good ones put the whole assembly to shame and in a speech full of similes declare: "Like a crow who would rob the king of the birds of an offering; or a rat who would spoil a lion; as a man who is passionate without cause and yet wishes for peace of mind; as a reviler of Shiva who wishes for happiness and prosperity; as a greedy and covetous man who wishes for fair fame, and as a gallant who would have no scandal; as an enemy of God who wishes to be saved; such is your desire, O ye Kings." Kalidasa's similes are not more appealing than Tulasi's. Moreover, it is Tulasi, and not Kalidasa,[1] who offers—if poets do really offer—"a solution, or suggested solution of the mysteries of life". Whereas the *Raghuvamshav* fails to offer any such solution, the *Ramacharitamanasa* eminently succeeds in doing so and brings, as W. Douglas P. Hill has rightly said, "a simple and pure gospel—good news of salvation—in homely and idiomatic vernacular straight home to the heart of the average Hindu, oppressed by the prospect of perpetual rebirth and depressed by the impossibility of the unlearned ever grasping the knowledge of the Absolute demanded by the metaphysicians of the *advaita* school."[2] The poem, Hill further maintains, not only presents the ideal of chivalry, tenderness and love, it also promises salvation to "the humblest outcaste if only he would put his trust, with love and adoration, in the Name of Rama."[3]

What Sri Aurobindo says[1] about Hindu drama and epic is highly significant. "But to the Hindu," he says, speaking about the latter, "whose ideas of epic are not coloured with the wrath of Achilles, epic motive and character are not confined to what is impetuous, huge and untamed"[2]. Tulasi unlike the European epic poet, does not feed on the physical, grossly material features of life. Like the poets of the great Indian tradition he treats of gentleness, patience, self-sacrifice, purity, and other civilized virtues as he treats of martial fire, brute strength, revenge, anger, hate and ungovernable self-will. He excels in depicting the impetuous and the gentle, and even though his idea of epic is not "coloured with the wrath of Achilles," he is endowed with competence enough to depict this wrath as movingly as any other poet in the world. He not only knows how to evoke the nine different forms of *rasa*; he also depicts martial fire in Lakshmana, brute strength and revenge in Ravana, anger in Kaikeyi and Parashurama, hate in the demons and ungovernable self-will in Ravana as well as in other demonic characters.

Just as Dante is the successor alike of the poets of ancient Rome and of the prophets of the Old Testament, so is Tulasi the successor alike of the Puranas and of the *Ramayana* of Valmiki. The splendour of Tulasi's art, the pregnant concision of his style, the perfect correspondence of thought with utterance also remind one of Dante. These are some of the qualities we would attribute to his native genius as well as to his study of the Sanskrit poets. (Dante, it may be pointed out, derived them from his study of the Latin poets.) Both Dante and Tulasidasa, however, make these qualities essentially their own, the former drawing fresh harmonies from that new Italian language which is itself the speech of imperial Rome grown to maturity, the latter from his "racy idiomatic language, larded with popular maxims and phrases, and...polished compounds and figures of speech which might well grace any text-book of Indian poetics". The *Ramacharitamanasa*, like the *Divina Commedia*, is the first vernacular poem of modern India that can claim equality with the masterpieces of classical antiquity. It interprets, like the *Divina Commedia* again, "an epoch of abiding significance in the history of man". While the Italian poem interprets it, not only by rendering intelligible the intellectual, political, and religious heritage of the later Middle Ages, but also by the poet's unique revelation of the passions and motives of his contemporaries, the *Ramacharitamanasa* interprets the period[3] allegorically and from the Vaishnavite angle of a poet who "attempted to reconcile the Advaita Vedanta point of view with the Ramaite teachings of Ramananda's disciples". The men and women he has created in his epic stand out—as in the *Divina*

---

1. See A.B. Keith, *Classical Sanskrit Literature* (London: Oxford University Press, 1923), p. 45.
2. *Op. cit.*, p. xix (Introduction).
3. *Ibid.*

1. *Vide Kalidasa* (Pondicherry: Shri Aurobindo Ashram, 1954), Second Series, Chapt. 1.
2. *Ibid.*, p. 7.
3. It marked the zenith of Muslim power in India.

Commedia—from its cantos with an actuality, a dramatic power of delineation that even Kalidasa or Shakespeare can hardly surpass. And, though "a loving devotion to Rama, as a simple and certain method of attaining to endless felicity" is professedly Tulasi's subject, his poem is a treasury, again like Dante's *magnum opus*, of the most faithful and delicate transcripts from external nature: Janaka's garden planted with ornamental trees of every kind and overhung with many-coloured creepers, Rama and Lakshmana emerging from the shade of the arbour, like two spotless moons from a riven cloud and the two gallant champions looking like a white lotus and a dark, with their hair parted like a raven's wing on their comely head, and here and there bedecked with bunches of flowerbuds.[1] Both Dante and Tulasidasa are the poets of what Francis Thompson called love's "possible divinities and celestial prophecies", they are the poets of Eternity when they see "bound by love into one volume what is dispersed in leaves throughout the universe" and find desire and will brought into perfect harmony with "the love that moves the Sun and the other stars".

It is to "the otherness of mental or spiritual realities", says G. Wilson Knight, that the source of all poetry can be traced. These, he further says, "are 'nothing' until mated with earthly shapes", for creation is nothing but an offspring of this union between 'earth' and 'heaven', the material and the spiritual.[2] The source of Tulasidasa's work too is rooted in the otherness of spiritual realities which are mated with earthly shapes. Rama's character, based though it is on the oral and written traditions of the country, is born of this union. Rama is *Purushottama*—the 'High Self', 'beyond the perishable and imperishable', "the former being the world, or the totality of all existence, and the latter being the seed from which the universe manifests itself endlessly". He exemplifies 'the two spirits' of the world, one emerging in front of action and the other continuing motionless "in that perpetual silence from which the action comes and in which all actions cease and disappear into timeless being—Nirvana".[3] In Rama these two realities meet and in him their opposition is reconciled. He is the Logos and Everlasting I Am, both Absolute Knowledge and Absolute Love.

Viewed from the angle of characterization, Tulasi and Homer are poles apart. For Homer the tale was the thing, for Tulasi it was Rama's character and his glory, might and power. And this explains Homer's thin and accidental characterization as well as the fact that Tulasi's characters are all distinct people with varying human relations, conflicts, motives of action and impulses. Both Homer and

Tulasi thumbnailed well; but whereas Homer afterwards lost heart, Tulasi did not. Nausicaa, for instance, appears dramatically and shapes, as T.E. Shaw has pointed out, "for a few lines, like a woman—then she fades, unused."[1] Neither Sita or Manthara ever fades in the *Ramacharitamanasa*, or is a silent witness to the main action of the epic. The central family standing out in Homer's epic includes "the sly cattish wife, that coldblooded egotist Odysseus, and the priggish son who yet met his master-prig in Menealaus"[2]. Tulasi's heroes and exemplers were different people.

Both Homer and Tulasi appear to have loved the rural scene as only simple citizens can. Though no farmers themselves, they had learned the points of a good greenwood tree. They were surely neither land-lubbers nor stay-at-home nor ninnies. But whereas Homer's pages are steeped in a queer naivete, Tualsi's are not.[3] Yet there is a dignity about both which compels respect and baffles us, they being neither simple in sensibility nor primitive socially. Homer sprinkles tags of epic across his pages; Tulasi borrows a great deal from the *Valmiki* and *Adhyatma Ramayana* and the *Hanumannataka*.

Like the Homeric poems, Tulasi's epic is a picture of a heroic age (Ramarajya) on which the poet looks back as far-off in the past, but for his idea of which he often draws not on his own days, as Homer did, but on the Puranas and the Sanskrit *Ramayana*. The gods and goddesses of the *Ramacharitamanasa*, like the deities of the *Iliad*, are men and women, stronger and fairer than mortals, able to work wonders and to take any form they please, but not all-powerful or all-wise. From time to time they rain down flowers before Rama enters the pavilion in Janaka's city; the goddesses appear, disguised as women, to witness Sita's marriage; when Sita sets her foot within the lists all beholders are fascinated by her charms, particularly the gods who in their delight sound their kettledrums and shower down flowers amidst the singing of the *apsaras*; after Sita lets fall the wreath upon Rama's breast:

"Gods, seraphs, saints, men and dumb creatures expressed
Their victorious joy as each other they blessed;
The nymphs and goddesses, with dancing and singing,
To earth frequent handfuls of flowers were flinging."
—Childhood, C. 269

But whereas Homer's deities are often immoral, Tulasi's are morally spotless. True, "whoever listens to Narada's ad-

---

1. There are many such transcripts in the *Divina Commedia*: the fireflies gleaming on the hillside at nightfall after the long summer day, the quivering of the sea at dawn, the appearance of the stars at the first fall of evening, the song of the skylark, etc.

2. G. Wilson Knight, *The Wheel of Fire*, 1930.

3. C.K. Handoo, *Tulasidasa* (Orient Longmans, 1964) p. 193.

---

1. *The Odyssey of Homer* (New York: Oxford University Press, 1956) Translator's Note.

2. *Ibid*.

3. He is the author of 'the best poetry' in Hindi. About the best poetry, according to A.C. Bradley, "there floats an atmosphere of infinite suggestion. The poet speaks to us of one thing, but in this one thing there seems to lurk the secret of all. He said what he meant, but his meaning seems to beckon away beyond itself, or rather to expand into something boundless which is only focussed in it" (*Oxford Lectures on Poetry*, 1909). The *Ramacharitamanasa* is full of the atmosphere of infinite suggestion.

vice, be it man or woman, is certain to become a homeless beggar" (Childhood, C. 79). But Narada, like Bhrigu and Durvasa, is only an arch rishi, a saint, and not a god. Indrani, Sharada, Lakshmi and Bhavani are said to be the wisest of all the queens of heaven, and no jealous goddesses. When the nuptial procession begins to approach the pavilion, they assume the disguise of woman's form and flock to the king's seraglio, singing delightfully with divine voice, and for joy, says the poet, there was no one who recognized them.[1] While Zeus of the Homeric poems is a sensual, passionate but genial person,[2] Brahma, the creator and the first god of the later Hindu triad, is a kind-hearted and all-perfect deity. When Uma begins her penance and for three thousand years eats only dry leaves of the *bel* tree, Brahma's deep voice resounds through heavens:

"Hear me, O maiden, O mountain-king's daughter,
Soon you'll attain your desire;
So give up your sufferings, he soon will be yours,
Lord Shiva, to whom you aspire."
—Childhood, D. 72.

Even Shiva the destroyer is a kindly deity who meditates on Tulasi's Rama.[3] His destruction of Kamadeva is no unkind act performed out of malice or enmity; it only exemplifies his love of man, of the law and self-control. When Kama begins to provoke love, the stepping-stones of the law are swept away in a moment; religious laws and obligations, ceremonial observances, knowledge and philosophy, self-mortification, etc. are all panic-stricken and put to fight. Every creature in the world, animate or inanimate, forgets natural restraint and becomes subject to sensual passions. On seeing Shiva, Kamadeva trembles and the whole world returns to itself. Every living creature at once grows calm, as when a drunk recovers from his drunkenness. Kamadeva, a god, is also full of the milk of divine kindness. He agrees to incur Shambhu's displeasure for the sake of the rishis and gods who were being harassed by Tadaka, a demon of gigantic strength of arm and high renown. The Creator had reassured them, saying, "The demon shall die when a son is born of the seed of Shambhu, who shall conquer him in fight." It was He who had asked them to send Kamadeva, the god of love, to Shiva to agitate his soul.

Though Homeric religion is basically different from Tulasi's, Homeric morality appears to be relatively high and akin to what Tulasi depicts in his poems. Fear of the gods, Homer appears to have believed, though powerful as far as it goes, would not go very far towards making man moral. For that he needs a moral law, independent of his religion.

1. Childhood, C. 322.
2. "The moral standards of the gods," says T.A. Sinclair in his *History of Classical Greek Literature*, "are not better than those of human beings; they often seem worse" (p. 20).
3. Cf. "But Shiva his mind and his thought concentrated,
And wholly on Rama again contemplated."
—Childhood. C. 82

Tulasi, however, believes that devotion to God is enough and that the repentance of even the greatest sinner is accepted by the Lord. All virtues stem from Him, who is the lake of physical beauty, house of virtues, benefactor of the universe.[1] He is:

Like smoke-bannered fire for the forests of the Danavas, with long and powerful arms, fierce bow and terrible arrows,
With ruddy hands and feet, face and eyes the colour of red lotuses, a place of virtues and abode of beauty equal to many love gods,
Sun for the withering of the water lilies of lust, frost for the lotus-garden of love, anger and intoxication,
Lion for the most maddened elephant of greed, banisher of earth's load for the sake of devotees![2]

Although Tulasi does not appear to advocate the need of a moral law independent of religion, Rama, his brothers, and the warriors whom they lead are all full of what Greeks call *aidos*, the sense of honour, and *nemesis*, literally 'distribution' or that feeling which is roused in the mind by an unjust distribution—moral indignation. Rama feels *aidos* for the opinion of his subjects. Lakshmana and Bharata feel *nemesis* when their own sense of right is shocked. In the *Ramacharitamanasa* we find a riper moral sense than in the *Odyssey*, and a much larger number of words to express moral distinctions.

Among the epic poets of the world after Homer, the most influential and the most "useful for rhetorical and philological exercise" and "as a source of recondite meanings" has no doubt been Virgil, the Roman Homer, whose *Aeneid* is often described as a 'literary' rather than a 'genuine' or 'primary' epic. It is to this category of literary or secondary epics that the *Ramacharitamanasa* also belongs. Possessed, it seems, by 'the glory of the countryside divine', both Tulasi and Virgil had an unmistakable love for nature, a love that shows itself in the sympathy which personifies inanimate things and attributes human feelings to the brute creation. While Virgil freely borrowed from Homer, Tulasidasa "borrowed a great deal from the Valmiki and *Adhyatma Ramayana* and the *Hanumannataka*... scattered through the book and delicately woven into the texture of the story, sometimes we find translations, literal or otherwise, of verses from the *Gita*, the *Upanishads*, the *Bhagavata*, the Puranas, Kalidasa's plays, the Sanskrit dramas and other books".[3] While Virgil's aim was to make the glories of the Greek epic live again for his countrymen in Roman guise, Tulasi speaks of his aim as follows:

In accordance with all the Puranas and different sacred texts, and with what has been recorded in the *Ramayana* (of Valmiki) and elsewhere, I, Tulasi, to gratify

1. *Vinayapatrika*, 44.
2. *Ibid.*, 46.
3. C.K. Handoo, *op. cit.*, pp. 128 *et seq.*

my own heart's desire, have composed these lays of Raghunatha in most choice and elegant modern speech.[1]

Tulasi's aim is to "narrate the great deeds of Raghupati" and make them live again for his countrymen in his homely speech. "I declare and record it on a fair white sheet," says Tulasi, "that though my style has not a single charm of its own, it has a charm known throughout the world, which men of discernment will ponder as they read—the gracious name of Raghupati; all-purifying essence of the Puranas and the Vedas, abode of all that is auspicious, destroyer of all that is inauspicious, ever murmured in prayer by Uma and the great Tripurari." And he goes on to praise his theme, clothed though it is in a vulgar tongue: "My language is that in vulgar use, but my subject is the highest, the story of Rama, enrapturing the world."

Critics have often pointed out that it was impossible for Virgil, writing in Augustan days, to reproduce the primitive tone of an epic born when the world was young. He could not, it is said, remain unaffected by all that had come into being in the interval—Greek tragedy, Greek philosophy, the learning and the sentiment of Alexandria. Much in the same way Tulasidasa found it impossible to reproduce the tone of Valmiki's *Ramayana*, though his work is "no unworthy rival of its more fortunate predecessor". Whereas Valmiki's classical Sanskrit is rich in polished phraseology, Tulasi's idiom is rough, colloquial and "in the course of three centuries has contracted a tinge of archaism".[2] Like Virgil, again, Tulasi could not remain unaffected by all that had come into being in the interval—the emergence of the vernaculars, the Vaishnavites, Ramananda and his disciples Rai Dasa, Pipa and Kabir. Each of these influences is discernible in the *Ramacharitamanasa*; that of the vernaculars in the language of the poet; that of the Vaishnavites in the religious speculation, distinct and profound, which pervades the poem; that of Ramananda in the fact that it was he who revolutionized the worship of Rama throughout North India.

Besides corresponding to the literary standards, the *Ramacharitamanasa*, like the *Aeneid*, embodies the thoughts and aspirations of the age to which it was addressed. The Indian Virgil knew that a story told for the story's sake would not suffice. Like the Roman poet who considered the true subject for a Roman epic to be Rome, Tulasi considered the true subject for an Indian epic to be Rama. "The most elegant composition of the most talented poet," he said:

has no real beauty if the name of Rama is not in it, in the same way as a lovely woman adorned with the richest jewels is vile if unclothed. But the most worthless production of the feeblest versifier, if adorned with the name of Rama, is heard and repeated with reverence by the

wise, who extract what is good in it like bees gathering honey; though the poetry has not a single merit, the glory of Rama is manifested thereby.

But whereas the interest of the *Aeneid* is national rather than personal or religious, that of the Hindi *Ramayana* is mainly, I think, religious, which is why the "masses and the cultured classes have as much faith in it as if it were the equivalent of the *Vedas*, the *Upanishads* or the *Gita*... It deals with problems of social, political and family life from the point of view of *dharma*, or righteous living, and religion."[1] It conforms to C.M. Bowra's classical prescription that:

An epic poem is by common consent a narrative of some length and deals with events which have a certain grandeur and importance and come from a life of action, especially of violent action, such as war. It gives a special pleasure because its events and persons enhance our belief in the worth of human achievement and in the dignity and nobility of man.[2]

Even the constant repetitions of certain stereotyped phrases in the *Ramacharitamanasa*—such as 'lotus feet', 'streaming eyes', 'quivering frame', etc.—and prayers and invocations appear to be a heritage from the ancients whose epics are, broadly speaking, divisible into two distinct classes. Valmiki's *Ramayana*, like the Homeric epics and *Beowulf*, belongs to the class of minstrel poetry or to that of oral epics which are said to be "the mature form of improvised lays such as...were once popular in many parts of the world". The Hindi *Ramayana* belongs to the second category; it is a written epic meant not to be heard or recited but to be read. The technique of the oral epic is largely that of improvisation and the "constant epithets, the repeated line; and blocks of lines, the copious store of synonyms and of alternative word-forms, are a heritage from improvisation". Since the Tulasian epic was not composed for recitation—though, of course, people have been reciting it—it is in some ways more closely woven than the Sanskrit *Ramayana*. "It is also less wordy and diffuse," says F.S. Growse, "than the Sanskrit original and, probably in consequence of its modern date, is less disfigured by wearisome interpolations and repetitions...." The reason why it is more closely woven is that it belongs to the class of epics to which the *Aeneid* belongs. Although Tulasi and Virgil, too, use stock passages for recurring themes and are masters of a traditional language which often has little relation to the vernacular of their homes, it is because they are consciously following Valmiki and Homer "in the conscious conviction that they ought to do so, not because their conditions compel them to use devices which are indispensable to oral poetry and make it what it is".

---

1. Childhood (Sanskrit Invocation).
2. See F.S. Growse's illuminating introduction.

1. C.K. Handoo, *op. cit.*, p. 126.
2. *From Virgil to Milton* (London: Macmillan & Co. Ltd., 1963), p. 1.

The *Aeneid* is said to have dominated Roman education and literature for centuries. The *Ramacharitamanasa* has not in any way been less popular and influential. "I have never met a person," says Grierson about the *Manasa*, "who had read it in the original and who was not impressed by it as the work of a great genius." Like the *Aeneid*, the *Manasa*, too, has been a "set book" for centuries of scholars and students alike and has evoked admiration from almost every writer from Nabba Dasa to Nagendra. Just as the *Aeneid* survived both the rise of Christianity and the fall of Rome, so has the *Manasa* survived both the decline of popular devotionalism and the division of Hindu religion into numerous cults and sects. In *An Englishman Defends Mother India*, Ernest Wood, the author, considers Tulasi's *Manasa* to be "superior to the best books of the Latin and Greek languages", and in *Akbar, the Great Moghul*, Vincent Smith records his appreciation of Tulasi, saying, "... that Hindu was the greatest man of his age in India and greater even than Akbar himself, inasmuch as the conquest of the hearts and minds of millions of men and women affected by the poet was an achievement infinitely more lasting and important than any or all the victories gained in war by the monarch...." Sir George Grierson was not overestimating the popularity of our poet when he said that while Kabir's or Dadu's adherents may be numbered by hundreds of thousands, no less than ninety millions of the people of Upper India acknowledged Tulasi as their spiritual guide.

The great and complicated scheme of the *Manasa*, though essentially different from that of the Nibelungen legend, is akin to it in an important respect. In the Nibelungen legend as well as in the *Manasa* historical and mythical elements mingle. Insofar as the structure of the *Manasa* is concerned, its affinity to the German epic *Nibelungenlied* cannot be overemphasized. The *Nibelungenlied* is not a mere collection of certain episodes selected from the legend, but consists of and exhausts the whole of the legendary material, thereby attaining a higher degree of unity than the *Iliad*. With slight verbal modification the remark may be made to apply to the *Manasa* as well. The closeness with which both the poems link a crime and its punishment is characteristic of an ideal world, such as the spirit of a nation yet in its youth dreams of and desires. On the contrary the heroes of the Homeric poems, especially of the *Iliad*, with their native selfishness are nearer the level of ordinary humanity. The *Manasa*, however, is superior to the *Nibelungenlied* as a work of art, for reasons that are, to the careful reader, obvious. The *Nibelungenlied* is admittedly a work of various hands, some of whom have arbitrarily followed their own devices while others have scrupulously adhered to the original designs of their predecessors. While, therefore, the best parts—if we refrain from considering the difference of style—may fairly compare with the noblest flowers of Tulasi's poetry, we can hardly venture to mention the name of Tulasi—or Homer—in connection with the inferior ones. Of the *Manasa* it can be said that there is hard-

ly any passage in it which the reader finds dull or grotesque, whereas side by side with the most beautiful scenes in the *Nibelungenlied*, we also come across many dull and sometimes even grotesque passages through which we painfully make our way.

Now the question is: Who are the poets who belong, not merely to their own race and language but to the world? T.S. Eliot gives the following answer:

> ... the true sage is rarer than the true poet; and when the two gifts, that of wisdom and that of poetic speech, are found in the same man, you have the great poet. It is poets of this kind who belong, not merely to their own people but to the world...[1]

And Tulasi was admittedly a great poet, a world poet, who not only had the gift of wisdom but also possessed the gift of speech. He derives his status—as did Shakespeare and Goethe—not from one masterpiece, but from the total work of his lifetime. If they created two great mythical figures in Hamlet and Faust, Tulasi created the third, Rama. It was his prerogative, like Shakespeare's and Goethe's, to have the universal, which, as Coleridge said, "is potentially in each particular, opened out to him, the *homo generalis*, not as an abstraction from observation of a variety of men, but as the substance capable of endless modifications, of which his own personal existence was but one, and to use this one as the eye that beheld the other, and as the tongue that could convey the discovery".[2] Like them, again, he had undisputed claims to greatness for the elements of *permanence* and *universality* found in his work. As regards permanence, there is no denying the fact that Tulasi's work has continued—and must continue—"to give delight and benefit to successive generations". His influence is not confined to an age only; it has continued to matter to the poets and people of every age who no doubt understand him differently and are compelled to evaluate his work afresh. And he has been—and is—important almost universally, that is, to his own race and language as to others. It is not only in the work of Dante, Shakespeare or Goethe that we find the common characteristics of *Abundance*, *Amplitude* and *Unity*. Tulasidasa, too, wrote a good deal, and nothing that he has written is negligible. Like Shakespeare and Goethe, he had a very wide range of interests[3]—amplitude—as well as

---

1. "Goethe as the Sage" in *On Poetry and Poets* (London: Faber and Faber Limited, 1957), p. 207.

2. Lectures on Johnson, Beaumont, etc., 1818.

3. Cf. "For the fulfilment of desires, Canto V (The Sundara Kanda) is recited in the form of a hymn... (while certain other lines) are considered to be the equivalent of the *Gayatri mantra*. From the point of view of righteous living, this book is used as a moral code or *Purana*. It is a musical poem, because people sing it. It is also a drama, because Goswami Tulasidasa started his *Rama Lila* on the basis of this book, which even now is performed in the same manner everywhere. Therefore the *Ramacharitamanasa* is an epic poem, song, hymn, *mantra* and drama. It is to be heard, seen and read. It presents all acknowledged forms of poetry at one and the same time. No other poem in the world is full of such excellence." Quoted by C.K. Handoo, *op. cit.*, p. 128.

sympathy and understanding, and like them, what he gives us is Life itself. This is mainly due to the fundamental unity of his interests, to the fact that he is able to see the world from a particular point of view of a particular age and a particular man in that age.

Yet, paradoxically, this particular point of view is so universal that it has never ceased to be relevant to all mankind down the ages whether of the East or of the West. Tulasi blazes out in our midst like a lamp of divine guidance, and by the light of the *Manasa* he leads us out of the shadows of ignorance into knowledge and perfection. He gathers our scattered beliefs into the shelter of a unifying and universal epic, so that our benighted souls become spiritually enlightened and we are delivered out of our wretchedness, our indigence and our bondage, and achieve a supreme degree of happiness and peace.

Endowed with the prophetic vision of a true seer, Tulasi is alert to the present need and understands the requirements of modern times, of what he calls the Kaliyuga, and devotes all his creative energies towards providing a sure antidote to the poison that has corrupted human society today. To many of his readers in India he has been a lamp of guidance, a star of good fortune shining from the horizons of humankind, and a fountain of life for such as lie buried in the mire of ignorance and delusion. To those who find themselves wandering in the wasteland of their defilements and sins he has been a clear, sacred spring of perfections, a strong citadel of faith in the graciousness of God, and an impregnable sanctuary of love and peace for the sorely distressed. The allegory of Ravana's discomfiture and death reminds us of the basic truths of all scriptures—that man's glory and greatness do not consist in his being avid for blood and sharp of claw, in tearing down Hiroshimas and spreading havoc of star wars, in butchering the Jews and innocent minorities. Tulasi's Ramarajya stands for justice, for kindness to the entire population, whether high or low, for building up cities and villages, for making life easy, peaceful and happy for all mankind, and for raising the standards of the downtrodden and increasing the wealth of the entire population, for which no Tamerlane or Alexander or Napoleon is needed. What humanity needs today is Rama, and not Ravana.

RAM CHANDRA PRASAD
Professor of English,
Patna University, Patna

श्रीगणेशाय नमः

श्रीजानकीवल्लभो विजयते

श्रीरामचरितमानस

THE HOLY LAKE OF THE ACTS
OF RAMA

प्रथम सोपान

बालकाण्ड
CHILDHOOD

श्लोक

वर्णानामर्थसंघानां रसानां छंदसामपि ।
मङ्गलानां च कर्त्तारौ वन्दे वाणीविनायकौ ॥१॥

(तुलसीदासजी कहते हैं कि) वर्णों, अनेक अर्थों, रसों, छंदों और समस्त मंगलों की करनेवाली सरस्वतीजी तथा गणेशजी को मैं वन्दना करता हूँ ॥१॥ (महाकाव्य के आरम्भ में आशीर्वादयुक्त, नमस्कारात्मक और वस्तुनिर्देश-रूप मंगलाचरणों में से किसी एक का होना आवश्यक कहा गया है । इस कारण 'श्रीरामचरितमानस' का आरम्भ नमस्कारात्मक मंगलाचरण से हुआ है ।)

I reverence Sarasvati and Ganesha, the originators of letters and their meaning, of poetic sentiments and metres, too, and of all blessings.

भवानीशङ्करौ वन्दे श्रद्धाविश्वासरूपिणौ ।
याभ्यां विना न पश्यन्ति सिद्धाः स्वान्तस्थमीश्वरम् ॥२॥

श्रद्धा और विश्वास के रूप पार्वतीजी तथा शंकरजी की मैं वन्दना करता हूँ, जिनके बिना सिद्ध लोग भी अपने अन्तःकरण में ही विराजमान ईश्वर को नहीं देख पाते ॥२॥

I reverence Parvati and Shankara, the embodiments of faith and trust, without which even adepts cannot perceive God who dwells within them.

वन्दे बोधमयं नित्यं गुरुं शङ्कररूपिणम् ।
यमाश्रितो हि वक्रोऽपि चन्द्रः सर्वत्र वन्द्यते ॥३॥

जिनके आश्रित होने से ही टेढ़ा चन्द्रमा भी सर्वत्र वन्दित होता है, ऐसे ज्ञान-स्वरूप, नित्य, शंकररूपी गुरुदेव की मैं वन्दना करता हूँ ॥३॥

I reverence, as the incarnation of Shankara, the all-wise and eternal *guru*, through whom even the crescent moon, though crooked in shape, is universally honoured.

सीतारामगुणग्रामपुण्यारण्यविहारिणौ ।
वन्दे विशुद्धविज्ञानौ कवीश्वरकपीश्वरौ ॥४॥

सीता और रामजी के गुणसमूहरूपी पुण्यवन में विहार करनेवाले और विशुद्ध विज्ञानी कवीश्वर वाल्मीकि और कपीश्वर हनुमान्जी की मैं वन्दना करता हूँ ॥४॥

I reverence the lord of poets, Valmiki, and the monkey king, Hanuman, of pure intelligence, who haunt the holy forest of Rama and Sita's infinite perfection.

उद्भवस्थितिसंहारकारिणीं क्लेशहारिणीम् ।
सर्वश्रेयस्करीं सीतां नतोऽहं रामवल्लभाम् ॥५॥

सृष्टि, पालन और संहार करनेवाली, दुःखों को हरनेवाली तथा सम्पूर्ण कल्याणों की करनेवाली रामचन्द्रजी की प्रियतमा सीताजी की मैं वन्दना करता हूँ ॥५॥

I bow before Sita, the beloved of Rama, the cause of creation, preservation and dissolution, the destroyer of sorrow and the source of all blessings.

यन्मायावशवर्त्ति विश्वमखिलं ब्रह्मादिदेवासुरा
यत्सत्त्वादमृषैव भाति सकलं रज्जौ यथाहेर्भ्रमः ।
यत्पादप्लवमेकमेव हि भवाम्भोधेस्तितीर्षावतां
वन्देऽहं तमशेषकारणपरं रामाख्यमीशं हरिम् ॥६॥

सारा संसार, ब्रह्मादि देवता और असुर जिनकी माया के वशीभूत हैं,

जिनकी सत्यता से रस्सी में सर्प के भ्रम की भाँति यह सारा दृश्य जगत् सच्चा प्रतीत होता है और जिनके चरण ही भवसागर से तरने की इच्छावालों के लिए एकमात्र नौका हैं, उन समस्त कारणों से परे और सबसे श्रेष्ठ राम नामवाले भगवान् हरि की मैं वन्दना करता हूँ ॥६॥

I reverence the Lord Hari, whose name is Rama, who is supreme over all causes, whose Maya (illusive power) holds sway over the entire universe with Brahma and all the gods and demons; by whose light all this unreal world seems true, as when a rope is thought to be a snake; and whose feet are the only boat for those who are eager to cross the sea of birth and death.

नानापुराणनिगमागमसम्मतं यद्
रामायणे निगदितं क्वचिदन्यतोऽपि ।
स्वान्तःसुखाय तुलसी रघुनाथगाथा-
भाषानिबन्धमतिमञ्जुलमातनोति ॥७॥

जो रामायण में कहा गया है और जो अनेक पुराणों, वेदों तथा शास्त्रों से सम्मत है, उसको और कुछ अन्यत्र से भी लेकर तुलसीदास अपने अन्तःकरण के सुख के लिए रघुनाथजी की अत्यन्त सुन्दर कथा को भाषाकाव्य में विस्तृत करता है ॥७॥

In accord with all the Puranas, the Vedas and the Agamas, and with what has been told in the *Ramayana* (of Valmiki) and elsewhere, I, Tulasi, for his own soul's delight, have composed these exceedingly elegant lays of Raghunatha in modern speech.

सो. – जो सुमिरत सिधि होइ गननायक करिबर बदन ।
करौ अनुग्रह सोइ बुद्धिरासि सुभ गुन सदन ॥१॥

जिनके स्मरण मात्र से सारे काम पूरे होते हैं, जो गणों के स्वामी और सुन्दर हाथी के समान श्रेष्ठ मुखवाले हैं, वे ही बुद्धि के भंडार और शुभ गुणों के धाम गणेशजी मुझ पर कृपा करें ॥१॥

May Ganesha, lord of Shiva's retinue, by thinking on whom success is won, whose face is the face of a noble elephant, storehouse of wisdom, abode of all good qualities, be gracious to me!

मूक होइ बाचाल पंगु चढ़ै गिरिबर गहन ।
जासु कृपाँ सो दयाल द्रवौ सकल कलिमल दहन ॥२॥

जिनकी कृपा से गूँगा बोलने में तेज हो जाता है और लँगड़ा-लूला कठिन पर्वत पर चढ़ जाता है, कलियुग के सभी पापों को जला डालनेवाले वे ही दयालु भगवान् मुझ पर द्रवित हों ॥२॥

May that merciful Lord, whose grace enables the dumb to loose his tongue and the cripple to climb the steepest hill, and who burns to ashes the impurities of the Kaliyuga, be compassionate to me!

नील सरोरुह स्याम तरुन अरुन बारिज नयन ।
करौ सो मम उर धाम सदा छीरसागर सयन ॥३॥

जो नील कमल के समान श्याम हैं, जिनके नेत्र पूर्ण खिले हुए लाल कमल के समान हैं और जो सदा क्षीरसागर में शयन करते हैं, वे भगवान् (नारायण) मेरे हृदय में निवास करें ॥३॥

May the Lord who ever rests upon the Sea of Milk, with body dark as the dark-blue lotus, and eyes bright as a budding water-lily, make his dwelling in my heart!

कुंद इंदु सम देह उमारमन करुना अयन ।
जाहि दीन पर नेह करौ कृपा मर्दन मयन ॥४॥

कुन्द और चन्द्र के समान गोरा जिनका शरीर है, जो पार्वतीजी के पति और दया के धाम हैं और जिनका दीनों पर स्नेह है, वे कामदेव का मर्दन करनेवाले शंकरजी मुझ पर कृपा करें ॥४॥

May the destroyer of Kamadeva, Shiva, whose form resembles in colour the jasmine flower or the moon, who is the beloved spouse of Parvati and an abode of compassion and who loves the humble, show me his grace !

बंदौं गुरपद कंज कृपासिंधु नररूप हरि ।
महामोह तम पुंज जासु बचन रबिकर निकर ॥५॥

जो कृपा के समुद्र और नर के रूप में श्रीहरि ही हैं और जिनके वचन महामोहरूपी घने अन्धकार के नाश के लिए सूर्य-किरणों के समूह हैं, मैं उन गुरु महाराज के चरणकमलों की वन्दना करता हूँ ॥५॥

I reverence the lotus feet of my *guru*, ocean of grace, Hari in human form, whose words are like a flood of sunlight on the deep darkness of powerful ignorance!

चौ. –बंदौं गुरपद पदुम परागा । सुरुचि सुबास सरस अनुरागा ॥
अमिअ मूरिमय चूरनु चारू । समन सकल भवरुज परिवारू ॥

मैं गुरु महाराज के चरण-कमलों के पराग की वन्दना करता हूँ जो सुरुचि (सुन्दर स्वाद), उत्तम सुगन्ध तथा श्रेष्ठ अनुरागरूपी रस से पूर्ण है । वह संजीवनी जड़ी का ऐसा सुन्दर चूर्ण है जो समस्त सांसारिक रोगों के परिवार को नष्ट करता है ॥१॥

I reverence the pollen-like dust of the lotus feet of my *guru*, bright, fragrant, sweet to the taste and full of the flavour of love; pure powder of the root of ambrosia that heals all the attendant ills of life.

सुकृत संभु तन बिमल बिभूती । मंजुल मंगल मोद प्रसूती ॥
जन मन मंजु मुकुर मल हरनी । कियें तिलकु गुनगन बसकरनी ॥

यह गुरुपद-रज पुण्यरूपी शम्भु के शरीर की निर्मल विभूति है और सुन्दर मंगल तथा आनन्द की जननी है, भक्त के सुन्दर मन-दर्पण के मैल को दूर करनेवाली तथा तिलक करने से गुण-समूहों को वश में करनेवाली है ॥२॥

This dust is like the holy ashes on the divine body of Shambhu, beautiful, auspicious and bringing forth joy. It rubs the dirt off the fair mirror of the votary's mind, and, when applied to the forehead as a sect-mark, it attracts a host of virtues.

श्रीगुरपद नख मनिगन जोती । सुमिरत दिब्य दृष्टि हियं होती ॥
दलन मोह तम सो सुप्रकासू । बड़ें भाग उर आवइ जासू ॥

श्रीगुरु के चरण-नखों की ज्योति मणियों के प्रकाश जैसी है, जिसके स्मरण-मात्र से हृदय में दिव्य दृष्टि उत्पन्न हो जाती है । वह सुन्दर प्रकाश अज्ञानरूपी अन्धकार का नाश करनेवाला है; वह जिसके हृदय में आ जाता है, उसके बड़े भाग्य हैं ॥३॥

The lustre of the nails of the holy *guru*'s feet is as the brightness of jewels; when one recalls it, a divine splendour illumines the soul, dispersing the darkness of ignorance with its sun-like glory. How blessed he is in whose soul it dawns !

उघरहिं बिमल बिलोचन ही के । मिटहिं दोष दुख भव रजनी के ॥
सूझहिं रामचरित मनि मानिक । गुपुत प्रगट जहं जो जेहिं खानिक ॥

उसके हृदय में आते ही हृदय की स्वच्छ आँखें खुल जाती हैं और संसाररूपी रात्रि के शोक-संताप मिट जाते हैं एवं रामचरितरूपी मणि और माणिक्य, गुप्त और प्रकट जहाँ और जिस खान के हैं, सब दिखायी पड़ने लगते हैं – ॥४॥

Then the mental vision brightens and expands; the attendant evils and sufferings of the night of mundane existence disappear; and the acts of Rama, like hidden diamonds and rubies plain to see, are discovered, in whatever mine they may be.

दो. –जथा सुअंजन अंजि दृग साधक सिद्ध सुजान ।
कौतुक देखहिं सैल बन भूतल भूरि निधान ॥१॥

जैसे सिद्धाञ्जन को नेत्रों में लगाकर तपस्वी, सिद्ध और ज्ञानी पर्वतों, वनों और पृथ्वी के अंदर बड़े-बड़े खजानों का तमाशा देखते हैं ॥१॥

By applying this magic ointment as it were to the eyes, the aspirant becomes adept and wise, and beholds and marvels at many a treasure on hill-tops, in the midst of forests and in the bowels of the earth.

चौ. –गुरपद रज मृदु मंजुल अंजन । नयन अमिअ दृगदोष बिभंजन ॥
तेहि करि बिमल बिबेक बिलोचन । बरनउँ रामचरित भवमोचन ॥

गुरु के चरणों की धूल कोमल और सुन्दर नयनामृत-काजल है, जो नेत्रों के दोषों का नाश करनेवाला है । उस अञ्जन से विवेकरूपी नेत्रों को निर्मल करके मैं संसाररूपी बन्धन से छुड़ानेवाले रामचरित का वर्णन करता हूँ ॥१॥

The dust of the *guru's* feet is a soft and agreeable ointment, like ambrosia to the eyes, removing every defect of vision. With that ointment I purify the eyes of my understanding and proceed to relate the acts of Rama, the redeemer of the world.

बंदौं प्रथम महीसुरचरना । मोहजनित संसय सब हरना ॥
सुजनसमाज सकल गुन खानी । करौं प्रनाम सप्रेम सुबानी ॥

पहले मैं पृथ्वी के देवता ब्राह्मणों के चरणों की वन्दना करता हूँ, जो मोह से उत्पन्न सभी सन्देहों को मिटा डालते हैं । फिर सब गुणों की खान संत-समाज को प्रेमसहित सुन्दर वाणी में प्रणाम करता हूँ ॥२॥

First, I reverence the feet of the Brahmans, who solve all doubts that spring from ignorance. In fair and loving words, I reverence the whole body of saints, mines of all goodness.

साधु सरिस सुभचरित कपासू । निरस बिसद गुनमय फल जासू ॥
जो सहि दुख परछिद्र दुरावा । बंदनीय जेहिं जग जसु पावा ॥

संतों का चरित्र कपास के समान शुभ है, जिसका फल नीरस, उज्ज्वल और गुणमय होता है, जो स्वयं दुःख सहकर दूसरों के छिद्रों (दोषों) को ढँकता है, जिसके कारण उसे जगत् में वन्दनीय यश की प्राप्ति होती है ॥३॥

The acts of a saint are noble, like the career of the cotton plant, whose produce is dry, white and thread-like. (The saint is *nirasa, i.e.* free from emotional attachment; he is *vishada, i.e.* free from the darkness of ignorance and sin; *gunamaya, i.e.* full of goodness). Though it is roughly treated (in the process of ginning, spinning and weaving), the cotton plant covers others' faults and earns in the world a renown which is worthy of reverence.

मुद मंगलमय संतसमाजू । जो जग जंगम तीरथराजू ॥
रामभगति जहँ सुरसरिधारा । सरसइ ब्रह्म बिचार प्रचारा ॥

संतों का समाज आनन्द और कल्याणमय है, जो संसार में चलता-फिरता तीर्थराज (प्रयाग) है । वहाँ यदि रामभक्तिरूपी गङ्गा की धारा है तो ब्रह्मविचार का प्रचार सरस्वती है ॥४॥

The assemblage of saints, which is all joy and felicity, is the great *tirtha* Prayaga endowed with motion. Faith in Rama is as the stream of the

Ganga; the habit of contemplation on the Absolute as the Sarasvati.

बिधि निषेध मय कलिमल हरनी। करमकथा रबिनंदिनि बरनी॥
हरि हर कथा बिराजति बेनी। सुनत सकल मुद मंगल देनी॥

विधि और निषेध (यह करो और यह न करो) रूपी कर्मों की कथा कलियुग के पापों को हरनेवाली सूर्य-कन्या यमुना है और भगवान् विष्णु तथा शंकरजी की कथाएँ त्रिवेणी-रूप से सुशोभित हैं, जो सुनते ही सब आनन्द और कल्याणों की देनेवाली हैं॥५॥

Instruction in ritual, dealing with precepts and prohibitions for the purification of this Kaliyuga, is called the Yamuna; and the stories of Vishnu and Shankara that bring joy and blessing to the hearer are glorious as the triple stream known as Triveni.

बटु बिस्वासु अचल निज धरमा। तीरथराज समाज सुकरमा॥
सबहि सुलभ सब दिन सब देसा। सेवत सादर समन कलेसा॥

(उस संत-समाजरूपी प्रयाग में) अपने धर्म में अचल विश्वास ही अक्षयवट है और सुन्दर कर्मों के समूह ही उस तीर्थराज के परिकर (परिवार) हैं। वह (प्रयागराज) सब देशों में, सब समय, सभी को सहज ही प्राप्त हो सकता है और आदरपूर्वक सेवन करने से क्लेशों का नाश करता है॥६॥

Unwavering faith in one's own religious duty is the immortal banyan tree, and noble actions represent the royal family of that king of holy places (or those who frequent that holy place). Easy of access to all, on any day, at any place, this moving Prayaga cures all the ills of pious devotees.

अकथ अलौकिक तीरथराऊ। देइ सद्य फल प्रगट प्रभाऊ॥

यह तीर्थराज अलौकिक, अवर्णनीय और तत्काल फल देनेवाला है; इसका प्रभाव प्रत्यक्ष है॥७॥

This king of the holy places is indescribable and not of this world; it grants immediate fruit and is of manifest virtue.

दो०—सुनि समुझहिं जन मुदित मन मज्जहिं अति अनुराग।
लहहिं चारि फल अछत तनु साधुसमाज प्रयाग॥२॥

जो जन इस संत-समाजरूपी तीर्थराज का प्रभाव प्रसन्न मन से सुनते और समझते हैं और फिर अत्यन्त प्रेमपूर्वक इसमें गोते लगाते हैं, वे इसी शरीर से धर्म, अर्थ, काम और मोक्ष—चारों फल पा लेते हैं॥२॥

At this Prayaga of holy men, whoever hears and understands with joyful heart and bathes with the utmost devotion, wins the four rewards[1] while still alive.

1. *dharma*, religious merit; *artha*, material wealth; *kama*, sensuous enjoyment; and *moksha*, release from the bondage of worldly existence.

चौ०—मज्जनफलु पेखिअ ततकाला। काक होहिं पिक बकउ मराला॥
सुनि आचरज करै जनि कोई। सतसंगति महिमा नहिं गोई॥

इसमें स्नान का फल तत्काल देखने में आता है; यहाँ तक कि कौए कोयल बन जाते हैं और बगुले हंस। यह सुनकर कोई आश्चर्य न करे। सत्संगति की महिमा गुप्त नहीं है॥१॥

In an instant behold the effect of the bath; crows become cuckoos and cranes become swans. Let no one marvel at hearing this, for the influence of good company is no secret.

बालमीकि नारद घटजोनी। निज निज मुखनि कही निज होनी॥
जलचर थलचर नभचर नाना। जे जड़ चेतन जीव जहाना॥

वाल्मीकि, नारद और अगस्त्य ने अपने ही मुँह से अपनी कहानी कही है। जल में रहनेवाले, जमीन पर चलनेवाले और आकाश में विचरनेवाले नाना प्रकार के जड़-चेतन जितने जीव इस जगत् में हैं,॥२॥

Valmiki, Narada and Agastya[1] have told its effect upon themselves with their own lips. All creatures in the world, conscious and unconscious, all beings that move in the water, or on the earth, or in the air,

मति कीरति गति भूति भलाई। जब जेहिं जतन जहाँ जेहिं पाई॥
सो जानब सतसंग प्रभाऊ। लोकहुँ बेद न आन उपाऊ॥

उनमें से जिसने जिस समय जहाँ कहीं भी जिस किसी उपाय से बुद्धि, कीर्ति, सद्गति, ऐश्वर्य और भलाई पायी है, उसे सत्सङ्ग का ही प्रभाव समझना चाहिए। वेदों और लोक में इनकी प्राप्ति का दूसरा उपाय ही नहीं है॥३॥

—which at any time or place, by any effort, have attained to knowledge, or glory, or salvation, or power, or virtue,—be sure that their goal has been attained through association with the good; there is no other means in the world or in the Vedas.

बिनु सतसंग बिबेक न होई। रामकृपा बिनु सुलभ न सोई॥
सतसंगति मुद मंगल मूला। सोइ फल सिधि सब साधन फूला॥

सत्सङ्ग के बिना विवेक नहीं होता और वह बिना रामजी की कृपा के प्राप्त नहीं होता। सत्सङ्गति आनन्द और कल्याण की जड़ है। सत्सङ्ग की सिद्धि ही फल है और सब साधन तो फूल हैं॥४॥

Wisdom dawns not without association with the saints and such communion cannot be easily enjoyed without the grace of Rama. Fellowship with the saints is the root of all joy and fortune; its flowers are good works and its fruit perfection.

1. Valmiki was a hunter and highway robber in his early life before he was reclaimed by the Seven Seers and became a great poet. Narada was the son of a maid-servant in his previous incarnation. Agastya was born in a water-jar, and was therefore called Kumbhaja, Ghatayoni, Ghatasambhava, etc.

सठ सुधरहिं सतसंगति पाई । पारस परस कुधातु सुहाई ॥
बिधिबस सुजन कुसंगति परहीं । फनिमनि सम निज गुन अनुसरहीं ॥

जैसे पारस के छू जाने से लोहा सुहावना हो जाता है उसी प्रकार दुष्ट भी सत्संगति पाकर सुधर जाते हैं। किन्तु दैवयोग से यदि कभी सज्जन कुसङ्गति में पड़ जाते हैं, तो वे वहाँ भी साँप की मणि के समान अपने गुणों का ही अनुसरण करते हैं ॥५॥

The wicked are reformed by association with the good as iron is made gold by the touch of the philosopher's stone. If by chance good men fall into evil company, like the gem in a serpent's head, they still pursue their virtuous courses.

बिधि हरि हर कबि कोबिद बानी । कहत साधुमहिमा सकुचानी ॥
सो मो सन कहि जात न कैसें । साकबनिक मनिगन गुन जैसें ॥

ब्रह्मा, विष्णु, महादेव, कवि और पण्डितों की वाणी भी संत-महिमा का वर्णन करने में सकुचाती है; वह मुझसे उसी प्रकार नहीं कही जाती जिस प्रकार साग-तरकारी बेचनेवालों से मणियों के गुण समूह नहीं कहे जाते ॥६॥

Even Brahma, Vishnu, Mahadeva, poets and scholars, all shrink from describing the influence of the good; for me to tell it is, as it were, for a vegetable-seller to describe all the merits of a gem.

दो. –बंदौं संत समानचित हित अनहित नहिं कोउ ।
अंजलिगत सुभ सुमन जिमि सम सुगंध कर दोउ ॥३(क)॥

मैं समान चित्तवाले संतों को प्रणाम करता हूँ, जिनका न कोई मित्र है और न शत्रु ! जैसे अञ्जलि में आये हुए सुन्दर फूल (जिस हाथ ने फूलों को तोड़ा और जिसने उनको रखा उन) दोनों ही हाथों को समान रूप से सुगन्धित करते हैं (वैसे ही संत शत्रु और मित्र दोनों का ही समान रूप से कल्याण करते हैं) ॥३(क)॥

I reverence the saints who are even-minded towards all and have no friend or foe, just as a gracious flower, clasped in both hands, sheds equal fragrance on the two (the one which plucked it and the other that held and preserved it).

संत सरलचित जगतहित जानि सुभाउ सनेहु ।
बालबिनय सुनि करि कृपा रामचरन रति देहु ॥३(ख)॥

संत सरलचित्त और जगत् के हितकारी होते हैं, उनके अच्छे भाव और स्नेह को जानकर मैं उनसे विनय करता हूँ कि मेरी इस बाल-विनय को सुनकर कृपा करके श्रीरामजी के चरणों में मुझे प्रीति दें ॥३(ख)॥

Realizing thus the noble disposition and loving nature of the saints, who are innocent at heart and desirous of the welfare of the world, I make this humble submission to them. Listening to my child-like prayer, O you saints, be gracious to me and inspire me with devotion towards the feet of Rama.

बहुरि बंदि खलगन सति भाएँ । जे बिनु काज दाहिनेहु बाएँ ॥
परहित हानि लाभ जिन्ह केरें । उजरे हरष बिषाद बसेरें ॥

सच्चे भाव से अब मैं दुष्टों की वन्दना करता हूँ, जो बिना ही प्रयोजन अपने हित करनेवालों के भी प्रतिकूल आचरण करते हैं; दूसरों के हित की हानि ही जिनकी दृष्टि में लाभ है, जिनको दूसरों के उजड़ने पर हर्ष और बसने पर विषाद होता है ॥१॥

Next, in all sincerity I do homage to those wretches who without cause delight to vex the righteous; for whom another's loss is gain; who delight in another's ruin and wail over his prosperity.

हरि हर जस राकेस राहु से । पर अकाज भट सहसबाहु से ॥
जे परदोष लखहिं सहसाँखी । परहित घृत जिन्ह के मन माँखी ॥

जो हरि और हर के यशरूपी पूर्णचन्द्र के लिए राहु के समान हैं (अर्थात् जहाँ कहीं भगवान् विष्णु या शंकर के यश का वर्णन होता है, वहाँ वे बाधा डालते हैं) और दूसरों की बुराई करने में सहस्रबाहु के समान वीर हैं; जो दूसरों के दोषों को हजार आँखों से देखते हैं और दूसरों के हितरूपी घी के लिए जिनका मन मक्खी के समान है ॥२॥

They are as an eclipse to the full-moon glory of Vishnu and Shankara; who become as the valiant Sahasrabahu in doing evil to others. They have a thousand eyes to detect a neighbour's faults and their (designing) mind mars others' interests even as a fly spoils clarified butter.

तेज कृसानु रोष महिषेसा । अघ अवगुन धन धनी धनेसा ॥
उदय केतु सम हित सब ही के । कुंभकरन सम सोवत नीके ॥

तेज में जो अग्नि और क्रोध में यमराज के समान हैं, पाप और अवगुणरूपी धन में कुबेर के समान धनी हैं, जिनकी बढ़ती सभी के हित का नाश करने के लिए केतु (पुच्छल तारे) के समान है, और जिनके कुम्भकर्ण की तरह सोते रहने में ही भलाई है ॥३॥

Their fierceness is like fire, their wrath like death (Yama); they are rich in crime and sin as Kuvera is in gold; they ruin all like Ketu at his rising and like the slumber of Kumbhakarna their decline alone is propitious for the world.

पर अकाज लगि तनु परिहरहीं । जिमि हिम उपल कृषी दलि गरहीं ॥
बंदौं खल जस सेष सरोषा । सहस बदन बरनइँ परदोषा ॥

जिस तरह ओले खेती का नाश करके स्वयं नष्ट हो जाते हैं, उसी तरह वे दूसरों का काम बिगाड़ने के लिए अपना शरीर तक छोड़ देते हैं। मैं उन दुष्टों को हजार मुखवाले शेषजी के समान समझकर प्रणाम करता हूँ, जो पराये दोषों का हजार मुखों से बड़े रोष के साथ वर्णन करते हैं ॥४॥

They even lay down their lives in order to be able to harm others, like hailstones that melt after destroying a crop. Regarding them as Shesha himself, I reverence those scoundrels who with a thousand tongues maliciously describe the faults of others.

पुनि प्रनवौं पृथुराज समाना। पर अघ सुनइ सहस दस काना॥
बहुरि सक्र सम बिनवौं तेही। संतत सुरानीक हित जेही॥

मैं पृथुराज (जिन्होंने भगवान् के यश को सुनने के लिए दस हजार कान माँगे थे) के समान जानकर इन्हें भी प्रणाम करता हूँ जो दस हजार कानों से दूसरों के पापों को सुनते हैं। फिर इन्द्र के समान (मानकर) उनकी विनय करता हूँ, जिनको सुरा सर्वदा प्रिय है (इन्द्र के लिए भी सुरानीक, अर्थात् देवताओं की सेना, हितकारी है) ॥५॥

Again, I bow to those who, like Prithuraja, have ten thousand ears to hear of others' faults; and yet again, I make my prayer to those who, like Indra, ever delight in much strong drink

बचन बज्र जेहि सदा पिआरा। सहस नयन परदोष निहारा॥

जिन्हें वचनरूपी वज्र सदा प्यारा है और जो हजारों आँखों से पराये दोषों को देखते हैं ॥६॥

—and love to use harsh words even as the thunderbolt is fondly cherished by Indra, and detect others' faults with a thousand eyes.

दो.—उदासीन अरि मीत हित सुनत जरहिं खल रीति।
जानि पानि जुग जोरि जनु बिनती करइ सप्रीति॥ ४॥

यह रीति है कि दुष्ट लोग उदासीन, शत्रु और मित्र के हित को सुनते ही जल उठते हैं। यह जानकर दोनों हाथ जोड़कर यह सेवक प्रेमपूर्वक उनसे विनय करता है ॥४॥

The wicked burn with jealousy as they hear of others' welfare, be they neutrals, foes or friends: such is the way of villains. Knowing this, I, their humble servant, fold my hands and make loving entreaties.

चौ.—मैं अपनी दिसि कीन्ह निहोरा। तिन्ह निज ओर न लाउब भोरा॥
पायस पलिअहिं अति अनुरागा। होहिं निरामिष कबहुँ कि कागा॥

अपनी ओर से तो मैंने निहोरा कर दिया, परन्तु वे अपनी ओर से कभी नहीं चूकेंगे। कौओं को खीर खिलाकर बड़े प्रेम से पालिए, परन्तु वे क्या कभी मांस के त्यागी हो सकते हैं ? ॥१॥

I for my part have made my supplication, but they will not depart from their ways. However carefully you may bring up a crow and feed it on rice pudding, will it ever give up eating meat ?

बंदौं संत असज्जन चरना। दुखप्रद उभय बीच कछु बरना॥
बिछुरत एक प्रान हरि लेई। मिलत एक दुख दारुन देई॥

अब मैं सज्जन और दुर्जन दोनों के चरणों की वन्दना करता हूँ; दोनों ही दुःख देने वाले हैं; परन्तु उनमें कुछ अन्तर है। जहाँ एक (संत) तो बिछुड़ते समय प्राण हर लेते हैं, वहीं दूसरे (असंत) मिलते हैं तब दारुण दुःख देते हैं ॥२॥

I do homage to the feet of saints and sinners; both give pain, but with a difference: for the absence of the former is like the pain of death, while the latter torture by their presence.

उपजहिं एक संग जग माहीं। जलज जोंक जिमि गुन बिलगाहीं॥
सुधा सुरा सम साधु असाधू। जनक एक जग जलधि अगाधू॥

संत और असंत संसार में एक साथ पैदा होते हैं; परन्तु एक साथ पैदा होनेवाले कमल और जोंक की तरह उनके गुण अलग-अलग होते हैं। साधु अमृत के समान और असाधु मदिरा के समान होता है, दोनों को उत्पन्न करनेवाला जगत्‌रूपी अगाध समुद्र एक ही है ॥३॥

Though born together in the world, their qualities are different like the lotus and the leech. The good and the bad thus resemble nectar and intoxicating drink; the deep ocean in the form of this world is their common parent.

भल अनभल निज निज करतूती। लहत सुजस अपलोक बिभूती॥
सुधा सुधाकर सुरसरि साधू। गरल अनल कलिमलसरि ब्याधू॥
गुन अवगुन जानत सब कोई। जो जेहि भाव नीक तेहि सोई॥

अपनी-अपनी करनी के अनुसार भले-बुरे लोग सुन्दर यश और अपयश का ऐश्वर्य पाते हैं। अमृत, चन्द्रमा, गङ्गाजी और साधु एवं विष, अग्नि, कलियुग के पापों की नदी अर्थात् कर्मनाशा, और हिंसा करनेवाला व्याध, इनके गुण-अवगुण सब कोई जानते हैं; किन्तु जिसे जो भाता है, उसे वही अच्छा लगता है ॥४-५॥

The good and the bad, according to their deeds, gather a rich harvest of honour and dishonour; the good are like nectar or the moon or Ganga, the harmful like poison or fire or the river Karmanasha. Their merits and demerits are known to all; but whatever is to a man's taste seems good to him.

दो.—भलो भलाइहि पै लहै लहै निचाइहिं नीचु।
सुधा सराहिअ अमरता गरल सराहिअ मीचु॥५॥

भले भलाई को और नीच नीचता को ही ग्रहण किये रहते हैं। अमृत की सराहना अमर करने में होती है और विष की मारने में ! ॥५॥

The good aim at goodness and the vile at vileness; nectar is praised for giving immortality, and poison for its deadly effects.

चौ. –खल अघ अगुन साधु गुन गाहा। उभय अपार उदधि अवगाहा॥
तेहि तें कछु गुन दोष बखाने। संग्रह त्याग न बिनु पहिचाने॥

खलों के पापों और अवगुणों की तथा साधुओं के गुणों की गाथाएँ अपार और अथाह समुद्र हैं। इसीसे मैंने कुछ गुणों और दोषों का वर्णन किया है, क्योंकि बिना पहचाने उनका ग्रहण या त्याग सम्भव नहीं है॥१॥

The tales of sins and vices of the wicked and of the virtues of the good are like the boundless, unfathomable ocean; so only a few virtues and vices have been mentioned, for unless they are recognized, one cannot accumulate the former or shun the latter.

भलेउ पोच सब बिधि उपजाये। गनि गुन दोष बेद बिलगाये॥
कहहिं बेद इतिहास पुराना। बिधिप्रपंचु गुन अवगुन साना॥

भले, बुरे सभी ब्रह्मा की सृष्टि हैं, पर गुणों और दोषों को गिनकर वेदों ने उनको अलग-अलग कर दिया है। वेद, इतिहास और पुराण बतलाते हैं कि ब्रह्मा की यह सृष्टि गुण-अवगुणों से सनी हुई है॥२॥

It is God who has created all the good and the bad, but it is the Vedas that with careful discrimination have distinguished one from the other. The heroic legends and the Puranas also, no less than the Vedas, declare that God's creation is a mixture of virtue and vice.

दुख सुख पाप पुन्य दिन राती। साधु असाधु सुजाति कुजाती॥
दानव देव ऊँच अरु नीचू। अमिअ सुजीवनु माहुरु मीचू॥
माया ब्रह्म जीव जगदीसा। लच्छि अलच्छि रंक अवनीसा॥
कासी मग सुरसरि कविनासा। मरु मारव महिदेव गवासा॥
सरग नरक अनुराग बिरागा। निगम अगम गुन दोष बिभागा॥

दुःख-सुख, पाप-पुण्य, दिन-रात, साधु-असाधु, सुजाति-कुजाति, दानव-देवता, ऊँच-नीच, अमृत-विष, सुजीवन-मृत्यु, माया-ब्रह्म, जीव-ईश्वर, सम्पत्ति-दरिद्रता, रंक-राजा, काशी-मगध, गङ्गा-कर्मनाशा, मारवाड़-मालवा, ब्राह्मण-कसाई, स्वर्ग-नरक, अनुराग-विराग ब्रह्मा की सृष्टि में इनका सह-अस्तित्व देखा जाता है। वेदशास्त्रों ने इनके गुण-दोषों का विभाग कर दिया है॥३-५॥

It is characterized by pairs of opposites such as pain and pleasure, sin and merit, day and night, saint and sinner, high caste and low, demons and gods, the lofty and the base, nectar and poison, a happy life and death, the world of illusion and the Absolute, the individual soul and God, wealth and poverty, the beggar and the king, Kashi and Magadh, Ganga and Karmanasha, Marwar and Malwa, the Brahman and the butcher, heaven and hell, attachment and dispassion—the Vedas and the Agamas have made distinction of every variety of good and evil.

दो. –जड़ चेतन गुन दोष मय बिस्व कीन्ह करतार।
संत हंस गुन ग्रहहिं पय परिहरि बारि बिकार॥६॥

ईश्वर ने इस जड़-चेतन विश्व को गुण-दोषमय बनाया है। लेकिन संतरूपी हंस तो दोषरूपी जल को छोड़कर गुणरूपी दूध को ही ग्रहण करते हैं॥६॥

God has created the universe consisting of things animate and inanimate and endowed it with virtues and defects; the saint like a swan extracts the milk of goodness and rejects the worthless water.

चौ. –अस बिबेक जब देइ बिधाता। तब तजि दोष गुनहिं मनु राता॥
काल सुभाउ करम बरिआई। भलेउ प्रकृतिबस चुकइ भलाई॥

जब विधाता ऐसा विवेक देते हैं, तब मन दोषों को छोड़कर गुणों में अनुरक्त होता है। काल, स्वभाव और कर्म की प्रबलता से भले लोग भी माया के वश में होकर कभी-कभी भलाई से चूक जाते हैं॥१॥

When Providence blesses one with such discrimination, one abandons error and becomes devoted to the good; but under the powerful influence of time or nature or the law of action, even the good, subject to illusion, may deviate from virtue.

सो सुधारि हरिजन जिमि लेहीं। दलि दुख दोष बिमल जसु देहीं॥
खलउ करहिं भल पाइ सुसंगू। मिटइ न मलिन सुभाउ अभंगू॥

भगवद्भक्त जैसे उस भूल-चूक को सुधार लेते हैं और दुःख-दोषों को दलितकर निर्मल यश देते हैं, वैसे ही दुष्ट भी कभी-कभी उत्तम संगति पाकर भलाई करते हैं, परन्तु कभी भंग न होनेवाला उनका मलिन स्वभाव नहीं मिटता॥२॥

But just as Hari's votaries rectify that error and, eradicating sorrow and weakness, bring glory to them, even so the wicked occasionally perform a noble deed by association with the good, although they never wholly lose their innate indestructible wickedness.

लखि सुबेष जग बंचक जेऊ। बेषप्रताप पूजिअहिं तेऊ॥
उघरहिं अंत न होइ निबाहू। कालनेमि जिमि रावन राहू॥

वेषधारी ठगों को भी साधु का-सा वेष बनाये देखकर वेष के प्रताप से जगत् पूजता है, परन्तु एक-न-एक दिन वे चौड़े आ ही जाते हैं, अन्त तक उनका कपट नहीं निभता, जैसे कालनेमि, रावण और राहु का हाल हुआ॥३॥

Even those who are impostors are honoured on account of their garb, as the world is taken in by their fair outward show, but in the end they are exposed and do not succeed, like Kalanemi, or Ravana, or Rahu.

कियेहु कुबेषु साधु सनमानू। जिमि जग जामवंत हनुमानू॥
हानि कुसंग सुसंगति लाहू। लोकहुँ बेद बिदित सब काहू॥

साधु का सम्मान बुरे वेष में भी होता है, जैसे जगत् में जाम्बवान् और हनुमान्‌जी का हुआ। बुरे संग से हानि और अच्छे संग से लाभ होता है। यह बात लोक और वेद में है और सभी इसे जानते हैं ॥४॥

The good are honoured, notwithstanding their mean appearance, like Jambavan or Hanuman. Bad company is harmful, while good company is an asset in itself; this is a truth known to all and recognized both by the world and by the Vedas.

गगन चढ़इ रज पवनप्रसंगा। कीचहि मिलइ नीच जल संगा॥
साधु असाधु सदन सुक सारीं। सुमिरहिं रामु देहिं गनि गारीं॥

वायु के साथ धूल आकाश में चढ़ जाती है और वही नीचे की ओर बहनेवाले जल के साथ कीचड़ में मिल जाती है। साधु के घर के तोता-मैना राम-राम सुमिरते हैं और असाधु के घर के तोता-मैना गिन-गिनकर गालियाँ देते हैं ॥५॥

Through contact with the wind dust rises in the air; if it joins low-flowing water, it becomes mud and sinks. According to the character of the house in which a parrot or *maina* is trained, it learns either to repeat the name of Rama or to pour a volley of abuses. (In the good man's house his birds repeat the name of Rama; in the bad man's house they cease not to abuse.)

धूम कुसंगति कारिख होई। लिखिअ पुरान मंजु मसि सोई॥
सोइ जल अनल अनिल संघाता। होइ जलद जग जीवनदाता॥

कुसंग में पड़कर धुआँ कालिख कहलाता है और सुसंगति से सुन्दर स्याही होकर पुराण लिखने के काम आता है और वही धुआँ जल, अग्नि और पवन के संग से बादल होकर जगत् को जीवन देनेवाला बन जाता है ॥६॥

Evil association turns smoke into soot, but it may make fine ink, and be used even for copying a Purana; while the same smoke, when combined with water, fire, and air, becomes an earth-refreshing rain-cloud.

दो.—ग्रह भेषज जल पवन पट पाइ कुजोग सुजोग।
होहिं कुबस्तु सुबस्तु जग लखहिं सुलच्छन लोग॥७(क)॥

ग्रह, औषधि, जल, वायु और वस्त्र – ये सब भी कुयोग और सुयोग पाकर संसार में बुरे और भले हो जाते हैं। चतुर एवं विचारशील पुरुष ही इस बात को लखते हैं ॥७(क)॥

The planets , medicines, water, air, clothes, all are good or bad things according as their company is good or bad; men of judgement can observe this distinction.

सम प्रकास तम पाख दुहुँ नामभेद बिधि कीन्ह।
ससि सोषक पोषक समुझि जग जस अपजस दीन्ह॥ ७ (ख)॥

यद्यपि महीने के दोनों पखवारों में उजेला और अँधेरा समान ही रहता है, फिर भी विधाता ने इनके नामों में भेद कर दिया है। एक को चन्द्रमा का बढ़ानेवाला और दूसरे को उसका घटानेवाला समझकर जगत् ने एक को सुयश और दूसरे को अपयश दे दिया ॥७(ख)॥

The periods of light and darkness are equal in the bright half and the dark half of the month, but a difference in name has been wisely made by God. The world regards the one as the nourisher of the moon and so honours it, and the other as its emaciator and so holds it in low esteem.

जड़ चेतन जग जीव जत सकल राममय जानि।
बंदौं सब के पद कमल सदा जोरि जुग पानि॥ ७ (ग)॥

जगत् में जितने भी जड़-चेतन जीवन हैं, उन सबको राममय जानकर मैं उनके चरणकमलों की सदा दोनों हाथ जोड़कर वन्दना करता हूँ ॥७(ग)॥

Knowing that the whole universe, whether animate or inanimate, is pervaded by the spirit of Rama, I ever adore the lotus feet of all with folded hands;

देव दनुज नर नाग खग प्रेत पितर गंधर्ब।
बंदौं किंनर रजनिचर कृपा करहु अब सर्ब॥ ७ (घ)॥

देवता, दैत्य, मनुष्य, सर्प, पक्षी, प्रेत, पितर, गन्धर्व, किन्नर और निशाचर इन सब की मैं वन्दना करता हूँ। अब आप सब मुझपर कृपा कीजिए ॥७(घ)॥

(I even do homage to) gods and demons, men and serpents and birds, ghosts and departed ancestors, Gandharvas, Kinnaras, demons of the night—I pray you all be gracious to me!

चौ.—आकर चारि लाख चौरासी। जाति जीव जल थल नभ बासी॥
सीय राम मय सब जग जानी। करौं प्रनाम जोरि जुग पानी॥

चौरासी लाख योनियों में चार प्रकार के (स्वेदज, अण्डज, उद्भिज्ज, जरायुज) जो जीव जल, धरती और आकाश में रहते हैं, उन सबसे भरे हुए इस सारे जगत् को मैं सीता-राममय जानकर दोनों हाथ जोड़कर प्रणाम करता हूँ ॥१॥

Eight million four hundred thousand species of living beings, classified under four broad divisions, inhabit land, water and the air. Realizing the whole world to be pervaded by Sita and Rama, I make obeisance with folded hands.

जानि कृपाकर किंकर मोहू। सब मिलि करहु छाड़ि छल छोहू॥
निज बुधि बल भरोस मोहि नाहीं। तातें बिनय करौं सब पाहीं॥

मुझे अपना सेवक जानकर कृपा की खान आप सब मिलकर निष्कपट भाव से कृपा कीजिए। मुझे अपने बुद्धिबल का भरोसा नहीं है, इसीलिए मैं सबसे विनती करता हूँ ॥२॥

In your compassion look on me as your servant, and in all sincerity be kind and affectionate. I have no confidence in the strength of my own reason, and so I supplicate you all.

करन चहौं रघुपति गुन गाहा। लघु मति मोरि चरित अवगाहा ॥
सूझ न एकौ अंग उपाऊ। मन मति रंक मनोरथ राऊ ॥

मैं श्रीरामजी के गुणों का वर्णन करना चाहता हूँ, परन्तु मेरी बुद्धि छोटी और श्रीरामजी का चरित्र अथाह है। इसके लिए मुझे उपाय का एक भी अंग नहीं सूझता। मेरे मन और बुद्धि कंगाल हैं, किन्तु मनोरथ राजा है ॥३॥

I wish to recount the story of Rama's virtues, but my intellect is slight and his acts profound. I am conscious that I have no skill or capacity; my wit in short is beggarly, my desire imperial.

मति अति नीच ऊँचि रुचि आछी। चहिअ अमिअ जग जुरै न छाछी ॥
छमिहहिं सज्जन मोरि ढिठाई। सुनिहहिं बालबचन मन लाई ॥

और मेरी बुद्धि तो अत्यन्त नीच तथा रुचि बहुत ऊँची है; चाह तो अमृत पाने की है, पर जगत् में जुड़ती छाछ भी नहीं। सज्जन मेरी ढिठाई को क्षमा करेंगे और बालक के वचनों को मन लगाकर सुनेंगे ॥४॥

My wit is extremely mean, my ambition high and noble; I am thirsting for nectar, when not even buttermilk is to be had. Good people will pardon my audacity and listen to my childish babbling,

जौं बालक कह तोतरि बाता। सुनहिं मुदित मन पितु अरु माता ॥
हँसिहहिं कूर कुटिल कुबिचारी। जे परदूषन भूषन धारी ॥

जिस तरह बालक जब तोतली बात बोलता है तब उसके माता-पिता उसे प्रसन्न मन से सुनते हैं। किन्तु निर्दय, कुटिल और बुरे विचारवाले लोग, जो पराये दोषों को ही भूषण रूप से धारण किये रहते हैं, हँसेंगे ॥५॥

—as when a father and mother delight to hear the lisping prattle of their little one; but those who are hard-hearted, mischievous and perverse and cherish others' faults as ornaments, will laugh.

निज कबित्त केहि लाग न नीका। सरस होउ अथवा अति फीका ॥
जे परभनिति सुनत हरषाहीं। ते बर पुरुष बहुत जग नाहीं ॥

चाहे रसीली हो या अत्यन्त फीकी, अपनी कविता किसे नीक नहीं लगती? किन्तु जो दूसरों की रचना को सुनकर हर्षित होते हैं, ऐसे उत्तम पुरुष जगत् में विरल हैं ॥६॥

Who does not like his own verses, be they delightful or exceedingly insipid? Those good people who are pleased when they hear others' composition are rare in the world.

जग बहु नर सर सरि सम भाई। जे निज बाढ़ि बढ़हिं जल पाई ॥
सज्जन सकृत सिंधु सम कोई। देखि पूर बिधु बाढ़ै जोई ॥

हे भाई! संसार में तालाबों और नदियों के समान ही मनुष्य ज्यादा हैं, जो जल पाकर अपनी ही बढ़ोतरी से बढ़ते हैं (अपनी ही उन्नति से प्रसन्न होते हैं)। समुद्र-सा उदार तो कोई विरला ही होता है जो चन्द्रमा को पूर्ण देखकर (दूसरों का उत्कर्ष देखकर) उमड़ पड़ता है ॥७॥

The world abounds in men, my friend, who are like ponds or rivers which overflow their banks on getting a rainfall; but very few are those good men who resemble the generous ocean, which swells on beholding the moon at full.

दो.—भाग छोट अभिलाषु बड़ करउँ एक बिस्वास।
पैहहिं सुख सुनि सुजन सब खल करिहहिं उपहास ॥८॥

मेरा भाग्य तो छोटा है परन्तु मेरे अरमान बहुत बड़े हैं; मुझे एक विश्वास है कि इसे सुनकर सभी सज्जन सुख पावेंगे और दुष्ट हँसी उड़ावेंगे ॥८॥

Humble is my lot and my ambition high; but I am confident of one thing, that the good will be gratified to hear my verses, though evil men will laugh.

चौ.—खलपरिहास होइ हित मोरा। काक कहहिं कलकंठ कठोरा ॥
हंसहि बक गादुर चातकही। हँसहिं मलिन खल बिमल बतकही ॥

खलों की हँसी से मेरा हित ही होगा। कौए तो मधुर कण्ठवाली कोयल को कठोर ही कहा करते हैं। जैसे बगुले हंस को और मेंढक पपीहे को देखकर हँसते हैं, वैसे ही मलिन मनवाले दुष्ट निर्मल वाणी पर हँसते हैं ॥१॥

Yet even the mockery of the wicked will be beneficial to me; crows call the note of the *koel* harsh; the cranes ridicule the swan, and frogs the cuckoo; so the low and the vile laugh at pure discourse.

कबितरसिक न रामपद नेहू। तिन्ह कहँ सुखद हास रस एहू ॥
भाषाभनिति भोरि मति मोरी। हँसिबे जोग हँसें नहिं खोरी ॥

जो न तो कविता के प्रेमी हैं और न जिनका रामचन्द्रजी के चरणों में प्रेम है, उनके लिए भी यह कविता सुखद हास्यरस युक्त होगी। प्रथम तो यह भाषा की रचना है, दूसरे मेरी बुद्धि भोली है; इससे यह हँसने के योग्य ही है, हँसने में कोई दोष नहीं है ॥२॥

Those who have no taste for poetry nor any love for Rama's feet will find pleasure in jeering at my verses. If my homely speech and poor wit are fit subjects for ridicule, let them laugh; they cannot be blamed for their laughter.

प्रभुपद प्रीति न सामुझि नीकी। तिन्हहिं कथा सुनि लागिहि फीकी॥
हरि हर पद रति मति न कुतरकी। तिन्ह कहुँ मधुर कथा रघुबर की॥

जिन्हें न तो प्रभु के चरणों में प्रीति है और न अच्छी समझ ही है, उन्हें यह कथा सुनने में फीकी लगेगी। जिन्हें श्रीहरि (भगवान् विष्णु) और श्रीहर (भगवान् शिव) के चरणों में प्रीति है और जिनकी बुद्धि कुतर्क नहीं करती, उन्हें रघुनाथजी की यह कथा मीठी लगेगी॥३॥

To those who cherish no love for the feet of the Lord and have no sound reason either, this story will seem insipid when they hear it. But to those who are devoted to the feet of Hari and Hara, and who are not perversely critical, the story of Raghunatha will be sweet as honey.

रामभगति भूषित जिअ जानी। सुनिहहिं सुजन सराहि सुबानी॥
कबि न होउँ नहि बचन प्रबीनू। सकल कला सब बिद्या हीनू॥

सज्जन लोग इस कथा को अपने जी में श्रीरामजी की भक्ति से भूषित जानकर सुन्दर वाणी से सराहना करते हुए सुनेंगे। मैं न तो कवि हूँ और न वाक्य-रचना में ही निपुण हूँ। मैं तो सब कलाओं तथा सब विद्याओं से हीन हूँ॥४॥

Realizing that the story is made glorious by devotion to Rama, good men will listen to it and praise it with fair words. I am no poet, nor am I an adept in the art of speech; all ignorant am I of every art and science.

आखर अरथ अलंकृति नाना। छंद प्रबंध अनेक बिधाना॥
भावभेद रसभेद अपारा। कबित दोष गुन बिबिध प्रकारा॥

अक्षर, अर्थ और नाना प्रकार के अलङ्कार, अनेक प्रकार की छन्द-रचना, भावों और रसों के अपार भेद और कविता के भाँति-भाँति के गुण और दोष हैं॥५॥

There are elegant devices of letters, profundities of meaning, various figures of speech, metrical compositions of different kinds, infinite varieties of emotions and sentiments, and all sorts of defects and excellences of verse.

कबितबिबेक एक नहि मोरें। सत्य कहौं लिखि कागद कोरें॥

इनमें से काव्य-सम्बन्धी एक भी बात का ज्ञान मुझे नहीं है, यह मैं कोरे कागज पर लिखकर, शपथपूर्वक, सत्य-सत्य कहता हूँ॥६॥

I possess no judgement in the art of poesy; I declare and record it on a fair white sheet.

दो.—भनिति मोरि सब गुन रहित बिस्वबिदित गुन एक।
सो बिचारि सुनिहहिं सुमति जिन्ह के बिमल बिबेक॥९॥

मेरी कविता सारे गुणों से रहित है; इसमें बस जगत्प्रसिद्ध एक गुण है। उसे विचारकर अच्छी बुद्धिवाले व्यक्ति और वे, जिनका विवेक निर्मल है, इसे सुनेंगे॥९॥

My composition is devoid of all charm; it has only one excellence known throughout the world, which men of sound sense, whose judgement is pure, will ponder and listen.

चौ.—एहि महु रघुपति नाम उदारा। अति पावन पुरान श्रुति सारा॥
मंगलभवन अमंगलहारी। उमा सहित जेहि जपत पुरारी॥

इसमें रघुपति का उदार नाम है, जो अत्यन्त पवित्र है, वेद-पुराणों का सार है, कल्याण का घर है, अमङ्गलों को दूर करनेवाला है और जिसे उमा सहित भगवान् शिवजी सदा जपा करते हैं॥१॥

It contains the gracious name of the lord of Raghus (Raghupati), very pure, the essence of the Puranas and the Vedas, abode of all that is auspicious, the name that destroys ill-fortune, ever repeated in prayer by Uma and Shiva.

भनिति बिचित्र सुकबिकृत जोऊ। राम नाम बिनु सोह न सोऊ॥
बिधुबदनी सब भाँति सँवारी। सोह न बसन बिना बर नारी॥

सुकवि द्वारा रची हुई बड़ी अनोखी कविता भी रामनाम के बिना शोभा नहीं पाती, जैसे सब प्रकार से सजी हुई श्रेष्ठ चन्द्रमुखी स्त्री भी वस्त्रों के बिना शोभित नहीं होती॥२॥

The most admirable composition of the most talented poet has no real beauty without the name of Rama, just as a lovely woman, fair as the moon and adorned with the richest jewels, does not look attractive if naked.

सब गुन रहित कुकबिकृत बानी। राम नाम जस अंकित जानी॥
सादर कहहिं सुनहिं बुध ताही। मधुकर सरिस संत गुनग्राही॥

सब गुणों से रहित कुकवि की कविता को भी राम-नाम के यश से अङ्कित जानकर बुद्धिमान् लोग आदरपूर्वक कहते और सुनते हैं, क्योंकि संतजन भौंरे की भाँति गुण ही को ग्रहण करनेवाले होते हैं॥३॥

But the most worthless production of a poor versifier, if stamped with the glory of Rama's name, is heard and rehearsed with reverence by the wise, who extract what is good in it as bees suck honey from any flower.

जदपि कबित रस एकौ नाहीं। रामप्रताप प्रगट एहि माहीं॥
सोइ भरोस मोरें मन आवा। केहिं न सुसंग बड़त्तनु पावा॥

यद्यपि इसमें कविता का एक भी आनंद नहीं है, तथापि इसमें श्रीरामजी का प्रताप प्रकट है। मेरे मन में यही एक भरोसा है। सत्संग से भला किसने बड़प्पन नहीं पाया ? ॥४॥

Though there is no poetic merit at all in my verses, the glory of Rama is manifest in them. This is the confidence which has possessed my soul; is there anything which is not ennobled by good companionship ?

धूमौ तजै सहज करुआई। अगरुप्रसंग सुगंध बसाई॥
भनिति भदेस बस्तु भलि बरनी। रामकथा जग मंगलकरनी॥

धुआँ भी अगर के साथ सुगन्धित होकर अपना स्वाभाविक कड़ुआपन छोड़ देता है। मेरी कविता यद्यपि भद्दी है, परंतु इसमें जगत् का कल्याण करनेवाली रामकथारूपी उत्तम वस्तु का वर्णन किया गया है॥५॥

Thus smoke abandons its natural pungency and in incense yields a sweet scent. Although my composition is clumsy, it treats of a high theme—the story of Rama, that brings felicity to the world.

छं.—मंगलकरनि कलिमलहरनि तुलसी कथा रघुनाथ की।
गति कूर कबिता सरित की ज्यों सरित पावन पाथ की॥
प्रभु सुजस संगति भनिति भलि होइहि सुजन मन भावनी।
भव अंग भूति मसान की सुमिरत सुहावनि पावनी॥

तुलसीदासजी कहते हैं कि श्रीराम की कथा कल्याण करनेवाली और कलियुग के पापों को दूर करनेवाली है। इस भद्दी कवितारूपी नदी की चाल पवित्र जलवाली गङ्गाजी की चाल की भाँति टेढ़ी है। प्रभु के सुन्दर यश के साथ यह कविता सुन्दर तथा सज्जनों के मन को भानेवाली हो जायगी। श्मशान की अपवित्र राख भी शिवजी के अंग के साथ सुहावनी लगती है और स्मरण करते ही पवित्र करनेवाली होती है।

The story of Raghunatha, says Tulasidasa, brings good fortune and wipes away the impurities of the Kaliyuga. The course of this stream of my poetry is tortuous like that of the holy Ganga; yet association with the Lord's auspicious glory will bless my composition and render it agreeable to the virtuous. The ashes of the cremation-ground, when smeared on Shiva's body, appear charming and purify by their very thought.

दो.—प्रिय लागिहि अति सबहि मम भनिति रामजस संग।
दारु बिचारु कि करइ कोउ बंदिअ मलयप्रसंग॥१० (क)॥

रामयश के साहचर्य से मेरी कविता सभी को अत्यन्त प्रिय लगेगी, जैसे मलय पर्वत के संग से सभी लकड़ियाँ वन्दनीय हो जाती हैं। फिर क्या कोई लकड़ी (की तुच्छता) का विचार करता है ? ॥१०(क)॥

My verses will be very dear to everyone, for the glory of Rama is in them. Any wood that comes from the Malaya sandal-groves is valued ; who considers what kind of wood it is ?

स्याम सुरभि पय बिसद अति गुनद करहिं सब पान।
गिरा ग्राम्य सिय राम जस गावहिं सुनहिं सुजान॥१० (ख)॥

काली गाय का दूध अति उज्ज्वल और गुणकारी होता है। यही समझकर सब लोग उसे पीते हैं। इसी तरह गँवारू बोली में भी श्रीसीतारामजी के यश को बुद्धिमान् लोग बड़े चाव से गाते-सुनते हैं॥१०(ख)॥

The milk of even a black cow is white and very wholesome and all men drink it; and so, though my speech is rough, it tells the story of Sita and Rama, and will therefore be heard and repeated with pleasure by sensible people.

चौ.—मनि मानिक मुकुता छबि जैसी। अहि गिरि गज सिर सोह न तैसी॥
नृपकिरीट तरुनीतनु पाई। लहहिं सकल सोभा अधिकाई॥

मणि, माणिक्य और मोती की जैसी शोभा होनी चाहिए, वैसी साँप, पर्वत और हाथी के मस्तक पर नहीं होती। राजा के मुकुट और नवयुवती स्त्री के शरीर को पाकर ही वे अधिक शोभा को प्राप्त होते हैं॥१॥

So long as the jewel remains in the serpent's head, the ruby on the mountain and the pearl in the elephant's forehead, they are not so very beautiful ; they all take on a wondrous charm in a king's crown or on a lovely young woman.

तैसेहि सुकबि कबित बुध कहहीं। उपजहिं अनत अनत छबि लहहीं॥
भगतिहेतु बिधिभवन बिहाई। सुमिरत सारद आवति धाई॥

इसी तरह पंडित कहते हैं कि सुकवि की कविता भी उत्पन्न और जगह होती है और शोभा और ही जगह पाती है। कवि के स्मरण करते ही उसकी भक्ति के कारण सरस्वतीजी ब्रह्मलोक को छोड़कर दौड़ी आती हैं॥२॥

Similarly, as wise men tell, poetry is born of one source but finds its charm in another; for it is in answer to the poet's pious prayer that Sarasvati leaves her heavenly dwelling and speeds to earth.

रामचरित सर बिनु अन्हवायें। सो श्रम जाइ न कोटि उपायें॥
कबि कोबिद अस हृदयँ बिचारी। गावहिं हरिजस कलिमलहारी॥

सरस्वतीजी के दौड़कर आने की वह थकावट रामचरितरूपी सरोवर में नहलाये बिना करोड़ों उपाय करने पर भी दूर नहीं होती। कवि और पण्डित अपने हृदय में ऐसा विचारकर कलियुग के पापों को हरनेवाले हरियश का ही गान करते हैं॥३॥

The fatigue occasioned by this long journey cannot be relieved by millions of devices unless she takes a dip in the lake of Rama's exploits. Realizing this in their heart, poets and wise men chant the glory of Hari alone which washes away the impurities of the Kaliyuga.

कीन्हे प्राकृत जन गुन गाना। सिर धुनि गिरा लगत पछिताना॥
हृदय सिंधु मति सीप समाना। स्वाती सारद कहहिं सुजाना॥

संसारी मनुष्यों का गुणगान करने से सरस्वतीजी सिर पीट-पीटकर पछताने लगती हैं (कि मैं इसके बुलाने पर क्यों आयी) । पंडित लोग कवि-हृदय को समुद्र, बुद्धि को सीप और सरस्वती को स्वाति नक्षत्र के समान कहते हैं ॥४॥

If one recounts the doings of common people, Sarasvati beats her brow and repents her coming. The wise liken the heart of a poet to the sea, his intellect to the shell containing pearls and Sarasvati to the rain that falls under Arcturus' influence.

जौं बरषै बर बारि बिचारू। होहिं कबित मुकुतामनि चारू॥

इसमें यदि श्रेष्ठ विचाररूपी जल बरसता है तो उससे कवितारूपी श्रेष्ठ मुक्तामणि की प्राप्ति होती है।

If there is a goodly shower of inspiration (in the form of beautiful ideas), lovely pearls make their appearance in the form of poetic effusions.

दो.—जुगुति बेधि पुनि पोहिअहिं रामचरित बर ताग।
पहिरहिं सज्जन बिमल उर सोभा अति अनुराग॥११॥

(उन कवितारूपी मुक्तामणियों को) युक्ति से बेधकर रामचरितरूपी सुन्दर धागे में गूँथकर सज्जन लोग अपने निर्मल हृदय पर धारण करते हैं, जिससे अत्यन्त अनुरागरूपी शोभा होती है ॥११॥

Those pearls are dexterously pierced and strung together on the fair thread of Rama's acts, and noble souls wear them on their innocent hearts, where they glow with the beauty of their perfect love.

चौ.—जे जनमे कलिकाल कराला। करतब बायस बेष मराला॥
चलत कुपंथ बेदमग छाँडे। कपट कलेवर कलिमल भाँडे॥

जिनका जन्म इस कराल कलियुग में हुआ है, जिनकी करनी कौए के समान है और वेष हंस का-सा है, जो वेदमार्ग को छोड़कर कुमार्ग पर चलते हैं जो कपट के पुतले एवं कलियुग के पापों के बरतन हैं, ॥१॥

Of those born in this dreadful Kaliyuga, who act like crows disguised as swans, who abandon the Vedic path and walk in evil ways, embodiments of falsehood and vessels of impurity,

बंचक भगत कहाइ राम के। किंकर कंचन कोह काम के॥
तिन्ह महँ प्रथम रेख जग मोरी। धींग धरमध्वज धंधक धोरी॥

जो राम के भक्त कहलाकर लोगों को ठगते हैं, जो लोभ, क्रोध और काम के दास हैं और जो धींगाधींगी करनेवाले, धर्मध्वजी (धर्म की झूठी ध्वजा फहरानेवाले) और हर घड़ी जंजाल में जुते रहनेवाले हैं, संसार के ऐसे लोगों में सबसे पहले मेरी गणना है ॥२॥

—who are impostors claiming to be Rama's devotees, though slaves of gold and wrath and lust, chief in the world am I, unscrupulous, hypocritical and foremost among intriguers.

जौं अपने अवगुन सब कहऊँ। बाढ़ै कथा पार नहि लहऊँ॥
तातें मैं अति अलप बखाने। थोरे महुँ जानिहहिं सयाने॥

यदि मैं अपने सब अवगुणों को कहने लगूँ तो कथा इतनी बढ़ जायगी कि मैं पार न पा सकूँगा। इससे मैंने बहुत कम दोषों का वर्णन किया है। बुद्धिमान् लोग थोड़े ही में समझ लेंगे ॥३॥

Were I to recount all my vices, the list would so grow that it would have no end. I have therefore recounted but a very few, enough for the wise to understand the whole.

समुझि बिबिध बिधि बिनती मोरी। कोउ न कथा सुनि देइहि खोरी॥
एतेहु पर करिहहिं ते असंका। मोहि तें अधिक जे जड़मति रंका॥

मेरी इन अनेक प्रकार की प्रार्थनाओं को समझकर कोई भी इस कथा को सुनकर मुझे दोष नहीं देगा। इतने पर भी जो शंका करेंगे, वे तो मुझसे भी अधिक मूर्ख और बुद्धि के दरिद्र होंगे ॥४॥

No one who takes my various apologies into account should blame me on hearing this story. Those who raise objections even then are more stupid and dull of wit than I.

कबि न होउँ नहिं चतुर कहावौं। मति अनुरूप रामगुन गावौं॥
कहँ रघुपति के चरित अपारा। कहँ मति मोरि निरत संसारा॥

न तो मैं कवि हूँ और न चतुर कहलाता हूँ; अपनी बुद्धि के अनुसार श्रीरामजी के गुण गाता हूँ। कहाँ तो रघुनाथजी के अपार चरित्र और कहाँ संसार में आसक्त मेरी बुद्धि ! ॥५॥

I am no poet and have no pretensions to cleverness, but I sing the excellence of Rama according to the measure of my understanding. How unfathomable are his actions, how shallow my poor world-entangled intellect!

जेहि मारुत गिरि मेरु उड़ाहीं। कहहु तूल केहिं लेखे माहीं॥
समुझत अमित रामप्रभुताई। करत कथा मन अति कदराई॥

जिस वायु से सुमेरु-जैसे पहाड़ उड़ जाते हैं, कहिए तो उसके सामने रुई किस गिनती में है ? रामजी की असीम प्रभुता को समझकर कथा की रचना करते हुए मेरा मन अत्यन्त कतराता (हिचकता) है ॥६॥

Tell me, of what account is a flock of cotton in the storm-wind before whose blast Mount Meru flies through the air ? When I think of Rama's infinite majesty, I hesitate, afraid to tell this story.

दो. –सारद सेष महेस बिधि आगम निगम पुरान।
नेति नेति कहि जासु गुन करहिं निरंतर गान ॥१२॥

सरस्वतीजी, शेषजी, शिवजी, ब्रह्माजी, शास्त्र, वेद और पुराण जिन (श्रीरामजी) के गुणों को 'नेति-नेति' कहते हुए सदा गुणगान किया करते हैं ॥१२॥

For Sarasvati, Shesha, Shiva and Brahma, the Vedas, the Puranas and the Agamas, all are unceasingly singing his perfection, yet can but say, 'Not thus, not thus'.

चौ. –सब जानत प्रभुप्रभुता सोई। तदपि कहें बिनु रहा न कोई॥
तहाँ बेद अस कारन राखा। भजनप्रभाउ भाँति बहु भाषा॥

यद्यपि प्रभु श्रीरामजी की उसी प्रभुता को सब जानते हैं, तथापि कहे बिना कोई नहीं रहा। इसमें वेदों ने ऐसा कारण बताया है कि भजन का प्रभाव बहुत तरह से कहा गया है ॥१॥

Though all know the power of Rama to be thus unutterable, yet none can refrain from attempting to expound it. The Vedas have justified it thus: the effect of such worship has been said to be of various kinds.

एक अनीह अरूप अनामा। अज सच्चिदानंद परधामा॥
ब्यापक बिस्वरूप भगवाना। तेहिं धरि देह चरित कृत नाना॥

जो ब्रह्म एक है, जो कामना से रहित है, जिसका कोई रूप और नाम नहीं है, जो अजन्मा, सच्चिदानन्द और परमधाम है और जो सबमें व्यापक एवं विश्वरूप है, उसी भगवान् ने दिव्य शरीर धारण करके नाना प्रकार की लीला की है ॥२॥

God, who is one, desireless, formless, nameless and unborn, who is Truth, Consciousness and Bliss, who is Spirit Supreme, all-pervading, universal, has become incarnate and performed many deeds.

सो केवल भगतन हित लागी। परम कृपाल प्रनत अनुरागी॥
जेहि जन पर ममता अति छोहू। जेहिं करुना करि कीन्ह न कोहू॥

वह लीला भी केवल भक्तों के हित के लिए ही है, (क्योंकि) भगवान् परम कृपालु और शरणागतों के बड़े प्रेमी हैं। जिनकी भक्तों पर बड़ी ममता और कृपा है, जिन्होंने एक बार जिस पर करुणा कर दी, उस पर फिर कभी क्रोध नहीं किया, ॥३॥

That he has done only for the good of his devotees; for he is supremely gracious and compassionate to the suppliant. He bestows his affectionate favour on his own, and in his mercy even refrains from anger (against those whom he loves).

गई बहोर गरीबनिवाजू। सरल सबल साहिब रघुराजू॥
बुध बरनहिं हरिजस अस जानी। करहिं पुनीत सुफल निज बानी॥

वे प्रभु श्रीरघुनाथजी गयी हुई वस्तु को फिर लौटा देनेवाले, गरीबनिवाज, सरलस्वभाव, सर्वशक्तिमान् और समर्थ स्वामी हैं। यही जानकर बुद्धिमान् लोग हरि-यश का वर्णन करके अपनी वाणी को पवित्र और सुफल बनाते हैं ॥४॥

Raghunatha restores what has been lost and befriends the poor; he is a straightforward and powerful master. In this belief the wise sing the glory of Hari and sanctify their speech and make it fruitful of all good.

तेहि बल मैं रघुपति गुन गाथा। कहिहउँ नाइ रामपद माथा॥
मुनिन्ह प्रथम हरिकीरति गाई। तेहि मग चलत सुगम मोहि भाई॥

उसी बल से मैं श्रीरामचन्द्रजी के चरणों में सिर नवाकर श्रीरघुनाथजी के गुणों की कथा कहूँगा। इसी विचार से (वाल्मीकि, व्यास आदि) मुनियों ने पहले हरि की कीर्ति गायी है; उसी मार्ग पर चलना मुझे सुगम दीखता है ॥५॥

It is on this strength that I proceed to tell the story of Raghupati's virtues, bowing my head to Rama's feet. The divine bards of old have sung Hari's glorious renown; it will be easy for me, my friend, to follow in their footsteps.

दो. –अति अपार जे सरितबर जौं नृप सेतु कराहिं।
चढ़ि पिपीलिकउ परम लघु बिनु श्रम पारहि जाहिं ॥१३॥

जो अत्यन्त अपार श्रेष्ठ नदियाँ हैं, यदि कोई राजा उन पर पुल बँधवा देता है तो अत्यन्त छोटी चींटियाँ भी उसपर चढ़कर बिना परिश्रम ही पार चली जाती हैं (इसी प्रकार मुनियों के वर्णन के सहारे मैं भी श्रीरामचरित का वर्णन सहज ही कर सकूँगा) ॥१३॥

A river may be very broad, but if kings get bridges constructed across it, even the tiniest ants may mount them and cross to the other side with ease.

चौ. –एहि प्रकार बल मनहि देखाई। करिहौं रघुपतिकथा सुहाई॥
ब्यास आदि कबिपुंगव नाना। जिन्ह सादर हरि सुजस बखाना॥

इस प्रकार मन को बल दिखलाकर मैं श्रीरघुनाथजी की सुहावनी कथा की रचना करूँगा। व्यास आदि जो अनेक श्रेष्ठ कवि हो गए हैं, जिन्होंने बड़े आदर से हरि का सुयश कहा है, ॥१॥

Reassuring the mind in this manner, I shall relate the charming story of Raghunatha. I do homage to the lotus feet of Vyasa and the other famous poets who have reverently recounted the blessed glory of Hari.

चरन कमल बंदौं तिन्ह केरे। पूरहुँ सकल मनोरथ मेरे॥
कलि के कबिन्ह करौं परनामा। जिन्ह बरने रघुपति गुन ग्रामा॥

मैं उन सब श्रेष्ठ कवियों के चरणकमलों की वन्दना करता हूँ, वे मेरे सब मनोरथों को पूरा करें। कलियुग के उन कवियों को भी मैं प्रणाम करता हूँ, जिन्होंने श्रीरघुनाथजी के गुणसमूहों का वर्णन किया है॥२॥

I bow to the lotus feet of them all; let them fulfil all my desires! I reverence also the poets of this Kaliyuga, who have recounted all the perfections of Raghupati.

जे प्राकृत कबि परम सयाने। भाषा जिन्ह हरिचरित बखाने॥
भये जे अहहिं जे होइहहिं आगें। प्रनवौं सबहि कपट सब त्यागें॥

जो परम चतुर प्राकृत कवि हैं, जिन्होंने भाषा में हरिचरित का बखान किया है, जो ऐसे कवि पहले हो चुके हैं, जो इस समय वर्तमान हैं और जो आगे होंगे, उन सभी को मैं सारा कपट त्याग कर प्रणाम करता हूँ॥३॥

To all those bards of high intelligence who have told of the acts of Hari in Prakrit and the vulgar tongue, those who have been in time past, and who now are, and who hereafter shall be, I pay sincere respect.

होहु प्रसन्न देहु बरदानू। साधुसमाज भनिति सनमानू॥
जो प्रबंध बुध नहिं आदरहीं। सो श्रम बादि बाल कबि करहीं॥

आपलोग प्रसन्न होकर यह वरदान दीजिए कि साधु-समांज में मेरी कविता का आदर-सम्मान हो; क्योंकि बुद्धिमान् लोग जिस कविता का सम्मान नहीं करते, मूर्ख कवि ही उसकी रचना का व्यर्थ परिश्रम करते हैं॥४॥

Show me your favour and grant this boon, that my song may be honoured in assemblies of good men. If the wise esteem not his poetry, the stupid poet has had all his labour in vain.

कीरति भनिति भूति भलि सोई। सुरसरि सम सब कहँ हित होई॥
राम सुकीरति भनिति भदेसा। असमंजस अस मोहि अँदेसा॥

कीर्ति, कविता और सम्पत्ति वही उत्तम है, जो गङ्गाजी की तरह सबका हित करनेवाली हो। श्रीरामचन्द्रजी की कीर्ति तो बड़ी सुन्दर है, परंतु मेरी कविता भद्दी है। इसलिए मैं दुविधा में पड़ा हूँ और मुझे अंदेशा है (कि कहीं मेरी भद्दी वाणी से रामयश की न्यूनता न हो)॥५॥

The only fame, or poetry, or power, that is of any value is that which, like the Ganga, brings benefit to all. Fair is Rama's glory, but my verses are clumsy; such disparity fills me with anxious doubt.

तुम्हरी कृपाँ सुलभ सोउ मोरें। सिअनि सुहावनि टाट पटोरें॥

आपकी कृपा से यह बात भी मेरे लिए सुलभ हो सकती है। टाट पर भी रेशम की सिलाई सुहावनी लगती है॥६॥

But by your grace all will turn out well: for even canvas is beautiful if embroidered with silk.

दो. —सरल कबित कीरति बिमल सोइ आदरहिं सुजान।
सहज बयर बिसराइ रिपु जो सुनि करहिं बखान॥१४(क)॥

चतुर लोग उसी कविता का आदर करते हैं, जो सरल हो और जिसमें निर्मल कीर्ति का वर्णन हो तथा जिसे सुनकर शत्रु भी स्वाभाविक वैर भूलकर सराहना करने लगें॥१४(क)॥

If poetry be simple and its theme spotless fame, it is esteemed by the wise, and when enemies hear it, they forget their inveterate enmity and praise it.

सो न होइ बिनु बिमल मति मोहि मतिबल अतिथोर।
करहु कृपा हरिजस कहउँ पुनि पुनि करउँ निहोर॥१४(ख)॥

ऐसी कविता निर्मल बुद्धि के बिना नहीं हो सकती और मुझमें बुद्धि का बल बहुत ही थोड़ा है। इसलिए बार-बार निहोरा करता हूँ कि (हे कवियो!) आप कृपा करें, जिससे मैं हरियश का वर्णन कर सकूँ॥१४(ख)॥

But such verses cannot be composed without a refined intellect, and of intellectual power I have but slight; so again and again I make my supplication; be gracious to me that I may sing of Hari's glory!

कबि कोबिद रघुबरचरित मानस मंजु मराल।
बालबिनय सुनि सुरुचि लखि मो पर होहु कृपाल॥१४(ग)॥

जो कवि और पण्डितगण रामचरितरूपी मानसरोवर के सुन्दर हंस हैं, वे मुझ बालक की विनती सुनकर और (रामकथा करने की) सुन्दर रुचि देखकर मुझपर कृपा करें॥१४(ग)॥

You poets and learned men, graceful swans sporting in the Holy Lake of the Acts of Raghubara, hearing my childlike prayer and regarding my earnest zeal be gracious!

सो. —बंदौं मुनिपद कंजु रामायन जेहिं निरमयेउ।
सखर सुकोमल मंजु दोष रहित दूषन सहित॥१४(घ)॥

मैं उन महर्षि वाल्मीकि के चरणकमलों की वन्दना करता हूँ, जिन्होंने रामायण बनाई है, जो खर (राक्षस, कठोरता) सहित होने पर भी बड़ी कोमल और सुन्दर है तथा जो दूषण (राक्षस का नाम) सहित होने पर भी निर्दोष है॥१४(घ)॥

I reverence the lotus feet of the great sage, Valmiki, who composed the *Ramayana*, which, though it tells of the demon Khara, is soft and charming, and faultless though it tells of the demon Dushana. (Khara, or Rough, and Dushana, or Fault, were both cousins of the demon king Ravana.)

बंदौं चारिउ बेद भव बारिधि बोहित सरिस ।
जिन्हहि न सपनेहु खेद बरनत रघुबर बिसद जसु ॥१४(ङ)॥

मैं उन चारों वेदों की वन्दना करता हूँ, जो संसार-समुद्र के पार होने के लिए जहाज के समान हैं तथा जिन्हें श्रीरघुनाथजी के उज्ज्वल यश का वर्णन करते हुए सपने में भी थकावट नहीं होती ॥१४(ङ)॥

I reverence the four Vedas, boats to bear the soul across the ocean of birth and death, which never weary for a moment while singing of Raghunatha's unsullied glory.

बंदौं बिधिपद रेनु भवसागर जेहिं कीन्ह जहँ ।
संत सुधा ससि धेनु प्रगटे खल बिष बारुनी ॥१४(च)॥

मैं ब्रह्माजी के चरण-रज की वन्दना करता हूँ, जिन्होंने भवसागर बनाया है, जिससे एक ओर तो अमृत, चन्द्रमा और कामधेनु-रूपी संत निकले और दूसरी ओर विष और मदिरा-रूपी खल उत्पन्न हुए ॥१४(च)॥

I reverence the dust on the feet of Brahma, creator of this ocean-like world whence arose the saints, like nectar, the moon and the cow of plenty, and also the wicked, like poison and strong drink.

दो. –बिबुध बिप्र बुध ग्रह चरन बंदि कहौं कर जोरि ।
होइ प्रसन्न पुरवहु सकल मंजु मनोरथ मोरि ॥१४(छ)॥

देवता, ब्राह्मण, पण्डित, ग्रह – इन सबके चरणों की वन्दना करके मैं हाथ जोड़कर कहता हूँ कि आप सब प्रसन्न होकर मेरे सारे सुन्दर मनोरथों को पूरा करें ॥१४(छ)॥

With folded hands I do homage to the feet of gods, Brahmans, philosophers, and planets, and pray, 'Be gracious to me and fulfil all my fair desires!'

चौ. –पुनि बंदौं सारद सुरसरिता । जुगल पुनीत मनोहर चरिता ॥
मज्जन पान पापहर एका । कहत सुनत एक हर अबिबेका ॥

फिर मैं सरस्वतीजी और गङ्गाजी की वन्दना करता हूँ । ये दोनों पवित्र और मनोहर चरित्रवाली हैं । एक (गङ्गाजी) तो स्नान करने और जल पीने से पापों को हर लेती हैं और दूसरी (सरस्वतीजी) के कहने-सुनने से अज्ञान का हरण होता है ॥१॥

Again, I do homage to Sarasvati and the Ganga, both of whom are holy and perform enchanting roles; the latter washes away the sin of him who bathes in it and drinks of its holy waters; the former dispels the ignorance of him who speaks or hears of her glory.

गुर पितु मातु महेस भवानी । प्रनवौं दीनबंधु दिनदानी ॥
सेवक स्वामि सखा सियपी के । हित निरुपधि सब बिधि तुलसी के ॥

मैं शिव-पार्वती को प्रणाम करता हूँ, जो मेरे गुरु और माता-पिता हैं, जो दीनबन्धु और नित्य दान करनेवाले हैं, जो सीतापति श्रीरामचन्द्रजीके सेवक, स्वामी और सखा हैं तथा सब प्रकार से मुझ तुलसीदास के कपटरहित हितकारी हैं ॥२॥

I adore Shiva and Parvati, who are my preceptors and parents, friends to the forlorn and daily givers of good things, servants, lords and companions of Sita's spouse and true benefactors of Tulasidasa in every way.

कलि बिलोकि जग हित हर गिरिजा । साबर मंत्रजाल जिन्ह सिरिजा ॥
अनमिल आखर अरथ न जापू । प्रगट प्रभाउ महेसप्रतापू ॥

कलियुग को देखकर, जिन शिव-पार्वती ने जगत् के हित के लिए शाबर मन्त्रसमूह की रचना की, जिन मन्त्रों के अक्षर बेमेल हैं, जिनका न कोई ठीक अर्थ होता है और न जिनमें विशेष जप का विधान है, तथापि शिवजी के प्रताप से उनका प्रभाव प्रत्यक्ष है ॥३॥

(I adore) Shiva, too, and Parvati, who for the good of the world and with regard to the evil of this age evolved a string of spells in a barbarous tongue, incoherent syllables, meaningless mutterings, whose efficacy is manifest by the power of Mahesha.

सो उमेस मोहि पर अनुकूला । करिहि कथा मुद मंगल मूला ॥
सुमिरि सिवा सिव पाइ पसाऊ । बरनउँ रामचरित चित चाऊ ॥

वे ही उमापति शिवजी मुझपर प्रसन्न होकर इस कथा को आनन्द और मङ्गल को मूल (उत्पन्न करनेवाली) बनायेंगे । इस प्रकार शिव-पार्वतीजी का स्मरण कर और उनका प्रसाद पाकर मैं चावभरे चित्त से श्रीरामचरित का वर्णन करता हूँ ॥ ४ ॥

That lord of Uma, favourable as he is to me, shall make my story a source of blessing and joy; so, invoking Parvati and Shiva and receiving their grace, I tell the story of Rama with loving zeal.

भनिति मोरि सिवकृपा बिभाती । ससिसमाज मिलि मनहुँ सुराती ॥
जे एहि कथहि सनेह समेता । कहिहहिं सुनिहहिं समुझि सचेता ॥
होइहहिं रामचरन अनुरागी । कलिमल रहित सुमंगल भागी ॥

मेरी कविता श्रीशिवजी की कृपा से ऐसी सुशोभित होगी जैसे नक्षत्रों के साथ चन्द्रमा से मिलकर सुन्दर रात शोभित होती है । जो इस कथा को प्रेमसहित एवं सावधानी के साथ समझ-बूझकर कहें-सुनेंगे, वे कलियुग के पापों से रहित तथा अच्छे मंगल के भागी होकर श्रीरामचन्द्रजी के चरणों के प्रेमी बन जायँगे ॥५-६॥

It is only by Shiva's grace that my composition can

be beautified, as is the night by the moon and her company of stars. Those who will hear and repeat this story with love and understanding will be purged of the defilement of the Kaliyuga and, loving the feet of Rama, shall enjoy heavenly felicity.

दो. –सपनेहुँ साचेहु मोहि पर जौं हर गौरि पसाउ ॥
तौ फुर होउ जो कहेउँ सब भाषा भनिति प्रभाउ ॥१५॥

यदि स्वप्न में भी मुझपर शिव-पार्वतीजी की सचमुच प्रसन्नता हो तो मैंने इस भाषाकविता का जो प्रभाव कहा है, वह सब सच हो ॥१५॥

If the grace of Shiva and Parvati be at all truly with me, even in dream, then all the influence I claim for my verses, composed in the vulgar tongue, shall come true.

चौ. –बंदौं अवध पुरी अति पावनि। सरजू सरि कलिकलुष नसावनि ॥
प्रनवौं पुर नर नारि बहोरी। ममता जिन्ह पर प्रभुहि न थोरी ॥

मैं अत्यन्त पवित्र अयोध्यापुरी की वन्दना करता हूँ जहाँ कलियुग के पापों का नाश करनेवाली श्रीसरयू नदी बहती हैं। फिर मैं अयोध्यापुरी के उन नर-नारियों को प्रणाम करता हूँ जिन पर प्रभु (श्रीरामचन्द्रजी) की ममता थोड़ी नहीं है (अर्थात् बहुत है) ॥१॥

I reverence the very holy city of Ayodhya and the river Sarayu that washes away the impurities of the Kaliyuga; and again I do reverence to the inhabitants of that city, who enjoy the affection of the Lord in no small degree.

सियनिंदक अघ ओघ नसाए। लोक बिसोक बनाइ बसाए ॥
बंदौं कौसल्या दिसि प्राची। कीरति जासु सकल जग माची ॥

उन्होंने सीताजी की निन्दा करनेवाले (धोबी और उसके समर्थक पुर-नर-नारियों) के पापसमूह को नष्टकर उनको शोकरहित बनाकर अपने लोक (वैकुण्ठ) में बसा दिया। अब मैं पूर्वदिशारूपी कौशल्याजी की वन्दना करता हूँ, जिनकी कीर्ति सब जग में फैल रही है ॥२॥

For he ignored all the sins of those who slandered Sita and, having reassured them, gave them a place in his own realm. Now I do homage to Kausalya, the eastern heaven, whose glory stands diffused throughout the world;

प्रगटेउ जहँ रघुपति ससि चारू। बिस्व सुखद खल कमल तुसारू ॥
दसरथ राउ सहित सब रानी। सुकृत सुमंगल मूरति मानी ॥
करौं प्रनाम करम मन बानी। करहु कृपा सुतसेवक जानी ॥
जिन्हहिं बिरचि बड़ भयेउ बिधाता। महिमा अवधि राम पितु माता ॥

जहाँ (पूर्वदशारूपी कौशल्याजी) से विश्व को सुख देनेवाले और खलरूपी कमलों के लिए पाले के समान रघुपति सुन्दर चन्द्रमा रूपी प्रकट हुए। सब रानियों सहित राजा दशरथ को पुण्य और सुन्दर कल्याण की मूर्ति मानकर मैं मन, वचन और कर्म से प्रणाम करता हूँ। अपने पुत्र का सेवक जानकर वे मुझ पर कृपा करें, जिनको रचकर विधाता ने भी बड़ाई पायी तथा जो श्रीरामजी के माता और पिता होने के कारण महिमा की सीमा हैं ॥३-४॥

—in her Raghupati became manifest, as the fair moon in the eastern quarter of the sky, to bring joy to the world and to blight the wicked, as frost blights the lotus. I reverence, too, in thought and word and deed king Dasharath and all his queens, esteeming them as incarnations of merit and fair blessings. Be gracious to me as to a servant of your son, O parents of Rama, the very perfection of glory, you in whose creation even Brahma (the Creator) exalted himself.

सो. –बंदौं अवधभुआल सत्य प्रेम जेहि रामपद।
बिछुरत दीनदयाल प्रिय तनु तृन इव परिहरेउ ॥ १६ ॥

मैं अयोध्या के राजा दशरथजी की वन्दना करता हूँ, जिनका श्रीरामजी के चरणों में ऐसा सच्चा प्रेम था कि दीनदयालु श्रीरामचन्द्रजी के बिछुड़ते ही (उन्होंने) अपने प्यारे शरीर को मामूली तिनके की तरह त्याग दिया ॥ १६ ॥

I reverence the king of Ayodhya, who had such true love for the feet of Rama that when the Lord of compassion left him, he abandoned his precious body as though it were a worthless straw.

चौ. –प्रनवौं परिजन सहित बिदेहू। जाहि रामपद गूढ़ सनेहू ॥
जोग भोग महँ राखेउ गोई। राम बिलोकत प्रगटेउ सोई ॥

मैं परिवार के साथ जनकजी को प्रणाम करता हूँ, जिनका श्रीरामजी के चरणों में प्रगाढ़ प्रेम था, जिसे उन्होंने योग और भोग में छिपा रखा था, परंतु श्रीरामचन्द्रजी को देखते ही वह प्रकट हो गया ॥१॥

I salute Videha, with all his household, who had the greatest love for Rama's feet; though he concealed it in the exercise of spiritual and material power, it was revealed as soon as he saw Rama.

प्रनवौं प्रथम भरत के चरना। जासु नेम ब्रत जाइ न बरना ॥
रामचरन पंकज मन जासू। लुबुध मधुप इव तजै न पासू ॥

सबसे पहले मैं भरतजी के चरणों को प्रणाम करता हूँ, जिनके नियम और व्रत का वर्णन नहीं किया जा सकता तथा जिनका मन श्रीरामजी के चरण-कमलों में भौंरे की तरह लुभाया रहता है, कभी (उनका) पास नहीं छोड़ता ॥२॥

First among the brothers I throw myself at the feet of Bharata, whose rule of life and vows cannot be described; his soul was greedy for the lotus feet of Rama, as a bee thirsting for honey; he would not leave his side.

बंदौं लछिमनपद जलजाता। सीतल सुभग भगत सुखदाता॥
रघुपतिकीरति बिमल पताका। दंड समान भयेउ जस जाका॥

मैं लक्ष्मणजी के चरणकमलों की वन्दना करता हूँ, जो शीतल, सुन्दर और भक्तों को सुख देनेवाले हैं और रघुनाथजी की कीर्तिरूपी निर्मल पताका (फहराने) में जिनका यश दण्ड (पताका में लगनेवाले बाँस) के समान हुआ ॥३॥

I reverence too the lotus feet of Lakshmana, cool, comely and source of joy to the faithful, whose glory was like a staff to bear the stainless banner of Raghunatha's renown.

सेष सहस्रसीस जग कारन। जो अवतरेउ भूमिभय टारन॥
सदा सो सानुकूल रह मो पर। कृपासिंधु सौमित्रि गुनाकर॥

हजार सिरवाले और जगत् के कारण (हजार सिरों पर जगत् को धारण कर रखनेवाले) जो शेषजी हैं, जिन्होंने पृथ्वी के भय को दूर करने के लिए अवतार लिया, वे गुणों की खान कृपासिन्धु सुमित्रानन्दन लक्ष्मणजी मुझ पर सदा प्रसन्न रहें ॥४॥

He was the thousand-headed Shesha who came down for the sake of the universe to remove the terrors of the world. May that son of Sumitra ever show me his favour, ocean of compassion, storehouse of perfection!

रिपुसूदनपद कमल नमामी। सूर सुसील भरत अनुगामी॥
महाबीर बिनवौं हनुमाना। राम जासु जस आपु बखाना॥

मैं शत्रुघ्नजी के चरणकमलों को प्रणाम करता हूँ, जो शूरवीर, सुशील और भरतजी के पीछे चलनेवाले हैं। (उनके साथ ही) मैं महावीर श्रीहनुमान्‌जी की विनती करता हूँ जिनके यश का वर्णन स्वयं श्रीरामचन्द्रजी ने (अपने श्रीमुख से) किया है ॥५॥

I bow also to the lotus feet of Shatrughna, valiant and chivalrous companion of Bharata; and to the mighty warrior Hanuman I make petition, whose glory has been celebrated by Rama himself.

सो.–प्रनवौं पवनकुमार खल बनपावक ग्यानघन।
जासु हृदय आगार बसहिं राम सर चाप धर॥ १७॥

मैं वायुदेव के पुत्र श्रीहनुमान्‌जी को प्रणाम करता हूँ, जो खलरूपी वन को भस्म करने के लिए अग्नि हैं और ज्ञान से परिपूर्ण (अथवा ज्ञानरूपी मेघ) हैं और जिनके हृदयरूपी भवन में धनुष-बाण धारण किये श्रीरामजी निवास करते हैं ॥१७॥

Yea, I reverence the Son of the Wind, of profound intelligence, a fire to the forest of evil-doers, in whose heart Rama, equipped with bow and arrows, makes his home.

चौ.–कपिपति रीछ निसाचर राजा। अंगदादि जे कीस समाजा॥
बंदौं सब के चरन सुहाये। अधम सरीर राम जिन्ह पाये॥

वानरों के राजा सुग्रीवजी, रीछों के राजा जाम्बवान्‌जी (जामवंतजी), राक्षसों के राजा विभीषणजी और अंगदजी आदि जितने वानरों के समूह हैं, जिन्होंने अधम (पशु और राक्षस आदि) शरीर में भी श्रीरामचन्द्रजी को प्राप्त कर लिया, उन सबके शोभायमान चरणों की मैं वन्दना करता हूँ ॥१॥

The monkey king, the king of bears and demons, Angad and all the company of monkeys—I do homage to the benign feet of all; for, though fashioned in lowly form, they yet found Rama.

रघुपतिचरन उपासक जेते। खग मृग सुर नर असुर समेते॥
बंदौं पद सरोज सब केरे। जे बिनु काम राम के चेरे॥

पक्षी, मृग, देवता, मनुष्य और राक्षसादि जितने भी रघुपति के चरणों के उपासक हैं और जो श्रीरामजी के निष्काम सेवक हैं, मैं उन सब के चरण-कमलों की वन्दना करता हूँ ॥२॥

I reverence the lotus feet of all the birds, beasts, gods, men and demons who worship the feet of Raghupati and serve Rama without selfish motive.

सुक सनकादि भगत मुनि नारद। जे मुनिबर बिग्यानबिसारद॥
प्रनवौं सबहि धरनि धरि सीसा। करहु कृपा जन जानि मुनीसा॥

शुकदेवजी, सनक, सनन्दन, सनातन, सनत्कुमार, भक्तमुनि नारद और जो मुनियों में श्रेष्ठ बड़े ज्ञानी पंडित हैं, मैं धरती पर सिर टेककर उन सबको प्रणाम करता हूँ। हे मुनीश्वरो! आप सब मुझे अपना दास जानकर कृपा कीजिए ॥३॥

Shukadeva, Sanaka and his brethren and all devotees, Narada the sage and the other sages, wise and learned, I reverence putting my head to the ground; O lords of sages, be gracious to me as your servant!

जनकसुता जगजननि जानकी। अतिसय प्रिय करुनानिधान की॥
ताके जुग पद कमल मनावौं। जासु कृपा निर्मल मति पावौं॥

जनकजी की कन्या, जगत् की माता और करुणा-सागर श्रीरामचन्द्रजी की प्रियतमा श्रीजानकीजी के दोनों चरण-कमलों को मैं मनाता हूँ, जिनकी कृपा से निर्मल बुद्धि प्राप्त करूँ ॥४॥

I propitiate the two lotus feet of Janaki, Janaka's daughter, mother of the world, best beloved of him in whom all mercy dwells, that by her grace I may attain to unclouded understanding.

पुनि मन बचन कर्म रघुनायक । चरन कमल बंदौं सब लायक ॥
राजिवनयन धरें धनु सायक । भगत बिपति भंजन सुखदायक ॥

फिर मैं मन, वचन और कर्म से कमलनयन, धनुष-बाणधारी, भक्तों के क्लेश को दूरकर सुख देनेवाले भगवान् श्रीरघुनाथजी के उन चरण-कमलों की वन्दना करता हूँ जो सब प्रकार से योग्य हैं ॥५॥

Again, in thought and word and deed I worship the lotus feet of Raghunatha, all-powerful, lotus-eyed, bearing bow and arrows, destroying all the misfortunes of the faithful and granting them joy.

दो. –गिरा अरथ जल बीचि सम कहिअत भिन्न न भिन्न ।
बंदौं सीता राम पद जिन्हहिं परम प्रिय खिन्न ॥१८॥

जो शब्द और अर्थ तथा जल और तरंग के समान कहने में अलग-अलग हैं, परंतु वास्तव में अभिन्न (एक) हैं, उन श्रीसीतारामजी के चरणों की मैं वन्दना करता हूँ जिन्हें अपने दीन सेवक बड़े ही प्रिय हैं ॥१८॥

I do homage to the feet of Sita and Rama, the refuge of the distressed, who are truly one, as a word and its meaning, water and the wave are one and inseparable, though they are distinguished in speech.

चौ. –बंदौं नाम राम रघुबर को । हेतु कृसानु भानु हिमकर को ॥
बिधि हरि हर मय बेद प्रान सो । अगुन अनूपम गुननिधान सो ॥

(अब) मैं श्रीरघुनाथजी के नाम 'राम' की वन्दना करता हूँ, जो सूर्य और चन्द्रमा का कारण एवं बीच है[१] । वह 'राम' नाम ब्रह्मा, विष्णु और शिवरूप है । वह वेदों का प्राण है; निर्गुण, उपमा-रहित और दिव्य गुणों की खान है ॥१॥

I do homage to Rama, the name of Raghunatha, the source of all light, whether of the fire, or the sun, or the moon; essence of Brahma, Hari and Hara; vital breath of the Vedas; the impersonal, the unique, the treasure-house of all perfections;

महामंत्र जोइ जपत महेसू । कासीं मुकुतिहेतु उपदेसू ॥
महिमा जासु जान गनराऊ । प्रथम पूजिअत नामप्रभाऊ ॥

जो श्रीरामनाम महामन्त्र है, जिसे शिवजी जपते हैं और उनके द्वारा जिसका उपदेश काशी में मुक्ति का कारण है, तथा जिसकी महिमा को गणेशजी जानते हैं इस 'राम' नाम के प्रभाव से ही (शुभ कर्मों में) गणेशजी सबसे पहले पूजे जाते हैं ॥ २ ॥

—the Great Spell muttered by Shiva, who enjoins it as effecting salvation at Kashi. Ganesha knows its power, for by the might of the Name he is first to be worshipped.

जान आदिकबि नामप्रतापू । भयेउ सुद्ध करि उलटा जापू ॥
सहस नाम सम सुनि सिवबानी । जपि जेईं पियसंग भवानी ॥

आदिकवि महर्षि वाल्मीकिजी रामनाम के प्रताप को जानते थे । जो उलटा नाम (मरा-मरा) जपकर शुद्ध हो गए । श्रीशिवजी के इस वचन को सुनकर कि एक राम-नाम विष्णु-सहस्रनाम के समान है, पार्वतीजी सदा अपने पति (शिवजी) के साथ रामनाम का जप करती रहती हैं ॥३॥

The most ancient poet Valmiki knew the power of the Name, for he was purified by repeating it backwards. Hearing from Shiva that the name of Rama is equal to a thousand other names, Bhavani repeats it unceasingly with her husband[1] (she repeats it and joins her husband's meal).

हरषे हेतु हेरि हरु ही को । किये भूषनु तियभूषन ती को ॥
नामप्रभाउ जान सिव नीको । कालकूट फलु दीन्ह अभी को ॥

(नाम के प्रति) पार्वतीजी के हृदय की ऐसी प्रीति को देखकर शिवजी बहुत प्रसन्न हो गए और उन्होंने पतिव्रताओं में शिरोमणि पार्वतीजी को अपना भूषण (अपनी अर्द्धाङ्गिनी) बना लिया । नाम के प्रभाव को शिवजी भलीभाँति जानते हैं, जिसके कारण हलाहल (विष) ने भी उनको अमृत के समान फल दिया ॥४॥

And when he saw her simple, heartfelt love, Shiva rejoiced and made that ornament of women the ornament of his own person. Shiva knows well the power of the Name, by virtue of which the deadly poison (swallowed by him) changed into nectar.

दो. –बरषा रितु रघुपतिभगति तुलसी सालि सुदास ।
राम नाम बर बरन जुग सावन भादव मास ॥ १९ ॥

तुलसीदासजी कहते हैं कि श्रीरघुपति की भक्ति वर्षा-ऋतु है; उत्तम सेवक-गण जड़हन धान हैं, और राम नाम के दो सुन्दर अक्षर सावन-भादों के महीने हैं ॥१९॥

Devotion to Raghupati is for Tulasidasa the season of rain; his faithful servants are the growing rice, and the two glorious consonants in Rama's Name are the months of Shravana and Bhadon.

---

१. राम-नाम में सामान्यतः तीन वर्ण र, अ और म हैं । इनमें 'र' अग्नि-बीज, 'अ' भानु-बीज और 'म' चन्द्र-बीज है ।

1. This, according to other commentators, may mean: "Hearing the verdict of Lord Shiva that the Name is as good as a thousand other names of God, Bhavani dined with her consort after uttering it only once." The implied meaning is that howsoever devoted to her husband a woman may be, she must not forget to repeat Rama's name, i.e., to be devoted to God.

चौ. –आखर मधुर मनोहर दोऊ । बरन बिलोचन जनजियँ जोऊ ॥
सुमिरत सुलभ सुखद सब काहू । लोक लाहु परलोक निबाहू ॥

इस नाम के दोनों अक्षर ('रा' और 'म' मधुर और मनोहर हैं, जो वर्णमालारूपी शरीर के नेत्र हैं, भक्तों के जीवन हैं तथा स्मरण करने में सबके लिए सुलभ और सुखदायी हैं, और इनसे इस लोक में लाभ और परलोक में निर्वाह होता है ॥१॥

The two letter-sounds of the Name are sweet and attractive; they are the eyes, as it were, of the alphabet and the life of the faithful, easy to remember, bringing happiness to all, a gain in this world and salvation in the next.

कहत सुनत सुमिरत सुठि नीके । राम लखन सम प्रिय तुलसी के ॥
बरनत बरनप्रीति बिलगाती । ब्रह्म जीव सम सहज सँघाती ॥

ये कहने, सुनने और स्मरण करने में बहुत ही अच्छे हैं और मुझ तुलसीदास को तो ये दोनों वर्ण श्रीराम-लक्ष्मण के समान प्यारे हैं इनका ('र' और 'म' का) अलग-अलग वर्णन करने में प्रीति बिलगाती है[1] (अर्थात् बीजमन्त्र की दृष्टि से इनके उच्चारण, अर्थ और फल में भिन्नता दीख पड़ती है), परंतु ब्रह्म और जीव के समान स्वभाव से ही ये साथ-साथ रहते हैं ॥२॥

They are most delightful to hear and to contemplate; as dear to Tulasi as the inseparable Rama and Lakshmana. When they are uttered, devotion separates them, but they are as naturally bound together as Brahma and the individual soul.

नर नारायन सरिस सुभ्राता । जगपालक बिसेषि जनत्राता ॥
भगति सुतिय कल करनबिभूषन । जगहित हेतु बिमल बिधु पूषन ॥

ये दोनों वर्ण नर-नारायण के समान सुन्दर भाई हैं, ये जगत् के पालक और विशेषरूप से भक्तों के रक्षक हैं । ये भक्तिरूपिणी सुन्दर स्त्री के कानों के सुन्दर आभूषण (कर्णफूल) हैं और जगत् के हित के लिए निर्मल चन्द्रमा और सूर्य हैं ॥३॥

These two letters are twin brothers, like Nara and Narayana; preservers of the world and, especially, redeemers of the elect; lovely jewels in the ears of the beauteous Faith; the sun and the moon shining clear for the good of the world.

स्वाद तोष सम सुगति सुधा के । कमठ सेष सम धर बसुधा के ॥
जनमन मंजु कंज मधुकर से । जीह जसोमति हरि हलधर से ॥

ये मोक्षरूपी अमृत के स्वाद और संतोष के समान हैं, कच्छप और शेषजी के समान पृथ्वी के धारण करनेवाले हैं, भक्तों के उज्ज्वल मनरूपी सुन्दर कमल में विहार करनेवाले भौंरे के समान हैं और जीभरूपी यशोदाजी के लिए श्रीकृष्ण और बलराम के समान हैं ॥४॥

Sweet taste and contentment they bring, like the nectar of salvation; like the tortoise and the serpent, upholding the world; like a bee to the lovely lotus of the devotee's mind; as sweet to the tongue as Krishna and Haladhara to Yashoda.

दो. –एकु छत्रु एकु मुकुटमनि सब बरननि पर जोउ ।
तुलसी रघुबर नाम के बरन बिराजत दोउ ॥२०॥

तुलसीदासजी कहते हैं – श्रीरघुनाथजी के नाम के दोनों अक्षर सभी अक्षरों के ऊपर विराजते हैं । एक (रकार) छत्ररूप (रेफ) से और दूसरा (मकार) मुकुटमणि (अनुस्वार ं) रूप से सब अक्षरों के ऊपर हैं ॥२०॥

Of the two letters of the Name of Raghunatha one gleams like a royal umbrella and the other like a crest-jewel over all the letters of the alphabet, O Tulasidasa.

चौ. –समुझत सरिस नाम अरु नामी । प्रीति परसपर प्रभु अनुगामी ॥
नाम रूप दुइ ईस उपाधी । अकथ अनादि सुसामुझि साधी ॥

नाम और रूप समझने में एक-से हैं, किंतु दोनों में परस्पर स्वामी और सेवक के समान प्रीति है । नाम और रूप दोनों ईश्वर की उपाधि हैं; ये (भगवान् के नाम और रूप) दोनों अनिर्वचनीय हैं, अनादि हैं और सुन्दर समझवाली (शुद्ध भक्तियुक्त) बुद्धि से ही इनका (दिव्य अविनाशी) स्वरूप जानने में आता है ॥१॥

The name and the object named are regarded as one and the same, but the close connexion between them is that of master and servant. Both name and form are two attributes of God; they are ineffable and without origin and can be rightly understood only by pious understanding.

को बड़ छोट कहत अपराधू । सुनि गुन भेदु समुझिहहिं साधू ॥
देखिअहि रूप नाम आधीना । रूपग्यान नहि नाम बिहीना ॥

(नाम और रूप में) कौन बड़ा है, कौन छोटा, यह कहना अपराध है । इनके गुणों को सुनकर ही साधु लोग भेद समझ लेंगे । रूप नाम के अधीन देखे जाते हैं, नाम के बिना रूप का ज्ञान नहीं हो सकता ॥२॥

It is presumptuous to ask which of the two is the greater and which is the less; when they hear the difference between them, the wise will understand. Forms are found to be subordinate to names; the form cannot be known apart from the name.

---

१. रकार और मकार अक्षर (भिन्न-भिन्न वर्ण के रूप में) वर्णन करने में अलग-अलग ज्ञात होते हैं – दोनों वर्णों में प्रीति-पृथक्ता-सी जान पड़ती है । प्रयत्न के अनुसार 'र' तालु-सम्बन्धी है और 'म' ओष्ठ-सम्बन्धी । अतः इनके वर्णन में न तो संग है और न प्रीति । परन्तु वास्तव में संग और प्रीति दोनों हैं । 'र' ब्रह्मवाचक है और 'म' जीववाचक । सरस्वती के वर्णात्मक विग्रह में 'र' और 'म' नेत्र-रूप तथा 'य' नासिका-रूप माना जाता है । पुनः 'रा' जब बीज-रूप 'रां'-रूप में कहा जाता है, तब 'म' स्वयं अनुस्वार-रूप में आ जाता है । इस प्रकार 'र' और 'म' की सहज प्रीति स्पष्ट हो जाती है ।

रूप बिसेष नाम बिनु जानें। करतल गत न परहिं पहिचानें॥
सुमिरिअ नामु रूप बिनु देखें। आवत हृदयँ सनेह बिसेषें॥

नाम के जाने बिना हथेली पर रखा हुआ पदार्थ भी पहचाना नहीं जा सकता। परन्तु रूप के बिना देखे ही यदि नाम का स्मरण किया जाय तो विशेष प्रेम के साथ वह रूप हृदय में आ जाता है ॥३॥

You cannot come to a knowledge of any particular form, even if placed on the hand, unless the name is known; but if without seeing the form one meditates on the name, the form too flashes on the mind as an object of passionate devotion.

नाम रूप गति अकथ कहानी। समुझत सुखद न परति बखानी॥
अगुन सगुन बिच नाम सुसाखी। उभय प्रबोधक चतुर दुभाषी॥

नाम और रूप की गति की कथा अकथनीय है। वह समझने में सुखदायक है, परंतु बखानी नहीं जा सकती। निर्गुण और सगुण के बीच में (समझाने के लिए) नाम सुन्दर साक्षी है और दुभाषिये (दो भाषाओं के मर्मज्ञ) की तरह दोनों का यथार्थ ज्ञान करानेवाला है ॥४॥

The mystery of name and form is unutterable; it is delightful to those who understand it, but it cannot be expressed. The name bears testimony to the impersonal and the personal alike; it is a clever interpreter revealing the truth of both.

दो.—राम नाम मनिदीप धरु जीह देहरीं द्वार।
तुलसी भीतर बाहरहुँ जौं चाहसि उजिआर ॥२१॥

तुलसीदासजी कहते हैं कि यदि तू भीतर और बाहर दोनों ओर उजाला चाहता है तो जीभरूपी दरवाजे की चौखट पर राम-नामरूपी मणि-दीपक को रख ॥२१॥

If you would have light within and without, place the luminous Name of Rama on your tongue, like a jewelled lamp on the threshold of the door, O Tulasidasa.

चौ.—नाम जीहँ जपि जागहिं जोगी। बिरति बिरंचि प्रपंच बियोगी॥
ब्रह्मसुखहि अनुभवहिं अनूपा। अकथ अनामय नाम न रूपा॥

ब्रह्मा के इस प्रपञ्च (संसार) से अलग होकर वैराग्यवान् मुक्त योगी पुरुष इस नाम को ही जीभ से जपते हुए (तत्त्वज्ञानरूपी दिन में) जागते हैं और नाम तथा रूप से रहित अनुपम, अनिर्वचनीय, निर्दोष ब्रह्मानन्द का अनुभव करते हैं ॥१॥

As their tongues repeat the Name, ascetics awake, free from passion, all detached from the Creator's world, and enjoy divine felicity, unequalled, ineffable, unsullied, without either name or form.

जानी चहहिं गूढ़ गति जेऊ। नाम जीह जपि जानहु तेऊ॥
साधक नाम जपहिं लय लाएँ। सिद्ध अनिमादिक पाएँ॥

जो लोग (आत्मा और परमात्मा के) गूढ़ तत्त्व को जानना चाहते हैं, वे (जिज्ञासु) भी नाम को जीभ से जपकर उसे जान लेते हैं। जो अर्थ-सिद्धि चाहनेवाले साधक लौ लगाकर राम-नाम जपते हैं, वे अणिमा आदि अनेक सिद्धियों को पाकर सिद्ध हो जाते हैं (ये अर्थार्थी भक्त हैं जो अपनी इष्ट-सिद्धि राम-नाम जपकर पा लेते हैं जैसे सुग्रीव, विभीषण आदि) ॥२॥

Even those who would understand profound spiritual mysteries learn them by repeating the Name. Aspirants, too, repeat the Name, absorbed in contemplation, and so become adept, acquiring the eight miraculous powers[1] such as that of becoming infinitely small in size.

जपहिं नामु जन आरत भारी। मिटहिं कुसंकट होहिं सुखारी॥
रामभगत जग चारि प्रकारा। सुकृती चारिउ अनघ उदारा॥

जो भक्त बड़े आर्त्त भाव से नाम जपते हैं, उनके भारी से भारी संकट मिट जाते हैं और वे सुखी हो जाते हैं। जगत् में चार प्रकार के (१. अर्थार्थी—धनादि की चाह से भजनेवाले; २. आर्त्त—संकट की निवृत्ति के लिए भजनेवाले; ३. जिज्ञासु—भगवान् को जानने की इच्छा से भजनेवाले; ४. ज्ञानी—भगवान् को तत्त्व से जानकर स्वाभाविक ही प्रेम से भजनेवाले) रामभक्त हैं और चारों ही पुण्यात्मा, पाप-रहित और उदार हैं ॥३॥

Disciples repeat the Name when burdened with affliction; their troubles disappear and they become happy. Thus Rama has four kinds of devotees in the world, and all four are meritorious, sinless and noble.

चहूँ चतुर कहुँ नाम अधारा। ज्ञानी प्रभुहि बिसेषि पिआरा॥
चहुँ जुग चहुँ श्रुति नामप्रभाऊ। कलि बिसेषि नहि आन उपाऊ॥

चारों चतुर भक्तों का आधार नाम ही है; इनमें ज्ञानी भक्त प्रभु को अधिक प्रिय है। यों तो चारों युगों और चारों वेदों में नाम का प्रभाव है, परंतु कलियुग में तो विशेषकर (नाम को छोड़कर) दूसरा कोई उपाय ही नहीं है ॥४॥

All these four types of Rama-worshippers rely upon the Name, but the man of intuitive wisdom is dearest to the Lord; in all the four ages and the four Vedas his Name is mighty, but mightiest of all in this Kaliyuga, in which there is no other means of salvation.

1. These miraculous powers are known as *anima*, *mahima*, *garima*, *laghima*, *prapti*, *prakamya*, *ishitva*, and *vashitva*. These words denote the faculty of becoming infinitely small, great, heavy, light, and obtaining and doing whatever one wishes, and of absolute supremacy and absolute subjugation.

दो. —सकल कामना हीन जे रामभगति रस लीन ।
नाम पेम पीयूष ह्रद तिन्हहुँ किए मन मीन ॥२२॥

जो सब प्रकार की कामनाओं से रहित और श्रीरामभक्ति के रस में लीन हैं, उन्होंने भी नाम के सुन्दर प्रेमरूपी अमृत के सरोवर में अपने मन को मछली बना रखा है ॥२२॥

Those who are free from all sensual passions and absorbed in the joy of devotion to Rama have made their souls like fish in the ambrosial lake of the love of the Name.

चौ. —अगुन सगुन दुइ ब्रह्म सरूपा । अकथ अगाध अनादि अनूपा ॥
मोरें मत बड़ नामु दुहूँ तें । किये जेहि जुग निज बस निज बूते ॥

ब्रह्म के दो स्वरूप हैं — सगुण और निर्गुण । ये दोनों ही अकथ, अथाह, अनादि और अनुपम हैं । मेरी सम्मति में नाम इस दोनों से बड़ा है, जिसने अपने पराक्रम से दोनों को अपने वश में कर रखा है ॥१॥

There are two forms of the Absolute—impersonal and personal; both these aspects are unutterable, fathomless, without beginning and without parallel. To my mind the Name is greater than both, for by its own power it has made both subject to itself.

प्रौढ़ि सुजन जनि जानहिं जन की । कहउँ प्रतीति प्रीति रुचि मन की ॥
एकु दारुगत देखिअ एकू । पावक सम जुग ब्रह्म बिबेकू ॥
उभय अगम जुग सुगम नाम तें । कहेउँ नामु बड़ ब्रह्म राम तें ॥
ब्यापकु एकु ब्रह्म अबिनासी । सत चेतन घन आनँद रासी ॥

इसे सज्जनगण मुझ दास की ढिठाई या केवल प्रौढ़ोक्ति न समझें । मैं अपने मन के विश्वास, प्रेम और रुचि की बात कहता हूँ । ब्रह्म के उपर्युक्त दोनों स्वरूपों का ज्ञान अग्नि के समान है । निर्गुण उस अप्रकट अग्नि के समान है जो काठ के अंदर है, परंतु दीखती नहीं; और सगुण उस प्रकट अग्नि के समान है जो प्रत्यक्ष दीखती है । (तत्त्वतः दोनों एक ही हैं, केवल प्रकट-अप्रकट के भेद से भिन्न मालूम होती हैं ।) दोनों ही जानने में बड़े कठिन हैं, परंतु नाम से दोनों सुगम हो जाते हैं । इसी से मैं नाम को (निर्गुण) ब्रह्म और (सगुण) राम से बड़ा कहता हूँ । ब्रह्म व्यापक है, एक है, अविनाशी है, सत्ता, चैतन्य और आनन्द की घन-राशि है ॥२-३॥

Let not the good take this as an exaggeration on my part; for I say it confidently and with sincere devotion. The two forms of the Absolute may be known like the two kinds of fire; the one within the wood, the other visible. Both forms are hard to understand, but both are made known by the Name; and therefore I declare that the Name is greater than either the Absolute or Rama. Brahma is all-pervading, one, indestructible, the very essence of Truth, Consciousness and Bliss.

अस प्रभु हृदयँ अछत अबिकारी । सकल जीव जग दीन दुखारी ॥
नामनिरूपन नामजतन तें । सोउ प्रगटत जिमि मोल रतन तें ॥

ऐसे निर्विकार प्रभु के हृदय में रहते हुए भी संसार के सब जीव दीन और दुःखी हैं । नाम का निरूपण करके (नाम के यथार्थ स्वरूप, महिमा, रहस्य और प्रभाव को जानकर) नाम के जपने से वही ब्रह्म ऐसे प्रकट हो जाता है जैसे रत्न के जानने से उसका मूल्य ॥४॥

But though such an immutable Lord is present in every heart, every creature in the world is miserable and unhappy; but when one seeks out the true significance of the Name and practises its utterance, that Lord becomes manifest, as the value of a gem is revealed by correct knowledge of it.

दो. —निरगुन तें येहि भाँति बड़ नामप्रभाउ अपार ।
कहउँ नामु बड़ राम तें निज बिचार अनुसार ॥२३॥

इस प्रकार निर्गुण ब्रह्म से नाम बड़ा है और उसका प्रभाव निस्सीम है । अब अपने विचार के अनुसार कहता हूँ कि नाम (सगुण) राम से भी बड़ा है ॥२३॥

The glory of the Name is thus immeasurably greater than that of the attributeless Absolute; and I declare that in my judgement the Name is greater than Rama too.

चौ. —राम भगतहित नरतनु धारी । सहि संकट किये साधु सुखारी ॥
नामु सप्रेम जपत अनयासा । भगत होहिं मुद मंगल बासा ॥

श्रीरामजी ने भक्तों के हित के लिए मनुष्य-शरीर धारण किया और स्वयं कष्ट सहकर साधुओं को सुखी किया; परंतु भक्तगण प्रेम के साथ नाम जपने से सहज ही आनन्द और मंगल के घर हो जाते हैं ॥१॥

Rama assumed the form of man to help the faithful and endured misery to make the pious happy; but votaries who lovingly repeat the Name easily become abodes of joy and blessings.

राम एक तापस तिय तारी । नाम कोटि खल कुमति सुधारी ॥
रिषिहित राम सुकेतुसुता की । सहित सेन सुत कीन्हि बिबाकी ॥
सहित दोष दुख दास दुरासा । दलइ नामु जिमि रबि निसि नासा ॥
भंजेउ राम आपु भवचापू । भवभय भंजन नामप्रतापू ॥

श्रीरामजी ने एक तपस्वी की स्त्री (अहल्या) का ही उद्धार किया; परंतु नाम ने तो करोड़ों खलों की बिगड़ी बुद्धि सुधार दी । श्रीरामजी ने ऋषि विश्वामित्र के कल्याण के लिए सुकेतु यक्ष की कन्या (ताड़का) को उसकी सेना और पुत्र (सुबाहु) सहित मारा, परंतु नाम अपने भक्तों के दोष, दुःख और दुराशाओं का इस तरह नाश कर देता है जैसे सूर्य रात्रि का । श्रीरामजी ने तो स्वयं शिवजी के धनुष को तोड़ा, परंतु नाम का प्रताप ही जन्म-मरण के भय का नाश करनेवाला है ॥२-३॥

Rama himself redeemed one ascetic's wife (Ahalya), but the Name has converted the sinful hearts of millions of sinners. For the seer's (Vishvamitra's) sake Rama put an end to Suketu's daughter (Tadaka), her army and her son (Subahu); but the Name destroys its servants' sins and woes and despairs as the sun puts an end to night. With his own hand Rama broke the bow of Shiva; but the glory of the Name dispels the fear of death and rebirth.

दंडक बनु प्रभु कीन्ह सुहावन। जनमन अमित नाम किये पावन॥
निसिचर निकर दले रघुनंदन। नामु सकल कलिकलुष निकंदन॥

प्रभु श्रीरामजी ने दण्डक वन की ही शोभा बढ़ायी, परंतु नाम ने असंख्य मनुष्यों के मनों को पवित्र कर दिया। श्रीरघुनंदन ने राक्षसों के समूह का विध्वंस किया, परंतु नाम तो कलियुग के सारे पापों का नाश करनेवाला है॥४॥

The Lord made beautiful only the Dandaka forest; but the Name has sanctified the souls of countless votaries. Raghunatha massacred the demon host; but the Name has destroyed all the sins of the Kaliyuga.

दो.—सबरी गीध सुसेवकनि सुगति दीन्हि रघुनाथ।
नाम उधारे अमित खल बेदबिदित गुनगाथ॥२४॥

श्रीरघुनाथजी ने तो शबरी और जटायु जैसे उत्तम सेवकों को ही मुक्ति प्रदान की; परन्तु नाम ने अगणित दुष्टों का उद्धार किया। नाम के गुणों की कथा वेदों में प्रसिद्ध है॥२४॥

Raghunatha granted the bliss of final release to Shabari, the vulture Jatayu and other righteous servants; but the Name has delivered innumerable evil-doers, and the story of its virtues is celebrated in the Vedas.

चौ.—राम सुकंठ बिभीषन दोऊ। राखे सरन जान सबु कोऊ॥
नाम गरीब अनेक नेवाजे। लोक बेद बर बिरिद बिराजे॥

श्रीरामजी ने सुग्रीव और विभीषण, इन दोनों को ही अपनी शरण में रखा, यह सब कोई जानते हैं, परंतु नाम ने अनेक गरीबों पर कृपा की है। नाम की यह सुन्दर विरुदावली लोक और वेद में विशेषरूप से जगमगा रही है॥१॥

Rama, as everyone knows, took both Sugriva and Vibhishana under his protection; but the Name has protected many a poor supplicant, shining forth gloriously both in the world and in the Vedas.

राम भालु कपि कटकु बटोरा। सेतु हेतु श्रमु कीन्ह न थोरा॥
नामु लेत भवसिंधु सुखाहीं। करहु बिचारु सुजन मन माहीं॥

श्रीरामजी ने तो भालू-बंदरों की सेना बटोरी और समुद्र पर पुल बाँधने के लिए कुछ थोड़ा परिश्रम नहीं किया; परंतु नाम लेते ही लेते संसार-समुद्र सूख जाता है। हे सज्जनगण! अपने मन में विचार कीजिए (कि दोनों में कौन बड़ा है)॥२॥

Rama assembled a host of bears and monkeys and laboured hard to build a bridge; but at the mention of the Name the ocean of birth and death is dried up; meditate thereon, O you saints!

राम सकुल रन रावनु मारा। सीय सहित निज पुर पगु धारा॥
राजा रामु अवध रजधानी। गावत गुन सुर मुनि बर बानी॥
सेवक सुमिरत नामु सप्रीती। बिनु श्रम प्रबल मोहदलु जीती॥
फिरत सनेहँ मगन सुख अपनें। नामप्रसाद सोच नहि सपनें॥

श्रीरामजी ने तो कुटुम्ब-समेत रावण को युद्ध में मारा, तब सीतासहित उन्होंने अपने नगर में प्रवेश किया। राम राजा हुए, अयोध्या उनकी राजधानी हुई, देवता और मुनि सुन्दर वाणी से उनके गुण गाते हैं। परंतु सेवक प्रीतिपूर्वक नाम-स्मरण करते हुए, बिना परिश्रम मोह की प्रबल सेना को जीतकर, स्नेह में मग्न हुए अपने ही आनन्द में विचरते हैं; नाम के प्रसाद से उन्हें सपने में भी कोई चिन्ता नहीं सताती॥३-४॥

Rama slew Ravana with all his family in battle and returned to his own city with Sita; he was then crowned king in the capital of Ayodhya, and gods and sages hymned his virtues in melodious strains; but by devoutly thinking on the Name his servants overcome the mighty forces of ignorance without effort and, absorbed in devotion, wander in the paths of their own joy; by the grace of the Name they live at ease without even a dream of sorrow.

दो.—ब्रह्म राम तें नामु बड़ बरदायक बरदानि।
रामचरित सत कोटि महँ लिये महेस जियँ जानि॥२५॥

इस प्रकार नाम (निर्गुण) ब्रह्म और (सगुण) राम दोनों से बड़ा है और वर देनेवालों का भी वरदाता है। शिवजी ने हृदय में ऐसा जानकर ही सौ करोड़ रामचरितों में से इस 'राम' नाम को (साररूप से चुनकर) निकाला है॥२५॥

Therefore the Name is greater than either the impersonal Absolute or the personal Rama and blesses even those that bless. This Shiva knew well when he chose it from among the thousand million verses in the *Ramayana*.

मासपारायण, पहला विश्राम

चौ.—नामप्रसाद संभु अबिनासी। साजु अमंगल मंगलरासी॥
सुक सनकादि सिद्ध मुनि जोगी। नामप्रसाद ब्रह्मसुख भोगी॥

इस नाम के प्रसाद से शिवजी अविनाशी हैं और शरीर में अमङ्गल साज रखते हुए भी मङ्गल की राशि हैं। शुकदेवजी और सनकादि[1] सिद्ध, मुनि, योगीगण नाम के ही प्रसाद से ब्रह्मानन्द के भोगी हैं ॥१॥

By the grace of the Name, Shambhu attained immortality, an auspicious figure in an inauspicious attire. Shukadeva and Sanaka and all the saints, sages, and ascetics by the grace of the Name enjoy heavenly bliss.

नारद जानेउ नामप्रतापू। जग प्रिय हरि हरि हर प्रिय आपू॥
नामु जपत प्रभु कीन्ह प्रसादू। भगतसिरोमनि भे प्रहलादू॥

नारदजी ने राम-नाम के प्रताप को जाना है। हरि सारे संसार को प्यारे हैं और आप (नारदजी) हरि और हर दोनों को प्रिय हैं। नाम जपने से प्रभु ने कृपा की, जिससे प्रह्लाद भक्तशिरोमणि हो गये ॥२॥

Narada too acknowledged the power of the Name, for all the world loves Hari, and Hari and Hara love Narada. When Prahlada repeated the Name, the Lord showed him his grace and he became the crown of the faithful.

ध्रुव सगलानि जपेउ हरिनाऊँ। पायेउ अचल अनूपम ठाऊँ॥
सुमिरि पवनसुत पावन नामू। अपने बस करि राखे रामू॥

ध्रुवजी ने ग्लानि के साथ (विमाता के वचनों से दुःखी होकर) हरिनाम को जपा और उसके प्रताप से उन्होंने अचल तथा अनुपम स्थान (ध्रुवलोक) प्राप्त किया। पवन-पुत्र हनुमान्‌जी ने इस पवित्र नाम का स्मरण करके श्रीरामजी को अपने वश में कर रखा है ॥३॥

Dhruva in his distress repeated the Name of Hari and won a place fixed, incomparable. The Son of the Wind (Hanuman) thought on that holy Name and made Rama subject to himself.

अपरु अजामिलु गजु गनिकाऊ। भये मुकुत हरिनाम प्रभाऊ॥
कहउँ कहाँ लगि नामबड़ाई। रामु न सकहिं नाम गुन गाई॥

अजामिल, गज और गणिका (वेश्या) जैसे पतित भी श्रीहरि के नाम के प्रभाव से मुक्त हो गये। मैं नाम की बड़ाई कहाँ तक कहूँ, राम भी नाम के गुणों को नहीं गा सकते ॥४॥

Ajamila the sinner, the elephant and the harlot of the legend were liberated by the power of Hari's Name; but why should I any more extol the Name? Rama himself cannot adequately glorify the Name.

दो. —नामु राम को कलपतरु कलि कल्याननिवासु।
जो सुमिरत भयो भाँग तें तुलसी तुलसीदासु॥ २६॥

कलियुग में राम का नाम कल्पतरु (मनचाहा पदार्थ देनेवाला) और कल्याण का निवास (मुक्ति का घर) है, जिसके स्मरण-मात्र से भाँग-सा (अपावन एवं मादक) तुलसीदास तुलसी के समान (पावन) हो गया ॥२६॥

In this Kaliyuga the Name of Rama is a wish-yielding tree (the tree of Paradise), the very home of blessing, thinking whereon Tulasidasa, who was nothing but intoxicating hemp, has become the sacred *tulasi* plant (the holy basil).

चौ. —चहुँ जुग तीनि काल तिहुँ लोका। भये नाम जपि जीव बिसोका॥
बेद पुरान संत मत एहू। सकल सुकृत फल रामसनेहू॥

चारों युगों, तीनों कालों और तीनों लोकों में नाम को जपकर जीव शोकरहित हुए हैं। वेद, पुराण और संतों का मत यही है कि राम-नाम में स्नेह होना समस्त पुण्यों का फल है ॥१॥

In all the four ages,[1] at all times past, present and future, and in all the three spheres creatures have been freed from care by the repetition of the Name. The Vedas, the Puranas and the saints agree that the reward of all virtuous deeds is the love of Rama.

ध्यानु प्रथम जुग मखबिधि दूजें। द्वापर परितोषत प्रभु पूजें॥
कलि केवल मलमूल मलीना। पाप पयोनिधि जनमन मीना॥

पहले (सत्य) युग में ध्यान से, दूसरे (त्रेता) युग में यज्ञ की विधि से और द्वापर में पूजा से प्रभु प्रसन्न होते हैं। कलियुग केवल पाप की जड़ और मलिन है, इसमें मनुष्यों का मन पापरूपी समुद्र में मछली बना हुआ है ॥२॥

In the first age the Lord is pleased by contemplation, in the second by the rite of sacrifice, and in the Dvapara by ritual worship; but the Kaliyuga is nothing but the root of all impurities when the hearts of men wallow like fish in the ocean of sin.

नाम कामतरु काल कराला। सुमिरत समन सकल जगजाला॥
राम नाम कलि अभिमतदाता। हित परलोक लोक पितु माता॥

ऐसे भयंकर काल में तो नाम ही कल्पवृक्ष है, जो स्मरण करते ही संसार के सब जंजालों को नाश कर देनेवाला है। कलियुग में यह रामनाम वांछित फल देनेवाला है, परलोक का परम हितैषी है इस लोक का माता-पिता है ॥३॥

---

१. सनक, सनातन, सनन्दन, सनत्कुमार।

1. Satyayuga, Treta, Dvapara and Kaliyuga. Taken together, they last for 4,32,00,00,000 human years which are divided into 1,000 epochs (Chaturyugas). Each Chaturyuga is made up or four *yugas* or ages, namely, Satyayuga lasting for 17,28,000 years, Treta for 12,96,000 years, Dvapara for 8,64,000 years, and Kaliyuga for 4,32,000 years. It is thus obvious that the duration of a Chaturyuga is ten times that of Kaliyuga.

In this terrible age the Name is the wish-yielding tree, and when one thinks on it, it puts an end to all the illusions of the world. It is the Name of Rama that grants one's desired object in the Kaliyuga, one's father and mother in this world and a friendly guide in the world to come.

नहि कलि करम न भगति बिबेकू । राम नाम अवलंबन एकू ॥
कालनेमि कलि कपटनिधानू । नाम सुमति समरथ हनुमानू ॥

कलियुग में न कर्म है, न भक्ति है और न ज्ञान ही है; राम का नाम ही एक अवलम्ब है । कपट की खान कलियुगरूपी कालनेमि के मारने के लिए रामनाम ही श्रेष्ठ बुद्धिवाले समर्थ श्रीहनुमान्‌जी के समान है ॥४॥

In the Kaliyuga no action *(karma)* avails nor devotion *(bhakti)* nor knowledge *(gyana)*; the Name of Rama is the only resort. The Kaliyuga is like Kalanemi, a demon full of deceit, and the Name the wise and mighty Hanuman to slay him.

दो. –राम नाम नरकेसरी कनककसिपु कलिकाल ।
जापक जन प्रहलाद जिमि पालिहि दलि सुरसाल ॥२७॥

रामनाम नृसिंह भगवान् है, कलियुग हिरण्यकशिपु है और जप करनेवाले जन प्रह्लाद के समान हैं; यह रामनाम देवताओं के शत्रु (कलियुगरूपी-दैत्य) को मारकर जप करनेवालों की रक्षा करेगा । (तात्पर्य यह कि हिरण्यकशिपुरूपी कलियुग के लिए रामनाम नृसिंह भगवान् के समान है, उसे जपनेवाले भक्त प्रह्लाद के समान हैं । श्रीराम का नाम सद्‌गुण-नाशक कलिकाल का नाश कर जापकों का पालन करेगा ।) ॥२७॥

(To use another metaphor,) the Name of Rama is, as it were, Narasimha, the Kaliyuga the demon Hiranyakashipu; the faithful who repeat the Name are Prahlada; these the Name will protect, but it will slay the foes of the gods, i.e., the Name will protect the devotees repeating it, even as the Man-lion protected Prahlada.

चौ. –भायँ कुभायँ अनख आलसहूँ । नाम जपत मंगल दिसि दसहूँ ॥
सुमिरि सो नाम रामगुन गाथा । करौं नाइ रघुनाथहि माथा ॥

भाव (प्रेम), बुरे भाव (वैर) क्रोध या आलस्य से भी नाम जपने से दसों दिशाओं में मंगल ही होता है । उसी (परम कल्याणकारी) रामनाम का स्मरण करके और श्रीरघुनाथजी को मस्तक नवाकर मैं रामजी के गुणों की कथा की रचना करता हूँ ॥१॥

Whether one repeats the Name in love or enmity, in an angry mood or even while yawning, it brings felicity in every quarter. Remembering that Name, I bow my head to Raghunatha and proceed to recount the story of Rama's virtues.

मोरि सुधारिहि सो सब भाँती । जासु कृपाँ नहि कृपा अघाँती ॥
राम सुस्वामि कुसेवकु मो सो । निज दिसि देखि दयानिधि पोसो ॥

वही प्रभु मेरी त्रुटियों को सब तरह से सुधार लेंगे, जिनकी कृपा कृपा करने से नहीं अघाती । राम-जैसा उत्तम स्वामी और मुझ-सरीखा बुरा सेवक ! इतने पर भी उन दयानिधि ने अपनी ओर देखकर मेरा पालन किया है ॥२॥

He will mend all my errors, for his grace never tires of showing its grace. So noble a master as Rama, and so wicked a servant as I ! Yet, true to his own disposition, that storehouse of compassion has fostered me.

लोकहुँ बेद सुसाहिब रीती । बिनय सुनत पहिचानत प्रीती ॥
गनी गरीब ग्राम नर नागर । पंडित मूढ़ मलीन उजागर ॥

लोक और वेदों में अच्छे स्वामी की यही रीति प्रसिद्ध है कि वे विनय सुनते ही (अपने सेवक के हृदय की) प्रीति को पहचान लेते हैं । अमीर-गरीब, गँवार-नगरनिवासी, पण्डित-मूर्ख, बदनाम-यशस्वी, ॥३॥

It is the way of a good master to recognize one's devotion to him when he hears a humble prayer—so say the world and the Vedas. Rich and poor, rustic and urban, wise and foolish, of good repute and bad,

सुकबि कुकबि निज मति अनुहारी । नृपहि सराहत सब नर नारी ॥
साधु सुजान सुसील नृपाला । ईस अंस भव परम कृपाला ॥

सुकवि-कुकवि, सभी स्त्री-पुरुष अपनी-अपनी बुद्धि के अनुसार राजा की प्रशंसा करते हैं, कारण कि राजा[1] साधु, चतुर और सुशील, ईश्वर के अंश से उत्पन्न और परम कृपालु होते हैं ॥४॥

—good poets and inferior, men and women everywhere extol the king as best they can; and the king who is pious, sensible and amiable, sprung from a part of God Himself and very gracious,

सनि सनमानहि सबहि सुबानी । भनिति भगति नति गति पहिचानी ॥
यह प्राकृत महिपाल सुभाऊ । जानसिरोमनि कोसलराऊ ॥

वे सुनकर सुन्दर वचन से सबका आदर करते हैं और सबकी वाणी भक्ति, नम्रता और गति को पहचान लेते हैं । यह स्वभाव तो साधारण राजाओं का है, कोसलनाथ श्रीरामचन्द्रजी तो ज्ञानियों के शिरोमणि हैं ॥५॥

—hears and acknowledges their praise and devotion and humility and good intentions, and greets

१. राजा की स्तुति करनेवाले लोग पाँच प्रकार के हैंः १. धनी-गरीब, २. ग्रामनर-नागर, ३. पंडित-मूढ़, ४. मलीन-उजागर, ५. सुकवि-कुकवि । राजा में पाँच गुण होते हैं । वह १. साधु, २. सुजान, ३. सुशील, ४. ईश-अंश-भव और ५. परम कृपालु होता है । प्रजा की जिन पाँच बातों को पहचानकर राजा उसका सम्मान करता है, वे हैंः १. प्रीति, २. गति, ३. नति, ४. भक्ति और ५. भनिति ।

all with courteous words. If this is the way with earthly kings, what of the lord of Kosala, the crown of wisdom ?

रीझत राम सनेह निसोतें। को जग मंद मलिनमति मोतें ॥

श्रीरामजी तो विशुद्ध स्नेह से ही रीझते हैं, परन्तु संसार में मुझसे बढ़कर मूर्ख और मलिनबुद्धि दूसरा कौन होगा ? ॥६॥

Rama is pleased with genuine love; but who in the world is duller and feebler of intellect even than I ?

दो. –सठ सेवक की प्रीति रुचि रखिहहिं राम कृपालु
उपल किये जलजान जेहिं सचिव सुमति कपि भालु ॥२८(क)॥

श्रीरामचन्द्रजी कृपालु हैं, इसलिए मुझ दुष्ट सेवक की प्रीति और रुचि को अवश्य पूरा करेंगे, क्योंकि उन्होंने पत्थरों को नाव और बंदर-भालुओं को बुद्धिमान् मन्त्री बनाया है ॥२८(क)॥

Yet will the merciful Rama regard the love and devotion of his wicked servant; for he is gracious who made barks out of rocks and appointed monkeys and bears as his wise ministers.

हौंहु कहावत सबु कहत राम सहत उपहास।
साहिब सीतानाथ सो सेवक तुलसीदास ॥२८(ख)॥

मैं भी रामजी का भक्त कहलाता हूँ और सबलोग कहते हैं तथा श्रीरामचन्द्रजी भी इस उपहास को सहते हैं कि सीतापते-जैसे स्वामी का मुझ तुलसीदास-जैसा सेवक है ! ॥२८(ख)॥

Sita's lord the master and Tulasidasa the servant! Everyone calls me so and I say so too, and Rama is exposed to ridicule !

चौ. –अति बड़ि मोरि ढिठाई खोरी। सुनि अघ नरकहु नाक सँकोरी ॥
समुझि सहम मोहि अपडर अपने। सो सुधि राम कीन्हि नहि सपने ॥

(इतने बड़े स्वामी का सेवक बनना) मेरी बड़ी ढिठाई और दोष है, मेरे पाप को सुनकर नरक भी नाक सिकोड़ता है। यह समझकर मुझे अपने ही कल्पित डर से डर हो रहा है, किंतु भगवान् श्रीरामचन्द्रजी ने तो स्वप्न में भी उसे (मेरी इस ढिठाई और दोष को) स्मरण नहीं किया ॥१॥

Very great are my presumptions and sins; even hell is filled with disgust when it hears of my wickedness, and when I realize it, I shudder and am sore afraid; but Rama has never for a moment taken any notice of my sins.

सुनि अवलोकि सुचित चख चाही। भगति मोरि मति स्वामि सराही ॥
कहत नसाइ होइ हियँ नीकी। रीझत राम जानि जन जी की ॥

मेरे स्वामी श्रीरामचन्द्रजी ने तो इसे सुनकर, देखकर और अपने सुन्दर चित्तरूपी आँख से निरीक्षण कर मेरी भक्ति और बुद्धि की प्रशंसा की। कहने में चाहे बिगड़ जाय (अर्थात् मैं चाहे अपने को भगवान् का सेवक कहता-कहलाता रहूँ), परंतु हृदय में अच्छापन होना चाहिए (हृदय में तो अपने को उनका सेवक बनने योग्य नहीं मानकर पापी और दीन ही मानता हूँ, यह अच्छापन है।) श्रीरामचन्द्रजी भी दास के हृदय की बात (अच्छाई) जानकर ही रीझते हैं ॥२॥

When, on the other hand, he heard them and considered them and looked on them with the mind's eye, my master praised my devotion and my spirit; though my claim sounds ill, it is a sign of inward grace, and Rama is pleased to note what is there in the devotee's mind.

रहति न प्रभुचित चूक किये की। करत सुरति सय बार हिये की ॥
जेहि अघ बधेउ ब्याध जिमि बाली। फिरि सुकंठ सोइ कीन्हि कुचाली ॥

प्रभु श्रीरामजी के चित्त में अपने भक्तों की की हुई भूल-चूक याद नहीं रहती। वे उनके हृदय (की अच्छाई) को सौ-सौ बार स्मरण करते हैं। जिस पाप के कारण उन्होंने बालि को व्याध की तरह मारा था, सुग्रीव ने फिर वही कुचाल की ॥३॥

The Lord is not mindful of the sins we have committed, but considers a hundred times the purpose of the heart. Thus the very crime for which he slew Bali like a huntsman was the sin of Sugriva. (Bali, the monkey king of Kishkindha, was killed by Rama on the plea that the former had usurped his younger brother's wife. Sugriva and Vibhishana too are stated to have taken Tara, Bali's wife, and Mandodari, Ravana's wife, respectively as their consort after the death of their husbands.)

सोइ करतूति बिभीषन केरी। सपनेहु सो न राम हियँ हेरी ॥
ते भरतहि भेंटत सनमाने। राजसभाँ रघुबीर बखाने ॥

और वही करतूत विभीषण की थी, परंतु श्रीरामचन्द्रजी ने स्वप्न में भी मन में उसका विचार नहीं किया। उलटे भरतजी से मिलते समय श्रीरघुनाथजी ने उनका सम्मान किया और राजसभा में भी उनकी प्रशंसा की ॥४॥

Vibhishana too was guilty of the same offence, but Rama took no cognizance of it at all; rather, Raghubira honoured him when he met Bharata and sang his praises in the royal court.

दो. –प्रभु तरुतर कपि डार पर ते किये आपु समान।
तुलसी कहूँ न राम से साहिब सीलनिधान ॥२९(क)॥

प्रभु श्रीरामचन्द्रजी तो वृक्ष के नीचे रहते हैं और बंदर शाखाओं पर (अर्थात् कहाँ मर्यादापुरुषोत्तम चक्रवर्त्तिकुमार श्रीरामजी और कहाँ पेड़ों की

शाखाओं पर कूदनेवाले बंदर) ! परंतु ऐसे बंदरों को भी उन्होंने अपने समान बना लिया । तुलसीदासजी कहते हैं कि श्रीरामचन्द्रजी के समान शीलनिधान स्वामी कहीं भी नहीं हैं ॥२९(क)॥

The Lord sat at the foot of the trees and the monkeys scrambled up in the boughs! And yet he made them equal to himself. Nowhere is there a master kindlier than Rama.

राम निकाईं रावरी है सब ही को नीक ।
जौं यह साँची है सदा तौ नीको तुलसी क ॥२९(ख)॥

हे श्रीरामजी ! आपकी अच्छाई सभी के लिए अच्छी है । यदि यह बात सच है तो तुलसीदास का भी सदा कल्याण ही होगा ॥२९(ख)॥

O Rama, your goodness is beneficent to all; if so, then Tulasi's good is for ever assured.

एहिं बिधि निज गुन दोष कहि सबहि बहुरि सिरु नाइ ।
बरनउँ रघुबर बिसद जसु सुनि कलिकलुष नसाइ ॥२९(ग)॥

इस प्रकार अपने गुण-दोषों को कहकर और फिर सबको सिर नवाकर मैं श्रीरामचन्द्रजी के निर्मल यश का वर्णन करता हूँ, जिसे सुनकर कलियुग के पाप नष्ट होते हैं ॥२९(ग)॥

Thus revealing my merits and my faults and once more bowing my head to all, I proceed to declare the spotless glory of Raghubara, the hearing of which blots out the impurities of the Kaliyuga.

चौ. –जागबलिक जो कथा सुहाई । भरद्वाज मुनिबरहि सुनाई ॥
कहिहौं सोइ संबाद बखानी । सुनहु सकल सज्जन सुखु मानी ॥

मुनि याज्ञवल्क्यजी ने जो सुन्दर कथा मुनिवर भरद्वाज जी को सुनायी थी, उसी संवाद को मैं बखानकर कहूँगा । हे सब सज्जनो ! सुख-पूर्वक सुनिए ॥ १ ॥

The charming story that Yajnavalkya related to the great sage Bharadvaja as they conversed, I shall repeat; hear, then, all you good souls and rejoice !

संभु कीन्ह यह चरित सुहावा । बहुरि कृपा करि उमहि सुनावा ॥
सोइ सिव कागभुसुंडिहि दीन्हा । रामभगत अधिकारी चीन्हा ॥

पहले शिवजी ने इस सुहावने चरित्र की रचना की, फिर कृपा करके उसे पार्वतीजी को सुनाया । वही चरित्र शिवजी ने रामभक्त और अधिकारी जानकर काकभुशुण्डिजी को दिया ॥२॥

Shiva conceived this charming tale and then of his grace communicated it to Parvati; and the same tale he imparted once more to Kakabhushundi for he knew him to be Rama's votary and worthy to receive the gift.

तेहि सन जागबलिक पुनि पावा । तिन्ह पुनि भरद्वाज प्रति गावा ॥
ते श्रोता बकता समसीला । सबदरसी जानहिं हरिलीला ॥

उन (काकभुशुण्डिजी) से फिर याज्ञवल्क्यजी ने पाया और उन्होंने फिर उसे भरद्वाजजी को गाकर सुनाया । वे दोनों वक्ता और श्रोता (याज्ञवल्क्य और भरद्वाज) समान शीलवाले और समदर्शी हैं और हरि-लीलाओं को जानते हैं ॥३॥

Next, it was Yajnavalkya who received it from him, and later sang it to Bharadvaja. These sages—both he who heard and he who told the story—are equally virtuous and possess equal insight; they understand the mystery of Hari's sportive acts.

जानहिं तीनि काल निज ग्याना । करतलगत आमलक समाना ॥
औरौ जे हरिभगत सुजाना । कहहिं सुनहिं समुझहिं बिधि नाना ॥

वे अपने ज्ञान से तीनों कालों की बातों को हथेली पर रखे हुए आँवले के फल के समान जानते हैं । और भी जो अनेक चतुर हरिभक्त हैं, वे इस चरित्र को नाना प्रकार से कहते, सुनते और समझते हैं ॥४॥

By their own wisdom they comprehend all time, past, present and future, plain to them as a plum placed on one's palm; and others too there are, enlightened votaries of Hari, who recite, hear and understand the stories in various ways.

दो. –मैं पुनि निज गुर सन सुनी कथा सो सूकरखेत ।
समुझी नहिं तसि बालपन तब अति रहेउँ अचेत ॥३०(क)॥

फिर मैंने वही कथा वाराह-क्षेत्र में अपने गुरुजी से सुनी । उस समय मैं लड़कपन के कारण बहुत नासमझ था, इससे वह वैसी (भली-भाँति) समझ में नहीं आयी (जैसी औरों ने समझी थी) ॥३०(क)॥

Then I heard the same story from my *guru* at Shukarakshetra (the modern Soron of Uttar Pradesh); but at that time I was quite an unintelligent child and I did not understand it fully well.

श्रोता बकता ग्याननिधि कथा राम कै गूढ़ ।
किमि समुझौं मैं जीव जड़ कलिमल ग्रसित बिमूढ़ ॥३०(ख)॥

श्रीरामजी की कथा गूढ़ है, इसके लिए श्रोता और वक्ता दोनों ज्ञानपूर्ण होने चाहिए । कलियुग के पापों से ग्रसा हुआ महामूढ़ जड़ मैं, भला उसे कैसे समझता ? ॥३०(ख)॥

The story of Rama is mysterious and he who hears it and he who tells it must be repositories of wisdom; how could I, a stupid creature, grasp its meaning—an ignorant dolt, in the toils of the sin of the Kaliyuga ?

चौ. –तदपि कही गुर बारहि बारा । समुझि परी कछु मति अनुसारा ॥
भाषाबद्ध करबि मैं सोई । मोरे मन प्रबोध जेहि होई ॥

तो भी गुरुजी ने जब बार-बार यह कथा कही, तब अपनी बुद्धि के अनुसार कुछ समझ पड़ी। वही अब मेरे द्वारा भाषा में रची जायगी, जिससे मेरे मन को प्रकर्ष-बोध होता रहे (या जिससे मेरे मन को संतोष हो) ॥१॥

Nevertheless, when my *guru* (the preceptor) had repeated the story over and over again, I began partially to understand it as well as I could. That same story I shall versify in the popular tongue, to enlighten myself.

जस कछु बुधि बिबेक बल मेरें। तस कहिहौं हियँ हरि के प्रेरें॥
निज संदेह मोह भ्रम हरनी। करौं कथा भव सरिता तरनी॥

मुझमें बुद्धि और विवेक का जैसा कुछ बल है, मैं हृदय में (स्थित) हरि की प्रेरणा से वैसा ही कहूँगा। मैं अपने सन्देह, अज्ञान और भ्रम को हरनेवाली कथा रचता हूँ, जो संसाररूपी नदी को पार करने के लिए नाव है ॥२॥

Equipped with what little understanding and judgement I possess I shall write with a heart inspired by Hari. The story I am going to tell is such as will dispel my own doubts, ignorance and error and will serve as a boat for crossing the stream of mundane existence.

बुध बिश्राम सकल जन रंजनि। रामकथा कलिकलुष बिभंजनि॥
रामकथा कलि पन्नग भरनी। पुनि बिबेक पावक कहुँ अरनी॥

रामकथा पण्डितों के लिए विश्रामरूपा, सब मनुष्यों को प्रसन्न करनेवाली और कलियुग के पापों का नाश करनेवाली है। रामकथा कलियुगरूपी साँप के लिए मोरनी के समान है और विवेकरूपी अग्नि को प्रकट करने के लिए अरणि (मन्थन करनेवाली लकड़ी) के समान है ॥३॥

The story of Rama brings peace to the learned and is a source of delight to all men, and wipes out the impurities of the Kaliyuga. Rama's story is a powerful spell to subdue the serpent of the Kaliyuga and a wooden stick for kindling the sacred fire of wisdom.

रामकथा कलि कामद गाई। सुजन सजीवनि मूरि सुहाई॥
सोइ बसुधातल सुधातरंगिनि। भय भंजनि भ्रम भेक भुअंगिनि॥

कलियुग में रामकथा कामधेनु गौ है और सज्जनों के लिए सुन्दर सञ्जीवनी जड़ी है। पृथ्वी पर यही अमृत की नदी है, जन्म-मरणरूपी भय को चूर-चूर करनेवाली और भ्रमरूपी मेंढकों (को निगल जाने के) लिए सर्पिणी है ॥४॥

The story of Rama is the cow of plenty in this age of Kali; it is a beautiful life-giving herb to the virtuous; a veritable river of nectar on earth; it shatters the fear of birth and death and is a virtual snake to swallow the frogs of delusion.

असुरसेन सम नरक निकंदिनि। साधु बिबुध कुल हित गिरिनंदिनि॥
संतसमाज पयोधि रमा सी। बिस्वभार भर अचल छमा सी॥

असुरों की सेना के समान जो नरक हैं, यह रामकथा उनका नाश करनेवाली और साधुरूप देवताओं के कुल का हित करनेवाली पार्वती (दुर्गा) है। यह संत-समाजरूपी क्षीरसमुद्र के लिए लक्ष्मीजी के समान है और सम्पूर्ण विश्व का भार उठाने में अचल पृथ्वी के समान है ॥५॥

It is beneficent to pious souls as Parvati is friendly to gods; again, it destroys hell as Parvati exterminated the army of demons. It flows from the assembly of saints as Lakshmi (the goddess of wealth) sprang from the Ocean of milk; and like the immovable earth it bears the burden of the universe.

जम गन मुह मसि जग जमुना सी। जीवन मुकुति हेतु जनु कासी॥
रामहि प्रिय पावनि तुलसी सी। तुलसिदास हित हिय हुलसी सी॥

संसार में रामकथा यमदूतों के मुख में कालिख पोतने के लिए यमुनाजी के समान है और जीवों को मुक्ति देने के लिए मानो काशी ही है। श्रीरामजी को यह कथा पवित्र तुलसी के समान प्रिय है और तुलसीदास के लिए हुलसी (तुलसीदासजी की माता) के समान हृदय से हित करनेवाली है ॥६॥

It is like the sacred river Yamuna in this world to scare away the messengers of Yama (the god of death), and like holy Kashi, as it were, to grant liberation to the living. It is dear to Rama as the sacred *tulasi* (basil plant) and is truly beneficent to Tulasidasa as his own mother, Hulasi.

सिवप्रिय मेकल सैल सुता सी। सकल सिद्धि सुख संपति रासी॥
सदगुन सुरगन अंब अदिति सी। रघुबरभगति प्रेम परमिति सी॥

रामकथा शिवजी को नर्मदा के समान प्यारी है, यह सब सिद्धियों तथा सुख-सम्पत्तियों की राशि है। सद्गुणरूपी देवताओं को उत्पन्न और पालन-पोषण करने के लिए माता अदिति के समान है और श्रीरघुनाथजी की भक्ति और प्रेम की सीमा-सी है ॥७॥

It is as dear to Shiva as the river Narmada, daughter of Mount Mekala; it is a mine of all attainments as well as of happiness and prosperity. It is to noble qualities what mother Aditi is to the gods; it is the culmination, as it were, of devotion to and love for Raghunatha.

दो.—रामकथा मंदाकिनी चित्रकूट चित चारु।
तुलसी सुभग सनेह बन सिय रघुबीर बिहारु॥३१॥

तुलसीदासजी कहते हैं कि रामकथा मन्दाकिनी नदी है, निर्मल चित्त चित्रकूट है और सुन्दर स्नेह ही वन है, जिसमें सीताजी सहित रघुनाथजी विहार करते हैं ॥३१॥

The story of Rama is the river Mandakini (which washes the foot of Chitrakuta); a pure, guileless heart is Mount Chitrakuta (one of the happy resorts of Rama during his wanderings in the forest); while sincere love, says Tulasidasa, is the forest where Sita and Rama carry on their divine pastimes.

चौ.–रामचरित चिंतामनि चारू। संत सुमति तिअ सुभग सिंगारू॥
जगमंगल गुनग्राम राम के। दानि मुकुति धन धरम धाम के॥

श्रीराम का चरित सुन्दर चिन्तामणि है और संतों की सुबुद्धिरूपिणी स्त्री का सुन्दर शृङ्गार है। श्रीरामजी के गुणसमूह जगत् का कल्याण करने वाले हैं और मुक्ति, धन, धर्म और परमधाम के दाता हैं॥१॥

The acts of Rama are a lovely wish-yielding (fabulous) gem and a graceful adornment for saintly wisdom. The sum of virtues possessed by Rama is a blessing to the world and bestower of liberation, riches, religious merit and eternal salvation.

सदगुर ग्यान बिराग जोग के। बिबुधबैद भव भीम रोग के॥
जननि जनक सिय राम पेम के। बीज सकल ब्रत धरम नेम के॥

(श्रीरामजी के गुण-पुंज) ज्ञान, वैराग्य और योग के लिए सद्गुरु हैं और संसाररूपी भयंकर रोग के लिए देवताओं के वैद्य (अश्विनीकुमार) के समान हैं। ये श्रीसीतारामजी के प्रेम के उत्पन्न करनेवाले माता-पिता हैं और सम्पूर्ण व्रत, धर्म और नियमों के बीज हैं॥२॥

The acts of Rama are true teachers of wisdom, dispassion and Yoga and celestial physicians (Ashvinikumaras) for the dread disease of transmigration; parents of devotion to Sita and Rama, and the seed of all strict vows, religious practices and observances;

समन पाप संताप सोक के। प्रिय पालक परलोक लोक के॥
सचिव सुभट भूपति बिचार के। कुंभज लोभ उदधि अपार के॥

पाप, सन्ताप और शोक के नाशक तथा इस लोक और परलोक के प्रिय पालक हैं। विचार (ज्ञान) रूपी राजा के शूर-वीर मन्त्री और लोभरूपी अपार समुद्र को सोखने के लिए अगस्त्य मुनि हैं॥३॥

—the destroyers of sins, of agonies and of griefs; our loving guardians in this as well as in the next world; the valiant ministers to King Reason, and a veritable Agastya to drink up the illimitable ocean of greed;

काम कोह कलिमल करिगन के। केहरि सावक जन मन बन के॥
अतिथि पूज्य प्रियतम पुरारि के। कामद घन दारिद दवारि के॥

(श्रीरामजी के गुण) भक्तों के मनरूपी वन में बसनेवाले काम, क्रोध और कलियुग के पापरूपी हाथियों के झुंड (का नाश करने) के लिए सिंह के बच्चे हैं। शिवजी के पूज्य और प्रियतम अतिथि हैं और दरिद्रतारूपी दावानल को बुझाने के लिए कामना पूर्ण करनेवाले मेघ हैं॥४॥

young lions in the forest of the devotee's mind to slay the herd of elephants of lust, anger, and sensual impurities of the Kaliyuga as dear to Shiva (the slayer of the demon Tripura) as a highly honoured and most beloved guest, and wish-yielding clouds quenching the forest fires of poverty.

मंत्र महामनि बिषय ब्याल के। मेटत कठिन कुअंक भाल के॥
हरन मोह तम दिनकर कर से। सेवक सालि पाल जलधर से॥

(श्रीरामचन्द्रजी के गुण) विषयरूपी साँप (का विष हरण करने) के लिए मन्त्र और महामणि हैं, ललाट पर लिखे हुए कठिन कुत्सित अंकों (मन्द प्रारब्ध) को मिटा देनेवाले हैं। अज्ञानरूपी अन्धकार के हरण करने के लिए सूर्यकिरणों के समान और सेवकरूपी धान के पालन के लिए मेघ के समान हैं॥५॥

They are potent and precious spells against the venom of sensuous enjoyments, and efface the deep marks of evil destiny graven on the forehead. They are the sun's rays, as it were, to dispel the darkness of ignorance, and clouds to nourish the paddy crop in the form of devotees.

अभिमतदानि देवतरुबर से। सेवत सुलभ सुखद हरि हर से॥
सुकबि सरद नभ मन उड़गन से। रामभगत जन जीवनधन से॥

(ये चरित) मनोवाञ्छित फल देने में श्रेष्ठ कल्पवृक्ष के समान हैं और सेवा करते ही विष्णु और शिव के समान सुलभ एवं सुखदायी हैं। सुकविरूपी शरद् ऋतु के मनरूपी आकाश को सुशोभित करने के लिए तारागण के समान और श्रीरामजी के भक्तों के तो जीवन-सर्वस्व ही हैं॥६॥

Like the tree of Paradise they yield the object of one's desire; easily available for service and gratifying like Vishnu and Shiva; they are stars, as it were, shining in the autumn sky of the good poet's mind, and the very life's treasure to the faithful votaries of Rama.

सकल सुकृत फल भूरि भोग से। जगहित निरुपधि साधु लोग से॥
सेवक मन मानस मराल से। पावन गंग तरंग माल से॥

(श्रीरामजी के चरित) सम्पूर्ण पुण्यों के फलस्वरूप प्राप्त महान् भोगों के समान हैं और जगत् का छलरहित (यथार्थ) हित करने में साधु-संतों के समान हैं। भक्तों के मनरूपी मानसरोवर में हंस के समान और पवित्र करने में गङ्गाजी की तरङ्गमालाओं के समान हैं॥७॥

They are like a rich harvest of enjoyments yielded by one's meritorious deeds and like holy men sincerely devoted to the good of the world; like a swan in the pure lake of the devotee's soul; like the abundant waves of the Ganga's purifying stream.

दो. –कुपथ कुतरक कुचालि कलि कपट दंभ पाषंड ।
दहन राम गुनग्राम जिमि इंधन अनल प्रचंड । ३२(क)॥

(श्रीरामजी के गुणों के समूह) कुमार्ग, वितंडावाद, अधर्म-आचरण और कलियुग के कपट, दम्भ और पाखण्ड को जलाने के लिए वैसे ही हैं जैसे ईंधन के लिए धधकती हुई प्रचण्ड अग्नि ॥३२(क)॥

The sum of Rama's virtues is like a blazing fire to burn up the dry wood of all heresy, fallacious reasoning, mischievous practices, worldly deceit, hypocrisy and insincerity prevailing in this Kaliyuga.

रामचरित राकेसकर सरिस सुखद सब काहु ।
सज्जन कुमुद चकोर चित हित बिसेषि बड़ लाहु ॥३२(ख)॥

रामचरित पूर्णिमा के चन्द्रमा की किरणों के समान सभी को समान रूप से सुख देनेवाले हैं, परंतु सज्जनरूपी कुमुदिनी तथा चकोर के चित्त के लिए तो विशेष सुखदायी और बड़े लाभकारी हैं ॥३२(ख)॥

The acts of Rama are delightful to all like the rays of the full moon; they are particularly agreeable and highly beneficial to the souls of the virtuous, who can be compared to the white water-lily and the partridge.

चौ. –कीन्हि प्रस्न जेहिं भाँति भवानी । जेहिं बिधि संकर कहा बखानी ॥
सो सब हेतु कहब मैं गाई । कथा प्रबंध बिचित्र बनाई ॥

जिस प्रकार श्रीपार्वतीजी ने (श्रीशिवजी से) प्रश्न किया और जिस प्रकार शंकरजी ने विस्तार से उसका उत्तर कहा, वह सब कारण मैं कथा-प्रबंध की विचित्र रचना करके गाकर कहूँगा ॥१॥

I now proceed to repeat in substance the questions that Parvati put and Shankara's detailed answers, weaving a strange narrative round this episode.

जेहिं यह कथा सुनी नहि होई । जनि आचरजु करैं सुनि सोई ॥
कथा अलौकिक सुनहिं जे ग्यानी । नहिं आचरजु करहिं अस जानी ॥
रामकथा कै मिति जग नाही । असि प्रतीति तिन्ह के मन माही ॥
नाना भाँति राम अवतारा । रामायन सत कोटि अपारा ॥

जिन्होंने यह कथा पहले न सुनी हो, वे इसे सुनकर आश्चर्य न करें । जो ज्ञानी इस अपूर्व कथा को सुनते हैं, वे यह जानकर आश्चर्य नहीं करते कि संसार में रामकथा की कोई सीमा नहीं है (रामकथा अनन्त है) । उनके मन में ऐसा विश्वास रहता है । अनेक प्रकार से श्रीरामचन्द्रजी के अवतार हुए हैं और सौ करोड़ तथा अपार रामायण हैं ॥२-३॥

Let not him who has not heard this story before be surprised to hear it. Wise men who hear this uncommon legend marvel not; for they know there is no limit to the stories of Rama in the world. They are convinced in their hearts, that Rama has in various forms become incarnate and that the *Ramayana*, though consisting of a thousand million verses, is yet measureless.

कलपभेद हरिचरित सुहाए । भाँति अनेक मुनीसन्ह गाए ॥
करिअ न संसय अस उर आनी । सुनिअ कथा सादर रति मानी ॥

कल्पभेद के कारण श्रीहरि के सुन्दर चरित्रों को मुनीश्वरों ने अनेक प्रकार से गाया है । मन में ऐसा विचारकर संदेह मत कीजिए, आदरसहित और प्रीतिपूर्वक कथा सुनिए ॥४॥

Great sages have sung the charming stories of Hari in different *kalpas* (aeons) and various ways. Bearing this in mind, do not entertain any doubt and hear this narrative with reverence and love.

दो. –राम अनंत अनंत गुन अमित कथा बिस्तार ।
सुनि आचरजु न मानिहहिं जिन्ह के बिमल बिचार ॥३३॥

श्रीरामजी अनन्त हैं, उनके गुण भी अनन्त हैं और उन गुणों की कथाओं का विस्तार भी असीम है । जिनके विचार निर्मल हैं, वे इस कथा को सुनकर आश्चर्य नहीं मानेंगे ॥३३॥

Rama is infinite, infinite are his virtues and immeasurable the dimensions of his story. Those whose thoughts are pure will not therefore wonder when they hear it.

चौ. –येहि बिधि सब संसय करि दूरी । सिर धरि गुरपद पंकज धूरी ॥
पुनि सबही बिनवौं कर जोरी । करत कथा जेहि लाग न खोरी ॥

इस प्रकार सारे संदेहों को दूर कर और श्रीगुरु-पद-कमल की धूल को सिर पर धारण करके मैं पुनः हाथ जोड़कर सबकी विनती करता हूँ, जिससे कथा-रचना में कोई दोष न लगे ॥१॥

Banishing all doubt in this way and placing on my head the dust from the lotus feet of my preceptor, I supplicate all with folded hands once more so that no blame may attach to my telling of the story.

सादर सिवहि नाइ अब माथा । बरनौं बिसद राम गुन गाथा ॥
संबत सोरह सै एकतीसा । करौं कथा हरिपद धरि सीसा ॥

अब मैं आदरपूर्वक श्रीशिवजी को सिर झुका (प्रणाम) कर श्रीरामचन्द्रजी के गुणों की उज्ज्वल कथा कहता हूँ । श्रीहरि के चरणों पर सिर रखकर संवत् १६३१ में इस कथा का आरम्भ करता हूँ ॥२॥

Reverently bowing my head to Shiva, I now proceed

to recount the sacred tale of Rama's virtues, laying my head on the feet of Hari I commence this story in the Samvat year 1631 (1574 A.D.).

नौमी भौम बार मधु मासा। अवधपुरीं यह चरित प्रकासा॥
जेहि दिन रामजनम श्रुति गावहिं। तीरथ सकल तहाँ चलि आवहिं॥

चैत्र मास की नवमी तिथि, मंगलवार के दिन अयोध्याजी में यह चरित्र प्रकाशित (प्रारम्भ) हुआ। जिस दिन श्रीरामजी का जन्म होता है, वेद कहते हैं कि उस दिन (पृथ्वी भर के) सारे तीर्थ वहाँ (अयोध्याजी में) चले आते हैं॥३॥

On Tuesday, the ninth day of the lunar month of Chaitra, this story shed its lustre at Ayodhya. On this day of Rama's birth—so say the Vedas—the presiding spirits of all holy places flock there.

असुर नाग खग नर मुनि देवा। आइ करहिं रघुनायकसेवा॥
जन्म महोत्सव रचहिं सुजाना। करहिं राम कल कीरति गाना॥

असुर, नाग, पक्षी, मनुष्य, मुनि और देवता आकर श्रीरघुनाथजी की सेवा करते हैं। बुद्धिमान् लोग जन्म-महोत्सव रचकर श्रीरामजी की सुन्दर कीर्ति का गान करते हैं॥४॥

And demons, serpents, birds, human beings, sages and gods come and pay their homage to Raghunayaka. Wise men celebrate the great birthday festival and sing the sweet renown of Rama.

दो.–मज्जहिं सज्जनबृंद बहु पावन सरजू नीर।
जपहिं राम धरि ध्यान उर सुंदर स्याम सरीर॥३४॥

उस दिन झुंड के झुंड सज्जन सरयूजी के पवित्र जल में स्नान करते हैं और हृदय में सुन्दर श्यामशरीर श्रीरघुनाथजी का ध्यान करके उनका नाम जपते हैं॥३४॥

Numerous companies of pious men bathe in the holy stream of the Saryu and, meditating in their hearts on the beautiful swarthy form of Rama, repeat his name.

चौ.–दरस परस मज्जन अरु पाना। हरै पाप कह बेद पुराना॥
नदी पुनीत अमित महिमा अति। कहि न सकै सारदा बिमल मति॥

वेद-पुराण कहते हैं कि (श्रीसरयूजी का) दर्शन, स्पर्श, स्नान और जलपान पापों को हरता है। यह नदी बड़ी ही पवित्र है, इसकी महिमा इतनी अनन्त है कि इसे निर्मल बुद्धिवाली सरस्वतीजी भी नहीं कह सकतीं॥१॥

The very sight and touch of the river, a dip in its stream or a draught from it cleanses one's sins—so declare the Vedas and the Puranas. Even Sarasvati, the goddess of learning, with all her cloudless intelligence cannot describe the infinite glory of this very holy river.

रामधामदा पुरी सुहावनि। लोक समस्त बिदित अति पावनि॥
चारि खानि जग जीव अपारा। अवध तजें तनु नहिं संसारा॥

यह सुहावनी अयोध्यापुरी श्रीरामचन्द्रजी के परमधाम (वैकुंठ, साकेत) को देनेवाली है, सब लोकों में प्रसिद्ध है और अत्यन्त पवित्र है। जगत् में (अण्डज, स्वेदज, उद्भिज्ज और जरायुज) चार खानि (प्रकार) के अनन्त जीव हैं, इनमें से जो कोई भी अयोध्याजी में शरीर छोड़ते हैं, वे फिर संसार में नहीं आते (वे जन्म-मरण के चक्कर से मुक्त हो जाते हैं)॥२॥

The beautiful city of Ayodhya grants men entrance to Rama's heaven; it is celebrated through all the worlds and is the holiest of the holy. There are countless creatures in the world belonging to the four species (*viz.*, viviparous, oviparous, sweat-born and those shooting from the earth); whoever of these shed their mortal coil at Avadh never again enter the cycle of mortality.

सब बिधि पुरी मनोहर जानी। सकल सिद्धिप्रद मंगलखानी॥
बिमल कथा कर कीन्ह अरंभा। सुनत नसाहिं काम मद दंभा॥

अयोध्यापुरी को सब प्रकार से मनोहर, सब सिद्धियों की देनेवाली और सब मंगलों की खान समझकर मैंने इस निर्मल कथा का यहीं आरम्भ किया, जिसके सुनने से काम, मद और दम्भ नष्ट हो जाते हैं॥३॥

Knowing the city to be altogether lovely, a bestower of all success and a storehouse of every blessing, I have here begun this sacred story, which will destroy, in those who hear it, the mad frenzy of lust, arrogance and hypocrisy.

रामचरितमानस एहि नामा। सुनत श्रवन पाइअ बिश्रामा॥
मन करि बिषय अनल बन जरई। होइ सुखी जौं येहिं सर परई॥

इस (कथा) का नाम 'रामचरितमानस' है। कानों से इसका श्रवण करते ही शान्ति मिलती है। मनरूपी हाथी विषयरूपी दावानल में जल रहा है, यदि वह इस मानसरूपी सरोवर में आ पड़े तो सुखी हो जाय॥४॥

One derives solace by hearing its very name, *Ramacharitamanasa* (the Holy Lake of the Acts of Rama). Our mind, which burns with the fever of sensuous enjoyments, like an elephant in a forest fire, is sure to get relief should it drop into this lake.

रामचरितमानस मुनि भावन। बिरचेउ संभु सुहावन पावन॥
त्रिबिध दोष दुख दारिद दावन। कलि कुचालि कुलि कलुष नसावन॥

मुनियों के मन को प्रिय लगनेवाले इस सुहावने और पवित्र 'रामचरितमानस' को शिवजी ने रचा। यह तीनों प्रकार के दोषों, दुःखों और दरिद्रता का तथा कलियुग की कुचालों और सब पापों का नाशक है॥५॥

The holy and beautiful *Ramacharitamanasa* is the delight of sages; it was conceived by Shambhu (Lord Shiva). It subdues the three kinds of error, sorrow and indigence and puts an end to all wicked ways and impurities of the Kaliyuga.

रचि महेस निज मानस राखा। पाइ सुसमउ सिवा सन भाषा॥
तातें रामचरितमानस बर। धरेउ नाम हिअँ हेरि हरषि हर॥

शिवजी ने रचकर इसे अपने मन में रखा था और सुअवसर पाकर उन्होंने (इसे) पार्वतीजी से कहा। इसीसे शिवजी ने अपने हृदय में विचारकर और प्रसन्न होकर इसका श्रेष्ठ नाम 'रामचरितमानस' रखा॥६॥

Having conceived it, Shiva treasured it in his mind till, when a favourable opportunity presented itself, he communicated it to his consort, Parvati. That is why Shiva, after due consideration, joyously gave it the excellent title of *Ramacharitamanasa*.

कहौं कथा सोइ सुखद सुहाई। सादर सुनहु सुजन मन लाई॥

मैं उसी सुखदायिनी तथा सुहावनी रामकथा को कहता हूँ, हे सज्जनो! आदरपूर्वक मन लगाकर इसे सुनिए॥७॥

I repeat the same delightful and glorious story; hear it, O noble souls, with reverence and attention!

दो.—जस मानस जेहिं बिधि भयेउ जग प्रचार जेहिं हेतु।
अब सोइ कहौं प्रसंग सब सुमिरि उमा बृषकेतु॥३५॥

मानस का जैसा स्वरूप है (यह 'रामचरितमानस' जैसा है), जिस प्रकार बना है और जिस हेतु जगत् में इसका प्रचार हुआ, अब वही सब कथा मैं श्रीगौरी-शंकर का स्मरण करके कहता हूँ॥३५॥

Invoking Gauri and Shankara (who has a bull blazoned on his banner), I now proceed to give a full account of all these topics—what this *Ramacharitamanasa* is like, how it came to be, and what led to its popularity in the world.

चौ.—संभुप्रसाद सुमति हिअँ हुलसी। रामचरितमानस कबि तुलसी॥
करइ मनोहर मति अनुहारी। सुजन सुचित सुनि लेहूँ सुधारी॥

शंभुजी की कृपा से हृदय में सुन्दर बुद्धि का विकास हुआ, जिससे (मैं) तुलसीदास इस श्रीरामचरितमानस का कवि हुआ। अपनी बुद्धि के अनुसार तो वह इसे मनोहर ही बनाता है; किंतु फिर भी हे सज्जनो! सुन्दर चित्त से सुनकर आप इसे सुधार लीजिए॥१॥

By the grace of Shambhu a bright idea inspired the mind of Tulasidasa, which made him the poet of the *Ramacharitamanasa*. The author has made it as charming as his wit is able; yet listen to it sympathetically, O noble souls, and correct it.

सुमति भूमि थल हृदय अगाधू। बेद पुरान उदधि घन साधू॥
बरषहिं राम सुजस बर बारी। मधुर मनोहर मंगलकारी॥

सुबुद्धि पृथ्वीतल है, हृदय ही उसमें गहरा स्थान है, वेद-पुराण समुद्र हैं और साधु-संत मेघ हैं। वे श्रीरामजी के सुयशरूपी सुन्दर, मधुर, मनोहर और मङ्गलकारी जल की वर्षा करते हैं॥२॥

A refined intellect is the earth and the heart a fathomless depression; the Vedas and the Puranas are the ocean, while holy men represent the clouds which rain down pure, sweet, agreeable and auspicious showers of Rama's excellent glory.

लीला सगुन जो कहहिं बखानी। सोइ स्वच्छता करै मलहानी॥
प्रेम भगति जो बरनि न जाई। सोइ मधुरता सुसीतलताई॥

सगुण लीला का जो विस्तार से बखान करते हैं, वही राम-सुयशरूपी जल की स्वच्छता है, जो मल का नाश करती है; और जिस प्रेमपूर्ण भक्ति का वर्णन नहीं किया जा सकता, वही इस जल की मिठास और सुन्दर तरावट है॥३॥

The sportive acts of a personal God that such holy men narrate in detail are like the cleansing property of this rain-water; while loving devotion, which defies all description, represents its sweetness and coolness.

सो जल सुकृत सालि हित होई। रामभगत जन जीवन सोई॥
मेधा महि गत सो जल पावन। सकिलि श्रवन मग चलेउ सुहावन॥
भरेउ सुमानस सुथल थिराना। सुखद सीतरुचि चारु चिराना॥

वह जल पुण्यरूपी धान के लिए हितकारी है और श्रीरामजी के भक्तों का तो जीवन ही है। वह पवित्र जल बुद्धिरूपी पृथ्वी पर गिरा और सिमटकर सुहावने कानरूपी मार्ग से चला और मानस (हृदय) रूपी श्रेष्ठ स्थान में भरकर वहीं स्थिर हो गया। वही पुराना होकर सुन्दर, रुचिकर, शीतल और सुखद हो गया॥४-५॥

This rain is beneficial for the rice-fields of virtuous deeds; it is life itself to the faithful votaries of Rama. The same holy water, when it drops on the soil of understanding, flows in a volume through the beautiful channel of the ears and, collecting in the lovely spot called the heart, settles there. Having remained there for a long time, it becomes clear, agreeable, cool, and refreshing.

दो.—सुठि सुंदर संबाद बर बिरचे बुद्धि बिचारि।
तेइ एहिं पावन सुभग सर घाट मनोहर चारि॥३६॥

(इस रामचरित में) बुद्धि से विचारकर जो चार अत्यन्त सुन्दर और उत्तम संवाद (भुशुण्डि-गरुड, शिव-पार्वती, याज्ञवल्क्य-भरद्वाज और तुलसीदास तथा संत) रचे गए हैं वे ही इस पवित्र और सुशोभित सरोवर के चार मनोहर घाट हैं॥३६॥

The four most beautiful and noble dialogues (namely, those between (i) Bhushundi and Garuda, (ii) Shiva and Parvati, (iii) Yajnavalkya and Bharadvaja and (iv) between Tulasidasa and other saints) that have been cleverly composed are the four lovely *ghats* of this holy and lovely lake.

चौ. –सप्त प्रबंध सुभग सोपाना। ग्यान नयन निरखत मन माना॥
रघुपतिमहिमा अगुन अबाधा। बरनब सोइ बर बारि अगाधा॥

सातों काण्ड ही इस मानस-सरोवर की सात सुन्दर सीढ़ियाँ हैं, जिन्हें ज्ञानरूपी नेत्रों से देखते ही मन प्रसन्न हो जाता है। श्रीरघुपति की अपरिमित निर्गुण महिमा का कथन ही इस सुन्दर जल की अथाह गहराई है॥१॥

The seven Books are its beautiful flights of steps, which the soul delights to look upon with the eyes of wisdom; the unqualified and unbounded majesty of Raghupati, which I shall presently describe, represents the unfathomable depth of its clear water.

राम सीअ जस सलिल सुधा सम। उपमा बीचिबिलास मनोरम॥
पुरइनि सघन चारु चौपाई। जुगुति मंजु मनि सीप सुहाई॥

इसमें रामसीता का यश अमृत के समान मीठा जल है। इसमें जो उपमाएँ दी गयी हैं वे ही तरङ्गों का मनोहर विलास हैं। सुन्दर चौपाइयाँ ही इसमें घनी फैली हुई पुरइन (कमलिनी) हैं और कविता की युक्तियाँ उज्ज्वल मोतियों की सुन्दर सीपियाँ हैं॥२॥

The glory of Rama and Sita is its ambrosial flood; the similes are the soul-ravishing sport of its ripples. The beautiful *chaupais* represent the thick growth of lotus leaves; the various poetic devices constitute the lustrous oyster-pearls.

छंद सोरठा सुंदर दोहा। सोइ बहुरंग कमलकुल सोहा॥
अरथ अनूप सुभाव सुभासा। सोइ पराग मकरंद सुबासा॥

जो सुन्दर छन्द, सोरठे और दोहे हैं, वे ही इसमें बहुरंगे कमल-समूह सुशोभित हैं। अनुपम अर्थ, सुन्दर भाव और अच्छी भाषा ही पराग (पुष्परज), मकरन्द (पुष्परस) और सुगन्ध हैं॥३॥

The other metres, *viz.*, Chhandas, Sorathas and Dohas, gleam like a cluster of charming many-coloured lotuses. The incomparable sense, the lofty ideas and the elegance of expression represent their pollen, honey and fragrance.

सुकृतपुंज मंजुल अलिमाला। ग्यान बिराग बिचार मराला॥
धुनि अवरेब कबित गुन जाती। मीन मनोहर ते बहु भाँती॥

पुण्य-समूह भौंरों की सुन्दर पंक्तियाँ हैं; ज्ञान, वैराग्य और विचार हंस हैं। कविता की ध्वनि, वक्रोक्ति, गुण और जाति ही अनेक प्रकार की मनोहर मछलियाँ हैं॥४॥

The virtuous acts are charming swarms of bees; the references to spiritual enlightenment, detachment and reason are swans. The allusions and innuendoes and other poetic devices are the graceful fish of various kinds.

अरथ धरम कामादिक चारी। कहब ग्यान बिग्यान बिचारी॥
नव रस जप तप जोग बिरागा। ते सब जलचर चारु तड़ागा॥

अर्थ, धर्म, काम और मोक्ष – ये चारों तथा ज्ञान-विज्ञान का विचार करके कहना, काव्य के नौ रसों एवं जप, तप, योग और वैराग्य के प्रसङ्ग – ये सब इस सरोवर के सुन्दर जलचर हैं॥५॥

The four ends of life, *viz.*, worldly riches, religious duty, enjoyment, and liberation, the reasoned exposition of mystic intuition and scientific knowledge, the nine sentiments of poetry,[1] and the references to *japa* (the muttering of mystic formulae), austerity, yoga (contemplative union with God) and detachment from the world—all these are the beautiful living creatures of this lake.

सुकृती साधु नाम गुन गाना। ते बिचित्र जलबिहग समाना॥
संतसभा चहुँ दिसि अँबराई। श्रद्धा रितु बसंत सम गाई॥

पुण्यात्माओं, साधुओं और श्रीरामनाम के गुणों का गान ही विचित्र जल-पक्षियों के समान है। संत-सभा ही इस सरोवर के चारों ओर की अमराई (आम के बगीचे) हैं और श्रद्धा वसन्तऋतु के समान कही गयी है॥६॥

The hymns in praise of virtuous men, pious souls and of the Name of Rama—these correspond to the varied waterfowl. The saints assembled are the mango-groves hemming the lake on all sides and their piety is said to be like the vernal season.

भगतिनिरूपन बिबिध बिधाना। छमा दया दम लता बिताना॥
सम जम नियम फूल फल ग्याना। हरिपद रति रस बेद बखाना॥

अनेक प्रकार से भक्ति का निरूपण और क्षमा, दया तथा दम (इन्द्रियनिग्रह) लताओं पर तने हुए वितान (चँदोवे) हैं। मन का निग्रह,

1. The *navarasa*, or nine poetical sentiments are: *shringar-rasa*, or erotic; *hasya-rasa*, or comic (humorous); *karun-rasa*, or pathetic (elegiac); *vira-rasa*, or heroic; *raudra-rasa*, or the sentiment expressive of indignation; *bhayanaka*, or the *rasa* (sentiment) expressive of terror; *bibhatsa*, or sentiment of disgust; *adbhuta*, or the sentiment of wonder, and *shanta*, or the sentiment of serenity and peace. To these nine sentiments are often added a tenth, *vatsalya*, or the sentiment of parental affection.

संयम (अहिंसा, सत्य, अस्तेय, ब्रह्मचर्य और अपरिग्रह), नियम (शौच, संतोष, तप, स्वाध्याय और ईश्वरप्रणिधान) ही उनके फूल हैं; ज्ञान फल है और श्रीहरि के चरणों में प्रीति ही इस ज्ञानरूपी फल का रस है, ऐसा वेदों ने कहा है ॥७॥

The various expositions of devotion and references to forbearance, compassion and sense-control are the canopies of creepers; mind-control, the five *yamas* or forms of self-restraint (*viz*., non-violence, truthfulness, non-thieving, continence and non-acquisition of property), the five *niyamas* or religious vows (*viz*., those of purity, external as well as internal, contentment, austerity, study of sacred books or repetition of the divine Name and self-surrender) are the flowers of these creepers; wisdom is their fruit and loving devotion to the feet of Hari is the juice of this fruit of spiritual enlightenment, as the Veda declares.

औरौ कथा अनेक प्रसंगा। तेइ सुक पिक बहु बरन बिहंगा॥

प्रसंगवश और भी जो अनेक कथाएँ कही गई हैं, वे ही इनमें तोते, कोयल आदि रंग-बिरंगे पक्षी हैं ॥८॥

The various other stories and topics forming part of this narrative are like birds of many hues such as the parrot and the cuckoo.

दो. –पुलक बाटिका बाग बन सुख सुबिहंग बिहारु।
माली सुमन सनेह जल सींचत लोचन चारु ॥३७॥

(इस कथा-श्रवण से) जो रोमाञ्च होता है, वही पुष्पवाटिका, बाग और वन हैं और जो सुख होता है, वही सुन्दर पक्षियों का विहार है। निर्मल मन ही माली है, जो स्नेहरूपी जल से सुन्दर नेत्रों द्वारा उनको सींचता है ॥३७॥

The thrill of emotion that one experiences while listening to this narrative is a park or garden or grove; and the delight one feels is the sporting of birds; the noble mind is the gardener, who waters the garden with the water of love poured from the charming jars of his eyes.

चौ. –जे गावहिं यह चरित सँभारे। तेइ येहि ताल चतुर रखवारे॥
सदा सुनहिं सादर नर नारी। तेइ सुरबर मानस अधिकारी॥

जो इस चरित को सँभालकर गाते हैं, वे ही इस सरोवर के चतुर रखवाले हैं; और जो स्त्री-पुरुष आदरपूर्वक इसे सदा सुनते हैं, वे ही इस सुन्दर मानस के श्रेष्ठ देवतारूप उत्तम अधिकारी हैं ॥१॥

Those who recite this poem with careful heed are the vigilant guardians of this lake. And those men and women who reverently hear it always are like the great gods, masters of this Manasa lake.

अति खल जे बिषई बग कागा। एहिं सर निकट न जाहिं अभागा॥
संबुक भेक सेवार समाना। इहाँ न बिषय कथा रस नाना॥

जो अत्यन्त दुष्ट और विषयी हैं, वे अभागे बगुले और कौए हैं, जो इस सरोवर के पास नहीं जाते; क्योंकि इसमें (इस मानस-सरोवर में) घोंघे, मेंढक और सेवार के समान विषय-रस की अनेक प्रकार की कथाएँ नहीं हैं ॥२॥

Sensual wretches are like accursed cranes and crows who come not near the lake. For here are no prurient and seductive stories like snails, frogs and scum.

तेहि कारन आवत हिऍं हारे। कामी काक बलाक बिचारे॥
आवत येहिं सर अति कठिनाई। रामकृपा बिनु आइ न जाई॥

इसी कारण बेचारे कौए और बगुलेरूपी कामी लोग यहाँ आते हुए हृदय से हार मानते हैं; क्योंकि इस सरोवर तक आने में कठिनाइयाँ बहुत हैं। श्रीराम-कृपा बिना यहाँ नहीं आया जाता ॥३॥

That is why the lustful crows and cranes lack the heart to visit this place. For there is much difficulty in approaching this lake, and it is not possible to reach it without the grace of Rama.

कठिन कुसंग कुपंथ कराला। तिन्ह के बचन बाघ हरि ब्याला॥
गृहकारज नाना जंजाला। तेइ अति दुर्गम सैल बिसाला॥

घोर कुसंग ही भयंकर बुरा रास्ता है; उन कुसंगियों के वचन ही बाघ, सिंह और साँप (अथवा खूनी हाथी) हैं। घर के काम-काज और गृहस्थी के अनेक धंधों के जंजाल ही अत्यन्त दुर्गम बड़े-बड़े पहाड़ हैं ॥४॥

Bad company is a rough road, difficult and terrible; and the words of bad companions are so many tigers, lions and serpents; the various occupations and entanglements of domestic affairs are vast insurmountable mountains.

बन बहु बिषम मोह मद माना। नदीं कुतर्क भयंकर नाना॥

मोह, मद और अभिमान ही बहुत-से गहन वन हैं और भाँति-भाँति के कुतर्क ही भयंकर नदियाँ हैं ॥५॥

Infatuation, arrogance and pride are so many impenetrable woods, and sophisms of various kinds are frightful rivers.

दो. –जे श्रद्धा संबल रहित नहि संतन्ह कर साथ।
तिन्ह कहुँ मानस अगम अति जिन्हहिं न प्रिय रघुनाथ ॥३८॥

जिनके पास श्रद्धारूपी मार्ग-व्यय नहीं है और न संतों का साथ ही है और जिनको श्रीरघुनाथजी प्रिय नहीं हैं, उनके लिए यह 'मानस' अत्यन्त अगम है (अर्थात् श्रद्धा, सत्सङ्ग और भगवत्प्रेम से ही इसे सुगम बनाया जा सकता है) ॥३८॥

The Manasa is most inaccessible to those who have no faith—provision for the journey—nor yet enjoy the company of saints and love for the lord of Raghus (Rama).

चौ. –जौं करि कष्ट जाइ पुनि कोई । जातहिं नींद जुड़ाई होई ॥
जड़ता जाड़ बिषम उर लागा । गएहुँ न मज्जन पाव अभागा ॥

फिर भी, यदि कोई मनुष्य कष्ट झेलकर वहाँ पहुँच भी जाय तो वहाँ जाते ही उसे नींदरूपी जूड़ी आ जाती है । हृदय में मूर्खता का ऐसा विषम जाड़ा लगने लगता है कि वहाँ जाकर भी वह अभागा स्नान नहीं कर पाता ॥१॥

Even if a man makes his way to it with great hardship, he is forthwith overpowered by sleep like an ague and numbness affects his heart like benumbing cold, so that the luckless wretch is deprived of a dip though he has come to the lake.

करि न जाइ सर मज्जन पाना । फिरि आवै समेत अभिमाना ॥
जौं बहोरि कोउ पूछन आवा । सरनिंदा करि ताहि बुझावा ॥

उससे उस (रामचरितमानसरूपी) सरोवर में स्नान और पान तो किया नहीं जाता, वह अभिमानसहित लौट आता है । फिर यदि कोई उससे (यहाँ का हाल) पूछने आता है, तो वह सरोवर की निन्दा करके उसे समझाता है ॥२॥

Finding himself unable to take a plunge into the lake or to drink from it, he returns with all his old arrogance, and if anyone comes to ask him about the lake, he tries to satisfy the questioner by vilifying it.

सकल बिघ्न ब्यापहिं नहिं तेही । राम सुकृपा बिलोकहिं जेही ॥
सोइ सादर सर मज्जनु करई । महा घोर त्रयताप न जरई ॥

(परन्तु) ये सारे विघ्न उसे नहीं व्यापते जिसे श्रीरामचन्द्रजी सुन्दर कृपा-दृष्टि से देखते हैं । वही आदरपूर्वक इस सरोवर में स्नान करता है और अत्यन्त भयानक त्रितापों से (आध्यात्मिक, आधिदैविक, आधिभौतिक तापों से) नहीं जलता ॥३॥

All these obstacles, however, deter not the man whom Rama regards with special favour. He alone reverently bathes in the lake and thus escapes the threefold agony of the fiercest kind. (The three afflictions, *trayatapa*, are: *adhyatmika*, mental or physical distress; *adhidaivika*, acts of God; *adhibhautika*, pain caused by others.)

ते नर यह सर तजहिं न काऊ । जिन्ह के रामचरन भल भाऊ ॥
जो नहाइ चह एहिं सर भाई । सो सतसंग करौ मन लाई ॥

जिनके मन में श्रीरामजी के चरणों में उत्तम प्रेम है, वे इस सरोवर को कभी नहीं छोड़ते । हे भाई ! जो इस सरोवर में स्नान करना चाहे, वह मन लगाकर संतों का संग करे ॥४॥

Those men who cherish ideal devotion to the feet of Rama never leave this lake. Let him who would bathe in this lake, brother, diligently seek good companionship (association with saints).

अस मानस मानसचख चाही । भइ कबिबुद्धि बिमल अवगाही ॥
भयेउ हृदयँ आनंद उछाहू । उमगेउ प्रेम प्रमोद प्रबाहू ॥

ऐसे मानस-सरोवर को हृदय के नेत्रों से देखकर और उसमें गोता लगाकर कवि की बुद्धि निर्मल हो गयी, हृदय में आनन्द और उत्साह भर आया और प्रेम तथा आनन्द का प्रवाह उमड़ पड़ा ॥५॥

Having seen the said Manasa lake with the mind's eye and taken a dip into it, the poet's understanding got purged of all its dross. The heart was filled with joy and ecstasy and a torrent of love and rapture welled from it.

चली सुभग कबिता सरिता सो । राम बिमल जस जल भरिता सो ॥
सरजू नाम सुमंगलमूला । लोक बेद मत मंजुल कूला ॥

उससे कवितारूपी सुन्दर नदी बह निकली, जिसमें निर्मल श्रीराम-यशरूपी जल भरा है । इस (कवितारूपी नदी) का नाम सरयू है, जो सारे सुन्दर मङ्गलों की जड़ है । लोकमत और वेदमत ही इसके दो सुन्दर किनारे हैं ॥६॥

Then from that lake a stream of beautiful poetry, carrying the water of Rama's fair glory, flows out; Sarayu is the name of this river, which is the very fountain of all that is most blessed. The secular and scriptural (Vedic) doctrines represent its two charming banks.

नदी पुनीत सुमानसनंदिनि । कलिमल तृन तरु मूल निकंदिनि ॥

सुन्दर मानस-सरोवर की यह कन्या सरयू नदी बड़ी पवित्र है और कलियुग के पापरूपी तिनकों और वृक्षों को जड़ से उखाड़ फेंकनेवाली है ॥७॥

This holy stream, issuing as it does from the beautiful Manasa lake, uproots in its course all the sins of the Kaliyuga, tiny ones like blades of grass and great ones like mighty trees.

दो. –श्रोता त्रिबिध समाज पुर ग्राम नगर दुहुँ कूल ।
संतसभा अनुपम अवध सकल सुमंगलमूल ॥३९॥

तीनों प्रकार के श्रोताओं का समाज ही इस नदी के दोनों किनारों पर बसे हुए पुरवे, गाँव और नगर हैं और साधुजनों की सभा ही सब उत्तम मङ्गलों की खान उपमा-रहित अयोध्याजी है ॥३९॥

The three kinds of listeners are the townships, villages and cities on either bank; and the congregation of saints is the incomparable Ayodhya, the source of all auspicious blessings.

चौ. –रामभगति सुरसरितहि जाई। मिली सुकीरति सरजु सुहाई॥
सानुज राम समर जसु पावन। मिलेउ महानदु सोन सुहावन॥

सुयशरूपी सुन्दर सरयू नदी रामभक्तिरूपी गङ्गाजी में जा मिलीं। अनुज लक्ष्मणसहित श्रीरामजी के युद्ध का पवित्र यशरूपी सुहावना महानद सोन उसमें आ मिला॥१॥

The beautiful Sarayu, that stream of fair renown, flows on to join the heavenly stream (Ganga), the stream of devotion to Rama. The latter is joined again by the charming stream of the mighty Sone, pure as the martial glory of Rama and his younger brother Lakshmana.

जुग बिच भगति देवधुनि धारा। सोहति सहित सुबिरति बिचारा॥
त्रिबिध ताप त्रासक तिमुहानी। रामसरूप सिंधु समुहानी॥

इन दोनों के बीच में भक्तिरूपी गङ्गा की धारा ज्ञान और वैराग्य के साथ शोभित हो रही है। ऐसी तीनों तापों को डरानेवाली यह त्रिमुहानी (तीन धाराओं की एकमुखी गंगा) रामस्वरूपी समुद्र की ओर जा रही है॥२॥

Between the two streams of Sarayu and Sone shines the celestial stream of devotion blended with wisdom and noble dispassion. This triple stream, which scares away the three afflictions referred to above, flows towards the ocean of Rama's divine self.

मानसमूल मिली सुरसरिही। सुनत सुजनमन पावन करिही॥
बिच बिच कथा बिचित्र बिभागा। जनु सरि तीर तीर बनु बागा॥

एक तो इस (कीर्ति-सरयू) का मूल मानस (श्रीरामचरित) है और दूसरे यह (राम-भक्तिरूपी) गङ्गाजी में मिली है, इसलिए यह सुनने पर सज्जनों के मन को पवित्र कर देगी। इसके बीच-बीच में जो भिन्न-भिन्न प्रकार की अनेक विचित्र कथाएँ हैं, वे ही मानो नदी-तट के आस-पास के वन और बाग हैं॥३॥

With its source in the Manasa lake and united with the celestial river (Ganga), the Sarayu of Rama's fame will purify the hearts of the faithful who listen to it. The strange episodes related here and there are like the groves and gardens on the river banks.

उमा महेस बिवाह बराती। ते जलचर अगनित बहु भाँती॥
रघुबर जनम अनंद बधाई। भवर तरंग मनोहरताई॥

शिव-पार्वती के विवाह के बराती इस नदी में अनेक प्रकार के असंख्य जलचर हैं। श्रीरघुनाथजी के जन्म की आनन्द-बधाइयाँ ही इस नदी के भँवर और तरङ्गों की मनोहरता हैं॥४॥

The guests of the wedding procession of Uma (Parvati) and the great Lord Shiva are like fish, innumerable and of various kinds. The rejoicings and felicitations that attended the advent of Raghunatha are the charm of the eddies and waves.

दो. –बालचरित चहुँ बंधु के बनज बिपुल बहुरंग।
नृप रानी परिजन सुकृत मधुकर बारि बिहंग॥४०॥

चारों भाइयों के जो बाल-चरित्र हैं, वे ही कीर्ति-सरयू में खिले हुए बहुत से रंग-बिरंगे कमल हैं। महाराज श्रीदशरथजी तथा उनकी रानियों और कुटुम्बियों के पुण्य ही भ्रमर और जल-पक्षी हैं॥४०॥

The childlike sports of the four divine brothers are the numerous lotus flowers of many hues; the stock of merits of King Dasharatha and his consorts and their family are bees and waterfowl.

चौ. –सीयस्वयंबर कथा सुहाई। सरित सुहावनि सो छबि छाई॥
नदी नाव पटु प्रस्न अनेका। केवट कुसल उतर सबिबेका॥

श्रीसीताजी के स्वयंवर की जो सुन्दर कथा है, वही इस सुहावनी नदी में छवि छा रही है। अनेक सुन्दर विचारपूर्ण प्रश्न ही इस नदी की नौकाएँ हैं और उनके विवेकयुक्त उत्तर ही चतुर केवट हैं॥१॥

The fascinating story of Sita's choice-marriage is the captivating charm of the river. The numerous clever questions are the boats on the river and the judicious answers the skilled boatmen.

सुनि अनुकथन परस्पर होई। पथिकसमाज सोह सरि सोई॥
घोर धार भृगुनाथरिसानी। घाट सुबद्ध राम बर बानी॥

फिर कथा सुनकर पीछे जो परस्पर चर्चा होती है, वही इस (कीर्ति-सरयू) नदी के किनारे चलनेवाले यात्रियों का समाज शोभा पा रहा है। परशुरामजी का क्रोध इस नदी की भयानक धारा है और श्रीरामचन्द्रजी के श्रेष्ठ वचन ही अच्छी तरह बँधे हुए घाट हैं॥२॥

The conversation that follows the narration of the story is the company of travellers moving along the river banks; the wrath of Parashurama (the Lord of Bhrigus) is the strong current of this river, and Rama's noble words are the firmly built *ghats* on the banks.

सानुज राम बिवाह उछाहू। सो सुभ उमग सुखद सब काहू॥
कहत सुनत हरषहिं पुलकाहीं। ते सुकृती मन मुदित नहाहीं॥

भाइयोंसहित श्रीरामचन्द्रजी का विवाह-उत्साह ही इस कथा-नदी की शुभ

बाढ़ है, जो सभी को सुख देनेवाली है। इसके कहने-सुनने में जो हर्षित और पुलकित होते हैं, वे ही पुण्यात्मा पुरुष हैं, जो प्रसन्न मन से (इस नदी में) स्नान करते हैं ॥३॥
The wedding festivities of Rama and his younger brothers are the graceful swell in the river, which is a source of delight to all; those who rejoice and experience a thrill of joy in narrating or hearing the story are the pious souls who gladly bathe therein.

रामतिलक हित मंगल साजा। परबजोग जनु जुरे समाजा॥
काई कुमति केकई केरी। परी जासु फलु बिपति घनेरी॥

श्रीरामजी के राजतिलक के लिए जो मङ्गल-साज सजाया गया, वही मानो पर्वयोग पर यात्रियों के समूह का जुड़ना (एकत्र होना) है। कैकेयी की कुबुद्धि ही इस नदी में काई है, जिसके कारण बड़ी भारी विपत्तियाँ आ पड़ीं ॥४॥
The auspicious preparations for the installation of Rama as the *yuvaraja* (Prince Regent) are the crowds of pilgrims assembled at the river bank on a sacred occasion. Kaikeyi's evil counsel is the water-moss on the bank, which brought a serious calamity in its wake.

दो.–समन अमित उतपात सब भरतचरित जप जाग।
कलि अघ खल अवगुन कथन ते जलमल बग काग॥४१॥

सभी असंख्य उत्पातों को शान्त करनेवाला भरतजी का चरित नदी-तट पर किया जानेवाला जप-यज्ञ है। कलियुग के पापों और दुष्टों के अवगुणों के जो वर्णन हैं, वे ही इस नदी के जल के मैल, बगुले और कौए, हैं ॥४१॥
The acts of Bharata, which ward off all calamities, are like congregational prayers and sacrifices carried on at the river bank; while the references to the corruptions of the Kaliyuga and to the evil propensities of sinful men are like the filth in the water as well as the cranes and the crows living by the riverside.

चौ.–कीरति सरित छहूँ रितु रूरी। समय सुहावनि पावनि भूरी॥
हिम हिमसैलसुता सिव ब्याहू। सिसिर सुखद प्रभु जनम उछाहू॥

यह कीर्ति नदी छहों ऋतुओं में भरी-पूरी रहती है। सभी समय यह परम सुहावनी और अत्यन्त पवित्र है। इसमें शिव-पार्वती का विवाह हेमन्त ऋतु है। श्रीरामजी का जन्मोत्सव सुखदायक शिशिर ऋतु है ॥१॥
The river of Rama's glory is beautiful in all six seasons; it is exceedingly charming and pure at all times. The wedding of Parvati (the daughter of Himavan) with Shiva is the cold season; the festival connected with the Lord's advent represents the delightful season of dewy days.

बरनब राम बिवाह समाजू। सो मुद मंगल मय रितुराजू॥
ग्रीषम दुसह राम बनगवनू। पंथकथा खर आतप पवनू॥

श्रीरामजी के विवाह-समाज का वर्णन ही आनन्द-मङ्गलमय ऋतुराज (वसंत) है। श्रीरामजी का वन-गमन ग्रीष्म ऋतु है और (वन के) मार्ग की कथाएँ ही कड़ी धूप और लू हैं ॥२॥
The story of the preparations for Rama's wedding is the vernal season (the auspicious king of all seasons), which abounds in joy and felicity; while Rama's departure to the forest is the oppressive heat of summer, and the tale of his wanderings the blazing sun and wind.

बरषा घोर निसाचर रारी। सुरकुल सालि सुमंगलकारी॥
रामराज सुख बिनय बड़ाई। बिसद सुखद सोइ सरद सुहाई॥

भयंकर राक्षसों के साथ युद्ध ही वर्षा ऋतु है, जो देवकुलरूपी धानों के लिए अत्यन्त मंगलकारी है। रामचन्द्रजी के राज्यकाल का जो सुख, विनम्रता और बड़ाई[1] है, वही निर्मल सुख देनेवाली सुहावनी शरद् ऋतु है ॥३॥
The fierce conflict with the demons is the rainy season, a veritable blessing to the gods as rain to the rice-fields; while the prosperity attending Rama's reign, his gentle conduct and glory are the cloudless, delightful, and charming autumn.

सतीसिरोमनि सिय गुन गाथा। सोइ गुन अमल अनूपम पाथा॥
भरतसुभाउ सुसीतलताई। सदा एकरस बरनि न जाई॥

पतिव्रताओं की शिरोमणि श्रीसीताजी के गुणों की जो कथा है, वही इस जल का निर्मल और अनुपम गुण है। श्रीभरतजी का स्वभाव इस नदी की सुन्दर शीतलता है, जो सदा एक-सी रहती है और अवर्णनीय है ॥४॥
The story of the virtues of Sita, the crest-jewel of all faithful wives, is the virtue of the transparent and incomparable water, and Bharata's amiability is its refreshing coolness, which is uniform at all times and indescribable.

दो.–अवलोकनि बोलनि मिलनि प्रीति परसपर हास।
भायप भलि चहुँ बंधु की जल माधुरी सुबास॥४२॥

चारों भाइयों का परस्पर देखना, बोलना, मिलना, आपस में प्रेमभाव रखना, हँसना और सुन्दर भाईपना – इस जल की मिठास और सुगंध हैं ॥४२॥

---

१. कुछ टीकाकारों के अनुसार 'बिनय बड़ाई' का अर्थ है 'विशेष नीति की बड़ाई'। 'विनय' को 'सुनीति' का पर्याय मानकर ऐसा अर्थ निकाला जा सकता है।

The way the four brothers look at one another, talk with one another, meet and love one another, their mirth and fraternal affection—these are the sweetness and fragrance of the water.

चौ. –आरति बिनय दीनता मोरी । लघुता ललित सुबारि न थोरी ॥
अदभुत सलिल सुनत गुनकारी । आस पिआस मनोमल हारी ॥

मेरा आर्त्तभाव, प्रार्थना और दीनता – ये इस सुन्दर और निर्मल जल का कम हलकापन नहीं है । यह अनोखा जल सुनते ही गुण करता है और आशारूपी प्यास और मन के मैल को दूर करता है । १॥

My woeful state, supplication and humility represent the extreme lightness of this fair and unsullied stream. This marvellous water heals by the mere hearing, quenching the thirst of desire and cleansing the mind of its impurity.

राम सुपेमहि पोषत पानी । हरत सकल कलिकलुष गलानी ॥
भवश्रम सोषक तोषक तोषा । समन दुरित दुख दारिद दोषा ॥

श्रीरामजी के सुन्दर प्रेम को यह जल पुष्ट करता है, कलियुग के समस्त पापों और उनसे उत्पन्न मनस्ताप को हर लेता है। संसार के (जन्म-मृत्युरूप) श्रम को सोख लेता है, संतोष को भी संतुष्ट करता है और पाप-ताप, दुःख-दारिद्रय आदि दोषों का नाश करनेवाला है ।

This water nourishes true devotion to Rama and puts an end to all the sin and sorrow of the Kaliyuga; it drains away the fatigue of birth and death, gratifies gratification itself and destroys sin and pain and poverty and error.

काम कोह मद मोह नसावन । बिमल बिबेक बिराग बढ़ावन ॥
सादर मज्जन पान किए तें । मिटहि पाप परिताप हिए तें ॥

(यह जल) काम, क्रोध, मद और मोह का नाश करनेवाला तथा निर्मल विवेक और वैराग्य का बढ़ानेवाला है । आदरपूर्वक स्नान-पान करने से हृदय के सब पाप-ताप मिट जाते हैं ।।३।।

It destroys lust, anger, pride and infatuation and encourages pure wisdom and detachment. By reverently bathing in it and drinking from it all traces of sin and remorse are banished from the heart.

जिन्ह एहिं बारि न मानस धोए । ते कायर कलिकाल बिगोए ॥
तृषित निरखि रबिकर भव बारी । फिरिहहिं मृग जिमि जीव दुखारी ॥

जिन्होंने (राम-सुयशरूपी) इस जल से अपना हृदय नहीं धोया, उन कायरों को कलिकाल ने नष्ट कर दिया ।[1] जैसे प्यासा हिरन सूर्य की किरणों के रेत पर पड़ने से उत्पन्न हुए जल के भ्रम को वास्तविक जल समझकर पीने को दौड़ता है और जल न पाकर दुखी होता है, वैसे ही वे (कलियुग से ठगे हुए) जीव भी (विषयों के पीछे भटकते हुए) दुखी रहे होंगे ।।४।।

Those who have not washed their heart in this water are cowards that have been duped by the age of Kali. These creatures, wandering in pursuit of sensuos pleasures, will come to grief as a thirsty deer runs after a mirage created by the rays of the sun, mistaking it for real water and turns back disappointed.

दो. –मति अनुहारि सुबारि गुन गन गनि मन अन्हवाइ ।
सुमिरि भवानी संकरहि कह कबि कथा सुहाइ ।।४३(क)।।

इस उत्तम जल के गुणों को अपनी बुद्धि के अुनसार विचारकर, उसमें अपने मन को स्नान कराकर और पार्वती-शंकर को स्मरण करके कवि (तुलसीदास) सुन्दर कथा कहता है ।।४३(क)।।

Having enumerated the virtues of this excellent water to the best of his ability and bathed his mind in it, and remembering Parvati and Shankara, the poet (Tulasidasa) proceeds with his charming story.

अब रघुपतिपद पंकरुह हिअँ धरि पाइ प्रसाद ।
कहौं जुगल मुनिबर्ज कर मिलन सुभग संबाद ।।४३(ख)।।

अब मैं श्रीरघुनाथजी के चरणकमलों को हृदय में रखकर और उनकी कृपा पाकर दोनों श्रेष्ठ मुनियों के मिलन का सुन्दर संवाद (प्रसंग) कहता हूँ ।।४३(ख)।।

Laying on my heart the lotus feet of Raghunatha and thus securing his grace, I now proceed to relate the charming story of the meeting (or of the blessed converse) of the two great sages (Yajnavalkya and Bharadvaja).

चौ. –भरद्वाज मुनि बसहिं प्रयागा । तिन्हहि रामपद अति अनुरागा ॥
तापस सम दम दया निधाना । परमारथपथ परम सुजाना ॥

भरद्वाज मुनि प्रयाग में रहते हैं, उनका श्रीरामजी के चरणों में बड़ा अनुराग है । वे तपस्वी हैं, शम, दम और दया के निधान हैं, साथ ही परमार्थ-मार्ग में बड़े ही निपुण हैं ।।१।।

The sage Bharadvaja lives at Prayaga; he is utterly devoted to the feet of Rama. A great ascetic and an embodiment of self-restraint, composure of mind

---

१. अन्यान्य टीकाकारों के अनुसार 'उन कायरों को कलिकाल ने बिगाड़ दिया', 'वे कायर कलिकाल के द्वारा ठगे गए'। नष्ट होने के अर्थ में 'बिगोए' के अनेक प्रयोग हुए हैं: 'राज करत निज कुमति बिगोई ।' (अ. दो. २२); 'स्वारथ परमारथ कहाँ कलि कुटिल बिगोये बीच ।' (वि. १९२)

and compassion, he is supremely skilled in the way of spiritual wisdom.

माघ मकरगत रबि जब होई। तीरथपतिहि आव सब कोई॥
देव दनुज किंनर नर श्रेनी। सादर मज्जहिं सकल त्रिबेनी॥

माघ के महीने में जब सूर्य मकरराशि में होते हैं, तब लोग तीर्थराज प्रयाग आते हैं। देवता, दैत्य, किन्नर और मनुष्यों के झुंड सब आदरपूर्वक त्रिवेणी में स्नान करते हैं॥२॥

In the month of Magha, when the sun enters the sign of Capricorn, everyone visits the chief of holy places, Prayaga. Troops of gods and demons, Kinnaras (demigods) and men all throng reverently to bathe in the triple stream of the Ganga, Yamuna and Sarasvati.

पूजहिं माधवपद जलजाता। परसि अखयबटु हरषहिं गाता॥
भरद्वाज आश्रम अति पावन। परम रम्य मुनिबर मन भावन॥

वे वेणीमाधवजी के चरणकमलों की पूजा करते हैं और अक्षयवट का स्पर्शकर शरीर से पुलकित होते हैं। भरद्वाजजी का आश्रम बहुत ही पवित्र, परम रमणीय और मुनिवरों के मन को भानेवाला है॥३॥

They worship the lotus feet of Venimadhava (the presiding deity of Prayaga) and rapturously touch the imperishable banyan. The hallowed hermitage of Bharadvaja is a very pleasant retreat, exceedingly pure and attractive even to great hermits,

तहाँ होइ मुनि रिषय समाजा। जाहिं जे मज्जन तीरथराजा॥
मज्जहिं प्रात समेत उछाहा। कहहिं परसपर हरि गुन गाहा॥

तीर्थराज प्रयाग में जो ऋषि-मुनि स्नान करने जाते हैं वहाँ (भरद्वाज के आश्रम में) उन सबकी सभा होती है। प्रातःकाल सब उत्साहपूर्वक स्नानादि से निवृत्त होकर आपस में भगवान् के गुणों की कथाएँ कहते हैं॥४॥

—and the haunt of sages and seers who come to bathe at that holiest of all holy places. At daybreak they all perform their ablutions with religious fervour and then converse together on Hari's virtues.

दो.—ब्रह्मनिरूपन धर्मबिधि बरनहिं तत्वबिभाग।
कहहिं भगति भगवंत कै संजुत ग्यान बिराग॥४४॥

(उस गोष्ठी में मुनि लोग) ब्रह्म-निरूपण और धर्म के विधान तथा तत्त्वों के विभाग का वर्णन करते हैं और ज्ञान-वैराग्य से युक्त भगवान् की भक्ति की चर्चा करते हैं॥४४॥

They discuss the definition of Brahma (the Absolute), the precepts of religion and the classification of fundamental entities[1] and expatiate on faith in the Lord combined with knowledge and spiritual detachment.

चौ.—एहिं प्रकार भरि माघ नहाहीं। पुनि सब निज निज आश्रम जाहीं॥
प्रति संबत अति होइ अनंदा। मकर मज्जि गवनहिं मुनिबृंदा॥

इसी प्रकार (सब) माघ के महीने भर स्नान करते हैं और फिर वे अपने-अपने आश्रमों को लौट जाते हैं। हर साल वहाँ ऐसा ही आनन्द होता है। मकर-स्नान करके मुनि-मंडलियाँ चली जाती हैं॥१॥

In this manner they bathe everyday in the month of Magha and then return each to his own hermitage. There is a similar rejoicing every year, and after performing their ablutions when the sun is in Capricorn the companies of sages disperse.

एक बार भरि मकर नहाए। सब मुनीस आश्रमन्ह सिधाए॥
जागबलिक मुनि परम बिबेकी। भरद्वाज राखे पद टेकी॥

एक बार मकरभर स्नान करके सब मुनीश्वर अपने-अपने आश्रमों को लौट गए। परन्तु भरद्वाज मुनि ने परम ज्ञानी याज्ञवल्क्य मुनि के चरणों पर मस्तक लगाकर उनको रोक लिया॥२॥

On one occasion, after bathing for the whole period of the sun's stay in Capricorn when all the holy men had left for their hermitages, Bharadvaja clasped by the feet and detained the supremely wise sage Yajnavalkya.

सादर चरन सरोज पखारे। अति पुनीत आसन बैठारे॥
करि पूजा मुनि सुजसु बखानी। बोले अति पुनीत मृदु बानी॥

(भरद्वाजजी ने) आदरपूर्वक उनके चरणकमल धोये और बड़े ही पवित्र आसन पर उन्हें बैठाया। पूजा करके मुनि याज्ञवल्क्यजी के सुयश का वर्णन किया और फिर अत्यन्त पवित्र कोमल वाणी में कहा—॥३॥

Reverently he washed his lotus feet and set him on a pre-eminent seat; extolling Yajnavalkya's glory with religious ceremony. Bharadvaja spoke in mild and reverential tones.

नाथ एक संसउ बड़ मोरें। करगत बेदतत्व सबु तोरें॥
कहत सो मोहि लागत भय लाजा। जौ न कहौं बड़ होइ अकाजा॥

हे नाथ! मेरे मन में एक बड़ा संशय है और सम्पूर्ण वेद-तत्त्व आपकी मुट्ठी में है (इसलिए आप चाहें तो मेरा संदेहनिवारण कर सकते हैं)। पर उस संदेह को कहते मुझे भय और लाज आती है (भय इसलिए कि

1. *i.e.* they discuss the three well-known systems of philosophy: the Vedanta, the Karma-mimansa and the Sankhya.

कहीं आप यह न समझें कि मेरी परीक्षा ले रहा है और लाज इसलिए कि इतनी आयु बीत गयी, अब तक ज्ञान न हुआ) और यदि नहीं कहता हूँ तो बड़ी हानि होती है ॥४॥

"A grave doubt haunts my mind, holy sir ! while in your grasp are all the mysteries of the Vedas. I am afraid and ashamed to utter the doubt, but I lose a great opportunity if I do not speak.

दो. –संत कहहिं असि नीति प्रभु श्रुति पुरान मुनि गाव ।
होइ न बिमल बिबेक उर गुर सन कियें दुराव ॥४५॥

हे प्रभो ! संत लोग ऐसी नीति कहते हैं और वेद, पुराण तथा मुनिजन भी यही बतलाते हैं कि गुरु के साथ छिपाव करने से हृदय में निर्मल विवेक नहीं होता ॥४५॥

"The saints lay down the rule, and the Vedas, the Puranas and the sages too affirm it that pure wisdom cannot dawn in the heart, should one keep anything concealed from one's *guru* (spiritual preceptor).

चौ. –अस बिचारि प्रगटौं निज मोहू । हरहु नाथ करि जन पर छोहू ॥
राम नाम कर अमित प्रभावा । संत पुरान उपनिषद गावा ॥

यही विचारकर मैं अपना अज्ञान प्रकट करता हूँ । हे नाथ ! सेवक पर कृपा करके इस अज्ञान का हरण कीजिए । संतों, पुराणों और उपनिषदों ने रामनाम की असीम महिमा का गान किया है ॥१॥

"Remembering this I expose my ignorance; dispel it, my lord, taking pity on this servant; the saints as well as the Puranas and the Upanishads too declare that the potency of the name 'Rama' is measureless.

संतत जपत संभु अबिनासी । सिव भगवान ज्ञान गुन रासी ॥
आकर चारि जीव जग अहहीं । कासीं मरत परम पद लहहीं ॥

कल्याणस्वरूप, अविनाशी, ज्ञान और गुणों की राशि भगवान् शंकर रामनाम का निरन्तर जप करते रहते हैं । संसार में चार जाति के जीव हैं, काशी में मरने पर सभी मोक्ष पाते हैं ॥२॥

"The immortal Shankara, who is the fountain of joy and a storehouse of all wisdom and perfection, continually repeats it. There are four kinds of living beings in the world; such of them as die in the holy city of Kashi (Banaras) attain to the highest realm.

सोपि राममहिमा मुनिराया । सिव उपदेसु करत करि दाया ॥
रामु कवन प्रभु पूछौं तोही । कहिय बुझाइ कृपानिधि मोही ॥

हे मुनिराज ! वह भी श्रीरामजी की ही महिमा है; क्योंकि शिवजी दया करके (काशी में मरनेवाले जीव को) रामनाम का ही उपदेश करते हैं (इसीसे उसे परम पद मिलता है) । हे प्रभो ! मैं आपसे पूछता हूँ कि वे राम कौन हैं ? हे दयानिधि ! मुझे समझाकर बतलाइए ॥३॥

"This too marks the glory of Rama's Name, O prince of sages, for it is this very Name that Shiva in his compassion imparts to the dying soul in Kashi. I ask you, my lord, who that Rama is; pray explain to me, O treasure-house of compassion !

एक राम अवधेसकुमारा । तिन्ह कर चरित बिदित संसारा ॥
नारिबिरह दुखु लहेउ अपारा । भएउ रोषु रन रावनु मारा ॥

एक राम तो अयोध्या-नरेश दशरथजी के पुत्र हैं, उनका चरित संसार में विख्यात है । उन्होंने स्त्री के वियोग में अपार दुःख उठाया और क्रोध आने पर रण में रावण को मार डाला ॥४॥

"One such Rama is the prince of Ayodhya, whose exploits are known to all the world. Infinite was his grief at the loss of his wife; and flying into a rage he slew Ravana in battle.

दो. –प्रभु सोइ राम कि अपर कोउ जाहि जपत त्रिपुरारि ।
सत्यधाम सर्बग्य तुम्ह कहहु बिबेकु बिचारि ॥४६॥

हे प्रभो ! ये वही राम हैं या कोई और हैं जिन्हें शिवजी जपते हैं ? आप सत्य के धाम और सर्वज्ञ हैं, अतः विवेक से विचारकर कहिए ॥४६॥

"Is it this very Rama, my lord, or someone else whose name Shiva, the slayer of the demon Tripura, ever repeats? You are the abode of truth and omniscient; so ponder the matter well and tell me.

चौ. –जैसें मिटै मोर भ्रमु भारी । कहहु सो कथा नाथ बिस्तारी ॥
जागबलिक बोले मुसुकाई । तुम्हहि बिदित रघुपतिप्रभुताई ॥

हे नाथ ! जिससे मेरा यह भारी भ्रम मिट जाय, आप वही कथा विस्तारपूर्वक कहिए । तब याज्ञवल्क्यजी मुसकराकर बोले कि श्रीरघुनाथजी की प्रभुता तुम्हें ज्ञात है ॥१॥

"Tell me the story in detail, my lord, so that my overwhelming perplexity may be overcome." Yajnavalkya smilingly said, "The sovereign power of Raghunatha is already known to you.

रामभगत तुम्ह मन क्रम बानी । चतुराई तुम्हारि मैं जानी ॥
चाहहु सुनै रामगुन गूढ़ा । कीन्हिहु प्रस्न मनहु अति मूढ़ा ॥

तुम मन, वचन और कर्म से श्रीरामजी के भक्त हो । मैंने तुम्हारी चतुराई जान ली । तुम श्रीरामजी के गूढ़ (रहस्यमय) गुणों को सुनना चाहते हो; इसीसे तुमने ऐसा प्रश्न किया है, जैसे कोई महामूर्ख प्रश्न कर रहा हो ॥२॥

You are a votary of Rama in thought and word and deed; I have come to know your stratagem. You wish to hear an account of the hidden virtues of

Rama; that is why you have put your questions as if you were completely ignorant.

तात सुनहु सादर मनु लाई। कहहुँ राम कै कथा सुहाई॥
महामोहु महिषेसु बिसाला। रामकथा कालिका कराला॥

हे तात! तुम आदरपूर्वक मन लगाकर सुनो; मैं श्रीरामजी की सुहावनी कथा कहता हूँ। महामोह-रूपी विशाल महिषासुर को मारने के लिए श्रीराम-कथा भयंकर कालीजी हैं॥३॥

Listen then, my friend, with devout attention while I narrate the glorious story of Rama. Appalling ignorance is the gigantic demon Mahishasura (so called because he was endowed with the form of a buffalo); while the narrative of Rama is the fearsome Kalika (to slay the demon).

रामकथा ससिकिरन समाना। संत चकोर करहिं जेहि पाना॥
ऐसेइ संसय कीन्ह भवानी। महादेव तब कहा बखानी॥

श्रीरामजी की कथा चन्द्रमा की किरणों के समान है, जिसका संतरूपी चकोर पान करते हैं। ऐसा ही संदेह पार्वतीजी ने किया था, तब महादेवजी ने (उन्हें) समझाकर कहा था (राम-कथा का वर्णन किया था)॥४॥

The story of Rama is like the moonbeams, and the saints are the partridges that drink of them. A similar doubt was expressed by Parvati, and then Mahadeva expounded the matter in detail.

दो.—कहौं सो मति अनुहारि अब उमा संभु संबाद।
भएउ समय जेहि हेतु जेहि सुनु मुनि मिटिहि बिषाद॥४७॥

अब मैं (अपनी) बुद्धि के अनुसार शिव-पार्वती का वही संवाद कहता हूँ। वह जिस समय और जिस कारण से हुआ, उसे हे मुनिराज! तुम सुनो, उसके सुनने से तुम्हारा विषाद मिट जायगा॥४७॥

So now I repeat, as well as I can, the dialogue between Parvati and Shiva. Hear then, O sage, the time and the occasion of this dialogue; on hearing it, all despondency will vanish."

चौ.—एक बार त्रेता जुग माहीं। संभु गए कुंभज रिषि पाहीं॥
संग सती जगजननि भवानी। पूजे रिषि अखिलेस्वर जानी॥

एक बार त्रेतायुग में[1] शिवजी अगस्त्य ऋषि के पास गये। उनके साथ जगज्जननी भवानी सतीजी भी थीं, ऋषि ने उन्हें सम्पूर्ण जगत् का ईश्वर जानकर उनकी पूजा की॥१॥

Once upon a time, in the Tretayuga, Shiva called on the jar-born sage Agastya. His consort, Bhavani Sati, the Mother of the world, accompanied him. The seer worshipped him, knowing him as Lord of all.

रामकथा मुनिबर्ज बखानी। सुनी महेस परम सुखु मानी॥
रिषि पूछी हरिभगति सुहाई। कही संभु अधिकारी पाई॥

(उस समय) मुनिवर अगस्त्यजी ने रामकथा विस्तार से कही। उसको शिवजी ने अत्यन्त सुख मानकर सुना। फिर ऋषि ने शिवजी से सुन्दर हरिभक्ति पूछी और शिवजी ने उनको अधिकारी पाकर उसका वर्णन किया (हरिभक्ति की विशद व्याख्या की)॥२॥

The great sage narrated at length the story of Rama and Shiva listened to it with the utmost delight. The seer then inquired about perfect faith in Hari and Shiva explained it, finding in the sage a worthy recipient.

कहत सुनत रघुपति गुन गाथा। कछु दिन तहाँ रहे गिरिनाथा॥
मुनि सन बिदा मागि त्रिपुरारी। चले भवन सँग दच्छकुमारी॥

श्रीरघुनाथजी के गुणों की कथाएँ कहते-सुनते कैलासपति शिवजी कुछ दिनों तक वहाँ रहे। फिर (अगस्त्य) मुनि से विदा माँगकर दक्षकुमारी सतीजी के साथ शिवजी अपने घर (कैलास) को चले॥३॥

Thus narrating and hearing the tale of Raghunatha's virtues, the lord of Kailasa (Shiva) spent some days there. Finally, bidding farewell to the sage, Shiva went home (Mount Kailasa) with Daksha's daughter (Sati).

तेहि अवसर भंजन महिभारा। हरि रघुबंस लीन्ह अवतारा॥
पिताबचन तजि राजु उदासी। दंडक बन बिचरत अबिनासी॥

उसी समय पृथ्वी का भार उतारने के लिए श्रीहरि ने रघुवंश में अवतार लिया था। वे अविनाशी भगवान् उस समय पिता के वचन की रक्षा के लिए राज्य का त्याग करके उदासीन साधुओं के वेष में दण्डक वन में विचर रहे थे॥४॥

Now at that time, with a view to relieving the earth of its burdens, Hari became incarnate in the family of Raghu. Renouncing his right to the throne at the word of his father (Dasharath), the immortal Lord was wandering in the Dandaka forest as an ascetic.

दो.—हृदय बिचारत जात हर केहि बिधि दरसनु होइ।
गुप्त रूप अवतरेउ प्रभु गएँ जान सबु कोइ॥४८(क)॥

श्रीमहादेवजी हृदय में विचारते जा रहे थे कि भगवान् के दर्शन मुझे किस प्रकार हों। प्रभु ने गुप्तरूप से अवतार लिया है, मेरे वहाँ जाने से सब लोग जान जायँगे॥४८(क)॥

Mahadeva kept pondering as he went, 'How can I obtain a sight of him? The Lord has become

---

१. यह त्रेता युग पहले कल्प के पहले मन्वन्तर का है जिसमें स्वायम्भुव मनु और शतरूपा के तप से परात्पर साकेतविहारी का अवतार हुआ था।

incarnate secretly; and if I visit him, everyone will know who he is.'

सो. –संकर उर अति छोभु सती न जानहि मरमु सोइ ।
तुलसी दरसन लोभु मन डरु लोचन लालची ॥४८(ख)॥

श्रीशंकरजी के हृदय में बड़ी खलबली उत्पन्न हो गयी, परंतु इस भेद को सतीजी नहीं जानती थीं । तुलसीदासजी कहते हैं कि शिवजी के मन में (भेद खुलने का) डर था, परंतु आँखें दर्शन की लालसा से ललचा रही थीं ॥४८(ख)॥

In Shankara's heart was a great tumult, but Sati did not comprehend the mystery; he longed to see Rama, but though his eyes were greedy for the sight, says Tulasi, his soul was afraid.

चौ. –रावन मरनु मनुजकर जाचा । प्रभु बिधिबचनु कीन्ह चह साचा ॥
जौ नहि जाउँ रहै पछितावा । करत बिचारु न बनत बनावा ॥

(शिवजी सोच रहे थे कि) रावण ने (ब्रह्माजी से) अपनी मृत्यु मनुष्य के हाथ से माँगी थी । ब्रह्माजी के उन वचनों को[1] प्रभु सत्य करना चाहते हैं । यदि न जाऊँ तो बड़ा पछतावा रह जायगा । इस प्रकार शिवजी विचार करते थे, परंतु कोई भी युक्ति ठीक नहीं बैठती थी ॥१॥

'Ravana (the demon king of Lanka),' Shiva thought, 'had sought from Brahma the boon of death at the hands of a human foe; and the Lord would have the words of Brahma come true. If I do not go to see him, I shall ever regret it.' But in spite of all his thoughts and plans, he could not hit upon a solution.

एहि बिधि भए सोचबस ईसा । तेहीं समय जाइ दससीसा ॥
लीन्ह नीच मारीचहि संगा । भएउ तुरत सोइ कपट कुरंगा ॥

इस प्रकार महादेवजी सोच करने लगे । उसी समय नीच रावण ने जाकर मारीच को साथ लिया और वह (मारीच) तुरंत ही कपट-मृग बन गया ॥२॥

Mahadeva was thus lost in thought. Meanwhile the vile Ravana (who had no less than ten heads) took with him the demon Maricha, who forthwith disguised himself as a deer.

करि छलु मूढ़ हरी बैदेही । प्रभुप्रभाउ तस बिदित न तेही ॥
मृग बधि बंधुसहित हरि आये । आश्रमु देखि नयन जलु छाये ॥

उस मूर्ख (रावण) ने छल करके सीताजी को हर लिबा, क्योंकि उसे श्रीरामचन्द्रजी की वास्तविक महिमा का कुछ भी पता न था । मृग को मारकर भाई (लक्ष्मण) के साथ श्रीहरि आश्रम में आये और उसे सूना देखकर उनके नेत्रों में आँसू भर आये ॥३॥

The fool (Ravana) carried off Videha's daughter (Sita) by fraud, not knowing the extent of the Lord's real might. Having killed the deer Hari returned with his brother (Lakshmana) from the chase; his eyes were filled with tears when he saw the empty hermitage.

बिरहबिकल नर इव रघुराई । खोजत बिपिन फिरत दोउ भाई ॥
कबहूँ जोग बियोग न जाकें । देखा प्रगट बिरहदुखु ताकें ॥

श्रीरघुनाथजी मनुष्यों की तरह विरह से व्याकुल हैं और दोनों भाई उस वन में सीता को ढूँढ़ते फिरते हैं । जिन्हें कभी कोई संयोग-वियोग (का हर्ष-विषाद) नहीं है, उनमें भी प्रत्यक्ष विरह का दुःख देखा गया ॥४॥

Raghunatha was distraught by the loss like a mortal man, and the two brothers wandered through the forest in search of her. He who knows neither union nor bereavement showed unmistakable signs of grief born of separation.

दो. –अति बिचित्र रघुपतिचरित जानहिं परम सुजान ।
जे मतिमंद बिमोहबस हृदय धरहिं कछु आन ॥४९॥

श्रीरघुनाथजी का चरित बड़ा ही विलक्षण है, उसे परम ज्ञानी ही जानते हैं । जो मन्दबुद्धि हैं, वे तो विशेषरूप से मोह के वश होकर हृदय में कुछ और ही समझ बैठते हैं ॥४९॥

Exceedingly mysterious are the ways of Raghunatha; the supremely wise alone can comprehend them. The dull-witted under the dominion of illusion imagine something quite different.

चौ. –संभु समय तेहि रामहि देखा । उपजा हिय अति हरषु बिसेषा ॥
भरि लोचन छबिसिंधु निहारी । कुसमय जानि न कीन्हि चिन्हारी ॥

शिवजी ने उसी समय श्रीरामजी को देखा और उनके हृदय में बहुत भारी आनन्द उत्पन्न हुआ । उन छवि के सागर श्रीरामचन्द्रजी को शिवजी ने नेत्र भरकर देखा, परंतु अवसर ठीक न जानकर परिचय नहीं किया (चिन्हारी-रूप में दंड-प्रणाम आदि नहीं किये) ॥१॥

On that very occasion Shiva saw Rama, and his soul was enraptured. He feasted his eyes on the ocean of beauty, but he did not disclose his identity as he knew it was no fit occasion (to make himself known).

जय सच्चिदानंद जगपावन । अस कहि चलेउ मनोजनसावन ॥
चले जात सिव सती समेता । पुनि पुनि पुलकत कृपानिकेता ॥

हे जगत् को पवित्र करनेवाले सच्चिदानन्द ! आपकी जय हो, ऐसा कहकर कामदेव को भस्म करनेवाले शिवजी चल पड़े । कृपानिधान

[1] देखिए बा. दो. १७६ ।

श्रीशिवजी बार-बार आनन्द से पुलकित होते हुए सतीजी के साथ चले जा रहे थे ॥२॥

But Cupid's destroyer went his way, exclaiming, Glory to the redeemer of the universe, who is all Truth, Consciousness and Bliss ! So Shiva, the all-merciful Lord, went on his way with Sati, thrilled again and again with delight.

सतीं सो दसा संभु कै देखी । उर उपजा संदेहु बिसेषी ॥
संकरु जगतबंद्य जगदीसा । सुर नर मुनि सब नावत सीसा ॥

सतीजी ने महादेवजी की यह दशा देखी तो उनके मन में बड़ा संदेह उत्पन्न हुआ । (वे मन-ही-मन कहने लगीं कि) शिवजी तो जगत् के पूज्य जगदीश हैं । देवता, मनुष्य, मुनि सब उनके प्रति सिर नवाते हैं, ॥३॥

When Sati beheld Mahadeva in this state, a great doubt arose in her mind. 'Shiva,' she thought, 'is Lord of the universe and deserves universal adoration; gods, men and sages all bow their heads to him.

तिन्ह नृपसुतहि कीन्ह परनामा । कहि सच्चिदानंद परधामा ॥
भए मगन छबि तासु बिलोकी । अजहुँ प्रीति उर रहति न रोकी ॥

उन्होंने एक राजपुत्र को 'सच्चिदानन्द परधाम' कहकर (अर्थात् परब्रह्म मानकर) प्रणाम किया और उसकी छवि देखकर वे इतने प्रेममग्न हो गये कि अबतक उनके हृदय में प्रीति रोकने से भी नहीं रुकती ! ॥४॥

Yet he made obeisance to this prince, saluting him as the Supreme God who is all Truth, Consciousness and Bliss. He was enraptured with his beauty and felt an upsurge of emotion in his heart, which he is unable to control even to this moment !

दो. –ब्रह्म जो ब्यापक बिरज अज अकल अनीह अभेद ।
सो कि देह धरि होइ नर जाहि न जानत बेद ॥५०॥

जो ब्रह्म सर्वव्यापी, रजोगुण-रहित (निर्मल), अजन्मा, कला-रहित (पूर्ण), चेष्टा-रहित[1] और भेद-रहित है और जिसे वेद भी नहीं जानते, क्या वह देह धारणकर मनुष्य हो सकता है ? ॥५०॥

Can the Supreme Eternal, which is all-pervading, unbegotten, without parts, free from desire, beyond Maya and beyond all distinction, that which not even the Vedas can comprehend, take bodily form and become man ?

चौ. –बिष्नु जो सुर हित नरतनु धारी । सोउ सर्बग्य जथा त्रिपुरारी ॥
खोजै सो कि अग्य इव नारी । ग्यानधाम श्रीपति असुरारी ॥

जो विष्णु भगवान् देवताओं के हित के लिए मनुष्य-शरीर धारण करते हैं, वे भी शिवजी की ही भाँति सर्वज्ञ हैं । क्या वे ही ज्ञान के भण्डार, लक्ष्मीपति और असुरों के शत्रु भगवान् विष्णु अज्ञानियों की तरह स्त्री को खोजते फिरेंगे ? ॥१॥

Even if Vishnu takes a human form for the sake of the gods, he is omniscient like Shiva, the slayer of Tripura. Can he wander in search of his wife like an ignorant man, — he who is a repository of knowledge, the lord of Shri (the goddess of prosperity) and the foe of demons ?

संभुगिरा पुनि मृषा न होई । सिव सर्बग्य जान सबु कोई ॥
अस संसय मन भएउ अपारा । होइ न हृदय प्रबोधप्रचारा ॥

फिर शिवजी की वाणी भी तो झूठी नहीं हो सकती ! सभी जानते हैं कि वे (शिवजी) सर्वज्ञ हैं । सती के मन में ऐसा अपार संदेह उठ खड़ा हुआ, किसी तरह भी उनके हृदय में ज्ञान का प्रादुर्भाव नहीं होता था ॥२॥

Yet again the words of Shiva cannot be untrue, for everyone knows that he is all-wise." Thus her mind was filled with infinite doubt and her heart could find no solution.

जद्यपि प्रगट न कहेउ भवानी । हर अंतरजामी सब जानी ॥
सुनहि सती तव नारिसुभाऊ । संसय अस न धरिय उर काऊ ॥

यद्यपि भवानीजी ने प्रकट कुछ नहीं कहा, फिर भी अन्तर्यामी शिवजी ने सब जान लिया । उन्होंने कहा – हे सती ! सुनो, तुम्हारा स्त्री-स्वभाव है । ऐसा संदेह मन में कभी न रखना चाहिए ॥३॥

Although Bhavani did not open her lips, yet Shiva, who knows the secrets of all hearts, came to know everything. "Hearken, Sati," he said, "the woman is foremost in you; you should never entertain such doubts in your mind.

जासु कथा कुंभज रिषि गाई । भगति जासु मैं मुनिहि सुनाई ॥
सोइ मम इष्टदेव रघुबीरा । सेवत जाहि सदा मुनि धीरा ॥

जिनकी कथा का गान अगस्त्य ऋषि ने किया और जिनकी भक्ति मैंने मुनि को सुनायी, ये वही मेरे इष्टदेव श्रीरघुवीर हैं, जिनकी सेवा धीर मुनि लोग सदा किया करते हैं ॥४॥

He whose story was sung by the jar-born seer Agastya, and faith in whom was the subject of the talk I gave to the sage, is my own chosen deity, the hero of Raghu's race (Raghubira), who is ever reverenced by steadfast sages.

छं. –मुनि धीर जोगी सिद्ध संतत बिमल मन जेहि ध्यावहीं ।
कहि नेति निगम पुरान आगम जासु कीरति गावहीं ॥

---

१. अकल, अर्थात् अवयवरहित, अखंड; निराकार; कलाहीन । अनीह अर्थात् इच्छारहित, उदासीन

सोइ रामु ब्यापक ब्रह्म भुवननिकाय पति मायाधनी ।
अवतरेउ अपनें भगत हित निज तंत्र नित रघुकुलमनी ॥

स्थिरचित्त मुनि, योगीगण और सिद्ध लोग निरन्तर निर्मल मन से जिनका ध्यान करते हैं तथा वेद, पुराण और शास्त्र 'नेति-नेति' कहकर जिनकी कीर्ति गाते हैं, उन्हीं सर्वव्यापक ब्रह्म, समस्त ब्रह्माण्डों के स्वामी, मायापति, परम स्वतन्त्र, नित्य भगवान् श्रीरामजी ने अपने भक्तों के हित के लिए रघुकुल के मणिरूप में अवतार ग्रहण किया है ।

He who has incarnated himself as the jewel of the house of Raghu for the sake of his devotees is no other than the Supreme Eternal, all-pervading and ever free, Lord of all the worlds and master of Maya, whom steadfast sages, yogis (mystics) and siddhas (adepts) continually contemplate with their sinless mind and whose glory the Vedas and the Puranas and other scriptures sing, naming him 'Not this, not this.'[1]

सो. –लाग न उर उपदेसु जदपि कहेउ सिव बार बहु ।
बोले बिहसि महेसु हरिमाया बलु जानि जिय ॥५१॥

यद्यपि शिवजी ने बहुत बार समझाया, फिर भी सतीजी के हृदय में वह उपदेश नहीं लगा । तब मन में भगवान् की माया का बल जानकर शिवजी विहँसते हुए बोले – ॥५१॥

Though Shiva repeated this many times, his teaching made no impression on the heart of Sati. Then Shiva, realizing in his heart the potency of Hari's illusive power, said with a smile,

चौ. –जौ तुम्हरें मन अति संदेहू । तौ किन जाइ परीछा लेहू ॥
तब लगि बैठ अहौं बट छाहीं । जब लगि तुम्ह ऐहहु मोहि पाहीं ॥

यदि तुम्हारे मन में बहुत संदेह है तो तुम वहाँ जाकर परीक्षा क्यों नहीं ले लेतीं ? जबतक तुम मेरे पास लौट कर आओगी, तब तक मैं इसी वट की छाँह में बैठा हूँ ॥१॥

'If you have a grave doubt in your mind, why not go and put the matter to the test ? I shall be waiting in the shade of this banyan tree till you come back to me.

जैसें जाइ मोह भ्रम भारी । करेहु सो जतनु बिबेकु बिचारी ॥
चलीं सती सिव आयसु पाई । करहिं बिचारु करौं का भाई ॥

जिस प्रकार तुम्हारा यह भारी मोह-भ्रम दूर हो, वही उपाय तुम विवेक-पूर्वक विचारकर करना । शिवजी की आज्ञा पाकर सती चलीं और मन में सोचने लगीं कि भाई, अब मैं क्या करूँ ? ॥२॥

Using your critical judgement you should evolve some device by which you can be rid of your grievous ignorance and error.' Thus obtaining Shiva's leave, Sati proceeded on her mission, considering what step she should take (in order to test the divinity of Rama).

इहाँ संभु अस मन अनुमाना । दक्षसुता कहुँ नहि कल्याना ॥
मोरेहु कहें न संसय जाहीं । बिधि बिपरीत भलाई नाहीं ॥

यहाँ शिवजी ने मन में ऐसा अनुमान किया कि दक्ष की पुत्री सती का कल्याण नहीं है । जब मेरे समझाने से भी संदेह दूर नहीं होता, तब विधाता ही उलटे हैं, अब सती की भलाई नहीं जान पड़ती ॥३॥

Meanwhile Shiva came to the conclusion that mischief was in store for Daksha's daughter (Sati). 'When her doubt is not dispelled even by my assurances,' he said to himself, 'it seems the stars are adverse and no good will come of it.

होइहि सोइ जो राम रचि राखा । को करि तर्क बढ़ावै साखा ॥
अस कहि लगे जपन हरिनामा । गईं सती जहँ प्रभु सुखधामा ॥

होगा वही जो राम ने रच रखा है । तर्क करके शाखा (विस्तार) कौन बढ़ावे । (मन में) ऐसा कहकर शिवजी भगवान् श्रीहरि का नाम जपने लगे और सतीजी वहाँ गयीं, जहाँ सुख के धाम प्रभु श्रीरामजी थे ॥४॥

After all, whatever Rama has ordained must come to pass; why should one spin out any longer discussion ?' So saying, Shiva began to repeat Hari's name, while Sati proceeded to the spot where the all-blissful Lord Rama was.

दो. –पुनि पुनि हृदय बिचारु करि धरि सीता कर रूप ।
आगे होइ चलि पंथ तेहिं जेहिं आवत नरभूप ॥५२॥

बार-बार मन में विचारकर और सीताजी का रूप धारण करके सती उस मार्ग की ओर आगे बढ़ चलीं जिधर राजा रामचन्द्रजी आ रहे थे ॥५२॥

After many an anxious thought Sati assumed the form of Sita and moved ahead on the same road by which the king of men (Rama) was coming.

चौ. –लछिमन दीख उमाकृत बेषा । चकित भए भ्रम हृदय बिसेषा ॥
कहि न सकत कछु अति गंभीरा । प्रभुप्रभाउ जानत मतिधीरा ॥

लक्ष्मणजी ने सतीजी का वह कृत्रिम वेष देखा तो वे चकित हुए और उनके हृदय में बड़ा भ्रम हो गया । वे बहुत गम्भीर हो गए, कुछ कह नहीं

1. It is *Brihadaranyaka Upanishad* which has made famous the doctrine of "Neti, Neti" ("not this, not this"), the mystical-doctrine of the indescribability of the Absolute. In this "great forest-book" is found, among many other valuable passages, the famous discourse between the great philosopher Yajnavalkya and his wife Maitreyi.

सके।[1] धीरबुद्धि लक्ष्मण प्रभु रघुनाथजी की महिमा को जानते थे ॥१॥
When Lakshmana saw Uma (Sati) in her disguise, he was astonished and much puzzled. He was tongue-tied and looked very grave; the steadfast brother knew the power of the Lord.

सतीकपटु जानेउ सुरस्वामी । सबदरसी सब अंतरजामी ॥
सुमिरत जाहि मिटै अग्याना । सोइ सरबग्य रामु भगवाना ॥

सब कुछ देखनेवाले और सबके हृदय की बात जाननेवाले देवताओं के स्वामी श्रीरामजी ने सती के कपट को जान लिया । जिनके स्मरणमात्र से अज्ञान मिट जाता है, वे ही सर्वज्ञ भगवान् श्रीरामचन्द्रजी हैं ॥२॥
All-perceiving and acquainted with the secrets of all hearts, the Lord of gods, Rama, took no time in detecting Sati's disguise. Rama was the same omniscient Lord whose very thought destroys ignorance.

सती कीन्ह चह तहहुँ दुराऊ । देखहु नारिसुभाव प्रभाऊ ॥
निज माया बलु हृदय बखानी । बोले बिहसि रामु मृदु बानी ॥

(याज्ञवल्क्यजी कहते हैं कि हे भरद्वाजजी !) स्त्री-स्वभाव का प्रभाव तो देखिए कि वहाँ (उन सर्वज्ञ भगवान् के सामने) भी सतीजी दुराव (छिपाव) करना चाहती हैं । अपनी माया के बल को हृदय में बखानकर श्रीरामचन्द्रजी हँसकर कोमल वाणी में बोले ॥३॥
Sati sought to practise deception even on him: see what a woman's nature can make her do ! But Rama, acknowledging the effect of his own illusive power, addressed her with a smile in gentle tones.

जोरि पानि प्रभु कीन्ह प्रनामू । पितासमेत लीन्ह निज नामू ॥
कहेउ बहोरि कहाँ बृषकेतू । बिपिन अकेलि फिरहु केहि हेतू ॥

प्रभु ने हाथ जोड़कर सती को प्रणाम किया और पिता (के नाम) के साथ अपना नाम बताया । फिर पूछा कि वृषकेतु शिवजी कहाँ हैं ? आप वन में अकेली किसलिए फिर रही हैं ? ॥४॥
Greeting her with folded hands, the Lord told her his name and the name of his father. He then asked her the whereabouts of Shiva (who has a bull emblazoned on his banner) and wondered what made her roam about all alone in the forest.

दो. —रामबचन मृदु गूढ़ सुनि उपजा अति संकोचु ।
सती सभीत महेस पहि चलीं हृदय बड़ सोचु ॥५३॥

श्रीरामजी के कोमल और रहस्यभरे वचन सुनकर सतीजी के हृदय में बड़ा संकोच उत्पन्न हुआ । वे डरती हुई शिवजी के पास चलीं । उनके हृदय में बड़ी चिन्ता हो गयी — ॥५३॥
Sati was utterly uncomfortable when she heard these gentle yet significant words of Rama. She turned towards Shiva with a feeling of awe and much dejected at heart.

चौ. —मैं संकर कर कहा न माना । निज अग्यानु राम पर आना ॥
जाइ उतरु अब देहौं काहा । उर उपजा अति दारुन दाहा ॥

— कि मैंने शंकरजी का कहा न माना[1] और अपने अज्ञान को श्रीरामचन्द्रजी पर आरोपित किया । अब जाकर मैं शिवजी को क्या उत्तर दूँगी ? (यों विचार करने पर) सतीजी के हृदय में अत्यन्त भयानक संताप उत्पन्न हुआ ॥१॥
'I heeded not Shankara's words and imposed my own ignorance on Rama. What answer shall I give to my lord now ?' Her heart's distress was most grievous.

जाना राम सतीं दुखु पावा । निज प्रभाउ कछु प्रगटि जनावा ॥
सतीं दीख कौतुकु मग जाता । आगें रामु सहित श्री भ्राता ॥

श्रीरामचन्द्रजी समझ गए कि सतीजी को दुःख हुआ । तब उन्होंने अपना कुछ प्रभाव प्रकट करके उन्हें दिखलाया । सतीजी ने मार्ग में जाते-जाते यह कौतुक देखा कि श्रीरामचन्द्रजी सीताजी और लक्ष्मणजी के साथ आगे चले जा रहे हैं ॥२॥
Rama knew that Sati was in distress; he, therefore, showed forth a part of his glory. As she went on her way, she beheld a marvel. Rama was going ahead of her along with his consort, Sita, and his younger brother, Lakshmana.

फिरि चितवा पाछें प्रभु देखा । सहित बंधु सिय सुंदर बेषा ॥
जहँ चितवहिं तहँ प्रभु आसीना । सेवहिं सिद्ध मुनीस प्रबीना ॥

पीछे की ओर फिरकर देखा तो वहाँ भी भाई लक्ष्मणजी और सीताजी के साथ श्रीरामचन्द्रजी सुन्दर वेष में दिखायी पड़े । वे जिधर देखती हैं उधर ही प्रभु विराजमान हैं और सुचतुर सिद्ध तथा मुनीश्वर उनकी सेवा कर रहे हैं ॥३॥
When again she looked back, there too she saw the Lord with his brother and Sita in beauteous raiment. Whichever way she turned her eyes, there was the Lord enthroned with the Siddhas (adepts) and learned sages ministering to him.

---

१. अथवा, कुछ कह नहीं सकते, क्योंकि वे अत्यन्त गम्भीर और धीरमति हैं । वे जानते हैं कि प्रभु सर्वज्ञ हैं, इसलिए वे स्वयं निर्णय करेंगे । उतावले लोग ही कुछ का कुछ कह बैठते हैं, मति के धीर लोग नहीं ।

१. 'संकर' = कल्याणकर (शं — कल्याण; शंकर — कल्याणकारी) । पति की कल्याणकारी आज्ञा नहीं मानी और, दूसरे, श्रीरामजी को अपने अज्ञान से मनुष्य माना ।

देखे सिव बिधि बिष्नु अनेका। अमित प्रभाउ एक तें एका ॥
बंदत चरन करत प्रभुसेवा। बिबिध बेष देखे सब देवा ॥

सतीजी ने अनेक शिव, ब्रह्मा और विष्णु देखे, जिनका प्रभाव एक-से-एक बढ़कर तथा असीम था। उन्होंने देखा कि भाँति-भाँति के वेष में सभी देवता श्रीरामचन्द्रजी के चरणों की वन्दना और सेवा कर रहे हैं ॥४॥

She saw, too, many a Shiva, Brahma and Vishnu, each excelling the rest in boundless majesty. She also saw that all the gods were serving the Lord and bowing at his feet in their different garbs.

दो. –सती बिधात्री इंदिरा देखीं अमित अनूप।
जेहि जेहि बेष अजादि सुर तेहि तेहि तन अनुरूप ॥५४॥

उन्होंने असंख्य अनुपम सतियों, सरस्वतियों और लक्ष्मियों को देखा। जिस-जिस वेष में ब्रह्मादि देवता थे, उन्हीं के अनुरूप उन देवियों के भी वेष[1] थे ॥५४॥

Satis, Sarasvatis and Lakshmis she saw, in marvellous multiplicity, each in a form to match the appearance of Brahma and the other gods.

चौ. –देखे जहँ तहँ रघुपति जेते। सक्तिन्ह सहित सकल सुर तेते ॥
जीव चराचर जो संसारा। देखे सकल अनेक प्रकारा ॥

(सतीजी ने) जहाँ-तहाँ जितने रघुनाथजी देखे, वहाँ-वहाँ उन्होंने शक्तियोंसहित उतने ही सारे देवताओं को भी देखा। संसार में जो चराचर जीव हैं, वे सब भी वहाँ अनेक प्रकार के देखे ॥१॥

As many Raghunathas as she saw on this side and on that, so many were the forms of all the gods and their wives. She beheld, too, all the creatures, animate and inanimate, the world contains, with their multitudinous species.

पूजहिं प्रभुहि देव बहु बेषा। रामरूप दूसर नहिं देखा ॥
अवलोके रघुपति बहुतेरे। सीता सहित न बेष घनेरे ॥

अनेक वेष धारण करके देवतागण प्रभु श्रीरामचन्द्रजी को पूजा कर रहे हैं, परंतु श्रीरामचन्द्रजी का और कोई दूसरा रूप नहीं देखा। सीतासहित श्रीरघुनाथजी तो बहुत-से देखे, परंतु उनमें वेषों की अनेकता न थी ॥२॥

The gods in diverse forms were worshipping the Lord; but nowhere did she see the form of Rama other than his own. Many a Raghunatha and Sita she saw, but there was no diversity of form in them.

सोइ रघुबर सोइ लछिमनु सीता। देखि सती अति भईं सभीता ॥
हृदय कंप तन सुधि कछु नाहीं। नयन मूदि बैठीं मग माहीं ॥

वही रघुनाथजी, वही लक्ष्मण और वही सीताजी (सर्वत्र इसी दृश्य को) देखकर सतीजी बहुत ही डर गयीं। उनका हृदय काँपने लगा और देह की सारी सुध-बुध जाती रही। तब वे आँखें मूँदकर मार्ग में बैठ गयीं ॥३॥

(She saw) the same Raghunatha, the same Lakshmana, the same Sita. Sati was awe-stricken at the sight; with quivering heart she lost all consciousness of her body; she closed her eyes and sank down on the wayside.

बहुरि बिलोकेउ नयन उघारी। कछु न दीख तहँ दच्छकुमारी ॥
पुनि पुनि नाइ रामपद सीसा। चलीं तहाँ जहँ रहे गिरीसा ॥

फिर आँखें खोलकर देखा तो वहाँ दक्षकुमारी सतीजी को कुछ भी दीख न पड़ा। तब वे बार-बार श्रीरामजी के चरणों में सिर नवाकर वहाँ चलीं जहाँ कैलास के स्वामी शिवजी थे ॥४॥

When she looked up again, Daksha's daughter saw nothing there; again and again bowing her head at Rama's feet, she returned of the spot where the lord of Kailasa (Shiva) was.

दो. –गईं समीप महेस तब हसि पूछी कुसलात।
लीन्हि परीछा कवन बिधि कहहु सत्य सब बात ॥५५॥

जब पास पहुँचीं, तब महादेवजी ने हँसकर कुशल-प्रश्न करके पूछा कि तुमने (रामजी की) किस प्रकार परीक्षा ली ? सारी बातें सच-सच कहो ॥५५॥

When she drew near, mahadeva smiled and asked her how she had fared. 'How did you put him to the test?' he said, 'Tell me now the whole truth.'

मासपारायण, दूसरा विश्राम

चौ. –सतीं समुझि रघुबीर प्रभाऊ। भयबस सिव सन कीन्ह दुराऊ ॥
कछु न परीछा लीन्हि गोसाईं। कीन्ह प्रनामु तुम्हारिहिं नाईं ॥

श्रीरघुनाथजी के प्रभाव को समझकर सतीजी ने डर के मारे शिवजी से छिपाव किया और कहा – हे स्वामिन् ! मैंने कुछ भी परीक्षा नहीं ली, वहाँ जाकर आप ही की तरह प्रणाम किया है ॥१॥

Sati remembered the power of Raghunatha and in her awe concealed the truth from Shiva. 'I made no trial of him, my lord,' she said, 'but like you, simply made obeisance.

जो तुम्ह कहा सो मृषा न होई। मोरे मन प्रतीति अति सोई ॥
तब संकर देखेउ धरि ध्याना। सतीं जो कीन्ह चरित सबु जाना ॥

आपने जो कहा वह मिथ्या नहीं हो सकता, मेरे मन में उसीका (पूरा)

---

१. इस सन्दर्भ में सप्तशती चण्डीपाठ का यह श्लोक द्रष्टव्य है : यस्य देवस्य यद्रूपं यथा भूषणवाहनम्। तद्वदेव हि तच्छक्तिरसुरान्योद्धुमाययौ ॥ (दु.स.श.)-जिस देवता का जैसा रूप था, जैसा भूषण और वाहन था, उस देवता की वैसी ही शक्ति असुरों से युद्ध करने आयी।

विश्वास है। तब शिवजी ने ध्यान करके देखा और सतीजी ने जो चरित किया था, वह सब जान लिया ॥२॥

I was confident that what you said could not be false.' Then Shiva perceived the truth by contemplation and knew all that Sati had done.

बहुरि राममायहि सिरु नावा। प्रेरि सतिहि जेहि झूठ कहावा ॥
हरि इच्छा भावी बलवाना। हृदय बिचारत संभु सुजाना ॥

फिर (शिवजी ने) श्रीरामजी की माया को सिर नवाकर प्रणाम किया, जिसने प्रेरणा करके सती से भी झूठ कहला दिया। सुजान शिवजी ने मन में विचार किया कि हरि-इच्छारूपी भावी प्रबल है ॥३॥

He (Shiva) bowed his head before Rama's illusive power, which had been sent forth to put a lying speech into Sati's mouth. 'What Hari wills is destiny invincible,' thus reflected the all-wise Shiva in his heart.

सतीं कीन्ह सीता कर बेषा। सिव उर भएउ बिषाद बिसेषा ॥
जौ अब करौं सती सन प्रीती। मिटै भगतिपथु होइ अनीती ॥

सतीजी ने सीताजी का वेष धारण किया, इससे शिवजी के हृदय में बड़ा विषाद हुआ। उन्होंने सोचा कि यदि मैं अब सती से (दाम्पत्य) प्रेम करता हूँ तो भक्तिमार्ग का नाश हो जाता है और बड़ी अनीति होती है ॥४॥

'Sati took Sita's form,' Shiva thought in deep despondency; 'if now I treat Sati as my wife, the faith I follow will be all lost, and I shall be committing a sin.

दो. –परम पुनीत न जाइ तजि किएँ प्रेमु बड़ पापु।
प्रगटि न कहत महेसु कछु हृदय अधिक संतापु ॥५६॥

सती परम पवित्र हैं[1], इसलिए इन्हें छोड़ते भी नहीं बनता और इनसे प्रेम करने में बड़ा पाप है। महादेवजी कुछ खोलकर नहीं कहते, परंतु उनके हृदय में बड़ा संताप है ॥५६॥

Sati is too pure to be abandoned; yet it were great sin to show my love.' Mahadeva said nothing openly, but his heart was sore distressed.

चौ. –तब संकर प्रभुपद सिरु नावा। सुमिरत रामु हृदय अस आवा ॥
एह तन सतिहि भेट मोहि नाही। सिव संकल्पु कीन्ह मन माही ॥

तब शिवजी ने प्रभु के चरणों में सिर नवाया और श्रीरामजी का स्मरण करते ही उनके मन में यह आया कि सती के इस शरीर से मेरी (दाम्पत्य भाव से) भेंट नहीं हो सकती। शिवजी ने अपने मन में यह सङ्कल्प कर लिया ॥१॥

Then Shiva bowed his head at Rama's feet, and as soon as he meditated on his name, he made this resolve: 'I will not touch Sati in the body she now wears.'

अस बिचारि संकरु मतिधीरा। चले भवन सुमिरत रघुबीरा ॥
चलत गगन भै गिरा सुहाई। जय महेस भलि भगति दृढ़ाई ॥

ऐसा विचारकर स्थिरबुद्धि शंकरजी श्रीरघुनाथजी का स्मरण करते हुए अपने घर (कैलास) को चले। चलते समय सुहावनी आकाशवाणी हुई कि 'हे महेश ! आपकी जय हो ! आपने भक्ति को अच्छी तरह दृढ़ किया है ॥२॥

With firm determination and constant to his vow, Shankara went home with his thoughts on Raghunatha; and as he went, a jubilant cry sounded from heaven: 'Glory to Mahesha ! Firmly have you upheld the faith !

अस पन तुम्ह बिनु करै को आना। रामभगत समरथ भगवाना ॥
सुनि नभगिरा सती उर सोचा। पूछा सिवहि समेत सकोचा ॥

आपके बिना दूसरा कौन ऐसा प्रण कर सकता है? आप रामभक्त, समर्थ और भगवान् हैं। इस आकाशवाणी को सुनकर सतीजी के मन में चिन्ता हुई और उन्होंने सकुचाते हुए शिवजी से पूछा – ॥३॥

Who other but you, O Rama's votary, the Blessed Lord, would make a vow like this ?' Sati was troubled when she heard the heavenly voice and hesitantly asked Shiva,

कीन्ह कवन पन कहहु कृपाला। सत्यधाम प्रभु दीनदयाला ॥
जदपि सती पूछा बहु भाँती। तदपि न कहेउ त्रिपुर आराती ॥

हे कृपालु ! कहिए, आपने कौन-सा प्रण किया है ? हे प्रभो ! आप सत्य के धाम और दीनदयालु हैं। यद्यपि सतीजी ने बहुत प्रकार से पूछा, फिर भी त्रिपुरारि शिवजी ने कुछ नहीं कहा ॥४॥

'Tell me, O Lord of grace, embodiment of truth and compassionate to the poor, what is this vow that you have made ?' But though Sati questioned him in ways more than one, Tripurari spoke not a word.

दो. –सतीं हृदय अनुमान किय सबु जानेउ सर्बग्य।
कीन्ह कपटु मैं संभु सन नारि सहज जड़ अग्य ॥५७ (क)॥

सतीजी ने अपने हृदय में अनुमान किया कि सर्वज्ञ शिवजी ने सब जान लिया है। मैंने शम्भु (कल्याणकर्त्ता) से कपट किया, क्योंकि स्त्री स्वभाव से ही मूर्ख और विवेक-रहित होती है ॥५७(क)॥

---

१. शिवजी राम-माया की अधीनता में किये गए अपराध को क्षम्य मानते हैं। सती ने रामजी के रूप में संदेह किया था और पति के वचन को न मानकर झूठी बात कही थी। परन्तु उनके दोष विवशताजन्य थे। इन पंक्तियों में जहाँ उनके विवेक पर बल है, वहाँ यह भी दिखलाया गया है कि शिवजी रघुपतिव्रतधारी हैं।

Sati guessed that the omniscient Shiva knew all she had done. 'I have deceived Shambhu,' she realized, 'stupid and senseless woman that I am.'

सो. –जलु पय सरिस बिकाइ देखहु प्रीति कि रीति भलि ।
बिलग होइ रसु जाइ कपटु खटाई परत पुनि ॥५७(ख)॥

प्रीति की यह उत्तम रीति तो देखिए कि जल भी (दूध के साथ मिलकर) दूध के समान (भाव) बिकता है; परंतु कपटरूपी खटाई के पड़ते ही पानी अलग हो जाता है (दूध फट जाता है) और स्वाद (प्रेम) जाता रहता है ॥५७(ख)॥

Even water mixed with milk is sold as milk, and, see, it is just the same with love. Let a drop of acid of deceit be introduced into it and the two are separated and the taste (love) disappears.

चौ. –हृदय सोचु समुझत निज करनी । चिंता अमित जाइ नहि बरनी ॥
कृपासिंधु सिव परम अगाधा । प्रगट न कहेउ मोर अपराधा ॥

अपनी करतूत को याद कर सतीजी के हृदय में इतना सोच और इतनी अपार चिन्ता है कि उसका वर्णन नहीं किया जा सकता । (उन्होंने समझ लिया कि) कृपा के समुद्र शिवजी परम गम्भीर हैं, इससे उन्होंने मेरा अपराध प्रकट नहीं कहा ॥१॥

As she reflected on what she had done, her heart was torn with inexpressible sorrow and boundless anxiety. 'Shiva,' she thought, 'is an ocean of grace, but an ocean no man can fathom, and that is why he has not openly mentioned my offence.'

संकररुख अवलोकि भवानी । प्रभु मोहि तजेउ हृदय अकुलानी ॥
निज अघ समुझि न कछु कहि जाई । तपै अवा इव उर अधिकाई ॥

शिवजी का रुख (फिरा हुआ) देखकर सतीजी ने जान लिया कि स्वामी ने मेरा त्याग कर दिया, इससे वे हृदय में व्याकुल हो उठीं । अपना पाप समझकर कुछ कहा नहीं जाता; परंतु हृदय भीतर-ही-भीतर कुम्हार के आँवे की तरह और भी अधिक जलने लगा ॥२॥

Sati read Shiva's thoughts in his face, and realizing that her lord had abandoned her, was bitterly distressed in her heart. When she thought of her sin, she could not utter a word, but her heart smouldered like a furnace.

सतिहि ससोच जानि बृषकेतू । कही कथा सुंदर सुखहेतू ॥
बरनत पंथ बिबिध इतिहासा । बिस्वनाथ पहुँचे कैलासा ॥

सती को चिन्तित जानकर वृषकेतु शिवजी ने उन्हें सुख देने के लिए सुन्दर कथाएँ कहीं । इस प्रकार मार्ग में नाना प्रकार के इतिहासों का वर्णन करते हुए विश्वनाथ कैलास जा पहुँचे ॥३॥

When Shiva perceived that Sati was sorrowful, he began to amuse her with pleasant tales; and thus recounting various legends all the way, Vishvanatha came to Kailasa.

तहँ पुनि संभु समुझि पन आपन । बैठे बट तर करि कमलासन ॥
संकर सहज सरूपु सँभारा । लागि समाधि अखंड अपारा ॥

फिर अपनी प्रतिज्ञा को यादकर वटवृक्ष के नीचे वहीं शिवजी पद्मासन लगाकर बैठ गए । उन्होंने अपना स्वाभाविक रूप सँभाला (स्मरण किया) । उनकी अखण्ड और अपार समाधि लग गयी ॥४॥

Then Shiva, recalling his vow, sat down beneath a banyan in the lotus-posture of meditation, and communing with his own self, he fell into an endless and unbroken trance.

दो. –सती बसहिं कैलास तब अधिक सोचु मन माहि ।
मरमु न कोऊ जान कछु जुग सम दिवस सिराहि ॥५८॥

तब सती कैलास पर रहने लगीं । उनके मन में बड़ा सोच था । इस भेद को कोई कुछ भी नहीं जानता था । उनका एक-एक दिन युग के समान बीत रहा था ! ॥५८॥

Meanwhile, Sati dwelt in Kailasa, sorrowing grievously; no one knew anything of her secret; each day that she passed seemed like an age.

चौ. –नित नव सोचु सती उर भारा । कब जैहौं दुखसागर पारा ॥
मैं जो कीन्ह रघुपति अपमाना । पुनि पतिबचनु मृषा करि जाना ॥

सतीजी के हृदय में नित्य नई चिन्ता का बोझ उत्पन्न हो रहा था कि मैं इस दुःख-समुद्र के पार कब जाऊँगी । मैंने जो श्रीरघुनाथजी का अपमान किया और फिर पति के वचनों को झूठ जाना, ॥१॥

Ever was Sati's heart burdened with a fresh sorrow: 'When shall I be able to cross this ocean of sorrow? I who slighted Raghunatha and held my husband's word to be untrue !

सो फलु मोहि बिधाता दीन्हा । जो कछु उचित रहा सोइ कीन्हा ॥
अब बिधि अस बूझिअ नहि तोही । संकरबिमुख जिआवसि मोही ॥

उसका फल विधाता ने मुझे दे दिया और जो उचित था, वही किया; परंतु हे विधाता ! अब तुम्हें ऐसा न करना चाहिए कि मैं शंकरजी से विमुख होने पर भी जीवन धारण किये रहूँ ॥२॥

Providence has repaid me for my sins and all that he has done is fitting; but now, O God, think it not right to preserve my life when I am alienated from Shankara !'

कहि न जाइ कछु हृदय गलानी । मन महु रामहि सुमिर सयानी ॥
जौ प्रभु दीनदयालु कहावा । आरतिहरन बेद जसु गावा ॥

(सतीजी के) हृदय की ग्लानि कुछ कही नहीं जाती। उस बुद्धिमती सती ने मन में श्रीरामजीका स्मरण किया और कहा—हे प्रभो! यदि आप दीनदयालु कहलाते हैं और वेदों ने आपको 'विपत्तिहरण' कहकर आपका यश गाया है, ॥३॥

The anguish of Sati's heart was beyond words, but wisely she thought on Rama and said, 'Lord, if you are said to pity the humble, and the Vedas have hymned your glory as remover of distress,

तौ मैं बिनय करौं कर जोरी। छूटौ बेगि देह यह मोरी॥
जौ मोरें सिवचरन सनेहू। मन क्रम बचन सत्य ब्रतु एहू॥

तो मैं हाथ जोड़कर विनती करती हूँ कि मेरा यह शरीर शीघ्र छूट जाय। यदि शिवजी के चरणों में मेरा प्रेम है और यह (प्रेम का) व्रत मन, वचन और कर्म से सत्य है, ॥४॥

—then with folded hands I supplicate that this body of mine be speedily dissolved. If I truly love Shiva's feet, and my wifely vow is true in thought and word and deed,

दो.—तौ सबदरसी सुनिय प्रभु करौ सो बेगि उपाइ।
होइ मरनु जेहि बिनहि श्रम दुसह बिपत्ति बिहाइ॥५९॥

तो हे सर्वदर्शी प्रभो! सुनिए और शीघ्र वह प्रयत्न कीजिए जिससे मेरी मृत्यु हो और बिना परिश्रम ही यह (पति से बिछुड़ने की) असह्य विपत्ति दूर हो॥५९॥

—then hear me, O all-seeing Lord, and speedily devise a plan by which I may die and so with ease avoid this intolerable woe.'

चौ.—एहि बिधि दुखित प्रजेसकुमारी। अकथनीय दारुन दुखु भारी॥
बीतें संबत सहस सतासी। तजी समाधि संभु अबिनासी॥

इस प्रकार दक्ष प्रजापति की कन्या सतीजी बहुत दुखी थीं; उनको इतना दारुण दुःख था कि उसका वर्णन नहीं किया जा सकता। सत्तासी हजार वर्ष बीत जाने पर अविनाशी शिवजी ने अपनी समाधि खोली॥१॥

Thus sorrowed Prajapati's daughter; heavy and grievous was her unutterable pain. Eighty-seven thousand years passed by when the immortal Shiva awoke from his trance.

राम नाम सिव सुमिरन लागे। जानेउ सतीं जगतपति जागे॥
जाइ संभुपद बंदनु कीन्हा। सनमुख संकर आसनु दीन्हा॥

शिवजी रामनाम का स्मरण करने लगे, तब सतीजी ने जाना कि अब जगत् के स्वामी शिवजी जाग गए हैं। उन्होंने जाकर शिवजी के चरणों की वन्दना की। शिवजी ने उनको बैठने के लिए सामने आसन दिया॥२॥

When Shiva began to repeat Rama's name, Sati perceived that the Lord of the world was awake and went and did homage to Shiva's feet. Shiva gave her a seat in his presence,

लगे कहन हरिकथा रसाला। दक्ष प्रजेस भये तेहि काला॥
देखा बिधि बिचारि सब लायक। दक्षहि कीन्ह प्रजापतिनायक॥

(शिवजी सती से) भगवान् हरि की रसमयी कथाएँ कहने लगे। उसी समय (सतीजी के पिता) दक्ष प्रजापति हुए। ब्रह्माजी ने सब प्रकार योग्य देख-समझकर दक्ष को प्रजापतियों का नायक बना दिया॥३॥

—and began to recite the delightful stories of Hari. At that time Daksha (Sati's father) was Prajapati. Brahma saw and considered him to be in every way thoroughly fit and made him the supreme lord of created beings.

बड़ अधिकार दक्ष जब पावा। अति अभिमानु हृदयँ तब आवा॥
नहि कोउ अस जनमा जग माही। प्रभुता पाइ जाहि मद नाही॥

जब दक्ष ने इतना बड़ा अधिकार पाया, तब उनके हृदय में अत्यन्त अभिमान छा गया। (याज्ञवल्क्यजी कहते हैं कि) जगत् में ऐसा कोई नहीं उत्पन्न हुआ, जिसे प्रभुता पाकर मद न हुआ हो॥४॥

When Daksha attained this high office, he became exceedingly arrogant. Never was a creature born in the world whom power did not intoxicate.

दो.—दक्ष लिए मुनि बोलि सब करन लगे बड़ जाग।
नेवते सादर सकल सुर जे पावत मखभाग॥६०॥

दक्ष ने सब मुनियों को बुला लिया और वे बड़ा भारी यज्ञ करने लगे। जो देवता यज्ञ का भाग पाते हैं, दक्ष ने उन सबको आदर-सहित न्योता दिया॥६०॥

Daksha got together all the sages and they began to prepare a great sacrifice; he courteously invited all the gods who receive a portion of the oblations.

चौ.—किंनर नाग सिद्ध गंधर्बा। बधुन्ह समेत चले सुर सर्बा॥
बिष्नु बिरंचि महेसु बिहाई। चले सकल सुर जान बनाई॥

(निमन्त्रण पाते ही) किन्नर, नाग, सिद्ध, गन्धर्व और सब देवता अपनी-अपनी स्त्रियों के साथ चले। विष्णु, ब्रह्मा और महादेवजी को छोड़कर सभी देवगण अपना-अपना विमान सजाकर चले॥१॥

Kinnaras,[1] serpents, adepts and Gandharvas,[2] and the whole host of gods with their wives proceeded to the sacrifice; all the gods, except Vishnu,

1. A species of demigods.
2. A class of celestial beings.

Brahma and Mahesha, made ready their aerial cars and came.

सतीं बिलोके ब्योम बिमाना। जात चले सुंदर बिधि नाना॥
सुरसुंदरीं करहिं कल गाना। सुनत श्रवन छूटहिं मुनिध्याना॥

सतीजी ने देखा कि अनेक प्रकार के सुन्दर विमान आकाश-मार्ग में चले जा रहे हैं, देवसुन्दरियाँ मधुर गान करती जा रही हैं, जिन्हें सुनकर मुनियों का भी ध्यान छूट जाता है ॥२॥

Sati saw the beautiful aerial cars of various patterns passing through the sky, while heavenly nymphs sang songs so melodiously their sound would disturb the meditation of ascetics.

पूछेउ तब सिव कहेउ बखानी। पिताजग्य सुनि कछु हरषानी॥
जौ महेसु मोहि आयसु देहीं। कछु दिन जाइ रहौं मिस एहीं॥

जब (सतीजी ने देवताओं के जाने का कारण) पूछा, तब शिवजी ने सब बातें बतलायीं। पिता के यहाँ यज्ञ की बात सुनकर सती कुछ प्रसन्न हुईं (और सोचने लगीं कि) यदि महादेवजी मुझे आज्ञा दें, तो मैं इसी बहाने कुछ दिन पिता के घर जाकर रहूँ ॥३॥

When she questioned Shiva (about the stir in the air), he explained the whole thing. When she heard of the sacrifice her father had decreed, she was somewhat gladdened and thought, 'If Mahadeva will allow me, I will make it an excuse for going to stay a few days with my father.'

पतिपरित्याग हृदय दुखु भारी। कहै न निज अपराध बिचारी॥
बोलीं सती मनोहर बानी। भय संकोच प्रेम रस सानी॥

उनके हृदय में पतिद्वारा त्यागी जाने का भारी दुःख था, पर अपना ही अपराध विचारकर वे कुछ कहती न थीं। आखिर सतीजी भय, संकोच और प्रेमरस से सनी मनोहर वाणी बोलीं – ॥४॥

But because she was still sore grieving that her husband had abandoned her, and conscious of her sin, she would not utter a word. At last in persuasive tones, overflowing with awe and modesty and affection, Sati said,

दो. –पिताभवन उत्सव परम जौ प्रभु आयसु होइ।
तौ मैं जाउँ कृपायतन सादर देखन सोइ॥६१॥

हे प्रभो! मेरे पिता के घर बहुत बड़ा उत्सव है। यदि आपकी आज्ञा हो तो हे कृपानिधान! मैं आदर के साथ उसे देखने जाऊँ[1] ॥६१॥

'There is great rejoicing at my father's house; if my lord be graciously pleased to allow me, I will duteously go and see it.'

चौ. –कहेहु नीक मोरेहुँ मन भावा। यह अनुचित नहि नेवत पठावा॥
दक्ष सकल निज सुता बोलाईं। हमरें बयर तुम्हउ बिसराईं॥

(शिवजी ने कहा –) तुमने बात तो भली कही, वह मेरे मन को भी अच्छी लगी। पर उन्होंने न्योता नहीं भेजा, यह अनुचित है। दक्ष ने अपनी सब कन्याओं को बुलाया है, किंतु हमसे वैर होने के कारण तुमको भी भुला दिया ॥१॥

'Your suggestion is good,' said Shiva, 'and it would please me as well, but what is improper is that your father has not invited you. Daksha has invited all his daughters, but because of his quarrel with me he has left you out.

ब्रह्मसभाँ हम सन दुखु माना। तेहि तें अजहुँ करहि अपमाना॥
जौ बिनु बोलें जाहु भवानी। रहै न सीलु सनेहु न कानी॥

ब्रह्मा की सभा में (दक्ष) हमसे अप्रसन्न हो गए थे, इसीसे वे अब भी मेरा अपमान करते हैं। हे भवानी! जो तुम बिना बुलाये जाओगी तो न शील-स्नेह ही रहेगा और न मान-मर्यादा ही बचेगी ॥२॥

Once he took offence at my behaviour in Brahma's court, and that is why he slights me to this day. If, Bhavani, you go there uninvited, there will be loss of all self-respect, affection and honour.

जदपि मित्र प्रभु पितु गुर गेहा। जाइअ बिनु बोलेहु न सँदेहा॥
तदपि बिरोध मान जहँ कोई। तहाँ गए कल्यान न होई॥

यद्यपि इसमें संदेह नहीं कि मित्र, स्वामी, पिता और गुरु के घर बिना बुलाये भी जाना चाहिए, तो भी जहाँ कोई विरोध मानता हो, वहाँ जाने से कल्याण नहीं होता ॥३॥

One may certainly go uninvited to the house of a friend, a master, a father, or a *guru*; but no good can result from going where someone nurses a grudge against you.'

भाँति अनेक संभु समुझावा। भावीबस न ज्ञानु उर आवा॥
कह प्रभु जाहु जो बिनहि बोलाएँ। नहि भलि बात हमारें भाएँ॥

अनेक प्रकार से शिवजी ने (सतीजी को) समझाया, पर भावीवश उनके हृदय में बोध नहीं हुआ। फिर शिवजी ने कहा कि यदि बिना बुलाये जाओगी, तो हमारी समझ में यह बात अच्छी न होगी ॥४॥

With many arguments Shiva warned her, but as fate had willed it, wisdom would not dawn on her. 'To go,' said the Lord, 'without being invited, in my opinion is not right.'

१. पति द्वारा त्यागी हुई स्त्री आदर नहीं पाती। यदि सती के साथ शिव के गण आदि होंगे तो त्याग की बात प्रकट न होगी। 'सादर' से यहाँ यही तात्पर्य है।

दो. –कहि देखा हर जतन बहु रहै न दक्षकुमारि ।
दिए मुख्य गन संग तब बिदा कीन्ह त्रिपुरारि ॥६२॥

शिवजी ने बहुत उपाय करके देख लिया, किंतु जब सती किसी प्रकार भी नहीं रुकीं, तब अपने मुख्य गणों को साथ देकर त्रिपुरारि महादेवजी ने उन्हें विदा कर दिया ॥६२॥

Thus Shiva did all he could to dissuade her, but when Sati would not be stayed, Tripurari gave her his principal attendants as her escort and bade her farewell.

चौ. –पिताभवन जब गई भवानी । दक्षत्रास काहु न सनमानी ॥
सादर भलेहि मिली एक माता । भगिनी मिलीं बहुत मुसुकाता ॥

सतीजी जब पिता (दक्ष) के घर पहुँचीं, तब दक्ष के भय से किसी ने उनका सम्मान नहीं किया । भले ही केवल एक माता आदर से मिली । बहनें बहुत मुसकराती हुई मिलीं ॥१॥

When Sati reached her father's house, no one greeted her for fear of incurring Daksha's displeasure. Only her mother received her kindly; her sisters received her with profuse smiles.

दक्ष न कछु पूछी कुसलाता । सतिहि बिलोकि जरे सब गाता ॥
सतीं जाइ देखेउ तब जागा । कतहु न दीख संभु कर भागा ॥

दक्ष ने तो कुछ कुशलक्षेम भी नहीं पूछा; सतीजी को देखकर उलटे उनके सारे अंग (क्रोध से) जल उठे । तब[1] सती ने जाकर यज्ञ देखा तो वहाँ कहीं शिवजी का भाग नहीं दीख पड़ा ॥२॥

Daksha never even asked her how she fared, and when he saw Sati, he burned all over with rage. Then Sati went to look at the sacrifice, but could nowhere see any portion offered to Shiva.

तब चित चढ़ेउ जो संकर कहेऊ । प्रभु अपमानु समुझि उर दहेऊ ॥
पाछिल दुखु न हृदय अस ब्यापा । जस यह भएउ महा परितापा ॥

तब शिवजी का कहा हुआ उनकी समझ में आया । स्वामी का अपमान समझकर छाती जलने लगी । पिछला (पति-त्याग का) दुख उनके हृदय में उतना नहीं व्यापा था, जितना महान् दुःख इस समय (पति-अपमान का) हुआ ॥३॥

Then did she realize the force of Shiva's warning, and when she thought of the insult offered to her lord, she so burned with rage that the former grief (of abandonment by her lord) was nothing like this overwhelming pain (of the insult offered to her husband).

१. 'तब' – अर्थात् जब पिता के व्यवहार से अपना अपमान देखा तब मन में यह सन्देह हुआ कि कहीं शिवजी का तो अपमान नहीं हुआ है । इसलिए 'तब' सती ने जाकर यज्ञ देखा – वे तत्काल यज्ञशाला पहुँचीं ।

जद्यपि जग दारुन दुख नाना । सब तें कठिन जाति अवमाना ॥
समुझि सो सतिहि भएउ अतिक्रोधा । बहु बिधि जननी कीन्ह प्रबोधा ॥

यद्यपि संसार में अनेक प्रकार के दारुण दुःख हैं, तो भी जाति-अपमान उन सबसे कठिन है । यह समझकर सतीजी को बड़ा क्रोध हो आया । तब माता ने उन्हें बहुत प्रकार से समझाया ॥४॥

Although there are terrible agonies of various kinds in the world, none is so grievous as an insult to one's own people. The more Sati thought of it, the more furious she grew, though her mother did all she could to pacify her.

दो. –सिव अपमानु न जाइ सहि हृदय न होइ प्रबोध ।
सकल सभहि हठि हटकि तब बोलीं बचन सक्रोध ॥६३॥

परंतु उनसे शिवजी का अपमान नहीं सहा गया और न माता के समझाने से ही कुछ संतोष हुआ । तब वे सारी सभा को हठपूर्वक रोककर (हवन-पाठ आदि बन्द कराकर) क्रोधभरे वचन बोलीं – ॥६३॥

She could not bear this insult to Shiva and would not be pacified. Then she vehemently challenged the whole assembly of guests and spoke in angry accent:

चौ. –सुनहु सभासद सकल मुनिंदा । कही सुनी जिन्ह संकरनिंदा ॥
सो फलु तुरत लहब सब काहूँ । भली भाँति पछिताब पिताहूँ ॥

हे सभासदो और सब मुनीश्वरो ! सुनो । जिन्होंने यहाँ शिवजी की निन्दा की या सुनी है, उन सबको उसका फल तुरंत ही मिलेगा और मेरे पिता भी अच्छी तरह पछतायेंगे ॥१॥

'Hear, all you guests and great sages, who have reviled Shiva or heard him reviled ! Right soon shall each one of you reap your due reward, and my father too shall dearly rue the day !

संत संभु श्रीपति अपबादा । सुनिअ जहाँ तहँ असि मरजादा ॥
काटिअ तासु जीभ जो बसाई । श्रवन मूदि न त चलिअ पराई ॥

संत, शिवजी और लक्ष्मीपति श्रीविष्णु भगवान् की निन्दा जहाँ सुनी जाय, वहाँ नियम तो ऐसा है कि यदि अपना वश चले तो निन्दा करनेवाले की जीभ काट ले और नहीं तो कान बंदकर वहाँ से भाग जाय ॥२॥

Wherever blasphemy is heard, spoken against the saints, or Shiva, or Lakshmi's lord Vishnu, there it is ordained that, if it be possible, the reviler's tongue should be torn out, or if not, that one should run away closing one's ears.

जगदातमा महेसु पुरारी । जगतजनक सब के हितकारी ॥
पिता मंदमति निंदत तेही । दक्ष सुक्र संभव यह देही ॥

त्रिपुर दैत्य के शत्रु शंकर सम्पूर्ण जगत् की आत्मा हैं, वे जगत्पिता और

सबका हित करनेवाले हैं। मेरा मन्दबुद्धि पिता उनकी निन्दा करता है और मेरा यह शरीर उस पति-निन्दक के वीर्य से उत्पन्न है ॥३॥

Shankara, the demon Tripura's foe, is the universal spirit, father of the world and friend of all; he it is whom my besotted father vilifies, and this body of mine has sprung from Daksha's seed

तजिहौं तुरत देह तेहि हेतू। उर धरि चंद्रमौलि बृषकेतू॥
अस कहि जोग अगिनि तनु जारा। भएउ सकल मख हाहाकारा॥

इस कारण चन्द्रमा को ललाट पर धारण करनेवाले वृषकेतु शिवजी को हृदय में धारण करके मैं इस शरीर को शीघ्र ही त्याग दूँगी। ऐसा कहकर सतीजी ने योगाग्नि में अपना शरीर भस्म कर डाला। इससे सारे यज्ञ-मंडप में हाहाकार मच गया ॥४॥

Therefore laying on my heart Lord Shiva, who bears the moon upon his forehead and the bull upon his banner, I shall immediately quit this body!' So saying, she burnt her body in the sacrificial fire. A plaintive cry rose from the whole assembly.

दो. –सतीमरनु सुनि संभुगन लगे करन मख खीस।
जग्यबिधंस बिलोकि भृगु रक्षा कीन्हि मुनीस ॥६४॥

सती का मरना सुनकर शिवजी के गण यज्ञ को नष्ट करने लगे। यज्ञ का नाश होते देखकर मुनीश्वर भृगुजी ने उसकी रक्षा की ॥६४॥

Hearing of Sati's death, Shiva's attendants began to destroy the oblations. Seeing the sacrifice being destroyed, the great sage Bhrigu protected it.

चौ. –समाचार सब संकर पाए। बीरभद्रु करि कोपु पठाए॥
जग्यबिधंस जाइ तिन्ह कीन्हा। सकल सुरन्ह बिधिवत फलु दीन्हा॥

जब शिवजी ने यह समाचार पाया तब क्रुद्ध हो उन्होंने वीरभद्र को भेजा। उन्होंने जाकर यज्ञ विध्वंस कर डाला और सब देवताओं को यथोचित फल (दण्ड) दिया ॥१॥

When Shiva got all the news, in his wrath he dispatched Virabhadra, who went and made havoc of the sacrificial offerings and punished all the gods according to their deserts.

भै जगबिदित दक्षगति सोई। जसि कछु संभुबिमुख कै होई॥
यह इतिहास सकल जग जानी। ताते मैं संक्षेप बखानी॥

दक्ष की वही जगत्प्रसिद्ध दशा हुई, जो शिव-द्रोहियों की हुआ करती है। यह इतिहास सारा संसार जानता है, इसलिए मैंने संक्षेप में ही इसका वर्णन किया है ॥२॥

As is well-known to the world, Daksha met the same fate that all Shiva's enemies must meet. The story is known throughout the world, and so I have related it in brief.

सतीं मरत हरि सन बरु मागा। जनम जनम सिवपद अनुरागा॥
तेहि कारन हिमगिरिगृह जाई। जनमी पारबती तनु पाई॥

मरते समय सती ने भगवान् हरि से यह वर माँगा कि जन्म-जन्म में शिवजी के चरणों में मेरा अनुराग रहे। इसी कारण हिमाचल के घर जाकर उन्होंने पार्वती-शरीर से जन्म लिया ॥३॥

As she was dying, Sati asked this boon of Hari, that she might remain devoted to the feet of Shiva in every successive birth. On this account she was born again as Parvati (lit. daughter of a mountain) in the house of Himachala (the deity presiding over the Himalaya mountain).

जब तें उमा सैलगृह जाईं। सकल सिद्धि संपति तहँ छाई॥
जहँ तहँ मुनिन्ह सु आश्रम कीन्हे। उचित बास हिमभूधर दीन्हे॥

जब से उमा हिमाचल के घर जन्मीं, तभी से वहाँ सारी सिद्धियाँ और सम्पदाएँ छा गयीं। जहाँ-तहाँ मुनियों ने सुन्दर आश्रम बना लिए और हिमाचल ने भी सबको यथायोग्य स्थान दिया ॥४॥

Ever since Uma was born in the house of the Mountain King, the place became an abode of perfect prosperity and success. Sages built beautiful retreats here and there and the monarch of the mountains assigned them fit places to dwell in.

दो. –सदा सुमन फल सहित सब द्रुम नव नाना जाति।
प्रगटीं सुंदर सैल पर मनि आकर बहु भाँति ॥६५॥

उस सुन्दर पर्वत पर नाना प्रकार के सभी नये-नये वृक्ष फूल-फलों से सदा लदने लगे और वहाँ बहुत तरह की मणियों की खानें प्रकट हो गयीं ॥६५॥

Young trees, flourishing in their different varieties, were endowed with never-failing flowers and fruits, and mines of manifold precious gems appeared on that beautiful mountain.

चौ. –सरिता सब पुनीत जलु बहहीं। खग मृग मधुप सुखी सब रहहीं॥
सहज बयरु सब जीवन्ह त्यागा। गिरि पर सकल करहिं अनुरागा॥

वहाँ की सारी नदियाँ पवित्र जल प्रवाहित करने लगीं और पक्षी, पशु, भ्रमर सभी सुखी रहने लगे। सभी जीवों ने अपना स्वाभाविक वैर छोड़ दिया और पर्वत पर सभी परस्पर प्रेम करने लगे ॥१॥

All the rivers flowed with the purest water; birds, beasts and bees were all equally joyous. All animals laid aside their natural enmities, and all those who dwelt on the mountain loved one another.

सोह सैल गिरिजा गृह आएँ। जिमि जनु रामभगति के पाएँ॥
नित नूतन मंगल गृह तासू। ब्रह्मादिक गावहिं जसु जासू॥

पार्वतीजी के घर आ जाने से पर्वतराज हिमाचल शोभायमान हो रहा है, जैसे रामभक्ति को पाकर मनुष्य शोभायमान होता है । उस (पर्वतराज) के घर नित्य नये-नये मङ्गलोत्सव होते हैं और ब्रह्मादि देवता उसका यश गाते हैं ॥२॥

With the advent of Girija (a synonym of Parvati) the mountain (Himalaya) wore a cheerful look just as devotion to Rama lights up the face of a votary. Every day brought a new festivity to the king's palace, and Brahma and all the gods sang his glory.

नारद समाचार सब पाए । कौतुकहीं गिरिगेह सिधाए ॥
सैलराज बड़ आदर कीन्हा । पद पखारि बर आसनु दीन्हा ॥

जब नारदजी ने (उमा-अवतार के) सब समाचार सुने तो वे मनोविनोद के लिए हिमाचल के घर पधारे । पर्वतराज ने उनका बड़ा आदर किया और चरण धोकर उन्हें बैठने को उत्तम आसन दिया ॥३॥

On hearing all the news, Narada went to the house of Himachala to see the festive scene. The Mountain King (the presiding deity of the Himalayas) received him with great honour, bathed the sage's feet and led him to an honourable seat.

नारि सहित मुनिपद सिरु नावा । चरनसलिल सबु भवनु सिचावा ॥
निज सौभाग्य बहुत गिरि बरना । सुता बोलि मेली मुनिचरना ॥

फिर अपनी स्त्री के साथ मुनि के चरणों में प्रणाम किया और उनके चरणोदक को सारे घर में छिड़काया । (मुनि के दर्शन पर) हिमाचल ने अपने सौभाग्य का बहुत बखान किया और पुत्री को बुलाकर मुनि के चरणों पर डाल दिया ॥४॥

He and his wife bowed their heads before the sage's feet and had their whole mansion sprinkled with the water hallowed by his feet. Himachala extolled all his good fortune and, summoning his daughter, set her before the sage's feet.

दो. –त्रिकालग्य सर्बग्य तुम्ह गति सर्बत्र तुम्हारि ।
कहहु सुता के दोष गुन मुनिबर हृदय बिचारि ॥६६॥

(हिमालय ने नारद से कहा –) हे मुनिवर ! आप तीनों कालों के जाननेवाले और सर्वज्ञ हैं तथा सभी शास्त्रों में आपकी गति है । अतः आप हृदय में विचारकर कन्या के दोष-गुण बतलाइए ॥६६॥

'O noble sage,' he said, 'you know everything, including the past, present and future, and also the *shastras*;[1] reflect and tell me what is good and what bad about my daughter.'

---

[1]. This rather ambiguous verse may also mean: 'there is no quarter of the universe you have not traversed.'

चौ. –कह मुनि बिहसि गूढ़ मृदु बानी । सुता तुम्हारि सकल गुन खानी ॥
सुंदर सहज सुसील सयानी । नाम उमा अंबिका भवानी ॥

नारद मुनि ने हँसकर गूढ़ और कोमल वाणी कही – तुम्हारी कन्या सभी गुणों की खान है । यह स्वभाव से ही सुन्दर, सुशील और चतुर है । उमा, अम्बिका और भवानी इसके नाम हैं ॥१॥

The sage smilingly replied in gentle and significant tones: 'Your daughter is a mine of all virtues; she is pretty, amiable and intelligent by nature, and her names are Uma, Ambika (lit., mother) and Bhavani.

सब लक्षन संपन्न कुमारी । होइहि संतत पिअहि पिआरी ॥
सदा अचल एहि कर अहिवाता । एहि तें जसु पैहहिं पितु माता ॥

यह कुमारी सब सुलक्षणों से सम्पन्न है, यह अपने पति को सदैव प्यारी होगी । इसका सुहाग सदा अचल रहेगा और इसके माता-पिता इसके द्वारा यश पावेंगे ॥२॥

Adorned with all the marks of character and fortune, the maiden shall win the unfailing love of her husband. Her conjugal happiness will be firm as a rock, and she will bring glory to her parents.

होइहि पूज्य सकल जग माहीं । एहि सेवत कछु दुर्लभ नाहीं ॥
एहि कर नामु सुमिरि संसारा । त्रिय चढ़िहहिं पतिब्रत असिधारा ॥

(यह कन्या) सारे जगत् में पूज्य होगी और इसकी सेवा करने से कुछ भी दुर्लभ न होगा । सारे संसार में इसका नाम-स्मरण कर स्त्रियाँ पातिव्रत्य-रूपी तलवार की धार पर चढ़ जायँगी ॥३॥

She shall command the respect of all the world, and he who serves her shall lack nothing. By the mere thought of her name women in this world shall tread the path of wifely fidelity, though it be narrow as the edge of a sword.

सैल सुलक्षन सुता तुम्हारी । सुनहु जे अब अवगुन दुइ चारी ॥
अगुन अमान मातु पितु हीना । उदासीन सब संसय छीना ॥

हे गिरिराज ! तुम्हारी यह कन्या सुलक्षणा है । इसमें जो दो-चार अवगुण हैं, अब उन्हें भी सुन लो । गुणहीन, मानहीन, माता-पिता-विहीन, उदासीन, संशयहीन (लापरवाह), ॥४॥

Your daughter, O Himalaya, is endowed with auspicious marks, but hear now the few drawbacks she has. One devoid of merit or dignity, without father or mother, an ascetic with no thought for anyone,

दो. –जोगी जटिल अकाम मन नगन अमंगल बेष ।
अस स्वामी एहि कहँ मिलिहि परी हस्त असि रेख ॥६७॥

योगी, जटाधारी, निष्कामहृदय, नंगा और अमङ्गल वेषवाला – ऐसा ही स्वामी (पति) इसको मिलेगा। इसके हाथ में ऐसी ही रेखा पड़ी है ॥६७॥

— an anchorite with matted hair and a heart devoid of all desire, stark naked and in inauspicious guise — such a one shall be her husband, as I can read from the lines on her hand.'

चौ. –सुनि मुनिगिरा सत्य जिय जानी। दुखु दंपतिहि उमा हरषानी ॥
नारदहूँ यह भेदु न जाना। दसा एक समुझब बिलगाना ॥

नारद मुनि की वाणी सुनकर और अपने हृदय में उसे सत्य जानकर पति-पत्नी (हिमाचल और मैना) को दुःख हुआ, लेकिन पार्वतीजी प्रसन्न हुईं। नारदजी ने भी इस भेद को नहीं जाना, क्योंकि सबकी बाहरी दशा एक-सी होने पर भी भीतरी समझ भिन्न-भिन्न थी ॥१॥

Hearing the words of the sage and believing them to be true, Himalaya and his wife became sad, but Parvati rejoiced. Not even Narada could guess the secret, for even though their outer expression was the same, their feelings were so different.

सकल सखीं गिरिजा गिरि मैना। पुलक सरीर भरे जल नैना ॥
होइ न मृषा देवरिषि भाषा। उमा सो बचनु हृदय धरि राखा ॥

सभी सखियों, पार्वती, पर्वतराज हिमवान् और मैना के शरीर पुलकित थे और उनके नेत्रों में जल भरा था। देवर्षि के वचन असत्य नहीं हो सकते, (यह विचारकर) पार्वती ने उन वचनों को हृदय में रख लिया ॥२॥

Parvati and all her playmates, Himalaya and his wife, Maina, were all thrilled and their eyes were filled with tears. The words of the divine seer Narada could not be untrue; Parvati cherished them in her heart.

उपजेउ सिवपद कमल सनेहू। मिलन कठिन मन भा संदेहू ॥
जानि कुअवसरु प्रीति दुराई। सखी उछँग बैठी पुनि जाई ॥

शिवजी के चरणकमलों में स्नेह उपज आया, परंतु मन में यह संदेह हुआ कि उनका मिलना कठिन है। अवसर ठीक न जानकर उमा ने अपनी प्रीति छिपा ली और फिर वे सखी की गोद में जा बैठीं ॥३॥

Love for Shiva's lotus feet sprouted in her heart, but she feared it would be difficult to find him. Thinking the time was inopportune for its disclosure, she concealed her love and then went back to the lap of one of her playmates.

झूठि न होइ देवरिषि बानी। सोचहिं दंपति सखीं सयानी ॥
उर धरि धीर कहै गिरिराऊ। कहहु नाथ का करिअ उपाऊ ॥

देवर्षि (नारद) की वाणी झूठी नहीं हो सकती, यह विचारकर हिमवान्, मैना और सारी चतुर सखियाँ चिन्ता करने लगीं। फिर हृदय में धीरज धरकर पर्वतराज ने कहा – हे नाथ! कहिए, क्या उपाय किया जाय? ॥४॥

The prophecy of the divine seer could not be false. The thought made the Mountain King and his wife as well as the wise playmates anxious. Collecting himself, the lord of the mountains said, 'Tell me, holy sir, what remedy should now be employed?'

दो. –कह मुनीस हिमवंत सुनु जो बिधि लिखा लिलार।
देव दनुज नर नाग मुनि कोउ न मेटनिहार ॥६८॥

मुनीश्वर (नारदजी) ने कहा – हे हिमवान्! सुनो, ब्रह्मा ने ललाट पर जो कुछ लिख दिया है, उसे मिटानेवाला देवता, दानव, मनुष्य, नाग और मुनि – कोई भी नहीं है ॥६८॥

The great sage, Narada, replied, 'Listen, O Himavan, whatever has been decreed by fate no one can undo, —not even gods, demons, human beings, serpents or sages.

चौ. –तदपि एक मैं कहौं उपाई। होइ करै जौ दैउ सहाई ॥
जस बरु मैं बरनेउँ तुम्ह पाहीं। मिलिहि उमहि तस संसय नाहीं ॥

तो भी मैं एक उपाय बताता हूँ। यदि दैव सहायता करें तो कार्य सिद्ध हो सकता है। उमा को वर तो वैसा ही मिलेगा जैसा मैंने तुम्हारे सामने वर्णन किया है, इसमें संदेह नहीं ॥१॥

Nevertheless I tell you one remedy: this may avail if heaven helps you. Uma will surely wed such a husband as I described to you.

जे जे बर के दोष बखाने। ते सब सिव पहिं मैं अनुमाने ॥
जौ बिबाहु संकर सन होई। दोषउ गुन सम कह सबु कोई ॥

मैंने वर के जो-जो दोष कहे हैं, मेरे अनुमान से वे सब शिवजी में हैं। यदि शिवजी के साथ विवाह हो जाय तो दोषों को भी सब लोग गुणों के समान ही कहेंगे ॥२॥

But what demerits I mentioned in the bridegroom exist, so I hold, in Shiva. If she be married to Shiva, everyone will call the demerits as good as virtues.

जौ अहिसेज सयन हरि करहीं। बुध कछु तिन्ह कर दोषु न धरहीं ॥
भानु कृसानु सर्ब रस खाहीं। तिन्ह कहँ मंद कहत कोउ नाहीं ॥

जैसे (क्षीरशायी) विष्णुभगवान् शेष-शय्या पर सोते हैं, तो भी पण्डित लोग उनमें कोई दोष नहीं लगाते। सूर्य और अग्नि अच्छे-बुरे सभी रसों का भक्षण करते हैं, किन्तु कोई उनको बुरा नहीं कहता ॥३॥

Though Hari uses the serpent-god Shesha as his couch and sleeps thereon, the wise account it no fault in him. The sun and fire absorb moisture in all forms, but no one blames them for it.

सुभ अरु असुभ सलिल सब बहई । सुरसरि कोउ अपुनीत न कहई ॥
समरथ कहुँ नहि दोषु गोसाईं । रबि पावक सुरसरि की नाईं ॥

गङ्गाजी के जल में शुभ और अशुभ सभी प्रकार का जल बहता है, पर कोई उन्हें अपवित्र नहीं कहता । सूर्य, अग्नि और गङ्गाजी की भाँति सामर्थ्यवालों को कुछ दोष नहीं लगता ॥४॥

Again, though water of every description, pure and impure, flows into the Ganga, yet no one calls the heavenly stream foul. Like the sun, fire and the Ganga, the mighty, sire, incur no blame.

दो. –जौ अस हिसिषा करहिं नर जड़ बिबेक अभिमान ।
परहिं कलप भरि नरक महु जीव कि ईस समान ॥६९॥

यदि मूर्ख मनुष्य ज्ञान के अभिमान में इस प्रकार होड़[1] करते हैं तो वे कल्पभर नरक में पड़े रहते हैं । भला, कहीं जीव भी ईश्वर के समान हो सकता है ? ॥६९॥

But if in their pride of wisdom stupid men emulate the great, they are cast into hell for a whole aeon (life-time of the universe). Can an embodied soul be compared to God?

चौ. –सुरसरिजल कृत बारुनि जाना । कबहुँ न संत करहिं तेहि पाना ॥
सुरसरि मिलें सो पावन जैसें । ईस अनीसहि अंतरु तैसें ॥

मदिरा को गङ्गाजल से बनी हुई जानकर भी संतलोग कभी उसका पान नहीं करते। पर वही गङ्गाजी में मिल जाने पर जैसे पवित्र हो जाती है, वैसे ही ईश्वर में मिल जाने पर जीव पवित्र हो जाता है । जो भेद मदिरा और गङ्गाजल में है, वही भेद जीव और ईश्वर में है । (ईश्वर से पृथक् जीव ही दूषित मदिरा है; उनमें लीन जीव पावन गङ्गा ही नहीं, स्वयं ईश्वर है ।)

Holy men would never taste wine, even though they know it is made of water from the Ganga; but the same wine becomes pure when it is poured into the Ganga. Such is the distinction between the individual soul and God.

संभु सहज समरथ भगवाना । एहिं बिबाह सब बिधि कल्याना ॥
दुराराध्य पै अहहिं महेसू । आसुतोष पुनि किएँ कलेसू ॥

शिवजी सहज ही समर्थ भगवान् हैं । इसलिए इस विवाह में सब प्रकार कल्याण है । परंतु महादेवजी की आराधना बड़ी कठिंन है, फिर भी वे क्लेश (तप) करने से शीघ्र संतुष्ट होनेवाले हैं ॥२॥

Shiva is all-powerful by nature, for he is no other than God Himself. This union will therefore prove auspicious in every way. The great Lord Shiva is certainly difficult to propitiate; yet he is quickly appeased when austerity is practised.

जौ तपु करै कुमारि तुम्हारी । भाविउ मेटि सकहिं त्रिपुरारी ॥
जद्यपि बर अनेक जग माही । एहि कहँ सिव तजि दूसर नाही ॥

यदि तुम्हारी कन्या उनकी प्राप्ति के लिए तप करे तो त्रिपुरारि (महादेवजी) होनहार को भी मिटा सकते हैं । यद्यपि संसार में वर अनेक हैं, पर इसके लिए शिवजी को छोड़कर दूसरा (वर) नहीं है ॥३॥

If your daughter practises penance, the slayer of the demon Tripura, Mahadeva, can even annul her destiny. Though there may be many bridegrooms in the world, the only one for her is Shiva, and none else.

बरदायक प्रनतारतिभंजन । कृपासिंधु सेवक मन रंजन ॥
इच्छित फल बिनु सिव अवराधें । लहिअ न कोटि जोग जप साधें ॥

शिवजी वर देनेवाले, शरणागतों के क्लेशनाशक, कृपा के समुद्र और सेवकों के मन को प्रसन्न करनेवाले हैं । शिवजी की उपासना किये बिना करोड़ों योगजप करने पर भी प्राणी वाञ्छित फल नहीं पाता ॥४॥

It is he who grants boons and relieves the distress of the suppliant; he is an ocean of benevolence and the delight of his devotee. Without propitiating Shiva the object of one's desire cannot be won by a myriad austerities and prayers.'

दो. –अस कहि नारद सुमिरि हरि गिरिजहि दीन्हि असीस ।
होइहि यह कल्यान अब संसय तजहु गिरीस ॥७०॥

ऐसा कहकर हरि का स्मरण कर नारदजी ने पार्वती को आशीर्वाद दिया । (और कहा कि) हे गिरीश ! तुम संदेह का त्याग करो, अब इसका कल्याण होगा ॥७०॥

So saying, and with his thought fixed on Hari, Narada gave his blessings to Parvati and added, 'Shed all fear, O Mountain King, all will be well.'

चौ. –कहि अस ब्रह्मभवन मुनि गएऊ । आगिल चरित सुनहु जस भएऊ ॥
पतिहि एकांत पाइ कह मैना । नाथ न मैं समुझे मुनिबैना ॥

(श्रीयाज्ञवल्क्यजी कहते हैं) ऐसा कहकर नारद मुनि ब्रह्मलोक को चले गये । अब आगे जैसा चरित हुआ उसे सुनो । पति को एकान्त में पाकर मैना ने कहा – हे नाथ ! मैंने मुनि के वचनों का अर्थ नहीं समझा ॥१॥

Having spoken thus, the sage departed to the abode of Brahma. Now hear what happened after that. Finding her husband alone, Maina (Himalaya's wife) said to him, 'My lord, I did not follow the words of the sage.

१. सामर्थ्यवान् की बराबरी ।

जौ घरु बरु कुलु होइ अनूपा। करिअ बिबाहु सुता अनुरूपा ॥
न त कन्या बरु रहउ कुआरी। कंत उमा मम प्रानपिआरी ॥

जो घर, वर और कुल कन्या के योग्य उत्तम हो तो विवाह कीजिए। नहीं तो लड़की चाहे कुमारी ही रहे (मैं अयोग्य वर के साथ उनका विवाह नहीं करना चाहती) क्योंकि हे नाथ! पार्वती मुझे प्राणों से भी प्यारी है ॥२॥

If the bridegroom, his house and his family be noble and worthy of our daughter, then arrange the marriage; but if not, the girl had better remain a maiden: for, my lord, Parvati is as dear to me as life itself!

जौ न मिलिहि बरु गिरिजहि जोगू। गिरि जड़ सहज कहिहि सबु लोगू ॥
सोइ बिचारि पति करेहु बिवाहू। जेहि न बहोरि होइ उर दाहू ॥

यदि गिरिजा के योग्य वर न मिला तो सब लोग यही कहेंगे कि पर्वत स्वभाव से ही जड़ (मूर्ख) होते हैं (तभी तो अपनी कन्या के लिए सुयोग्य वर न ढूँढ़ा)। हे नाथ! इस बात को विचारकर ही विवाह कीजिएगा, जिसमें फिर पीछे हृदय में जलन न हो ॥३॥

If we fail to get a spouse worthy of Girija, everyone will say the Mountain King is himself an utter fool. Keep this in mind, my lord, and so arrange a marriage that there may be no heart-burning later.

अस कहि परी चरन धरि सीसा। बोले सहित सनेह गिरीसा ॥
बरु पावक प्रगटै ससि माहीं। नारदबचनु अन्यथा नाहीं ॥

ऐसा कहकर मैना पति के चरणों पर मस्तक रखकर गिर पड़ीं। तब हिमाचल ने बड़े स्नेह से कहा— चाहे चन्द्रमा में अग्नि प्रकट हो जाय, पर नारदजी के वचन झूठे नहीं हो सकते ॥४॥

So saying, Maina laid herself prostrate with her head at his feet. The Mountain King, Himalaya, affectionately replied, 'Sooner shall the moon emit flames of fire than the prophecy of Narada should prove untrue!

दो.—प्रिया सोचु परिहरहु सबु सुमिरहु श्रीभगवान।
पारबतिहि निरमएउ जेहि सोइ करिहि कल्यान ॥७१॥

हे प्रिये! सब सोच छोड़कर श्रीभगवान् का स्मरण करो जिन्होंने पार्वती की रचना की है, वे ही उसका कल्याण करेंगे ॥७१॥

Lay aside all anxiety, my dear, and fix your thoughts on the Lord. He who created Parvati will bring all to good effect.

चौ.—अब जौ तुम्हहि सुता पर नेहू। तौ अस जाइ सिखावनु देहू ॥
करै सो तपु जेहि मिलहिं महेसू। आन उपाय न मिटिहि कलेसू ॥

अब, यदि कन्या पर तुम्हारा स्नेह है तो जाकर उसे ऐसी शिक्षा दो जिससे वह ऐसा तप करे कि शिवजी मिल जायँ। दूसरे उपाय से यह क्लेश मिटने का नहीं ॥१॥

Now if you cherish any love for your daughter, then go and advise her to practise such austerity as will bring about her union with Shiva; there is no other way of escaping sorrow.

नारदबचन सगर्भ सहेतू। सुंदर सब गुन निधि बृषकेतू ॥
अस बिचारि तुम्ह तजहु असंका। सबहि भाँति संकरु अकलंका ॥

नारदजी के वचन साभिप्राय (गूढ़ आशययुक्त) और सकारण हैं; शिवजी समस्त सुन्दर गुणों की खान हैं। यह विचारकर तुम (मिथ्या) संदेह को छोड़ दो। शिवजी सभी भाँति निष्कलङ्क हैं ॥२॥

Narada's words are pregnant and full of deep meaning. Shiva (on whose banner is blazoned the bull) is handsome and a treasure-house of all virtues; recognizing this truth do not entertain any misgiving. Shiva is irreproachable in every way.'

सुनि पतिबचन हरषि मन माहीं। गई तुरत उठि गिरिजा पाहीं ॥
उमहि बिलोकि नयन भरे बारी। सहित सनेह गोद बैठारी ॥

स्वामी के वचन सुनकर और मन में प्रसन्न होकर मैना उठकर तुरंत पार्वती के पास गयीं। पार्वती को देखकर उनकी आँखों में आँसू भर आये। उन्हें स्नेहपूर्वक अपनी गोद में बिठा लिया ॥३॥

When she heard her husband's words, Maina felt delighted at heart and at once rose and went where Parvati was. At the sight of Parvati tears rushed to her eyes, and she lovingly took the girl in her lap.

बारहि बार लेति उर लाई। गदगद कंठ न कछु कहि जाई ॥
जगतमातु सर्बग्य भवानी। मातुसुखद बोलीं मृदु बानी ॥

फिर बार-बार उसे हृदय से लगाने लगीं। प्रेम से मैना का गला भर आया और वे कुछ बोल न सकीं। तब जगज्जननी, सर्वज्ञ भवानी माता को सुख देनेवाली कोमल वाणी बोलीं— ॥४॥

Again and again she pressed the child to her bosom; her voice was choked with emotion and she found herself tongue-tied. Then the mother of the universe, the all-wise Bhavani, spoke gentle words that brought delight to her mother:

दो.—सुनहि मातु मैं दीख अस सपन सुनावौं तोहि।
सुंदर गौर सुबिप्रबर अस उपदेसेउ मोहि ॥७२॥

माँ! सुन, मैं तुझे सुनाती हूँ; मैंने ऐसा स्वप्न देखा है कि एक सुन्दर, गोरे और श्रेष्ठ ब्राह्मण ने मुझे ऐसा उपदेश दिया है— ॥७२॥

'Hearken, mother, I relate to you a vision I saw. A handsome and fair-complexioned noble Brahman thus instructed me:

चौ. –करहि जाइ तपु सैलकुमारी। नारद कहा सो सत्य बिचारी॥
मातु पितहि पुनि यह मत भावा। तपु सुखप्रद दुख दोष नसावा॥

हे शैलकुमारी! नारदजी ने जो कहा है उसे सत्य जानकर तू जा और तप कर। फिर तेरे माता-पिता को भी यह बात अच्छी लगी है। तप सुख देनेवाला और दुख-दोष का नाश करनेवाला है॥१॥

'Go, mountain-maid, and practise penance. Be assured that Narada's words are infallibly true; the idea has commended itself to your father and mother as well. Austerity is conducive to joy and puts an end to pain and sin.

तपबल रचै प्रपंचु बिधाता। तपबल बिष्नु सकल जग त्राता॥
तपबल संभु करहिं संघारा। तपबल सेषु धरै महिभारा॥

तप के बल से ब्रह्मा संसार को रचते हैं और तप के बल से ही विष्णु सारे जगत् को पालते हैं। तप के बल से ही शम्भु (रुद्ररूप से जगत् का) संहार करते हैं और तप के बल से ही शेषजी पृथ्वी का भार धारण करते हैं॥२॥

By the power of penance the Creator makes the world; by the power of penance, Vishnu protects it; by the power of penance Shambhu brings about its dissolution; by the power of penance, again, Shesha (the serpent-god) supports the burden of the earth.

तप अधार सब सृष्टि भवानी। करहि जाइ तपु अस जिय जानी॥
सुनत बचन बिसमित महतारी। सपन सुनाएउ गिरिहि हँकारी॥

(कहाँ तक कहूँ) हे भवानी! सारी सृष्टि का आधार तप है। जी में ऐसा जानकर तू जाकर तप कर। यह बात सुनकर माता को बड़ा आश्चर्य हुआ और उसने हिमवान् को बुलाकर वह स्वप्न कह सुनाया॥३॥

In fact, the entire creation, Bhavani, rests on penance; bearing this in mind, go and practise penance. When she heard these words, the mother was astonished. She sent for Himalaya and told him of the vision.

मातु पितहि बहु बिधि समुझाई। चलीं उमा तप हित हरषाई॥
प्रिय परिवार पिता अरु माता। भए बिकल मुख आव न बाता॥

फिर माता-पिता को बहुत प्रकार से समझाकर प्रसन्न हो उमा तप करने के लिए चलीं। प्यारा परिवार, पिता और माता सब व्याकुल हो गए। किसी के मुँह से कोई बात नहीं निकलती थी॥४॥

Then, after consoling her parents in every possible way, Uma gladly went away to practise penance. Her loving household and parents were all distraught and none could speak a word.

दो. –बेदसिरा मुनि आइ तब सबहि कहा समुझाइ।
पारबती महिमा सुनत रहे प्रबोधहि पाइ॥७३॥

तब वेदशिरा नामक मुनि ने आकर सबको समझाकर कहा।[1] पार्वतीजी की महिमा सुनकर सबको ज्ञान हुआ, तब वे लोग रुके॥७३॥

Then Vedashira the sage came and consoled them all. They were comforted when they heard of Parvati's greatness.

चौ. –उर धरि उमा प्रानपतिचरना। जाइ बिपिन लागीं तपु करना॥
अति सुकुमार न तनु तपजोगू। पतिपद सुमिरि तजेउ सबु भोगू॥

पार्वतीजी प्राणपति (शिवजी के) चरणों को हृदय में धारणकर वन में जाकर तपस्या करने लगीं। उनका अत्यन्त सुकुमार शरीर तप के योग्य न था, तो भी पति के चरणों का स्मरण कर उन्होंने सारे भोग (एक साथ ही) तज दिए॥१॥

Cherishing in her heart the feet of her dear lord, Parvati went into the forest and began to practise penance. Though her delicate frame was not made for austerities, yet she abandoned all delights and fixed her mind on the feet of her lord.

नित नव चरन उपज अनुरागा। बिसरी देह तपहि मनु लागा॥
संबत सहस मूल फल खाए। सागु खाइ सत बरष गवाए॥

(शिवजी के) चरणों में नित्य नया अनुराग उपजने लगा और तप में ऐसा मन लगा कि देह की सुध बिसर गयी। एक हजार वर्षों तक उन्होंने मूल और फल खाये और फिर सौ वर्ष साग खाकर बिताये॥२॥

Her devotion to Shiva's feet presented a new phase everyday; and she got so absorbed in penance that she took no heed of her body. For a thousand years she lived on roots and fruit alone; and then for another hundred years she ate vegetables.

कछु दिन भोजनु बारि बतासा। किए कठिन कछु दिन उपवासा॥
बेलपाती महि परै सुखाई। तीनि सहस संबत सोइ खाई॥

कुछ दिन जल और वायु का ही आहार रहा और फिर कुछ दिन कठोर उपवास किया। जो बेलपत्र सूखकर पृथ्वी पर गिरते थे, उन्होंने तीन सहस्र वर्षों तक उन्हीं को खाया॥३॥

For some days her only sustenance was water and air and for a few days she observed a yet more strict fast. For three thousand years she maintained herself only on dry leaves of the *bel* tree that fell to the ground.

---

१. वेदशिरा मुनि : "मार्कण्डेयो मृकण्डस्य प्राणाद्वेदशिरा मुनिः।" (भाग. ४।१।४५) अर्थात् से मृकण्डु से मार्कण्डेय और प्राण से मुनिवर वेदशिरा की उत्पत्ति हुई। वे हिमालय पर ही निवास करते थे। उनके प्रचंड तप को देखकर इन्द्र ने अप्सरा भेजी, परन्तु जब यह उपाय भी निष्फल हुआ तब वह उनसे लिपट गई। मुनि ने शाप दिया कि तू जल हो जा। फिर जब उसने प्रार्थना की तब उसका उद्धार किया और कहा कि तुझमें शालग्राम निवास करेंगे।

पुनि परिहरे सुखानेउ परना । उमहि नामु तब भएउ अपरना ॥
देखि उमहि तप खीन सरीरा । ब्रह्मगिरा भै गगन गभीरा ॥

फिर जब सूखे पत्ते भी छोड़ दिए, तभी से उमा का नाम 'अपर्णा' हुआ । तप से उनका शरीर क्षीण देखकर आकाश से यह गम्भीर ब्रह्मवाणी हुई – ॥४॥

Then she gave up eating even dry leaves, and so she came to acquire the name of *Aparna* ('the leafless'). Seeing her body emaciated by self-mortification, Brahma's deep voice resounded through the heavens:

दो. –भएउ मनोरथ सुफल तव सुनु गिरिराजकुमारि ।
परिहरु दुसह कलेस सब अब मिलिहहिं त्रिपुरारि ॥७४॥

हे गिरिराजकुमारी ! सुन, तेरा मनोरथ सफल हुआ । तू अब सारे असह्य क्लेशों को त्याग दे । अब तुझे त्रिपुरारि मिलेंगे ॥७४॥

"Listen, O daughter of the Mountain King ! Your desire is accomplished. Abandon all your rigorous penance; the slayer of Tripura will soon be yours.

चौ. –अस तपु काहु न कीन्ह भवानी । भए अनेक धीर मुनि ग्यानी ॥
अब उर धरहु ब्रह्म बर बानी । सत्य सदा संतत सुचि जानी ॥

हे भवानी ! यो तो धीर, मुनि और ज्ञानी बहुत हुए हैं, पर ऐसा तप किसी ने भी नहीं किया । अब तू इस श्रेष्ठ ब्रह्म-वाणी को सदा सत्य और निरन्तर शुद्ध जानकर अपने हृदय में धारण कर ॥१॥

There have been many self-possessed and illumined anchorites; but not one, Bhavani, has performed such penance as this. Now cherish in your heart this supreme word of Brahma, knowing it to be ever true and eternally sacred.

आवै पिता बोलावन जबहीं । हठ परिहरि घर जाएहु तबहीं ॥
मिलहिं तुम्हहि जब सप्त रिषीसा । जानेहु तब प्रमान बागीसा ॥

जब पिता बुलाने आवें, तब हठ छोड़कर घर चली जाना और जब तुम्हें सप्तर्षि मिलें तब उसी समय ब्रह्म-वाणी की सत्यता का प्रमाण समझ लेना ॥२॥

When your father comes to summon you, be not stubborn but return home; when the Seven Seers meet you, be assured of the truth of this oracle."

सुनत गिरा बिधि गगन बखानी । पुलक गात गिरिजा हरषानी ॥
उमाचरित सुंदर मैं गावा । सुनहु संभु कर चरित सुहावा ॥

आकाश से उत्पन्न हुई ब्रह्मवाणी को सुनते ही पार्वतीजी प्रसन्न हो गयीं और (हर्ष के मारे) उनका शरीर पुलकित हो गया । (याज्ञवल्क्यजी भरद्वाजजी से बोले कि) मैंने पार्वती का सुन्दर चरित सुनाया, अब शंकरजी का सुहावना चरित सुनो ॥३॥

Parvati rejoiced to hear Brahma's voice sounding from heaven, and she was thrilled with delight. (Yajnavalkya says to Bharadvaja) I have thus sung the beautiful story of parvati; now hear the glorious acts of Shankara.

जब तें सतीं जाइ तनु त्यागा । तब तें सिवमन भएउ बिरागा ॥
जपहिं सदा रघुनायक नामा । जहँ तहँ सुनहिं राम गुन ग्रामा ॥

जब से सती ने (पिता के घर) जाकर शरीर छोड़ा, तब से शिवजी के मन में वैराग्य उत्पन्न हो गया । वे सदा राम-नाम जपने लगे और जहाँ-तहाँ रामजी के गुणों की कथाएँ सुनने लगे ॥४॥

From the time that Sati went away and abandoned her body, Shiva's mind recoiled from everything. He continually repeated the name of Rama and listened to the recitation of Rama's glories here and there.

दो. –चिदानंद सुखधाम सिव बिगत मोह मद काम ।
बिचरहिं महि धरि हृदय हरि सकल लोक अभिराम ॥७५॥

चिदानन्द, सुख के धाम, मोह, मद और काम से रहित शिवजी सभी लोकों को आनन्द देनेवाले भगवान् श्रीहरि (श्रीरामजी) को हृदय में रखकर पृथ्वी पर विचरने लगे ॥७५॥

Even Shiva, pure Consciousness and Bliss, the abode of joy, ever free from error, arrogance and lust, wandered about on earth with his heart fixed on Hari, the delight of the whole world.

चौ. –कतहु मुनिन्ह उपदेसहिं ग्याना । कतहु रामगुन करहिं बखाना ॥
जदपि अकाम तदपि भगवाना । भगत बिरहदुख दुखित सुजाना ॥

(शिवजी) कहीं मुनियों को ज्ञान का उपदेश करते और कहीं श्रीरामचन्द्रजी के गुणों का बखान करते थे । यद्यपि सुजान शिवजी कामनारहित हैं, तो भी वे भगवान् अपने भक्त (सती) के वियोग के दुःख से दुखी हैं ॥१॥

Here he instructed the sages in wisdom, and there he recited the virtues of Rama. Though free from desire and all-wise, the Lord was smitten with the pangs of separation from his devotee (Sati).

एहि बिधि गएउ कालु बहु बीती । नित नै होइ रामपद प्रीती ॥
नेमु प्रेमु संकर कर देखा । अबिचल हृदय भगति कै रेखा ॥

इस प्रकार बहुत समय बीत गया और रामचन्द्रजी के चरणों में शिवजी की प्रीति दिन-दिन बढ़ती ही गई । शिवजी के (कठोर) नियम, (अनन्य) प्रेम और उनके हृदय में भक्ति की अटल टेक को (जब श्रीरामचन्द्रजी ने) देखा, ॥२॥

In this way a long time passed while his devotion to the feet of Rama ever grew greater. When Rama saw Shiva's self-discipline and affection and the indelible pledge of devotion in his heart,

प्रगटे रामु कृतग्य कृपाला । रूप सील निधि तेज बिसाला ॥
बहु प्रकार संकरहि सराहा । तुम्ह बिनु अस ब्रतु को निरबाहा ॥

तब कृतज्ञ, कृपालु, रूप और शील के स्थान, महान् तेजपुञ्ज भगवान् रामचन्द्रजी प्रकट हुए । उन्होंने तरह-तरह से शिवजी की सराहना की और कहा कि आपके अतिरिक्त ऐसे व्रत का निर्वाह कौन कर सकता है ? ॥३॥

—the merciful Lord, who is grateful and gracious, beautiful and full of modesty appeared before Shankara in his great splendour and extolled him in ways more than one, saying, 'Who else could accomplish such a vow ?'

बहु बिधि राम सिवहि समुझावा । पारबती कर जन्मु सुनावा ॥
अति पुनीत गिरिजा कै करनी । बिस्तर सहित कृपानिधि बरनी ॥

श्रीरामजी ने बहुत प्रकार से शिवजी को समझाया और पार्वतीजी का जन्म सुनाया । कृपानिधान श्रीरामचन्द्रजी ने पार्वतीजी की अत्यन्त पवित्र करनी का विस्तारपूर्वक वर्णन किया ॥४॥

In diverse ways Rama instructed him, telling him of the birth of Parvati. The Lord in his infinite compassion narrated at full length the most virtuous deeds of Parvati.

दो. —अब बिनती मम सुनहु सिव जौं मो पर निजु नेहु ।
जाइ बिबाहहु सैलजहि यह मोहि मागें देहु ॥७६॥

(और कहा —) हे शिवजी ! यदि मुझ पर आपका स्नेह है तो अब आप मेरी विनती सुनिए । माँगने से मुझे यही वरदान दीजिए कि आप जाकर पार्वती को ब्याह लाइए ॥७६॥

'Now, Shiva' 'he said, 'if you have any affection for me, listen to my prayer. Go and wed Parvati (the daughter of Himachala) and do as I ask you.'

चौ. —कह सिव जदपि उचित अस नाहीं । नाथबचन पुनि मेटि न जाहीं ॥
सिर धरि आएसु करिअ तुम्हारा । परम धरमु यह नाथ हमारा ॥

शिवजी ने कहा — यद्यपि ऐसा उचित नहीं है, तो भी प्रभु के वचन मेटे नहीं जा सकते । हे नाथ ! यही मेरा परम धर्म है कि मैं आपकी आज्ञा को सिर पर रखकर उसका पालन करूँ ॥१॥

Shiva replied, 'Although this be not fitting, yet a master's request cannot be set aside at the same time. My lord, your will must be respectfully done: this is my paramount duty.

मातु पिता गुर प्रभु कै बानी । बिनहि बिचार करिअ सुभ जानी ॥
तुम्ह सब भाँति परम हितकारी । अग्या सिर पर नाथ तुम्हारी ॥

माता, पिता, गुरु और स्वामी की बात को बिना विचारे ही शुभ जानकर करना चाहिए । फिर आप तो सब प्रकार से मेरे परम हितकारी हैं, अतः हे नाथ ! आपकी आज्ञा शिरोधार्य है ॥२॥

The words of one's parents, *guru* and master must be obeyed as conducive to bliss without a moment's thought. You are my supreme benefactor in every way; therefore, my lord, I obey your commands.'

प्रभु तोषेउ सुनि संकरबचना । भक्ति बिबेक धर्म जुत रचना ॥
कह प्रभु हर तुम्हार पन रहेऊ । अब उर राखेहु जो हम कहेऊ ॥

शंकरजी की भक्ति, ज्ञान और धर्म से ओतप्रोत वचन-रचना सुनकर प्रभु श्रीरामचन्द्रजी को संतोष हुआ और उन्होंने कहा — हे हर ! आपका प्रण रह गया (आपकी प्रतिज्ञा पूरी हो गई) । अब मैंने जो कहा है, उसे आप अपने हृदय में रख लीजिए ॥३॥

The Lord was well content when he heard the well-chosen words of Shankara, which were instinct with devotion, wisdom and piety, and said, 'Your vow, Hara, has been accomplished; now bear in mind what I have said.'

अंतरधान भए अस भाषी । संकर सोइ मूरति उर राखी ॥
तबहि सप्तरिषि सिव पहिं आए । बोले प्रभु अति बचन सुहाए ॥

ऐसा कहकर श्रीरामचन्द्रजी तो अन्तर्धान हो गए, लेकिन शिवजी ने अपने हृदय में उनकी उसी मूर्ति को रख लिया । उसी समय सप्तर्षि शिवजी के पास आये । प्रभु (महादेवजी) ने उनसे अत्यन्त मधुर वचन कहे —

So saying he vanished, but the vision of his form remained impressed in Shiva's heart. That very moment the Seven Seers called on Shiva. The Lord addressed them in most charming accents:

दो. —पारबती पहिं जाइ तुम्ह प्रेमपरिच्छा लेहु ।
गिरिहि प्रेरि पठएहु भवन दूरि करेहु संदेहु ॥७७॥

आपलोग पार्वती के पास जाकर उनके प्रेम की परीक्षा लीजिए और गिरिराज से कहकर (उनके द्वारा) पार्वती को घर भिजवाइए तथा उनके संदेह को दूर कीजिए ॥७७॥

'Go you to Parvati, and put her love to the test; then send her father, Himalaya, to her and have her brought back home and dispel her doubts.'

चौ. —रिषिन्ह गौरि देखी तहँ कैसी । मूरतिमंत तपस्या जैसी ॥
बोले मुनि सुनु सैलकुमारी । करहु कवन कारन तपु भारी ॥

ऋषियों ने पार्वती को वहाँ इस प्रकार देखा मानो वह मूर्तिमयी तपस्या ही हो । मुनि बोले — हे पार्वती ! सुनो, तुम किस कारण इतना कठोर तप कर रही हो ? ॥१॥

There the seers saw Parvati as if she were Austerity herself. The sages said, 'Listen, O daughter of Himachala ! Why are you practising this rigorous penance ?

केहि अवराधहु का तुम्ह चहहू। हम सन सत्य मरमु किन कहहू॥
कहत मरमु मनु अति सकुचाई। हसिहहु सुनि हमारि जड़ताई॥

तुम किसकी आराधना करती हो और क्या चाहती हो ? हमसे सब सच्चा भेद क्यों नहीं कहतीं ? (पार्वती ने कहा—) मन का भेद कहते बहुत संकोच होता है। आपलोग मेरी मूर्खता सुनकर हँसेंगे ॥२॥

Whom do you worship and what is it you seek ? Why not tell us the whole secret truly ?' 'I feel very shy in making my submission, for you will smile at my folly when you hear it.

मनु हठ परा न सुनै सिखावा। चहत बारि पर भीति उठावा॥
नारद कहा सत्य सोइ जाना। बिनु पंखन्ह हम चहहिं उड़ाना॥

मेरा मन हठ में पड़ा हुआ है, जिसके वश वह किसी का सिखाया नहीं मानता और जल पर दीवार उठाना चाहता है। नारदजी ने जो कह दिया उसे सत्य जानकर मैं बिना पंख के ही उड़ना चाहती हूँ ॥३॥

Yet my mind is stubbornly set and heeds no advice, but would build a wall on water. Relying on the truth of Narada's prophecy, I long to fly even without wings !

देखहु मुनि अबिबेकु हमारा। चाहिअ सदासिवहि भरतारा॥

हे मुनियो ! आप मेरी मूर्खता तो देखिए कि मैं सदा शिवजी को ही अपना पति बनाना चाहती हूँ ॥४॥

Now mark, O sages, the extent of my madness. I ever long for Shiva as my husband !'

दो.—सुनत बचन बिहसे रिषय गिरिसंभव तव देहु।
नारद कर उपदेसु सुनि कहहु बसेउ किसु गेहु॥७८॥

ऐसी बात सुनकर ऋषिगण हँस पड़े और बोले कि तुम्हारा शरीर पर्वत से ही तो उत्पन्न हुआ है। भला, कहो तो, नारद का उपदेश सुनकर आज तक किसका घर बसा है ? ॥७८॥

When they heard her words, the sages laughed and said, 'After all your body owes its existence to a mountain ! Tell us, who ever listened to Narada's advice and had a home (to live in) ?

चौ.—दक्षसुतन्ह उपदेसेन्हि जाई। तिन्ह फिरि भवनु न देखा आई॥
चित्रकेतु क घरु उन्ह घाला। कनककसिपु कर पुनि अस हाला॥

(नारदजी ने) दक्ष के पुत्रों को जाकर उपदेश दिया था, जिससे उन्होंने फिर लौटकर घर का मुँह भी नहीं देखा। चित्रकेतु के घर को भी नारद ने ही चौपट किया। फिर हिरण्यकशिपु की भी ऐसी ही हालत हुई ॥१॥

He gave advice to Daksha's sons and they never saw their home again. It was he who ruined Chitraketu's family, and did the same to Hiranyakashipu (the father of Prahlada).

नारदसिख जे सुनहिं नर नारी। अवसि होहिं तजि भवनु भिखारी॥
मन कपटी तन सज्जन चीन्हा। आपु सरिस सबही चह कीन्हा॥

जो स्त्री-पुरुष नारद-द्वारा दी गई शिक्षा को सुनते हैं, वे घर-बार छोड़कर अवश्य ही भिखारी हो जाते हैं। (नारदजी का) मन तो कपटी है, परन्तु शरीर पर सज्जनों के चिह्न हैं। वे सभी को अपने समान बनाना चाहते हैं ॥२॥

Men and women who listen to Narada's advice are sure to leave home and become (homeless) beggars. Deceitful at heart, he bears on his person the marks of a pious man, but would make everyone like himself.

तेहि के बचन मानि बिस्वासा। तुम्ह चाहहु पति सहज उदासा॥
निर्गुन निलज कुबेष कपाली। अकुल अगेह दिगंबरु ब्याली॥

उनके वचन पर विश्वास कर तुम ऐसे व्यक्ति को पति बनाना चाहती हो जो स्वभाव से ही उदासीन, गुणहीन, निर्लज्ज, बुरे वेषवाला, नर-कपालों की माला पहननेवाला, कुलहीन, गृहहीन, नंगा और शरीर पर साँपों को लपेटनेवाला है ! ॥३॥

And now you are led away by his words, and are longing to wed an inveterate ascetic, apathetic by nature, devoid of attributes, shameless, homeless and naked, who has an inauspicious look about him, wears a string of skulls around his neck, is without a family and has snakes for his ornaments.

कहहु कवन सुखु अस बरु पाएँ। भल भूलिहु ठग के बौराएँ॥
पंच कहें सिव सती बिवाही। पुनि अवडेरि मराएन्हि ताही॥

कहो तो भला, ऐसे वर के पाने से तुम्हें क्या सुख होगा ? तुम उस ठग (नारद) के बहकावे में आकर खूब भूलीं ! पहले पंचों के कहने से शिव ने सती से विवाह किया था, परंतु फिर उसे त्यागकर मरवा डाला ॥४॥

Tell me now, what happiness is to be had from such a bridegroom as this ? You have fallen an easy prey to the machinations of that swindler ! Shiva married Sati only to satisfy public opinion, and then abandoned her and left her to die.

दो.—अब सुख सोवत सोचु नहि भीख मागि भव खाहिं।
सहज एकाकिन्ह के भवन कबहुँ कि नारि खटाहिं॥७९॥

अब (शिवजी) सुख से सोते हैं, कोई चिन्ता नहीं रही और संसार से भीख माँगकर खा लेते हैं। स्वभाव से ही ऐसे अकेले रहनेवालों के घर भी भला, क्या कभी स्त्रियाँ ठहर सकती हैं ? ॥७९॥

Now Shiva sleeps at ease without a care and lives on alms. Can women ever stay in the homes of such confirmed solitaries ?

चौ. –अजहूँ मानहु कहा हमारा । हम तुम्ह कहुँ बरु नीक बिचारा ॥
अति सुंदर सुचि सुखद सुसीला । गावहिं बेद जासु जसु लीला ॥

अब भी हमारा कहा मान जाओ, हमने तुम्हारे लिए अच्छा वर विचार रखा है । वह बहुत ही सुन्दर, पवित्र, सुखदायक और सुशील है; जिसके यश और लीला को वेद गाते हैं ॥१॥

Even now heed our words; we have thought of an excellent match for you, very handsome, pious, agreeable and amiable, whose glory and exploits the Vedas hymn.

दूषन रहित सकल गुन रासी । श्रीपति पुर बैकुंठ निवासी ॥
अस बरु तुम्हहि मिलाउब आनी । सुनत बिहसि कह बचन भवानी ॥

वह दोषों से रहित, समस्त सद्गुणों की राशि, लक्ष्मी एवं शोभा का स्वामी और वैकुण्ठपुरी का निवासी है । ऐसे वर को लाकर हम तुमसे मिला देंगे । यह सुनते ही भवानी (पार्वती) ने हँसकर कहा – ॥२॥

Free from blemish is he and the perfection of all virtues, Lakshmi's lord, who has his abode in the city of Vaikuntha. Such is the husband we shall bring to make him yours.' On hearing this Bhavani smiled and said,

सत्य कहेहु गिरिभव तनु एहा । हठ न छूट छूटै बरु देहा ॥
कनकौ पुनि पषान तें होई । जारेहु सहजु न परिहर सोई ॥

आपने सत्य ही कहा है कि मेरी यह देह पर्वत से उत्पन्न है, अतः हठ नहीं छूटेगा, शरीर भले ही छूट जाय । सोना भी पत्थर से ही उत्पन्न होता है, लेकिन वह जलाये जाने पर भी अपना स्वभाव नहीं छोड़ता ॥३॥

'You spoke truly when you said that this body of mine is born of a mountain! I would sooner die than give up my stubbornness. Gold, too, comes from the rock, but it does not abandon its natural quality even on being consigned to fire.

नारदबचन न मैं परिहरऊँ । बसौ भवनु उजरौ नहि डरऊँ ॥
गुर के बचन प्रतीति न जेही । सपनेहु सुगम न सुख सिधि तेही ॥

(इसलिए) मैं नारदजी के वचनों को नहीं छोड़ूँगी; घर बसे, चाहे उजड़े, इससे मैं नहीं डरती । जिसे गुरु के वचन में विश्वास नहीं है, उसे सुख और सिद्धि स्वप्न में भी सुगम नहीं होते ॥४॥

I shall not ignore Narada's word; whether my house be full or desolate, I fear not. He who has no faith in the words of his *guru* cannot hope to win either happiness or success even in a dream.

दो. –महादेव अवगुनभवन बिष्नु सकल गुन धाम ।
जेहि कर मनु रम जाहि सन तेहि तेही सन काम ॥८०॥

माना कि महादेवजी अवगुणों के घर और विष्णु समस्त सद्गुणों के स्थान हैं; परन्तु जिसका मन जिसमें रम जाता है, उसको तो उसी से प्रयोजन रहता है ॥८०॥

Mahadeva may be full of faults and Vishnu the abode of all virtues; but one is concerned with him alone who gladdens one's heart.

चौ. –जौ तुम्ह मिलतेहु प्रथम मुनीसा । सुनतिउँ सिख तुम्हारि धरि सीसा ॥
अब मैं जन्मु संभु हित हारा । को गुन दूषन करै बिचारा ॥

हे मुनीश्वरो ! यदि आप सब पहले मिलते, तो मैं आपकी शिक्षा को ही सिर-माथे रखकर सुनती; परंतु अब तो मैं अपना जन्म शिवजी के लिए अर्पण कर चुकी । फिर गुण-दोषों का विचार कौन करे ? ॥१॥

If I had met you earlier, O great sages, I would have listened to your advice with reverence; but now that I have vowed my life to Shiva, how can I weigh his merits and demerits?

जौ तुम्हरें हठ हृदय बिसेषी । रहि न जाइ बिनु किएँ बरेखी ॥
तौ कौतुकिअन्ह आलसु नाहीं । बर कन्या अनेक जग माहीं ॥

यदि आपके मन में बहुत हठ हो और विवाह की बातचीत (बरेखी) किए बिना आपसे रहा ही नहीं जाता, तो संसार में कन्या और वरों की कमी नहीं है । खिलवाड़ करनेवालों को आलस्य तो होता नहीं (और कहीं जाकर अपनी साध पुरा लें) ॥२॥

If you are specially bent upon uniting a pair and cannot be content without arranging a betrothal, there is no dearth of young men and maidens in the world, and those who take delight in such games know no weariness.

जन्म कोटि लगि रगर हमारी । बरौं संभु न त रहौं कुआरी ॥
तजौं न नारद कर उपदेसू । आपु कहहिं सत बार महेसू ॥

करोड़ जन्मों तक मेरा यही हठ रहेगा कि वरूँगी तो शम्भु को ही, अन्यथा कुमारी ही रहूँगी । स्वयं शिवजी ही सौ बार क्यों न कहें, मैं नारदजी के उपदेश को न छोड़ूँगी ॥३॥

As for me, I must either wed Shambhu or remain a virgin, no matter if I have to continue the struggle for ten million lives. I will not ignore Narada's counsel, even though Shiva himself bid me do so a hundred times !

मैं पाँ परौं कहै जगदंबा । तुम्ह गृह गवनहु भएउ बिलंबा ॥
देखि प्रेमु बोले मुनि ग्यानी । जय जय जगदंबिके भवानी ॥

जगज्जननी (पार्वतीजी) ने कहा कि मैं आपके पाँव पड़ती हूँ, आप घर जायँ, बहुत देर हो गयी, (शिवजी के प्रति पार्वतीजी का ऐसा) प्रेम देखकर ज्ञानी मुनि बोले – हे जगन्माता ! हे भवानी ! आपकी जय हो ! जय हो !! ॥४॥

'I fall at your feet,' continued Parvati, the Mother of the world, 'and beseech you to go home. It is already late.' When the sages beheld Parvati's devotion, they cried, 'Glory, all glory to you, O Bhavani, Mother of the universe !

दो. –तुम्ह माया भगवान सिव सकल जगत पितु मातु ।
नाइ चरन सिर मुनि चले पुनि पुनि हरषत गातु ॥८१॥

आप माया हैं और शिवजी भगवान् हैं । (आप दोनों) सारे संसार के माता-पिता हैं ! (इतना कहकर) मुनि पार्वतीजी के चरणों में सिर नवाकर चल दिए । हर्ष से उनके शरीर बारंबार पुलकित हो रहे थे ॥८१॥

You are Maya and Shiva is the Blessed Lord; you are the parents of the whole universe !' Then the sages bowed their heads at the feet of Parvati and thrilling with rapture, they left.

चौ. –जाइ मुनिन्ह हिमवंतु पठाए । करि बिनती गिरिजहि गृह ल्याए ॥
बहुरि सप्तरिषि सिव पहि जाई । कथा उमा कै सकल सुनाई ॥

वहाँ से जाकर मुनियों ने हिमवान् को (गिरिजा के पास) भेजा और वे विनती करके पार्वतीजी को घर ले आए । फिर उन सप्तर्षियों ने शिवजी के पास जाकर उनको उमाजी की सारी कथा कह सुनायी ॥१॥

The sages went and sent Himalaya to Girija and he with many entreaties brought her home. Then the Seven Seers called on Shiva and told him the whole history of Uma.

भए मगन सिव सुनत सनेहा । हरषि सप्तरिषि गवने गेहा ॥
मनु थिरु करि तब संभु सुजाना । लगे करन रघुनायकध्याना ॥

पार्वतीजी का स्नेह सुनते ही शिवजी मग्न हो गए । सप्तर्षि प्रसन्न होकर अपने-अपने घर (ब्रह्मलोक) को चले गए । तब सुजान शिवजी अपने मन को स्थिर कर श्रीरघुनाथजी का ध्यान करने लगे ॥२॥

Shiva was enraptured when he heard of her love; and the Seven Seers went home rejoicing. Then the all-wise Shiva, firmly concentrating his mind, began to meditate on Raghunatha.

तारकु असुर भएउ तेहि काला । भुज प्रताप बल तेज बिसाला ॥
तेहि सब लोक लोकपति जीते । भए देव सुख संपति रीते ॥

उन्हीं दिनों तारक नामक असुर हुआ, जिसकी भुजाओं का बल, जिसका प्रताप और तेज बहुत बड़ा था । उसने सभी लोकों और लोकपालों को जीत लिया, देवतागण सुख-सम्पत्ति से रहित हो गए ॥३॥

Now at that time there was a demon, Taraka, of tremendous strength of arm, glory and majesty. He conquered all the spheres as well as the guardians of those spheres, so that all the gods were robbed of their happiness and prosperity.

अजर अमर सो जीति न जाई । हारे सुर करि बिबिध लराई ॥
तब बिरंचि सन जाइ पुकारे । देखे बिधि सब देव दुखारे ॥

चूँकि वह अजर-अमर था, इसलिए किसी से जीता नहीं जाता था । देवतागण उसके साथ नाना प्रकार की लड़ाइयाँ लड़कर हार गए । तब उन्होंने ब्रह्माजी के पास जाकर गुहार लगायी (पुकार मचायी) । ब्रह्माजी ने सभी देवों को दुःख देखा ॥४॥

He knew neither age nor death; he was invincible. The gods fought many a battle with him and lost them. Then they went to Viranchi (Brahma) and told him their suffering. The Creator saw that all the gods were in distress.

दो. –सब सन कहा बुझाइ बिधि दनुजनिधन तब होइ ।
संभु सुक्र संभूत सुत एहि जीतै रन सोइ ॥८२॥

फिर ब्रह्माजी ने सबको समझाकर कहा कि 'इस दैत्य की मृत्यु तो तब होगी जब शिवजी के वीर्य से पुत्र उत्पन्न हो, (क्योंकि) वही इसको रण में जीतेगा ॥८२॥

Brahma comforted them all and said, 'The demon shall die only when a son is born of the seed of Shiva; for he alone can conquer the demon in battle.

चौ. –मोर कहा सुनि करहु उपाई । होइहि ईस्वर करिहि सहाई ॥
सतीं जो तजी दच्छमख देहा । जनमी जाइ हिमाचलगेहा ॥

मेरा कहा सुनकर उपाय करो । यदि ईश्वर सहायता करेंगे तो कार्य सिद्ध हो जायगा । जिन सतीजी ने दक्ष के यज्ञ में देह का त्याग किया था, अब उन्होंने ही जाकर हिमाचल के घर जन्म लिया है, ॥१॥

Hear what I say and act accordingly; God will help you and the plan will succeed. Sati, who abandoned her body at Daksha's sacrifice, has taken birth again in the house of Himachala.

तेहि तपु कीन्ह संभु पति लागी । सिव समाधि बैठे सबु त्यागी ॥
जदपि अहै असमंजस भारी । तदपि बात एक सुनहु हमारी ॥

उन्होंने शंकरजी को पति बनाने के लिए तप किया है; पर शिवजी सब त्यागकर समाधि लगाये बैठे हैं । यद्यपि यह है तो बड़े असमंजस की बात, तो भी मेरी एक बात सुनो ॥२॥

She has practised penance to win the hand of Shankara, but Shiva has renounced everything and sits absorbed in contemplation. Though it is most unseemly, yet listen to what I propose.

पठवहु कामु जाइ सिव पाहीं । करै छोभु संकरमन माहीं ॥
तब हम जाइ सिवहि सिर नाई । करवाउब बिबाहु बरिआई ॥

कामदेव को शिवजी के पास भेजो, वह जाकर शिवजी के मन में क्षोभ (हलचल) उत्पन्न करे (उनके चित्त को चलायमान करे)। तब हम जाकर शिवजी के चरणों में सिर रख देंगे और बलात् उनका विवाह करा देंगे ॥३॥

Go and send Kama (the god of love) to Shiva and let him disturb the serenity of Shiva's mind. After that, we shall go with bowed heads and persuade him to wed her even against his will.

एहि बिधि भलेहि देवहित होई। मत अति नीक कहै सबु कोई ॥
अस्तुति सुरन्ह कीन्हि अति हेतू। प्रगटेउ बिषमबान झषकेतू ॥

इस प्रकार भले ही देवताओं का हित संभव हो (दूसरा कोई उपाय नहीं दीखता)। सबों ने कहा – यह सम्मति बहुत ठीक है, अच्छी है। फिर देवताओं ने बड़े प्रेम से स्तुति की। तब विषम (पाँच) बाण धारण करनेवाला और मछली के चिह्नयुक्त ध्वजावाला कामदेव प्रकट हुआ ॥४॥

That is probably the only way to help the gods.' 'The idea is excellent,' everyone said. The gods then prayed with great devotion and the god of love, armed with five arrows and having a fish emblazoned on his banner, appeared.

दो. –सुरन्ह कही निज बिपति सब सुनि मन कीन्ह बिचार।
संभुबिरोध न कुसल मोहि बिहसि कहेउ अस मार ॥८३॥

तब देवताओं ने कामदेव से अपनी सारी विपत्ति कही। उसे सुनकर उसने मन में विचार किया और हँसकर देवताओं से ऐसा कहा कि यद्यपि शिवजी से वैर करने में मेरा कल्याण नहीं है, ॥८३॥

The gods explained all their distress, and when he heard their tale, the god of love reflected a little and spoke thus with a smile, 'Though I expect no good results for myself from hostility to Shiva,

चौ. –तदपि करब मैं काजु तुम्हारा। श्रुति कह परम धरम उपकारा ॥
परहित लागि तजै जो देही। संतत संत प्रसंसहिं तेही ॥

फिर भी मैं तुम्हारा काम करूँगा, (क्योंकि) श्रुतियाँ (पर-) उपकार को परम धर्म कहती हैं। जो दूसरे के हित के लिए अपना शरीर त्याग देता है, संत लोग सदा उसकी प्रशंसा करते हैं ॥१॥

I shall do you this service, for the scriptures say benevolence is the highest of virtues. The saints ever commend him who lays down his life for another's weal.'

अस कहि चलेउ सबहि सिरु नाई। सुमनधनुष कर सहित सहाईं ॥
चलत मार अस हृदय बिचारा। सिवबिरोध ध्रुव मरनु हमारा ॥

ऐसा कहकर और सबको प्रणामकर कामदेव पुष्प-धनुष को हाथ में लेकर अपने वसन्त आदि सहायकों के साथ चला। चलते समय कामदेव ने हृदय में ऐसा विचार किया कि शिवजी के साथ विरोध करने से मेरा मरण ध्रुव (अवश्यम्भावी) है ॥२॥

So saying, the god of love bowed his head to them all and departed with his attendants,[1] with the bow of flowers in his hand. As he left, Love thought within himself that hostility to Shiva would mean certain death to him.

तब आपन प्रभाउ बिस्तारा। निज बस कीन्ह सकल संसारा ॥
कोपेउ जबहि बारिचरकेतू। छन महु मिटे सकल श्रुतिसेतू ॥

तब उसने अपने प्रभाव का विस्तार किया और समस्त संसार को अपने वश में कर लिया। जिस समय मछली के चिह्न की ध्वजावाले उस कामदेव ने कोप किया, उस समय क्षणभर में ही सारी वेद-मर्यादाएँ मिट गईं ॥३॥

Then he hastened to exhibit his power and brought the whole world under his sway. When Kamadeva (who bears a fish for his emblem) betrayed his anger,' all the barriers imposed by the scriptures were swept away in a moment.

ब्रह्मचर्ज ब्रत संजम नाना। धीरज धरम ग्यान बिग्याना ॥
सदाचार जप जोग बिरागा। सभय बिबेककटकु सबु भागा ॥

ब्रह्मचर्य, व्रत, नाना प्रकार के संयम, धैर्य, धर्म, ज्ञान, विज्ञान, सदाचार, जप, योग, वैराग्य आदि विवेक की सारी सेना डरकर भाग चली ॥४॥

The whole army of prudence (discriminating knowledge),—continence, religious vows, self-restraint of many kinds, fortitude, piety, spiritual wisdom, and the knowledge of qualified divinity both with form and without form, morality, muttering of prayers, Yoga (contemplative union with God), dispassion and so on, took to flight in panic.

छं. –भागेउ बिबेकु सहाय सहित सो सुभट संजुगमहि मुरे।
सदग्रंथ पर्बत कंदरन्हि महु जाइ तेहि अवसर दुरे ॥
होनिहार का करतार को रखवार जग खरभरु परा।
दुइ माथ केहि रतिनाथ जेहि कहुँ कोपि कर धनु सरु धरा ॥

विवेक अपने सहायकों के साथ भाग खड़ा हुआ। उसके योद्धा रणभूमि से पीठ दिखा गए। उस अवसर पर वे सब सद्ग्रन्थरूपी पर्वत की कन्दराओं में जा छिपे (अर्थात् वे ग्रन्थों में ही लिखे रह गए)। सारे संसार में खलबली मच गयी और सब कहने लगे – हे विधाता ! क्या होनेवाला है ? हमारा रक्षक कौन है ? ऐसा दो सिरवाला कौन है, जिसके लिए रति के पति कामदेव ने क्रोध कर हाथ में धनुष-बाण धारण किया है ?

Prudence took to flight with his allies; his great warriors turned to flee on the field of battle. They

1. One of Kamadava's attendents is Rituraja or Vasanta, the spring season.

all went and hid themselves in the sacred books, as in mountain-caves. There arose a turmoil in the world, and everybody said, 'My goodness, what is going to happen ? What power will protect us ? Who is that extraordinary being with two heads to conquer whom Rati's lord has lifted his bow and arrows in wrath ?'

दो. –जे सजीव जग अचर चर नारि पुरुष अस नाम ।
ते निज निज मरजाद तजि भए सकल बस काम ॥८४॥

संसार में स्त्री-पुरुष नामवाले जितने चर-अचर जीव थे, वे सब अपनी-अपनी मर्यादा छोड़कर काम के वशीभूत हो गए ॥८४।

Whatever creatures existed in the world, moving and unmoved, male or female, overstepped their natural bounds and were completely possessed by lust.

चौ. –सब के हृदय मदन अभिलाषा । लता निहारि नवहिं तरु साखा ॥
नदी उमगि अंबुधि कहुँ धाईं । संगम करहिं तलाव तलाईं ॥

सबके हृदय में काम-क्रीड़ा की इच्छा होने लगी । लताओं को देखकर वृक्षों की शाखाएँ झुकने लगीं । नदियाँ उमंग में भरकर समुद्र की ओर दौड़ीं और ताल-तलैयाँ भी आपस में संगम करने लगे ॥१॥

In every heart was a yearning for love; the boughs of trees bent low at the sight of creepers; the overflowing rivers rushed to meet the ocean; lakes and ponds met in union.

जहँ असि दसा जड़न्ह कै बरनी । को कहि सकै सचेतन करनी ॥
पसु पक्षी नभ जल थल चारी । भए कामबस समय बिसारी ॥

जहाँ जड़ों की यह दशा कही गयी है, वहाँ भला चेतन जीवों की करनी का वर्णन कौन कह सकता है ? आकाश, जल और पृथ्वी पर विचरनेवाले सारे पशु-पक्षी (अपने संयोग का) समय भुलाकर काम के वशीभूत हो गए ॥२॥

When such was the state of inanimate creation, who can relate the doings of conscious beings? Beasts on the land and birds in the air and fish in the water lost all sense of time and became subject to lust.

मदन अंध ब्याकुल सब लोका । निसि दिनु नहिं अवलोकहिं कोका ॥
देव दनुज नर किंनर ब्याला । प्रेत पिसाच भूत बेताला ॥

सब लोग कामान्ध होकर व्याकुल हो गए, चकवा-चकई को रात-दिन तक नहीं दिखाई देता । देव, दैत्य, मनुष्य, किन्नर, सर्प, प्रेत, पिशाच, भूत और बेताल – ॥३॥

The whole world was blind and restless with passion. The ruddy geese regarded neither day nor night. Of gods, demons, men, Kinnaras (a class of demigods) and serpents, evil spirits, fiends, ghosts and vampires,

इन्ह कै दसा न कहेउँ बखानी । सदा काम के चेरे जानी ॥
सिद्ध बिरक्त महामुनि जोगी । तेपि कामबस भए बियोगी ॥

ये तो सदा ही काम के चेरे (चेले एवं चाकर) हैं, यह समझकर मैंने इनकी दशा को विस्तार से नहीं कहा । सिद्ध, विरक्त, महामुनि और महान् योगी भी काम-वश होकर योगरहित या विरही हो गए ॥४॥

I make no special mention, for these are eternally slaves to passion. Even adepts and anchorites, great sages and ascetics gave up their austere vows under the influence of Kama.

छं. –भए कामबस जोगीस तापस पावरन्हि की को कहे ।
देखहिं चराचर नारिमय जे ब्रह्ममय देखत रहे ॥
अबला बिलोकहिं पुरुषमय जगु पुरुष सब अबलामयं ।
दुइ दंड भरि ब्रह्मांड भीतर कामकृत कौतुक अयं ॥

योगीश्वर और तपस्वी भी जब काम-वश हो गए, तब बेचारे पामर मनुष्यों की (दशा) कौन कहे ? जो समस्त चराचर जगत् को ब्रह्ममय देखते थे, वे अब उसे स्त्रीमय देखने लगे । स्त्रियाँ संसार को पुरुषमय देखने लगी और पुरुष सभी को स्त्रीमय देखने लगे । दो घड़ी तक सारे ब्रह्माण्ड के भीतर कामदेव का रचा हुआ यह कौतुक (खेल) रहा ।

Even great ascetics and hermits were completely subdued by lust, to say nothing of baser men. Those who looked upon the whole animate and inanimate creation as full of Brahma (God) now saw it as full of Woman. Women perceived the whole world as Man, and men as Woman. For nearly an hour this sportive mystery, created by Love, lasted in the universe.

सो. –धरी न काहूँ धीर सब के मन मनसिज हरे ।
जे राखे रघुबीर ते उबरे तेहि काल महु ॥८५॥

किसी ने भी धैर्य धारण नहीं किया, सब के मन को कामदेव ने हर लिया । श्रीरघुनाथजी ने जिनकी रक्षा की, केवल वे ही उस समय उबर सके ॥८५॥

Nobody could remain self-possessed, for Kamadeva had stolen the hearts of all. They alone could hold their own against him whom Raghunatha protected.

चौ. –उभय घरीं अस कौतुकु भएऊ । जब लगि कामु संभु पहि गएऊ ॥
सिवहि बिलोकि ससंकेउ मारू । भएउ जथाथिति सबु संसारू ॥

जबतक कामदेव शम्भु के पास गया तबतक दो घड़ी तक ऐसा कौतुक होता रहा। शिवजी को देखकर कामदेव डर गया, तब सारा संसार फिर ज्यों-का-त्यों स्थिर हो गया ॥१॥

The fun lasted for an hour or so until Kamadeva approached Shambhu. He trembled at the sight of Shiva, and the whole world returned to itself (*i.e.*, regained its normal state).

भए तुरत जग जीव सुखारे। जिमि मद उतरि गएँ मतवारे॥
रुद्रहि देखि मदन भय माना। दुराधरष दुर्गम भगवाना॥

तुरंत ही संसार के सब जीव वैसे ही सुखी हो गए जैसे मतवाले लोग मद के उतर जाने पर सुखी होते हैं। दुराधर्ष (दुर्जेय) और दुर्गम भगवान् रुद्र को देखकर कामदेव भयभीत हो गया ॥२॥

All creatures regained their peace at once, like drunkards when they feel relieved after the spell of drunkenness is over. Kama was struck with terror at the sight of Rudra (Shiva), who is so difficult to conquer and so hard to comprehend.

फिरत लाज कछु करि नहि जाई। मरनु ठानि मन रचेसि उपाई॥
प्रगटेसि तुरत रुचिर रितुराजा। कुसुमित नव तरुराजि बिराजा॥

फिरने (लौटने) में लज्जा मालूम होती है और करते कुछ बनता नहीं। मन में मरने का निश्चय करके उसने उपाय रचा। तुरंत ही सुन्दर ऋतुराज (वसन्त) को प्रकट किया, जिससे नये-नये वृक्षों की कतारें फूलों से सुशोभित हो गईं ॥३॥

He was ashamed to return, yet could hardly do anything. Then, resolving to die, he devised a plan. Forthwith he manifested the lusty spring, king of seasons, and rows of fresh young trees broke into lovely blossom.

बन उपबन बापिका तड़ागा। परम सुभग सब दिसा बिभागा॥
जहँ तहँ जनु उमगत अनुरागा। देखि मुएँहु मन मनसिज जागा॥

वन-उपवन, बावली-तालाब और सब दिशाओं के विभाग परम सुन्दर लगने लगे। जहाँ देखो वहाँ ही मानो प्रेम उमड़ रहा है, जिसे देखकर मरे हुए मनों में भी कामदेव जाग उठा ॥४॥

Wood and grove, well and pond and all the quarters of heaven took on a most wondrous beauty. Everywhere nature overflowed with love, as it were; and the sight aroused passion even in dead souls.

छं.—जागै मनोभव मुएँहु मन बनसुभगता न परै कही।
सीतल सुगंध सुमंद मारुत मदन अनल सखा सही॥
बिकसे सरन्हि बहु कंज गुंजत पुंज मंजुल मधुकरा।
कलहंस पिक सुक सरस रव करि गान नाचहिं अपछरा॥

मरे हुए मनों में भी कामदेव उद्दीप्त होने लगा, वन की सुन्दरता अवर्णनीय हो गई। कामरूपी अग्नि का सच्चा मित्र शीतल, मन्द एवं सुगन्धित पवन चलने लगा। सरोवरों में बहुसंख्य कमल खिल उठे, जिनपर सुन्दर भौंरों के समूह गुंजार करने लगे। कलहंस, कोयल और तोते रसीली बोली बोलने लगे और अप्सराएँ गा-गाकर नाचने लगीं।

Kamadeva woke to life even in dead souls; the beauty of the forest beggared description. Cool, gentle and fragrant winds fanned the fire of passion as a faithful companion. Rows of lotuses opened on the lakes, where swarms of bees hummed sweetly; swans, cuckoos and parrots uttered their sweet notes and celestial maidens sang and danced.

दो.—सकल कला करि कोटि बिधि हारेउ सेन समेत।
चली न अचल समाधि सिव कोपेउ हृदयनिकेत॥८६॥

कामदेव अपनी सेना के साथ करोड़ों प्रकार की सब कलाएँ (उपाय) करके हार गया, परन्तु शिवजी की अचल समाधि न डिगी। तब हृदय-रूपी घर में ही रहनेवाला मनोज (काम) कुपित हो उठा ॥८६॥

Though Kamadeva tried every trick in a myriad ways, he and his army were defeated. Shiva's trance was undisturbed, which made Cupid furious.

चौ.—देखि रसाल बिटप बर साखा। तेहि पर चढ़ेउ मदनु मन माखा॥
सुमन चाप निज सर संधाने। अति रिस ताकि श्रवन लगि ताने॥

फिर आम के वृक्ष की एक सुन्दर डाली देखकर मन से क्रुद्ध कामदेव उसपर चढ़ गया। उसने फूलों के धनुष पर अपने (पाँचों) बाण चढ़ाये और अत्यन्त क्रोध से ताककर उन्हें कान तक तान लिया ॥१॥

Seeing the beautiful bough of a mango tree, Kama climbed up into it in a mood of frustration. He fitted his five arrows to his bow of flowers, and casting an angry look drew the bowstring to the ear.

छाड़े बिषम बिसिख उर लागे। छूटि समाधि संभु तब जागे॥
भयउ ईसमन छोभु बिसेषी। नयन उघारि सकल दिसि देखी॥

कामदेव ने पाँच तीक्ष्ण बाण छोड़े, जो सीधे शिवजी के हृदय में जा लगे। तब उनकी समाधि टूट गयी और वे जाग पड़े। शिवजी के मन में बहुत क्षोभ हुआ, उन्होंने आँखें खोलकर सभी दिशाओं में अपनी दृष्टि दौड़ायी ॥२॥

He let fly the five sharp arrows and lodged them in Shiva's breast. The trance was now broken and Shiva awoke. The Lord's soul was much agitated. Opening his eyes he looked in all directions.

सौरभ पल्लव मदनु बिलोका। भयउ कोपु कंपेउ त्रैलोका॥
तब सिव तीसर नयन उघारा। चितवत कामु भयउ जरि छारा॥

जब आम के पत्तों में (छिपे हुए) कामदेव को देखा तब उन्हें इतना क्रोध हुआ कि तीनों लोक काँप उठे। इसके बाद तो उन्होंने तीसरा नेत्र खोला, जिससे देखते ही कामदेव जलकर भस्म हो गया ॥३॥

When he saw Kamadeva hiding among the mango leaves, he flew into a rage, which made all the three spheres tremble. Then he opened his third eye, and the moment he looked at the god of love, he was burnt to ashes.

हाहाकार भएउ जग भारी। डरपे सुर भए असुर सुखारी॥
समुझि कामसुखु सोचहिं भोगी। भए अकंटक साधक जोगी॥

सारे विश्व में भारी हाहाकार मच गया। देवता डर गए, दैत्यगण सुखी हुए। विषयी लोग काम-सुख को याद कर चिन्ता करने लगे और साधक योगी निष्कंटक हो गए ॥४॥

A loud wail went up throughout the world; the gods were alarmed but the demons were glad. Th, thought of (the loss of) love's delights made the voluptuary sad, but aspirant ascetics were relieved of a thorn, as it were.

छं.–जोगी अकंटक भए पतिगति सुनत रति मुरुछित भई।
रोदति बदति बहु भाँति करुना करत संकर पहि गई॥
अति प्रेम करि बिनती बिबिध बिधि जोरि कर सन्मुख रही।
प्रभु आसुतोष कृपाल सिव अबला निरखि बोले सही॥

इधर योगी निष्कंटक हो गए और उधर (कामदेव की स्त्री) रति अपने पति की यह दशा सुनते ही मूर्च्छित हो गयी। रोती-चिल्लाती और तरह-तरह से करुणा करती हुई वह शिवजी के पास पहुँची। बड़े प्रेम से नाना प्रकार की विनती करके हाथ जोड़कर सामने खड़ी हो गयी। शीघ्र प्रसन्न होनेवाले कृपालु शिवजी अबला को देखकर सुन्दर, सान्त्वना देनेवाले वचन बोले –

Ascetics were relieved, but Rati (Kama's wife) fainted as soon as she heard of her husband's fate. Weeping and wailing and mourning in various ways, she approached Shiva; and making loving entreaties in all possible ways, she stood before him with folded hands. Seeing the helpless woman, the gracious Lord, who is so easily appeased, prophesied as follows :

दो.–अब तें रति तव नाथ कर होइहि नामु अनंगु।
बिनु बपु ब्यापिहि सबहि पुनि सुनु निज मिलन प्रसंगु॥८७॥

हे रति! अब से तेरे स्वामी का नाम 'अनङ्ग' होगा और वह बिना शरीर के ही सब में व्याप्त रहेगा। अब तू अपने पति से मिलने का प्रसंग सुन ॥८७॥

'Henceforth, O Rati, your husband shall be called Ananga (the bodiless); he shall dominate all even without a body. Now hear how you shall meet him again.

चौ.–जब जदुबंस कृष्न अवतारा। होइहि हरन महा महिभारा॥
कृष्नतनय होइहि पति तोरा। बचनु अन्यथा होइ न मोरा॥

जब पृथ्वी के बड़े भारी बोझ को उतारने के लिए यदुवंश में भगवान् श्रीकृष्ण का अवतरण होगा, तब तेरा पति उनके पुत्र (प्रद्युम्न) के रूप में उत्पन्न होगा। मेरा यह वचन अन्यथा नहीं होगा ॥१॥

When Krishna becomes incarnate in the family of Yadu to relieve the earth of its heavy burden, your lord shall be born again as his son (Pradyumna); my words shall not fail.

रति गवनी सुनि संकरबानी। कथा अपर अब कहौं बखानी॥
देवन्ह समाचार सब पाए। ब्रह्मादिक बैकुंठ सिधाए॥

शिवजी की बात सुनकर रति चली गयी। अब आगे दूसरी कथा बखानकर कहता हूँ। जब ब्रह्मादि देवताओं ने ये सब समाचार सुने तो वे सीधे वैकुण्ठ पहुँचे ॥२॥

On hearing the words of Shiva, Rati retired. I now turn to relate another part of my story. When Brahma (the Creator) and the other gods heard these tidings, they first went together to Vaikuntha (the abode of Vishnu).

सब सुर बिष्नु बिरंचि समेता। गए जहाँ सिव कृपानिकेता॥
पृथक पृथक तिन्ह कीन्हि प्रसंसा। भए प्रसन्न चंद्र अवतंसा॥

वहाँ से विष्णु और ब्रह्मासहित सब देवता वहाँ गये जहाँ कृपा के स्थान शिवजी थे। उन्होंने शिवजी की अलग-अलग स्तुति की, तब चन्द्रभूषण शिवजी प्रसन्न हुए ॥३॥

From there all the gods, including Vishnu and Viranchi (Brahma), went where the gracious Lord Shiva was. They severally praised and won the pleasure of the Lord who bears the moon upon his brow.

बोले कृपासिंधु बृषकेतू। कहहु अमर आए केहि हेतू॥
कह बिधि तुम्ह प्रभु अंतरजामी। तदपि भगतिबस बिनवौं स्वामी॥

कृपासागर शिवजी बोले – हे देवताओ! कहिए, आपके आने का कारण क्या है? ब्रह्माजी ने कहा – हे प्रभो! आप अन्तर्यामी हैं, तथापि हे स्वामी! भक्तिवश मैं आपसे विनती करता हूँ – ॥४॥

Said Shiva, the ocean of compassion, on whose banner is blazoned the bull, 'Tell me, immortals, what has brought you here ?' To this Brahma replied, 'Lord, you are the inner controller of all; yet, my master, devotion urges me to make my prayer.

दो. –सकल सुरन्ह कें हृदय अस संकर परम उछाहु ।
निज नयनन्हि देखा चहहिं नाथ तुम्हार बिवाहु ॥८८॥

हे शंकर ! सभी देवताओं के मन में इतना तीव्र उत्साह है कि हे नाथ ! वे अपनी आँखों से आपका विवाह देखना चाहते हैं ॥८८॥

In the hearts of all the immortals, O Shankara, is this one dominating desire; Lord, they long to see with their own eyes your marriage rites performed.

चौ. –यह उत्सव देखिअ भरि लोचन । सोइ कछु करहु मदन मद मोचन ॥
कामु जारि रति कहुँ बरु दीन्हा । कृपासिंधु यह अति भल कीन्हा ॥

हे कामदेव के मद को चूर करनेवाले शिवजी ! आप वही कुछ उपाय कीजिए जिससे सब लोग इस उत्सव को नेत्र भर देख सकें । हे कृपासिंधु ! कामदेव को भस्मकर आपने रति को जो वरदान दिया सो बहुत ही अच्छा किया ॥१॥

O humbler of Love's pride, devise some means so that we may feast our eyes on this glad event ! O ocean of compassion, you have done well in granting a boon to Rati after burning up Kamadeva.

सासति करि पुनि करहिं पसाऊ । नाथ प्रभुन्ह कर सहज सुभाऊ ॥
पारबतीं तपु कीन्ह अपारा । करहु तासु अब अंगीकारा ॥

हे नाथ ! समर्थ स्वामियों का तो यह सहज स्वभाव ही है कि वे पहले दण्ड देकर फिर (उस पर) कृपा किया करते हैं । पार्वती ने अपार तप किया है, अब उन्हें अंगीकार कीजिए ॥२॥

Lord, it is the nature of the great to punish first and then to show mercy. Parvati has performed an interminable penance; kindly accept her now.'

सुनि बिधिबिनय समुझि प्रभुबानी । ऐसेइ होउ कहा सुखु मानी ॥
तब देवन्ह दुंदुभीं बजाईं । बरषि सुमन जय जय सुरसाईं ॥

ब्रह्माजी की विनती को सुनकर और प्रभु श्रीरामचन्द्रजी के वचन को यादकर तथा सुख मानकर शिवजी ने कहा, ऐसा ही होगा । तब देवताओं ने नगाड़े बजाये और फूलों की वर्षा कर वे कहने लगे, जय हो ! हे देवताओं के स्वामी ! आपकी जय हो !

On hearing Brahma's entreaty and remembering the words of the Lord (Rama), Shiva gladly said, 'So be it !' The gods thereupon sounded their kettledrums and rained down flowers and cried, 'Victory, victory to the Lord of heaven !'

अवसरु जानि सप्तरिषि आए । तुरतहि बिधि गिरिभवन पठाए ॥
प्रथम गए जहँ रहीं भवानी । बोले मधुर बचन छल सानी ॥

उचित अवसर जानकर वहाँ सप्तर्षि आये, (लेकिन) ब्रह्माजी ने तुरंत ही उन्हें हिमवान् के घर भेज दिया । वे पहले वहाँ गये, जहाँ पार्वतीजी थीं । वहाँ उन्होंने छल से सने मीठे वचन कहे – ॥४॥

Then judging it to be the opportune moment, the Seven Seers arrived on the scene. Brahma immediately sent them to the palace of Himavan. First they approached Parvati and spoke to her the following sweet but deceptive words:

दो. –कहा हमार न सुनेहु तब नारद कें उपदेस ।
अब भा झूठ तुम्हार पन जारेउ कामु महेस ॥८९॥

नारद के उपदेश पर मुग्ध होने के कारण तुमने उस समय हमारी बात नहीं सुनी । लो, अब तो तुम्हारा प्रण झूठा हो गया, क्योंकि महादेवजी ने काम को ही भस्म कर दिया ॥८९॥

'Last time you would not listen to us, but rather took Narada's advice; your vow has failed now, for the great Lord Shiva has burnt up Kama !'

मासपारायण, तीसरा विश्राम

चौ. –सुनि बोलीं मुसुकाइ भवानी । उचित कहेहु मुनिबर बिग्यानी ॥
तुम्हरें जान कामु अब जारा । अब लगि संभु रहे सबिकारा ॥

इसे सुनकर पार्वतीजी मुसकराकर बोलीं – हे विज्ञानी मुनिवरो ! आप लोगों ने ठीक ही कहा ! आपकी समझ में शम्भु ने कामदेव को अब जलाया है, अब तक तो वे सविकार (कामी) ही रहे ! ॥१॥

When she heard this, Parvati smiled and said, 'O illumined sages ! You have said well. You imagine that Shambhu has burnt up the god of love only now and that until this day he has been a prey to passion.

हमरें जान सदा सिव जोगी । अज अनवद्य अकाम अभोगी ॥
जौ मैं सिव सेए अस जानी । प्रीति समेत कर्म मन बानी ॥

परन्तु हमारी समझ से तो शिवजी सदा से ही योगी, अजन्मा, अनिन्द्य, निष्काम और भोगों से रहित हैं । यदि मैंने शिवजी को ऐसा जानकर ही मन, वचन और कर्म से प्रेमपूर्वक उनकी सेवा की है – ॥२॥

To my mind, however, Shiva has always been an ascetic, unbegotten, irreproachable, passionless and without enjoyment ! and if, knowing him to be such as he is, I have served him lovingly in thought and word and deed,

तौ हमार पन सुनहु मुनीसा । करिहहिं सत्य कृपानिधि ईसा ॥
तुम्ह जो कहा हर जारेउ मारा । सोइ अति बड़ अबिबेकु तुम्हारा ॥

तो हे मुनीश्वरो ! सुनिए, वे कृपासागर भगवान् मेरी प्रतिज्ञा सत्य करेंगे । आपने जो कहा कि शिवजी ने कामदेव को भस्म कर दिया तो यह आपका बहुत बड़ा अविवेक है ॥३॥

—then listen, O great sages, the gracious Lord will bring my vow to true fruition. Your statement that Shiva has burnt up the god of love betrays great want of judgment.

तात अनल कर सहज सुभाऊ। हिम तेहि निकट जाइ नहि काऊ॥
गएँ समीप सो अवसि नसाई। असि मन्मथ महेस कै नाईं॥

हे तात! अग्नि का यह सहज स्वभाव ही है कि पाला उसके निकट कभी जा ही नहीं सकता और जाने पर वह अवश्य नष्ट हो जाता है, जैसे कामदेव महादेवजी के पास जाने से जल मरा॥४॥

Fire, my friends, possesses this inherent property that frost can never approach it; if it does, it must inevitably perish; and so it is with the god of love and Mahadeva.

दो.—हिय हरषे मुनिबचन सुनि देखि प्रीति बिस्वास।
चले भवानिहि नाइ सिर गए हिमाचल पास॥९०॥

(पार्वती के) ये वचन सुनकर और उनका प्रेम तथा विश्वास देखकर सप्तर्षि हृदय से प्रसन्न हुए। वे भवानी को सिर नवाकर चले और हिमाचल के पास पहुँचे॥९०॥

When they heard Parvati's words and marked her devotion and faith, the sages were gladdened at heart. They bowed their heads to Bhavani and went to Himalaya.

चौ.—सबु प्रसंगु गिरिपतिहि सुनावा। मदनदहन सुनि अति दुखु पावा॥
बहुरि कहेउ रति कर बरदाना। सुनि हिमवंत बहुत सुखु माना॥

(सप्तर्षियों ने) पर्वतराज हिमाचल को सारा समाचार सुनाया। कामदेव का भस्म होना सुनकर वे अत्यन्त दुःखी हुए। फिर मुनियों ने रति के वरदान की बात कही। यह सुनकर हिमवान् बहुत सुखी हुए॥१॥

They told him the whole story. He was much grieved to hear how Shiva had burnt up Love, but when the sages told him of the boon granted to Rati, Himavan was much relieved.

हृदय बिचारि संभुप्रभुताई। सादर मुनिबर लिए बोलाई॥
सुदिनु सुनखतु सुघरी सोचाई। बेगि बेदबिधि लगन धराई॥

मन में शिवजी की प्रभुता का स्मरणकर हिमाचल ने (उन) श्रेष्ठ मुनियों को आदरपूर्वक बुला लिया और उनसे शुभ दिन, शुभ नक्षत्र और शुभ घड़ी शोधवाकर वेद-रीति से शीघ्र ही लग्न धरा लिया॥२॥

Recalling to his mind the glory of Shiva, Himachala reverently summoned the wise sages, and at once had an auspicious day, asterism and hour chosen and then got the exact date for the wedding fixed according to Vedic rule.

पत्री सप्तरिषिन्ह सोइ दीन्ही। गहि पद बिनय हिमाचल कीन्ही॥
जाइ बिधिहि तिन्ह दीन्हि सो पाती। बाचत प्रीति न हृदय समाती॥

हिमाचल ने सप्तर्षियों को वह लग्नपत्रिका दे दी और पाँव पकड़कर उनकी विनती की। उन्होंने जाकर वह लग्नपत्रिका ब्रह्माजी को दी। उसको पढ़ते समय उनके हृदय की प्रीति उमड़ी पड़ती थी॥३॥

Himachala gave the note recording the exact time of wedding to the Seven Seers, and clasping their feet besought them to be gracious. They called on Brahma and delivered the note to him; and as he read it his heart overflowed with loving joy.

लगन बाचि अज सबहि सुनाई। हरषे मुनि सब सुरसमुदाई॥
सुमनबृष्टि नभ बाजन बाजे। मंगल कलस दसहु दिसि साजे॥

ब्रह्माजी ने लग्न पढ़कर सबको सुना दिया, उसे सुनकर मुनि लोग और देवताओं के सारे समूह हर्षित हो गए। आकाश से फूलों की वर्षा होने लगी, बाजे बजने लगे और दसों दिशाओं में मङ्गल-कलश सजा दिए गए॥४॥

Brahma read the note aloud to all, and all the sages and assembled gods were delighted to hear it. Flowers rained down from the air, music flowed from various instruments, and in every quarter auspicious jars[1] were placed.

दो.—लगे सँवारन सकल सुर बाहन बिबिध बिमान।
होहिं सगुन मंगल सुभद करहिं अपछरा गान॥९१॥

सब देवता भाँति-भाँति की अपनी-अपनी सवारियाँ और विमान सजाने लगे, कल्याणप्रद मङ्गल-शकुन होने लगे और अप्सराएँ गाने लगीं॥९१॥

All the gods began to make ready their vehicles and aerial cars of various kinds; fair and auspicious omens were seen and celestial damsels sang for joy.

चौ.—सिवहि संभुगन करहिं सिंगारा। जटा मुकुट अहि मौरु सँवारा॥
कुंडल कंकन पहिरे ब्याला। तन बिभूति पट केहरिछाला॥

शिवजी के गण उनका शृंगार करने लगे। जटाओं का मुकुट और उसपर सर्पों का मौर सजाया। शिवजी ने सर्पों के ही कुण्डल और कंकण पहने, शरीर पर विभूति रमायी तथा वस्त्र के बदले बाघम्बर लपेट लिया॥१॥

Shiva's attendants began to dress their lord for the wedding. His matted locks were formed into a crest and decked with a marriage-crown of snakes. He had serpents for his ear-rings and bracelets and smeared his person with ashes and wrapped a lion's skin round his loins.

1. Jars or vessels "in which lights are placed, and which at a wedding are held on the head by women whose husbands are alive and shown to the bride at the door of her house."

ससि ललाट सुंदर सिर गंगा । नयन तीनि उपबीत भुजंगा ॥
गरल कंठ उर नर सिर माला । असिव बेष सिवधाम कृपाला ॥

उनके सुन्दर ललाट पर चन्द्रमा, सिर पर गङ्गाजी, तीन नेत्र, साँपों का जनेऊ, कंठ में विष और छाती पर नरमुण्डों की माला थी । इस प्रकार के अशुभ वेष में भी वे कल्याण के धाम और कृपालु हैं ॥२॥

He bore the moon on his noble forehead and Ganga on the crown of his head; three eyes he had and a snake for the sacred thread. He had poison on his throat and a necklace of human skulls on his breast. In such unblest guise was arrayed the gracious home of all blessings !

कर त्रिसूल अरु डमरु बिराजा । चले बसहँ चढ़ि बाजहिं बाजा ॥
देखि सिवहि सुरत्रिय मुसुकाहीं । बर लायक दुलहिनि जग नाहीं ॥

उनके एक हाथ में त्रिशूल और दूसरे में डमरू शोभित है । वे बैल पर चढ़कर चले हैं और बाजे बज रहे हैं । शिवजी को देखकर देवाङ्गनाएँ मुसकरा रही हैं (और आपस में कहती हैं कि) संसार भर में इस वर के योग्य दुलहिन नहीं मिलेगी ॥३॥

The trident and the tabor adorned his hands. Shiva rode upon a bull to the sound of music. The female divinities smiled to see him and said, 'The world has no bride worthy of such a bridegroom !'

बिष्नु बिरंचि आदि सुरब्राता । चढ़ि चढ़ि बाहन चले बराता ॥
सुरसमाज सब भाँति अनूपा । नहि बरात दूलह अनुरूपा ॥

विष्णु, ब्रह्मा आदि देवताओं के समूह अपनी-अपनी सवारियों पर चढ़कर बरात में चले । देवताओं का (यह) समाज सब प्रकार से अनुपम था, पर बरात दूल्हे के योग्य न थी ॥४॥

Vishnu, Brahma and all the other gods mounted their several vehicles and joined the marriage procession. The gathering of the immortals was incomparable in every respect, yet the procession was hardly worthy of the bridegroom !

दो. – बिष्नु कहा अस बिहसि तब बोलि सकल दिसिराज ।
बिलग बिलग होइ चलहु सब निज निज सहित समाज ॥९२॥

तब विष्णु भगवान् ने सब लोकपालों को बुलाकर हँसते हुए कहा – सब लोग अपने-अपने समाज के साथ अलग-अलग होकर चलो ॥९२॥

Then Vishnu summoned all the guardians of the different quarters and smilingly said, 'Do you all proceed separately, each with his own retinue.

चौ. – बर अनुहारि बरात न भाई । हसी करैहहु परपुर जाई ॥
बिष्नुबचन सुनि सुर मुसुकाने । निज निज सेन सहित बिलगाने ॥

हे भाइयो ! यह बरात वर के योग्य नहीं है, क्या पराये नगर में जाकर

(अपनी) हँसी कराओगे ? विष्णु भगवान् के वचन सुनकर देवता मुसकराये और वे अपनी-अपनी सेना के साथ अलग हो गए ॥१॥

This procession, friends, is not worthy of the bridegroom ! Will you expose yourselves to ridicule in a strange city ?' The gods smiled at Vishnu's words and parted, each with his own troops.

मन ही मन महेसु मुसुकाहीं । हरि के बिंग्य बचन नहि जाहीं ॥
अति प्रिय बचन सुनत प्रिय केरे । भृंगिहि प्रेरि सकल गन टेरे ॥

(यह देखकर) महादेवजी मन-ही-मन मुसकराते हैं कि हरि के व्यंग्य वचन नहीं जाते ! अपने प्यारे (विष्णु भगवान्) के इन अति प्रिय वचनों को सुनकर शिवजी ने भी भृंगी को भेजकर अपने सभी गणों को बुलवा लिया ॥२॥

Mahadeva smiled to himself, and thought, 'Hari would never give up being sarcastic !' As soon as he heard these loving words of his dear friend, he sent Bhringi and summoned all his attendants.

सिव अनुसासन सुनि सब आए । प्रभुपद जलज सीस तिन्ह नाए ॥
नाना बाहन नाना बेषा । बिहसे सिव समाज निज देखा ॥

शिवजी की आज्ञा सुनकर वे सब चले आये और (आकर) उन्होंने स्वामी के चरणकमलों में (अपना-अपना) सिर झुकाया । तरह-तरह की सवारियों और वेषोंवाले अपने समाज को देखकर शिवजी हँसे ॥३॥

On receiving Shiva's command they all came and bowed their heads at the lotus feet of their lord. Shiva laughed to see his retinue appearing in motley attire and riding every kind of vehicle.

कोउ मुखहीन बिपुल मुख काहू । बिनु पद कर कोउ बहु पद बाहू ॥
बिपुल नयन कोउ नयन बिहीना । रिष्टपुष्ट कोउ अति तन खीना ॥

(शिव-समाज में) कोई बिना मुख का है तो किसी के बहुत-से मुख हैं; कोई बिना हाथ-पैर का है तो किसी के कई हाथ-पैर हैं । कोई बहुत नेत्रोंवाला है तो कोई नेत्रहीन है; कोई बहुत मोटा-ताजा है तो कोई बहुत ही दुबला-पतला ॥४॥

Some had no mouths at all, while others had many; some were without hands and feet, while others had many; some had a number of eyes, while others had none; some were stout and sturdy, while others thin and weak.

छं. – तन खीन कोउ अति पीन पावन कोउ अपावन गति धरें ।
भूषन कराल कपाल कर सब सद्य सोनित तन भरें ॥
खर स्वान सुअर सृकाल मुख गनबेष अगनित को गने ।
बहु जिनस प्रेत पिसाच जोगि जमाति बरनत नहि बने ॥

कोई बहुत दुबला-पतला, कोई बहुत मोटा-ताजा, कोई पवित्र और कोई अपवित्र वेष धारण किए हुए है। वे भयंकर गहने पहने, हाथ में खोपड़ी लिये हैं और सब-के-सब शरीर में ताजा खून लपेटे हुए हैं। गधे, कुत्ते, सूअर और सियार के-से उनके मुख हैं। गणों के अनगिन्त वेषों की गिनती कौन करे ? बहुत प्रकार के प्रेतों, पिशाचों और योगिनियों की जमातें हैं जिनका वर्णन नहीं हो सकता।

Some had lean and thin bodies, while others were very stout; some looked pure and some impure. They wore frightful ornaments, carried skulls in their hands and were all smeared with fresh blood. Their faces looked like those of donkeys and dogs and swine and jackals; who could count the numberless forms in which his hosts appeared ? Troops of spirits there were and goblins and witches of various kinds, a host no tongue can tell !

सो. –नाचहिं गावहिं गीत परम तरंगी भूत सब।
देखत अति बिपरीत बोलहिं बचन बिचित्र बिधि ॥९३॥

बड़े ही मौजी होने के कारण वे सब भूत-प्रेत नाचते और गाते हैं। देखने में वे अत्यन्त बेढंगे जान पड़ते हैं और बड़े ही विचित्र ढंग से बोलते हैं ॥९३॥

All the ghosts danced and sang in high glee. They looked most bizarre and uttered all sorts of weird cries.

चौ. –जस दूलहु तसि बनी बराता। कौतुक बिबिध होहिं मग जाता॥
इहाँ हिमाचल रचेउ बिताना। अति बिचित्र नहि जाइ बखाना॥

(याज्ञवल्क्यजी कहते हैं कि) जैसा दूल्हा है, वैसी ही बरात बन गयी है। मार्ग में चलते हुए भाँति-भाँति के तमाशे होते जाते हैं। इधर (कन्या-पक्ष में) हिमाचल ने ऐसा विचित्र मण्डप बनवाया जिसका वर्णन नहीं हो सकता ॥१॥

Like bridegroom, like procession; they indulged in gaieties of various kinds as they went along the road. Meanwhile, the pavilion erected by Himachala was so wonderful as to beggar description.

सैल सकल जहँ लगि जग माहीं। लघु बिसाल नहि बरनि सिराहीं॥
बन सागर सब नदी तलावा। हिमगिरि सब कहुँ नेवत पठावा॥

जगत् में जितने छोटे-बड़े पर्वत हैं, जो वर्णन करने से समाप्त नहीं हो सकते तथा जितने वन, समुद्र, नदियाँ और तालाब हैं, हिमाचल ने उन सबके पास नेवता भेजवाया ॥२॥

To as many mountains as existed in the world, great and small, more than man can count, and to the whole host of woods, seas, rivers and ponds, Himachala sent an invitation.

कामरूप सुंदर तन धारी। सहित समाज सहित बर नारी॥
गए सकल तुहिनाचलगेहा। गावहिं मंगल सहित सनेहा॥

स्वेच्छानुसार रूप धारण करनेवाले ये सब सुन्दर शरीर धारणकर अपने-अपने परिवार और श्रेष्ठ स्त्रियों के साथ हिमालय के घर गये और (वहाँ) स्नेहपूर्वक मंगलगीत गाने लगे ॥३॥

Capable of taking any form they liked, they assumed shapes of exquisite beauty and repaired to the house of Himalaya along with their retinues and fair consorts. They all lovingly sang songs of blessing.

प्रथमहि गिरि बहु गृह सँवराए। जथाजोगु जहँ तहँ सब छाए॥
पुरसोभा अवलोकि सुहाई। लागै लघु बिरंचि निपुनाई॥

हिमाचल ने पहले ही से बहुत-से घर सजवा रखे थे। जो जिसके योग्य था वह उसमें जा बसा। नगर की मनोहारी शोभा देखकर ब्रह्मा की रचना-चातुरी भी तुच्छ जान पड़ती थी ॥४॥

The Mountain King had already caused a number of guest-chambers to be tastefully decorated; all the guests were lodged in them, each occupying a chamber according to his degree. The splendour of the city was so captivating that after a glance at it even Brahma's architectural skill seemed contemptible.

छं. –लघु लाग बिधि की निपुनता अवलोकि पुरसोभा सही।
बन बाग कूप तड़ाग सरिता सुभग सब सक को कही॥
मंगल बिपुल तोरन पताका केतु गृह गृह सोहहीं।
बनिता पुरुष सुंदर चतुर छबि देखि मुनिमन मोहहीं॥

नगर की शोभा देखकर ब्रह्मा की निपुणता सचमुच तुच्छ जान पड़ती है। वन, बाग, कुएँ, तालाब और नदियाँ सब सुन्दर हैं; उनका वर्णन कौन कर सकता है ? घर-घर बहुत-से मङ्गलसूचक तोरण और ध्वजा-पताकाएँ शोभित हो रही हैं। वहाँ के सुन्दर और चतुर स्त्री-पुरुषों की छवि देखकर मुनियों के भी मन मुग्ध हो जाते हैं।

A glance at the beauty of the city made the creative craft of Brahma pale into insignificance indeed. Groves and gardens, wells and ponds and rivers were all more lovely than words can tell. Every house was decorated with a number of triumphal arches, flags and buntings. Men and women of the city were so lovely and accomplished that they enraptured even the hearts of sages.

दो. –जगदंबा जहँ अवतरी सो पुरु बरनि कि जाइ।
रिद्धि सिद्धि संपत्ति सुख नित नूतन अधिकाइ ॥९४॥

जहाँ स्वयं जगदम्बा ने ही अवतार लिया हो, क्या उस नगर का वर्णन हो सकता है ? वहाँ ऋद्धि, सिद्धि, सम्पत्ति और सुख नित्य नये-नये बढ़ते जाते हैं ॥९४॥

Can that city be described in which the Mother of the universe had become incarnate ? Prosperity and success, wealth and happiness were ever on the increase there.

चौ. –नगर निकट बरात सुनि आई । पुर खरभरु सोभा अधिकाई ॥
करि बनाव सजि बाहन नाना । चले लेन सादर अगवाना ॥

बरात को नगर के निकट आयी सुनकर सारे नगर में चहल-पहल मच गयी, जिससे उसकी शोभा और भी बढ़ गयी । अगवानी करनेवाले बनाव-शृंगार कर तथा अनेक प्रकार की सवारियों को सजाकर बरात को आदरसहित लेने चले ॥१॥

When news came that the bridegroom's procession was close at hand, there was a stir in the city, which added to its charm. Adorning themselves and decorating their carriages of various kinds, the party of welcome proceeded in advance to receive the bridal procession with due honour.

हिय हरषे सुर सेन निहारी । हरिहि देखि अति भए सुखारी ॥
सिवसमाज जब देखन लागे । बिडरि चले बाहन सब भागे ॥

देवताओं की सेना को देखकर सब मन-ही-मन प्रसन्न हुए और विष्णु भगवान् को देखकर तो बहुत ही सुखी हुए । किंतु जब शिवजी के समाज को देखने लगे तब तो उनके सब वाहन डरकर भाग खड़े हुए ॥२॥

They rejoiced to see the gathering of the immortals, and yet more so when they saw Hari (Vishnu). But when they beheld Śhiva's retinue, every animal they rode started back in panic and ran away.

धरि धीरजु तहँ रहे सयाने । बालक सब लै जीव पराने ॥
गए भवन पूछहि पितु माता । कहहि बचन भयकंपित गाता ॥

कुछ सयाने लोग धीरज धरकर वहाँ डटे रहे (लेकिन) लड़के तो सब अपने प्राण लेकर भागे । घर पहुँचने पर जब माता-पिता पूछते हैं तब वे (बालक) भय से काँपते हुए शरीर से कहते हैं – ॥३॥

The elders summoned up courage and remained where they were, but every child that came ran for its life. On their reaching home when their parents questioned them, they spoke as follows, trembling all over for fear:

कहिअ काह कहि जाइ न बाता । जम कर धार किधों बरिआता ॥
बरु बौराह बसह असवारा । ब्याल कपाल बिभूषन छारा ॥

क्या कहें, (डर के मारे) कोई बात कही नहीं जाती । यह बरात है या यमराज की सेना ? दूल्हा बावला है और बैल पर सवार है । साँप, खोपड़ियाँ और राख ही उसके गहने हैं ॥४॥

'What can we say ? It's beyond telling ! We wonder whether it is a bridegroom's procession or the army of Death. The bridegroom, a maniac, is mounted on a bull; serpents and skulls and ashes are his ornaments !

छं. –तन छार ब्याल कपाल भूषन नगन जटिल भयंकरा ।
सँग भूत प्रेत पिसाच जोगिनि बिकट मुख रजनीचरा ॥
जो जिअत रहिहि बरात देखत पुन्य बड़ तेहि कर सही ।
देखिहि सो उमाबिवाहु घर घर बात असि लरिकन्ह कही ॥

दूल्हे के शरीर में राख पुती है, सर्प और मुण्डमाल के गहने हैं; वह नंगा, जटाधारी और भयंकर है । उसके साथ भयानक मुखवाले भूत, प्रेत, पिशाच, योगिनियाँ और राक्षस हैं । जो बरात को देखकर जीता बच जायगा, सचमुच उसके बड़े ही पुण्य होंगे और वही पार्वती का विवाह भी देखेगा । लड़कों ने घर-घर यही बात दुहरायी ।

His body is smeared with ashes and adorned with serpents and skulls; he is naked, has matted hair and is dreadful to look at. With him are ghosts and spirits, goblins and witches and demons, all hideous to behold ! Whoever looks on the bridegroom's procession and survives must be a very model of virtue and he alone will see Parvati's wedding !' This is what the children said in every house.

दो. –समुझि महेससमाज सब जननि जनक मुसुकाहिं ।
बाल बुझाए बिबिध बिधि निडर होहु डरु नाहिं ॥९५॥

यह सारा समाज शिवजी का है, यह समझकर लड़कों के माता-पिता मुसकराते हैं । उन्होंने बहुत तरह से लड़कों को समझाया कि निडर हो जाओ, डर नहीं है ॥९५॥

But the parents smiled; for they knew that it was Shiva's retinue. They reassured the children in every possible way, saying, 'Be not afraid; there's nothing to fear.'

चौ. –लै अगवान बरातहि आए । दिए सबहि जनवास सुहाए ॥
मैना सुभ आरती सँवारी । संग सुमंगल गावहिं नारी ॥

अगवान लोग बरात को लिवा लाये और सबको ठहरने के लिए सुन्दर जनवासे दिये । (पार्वतीजी की माता) मैना ने शुभ आरती सजायी और उनके साथ की स्त्रियों ने उत्तम मङ्गलगीत गाना शुरू किया ॥१॥

The heralds (who had gone to receive the guests) returned with the procession and assigned magnificent lodgings to all the guests Maina made ready the festal lamp (for waving it ceremonially about the bridegroom's head) and the women accompanying her sang melodious songs of glad welcome.

कंचनथार सोह बर पानी। परिछन चली हरहि हरषानी॥
बिकट बेष रुद्रहि जब देखा। अबलन्ह उर भय भएउ बिसेषा॥

उनके सुन्दर हाथों में सोने का थाल शोभा दे रहा है। इस प्रकार वे (मैना) हर्षपूर्वक शिवजी का परछन करने चलीं। जब उन्होंने भयंकर वेषवाले रुद्र (शिवजी) को देखा, तब तो स्त्रियों के मन में बड़ा भारी भय उत्पन्न हो गया॥२॥

A golden platter adorned Maina's fair hands and she joyously proceeded to welcome Shiva.[1] The women were seized with great fear when they saw Rudra's dreadful guise.

भागि भवन पैठीं अति त्रासा। गए महेसु जहाँ जनवासा॥
मैना हृदय भएउ दुखु भारी। लीन्ही बोलि गिरीसकुमारी॥

अत्यन्त भय के कारण भागकर वे घर में घुस गयीं और शिवजी वहाँ चले गए जहाँ जनवासा था। मैना के हृदय में बड़ा दुःख हुआ; उन्होंने पार्वती को अपने पास बुला लिया॥३॥

They fled in utter panic into the house. The great Lord Shiva moved on to the lodgings of the bridegroom's party. Maina, sorely grieved at heart, sent for Parvati.

अधिक सनेह गोद बैठारी। स्याम सरोज नयन भरे बारी॥
जेहि बिधि तुम्हहि रूपु अस दीन्हा। तेहि जड़ बरु बाउर कस कीन्हा॥

अत्यन्त स्नेह से गोद में बिठाकर तथा अपने नीलकमल के समान नेत्रों में आँसू भरकर (उन्होंने पार्वती से) कहा—जिस विधाता ने तुमको ऐसा सुन्दर रूप दिया, उस मूर्ख ने तुम्हारे वर को बावला क्यों बनाया?॥४॥

In the most loving manner she took her in her lap, while tears rushed to her eyes, which resembled a pair of blue lotuses. 'To think that the Creator, who has made you so beautiful, should have been stupid enough to give you such a raving lunatic for a husband!

छं.—कस कीन्ह बरु बौराह बिधि जेहि तुम्हहि सुंदरता दई।
जो फलु चहिअ सुरतरुहि सो बरबस बबूरहि लागई॥
तुम्ह सहित गिरि तें गिरौं पावक जरौं जलनिधि महु परौं।
घरु जाउ अपजसु होउ जग जीवत बिबाहु न हौं करौं॥

जिस विधाता ने तुम्हें ऐसी सुन्दरता दी, उसने तुम्हारे वर को बावला कैसे बना दिया? जो फल कल्पवृक्ष में लगना चाहिए, उसे बलात् बबूल में लगाया जा रहा है। मैं तुम्हें लेकर पहाड़ से गिर पड़ूँगी, आग में जल जाऊँगी, या समुद्र में कूद पड़ूँगी। चाहे घर उजड़ जाय और संसारभर में अपयश फैल जाय, पर जीते-जी मैं तुम्हें यह विवाह न करने दूँगी।

How strange that the Creator, who has made you so lovely, should have given you a crazy fellow for a bridegroom! The fruit which should have adorned the wish-yielding tree is helplessly appearing on a mere acacia! Taking you in my arms I'll hurl myself and you from a mountain-top, I'll cast myself down with you into the flames or leap with you into the sea. Let my home be ruined and let me earn disgrace throughout the world; but I'll never let you marry this maniac so long as there is life in me.'

दो.—भईं बिकल अबला सकल दुखित देखि गिरिनारि।
करि बिलापु रोदति बदति सुता सनेहु सँभारि॥९६॥

हिमाचल की स्त्री (मैना) को दुःखी देखकर सारी स्त्रियाँ व्याकुल हो उठीं। अपनी बेटी के स्नेह को यादकर मैना विलाप करती, रोती और कहती थीं—॥९६॥

All the women were distressed when they saw the consort of Himachala so sad. Recalling the affection of her daughter, Maina wailed and wept, saying,

चौ.—नारद कर मैं काह बिगारा। भवन मोर जिन्ह बसत उजारा॥
अस उपदेसु उमहि जिन्ह दीन्हा। बौरे बरहि लागि तपु कीन्हा॥

मैंने नारद का क्या बिगाड़ा था जिन्होंने मेरा बसा हुआ घर उजाड़ दिया और जिन्होंने पार्वती को ऐसा उपदेश दिया कि उसने बावले वर के लिए तप किया॥१॥

'What harm had I done to Narada that he should ruin my happy home and give parvati such advice, to do penance to win a crazy husband?

साचेहु उन्ह कें मोह न माया। उदासीन धनु धामु न जाया॥
पर घर घालक लाज न भीरा। बाँझ कि जान प्रसव कै पीरा॥

सचमुच उनमें न तो किसी के प्रति मोह है और न माया; न उनके धन है और न घर और न स्त्री ही है; वे सबसे उदासीन हैं। इसीसे वे दूसरों के घरों को उजाड़नेवाले हैं। उन्हें न किसी की लाज है, न डर है। भला, बाँझ स्त्री प्रसव की पीड़ा को क्या जाने?॥२॥

He is passionless indeed and without affection, an ascetic who has no wealth, no dwelling and no wife, and therefore in destroying another's home he has neither shame nor fear; for what does a barren woman know of the pains of childbirth?'

1. *i.e.*, by waving the festal lamp round his head.

जननिहि बिकल बिलोकि भवानी। बोली जुत बिबेक मृदु बानी॥
अस बिचारि सोचहि मति माता। सो न टरै जो रचै बिधाता॥

माता को विकल देख पार्वतीजी विवेकयुक्त कोमल वाणी बोलीं – हे माँ :! जो विधाता रच देते हैं, वह (कभी) नहीं टलता; ऐसा विचारकर तुम सोच न करो ! ॥३॥

When Parvati saw her mother's distress, she spoke thus gently and discreetly: 'Grieve not, my mother, for whatever is ordained by Providence cannot be altered.

करम लिखा जौ बाउर नाहू। तौ कत दोसु लगाइअ काहू॥
तुम्ह सन मिटहिं कि बिधि के अंका। मातु ब्यर्थ जनि लेहु कलंका॥

यदि मेरे कर्म (प्रारब्ध) में बावला ही पति लिखा है तो फिर किसी को क्यों दोष लगाया जाय ? हे माता ! क्या विधाता के लिखे हुए अङ्क तुमसे मिट सकते हैं ? वृथा कलङ्क (का टीका) मत लो ॥४॥

If I am destined to have a crazy husband, why should anyone be blamed ? Mother, can you erase the lines drawn by Providence ? Then take no reproach on your head unnecessarily.

छं. –जनि लेहु मातु कलंकु करुना परिहरहु अवसरु नहीं।
दुखु सुखु जो लिखा लिलार हमरें जाब जहँ पाउब तहीं॥
सुनि उमाबचन बिनीत कोमल सकल अबला सोचहीं।
बहु भाँति बिधिहि लगाइ दूषन नयन बारि बिमोचहीं॥

हे माता ! (अपने सिर पर) कलङ्क मत लो, रोना-धोना छोड़ो, यह अवसर (विषाद करने का) नहीं है। मेरे भाग्य में जो भी दुःख-सुख लिखा है, उसे मैं जहाँ जाऊँगी, वहीं पाऊँगी ! पार्वतीजी के ऐसे विनीत एवं कोमल वचन सुनकर सारी स्त्रियाँ सोच करने लगीं और तरह-तरह से विधाता को ही दोषी ठहराकर आँखों से आँसू बहाने लगीं।

Mother, refrain from bringing profitless reproaches on your head; cease lamenting; this is no occasion for it. The amount of joy and sorrow that has fallen to my lot I must experience wherever I may go.' Hearing Parvati's soft and polite words, all the ladies became sad and, with tears flowing from their eyes, they blamed the Creator in many ways.

दो. –तेहि अवसर नारद सहित अरु रिषि सप्त समेत।
समाचार सुनि तुहिनगिरि गवने तुरत निकेत॥९७॥

यह समाचार सुनकर हिमाचल उसी समय नारदजी और सप्तर्षियों को साथ लेकर तुरत अपने घर गये ॥९७॥

On hearing the news Himachala hastened to his house just then along with Narada and the Seven Seers.

चौ. –तब नारद सबही समुझावा। पूरुब कथा प्रसंगु सुनावा॥
मयना सत्य सुनहु मम बानी। जगदंबा तव सुता भवानी॥

तब नारदजी ने (उमा के) पूर्वजन्म की कथा सुनाकर सबको समझाया (और कहा) कि हे मैना ! तुम मेरी सच्ची बात सुनो, तुम्हारी यह कन्या साक्षात् जगज्जननी भवानी (शिवपत्नी) है ॥१॥

Then Narada reassured them all, narrating to them the story of Uma's former life. He said, 'Hear, O Maina ! My words are true; your daughter is Bhavani (Shiva's eternal consort), Mother of the world.

अजा अनादि सक्ति अबिनासिनि। सदा संभु अरधंग निवासिनि॥
जग संभव पालन लय कारिनि। निज इच्छा लीला बपु धारिनि॥

ये अजन्मा, अनादि शक्ति और अविनाशिनी हैं तथा सदा शिवजी के अर्द्धाङ्ग में रहती हैं। ये जगत् की उत्पत्ति, पालन और संहार करनेवाली हैं और अपनी इच्छा से ही लीलापूर्वक शरीर धारण करती हैं ॥२॥

She is without birth or beginning, the imperishable divine energy, Shiva's immortal spouse and inseparable half. She creates, maintains and then dissolves the world and at will assumes an illusory body.

जनमीं प्रथम दच्छगृह जाई। नामु सती सुंदरतनु पाई॥
तहँहु सती संकरहि बिवाहीं। कथा प्रसिद्ध सकल जग माहीं॥

पहले इन्होंने दक्ष के घर जाकर जन्म लिया था। वहाँ इनका नाम सती था और इन्होंने बहुत सुन्दर शरीर पाया था। वहाँ भी सती शंकरजी से ही ब्याही गई थीं। यह कथा सम्पूर्ण विश्व में प्रसिद्ध है ॥३॥

First she was born in Daksha's house, where she grew into a beautiful maiden named Sati; and there (even in that incarnation) Sati married Shankara, as the whole world knows well.

एक बार आवत सिव संगा। देखेउ रघुकुल कमल पतंगा॥
भएउ मोहु सिव कहा न कीन्हा। भ्रमबस बेषु सीअ कर लीन्हा॥

एक बार इन्होंने शिवजी के साथ (कैलास को) आते हुए रघुकुलरूपी कमल के (विकासक) सूर्यरूप श्रीरामचन्द्रजी को देखा, तब इन्हें मोह हो गया और इन्होंने शिवजी का कहा न मानकर भ्रमवश सीताजी का वेष बना लिया ॥४॥

One day as she was returning home with Shiva, she saw Rama, the sun of the lotus race of Raghu. In her infatuation, she did not listen to Shiva's advice and was beguiled into assuming the form of Sita.

छं. –सियबेषु सतीं जो कीन्ह तेहि अपराध संकर परिहरीं।
हरबिरह जाइ बहोरि पितु कें जग्य जोगानल जरीं॥

अब जनमि तुम्हरें भवन निज पति लागि दारुन तपु किया ।
अस जानि संसय तजहु गिरिजा सर्बदा संकरप्रिया ॥

सतीजी ने सीता का जो वेष धारण किया, उसी अपराध के कारण शंकरजी ने इनका त्याग किया। फिर शिवजी के विरह में ये अपने पिता के यज्ञ में जाकर वहीं योगाग्नि में जलकर भस्म हो गयीं। अब इन्होंने तुम्हारे घर जन्म लेकर अपने पति के लिए अत्यन्त कठिन तप किया है। ऐसा जानकर संदेह न करो, गिरिजा तो सदा ही शंकरजी की प्रिया (अर्द्धाङ्गिनी) रही हैं।

Shankara deserted her because she had offended him by taking the form of Sita. Separated from Shiva, she then visited her father's sacrifice and burnt herself up in the fire of Yoga (sacrificial fire) there. Now, reborn in your house, she has undergone severe penance to win her lord. Know this and give up your doubts; Girija (your daughter) is for ever Shankara's beloved spouse'

दो. –सुनि नारद के बचन तब सब कर मिटा बिषाद
छन महु ब्यापेउ सकल पुर घर घर यह संबाद ॥९८॥

तब नारद की बात सुनकर सबका शोक मिट गया और क्षणभर में यह समाचार सारे नगर में घर-घर फैल गया ॥९८॥

On hearing Narada's words, the sadness of all disappeared, and in a moment the story he had told spread from house to house throughout the city.

चौ. –तब मयना हिमवंतु अनंदे । पुनि पुनि पारबती पद बंदे ॥
नारि पुरुष सिसु जुबा सयाने । नगर लोग सब अति हरषाने ॥

तब मैना और हिमवान् आनन्द-मग्न हो गए और उन्होंने बार-बार पार्वती के चरणों की वन्दना की। स्त्री, पुरुष, बालक, युवा और सयाने (वृद्ध) – नगर के सभी लोग अत्यन्त हर्षित हुए ॥१॥

Then Maina and Himavan were overjoyed and bowed before Parvati's feet again and again. All the citizens, men, women and children, young and old, were immensely delighted.

लगे होन पुर मंगल गाना । सजे सबहि हाटकघट नाना ॥
भाँति अनेक भई जेवनारा । सूपसास्त्र जस कछु ब्यवहारा ॥

सारे नगर में मङ्गलगीत गाये जाने लगे और सबने भाँति-भाँति के सुवर्ण-कलश सजाये। पाकशास्त्र में जैसी रीति है, उसके अनुसार अनेक प्रकार की ज्योनार हुई (तरह-तरह के भोजन बने) ॥२॥

Festive songs began to be sung in the city, and all sorts of golden vases were displayed by all. Dishes of various kinds were prepared in accordance with the rules of culinary science.

सो जेवनार कि जाइ बखानी । बसहिं भवन जेहि मातु भवानी ॥
सादर बोले सकल बराती । बिष्नु बिरंचि देव सब जाती ॥

जिस घर में माता भवानी ही रहती हों, वहाँ की ज्योनार (रसोई) का वर्णन क्या हो सकता है? हिमाचल ने सब बरातियों को – विष्णु, ब्रह्मा और सब जाति के देवताओं को – आदर के साथ बुलवा लिया ॥३॥

Is it ever possible to describe the varieties of dishes prepared in the house where Bhavani the Mother lived? Himachala courteously summoned all the wedding guests, including Vishnu, Brahma and the gods of all classes.

बिबिध पाँति बैठी जेवनारा । लागे परुसन निपुन सुआरा ॥
नारिबृंद सुर जेवत जानी । लगीं देन गारीं मृदु बानी ॥

जेवनार (भोज) के लिए बरातियों की बहुत-सी पंगतें बैठीं। तब चतुर रसोइये परोसने लगे। देवताओं को भोजन करते जानकर स्त्रियाँ कोमल वाणी में गालियाँ देने लगीं ॥४॥

The guests sat in many rows; and expert cooks began to serve the food. Finding the gods dining, batches of women began to jest and banter in pleasant strains.

छं. –गारीं मधुर स्वर देहिं सुंदरि बिंग्य बचन सुनावहीं ।
भोजनु करहिं सुर अति बिलंबु बिनोदु सुनि सचु पावहीं ॥
जेवत जो बढ़्यो अनंदु सो मुख कोटिहूँ न परै कह्यो ।
अचवाइ दीन्हे पान गवने बास जहँ जाको रह्यो ॥

सुन्दरी स्त्रियाँ मीठे स्वर में गालियाँ देती और व्यंग्यभरे वचन सुनाती हैं। देवगण विनोद सुनकर बहुत सुख अनुभव करते हैं, इसलिए भोजन करने में बड़ा विलम्ब कर रहे हैं। भोजन के समय जो आनन्द बढ़ा, उसे करोड़ों मुँह से भी नहीं कहा जा सकता। (भोजन कर चुकने पर) सबके हाथ-मुँह धुलवाकर पान दिये गए। फिर जिनका जहाँ निवास-स्थल था, वे वहाँ चले गए।

The charming ladies jested in sweet strains and began to indulge in good-humoured raillery. The gods felt so amused to hear them that they prolonged the feast. The joy that swelled at the dinner cannot be described even with a myriad tongues. Having rinsed their hands and mouths at the end of the dinner, they took betel-leaves, and then returned, each to his own lodging.

दो. –बहुरि मुनिन्ह हिमवंत कहुँ लगन सुनाई आइ ।
समय बिलोकि बिवाह कर पठए देव बोलाइ ॥९९॥

फिर लौटकर मुनियों ने हिमवान् को लग्नपत्रिका सुनायी और विवाह का समय देखकर देवताओं को बुला भेजा ॥९९॥

Then the sages returned and read out to Himavan the note recording the time fixed for the wedding; and when he saw that it was time for the ceremony, he sent for the gods.

चौ. –बोलि सकल सुर सादर लीन्हे। सबहि जथोचित आसन दीन्हे ॥
बेदी बेदबिधान सँवारी। सुभग सुमंगल गावहिं नारी ॥

(हिमालय ने) सब देवताओं को आदरपूर्वक बुलवा लिया और सबको यथायोग्य आसन दिये। वेद की रीति से वेदी सँवारी गयी और स्त्रियाँ सुन्दर श्रेष्ठ मङ्गलगीत गाने लगीं ॥१॥

Himavan courteously sent for all the gods and assigned to each an appropriate seat. An altar was prepared in accordance with the Vedic ritual and the women chanted charming festal songs.

सिंघासनु अति दिब्य सुहावा। जाइ न बरनि बिरंचि बनावा ॥
बैठे सिव बिप्रन्ह सिरु नाई। हृदय सुमिरि निज प्रभु रघुराई ॥

(वेदिका पर) एक अत्यन्त दिव्य सिंहासन शोभित था, जिस (की सुन्दरता) का वर्णन नहीं किया जा सकता, क्योंकि वह स्वयं ब्रह्माजी का (अपने हाथ से) बनाया हुआ था। ब्राह्मणों को सिर नवाकर और हृदय में अपने स्वामी श्रीरघुनाथजी का स्मरणकर शिवजी उस सिंहासन पर बैठ गए ॥२॥

A divinely beautiful throne was placed on the altar; being the handiwork of Brahma himself, it was beyond all description. Bowing his head to the Brahmans and calling to his mind his own Lord Raghunatha, Shiva took his seat upon the throne.

बहुरि मुनीसन्ह उमा बोलाईं। करि सिंगारु सखीं लै आईं ॥
देखत रूपु सकल सुर मोहे। बरनैं छबि अस जग कबि को हे ॥

फिर मुनीश्वरों ने पार्वतीजी को बुलवाया। सखियाँ शृंगार करके उन्हें वहाँ ले आयीं। पार्वतीजी के रूप को देखते ही सब देवता मुग्ध हो गए। संसार में ऐसा कवि कौन है जो उस रूप-लावण्य का वर्णन कर सके? ॥३॥

Then the high sages sent for Parvati, who was brought in by her maidens, richly adorned. All the gods were enraptured at the sight of her beauty. What poet in the world could describe such loveliness?

जगदंबिका जानि भवभामा। सुरन्ह मनहि मन कीन्ह प्रनामा ॥
सुंदरतामरजाद भवानी। जाइ न कोटिहु बदन बखानी ॥

जगदम्बा और शिवजी की पत्नी जानकर देवताओं ने उमा को मन-ही-मन प्रणाम किया। भवानीजी सुन्दरता की सीमा हैं। करोड़ों मुखों से भी उनकी शोभा का बखान नही हो सकता ॥४॥

Recognizing in her the Mother of the world and Shiva's spouse, the divinities did obeisance to her in their hearts. Bhavani, who is the crown of beauty, possesses a loveliness which not even a myriad tongues could tell.

छं. –कोटिहु बदन नहि बनै बरनत जगजननि सोभा महा।
सकुचहिं कहत श्रुति सेष सारद मंदमति तुलसी कहा ॥
छबिखानि मातु भवानि गवनीं मध्य मंडप सिव जहाँ।
अवलोकि सकहि न सकुच पतिपद कमल मनु मधुकरु तहाँ ॥

जगन्माता पार्वतीजी की महान् शोभा का वर्णन करोड़ों मुखों से भी करते नहीं बनता। जब वेद, शेषजी और सरस्वतीजी तक उसे कहते हुए सकुचाते हैं, तब मन्दबुद्धि तुलसी किस गिनती में है? सुन्दरता और शोभा की खान माता भवानी मण्डप के बीच गयीं जहाँ शिवजी थे। वे संकोचवश पति (शिवजी) के चरणकमलों को देख नहीं सकतीं, परंतु उनका मनरूपी भौंरा तो वहीं (रसमग्न) था।

The matchless grace of the Mother of the world could not be described even with a myriad tongues. When even the Vedas, Sesha and Sarasvati shrink from describing it, of what account is the dull-witted Tulasidasa? Bhavani the Mother, the mine of beauty, walked to the middle of the pavilion where Shiva sat. She could not look upon her lord's lotus feet for modesty, although her heart hovered about them like a bee.

दो. –मुनि अनुसासन गनपतिहि पूजेउ संभु भवानि।
कोउ सुनि संसय करै जनि सुर अनादि जिय जानि ॥१००॥

मुनियों की आज्ञा से शम्भु और भवानी ने गणेशजी की पूजा की। यह सुनकर कोई शंका न करे और जी में देवताओं को अनादि जाने। (इस बात से संशय हो सकता है कि गणेशजी शिव-पार्वती की संतान हैं, इसलिए इनके विवाह से पूर्व वे कहाँ से आ गए!) ॥१००॥

At the direction of the sages both Shambhu and Bhavani worshipped Ganapati (Ganesha). Let no one be perplexed on hearing this, remembering that gods have existed from time without beginning.[1]

चौ. –जसि बिबाह कै बिधि श्रुति गाई। महामुनिन्ह सो सब करवाई ॥
गहि गिरीस कुस कन्या पानी। भवहि समरपीं जानि भवानी ॥

विवाह की जैसी रीति वेदों में कही गयी है, महामुनियों ने वह सब करवायी। पर्वतराज हिमाचल ने हाथ में कुश लेकर तथा कन्या का हाथ पकड़कर उन्हें भवानी (शिव-पत्नी) जानकर शिवजी को समर्पित कर दिया ॥१॥

The great sages had the whole marriage ceremony performed in accordance with Vedic rites. Taking

1. The perplexity would arise from the fact that Ganesha was their son, not yet born.

the sacred *kusha* grass in his hand and holding the bride by her hand, the king of the mountains gave her to Bhava (Shiva), acknowledging her to be his eternal consort.

पानिग्रहन जब कीन्ह महेसा । हिय हरषे तब सकल सुरेसा ॥
बेदमंत्र मुनिबर उच्चरहीं । जय जय जय संकर सुर करहीं ॥

जब महादेवजी ने पाणिग्रहण कर लिया, तब (इन्द्रादि) सब सुरेश्वर हृदय में बड़े ही हर्षित हुए । श्रेष्ठ मुनिगण वेदमन्त्रों का उच्चारण करने लगे और देवगण जय शंकर ! जय शंकर ! की ध्वनि करने लगे ॥२॥

When the great Lord Shiva took the hand of the bride, all the high gods rejoiced. The principal sages chanted the Vedic verses, and the gods exclaimed, "Glory, glory, glory to Shankara !"

बाजहिं बाजन बिबिध बिधाना । सुमनबृष्टि नभ भै बिधि नाना ॥
हर गिरिजा कर भएउ बिबाहू । सकल भुवन भरि रहा उछाहू ॥

तरह-तरह के बाजे बजने लगे और आकाश से नाना प्रकार के फूलों की वर्षा हुई । शिव-पार्वती का विवाह हो गया । सारे ब्रह्माण्ड में भरपूर उत्साह छा गया ॥३॥

All kinds of music sounded and from the sky fell flowers of all sorts in showers. Thus was accomplished the wedding of Shiva and Parvati, filling all the worlds with joy.

दासी दास तुरग रथ नागा । धेनु बसन मनि बस्तु बिभागा ॥
अन्न कनकभाजन भरि जाना । दाइज दीन्ह न जाइ बखाना ॥

दासी, दास, रथ, घोड़े, हाथी, गायें, वस्त्र और मणि आदि अनेक प्रकार की चीजें, अन्न तथा सोने के बर्तन रथों में भर-भरकर दहेज में दिये, जिनका वर्णन नहीं हो सकता ॥४॥

Men-servants and maid-servants, horses and chariots, elephants and cows, dresses and jewels and every sort of gift, and wagon-loads of foodgrains and golden vessels were given as a dowry, which was more than one could describe.

छं. –दाइज दियो बहु भाँति पुनि कर जोरि हिमभूधर कह्यो ।
का देउँ पूरनकाम संकरचरन पंकज गहि रह्यो ॥
सिव कृपासागर ससुर कर संतोषु सब भाँतिहि कियो ।
पुनि गहे पद पाथोज मयना प्रेम परिपूरन हियो ॥

बहुत प्रकार का दहेज देकर और फिर हाथ जोड़कर हिमाचल ने कहा – हे शंकर ! आप पूर्णकाम हैं, मैं आपको क्या दे सकता हूँ ?' (इतना कहकर) वे शिवजी के चरणकमलों को पकड़कर रह गए । तब कृपासागर शिवजी ने अपने श्वसुर को सभी प्रकार से संतुष्ट किया । फिर प्रेम से परिपूर्णहृदय मैनाजी ने शिवजी के चरणकमल पकड़ लिये ।

Himachala gave all sorts of gifts as a dowry; then with folded hands he said, 'I have nothing to give you, Shankara; you have all your desires sated, Having said so, he remained there clasping Shiva's lotus feet, while Shiva, the ocean of grace, cheered his father-in-law in every possible way. Then Maina with her heart overflowing with love clasped his lotus feet and said,

दो. –नाथ उमा मम प्रान सम गृहकिंकरी करेहु ।
क्षमेहु सकल अपराध अब होइ प्रसन्न बरु देहु ॥१०१॥

(उन्होंने कहा –) हे नाथ ! यह उमा मुझे प्राणों के समान (प्यारी) है, आप इसे अपने घर की टहलनी बनाइएगा और इसके सब अपराधों को क्षमा करते रहिएगा । प्रसन्न होकर अब मुझे यही वर दीजिए ॥१०१॥

'Uma, my lord, is dear to me as life itself; take her as a maid-servant of your house and pardon all her offences; be gracious now and grant me this boon.'

चौ. –बहु बिधि संभु सासु समुझाई । गवनीं भवन चरन सिरु नाई ॥
जननीं उमा बोलि तब लीन्ही । लै उछंग सुंदर सिख दीन्ही ॥

शिवजी ने बहुत तरह से अपनी सास को समझाया । वे शिवजी के चरणों में सिर नवाकर घर गयीं । फिर माता ने उमा को बुला लिया और गोद में लेकर यह सुन्दर शिक्षा दी – ॥१॥

Shiva did his best to reassure his mother-in-law; then she bowed her head at his feet and went home. There she sent for Uma, and taking her on her lap gave her this excellent instruction :

करेहु सदा संकर पद पूजा । नारिधरमु पतिदेउ न दूजा ॥
बचन कहत भरे लोचन बारी । बहुरि लाइ उर लीन्हि कुमारी ॥

(कि हे पार्वती !) तू शंकरजी के चरणों की सदा पूजा करना, नारियों के धर्म में पति ही देवता है, और कोई देवता नहीं । इस प्रकार की बातें कहते-कहते उनकी आँखों में आँसू छलक आए और उन्होंने कन्या को छाती से लिपटा लिया ॥२॥

'Always worship Shankara's feet; this is the duty of a wife, for her husband is her deity, and there is no other god for her.' As she spoke these words, her eyes filled with tears and once more she clasped the girl to her bosom.

कत बिधि सृजीं नारि जग माहीं । पराधीन सपनेहु सुखु नाहीं ॥
भै अति प्रेम बिकल महतारी । धीरजु कीन्ह कुसमय बिचारी ॥

(और कहने लगीं –) विधाता ने जगत् में स्त्रीजाति की सृष्टि ही क्यों की ? पराधीन को सपने में भी सुख नहीं मिलता । (यों कहती हुई) माता प्रेम में अत्यन्त विकल हो गयीं, परंतु कुसमय जानकर (दुःख करने का अवसर न जानकर) उन्होंने धैर्य धारण किया ॥३॥

'Why did God create women in the world ?' she said. 'One who is always in a state of subjection can never even dream of happiness.' Though utterly distracted by her exceeding love, she knew it was no time to display it, and composed herself.

पुनि पुनि मिलति परति गहि चरना। परम प्रेमु कछु जाइ न बरना॥
सब नारिन्ह मिलि भेटि भवानी। जाइ जननि उर पुनि लपटानी॥

मैना बार-बार मिलती हैं और (पार्वती के) चरणों को पकड़कर उनपर गिर पड़ती हैं। उनके इस परम (उत्कृष्ट) प्रेम का कुछ भी वर्णन नहीं हो सकता। भवानी सब स्त्रियों से मिल-भेंटकर फिर अपनी माता की छाती से जा लिपटी॥४॥

Maina embraced Parvati again and again and fell down before her, clasping her feet in a transport of affection beyond all words. Bhavani said goodbye to all the ladies, and then went again and clung to her mother's heart.

छं. –जननिहि बहुरि मिलि चली उचित असीस सब काहूँ दईं।
फिरि फिरि बिलोकति मातु तन तब सखीं लै सिव पहि गईं॥
जाचक सकल संतोषि संकरु उमा सहित भवन चले।
सब अमर हरषे सुमन बरषि निसान नभ बाजे भले॥

पार्वतीजी माता से फिर मिलकर चलीं। सब किसी ने उन्हें यथायोग्य आशीर्वाद दिये। वे फिर-फिरकर माता की ओर देखती जाती थीं। तब उनकी सखियाँ उन्हें शिवजी के पास ले गयीं। सब याचकों को संतुष्ट कर शंकरजी पार्वती के साथ अपने घर (कैलास) को चले। सब देवता प्रसन्न होकर फूलों की वर्षा करने लगे और आसमान में सुन्दर नगाड़े बजने लगे।

Again she went and took leave of her mother, and they all blessed her as was due. She often turned back to have a look at her mother as her companions led her away to Shiva. Having satisfied all the beggars, Shankara proceeded with Uma to his home (Mount Kailasa). All the divinities delightfully rained down flowers and played their kettledrums in the sky.

दो. –चले संग हिमवंतु तब पहुचावन अति हेतु।
बिबिध भाँति परितोषु करि बिदा कीन्ह बृषकेतु॥१०२॥

तब अत्यन्त प्रेम से हिमवान् शिवजी को पहुँचाने के लिए साथ चले। वृषकेतु (शिवजी) ने बहुत तरह से समझा-बुझाकर उन्हें विदा किया॥१०२॥

Then with them went Himavan most lovingly to escort them; Shiva, however, consoled him in various ways and bade him farewell.

चौ. –तुरत भवन आए गिरिराई। सकल सैल सर लिए बोलाई॥
आदर दान बिनय बहु माना। सब कर बिदा कीन्ह हिमवाना॥

पर्वतराज हिमाचल तुरंत ही घर लौट आए और उन्होंने सब पर्वतों और सरोवरों को बुलाया। आदर, दान, विनय और बहुत सम्मानपूर्वक हिमवान् ने सबकी विदाई की॥१॥

Straightaway Himachala the Mountain King returned home and summoned all other mountains and lakes, and with due respect and gifts and polite words and great honour gave them leave to depart.

जबहि संभु कैलासहि आए। सुर सब निज निज लोक सिधाए॥
जगत मातु पितु संभु भवानी। तेहिं सिंगारु न कहउँ बखानी॥

शिवजी के कैलास पहुँचते ही सब देवता अपने-अपने लोकों को लौट गए। (तुलसीदासजी कहते हैं कि) पार्वतीजी और शिवजी जगत् के माता-पिता हैं, इसलिए मैं उनके शृङ्गार का वर्णन नहीं करूँगा॥२॥

No sooner had Shiva reached Kailasa then all the gods returned to their own spheres. Shiva and Parvati are the parents of the world; therefore I refrain from portraying their amorous dalliance.

करहिं बिबिध बिधि भोग बिलासा। गनन्ह समेत बसहिं कैलासा॥
हर गिरिजा बिहार नित नयऊ। एहि बिधि बिपुल काल चलि गयऊ॥

वे विविध प्रकार से भोग-विलास करते हुए अपने गणों के साथ कैलास पर निवास करने लगे। शिव-पार्वती नित्य नये विहार करते थे। इस प्रकार बहुत समय बीत गया॥३॥

The divine pair lived on Kailasa with their attendants and indulged in luxuries and enjoyments of various kinds. Shiva and Parvati enjoyed some new delight every day, and in this manner a long time passed.

तब जनमेउ षटबदन कुमारा। तारकु असुरु समर जेहिं मारा॥
आगम निगम प्रसिद्ध पुराना। षन्मुख जन्मु सकल जग जाना॥

तब छः मुखवाले कुमार (स्वामिकार्तिक) का जन्म हुआ, जिन्होंने (आगे चलकर) युद्ध में तारकासुर को मारा। वेदों, शास्त्रों और पुराणों में स्वामिकार्तिक के जन्म की कथा प्रसिद्ध है और उसे सारा संसार जानता है॥४॥

Then was born to them a son with six heads, who (later on) killed the demon Taraka in battle. The story of Karttikeya (the six-headed deity) is famed in the Vedas and the Agamas and the Puranas, and the entire world knows it. (Karttikeya or Svamikarttika is also called Shadanana, Shadvadana and Shanmukha. He is the six-faced son of Shiva, either by Parvati or without female intervention, proceeding from the Ganges who received Shiva's seed from the fire.)

छं. –जगु जान षन्मुखजन्मु कर्मु प्रतापु पुरुषारथु महा ।
तेहि हेतु मैं बृषकेतुसुत कर चरित संक्षेपहि कहा ॥
यह उमा संभु बिवाहु जे नर नारि कहहिं जे गावहीं ।
कल्यान काज बिवाह मंगल सर्बदा सुखु पावहीं ॥

षडानन के जन्म, कर्म, प्रताप और महान् पुरुषार्थ को सारा विश्व जानता है। इसलिए मैंने शिवजी के पुत्र का चरित्र संक्षेप में ही कहा है। शिव-पार्वती के विवाह की इस कथा को जो स्त्री-पुरुष कहेंगे और गायेंगे, वे कल्याण के कार्यों और विवाहादि मङ्गलों में सदा सुख पायेंगे।

All the world knows the story of the birth of Shadanana (Svamikarttika), his exploits, his glory and his mighty courage; and that is why I have related but briefly the acts of Shiva's son. All men and women who recite or sing of the wedding of Shiva and Parvati shall ever rejoice in all their acts of charity and on such festive occasions as a wedding, etc.

दो. –चरितसिंधु गिरिजारमन बेद न पावहिं पारु ।
बरनै तुलसीदासु किमि अति मतिमंद गवारु ॥१०३॥

श्रीउमारमण शिवजी का चरित्र समुद्र के समान (अपार) है, उसका पार वेद भी नहीं पाते। तब भला अत्यन्त मन्दबुद्धि और गँवार तुलसीदास उसका वर्णन कैसे कर सकता है! ॥१०३॥

The exploits of Uma's lord are like an ocean that not even the Vedas can sound; then how can Tulasidasa, a dull-witted clown, succeed in describing them ?

चौ. –संभुचरित सुनि सरस सुहावा । भरद्वाज मुनि अति सुखु पावा ॥
बहु लालसा कथा पर बाढ़ी । नयनन्हि नीरु रोमावलि ठाढ़ी ॥

श्रीशम्भुजी के रसीले और सुहावने चरित्र को सुनकर मुनि भरद्वाजजी ने अत्यन्त सुख का अनुभव किया। कथा सुनने पर उनकी लालसा बहुत बढ़ गयी। नेत्रों में जल भर आया तथा रोमावलियाँ खड़ी हो गयीं ॥१॥

The sage Bharadvaja was delighted to hear this pleasant, romantic story of Shambhu's acts, and he longed to hear yet more; tears rushed to his eyes and the hair on his body bristled up with joy.

प्रेम बिबस मुख आव न बानी । दसा देखि हरषे मुनि ग्यानी ॥
अहो धन्य तव जन्मु मुनीसा । तुम्हहि प्रान सम प्रिय गौरीसा ॥

वे प्रेम में ऐसे मुग्ध हो गए कि मुख से वाणी नहीं निकलती। उनकी दशा देखकर ज्ञानी मुनि याज्ञवल्क्य बहुत हर्षित हुए (और बोले –) अहे मुनीश! तुम्हारा जन्म धन्य है, कारण कि तुम्हें गौरीपति शिवजी प्राणों के समान प्रिय हैं ॥२॥

He was so mastered by love that he could not utter a word. On seeing his condition the enlightened sage Yajnavalkya was pleased. 'Blessed indeed is your birth, O great sage' he said, 'for Gauri's lord is dear to you as life !

सिव पदकमल जिन्हहि रति नाहीं । रामहि ते सपनेहु न सोहाहीं ॥
बिनु छल बिस्वनाथ पद नेहू । रामभगत कर लच्छन एहू ॥

शिवजी के चरणकमलों में जिनकी प्रीति नहीं है, वे श्रीरामजी को स्वप्न में भी नहीं सुहाते। विश्वनाथ श्रीशिवजी के चरणों में निष्कपट प्रेम का होना ही राम-भक्त का लक्षण है ॥३॥

Those who love not Shiva's lotus feet can never dream of pleasing Rama. A guileless love for Shiva's feet is the surest sign of Rama's votary.

सिव सम को रघुपति ब्रत धारी । बिनु अघ तजी सती असि नारी ॥
पनु करि रघुपति भगति देखाई । को सिव सम रामहि प्रिय भाई ॥

शिवजी के समान रघुनाथजी की भक्ति का व्रत धारण करनेवाला और कौन है, जिन्होंने बिना पाप के ही सती-जैसी स्त्री को त्याग दिया और प्रण करके श्रीरघुनाथजी की भक्ति दिखा दी? अतः हे भाई! श्रीरामजी को शिवजी के समान और कौन प्यारा है? ॥४॥

Who is so faithful to Raghunatha as Shiva, who put away a sinless wife like Sati and proved his devotion to Rama by his pledge of unswerving fidelity ? Whom, my friend, does Rama hold so dear as Shiva ?

दो. –प्रथमहि मैं कहि सिवचरित बूझा मरमु तुम्हार ।
सुचि सेवक तुम्ह राम के रहित समस्त बिकार ॥१०४॥

मैंने पहले ही शिवजी का चरित्र कहकर तुम्हारा रहस्य समझ लिया कि तुम समस्त दोषों से रहित तथा श्रीरामजी के पवित्र सेवक हो ॥१०४॥

By recounting the acts of Shiva at the very outset I have discovered the secret of your heart, that you are indeed a true servant of Rama, free from all blemishes.

चौ. –मैं जाना तुम्हार गुन सीला । कहौं सुनहु अब रघुपतिलीला ॥
सुनु मुनि आजु समागम तोरें । कहि न जाइ जस सुखु मन मोरें ॥

मैंने तुम्हारा गुण और सत्स्वभाव जान लिया। अब मैं श्रीरघुनाथजी की लीला कहता हूँ, सुनो। हे मुनि! सुनो, तुम्हारे समागम से आज मेरे मन में जो सुख हुआ है, वह कहा नहीं जा सकता ॥१॥

Now I know of your virtues and disposition. Listen therefore while I narrate the story of Raghunatha's divine play. O sage, I cannot say how glad I am at this meeting with you today.

रामचरित अति अमित मुनीसा । कहि न सकहिं सत कोटि अहीसा ॥
तदपि जथाश्रुत कहौं बखानी । सुमिरि गिरापति प्रभु धनुपानी ॥

हे मुनीश्वर ! यद्यपि रामचरित्र अत्यन्त अपार है और सौ करोड़ शेषजी भी उसे नहीं कह सकते, तथापि जैसा मैंने सुना है, वैसा वाणी के स्वामी, धनुषधारी प्रभु श्रीरामचन्द्रजी का स्मरण करके कहता हूँ ॥२॥

The exploits of Rama, O great sage, are altogether immeasurable; even a thousand million Sheshas (serpent kings) cannot recount them. Nevertheless, fixing my thoughts on the Lord who bears a bow in his hand and inspires the goddess of speech, I recite the tale as I have heard it.

सारद दारुनारि सम स्वामी । रामु सूत्रधर अंतरजामी ॥
जेहि पर कृपा करहिं जनु जानी । कबि उर अजिर नचावहिं बानी ॥

सरस्वतीजी कठपुतली के समान और अन्तर्यामी स्वामी श्रीरामजी (कठपुतली को नचानेवाले) सूत्रधार हैं । अपना भक्त जानकर जिस कवि पर वे कृपा करते हैं, उसके हृदय रूपी आँगन में वे सरस्वती को नचाया करते हैं ॥३॥

For Sarasvati is like a puppet, and Rama, the inner controller of all, is the master who holds the strings. When he blesses a poet knowing him to be a true devotee, he makes the goddess dance in the courtyard of his heart.

प्रनवौं सोइ कृपाल रघुनाथा । बरनौं बिसद तासु गुनगाथा ॥
परम रम्य गिरिबरु कैलासू । सदा जहाँ सिव उमा निवासू ॥

उन्हीं कृपालु श्रीरघुनाथजी को मैं प्रणाम करता हूँ और उन्हीं के उज्ज्वल गुणों की कथा सुनाता हूँ । कैलास पर्वतों में श्रेष्ठ और बहुत ही रमणीय है, जहाँ शिव-पार्वतीजी सदा निवास करते हैं ॥४॥

To that gracious Raghunatha I bow and repeat the story of his most blameless perfection. Kailasa is the noblest of mountains and very beautiful, since Shiva and Parvati have made it their eternal home.

दो. –सिद्ध तपोधन जोगि जन सुर किंनर मुनि बृंद ।
बसहिं तहाँ सुकृती सकल सेवहिं सिव सुखकंद ॥१०५॥

(बड़े-बड़े) सिद्ध, तपस्वी, योगि-जन, देवता, किन्नर और मुनियों के समूह भी वहाँ निवास करते हैं । वे सब बड़े पुण्यात्मा हैं और आनन्दकन्द शिवजी की सेवा किया करते हैं ॥१०५॥

Hosts of adepts, ascetics and *yogis* (mystics) as well as gods, and Kinnaras and anchorites, all pious souls, reside there and adore Shiva, the source of all joy.

चौ. –हरि हर बिमुख धर्मरति नाहीं । ते नर तहँ सपनेहु नहि जाहीं ॥
तेहि गिरि पर बट बिटप बिसाला । नित नूतन सुंदर सब काला ॥

जो भगवान् विष्णु और महादेवजी से विमुख हैं और जिनकी धर्म में प्रीति नहीं है, वे नर स्वप्न में भी वहाँ नहीं जा सकते । उस पर्वत पर एक बड़ा बरगद का पेड़ है, जो छहों ऋतुओं में नित्य-नवीन और सुन्दर बना रहता है ॥१॥

Those who are enemies of Vishnu and Mahadeva and have no love for religious discipline can never even in a dream find their way to the place. On the summit of that mountain is an enormous banyan tree, ever young and beautiful in all seasons.

त्रिबिध समीर सुसीतलि छाया । सिव बिश्राम बिटप श्रुति गाया ॥
एक बार तेहि तर प्रभु गएऊ । तरु बिलोकि उर अति सुखु भएऊ ॥

वहाँ तीनों प्रकार का (शीतल, मन्द और सुगन्ध) पवन बहता रहता है और उसकी छाया बड़ी शीतल रहती है । वेदों ने उसे शिवजी के विश्राम करने का वृक्ष कहा है । एक बार प्रभु श्रीशिवजी उस वृक्ष के नीचे गये और उसे देखकर उनके हृदय में बड़ा सुख हुआ ॥२॥

Ever fanned by cool, soft and fragrant breezes, its shade is very refreshing. It is Shiva's favourite haunt, as the Vedas tell. Once upon a time the Lord went to rest beneath the tree and was much gladdened at heart to see it.

निज कर डासि नागरिपुछाला । बैठे सहजहि संभु कृपाला ॥
कुंद इंदु दर गौर सरीरा । भुज प्रलंब परिधन मुनिचीरा ॥

अपने हाथ से बाघम्बर बिछाकर कृपालु शिवजी स्वभाव से ही (बिना किसी विशेष प्रयोजन के) वहाँ बैठ गए । उनका गोरा शरीर कुन्द के पुष्प, चन्द्रमा और शंख के समान था । भुजाएँ बड़ी लंबी थीं और वे मुनियों के-से (वल्कल) वस्त्र पहने हुए थे ॥३॥

Spreading his tigerskin on the ground with his own hands, the all-merciful Shiva sat down at his ease, his body fair in hue as the jasmine or the moon or the conch-shell, arms of great length, a hermit's covering, consisting of the bark of trees, wrapped round his loins.

तरुन अरुन अंबुज सम चरना । नखदुति भगत हृदय तम हरना ॥
भुजग भूति भूषन त्रिपुरारी । आननु सरद चंद छबि हारी ॥

उनके चरण नये लाल कमल के समान थे, नखों की कान्ति भक्तों के हृदय का अन्धकार हरनेवाली थी । साँप और चिता-भस्म ही उनके भूषण थे और उन त्रिपुरासुर के शत्रु शिवजी का मुख शरद् (पूर्णिमा) के चन्द्रमा की शोभा को भी हरनेवाला था ॥४॥

His feet were like a pair of full-blown red lotuses and their toe-nails shed a lustre which dispelled the darkness of faithful hearts. Serpents and ashes served as Tripurari's (Shiva's) ornaments, and his face eclipsed all the brilliance of the autumn moon.

दो. –जटा मुकुट सुरसरित सिर लोचन नलिन बिसाल ।
नीलकंठ लावन्यनिधि सोह बालबिधु भाल ॥१०६॥

उनके सिर पर जटाओं का मुकुट और (उस पर) गङ्गाजी (विराजमान) थीं, कमल के समान बड़े-बड़े नेत्र थे, उनका कण्ठ नीला था और वे सुन्दरता के भण्डार थे। उनके माथे पर द्वितीया का चन्द्रमा शोभायमान था ॥१०६॥

With his matted hair for a crown and the Ganga adorning his head, eyes as big as a pair of lotuses, throat dark with poison, and with the crescent moon shining on his forehead, the Lord looked like a treasure-house of beauty.

चौ. –बैठें सोह कामरिपु कैसें। धरें सरीरु सांतरसु जैसें ॥
पारबती भल अवसरु जानी। गईं संभु पहि मातु भवानी ॥

कामदेव के शत्रु शिवजी बैठे हुए ऐसे शोभित हो रहे थे जैसे शान्तरस ही शरीर धारण किये बैठा हो। सुअवसर जानकर जगन्माता भवानी पार्वतीजी उनके पास गयीं ॥१॥

Seated there, Love's enemy, Shiva, looked like the sentiment of Tranquillity incarnate. Then seizing the opportunity, Parvati, who is the great mother Bhavani, approached him.

जानि प्रिया आदरु अति कीन्हा। बाम भाग आसनु हर दीन्हा ॥
बैठीं सिव समीप हरषाई। पूरुब जन्म कथा चित आई ॥

अपनी प्रिया जानकर शिवजी ने उनका बहुत आदर-सत्कार किया और अपनी बायीं ओर बैठने के लिए आसन दिया। पार्वतीजी प्रसन्न होकर शिवजी के पास बैठ गयीं। उन्हें पिछले जन्म की कथा का स्मरण हो आया ॥२॥

Shiva received her most courteously as his own dear wife and assigned her a seat on his left. Parvati gladly sat down beside Shiva and recalled all that had happened in her former life.

पतिहिय हेतु अधिक अनुमानी। बिहसि उमा बोलीं प्रिय बानी ॥
कथा जो सकल लोक हितकारी। सोइ पूछन चह सैलकुमारी ॥

पति के हृदय में (अपने ऊपर पहले की अपेक्षा) अधिक प्रेम का अनुमान कर पार्वतीजी हँसकर प्रिय वचन बोलीं। (याज्ञवल्क्यजी कहते हैं कि) जो कथा सभी लोकों के लिए हितकारिणी है, उसे ही पार्वतीजी पूछना चाहती हैं ॥३॥

Parvati felt that her lord cherished in his heart greater love for her than before, and smilingly addressed him in affectionate terms; for Himalaya's daughter sought to hear from her lord the story that brings blessing to the whole world.

बिस्वनाथ मम नाथ पुरारी। त्रिभुवन महिमा बिदित तुम्हारी ॥
चर अरु अचर नाग नर देवा। सकल करहिं पद पंकज सेवा ॥

(वे कहती हैं –) हे संसार के स्वामी ! हे मेरे नाथ ! हे त्रिपुरारि ! आपकी महिमा तीनों लोकों में प्रसिद्ध है। चर-अचर, नाग, मनुष्य और देव – सभी आपके चरणकमलों की सेवा करते हैं ॥४॥

'O Lord of the universe,' she said, 'my master Tripurari ! Your glory is known to all the three spheres. All things, animate as well inanimate, serpents, men and gods, all do reverence to your lotus feet.

दो. –प्रभु समरथ सर्बग्य सिव सकल कला गुन धाम ।
जोग ग्यान बैराग्य निधि प्रनत कलपतरु नाम ॥१०७॥

हे प्रभो ! आप समर्थ, सर्वज्ञ और कल्याणस्वरूप हैं, सब कलाओं और गुणों के स्थान हैं और योग, ज्ञान तथा वैराग्य के सागर हैं। शरणागतों के लिए आपका नाम ही कल्पवृक्ष है ॥१०७॥

My lord, you are Shiva the all-powerful, all-wise and all-blissful, repository of all arts and virtues and a storehouse of ascetic practice, wisdom and detachment, and your name is a wish-yielding tree (a tree of Paradise) to the suppliant.

चौ. –जौ मो पर प्रसन्न सुखरासी। जानिय सत्य मोहि निज दासी ॥
तौ प्रभु हरहु मोर अग्याना। कहि रघुनाथकथा बिधि नाना ॥

हे सुख-राशि ! यदि आप मुझपर प्रसन्न हैं और सचमुच मुझे अपनी दासी जानते हैं, तो हे प्रभो ! आप श्रीरघुनाथजी की नाना प्रकार की कथाओं को कहकर मेरा अज्ञान दूर कीजिए ॥१॥

O essence of bliss, if you are pleased with me and know me to be your faithful servant, then, my master, dispel my ignorance and tell me the various stories of Raghunatha.

जासु भवनु सुरतरु तर होई। सहि कि दरिद्रजनित दुखु सोई ॥
ससिभूषन अस हृदय बिचारी। हरहु नाथ मम मतिभ्रम भारी ॥

जिसका घर कल्पवृक्ष के नीचे हो, वह, भला, दरिद्रता से उत्पन्न दुःख क्यों सहे ? हे चन्द्रभूषण ! हे नाथ ! हृदय में ऐसा विचारकर मेरी बुद्धि के इस भारी भ्रम को दूर कीजिए ॥२॥

Why should he whose dwelling is beneath a wish-yielding tree suffer pain born of poverty ? Bearing this in mind, O Lord with the crescent moon on the forehead, dispel the sore confusion of my mind.

प्रभु जे मुनि परमारथबादी। कहहिं राम कहुँ ब्रह्म अनादी॥
सेस सारदा बेद पुराना। सकल करहिं रघुपति गुन गाना॥

हे प्रभो! परमार्थतत्त्व के ज्ञाता और वक्ता जो (ब्रह्मवादी) मुनि हैं, वे श्रीरामचन्द्रजी को अनादि ब्रह्म कहते हैं और शेष, शारदा, वेद और पुराण सभी श्रीरघुनाथजी के गुणों का गान करते हैं॥३॥

Those sages, Lord, who discourse on the supreme reality speak of Rama as the Absolute that has no beginning; Shesha and Sharada, as well as the Vedas and the Puranas all sing of Raghunatha's perfection.

तुम्ह पुनि राम राम दिन राती। सादर जपहु अनंग अराती॥
रामु सो अवध नृपति सुत सोई। की अज अगुन अलखगति कोई॥

और हे कामदेव के शत्रु! आप भी दिन-रात आदरपूर्वक 'राम-राम' ही जपा करते हैं। ये राम वही अयोध्यानरेश के पुत्र हैं या अजन्मा, निर्गुण और अगोचर कोई दूसरे राम हैं?॥४॥

You too, O subduer of Love, reverently mutter 'Rama, Rama' day and night. Is this Rama the same as the son of the king of Ayodhya or some other unborn, impersonal, imperceptible Being?

दो.–जौ नृपतनय त ब्रह्म किमि नारिबिरह मति भोरि।
देखि चरित महिमा सुनत भ्रमति बुद्धि अति मोरि॥१०८॥

यदि राजपुत्र हैं तो ब्रह्म कैसे? (और यदि ब्रह्म हैं तो) स्त्री के विरह में उनकी बुद्धि बावली कैसे हो गयी? इधर उनके ऐसे चरित्र देखकर और उधर उनकी महिमा सुनकर मेरी बुद्धि अत्यन्त भ्रमित हो रही है॥१०८॥

If he be a king's son, how can he be Brahma (the Absolute)? And if he were Brahma, how can he be distraught by the loss of a wife? When I consider his acts on the one hand, and hear of his glory on the other, my mind is completely distracted.

चौ.–जौ अनीह ब्यापक बिभु कोऊ। कहहु बुझाइ नाथ मोहि सोऊ॥
अग्य जानि रिस उर जनि धरहू। जेहि बिधि मोह मिटै सोइ करहू॥

यदि इच्छारहित, व्यापक, समर्थ ब्रह्म कोई और है, तो हे नाथ! मुझे उसे समझाकर कहिए। मुझे अबोध जानकर मन में क्रोध न लाइए। जिस तरह मेरा अज्ञान दूर हो, वही कीजिए!॥१॥

If, my lord, it be another who is desireless, all-pervading and all-powerful, instruct me and explain. Think of me as ignorant and be not angry, but do what you can to remove my perplexity.

मैं बन दीखि रामप्रभुताई। अति भय बिकल न तुम्हहि सुनाई॥
तदपि मलिन मन बोधु न आवा। सो फलु भली भाँति हम पावा॥

मैंने (पूर्व जन्म में) वन में श्रीरामजी की प्रभुता देखी थी, परंतु अत्यन्त भय से व्याकुल होने के कारण मैंने वह बात आपको नहीं सुनायी। तो भी मेरे मलिन मन को चेत न हुआ। उसका फल भी मैंने अच्छी तरह पा लिया॥२॥

In the forest (in my previous birth) I beheld Rama's majesty, although I was too awe-stricken to tell you anything; nevertheless my mind was so dull that I did not understand, and I reaped a just reward for my folly.

अजहूँ कछु संसय मन मोरें। करहु कृपा बिनवौं कर जोरें॥
प्रभु तब मोहि बहु भाँति प्रबोधा। नाथ सो समुझि करहु जनि क्रोधा॥

मेरे मन में अब भी कुछ संदेह है। (उसे दूर करने की) कृपा कीजिए, मैं हाथ जोड़कर विनती करती हूँ। हे प्रभो! उस समय भी आपने मुझे बहुत तरह से समझाया था (फिर भी मेरा संदेह नहीं गया); हे नाथ! उसका स्मरणकर मुझपर क्रोध न कीजिए॥३॥

Some doubt still lingers in my mind. Be gracious to me, I implore you with folded hands. Lord, at that time you did your best to instruct me (yet I did not understand). Do not, my husband, allow this thought to anger you.

तब कर अस बिमोह अब नाहीं। रामकथा पर रुचि मन माहीं॥
कहहु पुनीत राम गुन गाथा। भुजगराजभूषन सुरनाथा॥

अब मुझे पहले-जैसा मोह नहीं है; (उसकी जगह) अब तो मेरे मन में राम-कथा सुनने की चाह है। हे शेषनाग को अलंकाररूप में धारण करनेवाले देवताओं के नाथ! आप श्रीरामजी के गुणों की पावन कथा कहिए!॥४॥

I have no such delusion now, for I long to hear the story of Rama. Recount the sacred virtues of Rama, O Lord of heaven, bedecked with the Serpent King (Shesha)!

दो.–बंदौं पद धरि धरनि सिरु बिनय करौं कर जोरि।
बरनहु रघुबर बिसद जसु श्रुतिसिद्धांत निचोरि॥१०९॥

पृथ्वी पर सिर टेककर मैं आपके चरणों की वन्दना करती हूँ और हाथ जोड़कर प्रार्थना करती हूँ कि आप वेदों के सिद्धान्त को निचोड़कर श्रीरघुनाथजी का उज्ज्वल यश-वर्णन कीजिए॥१०९॥

Laying my head upon the ground, I do homage to your feet and entreat you with folded hands to recount the unsullied glory of the Chief of Raghus; extract the essence of Vedic doctrines on the subject.

चौ. –जदपि जोषिता नहि अधिकारी । दासी मन क्रम बचन तुम्हारी ॥
गूढ़ौ तत्व न साधु दुरावहिं । आरत अधिकारी जहँ पावहिं ॥

यद्यपि स्त्री होने के कारण मैं उसे सुनने की अधिकारिणी नहीं हूँ, फिर भी मैं मन, वचन और कर्म से आपकी दासी हूँ । साधु लोग जहाँ आर्त्त[1] अधिकारी पाते हैं, वहाँ उससे गूढ़ तत्त्व भी नहीं छिपाते ॥१॥

Though as a woman I am not worthy to hear it, yet I am your servant in thought and word and deed. The saints do not withhold even the deepest mysteries wherever they find a man smitten with agony and therefore qualified to receive it.

अति आरति पूछौं सुरराया । रघुपति कथा कहहु करि दाया ॥
प्रथम सो कारन कहहु बिचारी । निर्गुन ब्रह्म सगुन बपु धारी ॥

हे सुरराज ! मैं बहुत ही आर्त्तभाव से पूछती हूँ, आप मुझपर दया करके श्रीरघुनाथजी की कथा कहिए । विचारकर पहले तो वह कारण बतलाइए जिससे निर्गुण ब्रह्म सगुण देह धारण करता है ॥२॥

I ask you, O king of heaven, with a heart sore distressed; be gracious enough to tell me the story of Raghunatha. First, consider and tell me the cause why the unqualified Brahma assumes a qualified form (*i.e.*, why the impersonal Absolute becomes personal).

पुनि प्रभु कहहु राम अवतारा । बालचरित पुनि कहहु उदारा ॥
कहहु जथा जानकी बिवाही । राज तजा सो दूषन काही ॥

फिर हे प्रभो ! श्रीरामजी के अवतार की कथा कहिए और तब उनका उदार बालचरित्र कहिए । फिर जिस प्रकार उन्होंने श्रीजानकीजी से विवाह किया, वह कहिए और फिर यह बतलाइए कि जो उन्होंने राज्य का त्याग किया सो किस दोष से ? ॥३॥

Then, my lord, relate the story of Rama's incarnation and the pretty exploits of his childhood. Then let me know how he wedded Janaka's daughter, Sita, and the fault for which he was exiled from his father's kingdom later on.

बन बसि कीन्हे चरित अपारा । कहहु नाथ जिमि रावन मारा ॥
राज बैठि कीन्ही बहु लीला । सकल कहहु संकर सुखसीला ॥

हे नाथ ! वन में रहकर उन्होंने जो अपार चरित्र किये तथा जिस तरह रावण को मारा, वह कहिए । हे सुख देने में तत्पर शंकर ! फिर आप उन सारी लीलाओं को कहिए जो उन्होंने राज्य-सिंहासन पर बैठकर की थीं ॥४॥

Then describe the innumerable deeds performed by him when living in the forest; and further tell me, my lord, how he slew Ravana. Then relate, O most amiable Shankara, all his sportive acts when he sat upon the throne of his kingdom.

दो. –बहुरि कहहु करुनायतन कीन्ह जो अचरज राम ।
प्रजा सहित रघुबंसमनि किमि गवने निज धाम ॥११०॥

'हे कृपानिधान ! फिर वह अद्‌भुत चरित्र भी कहिए जो श्रीरामचन्द्रजी ने किया – वे रघुवंशियों में मणिरूप अपनी प्रजा के साथ किस प्रकार अपने धाम (वैकुंठ) को गये ॥११०॥

Thereafter relate, O gracious Lord, his marvellous acts, how that jewel of Raghu's line passed to his divine abode with his subjects.

चौ. –पुनि प्रभु कहहु सो तत्व बखानी । जेहि बिग्यान मगन मुनि ग्यानी ॥
भगति ग्यान बिग्यान बिरागा । पुनि सब बरनहु सहित बिभागा ॥

फिर हे प्रभो ! आप उस तत्त्व को समझाकर कहिए, जिसके विशेष ज्ञान में ज्ञानी मुनि सदा मग्न रहते हैं । फिर भक्ति, ज्ञान, विज्ञान और वैराग्य का विभाग-सहित (पृथक्-पृथक्) वर्णन कीजिए ॥१॥

Then, my lord, explain that profound truth in the knowledge of which enlightened sages remain absorbed. And thereafter explain the conceptions of devotion, wisdom (knowledge of the formless Absolute), supreme knowledge (*i.e.*, the knowledge of qualified Divinity with and without form) and detachment, each with its several parts.

औरौ रामरहस्य अनेका । कहहु नाथ अति बिमल बिबेका ॥
जो प्रभु मैं पूछा नहि होई । सोउ दयाल राखहु जनि गोई ॥

हे नाथ ! श्रीरामजी के और भी जो अनेक रहस्य (गुप्त भाव अथवा चरित्र) हैं, उनको कहिए, (क्योंकि) आपका ज्ञान अत्यन्त निर्मल है । हे प्रभो ! जो बात मैंने न भी पूछी हो, हे दयालु ! उसे भी आप छिपा न रखिएगा ॥२॥

Over and above this, O lord of purest understanding, tell me of any other mysteries connected with Rama; if there be anything which I may have left unasked, do not hide from me, my gracious lord.

तुम्ह त्रिभुवनगुर बेद बखाना । आन जीव पावर का जाना ॥
प्रस्न उमा कै सहज सुहाई । छल बिहीन सुनि सिव मन भाई ॥

वेदों ने कहा है कि आप तीनों लोकों के गुरु हैं । दूसरे नीच प्राणी इस रहस्य को क्या जानें ? पार्वतीजी के सहज सुन्दर और छल-रहित प्रश्न शिवजी के मन को अच्छे लगे ॥३॥

You are the preceptor of the three worlds, so declare the Vedas; what can other base creatures know of these mysteries ?' Shiva was pleased to

१. 'सुनने के लिए आतुर' के अर्थ में प्रयुक्त ।

hear Parvati's questions, naturally sincere and guileless as they were.

हरहिय रामचरित सब आए। प्रेम पुलक लोचन जल छाए॥
श्रीरघुनाथरूप उर आवा। परमानंद अमित सुख पावा॥

श्रीमहादेवजी के हृदय में श्रीरामजी के सारे चरित्र आ गए। प्रेम से उनका शरीर पुलकित हो गया और नेत्रों में आँसू छा गए। श्रीरघुनाथजी का रूप उनके हृदय में आ गया, जिससे स्वयं परमानन्दस्वरूप शिवजी ने भी अपार सुख पाया[1] ॥४॥

The whole of Rama's acts thronged in upon Mahadeva's soul; his eyes filled with tears and his very limbs thrilled with rapture; for the vision of Rama filled his heart, and this brought measureless delight to Shiva, who is himself an embodiment of supreme bliss.

दो. –मगन ध्यानरस दंड जुग पुनि मन बाहेर कीन्ह।
रघुपतिचरित महेस तब हरषित बरनै लीन्ह ॥१११॥

शिवजी ध्यान के आनन्द में दो घड़ी तक डूबे रहे; फिर उन्होंने मन को (ध्यान से) बाहर खींचा और तब वे प्रसन्न होकर श्रीरघुनाथजी का चरित्र वर्णन करने लगे ॥१११॥

For an hour or so Shiva was lost in blissful contemplation. Then he recovered himself and began joyfully to tell of Raghunatha's acts.

चौ. –झूठेउ सत्य जाहिं बिनु जाने। जिमि भुजंग बिनु रजु पहिचाने॥
जेहि जाने जग जाइ हेराई। जागे जथा सपन भ्रम जाई॥

जिसको बिना जाने झूठ भी सत्य-सा जान पड़ता है, जैसे बिना पहचाने रस्सी में साँप का भ्रम हो जाता है; और जिसके जान लेने पर जगत् का उसी तरह लोप हो जाता है, जैसे जाग जाने पर स्वप्न का भ्रम जाता रहता है, ॥१॥

'To him who knows not Rama even the unreal passes for real, just as ignorance leads us to mistake a rope for a snake. To him who knows Rama the world of matter vanishes, just as the illusion of a dream disappears as soon as we wake up.

बंदौं बालरूप सोइ रामू। सब सिधि सुलभ जपत जिसु नामू॥
मंगलभवन अमंगलहारी। द्रवौ सो दसरथ अजिर बिहारी॥

मैं उन्हीं बालरूप श्रीरामचन्द्रजी की वन्दना करता हूँ, जिनका नाम जपने से सब (प्रकार के मनोरथों की) सिद्धियाँ सहज ही प्राप्त हो जाती हैं। मङ्गल के धाम, अमङ्गल के हरनेवाले और श्रीदशरथजी के आँगन में विहार करनेवाले (बालरूप) श्रीरामचन्द्रजी मुझपर कृपा करें ॥२॥

I reverence the same Rama as a child, the repetition of whose Name brings all perfections within our easy reach. May that home of bliss and bane of woe take compassion on me,—he who sports in Dasharath's courtyard!'

करि प्रनाम रामहि त्रिपुरारी। हरषि सुधा सम गिरा उचारी॥
धन्य धन्य गिरिराजकुमारी। तुम्ह समान नहिं कोउ उपकारी॥

त्रिपुरारि (त्रिपुरासुर का वध करनेवाले) शिवजी श्रीरामजी को प्रणाम करके हर्षित हो अमृत के समान वाणी बोले – हे पार्वती! तुम धन्य हो! धन्य हो!! तुम्हारे समान कोई उपकारी नहीं है, ॥३॥

Tripurari (slayer of the demon Tripura) did reverence to Rama and joyfully spoke in mellifluous accents: 'Blessed, blessed are you, O daughter of the Mountain King! There is no such benefactor as you!

पूँछेहु रघुपति कथा प्रसंगा। सकल लोग जगपावनि गंगा॥
तुम्ह रघुबीरचरन अनुरागी। कीन्हिहु प्रस्न जगतहित लागी॥

जो तुमने श्रीरघुनाथजी की (उस) कथा का प्रसङ्ग छेड़ा है, जो कथा समस्त लोकों के लिए जगत्-पावनी गङ्गाजी के समान है। तुमने जगत् के हित के लिए ही प्रश्न पूछे हैं। तुम श्रीरघुनाथजी के चरणों की अनुरागिनी हो ॥४॥

You have asked me to repeat the story of the lord of Raghus, which is potent enough to sanctify all the spheres as the Ganga purifies the world. You are full of love for the feet of Raghunatha, and have put a question for the good of the whole world.

दो. –रामकृपा तें पारबति सपनेहु तव मन माहि।
सोक मोह संदेह भ्रम मम बिचार कछु नाहि ॥११२॥

हे पार्वती! मेरे विचार से तो श्रीरामजी की कृपा के कारण तुम्हारे मन में स्वप्न में भी शोक, मोह, संदेह और भ्रम कुछ नहीं है ॥११२॥

By the grace of Rama, O Parvati, not even in sleep can grief, infatuation, doubt or error enter your mind, so far as I can judge.

चौ. –तदपि असंका कीन्हिहु सोई। कहत सुनत सब कर हित होई॥
जिन्ह हरिकथा सुनी नहि काना। श्रवन रंध्र अहि भवन समाना॥

फिर भी तुमने इसीलिए वही (पुरानी) आशङ्का की है कि जिसके कहने-सुनने से सबका भला हो। जिन्होंने अपने कानों से हरिकथा नहीं सुनी, उनके कानों के छिद्र साँप के बिलों के समान हैं ॥१॥

But you have put forward the same old doubt again, so that all those who repeat or hear this account may receive blessing. The ears of those who have

---
१. अथवा उन्हें परमानन्दरूपी अमित सुख का अनुभव हुआ।

not heard Hari's story are no better than snake-holes.

नयनन्हि संतदरस नहि देखा। लोचन मोरपंख कर लेखा॥
ते सिर कटु तुंबरि समतूला। जे न नमत हरि गुर पद मूला॥

जिन्होंने अपनी आँखों से संतों के दर्शन नहीं किए, उनकी वे आँखें मोर-पंखों पर दीखनेवाली नकली आँखों की गिनती में हैं। वे सिर कड़वी तुंबी (लौकी) के समान हैं जो श्रीहरि और गुरु के चरणतल पर नहीं झुकते ॥२॥

The eyes of those who have not blessed them with the sight of saints are as good as the marks on peacocks' feathers; the heads that bow not at the feet of Hari and the *guru* are no better than bitter pumpkins.

जिन्ह हरिभगति हृदय नहि आनी। जीवत सव समान तेइ प्रानी॥
जो नहि करै रामगुन गाना। जीह सो दादुर जीह समाना॥

जिन्होंने हरिभक्ति को अपने हृदय में स्थान नहीं दिया, वे प्राणी मुर्दे के समान जीते हैं। जो जीभ राम का गुणगान नहीं करती, वह मेंढक की जीभ के समान है ॥३॥

Those whose hearts are bereft of devotion to Hari are as good as dead though yet alive. The tongue that does not sing the praises of Rama is just like the tongue of a croaking frog.

कुलिस कठोर निठुर सोइ छाती। सुनि हरिचरित न जो हरषाती॥
गिरिजा सुनहु राम कै लीला। सुरहित दनुज बिमोहन सीला॥

वह छाती वज्र के समान कठोर और निर्दय है जो हरिचरित सुनकर हर्षित नहीं होती। हे गिरिजे! श्रीरामचन्द्रजी की लीला सुनो जो देवताओं का कल्याण करनेवाली और राक्षसों को विशेषरूप से मोहित करनेवाली है ॥४॥

Hard and unfeeling as a thunderbolt is that heart that hears Hari's deeds and takes no delight in them. Hear, O Girija, the exploits of Rama, which are beneficial to the gods and to the demons a delusion.

दो. –रामकथा सुरधेनु सम सेवत सब सुखदानि।
सतसमाज सुरलोक सब को न सुनै अस जानि॥११३॥

श्रीरामजी की कथा कामधेनु के समान सेवा करते ही सब सुखों को देनेवाली है और सत्पुरुषों के समाज ही सब देवताओं के लोक हैं (जहाँ कामधेनु रहती है), ऐसा जानकर इसे कौन न सुनेगा? ॥११३॥

Like the heavenly cow, the story of Rama bestows all blessings on those who devote themselves to it; and the assembly of saints is as the abode of all the gods. Knowing this, who would not listen to it?

चौ. –रामकथा सुंदर करतारी। संसय बिहग उड़ावनिहारी॥
रामकथा कलि बिटप कुठारी। सादर सुनु गिरिराजकुमारी॥

श्रीरामजी की कथा संशयरूपी पक्षियों को उड़ानेवाली सुंदर करतारी (हाथ की सुन्दर ताली) है। राम-कथा कलियुग-रूपी वृक्ष को काटने के लिए कुल्हाड़ी है। हे गिरिराज-सुते! तुम इसे आदरपूर्वक सुनो ॥१॥

The story of Rama is like the delightful clapping of hands to frighten away the birds of doubt; the story of Rama is an axe to hew down the tree of the Kaliyuga. Listen to it with reverence, O daughter of the Mountain King.

राम नाम गुन चरित सुहाए। जनम करम अगनित श्रुति गाए॥
जथा अनंत राम भगवाना। तथा कथा कीरति गुन नाना॥

वेदों ने श्रीरामजी के सुन्दर नाम, गुण, चरित्र, जन्म और कर्म – ये सभी अनगिनत कहे हैं। जिस भाँति भगवान् श्रीरामचन्द्र अनन्त हैं, उसी तरह उनकी कथा, उनकी कीर्ति और उनके गुण भी अनन्त हैं ॥२॥

The glorious names of Rama, his virtues and acts, his lives and deeds have all been declared by the Vedas to be beyond number. As Rama, the Blessed Lord, is infinite, so are his stories, his glory and manifold virtues without end.

तदपि जथाश्रुत जसि मति मोरी। कहिहौं देखि प्रीति अति तोरी॥
उमा प्रस्न तव सहज सुहाई। सुखद संतसंमत मोहि भाई॥

फिर भी तुम्हारी अति प्रीति देखकर, जैसा मैंने सुना है और जैसी मेरी बुद्धि है, उसी के अनुसार कहूँगा। हे उमा! तुम्हारा प्रश्न सहज सुन्दर, सुखद और संतों से अनुमोदित है और मुझे तो बहुत ही अच्छा जँचा है ॥३॥

Yet, seeing your great devotion, I will tell the story to the best of my ability and as I have heard it. Your inquiries, Uma, are naturally winning and delightful, such as the saints approve, and I too am pleased to hear.

एक बात नहि मोहि सोहानी। जदपि मोहबस कहेहु भवानी॥
तुम्ह जो कहा राम कोउ आना। जेहि श्रुति गाव धरहिं मुनि ध्याना॥

परंतु हे भवानी! एक बात मुझे अच्छी नहीं लगी, यद्यपि वह तुमने मोह के वश होकर ही कही है। तुमने जो कहा कि वे राम कोई और हैं, जिन्हें वेद गाते और जिनका मुनिजन ध्यान धरते हैं – ॥४॥

But, Bhavani, there was one thing I did not like, though you spoke under the influence of a delusion; for you suggested that the Rama whom the Vedas hymn and the sages contemplate is someone else!

दो. –कहहिं सुनहिं अस अधम नर ग्रसे जे मोह पिसाच।
पाखंडी हरिपद बिमुख जानहिं झूठ न साच॥११४॥

जिनके ऊपर मोहरूपी पिशाच सवार है, जो पाखण्डी हैं, हरि के चरणों से विमुख हैं और जो झूठ-सच कुछ भी नहीं जानते, ऐसे अधम मनुष्य ही ऐसी बातें कहते-सुनते हैं ॥११४॥

Such words are spoken and heard by those vile wretches who are possessed by the devil of delusion: heretics, who are averse to the feet of Hari and know no difference between truth and falsehood.

चौ. –अग्य अकोबिद अंध अभागी। काई बिषय मुकुर मन लागी॥
लंपट कपटी कुटिल बिसेषी। सपनेहु संतसभा नहि देखी॥

जो अज्ञानी, मूर्ख, अंधे और अभागे हैं तथा जिनके मनरूपी दर्पणपर विषयरूपी काई जमी हुई है; जो लम्पट, कपटी और बड़े कुटिल हैं और जिन्होंने कभी स्वप्न में भी संत-समाज के दर्शन नहीं किये, ॥१॥

It is the foolish and ignorant, the blind and unblest, the mirror of whose heart is clouded by the film of sensuality, the lecherous, deceitful and grossly perverse, who never even dream of visiting the assembly of holy men,

कहहिं ते बेद असंमत बानी। जिन्ह के सूझ लाभु नहि हानी॥
मुकुर मलिन अरु नयन बिहीना। रामरूप देखहिं किमि दीना॥

और जिन्हें लाभ-हानि की सूझ-समझ नहीं है, वे ही ऐसी वेद-विरुद्ध वाणी बोला करते हैं। जिनका हृदयरूपी दर्पण मैला है और जो नेत्रों से हीन हैं, भला वे बेचारे श्रीरामजी का रूप कैसे देख सकते हैं? ॥२॥

—and who have no sense of gain and loss — it is they who say such things as are repugnant to the Vedas. The mirror of their souls is sullied and they have no eyes to see; how, then, can such wretches behold Rama's beauty?

जिन्ह के अगुन न सगुन बिबेका। जल्पहिं कल्पित बचन अनेका॥
हरिमाया बस जगत भ्रमाहीं। तिन्हहिं कहत कछु अघटित नाहीं॥

जिन्हें निर्गुण-सगुण का कुछ भी ज्ञान नहीं है, जो अनेक मनगढ़ंत बातें बका करते हैं, जो हरि की माया के वश में होकर जगत् में भ्रमते फिरते हैं, उनके लिए कुछ भी कह डालना अनुचित नहीं है ॥३॥

For those who have no knowledge either of the unqualified Brahma or of qualified Divinity, who jabber lying words of various kinds and who wander astray in this world under the influence of Hari's illusive power, no assertion is too absurd to make.

बातुल भूत बिबस मतवारे। ते नहि बोलहिं बचन बिचारे॥
जिन्ह कृत महामोह मद पाना। तिन्ह कर कहा करिअ नहिं काना॥

जिन्हें वायु का रोग[1] हो गया हो, जो भूत के वश हो गए हों और जो नशे में चूर हों, ऐसे लोग विचारकर वचन नहीं बोलते। जिन्होंने महामोहरूपी मदिरा पी रखी हो, उनके कहने पर कान नहीं देना चाहिए ॥४॥

Those who are delirious or mad, those who are devil-possessed and those who are drunken do not talk sense. None should give ear to the ravings of those who have drunk deep of the wine of delusion.

सो. –अस निज हृदय बिचारि तजु संसय भजु रामपद।
सुनु गिरिराजकुमारि भ्रम तम रबिकर बचन मम॥११५॥

अपने मन में ऐसा विचारकर संदेह छोड़ दो और श्रीरामजी के चरणों को भजो। हे पार्वती! सुनो, मेरे वचन भ्रमरूपी अन्धकार का नाश करने के लिए सूर्य की किरणों के समान हैं ॥११५॥

Being thus assured in your heart, discard all doubt and adore Rama's feet. Listen, O daughter of the Mountain King, to my words, which are like the sun's rays to dispel the darkness of error.

चौ. –सगुनहि अगुनहि नहि कछु भेदा। गावहिं मुनि पुरान बुध बेदा॥
अगुन अरूप अलख अज जोई। भगत प्रेम बस सगुन सो होई॥

सगुण और निर्गुण में कुछ भी भेद नहीं है — मुनि, पुराण, पण्डित और वेद सभी यही गाते हैं। जो निर्गुण, अरूप, अलख और अजन्मा है, वही भक्तों के प्रेमवश सगुण हो जाता है[2] ॥१॥

There is no difference between the qualified Divinity and the unqualified Brahma, so say the sages, wise men, the Vedas and the Puranas. That which is attributeless and formless, invisible and unborn, becomes qualified out of love for the faithful.

जो गुन रहित सगुन सोइ कैसें। जलु हिम उपल बिलग नहिं जैसे॥
जासु नाम भ्रम तिमिर पतंगा। तेहि किमि कहिअ बिमोह प्रसंगा॥

जो गुण-रहित है वही सगुण कैसे है? जैसे जल और ओले में भेद नहीं। जिसका नाम भ्रमरूपी अन्धकार को मिटाने के लिए सूर्य के समान है, उसके लिए मोह का प्रसंग भी कैसे कहा जा सकता है? ॥२॥

How does the impersonal become qualified (or the personal)? In the same way as water is not

---

१. यहाँ कई टीकाकारों ने 'बातुल' का अर्थ 'बावला', 'उन्मत्त' लगाया है। कोशकार दोनों अर्थों को सही मानते हैं। वायु-प्रकोप से जिसकी बुद्धि ठिकाने न हो, वह वातग्रस्त व्यक्ति 'वातुल' है और पागल भी 'वातुल'।

२. तुलना कीजिए : 'तुम्ह सारिखे संत प्रिय मोरें। धरउँ देह नहिं आन निहोरें॥' (सु. कां., दो. ४७); बालकांड में 'अवतरेउ अपने भगत हित निजतंत्र नित रघुकुलमनी' (दो. ५१); 'सोइ जस गाइ भगत भव तरहीं। कृपासिंधु जनहित तनु धरहीं॥' (दो १२१) इनके पहले दो. २३ में : 'राम भगतहित नरतनु धारी। सहि संकट किए साधु सुखारी॥'

different from snow and ice. How can he be subject to delusion whose very name is like the sun to disperse the darkness of error ?

राम सच्चिदानंद दिनेसा । नहिं तहँ मोह निसा लवलेसा ॥
सहज प्रकासरूप भगवाना । नहिं तहँ पुनि बिग्यान बिहाना ॥

श्रीरामजी सच्चिदानन्दरूप सूर्य हैं । वहाँ अज्ञान-रात्रि का लवलेश भी नहीं है । षडैश्वर्ययुक्त भगवान् स्वभाव से ही प्रकाशरूप हैं; वहाँ तो विज्ञानरूपी प्रातःकाल भी नहीं होता ॥३॥

In Rama, who is the sun, Truth, Consciousness and Bliss combined, the night of delusion can have no part whatever. He is the Blessed Lord, whose very being is Light, and in him there can be no dawn of wisdom.

हरष बिषाद ग्यान अग्याना । जीवधर्म अहमिति अभिमाना ॥
राम ब्रह्म ब्यापक जग जाना । परमानंद परेस पुराना ॥

हर्ष और शोक, ज्ञान और अज्ञान, अहंता और अभिमान – ये सब (बद्ध) जीव के धर्म हैं । श्रीरामचन्द्रजी तो व्यापक ब्रह्म, परमानन्दरूप परात्पर ईश्वर और पुराणपुरुष हैं । यह सारा संसार जानता है ॥४॥

Joy and sorrow, knowledge and ignorance, egoism and pride—these are the characteristics of a *jiva* (finite being); but Rama, as all the world knows, is the all-pervading Brahma, supreme bliss personified, the highest Lord and the most ancient Being.

दो. –पुरुष प्रसिद्ध प्रकासनिधि प्रगट परावर नाथ ।
रघुकुलमनि मम स्वामि सोइ कहि सिव नाएउ माथ ॥११६॥

जो (पुराण) पुरुष प्रसिद्ध हैं, प्रकाश के कोश हैं, सब रूपों में प्रकट तथा दोनों विभूतियों के (अथवा जगत् के) स्वामी[1] हैं, वे ही रघुकुलमणि श्रीरामचन्द्रजी मेरे स्वामी हैं – ऐसा कहकर शिवजी ने उनको मस्तक नवाया ॥११६॥

He who is universally known as the Spirit, the fount of all light, manifest in all forms and is the Lord of life as well as of matter (*i.e.*, of the whole sum of things), that jewel of Raghu's race is my Master.' So saying, Shiva bowed his head.

चौ. –निज भ्रम नहिं समुझहिं अग्यानी । प्रभु पर मोह धरहिं जड़ प्रानी ॥
जथा गगन घनपटल निहारी । झाँपेउ भानु कहहिं कुबिचारी ॥

अपने भ्रम को अज्ञानी नहीं समझते और वे मूर्ख प्रभु श्रीरामचन्द्रजी पर मोह का आरोप करते हैं । जैसे आकाश में बादलों का पर्दा देखकर कुविचारी (अज्ञानी) कहते हैं कि सूर्य ढक गया ॥१॥

Fools do not understand their own error; on the other hand, those stupid creatures attribute their delusion to the Lord, just as senseless men, seeing a clouded sky, say that the sun has been hidden by the curtain of clouds.

चितव जो लोचन अंगुलि लाएँ । प्रगट जुगल ससि तेहि के भाएँ ॥
उमा रामबिषइक अस मोहा । नभ तम धूम धूरि जिमि सोहा ॥

जो अपनी आँखों में उँगली लगाकर देखता है; उसके लिए तो दो चन्द्रमा प्रकट (प्रत्यक्ष) हैं । उमा ! श्रीरामजी के विषय में इस प्रकार मोह की कल्पना करना कुछ वैसा ही है जैसा आकाश में अन्धकार, धुआँ और धूल का सोहना (दीखना) । (जिस प्रकार आकाश निर्मल और निर्लेप है, उसी प्रकार भगवान् श्रीरामचन्द्रजी नित्य निर्मल और निर्लेप हैं) ॥२॥

He who looks at the moon with his eye pressed with a finger, fancies that there are two moons in sight. To fancy the existence of such delusion in Rama (or that Rama is subject to such delusion) is like seeing darkness, smoke and dust in the sky. (Delusion, says Shiva, affects Rama in the same way as smoke, or a cloud, or dust affects the brightness of the heavens.)

बिषय करन सुर जीव समेता । सकल एक तें एक सचेता ॥
सब कर परम प्रकासक जोई । राम अनादि अवधपति सोई ॥

विषय, इन्द्रियाँ, इन्द्रियों के देवता और जीव – ये सब-के-सब एक-दूसरे की सहायता से चैतन्य होते हैं ।[1] जो सबका परम प्रकाशक है (अर्थात् जिसके कारण इन सबका प्रकाश होता है), वही अनादि (ब्रह्म) अयोध्यापति श्रीरामजी हैं ॥३॥

The objects of sense, the organs of sense, their presiding deities and the individual souls—all these derive their conscious existence one from the other. (That is to say, the objects are illumined by the senses, the senses by their presiding deities and the deities presiding over the senses by the conscious Self.) The supreme illuminator of them all is the eternal Rama, lord of Ayodhya.

जगत प्रकास्य प्रकासक रामू । मायाधीस ग्यान गुन धामू ॥
जासु सत्यता तें जड़ माया । भास सत्य इव मोह सहाया ॥

(अतः) सारा जगत् प्रकाश्य है और श्रीरामजी इसके प्रकाशक हैं । वे माया के स्वामी और ज्ञान तथा गुणों के धाम हैं, जिनकी सत्ता से मोह की सहायता पाकर जड़ माया भी सत्य सरीखी जान पड़ती है, ॥४॥

---

१. 'परावर' अर्थात् विश्व । इस शब्द के कई अन्य अर्थ : कारण और कार्य, सर्वश्रेष्ठ; 'पर' अर्थात् त्रिपादविभूति (नित्यधाम साकेत), 'अवर' अर्थात् एकपाद विभूति (निखिल ब्रह्मांड) । 'परावरनाथ' से उभय विभूतियों के स्वामी का भी बोध होता है ।

१. विषय इन्द्रियों से, इन्द्रियाँ देवताओं से और देवता जीव से उत्तरोत्तर सचेत हैं । (विषय में इन्द्रियों को आकृष्ट करने की शक्ति है, यही विषय की चैतन्यता है ।)

The world of matter is the object of illumination, and Rama is its illuminator; he is the lord of illusion and the home of wisdom and virtue. It is due to his reality that even unconscious matter appears to be real, ignorance contributing to the deception.

दो. –रजत सीप महुँ भास जिमि जथा भानुकर बारि ।
जदपि मृषा तिहुँ काल सोइ भ्रम न सकै कोउ टारि ॥११७॥

जैसे सीप में चाँदी का और सूर्य की किरणों में पानी का आभास होता है । यद्यपि यह प्रतीति तीनों कालों में झूठी है, तथापि इस भ्रम को कोई टाल नहीं सकता ॥११७॥

Though (a polished) oyster-shell is mistaken for silver and a mirage for water, and these appearances are false at all times (in the past, present and future), yet no one can rid himself of the delusion.

चौ. –एहि बिधि जग हरि आश्रित रहई । जदपि असत्य दीत दुख अहई ॥
जौं सपनें सिर काटै कोई । बिनु जागें न दूरि दुख होई ॥

इसी प्रकार यह संसार हरि के सहारे रहता है । यद्यपि (यह) असत्य है, तो भी दुख तो देता ही है; जिस तरह स्वप्न में कोई सिर काट ले तो बिना जागे वह दुख दूर नहीं होता ॥१॥

In the same way is this world of matter dependent on Hari. Though unreal, it gives us pain nonetheless, as when a man's head is cut off in a dream, he is not rid of pain till he awakes.

जासु कृपा अस भ्रम मिटि जाई । गिरिजा सोइ कृपाल रघुराई ॥
आदि अंत कोउ जासु न पावा । मति अनुमानि निगम अस गावा ॥

हे गिरिजे ! जिनकी कृपा से ऐसा भ्रम मिट जाता है, वही कृपालु रघुराई हैं, जिनका आदि और अन्त किसी को नहीं मिला । वेदों ने अपनी बुद्धि से अनुमानकर इस प्रकार गाया है – ॥२॥

He whose grace wipes out such delusion, Girija, is none else but the gracious lord of Raghus, whose beginning or end nobody has been able to discover. Basing their conclusions on speculation, the Vedas have thus hymned him as best as they could.

बिनु पद चलै सुनै बिनु काना । कर बिनु करम करै बिधि नाना ॥
आनन रहित सकल रस भोगी । बिनु बानी बकता बड़ जोगी ॥

वह (ब्रह्म) बिना पैर के चलता है, बिना कान के सुनता है, बिना हाथ के नाना प्रकार के कर्म करता है, बिना मुँह (जिह्वा) के ही सारे (छहों) रसों को भोगता है और बिना वाणी के बहुत योग्य वक्ता है ॥३॥

He walks without feet, hears without ears, and performs his many actions even without hands; he enjoys all tastes without a mouth (palate) and is a most clever speaker even though devoid of speech.

तन बिनु परस नयन बिनु देखा । ग्रहै घ्रान बिनु बास असेषा ॥
असि सब भाँति अलौकिक करनी । महिमा जासु जाइ नहिं बरनी ॥

वह बिना शरीर के स्पर्श करता है, बिना आँखों के देखता है और बिना नाक के सब गन्धों को ग्रहण करता है (सूँघता है) । उस ब्रह्म की करनी सब भाँति ऐसी अलौकिक है कि उसकी महिमा का वर्णन नहीं किया जा सकता ॥४॥

He touches without a body, sees without eyes and catches all odours even without a nose. So marvellous in all ways are his actions that one finds his greatness utterly beyond description.

दो. –जेहि इमि गावहिं बेद बुध जाहि धरहिं मुनि ध्यान ।
सोइ दसरथसुत भगतहित कोसलपति भगवान ॥११८॥

जिसको वेद और पण्डित इस प्रकार गाते हैं और मुनि जिसका ध्यान धरते हैं, वही दशरथ के पुत्र, भक्तों के हितकारी, अयोध्या के स्वामी भगवान् श्रीरामजी हैं ॥११८॥

He who is thus sung by the Vedas and the wise and whom the sages contemplate is no other than that son of Dasharath who loves his votaries, the king of Ayodhya, the Blessed Lord.

चौ. –कासी मरत जंतु अवलोकी । जासु नाम बल करौं बिसोकी ॥
सोइ प्रभु मोर चराचरस्वामी । रघुबर सब उर अंतरजामी ॥

जिनके नाम के बल से काशी में मरते हुए प्राणी को देखकर मैं उसे शोक-रहित कर देता हूँ, वही मेरे प्रभु (इष्टदेव) श्रीरामचन्द्रजी जड़-चेतन के स्वामी और सबके हृदय की वृत्ति जाननेवाले (एवं प्रेरक) हैं ॥१॥

When I see any creature dying at Kashi, it is by the might of his (Rama's) name that I rid it of all sorrow (liberate it). He is my lord Raghubara, the master of all creation, animate as well as inanimate, who reads all hearts.

बिबसहु जासु नाम नर कहहीं । जनम अनेक रचित अघ दहहीं ॥
सादर सुमिरन जे नर करहीं । भवबारिधि गोपद इव तरहीं ॥

विवश होकर भी जिनका नाम लेने से मनुष्यों के अनेक जन्मों के संचित पाप जल[1] जाते हैं, फिर जो मनुष्य आदरपूर्वक उनका स्मरण करते हैं, वे तो संसाररूपी समुद्र को गाय के खुर से बने हुए गड्ढे के समान पार कर जाते हैं ॥२॥

If men even involuntarily repeat his name, the sins committed by them in many previous existences

१. या दहा जाते हैं, बह जाते हैं ।

are burnt away, and those who devoutly meditate upon him are able to cross the ocean of mundane existence as if it were a puddle (a mere hollow made by the hoof of a cow).

राम सो परमातमा भवानी। तहँ भ्रम अति अबिहित तव बानी॥
अस संसय आनत उर माहीं। ग्यान बिराग सकल गुन जाहीं॥

हे भवानी! वही परमात्मा श्रीरामजी हैं। उनके विषय में संदेह-युक्त तुम्हारे वचन बहुत ही अयोग्य हैं। इस प्रकार का संदेह मन में लाते ही मनुष्य के ज्ञान, वैराग्य आदि सारे गुण चले जाते हैं॥३॥

'Rama is no other than that Supreme Spirit, Bhavani, and your assertion that he is subject to delusion is most improper. The moment a man entertains such a doubt in his mind, his knowledge, detachment and all other virtues are lost.'

सुनि सिव के भ्रमभंजन बचना। मिटि गै सब कुतरक कै रचना॥
भइ रघुपति पद प्रीति प्रतीती। दारुन असंभावना बीती॥

शिवजी के भ्रम मिटानेवाले वचन सुनकर पार्वतीजी के सब कुतर्कों की रचना मिट गई—उनका संदेह दूर हो गया। श्रीरघुपतिजी के चरणों में उनका प्रेम और विश्वास जम गया और उनकी कठिन मिथ्या कल्पना जाती रही (अर्थात् उनका अविश्वास, बुरे तर्क-वितर्क समाप्त हो गए)॥४॥

When Parvati heard Shiva's enlightening words, the whole structure of her sophistry fell to pieces. Attachment and devotion to Raghupati's feet sprang in her heart and her shocking incredulity passed away.

दो.—पुनि पुनि प्रभुपद कमल गहि जोरि पंकरुह पानि।
बोलीं गिरिजा बचन बर मनहुँ प्रेमरस सानि॥११९॥

शिवजी के चरणकमल बार-बार पकड़कर और अपने कमल-जैसे हाथों को जोड़कर पार्वतीजी मानो प्रेमरस में सानकर श्रेष्ठ वचन बोलीं—॥११९॥

Clasping the lotus feet of her lord again and again, and folding her lotus-like hands, Parvati spoke sweet words steeped in the nectar of love:

चौ.—ससिकर सम सुनि गिरा तुम्हारी। मिटा मोह सरदातप भारी॥
तुम्ह कृपाल सबु संसउ हरेऊ। रामस्वरूप जानि मोहि परेऊ॥

चन्द्रमा की किरणों के समान आपकी शीतल वाणी सुनकर मेरा मोहरूपी शरद्-ऋतु (क्वार) की धूप का भारी ताप मिट गया। हे कृपालु! आपने सब संशय हर लिये, अब श्रीराम का यथार्थ स्वरूप समझ पड़ा॥१॥

'Having listened to your speech, which was like the moon's refreshing rays, I find that the burning autumn heat of my delusion has faded away. You have resolved all my doubt, O gracious Lord, and now the reality of Rama has been revealed to me.

नाथकृपा अब गएउ बिषादा। सुखी भइउँ प्रभुचरन प्रसादा॥
अब मोहि आपनि किंकरि जानी। जदपि सहज जड़ नारि अयानी॥

हे नाथ! अब आपकी कृपा से मेरा विषाद मिट गया और आपके चरणों के प्रसाद से मैं सुखी हो गयी। यद्यपि स्त्री होने के कारण स्वभावतः मूर्ख और ज्ञानहीन हूँ, तो भी मुझे अपनी दासी जानकर—॥२॥

By your grace, my lord, my gloom has been lifted and I feel happy now by the favour of my lord's feet. Now, regarding me as your servant, even though I am a woman, ignorant and stupid by nature,

प्रथम जो मैं पूछा सोइ कहहू। जौं मो पर प्रसन्न प्रभु अहहू॥
राम ब्रह्म चिनमय अबिनासी। सर्ब रहित सब उर पुर बासी॥

हे प्रभो! यदि आप मुझपर प्रसन्न हैं तो जो बात मैंने पहले आपसे पूछी थी, वही कहिए। (यह समझ गयी कि) श्रीरामजी ब्रह्म हैं, ज्ञानस्वरूप हैं, अविनाशी हैं, सबसे निर्लेप और सबके हृदयरूपी नगरी में निवास करनेवाले हैं॥३॥

—answer the question I first put, if you are pleased with me, my lord. Rama, I now understand, is no other than the indestructible Brahma (God), who is pure Consciousness itself and who, though bereft of all, yet abides in the city of the hearts of all.

नाथ धरेउ नरतनु केहि हेतू। मोहि समुझाइ कहहु बृषकेतू॥
उमाबचन सुनि परम बिनीता। रामकथा पर प्रीति पुनीता॥

फिर हे नाथ! उन्होंने नर-शरीर किस कारण धारण किया? हे वृषकेतु (शिवजी)! यह मुझे समझाकर कहिए। पार्वती के अत्यन्त नम्र वचन सुनकर और श्रीराम-कथा में उनका विशुद्ध प्रेम देखकर—॥४॥

Why did he take human form? Explain it to me, O Shiva! Hearing Parvati's most humble prayer and seeing her pure love for Rama's story,

दो.—हिय हरषे कामारि तब संकर सहज सुजान।
बहु बिधि उमहि प्रसंसि पुनि बोले कृपानिधान॥१२० (क)॥

कामदेव के शत्रु, सहज चतुर, कृपानिधान शिवजी मन-ही-मन हर्षित हुए और बहुत प्रकार से उमा की प्रशंसा करके फिर बोले—॥१२०(क)॥

Kamadeva's enemy, the all-merciful and all-wise Shiva, was glad at heart and, extolling Uma in so many ways, the Lord of grace said again:

नवाह्नपारायण, पहला विश्राम

मासपारायण, चौथा विश्राम

सो. –सुनु सुभ कथा भवानि रामचरितमानस बिमल ।
कहा भुसुंडि बखानि सुना बिहगनायक गरुड़ ॥१२०(ख)॥

हे भवानी ! रामचरितमानस की वह निर्मल एवं मङ्गलमयी कथा सुनो, जिसे काकभुशुण्डि ने विस्तार से कहा और पक्षियों के स्वामी गरुड़जी ने सुना था ॥१२०(ख)॥

'Listen, O Bhavani, to the blessed story of the holy *Ramacharitamanasa*, which was narrated at length by the sage Bhushundi and heard by Garuda, the king of birds.

सो संबाद उदार जेहिं बिधि भा आगे कहब ।
सुनहु राम अवतार चरित परम सुंदर अनघ ॥१२०(ग)॥

वह उदार (भुशुंडि-गरुड़) संवाद जिस प्रकार हुआ, वह मैं आगे कहूँगा । अभी तुम श्रीरामचन्द्रजी के अवतार का परम सुन्दर और पापनाशक चरित सुनो ॥१२०(ग)॥

I shall tell you later the manner of their exalted converse; hear now the most charming and sanctifying story of Rama's incarnation.

हरि गुन नाम अपार कथा रूप अगनित अमित ।
मैं निज मति अनुसार कहौं उमा सादर सुनहु ॥१२०(घ)॥

हरि के गुण, नाम, कथा और रूप सभी अपार, असंख्य और असीम हैं । फिर भी हे उमा ! मैं अपनी बुद्धि के अनुसार उन्हें कहता हूँ, आदरपूर्वक सुनो ॥१२०(घ)॥

Infinite are the virtues and the names of Hari; his stories and his forms innumerable and immeasurable. Yet I proceed to tell of them as best as I can; listen, Uma, with reverence.

चौ. –सुनु गिरिजा हरिचरित सुहाए । बिपुल बिसद निगमागम गाए ॥
हरि अवतार हेतु जेहि होई । इदमित्थं कहि जाइ न सोई ॥

हे गिरिजा ! सुनो, वेद-शास्त्रों ने भगवान् के सुन्दर, विस्तृत और उज्ज्वल चरित्रों का गान किया है । हरि का अवतार जिस कारण होता है, वह 'बस यही है' ऐसा नहीं कहा जा सकता (अनेक कारण हो सकते हैं) ॥१॥

Listen, Girija! The Vedas and the Agamas have sung many a beauteous and sinless act of Hari. The cause of Hari's descents cannot be defined dogmatically.

राम अतर्क्य बुद्धि मन बानी । मत हमार अस सुनहि सयानी ॥
तदपि संत मुनि बेद पुराना । जस कछु कहहिं स्वमति अनुमाना ॥

हे सयानी ! सुनो, हमारा मत तो यह है कि बुद्धि, मन और वाणी – तीनों से श्रीरामजी अतर्क्य हैं । तो भी संत, मुनि, वेद और पुराण अपनी-अपनी बुद्धि के अनुमान से जैसा कुछ कहते हैं, ॥२॥

Listen, sensible lady ! Rama is beyond the grasp of intellect, mind or speech: such is my conviction. Yet as saints and sages, the Vedas and the Puranas, explain in part, according to the measure of their understanding,—

तस मैं सुमुखि सुनावौं तोही । समुझि परै जस कारन मोही ॥
जब जब होइ धरम कै हानी । बाढ़हिं असुर अधम अभिमानी ॥

और जैसा कुछ मेरी समझ में आता है, हे सुमुखि ! वही कारण मैं तुमको सुनाता हूँ । जब-जब धर्म का ह्रास होता है और नीच अभिमानी असुर बढ़ जाते हैं – ॥३॥

—so, I, fair lady, tell you the reason as I understand it. Whenever righteousness declines and demons, vile and arrogant, multiply,—

करहिं अनीति जाइ नहि बरनी । सीदहिं बिप्र धेनु सुर धरनी ॥
तब तब प्रभु धरि बिबिध सरीरा । हरहिं कृपानिधि सज्जनपीरा ॥

और वे ऐसी अनीति करते हैं जिसका वर्णन नहीं हो सकता तथा (उनसे) ब्राह्मण, गौ, देवता और पृथ्वी दुःख पाते हैं, तब-तब वे कृपासागर प्रभु भाँति-भाँति के शरीर धारणकर सज्जनों की पीड़ा दूर करते हैं ॥४॥

—and work lawless deeds beyond the telling, and whenever Brahmans and cows, and gods and earth are in trouble, the gracious Lord assumes various bodily forms and relieves the distress of the faithful.

दो. –असुर मारि थापहिं सुरन्ह राखहिं निज श्रुतिसेतु ।
जग बिस्तारहिं बिसद जस रामजन्म कर हेतु ॥१२१॥

वे राक्षसों को मारकर देवों को स्थापित करते हैं, अपने वेदों की मर्यादा की रक्षा करते हैं और जगत् में अपनी उज्ज्वल कीर्ति फैलाते हैं । ये ही रामजन्म के कारण हैं ॥१२१॥

He slays the demons and reinstates the gods, defends the bounds of propriety fixed by the Vedas, and diffuses his spotless glory throughout the world. This is the cause of Rama's descent.

चौ. –सोइ जस गाइ भगत भव तरहीं । कृपासिंधु जन हित तनु धरहीं ॥
रामजनम के हेतु अनेका । परम बिचित्र एक तें एका ॥

उसी यश का गानकर भक्त भवसागर से तर जाते हैं ।[1] कृपासागर अपने भक्तों के हित के लिए शरीर धारण करते हैं । रामजन्म के अनेक कारण हैं, जो एक-से-एक बढ़कर अद्भुत हैं ॥१॥

---

१. आवागमन से मुक्त हो जाते हैं ।

Thus the devotees sing his glory and cross the sea of worldly existence; it is for the sake of his votaries that the compassionate Lord assumes a body. The causes of Rama's birth are many, each more wonderful than the others.

जनम एक दुइ कहौं बखानी । सावधान सुनु सुमति भवानी ॥
द्वारपाल हरि के प्रिय दोऊ । जय अरु बिजय जान नब कोऊ ॥

हे सुमति भवानी ! मैं उनके दो-एक जन्मों का विस्तार से वर्णन करता हूँ, तुम चित्त लगाकर सुनो । श्रीहरि के जय और विजय दो प्यारे द्वारपाल हैं, जिन्हें सभी जानते हैं ॥२॥

I will relate one or two such births at some length; please listen with attention, O wise Bhavani. Hari had two loving gate-keepers, Jaya and Vijaya, as all men know.

बिप्रस्राप तें दूनौ भाई । तामस असुरदेह तिन्ह पाई ।
कनककसिपु अरु हाटकलोचन । जगतबिदित सुरपति मद मोचन ॥

दोनों भाइयों ने ब्राह्मण (सनकादि) के शाप से तामसी असुर शरीर पाया । उनमें एक का नाम था हिरण्यकशिपु और दूसरे का हिरण्याक्ष । वे देवराज इन्द्र के गर्व को मिटानेवाले और सारे जगत् में प्रसिद्ध थे ॥३॥

Due to the curse of certain Brahmans (Sanaka and his three brothers) these two brothers were born again in the form of the malignant demons, Hiranyakashipu and Hiranyaksha. They became known throughout the world as the tamers of the pride of Indra (the king of heaven).

बिजई समर बीर बिख्याता । धरि बराहबपु एक निपाता ॥
होइ नरहरि दूसर पुनि मारा । जन प्रहलाद सुजस बिस्तारा ॥

वे युद्ध में विजयी और वीरों में विख्यात थे । उनमें से एक (हिरण्याक्ष) को भगवान् ने वराह का शरीर धारण कर मारा; फिर दूसरे (हिरण्यकशिपु) का नृसिंह-रूप धारण कर वध किया और भक्त प्रह्लाद का सुयश फैलाया ॥४॥

Triumphant in battle were they, these warriors renowned. Assuming the form of a boar, Hari slew one of the brothers (*viz.*, Hiranyaksha); then, as a Man-Lion,[1] he killed the other (Hiranyakashipu) and spread the glorious renown of his devotee, Prahlada (Hiranyakashipu's son).

दो.–भए निसाचर जाइ तेइ महाबीर बलवान ।
कुंभकरन रावन सुभट सुरबिजई जग जान ॥१२२॥

वे ही दोनों जाकर महावीर और बलवान् कुम्भकर्ण और रावण नामक राक्षस हुए जो बड़े योद्धा और देवताओं को जीतनेवाले हुए, जिन्हें सारा संसार जानता है ॥१२२॥

It is these two brothers that were born again as demons, powerful and most valiant in battle, Ravana and Kumbhakarna, who were great warriors and, as all men know, conquerors of the gods.

चौ.–मुकुत न भए हते भगवाना । तीनि जनम द्विजबचन प्रवाना ॥
एक बार तिन्ह के हित लागी । धरेउ सरीर भगत अनुरागी ॥

यद्यपि भगवान् ने उन्हें अपने हाथ से वध किया, तो भी वे (हिरण्याक्ष और हिरण्यकशिपु) इसीलिए मुक्त नहीं हुए कि ब्राह्मण के वचन (शाप) का प्रमाण[१] तीन जन्मों के लिए था । अतः एक बार भक्तों के अनुरागी भगवान् ने उनके कल्याण के लिए फिर अवतार लिया ॥१॥

Even though slain by the Lord, the two brothers (Hiranyaksha and Hiranyakashipu) did not win salvation; for the Brahmans' curse was to prevail for three lives. It was on their account that the cherisher of the faithful put on mortal form.

कस्यप अदिति तहाँ पितु माता । दसरथ कौसल्या बिख्याता ॥
एक कलप एहि बिधि अवतारा । चरित पवित्र किए संसारा ॥

वहाँ (उस अवतार में) कश्यप मुनि[२] और अदिति उनके माता-पिता हुए, जो दशरथ और कौसल्या के नाम से प्रसिद्ध थे । एक कल्प में इस प्रकार अवतार लेकर (नारायण ने) अपने चरित्रों से संसार को पवित्र किया (अथवा इस प्रकार अवतार लेकर उन्होंने संसार में अपनी पवित्र लीलाएँ विस्तारीं) ॥२॥

This time Kashyapa and Aditi were his parents, and their names were Dasharath and Kausalya. This was how in one aeon (round of creation) the Lord descended from heaven and performed holy deeds in the world.

एक कलप सुर देखि दुखारे । समर जलंधर सन सब हारे ॥
संभु कीन्ह संग्राम अपारा । दनुज महाबल मरै न मारा ॥

एक कल्प में जब सब देवता जलन्धर दैत्य से युद्ध में हार जाने के कारण दुःखी हो गए तब उन्हें देखकर शम्भु ने उसके साथ घमसान युद्ध किया; पर वह महाशक्तिशाली दैत्य मारे नहीं मरता था ॥३॥

In another aeon all the gods were vanquished in their conflict with the demon Jalandhara. Seeing their distress, Shambhu warred against him times

1. This was done in the Narasingha avatar, the incarnation of Hari as a Man-Lion.

१. 'इयत्ता', 'सीमा' या 'अवधि' के अर्थ में प्रयुक्त ।

२. वैवस्वत मन्वंतर में ब्रह्मपुत्र मरीचि के पुत्र का नाम कश्यप है । उन्हें प्राचेतस दक्ष ने अपनी ६० कन्याओं में से ३ कन्याएँ ब्याह दी थीं[1] जिनमें अदिति का नाम पहले आता है ।

without number; but the valiant demon could in no way be slain.

परम सती असुराधिप नारी । तेहि बल ताहि न जितहिं पुरारी ॥

उस असुरराज की स्त्री (वृन्दा) बड़ी ही पतिव्रता थी । उसी के प्रताप से त्रिपुरासुर (जैसे अजेय शत्रु) का संहार करनेवाले शिवजी भी उस दैत्य को पराजित न कर सके ॥४॥

The wife of the demon king was a lady of exceeding virtue. Armed by her strength of character the demon could not be overcome even by Shiva, the slayer of the invincible Tripura.

दो. –छल करि टारेउ तासु ब्रत प्रभु सुरकारज कीन्ह ।
जब तेहि जानेउ मरम तब श्राप कोप करि दीन्ह ॥१२३॥

छल से उस स्त्री का पातिव्रत्य भङ्ग कर प्रभु ने देवताओं का काम किया । जब उस स्त्री ने यह मर्म जाना, तब उसने क्रोध करके (भगवान् को) शाप दिया ॥१२३॥

By a stratagem the Lord broke her marriage vow and thus accomplished the purpose of the gods. When the lady discovered the deception, she cursed him in her wrath.

चौ. –तासु श्राप हरि दीन्ह प्रवाना । कौतुकनिधि कृपाल भगवाना ॥
तहाँ जलंधर रावन भएऊ । रन हति राम परमपद दएऊ ॥

कौतुक के निधान (लीलाओं के भण्डार) कृपालु हरि ने उसके शाप को आदर दिया । वही जलन्धर उस कल्प में रावण हुआ, जिसे श्रीरामजी ने युद्ध में मारकर परम पद (अपना धाम, मोक्ष) दिया ॥१॥

Hari, the Blessed Lord, sportive and gracious, accepted her curse. It was this Jalandhara who was reborn as Ravana in that aeon. Killing him in battle, Rama conferred on him the supreme state (*i.e.*, granted him final release).

एक जनम कर कारन एहा । जेहि लगि राम धरी नरदेहा ॥
प्रति अवतार कथा प्रभु केरी । सुनु मुनि बरनी कबिन्ह घनेरी ॥

एक जन्म का कारण यह था, जिससे श्रीरामजी ने मनुष्य-शरीर धारण किया । हे भरद्वाज मुनि ! सुनो, प्रभु के प्रत्येक अवतार की बहुत सी कथाएँ हैं जिनका वर्णन कवियों ने किया है ॥२॥

This then was the reason why Rama assumed a human form in one particular birth. Hearken, O Bharadvaja ! The story of each incarnation has been sung by poets in many ways.

नारद श्राप दीन्ह एक बारा । कलप एक तेहि लगि अवतारा ॥
गिरिजा चकित भईं सुनि बानी । नारद बिष्नुभगत पुनि ग्यानी ॥

एक बार नारदजी ने शाप दिया । एक कल्प में इस कारण अवतार हुआ । यह बात सुनकर पार्वतीजी बड़ी चकित हुईं (और बोलीं –) नारदजी तो विष्णु के भक्त और फिर ज्ञानी हैं, ॥३॥

On one occasion Narada cursed the Lord, and this caused him to become incarnate in one aeon'. Girija was taken aback to hear these words and said, 'But Narada is a votary of Vishnu and an enlightened sage !

कारन कवन श्राप मुनि दीन्हा । का अपराध रमापति कीन्हा ॥
यह प्रसंग मोहि कहहु पुरारी । मुनिमन मोह आचरज भारी ॥

देवर्षि नारद ने किस कारण भगवान् को शाप दिया ? लक्ष्मीपति भगवान् ने क्या अपराध किया था ? हे पुरारि (शंकरजी) ! यह कथा मुझसे कहिए । मुनि के मन में मोह का होना बड़े आश्चर्य की बात है' ॥४॥

Why did the sage pronounce a curse ? What offence had Lakshmi's lord committed ? Tell me the whole story, Purari. It is astonishing that the sage should have fallen a prey to delusion'.

दो. –बोले बिहसि महेस तब ग्यानी मूढ़ न कोइ ।
जेहि जस रघुपति करहिं जब सो तस तेहि छन होइ ॥१२४ (क)॥

तब शिवजी ने हँसकर कहा कि न तो कोई ज्ञानी है और न मूढ़ । श्रीरघुनाथजी जब जिसको जैसा कर देते हैं, वह उसी क्षण वैसा ही हो जाता है ॥१२४(क)॥

Then said the great Lord Shiva with a smile, 'No one is wise or foolish. Man instantly becomes what Raghunatha wills him to be at a particular moment.'

सो. –कहौं राम गुन गाथ भरद्वाज सादर सुनहु ।
भवभंजन रघुनाथ भजु तुलसी तजि मान मद ॥१२४(ख)॥

(याज्ञवल्क्यजी कहते हैं –) हे भरद्वाजजी ! मैं श्रीरामजी के गुणों की कथा कहता हूँ, तुम आदरपूर्वक सुनो । तुलसीदासजी कहते हैं – (रे मन !) मान और मद को छोड़कर आवागमन के नाशक श्रीरघुनाथजी का भजन कर ॥१२४(ख)॥

Said Yajnavalkya, 'I now tell you the story of Rama's perfections, O Bharadvaja; listen with reverence. Renouncing pride and self-conceit, says Tulasi, adore the lord of Raghus, who puts an end to birth and death.

चौ. –हिमगिरिगुहा एक अति पावनि । बह समीप सुरसरी सुहावनि ॥
आश्रम परम पुनीत सुहावा । देखि देवरिषि मन अति भावा ॥

हिमालय पर्वत में एक अत्यन्त पवित्र गुफा थी जिसके समीप ही सुहावनी गङ्गाजी बहती थीं । (वह) आश्रम परम पवित्र और सुन्दर था । देखने पर वह नारदजी के मन को बहुत ही प्रिय लगा ॥१॥

'In the Himalaya mountains there was a most sacred cave; the beautiful stream (Ganga) flowed nearby. The sight of so holy and lovely a retreat greatly pleased the divine seer Narada.

निरखि सैल सरि बिपिन बिभागा । भएउ रमापतिपद अनुरागा ॥
सुमिरत हरिहि श्रापगति बाधी । सहज बिमल मन लागि समाधी ॥

पर्वत, नदी और वन के पृथक्-पृथक् अंशों को देखकर नारदजी को लक्ष्मीपति भगवान् के चरणों में प्रेम हो गया। भगवान् का स्मरण करते ही उन (नारद मुनि) के शाप की (जो उन्हें दक्ष प्रजापति ने दिया था और जिसके कारण वे जहाँ-तहाँ भटकते फिरते थे) गति नष्ट हो गयी और मन के स्वाभाविक ही निर्मल होने से समाधि लग गयी ॥२॥

As he gazed upon the beauty of the hills ans the river and the forest glades, he was filled with passionate love for the feet of Lakshmi's lord, and when he thought upon Hari, the spell of the curse (pronounced by Daksha, which did not allow him to stay at one place) was lifted and his spotless soul fell into a trance.

मुनिगति देखि सुरेस डेराना । कामहि बोलि कीन्ह सनमाना ॥
सहित सहाय जाहु मम हेतू । चलेउ हरषि हिय जलचरकेतू ॥

नारद मुनि की यह दशा एवं सामर्थ्य देखकर देवराज इन्द्र डर गया। उसने कामदेव को बुलवाकर उसका आदर-सत्कार किया (और कहा कि) मेरी भलाई के लिए तुम अपने सहायकों के साथ (नारद की समाधि भङ्ग करने) जाओ। (यह सुनकर) मीनध्वज कामदेव मन में हर्षित होकर चला ॥३॥

When he saw the sage's condition, the chief of the gods became apprehensive; so he summoned the god of love and received him with great honour. "Go," he said, "with your associates to do me service." The god of love (who has a fish emblazoned on his standard) went off very gladly.

सुनासीरमन महु असि त्रासा । चहत देवरिषि मम पुर बासा ॥
जे कामी लोलुप जग माहीं । कुटिल काक इव सबहि डेराहीं ॥

इन्द्र के मन में यह डर हुआ कि देवर्षि नारद मेरी पुरी (स्वर्ग) में निवास (अर्थात् अपना दखल-अधिकार जमाना) चाहते हैं। संसार में जो कामी और लोभी हैं, वे कुटिल कौए की तरह सबसे डरते हैं (शंकित रहते हैं) ॥४॥

Indra apprehended that the celestial sage desired to take possession of his city. Those who are lustful and covetous are afraid of everyone, like a crafty crow.

दो. —सूख हाड़ लै भाग सठ स्वान निरखि मृगराज ।
छीनि लेइ जनि जान जड़ तिमि सुरपतिहि न लाज ॥१२५॥

जैसे (कोई) मूर्ख कुत्ता सिंह को देख सूखी हड्डी लेकर भागे और जैसे वह मूर्ख यह समझे कि कहीं सिंह उसे छीन न ले, वैसे ही इन्द्र को (नारद जी मेरा राज्य छीन लेंगे, यह सोचते हुए) लाज नहीं आयी ॥१२४॥

Just as a foolish dog, on seeing a lion, runs off with a dry bone, fearing in his ignorance that the lion may rob him of it, even so the Lord of heaven had no shame.

चौ. —तेहि आश्रमहि मदन जब गएऊ । निज माया बसंत निरमएऊ ॥
कुसुमित बिबिध बिटप बहु रंगा । कूजहिं कोकिल गुंजहिं भृंगा ॥

जब कामदेव उस आश्रम में गया, तब उसने अपनी माया से वहाँ वसन्त ऋतु का निर्माण किया। नाना प्रकार के वृक्ष रंग-बिरंग के फूलों से खिल उठे। उन पर कोयलें कूकने लगीं और भौंरे गुंजार करने लगे ॥१॥

When kamadeva reached the sage's retreat, he created false spring by his magic art. Many-coloured blossoms appeared on the trees of different kinds; cuckoos sang and bees murmured.

चली सुहावनि त्रिबिध बयारी । कामकृसानु बढ़ावनिहारी ॥
रंभादिक सुरनारि नवीना । सकल असमसर कला प्रबीना ॥

कामाग्नि को उभाड़ने-उत्तेजित करनेवाली तीनों प्रकार की (शीतल, मन्द और सुगन्ध) सुहावनी हवा चलने लगी। रम्भा आदि नवयौवना अप्सराएँ जो समस्त कामकलाओं में निपुण थीं, ॥२॥

A delightful breeze sprang up, cool, soft and fragrant fanning the flame of passion; while Rambha and other heavenly nymphs, who looked ever young and were all well skilled in the art of love,—

करहिं गान बहु तान तरंगा । बहुबिधि क्रीड़हिं पानि पतंगा ॥
देखि सहाय मदन हरषाना । कीन्हेसि पुनि प्रपंच बिधि नाना ॥

अनेक तानों की तरङ्ग के साथ वे गाने लगीं और हाथ में गेंद लेकर नाना प्रकार की क्रीड़ाएँ करने लगीं।[१] कामदेव अपने इन सहायकों को देखकर हर्षित हुआ और फिर उसने नाना प्रकार के प्रपंच रचे ॥३॥

—began singing songs of varied pitch and modulation and sported in many ways, ball in hand. Kamadeva was delighted to see his assistants there and employed a variety of deceptive tricks.

---

१. यदि 'पतंग' का अर्थ सूर्य है तो देवाङ्गनाएँ सूर्य की ओर हाथ उठाकर क्रीड़ा करती हैं। इससे अंग-प्रदर्शन द्वारा मन में विक्षेप उत्पन्न करना चाहती हैं। अन्यान्य टीकाकारों के अनुसार वे हाथों से थपकी देकर गेंद उछालती हैं। 'पतंग' से 'गुड्डी', 'कनकौआ', 'चिनगारी', 'अरुण', 'गेंद' आदि अर्थों की भी व्यंजना होती है। भाव बताने में अप्सराओं के हाथ इतने चंचल हो जाते हैं कि जान पड़ता है, पवन के वश पतंग आकाश में उड़ रहा है। जैसे अग्नि से चिनगारी शीघ्र निकलती है, वैसे ही वेग से उनके हाथ चलते हैं। जैसे हाथ में चिनगारी होने से हाथ शीघ्र चलते हैं, बदलते रहते हैं, वैसे ही वे अप्सराएँ पैंतरे बदलती हैं। वे अपने गुलाबी हाथों से क्रीड़ा करती हैं।

कामकला कछु मुनिहि न ब्यापी। निज भय डरेउ मनोभव पापी॥
सीम कि चाँपि सकै कोउ तासू। बड़ रखवार रमापति जासू॥

जब मुनि पर कामदेव की कोई भी कला असर न कर सकी, तब तो पापी कामदेव अपने ही भय से डर गया। श्रीलक्ष्मीपति भगवान् जिसके बड़े रक्षक हों, भला, उसकी सीमा (मर्यादा) को कौन दबा सकता है ? (कोई भी तो नहीं) ॥४॥

But his amorous devices had no effect upon the sage. and then guilty Kamadeva feared for his own safety. Can anyone encroach upon his bounds who has the great Ramapati (Lakshmi's lord) for a guardian ?

दो. –सहित सहाय सभीत अति मानि हारि मन मयन।
गहेसि जाइ मुनिचरन कहि सुठि आरत मृदु बयन॥१२६॥

तब सहायकों के साथ कामदेव ने अपने मन में हार मानकर अत्यन्त भयभीत हो बहुत ही आर्त्त वचन कहते हुए मुनि के चरण पकड़ लिये ॥१२६॥

In dire dismay Kamadeva with his assistants acknowledged his defeat; he went and clasped the sage's feet, addressing him in accents of deep humility.

चौ. –भएउ न नारदमन कछु रोषा। कहि प्रिय बचन काम परितोषा॥
नाइ चरन सिरु आएसु पाई। गएउ मदन तब सहित सहाई॥

नारदजी के मन में कुछ भी क्रोध न हुआ। उन्होंने प्रिय वचन कहकर कामदेव को संतुष्ट किया। तब मुनि के चरणों में सिर नवाकर, उनकी आज्ञा पाकर, कामदेव अपने सहायकोंसहित चला गया ॥१॥

There was no wrath in Narada's heart at all; he comforted Kamadeva with loving words. Then, bowing his head before the sage's feet and obtaining his leave, Love retired with his assistants.

मुनि सुसीलता आपनि करनी। सुरपतिसभाँ जाइ सब बरनी॥
सुनि सब के मन अचरजु आवा। मुनिहि प्रसंहि हरिहि सिरु नावा॥

देवराज इन्द्र की सभा में जाकर उसने मुनि की सुशीलता और अपनी करतूत सब कही। यह सुनकर सबके मन में आश्चर्य हुआ, इस पर सबने नारद मुनि की बड़ाई करके भगवान् हरि को सिर नवाया ॥२॥

Reaching the court of heaven's Lord, he related the story of his own doings and of the sage's clemency. All were amazed when they heard of it; they extolled the sage and bowed their heads to Hari.

तब नारद गवने सिव पाहीं। जिता काम अहमिति मन माहीं॥
मारचरित संकरहि सुनाए। अति प्रिय जानि महेस सिखाए॥

(जब कामदेव चला गया) तब नारदजी शिवजी के पास गये। उनके मन में इस बात का अहंकार हो गया कि मैने कामदेव को जीत लिया। उन्होंने कामदेव के चरित्र शिवजी को सुनाये और महादेवजी ने उन (नारदजी) को अत्यन्त प्रिय जानकर शिक्षा दी – ॥३॥

Then Narada went to Shiva, greatly proud of his victory over Love, and told him all Love's doings. Knowing him to be his most beloved friend, the great Shiva warned him thus :

बार बार बिनवौं मुनि तोही। जिमि यह कथा सुनायहु मोही॥
तिमि जनि हरिहि सुनावहु कबहूँ। चलेहु प्रसंग दुराएहु तबहुँ॥

हे मुनि ! मैं तुमसे बारंबार विनती करता हूँ कि जैसे तुमने यह कथा मुझे सुनायी है, वैसे भगवान् श्रीहरि को कदापि न सुनाना। प्रसंग छिड़ने पर भी उसे छिपा जाना ! ॥४॥

"O sage, again and again I beg of you never to repeat this story to Hari as you have repeated it to me. Should it happen to be brought forward, keep silence !"

दो. –संभु दीन्ह उपदेस हित नहिं नारदहि सोहान।
भरद्वाज कौतुक सुनहु हरि इच्छा बलवान॥१२७॥

(श्रीयाज्ञवल्क्यजी कहते हैं कि) यद्यपि शिवजी ने तो हित की शिक्षा दी, पर वह नारदजी को अच्छी न लगी। हे भरद्वाज ! हरि की इच्छा बड़ी बलवती है, उसका तमाशा सुनो ॥१२७॥

Good as Shiva's advice was, it did not please Narada. Bharadvaja, now hear what interesting thing happened and see the omnipotence of Hari's will.

चौ. –राम कीन्ह चाहहिं सोइ होई। करै अन्यथा अस नहि कोई॥
संभुबचन मुनिमन नहि भाए। तब बिरंचि के लोक सिधाए॥

श्रीरामचन्द्रजी जो करना चाहते हैं, वही होता है; ऐसा कोई नहीं जो उसके विरुद्ध कर सके (या उनकी इच्छा को व्यर्थ कर सके)। श्रीशिवजी के वचन मुनि के मन को अच्छे न जँचे, तब वे वहाँ से ब्रह्मलोक को चल दिए ॥१॥

Rama's will alone prevails, and there is no one who can alter it. As Shiva's advice fell flat on the sage, he went straight to Brahma's realm.

एक बार करतल बर बीना। गावत हरिगुन गानप्रबीना॥
छीरसिंधु गवने मुनिनाथा। जहँ बस श्रीनिवास श्रुतिमाथा॥

एक बार गानविद्या में निपुण मुनिनाथ (नारदजी) हाथ में श्रेष्ठ वीणा लिये, हरिगुण का गान करते हुए क्षीरसागर को गये, जहाँ वेदों के मुख्य प्रतिपाद्य लक्ष्मीपति (श्रीमन्नारायण) रहते हैं ॥२॥

Singing the glories of Hari to the accompaniment of the excellent lute he had in his hand, the high sage, Narada, who was skilled in music, once repaired to the Ocean of Milk, where dwells Vishnu, Lord of the Vedas.

हरषि मिले उठि रमानिकेता । बैठे आसन रिषिहि समेता ॥
बोले बिहसि चराचर राया । बहुते दिनन कीन्हि मुनि दाया ॥

रमानिवास (लक्ष्मीपति) भगवान् उठकर बड़े आनन्द से उनसे मिले और ऋषि (नारदजी) के साथ आसन पर बैठ गए । चराचर के स्वामी भगवान् हँसकर बोले – हे मुनि ! (इस बार तो आपने) बहुत दिनों पर कृपा की ॥३॥

In great joy rose Lakshmi's lord to meet him, and shared his seat with the sage. The Lord of all creation, animate as well as inanimate, said with a smile, "It is after a long time, O sage, that you have showed me this favour."

कामचरित नारद सब भाषे । जद्यपि प्रथम बरजि सिव राखे ॥
अति प्रचंड रघुपति कै माया । जेहि न मोह अस को जग जाया ॥

यद्यपि श्रीशिवजी ने उन्हें पहले से ही मना कर रखा था, तो भी नारदजी ने कामदेव का सारा चरित (भगवान् को) कह सुनाया । श्रीरघुनाथजी की माया अत्यन्त प्रचंड है । जगत् में ऐसा कौन उत्पन्न हुआ है, जिसे वह मोहित न कर दे ? ॥४॥

Narada told him all the doings of Kama, though Shiva had already warned him not to do so. Most formidable is the delusive power of the lord of Raghus; is there a mortal whom it does not mislead ?

दो. –रूख बदन करि बचन मृदु बोले श्रीभगवान ।
तुम्हरे सुमिरन तें मिटहिं मोह मार मद मान ॥१२८॥

रूखा मुँह करके भगवान् कोमल वचन बोले – हे मुनिराज ! आपका स्मरण करने से दूसरों के मोह, काम, मद और अभिमान मिट जाते हैं (तब भला वे आपको कैसे व्याप सकते हैं !) ॥१२८॥

With an impassive look but gentle words the Great God said, "Self-delusion, lust, arrogance and pride, O great sage, disappear at the very thought of you!

चौ. –सुनु मुनि मोह होइ मन ताकें । ग्यान बिराग हृदय नहिं जाकें ॥
ब्रह्मचरज ब्रत रत मतिधीरा । तुम्हहि कि करै मनोभव पीरा ॥

हे मुनि ! सुनिए, मोह तो उसी के मन में होता है जिसके हृदय में ज्ञान-वैराग्य नहीं होता । आप तो ब्रह्मचर्य व्रत में तत्पर और बड़े धीरबुद्धि हैं । (भला) आपको कामदेव कैसे पीड़ित कर सकता है ? ॥१॥

Listen, O sage ! The mind of him alone is susceptible to delusion whose heart is devoid of wisdom and dispassion. But you are steadfast in your devotion to the vow of continence and resolute of mind; you can never be smitten with pangs of Love."

नारद कहेउ सहित अभिमाना । कृपा तुम्हारि सकल भगवाना ॥
करुनानिधि मन दीख बिचारी । उर अंकुरेउ गर्ब तरु भारी ॥

नारदजी ने अभिमान के साथ कहा – भगवन् ! यह सब आपकी कृपा है । दयासागर भगवान् ने मन में विचारकर देखा कि अब इनके हृदय में अभिमान-रूपी भारी वृक्ष का अंकुर जम आया है ॥२॥

Said Narada with a feeling of pride, "It is all due to your grace, my Lord." The compassionate Lord reflected and saw that a huge tree of pride had sprouted in Narada's heart.

बेगि सो मैं डारिहौं उखारी । पन हमार सेवकहितकारी ॥
मुनि कर हित मम कौतुक होई । अवसि उपाय करबि मैं सोई ॥

उसे मैं शीघ्र ही उखाड़ फेंकूँगा, क्योंकि सेवकों का हित करना हमारा प्रण है । मैं अवश्य ही वह उपाय करूँगा, जिससे मुनि की भलाई और मेरा खेल-कौतुक हो ॥३॥

"I shall soon tear it up by roots," he thought, "for it is my vow to serve the best interest of my servants. I must devise some plan which may do good to the sage and also afford me sport."

तब नारद हरिपद सिर नाई । चले हृदय अहमिति अधिकाई ॥
श्रीपति निज माया तब प्रेरी । सुनहु कठिन करनी तेहि केरी ॥

तब नारद मुनि हरि के चरणों में सिर नवाकर चले । उनके हृदय में अहंकार और भी बढ़ गया । तब लक्ष्मीपति विष्णु ने अपनी माया प्रेरित की । अब उसकी कठिन करनी सुनो ॥४॥

Then Narada bowed his head at Hari's feet and departed, swelling with pride. But Vishnu set his Maya (magic power) into operation. Listen now to his relentless plot.

दो. –बिरचेउ मग महु नगर तेहि सत जोजन बिस्तार ।
श्रीनिवासपुर तें अधिक रचना बिबिध प्रकार ॥१२९॥

उस (माया) ने मार्ग में सौ योजन (चार सौ कोस) के एक लम्बे-चौड़े विशेष नगर की रचना की । उस नगर की भाँति-भाँति की रचनाएँ लक्ष्मीनिवास भगवान् विष्णु के नगर (वैकुण्ठ) से भी अधिक सुन्दर थीं ॥१२९॥

He fashioned on the road a city with an area of eight hundred square miles. The manifold architectural beauties of that city excelled even those of Vishnu's own capital (Vaikuntha).

चौ. –बसहिं नगर सुंदर नर नारी । जनु बहु मनसिज रति तनुधारी ॥
तेहि पुर बसै सीलनिधि राजा । अगनित हय गय सेन समाजा ॥

उस नगर में ऐसे सुन्दर स्त्री-पुरुष निवास करते थे, मानो बहुत-से कामदेव और (उसकी स्त्री) रति ही मनुष्य-शरीर धारण किये हुए हों । उस नगर में शीलनिधि नामक राजा रहता था, जिसके यहाँ अनगिनत घोड़े, हाथी और सेना के समूह थे ॥१॥

It was inhabited by such handsome men and women that you would take them all to be so many incarnations of Kamadeva and Rati. King Shilanidhi ruled over that city, and he had companies of horses, elephants and troops beyond number.

सत सुरेस सम बिभव बिलासा । रूप तेज बल नीति निवासा ॥
बिस्वमोहनी तासु कुमारी । श्री बिमोह जिसु रूपु निहारी ॥

सौ इन्द्रों के समान उसका वैभव-विलास था । वह स्वयं रूप, तेज, बल और नीति का निवास-स्थान ही था । उसके विश्वमोहिनी नाम की एक (ऐसी रूपवती) कन्या थी, जिसके रूप को देखकर लक्ष्मीजी भी मुग्ध हो जातीं ॥२॥

His royal pomp and grandeur were like those of a hundred Indras; he was the abode of grace, splendour, might and wisdom. He had a daughter, Vishvamohini, whose beauty enraptured even Lakshmi.

सोइ हरिमाया सब गुन खानी । सोभा तासु कि जाइ बखानी ॥
करै स्वयंबर सो नृपबाला । आए तहँ अगनित महिपाला ॥

वह सब गुणों की खान हरि की माया ही थी । उसकी शोभा क्या बखानी जा सकती है ? वह राजकन्या स्वयंवर कर रही थी, जिससे वहाँ अगणित राजा एकत्र हो गए थे ॥३॥

She was no other than Hari's own delusive power, a mine of all virtues and so exquisite that no words could describe her. The princess was about to choose a husband, and for this reason innumerable princes had come as suitors.

मुनि कौतुकी नगर तेहि गएऊ । पुरबासिन्ह सब पूछत भएऊ ॥
सुनि सब चरित भूपगृह आए । करि पूजा नृप मुनि बैठाए ॥

कौतुकप्रिय मुनि (नारदजी) उस नगर में गये और नगरवासियों से उन्होंने सब समाचार पूछा । सब हाल सुनकर वे राजा के महल में आये । राजा ने पूजा करके मुनि को (आसन पर) बिठाया ॥४॥

The sportive sage (Narada) entered the city and began to make inquiries of the people. When he heard of all that had been going on there, he proceeded to the king's palace, where the king paid him homage and gave him a seat.

दो. –आनि देखाई नारदहि भूपति राजकुमारि ।
कहहु नाथ गुन दोष सब एहि के हृदय बिचारि ॥१३०॥

राजा ने अपनी पुत्री (राजकुमारी) को लाकर नारदजी को दिखलाया (और कहा कि –) हे नाथ ! आप अपने हृदय में विचारकर इसके सब गुण-दोष कहिए ॥१३०॥

The king brought the princess and showed her to Narada and said, "Tell me, good sir, after consideration, all that is good or bad about her."

चौ. –देखि रूप मुनि बिरति बिसारी । बड़ी बार लगि रहे निहारी ॥
लच्छन तासु बिलोकि भुलाने । हृदय हरष नहिं प्रगट बखाने ॥

(राजकुमारी के) रूप को देखते ही मुनि सारा वैराग्य भूल गए और बड़ी देर तक उसकी ओर (एकटक) देखते रह गए । उसके लक्षण देखकर वे अपने-आपको भी भूल गए और हृदय में हर्षित हुए, पर प्रकट रूप में उन लक्षणों को नहीं कहा ॥१॥

When the sage beheld her beauty, he forgot his vow of continence and remained gazing at her for a long time. When he read the distinctive marks on her body, he was lost in reverie. Though inwardly delighted, he would not say anything openly.

जो एहि बरै अमर सोइ होई । समरभूमि तेहि जीत न कोई ॥
सेवहिं सकल चराचर ताही । बरै सीलनिधि कन्या जाही ॥

(उस राजकन्या के लक्षणों को देखकर वे मन में कहने लगे कि) जो इसे ब्याहेगा, वह अमर हो जायगा, रणभूमि में उसे कोई जीत न सकेगा । शीलनिधि की कन्या जिसे वरेगी, चर-अचर सब जीव उसकी सेवा करेंगे ॥२॥

"He who weds this maiden," he said to himself, "shall become immortal, and no one shall be able to conquer him on the field of battle. He whom Shilanidhi's daughter weds shall be adored by all creation, animate and inanimate."

लच्छन सब बिचारि उर राखे । कछुक बनाइ भूप सन भाषे ॥
सुता सुलच्छन कहि नृप पाहीं । नारद चले सोच मन माहीं ॥

सभी लक्षणों को विचारकर अपने हृदय में रख लिया । कुछ बातें बनाकर राजा से कह दीं । राजा से कहकर कि लड़की सुलक्षणा है, नारदजी चल दिए । पर उनके मन में यह चिन्ता थी कि – ॥३॥

Though the sage calculated her traits and fortune, he laid them up in his heart and to the king he made some pretence of an answer. "Your daughter is indeed fortunate," said Narada to the king, and went off pondering:

करौं जाइ सोइ जतन बिचारी । जेहि प्रकार मोहि बरै कुमारी ॥
जप तप कछु न होइ तेहि काला । हे बिधि मिलै कवन बिधि बाला ॥

जाकर सोच-विचारकर अब वही यत्न करूँ, जिससे वह कुमारी मेरा ही वरण करे । इस समय कुछ जप-तप तो हो नहीं सकता । हे विधाता ! मुझे यह कन्या किस तरह हाथ लगेगी ? ॥४॥

"Let me go and devise some scheme to make the princess marry me. This is no time for prayers and penance. O God, how am I to win the maiden ?

दो. –एहि अवसर चाहिअ परम सोभा रूप बिसाल ।
जो बिलोकि रीझै कुअँरि तब मेलइ जयमाल ॥१३१॥

इस अवसर पर तो बड़ी भारी शोभा और सुन्दर रूप चाहिए, जिसे देखकर कुमारी मुझपर रीझ जाय और तब जयमाल (मेरे गले में) पहना दे ॥१३१॥

What is needed on this occasion is great personal charm and surpassing beauty, so that the princess may be charmed when she sees me and cast upon me the wreath of victory.

चौ. –हरि सन मागौं सुंदरताई । होइहि जात गहरु अति भाई ॥
मोरें हित हरि सम नहि कोऊ । एहि औसर सहाय सोइ होऊ ॥

(ऐसा क्यों न करूँ कि) हरि से सुन्दरता माँगूँ, पर भाई ! जाने में तो बहुत देर हो जायगी । किंतु हरि के समान हितैषी भी तो कोई नहीं है, इसलिए इस अवसर पर वे ही मेरे सहायक हों ॥१॥

I might ask Hari for a gift of beauty, but, alas ! much time will be lost in going to him, my friend. Yet I have no such well-wisher as Hari, let him then help me at this crisis !"

बहु बिधि बिनय कीन्हि तेहि काला । प्रगटेउ प्रभु कौतुकी कृपाला ॥
प्रभु बिलोकि मुनिनयन जुड़ाने । होइहि काजु हिएँ हरषाने ॥

उस समय (नारदजी ने) भगवान् की बहुत प्रकार से विनती की । तब लीलामय कृपालु प्रभु (वहीं) प्रकट हुए । स्वामी को देखकर मुनि के नेत्र शीतल हो गए और वे मन में बड़े ही प्रसन्न हुए कि अब काम बन जायगा ॥२॥

So he offered up a fervent prayer and lo ! the sportive and gracious Lord appeared before him. The sight was soothing to the sage's eyes. He was glad at heart and rejoiced that his purpose would be accomplished.

अति आरति कहि कथा सुनाई । करहु कृपा करि होहु सहाई ॥
आपन रूप देहु प्रभु मोही । आनि भाँति नहि पावौं ओही ॥

(नारदजी ने) अत्यन्त आर्त्त (दीन) होकर कथा कह सुनायी (और प्रार्थना की कि) कृपा कीजिए और कृपा करके सहायक बनिए । हे प्रभो ! आप अपना रूप मुझे दीजिए; और किसी प्रकार मैं उसे नहीं पा सकता ॥३॥

In piteous tones he told the Lord all that had happened, saying, "Be gracious to me and help me. Bestow on me, Lord, beauty equal to your own; for in no other way can I get possession of her.

जेहि बिधि नाथ होइ हित मोरा । करहु सो बेगि दास मैं तोरा ॥
निज माया बल देखि बिसाला । हिय हसि बोले दीनदयाला ॥

हे नाथ ! जिस प्रकार मेरा हित हो, वही शीघ्र कीजिए । मैं आपका दास हूँ । अपनी माया का विशाल बल देख दीनदयालु (भगवान) मन-ही-मन हँसकर बोले – ॥४॥

Right speedily do that which may serve my best interests; for I am your own servant, my lord." Seeing the mighty power of his illusion, the Lord, who is compassionate to the poor, laughed to himself and said,

दो. –जेहि बिधि होइहि परम हित नारद सुनहु तुम्हार ।
सोइ हम करब न आन कछु बचन न मृषा हमार ॥१३२॥

हे नारद ! सुनिए, जिस तरह आपका परम हित होगा, हम वही करेंगे, और कुछ नहीं । हमारा वचन असत्य नहीं होता ॥१३२॥

"Listen, O Narada ! In such wise shall I act as to bring about your highest good—that and naught else; nor are my words ever untrue.

चौ. –कुपथ माँग रुजब्याकुल रोगी । बैद न देइ सुनहु मुनि जोगी ॥
एहि बिधि हित तुम्हार मैं ठएऊ । कहि अस अंतरहित प्रभु भएऊ ॥

हे योगी मुनि ! सुनिए, रोग से व्याकुल रोगी कुपथ्य माँगे तो वैद्य उसे नहीं देता । इसी तरह मैंने तुम्हारा हित ठाना है (तुम्हारी भलाई करने का निश्चय किया है) । ऐसा कहकर प्रभु अन्तर्धान हो गए ॥१॥

Listen, O contemplative ascetic; if a patient, distracted by his disease, asks for food that is harmful to him, the physician would not give it; even so have I resolved to do what is good to you." So saying, the Lord vanished.

माया बिबस भए मुनि मूढ़ा । समुझी नहि हरिगिरा निगूढ़ा ॥
गवने तुरत तहाँ रिषिराई । जहाँ स्वयंबरभूमि बनाई ॥

माया के वशीभूत हुए मुनि ऐसे मूढ़ हो गए कि वे हरि की रहस्यपूर्ण वाणी न समझ सके । ऋषिराज (नारदजी) तुरंत वहाँ गये जहाँ स्वयंवर की रंगभूमि रची गई थी ॥२॥

Under the spell of his illusion the sage was so mystified that he understood not Hari's obscure speech. The chief of seers hastened to the place where the arena for the maiden's choice-marriage had been prepared.

निज निज आसन बैठे राजा। बहु बनाव करि सहित समाजा॥
मुनिमन हरष रूप अति मोरें। मोहि तजि आनहि बरिहि न भोरें॥

बहुत बनाव-शृंगार किये हुए राजा लोग समाजसहित अपने-अपने आसन पर बैठे थे। मुनि के मन में बड़ा हर्ष था कि मेरा रूप अति सुन्दर है। मुझे छोड़कर कन्या भूलकर भी किसी दूसरे को नहीं वरेगी॥३॥

Richly adorned, the royal suitors had occupied their seats, each attended by his retinue. The sage was so glad at heart that he thought within himself, "My beauty is so surpassing that the princess will never commit the error of choosing anyone else for her husband."

मुनिहित कारन कृपानिधाना। दीन्ह कुरूप न जाइ बखाना॥
सो चरित्र लखि काहु न पावा। नारद जानि सबहिं सिर नावा॥

मुनि के हित के लिए कृपानिधान भगवान् ने उन्हें ऐसा बुरा रूप दिया कि उसका वर्णन नहीं हो सकता, पर यह चरित कोई भी न जान सका। सबने उन्हें नारद ही जानकर प्रणाम किया॥४॥

But in the sage's own interest the gracious Lord had made him unspeakably hideous. Yet no one could mark the change that had taken place in him; everyone thought him to be Narada and bowed before him.

दो.–रहे तहाँ दुइ रुद्रगन ते जानहिं सब भेउ।
बिप्रबेष देखत फिरहिं परम कौतुकी तेउ॥१३३॥

वहाँ शिवजी के दो गण भी थे। वे सारा भेद जानते थे और ब्राह्मण के वेष में सब-कुछ देखते फिरते थे। वे भी बड़े कौतुकी थे॥१३३॥

Two of Shiva's henchmen too happened to be there. They knew the whole secret and, disguised as Brahmans, went about seeing the fun. They too were very playful creatures!

चौ.–जेहि समाज बैठे मुनि जाई। हृदय रूप अहमिति अधिकाई॥
तहँ बैठे महेसगन दोऊ। बिप्रबेष गति लखै न कोऊ॥

अपने हृदय में रूप का अहंकार लेकर जिस समाज (पंक्ति) में मुनिजी जाकर बैठे थे, महेश के दोनों गण भी वहीं बैठ गए। ब्राह्मण-वेष में होने के कारण उनकी इस चाल को कोई लखता न था॥१॥

In that rank where sat Narada, exceedingly proud of his beauty, sat also the two attendants of Mahesha. In their Brahmanical attire they could not be recognized (for no one could guess who they were).

करहिं कूटि नारदहि सुनाई। नीकि दीन्हि हरि सुंदरताई॥
रीझिहि राजकुअँरि छबि देखी। इन्हहि बरिहि हरि जानि बिसेषी॥

नारदजी को सुना-सुनाकर वे व्यङ्ग्य-वचन कहते थे – भगवान् ने इन्हें अच्छी 'सुन्दरता' दी है! इनकी छवि देखकर राजकुमारी लट्टू हो जायगी और 'हरि' (वानर) जानकर इन्हीं को खास तौर से वरेगी॥२॥

They uttered sarcastic words in Narada's hearing: "Hari has given this man such excellent beauty that the princess will be charmed with his appearance, and will surely wed him, taking him for Hari[1] himself."

मुनिहि मोह मन हाथ पराएँ। हसहिं संभुगन अति सचु पाएँ॥
जदपि सुनहिं मुनि अटपटि बानी। समुझि न परै बुद्धि भ्रम सानी॥

मुनि को मोह हो गया था, क्योंकि उनका मन दूसरे के हाथ (माया के वश) में था। रुद्रगण बहुत प्रसन्न होकर हँस रहे थे। यद्यपि मुनि उनकी ऊटपटाँग वाणी सुन रहे थे, पर बुद्धि भ्रम में सनी हुई होने के कारण वे बातें उनकी समझ में नहीं आ रही थीं॥३॥

The sage's mind was deluded and no longer under his control. Shiva's attendants felt amused at this and greatly enjoyed the fun. Even though the sage heard their mockery, he could not follow it, his intellect was too bewildered to understand it.

काहु न लखा सो चरित बिसेषा। सो सरूप नृपकन्या देखा॥
मर्कट बदन भयंकर देही। देखत हृदय क्रोध भा तेही॥

इस विशेष चरित्र को और किसी ने नहीं लखा, केवल राजकन्या ने (नारदजी के) उस स्वरूप को देखा। उनका बंदर का-सा मुँह और भयंकर शरीर देखकर कन्या के हृदय में क्रोध हो आया॥४॥

No one perceived this extraordinary phenomenon, but the princess saw him as he was. When she beheld his monkey face and frightful body, she was filled with indignation.

दो.–सखी संग लै कुअँरि तब चलि जनु राजमराल।
देखत फिरै महीप सब कर सरोज जयमाल॥१३४॥

तब सखियों को साथ लेकर राजकुमारी राजहंसिनी की भाँति चली। वह अपने कमल-जैसे हाथों में कमल की जयमाल लिये सब राजाओं को देखती हुई चल रही थी॥१३४॥

Then with her girl companions the princess glided like a swan. With the wreath of victory in her lotus hands she went round, surveying each of her royal suitors.

1. *Hari* also signifies 'monkey'.

चौ. –जेहि दिसि बैठे नारद फूली । सो दिसि तेहि न बिलोकी भूली ॥
पुनि पुनि मुनि उकसहिं अकुलाहीं । देखि दसा हर गन मुसुकाहीं ॥

(रूप के अभिमान में) जिस ओर नारदजी फूले बैठे थे, उस ओर उसने भूलकर भी न देखा । नारद मुनि बारंबार उचकते और आकुल होते हैं । उनकी दशा देखकर शिवजी के गण मुसकराते हैं ॥१॥

Never for a moment would she let her eyes rest on the spot where Narada sat, swollen with pride. Again and again the sage would raise himself and fidget about; the attendants of Shiva smiled to see his plight.

धरि नृपतनु तहँ गएउ कृपाला । कुअँरि हरषि मेलेउ जयमाला ॥
दुलहिनि लै गे लच्छिनिवासा । नृपसमाज सब भएउ निरासा ॥

कृपालु भगवान् भी राजा का शरीर धारणकर वहाँ जा पहुँचे । राजकुमारी ने प्रसन्न हो उनके गले में जयमाला पहना दी । लक्ष्मीपति भगवान् दुलहिन को ले गए । सारा राजसमाज निराश हो गया ॥२॥

Then went there the gracious Lord, wearing the form of a king, and gladly the princess placed the wreath of victory round his neck. Thus Lakshmi's lord carried off the bride to the despair of all the assembled kings.

मुनि अति बिकल मोह मति नाठी । मनि गिरि गई छूटि जनु गाँठी ॥
तब हरगन बोले मुसुकाई । निज मुख मुकुर बिलोकहु जाई ॥

मोह के कारण मुनि की बुद्धि नष्ट-भ्रष्ट हो गयी थी, इससे वे अत्यन्त व्याकुल हो गए, मानो गाँठ से छूटकर मणि गिर गयी हो । तब शिवजी के गणों ने मुसकराकर कहा – जाकर दर्पण में अपना मुँह तो देख लो ! ॥३॥

The sage was utterly bewildered; for infatuation had robbed him of his reason. He felt as if a gem had dropped from a loosened knot in the end of his garment. Then said Shiva's attendants with a smile, "Go and look at your face in a mirror !"

अस कहि दोउ भागे भय भारी । बदन दीख मुनि बारि निहारी ॥
बेषु बिलोकि क्रोध अति बाढ़ा । तिन्हहि सराप दीन्ह अति गाढ़ा ॥

ऐसा कहकर दोनों बहुत भयभीत हो भाग खड़े हुए । मुनि ने जल में झाँककर मुँह देखा । (अपना) रूप देखकर क्रोध बहुत बढ़ गया । उन्होंने (शिवजी के गणों को) बहुत ही कठोर शाप दिया – ॥४॥

With these words both ran off in great alarm. The sage looked at his reflection in the water. He grew most furious when he beheld his form, and he pronounced a very dreadful curse on Shiva's henchmen :

दो. –होहु निसाचर जाइ तुम्ह कपटी पापी दोउ ।
हँसेहु हमहिं सो लेहु फल बहुरि हँसेहु मुनि कोउ ॥१३५॥

तुम दोनों कपटी और पापी जाकर राक्षस हो जाओ । हमारी हँसी की, उसका फल चख लो । अब फिर किसी मुनि की हँसी करना ! ॥१३५॥

"O you sinful impostors, go and be reborn as demons (of the night)! You laughed at me; now reap your reward. Mock again a sage, if you dare !"

चौ. –पुनि जल दीख रूप निज पावा । तदपि हृदय संतोष न आवा ॥
फरकत अधर कोप मन माहीं । सपदि चले कमलापति पाहीं ॥

जब (मुनि ने) फिर जल में देखा, तब उन्हें अपना रूप मिल गया । फिर भी उन्हें संतोष नहीं हुआ । उनके ओंठ फड़क रहे थे और मन में क्रोध भरा था; तुरंत ही वे रमापति के पास चले ॥१॥

Looking again into the water, he saw that he had regained his real form; yet he was not content at heart. His lips quivered and there was indignation in his heart. At once he sped to Lakshmi's lord,

देहौं श्राप कि मरिहौं जाई । जगत मोरि उपहास कराई ॥
बीचहिं पंथ मिले दनुजारी । संग रमा सोइ राजकुमारी ॥

(मन में विचार करते जाते थे कि) जाकर चाहे तो शाप दूँगा या प्राण दे दूँगा । उन्होंने जगत् में मेरी हँसी करायी । बीच रास्ते में ही असुरों के शत्रु मिल गए । साथ में लक्ष्मीजी और वही राजकुमारी थी ॥२॥

"I shall either curse him or die at his door," he said to himself, "seeing that he has made a mock of me in all the world !" Hari, the terror of the demons, met him on the way. With him were Lakshmi and that same princess.

बोले मधुर बचन सुरसाईं । मुनि कहँ चले बिकल की नाईं ॥
सुनत बचन उपजा अति क्रोधा । मायाबस न रहा मन बोधा ॥

देवताओं के स्वामी (भगवान्) ने मीठी वाणी में कहा – हे मुनि ! व्याकुल की तरह कहाँ चले ? वचन सुनते ही (नारद के मन में) अत्यन्त क्रोध उत्पन्न हुआ । माया के वशीभूत होने के कारण मन में चेत न रहा ॥३॥

The Lord of the immortals spoke in gentle tones, "Where goes the sage like one distracted ?" At these words, Narada was infuriated. Dominated as he was by illusion, there was no reason left in him.

परसंपदा सकहु नहि देखी । तुम्हरें इरिषा कपट बिसेषी ॥
मथत सिंधु रुद्रहि बौराएहु । सुरन्ह प्रेरि बिष पान कराएहु ॥

(मुनि ने कहा कि) तुम परायी सम्पदा नहीं देख सकते, तुम्हें डाह और कपट ही अधिक है । समुद्र मथते समय तुमने शिवजी को बावला बना दिया और देवताओं को प्रेरित करके उन्हें विष पिलवा दिया – ॥४॥

"You cannot bear to look upon another's prosperity," he cried. "You are richly endowed with jealousy and guile ! At the churning of the ocean you drove Shiva mad and, inciting him through the gods, you caused him to drink the poison.

दो. –असुर सुरा बिष संकरहि आपु रमा मनि चारु ।
स्वारथ साधक कुटिल तुम्ह सदा कपटब्यवहारु ॥१३६॥

दैत्यों को मदिरा, शंकर को विष देकर तुमने अपने लिए लक्ष्मी और सुन्दर (कौस्तुभ) मणि ले ली । तुम बड़े स्वार्थसाधक और कुटिल हो । सदा कपट का ही व्यवहार करते हो ॥१३६॥

"Apportioning wine to the demons and poison to Shankara, you appropriated Lakshmi and the lovely gem (kaustubha) to yourself. You are utterly self-centred and perverse, ever treacherous in your dealings.

चौ. –परम स्वतंत्र न सिर पर कोई । भावै मनहि करहु तुम्ह सोई ॥
भलेहि मंद मंदेहि भल करहू । बिसमय हरष न हिअँ कछु धरहू ॥

(तुम) परम स्वतन्त्र हो, सिर पर कोई है नहीं, (इससे) जब जो मन को भाता है, वही करते हो । भले को बुरा और बुरे को भला कर देते हो । तुम्हारे हृदय में न विस्मय होता है और न हर्ष ॥१॥

You are absolutely independent and subordinate to none; so you do whatever comes into your mind. You make good evil and evil good, and neither rejoice nor grieve over it.

डहकि डहकि परिचेहु सब काहू । अति असंक मन सदा उछाहू ॥
कर्म सुभासुभ तुम्हहि न बाधा । अब लगि तुम्हहि न काहू साधा ॥

सबको ठग-ठगकर परक गए हो और अत्यन्त निडर होने से तुम्हारे मन में सदा उत्साह रहता है । शुभ-अशुभ कर्म तुम्हें बाधा नहीं देते । अबतक तुमको किसी ने ठीक नहीं किया ॥२॥

By perpetually deceiving everyone, you have grown habituated to such tricks. You fear none and so zealously pursue your object.[1] Good and evil deeds do not come in your way, and so far no one has been able to restrain you.[2]

भले भवन अब बायन दीन्हा । पावहुगे फल आपन कीन्हा ॥
बंचेहु मोहि जवनि धरि देहा । सोइ तनु धरहु श्राप मम एहा ॥

अब तुमने अच्छे घर बायन (बैना) दिया है ! अपने किये का फल अवश्य पाओगे । जिस शरीर को धारण करके तुमने मुझे ठगा है, (तुम भी) वही शरीर धारण करो, यह मेरा शाप है ॥३॥

1. *i.e.,* you think it all good fun.
2. *i.e.,* to put you right.

But you've this time played with fire and so shall reap what you have sown ! Assume the same form as that in which you cheated me ! This is my curse.

कपि आकृति तुम्ह कीन्हि हमारी । करिहहिं कीस सहाय तुम्हारी ॥
मम अपकार कीन्ह तुम्ह भारी । नारिबिरह तुम्ह होब दुखारी ॥

तुमने मेरी आकृति बंदर की-सी बना दी थी, इससे बंदर ही तुम्हारी सहायता करेंगे । (मैं जिसे चाहता था उस स्त्री से मेरा वियोग कराकर) तुमने मेरा बड़ा अपकार किया है । तुम भी स्त्री के विरह में दुःखी होगे ॥४॥

And as you made me look like a monkey, you shall have monkeys for your helpmates; and in the same way as you have grievously wronged me, so shall you suffer the pangs of separation from your wife."

दो. –श्राप सीस धरि हरषि हिय प्रभु बहु बिनती कीन्हि ।
निज माया कै प्रबलता करषि कृपानिधि लीन्हि ॥१३७॥

प्रभु ने शाप को सिर पर चढ़ाकर, मन में प्रसन्न होते हुए नारदजी से बहुत विनती की और (उसके बाद) कृपानिधान भगवान् ने अपनी माया की प्रबलता खींच ली[१] ॥१३७॥

The Lord gladly accepted the curse and made many entreaties to Narada. Then the gracious Lord withdrew the irresistible charm of his illusion.

चौ. –जब हरि माया दूरि निवारी । नहि तहँ रमा न राजकुमारी ॥
तब मुनि अति सभीत हरिचरना । गहे पाहि प्रनतारतिहरना ॥

जब हरि ने अपनी माया को दूर हटा लिया, तब वहाँ न लक्ष्मी ही रह गयीं और न राजकुमारी ही । फिर तो मुनि ने अत्यन्त भयभीत होकर प्रभु के चरण पकड़ लिये और कहा – हे शरणागत के दुःखों को हरनेवाले ! मेरी रक्षा कीजिए ॥१॥

When Hari lifted the spell of his illusion, neither Lakshmi nor the princess was to be seen. In great fear the sage then clasped Hari's feet, crying, "O reliever of the distress of the suppliant, protect me !

मृषा होउ मम श्राप कृपाला । मम इच्छा कह दीनदयाला ॥
मैं दुर्बचन कहे बहुतेरे । कह मुनि पाप मिटिहि किमि मेरे ॥

हे कृपालु ! मेरा शाप झूठा हो । तब दीनों पर दया करनेवाले भगवान् ने कहा कि यह मेरी ही इच्छा (का फल) है । मुनि ने कहा – मैंने आपको अनेक खोटे वचन कहे हैं । मेरे पाप कैसे मिटेंगे ? ॥२॥

१. कृपानिधान ने जान-बूझकर माया की प्रबलता खींची, माया नहीं । माया खींच लेने से लीला ही समाप्त हो जाती – मोक्ष हो जाता ।

O gracious Lord, may my curse be of no effect, !" "It was my will," said the Lord, who is so merciful to the humble. "Full many an injurious word have I spoken," the sage repeated, "how shall my guilt be expiated ?"

जपहु जाइ संकर सत नामा। होइहि हृदय तुरत बिश्रामा॥
कोउ नहि सिव समान प्रिय मोरें। असि परतीति तजहु जनि भोरें॥

(भगवान् ने कहा कि) जाकर शंकरजी के शतनाम (शंकरशतक) का जप करो, इससे हृदय तुरंत शान्त हो जायगा। शिवजी के समान मुझे कोई प्रिय नहीं है। यह विश्वास भूलकर भी न छोड़ना॥३॥

"Go and repeat the hundred names of Shankara and your heart will be disburdened at once. No one is as dear to me as Shiva; never give up this belief even by mistake.

जेहि पर कृपा न करहिं पुरारी। सो न पाव मुनि भगति हमारी॥
अस उर धरि महि बिचरहु जाई। अब न तुम्हहि माया नियराई॥

जिस पर पुरारि (शिवजी) कृपा नहीं करते, वह (हे मुनि !) मेरी भक्ति नहीं पाता। हृदय में ऐसा निश्चय करके जाकर पृथ्वी पर विचरो। अब मेरी माया तुम्हारे निकट नहीं आवेगी॥४॥

He who does not earn the goodwill of Shiva, O sage, shall never attain true devotion to me. Bearing this in mind, go and wander through the earth. My illusion shall haunt you no more."

दो. –बहु बिधि मुनिहि प्रबोधि प्रभु तब भये अंतरधान।
सत्यलोक नारद चले करत रामगुन गान॥१३८॥

तब अनेक प्रकार से मुनि को समझा-बुझाकर प्रभु अन्तर्धान हो गए और नारदजी श्रीरामजी के गुणों का गान करते हुए ब्रह्मलोक को चले॥१३८॥

Having thus reassured the sage, the Lord then disappeared, and Narada departed to Satyaloka (the seventh paradise, Brahma's realm), singing Rama's praises as he went.

चौ. –हरगन मुनिहि जात पथ देखी। बिगत मोह मन हरष बिसेषी॥
अति सभीत नारद पहि आए। गहि पद आरत बचन सुनाए॥

जब शिवजी के गणों ने मुनि को मोहरहित और मन में बहुत प्रसन्न होकर रास्ते में जाते देखा, तब बहुत ही डरे हुए वे नारदजी के पास आये और उनके चरण पकड़कर दीन वचन बोले –॥१॥

When Shiva's henchmen saw the sage walking on the road, freed from illusion and full of inward joy, they approached him in great alarm and, clasping his feet, spoke to him in great humility :

हरगन हम न बिप्र मुनिराया। बड़ अपराध कीन्ह फल पाया॥
श्राप अनुग्रह करहु कृपाला। बोले नारद दीनदयाला॥

हे मुनिराज ! हम शिवजी के गण हैं, ब्राह्मण नहीं। हमने बड़ा अपराध किया, जिसका फल भी पा लिया। हे कृपालु ! अब शाप दूर करने की कृपा कीजिए। दीनों पर दया करनेवाले नारदजी ने कहा –॥२॥

"We are Shiva's servants, not Brahmans, O great sage ! We committed a great sin and have reaped its fruit. Now rid us of the curse, O benevolent lord !" Narada, who has compassion on the humble, replied,

निसिचर जाइ होहु तुम्ह दोऊ। बैभव बिपुल तेज बल होऊ॥
भुजबल बिस्व जितब तुम्ह जहिआ। धरिहहिं बिष्नु मनुजतनु तहिआ॥

तुम दोनों जाकर राक्षस होओ; तुम्हें महान् ऐश्वर्य, तेज और बल प्राप्त हो। जिस दिन तुम अपनी भुजाओं के बल से सारे विश्व को जीत लोगे, उसी दिन विष्णु मनुष्य का शरीर धारण करेंगे॥३॥

"Go you both and be born as demons of enormous fortune, grandeur and might. When you shall have subdued the universe by the might of your arm, Vishnu shall take a human form.

समर मरन हरिहाथ तुम्हारा। होइहहु मुकुत न पुनि संसारा॥
चले जुगल मुनिपद सिर नाई। भए निसाचर कालहि पाई॥

युद्ध में हरि के हाथों तुम्हारी मृत्यु होगी, जिससे तुम मुक्त हो जाओगे और फिर संसार में तुम्हारा आना न होगा। दोनों मुनि के चरणों में सिर नवाकर चले और काल पाकर निशाचर हुए॥४॥

Dying in battle at Hari's hands, you shall be liberated and shall never be born again." After bowing their heads at the sage's feet, both departed and in due course were born as demons.

दो. –एक कलप एहिं हेतु प्रभु लीन्ह मनुज अवतार।
सुररंजन सज्जन सुखद हरि भंजन भुबिभार॥१३९॥

प्रभु ने एक कल्प में इसी कारण मनुष्य का अवतार लिया था। हरि देवताओं को प्रसन्न करनेवाले, सज्जनों को सुख देनेवाले और पृथ्वी का भार हरण करनेवाले[१] हैं॥१३९॥

In one aeon it was for this reason that Lord Hari assumed a human form, to gladden the gods, to delight the virtuous, and to relieve the earth of its burdens.

१. यहाँ अवतार के तीन कारण भी परोक्षतः निर्दिष्ट हैं : १. सुररंजन. २. सज्जन सुखद और ३. भंजन भुबिभार। देवताओं को प्रसन्न करने, सज्जनों को सुख देने और पृथ्वी के भार को दूर करने के लिए ही प्रभु का 'मनुज-अवतार' होता है।

चौ. –एहि बिधि जनम करम हरि केरे। सुंदर सुखद बिचित्र घनेरे॥
कलप कलप प्रति प्रभु अवतरहीं। चारु चरित नाना बिधि करहीं॥

इस प्रकार हरि के जन्म और कर्म सुन्दर, सुखदायक, अलौकिक और अनगिनत हैं। प्रत्येक कल्प में जब-जब भगवान् अवतार लेते हैं और नाना प्रकार की सुन्दर लीलाएँ करते हैं, ॥१॥

Thus Hari's lives and exploits are countless; they are all charming, delightful and marvellous. Whenever in every cycle of creation the Lord manifests himself and performs lovely sports of various kinds,

तब तब कथा मुनीसन्ह गाई। परम पुनीत प्रबंध बनाई॥
बिबिध प्रसंग अनूप बखाने। करहिं न सुनि आचरजु सयाने॥

तब-तब मुनीश्वरों ने परम पवित्र काव्यरचना करके (उनकी) कथाओं का गान किया है और अनेक प्रकार के अनोखे प्रसङ्गों का वर्णन किया है जिन्हें सुनकर विवेकी लोग आश्चर्य नहीं करते ॥२॥

—the high sages have on each occasion sung his story in most sacred strains, relating his marvellous adventures of diverse kinds, which the wise hear without any amazement.

हरि अनंत हरिकथा अनंता। कहहिं सुनहिं बहु बिधि सब संता।
रामचंद्र के चरित सुहाए। कलप कोटि लगि जाहिं न गाए॥

श्रीहरि अनन्त हैं और श्रीहरि की कथा का भी अन्त नहीं। सब संतलोग उसे बहुत प्रकार से कहते-सुनते हैं। श्रीरामचन्द्रजी के सुन्दर चरित्र करोड़ कल्पों में भी गाये नहीं जा सकते ॥३॥

Hari is infinite, and infinite are Hari's stories; and all the saints recite them and listen to them in various ways. The delightful adventures of Ramachandra cannot all be sung even in ten thousand aeons.

यह प्रसंग मैं कहा भवानी। हरिमाया मोहहिं मुनि ग्यानी॥
प्रभु कौतुकी प्रनत हितकारी। सेवत सुलभ सकल दुखहारी॥

(शिवजी कहते हैं कि) हे भवानी! (यह बतलाने के लिए ही) मैंने इस प्रसङ्ग को कहा कि ज्ञानी मुनि भी भगवान् की माया से मोहित हो जाते हैं। प्रभु लीलामय हैं और शरणागत का हित करनेवाले हैं। वे सेवा करने में सुलभ और सब दुःखों को हरनेवाले हैं ॥४॥

I have told this tale, O Bhavani, to show that even enlightened sages are deluded by Hari's illusion. The Lord is sportive and gracious to his suppliants; he is easy to serve and a remover of all sorrows.

सो. –सुर नर मुनि कोउ नाहिं जेहि न मोह माया प्रबल।
अस बिचारि मन माहिं भजिअ महामायापतिहि॥१४०॥

देवता, मनुष्य और मुनि कोई भी ऐसा नहीं है जिसे परम बलवती माया मोह न ले। मन में ऐसा विचारकर उस महामाया के स्वामी श्रीभगवान् का भजन करना चाहिए ॥१४०॥

There is no god or man or sage whom Hari's powerful illusion does not infatuate. Bearing this in mind, one should adore the Lord of this mighty illusion.

चौ. –अपर हेतु सुनु सैलकुमारी। कहौं बिचित्र कथा बिस्तारी॥
जेहि कारन अज अगुन अरूपा। ब्रह्म भएउ कोसलपुर भूपा॥

हे पार्वती! अब (भगवान् के अवतार का वह) दूसरा कारण सुनो – मैं उसकी विचित्र कथा को विस्तार करके कहता हूँ जिस कारण जन्म-रहित, निर्गुण और रूप-रहित ब्रह्म अयोध्यापुरी के राजा हुए ॥१॥

Now hear, O daughter of the Mountain King, yet another reason why the unbegotten, impersonal and formless Absolute became king of Ayodhya. I shall relate at length the marvellous story connected with it.

जो प्रभु बिपिन फिरत तुम्ह देखा। बंधु समेत धरें मुनिबेषा॥
जासु चरित अवलोकि भवानी। सतीसरीर रहिहु बौरानी॥

जिन प्रभु को तुमने भाई (लक्ष्मणजी) के साथ मुनियों का-सा वेष धारण किये वन में फिरते देखा था, और हे भवानी! जिनके चरित्र को देखकर, सती-शरीर में तुम ऐसी बावली बन गयी थीं कि – ॥२॥

The Lord, whom you saw roaming in the forest with his brother, dressed in hermit's garb, and whose doings, Bhavani, drove you so mad when you were Sati—

अजहु न छाया मिटति तुम्हारी। तासु चरित सुनु भ्रम रुज हारी॥
लीला कीन्हि जो तेहि अवतारा। सो सब कहिहौं मति अनुसारा॥

आज भी तुम्हारी (उस बावलेपन की) छाया नहीं मिटती, उन्हीं का चरित्र सुनो, जो भ्रमरूपी रोग को हरनेवाला है। उस अवतार में (भगवान् ने) जो-जो लीलाएँ कीं, वह सब मैं अपनी बुद्धि के अनुसार कहूँगा ॥३॥

that the shadow of that madness pursues you to this day,—hearken to his exploits that heal the disease of delusion. I shall relate to you all the sportive deeds done by the Lord in that incarnation, according to the measure of my ability.

भरद्वाज सुनि संकरबानी। सकुचि सप्रेम उमा मुसुकानी॥
लगे बहुरि बरनै बृषकेतू। सो अवतार भएउ जेहि हेतू॥

(याज्ञवल्क्यजी कहते हैं कि) हे भरद्वाज! शंकरजी की वाणी सुनकर उमा सकुचाकर प्रेम-सहित मुसकरायीं। फिर वृषकेतु शिवजी, जिस कारण भगवान् का वह अवतार हुआ, उसका वर्णन करने लगे ॥४॥

Hearing Shankara's words, O Bharadvaja, (says Yajnavalkya) Uma was embarrassed and smiled affectionately. Shiva (who has a bull blazoned on his banner) then began to relate the cause of the Lord's incarnation on that particular occasion.

दो. –सो मैं तुम्ह सन कहौं सबु सुनु मुनीस मन लाइ ।
रामकथा कलिमलहरनि मंगलकरनि सुहाइ ॥१४१॥

हे मुनीश्वर ! वह सब मैं तुमसे कहता हूँ, मन लगाकर सुनो । रामकथा कलियुग के पापों को हरनेवाली, मंगल करनेवाली और बड़ी सुन्दर है ॥१४१॥

I proceed to tell you all about it, O great sage; listen attentively. The story of Rama cleanses all the impurities of the Kaliyuga, brings blessings and is most charming.

चौ. –स्वायंभू मनु अरु सतरूपा । जिन्ह तें भै नरसृष्टि अनूपा ॥
दंपति धरम आचरन नीका । अजहु गाव श्रुति जिन्ह कै लीका ॥

स्वायम्भुव मनु और शतरूपा, जिनसे यह अनुपम मानव-सृष्टि हुई, इन दोनों पति-पत्नी के धर्म और आचरण बहुत नेक थे । आज भी वेद उनकी मर्यादा का गान करते हैं ॥१॥

Svayambhuva Manu and Shatarupa, of whom was born this peerless human race, were a wedded pair, perfect in virtuous conduct, whose rectitude the Vedas sing even to this day.

नृप उत्तानपाद सुत तासू । ध्रुव हरिभगत भएउ सुत जासू ॥
लघु सुत नाम प्रियब्रत ताही । बेद पुरान प्रसंसहिं जाही ॥

उनके पुत्र राजा उत्तानपाद हुए , जिनके पुत्र हरिभक्त ध्रुवजी थे । उन (मनुजी) के छोटे लड़के का नाम प्रियव्रत था, जिसकी प्रशंसा वेद और पुराण करते हैं ॥२॥

Their son was King Uttanapada, who begot Hari's celebrated devotee, Dhruva. Manu's younger son was known as Priyavrata, who is exalted in the Vedas and the Puranas.

देवहूति पुनि तासु कुमारी । जो मुनि कर्दम कै प्रिय नारी ॥
आदिदेव प्रभु दीनदयाला । जठर धरेउ जेहि कपिल कृपाला ॥

उनकी कन्या का नाम देवहूति था, जो कर्दम मुनि की प्रिय पत्नी हुईं और जिन्होंने आदिदेव, दीनों पर दया करनेवाले समर्थ एवं कृपालु भगवान् कपिल को गर्भ में धारण किया ॥३॥

They had a daughter, Devahuti by name, who was the favourite consort of the sage Kardama, and who bore in her womb the all-powerful and benevolent Kapila, the Primal Divinity, lord of grace and compassion.

सांख्य सास्त्र जिन्ह प्रगट बखाना । तत्वबिचार निपुन भगवाना ॥
तेहि मनु राज कीन्ह बहु काला । प्रभु आयसु सब बिधि प्रतिपाला ॥

जिन (कपिल) भगवान् ने सांख्यशास्त्र का प्रकट वर्णन किया, वे तत्त्व-विचार में बड़े निपुण थे । उन (स्वायम्भुव) मनुजी ने बहुत कालतक राज्य किया और सब तरह से भगवान् की आज्ञा का पालन किया ॥४॥

He it was who openly expounded the philosophy of Sankhya, Kapila the blessed, skilled in the analysis of ultimate principles. That Manu ruled for a long period and upheld the Lord's commandments in every way.

सो. –होइ न बिषय बिराग भवन बसत भा चौथपन ।
हृदय बहुत दुख लाग जनम गएउ हरिभगति बिनु ॥१४२॥

घर में रहते बुढ़ापा आ गया, परंतु विषयों से वैराग्य न हुआ; (इससे) उनके मन में बड़ा दुःख हुआ कि हरि-भक्ति बिना जन्म यों ही व्यर्थ गया ॥१४२॥

"Though I have reached the fourth stage of my life while still living in my palace (as a householder), yet I have not lost my relish for the pleasures of the senses," he said to himself and felt very sad at heart that his life had been wasted without devotion to Hari.

चौ. –बरबस राज सुतहि तब दीन्हा । नारि समेत गवन बन कीन्हा ॥
तीरथ बर नैमिष बिख्याता । अति पुनीत साधक सिधिदाता ॥

अपने पुत्र को जबर्दस्ती राज्य देकर मनुजी ने स्त्री-सहित वन को गमन किया । तीर्थों में श्रेष्ठ, अत्यन्त पवित्र और साधकों को सिद्धि देनेवाला नैमिषारण्य[१] प्रसिद्ध है ॥१॥

Then he constrained his son to succeed to the throne and himself went with his wife to the forest. Pre-eminent of all holy places is the celebrated Naimisharanya (the modern Nimsar in Oudh), which is most sacred and grants success to the aspirant.

बसहिं तहाँ मुनि सिद्ध समाजा । तहँ हिअ हरषि चलेउ मनु राजा ॥
पंथ जात सोहहिं मतिधीरा । ग्यान भगति जनु धरें सरीरा ॥

वहाँ मुनियों और सिद्धों का समाज बसता है । राजा मनु मन में प्रसन्न होकर वहीं चले । वे धीर बुद्धिवाले राजा-रानी मार्ग में जाते हुए ऐसे

१. वराहपुराण के अनुसार इस स्थान पर गौरमुख नामक मुनि ने निमिषमात्र में असुरों की बड़ी भारी सेना भस्म कर दी थी, जिसके कारण इसका नाम नैमिषारण्य पड़ा । देवीभागवत में लिखा है कि ऋषि लोग जब कलिकाल के भय से बहुत घबराये तब ब्रह्मा ने उन्हें एक मनोमय चक्र देकर कहा कि तुम लोग इस चक्र के पीछे चलो, जहाँ इसकी नेमि (घेरा, चक्कर) विशीर्ण हो जाय, उसे अत्यन्त पवित्र समझना । इसलिए उस स्थान को नैमिषारण्य कहते हैं । यह अवध के सीतापुर जिले में है ।

शोभित हो रहे थे, मानो ज्ञान और भक्ति ही शरीर धारण किए जा रहे हों ॥२॥

Companies of sages and adepts live there. Glad of heart, King Manu proceeded to that place. As the resolute pair passed along the road, they looked like incarnations of Wisdom and Devotion.

पहुचे जाइ धेनुमति तीरा। हरषि नहाने निरमल नीरा॥
आए मिलन सिद्ध मुनि ग्यानी। धरमधुरंधर नृपरिषि जानी॥

वे गोमती के तट पर जा पहुँचे। उन्होंने निर्मल जल में प्रसन्नतापूर्वक स्नान किया। उनको धर्मधुरंधर राजर्षि जानकर सिद्ध, मुनि और ज्ञानी उनसे मिलने आये ॥३॥

On reaching the bank of the Gomati, they bathed with delight in its clear stream. Adepts, hermits and enlightened men came to meet him, recognizing in the royal sage a champion of righteousness.

जहँ जहँ तीरथ रहे सुहाए। मुनिन्ह सकल सादर करवाए॥
कृस सरीर मुनिपट परिधाना। सतसमाज नित सुनहिं पुराना॥

जहाँ-जहाँ सुन्दर तीर्थ थे, मुनियों ने आदरपूर्वक (सभी तीर्थ उनको) करा दिए। उनका शरीर दुर्बल हो गया था, वे मुनियों के-से (वल्कल-कौपीन आदि) वस्त्र धारण करते थे और संत-समाज में नित्यप्रति पुराण सुनते थे, ॥४॥

The sages reverently escorted them to all the most holy and lovely places of pilgrimage that were scattered here and there. With emaciated bodies and clad in hermits' robes, they daily listened to the recital of the Puranas in the assembly of the saints.

दो. –द्वादस अच्छर मंत्र पुनि जपहिं सहित अनुराग।
बासुदेवपद पंकरुह दंपतिमन अति लाग ॥१४३॥

और (मंत्रों में श्रेष्ठ) द्वादशाक्षर मन्त्र (ॐ नमो भगवते वासुदेवाय) का जप अनुराग के साथ करते थे। भगवान् वासुदेव के चरणकमलों में राजा-रानी का मन बहुत ही लग गया ॥१४३॥

They devoutly repeated the twelve-lettered charm (*Om Namo Bhagavate Vasudevaya*). The mind of the royal pair was fondly devoted to the lotus feet of Vasudeva (the all-pervading Vishnu).

चौ. –करहिं अहार साक फल कंदा। सुमिरहिं ब्रह्म सच्चिदानंदा॥
पुनि हरि हेतु करन तप लागे। बारि अधार मूल फल त्यागे॥

वे साग, फल और कन्द का आहार तथा सच्चिदानन्द ब्रह्म का स्मरण करते थे। फिर वे श्रीहरि के लिए तप करने लगे और मूल-फल को त्यागकर केवल जल के आधार पर जीने लगे ॥१॥

They fed on vegetables, fruit and roots, and meditated on Brahma (the Absolute), who is Truth, Consciousness and Bliss combined. Again, they began to undergo penance for the sake of Hari, giving up roots and fruit for water only.

उर अभिलाष निरंतर होई। देखिअ नयन परम प्रभु सोई॥
अगुन अखंड अनंत अनादी। जेहि चिंतहिं परमारथबादी॥

उनके हृदय में निरन्तर यही लालसा हुआ करती कि हम उन परम प्रभु को आँखों से देखें, जो निर्गुण, अखण्ड, अनन्त और अनादि हैं और जिनका परमार्थवादी (ब्रह्मज्ञानी, तत्त्ववेत्ता) चिन्तन किया करते हैं ॥२॥

Ever in their hearts was a craving to see with their own eyes that Supreme Lord who is without attributes, without parts and without beginning or end, whom mystics contemplate,

नेति नेति जेहि बेद निरूपा। निजानंद निरुपाधि अनूपा॥
संभु बिरंचि बिष्नु भगवाना। उपजहिं जासु अंस तें नाना॥

जिनका निरूपण वेद 'नेति-नेति' (यह भी नहीं, यह भी नहीं) कहकर करते हैं। जो आनन्द-स्वरूप, उपाधिरहित और अनुपम हैं एवं जिनके अंश से अनेक शिव, ब्रह्मा और विष्णु भगवान् उत्पन्न होते हैं ॥३॥

—whom the Vedas describe in negative terms, such as 'Not this, not this', who is bliss itself, without attribute and equal, from a part of whose being emanate a number of Shivas, Brahmas and Vishnus.

ऐसेउ प्रभु सेवकबस अहई। भगत हेतु लीलातनु गहई॥
जौ यह बचन सत्य श्रुति भाषा। तौ हमार पूजिहि अभिलाषा॥

ऐसे (समर्थ) प्रभु भी सेवक के वश हैं और भक्तों के लिए लीला-तन ग्रहण करते हैं। यदि वेदों में यह वचन सत्य कहा है तो हमारी अभिलाषा भी अवश्य पूरी होगी ॥४॥

"Even such a mighty Lord," they thought, "is subordinate to the will of his devotees and for their sake assumes in sport a body. If this be true, as the Vedas have declared, our desire will surely be accomplished."

दो. –एहि बिधि बीते बरष षट सहस बारि आहार।
संबत सप्त सहस्र पुनि रहे समीर अधार ॥१४४॥

इस प्रकार जल का आहार करते हुए छः हजार वर्ष बीत गए। फिर सात हजार वर्ष वे वायु के आधार पर (हवा पीकर) रहे ॥१४४॥

Thus passed six thousand years while they lived on water; and then for another seven thousand years they lived only on air.

चौ. –बरष सहस दस त्यागेउ सोऊ । ठाढ़े रहे एक पद दोऊ ॥
बिधि हरि हर तप देखि अपारा । मनु समीप आये बहु बारा ॥

दस हजार वर्षों तक उन्होंने वायु का आधार भी छोड़ दिया । दोनों (मनु और शतरूपा) एक पैर से खड़े रहे । उनके अपार तप को देखकर ब्रह्मा, विष्णु और शिवजी कई बार मनुजी के पास आये ॥१॥

Next, for ten thousand years they refused to inhale even air and remained, each of them, standing on one leg. Beholding their interminable penance, Brahma, Vishnu and Shiva came to Manu many times.

माँगहु बर बहु भाँति लोभाए । परम धीर नहि चलहिं चलाए ॥
अस्थि मात्र होइ रहे सरीरा । तदपि मनाग मनहि नहि पीरा ॥

बहुत प्रकार से उन्होंने लालच दिया कि कुछ वर माँगो । पर वे परम धैर्यवान् (राजा-रानी अपने तप से किसी के) डिगाये नहीं डिगे । यद्यपि शरीर में केवल हड्डी रह गई, फिर भी उनके मन में थोड़ी भी पीड़ा नहीं हुई ॥२॥

They tempted them in many ways, saying, "Ask your boon;" but for all their persuasion they were too steadfast to move. Though their bodies were reduced to mere skeletons, there was not the least pain in their minds.

प्रभु सर्बग्य दास निज जानी । गति अनन्य तापस नृप रानी ॥
माँगु माँगु बरु भै नभबानी । परम गभीर कृपामृत सानी ॥

सबके हृदय की (बात) जाननेवाले प्रभु ने अनन्य गति (आश्रय) वाले तपस्वी राजा-रानी को अपना (अनन्य) दास जाना । तब परम गम्भीर और कृपारूपी अमृत से सनी हुई यह आकाशवाणी हुई कि 'वर माँगो ! वर माँगो ! ॥३॥

The omniscient Lord now recognized the king and queen to be his own true servants. The ascetic couple solely depended on him. Then a solemn voice full of ambrosial grace sounded from heaven, "Ask, ask a boon !"

मृतकजिआवनि गिरां सुहाई । श्रवनरंध्र होइ उर जब आई ॥
हृष्टपुष्ट तन भए सुहाए । मानहु अबहि भवन तें आए ॥

जब मुर्दे को भी जिला देनेवाली यह सुन्दर वाणी कानों के छेदों से होकर हृदय में आयी, तब (राजा-रानी के) शरीर ऐसे सुन्दर और हृष्ट-पुष्ट हो गए मानो वे अभी-अभी घर से चले आ रहे हैं ॥४॥

When this heavenly voice that would wake the dead dropped upon their ears and entered their hearts, their bodies became strong and beautiful as if they had only just left their home.

दो. –श्रवन सुधा सम बचन सुनि पुलक प्रफुल्लित गात ।
बोले मनु करि दंडवत प्रेम न हृदय समात ॥१४५॥

कानों से अमृत-समान वचन सुनते ही उनका शरीर पुलकित और प्रफुल्लित हो गया । तब मनुजी (तथा शतरूपाजी) दण्डवत् करके बोले, उनके हृदय में प्रेम समाता न था – ॥१४५॥

When the royal couple heard the ambrosial voice, a thrill ran through their limbs. Then, unable to contain his love, Manu prostrated himself and said:

चौ. –सुनु सेवक सुरतरु सुरधेनू । बिधि हरि हर बंदित पदरेनू ॥
सेवत सुलभ सकल सुखदायक । प्रनतपाल सचराचरनायक ॥

सेवकों के कल्पवृक्ष और कामधेनु ! सुनिए, आपकी चरणरज की वन्दना ब्रह्मा, विष्णु और शिवजी भी करते हैं । आप सेवा करने में सुलभ हैं तथा सब सुखों के देनेवाले हैं । आप शरणागत के रक्षक और जड़-चेतन के स्वामी हैं ॥१॥

"Listen, O Lord, you who are the tree of Paradise and the Heavenly Cow to your servants ! The dust of your feet is adored by Brahma, Vishnu and Shiva. You are easy to serve and a fountain of all blessings, protector of the suppliant and Lord of all creation.

जौ अनाथहित हम पर नेहू । तौ प्रसन्न होइ यह बर देहू ॥
जो सरूप बस सिवमन माहीं । जेहि कारन मुनि जतन कराहीं ॥

हे अनाथों का कल्याण करनेवाले ! यदि हमलोगों पर आपका स्नेह है तो प्रसन्न होकर यह वर दीजिए कि आपका जो स्वरूप शिवजी के मन में बसता है और जिसके लिए मुनिलोग यत्न करते हैं, ॥२॥

O friend of the forlorn, if you have any affection for us, graciously grant this boon to us. On that true form of yours that dwells in Shiva's heart and is sought by sages,—

जो भुसुंडिमन मानस हंसा । सगुन अगुन जेहि निगम प्रसंसा ॥
देखहिं हम सो रूप भरि लोचन । कृपा करहु प्रनतारतिमोचन ॥

जो काकभुशुण्डि के मनरूपी मानसरोवर में विहार करनेवाला हंस है, जो सगुण और निर्गुण (दोनों) है और वेद जिसकी प्रशंसा करते हैं, हे शरणागतों के दुःख मिटानेवाले प्रभो ! ऐसी कृपा कीजिए कि हम उसी रूप को नेत्र भरकर देखें ! ॥३॥

—the form that sports like a swan in the holy lake of Bhushundi's mind and is glorified by the Vedas as both with and without attributes,—be gracious to us, O reliever of the suppliants' woe, and on that form let us feast our eyes."

दंपतिबचन परम प्रिय लागे। मृदुल बिनीत प्रेमरस पागे॥
भगतबछल प्रभु कृपानिधाना। बिस्वबास प्रगटे भगवाना॥

दम्पती (मनु-शतरूपा) के कोमल, विनययुक्त और प्रेमरस में पगे हुए वचन भगवान् को बहुत ही प्रिय लगे। भक्तवत्सल, कृपानिधान, सम्पूर्ण विश्व के निवासस्थान (या संसार-भर में बसनेवाले), सर्वसमर्थ भगवान् प्रकट हो गए॥४॥

This gentle and humble speech of the royal pair, steeped as it was in the nectar of love, was liked by the Lord very much. Full of affection for his votaries and a treasure-house of compassion, the all-powerful Lord, who dwells in the whole universe, manifested himself.

दो.—नील सरोरुह नील मनि नील नीरधर स्याम।
लाजहिं तनसोभा निरखि कोटि कोटि सत काम॥१४६॥

(भगवान् के) नीले कमल, नीलमणि और नीले मेघ के समान (कोमल, प्रकाशमय और सरस) श्यामवर्ण शरीर की शोभा देखकर करोड़ों कामदेव भी लज्जित हो जाते हैं॥१४६॥

Myriads of Loves blushed to behold the elegance of his swarthy form, dark as the dark-blue lotus or the sapphire or the dark rain-burdened cloud.

चौ.—सरदमयंक बदन छबिसीवाँ। चारु कपोल चिबुक दर ग्रीवाँ॥
अधर अरुन रद सुंदर नासा। बिधुकर निकर बिनिंदक हासा॥

(भगवान् का) मुख शरद्-पूर्णिमा के चन्द्रमा के समान छवि की सीमा था। उनकी ठोड़ी और गाल सुन्दर थे, गला शंख के समान (त्रिरेखायुक्त, चढ़ाव-उतारवाला) था। होठ लाल, दाँत और नाक सुन्दर थे। हँसी चन्द्रमा की किरणावली को नीचा दिखानेवाली थी॥१॥

His face, which resembled the autumn moon, was matchless in beauty. Lovely were his cheeks and chin, and his neck resembled the conch-shell in its spiral shape. His ruddy lips, teeth and nose were charming, his smile more radiant than the moonbeam.

नव अंबुज अंबकछबि नीकी। चितवनि ललित भावँती जी की॥
भृकुटि मनोजचाप छबि हारी। तिलक ललाट पटल दुतिकारी॥

आँखों की छवि नये खिले हुए कमल जैसी बड़ी सुन्दर थी। सुन्दर-सुललित चितवन जी को बहुत प्यारी लगती थी। भौंहें कामदेव के धनुष की शोभा को हरनेवाली थीं। ललाट-पटल पर द्युतिकारी – प्रकाशमय – तिलक था॥२॥

His eyes possessed the exquisite beauty of newly-opened lotuses and his fascinating glance captivated the soul. His curved eyebrows stole the beauty of Love's bow and a sect-mark glistened on his forehead.

कुंडल मकर मुकुट सिर भ्राजा। कुटिल केस जनु मधुपसमाजा॥
उर श्रीबत्स रुचिर बनमाला। पदिक हार भूषन मनिजाला॥

उनके कानों में मछली के आकार के कुण्डल थे और सिर पर मुकुट सुशोभित था। घुँघराले काले बाल ऐसे घने थे, मानो भौंरों के झुंड हों। हृदय पर श्रीवत्स, सुन्दर वनमाला, रत्नजटित हार और मणियों के आभूषण सुशोभित थे॥३॥

Fish-shaped earrings hung from his ear-lobes and a crown adorned his head. His crisp, curly locks looked like a swarm of bees. His breast was marked by a curl of hair, Shrivatsa,[1] and adorned with a charming wreath of woodland flowers, a garland of gems and jewelled ornaments.

केहरि कंधर चारु जनेऊ। बाहुबिभूषन सुंदर तेऊ॥
करिकर सरिस सुभग भुजदंडा। कटि निषंग कर सर कोदंडा॥

सिंह की-सी (मांसल) गर्दन थी, सुन्दर जनेऊ था और भुजाओं के गहने भी सुन्दर थे। हाथी की सूँड़ के समान (उतार-चढ़ाववाले) सुन्दर भुजदण्ड थे। कमर में तरकश और हाथ में धनुष-बाण (शोभा पा रहे) थे॥४॥

His strong and well-built neck resembled that of a lion and the lovely sacred thread was suspended from it. Beautiful, too, were the bracelets on his arms, long comely arms like the trunk of an elephant. A quiver was tied to his waist and his hands bore a bow and arrows.

दो.—तड़ित बिनिंदक पीत पट उदर रेख बर तीनि।
नाभि मनोहर लेति जनु जमुनभवर छबि छीनि॥१४७॥

पीताम्बर बिजली को भी नीचा दिखानेवाला था। पेट पर सुन्दर तीन रेखाएँ (त्रिवली) थीं। नाभि मनोहर थी, मानो यमुनाजी के भँवरों की छवि को छीने लेती हों॥१४७॥

His yellow garments were more lustrous than the lightning and his belly had three fair folds, while his navel was so captivating that it seemed to have robbed Yamuna's eddies of their beauty.

चौ.—पद राजीव बरनि नहि जाहीं। मुनिमन मधुप बसहिं जेन्ह माहीं॥
बाम भाग सोभति अनुकूला। आदिसक्ति छबिनिधि जगमूला॥

जिनमें मुनियों के मनरूपी भौंरे बसते (लिपटे रहते), हैं (भगवान् के) उन चरणकमलों का तो वर्णन ही किये नहीं बनता। उनके बायें भाग में सदा

1. On Vishnu's breast is a mark or curl, Shrivatsa, and the jewel Kaustubha, and on his wrist another jewel, Syamantaka.

अनुकूल रहनेवाली शोभा की राशि, जगत् की मूलकारणरूपा आदिशक्ति श्रीसीताजी शोभित हैं ॥१॥

His lotus feet, which attract the minds of sages like so many bees, were beyond description. On his left there shone his Primal Energy, Sita, who is ever devoted to him, and who is a storehouse of beauty and mother of the world.

जासु अंस उपजहिं गुनखानी । अगनित लच्छि उमा ब्रह्मानी ॥
भृकुटिबिलास जासु जग होई । राम बाम दिसि सीता सोई ॥

जिनके अंशमात्र से गुणों की खान अगणित लक्ष्मी, उमा और ब्रह्माणी (त्रिवेदों की शक्तियाँ) उत्पन्न होती हैं तथा जिनकी भौंहों के इशारे से ही जगत् की रचना हो जाती है, वही श्रीसीताजी श्रीरामचन्द्रजी की बायीं ओर विराजमान हैं ॥२॥

She from a part of whom are born countless Lakshmis, Umas and Brahmanis, all mines of virtues; she by the mere play of whose eyebrows the world is brought into existence stood on Rama's left, Sita herself.

छबिसमुद्र हरिरूप बिलोकी । एकटक रहे नयनपट रोकी ॥
चितवहिं सादर रूप अनूपा । तृप्ति न मानहिं मनु सतरूपा ॥

सौन्दर्य के समुद्र श्रीहरि के रूप को देखकर मनु-शतरूपा आँखों की पलकों को रोककर टकटकी बाँधे (स्तब्ध) रह गए। उस अनुपम रूप को वे श्रद्धापूर्वक देख रहे थे और देखते-देखते अघाते ही न थे ॥३॥

As Manu and Shatarupa beheld this vision of Hari's form, the ocean of beauty, they gazed fixedly upon it with wide-open, unblinking eyes. Reverently they looked on his incomparable beauty and would not be satiated with the sight.

हरष बिबस तनदसा भुलानी । परे दंड इव गहि पद पानी ॥
सिर परसे प्रभु निज कर कंजा । तुरत उठाये करुनापुंजा ॥

आनन्द के विशेष वश में होने के कारण उन्हें अपनी देह की सुधि भूल गयी। वे हाथों से भगवान् के चरण पकड़कर दण्ड की तरह (सीधे) भूमि पर गिर पड़े। करुणा की राशि भगवान् ने अपने कर-कमलों से उनके मस्तकों का स्पर्श किया और उन्हें तुरंत ही उठा लिया ॥४॥

Overcome with delight, they lost all consciousness of their bodies and fell prostrate, clasping his feet with their hands. The gracious Lord touched their heads with his own lotus hands and at once raised them up.

दो. –बोले कृपानिधान पुनि अति प्रसन्न मोहि जानि ।
माँगहु बर जोइ भाव मन महादानि अनुमानि ॥१४८॥

फिर कृपा के निधान भगवान् बोले कि मुझे अत्यन्त प्रसन्न जानकर और महान् दानी मानकर जो मन को भाये वही वर माँग लो ॥१४८॥

The compassionate Lord then said, Be assured that I am very pleased. Ask whatever boon you will, believing me to be a bounteous giver."

चौ. –सुनि प्रभुबचन जोरि जुग पानी । धरि धीरजु बोलीं मृदु बानी ॥
नाथ देखि पद कमल तुम्हारे । अब पूरे सब काम हमारे ॥

प्रभु के वचन सुनकर, दोनों हाथ जोड़कर और धीरज धरकर राजा ने कोमल वाणी में कहा – हे नाथ ! आपके चरणकमलों के दर्शन से अब हमारी सारी कामनाएँ पूरी हो गयीं ॥१॥

On hearing the words of the Lord, Manu folded his hands and taking courage spoke in soft accents, "Lord, now that we have seen your lotus feet, all our desires have been fulfilled.

एक लालसा बड़ि उर माहीं । सुगम अगम कहि जाति सो नाहीं ॥
तुम्हहिं देत अति सुगम गोसाईं । अगम लाग मोहि निज कृपनाईं ॥

फिर भी, हृदय में एक बड़ी लालसा है। वह सुगम भी है और अगम भी, इसीसे उसे कहते नहीं बनता। हे स्वामी ! आपके लिए तो उसका पूरा करना अत्यन्त सुगम है, पर अपनी कृपणता (दीनता) के कारण वह मुझे अत्यन्त कठिन मालूम होती है ॥२॥

Yet one longing remains, and I know not whether to describe it as easy or difficult of attainment. It is easy for you to grant, my master, but difficult for me to attain in my lowly estate.

जथा दरिद्र बिबुधतरु पाई । बहु संपति माँगत सँकुचाई ॥
तासु प्रभाउ जान नहि सोई । तथा हृदय मम संसय होई ॥

जैसे कोई दरिद्र कल्पवृक्ष को पाकर भी बहुत सम्पत्ति माँगते हुए संकोच करता है, क्योंकि वह उसके प्रभाव को नहीं जानता, वैसे ही मेरे हृदय में संदेह हो रहा है ॥३॥

Just as a beggar who has found the tree of Paradise hesitates to ask for abundant wealth, little realizing its power, even so my heart is troubled by doubt.

सो तुम्ह जानहु अंतरजामी । पुरवहु मोर मनोरथ स्वामी ॥
सकुच बिहाइ माँगु नृप मोही । मोरें नहिं अदेय कछु तोही ॥

हे स्वामी ! आप तो अन्तर्यामी हैं, इसलिए उसे जानते ही हैं। मेरे इस मनोरथ को पूरा कीजिए। (भगवान् ने कहा –) हे राजन् ! संकोच छोड़कर मुझसे माँगो, मेरे पास तुम्हें न देने योग्य कोई भी पदार्थ नहीं है ॥४॥

Being the witness of all hearts, you know what I wish; therefore, O my master, grant my desire." "O king, ask of me unreservedly," said the Lord, "for there is nothing I would not give you."

दो. –दानिसिरोमनि कृपानिधि नाथ कहौं सतिभाउ ।
चाहौं तुम्हहिं समान सुत प्रभु सन कवन दुराउ ॥१४९॥

(मनु ने कहा –) हे दानियों के शिरोमणि ! हे दयासागर ! हे नाथ ! मैं अपना (हार्दिक) सच्चा भाव कहता हूँ कि मैं आपके समान पुत्र चाहता हूँ। प्रभु से भला क्या छिपाना ! ॥१४९॥

"O crest-jewel of givers and most gracious Lord," said Manu, "I tell you my sincere wish: I would have a son like you. Can anything be hid from the Lord ?"

चौ. –देखि प्रीति सुनि बचन अमोले । एवमस्तु करुनानिधि बोले ॥
आपु सरिस खोजौं कहँ जाई । नृप तव तनय होब मैं आई ॥

राजा की प्रीति देखकर और उनके अनमोल वचन सुनकर करुणानिधान प्रभु ने कहा – ऐसा ही हो ! हे राजन् ! मैं अपने समान (दूसरा) जाकर कहाँ खोजूँ ! अतः मैं ही आकर तुम्हारा पुत्र होऊँगा ॥१॥

On seeing his devotion and hearing his priceless words, the compassionate Lord said, "So be it ! But where shall I go to seek my equal ? I myself, O king, shall come and be your son."

सतरूपहि बिलोकि कर जोरें । देवि माँगु बरु जो रुचि तोरें ॥
जो बरु नाथ चतुर नृप माँगा । सोइ कृपाल मोहि अति प्रिय लागा ॥

शतरूपाजी को हाथ जोड़े देख भगवान् ने कहा – हे देवि ! तुम्हारी जो रुचि हो, वह वर माँग लो । (शतरूपा ने कहा –) हे नाथ ! चतुर राजा ने जो वर माँगा, हे कृपालु ! वही मुझे भी बहुत प्रिय लगा ॥२॥

Then, seeing Shatarupa with her hands still folded, he said, "O good lady, ask whatever boon you please." "O gracious Lord," she replied, "the boon which the wise king has just asked is what I too should most desire.

प्रभु परंतु सुठि होति ढिठाई । जदपि भगतहित तुम्हहिं सोहाई ॥
तुम्ह ब्रह्मादि जनक जगस्वामी । ब्रह्म सकल उर अंतरजामी ॥

परंतु हे प्रभो ! (इसमें) बहुत ढिठाई हो रही है – यद्यपि हे भक्तवत्सल ! वह ढिठाई भी आपको सुहाती ही है । आप ब्रह्मा आदि के भी पिता, जगत् के स्वामी और सबके हृदय के भीतर की जाननेवाले ब्रह्म हैं ॥३॥

But it is a presumptuous request, my Lord, even though such presumption is liked by you, O friend of your votaries. For you are the father even of Brahma and the other gods, master of the universe, the Supreme Being who knows the secrets of all hearts.

अस समुझत मन संसय होई । कहा जो प्रभु प्रवान पुनि सोई ॥
जे निज भगत नाथ तव अहहीं । जो सुख पावहिं जो गति लहहीं ॥

ऐसा प्रभाव समझकर मन में संदेह हो रहा है, फिर भी प्रभु ने जो कहा वही प्रमाण (सत्य) है । (मैं तो यह माँगती हूँ कि) हे नाथ ! आपके जो निज भक्त हैं, वे जो (अलौकिक, दिव्य) सुख पाते हैं और जिस परम गति को प्राप्त होते हैं – ॥४॥

Realizing this, my mind is filled with doubt; and yet the Lord's words cannot fail. O Lord, the bliss that is enjoyed by your own votaries, the liberation they attain—

दो. –सोइ सुख सोइ गति सोइ भगति सोइ निज चरन सनेहु ।
सोइ बिबेक सोइ रहनि प्रभु हमहिं कृपा करि देहु ॥१५०॥

हे प्रभो ! वही सुख, वही गति, वही भक्ति, अपने चरणों में वही स्नेह, वही विवेक और वही रहन-सहन कृपा करके हमें दीजिए ॥१५०॥

—grant me in your mercy, O Lord, that very bliss, the same liberation, the same faith, the same devotion to your feet, the same wisdom and the same mode of living."

चौ. –सुनि मृदु गूढ़ रुचिर बचरचना । कृपासिंधु बोले मृदु बचना ॥
जो कछु रुचि तुम्हरे मन माहीं । मैं सो दीन्ह सब संसय नाहीं ॥

(शतरूपा की) कोमल, गूढ़ और मनोहर वाक्य-रचना को सुनकर कृपासिन्धु भगवान् कोमल वचन बोले – तुम्हारे मन में जो कुछ रुचि है, वह सब मैंने तुमको दिया, इसमें कोई संदेह नहीं है ॥१॥

Hearing this modest, profound and charming speech, the ocean of grace gently replied, "Whatever your heart desires, that I have granted; doubt not.

मातु बिबेक अलौकिक तोरें । कबहुँ न मिटिहि अनुग्रह मोरें ॥
बंदि चरन मनु कहेउ बहोरी । अवर एक बिनती प्रभु मोरी ॥

हे माता ! मेरी कृपा से तुम्हारा अलौकिक विवेक कभी न मिटेगा । तब फिर मनु ने भगवान् के चरणों की वन्दना करके कहा – हे प्रभु ! मेरी एक विनती और है – ॥२॥

Mother, by my grace your uncommon wisdom shall never fail." Worshipping his feet, Manu said again, "Lord, I have one more request to make.

सुतबिषैक तव पद रति होऊ । मोहि बड़ मूढ़ कहै किन कोऊ ॥
मनि बिनु फनि जिमि जल बिनु मीना । मम जीवन तिमि तुम्हहिं अधीना ॥

आपके चरणों में मेरी प्रीति वैसी ही हो जैसी पुत्र के लिए पिता की होती है, चाहे मुझे कोई बड़ा भारी मूर्ख ही क्यों न कहे । जैसे मणि के बिना

साँप और जल के बिना मछली (नहीं रह सकती), वैसे ही मेरा जीवन आपके अधीन रहे (आपके बिना न रहे) ॥३॥

Let me love your feet as a father loves his son, however foolish anyone may call me. Just as a serpent cannot live without his jewel and a fish without water, so is my life dependent upon you !"

अस बरु माँगि चरन गहि रहेऊ । एवमस्तु करुनानिधि कहेऊ ॥
अब तुम्ह मम अनुसासन मानी । बसहु जाइ सुरपति रजधानी ॥

ऐसा वर माँगकर राजा (मनु प्रभु) के चरण पकड़े रह गए। तब करुणानिधान भगवान् ने कहा – ऐसा ही हो, अब तुम मेरी आज्ञा मानकर देवराज (इन्द्र) की राजधानी (स्वर्ग, अमरावती) में जा बसो ॥४॥

Begging this boon, the king remained clasping the Lord's feet till the All-merciful said, "So be it : now obey my command, go and dwell in the capital of Indra (the king of heaven).

सो. –तहँ करि भोग बिसाल तात गएँ कछु काल पुनि ।
होइहहु अवध भुआल तब मैं होब तुम्हार सुत ॥१५१॥

हे तात ! वहाँ भरपूर भोग भोगकर और कुछ काल बीतने पर जब तुम अयोध्या के राजा होगे, तब मैं तुम्हारा पुत्र होऊँगा ॥१५१॥

There, my friend, enjoy yourself freely, and when some time has passed, you will be born as the king of Ayodhya, and then I shall be your son.

चौ. –इच्छामय नरबेष सँवारें । होइहौं प्रगट निकेत तुम्हारें ॥
अंसन्ह सहित देह धरि ताता । करिहौं चरित भगत सुखदाता ॥

अपनी इच्छा से नर-रूप बनाये हुए मैं तुम्हारे घर प्रकट होऊँगा। हे तात ! मैं अपने अंशोंसहित देह धारण करके भक्तों को सुख देनेवाले चरित्र करूँगा। (नर का अर्थ है 'पाञ्चभौतिक मायामय शरीरवाला'। इसलिए कहते हैं कि मेरा नर-शरीर मायामय पाञ्चभौतिक नहीं होगा, वरन् 'इच्छामय' होगा।) ॥१॥

Voluntarily assuming human guise, I will manifest myself in your home, my friend, and with all my parts incarnate will perform sportive deeds for the happiness of my votaries.

जे सुनि सादर नर बड़भागी । भव तरिहहिं ममता मद त्यागी ॥
आदिसक्ति जेहि जग उपजाया । सोउ अवतरिहि मोरि यह माया ॥

जिन (चरित्रों) को बड़े भाग्यवान् मनुष्य आदरपूर्वक सुनकर, ममता-मद छोड़कर भवसागर से तर जायँगे। आदिशक्ति यह मेरी (स्वरूपभूता) माया भी, जिसने जगत् को उत्पन्न किया है, अवतार लेगी (अर्थात् मेरी वह माया भी अवतार लेगी जो आदिशक्ति है और जिससे सारे विश्व की उत्पत्ति हुई है) ॥२॥

Hearing such exploits with reverence, blessed men will cross the ocean of worldly existence and will renounce self-conceit and arrogance. This Maya, my Primal Energy, who has brought the universe into being, will also become incarnate.

पूरब मैं अभिलाष तुम्हारा । सत्य सत्य पन सत्य हमारा ॥
पुनि पुनि अस कहि कृपानिधाना । अंतरधान भए भगवाना ॥

मैं तुम्हारी मनोकामना पूरी करूँगा। मेरा (यह) प्रण सत्य है, सत्य है, सत्य है। बार-बार ऐसा कहकर दयासागर भगवान् अन्तर्धान हो गए ॥३॥

So shall I accomplish your desire. True is my promise, true, true !" Repeating this again and again, the gracious Lord vanished from sight.

दंपति उर धरि भगतकृपाला । तेहि आस्रम निबसे कछु काला ॥
समय पाइ तनु तजि अनयासा । जाइ कीन्ह अमरावति बासा ॥

पति-पत्नी (मनु-शतरूपा) भक्तों पर कृपा करनेवाले भगवान् को हृदय में धारण कर कुछ काल तक उसी आश्रम में रहे। फिर दोनों समय पाकर सहज ही (बिना किसी कष्ट के) शरीर को त्यागकर अमरावती (इन्द्र की पुरी) में जा बसे ॥४॥

The wedded pair laid up in their hearts the image of the Lord who is so compassionate to his devotees and stayed for some time at the hermitage, and then, when their time was come, passed painlessly out of the body and took up their abode in Amaravati, the city of the immortals.

दो. –यह इतिहास पुनीत अति उमहि कही बृषकेतु ।
भरद्वाज सुनु अपर पुनि रामजनम कर हेतु ॥१५२॥

(याज्ञवल्क्यजी कहते हैं कि) हे भरद्वाज ! इस अत्यन्त पवित्र इतिहास को शिवजी ने पार्वती से कहा था। अब श्रीराम-जन्म का दूसरा कारण भी सुनो ॥१५२॥

This most sacred legend was related by Shiva (who has a bull blazoned on his banner) to Parvati. Now, Bharadvaja, hear yet another cause of Rama's birth.

मासपारायण, पाँचवाँ विश्राम

चौ. –सुनु मुनि कथा पुनीत पुरानी । जो गिरिजा प्रति संभु बखानी ॥
बिस्वबिदित एक कैकय देसू । सत्यकेतु तहँ बसै नरेसू ॥

हे मुनि (भरद्वाज) ! वह पवित्र प्राचीन कथा सुनो, जो शिवजी ने पार्वती से कही थी। विश्वभर में प्रसिद्ध एक कैकय देश है जहाँ सत्यकेतु नामक राजा रहता था ॥१॥

Listen, sage, to an ancient and sacred legend as it was narrated by Shiva to Parvati. There is a principality, known to all the world, called Kaikaya, where a king named Satyaketu reigned.

धरमधुरंधर नीतिनिधाना । तेज प्रताप सील बलवाना ॥
तेहि कें भये जुगल सुत बीरा । सब गुन धाम महा रनधीरा ॥

धर्म की धुरी को धारण करनेवाला और नीति की खान वह (राजा) तेजस्वी, प्रतापी, सुशील और बलवान् था । उसके दो वीर पुत्र हुए, जो सभी गुणों के भण्डार और बड़े भारी योद्धा थे ॥२॥

He was a champion of virtue, versed in statecraft, dignified, glorious, amiable and powerful. He had two gallant sons, endowed with every virtue, very valiant warriors.

राजधनी जो जेठ सुत आही । नाम प्रतापभानु अस ताही ॥
अपर सुतहि अरिमर्दन नामा । भुजबल अतुल अचल संग्रामा ॥

जो बड़ा पुत्र राज्य का उत्तराधिकारी था, उसका नाम प्रतापभानु था । दूसरे पुत्र का नाम अरिमर्दन था, जिसकी भुजाओं में असीम बल था और जो युद्ध में (पर्वत के समान) अचल रहता था ॥३॥

The elder son, heir to the throne, was named Pratapabhanu; the other son was called Arimardana, who was unequalled in strength of arm and steady (like a rock) in battle.

भाइहि भाइहि परम समीती । सकल दोष छल बरजित प्रीती ॥
जेठे सुतहि राज नृप दीन्हा । हरि हित आपु गवन बन कीन्हा ॥

भाई-भाई में बड़ी अच्छी मित्रता[१] थी और उनका प्रेम सब प्रकार के दोषों और छल-प्रपंचों से रहित था । राजा ने जेठे पुत्र को राज्य सौंप दिया और आप भगवान् (के भजन) के लिए वन को चल दिया ॥४॥

The two brothers lived in perfect concord and their mutual affection was free from all blemish and guile. To the elder son the king resigned the realm and withdrew into the forest to devote himself to Hari.

दो. –जब प्रतापरबि भएउ नृप फिरी दोहाई देस ।
प्रजापाल अति बेदबिधि कतहुँ नहीं अघलेस ॥१५३॥

जब प्रतापभानु राजा हुआ और देश में उसकी दुहाई फिर गयी[२], तब वह वेद में बतायी हुई विधि के अनुसार उत्तम रीति से प्रजा का पालन करने लगा । उसके राज्य में पाप का लेश भी कही नहीं रह गया ॥१५३॥

When Pratapabhanu became king, his succession was proclaimed throughout the land. He looked after his subjects as the Vedas enjoined, and there was not a speck of sin anywhere in the realm.

चौ. –नृप हितकारक सचिव सयाना । नाम धरमरुचि सुक्र समाना ॥
सचिव सयान बंधु बलबीरा । आपु प्रतापपुंज रनधीरा ॥

राजा का हित करनेवाला एक चतुर मंत्री था जिसका नाम धर्मरुचि था और जो शुक्राचार्य के समान (नीतिज्ञ, बुद्धिमान्) था । इस प्रकार चतुर मन्त्री, बलवान् तथा वीर भाई के साथ ही स्वयं राजा भी बड़ा प्रतापी और रणधीर था ॥१॥

The prime minister, Dharmaruchi, a second Shukra, was as devoted to the king's interests as he was wise. Thus he had a prudent counsellor and a valiant brother and he himself was a glorious warrior.

सेन संग चतुरंग अपारा । अमित सुभट सब समर जुझारा ॥
सेन बिलोकि राउ हरषाना । अरु बाजे गहगहे निसाना ॥

उसके साथ में जो अपार चतुरङ्गिणी सेना थी, उसमें अनगिनत योद्धा थे, जो सब-के-सब युद्ध में जूझ मरनेवाले थे । अपनी सेना को देखकर राजा हर्षित हुआ और घमाघम नगाड़े बजने लगे ॥२॥

He had a large army of horse and foot, chariots and elephants, and numberless excellent warriors all eager for the fray. The king rejoiced to inspect his army, and there was a tumultuous sound of kettledrums.

बिजय हेतु कटकई बनाई । सुदिन साधि नृप चलेउ बजाई ॥
जहँ तहँ परीं अनेक लराईं । जीते सकल भूप बरिआईं ॥

उसने दिग्विजय के लिए सेना सजायी । (इसके बाद) वह राजा शुभ दिन (मुहूर्त) साधकर और डंका बजाकर चला । जहाँ-तहाँ अनेक लड़ाइयाँ हुईं । उसने सभी राजाओं को बलपूर्वक जीत लिया ॥३॥

He collected a special force for the conquest of the world, and fixing a propitious day marched forth with drums and trumpets. A number of battles were fought here and there and all hostile kings were brought to their knees by force of arms.

सप्त दीप भुजबल बस कीन्हे । लै लै दंड छाड़ि नृप दीन्हे ॥
सकल अवनिमंडल तेहि काला । एक प्रतापभानु महिपाला ॥

अपनी भुजाओं के बल से उसने सातों द्वीपों (भूमिखण्डों) को अपने अधीन कर लिया और (पराजित) राजाओं से दण्ड (कर) ले-लेकर उन्हें छोड़ दिया । उस समय सारे भूमंडल में प्रतापभानु ही एकमात्र (चक्रवर्ती) राजा था ॥४॥

१. 'समीती' अर्थात् समानता, साम्य । कई टीकाकारों ने इसका अर्थ 'सुन्दर मित्रता' भी लगाया है और कई अन्य ने 'सुमति' । समानता-जन्य सुन्दर मित्रता के अर्थ में ही इस शब्द का प्रयोग हुआ है ।

२. दुहाई (द्वि + आह्वा) अर्थात् दोहरी पुकार, डंके के साथ राजा के अधिकार की घोषणा, यथा – 'नगर फिरी रघुबीर-दोहाई' (सुं. दो. १०) ।

By the might of his arm he subdued all the seven continents and let their princes go on payment of tribute. Now Pratapabhanu became the undisputed monarch of the whole world.

दो. –स्वबस बिस्व करि बाहुबल निज पुर कीन्ह प्रबेसु ।
अरथ धरम कामादि सुख सेवै समय नरेसु ॥१५४॥

सारे विश्व को अपनी भुजाओं के बल से वश में करने के बाद राजा ने अपने नगर में प्रवेश किया । (वह) नरेश अर्थ, धर्म, काम आदि के सुखों का समयानुसार सेवन करता था ॥१५४॥

Having thus subjugated the whole universe by the might of his arm, the king returned to his capital and devoted himself to business, religious practices, love and other delights as occasion required.

चौ. –भूप प्रतापभानु बल पाई । कामधेनु भै भूमि सुहाई ॥
सब दुख बरजित प्रजा सुखारी । धरमसील सुंदर नर नारी ॥

राजा प्रतापभानु का बल पाकर पृथ्वी सुन्दर कामधेनु (के समान इच्छित पदार्थों की देनेवाली) हो गयी । (उसके राज्य में) प्रजा सभी दुःखों से रहित और सुखी थी तथा स्त्री-पुरुष सुन्दर और धर्मात्मा थे ॥१॥

Invigorated by king Pratapabhanu's might, the charming land became a cow of plenty, the people were happy and free from all pain, and men and women were handsome and virtuous.

सचिव धरमरुचि हरिपद प्रीती । नृपहित हेतु सिखव नित नीती ॥
गुर सुर संत पितर महिदेवा । करै सदा नृप सब कै सेवा ॥

धर्मरुचि (नामक) मन्त्री का श्रीहरि-चरणों में प्रेम था । वह राजा के हित के लिए सदा उसे नीति सिखाया करता था । (फलतः) गुरु, देवता, संत, पितर और ब्राह्मण की वह राजा सदा सेवा करता रहता था ॥२॥

The minister, Dharmaruchi, was devoted to Hari's feet and unfailingly instructed his royal master in statecraft for his good; nor did the king ever fail in doing service to his spiritual teachers, gods, saints, ancestors and Brahmans.

भूपधरम जे बेद बखाने । सकल करै सादर सुख माने ॥
दिन प्रति देइ बिबिध बिधि दाना । सुनै सास्त्र बर बेद पुराना ॥

वेदों ने राजाओं के जो धर्म बताये हैं, राजा आदरपूर्वक और सुख मानकर उन सबका सदा पालन करता था । प्रतिदिन वह अनेक प्रकार के दान करता और उत्तम शास्त्र, वेद और पुराण सुनता था ॥३॥

All the duties of kingship enjoined by the Vedas, he gladly and devoutly performed. Everyday he made large offerings of various kinds and heard the best scriptures, read both the Vedas and the Puranas.

नाना बापी कूप तड़ागा । सुमन बाटिका सुंदर बागा ॥
बिप्रभवन सुरभवन सुहाए । सब तीरथन्ह बिचित्र बनाए ॥

(प्रतापभानु ने) अनेक बावलियाँ, कुएँ, तालाब, फुलवाड़ियाँ, सुन्दर बगीचे, ब्राह्मणों के लिए घर और देवताओं के सुन्दर विचित्र मन्दिर सब तीर्थों में बनवाये ॥४॥

In all the holy places he had pools, ponds and wells dug, flower-gardens and lovely orchards laid out, and houses for the Brahmans and magnificent and marvellous temples for the gods built.

दो. –जहँ लगि कहे पुरान श्रुति एक एक सब जाग ।
बार सहस्र सहस्र नृप किए सहित अनुराग ॥१५५॥

वेदों और पुराणों में जितने (प्रकार के) यज्ञ कहे गए हैं, राजा ने एक-एक कर उन सब यज्ञों को बड़े प्रेम से हजार-हजार बार किया ॥१५५॥

For every single sacrifice prescribed by the Vedas and the Puranas the king in his zeal performed a thousand.

चौ. –हृदय न कछु फल अनुसंधाना । भूप बिबेकी परम सुजाना ॥
करै जे धरम करम मन बानी । बासुदेव अर्पित नृप ग्यानी ॥

उसके हृदय में किसी फल की टोह (कामना) न थी । राजा बड़ा ही विवेकशील और ज्ञानी था । कर्म, मन और वाणी से वह ज्ञानी राजा जो भी धर्म करता था, उसे भगवान् वासुदेव को अर्पित करके करता था ॥१॥

There was no ambition for any reward in his heart; the king was a man of supreme wisdom and sagacity. The meritorious duties he performed in thought, word or deed, the wise king dedicated as a gift to Vasudeva.

चढ़ि बर बाजि बार एक राजा । मृगया कर सब साजि समाजा ॥
बिंध्याचल गभीर बन गएऊ । मृग पुनीत बहु मारत भएऊ ॥

एक बार वह राजा (प्रतापभानु) एक अच्छे घोड़े पर सवार, शिकार का सब साज सजाकर विन्ध्याचल के सघन जंगल में गया और वहाँ उसने बहुत-से पवित्र मृग मारे ॥२॥

One day the king mounted a gallant steed and, making all preparations for the chase, went into the dense forest of the Vindhya range and killed many a graceful deer.

फिरत बिपिन नृप दीख बराहू । जनु बन दुरेउ ससिहि ग्रसि राहू ॥
बड़ बिधु नहिं समात मुख माहीं । मनहुँ क्रोधबस उगिलत नाहीं ॥

उस (राजा) ने वन में फिरते हुए एक सूअर को देखा (दाँतों के कारण वह ऐसा दीख रहा था), मानो चन्द्रमा को ग्रसकर राहु वन में आ छिपा हो । चन्द्रमा बड़ा होने से उसके मुँह में समाता नहीं है और क्रोधवश वह भी मानो उसे उगलता नहीं है ॥३॥

As he wandered in the woods, he spied a wild boar, showing amid the foliage like Rahu with the moon in his clutch; its orb too large to be contained in his mouth, yet in his fury he would not disgorge it.

कोल कराल दसनछबि गाई। तनु बिसाल पीवर अधिकाई॥
घुरुघुरात हय आरौ पाएँ। चकित बिलोकत कान उठाएँ॥

सूअर के भयानक दाँतों की शोभा कही गयी। उसका शरीर भी बहुत विशाल और मोटा था। घोड़े की आहट पाकर वह घुरघुराता हुआ कान उठाये भौचक हो (इधर-उधर) देख रहा था॥४॥

Such, as I have said, was the beauty of the boar's frightful tusks; its body too was enormous and bulky beyond measure. Grunting at the tramp of the horse and pricking up its ears, it watched with a startled look.

दो.–नील महीधर सिखर सम देखि बिसाल बराहु।
चपरि चलेउ हय सुटुकि नृप हाँकि न होइ निबाहु॥१५६॥

नीलगिरि के शिखर के समान विशाल उस सूअर को देखकर राजा घोड़े को चाबुक लगाकर तेजी से चला और उसने सूअर को ललकारा कि अब तेरा बचाव नहीं हो सकता (अथवा उसने घोड़े को सरपट छोड़ दिया, उसे तेजी से हाँक चला, जिससे उसका बचाव न हो सके)॥१५६॥

On seeing the huge boar, which resembled a purple mountain-peak, the king whipped up his horse and rode on with speed, challenging the boar, "Now you can't escape !"

चौ.–आवत देखि अधिक रव बाजी। चलेउ बराह मरुतगति भाजी॥
तुरत कीन्ह नृप सरसंधाना। महि मिलि गएउ बिलोकत बाना॥

बड़ी आवाज के साथ (तेजी से) घोड़े को आता देखकर सूअर पवन-वेग से भाग चला। राजा ने तुरंत ही धनुष पर बाण चढ़ाया। सूअर बाण को देखते ही धरती में दुबक गया। ('रव बाजी' के 'रव' को यदि फारसी 'रौ' समझें तो भी उपर्युक्त अर्थ असंगत न होगा। फारसी में 'रौ' का अर्थ 'रफ्तार' या 'वेग' है।)॥१॥

When it saw the horse come pounding on, the boar took to flight swift as the wind. The king lost no time in fitting a shaft to his bow, and, seeing the arrow, the boar crouched down.

तकि तकि तीर महीस चलावा। करि छल सुअर सरीर बचावा॥
प्रकटत दुरत जाइ मृग भागा। रिसबस भूप चलेउ सँग लागा॥

राजा ने ताक-ताककर (निशाना लगा-लगाकर) तीर चलाये, परंतु सूअर छल करके शरीर को बचाता रहा। वह पशु कभी प्रकट होता और कभी छिपता हुआ भाग जाता था और राजा भी क्रोधवश उसके साथ लगा चला जाता था॥२॥

Taking steady aim, the king shot his arrow, but the boar evaded it by its wiliness and escaped. The beast rushed on, now lying hid and now emerging into view, while the king in much excitement rode after it.

गएउ दूरि घन गहन बराहू। जहँ नाहिन गज बाजि निबाहू॥
अति अकेल बन बिपुल कलेसू। तदपि न मृगमग तजै नरेसू॥

सूअर बहुत दूर ऐसे घने जंगल में जा पहुँचा, जहाँ हाथी-घोड़े का निबाह (गम) न था। राजा बिल्कुल अकेला था और वन में क्लेश भी बहुत था, फिर भी राजा ने उस शिकार का पीछा नहीं छोड़ा॥३॥

The boar ran far on into a dense wood impenetrable by horse or elephant. Even though the king was all alone and he found it difficult to make his way through the forest, still he would not abandon the chase.

कोल बिलोकि भूप बड़ धीरा। भागि पैठ गिरिगुहा गभीरा॥
अगम देखि नृप अति पछिताई। फिरेउ महाबन परेउ भुलाई॥

सूअर ने देखा कि राजा बड़ा धीर है। तब वह भागकर पहाड़ की एक गहरी गुफा में जा घुसा। उसमें जाना कठिन देखकर राजा को बहुत पछताकर लौटना पड़ा; पर उस भारी घने वन में वह राह भूल गया॥४॥

Seeing the king so determined, the boar slunk away into a deep mountain cave. When he saw that there was no access to the cave, he had to return disappointed; but, what was worse, he had lost his way in the great forest.

दो.–खेदखिन्न छुद्धित तृषित राजा बाजि समेत।
खोजत ब्याकुल सरित सर जल बिनु भएउ अचेत॥१५७॥

ग्लानि से खिन्न (थकावट का मारा) और भूखा-प्यासा राजा घोड़े के साथ व्याकुल होकर नदी-तालाब खोजते हुए जल के बिना बेसुध हो गया॥१५७॥

Exhausted with much exertion and oppressed by hunger and thirst, the king with his horse sought desperately for a stream or a pond and was faint for want of water.

चौ.–फिरत बिपिन आश्रम एक देखा। तहँ बस नृपति कपटमुनि बेषा॥
जासु देस नृप लीन्ह छड़ाई। समर सेन तजि गएउ पराई॥

वन में भटकते-फिरते उसे एक आश्रम दीख पड़ा; वहाँ कपट से मुनि का वेष बनाये एक राजा रहता था, जिसका देश राजा प्रतापभानु ने छीन लिया था, (क्योंकि) वह युद्ध में सेना को छोड़कर भाग गया था॥१॥

As he wandered through the forest, he saw a hermitage where dwelt, in the disguise of a hermit, a prince who had been despoiled of his kingdom by Pratapabhanu and who had fled from the field of battle deserting his army.

समय प्रतापभानु कर जानी । आपन अति असमय अनुमानी ॥
गएउ न गृह मन बहुत गलानी । मिला न राजहि नृप अभिमानी ॥

यह जानकर कि प्रतापभानु के दिन अच्छे हैं और अपने अत्यन्त कुसमय (बुरे दिन) का अनुमान कर उसके मन में बड़ी ग्लानि हुई जिससे वह न तो घर गया और न अभिमानी होने के कारण राजा प्रतापभानु से ही मिला (मेल किया) ॥२॥

Knowing that the time was propitious for Pratapabhanu and that his own star was in the decline, he was very disheartened and refused to return home, for he was too proud to come to terms with the king.

रिस उर मारि रंक जिमि राजा । बिपिन बसै तापस के साजा ॥
तासु समीप गवन नृप कीन्हा । यह प्रतापरबि तेहिं तब चीन्हा ॥

हृदय में ही क्रोध को मारकर वह राजा दरिद्र की तरह तपस्वी के वेष में वन में निवास करता था । राजा (प्रतापभानु) उसी के पास गया । उसने तुरंत पहचान लिया कि यह प्रतापभानु है ॥३॥

The prince nursed his wrath in his heart and lived in the forest like a beggar in the garb of an anchorite. It was to him that the king went, and he immediately recognized him as Pratapabhanu.

राउ तृषित नहि सो पहिचाना । देखि सुबेष महामुनि जाना ॥
उतरि तुरग तें कीन्ह प्रनामा । परम चतुर न कहेउ निज नामा ॥

लेकिन प्यासा होने के कारण (विकलता में) राजा उसे पहचान न सका । सुन्दर वेष देखकर राजा ने उसे महामुनि समझा और घोड़े से उतरकर उसे प्रणाम किया, परंतु परम चतुर राजा ने उसे अपना नाम नहीं बतलाया ॥४॥

Overcome by thirst, the king, however, could not recognize the prince, but looking only at his holy garb, took him to be some great sage and, dismounting, made obeisance to him. He was, however, wise enough not to declare his name.

दो. –भूपति तृषित बिलोकि तेहिं सरबरु दीन्ह देखाइ ।
मज्जन पान समेत हय कीन्ह नृपति हरषाइ ॥१५८॥

राजा को प्यासा देखकर उसने उसे सरोवर दिखला दिया । राजा ने हर्षित होकर घोड़े के साथ उसमें स्नान और जलपान किया ॥१५८॥

Seeing the king to be thirsty, the hermit showed him a fine lake, and the king gladly bathed in it and drank of it, both he and his horse.

चौ. –गै श्रम सकल सुखी नृप भएऊ । निज आश्रम तापस लै गएऊ ॥
आसन दीन्ह अस्त रबि जानी । पुनि तापस बोलेउ मृदु बानी ॥

जब सारी थकावट मिट गयी और राजा सुखी हो गया, तब वह तपस्वी उसे अपने आश्रम में ले गया और सूर्यास्त का समय जानकर उसने (राजा को बैठने के लिए) आसन दिया । फिर वह तपस्वी कोमल वचन बोला – ॥१॥

Rid of all his fatigue, the king heaved a sigh of relief. The hermit took him back to his own hermitage; and, perceiving that it was sunset now, he gave him a seat and then addressed him in courteous tones :

को तुम्ह कस बन फिरहु अकेलें । सुंदर जुवा जीव परहेलें ॥
चक्रवर्ति के लच्छन तोरें । देखत दया लागि अति मोरें ॥

तुम कौन हो ? तुम्हारी सुन्दर युवावस्था है, फिर भी जीवन की परवा न कर वन में अकेले क्यों फिर रहे हो ? तुम्हारे चक्रवर्ती राजा के-से लक्षण देखकर मुझे बड़ी दया लग आयी है ॥२॥

"Who are you, and why, thus young and handsome, do you risk your life by wandering alone in the forest ? You have all the marks of an emperor on your person, and the sight of you awakens my sincere compassion.

नाम प्रतापभानु अवनीसा । तासु सचिव मैं सुनहु मुनीसा ॥
फिरत अहेरें परेउँ भुलाई । बड़ें भाग देखेउँ पद आई ॥

(राजा ने कहा –) हे मुनीशं ! सुनिए, प्रतापभानु नाम का एक राजा है, मैं उसी का मन्त्री हूँ । शिकार में फिरते हुए राह भूल गया हूँ । बड़े भाग्य से यहाँ आकर आपके चरणों के दर्शन किये हैं ॥३॥

"Listen, great sage," said the king, "there is a monarch called Pratapabhanu and I am his minister. I lost my way while hunting and by great good fortune have been led into your presence.

हम कहँ दुर्लभ दरस तुम्हारा । जानत हौं कछु भल होनिहारा ॥
कह मुनि तात भएउ अँधिआरा । जोजन सत्तरि नगरु तुम्हारा ॥

मेरे लिए आपके दर्शन दुर्लभ थे, इससे जान पड़ता है कि कुछ भला होने वाला है । मुनि ने कहा – हे तात ! अँधेरा हो गया और तुम्हारा नगर यहाँ से सत्तर योजन (५६० मील) पर है ॥४॥

To get a sight of you was no easy matter; hence I believe that something good is about to befall me." "It is now dusk, my son," said the hermit, "and your city is some five hundred and sixty miles away.

दो. –निसा घोर गंभीर बन पंथ न सुनहु सुजान ।
बसहु आजु अस जानि तुम्ह जाएहु होत बिहान ॥१५९ (क) ॥

हे सुजान ! सुनो, घोर अँधेरी रात है, जंगल घना है, रास्ता नहीं है, ऐसा जानकर तुम आज यहीं ठहर जाओ, सवेरा होते ही चले जाना हुआ ॥१५९(क)॥

Listen and be discreet; the night is dark, the forest dense and the path not easy to find; then stay here tonight and start tomorrow at dawn."

तुलसी जसि भवतब्यता तैसी मिलै सहाइ ।
आपुनु आवै ताहि पहि ताहि तहाँ लै जाइ ॥१५९ (ख) ॥

तुलसीदासजी कहते हैं कि जैसी भावी (होनहार, हरिइच्छारूपी प्रारब्ध) होती है, वैसी ही सहायता मिल जाती है । चाहे तो वह आप ही उसके पास आती है या उसको वहाँ ले जाती है ॥१५९(ख)॥

As destiny decrees, says Tulasi, so help appears; either it comes to a man or it leads him away to the cause of his doom.

चौ. –भलेहि नाथ आयसु धरि सीसा । बाँधि तुरग तरु बैठ महीसा ॥
नृप बहु भाँति प्रसंसेउ ताही । चरन बंदि निज भाग्य सराही ॥

बहुत अच्छा, नाथ ! ऐसा कहकर और उसकी आज्ञा को सिर पर धारणकर राजा ने घोड़े को वृक्ष से बाँध दिया और वह बैठ गया । राजा ने उसकी बहुत प्रकार से प्रशंसा की और उसके चरणों की वन्दना करके अपने भाग्य की सराहना की ॥१॥

"Very well, my lord," the king replied; and, bowing to the hermit's command, he tied up his horse to a tree and took his seat. The king extolled him in many ways, and doing homage to his feet, congratulated himself on his own good fortune.

पुनि बोलेउ मृदु गिरा सुहाई । जानि पिता प्रभु करौं ढिठाई ॥
मोहि मुनीस सुत सेवक जानी । नाथ नाम निज कहहु बखानी ॥

और फिर विनीत, सुहावनी वाणी में कहा – हे प्रभो ! आपको पिता जानकर ही मैं ढिठाई करता हूँ । हे मुनीश्वर ! मुझे अपना पुत्र और सेवक जान अपना नाम-धाम विस्तार से बतलाइए ॥२॥

He then addressed him in soft and winning terms: "Lord, I am being presumptuous, as to a father; treat me, great sage, as your son and servant and tell me, lord, your name and all about yourself in detail."

तेहि न जान नृप नृपहि सो जाना । भूप सुहृद सो कपट सयाना ॥
बैरी पुनि छत्री पुनि राजा । छल बल कीन्ह चहै निज काजा ॥

राजा ने उसे नहीं पहचाना, पर उसने राजा को पहचान लिया था । राजा तो शुद्ध-हृदय था और वह कपट करने में निपुण था । एक तो वैरी, फिर जाति का क्षत्रिय, फिर राजा ! वह छल-बल से अपना काम बनाना चाहता था ॥३॥

Although the king did not recognize the hermit, the latter recognized the king. The king had a guileless heart, but the hermit was a master of deceit. Being the king's enemy in the first instance, and then of the warrior caste and a prince, he sought to accomplish his own ends by force or fraud.

समुझि राजसुख दुखित अराती । अवा अनल इव सुलगै छाती ॥
सरल बचन नृप के सुनि काना । बयर सँभारि हृदय हरषाना ॥

वह शत्रु अपने (पूर्व के) राज्य-सुख को समझकर (स्मरणकर) दुःखी था । उसकी छाती (कुम्हार के) आँवे की आग की तरह (भीतर-ही-भीतर) सुलग रही थी । प्रतापभानु के सरल वचन कान से सुनकर और अपने वैर का स्मरण कर उसका हृदय हर्षित हो उठा ॥४॥

The enemy remembered the pleasures of royalty and was sad; the fire of jealousy smouldered within his heart like that of a furnace. On hearing the artless words of Pratapabhanu and recalling the grudge he had nursed against him, the hermit was glad at heart.

दो. –कपट बोरि बानी मृदुल बोलेउ जुगुति समेत ।
नाम हमार भिखारि अब निर्धन रहित निकेत ॥१६०॥

कपट में डुबोकर बड़ी युक्ति के साथ वह कोमल वाणी बोला – अब हमारा नाम भिखारी है, क्योंकि हम निर्धन और अनिकेत (घर-द्वार से रहित) हैं ॥१६०॥

He uttered yet another string of smooth but scheming and guileful words: "My name now is Bhikhari, for I am a homeless beggar."

चौ. –कह नृप जे बिग्याननिधाना । तुम्ह सारिखे गलित अभिमाना ॥
सदा रहहिं अपनपौ दुराएँ । सब बिधि कुसल कुबेष बनाएँ ॥

(तब) राजा ने कहा – जो आपके समान विज्ञान के स्थान और सर्वथा अहंकारशून्य होते हैं, वे अपने स्वरूप को सदा छिपाये रहते हैं, क्योंकि कुवेष बनाकर रहने में ही वे सब भाँति अपना कुशल-क्षेम मानते हैं (प्रकट संतवेष में मान होने की सम्भावना रहती है और मान से पतन की) ॥१॥

The king replied, "Those who are repositories of wisdom and free from pride like yourself always conceal their own personality; they find their highest good in the adoption of a wretched outer garb.

तेहि तें कहहिं संत श्रुति टेरें । परम अकिंचन प्रिय हरि केरें ॥
तुम्ह सम अधन भिखारि अगेहा । होत बिरंचि सिवहि संदेहा ॥

इसीसे तो संत और वेद पुकार-पुकारकर कहते हैं कि परम अकिञ्चन ही हरि को प्यारे होते हैं । आप-सरीखे निर्धन, भिखारी और गृहहीनों को

देखकर ब्रह्मा और शिवजी को भी संदेह हो जाता है (कि ये वास्तविक संत हैं या भिखारी) ॥२॥

That is why saints as well as the Vedas proclaim that the supremely indigent are dear to Hari. Penniless and homeless beggars like yourself raise doubts in the minds of Brahma and Shiva.

जोसि सोसि तव चरन नमामी। मो पर कृपा करिअ अब स्वामी ॥
सहज प्रीति भूपति कै देखी। आपु बिषय बिस्वास बिसेषी ॥

आप जो हों सो हों, मैं आपके चरणों को प्रणाम करता हूँ। हे स्वामी ! अब आप मुझपर कृपा कीजिए। राजा की स्वाभाविक प्रीति और अपने विषय में उसका अधिक विश्वास देखकर– ॥३॥

But whatever you may be, I reverence your feet and beg of you to grant me your grace." When the hermit marked the king's simple affection and perfect trust in him,—

सब प्रकार राजहि अपनाई। बोलेउ अधिक सनेह जनाई ॥
सुनु सतिभाउ कहौं महिपाला। इहाँ बसत बीते बहु काला ॥

और सब तरह से राजा को अपने वश में करके, अधिक स्नेह प्रकट करता हुआ वह (कपटी संन्यासी) बोला – हे राजन् ! सुनो, मैं सत्यभाव से कहता हूँ, मुझे यहाँ रहते बहुत समय बीत गया ॥४॥

—he won him over in every way and spoke with a still greater show of affection, "Listen, O king, while I relate the truth of the matter. I have for a long time dwelt here.

दो. –अब लगि मोहि न मिलेउ कोउ मैं न जनावौं काहु।
लोकमान्यता अनल सम कर तप कानन दाहु ॥१६१ (क)॥

अबतक कोई मुझे नहीं मिला और मैं अपने को किसी पर प्रकट भी नहीं करता; क्योंकि लोक-प्रतिष्ठा अग्नि के समान है जो तपरूपी वन को भस्म कर डालती है ॥१६१ (क)॥

No one has come to me so far, nor do I make myself known to any; for worldly honour is like a wild fire that burns up the forest of penance (*i.e.*, neutralizes it)."

सो. –तुलसी देखि सुबेषु भूलहि मूढ़ न चतुर नर।
सुंदर केकिहि पेखु बचन सुधा सम असन अहि ॥१६१ (ख)॥

तुलसीदासजी कहते हैं कि सुन्दर वेष देखकर मूढ़ ही नहीं, चतुर मनुष्य भी धोखा खा जाते हैं। सुन्दर मोर को ही देखिए, उसका वचन तो अमृत के समान है, परन्तु आहार साँप का है ॥१६१ (ख)॥

Not merely fools, says Tulasidasa, but even clever men are deceived by a fair appearance. Look at the beautiful peacock: though its notes are sweet like nectar, yet it feeds on snakes.

चौ. –तातें गुपुत रहौं जग माहीं। हरि तजि किमपि प्रयोजन नाहीं ॥
प्रभु जानत सब बिनहि जनाएँ। कहहु कवन सिधि लोक रिझाएँ ॥

(कपट-मुनि ने कहा –) इसलिए मैं जगत् में गुप्त रहता हूँ, श्रीहरि को छोड़ किसी से कुछ भी प्रयोजन नहीं रखता। प्रभु तो बिना जनाए ही सब जानते हैं। तब कहो तो भला, संसार को रिझाने से क्या सिद्धि मिलेगी ? ॥१॥

"That is why," said the guileful hermit, "I live in this world away from the public gaze and have little to do with any save Hari. The Lord knows everything without being told; tell me, then, what is to be attained by humouring the world ?

तुम्ह सुचि सुमति परम प्रिय मोरें। प्रीति प्रतीति मोहि पर तोरें ॥
अब जौं तात दुरावौं तोही। दारुन दोष घटै अति मोही ॥

तुम पवित्र हो और तुम्हारी बुद्धि अच्छी है, इससे मुझे बहुत ही प्रिय हो और तुम्हारी भी मुझ पर प्रीति और विश्वास है। हे तात ! अब भी यदि मैं तुमसे कुछ छिपाता हूँ तो मुझे अत्यन्त भयानक दोष लगेगा ॥२॥

You are sincere and intelligent and are therefore very dear to me; and you love me, too, and trust me. Now, my son, if I were to keep anything from you, it would be a very grievous sin on my part."

जिमि जिमि तापसु कथै उदासा। तिमि तिमि नृपहि उपज बिस्वासा ॥
देखा स्वबस कर्म मन बानी। तब बोला तापस बगध्यानी ॥

ज्यों-ज्यों वह तपस्वी उदासीनता की बातें कहता था, त्यों-त्यों राजा का विश्वास अधिक उत्पन्न होता (बढ़ता) जाता था। जब उस बगुले की तरह ध्यान लगानेवाले (बगुला-भगत) मुनि ने राजा को कर्म, मन और वचन से अपने वश में जाना, तब वह बोला– ॥३॥

The more the hermit spoke of his indifference to the world, the more trustful grew the king. When the false anchorite saw that the king had submitted himself in thought, word and deed to his influence, he said,—

नाम हमार एकतनु भाई। सुनि नृप बोलेउ पुनि सिरु नाई ॥
कहहु नाम कर अरथ बखानी। मोहि सेवक अति आपन जानी ॥

हे भाई ! मेरा नाम 'एकतनु' है। यह सुनकर राजा ने फिर सिर नवाकर (प्रणामकर) कहा – मुझे अपना अत्यन्त (निजी) सेवक जानकर अपने नाम का अर्थ समझाकर कहिए ॥४॥

"My name, brother, is Ekatanu." Hearing this, the king bowed his head and said again, "Explain to me, as to your own faithful servant, the meaning of that name."

दो. –आदिसृष्टि उपजी जबहि तब उतपति भै मोरि।
नाम एकतनु हेतु तेहिं देह न धरी बहोरि ॥१६२॥

('बकध्यानी' मुनि ने कहा —) सबसे पहले जब सृष्टि उत्पन्न हुई, तभी मेरी उत्पत्ति हुई । तबसे मैंने फिर दूसरी देह धारण नहीं की, जिसके कारण मेरा नाम 'एकतनु' पड़ा ॥१६२॥

"My birth," said the false ascetic, "took place at the first dawn of creation. Since that time I have never worn another body; that is why I am called Ekatanu (One-body).

चौ．—जनि आचरजु करहु मन माहीं । सुत तप तें दुर्लभ कछु नाहीं ॥
तपबल तें जग सृजै बिधाता । तपबल बिष्नु भए परित्राता ॥

हे पुत्र ! अपने मन में आश्चर्य मत करो, (क्योंकि) तप से कुछ भी दुर्लभ नहीं है । तप के बल से ब्रह्मा संसार की रचना करते हैं । तप ही के बल से विष्णु संसार का पालन करनेवाले हुए ॥१॥

Marvel not, my son, in your mind; for nothing is too difficult for penance. By the power of penance Brahma creates the universe; by the power of penance Vishnu preserves it.

तपबल संभु करहिं संघारा । तप तें अगम न कछु संसारा ॥
भएउ नृपहि सुनि अति अनुरागा । कथा पुरातन कहै सो लागा ॥

तपस्या के बल से ही शम्भु संहार करते हैं । संसार में ऐसी कोई वस्तु नहीं जो तपस्या से अगम (अप्राप्य) है । यह सुनकर राजा को बड़ा अनुराग हुआ । तब वह (तपस्वी) पुरानी कथाएँ कहने लगा ॥२॥

By the power of penance, again, Shambhu destroys it; there is nothing in the world that cannot be attained by penance." When the king heard this, he was charmed, and the hermit began to relate ancient stories.

करम धरम इतिहास अनेका । करै निरूपन बिरति बिबेका ॥
उदभव पालन प्रलय कहानी । कहेसि अमित आचरज बखानी ॥

कर्म, धर्म और अनेक प्रकार के इतिहास कहकर वह वैराग्य और ज्ञान की व्याख्या करने लगा । (सृष्टि की) उत्पत्ति, पालन और संहार की भी अपार आश्चर्यभरी कथाएँ उसने विस्तारपूर्वक कह सुनायीं ॥३॥

Many a legend he told of action and religious duty, and expounded the meaning of dispassion and knowledge. He related at length countless marvellous stories of the creation, maintenance and dissolution of the universe.

सुनि महीप तापसबस भएऊ । आपन नाम कहन तब लएऊ ॥
कह तापस नृप जानौं तोही । कीन्हेहु कपट लाग भल मोही ॥

(यह सब) सुनकर राजा उस तपस्वी के वश में हो गया और तब वह उसे अपना नाम बताने लगा । तपस्वी ने कहा — राजन् ! मैं तुमको जानता हूँ, तुमने जो छल किया, वह मुझे भला लगा ॥४॥

The king, as he listened, yielded completely to the influence of the hermit, and proceeded to tell him his real name. Said the hermit, "O king, I know you; though you tried to deceive me, I took it quite in good part.

सो．—सुनु महीस असि नीति जहँ तहँ नाम न कहहिं नृप ।
मोहि तोहि पर अति प्रीति सोइ चतुरता बिचारि तव ॥१६३॥

हे राजन् ! सुनो, नीति भी ऐसी है कि राजालोग जहाँ-तहाँ अपना नाम नहीं कहा करते । तुम्हारी वही चतुराई समझकर तुम पर मेरा बड़ा प्रेम हो गया है ॥१६३॥

Hear, O king, it is a political maxim that sovereigns should not declare their names everywhere. When I observed this caution of yours, I conceived a great affection for you.

चौ．—नाम तुम्हार प्रतापदिनेसा । सत्यकेतु तव पिता नरेसा ॥
गुरप्रसाद सब जानिअ राजा । कहिय न आपन जानि अकाजा ॥

तुम्हारा नाम प्रतापभानु है, महाराज सत्यकेतु तुम्हारे पिता थे । हे राजन् ! गुरु की कृपा से मैं सब-कुछ जानता हूँ, पर अपनी हानि समझकर (जानी हुई बात भी) कहता नहीं ॥१॥

Your name is Pratapabhanu; king Satyaketu was your father. By the grace of my preceptor, O king, I know everything, but considering it harmful to myself, I refuse to say all I know.

देखि तात तव सहज सुधाई । प्रीति प्रतीति नीति निपुनाई ॥
उपजि परी ममता मन मोरें । कहौं कथा निज पूँछे तोरें ॥

हे तात ! तुम्हारी सहज सरलता, प्रेम, विश्वास और नीति-निपुणता देखकर मेरे मन में तुम्हारे ऊपर बड़ी ममता उत्पन्न हो आयी है; अतः तुम्हारे पूछने पर मैंने अपनी कथा कही ॥२॥

When, my son, I saw your natural simplicity, your love and trust and your skill in statecraft, there sprang up a spontaneous affection for you in my soul, and that is why I told you my own story when you asked me.

अब प्रसन्न मैं संसय नाहीं । माँगु जो भूप भाव मन माहीं ॥
सुनि सुबचन भूपति हरषाना । गहि पद बिनय कीन्हि बिधि नाना ॥

अब मैं प्रसन्न हूँ, इसमें संदेह नहीं । राजन् ! जो मन को भावे, वही माँग लो । सुन्दर वचन सुनकर राजा हर्षित हो गया और (उस तपस्वी के) चरण पकड़कर उसने बहुत प्रकार से विनती की ॥३॥

Now I am pleased with you; doubt it not, but ask whatever you will, O king." On hearing these agreeable words, the king was delighted; he clasped the hermit's feet with many a humble prayer.

कृपासिंधु मुनि दरसन तोरें। चारि पदारथ करतल मोरें॥
प्रभुहि तथापि प्रसन्न बिलोकी। माँगि अगम बरु होउँ असोकी॥

हे दयासागर मुनि! यद्यपि आपके दर्शन से ही चारों पदार्थ (अर्थ, धर्म, काम और मोक्ष) मेरी मुट्ठी में आ गए, तो भी (परम समर्थ) प्रभु को प्रसन्न देखकर मैं यह दुर्लभ वर माँगकर (क्यों न) शोक-रहित हो जाऊँ॥४॥

"O gracious sage, by your very sight I have within my grasp all the four objects of human desire (*viz.*, religious merit, wealth, enjoyment and final beatitude). Yet, as I see my lord so gracious, I will ask a boon hard to grant and be happy for ever.

दो.–जरा मरन दुख रहित तनु समर जितै जिनि कोउ।
एकछत्र रिपुहीन महि राज कलप सत होउ॥१६४॥

मेरा शरीर वृद्धावस्था और मृत्यु के दुःख से रहित हो जाय, मुझे युद्ध में कोई जीत न सके और पृथ्वी पर सौ कल्पों तक मेरा एकछत्र एवं निष्कंटक राज्य हो॥१६४॥

May my body be free from old age and pain of death; may I never be conquered in battle; may my empire last for a hundred aeons, all under my sole sway, rid of every foe."

चौ.–कह तापस नृप ऐसेइ होऊ। कारन एक कठिन सुनु सोऊ॥
कालउ तुअ पद नाइहि सीसा। एक बिप्रकुल छाड़ि महीसा॥

(कपटी) तपस्वी ने कहा–हे राजन्! ऐसा ही हो, किन्तु जो एक बात कठिन है, उसे भी सुन लो। हे पृथ्वी के स्वामी! एक ब्राह्मण-कुल को छोड़ काल भी तुम्हारे चरणों पर सिर नवायेगा॥१॥

"So be it, O king," said the anchorite; "there is, however, one difficulty; hear what it is. Even Death shall bow down before your feet, O sovereign, with the sole exception of the race of Brahmans.

तपबल बिप्र सदा बरिआरा। तिन्ह कें कोप न कोउ रखवारा॥
जौं बिप्रन्ह बस करहु नरेसा। तौ तुअ बस बिधि बिष्नु महेसा॥

(क्योंकि) तप के बल से ब्राह्मण सदा बलवान् रहते हैं। उनके क्रोध से रक्षा करनेवाला कोई नहीं है। हे नरेश! यदि तुम ब्राह्मणों को वश में कर लो, तो ब्रह्मा, विष्णु और महेश भी तुम्हारे अधीन हो जायँ॥२॥

The Brahmans are ever mighty by the power of penance, and no one can protect men from their wrath. If you can reduce the Brahmans to your will, O king, then even Brahma, Vishnu and the great lord Shiva will be at your command.

चल न ब्रह्मकुल सन बरिआई। सत्य कहौं दोउ भुजा उठाई॥
बिप्रश्राप बिनु सुनु महिपाला। तोर नास नहि कवनेहु काला॥

दोनों भुजाएँ उठाकर मैं सत्य कहता हूँ कि ब्राह्मण-कुल से जोर-जबर्दस्ती नहीं चल सकती। हे राजन्! सुनो, ब्राह्मणों के शाप के बिना तुम्हारा नाश किसी काल में नहीं होगा॥३॥

Violence is of no avail against the Brahmans; with both arms raised to heaven I tell you this truth. Listen, O sovereign, if you can escape the Brahmans' curse, you will never at any time perish."

हरषेउ राउ बचन सुनि तासू। नाथ न होइ मोर अब नासू॥
तव प्रसाद प्रभु कृपानिधाना। मो कहुँ सर्ब काल कल्याना॥

उसके वचन सुनकर राजा (प्रतापभानु) बड़ा प्रसन्न हुआ और कहने लगा–हे स्वामी! अब मेरा नाश नहीं होगा। हे कृपानिधान प्रभु! आपकी कृपा से मेरा सब समय कल्याण होगा॥४॥

On hearing his words, the king rejoiced and said, "My lord, now I shall never perish; by your grace, O benevolent master, I shall be for ever blessed."

दो.–एवमस्तु कहि कपटमुनि बोला कुटिल बहोरि।
मिलब हमार भुलाब निज कहहु त हमहि न खोरि॥१६५॥

ऐसा ही हो कहकर वह कुटिल कपटी मुनि फिर बोला–(लेकिन) तुम हमारे इस मिलन तथा वन में अपने भटकने की बात किसी से (कहना नहीं, यदि) कह दोगे तो हमारा दोष नहीं॥१६५॥

"May it be so!" said the false anchorite, and added with crafty intent, "If you tell anyone how you lost your way and met with me, then the fault shall not be mine.

चौ.–तातें मैं तोहि बरजौं राजा। कहें कथा तव परम अकाजा॥
छठें श्रवन यह परत कहानी। नास तुम्हार सत्य मम बानी॥

हे राजन्! मैं तुम्हें इसलिए मना करता हूँ कि इस प्रसङ्ग को कहने से तुम्हारी बड़ी हानि होगी। छठे कान में इस कहानी (प्रसंग) के पड़ते ही तुम्हारा नाश हो जायगा, मेरी यह वाणी सत्य जानना॥१॥

I warn you, O king, because great harm will come to you if you reveal it to anyone. If your adventure reaches a third pair of ears, I tell you, you are surely doomed.

यह प्रगटें अथवा द्विजश्रापा। नास तोर सुनु भानुप्रतापा॥
आन उपाय निधन तव नाहीं। जौं हरि हर कोपहिं मन माहीं॥

हे प्रतापभानु! सुनो, इस प्रसंग के प्रकट होने अथवा ब्राह्मणों के शाप से तुम्हारा नाश होगा। यदि ब्रह्मा और शंकर भी मन में क्रोध करें, तो भी अन्य उपायों से तुम्हारी मृत्यु नहीं होगी॥२॥

O Pratapabhanu, if you divulge this secret, or if a Brahman curses you, you will be undone. In no other way will you die, not even if Brahma and Shankara should be angry with you."

सत्य नाथ पद गहि नृप भाषा। द्विज गुर कोप कहहु को राखा॥
राखै गुर जौं कोप बिधाता। गुरबिरोध नहिं कोउ जग त्राता॥

मुनि के चरणों को पकड़कर राजा ने कहा – हे स्वामी! (आपका कथन) सत्य ही है। कहिए तो भला, ब्राह्मण और गुरु के क्रोध से कौन रक्षा कर सकता है? यदि ब्रह्मा भी क्रोध करें तो गुरु बचा लेते हैं; पर गुरु से विरोध करने पर जगत् में दूसरा कोई रक्षक नहीं है॥३॥

"It is true, my lord," said the king, clasping the hermit's feet. "Tell me, who can deliver a man from the wrath of a Brahman or a spiritual *guru*? A *guru* can protect one if Brahma be angry, but in the event of a quarrel with one's *guru* there is no one in the world who can save.

जौं न चलब हम कहें तुम्हारें। होउ नास नहिं सोच हमारें॥
एकहि डर डरपत मन मोरा। प्रभु महिदेवश्राप अति घोरा॥

यदि मैं आपके कथन के अनुसार नहीं चलूँगा, तो (भले ही) मेरा नाश हो जाय, मुझे इसकी चिन्ता नहीं है। (परन्तु) हे प्रभो! (केवल) एक ही डर से मेरा मन डर रहा है कि ब्राह्मणों का शाप बड़ा भयानक होता है॥४॥

May I perish if I do not follow your advice! I am not anxious about that; but there is one thing that I fear; the curse of a Brahman, lord, is something most terrible!

दो. –होहिं बिप्र बस कवन बिधि कहहु कृपा करि सोउ।
तुम्ह तजि दीनदयाल निज हितू न देखौं कोउ॥१६६॥

ब्राह्मण किस प्रकार मेरे वश में हों, कृपा करके यह भी बताइए। हे दीनदयालु! आपको छोड़कर दूसरे किसी को मैं अपना हितैषी नहीं देखता॥१६६॥

How shall I be able to bring the Brahmans under my power? Kindly tell me that too; for except you, my gracious lord, I have no other friend."

चौ. –सुनु नृप बिबिध जतन जग माहीं। कष्टसाध्य पुनि होहिं कि नाहीं॥
अहै एक अति सुगम उपाई। तहाँ परंतु एक कठिनाई॥

(तपस्वी ने कहा –) हे राजन्! सुनो, जगत् में उपाय तो बहुत हैं, पर उनका करना कठिन है और इस पर भी वे सिद्ध हों या न हों (उनकी सफलता निश्चित नहीं है)। हाँ, एक उपाय अत्यन्त सुगम है, परन्तु उसमें भी एक कठिनाई है॥१॥

"Listen, O king," said the hermit, "there are various expedients in the world, but they are hard to put in practice and are of doubtful issue besides. There is, however, one device very easy to practise, though even this involves a difficulty.

मम आधीन जुगुति नृप सोई। मोर जाब तव नगर न होई॥
आजु लगें अरु जब तें भएउँ। काहु के गृह ग्राम न गएउँ॥

हे राजन्! वह युक्ति तो मेरे अधीन है, पर तुम्हारे नगर में मेरा जाना हो नहीं सकता। जबसे (पैदा) हुआ हूँ, तबसे आजतक मैं किसी के घर अथवा गाँव नहीं गया॥२॥

Its contrivance depends on me, O king, but it is impossible for me to go to your city, for to this day from the time I was born I have never entered the house or village of any man.

जौं न जाउँ तव होइ अकाजू। बना आइ असमंजस आजू॥
सुनि महीस बोलेउ मृदु बानी। नाथ निगम असि नीति बखानी॥

और जो नहीं जाता हूँ, तो तुम्हारा काम बिगड़ता है। आज यह बड़ा असमञ्जस आ पड़ा है। यह सुनकर राजा ने कोमल वाणी में कहा – हे नाथ! वेदों में ऐसी नीति कही गई है कि – ॥३॥

But if I do not go, your purpose will not be served; I am therefore in a dilemma today." When the king heard this, he replied in gentle tones, "There is, my lord, a precept laid down in the Vedas:

बड़े सनेह लघुन्ह पर करहीं। गिरि निज सिरनि सदा तृन धरहीं॥
जलधि अगाध मौलि बह फेनू। संतत धरनि धरत सिर रेनू॥

बड़े लोग छोटों पर स्नेह किया करते हैं। पर्वत अपने सिरों (शिखरों) पर सदा तृण (घास) धारण किये रहते हैं, अथाह समुद्र अपने मस्तक पर फेन धारण करता है और धरती अपने सिर पर सदा धूलि धारण किये रहती है॥४॥

—that the great should be kind to the small. Mountains always bear tiny blades of grass on their summits; the fathomless ocean bears floating foam upon its breast, and the earth ever bears dust upon its head."

दो. –अस कहि गहे नरेस पद स्वामी होहु कृपाल।
मोहि लागि दुख सहिअ प्रभु सज्जन दीनदयाल॥१६७॥

ऐसा कहकर राजा ने (उस कपटी) मुनि के पाँव पकड़ लिये (और कहा –) हे स्वामी! मुझ पर कृपा कीजिए। आप संत हैं, दीनदयालु हैं। (अतः) हे प्रभो! मेरे लिए इतना कष्ट (अवश्य) उठाइए॥१६७॥

With these words the king clasped the hermit's feet and said, "Be gracious to me, my master! You are a saint, compassionate to the humble; therefore, lord, endure this trouble for my sake."

चौ. –जानि नृपहि आपन आधीना। बोला तापस कपट प्रबीना॥
सत्य कहौं भूपति सुनु तोही। जग नाहिन दुर्लभ कछु मोही॥

राजा को अपने अधीन जानकर कपट में निपुण वह तपस्वी बोला – हे राजन्! सुनो, मैं तुमसे सत्य कहता हूँ, जगत् में मुझे कुछ भी दुर्लभ नहीं है॥१॥

Perceiving that the king was completely under his influence, the hermit, clever at deception, said, "Listen, O king; I tell you truly: there is nothing in the world I cannot obtain.

अवसि काज मैं करिहौं तोरा। मन तन बचन भगत तैं मोरा॥
जोग जुगुति तप मंत्र प्रभाऊ। फलै तबहि जब करिअ दुराऊ॥

मैं तुम्हारा काम अवश्य करूँगा, (क्योंकि) तुम मन, तन और वचन से मेरे भक्त हो। (पर) योग, युक्ति, तप और मन्त्रों के प्रभाव तभी फलते हैं जब वे छिपाकर किये जाते हैं ॥२॥

I will surely accomplish your object devoted as you are in thought, word and deed to me. But the power of Yoga (contemplation), planning, penance and spells works only when secrecy is maintained.

जौं नरेस मैं करौं रसोई। तुम्ह परुसहु मोहि जान न कोई॥
अन्न सो जोइ जोइ भोजन करई। सोइ सोइ तव आयसु अनुसरई॥

हे राजन्! मैं यदि रसोई बनाऊँ, तुम उसे परोसो और कोई मुझे जानने न पावे, तो उस अन्न को जो-जो खायेगा, वही-वही तुम्हारी आज्ञा का अनुसरण करेगा ॥३॥

If, O king, I prepare the food and you serve it, and if no one knows who I am, then whoever tastes the food so prepared will become amenable to your orders.

पुनि तिन्ह कें गृह जेवँ जोऊ। तव बस होइ भूप सुनु सोऊ॥
जाइ उपाय रचहु नृप एहू। संबत भरि संकलप करेहू॥

फिर उन (भोजन करनेवालों) के घर भी जो (व्यक्ति) भोजन करेगा, हे राजन्! सुनो, वह भी तुम्हारे अधीन हो जायगा। हे राजन्! तुम जाकर यही उपाय करो। वर्षभर (भोजन कराने) का सङ्कल्प कर लेना ॥४॥

Again, I tell you, whosoever takes food at the homes of such people will, O king, be dominated by your will. Go, king, and carry out this scheme, and take this vow for a whole year.

दो.—नित नूतन द्विज सहस सत बरेहु सहित परिवार।
मैं तुम्हरे संकलप लगि दिनहि करबि जेवनार ॥१६८॥

नित्य नये एक लाख ब्राह्मणों को परिवार-सहित न्योतना। मैं तुम्हारे सङ्कल्प (के काल) तक प्रतिदिन भोजन बना दिया करूँगा ॥१६८॥

Every day entertain a fresh company of a hundred thousand Brahmans with their families; while I, as long as your resolve lasts, shall provide the daily banquet.

चौ.—एहि बिधि भूप कष्ट अति थोरें। होइहहिं सकल बिप्र बस तोरें॥
करिहहिं बिप्र होम मख सेवा। तेहि प्रसंग सहजेहि बस देवा॥

हे राजन्! इस तरह बहुत थोड़े कष्ट से सब ब्राह्मण तुम्हारे अधीन हो जायँगे। जब ब्राह्मण हवन, यज्ञ और सेवा-पूजा करेंगे, तब उस प्रसंग (सम्बन्ध) से देवता भी सहज ही वश में हो जायँगे ॥१॥

In this way, O king, with very little exertion all the Brahmans will be subject to your will. The Brahmans in their turn will offer oblations into the sacred fire, perform sacrifices and practise ritual worship, and thus the gods, too, will be easily won over.

और एक तोहि कहौं लखाऊ। मैं एहि बेष न आउब काऊ॥
तुम्हरे उपरोहित कहुँ राया। हरि आनब मैं करि निज माया॥

मैं तुम्हें एक पहचान और भी बताये देता हूँ[1] कि मैं इस वेष में कभी नहीं आऊँगा। हे राजन्! मैं अपनी माया से तुम्हारे पुरोहित को हर लाऊँगा ॥२॥

I give you one more sign; I will never come in this guise. By my own delusive power, O king, I will steal away your family priest,—

तपबल तेहि करि आपु समाना। रखिहौं इहाँ बरष परवाना॥
मैं धरि तासु बेषु सुनु राजा। सब बिधि तोर सँवारब काजा॥

और तप के बल से उसे अपने समान बनाकर यहाँ एक वर्ष तक रखूँगा। हे राजन्! सुनो, उसका वेष धरकर सब प्रकार मैं तुम्हारा काम सँवारूँगा (पूरा करूँगा) ॥३॥

—and, making him just like myself by the power of my penance, will keep him here for the year; while I, O king, will put on his form and fulfil your purpose in every way.

गै निसि बहुत सयन अब कीजै। मोहि तोहि भूप भेंट दिन तीजै॥
मैं तपबल तोहि तुरग समेता। पहुचैहौं सोवतहि निकेता॥

हे राजन्! बहुत रात बीत गयी, अब सो जाओ। आज से तीसरे दिन मुझसे तुम्हारी भेंट होगी। अपने तप-बल से मैं तुम्हें घोड़े के साथ सोते-ही-सोते घर पहुँचा दूँगा ॥४॥

Now, king, the night is far gone, so you had better retire now; on the third day we shall meet again. By my penitential power I shall convey you home, both you and your horse, while you are still asleep.

दो.—मैं आउब सोइ बेषु धरि पहिचानेहु तब मोहि।
जब एकांत बोलाइ सब कथा सुनावौं तोहि ॥१६९॥

---

१. 'लखाऊ' के भिन्न-भिन्न अर्थ बताये गये हैं। यहाँ कपट-मुनि का मंतव्य है 'पहचानने की बात, जिससे तुम मुझे पहचान सको'। वह कहता है—लक्ष्य करने के इस संकेत को याद रखना, जिससे केवल तुम ही मुझे लख सकोगे।

मैं वही (पुरोहित का) वेष धारण कर आऊँगा। जब तुमको एकान्त में बुलाकर सब कथा सुनाऊँ, तब तुम मुझे पहचान लेना ॥१६९॥

I shall come in the form I have told you, and you will recognize me when I call you aside and repeat to you all this tale."

चौ. –सयन कीन्ह नृप आयसु मानी। आसन जाइ बैठ छलग्यानी॥
श्रमित भूप निद्रा अति आई। सो किमि सोव सोच अधिकाई॥

उसकी आज्ञा मानकर राजा ने शयन किया और वह कपट-ज्ञानी (अपने) आसन पर जा बैठा। राजा थका था, (इससे उसे) खूब (गहरी) नींद आ गयी, पर वह (कपटी) कैसे सोता? उसे तो अत्यधिक चिन्ता हो रही थी ॥१॥

The king went to sleep in obedience to the hermit; while the hypocritical sage returned to his wonted seat and sat down. Deep sleep came upon the weary monarch, but how could the arch-deceiver sleep, distraught as he was with anxiety.

कालकेतु निसिचर तहँ आवा। जेहि सूकर होइ नृपहि भुलावा॥
परम मित्र तापस नृप केरा। जानै सो अति कपट घनेरा॥

(तभी) वहाँ कालकेतु (नामक) राक्षस आया, जिसने सूअर बनकर राजा को (वन में) भटकाया था। वह तपस्वी राजा का परम मित्र था और खूब छल-प्रपञ्च जानता था ॥२॥

Then came to him there the demon Kalaketu, who had assumed the form of a boar and led the king astray. A great friend of the ascetic prince, he was skilled in the manifold ways of deceit.

तेहि के सत सुत अरु दस भाई। खल अति अजय देवदुखदाई॥
प्रथमहि भूप समर सब मारे। बिप्र संत सुर देखि दुखारे॥

उसके सौ बेटे और दस भाई थे, जो बड़े ही दुष्ट, अजेय और देवताओं को दुःख देनेवाले थे। ब्राह्मणों, संतों और देवताओं को दुःखी देखकर राजा (प्रतापभानु) ने उन सबको पहले ही युद्ध में मार डाला था ॥३॥

He had had a hundred sons and ten brothers, who were great villains, invincible and a torment to the gods. They had all before this been slain in battle by the king, who saw the distress they had caused to the Brahmans, saints and gods.

तेहि खल पाछिल बयरु सँभारा। तापस नृप मिलि मंत्र बिचारा॥
जेहि रिपुछय सोइ रचेन्हि उपाऊ। भावीबस न जान कछु राऊ॥

उस दुष्ट (कालकेतु) ने पिछले वैर को यादकर तपस्वी राजा से मिलकर सलाह विचारी (षड्यन्त्र किया) और जिससे शत्रु का नाश हो, वही उपाय रचा। होनहार-वश राजा (प्रतापभानु) कुछ भी न समझ सका ॥४॥

The villain, nursing this old grudge, conspired with the royal anchorite in devising a plot for the destruction of their enemy; but, as fate would have it, the king knew nothing of it.

दो. –रिपु तेजसी अकेल अपि लघु करि गनिअ न ताहु।
अजहुँ देत दुख रबि ससिहि सिर अवसेषित राहु॥१७०॥

(यदि) तेजस्वी शत्रु अकेला भी हो तो भी उसे छोटा नहीं समझना चाहिए। (देखिए,) जिसका सिर-मात्र ही बचा था, वह राहु आज भी सूर्य-चन्द्रमा को दुःख दिया करता है ॥१७०॥

A spirited foe, even though he be alone, should not be lightly regarded. To this day (the demon) Rahu, who has nothing left of him but a head, is able to torment the sun and moon.

चौ. –तापस नृप निज सखहि निहारी। हरषि मिलेउ उठि भएउ सुखारी॥
मित्रहि कहि सब कथा सुनाई। जातुधान बोला सुख पाई॥

तपस्वी (वेषधारी) राजा अपने मित्र को देखते ही प्रसन्न हो उठकर मिला और सुखी हुआ। जब उसने (अपने) मित्र को सारी कथा कह सुनायी, तब राक्षस आनन्दित होकर बोला – ॥१॥

When the ascetic prince saw his ally, he rose and greeted him with pleasure and was much relieved. He related to his friend the whole story, and the demon said in delight,—

अब साधेउँ रिपु सुनहु नरेसा। जौ तुम्ह कीन्ह मोर उपदेसा॥
परिहरि सोच रहहु तुम्ह सोई। बिनु औषध बिआधि बिधि खोई॥

हे राजन्! सुनो, जब तुमने मेरे उपदेश के अनुकूल (इतना) काम कर लिया, तो अब मैंने शत्रु को काबू में कर ही लिया (समझो)। अब चिन्ता छोड़ तुम सो रहो। विधाता ने बिना दवा के ही रोग दूर कर दिया है ॥२॥

"Listen, king; since you have followed my instructions, take the enemy as subdued. Now stop worrying and go to sleep; God has cured your sickness without the use of any medicine.

कुल समेत रिपु मूल बहाई। चौथें दिवस मिलब मैं आई॥
तापस नृपहि बहुत परितोषी। चला महाकपटी अति रोषी॥

वंश-सहित शत्रु को जड़-मूल से (उखाड़) बहाकर चौथे दिन मैं तुमसे आ मिलूँगा। (इस प्रकार) तपस्वी राजा को खूब दिलासा देकर वह महाकपटी और अत्यन्त क्रोधी राक्षस (कालकेतु) चला ॥३॥

I will sweep away the enemy, root and branch, with all his brood, and see you again on the fourth day." Having fully reassured the hermit king, the arch-impostor departed full of fury.

भानुप्रतापहि बाजि समेता । पहुचाएसि छन माझ निकेता ॥
नृपहि नारि पहि सयन कराई । हय गृह बाँधेसि बाजि बनाई ॥

उसने प्रतापभानु को घोड़े के साथ क्षणभर में ही घर पहुँचा दिया । राजा को रानी के पास सुलाकर घोड़े को अच्छी तरह घुड़साल में बाँध दिया ॥४॥

In an instant he conveyed Pratapabhanu to his palace, both him and his horse, and putting the king to bed beside his queen, he tied up the horse securely in the stable.

दो. –राजा के उपरोहितहि हरि लै गएउ बहोरि ।
लै राखेसि गिरिखोह महुँ माया करि मति भोरि ॥१७१॥

फिर (वह) राजा के पुरोहित को भी हर ले गया और माया से उसकी बुद्धि को भ्रम में डाल उसे उसने पहाड़ की खोह में ला रखा ॥१७१॥

He then carried off the king's family priest, and depriving him of his senses by his supernatural power, set him in a mountain cave.

चौ. –आपु बिरचि उपरोहित रूपा । परेउ जाइ तेहि सेज अनूपा ॥
जागेउ नृप अनभएँ बिहाना । देखि भवन अति अचरजु माना ॥

(वह राक्षस) स्वयं पुरोहित का रूप बनाकर, उसकी अनुपम (सुन्दर) सेज पर जा लेटा । राजा सवेरा होने से पहले ही जागा और अपना घर देखकर उसने बड़ा ही आश्चर्य माना ॥१॥

He himself assumed the form of the family priest and went and lay down on his luxurious couch. The king awoke before dawn and was much astonished to find himself at home.

मुनिमहिमा मन महुँ अनुमानी । उठेउ गवहिं जेहिं जान न रानी ॥
कानन गएउ बाजि चढ़ि तेहीं । पुर नर नारि न जानेउ केहीं ॥

मन-ही-मन मुनि की महिमा का विचारकर वह धीरे से उठा जिसमें रानी न जान पाये । फिर उसी घोड़े पर सवार हो वन को चला गया । नगर के किसी भी स्त्री-पुरुष ने नहीं जाना ॥२॥

Attributing the miracle to the supernatural power of the sage, he got up quietly unperceived by the queen and mounted the same horse and rode off to the woods without any man or woman in the city knowing it.

गएँ जाम जुग भूपति आवा । घर घर उत्सव बाज बधावा ॥
उपरोहितहि देख जब राजा । चकित बिलोक सुमिरि सोइ काजा ॥

दोपहर बीत जाने पर राजा आया । (यह जानकर) घर-घर उत्सव होने लगे और बधावा बजने लगा । जब राजा ने उस पुरोहित को देखा, तब वह (अपने) उसी कार्य का स्मरण कर चकित हो उसे देखने लगा ॥३॥

In the afternoon the king returned, and there was rejoicing, with welcoming strains of music, in every house. When the king saw his family priest, he recalled all that had happened and began to look at him in amazement.

जुग सम नृपहि गए दिन तीनी । कपटी मुनि पद रह मति लीनी ॥
समय जानि उपरोहित आवा । नृपहि मतें सब कहि समुझावा ॥

राजा को वे तीन दिन युग के समान बीते, उसकी बुद्धि तो कपटी मुनि के चरणों में लगी थी ! निश्चित समय जानकर पुरोहित (बना हुआ राक्षस) आया और उसने राजा को (पूर्व की) निश्चित बातें कह समझायीं ॥४॥

The interval of three days seemed for the king like an age, so fixed were his thoughts on the false anchorite's feet. At the appointed time the priest came and explained to him the scheme they had earlier devised.

दो. –नृप हरषेउ पहिचानि गुरु भ्रमबस रहा न चेत ।
बरे तुरत सत सहस बर बिप्र कुटुंब समेत ॥१७२॥

गुरु को पहचान कर राजा आनन्दित हुआ । भ्रम के वशीभूत होने के कारण उसे चेत न रहा (कि यह तापस मुनि है या कालकेतु राक्षस) । उसने तुरंत एक लाख श्रेष्ठ ब्राह्मणों को कुटुम्ब-सहित न्योत दिया ॥१७२॥

The king was delighted to recognize his *guru,* for his mind was too clouded to have any sense left, and at once invited a hundred thousand chosen Brahmans with their families.

चौ. –उपरोहित जेवनार बनाई । छ रस चारि बिधि जसि श्रुति गाई ॥
मायामय तेहिं कीन्हि रसोई । बिंजन बहु गनि सकै न कोई ॥

पुरोहित ने छः रस युक्त चार प्रकार की रसोई बनायी, जैसी श्रुतियों (सूपशास्त्र, पाकशास्त्र) में वर्णित है । उसने मायामयी रसोई पकायी और इतने व्यञ्जन बनाये जिन्हें कोई गिन नहीं सकता ॥१॥

The priest cooked food of the four kinds and the six different flavours, in accordance with sacred prescription. He prepared an illusory banquet, with more dainty dishes than one could count.

बिबिध मृगन्ह कर आमिष राँधा । तेहि महुँ बिप्रमाँसु खल साँधा ॥
भोजन कहुँ सब बिप्र बोलाए । पद पखारि सादर बैठाए ॥

विविध प्रकार के पशुओं का मांस भी पकाया और उसी में उस खल ने ब्राह्मणों का मांस मिला दिया । सब ब्राह्मणों को भोजन के लिए बुलाया और चरण धोकर उन्हें आदर-सहित बैठाया ॥२॥

After cooking the flesh of a great variety of animals, the wretch mingled with it the cooked flesh of Brahmans. All the invited Brahmans were then summoned to the feast; their feet were duly washed and they were courteously shown to their places.

परुसन जबहि लाग महिपाला । भै अकासबानी तेहि काला ॥
बिप्रबृंद उठि उठि गृह जाहू । है बड़ि हानि अन्न जनि खाहू ॥

जैसे ही राजा परोसने लगा, वैसे ही (कालकेतुकृत) आकाशवाणी हुई – 'हे ब्राह्मणो ! उठ-उठकर अपने-अपने घर जाओ ! यह अन्न मत खाओ ! इस (अन्न के खाने) में बड़ी हानि है ॥३॥

But the moment the king began to serve the food, a voice came from heaven, "Arise, arise, all ye Brahmans, and return to your homes; eat not the food; it forebodes evil !

भएउ रसोईं भूसुरमाँसू । सब द्विज उठे मानि बिस्वासू ॥
भूप बिकल मति मोह भुलानी । भावीबस न आव मुख बानी ॥

यह रसोई ब्राह्मणों के मांस से बनी है । (आकाशवाणी पर) विश्वास मानकर सब ब्राह्मण उठ खड़े हुए । राजा व्याकुल हो गया । उसकी बुद्धि मोह में भूली हुई थी । होनहार-वश उसके मुँह से एक भी बोल न निकला ॥४॥

They have cooked the flesh of Brahmans !" Up rose all the Brahmans, believing the heavenly voice. The king was distraught; but delusion had deprived him of his senses; overmastered by fate, he could not utter a word.

दो. –बोले बिप्र सकोप तब नहि कछु कीन्ह बिचार ।
जाइ निसाचर होहु नृप मूढ़ सहित परिवार ॥१७३॥

तब ब्राह्मण क्रोध में बोल उठे – उन्होंने (औचित्य-अनौचित्य का) कुछ भी विचार नहीं किया – अरे मूर्ख राजा ! परिवार-सहित जाकर तू राक्षस हो जा ! ॥१७३॥

Then exclaimed the Brahmans in their hasty temper—they did not think before speaking: "Go, foolish king, and be born in demon's form, you and all your family !

चौ. –छत्रबंधु तैं बिप्र बोलाई । घालै लिए सहित समुदाई ॥
ईस्वर राखा धरम हमारा । जैहसि तैं समेत परिवारा ॥

अरे नीच क्षत्रिय ! तूने तो ब्राह्मणों को बुलाकर उन्हें परिवार-सहित नष्ट करना चाहा था, लेकिन ईश्वर ने हमारे धर्म की रक्षा की । अब तू ही परिवार-सहित नष्ट होगा ॥१॥

Vile Kshatriya, you invited the Brahmans and their families simply to ruin them, but God has preserved our caste sanctity; it is you and your race who will be undone !

संबत मध्य नास तव होऊ । जलदाता न रहिहि कुल कोऊ ॥
नृप सुनि श्राप बिकल अति त्रासा । भै बहोरि बर गिरा अकासा ॥

एक वर्ष के भीतर तेरा नाश होगा, तेरे कुल में पानी देनेवाला तक कोई न रहेगा । शाप सुनकर राजा भय के मारे अत्यन्त व्याकुल हो उठा । फिर श्रेष्ठ आकाशवाणी हुई – ॥२॥

In the course of a year you shall perish, and not a soul shall be there in your house to offer libations to your spirit !" When the king heard the curse, he was sore stricken with fear. Again a gracious voice was heard from heaven:

बिप्रहु श्राप बिचारि न दीन्हा । नहि अपराध भूप कछु कीन्हा ॥
चकित बिप्र सब सुनि नभबानी । भूप गएउ जहँ भोजनखानी ॥

हे ब्राह्मणो ! तुम लोगों ने भी विचारकर शाप नहीं दिया । राजा ने कुछ भी अपराध नहीं किया था । आकाशवाणी सुनकर सभी ब्राह्मण चकित हो गए । तब राजा वहाँ गया जहाँ भोजन के पदार्थ रखे थे ॥३॥

"O ye Brahmans, you have uttered this curse without due reflection; the king has committed no offence !" All the Brahmans were astounded when they heard the heavenly voice. The king hastened to the kitchen.

तहँ न असन नहि बिप्र सुआरा । फिरेउ राउ मन सोच अपारा ॥
सब प्रसंग महिसुरन्ह सुनाई । त्रसित परेउ अवनी अकुलाई ॥

वहाँ न तो भोजन था और न रसोइया ब्राह्मण ही । तब मन में अपार चिन्ता करता हुआ राजा लौटा । उसने ब्राह्मणों को सब वृत्तान्त सुनाया और बड़ा ही भयभीत और व्याकुल हो पृथ्वी पर गिर पड़ा ॥४॥

There was neither ant food there nor the Brahman cook. The king returned in deep thought and related the whole story to the Brahmans; frantic with fear, he threw himself upon the ground.

दो. –भूपति भावी मिटै नहि जदपि न दूषन तोर ।
किएँ अन्यथा होइ नहि बिप्रश्राप अति घोर ॥१७४॥

(ब्राह्मण बोले) – हे राजन् ! यद्यपि तुम्हारा दोष नहीं है, तो भी भावी नहीं मिटती । ब्राह्मणों का शाप बड़ा ही भयानक होता है, वह किसी तरह भी टाले नहीं टल सकता ॥१७४॥

"Even though, O king, you are guiltless, what is destined must come to pass. A Brahman's curse is very dreadful and no amount of effort can avert it !"

चौ. –अस कहि सब महिदेव सिधाए । समाचार पुरलोगन्ह पाए ॥
सोचहिं दूषन दैवहि देहीं । बिरचत हंस काग किय जेहीं ॥

ऐसा कहकर सभी ब्राह्मण चले गए । जब नगरवासियों ने यह समाचार पाया तो वे चिन्ता करने और विधाता को दोष देने लगे, जिसने हंस बनाते-

बनाते कौआ कर डाला (ऐसे पुण्यात्मा को देवता न बनाकर राक्षस बना दिया) ॥१॥

So saying, all the Brahmans departed. When the people of the city heard the news, they were much perturbed and began to blame Providence, who had begun upon a swan and made it a crow.

उपरोहितहि भवन पहुचाई। असुर तापसहि खबरि जनाई ॥
तेहि खल जहँ तहँ पत्र पठाए। सजि सजि सेन भूप सब धाए ॥

पुरोहित को घर पहुँचाकर असुर (कालकेतु) ने (कपटी) तपस्वी को सूचना दी। उस खल ने जहाँ-तहाँ पत्र भेजे, जिससे सब (वैरी) राजा सेना सजा-सजाकर (चढ़) दौड़े ॥२॥

The demon (Kalaketu) conveyed the priest to his house and told the ascetic all that he had done. That wretch dispatched letters to every quarter, and a host of hostile princes equipped their troops and rushed in to make an assault—

घेरेन्हि नगर निसान बजाई। बिबिध भाँति नित होइ लराई ॥
जूझे सकल सुभट करि करनी। बंधु समेत परेउ नृप धरनी ॥

और उन्होंने नगाड़े बजाकर नगर को घेर लिया। नित्यप्रति नाना प्रकार से लड़ाई होने लगी। (प्रतापभानु के) सब योद्धा (वीरों की) 'करनी' (पराक्रम) करके रण में जूझ मरे। राजा भी भाई-सहित मारा गया ॥३॥

—and beating their kettledrums, besieged the city. Day after day were battles of various kinds fought, and all the king's warriors performed valiant feats and were slain. The king, too, and his brother bit the dust.

सत्यकेतुकुल कोउ नहिं बाँचा। बिप्रश्राप किमि होइ असाँचा ॥
रिपु जिति सब नृप नगर बसाई। निज पुर गवने जय जसु पाई ॥

सत्यकेतु के कुल में कोई भी न बचा। ब्राह्मणों का शाप (भला) झूठा कैसे हो सकता था? शत्रु को जीतकर नगर को (फिर से) बसाकर सब राजा विजय और यश पाकर अपने-अपने नगर को लौट गए ॥४॥

Not one of Satyaketu's family escaped, for how could a curse be untrue? After conquering the foe and refounding the city all the chiefs returned to their own capitals, crowned with victory and fame.

दो. —भरद्वाज सुनु जाहि जब होइ बिधाता बाम।
धूरि मेरु सम जनक जम ताहि ब्याल सम दाम ॥१७५॥

(याज्ञवल्क्यजी कहते हैं—) हे भरद्वाज! सुनो, जब विधाता किसी के विपरीत होते हैं, तब उसके लिए धूल सुमेरु पर्वत के समान, पिता यम के समान और रस्सी साँप के समान[1] (काट खानेवाली) हो जाती है ॥१७५॥

Listen, O Bharadvaja! Whoever incurs God's displeasure, for him a grain of dust is like Mount Meru, a father like Yama (the god of death) and a rope like a snake.

चौ. —काल पाइ मुनि सुनु सोइ राजा। भएउ निसाचर सहित समाजा ॥
दस सिर ताहि बीस भुजदंडा। रावन नाम बीर बरिबंडा ॥

हे मुनि! सुनो, समय पाकर वही राजा अपने सारे समाज के साथ राक्षस हो गया। उसके दस सिर और बीस भुजाएँ थीं, उसका नाम रावण था और वह बड़ा ही प्रचण्ड शूरवीर था ॥१॥

Listen, sage, in due time this king and all his household were born as demons. He had ten heads and twenty arms; his name was Ravana, a formidable and valiant warrior.

भूप अनुज अरिमर्दन नामा। भएउ सो कुंभकरन बलधामा ॥
सचिव जो रहा धरमरुचि जासू। भएउ बिमात्र बंधु लघु तासू ॥

राजा का जो अरिमर्दन नामक छोटा भाई था, वह बल का धाम कुम्भकर्ण हुआ। जो उसका मन्त्री था और जिसका नाम धर्मरुचि था, वह रावण का सौतेला छोटा भाई हुआ ॥२॥

The king's younger brother, Arimardana by name, was born as Kumbhakarna the stalwart; his minister, whose name was Dharmaruchi, became Ravana's younger half-brother;

नाम बिभीषन जेहि जग जाना। बिष्नुभगत बिग्यानिधाना ॥
रहे जे सुत सेवक नृप केरे। भए निसाचर घोर घनेरे ॥

उसका नाम विभीषण था, जिसे सारा जगत् जानता है। वह विष्णुभक्त और ज्ञान-विज्ञान का भण्डार था। जो राजा के पुत्र और नौकर-चाकर थे, वे भी बड़े भयानक राक्षस हुए ॥३॥

he was called Vibhishana, a name known to the whole world, a votary of Vishnu and a repository of wisdom; and the king's sons and servants were all born as very dreadful demons.

कामरूप खल जिनस अनेका। कुटिल भयंकर बिगत बिबेका ॥
कृपा रहित हिंसक सब पापी। बरनि न जाइ बिस्वपरितापी ॥

वे सब अनेक जातियों के, मनमाना रूप धारण करनेवाले, दुष्ट, कुटिल, भयंकर, विवेकहीन, निर्दय, हिंसक, पापी और सारे संसार को सताने वाले हुए; उनका वर्णन नहीं हो सकता ॥४॥

These wretches could assume any form at will and belonged to various orders. They were all wicked,

१. 'दाम' के अन्य अर्थ भी ध्यान देने योग्य हैं। 'माला' और 'रेखा' के अर्थ में भी इस शब्द का प्रयोग यहाँ अत्यन्त सटीक है।

monstrous, devoid of sense, ruthless, murderous and sinful—a torment to all creation beyond what words can tell !

दो. —उपजे जदपि पुलस्त्यकुल पावन अमल अनूप ।
तदपि महीसुर स्रापबस भए सकल अघरूप ॥१७६॥

यद्यपि वे पुलस्त्य मुनि के पवित्र, निर्मल और अनुपम कुल में उत्पन्न हुए थे, तथापि ब्राह्मणों के शापवश वे सब पापरूप हो गए ॥१७६॥

Though born in the house of Pulastya, holy, pure and incomparable, yet on account of the Brahmans' curse they all became embodiments of sin.

चौ. —कीन्ह बिबिध तप तीनिहुँ भाई । परम उग्र नहिं बरनि सो जाई ॥
गयउ निकट तप देखि बिधाता । माँगहु बर प्रसन्न मैं ताता ॥

तीनों भाइयों ने अनेक प्रकार की अत्यन्त कठिन तपस्या की, जिसका वर्णन नहीं किया जा सकता । (उनके उग्र) तप को देखकर ब्रह्माजी उनके पास गये और बोले – हे तात ! वर माँगो, मैं प्रसन्न हूँ ॥१॥

The three brothers practised austerities of various kinds, indescribably severe. Brahma marked their penance and, drawing near, said, "My sons, I am well pleased, ask for boons."

करि बिनती पद गहि दससीसा । बोलेउ बचन सुनहु जगदीसा ॥
हम काहू के मरहिं न मारे । बानर मनुज जाति दुइ बारे ॥

(दशशीश) रावण ने विनती कर और चरण पकड़कर कहा – हे जगदीश्वर ! सुनिए, वानर और मनुष्य, इन दो जातियों को छोड़कर हम और किसी के मारे न मरें (यही वर दीजिए) ॥२॥

The Ten-headed (Ravana) suppliantly clasped his feet and said, "Hear, O Lord of the world ! My prayer is that I should die at the hand of none save man or monkey, these two species !"

एवमस्तु तुम्ह बड़ तप कीन्हा । मैं ब्रह्मा मिलि तेहि बर दीन्हा ॥
पुनि प्रभु कुंभकरन पहि गयऊ । तेहि बिलोकि मन बिसमय भयऊ ॥

(शिवजी कहते हैं कि) मैंने और ब्रह्मा ने मिलकर उसे वरदान दिया कि ऐसा ही हो, क्योंकि तुमने बड़ी तपस्या की है । फिर ब्रह्माजी कुम्भकर्ण के पास गये । उसे देखकर उनके मन में आश्चर्य हुआ ॥३॥

(Said Shiva—) Brahma and I granted him his boon, saying, "So be it, for you have done great penance." Then the Lord approached Kumbhakarna and was astonished to see his appearance.

जौं एहि खल नित करब अहारू । होइहि सब उजारि संसारू ॥
सारद प्रेरि तासु मति फेरी । माँगेसि नींद मास षट केरी ॥

(वे विचारने लगे कि) जो यह दुष्ट नित्य भोजन करेगा, तो सारा संसार ही उजड़ जायगा । इसलिए ब्रह्माजी ने शारदा को प्रेरित करके उसकी बुद्धि फेर दी, (जिससे) उसने छः महीने की नींद माँग ली ॥४॥

Brahma said to himself, "Should this wretch have his daily repast, the whole world will be laid waste." So Brahma directed Sharada to turn his head, so that he asked for six months of sleep.

दो. —गए बिभीषन पास पुनि कहेउ पुत्र बर मागु ।
तेहि माँगेउ भगवंतपद कमल अमल अनुरागु ॥१७७॥

फिर ब्रह्माजी विभीषण के पास गये और बोले – हे पुत्र ! वर माँगो । उसने भगवान् के चरणकमलों में विशुद्ध प्रेम की याचना की ॥१७७॥

Last of all Brahma went to Vibhishana and said, "Ask a boon, my son." He asked for pure love for the lotus feet of the Lord.

चौ. —तिन्हहिं देइ बर ब्रह्म सिधाए । हरषित ते अपने गृह आए ॥
मयतनुजा मंदोदरि नामा । परम सुंदरी नारि ललामा ॥

उन्हें वरदान देकर ब्रह्माजी चले गए और वे (तीनों भाई) प्रसन्न होकर अपने घर लौट आये । मय दानव की मन्दोदरी नामक कन्या परम सुन्दरी और स्त्रियों में रत्न थी ॥१॥

Having granted them these boons Brahma went away, and they returned to their own home rejoicing. Now Maya had a daughter, Mandodari by name, exceedingly beautiful, a jewel of womankind.

सोइ मय दीन्हि रावनहिं आनी । होइहि जातुधानपति जानी ॥
हरषित भएउ नारि भलि पाई । पुनि दोउ बंधु बिआहेसि जाई ॥

उसे लाकर मय ने रावण को दे दिया । उसने जान लिया कि यह राक्षसों का राजा होगा । भली स्त्री पाकर रावण प्रसन्न हुआ और फिर जाकर उसने दोनों भाइयों का विवाह कर दिया ॥२॥

Maya brought and made her over to Ravana, well aware that he would be the lord of the demons. Delighted at having won so lovely a wife, Ravana next went and married off his two brothers.

गिरि त्रिकूट एक सिंधु मझारी । बिधिनिर्मित दुर्गम अति भारी ॥
सोइ मय दानव बहुरि सँवारा । कनकरचित मनिभवन अपारा ॥

समुद्र के बीच में ब्रह्मा का बनाया हुआ एक अत्यन्त विशाल और दुर्गम त्रिकूटाचल पर्वत था । (महान् मायावी और निपुण कारीगर) मय दानव ने फिर से उसको सजाया-सँवारा । उसमें मणियों से जड़े हुए सोने के अनगिनत महल थे ॥३॥

In the middle of a certain ocean there was a three-peaked mountain called Trikuta, brought into being by Brahma and most difficult of access. The demon Maya (who was a great magician and architect) renovated it. There were countless golden palaces there, all set with jewels.

भोगावति जसि अहिकुलबासा। अमरावति जसि सक्रनिवासा॥
तिन्ह तें अधिक रम्य अति बंका। जग बिख्यात नाम तेहि लंका॥

नागकुल के रहने के लिए (पाताललोक में) जैसी भोगावती पुरी है और इन्द्र के रहने के लिए (स्वर्गलोक में) जैसी अमरावती है, उनसे भी बढ़कर रमणीय और बाँका वह (त्रिकूट) दुर्ग था। उसका संसार-प्रसिद्ध नाम लंका हुआ॥४॥

It was even more splendid and charming than Bhogavati, the city of the race of serpents, and Amaravati, the capital of Indra (the lord of Paradise). It was known throughout the world by the name of Lanka.

दो.–खाईं सिंधु गभीर अति चारिहुँ दिसि फिरि आव।
कनककोट मनिखचित दृढ़ बरनि न जाइ बनाव॥१७८(क)॥

चारों दिशाओं में उसे समुद्र की अत्यन्त गहरी खाई घेरे हुए थी। मणियों से जड़ा हुआ सोने का मजबूत परकोटा[१] था, जिसकी कारीगरी का वर्णन नहीं किया जा सकता॥१७८(क)॥

The ocean encircled it on all sides as a very deep moat; its four massive walls were of jewel-studded gold, whose fashioning defied description.

हरिप्रेरित जेहि कलप जोइ जातुधानपति होइ।
सूर प्रतापी अतुल बल दल समेत बस सोइ॥१७८(ख)॥

भगवान् की प्रेरणा से जिस कल्प में राक्षसों का जो राजा होता है, वही शूरवीर, प्रतापी, अतुलित बलवाला अपनी सेना-सहित उस पुरी में निवास करता है॥१७८(ख)॥

Whoever is pre-ordained by Hari to be the chief of the demons in a particular aeon, lives here, brave, powerful and matchless in might, together with his army.

चौ.–रहे तहाँ निसिचर भट भारे। ते सब सुरन्ह समर संघारे॥
अब तहँ रहहिं सक्र के प्रेरे। रच्छक कोटि जच्छपति केरे॥

(पहले) वहाँ बड़े-बड़े निशाचर योद्धा रहा करते थे। देवताओं ने उन सबों को युद्ध में मार डाला। अब इन्द्र की प्रेरणा से वहाँ कुबेर के एक करोड़ रक्षक (यक्षलोग) रहते हैं–॥१॥

Great demon warriors had lived there formerly, but all had been slain in battle by the gods. Now by Indra's commission it was occupied by a garrison of ten million of Kubera's guards (Yakshas or supernatural attendants on Kubera).

दसमुख कतहुँ खबरि असि पाई। सेन साजि गढ़ घेरेसि जाई॥
देखि बिकट भट बड़ि कटकाई। जच्छ जीव लै गए पराई॥

जब रावण ने कहीं ऐसी खबर पायी, तब सेना सजाकर उसने किले को जा घेरा। बड़े विकट योद्धाओं की उसकी बड़ी सेना को देखकर यक्ष अपने प्राण लेकर भाग गये॥२॥

When Ravana chanced to hear of this, he marshalled his army and besieged the fortress. Seeing his vast force of fierce warriors, the Yakshas fled for their lives.

फिरि सब नगर दसानन देखा। गएउ सोच सुख भएउ बिसेषा॥
सुंदर सहज अगम अनुमानी। कीन्हि तहाँ रावन रजधानी॥

(विजयी) रावण ने फिर घूम-फिरकर सारे नगर को देखा। उसकी (स्थान-सम्बन्धी) चिन्ता जाती रही और उसे बहुत ही सुख हुआ। उस पुरी को स्वाभाविक ही सुन्दर और दुर्गम अनुमान कर रावण ने वहाँ अपनी राजधानी बनायी॥३॥

Thereupon the Ten-headed surveyed the whole city; he was much pleased with what he saw, and all his anxiety (about a suitable capital) was gone. Perceiving that the city was beautiful and naturally inaccessible, Ravana made it his capital.

जेहि जस जोग बाँटि गृह दीन्हे। सुखी सकल रजनीचर कीन्हे॥
एक बार कुबेर पर धावा। पुष्पक जान जीति लै आवा॥

जिसके योग्य जो मकान था, उसे वैसा ही देकर रावण ने सब राक्षसों को सुखी किया। एक बार उसने कुबेर पर चढ़ाई कर दी और वह उससे पुष्पक विमान जीतकर ले आया॥४॥

He assigned quarters to all the demons according to their several deserts and made them happy. On one occasion he attacked Kubera and carried away his aerial car Pushpaka as a trophy.

दो.–कौतुकहीं कैलास पुनि लीन्हिसि जाइ उठाइ।
मनहुँ तौलि निज बाहुबल चला बहुत सुख पाइ॥१७९॥

फिर खिलवाड़ ही में जाकर उसने कैलास पर्वत को उठा लिया और मानो अपनी भुजाओं का बल तौलकर, बहुत सुख पाकर, वह वहाँ से चला आया॥१७९॥

On another occasion in a sportive mood he went and lifted up Mount Kailasa, testing, as it were, the might of his arm, and then returned most jubilant.

१. नगर के रक्षार्थ बनायी प्राचीर (चहारदीवारी; शहरपनाह)।

चौ. –सुख संपति सुत सेन सहाई। जय प्रताप बल बुद्धि बड़ाई॥
नित नूतन सब बाढ़त जाई। जिमि प्रतिलाभ लोभ अधिकाई॥

सुख, सम्पत्ति, पुत्र, सेना, सहायक, जय, प्रताप, बल, बुद्धि और बड़ाई – ये सब (रावण के) नित्य नये होते और बढ़ते ही जाते थे, जैसे प्रत्येक लाभ के साथ-साथ लोभ बढ़ता है ॥१॥

His happiness and prosperity, the number of his sons, his troops and allies, his victories and power, his might, intelligence and renown—all these grew more and more, in the same way as greed increases with every fresh gain.

अतिबल कुंभकरन अस भ्राता। जेहि कहुँ नहि प्रतिभट जग जाता॥
करै पान सोवै षट मासा। जागत होइ तिहूँ पुर त्रासा॥

अत्यन्त बलशाली कुम्भकर्ण-सा उसका भाई था, जिसके जोड़ का योद्धा जगत् में पैदा ही नहीं हुआ। वह मदिरा पीता और छह महीने सोया करता था। उसके जागते ही तीनों लोक भयभीत हो जाते थे ॥२॥

He had a brother, the mighty Kumbhakarna, a rival to whom was never born in this world. After a draught of wine he remained buried in sleep for six months; and at his waking the three spheres trembled for fear.

जौ दिन प्रति अहार कर सोई। बिस्व बेगि सब चौपट होई॥
समर धीर नहि जाइ बखाना। तेहि सम अमित बीर बलवाना॥

यदि वह प्रतिदिन भोजन करता, तब तो सारा संसार शीघ्र ही चौपट (खाली) हो जाता। संग्राम में तो वह इतना धीर था कि उसका वर्णन नहीं किया जा सकता। (लङ्का में) उसके-जैसे असंख्य बलवान् वीर थे ॥३॥

Were he to take a meal every day, the whole world would soon have been left bare. He was unspeakably staunch in fight; there were, in fact, countless such stalwart warriors in the city as he.

बारिदनाद जेठ सुत तासू। भट महुँ प्रथम लीक जग जासू॥
जेहि न होइ रन सनमुख कोई। सुरपुर नितहि परावन होई॥

मेघनाद उस रावण का बड़ा लड़का था, जिसका विश्व के योद्धाओं में पहला स्थान था। युद्ध में कोई भी उसका सामना नहीं कर सकता था। स्वर्ग में तो (उसके भय से) नित्य भगदड़ मची रहती थी ॥४॥

Meghanada was Ravana's eldest son, who held the first place among the world's champions; none could face him on the field of battle, and (he was so much dreaded that) he caused a stampede in the city of the immortals every day.

दो. –कुमुख अकंपन कुलिसरद धूमकेतु अतिकाय।
एक एक जग जीति सक ऐसे सुभटनिकाय॥१८०॥

(इनके अतिरिक्त) कुमुख, अकम्पन, कुलिशरद, धूमकेतु, अतिकाय आदि ऐसे झुंड-के-झुंड योद्धा भी थे जो अकेले ही सारे संसार को जीत सकते थे ॥१८०॥

There were many more doughty warriors, each by himself capable of subduing the whole world, such as the hideous Kumukha, the intrepid Akampana, Kulisharada with teeth like thunderbolts, the fiery Dhumaketu, and the gigantic Atikaya.

चौ. –कामरूप जानहिं सब माया। सपनेहुँ जिन्ह के धरम न दाया॥
दसमुख बैठ सभाँ एक बारा। देखि अमित आपन परिवारा॥

ये सभी राक्षस मनमाना रूप धारण कर सकते थे और (राक्षसी) माया जानते थे। उनके (हृदय में) दयाधर्म स्वप्न में भी न था। एक बार सभा में बैठे हुए रावण ने अपने अपरिमित परिवार को देखा ॥१॥

All these demons could put on any form at will and every kind of black magic; they never dreamed of piety or compassion. One day the Ten-headed was seated in his court and reviewed his innumerable retainers,—

सुतसमूह जन परिजन नाती। गनै को पार निसाचर जाती॥
सेन बिलोकि सहज अभिमानी। बोला बचन क्रोध मद सानी॥

ढेर-के-ढेर पुत्र-पौत्र, कुटुम्बी और सेवक थे। राक्षसों की (सारी) जातियों की गिनती ही कौन कर सकता था! अपनी सेना को देखकर स्वभाव से ही अभिमानी रावण क्रोध और गर्व में सने वचन कहने लगा – ॥२॥

—his sons and grandsons, relatives and servants, troops of demons, more than anyone could count. On seeing his hosts the naturally arrogant Ravana addressed them in tones full of fierce pride:

सुनहु सकल रजनीचर जूथा। हमरे बैरी बिबुधबरूथा॥
ते सनमुख नहिं करहिं लराई। देखि सबल रिपु जाहिं पराई॥

हे राक्षसों के सब जत्थो! सुनो, देवतागण हमारे शत्रु हैं। वे सामने आकर युद्ध नहीं करते। बलवान् शत्रु को देखकर भाग खड़े होते हैं ॥३॥

"Give ear, all ye demon troops! The hosts of heaven are our enemies. They dare not stand up in open fight, but flee at the sight of their mighty adversary.

तेन्ह कर मरन एक बिधि होई। कहौं बुझाइ सुनहु अब सोई॥
द्विजभोजन मख होम सराधा। सब कै जाइ करहु तुम्ह बाधा॥

उन सबों की मृत्यु एक ही उपाय से हो सकती है, मैं समझाकर कहता हूँ, अब उसे ही सुनो! (उनके बल की वृद्धि करनेवाले) ब्राह्मणभोजन, यज्ञ, हवन और श्राद्ध – इन सबमें जाकर तुम बाधा डालो ॥४॥

There is only one way to bring about their death, and that I shall now explain to you in detail; so listen to it. Go you and obstruct the feasting of Brahmans, the performance of sacrifices, the pouring of oblations (into the sacred fire) and funeral obsequies.

दो. –छुधाछीन बलहीन सुर सहजेहि मिलिहहिं आइ ।
तब मारिहौं कि छाड़िहौं भली भाँति अपनाइ ।१८१॥

भूख से दुबले और निर्बल होकर देवता सहज ही हमसे आ मिलेंगे । तब मैं या तो उनको मार डालूँगा अथवा भलीभाँति अपने अधीन करके छोड़ दूँगा ॥१८१॥

Emaciated with starvation and rendered weak, the gods will forthwith surrender to me. Then I shall either slay them or let them go after reducing them utterly to subjection.

चौ. –मेघनाद कहुँ पुनि हँकरावा । दीन्ही सिख बलु बयरु बढ़ावा ॥
जे सुर समर धीर बलवाना । जिन्ह कें लरिबे कर अभिमाना ॥

फिर उसने मेघनाद को बुलवाया और सिखा-पढ़ाकर उसके बल और (देवताओं के प्रति) वैरभाव को उत्तेजित किया (और कहा कि) हे पुत्र ! जो देवता रण में धीर और बलवान् हैं और जिन्हें लड़ने का अभिमान है, ॥१॥

Then he sent for Meghanada and exhorted him to yet greater courage and hostility to the gods. "The gods," he said, "who are resolute and strong in battle and who are complacent enough to fight,

तिन्हहिं जीति रन आनेसु बाँधी । उठि सुत पितु अनुसासन काँधी ॥
एहि बिधि सबही अग्या दीन्ही । आपुन चलेउ गदा कर लीन्ही ॥

उन्हें तुम युद्ध में जीतकर बाँध लाना । बेटे ने उठकर पिता की आज्ञा को शिरोधार्य किया । इसी प्रकार उसने सबको आज्ञा दी और आप भी हाथ में गदा लेकर चल दिया ॥२॥

—you must conquer on the field and bring them here in chains." The son arose and bowed to his father's commands. In this manner Ravana ordered all, and himself sallied forth, mace in hand.

चलत दसानन डोलति अवनी । गर्जत गर्भ स्रवहिं सुररवनी ॥
रावन आवत सुनेउ सकोहा । देवन्ह तके मेरु गिरि खोहा ॥

रावण के चलने से पृथ्वी डोलने लगी और उसके गर्जन से देव-पत्नियों के गर्भ गिरने लगे । रावण को क्रुद्ध आते हुए सुनकर देवता सुमेरु पर्वत की गुफाएँ ढूँढ़ने लगे (उनमें ही जा छिपे) ॥३॥

As Ravana marched, the earth reeled, and at his thundering call the spouses of the gods gave premature birth. On hearing of Ravana's wrathful approach the gods themselves sought safety in the caves of Mount Sumeru.

दिगपालन्ह के लोक सुहाए । सूने सकल दसानन पाए ॥
पुनि पुनि सिंघनाद करि भारी । देइ देवतन्ह गारि पचारी ॥

दिक्पालों के सभी सुन्दर लोकों को रावण ने सूना पाया । बार-बार भारी सिंह-गर्जना करके वह देवताओं को ललकार-ललकारकर गालियाँ देता था ॥४॥

When Ravana invaded the glorious realms of the guardians of the ten quarters, he found them all deserted. Again and again he roared fiercely like a lion and challenged the gods to battle with volleys of abuse.

रन मदमत्त फिरइ जग धावा । प्रतिभट खोजत कतहुँ न पावा ॥
रबि ससि पवन बरुन धनधारी । अगिनि काल जम सब अधिकारी ॥

युद्ध के मद में मतवाला होकर वह अपनी बराबरी का योद्धा खोजता हुआ सारे विश्व में दौड़ता फिरा, परंतु उसे ऐसा योद्धा कहीं नहीं मिला । सूर्य, चन्द्रमा, वायु, वरुण, कुबेर, अग्नि, काल और यम आदि सब अधिकारी, ॥५॥

Mad with lust of blood, he traversed the whole world in search of a combatant; but nowhere could he find one. Sun and Moon and Wind, Varuna and Kubera, Fire and Time and Yama and all other gods entrusted with the governance of the world,

किंनर सिद्ध मनुज सुर नागा । हठि सब ही के पंथहि लागा ॥
ब्रह्मसृष्टि जहँ लगि तनुधारी । दसमुख बसवर्ती नर नारी ॥

किन्नर, सिद्ध, मनुष्य, देवता और नाग – वह इन सभी के पीछे हठपूर्वक पड़ गया । ब्रह्माजी की सृष्टि में जहाँ तक शरीरधारी स्त्री-पुरुष थे, वे सभी रावण के वश में हो गए ॥६॥

Kinnaras, adepts, men, gods and serpents—all were wilfully harassed by him. All embodied beings in all God's creation, whether men or women, submitted to Ravana's will.

आयसु करहिं सकल भयभीता । नवहिं आइ नित चरन बिनीता ॥

भयभीत होने के कारण सभी उसकी आज्ञा का पालन करते थे और नित्य आ-आकर विनीत भाव से उसके चरणों में प्रणाम करते थे ॥७॥

All did his bidding out of fear and always bowed suppliant at his feet.

दो. –भुजबल बिस्व बस्य करि राखेसि कोउ न सुतंत्र ।
मंडलीक मनि रावन राज करै निज मंत्र ॥१८२ (क)॥

अपनी भुजाओं के बल से उसने सारे जगत् को वश में कर लिया, (यहाँ तक कि) किसी को स्वतन्त्र नहीं रहने दिया । मण्डलीक राजाओं का शिरोमणि सम्राट् रावण (इस प्रकार) अब स्वेच्छापूर्वक राज्य करने लगा ॥१८२(क)॥

By the might of his arm he subdued the whole world and left no being free. Acting on his own counsel, this king of kings, Ravana, exercised dominion over the whole round world.

देव जच्छ गंधर्ब नर किंनर नाग कुमारि ।
जीति बरीं निज बाहुबल बहु सुंदर बर नारि ॥१८२(ख)॥

देवता, यक्ष, गन्धर्व, मनुष्य, किन्नर और नागों की कुँआरी कन्याओं तथा बहुत-सी अन्य सुन्दरी और श्रेष्ठ स्त्रियों को उसने अपने बाहुबल से जीतकर ब्याह लिया ॥१८२(ख)॥

Many were the fair and noble dames he wedded, daughters of gods, Yakshas, Gandharvas, human beings, Kinnaras and serpents, capturing them by the might of his arm.

चौ.–इंद्रजीत सन जो कछु कहेऊ । सो सब जनु पहिलेहिं करि रहेऊ ॥
प्रथमहिं जिन्ह कहुँ आयसु दीन्हा । तिन्ह कर चरित सुनहु जो कीन्हा ॥

उसने इन्द्रजीत से जो कुछ कहा, सबको उसने (मेघनाद ने) मानो पहले से ही कर रखा था । जिन लोगों को उसने (मेघनाद से) पहले ही आज्ञा दे रखी थी, उन लोगों ने जो करतूतें कीं, उन्हें सुनो ॥१॥

Whatever Ravana asked Indrajit (Meghanada) to do was carried out, as it were, before he was bidden. Now hear the deeds of those to whom he had given his commands even earlier.

देखत भीम रूप सब पापी । निसिचरनिकर देवपरितापी ॥
करहिं उपद्रव असुरनिकाया । नाना रूप धरहिं करि माया ॥

देवताओं को दुख देनेवाले राक्षसों के समूह देखने में बड़े भयानक और पापी थे । वे असुर-समूह उपद्रव करते थे और माया से अनेक प्रकार के रूप धारण करते थे ॥२॥

The whole demon crew, sinful at heart and of terrible aspect, were the torment of heaven. Roaming at night, they worked their outrages of various kinds and assumed all kinds of shapes by their magic power.

जेहि बिधि होइ धर्म निर्मूला । सो सब करहिं बेदप्रतिकूला ॥
जेहि जेहि देस धेनु द्विज पावहिं । नगर गाउँ पुर आगि लगावहिं ॥

जिस विधि से धर्म की जड़ कटे, वे वही सब वेद-विरोधी काम करते थे । जिस-जिस देश में वे गौ और ब्राह्मणों को पाते थे, उसके उसी नगर, गाँव और पुरवे में वे आग लगा देते थे ॥३॥

They acted in every way contrary to the Vedic law and did everything in their power to root out righteousness. Wherever they found a cow or a Brahman they set fire to that city and town and village.

सुभ आचरन कतहुँ नहि होई । देव बिप्र गुरु मान न कोई ॥
नहिं हरिभगति जग्य तप ग्याना । सपनेहुँ सुनिय न बेद पुराना ॥

(उनके आतंक से) कहीं भी शुभ आचरण नहीं हो पाते थे । देवता, ब्राह्मण और गुरु को कोई नहीं मानता था । न हरिभक्ति थी; न यज्ञ, तप और ज्ञान ही । वेद और पुराण तो स्वप्न में भी सुनने को नहीं मिलते थे ॥४॥

Virtuous acts were nowhere to be seen. No respect was paid to the gods, Brahmans or *gurus*. There was no devotion to Hari, no sacrificial performances, no austerities and no spiritual wisdom. No one would ever dream of listening to the Vedas and the Puranas.

छं.–जप जोग बिरागा तप मख भागा श्रवन सुनै दससीसा ।
आपुन उठि धावै रहै न पावै धरि सब घालै खीसा ॥
अस भ्रष्ट अचारा भा संसारा धर्म सुनिअ नहि काना ।
तेहि बहु बिधि त्रासै देस निकासै जो कह बेद पुराना ॥

जप, योग, वैराग्य, तप तथा यज्ञ में (देवताओं के) भाग पाने की बात रावण कहीं कानों से सुन पाता, तो (अविलंब) स्वयं उठ दौड़ता । कुछ भी रहने न पाता, वह सबको पकड़कर विध्वंस कर डालता था । संसार में ऐसे भ्रष्ट आचरण फैल गए कि धर्म तो कानों से भी सुनने में नहीं आता था । जो कोई वेद और पुराण कहता, उसे बहुत तरह से डराता-धमकाता और देश से निकाल देता था ।

If ever any talk of *japa* (muttering of sacred formulas), yoga (subjugation of the mind), continence, penance or sacrifice offered to the gods entered Ravana's ears, he would at once be on his feet and run to bring them to an end. He would allow nothing of these and would destroy everything he laid his hands upon. So rampant was corruption in the world that no talk of piety could be heard anywhere. Whoever recited the Vedas or the Puranas was intimidated in many ways and sent into exile.

सो.–बरनि न जाइ अनीति घोर निसाचर जो करहिं ।
हिंसा पर अति प्रीति तिन्ह के पापहि कवनि मिति ॥१८३॥

निशाचरों द्वारा किये गए अत्याचार का वर्णन नहीं किया जा सकता । हिंसा पर ही जिनकी अत्यन्त (गहरी) प्रीति है, उनके पापों की कौन सीमा ? ॥१८३॥

No words can describe the terrible outrages the demons did. There is no limit to the ill-doings of those who hold violence most dear to their heart.

मासपारायण, छठा विश्राम

चौ.–बाढ़े खल बहु चोर जुवारा । जे लंपट परधन परदारा ॥
मानहिं मातु पिता नहिं देवा । साधुन्ह सन करवावहिं सेवा ॥

पराये धन और परायी स्त्री पर मन चलानेवाले, दुष्ट, चोर और जुआरी बहुत बढ़ गए। लोग माता-पिता और देवताओं को नहीं मानते थे और (उलटे) साधुओं से सेवा करवाते थे ॥१॥

The number of evil-doers, thieves and gamblers and of lechers who coveted others' wealth and wives considerably swelled. People honoured not their parents and compelled the good to serve them.

जिन्ह के यह आचरन भवानी। ते जानेहु निसिचर सब प्रानी॥
अतिसै देखि धर्म कै ग्लानी। परम सभीत धरा अकुलानी॥

(शिवजी कहते हैं कि) हे भवानी! जिनके ऐसे आचरण हों, उन सब प्राणियों को तुम राक्षस ही समझना। इस प्रकार धर्म के प्रति (लोगों की) अतिशय शिथिलता (अनुत्साह) देखकर पृथ्वी अत्यन्त भयभीत और व्याकुल हो गई ॥२॥

Those who act thus, Bhavani, consider them to be like demons! When she saw the exceeding apathy of people towards religion, Earth was horrified and sore distressed.

गिरि सरि सिंधु भार नहि मोही। जस मोहि गरुव एक परद्रोही॥
सकल धर्म देखै बिपरीता। कहि न सकै रावन भय भीता॥

(वह विचारने लगी कि) पर्वतों, नदियों और समुद्रों का बोझ मुझे उतना भारी नहीं लगता जितना भारी मुझे एक परद्रोही (दूसरों का अनिष्ट करनेवाला) लगता है। पृथ्वी सभी धर्मों को विपरीत देखती है, पर रावण से भयभीत होने के कारण वह कुछ बोल नहीं सकती ॥३॥

"The burden of mountains, rivers and oceans," she said to herself, "is not so oppressive to me as this one oppressor who is malevolent to other." he saw all faith perverted, and yet for fear of Ravana could say nothing.

धेनुरूप धरि हृदय बिचारी। गई तहाँ जहँ सुर मुनि झारी॥
निज संताप सुनायेसि रोई। काहू तें कछु काज न होई॥

हृदय में सोच-विचारकर, गौ का रूप धारण कर धरती (अन्त में) वहाँ गयी जहाँ सब देवता और मुनि (छिपे) थे। उसने रोकर उनको अपना दुखड़ा सुनाया, पर किसी से कुछ काम न बना ॥४॥

After great deliberation she took the form of a cow and went to the spot where all gods and sages were in hiding. With tears in her eyes she told them her tale of woe, but none of them could help her.

छं.—सुर मुनि गंधर्बा मिलि करि सर्बा गे बिरंचि के लोका।
सँग गोतनुधारी भूमि बिचारी परम बिकल भर सोका॥
ब्रह्मा सब जाना मन अनुमाना मोर कछू न बसाई।
जा करि तें दासी सो अबिनासी हमरेउ तोर सहाई॥

तब देवता, मुनि और गन्धर्व, सब मिलकर ब्रह्माजी के लोक (सत्यलोक) को गये। डर और शोक से परम व्याकुल बेचारी पृथ्वी भी गौ का शरीर धारण किये हुए उनके साथ थी। ब्रह्माजी ने सारी बातें जान लीं। उन्होंने मन-ही-मन अनुमान किया कि इसमें मेरा कुछ भी वश नहीं चलने का। (तब उन्होंने पृथ्वी से कहा कि—) जिसकी तू दासी है, वही अविनाशी हमारा और तुम्हारा सहायक है।

The gods, sages and Gandharvas (celestial songsters) went all together to Brahma's realm; with them was poor Earth in the form of a cow grievously stricken with fear and grief. When Brahma learnt everything, he realized in his heart his inability to help her and said, "The immortal Lord, whose servant you are, will be my help as well as yours."

सो.—धरनि धरहि मन धीर कह बिरंचि हरिपद सुमिरु।
जानत जन की पीर प्रभु भंजिहि दारुन बिपति॥१८४॥

ब्रह्माजी ने कहा—हे धरती! मन में धीरज धारण करके श्रीहरि के चरणों का स्मरण करो। प्रभु अपने दासों की पीड़ा को जानते हैं, वे तुम्हारी (इस) कठिन विपदा का नाश कर देंगे ॥१८४॥

"Have patience, Earth," said Brahma, "and fix your mind on Hari's feet. The Lord knows the distress of his servants and will put an end to this cruel suffering."

चौ.—बैठे सुर सब करहिं बिचारा। कहँ पाइअ प्रभु करिय पुकारा॥
पुर बैकुंठ जान कह कोई। कोउ कह पयनिधि बस प्रभु सोई॥

सभी देवता बैठकर (यह) विचार करने लगे कि प्रभु को कहाँ पावें जिससे कि हम उनके सामने अपनी पुकार करें। कोई तो वैकुण्ठपुरी जाने को कहता था और कोई कहता था कि वही प्रभु क्षीरसमुद्र में बसते हैं ॥१॥

All the gods sat and thought: "Where can we find the Lord, so that we may appeal to him?" said one, "we must go to Vaikuntha." Said another, "The Lord has his abode on the ocean of milk."

जाके हृदय भगति जसि प्रीती। प्रभु तहँ प्रगट सदा तेहि रीती॥
तेहि समाज गिरिजा मैं रहेऊँ। अवसर पाइ बचन एक कहेऊँ॥

जिसके हृदय में जैसी भक्ति और प्रीति होती है, प्रभु वहाँ (उसके लिए) सदा उसी प्रकार प्रकट होते हैं। हे पार्वती! उस समाज में मैं भी विद्यमान था। अवसर पाकर मैंने भी एक बात कही—॥२॥

The Lord always manifests himself to man just exactly according to the measure of devotion and love he cherishes in his heart. I, too, Parvati, happened to be in that assembly and took this occasion to say a word:

हरि ब्यापक सर्बत्र समाना। प्रेम तें प्रगट होहिं मैं जाना॥
देस काल दिसि बिदिसिहु माहीं। कहहु सो कहाँ जहाँ प्रभु नाहीं॥

मैं यह जानता हूँ कि भगवान् सब जगह समानरूप से व्याप्त हैं; प्रेम से वे प्रकट हो जाते हैं। देश, काल, दिशा, विदिशा में बताओ, ऐसी जगह कहाँ है जहाँ प्रभु न हों॥३॥

"For aught I know the Lord is all-pervading, present everywhere alike, and is revealed only by love. Tell me any place, time or quarter of the world where the Lord is not.

अग जग मय सब रहित बिरागी। प्रेम तें प्रभु प्रगटै जिमि आगी॥
मोर बचन सब के मन माना। साधु साधु करि ब्रह्म बखाना॥

वे चराचरमय (चराचर में व्याप्त) होते हुए भी सबसे रहित हैं और विरक्त हैं (उनकी कहीं आसक्ति नहीं है); वे प्रेम से प्रकट होते हैं; जैसे अग्नि। (अग्नि अव्यक्त रूप से सर्वत्र व्याप्त है; परंतु जहाँ उसके लिए अरणि-मन्थनादि साधन किये जाते हैं, वहाँ वह प्रकट होती है। इसी प्रकार सर्वत्र व्याप्त भगवान् भी प्रेम से प्रकट होते हैं।) मेरी बात सबको प्रिय लगी। ब्रह्माजी ने 'साधु-साधु' कहकर बड़ाई की॥४॥

He pervades all things, animate or inanimate, and is yet apart and passionless; he is revealed by love even as fire is manifested by friction." My words found favour with all, and Brahma applauded me, saying, "Well said, well said !"

दो.–सुनि बिरंचि मन हरष तन पुलकि नयन बह नीर।
अस्तुति करत जोरि कर सावधान मतिधीर॥१८५॥

मेरे वचन सुनकर ब्रह्माजी के मन में बड़ा हर्ष हुआ; उनका शरीर पुलकित हो गया और आँखों से आँसू बहने लगे। तब धीरबुद्धि ब्रह्माजी सावधान होकर, हाथ जोड़कर स्तुति करने लगे–॥१८५॥

Brahma was glad at heart to hear my words; he felt a thrill of joy, and tears flowed from his eyes. Then composedly and deliberately he folded his hands and chanted his praises:

छं.–जय जय सुरनायक जन सुखदायक प्रनतपाल भगवंता।
गो द्विज हितकारी जय असुरारी सिंधुसुता प्रिय कंता॥
पालन सुर धरनी अद्भुत करनी मरम न जानै कोई।
जो सहज कृपाला दीनदयाला करउ अनुग्रह सोई॥१॥

हे देवताओं के स्वामी, भक्तों को सुख देनेवाले, शरणागतों की रक्षा करनेवाले भगवन्! आपकी जय हो, जय हो!! हे गौ-ब्राह्मणों को हित करनेवाले, असुरों को विनाश करनेवाले, समुद्र की कन्या श्रीलक्ष्मीजी के प्रिय स्वामी! आपकी जय हो! हे देवता और पृथ्वी का पालन करनेवाले! आपकी लीला अद्भुत है, उसका भेद कोई नहीं जानता। ऐसे जो सहज ही कृपालु और दीनदयालु हैं, वे ही हम पर कृपा करें॥१॥

"Glory, all glory to you, O Lord of lords, who brings blessing to the faithful, protector of the suppliant! Glory to the benefactor of cows and Brahmans, slayer of demons, the beloved spouse of Lakshmi (daughter of the ocean) ! O guardian of gods and earth, mysterious are your acts; their secret is known to none. Let him who is benevolent by nature and compassionate to the poor be gracious unto us !

जय जय अबिनासी सब घट बासी ब्यापक परमानंदा।
अबिगत गोतीतं चरित पुनीतं माया रहित मुकुंदा॥
जेहि लागि बिरागी अति अनुरागी बिगतमोह मुनिबृंदा।
निसिबासर ध्यावहिं गुनगन गावहिं जयति सच्चिदानंदा॥२॥

हे अविनाशी, सबके हृदय में निवास करनेवाले, सर्वव्यापक, परम आनन्दस्वरूप, अज्ञेय, इन्द्रियों से परे, पवित्र-चरित्र, माया से रहित मुकुन्द (मोक्षदाता)! आपकी जय हो, जय हो!! (सब भोगों से) विरक्त तथा मोह-रहित (ज्ञानी) मुनिवृन्द भी अत्यन्त अनुरागी बनकर जिनका रात-दिन ध्यान करते हैं और जिनके गुणों के समूह का गान करते हैं, उन सच्चिदानन्द भगवान् की जय हो!॥२॥

Glory, all glory to the imperishable Lord Mukunda (the bestower of salvation and love), who resides in all hearts, is supreme bliss personified, omnipresent, unknowable, transcending sense, whose acts are most holy and who is beyond the veil of Maya (illusion) ! Glory to him who is truth, consciousness and bliss combined, who is most lovingly meditated upon day and night by multitudes of sages, all free from ignorance, who sing your praises in a passionless ecstasy of love !

जेहि सृष्टि उपाई त्रिबिध बनाई संग सहाय न दूजा।
सो करउ अघारी चिंत हमारी जानिय भगति न पूजा॥
जो भवभय भंजन मुनिमन रंजन गंजन बिपति बरूथा।
मन बच क्रम जानी छाड़ि सयानी सरन सकल सुरजूथा॥३॥

जिन्होंने किसी दूसरे संगी या सहायक के बिना ही यह त्रिविध–सत्त्व, रज और तममय–सृष्टि बनायी (अथवा जिन्होंने स्वयं अपने को त्रिगुणरूप–ब्रह्मा, विष्णु और शिवरूप–बनाकर या बिना किसी उपादान-कारण के, स्वयं ही सृष्टि का अभिन्न निमित्तोपादान कारण बनकर तीन प्रकार की सृष्टि उत्पन्न की; वे पापनाशक भगवान् हमारी सुधि

लें। हम न तो भक्ति ही जानते हैं और न पूजन। जो संसार के (जन्म-मरण के) भय के नाशक, मुनियों के मन को प्रसन्न करनेवाले और विपत्ति-जाल को नष्ट करनेवाले हैं, हम सब देव-समूह मन, वचन और कर्म से चतुराई करने की बान छोड़कर उन (भगवान्) की शरण आये हैं ॥३॥

May the slayer of sin take thought on us,— he who brought to birth the threefold creation (*viz.*, that which is dominated by *sattva*, *rajas* and *tamas* or gods, men and demons) with none to assist him; we know neither devotion nor way of worship. He who dispels the terrors of existence, delights the souls of sages and brings all troubles to an end, we gods betake ourselves to him in thought, word and deed, abandoning our wonted cleverness.

सारद श्रुति सेषा रिषय असेषा जा कहुँ कोउ नहि जाना।
जेहि दीन पिआरे बेद पुकारे द्रवौ सो श्रीभगवाना॥
भव बारिधि मंदर सब बिधि सुंदर गुनमंदिर सुखपुंजा।
मुनि सिद्ध सकल सुर परम भयातुर नमत नाथपद कंजा॥४॥

जिन्हें सरस्वती, वेद, शेषजी और सम्पूर्ण ऋषिगण कोई भी नहीं जानते और जिन्हें दीन प्रिय हैं — ऐसा वेद पुकारकर कहते हैं — वे ही श्रीभगवान् हम पर दया करें! हे संसाररूपी समुद्र के (मथने के) लिए मन्दराचलरूप, सब प्रकार से सुन्दर, गुणों के धाम और सुखों की राशि! हे नाथ! मुनि, सिद्ध और सारे देवता भय से अत्यन्त व्याकुल होकर आपके चरणकमलों में प्रणाम करते हैं ॥४॥

May the Lord, whom Sarasvati, scripture, Shesha and all the seers cannot comprehend, he who loves the lowly—so declare the Vedas— have mercy upon us! The sages, Siddhas[1] (adepts) and all gods, grievously stricken with fear, bow at the lotus feet of the Lord who serves as Mount Mandara for churning the sea of birth and death, who is charming in every way, a shrine of virtues, an embodiment of bliss!

दो. —जानि सभय सुर भूमि सुनि बचन समेत सनेह।
गगनगिरा गंभीर भइ हरनि सोक संदेह॥१८६॥

देवताओं और पृथ्वी को भयभीत जान और उनके प्रेम-भरे वचन सुनकर शोक और संदेह को मिटानेवाली गम्भीर आकाशवाणी हुई — ॥१८६॥

Perceiving that the gods and Earth were terror-stricken and hearing their loving entreaties, a solemn voice came from heaven which dispelled their doubt and anxiety:

1. A class of celestials naturally endowed with supernatural powers.

चौ. —जनि डरपहु मुनि सिद्ध सुरेसा। तुम्हहिं लागि धरिहौं नरबेसा॥
अंसन्ह सहित मनुज अवतारा। लेहौं दिनकरबंस उदारा॥

हे मुनि, सिद्ध और श्रेष्ठ देवगण! डरो मत, तुम्हारे लिए मैं मनुष्य-रूप धारण करूँगा और उदार (श्रेष्ठ) सूर्यवंश में अंशोंसहित मनुष्य का अवतार लूँगा ॥१॥

"Fear not, O sages, adepts and high gods! For your sake I will assume the form of a man with every element of my divinity incarnate in the glorious Solar race.

कस्यप अदिति महा तप कीन्हा। तिन्ह कहुँ मैं पूरब बर दीन्हा॥
ते दसरथ कौसल्या रूपा। कोसलपुरी प्रगट नरभूपा॥

कश्यप और (उनकी पत्नी) अदिति ने बड़ा भारी तप किया था। मैं पहले ही उन्हें वरदान दे चुका हूँ। वे ही दशरथ और कौसल्या के रूप में मनुष्यों के राजा होकर अयोध्यापुरी में प्रकट हुए हैं ॥२॥

(The sage) Kashyapa and (his wife) Aditi practised severe penance; to them I have already granted a boon. They have taken birth in the city of Ayodhya as Dasharath and Kausalya, a royal pair.

तिन्ह कें गृह अवतरिहौं जाई। रघुकुलतिलक सो चारिउ भाई॥
नारदबचन सत्य सब करिहौं। परमसक्ति समेत अवतरिहौं॥

मैं उन्हीं के घर जाकर रघुकुल में श्रेष्ठ चार भाइयों के रूप में अवतार लूँगा। नारद के सभी वचनों को मैं सत्य करूँगा और अपनी परम (आदि) शक्ति के साथ अवतार लूँगा ॥३॥

In their house I shall become incarnate as four brothers, the pride of the house of Raghu. I shall fulfil all that Narada predicted and descend to earth with my supreme energy (my eternal consort).

हरिहौं सकल भूमि गरुआई। निर्भय होहु देवसमुदाई॥
गगन ब्रह्मबानी सुनि काना। तुरत फिरे सुर हृदय जुड़ाना॥

मैं धरती का सारा बोझ हर लूँगा। हे देववृन्द! तुम निर्भय हो जाओ। आकाश से हुई ब्रह्म-वाणी को कानों से सुनकर देवता तुरंत लौट गए। उनका हृदय जुड़ा गया (शीतल हो गया) ॥४॥

I shall relieve the earth of all its burden; be fearless, O company of gods." As the divine voice from heaven reached the gods' ears, they straightway returned with their hearts comforted.

तब ब्रह्मा धरनिहि समुझावा। अभय भई भरोस जिय आवा॥

तब ब्रह्माजी ने पृथ्वी को समझाया। वह भी निर्भय हुई और उसके जी में भरोसा हुआ ॥५॥

Then Brahma consoled Earth, who was rid of all fear and felt reassured in her heart.

दो. –निज लोकहि बिरंचि गे देवन्ह इहै सिखाइ ।
बानरतनु धरि धरि महि हरिपद सेवहु जाइ ॥१८७॥

देवताओं को यही सिखाकर कि वानर-शरीर धर-धरकर तुम पृथ्वी पर जाओ और भगवान् के चरणों की सेवा करो, ब्रह्माजी अपने लोक को चले गए ॥१८७॥

Then Brahma returned to his own realm after thus instructing the gods: "Assume, each of you, the form of a monkey and go to the earth and wait on the feet of Hari."

चौ. –गए देव सब निज निज धामा । भूमि सहित मन कहुँ बिस्रामा ॥
जो कछु आयसु ब्रह्मा दीन्हा । हरषे देव बिलंब न कीन्हा ॥

सभी देवता अपने-अपने धाम को चले गए । पृथ्वी-सहित उनके मन को शान्ति मिली । ब्रह्माजी ने जो कुछ आज्ञा दी, उससे देवता बहुत प्रसन्न हुए और उन्होंने (उसके करने में) देर नहीं की ॥१॥

All the gods went to their several homes along with Earth; they all felt relieved in their hearts. The gods were delighted to receive the orders that Brahma gave and lost no time in carrying them out.

बनचरदेह धरी छिति माहीं । अतुलित बल प्रताप तिन्ह पाहीं ॥
गिरि तरु नख आयुध सब बीरा । हरिमारग चितवहिं मतिधीरा ॥

उन्होंने पृथ्वी पर वानर-शरीर धारण किया । उनमें अतुल बल और प्रताप था । सब शूरवीर थे; पर्वत, वृक्ष और नख ही उनके शस्त्र थे । वे धीर बुद्धिवाले (वानर-शरीरधारी देवता) भगवान् के आने की राह देखने लगे ॥२॥

They assumed the form of monkeys on the earth, of incomparable strength and power. They were all mighty warriors and had mountains, trees and claws for their weapons. Resolute of mind, they awaited the advent of Hari,—

गिरि कानन जहँ तहँ भरि पूरी । रहे निज निज अनीक रचि रूरी ॥
यह सब रुचिर चरित मैं भाषा । अब सो सुनहु जो बीचहिं राखा ॥

पर्वतों और जंगलों में जहाँ-तहाँ अपनी-अपनी उत्तम सेना बनाकर वे भरपूर छा गए । यह सब मनोहर कथा मैंने कह सुनायी । अब वह चरित्र भी सुनो जिसे बीच ही में छोड़ दिया था ॥३॥

—massing everywhere on the hills and in the forests and dividing themselves into gallant troops of their own. I have related to you all these noble acts; now hear what I have left untold.

अवधपुरी रघुकुलमनि राऊ । बेदबिदित तेहि दसरथ नाऊ ॥
धर्मधुरंधर गुननिधि ग्यानी । हृदय भगति मति सारँगपानी ॥

अयोध्यापुरी में रघुकुलशिरोमणि दशरथ नामक राजा हुए, जो वेदों में भी प्रसिद्ध हैं ।[1] वे धर्मधुरन्धर, गुणों के भण्डार और ज्ञानी थे । उनके हृदय में शार्ङ्गधनुष धारण करनेवाले विष्णु भगवान् की भक्ति थी और उनकी बुद्धि भी उन्हीं में लगी रहती थी ॥४॥

In the city of Ayodhya there reigned a king who was a jewel of Raghu's race; he was called Dasharath, a name renowned in the Vedas. He was a champion of righteousness, a repository of virtues and a man of wisdom; he was a sincere devotee of Vishnu (the wielder of the Sharnga bow) and his mind was also set on him.

दो. –कौसल्यादि नारि प्रिय सब आचरन पुनीत ।
पति अनुकूल प्रेम दृढ़ हरिपद कमल बिनीत ॥१८८॥

कौसल्या आदि उनकी सभी प्रिय रानियाँ पवित्र आचरणवाली थीं । वे अपने पति की आज्ञाकारिणी थीं और श्रीहरि के चरण-कमलों में उनका विनीत और दृढ़ प्रेम था ॥१८८॥

Kausalya and his other loving consorts were all of chaste behaviour, faithful to their lord and full of humble and steadfast devotion to Hari's lotus feet.

चौ. –एक बार भूपति मन माहीं । भै गलानि मोरे सुत नाहीं ॥
गुरगृह गए तुरत महिपाला । चरन लागि करि बिनय बिसाला ॥

एक बार राजा (दशरथ के) मन में ग्लानि हुई कि मेरे पुत्र नहीं है । राजा तुरंत ही अपने गुरु के घर गये और चरणों में प्रणाम कर उन्होंने बहुत स्तुति की ॥१॥

One day the king was sad at heart because he had no son. He hastened to his *guru*'s house and, falling at his feet, made many entreaties.

निज दुख सुख सब गुरहि सुनाएउ । कहि बसिष्ठ बहु बिधि समुझाएउ ॥
धरहु धीर होइहहिं सुत चारी । त्रिभुवन बिदित भगत भयहारी ॥

उन्होंने अपना सारा सुख-दुःख गुरु को कह सुनाया । वसिष्ठजी ने उन्हें बहुत तरह से समझाया (और कहा कि) धीरज धरो, तुम्हारे चार पुत्र होंगे, जो तीनों लोकों में विख्यात और भक्तों के भय को हरनेवाले होंगे ॥२॥

He told the *guru* all his joys and sorrows; the sage Vasishtha comforted him in many ways and said, "Take heart and wait; you will have four sons, who will be known throughout the three worlds and will relieve the votaries of their fears."

---

१. "चत्वारिंशद्दशरथस्य शोणाः सहस्रस्याग्रे श्रेणीं नयन्ति ।" (ऋ. २।१।११) अथर्ववेद की श्रीरामतापनीय उपनिषद् में भी दशरथजी प्रसिद्ध हैं ।

सृंगी रिषिहि बसिष्ठ बोलावा । पुत्रकाम सुभ जग्य करावा ॥
भगति सहित मुनि आहुति दीन्हे । प्रगटे अगिनि चरू कर लीन्हे ॥

फिर वसिष्ठजी ने शृङ्गी ऋषि को बुलवाया और उनसे शुभ पुत्रकामेष्टि यज्ञ करवाया । मुनि ने भक्तिसहित आहुतियाँ दीं, तब हाथ में चरु (हविष्यान्न खीर) लिये अग्निदेव प्रकट हुए ॥३॥

Then Vasishtha summoned the sage Shringi and had an auspicious sacrifice performed for the birth of a son to the king. When the sage devoutly offered the oblations into the sacred fire, the Fire god appeared, bearing in his hand the offering of rice boiled with milk.

जो बसिष्ठ कछु हृदय बिचारा । सकल काजु भा सिद्ध तुम्हारा ॥
यह हबि बाँटि देहु नृप जाई । जथाजोग जेहि भाग बनाई ॥

(और उन्होंने कहा) वसिष्ठ ने हृदय में जो कुछ विचारा था, तुम्हारा वह सब काम सिद्ध हो गया । हे राजन् ! (अब) तुम जाकर इस हविष्यान्न (पायस) को ले जाकर जिसको जैसा उचित हो, वैसा भाग बनाकर बाँट दो ॥४॥

Said the Fire god, "Whatever Vasishtha has purposed for you is fully accomplished. Take this oblation, king, and divide it and distribute the parts in due proportion."

दो. –तब अदृस्य भए पावक सकल सभहि समुझाइ ।
परमानंद मगन नृप हरष न हृदय समाइ ॥१८९॥

तब सारी सभा को समझाकर अग्निदेव अन्तर्धान हो गए । राजा दशरथ परमानन्द में डूब गए । उनके हृदय में हर्ष समाता न था ॥१८९॥

Then the Fire god vanished after telling the whole assembly of what was to be done. The king was transported with ecstasy and his heart could not contain his joy.

चौ. –तबहिं राय प्रिय नारि बोलाईं । कौसल्यादि तहाँ चलि आईं ॥
अर्ध भाग कौसल्यहि दीन्हा । उभय भाग आधे कर कीन्हा ॥

राजा दशरथ ने उसी समय अपनी प्यारी पत्नियों को बुलवाया । कौसल्या आदि सब रानियाँ वहाँ चली आयीं । राजा ने (पायस का) आधा भाग कौसल्या को दिया और शेष आधे के दो भाग किये ॥१॥

The king at once sent for his beloved wives. When Kausalya and the other queens came to him, he gave half of the offering to Kausalya and divided the remaining half into two parts,

कैकेई कहँ नृप सो दयऊ । रह्यो सो उभय भाग पुनि भयऊ ॥
कौसल्या कैकेई हाथ धरि । दीन्ह सुमित्रहि मन प्रसन्न करि ॥

उनमें से एक भाग राजा ने कैकेयी को दिया । शेष जो बच रहा था, उसके फिर दो भाग हुए और राजा ने उनको कौसल्या और कैकेयी के हाथ पर रखकर (अर्थात् उनकी अनुमति लेकर) और इस प्रकार उनका मन प्रसन्न कर सुमित्रा को दिया ॥२॥

—one of which he gave to Kaikeyi. What remained he again divided into two parts, which he placed in the hands of Kausalya and Kaikeyi and after thus obtaining their approval, gave both the shares to Sumitra.

एहिं बिधि गर्भ सहित सब नारी । भईं हृदयँ हरषित सुख भारी ॥
जा दिन तें हरि गर्भहि आए । सकल लोक सुख संपति छाए ॥

इस तरह सब स्त्रियाँ गर्भवती हो गईं, वे हृदय में हर्षित हुईं, उन्हें बड़ा सुख मिला । जिस दिन से श्रीहरि गर्भ में आये, सब लोकों में सुख और सम्पत्ति छा गयी ॥३॥

In this way all the queens became great with child, and profound was their joy and gladness of heart. From the day that Hari found his way into the womb joy and prosperity reigned over all the worlds.

मंदिर महुँ सब राजहिं रानी । सोभा सील तेज की खानी ॥
सुखजुत कछुक काल चलि गयऊ । जेहि प्रभु प्रगट सो अवसर भयऊ ॥

शोभा, शील और तेज की खान सब रानियाँ राजमहल में सुशोभित हुईं । इस प्रकार कुछ समय सुखपूर्वक चला गया और वह अवसर आ गया जिसमें प्रभु को प्रकट होना था ॥४॥

All the queens shone resplendent in the palace, mines of beauty, virtue and glory. Some little time was thus happily spent, till the time drew near for the Lord to be revealed.

दो. –जोग लगन ग्रह बार तिथि सकल भये अनुकूल ।
चर अरु अचर हरषजुत रामजन्म सुखमूल ॥१९०॥

योग, लग्न, ग्रह, वार और तिथि सभी अनुकूल हो गए । सभी जड़-चेतन (प्राणी) हर्ष से भर उठे (क्योंकि) श्रीराम का जन्म सुख का मूल है ॥१९०॥

The position of the sun and the moon, the zodiacal sign into which the sun had entered, the position of the seven other planets, the day of the week and of the month, all these were auspicious; all creation rejoiced, for the birth of Rama is the source of all delights.

चौ. –नौमी तिथि मधु मास पुनीता । सुकल पच्छ अभिजित हरिप्रीता ॥
मध्य दिवस अति सीत न घामा । पावन काल लोकबिश्रामा ॥

नवमी तिथि थी, पवित्र चैत्र का महीना था । शुक्ल पक्ष और भगवान् का

प्रिय अभिजित मुहूर्त्त था; । दोपहर का समय था; न बहुत सरदी थी, न धूप (गरमी) थी — सब लोकों को शान्ति देनेवाला पवित्र समय था ॥१॥

It was the ninth day of the bright half of the holy month of Chaitra; the moon had entered the asterism named Abhijit, which is so dear to Hari. It was mid-day, neither cold nor hot, a holy time of rest for the whole world.

सीतल मंद सुरभि बह बाऊ । हरषित सुर संतन्ह मन चाऊ ॥
बन कुसुमित गिरिगन मनिआरा । स्रवहिं सकल सरितामृतधारा ॥

ठंडी, धीमी और सुगन्धित हवा बह रही थी । देवता हर्षित थे और संतों के मन में उत्साह था । वन फूले हुए थे, पर्वतों के समूह मणियों से जगमगा रहे थे और सभी नदियाँ अमृत की धारा बहा रही थीं ॥२॥

A cool, mild and fragrant breeze was blowing. The gods were feeling exhilarated and the saints were brimful of enthusiasm. The woods were full of blossoms and the hills bright with gems, and every river flowed an ambrosial stream.

सो अवसर बिरंचि जब जाना । चले सकल सुर साजि बिमाना ॥
गगन बिमल संकुल सुरजूथा । गावहिं गुन गंधर्ब बरूथा ॥

जब ब्रह्माजी ने (भगवान् के प्रकट होने के) उस अवसर को जाना, तब उनके साथ सारे देवता विमान सजा-सजाकर चले । निर्मल आकाश देवताओं के झुण्डों से भर गया । गन्धर्वों के दल गुणगान करने लगे, ॥३॥

When Brahma knew the hour of Rama's birth had come, all the gods came out with their aerial cars duly equipped. The spotless heaven was crowded with the host of deities and troops of Gandharvas chanted praises—

बरषहिं सुमन सुअंजलि साजी । गहगहि गगन दुंदभी बाजी ॥
अस्तुति करहिं नाग मुनि देवा । बहु बिधि लावहिं निज निज सेवा ॥

और अपनी सुन्दर अञ्जलियों में सजा-सजाकर फूलों की वर्षा करने लगे । आकाश में घमाघम नगाड़े बजने लगे । नाग, मुनि और देवता स्तुति करने लगे और बहुत प्रकार से अपनी-अपनी सेवा (उपहार) लाने लगे ॥४॥

—and rained down flowers with their winsome hands, and the sky resounded with the joyous beat of kettledrums. Serpents, sages and gods sang hymns of praise and offered their services in manifold ways.

दो. —सुरसमूह बिनती करि पहुँचे निज निज धाम ।
जगनिवास प्रभु प्रगटे अखिल लोक बिश्राम ॥१९१॥

देव-समूह स्तुति करके अपने-अपने लोक में जा पहुँचे । तब सभी लोकों को विश्राम (शान्ति) देनेवाले जगदाधार प्रभु प्रकट हुए ॥१९१॥

Having sung their praises the gods returned to their several abodes, when the Lord, the abode of the world, and the solace of all creation, manifested himself.

छं. —भए प्रगट कृपाला परम दयाला कौसल्याहितकारी ।
हरषित महतारी मुनिमनहारी अद्भुत रूप बिचारी ॥
लोचन अभिरामं तनु घनस्यामं निज आयुध भुज चारी ।
भूषन बनमाला नयन बिसाला सोभासिंधु खरारी ॥१॥

कृपा के स्थान, परम दयालु, कौसल्याजी के हितकारी प्रभु प्रकट हुए । मुनियों के मन को हरनेवाले उनके अद्‌भुत रूप का विचारकर माता हर्ष से भर गयी । सबकी आँखों को आनन्द देनेवाला, मेघ के समान श्याम शरीर था; चारों भुजाओं में अपने (खास) आयुध (धारण किये हुए) थे; (दिव्य) आभूषण और वनमाला पहने थे; बड़े-बड़े नेत्र थे । इस प्रकार रूप के सागर तथा खर राक्षस को मारनेवाले भगवान् प्रकट हुए ॥१॥

The gracious Lord, exceedingly compassionate, was revealed to bless Kausalya. The contemplation of his wondrous beauty, which captivated the hearts of sages, filled the mother with rapture. His body, dark as a cloud, was the delight of all eyes; in his four arms he bore his characteristic emblems (a conch-shell, a discus, a club and a lotus). Decked with jewels and a garland of forest flowers and endowed with large eyes, the slayer of the demon Khara was an ocean of beauty.

कह दुइ कर जोरी अस्तुति तोरी केहि बिधि करौं अनंता ।
माया गुन ग्यानातीत अमाना बेद पुरान भनंता ॥
करुना सुख सागर सब गुन आगर जेहि गावहिं श्रुति संता ।
सो मम हित लागी जन अनुरागी भये प्रगट श्रीकंता ॥२॥

दोनों हाथ जोड़कर (माता) कहने लगी — हे पारावार-रहित भगवन् ! मैं किस प्रकार तुम्हारी स्तुति करूँ ? वेद-पुराण तुमको माया, गुण और ज्ञान से परे और परिमाण-रहित कहते हैं । श्रुतियाँ और संत करुणा और सुख का समुद्र, सब गुणों का धाम कहकर जिनका गान करते हैं, वही भक्तों पर प्रेम करनेवाले लक्ष्मीपति भगवान् मेरे हित के लिए प्रकट हुए हैं ॥२॥

Joining both her palms, the mother said, "O infinite Lord, how may I praise you ? The Vedas and the Puranas declare you beyond illusion, attributes and knowledge, and immeasurable. He whom the Vedas and holy men hymn as the ocean of mercy and bliss and the repository of all virtues, the same lord of Lakshmi who loves his votaries, has revealed himself for my weal !

ब्रह्मांडनिकाया निर्मित माया रोम रोम प्रति बेद कहै ।
मम उर सो बासी यह उपहासी सुनत धीर मति थिर न रहै ॥

उपजा जब ग्याना प्रभु मुसुकाना चरित बहुत बिधि कीन्ह चहै ।
कहि कथा सुहाई मातु बुझाई जेहि प्रकार सुतप्रेम लहै ॥३॥

वेद कहते हैं कि तुम्हारे एक-एक रोम में माया के रचे हुए ब्रह्माण्डों के समूह (बसते) हैं। वे तुम मेरे गर्भ में रहे – हँसी की इस बात के सुनने पर धीर पुरुषों की बुद्धि भी विचलित हो जाती है। जब माता को ज्ञान उपजा, तब प्रभु मुसकराये। वे अनेक प्रकार के चरित्र करना चाहते हैं। अतः उन्होंने (पूर्वजन्म की) सुहावनी कथा कहकर माता को समझाया, जिससे उन्हें पुत्र का (वात्सल्य) प्रेम प्राप्त हो (भगवान् के प्रति पुत्रभाव हो जाय) ॥३॥

The Vedas say that every pore of your body contains full many a universe created by illusion. Yet such a Lord rested in my womb—an amusing story to stagger the minds of the most steadfast when they hear it !" When the revelation dawned upon the mother, the Lord smiled; he would perform many a sportive act; he exhorted her by relating to her the charming account of her earlier life so that she might love him as her son.

माता पुनि बोली सो मति डोली तजहु तात यह रूपा ।
कीजै सिसुलीला अति प्रियसीला यह सुख परम अनूपा ॥
सुनि बचन सुजाना रोदन ठाना होइ बालक सुरभूपा ।
यह चरित जे गावहिं हरिपद पावहिं ते न परहिं भव कूपा ॥४॥

माता की वह बुद्धि फिर गयी, तब वह फिर कहने लगी – हे तात ! यह रूप छोड़कर अत्यन्त प्रिय शिशुलीला करो, (मेरे लिए) यह सुख बहुत ही अनुपम होगा। (माता के) इस वचन को सुनकर देवताओं के स्वामी सुजान भगवान् ने बाल-रूप होकर रोना शुरू किया। (तुलसीदासजी कहते हैं –) जो इस चरित्र का गान करते हैं, वे श्रीहरि का पद पाते हैं और फिर संसाररूपी कुएँ में नहीं गिरते ॥४॥

Again his mother said—for her mind had changed, "Abandon this form, dear son ! Play those childish games which are so dear to a mother ! Such a joy is incomparable." When he heard these words, the all-wise Lord of lords became a child and began to cry. Those who sing this lay (says Tulasidasa) attain to the feet of Hari and never fall into the well of birth and death.

दो. –बिप्र धेनु सुर संत हित लीन्ह मनुज अवतार ।
निज इच्छा निर्मित तनु माया गुन गो पार ॥१९२॥

ब्राह्मणों, गौओं, देवताओं और संतों के लिए भगवान् ने मनुष्य-अवतार लिया। वे माया के गुणों (सत्, रज, तम) और (बाहरी तथा भीतरी) इन्द्रियों से परे हैं। उनका शरीर अपनी इच्छा से ही बना है (किसी कर्म-बन्धन से परवश होकर त्रिगुणात्मक भौतिक पदार्थों के द्वारा नहीं) ॥१९२॥

For the sake of Brahmans, cows, gods and saints, the Lord, who transcends illusion and is beyond the three modes of Prakriti (Sattva, Rajas and Tamas) as well as beyond the reach of the senses, took birth as a man, assuming a body formed of his own will.

चौ. –सुनि सिसुरुदन परम प्रिय बानी । संभ्रम चलि आईं सब रानी ॥
हरषित जहँ तहँ धाईं दासी । आनँद मगन सकल पुरबासी ॥

(नवजात) बच्चे के रोने की बहुत ही मधुर-प्रिय ध्वनि सुनकर सब रानियाँ उतावली होकर दौड़ी चली आयीं। दासियाँ हर्षित होकर जहाँ-तहाँ दौड़ने लगीं। सारे पुरवासी आनन्द में डूब गए ॥१॥

On hearing the most delightful sound of a baby's cries, all the queens came in anxious haste. Their handmaids ran this way and that in great delight and all the people of the city were drowned in joy.

दसरथ पुत्रजन्म सुनि काना । मानहुँ ब्रह्मानंद समाना ॥
परम प्रेम मन पुलक सरीरा । चाहत उठन करत मति धीरा ॥

दशरथजी पुत्र का जन्म होना कानों से सुनकर मानो ब्रह्मानन्द में समा गए। उनके मन में अतिशय प्रेम है, शरीर पुलकित हो गया है। (आनन्दातिरेक में अधीर हुई) बुद्धि को धीरज देकर (और प्रेमाधिक्य में शिथिल हुए शरीर को सँभालकर) वे उठना चाहते हैं ॥२॥

When Dasharath heard of the birth of a son, he was drowned as it were in the ecstasy of absorption into Brahma. With a mind saturated with the highest love and with a body trembling with delight, he sought to rise, while attempting to compose himself.

जाकर नाम सुनत सुभ होई । मोरें गृह आवा प्रभु सोई ॥
परमानंद पूरि मन राजा । कहा बोलाइ बजावहु बाजा ॥

जिनका नाम सुनने से ही कल्याण होता है, वही प्रभु मेरे घर आये हैं। (इस विचार से) राजा का मन परम (दिव्य) आनन्द से भर गया। उन्होंने बाजेवालों को बुलाकर कहा कि बाजा बजाओ ॥३॥

"The same Lord, whose very name it is a blessing to hear, has come to my house," he said to himself; and the thought filled his heart with supreme joy. He then summoned minstrels to play their music.

गुर बसिष्ठ कहँ गएउ हँकारा । आए द्विजन सहित नृपद्वारा ॥
अनुपम बालक देखिन्हि जाई । रूपरासि गुन कहि न सिराई ॥

गुरु वसिष्ठजी को बुलावा गया। वे ब्राह्मणों को साथ लिये राजद्वार पर आये। उन्होंने जाकर अनुपम बालक को देखा, जो रूप की राशि है और जिसके गुण कहने से समाप्त नहीं हो सकते ॥४॥

The *guru* Vasishtha was next summoned and he came to the palace door with a company of Brahmans. They all went and gazed upon the peerless child, who was an embodiment of beauty and possessed excellences more than one could tell.

दो. –नंदीमुख सराध करि जातकरम सब कीन्ह ।
हाटक धेनु बसन मनि नृप बिप्रन्ह कहँ दीन्ह ॥१९३॥

तब राजा ने नान्दीमुख श्राद्ध करके सब जातकर्म-संस्कार (के विधान) किये और ब्राह्मणों को सोना, गौओं, वस्त्रों और मणियों का दान दिया ॥१९३॥

After performing the Nandimukha Shraddha[1] and all the ceremonies connected with the birth of a child, the king made gifts of gold, cows, raiment and jewels to the Brahmans.

चौ. –ध्वज पताक तोरन पुर छावा । कहि न जाइ जेहिं भाँति बनावा ॥
सुमनबृष्टि अकास तें होई । ब्रह्मानंद मगन सब लोई ॥

ध्वजा, पताका और बंदनवारों से नगर छा गया । जिस प्रकार वह सजाया गया, उसका तो वर्णन ही नहीं हो सकता । आकाश से फूलों की वर्षा हो रही है, सब लोग ब्रह्मानन्द में लीन हैं ॥१॥

The city was one mass of flags and banners and festal arches. It was decorated in a way which defies description. Flowers rained from heaven and every soul was rapt in heavenly bliss.

बृंद बृंद मिलि चलीं लोगाईं । सहज सिंगार किएँ उठि धाईं ॥
कनककलस मंगल भरि थारा । गावत पैठहिं भूप दुआरा ॥

झुंड-की-झुंड स्त्रियाँ मिलकर चल पड़ीं । स्वाभाविक शृङ्गार किये ही वे उठ दौड़ीं । सोने के कलशों और थालों में मङ्गल पदार्थ भर-भरकर गाती हुई वे राजद्वार में प्रवेश करती हैं ॥२॥

Women streamed forth in crowds; they came running just as they were. Carrying vessels of gold and platters full of auspicious articles, they entered the portals of the royal palace, singing as they went along.

करि आरति नेवछावरि करहीं । बार बार सिसुचरनन्हि परहीं ॥
मागध सूत बंदि गन गायक । पावन गुन गावहिं रघुनायक ॥

और वे आरती करके निछावर करती हैं और बार-बार शिशु के चरणों पर गिरती हैं । मागध, सूत, वन्दीजन और गुणगान करनेवाले गवैये रघुकुल के स्वामी के पवित्र गुणों का गान करते हैं ॥३॥

After waving the lights round and round over the child's head, they cast their gifts before him and time after time threw themselves at the infant's feet. Bards, minstrels, panegyrists and songsters chanted solemn praises of Raghunayaka.

सर्बस दान दीन्ह सब काहूँ । जेहिं पावा राखा नहिं ताहूँ ॥
मृगमद चंदन कुंकुम कीचा । मची सकल बीथिन्ह बिच बीचा ॥

राजा (दशरथ) ने सब किसी को भरपूर दान दिया । जिसने पाया उसने भी नहीं रखा (दूसरों को दे दिया) । (नगर की) सभी गलियों के बीच-बीच में कस्तूरी, चन्दन और केसर का कीचड़ फैल गया ॥४॥

Everyone gave whatever he possessed; even he who received did not keep it for himself. All the lanes of the city were muddy with pastes of musk and sandal and saffron.

दो. –गृह गृह बाज बधाव सुभ प्रगटेउ सुषमाकंद ।
हरषवंत सब जहँ तहँ नगर नारि नर बृंद ॥१९४॥

घर-घर शुभ बधावा बजने लगा, क्योंकि शोभा के मूल भगवान् (रामजी) प्रकट हुए हैं । नगर के स्त्री-पुरुषों के झुंड-के-झुंड जहाँ-तहाँ आनन्दमग्न हो रहे हैं ॥१९४॥

There were strains of happy festivity in every house, for the very fountain of beauty had manifested himself. All the men and women of the city were wild with joy everywhere.

चौ. –कैकयसुता सुमित्रा दोऊ । सुंदर सुत जनमत भैं ओऊ ॥
वोह सुख संपति समय समाजा । कहि न सकै सारद अहिराजा ॥

केकयराज की बेटी (कैकेयी) और सुमित्रा – इन दोनों ने भी सुन्दर पुत्र उत्पन्न किये । उस सुख, सम्पत्ति, समय और समाज का वर्णन शारदा और सर्पों के राजा शेषजी भी नहीं कर सकते ॥१॥

Kaikeyi and Sumitra also gave birth to lovely sons. The joy, grandeur, solemnity of the occasion and the crowds of men were more than what Sharada and the Serpent King could describe.

अवधपुरी सोहै येहिं भाँती । प्रभुहि मिलन आई जनु राती ॥
देखि भानु जनु मन सँकुचानी । तदपि बनी संध्या अनुमानी ॥

(उस समय) अयोध्यापुरी इस प्रकार सुशोभित हो रही है, मानो रात्रि प्रभु से मिलने आयी हो और सूर्य को देखकर वह मानो मन में सकुचा गयी हो, फिर भी मन में विचारकर वह संध्या बन (कर यहाँ रह) गयी हो ॥२॥

The city of Ayodhya shone resplendent; it looked as if Night had come to see the Lord and, feeling abashed as it were at the sight of the sun (her own lord), had deliberately stayed over and become twilight.

1. A rite in which meat-balls made to nine departed ancestors are offered as a preliminary to any joyous festival.

अगर धूप बहु जनु अँधिआरी। उड़ै अबीर मनहुँ अरुनारी॥
मंदिर मनिसमूह जनु तारा। नृपगृह कलस सो इंदु उदारा॥

अगर की धूप का बहुत-सा धुआँ मानो (संध्या का) अँधेरा है और जो अबीर उड़ रहा है, वह उसकी लाली है। राजमहलों में मणियों के समूह मानो तारागण हैं, राजमहल का कलश ही मानो श्रेष्ठ चन्द्रमा है॥३॥

Clouds of incense represented the dusk, and handfuls of red powder that flew through the air represented the redish light of sunset. The heaps of jewels that gleamed on house-tops looked like so many stars and the dome of the royal palace appeared to be the brilliant moon.

भवन बेदधुनि अति मृदु बानी। जनु खग मुखर समय जनु सानी॥
कौतुक देखि पतंग भुलाना। एक मास तेइँ जात न जाना॥

राजमहल में अत्यन्त कोमल वाणी से होनेवाली वेदध्वनि मानो समय से (समयानुकूल) सनी हुई पक्षियों की चहचहाहट है। इस कौतुक को देखकर सूर्य भी (अपनी स्वाभाविक चाल) भूल गए। एक महीना उन्होंने जाता हुआ न जाना (अर्थात् उन्हें एक महीना वहीं बीत गया)॥४॥

The sweet sound of Vedic recitation in the palace resembled the chirping of birds appropriate to the occasion. Beholding this spectacle, the sun forgot to move; a whole month passed without his knowing it.

दो. —मासदिवस कर दिवस भा मरम न जानै कोइ।
रथ समेत रबि थाकेउ निसा कवन बिधि होइ॥१९५॥

महीनेभर का एक ही दिन हो गया। इस रहस्य को कोई नहीं जानता। सूर्य अपने रथ के साथ वहीं रुक गए, फिर रात किस तरह होती?॥१९५॥

The day assumed the length of a month; but no one observed the mystery. The sun stood motionless in his chariot; then how could there be night?

चौ. —यह रहस्य काहू नहिं जाना। दिनमनि चले करत गुनगाना॥
देखि महोत्सव सुर मुनि नागा। चले भवन बरनत निज भागा॥

इस मर्म को किसी ने नहीं जाना। सूर्यदेव (श्रीरामजी का) गुणगान करते हुए चल पड़े। देवता, मुनि और नाग यह महोत्सव देखकर अपने भाग्य की सराहना करते हुए अपने-अपने घर चले॥१॥

No one noticed this mystery; the sun at last moved on, singing the praises of Rama as he went. After watching the great festival the gods, sages and Nagas returned to their several homes, congratulating themselves on their good fortune.

औरौ एक कहौं निज चोरी। सुनु गिरिजा अति दृढ़ मति तोरी॥
काकभुसुंडि संग हम दोऊ। मनुजरूप जानै नहि कोऊ॥

हे गिरिजे! तुम्हारी बुद्धि (श्रीरामजी के चरणों में) अत्यन्त दृढ़ है, इसलिए मैं और भी अपनी एक चोरी (छिपाव) की बात कहता हूँ, सुनो! काकभुशुण्डि और मैं, दोनों वहाँ साथ-साथ थे, परन्तु मनुष्यरूप में होने के कारण हमें कोई जान न सका॥२॥

I tell you another secret that concerns myself; listen to it, O Girija, for I know your steadfast faith. Kakabhushundi and I both were there together in human form so that no one could recognize us.

परमानंद प्रेम सुख फूले। बीथिन्ह फिरहिं मगन मन भूले॥
यह सुभ चरित जान पै सोई। कृपा राम कै जापर होई॥

परम आनन्द और प्रेम के सुख में फूले हुए हम दोनों मगन मन से गलियों में (अपने-आपको) भूले हुए फिरते थे। परंतु इस मंगलमय (सुखद, सुन्दर) चरित्र को वही जान सकता है, जिस पर श्रीरामजी की कृपा हो॥३॥

Elated with supreme joy and affectionate delight we roamed about the streets in ecstatic unconsciousness. He alone who enjoyed Rama's grace can comprehend this blessed experience.

तेहि अवसर जो जेहि बिधि आवा। दीन्ह भूप जो जेहिं मन भावा॥
गज रथ तुरग हेम गो हीरा। दीन्हे नृप नाना बिधि चीरा॥

उस समय जो जिस प्रकार आया और जिसके मन को जो अच्छा लगा, राजा ने उसे वही (वैसा ही मनचाहा) दिया। हाथी, रथ, घोड़े, सोना, गौएँ, हीरे और नाना प्रकार के वस्त्र राजा ने दिये॥४॥

On that occasion the king granted the desire of everyone's heart, in whatever manner one came. He bestowed elephants, chariots, horses, gold, cows, diamonds and all kinds of raiment.

दो. —मन संतोष सबन्हि के जहँ तहँ देहिं असीस।
सकल तनय चिरजीवहु तुलसिदास के ईस॥१९६॥

सभी (नागरिकों) के मन में संतोष भर आया। (इसीसे) सब लोग जहाँ-तहाँ आशीर्वाद दे रहे थे कि तुलसीदास के स्वामी सब पुत्र (चारों राजकुमार) चिरजीवी हों॥१९६॥

All were satisfied in their hearts, and on all sides they invoked blessings on his head, saying, "May all the sons of Dasharath live long, those lords of Tulasidasa!"

चौ. —कछुक दिवस बीते येहिं भाँती। जात न जानिय दिन अरु राती॥
नामकरन कर अवसरु जानी। भूप बोलि पठए मुनि ग्यानी॥

इस तरह कुछ दिन बीत गए। दिन और रात जाते हुए जान नहीं पड़े। तब नामकरण-संस्कार का समय जानकर राजा ने ज्ञानी मुनि वसिष्ठजी को बुलवा भेजा॥१॥

Some days were spent in this manner; day and night passed by unnoticed. Knowing that the time had come for naming the children, the king sent for the enlightened sage Vasishtha.

करि पूजा भूपति अस भाषा। धरिअ नाम जो मुनि गुनि राखा॥
इन्ह के नाम अनेक अनूपा। मैं नृप कहब स्वमति अनुरूपा॥

उनकी पूजा करके राजा ने कहा – हे मुनि! आपने जो नाम विचार रखे हों, उन्हें ही धरिए (रखिए)। (मुनि ने कहा –) हे राजन्! इनके अनेक अनुपम नाम हैं, फिर भी मैं अपनी बुद्धि के अनुसार कहूँगा॥२॥

After paying him homage the king spoke to him thus, "Be pleased, O sage, to name them as you have secretly determined." "O king," said the sage, "many and marvellous are their names, but I will name them according to the measure of my understanding.

जो आनंदसिंधु सुखरासी। सीकर तें त्रैलोक सुपासी॥
सो सुखधाम राम अस नामा। अखिल लोक दायक बिश्रामा॥

जो आनन्द के सागर और सुख की राशि हैं, जिस (आनन्दसिन्धु) के कण-मात्र से तीनों लोक सुखी होते हैं, उनका नाम 'राम' है, जो सुख के स्थान और सम्पूर्ण लोकों को शान्ति देनेवाले हैं॥३॥

This eldest boy of yours, who is the ocean of felicity and embodiment of joy, one drop of which fills the three spheres with delight, shall be called 'Rama', the very home of bliss and the comforter of all the worlds.

बिस्व भरन पोषन कर जोई। ताकर नाम भरत अस होई॥
जाके सुमिरन तें रिपुनासा। नाम सत्रुहन बेद प्रकासा॥

जो जगत्-भर का भरण-पोषण करनेवाले हैं, उनका नाम 'भरत' होगा। जिनके स्मरणमात्र से शत्रु का नाश होता है, उनका वेदों में प्रसिद्ध 'शत्रुघ्न' नाम है॥४॥

Your second son, who sustains and supports the universe, shall be named 'Bharata'; and he the very thought of whom destroys one's enemies shall be called 'Shatrughna', a name renowned in the Vedas.

दो. –लच्छनधाम रामप्रिय सकल जगत आधार।
गुर बसिष्ठ तेहि राखा लछिमन नाम उदार॥१९७॥

जो सुलक्षणों के स्थान, श्रीरामजी के प्यारे और सारे जगत् के आधार हैं, गुरु वसिष्ठजी ने उनका 'लक्ष्मण' श्रेष्ठ नाम रखा॥१९७॥

On him who is the abode of noble traits, beloved of Rama and the mainstay of the whole world, the *guru* Vasishtha bestowed the splendid name of Lakshmana.

चौ. –धरे नाम गुर हृदय बिचारी। बेदतत्व नृप तव सुत चारी॥
मुनिधन जनसरबस सिवप्राना। बाल केलिरस तेहिं सुख माना॥

गुरुजी ने हृदय में विचारकर ये नाम रखे (और कहा –) हे राजन्! तुम्हारे चारों पुत्र वेदों के तत्त्व (साक्षात् परात्पर भगवान्) हैं। जो मुनियों के धन, भक्तों के सर्वस्व और शिवजी के प्राण हैं, उन्होंने (इस समय) बाल-क्रीड़ा के रस में सुख मान रखा है॥१॥

The preceptor gave these names after careful thought and then said, "Your four sons, O king, are the true essence of the Vedas (are none but the Lord himself). Of them Rama is the sages' treasure, the devotee's all in all and Shiva's vital breath; he takes delight in the rapture of childish sports."

बारेहि तें निज हित पति जानी। लछिमन रामचरन रति मानी॥
भरत सत्रुहन दूनौ भाई। प्रभु सेवक जसि प्रीति बड़ाई॥

बचपन से ही अपना परम हितैषी और स्वामी जानकर लक्ष्मणजी ने श्रीरामचन्द्रजी के चरणों में प्रीति लगा ली। स्वामी और सेवक की जिस प्रीति की प्रशंसा है, वैसी ही प्रीति भरत और शत्रुघ्न दोनों भाइयों में हो गई॥२॥

From his earliest days Lakshmana came to look upon Rama as his own benefactor and master and adored his feet. The love that existed between the two half-brothers, Bharata and Shatrughna, was as glorious as that which a servant offers to his master.

स्याम गौर सुंदर दोउ जोरी। निरखहिं छबि जननीं तृन तोरी॥
चारिउ सील रूप गुन धामा। तदपि अधिक सुखसागर रामा॥

श्याम और गौर दोनों सुन्दर जोड़ियों की शोभा को माताएँ तृण तोड़-तोड़कर देखती हैं (जिसमें दीठ न लग जाय)। यों तो चारों ही भाई शील, रूप और गुण के धाम हैं, तो भी सुख के समुद्र श्रीरामचन्द्रजी सबसे अधिक हैं॥३॥

As the mothers looked upon the beauty of the two handsome pairs, one of whom was dark, the other fair, they would break a blade of grass (in order to avert the evil eye). Although all the four brothers were embodiments of amiability, beauty and virtue, yet the source of greatest joy was Rama.

हृदय अनुग्रह इंदु प्रकासा। सूचत किरन मनोहर हासा॥
कबहुँ उछंग कबहुँ बर पलना। मातु दुलारै कहि प्रिय ललना॥

उनके हृदय में कृपारूपी चन्द्रमा प्रकाशित है। उनकी मनोहर हँसी उस (चन्द्रमा) की किरणों को सूचित करती है। कभी गोद में लेकर और कभी

उत्तम पालने में झुलाती हुई माता 'प्यारे ललना !' कह-कहकर दुलार करती है ॥४॥

In his heart shone the moon of grace and his captivating smiles represented its beams. Now on her lap, now in the beautiful cradle, the mother would fondle him, calling him her own little darling.

दो. –ब्यापक ब्रह्म निरंजन निर्गुन बिगत बिनोद ।
सो अज प्रेम भगति बस कौसल्या के गोद ॥१९८॥

जो ब्रह्म सर्वव्यापक, निरञ्जन (माया-रहित), निर्गुण, विनोद-रहित और अजन्मा है, वे ही प्रेम और भक्ति के अधीन होकर कौसल्याजी की गोद में (क्रीड़ा कर रहे) हैं ॥१९८॥

The unborn and all-pervading Brahma, who is untainted by illusion, without attributes and indifferent to diversion, lay in Kausalya's lap, conquered by her love and devotion.

चौ. –काम कोटि छबि स्याम सरीरा । नील कंज बारिद गंभीरा ॥
अरुन चरन पंकज नखजोती । कमलदलन्हि बैठे जनु मोती ॥

नीलकमल और गम्भीर (घने और जल से भरे हुए) मेघ के समान उनके साँवले शरीर में करोड़ों कामदेवों की शोभा है । उनके लाल-लाल चरणकमलों के नखों की ज्योति ऐसी मालूम होती है जैसे (लाल) कमल के पत्तों पर मोती बैठे हों ॥१॥

His dark body, which resembled a dark-blue lotus and a rain-burdened cloud, possessed the beauty of millions of Cupids, and the nails glistened on his red lotus feet as if pearls had been set on the leaves of a rosy lotus.

रेख कुलिस ध्वज अंकुस सोहे । नूपुरधुनि सुनि मुनिमन मोहे ॥
कटि किंकिनी उदर त्रय रेखा । नाभि गभीर जान जिहिं देखा ॥

(उनके चरणों के तलवों में) वज्र, ध्वजा और अङ्कुश के चिह्न शोभित हैं । नूपुर (पैंजनी) के शब्द सुनकर मुनियों के भी मन मोहित हो जाते हैं । कमर में करधनी और पेट पर तीन रेखाएँ (त्रिवली) हैं । नाभि की गम्भीरता का तो उन्हें ही ज्ञान है जिन्होंने उसे देखा है ॥२॥

The marks of a thunderbolt, a banner and a goad shone on his soles and the tinkling of his anklets enraptured the hearts of sages. A string of tiny bells girdled his waist and his stomach was creased in triple fold; the depth of his navel is known to him alone who has seen it !

भुज बिसाल भूषन जुत भूरी । हिय हरिनख अति सोभा रूरी ॥
उर मनिहार पदिक की सोभा । बिप्रचरन देखत मन लोभा ॥

विशाल भुजाएँ बहुत-से आभूषणों से सुशोभित हैं । हृदय पर बाघ के नख की शोभा बहुत ही निराली है । छाती पर रत्नों से युक्त मणियों के हार की शोभा और ब्राह्मण (भृगु) के चरणचिह्न को देखते ही मन मुग्ध हो जाता है ॥३॥

His long arms were decked with many an ornament, and the tiger's claws hanging on his breast possessed an exquisite beauty. The elegance of the jewelled necklace with a diamond at the lowest end and the print of the Brahman's foot[1] fascinated one's mind.

कंबु कंठ अति चिबुक सुहाई । आनन अमित मदनछबि छाई ॥
दुइ दुइ दसन अधर अरुनारे । नासा तिलक को बरनै पारे ॥

उनका कण्ठ शङ्ख के समान (उतार-चढ़ाववाला तथा तीन रेखाओं से शोभित) है और ठोड़ी अत्यन्त सुन्दर है । मुख पर असंख्य कामदेवों की सुन्दरता छा रही है । दो-दो सुन्दर दँतुलियाँ हैं, लाल-लाल ओठ हैं । नासिका और तिलक का तो वर्णन ही कौन कर सकता है ! ॥४॥

His neck resembled a conch-shell in its spiral shape and his chin looked most lovely, and on his face dwelt the beauty of countless Cupids. Pairs of small teeth were veiled by ruddy lips and his beautiful nose and the caste-mark on his forehead defied description.

सुंदर श्रवन सुचारु कपोला । अति प्रिय मधुर तोतरे बोला ॥
चिक्कन कच कुंचित गभुआरे । बहु प्रकार रचि मातु सँवारे ॥

सुन्दर कान और बड़े ही सुन्दर गाल हैं । मीठी तोतली बोली बहुत ही प्यारी लगती है । जन्म के समय से रखे हुए चिकने और घुँघराले बालों को माता ने बहुत प्रकार से बनाकर सँवार दिया है ॥५॥

His ears were beautiful and his cheeks most lovely, his sweet lisping prattle most delightful to hear. Lustrous and curling was his hair, as yet untrimmed, that his mother dressed in manifold ways.

पीत झगुलिआ तनु पहिराई । जानु पानि बिचरनि मोहि भाई ॥
रूप सकहिं नहिं कहि श्रुति सेषा । सो जानै सपनेहुँ जेहि देखा ॥

उनके शरीर पर पीली झँगुली पहनायी हुई है । घुटनों और हाथों के बल उनका चलना-फिरना मुझे बहुत ही अच्छा लगता है । उनके सौंदर्य का वर्णन वेद और शेष जी भी नहीं कर सकते । उसे तो वही जानता है जिसने कभी स्वप्न में भी देखा हो ॥६॥

A little yellow tunic covered his body, and his crawling on hands and knees was most pleasing to

1. Here Rama is identified with Vishnu. Finding the latter asleep in the embraces of his spouse Lakshmi, Bhrigu had struck him roughly on his breast with his foot to awaken him. The god started up, but seeing the sage, at once prostrated himself before him, and gently rubbed his foot with his hands.

me. The elegance of his form was something which even the Vedas and Shesha (the Serpent God) cannot describe; only he may grasp it who has seen it in a dream.

दो. –सुखसंदोह मोहपर ज्ञान गिरा गोतीत ।
दंपति परम प्रेम बस कर सिसुचरित पुनीत ॥१९९॥

जो सुख के पुञ्ज, मोह से परे तथा ज्ञान, वाणी और इन्द्रियों से अतीत हैं, वे भगवान् राजा-रानी (दशरथ-कौसल्या) के अत्यन्त प्रेम के वश होकर पवित्र बाल-लीला कर रहे हैं ॥१९९॥

The all-blissful Lord, who is above delusion and transcends knowledge, speech and sensuous perception, sported like an innocent child, yielding to the supreme love of the royal couple (Dasharath and Kausalya).

चौ. –एहि बिधि राम जगत पितु माता । कोसलपुरबासिन्ह सुखदाता ॥
जिन्ह रघुनाथचरन रति मानी । तिन्ह की यह गति प्रगट भवानी ॥

इस प्रकार सारे संसार के माता-पिता श्रीरामजी अवधपुर-वासियों को सुख देते हैं । जिन्होंने श्रीरामचन्द्रजी के चरणों में प्रीति जोड़ी है, हे भवानी ! उनकी यह दशा प्रत्यक्ष है (कि भगवान् उनके प्रेमवश उन्हें आनन्द देते हैं) ॥१॥

Thus Rama, father and mother of the world, delighted the people of Ayodhya. Bhavani, this demonstrates how those who have devoutly adored the feet of the lord of Raghus are repaid by him.

रघुपतिबिमुख जतन कर कोरी । कवन सकै भवबंधन छोरी ॥
जीव चराचर बस कै राखे । सों माया प्रभु सों भय भाषे ॥

रघुपति (श्रीरामजी) से विमुख रहकर मनुष्य चाहे करोड़ों उपाय करे, परंतु उसका संसार-बन्धन कौन छुड़ा सकता है ? जिस माया ने सब चराचर जीवों को अपने अधीन कर रखा है, वह भी प्रभु से भय खाती है ॥२॥

Struggle as one may, but none can liberate those from the bonds of birth and death who are averse to the lord of Raghus. Illusion herself, who has held under her sway all living beings, both animate and inanimate, trembles before the Lord,—

भृकुटिबिलास नचावै ताही । अस प्रभु छाड़ि भजिय कहु काही ॥
मन क्रम बचन छाड़ि चतुराई । भजत कृपा करिहहिं रघुराई ॥

प्रभु उस माया को भौंहों के इशारे से नचाते हैं । ऐसे प्रभु को छोड़कर कहो, (दूसरे) किसका भजन किया जाय ? मन, वचन और कर्म से चालाकी छोड़कर भजते ही श्रीरघुनाथजी कृपा करेंगे ॥३॥

—who makes her dance to the play of his eyebrows. Leaving such a Lord, tell me, whom should we adore ? The lord of Raghus will show favour only to those who betake themselves to him in thought and word and deed, giving up all cleverness.

एहिं बिधि सिसुबिनोद प्रभु कीन्हा । सकल नगरबासिन्ह सुख दीन्हा ॥
लै उछंग कबहुँक हलरावै । कबहुँ पालने घालि झुलावै ॥

इस तरह भगवान् श्रीरामचन्द्रजी ने बालक्रीड़ा की और सारे नगरवासियों को सुख दिया । कौसल्याजी कभी उन्हें गोद में लेकर हिलाती-डुलाती और कभी पालने में लिटाकर झुलाती थीं ॥४॥

Thus the Lord sported as a child, to the delight of all the people of the city. The mother would at one time dandle him on her knees and at another would rock him in the cradle.

दो. –प्रेममगन कौसल्या निसि दिन जात न जान ।
सुत सनेह बस माता बालचरित कर गान ॥२००॥

पुत्र-प्रेम में निमग्न कौसल्याजी रात-दिन का बीतना नहीं जानती थीं । पुत्र के स्नेहवश माता उनके बाल-चरित्रों का गान किया करतीं ॥२००॥

Kausalya remained so rapt in love that days and nights passed unnoticed. Utterly possessed by love for her son, she would sing of his childhood acts.

चौ. –एक बार जननी अन्हवाए । करि सिंगार पलना पौढ़ाए ॥
निज कुल इष्टदेव भगवाना । पूजाहेतु कीन्ह अस्नाना ॥

एक बार माता ने बच्चे को नहलाकर और शृंगार करके पालने में लिटा दिया । फिर अपने कुल के इष्टदेव भगवान् की पूजा के लिए स्नान किया ॥१॥

One day his mother bathed and dressed her son and put him to sleep in the cradle. Then she too bathed, preparing to worship the patron deity of her house.

करि पूजा नैबेद्य चढ़ावा । आपु गई जहँ पाक बनावा ॥
बहुरि मातु तहवाँ चलि आई । भोजन करत देखि सुत जाई ॥

(माता ने) पूजा करके नैवेद्य चढ़ाया और आप वहाँ गयी, जहाँ रसोई बनायी गयी थी । फिर वह वहीं (पूजा के स्थान में) लौट आयी और वहाँ आने पर पुत्र को (भगवान् के लिए चढ़ाये हुए नैवेद्य का) भोजन करते देखा ॥२॥

Having worshipped the deity, she offered her oblation and then returned to the kitchen. When she returned to the place of worship, she saw her son eating the food that had been offered to the Lord.

गै जननी सिसु पहिं भयभीता । देखा बाल तहाँ पुनि सूता ॥
बहुरि आइ देखा सुत सोई । हृदयँ कंप मन धीर न होई ॥

फिर डरी हुई माता बच्चे के पास गयी, तो वहाँ बालक को सोया हुआ देखा । फिर (पूजास्थान में लौटकर) देखा कि वही पुत्र यहाँ भी है । उनका हृदय काँपने लगा और मन को धीरज नहीं होता ॥३॥

Frightened at this, the mother ran off to her son and found him sleeping there as before. Coming back once more to the temple, she still saw her son there. Her heart beat fast and her mind found no rest.

इहाँ उहाँ दुइ बालक देखा । मतिभ्रम मोर कि आन बिसेषा ॥
देखि राम जननी अकुलानी । प्रभु हँसि दीन्ह मधुर मुसुकानी ॥

(वह सोचने लगी कि) मैंने यहाँ और वहाँ दो बालक देखे । यह मेरी बुद्धि का भ्रम है या और कोई विशेष कारण है ! प्रभु श्रीरामचन्द्रजी ने माता को व्याकुल देखकर मधुर मुसकान के साथ हँस दिया ॥४॥

She saw two boys, one in the temple and the other in the nursery. She said to herself, "Is it my mental illusion or some other unusual phenomenon ?" When Rama saw his mother so perplexed, the Lord smiled sweetly and laughed.

दो. –देखरावा मातहि निज अद्भुत रूप अखंड ।
रोम रोम प्रति लागे कोटि कोटि ब्रह्मंड ॥२०१॥

फिर उन्होंने माता को अपना अखण्ड अद्भुत रूप दिखलाया, जिसके रोम-रोम में करोड़ों-करोड़ों ब्रह्माण्ड लगे हुए थे ॥२०१।

The Lord then revealed to his mother his wondrous form, infinite. Millions of universes she saw set on every hair.

चौ. –अगनित रबि ससि सिव चतुरानन । बहु गिरि सरित सिंधु महि कानन ॥
काल कर्म गुन ग्यान सुभाऊ । सोउ देखा जो सुना न काऊ ॥

असंख्य सूर्य, चन्द्रमा, शिव, चतुर्मुख ब्रह्मा, बहुत से पर्वत, नदियाँ, समुद्र, पृथ्वी, वन, काल, कर्म, गुण, ज्ञान और स्वभाव देखे और वे पदार्थ भी देखे जिन्हें कभी सुना भी न था ॥१॥

She saw there numberless suns and moons, Shivas and four-faced Brahmas, many a mountain and river, ocean, land and wood, as well as time, destiny, the modes of Prakriti (Sattva, Rajas and Tamas), knowledge and nature, and many more things of which she had never heard before.

देखी माया सब बिधि गाढ़ी । अति सभीत जोरें कर ठाढ़ी ॥
देखा जीव नचावै जाही । देखी भगति जो छोरै ताही ॥

सभी प्रकार से बलवती माया को देखा कि वह अत्यन्त डरी हुई हाथ जोड़े खड़ी है । जीव को देखा, जिसे वह माया नचाती है, और (फिर) भक्ति को देखा, जो उस जीव को (माया के फन्दे से) छुड़ा देती है ॥२॥

She further saw Maya, who is powerful in every respect, stricken with terror and standing with folded hands. The mother also saw the embodied soul, who is made to dance by Maya, and even the faith that sets it free.

तन पुलकित मुख बचन न आवा । नयन मूँदि चरननि सिरु नावा ॥
बिसमयवंत देखि महतारी । भए बहुरि सिसुरूप खरारी ॥

(माता का) शरीर पुलकित हो गया, मुख से वचन नहीं निकलते । तब आँखों को मूँदकर उसने श्रीरामचन्द्रजी के चरणों में सिर नवाया । माता को विस्मित देखकर खर के शत्रु श्रीरामजी फिर बालरूप हो गए ॥३॥

The mother experienced a thrill of awe and stood speechless. She closed her eyes and bowed her head before the Lord's feet. Seeing the mother struck with wonder, the slayer of Khara once again became a child.

अस्तुति करि न जाइ भय माना । जगतपिता मैं सुत करि जाना ॥
हरि जननी बहु बिधि समुझाई । यह जनि कतहुँ कहसि सुनु माई ॥

(माता से) स्तुति भी करते नहीं बनता । वह डर गयी कि मैंने जगत्पिता परमात्मा को पुत्र कर के जाना । श्रीहरि ने माता को बहुत प्रकार से समझाया (और कहा –) हे माता ! सुनो, यह (रहस्य) कहीं मत कहना ॥४॥

She was unable to sing his praises and trembled at the thought that she had looked upon the father of the world as her own son. Hari comforted his mother in many ways and said, "Listen, mother ! Nowhere reveal what you have seen !"

दो. –बार बार कौसल्या बिनय करै कर जोरि ।
अब जनि कबहूँ ब्यापै प्रभु मोहि माया तोरि ॥२०२॥

कौसल्याजी हाथ जोड़कर बार-बार विनय करती हैं कि हे प्रभो ! मुझे आपकी माया अब कभी भी न व्यापे ॥२०२॥

With folded hands Kausalya prayed again and again, "Never again, my Lord, may your Maya cast her spell on me !"

चौ. –बालचरित हरि बहुबिधि कीन्हा । अति अनंद दासन्ह कहँ दीन्हा ॥
कछुक काल बीते सब भाई । बड़े भए परिजन सुखदाई ॥

दुख हरनेवाले भगवान् (श्रीराम) ने बहुत प्रकार से बाललीलाएँ कीं और अपने भक्तों को अत्यन्त आनन्द दिया । कुछ समय बीतने पर चारों भाई बड़े होकर कुटुम्बियों को सुख देनेवाले हुए ॥१॥

Hari played many kinds of childish games to the great delight of his servants. After some time all the four brothers grew up, gladdening the inmates of the house.

चूड़ाकरन कीन्ह गुर जाई । बिप्रन्ह पुनि दछिना बहु पाई ॥
परम मनोहर चरित अपारा । करत फिरत चारिउ सुकुमारा ॥

तब जाकर गुरुजी ने उनका चूड़ाकर्म-संस्कार किया । ब्राह्मणों ने फिर बहुत दक्षिणा पायी । चारों सुन्दर राजकुमार बड़े ही मनोहर अपार चरित्र करते फिरते हैं ॥२॥

Then the *guru* came and performed the ceremony of tonsure, and again the Brahmans received handsome presents. All the four noble princes ran about, diverting themselves in all sorts of charming ways.

मन क्रम बचन अगोचर जोई । दसरथ अजिर बिचर प्रभु सोई ॥
भोजन करत बोल जब राजा । नहि आवत तजि बालसमाजा ॥

जो प्रभु मन, वचन और कर्म से अगोचर हैं, वे ही दशरथजी के आँगन में विचर रहे हैं । भोजन करते समय जब राजा बुलाते हैं, तब वे अपने बालसखाओं के समाज को छोड़कर नहीं आते ॥३॥

The Lord, whom thoughts and words and deeds can never comprehend, played about in Dasharath's courtyard. If the king, when at dinner, called him, he would not turn up, loath as he was to leave the company of his playmates.

कौसल्या जब बोलन जाई । ठुमुकु ठुमुकु प्रभु चलहिं पराई ॥
निगम नेति सिव अंत न पावा । ताहि धरै जननी हठि धावा ॥

जब कौसल्याजी बुलाने जाती हैं, तब प्रभु ठुमुक-ठुमुक कर भाग चलते हैं । 'नेति-नेति' (इतना ही नहीं) कहकर वेद जिनका निरूपण करते हैं और शिवजी ने जिनका अन्त नहीं पाया, माता उन्हें हठपूर्वक पकड़ने के लिए दौड़ती हैं ॥४॥

When Kausalya went to call him, the Lord would run away toddling. Him whom the Vedas call 'Not thus' and whose end even Shiva could not find, the mother would run to catch by force.

धूसर धूरि भरे तनु आए । भूपति बिहसि गोद बैठाए ॥

(श्रीरामजी) शरीर में धूल लपेटे हुए आये और राजा ने हँसकर उन्हें गोद में बिठा लिया ॥५॥

With his body covered with grime and dust, he would come, and the king would smilingly take him on his lap.

दो. –भोजन करत चपल चित इत उत अवसरु पाइ ।
भाजि चले किलकत मुख दधि ओदन लपटाइ ॥२०३॥

(वे) भोजन करते हैं, पर उनका चित्त चञ्चल है । अवसर पाकर मुँह में दही-भात लपटाये किलकारी मारते हुए वे फिर इधर-उधर भाग चले ॥२०३॥

Even while the Lord sat at dinner, his mind was restless, so that the moment he found a chance he would run away this way or that with a scream of delight, his mouth besmeared with curd and rice.

चौ. –बालचरित अति सरल सुहाए । सारद सेष संभु श्रुति गाए ॥
जिन्ह कर मन इन्ह सन नहि राता । ते जन बंचित किए बिधाता ॥

श्रीरामचन्द्रजी की बाललीलाएँ बहुत ही सरल और सुन्दर हैं । शारदा, शेषजी, शिवजी और वेदों ने उनका गान किया है । जिनका मन इन लीलाओं में अनुरक्त नहीं हुआ, विधाता ने उन मनुष्यों को वञ्चित कर दिया (ठग लिया, भाग्यहीन बनाया) ॥१॥

Sharada, Shesha, Shiva and the Vedas have sung of his most innocent, charming, childish sports, and he whose heart does not warm to them has been brought into the world by God to no purpose.

भए कुमार जबहि सब भ्राता । दीन्ह जनेऊ गुर पितु माता ॥
गुरगृह गए पढ़न रघुराई । अलप काल बिद्या सब आई ॥

जैसे ही सब भाई कुमारावस्था के हुए, तैसे ही गुरु, पिता और माता ने उनका यज्ञोपवीत-संस्कार कर दिया । श्रीरघुनाथजी (भाइयों के साथ) गुरु के घर में विद्या पढ़ने गये और थोड़े ही समय में उन्हें सब विद्याएँ आ गयीं ॥२॥

As soon as the brothers were all grown up, the *guru* as well as their parents invested them with the sacred thread. The lord of Raghus then proceeded to his *guru's* house to study and in a short time mastered all the branches of knowledge.

जाकी सहज स्वास श्रुति चारी । सो हरि पढ़ यह कौतुक भारी ॥
बिद्या बिनय निपुन गुनसीला । खेलहिं खेल सकल नृपलीला ॥

चारों श्रुतियाँ (वेद) जिनके स्वाभाविक श्वास (मात्र) हैं, वे भगवान् पढ़ें, यह बड़ा भारी आश्चर्य है । चारों भाई विद्या, विनय, गुण और शील में निपुण हैं और सब राजाओं की लीलाओं के ही खेल खेलते हैं ॥३॥

What a great fun that Hari, whose natural breath stands crystallized in the form of the four Vedas, should go to school ! They became proficient in scholarship and modesty and virtue and decorum, and practised all princely sports.

करतल बान धनुष अति सोहा । देखत रूप चराचर मोहा ॥
जिन्ह बीथिन्ह बिहरैं सब भाई । थकित होहिं सब लोग लुगाई ॥

हाथों में धनुष और बाण बहुत ही शोभा दे रहे हैं । उनके (इस) रूप को देखकर जड़-चेतन सभी जीव मोहित हो जाते हैं । वे सब भाई जिन गलियों में खेलते (हुए निकलते) हैं, उन गलियों के सभी स्त्री-पुरुष स्नेह से शिथिल हो जाते हैं अथवा मुग्ध हो जाते हैं ॥४॥

How beautiful were the bow and arrows in their hands! So exceedingly lovely were they that all creation was ravished at the sight, and through whichever street the brothers passed in pursuit of their sport, all the men and women there stood motionless, thoroughly enraptured.

दो. –कोसलपुरबासी नर नारि बृद्ध अरु बाल ।
प्रानहुँ तें प्रिय लागत सब कहुँ राम कृपाल ॥२०४॥

अयोध्यावासी स्त्री, पुरुष, बूढ़े और बालक सभी को कृपालु श्रीरामचन्द्रजी प्राणों से भी बढ़कर प्रिय लगते हैं ॥२०४॥

The people of Ayodhya, men and women, old and young, held the gracious Rama dearer than their own lives.

चौ. –बंधु सखा सँग लेहिं बोलाई । बन मृगया नित खेलहिं जाई ॥
पावन मृग मारहिं जिय जानी । दिन प्रति नृपहि देखावहिं आनी ॥

(श्रीरामचन्द्रजी) भाइयों और इष्ट-मित्रों को बुला लेते हैं और नित्य वन में जाकर शिकार खेलते हैं । मन में पवित्र जानकर मृगों को मारते हैं और प्रतिदिन उन्हें लाकर राजा (दशरथजी) को दिखलाते हैं ॥१॥

Calling his brothers and playmates, Rama would take them with him and go out every day to hunt in the woods. He would deliberately kill only holy beasts and bring them and show his daily prey to the king.

जे मृग रामबान के मारे । ते तनु तजि सुरलोक सिधारे ॥
अनुज सखा सँग भोजन करहीं । मातु पिता अग्या अनुसरहीं ॥

जो मृग श्रीरामजी के बाणों से मारे जाते थे, वे शरीर छोड़कर देवलोक को चले जाते थे । (श्रीरामचन्द्रजी) अपने छोटे भाइयों और सखाओं के साथ भोजन करते हैं और माता-पिता की आज्ञा का पालन करते हैं ॥२॥

The beasts that were slain by Rama's shaft went straight to heaven after death. He would take his meals with his younger brothers and companions and carried out his parents' bidding.

जेहिं बिधि सुखी होहिं पुरलोगा । करहिं कृपानिधि सोइ संजोगा ॥
बेद पुरान सुनहिं मन लाई । आपु कहहिं अनुजन्ह समुझाई ॥

जिस तरह नगर के लोग (अयोध्यावासी) सुखी हों, कृपानिधान श्रीरामचन्द्रजी वही लीला करते हैं । वे मन लगाकर वेद-पुराण सुनते हैं और फिर उन्हें आप भी छोटे भाइयों को समझाकर कहते हैं ॥३॥

The all-gracious Lord Rama would always contrive means to delight the people of the city. He would listen attentively to the recital of the Vedas and Puranas and would himself expound the truths contained in them to his brothers.

प्रातकाल उठि कै रघुनाथा । मातु पिता गुरु नावहिं माथा ॥
आयसु माँगि करहिं पुरकाजा । देखि चरित हरषै मन राजा ॥

प्रातःकाल उठकर श्रीरघुनाथजी माता, पिता और गुरु को प्रणाम करते हैं और उनसे आज्ञा लेकर नगर का काम करते हैं । उनके चरित्र देख-देखकर राजा मन में हर्षित होते हैं ॥४॥

The lord of Raghus would get up early in the morning, and after bowing his head to his parents and preceptor, and taking their permission, would busy himself with the affairs of the city. The king was glad at heart to see his way of life.

दो. –ब्यापक अकल अनीह अज निर्गुन नाम न रूप ।
भगतहेतु नाना बिधि करत चरित्र अनूप ॥२०५॥

जो (भगवान्) व्यापक, अकल (निरवयव), इच्छारहित, अजन्मा और निर्गुण हैं तथा जिनका न तो कोई नाम है, न रूप, वही भक्तों के लिए नाना प्रकार के अलौकिक चरित्र करते हैं ॥२०५॥

The Lord, who is all-pervading, indivisible, desireless, unbegotten, impersonal and without name or form, performed wondrous acts of various kinds for the sake of his votaries.

चौ. –यह सब चरित कहा मैं गाई । आगिलि कथा सुनहु मन लाई ॥
बिस्वामित्र महामुनि ग्यानी । बसहिं बिपिन सुभ आश्रम जानी ॥

यह सब चरित्र मैंने गाकर कहा । अब आगे की कथा मन लगाकर सुनो । ज्ञानी महामुनि विश्वामित्रजी वन को शुभ आश्रम जानकर बसते थे, ॥१॥

All these doings I have now (elaborately) sung; now hear attentively what followed. The great enlightened sage Vishvamitra lived in a forest, deeming it a sacred retreat.

जहँ जप जग्य जोग मुनि करहीं । अति मारीच सुबाहुहि डरहीं ॥
देखत जग्य निसाचर धावहिं । करहिं उपद्रव मुनि दुख पावहिं ॥

जहाँ मुनि जप, यज्ञ और योग करते थे और मारीच तथा सुबाहु से बहुत डरा करते थे । यज्ञ देखते ही राक्षस दौड़ पड़ते थे और उपद्रव मचाते थे, जिससे मुनि दुःख पाते थे ॥२॥

There he practised *japa* (muttering of sacred formulas) and yoga (contemplation) and performed sacrifices; but he was much afraid of the demons Maricha and Subahu, for as soon as these demons saw a sacrifice, they would rush to desecrate it to the great chagrin of the sage, who felt grieved in his mind—

गाधितनय मन चिंता ब्यापी। हरि बिनु मरहिं न निसिचर पापी॥
तब मुनिबर मन कीन्ह बिचारा। प्रभु अवतरेउ हरन महिभारा॥

गाधि-पुत्र विश्वामित्रजी के मन में चिन्ता व्याप गयी कि भगवान् के (मारे) बिना ये पापी राक्षस नहीं मरेंगे। तब श्रेष्ठ मुनि ने मन में विचार किया कि प्रभु ने पृथ्वी के भार को हरने के लिए अवतार लिया है ॥३॥

—and reflected anxiously that the wicked demons could not be slain without the help of Hari. The great sage then said to himself, "The Lord has already become incarnate to relieve the earth of its burden.

एहूँ मिस देखौं पद जाई। करि बिनती आनौं दोउ भाई॥
ग्यान बिराग सकल गुन अयना। सो प्रभु मैं देखब भरि नयना॥

इसी बहाने जाकर मैं उनके चरणों के दर्शन करूँ और विनती करके दोनों भाइयों को यहाँ लिवा लाऊँ। जो प्रभु ज्ञान, वैराग्य और सब गुणों के धाम हैं, मैं उन्हें नेत्र भरकर देखूँगा ॥४॥

Let me make the outrage of the demons an excuse to go and see his feet and after due entreaty bring away the two brothers here. Thus shall I regale my eyes with the sight of him who is the abode of all knowledge, dispassion and virtue.

दो.—बहु बिधि करत मनोरथ जात लागि नहिं बार।
करि मज्जन सरऊजल गए भूपदरबार॥२०६॥

बहुत प्रकार से मनोरथ करते हुए जाने में उन्हें देर नहीं लगी। सरयू नदी के जल में स्नान करके वे राजा दशरथ के दरवाजे पर पहुँचे ॥२०६॥

His manifold longing brooked no delay on the journey, and after bathing in Sarayu's stream he proceeded to the royal court.

चौ.—मुनि आगमन सुना जब राजा। मिलन गएउ लै बिप्रसमाजा॥
करि दंडवत मुनिहि सनमानी। निज आसन बैठारेन्हि आनी॥

जब राजा ने मुनि का आना सुना, तब वे ब्राह्मणों के समाज को साथ लेकर मिलने गये और दण्डवत् प्रणाम करके मुनि का सम्मान करते हुए उन्हें अपने आसन पर ला बिठाया ॥१॥

When the king heard of the sage's visit, he went to meet him with a company of Brahmans. He fell prostrate before him and greeted him and reverently brought him in and seated him on his own throne.

चरन पखारि कीन्हि अति पूजा। मो सम आजु धन्य नहि दूजा॥
बिबिध भाँति भोजन करवावा। मुनिबर हृदय हरष अति पावा॥

(उनके) चरणों को धोकर बहुत पूजा की और कहा—मेरे समान धन्य आज दूसरा कोई नहीं है। फिर उन्हें तरह-तरह के भोजन करवाये, जिससे श्रेष्ठ मुनि अपने हृदय में बहुत ही हर्षित हुए ॥२॥

Then he washed the sage's feet and paid him great honours, saying, "No one else is so blessed as I this day !" The king next entertained him with all kinds of food, and the great sage was highly pleased.

पुनि चरननि मेले सुत चारी। राम देखि मुनि देह बिसारी॥
भए मगन देखत मुखसोभा। जनु चकोर पूरन ससि लोभा॥

फिर (राजा ने) चारों पुत्रों को मुनि के चरणों पर डाल दिया (प्रणाम कराया)। श्रीरामचन्द्रजी को देखकर मुनि अपने शरीर की सुधि भूल गए। श्रीरामजी के मुख की सुन्दरता देखते ही वे ऐसे मग्न हो गए, मानो चकोर पूर्ण चन्द्रमा को देखकर लुभा गया हो ॥३॥

He then placed his four sons on the sage's feet. At the sight of Rama the sage was stupefied. He was enraptured as he gazed on the beauty of Rama's countenance, as the partridge is ravished at the sight of the full moon.

तब मन हरषि बचन कह राऊ। मुनि अस कृपा न कीन्हिहु काऊ॥
केहि कारन आगमन तुम्हारा। कहहु सो करत न लावौं बारा॥

तब राजा ने मन में हर्षित होकर ये वचन कहे—हे मुनि! आपने ऐसी कृपा तो कभी नहीं की। आज किस कारण आपका शुभागमन हुआ? कहिए, उसे पूरा करने में मैं विलम्ब नहीं करूँगा ॥४॥

The king, glad at heart, then addressed him. "Reverend sir," he said, "never before have you done me such a favour. Tell me, what brings you here ? I will carry out your order without delay."

असुरसमूह सतावहिं मोही। मैं जाचन आएउँ नृप तोही॥
अनुज समेत देहु रघुनाथा। निसिचरबध मैं होब सनाथा॥

(तब मुनि ने उत्तर दिया—) हे राजन्! राक्षसों के समूह मुझे बहुत सताते हैं। (इस कारण) मैं तुमसे कुछ माँगने आया हूँ। छोटे भाईसहित श्रीरघुनाथजी को मुझे दो। राक्षसों के वध से (उनके मारे जाने पर) मैं सनाथ हो जाऊँगा ॥५॥

"A band of demons has been tormenting me," said the sage; "I have come to you, O king, with a request. Let me have the lord of Raghus, Rama, and his younger brother (Lakshmana), that by the extermination of the demons I may feel secure.

दो. –देहु भूप मन हरषित तजहु मोह अज्ञान ।
धर्म सुजस प्रभु तुम्ह कौं इन्ह कहँ अति कल्यान ॥२०७॥

हे राजन् ! प्रसन्न मन से इनको दो, मोह और अज्ञान को छोड़ो । हे स्वामी ! इससे तुम्हें धर्म और सुयश की प्राप्ति होगी और इनका भी परम कल्याण होगा ॥२०७॥

Entrust them to me, O king, with a cheerful heart and let no infatuation or ignorance stand in your way. Thereby you, sire, will earn religious merit and fair renown, and your sons a blessing."

चौ. –सुनि राजा अति अप्रिय बानी । हृदय कंप मुखदुति कुमुलानी ॥
चौथें पन पाएउँ सुत चारी । बिप्र बचन नहिं कहेहु बिचारी ॥

(मुनि की) इस अत्यन्त अप्रिय वाणी को सुनकर राजा का हृदय कंपित हो उठा और उनके मुख की कान्ति फीकी पड़ गयी । (उन्होंने कहा –) हे ब्राह्मण ! मैंने चौथेपन में चार पुत्र पाये हैं; आपने सोच-समझकर बात नहीं कही ॥१॥

When the king heard this most unwelcome demand, his heart beat fast and the brightness of his countenance faded. "Brahman," he said, "I have been blessed with these four sons in my old age; you have, therefore, made your demand without due reflection.

माँगहु भूमि धेनु धन कोसा । सर्बस देउँ आजु सहरोसा ॥
देह प्रान तें प्रिय कछु नाहीं । सोउ मुनि देउँ निमिष एक माहीं ॥

हे मुनि ! आप भूमि, गौ, धन और खजाना माँग लीजिए, मैं आज सहर्ष अपना सर्वस्व दे दूँगा । देह और प्राण से अधिक प्यारा कुछ भी नहीं होता, मैं उसे भी एक पल में दे डालूँगा ॥२॥

Ask of me land, cattle, wealth or treasure; gladly will I give you my all this day. Nothing is dearer than one's body and life; even these, O sage, will I give you in a second.

सब सुत प्रीय प्रान की नाईं । राम देत नहिं बनै गोसाईं ॥
कहँ निसिचर अति घोर कठोरा । कहँ सुंदर सुत परम किनोरा ॥

(यों तो) सभी पुत्र मुझे प्राणों के समान प्यारे हैं, पर उनमें भी हे प्रभो ! राम को तो (किसी प्रकार भी) देते नहीं बनता । कहाँ वे अत्यन्त डरावने और क्रूर राक्षस और कहाँ परम किशोर अवस्था के (सुकुमार) मेरे सुन्दर पुत्र ! ॥३॥

All my sons are dear to me as life; but, O saint, in no case can I afford to spare Rama ! My lovely boys, who are yet too young, are no match for the most hideous and cruel demons."

सुनि नृपगिरा प्रेमरस सानी । हृदय हरष माना मुनि ज्ञानी ॥
तब बसिष्ठ बहु बिधि समुझावा । नृपसंदेह नास कहँ पावा ॥

राजा की प्रेम-रस में सनी वाणी को सुनकर ज्ञानी मुनि विश्वामित्रजी ने हृदय में बड़ा हर्ष माना । तब वसिष्ठजी ने राजा को बहुत प्रकार से समझाया, जिससे राजा का संदेह मिट गया ॥४॥

The enlightened sage Vishvamitra felt delighted at heart to hear the king's affectionate reply. Then Vasishtha pleaded much with the king so that his doubts were dispelled.

अति आदर दोउ तनय बोलाए । हृदय लाइ बहु भाँति सिखाए ॥
मेरे प्रान नाथ सुत दोऊ । तुम्ह मुनि पिता आन नहि कोऊ ॥

बड़े ही आदर से राजा ने दोनों पुत्रों को बुलाया और हृदय से लगाकर बहुत प्रकार से सिखाया । (फिर कहा –) हे नाथ ! ये दोनों पुत्र मेरे प्राण हैं । हे मुनि ! (अब) इनके पिता आप ही हैं, दूसरा कोई नहीं ॥५॥

Most politely he sent for his two sons and clasped them to his bosom and admonished them in many ways. Turning to the sage, he then said, "My lord, the two sons are my life. You are now their father, holy sir, you and no other !"

दो. –सौंपे भूप रिषिहि सुत बहु बिधि देइ असीस ।
जननीभवन गए प्रभु चले नाइ पद सीस ॥२०८ (क)॥

(इसके बाद) राजा ने बहुत तरह से आशीर्वाद देकर ऋषि को दोनों पुत्र सौंप दिये । फिर प्रभु माता के महल में गये और उनके चरणों में सिर नवाकर चले ॥२०८(क)॥

The king entrusted his two sons to the seer, again and again blessing them; then the Lord went to his mother's apartment, bowed his head before her feet and departed.

सो. –पुरुषसिंह दोउ बीर हरषि चले मुनि भय हरन ।
कृपासिंधु मतिधीर अखिल बिस्व कारन करन ॥२०८ (ख)॥

पुरुषों में सिंह-सरीखे दोनों भाई मुनि का भय हरने के लिए प्रसन्न होकर चले । वे कृपा-सागर, धीरबुद्धि और सम्पूर्ण विश्व के कारण के भी कारण है ॥२०८(ख)॥

The two heroes, lions among men, oceans of compassion, resolute of purpose and primal causes of the whole universe, gladly went forth to relieve the sage of his fear.

चौ. –अरुन नयन उर बाहु बिसाला । नील जलज तनु स्याम तमाला ॥
कटि पट पीत कसे बर भाथा । रुचिर चाप सायक दुहुँ हाथा ॥

(भगवान् श्रीराम के) लाल नेत्र हैं, चौड़ी छाती और विशाल भुजाएँ हैं, नीलकमल और तमाल के वृक्ष की तरह साँवला शरीर है, कमर में पीताम्बर

(पहने) और सुन्दर तरकश कसे हुए हैं। दोनों हाथों में सुन्दर धनुष और बाण हैं ॥१॥

Dawn-bright-eyed, broad-chested, with long arms, and body dark as the dark-blue lotus or the *tamala* tree, with a beautiful quiver fastened at his back with a yellow piece of cloth wrapped round his waist, he (Rama) held in his two hands a lovely bow and arrows.

स्याम गौर सुंदर दोउ भाई। बिस्वामित्र महानिधि पाई ॥
प्रभु ब्रह्मन्य देव मैं जाना। मोहि निति पिता तजेउ भगवाना ॥

साँवले और गोरे रंग के दोनों भाई परम सुन्दर हैं। विश्वामित्रजी को मानो महान् निधि मिल गयी। (वे सोचने लगे –) मैं जान गया कि प्रभु ब्रह्मण्यदेव (ब्राह्मणों के भक्त) हैं। मेरे लिए भगवान् ने अपने पिता को भी तज दिया ॥२॥

In the two pretty boys, one of whom was dark and the other fair, Vishvamitra acquired a priceless treasure. "I have now realized," said he to himself, "that the Lord is a votary of the Brahmans, for on my account he has left his father."

चले जात मुनि दीन्हि देखाई। सुनि ताड़का क्रोध करि धाई ॥
एकहि बान प्रान हरि लीन्हा। दीन जानि तेहि निज पद दीन्हा ॥

(रास्ते में) चले जाते हुए मुनि ने ताड़का को दिखलाया। (मुनि के वचन) सुनते ही वह क्रोध करके दौड़ी। श्रीरामजी ने एक ही बाण से उसके प्राण हर लिये और दीन जानकर उसे निज पद (अपना दिव्य स्वरूप) दिया[1] ॥३॥

As they went on, the sage pointed out the demoness Tadaka, who on hearing their voice rushed up in a fury. With a single arrow the Lord took her life, but considering her wretched bestowed his own state on her, *i.e.*, granted her a place in his own realm.

तब रिषि निज नाथहि जिय चीन्ही। बिद्यानिधि कहुँ बिद्या दीन्ही ॥
जा तें लाग न छुधा पिपासा। अतुलित बल तनु तेज प्रकासा ॥

तब ऋषि (विश्वामित्र) ने प्रभु को मन में विद्या का भण्डार समझते हुए भी ऐसी विद्या दी, जिससे भूख-प्यास न लगे और शरीर में अपार बल और तेज का प्रकाश रहे ॥४॥

Though the seer Vishvamitra recognized his Lord as the fountain of all wisdom, he imparted to him a sacred formula which armed him against hunger and thirst and endowed him with unequalled strength of body and radiant vigour.

दो. –आयुध सर्ब समर्पि कै प्रभु निज आश्रम आनि।
कंद मूल फल भोजन दीन्ह भगति हित जानि ॥२०९॥

सारे अस्त्र-शस्त्रों को समर्पित करके मुनि प्रभु श्रीरामजी को अपने आश्रम में ले आए और उन्हें भक्त-हितकारी जानकर कंद, मूल और फल का भोजन कराया ॥२०९॥

He made over to the Lord every weapon and brought him into his own hermitage and devoutly gave him bulbs and roots and fruit to eat, perceiving in him his greatest friend.

चौ. –प्रात कहा मुनि सन रघुराई। निर्भय जग्य करहु तुम्ह जाई ॥
होम करन लागे मुनि झारी। आपु रहे मख की रखवारी ॥

प्रातःकाल श्रीरघुनाथजी ने मुनि से कहा – आप जाइए और निडर होकर यज्ञ कीजिए। यह सुनकर सब मुनि हवन करने लगे। आप (श्रीरामजी) यज्ञ की रखवाली के लिए रहे ॥१॥

At daybreak Raghunatha said to the sage, "Go and perform the sacrifice, and fear not." All the sages then began to offer oblations into the sacred fire, while Rama himself guarded the sacrifice.

सुनि मारीच निसाचर क्रोही। लै सहाय धावा मुनिद्रोही ॥
बिनु फर बान राम तेहि मारा। सत जोजन गा सागरपारा ॥

(होम के 'स्वाहा' शब्द को) सुनकर मुनियों के शत्रु क्रोधी राक्षस मारीच ने अपने सहायकों को लेकर धावा कर दिया। श्रीरामजी ने बिना फलवाला एक बाण उसे ऐसा मारा कि वह सौ योजन विस्तारवाले समुद्र के पार जा गिरा ॥२॥

On hearing of it, that foe of the sages, the furious demon Maricha, stormed them with his army. Rama struck him with a headless arrow, and he fell at a distance of eight hundred miles beyond the sea.

पावकसर सुबाहु पुनि मारा। अनुज निसाचरकटकु सँघारा ॥
मारि असुर द्विज निर्भयकारी। अस्तुति करहिं देव मुनि झारी ॥

फिर अग्निबाण से सुबाहु को मारा। इधर छोटे भाई लक्ष्मणजी ने राक्षसों की सम्पूर्ण सेना का संहार कर डाला। इस प्रकार श्रीरामजी ने राक्षसों को मारकर ब्राह्मणों को निर्भय कर दिया। (इसके फलस्वरूप) सारे देवता और मुनि[1] स्तुति करने लगे ॥३॥

---

१. स्त्री-वध से असुरों के विनाश का श्रीगणेश होता है। (कृष्णावतार में भी सबसे पहले पूतना का ही वध होता है।) इसका कारण यह है कि ताड़का दुराशारूप है और दुराशा के प्रथम नाश होने से शेष आसुरी सम्पत्ति का नाश होता है। कहने की आवश्यकता नहीं कि आसुरी शक्ति के विनाश के लिए ही प्रभु अवतरित होते हैं।

१. 'झारी' अर्थात् 'समूह'। जहाँ पहले समर्थ मुनि ही यज्ञ करते थे, वहाँ श्रीरामजी का बल पाकर अब सब-के-सब एक साथ ही यज्ञ करने में जुट गए।

The Lord next slew Subahu with an arrow of fire; while his younger brother, Lakshmana, massacred the demon host. Having killed the demons in this way, the Lord rid the Brahmans of their fear, and the whole company of gods and sages sang his praises.

तहँ पुनि कछुक दिवस रघुराया। रहे कीन्हि बिप्रन्ह पर दाया ॥
भगतिहेतु बहु कथा पुराना। कहे बिप्र जद्यपि प्रभु जाना ॥

फिर वहाँ कुछ दिन और रहकर श्रीरघुनाथजी ने ब्राह्मणों पर दया की। भक्ति के कारण ब्राह्मणों ने उन्हें पुराणों की बहुत-सी कथाएँ कहीं, यद्यपि प्रभु उन्हें जानते थे ॥४॥

Raghunatha stayed there a few more days and showed his grace to the Brahmans. Even though the Lord knew everything, the Brahmans for very love related to him many legends from the Puranas.

तब मुनि सादर कहा बुझाई। चरित एक प्रभु देखिअ जाई ॥
धनुषजग्य करि रघुकुलनाथा। हरषि चले मुनिबर के साथा ॥

इसके बाद मुनि ने आदरपूर्वक समझाकर कहा—हे प्रभो ! चलकर एक चरित्र देखिए। रघुकुल के स्वामी श्रीरामचन्द्रजी धनुषयज्ञ की बात सुनकर मुनिश्रेष्ठ (विश्वामित्रजी) के साथ सहर्ष चल पड़े ॥५॥

The sage then politely said to him in a pleading tone, "Let us, my Lord, go and witness a certain ceremony." When the lord of the house of Raghu heard of the contest of the bow, he gladly set out with the noble sage (Vishvamitra).

आश्रम एक दीख मग माहीं। खग मृग जीव जंतु तहँ नाहीं ॥
पूछा मुनिहि सिला प्रभु देखी। सकल कथा मुनि कही बिसेषी ॥

उन्हें रास्ते में एक आश्रम दिखायी पड़ा। वहाँ पशु-पक्षी, जीव-जन्तु न थे। जब पत्थर की एक शिला को देखकर प्रभु ने पूछा, तब मुनि ने विस्तारपूर्वक सब कथा कह सुनायी ॥६॥

On the way they saw a hermitage without bird or beast or any other living creature. Noticing a rock lying there, the Lord asked the sage about it, and the latter told him the whole story in detail.

दो.—गौतमनारि श्रापबस उपलदेह धरि धीर।
चरनकमल रज चाहति कृपा करहु रघुबीर ॥२१०॥

गौतम मुनि की स्त्री (अहल्या) शाप के कारण पत्थर की देह धारण किये बड़े धैर्य से आपके चरण-कमलों की धूलि चाहती है। हे रघुबीर ! इसपर कृपा कीजिए ॥२१०॥

"Gautama's consort," he said, "was turned into a stone by a curse, and is patiently longing for the dust of your lotus feet. Have mercy on her, O hero of Raghu's race !"

छं.—परसत पद पावन सोकनसावन प्रगट भई तपपुंज सही।
देखत रघुनायक जनसुखदायक सनमुख होइ कर जोरि रही ॥
अति प्रेम अधीरा पुलक सरीरा मुख नहिं आवै बचन कही।
अतिसय बड़भागी चरनन्हि लागी जुग नयनन्हि जलधार बही ॥१॥

पवित्र और शोक को नाश करनेवाले श्रीरामजी के चरणों का स्पर्श होते ही सचमुच वह तपोमूर्ति अहल्या प्रकट हो गयी। भक्तों को सुख देनेवाले श्रीरघुनाथजी को देखकर वह सामने हाथ जोड़कर खड़ी रह गयी। अत्यन्त प्रेम के कारण वह विह्वल हो गयी; उसका शरीर पुलकित हो उठा; मुख से वचन (कहने में) नहीं निकलते थे। वह अत्यन्त भाग्यशालिनी अहल्या प्रभु के चरणों से लिपट गयी और उसके दोनों नेत्रों से जल की धारा बहने लगी ॥१॥

At the very touch of his holy feet, which drive away sorrow, verily emerged Ahalya, a true embodiment of austerity. Beholding the lord of Raghus, joy of the faithful, she stood before him with folded hands. Overwhelmed with love and all unstrung, she was unable to utter a word. The most blessed Ahalya clung to his feet and tears streamed from both her eyes.

धीरजु मन कीन्हा प्रभु कहुँ चीन्हा रघुपति कृपा भगति पाई।
अति निर्मल बानी अस्तुति ठानी ग्यानगम्य जय रघुराई ॥
मैं नारि अपावन प्रभु जगपावन रावनरिपु जनसुखदाई।
राजीव बिलोचन भवभय मोचन पाहि पाहि सरनहि आई ॥२॥

उसने मन में धैर्य धारण कर प्रभु को पहचाना और श्रीरघुनाथजी की कृपा से उसे भक्ति प्राप्त हुई। तब अत्यन्त निर्मल वाणी से उसने स्तुति प्रारम्भ की—हे ज्ञान से जाननेयोग्य श्रीरघुनाथजी ! आपकी जय हो ! मैं अपवित्र स्त्री हूँ; और हे प्रभो ! आप जगत् को पावन करनेवाले, भक्तों को सुख देनेवाले और रावण के शत्रु हैं ! हे कमलनयन ! हे जन्म-मरण के भय से छुड़ानेवाले ! मैं आपकी शरण आयी हूँ; मेरी रक्षा कीजिए, रक्षा कीजिए ॥२॥

Recovering herself, she recognized the Lord and by the grace of Raghunatha attained devotion to his feet. In a speech framed in the purest of words she began to hymn his praise: "Glory to the lord of Raghus, whom only spiritual knowledge may reveal ! I am an impure woman, while the Lord is able to sanctify the world of sin and is the delight of the faithful ! O lotus-eyed foe of Ravana, you rid your devotees of the terror of rebirth; therefore, I have come to you for refuge ! Pray save me, save me !

मुनि श्राप जो दीन्हा अति भल कीन्हा परम अनुग्रह मैं माना।
देखेउँ भरि लोचन हरि भवमोचन इहै लाभ संकर जाना॥
बिनती प्रभु मोरी मैं मतिभोरी नाथ न मागौं बर आना।
पद कमल परागा रस अनुरागा मम मन मधुप करै पाना॥३॥

(गौतम) मुनि ने जो मुझे शाप दिया, वह बहुत ही अच्छा किया। मैं उसे उनकी अत्यन्त कृपा मानती हूँ जिसके कारण मैंने संसार से छुड़ानेवाले श्रीहरि को नेत्र भरकर देखा। इसी (आपके दर्शन) को शंकरजी सबसे बड़ा लाभ समझते हैं। हे प्रभो! मैं बुद्धि की भोली हूँ। मेरी एक विनती है। हे नाथ! मैं कोई दूसरा वर नहीं माँगती; केवल यही चाहती हूँ कि मेरा मनरूपी भौंरा आपके चरण-कमल की रज के प्रेमरूपी रस का सदा पान किया करे॥३॥

Well was it that the sage pronounced a curse on me, and I count it as a great favour, for I have feasted my eyes on Hari, deliverer from the bondage of worldly existence, a vision Shankara regards as the only blessing worth the name. Lord, I am very innocent of heart; I have only one request to make. I seek no other boon from you, my master; may my soul like a bee sip the honey of devotion to the dust of your lotus feet !

जेहि पद सुरसरिता परम पुनीता प्रगट भई सिव सीस धरी।
सोई पद पंकज जेहि पूजत अज मम सिर धरेउ कृपाल हरी॥
एहि भाँति सिधारी गौतमनारी बार बार हरिचरन परी।
जो अति मन भावा सो बरु पावा गै पतिलोक अनंद भरी॥४॥

जिन चरणों से परम पवित्र देवनदी (गङ्गाजी) प्रकट हुईं, जिन्हें शिवजी ने सिर पर धारण किया और जिन चरणकमलों को ब्रह्माजी पूजते हैं, कृपालु हरि ने उन्हीं (चरणों) को मेरे सिर पर रक्खा। इस प्रकार बार-बार भगवान् के चरणों में गिरकर, जो मन को बहुत ही अच्छा लगा था उसी वर को पाकर, गौतम की स्त्री अहल्या आनन्द में भरी हुई अपने पतिलोक को चली गयी॥४॥

The merciful Lord Hari placed on my head the same lotus feet from which sprang the most holy Ganga (the heavenly river), which is borne by Shiva on his head, the feet which are adored by Brahma !" Having thus praised Hari and falling again and again at his feet, Gautama's wife took leave of the Lord; and winning a boon, which she held most dear to her heart, went rejoicing to her husband's abode.

दो. –अस प्रभु दीनबंधु हरि कारन रहित दयाल।
तुलसिदास सठ तेहि भजु छाड़ि कपट जंजाल॥२११॥

प्रभु (श्रीरामचन्द्रजी) ऐसे ही दीनबन्धु और बिना कारण दया करनेवाले हैं। तुलसीदासजी कहते हैं, हे शठ (मन)! तू कपट-जंजाल छोड़कर उन्हीं का भजन कर॥२११॥

The Lord Rama is such a great friend of the humble and so causelessly compassionate ! Adore only him, O foolish Tulasidasa, and give up all entanglements of deceit !

मासपारायण, सातवाँ विश्राम

चौ. –चले राम लछिमन मुनिसंगा। गए जहाँ जगपावनि गंगा॥
गाधिसूनु सब कथा सुनाई। जेहि प्रकार सुरसरि महि आई॥

श्रीरामजी और लक्ष्मणजी मुनि के साथ चल पड़े। वे वहाँ गये जहाँ जगत् को पवित्र करनेवाली गङ्गाजी थीं। राजा गाधि के पुत्र विश्वामित्रजी ने वह सब कथा कह सुनायी कि किस प्रकार देवनदी गङ्गाजी पृथ्वी पर उतरी थीं॥१॥

Rama and Lakshmana accompanied the sage and came to the bank of the world-purifying Ganga. The son of Gaadhi, Vishvamitra, related the whole story of how the celestial stream came to earth.

तब प्रभु रिषिन्ह समेत नहाए। बिबिध दान महिदेवन्हि पाए॥
हरषि चले मुनिबृंद सहाया। बेगि बिदेहनगर निअराया॥

तब प्रभु ने ऋषियों के साथ (गङ्गाजी में) स्नान किया। ब्राह्मणों ने तरह-तरह के दान पाये। फिर मुनिवृन्द के साथ वे प्रसन्न होकर चले और शीघ्र ही जनकपुर के निकट पहुँच गए॥२॥

The Lord then bathed with the sages, and the Brahmans received gifts of various kinds. Accompanied by a company of sages the Lord gladly went on and soon drew near to the city of Videha, Janakpur.

पुररम्यता राम जब देखी। हरषे अनुज समेत बिसेषी॥
बापी कूप सरित सर नाना। सलिल सुधा सम मनिसोपाना॥

जब श्रीरामजी ने जनकपुर की शोभा देखी, तब वे छोटे भाई (लक्ष्मण) के साथ बड़े प्रसन्न हुए। वहाँ अनेक बावलियाँ, कुएँ, नदी और तालाब हैं, जिनमें अमृत के समान जल है और मणियों की सीढ़ियाँ हैं॥३॥

When Rama beheld the beauty of the city, he and his younger brother were much delighted. There were many big and small wells, rivers and tanks with water as sweet as nectar and jewelled steps.

गुंजत मंजु मत्त रस भृंगा। कूजत कल बहु बरन बिहंगा॥
बरन बरन बिकसे बनजाता। त्रिबिध समीर सदा सुखदाता॥

पुष्प-रस पीकर और मतवाले होकर भौंरे सुन्दर गुंजार कर रहे हैं। रंग-बिरंगे पक्षी मधुर शब्द कर रहे हैं। रंग-रंग के कमल खिले हैं; सदा सुख देनेवाला शीतल, मन्द, सुगन्ध पवन बह रहा है।४॥

Bees, drunk with honey, made a sweet humming sound and birds of varied plumage softly cooed. Lotuses of many hues blossomed, and a cool, soft and fragrant breeze ever delighted the soul.

दो. –सुमन बाटिका बाग बन बिपुल बिहंग निवास।
फूलत फलत सुपल्लवत सोहत पुर चहुँ पास ॥२१२॥

फुलवारी, बाग और वन, जिनमें बहुत-से पक्षियों का निवास है, फूलते-फलते और सुन्दर पत्तों से लदे हुए नगर के चारों ओर शोभा दे रहे हैं ॥२१२॥

On all sides of the city were lovely flower-gardens, orchards and groves, the haunt of innumerable birds, full of flowers and fruits and beauteous leaves.

चौ. –बनै न बरनत नगरनिकाई। जहाँ जाइ मन तहँ लोभाई ॥
चारु बजारु बिचित्र अवारी। मनिमय बिधि जनु स्वकर सँवारी ॥

उस (जनकपुर) नगर की सुन्दरता का वर्णन करते नहीं बनता। मन जहाँ जाता है वहीं लुभा जाता है। सुन्दर बाजार हैं, मणियों से बने हुए विचित्र छज्जे हैं, मानो ब्रह्मा ने उन्हें अपने हाथों से सँवारा-सजाया है ॥१॥

Inexpressibly beautiful was the city (of Janakpur); go where one might, the soul was captivated. Splendid markets and wondrous balconies all studded with jewels, as though Brahma had fashioned them with his own hands, were there.

धनिक बनिक बर धनद समाना। बैठे सकल बस्तु लै नाना ॥
चौहट सुंदर गली सुहाई। संतत रहहिं सुगंध सिंचाई ॥

कुबेर-जैसे श्रेष्ठ धनी व्यापारी सब प्रकार की अनेक वस्तुएँ लेकर (दुकानों को सजाये हुए) बैठे हैं। सुन्दर चौराहे और सुहावनी गलियाँ सदा सुगन्ध से सींची रहती हैं ॥२॥

Thriving bankers and traders, very Kuberas of wealth, sat with all their various goods displayed. Fine squares and well-planned streets were constantly sprinkled with fragrant waters.

मंगलमय मंदिर सब केरें। चित्रित जनु रतिनाथ चितेरें ॥
पुर नर नारि सुभग सुचि संता। धरमसील ग्यानी गुनवंता ॥

सभी (पुरवासियों) के घर मङ्गलमय हैं और उन पर चित्र कढ़े हुए हैं, जिन्हें मानो कामदेव-जैसे चित्रकार ने अंकित किया है। नगर के स्त्री-पुरुष सुन्दर, पवित्र, साधु स्वभाववाले, धर्मात्मा, ज्ञानी और गुणवान् हैं ॥३॥

The houses of all were abodes of bliss and contained beautiful wall-paintings done, as it were, by Rati's lord (Cupid) himself. The people of the city, both men and women, were graceful, pious, saintly, virtuous, wise and accomplished.

अति अनूप जहँ जनकनिवासू। बिथकहिं बिबुध बिलोकि बिलासू ॥
होत चकित चित कोट बिलोकी। सकल भुवन सोभा जनु रोकी ॥

जहाँ जनकजी का अत्यन्त अनुपम निवासस्थान है, वहाँ के ऐश्वर्य को देखकर देवता भी स्तम्भित हो जाते हैं। कोट (राजमहल के परकोटे) को देखकर चित्त चकित हो जाता है, मानो उसने समस्त लोकों की शोभा को (अपने भीतर) रोक रखा है ॥४॥

The palace of king Janaka was most marvellous, the sight of whose splendour astounded even gods. Even the surrounding walls filled the mind with wonder; it seemed as though they had enclosed within their limits the beauty of all the worlds.

दो. –धवल धाम मनि पुरट पटु सुघटित नाना भाँति।
सियनिवास सुंदर सदन सोभा किमि कहि जाति ॥२१३॥

धवल (उज्ज्वल) राजमहलों में नाना प्रकार के सुन्दर ढंग से बनाये गए मणिजटित सोने की जरी के पर्दे लगे हुए हैं। सीताजी के रहने के सुन्दर भवन की शोभा का वर्णन किया ही कैसे जा सकता है? ॥२१३॥

White palaces were screened here and there by bejewelled gold tapestries of various beautiful designs; while the exquisite mansion where Sita lived defied description.

चौ. –सुभग द्वार सब कुलिस कपाटा। भूप भीर नट मागध भाटा ॥
बनी बिसाल बाजि गज साला। हय गय रथ संकुल सब काला ॥

(राजमहल के) सब दरवाजे सुन्दर हैं, जिनमें वज्र के (हीरों के) किवाड़ लगे हैं। वहाँ राजाओं, नटों, मागधों और भाटों की भीड़ लगी ही रहती है। घोड़ों और हाथियों के लिए भी बहुत विशाल घुड़शालें और गजशालाएँ बनी हुई हैं, जो सब समय घोड़े, हाथी और रथों से परिपूर्ण रहती हैं ॥१॥

The gateways to the palace were all beautiful and protected with doors of diamond.[1] They were always thronged with feudatory princes, acrobats, panegyrists and bards. There were spacious stables for horses and stalls for elephants, which were crowded at all hours with steeds, elephants and chariots.

सूर सचिव सेनप बहुतेरे। नृपगृह सरिस सदन सब केरे ॥
पुर बाहेर सर सरित समीपा। उतरे जहँ तहँ बिपुल महीपा ॥

1. *Kulisa Kapata* or doors most massive with panels of adamant; massive like thunderbolts.

अनेक शूरवीर, मन्त्री और सेनापति हैं; उन सबके घर भी राजभवन के तुल्य हैं। नगर के बाहर तालाब और नदी के निकट जहाँ-तहाँ बहुत से राजा लोग डेरा डाले हुए हैं ॥२॥

Many were the warriors, ministers and generals, who all owned mansions that vied with the royal palace. Outside the city, by lake and river, a number of princes had pitched their camps.

देखि अनूप एक अँबराई। सब सुपास सब भाँति सुहाई॥
कौसिक कहेउ मोर मनु माना। इहाँ रहिअ रघुबीर सुजाना॥

आमों का एक अनुपम बगीचा देखकर, जहाँ सब प्रकार की सुविधाएँ थीं और जो सब तरह से सुन्दर था, विश्वामित्रजी ने कहा — हे सुजान रघुवीर! मेरा मन कहता है कि यहीं ठहरा जाय ॥३॥

Seeing an incomparably beautiful mango-grove, a most agreeable and convenient spot, Vishvamitra said, "O wise hero of Raghu's race, this is just what I like; let us stay here."

भलेहि नाथ कहि कृपानिकेता। उतरे तहँ मुनिबृंद समेता॥
बिस्वामित्रु महामुनि आए। समाचार मिथिलापति पाए॥

कृपा के स्थान श्रीरामचन्द्रजी 'बहुत अच्छा, स्वामिन्!' कहकर वहीं मुनि-समूह के साथ ठहर गए। मिथिलापति (जनकजी) ने जब यह समाचार पाया कि महामुनि विश्वामित्र आये हैं, ॥४॥

"Very well, my lord," replied the gracious Lord, and encamped there with all the hermit train. When the king of Mithila heard the news that the great sage Vishvamitra had come,—

दो. —संग सचिव सुचि भूरि भट भूसुर बर गुर ग्याति।
चले मिलन मुनिनायकहि मुदित राउ येहि भाँति ॥२१४॥

तब उन्होंने पवित्र हृदय के मन्त्री, बहुत-से योद्धा, श्रेष्ठ ब्राह्मण, गुरु (शतानन्दजी) और अपनी जाति के श्रेष्ठ लोगों को साथ लिया। इस प्रकार प्रसन्न मन से राजा मुनियों के स्वामी विश्वामित्रजी से मिलने चले ॥२१४॥

—he took with him his loyal ministers, a company of gallant warriors, noble Brahmans, his family preceptor (Shatananda) and the chief of his kinsmen, and thus the king went forth rejoicing to meet the chief of sages.

चौ. —कीन्ह प्रनामु चरन धरि माथा। दीन्हि असीस मुदित मुनिनाथा॥
बिप्रबृंद सब सादर बंदे। जानि भाग्य बड़ राउ अनंदे॥

(राजा ने) मुनि के चरणों पर सिर रखकर प्रणाम किया। मुनिनाथ विश्वामित्रजी ने प्रसन्न होकर आशीर्वाद दिया। फिर सारी ब्राह्मणमण्डली को सादर प्रणाम किया और अपना बड़ा भाग्य जानकर राजा आनन्द से भर गए ॥१॥

Placing his head on the sage's feet, the king made obeisance, and the lord of sages, Vishvamitra, gladly gave him his blessing. The king then respectfully saluted the Brahmans and rejoiced at his good fortune.

कुसल प्रस्न कहि बारहि बारा। बिस्वामित्र नृपहि बैठारा॥
तेहि अवसर आए दोउ भाई। गए रहे देखन फुलवाई॥

बार-बार कुशलप्रश्न कहकर विश्वामित्रजी ने राजा को बिठाया। उसी समय दोनों भाई भी आ पहुँचे, जो फुलवारी देखने गये थे ॥२॥

After making many inquiries as to his health and welfare, Vishvamitra conducted the king to a seat. Just at that moment arrived the two half-brothers, who had gone to see the garden.

स्याम गौर मृदु बयस किसोरा। लोचन सुखद बिस्व चित चोरा॥
उठे सकल जब रघुपति आए। बिस्वामित्र निकट बैठाए॥

सुकुमार किशोर अवस्थावाले, साँवले और गोरे रंग के दोनों कुमार आँखों को सुख देनेवाले और सम्पूर्ण विश्व के चित्त को चुरानेवाले थे। जब रघुनाथजी आये तब सभी उठकर खड़े हो गए। विश्वामित्रजी ने उनको अपने पास बिठा लिया ॥३॥

One dark and the other fair, the two lads were yet in childhood's tender bloom. A delight to all eyes, they stole the hearts of the whole world. All those present there rose when Raghunatha entered, and Vishvamitra seated him by his own side.

भये सब सुखी देखि दोउ भ्राता। बारि बिलोचन पुलकित गाता॥
मूरति मधुर मनोहर देखी। भयेउ बिदेहु बिदेहु बिसेषी॥

राम-लक्ष्मण को देखकर सभी सुखी हुए। सबके नेत्रों में आनन्द और प्रेम के आँसू उमड़ पड़े और उनके शरीर रोमाञ्चित हो उठे। रामजी की मधुर तथा मन को हरनेवाली मूर्ति को देखकर विदेह (जनक) विशेष रूप से विदेह (देह की सुध-बुध से रहित) हो गए ॥४॥

All were delighted to see the two brothers; tears rushed to their eyes and their bodies thrilled with rapture. Beholding Rama's sweet and charming appearance, King Videha (Janaka) was particularly beside himself with joy.

दो. —प्रेम मगन मनु जानि नृपु करि बिबेकु धरि धीर।
बोलेउ मुनिपद नाइ सिरु गदगद गिरा गभीर ॥२१५॥

(अपने) मन को प्रेम-मग्न जानकर राजा (जनक) ने विवेक से धीरज धारण किया और मुनि के चरणों में सिर नवाकर गद्‌गद तथा गम्भीर वाणी में कहा — ॥२१५॥

Finding his heart overwhelmed with love, the king discreetly composed himself, and, bowing his head at the sage's feet, addressed him in solemn accents, choking with emotion:

चौ. –कहहु नाथ सुंदर दोउ बालक। मुनिकुलतिलक कि नृपकुलपालक॥
ब्रह्म जो निगम नेति कहि गावा। उभय बेष धरि की सोइ आवा॥

हे नाथ! कहिए, ये दोनों सुन्दर बालक मुनिकुल के सिरमौर हैं या किसी राजकुल के पालक? जिसका वेदों ने 'नेति' कहकर गान किया है, कहीं वही ब्रह्म तो इन दोनों (राजकुमारों) का वेष धरकर नहीं आ गया है? ॥१॥

"Tell me, my lord, are these two pretty boys the ornament of a line of sages, or the bulwarks of a kingly line? Or is it that Brahma (the Absolute), whom the Vedas describe in negative terms such as 'Not thus' (Neti), has appeared in dual form?

सहज बिराग रूप मनु मोरा। थकित होत जिमि चंद चकोरा॥
ता ते प्रभु पूछौं सति भाऊ। कहहु नाथ जनि करहु दुराऊ॥

मेरा मन, जो सहज ही वैराग्यरूप है, वह इस तरह मुग्ध हो रहा है जैसे चन्द्रमा को देखकर चकोर। हे प्रभो! इसलिए मैं आपसे निश्छल भाव से पूछता हूँ; हे नाथ! बताइए, छिपाव न कीजिए ॥२॥

My mind, which is by nature dispassion itself, is enraptured at their sight as the partridge (*chakora*) at the sight of the moon. Therefore, lord, I beg you to tell me in all sincerity, and to conceal it not from me.

इन्हहि बिलोकत अति अनुरागा। बरबस ब्रह्मसुखहि मनु त्यागा॥
कह मुनि बिहसि कहेहु नृप नीका। बचन तुम्हार न होइ अलीका॥

इन्हें देखते ही अत्यन्त प्रेम के अधीन होकर मेरे मन ने जबर्दस्ती ब्रह्मसुख को भी त्याग दिया है। मुनि ने हँसकर कहा – हे राजन्! आपने ठीक ही कहा। आपका वचन असत्य नहीं हो सकता ॥३॥

Overwhelmed with love at their very sight, I am constrained to renounce the joys of heaven.[1] Said the sage with a smile, "You have spoken well, O king; your words can never be untrue.

ये प्रिय सबहि जहाँ लगि प्रानी। मन मुसुकाहिं रामु सुनि बानी॥
रघुकुलमनि दसरथ के जाए। मम हित लागि नरेस पठाए॥

संसार में जितने भी प्राणी हैं, ये (राम-लक्ष्मण) सभी के प्रिय हैं। मुनि की वाणी सुनकर श्रीरामजी मन-ही-मन मुसकराते हैं (कि रहस्य खोलिए नहीं)। (तब मुनि ने कहा –) ये रघुकुलमणि महाराज दशरथ के पुत्र हैं। मेरे हित के लिए राजा ने इन्हें भेजा है ॥४॥

There is not a living creature in the world that does not love these boys." Rama smiled to himself on hearing these words. "They are the sons of Dasharath, jewel of Raghu's race; the king has sent them to do me a service.

दो. –रामु लखनु दोउ बंधु बर रूप सील बल धाम।
मख राखेउ सबु साखि जगु जिते असुर संग्राम ॥२१६॥

राम और लक्ष्मण दोनों श्रेष्ठ भाई रूप, शील और बल के धाम हैं। सारा जगत् साक्षी है कि इन्होंने युद्ध में असुरों को जीतकर मेरे यज्ञ की रक्षा की है ॥२१६॥

These two noble brothers, Rama and Lakshmana, are the embodiments of beauty, chivalry and might. The whole world knows that they overthrew the demons in battle and protected my sacrifice from harm."

चौ. –मुनि तव चरन देखि कह राऊ। कहि न सकौं निज पुन्यप्रभाऊ॥
सुंदर स्याम गौर दोउ भ्राता। आनँदहू के आनँददाता॥

तब राजा (जनक) ने कहा – हे मुनि! आपके चरणों के दर्शन कर मैं अपना पुण्य-प्रभाव नहीं कह सकता। साँवले और गोरे रंग के ये दोनों सुन्दर भाई आनन्द को भी आनन्द देनेवाले हैं ॥१॥

"When I behold your feet, O sage," added the king, "I cannot tell how richly I am rewarded for my former good deeds. These two handsome brothers, one of whom is dark and the other fair, bring bliss to Bliss herself!

इन्ह कै प्रीति परसपर पावनि। कहि न जाइ मन भाव सुहावनि॥
सुनहु नाथ कह मुदित बिदेहू। ब्रह्म जीव इव सहज सनेहू॥

इनकी आपस की प्रीति पवित्र और सुहावनी है; वह मन को बहुत भाती है पर कही नहीं जा सकती। राजा जनक आनन्दित होकर कहते हैं – हे नाथ! सुनिए, ब्रह्म और जीव की तरह[१] इनमें स्वाभाविक स्नेह है ॥२॥

Their affection for each other is innocent and beautiful to see; it is soul-ravishing but indescribable in words." "Listen to me, my lord," said Janaka in his rapture, "it is like the natural

---

1. *brahmasukha*, *i.e.*, the joy of absorption into Brahma experienced by the votary, the mystic, the visionary, and the poet.

१. जीव और ब्रह्म एक ही कहे गए हैं – 'जीवो ब्रह्मैव केवलम्', 'सो तैं ताहि तोहि नहिं भेदा। बारि बीचि इव गावहिं बेदा'। यहाँ राम-लक्ष्मण के स्वाभाविक प्रेम के स्वरूप को प्रकाशित किया गया है; यह नहीं कहा गया कि एक जीव है और दूसरा ब्रह्म। दोनों भाई ब्रह्म हैं। तुलसी ने 'राम' नाम के दोनों वर्णों को श्रीराम-लक्ष्मण की तथा दोनों वर्णों के सहज स्नेह को ब्रह्म-जीव के स्नेह की उपमा दी है। शुद्ध जीव और ब्रह्म में जैसा स्वाभाविक स्नेह होता है, वैसा ही स्नेह राम-लक्ष्मण में है।

union between Brahma (the Supreme Spirit) and Jiva (the individual soul)."

पुनि पुनि प्रभुहि चितव नरनाहू । पुलक गात उर अधिक उछाहू ॥
मुनिहि प्रसंसि नाइ पद सीसू । चलेउ लवाइ नगर अवनीसू ॥

राजा बार-बार प्रभु को देखते हैं । (उमड़ते स्नेहवश) उनका शरीर पुलकित हो रहा है और हृदय में बड़ा उत्साह (भर आया) है । मुनि की प्रशंसा करके और उनके चरणों में सिर नवाकर राजा जनक उन्हें नगर में लिवा चले ॥३॥

Again and again the king gazed at the Lord with a thrill of emotion, his heart overflowing with devotion. Extolling the sage and bowing his head at his feet, the king escorted him to the city,

सुंदर सदनु सुखद सब काला । तहाँ बासु लै दीन्ह भुआला ॥
करि पूजा सब बिधि सेवकाई । गयेउ राउ गृह बिदा कराई ॥

एक सुन्दर महल में, जो सभी ऋतुओं में सुखदायक था, राजा ने उन्हें ले जाकर ठहराया । तब सब प्रकार से पूजा और सेवा करके राजा जनक विदा माँगकर अपने घर गये ॥४॥

—and lodged him in a beautiful apartment which was comfortable at all times. Then after rendering him worshipful service, he took leave of the sage and returned to the palace.

दो. –रिषयसंग रघुबंसमनि करि भोजनु बिश्रामु ।
बैठे प्रभु भ्राता सहित दिवसु रहा भरि जामु ॥२१७॥

रघुवंशियों के शिरोमणि प्रभु श्रीरामचन्द्रजी ऋषियों के साथ भोजन और विश्राम करके भाई लक्ष्मण के साथ बैठे । उस समय पहरभर दिन रह गया था ॥२१७॥

Having dined with the seers and rested awhile, the Lord (Rama), the jewel of the house of Raghu, sat down by his brother's side. A quarter of the day still remained before sunset.

चौ. –लखनहृदय लालसा बिसेषी । जाइ जनकपुर आइअ देखी ॥
प्रभुभय बहुरि मुनिहि सकुचाहीं । प्रगट न कहहिं मनहि मुसुकाहीं ॥

लक्ष्मणजी के मन में बड़ी लालसा है कि जाकर जनकपुर देख आवें । परंतु प्रभु (श्रीरामचन्द्रजी) का डर है और फिर मुनि से भी संकोच करते हैं । इसलिए कुछ प्रकट नहीं कहते; मन-ही-मन मुसकरा रहे हैं ॥१॥

Lakshmana had at heart a great longing to go and see Janaka's city. He was, however, afraid of the Lord and hesitated to ask permission of the sage; so he did not openly express it, but continued to smile to himself.

राम अनुज मन की गति जानी । भगतबछलता हिय हुलसानी ॥
परम बिनीत सकुचि मुसुकाई । बोले गुर अनुसासन पाई ॥

श्रीरामचन्द्रजी ने छोटे भाई के मन की दशा जान ली; उनके हृदय में भक्तवत्सलता उमड़ पड़ी । वे गुरु की आज्ञा पाकर बहुत नम्रता और संकोच के साथ मुसकराकर बोले – ॥२॥

Rama understood what was passing in his younger brother's mind and his heart overflowed with affection for his votary. Taking leave of his preceptor to speak, he smilingly said with the utmost humility and modesty,—

नाथ लखनु पुरु देखन चहहीं । प्रभु सकोच डर प्रगट न कहहीं ॥
जौ राउर आयेसु मैं पावउँ । नगर देखाइ तुरत लै आवउँ ॥

हे नाथ ! लक्ष्मण नगर देखना चाहते हैं, किंतु प्रभु के भय और संकोच के कारण प्रकट नहीं कहते । यदि आपकी आज्ञा पाऊँ तो मैं इनको नगर दिखलाकर शीघ्र ही वापस ले आऊँ ॥३॥

"My lord, Lakshmana wishes to see the city but out of fear and respect for you he hesitates to speak out. If I have your permission, I will take him round the city and bring him back very soon."

सुनि मुनीसु कह बचन सप्रीती । कस न राम तुम्ह राखहु नीती ॥
धरमसेतु पालक तुम्ह ताता । प्रेम बिबस सेवकसुखदाता ॥

सुनकर मुनीश्वर (विश्वामित्रजी) ने प्रेमपूर्वक वचन कहे – हे राम ! भला तुम नीति की रक्षा कैसे न करोगे ? हे तात ! तुम धर्म की मर्यादा की रक्षा करनेवाले और प्रेम के वशीभूत होकर सेवकों को सुख देनेवाले हो ॥४॥

To this the chief of sages, Vishvamitra, affectionately replied, "O Rama, how can you do aught but what is right? It is you who guard the bounds of duty, my son, and bring joy to your servants out of love for them.

दो. –जाइ देखि आवहु नगरु सुखनिधान दोउ भाइ ।
करहु सुफल सब के नयन सुंदर बदन देखाइ ॥२१८॥

सुख के निधान तुम दोनों भाई जाकर नगर देख आओ । अपने सुन्दर मुख-कमल दिखलाकर सब (नगरवासियों) की आँखों को सफल करो ॥२१८॥

Go, you pair of brothers, who are the storehouse of all joy, and see the city; bless the eyes of all (the citizens) by showing them your fair faces."

चौ. –मुनिपद कमल बंदि दोउ भ्राता । चले लोकलोचन सुखदाता ॥
बालकबृंद देखि अति सोभा । लगे संग लोचन मनु लोभा ॥

मुनि के चरणकमलों की वन्दना करके सब लोकों के नेत्रों को सुख देनेवाले

दोनों भाई चले। बालकों के झुंड इनकी अपरिमित शोभा देखकर साथ लग गए। उनके नेत्र और मन (इनके सौन्दर्य पर) लुभा गए ॥१॥

After bowing at the lotus feet of the sage, the two brothers went off, gladdening the eyes of the whole world. A crowd of children, beholding the exquisite beauty of the two brothers, followed them, their eyes and heart fascinated by their beauty.

पीत बसन परिकर कटि भाथा। चारु चाप सर सोहत हाथा॥
तन अनुहरत सुचंदन खोरी। स्यामल गौर मनोहर जोरी॥

(श्रीराम-लक्ष्मण के) वस्त्र पीले रंग के हैं, कमर के (पीले ही) दुपट्टों में तरकश बँधे हुए हैं। हाथों में सुन्दर धनुष-बाण सुशोभित हैं। (साँवले और गोरे वर्ण के) शरीरों के अनुकूल सुन्दर चन्दन की खौर लगी है। साँवले और गोरे (रंग) की जोड़ी मन को हरनेवाली है ॥२॥

Clad in yellow garments, they had quivers hanging from a cloth (of the same colour) wrapped round their waist; their hands were adorned with a beautiful bow and arrows. The lovely pair, one of whom was dark and the other fair, had their brows marked with (red or white) sandalwood paste to match their complexion.

केहरि कंधर बाहु बिसाला। उर अति रुचिर नागमनि माला॥
सुभग सोन सरसीरुह लोचन। बदन मयंक ताप त्रय मोचन॥

(दोनों भाइयों की) गरदन सिंह के समान (पुष्ट) है; विशाल भुजाएँ हैं; (चौड़ी) छाती पर गजमुक्ता की अत्यन्त सुन्दर माला है; सुन्दर लाल कमल के समान नेत्र हैं और तीनों तापों से छुड़ानेवाला चन्द्रमा के समान मुख है ॥३॥

With necks as well-built as the lion's and long arms, they had on their bosom an exquisite string of pearls obtained from the forehead of elephants. Their lovely eyes resembled the red lotus blossoms and the moon-like face relieved one of the threefold agony.

कानन्हि कनकफूल छबि देहीं। चितवत चितहि चोरि जनु लेहीं॥
चितवनि चारु भृकुटि बर बाँकी। तिलकरेख सोभा जनु चाँकी॥

(उनके) कानों में सोने के कर्णफूल शोभा दे रहे हैं जो देखते ही मन को मानो चुरा लेते हैं। उनकी चितवन (दृष्टि) बड़ी सुन्दर है और भौंहें श्रेष्ठ एवं तिरछी हैं। तिलक की रेखाएँ ऐसी (सुन्दर) हैं मानो (मूर्तिमती) शोभा पर मुहर लगा दी गयी है[1] (तिलक की रेखाओं ने मानो शोभा की सीमा बाँध दी है) ॥४॥

Their ears were adorned with pendants of gold, so lovely as to steal the hearts of all beholders. They cast a bewitching glance and had a pair of arched and shapely eyebrows and foreheads marked with the caste-mark as though stamped on Beauty herself.

दो. —रुचिर चौतनी सुभग सिर मेचक कुंचित केस।
नख सिख सुंदर बंधु दोउ सोभा सकल सुदेस॥२१९॥

(दोनों भाइयों के) सिर पर सुन्दर चौकोनी टोपियाँ (शोभित) हैं, काले और घुँघराले बाल हैं। दोनों भाई एड़ी से चोटी तक (सर्वांग) सुन्दर हैं और सारी शोभा जहाँ जैसी चाहिए वैसी ही है ॥२१९॥

Their comely heads were decked with charming rectangular caps and dark curly locks. The two brothers were lovely from head to foot; the beauty of every limb was as it should be.

चौ. —देखन नगरु भूपसुत आए। समाचार पुरबासिन्ह पाए॥
धाए धाम काम सब त्यागी। मनहु रंक निधि लूटन लागी॥

जनकपुरवासियों ने जब यह समाचार पाया कि दोनों राजकुमार नगर देखने के लिए आये हैं, तब वे सब घर-बार और काम-काज छोड़कर इस तरह दौड़े मानो दरिद्र कोई खजाना लूटने दौड़े हों ॥१॥

When the citizens received the news that the two princes had come to see the city, they all left their work and ran out of their houses like beggars to pillage a treasury!

निरखि सहज सुंदर दोउ भाई। होहिं सुखी लोचनफल पाई॥
जुवतीं भवन झरोखन्हि लागीं। निरखहिं रामरूप अनुरागी॥

सहज सुन्दर दोनों भाइयों को देखकर वे लोग नेत्रों का फल पाकर सुखी हो रहे हैं। युवतियाँ घर के झरोखों से लगी हुईं बड़े अनुराग के साथ श्रीरामचन्द्रजी के रूप को निरख रही हैं ॥२॥

When they saw the easy grace of the two brothers, they were enraptured and attained the consummation of their eyes. Sticking to the lattice-windows of their houses, young ladies lovingly scanned, Rama's graceful form.

कहहिं परसपर बचन सप्रीती। सखि इन्ह कोटि काम छबि जीती॥
सुर नर असुर नाग मुनि माहीं। सोभा असि कहुँ सुनिअति नाहीं॥

आपस में वे प्रीतिपूर्वक बातें कर रही हैं — हे सखी! इन्होंने तो करोड़ों कामदेवों की सुन्दरता को जीत लिया है। देवता, मनुष्य, असुर, नाग और मुनियों में ऐसी शोभा तो कहीं सुनने में भी नहीं आती! ॥३॥

They fondly spoke to one another: "Sister, they surpass in beauty millions of Kamadevas. Nowhere among gods, men, demons, serpents or sages do we hear of such loveliness.

१. कुछ अन्य टीकाकारों के अनुसार तिलक की रेखाएँ बिजली की भाँति चमक रही हैं।

बिष्नु चारि भुज बिधि मुख चारी। बिकट बेष मुख पंच पुरारी॥
अपर देउ अस कोउ न आही। यह छबि सखी पटतरिय जाही॥

विष्णु भगवान् चार भुजाओंवाले, ब्रह्माजी चार मुखोंवाले और त्रिपुर दैत्य के शत्रु शिवजी पाँच मुखों तथा विकट (भयानक) वेषवाले हैं। हे सखी! कोई दूसरा देवता भी ऐसा नहीं है जिसके साथ इस छवि की उपमा दी जाय॥४॥

Vishnu has four arms and Brahma four faces; Shiva, the slayer of Tripura, has a frightful garb and five faces; but, sister, there is no other god who can stand comparison with this beauty.

दो.—बय किसोर सुषमासदन स्याम गौर सुखधाम।
अंग अंग पर वारिअहिं कोटि कोटि सत काम॥२२०॥

(दोनों ही) किशोर अवस्था के हैं; और ये सुन्दरता के घर साँवले और गोरे रंग के तथा सुख के स्थान हैं। इनके एक-एक अंग पर करोड़ों-अरबों कामदेवों को निछावर कर देना चाहिए॥२२०॥

The two princes, one dark and the other fair, are yet of tender age and are the very homes of beauty and abodes of joy. Myriads and myriads of Kamadevas are worth lavishing on their every limb!

चौ.—कहहु सखी अस को तनुधारी। जो न मोह येह रूप निहारी॥
कोउ सप्रेम बोली मृदु बानी। जो मैं सुना सो सुनहु सयानी॥

हे सखी! कहो तो भला, ऐसा कौन शरीरधारी होगा जो इस रूप को देखकर मुग्ध न हो जाय! (तब) कोई दूसरी सखी प्रेमसहित कोमल वाणी बोली—हे सयानी! मैंने जो सुना है, उसे सुनो!॥१॥

Tell me, sister, what embodied being is there that would not be enchanted at the sight of such beauty?" One of them affectionately said in gentle tones, "Hear, wise maiden, what I have been told.

ए दोऊ दसरथ के ढोटा। बाल मरालन्हि के कल जोटा॥
मुनि कौसिक मख के रखवारे। जिन्ह रन अजिर निसाचर मारे॥

ये दोनों महाराज दशरथजी के पुत्र हैं, मानो बाल राजहंसों का सुन्दर जोड़ा हो। ये मुनि विश्वामित्र के यज्ञ की रक्षा करनेवाले हैं, इन्होंने युद्ध के मैदान में राक्षसों का संहार किया है॥२॥

These two princes, a pretty pair of young swans as it were, are the sons of king Dasharath; they are the protectors of Vishvamitra's sacrifice and have slain the demons on the battle-field.

स्याम गात कल कंज बिलोचन। जो मारीच सुभुज मदु मोचन॥
कौसल्यासुत सो सुखखानी। नामु रामु धनु सायक पानी॥

जिनका शरीर साँवला और सुन्दर कमल-जैसी आँखें हैं, जो मारीच और सुबाहु के गर्व को चूर करनेवाले और सुख की खान हैं; और जो हाथ में धनुष-बाण लिये हुए हैं, वे कौसल्याजी के पुत्र हैं और उनका नाम राम है॥३॥

He who has a swarthy body and charming lotus eyes, who quelled the pride of Maricha and Subahu and bears a bow and arrows in his hands, is Kausalya's son, the very fountain of joy; his name is Rama.

गौर किसोर बेषु बर काछें। कर सर चाप राम के पाछें॥
लछिमनु नामु राम लघु भ्राता। सुनु सखि तासु सुमित्रा माता॥

जो गोरे रंग के और किशोर अवस्था वाले हैं, और जो सुन्दर वेष बनाये और हाथ में धनुष-बाण लिये श्रीरामजी के पीछे-पीछे चल रहे हैं, वे इनके छोटे भाई हैं, उनका नाम लक्ष्मण है। हे सखी! सुनो, उनकी माता सुमित्रा हैं॥४॥

The fair youth, clad in gallant attire, who is closely following Rama with a bow and arrows in his hands, is Rama's younger brother, Lakshmana; and hear me, sister, Sumitra is his mother.

दो.—बिप्रकाजु करि बन्धु दोउ मग मुनिबधू उधारि।
आए देखन चापमख सुनि हरषीं सब नारि॥२२१॥

ब्राह्मण विश्वामित्र का काम करके और मार्ग में गौतम मुनि की स्त्री अहल्या का उद्धार करके दोनों भाई यहाँ धनुष-यज्ञ देखने आये हैं। यह सुनते ही सब स्त्रियाँ प्रसन्न हुईं॥२२१॥

The two brothers have accomplished the Brahman's purpose, and after delivering the sage's wife, Ahalya, on the way, have come here to witness the tournament (the contest of the bow)." On hearing this, all the ladies were delighted.

चौ.—देखि रामछबि कोउ एक कहई। जोगु जानकिहि येह बरु अहई॥
जौ सखि इन्हहि देख नरनाहू। पन परिहरि हठि करै बिवाहू॥

श्रीरामचन्द्रजी की शोभा देखकर कोई एक (तीसरी सखी) कहने लगी—यह वर जानकी के (सर्वथा) योग्य है। हे सखी! यदि कहीं राजा इन्हें देख लें, तो प्रतिज्ञा छोड़कर हठपूर्वक इन्हीं से विवाह कर देंगे॥१॥

Gazing at Rama's beauty, another maiden said, "Here is a bridegroom worthy of Janaki! If the king does but see him, sister, I am sure he will abandon his vow and insist upon their marriage."

कोउ कह ए भूपति पहिचाने। मुनि समेत सादर सनमाने॥
सखि परंतु पनु राउ न तजई। बिधिबस हठि अबिबेकहि भजई॥

किसी ने कहा—राजा (जनक) ने इन्हें पहचान लिया है और मुनि के साथ इनका आदरपूर्वक सम्मान भी किया है। परंतु हे सखी! राजा अपनी

प्रतिज्ञा नहीं छोड़ते । वे होनहार के वशीभूत होकर हठपूर्वक अविवेक का ही आश्रय लिये हुए हैं ॥२॥

Said another, "The king has already recognized them and received both of them and the sage with all honour. But the king, my dear, refuses to abjure his vow, but mastered by fate persists in his folly."

कोउ कह जौ भल अहइ बिधाता । सब कहँ सुनिअ उचित फलदाता ॥
तौ जानकिहि मिलिहि बरु एहू । नाहिन आलि इहाँ संदेहू ॥

कोई (अन्य सखी) कहती है – यदि विधाता भले हैं और सुना जाता है कि वे सबको उचित फल देनेवाले हैं, तो जानकी को यही वर मिलेगा । हे सखी ! इसमें संदेह नहीं है ॥३॥

Yet another said, "If God be good and, as we are told, gives every man his due, then Janaki is sure to have him as her bridegroom. About this, my friend, there is no doubt.

जौ बिधिबस अस बनै सँजोगू । तौ कृतकृत्य होइ सब लोगू ॥
सखि हमरें आरति अति तातें । कबहुँक ए आवहिं एहि नातें ॥

यदि दैवयोग से ऐसा ही संयोग बन जाय, तो हम सब लोग कृतार्थ हो जायँ । हे सखी ! मेरे हृदय में तो इसीसे इतनी अधिक आतुरता हो रही है कि इसी नाते ये कभी तो यहाँ आवेंगे ॥४॥

If such a union is brought about by providence, everyone will have realized one's object. I am deeply moved, sister, by the thought that if this marriage takes place he will come again some time.

दो. –नाहि त हम कहुँ सुनहु सखि इन्ह कर दरसनु दूरि ।
येह संघटु तब होइ जब पुन्य पुराकृत भूरि ॥२२२॥

नहीं तो (यदि विवाह न हुआ तो) हे सखी ! सुनो, हमें इनके दर्शन दुर्लभ होंगे । तभी यह संयोग हो सकता है जब हमारे पूर्वजन्म के किये हुए बहुत पुण्य एकत्र हों ॥२२२॥

Otherwise, my dear, it will not be easy for us, I tell you, to see him again. We can enjoy such intimacy only when we have a rich stock of merit accumulated from the deeds of our previous existence."

चौ. –बोली अपर कहेहु सखि नीका । येहि बिआह अति हित सब हीका ॥
कोउ कह संकरचाप कठोरा । ए स्यामल मृदु गात किसोरा ॥

किसी और सखी ने कहा – हे सखी ! तुमने बहुत अच्छी बात कही । इस विवाह से सभी का परम कल्याण है । किसी ने कहा – शंकरजी का धनुष कठोर है और ये साँवले राजकुमार कोमल शरीरवाले बालक हैं ॥१॥

"Friend," said another, "you have spoken well; such a wedding will be conducive to the best interests of all." Still another said, "Shankara's bow is hard to bend, and this swarthy prince is but a youth of delicate frame.

सबु असमंजस अहइ सयानी । येह सुनि अपर कहै मृदु बानी ॥
सखि इन्ह कहँ कोउ कोउ अस कहहीं । बड़ प्रभाउ देखत लघु अहहीं ॥

हे सयानी ! सब असमंजस-ही-असमंजस है । यह सुनकर दूसरी सखी कोमल वाणी से कहने लगी – हे सखी ! इनके सम्बन्ध में कोई-कोई ऐसा भी कहते हैं कि ये देखने में भले ही छोटे हों, परन्तु इनका प्रभाव बहुत बड़ा है ॥२॥

Everything, wise maiden, is out of place." Hearing this, another said in a soft voice, "Sister, with regard to him I have heard some people say that though he looks small, his strength is great.

परसि जासु पद पंकज धूरी । तरी अहल्या कृत अघ भूरी ॥
सो कि रहिहि बिनु सिवधनु तोरें । येह प्रतीति परिहरिअ न भोरें ॥

जिनके चरणकमलों की धूलि का स्पर्श कर वह अहल्या तर गयी, जिसने बहुत घोर पाप किया था, वे क्या शिवजी का धनुष बिना तोड़े रहेंगे ? इस विश्वास को भूलकर भी त्यागना नहीं चाहिए ॥३॥

If Ahalya, whose sin was so grievous, attained salvation by touching the dust of his lotus feet, will he ever rest content till he has broken Shiva's bow ? One should never give up this belief even for a moment.

जेहि बिरंचि रचि सीय सँवारी । तेहि स्यामल बरु रचेउ बिचारी ॥
तासु बचन सुनि सब हरषानीं । ऐसेइ होउ कहहिं मृदु बानी ॥

जिस ब्रह्मा ने सीता को सँवारकर बनाया है, उसी ने विचारकर साँवला वर भी रच रखा है । उसके ये वचन सुनकर सब प्रसन्न हुईं और कोमल वाणी में कहने लगीं कि ऐसा ही हो ! ॥४॥

The same Creator, who so skilfully fashioned Sita, has preordained for her this dark-hued bridegroom." They were all pleased to hear her speech and softly exclaimed, "So may it be !"

दो. –हिय हरषहिं बरषहिं सुमन सुमुखि सुलोचनि बृंद ।
जाहिं जहाँ जहँ बंधु दोउ तहँ तहँ परमानंद ॥२२३॥

सुन्दर मुखों और सुन्दर नेत्रोंवाली स्त्रियों के झुंड हृदय में हर्षित होकर फूल बरसा रहे हैं । जहाँ-जहाँ दोनों भाई जाते हैं, वहीं-वहीं परम आनन्द व्याप जाता है ॥२२३॥

In their gladness of heart troops of fair-faced, bright-eyed maidens rained flowers on the princes. Wherever the two brothers went, all was pure delight.

चौ. –पुर पूरब दिसि गे दोउ भाई। जहँ धनुमख हित भूमि बनाई॥
अति बिस्तार चारु गच ढारी। बिमल बेदिका रुचिर सँवारी॥

दोनों भाई नगर के पूरब की ओर गये, जहाँ धनुषयज्ञ के लिए (रंग-) भूमि बनायी गयी थी। बहुत लंबा-चौड़ा सुन्दर ढाला हुआ पक्का आँगन था, जिस पर सुन्दर-निर्मल वेदी सँवारी गयी थी ॥१॥

The two brothers reached the eastern quarter of the city where the ground had been prepared for the tournament. In the midst of a fair and spacious paved area a spotless altar had been richly adorned.

चहुँ दिसि कंचनमंच बिसाला। रचे जहाँ बैठहिं महिपाला॥
तेहि पाछे समीप चहुँ पासा। अपर मंच मंडली बिलासा॥

(उस वेदी के) चारों ओर बड़े-बड़े स्वर्ण-मंच बने थे, जिन पर राजालोग बैठेंगे। उनके पीछे निकट ही चारों ओर दूसरे मचानों का मण्डलाकार घेरा सुशोभित था ॥२॥

On all the four sides of this altar were erected broad platforms of gold to be occupied by the princes. Not far behind and surrounding them on all sides shone another circular tier of platforms,—

कछुक ऊँचि सब भाँति सुहाई। बैठहिं नगर लोग जहँ जाई॥
तिन्ह कें निकट बिसाल सुहाए। धवल धाम बहु बरन बनाए॥

वह कुछ ऊँचा और सब भाँति सुन्दर था, जहाँ जाकर नगर के लोग बैठेंगे। उन्हीं के पास अनेक रंगों के विशाल एवं सुन्दर सफेद मकान बनाये गए थे ॥३॥

—of somewhat greater height and beautiful in every way, and where the citizens might come and sit. Close to these were constructed spacious and beautiful pavilions, glistening white and painted in diverse colours,—

जहँ बैठे देखहिं सब नारीं। जथाजोगु निज कुल अनुहारीं॥
पुरबालक कहि कहि मृदु बचना। सादर प्रभुहि देखावहिं रचना॥

जहाँ अपने-अपने कुल के अनुसार सब स्त्रियाँ यथायोग्य बैठकर देखेंगी। नगर के बालक कोमल वचन कह-कहकर आदरपूर्वक प्रभु (श्रीरामचन्द्रजी) को सारी रचना दिखला रहे हैं ॥४॥

—where all the ladies might sit and watch the spectacle, seated in their appropriate places according to the rank of their families. The children of the city pleasantly explained and courteously showed the arrangements to the Lord.

दो. –सब सिसु येहि मिस प्रेमबस परसि मनोहर गात।
तन पुलकहिं अति हरषु हिय देखि देखि दोउ भ्रात ॥२२४॥

सभी बालक इसी बहाने प्रेम कें वशीभूत होकर श्रीरामजी के मनोहर अङ्गों को छूकर शरीर से पुलकित हो रहे हैं और दोनों भाइयों को देख-देखकर उनका हृदय हर्षित हो रहा है ॥२२४॥

Thus, finding a pretext for touching Rama's lovely person, all the children were overwhelmed with love, experienced a thrill all over their bodies, and their hearts overflowed with joy as they gazed and gazed on the two brothers.

चौ. –सिसु सब राम प्रेमबस जाने। प्रीति समेत निकेत बखाने॥
निज निज रुचि सब लेहिं बोलाई। सहित सनेह जाहिं दोउ भाई॥

सब बालकों को प्रेम के वश जानकर श्रीरामजी ने (यज्ञभूमि के) स्थानों की प्रेमपूर्वक प्रशंसा की। (इसके परिणामस्वरूप) वे सब अपनी-अपनी रुचि के अनुसार उन्हें बुला लेते हैं और दोनों भाई प्रेमपूर्वक उनके पास चले जाते हैं ॥१॥

Finding all the children under the spell of affection, Rama affectionately praised the places shown by them. Each of them called the two brothers wherever he pleased, and the two brothers went to him in loving response.

रामु देखावहिं अनुजहि रचना। कहि मृदु मधुर मनोहर बचना॥
लव निमेष महु भुवननिकाया। रचै जासु अनुसासन माया॥

मृदु (कोमल), मधुर और मनोहर वचन कहकर श्रीरामजी अपने छोटे भाई को (रंगभूमि की) रचना दिखलाते हैं। जिनकी आज्ञा पाकर माया लवनिमेष (पलक गिरने के चौथाई समय) में ब्रह्माण्डों के समूह रच डालती है, ॥२॥

Rama showed to his brother the arrangements that had been made there, speaking to him in soft, gentle and pleasant words. He in obedience to whose command illusion brings forth multitudes of universes in the twinkling of an eye,

भगतिहेतु सोइ दीनदयाला। चितवत चकित धनुषमख साला॥
कौतुकु देखि चले गुर पाहीं। जानि बिलंबु त्रास मन माहीं॥

वही दीनदयालु श्रीरामजी भक्ति के कारण धनुषयज्ञशाला को चकित होकर देख रहे हैं। इस प्रकार सब कौतुक देखकर वे गुरु के पास चले। देर हुई जानकर उनके मन में भय है ॥३॥

—the same gracious Rama, conquered by devotion, gazed with amazement at the arena of the contest of the bow. When they had seen all the show, the two brothers returned to their *guru* in alarm at being so late.

जासु त्रास डर कहुँ डर होई। भजनप्रभाउ देखावत सोई॥
कहि बातैं मृदु मधुर सुहाई। किए बिदा बालक बरिआई॥

जिनके भय से (साक्षात्) डर को भी डर लगता है, वही प्रभु भजन का प्रभाव दिखला रहे हैं। कोमल, मधुर और सुन्दर बातें कहकर उन्होंने बालकों को जबर्दस्ती विदा किया ॥४॥

The Lord, in awe of whom Terror itself is dismayed, thus manifests the glory of devotion. With many soft and gentle and courteous words they took leave of the children much against the latters' will.

दो. –सभय सप्रेम बिनीत अति सकुच सहित दोउ भाइ।
गुरपद पंकज नाइ सिर बैठे आयेसु पाइ ॥२२५॥

फिर दोनों भाई भय, प्रेम, विनय और बड़े संकोच के साथ गुरु के चरणकमलों में सिर नवाकर, आज्ञा पाकर बैठ गए ॥२२५॥

Meekly and most submissively, with a mingled feeling of awe and love, the two brothers bowed their heads before the lotus feet of the *guru* and sat down with his permission.

चौ. –निसि प्रबेस मुनि आयेसु दीन्हा। सबहीं संध्याबंदनु कीन्हा ॥
कहत कथा इतिहास पुरानी। रुचिर रजनि जुग जाम सिरानी ॥

रात्रि के प्रवेश के साथ ही मुनि ने आज्ञा दी, तब सब ने संध्यावन्दन किया। फिर प्राचीन कथाएँ तथा इतिहास कहते-कहते वह सुन्दर रात्रि दो पहर बीत गयी ॥१॥

When night fell, the sage (Vishvamitra) gave the word, and they all offered their evening prayer; and two watches of the beautiful night passed in the telling of ancient tales and histories.

मुनिबर सयन कीन्हि तब जाई। लगे चरन चापन दोउ भाई ॥
जिन्ह के चरन सरोरुह लागी। करत बिबिध जप जोग बिरागी ॥

तब श्रेष्ठ मुनि (विश्वामित्रजी) ने जाकर शयन किया और दोनों भाई उनके चरण दबाने लगे। जिनके चरणकमलों के लिए वैराग्यवान् पुरुष भी तरह-तरह के जप और योग करते हैं, ॥२॥

Then the chief of the sages, Vishvamitra, retired to rest, and the two brothers began to rub his feet. Even they, for the touch of whose lotus feet men of dispassion practise all kinds of penance and meditation,

तेइ दोउ बंधु प्रेम जनु जीते। गुरपद कमल पलोटत प्रीते ॥
बार बार मुनि अग्या दीन्ही। रघुबर जाइ सयन तब कीन्ही ॥

मानो प्रेम से जीते हुए वे ही दोनों भाई प्रेमपूर्वक गुरुजी के चरणकमलों को दबा रहे हैं। मुनि ने बार-बार आज्ञा दी, तब श्रीरघुनाथजी ने जाकर शयन किया ॥३॥

—even they, these two brothers, mastered by love, affectionately pressed their *guru*'s lotus feet. When the sage asked him again and again, the chief of Raghu's race retired to rest only then.

चापत चरन लखनु उर लाएँ। सभय सप्रेम परम सचु पाएँ ॥
पुनि पुनि प्रभु कह सोवहु ताता। पौढ़े धरि उर पद जलजाता ॥

श्रीरामजी के चरणों को हृदय से लगाकर भय और प्रेमसहित परम सुख का अनुभव करते हुए लक्ष्मणजी उनको दबा रहे हैं। प्रभु श्रीरामचन्द्रजी ने बार-बार कहा – हे तात ! (अब) सो जाओ। तब वे उन चरणकमलों को हृदय में धारणकर लेट गए ॥४॥

Lakshmana pressed the Lord's feet to his heart and rubbed them with emotions of exquisite delight. It was only when the Lord repeatedly said, "Retire now, dear brother," that he lay down, cherishing his brother's lotus feet in his bosom.

दो. –उठे लखनु निसि बिगत सुनि अरुनसिखा धुनि कान।
गुर ते पहिलेहि जगतपति जागे रामु सुजान ॥२२६॥

रात के बीत जाने पर, मुर्गे का शब्द कानों से सुनकर लक्ष्मणजी जाग उठे। जगत्पति सुजान श्रीरामचन्द्रजी भी गुरु से पहले ही जाग गए ॥२२६॥

Towards the close of night, at the sound of cock-crow Lakshmana arose. The lord of the universe, the all-wise Rama, also woke before the *guru*.

चौ. –सकल सौच करि जाइ नहाए। नित्य निबाहि मुनिहि सिर नाए ॥
समय जानि गुर आयेसु पाई। लेन प्रसून चले दोउ भाई ॥

(इसके बाद) सब शौचक्रिया करने के उपरान्त उन्होंने जाकर स्नान किया। फिर (संध्या-अग्निहोत्रादि) नित्यकर्म का निर्वाह करके उन्होंने मुनि को मस्तक नवाया। (पूजा का) समय जानकर, गुरु की आज्ञा पाकर दोनों भाई फूल लेने चले ॥१॥

After performing all the customary rites of purification, they went to bathe, and having gone through their daily routine of devotions, etc., they bowed their heads before the sage. When the time came, the two brothers took leave of the *guru* and went out to gather flowers.

भूपबागु बर देखेउ जाई। जहँ बसंत रितु रही लोभाई ॥
लागे बिटप मनोहर नाना। बरन बरन बर बेलि बिताना ॥

उन्होंने जाकर राजा (जनक) के सुन्दर बाग को देखा, जहाँ वसन्त ऋतु लुभाकर रह गयी है। उसमें तरह-तरह के मनोहर वृक्ष लगे हैं। रंग-बिरंगी उत्तम लताओं के मण्डप छाये हुए हैं ॥२॥

As they went they saw the beautiful royal garden, where reigned eternal spring enchanted by its loveliness. It was planted with charming trees of various kinds and overhung with beautiful creepers of varied hue.

नव पल्लव फल सुमन सुहाए। निज संपति सुररूख लजाए॥
चातक कोकिल कीर चकोरा। कूजत बिहग नटत कल मोरा॥

नये पत्ते, फल और फूल शोभा दे रहे हैं। (बाग के) सुन्दर वृक्ष अपनी सम्पत्ति से कल्पवृक्ष को भी लजा रहे हैं। पपीहे, कोयल, तोते, चकोर आदि पक्षी मीठी बोली बोल रहे हैं और मोर सुन्दर नृत्य कर रहे हैं ॥३॥

Rich in fresh leaf, fruit and flower, they put to shame even celestial trees by their luxuriance. The feathered choir of the cuckoos, koels, parrots and partridges warbled and graceful peacocks danced.

मध्य बाग सरु सोह सुहावा। मनिसोपान बिचित्र बनावा॥
बिमल सलिलु सरसिज बहु रंगा। जलखग कूजत गुंजत भृंगा॥

उस बाग के बीचोंबीच एक सुहावना सरोवर सुशोभित है, जिसमें विचित्र ढंग से बनी मणियों की सीढ़ियाँ हैं। उसका जल निर्मल है, उसमें अनेक रंगों के कमल (खिले हुए) हैं, जल-पक्षी कलरव कर रहे हैं और भ्रमर गुंजार कर रहे हैं ॥४॥

In the centre of the garden was a lovely lake which shone bright with flights of steps made of many-coloured gems. Its limpid water contained variegated lotuses and was vocal with the cooing of water-fowl and the humming of bees.

दो. —बागु तड़ागु बिलोकि प्रभु हरषे बंधु समेत।
परम रम्य आरामु येहु जो रामहि सुख देत ॥२२७॥

उस बाग और तालाब को देखकर प्रभु अपने भाई लक्ष्मण-सहित प्रसन्न हुए। यह बाग परम रमणीय है, जो (जगत् को सुख देनेवाले) श्रीरामजी को भी सुख दे रहा है ॥२२७॥

Both the Lord and his brother were delighted to behold the garden and the lake. Most lovely must have been that garden which delighted even Rama (*lit.*, the delighter of all) !

चौ. —चहुँ दिसि चितइ पूछि मालीगन। लगे लेन दल फूल मुदित मन॥
तेहि अवसर सीता तहँ आई। गिरिजा पूजन जननि पठाई॥

चारों दिशाओं की ओर देखकर और मालियों से पूछकर वे प्रसन्न मन से पत्र-पुष्प लेने लगे। उसी समय सीताजी वहाँ आयीं। उनकी माता ने उन्हें गिरिजाजी की पूजा करने के लिए भेजा था ॥१॥

After looking all about, and with the consent of the gardeners, the two brothers began in high glee to gather leaves and flowers. At that same hour Sita too came there, sent by her mother to worship Girija.

संग सखीं सब सुभग सयानी। गावहिं गीत मनोहर बानी॥
सर समीप गिरिजागृहु सोहा। बरनि न जाइ देखि मनु मोहा॥

साथ की सब सखियाँ सुन्दरी और सयानी हैं, जो मनोहर वाणी से गीत गा रही हैं। सरोवर के पास ही गिरिजाजी का मन्दिर सुशोभित है। उसका वर्णन नहीं किया जा सकता; देखकर मन मुग्ध हो जाता है ॥२॥

She was accompanied by her girl-companions, lovely and clever. They sang songs in ravishing tones. Close by the lake stood a temple, sacred to Girija, which was beautiful beyond description, and captivated the minds of those who looked at it.

मज्जनु करि सर सखिन्ह समेता। गईं मुदित मन गौरिनिकेता॥
पूजा कीन्हि अधिक अनुरागा। निज अनुरूप सुभग बरु मागा॥

सखियों के साथ सरोवर में स्नान करके प्रसन्न मन से सीताजी गिरिजाजी के मन्दिर में गयीं। उन्होंने बड़े अनुराग से पूजा की और अपने योग्य सुन्दर वर माँगा ॥३॥

Having bathed in the lake with her companions, Sita went with a glad heart to Girija's temple. She offered worship with deep devotion and begged of the goddess a handsome spouse worthy of her.

एक सखी सिय संगु बिहाई। गई रही देखन फुलवाई॥
तेहि दोउ बंधु बिलोके जाई। प्रेम बिबस सीता पहि आई॥

(उनमें से) एक सखी सीताजी का साथ छोड़कर फुलवारी देखने चली गयी थी। उसने जाकर उन दोनों भाइयों को देखा और प्रेम-विह्वल होकर वह सीताजी के पास आयी ॥४॥

One of her companions had wandered off from her to look at the garden. She chanced to behold the two brothers and returned to Sita, overpowered by love.

दो. —तासु दसा देखी सखिन्ह पुलक गात जलु नयन।
कहु कारनु निज हरष कर पूछहिं सब मृदु बयन ॥२२८॥

सखियों ने उसकी दशा देखी कि उसका शरीर पुलकित है और आँखों में जल भरा है। सब कोमल वाणी से पूछने लगीं कि अपनी प्रसन्नता का कारण कहो ॥२२८॥

When her companions saw her condition, her body thrilling all over and her eyes full of tears, they all gently asked her to tell them what gladdened her heart.

चौ. —देखन बागु कुअँर दुइ आए। बय किसोर सब भाँति सुहाए॥
स्याम गौर किमि कहउँ बखानी। गिरा अनयन नयन बिनु बानी॥

(उसने कहा —) दो राजकुमार बाग देखने आये हैं। वे किशोर अवस्था के हैं और सब प्रकार सुन्दर हैं। वे साँवले और गोरे हैं। मैं उनका बखान कैसे करूँ? वाणी बिना नेत्र की है और आँखें बिना वाणी की हैं ॥१॥

"Two princes," she said, "have come to see the

garden, both of tender age and altogether charming, one dark and the other fair; how can I describe them? For speech is sightless and the eyes are mute !"

सुनि हरषीं सब सखीं सयानी । सियहिय अति उतकंठा जानी ॥
एक कहइ नृपसुत तेइ आली । सुने जे मुनि सँग आए काली ॥

इसे सुनकर और सीताजी के हृदय में बड़ी उत्कण्ठा जानकर सभी चतुर सखियाँ हर्षित हुईं । तब एक सखी कहने लगी – हे सखी ! ये वे ही राजकुमार हैं जो सुना है कि कल विश्वामित्र मुनि के साथ आये हैं, ॥२॥

All the clever maidens rejoiced to hear this. Perceiving the intense longing in Sita's heart, one of them said, "They must be the two princes, my dear, who, I was told, arrived yesterday with the sage (Vishvamitra),—

जिन्ह निज रूप मोहनी डारी । कीन्हे स्वबस नगर नर नारी ॥
बरनत छबि जहँ तहँ सब लोगू । अवसि देखिअहि देखन जोगू ॥

जिन्होंने अपने सौंदर्य की मोहिनी डालकर नगर के स्त्री-पुरुषों को अपने वश में कर लिया है । जहाँ-तहाँ सब लोग उन्हीं की छवि का वर्णन कर रहे हैं । चलकर उन्हें अवश्य देखना चाहिए, वे देखने योग्य हैं ॥३॥

—and who have both captivated the hearts of men and women of the city by casting the spell of their entrancing beauty. All are talking of their loveliness here, there and everywhere. We must certainly see them, for they are worth seeing !"

तासु बचन अति सियहि सोहाने । दरस लागि लोचन अकुलाने ॥
चली अग्र करि प्रिय सखि सोई । प्रीति पुरातन लखै न कोई ॥

उस सखी के वचन सीताजी को अत्यन्त प्रिय लगे और दर्शन के लिए उनकी आँखें अकुला उठीं । उसी प्रिय सखी को आगे करके सीताजी चलीं । पुरानी प्रीति को कोई देख नहीं पाता ॥४॥

The words of this damsel highly pleased Sita and her eyes were restless to see them. With that dear companion to lead the way, she followed; none guessed that hers was an old love (for Rama was an incarnation of Vishnu and Sita of Lakshmi).

दो. –सुमिरि सीय नारदबचन उपजी प्रीति पुनीत ।
चकित बिलोकति सकल दिसि जनु सिसु मृगी सभीत ॥२२९॥

(इतने ही में) नारदजी के वचन का स्मरण कर सीताजी के मन में (और भी) पवित्र प्रीति उत्पन्न हुई । वे चकित होकर सब ओर इस तरह देख रही हैं, मानो मृगछौनी डर के मारे इधर-उधर देख रही हो ॥२२९॥

Remembering Narada's words, she was filled with innocent love, and anxiously turned her gaze on every side like a startled fawn.

चौ. –कंकन किंकिनि नूपुरधुनि सुनि । कहत लखन सन राम हृदय गुनि ॥
मानहु मदन दुंदुभी दीन्ही । मनसा बिस्वबिजय कहँ कीन्ही ॥

(हाथों के) कंकण, करधनी और पायल के शब्द सुनकर श्रीरामचन्द्रजी मन में विचारकर लक्ष्मण से कहते हैं – (इस ध्वनि से प्रकट होता है कि) मानो कामदेव ने विश्व को जीतने का संकल्प करके डंके पर चोट मारी है ॥१॥

Hearing the tinkling of her bangles, the small bells on her girdle and the anklets, Rama thought within himself and then said to Lakshmana, 'It sounds as though Cupid has sounded his kettledrum, ambitious to conquer the universe !'

अस कहि फिरि चितये तेहि ओरा । सियमुख ससि भये नयन चकोरा ॥
भये बिलोचन चारु अचंचल । मनहु सकुचि निमि तजे द्रिगंचल ॥

इतना कहकर श्रीरामजी ने फिरकर उस (ध्वनि की) ओर देखा । श्रीसीताजी के मुखरूपी चन्द्रमा (को देखने) के लिए उनके नेत्र चकोर बन गए । सुन्दर नेत्र स्थिर हो गए । (टकटकी लग गयी), मानो (जनकजी के पूर्वज) निमि ने (लड़की-दामाद के मिलन-प्रसङ्ग को देखना उचित न समझकर) सकुचाकर उनके पलकों को छोड़ दिया हो (जिससे श्रीरामचन्द्रजी के नेत्रों का पलक मारना बन्द हो गया) ॥२॥

So saying, he looked once again in that direction, and lo ! his eyes feasted themselves on Sita's countenance even as the partridge gazes on the moon. His beauteous eyes became immovably fixed, as though Nimi (one of the ancestors of Janaka) had deserted his eyelids in modest confusion.

देखि सीयसोभा सुखु पावा । हृदय सराहत बचनु न आवा ॥
जनु बिरंचि सब निज निपुनाई । बिरचि बिस्व कहँ प्रगटि देखाई ॥

श्रीरामजी ने सीताजी की शोभा देखकर बड़ा सुख पाया । मन-ही-मन वे उसकी सराहना करते हैं, किंतु मुख से कुछ कहते नहीं बनता । (वह शोभा ऐसी अनुपम है) मानो ब्रह्मा ने अपनी सारी निपुणता को ही रूप देकर संसार के सामने प्रकट करके दिखा दिया हो ॥३॥

When he saw Sita's beauty he was filled with rapture; he admired it in his heart, but utterance failed him. He felt as though Brahma the Creator had put forth all his creative skill in visible form and revealed it to the world.

सुंदरता कहुँ सुंदर करई । छबिगृह दीपसिखा जनु बरई ॥
सब उपमा कबि रहे जुठारी । केहि पटतरौं बिदेहकुमारी ॥

सीताजी की शोभा मूर्तिमान् सुन्दरता को भी सुन्दर करनेवाली है । (वह ऐसी दीखती है) मानो सुन्दरतारूपी घर में दीपक की लौ जल रही हो । (अबतक सुन्दरतारूपी भवन में अँधेरा था, सीताजी के अनुपम सौंदर्य की दीपशिखा को पाकर अब वह पहले से भी अधिक जगमगा उठा है ।) सारी

उपमाओं को तो कवियों ने जूठा कर रखा हैं। मैं विदेहकुमारी श्रीसीताजी की उपमा किससे दूँ? ॥४॥

'She lends charm to charm itself,' he said to himself, 'and looks as if a flame of light is burning in the house of loveliness. The similes already employed by the poets are all stale and hackneyed; to whom shall I liken Videha's daughter?'

दो. –सियसोभा हिय बरनि प्रभु आपनि दसा बिचारि।
बोले सुचि मन अनुज सन बचन समय अनुहारि ॥२३०॥

मन-ही-मन सीताजी की सुन्दरता का वर्णन करके और अपनी दशा को विचारकर प्रभु श्रीरामचन्द्रजी शुद्ध मन से अपने छोटे भाई लक्ष्मण से समयानुकूल वचन बोले— ॥२३०॥

Thus describing to himself Sita's loveliness and reflecting on his own emotions, the Lord innocently addressed his younger brother in terms appropriate to the occasion:

चौ. –तात जनकतनया येह सोई। धनुषजग्य जेहि कारन होई॥
पूजन गौरि सखीं लै आई। करत प्रकासु फिरहि फुलवाई॥

"हे भाई! यह जनकजी की वही कन्या है जिसके लिए धनुषयज्ञ हो रहा है। इसे सखियाँ गौरी-पूजन के लिए ले आयी हैं। यह फुलवारी को प्रकाशित करती हुई फिर रही है, ॥१॥

'Dear brother, this is no other than Janaka's daughter, to win whom the contest of the bow is being held. She has been escorted by her girl-companions to worship Gauri and is moving about in the garden diffusing light all about her.

जासु बिलोकि अलौकिक सोभा। सहज पुनीत मोर मनु छोभा॥
सो सबु कारन जान बिधाता। फरकहिं सुभद अंग सुनु भ्राता॥

जिसके रूप की अपूर्व छटा देखकर स्वभाव से ही पवित्र मेरा मन विचलित हो उठा है। वह सब कारण तो विधाता जानें, किंतु हे भाई! सुनो, मेरे मङ्गलसूचक दाहिने अङ्ग फड़क रहे हैं ॥२॥

My heart which is by nature pure is agitated by the sight of her divine beauty—God alone knows why! But I tell you, brother, the throbbing of my lucky (right) side betokens good fortune!

रघुबंसिन्ह कर सहज सुभाऊ। मनु कुपंथ पगु धरै न काऊ॥
मोहि अतिसय प्रतीति मन केरी। जेहि सपनेहु परनारि न हेरी॥

रघुवंशियों का तो यह जन्मगत स्वभाव है कि उनका मन कभी किसी कुमार्ग पर पैर नहीं रखता। मुझे तो अपने (उस) मन पर अत्यन्त विश्वास है जिसने स्वप्न में भी परायी स्त्री पर दृष्टि नहीं डाली ॥३॥

Men of the house of Raghu never even in thought set their heart on evil course; that is their nature. As for myself, I am fully confident of my mind, which has never looked on another's wife even in a dream.

जिन्ह कै लहहिं न रिपु रन पीठी। नहि पावहिं परतिय मनु डीठी॥
मंगन लहहिं न जिन्ह कै नाहीं। ते नरबर थोरे जग माहीं॥

लड़ाई में शत्रु जिनकी पीठ नहीं देख पाते, परायी स्त्रियाँ जिनके मन और दृष्टि को नहीं (खींच) पातीं और भिखारी जिनसे कभी 'नाहीं' नहीं पाते (जिनके घर से खाली हाथ नहीं लौटते), ऐसे नरश्रेष्ठ संसार में थोड़े हैं ॥४॥

Rare in this world are those honourable men who turn not their back on the foe in battle nor give their heart to or rest their eyes on another's wife, and from whom no beggar suffers a rebuff.'

दो. –करत बतकही अनुज सन मन सियरूप लोभान।
मुख सरोज मकरंद छबि करै मधुप इव पान ॥२३१॥

इस प्रकार श्रीरामजी अपने छोटे भाई से बातें कर रहे हैं, पर मन सीताजी के रूप पर लुभाया हुआ है। वह उनके मुखरूपी कमल के सौंदर्यरूप मकरन्द-रस को भौंरे की तरह पी रहा है ॥२३१॥

While Rama was talking to his brother in this strain, his heart, which was enamoured of Sita's beauty, was all the time drinking in the loveliness of her face as the bee sucks honey from the lotus.

चौ. –चितवति चकित चहूँ दिसि सीता। कहँ गये नृपकिसोर मनु चिंता॥
जहँ बिलोक मृग सावक नैनी। जनु तहँ बरिस कमल सित श्रेनी॥

चकित होकर सीताजी चारों ओर देख रही हैं। मन में इस बात की चिन्ता है कि राजकुमार कहाँ चले गये। मृग-छौने की-सी आँखवाली सीताजी जहाँ दृष्टि डालती हैं, वहीं मानो श्वेत कमलों की पंक्ति बरस जाती है ॥१॥

Sita looked anxiously all around, wondering where the princes had gone. Wherever the fawn-eyed princess glanced, there seemed to rain down a continuous stream of glistening lotus flowers.

लता ओट तब सखिन्ह लखाए। स्यामल गौर किसोर सुहाए॥
देखि रूप लोचन ललचाने। हरषे जनु निज निधि पहिचाने॥

तभी सखियों ने लता की ओट में सुन्दर-श्याम गौर वर्णवाले कुमारों को दिखलाया। उनके रूप को देखकर नेत्र ललच उठे; वे ऐसे प्रसन्न हुए मानो उन्होंने अपने खजाने को पहचान लिया ॥२॥

Then her companions showed her the two lovely princes, the one dark, the other fair, standing behind a fence of creepers. On beholding the beauty of the two princes, her eyes were filled with longing and with the gladness of one who has found a long-lost treasure.

थके नयन रघुपतिछबि देखें। पलकन्हिहूँ परिहरीं निमेषें॥
अधिक सनेह देह भै भोरी। सरदससिहि जनु चितव चकोरी॥

श्रीरघुनाथजी की छवि को देखकर नेत्र निश्चल हो गए। पलकों ने भी गिरना छोड़ दिया (टकटकी लग गई)। अधिक स्नेह के कारण शरीर की सुधि नहीं रह गई, मानो शरद् ऋतु के चन्द्रमा को चकोरी (बेसुध हुई) देख रही हो॥३॥

Her eyes grew tired with gazing on Raghunatha's charms; her eyelids too ceased to wink, and she was faint with excess of love, like the partridge when she sees the autumn moon.

लोचनमग रामहि उर आनी। दीन्हे पलक कपाट सयानी॥
जब सिय सखिन्ह प्रेमबस जानीं। कहि न सकहिं कछु मन सकुचानीं॥

नेत्रों के मार्ग से श्रीरामजी को हृदय में लाकर बुद्धिमती जानकीजी ने पलकों के किवाड़ बंद कर दिए। जब सखियों ने सीताजी को प्रेम के वशीभूत जाना, तब वे मन में सकुचा गयीं; पर कुछ कह नहीं सकती थीं॥४॥

Receiving Rama into her heart by the pathway of her eyes, she cleverly closed on him the doors of her eyelids. When her maidens found Sita thus overpowered by love, they could not utter a word in their modest confusion.

दो.—लताभवन तें प्रकट भे तेहि अवसर दोउ भाइ।
निकसे जनु जुग बिमल बिधु जलदपटल बिलगाइ॥२३२॥

उसी समय वे दोनों भाई लताओं के कुंज से प्रकट हुए, मानो दो निर्मल चन्द्रमा बादलों के पर्दे को हटाकर निकले हों॥२३२॥

At that moment the two brothers emerged from the creeper-covered bower like a pair of spotless moons tearing the veil of a cloud.

चौ.—सोभासीवँ सुभग दोउ बीरा। नील पीत जलजाभ सरीरा॥
मोरपंख सिर सोहत नीके। गुच्छ बीच बिच कुसुमकली के॥

वे दोनों सुन्दर वीर शोभा की सीमा हैं। उनके शरीर की कान्ति नीले और पीले कमल की-सी है। सिर पर सुन्दर मोरपंखी टोपी सुशोभित है जिसके बीच-बीच में फूलों की कलियों के गुच्छे बने हुए हैं॥१॥

The two gallant heroes were the very perfection of beauty, their bodies resembling the dark-blue lotus and the golden. Charming peacock-feathers adorned their heads which had clusters of flowery blossom stuck here and there.

भाल तिलक श्रमबिंदु सुहाए। श्रवन सुभग भूषनछबि छाए॥
बिकट भृकुटि कच घूघरवारे। नव सरोज लोचन रतनारे॥

ललाट पर तिलक और पसीने की बूँदें शोभायमान हैं। कानों में सुन्दर आभूषणों की शोभा छायी है। भौंहें टेढ़ी और बाल घुँघराले हैं। नये लाल कमल के समान लाल-लाल नेत्र हैं॥२॥

A caste-mark and beads of sweat glistened on their brows, while graceful pendants shed their lustre on their ears. With arched eyebrows and curly locks, eyes flushed like newly-opened lotus buds,

चारु चिबुक नासिका कपोला। हास बिलास लेत मनु मोला॥
मुखछबि कहि न जाइ मोहि पाहीं। जो बिलोकि बहु काम लजाहीं॥

ठोढ़ी, नाक और गाल बड़े सुन्दर हैं और मुसकान की क्रीड़ा तो मन को मोल लिये लेती है। मुख की (अपरिमित) सुन्दरता तो मुझसे कही ही नहीं जाती, जिसे देखकर बहुत-से कामदेव लज्जित हो जाते हैं॥३॥

—and lovely chins, noses and cheeks, their gracious smile was soul-enslaving. The beauty of their faces was more than I can describe; it would put a myriad Cupids to shame.

उर मनिमाल कंबु कल ग्रीवा। काम कलभ कर भुज बलसीवा॥
सुमन समेत बाम कर दोना। साँवर कुअँर सखी सुठि लोना॥

वक्षःस्थल पर मणियों की माला पड़ी है। शङ्ख के समान सुन्दर गला है। कामदेवरूपी हाथी के बच्चे की सूँड़ के समान भुजाएँ हैं, जो बल की सीमा हैं। जिसके बायें हाथ में फूलों से भरा दोना है, हे सखि! वह साँवला कुमार तो बहुत ही सलोना है॥४॥

They had a string of jewels on their breasts, their graceful necks resembled a conch-shell in their spiral shape; their arms vied with the trunk of Love's young elephant, unparalleled in might. Said one, 'With a cup of leaves full of flowers in his left hand, the dark-hued prince, O sister, is beautiful indeed!'

दो.—केहरि कटि पट पीत धर सुषमा सील निधान।
देखि भानुकुलभूषनहि बिसरा सखिन्ह अपान॥२३३॥

सिंह की-सी (पतली और लचीली) कमरवाले पीताम्बर धारण किये हुए, शोभा और शील के भण्डार, सूर्यकुल-भूषण श्रीरामचन्द्रजी को देखकर सखियाँ अपने-आपको (आत्मसुधि) भूल गयीं॥२३३॥

As her companions gazed upon the jewel of the Solar race, who had a slender waist like that of a lion and was clad in bright yellow, and who was the very abode of loveliness and amiability, they lost all self-consciousness.

चौ. –धरि धीरजु एक आलि सयानी । सीता सन बोली गहि पानी ॥
बहुरि गौरि कर ध्यान करेहू । भूपकिसोर देखि किन लेहू ॥

एक चतुर सखी ने धीरज धरकर, हाथ पकड़कर सीताजी से कहा – गिरिजाजी का ध्यान फिर पीछे कर लेना, इस समय राजकिशोरों को क्यों नहीं देख लेतीं ? ॥१॥

Recovering herself, one wise maiden grasped Sita's hand and said, 'Meditate on Girija another time; why not look now at the princes ?'

सकुचि सीय तब नयन उघारे । सनमुख दोउ रघुसिंघ निहारे ॥
नख सिख देखि राम कै सोभा । सुमिरि पितापनु मनु अति छोभा ॥

तब सीताजी ने सकुचाकर अपनी आँखें खोलीं तो उन्होंने रघुकुल के दोनों सिंहों को अपने सामने (खड़े) देखा । नख से शिखा तक श्रीरामजी की सुन्दरता देखकर और फिर पिता की प्रतिज्ञा का स्मरण कर उनका मन बहुत क्षुब्ध हो गया ॥२॥

Then Sita shyly opened her eyes and saw before her the two lions of the house of Raghu. Surveying Rama's beauty from head to foot and remembering her father's vow, she was greatly troubled.

परबस सखिन्ह लखी जब सीता । भये गहरु सब कहहिं सभीता ॥
पुनि आउब येहि बेरिआँ काली । अस कहि मन बिहसी एक आली ॥

जब सखियों ने सीताजी को परवश (प्रेम के अधीन) देखा, तब सब डरी हुई (आपस में) कहने लगीं – बड़ी देर हो गयी, कल इसी समय हम फिर आयेंगी । ऐसा कहकर एक सखी मन में मुसकाई ॥३॥

When Sita's companions saw her thus overcome, they all cried in alarm, 'We are late already.' We shall come again tomorrow at this same hour !' So saying, one of them smiled within herself.

गूढ़ गिरा सुनि सिय सँकुचानी । भयेउ बिलंबु मातुभय मानी ॥
धरि बड़ि धीर रामु उर आने । फिरी अपनपउ पितुबस जाने ॥

उसकी यह रहस्यभरी वाणी सुनकर सीताजी सकुचा गयीं । देर हो गयी, यह जानकर उन्हें माता का भय हुआ । बहुत धैर्य के साथ वे श्रीरामचन्द्रजी को हृदय में ले आयीं और अपने को पिता के अधीन जानकर लौट चलीं ॥४॥

Sita blushed at this clever hint. It was late and she feared her mother. Then summoning up resolution, she received Rama into her heart and, conscious of her dependence on her father, returned home.

दो. –देखन मिस मृग बिहग तरु फिरै बहोरि बहोरि ।
निरखि निरखि रघुबीरछबि बाढ़ै प्रीति न थोरि ॥२३४॥

मृग, पक्षी और वृक्षों को देखने के बहाने (सीताजी) बार-बार लौट पड़ती हैं और श्रीरामजी के (अनुपम) सौंदर्य को देख-देखकर उनका प्रेम कम नहीं बढ़ रहा है ॥२३४॥

Pretending to look back at a deer or a bird or a tree, she turned again and again, and each time she gazed on the incomparable beauty of Rama, her love grew ever greater.

चौ. –जानि कठिन सिवचाप बिसूरति । चली राखि उर स्यामल मूरति ॥
प्रभु जब जात जानकी जानी । सुख सनेह सोभा गुन खानी ॥

शिवजी के धनुष को कठिन जानकर वे मन में चिन्ता करती हुईं[1] हृदय में श्रीरामजी की साँवली मूर्ति को रखकर चलीं । प्रभु श्रीरामजी ने जब सुख, स्नेह, शोभा और गुणों की खान श्रीजानकीजी को जाती हुई जाना, ॥१॥

Considering how hard it was to break the (unyielding) bow of Shiva, she proceeded sobbing silently on her way with the image of the swarthy form in her heart. When the Lord saw Janaka's daughter going, that fountain of bliss and affection and grace and virtue,

परम प्रेममय मृदु मसि कीन्ही । चारु चित्त भीती लिखि लीन्ही ॥
गई भवानीभवन बहोरी । बंदि चरन बोलीं कर जोरी ॥

तब उन्होंने परम प्रेम की कोमल स्याही बनाकर (उससे) उनके स्वरूप को अपनी सुन्दर चित्तरूपी भित्ति पर अंकित कर लिया । (सीताजी) पुनः भवानीजी के मन्दिर में गयीं और उनके चरणों की वन्दना करके हाथ जोड़कर बोलीं – ॥२॥

—then with the gentle ink of supreme love he traced her infinite beauty on the tablet of his soul. Sita then sought Bhavani's temple and, adoring her feet, prayed to her with clasped hands:

जय जय गिरिबरराजकिसोरी । जय महेस मुख चंद चकोरी ॥
जय गजबदन षड़ानन माता । जगतजननि दामिनिदुति गाता ॥

हे गिरिराज-नंदिनी ! आपकी जय हो, जय हो ! हे शिवजी के मुखरूपी चन्द्रमा की चकोरी ! आपकी जय हो ! हे हाथी के मुखवाले गणेशजी और छः मुखवाले स्वामिकार्तिकजी की माता ! हे जगज्जननी ! हे बिजली-जैसी कान्तियुक्त शरीरवाली ! आपकी जय हो ! ॥३॥

'Glory, all glory to you, O daughter of the Mountain King ! Glory to you, who gaze on the countenance of the great Lord Shiva as the partridge on the

---

१. खिदर्विसूरः । विसूरयि खिद्यते । खेद या चिन्ता करने के अर्थ में 'विसूर' का प्रयोग होता है । कुछ टीकाकारों के अनुसार सीताजी ने शिवजी के कठोर धनुष को बिसूरत, अर्थात् टूटा हुआ ही समझा, इसलिए वे श्रीरामजी की साँवली मूर्ति को हृदय में धारणकर लौटीं । वस्तुतः भगवान् के बल का स्मरण आते ही वे हर्षित हो गयीं और उन्होंने उनकी साँवली छवि को हृदय में धारण कर लिया ।

moon ! Glory to you, O mother of the elephant-headed Ganesha and the six-faced Karttikeya, O mother of the universe with limbs as lustrous as the lightning-flash !

नहि तव आदि अंत अवसाना। अमित प्रभाउ बेदु नहि जाना॥
भव भव बिभव पराभव कारिनि। बिस्व बिमोहनि स्वबस बिहारिनि॥

आपके आदि और अन्त का विराम नहीं है (उनकी नमाप्ति नहीं होती)। आपके असीम प्रभाव को वेद भी नहीं जानते। आप संसार को उत्पन्न, पालन और संहार करनेवाली हैं। आप संसार को मोहनेवाली और स्वतन्त्र रूप से विहार करनेवाली हैं॥४॥

Your beginning and end know no ceasing; your infinite majesty is a mystery even to the Vedas. You are responsible for the birth, continuance and ultimate destruction of the world; you bewitch the whole universe and sport independently of others.

दो.—पतिदेवता सुतीय महु मातु प्रथम तव रेख।
महिमा अमित न सकहिं कहि सहस सारदा सेष॥२३५॥

उत्तम पतिव्रता स्त्रियों में (पति को इष्टदेव माननेवाली श्रेष्ठ नारियों में) हे माता! आपकी पहली गिनती है। आपकी अपार महिमा का वर्णन हजारों सरस्वती और शेषजी भी नहीं कर सकते॥२३५॥

Among all good women who adore their husbands as gods, O Mother, you rank foremost ! Your measureless majesty is more than a thousand Sarasvatis and Sheshas could tell !

चौ.—सेवत तोहि सुलभ फल चारी। बरदायनी पुरारि पिआरी॥
देवि पूजि पदकमल तुम्हारे। सुर नर मुनि सब होहिं सुखारे॥

हे वरदायिनि! हे त्रिपुर के शत्रु शिवजी की प्रिय पत्नी! आपकी सेवा करने से धर्म, अर्थ, काम और मोक्ष सुलभ हो जाते हैं। हे देवि! आपके कमल-स्वरूप चरणों की पूजा करके देवता, मनुष्य और मुनि सभी सुखी हो जाते हैं॥१॥

The four-fold rewards of life (*viz.*, religious merit, worldly riches, sensuous enjoyment and liberation) are easily attainable through your service, O granter of boons, beloved of Shiva (the slayer of Tripura) ! All who adore your lotus feet, O goddess, attain happiness, be they gods, men or sages.

मोर मनोरथु जानहु नीकें। बसहु सदा उर पुर सब ही कें॥
कीन्हेउ प्रगट न कारन तेहीं। अस कहि चरन गहे बैदेहीं॥

आप मेरे मनोरथ को भलीभाँति जानती हैं; (क्योंकि) आप सदा सबकी हृदयरूपी नगरी में बसती हैं। इसी कारण मैंने उसको प्रकट नहीं किया। ऐसा कहकर जानकीजी ने देवी के चरण पकड़ लिये॥२॥

Full well you know my heart's longing, O you whose dwelling-place is in the hearts of all; wherefore I have refrained from declaring it aloud.' With these words Videha's daughter clasped the feet of the goddess.

बिनय प्रेम बस भई भवानी। खसी माल मूरति मुसुकानी॥
सादर सिय प्रसादु सिर धरेऊ। बोली गौरि हरषु हिय भरेऊ॥

गिरिजाजी सीताजी के विनय और प्रेम के वशीभूत हो गयीं। उनके गले की माला खिसक पड़ी और मूर्ति मुसकरायी। सीताजी ने उस प्रसाद को आदरपूर्वक सिर पर धारण किया। गौरीजी का हृदय आनन्द से भर गया और वे बोलीं—॥३॥

Girija was overcome by Sita's humility and devotion; a garland slipped from her and the image smiled. Reverently Sita placed the divine gift upon her head, and Gauri herself with a heart full of joy thus spoke:

सुनु सिय सत्य असीस हमारी। पूजिहि मनकामना तुम्हारी॥
नारदबचन सदा सुचि साचा। सो बरु मिलिहि जाहि मनु राचा॥

हे सीता! सुनो, हमारी आशीष सत्य है, तुम्हारी अभिलाषा पूरी होगी। नारदजी के वचन सदा पवित्र और सत्य ही होते हैं। जिसमें तुम्हारा मन रँग गया है, वही वर तुमको मिलेगा॥४॥

'Hear, O Sita, my infallible blessing ! Your heart's desire shall be fulfilled, for Narada's words are ever faultless and true; the suitor on whom your heart is set shall, indeed, be yours.

छं.—मनु जाहि राचेउ मिलिहि सो बरु सहज सुंदर साँवरो।
करुनानिधानु सुजान सीलु सनेह जानत रावरो॥
येहि भाँति गौरि असीस सुनि सिय सहित हियँ हरषी अलीं।
तुलसी भवानिहि पूजि पुनि पुनि मुदित मन मंदिर चलीं॥

जिस पर तुम्हारा मन मोहित है (जिसमें तुम अनुरक्त हो गई हो) वही सहज सुन्दर साँवला पति तुमको मिलेगा। वह दयासागर और सर्वज्ञ है, तुम्हारे शील और स्नेह को जानता है। इस प्रकार श्रीगौरीजी की आशीष को सुनकर जानकीजी के साथ सब सखियाँ हृदय में हर्षित हुईं। तुलसीदासजी कहते हैं कि बार-बार भवानीजी को पूजकर सीताजी प्रसन्न मन से महल को लौट चलीं।

The dark-complexioned and naturally handsome prince, on whom you have set your heart, shall be your husband. The gracious and omniscient Lord knows your loving disposition and your love.' Sita and all her companions were overjoyed to hear this blessing from Gauri's lips. Worshipping Bhavani again and again, Sita, says Tulasidasa, returned to the palace, rejoicing in her heart.

सो. –जानि गौरि अनुकूल सियहिय हरषु न जाइ कहि।
मंजुल मंगल मूल बाम अंग फरकन लगे ॥२३६॥

गौरीजी को अपने अनुकूल जानकर सीताजी के हृदय को जो हर्ष हुआ वह कहा नहीं जा सकता। सुन्दर मङ्गलों के कारण उनके बायें अंग फड़कने लगे ॥२३६॥

Finding Gauri favourably disposed towards her, Sita was more glad of heart than words can tell. Her left side began to throb, a sure omen of good fortune.

चौ. –हृदय सराहत सीयलोनाई। गुर समीप गवने दोउ भाई ॥
रामु कहा सबु कौसिक पाहीं। सरल सुभाउ छुआ छल नाहीं ॥

हृदय में सीताजी के लावण्य की सराहना करते हुए दोनों भाई गुरुजी के समीप चले। श्रीरामचन्द्रजी ने विश्वामित्रजी से सबकुछ कह दिया, क्योंकि उनका स्वभाव सरल है और उसमें छल का लेश भी नहीं है ॥१॥

Silently praising Sita's beauty, the two brothers returned to their *guru* (Vishvamitra). Rama related everything to him, for his heart was simple and free from all guile.

सुमन पाइ मुनि पूजा कीन्ही। पुनि असीस दुहुँ भाइन्ह दीन्ही ॥
सफल मनोरथ होहुँ तुम्हारे। रामु लखनु सुनि भये सुखारे ॥

फूलों को लेकर मुनि ने पूजा की। फिर दोनों भाइयों को आशीर्वाद दिया कि तुम्हारी मनोकामना पूरी हो। यह सुनकर श्रीराम-लक्ष्मण प्रसन्न हुए ॥२॥

The sage took the flowers and offered worship, and then blessed the two brothers, saying, 'May your desires be fulfilled !' Rama and Lakshmana were glad to hear the benediction.

करि भोजनु मुनिबर बिज्ञानी। लगे कहन कछु कथा पुरानी ॥
बिगत दिवसु गुर आएसु पाई। संध्या करन चले दोउ भाई ॥

विज्ञानी मुनिश्रेष्ठ विश्वामित्रजी भोजन करके कुछ पुरानी (पौराणिक) कथाएँ कहने लगे। दिन बीतने पर गुरु की आज्ञा पाकर दोनों भाई संध्योपासना करने चले ॥३॥

After taking his meal the wise and noble sage, Vishvamitra, began to recite some old legends. When the day was thus spent, the two brothers first asked his permission and then went out to say their evening prayers.

प्राची दिसि ससि उयेउ सुहावा। सियमुख सरिस देखि सुखु पावा ॥
बहुरि बिचारु कीन्ह मन माहीं। सीयबदन सम हिमकर नाहीं ॥

पूर्व दिशा में सुन्दर चन्द्रमा का उदय हुआ। उसे सीता के मुख के समान देखकर श्रीरामजी ने सुख पाया। फिर उन्होंने मन में विचार किया तो लगा कि यह चन्द्रमा सीताजी के मुख के समान नहीं है ॥४॥

The brilliant moon arose in the eastern sky and Rama rejoiced when he saw that her orb resembled Sita's face. The Lord then reasoned within himself, 'The moon is not to be compared with Sita.

दो. –जनमु सिंधु पुनि बंधु बिषु दिन मलीन सकलंकु।
सियमुख समता पाव किमि चंदु बापुरो रंकु ॥२३७॥

समुद्र से तो इसका जन्म है, फिर (उसी समुद्र से निकलने के कारण) विष इसका भाई है, दिन में यह मलिन रहता है और काले दाग से युक्त है। (शोभा का) दरिद्र बेचारा चन्द्रमा सीताजी के मुख की बराबरी कैसे पा सकता है ? ॥२३७॥

Born of the ocean (with its salt water), with poison for her brother, lustreless by the day and spotted, how can the poor and wretched moon be matched with Sita's face ?

चौ. –घटै बढ़ै बिरहिनि दुखदाई। ग्रसै राहु निज संधिहि पाई ॥
कोक सोकप्रद पंकजद्रोही। अवगुन बहुत चंद्रमा तोही ॥

फिर यह घटता-बढ़ता है और विरहिणी को दुःख दिया करता है; राहु अपनी सन्धि पाकर इसे ग्रस लेता है। चकवे को (चकवी के वियोग का) शोक देनेवाला और कमल का द्रोही है। हे चन्द्रमा ! तुझमें ऐसे-ऐसे बहुत अवगुण हैं ॥१॥

The moon waxes and wanes and brings sorrow to lovesick damsels, and Rahu swallows her whenever the appointed time comes round. She causes anguish to the *chakava* (the ruddy goose) and withers the lotus. Numerous, O moon, are your blemishes !

बैदेहीमुख पटतर दीन्हे। होइ दोषु बड़ अनुचित कीन्हे ॥
सिय मुखछबि बिधुब्याज बखानी। गुर पहि चले निसा बड़ि जानी ॥

इसलिए जानकीजी के मुख से उपमा देने में बड़ा अनुचित कर्म और दोष होगा। इस प्रकार चन्द्रमा के बहाने सीताजी के मुख की शोभा का वर्णन करके बड़ी रात बीत गयी जान, वे गुरुजी के पास चले ॥२॥

To compare you with Sita's face will, therefore, amount to doing something highly improper and culpable. Thus, finding in the moon a pretext for lauding the beauty of Sita's face, and realizing that the night was far advanced, Rama returned to the *guru*.

करि मुनिचरन सरोज प्रनामा। आयेसु पाइ कीन्ह बिश्रामा ॥
बिगत निसा रघुनायक जागे। बंधु बिलोकि कहन अस लागे ॥

(वहाँ जाकर) मुनि के चरणकमलों में प्रणाम कर और उनकी आज्ञा पाकर उन्होंने विश्राम किया। रात बीतने पर श्रीरघुनाथजी जागे और भाई की ओर देखकर ऐसा कहने लगे – ॥३॥

He did reverence to the sage's lotus feet, and with his permission retired to rest. At the close of night, Raghunatha awoke, and looking towards his brother, thus began to say:

उयेउ अरुन अवलोकहु ताता। पंकज कोक लोक सुखदाता॥
बोले लखनु जोरि जुग पानी। प्रभुप्रभाउ सूचक मृदु बानी॥

हे भाई! देखो, कमल, चक्रवाक और समस्त संसार को सुख देनेवाला अरुणोदय हुआ है। (इस पर) लक्ष्मणजी दोनों हाथ जोड़कर प्रभु के प्रताप को प्रकट करनेवाली कोमल वाणी बोले – ॥४॥

'See, brother, the day has dawned to the delight of the lotus, the *chakava* and all the world.' With folded hands Lakshmana gently spoke the following words, meant to reveal the glory of the Lord:

दो. –अरुनोदय सकुचे कुमुद उड़गन जोति मलीन।
जिमि तुम्हार आगमन सुनि भये नृपति बलहीन॥२३८॥

अरुणोदय होते ही कुमुदिनी सकुचा गयी और तारों की ज्योति मलिन हो गई, जिस प्रकार आपके आगमन को सुनकर सब राजा बलहीन हो गए॥२३८॥

'At dawn of day, the lily has faded and the brilliance of the stars is dimmed, just as at the news of your arrival the kings (assembled here) have grown faint.

चौ. –नृप सब नखत करहिं उजिआरी। टारि न सकहिं चाप तम भारी॥
कमल कोक मधुकर खग नाना। हरषे सकल निसा अवसाना॥

सब राजारूपी नक्षत्र उजाला करते हैं, पर वे धनुषरूपी भारी अन्धकार को दूर नहीं कर सकते। रात बीत जाने से जैसे कमल, चकवे, भौंरे और नाना प्रकार के पक्षी प्रसन्न हो उठे हैं, ॥१॥

The kings are all bright like stars, but they are unable to dispel the deep darkness of the bow. And just as lotuses and bees and *chakavas* and various other birds rejoice over the termination of night,

ऐसेहि प्रभु सब भगत तुम्हारे। होइहहिं टूटें धनुष सुखारे॥
उएउ भानु बिनु श्रम तम नासा। दुरे नखत जग तेजु प्रकासा॥

वैसे ही हे नाथ! आपके सब भक्त धनुष टूटने पर सुखी होंगे। सूर्य का उदय हुआ तो बिना ही श्रम के अन्धकार मिट गया। नक्षत्र छिप गए, संसार में तेज का प्रकाश हो गया॥२॥

—even so, my Lord, will all your devotees be glad when the bow is broken. Lo, the sun is up and the darkness is easily dispelled; the stars have vanished out of sight and light flashes upon the world.

रबि निज उदय ब्याज रघुराया। प्रभुप्रतापु सब नृपन्ह देखाया॥
तव भुजबल महिमा उदघाटी। प्रगटी धनुबिघटन परिपाटी॥

हे रघुनाथजी! सूर्य ने अपने उदय के बहाने सब राजाओं को आपका प्रताप दिखा दिया है। आपकी भुजाओं के बल की महिमा को उद्घाटित करने के लिए ही धनुष तोड़ने की यह परिपाटी प्रकट हुई है॥३॥

Under the pretence of its rising, O lord of Raghus, the sun has demonstrated to all the kings your mighty power. It is to reveal the might of your arms that the breaking of the bow has been ordained.'

बंधुबचन सुनि प्रभु मुसुकाने। होइ सुचि सहज पुनीत नहाने॥
नित्यक्रिया करि गुर पहि आए। चरन सरोज सुभग सिर नाए॥

भाई (लक्ष्मण) के वचन सुनकर प्रभु मुसकराये। फिर जो स्वभाव से ही पवित्र हैं, उन्होंने शौच से निवृत्त होकर स्नान किया और नित्यकर्म करके वे गुरुजी के पास आये और उनके कमलस्वरूप सुन्दर चरणों को प्रणाम किया॥४॥

The Lord smiled at these words of his brother. He who is by nature pure then performed the daily rites of purification and bathed, and after observing his daily routine of prayer, etc., called on his *guru* and bowed his graceful head before his lotus feet.

सतानंदु तब जनक बोलाए। कौसिक मुनि पहि तुरत पठाए॥
जनकबिनय तिन्ह आइ सुनाई। हरषे बोलि लिए दोउ भाई॥

तब जनकजी ने (अपने पुरोहित) शतानन्दजी को बुलवाया और तुरंत ही उन्हें विश्वामित्र मुनि के पास भेजा। उन्होंने जाकर जनकजी की विनती सुनायी। विश्वामित्रजी ने प्रसन्न हो दोनों भाइयों को (अपने पास) बुला लिया॥५॥

Meanwhile Janaka summoned his preceptor Shatananda and sent him at once to the sage Vishvamitra. Shatananda communicated Janaka's humble prayer and Vishvamitra gladly sent for the two brothers.

दो. –सतानंदपद बंदि प्रभु बैठे गुर पहि जाइ।
चलहु तात मुनि कहेउ तब पठवा जनक बोलाइ॥२३९॥

शतानन्दजी के चरणों की वन्दना करके प्रभु (श्रीरामचन्द्रजी) गुरुजी के पास जा बैठे। तब विश्वामित्रजी ने कहा – हे तात! चलो, जनकजी ने बुलावा भेजा है॥२३९॥

The Lord did homage to Shatananda's feet and went and sat down beside the *guru*; the sage then said, 'Come, my son, Janaka has sent for us.

मासपारायण, आठवाँ विश्राम
नवाह्नपारायण, दूसरा विश्राम

चौ._—सीयस्वयंबरु देखिअ जाई । ईसु काहि धों देइ बड़ाई ॥
लखन कहा जसभाजनु सोई । नाथ कृपा तव जा पर होई ॥

जाकर हमें सीताजी के स्वयंवर को देखना चाहिए । देखें, ईश्वर किसे बड़ाई देते हैं । लक्ष्मणजी ने कहा — हे नाथ ! यश का पात्र तो वही होगा जिस पर आपकी कृपा होगी ॥१॥

Let us go and see how Sita elects her husband; we have yet to see on whom God bestows this great honour.' Said Lakshmana, 'He alone will be the worthy recipient of this glory, my lord, who enjoys your favour.'

हरषे मुनि सब सुनि बर बानी । दीन्हि असीस सबहि सुखु मानी ॥
पुनि मुनिबृंद समेत कृपाला । देखन चले धनुष मखसाला ॥

(लक्ष्मणजी की) श्रेष्ठ वाणी को सुनकर सब मुनिगण हर्षित हुए और सभी ने सुख मानकर आशीर्वाद दिया । फिर कृपालु श्रीरामचन्द्रजी मुनि-समूह के साथ धनुषयज्ञशाला देखने चले ॥२॥

The whole company of sages rejoiced when they heard these noble words and with delighted hearts they all gave him their blessing. Accompanied by the whole throng of hermits the gracious Lord then proceeded to view the arena prepared for the contest of the bow.

रंगभूमि आए दोउ भाई । असि सुधि सब पुरबासिन्ह पाई ॥
चले सकल गृहकाज बिसारी । बाल जुवान जरठ नर नारी ॥

दोनों भाई रंगभूमि में आये हैं, जब सब नगरवासियों ने ऐसी सूचना पायी, तब बालक, जवान, बूढ़े, स्त्री, पुरुष — सभी घर के काम-काज भुलाकर चल पड़े ॥३॥

When the citizens got the news that the two brothers had entered the arena, they all sallied forth, oblivious of their household work, men and women, young and old, and children too.

देखी जनक भीर भै भारी । सुचि सेवक सब लिए हकारी ॥
तुरत सकल लोगन्ह पहि जाहू । आसन उचित देहु सब काहू ॥

राजा जनक ने देखा कि भारी भीड़ हो गयी है; तब उन्होंने अपने सभी पवित्र सेवकों को बुलवा लिया और कहा — तुम लोग अविलंब सब लोगों के पास जाओ और सब किसी को उचित आसन दो ॥४॥

When Janaka saw how enormous was the crowd, he sent for all his trusted servants and said, 'Go and see all the people at once and give each one a proper seat.'

दो._—कहि मृदु बचन बिनीत तिन्ह बैठारे नर नारि ।
उत्तम मध्यम नीच लघु निज निज थल अनुहारि ॥२४०॥

उन्होंने कोमल और विनीत वचन कहकर उत्तम, मध्यम, नीच और लघु, (सभी श्रेणी के) स्त्री-पुरुषों को उनके योग्य स्थानों पर बैठाया ॥२४०॥

So with gentle and courteous words the servants seated them all, both men and women, each according to his rank, whether noble or middling, humble or low.

चौ._—राजकुअँर तेहि अवसर आए । मनहु मनोहरता तन छाए ॥
गुनसागर नागर बर बीरा । सुंदर स्यामल गौर सरीरा ॥

उसी समय दोनों राजकुमार वहाँ आ पहुँचे, मानो साक्षात् मनोहरता ही उनके शरीरों पर छा रही हो । सुन्दर, साँवले और गोरे शरीरवाले दोनों ही गुणों के समुद्र, चतुर और उत्तम वीर हैं ॥१॥

Then came forth the two royal princes, the very abodes of Beauty as it were, both oceans of goodness, polished in manners and gallant heroes of graceful form, one dark and the other fair.

राजसमाज बिराजत रूरे । उड़गन महु जनु जुग बिधु पूरे ॥
जिन्ह के रही भावना जैसी । प्रभुमूरति तिन्ह देखी तैसी ॥

राजाओं के समाज में वे ऐसे सुशोभित हैं, मानो तारागणों के बीच में दो पूर्ण चन्द्रमा विराजमान हों । जिनके हृदय में जैसी भावना थी, उन्होंने प्रभु की मूर्ति भी वैसी ही देखी ॥२॥

Resplendent in the galaxy of kings, they shone like two full moons amid a circle of stars. Everyone saw in the person of the Lord the reflection of his own disposition (*i.e.* of the conception each had of him).

देखहिं रूप महा रनधीरा । मनहु बीररसु धरे सरीरा ॥
डरे कुटिल नृप प्रभुहि निहारी । मनहु भयानक मूरति भारी ॥

बड़े रणबाँकुरे (राजा लोग) श्रीरामचन्द्रजी के रूप को ऐसा देख रहे हैं, मानो स्वयं वीर रस शरीर धारण किये हुए हो । कुटिल राजा प्रभु को निहारकर डर गए, मानो बड़ी डरावनी मूर्ति हो ॥३॥

Great warrior kings beheld him as the heroic sentiment personified; the wicked kings trembled at the sight of the Lord as the dread image of the Terrible.

रहे असुर छलछोनिप बेषा । तिन्ह प्रभु प्रगट काल सम देखा ॥
पुरबासिन्ह देखे दोउ भाई । नरभूषन लोचनसुखदाई ॥

जो असुर छल से वहाँ राजाओं के वेष में (बैठे) थे, उन्होंने प्रभु को साक्षात् यम के समान देखा । पुरवासियों ने दोनों भाइयों को मनुष्यों में भूषणरूप और नेत्रों को सुख देनेवाला देखा ॥४॥

The demons, who were guilefully disguised as princes, beheld the Lord as Death incarnate, while the citizens regarded the two brothers as the jewels of manhood, a sight to gladden their eyes.

दो. –नारि बिलोकहिं हरषि हिय निज निज रुचि अनुरूप ।
जनु सोहत सिंगार धरि मूरति परम अनूप ॥२४१॥

स्त्रियाँ भी हर्षित हृदय से अपनी-अपनी भावना के अनुसार उन्हें देख रही हैं, मानो शृंगार रस ही परम अनुपम मूर्ति धारण किये सुशोभित हो रहा हो ॥२४१॥

The women beheld them with joy, each according to her own attitude towards him, as if the erotic sentiment itself had appeared in an incomparably ravishing form.

चौ. –बिदुषन्ह प्रभु बिराटमय दीसा । बहु मुख कर पग लोचन सीसा ॥
जनकजाति अवलोकहिं कैसे । सजन सगे प्रिय लागहिं जैसे ॥

पंडितों ने प्रभु को विराट् रूप में देखा, जिसके बहुत-से मुँह, हाथ, पैर, नेत्र और सिर हैं । जनकजी के कुटुम्बी लोग प्रभु को कैसी दृष्टि से देखते हैं ? जिस दृष्टि से कोई अपने सगे-सम्बन्धियों को देखता है ॥१॥

The learned saw the Lord in his cosmic form, with many faces, hands, feet, eyes and heads. How did Janaka's family see him ? Like one's own beloved kinsmen.

सहित बिदेह बिलोकहिं रानी । सिसु सम प्रीति न जाति बखानी ॥
जोगिन्ह परम तत्व मय भासा । सांत सुद्ध सम सहज प्रकासा ॥

जनकजी के साथ उनकी रानियाँ उन्हें अपने बालक के समान (प्रेम से) देख रही हैं, उनकी प्रीति का वर्णन नहीं किया जा सकता । योगियों को तो वे पूर्ण ब्रह्म ही अनुभूत[1] हुए जो शान्त, शुद्ध, एकरस और स्वभाव से ही प्रकाशित है ॥२॥

The queens, no less than Janaka, regarded him with unspeakable love like a dear child. To contemplatives (those ever united with God) he shone forth as no other than Absolute Truth, placid, unsullied, equipoised, and radiant by nature.

हरिभगतन्ह देखे दोउ भ्राता । इष्टदेव इव सब सुख दाता ॥
रामहि चितव भाय जेहि सीया । सो सनेहु सुखु नहि कथनीया ॥

ईश्वर के भक्तों ने दोनों भाइयों को सारे सुखों को देनेवाले अपने इष्टदेव के समान देखा । सीताजी जिस भाव से श्रीरामचन्द्रजी को देख रही हैं, वह स्नेह और सुख तो अकथ्य है ॥३॥

The devotees of Hari beheld the two brothers as their own beloved deities, the fountains of perfect bliss. The emotion of love and joy with which Sita gazed on Rama was beyond expression.

उर अनुभवति न कहि सक सोऊ । कवन प्रकार कहै कबि कोऊ ॥
जेहि बिधि रहा जाहि जस भाऊ । तेहि तस देखेउ कोसलराऊ ॥

उस (स्नेह-सुख) का वे हृदय में ही अनुभव कर रही हैं, पर वे भी उसे कह नहीं सकतीं । फिर भला कोई कवि तो उसे किस प्रकार कह सकता है ? इस प्रकार जिसके हृदय में जैसा भाव था, उसने कोसलराज श्रीरामचन्द्रजी को वैसा ही देखा ॥४॥

She felt the emotion in her heart, but could not utter it; how, then, can a poet describe it ? Thus each saw the prince of Kosala according to his own ruling passion.

दो. –राजत राजसमाज महु कोसलराजकिसोर ।
सुंदर स्यामल गौर तन बिस्वबिलोचन चोर ॥२४२॥

सुन्दर साँवले और गोरे शरीरवाले तथा संसारभर के नेत्रों को चुरानेवाले अयोध्यापुरी के राजकिशोर राज-सभा में इस प्रकार सुशोभित हो रहे हैं ॥२४२॥

Thus shone the two lovely princes of Ayodhya in the midst of the royal assembly, one dark and the other fair, ravishing the eyes of the whole universe.

चौ. –सहज मनोहर मूरति दोऊ । कोटि काम उपमा लघु सोऊ ॥
सरदचंद निंदक मुख नीके । नीरज नयन भावते जी के ॥

दोनों मूर्तियाँ स्वभाव से ही मनोहर हैं । यदि उनकी उपमा करोड़ों कामदेवों से दी जाय, तो वह भी उनके लिए तुच्छ है । उनके सुन्दर मुख शरद् (पूर्णिमा) के चन्द्रमा की भी निन्दा करनेवाले हैं और कमल के समान नेत्र मन को बहुत ही प्यारे लगनेवाले हैं ॥१॥

Both were embodiments of natural grace; even millions of Kamadevas were a poor match for them. Their handsome faces mocked the autumn moon; their lotus eyes enchanted the soul.

---

१. परम तत्त्व देखने की वस्तु नहीं है, इसलिए 'भासा' (=अनुभूत हुआ) कहा । पहले भी कहा था – "ब्रह्मसुखहि अनुभवहिं **अनूपा । अकथ अनामय नाम न रूपा ।**" (बा. कां., दो. २१) परम तत्त्व को "सहज प्रकासा" भी कहा, यथा – "सहज प्रकासरूप भगवाना" । (दो.११५) यह परम तत्त्व क्लेश (अविद्या, अस्मिता, राग, द्वेष और अभिनिवेश), कर्म (विहित, प्रतिविद्ध तथा मिश्रित), विपाक (कर्मफल, जाति, आयु और भोग) और आशय (वासना) से परे **है; यथा – "क्लेशकर्मविपाकाशयैरपरामृष्टः पुरुषविशेष** ईश्वरः" । पा. १-२४ ।

चितवनि चारु मारमनु हरनी । भावति हृदय जाति नहि बरनी ॥
कल कपोल श्रुतिकुंडल लोला । चिबुक अधर सुंदर मृदु बोला ॥

इनकी सुन्दर चितवन कामदेव के भी मन को हरनेवाली है जो हृदय को बहुत ही सुहाती है, पर उसका वर्णन नहीं किया जा सकता । सुन्दर कपोल हैं और कानों में चंचल कुण्डल हैं । ठोड़ी और ओठ सुन्दर हैं, वाणी कोमल है ॥२॥

Their winning glances captivated the heart of Cupid; they were so unspeakably endearing. With beautiful cheeks, ears adorned with swinging ear-rings, charming chins and lips and a sweet voice;

कुमुदबंधुकर निंदक हाँसा । भृकुटी बिकट मनोहर नासा ॥
भाल बिसाल तिलक झलकाहीं । कच बिलोकि अलि अवलि लजाहीं ॥

हँसी चन्द्र-किरणों की निन्दा करनेवाली है । भौंहें टेढ़ी हैं और नासिका मनोहर है । चौड़े ललाट पर तिलक झलक रहे हैं । बालों को देखकर भौंरों की पंक्तियाँ भी लज्जित हो जाती हैं ॥३॥

—their smile ridiculed the moonbeams. With arched eyebrows and bewitching noses, the sacred caste-mark gleamed on their broad brows and their clustered locks put to shame a swarm of bees.

पीत चौतनी सिरन्हि सुहाई । कुसुमकली बिच बीच बनाई ॥
रेखें रुचिर कंबु कल गीवा । जनु त्रिभुवनसुषमा की सीवा ॥

सिरों पर पीली चौकोनी टोपियाँ सुहावनी लगती हैं, जिनके बीच-बीच में फूलों की कलियाँ बनायी (काढ़ी) हुई हैं । शंख के समान सुन्दर गले में मनोहर तीन रेखाएँ हैं, जो मानो तीनों लोकों की सुन्दरता की पराकाष्ठा हैं ॥४॥

Square yellow caps, which were embroidered here and there with figures of flower-buds, adorned their heads. Their conch-like exquisite necks, marked with a triple line, expressed the utmost beauty of the three spheres of creation.

दो. —कुंजरमनि कंठा कलित उरन्हि तुलसिकामाल ।
बृषभ कंध केहरि ठवनि बलनिधि बाहु बिसाल ॥२४३॥

गजमुक्ताओं के सुन्दर कंठे और हृदय पर तुलसी की मालाएँ सुशोभित हैं । उनके कंधे बैलों के कंधे की तरह (उन्नत, चौड़े तथा पुष्ट) हैं; ऐंड़ (अकड़, मुद्रा) सिंह की-सी है और भुजाएँ विशाल एवं बल की भण्डार हैं ॥२४३॥

Their breasts were adorned with well-wrought necklaces of elephant-pearls[1] and wreaths of *tulasi* (basil). With shoulders resembling the lump of a bull, they stood like lions and had mighty long arms.

1. The *kunjara-mani*, or more commonly *gaja-mukta*, is a pearl supposed to be found in the projections on the forehead of an elephant.

चौ. —कटि तूनीर पीत पट बाँधे । कर सर धनुष बाम बर काँधे ॥
पीत जग्य उपबीत सुहाए । नख सिख मंजु महाछबि छाए ॥

कमर में तरकश हैं, उन्हें पीताम्बर में बाँध रखा है । (दाहिने) हाथ में बाण और श्रेष्ठ बायें कंधों पर धनुष तथा पीले यज्ञोपवीत सुहावने लगते हैं । नख से लेकर चोटी तक सब अंग सुन्दर हैं, उन पर महान् शोभा छायी हुई है ॥१॥

They bore at their back quivers secured with a yellow cloth wrapped round their waists, and carried arrows in their hands and bows on their strong left shoulders, and round their necks was the yellow sacred thread. In short, the two princes were lovely from head to foot, lovely all over.

देखि लोग सब भये सुखारे । एकटक लोचन चलत न तारे ॥
हरषे जनकु देखि दोउ भाई । मुनिपद कमल गहे तब जाई ॥

(उन्हें) देखकर सब लोग सुखी हुए । उनके नेत्र एकटक लग गए हैं और तारे (पुतलियाँ) भी नहीं चलते । दोनों भाइयों को देखकर राजा जनक हर्षित हुए । तब उन्होंने जाकर मुनि के चरणकमलों को पकड़ लिया ॥२॥

Everyone who saw them was gladdened, and looked on them with unwinking eyes and pupils unmoved. Janaka himself rejoiced to behold the two brothers. Presently he went and clasped the sage's lotus feet.

करि बिनती निज कथा सुनाई । रंग अवनि सब मुनिहि देखाई ॥
जहँ जहँ जाहिं कुअँर बर दोऊ । तहँ तहँ चकित चितव सबु कोऊ ॥

(जनकजी ने) स्तुति करके अपनी कथा सुनायी और मुनि को सारी रंगभूमि दिखलायी । दोनों श्रेष्ठ राजकुमार जहाँ-जहाँ जाते हैं, वहाँ-वहाँ सभी लोग आश्चर्यचकित हो देखने लगते हैं ॥३॥

Paying him homage, he told him his story (*i.e.*, the legends of the bow) and showed him round the whole arena. Wherever the two elegant princes went, all regarded them with wonder. (Janaka's *katha* refers to his past history and the vow he had taken when he saw Sita easily moving Shiva's bow. On that occasion, the legends say, he swore that he would give her in marriage to anyone who could break it.)

निज निज रुख रामहि सबु देखा । कोउ न जान कछु मरमु बिसेषा ॥
भलि रचना मुनि नृप सन कहेऊ । राजा मुदित महासुखु लहेऊ ॥

सबने रामजी को अपनी-अपनी ही ओर मुख किये हुए देखा; परंतु किसी को कुछ विशेष रहस्य न समझ पड़ा । मुनि ने राजा से कहा — रंगभूमि की रचना बड़ी सुन्दर है । (यह सुनकर) राजा प्रसन्न हुए और उन्हें अपार सुख मिला ॥४॥

Each one found Rama facing himself; but none could perceive the great mystery behind it. The sage told the king that the arena was splendidly constructed; and the king was highly gratified and pleased.

दो. –सब मंचन्ह तें मंचु एकु सुंदर बिसद बिसाल।
मुनि समेत दोउ बंधु तहँ बैठारे महिपाल ॥२४४॥

सभी मञ्चों से एक मञ्च अधिक सुन्दर, उज्ज्वल और ऊँचा एवं लम्बा-चौड़ा था। राजा जनक ने मुनि के सहित दोनों भाइयों को उसपर बिठाया ॥२४४॥

Among all the tiers of raised seats there was one of special beauty, bright and capacious, and there the sovereign seated the sage and the two brothers.

चौ. –प्रभुहि देखि सब नृप हियँ हारे। जनु राकेस उदय भयें तारे ॥
असि प्रतीति सब के मन माहीं। राम चाप तोरब सक नाहीं ॥

प्रभु (श्रीरामचन्द्रजी) को देखकर सब राजा हृदय में ऐसे हार गए जैसे पूर्ण चन्द्रमा के उदय होने पर तारे हार जाते हैं (निस्तेज हो जाते हैं)। सबके मन में ऐसा विश्वास जम गया कि रामचन्द्रजी ही धनुष को तोड़ेंगे, इसमें संदेह नहीं ॥१॥

At the sight of the Lord all the kings were disheartened, just as stars fade away with the rising of the full moon; for they were inwardly assured that Rama would undoubtedly break the bow.

बिनु भंजेहु भवधनुषु बिसाला। मेलिहि सीय राम उर माला ॥
अस बिचारि गवनहु घर भाई। जसु प्रतापु बलु तेजु गवाँई ॥

शिवजी के भारी धनुष को बिना तोड़े भी सीताजी श्रीरामचन्द्रजी के ही गले में जयमाल डालेंगी। हे भाइयो ! ऐसा विचारकर अपने यश, प्रताप, बल और तेज सब गँवाकर अपने-अपने घर चलो ॥२॥

'Even if Shiva's mighty bow proved too strong for him,' they thought, 'Sita would still place the garland of victory round his neck.' 'So, brothers,' they said, 'let us turn homewards, casting to the winds all glory, fame, might and dignity.'

बिहसे अपर भूप सुनि बानी। जे अबिबेक अंध अभिमानी ॥
तोरेहु धनुषु ब्याहु अवगाहा। बिनु तोरें को कुअँरि बिआहा ॥

दूसरे राजा, जो अविवेकी, अज्ञानी और अभिमानी थे, यह बात सुनकर बहुत हँसे। (उन्होंने कहा –) धनुष तोड़ने पर भी विवाह होना कठिन है, फिर भला बिना तोड़े तो राजकुमारी को ब्याह ही कौन सकता है ? ॥३॥

There were other kings, bereft of all discernment and blindly insolent, who mocked at such words and said, 'Union with the princess is a far cry for Rama, even if he succeeds in breaking the bow; who, then, can marry her without breaking it ?

एक बार कालउ किन होऊ। सिय हित समर जितब हम सोऊ ॥
यह सुनि अवर महिप मुसुकाने। धरमसील हरिभगत सयाने ॥

काल भी क्यों न हो, एक बार तो सीता के लिए हम उसे भी युद्ध में जीत लेंगे। घमंड की इस बात को सुनकर दूसरे राजा, जो धर्मशील, हरिभक्त और सयाने थे, मुसकराये ॥४॥

Should Death himself for once come forth to oppose us, him too would we conquer in our battle for Sita.' At this other princes, pious and prudent votaries of Hari, smiled and said:

सो. –सीय बिआहबि राम गरब दूरि करि नृपन्ह के।
जीति को सक संग्राम दसरथ के रनबाँकुरे ॥२४५॥

(उन्होंने कहा –) राजाओं के अभिमान को दूर करके श्रीरामचन्द्रजी सीताजी को ब्याहेंगे। महाराज दशरथ के रणबाँकुरे पुत्रों को युद्ध में जीत ही कौन सकता है ? ॥२४५॥

'Rama will certainly marry Sita to the discomfiture of these arrogant princes; who can conquer in battle the stalwart sons of Dasharath ?

चौ. –ब्यर्थ मरहु जनि गाल बजाई। मनमोदकन्हि कि भूख बताई ॥
सिखि हमारि सुनि परम पुनीता। जगदंबा जानहु जियँ सीता ॥

गाल बजाकर व्यर्थ प्राण न गँवाओ। मन के लड्डुओं से भी कहीं भूख जाती है ? हमारी परम पवित्र सीख मानकर सीताजी को अपने जी में साक्षात् जगज्जननी ही जानो ॥१॥

Do not thus brag and throw away your lives for naught; do imagined sweets satisfy one's hunger ? Listen to my most salutary advice: be inwardly assured that Sita is no other than Mother of the world.

जगतपिता रघुपतिहि बिचारी। भरि लोचन छबि लेहु निहारी ॥
सुंदर सुखद सकल गुन रासी। ए दोउ बंधु संभु उर बासी ॥

और श्रीरघुनाथजी को जगत्-पिता विचारकर आँख भरकर उनकी शोभा निहार लो। सुन्दर, सुख देनेवाले और समस्त गुणों की राशि ये दोनों भाई शिवजी के हृदय में बसनेवाले हैं ॥२॥

And acknowledge the lord of Raghus to be Father of the world and feast your eyes to their fill upon his beauty. Fountains of joy and embodiments of all virtues, these two charming brothers dwell in the heart of Shiva.

सुधासमुद्र समीप बिहाई । मृगजलु निरखि मरहु कत धाई ॥
करहु जाइ जा कहुँ जोइ भावा । हम तौ आजु जनमफलु पावा ॥

अमृत के समुद्र को पास में छोड़कर तुम मृगजल को देखकर दौड़कर क्यों प्राण देते हो ? (फिर भी सुनो) जिसको जो अच्छा लगे, वह जाकर वही करे । हमने तो आज जन्म लेने का फल पा लिया ॥३॥

Why do you desert the ocean of nectar that is so near and run in pursuit of a mirage and court death ? Well, go and do what pleases each of you; we for our part have reaped this day our life's reward.'

अस कहि भले भूप अनुरागे । रूप अनूप बिलोकन लागे ॥
देखहिं सुर नभ चढ़े बिमाना । बरषहिं सुमन करहिं कल गाना ॥

ऐसा कहकर भले राजा प्रेममग्न होकर श्रीरामजी के अनुपम रूप की झाँकी लेने लगे । देवतालोग भी आकाश से विमानों पर चढ़े हुए दर्शन कर रहे हैं और सुन्दर गान करते हुए फूलों की वर्षा कर रहे हैं ॥४॥

With these words the good kings turned to gaze with passionate love on Rama's peerless beauty, while in heaven the gods witnessed the spectacle from their aerial cars, and rained down flowers and sang melodious songs of joy.

दो. –जानि सुअवसरु सीय तब पठई जनक बोलाइ ।
चतुर सखीं सुंदर सकल सादर चलीं लवाइ ॥२४६॥

तब ठीक समय जानकर जनकजी ने सीताजी को बुला भेजा । सब चतुर और रूपवती सखियाँ आदरपूर्वक उन्हें लिवा ले आयीं ॥२४६॥

Then—finding it a fit occasion—Janaka sent for Sita; and her companions, all lovely and accomplished, reverently escorted her to the arena.

चौ. –सियसोभा नहि जाइ बखानी । जगदंबिका रूप गुन खानी ॥
उपमा सकल मोहि लघु लागी । प्राकृत नारि अंग अनुरागी ॥

सौन्दर्य और गुणों से परिपूर्ण जगज्जननी जानकीजी की सुन्दरता का वर्णन नहीं हो सकता । उनके लिए मुझे सब उपमाएँ हल्की जँचती हैं, क्योंकि वे लौकिक स्त्रियों के अंगों से मेल खाती हैं (अर्थात् वे जगत् की स्त्रियों के अंगों को दी जाती हैं) ॥१॥

Sita's beauty beggars all description, Mother of the universe that she is and an embodiment of charm and excellence. To me all comparisons seem worthless, for they are appropriate to the limbs of mortal women.

सिय बरनिय तेइ उपमा देई । कुकबि कहाइ अजसु को लेई ॥
जौ पटतरिअ तीय सम सीया । जग असि जुवति कहाँ कमनीया ॥

सीताजी के वर्णन में उन्हीं उपमाओं को देकर कौन 'कुकवि' कहाकर अपयश ले ? यदि किसी स्त्री के साथ सीताजी की तुलना की जाय, तो जगत् में ऐसी सुन्दर युवती है ही कहाँ ? ॥२॥

Who will depict Sita with the help of these similes and earn the title of an unworthy poet and court ill-repute ? Should Sita be compared to any woman of this material creation, then where in the world shall one come across a damsel so lovely ?

गिरा मुखर तन अरध भवानी । रति अति दुखित अतनु पति जानी ॥
बिष बारुनी बंधु प्रिय जेही । कहिअ रमा सम किमि बैदेही ॥

सरस्वती तो बहुत ही बोलनेवाली हैं, भवानी अर्द्धाङ्गिनी हैं (अर्थात् अर्द्धनारीनटेश्वर के रूप में उनका आधा ही अंग स्त्री का है, शेष आधा अंग पुरुष – शिवजी का है); (कामदेव की स्त्री) रति अपने पति को बिना शरीर का (अनंग) समझ बहुत ही दुःखी रहा करती हैं । विष और मदिरा जिनके (समुद्र से उत्पन्न होने के नाते) प्रिय भाई हैं, उन लक्ष्मी के समान भी तो वैदेही को कहा ही कैसे जाय ? ॥३॥

The goddess of speech (Sarasvati), for instance, is a chatterer; Bhavani possesses only half a body (the other half being represented by her lord, Shiva); and Rati (Love's consort) is in sore distress on account of her disfleshed lord. How can Videha's daughter be compared to Lakshmi, who has poison and strong drink for her dear brothers ?

जौ छबिसुधा पयोनिधि होई । परम रूप मय कच्छपु सोई ॥
सोभा रजु मंदरु सिंगारू । मथै पानि पंकज निज मारू ॥

यदि छविरूपी अमृत का समुद्र हो, परम रूपमय कच्छप हो, शोभा रस्सी हो, शृंगार (रस) ही मंदराचल (मथानी) हो और स्वयं कामदेव ही अपने कर-कमलों से (उस सागर का) मंथन करें, ॥४॥

Suppose there was an ocean of nectar in the form of loveliness and the tortoise (serving as a base for churning it) was an embodiment of consummate beauty, and suppose splendour itself were to take the form of a rope, the erotic sentiment to crystallize and assume the shape of Mount Mandara and the god of love himself were to churn this ocean with his own lotus hands,

दो. –येहि बिधि उपजै लच्छि जब सुंदरता सुख मूल ।
तदपि सकोच समेत कबि कहहिं सीय समतूल ॥२४७॥

इस प्रकार (के संयोग से) जब सुन्दरता और सुख की मूल लक्ष्मीजी प्रकट हों, तो भी कविगण संकोच के साथ ही कहेंगे कि वे सीताजी के समान हैं ॥२४७॥

— and suppose from such churning were to be born a Lakshmi, source of all beauty and bliss, still the poet would shrink from saying that she could be compared to Sita.

चौ. –चली संग लै सखीं सयानी। गावत गीत मनोहर बानी॥
सोह नवल तनु सुंदर सारी। जगतजननि अतुलित छबि भारी॥

चतुर सखियाँ (सीताजी को) अपने साथ लेकर मनोहर वाणी से गीत गाती हुई चलीं। (सीताजी के) नवीन-सुन्दर शरीर पर सुन्दर साड़ी सुशोभित है। जगज्जननी की महान् छवि उपमा-रहित है ॥१॥

Sita's clever companions escorted her to the arena, singing songs in charming tones. A beautiful *sari* adorned her youthful frame; Mother of the world was she, incomparable in her exquisite beauty.

भूषन सकल सुदेस सुहाए। अंग अंग रचि सखिन्ह बनाए॥
रंगभूमि जब सिय पगु धारीं। देखि रूप मोहे नर नारीं॥

सब आभूषण यथायोग्य अंगों पर शोभित हैं, जिन्हें सखियों ने अंग-अंग में रचकर सजाया है। जब सीताजी ने रंगभूमि में अपने चरण रखे तब उनका (अलौकिक) रूप देखकर स्त्री-पुरुष – सभी मुग्ध हो गए ॥२॥

Ornaments of all kinds had been beautifully set in their appropriate places, her every limb having been adorned by her companions with meticulous care. When Sita stepped into the arena, all beholders, men and women alike, were fascinated by her charms.

हरषि सुरन्ह दुंदुभीं बजाई। बरषि प्रसून अपछरा गाई॥
पानि सरोज सोह जयमाला। अवचट चितए सकल भुआला॥

देवताओं ने प्रसन्न होकर नगाड़े बजाये और फूल बरसाकर अप्सराएँ गाने लगीं। (सीताजी के) करकमलों में जयमाला शोभा दे रही है। उन्होंने सभी राजाओं को अवचट (अचक्का, औचक या अचानक) देखा ॥३॥

The gods in their delight sounded their kettledrums and the celestial damsels sang songs and rained down flowers. In her lotus hands sparkled the wreath of victory, as she cast a hurried glance at the assembled kings.

सीय चकित चित रामहि चाहा। भये मोहबस सब नरनाहा॥
मुनि समीप देखे दोउ भाई। लगे ललकि लोचन निधि पाई॥

सीताजी चकित चित्त से श्रीरामजी को ही देखने (या खोजने) लगीं, इस पर सब राजालोग मोह के वश हो गए। सीताजी ने मुनि के पास दोनों भाइयों को देखा तो उनके नेत्र अपना खजाना पाकर ललककर वहीं जा लगे ॥४॥

While Sita looked for Rama with anxious heart, all the kings found themselves in the grip of infatuation. Presently Sita discovered the two brothers by the side of the sage, and on them her eyes were greedily fixed as on a long-lost treasure.

दो. –गुरजन लाज समाजु बड़ देखि सीय सकुचानि।
लागि बिलोकन सखिन्ह तन रघुबीरहि उर आनि॥२४८॥

गुरुजनों की लाज से तथा बहुत बड़े समाज को देखकर सीताजी सकुचा गयीं और हृदय में श्रीरामचन्द्रजी को लाकर सखियों की ओर देखने लगीं ॥२४८॥

Out of natural bashfulness that she felt in the presence of the *gurus* and embarrassed at the sight of so large an assembly, Sita shrank into herself. Drawing Rama into her heart, she turned her eyes towards her companions.

चौ. –रामरूपु अरु सियछबि देखें। नर नारिन्ह परिहरीं निमेषें॥
सोचहिं सकल कहत सकुचाहीं। बिधि सन बिनय करहिं मन माहीं॥

श्रीरामचन्द्रजी का रूप और सीताजी की छवि देखकर स्त्री-पुरुषों ने पलक गिराना छोड़ दिया। सभी मन-ही-मन सोचते हैं, परंतु कहने में सकुचाते हैं। वे मन में ब्रह्माजी से विनती करते हैं – ॥१॥

Not a man or woman, who beheld the beauty of Rama and the loveliness of Sita, could close his eyelids for a second. They all were anxious in their hearts[1] but hesitated to speak; they inwardly made supplication to Brahma :

हरु बिधि बेगि जनकजड़ताई। मति हमारि असि देहि सुहाई॥
बिनु बिचार पनु तजि नरनाहू। सीय राम कर करै बिवाहू॥

हे विधाता! जनक की मूढ़ता को शीघ्र ही हर लीजिए और उन्हें हमारी ही ऐसी सुन्दर बुद्धि दीजिए जिससे बिना विचारे ही राजा अपनी प्रतिज्ञा त्यागकर सीताजी का विवाह रामजी से कर दें ॥२॥

'Speedily, O God, rid Janaka of his stupidity and give him right understanding, as we have, so that the king without the least scruple may abandon his vow and give Sita in marriage to Rama.

जगु भल कहिहि भाव सब काहू। हठ कीन्हे अंतहु उर दाहू॥
येहि लालसा मगन सबु लोगू। बरु साँवरो जानकीजोगू॥

संसार इसे भला कहेगा; क्योंकि सब किसी को यह बात रुचती है। अन्यथा हठ करने से परिणाम में भी छाती जलेगी। सब लोग इसी लालसा में मग्न हैं कि जानकीजी के योग्य वर तो यह साँवला ही है ॥३॥

The world will speak well of him and the idea will find favour with all. On the other hand, if he be

1. *i.e.*, all thought with dismay of the king's vow; they were anxious that Rama should marry Sita even without breaking Shiva's bow.

stubborn, he shall have to rue it bitterly in the end !' All were absorbed in the same ardent desire and thought, "The dark-complexioned prince is a suitable bridegroom for Janaka's daughter.'

तब बंदीजन जनक बोलाए। बिरिदावली कहत चलि आए॥
कह नृपु जाइ कहहु पन मोरा। चले भाट हिय हरषु न थोरा॥

तब राजा जनक ने बंदीजनों को बुलाया। वे वंश की कीर्ति गाते हुए चले आये। राजा ने कहा कि तुम जाकर मेरे प्रण की घोषणा कर दो। (यह सुनकर) भाट चले, उनके हृदय में कम आनन्द न था॥४॥

Then Janaka summoned the bards, and they came proclaiming the state and dignity of his royal line. 'Go,' said the king, 'and proclaim my vow.' Filled with great joy, the bards went off.

दो. —बोले बंदी बचन बर सुनहु सकल महिपाल।
पन बिदेह कर कहहिं हम भुजा उठाइ बिसाल॥२४९॥

भाटों ने (ये) सुन्दर श्रेष्ठ वचन कहे — हे सब राजा लोगो ! सुनिए ! हम ऊँचा हाथ उठाकर जनकजी का प्रण कहते हैं — ॥२४९॥

They made this noble proclamation, 'Hearken, all ye princes; with our long arms uplifted we announce to you Janaka's pledge !

चौ. —नृपभुज बलु बिधु सिवधनु राहू। गरुअ कठोर बिदित सब काहू॥
रावनु बानु महाभट भारे। देखि सरासनु गवँहि सिधारे॥

राजाओं के बाहुबल-रूपी चन्द्रमा के लिए शिवजी का धनुष राहु है। वह भारी और कठोर है, यह सबको विदित है। रावण और बाणासुर जैसे बड़े भारी योद्धा भी इस धनुष को देखकर चुपके-से चलते बने॥१॥

Though the might of your arms be as the moon, yet Shiva's bow is the planet Rahu; it is massive and unyielding, as is well known to all. Even those great and mighty champions, Ravana and Banasura, slipped quietly away as soon as they saw the bow.

सोइ पुरारिकोदंडु कठोरा। राजसमाज आजु जोइ तोरा॥
त्रिभुवनजय समेत बैदेही। बिनहि बिचार बरै हठि तेही॥

शिवजी के उसी कठोर धनुष को इस राजसभा में जो आज तोड़ेगा, तीनों लोकों की विजय के साथ ही उससे विदेह-नन्दिनी जानकीजी बिना किसी विचार के हठपूर्वक ब्याही जायँगी॥२॥

Whoever in this royal assembly breaks today the yonder unbending bow of Shiva, him shall Videha's daughter wed forthwith without hesitation, and he shall triumph over the three worlds.'

सुनि पन सकल भूप अभिलाषे। भट मानी अतिसय मन माखे॥
परिकर बाँधि उठे अकुलाई। चले इष्टदेवन्ह सिर नाई॥

(इस) प्रतिज्ञा को सुनकर सब राजा ललचा उठे। जो वीरता के अभिमानी थे, वे मन में बहुत ही क्रुद्ध हुए (तमतमाये)। वे कमर में फेंटा बाँधकर और अकुलाकर उठे और अपने-अपने इष्टदेवों को सिर नवाकर चले॥३॥

When they heard the pledge, all the princes were filled with longing, and those who pride themselves on their valour felt very indignant. Girding up their loins, they rose impatiently, and bowing their heads to their chosen deities, came forward.

तमकि ताकि तक सिवधनु धरहीं। उठइ न कोटि भाँति बलु करहीं॥
जिन्ह के कछु बिचारु मन माहीं। चाप समीप महीप न जाहीं॥

वे क्रुद्ध होकर शिवजी के धनुष की ओर देखते हैं, फिर निगाह जमाकर उसे पकड़ते हैं; नाना प्रकार से बल लगाते हैं, पर वह उठता ही नहीं। जिनके मन में कुछ विवेक है, वे तो धनुष के पास ही नहीं जाते॥४॥

They cast an angry look at Shiva's bow, grasped it with steady aim and exerted all their strength; but the bow refused to be lifted. Those princes, however, who had some sense did not even go near it.

दो. —तमकि धरहिं धनु मूढ़ नृप उठै न चलहिं लजाइ।
मनहु पाइ भटबाहु बलु अधिकु अधिकु गरुआइ॥२५०॥

मूर्ख राजा तमककर धनुष को जा पकड़ते हैं, परंतु जब वह नहीं उठता तब लज्जित होकर चल देते हैं, मानो योद्धाओं की भुजाओं का बल पाकर वह धनुष अधिक-अधिक भारी होता जाता है॥२५०॥

Those princes who were fools indignantly strained at the bow, but retired in confusion when it refused to stir, as though it grew heavier and heavier by absorbing the force of each successive warrior.

चौ. —भूप सहस दस एकहि बारा। लगे उठावन टरै न टारा॥
डगै न संभुसरासनु कैसें। कामीबचन सतीमनु जैसें॥

दस हजार राजे एक ही बार (धनुष को) उठाने लगे, तो भी वह टाले न टला। शिवजी का वह धनुष उसी प्रकार नहीं डिगता था, जिस प्रकार कामी पुरुष के वचनों से सती का मन चलायमान नहीं होता॥१॥

Then ten thousand princes proceeded all at once to lift it, but still it baffled their efforts. Shiva's bow stirred no more than the heart of a virtuous lady at the allurements of a gallant.

सब नृप भये जोगु उपहासी। जैसे बिनु बिराग संन्यासी॥
कीरति बिजय बीरता भारी। चले चापकर बरबस हारी॥

(धनुष को उठाने का प्रयत्न करनेवाले) सब राजा उपहास के योग्य हो गए,

जैसे वैराग्य के बिना संन्यासी (उपहास के योग्य) हो जाता है। कीर्ति, विजय, बड़ी वीरता को वे धनुष के हाथों बरबस गँवाकर चले गए ॥२॥

All the princes appeared as ridiculous as a recluse without dispassion. Helplessly forfeiting their renown and glory and mighty valour to the bow, they retired.

श्रीहत भये हारि हिय राजा। बैठे निज निज जाइ समाजा॥
नृपन्ह बिलोकि जनकु अकुलाने। बोले बचन रोष जनु साने॥

वे सब राजा हृदय से हारकर कान्तिहीन हो गए और अपने-अपने समाज में जा बैठे। राजाओं को देखकर जनक घबड़ा गए और ऐसे वचन बोले जो मानो क्रोध में सने हुए थे ॥३॥

Confused and disheartened, the princes returned, each to his own company, and took their seats. Seeing the kings thus dismayed, king Janaka was distressed and spoke words as if in anger:

दीप दीप के भूपति नाना। आए सुनि हम जो पनु ठाना॥
देव दनुज धरि मनुजसरीरा। बिपुल बीर आए रनधीरा॥

हमने जो प्रण ठाना था, उसे सुनकर द्वीप-द्वीप से अनेक राजा आये। (यहाँ तक कि) देवता और दैत्य भी मनुष्य का शरीर धारण कर तथा और भी बहुत-से रणकुशल योद्धा आये ॥४॥

'Hearing the vow I made, many a king has come from diverse parts of the globe; gods and demons in human form and many other stalwart heroes, staunch in fight, have assembled.

दो. –कुअँरि मनोहर बिजय बड़ि कीरति अति कमनीय।
पावनिहार बिरंचि जनु रचेउ न धनु दमनीय ॥२५१॥

परंतु धनुष को तोड़कर मनमोहिनी राजकुमारी, बड़ी विजय और अत्यन्त प्रशंसनीय कीर्ति को पानेवाला मानो ब्रह्मा ने किसी को रचा ही नहीं ॥२५१॥

A charming maiden, a grand triumph and splendid renown are the prize; but Brahma, it seems, has not yet created the hero who may break the bow and win it.

चौ. –कहहु काहि येहु लाभु न भावा। काहुँ न संकरचाप चढ़ावा॥
रहौ चढ़ाउब तोरब भाई। तिलु भरि भूमि न सके छड़ाई॥

कहिए तो सही, यह लाभ किसको नहीं भाता ? परंतु किसी ने भी शंकरजी के धनुष को नहीं चढ़ाया। अरे भाई ! चढ़ाना और तोड़ना तो दूर रहा, किसी ने उसे अपने स्थान से तिलभर भी नहीं हटाया ॥१॥

Tell me who would not covet so great a prize ? Yet none could string Shankara's bow. Let alone stringing it or breaking it, there was not one of you, brothers, who could even move it an inch from the ground !

अब जनि कोउ माखै भट मानी। बीरबिहीन मही मैं जानी॥
तजहु आस निज निज गृह जाहू। लिखा न बिधि बैदेहिबिवाहू॥

अब कोई अभिमानी वीर डींग न हाँके। मैंने जान लिया कि पृथ्वी वीरों से खाली हो गयी है। अब आशा छोड़कर अपने-अपने घर जाओ; ब्रह्मा ने सीता का विवाह लिखा ही नहीं ॥२॥

Now let no one proud of his valour be offended if I hold that there is no hero left on earth. Give up all hope and turn your faces homewards. It is not the will of Providence that Sita should wed.

सुकृतु जाइ जौ पनु परिहरऊँ। कुअँरि कुआँरि रहउ का करऊँ॥
जौ जनतेउँ बिनु भट भुवि भाई। तौ पनु करि होतेउँ न हसाई॥

यदि मैं अपनी प्रतिज्ञा छोड़ता हूँ तो पुण्य जाता है; इसलिए मैं क्या कर सकता हूँ ? भले ही कन्या कुँआरी रह जाय। भाइयो ! यदि मैं जानता कि पृथ्वी वीरों से शून्य है तो प्रण करके उपहास का पात्र न बनता ॥३॥

I shall lose all my religious merit if I abandon my vow; so the princess must remain a maiden — what can I do ? Had I known, brothers, that there are no more heroes in the world, I would not have made the vow and become a laughing-stock !'

जनकबचन सुनि सब नर नारी। देखि जानकिहि भये दुखारी॥
माखे लखनु कुटिल भईं भौंहें। रदपट फरकत नयन रिसौहें॥

जनकजी के वचन सुनकर और जानकीजी की ओर देखकर सभी स्त्री-पुरुष दुःखी हुए; परंतु लक्ष्मणजी तमतमा उठे, उनकी भौंहें टेढ़ी हो गयीं, ओठ फड़कने लगे और नेत्र क्रोध से लाल हो गए ॥४॥

All who heard Janaka's words, men and women alike, looked at Janaki and were sad. Lakshmana, however, was furious: his eyebrows were knit, his lips trembled and his eyes shot fire.

दो. –कहि न सकत रघुबीरडर लगे बचन जनु बान।
नाइ रामपद कमल सिरु बोले गिरा प्रमान ॥२५२॥

श्रीरघुवीरजी के भय से कुछ कह तो सकते नहीं, पर जनकजी के वचन उन्हें बाण की तरह चुभ गए। श्रीरामचन्द्रजी के चरणकमलों में सिर नवाकर वे (अपनी) सच्ची बात बोल उठे – ॥२५२॥

But for fear of Raghubira he could speak nothing, though Janaka's words pierced his heart like an arrow; yet at last, bowing his head before Rama's lotus feet, he thus spoke in authoritative accents:

चौ. –रघुबंसिन्ह महु जहँ कोउ होई । तेहि समाज अस कहै न कोई ॥
कही जनक जसि अनुचित बानी । बिद्यमान रघुकुलमनि जानी ॥

रघुवंशियों में जहाँ भी कोई होता है, उस समाज में कोई ऐसे (अनुचित वचन) नहीं कहता, जैसे अनुचित वचन रघुकुलशिरोमणि श्रीरामजी को विद्यमान जानते हुए भी जनकजी ने कहे हैं ॥१॥

'In an assembly where anyone of the house of Raghu is present, no one may utter such scandalous words as Janaka has uttered, even though he knows that the jewel of the Raghu race is here.

सुनहु भानुकुल पंकज भानू । कहौं सुभाउ न कछु अभिमानू ॥
जौ तुम्हारि अनुसासनि पावौं । कंदुक इव ब्रह्मांड उठावौं ॥

हे सूर्यकुलरूपी कमल के सूर्य ! सुनिए, मैं स्वभाव ही से कहता हूँ, कुछ अभिमान से नहीं; यदि मैं आपकी आज्ञा पाऊँ तो सारे ब्रह्माण्ड को गेंद की तरह उठा लूँ ॥२॥

Listen, O sun of the lotus-like Solar race, I sincerely tell you, without any vain boasting: if I but have your permission, I will lift the round world like a ball,

काचे घट जिमि डारौं फोरी । सकौं मेरु मूलक जिमि तोरी ॥
तव प्रताप महिमा भगवाना । को बापुरो पिनाक पुराना ॥

और (चाहूँ तो) उसे कच्चे घड़े की तरह फोड़ डालूँ । मैं सुमेरु पर्वत को मूली की तरह तोड़ सकता हूँ । हे भगवन् ! यह सब आपके प्रताप की महिमा है, इसके सामने यह बेचारा पुराना धनुष क्या है ! ॥३॥

—and smash it like an ill-baked potter's vessel ! By the glory of your majesty, O Blessed Lord, I can tear up Mount Meru like a radish ! What, then, is this rotten old bow ?

नाथ जानि अस आयेसु होऊ । कौतुकु करौं बिलोकिअ सोऊ ॥
कमलनाल जिमि चाप चढ़ावौं । जोजन सत प्रमान लै धावौं ॥

हे नाथ ! ऐसा जानकर आज्ञा हो तो कुछ कौतुक करूँ, उसे भी देखिए । धनुष को कमल की डंडी की तरह चढ़ाकर उसे सौ योजन तक लिये दौड़ जाऊँ ॥४॥

Realizing this, my Lord, only give me an order and see what wonders I work; I will string the bow as though it were a lotus stalk and run off with it more than a thousand kilometres !

दो. –तोरौं छत्रकदंड जिमि तव प्रताप बल नाथ ।
जौ न करौं प्रभुपद सपथ कर न धरौं धनु भाथ ॥२५३॥

हे नाथ ! आपके बल और प्रताप से धनुष को कुकुरमुत्ते (बरसाती छत्ते) की तरह तोड़ डालूँ । यदि ऐसा न करूँ तो हे प्रभो ! आपके चरणों की शपथ है, फिर मैं धनुष और तरकश को कभी हाथ में भी न लूँगा ॥२५३॥

By the might of your glory, O Lord, I will snap it like a mushroom stem; or, if I don't, I swear by your holy feet I'll never take bow and quiver in hand again !'

चौ. –लखन सकोप बचन जे बोले । डगमगानि महि दिग्गज डोले ॥
सकल लोग सब भूप डेराने । सियहिय हरषु जनकु सकुचाने ॥

लक्ष्मणजी ने जो क्रोधभरे वचन कहे, उससे पृथ्वी डगमगा उठी और दिशाओं के हाथी काँप उठे । सभी लोग और सब राजा भयभीत हो गए । सीताजी का हृदय हर्ष से भर उठा और जनकजी सकुचा गए ॥१॥

As Lakshmana spoke these angry words, the earth reeled and the elephants supporting the quarters trembled. The whole assembly, including all the princes, was struck with terror; Sita felt delighted at heart, but Janaka was embarrassed.

गुर रघुपति सब मुनि मन माहीं । मुदित भये पुनि पुनि पुलकाहीं ॥
सयनहि रघुपति लखनु नेवारे । प्रेम समेत निकट बैठारे ॥

गुरु विश्वामित्रजी, श्रीरघुनाथजी और मुनिगण मन में प्रसन्न हुए और बार-बार पुलकित होने लगे । श्रीरामचन्द्रजी ने इशारे से लक्ष्मण को मना किया और प्रेमपूर्वक अपने पास बिठा लिया ॥२॥

The preceptor (Vishvamitra), Raghunatha and all the sages were enraptured and thrilled all over with excitement. With a sign Rama checked Lakshmana and seated him lovingly by his side.

बिस्वामित्रु समय सुभ जानी । बोले अति सनेहमय बानी ॥
उठहु राम भंजहु भवचापा । मेटहु तात जनकपरितापा ॥

विश्वामित्रजी ने शुभ समय जानकर अत्यन्त स्नेहमयी वाणी में कहा – हे राम ! उठो, शिवजी का धनुष तोड़ो और हे तात ! जनकजी का दुःख दूर करो ॥३॥

Perceiving that the right moment had arrived, Vishvamitra said in most endearing terms, 'Arise, Rama, and break the bow of Shiva and relieve Janaka, my boy, of his distress.'

सुनि गुरबचन चरन सिरु नावा । हरषु बिषादु न कछु उर आवा ॥
ठाढ़े भये उठि सहज सुभाए । ठवनि जुवा मृगराजु लजाए ॥

गुरुजी के वचन सुनकर (श्रीरामजी ने) चरणों में सिर नवाया । उनके मन में न हर्ष हुआ और न विषाद; वे अपनी ऐंड (खड़े होने की शान) से युवा सिंह को भी लज्जित करते हुए सहज स्वभाव से ही उठ खड़े हुए ॥४॥

On hearing the *guru*'s words Rama bowed his head at his feet; there was neither joy nor sorrow in his heart; he rose in all his native grace, putting to shame a young lion by his lordly carriage.

दो. –उदित उदयगिरि मंच पर रघुबर बालपतंग ।
बिकसे संत सरोज सब हरषे लोचन भृंग ॥२५४॥

मञ्चरूपी उदयगिरि पर रघुनाथजी बालसूर्य-जैसे उदित हुए । सब संतरूपी कमल खिल उठे और नेत्ररूपी भौंरे हर्षित हो गए ॥२५४॥

As Raghunatha rose and stood upon the dais, like the morning sun climbing the mountains of the east, all the saints rejoiced like so many lotuses, and their eyes were glad as bees at the return of day.

नृपन्ह केरि आसा निसि नासी । बचन नखत अवली न प्रकासी ॥
मानी महिप कुमुद सकुचाने । कपटी भूप उलूक लुकाने ॥

राजाओं की आशारूपी रात्रि का नाश हो गया । उनके वचनरूपी नक्षत्र-पंक्ति का चमकना बंद हो गया । अभिमानी राजारूपी कुमुद संकुचित हो गए और कपटी राजारूपी उल्लू लुका गए ॥१॥

The dark hopes of the rival kings vanished like the night and their boasts died away like the serried stars. The arrogant princes shrivelled up like lilies and the guileful kings hid themselves like owls.

भये बिसोक कोक मुनि देवा । बरिसहिं सुमन जनावहिं सेवा ॥
गुरपद बंदि सहित अनुरागा । राम मुनिन्ह सन आएसु मागा ॥

(अब) मुनि और देवतारूपी चकवे शोकरहित हो गए और फूल बरसाकर अपनी भक्ति जताने लगे । प्रेमपूर्वक गुरु के चरणों की वन्दना कर श्रीरामचन्द्रजी ने मुनियों से आज्ञा माँगी ॥२॥

The sages and the gods, like the *chakavas*, were rid of their sorrows and rained down flowers in token of reverence. Affectionately reverencing the *guru's* feet, Rama begged leave of the holy fathers.

सहजहि चले सकल जग स्वामी । मत्त मंजु बर कुंजर गामी ॥
चलत रामु सब पुर नर नारी । पुलक पूरि तन भए सुखारी ॥

सारे जगत् के स्वामी श्रीरामजी सुन्दर मतवाले श्रेष्ठ हाथी की तरह अपनी स्वाभाविक चाल से चले । श्रीरामचन्द्रजी के चलते ही नगरभर के सब स्त्री-पुरुष सुखी हो गए और उनके शरीर का अंग-अंग पुलकित हो उठा ॥३॥

Then the Lord of all creation stepped forth in his natural grace with the tread of a noble elephant, handsome and proud. As Rama moved, all the men and women of the city rejoiced and felt a thrill of rapturous excitement.

बंदि पितर सुर सुकृत सँभारे । जौ कछु पुन्यप्रभाउ हमारे ॥
तौ सिवधनु मृनाल की नाईं । तोरहुँ रामु गनेस गोसाईं ॥

उन्होंने पितरों और देवताओं की वन्दना करके अपने सत्कर्मों का स्मरण किया (और कहा) कि यदि हमारे पुण्यों का कुछ भी प्रभाव हो तो हे गणेश गोसाईं ! रामचन्द्रजी शिवजी के धनुष को कमल की डंडी के समान तोड़ डालें ॥४॥

Invoking the Fathers and the gods and recalling their own good deeds, they prayed: 'If our religious merits are of any value, O Lord Ganesha, may Rama snap the bow of Shiva like a lotus stalk !'

दो. –रामहि प्रेम समेत लखि सखिन्ह समीप बोलाइ ।
सीतामातु सनेहबस बचन कहै बिलखाइ ॥२५५॥

श्रीरामचन्द्रजी को प्रेमपूर्वक देखकर और सखियों को पास बुलाकर सीताजी की माता (सुनयनाजी) स्नेहवश बिलखकर ये वचन बोलीं – ॥२५५॥

Affectionately looking at Rama and bidding her companions draw near, Sita's mother thus spoke sobbing with loving anxiety:

चौ. –सखि सब कौतुकु देखनिहारे । जेउ कहावत हितू हमारे ॥
कोउ न बुझाइ कहै गुर पाहीं । ए बालक असि हठ भलि नाहीं ॥

हे सखी ! ये जो हमारे हितैषी कहलाते हैं, वे सब भी तमाशा ही देखनेवाले हैं । कोई भी (इनके) गुरु विश्वामित्रजी को समझाकर नहीं कहता कि ये (रामजी) बालक हैं, इनके लिए ऐसा हठ ठीक नहीं ॥१॥

'All those who are called our friends, dear ones, are mere spectators of a show; no one urges the preceptor (Vishvamitra) and tells him that Rama is but a child and that such insistence on his part (to lift and break the bow) is not desirable.

रावन बान छुआ नहि चापा । हारे सकल भूप करि दापा ॥
सो धनु राजकुअँर कर देहीं । बाल मराल कि मंदर लेहीं ॥

रावण और बाणासुर ने जिस धनुष को छुआ तक नहीं और जिससे सब राजा घमंड करके हार गए, वही धनुष अब इस राजकुमार के हाथों में दे रहे हैं । हंस के बच्चे भी कहीं मन्दराचल पहाड़ उठा सकते हैं ! ॥२॥

Ravana and Banasura could not even touch the bow, and all other kings were worsted in spite of all their boasts; and this same bow he is giving into the hands of the young prince ! Can cygnets ever lift Mount Mandara ?

भूप सयानप सकल सिरानी । सखि बिधिगति कछु जाति न जानी ॥
बोली चतुर सखी मृदु बानी । तेजवंत लघु गनिअ न रानी ॥

राजा की भी सारी चतुराई समाप्त हो गई । हे सखी ! विधाता की गति कुछ जानने में नहीं आती ! तब एक चतुर सखी ने कोमल वाणी में कहा – हे रानी ! तेजस्वी को छोटा नहीं गिनना चाहिए ॥३॥

Discretion has taken leave of the king. Ah, maidens, one does not know the dispensation of divine providence !' One of her discerning companions gently answered, 'The glorious are not to be regarded lightly, O queen.

कहँ कुंभज कहँ सिंधु अपारा । सोखेउ सुजसु सकल संसारा ॥
रबिमंडल देखत लघु लागा । उदयँ तासु तिभुवनतम भागा ॥

(देखिए,) कहाँ घड़े से उत्पन्न होनेवाले (छोटे-से) अगस्त्य और कहाँ अपार समुद्र ! फिर भी उन्होंने उसे सोख लिया, जिसका सुयश सारे संसार में फैला हुआ है । सूर्यमण्डल देखने में (कितना) छोटा लगता है, पर उसके उदित होते ही तीनों लोकों का अन्धकार दूर हो जाता है ॥४॥

What comparison was there between the sage Agastya, who was born of a jar, and the boundless ocean ? Yet the sage drained it dry and won renown throughout the world. The orb of the sun is small to look at; yet the moment it rises, the darkness of the three worlds is dispelled.

दो. –मंत्र परम लघु जासु बस बिधि हरि हर सुर सर्ब ।
महामत्त गजराज कहुँ बस कर अंकुस खर्ब ॥२५६॥

जिस मंत्र के वश में ब्रह्मा, विष्णु, महेश और सभी देवता हैं, वह भी अत्यन्त छोटा ही होता है । महान् मतवाले गजराज को छोटा-सा अंकुश वश में कर लेता है ॥२५६॥

A sacred formula, a spell, is very small, although it has under its sway Brahma, Vishnu, Mahesha and all other gods, and a mere goad masters the mightiest and most furious elephant.

चौ. –काम कुसुम धनुसायक लीन्हे । सकल भुवन अपने बस कीन्हे ॥
देवि तजिअ संसउ अस जानी । भंजब धनुषु राम सुनु रानी ॥

फूलों का ही धनुष-बाण लेकर कामदेव ने समस्त लोकों को अपने वश में कर रखा है । हे देवि ! ऐसा जानकर सन्देह छोड़ दीजिए । हे रानी ! सुनिए, रामचन्द्रजी धनुष को तोड़ेंगे ही ॥१॥

Armed with a bow and arrows of flowers, Cupid has subdued to himself the whole universe. Remember this, O good lady, and give up all doubt. Believe me, O queen, Rama will break the bow !'

सखीबचन सुनि भै परतीती । मिटा बिषादु बढ़ी अति प्रीती ॥
तब रामहि बिलोकि बैदेही । सभय हृदय बिनवति जेहि तेही ॥

(इस) सखी के वचन सुनकर रानी को (श्रीरामजी के सामर्थ्य में) विश्वास हो गया, उदासी मिट गयी और (श्रीरामजी के प्रति) उनका प्रेम अत्यन्त बढ़ गया । उस समय श्रीरामचन्द्रजी को देखकर सीताजी भयभीत हृदय से जिस-तिस से विनती करने लगीं ॥२॥

The queen felt reassured at her companion's words; gone was her despondency, and her love for Rama grew. Then, casting a glance towards Rama, Videha's daughter implored with anxious heart this god and that.

मनही मन मनाव अकुलानी । होहु प्रसन्न महेस भवानी ॥
करहु सफल आपनि सेवकाई । करि हितु हरहु चापगरुआई ॥

अकुलाकर वे मन-ही-मन मनाने लगीं कि हे महेश-भवानी ! मुझ पर प्रसन्न होइए, मैंने आपकी जो सेवा की है उसे सुफल कीजिए और मुझ पर कृपा करके धनुष की गुरुता को हर लीजिए ॥३॥

Distraught, she inwardly prayed to them: 'Be gracious to me, O Mahesha and Bhavani ! Reward my services and be favourable to me by lightening the weight of the bow.

गननायक बरदायक देवा । आजु लगे कीन्हिउ तुअ सेवा ॥
बार बार बिनती सुनि मोरी । करहु चापगुरुता अति थोरी ॥

हे गणों के नायक, वर देनेवाले देवता गणेशजी ! मैंने आज ही के लिए आपकी सेवा की थी । बार-बार मेरी विनती सुनकर धनुष के भारीपन को बहुत ही कम कर दीजिए ॥४॥

O Ganesha, the chief of Shiva's attendants, O bestower of boons, it is for this day that I have done you service ! Hear my oft-repeated supplication and reduce the weight of the bow to a mere trifle !'

दो. –देखि देखि रघुबीर तन सुर मनाव धरि धीर ।
भरे बिलोचन प्रेमजल पुलकावली सरीर ॥२५७॥

श्रीरघुनाथजी की ओर देख-देखकर और धीरज धरकर सीताजी देवताओं को मना रही हैं । उनकी आँखों में प्रेम के आँसू भरे हैं और शरीर रोमांचित हो रहा है ॥२५७॥

Repeatedly looking towards Raghunatha and summoning courage Sita prayed to the gods. Her eyes were filled with tears of love, and her whole body was in a tremor.

चौ. –नीके निरखि नयन भरि सोभा । पितुपनु सुमिरि बहुरि मनु छोभा ॥
अहह तात दारुनि हठ ठानी । समुझत नहि कछु लाभु न हानी ॥

भली-भाँति नेत्रों से निहार-निहारकर श्रीरामजी की शोभा देखकर, फिर पिता के प्रण का स्मरण कर सीताजी का मन क्षुब्ध हो उठा । (वे सोचती हुई कहती हैं –) अहो ! पिताजी ने बड़ा ही कठिन हठ ठाना है, वे लाभ-हानि कुछ भी नहीं समझ रहे हैं ॥१॥

She feasted her eyes to their fill on Rama's beauty, but when she remembered her father's vow, her soul was troubled. She said to herself, 'Alas, my father has made a cruel resolve, with no thought for good or evil consequence !

सचिव सभय सिख देइ न कोई । बुधसमाज बड़ अनुचित होई ॥
कहँ धनु कुलिसहु चाहि कठोरा । कहँ स्यामल मृदुगात किसोरा ॥

(चूँकि) मन्त्री डर रहे हैं, इसलिए कोई उन्हें सीख भी नहीं देता; बुद्धिमानों के समाज में यह बड़ा अनुचित हो रहा है। कहाँ तो वज्र से भी बढ़कर कठोर धनुष और कहाँ ये कोमल-शरीर और किशोर अवस्थावाले श्यामसुन्दर ! ॥२॥

His ministers are afraid and none of them gives him good counsel—the more the pity—in the great conclave of wise men ! While on this side stands the bow, harder to break than adamant, on the other side we find a young prince, dark and delicate of frame !

बिधि केहि भाँति धरौं उर धीरा । सिरससुमन कन बेधिअ हीरा ॥
सकल सभा कै मति भै भोरी । अब मोहि संभुचाप गति तोरी ॥

हे विधाता ! मैं किस तरह हृदय में धीरज धरूँ ? सिरस के फूल के कण कहीं हीरा को बेध सकते हैं ? सारी सभा की बुद्धि बावली हो गयी है, अतः हे शिवजी के धनुष ! अब तो मुझे तुम्हारा ही आसरा है ॥३॥

How then, O god, can I be calm ? Is a diamond ever pierced with the pointed end of a delicate sirisa flower ? The judgment of the whole assembly has gone astray; now my only hope lies in you, O Shiva's bow !

निज जड़ता लोगन्ह पर डारी । होहि हरुअ रघुपतिहि निहारी ॥
अति परिताप सीयमन माहीं । लव निमेष जुग सय सम जाहीं ॥

तुम अपनी जड़ता लोगों पर डालकर, श्रीरघुनाथजी को देखते हुए (उनकी कोमलता के अनुरूप) हल्के हो जाओ। इस प्रकार सीताजी के मन में बड़ा ही क्षोभ हो रहा है। निमेष का एक लव (साठवाँ अंश) भी सौ युगों के समान बीत रहा है ॥४॥

Impart your own heaviness to the assembly, and look at Raghunatha and be light yourself (in proportion to the delicate frame of Rama).'[1] So great was the agitation of Sita's heart that a moment of time passed as slowly as a hundred ages.

दो. –प्रभुहि चितइ पुनि चितव महि राजत लोचन लोल ।
खेलत मनसिज मीन जुग जनु बिधुमंडल डोल ॥२५८॥

प्रभु (श्रीरामचन्द्रजी) को देखकर फिर (लज्जावश) पृथ्वी की ओर देखती हुई सीताजी के चञ्चल नेत्र इस प्रकार शोभित हो रहे हैं मानो कामदेव की दो मछलियाँ[१] चन्द्रमण्डल पर हिंडोले में झूल रही हों ॥२५८॥

As she looks, now at the Lord, and again at the ground, her restless eyes sparkled like Cupid's two fishes swinging in the orb of the moon.

चौ. –गिरा अलिनि मुख पंकज रोकी । प्रगट न लाज निसा अवलोकी ॥
लोचनजलु रह लोचनकोना । जैसे परम कृपन कर सोना ॥

सीताजी के मुख-कमल ने उनकी वाणीरूपी भ्रमरी को रोक रखा है। लज्जारूपिणी रात्रि को देखकर वह प्रकट नहीं हो रही है। उनकी आँखों का जल आँखों के कोने में ही रह जाता है, जैसे बड़े भारी कंजूस का सोना कोने में ही गड़ा रह जाता है ॥१॥

In her mouth her voice lay imprisoned as a bee in the lotus; it refused to stir out for fear of the night of modesty.[1] Tears remained confined within the corner of her eyes like the gold of a niggardly miser (which remains buried in a hidden nook of his house).

सकुची ब्याकुलता बड़ि जानी । धरि धीरजु प्रतीति उर आनी ॥
तन मन बचन मोर पनु साचा । रघुपतिपद सरोज चितु राचा ॥

अपने चित्त की घबड़ाहट को विशेष जानकर सीताजी सकुचा गयीं और धीरज धरकर हृदय में विश्वास ले आयीं कि यदि तन, मन और वचन से मेरा प्रण सच्चा है और मेरा मन श्रीरघुनाथजी के चरण-कमलों में वास्तव में रँगा हुआ है, ॥२॥

Abashed by the consciousness of her anxious agitation, she summoned up courage in her heart and confidently said to herself, 'If I am true to my vow in thought, word and deed, and if my heart be sincerely attached to the lotus feet of Rama, —

तौ भगवानु सकल उर बासी । करिहि मोहि रघुबर कै दासी ॥
जेहि के जेहि पर सत्य सनेहू । सो तेहि मिलै न कछु संदेहू ॥

तो सबके हृदय में निवास करनेवाले भगवान् मुझे रघुकुल के स्वामी (श्रीरामचन्द्रजी) की दासी अवश्य बनायेंगे। जिसका जिसपर सच्चा स्नेह होता है, वह उसे मिलता ही है, इसमें तनिक भी सन्देह नहीं ॥३॥

— then God, who dwells in the hearts of all, will make me Raghubara's handmaid; for wherever there is true affection of soul to soul, union will of a surety follow.

1. *i.e.*, your solid weight is more than Rama's delicate frame can bear. You must therefore be light.

१. अथवा दो कामदेवरूपी मछलियाँ।

1. Modesty prevented her voice from coming forth, as the sight of night prevents the bee.

प्रभु तन चितै प्रेमतन ठाना। कृपानिधान रामु सबु जाना ॥
सियहि बिलोकि तकेउ धनु कैसें। चितव गरुरु लघु ब्यालहि जैसें ॥

प्रभु की ओर देखकर (सीताजी ने) शरीर के द्वारा प्रेम ठान लिया (अर्थात् यह प्रण कर लिया कि चाहे तो यह शरीर इन्हीं का होकर रहेगा या रहेगा ही नहीं) ! कृपानिधान श्रीरामजी ने सब-कुछ जान लिया। सीताजी को देखकर श्रीरामजी धनुष की ओर इस प्रकार देखने लगे जिस प्रकार गरुड़जी छोटे-से साँप की ओर देखते हैं ॥४॥

She looked upon the Lord and resolved to love him even at the cost of her life. Rama, the embodiment of compassion, understood it all; looking at Sita, he glanced at the bow as Garuda (the king of birds and a sworn enemy of serpents) might glance at a poor little snake.

दो. –लखन लखेउ रघुबंसमनि ताकेउ हरकोदंडु।
पुलकि गात बोले बचन चरन चापि ब्रह्मंडु ॥२५९॥

जब लक्ष्मणजी ने देखा कि रघुकुलमणि श्रीरामचन्द्रजी ने शिवजी के धनुष की ओर ताका है, तो शरीर से पुलकित हो ब्रह्माण्ड को अपने चरणों से दबाकर वे यों कहने लगे– ॥२५९॥

When Lakshmana saw that the jewel of the house of Raghu had his eyes fixed upon Shiva's bow, he thrilled with excitement, and stamping on the earth, cried thus aloud:

चौ. –दिसिकुंजरहु कमठ अहि कोला। धरहु धरनि धरि धीर न डोला ॥
रामु चहहिं संकरधनु तोरा। होहु सजग सुनि आयेसु मोरा ॥

हे दिग्गजो ! हे कच्छप ! हे शेषनाग ! हे वाराह ! तुम सब धीरज के साथ पृथ्वी को सँभाले रहो, जिससे यह डगमगाने न लगे। श्रीरामचन्द्रजी शिवजी के धनुष को तोड़ना चाहते हैं। मेरी आज्ञा सुनकर सब सावधान हो जाओ ॥१॥

'O elephants of the quarters, O divine tortoise, O serpent-king, and O divine boar, hold fast the earth that it shake not ! For Rama is about to break the great bow of Shiva's; hearken my command and be alert !'

चाप समीप रामु जब आए। नर नारिन्ह सुर सुकृत मनाए ॥
सब कर संसउ अरु अग्यानू। मंद महीपन्ह कर अभिमानू ॥

जब श्रीरामचन्द्रजी धनुष के पास पहुँचे, तब सब स्त्री-पुरुषों ने देवताओं और शुभ कर्मों का स्मरण किया। सबका सन्देह और अज्ञान, नीच राजाओं का अभिमान, ॥२॥

When Rama drew near to the bow, men and women present there invoked the help of the gods and recalled the merit their past good deeds had won. The doubts and ignorance of all, the arrogance of the foolish princes,

भृगुपति केरि गरब गरुआई। सुर मुनिबरन्ह केरि कदराई ॥
सिय कर सोचु जनक पछितावा। रानिन्ह कर दारुन दुख दावा ॥

परशुरामजी के अहंकार की गुरुता[1], देवताओं और श्रेष्ठ मुनियों की कातरता (भय), सीताजी की चिन्ता, जनक का पछतावा और रानियों के दारुण दुःख का दावानल, ॥३॥

— the proud pretensions of Parashurama (the chief of the house of Bhrigu), the fears of gods and high sages, the distress of Sita, Janaka's remorse and the burning anguish of the queens,

संभुचाप बड़ बोहितु पाई। चढ़े जाइ सब संगु बनाई ॥
रामबाहु बल सिंधु अपारू। चहत पारु नहि कोउ कड़हारू ॥

ये सब मिलकर शिवजी के धनुषरूपी बड़े जहाज को पाकर उस पर जा बैठे। ये श्रीरामचन्द्रजी की भुजाओं के बलरूपी अपार समुद्र के पार जाना चाहते हैं, परंतु कोई खेनेवाला नहीं है ॥४॥

— all boarded in a mass the great bark of Shiva's bow, with whose help they sought to cross the boundless ocean of Rama's strength of arm, with no helmsman to steer the ship.

दो. –राम बिलोके लोग सब चित्र लिखे से देखि।
चितई सीय कृपायतन जानी बिकल बिसेषि ॥२६०॥

श्रीरामजी ने सब लोगों की ओर देखा और उन्हें चित्र में लिखे हुए-से देखकर फिर दयासागर प्रभु ने सीताजी की ओर देखा और उन्हें बहुत व्याकुल जाना ॥२६०॥

Rama first looked at the crowd of spectators and found them motionless like painted pictures. The gracious Lord then turned his eyes towards Sita and perceived that she was in deep distress.

चौ. –देखी बिपुल बिकल बैदेही। निमिष बिहात कलप सम तेही ॥
तृषित बारि बिनु जो तनु त्यागा। मुयें करै का सुधातड़ागा ॥

(रामचन्द्रजी ने) देखा कि सीताजी बहुत ही व्याकुल हैं। उनका एक-एक क्षण कल्प के समान बीत रहा था। यदि प्यासा आदमी पानी के बिना शरीर छोड़ दे, तो उसके मर जाने पर अमृत का तालाब भी क्या करेगा ? ॥१॥

He found Videha's daughter terribly agitated; every moment that passed hung on her as an aeon. When a thirsty man perishes for want of water, of what avail is a lake of nectar to him once he is dead ?

का बरषा सब कृषी सुखानें। समय चुकें पुनि का पछितानें ॥
अस जिय जानि जानकी देखी। प्रभु पुलके लखि प्रीति बिसेषी ॥

---

१. 'परशुरामजी का अहंकार और बड़प्पन'।

खेती के सूख जाने पर वर्षा किस काम की ? समय पर चूकने से फिर पछताने से क्या लाभ ? ऐसा मन में समझकर श्रीरामजी ने जानकीजी की ओर देखा और उनकी विशेष प्रीति लखकर वे पुलकित हो गए ॥२॥

What good is the rain when the whole crop has withered ? What avails repentence when a chance has been lost ? Thinking thus within himself, the Lord looked at Janaka's daughter and thrilled all over to mark her singular devotion.

गुरहि प्रनामु मनहिं मन कीन्हा। अति लाघव उठाइ धनु लीन्हा ॥
दमकेउ दामिनि जिमि जब लयेऊ। पुनि नभ धनु मंडल सम भयेऊ ॥

उन्होंने मन-ही-मन गुरुजी को प्रणाम किया और बड़ी शीघ्रता से धनुष को उठा लिया। जब उसे (उठा) लिया, तब वह धनुष बिजली की तरह चमका और फिर आकाश में मण्डल-जैसा हो गया। ३॥

He inwardly made obeisance to his preceptor (Vishvamitra) and took up the bow with the utmost agility. The bow gleamed like a flash of lightning as he grasped it, and then it seemed like a circle in the sky.[1]

लेत चढ़ावत खैचत गाढ़ें। काहु न लखा देख सबु ठाढ़ें ॥
तेहि छन राम मध्य धनु तोरा। भरे भुवन धुनि घोर कठोरा ॥

(धनुष को) लेते, चढ़ाते और जोर से तानते हुए किसी ने नहीं लखा। सब ने यही देखा कि श्रीरामजी धनुष खींचे हुए खड़े हैं। श्रीरामजी ने उसी क्षण धनुष को बीच से तोड़ डाला। (धनुष टूटने की) भयंकर कठोर ध्वनि से लोक भर गए ॥४॥

No one knew when he grasped it in his hands, strung it and drew it tight; everyone only saw him standing (with the bow drawn). Instantly Rama broke the bow in halves, and the dread, harsh crash resounded through all the spheres.

छं. –भरे भुवन घोर कठोर रव रबिबाजि तजि मारगु चले।
चिक्करहिं दिग्गज डोल महि अहि कोल कूरुम कलमले ॥
सुर असुर मुनि कर कान दीन्हे सकल बिकल बिचारहीं।
कोदंड खंडेउ राम तुलसी जयति बचन उचारहीं ॥

घोर कठोर शब्द (सब) लोकों में गूँज उठे, सूर्य के घोड़े अपना विहित मार्ग छोड़कर चलने लगे। दिग्गज चिंघाड़ करने लगे; धरती डोलने लगी; शेष, वाराह और कच्छप छटपटा उठे। देवता, राक्षस और मुनि कानों पर हाथ रखकर सब व्याकुल होकर विचारने लगे। तुलसीदासजी कहते हैं कि जब (सबको विश्वास हो गया कि) श्रीरामजी ने धनुष को तोड़ डाला है, तब सब-के-सब श्रीरामजी की जय-जयकार करने लगे।

So awful a crash re-echoed through the spheres that the horses of the sun-god strayed from their course, the elephants of the four quarters trumpeted, earth shook, and the serpent-king, the divine boar and the tortoise fidgeted in disquiet. Gods, demons and sages all put their hands to their ears, and all began anxiously to ponder the cause; but when they learnt, says Tulasidasa, that Rama had broken the bow, they uttered shouts of triumph.

सो. –संकरचापु जहाजु सागरु रघुबरबाहु बलु।
बूड़ सो सकल समाजु चढ़ा जो प्रथमहि मोहबस ॥२६१॥

शंकरजी का धनुष जहाज के सदृश है और श्रीरामचन्द्रजी की भुजाओं का बल सागर के समान। (धनुष टूटने से) वह सारा समाज डूब गया जो अज्ञान के कारण पहले इस जहाज पर चढ़ा था ॥२६१॥

Shankara's bow was the bark and Rama's strength of arm was the ocean to be crossed. The whole throng of those who had boarded the ship out of ignorance was drowned.

चौ. –प्रभु दोउ चापखंड महि डारे। देखि लोग सब भये सुखारे ॥
कौसिकरूप पयोनिधि पावन। प्रेम बारि अवगाह सुहावन ॥

प्रभु श्रीरामजी ने धनुष के दोनों टुकड़े पृथ्वी पर फेंक दिए, यह देखकर सब लोग प्रसन्न हुए। विश्वामित्ररूपी पवित्र सागर में, जिसमें प्रेमरूपी सुन्दर अथाह जल शोभा दे रहा है, ॥१॥

The Lord tossed the two broken halves of the bow on the ground and everyone rejoiced at the sight. Vishvamitra stood as the holy ocean, full of the sweet and unfathomable water of love.

रामरूप राकेसु निहारी। बढ़त बीचि पुलकावलि भारी ॥
बाजे नभ गहगहे निसाना। देवबधू नाचहिं करि गाना ॥

रामरूपी पूर्ण चन्द्र को देखकर पुलकावलि-रूपी भारी लहरें बढ़ने लगीं।[१] आकाश में धमाधम नगाड़े बजने लगे और देवाङ्गनाएँ गा-गाकर नाचने लगीं ॥२॥

Beholding Rama's beauty, which represented the full moon, the sage felt an increasing thrill of joy, as waves swell high when they look upon the moon. There was a jubilant noise of kettledrums in the sky and heavenly nymphs sang and danced.

ब्रह्मादिक सुर सिद्ध मुनीसा। प्रभुहि प्रसंसहिं देहिं असीसा ॥
बरिसहिं सुमन रंग बहु माला। गावहिं किंनर गीत रसाला ॥

---

1. *mandala, i.e.*, a circle or circuit, the complete circular path of an electric current. The word gains in appropriateness by its association with the bow gleaming like a flash of lightning.

१. श्रीरामचन्द्रजी के पराक्रम को देखकर विश्वामित्रजी रोमांचित हो उठे, उनके आनन्द का ठिकाना न था।

ब्रह्मा आदि देवगण, सिद्ध और मुनीश्वर लोग प्रभु रामजी की प्रशंसा कर रहे हैं और उन्हें आशीर्वाद दे रहे हैं। वे रंग-बिरंगे फूल और मालाएँ बरसा रहे हैं। किन्नर लोग (स्वर्गीय गवैये) रसीले (प्रेम-भरे) गीत गा रहे हैं ॥३॥

Brahma and all the other gods, adepts and great sages praised the Lord and gave him blessings, raining down wreaths of many-coloured flowers; the Kinnaras (a class of demigods) sang melodious songs.

रही भुवन भरि जय जय बानी। धनुषभंग धुनि जात न जानी॥
मुदित कहहिं जहँ तहँ नर नारी। भंजेउ राम संभुधनु भारी॥

सारे संसार में (चौदहों भुवनों में) जय-जयकार की ध्वनि भर गयी, जिसमें धनुष टूटने की ध्वनि जान ही नहीं पड़ती।[१] जहाँ-तहाँ पुरुष-स्त्री प्रसन्न होकर कह रहे हैं, 'श्रीरामचन्द्रजी ने शिवजी के भारी धनुष को तोड़ डाला' ॥४॥

Shouts of victory so filled the universe that the crash that followed the breaking of the bow was drowned in it. Everywhere men and women in their joy cried, 'Rama has broken Shiva's massive bow!'

दो. –बंदी मागध सूत गन बिरिद बदहिं मतिधीर।
करहिं निछावरि लोग सब हय गय धन मनि चीर॥२६२॥

भाट, मागध और सूत लोग धीर बुद्धि से विरुदावली (कीर्ति) का बखान कर रहे हैं। सभी लोग घोड़े, हाथी, धन, मणि, वस्त्र आदि निछावर कर रहे हैं ॥२६२॥

Talented bards, minstrels and rhapsodists sang loud-voiced paeans, and everybody gave away lavish offerings of horses, elephants, riches, jewels and raiment.

चौ. –झाँझि मृदंग संख सहनाई। भेरि ढोल दुंदुभी सुहाई॥
बाजहिं बहु बाजने सुहाए। जहँ तहँ जुवतिन्ह मंगल गाए॥

झाँझ, मृदंग, शङ्ख, शहनाई, तुरही, ढोल और सुहावने नगाड़े आदि भाँति-भाँति के सुहावने बाजे बज रहे हैं और युवतियाँ जहाँ-तहाँ मङ्गलगान कर रही हैं ॥१॥

There was a crash of cymbals and tabors, conches and clarionets, drums and sweet-sounding kettledrums, both large and small; and many other charming instruments sounded merrily. Everywhere young maidens sang auspicious songs.

सखिन्ह सहित हरषी अति रानी। सूखत धान परा जनु पानी॥
जनक लहेउ सुखु सोचु बिहाई। पैरत थकें थाह जनु पाई॥

सखियों के साथ रानी अत्यन्त हर्षित हुई, मानो सूखते हुए धान को पानी मिल गया हो। जनकजी ने चिन्ता त्यागकर सुख प्राप्त किया, मानो तैरते-तैरते थके हुए पुरुष को थाह मिल गई हो ॥२॥

The queen and her companions were as overjoyed as parched rice-field at a fall of rain. Janaka was now free of care and felt gratified like a tired swimmer reaching a shallow.

श्रीहत भये भूप धनु टूटें। जैसे दिवस दीप छबि छूटें॥
सीयसुखहि बरनिय केहि भाती। जनु चातकी पाइ जलु स्वाती॥

धनुष के टूटने से राजालोग ऐसे निस्तेज हो गए जैसे दिन में दीपक का तेज फीका पड़ जाता है। सीताजी का सुख किस प्रकार वर्णन किया जाय, (वे तो ऐसी प्रसन्न हुई) जैसे चातकी स्वाति का जल पा गयी हो ॥३॥

But the kings were as confounded at the breaking of the bow as a lamp is dimmed at the dawning of the day. Sita's delight could only be compared to that of a female *chataka* bird (the pied cuckoo) on receiving a rain-drop when the sun is in the same longitude as the constellation named *svati* (Arcturus).[1].

रामहि लखनु बिलोकत कैसें। ससिहि चकोरकिसोरकु जैसें॥
सतानंद तब आयेसु दीन्हा। सीता गमनु राम पहि कीन्हा॥

श्रीरामजी को लक्ष्मणजी इस प्रकार देख रहे हैं जिस प्रकार चन्द्रमा को चकोर का बच्चा देखता है। तब शतानन्दजी ने आज्ञा दी और सीताजी श्रीरामजी के समीप चलीं ॥४॥

Lakshmana fixed his eyes on Rama as the young partridge gazes on the moon. Then Shatananda gave the word, and Sita advanced towards Rama.

दो. –संग सखीं सुंदर चतुर गावहिं मंगलचार।
गवनी बाल मराल गति सुषमा अंग अपार॥२६३॥

साथ में रूपवती चतुर सखियाँ मङ्गलाचार के गीत गा रही हैं। सीताजी छोटी राजहंसिनी की चाल से चलीं। उनके अंगों की शोभा का पारावार न था ॥२६३॥

Accompanied by her fair wise companions, who were singing songs of good omen, she paced like a young swan, her limbs possessing infinite beauty.

चौ. –सखिन्ह मध्य सिय सोहति कैसे। छबिगन मध्य महाछबि जैसे॥
कर सरोज जयमाल सुहाई। बिस्वबिजय सोभा जेहि छाई॥

---

१. जय-जयकार की ध्वनि के कारण धनुषभंग की ध्वनि का ध्यान ही न रहा।

1. The *chataki* or pied cuckoo is fabled to drink only such raindrops as fall in the month of October, when the sun is in the same longitude as Arcturus (*svati*).

सखियों के बीच में सीताजी वैसी ही शोभित हो रही हैं जैसे बहुत-सी छवियों के बीच में महाछवि हो। (सीताजी के) कर-कमल में जयमाला शोभा दे रही है, उस पर मानो विश्वविजय की शोभा छहर रही है ॥१॥

In the midst of her companions Sita shone as a personification of supreme beauty among other embodiments of beauty. She held in one of her lotus hands the fair wreath of victory, resplendent with the glory of universal triumph.

तन सकोचु मन परम उछाहू। गूढ़ प्रेमु लखि परै न काहू॥
जाइ समीप रामछबि देखी। रहि जनु कुअँरि चित्र अवरेखी॥

उनके शरीर में तो लज्जा है, पर मन में भारी उमंग है। उनके इस गुप्त प्रेम को कोई भी समझ न सका। समीप जाकर, श्रीरामजी की शोभा देखकर राजकुमारी सीताजी लिखी हुई तसवीर की तरह (अचल) रह गईं ॥२॥

While her body shrank with modesty, her heart was full of rapture, but no one could guess her deep-hidden love. As she drew near and beheld Rama's beauty, she stood motionless like a painted picture.

चतुर सखीं लखि कहा बुझाई। पहिरावहु जयमाल सुहाई॥
सुनत जुगल कर माल उठाई। प्रेम बिबस पहिराइ न जाई॥

यह देखकर चतुर सखी ने समझाकर कहा कि (श्रीरामजी को) सुहावनी जयमाला पहनाओ। सुनकर सीताजी ने दोनों हाथों से जयमाला उठायी, पर प्रेम के अधीन होने से (वह माला) पहनायी नहीं जाती ॥३॥

A clever companion, who saw her in this condition, roused her, saying, 'Invest the bridegroom with the fair wreath of victory.' At this she raised the wreath with both hands, but was too overwhelmed with emotion to cast it about him.

सोहत जनु जुग जलज सनाला। ससिहि सभीत देत जयमाला॥
गावहिं छबि अवलोकि सहेली। सिय जयमाल राम उर मेली॥

(सीताजी के हाथ ऐसे सुशोभित हो रहे हैं) मानो डंडियोंसहित दो कमल संकुचित हो चन्द्रमा को जयमाला दे रहे हों। इस छवि को देखकर सखियाँ फिर गाने लगीं। इतने ही में सीताजी ने श्रीरामजी के गले में जयमाला पहना दी ॥४॥

In this act her uplifted hands shone as if a pair of lotuses on their stems were timidly investing the moon with a wreath of victory. At this charming sight her companions broke into a song, while Sita cast the wreath of victory on Rama's breast.

सो.–रघुबर उर जयमाल देखि देव बरिसहिं सुमन।
सकुचे सकल भुआल जनु बिलोकि रबि कुमुदगन ॥२६४॥

श्रीरामचन्द्रजी के हृदय पर जयमाला देखकर देवगण फूल बरसाने लगे और सब राजा लोग इस प्रकार सकुचा गए मानो सूर्य को देखकर कुमुदों का समूह सिमट गया हो ॥२६४॥

When they saw the wreath of victory resting on, Rama's bosom, the gods rained down flowers; and the kings all shrank into themselves like lilies at the rising of the sun.

चौ.–पुर अरु ब्योम बाजने बाजे। खल भये मलिन साधु सब राजे॥
सुर किंनर नर नाग मुनीसा। जय जय जय कहि देहिं असीसा॥

नगर (जनकपुर) और आकाश में बाजे बजने लगे। दुष्ट उदास हो गए और सब साधु (स्वभाव के) लोग प्रसन्न हो गए। देवता, किन्नर, मनुष्य, नाग और मुनीश्वर जय-जयकार करके आशीर्वाद देने लगे ॥१॥

There was music both in the city and in the heavens; the wicked were downcast, the virtuous beamed with joy. Gods, Kinnaras, men, Nagas and great sages uttered blessings, crying, 'Glory ! Glory ! Glory !'

नाचहिं गावहिं बिबुधबधूटीं। बार बार कुसुमांजलि छूटीं॥
जहँ तहँ बिप्र बेदधुनि करहीं। बंदी बिरिदावलि उच्चरहीं॥

देवताओं की स्त्रियाँ नाचती-गाती हैं। बार-बार उनके हाथों की अञ्जलियों से फूल छूट रहे हैं। जगह-जगह ब्राह्मण वेदध्वनि कर रहे हैं और भाटलोग विरुदावली (कुलकीर्ति) बखान रहे हैं ॥२॥

Celestial nymphs danced and sang and handfuls of flowers fell in unending showers. Here and there the Brahmans chanted the Vedas and panegyrists recited songs of praise.

महि पाताल नाक जसु ब्यापा। राम बरी सिय भंजेउ चापा॥
करहिं आरती पुर नर नारी। देहिं निछावरि बित्त बिसारी॥

पृथ्वी, पाताल और स्वर्ग में यश छा गया कि श्रीरामचन्द्रजी ने धनुष को तोड़ डाला और सीताजी को वरण कर लिया। नगर के स्त्री-पुरुष आरती कर रहे हैं और अपनी-अपनी पूँजी को भुलाकर (सामर्थ्य से कहीं अधिक) निछावर कर रहे हैं ॥३॥

The glad news spread through earth and hell and heaven that Rama had broken the bow and won the hand of Sita. The people of the city waved festal lights round the pair. Regardless of their means they lavished gifts in profusion.

सोहत सीय राम कै जोरी। छबि सिंगारु मनहुँ एक ठोरी॥
सखीं कहहिं प्रभुपद गहु सीता। करति न चरन परस अति भीता॥

श्रीसीता-रामजी की यह जोड़ी ऐसी सुहावनी लग रही है मानो सुन्दरता और शृङ्गार (साकार होकर) एकत्र हो गए हों। सखियाँ कह रही

हैं – सीते ! प्रभु श्रीरामजी के चरणों का स्पर्श करो, किंतु सीताजी अत्यन्त भयभीत हुईं उनके चरण नहीं छूतीं ॥४॥

The pair of Rama and Sita shone as if Beauty and Love had met together in human form. 'Sita, clasp your lord's feet,' whispered her companions, but Sita was much too afraid to touch his feet.

दो. – गौतम तिय गति सुरति करि नहि परसति पग पानि ।
मन बिहसे रघुबंसमनि प्रीति अलौकिक जानि ॥२६५॥

गौतमजी की स्त्री (अहल्या) की गति का स्मरण कर सीताजी श्रीरामजी के चरणों को हाथों से स्पर्श नहीं करतीं । इस अलौकिक प्रीति को जानकर रघुकुलमणि श्रीरामचन्द्रजी मन में हँसे ॥२६५॥

She remembered the fate of Gautama's wife, Ahalya, and refrained from touching his feet with her hands; the jewel of the house of Raghu inwardly smiled when he saw her transcendent devotion.

चौ. – तब सिय देखि भूप अभिलाषे । कूर कपूत मूढ़ मन माखे ॥
उठि उठि पहिरि सनाह अभागे । जहँ तहँ गाल बजावन लागे ॥

उस समय सीताजी को देखकर राजा ललचा गए । वे दुष्ट, कुपूत और मूर्ख राजा मन में बहुत क्रुद्ध हुए । वे अभागे उठ-उठकर, कवच पहनकर जहाँ-तहाँ डींग मारने लगे ॥१॥

Then, as they looked on Sita, the princes were filled with longing for her, and those wicked, degenerate fools grew indignant. Rising from their seats one after another and donning their armour, the wretches began a general chorus of abuse.

लेहु छड़ाइ सीय कह कोऊ । धरि बाँधहु नृपबालक दोऊ ॥
तोरे धनुषु चाड़ नहि सरई । जीवत हमहि कुअँरि को बरई ॥

कोई कहता है, सीता को छीन लो और दोनों राजकुमारों को पकड़कर बाँध दो । धनुष तोड़ने से ही स्वार्थ नहीं सधेगा । हमारे जीते-जी राजकुमारी को कौन वरण कर सकता है ? ॥२॥

Someone said, 'Carry off Sita by force and capture the two princes and bind them fast! No purpose will be served by merely breaking the bow; for who shall marry the princess while we still live ?

जौ बिदेहु कछु करै सहाई । जीतहु समर सहित दोउ भाई ॥
साधु भूप बोले सुनि बानी । राजसमाजहि लाज लजानी ॥

(फिर कोई कहता है –) यदि राजा जनक कुछ सहायता करें, तो युद्ध में दोनों भाइयों के साथ उसे भी जीत लो । ऐसे वचन सुनकर भले राजा बोले – इस (निर्लज्ज) राजसमाज को देखकर तो लाज भी लजा गयी ॥३॥

Should Janaka give them any assistance, we will rout him in battle as well as the two brothers !'

When the good kings heard these boasts, they said, 'Shame herself is ashamed to see this company of princes !

बलु प्रतापु बीरता बड़ाई । नाक पिनाकहि संग सिधाई ॥
सोइ सूरता कि अब कहुँ पाई । असि बुधि तौ बिधि मुहु मसि लाई ॥

अरे ! बल, प्रताप, वीरता, बड़ाई और नाक (प्रतिष्ठा) तो धनुष के साथ ही चली गयी । वही वीरता है कि अब कहीं से पा गए हो ? तुम्हारी ऐसी दुष्ट बुद्धि है, तभी तो विधाता ने तुम्हारे मुखों पर कालिख लगा दी ॥४॥

Your might and glory and valour and greatness and honour have all vanished with the bow ! Is it the same valour of which you are boasting, or have you since acquired it anew from somewhere else ? It's all due to such wickedness ingrained in your soul that God has blackened your faces !

दो. – देखहु रामहि नयन भरि तजि इरिषा मदु कोहु ।
लखनरोषु पावकु प्रबलु जानि सलभ जनि होहु ॥२६६॥

ईर्ष्या, घमंड और क्रोध त्यागकर नेत्र भरकर श्रीरामजी को देख लो । लक्ष्मणजी की क्रोधरूपी प्रबल अग्नि में जानकर भी पतंगे मत बनो ॥२६६॥

Cease from envy and arrogance and anger, and feast your eyes upon Rama; know that Lakshmana's wrath is a blazing fire; do not allow yourselves to be consumed by it like moths !

चौ. – बैनतेयबलि जिमि चह कागू । जिमि ससु चहै नाग अरि भागू ॥
जिमि चह कुसल अकारन कोही । सब संपदा चहै सिवद्रोही ॥

जैसे गरुड़ का भाग कौआ लेना चाहे, सिंह का भाग खरगोश लेना चाहे, बिना कारण ही क्रोध करनेवाला अपनी कुशलता चाहे, शिवजी से विरोध करनेवाला सारी सम्पत्तियाँ चाहे, ॥१॥

Like a crow who would seek an offering set apart for Garuda (the king of birds) or a hare who would covet the share of a lion; as a man who is angry without a cause and yet expects happiness; as an enemy of Shiva who craves for riches of all kinds;

लोभलोलुप कल कीरति चहई । अकलंकता कि कामी लहई ॥
हरिपद बिमुख परम गति चाहा । तस तुम्हार लालचु नरनाहा ॥

लोभी-लालची सुन्दर कीर्ति चाहे, कामी मनुष्य निष्कलंकता (चाहे तो) क्या पा सकता है ? जैसे श्रीहरि के चरणों से विमुख मनुष्य परम गति (मोक्ष) चाहे, हे राजाओ ! सीता के लिए तुम्हारा लालच भी वैसा ही (व्यर्थ) है ॥२॥

—as a greedy and covetous man who longs for renown, as a profligate who yearns for a blameless reputation, and as one who is averse to Hari's feet and yet hankers after the highest destiny (liberation), such is your greed for Sita, O kings !'

कोलाहलु सुनि सीय सकानी । सखी लवाइ गई जहँ रानी ॥
रामु सुभाय चले गुर पाही । सियसनेहु बरनत मन माही ॥

यह कोलाहल सुनकर सीताजी डर गयीं । तब सखियाँ उन्हें वहाँ ले गयीं जहाँ रानी (सीताजी की माता) थीं । श्रीरामचन्द्रजी सीताजी के प्रेम को मन-ही-मन सराहते हुए स्वाभाविक चाल से गुरुजी के पास चले ॥३॥

When Sita heard the commotion, she was afraid; and then her companions took her away to the queen. Rama advanced composedly to his *guru*, silently praising Sita's love.

रानिन्ह सहित सोचबस सीया । अब धौं बिधिहि काह करनीया ॥
भूपबचन सुनि इत उत तकहीं । लखनु राम डर बोलि न सकहीं ॥

(इधर) रानियोंसहित सीताजी को चिन्ता हुई कि न जाने विधाता अब क्या करनेवाले हैं । राजाओं के वचन सुनकर लक्ष्मणजी इधर-उधर ताकते हैं, किंतु श्रीरामचन्द्रजी के डर के मारे कुछ बोल नहीं सकते ॥४॥

Sita and the queens were filled with anxiety and wondered what God had now in store for them. On hearing the threats of the princes, Lakshmana glanced this way and that, but for fear of Rama he could not speak.

दो. –अरुन नयन भृकुटी कुटिल चितवत नृपन्ह सकोप ।
मनहु मत्त गज गन निरखि सिंघकिसोरहु चोप ॥२६७॥

(लक्ष्मणजी के) नेत्र लाल और भौंहें टेढ़ी हो गयीं और वे राजाओं की ओर क्रोध से देखने लगे, मानो मतवाले हाथियों का झुंड देखकर सिंह के बच्चे को (उन पर झपटने का) उत्साह हो गया हो ॥२६७॥

With fiery eyes and frowning brows he cast an angry look at the kings like a lion's whelp moved to excitement on seeing a herd of wild elephants.

चौ. –खरभरु देखि बिकल पुरनारी । सब मिलि देहिं महीपन्ह गारी ॥
तेहि अवसर सुनि सिवधनु भंगा । आयेउ भृगुकुल कमल पतंगा ॥

(ऐसी) खलबली देखकर नगर की स्त्रियाँ व्याकुल हो उठीं और सब मिलकर इन राजाओं को गालियाँ देने लगीं । उसी समय शिवजी के धनुष का टूटना सुनकर भृगुकुलरूपी कमल के सूर्य परशुरामजी आ पहुँचे ॥१॥

Seeing the uproar, the women of the city were all distressed and joined in cursing the princes. At that moment arrived the sage Parashurama, the sun of the lotus line of Bhrigu, led by the news of the breaking of the bow.

देखि महीप सकल सकुचाने । बाज झपट जनु लवा लुकाने ॥
गौरि सरीर भूति भल भ्राजा । भाल बिसाल त्रिपुंड बिराजा ॥

उनको देखकर सब राजा ऐसे सकुचा गए मानो बाज के झपटने पर बटेर लुक गए हों । (परशुरामजी के) गोरे शरीर पर भस्म खूब खिल रहा है और विशाल ललाट पर त्रिपुण्ड्र शोभायमान है ॥२॥

When they saw him, the kings all cowered down, as a quail shrinks back at the swoop of a hawk. A coat of ashes looked most charming on his fair body; his broad brow was adorned with three horizontal lines sacred to Shiva.

सीस जटा ससिबदनु सुहावा । रिसबस कछुक अरुन होइ आवा ॥
भृकुटी कुटिल नयन रिस राते । सहजहु चितवत मनहु रिसाते ॥

सिर पर जटाजूट है; सुन्दर मुखचन्द्र क्रोध के कारण कुछ लाल हो आया है । भौंहें टेढ़ी और आँखें क्रोध से लाल हैं; सहज ही देखते हैं, तो भी ऐसा जान पड़ता है मानो क्रोध से भरे हों ॥३॥

With matted locks on the head, his handsome moon-bright face was a bit flushed with anger; with knitted brows and eyes inflamed with wrath, his natural look gave one the impression that he was enraged.

बृषभ कंध उर बाहु बिसाला । चारु जनेउ माल मृगछाला ॥
कटि मुनिबसन तून दुइ बाँधें । धनु सर कर कुठारु कल काँधें ॥

बैल सरीखे ऊँचे और पुष्ट कंधे हैं, छाती और भुजाएँ विशाल हैं । सुन्दर यज्ञोपवीत धारण किये, माला पहने और मृगछाला धारण किये हैं । कमर में मुनियों का वस्त्र (वल्कल) और दो तरकश बाँधे हुए हैं । हाथ में धनुष-बाण लिये और सुन्दर कंधे पर फरसा रखे हुए हैं ॥४॥

He had well-built shoulders like those of a bull and a broad chest and long arms; he was adorned with a beautiful sacred thread, with a string of beads and a deerskin. With a hermit's covering about his loins and a pair of quivers at his side, he held a bow and arrows in his hands and an axe on his fair shoulder.

दो. –सांत बेषु करनी कठिन बरनि न जाइ सरूप ।
धरि मुनितनु जनु बीररसु आयेउ जहँ सब भूप ॥२६८॥

वेष तो शान्त है, परंतु करनी कठोर है; उनके स्वरूप का वर्णन नहीं किया जा सकता, मानो वीर-रस ही मुनि का शरीर धारणकर वहाँ आ गया हो जहाँ सब राजालोग हैं ॥२६८॥

Though his attire suggested ascetic calm, he had a cruel record of deeds; his character, therefore, was beyond description. It was as though the heroic sentiment had taken the form of an anchorite and arrived where the kings had assembled.

चौ. –देखत भृगुपतिबेषु कराला । उठे सकल भयबिकल भुआला ॥
पितु समेत कहि कहि निज नामा । लगे करन सब दंड प्रनामा ॥

परशुरामजी के भयानक वेष को देखते ही सब राजा भय से विकल हो उठ खड़े हुए और पितासहित अपना नाम कह-कहकर सब दण्डवत् प्रणाम करने लगे ॥१॥

When they saw Parashurama's dreadful guise, the kings all rose in consternation; and each declaring his own as well as his father's name, prostrated themselves before him.

जेहि सुभाय चितवहिं हितु जानी । सो जानै जनु आइ खुटानी ॥
जनक बहोरि आइ सिरु नावा । सीय बोलाइ प्रनामु करावा ॥

परशुरामजी हित समझकर भी सहज ही जिसकी ओर देखते हैं, वह यही समझता है कि बस मेरी आयु पूरी हो गयी । फिर राजा जनक ने आकर अपना सिर नवाया और सीताजी को बुलाकर (उनसे भी) प्रणाम कराया ॥२॥

Even he on whom Parashurama cast a natural, friendly glance thought his life had come to an end. Then came Janaka and bowed his head and sent for Sita to do obeisance.

आसिष दीन्हि सखीं हरषानीं । निज समाज लै गईं सयानीं ॥
बिस्वामित्रु मिले पुनि आई । पद सरोज मेले दोउ भाई ॥

परशुरामजी ने सीताजी को आशीर्वाद दिया । यह सुनकर सखियाँ हर्षित हुईं और वे सयानी (सखियाँ) उनको अपनी मण्डली में लिवा ले गयीं । फिर विश्वामित्रजी आकर मिले और उन्होंने दोनों भाइयों को उनके चरणकमलों में डाल दिया ॥३॥

Her companions rejoiced when he blessed her, and cleverly escorted her back to their own circle. Next came Vishvamitra, who met him and placed the two brothers at his lotus feet.

रामु लखनु दसरथ के ढोटा । दीन्हि असीस देखि भल जोटा ॥
रामहि चितइ रहे थकि लोचन । रूपु अपार मार मद मोचन ॥

(मुनि ने कहा –) ये राम और लक्ष्मण दशरथ के पुत्र हैं । उनकी अच्छी जोड़ी देखकर (परशुरामजी ने) आशीर्वाद दिया । कामदेव के भी रूप-गर्व को छुड़ानेवाले श्रीरामचन्द्रजी के अपार सौंदर्य को देखकर उनके नेत्र स्तम्भित हो रहे ॥४॥

'These are Rama and Lakshmana, sons of Dasharath,' said the sage. Having found the pair well-matched, Parashurama blessed them. His eyes were fixed upon Rama's peerless beauty, which would humble the pride of Love himself.

दो. –बहुरि बिलोकि बिदेह सन कहहु काह अति भीर ।
पूछत जानि अजान जिमि ब्यापेउ कोपु सरीर ॥२६९॥

फिर देखकर, जानते हुए भी अनजान की तरह जनकजी से पूछते हैं कि कहो तो सही, यह बड़ी भारी भीड़-भाड़ कैसी है ? कहते-ही-कहते उनके सारे शरीर में क्रोध छा गया ॥२६९॥

Then he turned to Janaka and said, 'Tell me, what has attracted all this crowd here ?' Though he knew, he asked as though he knew not, and his whole body was filled with fury.

चौ. –समाचार कहि जनक सुनाए । जेहि कारन महीप सब आए ॥
सुनत बचन फिरि अनत निहारे । देखे चापखंड महि डारे ॥

जिस कारण सब राजा आये थे, राजा जनक ने वह सब समाचार कह सुनाया । (जनक के) वचन सुनते ही परशुरामजी ने फिरकर दूसरी ओर देखा तो धनुष के टुकड़े पृथ्वी पर पड़े हुए दिखायी दिए ॥१॥

Janaka told him the whole history, mentioning why all the kings had assembled there. On hearing this, Parashurama turned round, and looking in another direction, saw the pieces of the bow lying on the ground.

अति रिस बोले बचन कठोरा । कहु जड़ जनक धनुष कैं तोरा ॥
बेगि देखाउ मूढ़ न त आजू । उलटौं महि जहँ लहि तव राजू ॥

बड़े क्रोध में भरकर वे कठोर वचन बोले – रे मूर्ख जनक ! बता, धनुष को किसने तोड़ा है ? उसे शीघ्र दिखा, नहीं तो अरे मूढ़ ! जहाँ तक तेरा राज्य है, आज मैं वहाँ तक की पृथ्वी उलट दूँगा ॥२॥

Flying into a rage, he thundered, 'Tell me, Janaka, you fool, who has broken the bow ? Show him at once, you dotard, or here and now I will overthrow your realm as far as your dominion extends !'

अति डरु उतरु देत नृपु नाहीं । कुटिल भूप हरषे मन माहीं ॥
सुर मुनि नाग नगर नर नारी । सोचहिं सकल त्रास उर भारी ॥

अधिक भय के कारण वे उत्तर नहीं देते । यह देखकर कुटिल राजा मन-ही-मन बड़े प्रसन्न हुए । देवता, मुनि, नाग और नगर के स्त्री-पुरुष सभी सोच करने लगे, सबके हृदय में बड़ा दुःख हुआ ॥३॥

In his excess of fear, the king could give no answer; and the wicked kings were inwardly delighted. Gods, sages, serpents and the people of the city were all filled with anxiety and profound alarm.

मन पछिताति सीयमहतारी । बिधि अब सँवरी बात बिगारी ॥
भृगुपति कर सुभाउ सुनि सीता । अरध निमेष कलप सम बीता ॥

सीताजी की माता मन में पछता रही हैं कि विधाता ने अब बनी-बनायी

बात बिगाड़ दी । परशुरामजी का (क्रोधी) स्वभाव सुनकर सीताजी को आधा पल भी एक कल्प के समान बीतने लगा ॥४॥

Sita's mother lamented within herself, 'Alas ! God has undone an accomplished fact.' When Sita heard of Parashurama's irascible temperament, even half a minute seemed to her to pass like an aeon.

दो. –सभय बिलोके लोग सब जानि जानकी भीरु ।
हृदय न हरषु बिषादु कछु बोले श्रीरघुबीरु ॥२७०॥

जब श्रीरामचन्द्रजी ने देखा कि सब लोग भयभीत हैं और सीताजी डरी हुई हैं, तब वे बोले – उनके हृदय में न तो कुछ हर्ष था और न विषाद ॥२७०॥

When the Lord Ramachandra saw everyone seized with panic and perceived Sita's anxiety, he said with neither joy nor sorrow in his heart:

मासपारायण, नवाँ विश्राम

चौ. –नाथ संभुधनु भंजनिहारा । होइहि केउ एक दास तुम्हारा ॥
आयेसु काह कहिअ किन मोही । सुनि रिसाइ बोले मुनि कोही ॥

हे नाथ ! शिवजी के धनुष को तोड़नेवाला कोई एक आपका दास ही होगा । क्या आज्ञा है, मुझसे क्यों नहीं कहते ? (इस उत्तर को) सुनकर क्रोधी मुनि खिसियाकर कहने लगे – ॥१॥

'My lord, it must be one of your servants who has broken the bow of Shiva. What is your command ? Pray tell me.' At this the furious sage was all the more incensed, and said,

सेवकु सो जो करै सेवकाई । अरिकरनी करि करिअ लराई ॥
सुनहु राम जेहि सिवधनु तोरा । सहसबाहु सम सो रिपु मोरा ॥

सेवक वही है जो सेवा करे । शत्रु का काम करके तो लड़ाई ही करनी चाहिए । हे राम ! सुनो, जिसने भी शिवजी के धनुष को तोड़ा है, वह सहस्रबाहु के समान मेरा वैरी है ॥२॥

'A servant is one who serves, but he who acts like an enemy must be fought. Listen, Rama, whoever has broken Shiva's bow is as much my enemy as Sahasrabahu !

सो बिलगाउ बिहाइ समाजा । न त मारे जैहहिं सब राजा ॥
सुनि मुनिबचन लखन मुसुकाने । बोले परसुधरहि अवमाने ॥

उसे इस समाज से छुड़ाकर अलग कर दो, नहीं तो सभी राजा मारे जायँगे । मुनि के वचन सुनकर लक्ष्मणजी मुसकराये और परशुरामजी का निरादर करते हुए बोले – ॥३॥

Let him stand apart, leaving this assembly, or else everyone of these kings shall be slain.' When he heard the sage's threat, Lakshmana smiled and spoke to Parashurama (the Wielder of the Axe) in a tone of contempt:

बहु धनुही तोरी लरिकाईं । कबहुँ न असि रिस कीन्हि गोसाईं ॥
येहि धनु पर ममता केहि हेतू । सुनि रिसाइ कह भृगुकुलकेतू ॥

हे गोसाईं ! मैंने लड़कपन में बहुत-सी धनुहियाँ तोड़ी थीं, किंतु आपने कभी ऐसा क्रोध नहीं किया । इसी धनुष पर इतनी ममता क्यों है ? यह सुनकर (भृगुवंश की ध्वजास्वरूप) परशुरामजी कुपित होकर बोले – ॥४॥

'I have broken many a small bow in my childhood, but you, sir, were never before thus angry. Why should you be so fond of this bow in particular ?' At this the Banner of the house of Bhrigu burst out in a fury:

दो. –रे नृपबालक कालबस बोलत तोहि न सँभार ।
धनुही सम तिपुरारिधनु बिदित सकल संसार ॥२७१॥

अरे राजकुमार ! तू काल के वश है, इसलिए सँभालकर नहीं बोलता । सारे संसार में विख्यात शिवजी का यह धनुष क्या धनुही के समान है ? ॥२७१॥

'Ha ! princeling ! Being already in the grip of death, you care not what you say. Would you compare to a little bow the world-renowned bow of Shiva ?'

चौ. –लखन कहा हसि हमरे जाना । सुनहु देव सब धनुष समाना ॥
का छति लाभु जून धनु तोरें । देखा राम नयन के भोरें ॥

लक्ष्मणजी ने हँसकर कहा – हे देव ! सुनिए, हमारी समझ में तो सभी धनुष बराबर ही हैं । पुराने धनुष के तोड़ने में क्या हानि-लाभ ? श्रीरामचन्द्रजी ने तो उसे नये (धनुष ही) के धोखे से देखा था ॥१॥

Said Lakshmana with a smile, 'Listen, holy sage ! To my mind all bows are alike. What gain or loss can there be in the breaking of a rotten old bow ? Rama mistook it for a new one,

छुअत टूट रघुपतिहु न दोसू । मुनि बिनु काज करिअ कत रोसू ॥
बोले चितै परसु की ओरा । रे सठ सुनेहि सुभाउ न मोरा ॥

पर वह तो छूते ही टूट गया; इसमें रघुनाथजी का भी दोष नहीं है । हे मुनि ! आप क्यों व्यर्थ क्रोध करते हैं ? परशुरामजी अपने फरसे की ओर देखकर बोले – अरे दुष्ट ! तू ने मेरा स्वभाव नहीं सुना ? ॥२॥

— and at his very touch it snapped in two. It was no fault of his; why then, reverend sir, be so angry for no cause ?' With a glance at his axe Parashurama replied, 'O foolish child, have you never heard of my temper ?

बालकु बोलि बधौं नहि तोही। केवल मुनि जड़ जानहि मोही॥
बाल ब्रह्मचारी अति कोही। बिस्वबिदित छत्रियकुल द्रोही॥

तुझे बालक जानकर मैं नहीं मारता हूँ। अरे मूर्ख! क्या तू मुझे निपट मुनि ही जानता है? मैं बालब्रह्मचारी और अत्यन्त क्रोधी हूँ। संसार जानता है कि मैं क्षत्रियकुल का वैरी हूँ॥३॥

I slay you not, for, I say, you are but a child; do you take me for a mere anchorite, O dullard? I have not only been a celibate from my very boyhood, but also an irascible one; and I am known throughout the world as a sworn enemy of the Kshatriya race.

भुजबल भूमि भूप बिनु कीन्ही। बिपुल बार महिदेवन्ह दीन्ही॥
सहसबाहुभुज छेदनिहारा। परसु बिलोकु महीपकुमारा॥

अपने बाहुबल से मैंने पृथ्वी को राजाओं से रहित कर डाला और बहुत बार उसे ब्राह्मणों को दे दिया। हे राजकुमार! सहस्रबाहु की भुजाओं को काटनेवाले मेरे इस फरसे को देख!॥४॥

By the might of my arm I have made the earth kingless and time after time made it a gift to the Brahmans. Look at this axe, O prince, that lopped off the arms of Sahasrabahu (the thousand-armed Kartavirya)!

दो. —मातु पितहि जनि सोचबस करसि महीसकिसोर।
गर्भन्ह के अर्भक दलन परसु मोर अति घोर॥२७२॥

अरे राजकुमार! तू अपने माता-पिता को चिन्ता में मत डाल। मेरा फरसा बड़ा भयानक है, यह गर्भवती स्त्रियों के बच्चों का भी नाश करनेवाला है॥२७२॥

Do not bring distress upon your parents, O princely lad! My most cruel axe has ripped up even unborn infants in the womb!'

चौ. —बिहसि लखनु बोले मृदु बानी। अहो मुनीसु महाभट मानी॥
पुनि पुनि मोहि देखाव कुठारू। चहत उड़ावन फूँकि पहारू॥

लक्ष्मणजी हँसकर कोमल वाणी में बोले—अहो, मुनीश्वर तो अपने को महान् योद्धा समझ रहे हैं। बार-बार मुझे कुल्हाड़ी दिखाते हैं। फूँक से (मानो) पहाड़ उड़ाना चाहते हैं॥१॥

Lakshmana smilingly retorted in a gentle tone, 'Aha, the great sage considers himself an extraordinary warrior! He flaunts his axe before me again and again, as if he would blow away a mountain with a puff!

इहाँ कुम्हड़बतिआ कोउ नाहीं। जे तरजनी देखि मरि जाहीं॥
देखि कुठारु सरासन बाना। मैं कछु कहा सहित अभिमाना॥

यहाँ कोई कुम्हड़े की बतिया नहीं है, जो तर्जनी (सबसे आगे की) उँगली को देखते ही मर जाती हैं। कुठार और धनुष-बाण (को तुम्हारे पास) देखकर ही मैंने कुछ अभिमानपूर्वक कहा था॥२॥

Here there is no pumpkin in the bud that would wither away at the sight of the index finger. It was only when I saw you armed with an axe and a bow and arrows that I spoke a little arrogantly.

भृगुसुत समुझि जनेउ बिलोकी। जो कछु कहहु सहौं रिस रोकी॥
सुर महिसुर हरिजन अरु गाई। हमरे कुल इन्ह पर न सुराई॥

आपको भृगुवंशी समझकर और आपके यज्ञोपवीत को देखकर तो जो कुछ आप कहते हैं, उसे मैं क्रोध को रोककर सह लेता हूँ। देवता, ब्राह्मण, भगवान् के भक्त और गौ पर हमारे कुलवाले बहादुरी नहीं दिखलाते॥३॥

Now that I understand you are a descendant of Bhrigu and perceive a sacred thread on your person, I will suppress my anger and put up with anything you say. In our family valour is never displayed against gods or Brahmans or votaries of Hari or cows;

बधें पापु अपकीरति हारें। मारतहू पा परिअ तुम्हारें॥
कोटि कुलिस सम बचनु तुम्हारा। ब्यर्थ धरहु धनु बान कुठारा॥

(क्योंकि) इन्हें मारने से पाप लगता है और इनसे हार जाने पर अपयश होता है। इसलिए यदि आप मारें तो भी आपके पैर ही पड़ना चाहिए। आपका एक-एक वचन ही तो करोड़ों वज्रों के समान है। धनुष-बाण और कुठार तो आप व्यर्थ ही धारण करते हैं॥४॥

—for to kill any of these is a sin and to suffer defeat at their hands a disgrace. We should throw ourselves at your feet even if you strike us. Your every word is like ten million thunderbolts; the bow and arrows and the axe are, therefore, an unnecessary burden to you.

दो. —जो बिलोकि अनुचित कहेउँ छमहु महामुनि धीर।
सुनि सरोष भृगुबंसमनि बोले गिरा गभीर॥२७३॥

इन्हें ही देखकर यदि मैंने कुछ अनुचित कहा हो तो उसे हे धीर महामुनि! क्षमा कीजिए। यह सुनकर भृगुवंशमणि (परशुरामजी) क्रोध से भरी गम्भीर वाणी बोले—॥२७३॥

Pardon me, O great and illumined sage, if I have said anything improper at the sight of your weapons.' When he heard this, the jewel of the Bhrigu race furiously rejoined in his deep-toned voice:

चौ. —कौसिक सुनहु मंद येहु बालकु। कुटिलु कालबस निज कुल घालकु॥
भानुबंस राकेस कलंकू। निपट निरंकुसु अबुधु असंकू॥

हे विश्वामित्र ! सुनो, यह बालक बड़ा मंद (नीच) और कुटिल है; काल के वश हो रहा है और अपने कुल का घातक है । यह सूर्यवंशरूपी पूर्णचन्द्र का कलङ्क, नितान्त उद्दण्ड, मूर्ख और निडर है ॥१॥

'Listen, O Vishvamitra ! This boy is stupid and perverse, death-doomed himself and the ruin of his whole family ! A stain on the moon-like Solar race, he is utterly unruly, demented and reckless !

कालकवलु होइहि छन माहीं । कहौं पुकारि खोरि मोहि नाहीं ॥
तुम्ह हटकहु जौ चहहु उबारा । कहि प्रतापु बलु रोषु हमारा ॥

यह अभी क्षणभर में काल का ग्रास हो जायगा । मैं पुकार-पुकारकर कहे देता हूँ, फिर मुझे दोष न देना । यदि तुम इसे बचाना चाहते हो, तो हमारा प्रताप, बल और क्रोध कहकर इसे रोको ॥२॥

Another moment he shall find himself a morsel in the jaws of death; I proclaim it at the top of my voice and none should blame me for it. Forbid him, if you would save him, by telling him of my glory, my might and my fury !'

लखन कहेउ मुनि सुजसु तुम्हारा । तुम्हहि अछत को बरनै पारा ॥
अपने मुहु तुम्ह आपनि करनी । बार अनेक भाँति बहु बरनी ॥

लक्ष्मणजी ने कहा – हे मुनि ! आपके रहते आपका सुयश दूसरा कौन वर्णन कर सकता है ? आपने अपने ही मुँह से अपनी करनी अनेक बार और अनेक प्रकार से वर्णन की है ॥३॥

'Holy sir,' said Lakshmana, 'so long as you live to tell it, who else can tell of your bright glory ? With your own lips have you recounted your exploits time and again in many ways.

नहि संतोषु त पुनि कछु कहहू । जनि रिस रोकि दुसह दुख सहहू ॥
बीरब्रती तुम्ह धीर अछोभा । गारी देत न पावहु नोभा ॥

इतने पर भी जो संतोष न हुआ हो तो फिर कुछ कह डालिए । क्रोध रोककर असह्य दुःख मत सहिए । आप वीरव्रती हैं, आप धैर्यवान् और क्षोभरहित हैं, अतः गाली देते हुए शोभा नहीं पाते ॥४॥

If you are not yet satisfied, tell us something more; endure not pain unbearable by putting any restraint upon your wrath. You have assumed the role of a hero and are resolute and imperturbable; it is unbecoming of you to pour out abuse.

दो. –सूर समर करनी करहिं कहि न जनावहिं आपु ।
बिद्यमान रन पाइ रिपु कायर कथहिं प्रतापु ॥२७४॥

जो शूरवीर युद्ध में करनी (शूरवीरता का काम) करते हैं, वे अपने बल का वर्णन आप नहीं करते । लड़ाई में शत्रु के सामने होकर कायर ही अपने प्रताप की डींग मारा करते हैं ॥२७४॥

Heroes perform valiant deeds on the field, but never indulge in self-advertisement. Finding before them a foe in battle, it is cowards who brag of their own prowess.

चौ. –तुम्ह तौ कालु हाँक जनु लावा । बार बार मोहि लागि बोलावा ॥
सुनत लखन के बचन कठोरा । परसु सुधारि धरेउ कर घोरा ॥

महाराज ! आप तो मानो काल को ही हाँक लगाकर बार-बार उसे मेरे लिए बुलाते हैं । लक्ष्मणजी के कठोर वचन सुनते ही परशुरामजी ने अपने भयानक फरसे को सँभालकर हाथ में धर लिया ॥१॥

You seem to have Death at your beck and call and summon him again and again to deal with me !' When he heard Lakshmana's impudent speech, Parashurama closed his hand upon his terrible axe.

अब जनि देइ दोसु मोहि लोगू । कटुबादी बालकु बधजोगू ॥
बाल बिलोकि बहुत मैं बाँचा । अब येहु मरनिहार भा साँचा ॥

(और कहा –) अब लोग मुझे दोष न दें । यह कटुवादी बालक मारे जाने के ही योग्य है । इसे बालक देखकर मैंने बहुत बचाया, पर अब यह सचमुच मरने ही योग्य हो गया है । (अभी तक तो मैं धमकाता ही था और बचाना चाहता था, लेकिन अब इसे नहीं छोड़ूँगा ।) ॥२॥

'Now let no man blame me,' he cried; 'this sharp-tongued boy deserves his death ! Long have I spared him on account of his being a child, but now surely he is going to die !'

कौसिक कहा छमिअ अपराधू । बाल दोष गुन गनहिं न साधू ॥
खर कुठार मैं अकरुन कोही । आगे अपराधी गुरुद्रोही ॥

विश्वामित्रजी ने कहा – अपराध क्षमा कीजिए क्योंकि बालक के गुण-अवगुणों का विचार सज्जन लोग नहीं करते । (परशुरामजी बोले –) तीखी धार का कुठार है, मैं दयारहित और क्रोधी हूँ और यह गुरुद्रोही और अपराधी मेरे सामने है ॥३॥

'Pardon his offence,' said Vishvamitra; 'holy men take no notice of a child's faults or merits.' 'Sharp-edged is my axe,' he replied, 'and I am pitiless and furious; and here stands before me an offender and an enemy of my *guru*—

उतर देत छोड़ौं बिनु मारे । केवल कौसिक सील तुम्हारे ॥
न त येहि काटि कुठार कठोरे । गुरहि उरिन होतेउँ श्रम थोरे ॥

(उस पर भी यह) उत्तर दे रहा है । इतने पर भी मैं इसे बिना मारे छोड़ रहा हूँ, सो हे विश्वामित्र ! केवल तुम्हारे शील (प्रेम) से । नहीं तो इसे इस कठोर कुल्हाड़े से काटकर थोड़े श्रम से ही गुरु से उऋण हो जाता ॥४॥

— and dares to answer me ! I spare his life solely out of regard for you, O Vishvamitra. Or else, hacking him to pieces with my dread axe, I would easily have repaid the debt I owe to my *guru*.'

दो. –गाधिसूनु कह हृदय हसि मुनिहि हरियरे सूझ ।
अयमय खाँड़ न ऊखमय अजहुँ न बूझ अबूझ ॥२७५॥

विश्वामित्रजी हृदय में हँसकर बोले – मुनि को हरा-ही-हरा सूझ रहा है (अर्थात् ये श्रीराम-लक्ष्मण को भी साधारण क्षत्रिय ही समझ रहे हैं) ।[१] किन्तु यह लोहे की बनी हुई खाँड़ (खाँड़ा – खड्ग) है, ऊख के रस की खाँड़ नहीं है (जो मुँह में लेते ही गल जाय । खेद है), मुनि अब भी बूझते नहीं हैं – ऐसे नासमझ हैं ये ! ॥२७५॥

Said Gaadhi's son (Vishvamitra), smiling to himself, 'Everything looks green to the sage (Parashurama)! It is, however, a sword of steel that he is faced with, not sugar extracted from a sugar-cane (that one could easily gulp). It is a pity that he does not understand and still persists in his ignorance.' (*Hari-ari* may also be taken as 'enemy of Hari' and *khanra* stands for both 'sword' and 'sugar'.)

चौ. –कहेउ लखन मुनि सीलु तुम्हारा । को नहि जान बिदित संसारा ॥
माता पितहि उरिन भये नीकें । गुररिनु रहा सोचु बड़ जी कें ॥

लक्ष्मणजी ने कहा – हे मुनि ! आपके शील को कौन नहीं जानता ? वह संसार भर में विख्यात है । माता-पिता से तो आप अच्छी तरह उऋण हो ही गए; अब गुरु का ऋण रह गया है, जिसके लिए मन में बड़ी चिन्ता लगी है ॥१॥

'Is there anyone, O good sage,' said Lakshmana, 'who does not know your gentle disposition ? It is so well-known throughout the world. You have fully paid the debt you owed to your parents; the only debt which now remains to be paid by you is the one you owe to your *guru*, and that has been worrying your mind not a little.

सो जनु हमरेहि माथें काढ़ा । दिन चलि गये ब्याज बड़ बाढ़ा ॥
अब आनिअ ब्यवहरिआ बोली । तुरत देउँ मैं थैली खोली ॥

वह (ऋण) मानो हमारे ही मत्थे काढ़ा[२] था । बहुत दिन बीत गए, इससे ब्याज भी बहुत बढ़ गया होगा । अब किसी हिसाब करनेवाले (अपने साहूकार या महाजन) को बुला लाइए, मैं झटपट थैली खोलकर दे दूँ (हिसाब चुका दूँ) ॥२॥

It looks as if you had incurred the debt on our account; and since a considerable time has now elapsed, the interest must have mounted up. Now you send for the creditor and I will at once pay up from my own purse.'

सुनि कटु बचन कुठार सुधारा । हाय हाय सब सभा पुकारा ॥
भृगुबर परसु देखावहु मोही । बिप्र बिचारि बचौं नृपद्रोही ॥

(लक्ष्मणजी के) कड़वे वचन सुनकर परशुरामजी ने अपना कुठार सँभाला । सारी सभा हाय ! हाय ! करके पुकार उठी । (लक्ष्मणजी ने फिर कहा –) हे परशुराम ! आप मुझे फरसा दिखा रहे हैं, पर हे राजाओं के शत्रु ! मैं आपको ब्राह्मण समझकर बचा रहा हूँ ॥३॥

When he heard these insolent words, Parashurama grasped his axe, and the whole assembly cried out, 'Alack ! Alack !' 'O chief of Bhrigus,' said Lakshmana, 'you still keep brandishing your axe at me, but I am sparing you, O enemy of princes, only because I hold you to be a Brahman.

मिले न कबहुँ सुभट रन गाढ़े । द्विजदेवता घरहि के बाढ़े ॥
अनुचित कहि सबु लोगु पुकारे । रघुपति सयनहि लखनु नेवारे ॥

(संग्राम में) आपकी कभी रणधीर बलवान् वीरों से भेंट नहीं हुई ! हे ब्राह्मण देवता ! (आप अभी तक) घर ही के बड़े हैं । यह सुनकर 'अनुचित है, अनुचित है !' कहकर सब लोग पुकार उठे । तब श्रीरघुनाथजी ने इशारे से लक्ष्मणजी को रोक दिया ॥४॥

You have never yet met real champions staunch in fight; you have grown important in your own little home, O holy Brahman !'[1] They all cried out, 'This is wholly undesirable!' Raghunatha now gave Lakshmana a sign to be quiet.

दो. –लखन उतर आहुति सरिस भृगुबरकोपु कृसानु ।
बढ़त देखि जल सम बचन बोले रघुकुलभानु ॥२७६॥

लक्ष्मणजी का उत्तर आहुति के समान और परशुरामजी का क्रोध अग्नि के समान है । उसे बढ़ता देखकर रघुकुल के सूर्य श्रीरामचन्द्रजी जल के समान (शीतल करनेवाले) वचन बोले – ॥२७६॥

When he saw that Lakshmana's words had added fuel to the flames of Parashurama's wrath, the sun of the house of Raghu spoke words like water to quench it.

चौ. –नाथ करहु बालक पर छोहू । सूध दूधमुख करिअ न कोहू ॥
जौ पै प्रभुप्रभाउ कछु जाना । तौ कि बराबरि करै अयाना ॥

हे नाथ ! बालक पर कृपा कीजिए । इस सीधे और दुधमुँहे बच्चे पर क्रोध

१. 'हरियरे' की जगह कहीं-कहीं 'हरिअरी' का प्रयोग मिलता है । परशुराम को हरि भी अरि ही (शत्रु) दिखाई देते हैं । वे राम-लक्ष्मण को सामान्य वैरी मान बैठे हैं, हरि को पहचानने में असमर्थ हैं ।

२. निकाला, उधार लिया ।

1. W. Douglas P. Hill's version : 'You've never yet had to face a really stalwart warrior; you're a brave carpet-knight, you Brahman divinity !'

न कीजिए। यदि यह अज्ञानी प्रभु का कुछ भी प्रभाव जानता, तो क्या आपकी बराबरी करता ? ॥१॥

'My lord, have compassion on the child,' he said, 'and wreak not your wrath on this guileless youngster (who is an unweaned infant). Had he any idea of my lord's might, how could he be so foolish as to claim equality with you ?

जौ लरिका कछु अचगरि करहीं। गुर पितु मातु मोद मन भरहीं ॥
करिअ कृपा सिसु सेवक जानी। तुम्ह समसील धीर मुनि ग्यानी ॥

यदि लड़के कुछ चपलता भी करते हैं, तो गुरु, पिता और माता मन में आनन्दित होते हैं। अतः इसे बालक और सेवक जानकर इस पर कृपा कीजिए। आप तो समदर्शी, धीर, मुनि और ज्ञानी हैं ! ॥२॥

If children play some pranks, their teacher and parents are delighted. Remember he is only a child and your servant and be kind to him for you are an even-minded, good-tempered, forbearing and illumined sage.'

रामबचन सुनि कछुक जुड़ाने। कहि कछु लखनु बहुरि मुसुकाने ॥
हसत देखि नख सिख रिस ब्यापी। राम तोर भ्राता बड़ पापी ॥

श्रीरामचन्द्रजी के वचन सुनकर वे कुछ ठंडे पड़े ही थे कि लक्ष्मणजी कुछ कहकर फिर मुसकरा दिए। उनको हँसते देखकर परशुरामजी को नख से शिखा तक क्रोध छा गया। उन्होंने कहा – हे राम ! तुम्हारा भाई बड़ा पापी है ॥३॥

On hearing Rama's words Parashurama cooled down a little; but then Lakshmana said something and smiled again. Seeing him smile, Parashurama flushed all over with rage and said, 'Rama, your brother is utterly wicked !

गौर सरीर स्यामु मन माहीं। कालकूटमुख पयमुख नाहीं ॥
सहज टेढ़ अनुहरै न तोही। नीचु मीचु सम देख न मोही ॥

यह शरीर से तो गोरा है पर मन का बड़ा काला है। यह विषमुख है, दुधमुँहा नहीं। यह स्वभाव से ही टेढ़ा है, तेरा अनुसरण नहीं करता और न यह नीच मुझे मृत्यु के समान ही देखता है ॥४।

Though fair in outward hue, he is black at heart; he has deadly poison, and not the mother's milk on his lips! Perverse by nature, he takes not after you, nor does this vile imp regard me as the very image of Death !'

दो. –लखन कहेउ हसि सुनहु मुनि क्रोधु पाप कर मूल।
जेहि बस जन अनुचित करहिं चरहिं बिस्वप्रतिकूल ॥२७७॥

लक्ष्मणजी ने हँसकर कहा – हे मुनि ! सुनिए, क्रोध पाप की जड़ है, जिसके अधीन होकर मनुष्य अनुचित कर्म कर बैठते हैं और संसार के विरुद्ध चलते हैं ॥२७७॥

'Listen, holy sir,' said Lakshmana with a smile; 'anger is the root of sin. Swayed by it, men do unworthy deeds and set themselves against the world.

चौ. –मैं तुम्हार अनुचर मुनिराया। परिहरि कोपु करिअ अब दाया ॥
टूट चाप नहि जुरिहि रिसानें। बैठिअ होइहिं पाय पिरानें ॥

हे मुनिराज ! मैं आपका सेवक हूँ। अब क्रोध त्यागकर दया कीजिए। टूटा हुआ धनुष क्रोध करने से जुड़ नहीं सकता। खड़े-खड़े पाँव पिराने लगे होंगे, बैठ जाइए ॥१॥

I am your servant, O king of sages; put away your wrath and show mercy. Anger will not mend the broken bow. Pray sit down—your legs must be aching.

जौ अति प्रिय तौ करिअ उपाई। जोरिअ कोउ बड़ गुनी बोलाई ॥
बोलत लखनहि जनकु डेराहीं। मष्ट करहु अनुचित भल नाहीं ॥

यदि धनुष अत्यन्त ही प्रिय हो, तो कोई उपाय कीजिए और किसी बड़े कारीगर को बुलाकर जुड़वा लीजिए। लक्ष्मणजी के बोलने से जनकजी डर जाते हैं और कहते हैं – बस, चुप रहिए, अयोग्य बातें ठीक नहीं ॥२॥

If you are so fond of it, let us devise some means; send for some skilful craftsman and have it mended.' Janaka was frightened at Lakshmana's words and said, 'Pray be quiet ! It is not good to transgress the limits of propriety !'

थर थर काँपहिं पुर नर नारी। छोट कुमार खोट बड़ भारी ॥
भृगुपति सुनि सुनि निरभय बानी। रिस तन जरै होइ बलहानी ॥

नगर के स्त्री-पुरुष थर-थर काँप रहे हैं (और कह रहे हैं कि) छोटा कुमार बड़ा खोटा है। (लक्ष्मणजी की) निर्भय वाणी सुन-सुनकर भृगुपति परशुरामजी का शरीर तो क्रोध के मारे जला जा रहा है और उनका बल भी घट रहा है ॥३॥

The men and women of the city trembled like aspen leaves; they said to themselves, 'The younger prince is really very impertinent !' As Bhrigupati heard the fearless speech of Lakshmana, he was consumed with rage and his strength diminished.

बोले रामहि देइ निहोरा। बचौं बिचारि बंधु लघु तोरा ॥
मनु मलीन तनु सुंदर कैसे। बिषरस भरा कनकघटु जैसे ॥

तब श्रीरामचन्द्रजी पर एहसान जताते हुए परशुरामजी बोले – तुम्हारा छोटा भाई समझकर मैं इसे छोड़े देता हूँ। यह मन का मैला और शरीर का वैसे ही सुन्दर है जैसे विष के रस से भरा हुआ (कोई) सोने का घड़ा ! ॥४॥

As if he were doing Rama a favour, Parashurama said, 'I am sparing the boy because I know he is your younger brother. So fair without and foul within, he resembles a golden jar full of poison !'

दो. –सुनि लछिमन बिहसे बहुरि नयन तरेरे राम ।
गुर समीप गवने सकुचि परिहरि बानी बाम ॥२७८॥

(यह) सुनते ही लक्ष्मणजी फिर हँसे । तब श्रीरामचन्द्रजी ने तिरछी नजर से उनकी ओर देखा, जिससे लक्ष्मणजी सकुचाकर व्यंग्य वचन कहना छोड़ गुरुजी के पास चले गए ॥२७८॥

At this Lakshmana laughed again, but Rama gave him a look of reproof so that he was abashed and returned to his *guru,* putting away all impertinent raillery.

चौ. –अति बिनीत मृदु सीतल बानी । बोले रामु जोरि जुग पानी ॥
सुनहु नाथ तुम्ह सहज सुजाना । बालकबचनु करिअ नहिं काना ॥

श्रीरामचन्द्रजी दोनों हाथ जोड़कर अत्यन्त नम्र, मधुर और शीतल वाणी बोले – हे नाथ ! सुनिए, आप तो स्वभाव से ही बुद्धिमान् हैं । बालक के शब्दों पर ध्यान न दीजिए ॥१॥

Then joining his two palms together and speaking in most humble, gentle and placid tones, Rama said, 'I pray you, my lord; wise as you are by nature, pay no heed to the words of a child.

बररै बालकु एकु सुभाऊ । इन्हहि न संत बिदूषहिं काऊ ॥
तेहिं नाही कछु काज बिगारा । अपराधी मैं नाथ तुम्हारा ॥

बरै और बालक का एक-सा स्वभाव होता है, सज्जन इन्हें कभी दोष नहीं लगाते । फिर उसने (लक्ष्मण ने) तो कोई हानि नहीं पहुँचायी, हे नाथ ! आपका अपराधी तो मैं हूँ ॥२॥

Children are like wasps; good men never find fault with them. Besides, the boy has done you no harm; it is I, lord, who have offended you.

कृपा कोपु बधु बंध गोसाईं । मो पर करिअ दास की नाईं ॥
कहिअ बेगि जेहि बिधि रिस जाई । मुनिनायक सोइ करौं उपाई ॥

हे स्वामी ! दया, क्रोध, वध और बन्धन, जो कुछ करना हो, अपना सेवक समझकर मुझपर कीजिए । जिस प्रकार शीघ्र आपका क्रोध दूर हो, हे मुनिराज ! बताइए, मैं वही उपाय करूँ ॥३॥

Therefore, your reverence, deal to me as your servant whatever you please, whether it be favour or frown, death or captivity. Tell me quickly the means, O king of sages, by which your anger may be appeased; I shall do accordingly.'

कह मुनि राम जाइ रिस कैसे । अजहुँ अनुज तव चितव अनैसे ॥
एहि के कंठ कुठारु न दीन्हा । तौ मैं काह कोपु करि कीन्हा ॥

मुनि ने कहा – हे राम ! मेरा क्रोध कैसे मिटे ? तेरा छोटा भाई तो अभी तक टेढ़ा ही ताक रहा है । इसकी गर्दन पर कुठार न चलाया तो मैंने क्रोध करके क्या दिखाया ? ॥४॥

Said the sage, 'How can my passion be assuaged, O Rama, when your younger brother is still casting impertinent glances at me ! If I have not cut his throat off with my axe, then what have I done in anger ?

दो. –गर्भ स्रवहिं अवनिप रवनि सुनि कुठारगति घोर ।
परसु अछत देखौं जिअत बैरी भूपकिसोर ॥२७९॥

मेरे जिस फरसे की घोर करनी सुनकर राजाओं की स्त्रियों के गर्भ गिर जाते हैं, उसी फरसे के होते हुए भी मैं इस वैरी राजकुमार को जीवित देख रहा हूँ ! ॥२७९॥

At the rumour of the fierce doings of my axe queens miscarry; the same axe is still at my service, and yet I see this princeling, my enemy, alive !

चौ. –बहै न हाथु दहै रिस छाती । भा कुठारु कुंठित नृपघाती ॥
भयेउ बाम बिधि फिरेउ सुभाऊ । मोरे हृदय कृपा कसि काऊ ॥

हाथ नहीं उठता, (यद्यपि) क्रोध से छाती जली जाती है । राजाओं का घातक यह कुठार भी कुण्ठित हो गया ! विधाता ही विपरीत हो गया; इससे मेरा स्वभाव फिर गया; नहीं तो भला, मेरे हृदय में किसी पर कभी भी कृपा कैसी ? ॥१॥

My hand moves not, though passion consumes my heart; this axe that has slain kings without number, is blunted ! Fate has turned against me and I find my nature changed; for when has there ever been compassion in my heart ?

आजु दया दुखु दुसह सहावा । सुनि सौमित्रि बिहसि सिरु नावा ॥
बाउ कृपामूरति अनुकूला । बोलत बचन झरत जनु फूला ॥

आज दया मुझे यह दुःसह दुःख सहा रही है । (यह) सुनते ही लक्ष्मणजी ने मुसकराकर सिर नवाया (और कहा –) आपकी कृपा की वायु भी आपकी मूर्ति के अनुकूल ही है; आप वचन बोलते हैं, मानो फूल झड़ रहे हों ॥२॥

Pity today is causing me to suffer intolerable pain.' On hearing this, Sumitra's son bowed his head with a smile. 'The wind of your benevolence,' he said, 'is befitting your form; the words you speak are like blossoms that drop from the trees !

जौ पै कृपा जरिहि मुनि गाता। क्रोध भये तनु राख बिधाता॥
देखु जनक हठि बालकु एहू। कीन्ह चहत जड़ जमपुर गेहू॥

हे मुनि! यदि कृपा करने से ही आपका शरीर जला जाता है, तो जब आप क्रोध करेंगे तब आपके शरीर की रक्षा विधाता ही करेंगे! (परशुरामजी ने कहा –) हे जनक! देखो, यह बालक मूर्ख है जो हठ करके यमपुरी में अपना घर बनाना चाहता है ॥३॥

O reverend sir, when compassion sets your whole frame on fire, God help you when you are angry.' 'Look here, Janaka,' said Parashurama, 'this stupid boy is bent on making his home in the realms of Death!

बेगि करहु किन आँखिन्ह ओटा। देखत छोट खोट नृपढोटा॥
बिहसे लखनु कहा मन माहीं। मूदे आँखि कतहुँ कोउ नाहीं॥

इसे शीघ्र ही मेरी आँखों की ओट क्यों नहीं करते? यह राजकुमार देखने में छोटा है, पर है बड़ा खोटा। लक्ष्मणजी ने हँसकर मन-ही-मन कहा – आँखें बंद कर लेने पर कहीं भी कोई नहीं रह जाता ॥४॥

Why do you not take him right away out of my sight? Though small to look at, the princeling is yet so wicked!' Lakshmana smilingly said to himself, 'Shut your eyes and you will see nothing.'

दो. –परसुराम तब राम प्रति बोले उर अति क्रोधु।
संभुसरासनु तोरि सठ करसि हमार प्रबोधु॥२८०॥

तब हृदय में अत्यन्त क्रोध भरकर परशुरामजी श्रीरामजी से बोले – रे शठ! शिवजी का धनुष तोड़कर तू उलटा हम को ही ज्ञान सिखाता है! ॥२८०॥

Then Parashurama spoke to Rama, his heart boiling with rage, 'Having broken Shiva's bow, O wretch, do you now teach me?

चौ. –बंधु कहै कटु संमत तोरे। तू छलबिनय करसि कर जोरे॥
करु परितोषु मोर संग्रामा। नाहि त छाड़ु कहाउब रामा॥

तेरी ही सम्मति से तेरा यह भाई कटु वचन बोलता है और तू छल से हाथ जोड़े हुए विनती करता है? या तो युद्ध में मुझे संतुष्ट कर, नहीं तो राम कहलाना छोड़ दे ॥१॥

It is with your connivance that your brother addresses such pungent words to me, while you make false entreaties with folded hands. Either give me satisfaction in combat or give up the right to be called Rama!

छलु तजि करहि समरु सिवद्रोही। बंधु सहित न त मारौं तोही॥
भृगुपति बकहिं कुठार उठाए। मन मुसुकाहिं रामु सिर नाए॥

रे शिवद्रोही! तू छल त्यागकर युद्ध कर, नहीं तो भाईसहित तुझे मार डालूँगा। इस प्रकार परशुरामजी कुठार उठाये हुए बक रहे हैं और श्रीरामचन्द्रजी सिर झुकाये मन-ही-मन मुसकराते हैं ॥२॥

Fight me, you enemy of Shiva, without taking recourse to any wily trick, or else I will despatch you and your brother both.' While the chief of Bhrigus thus raved with his axe raised on high, Rama smiled to himself and bowed his head to the sage.

गुनह लखन कर हम पर रोषू। कतहुँ सुधाइहु ते बड़ दोषू॥
टेढ़ जानि सब बंदै काहू। बक्र चंद्रमहि ग्रसै न राहू॥

(श्रीरामजी ने मन में कहा –) गुनाह तो लक्ष्मण का और क्रोध मुझ पर! कहीं-कहीं सीधेपन में भी बड़ा दोष होता है। टेढ़ा जानकर सब लोग किसी की भी वन्दना करते हैं; टेढ़े चन्द्रमा को राहु भी नहीं ग्रसता ॥३॥

'While the fault is Lakshmana's,' he thought, 'the sage's wrath is against me. Sometimes meekness too begets much evil. A crooked man is reverenced by all; Rahu swallows not the crescent moon.'

राम कहेउ रिस तजिअ मुनीसा। कर कुठारु आगे येह सीसा॥
जेहि रिस जाइ करिअ सोइ स्वामी। मोहि जानिअ आपन अनुगामी॥

श्रीरामचन्द्रजी ने (प्रकट) कहा – हे मुनीश्वर! क्रोध का त्याग कीजिए। आपके हाथ में कुल्हाड़ा है और सामने मेरा यह सिर। जिस प्रकार क्रोध जाय, हे स्वामी! वही कीजिए। मुझे अपना दास समझिए ॥४॥

Said Rama, 'Cease from wrath, O lord of sages; the axe is in your hands and here before you is my head. Do that, my lord, which may assuage your anger; believe me to be your servant.

दो. –प्रभुहि सेवकहि समरु कस तजहु बिप्रबर रोसु।
बेषु बिलोके कहेसि कछु बालकहू नहि दोसु॥२८१॥

स्वामी और सेवक में लड़ाई कैसी? हे ब्राह्मणश्रेष्ठ! क्रोध को त्याग दीजिए! आपके वेष को देखकर ही इस बालक ने कुछ कह डाला था; इसमें उसका भी कोई अपराध नहीं है ॥२८१॥

How can there be any fight between a master and his servant? Give up your anger, O noble Brahman. It is only because he saw you in the garb of a warrior that the boy spoke rudely; he cannot be blamed for it.

चौ. –देखि कुठारु बान धनु धारी। भै लरिकहि रिस बीरु बिचारी॥
नामु जान पै तुम्हहि न चीन्हा। बंससुभाय उतरु तेहिं दीन्हा॥

कुठार और धनुष-बाण धारण किये आपको देखकर और वीर समझकर बालक को भी क्रोध आ गया। वह आपका नाम तो जानता था, पर उसने

आपको पहचाना नहीं। अपने वंश के स्वभाव के अनुकूल उसने उत्तर दिया ॥१॥

When he saw you armed with an axe, bow and arrows, the boy took you for a warrior and got excited. Though he knew your name, he did not recognize your person, and answered you as a man of his lineage would answer.

जौं तुम्ह औतेहु मुनि की नाईं। पदरज सिर सिसु धरत गोसाईं॥
छमहु चूक अनजानत केरी। चहिअ बिप्र उर कृपा घनेरी॥

यदि आप मुनि की तरह आते तो हे स्वामी! यह बालक आपके चरणों की धूलि को अपने सिर पर धर लेता। अनजाने हुई भूल को क्षमा कर दीजिए। ब्राह्मणों के हृदय में तो विशेष दया रहनी चाहिए ॥२॥

Had you come as a sage, the child, O holy sir, would have placed the dust of your feet on his head. Forgive the error of one who did not know you; a Brahman should have plenty of mercy in his heart.

हमहि तुम्हहि सरिबरि कसि नाथा। कहहु न कहा चरन कह माथा॥
राम मात्र लघु नाम हमारा। परसु सहित बड़ नाम तोहारा॥

हे नाथ! हमारी और आपकी बराबरी कैसी? कहिए न, कहाँ तो पाँव और कहाँ सिर! कहाँ मेरा 'राम'-मात्र छोटा-सा नाम और कहाँ आपका 'परशु'-सहित बड़ा नाम! ॥३॥

What equality, my lord, can there be between you and me? We are as far apart as head and feet. Mine is a small name consisting of the single word 'Rama', but yours is a long one, Rama-of-the-Axe.

देव एकु गुनु धनुष हमारे। नव गुन परम पुनीत तुम्हारे॥
सब प्रकार हम तुम्ह सन हारे। छमहु बिप्र अपराध हमारे॥

हे ब्राह्मणदेवता! हमारे पास तो एक ही गुण धनुष है और आपके पास परम पवित्र नौ गुण[१] हैं। हम तो सब प्रकार से आपसे हारे हैं। हे विप्र! हमारे अपराधों को क्षमा कीजिए ॥४॥

Whereas my bow, divine lord, has but one string, yours has nine most sacred threads (*viz.*, the Brahmanical cord). I am thus inferior to you in every way; therefore, O holy sir, pardon my offence.' (*Guna* is the name for both 'bowstring' and 'virtue'. The cardinal virtues are said to be nine in number: *shama, dama, tapa, shaucha, kshama, saralata, jyana, vijyana,* and *astikata.*)

दो. –बार बार मुनि बिप्रबर कहा राम सन राम।
बोले भृगुपति सरुष हसि तहूँ बंधु सम बाम ॥२८२॥

श्रीरामजी ने परशुरामजी को बार-बार 'मुनि' और 'विप्रवर' कहा। तब भृगुपति परशुरामजी क्रुद्ध होकर बोले – तू भी भाई के समान ही टेढ़ा है ॥२८२॥

Again and again did Rama address Parashurama as 'sage' and 'holy Brahman', till the chief of Bhrigus exclaimed in his fury, 'You are just as perverse as your brother!

चौ. –निपटहि द्विज करि जानहि मोही। मैं जस बिप्र सुनावौं तोही॥
चाप स्रुवा सर आहुति जानू। कोपु मोर अति घोर कृसानू॥

तू मुझे निपट ब्राह्मण ही समझता है? मैं जैसा ब्राह्मण हूँ, वह तुझे सुनाता हूँ! धनुष को स्रुवा, बाण को आहुति और मेरे क्रोध को अत्यन्त भयंकर अग्नि जानो ॥१॥

You persist in taking me for a mere ordinary Brahman; I tell you what sort of a Brahman I am! Know then that the bow is my sacrificial ladle, the arrows my oblation and my wrath the blazing fire;

समिधि सेन चतुरंग सुहाई। महा महीप भये पसु आई॥
मैं येहि परसु काटि बलि दीन्हे। समर जग्य जय कोटिन्ह कीन्हे॥

चतुरंगिणी सेना सुन्दर समिधाएँ (यज्ञ में शीघ्र जलनेवाली सूखी लकड़ियाँ) हैं। बड़े-बड़े राजा उसमें आकर बलि के पशु हुए हैं, जिनको मैंने इसी फरसे से काट-काटकर बलि दिया है। ऐसे करोड़ों रणयज्ञ मैंने जीते हैं ॥२॥

— armies of horses and chariots and elephants and footmen are the fuel, and mighty princes have served as beasts, whom I have cut to pieces with this axe and offered as sacrifice. Thus have I performed myriads of martial sacrifices, accompanied by the muttering of sacred formulas in the shape of war-cries.

मोर प्रभाउ बिदित नहि तोरें। बोलसि निदरि बिप्र के भोरें॥
भंजेउ चापु दापु बड़ बाढ़ा। अहमिति मनहु जीति जगु ठाढ़ा॥

मेरा प्रभाव तुझे मालूम नहीं है, इसीसे तू (सामान्य) ब्राह्मण के धोखे से मेरा निरादर करता हुआ बोल रहा है। धनुष तोड़ने से तेरा घमंड बहुत बढ़ गया है। ऐसा अहंकार है मानो संसार को जीतकर खड़ा है ॥३॥

To you my glory is unknown; that is why you address me contemptuously, mistaking me for a

---

१. "शमो दमस्तपः शौचं क्षान्तिरार्जवमेव च। ज्ञानं विज्ञानमास्तिक्यं ब्रह्मकर्म स्वभावजम् ॥" धनुष में प्रत्यंचारूप एक ही सूत्र होता है, वह अपुनीत है, क्योंकि उससे दूसरों पर प्रहार होता है। ब्राह्मण देव के यज्ञसूत्र (यज्ञोपवीत) में नौ सूत्र अत्यन्त पवित्र होते हैं। उन सूत्रों में क्रमशः नौ देवता कहे गए हैं: "ओंकारः प्रथमे सूत्रे द्वितीयेऽग्निः प्रकीर्त्तितः। तृतीये कश्यपश्चैव चतुर्थे सोम एव च॥ पंचमे पितृदेवाश्च षष्ठे चैव प्रजापतिः। सप्तमे वासुदेवः स्यादष्टमे रविरेव च॥ नवमे सर्वदेवास्तु..." इत्यादि।

mere Brahman. Since you have broken the bow, your pride has transgressed all limits; in your arrogance you stand there as universal conqueror !'

राम कहा मुनि कहहु बिचारी । रिस अति बड़ि लघु चूक हमारी ॥
छुअतहि टूट पिनाक पुराना । मैं केहि हेतु करौं अभिमाना ॥

श्रीरामचन्द्रजी ने कहा – हे मुनि ! विचारकर बोलिए ! आपका क्रोध बहुत ही बड़ा और मेरा अपराध बहुत ही छोटा है । धनुष पुराना था, छूते ही टूट गया । फिर मैं किस कारण अभिमान करूँ ? ॥४॥

'O sage,' said Rama, 'think before you speak; your wrath is out of all proportion to my error, which is a trifling one. Worn out as it was, the bow broke at a touch. What reason have I to be proud ?

दो. –जौ हम निदरहिं बिप्र बदि सत्य सुनहु भृगुनाथ ।
तौ अस को जग सुभटु जेहि भयबस नावहिं माथ ॥२८३॥

हे भृगुनाथ ! यदि हम सचमुच ब्राह्मण कहकर आपका निरादर करते हैं, तो यह सत्य ही सुनिए, फिर संसार में कौन ऐसा योद्धा है, जिसके सामने डर के मारे हम सिर झुकावें ?[१] ॥२८३॥

Hear the truth, O lord of the Bhrigus; if, as you say, I treat you with disrespect by calling you Brahman, who is that gallant warrior in the world for fear of whom I would bow my head ?

चौ. –देव दनुज भूपति भट नाना । समबल अधिक होउ बलवाना ॥
जौ रन हमहि पचारै कोऊ । लरहिं सुखेन कालु किन होऊ ॥

देवता, दानव, राजा और बहुत-से योद्धा चाहे बल में बराबरी के हों या अधिक बलवान् हों, यदि उनमें कोई भी हमें रण में ललकारे तो हम उससे सुखपूर्वक लड़ेंगे, चाहे काल ही क्यों न हो ॥१॥

Any god, demon, king or warrior, whether my equal in strength or my superior, who will challenge me to combat, him would I gladly meet, be he Death himself !

छत्रियतनु धरि समर सकाना । कुलकलंकु तेहि पावर आना ॥
कहौं सुभाउ न कुलहि प्रसंसी । कालहु डरहिं न रन रघुबंसी ॥

क्षत्रिय-शरीर धारणकर जो युद्ध में डरता है, उस नीच ने अपने कुल पर कलङ्क लेप दिया । मैं स्वभाव से ही कहता हूँ, कुल की प्रशंसा करके नहीं, कि रघुवंशी रण में काल से भी भय नहीं खाते ॥२॥

For he who is born a Kshatriya, and is yet afraid of fighting, is a veritable wretch and brings disgrace upon his family. I tell you the simple truth and make no boast of my lineage; there is not a descendant of Raghu who would fear to meet Death himself in combat.

बिप्रबंस कै असि प्रभुताई । अभय होइ जो तुम्हहि डेराई ॥
सुनि मृदु गूढ़ बचन रघुपति के । उघरे पटल परसुधरमति के ॥

ब्राह्मण-वंश की ऐसी ही महिमा है कि जो आपसे डरता है, वह सबसे निडर हो जाता है (अथवा जो सबसे निडर है, वह भी आपसे डरता है) । श्रीरघुपतिजी के कोमल और गूढ़ वचन सुनकर परशुरामजी की बुद्धि के परदे खुल गए ॥३॥

Such is the glory of the Brahman descent that he fears you who fears none else.' When he heard Raghupati's gentle and profound words, the eyes of Parashurama's mind were opened.

राम रमापति कर धनु लेहू । खैंचहु मिटै मोर संदेहू ॥
देत चापु आपुहि चलि गएऊ । परसुराममन बिसमय भयेऊ ॥

(परशुरामजी ने कहा –) हे राम ! हे लक्ष्मीपति ! इस धनुष को हाथ में (अथवा लक्ष्मीपति विष्णु का यह धनुष) लीजिए और इसे खींचिए जिससे मेरा संदेह दूर हो जाय । देने के साथ ही वह धनुष आप ही चला गया ।[१] तब परशुरामजी के मन में बड़ा आश्चर्य हुआ ॥४॥

'O Rama,' he said, 'take this bow of Lakshmi's lord (Vishnu) and draw it, so that my doubts may be ended.' As Parashurama offered his bow, it passed into Rama's hands of its own accord; then was Parashurama amazed at this.

दो. –जाना रामप्रभाउ तब पुलक प्रफुल्लित गात ।
जोरि पानि बोले बचन हृदय न प्रेमु अमात ॥२८४॥

तब परशुरामजी ने श्रीरामजी की महिमा जानी, (जिसके फलस्वरूप) उनका शरीर रोमांचित और प्रफुल्लित हो गया । वे हाथ जोड़कर वचन तो बोले, परन्तु प्रेम उनके हृदय में समाता न था –

He recognized Rama's might and was thrilled with rapture. His heart bursting with emotion, he thus spoke with folded hands:

चौ. –जय रघुबंस बनज बन भानू । गहन दनुज कुल दहन कृसानू ॥
जय सुर बिप्र धेनु हितकारी । जय मद मोह कोह भ्रम हारी ॥

हे रघुवंशरूपी कमलवन के सूर्य ! हे दैत्य-कुलरूपी घने जंगल को जलानेवाले कृशानु (अग्नि) ! आपकी जय हो । हे देवता, ब्राह्मण और गौ

१. अर्थात् ब्राह्मण ही मानकर आपके सामने सिर झुका रहे हैं । यदि आपके अस्त्र-शस्त्र धारण करने से आपको क्षत्रिय योद्धा मानते तो अविलंब युद्ध छेड़ देते ।

१. परशुरामजी धनुष दे ही रहे थे कि वह स्वयं ही चला गया – आप ही चलकर श्रीरामजी के हाथ में आ गया । धनुष ने ही दिखा दिया कि मैं आपका नहीं, श्रीरामजी का हूँ । यह भी कहा जाता है कि परशुरामजी जिन पाँच कलाओं के अवतार हैं, वे पाँचों कलाएँ धनुष के साथ ही जाकर श्रीरामजी में लीन हो गईं । परशुरामजी का वैष्णव तेज निकलकर श्रीरामजी के मुख में प्रवेश कर गया, जिससे परशुरामजी निपट ब्राह्मण या जीव रह गए ।

के हित करनेवाले ! आपकी जय हो । हे मद, मोह, क्रोध और भ्रम के हरनेवाले ! आपकी जय हो ! ॥१॥

'Glory to Rama, who delights Raghu's race as the sun delights a cluster of lotuses ! Glory to the fire that burns up the dense forest of the demon line ! Glory to the benefactor of gods, Brahmans and cows ! Glory to the dispeller of all pride and ignorance and wrath and delusion !

बिनय सील करुना गुन सागर । जयति बचनरचना अति नागर ॥
सेवकसुखद सुभग सब अंगा । जय सरीरछबि कोटि अनंगा ॥

हे नम्रता, शील, कृपा आदि गुणों के सागर और वचन-रचना में अत्यन्त निपुण ! आपकी जय हो । हे सेवकों को सुख देनेवाले ! सब अंगों से मनोहर और शरीर में करोड़ों कामदेवों की छवि धारण करनेवाले ! आपकी जय हो ॥२॥

Glory to the ocean of humility, amiability, compassion and goodness, to the master of eloquence and delighter of his servants, graceful in every limb and possessed of the charming form of a myriad Kamadevas !

करौं काह मुख एक प्रसंसा । जय महेसमन मानस हंसा ॥
अनुचित बहुत कहेउँ अग्याता । छमहु छमामंदिर दोउ भ्राता ॥

मैं अपने एक मुख से आपकी क्या बड़ाई करूँ ? हे महादेवजी के मनरूपी मानसरोवर के हंस ! आपकी जय हो । मैंने अनजाने आपको बहुत-से अयोग्य वचन कहे । हे क्षमा के मन्दिर दोनों भाई ! मुझे क्षमा कीजिए ॥३॥

How can I praise you with a single tongue ? Glory to the swan that sports in the holy lake of Mahadeva's soul ! In my ignorance I have said much that was unseemly; but pardon me, you two brothers, shrines of forgiveness that you are !

कहि जय जय जय रघुकुलकेतू । भृगुपति गये बनहि तपहेतू ॥
अपभय कुटिल महीप डेराने । जहँ तहँ कायर गवहिं पराने ॥

हे रघुकुल के ध्वजास्वरूप श्रीरामचन्द्रजी ! आपकी जय हो, जय हो, जय हो ! ऐसा कहकर भृगुनाथ (परशुरामजी) तपस्या करने के लिए वन को चले गए । (यह देखकर) दुष्ट राजा लोग व्यर्थ (मनःकल्पित) भय से (परशुरामजी को भी मुँह की खांनी पड़ी, हमने श्रीरामजी का अपमान किया था, अब कहीं ये उसका बदला न लें, इस निरर्थक भय से) भयभीत हो गए; वे कायर चुपके से जहाँ-तहाँ भाग गए ॥४॥

Glory, glory, all glory to the Banner of Raghu's race !' So saying Bhrigunatha (Parashurama) withdrew to the forest to do penance. The wicked kings—the cowards—were all seized with imaginary fears (born of Parashurama's discomfiture and their own consciousness that they had not given Rama the honour he deserved, for which they might be punished) and they slunk away and fled in all directions.

दो. –देवन्ह दीन्ही दुंदुभी प्रभु पर बरषहिं फूल ।
हरषे पुर नर नारि सब मिटी मोहमय सूल ॥२८५॥

देवताओं ने नगाड़े बजाये और प्रभु पर फूलों की वर्षा करने लगे । जनकपुर के स्त्री-पुरुष सब हर्षित हो उठे । उनका मोहमय (अज्ञान से उत्पन्न, अज्ञान से भरा हुआ) शूल मिट गया ॥२८५॥

The gods sounded their kettledrums and rained down flowers upon the Lord; and all the people of Janakpura rejoiced, relieved of the pain caused by their ignorance.

चौ. –अति गहगहे बाजने बाजे । सबहि मनोहर मंगल साजे ॥
जूथ जूथ मिलि सुमुखि सुनयनीं । करहिं गान कल कोकिलबयनीं ॥

खूब धमाधम बाजे बजने लगे । सभी ने मनोहर मंगलकारी साज सजाए । सुन्दर मुख और सुन्दर नेत्रोंवाली तथा कोयल के समान मधुर बोलनेवाली स्त्रियाँ एकत्र होकर सुन्दर गीत गाने लगीं ॥१॥

There was a tumultuous clash of musical instruments and a display of all things beautiful and auspicious. Bands of fair-faced, bright-eyed women sang melodious songs in chorus, their voice resembling the notes of the cuckoo.

सुखु बिदेह कर बरनि न जाई । जन्मदरिद्र मनहु निधि पाई ॥
बिगत त्रास भइ सीय सुखारी । जनु बिधु उदयँ चकोरकुमारी ॥

जनकजी का सुख तो कहते नहीं बनता था, मानो जन्म के कंगाल ने धन का खजाना पा लिया हो । डर के मिट जाने से सीताजी ऐसी सुखी हुई जैसे चन्द्रमा के उदय होने से चकोर की कन्या सुखी होती है ॥२॥

Janaka's joy was beyond description, as that of a born beggar who has found a treasure. Sita, relieved of her fear, was as glad as a young partridge at the rising of the moon.

जनक कीन्ह कौसिकहि प्रनामा । प्रभुप्रसाद धनु भंजेउ रामा ॥
मोहि कृतकृत्य कीन्ह दुहुँ भाई । अब जो उचित सो कहिअ गोसाईं ॥

जनकजी ने (जाकर) विश्वामित्रजी को प्रणाम किया (और कहा कि) प्रभु ही के आशीर्वाद से श्रीरामचन्द्रजी ने धनुष तोड़ा है । दोनों भाइयों ने मुझे कृतार्थ कर दिया । हे स्वामी ! अब जो कुछ करना उचित हो, सो कहिए ॥३॥

Janaka did obeisance to Vishvamitra and said, 'It is due to your grace, my lord, that Rama has broken the bow. The two brothers have gained me my purpose; pray tell me now, holy master, what I should do.'

कह मुनि सुनु नरनाथ प्रबीना । रहा बिवाहु चाप आधीना ॥
टूटतहीं धनु भयेउ बिवाहू । सुर नर नाग बिदित सब काहू ॥

मुनि ने कहा – हे चतुर राजन् ! सुनो, विवाह का होना धनुष के अधीन था; धनुष के टूटते ही विवाह तो हो चुका । देवता, मनुष्य और नाग सब किसी को यह विदित है ॥४॥

'Listen, wise king,' said the sage, 'the marriage depended on the bow, and took effect directly the bow broke, as is well-known to all, including gods and men and Nagas.

दो. –तदपि जाइ तुम्ह करहु अब जथा बंसब्यवहारु ।
बूझि बिप्र कुलबृद्ध गुर बेद बिदित आचारु ॥२८६॥

तो भी तुम जाकर अपने कुल का जैसा व्यवहार हो, ब्राह्मणों, कुल के बूढ़ों और अपने गुरु (शतानन्द) से पूछकर तथा वेदों में वर्णित आचार के अनुसार, वैसा ही करो ! ॥२८६॥

Still, go and perform according to the family usage whatever rites the Vedas prescribe, after consulting the Brahmans, the elders of your house, and the *guru* (Shatananda).

चौ. –दूत अवधपुर पठवहु जाई । आनहिं नृप दसरथहि बोलाई ॥
मुदित राउ कहि भलेहि कृपाला । पठए दूत बोलि तेहि काला ॥

जाकर दूतों को अयोध्यापुरी भेजो, जो राजा दशरथ को बुला लावें । राजा जनक ने प्रसन्न होकर कहा – हे कृपालु ! बहुत अच्छा ! और उसी समय उन्होंने दूतों को बुलाकर (अयोध्या) भेज दिया ॥१॥

Go, dispatch messengers to the city of Ayodhya to invite king Dasharath and bring him here.' Gladly Janaka responded, 'Very well, gracious sir,' and summoned the messengers and dispatched them forthwith.

बहुरि महाजन सकल बोलाए । आइ सबन्हि सादर सिर नाए ॥
हाट बाट मंदिर सुरबासा । नगरु सँवारहु चारिहु पासा ॥

फिर सब महाजनों को बुलवाया और सबने आकर राजा को आदरपूर्वक प्रणाम किया । (राजा ने कहा –) बाजारों, रास्तों, महलों, देवालयों और सारे नगर को चारों ओर से सजाओ ॥२॥

He then summoned the leading citizens, and they all came and respectfully bowed their heads. 'Decorate,' said the king, 'the bazars and the streets, the houses and the temples and the whole city on all its four sides.'

हरषि चले निज निज गृह आए । पुनि परिचारक बोलि पठाए ॥
रचहु बिचित्र बितान बनाई । सिर धरि बचन चले सचु पाई ॥

वे (महाजन) प्रसन्न होकर चले और अपने-अपने घर आ गए । फिर जनकजी ने टहलुओं को बुला भेजा (और उन्हें आज्ञा दी कि) अनोखे मंडप सजाकर तैयार किये जायँ । यह सुनकर वे सब राजा की आज्ञा को शिरोधार्य कर और सुख पाकर चले ॥३॥

They returned in joy, each to his own house. The king then sent for his own servants and instructed them, 'Have splendid pavilions constructed and set up with due care.' They obeyed in all gladness and went–

पठए बोलि गुनी तिन्ह नाना । जे बितानबिधि कुसल सुजाना ॥
बिधिहि बंदि तिन्ह कीन्ह अरंभा । बिरचे कनककदलि के खंभा ॥

उन्होंने अनेक गुणियों (कारीगरों) को बुला भेजा, जो मण्डप बनाने में बड़े निपुण और चतुर थे । उन कारीगरों ने ब्रह्मा की वन्दना कर कार्य आरम्भ किया और (पहले) सोने के केले के खंभे बनाये ॥४॥

— and sent for a number of clever artisans skilled in the construction of pavilions. Invoking Brahma, they set to work and made pillars of gold like plantain trees —

दो. –हरितमनिन्ह के पत्र फल पदुमराग के फूल ।
रचना देखि बिचित्र अति मनु बिरंचि कर भूल ॥२८७॥

हरी-हरी मणियों (पन्ने) के पत्ते और फल तथा पद्मराग मणि (माणिक्य) के फूल बनाये । मण्डप की उस अत्यन्त विचित्र रचना को देखकर ब्रह्मा का मन भी भूल में पड़ गया (चकित रह गया) ! ॥२८७॥

— with leaves and fruits of emeralds and flowers of rubies. The Creator himself was lost in bewilderment at the sight of that most marvellous pavilion.

चौ. –बेनु हरित मनि मय सब कीन्हे । सरल सपरब परहिं नहि चीन्हे ॥
कनककलित अहिबेलि बनाई । लखि नहि परै सपरन सुहाई ॥

हरी-हरी मणियों के सीधे और गाँठों से युक्त सब बाँस ऐसे बनाये जो पहचाने नहीं जाते थे (कि वे मणियों के बने हैं या साधारण हैं) । सोने की सुन्दर नागबेलि (पान की लता) बनायीं, जो पत्तों सहित ऐसी भली मालूम होती थीं कि पहचानी नहीं जाती थी (असली और नकली का भेद करना कठिन था) ॥१॥

The bamboo rods they fashioned all of emerald, straight and knotted, so that they could not be distinguished from real ones. Betel-plants (the leaves of which are chewed in India with areca-nut parings) were artistically fashioned in gold and looked so charming with their leaves that they could not be known for false.

तेहि के रचि पचि बंध बनाए। बिच बिच मुकुतादाम सुहाए॥
मानिक मरकत कुलिस पिरोजा। चीरि कोरि पचि रचे सरोजा॥

उन्हीं नागबेलियों को रचकर और पच्चीकारी करके बन्धन बनाये और बीच-बीच में मोतियों की सुन्दर झालरें लगायीं। माणिक, पन्ना, हीरे और फिरोजे – इन रत्नों को चीरकर, खोदकर और पच्चीकारी करके, इनके (लाल, हरे, सफेद और फिरोजी चार रंगों के) कमल बनाये॥२॥

These creepers were intertwined into so many ropes (for holding the bamboos together) with strings of glittering pearls inserted here and there. After much cutting and engraving and inlaying they made lotuses of rubies, emeralds, diamonds and turquoises.

किए भृंग बहुरंग बिहंगा। गुंजहिं कूजहिं पवनप्रसंगा॥
सुरप्रतिमा खंभन्ह गढ़ि काढ़ी। मंगल द्रब्य लिये सब ठाढ़ी॥

(उन पर) भौंरे और बहुत रंगों के पक्षी बनाये, जो हवा के सहारे गुंजार करते और कूजते थे। खंभों पर देवताओं की मूर्तियाँ गढ़कर निकालीं, जो सब मङ्गलपदार्थ लिये खड़ी थीं॥३॥

They also fashioned bees and birds of varied plumage, that hummed or whistled in the rustling breeze. On the pillars they sculptured figures of the gods, all standing there with articles of good omen in their hands.

चौकें भाँति अनेक पुराई। सिंधुर मनिमय सहज सुहाई॥

अनेक प्रकार की चौकें पुरायी गईं, जो गजमुक्ताओं (मुक्ताचूर्ण) से बनी हुई सहज ही सुन्दर थीं॥४॥

Squares of all sorts, naturally exquisite, were drawn on the ground and filled with elephant-pearls.

दो. –सौरभ पल्लव सुभग सुठि किए नीलमनि कोरि।
हेमबौरु मरकतघवरि लसति पाटमय डोरि॥२८८॥

नीलमणि को खोदकर अत्यन्त सुन्दर आम के पल्लव बनाये। सोने के बौर (आम की मंजरी) और रेशम की डोरी से बँधे लटकते हुए पन्ने के बने फलों के गुच्छे शोभा दे रहे हैं॥२८८॥

They made most wondrous beautiful mango leaves of graven sapphires with blossoms of gold and bunches of emerald fruits glistening on silken thread.

चौ. –रचे रुचिर बर बंदनिवारे। मनहु मनोभव फंद सँवारे॥
मंगल कलस अनेक बनाए। ध्वज पताक पट चमर सुहाए॥

सुन्दर और श्रेष्ठ बंदनवार रचे गए मानो कामदेव ने अपना जाल सजाया हो। बहुतेरे मङ्गल-कलश और सुन्दर ध्वजा, पताका, पाटाम्बर (परदे) और चँवर बनाये॥१॥

They wove most charming festoons, which looked like so many nooses fashioned as it were by Cupid. They also made many festal vases as well as beautiful flags and banners and screens and whisks.

दीप मनोहर मनिमय नाना। जाइ न बरनि बिचित्र बिताना॥
जेहि मंडप दुलहिनि बैदेही। सो बरनै असि मति कबि केही॥

उसमें मणियों के ही अनेक सुन्दर दीपक हैं। उस अनूठे मण्डप का तो वर्णन ही नहीं किया जा सकता। जिस मण्डप में श्रीजानकीजी दुलहिन होंगी, उसका वर्णन कर सके, ऐसी बुद्धि किस कवि की है?॥२॥

The marvellous pavilion with a number of elegant lamps studded with brilliant gems was beyond description. What poet has skill enough to describe the pavilion prepared for sheltering the bride, the princess of Videha (Janaki)?

दूलहु रामु रूप गुन सागर। सो बितानु तिहुँ लोक उजागर॥
जनकभवन कै सोभा जैसी। गृह गृह प्रति पुर देखिय तैसी॥

जिस मण्डप में रूप और गुणों के सागर श्रीरामचन्द्रजी दूल्हा बनकर बैठेंगे, उस मण्डप को तीनों लोकों में प्रसिद्ध होना ही चाहिए। जनकजी के महल की जैसी सजावट थी, वैसी ही सजावट नगर के प्रत्येक घर की दिखायी देती थी॥३॥

The canopy erected for Rama the bridegroom, ocean of beauty and perfection, must be the glory of all the three worlds. The magnificence that belonged to king Janaka's palace was to be seen in every house throughout the city.

जेहि तेरहुति तेहि समय निहारी। तेहि लघु लगहिं भुवन दस चारी॥
जो संपदा नीचगृह सोहा। सो बिलोकि सुरनायक मोहा॥

जिसने भी उस समय (जनकजी की राजधानी) तिरहुत को देखा उसे चौदह भुवनों की शोभा तुच्छ जान पड़ी। (उस समय) जो धन-सम्पदा साधारण तिरहुत-निवासी के घर सुशोभित थी, उसे देखकर इन्द्र का चित्त भी मोहित हो जाता था॥४॥

To him who beheld Tirhut (Janaka's capital) at that time, all the fourteen spheres[1] appeared of small account. The rich splendour that reigned in the

1. The fourteen worlds are: above the earth: *bhurloka*, *bhuvarloka*, *svarloka*, *maharloka*, *janaloka*, *tapoloka* and *satyaloka*; seven beneath the earth: *atala*, *sutala*, *bitala*, *rasatala*, *mahatala*, *talatala*, and *patala*.

house of the humblest citizen was enough to fascinate even the king of heaven.

दो. –बसै नगर जेहि लच्छि करि कपटनारि बर बेषु ।
तेहि पुर कै सोभा कहत सकुचहिं सारद सेषु ॥२८९॥

जिस नगर में साक्षात् लक्ष्मीजी कपट से सुन्दर स्त्री का वेष धारणकर बसती हैं, उस नगर की शोभा का वर्णन करने में शारदा और शेषनाग भी सकुचाते थे ॥२८९॥

The magnificence of the city wherein Lakshmi dwelt in the charming disguise of a mortal woman made even Sharada (the goddess of eloquence) and (the thousand-tongued) Shesha shrink from describing it.

चौ. –पहुचे दूत रामपुर पावन । हरषे नगर बिलोकि सुहावन ॥
भूपद्वार तिन्ह खबरि जनाई । दसरथ नृप सुनि लिए बोलाई ॥

(जनकजी के) दूत श्रीरामचन्द्रजी के पवित्र नगर अयोध्या में पहुँचे । सुन्दर नगर को देखकर वे प्रसन्न हुए । राजद्वार पर जाकर उन्होंने सूचना भेजी; राजा दशरथजी ने सुनकर उन्हें बुलवा लिया ॥१॥

Janaka's messengers arrived at Rama's sacred birth-place and rejoiced to see the glorious city. They sent in word at the entrance of the royal palace; hearing of their arrival, king Dasharath summoned them to his presence.

करि प्रनामु तिन्ह पाती दीन्ही । मुदित महीप आपु उठि लीन्ही ॥
बारि बिलोचन बाँचत पाती । पुलक गात आई भरि छाती ॥

उन्होंने प्रणाम करके चिट्ठी दी । राजा ने स्वयं उठकर प्रसन्नतापूर्वक चिट्ठी ले ली । चिट्ठी बाँचते समय उनके नेत्रों में जल छा गया, शरीर पुलकित हो गया और हृदय में प्रेम उमड़ उठा ॥२॥

With due reverence they delivered the letter; and the king himself in his joy rose and received it. As he read the letter, tears rushed to his eyes; he trembled with emotion and his heart was full of joy.

रामु लखनु उर कर बर चीठी । रहि गये कहत न खाटी मीठी ॥
पुनि धरि धीर पत्रिका बाँची । हरषी सभा बात सुनि साँची ॥

श्रीराम-लक्ष्मण राजा के हृदय में हैं और हाथ में सुन्दर चिट्ठी है । राजा उसे हाथ में लिये ही रह गए, खट्टी-मीठी[1] कुछ भी कह न सके । फिर धीरज धरकर उन्होंने चिट्ठी पढ़ी । सारी सभा (पत्र में लिखी) सच्ची बातों को सुनकर हर्षित हो गयी ॥३॥

With Rama and Lakshmana in his heart and the welcome letter in his hand, he remained mute and could not utter a word, either good or bad. Then he composed himself and read the letter aloud and the court rejoiced to hear the sure glad news.

खेलत रहे तहाँ सुधि पाई । आए भरतु सहित हित भाई ॥
पूछत अति सनेह सकुचाई । तात कहाँ तें पाती आई ॥

भरतजी अपने मित्रों और भाई शत्रुघ्न के साथ जहाँ खेल रहे थे, वहीं समाचार पाकर वे (दौड़े) आ गए । बहुत प्रेम से सकुचाते हुए पूछते हैं – पिताजी ! यह चिट्ठी कहाँ से आयी है ? ॥४॥

Obtaining the news at the spot where he had been playing about, Bharata came with his playmates and brother (Shatrughna), and with the utmost modesty and affection asked, 'Where has the letter come from, father ?

दो. –कुसल प्रानप्रिय बंधु दोउ अहहिं कहहु केहि देस ।
सुनि सनेहँ साने बचन बाची बहुरि नरेस ॥२९०॥

कहिए, हमारे प्राणों से प्यारे दोनों भाई सकुशल तो हैं और वे किस देश में हैं ? प्रेम में सने वचन सुनकर राजा ने फिर से चिट्ठी पढ़ सुनायी ॥२९०॥

Are my two beloved brothers doing well and, tell me, in what country do they happen to be ?' On hearing these words steeped in love, the king read out the letter over again.

चौ. –सुनि पाती पुलके दोउ भ्राता । अधिक सनेहु समात न गाता ॥
प्रीति पुनीत भरत कै देखी । सकल सभा सुखु लहेउ बिसेषी ॥

चिट्ठी (में लिखी बातें) सुनकर दोनों भाई पुलकित हो गए । स्नेह इतना अधिक हो गया कि वह शरीर में नहीं समाता । भरतजी के पवित्र प्रेम को देखकर सारी सभा ने विशेष सुख का अनुभव किया ॥१॥

When they heard the letter, the two brothers felt a thrill of joy; their whole frame was bursting with an excess of emotion. The whole court was particularly enraptured at the sight of Bharata's unalloyed devotion.

तब नृप दूत निकट बैठारे । मधुर मनोहर बचन उचारे ॥
भैआ कहहु कुसल दोउ बारे । तुम्ह नीकें निज नयन निहारे ॥

तब दूतों को पास बिठाकर राजा मनोहर और मीठे वचन बोले – भैया ! कहो, दोनों बच्चे कुशल से तो हैं ? तुमने अपनी आँखों से उन्हें अच्छी तरह देखा है न[1] ? ॥२॥

---

१. इस संदर्भ में कहा जाता है कि ताड़का-वध, यज्ञ-रक्षा, अहल्या-उद्धार, धनुर्भंग, परशुराम-पराजय और विवाह – ये ही (छह, अर्थात् षट्- षट्-मीठी) खट्टी-मीठी बातें हैं । यहाँ प्रत्येक में पहले अप्रिय, फिर प्रिय बात है । आरम्भ में ये सभी घटनाएँ खट्टी और अन्त में मीठी थीं ।

१. अथवा, तुमने अपनी आँखों से उन्हें सकुशल देखा है न ? 'नीकें' = अच्छी तरह और सकुशल ।

The king then seated the messengers close by him and addressed them in sweet and winning tones: 'Tell me, friends, are the two boys well ? Have you had a good look at them with your own eyes ?

स्यामल गौर धरे धनु भाथा । बय किसोर कौसिक मुनि साथा ॥
पहिचानहु तुम्ह कहहु सुभाऊ । प्रेम बिबस पुनि पुनि कह राऊ ॥

साँवले और गोरे शरीरवाले वे (दोनों) धनुष और तरकश धारण किये रहते हैं । उनकी किशोर अवस्था है और वे विश्वामित्र मुनि के साथ हैं । यदि तुम उन्हें पहचानते हो तो उनका स्वभाव बताओ । राजा प्रेम के विशेष अधीन होने के कारण बार-बार इस प्रकार कह (पूछ) रहे हैं ॥३॥

One is dark and the other fair, and they both are equipped with bow and quiver and are of tender age and are with Vishvamitra the sage. Do you recognize them ? If so, tell me how they are.' Overwhelmed with love, the king asked thus again and again.

जा दिन तें मुनि गए लवाई । तब ते आजु साँचि सुधि पाई ॥
कहहु बिदेह कवन बिधि जाने । सुनि प्रिय बचन दूत मुसुकाने ॥

जिस दिन से मुनि उन्हें लिवा ले गये, तब से आज ही सच्चा समाचार मिला है । कहो, महाराज जनक ने उन्हें कैसे पहचाना ? ऐसे प्रेमभरे वचन सुनकर दूत मुसकराये ॥४॥

'Ever since the sage took them away with him I have had no definite news of them until today. Tell me how Janaka was able to recognize them.' At these fond words the messengers smiled and replied,

दो. —सुनहु महीपति मुकुटमनि तुम्ह सम धन्य न कोउ ।
रामु लखनु जिन्ह के तनय बिस्वबिभूषन दोउ ॥२९१॥

(उन्होंने कहा —) हे राजाओं के मुकुटमणि ! सुनिए ! आपके समान भाग्यवान् दूसरा कोई नहीं है, जिनके राम-लक्ष्मण सरीखे पुत्र हैं, जो दोनों विश्व के विभूषण हैं ॥२९१॥

'Listen, O crest-jewel of monarchs; there is no one so blessed as you who have Rama and Lakshmana for your sons, the two jewels of the universe.

चौ. —पूछन जोगु न तनय तुम्हारे । पुरुषसिंघ तिहुँ पुर उजिआरे ॥
जिन्ह के जस प्रताप के आगे । ससि मलीन रबि सीतल लागे ॥

पुरुषों में सिंह के समान, तीनों लोकों के प्रकाश-स्वरूप आपके पुत्रों का क्या पूछना है ! जिनके यश के सामने चन्द्रमा मलिन और तेज के आगे सूर्य निस्तेज-सा जान पड़ता है, ॥१॥

No enquiry is needed in respect of your sons, who are lion-hearted heroes and the light of the universe, before whose glory and splendour the moon looks dim and the sun appears cold.

तिन्ह कहँ कहिअ नाथ किमि चीन्हे । देखिय रबि कि दीप कर लीन्हे ॥
सीयस्वयंबर भूप अनेका । समिटे सुभट एक तें एका ॥

हे नाथ ! उनके विषय में आप कहते हैं कि उनको कैसे पहचाना ! क्या हाथ में दीपक लेकर सूर्य को देखा जाता है ! सीताजी के स्वयंवर में अनेक राजा और एक-से-एक बढ़कर वीर एकत्र हुए थे, ॥२॥

About them, my lord, you ask how they came to be recognized ! Does one take a lamp in one's hand to look at the sun ? Numerous were the princes who had assembled on the occasion of Sita's nuptial choice, and each more valiant than the next;

संभुसरासनु काहुँ न टारा । हारे सकल बीर बरिआरा ॥
तीनि लोक मह जे भट मानी । सभ कै सकति संभुधनु भानी ॥

लेकिन शिव-धनुष को कोई भी नहीं डिगा सका । सारे बरियार योद्धा हार गए । तीनों लोकों में जो वीरता के अभिमानी थे, शिवजी के धनुष ने सबकी शक्ति तोड़ दी ॥३॥

— yet not one of them could stir Shiva's bow and all failed, those mighty princes. The might of all those who boasted of their prowess in the three worlds was crushed by it.

सकै उठाइ सरासुर मेरू । सोउ हिय हारि गयेउ करि फेरू ॥
जेहिं कौतुक सिवसैलु उठावा । सोउ तेहिं सभा पराभउ पावा ॥

वह बाणासुर भी जो सुमेरु को उठा सकता था, हृदय में हार मानकर परिक्रमा करके[1] चला गया; और जिसने खेल में ही कैलास को उठा लिया था, उस रावण ने भी उस सभा में पराजय ही पायी ॥४॥

Even the demon Bana, who could lift Mount Meru, admitted defeat and retired after pacing round the bow, while he (Ravana) who had lifted up Mount Kailasa (the abode of Shiva) for fun was worsted in that assembly.

दो. —तहाँ राम रघुबंसमनि सुनिअ महा महिपाल ।
भंजेउ चाप प्रयास बिनु जिमि गजु पंकजनाल ॥२९२॥

हे महाराज ! सुनिए, वहाँ रघुकुल-शिरोमणि श्रीरामचन्द्रजी ने शिवजी के धनुष को बिना प्रयास के ही वैसे ही तोड़ डाला जैसे हाथी कमल की डंडी को तोड़ डालता है ॥२९२॥

On that occasion, we submit, O great king, Rama,

---

१. उसने सीताजी में माताभाव मानकर परिक्रमा नहीं की, किन्तु यह बहाना किया । यही 'गँव' से सिधारना है जिसका उल्लेख बन्दी लोगों ने किया था, यथा— 'रावनु बानु महाभट भारे । देखि सरासन गँवहि सिधारे' ॥२५०॥

the jewel of Raghu's race, snapped the bow as easily as an elephant breaks a lotus stem !

चौ. –सुनि सरोष भृगुनायकु आए। बहुत भाँति तिन्ह आँखि देखाए॥
देखि रामबलु निज धनु दीन्हा। करि बहु बिनय गवनु बन कीन्हा॥

(धनुष टूटने की बात) सुनकर क्रोधभरे परशुरामजी आये और उन्होंने बहुत तरह से आँखें दिखलायीं। अन्त में उन्होंने भी श्रीरामचन्द्रजी का बल देखकर उन्हें अपना धनुष सौंप दिया और बहुत विनती करके वन को गमन किया ॥१॥

When Parashurama heard it, he came in a fury and indulged in much browbeating. But seeing Rama's might, he gave him his bow and after much supplication withdrew to the forest.

राजन रामु अतुलबल जैसें। तेजनिधान लखनु पुनि तैसें॥
कंपहिं भूप बिलोकत जाकें। जिमि गज हरिकिसोर के ताकें॥

हे राजन्! जैसे श्रीरामचन्द्रजी (साक्षात्) अतुल बल हैं, वैसे ही तेजनिधान फिर लक्ष्मणजी भी हैं, जिनके देखनेमात्र से राजालोग (ऐसे) काँप उठते थे जैसे हाथी सिंह के बच्चे के ताकने से काँप उठते हैं ॥२॥

Even as Rama, O king, is unequalled in strength, so also is Lakshmana a mine of glory, at whose very sight the kings trembled as elephants at the gaze of a lion-cub.

देव देखि तव बालक दोऊ। अब न आँखि तर आवत कोऊ॥
दूत बचनरचना प्रिय लागी। प्रेम प्रताप बीररस पागी॥

हे देव! आपके दोनों बालकों को देखकर अब आँखों के तले (सामने) कोई आता ही नहीं (हमारी दृष्टि पर कोई चढ़ता ही नहीं)। प्रेम, प्रताप और वीर-रस में सनी हुई दूतों की वचनरचना (दरबार के) सभी लोगों को बहुत प्रिय लगी ॥३॥

Now that we have seen your two sons, my lord, no one catches our eye any longer.' The messengers' eloquent speech, so affectionate and dignified and expressive of the heroic sentiment, attracted all.

सभा समेत राउ अनुरागे। दूतन्ह देन निछावरि लागे॥
कहि अनीति ते मूदहिं काना। धरमु बिचारि सबहि सुखु माना॥

सभासहित राजा प्रेम-मग्न हो गए और दूतों को निछावर देने लगे। 'यह नीतिविरुद्ध है,' ऐसा कहकर दूत अपने हाथों से कान बन्द करने लगे! उनका धर्मयुक्त बर्ताव देखकर सभी ने सुख माना ॥४॥

The king and all his courtiers were overwhelmed with emotion and began to offer lavish gifts to the messengers. They, however, closed their ears in protest, crying, 'This is unfair !' Everyone was delighted to note their upright conduct.

दो. –तब उठि भूप बसिष्ठ कहुँ दीन्हि पत्रिका जाइ।
कथा सुनाई गुरहि सब सादर दूत बोलाइ॥२९३॥

तब राजा ने उठकर वसिष्ठजी के पास जाकर उन्हें चिट्ठी दी और दूतों को आदरपूर्वक बुलाकर गुरुजी को सारी कथा सुना दी ॥२९३॥

Then the king rose and going up to Vasishtha gave him the letter, and sending for the messengers with due courtesy, related the whole story to the *guru*.

चौ. –सुनि मुनि बोले अति सुखु पाई। पुन्यपुरुष कहुँ महि सुखछाई॥
जिमि सरिता सागर महु जाहीं। जद्यपि ताहि कामना नाहीं॥

(समाचार) सुनकर और अत्यन्त प्रसन्न होकर मुनि बोले – पुण्यात्मा पुरुष के लिए सारी पृथ्वी सुखों से छायी हुई है। जैसे नदियाँ समुद्र में जाती हैं, यद्यपि समुद्र को नदियों की कामना नहीं रहती, ॥१॥

The *guru* was very pleased when he heard the news and said, 'To a virtuous man the world abounds in happiness. Just as rivers flow into the sea, although the sea has no craving for them,

तिमि सुख संपति बिनहि बोलाए। धरमसील पहिं जाहिं सुभाए॥
तुम्ह गुर बिप्र धेनु सुर सेवी। तसि पुनीत कौसल्या देवी॥

ठीक वैसे ही सुख-सम्पत्ति भी बिना बुलाये स्वाभाविक ही धर्मात्मा के पास चली जाती हैं। जैसे तुम गुरु, ब्राह्मण, गाय और देवता की सेवा करनेवाले हो, वैसी ही पवित्र (आचरण करने वाली) कौसल्या देवी भी हैं ॥२॥

— so do joy and prosperity come unasked and of their own accord to a pious soul. Just as you are given to the service of your preceptor and to the Brahmans and cows and gods, so also is the lady Kausalya devout.

सुकृती तुम्ह समान जग माहीं। भयेउ न है कोउ होनेउ नाहीं॥
तुम्ह ते अधिक पुन्य बड़ काकें। राजन राम सरिस सुत जाकें॥

तुम्हारे समान पुण्यात्मा जगत् में न कोई हुआ, न है और न होने ही वाला है। हे राजन्! तुमसे अधिक बड़ा पुण्य और किसका होगा, जिसके राम-सरीखे पुत्र हैं! ॥३॥

A pious soul like you there has never been, nor is, nor shall be in this world. Who can be more blessed than you, O king, who have a son like Rama —

बीर बिनीत धरम ब्रत धारी। गुनसागर बर बालक चारी॥
तुम्ह कहुँ सर्ब काल कल्याना। सजहु बरात बजाइ निसाना॥

और जिसके चारों श्रेष्ठ बालक वीर, विनम्र, धर्म के व्रत को धारण करनेवाले और गुणों के समुद्र हैं। तुम्हारे लिए सदैव मंगल (ही मंगल) है। अतएव नगाड़े बजवाकर बारात सजाओ ॥४॥

— and whose four noble children are all valiant, submissive, true to their vow of piety and oceans of all perfection ? Blessed indeed are you at all times. So prepare the marriage procession to the sound of kettledrums —

दो. –चलहु बेगि सुनि गुरबचन भलेहि नाथ सिरु नाइ ।
भूपति गवने भवन तब दूतन्ह बासु देवाइ ॥२९४॥

और चलो, जल्दी चलें । गुरुजी के वचन सुनकर, 'हे नाथ ! बहुत अच्छा' कहकर और सिर नवाकर तथा दूतों को डेरा दिलवाकर राजा महल में पधारे ॥२९४॥

— and set out at once !' On hearing these words of the *guru*, the king bowed his head and said, 'So be it, my lord !' and after assigning lodgings to the heralds, returned to the palace.

चौ. –राजा सबु रनिवासु बोलाई । जनकपत्रिका बाचि सुनाई ॥
सुनि संदेसु सकल हरषानी । अपर कथा सब भूप बखानी ॥

राजा ने सारे रनिवास को (सभी रानियों को) बुलाकर जनकजी की चिट्ठी पढ़कर सुनायी । समाचार सुनकर सब रानियाँ हर्ष से भर उठीं । राजा ने फिर दूसरी सब बातों का (जो उन्होंने दूतों के मुख से सुना था) वर्णन किया ॥१॥

The king called all the ladies of the court and read aloud Janaka's letter. All rejoiced greatly at the news, and the king himself related all the other events (which he had heard from the lips of the messengers).

प्रेमप्रफुल्लित राजहिं रानी । मनहु सिखिनि सुनि बारिद बानी ॥
मुदित असीस देहिं गुर नारी । अति आनंद मगन महतारी ॥

प्रेम में प्रफुल्लित रानियाँ ऐसी सुशोभित हो रही हैं जैसे मोरनी मेघों की गरज सुनकर होती है । गुरुओं की स्त्रियाँ प्रसन्न मन से आशीर्वाद दे रही हैं । माताएँ अत्यन्त आनन्द-विभोर हैं ॥२॥

The queens were as enraptured with affectionate delight as peahens when they hear the rumble of thunder-clouds. The preceptor's wife and the wives of other elders in their joy invoked the blessings of heaven, and the mothers were in ecstasies.

लेहिं परस्पर अति प्रिय पाती । हृदय लगाइ जुड़ावहिं छाती ॥
राम लखन कै कीरति करनी । बारहि बार भूपबर बरनी ॥

उस अत्यन्त प्रिय चिट्ठी को एक-दूसरी से ले-लेकर और हृदय से लगाकर अपनी छाती जुड़ाती हैं । राजाओं में श्रेष्ठ दशरथजी ने श्रीराम-लक्ष्मण की कीर्ति और करनी का बार-बार वर्णन किया ॥३॥

They took that most beloved letter one after another and clasped it to their bosoms to cool their burning hearts. Over and over again the great king recounted the glory and exploits of both Rama and Lakshmana, —

मुनिप्रसादु कहि द्वार सिधाए । रानिन्ह तब महिदेव बोलाए ॥
दिए दान आनंद समेता । चले बिप्रबर आसिष देता ॥

'यह सब मुनि की कृपा से हुआ है,' ऐसा कहकर वे बाहर चले आये । उधर रानियों ने ब्राह्मणों को भीतर बुलवाया और आनन्दपूर्वक उन्हें दान दिये । वे श्रेष्ठ ब्राह्मण आशीर्वाद देते हुए चले ॥४॥

— adding, 'It is all by the sage's grace.' Then he left the chamber, and the queens sent for the Brahmans and joyfully bestowed gifts on them, for which the noble Brahmans blessed them and departed.

सो. –जाचक लिए हकारि दीन्हि निछावरि कोटि बिधि ।
चिरु जीवहुँ सुत चारि चक्रवर्ति दसरत्थ के ॥२९५॥

फिर भिखारियों को बुलवाकर उन्हें करोड़ों प्रकार की निछावरें दीं । 'चक्रवर्ती महाराज दशरथ के चारों पुत्र चिरजीवी हों' ॥२९५॥

Next, they called together the beggars and lavished a myriad gifts on them. 'Long live the four sons of the emperor Dasharath !'

चौ. –कहत चले पहिरे पट नाना । हरषि हने गहगहे निसाना ॥
समाचार सब लोगन्ह पाए । लागे घर घर होन बधाए ॥

यों कहते हुए वे नाना प्रकार के वस्त्र पहन-पहनकर चले । आनन्दित होकर नगाड़ेवालों ने बड़े जोर से नगाड़ों पर चोट लगायी । जब सब लोगों को यह समाचार मिला, तब घर-घर मंगलाचार होने लगे ॥१॥

— they cried, as they left attired in garments of all kinds. There was a jubilant clash of kettledrums, and when the news spread among all the people, auspicious rites began to be performed in every house.

भुवन चारि दस भरा उछाहू । जनकसुता रघुबीर बिआहू ॥
सुनि सुभ कथा लोग अनुरागे । मग गृह गली सँवारन लागे ॥

चौदहों लोकों में उत्साह छा गया कि जानकीजी और श्रीरघुनाथजी का विवाह है । यह शुभ समाचार पाकर लोग प्रेममग्न हो गए और रास्तों, घरों तथा गलियों को सजाने लगे ॥२॥

All the fourteen spheres were filled with joyous enthusiasm at the news of the forthcoming wedding of Janaka's daughter with Raghunatha. The citizens were enraptured when they heard the glad tidings and began to decorate the streets and houses and lanes.

जद्यपि अवध सदैव सुहावनि । रामपुरी मंगलमय पावनि ॥
तदपि प्रीति कै रीति सुहाई । मंगल रचना रची बनाई ॥

यद्यपि अयोध्या सदा सुहावनी है (क्योंकि वह) श्रीरामजी की मङ्गलमयी पवित्र नगरी है, तथापि प्रीति की सुन्दर रीति के कारण वह मंगलरचना से (और भी) सजायी गई ॥३॥

Though the city of Ayodhya is ever charming, being the blessed and sacred abode of Rama, yet for the love the people bore him it was adorned with beautiful festal decorations.

ध्वज पताक पट चामर चारू । छावा परम बिचित्र बजारू ॥
कनककलस तोरन मनिजाला । हरद दूब दधि अक्षत माला ॥

सुन्दर ध्वजा, पताका, वस्त्र (पाटाम्बर) और चँवरों से सारा बाजार अत्यन्त विचित्र (रीति से) छाया हुआ है । सोने के कलश, तोरण, मणियों की झालरें, हल्दी, दूब, दही, अक्षत और फूलों की मालाओं से – ॥४॥

The market was overlaid, as it were, with flags and banners and screens and graceful whisks in a most marvellous fashion. With vases of gold, triumphal arches, festoons of netted gems, turmeric, blades of panic-grass, curds, unbroken rice and wreaths of flowers –

दो. –मंगलमय निज निज भवन लोगन्ह रचे बनाइ ।
बीथीं सीचीं चतुरसम चौकैं चारु पुराइ ॥२९६॥

(नगर के) लोगों ने अपने-अपने घरों को खूब सजाकर मङ्गलमय बना लिया । गलियों को चतुरसम से[१] सींचा और (द्वारों पर) सुन्दर चौक पुराये ॥२९६॥

– each citizen decorated his house and made it auspicious. The lanes were sprinkled with *chatursama* (blended perfumes, a mixture of sandal, saffron, musk and camphor) and the squares in front of their houses were filled in with tasteful designs.

चौ. –जहँ तहँ जूथ जूथ मिलि भामिनि । सजि नवसप्त सकल दुतिदामिनि ॥
बिधुबदनीं मृगबालक लोचनि । निज सरूप रतिमानु बिमोचनि ॥

जहाँ-तहाँ बिजली की-सी चमकवाली, चन्द्रमुखी, हरिन के बच्चे की-सी आँखोंवाली और अपनी सुन्दरता से (कामदेव की स्त्री) रति के दर्प को मिटानेवाली सुहागिनी स्त्रियाँ सभी सोलहों शृङ्गार किये हुए झुंड-की-झुंड मिलकर, ॥१॥

Troops of matrons collected here and there, bright as lightning, with moon-like faces and eyes resembling those of young fawns and beauty enough to rob Love's consort (Rati) of her pride, and who had practised all the sixteen kinds of female adornment,

गावहिं मंगल मंजुल बानीं । सुनि कलरव कलकंठि लजानीं ॥
भूपभवन किमि जाइ बखाना । बिस्वबिमोहन रचेउ बिताना ॥

मंजुल-मनोहर वाणी से मङ्गल-गीत गा रही हैं । उनके सुन्दर स्वर को सुनकर (मानो) कोयलें भी लजा जाती हैं । राजमहल का वर्णन कैसे किया जाय ? वहाँ सारे संसार को विमुग्ध करनेवाला मंडप जो बनाया गया है ! ॥२॥

– and sang auspicious strains in tones so melodious that the female cuckoo was put to shame on hearing the sweet sound ! How is the king's palace to be described, where a pavilion was set up to dazzle the whole universe ?

मंगल द्रब्य मनोहर नाना । राजत बाजत बिपुल निसाना ॥
कतहुँ बिरिद बंदी उच्चरहीं । कतहुँ बेदधुनि भूसुर करहीं ॥

नाना प्रकार के मनोहर मंगल पदार्थ शोभित हो रहे हैं और बहुत-से नगाड़े बज रहे हैं । कहीं भाट विरुदावली का उच्चारण कर रहे हैं और कहीं ब्राह्मण वेद-पाठ कर रहे हैं ॥३॥

All sorts of lovely articles of good omen were displayed and a number of kettledrums sounded. Here were panegyrists singing the family glory and here were Brahmans chanting the Vedas.

गावहिं सुंदरि मंगल गीता । लै लै नामु रामु अरु सीता ॥
बहुत उछाहु भवनु अति थोरा । मानहु उमगि चला चहुँ ओरा ॥

रूपवती स्त्रियाँ राम और सीता का नाम ले-लेकर मङ्गल-गीत गा रही हैं । उत्साह ही बहुत है और महल (उसके अनुपात में) अत्यन्त ही छोटा । इससे (उसमें न समाकर) मानो वह उत्साह चारों ओर उमड़ चला है ॥४॥

Pretty women carolled festive songs, with the names of Rama and Sita ever on their lips. There was an excess of joy all round, and the palace was too small to contain it; it seemed, therefore, as if it overflowed in all directions.

दो. –सोभा दसरथभवन कइ को कबि बरनै पार ।
जहाँ सकल सुर सीसमनि राम लीन्ह अवतार ॥२९७॥

जहाँ समस्त देवताओं के शिरोमणि रामचन्द्रजी ने अवतार लिया है, दशरथ के उस महल की शोभा के वर्णन में कौन कवि पार पा सकता है ? ॥२९७॥

What poet can describe the splendour of Dasharath's palace, in which Rama, the crest-jewel of all the gods, took human form ?

१. चतुरसम (चतुःसम) एक गंधद्रव्य है जिसमें दो भाग कस्तूरी, चार भाग चन्दन, तीन भाग कुंकुम और तीन भाग कपूर का रहता है । यह अरगजा के समान होता है । इससे भी गलियाँ आदि सींची जाती थीं ।

चौ. –भूप भरत पुनि लिये बोलाई। हय गय स्यंदन साजहु जाई॥
चलहु बेगि रघुबीरबराता। सुनत पुलक पूरे दोउ भ्राता॥

फिर राजा ने भरतजी को बुला लिया और आज्ञा दी कि जाकर घोड़े, हाथी और रथ सजाओ और जल्दी रामचन्द्रजी की बारात में चलो। यह सुनते ही दोनों भाई (भरत और शत्रुघ्न) पुलक से भर गए॥१॥

The king next called Bharata and said, 'Go and prepare the horses, elephants and chariots and set forth at once in procession for Rama's marriage.' The two brothers were thrilled to hear the king's command.

भरत सकल साहनी बोलाए। आएसु दीन्ह मुदित उठि धाए॥
रचि रुचि जीन तुरग तिन्ह साजे। बरन बरन बर बाजि बिराजे॥

भरतजी ने सब साहनी (सेना के प्रधान) बुलाये और उन्हें (घोड़ों को तैयार करने, सजाने की) आज्ञा दी, वे प्रसन्न होकर उठ दौड़े। उन्होंने रुचिपूर्वक जीनें कसकर घोड़े सजाये। रंग-बिरंगे श्रेष्ठ घोड़े शोभा पाने लगे॥२॥

Bharata sent for the officers in charge of the stables and issued necessary instructions; joyfully they rose and hastened to execute the orders. They equipped the horses with gorgeous saddles; noble steeds of varied colours stood there in their majesty.

सुभग सकल सुठि चंचल करनी। अय इव जरत धरत पग धरनी॥
नाना जाति न जाहिं बखाने। निदरि पवनु जनु चहत उड़ाने॥

वे सब घोड़े बड़े ही सुन्दर और चञ्चल चाल के हैं। धरती पर उनके पाँव ऐसे पड़ते हैं जैसे वे जलते हुए लोहे पर पड़ते हों। अनेक जातियों के घोड़े हैं जिनका वर्णन नहीं हो सकता। (उनकी तेज चाल को देखकर लगता है कि वे) हवा का निरादर करके उड़ना चाहते हैं॥३॥

They were all beautiful and surpassingly lightfooted; they trod the ground as lightly as though it were red-hot iron. They belonged to various breeds, which were more than one could tell; they would fly in the air, as it were, outstripping the wind itself.

तिन्ह सब छयल भये असवारा। भरत सरिस बय राजकुमारा॥
सब सुंदर सब भूषनधारी। कर सर चाप तून कटि भारी॥

उन सब घोड़ों पर सब छैल-छबीले तथा भरत के समवयस्क राजकुमार सवार हुए। वे सभी सुन्दर हैं और सब आभूषण धारण किये हुए हैं। उनके हाथों में धनुष-बाण हैं और कमर में भारी तरकश बँधे हैं॥४॥

Gallant princes, who were of the same age as Bharata, mounted them. They were all handsome and bedecked with jewels and had bows and arrows in their hands, with heavy quivers fastened to the waist.

दो. –छरे छबीले छयल सब सूर सुजान नवीन।
जुग पदचर असवार प्रति जे असिकला प्रबीन॥२९८॥

वे सब चुने हुए छैल-छबीले शूरवीर, चतुर और नवयुवक हैं। प्रत्येक सवार के साथ दो-दो पैदल सिपाही हैं, जो तलवार चलाने की कला में निष्णात हैं॥२९८॥

They were slender, elegant and dashing youths, chosen and skilled warriors all; and with each rider were two footmen, clever at sword-play.

चौ. –बाँधे बिरद बीर रन गाढ़े। निकसि भये पुर बाहेर ठाढ़े॥
फेरहिं चतुर तुरग गति नाना। हरषहिं सुनि सुनि पनव निसाना॥

(घोर संग्राम में प्रवीण) वीरों का बाना धारण किये हुए रण में धीर सब निकलकर नगर के बाहर आ खड़े हुए। वे चतुर सवार अपने-अपने घोड़ों को तरह-तरह की चालों से फिरा रहे हैं और ढोल तथा नगाड़े की ध्वनि सुन-सुनकर प्रसन्न हो रहे हैं॥१॥

The champions, who were all staunch in fight and had taken a vow of chivalry, sallied forth and halted outside the city; the clever fellows put their steeds through various paces and rejoiced to hear the sound of drum and tabor.

रथ सारथिन्ह बिचित्र बनाए। ध्वज पताक मनि भूषन लाए॥
चवर चारु किंकिनि धुनि करहीं। भानुजान सोभा अपहरहीं॥

ध्वजा, पताका, मणि और आभूषणों को लगाकर सारथियों ने रथों को बहुत विचित्र बना दिया है। (उनमें) सुन्दर चँवर लगे हैं और घंटियाँ शब्द कर रही हैं। वे रथ (अपनी सुन्दरता से) मानो सूर्य के रथ की शोभा को छीने लेते हैं॥२॥

The charioteers had made their cars equally gorgeous with flags and banners, gems and ornaments. They were also provided with lovely whisks and little tinkling bells and in splendour outshone the chariot of the sun.

सावकरन अगनित हय होते। ते तिन्ह रथन्ह सारथिन्ह जोते॥
सुंदर सकल अलंकृत सोहे। जिन्हहि बिलोकत मुनिमन मोहे॥

(हवन की अग्नि से निकले हुए) अगणित श्यामकर्ण घोड़े[१] थे। उनको उन सारथियों ने रथों में जोत दिया है, जो सभी (देखने में) सुन्दर और गहनों से सुशोभित हैं, और जिन्हें देखकर मुनियों के मन भी मोह जाते हैं॥३॥

---

१. सावकरन (श्यामकर्ण) घोड़ों का शरीर उजला और केवल एक कान काला होता है। अश्वमेध यज्ञ में हवन किये जानेवाले बछेड़े घोड़े। प्राचीन काल में अश्वमेध में ये ही घोड़े काम में लाए जाते थे। होते = यज्ञ में हवन करने योग्य अथवा हवन की अग्नि से निकले हुए।

Innumerable were the black-eared horses,[1] which the charioteers yoked to their chariots. They were all so beautiful and richly caparisoned that even sages would be enraptured at the sight.

जे जल चलहिं थलहि की नाईं। टाप न बूड़ बेग अधिकाईं॥
अस्त्र सस्त्र सबु साजु बनाई। रथी सारथिन्ह लिए बोलाई॥

जो पानी पर भी जमीन की तरह ही चलते हैं। वेग की अधिकता के कारण उनकी टाप पानी में नहीं डूबती। अस्त्र-शस्त्र और सब साज सजाकर सारथियों ने रथ पर बैठनेवालों को बुला लिया॥४॥

They skimmed the surface of water like dry land and would not sink even hoof-deep, so marvellous was their speed. After preparing their equipment of armour and weapons, the charioteers summoned the warriors to mount the cars.

दो.–चढ़ि चढ़ि रथ बाहेर नगर लागी जुरन बरात।
होत सगुन सुंदर सबहि जो जेहि कारज जात॥२९९॥

(उन सजे-धजे) रथों पर चढ़-चढ़कर बारात नगर के बाहर जुटने लगी। (उस समय) जो जिस काम के लिए जाता था, सभी को सुन्दर शकुन होते थे॥२९९॥

Mounting the chariots, the processionists began to collect outside the city. All, on whatever errand they went, met with auspicious omens.

चौ.–कलित करिबरन्हि परीं अँबारी। कहि न जाहिं जेहि भाँति सँवारी॥
चले मत्त गज घंट बिराजी। मनहु सुभग सावन घनराजी॥

सुन्दर श्रेष्ठ हाथियों पर सुन्दर अम्मारियाँ[१] पड़ी हैं। जिस प्रकार वे सँवारी-सजायी गयी थीं सो कहा नहीं जा सकता। घंटों से सुशोभित मतवाले हाथी चले, मानो सावन के सुन्दर बादलों की पंक्ति (गरजती हुई) चल रही हो॥१॥

On magnificent elephants were mounted splendid howdahs, embellished in a manner beyond all description. Elephants in rut, adorned with clanging bells, moved like beautiful (rumbling) clouds in the rainy month of *Shravana* (roughly corresponding to August).

बाहन अपर अनेक बिधाना। सिबिका सुभग सुखासन जाना॥
तिन्ह चढ़ि चले बिप्रबर बृंदा। जनु तनु धरें सकल श्रुतिछंदा॥

उत्तम पालकियाँ, सुख से बैठने योग्य तामजान[२] और रथ आदि और भी अनेक प्रकार की सवारियाँ हैं। उन पर श्रेष्ठ ब्राह्मणों के झुंड बैठकर चले, मानो सब वेदों के छन्द ही शरीर धारण किये हुए (चले जा रहे) हों॥२॥

There were various kinds of other vehicles, such as palanquins, sedans, etc., all of fair design, on which rode companies of noble Brahmans, incarnations, as it were, of all the hymns of the Vedas.

मागध सूत बंदि गुनगायक। चले जान चढ़ि जो जेहि लायक॥
बेसर ऊट बृषभ बहु जाती। चले बस्तु भरि अगनित भाँती॥

मागध, सूत, भाट और गुणगान करने वाले सब, जो जिस योग्य थे, वैसी ही सवारियों पर चढ़कर चले। बहुत जातियों के खच्चर, ऊँट और बैल अनगिनत प्रकार की वस्तुएँ लाद-लादकर चले॥३॥

Genealogists, bards, panegyrists and rhapsodists too travelled in carriages appropriate to their rank, and every sort of mule, camel and bullock went laden with commodities of countless kinds.

कोटिन्ह कावरि चले कहारा। बिबिध बस्तु को बरनै पारा॥
चले सकल सेवक समुदाई। निज निज साजु समाजु बनाई॥

(असंख्य) कहार करोड़ों काँवरें लेकर चले जिनमें अनेक प्रकार की वस्तुएँ थीं जिनका वर्णन कौन कर सकता है? सब सेवकों के समूह अपना-अपना साज-समाज बनाकर चले॥४॥

Millions of porters marched with burdens slung across their shoulders; who can describe the various goods they carried? All the great company of servants also proceeded on the journey, each equipping himself in his own way and forming batches of his own. (The great company of servants went forth, 'each with his own set of appliances.' —F. S. Growse)

दो.–सब के उर निर्भर हरषु पूरित पुलक सरीर।
कबहिं देखिबे नयन भरि रामु लखनु दोउ बीर॥३००॥

सबके हृदय में अपार हर्ष है, शरीर पुलक से भरपूर है। (सबकी यही लालसा है कि) हम श्रीराम-लक्ष्मण दोनों भाइयों को नेत्र भरकर कब देखेंगे॥३००॥

The hearts of all were filled with boundless joy and a thrill ran through the bodies of all. They whispered to one another, 'When shall we feast our eyes on the two heroes, Rama and Lakshmana?'

चौ.–गरजहिं गज घंटाधुनि घोरा। रथरव बाजिहिंस चहुँ ओरा॥
निदरि घनहि घुम्मरहिं निसाना। निज पराइ कछु सुनिअ न काना॥

1. A horse to be fit for sacrifice must be black-eared.

१. अंबारी अर्थात् अम्मारी, हौदा या हौज़ा।

२. इसे तामझाम और तामदान भी कहते हैं। यह एक तरह की खुली पालकी है जो कुर्सीनुमा होती है। इसमें पीछे तकिये लगे होते हैं।

(बारात के) हाथी गरज रहे हैं, उनके घंटों से घोर ध्वनि हो रही है। चारों ओर रथों की घरघराहट और घोड़ों की हिनहिनाहट हो रही है। मेघों का निरादर करते हुए नगाड़े घोर शब्द कर रहे हैं। किसी को अपना-पराया कुछ भी कानों से सुनायी नहीं पड़ता ॥१॥

The elephants trumpeted and their bells clanged with a terrific din, and on all sides were heard the rumble of the chariots and the neighing of horses. The clash of kettledrums would drown the peal of thunder; no one could hear his own voice or another's.

महा भीर भूपति के द्वारे। रज होइ जाइ पषान पवारे ॥
चढ़ी अटारिन्ह देखहिं नारीं। लिए आरती मंगल थारीं ॥

राजा दशरथ के दरवाजे पर इतनी भारी भीड़ हो रही है कि यदि वहाँ पत्थर भी फेंका जाय तो वह पिसकर धूल हो जाय। स्त्रियाँ मङ्गल-थालों में आरती लिये अटारियों पर चढ़ी हुई देख रही हैं ॥२॥

At the entrance of the king's palace, there was such a dense crowd that a stone thrown there would be trodden into dust. Women viewed the spectacle from house-tops, with festal lights in salvers in their hands,

गावहिं गीत मनोहर नाना। अति आनंदु न जाइ बखाना ॥
तब सुमंत्र दुइ स्यंदन साजी। जोते रबि हय निंदक बाजी ॥

और अनेक मनोहर गीत गा रही हैं। उनके अतिशय आनन्द का वर्णन नहीं हो सकता। तब सुमन्त्रजी ने दो रथ सजाकर उनमें सूर्य के घोड़ों को भी (अपनी चाल से) मात करनेवाले घोड़े जोते ॥३॥

— and carolled melodious strains of various kinds in an ecstasy of joy beyond description. Then Sumantra (Dasharath's own charioteer and trusted counsellor) made ready a pair of chariots and harnessed to them horses that would outrun even the horses of the sun—

दोउ रथ रुचिर भूप पहि आने। नहि सारद पहि जाहिं बखाने ॥
राजसमाजु एक रथ साजा। दूसर तेजपुंज अति भ्राजा ॥

वे उन दोनों सुन्दर रथों को राजा दशरथ के पास ले आये, (वे ऐसे रथ थे) जिनकी सुन्दरता का वर्णन सरस्वती से भी नहीं किया जा सकता। एक रथ पर राजसी सामान सजाया गया और दूसरा तेज का पुंज और अत्यन्त ही शोभायमान था ॥४॥

— and brought them in all their splendour to the king; their beauty was more than Sarasvati could describe. One of them was equipped with the royal paraphernalia and the other was a mass of splendour and shone brightly.

दो. —तेहि रथ रुचिर बसिष्ठ कहुँ हरषि चढ़ाइ नरेसु।
आपु चढ़ेउ स्यंदन सुमिरि हर गुर गौरि गनेसु ॥३०१॥

उस सुन्दर रथ पर वसिष्ठजी को हर्षपूर्वक चढ़ाकर स्वयं राजा भी शिव, गुरु, गौरी और गणेशजी का स्मरण कर जा चढ़े[1] ॥३०१॥

This magnificent chariot the king joyfully caused Vasishtha to mount, and then himself mounted the other, with his thoughts fixed on Lord Shiva and his *guru* (Vasishtha) and Gauri and Ganesha.

चौ. —सहित बसिष्ठ सोह नृप कैसें। सुरगुर संग पुरंदर जैसें ॥
करि कुलरीति बेदबिधि राऊ। देखि सबहि सब भाँति बनाऊ ॥

(गुरु) वसिष्ठजी के साथ राजा दशरथ ऐसे शोभित हो रहे हैं, जैसे देवताओं के गुरु बृहस्पतिजी के साथ इन्द्र हों। वेद की विधि से और कुल-रीति के अनुसार सब कार्य करके तथा सबको सब प्रकार से बना-ठना देखकर, ॥१॥

In the company of Vasishtha the king shone forth like Indra with the *guru* of the gods (*i.e.*, Brihaspati). After performing all the rites sanctioned by family usage or prescribed by the Vedas and seeing everyone well-equipped for the journey,

सुमिरि रामु गुर आयसु पाई। चले महीपति संख बजाई ॥
हरषे बिबुध बिलोकि बराता। बरषहिं सुमन सुमंगलदाता ॥

(मन में) श्रीरामचन्द्रजी का स्मरण कर और गुरु की आज्ञा पाकर पृथ्वीपति दशरथजी शङ्ख बजाकर चले। बारात देखकर देवगण प्रसन्न हुए और सुन्दर मङ्गलदायक फूलों की वर्षा करने लगे ॥२॥

— Dasharath, lord of the earth, sallied forth to the blast of the conch after taking permission from his preceptor and with his thoughts fixed on Rama. The gods rejoiced to see the procession and rained down flowers full of auspicious blessings.

भयेउ कुलाहल हय गय गाजे। ब्योम बरात बाजने बाजे ॥
सुर नर नारि सुमंगल गाई। सरस राग बाजहिं सहनाई ॥

बड़ा कोलाहल मच गया, घोड़े हिनहिनाने और हाथी गरजने लगे। आकाश और बारात में बाजे बजने लगे। देवाङ्गनाएँ और मनुष्यों की स्त्रियाँ (आकाश और भूमि पर) सुन्दर मङ्गलगान करने लगीं और रसीले राग से शहनाइयाँ बजने लगीं ॥३॥

There was a confused din of horses neighing, elephants trumpeting and music playing both in the sky and in the procession. Women, mortal and

१. 'स्यंदन' अर्थात् तेजी से चलनेवाला (जैसे रथ)। (इस चौपाई में रथ या युद्धरथ के अर्थ में ही इसका प्रयोग हुआ है।)

celestial alike, sang festal melodies and clarionets played in sweet accord.

घंट घंटि धुनि बरनि न जाहीं । सरव करहिं पाइक फहराहीं ॥
करहिं बिदूषक कौतुक नाना । हासकुसल कल गान सुजाना ॥

घंटों और घंटियों की ध्वनि का वर्णन नहीं किया जा सकता । पैदल सिपाही[1] अथवा पट्टेबाज कसरत के खेल कर रहे हैं और हवा में उछलते-कूदते जा रहे हैं । हँसी करने में निपुण और सुन्दर गाने में चतुर मसखरे तरह-तरह के कौतुक (तमाशे) कर रहे हैं ॥४॥

There was an indescribable clamour of bells, large and small. The footmen leapt high into the air and danced, displaying exercises of various kinds. Jesters, proficient in pleasantry and expert in singing merry songs, practised all kinds of buffoonery.

दो. –तुरग नचावहिं कुअँरबर अकनि मृदंग निसान ।
नागर नट चितवहिं चकित डगहिं न तालबँधान ॥३०२॥

सुन्दर राजकुमार मृदङ्गों और नगाड़ों (की तालगति) को सुनकर घोड़ों को उन्हीं के अनुसार इस प्रकार नचा रहे हैं कि वे ताल के बंधान से जरा भी नहीं डिगते । चतुर नट चकित होकर यह देख रहे हैं ॥३०२॥

Gallant princes made their steeds prance to the measured beat of tabors and kettledrums, and accomplished dancers were astonished to see that they never made a pace out of time.

चौ. –बनै न बरनत बनी बराता । होहिं सगुन सुंदर सुभदाता ॥
चारा चाषु बाम दिसि लेई । मनहु सकल मंगल कहि देई ॥

बारात ऐसी सजी है कि उसका वर्णन करते नहीं बनता । सुन्दर एवं शुभदायक शकुन हो रहे हैं । नीलकंठ पक्षी बायीं ओर चारा ले रहा है, वह मानो सम्पूर्ण मङ्गलों की सूचना दे रहा हो ॥१॥

The splendour of the marriage procession was more than one could describe. Fair and auspicious omens were seen; the blue-necked jay was picking up food on the left, as if to announce all that was auspicious.

दाहिन काग सुखेत सुहावा । नकुल दरसु सबु काहूँ पावा ॥
सानुकूल बह त्रिबिध बयारी । सघट सबाल आव बर नारी ॥

दाहिनी ओर सुन्दर खेत में कौआ शोभा दे रहा है और सब किसी को नेवले के दर्शन होते हैं । तीनों प्रकार की (शीतल, मन्द, सुगन्धित) हवा अनुकूल दिशा में चल रही है । सुहागिनी स्त्रियाँ (भरे हुए) घड़े और गोद में बालक लिये आ रही हैं ॥२॥

In a fair field on the right appeared a crow, and everybody saw a mongoose. A soft, cool and fragrant breeze was blowing in a favourable direction, and blessed (unwidowed) women appeared, each with a pitcher and a child in her arms.

लोवा फिरि फिरि दरसु देखावा । सुरभी सनमुख सिसुहि पिआवा ॥
मृगमाला फिरि दाहिनि आई । मंगलगन जनु दीन्हि देखाई ॥

लोमड़ी फिर-फिरकर अपने को दिखा जाती है और गायें सामने खड़े बछड़ों को दूध पिलाती हैं । हरिनों की टोली बायीं ओर से घूमकर दाहिनी ओर आयी, मानो सभी मङ्गलों के समूह दिखायी दिए ॥३॥

A fox kept constantly appearing, and a cow suckled its calf in front of the procession; a herd of deer came round to the right, as if all good omens appeared in visible form.

छेमकरी कह छेम बिसेषी । स्यामा बाम सुतरु पर देखी ॥
सनमुख आयेउ दधि अरु मीना । कर पुस्तक दुइ बिप्र प्रबीना ॥

क्षेमकरी (सफेद सिरवाली चील बोल-बोलकर) विशेष कल्याण होने की घोषणा कर रही है । श्यामा बायीं ओर सुन्दर पेड़ पर दिखायी पड़ी । दही, मछली और दो पारंगत ब्राह्मण हाथ में पुस्तक लिये हुए सामने आये ॥४॥

A white-headed kite promised great good luck and a *shyama* bird was observed on a fair tree to the left. A man bearing curds and fish and two learned Brahmans each with a book in his hand came from the opposite direction.

दो. –मंगलमय कल्यानमय अभिमत फल दातार ।
जनु सब साचे होन हित भए सगुन एक बार ॥३०३॥

मङ्गलमय, कल्याणमय और वाञ्छित फल देनेवाले सारे शुभ शकुन मानो सच्चे होने के लिए एक ही साथ प्रकट हुए ॥३०३॥

All kinds of blessed and auspicious omens and those conducive to desired results occurred all at once, as if to prove their truth.

चौ. –मंगल सगुन सुगम सब ताकें । सगुन ब्रह्म सुंदर सुत जाकें ॥
राम सरिस बरु दुलहिनि सीता । समधी दसरथु जनकु पुनीता ॥

सगुण ब्रह्म ही जिसके सुन्दर पुत्र हैं, उसके लिए सब मङ्गलकारी शकुन सुगम हैं । जहाँ श्रीरामचन्द्र-सरीखे दूल्हा, सीता-जैसी दुलहिन, तथा राजा दशरथ और जनक-जैसे पवित्र समधी हैं, ॥१॥

Auspicious omens easily occur to him who has God with attributes as his own son ! Where the bridegroom was no other than Rama and the bride Sita herself, and pure-souled Dasharath and Janaka were the parents,

---

१. पायक अथवा पायिक = पैदल सिपाही; दूत; सेवक । सरव = कसरत के खेल । फहराना = उछलना-कूदना ।

सुनि अस ब्याहु सगुन सब नाचे। अब कीन्हे बिरंचि हम साचे॥
येहि बिधि कीन्ह बरात पयाना। हय गय गाजहिं हने निसाना॥

ऐसे (अलौकिक) ब्याह को सुनकर सभी शकुन नाच उठे (और कहने लगे –) अब ब्रह्मा ने हमें सच्चा कर दिया। इस तरह बारात ने प्रस्थान किया। घोड़े-हाथी गरज रहे हैं और नगाड़ों पर चोट पड़ रही है ॥२॥

— hearing of such a marriage all the good omens danced for joy and cried, 'Now at last the Creator has justified us.'[1] In this way the procession set forth amid the neighing of horses, the trumpeting of elephants and the beating of kettledrums.

आवत जानि भानुकुलकेतू। सरितन्हि जनक बँधाये सेतू॥
बीच बीच बर बासु बनाए। सुरपुर सरिस संपदा छाए॥

सूर्यवंश के ध्वजारूप दशरथजी को आते हुए जानकर जनकजी ने नदियों पर पुल बँधवा दिए। बीच-बीच में ठहरने के लिए सुन्दर पड़ाव बनवा दिए, जिनमें देवलोक के समान सम्पदा छायी थी ॥३॥

Learning that the Banner of the Solar race, king Dasharath, was already on the way, Janaka had the rivers bridged, and got beautiful rest-houses built at every stage, which vied in magnificence with the mansions of heaven (Amaravati),

असन सयन बर बसन सुहाए। पावहिं सब निज निज मन भाए॥
नित नूतन सुख लखि अनुकूले। सकल बरातिन्ह मंदिर भूले॥

वहाँ सब लोग अपने-अपने मनोवांछित सुहावने और उत्तम भोजन, बिस्तर और वस्त्र पाते हैं। मनोनुकूल नित्य नये सुखों को देखकर सभी बरातियों को अपने घर भूल गए ॥४॥

— and in which the members of the bridegroom's party were supplied with excellent food, couches and raiment, each according to his own taste. Finding ever new pleasures agreeable to themselves, all the members of the bridegroom's party forgot their own homes.

दो. –आवत जानि बरात बर सुनि गहगहे निसान।
सजि गज रथ पदचर तुरग लेन चले अगवान ॥३०४॥

धमाधम बजते हुए नगाड़ों की आवाज सुनकर तथा (उस) श्रेष्ठ बारात को आती हुई जानकर अगवानी करनेवाले हाथी, रथ, पैदल और घोड़े सजाकर (बारात को लेने) चले ॥३०४॥

When it was learnt that the procession of the bridegroom's party was approaching and the tempestuous clash of the kettledrums was heard, an escort advanced to welcome it with elephants, chariots, footmen and horses all duly equipped.

1. '... brought our promise to fulfilment.' — W.D.P. Hill.

मासपारायण, दसवाँ विश्राम

चौ. –कनककलस कल कोपर थारा। भाजन ललित अनेक प्रकारा॥
भरे सुधासम सब पकवाने। भाँति भाँति नहि जाहिं बखाने॥

(दूध, शर्बत, जल आदि से) भरकर सोने के कलश तथा जिनका वर्णन नहीं हो सकता ऐसे भाँति-भाँति के अमृत-तुल्य सब पकवानों से भरे हुए परात, थाल आदि अनेक प्रकार के सुन्दर बर्तन, ॥१॥

Jars of gold full of sweet and cold drinks and trays and salvers and beautiful vessels of various kinds filled with sweetmeats of indescribable variety and delicious as nectar,

फल अनेक बर बस्तु सुहाई। हरषि भेंट हित भूप पठाई॥
भूषन बसन महामनि नाना। खग मृग हय गय बहुबिधि जाना॥

अनेक प्रकार के उत्तम फल तथा और सुन्दर-सुन्दर वस्तुएँ राजा ने हर्षित होकर भेंट के लिए भेजीं। गहने, कपड़े, नाना प्रकार की मूल्यवान् मणियाँ (रत्न), पक्षी, मृग, घोड़े, हाथी और बहुत तरह की सवारियाँ, ॥२॥

—with luscious fruit and many other delightful articles were gladly sent as gifts of welcome by Janaka. The king also sent ornaments and raiment and precious gems of every variety, birds and antelopes, horses and elephants and vehicles of every description,

मंगल सगुन सुगंध सुहाए। बहुत भाँति महिपाल पठाए॥
दधि चिउरा उपहार अपारा। भरि भरि कावरि चले कहारा॥

तथा नाना प्रकार के सुगन्धित एवं सुहावने मङ्गलद्रव्य और सगुन के पदार्थ राजा ने भेजे। दही, चिउड़ा तथा और भी अनगिनत उपहार की वस्तुएँ काँवरों में भर-भरकर कहार ले चले ॥३॥

— charming aromatic substances of an auspicious nature and various articles of good omen; and a train of porters marched with their loads of curd and parched rice and presents of endless variety slung across their shoulders.

अगवानन्ह जब दीख बराता। उर आनंदु पुलक भर गाता॥
देखि बनाव सहित अगवाना। मुदित बरातिन्ह हने निसाना॥

अगवानी करनेवालों को जब बारात दीख पड़ी, तब उनके हृदय आनन्द से और शरीर रोमांच से भर गए। अगवानों को सज-धज के साथ आते देखकर बरातियों ने प्रसन्न होकर नगाड़े बजाये ॥४॥

When the escort saw the bridegroom's party, their hearts were filled with rapture and a thrill ran through their bodies. Seeing the escort equipped in every way, the members of the bridegroom's party sounded their drums in rapture.

दो. –हरषि परसपर मिलन हित कछुक चले बगमेल।
जनु आनंदसमुद्र दुइ मिलत बिहाइ सुबेल ॥३०५॥

कुछ लोग उनसे परस्पर मिलने के लिए हर्ष के मारे बाग छोड़कर (सरपट) दौड़ चले और ऐसे मिले मानो आनन्द के दो समुद्र अपनी-अपनी मर्यादा छोड़कर मिल रहे हों ॥३०५॥

Some from each side joyfully galloped forward to meet one another, and the two parties met as two oceans of bliss that had burst their bounds.

चौ. –बरषि सुमन सुरसुंदरि गावहिं। मुदित देव दुंदुभी बजावहिं॥
बस्तु सकल राखी नृप आगें। बिनय कीन्हि तिन्ह अति अनुरागें॥

सुर-सुन्दरियाँ फूल बरसाकर (गीत) गा रही हैं और देवगण आनन्द में भरकर नगाड़े बजा रहे हैं। (अगवानी करनेवालों ने) सब चीजें दशरथजी के आगे रख दीं और अत्यन्त प्रेम से विनती की।१॥

Celestial nymphs rained down flowers and sang and the gods sounded kettledrums for joy. The escort placed all the offerings before Dasharath and supplicated him with an affectionate address.

प्रेम समेत राय सबु लीन्हा। भै बकसीस जाचकन्हि दीन्हा॥
करि पूजा मान्यता बड़ाई। जनवासे कहुँ चले लवाई॥

राजा ने प्रेम के साथ सब वस्तुएँ ले लीं। फिर उनकी बख्शीशें होने लगीं और वे याचकों को दे दी गयीं। तदनन्तर पूजा, सम्मान और बड़ाई करके (अगवान लोग) उनको जनवासे की ओर लिवा ले चले ॥२॥

The king lovingly received everything and distributed the offerings as presents among his own people or bestowed them as alms on the beggars. Then with reverence and respect and honour the escort conducted the bridegroom's party to the lodgings set apart for them.

बसन बिचित्र पावड़े परहीं। देखि धनदु धनमदु परिहरहीं॥
अति सुंदर दीन्हेउ जनवासा। जहँ सब कहुँ सब भाँति सुपासा॥

ऐसे-ऐसे अनोखे वस्त्रों के पाँवड़े बिछाये गए हैं जिन्हें देखकर कुबेर भी अपने धन का गर्व छोड़ देते हैं। बड़ा सुन्दर जनवासा दिया गया है जहाँ सबको सब प्रकार की सुविधाएँ हैं ॥३॥

The cloths spread as carpets for the royal guests to tread upon were so gorgeous that Kuvera (the god of wealth) on seeing them could no longer be proud of his wealth. Magnificent were the guest-chambers assigned to the bridegroom's party, which provided every kind of comfort for each guest.

जानीं सिय बरात पुर आई। कछु निज महिमा प्रगटि जनाई॥
हृदय सुमिरि सब सिद्धि बोलाईं। भूपपहुनई करन पठाईं॥

जब सीताजी ने जाना कि बारात जनकपुर आ गई है तब उन्होंने अपनी कुछ महिमा प्रकट करके दिखलायी। हृदय में स्मरणकर उन्होंने सब सिद्धियों को बुलाया और उन्हें राजा दशरथजी की पहुनई करने के लिए भेज दिया ॥४॥

When Sita knew that the bridegroom's party had reached the city, she manifested her glory to a slight extent, and recollecting all the Siddhis in her heart, she summoned them and sent them to arrange for Dasharath's reception. (The Siddhis are the eight wonder-working spirits here personified as subservient to Sita.)

दो. –सिधि सब सिय आयसु अकनि गईं जहाँ जनवास।
लिये संपदा सकल सुख सुरपुर भोग बिलास ॥३०६॥

सीताजी की आज्ञा सुनकर वे सारी सिद्धियाँ सब सम्पदा, सुख और इन्द्रपुरी के भोगविलास को लिये हुए वहाँ गयीं जहाँ जनवासा था ॥३०६॥

Obedient to Sita's command, all the spirits repaired to the guest-chamber, taking with them every kind of riches and comforts and celestial enjoyments and luxuries.

चौ. –निज निज बास बिलोकि बराती। सुरसुख सकल सुलभ सब भाँती॥
बिभवभेद कछु कोउ न जाना। सकल जनक कर करहिं बखाना॥

बरातियों ने अपने-अपने निवास-स्थान देखे तो वहाँ देवताओं के सब सुखों को सब प्रकार सुलभ पाया। इस ऐश्वर्य का कुछ भी भेद (कारण) कोई जान न सका। (इस ऐश्वर्य के लिए) सब जनकजी की ही प्रशंसा करते हैं ॥१॥

Each wedding guest found in his own apartment all the enjoyments of heaven ready at hand in every way. No one, however, had an inkling of the mysterious power behind this untold splendour; (for which) everyone sang Janaka's praises.

सियमहिमा रघुनायक जानी। हरषे हृदय हेतु पहिचानी॥
पितु आगमनु सुनत दोउ भाई। हृदय न अति आनंदु अमाई॥

इसे सीताजी की महिमा जानकर और उनका प्रेम पहचानकर श्रीरामजी हृदय में हर्षित हुए। पिता दशरथजी के आने का समाचार सुनकर दोनों भाइयों के हृदय में इतना अधिक आनन्द भर गया कि वह उनके हृदय में नहीं अँटता ॥२॥

Rama alone knew it for Sita's influence and rejoiced at this recognition of her love. When the two brothers heard of their father's arrival, they could not contain themselves for joy, —

सकुचन्ह कहि न सकत गुर पाहीं। पितुदरसन लालचु मन माहीं॥
बिस्वामित्र बिनय बड़ि देखी। उपजा उर संतोषु बिसेषी॥

मन में पिताजी को देखने की लालसा तो थी, परन्तु संकोचवश वे गुरु विश्वामित्रजी से कह नहीं सकते थे। विश्वामित्रजी ने जब उनकी ऐसी उत्कृष्ट नम्रता देखी, तब उनके हृदय में विशेष संतोष उत्पन्न हुआ॥३॥

— but were too modest to speak to their *guru*, though their heart longed to see their father. Vishvamitra felt much gratified at heart to mark their great humility.

हरषि बंधु दोउ हृदय लगाए। पुलक अंग अंबक जल छाए॥
चले जहाँ दसरथु जनवासें। मनहु सरोवर तकेउ पिआसें॥

आनन्द के मारे उन्होंने दोनों भाइयों को अपने हृदय से लगा लिया। उनका शरीर रोमांचित हो गया और आँखों में जल भर आया। वे उस जनवासे को चले, जहाँ दशरथजी थे, मानो सरोवर प्यासे की ओर लक्ष्य करके चला हो॥४॥

In his joy he clasped the two brothers to his heart with a thrill running through his limbs and eyes bedewed with tears. They proceeded to Dasharath's guest-chamber, like a pool that seeks to visit a thirsty soul.

दो.—भूप बिलोके जबहि मुनि आवत सुतन्ह समेत।
उठेउ हरषि सुखसिंधु महु चले थाह सी लेत॥३०७॥

ज्योंही राजा (दशरथजी) ने पुत्रोंसहित मुनि को आते देखा, वे हर्षित होकर उठ पड़े और ऐसे चले जैसे सुख के समुद्र में थाह ले रहे हों॥३०७॥

When the king saw the sage approaching with the two princes, he rose in joy and advanced to meet them like a man who feels his footing in an ocean of bliss.

चौ.—मुनिहि दंडवत कीन्ह महीसा। बार बार पदरज धरि सीसा॥
कौसिक राउ लिये उर लाई। कहि असीस पूछी कुसलाई॥

महाराज दशरथजी ने मुनि की चरणधूलि को बार-बार सिर पर चढ़ाकर उनको दण्डवत् प्रणाम किया। विश्वामित्रजी ने राजा को हृदय से लगा लिया और आशीर्वाद देकर कुशल-क्षेम पूछा॥१॥

The king prostrated himself before the sage and repeatedly sprinkled the dust of his feet on his head. Vishvamitra clasped the king to his bosom and blessed him and inquired after his welfare.

पुनि दंडवत करत दोउ भाई। देखि नृपति उर सुखु न समाई॥
सुत हिय लाइ दुसह दुख मेटे। मृतकसरीर प्रान जनु भेटे॥

फिर दोनों भाइयों को दण्डवत् प्रणाम करते देखकर राजा के हृदय में सुख नहीं समाता। पुत्रों को हृदय से लगाकर (उन्होंने वियोग के) अपने दुःसह दुःख को मिटाया, मानो मृत शरीर को फिर प्राण मिल गए हों॥२॥

When Dasharath saw the two brothers falling prostrate before him, he could not contain himself for joy. Clasping the boys to his heart, he allayed the unbearable anguish he had borne and looked like a dead body restored to new life.

पुनि बसिष्ठपद सिर तिन्ह नाये। प्रेममुदित मुनिबर उर लाये॥
बिप्रबृंद बंदे दुहुँ भाई। मनभावती असीसैं पाई॥

फिर दोनों भाइयों ने वसिष्ठजी के चरणों में सिर नवाया। मुनिश्रेष्ठ ने प्रेम में प्रसन्न हो उन्हें हृदय से लगा लिया। दोनों भाइयों ने ब्राह्मण-समाज की वन्दना की और (सबसे) मनभाये आशीर्वाद पाये॥३॥

Next, Rama and Lakshmana bowed their heads at Vasishtha's feet, and the great sage embraced them in an ecstasy of love. The two brothers saluted all the Brahmans and in turn received their welcome blessings.

भरत सहानुज कीन्ह प्रनामा। लिए उठाइ लाइ उर रामा॥
हरषे लखन देखि दोउ भ्राता। मिले प्रेमपरिपूरित गाता॥

जब भरतजी ने छोटे भाई (शत्रुघ्न) के साथ श्रीरामचन्द्रजी को प्रणाम किया, तब श्रीरामजी ने उन्हें उठाकर हृदय से लगा लिया। दोनों भाइयों को देखकर लक्ष्मणजी हर्षित हुए और प्रेम से ओतप्रोत शरीर से उनसे मिले॥४॥

Bharata and his younger brother (Shatrughna) greeted Rama, who lifted them and clasped them to his heart. Lakshmana rejoiced to see the two brothers (Bharata and Shatrughna) and embraced them with the utmost affection.

दो.—पुरजन परिजन जातिजन जाचक मंत्री मीत।
मिले जथाबिधि सबहि प्रभु परम कृपाल बिनीत॥३०८॥

इसके बाद परम कृपालु और विनीत श्रीरामचन्द्रजी अयोध्यावासियों, कुटुम्बियों, जाति के लोगों, याचकों, मन्त्रियों और मित्रों—सभी से यथाविधि मिले॥३०८॥

Then the most gracious and unassuming Lord Rama greeted all the citizens and the members of his household and family, the beggars, the ministers and his friends, in a manner befitting the rank of each.

चौ. –रामहि देखि बरात जुड़ानी । प्रीति कि रीति न जाति बखानी ॥
नृप समीप सोहहिं सुत चारी । जनु धन धरमादिक तनुधारी ॥

श्रीरामचन्द्रजी को देखकर बारात जुड़ा गई (राम के विरह में अयोध्यावासी जल रहे थे, अब ठंडे हुए) । प्रीति की रीति का बखान नहीं हो सकता । राजा के पास चारों पुत्र ऐसे शोभित हो रहे हैं मानो अर्थ, धर्म, काम और मोक्ष शरीर धारण किये हुए (विराजमान) हों ॥१॥

When the wedding guests saw Rama, they had a sense of rare fulfilment, for the ways of love are beyond description. The four sons standing by the king looked like incarnations of the four great ends of human endeavour, *viz.*, religious merit, riches, enjoyment and release from worldly existence.

सुतन्ह समेत दसरथहि देखी । मुदित नगर नर नारि बिसेषी ॥
सुमन बरिसि सुर हनहिं निसाना । नाकनटी नाचहिं करि गाना ॥

पुत्रों के साथ दशरथजी को देखकर जनकपुर के स्त्री-पुरुष विशेष आंनदित हो रहे हैं । देवता फूलों की वर्षा करके नगाड़े बजा रहे हैं और अप्सराएँ गा-गाकर नाच रही हैं ॥२॥

The men and women of the city were delighted beyond measure at the sight of Dasharath with his sons. The gods showered down flowers and beat their drums and the nymphs of heaven danced and sang.

सतानंदु अरु बिप्र सचिव गन । मागध सूत बिदुष बंदीजन ॥
सहित बरात राउ सनमाना । आयसु मागि फिरे अगवाना ॥

(अगवानी में आये हुए) शतानन्दजी, अन्य ब्राह्मणों, मंत्रियों, मागधों, सूतों, विद्वानों और भाटों ने बारातसहित राजा दशरथजी का सम्मान किया । फिर आज्ञा लेकर अगवान वापस लौटे ॥३॥

Shatananda (Janaka's family *guru*) with the Brahmans and ministers of State, the genealogists, minstrels, jesters and rhapsodists, who had come to escort them, paid due honour to the king and his party, and with their permission returned.

प्रथम बरात लगन तें आई । तातें पुर प्रमोदु अधिकाई ॥
ब्रह्मानंदु लोगु सब लहहीं । बढ़हुँ दिवस निसि बिधि सन कहहीं ॥

लग्न से पहले बारात आ गयी है, इससे जनकपुर में आह्लाद बढ़ता जा रहा है । सब लोग ब्रह्मानन्द प्राप्त कर रहे हैं और ब्रह्माजी से मनाकर कहते हैं कि दिन और रात बढ़ जायँ ॥४॥

The bridegroom's party had arrived earlier than the day fixed for the wedding, and so there was great rejoicing in the city. Everyone enjoyed the pleasures of Paradise and prayed God that the days and nights might be lengthened.

दो. –रामु सीय सोभा अवधि सुकृत अवधि दोउ राज ॥
जहँ तहँ पुरजन कहहिं अस मिलि नर नारि समाज ॥३०९॥

श्रीरामचन्द्रजी और सीताजी शोभा की सीमा हैं और दोनों राजा पुण्य की सीमा – जहाँ-तहाँ नगरवासी स्त्री-पुरुषों के समूह इकट्ठे हो-होकर आपस में यही कह रहे हैं ॥३०९॥

'Rama and Sita are the perfection of beauty and the two kings (Dasharath and Janaka) the perfection of piety !' Thus would observe the men and women of the city wherever they happened to meet.

चौ. –जनक सुकृत मूरति बैदेही । दसरथसुकृत रामु धरें देही ॥
इन्ह सम काहु न सिव अवराधे । काहु न इन्ह समान फल लाधे ॥

जनकजी के पुण्यों की मूर्ति जानकीजी हैं और दशरथजी के पुण्य देह धारण किये हुए श्रीरामजी हैं । इन (दोनों राजाओं) के समान न तो किसी ने शिवजी की आराधना की और न इनके समान किसी ने फल ही पाये ॥१॥

'Janaki (Sita) is the incarnation of Janaka's merit and Rama is Dasharath's virtue personified. No one has worshipped Shiva with such devotion as these two kings, nor has anyone obtained such a reward as they have.

इन्ह सम कोउ न भयेउ जग माहीं । है नहिं कतहू होनेउ नाहीं ॥
हम सब सकल सुकृत कै रासी । भये जग जनमि जनकपुरबासी ॥

इनके जैसा संसार में न कोई हुआ, न कहीं है और न होने वाला ही है । हम सब भी समस्त पुण्यों की राशि हैं जो जगत् में जन्म लेकर जनकपुर के निवासी हुए ॥२॥

No one has equalled them in this world, nor is there anyone to equal them anywhere, nor ever shall be. We all, too, are storehouses of all kinds of merits in that we have been born into the world as citizens of Janaka's capital,

जिन्ह जानकी राम छबि देखी । को सुकृती हम सरिस बिसेषी ॥
पुनि देखब रघुबीरबिआहू । लेब भली बिधि लोचनलाहू ॥

और जिन्होंने जानकीजी और श्रीरामचन्द्रजी की (अलौकिक) सुन्दरता देखी । हमारे जैसा विशेष पुण्यात्मा कौन होगा ? उस पर अब हम श्रीरघुनाथजी का विवाह देखेंगे और भलीभाँति नेत्रों का लाभ लेंगे ॥३॥

—and have beheld the beauty of Janaki and Rama ! Who is so highly blessed as we ? And now we shall witness Raghunatha's wedding and richly reap the benefit of our eyes.'

कहहिं परसपर कोकिलबयनी । येहि बिआह बड़ लाभु सुनयनी ॥
बड़े भाग बिधि बात बनाई । नयन अतिथि होइहहिं दोउ भाई ॥

कोयल जैसी मधुर बोलनेवाली स्त्रियाँ आपस में कहती हैं कि हे सुन्दर नेत्रोंवाली ! इस विवाह से बड़ा हमें लाभ है । सौभाग्य से विधाता ने सब बात सँवार दी है । ये दोनों भाई हमारी आँखों के अतिथि हुआ करेंगे ॥४॥

Maidens with voice as sweet as the notes of the cuckoo whispered to one another, 'O bright-eyed friends, we shall gain much by this union. By our great good luck Providence has ordained things well, for the two brothers shall often dwell as guests in our eyes.

दो. –बारहि बार सनेहबस जनक बोलाउब सीय ।
लेन आइहहिं बंधु दोउ कोटि काम कमनीय ॥३१०॥

स्नेहवश राजा जनक सीताजी को बार-बार बुलावेंगे और करोड़ों कामदेवों के समान कमनीय दोनों भाई उन्हें लेने आया करेंगे ॥३१०॥

Impelled by affection, Janaka will every so often send for Sita (from Ayodhya), and the two brothers, charming as millions of Cupids put together, will come to take her back.

चौ. –बिबिध भाँति होइहि पहुनाई । प्रिय न काहि अस सासुर माई ॥
तब तब राम लखनहि निहारी । होइहहिं सब पुरलोग सुखारी ॥

यहाँ उनकी तरह-तरह से पहुनाई होगी । सखी ! ऐसी ससुराल किसे प्यारी न होगी ? (वे जब-जब आयेंगे) तब-तब हम सब नगरनिवासी श्रीराम-लक्ष्मण को देख-देखकर सुखी होंगे ॥१॥

Here we shall show them hospitality of every kind; who, sister, would not love the place where such in-laws live ? On each such occasion all the people of the city will be delighted to see Rama and Lakshmana.

सखि जस राम लखन कर जोटा । तैसेइ भूप संग दुइ ढोटा ॥
स्याम गौर सब अंग सुहाए । ते सब कहहिं देखि जे आये ॥

हे सखी ! श्रीराम-लक्ष्मण का जैसा जोड़ा है, वैसे ही दो कुमार राजा के साथ और हैं । उनमें भी एक श्याम और दूसरे गोरे रंग के हैं, उनके भी अंग-प्रत्यंग बहुत सुन्दर हैं । जो लोग उन्हें देख आए हैं, वे सब यही कहते हैं ॥२॥

King Dasharath, my friend, has brought with him two other princes, exactly like this pair, Rama and Lakshmana; one is dark, the other fair, but both are charming in every limb: so say all who have seen them.'

कहा एक मैं आजु निहारे । जनु बिरंचि निज हाथ सँवारे ॥
भरतु रामही की अनुहारी । सहसा लखि न सकहिं नर नारी ॥

एक ने कहा – मैंने आज ही उन्हें देखा है, (वे इतने सुन्दर हैं) मानो ब्रह्माजी ने उन्हें स्वयं अपने हाथों सँवारा है । भरत तो (बिलकुल) श्रीरामचन्द्रजी की ही शकल-सूरत के हैं । स्त्री-पुरुष उन्हें अचानक पहचान नहीं सकते ॥३॥

Said another, 'I saw them today; it appeared to me as though the Creator had fashioned them with his own hands. Bharata is an exact copy of Rama; no man or woman can at first sight distinguish one from the other.

लखनु सत्रुसूदनु एकरूपा । नख सिख ते सब अंग अनूपा ॥
मन भावहिं मुख बरनि न जाहीं । उपमा कहुँ त्रिभुवन कोउ नाहीं ॥

लक्ष्मण और शत्रुघ्न दोनों देखने में एक-जैसे हैं । दोनों के सभी अङ्ग नख से शिखा तक अनुपम हैं । यद्यपि वे मन को बड़े अच्छे लगते हैं, पर मुख से उनका वर्णन नहीं किया जा सकता । उनकी उपमा के योग्य तीनों लोकों में कोई नहीं है ॥४॥

Lakshmana and Shatrughna are indistinguishable from each other, both peerless in every limb from head to foot. They enchant the soul but cannot be described in words, for there is none comparable to them in all the three spheres of creation.'

छं. –उपमा न कोउ कह दास तुलसी कतहु कबि कोबिद कहैं ।
बल बिनय बिद्या सील सोभा सिंधु इन्ह से एइ अहैं ॥
पुरनारि सकल पसारि अंचल बिधिहि बचन सुनावहीं ।
ब्याहिअहुँ चारिउ भाइ येहि पुर हम सुमंगल गावहीं ॥

तुलसीदासजी कहते हैं कि कवि और पंडित कहते हैं, इनकी उपमा कहीं कोई नहीं है; बल, विनय, विद्या, शील और शोभा के सागर इनके समान ये ही हैं (और कोई नहीं) । जनकपुर की सब स्त्रियाँ आँचल पसारकर विधाता से यही विनती करती हैं कि चारों भाई इसी नगर में ब्याहे जायँ और हम सब सुन्दर मङ्गल गावें ।

Says Tulasidasa: 'Nowhere have they a match, so declare poets and wise men. Oceans of strength, modesty, learning, amiability and beauty, they are their own compeers.' Spreading out the skirt[1] of their *saris* (as a beggar would while asking for alms), all the women of the city made their petition to the Creator, 'May all four brothers be married in this city and may we sing charming marriage songs !'

सो. –कहहिं परसपर नारि बारि बिलोचन पुलक तन ।
सखि सबु करब पुरारि पुन्यपयोनिधि भूप दोउ ॥३११॥

अपनी आँखों में जल भरकर पुलकित शरीर से स्त्रियाँ आपस में कह रही हैं – हे सखी ! त्रिपुरारि शिवजी सब मनोरथ पूरा करेंगे, क्योंकि दोनों राजा पुण्य के सागर हैं ॥३११॥

1. *i.e.*, *anchal*.

Said the women to one another with streaming eyes and quivering bodies, 'Friends, the two kings have won such boundless merit that Shiva, the slayer of the demon Tripura, will bring it all to good effect.'

चौ. –येहि बिधि सकल मनोरथ करहीं। आनँद उमगि उमगि उर भरहीं॥
जे नृप सीयस्वयंबर आए। देखि बंधु सब तिन्ह सुख पाए॥

इस तरह सब स्त्रियाँ मनोरथ कर रही हैं और हृदय को उत्साहपूर्वक उमँग-उमँगकर आनन्द से (हृदय को) भर रही हैं। सीताजी के स्वयंवर में जो राजा आये थे, वे भी चारों भाइयों को देखकर सुखी हुए॥१॥

In this way they all prayed and a flood of joy inundated their hearts. The princes who had come to witness Sita's *swayamvara*[1] rejoiced when they saw the four brothers—

कहत रामजसु बिसद बिसाला। निजनिज भवन गये महिपाला॥
गये बीति कछु दिन येहि भाँती। प्रमुदित पुरजन सकल बराती॥

श्रीरामचन्द्रजी के निर्मल और महान् यश को कहते हुए राजा लोग अपने-अपने घर गये। इस प्रकार कुछ दिन बीत गए। सभी पुरवासी और बराती बहुत आनन्दित हैं॥२॥

— and returned, each to his own home, extolling Rama's great and spotless fame. Several days passed in this fashion, to the delight alike of the citizens and the guests.

मंगलमूल लगनदिनु आवा। हिमरितु अगहनु मासु सुहावा॥
ग्रह तिथि नखतु जोगु बर बारू। लगन सोधि बिधि कीन्ह बिचारू॥

सभी मङ्गलों का मूल विवाह का मुहूर्त (लग्न का दिन) आ गया। हेमन्त ऋतु और अगहन का सुहावना महीना था। ग्रह, तिथि, नक्षत्र, योग और दिन सभी श्रेष्ठ थे। लग्न शोधकर ब्रह्माजी ने उस पर विचार किया,॥३॥

At length the propitious day of the wedding arrived; it was the delightful month of Agahana and the beginning of the cold season. Having carefully examined and determined the propitious nature of the planets, date, asterism, the conjunction of the stars, the day of the week and the hour of the wedding,

पठै दीन्हि नारद सन सोई। गनी जनक के गनकन्ह जोई॥
सुनी सकल लोगन्ह येह बाता। कहहिं जोतिषी आहि बिधाता॥

और लग्नपत्रिका को नारदजी के हाथ भिजवा दिया। जनकजी के ज्योतिषियों ने भी वही गणना कर रखी थी। जब सब लोगों ने यह बात सुनी तब वे कहने लगे – (यहाँ के) ज्योतिषी भी विधाता ही हैं॥४॥

— the Creator despatched the note concerning the hour of the wedding through Narada; it was the very same calculation that Janaka's astrologers had already made. When all the people heard of this event, they observed, 'Why, our astrologers are also so many Creators !'

दो. –धेनुधूरि बेला बिमल सकल सुमंगल मूल।
बिप्रन्ह कहेउ बिदेह सन जानि सगुन अनुकूल॥३१२॥

सभी सुन्दर मङ्गलों की मूल गोधूलि की निर्मल वेला आ गयी और अनुकूल शकुन जानकर ब्राह्मणों ने जनकजी से कहा॥३१२॥

The most auspicious and sacred hour before sunset (which is the time when cows generally return home from pasture, and is marked by clouds of dust raised by their hoofs) arrived; perceiving propitious omens, the Brahmans sent word to Janaka.

चौ. –उपरोहितहि कहेउ नरनाहा। अब बिलंब कर कारनु काहा॥
सतानंद तब सचिव बोलाए। मंगल सकल साजि सब ल्याए॥

राजा जनक ने अपने पुरोहित (शतानन्दजी) से कहा कि अब विलम्ब का क्या कारण है? तब शतानन्दजी ने मन्त्रियों को बुलाया। वे सब-के-सब मङ्गल के सारे सामान सजाकर ले आये॥१॥

The king said to the family priest (Shatananda), 'What is now the cause of delay ?' Shatananda then summoned the ministers, who came equipped with all that was auspicious.

संख निसान पनव बहु बाजे। मंगल कलस सगुन सुभ साजे॥
सुभग सुआसिनि गावहिं गीता। करहिं बेदधुनि बिप्र पुनीता॥

शंख, नगाड़े, ढोल और बहुत-से बाजे बजने लगे तथा मङ्गल-कलश और शुभ शकुन की वस्तुएँ[१] सजायी गयीं। सुन्दर सुहागिन स्त्रियाँ गीत गाने लगीं और पवित्र (आचरणवाले) ब्राह्मण वेद-ध्वनि करने लगे॥२॥

Then sounded a number of conches, drums and tabors and other instruments of music, and festal vases and objects of good omen (such as curds, turmeric and blades of *durva* grass) were displayed. Graceful women (whose husbands were alive) sang songs, and holy Brahmans intoned Vedic texts.

लेन चले येहि सादर भाती। गये जहाँ जनवास बराती॥
कोसलपति कर देखि समाजू। अति लघु लाग तिन्हहि सुरराजू॥

इस प्रकार सब लोग आदरपूर्वक बारात को लेने चले और वहाँ गये जहाँ बरातियों का जनवासा था। अवधपति दशरथजी का समाज (ऐश्वर्य) देखकर उन्हें देवराज इन्द्र भी बहुत ही तुच्छ जँचे॥३॥

1. *i.e.* the contest of the bow.

१. दधि, दूर्वा, रोचन, फल-फूल आदि।

Thus they set out to invite the wedding guests with due honour and came to their lodgings. When they saw the magnificence of Dasharath, the king of Avadh, even Indra, the lord of gods, looked very small to them.

भयेउ समउ अब धारिअ पाऊ । येह सुनि परा निसानहि घाऊ ॥
गुरहि पूछि करि कुलबिधि राजा । चले संग मुनि साधु समाजा ॥

(उन्होंने बड़ी विनम्रता से कहा) समय हो गया, अतः अब पधारिए । यह सुनते ही नगाड़ों पर चोट पड़ी । गुरु वसिष्ठजी से पूछकर और कुल की सब रीतियों को करके राजा दशरथ मुनियों और साधुओं के समाज के साथ चले ॥४॥

'The hour has come,' they said, 'be pleased to start.' At this the drums gave a thundering beat, and after consulting Vasishtha his *guru* and performing the family rites, Dasharath set out with a host of sages and holy men.

दो. –भाग्य बिभव अवधेस कर देखि देव ब्रह्मादि ।
लगे सराहन सहसमुख जानि जनम निज बादि ॥३१३॥

अवधनरेश दशरथजी के भाग्य और वैभव को देखकर और अपना जन्म व्यर्थ जानकर ब्रह्मा आदि देवता हजारों मुखों से उनकी सराहना करने लगे ॥३१३॥

When Brahma and all the other gods beheld the good fortune and magnificence of the king of Avadh, they began to extol him with a thousand tongues and declare their own lives to have been fruitless.

चौ. –सुरन्ह सुमंगल अवसरु जाना । बरषहिं सुमन बजाइ निसाना ॥
सिव ब्रह्मादिक बिबुध बरूथा । चढ़े बिमानन्हि नाना जूथा ॥

सुन्दर मङ्गल का अवसर आया जानकर देवगण नगाड़े बजा-बजाकर फूलों की वर्षा करते हैं । शिव, ब्रह्मा आदि देववृन्द टोलियाँ बना-बनाकर विमानों पर जा चढ़े ॥१॥

Seeing the auspiciousness of the hour, the gods rained down flowers and sounded their drums. Shiva and Brahma and hosts of other deities mounted their chariots in several groups

प्रेमपुलक तन हृदय उछाहू । चले बिलोकन रामबिआहू ॥
देखि जनकपुरु सुर अनुरागे । निज निज लोक सबहि लघु लागे ॥

प्रेम से पुलकित शरीर तथा हृदय में उत्साह के साथ वे श्रीरामचन्द्रजी का विवाह देखने चले । जनकपुर को देखकर देवता इतने मुग्ध हो गए कि उन्हें अपने-अपने लोक तुच्छ लगने लगे ॥२॥

and came to see Rama's wedding, their frames thrilling over with emotion and their hearts overflowing with joy. When they saw Janaka's city, they were so entranced that their own realms appeared to them as of small account.

चितवहिं चकित बिचित्र बिताना । रचना सकल अलौकिक नाना ॥
नगर नारि नर रूपनिधाना । सुघर सुधरम सुसील सुजाना ॥

अद्‌भुत मण्डप को तथा नाना प्रकार की अन्य सभी अलौकिक रचनाओं को वे चकित होकर देखने लगे । नगर के स्त्री-पुरुष सभी रूप के भण्डार, सुघड़, श्रेष्ठ धर्मात्मा, शीलवान् और ज्ञानवान् हैं ॥३॥

They gazed with amazement at the gorgeous pavilion and all the various works of art which were of a transcendental character. The people of the city, both men and women, were so many mines of beauty, elegant, pious, amiable and wise.

तिन्हहि देखि सब सुर सुरनारी । भए नखत जनु बिधु उजिआरी ॥
बिधिहि भयेउ आचरजु बिसेषी । निज करनी कछु कतहु न देखी ॥

उन्हें देखकर सब देवता और उनकी स्त्रियाँ ऐसी (निस्तेज) हो गईं जैसे चन्द्रमा के उजाले में तारागण (निष्प्रभ हो जाते हैं) । ब्रह्माजी को विशेष आश्चर्य हुआ, क्योंकि उन्होंने वहाँ अपनी कोई करनी (रचना) तो कहीं देखी ही नहीं ॥४॥

In their presence all the gods and goddesses appeared like stars in a moonlit night. The Creator (Brahma) was astounded above all, for nowhere did he find anything that was his own handiwork.

दो. –सिव समुझाए देव सब जनि आचरज भुलाहु ।
हृदय बिचारहु धीर धरि सिय रघुबीर बिआहु ॥३१४॥

(तब) शिवजी ने सब देवताओं को समझाया कि तुमलोग आश्चर्य में मत भूलो । हृदय में धीरज धरकर विचार तो करो कि यह (कोई सामान्य स्त्री-पुरुष का नहीं, बल्कि) श्रीसीता और श्रीरामचन्द्रजी का विवाह है ॥३१४॥

But Shiva admonished all the gods saying, 'Be not lost in wonder; calmly ponder in your heart that it is the wedding of Sita and Rama, the hero of Raghu's race.

चौ. –जिन्ह कर नामु लेत जग माहीं । सकल अमंगल मूल नसाहीं ॥
करतल होहिं पदारथ चारी । तेइ सिय रामु कहेउ कामारी ॥

जिनका नाम लेते ही जगत् में सारे अमङ्गलों की जड़ नष्ट हो जाती है और चारों पदार्थ (अर्थ, धर्म, काम और मोक्ष) मुट्ठी में आ जाते हैं, ये वही सीता और रामजी हैं – काम के शत्रु शिवजी ने ऐसा कहा ॥१॥

At the very mention of their name all evil is uprooted and the four rewards of human existence are brought within one's grasp. Such are Sita and Rama !' So said Shiva, the enemy of Love.

येहि संभु सुरन्ह समुझावा। पुनि आगे बर बसहु चलावा॥
देवन्ह देखे दसरथु जाता। महामोद मन पुलकित गाता॥

शिवजी ने देवताओं को यही समझाया और फिर अपने श्रेष्ठ बैल नन्दीश्वर को आगे चला दिया। देवताओं ने देखा कि दशरथजी मन में बड़े ही प्रसन्न और शरीर से पुलकित हुए जा रहे हैं॥२॥

Having thus admonished the gods, Shiva spurred on his noble bull Nandishvara. The gods watched Dasharath advancing (towards Janaka's palace) with his heart full of joy and a thrill of rapture.

साधुसमाज संग महिदेवा। जनु तनु धरे करहिं सुख सेवा॥
सोहत साथ सुभग सुत चारी। जनु अपबरग सकल तनुधारी॥

उनके साथ साधुओं और ब्राह्मणों का समाज शोभा दे रहा है, मानो समस्त सुख शरीर धारणकर उनकी सेवा कर रहे हों। साथ में चारों सुन्दर पुत्र ऐसे सुशोभित हैं, मानो सम्पूर्ण मोक्ष (सालोक्य, सामीप्य, सारूप्य, सायुज्य) शरीर धारण किये हुए हों॥३॥

The crowd of holy men and Brahmans accompanying the king appeared like all the joys incarnate ministering to him. By his side shone forth his four handsome sons, incarnations, as it were, of the four orders of final beatitude. (The four grades or orders of final beatitude are *salokya*, residence in the same heaven as God; *samipya*, being in actual contact with God; *sarupya*, being in the same form as God; and *sayujya*, complete absorption into God.)

मरकत कनक बरन बर जोरी। देखि सुरन्ह भै प्रीति न थोरी॥
पुनि रामहि बिलोकि हिय हरषे। नृपहि सराहि सुमन तिन्ह बरषे॥

मरकतमणि और सुवर्ण के रंग की श्रेष्ठ जोड़ियों को देखकर देवताओं को कम तृप्ति नहीं हुई। फिर रामचन्द्रजी को देखकर वे हृदय में हर्षित हुए और राजा का गुणगान करके उन्होंने फूल बरसाये॥४॥

The gods were greatly inspired with love to see the two noble pairs, one possessing the hue of emerald and the other of gold. They were particularly delighted at heart to see Rama. They extolled the king and rained down flowers.

दो. –रामरूपु नख सिख सुभग बारहि बार निहारि।
पुलक गात लोचन सजल उमा समेत पुरारि॥३१५॥

नख से शिखा तक श्रीरामचन्द्रजी के सुन्दर रूप को बार-बार देखते हुए पार्वतीजी सहित शिवजी का शरीर हर्ष-विह्वल हो गया और उनकी आँखों में प्रेम के आँसू भर आए॥३१५॥

As Uma and the slayer of the demon Tripura (Shiva and Parvati) gazed again and again at Rama's beauty, charming from head to foot, they felt a thrill of rapture and their eyes were bedewed with tears.

चौ. –केकिकंठ दुति स्यामल अंगा। तड़ित बिनिंदक बसन सुरंगा॥
ब्याहबिभूषन बिबिध बनाए। मंगल सब सब भाँति सुहाए॥

(रामजी का) मोर के कण्ठ की-सी कान्तिवाला साँवला शरीर है। बिजली का भी विशेष निरादर करनेवाले श्रेष्ठ रंगीन वस्त्र हैं। सब मङ्गलरूप और सब प्रकार से सुन्दर नाना प्रकार के विवाह के आभूषण अंग-अंग पर सजाये हुए हैं॥१॥

His swarthy form possessed the glow of a peacock's glossy neck, and his dress of magnificent hue shone brighter than the lighting. Wedding ornaments of every kind, all auspicious and graceful in every way, adorned his person.

सरद बिमल बिधु बदनु सुहावन। नयन नवल राजीव लजावन॥
सकल अलौकिक सुंदरताई। कहि न जाइ मनहीं मन भाई॥

उनका मुख शरत्पूर्णिमा के निर्मल चन्द्रमा के समान सुन्दर और नेत्र नये (खिले हुए) लाल कमल को लजानेवाले हैं। सारी सुन्दरता अलौकिक है, वह कही नहीं जा सकती, किन्तु मन-ही-मन बहुत अच्छी लगती है॥२॥

His countenance was as comely as the moon in a cloudless autumn night, his eyes put to shame a blooming pair of lotuses. The elegance of his form was transcendent in all its details; though it moved the soul, it defied description.

बंधु मनोहर सोहहिं संगा। जात नचावत चपल तुरंगा॥
राजकुअँर बर बाजि देखावहिं। बंसप्रसंसक बिरिद सुनावहिं॥

(श्रीरामजी के) साथ में मन को चुरानेवाले (सुन्दर) भाई शोभित हैं, जो चञ्चल घोड़ों को नचाते हुए चले जा रहे हैं। राजकुमार अपने श्रेष्ठ घोड़ों की चाल को दिखला रहे हैं और वंश के प्रशंसक (मागध-भाट) विस्तृत यशोगान कर रहे हैं॥३॥

Beside him shone forth his charming brothers, who made their restive steeds curvet on the way. The princes were showing off the paces of their noble horses and the family bards were reciting the glories of their line.

जेहि तुरंग पर रामु बिराजे। गति बिलोकि खगनायकु लाजे॥
कहि न जाइ सब भाँति सुहावा। बाजिबेषु जनु काम बनावा॥

जिस घोड़े पर श्रीरामजी विराजमान हुए, उसकी चाल देखकर गरुड़ भी लज्जित हो जाते हैं। उसका वर्णन नहीं हो सकता, वह सब प्रकार सुन्दर है, मानो कामदेव ने ही घोड़े का रूप धारण कर लिया हो॥४॥

The king of the birds, Garuda, blushed for shame as he watched the speed of the steed that Rama bestrode; it was splendid beyond description in every way; it seemed as though Kamadeva himself had assumed the guise of a steed.

छं. –जनु बाजिबेषु बनाइ मनसिजु राम हित अति सोहई ।
आपने बय बल रूप गुन गति सकल भुवन बिमोहई ॥
जगमगत जीनु जराव जोति सो मोति मनि मानिक लगे ।
किंकिनि ललाम लगामु ललित बिलोकि सुर नर मुनि ठगे ॥

मानो श्रीरामचन्द्रजी के लिए घोड़े का वेष बनाकर कामदेव अत्यन्त शोभित हो रहा है । वह अपनी अवस्था, बल, रूप, गुण और गति से समस्त लोकों को विमोहित कर रहा है । सुन्दर मोती, मणि और माणिक्य लगी हुई जड़ाऊ जीन ज्योति से जगमगा रही है । उसकी सुन्दर घुँघरू लगी ललित लगाम को देखकर देवता, मनुष्य और मुनि सभी ठगे-से रह जाते हैं (मोहित हो जाते हैं) ।

It seemed as though for Rama's sake Cupid himself had appeared with all his resplendent beauty in the guise of a steed and charmed the whole universe with its youth and vigour, grace and qualities and paces ! A bejewelled saddle, thick set with beautiful pearls, gems and rubies shone on his back; when they saw the exquisite bridle, hung with small tinkling bells, gods, men and sages were all fascinated.

दो. –प्रभुमनसहि लयलीन मनु चलत चालि छबि पाव ।
भूषित उड़गन तड़ित घनु जनु बर बरहि नचाव ॥३१६॥

प्रभु (श्रीरामजी) की इच्छा में अपने मन को लवलीन किये चलता हुआ वह घोड़ा बड़ी शोभा पा रहा है, मानो तारागणों तथा बिजली से भूषित मेघ सुन्दर मोर को नचा रहा हो ॥३१६॥

Marching with its mind completely merged into the will of its lord, the gallant steed paced on, as beautiful as a peacock that dances in response to a thunder-cloud, whose dark mass is silvered with stars and lightning flashes.

चौ. –जेहि बर बाजि रामु असवारा । तेहि सारदउ न बरनै पारा ॥
संकरु रामरूप अनुरागे । नयन पंचदस अति प्रिय लागे ॥

जिस श्रेष्ठ घोड़े पर श्रीरामचन्द्रजी सवार हैं, उसका वर्णन सरस्वतीजी भी नहीं कर सकतीं । शंकरजी श्रीरामचन्द्रजी के रूप पर ऐसे आसक्त हुए कि उस समय उन्हें अपने पंद्रहों नेत्र बहुत ही प्यारे लगने लगे ॥१॥

Not even Sarasvati could describe the noble steed that Rama rode. Shankara (who has five faces, each having three eyes) was so enamoured of Rama's beauty that he congratulated himself on his possessing as many as fifteen eyes.

हरि हित सहित रामु जब जोहे । रमा समेत रमापति मोहे ॥
निरखि रामछबि बिधि हरषाने । आठै नयन जानि पछिताने ॥

विष्णु भगवान् ने जब प्रेम से श्रीराम को देखा, तब वे श्रीलक्ष्मीजी के पति श्रीलक्ष्मीजीसहित मुग्ध हो गए । श्रीरामचन्द्रजी की शोभा देखकर ब्रह्माजी बड़े प्रसन्न हुए, पर अपने आठ ही नेत्र जानकर पछताने लगे (कि और नेत्र न हुए) ॥२॥

When Hari (Vishnu) gazed fondly on Rama, both he and his consort were equally enchanted. (The four-faced) Brahma too was delighted to see Rama's beauty, but was sorry he had only eight eyes.

सुरसेनप उर बहुत उछाहू । बिधि ते डेवढ़ लोचनलाहू ॥
रामहि चितव सुरेस सुजाना । गौतमश्रापु परम हित माना ॥

देवताओं के सेनापति (स्वामिकार्तिक) के हृदय में बड़ी उमंग है, क्योंकि वे ब्रह्माजी से ड्योढ़े (अर्थात् बारह) नेत्रों से रामदर्शन का सुन्दर लाभ उठा रहे हैं । सुजान इन्द्र (जिनके हजार नेत्र हैं) श्रीरामचन्द्रजी को देख रहे हैं और गौतमजी के शाप को अपने लिए अत्यन्त हितकर मान रहे हैं ॥३॥

The captain of the heavenly host (the six-faced Karttikeya) exulted greatly, for he enjoyed the sight with half as many eyes again as Brahma. When the all-wise lord of the gods (Indra) looked on Rama (with his thousand eyes), he considered Gautama's curse a great blessing.

देव सकल सुरपतिहि सिहाहीं । आजु पुरंदर सम कोउ नाहीं ॥
मुदित देवगन रामहि देखी । नृपसमाज दुहुँ हरषु बिसेषी ॥

समस्त देवगण सुरराज इन्द्र से ईर्ष्या कर रहे हैं (और कह रहे हैं) कि आज इन्द्र के समान धन्य दूसरा कोई नहीं है । श्रीरामचन्द्रजी को देखकर देवता प्रसन्न हैं और दोनों राजाओं के समाज में विशेष आनन्द व्याप रहा है ॥४॥

All the gods envied Indra and observed, 'Today there is no one like Purandara (Indra) !' The whole host of heavenly beings rejoiced at the sight of Rama, and there was joy beyond measure in both the king's companies.

छं. –अति हरषु राजसमाज दुहुँ दिसि दुंदुभी बाजहिं घनी ।
बरषहिं सुमन सुर हरषि कहि जय जयति जय रघुकुलमनी ॥
येहि भाँति जानि बरात आवत बाजने बहु बाजहीं ।
रानी सुआसिनि बोलि परिछनि हेतु मंगल साजहीं ॥

दोनों ओर के राजसमाज में अत्यन्त हर्ष छा रहा है और बड़े जोर से नगाड़े बज रहे हैं । प्रसन्न होकर और 'रघुकुलमणि श्रीराम की जय हो, जय हो,

जय हो !'[1] कहकर देवगण फूलों की वर्षा कर रहे हैं इस प्रकार बारात को आती हुई जानकर बहुत बाजे बजने लगे और रानी (सुनयनाजी) सुहागिन स्त्रियों को बुलाकर परछन के लिए मङ्गलद्रव्य सजाने लगीं।

Great was the rejoicing in both the kings' companies; loud beat the kettledrums on both sides; the gods rained down flowers, shouting in their joy, 'Glory, glory to the jewel of the house of Raghu !' So, when it was known that the marriage procession was approaching, all sorts of music sounded loud, and Sunayana (Sita's mother) summoned married women whose husbands were alive and prepared with their help auspicious materials for the lustral rite *(parachan)*.

दो.—सजि आरती अनेक बिधि मंगल सकल सँवारि।
चलीं मुदित परिछनि करन गजगामिनि बर नारि ॥३१७॥

तरह-तरह से आरती सजाकर और समस्त मङ्गलद्रव्यों को सँवारकर गजगामिनी उत्तम स्त्रियाँ आनन्दपूर्वक परछंन के लिए चलीं ॥३१७॥

Having prepared the festal lamps in various ways and all other articles of good omen, a bevy of noble beauties who possessed the graceful gait of an elephant, joyfully went forth to perform the lustral rite.

चौ.—बिधुबदनी सब सब मृगलोचनि। सब निज तनछबि रतिमदु मोचनि ॥
पहिरे बरन बरन बर चीरा। सकल बिभूषन सजे सरीरा ॥

वे सभी स्त्रियाँ चन्द्रमुखी और सब-की-सब मृगलोचनी हैं, और सभी अपने शरीर की शोभा से रति के गर्व को मिटानेवाली हैं। रंग-बिरंग की सुन्दर साड़ियाँ पहनी हैं और उनके शरीर पर सब आभूषण[1] सजे हुए हैं ॥१॥

They all had moon-like faces and eyes like those of a gazelle; by the elegance of their form they humbled Rati's pride. Attired in fine garments of various hues they had decked their persons with every kind of adornment.

सकल सुमंगल अंग बनाये। करहिं गान कलकंठि लजाये ॥
कंकन किंकिनि नूपुर बाजहिं। चालि बिलोकि कामगज लाजहिं ॥

उन्होंने अपने सभी अङ्गों को सुन्दर मङ्गल पदार्थों से[2] सजा रखा है और वे कोयल को भी लजाती हुई (मीठे स्वर से) गान कर रही हैं। कंगन, करधनी और नूपुर बज रहे हैं। (उन सुहागिनों की) चाल देखकर कामदेव के हाथी भी लजा जाते हैं ॥२॥

With every limb adorned with auspicious ornaments, they sang melodies that put to shame even the sweet-voiced cuckoo. Bracelets, small bells upon their girdles and anklets made a jingling sound as they moved and Love's elephants blushed with shame to see their graceful gait.

बाजहिं बाजन बिबिध प्रकारा। नभ अरु नगर सुमंगलचारा ॥
सची सारदा रमा भवानी। जे सुरतिय सुचि सहज सयानी ॥

विविध प्रकार के बाजे बज रहे हैं। आकाश और नगर में सुन्दर मङ्गलाचार हो रहे हैं। शची (इन्द्राणी), सरस्वती, लक्ष्मी, पार्वती और जो स्वभाव से ही पवित्र तथा चतुर देवाङ्गनाएँ थीं, ॥३॥

All kinds of music played, and both in the heavens and in the city were heard glad benedictory songs. Shachi (Indra's consort), Sarasvati, Lakshmi, Parvati and other goddesses, who were pure-hearted and clever by nature, —

कपटनारि बर बेष बनाई। मिलीं सकल रनिवासहि जाई ॥
करहिं गान कल मंगल बानी। हरष बिबस सब काहु न जानी ॥

वे सब सुन्दर स्त्रियों का बनावटी वेष बनाकर रनिवास में जा मिलीं और मनोहर वाणी से मङ्गलगान करने लगीं। सब हर्ष के विशेष वश थे, अतः किसी ने उन्हें नहीं पहचाना ॥४॥

— disguised themselves as lovely dames and joined the royal gynaeceum. They sang festal songs in a melodious voice; and as all were overcome with joy, none could recognize them.

छं.—को जान केहि आनंदबस सब ब्रह्मु बर परिछन चली।
कल गान मधुर निसान बरषहिं सुमन सुर सोभा भली।
आनंदकंदु बिलोकि दूलहु सकल हिय हरषित भई।
अंभोज अंबक अंबु उमगि सुअंग पुलकावलि छई ॥

कौन किसे पहचाने ? आनन्द के वश में होकर सब दूल्हा बने हुए ब्रह्म का परछन करने चली हैं। मनोहर गीत हो रहा है, मधुर नगाड़े बज रहे हैं, देवता फूलों की वर्षा कर रहे हैं, बड़ी अच्छी शोभा है। आनन्दकन्द दूल्हे को देखकर सब स्त्रियाँ हृदय में हर्षित हुईं। उनके कमल-सरीखे नेत्रों में प्रेमाश्रुओं का जल उमड़ आया और सुन्दर अंगों में रोमांच छा गया।

Who should recognize whom, when everyone in the gynaeceum proceeded in her ecstatic joy to celebrate the lustral rite over the bridegroom, who was no other than the Absolute incarnate. Melodious were the songs and soft the sound of kettledrums; the gods rained down flowers and everything looked most charming. All the women were delighted to see the bridegroom, fountain of

---

१. जैसे नूपुर, किंकिणी (करधनी), चूड़ी, अँगूठी, कंगन, बिजायठ हार, कंठश्री, बेसरि, बिरिया, टीका और शीशफूल।

२. यावक, अरगजा, सिंदूर, रोली, काजल आदि। 'कंकन किंकिनि नूपुर बाजहिं'—ये आभूषण चाल के साथ बजते हैं।

joy; tears of love rushed to their lotus eyes and their pretty limbs trembled with rapture.

दो. –जो सुखु भा सियमातु मन देखि राम बर बेषु ।
सो न सकहिं कहि कलप सत सहस सारदा सेषु ॥३१८॥

श्रीरामचन्द्रजी के वरवेष को देखकर सीताजी की माता (सुनयनाजी) के मन में जो सुख हुआ, उसे हजारों शारदा और शेषजी सौ कल्पों में भी नहीं कह सकते (अथवा लाखों सरस्वती और शेष लाखों कल्पों तक भी नहीं कह सकते) ॥३१८॥

The joy which Sita's mother (Sunayana) felt in her heart on seeing Rama in the comely attire of a bridegroom was more than a thousand Sharadas and Sheshas could tell in a hundred aeons.

चौ. –नयननीरु हटि मंगल जानी । परिछनि करहिं मुदित मन रानी ॥
बेदबिहित अरु कुल आचारू । कीन्ह भली बिधि सब ब्यवहारू ॥

मङ्गल (अवसर) जानकर नेत्रों के जल को रोक रानी प्रसन्न मन से परछन कर रही हैं । वेद-विधान तथा कुलाचार के अनुसार सभी व्यवहार रानी ने भलीभाँति (सम्पन्न) किये ॥१॥

Restraining her tears out of regard for the auspiciousness of the occasion, the queen performed the lustral rite with a gladdened heart and duly completed all the ceremonies prescribed in the Vedas and in the custom of the family.

पंच सबद धुनि मंगल गाना । पट पावड़े परहिं बिधि नाना ॥
करि आरती अरघु तिन्ह दीन्हा । राम गमनु मंडप तब कीन्हा ॥

पञ्चशब्द (तन्त्री, ताल, झाँझ, नगारा और तुरही के शब्द), पञ्चध्वनि (वेदध्वनि, वन्दिध्वनि, जयध्वनि, शङ्खध्वनि और हुलूध्वनि) और मङ्गलगान हो रहे हैं । भाँति-भाँति के वस्त्रों के पाँवड़े बिछाये जा रहे हैं । रानी ने आरती करके अर्घ्य दिया, तब श्रीरामजी मण्डप में गये ॥२॥

The five kinds of music[1] were being played, accompanied by five varieties of other sounds[2] and festal songs; carpets of various sorts were spread on the way. After waving the lights about his head the queen offered the oblation, and then Rama proceeded to the pavilion.

दसरथु सहित समाज बिराजे । बिभव बिलोकि लोकपति लाजे ॥
समय समय सुर बरषहिं फूला । सांति पढ़हिं महिसुर अनुकूला ॥

दशरथजी (अपनी) मण्डली के साथ विराजमान हुए । उनके ऐश्वर्य को देखकर लोकपाल भी लज्जित हो गए । समय-समय पर देवता फूल बरसाते हैं और ब्राह्मण समयानुकूल शान्तिपाठ करते हैं ॥३॥

(Here) Dasharath shone in all his glory with his retinue; his magnificence put to shame the very guardians of the worlds. From time to time the gods rained down flowers and the Brahmans recited propitiatory texts appropriate to the occasion.

नभ अरु नगर कोलाहल होई । आपनि पर कछु सुनै न कोई ॥
येहि बिधि रामु मंडपहि आये । अरघु देइ आसन बैठाये ॥

आकाश और नगर में कोलाहल मच रहा है । अपना-पराया कोई कुछ नहीं सुनता । इस प्रकार श्रीरामचन्द्रजी मण्डप में पधारे और अर्घ्य देकर आसन पर बिठाये गये ॥४॥

There was such a great clamour in the heavens and in the city that no one could hear one's own voice, much less another's. In this way Rama entered the pavilion, and after offering him a libation was conducted to his seat.

छं. –बैठारि आसन आरती करि निरखि बरु सुखु पावहीं ।
मनि बसन भूषन भूरि वारहिं नारि मंगल गावहीं ॥
ब्रह्मादि सुरबर बिप्रबेष बनाइ कौतुक देखहीं ।
अवलोकि रघुकुल कमल रबि छबि सुफल जीवन लेखहीं ॥

आसन पर बिठाकर, आरती करके दूल्हे को देखकर स्त्रियाँ सुखी हो रही हैं । वे मणि, वस्त्र और गहनों के ढेर निछावर कर मङ्गल गा रही हैं । ब्रह्मा आदि श्रेष्ठ देवता ब्राह्मण का वेष धारणकर यह तमाशा देख रहे हैं । वे रघुकुलरूपी कमल को प्रफुल्लित करनेवाले सूर्य श्रीरामचन्द्रजी की सुन्दरता को देखकर अपने जीवन को सार्थक मान रहे हैं ।

When Rama was seated on the throne reserved for him, the festal lamps were waved about his head, and the women rejoiced to see the bridegroom, scattering about him jewels and raiment and ornaments in profusion, and sang festal songs. Brahma and all the other great gods witnessed the spectacle disguised as Brahmans; and as they gazed upon the beauty of Rama, who delighted Raghu's race even as the sun brings joy to the lotuses, they regarded this privilege as the fulfilment of their lives.

दो. –नाऊ बारी भाट नट रामनिछावरि पाइ ।
मुदित असीसहिं नाइ सिर हरषु न हृदय समाइ ॥३१९॥

नाई, बारी, भाट और नट श्रीरामचन्द्रजी की निछावर पाते ही आनन्दित हो सिर झुकाकर आशीष देते हैं । उनके हर्ष का पारावार नहीं है ॥३१९॥

1. *i.e.*, music performed on such five instruments as *tantri* or *sitara*, *tala* and jhanjha, nagara and *turahi*.
2. *i.e.* the recitation of the Vedas, songs of the bards, the shouts of triumph, the blowing of conches and music.

Having gathered the offerings scattered about Rama, the barbers and makers of leaf-plates, family bards and acrobats bowed their heads and happily invoked blessings on him with hearts overflowing with joy.

चौ. –मिले जनकु दसरथु अति प्रीती । करि बैदिक लौकिक सब रीती ॥
मिलत महा दोउ राज बिराजे । उपमा खोजि खोजि कबि लाजे ॥

वैदिक और लौकिक सभी रीतियों को सम्पन्न करने के बाद जनकजी और दशरथजी बड़े प्रेम से मिले। (उस समय) दोनों महाराज मिलते हुए अत्यधिक शोभित हुए, (यहाँ तक कि) कवि उनके लिए उपमा खोज-खोजकर लजा गए ॥१॥

Having performed every rite that derived its authority from the Vedas or from popular tradition, the two kings, Janaka and Dasharath, embraced each other with great love. The two monarchs while embracing each other presented so glorious a spectacle that poets, despite their repeated efforts to find a suitable simile, felt abashed at their failure.

लही न कतहु हारि हिय मानी । इन्ह सम एइ उपमा उर आनी ॥
सामध देखि देव अनुरागे । सुमन बरषि जसु गावन लागे ॥

जब कहीं भी कोई उपमा न मिली, तब हृदय में हार मानकर उन्होंने मन में यही उपमा बिठायी कि इनके समान ये ही हैं। समधियों का मिलाप या परस्पर सम्बन्ध देखकर देवता अनुराग से भर गए और फूल बरसाकर उनका यशोगान करने लगे ॥२॥

Nowhere finding a simile, they felt baffled and concluded that the pair could be likened to themselves. The gods were enraptured to see the tie of love between the two kings united by marriage alliance and showered down flowers and began to sing the glories of both.

जगु बिरंचि उपजावा जब तें । देखे सुने ब्याह बहु तब तें ॥
सकल भाँति सम साजु समाजू । सम समधी देखे हम आजू ॥

(वे कहते थे –) जब से ब्रह्माजी ने इस जगत् की सृष्टि की, तब से हमने बहुसंख्य विवाह देखे-सुने; परन्तु सब प्रकार से समान साज-समाज और बराबरी के समधी तो आज ही देखे ॥३॥

'Ever since Brahma first created the world many have been the weddings that we have seen or heard of, but it is only today that we have seen such pomp and grandeur on both sides and fathers so well-matched !'

देवगिरा सुनि सुंदर साँची । प्रीति अलौकिक दुहुँ दिसि माची ॥
देत पावड़े अरघु सुहाए । सादर जनकु मंडपहि ल्याए ॥

देवगणों की सुन्दर-सत्य वाणी को सुनते ही दोनों ओर अलौकिक प्रीति फैल गयी। सुहावने पाँवड़े और अर्घ्य देते हुए जनकजी दशरथजी को सादर मण्डप में ले आये ॥४॥

At the sound of these divine words, so charming and so true, there was a flood of transcendent love on both sides. Unrolling beautiful carpets on the way and offering libations, Janaka himself escorted Dasharath to the pavilion with all honour.

छं. –मंडपु बिलोकि बिचित्र रचना रुचिरता मुनिमन हरे ।
निज पानि जनक सुजान सब कहुँ आनि सिंघासन धरे ॥
कुल इष्ट सरिस बसिष्ठु पूजे बिनय करि आसिष लही ।
कौसिकहि पूजत परम प्रीति कि रीति तौ न परै कही ॥

मण्डप को देखकर उसकी अनोखी बनावट और सुन्दरता से मुनियों के मन भी हरे गये। सुविज्ञ जनकजी ने अपने हाथों से ला-लाकर सबके लिए सिंहासन रखे। उन्होंने अपने कुल के इष्ट देवता के समान वसिष्ठजी की पूजा की और विनय करके उनसे आशीर्वाद लिये। विश्वामित्रजी की पूजा करते समय की परम प्रीति की रीति तो सचमुच अवर्णनीय ही है।

The marvellous art of the pavilion and its charm captivated the hearts of the sages; yet wise Janaka brought and placed with his own hands seats for all the honoured guests. He worshipped the sage Vasishtha as though he were his own patron deity and supplicating before him, received his blessings; and the supreme devotion with which he offered divine honours to Vishvamitra was something too great for words.

दो. –बामदेव आदिक रिषय पूजे मुदित महीस ।
दिए दिब्य आसन सबहि सब सन लही असीस ॥३२०॥

राजा जनक ने वामदेव आदि ऋषियों की भी प्रसन्नतापूर्वक पूजा की। सभी को दिव्य आसन दिये और उन सबसे आशिषें लीं ॥३२०॥

King Janaka gladly paid reverence to Vamadeva (another family preceptor of Dasharath) and the other seers as well; he gave them all exalted seats and received blessings from them all in return.

चौ. –बहुरि कीन्हि कोसलपतिपूजा । जानि ईस सम भाउ न दूजा ॥
कीन्हि जोरि कर बिनय बड़ाई । कहि निज भाग्यबिभव बहुताई ॥

फिर उन्होंने कोसलाधीश (राजा दशरथ) की पूजा उन्हें ईश (शिवजी) के समान जानकर की, दूसरे भाव से नहीं। तदनन्तर अपने भाग्य-वैभव की बहुताई (बाहुल्य) की सराहना करके हाथ जोड़कर विनती और बड़ाई की (कि ऐसा अपूर्व मिलन और सम्बन्ध हुआ) ॥१॥

Again he offered worship to the king of Kosala, taking him to be the peer of Shiva and none other.

With folded hands he made his humble prayer and extolled him, enlarging on his own marvellous good fortune.

पूजे भूपति सकल बराती। समधी सम सादर सब भाँती॥
आसन उचित दिये सब काहू। कहउँ काह मुख एक उछाहू॥

राजा (जनक) ने सब बरातियों की भी समधी (दशरथजी) के समान ही सब प्रकार से सादर पूजा की और सब किसी को उचित आसन दिये। मैं अपने एक मुख से उस उत्साह को क्या कहूँ ?॥२॥

Then to all the wedding guests Janaka paid the same divine honours in every respect as to the bridegroom's father, and assigned appropriate seats to them all. But how am I to describe with a single tongue the warmth of his feeling?

सकल बरात जनक सनमानी। दान मान बिनती बर बानी॥
बिधि हरि हरु दिसिपति दिनराऊ। जे जानहिं रघुबीरप्रभाऊ॥

जनकजी ने दान-मान, विनय और उत्तम वाणी से सारी बारात को सम्मानित किया। ब्रह्मा, विष्णु, शिव, दिक्पाल और सूर्य जो श्रीरघुनाथजी का प्रभाव जानते हैं,॥३॥

Janaka honoured all the guests with gifts and due attention, supplication and sweet compliments. Brahma, Vishnu and Shiva, the guardians of the (eight) quarters of the world[1] and the sun-god, all of whom knew the power of Raghunatha,

कपटबिप्र बर बेष बनाए। कौतुक देखहिं अति सचु पाए॥
पूजे जनक देव सम जाने। दिये सुआसन बिनु पहिचाने॥

वे कपटी श्रेष्ठ ब्राह्मणों का वेष बनाये बहुत ही सुख पाते हुए सब यह कौतुक देख रहे थे। जनकजी ने उनको भी देवताओं के समान जानकर उनकी पूजा की और बिना पहचाने ही उन्हें सुन्दर आसन दिये॥४॥

—disguised themselves as noble Brahmans and witnessed the spectacle with great delight. Janaka paid them homage as gods and, though he recognized them not, assigned them exalted seats.

छं.—पहिचान को केहि जान सबहि अपान सुधि भोरी भई।
आनंदकंदु बिलोकि दूलहु उभय दिसि आनँदमई॥
सुर लखे राम सुजान पूजे मानसिक आसन दए।
अवलोकि सीलु सुभाउ प्रभु को बिबुध मन प्रमुदित भए॥

भला कौन किसको जाने-पहचाने ? सबको तो अपनी ही सुध भूली हुई है ! आनन्दकन्द दूल्हे को देखकर दोनों ओर स्थिति आनन्दमयी हो रही है। सुविज्ञ श्रीरामचन्द्रजी ने देवताओं को देख-पहचान लिया और उनकी मन-ही-मन पूजा करके उन्हें मानसिक आसन दिये। प्रभु के शील-स्वभाव को देखकर देवता मन में बहुत प्रसन्न हुए।

Who should recognize whom when everyone had lost consciousness of one's own self? As they gazed on the bridegroom, who was Bliss personified, joy was diffused on both sides (in the bridegroom's party as well as in the court of Janaka). But the all-wise Rama recognized the gods and worshipped them mentally and assigned them seats in his heart. And the gods were delighted to mark the gentle disposition of the Lord.

दो.—रामचंद्र मुखचंद्र छबि लोचन चारु चकोर।
करत पान सादर सकल प्रेमु प्रमोदु न थोर॥३२१॥

सभी के सुन्दर नेत्र-चकोर श्रीरामचन्द्रजी के मुखचन्द्र की (अपूर्व एवं अवर्णनीय) छवि का आदरपूर्वक पान कर रहे हैं। उनका न तो प्रेम कम है और न आनन्द ही॥३२१॥

The bright eyes of all reverently drank in the beauty of Ramachandra's countenance with the utmost love and rapture, as the partridge feeds on the light of the moon.

चौ.—समउ बिलोकि बसिष्ठ बोलाये। सादर सतानंदु सुनि आये॥
बेगि कुअँरि अब आनहु जाई। चले मुदित मुनि आयसु पाई॥

शुभ घड़ी देखकर वसिष्ठजी ने शतानन्दजी को बुलाया। वे सुनकर आदर के साथ आये। (वसिष्ठजी ने कहा—) अब जाकर राजकुमारी को शीघ्र ले आइए। मुनि की आज्ञा पाकर वे प्रसन्न होकर (राजकुमारी को लाने) चले॥१॥

Perceiving that the time of wedding had come, Vasishtha sent for Shatananda, who obeyed his summons with all reverence. 'Go now at once and bring the bride,' said the sage. Having received the sage's order, he gladly left.

रानी सुनि उपरोहितबानी। प्रमुदित सखिन्ह समेत सयानी॥
बिप्रबधूँ कुलबृद्ध बोलाईं। करि कुलरीति सुमंगल गाईं॥

बुद्धिमती रानी पुरोहित के वचन सुनकर सखियोंसमेत बड़ी प्रसन्न हुईं। ब्राह्मणों की वधुएँ और कुल की बड़ी-बूढ़ी स्त्रियों को बुलाकर उन्होंने सुन्दर मंगल-गीत गा-गाकर कुल-रीति की॥२॥

The wise queen and her maidens were overjoyed to hear the priest's message; she sent for the wives of the Brahmans and the elder ladies of the family,

1. These are Indra, of the east; Agni, of the south-east; Yama, of the south; Nirriti, of the south-west; Varuna, of the west; Vayu or Marut, of the north-west; Kuvera, of the north; Ishana or Shiva, of the north-east. Surya, the sun and Soma, the moon are often substituted for Nirriti and Ishana.

who performed the rites of the house and sang charming festal songs.

नारिबेष जे सुरबर बामा। सकल सुभाय सुंदरी स्यामा॥
तिन्हहि देखि सुखु पावहिं नारी। बिनु पहिचानि प्रानहु ते प्यारी॥

श्रेष्ठ देवाङ्गनाएँ, जो सुन्दर स्त्रियों के वेष में हैं, सभी स्वभाव से ही सुन्दरी और श्यामा (षोडशवर्षीया युवतियाँ) हैं। उनको देखकर रनिवास की स्त्रियाँ सुख पाती हैं और पहचान न होने पर भी वे सब को प्राणों से भी प्यारी हो रही हैं॥३॥

The high consorts of the gods, who were disguised as graceful mortal women, were all naturally lovely and in the bloom of youth (about sixteen years old). The ladies of Janaka's household were charmed to see them and, even though none recognized them, the ladies held them dearer than life

बार बार सनमानहि रानी। उमा रमा सारद सम जानी॥
सीय सँवारि समाजु बनाई। मुदित मंडपहि चलीं लवाई॥

उन्हें उमा, रमा और शारदा के तुल्य जानकर रानी ने बार-बार उनका सम्मान किया। (रनिवास की स्त्रियाँ और सखियाँ) सीताजी का बनाव-शृङ्गार कर तथा मण्डली बनाकर प्रसन्न मन से उन्हें मण्डप में लिवा चलीं॥४॥

Again and again the queen did them honour, accounting them equals of Uma, Rama and Sharada. After adorning Sita and forming a circle about her they joyously escorted her to the pavilion.

छं.—चलि ल्याइ सीतहि सखीं सादर सजि सुमंगल भामिनीं।
नवसप्त साजे सुंदरी सब मत्त कुंजर गामिनीं॥
कल गान सुनि मुनि ध्यान त्यागहिं कामकोकिल लाजहीं।
मंजीर नूपुर कलित कंकन तालगति बर बाजहीं॥

मङ्गल के सुन्दर साज सजकर (रनिवास की) स्त्रियाँ और सखियाँ सीताजी को आदरसहित लिवा चलीं। सभी सुन्दरियाँ सोलहों शृङ्गार किये हुए मतवाले हाथियों की चाल से चलनेवाली हैं। उनके मोहक (और सुरीले) गान को सुनकर मुनि ध्यान छोड़ देते हैं और कामदेव की कोयलें भी लज्जित हो जाती हैं। पायजेब, पैंजनी और सुन्दर कङ्कण ताल की गति पर बड़े सुन्दर बज रहे हैं।

Equipping themselves with auspicious materials, Sita's companions and other attendant ladies reverently escorted her to the pavilion, all of them lovely and superbly adorned in all the sixteen modes (of adornment) and moving with the proud grace of elephants in rut. At the sound of their melodious strains the sages felt obliged to give up their meditation, and Love's own cuckoos were abashed. Their fair ornaments on the toes and ankles and the charming bangles on their wrists produced a delightful sound in tune with their songs.

दो.—सोहति बनिताबृंद महु सहज सुहावनि सीय।
छबिललना गन मध्य जनु सुषमा तिय कमनीय॥३२२॥

सहज ही रूपवती सीताजी स्त्रियों के समूह में इस प्रकार सुहावनी लग रही हैं मानो छविरूपी ललनाओं के झुंड के बीच साक्षात् परम मनोहर शोभारूपी स्त्री सुशोभित हो॥३२२॥

Sita among her maidens shone forth in all her native loveliness like a charming personification of Beauty in the midst of the Graces.

चौ.—सियसुंदरता बरनि न जाई। लघु मति बहुत मनोहरताई॥
आवत दीखि बरातिन्ह सीता। रूपरासि सब भाँति पुनीता॥

सीताजी के सौंदर्य का वर्णन नहीं हो सकता, क्योंकि बुद्धि बहुत छोटी है और उनकी सौन्दर्य (-सम्पदा) बहुत विशाल है। सब प्रकार से पवित्र रूप की राशि सीताजी को बरातियों ने आते देखा॥१॥

Sita's loveliness baffles all description: so poor is my wit and so surpassing her charm. When the wedding guests saw Sita coming, a veritable storehouse of beauty and altogether spotless,

सबहि मनहिं मन किये प्रनामा। देखि राम भये पूरनकामा॥
हरषे दसरथ सुतन्ह समेता। कहि न जाइ उर आनँदु जेता॥

उन सबों ने उन्हें मन-ही-मन प्रणाम किया। जानकीजी को देखकर तो श्रीरामजी भी कृतार्थ हो गए। पुत्रोंसहित राजा दशरथजी आनन्दित हुए। उनके हृदय में जितनी (अपार) प्रसन्नता थी, वह सर्वथा अकथ्य है॥२॥

— they all did her obeisance from their inmost soul. At the sight of Janaki Rama had his heart's desire fulfilled. Dasharath and all his other sons were filled with a heartfelt joy beyond the telling.

सुर प्रनामु करि बरिसहिं फूला। मुनि असीसधुनि मंगलमूला॥
गान निसान कोलाहलु भारी। प्रेम प्रमोद मगन नर नारी॥

प्रणाम करके देवता फूल बरसा रहे हैं। मंगलों के (अक्षय) स्रोत मुनियों के आशीर्वादों की ध्वनि हो रही है। गानों और नगाड़ों की ध्वनि से बड़ा कोलाहल हो रहा है। सभी नर-नारी प्रेम और आनन्द में मग्न हैं॥३॥

The gods made obeisance and rained down flowers, and the sages blessed her with all auspicious blessings. The songs that the ladies sang, combined with the sound of kettledrums, produced a loud symphony; men and women were lost in love and rejoicing.

येहि बिधि सीय मंडपहि आई । प्रमुदित सांति पढ़हिं मुनिराई ॥
तेहि अवसर कर बिधि ब्यवहारू । दुहुँ कुलगुर सब कीन्ह अचारू ॥

इस प्रकार सीताजी मण्डप में पधारीं। बहुत ही मुदित हो मुनिराज शान्तिपाठ कर रहे हैं। उस अवसर की सब रीति, व्यवहार और कुलाचार दोनों कुलगुरुओं द्वारा सम्पन्न हुए ॥४॥

In this manner Sita entered the pavilion, and great sages joyously recited propitiatory texts. The two family preceptors (Vasishtha and Shatananda) performed all the religious rites and ceremonies and observed the family customs appropriate to that occasion.

छं. —आचारु करि गुर गौरि गनपति मुदित बिप्र पुजावहीं ।
सुर प्रगटि पूजा लेहिं देहिं असीस अति सुखु पावहीं ॥
मधुपर्क मंगल द्रब्य जो जेहि समय मुनि मन महु चहैं ।
भरे कनक कोपर कलस सो तब लियेहि परिचारक रहैं ॥१॥

गुरुजी कुलाचार करके प्रसन्न मन से गौरीजी, गणेशजी और ब्राह्मणों की पूजा करा रहे हैं (अथवा ब्राह्मणों के द्वारा गौरी और गणेश की पूजा करवा रहे हैं)। देवता (साक्षात्) प्रकट होकर पूजा लेते हैं, आशीर्वाद देते हैं और असीम सुख पा रहे हैं। मधुपर्क आदि जिस किसी भी माङ्गलिक पदार्थ की जिस समय भी मुनि अपने मन में चाह करते हैं, सेवकगण उसी समय सोने की परातों और कलशों में भर-भरकर उन पदार्थों को लिये (खड़े, तैयार) रहते हैं ॥१॥

Having observed the family customs, the *gurus* (Vasishtha and Shatananda) then joyously turned to have Gauri and her son Ganesha and the Brahmans worshipped (or directed the Brahmans to offer worship to Gauri and Ganesha); the gods accepted the worship in visible form and gladly gave them their blessing. Honied curds[1] or whatever festal dish the sages mentally sought at any particular moment, the attendants stood ever ready with gold trays and pitchers full of that substance.

कुलरीति प्रीति समेत रबि कहि देत सबु सादर किये ।
येहि भाँति देव पुजाइ सीतहि सुभग सिंघासनु दिये ॥
सिय राम अवलोकनि परसपर प्रेमु काहु न लखि परै ।
मन बुद्धि बर बानी अगोचर प्रगट कबि कैसे करै ॥२॥

स्वयं सूर्यदेव प्रेमपूर्वक अपने कुल की सब रीतियाँ बता देते हैं और वे सब आदरपूर्वक की जा रही हैं। इस तरह देवताओं की पूजा कराके (मुनियों ने) सीताजी को सुभग-सुन्दर सिंहासन दिया। श्रीसीताजी और श्रीरामजी का एक-दूसरे को देखना तथा उनका पारस्परिक प्रेम किसी को लख नहीं पड़ रहा है। जो बात श्रेष्ठ मन, बुद्धि और वाणी से भी परे है, उसे कवि कैसे प्रकट करे ? ॥२॥

The Sun himself lovingly pointed out all his family rites, which were scrupulously observed. Having thus caused Sita to worship the gods, the sages assigned her a glorious throne. The mutual love with which Sita and Rama looked on each other could not be perceived by anyone. It was beyond the reach of the best mind, reason and eloquence; how then can a poet express it ?

दो. —होमसमय तनु धरि अनलु अति सुख आहुति लेहिं ।
बिप्रबेष धरि बेद सब कहि बिवाहबिधि देहिं ॥३२३॥

हवन के समय अग्निदेव शरीर धारणकर अत्यन्त सुख से आहुति ग्रहण करते हैं और समस्त वेद ब्राह्मण-वेष धरकर विवाह की विधियाँ बतला देते हैं ॥३२३॥

When oblations were offered to the sacred fire, Agni the Fire-god in person accepted the offerings with great delight, and all the Vedas in the guise of Brahmans directed the procedure of the nuptial ceremony.

चौ. —जनकपाटमहिषी जग जानी । सीयमातु किमि जाइ बखानी ॥
सुजसु सुकृत सुख सुंदरताई । सब समेटि बिधि रची बनाई ॥

जनकजी की विश्व-विश्रुत ('जगजानी') पटरानी और सीताजी की माता का वर्णन तो हो ही कैसे सकता है ! सुयश, सुकृत (पुण्य), सुख और सुन्दरता सबको समेट-बटोरकर ब्रह्मा ने उन्हें सँवारकर रचा है ॥१॥

How can one describe Janaka's world-renowned queen-consort, Sita's mother, in whom the Creator had fashioned and combined the perfection of glory, piety, joy and beauty ?

समउ जानि मुनिबरन्ह बोलाई । सुनत सुआसिनि सादर ल्याई ॥
जनक बाम दिसि सोह सुनयना । हिमगिरि संग बनी जनु मयना ॥

सुमुहूर्त जानकर श्रेष्ठ मुनियों ने उनको बुलवाया। यह सुनते ही सुहागिनी स्त्रियाँ उन्हें आदरपूर्वक ले आयीं। सुनयनाजी जनकजी की बायीं ओर ऐसी सोह रही हैं मानो हिमगिरि के संग मैनाजी सुशोभित हों ॥२॥

At the appropriate time, the great sages sent for her, and in response to their summons her attendant maidens brought her with due reverence. Sunayana shone forth on Janaka's left, beautiful as Maina beside Himavan (the Mountain King).

कनककलस मनिकोपर रूरे । सुचि सुगंध मंगल जल पूरे ॥
निज कर मुदित राय अरु रानी । धरे राम के आगे आनी ॥

पवित्र, सुगन्धित और मङ्गल जल से भरे स्वर्ण-कलश और मणि-जटित

1. *madhuparka* is said to be a dish favourite of the gods. It is composed of mingled curds, butter, water, honey and sugar.

सुन्दर परातें राजा और रानी ने प्रसन्नतापूर्वक अपने हाथों से लाकर श्रीरामचन्द्रजी के आगे रखीं ॥३॥

With their own hands the king and queen joyfully brought and placed before Rama golden vases and beautiful jewelled trays filled with holy water, fragrant and pure.

पढ़हिं बेद मुनि मंगल बानी। गगन सुमन झरि अवसरु जानी॥
बरु बिलोकि दंपति अनुरागे। पाय पुनीत पखारन लागे॥

शुभ लक्षणयुक्त वाणी से मुनि वेद पढ़ रहे हैं। सुअवसर (आया) जानकर गगन से फूलों की झड़ी लग गयी। दूल्हे को देखकर राजा-रानी अनुराग से भर गए और उनके पावन चरणों को पखारने लगे ॥४॥

The sages recited the Vedas in propitious tones and from the sky fell flowers at this favourable hour. The royal couple were enraptured to behold the bridegroom, and began to wash his holy feet.

छं.–लागे पखारन पाय पंकज प्रेम तन पुलकावली।
नभ नगर गान निसान जयधुनि उमगि जनु चहुँ दिसि चली॥
जे पद सरोज मनोज अरि उर सर सदैव बिराजहीं।
जे सकृत सुमिरत बिमलता मन सकल कलिमल भाजहीं॥१॥

(जब) वे श्रीरामजी के चरण-कमलों को धोने-पखारने लगे, (तब) प्रेम से उनका शरीर पुलकित होने लगा। आकाश और नगर के गीतों, नगाड़ों और जय-जयकार की ध्वनि मानो चारों दिशाओं में उमड़ चली। जो चरणकमल कामदेव के शत्रु श्रीशिवजी के हृदय-सरोवर में सदा ही विराजते हैं, एक बार भी जिनका स्मरण करने से मन में निर्मलता आ जाती है और कलियुग के सारे पाप-ताप दूर हो जाते हैं, ॥१॥

With their whole frame trembling with rapturous love, they began to wash Rama's lotus feet. The sounds of singing and kettledrums and shouts of victory in the sky as well as in the city swept over the four quarters of the world. The lotus feet that ever sparkle bright in the lake of Shiva's bosom, by thinking of which even for once the mind gets purified and all the impurities of the Kaliyuga are driven away,

जे परसि मुनिबनिता लही गति रही जो पातकमई।
मकरंदु जिन्ह को संभुसिर सुचिता अवधि सुर बरनई॥
करि मधुप मन मुनि जोगि जन जे सेइ अभिमत गति लहैं।
ते पद पखारत भाग्यभाजनु जनकु जय जय सब कहैं॥२॥

जिन (पद-कमलों) का स्पर्शकर गौतम मुनि की स्त्री अहल्या ने, पापमयी होकर भी, परम गति पायी, जिन चरणकमलों का मकरन्दरस (गङ्गाजी) शिवजी के मस्तक पर विराजमान है, जिसको देवता पवित्रता की पराकाष्ठा बताते हैं; मुनि और योगी जन अपने मन को भौंरा बनाकर जिन चरणकमलों का सेवन करके अभिलषित गति पाते हैं; उन्हीं चरणों को भाग्यभाजन (बड़भागी) जनकजी धो रहे हैं। (इसे देखकर) सब जय-जयकार कर रहे हैं ॥२॥

— by whose touch the sage Gautama's sinful wife attained salvation, whose honey (Ganga) adorns Shiva's head and is called by the gods perfect purity, and by resorting to which with their bee-like minds sages and mystics attain the goal of their liking—it is those feet that the most blessed Janaka washed amid shouts of victory from all corners.

बर कुआँरि करतल जोरि साखोचारु दोउ कुलगुर करैं।
भयो पानिगहनु बिलोकि बिधि सुर मनुज मुनि आनँद भरैं॥
सुखमूल दूलहु देखि दंपति पुलक तन हुलस्यो हियो।
करि लोक बेद बिधानु कन्यादानु नृपभूषन कियो॥३॥

दोनों कुलगुरु वर और कन्या की हथेलियों को मिलाकर शाखोच्चार करने लगे। पाणिग्रहण हुआ देखकर ब्रह्मादि देवता, मनुष्य और मुनि आनन्द से ओतप्रोत हो उठे। सुख के स्रोत दूल्हे को देखकर राजा-रानी का शरीर आनन्द-विह्वल हो गया और हृदय आनन्द से उमँग उठा। इस प्रकार राजशिरोमणि महाराज जनकजी ने लोक और वेद की रीति (का पालन) कर कन्यादान किया ॥३॥

Joining the hands of the bride and the bridegroom, the family priests recited the genealogy of the two families. When they saw that the bridegroom had accepted the bride's hand, Brahma and the other divinities and men and sages were filled with rapture. As the royal pair gazed on the bridegroom, the very fountain of joy, they were in ecstasies and their hearts were filled with rapture. Having gone through all the rites sanctioned by the Vedas and family usage, the glorious king Janaka gave his daughter in marriage to the bridegroom.

हिमवंत जिमि गिरिजा महेसहि हरिहि श्री सागर दई।
तिमि जनक रामहि सिय समरपी बिस्व कल कीरति नई॥
क्यों करै बिनय बिदेहु कियो बिदेहु मूरति साँवरी।
करि होमु बिधिवत गाँठि जोरी होन लागीं भाँवरी॥४॥

जिस प्रकार हिमाचलराज ने शिवजी को पार्वतीजी और सागर ने भगवान् विष्णु को लक्ष्मीजी दी थीं, उसी प्रकार जनकजी ने श्रीरामचन्द्रजी को सीताजी समर्पित कीं, जिससे सारे संसार में सुन्दर नवीन कीर्ति छा गयी। विदेह विनती कैसे करें? उस साँवली मूर्ति ने तो उन्हें सचमुच विदेह (देह की सुध-बुध से रहित) ही कर दिया! विधिपूर्वक हवन करके गाँठ जोड़ी गयी और भाँवरें होने लगीं ॥४॥

As Himavan gave away Parvati to Shiva, and the deity presiding over the seas bestowed Lakshmi on Vishnu, so did Janaka entrust Sita to Rama, and the world was glorified anew. King Videha (Janaka) was unable to make any supplication, for that prince (Rama) of swarthy complexion had truly made him Videha (by robbing him of his senses). When oblations had been offered to the sacred fire with all due rite and the knot tied (as a token of their indissoluble union), the circling of the fire began. (The bride and the bridegroom circumambulate the fire with the ends of their garments tied together into a knot. The union thus takes place in the presence of the fire-god.)

दो. –जयधुनि बंदी बेद धुनि मंगल गान निसान ।
सुनि हरषहिं बरषहिं बिबुध सुरतरु सुमन सुजान ॥३२४॥

जयध्वनि, वन्दीध्वनि, वेदध्वनि, मङ्गलगान और नगाड़ों की ध्वनि सुनकर सुजान देवगण आह्लादित हो रहे हैं और कल्पवृक्ष के फूलों की (अनवरत) वर्षा कर रहे हैं ॥३२४॥

At the sound of the huzzas, the praises of the bards, the recitation of the Vedic texts, the din of the festal songs and the beating of kettledrums, the all-wise immortals rejoiced and rained down blossoms from the tree of Paradise.

चौ. –कुअँरु कुअँरि कल भाँवरि देहीं । नयनलाभु सब सादर लेहीं ॥
जाइ न बरनि मनोहर जोरी । जो उपमा कछु कहौं सो थोरी ॥

वर और कन्या (राम-सीता) सुन्दर भाँवरें दे रहे हैं । सब दर्शक आदरपूर्वक नेत्रों का लाभ ले रहे हैं । उस मनोहर जोड़ी का वर्णन नहीं किया जा सकता; जो कुछ उपमा दूँ वह पर्याप्त न होगी ॥१॥

The bride and the bridegroom elegantly circled the fire, and all present there feasted their admiring eyes upon the spectacle. The enchanting pair cannot be described nor can a simile, adequate enough, be employed.

राम सीय सुंदर प्रतिछाहीं । जगमगाति मनिखंभन माहीं ॥
मनहु मदन रति धरि बहु रूपा । देखत रामबिआहु अनूपा ॥

श्रीरामजी और श्रीसीताजी की सुन्दर परछाहीं मणियों के खंभों में जगमगा रही है, मानो कामदेव और रति अनेक रूप धारण कर श्रीरामजी के अनुपम विवाह को (खंभों में लुक-छिपकर) देख रहे हों ॥२॥

The lovely reflections of Rama and Sita sparkled in the jewelled pillars, as though Love and his consort, Rati, had taken many forms and come to witness Rama's peerless wedding.

दरसलालसा सकुच न थोरी । प्रगटत दुरत बहोरि बहोरी ॥
भये मगन सब देखनिहारे । जनक समान अपान बिसारे ॥

(कामदेव और रति को) दर्शन की अभिलाषा और संकोच दोनों ही कम नहीं हैं, इसीलिए वे मानो बार-बार प्रकट होते और छिपते हैं । सब देखनेवाले आनन्दमग्न हो गए और जनकजी की भाँति सभी अपनी सुध भूल बैठे ॥३॥

Again and again they revealed themselves, curious to see the sight, and then, overcome by modesty, went out of sight. All the spectators were enraptured and, like Janaka, lost all consciousness of self.

प्रमुदित मुनिन्ह भाँवरीं फेरीं । नेग सहित सब रीति निबेरीं ॥
रामु सीय सिर सेंदुर देहीं । सोभा कहि न जाति बिधि केहीं ॥

मुनियों ने आनन्दपूर्वक भाँवरें फिरायीं और नेग सहित सब रीतियों को निबटाया । श्रीरामचन्द्रजी सीताजी की माँग में सिंदूर दे रहे हैं; (उस समय की) शोभा किसी प्रकार भी कही नहीं जाती ॥४॥

Joyously the sages bade the bride and the bridegroom pace round the fire and performed every rite, followed by offerings of ceremonial gifts. Rama applied vermilion to Sita's head, a scene inexpressibly charming.

अरुन पराग जलजु भरि नीके । ससिहि भूष अहि लोभ अमी के ॥
बहुरि बसिष्ठ दीन्हि अनुसासन । बरु दुलहिनि बैठे एक आसन ॥

मानो कमल को लाल पराग से अच्छी तरह भरकर अमृत के लोभ से साँप चन्द्रमा को भूषित कर रहा है । (यहाँ श्रीरामजी के हाथ कमल और बाहु उसकी नाल हैं, सिंदूर लाल पराग और सीताजी का मुख चन्द्रमा है । चन्द्रमा के सामने कमल सम्पुटित हो जाता है, चुटकी में सिंदूर लेने से यही दशा हस्त-कमल की है । चन्द्रमा का कमल से वैर है, वह कमल को जला देता है, इसलिए वह हस्त-कमल (जिसकी तुलना साँप से की गई है) प्रीति एवं कृपादृष्टि-रूपी अमृत के लोभ से चन्द्रमा को भूषित करता है ।) फिर जब वसिष्ठजी ने आज्ञा दी, तब वर और दुलहिन एक ही आसन पर विराजमान हुए ॥५॥

His outstretched arm seemed like a serpent greedy for ambrosia, as it adorned her moonlike face with the red powder that filled his lotus hand.[1] Then Vasishtha gave the direction and the bride and the bridegroom sat together on one seat.

1. As red powder fills a lotus full, so the vermilion filled Rama's lotus hand; filled with a longing for her beauty, his arm decorated her moonlike face like a serpent reaching out to the moon when thirsting for ambrosia.

छं. –बैठे बरासन रामु जानकि मुदित मन दसरथ भये ।
तनु पुलक पुनि पुनि देखि अपनें सुकृत सुरतरु फल नये ॥
भरि भुवन रहा उछाहु रामबिवाहु भा सबही कहा ।
केहि भाँति बरनि सिरात रसना एक एहु मंगलु महा ॥१॥

श्रीरामजी और जानकीजी को एक ही श्रेष्ठ आसन पर बैठा हुआ देखकर दशरथजी मन में बहुत प्रसन्न हुए । अपने पुण्यरूपी कल्पवृक्ष में नये फल (लगे) देखकर उनका शरीर बार-बार रोमांचित हो रहा है । चौदहों भुवनों में उत्साह भर गया, सबने कहा कि श्रीरामचन्द्रजी का विवाह हो गया । जीभ एक है और यह मङ्गल अनन्त है; फिर भला, वर्णन करके इसे किस प्रकार समाप्त किया जा सकता है ? ॥१॥

Rama and Janaki sat together on an excellent high throne, and as Dasharath fixed his gaze upon them, he rejoiced, joy thrilling along his veins again and again as he saw his own meritorious deeds bearing new fruit like the tree of Paradise. There was rejoicing all over the universe and all cried 'Rama is wedded !' With one tongue how could anyone describe in full the joy, which knew no bounds ?

तब जनक पाइ बसिष्ठ आयसु ब्याहसाजु सँवारि कै ।
मांडवी श्रुतकीरति उरमिला कुअँरि लईं हँकारि कै ।
कुसकेतुकन्या प्रथम जो गुन सील सुख सोभामई ।
सब रीति प्रीति समेत करि सो ब्याहि नृप भरतहि दई ॥२॥

तब वसिष्ठजी की आज्ञा पाकर राजा जनक ने विवाह का साज सजाकर माण्डवी, श्रुतकीर्ति और उर्मिला – इन तीनों राजकुमारियों को बुला लिया । पहले राजा कुशकेतु की बड़ी कन्या माण्डवी को, जो गुण, शील, सुख और शोभा का रूप ही थी, राजा जनक ने प्रेमपूर्वक सब रीतियाँ करके भरतजी से ब्याह दिया[1] ॥२॥

Then, at Vasishtha's order, Janaka provided all things necessary for the marriage ceremonial and sent for the other three princesses, Mandavi, Shrutakirti and Urmila. The eldest daughter of his younger brother Kushaketu, who was an embodiment of gentleness, virtue, joy and beauty, he gave in marriage to Bharata after affectionately performing every rite.

जानकी लघु भगिनी सकल सुंदरि सिरोमनि जानि कै ।
सो तनय दीन्ही ब्याहि लखनहि सकल बिधि सनमानि कै ॥
जेहि नामु श्रुतकीरति सुलोचनि सुमुखि सब गुन आगरी ।
सो दई रिपुसूदनहि भूपति रूप सील उजागरी ॥३॥

(तदनंतर) जानकीजी की छोटी बहन उर्मिला को सब सुन्दरियों में शिरोमणि जानकर, उस कन्या को सब प्रकार से सम्मानित करके, लक्ष्मणजी से ब्याह दिया और जिसका नाम श्रुतकीर्ति था और जो सुन्दर नेत्रोंवाली, सुन्दर मुखवाली, सब गुणों से सम्पन्न और रूप तथा शील में उजागर थी, उसे राजा ने शत्रुघ्न से ब्याह दिया ॥३॥

Janaki's younger sister (Urmila), whom he knew to be the crest-jewel of charming girls, Janaka gave in marriage to Lakshmana with all due honour. Finally, the bright-eyed and fair-faced princess Shrutakirti, who was a mine of all virtues and was well-known for her beauty and amiability, the king bestowed on Ripusudana (Shatrughna).

अनुरूप बर दुलहिनि परस्पर लखि सकुचि हिय हरषहीं ।
सब मुदित सुंदरता सराहहिं सुमन सुरगन बरषहीं ॥
सुंदरी सुंदर बरन्ह सह सब एक मंडप राजहीं ।
जनु जीव उर चारिउ अवस्था बिभुन्ह सहित बिराजहीं ॥४॥

(चारों) दूल्हे और दुलहिनें अपने-अपने अनुरूप जोड़ी को परस्पर देखकर सकुचती हुई मन में हर्षित हो रही हैं । सब लोग प्रसन्न होकर उनकी सुन्दरता की सराहना करते हैं और देवता पुष्प-वृष्टि कर रहे हैं । सब सुन्दरी दुलहिनें अपने-अपने सुन्दर दूल्हों के साथ एक ही मण्डप में ऐसी शोभित हो रही हैं मानो जीव के हृदय में चारों अवस्थाएँ[1] अपने-अपने स्वामियों[2] के साथ विराजमान हों ॥४॥

When each pair of bride and bridegroom saw that they were well-matched with each other, they felt shy, but were glad of heart and joyfully applauded the beauty of each pair, and the gods rained down flowers. All the lovely brides with their handsome bridegrooms shone resplendent in the same pavilion, as though the four states of consciousness (*viz.*, the waking state, sleep with dreams, dreamless sleep, and absorption into Brahma) together with their presiding conditions united in the heart of a living soul. (The four conditions, or *vibhu*, of these states of consciousness are called *vishva*, *taijasa*, *prajna*, and *brahma.*)

दो. –मुदित अवधपति सकल सुत बधुन्ह समेत निहारि ।
जनु पाये महिपालमनि क्रियन्ह सहित फल चारि ॥३२५॥

अपने सब पुत्रों को (अपनी-अपनी) बहुओं के साथ देखकर अवध-नरेश (दशरथजी) ऐसे प्रसन्न हैं मानो राजाओं के इस शिरोमणि ने क्रियाओं[3] सहित चारों फल (अर्थ, धर्म, काम और मोक्ष) पा लिये हों ॥३२५॥

१.कुशकेतु (कुशध्वज) राजा जनक के छोटे भाई थे ।

१. जाग्रत्, स्वप्न, सुषुप्ति और तुरीय ।
२. विश्व, तेजस, प्राज्ञ और ब्रह्म ।
३. यज्ञक्रिया, श्रद्धाक्रिया, योगक्रिया और ज्ञानक्रिया ।

The lord of Avadh was delighted to see his four sons with their brides, as though that jewel of monarchs had realized the four ends of life (*viz.*, worldly riches, religious merit, sensuous enjoyment and liberation) together with the four processes of their realization. (The four fruits or ends of life—*dharma*, *artha*, *kama*, and *moksha*—are here compared to Dasharath's four sons. The four brides are likened to the *char kriya*, or four processes of their realization, which are variously enumerated, *e.g.*, *seva*, *shraddha*, *tapasya*, and *bhakti* that is, obedience, piety, penance and faith; or *anushthana*, religious ceremonial; *udyoga*, diligence; *rati* love; and *virati*, detachment from the world.)

चौ.– जसि रघुबीर ब्याह बिधि बरनी । सकल कुअँर ब्याहे तेहि करनी ॥
कहि न जाइ कछु दाइज भूरी । रहा कनक मनि मंडपु पूरी ॥

श्रीरामचन्द्रजी के विवाह की जैसी विधि वर्णित की गयी, उसी रीति से शेष तीन राजकुमार भी ब्याहे गए । दहेज की अधिकता कुछ कही नहीं जाती; सुवर्ण और मणियों से मानो सारा मंडप ही भर गया ॥१॥

All the three princes were married according to the same rites as those I have described in the case of Rama's wedding. The richness of the dowry defies description; the whole pavilion was packed with gold and jewels;[1]

कंबल बसन बिचित्र पटोरे । भाँति भाँति बहु मोल न थोरे ॥
गज रथ तुरग दास अरु दासी । धेनु अलंकृत कामदुहा सी ॥

बहुत-से कम्बल, वस्त्र और रंग-बिरंगे विचित्र रेशमी कपड़े, जो बहुमूल्य थे, तथा हाथी, रथ, घोड़े, दास-दासियाँ और अलंकारों से सज्जित कामधेनु-सरीखी गायें – ॥२॥

– blankets and garments and silk of various colours and designs, all priceless, elephants, chariots, horses, men-servants and maid-servants, and cows adorned with ornaments like the cow of plenty—

बस्तु अनेक करिअ किमि लेखा । कहि न जाइ जानहिं जिन्ह देखा ॥
लोकपाल अवलोकि सिहाने । लीन्ह अवधपति सबु सुखु माने ॥

ऐसी अनेक वस्तुएँ हैं, जिनकी गिनती कैसे की जाय ! उनका वर्णन नहीं किया जा सकता, जिन्होंने देखा है वही जानते हैं । उन्हें देखकर लोकपाल भी सिहाने लगे । अवधनरेश (दशरथजी) ने सब-कुछ सुख मानकर प्रसन्न चित्त से स्वीकार किया ॥३॥

1. *Cf.* Valmiki, *The Ramayana*, sarga 74, 4-5.

– and many other things in such profusion that none could either count them or describe them; they must be seen to be believed ! The guardians of the spheres regarded it with envy, the king of Avadh accepted it all with pleasure,

दीन्ह जाचकन्हि जो जेहि भावा । उबरा सो जनवासेहि आवा ॥
तब कर जोरि जनकु मृदु बानी । बोले सब बरात सनमानी ॥

माँगनेवालों को जो वस्तु अच्छी लगी, वही उन्हें दे दी गई । जो बच रहा, वह जनवासे में चला आया । तब सारी बारात का सम्मान करते हुए जनकजी हाथ जोड़कर मीठी वाणी बोले ॥४॥

– and bestowed on the beggars whatever they liked; only that which remained over was taken to the guests' quarters. Then with folded hands Janaka honoured all the guests and addressed them in gentle tones.

छं.– सनमानि सकल बरात आदर दान बिनय बड़ाइ कै ।
प्रमुदित महा मुनि बृंद बंदे पूजि प्रेम लड़ाइ कै ॥
सिरु नाइ देव मनाइ सब सन कहत करसंपुट किए ।
सुर साधु चाहत भाउसिंधु कि तोष जल अंजलि दिए ॥१॥

आदर, दान, विनती और बड़ाई करके सारी बारात का सत्कार करते हुए राजा जनक ने बड़े ही आनन्द के साथ मुनियों के समाज की प्रेमपूर्वक पूजा एवं वन्दना की । सिर नवाकर, देवताओं को मनाकर, राजा हाथ जोड़कर सबसे कहने लगे कि देवता और सन्त तो भाव ही चाहते हैं (वे भाव के भूखे हैं); क्या एक अञ्जलि जल देने से कहीं समुद्र सन्तुष्ट हो सकता है ? ॥१॥

Having honoured all the guests with due respect, gifts, supplication and compliments, Janaka joyfully paid homage to the company of great sages after showing them his affectionate devotion. With bowed head and folded hands he then invoked the gods and said to all, 'Gods and holy men crave but love; can the ocean's wants be satisfied by offering a handful of water ?'

कर जोरि जनकु बहोरि बंधु समेत कोसलराय सों ।
बोले मनोहर बयन सानि सनेह सील सुभाय सों ॥
संबंध राजन रावरे हम बड़े अब सब बिधि भये ।
एहि राजसाज समेत सेवक जानिबे बिनु गथ लये ॥२॥

फिर भाईसहित जनकजी हाथ जोड़कर कोसलराज (दशरथजी) से स्नेह और शील-स्वभाव से सने हुए मनोहर वचन बोले – हे राजन् ! आपके साथ सम्बन्ध हो जाने से अब हम सब प्रकार से बड़े हुए । इस राज-पाटसहित हम दोनों को आप बिना दाम के लिये हुए सेवक ही समझिए ॥२॥

Again with folded hands Janaka and his younger brother (Kushaketu) spoke to the king of Kosala winning words overflowing with affection, courtesy and sincerity: 'By our alliance with you, O king, we have now been exalted in every way; along with our dominions and all that we possess pray look upon us both as your servants got gratis.

ए दारिका परिचारिका करि पालिबीं करुना नई ।
अपराधु छमिबो बोलि पठए बहुत हौं ढीठ्यों कई ।
पुनि भानुकुलभूषन सकल सनमान निधि समधी किए ।
कहि जाति नहिं बिनती परस्पर प्रेम परिपूरन हिए ॥३॥

इन लड़कियों को टहलनी मानकर इनका पालन-पोषण नित्यनवीन दया करके कीजिएगा । मेरा अपराध क्षमा कीजिए, मैंने बड़ी ढिठाई की कि आपको यहाँ बुला भेजा । फिर रघुकुलभूषण दशरथजी ने समधी (जनकजी) को सम्पूर्ण सम्मान का निधि कर दिया । उनकी आपस की विनती कही नहीं जाती, दोनों के हृदय प्रेम से ओतप्रोत हैं ॥३॥

Take these girls as your hand-maidens and ever foster them with your gracious kindliness. Pardon me my offence; it was too presumptuous on my part to have invited you here. Then the jewel of the Solar race in turn paid the bride's father all the highest honours; their mutual courtesies were past all telling, and their hearts overflowed with love.

बृंदारका गन सुमन बरिसहिं राउ जनवासेहि चले ।
दुंदुभी जयधुनि बेदधुनि नभ नगर कौतूहल भले ॥
तब सखी मंगल गान करत मुनीस आयेसु पाइ कै ।
दूलह दुलहिनिन्ह सहित सुंदरि चलीं कोहबर ल्याइ कै ॥४॥

राजा जनवासे को चले गए, देवता लोग फूल बरसाने लगे । नगाड़े की ध्वनि, जय-ध्वनि और वेद की ध्वनि छा गई; आकाश और नगर दोनों में खूब कौतूहल होने लगा ।[1] तब मुनीश्वर की आज्ञा पाकर सुन्दरी सखियाँ मङ्गलगान करती हुई दुलहिनों-सहित दूल्हों को लिवाकर कोहबर को चलीं ॥४॥

The gods rained down flowers and the king retired to the guest-chamber amid the crash of kettledrums and shouts of victory and the chanting of Vedic texts. There was much rejoicing both in heaven and in the city. Then, singing auspicious strains as they went and by the high sage's command, the fair companions of the brides conducted them along with the bridegrooms to the nuptial chamber (where the guardian deities of the family had been set for worship during the wedding days).

दो. –पुनि पुनि रामहि चितव सिय सकुचति मनु सकुचै न ।
हरत मनोहर मीनछबि प्रेमपिआसे नैन ॥३२६॥

सीताजी बारंबार रामजी को देखती हैं और सकुचा जाती हैं, परन्तु उनका मन नहीं सकुचाता ! उनकी प्रेम-प्यासी आँखें सुन्दर मछलियों की छवि को हर रही हैं ॥३२६॥

Again and again did Sita gaze on Rama with modest mien, but full of confidence at heart. Her charming eyes, athirst for love, shone brighter than the beauteous fish.

मासपारायण, ग्यारहवाँ विश्राम

चौ. –स्याम सरीरु सुभाय सुहावन । सोभा कोटि मनोज लजावन ॥
जावकजुत पदकमल सुहाए । मुनिमन मधुप रहत जिन्ह छाए ॥

(श्रीरामचन्द्रजी का) साँवला शरीर सहज सुन्दर है, उसकी सुन्दरता करोड़ों कामदेवों को भी लज्जित करनेवाली है । महावर से युक्त (रँगे हुए) चरणकमल बड़े सुहावने लग रहे हैं, जिन पर मुनियों के मनरूपी भौंरे सदा छाये रहते हैं ॥१॥

Dark in hue and full of native charm, Rama's beauty put to shame a myriad Kamadevas. Dyed with red lac, his lotus feet, the haunt of bee-like saintly souls, looked lovely. (Just as lotuses are haunted by bees, so were Rama's lovely lotus feet haunted by the souls of sages.)

पीत पुनीत मनोहर धोती । हरति बालरबि दामिनि जोती ॥
कल किंकिनि कटिसूत्र मनोहर । बाहु बिसाल बिभूषन सुंदर ॥

पवित्र और मन को हरनेवाली पीली धोती प्रातःकाल के (उदयकालीन) सूर्य और बिजली की ज्योति को हरे लेती है । कमर में सुन्दर किंकिणी और कटि-सूत्र हैं तथा विशाल भुजाओं में सुन्दर आभूषण हैं ॥२॥

His pure and lustrous yellow loin-cloth outshone the newly risen sun and the lightning flash. The girdle round his waist together with the sweet-sounding small bells was soul-enchanting; his long arms were adorned with lovely ornaments.

पीत जनेउ महाछबि देई । करमुद्रिका चोरि चितु लेई ॥
सोहत ब्याहसाज सब साजे । उर आयत उरभूषन राजे ॥

पीला जनेऊ बड़ी शोभा दे रहा है और हाथ की अँगूठी चित्त को चुरा लेती है । ब्याह के सब अलंकार धारण किये हुए वे शोभा पा रहे हैं । चौड़ी छाती पर उर-भूषण विराजमान हैं ॥३॥

---
१. पुष्पवृष्टिर्महत्यासीदन्तरिक्षात् सुभास्वरा ।
दिव्यदुन्दुभिनिर्घोषैर्गीतवादित्रनिःस्वनैः ॥
– श्रीमद्वाल्मीकीयरामायणे, सर्ग ७३,३८।

Radiant with beauty, too, was his yellow sacred thread, and his signet ring ravished the soul. Lustrous were all his many marriage adornments and on his broad breast the bright breast-ornaments.

पिअर उपरना काखासोती। दुहुँ आँचरन्हि लगे मनि मोती॥
नयन कमल कल कुंडल काना। बदनु सकल सौंदर्ज निधाना॥

पीला दुपट्टा, जिसके दोनों छोरों पर मणि और मोती लगे थे, काँखासोती (जनेऊ की तरह)[1] शोभित है। कमल के समान सुन्दर नेत्र हैं; कानों में सुन्दर कुण्डल (लटक रहे) हैं और मुख तो सारी सुन्दरता का भंडार ही है! ॥४॥

He had a yellow shawl slung partly under his right armpit and partly across his left shoulder, its two hems sewn with pearls and other gems. He had a pair of lotus-like eyes and beautiful earrings dangling from his earlobes; his countenance was a storehouse of all comeliness.

सुंदर भृकुटि मनोहर नासा। भाल तिलकु रुचिरता निवासा॥
सोहत मौरु मनोहर माथें। मंगलमय मुकुतामनि गाथें॥

भौंहें सुन्दर और नासिका मनोहर है। ललाट पर तिलक तो सुन्दरता का निवास ही है। जिसमें मङ्गलमय मोती और मणि गुँथे हुए हैं, ऐसा मनोहर मौर माथे पर शोभा दे रहा है ॥५॥

He had lovely eyebrows and a charming nose and on his forehead the caste-mark, which was an abode of loveliness. Charming was the wedding crown upon his head, sewn with auspicious pearls and gems.

छं.—गाथें महामनि मौरु मंजुल अंग सब चित चोरहीं।
पुरनारि सुरसुंदरीं बरहि बिलोकि सब तिन तोरहीं॥
मनि बसन भूषन वारि आरति करहिं मंगल गावहीं।
सुर सुमन बरिसहिं सूत मागध बंदि सुजसु सुनावहीं॥१॥

मंजुल-मनोहर मौर में बहुमूल्य (बड़ी-बड़ी) मणियाँ गुँथी हुई हैं, सभी अङ्ग (दर्शकों के) चित्त को चुराये लेते हैं। नगर की सब स्त्रियाँ और देवसुन्दरियाँ दूल्हे को देखकर तिनका तोड़ रही हैं (उनकी बलैयाँ ले रही हैं) और मणि, वस्त्र तथा आभूषण निछावर कर आरती उतार रही और मङ्गल-गीत गा रही हैं। देवता फूल बरसा रहे हैं और सूत, मागध तथा भाट सुन्दर कीर्ति सुना रहे हैं ॥१॥

Precious gems had been strung together and woven into the lovely nuptial crown and every limb ravished the heart. At the sight of the bridegroom (Rama) the women of the city and fair celestial ladies all tore a blade of grass (in order to avert the evil eye). After scattering about his gems, raiment and ornaments they waved the festal lamps about his head and sang auspicious songs. The gods rained down flowers, and bards, panegyrists and rhapsodists proclaimed his high repute.

कोहबरहि आनी कुअँर कुअँरि सुआसिनिन्ह सुख पाइ कै।
अति प्रीति लौकिक रीति लागीं करन मंगल गाइ कै॥
लहकौरि गौरि सिखाव रामहि सीय सन सारद कहैं।
रनिवासु हास बिलास रस बस जन्म को फलु सब लहैं॥२॥

सौभाग्यवती स्त्रियाँ सुख-पूर्वक कुमार और कुमारियों को कोहबर में ले आयीं और अत्यन्त प्रेम से मङ्गल गीत गा-गाकर लौकिक रीति करने लगीं। पार्वतीजी श्रीरामचन्द्रजी को लहकौर[1] सिखाती हैं और सरस्वतीजी सीताजी को (सिखाती हैं)। रनिवास हास-विलास के रस में मग्न है, (श्रीराम-सीता को देख-देखकर) सभी अपने जन्म का परम फल प्राप्त कर रही हैं ॥२॥

Married women, whose husbands were alive, happily brought the brides and bridegrooms to the apartment reserved for the tutelary deities, and with festal songs they very lovingly began to perform the customary rites. Parvati herself taught Rama how to offer a morsel of food to Sita, and Sarasvati explained it to Sita. The whole gynaeceum was so absorbed in the delight of merry-making that everyone felt life was well worth living.

निज पानिमनि महु देखिअति मूरति सुरूपनिधान की।
चालति न भुजबल्ली बिलोकनि बिरह भय बस जानकी॥
कौतुक बिनोद प्रमोदु प्रेमु न जाइ कहि जानहिं अलीं।
बर कुअँरि सुंदर सकल सखीं लवाइ जनवासेहि चलीं॥३॥

अपने हाथ की मणियों में सुन्दर रूप के निधान (भण्डार) श्रीरामचन्द्रजी की परछाहीं देखकर जानकीजी दर्शन में वियोग होने के भय से बाहुरूपी लता और दृष्टि को हिलाती-डुलाती नहीं हैं। उस समय के कौतुक, हास-विलास, क्रीड़ा, आनन्द और प्रेम का वर्णन नहीं किया जा सकता, उसे सखियाँ ही जानती हैं। फिर वर-कन्याओं को सब सुन्दर सखियाँ जनवासे को लिवा चलीं ॥३॥

When Janaki saw the image of Rama, the repository of beauty, reflected in the jewels on her hand, she dared not move her eyes or supple arm for fear of

१. काँखासोती दुपट्टा डालने के एक ढंग को कहते हैं जिसमें वह बायें कंधे के ऊपर और दाहिनी बगल के नीचे से जनेऊ की तरह निकाला जाता है।

१. लहकौर अर्थात् लघुकौर (कौर लहना) विवाह की उस रीति का नाम है जिसके अनुसार दूल्हा-दुलहिन एक-दूसरे के मुख में दही-बताशा आदि के कौर देती हैं।

losing his presence. The sport and jests and loving mirth surpassed all telling; Sita's companions alone knew them. All the fair damsels then escorted the charming couples to the guest-chambers.

तेहि समय सुनिअ असीस जहँ तहँ नगर नभ आनँदु महा।
चिरु जिअहु जोरीं चारु चार्यो मुदित मन सबही कहा॥
जोगींद्र सिद्ध मुनीस देव बिलोकि प्रभु दुंदुभि हनीं।
चले हरषि बरषि प्रसून निज निज लोक जय जय जब भनीं॥४॥

उस समय जहाँ सुनिए वहीं नगर और आसमान में आशीर्वाद की ध्वनि गूँज रही है और (सर्वत्र) महान् आनन्द छाया है। सभी ने प्रसन्न मन से (आशीर्वाद देते हुए) कहा कि सुन्दर चारों जोड़ियाँ चिरंजीवी हों। योगिराज, सिद्ध, मुनीश्वर और देवताओं ने प्रभु श्रीरामचन्द्रजी को देखकर दुंदुभी बजायीं और हर्षित होकर फूल बरसाते हुए तथा 'जय हो! जय हो! जय हो!' कहते हुए वे अपने-अपने लोक को चले॥४॥

Then might be heard on all sides blessings and great exultation in heaven and in the city and a universal shout of joy: 'Long live the four lovely couples!' Great ascetics, adepts, eminent sages and divinities sounded their kettledrums on beholding the Lord and, raining down flowers and shouting 'Victory! Victory! Victory!', they gladly returned, each to his own sphere.

दो.—सहित बधूटिन्ह कुअँर सब तब आये पितु पास।
सोभा मंगल मोद भरि उमगेउ जनु जनवास॥३२७॥

तब सब कुमार (अपनी-अपनी) बहुओं के साथ पिताजी के पास आये। ऐसा मालूम होता था मानो शोभा, मङ्गल और आनन्द से भरकर जनवासा ही उमड़ पड़ा हो॥३२७॥

Then all the four princes came to their father with their brides, and such was the beauty, the felicity and the rapture that it seemed to overflow the guest-chambers like a torrent.

चौ.—पुनि जेवनार भई बहु भाँती। पठए जनक बोलाइ बराती॥
परत पाँवड़े बसन अनूपा। सुतन्ह समेत गवन कियो भूपा॥

फिर नाना प्रकार की रसोई तैयार हुई। जनकजी ने बरातियों को बुला भेजा। राजा दशरथजी अपने पुत्रों के साथ चले। (मार्ग में) अनुपम वस्त्रों के पाँवड़े पड़ते जाते हैं॥१॥

Next, there was a magnificent banquet of a rich variety of dishes, to which Janaka invited all the members of the bridegroom's party. Carpets of priceless cloth were spread on the way as Dasharath sallied forth with his sons.

सादर सब के पाय पखारे। जथाजोगु पीढ़न्ह बैठारे॥
धोये जनक अवधपतिचरना। सीलु सनेहु जाइ नहि बरना॥

सबके सादर चरण धोये और उन्हें यथायोग्य पीढ़ों पर बिठाया। फिर जनकजी ने दशरथजी के चरण धोये। उनके शील और स्नेह का वर्णन नहीं किया जा सकता॥२॥

The feet of all were courteously washed and then they were seated on wooden seats each according to his degree. Janaka washed the feet of Dasharath with a courtesy and affection past all telling.

बहुरि रामपद पंकज धोये। जे हरहृदय कमल महँ गोये॥
तीनिउ भाइ राम सम जानी। धोये चरन जनक निज पानी॥

फिर उन्होंने श्रीरामचन्द्रजी के उन चरणकमलों को धोया जिन्हें श्रीशिवजी अपने हृदय-कमल में छिपा रखते हैं। तीनों भाइयों को श्रीरामचन्द्रजी के ही समान जानकर जनकजी ने अपने हाथों से उनके भी चरण धोये॥३॥

Then he washed Rama's lotus feet, which are ever enshrined in Shiva's lotus heart; and, also with his own hands, washed the feet of the other three brothers as though they were Rama himself.

आसन उचित सबहि नृप दीन्हे। बोलि सूपकारी सब लीन्हे॥
सादर लगे परन पनवारे। कनक कील मनिपान सँवारे॥

राजा जनक ने सभी को सुयोग्य आसन दिये और सब रसोई परसनेवालों को बुला लिया। तब आदरपूर्वक ऐसी पत्तलें पड़ने लगीं जो मणियों के पत्तों में सोने की कीलें लगाकर बनायी गयी थीं॥४॥

To each guest Janaka assigned an appropriate seat and sent for all the cooks, who began respectfully to set out the dishes, wrought all of jewelled leaves stitched together with golden pins.

दो.—सूपोदन सुरभी सरपि सुंदर स्वादु पुनीत।
छन महु सब के परुसि गे चतुर सुआर बिनीत॥३२८॥

चतुर और विनीत रसोइये सुन्दर, सुस्वादु एवं पवित्र दाल-भात[1] और गाय का घी क्षणभर में सबके सामने परस गए॥३२८॥

The expert and polite cooks passed round, and in a moment served all with tasty, delicious and pure boiled rice and pulse and *ghi* (clarified butter) extracted from cow's milk.

चौ.—पंच कवलि करि जेवन लागे। गारि गान सुनि अति अनुरागे॥
भाँति अनेक परे पकवाने। सुधा सरिस नहि जाहिं बखाने॥

१. सूप=दाल; ओदन=भात।

पंच कवल (की विधि) करके सब लोग भोजन करने लगे ।[1] मालियों का गाना सुनकर वे अत्यन्त प्रेममग्न हो गए । अनेक तरह के अमृत-तुल्य (जायकेदार) पकवान परोसे गए, जिनका बखान नहीं हो सकता ॥१॥

After taking the first five morsels (with the repetition of five *mantras, viz., pranaya svaha, apanaya svaha, vyanaya svaha, udanaya svaha, samanaya svaha,* directed to the five vital breaths of the body which are *prana, apana samana, vyana* and *udana*), the guests began to eat, listening with great delight to abusive songs. Confections of various kinds, sweet as ambrosia and more delicious than words can tell, were served.

परुसन लगे सुआर सुजाना । बिंजन बिबिध नाम को जाना ॥
चारि भाँति भोजन बिधि गाई । एक एक बिधि बरनि न जाई ॥

चतुर रसोइये अनेक प्रकार के व्यञ्जन परोसने लगे जिनके नाम कौन जानता है ? शास्त्रों में चार प्रकार के (चर्व्य, चोष्य, लेह्य, पेय अर्थात् चबा कर, चूसकर, चाटकर और पीकर खाने योग्य) भोजन की विधियाँ कही गयी हैं । उनमें से एक-एक विधि का भी वर्णन नहीं किया जा सकता ॥२॥

The well-trained cooks then began to serve an infinite variety of seasoned articles which were too numerous to be named. Of each of the four kinds of food mentioned in the scriptures (*viz.*, 1. that which can be directly swallowed, 2. that which must be masticated before it can be gulped, 3. that which can be licked, and 4. that which can be sucked) there was an indescribable veriety of dishes.

छ रस रुचिर बिंजन बहु जाती । एक एक रस अगनित भाँती ॥
जेवत देहिं मधुर धुनि गारी । लै लै नाम पुरुष अरु नारी ॥

छहों रसों (मीठे, खट्टे, खारे, कड़ुए, तीते और कसैले) के बहुत तरह के स्वादिष्ट व्यञ्जन हैं । उनमें एक-एक रस के अनगिनत प्रकार के पदार्थ बने हैं । भोजन करते समय पुरुष और स्त्रियों के नाम ले-लेकर स्त्रियाँ मधुर ध्वनि से गालियाँ दे रही हैं (गाली गा रही हैं) ॥३॥

Similarly there were seasoned dishes of various kinds, having six different flavours, and each flavour was served in a countless number of dishes. As the banquet proceeded, scandalous jests were bandied about in melodious strains, mentioning men and women by name.

समय सुहावनि गारि बिराजा । हसत राउ सुनि सहित समाजा ॥
येहि बिधि सबही भोजनु कीन्हा । आदर सहित आचमनु दीन्हा ॥

समय के अनुकूल दी गई सुहावनी गाली शोभित हो रही है । उसे सुनकर समाजसहित राजा (दशरथ) हँस रहे हैं । इस रीति से सभी ने भोजन किया और तब सबको आदर-सहित आचमन दिया गया (उनके हाथ धुलवाये गए) ॥४॥

Very agreeable were the jests and suited to the festive hour, and the king and the whole assembly were moved to laughter as they heard them. In this manner they all feasted and in the end were courteously given water with which they rinsed their hands and mouth.

दो. –देइ पान पूजे जनक दसरथु सहित समाज ।
जनवासेहि गवने मुदित सकल भूप सिरताज ॥३२९॥

फिर पान देकर जनकजी ने समाज के साथ दशरथजी का यथोचित सत्कार किया । सभी राजाओं के शिरोमणि श्रीदशरथजी प्रसन्न होकर जनवासे को चले ॥३२९॥

With due honour Janaka offered *pan* to Dasharath and all his guests, and then the king of all kings, Dasharath, happily retired to his own apartment.

चौ. –नित नूतन मंगल पुर माहीं । निमिष सरिस दिन जामिनि जाहीं ॥
बड़े भोर भूपतिमनि जागे । जाचक गुनगन गावन लागे ॥

जनकपुर में नित्य-नये मंगलोत्सव हो रहे हैं, (इस कारण) दिन और रात एक पल के समान बीत जाते हैं । बड़े सवेरे नृपति-शिरोमणि दशरथजी जागे । याचक उनका गुणानुवाद करने लगे ॥१॥

There was ever some new rejoicing in the city, and day and night passed like a moment. The jewel of kings, Dasharath, woke up at early dawn and the mendicants began to chant his praises.

देखि कुअँर बर बधुन्ह समेता । किमि कहि जात मोदु मन जेता ॥
प्रातक्रिया करि गे गुर पाहीं । महा प्रमोदु प्रेमु मन माहीं ॥

अपने चारों कुमारों को सुन्दर बहुओं के साथ देखकर उनके मन में जितना आनन्द है, वह किस प्रकार कहा जा सकता है ? वे प्रातःकाल की नित्यक्रिया करके गुरु वसिष्ठजी के पास गये । उनका मन महान् आनन्द और प्रेम से भरा है ॥२॥

As he gazed upon the gallant princes and their lovely brides, the rapture of his soul was beyond all telling. After performing his morning duties he called on *guru* Vasishtha with a heart full of exultation and love.

करि प्रनामु पूजा कर जोरी । बोले गिरा अमिअ जनु बोरी ॥
तुम्हरी कृपा सुनहु मुनिराजा । भयेउँ आजु मैं पूरनकाजा ॥

प्रणाम और पूजा करके, फिर दोनों हाथ जोड़कर वे मानो अमृत में डुबोयी

---

१. पंच कवल उस पाँच ग्रास अन्न को कहते हैं जो भोजन के पहले पक्षियों आदि के लिए निकाला जाता है । भोजन के पहले आचमन करके 'प्राणाय स्वाहा, अपानाय स्वाहा, व्यानाय स्वाहा, उदानाय स्वाहा और समानाय स्वाहा' के मंत्रों का उच्चारण करते हुए जो पाँच ग्रास खाये जाते हैं, उन्हें भी 'पंच कवल' कहते हैं ।

हुई वाणी बोले – हे मुनिराज ! सुनिए, आपकी कृपा से आज मैं परितुष्ट हो गया ॥३॥

Making obeisance to him and doing him reverence with folded hands, the king addressed him in a voice steeped in ambrosial sweetness, 'Listen, king of sages, it is by your favour that today every ambition of mine has been fulfilled.

अब सब बिप्र बोलाइ गोसाई। देहु धेनु सब भाँति बनाई ॥
सुनि गुर करि महिपालबड़ाई। पुनि पठए मुनिबृंद बोलाई ॥

हे स्वामिन् ! अब सब ब्राह्मणों को बुलवाकर उन्हें सब तरह (गहनों-कपड़ों) से सजी हुई गायें दीजिए। यह सुनकर गुरुजी ने राजा को बड़ाई की और फिर मुनि-मंडली को बुलवा भेजा ॥४॥

Now, holy father, summon all the Brahmans and present them all with cows decked with every adornment.' On hearing these words the *guru* applauded the king and then sent for the whole saintly throng.

दो. –बामदेउ अरु देवरिषि बालमीकि जाबालि।
आए मुनिबर निकर तब कौसिकादि तपसालि ॥३३०॥

तब वामदेव, देवर्षि नारद, वाल्मीकि, जाबालि और विश्वामित्र आदि तपोनिधि श्रेष्ठ मुनियों के समूह आये ॥३३०॥

Then came Vamadeva, the celestial sage, Narada, Valmiki, Jabali, Vishvamitra and hosts of other great sages given to austerities.

चौ. –दंड प्रनाम सबहि नृप कीन्हे। पूजि सप्रेम बरासन दीन्हे ॥
चारि लक्ष बर धेनु मगाई। कामसुरभि सम सील सुहाई ॥

राजा ने सबको दण्डवत् प्रणाम किया और प्रेमपूर्वक पूजा करके उन्हें बैठने के लिए उत्तम आसन दिये। फिर चार लाख उत्तम गायें मँगवायीं, जो कामधेनु के समान सुन्दर स्वभाववाली थीं ॥१॥

The king prostrated himself before them all and worshipped them and then affectionately conducted them to seats of honour. Next, he sent for four hundred thousand cows, all as gentle and beautiful as the cow of plenty;

सब बिधि सकल अलंकृत कीन्ही। मुदित महिप महिदेवन्ह दीन्ही ॥
करत बिनय बहु बिधि नरनाहू। लहेउ आजु जगजीवन लाहू ॥

उन सबको सब प्रकार सजाकर राजा ने मुदित मन से ब्राह्मणों को दे दिया। राजा बहुत तरह से विनती कर रहे हैं कि संसार में जीने का लाभ मैंने आज ही पाया ॥२॥

— and after adorning them all in every possible way he gladly bestowed them upon the Brahmans, with many a phrase of studied humility, avowing that on that day his life had found its truest fulfilment.

पाइ असीस महीसु अनंदा। लिये बोलि पुनि जाचकबृंदा ॥
कनक बसन मनि हय गय स्यंदन। दिये बूझि रुचि रबिकुलनंदन ॥

ब्राह्मणों से आशीर्वाद पाकर राजा दशरथ प्रसन्न हुए। फिर याचकों के समूहों को बुलवा लिया और उनकी रुचि पूछकर सबको सोना, वस्त्र, मणि, घोड़ा, हाथी और रथ सूर्यकुलनन्दन दशरथजी ने दिये ॥३॥

On receiving their blessing the king, the delight of the Solar race, rejoiced, and then sent for all the begging fraternity and bestowed on it, according as each desired, gold, raiment, jewels, horses, elephants and chariots.

चले पढ़त गावत गुनगाथा। जय जय जय दिनकर कुल नाथा ॥
येहि बिधि रामबिआह उछाहू। सकै न बरनि सहस मुख जाहू ॥

वे सब उनके गुणों की गाथा गाते-पढ़ते (गुणगान करते) और सूर्यकुल के स्वामी की जय हो, जय हो, जय हो कहते हुए चले। इस प्रकार श्रीरामचन्द्रजी के विवाह का उत्सव हुआ। जिन्हें सहस्र मुख हैं वे (शेषजी) भी उसका वर्णन नहीं कर सकते ॥४॥

They all went off singing his praises and loudly declaring, 'Glory, glory, glory to the lord of the Solar race !' Such were the rejoicings at Rama's wedding that not even Shesha could describe with his thousand tongues.

दो. –बार बार कौसिकचरन सीसु नाइ कह राउ।
यह सबु सुखु मुनिराज तव कृपा कटाक्ष पसाउ ॥३३१॥

विश्वामित्रजी के चरणों में बार-बार सिर नवाकर राजा दशरथ कहते हैं – हे मुनिराज ! यह सब सुख आपके ही कृपाकटाक्ष का प्रसाद है ॥३३१॥

Again and again the king bowed his head at Vishvamitra's feet and said, 'All this joy, O chief of sages, is the result of your gracious regard !'

चौ. –जनक सनेहु सीलु करतूती। नृपु सब भाँति सराह बिभूती ॥
दिन उठि बिदा अवधपति मागा। राखहिं जनकु सहित अनुरागा ॥

अयोध्यानरेश दशरथ जनकजी के स्नेह, शील, करनी और ऐश्वर्य की सब प्रकार सराहना करते हैं। प्रतिदिन उठकर वे विदाई की आज्ञा माँगते हैं, पर जनकजी उन्हें प्रेम से रख लेते हैं ॥१॥

King Dasharath extolled in every way Janaka's affection, amiability, magnificence and noble actions. Every day on rising he asked permission to return home, but each time Janaka would lovingly detain him.

नित नूतन आदरु अधिकाई। दिन प्रति सहस भाँति पहुनाई॥
नित नव नगर अनंद उछाहू। दसरथगवनु सोहाइ न काहू॥

नित्य नये-नये आदर-सत्कार बढ़ते जाते हैं। प्रतिदिन हजारों प्रकार से मेहमानी होती है। नगर में भी नित्य नया आनन्दोत्साह छाया रहता है, (इसलिए) दशरथजी का जाना किसी को भी नहीं सुहाता॥२॥

There was constantly some new fete in his honour and every day a thousand different kinds of entertainment. In the city were ever new rejoicings and festivities, and no one therefore liked to think of Dasharath's departure.

बहुत दिवस बीते एहि भाँती। जनु सनेह रजु बँधे बराती॥
कौसिक सतानंद तब जाई। कहा बिदेह नृपहि समुझाई॥

इसी तरह बहुत दिन बीत गए, मानो बराती लोग स्नेह की डोरी से बँध गए हैं। तब विश्वामित्रजी और शतानन्दजी ने जाकर राजा जनक को समझाकर कहा—॥३॥

In this manner many days passed, as though the wedding guests were fast bound by the cords of love. Then Vishvamitra and Shatananda called on the king of Videha and thus advised him:

अब दसरथ कहँ आयसु देहू। जद्यपि छाड़ि न सकहु सनेहू॥
भलेहि नाथ कहि सचिव बोलाये। कहि जय जीव सीस तिन्ह नायें॥

यद्यपि स्नेह (के कारण आप उन्हें) नहीं छोड़ सकते, तो भी अब दशरथजी को आज्ञा दीजिए। 'हे नाथ! ठीक है' कहकर जनकजी ने मन्त्रियों को बुलवाया जिन्होंने आते ही 'जय जीव' कहकर मस्तक नवाया॥४॥

You must now let Dasharath take his leave, even though for very love you may not be able to part with him.' 'Very well, my lord,' replied the king, and summoned his ministers, who came and bowed their heads, saying, 'Long live the king!'

दो.—अवधनाथु चाहत चलन भीतर करहु जनाउ।
भये प्रेमबस सचिव सुनि बिप्र सभासद राउ॥३३२॥

(जनकजी ने कहा—) भीतर (रनिवास में) खबर कर दो कि अवधपति चलना चाहते हैं। यह सुनते ही मन्त्री, ब्राह्मण, सभासद् और राजा (जनक) भी प्रेम के वश हो गए॥३३२॥

'Make it known in the gynaeceum,' said Janaka, 'that Avadh's lord wishes to depart.' At these words the ministers, Brahmans and courtiers, as well as the king himself, were greatly moved.

चौ.—पुरबासी सुनि चलिहि बराता। बूझत बिकल परस्पर बाता॥
सत्य गवनु सुनि सब बिलखाने। मनहु साँझ सरसिज सकुचाने॥

जब जनकपुरवासियों ने सुना कि बारात जायगी, तब वे विकल होकर एक-दूसरे से यह बात पूछने लगे। 'जाना सत्य है,' यह सुनकर सब ऐसे कुम्हला गए मानो सन्ध्या के समय कमल मुरझा गए हों॥१॥

When the citizens of Janakpura heard that the guests were leaving, they anxiously asked one another if it were true. When they learnt that the departure of the guests was certain, they all fell into melancholy, like lotuses that fade in the evening.

जहँ जहँ आवत बसे बराती। तहँ तहँ सिद्ध चला बहु भाँती॥
बिबिध भाँति मेवा पकवाना। भोजनसाजु न जाइ बखाना॥

आते समय जहाँ-जहाँ बरातवाले ठहरे थे, वहाँ-वहाँ बहुत प्रकार का सीधा (रसोई का सामान) भेजा गया। अनेक प्रकार के मेवे, पकवान और भोजन की सामग्री जिसका वर्णन नहीं किया जा सकता—॥२॥

Provisions of various sorts were sent to all those places where the visitors had stayed on arrival. Dry fruit and confections of every kind and other articles of food too numerous to be mentioned—

भरि भरि बसह अपार कहारा। पठई जनक अनेक सुसारा॥
तुरग लाख रथ सहस पचीसा। सकल सँवारे नख अरु सीसा॥

बेशुमार बैलों और कहारों पर लाद-लादकर (भोजन-सामग्री) भेजी गयीं। साथ ही जनकजी ने अनेक सुन्दर शय्याएँ (पलँग) भेजीं। एक लाख घोड़े और पचीस हजार रथ, जो सब नख से शिखा तक सजाये हुए थे॥३॥

— were sent by Janaka on the back of innumerable bullocks and porters. He also sent a number of comfortable beds, a hundred thousand horses and twenty-five thousand chariots, all exquisitely adorned throughout;

मत्त सहस दस सिंधुर साजे। जिन्हहि देखि दिसिकुंजर लाजे॥
कनक बसन मनि भरि भरि जाना। महिषीं धेनु बस्तु बिधि नाना॥

दस हजार ऐसे मस्त हाथी सजवाये जिन्हें देखकर दिशाओं के हाथी भी लज्जित हो जाते हैं। गाड़ियों में भर-भरकर सोना, वस्त्र, रत्न और भैंस, गाय तथा और भी अनेक प्रकार के सामान दिये॥४॥

— ten thousand powerful elephants, duly caparisoned, at the sight of which the elephants guarding the eight quarters would feel ashamed of themselves, with cartloads of gold and raiment and jewels; she buffaloes also and cows, and many other articles of all kinds.[1]

1. For comparison, see Valmiki, *The Ramayana*, I, Canto 74, 4-5 ; *The Adhyatma Ramayana*, I, Canto 6, 76-78.

दो. –दाइज अमित न सकिअ कहि दीन्ह बिदेह बहोरि ।
जो अवलोकत लोकपति लोक संपदा थोरि ॥३३३॥

(सच तो यह है कि) जनकजी ने फिर से अपरिमित दहेज दिया जिसका वर्णन नहीं किया जा सकता और जिसे देखकर लोकपालों के लोकों की सम्पदा भी तुच्छ जँचने लगती थी ॥३३३॥

The dowry thus given by Videha was immeasurable and beyond all telling, and before which the wealth of the spheres was a mere nothing in comparison in the eyes of their lords.

चौ. –सबु समाजु येहिं भाँति बनाई । जनक अवधपुर दीन्ह पठाई ॥
चलिहि बरात सुनत सब रानीं । बिकल मीनगन जनु लघु पानी ॥

इस प्रकार सब सामग्री को ठीककर राजा जनक ने अयोध्या भेज दिया । 'बारात चलेगी' – यह सुनते ही सब रानियाँ ऐसी व्याकुल हो उठीं मानो थोड़े जल में मछलियाँ छटपटा रही हों ॥१॥

When all his gifts had been thus arranged, Janaka despatched them to Ayodhya. When the queens heard that the guests were about to start, they were as agitated as fish when the water is low.

पुनि पुनि सीय गोद करि लेहीं । देइ असीस सिखावनु देहीं ॥
होएहु संतत पिअहि पिआरी । चिरु अहिवात असीस हमारी ॥

वे बारंबार सीताजी को गोद में बिठा लेती हैं और आशीर्वाद देकर सिखावन देती हैं – तुम सदा अपने पति की प्यारी बनी रहो, तुम्हारा अहिवात अचल-अमर रहे; हमारी यही आशीष है ॥२॥

Again and again they clasped Sita to their bosoms and blessed and exhorted her, saying: 'May you ever be loved by your lord, and with him live a long and happy life; this is our blessing.

सासु ससुर गुर सेवा करेहू । पतिरुख लखि आयसु अनुसरेहू ॥
अति सनेह बस सखीं सयानी । नारिधरमु सिखवहिं मृदु बानी ॥

सास, ससुर और गुरु की सेवा करना और पति के रुख को देखकर उनकी आज्ञा का पालन करना । चतुर (प्रगल्भ) सखियाँ अत्यन्त स्नेह-वश कोमल वाणी से नारी-धर्म की शिक्षा देती हैं ॥३॥

Serve your husband's father and mother and the *guru,* and regarding your lord's will do as he bids.' Sita's clever companions, too, with their overpowering affection taught her in gentle tones the duties of a housewife.

सादर सकल कुआँरि समुझाईं । रानिन्ह बार बार उर नाईं ॥
बहुरि बहुरि भेटहिं महतारी । कहहिं बिरंचि रची कत नारी ॥

आदर के साथ चारों कुमारियों को (नारी-धर्म) समझाकर रानियों ने उन्हें बार-बार हृदय से लगाया । (इस प्रकार) माताएँ फिर-फिर भेंटती और कहती हैं कि ब्रह्माजी ने स्त्रीजाति को रचा ही क्यों ? ।४॥

Again and again after thus duly instructing the brides the queens clasped them to their hearts, and time after time as they embraced them, the mothers exclaimed, 'Why has Brahma created women ?'

दो. –तेहि अवसर भाइन्ह सहित रामु भानुकुलकेतु ।
चले जनकमंदिर मुदित बिदा करावन हेतु ॥३३४॥

उसी समय सूर्यवंश के ध्वजा-स्वरूप श्रीरामचन्द्रजी भाइयों के साथ प्रसन्नतापूर्वक विदा कराने के लिए जनकजी के राजमहल को चले ॥३३४॥

At that hour came Rama, the Banner of the Solar race, with his brothers; joyfully he came to Janaka's palace to bid him farewell.

चौ. –चारिउ भाइ सुभाय सुहाये । नगर नारि नर देखन धाये ॥
कोउ कह चलन चहत हहिं आजू । कीन्ह बिदेह बिदा कर साजू ॥

सहज सुन्दर चारों भाइयों को देखने के लिए नगर के स्त्री-पुरुष उमड़ पड़े । कोई कहता है – ये आज ही जानेवाले हैं, इसलिए जनकजी ने विदाई की सब सामग्री तैयार कर ली है ॥१॥

The people of the city, whether men or women, ran to see the four brothers so naturally lovely. Said one, 'Today they are about to set forth, and Janaka has made arrangements for their departure.

लेहु नयन भरि रूप निहारी । प्रिय पाहुने भूपसुत चारी ॥
को जानै केहि सुकृत सयानी । नयन अतिथि कीन्हे बिधि आनी ॥

चारों राजकुमार प्यारे पाहुने हैं, उनके (भुवनमोहन) रूप को नेत्र भरकर देख लो । हे सयानी ! कौन जानता है कि किस पुण्य के प्रभाव से विधाता ने इन्हें यहाँ लाकर हमारे नेत्रों का अतिथि बनाया है ! ॥२॥

So feast your eyes on the beauty of the four princes, our most beloved guests. Who knows, wise maiden, for what merit of ours Providence has unexpectedly brought these visitors to bless our eyes ?

मरनसीलु जिमि पाव पिऊषा । सुरतरु लहै जनम कर भूखा ॥
पाव नारकी हरिपदु जैसे । इन्ह कर दरसनु हम कहँ तैसे ॥

जैसे मरनेवाला अमृत पा जाय, जन्म का भूखा कल्पवृक्ष पा जाय और नरक में रहनेवाला (या नरक के योग्य) जैसे हरिपद (वैकुंठ) पा जाय, हमारे लिए इनके दर्शन वैसे ही हैं ॥३॥

Like a dying man who finds nectar, or one who has been starving all his life and is able to discover the tree of Paradise, or one of the damned in hell who attains to the abode of Hari, so are we blessed by the sight of these.

निरखि रामसोभा उर धरहू। निज मन फनि मूरति मनि करहू॥
येहि बिधि सबहि नयनफलु देता। गये कुअँर सब राजनिकेता॥

श्रीरामचन्द्रजी की (अलौकिक, अपरिमित) शोभा को निरख-निरखकर हृदय में बसा लो, अपने मन को साँप और इनकी मूर्ति को मणि बना लो। इस प्रकार सबको नेत्रों का फल देते हुए सब राजकुमार राजमहल में गये॥४॥

Gaze upon Rama's beauty and treasure his image in your heart; let your mind fondly cherish it even as a serpent loves the gem in its hood. Thus gladdening the eyes of all, the four princes proceeded to the royal palace.

दो.—रूपसिंधु सब बंधु लखि हरषि उठेउ रनिवासु।
करहिं निछावरि आरती महा मुदित मन सासु॥३३५॥

(अवर्णनीय) सौंदर्य के सागर सब भाइयों को देखकर सारा रनिवास हर्षोल्लास से भर उठा। सासुएँ अत्यन्त प्रसन्न मन से निछावर और आरती करती हैं॥३३५॥

The ladies of the gynaeceum were transported with joy when they beheld the four brothers in their exquisite beauty; and the brides' mothers in rapturous joy scattered gifts and waved the lustral lamps about their heads.

चौ.—देखि रामछबि अति अनुरागी। प्रेम बिबस पुनि पुनि पद लागी॥
रही न लाज प्रीति उर छाई। सहज सनेहु बरनि किमि जाई॥

श्रीरामचन्द्रजी की (अपरंपार) छवि को देखकर वे प्रेम में अत्यन्त विभोर हो गयीं और प्रेम-विवश होकर बार-बार उनके चरण छूने लगीं। हृदय में प्रीति छा गयी, इससे लज्जा नहीं रह गयी। उनका वह सहज स्नेह किस तरह कहा जा सकता है?॥१॥

Greatly moved at the sight of Rama's beauty, they affectionately touched his feet again and again and felt no shame, so rapt were their hearts in devotion and involuntary attachment beyond all description.

भाइन्ह सहित उबटि अन्हवाए। छ रस असन अति हेतु जेवाए॥
बोले रामु सुअवसरु जानी। सील सनेह सकुच मय बानी॥

उन्हें भाइयोंसहित उबटन लगाकर स्नान करवाया और बड़े प्रेम से षट्रस भोजन करवाये। सुयोग्य अवसर जानकर श्रीरामचन्द्रजी शील, स्नेह और संकोचमयी वाणी बोले—॥२॥

After bathing him and his brothers and rubbing their bodies with unguents, they lovingly entertained them at a banquet of the six flavours. Then finding it a suitable opportunity, Rama said to them in accents full of amiability, affection and modesty:

राउ अवधपुर चहत सिधाए। बिदा होन हम इहाँ पठाए॥
मातु मुदित मन आएसु देहू। बालक जानि करब नित नेहू॥

राजा अवधपुर को चलना चाहते हैं, उन्होंने विदा होने के लिए हमें यहाँ भेजा है। हे माता! अब प्रसन्न मन से हमें आज्ञा दीजिए और अपना बालक जानकर सदा स्नेह बनाये रखिए॥३॥

'The king is about to start for Ayodhya and has sent us here to take leave of you. Therefore, mother, be pleased to give us leave and ever regard us with affection as your own children.'

सुनत बचन बिलखेउ रनिवासू। बोलि न सकहिं प्रेमबस सासू॥
हृदय लगाइ कुअँरि सब लीन्ही। पतिन्ह सौंपि बिनती अति कीन्ही॥

इन शब्दों को सुनते ही रनिवास विलख उठा। सासुएँ प्रेमवश मौन हो गईं। उन्होंने सब कुमारियों को हृदय से लगा लिया और उनके पतियों को सौंपकर बहुत विनती की॥४॥

The ladies of the gynaeceum were distressed to hear these words and were too overwhelmed with emotion to speak a word. They all clasped the princesses to their hearts and while entrusting them to their lords made humble submission to them.

छं.—करि बिनय सिय रामहि समरपी जोरि कर पुनि पुनि कहै।
बलि जाउँ तात सुजान तुम्ह कहुँ बिदित गति सब की अहै॥
परिवारु पुरजन मोहि राजहि प्रानप्रिय सिय जानिबी।
तुलसीस सीलु सनेहु लखि निज किंकरी करि मानिबी॥

विनती करके उन्होंने सीताजी को श्रीरामचन्द्रजी के हाथों समर्पित किया और हाथ जोड़कर बार-बार कहा—हे तात! हे सुजान! मैं तुम्हारी बलैया लेती हूँ, तुमको सबकी गति मालूम है। परिवार को, पुरवासियों को, मुझे और राजा को सीता प्राणों के समान प्रिय रही है, ऐसा जानिएगा। हे तुलसी के प्रभु! इसके शील-स्नेह को देखकर इसे अपनी दासी की तरह मानिएगा।

With humble submission Sita's mother entrusted her to Rama, and with folded hands prayed again and again, 'Ah, my son, you, I doubt not, are all-wise, and to you are apparent the thoughts of all. May you know that Sita is dear as life to the king and myself, nay, to all her kinsfolk and all the people of the city; considering her amiability and her affection, O Tulasi's lord, treat her as your own hand-maiden.

सो.—तुम्ह परिपूरन काम जानसिरोमनि भावप्रिय।
जन गुन गाहक राम दोषदलन करुनायतन॥३३६॥

तुम सब प्रकार से पूर्णकाम हो, ज्ञानियों में सिरताज हो और तुम्हें प्रेम प्यारा है। हे राम ! तुम भक्तों के गुणों को ग्रहण करनेवाले, दोषों को नाश करनेवाले और करुणा के स्थान हो ॥३३६॥

You, O Rama, are the fullness of all desires, the crest-jewel of the wise, lover of love; you are quick to recognize the virtue of your votaries and destroy evil, Lord all-merciful !'

चौ. –अस कहि रही चरन गहि रानी। प्रेम पंक जनु गिरा समानी ॥
सुनि सनेह सानी बर बानी। बहु बिधि राम सासु सनमानी ॥

ऐसा कहकर रानी (रामचन्द्रजी के) चरणों को पकड़कर मौन रह गयीं, उनकी वाणी मानो प्रेमरूपी दलदल में समा गयी। स्नेह में सनी हुई श्रेष्ठ वाणी सुनकर श्रीरामचन्द्रजी ने सास को बहुत प्रकार से सम्मानित किया ॥१॥

So saying, the queen remained clinging to his feet, as though her speech were lost in the quicksand of love. On hearing her tender, affectionate address, Rama paid his mother-in-law every respect.

राम बिदा मागत कर जोरी। कीन्ह प्रनामु बहोरि बहोरी ॥
पाइ असीस बहुरि सिरु नाई। भाइन्ह सहित चले रघुराई ॥

श्रीरामचन्द्रजी ने हाथ जोड़कर विदा माँगी और बार-बार प्रणाम किया। आशीर्वाद पाकर और फिर सिर झुकाकर भाइयों के साथ श्रीरघुनाथजी चले ॥२॥

With folded hands he begged her leave to depart, and again and again did obeisance. Having received her blessing, the lord of Raghus bowed his head once more and then with his brothers took his leave.

मंजु मधुर मूरति उर आनी। भईं सनेह सिथिल सब रानी ॥
पुनि धीरजु धरि कुअँरि हँकारी। बार बार भेटहिं महतारी ॥

(उनकी) सुन्दर मधुर मूर्ति को हृदय में लाकर सब रानियाँ स्नेह-शिथिल हो गयीं। फिर धीरज धारण कर कुमारियों को बुलाकर माताएँ बार-बार उन्हें (गले लगाकर) भेंटने लगीं ॥३॥

Treasuring up in their hearts Rama's sweet and gracious image, all the queens at first were overcome with emotion, but composing themselves, they called their daughters and again and again gave them a maternal embrace.

पहुचावहिं फिरि मिलहिं बहोरी। बढ़ी परसपर प्रीति न थोरी ॥
पुनि पुनि मिलत सखिन्ह बिलगाई। बाल बच्छ जिमि धेनु लवाई ॥

वे कन्याओं को विदा करती हैं, फिर लौटकर भेंट करने लगती हैं। उनका यह परस्पर प्रेम थोड़ा नहीं बढ़ा है। बार-बार मिलती हुई माताओं को सखियों ने अलग कर दिया जैसे हाल की ब्याही हुई गाय को कोई उसके छोटे बछड़े से अलग कर दे ॥४॥

They escorted them to some distance, and then turned to embrace them yet again with ever-growing mutual love. Time after time the maidens put them aside as they embraced their daughters, as one separates a cow from her heifers not yet weaned.

दो. –प्रेम बिबस नर नारि सब सखिन्ह सहित रनिवासु।
मानहु कीन्ह बिदेहपुर करुना बिरह निवासु ॥३३७॥

(जनकपुर के) सब स्त्री-पुरुष और सखियोंसहित सारा रनिवास प्रेम-विवश हो रहा है (और ऐसा प्रतीत होता है) मानो जनकपुर में करुणा और विरह ने (स्थायी) डेरा ही डाल दिया है ॥३३७॥

All the men and women, including the attendants and the ladies of the gynaeceum, were so overpowered by emotion that it seemed as though Piteousness and Parting had taken up their abode in the city of Videha.

चौ. –सुक सारिका जानकी ज्याए। कनकपिंजरन्हि राखि पढ़ाए ॥
ब्याकुल कहहिं कहाँ बैदेही। सुनि धीरजु परिहरै न केही ॥

जिन तोता और मैना को जानकी ने पाल-पोसकर बड़ा किया था और सोने के पिंजड़ों में रखकर पढ़ाया था, वे स्नेह-विह्वल होकर कह रहे हैं – वैदेही कहाँ है ? यह सुनकर ऐसा कौन है जिसे धीरज त्याग नहीं देगा ? ॥१॥

The pet parrots and *mainas* that Janaki had kept in golden cages and taught to speak, cried in distress, 'Where is Videha's daughter ?' Was there anyone who, on hearing, would not be robbed of his peace of mind ?

भये बिकल खग मृग एहि भाती। मनुजदसा कैसें कहि जाती ॥
बंधु समेत जनकु तब आये। प्रेम उमगि लोचन जल छाये ॥

जब पशु-पक्षी इस तरह व्याकुल हो गए, तब मनुष्यों की दशा का वर्णन कैसे किया जा सकता है ? तब भाईसहित जनकजी वहाँ आये। प्रेम से उमड़कर उनकी आँखों में स्नेहाश्रु भर आए ॥२॥

And if the birds and beasts were thus distressed, how can one tell the feelings of the people ? Then came Janaka with his younger brother (Kushadhvaja), his heart overflowing with love and his eyes full of tears.

सीय बिलोकि धीरता भागी। रहे कहावत परम बिरागी ॥
लीन्हि राय उर लाइ जानकी। मिटी महा मरजाद ग्यान की ॥

वे परम वैरागी कहलाते थे, परन्तु सीताजी को देखकर उनकी भी धीरता भाग

गई (धैर्य उड़ गया)। राजा ने जानकी को हृदय से लगा लिया, (प्रेम-विह्वलता के कारण) ज्ञान की महान् मर्यादा (देखते-ही-देखते) मिट गयी ॥३॥

Although he was renowned for his supreme dispassion, yet, when he gazed upon Sita, all his composure deserted him. The king clasped Janaki to his bosom and the great embankment of wisdom toppled down.

समुझावत सब सचिव सयाने। कीन्ह बिचारु अनवसरु जाने ॥
बारहि बार सुता उर लाई। सजि सुंदर पालकीं मगाई ॥

सारे सयाने (धीरमति और चतुर) मन्त्री उन्हें समझाते हैं, तब राजा ने शोक (प्रकट) करने का समय न जानकर विचार किया। बारंबार पुत्रियों को हृदय से लगाया और सुन्दर सज्जित पालकियाँ मँगवायीं ॥४॥

All his wise counsellors remonstrated with him, and realizing that it was no occasion for wailing, he recovered himself. Time and again he pressed his daughters to his bosom, and then ordered gaily decorated palanquins to be brought.

दो. –प्रेम बिबस परिवारु सबु जानि सुलगन नरेस।
कुअँरि चढ़ाई पालकिन्ह सुमिरे सिद्धि गनेस ॥३३८॥

(राजा जनक का) सारा परिवार प्रेम-विवश है। राजा ने सुन्दर मुहूर्त जानकर सिद्धिसहित गणेशजी का सुमिरन कर कन्याओं को पालकियों में बिठाया ॥३३८॥

The whole court was overwhelmed with emotion; yet, perceiving that the auspicious moment had arrived, the king seated the princesses in their palanquins, with his thoughts intent upon Ganesha and his consort, Siddhi.

चौ. –बहु बिधि भूप सुता समुझाई। नारिधरमु कुलरीति सिखाई ॥
दासी दास दिए बहुतेरे। सुचि सेवक जे प्रिय सिय केरे ॥

राजा (जनक) ने पुत्रियों को तरह-तरह से समझाया-बुझाया और उन्हें स्त्रियों के धर्म और कुल-रीति की शिक्षा दी। उन्होंने बहुत से ऐसे दास-दासी साथ कर दिए जो सीताजी के प्रिय और विश्वासपात्र सेवक थे ॥१॥

Janaka gave his daughters much good counsel and instructed them in the duties of a woman and in family customs. He bestowed upon Sita a good many men-servants and handmaidens, who had been her trusted and favourite attendants.

सीय चलत ब्याकुल पुरबासी। होहिं सगुन सुभ मंगलरासी ॥
भूसुर सचिव समेत समाजा। संग चले पहुचावन राजा ॥

जब सीताजी विदा होने लगीं तब जनकपुरवासी व्याकुल हो गए। मङ्गल की राशि शुभ शकुन हो रहे हैं। ब्राह्मण और मन्त्रियों के समाज के साथ राजा जनक उन्हें पहुँचाने के लिए साथ निकल पड़े ॥२॥

As she proceeded on her journey the citizens were in distress, but fair omens and auspicious signs promised all happiness. With a company of Brahmans and his counsellors, the king set forth to escort his daughters on their way.

समय बिलोकि बाजने बाजे। रथ गज बाजि बरातिन्ह साजे ॥
दसरथ बिप्र बोलि सब लीन्हे। दान मान परिपूरन कीन्हे ॥

सुअवसर आया देखकर बाजे बजने लगे। बरातियों ने रथ, हाथी और घोड़े सजाये। दशरथजी ने सब ब्राह्मणों को बुला लिया और उन्हें दान और सम्मान से संतुष्ट कर दिया ॥३॥

The wedding-guests made ready their chariots and elephants and horses, and music sounded, appropriate to the hour. Then Dasharath summoned all the Brahmans and gratified them with gifts and compliments.

चरन सरोज धूरि धरि सीसा। मुदित महीपति पाइ असीसा ॥
सुमिरि गजाननु कीन्ह पयाना। मंगलमूल सगुन भये नाना ॥

उन (ब्राह्मणों) के चरण-कमलों की धूलि को सिर पर धारणकर और आशिष पाकर राजा प्रसन्न हुए और गणेशजी का स्मरण कर चले। मङ्गलों के मूल नाना (प्रकार के) शकुन हुए ॥४॥

The king placed the dust of their lotus feet upon his head and was glad to receive their blessings. Invoking the elephant-headed Ganesha, he joyously set out on his journey, when many fair omens, all roots of felicity, occurred.

दो. –सुर प्रसून बरषहिं हरषि करहिं अपछरा गान।
चले अवधपति अवधपुर मुदित बजाइ निसान ॥३३९॥

देवता अपने हर्ष में फूल बरसाने लगे और अप्सराएँ गान करने लगीं। अवधपति (दशरथजी) नगाड़े बजवाते हुए आनन्दपूर्वक अयोध्यापुरी को चल पड़े ॥३३९॥

Joyfully the gods rained down flowers and the heavenly nymphs sang, as the lord of Avadh happily set out for his capital amidst the clash of kettledrums.

चौ. –नृप करि बिनय महाजन फेरे। सादर सकल मागने टेरे ॥
भूषन बसन बाजि गज दीन्हे। प्रेम पोषि ठाढ़े सब कीन्हे ॥

राजा दशरथ ने अनुनय-विनय करके प्रतिष्ठित जनों को वापस लौटाया और आदरपूर्वक सब मंगनों को बुलवाया। उनको गहने, कपड़े, घोड़े-हाथी

दिये और प्रेम से पोषण कर उन सबको शक्तिशाली[1] कर दिया ॥१॥
Courteously the king persuaded the respectable citizens to retire and graciously sent for all the mendicants, on whom he bestowed ornaments and clothes and horses and elephants, and satiating them with love, he made them rich indeed.

बार बार बिरिदावलि भाषी । फिरे सकल रामहि उर राखी ॥
बहुरि बहुरि कोसलपति कहहीं । जनकु प्रेमबस फिरै न चहहीं ॥

वे सब बार-बार कुलकीर्ति गाकर और श्रीरामचन्द्रजी को हृदय में बसाकर लौटे । कोसलाधीश (दशरथजी) बार-बार लौटने को कहते हैं, परन्तु प्रेमवश जनकजी लौटना नहीं चाहते ॥२॥
After glorifying the king again and again, they all returned, treasuring Rama in their hearts. Though the king of Kosala besought him over and over again, Janaka in his exceeding love would not turn back.

पुनि कह भूपति बचन सुहाए । फिरिअ महीस दूरि बड़ आए ॥
राउ बहोरि उतरि भये ठाढ़े । प्रेमप्रबाह बिलोचन बढ़े ॥

नृपति (दशरथ) ने फिर सुहावने वचन कहे — हे राजन् ! आप बहुत दूर आ गए, अब लौट जाइए । फिर राजा दशरथ रथ से उतरकर खड़े हो गए । उनकी आँखों में स्नेह-सरिता उमड़ आयी ॥३॥
Once more said Dasharath in gracious tones, 'I beg you to turn back, O king; you have already come very far.' At last Dasharath got down from his chariot and stood before him, his eyes overflowing with tears of love.

तब बिदेहु बोले कर जोरी । बचन सनेह सुधा जनु बोरी ॥
करौं कवन बिधि बिनय बनाई । महाराज मोहि दीन्हि बड़ाई ॥

तब विदेह ने हाथ जोड़कर मानो स्नेहरूपी अमृत में डुबोकर ये शब्द कहे — मैं किस तरह बनाकर (किन शब्दों में) आपसे विनती करूँ ? हे महाराज ! आपने मुझे बड़ा बड़प्पन दिया है ॥४॥
Then with folded hands and in a voice imbued with the ambrosia of affection, Videha said, 'How and in what words should I make my supplication to you? You have conferred such high honour on me, O great king.'

दो. —कोसलपति समधी सजन सनमाने सब भाँति ।
मिलनि परसपर बिनय अति प्रीति न हृदय समाति ॥३४०॥

अवधपति (दशरथजी) ने अपने स्वजन समधी को सब प्रकार से सम्मानित किया । उनके परस्पर मिलन में अत्यन्त विनम्रता थी और इतनी प्रीति थी कि वह उनके हृदय में अँटती न थी ॥३४०॥
The lord of Kosala showed the profoundest respect to the father of the bride and his kinsman, Janaka. They embraced with the utmost courtesy and their hearts could not contain the love they felt.

चौ. —मुनिमंडलिहि जनक सिरु नावा । आसिरबादु सबहि सन पावा ॥
सादर पुनि भेटे जामाता । रूप सील गुन निधि सब भ्राता ॥

जनकजी ने मुनिमण्डली को प्रणाम किया और सभी से आशीर्वाद पाया । फिर उन्होंने आदरपूर्वक रूप, शील और गुणों के निधान सब भाइयों से — अपने दामादों से भेंट की, ॥१॥
Janaka bowed his head before the assembly of sages and received blessings from them all. Next he reverently embraced his sons-in-law, the four brothers, each a mine of beauty, amiability and goodness;

जोरि पंकरुह पानि सुहाये । बोले बचन प्रेम जनु जाये ॥
राम करौं केहि भाँति प्रसंसा । मुनि महेस मन मानस हंसा ॥

और सुन्दर कर-कमलों को जोड़कर ऐसे शब्द कहे जो मानो प्रेम से ही जन्मे हों ! हे रामजी ! मैं किस तरह आपकी प्रशंसा करूँ ? आप मुनियों और महादेवजी के मन-मानस (मनरूपी मानसरोवर) के हंस जो हैं !
— and folding his graceful lotus hands, he spoke in tones begotten of love, 'How can I tell your praise, O Rama, swan of the holy lake[1] that is the soul of the sages and of the great Lord Shiva;

करहिं जोग जोगी जेहि लागी । कोहु मोहु ममता मद त्यागी ॥
ब्यापकु ब्रह्म अलखु अबिनासी । चिदानंदु निरगुन गुनरासी ॥

जिनके लिए योगी लोग क्रोध, मोह, ममता और मद को त्यागकर योगसाधन करते हैं; जो सर्वव्यापक, ब्रह्म, अव्यक्त, अविनाशी, चिदानन्द, निर्गुण और गुणों के भंडार हैं; ॥३॥
— for whose sake ascetics practise their austerities and turn from anger, infatuation, selfishness and pride; the all-pervading absolute, imperceptible and imperishable, the embodiment of Consciousness and Bliss, at once the sum and negation of all attributes,

मन समेत जेहि जान न बानी । तरकि न सकहिं सकल अनुमानी ॥
महिमा निगमु नेति कहि कहई । जो तिहुँ काल एकरस रहई ॥

---

१. 'ठाढ़े सब कीन्हे' — विशेषण के रूप में 'ठाढ' या 'ठाढ़ा' का अर्थ है 'खड़ा', 'उन्नत', 'शक्तिशाली' । देखिए बृहत् हिन्दी कोश (संवत् २०२०), पृ. ४३९ ।

1. *i.e.*, the Manasa lake, the famous Manasarovara, the sacred lake in the Himalayas created, it is said, by the will of Brahma.

जिनको मन और वाणी नहीं जानती और सब जिनका अनुमान-मात्र ही करते हैं, कोई तर्कना नहीं कर सकता, जिनकी महिमा को वेद 'नेति' कहकर वर्णन करते हैं और जो तीनों कालों में एकरस (सभी परिवर्तनों से परे एवं निर्विकार) रहते हैं, ॥४॥

—whom neither speech nor thought can comprehend, nor any argument infer; whose greatness the Vedas declare to be "Not thus," and whom time present, past or future does not affect?

दो. –नयनबिषय मो कहुँ भयेउ सो समस्त सुख मूल ।
सबइ लाभु जग जीव कहँ भए ईसु अनुकूल ॥३४१॥

वे ही समस्त सुखों के स्रोत (आप) मेरे नेत्रों के विषय हुए । ईश्वर के अनुकूल होने से संसार में जीव को सभी लाभ मिल जाते हैं ॥३४१॥

O source of every joy, you have revealed yourself to my sight; for nothing in the world is beyond the reach of him to whom God is propitious.

चौ. –सबहि भाँति मोहि दीन्हि बड़ाई । निज जन जानि लीन्ह अपनाई ॥
होहिं सहस दस सारद सेषा । करहिं कलप कोटिक भरि लेखा ॥

आपने सभी प्रकार से मुझे बड़प्पन दिया और अपना ही दास जानकर अपना लिया । यदि दस हजार सरस्वती और शेष हों और करोड़ों कल्पों तक गिनती करते रहें, ॥१॥

You have exalted me in every way and holding me to be your own servant have made me your very own. If there were ten thousand Sharadas and Sheshas, and if they were to keep up their count for a myriad aeons,

मोर भाग्य राउर गुन गाथा । कहि न सिराहिं सुनहु रघुनाथा ॥
मैं कछु कहौं एकु बल मोरे । तुम्ह रीझहु सनेह सुठि थोरे ॥

तो भी हे रघुनाथजी ! सुनिए, न तो मेरे सौभाग्य की और न आपके गुणों की कथा कहकर समाप्त की जा सकती है । मैं जो कुछ कह रहा हूँ, उसका मुझे एक ही आधार है कि आप अत्यन्त थोड़े प्रेम से प्रसन्न हो जाते हैं ॥२॥

— the tale of my good fortune, I tell you, and the record of your perfections could not be exhausted, O Raghunatha ! I make bold to say something on the strength of my conviction that you are pleased with love, however slight.

बार बार मागौं कर जोरें । मनु परिहरै चरन जनि भोरें ॥
सुनि बर बचन प्रेम जनु पोषे । पूरनकामु रामु परितोषे ॥

बार-बार हाथ जोड़कर मैं बस यही माँगता हूँ कि मेरा मन भूलकर भी आपके चरणों को न परित्यागे । जनकजी के श्रेष्ठ वचन सुनकर, जो मानो प्रेम से पुष्ट किये हुए थे, पूर्णकाम श्रीरामचन्द्रजी संतुष्ट हुए ॥३॥

Again and again I beseech you with folded hands that never for a moment may my soul be deluded into deserting your feet." On hearing these noble words, fruit of devoted love, Rama, in whom all pleasure ever dwells, was pleased.

करि बर बिनय ससुर सनमाने । पितु कौसिक बसिष्ठ सम जाने ॥
बिनती बहुरि भरत सन कीन्ही । मिलि सप्रेम पुनि आसिष दीन्ही ॥

सुन्दर श्रेष्ठ विनती कर और पिता दशरथजी, गुरु विश्वामित्रजी तथा कुलगुरु वसिष्ठजी के समान जानकर उन्होंने ससुर (जनकजी) का आदर-सम्मान किया । फिर (जनकजी ने) भरतजी से विनती की और प्रेम के साथ मिलकर फिर उन्हें आशीर्वाद दिया ॥४॥

With gracious modesty he honoured his father-in-law, holding him equal to his own father, Vishvamitra or Vasishtha. Janaka then bowed himself before Bharata, lovingly embraced him and gave him his blessing.

दो. –मिले लखन रिपुसूदनहि दीन्हि असीस महीस ।
भये परसपर प्रेमबस फिरि फिरि नावहिं सीस ॥३४२॥

फिर राजा जनक ने लक्ष्मण और शत्रुघ्न से मिलकर उन्हें आशीर्वाद दिया । वे परस्पर प्रेम के वशीभूत हो बार-बार सिर नवाने लगे ॥३४२॥

Next, the king embraced Lakshmana and Shatrughna and blessed them; overpowered by love for one another, they again and again bowed their heads.

चौ. –बार बार करि बिनय बड़ाई । रघुपति चले संग सब भाई ॥
जनक गहे कौसिकपद जाई । चरनरेनु सिर नयनन्ह लाई ॥

जनकजी की बार-बार विनती और बड़ाई कर श्रीरघुनाथजी अपने सब भाइयों के संग चले । जनकजी ने जाकर विश्वामित्रजी के चरण पकड़ लिये और उन चरणों की धूल को अपने सिर और आँखों में लगाया ॥१॥

At last, after many courtesies and compliments, the lord of Raghus set out on his journey with all his brothers. Janaka went and clasped Vishvamitra's feet and placed their dust upon his head and eyes.

सुनु मुनीसबर दरसन तोरे । अगमु न कछु प्रतीति मन मोरे ॥
जो सुखु सुजसु लोकपति चहहीं । करत मनोरथ सकुचत अहहीं ॥

(उन्होंने कहा –) हे मुनीश्वर ! सुनिए, आपके शुभ दर्शन से कुछ भी अगम्य-अपार नहीं है; मेरे मन में ऐसी प्रतीति है । जो सुख और सुकीर्ति लोकपाल चाहते हैं, परंतु (दुर्लभ जानकर) जिसका मनोरथ करते हुए सकुचाते हैं, ॥२॥

'Listen,' he said, 'O lord of sages: to him who is blessed with your sight nothing is unattainable —

such is my heart's conviction. That joy and fair renown which the regional lords of the universe long to have, but hesitate to crave,[1]

सो सुखु सुजसु सुलभ मोहि स्वामी । सब सिधि तव दरसन अनुगामी ।।
कीन्हि बिनय पुनि पुनि सिरु नाई । फिरे महीसु आसिषा पाई ।।

हे स्वामी ! वही सुख और सुकीर्ति मुझे सुलभ हो गए; सारी सिद्धियाँ तो आपके दर्शन की अनुगामिनी (पीछे-पीछे चलनेवाली) हैं । इस प्रकार पुनः-पुनः विनती की और सिर झुकाकर तथा उनसे आशीर्वाद पाकर राजा जनक लौटे ।।३।।
— I find within my grasp, O master; for all success follows upon seeing you.' Again and again the monarch humbly bowed his head and took leave with the sage's blessing.

चली बरात निसान बजाई । मुदित छोट बड़ सब समुदाई ।।
रामहि निरखि ग्राम नर नारी । पाइ नयनफलु होहिं सुखारी ।।

निसान (डंका) बजाकर बारात चल पड़ी । छोटे-बड़े सभी समूह आनन्दित हैं । (मार्ग में पड़नेवाले) गाँवों के स्त्री-पुरुष श्रीरामचन्द्रजी को देख नेत्रों का फल पाकर सुखी होते हैं ।।४।।
The marriage procession set forth[2] to the sound of kettledrums, and the whole assemblage, great and small, was transported with joy. As they gazed on Rama, the men and women of the villages felt gratified on realizing the object of their eyes.

दो. –बीच बीच बर बास करि मग लोगन्ह सुख देन ।
अवध समीप पुनीत दिन पहुची आइ जनेत ।३४३।।

बीच-बीच में सुन्दर पड़ाव डालती हुई तथा राह के लोगों को सुख देती हुई वह बारात पवित्र दिन में अयोध्यापुरी के निकट आ पहुँची ।।३४३।।
Halting at convenient stages on the road and gladdening the people on the roadside, the marriage procession drew near to Ayodhya on an auspicious day.

चौ. –हने निसान पनव बर बाजे । भेरि संख धुनि हय गय गाजे ।।
झाझि बिरव डिंडिमी सुहाई । सरस राग बाजहिं सहनाई ।।

नगाड़ों पर चोटें पड़ने लगीं; सुन्दर-सुन्दर ढोल बजने लगे । तुरही और शङ्ख की ध्वनि होने लगी, हाथी-घोड़े गरजने लगे । विशेष शब्द करनेवाली झाँझें, सुहावनी डफलियाँ तथा सुरीले रागों से शहनाइयाँ बजने लगीं ।।१।।
Amid the beat of kettledrums and clamour of many excellent tabors and sackbuts and conches, and the neighing of horses and trumpeting of elephants, and clash of cymbals and drums and sweet-tuned clarionets,

पुरजन आवत अकनि बराता । मुदित सकल पुलकावलि गाता ।।
निज निज सुंदर सदन सँवारे । हाट बाट चौहट पुर द्वारे ।।

बारात को आती हुई सुनकर नगरवासी प्रसन्न हो उठे । सबके शरीरों पर रोमांच छा गया । उन्होंने अपने-अपने सुन्दर घरों, बाजारों, गलियों, चौराहों और नगर के दरवाजों को सजाया-सँवारा ।।२।।
—when the citizens heard the procession coming, they were all in a tremor of delight, and everyone began to decorate his own fair house, the markets, the streets, the squares and the city gates.

गली सकल अरगजा सिचाई । जहँ तहँ चौकें चारु पुराई ।।
बना बजारु न जाइ बखाना । तोरन केतु पताक बिताना ।।

अरगजे से सारी गलियों की सिंचाई की गयी; जहाँ-तहाँ सुन्दर चौक[१] पुराये गए; तोरणों, ध्वजा-पताकाओं और मण्डपों से बाजार ऐसा सजा कि उसका वर्णन नहीं किया जा सकता ।।३।।
The whole roadway was watered with mingled perfumes; here and there were festal squares filled in with elegant patterns. The bazar was decked beyond all telling with triumphal arches, flags and banners and canopies.

सफल पूगफल कदलि रसाला । रोपे बकुल कदंब तमाला ।।
लगे सुभग तरु परसत धरनी । मनिमय आलबाल कल करनी ।।

सुपारी, केला, आम, मौलसिरी, कदम्ब और तमाल के फलदार वृक्ष लगाये गए । वे लगे हुए सुन्दर (और फलों से लदे हुए) वृक्ष पृथ्वी का स्पर्श कर रहे हैं । उनके थाले मणिमय हैं जो बड़ी सुन्दर कारीगरी से बने हैं ।।४।।
Trees of the areca-nut and the plaintain and the mango, the *maulasiri*, the *kadamba* and the *tamala*, all laden with fruit, were transplanted there,[1] so burdened that their branches touched the ground; they had basins of precious stones constructed round their roots with exquisite skill.

दो. –बिबिध भाँति मंगलकलस गृह गृह रचे सँवारि ।
सुर ब्रह्मादि सिहाहिं सब रघुबरपुरी निहारि ।।३४४।।

घर-घर अनेक प्रकार के मङ्गल-कलश सजाकर बनाये गए हैं । रघुबरपुरी (अयोध्या) को देखकर ब्रह्मा आदि सब देवता सिहाते हैं ।।३४४।।

1. *i.e.*, be ashamed to express their longing.
2. This is its return journey to Avadh.

१. पूजन आदि में आटे आदि की रेखाओं से बनाया जानेवाला क्षेत्र ।

1. *Bakula*, or *maulasiri* (*Mimusops elengi*) is noted for its fragrant flowers and medicinal bark. *Kadamba* (*Nauclea cadamba*) is a fruit-tree, with fragrant orange-coloured flowers.

Festal vases of every kind were ranged in order in every house, and Brahma and all the gods were filled with envy when they gazed upon Raghubara's city.

चौ. –भूपभवनु तेहि अवसर सोहा । रचना देखि मदनमनु मोहा ॥
मंगल सगुन मनोहरताई । रिधि सिधि सुख संपदा सुहाई ॥

उस समय राजमहल (ऐसा) शोभित हो रहा था कि उसकी सजावट देखकर कामदेव का भी मन मोहित हो जाता था । मङ्गल-शकुन, मनोहरता, ऋद्धि-सिद्धि, सुख, (अपार) सुन्दर सम्पत्ति, ॥१॥

At that time the king's palace was so resplendent that Love himself was distracted when he saw such magnificence. It was as though auspicious omens and loveliness, affluence and mystic powers, joys and smiling prosperity,

जनु उछाह सब सहज सुहाए । तनु धरि धरि दसरथगृह आए ॥
देखन हेतु राम बैदेही । कहहु लालसा होहि न केही ॥

और सब उत्साह मानो सहज सुन्दर शरीर धर-धरकर दशरथजी के घर में आ गए हैं । श्रीरामचन्द्रजी और सीताजी के दर्शन के लिए भला कहिए, किसे लालसा न होगी ? ॥२॥

—and all kinds of rejoicings had assumed sweet forms of natural loveliness and taken their abode in the palace of Dasharath. Tell me, who would not long to get a sight of Rama and Videha's daughter ?

जूथ जूथ मिलि चलीं सुआसिनि । निज छबि निदरहिं मदनबिलासिनि ॥
सकल सुमंगल सजे आरती । गावहिं जनु बहु बेष भारती ॥

झुंड-की-झुंड मिलकर सुहागिन स्त्रियाँ चलीं, जो अपने सौन्दर्य से कामदेव की स्त्री रति का भी निरादर कर रही हैं । सभी सुन्दर मङ्गल द्रव्य एवं आरती सजाये हुए गा रही हैं, मानो सरस्वतीजी ही अनेक वेष में गा रही हों ॥३॥

Troops of married women, whose husbands were alive, sallied forth, each exceeding in loveliness Kama's lovely consort (Rati); all were singing, with festal lamps and auspicious objects in their hands, as though Sarasvati (the goddess of speech) had appeared in so many forms.

भूपतिभवन कोलाहलु होई । जाइ न बरनि समउ सुखु सोई ॥
कौसल्यादि राममहतारी । प्रेमबिबस तनदसा बिसारी ॥

(आनन्दोत्सव के कारण) राजमहल में शोर मच रहा है । उस समय का और (उस) सुख का वर्णन नहीं किया जा सकता । कौसल्याजी आदि श्रीरामचन्द्रजी की सब माताएँ प्रेम के विशेष वशीभूत होने के कारण शरीर की सुध भूल गयीं ॥४॥

The king's palace was full of hilarious tumult, and the rejoicings there at that glad time were beyond all description. Kausalya and the other queens were so overcome with love that they forgot their own bodies.

दो. –दिए दान बिप्रन्ह बिपुल पूजि गनेस पुरारि ।
प्रमुदित परम दरिद्र जनु पाइ पदारथ चारि ॥३४५॥

गणेशजी और (त्रिपुरारि) शिवजी की पूजा करके उन्होंने ब्राह्मणों को प्रचुर दान दिया । (इससे) वे परम आनन्दित हुईं, मानो (कोई) अत्यन्त दरिद्र चारों पदार्थ (धर्म, अर्थ, काम और मोक्ष) पाकर फूला न समाता हो ॥३४५॥

Having worshipped Ganesha and Purari, they bestowed enormous gifts upon the Brahmans and were as supremely delighted as an utterly indigent beggar who finds the four great rewards of life.[1]

चौ. –मोद प्रमोद बिबस सब माता । चलहिं न चरन सिथिल भये गाता ॥
रामदरस हित अति अनुरागीं । परिछनि साजु सजन सब लागीं ॥

मोद-प्रमोद में मग्न होने के कारण सब माताओं के शरीर शिथिल हो गए और उनके पाँव नहीं उठते । श्रीरामचन्द्रजी के दर्शन के लिए अत्यन्त अनुराग में भरकर वे परछन का सब सामान सजाने लगीं ॥१॥

The queens were all so overcome with joy and rapture that their feet refused to move and they waxed faint. Passionately longing for a sight of Rama, they all began to prepare the lustral lamps.

बिबिध बिधान बाजने बाजे । मंगल मुदित सुमित्रा साजे ॥
हरद दूब दधि पल्लव फूला । पान पूगफल मंगलमूला ॥

नाना प्रकार के बाजे बजने लगे । सुमित्राजी ने प्रमुदित हो मङ्गल के सामान हल्दी, दूब, दही, पत्ते, फूल, पान और सुपारी आदि मङ्गल की मूल वस्तुएँ सजाये, ॥२॥

Music of every kind started playing, as Sumitra joyfully made ready her festal oblations of turmeric, blades of *durva* grass, curds, leaves, flowers, betel-leaves, areca nuts, auspicious roots,

अक्षत अंकुर लोचन लाजा । मंजुर मंजरि तुलसि बिराजा ॥
छुहे पुरटघट सहज सुहाए । मदनसकुन जनु नीड़ बनाए ॥

तथा अक्षत (चावल), अँखुए, गोरोचन, लावा और तुलसी की सुन्दर मंजरियाँ शोभायमान हैं । अनेक रंगों से चित्रित सहज-सुन्दर सुवर्ण-कलश ऐसे दीख रहे हैं मानो कामदेव के पक्षियों ने घोंसले बनाये हों ॥३॥

1. *i.e., dharma, artha, kama,* and *moksha* (ethical perfection, wealth, sensual delights and final release).

— unbroken rice, too, and sprouts of barley, yellow powder and parched grain and lovely blossoms of the *tulasi* plant. Exquisitely beautiful vases of gold, painted in various colours, looked like nests built by Cupid's own birds,

सगुन सुगंध न जाहिं बखानी। मंगल सकल सजहिं सब रानी॥
रची आरती बहुत बिधाना। मुदित करहिं कल मंगल गाना॥

शकुन की सुगन्धित वस्तुओं (गुलाब, केवड़ा, चन्दन, कपूर आदि) का बखान नहीं किया जा सकता। सब रानियाँ मङ्गल के सम्पूर्ण साज सज रही हैं। अनेक प्रकार की आरती बनाकर वे (अति) प्रसन्न हो सुन्दर मंगलगान कर रही हैं।

— and auspicious perfumes defied all description. In this manner all the queens prepared all sorts of fair-omened offerings. They made ready rows of lustral lights arranged in various devices and with cheerful hearts sang melodious festal strains.

दो. — कनकथार भरि मंगलन्हि कमल करन्हि लिये मात।
चलीं मुदित परिछनि करन पुलक पल्लवित गात॥३४६॥

सोने के थालों को माङ्गलिक वस्तुओं से भरकर अपने कमल के समान (कोमल) हाथों में लिये हुए माताएँ आनन्दित होकर परछन करने चलीं। उनके शरीर पुलकावली से छा गये हैं॥३४६॥

With golden salvers in their lotus hands, laden with articles of good omen, the queen-mothers went forth joyfully to greet their sons,[1] their bodies quivering with emotion.

चौ. — धूपधूम नभु मेचकु भयेऊ। सावन घनघमंडु जनु ठयेऊ॥
सुरतरु सुमन माल सुर बरषहिं। मनहु बलाक अवलि मनु करषहिं॥

धूप के धूएँ से आसमान ऐसा काला हो गया है मानो सावन के (काले-काले) बादल घुमड़-घुमड़कर छा गये हों। देवता कल्पवृक्ष के फूलों की मालाएँ बरसाते हैं। वे ऐसी लगती हैं मानो बगुलों की पंक्तियाँ चित्त को (अपनी ओर) आकृष्ट कर रही हों॥१॥

The sky was dark with the fumes of burning incense, as though overhung with the fast-gathering thunder clouds of Shravana (August). The gods rained down wreaths of flowers from the tree of Paradise, which seemed to the beholders like rows of cranes in graceful flight.

मंजुल मनिमय बंदनिवारे। मनहु पाकरिपु चाप सँवारे॥
प्रगटहिं दुरहिं अटन्ह पर भामिनि। चारु चपल जनु दमकहिं दामिनि॥

सुन्दर मणि-जटित बंदनवार ऐसे मालूम होते हैं मानो इन्द्रधनुष सजाकर रखे गए हों। अटारियों पर स्त्रियाँ प्रकट होती और फिर छिप जाती हैं (आती-जाती हैं), मानो सुन्दर-चपल बिजलियाँ दमक रही हों॥२॥

The lustrous jewelled festoons were like the rainbow (the arch of Indra's bow); the maidens on the balconies, now in sight, now hiding, were like the fitful flashes of lightning in their restless movement.

दुंदुभिधुनि घनगरजनि घोरा। जाचक चातक दादुर मोरा॥
सुर सुगंध सुचि बरषहिं बारी। सुखी सकल ससि पुरनर नारी॥

नगाड़ों की ध्वनि मानो मेघों की घोर गर्जना है, भिखारी पपीहे, मेंढक और मोर हैं। देवगण शुद्ध सुगन्धरूपी जल बरसा रहे हैं, जिससे खेती के समान नगर के सब स्त्री-पुरुष सुखी (हरे-भरे) हो रहे हैं॥३॥

The beat of the drums was as the crash of thunder; the beggars as clamorous as the cuckoos, frogs and peacocks. The gods poured down showers of sacred perfumes, gladdening all the people of the city as rain gladdens the crops.

समउ जानि गुर आयेसु दीन्हा। पुरप्रबेसु रघुकुलमनि कीन्हा॥
सुमिरि संभु गिरिजा गनराजा। मुदित महीपति सहित समाजा॥

(उपयुक्त) मुहूर्त्त जानकर गुरु वसिष्ठजी ने आदेश दिया। तब रघुकुलशिरोमणि महाराज दशरथजी ने शिवजी, पार्वतीजी और गणेशजी का स्मरण कर समाज-सहित नगर में सानन्द प्रवेश किया॥४॥

Perceiving that the propitious hour had come, the *guru* (Vasishtha) gave the word, and the jewel of the house of Raghu, King Dasharath, gladly entered the city with his retinue, fixing his mind on Shiva, Parvati and Ganesha.

दो. — होहिं सगुन बरषहिं सुमन सुर दुंदुभी बजाइ।
बिबुधबधू नाचहिं मुदित मंजुल मंगल गाइ॥३४७॥

(शुभ) शकुन हो रहे हैं, देवता नगाड़े बजाकर फूल बरसा रहे हैं। देवताओं की पत्नियाँ हर्षित हो सुन्दर मङ्गलगीत गा-गाकर नाच रही हैं॥३४७॥

Good omens manifested themselves and the gods rained down flowers to the beat of drums, while celestial dames danced for joy and sang melodious triumphal strains.

चौ. — मागध सूत बंदि नट नागर। गावहिं जसु तिहुँ लोक उजागर॥
जयधुनि बिमल बेद बर बानी। दस दिसि सुनिअ सुमंगल सानी॥

मागध, सूत, भाट और चतुर नट तीनों लोकों के प्रकाशस्वरूप श्रीरामचन्द्रजी का यश गा रहे हैं। सुन्दर मंगलों से सनी हुई जयध्वनि तथा वेदों की निर्मल श्रेष्ठ वाणी दसों दिशाओं में गूँज रही है॥१॥

1. *i.e.*, to pour out the libation; to perform the lustration.

Bards, minstrels, rhapsodists and skilled dancers chanted the glory of him (Rama) who illumines the three spheres. Auspicious shouts of triumph and the sacred and melodious recitation of the Vedas were heard in all the ten quarters of the world.

बिपुल बाजने बाजन लागे। नभ सुर नगर लोग अनुरागे॥
बने बराती बरनि न जाहीं। महा मुदित मन सुखु न समाहीं॥

नाना प्रकार के बाजे बजने लगे। (उधर) आकाश में देवगण और (इधर) नगर में लोग सब प्रेम-मग्न हैं। बराती ऐसे बने-ठने हैं कि उनका वर्णन नहीं हो सकता। (वे ऐसे) परम आनन्दित हैं कि सुख उनके हृदय में नहीं समाता॥२॥

Musical instruments of all kinds began to play; gods in heaven and men in the city were alike enraptured. The magnificence of the procession defied description, and the joy was more than heart could contain.

पुरबासिन्ह तब राय जोहारे। देखत रामहि भये सुखारे॥
करहिं निछावरि मनिगन चीरा। बारि बिलोचन पुलक सरीरा॥

तब अयोध्या के नागरिकों ने राजा को जोहार (वन्दना) की। श्रीरामचन्द्रजी को देखते ही वे सुखी हो गए और मणियाँ तथा वस्त्र निछावर करने लगे। उनकी आँखें प्रेमाश्रुओं से भर आई हैं और शरीर प्रेम-विह्वल (पुलकित) हैं॥३॥

The people of Ayodhya then did obeisance to the king and were right glad to see Rama. They scattered around him many an offering of gems and raiment, with their eyes full of tears and their bodies trembling with excitement.

आरति करहिं मुदित पुरनारी। हरषहिं निरखि कुअँरबर चारी॥
सिबिका सुभग ओहार उघारी। देखि दुलहिनिन्ह होहिं सुखारी॥

पुर-नारियाँ आनन्दित हो आरती कर रही हैं और सुन्दर चारों कुमारों को देख-देखकर हर्षित हो रही हैं। पालकियों के सुन्दर ओहार[१] हटा-हटाकर वे दुलहिनों को देखकर (परम) सुख का अनुभव करती हैं॥४॥

Happily the women of the city waved their lustral lights around his head, rejoicing to see the four noble princes. They were still more glad when they lifted the fair curtains of the palanquins and beheld the brides.

दो.—येहि बिधि सबही देत सुखु आए राजदुआर।
मुदित मातु परिछनि करहिं बधुन्ह समेत कुमार॥३४८॥

इस तरह सबको सुख देते हुए वे राजद्वार पर आये। माताएँ आनन्दित हो बहुओं सहित राजकुमारों का परछन कर रही हैं॥३४८॥

Thus gladdening the heart of all, they arrived at the entrance of the royal palace, and the delighted mothers performed the lustral rite for the princes and their brides.

चौ.—करहिं आरती बारहि बारा। प्रेमु प्रमोदु कहै को पारा॥
भूषन मनि पट नाना जाती। करहिं निछावरि अगनित भाती॥

वे बारंबार आरती कर रही हैं। उस प्रेम-प्रमोद (आनन्दातिरेक) को कौन कह सकता है? वे नाना प्रकार के आभूषण, रत्न और वस्त्र अगणित प्रकार से निछावर कर रही हैं॥१॥

Time after time they waved the festal lamps about their heads in a rapture of love that is beyond all words. They scattered around in boundless profusion ornaments and gems and costumes of various kinds.

बधुन्ह समेत देखि सुत चारी। परमानंद मगन महतारी॥
पुनि पुनि सीय राम छबि देखी। मुदित सफल जग जीवन लेखी॥

अपनी-अपनी बहुओं के साथ चारों पुत्रों को देखकर माताएँ परमानन्द में मग्न हो गयीं। सीताजी और श्रीरामजी के रूप-सौंदर्य को बार-बार देखकर वे जगत् में अपने जीवन को सफल मानकर प्रसन्न हुईं॥२॥

The queen-mothers were enraptured to behold their four sons and their brides. As they gazed again and again on the beauty of Sita and Rama, they joyously regarded the object of their lives as realized.

सखी सीयमुखु पुनि पुनि चाही। गान करहिं निज सुकृत सराही॥
बरषहिं सुमन छनहि छन देवा। नाचहिं गावहिं लावहिं सेवा॥

सीताजी के मुख को बार-बार देखकर सखियाँ अपने पुण्यों की सराहना करती हुईं गान कर रही हैं। देवता क्षण-क्षण फूल बरसाते, नाचते, गाते तथा अपनी-अपनी सेवा पहुँचाते हैं (अपनी-अपनी भक्ति दिखलाते हैं)॥३॥

As her companions looked over and over again into Sita's face, they sang and exulted over the merit they had won. Every moment the gods rained down flowers and danced and sang and offered their obsequious homage.

देखि मनोहर चारिउ जोरीं। सारद उपमा सकल ढँढोरीं॥
देत न बनहिं निपट लघु लागीं। एकटक रहीं रूप अनुरागीं॥

उन चारों मनमोहिनी जोड़ियों को देखकर सरस्वती ने सारी उपमाएँ खोज डालीं, पर कोई उपमा देते नहीं बनी, क्योंकि वे सब-की-सब नितान्त तुच्छ

१. परदे।

जान पड़ीं। तब वे भी (सब ओर से हारकर) श्रीरामजी के रूप में अनुरक्त होकर एकटक देखती रह गयीं ॥४॥

Beholding the four charming pairs, Sarasvati ransacked all her store of similes, but her choice fell on none; they all seemed too trivial. She therefore stood gazing with unwinking eyes, enchanted with their loveliness.

दो. –निगमनीति कुलरीति करि अरघ पावड़े देत।
बधुन्ह सहित सुत परिछि सब चलीं लवाइ निकेत ॥३४९॥

वेद-विधान और कुल-रीतियों को (सम्पन्न) करके अर्घ्य-पाँवड़े देती हुई बहुओं के साथ सब पुत्रों का परछन करके माताएँ उन्हें महल में लिवा चलीं ॥३४९॥

Having performed the rites prescribed by the Vedas and the custom of the family, the queen-mothers waved lustral lights over all the princes and their brides and brought them to the palace, offering water to them as a mark of respect and spreading ceremonial carpets along the way.

चौ. –चारि सिंघासन सहज सुहाए। जनु मनोज निज हाथ बनाए ॥
तिन्ह पर कुअँरि कुअँर बैठारे। सादर पाय पुनीत पखारे ॥

चार सिंहासन स्वाभाविक ही सुन्दर थे जो मानो कामदेव ने ही अपने हाथों बनाये थे। उन पर माताओं ने राजकुमारियों और राजकुमारों को बिठाया और आदरपूर्वक उनके पवित्र चरण धोये ॥१॥

On four exquisitely beautiful thrones which might have been fashioned by Cupid with his own hands the queen-mothers seated the brides and the bridegrooms and reverently washed their sacred feet.

धूप दीप नैबेद बेदबिधि। पूजे बर दुलहिनि मंगलनिधि ॥
बारहि बार आरती करहीं। ब्यजन चारु चामर सिर ढरहीं ॥

फिर वेद-विधि के अनुसार मङ्गलों के भंडार दूल्हों और दुलहिनों की धूप, दीप तथा नैवेद्य आदि के द्वारा पूजा की। माताएँ बारंबार आरती कर रही हैं और वर-वधुओं के सिरों पर सुन्दर पंखे तथा चँवर ढल रहे हैं ॥२॥

Then with incense and lights and oblations, as the Vedic ritual prescribes, they did homage to the blessed couples and time after time waved the festal lamps about their heads and fanned them with gorgeous fans and whisks.

बस्तु अनेक निछावरि होहीं। भरी प्रमोद मातु सब सोहीं ॥
पावा परम तत्व जनु जोगी। अमृतु लहेउ जनु संतत रोगी ॥

अनेकानेक वस्तुएँ निछावर हो रही हैं; सभी माताएँ आनन्द से भरी हुई ऐसी शोभित हो रही हैं मानो योगी ने परम तत्त्व प्राप्त कर लिया हो, सदा के रोगी ने मानो अमृत पा लिया हो ॥३॥

Offerings of various kinds were scattered about them, for the mothers were as full of exultation as a Yogi who has obtained beatitude, or a man sick all his life who has found ambrosia,

जनमरंकु जनु पारस पावा। अंधहि लोचनलाभु सुहावा ॥
मूकबदन जनु सारद छाई। मानहु समर सूर जय पाई ॥

जन्म का दरिद्र मानो पारस पा गया हो, अंधे को सुन्दर नेत्रों का लाभ मिल गया हो, गूँगे के मुख में मानो शारदा आ विराजी हों और शूरवीर ने मानो संग्राम में विजय पा ली हो ॥४॥

— or a born pauper who has come upon the philosopher's stone, or a blind man who has regained the blessing of sight, or a dumb man whose tongue has been granted the eloquence of Sharada, the goddess of speech, or a warrior who has triumphed in battle.

दो. –एहि सुख ते सत कोटि गुन पावहिं मातु अनंदु।
भाइन्ह सहित बिआहि घर आए रघुकुलचंदु ॥३५०(क)॥

इन सुखों से भी सौ करोड़ गुना अधिक आनन्द सब माताओं को हुआ, क्योंकि रघुकुल के चन्द्रमा श्रीरामजी विवाह करके भाइयों सहित घर आये हैं ॥३५०(क)॥

Greater by a thousand million times than the joys mentioned above was the rapture of the queens, when the moon of the house of Raghu returned home with his brothers duly married.

लोकरीति जननी करहिं बर दुलहिनि सकुचाहिं।
मोदु बिनोदु बिलोकि बड़ रामु मनहि मुसुकाहिं ॥३५०(ख)॥

माताएँ तो सब लोकाचार करती हैं परन्तु दूलह-दुलहिनें सकुचाते हैं। इस महान् आनन्द और विनोद को देखकर श्रीरामचन्द्रजी मन-ही-मन मुसकराते हैं ॥३५०(ख)॥

As the mothers performed the customary ceremonies, the brides and their grooms were embarrassed; but Rama smiled to himself on perceiving their ecstasy and merriment.

चौ. –देव पितर पूजे बिधि नीकीं। पूजीं सकल बासना जी की ॥
सबहि बंदि मागहिं बरदाना। भाइन्ह सहित रामकल्याना ॥

हृदय की सम्पूर्ण इच्छाएँ पूरी हुई जानकर देवता और पितरों की भलीभाँति पूजा की। सबकी वन्दना कर माताओं ने यही वरदान माँगा कि भाइयों-सहित श्रीरामजी का कल्याण हो ॥१॥

With due ceremony the mothers gratefully worshipped the gods and the spirits of their ancestors, for all the cravings of their hearts had been fulfilled. Bowing to all, they begged as a boon the prosperity of Rama and his brothers.

अंतरहित सुर आसिष देहीं । मुदित मातु अंचल भरि लेहीं ॥
भूपति बोलि बराती लीन्हे । जान बसन मनि भूषन दीन्हे ॥

अदृश्य रूप से (अन्तरिक्ष से) देवता आशीर्वाद दे रहे हैं और माताएँ आनन्दित हो आँचल भरकर ले रही हैं । फिर राजा ने बरातियों को बुलवा लिया और उन्हें सवारियाँ, वस्त्र, मणि और आभूषणादि दिये ॥२॥

The gods, unseen, conferred this blessing, and the mothers joyfully received them with outspread robes. The king sent for the wedding guests and gave them carriages and wearing apparel and gems and ornaments.

आयसु पाइ राखि उर रामहि । मुदित गये सब निज निज धामहि ॥
पुर नर नारि सकल पहिराए । घर घर बाजन लगे बधाए ॥

आज्ञा पाकर और श्रीरामजी को हृदय में रखकर वे सब (बराती) आनन्दपूर्वक अपने-अपने घर गये । अयोध्या के सभी स्त्री-पुरुषों को राजा ने वस्त्र और गहने पहनाये । घर-घर बधावे बजने लगे ॥३॥

Then, on receiving the king's permission and still treasuring Rama's image in their hearts, they joyfully returned each to his own home. All the men and women of the city were clothed in festal robes, and in every home was a noise of jubilant music.

जाचकजन जाचहिं जोइ जोई । प्रमुदित राउ देहिं सोइ सोई ॥
सेवक सकल बजनिआ नाना । पूरन किये दान सनमाना ॥

भिक्षुक लोग जो-जो वस्तु माँगते हैं, विशेष आनन्दित होकर राजा उन्हें वही-वही वस्तु देते हैं । सम्पूर्ण सेवकों और बजनियों (बाजेवालों) को राजा ने अनेक प्रकार के दान और सम्मान से संतुष्ट किया ॥४॥

Anything that a beggar asked was at once bestowed upon him by the glad king, and all the servants and musicians were overwhelmed with gifts and honours.

दो. –देहिं असीस जोहारि सब गावहिं गुन गन गाथ ।
तब गुर भूसुर सहित गृह गवनु कीन्ह नरनाथ ॥३५१॥

वे सब जोहार (वन्दन) करके आशीर्वाद देते हैं और गुणसमूहों की कथा गाते हैं । तब गुरु और ब्राह्मणों के साथ राजा दशरथजी ने महल में गमन किया ॥३५१॥

They all did him homage and invoked blessing upon him and sang his praises. Then the king,

accompanied by his preceptor and other Brahmans, retired to the palace.

चौ. –जो बसिष्ठ अनुसासन दीन्ही । लोक बेद बिधि सादर कीन्ही ॥
भूसुरभीर देखि सब रानीं । सादर उठीं भाग्य बड़ जानी ॥

वसिष्ठजी ने जो आज्ञा दी, उसका लोक और वेद-विधि के अनुसार राजा ने सादर पालन किया । ब्राह्मणों की भीड़ देखकर अपना बड़ा भाग्य जानकर सब रानियाँ आदरपूर्वक उठ खड़ी हुईं ॥१॥

He reverently performed all the ceremonies prescribed either by usage or by the Vedas as Vasishtha bade him. The queens, on seeing the throng of Brahmans, thought themselves most fortunate and all respectfully rose to greet them.

पाय पखारि सकल अन्हवाए । पूजि भली बिधि भूप जेवाए ॥
आदर दान प्रेम परिपोषे । देत असीस चले मन तोषे ॥

उनके पाँव पखारकर उन्होंने सबको स्नान कराया और राजा ने भलीभाँति उनका पूजन कर उन्हें भोजन कराया । आदर, दान और प्रेम से परिपुष्ट हुए वे मन में संतोष भरकर आशीर्वाद देते हुए चले ॥२॥

They laved the feet of the holy ones and bathed them all, while the king feasted them and did them all due homage. Overwhelmed with the host's civilities, gifts and loving devotion, they blessed him and departed fully satisfied.

बहु बिधि कीन्हि गाधिसुतपूजा । नाथ मोहि सम धन्य न दूजा ॥
कीन्हि प्रसंसा भूपति भूरी । रानिन्ह सहित लीन्हि पगधूरी ॥

(राजा दशरथ ने) गाधि-पुत्र (विश्वामित्रजी) की तरह-तरह से पूजा की और कहा — हे नाथ ! मेरे समान धन्य दूसरा कोई नहीं है । राजा ने उनकी बहुत प्रशंसा की और अपनी रानियों के साथ उनकी चरणधूलि ली ॥३॥

To Gaadhi's son (Vishvamitra) he paid divine honours in various ways and said, 'My lord, there is none so blessed as I.' The king lavished his praises on him and with the queens took the dust of his feet.

भीतर भवन दीन्ह बर बासू । मनु जोगवत रह नृपु रनिवासू ॥
पूजे गुरपद कमल बहोरी । कीन्हि बिनय उर प्रीति न थोरी ॥

उन्हें महल के भीतर ठहरने के लिए उत्तम स्थान दिया, जिससे राजा और सारा रनिवास उनका मन जोहता रहे (उनके आराम की ओर दृष्टि रख सके) । फिर राजा ने गुरु वसिष्ठजी के चरणकमलों की पूजा और विनती की । उनके हृदय में अथोर प्रीति थी ॥४॥

Next he gave him a splendid apartment in his own palace, where the king and his whole gynaeceum kept a vigilant eye on his wants even though unexpressed. Again he adored his *guru*'s lotus feet with the greatest humility and devotion.

दो. –बधुन्ह समेत कुमार सब रानिन्ह सहित महीसु ।
पुनि पुनि बंदत गुरचरन देत असीस मुनीसु ॥३५२॥

बहुओंसहित चारों राजकुमार और सब रानियोंसमेत राजा बारंबार गुरुजी के चरणों की वन्दना करते हैं और मुनीश्वर उन्हें आशीर्वाद देते हैं ॥३५२॥

The princes and their brides, the king and his royal consorts did homage to the preceptor's feet again and again and received the high sage's blessing.

चौ. –बिनय कीन्हि उर अति अनुरागे । सुत संपदा राखि सब आगे ॥
नेगु मागि मुनिनायक लीन्हा । आसिरबादु बहुत बिधि दीन्हा ॥

अत्यन्त प्रेमपूर्ण हृदय से राजा ने पुत्रों के साथ अपनी सारी सम्पत्ति को सामने रखकर उन्हें स्वीकार करने के (लिए) विनती की । परंतु मुनिराज ने (पुरोहित के नाते) केवल अपना नेग माँग लिया और बहुत तरह से आशीर्वाद दिये ॥१॥

With a heart overflowing with devotion he made entreaties to the *guru* and set his sons and all his wealth before him. The great sage, however, claimed only his customary gifts for the ceremonial occasion and blessed him in profusion.

उर धरि रामहि सीय समेता । हरषि कीन्ह गुर गवनु निकेता ॥
बिप्रबधू सब भूप बोलाईं । चैल चारु भूषन पहिराईं ॥

फिर सीताजीसहित श्रीरामचन्द्रजी को हृदय में रखकर गुरु वसिष्ठजी प्रसन्न हो अपने स्थान को गये । राजा ने सब ब्राह्मणों की स्त्रियों को बुलवाया और उन्हें सुन्दर वस्त्राभूषण पहनाये ॥२॥

And with the image of Sita and Rama impressed upon his heart, he set out with joy on his homeward way. The king then summoned all the Brahmans' wives and invested them with robes of honour and ornaments.

बहुरि बोलाइ सुआसिनि लीन्ही । रुचि बिचारि पहिरावनि दीन्ही ॥
नेगी नेगजोग सब लेहीं । रुचि अनुरूप भूपमनि देहीं ॥

फिर सब सुआसिनियों को बुलवा लिया और उनकी रुचि के अनुकूल उन्हें पहिरावनी दीं । नेगी लोग सब अपना-अपना नेग-जोग लेते और राजाओं के शिरोमणि दशरथजी उनकी इच्छा के अनुसार देते हैं ॥३॥

Next, he sent for the honourable women of the city (whose husbands were alive and who, though born in Ayodhya, were married elsewhere) and presented them with garments of their liking. All those who were entitled to receive gifts and presents on ceremonial occasions received the customary present from the jewel of kings, who gave each what he most fancied.

प्रिय पाहुने पूज्य जे जाने । भूपति भली भाँति सनमाने ॥
देव देखि रघुबीरबिबाहू । बरषि प्रसून प्रसंसि उछाहू ॥

जिन मेहमानों को प्रिय और पूजनीय जाना, राजा ने उनका भलीभाँति सम्मान किया । श्रीरघुनाथजी का विवाह देखकर देवगण उत्सव की प्रशंसा करके फूल बरसाते हुए – ॥४॥

The king gave all honour to the guests whom he regarded as worthy of affection and adoration. The gods, who witnessed Rama's wedding, rained down flowers as they applauded the spectacle.

दो. –चले निसान बजाइ सुर निज निज पुर सुख पाइ ॥
कहत परसपर रामजसु प्रेम न हृदय समाइ ॥३५३॥

तथा नगाड़े बजाकर और सुख पाकर अपने-अपने लोकों को चले । वे एक-दूसरे से श्रीरामजी का यश कहते चलते हैं । (श्रीरामजी के प्रति) प्रेम इतना अधिक है कि वह हृदय में नहीं समाता ॥३५३॥

And with beat of drum the celestials gladly proceeded each to his own city, reciting to one another the glory of Rama with irrepressible rapture.

चौ. –सब बिधि सबहि समदि नरनाहू । रहा हृदय भरि पूरि उछाहू ॥
जहँ रनिवासु तहाँ पगु धारे । सहित बहूटिन्ह कुअँर निहारे ॥

सब तरह सबका भलीभाँति आदर-सत्कार कर लेने पर राजा दशरथ के हृदय में पूर्ण उत्साह भर गया । जहाँ रनिवास था, वे वहाँ पधारे और बहुओंसमेत उन्होंने राजकुमारों को देखा ॥१॥

Having thus done everyone all possible honour, the king, whose heart was filled with joy, visited the private apartments, and there he beheld the princes and their brides.

लिये गोद करि मोद समेता । को कहि सकै भएउ सुखु जेता ॥
बधू सप्रेम गोद बैठारीं । बार बार हिय हरषि दुलारीं ॥

उन्होंने आनन्दपूर्वक पुत्रों को गोद में भर लिया । उस समय उन्हें जितना सुख मिला, उसे कौन कह सकता है ! फिर पुत्रवधुओं को प्रेमसहित गोद में बिठाकर और बार-बार हृदय में हर्षित होकर उन्होंने उनको बहुत दुलार-प्यार किया ॥२॥

He took them to his bosom in a rapturous embrace and experienced a thrill of joy which nobody could tell. Affectionately he seated the brides in his lap and caressed them again and again with a heart full of rapture.

देखि समाजु मुदित रनिवासू । सब के उर अनंदु कियो बासू ॥
कहेउ भूप जिमि भयेउ बिबाहू । सुनि सुनि हरषु होत सब काहू ॥

इस समाज (समारोह) को देखकर सारा रनिवास प्रसन्न हो उठा । सबके हृदय में (मानो) आनन्द ने निवास ही कर लिया । तब राजा दशरथ ने जिस तरह विवाह हुआ था, वह सब कह सुनाया । उसे सुन-सुनकर सब किसी को प्रसन्नता हुई ॥३॥

All the ladies of the gynaeceum were charmed to behold this spectacle, and Bliss made her dwelling in their hearts. The king related how the wedding had taken place, and right glad was everyone to hear the king's account.

जनकराज गुन सीलु बड़ाई । प्रीति रीति संपदा सुहाई ॥
बहु बिधि भूप भाट जिमि बरनी । रानी सब प्रमुदित सुनि करनी ॥

राजा जनक के गुण, शील-स्वभाव, बड़प्पन, प्रीति की रीति और सुहावनी सम्पत्ति का वर्णन राजा ने भाट की तरह नाना प्रकार से किया । जनकजी की करनी को सुनकर सब रानियाँ बहुत प्रसन्न हुईं ॥४॥

He recounted Janaka's goodness and amiability and nobility, the loving nature he possessed and the magnificence of his wealth, all in a variety of ways even as a hired encomiast would do; and the queens were enraptured to hear the record of his doings.

दो. –सुतन्ह समेत नहाइ नृप बोलि बिप्र गुर ग्याति ।
भोजनु कीन्ह अनेक बिधि घरी पंच गइ राति ॥३५४॥

अपने पुत्रों के साथ नहाकर राजा ने ब्राह्मण, गुरु और कुटुम्बियों को बुलाकर अनेक प्रकार के भोजन किये । (यह करते-धरते) पाँच घड़ी रात बीत गयी ॥३५४॥

After bathing with his sons, the king invited the Brahmans, the preceptor and his own kinsfolk and, having entertained them at a banquet, feasted himself on a variety of dishes till two hours of the night were spent.

चौ. –मंगल गान करहिं बर भामिनि । भै सुखमूल मनोहर जामिनि ॥
अचै पान सब काहू पाए । स्रग सुगंध भूषित छबि छाए ॥

सुन्दर सौभाग्यवती स्त्रियाँ मङ्गलगान कर रही हैं । वह रात सारे सुख की मूल और मनोहारिणी हो गयी । सबने आचमन करके पान खाये और फूलों की माला और सुगन्धित वस्तुओं से भूषित होकर सब शोभा से छा गए ॥१॥

The fair ladies sang joyous songs, and the night was delightfully and pleasantly spent. After they had rinsed their mouths the king and his party were all presented with *pan* and, adorned with garlands of sweet-scented flowers, they looked most charming.

रामहि देखि रजायेसु पाई । निज निज भवन चले सिर नाई ॥
प्रेमु प्रमोदु बिनोदु बड़ाई । समउ समाजु मनोहरताई ॥

श्रीरामजी के दर्शन कर और आज्ञा पाकर सब लोग सिर नवाकर अपने-अपने घर को चले । वहाँ के प्रेम, आनन्द, विनोद, महत्त्व, समय, समाज और सुन्दरता का – ॥२॥

Looking once more at Rama and having taken permission to leave, each guest bowed and retired to his own house. The display of love and rapture, merriment and magnanimity, prosperity, splendour and loveliness of the court at that time –

कहि न सकहिं सत सारद सेसू । बेद बिरंचि महेस गनेसू ॥
सो मैं कहौं कवन बिधि बरनी । भूमिनागु सिर धरै कि धरनी ॥

वर्णन सैकड़ों सरस्वती, शेष, वेद, ब्रह्मा, महादेवजी और गणेशजी भी नहीं कर सकते । फिर भला मैं किस प्रकार उसे बखानकर कहूँ ? कहीं केंचुआ भी धरती को सिर पर धारण कर सकता है ? ॥३॥

–was more than could be told by a hundred Sarasvatis and Sheshas, Vedas and Brahmas, Shivas and Ganeshas. How, then, can I describe them at length ? Can an earthly worm support the earth on its head ?

नृप सब भाँति सबहि सनमानी । कहि मृदु बचन बोलाईं रानी ॥
बधू लरिकनी परघर आईं । राखेहु नयन पलक की नाईं ॥

सबको सब प्रकार से सम्मानित कर और कोमल वचन कहकर राजा ने रानियों को बुलाया और कहा – बहुएँ अभी बच्ची हैं, पराये घर आयी हैं; इनको इस तरह रखना जैसे पलकें आँखों को रखती हैं ॥४॥

The king then summoned the queens and, showing every honour to them all, admonished them in gentle tones, 'The brides are still but children and have come to a strange house; take care of them as eyelids take care of the eyes.

दो. –लरिका श्रमित उनीदबस सयन करावहु जाइ ।
अस कहि गे बिश्रामगृह रामचरन चितु लाइ ॥३५५॥

थके होने के कारण लड़के नींद के वश हो रहे हैं, इन्हें ले जाकर शयन कराओ । ऐसा कहकर राजा श्रीरामचन्द्रजी के चरणों को चित्त में धारणकर विश्राम-भवन में चले गए ॥३५५॥

The boys are tired and sleepy; go now and put them to bed.' So saying, he retired to his own bed-chamber with his thoughts intent on Rama's feet.

चौ. –भूपबचन सुनि सहज सुहाए। जरित कनक मनि पलँग डसाए॥
सुभग सुरभि पय फेन समाना। कोमल कलित सुपेतीं नाना॥

राजा के सहज सुन्दर वचन सुनकर (रानियों ने) मणि-जटित सोने के पलंग बिछवाये। (गद्दों पर) गौ के दूध के फेन के समान कोमल एवं सुन्दर अनेक स्वच्छ (सफेद) चादरें बिछवायीं॥१॥

On hearing the sweet and loving words of the king, the queens made ready bejewelled beds of gold and furnished them with various rich coverings as soft and white as the froth of a cow's milk,

उपबरहन बर बरनि न जाहीं। स्रग सुगंध मनिमंदिर माहीं॥
रतनदीप सुठि चारु चँदोवा। कहत न बनै जान जेहिं जोवा॥

सुन्दर तकियों का वर्णन नहीं किया जा सकता। मणियों के महलों में पुष्प-मालाएँ और सुगन्धद्रव्य सजे हैं। रत्नों के सुन्दर दीपकों और चँदोवे की चारुता तो कहते ही नहीं बनती। जिसने उन्हें देखा हो, वही जान सकता है॥२॥

with pillows more charming than words can tell. The bed-chamber, made of precious stones, was decked with garlands and supplied with perfumes, lamps set with lustrous gems and beautiful canopies, so lovely that they defied description; no one who had not seen it could understand its charm.

सेज रुचिर रचि रामु उठाए। प्रेम समेत पलँग पौढ़ाए॥
अग्या पुनि पुनि भाइन्ह दीन्ही। निज निज सेज सयन तिन्ह कीन्ही॥

सुन्दर सेज सजाकर (माताओं ने) श्रीरामचन्द्रजी को उठाया और प्रेमपूर्वक पलंग पर सुला दिया। श्रीरामजी ने बार-बार भाइयों को आज्ञा दी। तब वे भी अपनी-अपनी शय्याओं पर (जाकर) सो गए॥३॥

Having thus prepared this exquisite couch, the queens took up Rama and lovingly laid him down upon it. On being repeatedly asked by Rama, his brothers too went to sleep upon their several couches.

देखि स्याम मृदु मंजुल गाता। कहहिं सप्रेम बचन सब माता॥
मारग जात भयावनि भारी। केहि बिधि तात ताड़का मारी॥

श्रीरामजी के साँवले, सुन्दर और सुकोमल अङ्गों को देखकर सब माताएँ प्रेमपूर्वक ये वचन कह रही हैं – हे तात! रास्ते में जाते समय तुमने अत्यन्त भयावनी ताड़का को किस प्रकार मारा?॥४॥

As the mothers gazed on Rama's dark-hued limbs, so soft and attractive, they all exclaimed in loving accents, 'How, dear child, did you kill on the way the most dreadful demoness Tadaka?

दो. –घोर निसाचर बिकट भट समर गनहिं नहि काहु।
मारे सहित सहाय किमि खल मारीच सुबाहु॥३५६॥

दुष्ट मारीच और सुबाहु-जैसे अत्यन्त भयानक राक्षसों को, जो विकट योद्धा थे और जो युद्ध में किसी को कुछ गिनते न थे, सहायकों-सहित तुमने कैसे मारा?॥३५६॥

How were you able to slay those monstrous demons, the wicked Maricha and Subahu with their hosts, who were formidable warriors and counted none before them in battle?

चौ. –मुनिप्रसाद बलि तात तुम्हारी। ईस अनेक करवरैं टारी॥
मखरखवारी करि दुहुँ भाई। गुरप्रसाद सब बिद्या पाई॥

हे तात! मैं बलैया लेती हूँ, मुनि की कृपा से ही ईश्वर ने तुम्हारी बहुत-सी बलाएँ टाल दीं। तुम दोनों भाइयों ने (विश्वामित्रजी के) यज्ञ की रखवाली करके गुरुजी के आशीर्वाद से सब विद्याएँ पायीं॥१॥

It was by the goodwill of the sage Vishvamitra, I vow, my son, that God kept away from you so many disasters, while you and your brother (Lakshmana) protected the sacrifice, and by the *guru's* blessing acquired all knowledge.

मुनितिय तरी लगत पगधूरी। कीरति रही भुवन भरि पूरी॥
कमठपीठि पबि कूट कठोरा। नृपसमाज महु सिवधनु तोरा॥

तुम्हारे चरणों की धूलि लगते ही मुनि-पत्नी अहल्या तर गयी। विश्वभर में तुम्हारी यह कीर्ति पूरी तरह फैल गई है। कच्छप की पीठ, वज्र और पर्वत से भी कठोर शिवजी के धनुष को राजाओं के समाज में तुमने तोड़ डाला!॥२॥

At the mere touch of the dust of your feet the sage's wife (Ahalya) attained salvation and your glory filled the whole universe. In the assembly of the princes you broke Shiva's bow, hard though it was as a tortoise-shell or thunderbolt or mountain peak.

बिस्व बिजय जसु जानकि पाई। आए भवन ब्याहि सब भाई॥
सकल अमानुष करम तुम्हारे। केवल कौसिक कृपा सुधारे॥

विश्वविजय के यश के साथ-साथ जानकी को पाया और सब भाइयों को ब्याहकर घर लौट आये। तुम्हारे सभी कर्म अलौकिक हैं (मानव-सामर्थ्य के बाहर हैं), जिन्हें केवल विश्वामित्रजी की कृपा ने सुधारा है॥३॥

You won the glory of universal triumph and Janaka's daughter too, and then with your brothers returned home married. All your actions have been superhuman, and it is only by the grace of the sage Vishvamitra that you have accomplished them.

आजु सुफल जग जनमु हमारा। देखि तात बिधुबदन तुम्हारा॥
जे दिन गए तुम्हहि बिनु देखे। ते बिरंचि जनि पारहि लेखे॥

हे तात ! तुम्हारे चन्द्रमुख को देखकर आज जगत् में हमारा जन्म लेना सफल हुआ। तुम्हें देखे बिना जो दिन बीते हैं, उनको ब्रह्मा गिनती में न लावें (हमारी आयु में गिनती न करें)॥४॥

Today our birth into the world has borne fruit as we now behold, dear child, your moon-like face. Our prayer is that the number of days that were spent without seeing you, God ought not to take into account at all.'

दो०—राम प्रतोषीं मातु सब कहि बिनीत बर बैन।
सुमिरि संभु गुर बिप्र पद किये नीदबस नैन॥३५७॥

विनीत और उत्तम वचन कहकर श्रीरामचन्द्र ने अपनी सब माताओं को संतुष्ट किया। फिर शिवजी, गुरु और ब्राह्मणों के चरणों का स्मरणकर उन्होंने अपनी आँखों को नींद के वश किया (अर्थात् वे सो रहे)॥३५७॥

Rama reassured all the queens in most modest and seemly words, and fixing his thoughts on the feet of Shiva, his preceptor and the Brahmans, he closed his eyes in sleep.

चौ०—नीदउँ बदन सोह सुठि लोना। मनहु साँझ सरसीरुह सोना॥
घर घर करहिं जागरन नारी। देहिं परसपर मंगल गारी॥

नींद में भी उनका अत्यन्त सलोना मुखड़ा ऐसा शोभ रहा था मानो संध्या-समय लाल कमल सोह रहा हो। स्त्रियाँ घर-घर रतजगा कर रही हैं और परस्पर शुभ गालियाँ दे रही हैं (हँसी-ठट्ठा कर रही हैं)॥१॥

Even in sleep his pretty and piquant little countenance gleamed fair as a red lotus half closed at eventide. In every house women kept vigil, jesting with one another in auspicious strains.

पुरी बिराजति राजति रजनी। रानी कहहिं बिलोकहु सजनी॥
सुंदर बधू सासु लै सोई। फनिकन्ह जनु सिरमनि उर गोई॥

रानियाँ कहती हैं – हे सजनी ! देखो, आज रात कितनी सुहावनी है, जिससे अयोध्यापुरी भी विशेष शोभित हो रही है ! फिर सासुएँ सुन्दर बहुओं को लेकर सो गयीं, मानो सर्पों ने अपने सिर की मणियों को हृदय में छिपा लिया हो॥२॥

'See, dear friends,' said the queens, 'how resplendent is the city, how splendid the night !' The mothers-in-law then slept with the lovely brides enfolded in their arms, like serpents that have clasped to their bosoms the precious jewel from inside their heads.

प्रात पुनीत काल प्रभु जागे। अरुनचूड़ बर बोलन लागे॥
बंदि मागधन्हि गुनगन गाए। पुरजन द्वार जोहारन आए॥

प्रातःकाल पवित्र ब्राह्ममुहूर्त में प्रभु रामचन्द्रजी जागे। मुर्गे सुन्दर बोलने लगे। भाटों और मागधों ने गुणगान किया तथा पुरवासी द्वार पर जोहार करने आ पहुँचे॥३॥

At the holy hour before dawn the Lord awoke when cocks had well begun to crow. The rhapsodists and genealogists sang his praises, and the citizens flocked to the gate to do him reverence.

बंदि बिप्र सुर गुर पितु माता। पाइ असीस मुदित सब भ्राता॥
जननिन्ह सादर बदन निहारे। भूपति संग द्वार पगु धारे॥

ब्राह्मणों, देवताओं, गुरु, पिता और माताओं की वन्दना कर तथा उनसे आशीर्वाद पाकर सब भाई प्रसन्न हुए। माताओं ने बड़े ही आदर के साथ उनके मुखों को देखा। फिर वे राजा के साथ द्वार पर पधारे॥४॥

The four brothers did homage to the Brahmans and the gods, their preceptor and their parents, and were glad to receive their blessing, and while the mothers gazed with reverence upon their faces, the princes repaired to the gate with the king.

दो०—कीन्हि सौच सब सहज सुचि सरित पुनीत नहाइ।
प्रातक्रिया करि तात पहि आए चारिउ भाइ॥३५८॥

सहज पवित्र चारों भाइयों ने सब शौचादि से निवृत्त होकर पवित्र सरयू नदी में स्नान किया और प्रातःक्रिया (संध्या-वन्दनादि) करके वे अपने पिता के पास आये॥३५८॥

Though pure in themselves, the four brothers performed all the customary ablutions and bathed in the sacred river (Sarayu) and, having gone through their morning routine of prayer, etc., returned to their father.

नवाह्नपारायण, तीसरा विश्राम

चौ०—भूप बिलोकि लिये उर लाई। बैठे हरषि रजायेसु पाई।
देखि रामु सब सभा जुड़ानी। लोचन लाभ अवधि अनुमानी॥

राजा दशरथ ने देखते ही उन्हें हृदय से लगा लिया। फिर वे आज्ञा पाकर प्रसन्न हो बैठ गए। श्रीरामचन्द्रजी को देखकर और नेत्रों के लाभ की बस यही सीमा है, ऐसा अनुमानकर सारी सभा जुड़ा गयी (उनके सारे शोक-संताप मिट गए)॥१॥

The king, on seeing them, clasped them to his heart; and then with his permission the four brothers gladly took their seats. The whole court was gratified to see Rama and accounted their eyes supremely blessed.

पुनि बसिष्ठ मुनि कौसिक आए। सुभग आसनन्हि मुनि बैठाए॥
सुतन्ह समेत पूजि पद लागे। निरखि रामु दोउ गुर अनुरागे॥

फिर मुनि वसिष्ठजी और विश्वामित्रजी आये। राजा ने उनको सुन्दर आसनों पर बिठाया और (अपने चारों) पुत्रों के साथ उनकी पूजा करके उनके पाँव लगे (चरण-स्पर्श किए)। दोनों गुरु श्रीरामजी को देखकर प्रेम में अनुरक्त (मग्न) हो गए ॥२॥

Then came the sages Vasishtha and Vishvamitra and were conducted to exalted seats. The father and sons adored the sages and touched their feet, and the two *gurus* were overjoyed as they gazed on Rama.

कहहिं बसिष्ठु धरम इतिहासा। सुनहिं महीसु सहित रनिवासा॥
मुनि मन अगम गाधिसुतकरनी। मुदित बसिष्ठ बिपुन बिधि बरनी॥

वसिष्ठजी धर्म का इतिहास कह रहे हैं और राजा अपनी रानियों के साथ उसे सुन रहे हैं। जो मुनियों के मन के लिए भी अगम्य है, विश्वामित्रजी की ऐसी करनी का वसिष्ठजी ने आनन्दित होकर तरह-तरह से वर्णन किया ॥३॥

The sage Vasishtha related sacred legends, while the monarch and the ladies of the gynaeceum listened. In the course of his narration the sage gladly recounted in diverse ways all the wondrous deeds of Vishvamitra which surpassed even the imagination of the sages.

बोले बामदेउ सबु साची। कीरति कलित लोक तिहुँ माची॥
सुनि आनंदु भयेउ सब काहू। राम लखन उर अतिहि उछाहू॥

वामदेवजी बोले – वसिष्ठजी का कहना पूर्णतया सत्य है। (तभी तो) विश्वामित्रजी की सुन्दर कीर्ति तीनों लोकों में फैल रही है। (यह) सुनकर सब किसी को आनन्द हुआ। श्रीराम-लक्ष्मण के हृदय में विशेष उत्साह (आनन्द) हुआ ॥४॥

Said Vamadeva, 'Whatever Vasishtha has said is quite true; Vishvamitra's great renown is famed through the three spheres.' Everyone rejoiced to hear it, and in the heart of Rama and Lakshmana there was exceeding joy.

दो. –मंगल मोद उछाह नित जाहिं दिवस येहि भाति।
उमगी अवध अनंद भरि अधिक अधिक अधिकानि ॥३५९॥

नित्य ही मङ्गल, मोद-प्रमोद और उत्सव होते हैं। इसी तरह आनन्द में दिन बीतते चले जाते हैं। अयोध्या आनन्द से भरकर उमड़ पड़ती है; उसके आनन्द की अधिकता (हर घड़ी) अधिक-अधिक बढ़ती ही जाती है ॥३५९॥

Thus passed the days in perpetual joy and glad festivity; and the city of Ayodhya overflowed with a tidal wave of delight, swelling higher and still higher.

चौ. –सुदिन सोधि कल कंकन छोरे। मंगल मोद बिनोदन न थोरे॥
नित नव सुखु सुर देखि सिहाहीं। अवध जन्म जाचहिं बिधि पाहीं॥

सुदिन (शुभ मुहूर्त) शोधकर सुन्दर कङ्कण खोले गए। (उस अवसर पर भी) मङ्गल, आनन्द और विनोद कुछ कम नहीं हुए। इस प्रकार नित्य नये-नये सुख को देखकर देवता ललचाते हैं और अयोध्या में जन्म पाने के लिए ब्रह्माजी से माँग (प्रार्थना) करते हैं ॥१॥

After calculating an auspicious day, the sacred strings (tied round the wrist of the brides and bridegrooms before the wedding for warding off evil spirits) were unbound amid no little felicity, joy and merriment. The gods, beholding the constant succession of delights, were envious and begged of Brahma that they might be born in Ayodhya.

बिस्वामित्रु चलन नित चहहीं। राम सप्रेम बिनय बस रहहीं॥
दिन दिन सयगुन भूपति भाऊ। देखि सराह महामुनिराऊ॥

विश्वामित्रजी नित्य ही (वहाँ से) चलना चाहते हैं, पर रामचन्द्रजी के प्रेम और विनयवश ठहर जाते हैं। दिनोंदिन राजा के सौगुने प्रेम-भाव को देखकर महामुनिराज (विश्वामित्रजी) उनकी सराहना करते हैं ॥२॥

Vishvamitra was ever wishing to take leave, but was detained by Rama's affectionate entreaties. Perceiving the king's devotion to grow a hundredfold day after day, the great and royal sage Vishvamitra was full of praise for him.

मागत बिदा राउ अनुरागे। सुतन्ह समेत ठाढ़ भे आगे॥
नाथ सकल संपदा तुम्हारी। मैं सेवकु समेत सुत नारी॥

अन्त में जब विश्वामित्रजी ने विदा माँगी, तब राजा प्रेममग्न हो गए और अपने पुत्रों के साथ वे (मुनि के) आगे खड़े हो गए और बोले – हे नाथ! मेरी समस्त सम्पदा आपकी ही है। मैं तो स्त्री-पुत्रों समेत आपका (मात्र) सेवक हूँ ॥३॥

When at last he asked permission to go, the king was greatly moved and with his sons stood before him, saying, 'My lord, all that I have is yours; I and my sons and my wives are your servants.

करब सदा लरिकन्ह पर छोहू। दरसनु देत रहब मुनि मोहू॥
अस कहि राउ सहित सुत रानी। परेउ चरन मुख आव न बानी॥

हे मुनि! (मेरे इन) लड़कों पर सदा स्नेह करते रहिएगा और मुझे भी (अपने) दर्शन देते रहिएगा। ऐसा कहकर पुत्रों और रानियोंसहित राजा दशरथजी विश्वामित्रजी के चरणों पर पड़ गए। (स्नेहवश) उनके मुख से वचन नहीं निकलते ॥४॥

Be ever gracious to these boys, O sage, and condescend from time to time to bless me with your sight. So saying, the king with his sons and the queens fell at his feet and could say no more.

दीन्हि असीस बिप्र बहु भाती। चले न प्रीति रीति कहि जाती॥
रामु सप्रेम संग सब भाई। आयेसु पाइ फिरे पहुचाई॥

विप्र विश्वामित्रजी ने बहुत प्रकार से आशीर्वाद दिये और तब वे चल पड़े; (उस समय की) प्रीति की रीति कही नहीं जाती। सब भाइयों को साथ लेकर श्रीरामजी प्रेमपूर्वक उन्हें पहुँचाकर और उनकी आज्ञा पाकर लौटे॥५॥

The Brahman (Vishvamitra) invoked upon him every kind of blessing and departed amid a display of affection that defied all description. Rama and his brothers lovingly escorted him on his way and at his bidding returned.

दो. –रामरूपु भूपतिभगति ब्याहु उछाहु अनंदु।
जात सराहत मनहि मन मुदित गाधिकुलचंदु॥३६०॥

गाधिकुल के चन्द्ररूप विश्वामित्रजी बड़ी प्रसन्नता के साथ श्रीरामचन्द्रजी के रूप, पृथ्वी के स्वामी राजा दशरथजी की भक्ति, (चारों भाइयों के) विवाह और (लोगों के) उत्साह और आनन्द को मन-ही-मन सराहते हुए चले जाते हैं॥३६०॥

The moon of the house of Gaadhi went on his way rejoicing and inwardly praising the beauty of Rama, the devotion of the king and the joyous wedding festivities.

चौ. –बामदेव रघुकुल गुर ग्यानी। बहुरि गाधिसुत कथा बखानी॥
सुनि मुनि सुजसु मनहि मन राऊ। बरनत आपन पुन्यप्रभाऊ॥

वामदेवजी और रघुकुल के ज्ञानी गुरु (वसिष्ठजी) ने फिर भी विश्वामित्रजी की कथा बखानकर (उत्साहपूर्वक) कही। मुनि का सुयश सुनकर राजा मन-ही-मन अपने पुण्यों के प्रभाव का वर्णन करने लगे॥१॥

Vamadeva and the wise *guru* of the house of Raghu, Vasishtha, once more related the story of Vishvamitra (Gaadhi's son). On hearing the sage's glorious deeds, the king praised to himself the effect of his own meritorious deeds (which attracted the sage to his house and won for him his favour).

बहुरे लोग रजाएसु भएऊ। सुतन्ह समेत नृपति गृह गएऊ॥
जहँ तहँ रामब्याहु सबु गावा। सुजसु पुनीत लोक तिहुँ छावा॥

जब आज्ञा हुई तब ये सब लोग (घर) लौटे। राजा दशरथजी भी अपने पुत्रों के साथ महल में गये। जहाँ-तहाँ सब श्रीरामचन्द्रजी के विवाह (की मंगल गाथाएँ) गा रहे हैं, श्रीरामचन्द्रजी का पवित्र सुन्दर यश तीनों लोकों में छा गया है॥२॥

At the royal command the people dispersed, and the king and his sons returned to the palace. Everywhere the people sang the story of Rama's wedding, and his holy and fair fame was diffused through the three spheres.

आए ब्याहि रामु घर जब ते। बसै आनंद अवध सब तब ते॥
प्रभुबिवाह जस भयेउ उछाहू। सकहिं न बरनि गिरा अहिनाहू॥

जबसे श्रीरामचन्द्रजी विवाह करके घर आये, तबसे सब (प्रकार का) आनन्द अयोध्या में आकर बसने लगा। प्रभु के विवाह में जैसा आनन्द-उत्साह हुआ, सरस्वती और सर्पों के राजा शेषजी भी उसका वर्णन नहीं कर सकते॥३॥

From the day that Rama came home wedded, all bliss took up its abode at Avadh. The festivities attendant on the Lord's wedding were more than the goddess of speech (Sarasvati) or the Serpent King, Shesha, could tell;

कबि कुल जीवनु पावन जानी। राम सीय जसु मंगलखानी॥
तेहि ते मैं कछु कहा बखानी। करन पुनीत हेतु निज बानी॥

यह जानकर कि श्रीसीतारामजी का यश कविकुल के जीवन को पवित्र करनेवाला और मङ्गलों की खान है, मैंने अपनी वाणी को विशुद्ध करने के लिए कुछ बखानकर कहा।

— but believing the glory of Rama and Sita to be the very life and salvation of the race of poets and a mine of blessings, I too, have tried to sing their praises, in the hope of thus sanctifying my own voice.

छं. –निज गिरा पावनि करन कारन रामजसु तुलसीं कह्यो।
रघुबीरचरित अपार बारिधि पारु कबि कौने लह्यो॥
उपबीत ब्याह उछाह मंगल सुनि जे सादर गावहीं।
बैदेहि राम प्रसाद ते जन सर्बदा सुखु पावहीं॥

अपनी वाणी को विशुद्ध करने के लिए तुलसी ने राम का यश कहा है। श्रीरघुनाथजी का चरित्र तो अपार सागर है, किस कवि ने उसका पार पाया है? जो लोग यज्ञोपवीत और विवाह के मङ्गलमय उत्सवों का वर्णन आदरपूर्वक सुनकर गावेंगे, वे श्रीजानकीजी और श्रीरामजी के प्रसाद से सदा सुख भोगेंगे।

For the purpose of sanctifying his voice has Tulasidasa told of Rama's glory; but the story of Rama is a boundless ocean that no poet has ever been able to cross. Those men who reverently hear and sing the auspicious tale of the festive rejoicing attendant on Rama's investiture with the sacred thread and his wedding shall by the grace of Janaki and Rama attain to everlasting joy.

सो．–सिय रघुबीर बिवाहु जे सप्रेम गावहिं सुनहिं ।

तिन्ह कहुँ सदा उछाहु मंगलायतन रामजसु ॥३६१॥

श्रीसीताजी और श्रीरघुनाथजी के विवाह-प्रसङ्ग को जो लोग प्रेमपूर्वक गाते-सुनते हैं, उनके लिए सदा उत्साह-ही-उत्साह है, क्योंकि श्रीरामचन्द्रजी का यश मङ्गलों का स्थान (आश्रय) है ॥३६१॥

Yea, those who lovingly sing and hear of the story of Sita and Rama's wedding shall ever rejoice, for Rama's glory is the abode of every felicity.

मासपरायण, बारहवाँ विश्राम

इति श्रीमद्रामचरितमानसे सकलकलिकलुषविध्वंसने प्रथमः सोपानः समाप्तः ।

कलियुग के सभी पापों को विनष्ट करनेवाले श्रीरामचरितमानस का यह पहला सोपान समाप्त हुआ ।

(PAUSE 12 FOR A THIRTY-DAY RECITATION)

Thus ends the first descent into the Manasa lake of Rama's exploits, that eradicates all the impurities of the Kaliyuga.

अयोध्याकाण्ड
AYODHYAKANDA

Dasharatha in agony

श्रीगणेशाय नमः

श्रीजानकीवल्लभो विजयते

श्रीरामचरितमानस

THE HOLY LAKE OF THE ACTS OF RAMA

द्वितीय सोपान

अयोध्याकाण्ड

AYODHYAKAND

श्लोक

वामाङ्के च विभाति भूधरसुता देवापगा मस्तके
भाले बालविधुर्गले च गरलं यस्योरसि व्यालराट्।
सोऽयं भूतिविभूषणः सुरवरः सर्वाधिपः सर्वदा
शर्वः सर्वगतः शिवः शशिनिभः श्रीशङ्करः पातु माम् ॥१॥

जिनकी बाईं गोद में पार्वतीजी, सिर पर गङ्गाजी, ललाट पर द्वितीया का चन्द्रमा, कण्ठ में हलाहल और वक्षःस्थल पर नागराज सुशोभित हैं, वे भस्म-विभूषित, देवताओं में श्रेष्ठ, सर्वेश्वर, संहारकर्ता (या भक्तों के पापनाशक), सर्वव्यापक, कल्याणरूप, चन्द्रमा के समान कान्तिवाले श्रीशंकरजी सदा मेरी रक्षा करें ! ॥१॥

May he on whose left lap shines resplendent the daughter of the Mountain King and on whose head is the celestial stream; he on whose brow rests the crescent moon; he on whose throat is the stain of poison, and on whose breast lies the Serpent King; ash-smeared, chiefest of the gods and the eternal lord of all, the destroyer of the universe, the omnipresent, the auspicious, bright as the moon, the Lord Shankara, ever protect me !

प्रसन्नतां या न गताभिषेकतस्तथा न मम्ले वनवासदुःखतः।
मुखाम्बुजश्री रघुनन्दनस्य मे सदास्तु सा मञ्जुलमङ्गलप्रदा ॥२॥

रघुकुल को आनन्द देनेवाले श्रीरामचन्द्रजी के मुखकमल की जो शोभा राज्यारोहण से (राज्याभिषेक की बात सुनकर) न तो प्रसन्नता को प्राप्त हुई और न वनवास के दुःख से म्लान ही हुई, वह (मुखकमल की शोभा) मेरे लिए सदा सुन्दर मङ्गल देनेवाली हो ! ॥२॥

May the splendour of Rama's lotus-like face, which neither grew brighter at the prospect of his being installed on the throne of Ayodhya nor was saddened by the painful experience of exile to the forest, ever bring me sweet felicity !

नीलाम्बुजश्यामलकोमलाङ्गं सीतासमारोपितवामभागम्।
पाणौ महासायकचारुचापं नमामि रामं रघुवंशनाथम् ॥३॥

जिनके अंग नीले कमल की तरह श्याम और अत्यंत कोमल हैं, जिनकी बाईं ओर जानकीजी सुशोभित हैं और जिनके हाथों में (क्रमशः) अमोघ बाण और सुन्दर धनुष हैं, उन रघुकुलभूषण श्रीरामचन्द्रजी को मैं नमस्कार करता हूँ ॥३॥

I adore Rama, the lord of Raghu's race, whose limbs are delicate and dark as the dark-blue lotus, who has Sita enthroned on his left side and who holds in his hands infallible arrows and a graceful bow.

दो. –श्रीगुरचरन सरोज रज निज मनु मुकुरु सुधारि।
बरनउँ रघुबर बिमल जसु जो दायकु फल चारि ॥

गुरु महाराज के चरणकमलों की धूलि से अपने मनरूपी दर्पण को साफ करके मैं श्रीरामचन्द्रजी के उस निर्मल यश का वर्णन करता हूँ जो धर्म, अर्थ, काम और मोक्ष – इन चारों फलों को देनेवाला है।

Cleansing the mirror of my mind with the dust of

the lotus feet of the holy *guru*, I tell of Rama's spotless glory, the giver of the four rewards.

चौ. –जब तें रामु ब्याहि घर आए। नित नव मंगल मोद बधाए॥
भुवन चारि दस भूधर भारी। सुकृत मेघ बरषहिं सुख बारी॥

जबसे श्रीरामचन्द्रजी विवाह करके घर आये, तभी से (अयोध्या में) नित्य नये-नये मङ्गल होने लगे और आनन्द के बधावे बजने लगे। चौदहों लोकरूपी बड़े-बड़े भारी पर्वतों पर पुण्यरूपी मेघ सुखरूपी जल की वर्षा करने लगे॥१॥

From the time when Rama returned home wedded, there were ever fresh rejoicings and jubilant music. The fourteen spheres were like mighty mountains on which clouds of merit poured showers of happiness.

रिधि सिधि संपति नदीं सुहाईं। उमगि अवध अंबुधि कहुँ आईं॥
मनिगन पुर नर नारि सुजाती। सुचि अमोल सुंदर सब भाँती॥

ऋद्धि-सिद्धि और सम्पत्तिरूपी सुहावनी नदियाँ उमड़-उमड़कर अयोध्यारूपी महासागर में आकर मिल गईं (अयोध्या में अब धन-ऐश्वर्य की कमी नहीं रही)। नगर के कुलीन स्त्री-पुरुष ही मणियों के समूह हैं, जो सब तरह पवित्र, अमूल्य और सुन्दर हैं॥२॥

Success, affluence and prosperity flowed like bounteous rivers into Avadh as into the ocean, and the noble citizens, men and women alike, were like jewel-clusters, altogether pure and priceless and of perfect beauty.

कहि न जाइ कछु नगरबिभूती। जनु एतनिय बिरंचिकरतूती॥
सब बिधि सब पुरलोग सुखारी। रामचंद मुख चंदु निहारी॥

नगर की विभूति का वर्णन किये नहीं बनता। ऐसा जान पड़ता है मानो ब्रह्माजी की कारीगरी बस इतनी ही है। अयोध्या के सभी नागरिक श्रीरामचन्द्रजी के मुखचन्द्र को देखकर सभी प्रकार से सुखी हैं॥३॥

The splendour of the capital was beyond description; it seemed the final work of the Creator. Gazing on Ramachandra's face, fair as the moon, the citizens were all perfectly happy.

मुदित मातु सब सखी सहेलीं। फलित बिलोकि मनोरथ बेलीं॥
राम रूपु गुन सीलु सुभाऊ। प्रमुदित होइ देखि सुनि राऊ॥

सब माताएँ और उनकी सखी-सहेलियाँ अपनी मनोरथरूपी बेल को फली हुई देखकर प्रसन्न हैं। श्रीरामचन्द्रजी के रूप, गुण, शील और स्वभाव को देख-सुनकर राजा दशरथ बहुत प्रसन्न होते हैं॥४॥

Happy, too, were all the mothers with their companions and maidens as they saw their hearts' desire, like a creeper, bearing fruit; and still more enraptured was the king, as he heard tell and saw for himself Rama's beauty and goodness and amiability and genial disposition.

दो. –सब कें उर अभिलाषु अस कहहिं मनाइ महेसु।
आपु अछत जुवराजपदु रामहि देउ नरेसु॥१॥

सबके हृदय में ऐसी अभिलाषा है और सभी महादेवजी को मनाकर यही कहते हैं कि राजा अपने जीवन-काल में ही श्रीरामचन्द्रजी को युवराज-पद दे दें॥१॥

In every heart was a common desire, which they expressed in their prayers to the great Lord Shiva, 'O that the king in his own life-time would invest Rama with the regency.'

चौ. –एक समयँ सब सहित समाजा। राजसभाँ रघुराजु बिराजा॥
सकल सुकृत मूरति नरनाहू। राम सुजसु सुनि अतिहि उछाहू॥

एक समय रघुकुल के राजा दशरथ अपनी सम्पूर्ण मण्डली के साथ राजसभा में विराजमान थे। महाराज समस्त पुण्यों की मूर्ति हैं, श्रीरामचन्द्रजी की सुकीर्ति सुनकर उन्हें अत्यन्त आनन्द हो रहा है॥१॥

One day king Dasharath sat enthroned with all his courtiers in the assembly hall. Himself the embodiment of all goodness, the king was overjoyed to hear of Rama's fair renown.

नृप सब रहहिं कृपा अभिलाषें। लोकप करहिं प्रीति रुख राखें॥
तिभुवन तीनि काल जग माहीं। भूरिभाग दसरथ सम नाहीं॥

(उस समय) सभी राजा उनकी कृपा चाहते हैं और इन्द्रादि लोकपाल उनके रुख को रखते हुए (अनुकूल होकर) प्रीति करते हैं। (पृथ्वी, आकाश, पाताल) तीनों लोकों में और (भूत, भविष्य, वर्तमान) तीनों कालों में दशरथजी के समान भाग्यशाली (और) कोई नहीं है॥२॥

Every monarch solicited his favour, and the very guardians of the spheres cultivated his friendship and respected his wishes. No man was so blessed as Dasharath in all the three spheres of the universe, in time past, present and to come.

मंगलमूल रामु सुत जासू। जो कछु कहिअ थोर सब तासू॥
रायँ सुभायँ मुकुरु कर लीन्हा। बदनु बिलोकि मुकुटु सम कीन्हा॥

जिनके पुत्र मङ्गलों के मूल श्रीरामचन्द्रजी हों, उनके लिए जो कुछ भी कहिए सब थोड़ा ही है। राजा ने स्वाभाविक (निश्चिन्तता से) दर्पण अपने हाथों में ले लिया और उसमें मुँह देखकर अपने मुकुट को सीधा किया॥३॥

Of him who had for his son Rama, the source of every bliss, whatever might be said would fall short of the truth. The king chanced to take a mirror in his hand and, looking at his face, set his crown straight.

स्रवन समीप भये सित केसा। मनहुँ जरठपनु अस उपदेसा॥
नृप जुबराजु राम कहुँ देहू। जीवन जनम लाहु किन लेहू॥

(उन्होंने देखा कि) कानों के पास बाल उजले हो गए हैं; मानो बुढ़ापा ऐसा उपदेश दे रहा है कि हे राजन्! श्रीरामचन्द्रजी को युवराज-पद देकर अपने जीवन और जन्म का लाभ क्यों नहीं उठाते॥४॥

Close to his ears were white hairs like old age whispering into his ears, 'O king, make Rama your regent and thus fulfil the purpose of your life!'

दो.–यह बिचारु उर आनि नृप सुदिनु सुअवसरु पाइ।
प्रेम पुलकि तन मुदित मन गुरहि सुनायेउ जाइ॥२॥

इसी विचार को अपने हृदय में लाकर शुभ दिवस और शुभ घड़ी में, बड़े ही प्रसन्न मन और प्रेम-पुलकित शरीर से राजा ने उसे गुरु वसिष्ठजी को जा सुनाया॥२॥

Having thus considered and settled it in his mind, the king chose an auspicious day and a fitting time and went and communicated his intention to his *guru* (Vasishtha) with his body quivering with emotion and his mind filled with rapture.

चौ.–कहइ भुआलु सुनिअँ मुनिनायक। भये रामु सब बिधि सब लायक॥
सेवक सचिव सकल पुरबासी। जे हमारे अरि मित्र उदासी॥

राजा (दशरथ) ने कहा – हे मुनिराज! सुनिए। अब श्रीरामचन्द्र सब तरह से सुयोग्य हो गए हैं। हमारे जितने सेवक, मन्त्री, नागरिक और शत्रु, मित्र या उदासीन (निष्पक्ष) हैं –॥१॥

'Listen, O chief of sages,' said the king, 'Rama is now perfect in every accomplishment. Servants and ministers and the whole body of citizens, whether they be my enemies or friends or neither,

सबहि रामु प्रिय जेहि बिधि मोही। प्रभु असीस जनु तनु धरि सोही॥
बिप्र सहित परिवार गोसाईं। करहिं छोहु सब रउरेहि नाईं॥

उन सबको राम वैसे ही प्रिय हैं जैसे वे मुझको हैं। (उनके रूप में) आपके आशीर्वाद ही मानो शरीर धारण कर शोभित हो रहे हैं। हे प्रभो! सभी ब्राह्मण सपरिवार उनपर आपके ही समान प्रेम करते हैं॥२॥

— hold Rama as dear as I do, as though my lord's blessing itself had taken a glorious bodily form. What is more, my lord, all the Brahmans and their families have the same love for him as you have.

जे गुरचरन रेनु सिर धरहीं। ते जनु सकल बिभव बस करहीं॥
मोहि सम यहु अनुभयेउ न दूजें। सबु पायेउँ रज पावनि पूजें॥

जो गुरु के चरणों की धूलि को अपने मस्तक पर धारण करते हैं, वे ही समस्त ऐश्वर्य को अपने अधीन कर लेते हैं। मेरे समान इसका अनुभव किसी और ने नहीं किया। आपके चरणों की पवित्र धूलि की पूजा करके मैंने सब-कुछ पा लिया॥३॥

Those who place on their heads the dust of their *guru*'s feet acquire mastery over all fortune. No one has realized it as I have done, but all that I have flows from the adoration of your sacred dust.

अब अभिलाषु एकु मन मोरें। पूजिहि नाथ अनुग्रह तोरें॥
मुनि प्रसन्न लखि सहज सनेहू। कहेउ नरेस रजायसु देहू॥

मेरे मन में अब एक ही अभिलाषा है। हे नाथ! वह भी आपही के अनुग्रह से पूरी होगी। राजा के सहज प्रेम को देखकर मुनि ने प्रसन्न होकर कहा – नरेश! आज्ञा दीजिए (कहिए, आपकी क्या अभिलाषा है?)[1]॥४॥

I have now a longing at heart, and that too will be accomplished, my lord, by your grace.' The sage was pleased to witness his artless devotion and said, 'Tell me, O king, your will.

दो.–राजन राउर नामु जसु सब अभिमत दातार।
फल अनुगामी महिपमनि मन अभिलाषु तुम्हार॥३॥

हे राजन्! आपका नाम और यश ही सभी प्रकार के मनोरथों को पूरा करनेवाला है। हे राजाओं के मुकुटमणि! फल तो आपके मन की इच्छाओं का अनुसरण करते हैं (अर्थात् आप जो इच्छा करते हैं, वही होता है; आपके मन की अभिलाषा फल की अनुगामिनी है)॥३॥

O king, your name and glory ensure fulfilment of all desires. The object of your heart's desire, O jewel of monarchs, is accomplished even before you entertain the desire. (Success, O monarch supreme, faithfully follows your heart's desire and you get what you want even before you desire it.)'

चौ.–सब बिधि गुरु प्रसन्न जियँ जानी। बोलेउ राउ रहँसि मृदु बानी॥
नाथ रामु करिअहिं जुबराजू। कहिअ कृपा करि करिअ समाजू॥

अपने मन में गुरुजी को सब प्रकार से प्रसन्न जानकर, हर्षित होकर राजा ने मीठे स्वर में कहा – हे नाथ! श्रीरामचन्द्र को युवराज कर देना चाहिए। कृपा करके कहिए तो तैयारी की जाय॥१॥

When the king saw the *guru* so amiably disposed, he cheerfully said in gentle tones, 'My lord, invest Rama with regal powers; be pleased to direct the necessary preparations to be made.

मोहि अछत यहु होइ उछाहू। लहहिं लोग सब लोचनलाहू॥
प्रभुप्रसाद सिव सबइ निबाहीं। येह लालसा एक मन माहीं॥

---

१. कतिपय अन्य टीकाकारों के अनुसार : "मुनि को प्रसन्न तथा अपने ऊपर उनका सहज प्रेम देखकर राजा ने कहा कि आप मुझे आज्ञा दीजिए।"

मेरे जीवन-काल में ही यह आनन्दोत्सव हो जाय, जिससे सब लोग अपने नेत्रों का लाभ पा जायँ। प्रभु की कृपा से शिवजी ने सब कुछ निबाह दिया (मेरी सब इच्छाएँ पूरी कर दीं), केवल यही एक लालसा मन में रह गयी है ॥२॥

Let this happy ceremony take place in my life-time, that the eyes of all the people may be gladdened by the sight. By my lord's favour Shiva has brought all to fulfilment, but I have still this one longing in my heart.

पुनि न सोचु तनु रहउ कि जाऊ। जेहिं न होइ पाछें पछिताऊ॥
सुनि मुनि दसरथबचन सुहाए। मंगल मोद मूल मन भाए॥

इस लालसा के पूर्ण हो जाने पर शरीर रहे या चला जाय, मुझे उसका कुछ सोच न होगा। पर इसके पूर्ण न होने पर पछताना पड़ेगा (अर्थात् राम के युवराज होने पर शरीर जाय तो पछतावा नहीं होगा, अन्यथा होगा)। दशरथजी के मंगल तथा आनन्द के मूल सुहावने वचन सुनकर वसिष्ठ मुनि मन-ही-मन बहुत प्रसन्न हुए ॥३॥

After that I will not mind whether this body of mine lingers or departs, so that I may not have anything to regret afterwards.' When the sage heard Dasharath's noble words, the very fountain of felicity and joy, he was pleased.

सुनु नृप जासु बिमुख पछिताहीं। जासु भजन बिनु जरनि न जाहीं॥
भयेउ तुम्हार तनय सोइ स्वामी। रामु पुनीत प्रेम अनुगामी॥

(गुरुजी ने कहा –) हे राजन्! सुनिए, जिनसे विमुख होकर लोग पछताते हैं और जिनके भजन के बिना जी की जलन नहीं मिटती, वही स्वामी श्रीरामचन्द्रजी आपके पुत्र हुए हैं, जो पवित्र प्रेम के अनुगामी हैं ॥४॥

'Listen, O king,' he said; 'he whose enemies rue their folly, he without whose worship the agony of heart is not soothed, has been born your son, the Lord Rama, servant of selfless devotion.

दो. –बेगि बिलंबु न करिअ नृप साजिअ सबुइ समाजु।
सुदिनु सुमंगलु तबहिं जब रामु होहिं जुवराजु ॥४॥

हे राजन्! विलंब न कीजिए, शीघ्र सब सामान सजाइए। शुभ दिन और सुन्दर मङ्गल तभी है जब श्रीरामचन्द्रजी युवराज हों ॥४॥

Quick, O king, and delay not; make every preparation at once. Happy and auspicious indeed the day when Rama is proclaimed regent!'

चौ. –मुदित महीपति मंदिर आए। सेवक सचिव सुमंत्रु बोलाए॥
कहि जय जीव सीस तिन्ह नाए। भूप सुमंगल बचन सुनाए॥

प्रसन्न होकर राजा महल में आए और उन्होंने सेवकों को तथा अपने मन्त्री सुमन्त्र को बुलवाया। उन सबों ने 'जय-जीव' कहकर प्रणाम किया। तब राजा ने सुन्दर मङ्गलमय वचन सुनाये ॥१॥

Happily the king proceeded to his palace and summoned his servants and his minister, Sumantra. They bowed their heads saying, 'Long live the king!' and the king then declared to them the glad news.

प्रमुदित मोहि कहेउ गुर आजू। रामहि राय देहु जुवराजू॥
जौं पाँचहि मत लागइ नीका। करहु हरषि हिय रामहि टीका॥

(और कहा –) आज गुरु वसिष्ठजी ने बहुत प्रसन्न होकर मुझे कहा है कि हे राजन्! तुम श्रीरामचन्द्रजी को युवराज-पद दे दो। यदि पंचों को यह मत अच्छा लगे, तो हृदय में हर्षित होकर आपलोग श्रीरामचन्द्र का राजतिलक कीजिए ॥२॥

'Today to my great joy,' he said, 'the *guru* has charged me to install Rama as heir to the throne. If this proposal finds favour with my counsellors, then be pleased to impress the royal mark on Rama's brow.'

मंत्री मुदित सुनत प्रिय बानी। अभिमत बिरव परेउ जनु पानी॥
बिनती सचिव करहिं कर जोरी। जिअहु जगतपति बरिस करोरी॥

ऐसी प्रिय वाणी को सुनते ही मन्त्री ऐसे प्रसन्न हुए मानो उनके मनोरथरूपी पौधे पर जल बरस गया हो। मन्त्री हाथ जोड़कर विनती करने लगे कि हे जगत्पति! आप करोड़ों वर्ष जिएँ ॥३॥

The counsellors rejoiced to hear these agreeable words, which fell like a shower of rain on the seedling of their desire. The ministers prayed with folded hands: 'May you live for millions of years, O sovereign of the world!

जगमंगल भल काजु बिचारा। बेगिअ नाथ न लाइअ बारा॥
नृपहि मोदु सुनि सचिव सुभाषा। बढ़त बौंड़ जनु लहीं सुसाखा॥

आपने संसार भर का कल्याण करनेवाला भला काम सोचा है। हे प्रभो! शीघ्रता कीजिए, देर न लगाइए! मन्त्रियों की सुन्दर वाणी सुनकर राजा को ऐसा आनन्द हुआ मानो बढ़ती हुई बेल ने सुन्दर डाल का सहारा पा लिया हो ॥४॥

The deed you propose is a source of good fortune to the whole world; therefore, lord, make haste and lose no time!' The king was as pleased to hear the encouraging words of the ministers as a fast-climbing creeper that has obtained the support of a strong, beautiful bough.

दो. –कहेउ भूप मुनिराज कर जोइ जोइ आयसु होइ।
राम राज अभिषेक हित बेगि करहु सोइ सोइ ॥५॥

राजा (दशरथ) ने कहा कि श्रीरामचन्द्र के राज्याभिषेक के लिए मुनिराज वसिष्ठ की जो-जो आज्ञा हो, आपलोग वही सब शीघ्र करें ॥५॥

'Whatever the lord of sages may command with regard to Rama's installation as regent,' said the king, 'that you do with all speed.'

चौ. –हरषि मुनीस कहेउ मृदु बानी । आनहु सकल सुतीरथ पानी ॥
औषध मूल फूल फल पाना । कहे नाम गनि मंगल नाना ॥

प्रसन्न होकर मुनिराज ने मधुर वाणी में कहा कि सभी श्रेष्ठ तीर्थों का जल लाओ । इसके साथ ही उन्होंने नाम गिना-गिनाकर अनेक मंगलमय मूल, फूल, फल, पत्र और औषधियाँ लाने को कहा ॥१॥

Gladly the great sage Vasishtha said in gentle accents, 'Fetch water from all the holiest places.' And then he enumerated by name all kinds of auspicious objects—herbs, roots, flowers, fruits and leaves;

चामर चरम बसन बहु भाँती । रोम पाट पट अगनित जाती ॥
मनिगन मंगल बस्तु अनेका । जो जग जोगु भूप अभिषेका ॥

चँवर, मृगचर्म, बहुत प्रकार के वस्त्र, असंख्य प्रकार के ऊनी और रेशमी कपड़े, मणियाँ – और अनेक मंगल-पदार्थ, जिनका संसार में राज्याभिषेक के अवसर पर उपयोग होता है – इकट्ठा करने की मुनि ने आज्ञा दी ॥२॥

—whisks, too, and deer-skins, and draperies of various kinds, including countless varieties of woollen and silken garments, jewels and numerous other articles of good omen which were considered useful in this world for a royal investiture.

बेदबिहित कहि सकल बिधाना । कहेउ रचहु पुर बिबिध बिताना ॥
सफल रसाल पूगफल केरा । रोपहु बीथिन्ह पुर चहुँ फेरा ॥

वेदों में कही गई सभी विधियों को बताकर कहा – नगर में तरह-तरह के मण्डप (चँदोवे) सजाओ । फलों सहित आम, सुपारी और केले के वृक्ष नगर की गलियों में चारों ओर लगवाओ ॥३॥

Then after instructing them in all the ritual forms prescribed in the Vedas, he said, 'Erect canopies of all sorts in the city and plant in the streets on all sides fruit-bearing mango trees, arecas and plantain trees.

रचहु मंजु मनि चौकइँ चारू । कहहु बनावन बेगि बजारू ॥
पूजहु गनपति गुर कुलदेवा । सब बिधि करहु भूमिसुरसेवा ॥

मनोहर मणियों के सुन्दर चौके पुरवाओ और बाजारों को शीघ्र सजाने के लिए कह दो । श्रीगणेशजी, गुरु और कुलदेवता की पूजा करो और सब तरह से ब्राह्मणों की सेवा करो ॥४॥

Trace lovely squares on the floors filling them with precious jewels and bid men speedily decorate the market-place. Do reverence to Ganesha, your *guru* and the patron deity of the family, and diligently serve the Brahmans.

दो. –ध्वज पताक तोरन कलस सजहु तुरग रथ नाग ।
सिर धरि मुनिबरबचन सबु निज निज काजहि लाग ॥६॥

ध्वजा, पताका, वंदनवार, कलश, घोड़े, रथ और हाथी – इन सबको सजाओ ! मुनिराज की आज्ञा को शिरोधार्य कर सभी अपने-अपने कामों में लग गए ॥६॥

Make ready flags and banners, festal arches and vases, horses, too, and chariots and elephants.' All were obedient to the holy sage's words and busied themselves each in his own special work.

चौ. –जो मुनीस जेहि आयसु दीन्हा । सो तेहि काजु प्रथम जनु कीन्हा ॥
बिप्र साधु सुर पूजत राजा । करत राम हित मंगल काजा ॥

मुनीश्वर ने जिसको जिस काम के करने की आज्ञा दी थी, उसने उसको इतनी शीघ्रता से कर डाला कि मानो वह काम पहले ही से किया रखा था । राजा ब्राह्मण, साधु और देवताओं को पूज रहे हैं और श्रीरामचन्द्रजी के हित के लिए सब मङ्गलकार्य कर रहे हैं ॥१॥

Each of them carried out the order the high sage had given him, as it seemed, before he was bidden. The king offered worship to the Brahmans, the saints and the gods, and performed all auspicious rites to promote Rama's prosperity.

सुनत राम अभिषेक सुहावा । बाज गहागह अवध बधावा ॥
राम सीय तन सगुन जनाए । फरकहिं मंगल अंग सुहाए ॥

श्रीरामजी के राज्याभिषेक की सुहावनी खबर सुनते ही अवधभर में बधाई के बाजे जोरों से बजने लगे । श्रीरामचन्द्रजी और सीताजी के शरीर में भी शुभ शकुन प्रकट हुए, उनके सुन्दर तथा मंगलकारक अङ्ग फड़कने लगे ॥२॥

As soon as the glad news of Rama's installation reached the ears of the people, the whole of Ayodhya resounded with jubilant strains. Fair omens manifested themselves in the bodies of Rama and Sita, omens of good fortune in the quivering of their lucky sides.

पुलकि सप्रेम परसपर कहहीं । भरत आगमनु सूचक अहहीं ॥
भए बहुत दिन अति अवसेरी । सगुनप्रतीति भेंट प्रिय केरी ॥

वे रोमांचित होकर प्रेमपूर्वक आपस में कहने लगे कि ये सब शकुन भरत के आने की सूचना देनेवाले हैं । (उनको मामा के घर गये) बहुत दिन हो गए; बहुत ही चिन्ता हो रही है ।[1] ऐसे शकुनों से प्रिय (भरत) के मिलने का विश्वास होता है ॥३॥

---

१. 'अवसेर' के कई अर्थ हैं : १. देर, अबेर ('गयी रही दधि बेचन मथुरा तहाँ आज अवसेर लगायी' – सू.); २. उलझन, क्लेश ('गाइन के अवसेर मिटावहु' – सू.); ३. चिन्ता, व्याकुलता । पु. प्रतीक्षा ।

Experiencing a thrill of joy, they lovingly said to one another, 'The omens betoken Bharata's return. He has been a long time away and our hearts long to see him, and the auspicious omens assure us of a beloved friend's approach.

भरत सरिस प्रिय को जग माहीं। इहइ सगुनफलु दूसर नाहीं॥
रामहि बंधु सोचु दिनु राती। अंडन्हि कमठहृदउ जेहि भाँती॥

भरत के समान जगत् में हमें कौन प्यारा है? शकुन का बस, यही फल हो सकता है, दूसरा नहीं। जिस प्रकार कछुए का हृदय अंडों में रहता है, उसी प्रकार श्रीरामचन्द्रजी को भरत का दिन-रात सोच रहता है॥४॥

Who in the world is so dear to us as Bharata? This and nothing else is possibly the meaning of the omens. Day and night Rama was as lovingly anxious about his brother as a turtle about its eggs (in the sand far away.)

दो.–एहि अवसर मंगलु परम सुनि रहसेउ रनिवासु।
सोभत लखि बिधु बढ़त जनु बारिधि बीचि बिलासु॥७॥

इसी अवसर पर यह अत्यन्त मङ्गल समाचार सुनकर सारा रनिवास हर्षित हो उठा, जैसे चन्द्रमा को बढ़ते देखकर समुद्र में लहरों का विलास (आनन्द) सुन्दर लगता है॥७॥

At that time the ladies of the court were as overjoyed to hear these most glad tidings as the waves of the sea swell with delight on beholding the waxing moon.

चौ.–प्रथम जाइ जिन्ह बचन सुनाए। भूषन बसन भूरि तिन्ह पाए॥
प्रेम पुलकि तन मन अनुरागीं। मंगल कलस सजन सब लागीं॥

पहले रनिवास में जाकर जिन्होंने ये वचन (समाचार) सुनाये, उन्हें विविध वस्त्राभूषण मिले। रानियों का शरीर प्रेम से रोमांचित और मन प्रेम-मग्न हो गया। वे सब मङ्गलकलश सजाने लगीं॥१॥

Those who brought the news were richly rewarded with ornaments and costumes. With their bodies all quivering with emotion and hearts full of rapture, all the queens proceeded to make ready festal vases.

चौकइँ चारु सुमित्राँ पूरीं। मनिमय बिबिध भाँति अति रूरीं॥
आनँद मगन राममहतारी। दिये दान बहु बिप्र हँकारी॥

(लक्ष्मणजी की माता) सुमित्राजी ने मणियों (रत्नों) के अनेक प्रकार के अत्यन्त सुन्दर और मनोहर चौक पूरे। श्रीरामचन्द्रजी की माता कौसल्याजी ने आनन्द में मग्न होकर ब्राह्मणों को बुलाकर बहुत दान दिये॥२॥

Drawing all sorts of beautiful and very charming squares, Sumitra filled them with jewels, and Rama's mother, drowned in joy, sent for a crowd of Brahmans and loaded them with gifts.

पूजीं ग्रामदेवि सुर नागा। कहेउ बहोरि देन बलिभागा॥
जेहि बिधि होइ रामकल्यानू। देहु दया करि सो बरदानू॥

(तदुपरान्त) उन्होंने ग्रामदेवियों, देवताओं और नागों की पूजा की और बलि-भेंट देने को कहा (अर्थात् फिर पूजा करने की मनौती मानी); और फिर प्रार्थना की कि जिससे श्रीरामचन्द्रजी का कल्याण हो, दया करके वही वरदान दीजिए॥३॥

Then she worshipped the local deities and the gods and the Nagas (serpents), and vowed them further offerings, praying: 'In your mercy grant Rama all that he may prosper!'

गावहिं मंगल कोकिलबयनी। बिधुबदनी मृगसावकनयनी॥

कोयल की-सी मधुर बोलीवाली, चन्द्रमा के समान मुखोंवाली और हिरन के बच्चों के-से नेत्रोंवाली स्त्रियाँ मङ्गल-गान करने लगीं॥४॥

Moon-faced and fawn-eyed damsels sang festal strains in a voice as sweet as the notes of the cuckoo.

दो.–राम राज अभिषेकु सुनि हिय हरषे नर नारि।
लगे सुमंगल सजन सब बिधि अनुकूल बिचारि॥८॥

श्रीरामजी के राज्याभिषेक का समाचार सुनकर सभी स्त्री-पुरुष हृदय में हर्षित हो उठे और विधाता को अपने अनुकूल विचारकर सब सुन्दर मङ्गल-साज सजाने लगे॥८॥

Men and women rejoiced in their hearts when they heard of Rama's investiture as regent, and thinking God to be gracious to them, began to make all festal preparations.

चौ.–तब नरनाहँ बसिष्ठु बोलाए। रामधाम सिख देन पठाए॥
गुर आगमनु सुनत रघुनाथा। द्वार आइ पद नायेउ माथा॥

तब अयोध्याधिपति दशरथ ने वसिष्ठजी को बुलाया और उचित शिक्षा (उपदेश) देने के लिए उन्हें श्रीरामचन्द्रजी के महल में भेजा। गुरु का आना सुनते ही श्रीरघुनाथजी ने दरवाजे पर आकर उनके चरणों में अपना सिर झुका लिया॥१॥

The king then summoned Vasishtha and sent him to Rama's apartments to give him counsel suited to the occasion. The moment Raghunatha heard of the *guru*'s arrival, he repaired to the door and bowed his head at his feet.

सादर अरघ देइ घर आने। सोरह भाँति पूजि सनमाने॥
गहे चरन सिय सहित बहोरी। बोले रामु कमल कर जोरी॥

बड़े ही आदरपूर्वक अर्घ्य देकर उन्हें घर में लिवा लाये और वहाँ उन्होंने सोलह भाँति की पूजा[1] करके उनका आदर-सम्मान किया। फिर सीतासहित उनके चरण स्पर्श किये और कमल के सनान दोनों हाथों को जोड़कर श्रीरामजी बोले — ॥२॥

He reverently sprinkled lustral water and conducted him in and paid him honour by worshipping him in the sixteen prescribed modes. Once more he and Sita clasped his feet and Rama spoke with his lotus palms joined in prayer,

सेवकसदन स्वामि आगमनू। मंगलमूल अमंगलदमनू॥
तदपि उचित जनु बोलि सप्रीती। पठइअ काज नाथ असि नीती॥

(यद्यपि) सेवक के घर स्वामी का आगमन मङ्गलों का मूल और अमङ्गलों का दमन करनेवाला होता है, तथापि हे नाथ! उचित तो यही था कि सेवक को ही कार्य के लिए प्रेमपूर्वक बुला भेजते — नीति ऐसी ही है ॥३॥

'Though a master's visit to his servant's house is the root of all blessings and a foe to sorrow, yet it would have been more fitting, my lord, for the master to have graciously sent for the servant and charged him with a duty; for such is the right course.

प्रभुता तजि प्रभु कीन्ह सनेहू। भयेउ पुनीत आजु येहु गेहू॥
आयसु होइ सो करौं गोसाईं। सेवकु लहइ स्वामिसेवकाईं॥

हे प्रभो! आपने अपनी प्रभुता छोड़कर — स्वयं यहाँ पधरकर — जो स्नेह किया, उससे यह घर आज पवित्र हो गया। हे गोसाईं! (अब) आपकी जो आज्ञा हो मैं वही करूँ, (क्योंकि) स्वामी की सेवा में ही सेवक का लाभ है ॥४॥

Since, however, my lord has laid aside his prerogative and done me this loving favour (by calling on me), my house today has been sanctified. Now I am ready, holy saint, to do what I am bid, for it is a servant's joy to serve his master.'

दो. —सुनि सनेह साने बचन मुनि रघुबरहि प्रसंस।
राम कस न तुम्ह कहहु अस हंस बंस अवतंस ॥९॥

स्नेह में सने हुए ऐसे वचनों को सुनकर मुनि वसिष्ठजी ने श्रीरघुनाथजी की प्रशंसा करते हुए कहा कि हे राम! भला, तुम ऐसी बातें क्यों न कहो, तुम सूर्यवंश के भूषण जो ठहरे! ॥९॥

On hearing these words steeped in affection, the sage praised Raghunatha and said, 'It is like you to speak thus, O Rama, who are the jewel of the Solar race.'

१. षोडशोपचार से पूजा: १ आसन, २ स्वागत, ३ अर्घ्य, ४ आचमन, ५ मधुपर्क, ६ स्नान, ७ वस्त्राभरण, ८ यज्ञोपवीत, ९ चन्दन, १० पुष्प, ११ धूप, १२ दीप, १३ नैवेद्य, १४ ताम्बूल, १५ परिक्रमा और १६ वन्दना।

चौ. —बरनि राम गुन सीलु सुभाऊ। बोले प्रेम पुलकि मुनिराऊ॥
भूप सजेउ अभिषेकसमाजू। चाहत देन तुम्हहिं जुवराजू॥

श्रीरामचन्द्रजी के गुण, शील और स्वभाव का वर्णनकर तथा प्रेम से पुलकित होकर मुनिराज बोले — (हे रामचन्द्र!) राजा ने राज्याभिषेक की तैयारियाँ कर रखी हैं। वे तुमको युवराज-पद देना चाहते हैं ॥१॥

After praising Rama's goodness, amiability and noble disposition, the royal sage, Vasishtha, said, thrilling over with emotion, 'The king has prepared for the installation ceremony; he proposes to confer upon you the dignity of regent.

राम करहु सब संजम आजू। जौं बिधि कुसल निबाहइ काजू॥
गुरु सिख देइ राय पहिं गयेऊ। रामहृदयँ अस बिसमउ भयेऊ॥

अतः हे राम! आज तुम (उपवास, हवन आदि विधिपूर्वक) सब संयम करो, जिससे विधाता सफलतापूर्वक इस काम को निबाह दें। गुरुजी शिक्षा देकर राजा दशरथ के पास चले गए। इधर श्रीरामचन्द्रजी के हृदय में इस बात का खेद हुआ कि — ॥२॥

Today, Rama, you should observe religious austerity, that God may bring the matter to a happy conclusion.' Having thus instructed him, the *guru* returned to the king, but Rama's heart was all dismay.

जनमे एक संग सब भाई। भोजन सयन केलि लरिकाई॥
करनबेध उपबीत बिआहा। संग संग सब भये उछाहा॥

हम सब भाइयों का जन्म एक ही साथ हुआ[1]; खाना, सोना, बचपन के खेल-कूद, कनछेदन, जनेऊ और विवाह आदि उत्सव भी सब साथ-साथ हुए ॥३॥

'My brothers and I,' he thought, 'were all born together, and together have we eaten and slept and played in childhood; together we had our ears pierced, were invested with the sacred thread and married — in short, all our rejoicings have taken place together.

बिमल बंस येहु अनुचित एकू। बंधु बिहाइ बड़ेहि अभिषेकू॥
प्रभु सप्रेम पछितानि सुहाई। हरउ भगतमन कै कुटिलाई॥

इस निर्मल (सूर्य) वंश में यही एक अनुचित बात हो रही है कि अन्य सब भाइयों को छोड़कर एक बड़े का ही राज्याभिषेक होता है। (तुलसीदासजी कहते हैं कि) प्रभु श्रीरामचन्द्रजी का यह सुन्दर प्रेमपूर्ण पछतावा भक्तों के मन की कुटिलता को दूर करे ॥४॥

१. इस प्रसंग में स्मरणीय है कि राजा दशरथ ने एक साथ ही पायस का विभाग किया था। इसलिए कहा — 'जनमे एक संग सब भाई'।

The only unseemly blot on this spotless line is that the eldest should be installed on the throne to the exclusion of his younger brothers.' May this loving and graceful expression of regret on the part of the Lord drive away all unworthy thoughts from the minds of his votaries.

दो. –तेहि अवसर आए लखनु मगन प्रेम आनंद ।
सनमाने प्रिय बचन कहि रघुकुल कैरव चंद ॥१०॥

उसी समय प्रेम और आनन्द में मग्न लक्ष्मणजी वहाँ आ पहुँचे । रघुकुलरूपी कुमुद के खिलानेवाले चन्द्रमा-सरीखे रामचन्द्रजी ने प्रिय वचन कहकर उनका सम्मान किया ॥१०॥

Then at that moment came Lakshmana, full of love and delight, and was welcomed with words of affection by the moon of the lily-like race of Raghu.

चौ. –बाजहिं बाजने बिबिध बिधाना । पुर प्रमोदु नहि जाइ बखाना ॥
भरत आगमनु सकल मनावहिं । आवहुँ बेगि नयनफलु पावहिं ॥

विविध प्रकार के बाजे बज रहे हैं । अयोध्या के हर्षातिरेक का वर्णन नहीं हो सकता । सभी भरतजी का आगमन मना रहे हैं और कह रहे हैं कि भरतजी जल्दी ही आ जायँ और (इस उत्सव को देखकर) नेत्रों का फल प्राप्त करें ॥१॥

There was a noise of music of every kind, and the rejoicing in the city was beyond description. All prayed for Bharata's return and said to one another, 'Would that Bharata came with expedition and obtained the reward of his eyes.'

हाट बाट घर गली अथाई । कहहिं परसपर लोग लोगाई ॥
कालि लगन भलि केतिक बारा । पूजिहि बिधि अभिलाषु हमारा ॥

बाजार, रास्तों, घरों, गलियों और चबूतरों पर (या बैठकों में) स्त्री-पुरुष आपस में यही कह रहे हैं कि कल वह शुभ लग्न (मुहूर्त) किस समय है जब विधाता हमारी अभिलाषा पूरी करेंगे, ॥२॥

In market, street, house, lane and place of resort men and women were saying to one another, 'When will that blessed hour start tomorrow when God will satisfy our yearning,

कनकसिंघासन सीय समेता । बैठहिं रामु होइ चित चेता ॥
सकल कहहिं कब होइहि काली । बिघन बनावहिं देव कुचाली ॥

जब सुवर्ण के सिंहासन पर सीताजी के साथ रामचन्द्रजी विराजेंगे और हमारे चित्त की चाह पूरी हो जायगी । इधर तो सब यह कह रहे हैं कि बिहान कब होगा, उधर कुचक्री देवता विघ्न मना रहे हैं ॥३॥

—when with Sita beside him Rama will take his seat on the golden throne and when the object of

our desire will be accomplished ?' They all said, 'When will tomorrow come ?' But the designing gods prayed that difficulties might arise.

तिन्हहि सोहाइ न अवध बधावा । चोरहि चंदिनि राति न भावा ॥
सारद बोलि बिनय सुर करहीं । बारहि बार पाय लइ परहीं ॥

जिस तरह चोरों को चाँदनी रात नहीं सुहाती, उसी तरह उन दुष्ट देवताओं को अवध के आनन्द-बधावे नहीं सुहाते । सरस्वतीजी को बुलाकर और बार-बार उनके पाँवों में गिर-गिरकर देवता विनय कर रहे हैं – ॥४॥

The rejoicings at Avadh pleased them no more than a moonlight night pleases a thief. The gods called on Sarasvati and, laying hold of her feet, fell at them again and again and made their petition :

दो. –बिपति हमारि बिलोकि बड़ि मातु करिअ सोइ आजु ।
रामु जाहिं बन राजु तजि होइ सकल सुरकाजु ॥११॥

हे माँ ! हमारी बड़ी भारी विपत्ति को देखकर आज वही कीजिए जिससे श्रीरामचन्द्रजी राज्य छोड़कर वन को चले जायँ और देवताओं के सभी कार्य सिद्ध हो जायँ ॥११॥

'Perceiving our sore distress, O Mother, manipulate things in such a way today that Rama may depart to the forest, relinquishing his throne, and so the purpose of us immortals may be accomplished !'

चौ. –सुनि सुरबिनय ठाढ़ि पछिताती । भइउँ सरोज बिपिन हिमराती ॥
देखि देव पुनि कहहिं निहोरी । मातु तोहि नहि थोरिउ खोरी ॥

देवताओं की प्रार्थना सुनकर सरस्वतीजी खड़ी-खड़ी पछता रही हैं कि (हाय !) मैं कमल के वन के लिए पाले की (हेमन्त ऋतु की) रात हुई । उन्हें इस तरह पछताते देखकर देवता फिर विनय करके कहने लगे – हे माता ! इसमें आपको तनिक भी दोष न लगेगा ॥१॥

When she heard the gods' petition, Sarasvati stood still and grieved, thinking, 'I am a winter's night to a bed of lotuses !' Seeing her downcast, the gods spoke again in a suppliant tone, 'Mother, not the least blame will attach to you;

बिसमय हरष रहित रघुराऊ । तुम्ह जानहु सब रामप्रभाऊ ॥
जीव करमबस सुख दुख भागी । जाइअ अवध देवहित लागी ॥

श्रीरघुनाथजी हर्ष-विषाद दोनों से रहित हैं, आप तो श्रीरामजी के सभी प्रभावों को जानती ही हैं ! कर्म के वश में रहनेवाले जीव ही सुख-दुःख भोगते हैं (पर राम जीव नहीं हैं) । अतएव देवताओं की भलाई के लिए आप अयोध्या जाइए ॥२॥

— for the lord of Raghus is exempt from sorrow as from joy — you are fully acquainted with Rama's mighty power. As for the people, every embodied soul is subject to pain and pleasure according to its fate. Go, then, to Avadh for the good of the celestials.'

बार बार गहि चरन सँकोची। चली बिचारि बिबुधमति पोची ॥
ऊँच निवासु नीचि करतूती। देखि न सकहिं पराइ बिभूती ॥

जब बार-बार चरण पकड़कर देवताओं ने सरस्वती को संकोच में डाल दिया तब वह यह सोचकर चली कि देवताओं की बुद्धि ओछी है। यद्यपि इनका निवास ऊँचा है, फिर भी इनके कर्म नीच हैं। ये दूसरे के धन-ऐश्वर्य को देख नहीं सकते ॥३॥

Again and again they clasped her feet till she felt embarrassed and went, thinking, 'The gods are a meanspirited crew; though they dwell on high, their doings are mean; and they cannot endure to see others' prosperity.'

आगिल काजु बिचारि बहोरी। करिहहिं चाह कुसल कबि मोरी ॥
हरषि हृदय दसरथपुर आई। जनु ग्रहदसा दुसह दुखदाई ॥

(परन्तु) फिर आगे के काम का विचार कर (श्रीरामजी के वन जाने से राक्षसों का वध होगा) चतुर कवि मेरी चाह करेंगे। ऐसा विचारकर सरस्वती हृदय में हर्षित होकर दशरथजी की पुरी अयोध्या में आयी, मानो दुःसह दुःख देनेवाली कोई ग्रहदशा आयी हो। (सरस्वती को पहले भय था कि देवताओं की बात मानने से जगत् से मेरी पूजा-प्रतिष्ठा उठ जायगी, इससे उसने देवताओं को बुरा-भला कहा, परंतु विचार करने पर उसे यह अनुभव हुआ कि श्रीरामजी के वन जाने से विस्तृत लीला होगी और उसे चतुर कवि लिखना चाहेंगे; ऐसी स्थिति में कवि मेरा आवाहन करेंगे और मैं सबकी जिह्वा पर बैठकर श्रीराम-चरित्र कहूँगी।) ॥४॥

Then, reflecting on the role she was destined to perform in the days to come, when worthy poets would seek her favour,[1] she came with a cheerful heart to Dasharath's city, as if she were a star of evil influence, intolerable, causing woe.

दो. —नामु मंथरा मंदमति चेरी कैकै केरि।
अजसपेटारी ताहि करि गई गिरा मति फेरि ॥१२॥

कैकेयी की एक मन्दबुद्धि दासी थी जिसका नाम मन्थरा था। उसे अपयश की पिटारी बनाकर सरस्वती उसकी बुद्धि को फेरकर चली गयी ॥१२॥

Now Kaikeyi (Bharata's mother) had a dull-witted handmaid, whose name was Manthara; her mind Sarasvati perverted and made her a receptacle of ill-repute, and then went her way.

1. "If Rama goes into exile, his adventures will form an inexhaustible theme for the poets of all time, who will therefore be always invoking my aid and propitiating my good will."

चौ. —दीख मंथरा नगरु बनावा। मंजुल मंगल बाज बधावा ॥
पूछेसि लोगन्ह काह उछाहू। रामतिलकु सुनि भा उर दाहू ॥

(जब) मन्थरा ने देखा कि नगर सजाया हुआ है और सुन्दर मङ्गलमय बधावे बज रहे हैं, (तब) उसने लोगों से पूछा कि यह कैसा उत्सव है? जब उसने श्रीरामजी के राजतिलक की बात सुनी तब उसके हृदय में जलन होने लगी ॥१॥

When Manthara saw the city decorated and heard the loud sweet strains of festive music, she asked the people, 'What mean these rejoicings ?' When she heard of Rama's investiture, her heart was consumed with jealousy.

करै बिचारु कुबुद्धि कुजाती। होइ अकाजु कवन बिधि राती ॥
देखि लागि मधु कुटिल किराती। जिमि गवँ तकइ लेउँ केहि भाँती ॥

वह दुर्बुद्धि नीच जाति की दासी विचार करने लगी कि किस प्रकार यह काम आज रातभर में ही बिगड़ जाय। उसकी दशा उस कुटिल भीलनी की तरह थी जो शहद का छत्ता लगा देखकर घात लगाती है कि इसको किस तरह उखाड़ लूँ ॥२॥

That evil-minded and low-born woman pondered how that very night the plan might be defeated, like a crafty Bhil woman who has seen a honeycomb hanging from a tree and lies in wait, scheming to get hold of it.

भरतमातु पहिं गइ बिलखानी। का अनमनि हसि कह हँसि रानी ॥
ऊतरु देइ न लेइ उसासू। नारिचरित करि ढारइ आँसू ॥

वह रोती-बिलखती भरतजी की माता कैकेयी के पास गयी। रानी ने हँसकर कहा — तू अन्यमनस्क-सी क्यों है? पर मन्थरा कुछ उत्तर नहीं देती, केवल लंबी साँस ले रही है और त्रिया-चरित्र करके आँसू ढरका रही है ॥३॥

So she went sobbing to Bharata's mother. 'Why so sad ?' the queen smiled and said. She made no answer, but drew a deep sigh and, adopting the way of women, shed a flood of tears.

हँसि कह रानि गालु बड़ तोरें। दीन्हि लखन सिख अस मन मोरें ॥
तबहुँ न बोल चेरि बड़ि पापिनि। छाड़इ स्वास कारि जनु सापिनि ॥

हँसकर रानी ने कहा कि तेरे बड़े गाल हैं (तू बड़ी बढ़-बढ़कर बोला करती है)। मेरा मन कहता है कि लक्ष्मण ने तुझे कुछ सीख दी है (दण्ड दिया है)। इतने पर भी वह महापापिनी दासी कुछ भी नहीं बोलती, वह ऐसी लंबी-लंबी साँसें छोड़ रही है, मानो कोई काली नागिन (फुफकार छोड़ रही) हो ॥४॥

'You are a most saucy girl,' said the queen laughing, 'and what I suspect is that Lakshmana has been teaching you a lesson !' Even then the wicked handmaid uttered not a word, but merely hissed like some poisonous serpent.

दो. –सभय रानि कह कहसि किन कुसल रामु महिपालु ।
लखनु भरतु रिपुदवनु सुनि भा कुबरी उर सालु ॥१३॥

तब रानी ने डरकर कहा – अरी ! तू कहती क्यों नहीं ? रामचन्द्र, राजा, लक्ष्मण, भरत और शत्रुघ्न सकुशल तो हैं ? यह सुनते ही कुबड़ी मन्थरा के हृदय में बड़ी ही पीड़ा हुई ॥१३॥

Said the queen anxiously, 'Why don't you speak ? Is all well with Rama and his royal father and Lakshmana, Bharata and Ripudamana (Shatrughna) ?' These words were a torment to the humpback's heart.

चौ. –कत सिख देइ हमहिं कोउ माई । गालु करब केहि कर बलु पाई ॥
रामहि छाड़ि कुसल केहि आजू । जिन्हहि जनेसु देइ जुवराजू ॥

(मंथरा कहती है –) हे माई ! मुझे कोई क्यों सीख देगा और मैं किसका बल पाकर गाल करूँगी (बढ़-बढ़कर बोलूँगी) ? आज रामचन्द्र को छोड़कर और किसका मंगल है, जिन्हें राजा युवराज पद दे रहे हैं ? ॥१॥

'Why should anyone, O mother, teach me a lesson? And on whose strength shall I be cheeky ? Who should be happy today but Rama, whom the king is going to invest with regal powers ?

भयेउ कौसिलहि बिधि अति दाहिन । देखत गरब रहत उर नाहिन ॥
देखहु कस न जाइ सब सोभा । जो अवलोकि मोर मनु छोभा ॥

(अब तो) कौसल्या को विधाता बहुत ही दाहिने (अनुकूल) हो गए हैं, जिसे देखकर उनके हृदय में गर्व समाता नहीं । तुम स्वयं जाकर (नगर की) सब शोभा क्यों नहीं देख लेतीं, जिसे देखकर मेरे मन में क्षोभ उत्पन्न हुआ है ? ॥२॥

God has been very gracious to Kausalya; seeing this she cannot contain the pride of her heart. Why don't you go and see for yourself all the magnificence, the sight of which has so agitated my mind ?

पूतु बिदेस न सोचु तुम्हारें । जानति हहु बस नाहु हमारें ॥
नीद बहुत प्रिय सेज तुराई । लखहु न भूप कपटचतुराई ॥

तुम्हारा पुत्र विदेश में है, तुम्हें तनिक भी सोच नहीं । समझती हो कि पति हमारे वश में है । तुम्हें तो तोशक-पलंग पर पड़े-पड़े नींद लेना ही बहुत प्रिय लगता है, राजा की कपटभरी चतुराई तुम देखतीं ही नहीं ॥३॥

Your son is away and you take no heed; you imagine that your lord is under your thumb. You are unable to observe the king's treachery and wiliness — so inordinately fond of sleep are you and so anxious for your quilted bed.'

सुनि प्रिय बचन मलिन मनु जानी । झुकी रानि अब रहु अरगानी ॥
पुनि अस कबहुँ कहसि घरफोरी । तब धरि जीभ कढ़ावौं तोरी ॥

मन्थरा के प्रिय वचन सुनकर और उसके मन को मैला जानकर रानी झुककर (डाँटकर) बोली – बस, अब चुप रह, घरफोड़ी कहीं की ! जो फिर कभी ऐसी बात कही तो तेरी जीभ पकड़कर खिंचवा लूँगी ॥४॥

On hearing this affectionate address, the queen — who knew well her malicious mind—angrily said, 'Be silent ! If ever you speak thus again, expert as you are in sowing seeds of discord in a family, I will have your tongue pulled out by the roots !

दो. –काने खोरे कूबरे कुटिल कुचाली जानि ।
तिय बिसेषि पुनि चेरि कहि भरतमातु मुसुकानि ॥१४॥

जो काने, लँगड़े और कुबड़े हैं, उन्हें कुटिल और कुचाली जानना चाहिए । फिर स्त्रियाँ उनसे भी अधिक कुटिल होती हैं और दासी तो सबसे अधिक ! इतना कहकर भरतजी की माता (कैकेयी) मुसकरा दीं ॥१४॥

The one-eyed, the lame and the hump-backed are known to be perverse and wicked, especially when they are women and more especially when they are servants !' So saying, Bharata's mother smiled and added :

चौ. –प्रियबादिनि सिख दीन्हिउँ तोही । सपनेहुँ तो पर कोपु न मोही ॥
सुदिनु सुमंगलदायकु सोई । तोर कहा फुर जेहि दिन होई ॥

(उन्होंने कहा –) हे प्रिय वचन कहनेवाली मन्थरा ! मैंने तुझको यह सीख दी, मुझे तुझपर स्वप्न में भी क्रोध नहीं है । सुन्दर मङ्गलदायक शुभ दिन तो वही होगा, जिस दिन तेरा कहना सत्य होगा (अर्थात् जिस दिन श्रीराम का राज्याभिषेक होगा) ॥१॥

'O sweet-tongued Manthara ! I have said all this to you by way of advice; otherwise I cannot even dream of being angry with you. Happy and blessed will that day be on which what you say is proved to be true.

जेठ स्वामि सेवक लघु भाई । यह दिनकर कुल रीति सुहाई ॥
रामतिलकु जौं साँचेहुँ काली । देउँ मागु मन भावत आली ॥

यह सूर्यकुल की सुहावनी रीति है कि बड़ा भाई स्वामी और छोटा भाई सेवक होता है । यदि सचमुच कल ही श्रीराम का राजतिलक है तो हे सखी ! अपनी मनमानी वस्तु मुझसे माँग ले, मैं तुझे दूँगी ॥२॥

The eldest-born should be the lord and the younger ones his servants: such has ever been the blessed custom in the Solar race. If Rama is really to be installed as regent tomorrow, ask of me, my friend, whatever pleases your mind and I will grant it.

कौसल्या सम सब महतारी । रामहि सहज सुभाय पिआरी ॥
मो पर करहिं सनेहु बिसेषी । मैं करि प्रीतिपरीछा देखी ॥

सहज स्वभाव से ही राम को सब माताएँ कौसल्या-जैसी प्यारी हैं । मुझपर तो वे विशेष प्रेम करते हैं । मैने उनकी प्रीति की परीक्षा करके (यह) देख ली है ॥३॥

All we royal mothers are as dear to Rama as Kausalya — such is his innate disposition. He is particularly fond of me; I have had occasions to test his love.

जौं बिधि जनमु देइ करि छोहू । होहुँ रामु सिय पूत पुतोहू ॥
प्रान तें अधिक रामु प्रिय मोरें । तिन्ह कें तिलक छोभु कस तोरें ॥

यदि विधाता कृपा करके फिर जन्म दें तो श्रीराम ही मेरे पुत्र और सीता ही बहू हों । श्रीराम मुझे प्राणों से भी अधिक प्रिय हैं; उनके राजतिलक से तुझे क्षोभ कैसा ? ॥४॥

Should God in his goodness vouchsafe to me a human birth again, may Rama and Sita be my son and daughter-in-law. Rama is dearer to me than my own life; why then should you be troubled at the news of his enthronement ?

दो. –भरतसपथ तोहि सत्य कहु परिहरि कपट दुराउ ।
हरष समय बिसमउ करसि कारन मोहि सुनाउ ॥१५॥

तुझे भरत की सौगंद ! तू कपट-आचरण को छोड़कर सच-सच कह । हर्ष के समय तू विषाद कर रही है, मुझे इसका कारण सुना ॥१५॥

I adjure you in Bharata's name, speak the truth without any deceit or concealment; declare to me the reason why you should grieve on an occasion of rejoicing.'

चौ. –एकहि बार आस सब पूजी । अब कछु कहब जीभ करि दूजी ॥
फोरइ जोगु कपारु अभागा । भलेउ कहत दुख रउरेहि लागा ॥

(मन्थरा ने कहा –) सारी आशाएँ तो एक ही बार (के कथन) में पूरी हो गयीं । अबसे यदि मैं एक भी बात कहूँगी तो दूसरी जीभ लगाकर ही कहूँगी । मेरा यह अभागा कपाल तो फोड़ने ही योग्य है जो अच्छी बात कहने पर भी आपको दुःख ही हुआ ॥१॥

'I have spoken once,' said Manthara, 'and I have had all my ambitions fulfilled ! I shall now speak again with another tongue. My wretched head surely deserves to be broken, for I have offended you by my well-meant words.

कहहिं झूठि फुरि बात बनाई । ते प्रिय तुम्हहिं करुइ मैं माई ॥
हमहुँ कहबि अब ठकुरसोहाती । नाहि त मौन रहब दिनु राती ॥

हे माई ! जो झूठी-सच्ची बातें बनाकर कहते हैं, वे ही तुम्हें प्रिय लगते हैं और मैं कड़वी लगती हूँ । अब मैं भी ठकुरसुहाती ही कहूँगी, नहीं तो दिन-रात चुप रहा करूँगी ॥२॥

Those alone who make the false seem true, mother, are your favourites, while I am disagreeable to you. Henceforth I too will only say what pleases you or else will hold my peace day and night.

करि कुरूप बिधि परबस कीन्हा । बवा सो लुनिअ लहिअ जो दीन्हा ॥
कोउ नृप होउ हमहि का हानी । चेरि छाड़ि अब होब कि रानी ॥

ब्रह्मा ने कुरूप बनाकर मुझे पराधीन कर दिया (इसमें दूसरे का क्या दोष ?) । जो बोया सो काटती हूँ, दिया सो पाती हूँ । कोई भी राजा हो, हमारी क्या हानि है ? क्या दासी छोड़कर अब मैं रानी होऊँगी ? ॥३॥

God has given me a deformed body and made me dependent on others; I must reap as I have sown and take as I have given ! Whoever is king, what do I lose ? Shall I cease to be a servant now and become a queen ?

जारइ जोगु सुभाउ हमारा । अनभल देखि न जाइ तुम्हारा ॥
तातें कछुक बात अनुसारी । छमिअ देवि बड़ि चूक हमारी ॥

मेरा स्वभाव तो जलाने ही योग्य है, क्योंकि तुम्हारा अनभल (अहित) मुझसे देखा नहीं जाता । इसी कारण मैंने कुछ बात चलायी थी । किंतु हे देवि ! क्षमा करो, हमसे बड़ी भूल हुई ! ॥४॥

Damnable is my nature in that I cannot bear to see your disgrace. That is why I gave utterance to a word or two. But pardon me, venerable lady, it was a great mistake on my part.'

दो. –गूढ़ कपट प्रिय बचन सुनि तीय अधरबुधि रानि ।
सुरमाया बस बैरिनिहि सुहृद जानि पतिआनि ॥१६॥

ओछी बुद्धि की स्त्री[1] और देव-माया के वश में होने के कारण रहस्यपूर्ण तथा कपटभरे प्रिय वचनों को सुनकर रानी कैकेयी ने बैरिन मन्थरा को अपनी सुहृद् (हितैषिणी) जानकर उसका विश्वास कर लिया ॥१६॥

On hearing these subtle and agreeably deceitful words, the queen, who was a woman with a weak mind and was dominated by divine delusion, reposed her faith in an enemy, mistaking her for a friend.

चौ. –सादर पुनि पुनि पूँछति ओही । सबरीगान मृगी जनु मोही ॥
तसि मति फिरी अहइ जसि भावी । रहसी चेरि घात जनु फाबी ॥

वे बार-बार उससे आदरपूर्वक पूछ रही हैं, मानो भीलनी के गान से हिरनी मुग्ध हो गयी हो । जैसी भावी (होनहार) है, वैसी ही बुद्धि भी फिर गई ।

१. अधरबुद्धि – (वि.) क्षुद्र या नीच बुद्धिवाला ।

दासी अपना दाँव लगा जानकर हर्षित हुई। (बुद्धि तो भावी से फिरी, पर मन्थरा ने यही समझा कि मेरा दाँव लग गया, मेरे फेरने से रानी की मति फिरी है। इसी सफलता पर उसे हर्ष हुआ) ॥१॥

Again and again the queen kindly questioned Manthara, hypnotized as she was by her guileful words like a doe enchanted by the song of a Bhil woman. Her reason went astray, as fate would have it, and the handmaid rejoiced to find her cunning scheme succeed.

तुम्ह पूँछहु मैं कहत डेराऊँ। धरेहु मोर घरफोरी नाऊँ॥
सजि प्रतीति बहु बिधि गढ़ि छोली। अवध साढ़साती तब बोली॥

तुम तो पूछ रही हो, पर मैं कहते डरती हूँ; (क्योंकि) तुमने पहले ही मेरा नाम 'घरफोड़ी' रख दिया है। बहुत तरह से गढ़-छोलकर[1], खूब विश्वास जमाकर, तब वह अयोध्या-की साढ़साती[2] (शनि की साढ़े सात वर्ष की दशारूपी कष्टकारिणी मन्थरा) बोली— ॥२॥

'You persist in questioning me, but I am afraid to open my lips, for you have called me mischief-maker.' Thus spoke the Saturn of Avadh, trimming and fashioning her speech in every way to win her trust. (*Sarhasati*, literally seven and a half, is a name for the malignant star Saturn, whose one revolution occupies a period of seven and a half years.)

प्रिय सिय रामु कहा तुम्ह रानी। रामहि तुम्ह प्रिय सो फुरि बानी॥
रहा प्रथम अब ते दिन बीते। समउ फिरें रिपु होहिं पिरीते॥

हे रानी! तुमने जो कहा कि मुझे सीता और रामचन्द्र प्रिय हैं और तुम राम को प्रिय हो, सो यह कथन सत्य है। (परंतु यह) बात पहले थी, अब वे दिन बीत गए, समय के पलटने पर मित्र भी शत्रु हो जाते हैं ॥३॥

'You said, O queen, that Sita and Rama were dear to you, and that you had endeared yourself to Rama; and what you say is true, but this is a thing of the past; now those days are gone. When times change, even friends become foes.

भानु कमलकुल पोषनिहारा। बिनु जर जारि करै सोइ छारा॥
जर तुम्हारि चह सवति उखारी। रूँधहु करि उपाउ बर बारी॥

यद्यपि सूर्य कमल के कुल का पोषण करनेवाला है, फिर भी बिना जल के वही सूर्य उनको जलाकर भस्म कर देता है। तुम्हारी सौत (कौसल्या) तुम्हारी जड़ उखाड़ फेंकना चाहती है। अतः उपायरूपी श्रेष्ठ बाड़ (घेरा) लगाकर उसे रूँध दो (सुरक्षित कर दो) ॥४॥

The sun fosters the family of lotuses, but in the absence of water, that same sun burns them to ashes. The rival queen (Kausalya) would tear you up by the root; so take care of your garden and hedge it about with a scheme.

दो.—तुम्हहि न सोचु सोहागबल निज बस जानहु राउ।
मन मलीन मुह मीठ नृपु राउर सरल सुभाउ ॥१७॥

अपने सुहाग के (झूठे) बल पर तुम्हें कुछ भी सोच नहीं है और तुम राजा को अपने वशीभूत समझती हो। किंतु राजा मन के मैले और मुँह के मीठे हैं और तुम्हारा स्वभाव कितना सरल है! ॥१७॥

You feel no concern because you rely on your husband's (feigned) affection and know him to be under your influence. The king is malicious of mind, though sweet of tongue; but you possess a guileless nature.

चौ.—चतुर गँभीर राममहतारी। बीचु पाइ निज बात सँवारी॥
पठये भरतु भूप ननिऔरें। राममातु मत जानब रौरें॥

राम की माता कौसल्या चतुर और गम्भीर है। उसने अवसर पाकर अपनी बात सँवार ली। राजा ने जो भरत को ननिहाल भेज दिया, उसमें तुम, बस, राम की माता की ही सलाह समझो! ॥१॥

Rama's mother is crafty and deep; and having found her opportunity has turned it to account. You must know it is at the suggestion of Rama's mother that the king has sent away Bharata to visit his grandmother.

सेवहिं सकल सवति मोहि नीकें। गरबित भरतमातु बल पी कें॥
सालु तुम्हार कौसिलहि माई। कपटचतुर नहि होइ जनाई॥

(कौसल्या के मन में है कि) सब सौतें तो मेरी भलीभाँति सेवा करती ही हैं, एक भरत की माँ पति के बल पर गर्वित रहती है। इसीसे हे माई! कौसल्या को तुम बहुत ही साल (खटक) रही हो। कपट करने में वह चतुर है, इसलिए (हृदय का भाव) प्रकट नहीं होने देती ॥२॥

She says to herself, 'All the other queens serve me well, only Bharata's mother is proud, because of her influence with her lord.' You, lady, are a thorn in Kausalya's side, but she is too deep and crafty to make it known.

राजहि तुम्ह पर प्रेमु बिसेषी। सवति सुभाउ सकइ नहि देखी॥
रचि प्रपंचु भूपहि अपनाई। रामतिलक हित लगन धराई॥

राजा का तुम पर विशेष प्रेम है, सौत के स्वभाव के कारण कौसल्या इसे देख नहीं सकती। इसीलिए उसने छल-प्रपंच रचकर, राजा को अपनाकर, राम के राजतिलक के लिए लग्न निश्चय करा लिया! ॥३॥

---

१. सुडौल बनाकर, अपने अनुकूल बनाकर।

२. फलित ज्योतिष के अनुसार जन्मराशि में, दूसरे स्थान में और बारहवें स्थान में, अर्थात् इन तीन राशियों में शनिग्रह की स्थिति साढ़े सात वर्षों तक रहती है। प्रत्येक राशि को शनि ढाई-ढाई वर्षों तक भोगते हैं।

The king has a special affection for you; but due to the jealousy to which a rival queen is naturally subject, Kausalya cannot bear to see it. That is why she has schemed to win over the king and has caused him to fix an auspicious day for Rama's investiture.

यहु कुल उचित राम कहुँ टीका । सबहि सोहाइ मोहि सुठि नीका ॥
आगिल बात समुझि डरु मोही । देउ दैउ फिरि सो फलु ओही ॥

इस कुल की रीति के अनुसार राम का राजतिलक उचित ही है और यह बात सभी को सुहाती है; और मुझे तो बहुत ही अच्छी लगती है । परंतु मुझे तो आगे होनेवाली बात का विचारकर डर लगता है; दैव उलटकर इसका फल उसी कौसल्या को दे ! ॥४॥

Rama's installation is in accord with the traditions of the family; all approve it and is quite to my taste. But I shudder to think of the consequences; may heaven so ordain that the mischief may recoil on her own head !'

दो. –रचि पचि कोटिक कुटिलपन कीन्हेसि कपटप्रबोधु ।
कहिसि कथा सत सवति कै जेहि बिधि बाढ़ बिरोधु ॥१८॥

इसी प्रकार करोड़ों कुटिलपन की बातें गढ़-छोलकर मन्थरा ने कैकेयी को उलटा-सीधा समझा दिया और (साथ ही) सैकड़ों सौतों की कहानियाँ भी सुनायीं जिनसे विरोध बढ़े ॥१८॥

Manthara, inventing and injecting many a mischievous formula, put the queen off the scent and told her a hundred tales of rival wives that her resentment might increase.

चौ. –भावीबस प्रतीति उर आई । पूँछ रानि पुनि सपथ देवाई ॥
का पूँछहु तुम्ह अबहुँ न जाना । निज हित अनहित पसु पहिचाना ॥

होनहार के कारण कैकेयी के हृदय में विश्वास हो आया । सौगंद दिलाकर, रानी फिर पूछने लगी । (मन्थरा बोली –) क्या पूछती हो ? अरे, तुमने अब तक नहीं समझा ? अपने भले-बुरे को तो पशु तक पहचान लेते हैं ! ॥१॥

As fate would have it, the queen at last became convinced and, adjuring her to tell the truth, put further questions. 'What is it you would ask ?' said Manthara. 'Do you not understand even now ? Why, even a quadruped knows what is good or bad for it !

भयेउ पाख दिनु सजत समाजू । तुम्ह पाई सुधि मोहि सन आजू ॥
खाइअ पहिरिअ राज तुम्हारें । सत्य कहें नहि दोषु हमारें ॥

सामान सजते पूरे पन्द्रह दिन बीत गए और तुमने खबर पायी है आज मुझसे ! (आश्चर्य है !) मैं तो तुम्हारे ही राज्य में खाती-पहनती हूँ, इसलिए सच कहने में मुझे कोई दोष नहीं है ॥२॥

For the last fortnight the preparations have been going on, and it is only today that you learn the news from me. I am clothed and fed under your tutelage; therefore I cannot be blamed for speaking the truth.

जौं असत्य कछु कहब बनाई । तौ बिधि देइहि हमहि सजाई ॥
रामहि तिलकु कालि जौं भयेऊ । तुम्ह कहुँ बिपतिबीजु बिधि बयेऊ ॥

यदि मैं कुछ बनाकर झूठ कहूँगी तो विधाता मुझे दण्ड देगा । यदि कल राम का राजतिलक हो गया तो समझ रखना कि तुम्हारे लिए ब्रह्मा ने विपत्ति का बीज बो दिया (दुःखमय जीवन का आरंभ कर दिया) ॥३॥

If I invent a word of falsehood, may God punish me for it ! Should Rama be invested with the regency tomorrow, God will have sown for you the seed of adversity.

रेख खँचाइ कहउँ बलु भाषी । भामिनि भइहु दूध कइ माखी ॥
जौं सुत सहित करहु सेवकाई । तौ घर रहहु न आन उपाई ॥

हे भामिनि ! मैं लकीर खींचकर यह बलपूर्वक कहती हूँ कि तुम तो अब दूध की मक्खी हो गईं ! यदि पुत्रसहित (कौसल्या की) सेवकाई करोगी तो घर में रह सकोगी; (घर में रहने का) दूसरा कोई उपाय नहीं ॥४॥

I draw this line on the ground, O lady, and swear upon my oath that you will be like a fly in the milk (*i.e.*, only fit to be taken out and discarded) ! If you and your son will submit to be servants, you may stay in the house; but on no other conditions.

दो. –कद्रूँ बिनतहि दीन्ह दुखु तुम्हहि कौसिलाँ देब ।
भरतु बंदिगृहु सेइहहिं लखनु राम के नेब ॥१९॥

(जिस तरह) कद्रू ने विनता को दुःख दिया था, (उसी तरह) तुम्हें कौसल्या देगी । भरत बन्दीगृह का सेवन करेंगे और लक्ष्मण राम के नायब (सहकारी) होंगे ! ॥१९॥

As Kadru persecuted Vinata,[1] so will Kausalya torment you. Bharata will rot in prison, and Lakshmana will be Rama's vicegerent.'

चौ. –कैकयसुता सुनत कटु बानी । कहि न सकइ कछु सहमि सुखानी ॥
तन पसेउ कदली जिमि काँपी । कुबरीं दसन जीभ तब चाँपी ॥

मन्थरा की कड़वी वाणी सुनते ही कैकेयी डरकर सूख गयी, कुछ कह नहीं सकती । शरीर में पसीना हो आया और वह केले के पत्ते की तरह काँपने लगी । तब कुबड़ी (मन्थरा) ने दाँतों-तले अपनी जीभ दबायी (उसे भय हुआ कि कहीं कैकेयी के हृदय की गति न रुक जाय, जिससे सारा काम बिगड़ जाय) ॥१॥

1. Kadru and Vinata were the two wives of the patriarch Kashyapa, the former being the mother of the serpent race and the latter of the birds.

When she heard these bitter words, Kaikaya's daughter (Kaikeyi) grew faint with fear and could say nothing. Bathed in sweat, she shook like a plantain stalk. The humpback then bit her tongue (lest the gloomy picture drawn by her should break Kaikeyi's heart).

कहि कहि कोटिक कपट कहानी। धीरजु धरहु प्रबोधिसि रानी॥
कीन्हिसि कठिन पढ़ाइ कुपाठू। जिमि न नवइ फिरि उकठि कुकाठू॥

फिर कपट की करोड़ों कहानियाँ कह-कहकर उसने रानी को खूब समझाया कि धीरज रखो। बुरी-बुरी बातें पढ़ाकर उसे फिर ऐसी पक्की कर दी कि वह न बदले, जैसे सूखकर ऐंठी हुई लकड़ी किसी प्रकार नहीं नमती॥२॥

With a myriad crafty stories she comforted the queen and asked her to be of good cheer. Then she taught her many a lesson in evil, making her as inflexible as a piece of dry, shrivelled wood that never bends.

फिरा करमु प्रिय लागि कुचाली। बकिहि सराहइ मानि मराली॥
सुनु मंथरा बात फुरि तोरी। दहिन आँखि नित फरकइ मोरी॥

(कैकेयी का) भाग्य पलट गया और उसे कुचाल ही प्यारी लगी। बगुली-जैसी मन्थरा को वह हंसिनी मानकर (वैरिन को मित्र मानकर) सराहने लगी। वह बोली कि हे मन्थरा! सुन, तेरी बात सच्ची है। मेरी दाहिनी आँख नित्य फड़का करती है (जो स्त्रियों के लिए अशुभ है)॥३॥

By a turn of fate Kaikeyi conceived a fondness for mischief and began to praise a crane, mistaking it for a swan. 'Listen, O Manthara,' she said, 'what you say is true. My right eye is always throbbing,

दिन प्रति देखउँ राति कुसपने। कहउँ न तोहि मोह बस अपने॥
काह करौं सखि सूध सुभाऊ। दाहिन बाम न जानउँ काऊ॥

मैं नित्य रात में बुरे सपने देखती हूँ, परन्तु मोहवश मैंने तुमसे नहीं कहा। हे सखी! मैं क्या करूँ, मेरा तो सीधा निष्कपट स्वभाव है; मैं दायाँ-बायाँ (अनुकूल या प्रतिकूल) कुछ भी नहीं जानती॥४॥

—and every night I have some evil dreams; but in my folly I did not tell you. What am I to do, friend? I am so guileless by nature, I cannot distinguish a friend from a foe.

दो.—अपने चलत न आजु लगि अनभल काहु क कीन्ह।
केहि अघ एकहिं बार मोहि दैअँ दुसह दुखु दीन्ह॥२०॥

जहाँ तक मेरा वश चला मैंने आजतक कभी किसी का अहित नहीं किया। फिर न जाने किस पाप के कारण दैव ने मुझे एक साथ ही यह असह्य दुःख दिया॥२०॥

Never to this day, as far as in me lay, have I done an unkindness to anyone. I wonder for what offence has fate all at once subjected me to such intolerable distress?

चौ.—नैहर जनमु भरब बरु जाई। जिअत न करबि सवतिसेवकाई॥
अरिबस दैउ जिआवत जाही। मरनु नीक तेहि जीवन चाही॥

मुझे आजीवन नैहर में ही क्यों न रहना पड़े, परंतु जीते-जी मैं सौत की सेवकाई नहीं करूँगी। विधाता जिसे शत्रु के वश में रखकर जिलाता है, उसके लिए तो जीने की अपेक्षा मर जाना ही अच्छा है॥१॥

Rather would I go to my father's house and spend the rest of my life there than live in the service of my rival. For him whom heaven allows to live as the dependent of an enemy, death is preferable to life.'

दीन बचन कह बहु बिधि रानी। सुनि कुबरीं तियमाया ठानी॥
अस कस कहहु मानि मन ऊना। सुखु सोहागु तुम्ह कहुँ दिन दूना॥

जब रानी ने अनेक प्रकार के दीन वचन कहे, तब उन्हें सुनकर कुबड़ी ने त्रियाचरित्र फैलाया। (वह बोली—) तुम मन में हीनता मानकर ऐसा क्यों कह रही हो? तुम्हारा सुख-सुहाग दिन-प्रतिदिन दूनां होगा॥२॥

Many such lamentable speeches did the queen utter, and the humpback, on hearing them, practised all a woman's wiles. 'Why speak in this strain,' she said, 'and feel so wretched? Your wedded joy shall yet grow daily greater.

जेहिं राउर अति अनभल ताका। सोइ पाइहि येहु फलु परिपाका॥
जब तें कुमत सुना मैं स्वामिनि। भूख न बासर नीद न जामिनि॥

जिस किसी ने तुम्हारी बुराई चाही है, उसे ही परिणाम में यह (बुराईरूप) फल मिलेगा। हे स्वामिनि! जबसे मैंने यह कुमत सुना है, तभी से मुझे न तो दिन में भूख लगती है और न रात में नींद आती है॥३॥

Whoever has contemplated such gross mischief to you shall in the end reap the fruit of it himself. Ever since I heard these bad tidings, my lady, I could neither eat by day nor sleep at night.

पूँछेउँ गुनिन्ह रेख तिन्ह खाँची। भरतु भुआल होहिं एहु साँची॥
भामिनि करहु त कहौं उपाऊ। है तुम्हरीं सेवा बस राऊ॥

जब मैंने ज्योतिषियों से पूछा, तब उन्होंने रेखा खींचकर (हिसाब जोड़कर निश्चय-पूर्वक) कहा कि भरत राजा होंगे, यह सच्ची बात है। हे भामिनि! यदि तुम करो तो एक उपाय बताऊँ। राजा तुम्हारी सेवा के वशीभूत हैं ही॥४॥

I consulted the astrologers and they declared in positive terms: "Bharata shall be king; this much is certain." If only you act upon it, O good lady, I will show you a way, for the king is under an obligation to you.'

दो. –परौं कूप तुअ बचन पर सकौं पूत पति त्यागि।
कहसि मोर दुखु देखि बड़ कस न करब हित लागि ॥२१॥

(कैकेयीने कहा –) तेरे कहने से मैं कुएँ में भी कूद सकती हूँ, पुत्र और पति को भी त्याग सकती हूँ। जब तू मेरा बड़ा भारी दुःख देखकर कुछ कहती है, तब भला मैं अपनी ही भलाई के लिए उसे क्यों न करूँगी? ॥२१॥

'At your bidding I would throw myself down a well,' said the queen, 'or even forsake my son and my husband. When the sight of my utter misery leads you to speak, why should I not do what will be for my good?'

चौ. –कुबरीं करि कबुली कैकेई। कपट छुरी उर पाहन टेई॥
लखइ न रानि निकट दुखु कैसें। चरइ हरित तिन बलिपसु जैसें॥

कुबड़ी मन्थरा ने कैकेयी को कबूल करवाकर (अर्थात् बलिपशु बनाकर) कपट-रूप छुरी को अपने कठोर हृदयरूपी पत्थर पर तेज किया। जिस प्रकार बलिदान दिया जानेवाला पशु हरी-भरी घास चरता है (और बलिदान की बात नहीं जानता), उसी प्रकार रानी कैकेयी अपने निकट के दुःख (वैधव्य और कलंक) को नहीं देखती ॥१॥

Winning over Kaikeyi and treating her as a victim for the slaughter, the humpback whetted the knife of deceipt on the whetstone of her heart, and the queen, like a sacrificial beast that nibbles the green grass, saw not the approaching doom.

सुनत बात मृदु अंत कठोरी। देति मनहुँ मधु माहुर घोरी॥
कहइ चेरि सुधि अहइ कि नाहीं। स्वामिनि कहिहु कथा मोहि पाहीं॥

सुनने में तो मन्थरा की बातें कोमल हैं, पर परिणाम में कठोर हैं, मानो वह शहद में घोलकर जहर पिला रही हो। दासी कहती है – हे स्वामिनि! तुमने जो कथा मुझसे कही थी, उसकी याद है कि नहीं? ॥२॥

Manthara's words were sweet to the ear but disastrous in their results, as though she were administering honey mingled with deadly poison. Said the handmaid, 'Do you or do you not, my lady, remember the tale you once told me?

दुइ बरदान भूप सन थाती। मागहु आजु जुड़ावहु छाती॥
सुतहि राजु रामहि बनबासू। देहु लेहु सब सवतिहुलासू॥

अपने धरोहरवाले दो वरदान आज राजा से माँगकर अपनी छाती ठंडी करो। भरत के लिए राज्य और राम के लिए वनवास माँगो और सौत का सारा आनन्द तुम ले लो ॥३॥

There are two boons that the king once promised you. Ask for them today and relieve your soul — sovereignty for your son and for Rama exile to the forest; thus shall you rob your rivals of all their joy.

भूपति रामसपथ जब करई। तब मागेहु जेहि बचनु न टरई॥
होइ अकाजु आजु निसि बीतें। बचनु मोर प्रिय मानेहु जी तें॥

जब राजा राम की सौगंद खा लें, तब वर माँगना, जिससे उनके वचन टलने न पावें। आज की रात बीत जाने से काम बिगड़ जायगा। मेरी बात को प्राणों से भी प्रिय समझना ॥४॥

But ask not till the king has sworn by Rama, so that he may not go back on his promise. If you let this night pass, the scheme will fail; cherish my words as dearer than life.'

दो. –बड़ कुघातु करि पातकिनि कहेसि कोपगृह जाहु।
काजु सँवारेहु सजग सबु सहसा जनि पतिआहु ॥२२॥

उस पापिनी मन्थरा ने (कैकेयी पर) बड़ी बुरी घात लगाकर कहा – कोपभवन में जाओ। बड़ी होशियारी से सब काम बनाना, राजा पर सहसा विश्वास न कर लेना! ॥२२॥

Having thus hatched her abominable design against the queen, the wretch continued, 'Betake yourself to the sulking-room; make your preparations discreetly, and be not too ready to put faith in the king.'

चौ. –कुबरिहि रानि प्रानप्रिय जानी। बार बार बड़ि बुद्धि बखानी॥
तोहि सम हितु न मोर संसारा। बहे जात कइ भइसि अधारा॥

रानी ने कुबड़ी (मन्थरा) को प्राणों के समान प्रिय समझा और बार-बार उसकी बुद्धि की बड़ी प्रशंसा करते हुए कहा – संसार में मेरा तेरे समान हितकारी और कोई नहीं है। तू मुझ बहती हुई के लिए आधार मिल गई है ॥१॥

The queen believed the humpback to be dear as life, and again and again extolled her cleverness, saying, 'I have no such friend as you in the whole world; you have lent your support to one who was drifting along a stream.

जौं बिधि पुरव मनोरथु काली। करौं तोहि चखपूतरि आली॥
बहु बिधि चेरिहि आदरु देई। कोपभवन गवनी कैकेई॥

यदि विधाता ने कल मेरी अभिलाषा पूरी कर दी, तो हे सखी! मैं तुझे आँखों की पुतली बनाऊँगी। अपनी दासी को बहुत तरह से आदर-सम्मान देकर कैकेयी कोप-भवन में चली गयी ॥२॥

If God fulfils my heart's desire tomorrow, I shall cherish you, dear girl, as the apple of my eye.' Thus lavishing every term of endearment on her handmaid, Kaikeyi retired to the dark room.

बिपति बीजु बरषा रितु चेरी। भुइँ भइ कुमति कैकई केरी॥
पाइ कपट जलु अंकुर जामा। बर दोउ दल दुख फल परिनामा॥

मन्थरा वर्षा-ऋतु है, विपत्ति (कलह) बीज है, कैकेयी की कुबुद्धि उस बीज के बोने के लिए जमीन हो गयी। कपटरूपी जल को पाकर अङ्कुर फूट निकला (बुरे दिन आ पहुँचे)। दोनों वरदान उस अङ्कुर के दो पत्ते हुए और इसका परिणाम जो सभी को दुःख हुआ, वही फल हुए॥३॥

Discord was the seed, handmaid (Manthara) the rainy season and Kaikeyi's perverted mind the soil. Watered by treachery, the seedling took root and sprouted with the two boons as its leaves, and in the end ruin for its fruit.

कोपसमाजु साजि सबु सोई। राजु करत निज कुमति बिगोई॥
राउर नगर कोलाहलु होई। यह कुचालि कछु जान न कोई॥

कोप का सब साज सजकर कैकेयी (कोपभवन में) सो गई। राज्य करती हुई वह अपनी दुष्ट बुद्धि से सर्वनाश को प्राप्त हुई। राजमहल और नगर में धूमधाम मच रही है। इस छल-छंद को कोई कुछ नहीं जानता॥४॥

Gathering about her every token of resentment, Kaikeyi lay down on the floor in the sulking-room; while enjoying sovereignty, she was betrayed by her own wicked mind. But the king's palace and the city were given over to sounds of rejoicing; nobody had any inkling of this evil design.

दो. –प्रमुदित पुर नर नारि सब सजहिं सुमंगलचार।
एक प्रबिसहिं एक निर्गमहिं भीर भूपदरबार॥२३॥

नगर कें नर-नारी बड़े ही आनन्दित होकर शुभ मङ्गलाचार के साज सज रहे हैं। कोई भीतर जाता है, कोई बाहर आता है; राजद्वार में बड़ी भीड़ लगी हुई है॥२३॥

In their ecstasy of joy all the citizens, both men and women, busied themselves with festive preparations, and the entrance to the royal palace was crowded with a continuous stream of people going in and coming out.

चौ. –बालसखा सुनि हिय हरषाहीं। मिलि दस पाँच राम पहिं जाहीं॥
प्रभु आदरहिं प्रेमु पहिचानी। पूँछहिं कुसल खेम मृदु बानी॥

श्रीरामचन्द्रजी के बाल-मित्र (राजतिलक का) समाचार सुनकर हृदय में हर्षित होते हैं। वे दस-दस, पाँच-पाँच मित्र मिलकर श्रीरामचन्द्रजी के पास जाते हैं। उनके प्रेम को पहचानकर प्रभु रामचन्द्रजी उनका आदर-सम्मान करते हैं और कोमल वाणी से कुशल-क्षेम पूछते हैं॥१॥

Delighted at the news, a few of Rama's boy companions called on him together, and in response to their affection the Lord received them graciously and politely asked them how they fared.

फिरहिं भवन प्रिय आयसु पाई। करत परसपर रामबड़ाई॥
को रघुबीर सरिस संसारा। सीलु सनेहु निबाहनिहारा॥

अपने प्रिय (बालसखा) श्रीरामचन्द्रजी की आज्ञा पाकर वे आपस में श्रीरामचन्द्रजी की प्रशंसा करते हुए घर लौटते हैं और कहते हैं कि संसार में श्रीरघुनाथजी के समान शील और स्नेह को निबाहनेवाला और कौन है?॥२॥

At the permission of their dear friend they returned home, speaking highly of him to one another and saying, 'Is there anyone in this world so amiable and kind in his affection as Raghunatha ?

जेहि जेहि जोनि करमबस भ्रमहीं। तहँ तहँ ईसु देउ यह हमहीं॥
सेवक हम स्वामी सियनाहू। होउ नात येहु ओरनिबाहू॥

हे भगवन्! हम अपने कर्मवश भ्रमते हुए जिस-जिस योनि में जन्म लें, उस-उस योनि में हमें यही देना कि हम तो सेवक हों और सीतापति श्रीरामचन्द्रजी हमारे स्वामी हों, जिससे यह नाता अन्त तक निभ जाय॥३॥

In whichever species we may be born from time to time as a result of our actions, God only grant that Sita's spouse may always be our master and we his servants, and that this relation between us may continue till the end.'

अस अभिलाषु नगर सब काहू। कैकयसुता हृदय अति दाहू॥
को न कुसंगति पाइ नसाई। रहइ न नीच मतें चतुराई॥

नगर के सभी लोगों की ऐसी ही अभिलाषा है, परंतु कैकेयी के हृदय में बड़ी जलन हो रही है। दुर्जनों की संगति पाकर कौन नष्ट नहीं होता? नीच के मत के अनुसार चलने से चतुराई कभी रहने को नहीं॥४॥

Everyone in the city cherished the same desire, but only Kaikeyi's heart was in a flame, for who is not ruined by evil companionship ? Base counsel drives out all discretion.

दो. –साँझ समय सानंद नृपु गयेउ कैकई गेह।
गवनु निठुरता निकट किये जनु धरि देह सनेह॥२४॥

संध्या समय राजा दशरथ आनन्दपूर्वक कैकेयी के महल में गये मानो साक्षात् स्नेह ही शरीर धारणकर निष्ठुरता के पास पहुँचा हो!॥२४॥

In the evening the king repaired happily to Kaikeyi's apartments, as though Love incarnate had called on Obduracy.

चौ. –कोपभवन सुनि सकुचेउ राऊ। भयबस अगहुड़ परै न पाऊ॥
सुरपति बसइ बाँहबल जाकें। नरपति सकल रहहिं रुख ताकें॥

कोपभवन का नाम सुनते ही राजा सहम गए। भय के मारे उनके पाँव

आगे को नहीं पड़ते। जिनकी भुजाओं के बल पर स्वयं देवराज इन्द्र बसते हैं, सभी राजा लोग जिनका रुख देखते रहते हैं, ॥१॥

The king was taken aback when he heard of the chamber of wrath and could scarcely put his feet to the ground for fear. He, under whose mighty arm the Lord of heaven dwelt secure and whose goodwill was ever sought by all rulers of men,

सो सुनि तियरिस गयेउ सुखाई। देखहु काम प्रताप बड़ाई॥
सूल कुलिस असि अँगवनिहारे। ते रतिनाथ सुमनसर मारे॥

वही (राजा दशरथ) स्त्री का क्रोध सुनकर सूख गए। कामदेव की महिमा और बल-प्रताप तो देखिए। जो (योद्धा) त्रिशूल, वज्र और तलवार आदि की चोट को अपने अङ्गों पर सह लेते हैं वे भी रतिनाथ कामदेव के पुष्पबाण से मारे गए! ॥२॥

— was stunned at the news of his wife's anger; behold the might and majesty of love! Even those who have endured the strokes of the trident, the thunderbolt and the sword have been slain by the flowery shafts of Rati's lord (the god of love)!

सभय नरेसु प्रिया पहिं गयेऊ। देखि दसा दुखु दारुन भयेऊ॥
भूमि सयन पटु मोट पुराना। दिये डारि तन भूषन नाना॥

राजा दशरथ डरते-डरते अपनी प्रिया (कैकेयी) के पास गए। उसकी दशा देखकर उन्हें घोर दुःख हुआ। (उन्होंने देखा कि) कैकेयी जमीन पर पड़ी है, पुराना मोटा कपड़ा पहने हुए है, शरीर के नाना आभूषणों को उतारकर फेंक दिया है ॥३॥

The king timidly approached his beloved and was terribly distressed to see her condition. She lay on the ground, clad in old and coarse garments with all her personal adornments thrown off.

कुमतिहि कसि कुबेषता फाबी। अनअहिवातु सूच जनु भावी॥
जाइ निकट नृपु कह मृदु बानी। प्रानप्रिया केहि हेतु रिसानी॥

इस दुर्बुद्धि (कैकेयी) को यह कुवेष कैसा फब रहा है, मानो होनहार उसे विधवापन की सूचना दे रहा हो। राजा उसके निकट जाकर कोमल वाणी से बोले – हे प्राणप्रिये! तुम किस लिए रूठी हो? ॥४॥

Her wretched attire so eminently matched her wretched design, as though destiny were proclaiming her widowhood! Drawing close to her, the king asked in soft accents, 'Why are you angry, my soul's delight?'

छं. –केहि हेतु रानि रिसानि परसत पानि पतिहि नेवारई।
मानहुँ सरोष भुअंगभामिनि बिषम भाँति निहारई॥
दोउ बासना रसना दसन बर मरम ठाहरु देखई।
तुलसी नृपति भवतब्यताबस कामकौतुक लेखई॥

हे रानी! तुम किसलिए रूठी हो? यह कहकर राजा उसे हाथ से स्पर्श करते हैं तो वह उनके हाथ को झटक देती है और इस तरह देखती है मानो कोई क्रोध में भरी हुई नागिन क्रूर दृष्टि से देख रही हो। दोनों मनोकामनाएँ उस नागिन की दो जीभें हैं और दोनों वरदान दाँत हैं; वह काटने के लिए मर्मस्थान देख रही है। तुलसीदास कहते हैं कि राजा दशरथ होनहार के कारण इसे कामदेव की क्रीड़ा ही समझ रहे हैं।

As the king touched her with his hand, saying, 'Why are you so angry, my queen?', Kaikeyi threw it aside and flashed upon him a furious glance like an enraged serpent, with her two wishes for its tongues and the boons for its fangs, looking for a vital spot. As fate would have it, says Tulasi, the king took it all as the playfulness of love.

सो. –बार बार कह राउ सुमुखि सुलोचनि पिकबचनि।
कारन मोहि सुनाउ गजगामिनि निज कोप कर॥२५॥

राजा बार-बार कहते हैं – हे सुमुखि! हे सुन्दर नेत्रोंवाली! हे कोयल की-सी मधुर बोलीवाली! हे हाथी की-सी चालवाली! मुझे अपने क्रोध का कारण तो सुना! ॥२५॥

Said the king again and again, 'Tell me the cause of your anger, O fair-faced, bright-eyed dame, with voice as melodious as the notes of a cuckoo and gait resembling that of an elephant.

चौ. –अनहित तोर प्रिया केइँ कीन्हा। केहि दुइ सिर केहि जमु चह लीन्हा॥
कहु केहि रंकहि करउँ नरेसू। कहु केहि नृपहि निकासउँ देसू॥

हे प्रिये! किसने तुम्हारा अनिष्ट किया? किसके दो सिर हैं? यमराज किसको लेना चाह रहे हैं? बताओ, किस कंगाल को राजा कर दूँ? कहो, किस राजा को देश से निकाल दूँ? ॥१॥

Who, my dear, has done you wrong? Who is there with a head to spare and whom does death desire to claim? Tell me, what pauper I should make a king and what king I should banish from his kingdom.

सकौं तोर अरि अमरौ मारी। काह कीट बपुरे नर नारी॥
जानसि मोर सुभाउ बरोरू। मनु तव आनन चंद चकोरू॥

तुम्हारा शत्रु यदि देवता भी हो तो मैं उसे मार सकता हूँ, फिर बेचारे कीड़े-मकोड़े-सरीखे नर-नारियों की हस्ती ही क्या? हे सुन्दर जाँघोंवाली! तू तो मेरा स्वभाव जानती ही है कि मेरा मन सदा तेरे मुखरूपी चन्द्रमा का चकोर है ॥२॥

I could slay even an immortal were he your enemy; of what account, then, are men and women, who are but wretched worms? You know my disposition, O beautiful lady; my mind is enamoured of your face as the partridge is of the moon.

प्रिया प्रान सुत सरबसु मोरें। परिजन प्रजा सकल बस तोरें॥
जौं कछु कहउँ कपटु करि तोही। भामिनि रामसपथ सत मोही॥

हे प्रिये! मेरे प्राण, पुत्र, सर्वस्व, कुटुम्बी और समस्त प्रजा तेरे ही अधीन हैं। यदि मैं तुझसे कुछ कपट करके कहता होऊँ तो हे भामिनि! मुझे सौ बार राम की सौगंद है॥३॥

O my beloved, my subjects and my family and everything that I own, my sons, my life itself are all at your disposal. If I tell you a word of untruth, O good lady, I should be guilty of falsely swearing by Rama a hundred times!

बिहसि मागु मनभावति बाता। भूषन सजहि मनोहर गाता॥
घरी कुघरी समुझि जिय देखू। बेगि प्रिया परिहरहि कुबेषू॥

जो बात तुम्हारे मन को अच्छी लगे, वही तू हँसकर माँग ले और अपने मनोहर अंगों को आभूषणों से सजा ले। समय-असमय का तो मन में विचारकर देख। हे प्रिये! इस बुरे वेष को शीघ्र ही दूर कर॥४॥

Ask with a cheerful countenance whatever pleases your mind and adorn that lovely form with ornaments. Consider within yourself what is fitting and what is unbecoming at this hour, and haste, my darling, to put off this unseemly attire.'

दो०—येह सुनि मन गुनि सपथ बड़ि बिहसि उठी मतिमंद।
भूषन सजति बिलोकि मृगु मनहु किरातिनि फंद॥२६॥

यह सुनकर और मन में सौगंद को बड़ी ही महत्त्वपूर्ण मानकर मन्दबुद्धि कैकेयी हँसती हुई उठी और आभूषणों से अपने को सजाने लगी, मानो मृग को देखकर कोई भीलनी फंदा तैयार कर रही हो॥२६॥

On hearing this and considering the greatness of the oath the king had sworn, the dull-witted Kaikeyi rose with a smile and began to put on her ornaments, like a huntress who sets her trap on spying the deer.

चौ०—पुनि कह राउ सुहद जिअ जानी। प्रेम पुलकि मृदु मंजुल बानी॥
भामिनि भयेउ तोर मनभावा। घर घर नगर अनंद बधावा॥

अपने मन में कैकेयी को मित्र जानकर राजा दशरथजी प्रेम से पुलकित होकर कोमल और मीठी वाणी से फिर बोले—हे भामिनि! तेरी मनचाही बात हो गई। नगर के घर-घर में आनन्द-बधावे बज रहे हैं॥१॥

Thinking her reconciled, the king spoke again in soft and winning accents, his whole body trembling with love: 'Your heart's desire, O good lady, has come to pass; every house in the city is a picture of joy and felicity.

रामहि देउँ कालि जुबराजू। सजहि सुलोचनि मंगल साजू॥
दलकि उठेउ सुनि हृदउ कठोरू। जनु छुइ गयेउ पाक बरतोरू॥

हे सुन्दर नेत्रोंवाली! मैं कल ही राम को युवराज-पद दूँगा। इसलिए तू मङ्गल-साज सज। यह सुनते ही कैकेयी का कठोर हृदय दरक उठा (फटने लगा) मानो कोई पका हुआ बालतोड़ छू गया हो!॥२॥

Tomorrow I give Rama the rank of regent; so do you, my bright-eyed queen, put on a festive attire.' The queen's heart, hard though it was, cracked at these words; it seemed as if a ripe boil had been unwarily touched.

ऐसिउ पीर बिहसि तेहिं गोई। चोरनारि जिमि प्रगटि न रोई॥
लखी न भूप कपटचतुराई। कोटि कुटिलमनि गुरूँ पढ़ाई॥

कैकेयी ने हृदय के इतने भारी दुःख को भी हँसकर छिपा लिया, जैसे चोर की स्त्री प्रकट होकर नहीं रोती। राजा उसकी कपट-चातुरी को नहीं समझते, क्योंकि वह करोड़ों कुटिलों की शिरोमणि गुरु मन्थरा की पढ़ायी हुई है॥३॥

But even such agony she concealed with a smile, like a thief's wife who weeps not openly (on seeing her husband suffer punishment, lest she too should be made to share his lot). The king was unable to fathom her crafty schemes, tutored as she was by a mistress (Manthara) who ranked foremost among millions of villains.

जद्यपि नीतिनिपुन नरनाहू। नारिचरित जलनिधि अवगाहू॥
कपटसनेहु बढ़ाइ बहोरी। बोली बिहसि नयन मुहु मोरी॥

यद्यपि राजा नीतिशास्त्र में प्रवीण हैं, फिर भी त्रियाचरित्र भी तो अथाह समुद्र है! फिर वह कपटयुक्त प्रेम बढ़ाकर और आँखों तथा मुँह को मटका कर हँसती हुई बोली—॥४॥

Though the monarch was skilled in statecraft, the ways of a woman are like the ocean, unfathomable. Again, with a greater show of hypocritical affection she smilingly said with a graceful movement of her face and eyes:

दो०—मागु मागु पै कहहु पिय कबहुँ न देहु न लेहु।
देन कहेहु बरदान दुइ तेउ पावत संदेहु॥२७॥

हे प्रियतम! आप 'माँग-माँग' तो कहा ही करते हैं, पर कभी कुछ देते-लेते नहीं। आपने मुझे दो वरदान देने को कहा था, उनके भी पाने में (मुझे तो) संदेह है॥२७॥

'You say, "Ask! Ask!" indeed, but tell me, dear husband, when has it come to giving and taking? You said you would give me two boons, but I doubt my getting them.'

चौ. –जानेउ मरमु राउ हँसि कहई। तुम्हहि कोहाब परम प्रिय अहई॥
थाती राखि न मागिहु काऊ। बिसरि गयेउ मोहि भोर सुभाऊ॥

राजा ने हँसकर कहा कि अब मैंने तुम्हारा मर्म जान लिया। तुम्हें रूठना बहुत प्यारा लगता है। तुमने उन वरदानों को थाती रखकर फिर कभी माँगा ही नहीं। भूलने का स्वभाव होने से मैं भी उन्हें भूल गया॥१॥

'Now I see what you mean,' said the king with a smile; 'you are overfond of being in the sulks. You kept the boons in reserve and never asked for them; and as my way is, I forgot all about them.

झूठेहुँ हमहि दोसु जनि देहू। दुइ कै चारि मागि मकु लेहू॥
रघुकुलरीति सदा चलि आई। प्रान जाहुँ बरु बचनु न जाई॥

मुझे झूठा दोष मत दो, दो के बदले चाहे चार माँग लो। रघुकुल में सदा से यही रीति चली आयी है कि प्राण भले ही चले जायँ, किन्तु वचन नहीं टल सकते॥२॥

Pray do not charge me with a lie; but for two boons ask for four and you shall have them. It has ever been a rule in the house of Raghu to lose life rather than break a promise.

नहि असत्य सम पातकपुंजा। गिरि सम होहिं कि कोटिक गुंजा॥
सत्यमूल सब सुकृत सुहाए। बेद पुरान बिदित मनु गाए॥

झूठ के समान (अन्य) पापों का समूह भी नहीं है। क्या करोड़ों घुँघचियाँ (मिलकर भी) एक पर्वत के समान हो सकती हैं? सत्य ही समस्त सुहावने पुण्यों की जड़ है। वेद-पुराणों में यह बात प्रसिद्ध है और मनुजी ने भी यही (बात) कही है॥३॥

Even a multitude of sins cannot equal a lie. Can millions of tiny Gunja seeds make a mountain? Truth is the root of all noble virtues, as the Vedas and the Puranas declare and as Manu (the first law-giver of the world, the author of *Manusmriti*) has expounded.

तेहि पर रामसपथ करि आई। सुकृत सनेह अवधि रघुराई॥
बात दृढ़ाइ कुमति हँसि बोली। कुमत कुबिहग कुलह जनु खोली॥

उस पर भी मैंने रामचन्द्र की सौगंद खायी है (मेरे मुँह से निकल पड़ी)। श्रीरामचन्द्र मेरे पुण्य और स्नेह की सीमा हैं। (इस प्रकार) बात पक्की कराके वह कुमति (दुर्बुद्धि) कैकेयी हँसकर बोली, मानो उसने कुमत (बुरे विचार) रूपी बाज (को छोड़ने के लिए उस) की कुलही (आँखों पर को टोपी) खोल दी हो॥४॥

Moreover, I have unwittingly sworn by Rama, the lord of Raghus, who is the very perfection of virtue and the highest embodiment of affection.' Having thus firmly bound him to his word, the evil-minded queen smiled and said, revealing her wicked scheme and loosing as it were the bandage from the eyes of a cruel hawk.

दो. –भूप मनोरथ सुभग बनु सुख सुबिहंगसमाजु।
भिल्लिनि जिमि छाड़न चहति बचनु भयंकरु बाजु॥२८॥

राजा का मनोरथ ही सुन्दर वन है, उनका सुख ही सुन्दर पक्षियों का समूह है। (चिड़ियों के उस समूह पर) कैकेयी-रूपी भीलनी अपना वचन-रूपी भयंकर बाज छोड़ना चाहती है॥२८॥

The king's desire represented a fair forest and the joy (that prevailed everywhere) stood for a flock of happy birds. Queen Kaikeyi, who resembled a Bhil huntress, sought to loose the fierce falcon of her piercing words:

मासपारायण, तेरहवाँ विश्राम

चौ. –सुनहु प्रानप्रिय भावत जी का। देहु एक बर भरतहि टीका॥
मागौं दूसर बर कर जोरी। पुरवहु नाथ मनोरथ मोरी॥

(वह कहती है –) हे प्राणप्यारे! सुनिए, मेरे मन को भानेवाला एक वर तो यह दीजिए कि भरत का राजतिलक हो; और हे नाथ! दूसरा वर भी मैं हाथ जोड़कर माँगती हूँ, मेरा मनोरथ पूरा कीजिए – ॥१॥

'Hear, my beloved lord, and grant me the boon my soul desires: install Bharata as regent. And this is the second boon I beg with folded hands—pray fulfil, lord, my desire:

तापस बेष बिसेषि उदासी। चौदह बरिस रामु बनबासी॥
सुनि मृदु बचन भूप हिय सोकू। ससिकर छुअत बिकल जिमि कोकू॥

तपस्वी का वेष धारणकर वैभव-विलासादि बातों से भलीभाँति उदासीन होकर विरक्त मुनियों की भाँति राम चौदह वर्ष तक वनवासी हों। कैकेयी के कोमल वचन सुनकर राजा का हृदय उसी तरह शोक से भर आया जिस तरह चन्द्रमा की किरणों के छूते ही चकवा विकल हो जाता है॥२॥

—let Rama dwell in the forest for fourteen years, a perfect anchorite clad in penitential garb.' At these gentle words of the queen, the king's heart grew faint, like the *chakava*'s when it is touched by the rays of the moon.

गयेउ सहमि नहि कछु कहि आवा। जनु सचान बन झपटेउ लावा॥
बिबरन भयेउ निपट नरपालू। दामिनि हनेउ मनहुँ तरु तालू॥

राजा सहम गए, उनसे कुछ कहते न बना, मानो वन में बटेर पर बाज ने झपटा मारा हो। राजा का रंग बिलकुल उड़ गया, मानो किसी ताड़ के पेड़ पर बिजली गिर पड़ी हो॥३॥

Paralysed with horror, the king could utter no word, like a quail in the woods at the swoop of a falcon. The monarch was as crestfallen as a palm-tree struck by lightning.

माथे हाथ मूदि दोउ लोचन। तनु धरि सोचु लाग जनु सोचन॥
मोर मनोरथु सुरतरुफूला। फरत करिनि जिमि हतेउ समूला॥

सिर पर हाथ रखकर, दोनों आँखों को बंद करके राजा ऐसे सोच करने लगे मानो साक्षात् सोच ही शरीर धारणकर सोच कर रहा हो। (वे मन में विचार करने लगे कि हाय!) मेरे मनोरथरूपी कल्पवृक्ष के फूलते-फलते ही कैकेयी ने हथिनी की तरह उसे जड़-मूल से उखाड़ फेंका॥४॥

With his hands to his forehead and closing both his eyes, he began to grieve like Grief personified. 'My heart's longing,' he thought, 'had just blossomed and begun to bear fruit like the tree of Paradise, when like an elephant Kaikeyi has torn it up by the roots and destroyed it!

अवध उजारि कीन्हि कैकेईं। दीन्हिसि अचल बिपति कै नेईं॥

कैकेयी ने अयोध्या को उजाड़ कर दिया और विपत्ति की अचल नींव डाल दी।

She has made Ayodhya desolate and laid the foundation of everlasting calamity!

दो.—कवनें अवसर का भयेउ गयेउँ नारिबिस्वास।
जोग सिद्धि फल समय जिमि जतिहि अबिद्या नास॥२९॥

अवसर क्या था और क्या हो गया! स्त्री पर विश्वास करके मैं उसी तरह मारा गया जिस तरह योग की सिद्धि-रूपी फल मिलने के समय योगी को (उसकी ही) अविद्या नष्ट कर देती है॥२९॥

What a thing to happen at such a time as this! I am undone by putting trust in a woman like an ascetic who is ruined by ignorance when he is about to win the fruit of his austerities!'

चौ.—एहि बिधि राउ मनहि मन झाँखा। देखि कुभाँति कुमति मनु माँखा॥
भरतु कि राउर पूत न होहीं। आनेहु मोल बेसाहि कि मोहीं॥

इसी तरह राजा (दशरथ) मन-ही-मन झींख रहे हैं। उनका ऐसा बुरा हाल देखकर दुर्बुद्धि कैकेयी मन में बुरी तरह क्रोधित हुई। (उसने कहा—) क्या भरत आपका पुत्र नहीं है? क्या आप मुझे दाम देकर खरीद लाये हैं?॥१॥

Thus did the king moan within himself. The wicked queen, seeing his evil plight, was infuriated. 'Is Bharata not your son?' she cried. 'Did you buy me in the slave market?

जो सुनि सरु अस लाग तुम्हारें। काहे न बोलहु बचनु सँभारें॥
देहु उतरु अनु करहु कि नाहीं। सत्यसंध तुम्ह रघुकुल माहीं॥

जो मेरी बात सुनते ही आपको बाण-सी लग गई तो आप सोच-समझकर बात क्यों नहीं कहते? चाहे उत्तर दीजिए या नाहीं कर दीजिए। आप रघुवंश में सत्यप्रतिज्ञ (प्रसिद्ध) हैं॥२॥

If my words pierced you like arrows the moment they entered your ears, why did you not think before you spoke? Answer now, say either yes or no; you are famous in the house of Raghu for keeping your word!

देन कहेउ अब जनि बरु देहू। तजहु सत्य जग अपजसु लेहू॥
सत्य सराहि कहेहु बरु देना। जानेहु लेइहि मागि चबेना॥

आपने ही वर देने को कहा था, अब भले ही मत दीजिए। सचाई को छोड़कर जगत् में अपयश लीजिए। सत्य की बड़ी सराहना करके आपने वर देने को कहा था। आपने सोचा होगा कि यह चबेना माँग लेगी!॥३॥

Refuse the boons you promised me, abandon truth and court infamy in the world! Loud in your praise of truth, you said you would grant me the boon, imagining, no doubt, that I would ask for a handful of parched grain!

सिबि दधीचि बलि जो कछु भाषा। तनु धनु तजेउ बचनपनु राखा॥
अति कटु बचन कहति कैकेई। मानहु लोन जरे पर देई॥

राजा शिवि, दधीचि और बलि ने जो कुछ कहा, शरीर और धन-सम्पत्ति त्यागकर भी अपने वचन के प्रण को पूरा किया। कैकेयी बहुत ही कड़वे वचन कह रही है, मानो वह जले पर नमक छिड़क रही हो॥४॥

When Shibi, Dadhichi and Bali made a promise, they kept their word even at the cost of life and wealth.' Such was Kaikeyi's speech that stung the king as though she were rubbing salt into a burn.

दो.—धरमधुरंधर धीर धरि नयन उघारे रायँ।
सिरु धुनि लीन्हि उसास असि मारेसि मोहि कुठायँ॥३०॥

धर्म की धुरी को धारण करनेवाले (श्रेष्ठ धर्मिष्ठ) राजा ने धीरज धरकर अपने नेत्र खोले और सिर धुनकर तथा लंबी साँस लेते हुए कहा कि इसने मुझे बड़े कुठौर मारा (कुजगह वार किया)॥३०॥

A champion of righteousness, the king took courage and opened his eyes, and beating his head gasped out, 'She has smitten me in the most vital part!'

चौ.—आगें दीखि जरति रिस भारी। मनहुँ रोष तरवारि उघारी॥
मूठि कुबुद्धि धार निठुराई। धरी कूबरीं सान बनाई॥

भयानक क्रोधाग्नि से जलती हुई कैकेयी सम्मुख इस प्रकार दिखायी पड़ी मानो क्रोध-रूपी नंगी तलवार म्यान से बाहर खड़ी हो। उस तलवार की

कुबुद्धि ही मूठ है, निष्ठुरता धार है और वह कुबड़ी (मन्थरा) रूपी सान पर धरकर तेज की हुई है ॥१॥

There she stood before him, burning with wrath, as if it were Fury's own sword drawn from the sheath, with her perverted mind for its hilt and relentlessness for its edge, sharpened on the whetstone that was the humpback (Manthara).

लखी महीप कराल कठोरा। सत्य कि जीवनु लेइहि मोरा॥
बोले राउ कठिन करि छाती। बानी सबिनय तासु सोहाती॥

महाराज ने देखा कि यह (तलवार) बड़ी ही भयंकर और कठोर है और सोचा कि क्या सचमुच ही यह मेरा जीवन लेगी? राजा अपनी छाती कड़ी करके बहुत ही नम्रतापूर्वक कैकेयी को प्रिय लगनेवाली बाणी बोले— ॥२॥

The monarch saw the sword was dreadful and inflexible, and said to himself, 'Is it really going to take my life ?' Then the king steeled his heart and spoke to her in suppliant tones designed to mollify her :

प्रिया बचन कस कहसि कुभाँती। भीर प्रतीति प्रीति करि हाँती॥
मोरें भरतु रामु दुइ आँखी। सत्य कहउँ करि संकरु साखी॥

हे प्रिये! तुम भय, विश्वास और प्रेम को नष्ट करके इस तरह बुरे वचन कैसे कह रही हो? भरत और रामचन्द्र तो मेरी दो आँखें हैं। यह मैं शंकरजी को साक्षी रखकर सच कहता हूँ ॥३॥

'My darling, why should you utter such unbecoming words, casting all fear, confidence and affection to the winds ? Bharata and Rama are my two eyes; I vouch for it and call Shankara as my witness.

अवसि दूतु मैं पठउब प्राता। ऐहहिं बेगि सुनत दोउ भ्राता॥
सुदिनु सोधि सबु साजु सजाई। देउँ भरत कहुँ राजु बजाई॥

मैं अवश्य ही प्रातःकाल दूत भेजूँगा। सुनते ही दोनों भाई (भरत-शत्रुघ्न) तुरंत आ जायँगे। शुभ मुहूर्त देखकर और सब तैयारी करके बड़ी धूमधाम से मैं भरत को राज्य दे दूँगा ॥४॥

I will not fail to despatch a messenger at daybreak, and the two brothers (Bharata and Shatrughna) will immediately arrive on hearing the news. Then I shall fix an auspicious day and with all due pomp and beat of drum solemnly bestow the kingdom on Bharata.

दो.—लोभु न रामहि राज कर बहुत भरत पर प्रीति
मैं बड़ छोट बिचारि जियँ करत रहेउँ नृपनीति ॥३१॥

श्रीरामचन्द्र को राज्य का लोभ नहीं है और उनका भरत पर अनन्य स्नेह है। मैं ही अपने मन में बड़े-छोटे का विचार करके राजनीति का पालन कर रहा था ॥३१॥

Rama has no desire to reign nor has his affectionate attachment to Bharata any parallel. I was only observing the rule of royal succession and considering their difference in age.

चौ.—रामसपथ सत कहउँ सुभाऊ। राममातु कछु कहेउ न काऊ॥
मैं सबु कीन्ह तोहि बिनु पूछें। तेहि तें परेउ मनोरथु छूछें॥

राम की सौ बार सौगंद खाकर मैं स्वभाव से ही कहता हूँ कि राम की माता ने कभी मुझसे कुछ नहीं कहा। मैंने तुमसे बिना पूछे यह सब किया। इसलिए मेरा मनोरथ निष्फल हुआ ॥१॥

I swear a hundred oaths by Rama and declare in all sincerity that his mother (Kausalya) never said a word to me. I arranged everything without asking you, and that is why my desires have been frustrated.

रिस परिहरु अब मंगल साजू। कछु दिन गएँ भरत जुवराजू॥
एकहिं बात मोहि दुखु लागा। बरु दूसर असमंजस मागा॥

अब क्रोध छोड़कर मङ्गल के साज सजो। कुछ ही दिनों बाद भरत को युवराज-पद मिल जायगा। पर एक ही बात से मुझे दुख हुआ कि तूने दूसरा वरदान बड़ी अड़चन का माँगा ॥२॥

Now put away your displeasure and put on a festal garb; in a few days Bharata shall become Prince Regent. There was only one matter that pained me—your second petition was not reasonable.

अजहूँ हृदउ जरत तेहि आँचा। रिस परिहास कि साँचेहु साँचा॥
कहु तजि रोषु राम अपराधू। सबु कोउ कहइ रामु सुठि साधू॥

उसकी आँच से अभी तक मेरा कलेजा जल रहा है। क्या यह क्रोध है, अथवा हँसी है, या सचमुच सच्चा ही है? क्रोध को त्यागकर राम का अपराध तो बता। सभी तो कहते हैं कि राम बड़े ही साधु हैं ॥३॥

Even now the flame of it is burning my bosom; is it anger or jest, or is it all really true ? Be no more angry, and tell me Rama's offence; everyone says that Rama is the pattern of saintliness itself.

तुहूँ सराहसि करसि सनेहू। अब सुनि मोहि भयेउ संदेहू॥
जासु सुभाउ अरिहि अनुकूला। सो किमि करिहि मातुप्रतिकूला॥

तू भी राम की सराहना करती है, उन पर स्नेह करती है। किन्तु अब यह सुनकर मुझे सन्देह हो गया है। जिसका स्वभाव शत्रु के भी अनुकूल हो, वह माता के प्रतिकूल आचरण क्योंकर करेगा? ॥४॥

Why, you yourself spoke well of him and loved him. Hearing now what you have asked, I have begun to suspect (whether your profession of love was genuine). How could one whose nature was congenial even to an enemy do anything to displease his own mother ?

दो. –प्रिया हास रिस परिहरहि मागु बिचारि बिबेकु ।
जेहिं देखौं अब नयन भरि भरत राज अभिषेकु ॥३२॥

हे प्रिये ! हँसी और क्रोध को छोड़कर विवेक से सोच-विचारकर वर माँगो, जिससे अब मैं नेत्र भरकर भरत का राज्याभिषेक देख सकूँ ॥३२॥

No more of wrath or jesting, my beloved; make a reasonable and thoughtful request, that I may now regale my eyes on the sight of Bharata installed as regent.

चौ. –जिऐ मीन बरु बारि बिहीना । मनि बिनु फनिकु जिऐ दुखदीना ॥
कहउँ सुभाउ न छलु मन माहीं । जीवनु मोर राम बिनु नाहीं ॥

मछली चाहे जल के बिना जीती रहे, साँप भी चाहे मणि के बिना दीन-दुःखी होकर जीता रहे, परंतु मैं स्वभाव और छल-रहित मन से कहता हूँ कि मेरा जीना रामचन्द्र के बिना नहीं हो सकता ॥१॥

Rather might a fish live out of water, or a serpent drag on a miserable and wretched existence without its jewel — I tell you the simple truth with a guileless heart — but there is no life for me apart from Rama.

समुझि देखु जियँ प्रिया प्रबीना । जीवनु राम दरस आधीना ॥
सुनि मृदु बचन कुमति अति जरई । मनहुँ अनल आहुति घृत परई ॥

हे चतुर प्रिये ! जी में समझ देख, मेरा जीवन राम-दर्शन के अधीन है । राजा के कोमल वचन सुनकर दुर्बुद्धि कैकेयी अत्यन्त जल रही है, मानो आग में घी की आहुति पड़ रही है ॥२॥

Be assured in your mind, my dear, my prudent wife, that my very life depends upon my seeing Rama !' On hearing these soft words the evil-minded queen blazed up like the fire on which have fallen oblations of *ghi.*

कहइ करहु किन कोटि उपाया । इहाँ न लागिहि राउरि माया ॥
देहु कि लेहु अजसु करि नाहीं । मोहि न बहुत प्रपंच सोहाहीं ॥

कैकेयी कहती है कि आप करोड़ों उपाय क्यों न करें, यहाँ आपकी माया न चलेगी । चाहे तो मैंने जो माँगा है उसे दीजिए, या 'नाहीं' करके अपयश लीजिए । मुझे बहुत प्रपञ्च बढ़ाना नहीं सुहाता ॥३॥

She said, 'You may try any number of devices, but your subterfuges shall not avail with me ! Either grant my boon or refuse it and be disgraced; I am not fond of much deceitful persuasion.

रामु साधु तुम्ह साधु सयाने । राममातु भलि सब पहिचाने ॥
जस कौसिलाँ मोर भल ताका । तस फलु उन्हहि देउँ करि साका ॥

राम साधु हैं, आप बुद्धिमान् साधु हैं और राम की माता भी भली हैं; मैंने सभी को पहचान लिया । कौसल्या ने जैसा मेरा भला चाहा है, मैं भी साका करके (स्मारक के रूप में) उन्हें वैसा ही फल दूँगी (जिसे वे आजीवन याद रखेंगी) ॥४॥

Rama is a marvel of goodness, you too are good and wise, and Rama's mother is also good — oh yes, I know you all well enough ! The reward I will give Kausalya shall be a memento to match the benefit that she devised for me, and one she won't forget !

दो. –होत प्रातु मुनिबेषु धरि जौं न रामु बन जाहिं ।
मोर मरनु राउर अजसु नृप समुझिअ मन माहिं ॥३३॥

यदि सवेरा होते ही राम मुनि-वेष धारणकर वन को नहीं जाते, तो हे राजन् ! मेरा मरना और अपना अपयश मन में (निश्चय) समझ लीजिए ॥३३॥

If Rama retires not to the forest at daybreak, clad in hermit's garb, it will mean my death and your disgrace, O king, and be well assured of this !'

चौ. –अस कहि कुटिल भई उठि ठाढ़ी । मानहु रोष तरंगिनि बाढ़ी ॥
पाप पहार प्रगट भइ सोई । भरी क्रोध जल जाइ न जोई ॥

ऐसा कहकर वह कुटिल (कैकेयी) उठ खड़ी हुई, मानो क्रोध-रूपी नदी में बाढ़ आयी हो । वह नदी पापरूपी पर्वत से प्रकट हुई है और क्रोधरूपी जल से भरी है । वह ऐसी भयानक है कि देखी नहीं जाती ॥१॥

So saying, the wicked woman rose and stood erect, like a swollen river of wrath that had issued from the hills of sin and, overflowing with fury's waters, was too terrible to behold.

दोउ बर कूल कठिन हठ धारा । भवँर कूबरी बचन प्रचारा ॥
ढाहत भूप रूप तरु मूला । चली बिपति बारिधि अनुकूला ॥

दोनों वरदान ही उस (क्रोध-रूपी) नदी के दो किनारे हैं, (कैकेयी का) कठिन हठ ही उसकी धारा है और मन्थरा के वचन की प्रेरणा ही भँवर है । (वह क्रोधरूपी नदी) राजा दशरथरूपी वृक्ष को जड़-मूल से ढहाती हुई विपत्तिरूपी समुद्र की ओर बहती चली जा रही है ॥२॥

The two boons represented its banks, her inexorable obstinacy its (swift) current and the impelling force of Manthara's words its whirling eddies; overthrowing the king like a tree uprooted, the river headed towards the ocean of disaster.

लखी नरेस बात सब साँची । तिय मिस मीचु सीस पर नाँची ॥
गहि पद बिनय कीन्हि बैठारी । जनि दिनकरकुल होसि कुठारी ॥

जब राजा ने देखा कि बात सब सच्ची है, स्त्री के बहाने मेरी मृत्यु ही मेरे सिर पर नाच रही है, तब उन्होंने कैकेयी के पाँव पकड़कर और उसे बिठाकर प्रार्थना की कि तू सूर्यकुल (रूपी वृक्ष) के लिए कुठार मत बन ॥३॥

And now the king perceived that the demand of the queen was really true and that it was death itself, disguised as his own consort, which was dancing in triumph on his head. He clasped her feet and persuaded her to be seated, crying, 'Be not an axe to fell the Solar race !

मागु माथ अबहीं देउँ तोही । रामबिरह जनि मारसि मोही ॥
राखु राम कहुँ जेहि तेहि भाँती । नाहि त जरिहि जनम भरि छाती ॥

यदि तू मुझसे मेरा मस्तक माँग ले तो मैं तुझे तुरत दे दूँ, परंतु राम के विरह में मुझे मत मार । जैसे बने, वैसे ही तू राम को रख ले, नहीं तो आजीवन तेरी छाती जलेगी ॥४॥

Demand of me my head and I will give it to you forthwith,but kill me not by tearing me from Rama! Keep Rama here by whatever means you can or your heart will burn with anguish all your life long!'

दो. —देखी ब्याधि असाधि नृपु परेउ धरनि धुनि माथ ।
कहत परम आरत बचन राम राम रघुनाथ ॥३४॥

(कैकेयी के हठरूपी) रोग को असाध्य देखकर राजा सिर धुनकर जमीन पर गिर पड़े और अत्यन्त आर्त वाणी से 'हा राम ! हा राम ! हा रघुनाथ !' पुकार उठे ॥३४॥

But when the king realized that the sickness (of Kaikeyi's obduracy) was incurable, he dropped on the ground and beat his head, sobbing out in most piteous tones, 'Rama ! O Rama ! O lord of Raghus !'

चौ. —ब्याकुल राउ सिथिल सब गाता । करिनि कलपतरु मनहु निपाता ॥
कंठु सूख मुख आव न बानी । जनु पाठीनु दीनु बिनु पानी ॥

राजा दशरथ व्याकुल हो गए, उनका सारा शरीर शिथिल हो गया, मानो हथिनी ने कल्पवृक्ष को उखाड़कर गिरा दिया हो । उनका कण्ठ सूख गया, मुख से वाणी नहीं निकलती, मानो जल के बिना पहिना नामक मछली छटपटा रही हो ॥१॥

The king was stricken with grief and his limbs began to droop like a tree of Paradise that some elephant had knocked down. His throat was parched and speech failed his lips, like some unhappy fish deprived of water.

पुनि कह कटु कठोर कैकेई । मनहुँ घाय महु माहुरु देई ॥
जौं अंतहु अस करतबु रहेऊ । मागु मागु तुम्ह केहि बल कहेऊ ॥

कैकेयी फिर भी कड़वे और कठोर वचन बोली, मानो वह घाव में विष भर रही हो । वह कहने लगी कि जो अन्त में यही करना था तो किस बल पर आपने 'माँग ! माँग !' कहा था ? ॥२॥

Then once again Kaikeyi plied him with biting, bitter taunts, infusing as it were poison into his wounds: 'If you meant to act thus in the end, what emboldened you to say, "Ask ! Ask !"

दुइ कि होहिं एक समय भुआला । हँसब ठठाइ फुलाउब गाला ॥
दानि कहाउब अरु कृपनाई । होइ कि खेम कुसल रौताई ॥

हे राजा ! क्या ठहाका मारकर हँसना और गालों को भी फुलाना, ये दोनों (विरोधी) बातें एक साथ हो सकती हैं ? दानी भी कहाना और कंजूसी भी करना ? शूर-वीरता ('रौताई' = रजपूती) भी पसन्द करना और कुशल-क्षेम भी चाहना ? ॥३॥

Is it possible, O king, to roar with laughter and pout at the same time ? Or be niggardly and enjoy the reputation of being munificent ? Or play the hero on the field and remain unscathed ?

छाड़हु बचनु कि धीरजु धरहू । जनि अबला जिमि करुना करहू ।
तनु तिय तनय धामु धनु धरनी । सत्यसंध कहुँ तृन सम बरनी ॥

चाहे तो प्रतिज्ञा ही छोड़ दीजिए या धीरज धरिए । अबला की तरह रोना-पीटना मत कीजिए । सत्यप्रतिज्ञ लोगों के लिए तो शरीर, स्त्री, पुत्र, घर, धन और पृथ्वी – सब तिनके के बराबर कहे गए हैं ॥४॥

Either go back upon your word or act like a man; pray do not wail like a weak woman. It is said that life, wife and sons, home, wealth and land, all are but as a blade of grass in the eyes of a man who is true to his word.'

दो. —मरम बचन सुनि राउ कह कहु कछु दोषु न तोर ।
लागेउ तोहि पिसाच जिमि कालु कहावत मोर ॥३५॥

(कैकेयी के ऐसे) मर्मभेदी वचन सुनकर राजा ने कहा कि तू कुछ भी कह, इसमें तेरा कुछ भी दोष नहीं । मेरा काल ही तुझे मानो पिशाच होकर लग गया है जो तुझसे यह सब कहला रहा है ॥३५॥

On hearing these cutting words, the king exclaimed, 'Say what you will; you are not to blame for it; it is my fate that has possessed you like a devil and is using you as its mouthpiece.

चौ. —चहत न भरत भूपतहि भोरें । बिधिबस कुमति बसी जिय तोरें ॥
सो सबु मोर पाप परिनामू । भयेउ कुठाहर जेहि बिधि बामू ॥

भरत भूलकर भी राजा होना नहीं चाहते । होनहारवश तेरे ही जी में कुबुद्धि छा गई है । यह सब मेरे पापों का ही परिणाम है, जो कुसमय में विधाता प्रतिकूल हो गया ॥१॥

Bharata would never covet sovereignty even by mistake, but by the decree of fate perversity has come to dwell in your heart. All this is the consequence of my sins, due to which God has turned hostile at this ill hour.

सुबस बसिहि फिरि अवध सुहाई। सब गुन धाम राम प्रभुताई॥
करिहहिं भाइ सकल सेवकाई। होइहि तिहुँ पुर रामबड़ाई॥

(तुम्हारे द्वारा उजाड़ी गई) यह सुन्दर अयोध्या फिर भलीभाँति बसेगी[1] और समस्त गुणों के स्थान श्रीराम की प्रभुता भी हो जायगी। सब भाई मिलकर उनकी सेवा करेंगे और तीनों लोकों में श्रीराम की प्रशंसा होने लगेगी॥२॥

Yet still our beauteous Ayodhya shall flourish and prosper under the sovereignty of Rama, abode of all virtues. All his brothers shall do him service and his glory shall spread through the three spheres !

तोर कलंकु मोर पछिताऊ। मुयेहुँ न मिटिहि न जाइहि काऊ॥
अब तोहि नीक लाग करु सोई। लोचन ओट बैठु मुहु गोई॥

लेकिन तेरा कलंक और मेरा पछतावा तो मरने पर भी नहीं मिटेगा, यह कभी भी नहीं जायगा। अब तुझे जो अच्छा लगे वही कर! आँखों की ओट में मुँह छिपाकर बैठ! (मेरे सामने से हट जा! मुझे अपना मुँह न दिखा!)॥३॥

Only your disgrace and my remorse, though we die, shall never be effaced or forgotten. Now do whatever pleases you; only keep out of my sight and hide your face.

जब लगि जिअउँ कहउँ कर जोरी। तब लगि जनि कछु कहसि बहोरी॥
फिरि पछितैहसि अंत अभागी। मारसि गाइ नहारू लागी॥

मैं हाथ जोड़कर कहता हूँ कि जबतक मैं जीता रहूँ तबतक तू फिर मुझे कुछ न कहना। अरी अभागिनी! तू फिर अन्त में पछतायेगी ही, क्योंकि नहारू[2] (ताँत) के लिए गाय को मार रही है (राजमाता कहलाने के सुख के लिए तू अपने पति का वध कर रही है)॥४॥

With folded hands I ask but this, speak not one word to me again so long as I live ! You too will repent at the last, O hapless woman, for you are killing a cow just for gut (or to feed a tiger) !'

दो.–परेउ राउ कहि कोटि बिधि काहे करसि निदानु।
कपट सयानि न कहति कछु जागति मनहुँ मसानु॥३६॥

करोड़ों तरह से कह-समझाकर कि तू मेरा सर्वनाश क्यों कर रही है, राजा पृथ्वी पर गिर पड़े। पर कपट करने में चतुर कैकेयी ने कुछ भी उत्तर न दिया, मानो वह मौन होकर मसान जगा रही हो (श्मशान में प्रेतमन्त्र सिद्ध कर रही हो)॥३६॥

The king fell to the ground, crying again and again, 'Why do you bring destruction to all ?' But the perfidious queen uttered not a word, like one who silently calls up the spirits of the dead in a crematorium.

चौ.–राम राम रट बिकल भुआलू। जनु बिनु पंख बिहंग बेहालू॥
हृदयँ मनाव भोरु जनि होई। रामहि जाइ कहइ जनि कोई॥

'राम-राम' रटते हुए राजा दशरथ ऐसे व्याकुल हो गए जैसे कोई पक्षी पंख के बिना बेहाल हो। वे अपने हृदय में मनाने लगे कि सवेरा न हो और कोई रामचन्द्रजी से जाकर यह बात कह न दे॥१॥

Stricken with grief, the king continued to sob out 'Rama, Rama !', feeling miserable like some luckless bird clipped of its wings. He prayed in his heart, 'May the day never dawn, nor anyone go and tell Rama !

उदउ करहु जनि रबि रघुकुलगुर। अवध बिलोकि सूल होइहि उर॥
भूपप्रीति कैकइ कठिनाई। उभय अवधि बिधि रची बनाई॥

हे रघुकुल के गुरु (बड़ेरे, मूल पुरुष) सूर्य भगवान्! आप अपना उदय न करें।[1] अयोध्या को देखकर हृदय में अपार वेदना होगी। राजा की प्रीति और कैकेयी की कठोरता, दोनों को ब्रह्मा ने सीमा तक रचकर बनाया है॥२॥

Rise not, O Sun, great patriarch of the Solar race, for the sight of Ayodhya will consume your heart with anguish.' No greater affection than was the monarch's, no greater relentlessness than was Kaikeyi's, could the Creator bring into being.

बिलपत नृपहि भयेउ भिनुसारा। बीना बेनु संख धुनि द्वारा॥
पढ़हिं भाट गुन गावहिं गायक। सुनत नृपहि जनु लागहिं सायक॥

राजा के विलाप करते-करते सवेरा हो गया। राजद्वार पर वीणा, बाँसुरी और शङ्ख की ध्वनि गूँज उठी। भाट लोग विरुदावली पढ़ने लगे और गवैये गुण-गान करने लगे। परन्तु सुनने पर वे राजा को बाण-जैसे लगते हैं॥३॥

While the king was still sobbing, the day broke and the music of lute, flute and conch resounded at his gate. Bards began to recite his glories and minstrels to sing his praises; but like shafts they pierce the king's ears as he hears them.

मंगल सकल सोहाहिं न कैसें। सहगामिनिहि बिभूषन जैसें॥
तेहि निसि नीद परी नहि काहू। रामदरस लालसा उछाहू॥

जिस तरह पति के साथ सती होनेवाली स्त्री को आभूषण नहीं सुहाते, उसी

१. अथवा शुभ निवासों से सजी-सुहावनी ही जायगी।

२. 'नहारू' के अनेक अर्थ होते हैं: १. तृण, २. बन्धन लगी हुई (गाय), ३. बाघ का बच्चा (भरत तो नाहर का – शेर का – बच्चा है, वह ऐसे-ऐसे अनेक राज्य अपने बाहुबल से छीन सकता है।), ४. नहरुवा रोग।

१. अथवा, हे रघुकुलगुरु वसिष्ठजी! आप सूर्य का उदय न होने दें। कई टीकाकार 'रघुकुलगुरु' को रवि का विशेषण मानते हैं। विजयानन्दजी के अनुसार यदि ऐसी बात होती तो 'उदित होउ जनि' पाठ होता, न कि 'उदउ करहु जनि'।

तरह राजा दशरथ को मंगल के वे सभी साज नहीं सुहा रहे हैं ! रामचन्द्रजी के दर्शन की लालसा और उत्साह के कारण उस रात किसी को भी नींद नहीं आयी ॥४॥

These and other tokens of rejoicing please him as little as the adornment of a widow who joins her husband on the funeral pyre. That night no one had slept, for everyone was eagerly longing to see Rama.

दो. –द्वार भीर सेवक सचिव कहहिं उदित रबि देखि ।
जागेउ अजहुँ न अवधपति कारनु कवनु बिसेषि ॥३७॥

राजद्वार पर भीड़ लग गई । सेवक और मंत्री सूर्य को उदय हुआ देखकर कहने लगे कि ऐसा कौन-सा विशेष कारण है कि अवधपति (दशरथजी) अभी तक नहीं जागे ! ॥३७॥

At the palace gate was a throng of servants and ministers, who said to one another at the sight of the risen sun, 'What can be the reason why the lord of Avadh (Dasharath) has not yet awaked ?

चौ. –पछिलें पहर भूपु नित जागा । आजु हमहिं बड़ अचरजु लागा ॥
जाहु सुमंत्र जगावहु जाई । कीजिअ काजु रजायसु पाई ॥

राजा तो नित्य ही रात के पिछले पहर जाग जाया करते हैं, पर आज हमें बड़ा आश्चर्य हुआ है (कि वे अभी तक नहीं जागे) ! हे सुमन्त्र ! जाओ, जाकर राजा को जगाओ और उनकी आज्ञा पाकर हम लोग काम-काज करें ॥१॥

The king is always wont to wake in the last watch of the night; his behaviour today seems to us most extraordinary. Go now, Sumantra, and rouse him and obtain the royal command to do our work.'

गये सुमंत्रु तब राउर माहीं । देखि भयावन जात डेराहीं ॥
धाइ खाइ जनु जाइ न हेरा । मानहु बिपति बिषाद बसेरा ॥

तब सुमन्त्र राजमहल[1] में गये, पर भयानक देखकर वे भी जाने में डरने लगे । (ऐसा लगता है) मानो दौड़कर काट खायगा, उसकी ओर देखा तक नहीं जाता, मानो विपत्ति और विषाद का वहाँ डेरा जम गया हो ॥२॥

Then Sumantra entered the gynaeceum, but it wore such a dismal appearance that he feared to advance. It looked like a monster that would spring on him and devour him; its sight was so repelling. It seemed to be the very abode of disaster and despair.

पूँछे कोउ न ऊतरु देई । गये जेहि भवन भूप कैकेई ॥
कहि जय जीव बैठ सिर नाई । देखि भूपगति गयेउ सुखाई ॥

पूछने पर भी किसी ने कुछ उत्तर नहीं दिया । तब वे उस महल में जा पहुँचे जहाँ राजा और कैकेयी थे । 'जय-जीव' कहकर, सिर नवाकर वे बैठ गए और राजा की अवस्था देखकर तो सूख ही गए ॥३॥

He asked, but no one answered him; he proceeded to the apartment where were the king and Kaikeyi. 'Long live the king,' he cried, and bowed his head and took his seat. On seeing the king's condition, he was horrified.

सोचबिकल बिबरन महि परेऊ । मानहु कमल मूलु परिहरेऊ ॥
सचिउ सभीत सकै नहि पूछी । बोली असुभ भरी सुभ छूछी ॥

(उन्होंने देखा कि) राजा सोच के मारे व्याकुल हैं; उनके चेहरे का रंग उड़ गया है और जमीन पर ऐसे पड़े हैं, मानो कमल जड़ से उखड़कर मुर्झाया पड़ा हो । मारे डर के मंत्री कुछ पूछ नहीं सकते । तब अशुभ से भरी हुई और शुभ से छूँछी (खाली) कैकेयी बोली – ॥४॥

(He saw that –) the king lay upon the ground distracted with grief and colourless like a lotus stalk torn up by the root. Terrified, the minister dared not ask a question; but Kaikeyi, full of evil and void of all good, broke the silence and said :

दो. –परी न राजहि नीद निसि हेतु जान जगदीसु ।
रामु रामु रटि भोरु किय कहइ न मरमु महीसु ॥३८॥

राजा को रातभर नींद नहीं आयी, जगदीश्वर ही इसका कारण जानें ! उन्होंने 'राम-राम' रटकर सवेरा कर दिया, पर इसका भेद प्रकट नहीं किया ॥३८॥

'The king has not slept all night : God alone knows why. He has done nothing but repeat "Rama, Rama," till daybreak, but refuses to disclose the reason.

चौ. –आनहु रामहि बेगि बोलाई । समाचार तब पूँछेउ आई ॥
चलेउ सुमंत्रु रायरुख जानी । लखी कुचालि कीन्हि कछु रानी ॥

तुम रामचन्द्र को जल्द बुला लाओ, फिर आकर समाचार पूछना । राजा का रुख जानकर सुमन्त्रजी चले और उन्होंने समझ लिया कि रानी ने कुछ कुचाल की है ॥१॥

Go at once and fetch Rama here, and when you come back, you can ask what the matter is.' Judging (from his master's looks) that the king approved of this idea, Sumantra left; he guessed that the queen had contrived some wicked scheme.

सोचबिकल मग परइ न पाऊ । रामहि बोलि कहिहि का राऊ ॥
उर धरि धीरजु गयेउ दुआरें । पूँछहिं सकल देखि मनु मारें ॥

१. राउर = राज + पुर, राजमहल ।

श्रीरामचन्द्र को बुलाकर राजा क्या कहेंगे, इसी सोच में व्याकुल सुमन्त्रजी के पाँव रास्ते पर (आगे) नहीं पड़ते । फिर हृदय में धैर्य धरकर वे राजद्वार पर पहुँचे । वहाँ उनको उदास देखकर सब लोग पूछने लगे ॥२॥

He felt so distressed with anxiety that his legs refused to move. 'What,' he thought, 'will the king say to Rama, now that he has sent for him?' Then he took courage and repaired to the palace gate. Seeing him disconsolate, all began to ask the cause.

समाधानु करि सो सबही का । गयेउ जहाँ दिनकर कुल टीका ॥
राम सुमंत्रहि आवत देखा । आदरु कीन्ह पिता सम लेखा ॥

उन सबों को समझा-बुझाकर सुमन्त्रजी वहाँ गये जहाँ सूर्यकुल के तिलक श्रीरामचन्द्रजी थे । जब श्रीरामचन्द्रजी ने सुमन्त्र को आते देखा तब पिता-तुल्य मानकर उनका सम्मान किया ॥३॥

He reassured them all and proceeded to the apartment where was the ornament of the Solar race (Rama). When Rama saw Sumantra coming, he received him with the same honour that he would have shown to his father.

निरखि बदनु कहि भूपरजाई । रघुकुलदीपहि चलेउ लवाई ॥
रामु कुभाँति सचिव सँग जाहीं । देखि लोग जहँ तहँ बिलखाहीं ॥

सुमन्त्रजी ने श्रीरामचन्द्रजी के मुख की ओर देख राजा की आज्ञा सुना दी और वे रघुकुल के दीपक श्रीरामचन्द्रजी को (अपने साथ) लिवा चले ।[१] श्रीरामचन्द्रजी मन्त्री के साथ बुरी तरह से (पैदल, बिना चँवर, छत्र आदि के) जा रहे हैं, यह देखकर लोग जहाँ-तहाँ दुखी हो रहे हैं ॥४॥

He looked on Rama's face and conveyed to him the royal command and returned with the light of the house of Raghu. When the people saw Rama following the minister so unceremoniously, they began to grieve wherever they were.

दो.–जाइ दीख रघुबंसमनि नरपति निपट कुसाजु ।
सहमि परेउ लखि सिंघिनिहि मनहुँ बृद्ध गजराजु ॥३९॥

रघुवंशमणि श्रीरामचन्द्रजी ने जाकर देखा कि महाराज बिलकुल बुरे वेष में – अस्तव्यस्त – पड़े हैं, मानो सिंहनी को देखकर कोई बूढ़ा गजराज भयभीत हो गिर पड़ा हो ॥३९॥

The jewel of Raghu's race went and saw the king in an utterly wretched condition, like that of some aged elephant who had dropped down in terror at the sight of a lioness.

---

१. श्रीरामचन्द्रजी को यहाँ 'रघुकुलदीप' कहा गया है; राजा शोक-भवन में हैं, जहाँ अंधकार-ही-अंधकार है ।

चौ.–सूखहिं अधर जरइ सबु अंगू । मनहुँ दीन मनिहीन भुअंगू ॥
सरुष समीप दीखि कैकेई । मानहु मीचु घरी गनि लेई ॥

राजा के अधर सूख रहे हैं और अंग-प्रत्यंग जल रहा है, मानो मणि के बिना साँप दुखी हो रहा हो । पास ही क्रोध से भरी कैकेयी को देखा । वह मानो (सशरीर) मृत्यु ही बैठी है जो राजा के जीवन की अन्तिम घड़ियाँ गिन रही है ॥१॥

His lips were parched and his whole frame burned; he looked like a helpless snake bereft of its jewel. He saw the furious Kaikeyi near, like Death counting the moments to his end.

करुनामय मृदु रामसुभाऊ । प्रथम दीख दुखु सुना न काऊ ॥
तदपि धीर धरि समउ बिचारी । पूँछी मधुर बचन महतारी ॥

श्रीरामचन्द्रजी का स्वभाव कोमल और करुणा से ओतप्रोत है । अपने जीवन में उन्होंने पहली बार यह दुःख देखा; इसके पहले कभी उन्होंने दुःख सुना भी न था । फिर भी समय का विचार कर और धीरज धरकर उन्होंने मीठे वचनों से माता (कैकेयी) से पूछा – ॥२॥

Rama was compassionate and gentle by nature; he had never heard of sorrow, and now for the first time saw it; yet, recovering himself as the occasion required, he addressed his step-mother in sweet tones:

मोहि कहु मातु तात दुख कारनु । करिअ जतन जेहिं होइ निवारनु ॥
सुनहु राम सबु कारनु एहू । राजहि तुम्ह पर बहुत सनेहू ॥

हे माता ! मुझे पिताजी के दुःख का कारण कहो जिससे वही यत्न किया जाय जिससे दुःख का निवारण हो । तब कैकेयी ने कहा कि हे राम ! सुनो, (दुःखका) सारा कारण यही है कि राजा का तुम पर बहुत स्नेह है ॥३॥

'Tell me, dear mother, the cause of my father's distress, that endeavour may be made to remove it.' 'Listen, Rama,' she replied, 'the only reason is this : the king is very fond of you.

देन कहेन्हि मोहि दुइ बरदाना । मागेउँ जो कछु मोहि सोहाना ॥
सो सुनि भयेउ भूप उर सोचू । छाड़ि न सकहिं तुम्हार सँकोचू ॥

इन्होंने मुझे दो वरदान देने को कहा था । जो कुछ मुझे अच्छा लगा, वही मैंने माँग लिया । उसे सुनकर राजा के हृदय में सोच (उत्पन्न) हो गया, (क्योंकि) ये तुम्हारा संकोच छोड़ नहीं सकते ॥४॥

He had promised me two boons of my choice, and I have asked for what I want, but he is stricken with grief on hearing my requests and cannot get rid of a scruple on your account.

दो. –सुतसनेहु इत बचनु उत संकट परेउ नरेसु ।
सकहु त आयसु धरहु सिर मेटहु कठिन कलेसु ॥४०॥

इधर पुत्र-स्नेह है और उधर वचन की ममता; राजा इसी धर्म-संकट में पड़ गए हैं । यदि तुम कर सकते हो तो राजा की आज्ञा शिरोधार्य करो और इनके कठिन क्लेश को मिटा दो ॥४०॥

On the one hand is his love for his son; on the other, his promise; he is thus in a strait. Obey his command, if you can, and rid him of his dire distress.'

चौ. –निधरक बैठि कहै कटु बानी । सुनत कठिनता अति अकुलानी ॥
जीभ कमान बचन सर नाना । मनहुँ महिपु मृदु लच्छ समाना ॥

वह बेधड़क बैठी हुई ऐसी कड़वी वाणी कह रही है जिसे सुनकर स्वयं कठोरता भी अत्यन्त व्याकुल हो उठी । रानी की जीभ धनुष है, वचन बहुत-से तीर हैं और मानो महाराज दशरथ ही (उन तीरों के) कोमल निशाने के समान हैं ॥१॥

Composedly Kaikeyi sat and spoke these stinging words, which Callousness itself was sore distressed to hear. From the bow of her tongue she shot forth the shafts of her speech against the king who was like some yielding target, –

जनु कठोरपनु धरें सरीरू । सिखइ धनुषबिद्या बर बीरू ॥
सबु प्रसंगु रघुपतिहि सुनाई । बैठि मनहुँ तनु धरि निठुराई ॥

सारे साज-सामान के साथ मानो कठोरता ने शरीर धारण किया है और वह श्रेष्ठ वीर धनुषविद्या सीख रहा है । श्रीरघुनाथजी को सब प्रसंग सुनाकर वह ऐसे बैठी है, मानो स्वयं निठुरता ही शरीर धारण कर बैठी हो ॥२॥

— as though Obduracy, incarnate as a bold warrior, were practising archery. She sat there like the very incarnation of heartlessness and told Raghunatha the whole story.

मन मुसुकाइ भानुकुल भानू । रामु सहज आनंदनिधानू ॥
बोले बचन बिगत सब दूषन । मृदु मंजुल जनु बागबिभूषन ॥

स्वभाव से ही आनन्द-निधान, सूर्यकुल के सूर्य श्रीरामचन्द्रजी मन में मुसकराकर ऐसे कोमल, मधुर और सब दोषों से रहित वचन बोले जो मानो वाणी (सरस्वती) के भूषण ही थे – ॥३॥

Rama, the sun of the Solar race, the natural fountain of every joy, smiled to himself and replied in guileless words, so sweet and agreeable that they seemed the very jewels of speech :

सुनु जननी सोइ सुतु बड़ भागी । जो पितु मातु बचन अनुरागी ॥
तनय मातु पितु तोषनिहारा । दुर्लभ जननि सकल संसारा ॥

हे माता ! सुनो, वही पुत्र बड़ा भाग्यवान् है जो अपने पिता-माता के वचनों का अनुरागी है । माता-पिता को संतुष्ट करनेवाला पुत्र, हे माता ! सारे संसार में दुर्लभ है ॥४॥

'Listen, my mother; blessed is the son who loves to obey his parents' commands; a son who thus contents his father and mother is rare in all the world, mother.

दो. –मुनिगन मिलनु बिसेषि बन सबहि भाँति हित मोर ।
तेहि पर पितु आयेसु बहुरि संमत जननी तोर ॥४१॥

वन में भी मेरा सभी प्रकार से हित होगा । वहाँ मुख्य तो मुनि-मंडली से मिलना होगा, उस पर भी पिताजी की आज्ञा और हे जननी ! तुम्हारी सम्मति है ॥४१॥

In the forest I shall most easily join the hermits, which will be beneficial to me in every way. On top of that I have my father's command and your approval, my mother.

चौ. –भरतु प्रानप्रिय पावहिं राजू । बिधि सब बिधि मोहि सनमुख आजू ॥
जौं न जाउँ बन ऐसेहुँ काजा । प्रथम गनिअ मोहि मूढ़ समाजा ॥

प्राणों के प्यारे भरत राज्य पावेंगे । मुझे तो आज विधाता सब तरह से अनुकूल दिखते हैं । यदि ऐसे काम के लिए भी मैं वन न जाऊँ तो मूर्खों के समाज में सबसे पहले मेरी गिनती करनी चाहिए (मुझे महामूर्ख समझना चाहिए) ॥१॥

Again, Bharata, who is dear to me as my own life, will get the sovereignty; God is altogether propitious to me today. If I go not to the woods even under these circumstances, I should be reckoned foremost in any assembly of fools.

सेवहिं अरँडु कलपतरु त्यागी । परिहरि अमृत लेहिं बिषु मागी ॥
तेउ न पाइ अस समउ चुकाहीं । देखु बिचारि मातु मन माहीं ॥

जो लोग कल्पवृक्ष को छोड़कर रेंड की सेवा करते हैं और अमृत को छोड़ विष माँग लेते हैं, हे माता ! तुम मन में विचारकर देखो, वे भी ऐसा सुअवसर पाकर कभी भूल न करेंगे ॥२॥

Even such as would desert the tree of Paradise to nurture a castor-oil plant, or refuse ambrosia and ask for poison, would not lose such an opportunity as this should they ever get it; see, mother, and ponder this in your mind.

अंब एकु दुखु मोहि बिसेषी । निपट बिकल नरनायकु देखी ॥
थोरिहि बात पितहि दुखु भारी । होति प्रतीति न मोहि महतारी ॥

हे माता ! मैं महाराज को अत्यन्त व्याकुल देख रहा हूँ, मुझे इसी का एक विशेष दुःख है । इस थोड़ी-सी बात के लिए ही पिताजी को इतना भारी दुःख हो, हे माता ! मुझे विश्वास नहीं होता ॥३॥

Only one thing pains me most, mother; I am grieved to see the king so exceedingly distressed. That my father should be so overwhelmed with grief over such a trifling matter is more than I can believe, dear mother.

राउ धीरु गुन उदधि अगाधू । भा मोहि तें कछु बड़ अपराधू ॥
जातें मोहि न कहत कछु राऊ । मोरि सपथ तोहि कहु सति भाऊ ॥

महाराज तो धीर पुरुष और गुणों के अथाह समुद्र हैं । अवश्य ही मुझसे कोई बड़ा अपराध हो गया है, जिसके कारण महाराज मुझसे कुछ नहीं कहते । हे माता ! तुम्हें मेरी सौगंद ! तुम मुझे सच्ची-सच्ची बात कह दो ॥४॥

The king is stout-hearted and an immeasurable ocean of virtue; I must have committed some great offence,[1] which prevents him from speaking out his mind to me. I adjure you, tell me the truth.'

दो. –सहज सरल रघुबरबचन कुमति कुटिल करि जान ।
चलइ जोंक जल बक्र गति जद्यपि सलिलु समान ॥४२॥

रघुनाथजी के स्वाभाविक सरल वचनों को दुर्बुद्धि कैकेयी टेढ़ा ही समझ रही है । पानी के सीधा रहने पर भी जोंक उसमें टेढ़ी चाल से ही चलती है ॥४२॥

Though Raghunatha's words were artless and straightforward, yet the evil-minded Kaikeyi gave them a perverse twist. A leech must always move crookedly, however smooth the water be.

चौ. –रहसी रानि रामरुख पाई । बोली कपटसनेहु जनाई ॥
सपथ तुम्हार भरत कइ आना । हेतु न दूसर मैं कछु जाना ॥

रामचन्द्रजी का रुख पाकर रानी कैकेयी प्रसन्न हो गई और कपटपूर्ण स्नेह दिखाकर बोली – तुम्हारी शपथ और भरत की सौगंद ! राजा के दुःख का मैं दूसरा कुछ भी कारण नहीं जानती ॥१॥

The queen rejoiced to find Rama ready to obey her and said with a show of hypocritical affection, 'I swear by yourself and Bharata, there is no other cause that I know of.

तुम्ह अपराधजोगु नहि ताता । जननी जनक बंधु सुखदाता ॥
राम सत्य सबु जो कछु कहहू । तुम्ह पितु मातु बचन रत अहहू ॥

हे तात ! तुमसे माता-पिता का अपराध बन पड़े, यह सम्भव नहीं । तुम तो माता-पिता और भाइयों को आनन्द देनेवाले हो । हे राम ! तुम जो

---

1. Being so strong-minded, "why should he be thus dismayed at the mere thought of losing me ? And being so pious, how is it possible that he can hesitate for a moment about keeping his word ? There must be something else in the background. I fear I have done wrong and displeased him." — F.S. Growse.

कुछ कह रहे हो, वह सब सत्य है । तुम पिता-माता के वचनों (के पालन) में तत्पर हो (उनके आज्ञाकारी हो) ॥२॥

There is no room for fault in you, dear son, who are a source of delight to your parents and brothers. What you say, Rama, is all true; you are devoted to your parents' word.

पितहि बुझाइ कहहु बलि सोई । चौथें पन जेहिं अजसु न होई ॥
तुम्ह सम सुअन सुकृत जेहिं दीन्हे । उचित न तासु निरादरु कीन्हे ॥

मैं बलि जाऊँ[1] ! तुम पिता को समझाकर वही बात कहो जिससे चौथेपन (बुढ़ापे) में इनका अपयश न हो । जिन पुण्य कर्मों ने इन्हें तुम्हारे सदृश पुत्र दिये, उनका निरादर करना उचित नहीं ॥३॥

I adjure you, then, so advise your father that he incur not disgrace in the evening of his life. It is hardly desirable for him to disregard the virtues that have brought him such a son as you.'

लागहिं कुमुख बचन सुभ कैसे । मगह गयादिक तीरथ जैसे ॥
रामहि मातुबचन सब भाए । जिमि सुरसरिगत सलिल सुहाए ॥

कैकेयी के खोटे मुख में ये वचन वैसे ही शुभ लगते हैं जैसे मगध देश में गया आदि तीर्थ । जिस तरह गङ्गाजी में जाकर अच्छे-बुरे सभी प्रकार के जल शुभ, सुन्दर हो जाते हैं, उसी तरह माता के (अशुभ) वचन भी रामचन्द्रजी को भले लगे ॥४॥

These fair words in her false mouth were like such holy places as Gaya in the accursed land of Magadh (South Bihar); but Rama took his mother's words in good part, like the Ganga, which in its course receives and hallows any stream.

दो. –गइ मुरुछा रामहि सुमिरि नृप फिरि करवट लीन्हि ।
सचिव राम आगमनु कहि बिनय समय सम कीन्हि ॥४३॥

राजा की मूर्च्छा दूर हुई, उन्होंने राम का स्मरण कर करवट बदल ली । उसी समय मन्त्री ने श्रीरामचन्द्रजी के आने की सूचना देकर समयानुकूल विनती की ॥४३॥

The king recovered from his spell of unconsciousness and turned on his side, with his thoughts on Rama. The minister (Sumantra) informed him of Rama's arrival and made humble petition appropriate to the occasion.

चौ. –अवनिप अकनि रामु पगु धारे । धरि धीरजु तब नयन उघारे ॥
सचिव सँभारि राउ बैठारे । चरन परत नृप रामु निहारे ॥

जब राजा के कान में भनक पड़ी कि श्रीरामचन्द्र पधारे हैं तब उन्होंने धीरज

---

१. बलि – बलैया लेती हूँ, बलिहारी जाती हूँ, तुम्हारी बलि जाऊँ !

धरकर अपने नेत्र खोले। मन्त्री ने सँभालकर राजा को बिठा दिया। राजा ने रामचन्द्रजी को अपने चरणों में गिरते हुए (प्रणाम करते) देखा ॥१॥
When the king heard that Rama had come, he summoned up courage and opened his eyes. The minister (Sumantra) supported his sovereign to a sitting posture, when the king saw Rama falling at his feet.

लिये सनेहबिकल उर लाई। गइ मनि मनहुँ फनिक फिरि पाई ॥
रामहि चितइ रहेउ नरनाहू। चला बिलोचन बारि प्रबाहू ॥

प्रेम से व्याकुल हो राजा ने रामजी को हृदय से लगा लिया, मानो किसी साँप ने अपनी खोयी हुई मणि फिर से पा ली हो। राजा दशरथजी श्रीरामजी को देखते ही रह गए। उनके नेत्रों से जल-प्रवाह फूट पड़ा ॥२॥
Overwhelmed with loving anguish, the king clasped him to his bosom, like a snake that has regained the jewel it had lost. As the monarch continued gazing upon Rama, a flood of tears streamed forth from his eyes.

सोक बिबस कछु कहइ न पारा। हृदयँ लगावत बारहि बारा ॥
बिधिहि मनाव राउ मन माहीं। जेहिं रघुनाथ न कानन जाहीं ॥

शोक-विवश होने के कारण (दुःख के मारे) राजा कुछ कह नहीं सकते। वे बार-बार श्रीरामचन्द्रजी को हृदय से लगाते हैं और मन-ही-मन विधाता से मनाते हैं कि श्रीरघुनाथजी वन को न जायँ ॥३॥
In his overmastering distress he could not utter a word and pressed the prince to his heart again and again. Inwardly he was beseeching God that the lord of Raghus (Rama) might not be banished to the forest.

सुमिरि महेसहि कहइ निहोरी। बिनती सुनहुँ सदासिव मोरी ॥
आसुतोष तुम्ह अवढर दानी। आरति हरहु दीन जनु जानी ॥

(महाराज दशरथ) शिवजी का स्मरण करके उनसे विनती करते हुए कहते हैं – हे सदाशिव ! मेरी प्रार्थना सुनिए। आप आशुतोष (शीघ्र प्रसन्न होनेवाले) और अवढरदानी (मुँहमाँगा देनेवाले) हैं। अपना दीन सेवक जानकर मेरा दुःख दूर कीजिए ॥४॥
Invoking the mighty Lord Shiva, he entreated him, 'Hear my prayer, O ever-gracious Lord ! You are easily pleased and are ever ready to grant every wish; recognize in me a poor suppliant and remove my distress !

दो. –तुम्ह प्रेरक सब कें हृदयँ सो मति रामहि देहु।
बचनु मोर तजि रहहिं घर परिहरि सीलु सनेहु ॥४४॥

आप सभी के हृदय के प्रेरक हैं (जैसा चाहते हैं, वैसी ही मति देते हैं)। श्रीरामचन्द्र को ऐसी बुद्धि दीजिए जिससे वे मेरे वचन को त्यागकर और शील-स्नेह को छोड़कर घर ही रह जायँ ॥४४॥
As you direct the hearts of all (as the prompter of their actions), so inspire Rama that he may disregard my word and stay at home, abandoning all sense of propriety and filial affection.

चौ. –अजसु होउ जग सुजसु नसाऊ। नरक परौं बरु सुरपुरु जाऊ ॥
सब दुख दुसह सहावहु मोहीं। लोचन ओट रामु जनि होहीं ॥

(इस कार्य से) संसार में मेरी अपकीर्ति हो, सुयश नष्ट हो जाय, मैं नरक में गिरूँ अथवा स्वर्ग चला जाऊँ (स्वर्ग चाहे मुझे न मिले), और भी अनेक असह्य दुःख आप मुझसे सहन करायें, पर श्रीरामचन्द्र मेरी आँखों की ओट न हों ॥१॥
Let world-wide disgrace be my lot and let my fair fame perish; may I sink into hell rather than mount to heaven; be it mine to endure the most intolerable pain rather than have Rama lost to my sight !'

अस मन गुनइँ राउ नहि बोला। पीपरपात सरिस मनु डोला ॥
रघुपति पितहि प्रेमबस जानी। पुनि कछु कहिहि मातु अनुमानी ॥

राजा इस तरह मन-ही-मन सोच रहे हैं, परन्तु बोलते नहीं। उनका मन पीपल के पत्ते की तरह डोल रहा है। श्रीरघुनाथजी ने पिता को प्रेम के वशीभूत जानकर और यह अनुमान कर कि माता फिर कुछ कहेगी – ॥२॥
Thinking thus to himself, the king spoke not a word, and his mind quivered like a fig-tree's leaf. When Raghunatha perceived that his father was overpowered with love, and thought that his mother (Kaikeyi) might say something again,

देस काल अवसर अनुसारी। बोले बचन बिनीत बिचारी ॥
तात कहौं कछु करौं ढिठाई। अनुचितु छमब जानि लरिकाई ॥

देश, काल और अवसर के अनुकूल सोच-विचारकर नम्र वचन कहे – हे पिताजी ! मैं कुछ कहता हूँ, यह ढिठाई करता हूँ। हमारे इस अनुचित (आचरण) को लड़कपन समझकर क्षमा कीजिएगा ॥३॥
– he spoke after due deliberation words which were not only humble but also suited to the place and time and occasion, 'Dear father, I make bold to submit something; pray forgive this impropriety on my part by reason of my childish years.

अति लघु बात लागि दुखु पावा। काहु न मोहि कहि प्रथम जनावा ॥
देखि गोसाइँहि पूँछिउँ माता। सुनि प्रसंगु भये सीतल गाता ॥

इस अत्यन्त छोटी-सी बात के लिए आप इतना कष्ट पा रहे हैं ! किसी

ने भी मुझे पहले कहकर यह बात मालूम न करा दी। आपको (दुःखी) देखकर मैंने माता से पूछा। उनसे सारे प्रसंग को सुनकर शरीर शीतल हो गया ॥४॥

You are grieving for a very trifling matter; and the pity of it is that nobody apprised me of this before. When I saw you, sire, I questioned my mother and was well content when I heard the whole story.

दो. –मंगल समय सनेहबस सोचु परिहरिअ तात।
आयेसु देइअ हरषि हिय कहि पुलके प्रभुगात ॥४५॥

हे पिताजी! इस मङ्गल-समय में स्नेह से उत्पन्न सोच को दूर कीजिए और हृदय में प्रसन्न होकर मुझे आज्ञा दीजिए। ऐसा कहकर प्रभु श्रीरामचन्द्रजी का सारा शरीर पुलकित हो गया ॥४५॥

Grieve not out of affection, dear father, at a time of rejoicing, but command me to go with a glad heart.' So spoke the Lord with a thrill of heartfelt joy and a body quivering with emotion.

चौ. –धन्य जनमु जगतीतल तासू। पितहि प्रमोदु चरित सुनि जासू ॥
चारि पदारथ करतल ताकें। प्रिय पितु मातु प्रान सम जाकें ॥

(श्रीरामचन्द्रजी ने फिर कहा –) इस पृथ्वीतल पर उसी पुत्र का जन्म धन्य है जिसके चरित्र को सुनकर पिता को परम आनन्द हो। जिसे माता-पिता प्राणों के समान प्रिय हैं, चारों पदार्थ (अर्थ, धर्म, काम और मोक्ष) उसकी मुट्ठी में रहते हैं ॥१॥

'Blessed is his life upon this earth,' he said, 'whose father is pleased to hear of his doings. The four rewards of life, (*viz.*, religious merit, material riches, sensuous gratification and final beatitude), are within his grasp who loves his parents as he loves his own life.

आयेसु पालि जनमफलु पाई। ऐहौं बेगिहिं होउ रजाई ॥
बिदा मातु सन आवौं मागी। चलिहौं बनहि बहुरि पग लागी ॥

आपकी आज्ञा का पालनकर और जन्म-फल पाकर मैं शीघ्र ही लौट आऊँगा। (अब जल्दी ही) मुझे आज्ञा हो, मैं माताजी से विदा माँग आऊँ! फिर आपके चरणों में प्रणामकर मैं वन को जाऊँगा ॥२॥

After obeying your orders and accomplishing the purpose of my life, I shall come back soon; so be pleased to grant me your permission. In the meantime I shall take leave of my mother and return forthwith; then I shall set out for the forest after throwing myself once more at your feet.'

अस कहि रामु गवनु तब कीन्हा। भूप सोकबस उतरु न दीन्हा ॥
नगर ब्यापि गइ बात सुतीछी। छुअत चढ़ी जनु सब तन बीछी ॥

ऐसा कहकर तब श्रीरामचन्द्रजी चल पड़े। राजा ने शोकवश कुछ भी उत्तर न दिया। यह अत्यन्त तीखी (अप्रिय) बात नगरभर में फैल गयी, मानो डंक मारते ही बिच्छू का विष सारे शरीर में चढ़ गया हो ॥३॥

So spoke Rama and then departed; but the king was so overpowered with grief that he made no reply. The unwelcome news spread through the city, like the sting of a scorpion that at once fills the whole body with poison.

सुनि भये बिकल सकल नर नारी। बेलि बिटप जिमि देखि दवारी ॥
जो जहँ सुनइँ धुनइँ सिरु सोई। बड़ बिषादु नहि धीरजु होई ॥

यह सुनकर सभी स्त्री-पुरुष ऐसे व्याकुल हो गए जैसे वन की आग को देखकर बेल और वृक्ष कुम्हला जाते हैं। जो जहाँ भी सुनता है वह वहीं सिर धुनने लगता है। उसे अत्यन्त दुःख होता है, धीरज नहीं बँधता ॥४॥

Every man and woman who heard this was distressed like creepers and trees that shrivel at the very sight of the forest fire. Whoever heard it beat his head wherever he happened to be, and the grief was too great to be endured.

दो. –मुख सुखाहिं लोचन स्रवहिं सोकु न हृदयँ समाइ ॥
मनहुँ करुनरस कटकई उतरी अवध बजाइ ॥४६॥

सभी के मुख सूखे जाते हैं, आँखों से आँसू बहने लगते हैं, शोक हृदय में नहीं समाता। मालूम पड़ता है, मानो करुण रस की सेना डंका बजाकर अयोध्या में आ उतरी है ॥४६॥

Their faces grew pale, their eyes streamed, and their hearts could not contain their sorrow; it seemed as though the army of Pathos had marched into Ayodhya with beat of drum.

चौ. –मिलेहिं माँझ बिधि बात बेगारी। जहँ तहँ देहिं कैकइहि गारी ॥
येहि पापिनिहि बूझि का परेऊ। छाइ भवन पर पावकु धरेऊ ॥

जब सब संयोग ठीक हो गए थे, तब विधाता ने बनी-बनायी बात बीच में ही बिगाड़ दी। जहाँ-तहाँ लोग कैकेयी को गाली दे रहे हैं – इस पापिन को क्या समझ पड़ा जो इसने छाये हुए छप्पर पर आग रख दी! ॥१॥

'It was all well-contrived,' they cried, 'but God has upset the whole plan!' Everywhere people were abusing Kaikeyi: 'What could this wicked woman mean by thus setting fire to a new-thatched house?

निज कर नयन काढ़ि चह दीखा। डारि सुधा बिषु चाहत चीखा ॥
कुटिल कठोर कुबुद्धि अभागी। भइ रघुबंस बेनु बन आगी ॥

अरे! यह अपने हाथों से अपनी आँखों को निकालकर (अंधी बनकर) देखना चाहती है और अमृत फेंककर विष चखना चाहती है! यह कुटिल,

कठोर, दुर्बुद्धि और अभागिनी है जो रघुवंशरूपी बाँसों के वन के लिए आग हो गई है ॥२॥

She tears out her eyes with her own hands and yet expects to see; she throws away nectar and prefers to taste poison ! This crooked, hard-hearted and evil-minded wretch has appeared as fire to burn up the bamboo grove of Raghu's line !

पालव बैठि पेड़ु येहि काटा । सुख महुँ सोकठाटु धरि ठाटा ॥
सदा रामु येहि प्रान समाना । कारन कवन कुटिलपनु ठाना ॥

पत्तों पर बैठकर इसने पेड़ को काट डाला । सुख में इसने शोक का ठाट बनाकर खड़ा कर दिया । इसे तो राम सदा प्राणों के समान प्रिय थे, फिर भी न जाने किस कारण इसने इस कुटिलपन का दृढ़ संकल्प किया ॥३॥

Sitting on a branch, she has hewn down the tree itself, and in the midst of joy has raised a structure of sorrow. Rama used ever to be as dear to her as life; why has she now taken to such perversity ?

सत्य कहहिं कबि नारिसुभाऊ । सब बिधि अगहु अगाध दुराऊ ॥
निज प्रतिबिंबु बरुकु गहि जाई । जानि न जाइ नारिगति भाई ॥

कवियों का कहना ठीक ही है कि स्त्री का स्वभाव सब तरह से अग्राह्य, अथाह और भेदभरा होता है । अपनी परछाईं को कोई भले ही पकड़ ले, पर भाई ! स्त्रियों की गति नहीं जानी जा सकती ॥४॥

Truly say the poets that a woman's mind is altogether inscrutable, unfathomable and shrouded in mystery. Sooner may a man grasp his own shadow than know the way of a woman.

दो. –काह न पावकु जारि सक का न समुद्र समाइ ।
का न करइ अबला प्रबल केहि जग कालु न खाइ ॥४७॥

ऐसी कौन सी वस्तु है जिसे आग नहीं जला सकती ? समुद्र में क्या नहीं समा सकता ? अबला कही जानेवाली प्रबल स्त्री (जाति) क्या नहीं कर सकती और संसार में काल किसे नहीं खा सकता ? (कहने को तो अबला बलहीन है, परन्तु वह माया रचने में इतनी बलवती है कि उचित-अनुचित सब कर सकती है और काल सबका नाश कर सकता है ।) ॥४७॥

What is there that fire cannot burn, or ocean contain ? What cannot a woman, miscalled powerless, accomplish in her strength ? What creature is there in this perishable world that death devours not ?

चौ. –का सुनाइ बिधि काह सुनावा । का देखाइ चह काह देखावा ॥
एक कहहिं भल भूप न कीन्हा । बरु बिचारि नहि कुमतिहि दीन्हा ॥

ब्रह्मा ने क्या सुनाकर क्या सुना दिया और क्या दिखाकर अब क्या दिखाना चाहता है ? कोई कहता है कि राजा ने अच्छा नहीं किया, दुर्बुद्धि कैकेयी को विचारकर वर नहीं दिया ॥१॥

What did God first ordain and what has he now proclaimed ? What would he show us then and what has he shown us now ?' Said some, 'The king has not done well; he has not been discreet in granting the wicked woman her boon.

जो हठि भयेउ सकल दुख भाजनु । अबला बिबस ग्यानु गुनु गा जनु ॥
एक धरमपरमिति पहिचाने । नृपहि दोसु नहिं देहिं सयाने ॥

वही अविचार का वर निश्चय ही सब दुःखों का पात्र हो गया ।[1] स्त्री के विशेष वश में होने से मानो उनका ज्ञान और गुण जाता रहा । दूसरे लोग, जो धर्म की मर्यादा को जानते हैं और चतुर हैं, वे राजा को दोष नहीं देते ॥२॥

He has wilfully brought upon himself all this misery, and by allowing himself to be mastered by a woman has lost all good sense and discretion.' Others who were prudent would not blame the king, for they recognized the obligations of duty.

सिबि दधीचि हरिचंद कहानी । एक एक सन कहहिं बखानी ॥
एक भरत कर संमत कहहीं । एक उदास भाय सुनि रहहीं ॥

वे एक-दूसरे से शिवि, दधीचि और हरिश्चन्द्र की कथा बखानकर कहते हैं । कोई इसमें (राम-वनवास में) भरतजी की सम्मति बताता और कोई सुनकर उदासीन भाव से चुप रह जाता ॥३॥

They repeated to one another the legends of Shivi, Dadhichi and Harishchandra. Some, too, suggested Bharata's connivance, but others when they heard it looked indifferent and uttered not a word.

कान मूदि कर रद गहि जीहा । एक कहहिं एह बात अलीहा ॥
सुकृत जाहिं अस कहत तुम्हारे । राम भरत कहुँ प्रानपिआरे ॥

कोई बात सुनते ही कानों पर हाथ रखकर और जीभ को दाँतों-तले दबाकर कहता है कि यह बात झूठी है; ऐसी बात कहने से तुम्हारे पुण्य नष्ट हो जायँगे । भरतजी को श्रीरामचन्द्रजी प्राणों के समान प्रिय हैं ॥४॥

Others stopped their ears with their hands and bit their tongues and exclaimed, 'This is untrue ! If you say that, all your merits will be lost ! Rama is dear to Bharata as his own life.

दो. –चंदु चवइ बरु अनलकन सुधा होइ बिष तूल ।
सपनेहुँ कबहुँ न करहिं कछु भरतु रामप्रतिकूल ॥४८॥

चन्द्रमा चाहे (शीतल किरणों के बदले) आग की चिनगारियाँ बरसाने लगे, अमृत चाहे विष के समान हो जाय, पर भरतजी स्वप्न में भी श्रीरामचन्द्रजी के प्रतिकूल कभी कुछ नहीं कर सकते ॥४८॥

१. जो हठ करके (वर माँग, मैं अवश्य दूँगा) स्वयं सब दुखों के पात्र हो गए । पं. विनायक राव के अनुसार "जिसकी हठ के कारण राजा सब दुखों के पात्र हुए" ।

Sooner may the moon rain sparks of fire, or nectar have the same effect as poison, than Bharata ever dream of doing injury to Rama !'

चौ. –एक बिधातहि दूषन देहीं । सुधा देखाइ दीन्ह बिषु जेहीं ॥
खरभरु नगर सोचु सब काहू । दुसह दाहु उर मिटा उछाहू ॥

कोई विधाता को दोष देता है, जिसने अमृत दिखाकर विष दे दिया । नगर भर में खलबली मच गई, सब सोच में पड़ गए । उनके हृदय में दुःसह जलन होने लगी, (सारा) उत्साह जाता रहा ॥१॥

Some blamed the Creator, who had promised nectar but given them poison. The whole city was astir and everyone felt distressed. Anguish, deep and unendurable, consumed all hearts and utterly effaced all briskness.

बिप्रबधू कुलमान्य जठेरी । जे प्रिय परम कैकई केरी ॥
लगीं देन सिख सीलु सराही । बचन बान सम लागहिं ताही ॥

ब्राह्मणों की स्त्रियाँ, कुल की माननीया बड़ी-बूढ़ी (औरतें), और जो कैकेयी की परम प्रिय थीं, उसके शील की सराहना करके उसे समझाने लगीं । पर उसको उनके (हित के) वचन बाण के समान लगते हैं ॥२॥

The wives of the Brahmans and other venerable and elderly ladies of the royal family and such other ladies as were most dear to Kaikeyi began to remonstrate with her and praise her amiability; but their words pierced her like arrows.

भरतु न मोहि प्रिय राम समाना । सदा कहहु येहु सबु जगु जाना ॥
करहु राम पर सहज सनेहू । केहि अपराध आजु बनु देहू ॥

(स्त्रियाँ कहने लगीं कि) तुम तो सदा कहा करती थीं कि श्रीरामचन्द्र के समान मुझको भरत भी प्यारे नहीं हैं; यह बात सारे जगत् में प्रसिद्ध है । श्रीरामचन्द्रजी पर तो तुम स्वाभाविक स्नेह करती थीं, पर आज किस अपराध से उन्हें वनवास देती हो ? ॥३॥

'You always used to say, as the whole world knows, that Bharata was not so dear to you as Rama. You were wont to love Rama; then for what offence do you now exile him to the forest ?

कबहुँ न कियेहु सवति आरेसू । प्रीति प्रतीति जान सबु देसू ॥
कौसल्याँ अब काह बिगारा । तुम्ह जेहि लागि बज्र पुर पारा ॥

तू ने कभी सौतिया डाह नहीं की । तुम्हारी प्रीति और विश्वास को सारा देश जानता है । अब कौसल्या ने तुम्हारा क्या बिगाड़ दिया, जिसके कारण तुमने सारे नगर पर यह वज्र गिरा दिया ? ॥४॥

You have never shown any jealousy of the rival queens; the whole land knows your loving disposition and your trust in them. What wrong has Kausalya done you now that you should hurl this thunderbolt upon the city ?

दो. –सीय कि पियसँगु परिहरिहि लखनु कि रहिहहिं धाम ।
राजु कि भूँजब भरत पुर नृपु कि जिइहि बिनु राम ॥४९॥

क्या सीताजी अपने स्वामी का साथ छोड़ देंगी ? लक्ष्मणजी घर रह जायँगे ? क्या भरतजी श्रीरामचन्द्रजी के बिना अयोध्या का राज्य भोग सकेंगे ? क्या राजा श्रीरामचन्द्रजी के बिना जीवित रह सकेंगे ? ॥४९॥

Will Sita forgo the company of her spouse or Lakshmana stay at home ? Will Bharata enjoy the sovereignty of Ayodhya or the king survive without Rama ?

चौ. –अस बिचारि उर छाड़हु कोहू । सोक कलंक कोठि जनि होहू ॥
भरतहि अवसि देहु जुवराजू । कानन काह राम कर काजू ॥

ऐसा विचारकर हृदय से क्रोध निकाल दो, शोक और कलङ्क की कोठी मत बनो । हाँ, भरत को अवश्य ही युवराज पद दे दो, पर भला श्रीरामचन्द्रजी को वन भेजने का क्या काम ? ॥१॥

Reflect upon this and banish your wrath, nor make yourself a storehouse of such grief and infamy. By all means install Bharata as the Prince Regent, but why exile Rama to the forest ?

नाहिन रामु राज के भूखे । धरमधुरीन बिषयरस रूखे ॥
गुरगृह बसहुँ रामु तजि गेहू । नृप सन अस बरु दूसर लेहू ॥

श्रीरामचन्द्रजी को राज्य की लालसा नहीं है । वे धर्म की धुरी को धारण करनेवाले और विषयादि के स्वाद से उदासीन हैं । तुम राजा से ऐसा ही कोई दूसरा वर ले लो कि श्रीराम घर छोड़कर गुरु के घर रहें ॥२॥

Rama is not covetous of sovereignty; he is a champion of righteousness and has no relish for sensuous pleasures. Let Rama abandon his home and live in the *guru*'s house; ask this of the king as your second boon.

जौं नहि लगिहहु कहें हमारें । नहि लागिहि कछु हाथ तुम्हारें ॥
जौं परिहास कीन्हि कछु होई । तौ कहि प्रगट जनावहु सोई ॥

जो तुम हमारा कहा न मानोगी तो तुम्हारे हाथ कुछ भी न लगेगा । यदि तुमने कुछ हँसी की हो तो उसे साफ-साफ कहकर जना दो (कि मैंने हँसी की है) ॥३॥

If you agree not to our suggestion, you will gain nothing. If you have only been jesting, speak out clearly and let us know.

राम सरिस सुत काननजोगू । काह कहिहि सुनि तुम्ह कहुँ लोगू ॥
उठहु बेगि सोइ करहु उपाई । जेहि बिधि सोकु कलंकु नसाई ॥

क्या राम-जैसा पुत्र वन के योग्य है ? यह सुनकर लोग तुम्हें क्या कहेंगे ? जल्दी उठो और वही उपाय करो जिससे यह शोक और कलङ्क मिट जाय ॥४॥

Does a son like Rama deserve to be exiled to the woods ? What will people say to you when they hear of it ? Up and quickly devise a plan to avert this grief and obloquy !

छं. –जेहि भाँति सोकु कलंकु जाइ उपाय करि कुल पालही ।
हठि फेरु रामहि जात बन जनि बात दूसरि चालही ॥
जिमि भानु बिनु दिनु प्रान बिनु तनु चंद बिनु जिमि जामिनी ।
तिमि अवध तुलसीदास प्रभु बिनु समुझि धौं जियँ भामिनी ॥

जिस प्रकार (सारे नगर का) शोक और (तुम्हारा) कलंक मिटे, वही उपाय करके अपने कुल की रक्षा करो । श्रीरामजी को वन जाने से हठपूर्वक लौटा लो, दूसरी बात मत चलाओ । तुलसीदासजी कहते हैं कि जैसे सूर्य के बिना दिन, प्राण के बिना शरीर और चन्द्रमा के बिना रात शोभाहीन हो जाती है, ठीक वैसे ही श्रीरामचन्द्रजी के बिना अयोध्या हो जायेगी; हे भामिनी ! इस बात को अपने मन में समझ लो (अपने जी में यह निश्चय जानो) ।

Devise some plan to avert this grief and infamy and save the family. Forcibly dissuade Rama from going to the woods, and make no other suggestion. As the day without the sun, as the body without life, and as the night without the moon, so (says Tulasidasa) is the city of Ayodhya without its lord, Rama ! I beg you, lady, to remember this !'

सो. –सखिन्ह सिखावनु दीन्ह सुनत मधुर परिनाम हित ।
तेहिं कछु कान न कीन्ह कुटिल प्रबोधी कूबरीं ॥५०॥

कैकेयी की सखियों ने ऐसी शिक्षा दी जो सुनने में मीठी और परिणाम में हितकारिणी थी । पर उस शिक्षा ने कुछ असर न किया, क्योंकि उसके मन में कुटिल कुबड़ी मंथरा की शिक्षा पहले ही जम चुकी थी ॥५०॥

Pleasant to hear and designed to be salutary in result was the advice her companions gave, but she paid no heed to it, having been tutored by the mischievous humpback.

चौ. –उतरु न देइ दुसह रिस रूखी । मृगिन्ह चितव जनु बाधिनि भूखी ॥
ब्याधि असाधि जानि तिन्ह त्यागी । चलीं कहत मतिमंद अभागी ॥

वह दुःसह क्रोध के मारे रूखी हो रही है, इसलिए कोई उत्तर नहीं देती । वह इस तरह देखती है मानो भूखी बाघिन हरिनियों की ओर देख रही हो । तब रोग को असाध्य जानकर सखियों ने उसे छोड़ दिया । सब उसको मन्दबुद्धि, अभागिनी कहती हुई चल दीं ॥१॥

Raging with irrepressible fury, she wears a sullen look and utters not a word in reply, but looks at them as a hungry tigress looks at the deer. Finding her sickness incurable, her friends gave her up, saying as they went, 'Wretched fool !

राजु करत यह दैअँ बिगोई । कीन्हेसि अस जस करइ न कोई ॥
येहि बिधि बिलपहिं पुर नर नारी । देहिं कुचालिहि कोटिक गारी ॥

राज्य करते हुए इसे दैव ने नष्ट कर दिया । इसने ऐसा किया जैसा कोई भी न करेगा । नगर के स्त्री-पुरुष इस प्रकार विलाप करने लगे और उस कुचाली (कैकेयी) को करोड़ों गालियाँ देने लगे ॥२॥

Fate has been her ruin, queen though she be ! She has done what nobody else would do !' Thus lamented all the men and women of the city and began to heap on the wicked woman a myriadfold abuse.

जरहिं बिषम जर लेहिं उसासा । कवनि राम बिनु जीवन आसा ॥
बिपुल बियोग प्रजा अकुलानी । जनु जलचरगन सूखत पानी ॥

(अयोध्यावासी) विषम ज्वर (दुःख की आग) से जलने लगे । लंबी साँसें लेते हुए वे कहने लगे कि राम के बिना जीने की क्या आशा है ? महान् वियोग (की आशङ्का) से प्रजा ऐसी व्याकुल हुई, मानो पानी सूखने के समय जलचर जीव घबड़ा उठे हों ! ॥३॥

Burning with a fever of anguish, they sobbed out, 'What hope of life is there apart from Rama ?' The people were as disconcerted at the thought of this sad separation as aquatic creatures when the water dries up.

अति बिषाद बस लोग लोगाईं । गये मातु पहिं रामु गोसाईं ॥
मुखु प्रसन्न चित चौगुन चाऊ । मिटा सोचु जनि राखइ राऊ ॥

सभी स्त्री-पुरुष अत्यन्त विषाद के अधीन हो रहे हैं । इधर प्रभु श्रीरामचन्द्रजी अपनी माता (कौसल्या) के पास गये । उनका श्रीमुख प्रसन्न है, चित्त में चौगुना उल्लास है । यह सोच मिट गया है कि कहीं महाराज वन जाने से रोक न दें ॥४॥

While men and women alike were thus overwhelmed with excessive grief, the holy Lord Rama called on his mother (Kausalya), with joy in his face and fourfold exultation in his heart. He feared no more that the king might detain him.

दो. –नव गयंदु रघुबीरमनु राजु अलान समान ।
छूट जानि बनगवनु सुनि उर अनंदु अधिकान ॥५१॥

रघुनाथजी का मन हाल के पकड़े हुए हाथी की तरह और राजतिलक उस हाथी के बाँधने की काँटेदार बेड़ी के समान है । 'वन जाना है' यह सुनते ही अपने को उस बन्धन (बेड़ी) से छूटा जानकर उनके हृदय में अत्यधिक आनन्द छा रहा है ॥५१॥

Raghubira's mind had been like a young elephant newly caught with kingship for its fetters. When he heard of his banishment to the forest, he knew that he was freed and felt overjoyed in his heart.

चौ. –रघुकुलतिलक जोरि दोउ हाथा। मुदित मातुपद नायेउ माथा॥
दीन्हि असीस लाइ उर लीन्हे। भूषन बसन निछावरि कीन्हे॥

रघुवंशियों में श्रेष्ठ श्रीरामचन्द्रजी ने अपने दोनों हाथ जोड़कर प्रसन्नता-पूर्वक माताजी के चरणों में सिर नवाया। माताजी ने उन्हें आशीर्वाद दिया, अपने हृदय से लगा लिया और उन पर गहने तथा कपड़े निछावर किये। (रामजी प्रिय हैं, इसलिए माँ ने उन्हें हृदय से लगाया और चूँकि उनका अभिषेक होगा, इसलिए गहने और कपड़े निछावर किये।) ॥१॥

The crown of the house of Raghu, Rama, folded his hands and cheerfully bowed his head at his mother's feet. She blessed him and clasped him to her bosom and lavished on him gifts of jewels and raiment.

बार बार मुख चुंबति माता। नयन नेहजलु पुलकित गाता॥
गोद राखि पुनि हृदय लगाये। स्रवत प्रेमरस पयद सुहाये॥

माता (कौसल्या) बार-बार श्रीरामचन्द्रजी का मुख चूम रही हैं। उनके नेत्रों में स्नेह-जल उमड़ आया है, शरीर पुलकित हो रहा है। फिर उन्होंने अपनी गोद में बैठाकर उनको हृदय से लगा लिया। (माँ के) सुन्दर स्तन प्रेमरस (दूध) बहाने लगे ॥२॥

Again and again his mother kissed his face, with tears of affection in her eyes and her body quivering with emotion. Again she took him on her lap and pressed him to her heart, while the milk of love flowed from her graceful breasts.

प्रेमु प्रमोदु न कछु कहि जाई। रंक धनदपदवी जनु पाई॥
सादर सुंदर बदनु निहारी। बोली मधुर बचन महतारी॥

उनके प्रेम और महान् आनन्द का वर्णन नहीं हो सकता; मानो किसी कंगाल ने कुबेर का पद पा लिया हो। आदर-पूर्वक (राम के) सुन्दर मुख को देखकर माता मधुर वचन बोलीं – ॥३॥

Her affection and joy were altogether beyond description; it seemed as if a pauper had become rich as Kuvera (the god of riches). Fondly regarding his beauteous countenance, his mother spoke to him in endearing terms :

कहहु तात जननी बलिहारी। कबहिं लगन मुद मंगलकारी॥
सुकृत सील सुख सींव सुहाई। जनमलाभ कइ अवधि अघाई॥

हे तात! मैं तुम्हारी बलैया लेती हूँ, कहो तो सही, वह आनन्द-मङ्गलकारी शुभ घड़ी कब है, जो मेरे पुण्य, शील और सुख की सुहावनी सीमा है और जन्म लेने के लाभ की पूर्णतम अवधि है; ॥४॥

'Tell me, my son, I adjure you by your mother, what hour is set for those glad and auspicious ceremonies when my piety, virtue and joy will reach their climax and I will be blessed with the highest reward of my life;

दो. –जेहि चाहत नर नारि सब अति आरत येहि भाँति।
जिमि चातक चातकि तृषित बृष्टि सरद रितु स्वाति॥५२॥

तथा जिस लग्न (राजतिलक के समय) को सभी स्त्री-पुरुष अत्यन्त आर्त होकर इस तरह चाहते हैं जिस तरह प्यासे चातक और चातकी शरद्-ऋतु के स्वाति नक्षत्र की वृष्टि की चाह करते हैं ॥५२॥

— even that auspicious moment for which all men and women as impatiently yearn as the thirsty cuckoo and his mate long in autumn for the rainfall of Swati (Arcturus) ?

चौ. –तात जाउँ बलि बेगि नहाहू। जो मन भाव मधुर कछु खाहू॥
पितु समीप तब जायेहु भैआ। भै बड़ि बार जाइ बलि मैआ॥

हे तात! मैं बलैया लेती हूँ, तुम जल्दी नहा लो और जो रुचे, कुछ मिठाई खा लो। तब हे भैया! पिता के पास जाना। अब बहुत देर हो गई। माता बलिहारी जाती है ॥१॥

Go at once, dear son, I beseech you, and bathe and take some sweet food of your choice. bless you, my son, go to your father after that, for I, your mother, protest there has been too much delay.

मातुबचन सुनि अति अनुकूला। जनु सनेह सुरतरु के फूला॥
सुख मकरंद भरे श्रियमूला। निरखि राममनु भवँरु न भूला॥

रामचन्द्रजी ने माता के अत्यन्त अनुकूल वचन सुने, जो मानो स्नेहरूपी कल्पवृक्ष के फूल थे, जो सुखरूपी मकरन्द से भरे थे और श्री (राजलक्ष्मी) के मूल थे। परन्तु (वचनरूपी उन फूलों को) देखकर भी श्रीरामचन्द्रजी का मनरूपी भौंरा उनपर न लुभाया ॥२॥

On hearing his mother's most affectionate words, which were like blossoms of the celestial tree of affection, laden with the honey of joy and productive of prosperity, the bee of Rama's soul could not be lured by their charm.

धरमधुरीन धरमगति जानी। कहेउ मातु सन अति मृदु बानी॥
पिता दीन्ह मोहि काननराजू। जहँ सब भाँति मोर बड़ काजू॥

धर्मश्रेष्ठ (धर्म के धुरे को धारण करनेवाले) श्रीरामचन्द्रजी ने धर्म की गति को जानकर अपनी माता से अत्यन्त मधुर वाणी में कहा – हे माता! पिताजी ने तो मुझे वन का राज्य दिया है, जहाँ सब प्रकार से बड़े-बड़े कार्य सिद्ध होंगे ॥३॥

A champion of righteousness as he was, he clearly observed the path of duty and spoke to his mother in exceedingly honeyed tones, 'My father has bestowed on me the sovereignty of the woods, where I shall have many great deeds to do.

आयेसु देहि मुदित मन माता। जेहिं मुद मंगल कानन जाता॥
जनि सनेहबस डरपसि भोरें। आनँदु अंब अनुग्रह तोरें॥

हे माता! तू प्रसन्न मन से मुझे आज्ञा दे, जिससे वन-यात्रा में मुझे आनन्द-मङ्गल हो। मेरे स्नेह के अधीन होकर भूल से भी डरना नहीं। हे माता! तेरी कृपा से (सब प्रकार) आनन्द ही होगा॥४॥

Give me your orders, mother, with a cheerful heart, that joyful omens may attend my journey to the forest. Do not give way to causeless alarm due to affection, dear mother; all will be well by your favour.

दो०–बरष चारि दस बिपिन बसि करि पितुबचन प्रमान।
आइ पाय पुनि देखिहौं मनु जनि करसि मलान॥५३॥

चौदह वर्षों तक वन में निवासकर और पिताजी के वचन को प्रमाणित कर लौटूँगा और फिर तेरे चरणों के दर्शन करूँगा। अतः तू मन को म्लान न कर॥५३॥

After staying for fourteen years in the forest and making good my father's commands I will come back and behold your feet again; so be not sad at heart.'

चौ०–बचन बिनीत मधुर रघुबर के। सर सम लगे मातु उर करके॥
सहमि सूखि सुनि सीतलि बानी। जिमि जवास परें पावस पानी॥

रघुवंश में श्रेष्ठ रामचन्द्रजी के विनीत और मधुर वचन माता के हृदय में बाण-जैसे लगे और कसकने लगे। उस शीतल वाणी को सुनकर कौसल्या वैसे ही सहमकर सूख गईं जैसे बरसात का पानी पड़ने से जवासा[1] सूख जाता है॥१॥

Raghubara's gentle and sweet words pierced his mother's heart like arrows and rankled there. Alarmed to hear his chilling speech, she withered and drooped like the *javasa* at a shower in the rains. (*Javasa* plants, which flourish only on dry soil, find their leaves falling in the rains.)

कहि न जाइ कछु हृदयँ बिषादू। मनहुँ मृगी सुनि केहरिनादू॥
नयन सजल तन थर थर काँपी। माँजहि खाइ मीन जनु माँपी॥

उनके मन का दुःख कहते नहीं बनता, मानो सिंह की गर्जना सुनकर हिरनी विकल हो गई हो। नेत्रों में आँसू भर आए, शरीर थर-थर काँपने लगा, मानो मछली माँजा (पहली वर्षा का फेन) खाकर बदहवास हो गई हो!॥२॥

The anguish in her heart was beyond description, like that of a deer when she hears the roar of a lion. Her eyes were wet with tears and her body shook and trembled, like a fish fallen sick after swallowing the scum brought down by the first monsoon shower.

धरि धीरजु सुतबदनु निहारी। गदगद बचन कहति महतारी॥
तात पितहि तुम प्रानपिआरे। देखि मुदित नित चरित तुम्हारे॥

धीरज धरकर और पुत्र का मुख देखकर माता गद्गद वचन कहने लगीं – हे पुत्र! तुम तो पिता को प्राणों के समान प्यारे हो और वे सदा तुम्हारे चरित्रों को देखकर प्रसन्न होते हैं॥३॥

Summoning up courage, the mother gazed on her son's face and spoke in faltering accents, 'My boy, you are as dear to your father as life itself, and it is a constant delight to him to watch the deeds you do.

राजु देन कहुँ सुभ दिन साधा। कहेउ जान बन केहि अपराधा॥
तात सुनावहु मोहि निदानू। को दिनकरकुल भयेउ कृसानू॥

महाराज ने ही राज्य देने के लिए शुभ दिन निश्चित किया था फिर अब किस अपराध से (उन्होंने) वन जाने को कहा? हे पुत्र! मुझे इसका कारण सुनाओ। सूर्यवंश (रूपी वन) के लिए कौन अग्नि बन गया?॥४॥

He had fixed an auspicious day for your installation as regent; for what offence has he asked you to proceed to the woods? Tell me the reason, my son; who is the destroying fire to consume the Solar race?'

दो०–निरखि रामरुख सचिवसुत कारनु कहेउ बुझाइ।
सुनि प्रसंगु रहि मूक जिमि दसा बरनि नहि जाइ॥५४॥

श्रीरामचन्द्रजी के रुख को देखकर मन्त्री के पुत्र ने सब कारण समझाकर कहा।[1] उस प्रसङ्ग को सुनकर वे मूक-सी रह गईं, उनकी दशा का वर्णन नहीं किया जा सकता॥५४॥

Reading in Rama's eyes his tacit consent, Sumantra's son (who had obviously accompanied the Prince) told her the reason. When she heard the story, she was so dumbfounded that words fail to describe her condition.

१. एक प्रकार की कँटीली छोटी झाड़ी जो वर्षा के जल से सूख जाती है।

१. स्मरणीय है कि रामचन्द्रजी मर्यादापुरुषोत्तम हैं, इसलिए उन्होंने अपनी विमाता का भी दोष अपने मुँह से कहना अनुचित समझा।

चौ. –राखि न सकइ न कहि सक जाहू। दुहूँ भाँति उर दारुन दाहू॥
लिखत सुधाकर गा लिखि राहू। बिधिगति बाम सदा सब काहू॥

(वे रामचन्द्रजी को) न रख ही सकती हैं, न यह कह सकती हैं कि वन चले जाओ। (कर्तव्य और ममता के इस संघर्ष के कारण) दोनों ही प्रकार से उनके हृदय में बड़ा भारी संताप हो रहा है। (वे मन में सोचती हैं कि देखो –) विधाता की गति सभी के लिए सदा टेढ़ी होती है; देखिए, जहाँ लिखना था चन्द्रमा, वहाँ लिख गया राहु! ॥१॥

She could neither detain her son nor bid him go; either decision was utter anguish to her heart. 'God's ways,' she thought, 'are ever adverse to all; look how he inscribed Rahu, whereas he set out to draw a moon!' (Rahu, a demon, is the cause of eclipses and is called Vidhuntuda, tormentor of the moon.)

धरम सनेह उभय मति घेरी। भइ गति साँप छुछुंदरि केरी॥
राखौं सुतहि करौं अनुरोधू। धरमु जाइ अरु बंधुबिरोधू॥

कौसल्याजी की बुद्धि को धर्म और स्नेह दोनों ने घेर लिया। अब उनकी दशा साँप-छछूंदर जैसी हो गयी। वे (मन-ही-मन) सोचने लगीं कि यदि मैं अनुरोध करके पुत्र को रख लेती हूँ तो मेरा धर्म जाता है और भाइयों में (परस्पर) विरोध पैदा होता है॥२॥

Her sense of duty and her affection both laid siege to Kausalya's judgement; her dilemma was like that of a snake and a musk-rat.[1] 'If I press my son and detain him,' she thought, 'it will be a sin against all righteousness and will give rise to hostility between the brothers.

कहौं जान बन तौ बड़ि हानी। संकट सोच बिबस भइ रानी॥
बहुरि समुझि तियधरमु सयानी। रामु भरतु दोउ सुत सम जानी॥

और यदि मैं वन जाने को कहती हूँ तो (इससे) बड़ी हानि होती है। ऐसे धर्म-संकट में पड़कर रानी विशेषरूप से सोच के वश हो गयीं। फिर चतुर कौसल्याजी स्त्री-धर्म को समझकर और राम तथा भरत दोनों पुत्रों को समान जानकर – ॥३॥

But if I bid him go to the forest, it will be a grievous loss.' Thus did the queen find herself faced with an embarrassing situation and was overwhelmed with grief. At last, reflecting on a woman's duty to her lord and remembering that Rama and Bharata were both equally her sons

सरल सुभाउ राममहतारी। बोली बचन धीर धरि भारी॥
तात जाउँ बलि कीन्हेहु नीका। पितु आयेसु सब धरम क टीका॥

1. It is supposed that if a snake swallows a musk-rat, it will die, and if it disgorges it, it will go blind.

सीधे स्वभाववाली श्रीरामचन्द्रजी की माता बड़े धीरज के साथ कहने लगीं – हे प्यारे! मैं तुम्हारी बलैया लेती हूँ, तुमने अच्छा किया, क्योंकि पिता की आज्ञा का पालन ही सब धर्मों का शिरोमणि है॥४॥

— the prudent Kausalya, Rama's mother, who had a guileless disposition, addressed him with all the patience at her command: 'You have done well, my child, I swear; a father's command is the most sacred of all obligations.

दो. –राजु देन कहि दीन्ह बनु मोहि न सो दुख लेसु।
तुम्ह बिनु भरतहि भूपतिहि प्रजहि प्रचंड कलेसु॥५५॥

(तुम्हारे पिता ने) राज्य देने को कहकर वनवास दे दिया, इस बात का मुझे लेशमात्र भी दुःख नहीं है। (यदि है तो केवल इस बात का कि) तुम्हारे बिना भरत को, महाराज को और अयोध्यावासियों को बड़ा कष्ट होगा॥५५॥

Though he promised you the kingdom, your father has now exiled you to the forest; for this I sorrow not at all. But when you have gone, Bharata and the king and the people will all be put to terrible distress.

चौ. –जौं केवल पितु आयेसु ताता। तौ जनि जाहु जानि बड़ि माता॥
जौं पितु मातु कहेउ बन जाना। तौ कानन सत अवध समाना॥

हे तात! यदि अकेले पिताजी की आज्ञा हो तो माता को (पिता से) बड़ी जानकर वन न जाओ। किंतु यदि पिता-माता दोनों ने वन जाने की आज्ञा दी है तो वन को सैकड़ों अयोध्याओं के समान समझो! ॥१॥

In any case if it be only your father's command, my son, then go not; put your mother first; but if both your father and your mother have asked you to go to the forest, then the woods will equal a hundred cities like Ayodhya.

पितु बनदेव मातु बनदेवी। खग मृग चरन सरोरुह सेवी॥
अंतहुँ उचित नृपहि बनबासू। बय बिलोकि हियँ होइ हराँसू॥

(वनवास में) वन-देवता ही तुम्हारे पिता होंगे और वनदेवियाँ माता होंगी, पशु-पक्षी तुम्हारे चरणकमलों के सेवक होंगे। बुढ़ापे में तो राजा के लिए वनवास करना उचित ही है, केवल तुम्हारी (सुकुमार) अवस्था देखकर हृदय में दुःख होता है॥२॥

The forest gods will be your father, the sylvan goddesses your mother and the birds and beasts will wait upon your lotus feet. At all events it is but proper for a king to dwell in a forest in the evening of his life; it is only when I consider your tender age that I am troubled at heart.

बड़भागी बनु अवध अभागी। जो रघुबंसतिलक तुम्ह त्यागी॥
जौं सुत कहौं संग मोहि लेहू। तुम्हरें हृदयँ होइ सँदेहू॥

हे रघुवंशभूषण! वन बड़ा भाग्यवान् है जहाँ तुम जाओगे और यह अयोध्या अभागिन है, जिसे तुम त्याग दोगे। हे पुत्र! यदि मैं कहूँ कि मुझे भी साथ ले चलो तो तुम्हारे मन में शंका उत्पन्न होगी (कि माता इसी बहाने मुझे रोकना चाहती है)॥३॥

How blest is the forest and how luckless this Ayodhya which you will desert, O crown of Raghu's line! But if I ask you, my boy, to take me with you, your mind will be filled with doubt.

पूत परम प्रिय तुम्ह सब ही के। प्रान प्रान के जीवन जी के॥
ते तुम्ह कहहु मातु बन जाऊँ। मैं सुनि बचन बैठि पछिताऊँ॥

हे पुत्र! तुम सबके अत्यन्त प्यारे हो, प्राणों के प्राण और जीवों के जीवन हो। वही तुम कहते हो, 'माता! मैं वन को जाऊँ' और मैं तुम्हारे इन वचनों को सुनकर बैठी हुई पछताती हूँ॥४॥

You are supremely dear to all, my son; you are the vital breath of our souls, the life of all that live! And it is you who say, "Mother, I go to the forest!," while I sit and sorrow on hearing these words.

दो.—यह बिचारि नहि करौं हठ झूठ सनेहु बढ़ाइ।
मानि मातु कर नात बलि सुरति बिसरि जनि जाइ॥५६॥

यह विचारकर झूठा स्नेह बढ़ाकर मैं हठ नहीं करती। हे राम! मैं तुम्हारी बलैया लेती हूँ, माता का नाता मानकर मेरी सुध न भूल जाना॥५६॥

Thus reflecting, I do not press my suit with a show of love beyond what I really feel; only, I beseech you, ignore not filial piety nor allow me to slip out of your mind.

चौ.—देव पितर सब तुम्हहि गोसाईं। राखहुँ पलक नयन की नाईं॥
अवधि अंबु प्रिय परिजन मीना। तुम्ह करुनाकर धरमधुरीना॥

हे गोसाईं! सब देव-पितर तुम्हारी उसी तरह रक्षा करें जिस तरह पलकें आँखों की रक्षा करती हैं। (तुम्हारे वनवास की) अवधि (चौदह वर्ष) जल है, प्रियजन और कुटुम्बी मछलियों के समान हैं और तुम करुणा के भंडार तथा धर्म की धुरी को धारण करनेवाले हो॥१॥

'May all the gods and manes guard you, my holy son, as closely as the eyelids guard the eyes. The period of banishment is the water of a lake in which the fish are your near and dear ones, and you are all-merciful and righteous.

अस बिचारि सोइ करहु उपाई। सबहि जिअत जेहिं भेंटहु आई॥
जाहु सुखेन बनहिं बलि जाऊँ। करि अनाथ जन परिजन गाऊँ॥

ऐसा विचारकर वही उपाय करना जिसमें सबके जीते-जी तुम आकर मिल सको। मैं बलैया लेती हूँ! तुम प्रजा, कुटुम्बी और नगर भर को अनाथ करके सुखपूर्वक वन को जाओ॥२॥

Remember then to make your plans so that you may find them all alive when you come again. Go, then, in peace to the woods — may I take upon myself all your misfortunes — leaving your servants, your relatives and the whole city in bereavement.

सब कर आजु सुकृतफल बीता। भयेउ करालु कालु बिपरीता॥
बहु बिधि बिलपि चरन लपटानी। परम अभागिनि आपुहि जानी॥

सब लोगों के सत्कर्मों का फल आज पूरा हो गया। कठिन काल हमारे विपरीत हो गया (दुख भोगने का समय आ गया)। (इस प्रकार) बहुत विलाप करके और अपने को परम अभागिन जानकर माता श्रीरामचन्द्रजी के चरणों में लिपट गयीं॥३॥

This day the fruit of everyone's meritorious deeds has vanished and the tide of fortune has turned against us in all its terror!' Thus wailing in many ways, she clung to Rama's feet, accounting herself the most miserable of women.

दारुन दुसह दाहु उर ब्यापा। बरनि न जाहिं बिलापकलापा॥
राम उठाइ मातु उर लाई। कहि मृदु बचन बहुरि समुझाई॥

उनके हृदय में भयानक असह्य शोक छा गया। उस समय के विलाप-कलाप का वर्णन नहीं किया जा सकता। श्रीरामचन्द्रजी ने माता को उठाकर हृदय से लगा लिया और मधुर वचन कहकर उन्हें फिर समझाया॥४॥

Cruel and intolerable anguish pierced her heart through and through, and the profusion of cries and moans was beyond all description. Rama raised his mother and pressed her to his bosom and then comforted her with many tender words.

दो.—समाचार तेहि समय सुनि सीय उठी अकुलाइ।
जाइ सासुपद कमल जुग बंदि बैठि सिरु नाइ॥५७॥

उसी समय (श्रीरामचन्द्रजी के वन-गमन का) समाचार सुनकर सीताजी व्याकुल हो उठीं और सास के निकट जाकर उनके दोनों चरणकमलों की वन्दना कर सिर नीचा करके बैठ गईं॥५७॥

At that moment Sita heard the news and rose in great agitation. She approached her mother-in-law, did obeisance to her lotus feet and, bowing her head, sat down.

चौ.—दीन्हि असीस सासु मृदु बानी। अति सुकुमारि देखि अकुलानी॥
बैठि नमित मुख सोचति सीता। रूपरासि पति प्रेम पुनीता॥

कौसल्याजी ने कोमल वाणी से उन्हें आशीर्वाद दिया। वे सीताजी को अत्यन्त सुकुमारी देखकर व्याकुल हो उठीं। पति के साथ पवित्र प्रेम करनेवाली, रूप की राशि सीताजी नीचा मुख करके बैठी सोच रही हैं ॥१॥

The mother-in-law blessed her in gentle accents and felt distressed when she regarded her most delicate frame. With her head bent low, Sita, the quintessence of beauty and model of wifely devotion, sat there reflecting.

चलन चहत बन जीवननाथू। केहि सुकृती सन होइहि साथू॥
की तनु प्रान कि केवल प्राना। बिधि करतबु कछु जाइ न जाना॥

प्राणनाथ वन जाना चाहते हैं, देखें, किस पुण्य से उनका साथ होगा। शरीर और प्राण दोनों ही साथ जायँगे या केवल प्राण ही? (यदि वन-गमन की आज्ञा न मिली तो मरकर मैं अपने प्राणों को पतिदेव के साथ भेज दूँगी।) विधाता की करनी कुछ जानी नहीं जाती ॥२॥

'The lord of my life would go to the forest; how can I merit to accompany him? My body and spirit together or my spirit alone? But God's doings are inscrutable.'

चारु चरन नख लेखति धरनी। नूपुर मुखर मधुर कबि बरनी॥
मनहुँ प्रेमबस बिनती करहीं। हमहिं सीयपद जनि परिहरहीं॥

सीताजी अपने सुन्दर चरणों के नखों से पृथ्वी कुरेद रही हैं। उस समय नूपुरों का जो मधुर शब्द हुआ, उसके लिए कवि (यह कहकर) वर्णन करता है कि मानो वे नूपुर प्रेम के वशीभूत हो (मधुर ध्वनि के बहाने) प्रार्थना कर रहे हैं कि सीताजी के चरण हमें त्याग न दें ॥३॥[1]

As she scratched the ground with her fair toenails, her anklets produced a musical sound, as if—so declare the poets—they were ringing out the passionate petition that Sita's feet would never cast them off.

मंजु बिलोचन मोचति बारी। बोली देखि राममहतारी॥
तात सुनहुँ सिय अति सुकुमारी। सास ससुर परिजनहिं पिआरी॥

सीताजी अपनी सुन्दर आँखों से आँसू बहा रही हैं। उनकी यह दशा देखकर श्रीरामजी की माता कौसल्याजी ने कहा—हे तात! सुनो, सीता अत्यन्त सुकुमारी है तथा सास, ससुर और परिवार के सभी लोगों को प्यारी है ॥४॥

Seeing her let fall a flood of tears from her beauteous eyes, Rama's mother said, 'Listen, my dear child; Sita is exceedingly delicate, and dear to your father and mother and all your kindred.

दो.—पिता जनक भूपालमनि ससुर भानुकुलभानु।
पति रबिकुल कैरव बिपिन बिधु गुन रूप निधानु॥५८॥

इसके पिता जनकजी राजाओं के मुकुटमणि हैं, ससुर सूर्यकुल के सूर्य हैं और पति सूर्यकुलरूपी कुमुद-वन के लिए (उसे खिलानेवाले) चन्द्रमा तथा गुण और रूप के आकर (खजाना) हैं ॥५८॥

Her father is Janaka, that jewel among princes, and her father-in-law is no other than the sun of the Solar race; her lord, the treasure-house of virtue and beauty, is to the Solar race what the moon is to the bed of lilies.

चौ.—मैं पुनि पुत्रबधू प्रिय पाई। रूपरासि गुन सील सुहाई॥
नयनपुतरि करि प्रीति बढ़ाई। राखेउँ प्रान जानकिहि लाई॥

फिर मैंने प्यारी पुत्रवधू पायी है जो रूप की राशि, सुन्दर गुणों से सम्पन्न और शीलवती है। मैंने इसे आँखों की पुतली बनाकर इससे प्रेम बढ़ाया है और अपने प्राण इसमें लगा रखे हैं ॥१॥

Moreover, I have found in her a beloved daughter-in-law, exceedingly beautiful, amiable and accomplished. I have treated her as the very apple of my eye and loved her so much that my very soul is centred in Janaki.

कलपबेलि जिमि बहु बिधि लाली। सींचि सनेह सलिल प्रतिपाली॥
फूलत फलत भएउ बिधि बामा। जानि न जाइ काह परिनामा॥

इसे कल्पलता की तरह मैंने बड़े लाड़-चाव के साथ स्नेह-जल से सींचकर बहुविध पाला है। जब इस लता के फूलने-फलने का समय आया, तब विधाता प्रतिकूल हो गए। इसका क्या परिणाम होगा, सो जाना नहीं जाता ॥२॥

I have tended her as carefully as a creeper of Paradise and watered her growth with streams of affection. Now when the creeper was about to flower and bring forth fruit, God turned against me, and there is no knowing what the end will be.

पलँग पीठ तजि गोद हिंडोरा। सियँ न दीन्ह पगु अवनि कठोरा॥
जिअनमूरि जिमि जोगवत रहऊँ। दीपबाति नहि टारन कहऊँ॥

सीता ने पलंग, कोमल आसन, गोद और हिंडोले को छोड़कर कभी कठोर पृथ्वी पर पाँव नहीं रखा। संजीवनी जड़ी के समान (सावधानी से) मैं सदा इसकी रखवाली करती रही हूँ और कभी दीये की बाती तक हटाने को नहीं कहती ॥३॥

Never yet has Sita left bed or seat or lap or cradle to set foot upon the hard ground. I have been tending her like a life-giving herb and never even ask her to trim the wick of a lamp.

१. अर्थात् नूपुरों में अलग खलबली मच गई है कि कहीं ऐसा न हो कि सीताजी वन जाते समय हमें यहीं छोड़ दें।

सोइ सिय चलन चहति बन साथा। आयेसु काह होइ रघुनाथा॥
चंदकिरन रस रसिक चकोरी। रबि रुख नयन सकै किमि जोरी॥

वही सीता अब (तुम्हारे) साथ वन चलना चाहती है। हे रघुनाथ! उसे क्या आज्ञा होती है? चन्द्रमा की (शीतल) किरणों का रस (अमृत) चाहनेवाली चकोरी सूर्य की (तीव्र किरणों की) ओर आँख किस तरह मिला सकती है? ॥४॥

And this is the Sita who would accompany you to the woods. What then is your bidding, O Raghunatha? How can the partridge that loves to feed on the nectar borne on the rays of the moon endure to gaze upon the sun?

दो.–करि केहरि निसिचर चरहिं दुष्ट जंतु बन भूरि।
बिष बाटिका कि सोह सुत सुभग सजीवनि मूरि॥५९॥

वन में हाथी, सिंह, राक्षस आदि अनेक दुष्ट जीव-जन्तु विचरते रहते हैं। हे पुत्र! क्या सुन्दर संजीवनी बूटी विष के बगीचे में शोभा दे सकती है? ॥५९॥

Hosts of wild elephants, lions, demons and other evil creatures haunt the woods. Can a precious life-giving herb flourish, my son, in a poison-wood?

चौ.–बन हित कोल किरात किसोरी। रची बिरंचि बिषय सुख भोरीं॥
पाहनकृमि जिमि कठिन सुभाऊ। तिन्हहि कलेसु न कानन काऊ॥

वन में रहने के लिए तो ब्रह्माजी ने कोल और भीलों की लड़कियों को बनाया है, जो इंद्रियजन्य सुख-भोगों को जानतीं ही न्हीं। पत्थर के कीड़े के सदृश जिनका स्वभाव कठोर है, उन्हें वन में कभी क्लेश नहीं होता ॥१॥

God has created for the forest Kola and Kirata girls, who know naught of bodily delights; of nature as hard as that of the insects that live among the stones, they experience no hardship in the forest.

कै तापसतिय काननजोगू। जिन्ह तप हेतु तजा सब भोगू॥
सिय बन बसिहि तात केहि भाँती। चित्रलिखित कपि देखि डेराती॥

या तपस्वियों की स्त्रियाँ वन में रहने योग्य हैं, जिन्होंने तपस्या के लिए सब (सांसारिक) भोग-विलासों का त्याग कर दिया है हे पुत्र! जो तस्वीर में बने बंदर को देखकर डर जाती है, वह सीता वन में किस तरह रह सकेगी? ॥२॥

An ascetic's wife again is fit for the woods, who for the sake of penance has renounced all carnal pleasures. But how, my son, will Sita live in the forest, who is frightened at the sight of a monkey in a picture?

सुरसर सुभग बनजबन चारी। डाबर जोगु कि हंसकुमारी॥
अस बिचारि जस आयेसु होई। मैं सिख देउँ जानकिहि सोई॥

मानसरोवर के सुन्दर कमल-वन में विचरण करनेवाली राजहंसिनी क्या तलैयों में रहने योग्य है? ऐसा विचारकर, जैसा तुम्हारा आदेश हो, मैं जानकी को वैसी ही शिक्षा दूँ ॥३॥

Can the cygnet that has sported in the lovely lotus-beds of the holy lake find fit abode in a muddy puddle? Ponder this, and then, whatever you bid, so I will instruct Janaki.

जौं सिय भवन रहइ कह अंबा। मोहि कहँ होइ बहुत अवलंबा॥
सुनि रघुबीर मातु प्रिय बानी। सील सनेह सुधा जनु सानी॥

कौसल्याजी कहती हैं कि यदि सीता घर रह जाय तो मुझे बहुत सहारा हो जाय। शील और स्नेहरूपी अमृत से सनी हुई माता कौसल्या की प्रिय वाणी सुनकर – ॥४॥

'If she remain at home,' the mother continued, 'she will be the support of my life.' When Raghubira heard this endearing speech of his mother, steeped, as it were, in the nectar of grace and affection,

दो.–कहि प्रिय बचन बिबेकमय कीन्ह मातु परितोष।
लगे प्रबोधन जानकिहि प्रगटि बिपिन गुन दोष॥६०॥

विवेकपूर्ण प्रिय वचन कहकर उन्होंने माता को संतुष्ट किया। फिर वन के गुण-दोषों को प्रकट करके वे जानकीजी को समझाने लगे ॥६०॥

— he comforted her by addressing wise and loving words to her; and then he started admonishing Janaki by disclosing to her the pains and pleasures of the forest.

मासपारायण, चौदहवाँ विश्राम

चौ.–मातु समीप कहत सकुचाहीं। बोले समउ समुझि मन माहीं॥
राजकुमारि सिखावनु सुनहू। आन भाँति जिय जनि कछु गुनहू॥

माता के निकट सीताजी से कुछ कहने में रामचन्द्रजी लज्जा का अनुभव कर रहे हैं, पर मन में अवसर (आपत्काल) का विचारकर वे बोले – हे राजकुमारी! मेरी शिक्षा पर ध्यान दो। मन में कुछ और समझ न लेना ॥१॥

Even though he hesitated to speak before his mother, he realized well within himself the requirements of the time and said, 'Listen to my advice, O princess, nor form any different fancies in your mind.

आपन मोर नीक जौं चहहू। बचनु हमार मानि गृह रहहू॥
आयसु मोर सासुसेवकाई। सब बिधि भामिनि भवन भलाई॥

यदि तुम मेरी और अपनी भलाई चाहती हो तो मेरा वचन मानकर घर

रहो। हे भामिनि ! (घर रहने में) मेरी आज्ञा का पालन होगा, सास की सेवा कर सकोगी। घर रहने में सब तरह से भलाई ही भलाई है ॥२॥

If you wish well of me as well as of yourself, please pay heed to what I say and stay at home. You will thus be obeying my order and rendering service to your mother-in-law; by remaining at home, O good-lady, you will be benefited in every way.

येहि तें अधिकु धरमु नहि दूजा। सादर सासु ससुर पद पूजा ॥
जब जब मातु करिहि सुधि मोरी। होइहि प्रेमबिकल मति भोरी ॥

आदर के साथ सास और ससुर के चरणों की पूजा से बढ़कर दूसरा कोई धर्म नहीं है। जब-जब माता मेरी याद करेंगी और प्रेम से व्याकुल होने के कारण वे सुध-बुध खो बैठेंगी, ॥३॥

For a woman there is no other duty more sacred than this—to do reverent service to the feet of her husband's parents. Whenever my mother recalls me to mind and is distraught by affectionate solicitude,

तब तब तुम्ह कहि कथा पुरानी। सुंदरि समुझायेहु मृदु बानी ॥
कहौं सुभाय सपथ सत मोही। सुमुखि मातु हित राखौं तोही ॥

हे सुन्दरी ! तब-तब तुम कोमल वाणी से पुराणों की कहानियाँ सुनाकर इन्हें समझाना। हे सुमुखि ! मैं सैकड़ों सौगंद खाकर सीधे स्वभाव से कहता हूँ कि मैं तुम्हें माता के लिए ही घर पर रख रहा हूँ ॥४॥

— then comfort her, my love, with old-world tales and tender speeches. I tell you sincerely and swear it a hundred times, it is but for my mother's sake, O charming lady, that I leave you here.

दो. —गुर श्रुति संमत धरमफलु पाइअ बिनहि कलेस।
हठबस सब संकट सहे गालव नहुष नरेस ॥६१॥

(मेरी आज्ञा मानकर यहीं रह जाने से) गुरु और वेद के द्वारा सम्मत धर्म (के आचरण) का फल तुम्हें बिना कष्ट के ही मिल जाता है। हठ करने के कारण गालव मुनि और राजा नहुष सब ने संकट ही सहे (यदि हठ करोगी तो गालव और नहुष की तरह अनेक कष्ट सहने पड़ेंगे) ॥६१॥

(By staying at home in deference to my wishes) you will easily win the reward of submission to the duty which both the *guru* and the Vedas impose; through their obstinacy Galava and king Nahusha had to endure all sorts of troubles.

चौ. —मैं पुनि करि प्रवान पितुबानी। बेगि फिरब सुनु सुमुखि सयानी ॥
दिवस जात नहि लागिहि बारा। सुंदरि सिखवनु सुनहुँ हमारा ॥

हे सुमुखि ! हे सयानी ! सुनो, मैं पिताजी द्वारा दिये गए वचन को सत्य करके शीघ्र ही लौट आऊँगा। दिन बीतते देर नहीं लगती। हे सुन्दरी ! मेरे उपदेश पर ध्यान दो ! ॥१॥

Listen, my fair and sensible lady ! I shall soon return after redeeming my father's promise. The days will quickly steal away; pay heed, beauteous lady, to my advice.

जौं हठ करहु प्रेमबस बामा। तौ तुम्ह दुखु पाउब परिनामा ॥
काननु कठिन भयंकरु भारी। घोर घामु हिम बारि बयारी ॥

हे वामा ! यदि तुम प्रेमवश हठ करोगी तो अन्त में दुःख पाओगी। वन बड़ा कठिन (कष्टकर) और भयानक होता है। वहाँ की धूप, जाड़ा, वर्षा और हवा — ये सब-के-सब बड़े भयानक होते हैं ॥२॥

If, on the other hand, you persist in your obstinacy, wife, because you love me so, you will come to grief in the end. The forest is exceedingly troublesome and dreadful, with awful heat and cold and rain and wind.

कुस कंटक मग काँकर नाना। चलब पयादेहि बिनु पदत्राना ॥
चरन कमल मृदु मंजु तुम्हारे। मारग अगम भूमिधर भारे ॥

मार्ग में नाना प्रकार के कुश, काँटे और कंकड़ मिलते हैं। उनपर बिना जूतों के पैदल ही चलना पड़ेगा। तुम्हारे कमल-सरीखे चरण (अत्यन्त) कोमल और सुन्दर हैं और रास्ते में बड़े-बड़े दुर्गम पहाड़ हैं ॥३॥

The tracks are beset with prickly grass and thorns and pebbles of all kinds, and you will have to walk afoot without any protection for the feet. Your lotus feet are delicate and lovely; the paths are rough and intercepted by huge mountains.

कंदर खोह नदी नद नारे। अगम अगाध न जाहिं निहारे ॥
भालु बाघ बृक केहरि नागा। करहिं नाद सुनि धीरजु भागा ॥

गुफाएँ, खोह, नदियाँ, नद और नाले इतने अगम और गहरे हैं कि उनकी ओर देखा तक नहीं जाता। रीछ, बाघ, भेड़िये, सिंह और हाथी इतने जोर-जोर से चिंघाड़ करते हैं कि उनकी आवाज सुनकर धीरज भाग जाता है ॥४॥

Chasms there are and caverns, streams, rivers and rivulets, unapproachable and unfathomable, dreadful to behold. Bears and tigers, wolves, lions and elephants make such a roaring and howling that at the sound all fortitude melts away.

दो. —भूमि सयन बलकल बसन असनु कंद फल मूल।
ते कि सदा सब दिन मिलहिं सबुइ समय अनुकूल ॥६२॥

वहाँ धरती पर सोना, पेड़ों की छाल के वस्त्र पहनना और कन्द, मूल, फल का भोजन करना होगा। और वे भी क्या सदा सब दिन मिलते हैं ? नहीं, समय-समय पर, अनुकूल अवसर हुआ तो मिलते हैं ॥६२॥

The ground will be your bed and the bark of trees your garb; your food will be wild bulbs, fruit and roots; nor think that even these will be always available all the year round. You will get everything according to its season.

चौ. –नर अहार रजनीचर चरहीं। कपटबेष बिधि कोटिक करहीं॥
लागइ अति पहार कर पानी। बिपिनबिपति नहि जाइ बखानी॥

मनुष्यों का भोजन करनेवाले राक्षस वहाँ घूमा करते हैं। वे करोड़ों प्रकार के नकली वेश-बाने धारण कर लेते हैं। पहाड़ का पानी बहुत लगता है (पहाड़ी जलवायु का स्वास्थ्य पर बुरा प्रभाव पड़ता है)। वन के कष्टों का वर्णन नहीं किया जा सकता ॥१॥

There, too, walk men-eating demons of the night who assume a myriad deceptive forms. The water of the hills is exceedingly unwholesome; the hardships of forest life are indeed beyond all description.

ब्याल कराल बिहग बन घोरा। निसिचरनिकर नारि नर चोरा॥
डरपहिं धीर गहनसुधि आएँ। मृगलोचनि तुम्ह भीरु सुभाएँ॥

जंगल में बड़े भयंकर सर्प, बड़े डरावने पक्षी और स्त्री-पुरुषों को चुरानेवाले राक्षसों के झुंड रहते हैं। घने वन का स्मरण आते ही धीर पुरुष भी डर जाते हैं। फिर हे मृगलोचनि! तुम तो स्वभाव से ही डरपोक हो! ॥२॥

In the woods are terrible serpents and fierce wild birds and multitudes of demons who kidnap both men and women. The boldest shudder at the very thought of the forest; while you, my fawn-eyed wife, are timorous by nature.

हंसगवनि तुम्ह नहि बनजोगू। सुनि अपजसु मोहि देइहि लोगू॥
मानससलिल सुधा प्रतिपाली। जिअइ कि लवनपयोधि मराली॥

हे हंसगामिनी! तुम वन के योग्य नहीं हो। (तुम्हारा वन जाना) सुनकर लोग मुझे अपयश देंगे। मानसरोवर के अमृत-जैसे जल से जिस हंसिनी का लालन-पालन हुआ है, वह भला, खारे समुद्र के जल में कभी जी सकती है? ॥३॥

You, lady of swan-like gait, are not fit for the woods; people will revile me when they hear of it. Can the swan that has been brought up in the ambrosial flood of the Manasa lake live in the salt sea?

नव रसाल बन बिहरनसीला। सोह कि कोकिल बिपिन करीला॥
रहहु भवन अस हृदय बिचारी। चंदबदनि दुखु कानन भारी॥

नये आमों के बगीचे में विहार करनेवाली कोयल क्या करील के वन में शोभा पाती है? हे चन्द्रमुखी! हृदय में ऐसा विचारकर घर पर ही रहो। वन में बहुत कष्ट होते हैं ॥४॥

Can the cuckoo that has made merry in a young mango grove take delight in a thicket of Karila[1] bushes? Ponder this, my moon-faced bride, in your heart and stay at home; very great indeed are the hardships of the forest!

दो. –सहज सुहृद गुर स्वामि सिख जो न करइ सिर मानि।
सो पछिताइ अघाइ उर अवसि होइ हितहानि॥६३॥

स्वभाव ही से भला चाहनेवाले अपने गुरु और स्वामी की शिक्षा को जो सिर चढ़ाकर नहीं मानता, वह मन में खूब पछताता है और इससे हित की हानि अवश्य होती है ॥६३॥

He who does not reverently accept the advice of such disinterested well-wishers as his *guru* and master has his fill of remorse and surely harms himself.

चौ. –सुनि मृदु बचन मनोहर पिय के। लोचन ललित भरे जल सिय के॥
सीतल सिख दाहक भइ कैसें। चकइहि सरद चंद निसि जैसें॥

अपने प्रियतम के मीठे-मनोहर वचन सुनकर सीताजी के सुन्दर नेत्रों में जल भर आया। श्रीरामजी की यह शीतल सीख उनको उसी प्रकार जलानेवाली हुई, जिस प्रकार चकवी को शरद् ऋतु की चाँदनी रात जलानेवाली हो जाती है ॥१॥

When Sita heard these soft and winning words of her beloved lord, her bright eyes filled with tears. His soothing advice was a burning pain to her as a moon-lit autumn night is to a *chakavi.*

उतरु न आव बिकल बैदेही। तजन चहत सुचि स्वामि सनेही॥
बरबस रोकि बिलोचन बारी। धरि धीरजु उर अवनिकुमारी॥

सीताजी से उत्तर देते न बना, वे (यह सोचकर) व्याकुल हो उठीं कि पवित्र स्नेह रखनेवाले मेरे स्वामी मुझे छोड़ जाना चाहते हैं। नेत्रों के जल को जबर्दस्ती रोककर वे पृथ्वी की कन्या सीताजी हृदय में ढाढ़स बाँधकर, ॥२॥

In her distress Videha's daughter (Sita) could make no answer, but thought that her holy and loving lord wished to leave her behind. Restraining her tears perforce and plucking up courage, Earth's daughter —

लागि सासुपग कह कर जोरी। छमबि देवि बड़ि अबिनय मोरी॥
दीन्हि प्रानपति मोहि सिख सोई। जेहि बिधि मोर परम हित होई॥

सास के चरण छूकर और दोनों हाथ जोड़कर कहने लगीं – हे देवि! मेरी इस बड़ी भारी ढिठाई को क्षमा कीजिए। मेरे प्राणपति ने मुझे वही शिक्षा दी है जिससे मेरा परम हित हो ॥३॥

1. Thorny, leafless caper-bush, growing in the desert and eaten by camels.

—touched the feet of her mother-in-law and with folded hands thus spoke, 'Pardon me, lady, my great presumption; my dear lord has given me only such advice as is conducive to my best interests;

मैं पुनि समुझि दीख मन माहीं। पियबियोग सम दुखु जग नाहीं ॥

परंतु मैंने भी अपने मन में विचारकर देखा है कि पति के वियोग के समान संसार में कोई दूसरा दुःख नहीं है ॥४॥

—but I have pondered within myself and realized that there is no sorrow in the world so great as separation from a husband.

दो. —प्राननाथ करुनायतन सुंदर सुखद सुजान।
तुम्ह बिनु रघुकुल कुमुद बिधु सुरपुर नरक समान ॥६४॥

हे प्राणपति! हे दयासागर! हे सुन्दर! हे सुखों के देनेवाले! हे सुविज्ञ! हे रघुकुलरूपी कुमुद के खिलानेवाले चन्द्रमा! आपके बिना देवलोक भी मेरे लिए नरक के सदृश (दुःखदायी) है ॥६४॥

O lord of my life, abode of compassion, handsome, bounteous and wise, you who are to the house of Raghu as the moon to the lily, heaven without you would be as obnoxious as hell.

चौ. —मातु पिता भगिनी प्रिय भाई। प्रिय परिवारु सुहृद समुदाई ॥
सासु ससुर गुर सजन सहाई। सुत सुंदर सुसील सुखदाई ॥

माता, पिता, बहन, प्यारे भाई, प्यारा परिवार, मित्रगण, सास, ससुर, गुरु, स्वजन (बन्धु-बान्धव), सहायक और सुन्दर, सुशील और सुख देनेवाले पुत्र — ॥१॥

Father and mother, sisters and dear brothers, beloved kinsmen and the circle of friends, father-in-law and mother-in-law, the *guru* and relatives, helpers and even sons, however good-looking, well-behaved and congenial,

जहँ लगि नाथ नेह अरु नाते। पिय बिनु तियहि तरनिहु तें ताते ॥
तनु धनु धामु धरनि पुर राजू। पति बिहीन सबु सोकसमाजू ॥

हे नाथ! जहाँ तक स्नेह और नाते हैं (जितने स्नेही और नातेदार हैं), पति के बिना स्त्री को सभी सूर्य से भी बढ़कर तपानेवाले हैं। शरीर, धन, घर, पृथ्वी, नगर और राज्य भी पति के बिना स्त्री के लिए शोक का ही समाज है (ये सब-के-सब दुखदायी हो जाते हैं) ॥२॥

—nay, whatever ties of affection and kinship there exist, O my husband, to a woman without her husband they are far more tormenting than the scorching sun. Life, riches, home, land, city and kingdom—all these are mere accoutrements of sorrow to a woman deprived of her husband.

भोग रोग सम भूषन भारू। जमजातना सरिस संसारू ॥
प्राननाथ तुम्ह बिनु जग माहीं। मो कहुँ सुखद कतहुँ कछु नाहीं ॥

भोग रोग के समान हो जाता है, गहने बोझ मालूम होते हैं और संसार यम-यातना (प्राणान्तक कष्ट) के समान हो जाता है। हे प्राणनाथ! आपके बिना इस संसार में मेरे लिए कहीं कुछ भी सुखदायी नहीं है ॥३॥

Luxury to her is loathsome like sickness and ornaments a burden; the world is like the torments of hell. Without you, O lord of my soul, there is nothing in the world that would bring me joy.

जिअ बिनु देह नदी बिनु बारी। तइसिअ नाथ पुरुष बिनु नारी ॥
नाथ सकल सुख साथ तुम्हारें। सरद बिमल बिधु बदनु निहारें ॥

जिस प्रकार जीव के बिना देह और जल के बिना नदी (व्यर्थ है), वैसे ही हे नाथ! पुरुष के बिना स्त्री (वृथा) है। हे नाथ! मेरे सारे सुख आपके साथ रहकर आपके उस मुख को निहारने में हैं जो शरद्-पूर्णिमा के निर्मल चन्द्रमा के समान है ॥४॥

As a body bereft of life, as a river without water, so, my lord, is a woman without her husband. In your company, my husband, all are delights, as long as I can behold your countenance that vies in brightness with the immaculate autumn moon.

दो. —खग मृग परिजन नगरु बनु बलकल बिमल दुकूल।
नाथसाथ सुरसदन सम परनसाल सुखमूल ॥६५॥

हे नाथ! आपके साथ रहने पर पशु-पक्षी ही मेरे कुटुम्बी होंगे, वन ही नगर और पेड़ों की छाल ही निर्मल वस्त्र होंगे और पत्तों की बनी कुटिया ही स्वर्ग की भाँति सुखों की मूल होगी ॥६५॥

The birds and the beasts will be my kindred, the forest my city, the bark of trees my glistening robes; with my lord a hut of leaves will be as comfortable as some divine abode.

चौ. —बनदेवी बनदेव उदारा। करिहहिं सासु ससुर सम सारा ॥
कुस किसलय साँथरी सुहाईं। प्रभुसँग मंजु मनोजतुराईं ॥

उदार वनदेवी और वनदेवता ही सास-ससुर की भाँति मेरी रक्षा करेंगे। कुश और पत्तों की बनी सुन्दर साथरी (बिछौना) ही प्रभु के साथ कामदेव की मनोहर तोशक होगी ॥१॥

The gods and goddesses of the forest will graciously protect me like my own lord's parents; my lovely couch of grass and tender leaves will with my lord vie with Cupid's own beauteous bed.

कंद मूल फल अमिअ अहारू। अवध सौध सत सरिस पहारू ॥
छिनु छिनु प्रभुपद कमल बिलोकी। रहिहौं मुदित दिवस जिमि कोकी ॥

कन्द-मूल और फल ही अमृत के समान (स्वादिष्ट) भोजन होंगे और (वन के) पर्वतों को ही अयोध्या के सैकड़ों राजभवनों के समान समझूँगी। क्षण-

प्रतिक्षण प्रभु के चरण-कमलों को देख-देखकर मैं उसी प्रकार आनन्दित रहूँगी जिस प्रकार दिन में चकवी रहती है ॥२॥

Bulbs, roots and fruit will be my ambrosial repast; the mountains will be as good as hundreds of royal mansions of Ayodhya. Gazing on the lotus feet of my lord every moment, I shall be as cheerful as the *chakavi* by day.

बनदुख नाथ कहे बहुतेरे। भय बिषाद परिताप घनेरे ॥
प्रभुबियोग लवलेस समाना। सब मिलि होहिं न कृपानिधाना ॥

हे नाथ ! आपने वन के अनेक दुःख, भय, विषाद और संताप कहे। परंतु हे कृपानिधान ! वे सब मिलकर भी स्वामी (आप) के वियोग (से उत्पन्न दुःख) के लवलेश के बराबर भी नहीं हो सकते ॥३॥

You have told me, my lord, of the many hardships of the forest, its perils, woes and afflictions; but, O fountain of grace, all these put together will not be comparable to the pain of separation from a husband.

अस जिअँ जानि सुजानसिरोमनि। लेइअ संग मोहि छाड़िअ जनि ॥
बिनती बहुत करौं का स्वामी। करुनामय उर अंतरजामी ॥

हे ज्ञानियों में श्रेष्ठ ! मन में ऐसा विचारकर आप मुझे साथ ले लीजिए, यहाँ मत छोड़िए। हे स्वामी ! मैं आपसे अधिक विनती क्या करूँ ? आप करुणामय हैं और सब के हृदय की बात जाननेवाले (सर्वान्तर्यामी) हैं ॥४॥

Ponder this in your heart, O crest-jewel of wise men, and take me with you ! Abandon me not. But why make this lengthy submission, my lord ? You are all-merciful and have access to the hearts of all.

दो. –राखिअ अवध जों अवधि लगि रहत जानिअहिं प्रान।
दीनबंधु सुंदर सुखद सील सनेह निधान ॥६६॥

हे दीनबन्धु ! हे सुन्दर ! हे सुख देनेवाले ! हे शील और प्रेम के भण्डार ! यदि आप यह जानते हों कि अवधि (चौदह वर्ष) तक मेरे प्राण बचे रहेंगे, तो मुझे अयोध्या में ही छोड़ जाइए ॥६६॥

If you keep me at Ayodhya till the end of your exile, know well that my life will not endure, O friend of the afflicted, fair bestower of bliss, storehouse of amiability and affection !

चौ. –मोहि मग चलत न होइहि हारी। छिनु छिनु चरन सरोज निहारी ॥
सबहि भाँति पिय सेवा करिहौं। मारगजनित सकल श्रम हरिहौं ॥

घड़ी-घड़ी आपके चरणकमलों के दर्शन से मुझे मार्ग-जनित थकावट न होगी।[१] हे प्रियतम ! मैं भाँति-भाँति से आपकी सेवा करूँगी और राह चलने से होनेवाली सारी थकावट को दूर कर दूँगी ॥१॥

As I walk along the road, I shall know no fatigue, while every moment I behold your lotus feet. In every way I shall serve my lord and relieve him of all the toil occasioned by the journey.

पाय पखारि बैठि तरुछाहीं। करिहौं बाउ मुदित मन माहीं ॥
श्रमकन सहित स्याम तनु देखें। कहँ दुखसमउ प्रानपति पेखें ॥

वृक्षों की छाया में बैठकर, आपके चरण धोकर प्रसन्न चित्त से हवा करूँगी (पंखा झलूँगी)। पसीने को बूँदों सहित श्याम शरीर को देखकर प्राणपति को निहारते रहने से दुःख के लिए मुझे समय ही कहाँ मिलेगा ? ॥२॥

Seated in the shade of some tree, I shall lave your feet and rapturously fan you; gazing on your swarthy form beaded with sweat and casting a look on the lord of my life, can I have leisure enough to grieve ?

सम महि तृन तरुपल्लव डासी। पाय पलोटिहि सब निसि दासी ॥
बार बार मृदु मूरति जोही। लागिहि ताति बयारि न मोही ॥

समतल भूमि पर घास और वृक्षों के पत्तों का बिछौना बनाकर यह दासी सारी रात आपके चरण दबायेगी। बार-बार आपकी कोमल मूर्ति को देखने से मुझे गर्म हवा भी न लगेगी ॥३॥

Spreading grass and the leaves of trees on an even patch of ground, this handmaid of yours will press and rub your feet the whole night through, and while I gaze on your gracious form again and again, hot winds will have no effect on me.

को प्रभुसँग मोहि चितवनिहारा। सिंघबधुहि जिमि ससक सिआरा ॥
मैं सुकुमारि नाथु बनजोगू। तुम्हहिं उचित तपु मो कहुँ भोगू ॥

स्वामी के साथ रहने पर मेरी ओर आँख उठाकर देखनेवाला कौन है, जैसे सिंह की स्त्री को क्या खरगोश और सियार देख सकते हैं ? मैं सुकुमारी हूँ और नाथ वन के योग्य हैं ? क्या आपके लिए तपस्या उचित है और मेरे लिए विषय-भोग ? ॥४॥

Who can dare look at me when I am with my lord, any more than a hare or a jackal would regard a lioness ? Am I delicate and my lord fit for the forest ? Does it behove you to undergo penance and me to live in luxury ?

दो. –ऐसेउ बचन कठोर सुनि जौं न हृदउ बिलगान।
तौ प्रभु बिषम बियोग दुखु सहिहहिं पावर प्रान ॥६७॥

ऐसे कठोर वचन सुनकर भी जब मेरा कलेजा न फटा तो, हे प्रभु ! ये नीच प्राण आपके विरह के भीषण दुःख को भी सह लेंगे (ऐसा प्रतीत होता है) ॥६७॥

१. यह मनोवैज्ञानिक, लोकप्रसिद्ध सत्य है कि स्वेच्छा से किये गए कार्य में प्रेम और उत्साह होने के कारण कष्ट नहीं होता।

If my heart refuses to be rent even on hearing such cruel words, then, lord, my wretched self shall live to endure the terrible pain of separation !'

चौ. –अस कहि सीय बिकल भइ भारी । बचनबियोगु न सकी सँभारी ॥
देखि दसा रघुपति जिअ जाना । हठि राखे नहि राखिहि प्राना ॥

इतना कहते ही सीताजी बहुत व्याकुल हो गयीं । (शरीर से वियोग की बात तो अलग रही) वे वचन से भी वियोग की बात न सँभाल सकीं । उनकी यह दशा देखकर श्रीरघुनाथजी ने अपने मन में जान लिया कि बरबस छोड़ देने से यह अपने प्राण अवश्य त्याग देगी ॥१॥

So saying, Sita was overwhelmed with distress; she could not bear the mere word 'separation'. Seeing her condition, Raghunatha was convinced that if left behind against her will, she would die.

कहेउ कृपाल भानुकुलनाथा । परिहरि सोचु चलहु बन साथा ॥
नहि बिषाद कर अवसरु आजू । बेगि करहु बन गवन समाजू ॥

(इसलिए) दयालु, सूर्यकुल के स्वामी श्रीरामचन्द्रजी ने कहा कि चिन्ता छोड़ मेरे साथ वन को चलो । आज शोक मनाने का अवसर नहीं है । तुरत वन-गमन की तैयारी करो ॥२॥

Then said the gracious lord of the Solar race, 'Have done with lamentation and come with me to the forest; there is no time now for sorrowing; make haste and prepare yourself for the journey to the woods.'

कहि प्रिय बचन प्रिया समुझाई । लगे मातुपद आसिष पाई ॥
बेगि प्रजादुख मेटब आई । जननी निठुर बिसरि जनि जाई ॥

(इस प्रकार) प्रिय वचन कहकर श्रीरामचन्द्रजी ने अपनी प्रियतमा (सीताजी) को समझाया । फिर माता के पाँव पड़े और उनसे आशीर्वाद प्राप्त किया । (माताने कहा –) बेटा ! जल्दी आकर प्रजा के दुःख दूर करना और इस निठुर माता को भूल न जाना ! ॥३॥

Having consoled his beloved with these endearing words, he touched his mother's feet and received her blessing: 'Return soon,' she said, 'and relieve your subjects' pain, and forget not your heartless mother.

फिरिहि दसा बिधि बहुरि कि मोरी । देखिहौं नयन मनोहर जोरी ॥
सुदिनु सुघरी तात कब होइहि । जननी जिअत बदन बिधु जोइहि ॥

हे विधाता ! क्या मेरी दशा फिर पलटेगी ? क्या अपने नेत्रों से मैं इस मनोहर जोड़ी को फिर देख सकूँगी ? हे पुत्र ! वह सुन्दर दिन और शुभ घड़ी फिर कब आयगी जब तुम्हारी माता अपने जीते-जी तुम्हारे मुखचन्द्र को देख सकेगी ? ॥४॥

Shall the tide of my fortune ever turn, O God, that I may behold this beauteous pair with my own eyes again ? When, O my son, will that auspicious day, that blessed hour, arrive when your mother, still alive, shall see your face, fair as the moon ?

दो. –बहुरि बच्छ कहि लालु कहि रघुपति रघुबर तात ।
कबहिं बोलाइ लगाइ हियँ हरषि निरखिहौं गात ॥६८॥

हे तात ! 'वत्स' कहकर, 'लाल' कहकर, 'रघुपति' और 'रघुवर' कहकर मैं फिर कब तुम्हें बुलाकर अपने हृदय से लगाऊँगी और हर्षित होकर तुम्हारे अङ्गों को निरखूँगी ? ॥६८॥

When again shall I call you "my darling," "my child," "Raghupati" and "Raghubara," my son, and summoning you, clasp you to my bosom and gaze with joy upon your limbs ?'

चौ. –लखि सनेहकातरि महतारी । बचनु न आव बिकल भइ भारी ॥
राम प्रबोधु कीन्ह बिधि नाना । समउ सनेहु न जाइ बखाना ॥

यह देखकर कि माता स्नेह के मारे विह्वल हो गयी हैं और इतनी व्याकुल हैं कि उनके मुँह से शब्द नहीं निकलते, श्रीरामचन्द्रजी ने अनेक प्रकार से उन्हें समझाया । उस समय और उस स्नेह का वर्णन करते नहीं बनता ॥१॥

Seeing that his mother was so distraught with emotion that she was scarce able to speak and was greatly agitated, Rama did everything to console her; the pathos of that scene and the intensity of the affection (witnessed on that occasion) were beyond description.

तब जानकी सासुपग लागी । सुनिअ माय मैं परम अभागी ॥
सेवासमय दैअँ बनु दीन्हा । मोर मनोरथु सफल न कीन्हा ॥

तब जानकीजी ने सास के चरण छूए और कहा – हे माता ! सुनिए, मैं बड़ी ही अभागिन हूँ । आपकी सेवा करने के समय विधाता ने मुझे वनवास दे दिया और मेरा मनोरथ सफल न किया ॥२॥

Then Janaki threw herself at her mother-in-law's feet and said, 'I tell you, mother ! I am most hapless. Just when I should have been serving you, fate has banished me to the forest and has denied me my desire.

तजब छोभु जनि छाड़िय छोहू । करमु कठिन कछु दोसु न मोहू ॥
सुनि सियबचन सासु अकुलानी । दसा कवनि बिधि कहौं बखानी ॥

आप क्षोभ का तो त्याग कर दें, परंतु अपना स्नेह न छोड़ें । कर्म की गति कठिन है, मेरा भी कुछ दोष नहीं है । सीताजी के वचन सुनकर कौसल्याजी व्याकुल हो गयीं । उनकी उस समय की दशा का मैं (तुलसीदास) किस प्रकार वर्णन करूँ ? ॥३॥

But have done with sorrow and cease not to love me; fate is relentless and I am not to blame.' On hearing Sita's words, her mother-in-law was so deeply afflicted that I (Tulasidasa) cannot describe her plight.

बारहिं बार लाइ उर लीन्ही। धरि धीरजु सिख आसिष दीन्ही॥
अचल होउ अहिवातु तुम्हारा। जब लगि गंग जमुन जलधारा॥

बार-बार उन्होंने सीताजी को अपने हृदय से लगाया और धीरज धरकर शिक्षा दी और यह आशीर्वाद दिया कि जब तक गङ्गा और यमुना में जल की धारा बहे, तब तक तुम्हारा सुहाग भी बना रहे ॥४॥

Again and again she pressed her to her bosom and plucking up courage, thus admonished and blessed her: 'May your wedded life be as enduring as the streams of Ganga and Yamuna !'

दो.–सीतहि सासु असीस सिख दीन्हि अनेक प्रकार।
चलीं नाइ पद पदुम सिरु अति हित बारहिं बार॥६९॥

सास ने सीताजी को तरह-तरह से आशीर्वाद और शिक्षाएँ दीं सीताजी बड़े ही प्रेम से बार-बार उनके चरणकमलों में सिर नवाकर चलीं ॥६९॥

When her lord's mother had blessed and admonished Sita in various ways, she took her leave, most affectionately bowing her head again and again before her lotus feet.

चौ.–समाचार जब लछिमन पाए। ब्याकुल बिलख बदन उठि धाए॥
कंप पुलक तन नयन सनीरा। गहे चरन अति प्रेम अधीरा॥

जब लक्ष्मणजी को यह समाचार मिला, तब वे व्याकुल हो उदास-मुँह उठ दौड़े। उनका शरीर कम्पित और पुलकित हो रहा है, नेत्र सजल हो रहे हैं। प्रेम में अत्यन्त अधीर होकर उन्होंने श्रीरामजी के पाँव पकड़ लिये ॥१॥

When Lakshmana heard the news, he started up in confusion and ran with a doleful face. Trembling all over with emotion and his eyes full of tears, he clasped Rama's feet in an agony of affection.

कहि न सकत कछु चितवत ठाढ़े। मीनु दीनु जनु जल तें काढ़े॥
सोचु हृदय बिधि का होनिहारा। सबु सुखु सुकृतु सिरान हमारा॥

(लक्ष्मणजी) कुछ कह नहीं सकते, खड़े-खड़े देख रहे हैं और मानो उस मछली के समान दीन हों जो जल से निकाल दी गई हो। उनके हृदय में यह सोच है कि हे विधाता ! क्या होनेवाला है ? क्या हमारे सारे सुख और पुण्य पूरे हो गए ? ॥२॥

He was unable to speak, but stood gazing piteously, like some poor fish drawn out of the water. There was anxiety in his heart. 'O God, what is going to happen ?' he said to himself. 'Are all my happiness and past good deeds gone forever ?

मो कहुँ काह कहब रघुनाथा। रखिहहिं भवन कि लेहहिं साथा॥
राम बिलोकि बंधु कर जोरें। देह गेह सब सन तृनु तोरें॥

श्रीरघुनाथजी मुझे क्या कहेंगे ? वे मुझे घर पर रखेंगे या साथ ले चलेंगे ? श्रीरामचन्द्रजी ने शरीर तथा घर सभी से नाता तोड़े हुए[1] भाई (लक्ष्मण) को हाथ जोड़े खड़ा देखा ॥३॥

What will Raghunatha tell me to do ? Will he keep me at home or will he take me with him ?' When Rama saw his brother standing there with folded hands, renouncing life and home and all, —

बोले बचन रामु नयनागर। सील सनेह सरल सुख सागर॥
तात प्रेमबस जनि कदराहू। समुझि हृदयँ परिनाम उछाहू॥

तब नीति में निपुण और शील, स्नेह, सरलता तथा सुख के सागर श्रीरामचन्द्रजी बोले – हे तात ! तुम प्रेमवश अधीर मत होओ। अन्त में आनन्द-मंगल ही होगा, ऐसा हृदय में समझ लो ॥४॥

—he, tactful as he was and an ocean of amiability, love, artlessness and joy, addressed him thus: 'Brother, lose not your patience because you love me so; be well assured that all will be well in the end.

दो.–मातु पिता गुर स्वामि सिख सिर धरि करहिं सुभायँ।
लहेउ लाभु तिन्ह जनम कर नतरु जनमु जग जायँ॥७०॥

जो स्वभाव से ही माता, पिता, गुरु और स्वामी के उपदेश को सिर चढ़ाकर उसका पालन करते हैं, उन्हें ही संसार में जन्म लेने का फल मिला है, नहीं तो जगत् में उनका जन्म व्यर्थ है ॥७०॥

Those who reverently and unreservedly follow the advice of their father and mother, *guru* and master have reaped the fruit of their birth; otherwise their coming into this world is of no avail.

चौ.–अस जियँ जानि सुनहु सिख भाई। करहु मातु पितु पद सेवकाई॥
भवन भरतु रिपुसूदनु नाहीं। राउ बृद्ध मम दुखु मन माहीं॥

हे भाई ! मन में ऐसा विचारकर मेरी सीख सुनो और माता-पिता के चरणों की सेवा करो। (देखो), भरत और शत्रुघ्न भी घर पर नहीं हैं, महाराज वृद्ध हुए और उनके मन में (मेरे वन जाने का) दुःख है ॥१॥

Bearing this in mind, my brother, heed my advice and do service to the feet of our father and mother. Bharata and Ripusudana (Shatrughna) are not at home, and the king is aged and sorrowing for me.

१. 'सब सन तृनु तोरें' – (किसीसे) तृण तोड़ना = सम्बन्ध-विच्छेद करना, नाता तोड़ना।

मैं बन जाउँ तुम्हहि लेइ साथा। होइ सबहि बिधि अवध अनाथा॥
गुर पितु मातु प्रजा परिवारू। सब कहुँ परइ दुसह दुख भारू॥

यदि मैं तुमको साथ लेकर वन चला जाऊँ तो सभी प्रकार से अयोध्या अनाथ हो जायगी। गुरु, पिता, माता, प्रजा और परिवार सब पर दुःख का असह्य भार आ पड़ेगा॥२॥

If I go to the woods taking you with me, Avadh would be left quite masterless, and the preceptor and parents, the subjects and the kinsfolk would all be subjected to a spell of intolerable suffering.

रहहु करहु सब कर परितोषू। नतरु तात होइहि बड़ दोषू॥
जासु राज प्रिय प्रजा दुखारी। सो नृपु अवसि नरक अधिकारी॥

इसलिए तुम यहीं रहो और सब लोगों को संतुष्ट करते (समझाते) रहो। नहीं तो हे तात! बड़ा दोष लगेगा। जिसके राज्य में प्यारी प्रजा दुःखी हो, वह राजा निश्चय ही नरक का अधिकारी है॥३॥

Stay, then, to comfort them all; otherwise, brother, it will be a great sin. A king whose reign brings suffering to his beloved subjects assuredly merits hell.

रहहु तात असि नीति बिचारी। सुनत लखनु भये ब्याकुल भारी॥
सिअरे बचन सूखि गये कैसें। परसत तुहिन तामरसु जैसें॥

हे तात! ऐसी नीति विचारकर तुम यहीं रह जाओ। यह सुनते ही लक्ष्मणजी अत्यन्त व्याकुल हो गए। जिस प्रकार पाला पड़ने से कमल सूख जाता है, उसी प्रकार इन शीतल वचनों से लक्ष्मणजी भी सूख गए॥४॥

Regard this as your duty, dear brother, and stay at home.' Lakshmana felt grievously distressed on hearing this; at the sound of these chilling words he became as shrivelled as a lotus that has been touched by the frost.

दो.–उतरु न आवत प्रेमबस गहे चरन अकुलाइ।
नाथ दासु मैं स्वामि तुम्ह तजहु त काह बसाइ॥७१॥

प्रेमवश (होने के कारण) लक्ष्मणजी से उत्तर देते नहीं बनता, परन्तु व्याकुल होकर उन्होंने श्रीरामजी के चरण पकड़ लिये और कहा – हे नाथ! मैं सेवक हूँ और आप मेरे प्रभु हैं; अतः आप मुझे त्याग ही दें तो मेरा क्या वश है?॥७१॥

Overpowered by love, he could not answer, but clasped his brother's feet in anguish. 'Lord,' he said, 'I am your slave and you my master; if you abandon me, what can I do?

चौ.–दीन्हि मोहि सिख नीकि गोसाईं। लागि अगम अपनी कदराई॥
नरबर धीर धरम धुर धारी। निगम नीति कहुँ ते अधिकारी॥

हे स्वामी! आपने मुझे शिक्षा तो बड़ी नेक दी है, पर अपनी कायरता के कारण वह मुझे अगम लगी। वेद और नीति के तो वे ही श्रेष्ठ पुरुष अधिकारी हैं जो धीर और धर्म की धुरी को धारण करनेवाले हैं॥१॥

My lord, you have given me good advice; but due to my faint-heartedness I cannot take it. Only those noble men who are self-possessed and champions of virtue are fit to be taught the gospel of the Vedas and moral philosophy.

मैं सिसु प्रभु सनेह प्रतिपाला। मंदरु मेरु कि लेहिं मराला॥
गुर पितु मातु न जानउँ काहू। कहउँ सुभाउ नाथ पतिआहू॥

मैं तो प्रभु के स्नेह में पला हुआ बच्चा हूँ। भला, हंस भी कभी मन्दराचल या सुमेरु पर्वत उठा सकता है? हे नाथ! स्वभाव से ही कहता हूँ, विश्वास कीजिए, मैं (आपको छोड़) गुरु, पिता, माता किसी को भी नहीं जानता॥२॥

I am a mere child nurtured in your affection; can a swan uplift Mount Mandara or Mount Meru? I know no *guru*, nor father, nor mother, save yourself. Believe me, my lord, I speak in all sincerity!

जहँ लगि जगत सनेह सगाई। प्रीति प्रतीति निगम निजु गाई॥
मोरें सबइ एक तुम्ह स्वामी। दीनबंधु उर अंतरजामी॥

संसार में जहाँ तक स्नेह के नाते हैं, प्रेम और विश्वास है, जिनको स्वयं वेद ने गाया है – हे स्वामी! हे दीनबन्धु! हे सबके अन्तर्यामी! मेरे लिए तो वे सब केवल आप ही हैं॥३॥

All the love in the world, all claims of kinship, all affection and confidence of which the Vedas themselves have sung, for me they are all centred in you and you alone, O lord, friend of the afflicted, knower of the innermost hearts of all!

धरम नीति उपदेसिअ ताही। कीरति भूति सुगति प्रिय जाही॥
मन क्रम बचन चरनरत होई। कृपासिंधु परिहरिअ कि सोई॥

धर्म और नीति का उपदेश तो उसको देना चाहिए जिसको यश, ऐश्वर्य और सद्गति की चाह हो। किंतु जो मन, वचन और कर्म से आपके चरणों में ही अनुरक्त हो, हे दयासागर! क्या वह भी त्यागने के योग्य है?॥४॥

Piety and propriety should be taught to one who aims at glory, opulence and a noble destiny; but should he who is devoted to your feet in thought, word and deed be discarded, O ocean of grace?'

दो.–करुनासिंधु सुबंधु के सुनि मृदु बचन बिनीत।
समुझाए उर लाइ प्रभु जानि सनेह सभीत॥७२॥

करुणासागर श्रीरामचन्द्रजी ने अपने प्रिय भाई के कोमल और विनीत वचन सुनकर और उन्हें स्नेह के कारण भयभीत जानकर, हृदय से लगाकर समझाया॥७२॥

The all-compassionate Lord, on hearing these soft and polite words of his noble brother, took him to his bosom, and seeing him so affectionately dejected, thus consoled him :

चौ. –मागहु बिदा मातु सन जाई । आवहु बेगि चलहु बन भाई ॥
मुदित भये सुनि रघुबरबानी । भयेउ लाभ बड़ गइ बड़ि हानी ॥

(और कहा –) हे भाई ! तुम जाकर माताजी से विदा माँग लो और आओ, जल्दी वन को चलें । रघुनाथजी की वाणी सुनकर लक्ष्मणजी प्रसन्न हो गए । बड़ा भारी लाभ हुआ और बड़ी भारी हानि दूर हो गयी ! ॥१॥

'Go, brother, and take leave of your mother, and then come back at once and accompany me to the woods.' Lakshmana was overjoyed on hearing Raghunatha thus speak; great was his gain and a mighty loss was averted.

हरषित हृदयँ मातु पहि आए । मनहु अंध फिरि लोचन पाए ॥
जाइ जननिपग नायेउ माथा । मनु रघुनंदन जानकि साथा ॥

प्रसन्नहृदय होकर वे माता सुमित्राजी के पास आये, मानो किसी अंधे ने फिर से आँखें पा ली हों । जाकर माता के चरणों में सिर नवाया, किंतु उनका मन रघुकुल को आनन्द देनेवाले श्रीरामजी और जानकीजी के साथ था ॥२॥

He went to his mother as delighted at heart as a blind man who has recovered his sight. Approaching her, he bowed his head before her feet, but his heart was with Rama (the delighter of Raghu's race) and Janaki.

पूछे मातु मलिन मनु देखी । लखन कही सब कथा बिसेषी ॥
गई सहमि सुनि बचन कठोरा । मृगी देखि दव जनु चहुँ ओरा ॥

लक्ष्मण को उदास-मन देखकर माता (सुमित्रा) ने उनसे (कारण) पूछा । लक्ष्मणजी ने सब कथा विस्तारपूर्वक कह सुनायी । सुमित्राजी (लक्ष्मणजी के) कठोर वचनों को सुनकर ऐसी सहम गयीं जैसे हिरनी जंगल में चारों ओर आग लगी देख सहम जाती है ॥३॥

Finding him depressed in spirit, the mother asked him the reason, whereupon Lakshmana related at length the whole story. Sumitra was as alarmed to hear the unwelcome news as is a deer that sees the forest on fire all around her.

लखन लखेउ भा अनरथु आजू । एहि सनेहबस करब अकाजू ॥
मागत बिदा सभय सकुचाहीं । जाइ संग बिधि कहिहि कि नाहीं ॥

लक्ष्मणजी ने देखा कि आज अनर्थ हुआ ! ये स्नेहवश अकाज कर डालेंगी (काम बिगाड़ देंगी) । इसलिए वे विदा माँगते हुए भय के मारे सकुचाते हैं (और मन में विचार करते हैं) कि हे विधाता ! ये साथ जाने को कहेंगी या नहीं ॥४॥

Lakshmana apprehended that things would take a wrong turn that day and that his mother's affection would frustrate his plans. Timidly and hesitatingly he asked her leave to go, thinking within himself, 'O God, will she bid me accompany Rama or not ?'

दो. –समुझि सुमित्रा राम सिय रूपु सुसीलु सुभाउ ।
नृपसनेहु लखि धुनेउ सिरु पापिनि दीन्ह कुदाउ ॥७३॥

सुमित्राजी ने श्रीरामचन्द्र और सीताजी के रूप, सुन्दर शील और स्वभाव को समझकर और उनपर राजा (दशरथ) के स्नेह को देखकर अपना सिर धुन लिया और कहा कि पापिनी कैकेयी ने बुरा दाँव दिया (बुरी तरह घात लगाया) ॥७३॥

After calling to mind the beauty and amiability and noble disposition of Rama and Sita, and considering the king's affection for them, Sumitra beat her head and said that it was the wicked queen (Kaikeyi) who had played him foul !

चौ. –धीरजु धरेउ कु अवसरु जानी । सहज सुहृद बोली मृदु बानी ॥
तात तुम्हारि मातु बैदेही । पिता रामु सब भाँति सनेही ॥

स्वभाव ही से सुन्दर हृदय वाली सुमित्राजी ने बुरा समय जानकर धैर्य धारण किया और कोमल वाणी से बोलीं – हे तात ! वैदेही (सीताजी) तुम्हारी माता हैं और सब तरह से स्नेह करनेवाले श्रीरामचन्द्रजी ही तुम्हारे पिता हैं ! ॥१॥

But perceiving that this was no time for grieving, she calmed herself and, possessing as she did a naturally good heart, spoke in gentle tones, 'My dear son, Videha's daughter is your mother, and Rama, who loves you most dearly, is your father.

अवध तहाँ जहँ रामनिवासू । तहइँ दिवसु जहँ भानुप्रकासू ॥
जौं पै सीय रामु बन जाहीं । अवध तुम्हार काजु कछु नाहीं ॥

अयोध्या वहीं है जहाँ श्रीराम का निवास है ! वहीं दिन है जहाँ सूर्य का प्रकाश है ! यदि सीता-राम वन को जा ही रहे हों, तो अयोध्या में तुम्हारा कुछ भी काम नहीं ॥२॥

There is Ayodhya wherever Rama dwells; there alone is day wherever is the light of the sun. If Sita and Rama are really going to the woods, you have no business at Ayodhya.

गुर पितु मातु बंधु सुर साईं । सेइअहिं सकल प्रान की नाईं ॥
रामु प्रानप्रिय जीवन जी के । स्वारथ रहित सखा सबही के ॥

गुरु, पिता, माता, भाई, देवता और स्वामी – इन सब की सेवा प्राण की तरह करनी चाहिए । फिर श्रीरामचन्द्रजी तो प्राणों के भी प्रिय हैं, हृदय के भी जीवन हैं और स्वार्थ से परे सभी के मित्र हैं ! ॥३॥

One's *guru*, parents, brother, gods and master—all these should be cherished as one's own life, but Rama is dearer than life, the soul of our soul, and the selfless friend of all.

पूजनीय प्रिय परम जहाँ तें । सब मानिअहिं राम के नातें ॥
अस जिय जानि संग बन जाहू । लेहु तात जग जीवनलाहू ॥

(इस संसार में) जहाँ तक पूजनीय और परम प्रिय लोग हैं, वे सब रामजी के नाते ही (पूजनीय और परम प्रिय) मानने योग्य हैं । मन में ऐसा समझकर, हे पुत्र ! उनके साथ वन जाओ और जगत् में जन्म लेने का लाभ पा लो ! ॥४॥

Whosoever are worthy of adoration and most dear to us should be accounted as such only because of their association with Rama. Bearing this in mind, accompany him to the forest and receive, my son, the fruition of your existence in the world.

दो.—भूरि भाग भाजनु भयेहु मोहि समेत बलि जाउँ ।
जौं तुम्हरें मन छाड़ि छलु कीन्ह रामपद ठाउँ ॥७४॥

(हे पुत्र !) मैं बलिहारी जाती हूँ, मुझ समेत तुम बड़े ही सौभाग्य के पात्र हुए जो तुम्हारे चित्त ने छल-कपट छोड़कर श्रीराम के चरणों में स्थान प्राप्त किया है ! ॥७४॥

Bless you, my son. It is your great good fortune as well as mine, I solemnly declare, that your mind in all sincerity has made Rama's feet its home.

चौ.—पुत्रवती जुबती जग सोई । रघुपतिभगतु जासु सुतु होई ॥
नतरु बाँझ भलि बादि बिआनी । रामबिमुख सुत तें हित जानी ॥

जगत् में वही युवती पुत्रवती है जिसका पुत्र श्रीरघुनाथजी का भक्त हो । नहीं तो बाँझ रहना ही अच्छा है, उसका ब्याना (पुत्र प्रसव करना) व्यर्थ है । राम-विरोधी बेटे से उसके हित की हानि होती है (पुत्रवती युवतियाँ वे ही हैं जिनके बेटे रामभक्त हैं) ॥१॥

Only that woman is a mother in this world who has a son devoted to Raghunatha; if not, it is better to be barren; for she who deems herself fortunate in having a son hostile to Rama has given birth in vain.

तुम्हरेहि भाग रामु बन जाहीं । दूसर हेतु तात कछु नाहीं ॥
सकल सुकृत कर फलु सुत एहू । राम सीय पद सहज सनेहू ॥

तुम्हारे ही भाग्य से श्रीरामजी वन जा रहे हैं । हे तात ! दूसरा कोई कारण नहीं है । सब पुण्यों का सबसे बड़ा फल यही है कि राम-जानकी के चरणों में स्वाभाविक स्नेह हो'[१] ॥२॥

It is your good fortune that Rama goes to the forest; that, my son, is the only reason. The highest reward of all meritorious deeds is verily this—to have a spontaneous affection for the feet of Sita and Rama.

रागु रोषु इरिषा मदु मोहू । जनि सपनेहुँ इन्ह कें बस होहू ॥
सकल प्रकार बिकार बिहाई । मन क्रम बचन करेहु सेवकाई ॥

राग, रोष, ईर्ष्या, मद, मोह, इनके वश सपने में भी मत होना । सब प्रकार के विकारों का त्यागकर मन, वचन और कर्म से सेवा करना । (गृह के प्रति राग, कैकेयी के प्रति रोष, भरत के प्रति ईर्ष्या, अपने गुणों के प्रति मद और श्रीराम के प्रति मोह को अपने हृदय में स्थान न देना ।) ॥३॥

Never for one moment yield to lust, or passion, or envy, or arrogance, or infatuation; but avoid all such vices and serve them (Sita and Rama) in thought and word and deed.

तुम्ह कहुँ बन सब भाँति सुपासू । सँग पितु मातु रामु सिय जासू ॥
जेहिं न रामु बन लहहिं कलेसू । सुत सोइ करेहु इहइ उपदेसू ॥

जिसके साथ श्रीरामजी और सीताजी पिता-माता हैं, उसको तो वन में सभी प्रकार का आराम है । हे पुत्र ! तुम वही करना जिससे श्रीरामचन्द्रजी वन में क्लेश न पावें, यही मेरा उपदेश है ॥४॥

For you the forest will be a place of pure delight, for you will have with you Rama and Sita, your father and mother. Take care, my son, that Rama suffers no trouble in the woods: this is my admonition.

छं.—उपदेसु येहु जेहिं तात तुम्हरें रामु सिय सुखु पावहीं ।
पितु मातु प्रिय परिवारु पुर सुख सुरति बन बिसरावहीं ॥
तुलसी प्रभुहि सिख देइ आयसु दीन्ह पुनि आसिष दई ।
रति होउ अबिरल अमल सिय रघुबीर पद नित-नित नई ॥

हे तात ! मेरा यही उपदेश है कि तुम्हारे साथ जाने से श्रीरामजी और सीताजी सुख पावें और पिता, माता, प्रिय परिवार तथा नगर के सुखों की याद भूल जायँ । तुलसीदासजी कहते हैं कि सुमित्राजी ने इस प्रकार अपने पुत्र (श्रीलक्ष्मणजी) को उपदेश देकर वन जाने की आज्ञा दी और फिर यह आशीर्वाद दिया कि श्रीराम-जानकी के चरणों में तुम्हारा विशुद्ध एवं प्रगाढ़ प्रेम दिन-प्रतिदिन नया हो !

Yes, this is my admonition to you, my son; see to it that Rama and Sita are happy and in the forest forget to remember their father and mother, their friends and relatives and all the enjoyments of the city.' Thus she instructed her son, says Tulasidasa, and once more blessed him and gave him leave (to accompany Rama), saying, 'May your devotion to the feet of Sita and Rama be constant and selfless and ever new !'

---

१. द्रष्टव्य : "जहँ लगि साधन बेद बखानी । सबकर फल हरि भगति भवानी ॥" आगे भरतजी भी कहते हैं : "अहह धन्य लछिमन बड़भागी । राम पदारबिंद अनुरागी ॥" माता को श्रीरामचन्द्रजी के यथार्थ स्वरूप का सही-सही बोध है ।

सो. –मातुचरन सिरु नाइ चले तुरत संकित हृदय ।
बागुर बिषम तोराइ मनहुँ भाग मृगु भागबस ॥७५॥

माता के चरणों में सिर नवाकर, हृदय में डरते हुए[1] लक्ष्मणजी झट इस तरह चल पड़े जैसे कोई हिरण भाग्यवश कठिन फंदे को तुड़ाकर भाग निकला हो ॥७५॥

Having bowed his head before his mother's feet, Lakshmana departed in haste, anxious at heart, as flies a hapless deer that has by good fortune broken through a perilous snare.

चौ. –गये लखनु जहँ जानकिनाथू । भे मन मुदित पाइ प्रियसाथू ॥
बंदि राम सिय चरन सुहाये । चले संग नृपमंदिर आये ॥

तब लक्ष्मणजी वहाँ गये जहाँ श्रीरामचन्द्रजी थे; और प्रिय का साथ पाकर मन में प्रसन्न हुए । श्रीराम-सीता के सुहावने चरणों की वन्दना करके वे साथ चल पड़े और राजभवन में आये ॥१॥

Lakshmana went straight to Janaki's lord, Rama, glad at heart to find himself in the company of his dear brother. He bowed to the beauteous feet of Rama and Sita and accompanied them to the king's palace.

कहहिं परसपर पुर नर नारी । भलि बनाइ बिधि बात बिगारी ॥
तन कृस मन दुख बदन मलीनें । बिकल मनहुँ माखी मधु छीनें ॥

नगर के स्त्री-पुरुष आपस में कह रहे हैं कि विधाता ने बनी-बनायी बात बिगाड़ दी । उनके शरीर दुबले, मन दुःखी और मुख उदास हो रहे हैं । वे ऐसे विकल हैं जैसे शहद के छिन जाने से मक्खियाँ व्याकुल हो जाती हैं । (रामराज्याभिषेक-रूपी) मधु छिन गया, इसलिए मधुमक्खियों की तरह प्रजा इधर-उधर भनभना रही है ।) ॥२॥

The men and women of the city were saying to one another, 'How strange that God has marred the plan he devised so propitious at the beginning !' With emaciated bodies, sorrowful hearts and doleful faces, they felt as miserable as bees robbed of their honey.

कर मीजहिं सिरु धुनि पछिताहीं । जनु बिनु पंख बिहग अकुलाहीं ॥
भइ बड़ि भीर भूपदरबारा । बरनि न जाइ बिषादु अपारा ॥

सब लोग हाथ मलते और सिर धुन-धुनकर पछताते हैं, मानो बिना पंख के पक्षी व्याकुल हो रहे हों ।[2] राजद्वार पर[3] बड़ी भीड़ इकडी हो गई । उस अपार विषाद का वर्णन नहीं किया जा सकता ॥३॥

१. 'संकित हृदय' इसलिए कि समाचार पाकर कहीं उर्मिला न आ जायँ और साथ वन जाने के लिए हठ न करने लगें । स्त्री कठिन जाल होती है, माँ नहीं ।
२. छोटों की उपमा मक्खियों से दी गई थी; बड़ों की उपमा पक्षियों से देते हैं ।
३. 'दरबार' राजद्वार के अर्थ में भी प्रयुक्त होता है । 'मानस' के कई स्थलों पर इसका प्रयोग राजद्वार के ही अर्थ में हुआ है ।

They wrung their hands and beat their heads and lamented, distressed like birds that have been clipt of their wings. A huge crowd had gathered at the entrance of the royal palace, and there was grief immeasurable, beyond all telling.

सचिव उठाइ राउ बैठारे । कहि प्रिय बचन रामु पगु धारे ॥
सिय समेत दोउ तनय निहारी । ब्याकुल भएउ भूमिपति भारी ॥

'श्रीरामजी पधारे हैं', ऐसे प्रिय वचन कहकर मन्त्री ने राजा को उठाकर बिठाया । सीता-सहित दोनों पुत्रों को (वन के लिए तैयार) देखकर राजा को भारी व्याकुलता हुई ॥४॥

The minister (Sumantra) raised the king and seated him, with the agreeable news that Rama had arrived. When he saw his two sons with Sita, the king's distress was profound.

दो. –सीय सहित सुत सुभग दोउ देखि देखि अकुलाइ ।
बारहिं बार सनेहबस राउ लेइ उर लाइ ॥७६॥

सीताजी-सहित दोनों सुन्दर पुत्रों को देख-देखकर महाराज आकुल होते हैं और प्रेम के वश होकर बार-बार उन्हें छाती से लगा लेते हैं ॥७६॥

He was troubled as he gazed and gazed at his two handsome sons and Sita, and clasped them to his bosom time after time in an agony of love.

चौ. –सकै न बोलि बिकल नरनाहू । सोकजनित उर दारुन दाहू ॥
नाइ सीसु पद अति अनुरागा । उठि रघुबीर बिदा तब मागा ॥

महाराज व्याकुल हैं, वे कुछ बोल नहीं सकते; उनके हृदय में शोक से उत्पन्न हुआ भयानक दाह हो रहा है ।[1] तब अत्यन्त प्रेम से चरणों में सिर नवाकर श्रीरामचन्द्रजी ने उठकर विदा माँगी – ॥१॥

In his agitation the king could not speak; a burning pain, caused by anguish of heart, overmastered him. Most affectionately bowing his head before his father's feet, Ramachandra then rose and begged permission to depart.

पितु असीस आयसु मोहि दीजै । हरषसमय बिसमउ कत कीजै ॥
तात कियें प्रिय प्रेम प्रमादू । जसु जग जाइ होइ अपबादू ॥

हे पिताजी ! मुझे आशीर्वाद और (वन जाने की) आज्ञा दीजिए । हर्ष के समय आप शोक क्यों करते हैं ? हे तात ! प्रिय के प्रेमवश प्रमाद (कर्तव्यकर्म में त्रुटि) करने से संसार में आपका यश नष्ट हो जायगा और अयश होगा (निन्दा होगी) ! ॥२॥

'Father, give me your blessing and commands; why should you be so dismayed at this hour of rejoicing ? By swerving from the path of duty due to

१. दाह होने पर मनुष्य कराहता है, किन्तु दारुण दाह में कराहते भी नहीं बनता । इसलिए कहा – 'सकै न बोलि बिकल नरनाहू' ।

attachment to any beloved object, dear father, one's honour is lost and disgrace incurred.'

सुनि सनेहबस उठि नरनाहाँ। बैठारे रघुपति गहि बाहाँ॥
सुनहुँ तात तुम्ह कहुँ मुनि कहहीं। रामु चराचरनायकु अहहीं॥

यह सुनकर स्नेहवश राजा उठ खड़े हुए। उन्होंने श्रीरघुनाथजी की बाँह पकड़कर बिठा लिया और कहा कि हे तात! सुनो, तुम्हारे सम्बन्ध में मुनिलोग कहते हैं कि श्रीराम चराचर के मालिक हैं॥३॥

At this the king, still under the spell of love, got up and, holding Raghunatha by the arm, drew him to a seat and said, 'Listen, my boy; of you the sages say that Rama is the Lord of all creation, animate or inanimate.

सुभ अरु असुभ करम अनुहारी। ईसु देइ फलु हृदयँ बिचारी॥
करै जो करमु पाव फलु सोई। निगम नीति अस कह सबु कोई॥

शुभ और अशुभ कर्मों के अनुसार ईश्वर हृदय में विचारकर फल देता है और जो कर्म करता है वही फल पाता है। ऐसी ही वेद की नीति है, यह सर्वसम्मत सिद्धान्त है॥४॥

God requites our actions according as they are good or bad, weighing them in the scale of his judgment; the doer reaps the fruit of his own doings : such is the Vedic principle and the verdict of mankind.

दो.–औरु करइ अपराधु कोउ और पाव फलभोगु।
अति बिचित्र भगवंतगति को जग जानइ जोगु॥७७॥

(किन्तु यह मेरा नहीं, ईश्वर का प्रमाद है कि अपराधिनी कैकेयी तुम-जैसे निरपराध को वन भेज रही है!) अपराध तो कोई और ही करे और उसके फल का भोग कोई और ही पावे। भगवान् की लीला बड़ी ही विचित्र है, संसार में उसके जानने योग्य कौन है?॥७७॥

But in this case we find that one commits the offence and another reaps the fruit; most mysterious are the ways of the Blessed Lord. Who in the world can comprehend them ?' (Kaikeyi is now the offender sitting in judgment on an innocent person like you and banishing you to the woods; she commits the crime and you suffer the penalty.)

चौ.–राय राम राखन हित लागी। बहुत उपाय किये छलु त्यागी॥
लखी रामरुख रहत न जाने। धरमधुरंधर धीर सयाने॥

राजा ने श्रीरामचन्द्रजी को रखने के लिए छल छोड़कर[1] बहुत उपाय किये। पर जब उन्होंने धर्मधुरन्धर, धीर और बुद्धिमान् श्रीरामजी का रुख देख लिया और समझ लिया कि वे नहीं रहेंगे,॥१॥

The king in his anxiety to detain Rama tried every honest expedient, but when he discovered Rama's intention and saw that he was bent on going, a champion of righteousness, strong-minded and foresighted as he was,

तब नृप सीय लाइ उर लीन्ही। अति हित बहुत भाँति सिख दीन्ही॥
कहि बन के दुख दुसह सुनाए। सासु ससुर पितु सुख समुझाए॥

तब राजा ने सीताजी को हृदय से लगा लिया और बड़े प्रेम से अनेक प्रकार की शिक्षाएँ दीं। वन के दुःसह दुःखों को कह सुनाया। फिर सास, ससुर तथा पिता के (साथ रहकर उनकी सेवा करने के) सुखों को समझाया॥२॥

—the king clasped Sita to his bosom and most lovingly admonished her in every possible way, telling her of all the unendurable hardships of forest life and reminding her of the comforts she might enjoy if she chose to stay with her husband's parents or at her father's house.

सियमनु रामचरन अनुरागा। घरु न सुगमु बनु बिषमु न लागा॥
औरउ सबहिं सीय समुझाई। कहि कहि बिपिनबिपति अधिकाई॥

लेकिन सीताजी का मन तो श्रीरामचन्द्रजी के चरणों में अनुरक्त था! इसलिए उन्हें घर (पर रहना) अच्छा नहीं लगा और न वन भयानक। फिर और सब लोगों ने भी वन की विपत्तियों को बढ़ा-चढ़ाकर वर्णन करते हुए सीताजी को समझाया॥३॥

But Sita's soul was attached to Rama's feet; neither home seemed attractive to her nor the forest repulsive. Everyone else too warned Sita with stories of the manifold troubles to be encountered in the forest.

सचिवनारि गुरनारि सयानी। सहित सनेह कहहिं मृदु बानी॥
तुम्ह कहुँ तौ न दीन्ह बनबासू। करहु जो कहहिं ससुर गुर सासू॥

मन्त्री सुमन्त्र और गुरु वसिष्ठ की चतुर स्त्रियाँ स्नेह के साथ कोमल वाणी से कहती हैं[1] कि तुमको तो (राजा ने) वनवास दिया नहीं है, इसलिए तुम वही करो जो ससुर, गुरु और सास कहें॥४॥

The minister's (Sumantra's) wife and the *guru*'s—both prudent dames—lovingly and tenderly said, 'Nobody has exiled you to the forest; do as you are bidden by your lord's parents and the *guru*.'

१. श्रीरामचन्द्रजी को रखने के लिए राजा ने पहले जो उपाय किये थे, उनमें छल था। वे चाहते थे कि मैं रामजी को रहने के लिए न कहूँ, वे स्वयं जाने को तैयार न हों। अब उन्होंने देख लिया कि छल से काम चलने का नहीं।

१. जब पुरुषों के समझाने का प्रभाव न पड़ा तब मंत्री और गुरुजनों की स्त्रियाँ सीताजी को समझाती हैं। (गुरु वसिष्ठजी की पत्नी अरुन्धती भी इन स्त्रियों में सम्मिलित थीं।)

दो. –सिख सीतलि हित मधुर मृदु सुनि सीतहि न सोहानि ।
सरद चंद चंदिनि लगत जनु चकई अकुलानि ॥७८॥

सीताजी को यह शीतल, हितकारी, मधुर और कोमल सीख सुनने पर अच्छी नहीं लगी । जिस तरह शरद् ऋतु के चन्द्रमा की चाँदनी लगते ही चकवी व्याकुल हो उठती है, उसी तरह सीताजी भी व्याकुल हो गईं । (चाँदनी रात मनुष्यों के लिए सुहावनी होती है, चकवी के लिए नहीं, क्योंकि उसमें पति का विछोह होता है । शरद् की चाँदनी रात तो और भी दाहक होती है ।) ॥७८॥

This advice, soothing, friendly, agreeable and tender though it was, did not sound pleasing to Sita's ears; she was only troubled by it, like the *chakavi* when touched by the rays of the autumn moon.

चौ. –सीय सकुचबस उतरु न देई । सो सुनि तमकि उठी कैकेई ॥
मुनि पट भूषन भाजन आनी । आगें धरि बोली मृदु बानी ॥

संकोचवश सीताजी उत्तर नहीं देतीं । यह सुनकर कैकेयी तमक उठी ।[1] उसने मुनियों के वस्त्र, आभूषण और बर्तन (कमण्डलु आदि) लाकर (श्रीरामजी के) आगे रख दिये और मीठी वाणी से कहा– ॥१॥

Sita was too embarrassed to make any reply. But Kaikeyi flared up on hearing it, and bringing hermits' robes and ornaments and vessels, she placed them before Rama and addressed him in soft accents,—

नृपहि प्रानप्रिय तुम्ह रघुबीरा । सील सनेह न छाड़िहि भीरा ॥
सुकृतु सुजसु परलोकु नसाऊ । तुम्हहि जान बन कहिहि न काऊ ॥

हे रघुवीर ! तुम राजा को प्राणों के समान प्रिय हो । यह भीड़ जो इकट्ठी है, शील, स्नेह का दिखावा करती ही रहेगी (अथवा भीरु राजा शील और स्नेह छोड़ना नहीं चाहते) । पुण्य, सुन्दर यश और परलोक भले ही नष्ट हो जायँ, पर वे कभी भी तुम्हें वन जाने को न कहेंगे ॥२॥

'You are dear to the king as life itself, O hero of Raghu's line; he is too soft to rid himself of his scruple and love, and will sooner forfeit his virtue, fair fame and his happiness in the other world than ask you to go to the forest.

अस बिचारि सोइ करहु जो भावा । राम जननिसिख सुनि सुखु पावा ॥
भूपहि बचन बान सम लागे । करहिं न प्रान पयान अभागे ॥

ऐसा विचारकर जो तुम्हें अच्छा लगे, वही करो । माता (कैकेयी) की सीख सुनकर श्रीरामचन्द्रजी ने बड़ा सुख पाया । राजा को ये वचन बाण-से लगे । वे कहने लगे – हाय ! मेरे अभागें प्राण (अब भी) नहीं निकल भागते ! ॥३॥

Bear this in mind and do as you please.' Rama rejoiced to hear the queen's admonition, but her words pierced the king like arrows. 'Will my wretched life never depart ?' he said to himself.

लोग बिकल मुरुछित नरनाहू । काह करिअ कछु सूझ न काहू ॥
रामु तुरत मुनिबेषु बनाई । चले जनक जननी सिरु नाई ॥

लोग विकल हो उठे, राजा मूर्च्छित हो गए । किसी को (यह) नहीं सूझता कि क्या करें । इधर श्रीरामचन्द्रजी ने तुरत मुनि का वेष धारण कर लिया और वे पिता-माता को सिर नवाकर चल पड़े ॥४॥

The people felt much distressed and the king fainted outright; nobody knew what to do. But Rama at once dressed himself as an anchorite and bowing his head to his parents, went forth.

दो. –सजि बन साजु समाजु सबु बनिता बंधु समेत ।
बंदि बिप्र गुर चरन प्रभु चले करि सबहि अचेत ॥७९॥

वन का सब साज-सामान सजकर (श्रीरामचन्द्रजी) पत्नी और भाई सहित ब्राह्मणों और गुरु के चरणों की वन्दना कर तथा सबको अचेत कर चले ॥७९॥

Having gathered together all that was needful for a journey to the forest, the Lord with his spouse and brother bowed to the feet of the Brahmans and the *guru* (Vasishtha) and set forth, leaving everyone in bewilderment.

चौ. –निकसि बसिष्ठद्वार भये ठाढ़े । देखे लोग बिरह दव दाढ़े ॥
कहि प्रिय बचन सकल समुझाए । बिप्रबृंद रघुबीर बोलाए ॥

वे निकलकर वसिष्ठजी के दरवाजे पर खड़े हुए ।[1] वहाँ देखा कि सब लोग विरह के दावानल में झुलसे हुए हैं । प्रिय वचन कहकर उन्होंने सबको समझाया, फिर श्रीरघुवीर ने ब्राह्मण-मंडली को बुलाया ॥१॥

He passed out of the palace and stood at Vasishtha's door and found the people consumed with the anguish of separation. With words of affection Raghubira consoled them all and then summoned all the Brahmans.

गुर सन कहि बरषासन दीन्हे । आदर दान बिनय बस कीन्हे ॥
जाचक दान मान संतोषे । मीत पुनीत प्रेम परितोषे ॥

गुरुजी से कहकर (ब्राह्मणों को) वर्षभर के लिए भोजन दिया और उन्हें

१. कुलवधू सीताजी शीलवती हैं, उनके संकोचवश होने का कारण उपस्थित जनसमाज है । इतने बड़े जनसमूह के सामने वे कैसे उत्तर दें ? कैकेयी चाहती है कि सीता भी राम के साथ चली जाय । तभी सम्भवतः राम वन से न लौटें । लोगों की शिक्षा पर कैकेयी का यह तमकना स्वाभाविक है ।

१. गुरु के घर से ही प्रस्थान उचित था । उन्होंने सोचा कि ऐसा न हो कि कुछ दूर जाने पर गुरु की आज्ञा लेकर कोई पहुँचे और कहे कि लौट चलो । उनको लौटानेवाला केवल गुरु का आदेश ही बच रहा था ।

आदर, दान तथा विनती से वशीभूत कर लिया। तत्पश्चात् याचकों को दान और सम्मान से संतुष्ट किया, मित्रों को पवित्र प्रेम से प्रसन्न किया। (वन में दान के लिए अन्न नहीं मिलेगा, इसलिए विप्रों को वर्षासन दिया। एक वर्ष से अधिक के लिए अन्न रखने की आज्ञा ब्राह्मणों को शास्त्र नहीं देते। याचकों को दान देनेवाले श्रीमान् तो अनेक हैं, पर उनको सम्मान देनेवाले विरल होते हैं। सम्मान का दान ही सबसे बड़ा दान है।) ॥२॥

He requested the *guru* to give them a year's provision and captivated their hearts by his courtesy, gift and humility. He gratified the mendicants with gifts and honours and comforted his friends with demonstrations of affection.

दासी दास बोलाइ बहोरी। गुरहि सौंपि बोले कर जोरी॥
सब कै सार सँभार गोसाईं। करषि जनक जननी की नाईं॥

फिर (रामचन्द्रजी ने) दास-दासियों को बुलाया। उन्हें गुरुजी को सुपुर्दकर हाथ जोड़कर कहा कि हे स्वामी! इनकी देखभाल माता-पिता की तरह कीजिएगा! ॥३॥

Next, he summoned his men-servants and maid-servants and entrusting them to the care of his *guru*, spoke to him with folded hands, 'My lord, look after them and be to them as their own father and mother.

बारहिं बार जोरि जुग पानी। कहत रामु सब सन मृदु बानी॥
सोइ सब भाँति मोर हितकारी। जेहिं तें रहइ भुआल सुखारी॥

बार-बार दोनों हाथों को जोड़कर रामजी सबसे कोमल वाणी कहते हैं कि वही मेरा सब प्रकार से हितकारी होगा, जिससे महाराज सुखी रहें ॥४॥

Again and again Rama folded his hands and addressed each one present there in gentle tones : 'He alone is my best friend who endeavours to make the monarch happy.

दो. —मातु सकल मोरें बिरहँ जेहिं न होहिं दुखदीन।
सोइ उपाउ तुम्ह करेहु सब पुरजन परम प्रबीन॥८०॥

हे परम चतुर पुरवासियों! आप सब वही उपाय कीजिएगा जिससे मेरी सभी माताएँ मेरे विरह के दुःख से दुःखी न हों ॥८०॥

So act, O all you thoughtful and considerate citizens, that none of my mothers is smitten with grief at my absence.'

चौ. —येहि बिधि राम सबहि समुझावा। गुरपद पदुम हरषि सिरु नावा॥
गनपति गौरि गिरीसु मनाई। चले असीस पाइ रघुराई॥

इस प्रकार श्रीरामजी ने सबको समझाया। गुरुजी के चरण-कमलों में हर्षित होकर सिर नवाया और गणेश, पार्वती और महेश को मनाकर तथा आशीर्वाद पाकर श्रीरामजी चल पड़े ॥१॥

Thus did Rama exhort them all and cheerfully bowed his head before his *guru*'s lotus feet. Invoking Ganesha, Gauri (Parvati) and Mahesha, Rama set forth with their blessing.

रामु चलत अति भयेउ बिषादू। सुनि न जाइ पुर आरतनादू॥
कुसगुन लंक अवध अति सोकू। हरष बिषाद बिबस सुरलोकू॥

श्रीरामजी के चलने के समय बड़ा भारी विषाद हुआ। नगर का आर्तनाद सुना नहीं जाता था। लङ्का में अपशकुन होने लगे, अयोध्या में अत्यन्त शोक छा गया। देवलोक में सब हर्ष और विषाद के वश हो गए। (हर्ष इसलिए कि अब राक्षसों का नाश होगा और विषाद इसलिए कि अयोध्यावासी आर्तनाद कर रहे हैं।) ॥२॥

As he sallied forth, there was great lamentation and a mournful wailing throughout the city, terrible to hear. Evil omens appeared in Lanka, and Ayodhya was plunged in grief, while mingled joy and sorrow possessed the hosts of heaven.

गइ मुरुछा तब भूपति जागे। बोलि सुमंत्रु कहन अस लागे॥
रामु चले बन प्रान न जाहीं। केहि सुख लागि रहत तन माहीं॥

जब मूर्च्छा दूर हुई, तब राजा जागे और सुमन्त्र को बुलाकर इस प्रकार कहने लगे कि श्रीराम तो वन को चले, पर मेरे प्राण नहीं जाते। (न जाने ये) किस सुख के लिए शरीर में टिके हुए हैं! ॥३॥

When the spell of unconsciousness broke, the king awoke to life and calling Sumantra, thus began, 'Rama has gone to the forest, and yet my life flits not.

एहि तें कवन ब्यथा बलवाना। जो दुखु पाइ तजहिं तनु प्राना॥
पुनि धरि धीर कहै नरनाहू। लै रथु संग सखा तुम्ह जाहू॥

इससे बढ़कर और कौन-सी व्यथा बलवती हो सकती है, जिससे दुःख पाकर प्राण शरीर को छोड़ देंगे? फिर धैर्य धरकर राजा ने कहा कि हे मित्र! तुम रथ लेकर राम के साथ जाओ! ॥४॥

I wonder what joy it hopes to get by still clinging to this body? What more grievous pain than this can my soul endure to draw my breath out of my body?' Then, composing himself, the king said, 'Follow him, my friend, with your chariot.

दो. —सुठि सुकुमार कुमार दोउ जनकसुता सुकुमारि।
रथ चढ़ाइ देखराइ बनु फिरेहु गयें दिन चारि॥८१॥

दोनों कुमार अत्यन्त सुकुमार हैं और जानकी भी सुकुमारी हैं। उन्हें रथ में चढ़ाकर, वन दिखलाकर चार दिनों में लौट आना; ॥८१॥

Very delicate are the two princes, and Janaka's daughter, too, is delicate; take them up into the chariot, show them the forest, and after four days return.

चौ. –जौं नहि फिरहिं धीर दोउ भाई। सत्यसंध दृढ़ब्रत रघुराई॥
तौ तुम्ह बिनय करेहु कर जोरी। फेरिअ प्रभु मिथिलेसकिसोरी॥

यदि धैर्यवान् दोनों भाई न फिरें – क्योंकि श्रीरघुनाथजी प्रण के सच्चे और दृढ़व्रत हैं – तो तुम हाथ जोड़कर विनय करना और कहना कि हे प्रभो! मिथिलेशकुमारी सीताजी को तो लौटा दीजिए! ॥१॥

If the two brothers are determined not to return,—for Raghunatha is true to his word and firm of resolve,—then do you entreat him with folded hands: "Send back, my lord, the daughter of Mithila's king."

जब सिय कानन देखि डेराई। कहेहु मोरि सिख अवसरु पाई॥
सासु ससुर अस कहेउ सँदेसू। पुत्रि फिरिअ बन बहुत कलेसू॥

जब सीता वन को देखकर डरें तब अवसर पाकर मेरी यह शिक्षा कहना कि सास-ससुर ने यह संदेश कहलाया है कि हे बेटी! तुम लौट चलो, वन में बड़ा क्लेश है; ॥२॥

When Sita is frightened at the sight of the forest, avail yourself of that opportunity and tell her my instructions : "The parents of your husband have sent this message to you: 'Return home, my daughter; there are many perils in the forest.

पितुगृह कबहुँ कबहुँ ससुरारी। रहेहु जहाँ रुचि होइ तुम्हारी॥
येहि बिधि करेहु उपायकदंबा। फिरइ त होइ प्रान अवलंबा॥

कभी पिता के घर, कभी ससुराल, जहाँ तुम्हारी रुचि हो, वहीं रहना। इस भाँति तुम बहुत से उपाय करना। यदि सीताजी लौट आवें तो मेरे प्राणों को सहारा मिल जाय! ॥३॥

You can stay at your pleasure now with your own father, now with your husband's parents.' So try every means to bring her back; if she returns, it will be the succour of my life;

नाहि त मोर मरनु परिनामा। कछु न बसाइ भयें बिधि बामा॥
अस कहि मुरुछि परा महि राऊ। राम लखनु सिय आनि देखाऊ॥

नहीं तो इसका परिणाम मेरी मृत्यु ही है। विधाता के विपरीत होने से कुछ वश नहीं चलता। हा! राम, लक्ष्मण और सीता को लाकर दिखला दो! ऐसा कहकर राजा मूर्च्छित होकर पृथ्वी पर गिर पड़े ॥४॥

—if not, all this will end in my death; nothing avails against an adverse fate!' So saying, the king fell to the ground in a swoon, exclaiming, 'O bring back Rama and Lakshmana and Sita and show them to me!'

दो. –पाइ रजायसु नाइ सिरु रथु अति बेग बनाइ।
गयेउ जहाँ बाहेर नगर सीय सहित दोउ भाइ॥८२॥

(सुमन्त्रजी) राजा की आज्ञा पाकर, सिर नवाकर और बहुत जल्दी रथ जोतकर वहाँ गये जहाँ नगर के बाहर सीता-सहित दोनों भाई थे ॥८२॥

Having received the king's commands, Sumantra bowed his head to him and got ready a most swift chariot, and went to the outskirts of the city, where Sita and the two princely brothers were.

चौ. –तब सुमंत्र नृपबचन सुनाए। करि बिनती रथ रामु चढ़ाए॥
चढ़ि रथ सीय सहित दोउ भाई। चले हृदय अवधहि सिरु नाई॥

तब सुमन्त्र ने राजा के वचन सुनाये और विनती करके रामजी को रथ पर चढ़ाया। सीताजी सहित दोनों भाई रथ पर चढ़कर हृदय में अयोध्या को प्रणामकर चले ॥१॥

Then Sumantra declared to them the king's message and with humble submission persuaded Rama to mount the chariot. The two brothers mounted the chariot with Sita, and mentally bowing their heads to Ayodhya, set out on their journey.

चलत रामु लखि अवध अनाथा। बिकल लोग सब लागे साथा॥
कृपासिंधु बहु बिधि समुझावहिं। फिरहिं प्रेमबस पुनि फिरि आवहिं॥

श्रीरामचन्द्रजी को जाते और अयोध्या को अनाथ होती देख लोग व्याकुल होकर साथ लग गए। दयासागर श्रीरामजी उन्हें बहुत तरह से समझाते हैं तो वे लौट पड़ते हैं, परंतु प्रेम के अधीन हो पुनः लौट आते हैं ॥२॥

When the people saw Rama set out and Avadh left desolate, they began confusedly to follow him. The gracious Lord used every means to dissuade them, and they turned homewards, but overmastered by their affection, they came back again.

लागति अवध भयावनि भारी। मानहु कालराति अँधिआरी॥
घोर जंतु सम पुर नर नारी। डरपहिं एकहि एक निहारी॥

अब अयोध्या बहुत डरावनी लगती है, मानो वहाँ अँधेरी कालरात्रि ही (छायी) हो। नगर के स्त्री-पुरुष डरावने जन्तुओं के समान एक-दूसरे को देखकर डर रहे हैं ॥३॥

Avadh appeared to them as dismal and oppressive as the dark night of Doom; the citizens looked like ghastly beasts and were frightened to see one another.

घर मसान परिजन जनु भूता। सुत हित मीत मनहुँ जमदूता॥
बागन्ह बिटप बेलि कुँभिलाहीं। सरित सरोवर देखि न जाहीं॥

(अयोध्या के) घर मानो श्मशान हैं, कुटुम्बी लोग मानो भूत-प्रेत हैं और

पुत्र, हितैषी तथा मित्र मानो यमराज के दूत हैं। बगीचों में वृक्ष और बेलें कुम्हला रही हैं। नदी-तालाब तो देखे तक नहीं जाते ॥४॥

Their homes appeared like so many crematories, their retainers like ghosts, and their sons and intimates and friends like messengers of death. The trees and creepers in the gardens withered; streams and lakes repelled the eyes.

दो.—हय गय कोटिन्ह केलिमृग पुरपसु चातक मोर।
पिक रथांग सुक सारिका सारस हंस चकोर ॥८३॥

करोड़ों घोड़े, हाथी, खेलने के लिए पाले हुए हिरन, नगर के पशु, पपीहे, मोर, कोयल, चकवे, तोते, मैना, सारस, हंस और चकोर— ॥८३॥

The numberless horses and elephants, animals kept for pleasure, urban cattle, cuckoos and peacocks, koels, *chakavas*, parrots and mainas, cranes, swans and partridges—

चौ.—रामबियोग बिकल सब ठाढ़े। जहँ तहँ मनहु चित्र लिखि काढ़े ॥
नगरु सफल बनु गहबर भारी। खग मृग बिपुल सकल नर नारी ॥

रामजी के वियोग में विकल हुए सब जहाँ-तहाँ खड़े हैं, मानो चित्र में लिखकर बनाये हुए हैं। सारा नगर ही मानो फलों से परिपूर्ण बड़ा भारी घना वन है और नगरवासी सब स्त्री-पुरुष बहुत-से पशु-पक्षी हैं ॥१॥

—all stood dismayed at Rama's departure; they looked like so many pictures drawn here and there. The city resembled some dense forest full of fruit, and the many men and women in it so many birds and beasts.

बिधि कैकई किरातिनि कीन्ही। जेहिं दव दुसह दसहुँ दिसि दीन्ही।
सहि न सके रघुबर बिरहागी। चले लोग सब ब्याकुल भागी ॥

विधाता ने कैकेयी को भीलनी बनाया, जिसने (इस वन को जला डालने के लिए) दसों दिशाओं में दुःसह दावाग्नि लगा दी। श्रीरामचन्द्रजी की विरह-अग्नि को जब न सह सके तो सब लोग व्याकुल होकर भाग खड़े हुए। (पं. विजयानन्दजी त्रिपाठी के अनुसार, अपने बच्चों को नीरोग करने के लिए किराती अब भी वन में आग लगा देती है। कैकेयी-जैसी भली रानी को किराती-सा बना देना विधाता से ही संभव है। वे ही चलते-फिरते हंस को काग बना डालते हैं : 'विचरत हंस काग किय जेही'। पहले कैकेयी द्वारा लगायी हुई आग चारों ओर थी : 'मृगी देखि दव जनु चहुँ ओरा।' अब वह दसों दिशाओं में फैल गई है।) ॥२॥

God had made Kaikeyi a savage Kiratin (a wild woman of the woods) who had set the whole forest in a fierce blaze. Unable to endure the fire of separation from Rama, they all fled in panic.

सबहिं बिचारु कीन्ह मन माहीं। राम लखन सिय बिनु सुखु नाहीं ॥
जहाँ रामु तहँ सबुइ समाजू। बिनु रघुबीर अवध नहिं काजू ॥

सबने मन में विचार किया कि श्रीराम, लक्ष्मण और सीता के बिना सुख नहीं है। इसलिए जहाँ श्रीराम होंगे, वहीं सारा समाज रहेगा। श्रीरामचन्द्रजी के बिना अयोध्या में हमारा कोई काम नहीं है ॥३॥

They all thought in their minds, 'There can be no happiness apart from Rama, Lakshmana and Sita. The whole community will live where Rama takes up his abode; Ayodhya without Rama is of no account to us.'

चले साथ अस मंत्रु दृढ़ाई। सुरदुर्लभ सुखसदन बिहाई ॥
रामचरन पंकज प्रिय जिन्हहीं। बिषय भोग बस करहिं कि तिन्हहीं ॥

ऐसी सलाह दृढ़ करके सुर-दुर्लभ सुखों से भरे-पूरे घरों को छोड़कर सब श्रीरामजी के साथ चल पड़े। जिन्हें श्रीरामजी के चरण-कमल ही प्यारे हैं, उन्हें क्या विषय-भोग अपने अधीन कर सकते हैं ? ॥४॥

Having thus firmly resolved, they followed him, forsaking their happy homes, which were the envy of gods. How can the pleasures of sense overpower those who hold the lotus feet of Rama dear to their hearts ?

दो.—बालक बृद्ध बिहाय गृह लगे लोग सब साथ।
तमसा तीर निवासु किय प्रथम दिवस रघुनाथ ॥८४॥

बालकों और बूढ़ों को घर छोड़कर सब लोग साथ हो लिये। पहले दिन श्रीरघुनाथजी ने तमसा नदी के किनारे निवास किया ॥८४॥

Leaving the children and old men at home, all the citizens accompanied him. Raghunatha made his first day's halt on the bank of the river Tamasa.

चौ.—रघुपति प्रजा प्रेमबस देखी। सदय हृदय दुखु भएउ बिसेषी ॥
करुनामय रघुनाथ गोसाईं। बेगि पाइअहिं पीर पराईं ॥

रामजी ने प्रजा को प्रेम के वशीभूत देखा। उनके दयालु हृदय में बड़ा दुःख हुआ। प्रभु श्रीरघुनाथजी करुणामय हैं, इसलिए वे पराये दुःखों को तुरत समझ लेते हैं। (चूँकि वे इन्द्रियों के स्वामी हैं, इसलिए पराये दुःख की अनुभूति में उन्हें देर नहीं लगती — वे शीघ्र ही द्रवीभूत हो जाते हैं।) ॥१॥

When Rama saw his people so overpowered with love, his tender heart was sore distressed; for Raghunatha, the holy Lord, is all compassion and readily touched by the grief of others.

कहि सप्रेम मृदु बचन सुहाये। बहु बिधि राम लोग समुझाये ॥
किये धरम उपदेस घनेरें। लोग प्रेमबस फिरहिं न फेरें ॥

प्रेमपूर्वक कोमल और सुहावने वचन कहकर श्रीरामजी ने तरह-तरह से लोगों को समझाया, बहुत से धर्मसम्बन्धी उपदेश भी दिये, परंतु प्रेमवश लोग लौटाने से लौटते नहीं ॥२॥

Addressing them in affectionate, gentle and tender tones, he did his best to dissuade them, repeatedly instructing them in their moral duty, but in their fondness they would not turn back.

सील सनेहु छाड़ि नहि जाई । असमंजसबस भे रघुराई ॥
लोग सोग स्रम बस गए सोई । कछुक देवमाया मति मोई ॥

(रामचन्द्रजी से) शील और स्नेह छोड़े नहीं जाते । वे असमंजस में पड़ गए । शोक और परिश्रम से थके लोग सो गए और कुछ देवताओं की माया ने भी उनकी बुद्धि को मोह लिया ॥३॥

As Rama could not afford to take leave of his amiable disposition and loving nature, he was in a dilemma. At last, overcome by grief and weariness, the people fell asleep, a divine delusion also helping to benumb their minds.

जबहिं जाम जुग जामिनि बीती । राम सचिव सन कहेउ सप्रीती ॥
खोजु मारि रथु हाँकहु ताता । आन उपाय बनिहि नहि बाता ॥

जब दो पहर रात बीत गयी, तब श्रीरामचन्द्रजी ने मन्त्री से प्रेमपूर्वक कहा कि हे तात ! रथ को यहाँ से इस प्रकार हाँक ले चलिए कि उसका किसी को पता न लगे (लीक देखने पर कोई कह न सके कि रथ किधर गया) । दूसरे किसी उपाय से बात नहीं बनेगी ॥४॥

When two watches of the night had passed, Rama addressed his minster in endearing terms; 'Friend, so drive the chariot that the tracks of the wheels are all effaced; by no other means can our object be accomplished.'

दो. –राम लखनु सिय जान चढ़ि संभुचरन सिरु नाइ ।
सचिवँ चलायेउ तुरत रथु इत उत खोज दुराइ ॥८५॥

शिवजी के चरणों में प्रणामकर राम, लक्ष्मण और सीता रथ पर सवार हुए । मन्त्री ने तुरंत ही रथ के चिह्नों को इधर-उधर छिपाकर उसे हाँक दिया ॥८५॥

Bowing their heads to the feet of Shambhu (Shiva), Rama, Lakshmana and Sita mounted the car, and the minister (Sumantra) immediately drove it away now in one direction and now in another, confusing the tracks.

चौ. –जागे सकल लोग भयें भोरू । गे रघुनाथ भयेउ अति सोरू ॥
रथ कर खोज कतहुँ नहि पावहिं । राम राम कहि चहुँ दिसि धावहिं ॥

सवेरा होने पर सब लोग जागे । बड़ा शोर मचा कि श्रीरघुनाथजी तो चले गए । ढूँढ़ने पर भी वे रथ के पहियों की लीक नहीं पाते । तब 'हा राम ! हा राम !' पुकारते हुए चारों ओर दौड़ने लगे ॥१॥

At day-break all the people awoke. 'Raghunatha has gone !' they loudly exclaimed. Nowhere could they find the tracks of the chariot; they ran about in all directions, crying, 'Rama ! O Rama !'

मनहुँ बारिनिधि बूड़ जहाजू । भयेउ बिकल बड़ बनिकसमाजू ॥
एकहि एक देहिं उपदेसू । तजे राम हम जानि कलेसू ॥

मानो समुद्र में जहाज डूब गया हो, जिससे व्यापारियों का समाज अत्यन्त विकल हो उठा हो । वे एक-दूसरे को उपदेश देते हैं कि रामचन्द्रजी ने यह जानकर हमें छोड़ दिया है कि हमलोगों को क्लेश होगा ॥२॥

They were as greatly agitated as the crowd of merchants whose ship had foundered in the heavy seas. They explained to one another how Rama had forsaken them on anticipating their distress.

निंदहिं आपु सराहहिं मीना । धिग जीवनु रघुबीर बिहीना ॥
जौं पै प्रियबियोगु बिधि कीन्हा । तौ कस मरनु न मागें दीन्हा ॥

वे अपनी निन्दा करते हैं और मछलियों की सराहना करते हैं । कहते हैं कि श्रीरामजी के बिना जीने को धिक्कार है । विधाता ने यदि प्रिय का वियोग ही दिया तो वह माँगने पर मृत्यु क्यों नहीं दे देता ? ॥३॥

They reproached themselves and praised the fish (that die as soon as they are taken out of water), and said to one another, 'A curse on life without Rama ! If God has torn us from our beloved, why did he not grant us our prayer for death ?'

एहि बिधि करत प्रलापकलापा । आए अवध भरे परितापा ॥
बिषम बियोगु न जाइ बखाना । अवधि आस सब राखहिं प्राना ॥

इस प्रकार रोते-कलपते संताप से भरे हुए वे अयोध्या आये । उन लोगों के विषम वियोग का वर्णन नहीं किया जा सकता । (वनवास से लौट आने की) अवधि की आशा से ही वे प्राणों को रख रहे हैं ॥४॥

With many such lamentations they all returned to Ayodhya, full of bitter remorse. The anguish of parting was terrible beyond words; and it was only the hope of his return that kept them alive.

दो. –रामदरस हित नेम ब्रत लगे करन नर नारि ।
मनहुँ कोक कोकीं कमल दीन बिहीन तमारि ॥८६॥

श्रीरामचन्द्रजी के दर्शन के लिए सब नर-नारी नियम और व्रत करने लगे और ऐसे दीन हो गए जैसे चकवा, चकवी और कमल सूर्य के बिना दीन हो जाते हैं ॥८६॥

Men and women alike began to practise religious observances and fasts for ensuring Rama's return. They were as miserable as the *chakava* and his mate and the lotus when bereft of the sight of the sun.

चौ. –सीता सचिव सहित दोउ भाई । सृंगबेरपुर पहुँचे जाई ॥
उतरे राम देवसरि देखी । कीन्ह दंडवत हरषु बिसेषी ॥

सीताजी और मन्त्री के साथ दोनों भाई शृङ्गवेरपुर जा पहुँचे। वहाँ देवनदी गंगाजी को देखकर श्रीरामजी (रथ से) उतर पड़े और बड़े हर्ष के साथ उन्होंने (गंगाजी को) दण्डवत् प्रणाम किया ॥१॥

Accompanied by Sita and the minister, the two brothers arrived at Shringaverapura. On beholding the celestial stream, Ganga, Rama alighted from his car and in an ecstasy of delight made it his obeisance (by falling prostrate).

लखन सचिवँ सियँ किये प्रनामा। सबहि सहित सुखु पाएउ रामा ॥
गंग सकल मुद मंगल मूला। सब सुख करनि हरनि सब सूला ॥

फिर लक्ष्मणजी, सुमन्त्र और सीताजी ने भी प्रणाम किया। श्रीरामचन्द्रजी ने सब के साथ सुख पाया। गंगाजी सभी आनन्द-मंगलों की मूल हैं। वे सब सुखों को देनेवाली और समस्त दुःखों को दूर करनेवाली हैं ॥२॥

Lakshmana, Sita and the minister also did obeisance, and Rama rejoiced in common with them all. A fount of all bliss and beatitude, the Ganga is the cause of all happiness and the destroyer of every pain.

कहि कहि कोटिक कथाप्रसंगा। रामु बिलोकहिं गंगतरंगा ॥
सचिवहि अनुजहि प्रियहि सुनाईं। बिबुधनदी महिमा अधिकाईं ॥

करोड़ों कथा-प्रसङ्ग कहते हुए श्रीरामजी गङ्गाजी की तरङ्गों को देखते हैं। उन्होंने मन्त्री, छोटे भाई (लक्ष्मण) और प्रिया (सीताजी) को देवनदी गङ्गाजी की बड़ी महिमा सुनायी ॥३॥

Myriads were the stories and legends that Rama kept repeating as he gazed on the waves of the Ganga and told the minister, his brother (Lakshmana) and his beloved the transcendent glory of the celestial stream.

मज्जनु कीन्ह पंथश्रमु गयेऊ। सुचि जलु पिअत मुदित मन भयेऊ ॥
सुमिरत जाहि मिटइ श्रमभारू। तेहि श्रमु येह लौकिक ब्यवहारू ॥

इसके बाद उन सबों ने स्नान किया, जिससे रास्ते की थकावट दूर हो गई और पवित्र जल पीते ही मन प्रसन्न हो गया। जिनके स्मरणमात्र से (बार-बार जन्म लेने और मरने का) महा श्रम – भवश्रम – मिट जाता है, उनको 'श्रम' होना – यह केवल लौकिक व्यवहार (नर-लीला) है ॥४॥

Then they bathed, which caused all the fatigue of the journey to be removed, and their soul was gladdened when they drank of the holy water. To ascribe fatigue to him, by whose very remembrance the burden of all weariness (the burden of transmigrations) is lightened, is to emphasize his voluntary assumption of a human role (that as a human being he was following the ways of the world).

दो. –सुद्ध सच्चिदानंदमय कंद भानुकुलकेतु।
चरित करत नर अनुहरत संसृति सागरसेतु ॥८७॥

रामचन्द्रजी तो शुद्ध (ऐश्वर्यमय ब्रह्म जो सत्त्व, रज, तम तीनों मायिक गुणों से परे हैं) सत्, चित् और आनन्द से युक्त परमेश्वर हैं, वे सूर्यवंश के ध्वजारूप हैं जो मनुष्यों की तरह चरित्र करते हैं जो (चरित्र) भवसागर से पार उतरने के लिए पुल है ॥८७॥

The Banner of the Solar race, who is the untainted source of Being, Consciousness and Bliss, performs actions similar to those of a human being, and which constitute a bridge across the ocean of birth and death.

चौ. –यह सुधि गुह निषाद जब पाई। मुदित लिये प्रिय बंधु बोलाई ॥
लिये फल मूल भेंट भरि भारा। मिलन चलेउ हियँ हरषु अपारा ॥

जब यह खबर निषादराज गुह को लगी, तब उसने आनन्दित होकर अपने प्यारे जाति-बन्धुओं को बुला लिया और भेंट देने के लिए फल-मूल लेकर और उन्हें बहँगियों में भरकर मिलने के लिए चला। उसके हृदय में अपार हर्ष था ॥१॥

When Guha the Nishada heard the news, he joyfully called together his friends and kinsfolk, and taking gifts of fruit and roots filled in panniers slung across their shoulders, he went out to meet the Lord with infinite joy in his heart.

करि दंडवत भेंट धरि आगें। प्रभुहि बिलोकत अति अनुरागें ॥
सहज सनेह बिबस रघुराई। पूँछी कुसल निकट बैठाई ॥

भेंट सामने रखकर और दण्डवत् करके वह अत्यन्त प्रेम से प्रभु को देखने लगा। श्रीरघुनाथजी ने स्वाभाविक स्नेह के वशीभूत होकर उसे अपने निकट बिठाया और उससे कुशल पूछी ॥२॥

He prostrated himself and put down his offering before the Lord and gazed on him with the utmost devotion. Overcome by spontaneous affection, Raghunatha seated him by his side and inquired after his welfare.

नाथ कुसल पद पंकज देखें। भयेउँ भागभाजन जन लेखें ॥
देव धरनि धनु धामु तुम्हारा। मैं जनु नीचु सहित परिवारा ॥

(निषादराज ने कहा –) हे नाथ ! आपके चरणकमलों के दर्शन से ही कुशल है। मेरी तो गिनती भाग्यवान् पुरुषों में हो गई। हे देव ! यह पृथ्वी, धन और घर सब आपका ही है। मैं तो सपरिवार आपका नीच सेवक हूँ ॥३॥

'Lord,' he replied, 'the sight of your lotus feet is the root of all welfare, and I can now be numbered among the blessed. My land, my wealth, my home are yours, holy sir; my household and myself are your lowly vassals.

कृपा करिअ पुर धारिअ पाऊ। थापिअ जनु सबु लोगु सिहाऊ॥
कहेहु सत्य सबु सखा सुजाना। मोहि दीन्ह पितु आयेसु आना॥

अब कृपा कीजिए, नगर (शृङ्गवेरपुर) में पधारिए और इस दास की प्रतिष्ठा बढ़ाइए; सब लोग सेरे भाग्य की प्रशंसा करें। (रामचन्द्रजी ने कहा—) हे सुजान सखा! तुमने ठीक कहा, परंतु पिताजी ने मुझे दूसरे प्रकार की आज्ञा दी है॥४॥

Do me the favour of visiting my city (Shringaverapura), and so honour your servant that I may be the envy of all.' 'All that you say, my wise friend,' said Rama, 'is true, but my father has given me other commands.

दो.—बरष चारि दस बासु बन मुनि ब्रतु बेषु अहारु।
ग्रामबासु नहि उचित सुनि गुहहि भयेउ दुखभारु॥८८॥

मुझे चौदह वर्षों तक मुनियों का व्रत और वेष धारणकर और (मुनियों के योग्य) आहार करते हुए वन में ही रहना है, गाँव में जाकर बसना उचित नहीं है। यह सुनकर गुह को बड़ा भारी दुःख हुआ॥८८॥

For fourteen years my home shall be in the forest and my mode of life, my dress and my diet shall be those of an anchorite. To stay in a village is improper for me.' Guha was deeply distressed when he heard this.

चौ.—राम लखन सिय रूपु निहारी। कहहिं सप्रेम ग्राम नर नारी॥
ते पितु मातु कहहु सखि कैसे। जिन्ह पठये बन बालक ऐसे॥

राम, लक्ष्मण और सीताजी के रूप को देखकर गाँव के स्त्री-पुरुष प्रेमपूर्वक (चर्चा करते हुए) कहते हैं कि हे सखी! कहो तो, वे माता-पिता भी कैसे हैं जिन्होंने ऐसे बालकों को वन में भेज दिया!॥१॥

Beholding the beauty of Rama, Lakshmana and Sita, the men and women of the village feelingly said, 'What sort of parents, O friend, can they be who have sent such mere children to the forest?'

एक कहहिं भल भूपति कीन्हा। लोयनलाहु हमहि बिधि दीन्हा॥
तब निषादपति उर अनुमाना। तरु सिंसुपा मनोहर जाना॥

कोई कहता है कि राजा ने अच्छा ही किया। इसी बहाने विधाता ने हमें भी नेत्रों का लाभ दे दिया। तब निषादराज ने हृदय में अनुमान किया तो अशोक के एक पेड़ को (निवास के योग्य) मनोहर समझा॥२॥

But some said, 'The king has done well, for thus God has rewarded our eyes!' Then the Nishada chief on reflection chose a pleasant resting-place beneath an *ashoka*[1] tree.

1. The *simsupa* (shimshapa) is either the *ashoka* or the *sisama* tree.

लै रघुनाथहि ठाउँ देखावा। कहेउ राम सब भाँति सुहावा॥
पुरजन करि जोहारु घर आए। रघुबर संध्या करन सिधाए॥

उसने रघुनाथजी को ले जाकर वह स्थान दिखलाया। रामचन्द्रजी ने कहा कि यह सब भाँति सुन्दर है। नगर के लोग जोहार (वन्दना) करके घर लौट आये और रामचन्द्रजी सन्ध्या करने चले गए॥३॥

He brought Raghunatha and showed him the spot, and Rama declared it to be most excellent. The citizens then returned to their homes after paying him their respects, while Rama went to perform his evening devotions.

गुह सँवारि साँथरी डसाई। कुस किसलय मय मृदुल सुहाई॥
सुचि फल मूल मधुर मृदु जानी। दोना भरि भरि राखेसि आनी॥

गुह ने कुश और कोमल पत्तों की मुलायम और सुन्दर साथरी सजाकर बिछा दी और पवित्र, मीठे तथा कोमल फल-मूल देख-देखकर और उन्हें दोनों में भर-भरकर लाकर रख दिए॥४॥

Guha made and spread a soft and beautiful bed of *kusha* grass and tender leaves, and brought him with his own hands so many leaf-platters full of fruit and roots which he knew to be the purest, sweetest and most tender.

दो.—सिय सुमंत्र भ्राता सहित कंद मूल फल खाइ॥
सयन कीन्ह रघुबंसमनि पाय पलोटत भाइ॥८९॥

सीताजी, सुमन्त्र और भाई के साथ कन्द-मूल-फल खाकर रघुकुलमणि सो गए और भाई लक्ष्मणजी उनके पैर दबाने लगे॥८९॥

After he had partaken of the bulbs and roots and fruit with Sita, Sumantra and his brother (Lakshmana), the jewel of the house of Raghu lay down to sleep while his brother kneaded his feet.

चौ.—उठे लखनु प्रभु सोवत जानी। कहि सचिवहि सोवन मृदु बानी॥
कछुक दूरि सजि बान सरासन। जागन लगे बैठि बीरासन॥

प्रभु श्रीरामचन्द्रजी को सोते हुए जानकर लक्ष्मणजी उठे और कोमल वाणी से मन्त्री सुमन्त्रजी को सोने के लिए कहा और स्वयं कुछ दूर पर धनुष-बाण से सजकर और वीरासन में बैठकर[१] जागने लगे॥१॥

When Lakshmana perceived that the Lord had fallen asleep, he rose and kindly bade the minister take rest, while he himself got ready his bow and arrows and sitting at some distance in the posture of a hero, began to keep vigil.

गुहँ बोलाइ पाहरू प्रतीती। ठाँव ठाँव राखे अति प्रीती॥
आपु लखन पहँ बैठेउ जाई। कटि भाथी सर चाप चढ़ाई॥

१. वीरासन लगाने पर नींद नहीं आती। बिना मंत्री के सोये और लक्ष्मणजी के हटे सीताजी न सोतीं, इसलिए सुमन्त्रजी से सोने का अनुरोध किया और तब स्वयं लक्ष्मणजी दूर जा बैठे।

गुह ने विश्वासी पहरेदारों को बुलाकर बड़े प्रेम से स्थान-स्थान पर खड़ा कर दिया और स्वयं कमर में तरकश बाँधकर तथा धनुष पर बाण चढ़ाकर लक्ष्मणजी के पास जा बैठा ॥२॥

Guha summoned trustworthy sentinels and with great devotion stationed them at various points, while he himself went and took his seat by Lakshmana with a quiver fastened to his waist and an arrow fitted to his bow.

सोवत प्रभुहि निहारि निषादू। भयेउ प्रेमबस हृदयँ बिषादू॥
तनु पुलकित जलु लोचन बहई। बचन सप्रेम लखन सन कहई॥

प्रभु को सोते देखकर निषादराज के हृदय में प्रेम-वश बड़ा दुःख हुआ। उसका शरीर पुलकित हो उठा और नेत्रों से आँसू बहने लगे। वह लक्ष्मणजी से प्रेम-सने वचन कहने लगा— ॥३॥

When the Nishada chief saw his Lord lying there asleep (on the bed of grass and leaves), his soul was troubled with excess of love; he trembled with emotion and his eyes flowed with tears. Then he addressed the following affectionate words to Lakshmana:

भूपतिभवनु सुभायँ सुहावा। सुरपतिसदनु न पटतर पावा॥
मनिमय रचित चारु चौबारे। जनु रतिपति निज हाथ सँवारे॥

दशरथजी का महल तो स्वभाव से ही इतना सुन्दर है कि इन्द्रभवन से भी उसकी उपमा नहीं दी जा सकती। उसमें मणियों के रचे चौबारे (छत के ऊपर बँगले) ऐसे मनोहर हैं मानो कामदेव ने उन्हें अपने हाथों सँवारा हो; ॥४॥

'The king's palace is altogether glorious, unrivalled by the dwelling of the Lord of heaven,[1] its charming roof-chambers, inlaid with precious gems, seem to have been adorned by Love's[2] own hands.

दो.—सुचि सुबिचित्र सुभोगमय सुमन सुगंध सुबास।
पलँग मंजु मनिदीप जहँ सब बिधि सकल सुपास॥९०॥

जो (चौबारे) पवित्र, बड़े ही विचित्र और सुन्दर भोगपदार्थों से पूर्ण और फूलों की सुगन्ध से सुवासित हैं, जहाँ सुन्दर पलंग और मणियों के दीप हैं तथा सब प्रकार की पूरी सुविधाएँ हैं; ॥९०॥

Free from impurities and superbly wrought, abounding in exquisite luxuries and fragrant with the perfume of flowers, they are furnished with soft, lovely beds and lighted with jewelled lamps and are full of amenities of every description.

1. Indra.

2. *Ratipati* is Kamadeva, Love (Rati's lord).

चौ.—बिबिध बसन उपधान तुराईं। छीरफेन मृदु बिसद सुहाईं॥
तहँ सिय रामु सयन निसि करहीं। निज छबि रति मनोजमदु हरहीं॥

जहाँ अनेक वस्त्र, तकिये और गद्दे हैं, जो दूध के फेन के समान कोमल, स्वच्छ और सुन्दर हैं; वहाँ (उन चौबारों में) राम-जानकी रात में सोया करते थे और अपनी शोभा से रति और कामदेव के गर्व को हरण करते थे; ॥१॥

They are equipped with all kinds of coverlets, pillows and mattresses, all soft and white and charming as the froth of milk. It is in such attics that Sita and Rama were wont to repose at night and put to shame with their beauty the pride of Rati and her consort, Kamadeva.

तेइ सिय रामु साँथरी सोए। श्रमित बसन बिनु जाहिं न जोए॥
मातु पिता परिजन पुरबासी। सखा सुसील दास अरु दासी॥

वही सीता और श्रीरामजी आज (घास-फूस की) साथरी पर बिना वस्त्र बिछाये, थके हुए सो रहे हैं। वे देखे नहीं जाते। माता, पिता, कुटुम्बी, प्रजा, मित्र, अच्छे शील-स्वभाव के दास और दासियाँ— ॥२॥

And it is this same Sita and Rama who now sleep on a pallet, weary and uncovered, a sight one cannot bear to see! The same Lord Rama whom his parents and his kinsfolk, his subjects and companions and good-natured men-servants and handmaids—

जोगवहिं जिन्हहि प्रान की नाईं। महि सोवत तेइ रामुगोसाईं॥
पिता जनकु जग बिदित प्रभाऊ। ससुर सुरेससखा रघुराऊ॥

जिन्हें वे अपने प्राणों की तरह रखा करते थे, वे ही प्रभु श्रीरामचन्द्रजी आज पृथ्वी पर सो रहे हैं। जिनके पिता जनकजी हैं, जिनका प्रभाव सारे संसार में प्रसिद्ध है, जिनके ससुर इन्द्र के सखा रघुराज दशरथजी हैं, ॥३॥

—all cherished as tenderly as their own lives, now lies sleeping on the bare ground; and she whose father, Janaka, is famed throughout the world, whose father-in-law is Dasharath, the chief of Raghus and an ally of Indra (the king of heaven),

रामचंदु पति सो बैदेही। सोवति महि बिधि बाम न केही॥
सिय रघुबीर कि काननजोगू। करमु प्रधान सत्य कह लोगू॥

और जिनके पति श्रीरामचन्द्रजी हैं, वही सीताजी आज पृथ्वी पर सो रही हैं। विधाता किसके प्रतिकूल नहीं हो जाता? क्या राम-जानकी वन के योग्य हैं? लोग सच कहते हैं[१] कि कर्म ही प्रधान है! ॥४॥

१. निषाद को शास्त्रों का ज्ञान न था, इसलिए वह कहता है: 'सत्य कह लोगू'। यहाँ उसके मोह का वर्णन है। मोह होने पर ही अर्जुन को गीता का उपदेश हुआ था। यहाँ 'साक्षात् भगवान् रामानुज' गीता का उपदेश करते हैं।

—and whose spouse is Ramachandra, is lying on the ground ! An adverse fate spares none. Do Sita and Raghubira deserve to be exiled to the woods ? Well do men say, "Fate is paramount !"

दो. —कैकेयनंदिनि मंदमति कठिन कुटिल पनु कीन्ह ।
जेहिं रघुनंदन जानकिहि सुख अवसर दुखु दीन्ह ॥९१॥

कैकयराज की बेटी नीचबुद्धि कैकेयी ने बड़ी ही कुटिलता की, जिसने राम-जानकी को सुख के समय दुःख दिया ॥९१॥

The foolish daughter of Kaikaya has wrought a cruel mischief by inflicting this pain on Rama and Janaki on their day of rejoicing.

चौ. —भइ दिनकरकुल बिटप कुठारी । कुमति कीन्ह सबु बिस्व दुखारी ॥
भयेउ बिषादु निषादहि भारी । राम सीय महिसयन निहारी ॥

वह सूर्यकुलरूपी वृक्ष के लिए कुल्हाड़ी बन गयी । उस कुबुद्धि ने सारे संसार को दुःखी कर दिया । राम-सीता को पृथ्वी पर सोते हुए देखकर निषाद को भारी विषाद हुआ ॥१॥

The wicked woman has become an axe to fell the tree of the Solar race and plunged the whole world in woe !' Exceedingly sad indeed was the Nishada chief to see Rama and Sita sleeping on the ground.

बोले लखनु मधुर मृदु बानी । ग्यान बिराग भगतिरस सानी ॥
काहु न कोउ सुख दुख कर दाता । निज कृत करम भोग सबु भ्राता ॥

तब लक्ष्मणजी ज्ञान, वैराग्य और भक्ति के रस से ओतप्रोत मधुर और कोमल वचन बोले — हे भाई ! कोई भी किसी को सुख-दुःख का देनेवाला नहीं है । सब अपने ही किये हुए कर्मों का फल भोगते हैं; (लक्ष्मण निषादराज के मोह को दूर करना चाहते हैं, इसलिए उनकी वाणी ज्ञान, वैराग्य और भक्ति के रस से सनी है । कैकेयी पर जो दोषारोपण किया गया था, वे उसका भी खंडन करते हैं) ॥२॥

But Lakshmana spoke to him sweet and gentle words imbued with the nectar of wisdom, detachment and devotion: 'No man is the cause of another's joy or sorrow; all reap the fruit, brother, of their own actions.

जोग बियोग भोग भल मंदा । हित अनहित मध्यम भ्रम फंदा ॥
जनमु मरनु जहँ लगि जगजालू । संपति बिपति करमु अरु कालू ॥

संयोग, वियोग, भले-बुरे भोग, शत्रु, मित्र और उदासीन — सब भ्रम के फंदे हैं । जन्म-मरण, सम्पत्ति-विपत्ति, कर्म और काल — जहाँ तक संसार के जंजाल हैं — ॥३॥

Union and separation, the experience of good and evil, friends, foes and neutrals — these are but snares of delusion; birth and death, prosperity and adversity, destiny and time and all the entanglements of the world;

धरनि धामु धनु पुर परिवारू । सरगु नरकु जहँ लगि ब्यवहारू ॥
देखिअ सुनिअ गुनिअ मन माहीं । मोहमूल परमारथु नाहीं ॥

धरती, घर, धन, नगर, परिवार, स्वर्ग और नरक आदि जहाँ तक व्यवहार हैं, जो देखने, सुनने और मन के अंदर विचारने में आते हैं, इन सबका मूल मोह (अज्ञान) ही है । परमार्थतः ये नहीं हैं । (परिवर्तन ही जगत् का स्वरूप है । यहाँ सब-कुछ — स्वर्ग और नरक भी — क्षयिष्णु हैं, सब असत्य हैं । मन में विचारते हैं तो कहीं सत्य हाथ नहीं आता । किसी वस्तु में सुख-दुःख स्थायी नहीं है । जो वस्तु गरमी में दुःखद है वही जाड़े में सुखद हो जाती है ।) ॥४॥

—land, home and wealth, city and household, heaven and hell and all human affairs, all that you can see or hear or imagine in your mind, are rooted in ignorance: nothing exists in reality.

दो. —सपने होइ भिखारि नृपु रंक नाकपति होइ ।
जागें लाभु न हानि कछु तिमि प्रपंचु जियँ जोइ ॥९२॥

जिस प्रकार सपने में कोई राजा भिखारी हो जाय या कोई कंगाल (स्वर्ग का स्वामी) इन्द्र हो जाय, तो जागने पर उसे न लाभ है और न कुछ हानि ही, उसी प्रकार इस दृश्य-प्रपञ्च को हृदय से देखना चाहिए ॥९२॥

Just as in a dream a king becomes a beggar or a pauper the lord of paradise, yet on waking the one does not gain nor does the other lose, so must you look upon this phenomenal world.

चौ. —अस बिचारि नहि कीजिय रोसू । काहुहि बादि न देइअ दोसू ॥
मोह निसा सबु सोवनिहारा । देखिअ सपन अनेक प्रकारा ॥

ऐसा विचारकर न क्रोध करना चाहिए और न किसी को व्यर्थ दोष ही देना चाहिए । सब मोहरूपी रात्रि में सोनेवाले हैं और सोते हुए वे अनेक प्रकार के सपने देखते हैं; ॥१॥

Reasoning thus, be not angry nor vainly attribute blame to any: for all are slumbering in the night of delusion and while asleep they see dreams of many kinds.

एहि जग जामिनि जागहिं जोगी । परमारथी प्रपंचबियोगी ॥
जानिअ तबहिं जीव जग जागा । जब सब बिषय बिलास बिरागा ॥

इस जगत्रूपी रात्रि में योगी ही जागते हैं, जो परमार्थ में तल्लीन और प्रपञ्च से विरक्त होते हैं । इस जगत् में जीव को जागा हुआ तभी जानना चाहिए जब उसमें सभी भोग-विलासों से विरक्ति (उत्पन्न) हो जाय । (जब सभी भोग-विलासों से विराग हो तब जानिए कि जीव जाग गया । इस संसाररूपी रात्रि में सपना देखनेवाले अपने को मिथ्या ही जागता हुआ मानते हैं ।) ॥२॥

In this night of mundane existence it is ascetics alone who keep awake, ascetics who are in quest of the highest truth and detach themselves from unreality. Then only may a soul be regarded as waking in this world when it renounces every sensual enjoyment.

होइ बिबेकु मोह भ्रम भागा। तब रघुनाथचरन अनुरागा॥
सखा परम परमारथु एहू। मन क्रम बचन रामपद नेहू॥

विवेक होने पर मोह-भ्रम भाग जाता है। तब (पारमार्थिक सत्य के ज्ञान से) श्रीरघुनाथजी के चरणों में प्रेम होता है। हे सखा! मन, वचन और कर्म से श्रीरामजी के चरणों में प्रेम होना ही परम परमार्थ है!॥३॥

It is only when true discernment dawns that the errors of delusion disappear, and then (with the coming of spiritual enlightenment) is born devotion to the feet of Raghunatha. This, my friend, is the highest spiritual wisdom: to be devoted to the feet of Rama in thought and word and deed.

रामु ब्रह्म परमारथरूपा। अबिगत अलख अनादि अनूपा॥
सकल बिकार रहित गतभेदा। कहि नित नेति निरूपहिं बेदा॥

श्रीरामजी परमार्थरूप ब्रह्म हैं। वे अविगत (जानने में न आनेवाले), अलख (स्थूल दृष्टि से देखने में न आनेवाले), अनादि (जिसका आदि न हो) और अनुपम हैं। वे सब विकारों से रहित और भेदशून्य हैं; वेद उनके स्वरूप का निरूपण 'नेति-नेति' कहकर करते हैं॥४॥

Rama is no other than Brahma (the Absolute), the supreme Reality, incomprehensible, imperceptible, beginningless, incomparable, unchangeable and beyond all diversity, ever defined by the Vedas as "Not thus".

दो.—भगत भूमि भूसुर सुरभि सुर हित लागि कृपाल।
करत चरित धरि मनुजतनु सुनत मिटहिं जगजाल॥९३॥

कृपालु श्रीरामचन्द्रजी भक्त, भूमि, ब्राह्मण, गौ और देवताओं के दुःख-निवारण के लिए मनुष्य-शरीर धारणकर लीलाएँ करते हैं, जिनके सुनने मात्र से जग-जाल मिट जाता है! (जन्म-मरण का बंधन नहीं रह जाता)॥९३॥

Ramachandra, the gracious Lord, takes human form and plays the part of a man for the well-being of his votaries and of earth and Brahmans and cows and gods. On hearing them, all worldly snares are broken asunder.

मासपारायण, पंद्रहवाँ विश्राम

चौ.—सखा समुझि अस परिहरि मोहू। सिय रघुबीर चरन रत होहू॥
कहत रामगुन भा भिनुसारा। जागे जग मंगल सुखदारा॥

हे मित्र! ऐसा समझकर मोह को त्याग दो और श्रीसीतारामजी के चरणों में प्रेम करो। इस प्रकार श्रीरामचन्द्रजी के गुणों का वर्णन करते-करते सवेरा हो गया। तब जगत् का मङ्गल करनेवाले और उसे सुख देनेवाले[1] श्रीरामजी जागे॥१॥

Remember this, my friend, and shed all infatuation and be devoted to the feet of Sita and Rama.' While Lakshmana was yet recounting Rama's perfections, the day dawned and the joy and blessing of the world awoke.

सकल सौच करि राम नहावा। सुचि सुजान बटछीर मगावा॥
अनुज सहित सिर जटा बनाए। देखि सुमंत्र नयन जल छाए॥

पवित्र और चतुर श्रीरामचन्द्रजी ने सब शौच-विधि करके स्नान किया। फिर बड़ का दूध मँगाया और छोटे भाई सहित (उस दूध से) सिर पर जटाएँ बनायीं। इसे देखकर सुमन्त्रजी की आँखों में आँसू आ गए॥२॥

After performing every purificatory rite, Rama, the all-pure and wise, bathed and asked for some milk of the banyan, and coiled his hair into a knot on his head, as did also his brother, a sight which filled Sumantra's eyes with tears.

हृदयँ दाहु अति बदन मलीना। कह कर जोरि बचन अति दीना॥
नाथ कहेउ अस कोसलनाथा। लै रथु जाहु राम कें साथा॥

(उस समय सुमंत्र के) हृदय में अत्यन्त जलन हुई, मुँह मलिन हो गया। वे हाथ जोड़कर अत्यन्त दीन वचन बोले — हे नाथ! मुझे कोसलनाथ (दशरथजी) ने ऐसा कहा था कि तुम रथ लेकर श्रीरामजी के साथ जाओ!॥३॥

Sore pained at heart and with a doleful face, he folded his hands and spoke in most piteous accents, 'The king of Kosala, my lord, charged me thus: "Take the chariot and go with Rama;

बनु देखाइ सुरसरि अन्हवाई। आनेहु फेरि बेगि दोउ भाई॥
लखनु रामु सिय आनेहु फेरी। संसय सकल सँकोच निबेरी॥

वन दिखाकर तथा गङ्गास्नान कराकर दोनों भाइयों को जल्दी ही वापस लाना। सब संशय और संकोच को दूर करके लक्ष्मण, राम और सीता को लौटा लाना॥४॥

—escort him to the forest and let him bathe in the Ganga, and then speedily bring the two brothers home again. Setting at rest all their doubts and scruples, do bring Lakshmana, Rama and Sita back."

---

१. बाबा हरिहरप्रसादजी के अनुसार : 'जिनकी सुखरूपा दारा है, वे जगत् के मंगल करनेवाले श्रीरामजी जागे।' पं. विजयानन्दजी त्रिपाठी भी इसी अर्थ को स्वीकार करते हैं: 'सुखरूप (आह्लादिनी शक्ति) जिनकी दारा है, वे श्रीरामजी जागे।'

दो. –नृप अस कहेउ गोसाइँ जस कहइ करौं बलि सोइ ।
करि बिनती पायन्ह परेउ दीन्ह बाल जिमि रोइ ॥९४॥

हे नाथ ! महाराज ने तो ऐसा ही कहा था, पर आप जैसा कहें, मैं वही करूँ, मैं आपकी बलैया लेता हूँ ।' इस प्रकार विनती करके वे श्रीरामचन्द्रजी के पैरों पर गिर पड़े और बालक की तरह रोने लगे ॥९४॥

'That is what the king said, sire; but now I will do whatever my lord bids me, I swear it.' Having thus supplicated, Sumantra fell at Rama's feet and wept like a child.

चौ. –तात कृपा करि कीजिअ सोई । जातें अवध अनाथ न होई ॥
मंत्रिहि राम उठाइ प्रबोधा । तात धरममगु तुम्ह सबु सोधा ॥

(उन्होंने कहा कि) हे तात ! कृपा करके वही कीजिए जिससे अयोध्या अनाथ न हो । श्रीरामजी ने मन्त्रीको उठाकर समझाया कि हे तात ! आपने तो धर्म के सभी सिद्धान्तों को छान डाला है ! (धर्म के लिए कष्ट सहना ही तो धर्म-पालन है । धर्म के इस मर्म को जानकर भी आप लौटने की बात करते हैं !) ॥१॥

'Of your grace, dear master,' he went on, 'so act that Ayodhya be not left without a master.' Rama raised the minister and thus exhorted him: 'Friend, you have examined all the principles of *dharma*.[1]

सिबि दधीचि हरिचंद नरेसा । सहे धरम हित कोटि कलेसा ॥
रंतिदेव बलि भूप सुजाना । धरमु धरेउ सहि संकट नाना ॥

शिवि, दधीचि और राजा हरिश्चन्द्र ने धर्म के लिए करोड़ों क्लेश सहे थे । बुद्धिमान् राजा रन्तिदेव और बलि ने भी अनेक संकटों को सहकर धर्म का पालन किया था; ॥२॥

Shivi, Dadhichi and king Harishchandra endured countless afflictions for duty's sake; the wise kings Rantideva and Bali kept their faith through many trials.

धरमु न दूसर सत्य समाना । आगम निगम पुरान बखाना ॥
मैं सोइ धरमु सुलभ करि पावा । तजें तिहूँ पुर अपजसु छावा ॥

वेदों, शास्त्रों और पुराणों में कहा गया है कि सत्य के समान और कोई धर्म नहीं है । मैंने भी उसी धर्म को सहज ही पा लिया है । इसे त्याग देने से तीनों लोकों में मेरी अपकीर्ति छा जायगी ! ॥३॥

And, as the Agamas, Vedas and Puranas declare, there is no duty equal to truth. This duty I have been able to fulfil without putting myself to any trouble; and to abandon it would mean disgrace in all the three spheres.

1. Righteousness, duty.

संभावित कहुँ अपजसलाहू । मरन कोटि सम दारुन दाहू ॥
तुम्ह सन तात बहुत का कहऊँ । दियें उतरु फिरि पातकु लहऊँ ॥

प्रतिष्ठित पुरुष को अपयश की प्राप्ति से करोड़ों मृत्यु के समान भीषण संताप होता है । हे तात ! मैं आपसे अधिक क्या कहूँ ? फिर उत्तर देने से भी पाप का भागी बनता हूँ, ॥४॥

Disgrace to a man of honour causes anguish as terrible as a myriad deaths. What more shall I say to you, my friend ? I only incur sin even by answering you again.

दो. –पितुपद गहि कहि कोटि नति बिनय करब कर जोरि ।
चिंता कवनिहु बात कइ तात करिअ जनि मोरि ॥९५॥

आप लौटकर पिताजी के चरणों को पकड़कर करोड़ों नमस्कार के साथ (मेरी ओर से) हाथ जोड़कर विनती कीजिएगा कि हे तात ! आप मेरे लिए किसी बात की चिन्ता न करें ! ॥९५॥

Clasp my father's feet and with myriads of the humblest salutations and folded hands beg of him not to distress himself in any way on my account.

चौ. –तुम्ह पुनि पितु सम अति हित मोरें । बिनती करौं तात कर जोरें ॥
सब बिधि सोइ करतब्य तुम्हारें । दुखु न पाव पितु सोच हमारें ॥

आप भी पिता के समान ही मेरे बड़े हितकारी हैं । हे तात ! मैं हाथ जोड़कर विनती करता हूँ कि आपका भी सब तरह से यही कर्तव्य है कि पिताजी हमारे सोच में दुःख न पावें ! ॥१॥

You too wish me well, as does my own father, wherefore, friend, with folded hands I implore you to remember that it is your duty in every way to prevent my father from sorrowing in his anxiety for our welfare.'

सुनि रघुनाथ सचिव संबादू । भयेउ सपरिजन बिकल निषादू ॥
पुनि कछु लखन कही कटु बानी । प्रभु बरजे बड़ अनुचित जानी ॥

श्रीरघुनाथजी और मंत्री (सुमंत्र) के इस संवाद को सुनकर निषादराज अपने कुटुम्बियों के साथ व्याकुल हो गया । फिर लक्ष्मणजी ने कुछ कड़वी बात कही । प्रभु (श्रीरामचन्द्रजी) ने उसे बहुत ही अनुचित समझकर उनको मना कर दिया ॥२॥

On hearing this conversation between Raghunatha and the minister (Sumantra), the Nishada chief and his kinsfolk felt much distressed and Lakshmana spoke a little angrily, but the Lord stopped him, for he thought his words to be most improper.

सकुचि राम निज सपथ देवाई । लखनसँदेसु कहिअ जनि जाई ॥
कह सुमंत्रु पुनि भूपसँदेसू । सहि न सकिहि सिय बिपिनकलेसू ॥

श्रीरामचन्द्रजी ने संकोच के साथ अपनी सौगंद दिलाकर सुमन्त्रजी से कहा कि आप जाकर लक्ष्मण का यह संदेश न कहिएगा। सुमन्त्र ने राजा के संदेश को फिर दुहराया कि सीता वन के कष्टों को न सह सकेंगी ॥३॥

With some embarrassment he adjured Sumantra, by the love he bore him, not to repeat Lakshmana's words. Sumantra then proceeded with the king's message: "Sita will not be able to endure the hardships of the forest;

जेहि बिधि अवध आव फिरि सीया। सोइ रघुबरहि तुम्हहि करनीया॥
नतरु निपट अवलंब बिहीना। मैं न जिअब जिमि जल बिनु मीना॥

तुमको और श्रीरामचन्द्र को वही उपाय करना चाहिए जिससे सीता अयोध्या को लौट आवें, नहीं तो मैं बिल्कुल निराधार होकर वैसे ही नहीं जीऊँगा जैसे जल के बिना मछली नहीं जीती; ॥४॥

—therefore both you and Rama should endeavour that Sita may return to Ayodhya; otherwise, left entirely without any support, I must perish as inevitably as a fish out of water.

दो. —मइकें ससुरें सकल सुख जबहिं जहाँ मनु मान।
तहँ तब रहिहि सुखेन सिय जब लगि बिपति बिहान॥९६॥

पिता के घर (मायके) और ससुराल में सब सुख हैं। जब तक विपत्ति का अन्त न हो[1], तब तक जब जहाँ जी चाहे, सीता वहीं सुख से रहें ॥९६॥

There is every comfort both in her parents' home and with her husband's parents, and she can live at ease wherever she pleases, until these troubles are ended."

चौ. —बिनती भूप कीन्हि जेहि भाँती। आरति प्रीति न सो कहि जाती॥
पितुसँदेसु सुनि कृपानिधाना। सियहि दीन्हि सिख कोटि बिधाना॥

महाराज ने जिस भाँति विनती की है, वह आर्ति (मनोव्यथा) और प्रीति कही नहीं जा सकती। दया के निधान रामचन्द्रजी ने पिता के संदेश को सुनकर सीता को करोड़ों तरह से समझाया ॥१॥

The piteousness of the king's entreaties and the earnestness of his affection are more than I can express in words.' On hearing his father's message, the all-merciful Rama tried in all possible ways to persuade Sita.

सासु ससुर गुर प्रिय परिवारू। फिरहु त सब कर मिटइ खभारू॥
सुनि पतिबचन कहति बैदेही। सुनहुँ प्रानपति परम सनेही॥

(और कहा—) यदि तुम अयोध्या लौट जाओ तो सास, ससुर, गुरु, प्रियजन एवं कुटुम्बी सबका दुःख मिट जाय। पति के वचन सुनकर जानकीजी कहने लगीं— हे प्राणपति! हे परम स्नेही! सुनिए— ॥२॥

'If you return,' he said, 'the affliction of my parents, the *guru*, our friends and kinsfolk will be at an end.' In response to her lord's advice Janaki said, 'Hear me, most dear and loving lord of my life;

प्रभु करुनामय परम बिबेकी। तनु तजि रहति छाँह किमि छेंकी॥
प्रभा जाइ कहँ भानु बिहाई। कहँ चंद्रिका चंदु तजि जाई॥

हे प्रभो! आप तो करुणामय और परम ज्ञानी हैं। भला, बताइए तो, शरीर को छोड़कर उसकी छाया अलग कैसे रोकी रह सकती है? सूर्य की प्रभा सूर्य को छोड़कर कहाँ जाय और चाँदनी चन्द्रमा को त्यागकर कहाँ जा बसे? ॥३॥

—you, lord, are all-compassionate and supremely wise; can a shadow be torn away from its substance? Where can the sunlight go, divorced from the sun, or where the moonlight, forsaking the moon?'

पतिहि प्रेममय बिनय सुनाई। कहति सचिव सन गिरा सुहाई॥
तुम्ह पितु ससुर सरिस हितकारी। उतरु देउँ फिरि अनुचित भारी॥

पति को ऐसी प्रेमभरी विनती सुनाकर सीताजी मन्त्री से सुहावनी वाणी कहने लगीं— आप मेरे पिताजी और ससुरजी की तरह मेरे हितकारी हैं। आपको मैं उलटकर उत्तर देती हूँ, यह बहुत ही अनुचित है, ॥४॥

Having submitted her loving entreaty to her lord, Sita spoke these winning words to the minister: 'You are as much my benefactor as my own father or my father-in-law; it were most improper for me to urge something in reply.

दो. —आरतिबस सनमुख भइउँ बिलगु न मानब तात।
आरजसुतपद कमल बिनु बादि जहाँ लगि नात॥९७॥

किंतु हे तात! मैं दुःख-कातर होकर ही आपके सम्मुख हुई हूँ, आप बुरा न मानिएगा। आर्यपुत्र के चरणकमलों के बिना जहाँ तक नाते हैं, सभी व्यर्थ हैं! ॥९७॥

Yet, sire, take it not ill of me if in my grief I am constrained to address you. In the absence of the lotus feet of my lord all other ties of kinship are of little account.

चौ. —पितु बैभव बिलासु मैं डीठा। नृपमनि मुकुट मिलित पदपीठा॥
सुखनिधान अस पितुगृह मोरें। पिय बिहीन मन भाव न भोरें॥

पिताजी के ऐश्वर्य का विलास मैंने देखा है, जिनके चरण रखने की चौकी

१. बिहान (बिहाइ न) अर्थात्, बीत न जाय।

से सर्व-शिरोमणि राजाओं के मुकुट स्पर्श करते हैं[1] ऐसे पिता का घर भी, जो सब प्रकार के सुखों का भंडार है, पति के बिना मेरे मन को भूलकर भी अच्छा नहीं लगता; ॥१॥

I have seen my father's luxurious magnificence and the jewelled crowns of mighty kings bowing at his footstool. Bereft of my lord, my parents' home, which is such a blissful abode, delights me not even in an unguarded moment.

ससुरु चक्कवइ कोसलराऊ। भुवन चारि दस प्रगट प्रभाऊ॥
आगें होइ जेहि सुरपति लेई। अरध सिंघासन आसनु देई॥

मेरे ससुर तो कोसलराज चक्रवर्ती (सम्राट्) हैं। चौदहों लोकों में उनका प्रभाव प्रकट है। स्वयं इन्द्र भी आगे आकर जिनका स्वागत करता है और अपने आधे सिंहासन पर बैठने के लिए स्थान देता है, ॥२॥

My father-in-law is the emperor, Kosala's monarch, whose glorious renown is manifest in all the fourteen spheres, whom even Indra (the king of the gods) comes forward to receive and cede him half of his own throne.

ससुरु एतादृस अवध निवासू। प्रिय परिवारु मातु सम सासू॥
बिनु रघुपतिपद पदुम परागा। मोहि कोउ सपनेहुँ सुखद न लागा॥

ऐसा ससुर, अयोध्या का निवास, प्रिय कुटुम्बी और माता के समान सासुएँ – श्रीरघुनाथजी के चरणकमलों की धूलि के बिना मुझे सपने में भी कोई सुखद नहीं लगता; ॥३॥

Such is my father-in-law and such is Ayodhya, my home; agreeable is my family and my mothers-in-law love me as my own mother; yet apart from the dust of Raghunatha's lotus feet none of these affords me pleasure even in a dream.

अगम पंथ बन भूमि पहारा। करि केहरि सर सरित अपारा॥
कोल किरात कुरंग बिहंगा। मोहि सब सुखद प्रानपतिसंगा॥

प्राणेश्वर के साथ दुर्गम रास्ते, जंगली धरती, पहाड़, हाथी, सिंह, अथाह तालाब एवं नदियाँ, कोल, भील, हिरन और पक्षी – ये सभी मेरे लिए सुखदायी होंगे! ॥४॥

On the other hand, rough roads, the forest regions and the hills, the elephants and the lions, impassable lakes and streams, wild tribes such as Kols and Bhils, deer and birds – all these are delightful to me in the company of the lord of my life.

---

१. जिस चौकी पर पिताजी अपने चरण रखते हैं, बड़े-बड़े राजा उस चौकी का ही स्पर्श करते हैं, वह भी अपने मणि-मुकुटों से ही। ये राजा पिताजी के चरणों पर मस्तक नहीं रख सकते, बल्कि दूर से ही प्रणाम करने के अधिकारी हैं।

दो. –सासु ससुर सन मोरि हुँति बिनय करबि परि पायँ।
मोर सोचु जनि करिअ कछु मैं बन सुखी सुभायँ ॥९८॥

मेरी ओर से सास और ससुर के पाँव पड़कर विनती कीजिएगा कि वे मेरा कुछ भी सोच न करें। मैं स्वभाव से ही वन में सुखी हूँ (मुझे स्वभाव से ही वन प्रिय है, महल नहीं); ॥९८॥

Falling at the feet of my lord's parents, entreat them from me not to grieve on my account, for I am naturally happy in the woods and content.

चौ. –प्राननाथ प्रिय देवर साथा। बीरधुरीन धरें धनु भाथा॥
नहि मगश्रमु भ्रमु दुख मन मोरें। मोहि लगि सोचु करिअ जनि भोरें॥

मेरे साथ वीरों में अग्रगण्य तथा धनुष और तरकश धारण किये मेरे प्राणनाथ और प्रिय देवर हैं। इससे मुझे न रास्ते की थकावट है, न भ्रम और न मेरे मन में कोई दुःख ही। आप भूलकर भी मेरे लिए सोच न कीजिएगा! ॥१॥

With the sovereign of my soul and his younger brother, most valiant of champions, both carrying bow and quiver, the toilsome wanderings of the journey will not weary me, nor shall I experience any illusion or sorrow; therefore, pray grieve not on my account even unwittingly.'

सुनि सुमंत्रु सिय सीतलि बानी। भयेउ बिकल जनु फनि मनिहानी॥
नयन सूझ नहिं सुनइँ न काना। कहि न सकइ कछु अति अकुलाना॥

सुमन्त्र सीताजी की शीतल वाणी सुनकर ऐसे विकल हो गए जैसे मणि के खो जाने पर साँप विकल हो जाता है। नेत्रों से न कुछ सूझता है और न कानों से सुनायी पड़ता है। वे अत्यन्त अधीर हो उठे, (इसलिए) कुछ कह नहीं सकते ॥२॥

On hearing Sita's refusal, though couched in soothing tones, Sumantra was as distressed as a serpent that has lost its head-jewel. He could neither see with his eyes nor hear with his ears nor utter any word in his extreme agitation.

राम प्रबोधु कीन्ह बहु भाँती। तदपि होति नहि सीतलि छाती॥
जतन अनेक साथ हित कीन्हे। उचित उतर रघुनंदन दीन्हे॥

श्रीरामचन्द्रजी ने उनको बहुत तरह से समझाया, फिर भी उनकी छाती ठंडी न हुई। साथ चलने के लिए मन्त्री ने अनेक यत्न किये, पर श्रीरामजी उपयुक्त उत्तर देते गए ॥३॥

Rama said everything to console him, but his heart refused to be comforted. He made every effort even to accompany the Lord, but Rama returned appropriate answers to all his pleas.

मेटि जाइ नहि रामरजाई । कठिन करमगति कछु न बसाई ॥
राम लखन सिय पद सिरु नाई । फिरेउ बनिकु जिमि मूरु गँवाई ॥

श्रीरामजी की आज्ञा मिटायी नहीं जा सकती । कर्म की गति कठिन है । उस पर कोई वश नहीं चलता । श्रीराम, लक्ष्मण और सीताजी के चरणों में सिर नवाकर सुमन्त्र इस तरह लौटे जैसे कोई व्यापारी मूल पूँजी गँवाकर लौटे । (यहाँ मूलधन राम, लक्ष्मण और जानकी हैं और मुनाफा लौटा लाने का यश । श्रीरामजी के न लौटने से सुमन्त्रजी की मूल पूँजी तो गई ही, वे अपयश के भी भागी हुए । लोग कहेंगे कि उन्होंने ही नगरवासियों के सो जाने पर चोरी से रामजी को वन पहुँचाया ।) ॥४॥

What Rama ordains cannot be annulled; the ways of fate, which are beyond anybody's control, are ever hard. Bowing his head before the feet of Rama, Lakshmana and Sita, he turned back like a merchant who has lost his all.

दो. –रथु हाँकेउ हय राम तन हेरि हिहिनाहिं ।
देखि निषाद बिषादबस धुनहिं सीस पछिताहिं ॥९९॥

सुमन्त्र ने रथ हाँका तो घोड़े श्रीरामचन्द्रजी की ओर देख-देखकर हिनहिनाने लगे । यह देखकर निषाद लोग विषाद-वश सिर धुन-धुनकर पछताते हैं ॥९९॥

As he drove off, the horses of his chariot continued gazing at Rama and whinnying. When they saw it, the Nishadas (Guha's men) grieved sore and beat their heads and lamented.

चौ. –जासु बियोग बिकल पसु ऐसें । प्रजा मातु पितु जीहहिं कैसें ॥
बरबस राम सुमंत्रु पठाए । सुरसरि तीर आपु तब आए ॥

जिनके वियोग से पशु इतने व्याकुल हैं, उनके वियोग से प्रजा, माता और पिता किस तरह जीवित रहेंगे ? श्रीरामचन्द्रजी ने सुमन्त्र को जबर्दस्ती भेज दिया । तब आप गङ्गाजी के तीर पर आये ॥१॥

When even brute beasts are so distressed on being torn away from him, how will his subjects and his father and mother endure to live without him ? Having dismissed Sumantra against the latter's will, Rama himself came to the bank of the Ganga.

मागी नाव न केवटु आना । कहइ तुम्हार मरमु मैं जाना ॥
चरन कमल रज कहुँ सबु कहई । मानुषकरनि मूरि कछु अहई ॥

(गंगा पार करने के लिए) श्रीराम ने केवट से नाव माँगी, पर वह लाता नहीं । कहने लगा – मैं तुम्हारा मर्म जानता हूँ । सब लोग कहते हैं कि तुम्हारे चरणकमलों की धूल मनुष्य बना डालनेवाली कोई जड़ी है, ॥२॥

He called for a boat, but the ferryman would not bring it. 'I know your magic power,' he said; 'everyone says that the dust of your lotus feet is some magic herb possessing the quality of turning things into human beings.

छुअत सिला भइ नारि सुहाई । पाहन तें न काठ कठिनाई ॥
तरनिउँ मुनिघरिनी होइ जाई । बाट परै मोरि नाव उड़ाई ॥

जिसके छूते ही शिला सुन्दर स्त्री हो गयी ! पत्थर से काठ कठोर तो होता नहीं । नाव भी मुनि की स्त्री हो जायगी और इस प्रकार मेरी नाव उड़ जायगी, मैं लुट जाऊँगा ! ॥३॥

A rock which touched it was transformed into a charming woman; and wood is no harder than stone ! If my boat becomes a hermit's wife (like Ahalya), I shall be robbed of my boat and my livelihood too. (Should my boat be turned into a sage's wife, the ferry will be closed and the boat lost, which is the support of my whole family.)

एहि प्रतिपालउँ सबु परिवारू । नहि जानउँ कछु अउर कबारू ॥
जौं प्रभु पार अवसि गा चहहू । मोहि पद पदुम पखारन कहहू ॥

इसी नाव से मैं सारे परिवार का पालन-पोषण करता हूँ । दूसरा कोई काम-धंधा नहीं जानता । हे प्रभु ! यदि आप अवश्य ही पार जाना चाहते हैं तो मुझे पहले अपने चरण-कमल धोने की आज्ञा दीजिए ! ॥४॥

It is by means of this boat that I support my whole family; I know no other trade. If, my lord, you must cross the river, then bid me wash your lotus feet.

छं. –पद कमल धोइ चढ़ाइ नाव न नाथ उतराई चहौं ।
मोहि राम राउरि आन दसरथ सपथ सब साँची कहौं ॥
बरु तीर मारहुँ लखनु पै जब लगि न पाय पखारिहौं ।
तब लगि न तुलसीदास नाथ कृपाल पारु उतारिहौं ॥

हे नाथ ! चरणकमलों को धोकर ही आप लोगों को अपनी नाव पर चढ़ाऊँगा; मैं उतराई नहीं चाहता । हे राम ! मुझे आपकी शपथ और दशरथजी की सौगंद है, मैं सब सच कहता हूँ । चाहे लक्ष्मणजी मुझे तीर मार दें, पर जब तक मैं पैरों को न पखार लूँगा, तब तक हे तुलसीदास के नाथ ! हे कृपालु ! मैं पार नहीं उतारूँगा ।

I will take you on board, my lord, only when I have washed your lotus feet; I seek no toll from you. I swear by you, O Rama, as well as by Dasharath, that what I tell you is all true. Let Lakshmana shoot me with his arrows if he will; but until I have washed your feet I will not, O gracious lord of Tulasidasa, ferry you across.'

सो. –सुनि केवट के बैन प्रेम लपेटे अटपटे ।
बिहसे करुनाऐन चितइ जानकी लखन तन ॥१००॥

केवट के प्रेम से भरे हुए अटपटे वचन सुनकर दयानिधान श्रीरामचन्द्रजी जानकीजी और लक्ष्मणजी की ओर देखकर हँस पड़े ॥१००॥

On hearing these words of the ferryman, so absurd

but so overflowing with love, the all-merciful Lord looked at Janaki and Lakshmana and laughed.

चौ. –कृपासिंधु बोले मुसुकाई। सोइ करु जेहिं तव नाव न जाई॥
बेगि आनु जल पाय पखारू। होत बिलंबु उतारहि पारू॥

दयासागर श्रीरामचन्द्र केवट से मुसकराकर बोले कि भाई ! तुम वही करो जिससे तुम्हारी नाव बची रहे। जल्दी से जल लाकर पाँव धो लो। देर हो रही है, पार उतार दो॥१॥

Said the all-compassionate Lord with a smile, 'Do so, then, that your boat may not be lost. Bring water at once and lave my feet, for time has been lost, take us across.'

जासु नाम सुमिरत एक बारा। उतरहिं नर भवसिंधु अपारा॥
सोइ कृपालु केवटहि निहोरा। जेहिं जुग किये तिहुँ पगहुँ तें थोरा॥

जिनका नाम एक बार भी स्मरण कर लेने से मनुष्य अपार भवसागर के पार उतर जाते हैं, और जिन्होंने (वामनावतार में) संसार को तीन पग से भी छोटा कर दिया था[1], वही कृपालु श्रीरामचन्द्रजी केवट से (गंगा पार उतारने के लिए) विनय कर रहे हैं !॥२॥

The same gracious Lord, by uttering whose name but once men cross the boundless ocean of birth and death, and for whose three strides the universe proved too small, thus importuned an ordinary boatman. (Rama is here identified with Vishnu who in the form of a dwarf outwitted King Bali.)

पदनख निरखि देवसरि हरषी। सुनि प्रभुबचन मोहमति करषी॥
केवट रामरजायसु पावा। पानि कठवता भरि लेइ आवा॥

श्रीरघुनाथजी के चरणों के नखों को देखकर (अपना उत्पत्ति-स्थान जानकर और यह समझकर कि बिछुड़े हुए चरणों का स्पर्श होगा) गंगाजी प्रसन्न हुईं, किन्तु प्रभु के ('होत बिलंबु उतारहि पारू' जैसे) वचनों को सुनकर मोह की ओर उनकी बुद्धि खिंच गई (कि क्या ये वही भगवान् हैं जिनके पद-नख से मेरी उत्पत्ति हुई है और जो भवसागर पार करानेवाले हैं)। श्रीरामजी की आज्ञा पाकर केवट कठौते में पानी भर लाया॥३॥

Though bewildered by the Lord's words, the celestial river (Ganga) rejoiced on beholding his toenails. (When she heard Rama making request of a mere boatman, she had her doubts, but when she saw his toenails and recognized her birth place, she knew him to be her Lord and was glad.) At Rama's bidding the ferryman brought a wooden bowl full of water.

अति आनंद उमगि अनुरागा। चरन सरोज पखारन लागा॥
बरषि सुमन सुर सकल सिहाहीं। एहि सम पुन्यपुंज कोउ नाहीं॥

अत्यधिक आनन्द और प्रेम की उमंग में आकर वह (भगवान् के) चरणकमल धोने लगा। फूलों की वर्षा करके देवता सिहाने लगे कि इसके समान पुण्यात्मा कोई नहीं है॥४॥

In an ecstasy of joy and with a heart overflowing with love he proceeded to bathe the Lord's lotus feet. All the gods rained down flowers and envied his lot and said there was none so meritorious as he.

दो. –पद पखारि जलु पान करि आपु सहित परिवार।
पितर पारु करि प्रभुहि पुनि मुदित गयेउ लइ पार॥१०१॥

पैरों को धो-पखारकर और सारे परिवार-सहित स्वयं उस चरणोदक को पीकर (इस पुण्य के प्रभाव से) अपने पितरों को भवसागर से पार कराकर फिर आनन्दपूर्वक वह प्रभु श्रीरामचन्द्र को गङ्गाजी के पार ले गया॥१०१॥

After washing the Lord's feet and drinking off the water with all his family, and thus transporting the souls of his deceased forbears across the ocean of birth and death, he joyfully brought the Lord to the other side.

चौ. –उतरि ठाढ़ भये सुरसरिरेता। सीय रामु गुह लखन समेता॥
केवट उतरि दंडवत कीन्हा। प्रभुहि सकुच येहि नहि कछु दीन्हा॥

निषादराज और लक्ष्मणजी के साथ सीताजी और श्रीरामचन्द्रजी नाव से उतरकर गंगाजी की रेतीली भूमि पर खड़े हो गए। केवट ने उतरकर दण्डवत् की। (उसको ऐसा करते देखकर) प्रभु को संकोच हुआ कि इसे कुछ दिया नहीं गया॥१॥

Sita and Rama, with Guha and Lakshmana, disembarked and stood on the sands of the Ganga. The ferryman, too, got down and fell prostrate before the Lord, who felt embarrassed at the thought that he had given him no reward.

पियहिय की सिय जाननिहारी। मनिमुँदरी मन मुदित उतारी॥
कहेउ कृपाल लेहि उतराई। केवट चरन गहे अकुलाई॥

अपने पति के हृदय की बात जाननेवाली सीताजी ने प्रसन्न मन से अपनी रत्नजटित अँगूठी उतार दी। कृपालु श्रीरामचन्द्रजी ने केवट से कहा कि अपनी उतराई लो। केवट ने व्याकुल होकर (प्रभु के) चरण पकड़ लिये॥२॥

So Sita, who could read her husband's mind,

---

१. राजा बलि ने जब वामनरूपधारी भगवान् की विधिपूर्वक पूजा करके हाथ में जल लेकर तीन पग भूमि का संकल्प कर दिया, तब भगवान् का वह वामनरूप बढ़ने लगा। उन्होंने अपने एक पग से बलि की सारी पृथ्वी नाप ली, दूसरे पग से स्वर्ग को नाप लिया और बढ़ता हुआ सत्यलोक में पहुँच गया। तीसरे पग के लिए कोई भी वस्तु न बची, इसी से 'तिहुँ पगहुँ तें थोरा' कहा।

cheerfully drew a jewelled ring from off her finger. Said the gracious Lord, 'Here is your fee.' But the ferryman in confusion clasped his feet.

नाथ आजु मैं काह न पावा । मिटे दोष दुख दारिद दावा ॥
बहुत काल मैं कीन्हि मजूरी । आजु दीन्हि बिधि बनि भलि भूरी ॥

(केवट ने कहा –) हे नाथ ! मैंने आज क्या नहीं पा लिया ? दोष, दुःख और दरिद्रता की आग आज शान्त हुई ! मैंने बहुत दिनों तक मजदूरी की, पर विधाता ने आज ही बहुत अच्छी भरपूर मजदूरी दी है ॥३॥

'Lord,' he cried, 'what have I not already received this day ? The fire of my sins, sorrows and indigence has been extinguished ! For a long time have I worked for my livelihood, but it is only today that God has given me my wages in full.

अब कछु नाथ न चाहिअ मोरें । दीनदयाल अनुग्रह तोरें ॥
फिरती बार मोहि जोइ देबा । सो प्रसादु मैं सिर धरि लेबा ॥

हे नाथ ! हे दीनदयाल ! आपके अनुग्रह से अब मुझे कुछ नहीं चाहिए । लौटती बार आप मुझे जो देंगे, वह प्रसाद मैं सिर चढ़ाकर ले लूँगा ॥४॥

By your grace, my compassionate Lord, I want nothing now. Whatever you give me at the time of your return I will thankfully accept as my reward.'

दो. –बहुत कीन्ह प्रभु लखन सियँ नहि कछु केवटु लेइ ।
बिदा कीन्ह करुनायतन भगति बिमल बरु देइ ॥१०२॥

प्रभु श्रीरामचन्द्र, लक्ष्मण और सीताजी ने बहुत आग्रह किया, पर केवट ने कुछ नहीं लिया । तब करुणा के धाम (भगवान् श्रीरामचन्द्रजी) ने उसे निर्मल भक्ति का वरदान देकर विदा किया ॥१०२॥

Though the Lord Rama and Lakshmana and Sita did their utmost to persuade him, the ferryman would accept nothing. The compassionate Lord then bestowed on him the boon of unalloyed devotion and bade him farewell.

चौ. –तब मज्जनु करि रघुकुलनाथा । पूजि पारथिव नायेउ माथा ॥
सिय सुरसरिहि कहेउ कर जोरी । मातु मनोरथ पुरउबि मोरी ॥

फिर स्नान करके रघुनाथजी ने पार्थिव पूजा की और शिवजी को प्रणाम किया । सीताजी ने हाथ जोड़कर गङ्गाजी से कहा – हे माता ! मेरा मनोरथ पूरा कीजिएगा । (मृत्तिका-निर्मित शिवलिंग की पूजा ही पार्थिव पूजा है । शिवजी की सावयव मूर्ति की पूजा से कहीं अधिक श्रेयस्कर लिंग-पूजन है । अश्वत्थामा को यही कहकर व्यासजी ने कृष्णार्जुन की विजय का रहस्योद्घाटन किया था ।) ॥१॥

Then the lord of the house of Raghu bathed in the Ganga and after worshipping a clay image of Shiva, bowed his head to the deity. With folded hands Sita addressed the celestial river (Ganga), 'Mother, pray accomplish my desire,

पति देवर सँग कुसल बहोरी । आइ करउँ जेहिं पूजा तोरी ॥
सुनि सियबिनय प्रेमरस सानी । भइ तब बिमल बारि बर बानी ॥

जिससे मैं (अपने) पति और देवर के साथ कुशलपूर्वक लौटकर आपकी पूजा कर सकूँ । तब सीताजी की प्रेमरस में सनी प्रार्थना को सुनकर गङ्गाजी के निर्मल जल से यह श्रेष्ठ वाणी हुई – ॥२॥

—that I may return in safety with my husband and his brother and again adore you.' In response to Sita's prayer, steeped as it was in the nectar of love, the holy stream made gracious answer:

सुनु रघुबीरप्रिया बैदेही । तव प्रभाउ जग बिदित न केही ॥
लोकप होहिं बिलोकत तोरें । तोहि सेवहिं सब सिधि कर जोरें ॥

हे रघुवीर-प्रिया ! हे सीते ! सुनो, तुम्हारा प्रभाव इस संसार में किसे नहीं मालूम ? तुम्हारी कृपादृष्टि पड़ते ही लोग लोकपाल हो जाते हैं और सब सिद्धियाँ हाथ जोड़े तुम्हारी सेवा करती रहती हैं; ॥३॥

'Listen, O Sita, beloved consort of Raghubira ! Who in the world knows not your glory ? Those on whom you look become guardians of the spheres, and all the mystic powers wait upon you with folded hands.

तुम्ह जो हमहि बड़ि बिनय सुनाई । कृपा कीन्हि मोहि दीन्हि बड़ाई ॥
तदपि देवि मैं देबि असीसा । सफल होन हित निज बागीसा ॥

तुमने जो मुझे बड़ी विनती सुनायी, यह तो मुझ पर कृपा की और मुझे बड़ाई दी । फिर भी हे देवि ! मैं अपनी वाणी को सफल करने के लिए तुम्हें आशीर्वाद दूँगी – ॥४॥

By deigning to address your petition to me you have shed on me a favour and highly exalted me. Yet, O venerable lady, bless you I must, just in order to prove my utterances true.

दो. –प्राननाथ देवर सहित कुसल कोसला आइ ।
पूजिहि सब मनकामना सुजसु रहिहि जग छाइ ॥१०३॥

अपने प्राणेश्वर और देवर के साथ कुशलपूर्वक तुम अयोध्या लौटोगी, तुम्हारी सारी मनोकामनाएँ सिद्ध होंगी और तुम्हारा सुन्दर यश सारे विश्व में छा जायगा ॥१०३॥

With your beloved lord and his brother you shall return in safety to Ayodhya. Every wish of your heart shall be accomplished and your fair fame shall spread throughout the world.'

चौ. –गंगबचन सुनि मंगलमूला। मुदित सीय सुरसरि अनुकूला॥
तब प्रभु गुहहि कहेउ घर जाहू। सुनत सूख मुखु भा उर दाहू॥

(सभी) मंगलों के मूल गङ्गाजी के वचन सुनकर और देवनदी को अनुकूल जानकर सीताजी प्रसन्न हो गईं। तब प्रभु रामचन्द्रजी ने गुह से कहा कि अब तुम घर (लौट) जाओ। यह सुनते ही उसका मुँह सूख गया और हृदय में जलन होने लगी॥१॥

Sita rejoiced to hear Ganga's benedictory words and to find that the divine river was propitious. Then the Lord bade Guha return home. At this his face grew pale and there was anguish in his heart.

दीन बचन गुह कह कर जोरी। बिनय सुनहु रघुकुलमनि मोरी॥
नाथसाथ रहि पंथु देखाई। करि दिन चारि चरनसेवकाई॥

हाथ जोड़कर गुह दीन वचन कहने लगा – हे रघुकुलशिरोमणि! मेरी विनती सुनिए। मैं आपके साथ रहकर आपको रास्ता दिखाकर और चार (कुछ) दिन चरणों की सेवा करके – ॥२॥

With folded hands and in pathetic tones Guha addressed the Lord: 'Hear my prayer, O jewel of the house of Raghu! Let me stay with you, my lord, and show you the way and for a few days wait upon your feet.

जेहि बन जाइ रहब रघुराई। परनकुटी मैं करबि सुहाई॥
तब मोहि कहँ जसि देबि रजाई। सोइ करिहौं रघुबीरदोहाई॥

हे रघुराज! जिस वन में जाकर आप रहेंगे, उसमें मैं पत्तों की सुन्दर कुटिया बना दूँगा। तब मुझे आप जैसी आज्ञा देंगे, मैं वैसा ही करूँगा, मैं आपकी सौगंद खाकर कहता हूँ॥३॥

I shall fashion a fair hut of leaves for you in whichever forest, O Raghuraja, you may go and take up your abode. After that I swear by you, O Raghubira, to do as you bid me.'

सहज सनेहु राम लखि तासू। संग लीन्ह गुह हृदय हुलासू॥
पुनि गुह ग्याति बोलि सब लीन्हे। करि परितोषु बिदा तब कीन्हे॥

उसके स्वाभाविक स्नेह को देखकर श्रीरामचन्द्रजी ने उसको साथ ले लिया, (जिससे) गुह का हृदय आनन्द से भर उठा। फिर गुह ने अपनी जाति के लोगों को बुला लिया और उन्हें समझाकर विदा किया॥४॥

When he perceived his unfeigned affection, Rama took him with him and Guha was overjoyed. Then Guha summoned all his kinsmen and sent them away with kind assurances.

दो. –तब गनपति सिव सुमिरि प्रभु नाइ सुरसरिहि माथ।
सखा अनुज सिय सहित बन गवनु कीन्ह रघुनाथ॥१०४॥

तब गणपति और शिवजी का स्मरण कर तथा गङ्गाजी को प्रणाम कर सखा निषादराज, छोटे भाई लक्ष्मण और सीताजी के साथ प्रभु रामचन्द्रजी वन को चले॥१०४॥

Then directing his thoughts to Ganesha and Shiva and bowing his head to the celestial stream (Ganga), the Lord set out for the woods with his friend (Guha), his brother (Lakshmana) and Sita.

चौ. –तेहि दिन भयेउ बिटपतर बासू। लखन सखाँ सब कीन्ह सुपासू॥
प्रात प्रातकृत करि रघुराई। तीरथराजु दीख प्रभु जाई॥

उस दिन पेड़ के नीचे निवास किया। लक्ष्मणजी और सखा गुह ने सारी सुव्यवस्था कर दी। सवेरे प्रातःकाल सब शौच क्रियाएँ करके प्रभु श्रीरामचन्द्रजी ने जाकर तीर्थराज प्रयाग के दर्शन किये॥१॥

That day he halted under a tree, and Lakshmana and his companion (Guha) provided for all his comforts. At daybreak the Lord performed his morning duties and then went on till he saw Prayaga, the sovereign of holy places.

सचिव सत्य श्रद्धा प्रिय नारी। माधव सरिस मीतु हितकारी॥
चारि पदारथ भरा भँडारू। पुन्यप्रदेस देस अति चारू॥

उस तीर्थराज का सत्य ही मन्त्री है, श्रद्धा प्यारी स्त्री है और माधवजी जैसे[1] हितकारी मित्र हैं। चार पदार्थों (धर्म, अर्थ, काम और मोक्ष) से भण्डार भरा-पूरा है, और वह पुण्य-प्रदेश ही उस राजा का अति सुन्दर राज्य है॥२॥

This sovereign (of holy places) has Truth for his minister, Faith for his beloved consort and Madhava (Bindumadhava, the deity presiding over Prayaga) for his beneficent friend and favourite. His treasury is stored with the four great rewards of life and the sacred region surrounding the confluence of the Ganga and Yamuna marks his most fair dominion.

छेत्रु अगम गढ़ु गाढ़ सुहावा। सपनेहुँ नहि प्रतिपच्छिन्ह पावा॥
सेन सकल तीरथ बर बीरा। कलुष अनीक दलन रनधीरा॥

वहाँ की पुण्य-भूमि ही दुर्गम, दृढ़ और सुन्दर किला है जिसे (पापरूपी) शत्रु सपने में भी नहीं पा सकते। (संसार के बड़े-बड़े तीर्थ जो दिन-रात पापों का नाश किया करते हैं, वे) सब तीर्थ ही श्रेष्ठ योद्धाओं की (एक ऐसी) सेना है जो पाप की सेना को कुचल डालने में शूरवीर है (संसार के सभी बड़े-बड़े तीर्थ तीर्थराज प्रयाग के ही सैनिक हैं)॥३॥

The holy land (from where he governs) is his fort, impregnable and magnificent, and so strong that no

१. माधव = मा (लक्ष्मी) + धव (पति) = लक्ष्मीपति विष्णु, श्रीमन्नारायण।

enemy could ever dream of storming; all the holy places form his host of chosen and valiant warriors, staunch in battle and capable of crushing the whole army of sin.

संगमु सिंहासनु सुठि सोहा। छत्रु अखयबटु मुनिमनु मोहा॥
चँवर जमुन अरु गंग तरंगा। देखि होहिं दुख दारिद भंगा॥

गङ्गा, यमुना और सरस्वती का सङ्गम ही उसका श्रेष्ठ सुन्दर सिंहासन है। अक्षयवट ही छत्र है, जो मुनियों के भी मन को मुग्ध कर लेता है। गंगा-यमुना की लहरें उसके चँवर हैं, जिनको देखकर ही दुःख-दारिद्र्य जाता रहता है॥४॥

The junction of the Ganga and Yamuna and Sarasvati is his exquisite throne, the immortal banyan tree, Akashyavata, his royal umbrella that enchants the souls of sages. The ripples of the Ganga and Yamuna are his royal whisks, the very sight of which destroys all sorrow and distress.

दो.–सेवहिं सुकृती साधु सुचि पावहिं सब मनकाम।
बंदी बेद पुरान गन कहहिं बिमल गुन ग्राम॥१०५॥

पुण्यात्मा, पवित्र साधु लोग उसकी सेवा करते हैं और सब मनोवांछित फल पाते हैं; वेद और पुराणों के समूह ही उसके वंदीगण हैं, जो उसके निर्मल गुण-समूहों का गान करते हैं॥१०५॥

Meritorious and holy anchorites wait upon this king and attain all that they desire; while the Vedas and the Puranas are the rhapsodists who recount the sum of his immaculate perfections.

चौ.–को कहि सकइ प्रयागप्रभाऊ। कलुषपुंज कुंजर मृगराऊ॥
अस तीरथपति देखि सुहावा। सुखसागर रघुबर सुखु पावा॥

पापों के समूहरूपी हाथियों के लिए सिंहरूप प्रयागराज के माहात्म्य को कौन कह सकता है? ऐसे सुहावने तीर्थराज को देखकर सुख के समुद्र, रघुकुलश्रेष्ठ श्रीरामजी को भी सुख मिला॥१॥

Who can describe the glory of Prayaga, a lion to destroy the elephant of accumulated sin? On beholding the beauty of this king of holy places, Raghubara, the ocean of bliss, was filled with delight.

कहि सिय लखनहि सखहि सुनाई। श्रीमुख तीरथराजबड़ाई॥
करि प्रनामु देखत बन बागा। कहत महातम अति अनुरागा॥

अपने श्रीमुख से उन्होंने सीताजी, लक्ष्मणजी और सखा (गुह) को तीर्थराज की महिमा कह सुनायी। (फिर तीर्थराज को) प्रणाम करके, वन और बगीचों को देखते हुए अत्यन्त प्रेमपूर्वक उनका माहात्म्य वर्णन करने लगे॥२॥

With his own holy lips he expounded to Sita, Lakshmana and his friend (Guha) the majesty of Prayaga. Then reverently greeting it and casting a look round the groves and gardens, he began to dilate on their glory with the utmost devotion.

येहि बिधि आइ बिलोकी बेनी। सुमिरत सकल सुमंगल देनी॥
मुदित नहाइ कीन्हि सिवसेवा। पूजि जथाबिधि तीरथदेवा॥

इस तरह श्रीराम ने आकर त्रिवेणी के दर्शन किये, जो स्मरण करते ही सभी सुन्दर मङ्गलों को देनेवाली है। फिर प्रसन्न होकर (त्रिवेणी में) स्नान करके शिवजी की सेवा की और तीर्थदेवताओं का यथाविधि पूजन किया॥३॥

Thus he came and saw Triveni, the mere thought of which bestows all choice blessings. After bathing in the confluence, he gladly worshipped Shiva and did reverence, according to the prescribed ritual, to the divinity of the spot.

तब प्रभु भरद्वाज पहिं आए। करत दंडवत मुनि उर लाए॥
मुनिमन मोद न कछु कहि जाई। ब्रह्मानंदरासि जनु पाई॥

तब प्रभु श्रीरामजी भरद्वाज मुनि के पास आये। दण्डवत् करते हुए ही मुनि ने उन्हें हृदय से लगा लिया।[1] मुनि के मन की प्रसन्नता का वर्णन करते नहीं बनता (अथवा वे इतने आनन्दित हैं कि उनसे कुछ कहते नहीं बनता), मानो उन्हें ब्रह्मानन्द की राशि ही मिल गई हो॥४॥

The Lord then called on Bharadvaja, and as he prostrated himself, the sage clasped him to his bosom in an ecstasy of joy past all telling, as though he had found the bliss of oneness with Brahma incarnate.

दो.–दीन्हि असीस मुनीस उर अति अनंदु अस जानि।
लोचनगोचर सुकृतफल मनहुँ किये बिधि आनि॥१०६॥

मुनीश्वर भरद्वाजजी ने उन्हें आशीर्वाद दिया। उनके हृदय में यह जानकर बड़ी प्रसन्नता हुई कि आज विधाता ने हमारे सम्पूर्ण पुण्यों के फल को आँखों के सामने लाकर दिखा दिया॥१०६॥

The high sage, Bharadvaja, gave him his blessing; and in his heart was great joy as he perceived that God had set before him in visible form the fruit of all his merits.

चौ.–कुसल प्रस्न करि आसन दीन्हे। पूजि प्रेम परिपूरन कीन्हे॥
कंद मूल फल अंकुर नीके। दिये आनि मुनि मनहु अमी के॥

---

१. श्रीरामचन्द्रजी दण्डवत् प्रणाम कर रहे हैं, यह भरद्वाजजी से देखा न गया, इसलिए बीच में ही उठाकर हृदय से लगा लिया। श्रीरामचन्द्रजी का शरीर पंचभूतों से निर्मित नहीं है, वह घनीभूत ब्रह्मानन्द और 'चिदानंदमय' है।

फिर कुशल-समाचार पूछकर मुनि ने उनको आसन दिये और प्रेमपूर्वक पूजन करके उन्हें संतुष्ट कर दिया । फिर मानो अमृत-जैसे सुस्वादु अच्छे-अच्छे कन्द, मूल, फल और अंकुर लाकर दिये ॥१॥

After inquiring of their welfare, the sage gave them seats and offered them his loving homage, making them well content. He then brought and offered them bulbs and fruit and shoots, all as delicious as ambrosia.

सीय लखन जन सहित सुहाये । अति रुचि राम मूल फल खाये ॥
भये बिगतश्रम राम सुखारे । भरद्वाज मृदु बचन उचारे ॥

सीता, लक्ष्मण और गुहसहित श्रीरामचन्द्रजी ने उन सुन्दर मूलफलों को बड़े चाव से खाया । थकावट दूर हो गई और श्रीरामचन्द्रजी सुखी हो गए । तब भरद्वाजजी ने कोमल वचन कहे — ॥२॥

With Sita, Lakshmana and his devotee (Guha), Rama partook of those delicious roots and fruit with much relish. When Rama was refreshed and all his fatigue forgotten, Bharadvaja addressed him in gentle tones :

आजु सुफल तपु तीरथु त्यागू । आजु सुफल जपु जोग बिरागू ॥
सफल सकल सुभ साधन साजू । राम तुम्हहिं अवलोकत आजू ॥

हे राम ! आज आपके दर्शन से मेरा तप, तीर्थसेवन और त्याग सफल हुआ । आज मेरा जप, योग और वैराग्य सफल हो गया और आज मेरे शुभ साधनों के सब साज भी सफल हुए ! ॥३॥

'Today my penance, my service to holy places and my renunciation have all been rewarded; today my prayers, my austerities and my detachment have borne fruit; yea, all my pious practices have today been rewarded, O Rama, by the sight of your person.

लाभ अवधि सुख अवधि न दूजी । तुम्हरें दरस आस सब पूजी ॥
अब करि कृपा देहु बर एहू । निज पद सरसिज सहज सनेहू ॥

अब इससे अधिक लाभ और सुख की दूसरी कोई अवधि नहीं है । आपके दर्शन से मेरी सब मनोकामनाएँ पूर्ण हो गईं । अब कृपा करके यही वरदान दीजिए कि आपके चरणकमलों में मेरी स्वाभाविक भक्ति हो ! ॥४॥

There is no higher gain, no greater joy than this. In beholding you all my hopes have been realized. Now of your favour grant me this one boon, a spontaneous devotion to your lotus feet.

दो._—करम बचन मन छाड़ि छलु जब लगि जनु न तुम्हार ।
तब लगि सुखु सपनेहुँ नहीं कियें कोटि उपचार ॥१०७॥

कर्म, वचन और मन से छल छोड़कर मनुष्य जब तक आपका दास नहीं हो जाता, तब तक करोड़ों उपाय करने से स्वप्न में भी सुख नहीं मिल सकता ! ॥१०७॥

Until a man is unfeignedly devoted to you in thought and word and deed, he cannot even dream of happiness, despite all that he may do.

चौ._—सुनि मुनिबचन रामु सकुचाने । भाव भगति आनंद अघाने ॥
तब रघुबर मुनि सुजसु सुहावा । कोटि भाँति कहि सबहि सुनावा ॥

मुनि के वचन सुनकर श्रीरामचन्द्रजी सकुचा गए और उनकी भाव-भक्ति के कारण आनन्द से तृप्त हो गए । इसके बाद रघुवर ने भरद्वाज मुनि का सुन्दर सुयश करोड़ों प्रकार से कहकर सबको सुनाया ॥१॥

On hearing the sage's words, Rama was embarrassed, but was sated with delight at so exquisite a display of love and devotion. Then Raghubara recounted to them all in a myriad ways the sage's illustrious renown, saying, —

सो बड़ सो सब गुनगन गेहू । जेहि मुनीस तुम्ह आदर देहू ॥
मुनि रघुबीर परसपर नवहीं । बचन अगोचर सुखु अनुभवहीं ॥

(उन्होंने कहा-) हे मुनीश्वर ! जिसे आप आदर दें, वही बड़ा और सभी गुणसमूहों का घर है । इस प्रकार श्रीरामजी और मुनि (भरद्वाजजी) दोनों परस्पर नम्रता दिखा रहे हैं और अनिर्वचनीय सुख का अनुभव कर रहे हैं ॥२॥

'Great indeed is he and he the repository of all perfections, O chief of sages, whom you are pleased to honour.' The sage (Bharadvaja) and Rama thus exchanged their courtesies and experienced ineffable joy.

यह सुधि पाइ प्रयागनिवासी । बटु तापस मुनि सिद्ध उदासी ॥
भरद्वाज आश्रम सब आए । देखन दसरथसुअन सुहाए ॥

उनके आने की खबर पाकर प्रयाग के रहनेवाले ब्रह्मचारी, तपस्वी, मुनि, सिद्ध और उदासी सब दशरथजी के सुन्दर पुत्रों को देखने के लिए भरद्वाज ऋषि के आश्रम पर आये ॥३॥

On receiving this news the people of Prayaga, including religious students, ascetics, hermits, adepts and recluses, all flocked to the hermitage of Bharadvaja to have a look at the charming sons of Dasharath.

राम प्रनाम कीन्ह सब काहू । मुदित भये लहि लोयनलाहू ॥
देहिं असीस परम सुखु पाई । फिरे सराहत सुंदरताई ॥

रामचन्द्रजी ने सबको प्रणाम किया । नेत्रों का लाभ पाकर वे प्रसन्न हुए और परम सुख पाकर आशीर्वाद देने लगे । (तदनंतर) उनकी सुन्दरता की प्रशंसा करते हुए वे लौट पड़े ॥४॥

Rama did obeisance to them all, who were delighted to feast their eyes on him. Deriving supreme joy, they gave their blessings and returned home, extolling the beauty of the royal guests.

दो. –राम कीन्ह बिश्राम निसि प्रात प्रयाग नहाइ ।
चले सहित सिय लखन जन मुदित मुनिहि सिरु नाइ ॥१०८॥

श्रीरामजी ने रात को वहीं (मुनि के आश्रम में) विश्राम किया और सवेरे प्रयागराज का स्नानकर तथा प्रसन्नतापूर्वक मुनि को प्रणामकर वे सीता, लक्ष्मण और सेवक गुह के साथ चल पड़े ॥१०८॥

Rama reposed (in the hermitage) that night. At daybreak he bathed at Prayaga (at the confluence of the Ganga and Yamuna), and then proceeded on his journey with Sita, Lakshmana and his attendant (Guha), joyfully bowing his head to the sage.

चौ. –राम सप्रेम कहेउ मुनि पाहीं । नाथ कहिअ हम केहि मग जाहीं ॥
मुनिमन बिहसि राम सन कहहीं । सुगम सकल मग तुम्ह कहुँ अहहीं ॥

(चलते समय) श्रीरामजी ने प्रेमपूर्वक मुनि से पूछा – हे नाथ ! बताइए, हम किस मार्ग से जायँ । मन-ही-मन हँसकर मुनि श्रीरामजी से कहते हैं कि आपके लिए सभी मार्ग सुगम हैं ॥१॥

(Before leaving) Rama affectionately asked the sage, 'Tell me, my lord, what road we should take.' The sage smiled to himself and said to Rama, 'All roads are easy to you.'

साथ लागि मुनि सिष्य बोलाए । सुनि मन मुदित पचासक आए ॥
सबन्हि राम पर प्रेम अपारा । सकल कहहिं मगु दीख हमारा ॥

(श्रीरामचन्द्रजी के) साथ (भेजने) के लिए मुनि ने शिष्यों को बुलाया । सुनते ही प्रसन्न मन से कोई पचास शिष्य आ गए । उन सबों का श्रीरामजी पर अपार प्रेम है । इसलिए सभी कहते हैं कि रास्ता तो हमारा देखा हुआ है ॥२॥

He then summoned his pupils that they might escort Rama, and at the summons some fifty of them came, glad of heart. They all cherished boundless love for Rama and each of them said he knew the road.

मुनि बटु चारि संग तब दीन्हे । जिन्ह बहु जनम सुकृत सब कीन्हे ॥
करि प्रनामु रिषि आयेसु पाई । प्रमुदित हदयँ चले रघुराई ॥

तब मुनि ने चार ब्रह्मचारियों को (रामचन्द्रजी के) साथ कर दिया, जिन्होंने बहुत जन्मों तक सब पुण्य किये थे । श्रीरघुनाथजी ऋषि को प्रणाम कर और उनकी आज्ञा पाकर प्रसन्नचित्त वहाँ से चल पड़े ॥३॥

Then the sage sent with the royal party four religious students, who had practised every virtue in the course of many previous existences. Raghunatha made obeisance to the sage, and with his permission went forth rejoicing.

ग्राम निकट निकसहिं जब जाई । देखहिं दरसु नारि नर धाई ॥
होहिं सनाथ जनमफलु पाई । फिरहिं दुखित मनु संग पठाई ॥

जब वे किसी गाँव के पास होकर निकलते हैं तब उनके दर्शन के लिए स्त्री-पुरुष दौड़ पड़ते हैं । जन्म का फल पाकर वे सनाथ हो जाते हैं और मन को उन्हीं के साथ भेजकर दुःखी हो लौट आते हैं ॥४॥

When they passed by the village, men and women ran out to have a look at them; they found in the sight of their lord the fruition of their lives and sadly turned homeward, sending their hearts to bear them company.

दो. –बिदा किये बटु बिनय करि फिरे पाइ मनकाम ।
उतरि नहाये जमुनजल जो सरीर सम स्याम ॥१०९॥

फिर श्रीरामजी ने विनती करके (चारों) ब्रह्मचारियों को विदा किया; वे मनोवांछित फल पाकर लौटे । यमुनाजी के पार उतरकर सबने यमुनाजी के उस जल में स्नान किया जो श्रीरामचन्द्रजी के शरीर के समान ही श्याम था ॥१०९॥

Courteously Rama dismissed the students, who returned with their hearts' desire fulfilled. Having crossed the river, they all stopped to bathe in Yamuna's stream, which was dark as Rama's own body.

चौ. –सुनत तीरबासी नर नारी । धाए निज-निज काज बिसारी ॥
लखन राम सिय सुंदरताई । देखि करहिं निज भाग्य बड़ाई ॥

उनका आना सुनते ही यमुनाजी के किनारे रहनेवाले स्त्री-पुरुष सब अपना-अपना काम भूलकर दौड़े और लक्ष्मण, राम और सीताजी की सुन्दरता देखकर अपने भाग्य की सराहना करने लगे ॥१॥

When those who dwelt upon the river banks heard of their arrival, they all ran to see them, forsaking whatever they were doing. On beholding the beauty of Lakshmana, Rama and Sita, they congratulated themselves on their own good fortune.

अति लालसा सबहिं मन माहीं । नाउँ गाउँ बूझत सकुचाहीं ॥
जे तिन्ह महुँ बयबिरिध सयाने । तिन्ह करि जुगुति रामु पहिचाने ॥

उन लोगों के मन में (परिचय जानने की) बड़ी लालसा हो रही है, पर वे नाम-गाँव पूछने में संकोच करते हैं । उन लोगों में जो वयोवृद्ध और चतुर हैं, उन्होंने युक्ति से श्रीरामचन्द्रजी को पहचान लिया ॥२॥

Their hearts were seized with intense longing, but they hesitated to ask their names and where they lived. Such of them, however, as were advanced in years and clever could somehow guess who Rama was.

सकल कथा तिन्ह सबहि सुनाई । बनहि चले पितु आयसु पाई ॥
सुनि सबिषाद सकल पछिताहीं । रानी राय कीन्ह भल नाहीं ॥

(उन चतुर बूढ़ों ने) सब कथा सब लोगों को सुनायी कि पिता की आज्ञा पाकर ये वन को जा रहे हैं । यह सुनकर सब लोग दुःखी हो पछताने लगे कि रानी और राजा ने यह अच्छा नहीं किया ॥३॥

They related the whole story to the rest, telling them how Rama had come to the woods in obedience to his father's bidding. They were all sad to hear this and lamented, saying: 'The king and queen have done ill.'

तेहि अवसर एकु तापसु आवा । तेजपुंज लघु बयस सुहावा ॥
कबि अलखित गति बेषु बिरागी । मन क्रम बचन राम अनुरागी ॥

उसी समय वहाँ एक तपस्वी आया, जो तेजस्वी, अल्पवयस्क और देखने में सुन्दर था । उसकी गति कवि नहीं जानते (अथवा वह कवि था जो अपना परिचय नहीं देना चाहता) । वह वैरागी का वेष धारण किये हुए था और मन, वचन तथा कर्म से श्रीरामचन्द्रजी का अनुरागी था ॥४॥

(कतिपय टीकाकार इस प्रसंग को क्षेपक मानते हैं, लेकिन नव्यतम शोधों से जाहिर है कि यह प्रसंग क्षेपक नहीं है । इस चौपाई में वर्णित तापस मानस के चार वक्ता हैं । आचार्य पं. श्री गिरिधर मिश्र[१] के मतानुसार, इन नौ पंक्तियों में प्रतिपादित पूर्ण ब्रह्म का दर्शन करनेवाला वह 'तापस' गोस्वामीजी के अतिरिक्त कौन हो सकता है ?...... यद्यपि तापस रूप में मानस के चारों वक्ताओं का सामंजस्य पूर्णतः हो जाता है, तथापि अंतरंगतम मीमांसा के पश्चात् श्री गोस्वामीजी को ही तापस रूप में मानना उचित है । 'कबि अलखित गति' कहकर गोस्वामीजी स्पष्ट ही अलक्ष्य गति से अपना ही आना कहते हैं । गोस्वामीजी का जन्म-स्थान उस गुरौली घाट के बहुत निकट है जहाँ यमुना पारकर श्रीरामचन्द्रजी उतरे हैं ।)

At that moment there arrived an ascetic, an embodiment of spiritual glow, young in years and charming in appearance, of a nature unknown to the poets; he was in the guise of a recluse and devoted to Rama in thought and word and deed.[1]

दो. –सजल नयन तन पुलकि निज इष्टदेउ पहिचानि ।
परेउ दंड जिमि धरनितल दसा न जाइ बखानि ॥११०॥

अपने इष्टदेव को पहचानकर उसकी आँखों में जल भर आया और रोंगटे खड़े हो गए । वह दण्ड की भाँति पृथ्वी पर गिर पड़ा, उसकी दशा का वर्णन करते नहीं बनता ॥११०॥

As soon as he recognized his own adored divinity, his eyes were bedewed with tears and he trembled with emotion and fell prostrate to the ground in a state of ineffable rapture.

चौ. –राम सप्रेम पुलकि उर लावा । परम रंक जनु पारसु पावा ॥
मनहुँ प्रेमु परमारथु दोऊ । मिलत धरें तनु कह सब कोऊ ॥

श्रीरामजी ने पुलकित होकर प्रेमपूर्वक उसे हृदय से लगा लिया । (उसे इतना आनन्द हुआ) मानो किसी अत्यन्त दरिद्र मनुष्य ने पारस पा लिया हो । वे आपस में ऐसे मिले कि सब लोग कहने लगे कि मानो प्रेम और परमार्थ दोनों शरीर धारण करके मिल रहे हैं ॥१॥

Thrilling all over with emotion, Rama clasped him to his bosom and filled his heart with a joy like that of a pauper who has found the philosopher's stone. Everyone who saw them said it was as though Love and Truth incarnate were embracing each other.

बहुरि लखन पायन्ह सोइ लागा । लीन्ह उठाइ उमगि अनुरागा ॥
पुनि सियचरन धूरि धरि सीसा । जननि जानि सिसु दीन्हि असीसा ॥

फिर उस तपस्वी ने लक्ष्मण के चरणों में प्रणाम किया । उन्होंने प्रेम से उमगकर उसे उठा लिया । फिर उसने सीताजी के चरणों की धूलि को अपने सिर पर धारण किया । माँ (सीताजी) ने भी उसे बच्चा जानकर आशीर्वाद दिया ॥२॥

Next, he threw himself at the feet of Lakshmana, who raised him with a heart brimming over with love. Then he placed upon his head the dust of Sita's feet, who gave him her blessing as if she were a mother blessing her child.

कीन्ह निषाद दंडवत तेही । मिलेउ मुदित लखि रामसनेही ॥
पिअत नयन पुट रूपु पियूषा । मुदित सुअसनु पाइ जिमि भूखा ॥

फिर निषाद ने उसको दण्डवत् की । श्रीरामचन्द्रजी का स्नेही जानकर वह निषाद से प्रसन्न होकर मिला । वह तपस्वी अपने नेत्ररूपी दौनों से श्रीरामजी के सौंदर्यामृत का पान करने लगा और ऐसा प्रसन्न हुआ जैसे कोई भूखा आदमी सुन्दर भोजन पाकर प्रसन्न होता है[१] ॥३॥

The Nishada chief prostrated himself before the ascetic, who gladly embraced him as Rama's

१. देखिए **मानस में तापस प्रसंग** (राजकोट : श्री गीताज्ञान मंदिर, १९८२) ।

1. The passage, recording the appearance of the unnamed ascetic, is considered by some to be an interpolation; but it is found in the best MSS, and, as modern researches have revealed, was assuredly written by Tulasidasa himself. Though the episode has given rise to various wild conjectures, there is evidence enough to regard the ascetic as the four narrators of the story. According to Acharya Giridhar Mishra, the ascetic is Tulasidasa himself who met the brothers in their guise as hunters. See *The Tapasa Episode in the Manasa* (Rajkot, Gitagyan Mandir, 1982).

१. इन पंक्तियों में पीने और खाने की द्विविध तृप्ति का वर्णन ध्यान देने योग्य है । इसके साथ ही तापस-प्रसंग समाप्त होता है ।

devoted friend. From the cup of his eyes he drank the nectar of Rama's beauty and was delighted as a hungry man who has found delicious food.

ते पितु मातु कहहु सखि कैसे । जिन्ह पठये बन बालक ऐसे ॥
राम लखन सिय रूपु निहारी । सोच सनेह बिकल नर नारी ॥

(एक ग्रामीण स्त्री अन्य स्त्रियों से कहती है –) हे सखी ! कहो तो, वे माता-पिता भी कैसे (कठोर) हैं जिन्होंने ऐसे बालकों को वन भेजा है। राम, लक्ष्मण और जानकी के रूप को देखकर सब स्त्री-पुरुष स्नेह से विकल हो जाते हैं ॥४॥

'Tell me, friend,' said one village woman to another, 'what kind of a father and mother must they be who have exiled such mere children to the forest ?' Men and women alike, on beholding the beauty of Rama, Lakshmana and Sita, found their love rendering them anxious for their safety.

दो. –तब रघुबीर अनेक बिधि सखहि सिखावनु दीन्ह ।
रामरजायसु सीस धरि भवन गवनु तेहि कीन्ह ॥१११॥

तब रघुवीरजी ने सखा गुह को अनेक तरह से समझाया । श्रीरामचन्द्रजी की आज्ञा को सिर चढ़ाकर वह अपने घर को लौट पड़ा ॥१११॥

Then Raghubira urgently exhorted his friend (Guha) to return home, and in submission to Rama's command he went his way.

चौ. –पुनि सिय राम लखन कर जोरी । जमुनहि कीन्ह प्रनामु बहोरी ॥
चले ससीय मुदित दोउ भाई । रबितनुजा कै करत बड़ाई ॥

फिर सीता, राम और लक्ष्मण ने हाथ जोड़कर यमुनाजी को पुनः प्रणाम किया । सीता के साथ दोनों भाई सूर्यकन्या यमुनाजी की बड़ाई करते हुए प्रसन्नतापूर्वक आगे चले ॥१॥

With folded hands Sita, Rama and Lakshmana made renewed obeisance to Yamuna. Accompanied by Sita, the two brothers joyously went on their way, extolling the daughter of the sun-god[1] as they went.

पथिक अनेक मिलहिं मग जाता । कहहिं सप्रेम देखि दोउ भ्राता ॥
राजलखन सब अंग तुम्हारें । देखि सोचु अति हृदयँ हमारें ॥

रास्ते में चलते हुए उन्हें अनेक बटोही (यात्री) मिलते हैं । वे दोनों भाइयों को देखकर उनसे प्रेमपूर्वक कहते हैं कि तुम्हारे सब अंगों में राजाओं-जैसे लक्षण देखकर हमारे मन में बड़ा सोच होता है ॥२॥

Many travellers met them on the way, and when they saw the two brothers they fondly exclaimed: 'You bear all the marks of royalty on your person and we are troubled indeed to see you.

1. Yamuna.

मारग चलहु पयादेहिं पायें । जोतिषु झूठ हमारें भायें ॥
अगमु पंथु गिरि कानन भारी । तेहि महँ साथ नारि सुकुमारी ॥

तुमलोग पैदल ही रास्ता चल रहे हो, इससे तो हमारी समझ में आता है कि ज्योतिषशास्त्र ही झूठा है । भारी जंगल और बड़े-बड़े पहाड़ों का दुर्गम रास्ता है । उस पर भी (अनेक कठिनाइयों के अतिरिक्त) तुम्हारे साथ सुकुमारी स्त्री है ॥३॥

When you go your way on foot, it seems to us that the science of astrology (which tells us that men possessing such and such features should always be borne on some vehicle) is no true science. The road is difficult, with big mountains and dense forests; moreover, you have with you a delicate lady.

करि केहरि बन जाइ न जोई । हम सँग चलहिं जो आयसु होई ॥
जाब जहाँ लगि तहँ पहुँचाई । फिरब बहोरि तुम्हहि सिरु नाई ॥

यह जंगल हाथी और सिंहों से ऐसा भरा है कि इसकी ओर देखा तक नहीं जाता । यदि आपकी आज्ञा हो तो हम आपके साथ चलें और आप जहाँ तक जाना चाहेंगे वहाँ तक पहुँचाकर, फिर आपको प्रणाम कर हम लौट आवेंगे ॥४॥

Elephants and lions make the forest too terrible to look at. We are ready to accompany you, if it be your will; we will escort you as far as you are going, and will then bow our heads to you and return.'

दो. –एहि बिधि पूँछहिं प्रेमबस पुलक गात जलु नैन ।
कृपासिंधु फेरहिं तिन्हहि कहि बिनीत मृदु बैन ॥११२॥

इसी तरह आँखों में जल भरकर और प्रेमवश पुलकितशरीर हो लोग पूछने लगते हैं । किंतु कृपासागर श्रीरामचन्द्रजी उन सबको विनीत एवं मधुर वचन कहकर लौटा देते हैं ॥११२॥

Thus did they offer their services, overmastered as they were by love; a thrill ran through their bodies and tears came to their eyes; but the all-merciful Lord gently and courteously sent them away.

चौ. –जे पुर गाँव बसहिं मग माहीं । तिन्हहि नाग सुर नगर सिहाहीं ॥
केहि सुकृतीं केहि घरीं बसाए । धन्य पुन्यमय परम सुहाए ॥

रास्ते में जितने नगर और ग्राम बसे हैं, उनको देखकर नागों और देवताओं के नगर भी सिहाते हैं (ईर्ष्या करते हैं) । वे ललचाते हुए कहते हैं कि किस पुण्यात्मा ने किस घड़ी में इन्हें बसाया था, जो आज ये इतने धन्य, पवित्र तथा परम सुन्दर हो रहे हैं ! ॥१॥

The towns and villages that lay on the road were the envy of the cities of the serpents and the gods. The deities presiding over these towns said to one another: 'By what blessed men and at what auspicious hour were these hamlets and villages founded ? They are so lucky, meritorious and of such exquisite beauty !'

जहँ जहँ रामचरन चलि जाहीं। तिन्ह समान अमरावति नाहीं॥
पुन्यपुंज मग निकट निवासी। तिन्हहि सराहहिं सुरपुरबासी॥

जहाँ-जहाँ रामचन्द्रजी के चरण चले जाते हैं, उनके समान अमरावती (इन्द्रपुरी) भी नहीं है। रास्ते के निकट बसनेवाले भी बड़े पुण्यात्मा हैं—स्वर्ग में निवास करनेवाले देवता भी उनकी सराहना करते हैं— ॥२॥

Even Amaravati (the Paradise of Indra) would not compare with the spots the feet of Rama trod. The dwellers on the wayside were all embodiments of virtue; they evoked the praise of the denizens of heaven,

जे भरि नयन बिलोकहिं रामहिं। सीता लखन सहित घनस्यामहिं॥
जे सर सरित राम अवगाहहिं। तिन्हहि देव सर सरित सराहहिं॥

जो सीता और लक्ष्मण सहित घनश्याम श्रीरामजी को भर-आँख देख लेते हैं। जिन तालाबों और नदियों में श्रीराम स्नान करते हैं, देवताओं के सरोवर और उनकी नदियाँ भी उनकी प्रशंसा करती हैं ॥३॥

—inasmuch as they feasted their eyes on Rama, dark of hue as a storm-cloud, together with Sita and Lakshmana. The lakes and streams in which Rama bathed were the envy of the lakes and rivers of the gods.

जेहि तरु तर प्रभु बैठहिं जाई। करहिं कलपतरु तासु बड़ाई॥
परसि रामपद पदुम परागा। मानति भूमि भूरि निज भागा॥

जिस वृक्ष के नीचे प्रभु जा बैठते हैं, उसकी बड़ाई कल्पवृक्ष भी करता है। श्रीरामचन्द्रजी के चरणकमलों की धूलि का स्पर्शकर पृथ्वी अपने को बहुत भाग्यशालिनी मानती है ॥४॥

The tree in the shade of which the Lord rested was glorified by the tree of Paradise; and when earth touched the dust of Rama's lotus feet, she deemed herself most blessed.

दो.—छाँह करहिं घन बिबुधगन बरषहिं सुमन सिहाहिं।
देखत गिरि बन बिहग मृग रामु चले मग जाहिं॥११३॥

(रास्ते में) मेघ छाया करते और देवता फूल बरसाते और सिहाते हैं (ईर्ष्या करते हैं)। पर्वत, वन और पशु-पक्षियों को देखते हुए श्रीराम रास्ते में चले जा रहे हैं ॥११३॥

The clouds screened him from the sun, and the gods rained down flowers and regarded him with wistful eyes as Rama went on his way looking at the hills and woods and birds and beasts.

चौ.—सीता लखन सहित रघुराई। गाँव निकट जब निकसहिं जाई॥
सुनि सब बाल बृद्ध नर नारी। चलहिं तुरत गृहकाज बिसारी॥

जब सीता और लक्ष्मण सहित श्रीरघुनाथजी किसी गाँव के पास जा निकलते हैं, तब (उनका आना) सुनते ही बालक-बूढ़े, स्त्री-पुरुष सब अपने घर और काम-काज को भूलकर उनके दर्शन के लिए शीघ्र चल पड़ते हैं ॥१॥

Whenever Sita, Lakshmana and Raghunatha passed by a village, all those who heard of their coming - young and old, men and women alike—came running out at once to see them, unmindful of their household duties.

राम लखन सिय रूप निहारी। पाइ नयनफलु होहिं सुखारी॥
सजल बिलोचन पुलक सरीरा। सब भये मगन देखि दोउ बीरा॥

श्रीराम, लक्ष्मण और सीताजी के रूप को देखकर और नेत्र पाने का फल पाकर वे सुखी होते हैं। उनके नेत्रों में आँसू भर आते हैं और उनके शरीर हर्षविह्वल (रोमांचित) हो उठते हैं। दोनों भाइयों को देखकर सब लोग (प्रेमानन्द में) मग्न हो गए ॥२॥

As they gazed on the beauty of Rama, Lakshmana and Sita, they obtained the fruition of their eyes and felt gratified. At the sight of the two brothers their eyes were wet with tears, a thrill ran through their bodies and they were all enchanted.

बरनि न जाइ दसा तिन्ह केरी। लहि जनु रंकन्ह सुरमनि ढेरी॥
एकन्ह एक बोलि सिख देहीं। लोचनलाहु लेहु छन एहीं॥

उनकी दशा का वर्णन नहीं किया जा सकता। (वे ऐसे प्रसन्न हैं) मानो दरिद्रों ने चिन्तामणि की ढेरी पा ली हो। वे एक-दूसरे को बुलाकर शिक्षा देते हैं कि इसी क्षण नेत्र पाने का लाभ ले लो ॥३॥

Their blissful state was as indescribable as though beggars had discovered a pile of heavenly jewels. Each one called another and admonished him, saying, 'Now is the time to obtain the reward of your eyes.'

रामहिं देखि एक अनुरागे। चितवत चले जाहिं सँग लागे॥
एक नयनमग छबि उर आनी। होहिं सिथिल तन मन बर बानी॥

उनमें कुछ तो श्रीरामचन्द्रजी को देखकर प्रेम के वशीभूत हो जाते हैं और उनकी ओर देखते हुए साथ-साथ चले जाते हैं और कुछ अपने-अपने नेत्रों के मार्ग से उनकी सुन्दरता को हृदय में लाकर तन, मन और वचन से शिथिल हो जाते हैं ॥४॥

Some were enraptured to see Rama and went with him, gazing on him as he went; others, drawing his image into their hearts by the way of their eyes, were utterly overpowered in body, mind and speech.

दो. —एक देखि बटछाँह भलि डासि मृदुल तृन पात ।
कहहिं गवाँइअ छिनुकु श्रमु गवनब अबहि कि प्रात ॥११४॥

उनमें से कुछ बड़ की घनी सुन्दर छाया देखकर, वहाँ कोमल घास और पत्ते बिछाकर कहते हैं कि क्षणभर यहाँ बैठकर थकावट मिटा लीजिए। फिर चाहे अभी या सवेरे चले जाइएगा ॥११४॥

Others, seeing a pleasant shady banyan, would spread under it soft grass and leaves and say, 'Pray rest awhile after your fatigue, and proceed again either at once or preferably at daybreak.'

चौ. —एक कलस भरि आनहिं पानी । अँचइअ नाथ कहहिं मृदु बानी ॥
सुनि प्रिय बचन प्रीति अति देखी । रामु कृपाल सुसील बिसेषी ॥

कोई-कोई घड़े में भरकर जल लाते हैं और विनयपूर्वक कहते हैं — नाथ ! आचमन तो कर लीजिए। उनके मीठे वचन सुनकर और उनके गम्भीर प्रेम को देखकर कृपालु और परम सुशील श्रीरामचन्द्रजी ने — ॥१॥

Others would bring a pitcher full of water and say in soft accents, 'My lord, rinse your mouth.' On hearing their affectionate words and seeing their great devotion, the tender-hearted and most amiable Rama,

जानी श्रमित सीय मन माहीं । घरिक बिलंबु कीन्ह बटछाहीं ॥
मुदित नारि नर देखहिं सोभा । रूप अनूप नयन मनु लोभा ॥

अपने मन में सीताजी को थकी हुई जानकर बरगद की छाया में घड़ी भर के लिए विश्राम किया। प्रसन्न होकर नर-नारी उनकी शोभा देखते हैं। उनके अनुपम रूप को देखकर उन लोगों के नेत्र और मन मुग्ध हो गए हैं ॥२॥

—mentally perceived that Sita was weary, and rested for a while in the shade of the banyan. Men and women rapturously gazed on their loveliness; their peerless beauty captivated their eyes and mind.

एकटक सब सोहहिं चहुँ ओरा । रामचंद्रमुख चंद चकोरा ॥
तरुन तमाल बरन तनु सोहा । देखत कोटि मदन मनु मोहा ॥

चारों ओर से सब लोग श्रीरामचन्द्रजी के मुखचन्द्र को चकोर के समान (तन्मय होकर) एकटक देखते हुए सुशोभित हो रहे हैं। (श्रीरामजी के) शरीर का रंग नवीन तमाल वृक्ष के रंग के समान सुहावना है, जिसे देखते ही करोड़ों कामदेवों के मन मुग्ध हो जाते हैं ॥३॥

Standing in a circle with their rapt and blissful gaze fixed on the countenance of Ramachandra, they all shone like a group of partridges encircling the moon. With his graceful form possessing the hue of a young *tamala* tree, he fascinated by his looks the mind of a myriad Loves.

दामिनि बरन लखनु सुठि नीके । नख सिख सुभग भावते जी के ॥
मुनिपट कटिन्ह कसें तूनीरा । सोहहिं कर कमलनि धनु तीरा ॥

बिजली के-से दीप्त रंगवाले लक्ष्मणजी बहुत ही भले मालूम होते थे। नख से लेकर शिखा तक उनकी सुन्दरता मन को बहुत भाती थी। दोनों ने मुनियों के (वल्कल आदि) वस्त्र पहन रखा था और उनकी कमर में तरकश कसे हुए थे। कमलस्वरूप हाथों में धनुष-बाण शोभायमान थे ॥४॥

Lakshmana, too, radiant and fair as a flash of lightning and handsome from head to foot, charmed the soul. With the bark of trees wrapped round their loins and quivers fastened to their waist, the two brothers carried bows and arrows in their lotus hands.

दो. —जटामुकुट सीसनि सुभग उर भुज नयन बिसाल ।
सरद परब बिधु बदन पर लसत स्वेदकन जाल ॥११५॥

उनके माथे पर सुन्दर जटाओं के मुकुट थे; वक्षःस्थल, भुजा और नेत्र विशाल थे और शरत्पूर्णिमा के चन्द्रमा के समान सुन्दर मुख-मंडलों पर पसीने की बूँदों का जाल विशेष शोभा दे रहा था ॥११५॥

Their matted locks were coiled on their heads in the shape of a glorious crown; they had broad chests, long arms and large eyes, and their fair faces, which resembled the autumnal full moon, glistened with beads of sweat.

चौ. —बरनि न जाइ मनोहर जोरी । सोभा बहुत थोरि मति मोरी ॥
राम लखन सिय सुंदरताई । सब चितवहिं चित मन मति लाई ॥

वह मनोहर जोड़ी अवर्णनीय थी — शोभा बहुत अधिक थी और मेरी बुद्धि थोड़ी है। श्रीराम, लक्ष्मण और सीताजी के (अलौकिक) सौंदर्य को सब लोग मन, चित्त और बुद्धि — तीनों को लगाकर निहार रहे थे ॥१॥

The pair was charming beyond words; their loveliness was unbounded and my wit is scant. They all gazed upon the beauty of Rama, Lakshmana and Sita with their mind, intellect and reason fully absorbed.

थके नारि नर पेमपिआसे । मनहुँ मृगी मृग देखि दिआ से ॥
सीय समीप ग्रामतिय जाहीं । पूँछत अति सनेह सकुचाहीं ॥

प्रेम की प्यास में स्त्री-पुरुष इस प्रकार स्तब्ध हो गए जैसे दीपक को देखकर हिरनी और हिरन (ठिठककर रह जाते हैं) ! गाँवों की स्त्रियाँ सीताजी के पास जाती हैं; परंतु स्नेह की अधिकता के कारण पूछने में सकुचाती हैं ॥२॥

Thirsting for love, men and women stood entranced, even as bucks and does are dazed by a light. The village women drew near Sita, but for very love shrank from questioning her.

बार बार सब लागहिं पाएँ। कहहिं बचन मृदु सरल सुभाएँ॥
राजकुमारि बिनय हम करहीं। तियसुभाय कछु पूँछत डरहीं॥

सब बार-बार सीता के चरणों पर गिरती हैं और सहज ही सीधे-सादे कोमल वचन कहती हैं—हे राजकुमारी! हम कुछ निवेदन करना चाहती हैं, परंतु नारी-स्वभाव के कारण कुछ पूछते हुए हमें डर लगता है॥३॥

Again and again they threw themselves at her feet and in their simplicity addressed to her soft and guileless words: 'Princess, we have a petition, but due to our womanly modesty, are afraid to make it.

स्वामिनि अबिनय छमबि हमारी। बिलगु न मानब जानि गवारी॥
राजकुअँर दोउ सहज सलोने। इन्ह तें लही दुति मरकत सोने॥

हे स्वामिनि! हमारी ढिठाई क्षमा करना और हमको गँवार जानकर नाराज न होना। ये दोनों राजकुमार सहज ही सलोने हैं। (लगता है,) मरकत-मणि (पन्ने) और सुवर्ण ने कान्ति इन्हीं से पायी है॥४॥

Pardon our incivility, madam, and be not offended by our rude manners, for we are but countrywomen. These two young princes of native charm, from whom emerald and gold have borrowed their green and yellow lustre,

दो.—स्यामल गौर किसोर बर सुंदर सुषमा ऐन।
सरद सर्बरीनाथ मुख सरद सरोरुह नैन॥११६॥

साँवले, गोरे और किशोर अवस्थावाले दोनों ही किशोर परम सुन्दर और शोभा के धाम हैं। शरत्पूर्णिमा के चन्द्रमा-जैसे इनके मुख और शरद्-ऋतु के कमल के समान इनके नेत्र हैं—॥११६॥

—the one dark and the other fair, but both of tender age, very handsome and homes of beauty, with faces resembling the autumn moon, and eyes like the lotuses of autumn,

मासपारायण, सोलहवाँ विश्राम
नवाह्नपारायण, चौथा विश्राम

चौ.—कोटि मनोज लजावनिहारे। सुमुखि कहहु को आहिं तुम्हारे॥
सुनि सनेहमय मंजुल बानी। सकुची सिय मन महुँ मुसुकानी॥

हे सुमुखि! कहो तो, करोड़ों कामदेवों को लजानेवाले ये (साँवले और गोरे किशोर) तुम्हारे कौन हैं? स्नेह से ओत-प्रोत उनकी ऐसी सुन्दर वाणी सुनकर सीताजी सकुचा गयीं और मन-ही-मन मुसकरायीं॥१॥

— that would put to shame a myriad Loves, tell us, O fair lady, how stand they to you?' On hearing their pleasant and loving words, Sita was embarrassed and smiled to herself.

तिन्हहि बिलोकि बिलोकति धरनी। दुहुँ सँकोच सकुचति बरबरनी॥
सकुचि सप्रेम बाल मृग नयनी। बोली मधुर बचन पिक बयनी॥

श्रेष्ठ (गौर) वर्णवाली सीताजी उन्हें देखकर (लज्जा और संकोचवश) पृथ्वी की ओर देखती हैं। वे दोनों संकोच से सकुचा रही हैं (एक तो न बताने में ग्राम की स्त्रियों को दुःख होने का संकोच है और दूसरे बताने में लज्जारूप संकोच)। हिरन के बच्चे की-सी आँखोंवाली और कोकिल-जैसी वाणीवाली सीताजी सकुचाकर प्रेम-सहित मधुर वचन बोलीं—॥२॥

Looking first at them and then at the earth, she felt confused—the fair-complexioned lady—with a double abashment. With a voice sweet as the notes of the cuckoo, the fawn-eyed princess bashfully replied in loving, sweet tones:

सहज सुभाय सुभग तन गोरे। नामु लखनु लघु देवर मोरे॥
बहुरि बदनु बिधु अंचल ढाँकी। पिय तन चितइ भौंह करि बाँकी॥

ये जो सरलस्वभाव, सुन्दर और शरीर के गोरे हैं, इनका नाम लखन (लक्ष्मण) है और ये मेरे छोटे देवर हैं। फिर (लज्जावश) अपने चन्द्रमुख को आँचल से छिपाकर और श्रीरामजी की ओर निहारकर भौंहें टेढ़ी करके, ॥३॥

'The fair youth, so artless and graceful, is called Lakshmana, my husband's younger brother.' Then veiling her moon-like face with the border of her robe, she looked at her beloved lord and then bending her eyebrows,

खंजन मंजु तिरीछे नयननि। निज पति कहेउ तिन्हहि सिय सयननि॥
भईं मुदित सब ग्रामबधूटीं। रंकन्ह रायरासि जनु लूटीं॥

खंजन-जैसे सुन्दर नेत्रों को तिरछा कर सीताजी ने इशारे से उन्हें कहा कि ये (श्रीरामचन्द्रजी) मेरे पति हैं। यह सुनकर गाँव की सब युवती स्त्रियाँ प्रसन्न हो उठीं, मानो कंगालों ने धन की राशियाँ लूट ली हों॥४॥

—and casting a sidelong glance like a pretty wagtail, she indicated to them by signs that he was her lord. All the village women were as delighted as beggars who have plundered a hoard of riches.

दो.—अति सप्रेम सिय पायँ परि बहु बिधि देहिं असीस।
सदा सोहागिनि होहु तुम्ह जब लगि महि अहिसीस॥११७॥

अत्यधिक प्रेम से सीताजी के पाँव पड़कर वे बहुत प्रकार से आशिष देती हैं—जबतक शेषजी के सिर पर यह धरती रहे, तबतक तुम सदा-सुहागिन बनी रहो!॥११७॥

With the utmost devotion they fell at Sita's feet and invoked upon her every blessing and said, 'May your wedded happiness endure as long as the earth rests on the serpent's head!

चौ. –पारबती सम पतिप्रिय होहू । देवि न हम पर छाड़ब छोहू ॥
   पुनि पुनि बिनय करिअ कर जोरी । जौं एहि मारग फिरिअ बहोरी ॥

तथा पार्वतीजी के समान पति की प्यारी होओ ! हे देवि ! हम पर अपना स्नेह न छोड़ना । हम हाथ जोड़कर बार-बार विनती करती हैं जिसमें आप फिर इसी मार्ग से लौटें – ॥१॥

May you be as dear to your lord as Parvati to Shiva; yet cease not to be gracious unto us, O good lady ! Again and again we pray with folded hands: should you return by this same route,

दरसनु देब जानि निज दासीं । लखीं सीय सब पेमपिआसीं ॥
मधुर बचन कहि कहि परितोषीं । जनु कुमुदिनी कौमुदी पोषीं ॥

और अपनी दासी जानकर हमें (पुनः) दर्शन दें ! इस प्रकार सीताजी ने उन सबको प्रेम की प्यासी देखकर मधुर वचन कह-कहकर उन्हें संतुष्ट किया, मानो चाँदनी ने कुमुदिनियों को खिलाकर पुष्ट कर दिया हो ॥२॥

—allow us, your handmaids, to see you once more.' Sita found them all athirst for love and comforted them with many a soothing word, even as the lilies are comforted by the moonlight.

तबहिं लखन रघुबररुख जानी । पूँछेउ मगु लोगन्हि मृदु बानी ॥
सुनत नारि नर भये दुखारी । पुलकित गात बिलोचन बारी ॥

उसी समय लक्ष्मणजी ने श्रीरामचन्द्रजी की इच्छा जानकर कोमल वाणी से लोगों से रास्ता पूछा । सुनते ही स्त्री-पुरुष दुखी हो गए । उनके शरीर पुलकित हो गए और आँखों में आँसू भर आए ॥३॥

Presently Lakshmana, reading Rama's thoughts, gently asked the villagers the way they should take. At his words the villagers, both men and women, became sad; a thrill ran through their bodies and tears rushed to their eyes.

मिटा मोदु मन भये मलीने । बिधि निधि दीन्ह लेत जनु छीने ॥
समुझि करमगति धीरजु कीन्हा । सोधि सुगम मगु तिन्ह कहि दीन्हा ॥

उनके हृदय का आनन्द मिट गया और उनके मन ऐसे उदास हो गए जैसे विधाता दी हुई सम्पत्ति छीने लेता हो । कर्म की (पूर्वनिर्धारित) गति को समझकर उन्होंने धीरज धारण किया और (आपस में) अच्छी तरह विचारकर सुगम मार्ग बतला दिया ॥४॥

Their joy disappeared, and they felt depressed at heart as though God was snatching back the treasure he had bestowed upon them. Then, reflecting on the ways of fate, they took courage, and deciding on the easiest road, pointed it out to them.

दो. –लखन जानकी सहित तब गवनु कीन्ह रघुनाथ ।
   फेरे सब प्रिय बचन कहि लिये लाइ मन साथ ॥११८॥

तब लक्ष्मण और जानकीजी के साथ श्रीरघुनाथजी ने वहाँ से प्रस्थान किया । (लोग साथ लग गए, अतः) सबको प्रिय वचन कहकर लौटाया, किंतु उनके मनों को अपने साथ ही लगा लिया ॥११८॥

Accompanied by Lakshmana and Janaki, Raghunatha then went on his way, dismissing them all with soothing words, though he took their hearts with him.

चौ. –फिरत नारि नर अति पछिताहीं । दैअहि दोषु देहिं मन माहीं ॥
   सहित बिषाद परसपर कहहीं । बिधिकरतब उलटे सब अहहीं ॥

वापस लौटते हुए वे नर-नारी बहुत ही अफसोस करते हैं और मन-ही-मन दैव को दोष देते हैं । बड़े दुःख के साथ वे परस्पर कहते हैं कि विधाता के सभी काम उलटे हैं ॥१॥

As they returned home, the villagers, men and women alike, grievously lamented and blamed providence in their hearts. In doleful accents they said to one another, 'The Creator's doings are all perverse !

निपट निरंकुस निठुर निसंकू । जेहिं ससि कीन्ह सरुज सकलंकू ॥
रूखु कलपतरु सागरु खारा । तेहिं पठये बन राजकुमारा ॥

वह (विधाता) नितान्त निरंकुश, निर्दय और निडर है, जिसने चन्द्रमा को रोगी (घटने-बढ़नेवाला) और सकलंक बनाया, कल्पवृक्ष को पेड़ (जड़, स्थावर) और समुद्र को खारा बनाया । उसीने इन राजकुमारों को वन भेजा है ॥२॥

He is absolutely uncontrolled, heartless and remorseless. It is he who made the moon sickly (subject to periodical waning) and disfigured it with a dark patch. Again, it is he who made the wish-yielding tree a member of the vegetable kingdom and the ocean salt.

जौं पै इन्हहि दीन्ह बनबासू । कीन्ह बादि बिधि भोग बिलासू ॥
ए बिचरहिं मग बिनु पदत्राना । रचे बादि बिधि बाहन नाना ॥

जब इनको वनवास दिया है, तब विधाता ने भोग-विलास व्यर्थ ही बनाये । जब ये बिना जूतों के (नंगे पाँव) रास्ते में विचर रहे हैं, तब विधाता ने नाना (प्रकार के) वाहनों की रचना व्यर्थ ही की ॥३॥

If he has given them the forest for their home, in vain has he provided luxuries and enjoyments. If they roam the roads bare-footed, in vain has he created vehicles of various kinds.

ए महि परहिं डासि कुस पाता । सुभग सेज कत सृजत बिधाता ॥
तरुबर बास इन्हहि बिधि दीन्हा । धवल धाम रचि रचि श्रमु कीन्हा ॥

जब ये कुश और पत्ते बिछाकर जमीन पर ही पड़े रहते (सोते) हैं, तब

विधाता सुन्दर सेजों की सर्जना किसलिए करता है ? विधाता ने जब इनको बड़े-बड़े पेड़ों का निवास दिया, तब उज्ज्वल महलों को रच-रचकर उसने व्यर्थ ही परिश्रम किया ॥४॥

If they repose on the ground littered with grass and leaves, why does God take the trouble of fashioning comfortable beds ? If God has assigned them an abode in the shade of spreading trees, in vain has he taken pains to build glittering palaces.

दो. –जौं ए मुनिपटधर जटिल सुंदर सुठि सुकुमार ।
बिबिध भाँति भूषन बसन बादि किये करतार ॥११९॥

जो ये सुन्दर और अत्यन्त सुकुमार होकर भी मुनियों के-से (वल्कल) वस्त्र पहनते और जटाएँ धारण करते हैं, तो फिर विधाता ने विविध प्रकार के गहने और कपड़े बेकार ही बनाये ॥११९॥

If these, most handsome and delicate boys, are attired in hermit's dress and wear matted locks of hair, in vain has God fashioned ornaments and costumes of various kinds.

चौ. –जौं ए कंद मूल फल खाहीं । बादि सुधादि असन जग माहीं ॥
एक कहहिं ए सहज सुहाए । आपु प्रगट भये बिधि न बनाए ॥

जो ये कन्द, मूल, फल खाते हैं तो अमृत-आदि भोजन संसार नें व्यर्थ ही हैं । उनमें से कोई कहता है कि ये स्वभाव से ही सुन्दर हैं, ये अपने-आप प्रकट हुए हैं, इन्हें विधाता ने नहीं बनाया है ॥१॥

If they live on bulbs and roots and fruit alone, foods such as ambrosia exist in vain.' But some people remarked: 'Naturally charming as they are, these princes must have sprung to birth of their own will and were not made by God.

जहँ लगि बेद कही बिधिकरनी । श्रवन नयन मन गोचर बरनी ॥
देखहु खोजि भुअन दस चारी ॥ कहँ अस पुरुष कहाँ असि नारी ॥

जहाँ तक वेदों ने विधाता की करनी का वर्णन किया है, वहाँ तक वह सब कानों, आँखों और मन के द्वारा समझ पड़नेवाली है । परन्तु खोजकर देखो, चौदहों लोकों में ऐसे पुरुष और ऐसी स्त्री कहाँ हैं ? (इससे स्पष्ट है कि पंडितों के इस गाँव में वेद के जानकार मौजूद हैं ।) ॥२॥

To the extent that the Vedas describe the words of God, one can comprehend them all with his ears and mind, but ransack if you will all the fourteen spheres and see—where is there such a man, and where such a woman ? (In all the works of God of which the Vedas speak, that either the ears can hear, or the eyes see, or the mind fancy—search and examine all the fourteen worlds—there is no such man or woman.)

इन्हहि देखि बिधि मनु अनुरागा । पटतर जोगु बनावइ लागा ॥
कीन्ह बहुत श्रम ऐक न आए । तेहि इरिषा बन आनि दुराए ॥

जब इन्हें देखकर विधाता का मन अनुरक्त हो गया, तब वह इनकी उपमा के योग्य दूसरे स्त्री-पुरुष बनाने लगा । उसने बहुत परिश्रम किया, परंतु कोई उसकी अटकल ही में न आया (कुछ करते-धरते न बना) । इसी ईर्ष्या के मारे उसने इन्हें वन में ला छिपाया ॥३॥

At their very sight God's mind was enchanted and he set out to make their match. He toiled much, but nothing came of it (none could equal the pattern), and thus in spite he has brought these princes to the forest and hid them there.'

एक कहहिं हम बहुत न जानहिं । आपुहि परम धन्य करि मानहिं ॥
ते पुनि पुन्यपुंज हम लेखे । जे देखहिं देखिहहिं जिन्ह देखे ॥

एक ने कहा कि हम बहुत नहीं जानते । हाँ, हम अपने को परम धन्य अवश्य मान रहे हैं । हमारी समझ में वे भी बड़े पुण्य-पुंज हैं जिन्होंने इन्हें देखा है, जो देख रहे हैं और जो देखेंगे ॥४॥

Others said, 'We do not claim to know much, but we do account ourselves supremely blessed. They, too, are meritorious in our opinion who see these princes now, who have seen them and who will see them hereafter.'

दो. –एहि बिधि कहि कहि बचन प्रिय लेहिं नयन भरि नीर ।
किमि चलिहहिं मारग अगम सुठि सुकुमार सरीर ॥१२०॥

इस तरह प्रिय वचन कह-कहकर सब (अपनी-अपनी) आँखों में आँसू भर लेते हैं और कहते हैं कि इनके शरीर बिलकुल सुकुमार हैं, वन के दुर्गम मार्ग में ये कैसे चल सकेंगे ? ॥१२०॥

With such fond remarks they filled their eyes with tears and added, 'How can they, who are so delicate, traverse so difficult a road ?'

चौ. –नारि सनेह बिकल बस होहीं । चकई साँझ समय जनु सोहीं ॥
मृदु पद कमल कठिन मगु जानी । गहबरि हृदय कहहिं मृदु बानी ॥

स्त्रियाँ स्नेहवश विकल हो उठती हैं, मानो संध्या समय चकवी (भावी वियोग की सम्भावना से) शोभित हों । (इनकी व्याकुलता का कारण रामजी पर इनका स्नेह है, इसलिए 'शोभित होना' कहा । प्रेमी की शोभा प्रेमपात्र के वियोग में विकल होने में है, इसलिए 'सोहीं' शब्द का प्रयोग हुआ ।) इनके चरणकमलों को कोमल और रास्ते को कठिन जानकर वे व्यथित और गद्गद हृदय से मधुर वचन कहती हैं— ॥१॥

Overmastered by love, the women felt as uneasy as the *chakavi* at eventide. As they reflected on the tender lotus feet of the princes and the rough road, the women said in piteous tones with their hearts stirred with deep feeling:

परसत मृदुल चरन अरुनारे। सकुचति महि जिमि हृदय हमारे॥
जौं जगदीस इन्हहि बनु दीन्हा। कस न सुमनमय मारगु कीन्हा॥

इनके लाल-लाल कोमल चरणों (तलवों) को स्पर्श करते ही पृथ्वी वैसे ही सकुचा जाती है जैसे हमारे हृदय सकुचा रहे हैं।[1] यदि जगदीश्वर ने इन्हें वनवास ही दिया था तो रास्ते को पुष्पमय क्यों न कर दिया?॥२॥

'At the touch of their tender, rosy feet the very earth shrinks as shrink our hearts! If the lord of the universe chose to exile them into the woods, why did he not strew their path with flowers?

जौं मागा पाइअ बिधि पाहीं। ए रखिअहिं सखि आँखिन्ह माहीं॥
जे नर नारि न अवसर आए। तिन्ह सिय रामु न देखन पाए॥

यदि विधाता से मुँहमाँगा वर मिले तो हे सखि! (उनसे माँगकर हम) इन्हें अपनी आँखों में (बसा) रखें। जो स्त्री-पुरुष इस अवसर पर नहीं आये, वे सीतारामजी को नहीं देख पाये॥३॥

If we can obtain from God the boon of our asking, let it be, friend, that we keep them ever in our eyes.' Those men and women who had not come in time, were unable to see Sita and Rama.

सुनि सरूप बुझहिं अकुलाई। अब लगि गये कहाँ लगि भाई॥
समरथ धाइ बिलोकहिं जाई। प्रमुदित फिरहिं जनमफलु पाई॥

उनके सुन्दर रूप को सुनकर वे व्याकुल होकर पूछते हैं कि हे भाई! अब तक वे कहाँ तक पहुँचे होंगे? समर्थ लोगों ने दौड़ते हुए जाकर उनके दर्शन किये और जन्म लेने का फल पाकर प्रसन्नचित्त हो वे फिर लौट आये॥४॥

When they heard of their exquisite beauty, they anxiously asked: 'How far, brother, must they have gone by this time?' The stronger of them ran on and saw the princes, and returned rejoicing, having obtained the fruition of their lives.

दो.—अबला बालक बृद्ध जन कर मीजहिं पछिताहिं।
होहिं प्रेमबस लोग इमि रामु जहाँ जहँ जाहिं॥१२१॥

अबला स्त्रियाँ, बच्चे और बूढ़े हाथ मल-मलकर पछताते हैं। इस प्रकार श्रीरामचन्द्रजी जहाँ-जहाँ जाते हैं, वहाँ-वहाँ लोग प्रेम के वशीभूत हो जाते हैं॥१२१॥

The frail women, the children and the aged, however, wrung their hands and lamented. In this manner, wherever Rama went, the people were smitten with love.

चौ.—गाँव गाँव अस होइ अनंदू। देखि भानुकुल कैरव चंदू॥
जे कछु समाचार सुनि पावहिं। ते नृप रानिहि दोसु लगावहिं॥

सूर्यवंशरूपी कुमुदिनी के लिए चन्द्रमा-स्वरूप श्रीरामचन्द्रजी को देखकर गाँव-गाँव में ऐसा ही आनन्द हो रहा है। जो लोग (वनवास दिये जाने का) कुछ भी समाचार सुन पाते हैं, वे राजा-रानी को ही दोष लगाते हैं॥१॥

So in every village there was similar rejoicing at the sight of Rama, the moon of the lily-like Solar race. Those who had learnt by hearsay of the circumstances leading to Rama's banishment imputed blame to the king and queen.

कहहिं एक अति भल नरनाहू। दीन्ह हमहिं जेहि लोचनलाहू॥
कहहिं परसपर लोग लोगाईं। बातैं सरल सनेह सुहाईं॥

उनमें से कोई कहता कि राजा तो बहुत ही अच्छे हैं, जिन्होंने हमें अपने नेत्रों का लाभ दिया। स्त्री-पुरुष सभी परस्पर सरल, स्नेहभरी सुन्दर बातें कह रहे हैं॥२॥

But some said, 'How good of the king to give our eyes such a treat!' And others, both men and women, talked among themselves in simple, loving and heartwarming words:

ते पितु मातु धन्य जिन्ह जाए। धन्य सो नगरु जहाँ तें आए॥
धन्य सो देसु सैलु बन गाऊँ। जहँ जहँ जाहिं धन्य सोइ ठाऊँ॥

(वे कहते हैं कि) धन्य हैं वे माता-पिता जिन्होंने इन्हें जन्म दिया! धन्य है वह नगर जहाँ से ये आये हैं! धन्य है वह देश, पर्वत, वन और गाँव जहाँ से होते हुए ये आते हैं और धन्य हैं वे-वे स्थान, जहाँ-जहाँ ये जाते हैं॥३॥

'Blessed are the parents who gave birth to these princes, and blessed that city from which they have come! Blessed are the plains and hills and woods and villages, blessed every spot which they visit!

सुखु पायेउ बिरंचि रचि तेही। ए जेहि के सब भाँति सनेही॥
राम लखन पथिकथा सुहाई। रही सकल मग कानन छाई॥

ब्रह्मा ने उसी को रचकर सुख पाया है, जिसके ये (सीता-रामजी) सब प्रकार से स्नेही हैं। श्रीराम-लक्ष्मण की सुन्दर पथिक-कथा सारे रास्ते और वन में छा गयी है॥४॥

Even the Creator must have rejoiced in creating him who looks upon these princes as his most beloved friends!' The delightful story of Rama and Lakshmana, the wayfarers, thus spread over every road and forest.

दो.—एहि बिधि रघुकुल कमल रबि मग लोगन्ह सुख देत।
जाहिं चले देखत बिपिन सिय सौमित्रि समेत॥१२२॥

---

१. हम अपने कुलषित हृदय में ऐसी पवित्र वस्तु कैसे रखें? पृथ्वी यह सोचकर सकुचाती है कि मैं बड़ी कठोर हूँ और इनके चरण कोमल हैं। ग्रामवधूटियाँ भी अपने हृदय को अत्यन्त कठोर समझती हैं। वे कठोर हैं, नहीं तो अब तक फट गई होतीं।

रघुकुलरूपी कमल के खिलानेवाले सूर्य-सरीखे श्रीरामचन्द्रजी इस प्रकार रास्ते के लोगों को सुख देते हुए सीता और लक्ष्मणजी के साथ वन को देखते हुए चले जाते हैं ॥१२२॥

In this manner the sun of the lotus-like Solar race brought joy to the people on his way, as with Sita and Sumitra's son (Lakshmana) he journeyed on, looking at the woods.

चौ. –आगें रामु लखनु बने पाछें । तापस बेष बिराजत काछें ॥
उभय बीच सिय सोहति कैसें । ब्रह्म जीव बिच माया जैसें ॥

आगे-आगे श्रीरामजी और पीछे लक्ष्मणजी सुशोभित हैं । तपस्वियों के वेष में दोनों बड़े सुहावने लग रहे हैं ।[1] उन दोनों के बीच में सीताजी उसी प्रकार सुशोभित हो रही हैं जिस प्रकार ब्रह्म और जीव के बीच में माया सुशोभित होती है ॥१॥

Rama walked in front and Lakshmana followed in the rear, both conspicuous in their hermit's dress; and between the two shone Sita, resplendent as Maya (the Divine Energy) between the Absolute and the Individual Soul.

बहुरि कहउँ छबि जसि मन बसई । जनु मधु मदन मध्य रति लसई ॥
उपमा बहुरि कहौं जिय जोही । जनु बुध बिधु बिच रोहिनि सोही ॥

जैसी छवि मेरे मन में बसी है, मैं फिर से उसी का वर्णन करता हूँ । (ऐसा मालूम होता है) मानो वसन्त और कामदेव के बीच में रति (कामदेव की स्त्री) शोभायमान है । मन में खोजकर फिर और उपमा कहता हूँ – (उन्हें देखकर मुझे लगा कि) मानो बुध और चन्द्रमा के बीच में रोहिणी (दक्ष की कन्या और चन्द्रमा की पत्नी) सोह रही है ॥२॥

Or, to illustrate her beauty as it exists in my mind in another way, she looked as lovely as Rati between Spring and Love; or if I may search my mind for yet another illustration, she shone like Rohini between Budha and the Moon. (Rohini, the fourth lunar asterism, is the wife of the moon, and Budha, the planet Mercury, their son.)

प्रभुपद रेख बीच बिच सीता । धरति चरन मग चलति सभीता ॥
सीय राम पद अंक बरायें । लखनु चलहिं मगु दाहिन लायें ॥

प्रभु श्रीरामचन्द्रजी के चरणचिह्नों के बीचोंबीच पैर रखती हुई सीताजी (कहीं उन चरणचिह्नों पर पाँव न टिक जायँ, इस बात से) डरती हुई रास्ता चलती हैं और लक्ष्मणजी सीताजी और श्रीरामचन्द्रजी दोनों के चरणचिह्नों को बचा-बचाकर उन्हें दाहिने रखकर रास्ता चलते हैं ॥३॥

As she walked along the road, Sita timidly planted her feet in the space between her lord's footprints; while Lakshmana, avoiding the footprints of them both, kept them on the right as he walked.

राम लखन सिय प्रीति सुहाई । बचन अगोचर किमि कहि जाई ॥
खग मृग मगन देखि छबि होहीं । लिये चोरि चित राम बटोहीं ॥

श्रीराम, लक्ष्मण और सीता की सुन्दर प्रीति वचन का विषय ही नहीं है, अतः वह कैसे कही जा सकती है ! पक्षी और पशु भी उनकी छवि देखकर (प्रेमानन्द में) मग्न हो जाते हैं, क्योंकि बटोही राम ने उनके भी चित्त चुरा लिये हैं ॥४॥

Ineffable was the beauty of the devotion that united Rama, Lakshmana and Sita; how can one describe it? Even birds and beasts were fascinated by the sight of their beauty; their hearts were stolen away by Rama, the wayfarer.

दो. –जिन्ह जिन्ह देखे पथिक प्रिय सिय समेत दोउ भाइ ।
भव मगु अगमु अनंदु तेइ बिनु श्रम रहे सिराइ ॥१२३॥

सीताजी के साथ दोनों प्यारे पथिक भाइयों को जिन-जिन लोगों ने देखा, उन्होंने संसार के अगम मार्ग को बिना परिश्रम ही आनन्द के साथ तय कर लिया (अर्थात् वे आवागमन के चक्र से छूटकर मुक्त हो गए) ॥१२३॥

Whoever saw the beloved travellers, Sita and the two brothers (Rama and Lakshmana), blissfully and without any exertion reached the end of the toilsome journey of life.

चौ. –अजहुँ जासु उर सपनेहुँ काऊ । बसहिं लखनु सिय रामु बटाऊ ॥
रामधाम पथ पाइहि सोई । जो पथ पाव कबहुँ मुनि कोई ॥

यदि आज भी, जिसके हृदय में कभी सपने में भी लक्ष्मण, सीता, राम – तीनों बटोही आ बसें, तो वह श्रीरामजी के परमधाम के उस मार्ग को पा लेगा, जिसे कभी कोई मुनि विरले ही पाते हैं ॥१॥

And even to this day in whosesoever heart abides the vision of those wayfarers, Lakshmana, Sita and Rama, he finds the road leading to Rama's realm (the divine region known as Saketa), a road few anchorites ever find.

तब रघुबीर श्रमित सिय जानी । देखि निकट बटु सीतल पानी ॥
तहँ बसि कंद मूल फल खाई । प्रात नहाइ चले रघुराई ॥

तब श्रीरामचन्द्रजी ने सीताजी को थकी हुई जानकर और पास ही एक बड़ का पेड़ और ठंडा पानी देखकर उस दिन वहीं विश्राम किया । कन्द, मूल, फल खाकर उन्होंने वहीं रात बितायी । प्रातःकाल स्नानकर श्रीरघुनाथजी चल पड़े ॥२॥

---

१. 'काछें' अर्थात् धारण किये, पहने या सँवारे । (तापस-वेष बनाये हुए राम-लक्ष्मण विशेष शोभायमान हैं । सीताजी तपस्विनियों के वेष में नहीं हैं, इसलिए जहाँ राम-लक्ष्मण की उपमा ब्रह्मजीव से दी गई, वहाँ सीता को माया कहा गया । ब्रह्म माया को नहीं देखता परन्तु माया उसी के आश्रित है । जीव यद्यपि ब्रह्म का ही अंश है, पर वह माया का अनुसरण करता है ।)

Then Rama, perceiving that Sita was weary and seeing a banyan tree and cool water hard by, partook of bulbs and roots and fruit and, having rested there overnight and bathed at dawn, the lord of Raghus went on his way.

देखत बन सर सैल सुहाए । बालमीकि आश्रम प्रभु आए ॥
राम दीख मुनिबास सुहावन । सुंदर गिरि काननु जलु पावन ॥

सुन्दर वन, तालाब और पर्वतों को देखते हुए प्रभु श्रीरामचन्द्रजी वाल्मीकिजी के आश्रम में आ पहुँचे । उन्होंने देखा कि मुनि का निवासस्थान बहुत सुन्दर है और वहाँ सुन्दर पर्वत, वन और पवित्र जल है ॥३॥

Admiring the beauty of the woods and lakes and hills, the Lord arrived at Valmiki's hermitage. Rama saw the sage's beautiful retreat, set among charming hills and pleasant woods with a spring of clear water.

सरनि सरोज बिटप बन फूले । गुंजत मंजु मधुप रसभूले ॥
खग मृग बिपुल कोलाहल करहीं । बिरहित बैर मुदित मन चरहीं ॥

(वहाँ) सरोवर के कमल और वनों में वृक्ष फूल रहे हैं और मकरन्द-रस में भूले हुए भौंरे मधुर गुंजार कर रहे हैं । तरह-तरह के पक्षी और पशु कोलाहल कर रहे हैं और वैर छोड़कर प्रसन्न मन से (जहाँ-तहाँ) विचर रहे हैं ॥४॥

The lotuses in the ponds and the trees in the woods were all in blossom, with a delightful murmuring of bees drunk with honey, and a joyous clamour of birds and beasts roaming together in happy harmony.

दो. –सुचि सुंदर आश्रमु निरखि हरषे राजिव नैन ।
सुनि रघुबर आगमनु मुनि आगें आयेउ लेन ॥१२४॥

कमल-सरीखी आँखोंवाले श्रीरामचन्द्रजी पवित्र और सुन्दर आश्रम को देखकर प्रसन्न हुए । रघुनाथजी का आगमन सुनकर मुनि वाल्मीकिजी उन्हें लेने के लिए आगे आये ॥१२४॥

The lotus-eyed Rama rejoiced to behold the sacred and lovely hermitage. Hearing of the arrival of Raghunatha, the sage came forth to greet him.

चौ. –मुनि कहुँ राम दंडवत कीन्हा । आसिरबादु बिप्रबर दीन्हा ॥
देखि रामछबि नयन जुड़ाने । करि सनमानु आश्रमहि आने ॥

श्रीरामजी ने मुनि को दण्डवत् किया । विप्रवर ने उन्हें आशीर्वाद दिया और श्रीरामचन्द्रजी की (अप्रतिम) शोभा देखकर अपनी आँखें शीतल कीं । फिर सम्मानपूर्वक मुनि उन्हें आश्रम में ले आये ॥१॥

Rama prostrated himself before the sage and the holy Brahman gave him his blessing. The sight of Rama's beauty gladdened his eyes and with all deference he conducted the Lord to his hermitage.

मुनिबर अतिथि प्रानप्रिय पाये । कंद मूल फल मधुर मगाये ॥
सिय सौमित्रि राम फल खाए । तब मुनि आसन दिये सुहाए ॥

मुनिवर (वाल्मीकिजी) ने अपने प्राणप्रिय अतिथियों को पाकर उनके लिए मधुर कन्द-मूल और फल मँगवाये । जब सीताजी, लक्ष्मणजी और रामचन्द्रजी ने उन फलों को खा लिया तब मुनि ने उनको (विश्राम करने के लिए) सुन्दर-सुन्दर आसन दिये ॥२॥

Finding a guest as dear to him as life itself, the holy sage sent for delicious bulbs and roots and fruit, and Sita, Lakshmana and Rama partook of them. Then the sage offered them choice seats.

बालमीकि मन आनँदु भारी । मंगल मूरति नयन निहारी ॥
तब कर कमल जोरि रघुराई । बोले बचन श्रवन सुखदाई ॥

मङ्गल-मूर्ति (भगवान रामचन्द्रजी) को नेत्रों से देखकर वाल्मीकिजी के मन में भारी आनन्द हो रहा है । तब श्रीरघुनाथजी अपने करकमलों को जोड़कर, कानों को सुख देनेवाले मधुर वचन बोले – ॥३॥

Profound was the joy of Valmiki's heart as his eyes beheld Rama, the perfect image of bliss. Then Raghunatha, folding his lotus hands, spoke to him words that charmed the hermit's ears:

तुम्ह त्रिकालदरसी मुनिनाथा । बिस्व बदर जिमि तुम्हरें हाथा ॥
अस कहि प्रभु सब कथा बखानी । जेहिं जेहिं भाँति दीन्ह बनु रानी ॥

हे मुनिनाथ !   त्रिकालदर्शी हैं, सम्पूर्ण विश्व आपकी हथेली पर बेर के फल की तरह रखा हुआ है ।   ऐसा कहकर प्रभु रामचन्द्रजी ने जिस-जिस प्रकार से रानी कैकेयी ने वनवास दिया था, वह सब कथा विस्तार से कह सुनायी ॥४॥

'You directly perceive all time, past, present and future, O lord of sages; and the whole universe is like a little plum in the palm of your hand.' So saying, the Lord related to him the whole story and just how the queen (Kaikeyi) had exiled him into the woods.

दो. –तातबचन पुनि मातुहित भाइ भरत अस राउ ।
मो कहुँ दरस तुम्हार प्रभु सबु मम पुन्य प्रभाउ ॥१२५॥

(और कहा –) हे प्रभो ! पिता द्वारा दिये गए वचन (का पालन), माता का हित और भरत-जैसे (अनन्य) भाई का राजा होना और फिर मुझे आपके दर्शन मिलना – यह सब मेरे पुण्यों का ही प्रभाव है ! ॥१२४॥

Compliance with my father's commands, gratification of my stepmother (Kaikeyi), the installation of a brother like Bharata and my own visit to you—all these, my lord, are blessings that only past merit can have won for me.

चौ. –देखि पाय मुनिराय तुम्हारे। भये सुकृत सब सुफल हमारे॥
अब जहँ राउर आयसु होई। मुनि उदबेगु न पावइ कोई॥

हे मुनिराज! आपके चरणों के दर्शन से आज हमारे सब पुण्य-कर्म सफल हो गए। अब जहाँ आपकी आज्ञा हो और जहाँ कोई भी मुनि उद्वेग न पावें— ॥१॥

In beholding your feet, O king of sages, all my good deeds win their reward. Now I intend to go wherever it may be your order, and no anchorite be disturbed.

मुनि तापस जिन्ह तें दुख लहहीं। ते नरेस बिनु पावक दहहीं॥
मंगलमूल बिप्रपरितोषू। दहइ कोटि कुल भूसुररोषू॥

—क्योंकि जिनसे मुनि और तपस्वी दुःख पाते हों, वे राजा बिना अग्नि के ही जलकर भस्म हो जाते हैं; ब्राह्मणों का संतोष सब मङ्गलों की जड़ है और उनका क्रोध करोड़ों कुलों को भस्म कर डालता है— ॥२॥

For those monarchs burn, even though there be no fire, who vex hermits and ascetics; the satisfaction of Brahmans is the root of all happiness, while their wrath consumes millions of generations.

अस जिय जानि कहिय सोइ ठाऊँ। सिय सौमित्रि सहित जहँ जाऊँ॥
तहँ रचि रुचिर परन तृन साला। बासु करउँ कछु कालु कृपाला॥

मन में ऐसा विचारकर वह स्थान बतलाइए जहाँ मैं लक्ष्मण और सीता के साथ जाऊँ और वहाँ पत्तों और घासों की एक रमणीक कुटी बनाकर, हे दयालु! कुछ दिन निवास करूँ ॥३॥

With this in mind pray tell me a place where I may go with Sita and Lakshmana (Sumitra's son) and build a pretty hut of leaves and grass and make my dwelling for a time, O gracious sir.'

सहज सरल सुनि रघुबरबानी। साधु साधु बोले मुनि ग्यानी॥
कस न कहहु अस रघुकुलकेतू। तुम्ह पालक संतत श्रुतिसेतू॥

रघुनाथजी की सहज सरल वाणी सुनकर ज्ञानी मुनि वाल्मीकि बोले—धन्य! धन्य! हे रघुकुलकेतु! आप ऐसा क्यों न कहेंगे? आप सदैव वेद की मर्यादा का पालन करते हैं ॥४॥

On hearing Raghunatha's spontaneously simple speech, the enlightened seer exclaimed, 'Well said indeed! Why should you not speak thus, O Banner of the house of Raghu, eternal guardian of the bounds of the Vedas?

छं. –श्रुतिसेतु पालक राम तुम्ह जगदीस माया जानकी।
जो सृजति जगु पालति हरति रुख पाइ कृपानिधान की॥
जो सहससीसु अहीसु महिधरु लखनु सचराचरधनी।
सुरकाज धरि नरराज तनु चले दलन खल निसिचर अनी॥

हे राम! आप वेद की मर्यादा की रक्षा करनेवाले जगदीश हैं और जानकीजी आपकी आदिशक्ति हैं, जो कृपा के भण्डार आपका रुख पाकर जगत् की उत्पत्ति, पालन और संहार करती हैं। जो हजार सिरवाले और पृथ्वी को अपने सिर पर धारण करनेवाले सर्पराज हैं, वही चराचर के स्वामी शेषजी लक्ष्मण हैं। देवताओं के कार्य की सिद्धि के लिए आप राजा का शरीर धारणकर दुष्ट निशाचरों की सेना का नाश करने चले हैं।

You are the custodian of the bounds of the Vedas and the Lord of the universe and Janaki is Maya (Illusion), who at your gracious will creates, preserves and dissolves the world. As for Lakshmana, he is no other than the thousand-headed Shesha (Serpent King), the supporter of the earth and sovereign of all created things, both animate and inanimate. Having assumed a kingly form for the sake of the gods, you are out to slay the demon host.

सो. –राम सरूप तुम्हार बचन अगोचर बुद्धिपर।
अबिगत अकथ अपार नेति नेति नित निगम कह॥१२६॥

हे राम! आपका स्वरूप वाणी का विषय नहीं है, वह बुद्धि से परे, अव्यक्त, अकथनीय और अपार है। 'नेति-नेति' कहकर वेद निरन्तर उसका वर्णन करते हैं॥१२६॥

Your being, O Rama, is beyond the range of speech and reason, incomprehensible, unutterable and infinite, described ever by the Vedas as "Not thus, not thus"!

चौ. –जगु पेखन तुम्ह देखनिहारे। बिधि हरि संभु नचावनिहारे॥
तेउ न जानहिं मरमु तुम्हारा। औरु तुम्हहि को जाननिहारा॥

हे राम! जगत् तमाशा है, आप उसके देखनेवाले हैं। आप ब्रह्मा, विष्णु और शिव को भी नचानेवाले हैं। जब वे भी आपका मर्म नहीं जानते, तब और कौन आपको जाननेवाला हो सकता है? ॥१॥

This world is just empty show and you are its spectator; you make even Brahma, Vishnu and Shiva dance like puppets. Even they comprehend not your mysteries; who else, then, could discover you as you are?

सोइ जानइ जेहि देहु जनाई। जानत तुम्हहि तुम्हइ होइ जाई॥
तुम्हरिहि कृपा तुम्हहि रघुनंदन। जानहिं भगत भगत उर चंदन॥

आपको वही जानता है जिसे आप जना देते हैं और जानते ही वह आपका, आपका स्वरूप (ब्रह्म) बन जाता है। हे रघुनन्दन ! हे भक्तों के हृदय के शीतल (आह्लादित और सुवासित) करनेवाले चन्दनरूप ! आपकी कृपा से ही भक्त आपको जान पाते हैं; ॥२॥

Only he knows you to whom you make yourself known; and the moment he knows you he becomes one with you. It is by your grace, Raghunandana, that your votaries learn to know you, who touch the devout soul like soothing sandalwood.

चिदानंदमय देह तुम्हारी। बिगत बिकार जान अधिकारी॥
नरतनु धरेहु संत सुर काजा। कहहु करहु जस प्राकृत राजा॥

आपका शरीर चिदानन्दमय (चैतन्यस्वरूप और आनन्दघन) है— पंचभूतमय नहीं है। अधिकारी पुरुष जानते हैं कि वह विकारों से (सर्वथा) रहित है। आपने संतों और देवताओं के कार्य के लिए ही नर-शरीर धारण किया है और प्राकृत (प्राकृतिक तत्त्वों से बने साधारण) राजाओं की तरह आप कहते और करते हैं ॥३॥

Your body is all consciousness and bliss, immutable; it is the competent alone who realize that it is altogether free from material impurities. It is for the sake of saints and gods that you have assumed a human semblance and speak and act as do worldly monarchs.

राम देखि सुनि चरित तुम्हारे। जड़ मोहहिं बुध होहिं सुखारे॥
तुम्ह जो कहहु करहु सबु साँचा। जस काछिअ तस चाहिअ नाँचा॥

हे राम ! आपके चरित्रों को देख-सुनकर (आसुरी सम्पत्तिवाले) मूर्खलोग तो मोह को प्राप्त होते हैं और (बुद्धिमान्, दैवी सम्पदावाले) पंडित सुखी होते हैं। आप जो कुछ कहते-करते हैं, वह सब सत्य (उचित) ही है; क्योंकि जैसा स्वाँग भरे, वैसा ही नाचना भी तो चाहिए (इस समय आपने मनुष्य का स्वाँग रचा है, अतः नर-शरीर के अनुकूल व्यवहार करना ठीक ही है) ॥४॥

The stupid are bewildered, but the wise rejoice when they see or hear of your doings. All that you say or do is fitting, for one should dance in keeping with the role one has assumed. (Since you have taken a human body and are playing the part of an ordinary king, it is fitting that your words and actions should accord with that part.)

दो.—पूँछेहु मोहि कि रहौं मैं पूँछत सकुचाउँ।
जहँ न होहु तहँ देहु कहि तुम्हहि देखावउँ ठाउँ॥१२७॥

आपने मुझसे पूछा कि मैं कहाँ रहूँ ? परंतु मैं (यह) पूछते हुए संकोच करता हूँ कि जहाँ आप न हों, वह स्थान बता दीजिए। तब मैं आपके रहने के लिए स्थान दिखा दूँ ! ॥१२७॥

You ask me: "Where should I stay ?" But I ask you with diffidence: tell me first the place where you are not; then will I show you a suitable place.'

चौ.—सुनि मुनिबचन प्रेमरस साने। सकुचि राम मन महुँ मुसुकाने॥
बालमीकि हँसि कहहिं बहोरी। बानी मधुर अमिअ रस बोरी॥

प्रेमरस से सने हुए मुनि के वचन सुनकर श्रीरामचन्द्रजी (भेद खुल जाने के डर से) सकुचाकर मन में मुसकराये। वाल्मीकिजी हँसकर फिर मीठी, अमृत-रस में डुबोकर तर की हुई वाणी बोले— ॥१॥

On hearing the sage's words, brimming over with devotion, Rama was embarrassed and smiled to himself. Valmiki, too, smiled and spoke to him again in tones as sweet as though they were steeped in nectar:

सुनहु राम अब कहौं निकेता। जहाँ बसहु सिय लखन समेता॥
जिन्ह के श्रवन समुद्र समाना। कथा तुम्हारि सुभग सरि नाना॥

हे राम ! सुनिए, अब मैं वह स्थान बताता हूँ, जहाँ आप सीताजी और लक्ष्मणजी के साथ निवास करें। जिनके कान समुद्र की तरह आपकी सुन्दर कथारूपी अनेक सुन्दर नदियों से— ॥२॥

—'Listen, Rama ! I will tell you now the places where you may abide with Sita and Lakshmana. The hearts of those whose ears are like the ocean constantly replenished with the stories of your life like many blessed streams,

भरहिं निरंतर होहिं न पूरे। तिन्ह के हिय तुम्ह कहुँ गृह रूरे॥
लोचन चातक जिन्ह करि राखे। रहहिं दरस जलधर अभिलाषे॥

—दिनरात भरते रहते हैं, परंतु कभी पूरे नहीं होते, उनके हृदय आपके लिए उत्तम घर हैं और जिन्होंने अपने नेत्रों को चातक कर रखा है, जो आपके दर्शनरूपी मेघों के लिए सदा ललचाये रहते हैं; ॥३॥

—but are never filled to the full, shall be your chosen abode. Again, the hearts of those whose eyes yearn only for your presence as the cuckoo's for the rain-cloud,

निदरहिं सरित सिंधु सर भारी। रूप बिंदु जल होहिं सुखारी॥
तिन्ह कें हृदयँ सदन सुखदायक। बसहु बंधु सिय सह रघुनायक॥

और जो भारी-भारी नदियों, समुद्रों और तालाबों का निरादर करते हैं और आपके सौंदर्य-मेघ से बरसनेवाले बूँदभर जल से सुखी हो जाते हैं, हे रघुनाथजी ! उन लोगों के सुखदायी हृदय-सदनों में आप भाई लक्ष्मणजी और सीताजी के साथ निवास कीजिए ! ॥४॥

—and, disdaining like the same bird, rivers, oceans and big lakes, find contentment in the raindrop of your beauty, - it is their hearts, Raghunatha, which shall serve as your blissful home, where you may dwell with your brother (Lakshmana) and Sita.

दो. –जसु तुम्हार मानस बिमल हंसिनि जीहा जासु ।
मुकुताहल गुनगन चुनइ राम बसहु मन तासु ॥१२८॥

आपके यशरूपी निर्मल मानसरोवर में जिसकी जीभ हंसिनी बनकर आपके गुणसमूहरूपी मोतियों को चुगा करती है, हे रामजी ! आप उसी के मन मे बसिए ! ॥१२८॥

He whose tongue, like the swan in the clear Manasa lake of your renown, gathers up the pearls of your perfections - in his heart dwell, O Rama.

चौ. –प्रभुप्रसाद सुचि सुभग सुबासा । सादर जासु लहइ नित नासा ॥
तुम्हहि निबेदित भोजनु करहीं । प्रभुप्रसाद पटु भूषन धरहीं ॥

जिनकी नाक आपके पवित्र और सुगन्धित (पुष्पादि) सुन्दर प्रसाद को नित्य आदरपूर्वक ग्रहण करती है और जो आपको (सर्वप्रथम) अर्पण करके स्वयं भोजन करते हैं और आपके प्रसादरूप ही वस्त्राभूषण धारण करते हैं; ॥१॥

Abide, O Rama, in the minds of those whose nostrils ever devoutly breathe in the pure and lovely fragrance of offerings (flowers, sandal-paste, etc.) made to the Lord, who eat only that which has been dedicated to you and wear clothes and ornaments consecrated to the Lord;

सीस नवहिं सुर गुर द्विज देखी । प्रीति सहित करि बिनय बिसेषी ॥
कर नित करहिं रामपद पूजा । रामभरोस हृदय नहि दूजा ॥

जिनके मस्तक देवता, गुरु और ब्राह्मण को देखकर विशेष विनय के साथ प्रेम से झुक जाते हैं, जिनके हाथ नित्य आपके चरणों की पूजा करते हैं और जिनके हृदय में आपका ही भरोसा है, किसी दूसरे का नहीं; ॥२॥

— whose heads bow down most submissively and lovingly at the sight of a god, a *guru* or a Brahman; whose hands perpetually adore Rama's feet; who cherish in their hearts faith in Rama and none else;

चरन रामतीरथ चलि जाहीं । राम बसहु तिन्ह के मन माहीं ॥
मंत्रराजु नित जपहिं तुम्हारा । पूजहिं तुम्हहि सहित परिवारा ॥

तथा जिनके चरण आपके तीर्थों में चलकर जाते हैं, हे रामजी ! आप उनके मन में बसिए ! जो नित्य आपके (रामनामरूप) मन्त्रराज को जपते और परिवार-सहित आपकी पूजा करते हैं, ॥३॥

— and whose feet take them to holy places sacred to Rama. Again, those who are ever engaged in muttering your Name, the king of all sacred formulas, and worship you with all their kin;

तरपन होम करहिं बिधि नाना । बिप्र जेवाइ देहिं बहु दाना ॥
तुम्ह तें अधिक गुरहि जिय जानी । सकल भाय सेवहिं सनमानी ॥

जो लोग तरह-तरह से तर्पण और हवन करते हैं, ब्राह्मणों को खिलाकर बहुत दान करते हैं तथा जो गुरु को मन में आपसे भी अधिक (बड़ा) जानकर सर्वभाव से सम्मानित कर उनकी सेवा करते हैं; ॥४॥

— who offer the various kinds of libation and burnt-sacrifice; who feed the Brahmans and bestow liberal gifts on them and who look upon their *guru* as greater even than yourself and wait upon him and honour him in every way;

दो. –सबु करि मागहिं एक फलु रामचरन रति होउ ।
तिन्ह के मन मंदिर बसहु सिय रघुनंदन दोउ ॥१२९॥

और ये सब कर्म करके बस, एक ही फल माँगते हैं कि श्रीरामचन्द्रजी के चरणों में हमारी प्रीति हो, हे रघुनन्दन ! उन लोगों के मन-मन्दिरों में सीताजी और आप, दोनों निवास कीजिए ! ॥१२९॥

— who having done all this demand but one boon as their reward, devotion to Rama's feet—enthrone yourself in the temple of their hearts, you two brothers together with Sita.

चौ. –काम कोह मद मान न मोहा । लोभ न छोभ न राग न द्रोहा ॥
जिन्ह कें कपट दंभ नहि माया । तिन्ह कें हृदयँ बसहु रघुराया ॥

जिनके (मन में) न तो काम, क्रोध, मद, अभिमान और मोह है; न लोभ है, न क्षोभ हैः न राग है, न द्वेष है और न कपट, दम्भ और माया है – हे रघुराज ! आप उन्हीं के हृदय में बसिए ! ॥१॥

Those who know no lust or anger, arrogance, pride or infatuation, are without greed, excitement, attraction or aversion and who are free from guile, hypocrisy or fraudulence—it is in their hearts that you should dwell, O Raghuraja.

सब के प्रिय सब के हितकारी । दुख सुख सरिस प्रसंसा गारी ॥
कहहिं सत्य प्रिय बचन बिचारी । जागत सोवत सरन तुम्हारी ॥

जो सबके प्रिय और हितकारी हैं, जिनके लिए दुःख और सुख तथा प्रशंसा और गाली समान हैं जो विचारकर सत्य और प्रिय वचन बोलते हैं तथा जो सोते-जागते आपकी ही शरण में रहते हैं; ॥२॥

Again, those who are beloved of all and work the good of all, to whom joy and sorrow, praise and abuse are alike; who scrupulously speak what is both true and kind; who, waking or asleep, place themselves under your protection;

तुम्हहि छाड़ि गति दूसरि नाहीं । राम बसहु तिन्ह के मन माहीं ॥
जननी सम जानहिं परनारी । धनु पराव बिष तें बिष भारी ॥

और जिनको आपके सिवा दूसरी कोई गति (आश्रय) नहीं है, हे रामजी ! आप उनके मन में बसिए ! जो परायी स्त्री को माता-तुल्य जानते हैं और पराये धन को विष से भी भारी विष समझते हैं; ॥३॥

— and who have no other way of salvation but you—it is in their hearts, O Rama, that you should dwell. Those who look upon another's wife as their own mother and to whom another's wealth is the deadliest of all poisons;

जे हरषहिं परसंपति देखी । दुखित होहिं परबिपति बिसेषी ॥
जिन्हहि राम तुम्ह प्रानपिआरे । तिन्ह के मन सुभ सदन तुम्हारे ॥

जो दूसरों की संपत्ति देखकर आनंदित होते हैं और दूसरों की विपत्ति से विशेष दुःखी हो जाते हैं; और हे रामजी ! जिन्हें आप प्राणों के समान प्यारे हैं, उनके मन ही आपके (योग्य) शुभ भवन हैं ! ॥४॥

— who rejoice to see another's prosperity and are sore distressed at his misfotune; to whom, O Rama, you are dear as their own lives—in their hearts be your blessed abode.

दो. —स्वामि सखा पितु मातु गुर जिन्ह के सब तुम्ह तात ।
मन मंदिर तिन्ह के बसहु सीय सहित दोउ भ्रात ॥१३०॥

हे तात ! जिनके आप ही स्वामी, सखा, पिता, माता और गुरु सब-कुछ हैं, उनके ही मन-मंदिरों में सीता-सहित आप दोनों भाई निवास कीजिए ! ॥१३०॥

To whom, dear Lord, you are at once master and companion, father, mother and *guru* and everything else—be their hearts your temple, you two brothers, wherein with Sita to abide.

चौ. —अवगुन तजि सब के गुन गहहीं । बिप्र धेनु हित संकट सहहीं ॥
नीतिनिपुन जिन्ह कइ जग लीका । घर तुम्हार तिन्ह कर मनु नीका ॥

जो अवगुणों को त्यागकर सभी के गुणों को ग्रहण करते हैं, जो ब्राह्मण और गौ के लिए संकट सहते हैं, संसार में जिनकी मर्यादा नीति-कुशल लोगों में है, उनके सुन्दर मन ही आपके घर हैं ! ॥१॥

Those who disregard the evil in others and pick out what is good and endure hardships for the sake of Brahmans and cows ; who have established their reputation in the world for their knowledge of the rules of propriety—their soul is your excellent abode.

गुन तुम्हार समुझइ निज दोसा । जेहि सब भाँति तुम्हार भरोसा ॥
रामभगत प्रिय लागहिं जेही । तेहि उर बसहु सहित बैदेही ॥

जो गुणों को तो आपका और दोषों को अपना समझता है, जिसे सब भाँति

केवल आपका ही भरोसा है और जिसे रामभक्त प्यारे लगते हैं, उसके हृदय में आप सीता-सहित वास कीजिए ! ॥२॥

He who attributes his virtues to you and holds himself responsible for his sinfulness; who fixes all his hopes on you and loves Rama's (your) votaries —in his heart dwell, you and Sita.

जाति पाँति धनु धरमु बड़ाई । प्रिय परिवार सदन सुखदाई ॥
सब तजि तुम्हहिं रहइ लउ लाई । तेहि के हृदय रहहु रघुराई ॥

जाति-पाँति, धन, धर्म, बड़ाई, प्यारे परिवार और सुख देनेवाले घर — सबको छोड़कर जो केवल आपमें ही लौ लगाये (लवलीन) रहता है, हे रघुनाथजी ! आप उसके हृदय में रहिए.! ॥३॥

He who renounces his caste and kinsmen, wealth, duty and glory, his dear kinsfolk and happy home, and treasures in his soul yourself alone—in his heart, O Raghunatha, take up your abode.

सरगु नरकु अपबरगु समाना । जहँ तहँ देख धरें धनु बाना ॥
करम बचन मन राउर चेरा । राम करहु तेहि के उर डेरा ॥

जिसके लिए स्वर्ग, नरक और मोक्ष समान हैं, क्योंकि वह जहाँ-तहाँ धनुष-बाण धारण किये केवल आपको ही देखता है; और जो कर्म, वचन और मन से आपका सेवक है, हे रामजी ! आप उसके हृदय में डेरा कीजिए ! ॥४॥

He to whom heaven and hell and liberation (from birth and death) are all one—for he beholds but you everywhere armed with bow and arrows—and who is your servant in thought and word and deed—in his heart, O Rama, make your permanent abode.

दो. —जाहि न चाहिअ कबहुँ कछु तुम्ह सन सहज सनेहु ।
बसहु निरंतर तासु मन सो राउर निज गेहु ॥१३१॥

जिसे कभी कुछ भी नहीं चाहिए और जिसका आपसे स्वाभाविक स्नेह है, आप उसके मन में निरन्तर निवास कीजिए ! वह आपका ही निजी घर है ॥१३१॥

He who never asks for anything but is devoted to you with a simple, spontaneous devotion—in his heart abide for ever, for that is your very home !'

चौ. —येहि बिधि मुनिबर भवन देखाए । बचन सप्रेम राममन भाए ॥
कह मुनि सुनहु भानुकुलनायक । आश्रमु कहउँ समय सुखदायक ॥

इस तरह मुनिश्रेष्ठ (वाल्मीकिजी) ने श्रीरामचन्द्रजी को घर दिखाये । प्रेम से भरे उनके वचन श्रीरामजी के मन को प्रिय लगे । मुनि ने फिर कहा — हे सूर्यकुल के नायक ! सुनिए, अब मैं इस समय के अनुकूल सुखदायक आश्रम बतलाता हूँ— ॥१॥

Such were the dwelling-places the eminent sage (Valmiki) indicated, and his loving words gladdened Rama's heart. 'Listen, O lord of the Solar race,' the sage continued, 'I will now tell you of a retreat suitable for your present wants.

चित्रकूट गिरि करहु निवासू। तहँ तुम्हार सब भाँति सुपासू॥
सैलु सुहावन कानन चारू। करि केहरि मृग बिहग बिहारू॥

आप चित्रकूट पर्वत पर निवास कीजिए, जहाँ आपके लिए सब प्रकार की सुविधाएँ हैं। पर्वत सुहावना है और वन सुन्दर। हाथी, सिंह, हिरन और पक्षियों का वह विहार-स्थल है॥२॥

Take up your abode on the hill of Chitrakuta, where you will have every comfort. Charming is the hill and lovely the forest, the haunt of elephants, lions, deer and birds.

नदी पुनीत पुरान बखानी। अत्रिप्रिया निज तप बल आनी॥
सुरसरिधार नाउँ मंदाकिनि। जो सब पातक पोतक डाकिनि॥

पुराणों द्वारा प्रशंसित वहाँ पवित्र नदी है, जिसे अत्रि ऋषि की पत्नी (अनसूयाजी) अपने तपोबल से लायी थीं। वह गङ्गाजी की धारा है, और उसका नाम मन्दाकिनी है। वह सब पापरूपी बालकों को खा जाने के लिए डाकिनी (डाइन)-सी है॥३॥

There, too, is a holy river, glorified in the Puranas, which was brought by the sage Atri's wife (Anasuya) by the power of her penance; it is a tributary of the Ganga and is called Mandakini, which is as quick to drown all sins as a witch to devour infants.

अत्रि आदि मुनिबर बहु बसहीं। करहिं जोग जप तप तन कसहीं॥
चलहु सफल श्रम सब कर करहू। राम देहु गौरव गिरिबरहू॥

अत्रि आदि अनेक श्रेष्ठ मुनि वहाँ वास करते हैं, जो योग, जप और तप करके अपने शरीर को कसते हैं। हे रामजी! चलिए, सबके परिश्रम को सफल कीजिए और गिरिवर चित्रकूट को भी (अपना निवास-स्थान बनाकर) गौरव प्रदान कीजिए॥४॥

Many great sages like Atri dwell there, practising austerities and muttering sacred formulas and wasting their bodies with penance. Go there, O Rama, and reward the labours of them all, conferring dignity on the holy mountain.'

दो. –चित्रकूटमहिमा अमित कही महामुनि गाइ।
आइ नहाए सरितबर सिय समेत दोउ भाइ॥१३२॥

महामुनि वाल्मीकिजी ने चित्रकूट के अपरिमित माहात्म्य का गा-गाकर वर्णन किया। तब सीताजी के साथ दोनों भाइयों ने आकर श्रेष्ठ नदी मन्दाकिनी में स्नान किया॥१३२॥

Thus did the great sage Valmiki describe at length the infinite glory of Chitrakuta, and the two brothers went there with Sita and bathed in the sacred stream.

चौ. –रघुबर कहेउ लखन भल घाटू। करहु कतहुँ अब ठाहर ठाटू॥
लखन दीख पय उतर करारा। चहुँ दिसि फिरेउ धनुष जिमि नारा॥

रघुनाथजी ने कहा – लक्ष्मण! घाट तो बड़ा अच्छा है। अब यहीं कहीं ठहरने की व्यवस्था करो। तब लक्ष्मणजी ने पयस्विनी नदी के उत्तर के ऊँचे किनारे को देखा, जिसके चारों ओर धनुष-जैसा एक नाला फिरा हुआ था॥१॥

'Lakshmana,' said Raghunatha, 'the riverbank here is a lovely spot; now make arrangements for our stay somewhere here.' Lakshmana surveyed the north bank of the Payasvini river and found that a ravine ran right round the bank like a bow,

नदी पनच सर सम दम दाना। सकल कलुष कलि साउज नाना॥
चित्रकूटु जनु अचलु अहेरी। चुकइ न घात मार मुठभेरी॥

उस धनुष की प्रत्यञ्चा (डोरी) वही नदी है और शम, दम, दान उसके बाण हैं। कलियुग के सारे पाप उसके अनेक हिंसक पशु (-रूप निशाने) हैं। चित्रकूट ही मानो अचल शिकारी है। उसका निशाना कभी चूकता नहीं और वह सामने से मारता है॥२॥

—with the river itself for its string and control of the mind *(shama)* and outer senses *(dama)* and charity *(dana)* for its arrows, and all the sins of the Kali age for its prey. Armed with this bow, Chitrakuta looks like a steadfast huntsman who face his quarry and strikes with unerring aim.'

अस कहि लखन ठाउँ देखरावा। थलु बिलोकि रघुबर सुखु पावा॥
रमेउ राममनु देवन्ह जाना। चले सहित सुरथपति प्रधाना॥

ऐसा कहकर लक्ष्मणजी ने (वह) स्थान दिखलाया। उस स्थल को देखकर श्रीरामचन्द्रजी ने सुख पाया। जब देवताओं ने जाना कि श्रीरामचन्द्रजी का मन यहाँ रम गया है, तब वे अपने प्रधान कारीगर[1] विश्वकर्मा को साथ लेकर चले॥३॥

So saying, Lakshmana showed the spot and Rama was delighted when he saw it. When the gods learnt that the site had captivated Rama's mind, they came to Chitrakuta with Vishvakarma, their chief architect.

कोल किरात बेष सब आए। रचे परन तृन सदन सुहाए॥
बरनि न जाहिं मंजु दुइ साला। एक ललित लघु एक बिसाला॥

१. सुरथपति-प्रधान अर्थात् देव-कारीगरों का प्रधान विश्वकर्मा।

वे सब देवता कोल-भीलों के वेष में आये और उन्होंने पत्तों और घासों के सुन्दर घर रच दिए। उन्होंने दो ऐसी सुन्दर कुटियाँ बनायीं जिनका वर्णन नहीं किया जा सकता। उनमें एक सुन्दर छोटी-सी थी और दूसरी बड़ी ॥४॥

They all came disguised as Kols and Kiratas and fashioned beautiful dwellings of leaves and grass; they made a pair of huts, both prettier than words can tell, the one a fine little cottage and the other larger in size.

दो. —लखन जानकी सहित प्रभु राजत रुचिर निकेत ॥
सोह मदनु मुनिबेष जनु रति रितुराज समेत ॥१३३॥

लक्ष्मण और जानकी के साथ प्रभु (श्रीरामचन्द्रजी) सुन्दर घास-पत्तों के घर में शोभायमान हैं, मानो कामदेव ही मुनि का वेष धारणकर अपनी पत्नी रति और ऋतुराज वसन्त के साथ सुशोभित हो ॥१३३॥

In that lovely abode the Lord, attended by Lakshmana and Janaki, shone glorious, like Love in the garb of a hermit with his consort, Rati, and the lord of seasons, Spring.

मासपारायण, सत्रहवाँ विश्राम

चौ. —अमर नाग किंनर दिसिपाला। चित्रकूट आए तेहि काला ॥
राम प्रनामु कीन्ह सब काहू। मुदित देव लहि लोचनलाहू ॥

उसी समय देवता, नाग, किन्नर और दिक्पाल चित्रकूट आ पहुँचे और श्रीरामचन्द्रजी ने सब किसी को प्रणाम किया। देवता नेत्रों का लाभ पाकर प्रसन्न हुए ॥१॥

At that time there flocked to Chitrakuta the immortal gods and serpents, Kinnaras and the guardians of the eight quarters. Rama made obeisance to them all, and the gods gazed with joy on that most longed-for vision.

बरषि सुमन कह देवसमाजू। नाथ सनाथ भये हम आजू ॥
करि बिनती दुख दुसह सुनाए। हरषित निज निज सदन सिधाए ॥

फूल बरसाकर देवतागण कहने लगे – हे नाथ! आज (आपके दर्शन से हम सनाथ हो गए। फिर विनती करके उन्होंने अपने दुःसह दुःख सुनाए और (आश्वासन पाकर) प्रसन्न हो अपने-अपने स्थानों को लौट गए ॥२॥

Showering down flowers, the heavenly host exclaimed, 'This day, O Lord, we have found a protector !' With humble supplication they described their unutterable woes, and then joyfully started for their several homes.

चित्रकूट रघुनंदनु छाए। समाचार सुनि सुनि मुनि आए ॥
आवत देखि मुदित मुनिबृंदा। कीन्ह दंडवत रघुकुलचंदा ॥

चित्रकूट में श्रीरामजी के आ बसने का समाचार सुन-सुनकर बहुत-से मुनि आये। रघुकुल के चन्द्रमा श्रीरामचन्द्रजी ने मुनि-मण्डली को प्रसन्न आते देख दण्डवत् प्रणाम किया ॥३॥

Hermits streamed in as they heard the news that Rama had come to stay at Chitrakuta. When he saw the exultant throng of holy sages approaching, the moon of the Solar race prostrated himself before them.

मुनि रघुबरहि लाइ उर लेहीं। सुफल होन हित आसिष देहीं ॥
सिय सौमित्रि राम छबि देखहिं। साधन सकल सफल करि लेखहिं ॥

मुनि लोग श्रीरामजी को हृदय से लगा लेते हैं और (अपनी वाणी की) सफलता के लिए आशीर्वाद देते हैं। सीता, लक्ष्मण और श्रीरामचन्द्रजी की शोभा देखकर वे अपने सारे साधनों को सफल हुआ समझते हैं ॥४॥

The sages pressed Rama to their hearts and invoked their blessings on him, praying that their words might come true.[1] As they gazed upon the beauty of Sita, Lakshmana (Sumitra's son) and Rama, they accounted all their spiritual practices to have been well rewarded.

दो. —जथाजोग सनमानि प्रभु बिदा किये मुनिबृंद।
करहिं जोग जप जाग तप निज आश्रमन्हि सुछंद ॥१३४॥

प्रभु (श्रीरामचन्द्रजी) ने यथायोग्य सम्मान करके ऋषिगणों को विदा किया। वे लोग अपने-अपने आश्रमों में अब स्वतन्त्र होकर योग, जप, यज्ञ और तप करने लगे ॥१३४॥

After paying them all due honour, the Lord dismissed the saintly throng; and they began to practise their austerities, with prayer and sacrifice and penance, unmolested in their own retreats.

चौ. —यह सुधि कोल किरातन्ह पाई। हरषे जनु नव निधि घर आई ॥
कंद मूल फल भरि भरि दोना। चले रंक जनु लूटन सोना ॥

जब यह समाचार कोल-किरातों ने पाया, तब वे ऐसे प्रसन्न हुए मानो नवों निधियाँ उनके घर आ गयी हों। वे दौनों में कन्द, मूल, फल भर-भरकर ऐसे चले जैसे दरिद्र सोना लूटने चले हों ॥१॥

When the Kols and Kiratas heard the news, they felt as delighted as though the nine heavenly treasures had found their way to their homes. With leaf-platters full of bulbs and roots and fruit they sallied forth as do beggars to plunder stores of gold.

---

1. "Their blessing could do Rama no good, but its fulfilment would redound to their own credit, as showing them to be true prophets." - F.S. Growse.

तिन्ह महँ जिन्ह देखे दोउ भ्राता । अपर तिन्हहिं पूँछहिं मग जाता ॥
कहत सुनत रघुबीरनिकाई । आइ सबन्हि देखे रघुराई ॥

उनमें से जिन्होंने दोनों भाइयों को पहले देखा था, उनसे और लोग रास्ते में जाते हुए पूछते हैं । इस प्रकार श्रीरामचन्द्रजी की सुन्दरता कहते-सुनते सबों ने आकर श्रीरघुनाथजी के दर्शन किये ॥२॥

Those among them who had already seen the two brothers were questioned about them by others who met them on the road. Conversing with one another about Rama's beauty in this manner, they all came and saw Raghunatha.

करहिं जोहारु भेंट धरि आगें । प्रभुहि बिलोकहिं अति अनुरागें ॥
चित्र लिखे जनु जहँ तहँ ठाढ़े । पुलक सरीर नयन जल बाढ़े ॥

भेंट सामने रखकर वे प्रणाम करते हैं और बड़े प्रेम से प्रभु को देखते हैं । वे जहाँ-के-तहाँ ऐसे खड़े हैं मानों तसवीरें खींचकर खड़ी की गई हों (प्रेम में मग्न होकर एकदम स्तब्ध हो गए हों) । उनके शरीर पुलकित हैं और नेत्रों में प्रेमाश्रुओं के जल की बाढ़ आ गई है ॥३॥

Laying their offerings before the Lord, they make obeisance to him and regard him with deep devotion. Motionless as so many painted figures, they stand there all about him, their bodies thrilling with emotion and their eyes overflowing with tears.

राम सनेहमगन सब जाने । कहि प्रिय बचन सकल सनमाने ॥
प्रभुहि जोहारि बहोरि बहोरी । बचन बिनीत कहहिं कर जोरी ॥

श्रीरामजी ने जान लिया कि सब स्नेह में मग्न हैं, इसलिए प्रिय वचन कहकर उन्होंने सबका सम्मान किया । वे प्रभु श्रीरामचन्द्रजी को बार-बार प्रणाम करते हुए हाथ जोड़कर विनीत वचन कहते हैं — ॥४॥

When Rama perceived that they were all overwhelmed with affection, he treated them all with honour and spoke to them words of kindness. Again and again they made obeisance to the Lord and addressed him in humble strain with folded hands:

दो. —अब हम नाथ सनाथ सब भये देखि प्रभुपाय ।
भाग हमारे आगमनु राउर कोसलराय ॥१३५॥

हे नाथ ! प्रभु के चरणों के दर्शन पाकर अब हम सब सनाथ हो गए । हे कोसलाधीश ! हमारे ही सौभाग्य से आपका यहाँ आगमन हुआ है ॥१३५॥

'Having seen your feet, O Lord, we have all found a protector. Blessed are we that you have come to this place, O lord of Ayodhya !

चौ. —धन्य भूमि बन पंथ पहारा । जहँ जहँ नाथ पाउ तुम्ह धारा ॥
धन्य बिहग मृग काननचारी । सफल जनम भये तुम्हहि निहारी ॥

हे नाथ ! जहाँ-जहाँ आपने चरण रखे हैं, वह भूमि और वे वन, मार्ग और पहाड़ धन्य हैं । वन में विचरनेवाले वे पक्षी और पशु धन्य हैं, जो आपके दर्शन से सफलजन्म हो गए ॥१॥

Blessed is that land and forest and road and hill where you, Lord, have set your feet ! Fortunate are the birds and beasts of the forest, whose lives have been crowned by your sight.

हम सब धन्य सहित परिवारा । दीख दरसु भरि नयन तुम्हारा ॥
कीन्ह बासु भलि ठाउँ बिचारी । इहाँ सकल रितु रहब सुखारी ॥

कुटुम्बसहित हम सब भी धन्य हैं, जिन्होंने नेत्र भरकर आपके दर्शन किये । बड़ी अच्छी जगह विचारकर आपने निवास किया है । यहाँ सभी ऋतुओं में आप सुखी रहेंगे ॥२॥

And lucky, too, are we and all our kinsfolk, who have feasted our eyes on your presence ! You have chosen an excellent spot to dwell in, and one where you will be comfortable in every season of the year.

हम सब भाँति करब सेवकाई । करि केहरि अहि बाघ बराई ॥
बन बेहड़ गिरि कंदर खोहा । सब हमार प्रभु पग पग जोहा ॥

हाथी, सिंह, सर्प और बाघों से बचाकर हम सब तरह आपकी सेवा करेंगे । हे प्रभो ! यहाँ के बीहड़ वनों, पहाड़ों, गुफाओं और खोहों को हमने पग-पग देख डाला है ॥३॥

We will do you all possible service, protecting you from elephants and lions, snakes and tigers. We have explored, O Lord, every step of the rough and rugged woodlands, the hills and caves and ravines.

तहँ तहँ तुम्हहि अहेर खेलाउब । सर निरझर भल ठाउँ देखाउब ॥
हम सेवक परिवार समेता । नाथ न सकुचब आयसु देता ॥

वहाँ-वहाँ हम आपको शिकार खेलावेंगे और तालाब, झरने आदि अच्छे-अच्छे स्थल दिखावेंगे, हम कुटुम्बसमेत आपके सेवक जो ठहरे ! इसलिए, हे नाथ ! हमें आज्ञा देने में संकोच न कीजिएगा ॥४॥

We will take you out hunting to the different haunts of game and show you lakes and springs and other reservoirs of water. We and all our kinsfolk are your servants, Lord; hesitate not to command us.'

दो. —बेदबचन मुनिमन अगम ते प्रभु करुना ऐन ।
बचन किरातन्ह के सुनत जिमि पितु बालक बैन ॥१३६॥

जो वेदों के लिए वचन से और मुनियों के लिए मन से अगम हैं, वे करुणानिधान प्रभु श्रीरामचन्द्रजी भीलों के वचन इस तरह सुन रहे हैं जैसे पिता बालकों के वचन सुनता है ॥१३६॥

The same gracious Lord, whom the Vedas fail to describe and the minds of the sages to comprehend, listened to the words of the Bhils as a father listens to the prattling of his children.

चौ. –रामहि केवल प्रेमु पिआरा। जानि लेउ जो जाननिहारा॥
राम सकल बनचर तब तोषे। कहि मृदु बचन प्रेम परिपोषे॥

श्रीरामचन्द्रजी को केवल प्रेम प्रिय है; जो जाननेवाला हो, वह इसे जान ले। तब श्रीरामचन्द्रजी ने उन सब वनवासी कोलभीलों को प्रेम से परिपुष्ट (प्रेमभरे) कोमल वचन कहकर संतुष्ट किया ॥१॥

Love alone attracts Rama; let those who are curious take note of it. Rama then gratified all the forest-dwellers with gentle words abounding in love.

बिदा किये सिर नाइ सिधाए। प्रभुगुन कहत सुनत घर आए॥
एहि बिधि सिय समेत दोउ भाई। बसहिं बिपिन सुर मुनि सुखदाई॥

फिर उन्हें विदा किया। वे सिर नवाकर वहाँ से चल दिए और प्रभु के गुणों को कहते-सुनते घर आये। देवताओं और मुनियों को सुख देनेवाले दोनों भाई सीताजी के साथ जंगल में इसी तरह निवास करने लगे ॥२॥

The Lord then saw them off. Having bowed their heads to him, they departed and went home, discoursing on the way of the Lord's perfections. In this fashion Sita and the two brothers lived in the forest, delighting gods and sages.

जब तें आइ रहे रघुनायकु। तब तें भयेउ बनु मंगलदायकु॥
फूलहिं फलहिं बिटप बिधि नाना। मंजु बलित बर बेलि बिताना॥

जबसे श्रीरघुनाथजी (वन में) आकर बसे, तभी से वन मङ्गलदायक हो गया। नाना प्रकार के वृक्ष फूलते और फलते हैं और उन पर लिपटी हुई सुन्दर लताओं के मण्डप तने हैं ॥३॥

From the time that Raghunatha came and took up his abode there, the forest became bounteous in blessing. Trees of various kinds blossomed and bore fruit, and luxuriant creepers that coiled about them formed excellent canopies.

सुरतरु सरिस सुभायँ सुहाए। मनहुँ बिबुध बन परिहरि आए॥
गुंज मंजुतर मधुकरश्रेनी। त्रिबिध बयारि बहइ सुखदेनी॥

कल्पवृक्ष के समान वे सहज ही सुहावने हैं, मानो वे देवताओं के वन (नन्दनवन) को छोड़कर आये हों। भौंरों की पंक्तियाँ बहुत ही सुन्दर गुंजार कर रही हैं और सुख देनेवाली तीनों प्रकार की (शीतल, मन्द, सुगंध) हवाएँ चल रही हैं ॥४॥

Like the tree of Paradise they grew in all their native loveliness, as though they had abandoned the celestial groves and migrated to that spot. Swarms of bees made an exceedingly sweet murmuring and breezes, soft, cool and fragrant, blew invigoratingly.

दो. –नीलकंठ कलकंठ सुक चातक चक्क चकोर।
भाँति भाँति बोलहिं बिहग श्रवनसुखद चितचोर ॥१३७॥

नीलकण्ठ, कोयल, तोते, पपीहे, चकवे और चकोर जैसे पक्षी तरह-तरह से कानों को सुख देनेवाली और चित्त को चुरानेवाली बोलियाँ बोल रहे हैं ॥१३७॥

Blue jays, *koels*, parrots, cuckoos, *chakavas*, partridges and other birds charmed the ear and ravished the soul with their several notes.

चौ. –करि केहरि कपि कोल कुरंगा। बिगत बैर बिचरहिं सब संगा॥
फिरत अहेर रामछबि देखी। होहिं मुदित मृगबृंद बिसेषी॥

हाथी, सिंह, बंदर, सूअर और हिरन सभी वैर-भाव छोड़कर साथ-साथ विचरते हैं। शिकार के लिए फिरते समय (धनुर्धारी) श्रीरामचन्द्रजी की सुन्दरता को देखकर पशुओं के समूह अधिक आनन्दित होते हैं ॥१॥

Elephants, lions, monkeys, boars and deer all sported together, free from enmity. Enraptured above all were the herds of deer when they beheld the beauty of Rama as he wandered in search of prey.

बिबुधबिपिन जहँ लगि जग माहीं। देखि रामबनु सकल सिहाहीं॥
सुरसरि सरसइ दिनकरकन्या। मेकलसुता गोदावरि धन्या॥

संसार में जहाँ तक देवताओं के वन हैं, वे सब श्रीरामजी के वन को देखकर ललचाते हैं। गङ्गा, सरस्वती, सूर्यकुमारी यमुना, नर्मदा, गोदावरी आदि पुण्यमयी नदियाँ, ॥२॥

All the forests of gods existing in the universe were filled with envy at the sight of Rama's forest. The heavenly river (Ganga), the Sarasvati, the Sun-born Yamuna, the Narmada (the daughter of Mount Mekala), the blessed Godavari,

सब सर सिंधु नदी नद नाना। मंदाकिनि कर करहिं बखाना॥
उदय अस्त गिरि अरु कैलासू। मंदर मेरु सकल सुरबासू॥

सारे सरोवर, समुद्र, नदी और अनेक नद, सब मन्दाकिनी की प्रशंसा करते हैं। उदयाचल, अस्ताचल, कैलास, मन्दराचल और सुमेरु आदि जितने भी देवताओं के रहने के स्थान हैं, ॥३॥

— and every lake and sea, and streams both small and great, extolled the Mandakini. The eastern and western hills (from and behind which the sun is believed to emerge and disappear every morning and evening), Mounts Kailasa (the abode of Lord Shiva), Mandara, Meru, all abodes of gods,

सैल हिमाचल आदिक जेते। चित्रकूटजसु गावहिं तेते॥
बिंधि मुदित मन सुखु न समाई। श्रम बिनु बिपुल बड़ाई पाई॥

और हिमालय आदि जितने भी पर्वत हैं, सभी चित्रकूट के यश का गान करते हैं। विन्ध्याचल तो इतना प्रसन्न है कि उसके मन में सुख नहीं समाता। बिना परिश्रम ही वह बहुत बड़ाई पा गया है॥४॥

— and all such mountains as the Himalayas sang the glory of Chitrakuta; and glad was Vindhyachala, who could not contain his joy that he had been so exalted without much effort.

दो.—चित्रकूट के बिहग मृग बेलि बिटप तृन जाति।
पुन्यपुंज सब धन्य अस कहहिं देव दिन राति॥१३८॥

देवता दिन-रात ऐसा कहते हैं कि चित्रकूट के पक्षी, पशु, बेल, वृक्ष, तृण-अङ्कुरादि की सभी जातियाँ पुण्य के पुंज हैं, सभी धन्य हैं॥१३८॥

'Blessed above all and full of merit are the birds and beasts, the creepers, trees and every kind of herb that are at Chitrakuta !' so declared the gods throughout the day and night.

चौ.—नयनवंत रघुबरहि बिलोकी। पाइ जनमफल होहिं बिसोकी॥
परसि चरनरज अचर सुखारी। भये परम पद के अधिकारी॥

आँखोंवाले (प्राणी) श्रीरामचन्द्रजी को देखकर जन्म लेने का फल पाकर शोक-रहित हो जाते हैं और जड़ (पर्वत, वृक्ष, भूमि, नदी आदि) भगवान् के चरणों की धूलि का स्पर्श पाकर सुखी होते हैं। इस तरह सभी परमपद (मोक्ष) के अधिकारी हो गए॥१॥

All creatures endowed with eyesight, who had an eyeful of Rama's beauty, attained the end of their lives and were rid of sorrow. Motionless objects, touched by the dust of his feet, were gladdened and became eligible for attaining the highest state (blessedness).

सो बनु सैलु सुभाय सुहावन। मंगलमय अति पावन पावन॥
महिमा कहिअ कवन बिधि तासू। सुखसागर जहँ कीन्ह निवासू॥

वह वन और पर्वत सहज ही सुहावने, मङ्गलमय और अत्यन्त पावन को भी पवित्र करनेवाले हैं। उसकी महिमा का वर्णन किस तरह किया जाय जहाँ सुख-सिंधु श्रीरामजी ने निवास किया है?॥२॥

That forest and hill, where that ocean of bliss (Rama) made his abode was full of native loveliness and brought blessing to all and even sanctified the holy. How can one describe the glory of that spot ?

पयपयोधि तजि अवध बिहाई। जहँ सिय लखनु रामु रहे आई॥
कहि न सकहिं सुषमा जसि कानन। जौं सत सहस होहिं सहसानन॥

क्षीरसागर को त्यागकर और अयोध्या को छोड़कर जहाँ सीताजी, लक्ष्मणजी और श्रीरामचन्द्रजी आकर बसें, उस वन की जैसी परम शोभा है, उसका वर्णन हजार मुखवाले यदि लाख शेषजी भी हों, तो वे भी नहीं कर सकते॥३॥

The exquisite beauty of the forest where Sita, Lakshmana and Rama came and settled, taking leave of the Ocean of Milk[1] and abandoning Ayodhya, could not be described even by a hundred thousand Sheshas (each with a thousand pairs of tongues).

सो मैं बरनि कहौं बिधि केहीं। डाबरकमठ कि मंदर लेहीं॥
सेवहिं लखनु करम मन बानी। जाइ न सीलु सेनहु बखानी॥

उस शोभा का वर्णन भला मैं किस तरह कर सकता हूँ? कहीं पोखरे का कछुआ भी मन्दराचल उठा सकता है? लक्ष्मणजी मन, वचन और कर्म से (श्रीरामचन्द्रजी की) सेवा करते हैं। उनके शील और स्नेह का वर्णन करते नहीं बनता॥४॥

Then how can I describe it any more than a tortoise living in a puddle can lift up Mount Mandara ? Lakshmana waited upon Rama in thought and word and deed with an amiability and devotion more than one could tell.

दो.—छिनु छिनु लखि सिय राम पद जानि आपु पर नेहु।
करत न सपनेहुँ लखनु चित बंधु मातु पितु गेहु॥१३९॥

सीता और रामजी के चरणों को क्षण-क्षण देखकर और अपने ऊपर उनका स्नेह जानकर लक्ष्मणजी कभी स्वप्न में भी भाइयों (भरत, शत्रुघ्न), माता-पिता और घर की याद नहीं करते॥१३९॥

Gazing on the feet of Sita and Rama every moment and conscious of the love they bore him, Lakshmana never recalled even in his dreams his younger brother (Shatrughna), father, mother or even his home.

चौ.—रामसंग सिय रहति सुखारी। पुर परिजन गृह सुरति बिसारी॥
छिनु छिनु पिय बिधु बदनु निहारी। प्रमुदित मनहुँ चकोरकुमारी॥

अयोध्यापुरी, कुटुम्ब के लोगों और घर की सुधि बिसारकर सीताजी श्रीरामजी के साथ सुखी रहती हैं। पति श्रीरामचन्द्रजी के चन्द्रमुख को क्षण-क्षण देखकर वे वैसे ही परम प्रसन्न रहती हैं जैसे चकोरकुमारी (चकोरी) चन्द्रमा को देखकर !॥१॥

---

1. Here, as almost everywhere, Sita is identified with Lakshmi, and Rama with Vishnu, whose eternal home is the Milky Ocean. There he rests on Sheshanaga, of whom Lakshmana is the incarnation.

In Rama's company Sita lived a happy life, forgetting her city (Ayodhya), family and home. Ever watching the moonlike face of her beloved lord, she was as enraptured as the partridge looking on the moon.

नाहनेहु नित बढ़त बिलोकी। हरषित रहति दिवस जिमि कोकी॥
सियमनु रामचरन अनुरागा। अवध सहस सम बनु प्रिय लागा॥

पति-प्रेम को अपने प्रति नित्य बढ़ता हुआ देख सीताजी उसी तरह हर्षित रहती हैं जैसे दिन में चकवी। सीताजी का मन श्रीराम-चरणों में इतना अनुरक्त है कि वन हज़ारों अयोध्या के समान प्रिय लगता है॥२॥

Seeing her lord's affection grow from day to day, she was as happy as the *chakava* in the daytime. Her mind was so enamoured of Rama's feet that the forest was as dear to Sita as a thousand Ayodhyas.

परनकुटी प्रिय प्रियतम संगा। प्रिय परिवारु कुरंग बिहंगा॥
सासु ससुर सम मुनितिय मुनिबर। असनु अमिअ सम कंद मूल फर॥

अपने प्रियतम के साथ पत्तों की वह कुटिया भी सीताजी को प्यारी लगती है, मृग और पक्षी कुटुम्बियों के समान प्यारे लगते हैं; मुनियों की स्त्रियाँ सास के समान, श्रेष्ठ मुनि लोग ससुर के समान और कन्द-मूल-फलों का आहार उनको अमृत-तुल्य (सुस्वादु, मधुर) लगता है॥३॥

Dear to her was the hut of leaves in the company of her most beloved lord, dear were the fawns and birds, now her only kinsfolk. Like the parents of her lord were the hermits, all good in the highest degree, and their wives, and sweet as ambrosia the wild bulbs, roots and fruit.

नाथसाथ साँथरी सुहाई। मयनसयन सय सम सुखदाई॥
लोकप होहिं बिलोकत जासू। तेहि कि मोहि सक बिषय बिलासू॥

स्वामी के साथ कुश और पत्तों की सुहावनी सेज कामदेव की सैकड़ों सेजों के समान सुख देनेवाली है। जिनके देखनेमात्र से जीव लोकपाल हो जाते हैं, उन्हें क्या भोग-विलास मोहित कर सकता है?॥४॥

Shared with her lord, even the fair litter of leaves delighted her as hundreds of Cupid's own beds. Can the delights of luxury ever delude one whose favourable glance confers the sovereignty of a sphere?

दो.—सुमिरत रामहिं तजहिं जन तृन सम बिषय बिलासु।
रामप्रिया जगजननि सिय कछु न आचरजु तासु॥१४०॥

जिन श्रीरामचन्द्रजी के स्मरण-मात्र से ही भक्त लोग तमाम भोग-विलासों को तृणवत् मानकर त्याग देते हैं, उन श्रीरामचन्द्रजी की प्रिय पत्नी और जगदम्बा सीताजी के लिए यह (भोग-विलास का त्याग) कोई आश्चर्य की बात नहीं॥१४०॥

When the faithful, fixing their thoughts on Rama, abandon all luxurious delights as one abandons a piece of straw, no wonder then that Sita, Rama's beloved consort and the mother of the universe, should do so.

चौ.—सीय लखनु जेहि बिधि सुखु लहहीं। सोइ रघुनाथु करहिं सोइ कहहीं॥
कहहिं पुरातन कथा कहानी। सुनहिं लखनु सिय अति सुखु मानी॥

जिस प्रकार सीताजी और लक्ष्मणजी को सुख मिले, श्रीरघुनाथजी वही करते और वही कहते हैं। भगवान् पौराणिक कथा-कहानियाँ कहते हैं और लक्ष्मणजी तथा सीताजी अत्यन्त सुख मानकर (पुराणों की उन कथा-कहानियों को) सुनते हैं॥१॥

Anything that would bring happiness to Sita and Lakshmana, that would Raghunatha do and say. He would narrate tales and legends of ancient times, to which Lakshmana and Sita would listen with the utmost delight.

जब जब रामु अवधसुधि करहीं। तब तब बारि बिलोचन भरहीं॥
सुमिरि मातु पितु परिजन भाई। भरत सनेहु सीलु सेवकाई॥

जब-जब श्रीरामचन्द्रजी अयोध्या की सुधि करते हैं, तब-तब उनकी आँखों में आँसू भर आते हैं। माता-पिता, कुटुम्बियों, भाइयों और भरत के स्नेह, शील और सेवाभाव को यादकर — ॥२॥

Every time Rama thought of Ayodhya his eyes would fill with tears. Calling to mind his father and mother, his kinsfolk and brothers and particularly Bharata's affection, amiability and devotion,

कृपासिंधु प्रभु होहिं दुखारी। धीरजु धरहिं कुसमउ बिचारी॥
लखि सिय लखनु बिकल होइ जाहीं। जिमि पुरुषहि अनुसर परिछाहीं॥

दयासागर प्रभु श्रीरामचन्द्रजी दुःखी हो जाते हैं, किंतु कुसमय का विचार कर धीरज धारण कर लेते हैं। (श्रीरामचन्द्रजी को दुःखी) देखकर सीताजी और लक्ष्मणजी भी व्याकुल हो उठते हैं, जैसे किसी मनुष्य की परछाहीं उस मनुष्य का ही अनुसरण करती है॥३॥

— the compassionate Lord would grieve, but calmed himself, realizing that the time was unpropitious. When they saw him thus, Sita and Lakshmana too would be distressed, like the shadow that follows the man who casts it.

प्रिया बंधु गति लखि रघुनंदनु। धीर कृपाल भगत उर चंदनु॥
लगे कहन कछु कथा पुनीता। सुनि सुखु लहहिं लखनु अरु सीता॥

तब धीर, दयालु और भक्तों के हृदयों को शीतल करनेवाले चन्दनरूप श्रीरामचन्द्रजी प्यारी पत्नी और भाई लक्ष्मण की गति (दशा) देखकर कुछ पवित्र (धार्मिक) कथाएँ कहने लगते हैं, जिन्हें सुनकर लक्ष्मणजी और सीताजी को सुख प्राप्त होता है ॥४॥

When he saw the condition of his beloved consort and his brother (Lakshmana), the self-possessed and compassionate Rama, who is as soothing to his devotees' hearts as sandalwood, would begin to narrate some sacred legend, hearing which Lakshmana and Sita would feel relieved.

दो. –रामु लखन सीता सहित सोहत परननिकेत ।
जिमि बासव बस अमरपुर सची जयंत समेत ॥१४१॥

लक्ष्मणजी और सीताजी के साथ श्रीरामचन्द्रजी पत्तों की कुटिया में ऐसे सुशोभित हैं जैसे अमरावती में इन्द्र अपनी पत्नी शची और पुत्र जयन्त के साथ शोभित होता (बसता) है ॥१४१॥

So Rama, together with Lakshmana and Sita, was as resplendent in his hut of leaves as Indra in Amaravati with his spouse, Sachi, and their son, Jayanta.

चौ. –जोगवहिं प्रभु सिय लखनहि कैसें । पलक बिलोचनगोलक जैसें ॥
सेवहिं लखनु सीय रघुबीरहि । जिमि अबिबेकी पुरुष सरीरहि ॥

प्रभु (श्रीरामचन्द्रजी) सीताजी और लक्ष्मणजी की वैसे ही सँभाल रखते हैं, जैसे पलकें नेत्रों के गोलकों की रक्षा करती हैं । इधर लक्ष्मणजी श्रीसीताजी और श्रीरामचन्द्रजी की (अथवा लक्ष्मणजी और सीताजी श्रीरामचन्द्रजी की) उसी तरह सेवा करते हैं, जिस तरह अज्ञानी मनुष्य शरीर की करते हैं ॥१॥

The Lord was as watchful over Sita and Lakshmana as the eyelids over the pupil of the eye, while Lakshmana waited upon Sita and Rama (or Lakshmana and Sita both upon Rama) as carefully as a purblind fool (who identifies himself with his body) tends his own body.

येहि बिधि प्रभु बन बसहिं सुखारी । खग मृग सुर तापस हितकारी ॥
कहेउ राम बनगवनु सुहावा । सुनहु सुमंत्र अवध जिमि आवा ॥

पक्षी, मृग, देवता और तपस्वियों के हितकारी प्रभु इसी तरह सुखपूर्वक वन में निवास करते हैं । तुलसीदासजी कहते हैं – मैंने यह सुहावना राम-वन-गमन कहा । अब जिस तरह सुमन्त्र अयोध्या आये, वह कथा भी सुनिए ॥२॥

In this manner the Lord, who was as friendly to birds and fawns as to gods and ascetics, lived happily in the forest. Thus have I told the glorious story of Rama's journey to the woods; now hear how Sumantra came to Ayodhya.

फिरेउ निषादु प्रभुहि पहुँचाई । सचिव सहित रथ देखेसि आई ॥
मंत्री बिकल बिलोकि निषादू । कहि न जाइ जस भयेउ बिषादू ॥

प्रभु श्रीरामचन्द्रजी को पहुँचाकर जब निषादराज लौटा, तब आकर उसने मन्त्री (सुमन्त्र) सहित रथ को देखा । मन्त्री को व्याकुल देखकर निषाद को जैसा दुःख हुआ, उसका वर्णन करते नहीं बनता ॥३॥

When the Nishada chief returned after escorting the Lord, he saw the minister (Sumantra) and his chariot. No words can tell the distress with which he beheld the minister so distraught.

राम राम सिय लखनु पुकारी । परेउ धरनितल ब्याकुल भारी ॥
देखि दखिन दिसि हय हिहिनाहीं । जनु बिनु पंख बिहग अकुलाहीं ॥

(सीताजी को निषाद के साथ न देखकर) सुमन्त्र हा राम ! हा राम ! हा सीते ! हा लक्ष्मण ! पुकार-पुकारकर अत्यन्त व्याकुल हो धरती पर गिर पड़े । रथ के घोड़े दक्षिण दिशा की ओर (जिधर श्रीरामचन्द्रजी गए थे) देखकर हिनहिनाते हैं, मानो बिना पंख के पक्षी आकुल हो रहे हों ॥४॥

(When he found that the Nishada had returned all alone) Sumantra cried out, 'Rama ! Rama ! Sita ! Lakshmana !' and fell to the ground utterly helpless, while the horses kept on looking towards the south[1] and whinnying as piteously as birds shorn of their wings.

दो. –नहि तृनु चरहिं न पिअहिं जलु मोचहिं लोचन बारि ।
ब्याकुल भये निषाद सब रघुबरबाजि निहारि ॥१४२॥

वे न तो घास चरते हैं, न पानी पीते हैं, केवल आँखों से जल बरसाते हैं । रामजी के घोड़ों को देखकर सब निषाद व्याकुल हो उठे ॥१४२॥

They would neither eat grass nor drink water, but only shed tear-floods. At the sight of Rama's horses all the Nishadas were profoundly grieved.

चौ. –धरि धीरजु तब कहइ निषादू । अब सुमंत्र परिहरहु बिषादू ॥
तुम्ह पंडित परमारथ ग्याता । धरहु धीर लखि बिमुख बिधाता ॥

तब धीरज धरकर निषादराज ने कहा – हे सुमन्त्रजी ! अब विषाद त्यागिए । आप पण्डित और परमार्थ जाननेवाले हैं । विधाता को विमुख जानकर धीरज धरिए ॥१॥

Then the Nishada composed himself and said, 'Now, Sumantra, cease sorrowing; you are a man of wisdom and versed in the highest truth; submit yourself patiently to unpropitious fortune.'

बिबिध कथा कहि कहि मृदु बानी । रथ बैठारेउ बरबस आनी ॥
सोकसिथिल रथु सकै न हाँकी । रघुबरबिरह पीर उर बाँकी ॥

1. As Rama had gone to the south, the horses hoped to get the first glimpse of their master returning home from that direction.

कोमल वाणी से अनेक प्रकार की कथाएँ कह-कहकर निषाद ने जबर्दस्ती लाकर (सुमन्त्र को) रथ पर बिठाया। परंतु शोक से शिथिल होने के कारण वे रथ को हाँक नहीं सकते। उनके हृदय में राम-विरह की बड़ी तीव्र पीड़ा है ॥२॥

With various legends narrated in consoling accents, he took him by force and made him mount the chariot; but he was so overcome by grief that he could not drive the chariot; his heart ached so grievously for the loss of Rama.

चरफराहिं मग चलहिं न घोरे। बनमृग मनहुँ आनि रथ जोरे ॥
अढुकि परहिं फिरि हेरहिं पीछें। रामबियोग बिकल दुख तीछें ॥

घोड़े तड़फड़ाते हैं और रास्ते पर (ठीक) नहीं चलते, मानो जंगली पशु लाकर रथ में जोत दिये गए हों। वे कभी ठोकर खाकर गिर पड़ते हैं, कभी घूमकर पीछे की ओर देखने लगते हैं। राम-वियोग के तीखे दुःख से वे व्याकुल हैं ॥३॥

The horses reared and bucked and would not move along the road; it was as though wild animals had been caught and put in harness. They would stumble and fall, and again turn to look behind, utterly distraught by the anguish of separation from Rama.

जो कह रामु लखनु बैदेही। हिंकरि हिंकरि हित हेरहिं तेही ॥
बाजिबिरह गति कहि किमि जाती। बिनु मनिफनिक बिकल जेहिं भाँती ॥

जो कोई राम, लक्ष्मण या सीताजी का नाम ले लेता है, घोड़े हिनहिनाकर उसकी ओर प्यार से देखने लगते हैं। घोड़ों की विरहदशा कैसे कही जाय ? वे मणि-विहीन सर्प की भाँति विकल हैं ॥४॥

When anyone mentioned the name of Rama, Lakshmana or Sita, they would at once neigh and regard him with love. How can anyone describe the grief of separation the horses felt ? They were as distressed as a serpent robbed of its head-jewel.

दो. –भयेउ निषादु बिषादबस देखत सचिवतुरंग।
बोलि सुसेवक चारि तब दिये सारथी संग ॥१४३॥

मन्त्री और घोड़ों को देखकर निषादराज शोक के वश हो गया। तब उसने अपने चार उत्तम सेवकों को बुलाकर सारथी के साथ कर दिए ॥१४३॥

The Nishada was driven to distraction as he beheld the minister and his horses. Then he sent for four trusted grooms and sent them with the charioteer (Sumantra).

चौ. –गुह सारथिहि फिरेउ पहुँचाई। बिरहु बिषादु बरनि नहि जाई ॥
चले अवध लइ रथहि निषादा। होहिं छनहिं छन मगन बिषादा ॥

सारथी (सुमन्त्रजी) को पहुँचाकर निषादराज गुह लौट आया। उसके विरह और दुःख का वर्णन नहीं किया जा सकता। वे चारों निषाद रथ लेकर अयोध्या चले। (सुमन्त्र और घोड़ों की दशा देख-देखकर) वे भी क्षण-क्षण शोक-मग्न हो जाते थे ॥१॥

After seeing off the charioteer, Guha returned, more disconsolate at the parting than words can tell. And the Nishadas drove off to Ayodhya, sunk every moment in deeper sorrow.

सोच सुमंत्र बिकल दुख दीना। धिग जीवन रघुबीर बिहीना ॥
रहिहि न अंतहु अधमु सरीरू। जसु न लहेउ बिछुरत रघुबीरू ॥

व्याकुल और दुःख से दीन होकर सुमन्त्रजी सोचते हैं कि श्रीरघुवीर के बिना इस जीवन को धिक्कार है। आखिर यह अधम शरीर रहेगा तो नहीं ही, फिर श्रीरामचन्द्रजी के बिछुड़ते ही (छूटकर) इसने यश (क्यों) नहीं ले लिया ? ॥२॥

Tortured by remorse, a prey to woe, Sumantra lamented: 'Accursed is life bereft of Raghubira ! This wretched body will not last for ever; then why did it not win honour by perishing at the time of Rama's departure ?

भये अजस अघ भाजन प्राना। कवन हेतु नहिं करत पयाना ॥
अहह मंद मनु अवसर चूका। अजहुँ न हृदय होत दुइ टूका ॥

मेरे प्राण अपयश और पाप के पात्र हो गए। न जाने किस कारण ये कूच नहीं करते (नहीं निकलते)। हाय ! मूर्ख मन ! तू अवसर चूक गया। अब भी तो हृदय के दो टुकड़े नहीं हो जाते ! ॥३॥

This life has become a sink of infamy and sin; I wonder what prevents it from setting out on its last journey ! Alas, my silly soul has missed its opportunity, and even now my heart breaks not ! '

मीजि हाथ सिरु धुनि पछिताई। मनहुँ कृपन धनरासि गवाई ॥
बिरिद बाँधि बर बीरु कहाई। चलेउ समर जनु सुभट पराई ॥

हाथ मल-मलकर और सिर धुन-धुनकर सुमंत्रजी पछताते हैं, मानो किसी कंजूस ने धन का खजाना खो दिया हो। वे इस प्रकार चले मानो कोई बड़ा योद्धा वीर का बाना पहनकर और उत्तम शूरवीर कहलाकर समरभूमि से भाग चला हो ! ॥४॥

He wrung his hands and beat his head and sorrowed like a miser robbed of his hoard of riches. He went his way like a warrior distinguished for his mighty valour, some famous champion, who flees in uniform from the battlefield.

दो. –बिप्र बिबेकी बेदबिद संमत साधु सुजाति।
जिमि धोखें मदपान कर सचिव सोच तेहि भाँति ॥१४४॥

जैसे कोई विवेकशील, वेदों को जाननेवाला, सम्मानित, साधु और उत्तम जाति का ब्राह्मण धोखे से मदिरा पी ले और पीछे पछतावे, उसी प्रकार मन्त्री सुमन्त्र सोच कर रहे (पछता रहे) हैं ॥१४४॥

The minister's remorse was like that of a discreet Brahman of noble descent, well-read in the Vedas, a man of good repute and pious conduct, who has been entrapped into drinking alcoholic drinks.

चौ. –जिमि कुलीन तिय साधु सयानी । पति देवता करम मन बानी ॥
रहै करमबस परिहरि नाहू । सचिवहृदय तिमि दारुन दाहू ॥

जिस तरह कोई कुलीन, सती-साध्वी, चतुर और मन, वचन, कर्म से पति को ही देवता माननेवाली स्त्री भाग्यवश अपने पति को छोड़कर (अलग) रहे और उस समय उसके हृदय में भयानक संताप हो, उसी तरह मंत्री के हृदय में भी भीषण जलन हो रही है ॥१॥

The cruel torture that set the minister's heart on fire was like that of a well-born lady, discreet and virtuous, who is devoted to her lord in thought and word and deed, when she is compelled by destiny to part from him.

लोचन सजल डीठि भइ थोरी । सुनइँ न श्रवन बिकल मति भोरी ॥
सूखहिं अधर लागि मुह लाटी । जिउ न जाइ उर अवधि कपाटी ॥

उनके नेत्र सजल हो गए हैं, दृष्टि मन्द हो गयी है, कानों से सुनायी नहीं पड़ता, व्याकुल होने के कारण बुद्धि बेठिकाने हो रही है । ओठ सूख रहे हैं, मुँह में लाटी लग गयी है । किंतु (मृत्यु के सब लक्षण प्रकट हो जाने पर भी) उनके प्राण नहीं निकलते; क्योंकि हृदय में अवधिरूपी किवाड़ लगे हैं (अर्थात् चौदह वर्ष बाद श्रीराम लौट आयेंगे, यही आशा प्राणों को निकलने नहीं देती) ॥२॥

His eyes were so full of tears that he could scarcely see; his ears could hardly hear; and his mind was all distraught with grief; his lips were parched and his mouth was dry, and yet his life-breath forsook him not; for the hope of reunion (at the end of the fourteen-year term of exile) restrained it like a closed door.

बिबरन भयेउ न जाइ निहारी । मारेसि मनहुँ पिता महतारी ॥
हानि गलानि बिपुल मन ब्यापी । जमपुरपंथ सोच जिमि पापी ॥

(सुमन्त्रजी के मुख का) रंग इतना बदल गया है कि वह देखा नहीं जाता । जान पड़ता है मानो इन्होंने माता-पिता को मार डाला हो । उनके मन में राम-वियोगरूपी हानि की घोर ग्लानि छा रही है, जैसे कोई पापी यमपुर को जाता हुआ रास्ते में सोच कर रहा हो ॥३॥

He had turned pale and repelled the sight as if he had slain his father and mother. His soul was so possessed with pain, the pain of loss, savage as a sinner's stings of conscience, that he looked like a criminal absorbed in self-reproach on his way to hell.

बचनु न आव हृदय पछिताई । अवध काह मैं देखब जाई ॥
राम रहित रथु देखिहि जोई । सकुचिहि मोहि बिलोकत सोई ॥

उनके मुँह से वचन नहीं निकलते । हृदय में पछतावा हो रहा है कि अयोध्या जाकर मैं क्या देखूँगा ? श्रीरामचन्द्रजी से शून्य रथ को जो भी देखेगा, वही मुझे देखने में संकोच करेगा ॥४॥

Words failed him, but to himself he moaned, 'What shall I see on reaching Ayodhya ? Whoever shall see the chariot, and no Rama, will shun my sight.

दो. –धाइ पूँछिहहिं मोहि जब बिकल नगर नर नारि ।
उतरु देब मैं सबहि तब हृदयँ बज्रु बैठारि ॥१४५॥

जब नगर के व्याकुल स्त्री-पुरुष दौड़कर मुझसे पूछेंगे, तब मैं कलेजे पर वज्र रखकर सबको उत्तर दूँगा ॥१४५॥

But when the agitated citizens run to question me, I shall have to steel my heart to give them all an answer.

चौ. –पुँछिहहिं दीन दुखित सब माता । कहब काह मैं तिन्हहि बिधाता ॥
पूँछिहि जबहिं लखनमहतारी । कहिहौं कवन सँदेस सुखारी ॥

हे विधाता ! जब सब दीन-दुःखी माताएँ पूछेंगी तब मैं उन्हें क्या कहूँगा ! जब लक्ष्मणजी की माता मुझसे पूछेंगी, तब मैं उन्हें कौन-सा सुखदायी संदेश सुनाऊँगा ! ॥१॥

When all the helpless, piteous queen-mothers question me, O God, what shall I say to them ? When Lakshmana's mother questions me, what good news shall I give her ?

रामजननि जब आइहि धाई । सुमिरि बच्छु जिमि धेनु लवाई ॥
पूँछत उतरु देब मैं तेही । गे बनु राम लखनु बैदेही ॥

जिस तरह नयी ब्यायी हुई गाय बछड़े को यादकर दौड़ी आती है, उसी तरह जब कौशल्याजी भी (श्रीरामचन्द्रजी को याद करती हुई) दौड़ी आवेंगी, तब उनके पूछने पर मैं उन्हें यही उत्तर दूँगा कि श्रीराम, लक्ष्मण और सीता वन को चले गए ! ॥२॥

And when Rama's mother comes running, like a cow that has recently borne a calf and has her thoughts fixed on it, and questions me, I can only answer, "Rama, Lakshmana and Sita have gone to the forest !"

जोइ पूँछिहि तेहि ऊतरु देबा । जाइ अवध अब एहु सुखु लेबा ॥
पूँछिहि जबहिं राउ दुखदीना । जिवनु जासु रघुनाथ अधीना ॥

जो भी पूछेगा उसे यही जवाब देना पड़ेगा । हाय ! अयोध्या जाकर अब मुझे यही सुख लेना है ! जब दुःख से कातर राजा दशरथ, जिनका जीवन श्रीरघुनाथजी के अधीन है, मुझसे पूछेंगे, ॥३॥

And whosoever questions me, I must give him the same answer; this is the treat I shall have on reaching Ayodhya ! Again, when the sorrowful king, whose life hangs on Rama, questions me,

देहौं उतरु कौनु मुहु लाई । आएउँ कुसल कुअँर पहुँचाई ॥
सुनत लखन सिय राम सँदेसू । तृन जिमि तनु परिहरिहि नरेसू ॥

तब मैं कौन-सा मुँह लेकर उन्हें यह उत्तर दूँगा कि मैं राजकुमारों को पहुँचाकर कुशलपूर्वक लौट आया हूँ । लक्ष्मण, सीता और श्रीराम का समाचार सुनते ही महाराज तिनके के समान शरीर त्याग देंगे ॥४॥

—how shall I have the face to answer him, "I have escorted the princes to the forest and have come back safe and sound !" As soon as he hears this news of Lakshmana, Sita and Rama, the king will abandon his body as of no more value than a piece of straw.

दो．—हृदय न बिदरेउ पंक जिमि बिछुरत प्रीतमु नीरु ।
जानत हौं मोहि दीन्ह बिधि येहु जातना सरीरु ॥१४६॥

जिस तरह प्रियतम जल के बिछुड़ (सूख) जाने से कीचड़ फट जाता है, उसी तरह प्यारे राम से अलग होकर मेरा हृदय फट न गया तो मैं जानता हूँ कि विधाता ने मुझे यह 'यातनाशरीर' ही दिया है (जो नरक भोगने के लिए मिलता है) ॥१४६॥

My heart bereft of its beloved lord did not crack, as clay cracks when drained of water; now I know that God has endowed me with a body capable of enduring the tortures of hell !'

चौ．—येहि बिधि करत पंथ पछितावा । तमसा तीर तुरत रथु आवा ॥
बिदा किये करि बिनय निषादा । फिरे पायँ परि बिकल बिषादा ॥

सुमन्त्र इसी तरह मार्ग में पछतावा कर रहे थे कि इतने में ही रथ तुरंत तमसा नदी के किनारे आ पहुँचा । उन्होंने विनती करके चारों निषादों को विदा किया । वे विषाद से व्याकुल हो सुमन्त्र के पाँव पड़कर लौटे ॥१॥

While Sumantra was thus lamenting on the way, his chariot arrived right soon at the bank of the Tamasa. There he courteously dismissed the Nishadas, who after falling at his feet returned home with a heart stricken with grief.

पैठत नगर सचिव सकुचाई । जनु मारेसि गुर बाँभन गाई ॥
बैठि बिटपतर दिवसु गँवावा । साँझ समय तब अवसरु पावा ॥

नगर में प्रवेश करते मन्त्री ऐसे सकुचाते हैं मानो वे गुरु, ब्राह्मण या गौ

को मारकर लौटे हों । एक पेड़ के नीचे बैठकर उन्होंने सारा दिन बिताया । जब सन्ध्या हुई तब अवसर मिला ॥२॥

While entering the city the minister wavered like one who had slain a *guru*, killed a Brahman or butchered a cow. He passed the day sitting under a tree, and then in the evening took the opportunity (to enter the city).

अवध प्रबेसु कीन्ह अँधियारें । पैठ भवन रथु राखि दुआरें ॥
जिन्ह जिन्ह समाचार सुनि पाए । भूपद्वार रथु देखन आए ॥

अँधेरे में उन्होंने अयोध्या में प्रवेश किया और रथ को दरवाजे पर ही छोड़कर वे चुपके से महल में घुसे । जिन-जिन लोगों ने (सुमंत्र के आने का) समाचार सुना, वे सभी रथ देखने को राजद्वार पर आये ॥३॥

He entered Ayodhya in the dark and slunk into the palace, leaving the chariot at the gate. All who heard the news flocked to the entrance of the royal palace to look at the chariot.

रथु पहिचानि बिकल लखि घोरे । गरहिं गात जिमि आतप ओरे ॥
नगर नारि नर ब्याकुल कैसे । निघटत नीर मीनगन जैसे ॥

रथ को पहचानकर और घोड़ों को व्याकुल देखकर उनके अंग ऐसे गले जा रहे हैं जैसे घाम में ओले गलते हैं ! नगर के स्त्री-पुरुष वैसे ही व्याकुल हैं जैसे जल के घटने पर मछलियाँ व्याकुल होती हैं ॥४॥

When they recognized the chariot and observed the distress of the horses, their bodies melted away like hailstones in the sun. The citizens, both men and women, were as sore distressed as fish when the water sinks low.

दो．—सचिव आगमनु सुनत सबु बिकल भयेउ रनिवासु ।
भवन भयंकरु लाग तेहि मानहुँ प्रेतनिवासु ॥१४७॥

मंत्री के (अकेले) आगमन को सुनते ही सारा रनिवास व्याकुल हो गया । (उस समय) राजमहल उनको (मंत्री को) प्रेतों के निवास-स्थान के समान भयानक लगा ॥१४७॥

As soon as they heard of the minister's arrival, all the ladies of the court were agitated. To him the palace seemed a place of dread, as though it were an abode of spirits.

चौ．—अति आरति सब पूँछहिं रानी । उतरु न आव बिकल भइ बानी ॥
सुनइँ न श्रवन नयन नहि सूझा । कहहु कहाँ नृपु तेहि तेहि बूझा ॥

अत्यन्त दुःखी होकर सब रानियाँ पूछती हैं, पर सुमन्त्र से कुछ उत्तर देते नहीं बनता, उनकी वाणी विकल हो गयी है । न कानों से सुनायी पड़ता है और न आँखों से कुछ सूझता है । जो भी सामने आता है उस-उससे पूछने लगते हैं – कहो, राजा कहाँ हैं ? ॥१॥

In deep agony all the queens questioned him; but no reply came from Sumantra; his voice was all choked. His ears could not hear, nor could his eyes see; he asked whomsoever he met: 'Tell me, where is the king ?'

दासिन्ह दीख सचिवबिकलाई। कौसल्यागृह गईं लवाई ॥
जाइ सुमंत्र दीख कस राजा। अमिअ रहित जनु चंदु बिराजा ॥

मन्त्री की व्याकुलता देखकर दासियाँ उन्हें कौसल्याजी के महल में लिवा गयीं। सुमन्त्र ने जाकर वहाँ राजा को देखा कि वे मानो बिना अमृत के चन्द्रमा हों ॥२॥

Seeing his confusion, the handmaidens conducted him to Kausalya's apartments. On entering, Sumantra found the king looking as pale and lustreless as the moon without its nectar.

आसन सयन बिभूषन हीना। परेउ भूमितल निपट मलीना ॥
लेइ उसास सोच येहि भाँती। सुरपुर तें जनु खँसेउ जजाती ॥

आसन, शय्या और आभूषणों से रहित, नितान्त मलिन हो वे पृथ्वी पर पड़े हुए हैं। लंबी साँसें ले-लेकर वे इस प्रकार सोच करते हैं मानो राजा ययाति स्वर्ग से गिर पड़े हों (और चिन्ता-मग्न हों) ॥३॥

Bereft of his throne or couch or ornaments, he lay on the ground in utter wretchedness, heaving deep sighs and grieving like Yayati when he fell from heaven.

लेत सोच भरि छिनु छिनु छाती। जनु जरि पंख परेउ संपाती ॥
राम राम कह राम सनेही। पुनि कह राम लखन बैदेही ॥

सोच के मारे राजा क्षण-क्षण छाती भर लेते हैं, (उनकी ऐसी दशा है) मानो (गिद्धराज जटायु का भाई) सम्पाती पंखों के जल जाने पर गिर पड़ा हो। राजा बार-बार 'राम-राम', 'हा प्यारे राम !' कहते हैं, फिर 'हा राम, हा लक्ष्मण, हा जानकी' ऐसा कहने लगते हैं ॥४॥

With his heart bursting with sobs of agony every moment, he looked like Sampati who had fallen from the sky with singed wings. 'Rama, O Rama ! Rama, my beloved son !' the king fondly cried, and again, 'O Rama, Lakshmana, Sita !'

दो. –देखि सचिव जय जीव कहि कीन्हेउ दंड प्रनामु।
सुनत उठेउ ब्याकुल नृपति कहु सुमंत्र कहँ रामु ॥१४८॥

मन्त्री ने देखकर 'जयजीव' कहकर दण्डवत् प्रणाम किया। यह सुनते ही व्याकुल होकर राजा उठ बैठे और बोले – सुमन्त्र ! कहो, राम कहाँ हैं ? ॥१४८॥

The minister, on seeing the king, exclaimed, 'Long live the king !' and fell prostrate before him and made obeisance. As soon as he heard him, the king arose in bewilderment and said, 'Tell me, Sumantra, where is Rama ?'

चौ. –भूप सुमंत्रु लीन्ह उर लाई। बूड़त कछु अधार जनु पाई ॥
सहित सनेह निकट बैठारी। पूँछत राउ नयन भरि बारी ॥

राजा दशरथ ने सुमन्त्र को हृदय से लगा लिया, मानो डूबते हुए आदमी को कुछ आधार (सहारा) मिल गया हो। प्रेम के साथ मंत्री को पास बिठाकर, आँखों में जल भरकर राजा पूछने लगे – ॥१॥

The king clasped Sumantra to his bosom like a drowning man who has caught hold of some support. He seated him affectionately by his side, and with his eyes full of tears asked:

रामकुसल कहु सखा सनेही। कहँ रघुनाथ लखनु बैदेही ॥
आने फेरि कि बनहि सिधाए। सुनत सचिव लोचन जल छाए ॥

हे प्यारे मित्र ! श्रीरामचन्द्रजी का कुशल-समाचार कहो ! बताओ, श्रीराम, लक्ष्मण और जानकी कहाँ हैं ? तुम उन्हें लौटा लाये हो कि वे वन को चले ही गए ? यह सुनते ही मन्त्री के नेत्र सजल हो उठे ॥२॥

'Tell me, dear friend, of Rama's welfare. Where are Rama, Lakshmana and Janaki ? Have you brought them back or have they left for the woods ?' At these words tears rushed to the minister's eyes.

सोकबिकल पुनि पूँछ नरेसू। कहु सिय राम लखन संदेसू ॥
राम रूप गुन सील सुभाऊ। सुमिरि सुमिरि उर सोचत राऊ ॥

शोकविह्वल हो राजा फिर पूछने लगे – सीता, राम और लक्ष्मण का संदेश तो कहो। श्रीरामचन्द्रजी के रूप, गुण, शील और स्वभाव को बार-बार यादकर राजा हृदय में सोच करते हैं ॥३॥

Overwhelmed with grief, the king asked again, 'Give me news of Sita, Rama and Lakshmana.' As he called to mind Rama's beauty and virtue and amiable disposition, the king sorrowed within himself:

राज सुनाइ दीन्ह बनबासू। सुनि मन भयेउ न हरषु हराँसू ॥
सो सुत बिछुरत गये न प्राना। को पापी बड़ मोहि समाना ॥

और कहते हैं कि राजा होने की बात सुनाकर मैंने वनवास दे दिया, यह सुनकर भी जिस राम के मन में न हर्ष हुआ और न विषाद, ऐसे पुत्र के बिछुड़ने पर भी जब मेरे प्राण नहीं निकले, तब मेरे समान जघन्य पापी कौन होगा ? ॥४॥

'I promised him the kingdom and exiled him to the woods, but the news neither delighted his soul nor grieved it; such is the son whom I have lost, and yet my clinging breath departs not. Who then is so guilty a monster as I ?

दो. –सखा रामु सिय लखनु जहँ तहाँ मोहि पहुँचाउ ।
नाहि त चाहत चलन अब प्रान कहौं सतिभाउ ॥१४९॥

हे सखा ! जहाँ श्रीराम, जानकी और लक्ष्मण हैं, वहीं मुझे भी पहुँचा दो ! नहीं तो, मैं सत्य भाव से कहता हूँ, मेरे प्राण अब चलना ही चाहते हैं ! ॥१४९॥

Take me, my friend, to the place where Rama, Sita and Lakshmana are; else—I tell you the very truth—at once shall my soul take flight !

चौ. –पुनि पुनि पूँछत मंत्रिहि राऊ । प्रियतम सुअन सँदेस सुनाऊ ॥
करहि सखा सोइ बेगि उपाऊ । रामु लखनु सिय नयन देखाऊ ॥

राजा बार-बार मन्त्री से यही कहते हैं – मेरे अत्यन्त प्रिय पुत्रों का संदेश सुनाओ ! हे मित्र ! तुम जल्द वही उपाय करो जिससे श्रीराम, लक्ष्मण और सीता को मुझे आँखों दिखा सको ! ॥१॥

Again and again the king implored the minister, 'Tell me of my most beloved sons, and hasten, my friend, to contrive some way to bring Rama, Lakshmana and Sita before my eyes.'

सचिउ धीर धरि कह मृदु बानी । महाराज तुम्ह पंडित ग्यानी ॥
बीर सुधीर धुरंधर देवा । साधुसमाजु सदा तुम्ह सेवा ॥

मन्त्री ने धीरज धरकर कोमल वाणी में कहा – महाराज ! आप पंडित और ज्ञानी हैं । हे देव ! आप शूरवीर तथा उत्तम धीरों में श्रेष्ठ हैं । आपने सदा साधु-समाज का सेवन किया है; ॥२॥

Plucking up courage, the minister gently replied, 'Your Majesty is learned and wise; you are a man of valour, a mighty warrior, O sovereign lord, and chief among the steadfast, and have ever been devoted to the company of holy men.

जनम मरन सब दुख सुख भोगा । हानि लाभु प्रिय मिलन बियोगा ॥
काल करम बस होहिं गोसाईं । बरबस राति दिवस की नाईं ॥

सृष्टि और विनाश (जन्म-मरण), सुख-दुःख के भोग, हानि-लाभ, प्रिय व्यक्तियों का मिलना-बिछुड़ना, ये सब हे स्वामी ! काल और कर्म के वश हैं, ये रात और दिन की तरह बरबस होते ही रहते हैं; ॥३॥

Birth and death, all painful and pleasurable experiences, loss and gain, union with those we love and separation from them—all these, my lord, are governed by the laws of time and destiny and are as unalterable as the sequence of night and day.

सुख हरषहिं जड़ दुख बिलखाहीं । दोउ सम धीर धरहिं मन माहीं ॥
धीरजु धरहु बिबेक बिचारी । छाड़िअ सोचु सकल हितकारी ॥

जो मूर्ख हैं, वे सुख में हर्षित होते और दुःख में रोते हैं; पर जो धीर हैं, वे अपने मन में दोनों को एक समान मानते हैं । हे सबके हितकारी (रक्षक) ! आप विवेक से विचारकर धीरज धरिए और सोच मत कीजिए ॥४॥

Fools rejoice in prosperity and mourn in adversity, but men of unswerving courage account both alike. Consider the matter with discreet wisdom and take courage, O benefactor of all, and cease sorrowing !

दो. –प्रथम बासु तमसा भएउ दूसर सुरसरि तीर ।
न्हाइ रहे जलपानु करि सिय समेत दोउ बीर ॥१५०॥

श्रीरामजी का पहला निवास तमसा नदी के तट पर हुआ और दूसरा गङ्गा के तट पर । सीता-सहित दोनों वीर उस दिन स्नान करके जल पीकर ही रह गए ॥१५०॥

Their first halt was by the Tamasa, their second on the bank of the celestial river (Ganga), where the two heroes stayed with Sita after bathing and drinking of its water.

चौ. –केवट कीन्ह बहुत सेवकाई । सो जामिनि सिंगरौर गवाई ॥
होत प्रात बटछीरु मगावा । जटामुकुट निज सीस बनावा ॥

केवट (निषादराज) ने उनकी बहुत सेवा की । (इस तरह उन्होंने) वह रात सिंगरौर (शृङ्गवेरपुर) में ही बितायी । दूसरे दिन सवेरा होते ही उन्होंने बड़ का दूध मँगवाया और उससे अपने सिरों पर जटाओं के मुकुट बनाये ॥१॥

Guha the boatman showed them great hospitality and the party spent that night at Singraur (Shringaverapura); at daybreak they sent for the milk of the banyan and the two brothers coiled up their matted hair into a crown.

रामसखा तब नाव मगाई । प्रिया चढ़ाइ चढ़े रघुराई ॥
लखन बान धनु धरे बनाई । आपु चढ़े प्रभु आयेसु पाई ॥

तब श्रीरामचन्द्रजी के सखा (निषादराज) ने नाव मँगवायी । पहले अपनी प्रिया सीताजी को चढ़ाकर फिर श्रीरघुनाथजी उस पर चढ़े । लक्ष्मणजी ने धनुष-बाण सजाकर रख दिया और फिर प्रभु की आज्ञा पाकर स्वयं भी सवार हो गए ॥२॥

Then Rama's friend (Guha) called for a boat, and after putting Sita on board, Raghunatha himself embarked. Lakshmana then set his bow and arrows neatly in their proper place and with the Lord's permission also went on board.

बिकल बिलोकि मोहि रघुबीरा । बोले मधुर बचन धरि धीरा ॥
तात प्रनामु तात सन कहेहू । बार बार पद पंकज गहेहू ॥

मुझे विकल देख धीरज धरकर श्रीरघुनाथजी मधुर वचन बोले – हे

तात ! पिताजी से मेरा प्रणाम कहना और (मेरी ओर से) बार-बार उनके चरणकमल पकड़ना ! ॥३॥

Seeing my distress, Raghunatha summoned up courage and addressed me thus in sweet accents: "Friend, give my salutation to my father and embrace his lotus feet again and again.

करबि पायँ परि बिनय बहोरी । तात करिअ जनि चिंता मोरी ॥
बनमग मंगल कुसल हमारें । कृपा अनुग्रह पुन्य तुम्हारें ॥

फिर पाँव पकड़कर विनती करना कि हे तात ! आप मेरी चिन्ता न कीजिए । आपकी कृपा, अनुग्रह और पुण्य से वन के मार्ग में हमारा कुशल-मङ्गल है ! ॥४॥

Then fall at his feet and submit to him thus: 'Father, be not worried on my account; by your grace and goodwill and as a reward of your virtuous deeds my journey to the woods will be happy and full of blessings.

छं. –तुम्हरें अनुग्रह तात कानन जात सब सुख पाइहौं ।
प्रतिपालि आयसु कुसल देखन पाय पुनि फिरि आइहौं ॥
जननी सकल परितोषि परि परि पायँ करि बिनती घनी ।
तुलसी करेहु सोइ जतनु जेहिं कुसली रहहिं कोसलधनी ॥

हे पिताजी ! वन जाते हुए मैं आपके अनुग्रह से सब सुख पाऊँगा । आपकी आज्ञा का भलीभाँति पालन करके मैं फिर चरणों के दर्शन के लिए कुशलपूर्वक लौट आऊँगा । सभी माताओं के पाँव पड़-पड़कर उनको संतुष्ट करके और उनसे बहुत विनती करके – तुलसीदास कहते हैं – तुम वही यत्न करना जिसमें कोसलपति महाराज दशरथ कुशलपूर्वक रहें !

By your grace, dear father, I shall have every comfort on my journey in the forest, and, having obeyed your command, shall come back safe to behold your lotus feet again.' Then comfort all my mothers and fall at their feet again and again and with profuse entreaties make every effort—says Tulasidasa—to make the king of Kosala pass his days happily.

सो. –गुर सन कहब सँदेसु बार बार पद पदुम गहि ।
करब सोइ उपदेसु जेहिं न सोच मोहि अवधपति ॥१५१॥

(तुम मेरी ओर से) गुरु के चरणकमलों को बार-बार पकड़कर उनसे मेरा संदेश कहना कि वे वही उपदेश देंगे जिससे अयोध्यापति पिताजी मेरा सोच न करें ! ॥१५१॥

Clasping my *guru's* lotus feet again and again, give him this message : 'Pray so exhort the lord of Ayodhya that he may no longer grieve for me.'

चौ. –पुरजन परिजन सकल निहोरी । तात सुनायेहु बिनती मोरी ॥
सोइ सब भाँति मोर हितकारी । जा तें रह नरनाहु सुखारी ॥

हे तात ! सब नगरवासियों और कुटुम्बियों से निहोरा करके मेरी विनती सुनाना कि वही व्यक्ति मेरा सब तरह से हितकारी है जिसकी चेष्टा से महाराज सुखी रहें ! ॥१॥

Beseech all the citizens and the people of the household and convey to them, friend, my submission : 'He is my best benefactor who ensures the king's happiness.'

कहब सँदेसु भरत के आएँ । नीति न तजिअ राजपदु पाएँ ॥
पालेहु प्रजहि करम मन बानी । सेएहु मातु सकल सम जानी ॥

तुम भरत के लौटने पर उनको मेरा यह संदेश कहना कि राजपद पा जाने पर नीति न छोड़ देना; कर्म, वचन और मन से प्रजा का पालन करना और सब माताओं को समान जानकर सबकी सेवा करना ! ॥२॥

Again, when Bharata comes, give him this message: 'Abandon not the path of rectitude when you ascend the throne; cherish your subjects in thought and word and deed, and serve each queen-mother with equal respect.

ओर निबाहेहु भायप भाई । करि पितु मातु सुजन सेवकाई ॥
तात भाँति तेहि राखब राऊ । सोच मोर जेहिं करइ न काऊ ॥

और हे भाई ! पिता, माता और स्वजनों की सेवा करके भाईपने को सीमा तक निभाना । हे तात ! राजा (पिताजी) को इस भाँति रखना जिससे वे कभी मेरा सोच न करें ॥३॥

Again, brother, fulfil your brotherly duty to the end, doing all service to our parents and kinsmen; and, brother, so (lovingly) tend your father that he may never sorrow on my account.' "

लखन कहे कछु बचन कठोरा । बरजि राम पुनि मोहि निहोरा ॥
बार बार निज सपथ देवाई । कहबि न तात लखनलरिकाई ॥

(उसी समय) लक्ष्मणजी ने कुछ कठोर वचन कहे, किंतु श्रीरामजी ने उन्हें बरजकर[१] फिर मुझसे अनुरोध किया और बार-बार अपनी सौगंद दिलाकर कहा कि 'हे तात ! लक्ष्मण का लड़कपन (वहाँ) न कहना !' ॥४॥

'Here Lakshmana gave vent to some angry words, but Rama checked him, and begged of me again and again, adjuring me by himself, not to repeat Lakshmana's boyish insolence.

दो. –कहि प्रनामु कछु कहन लिय सिय भइ सिथिल सनेह ।
थकित बचन लोचन सजल पुलक पल्लवित देह ॥१५२॥

१. मनाकर, रोककर ।

प्रणामकर सीताजी भी कुछ कहना चाहती थीं, परंतु प्रेमवश वे शिथिल हो गयीं। वाणी रुक गयी, नेत्र सजल हो गए और शरीर रोमांचित[१] हो गया ॥१५२॥

Sita sent her greetings and would have said more, but was overwhelmed with emotion; her voice failed, her eyes filled with tears, and her body quivered with emotion.

चौ.–तेहि अवसर रघुबररुख पाई। केवट पारहि नाव चलाई ॥
रघुकुलतिलक चले येहि भाँती। देखउँ ठाढ़ कुलिस धरि छाती ॥

उसी समय श्रीरामचन्द्रजी की अनुमति पाकर केवट ने पार जाने के लिए नाव चला दी। इस तरह रघुकुल-शिरोमणि श्रीरामचन्द्रजी चल दिए और मैं छाती पर वज्र रखकर खड़ा-खड़ा देखता रहा ॥१॥

At this moment, at a sign from Rama, the boatman rowed the boat towards the opposite bank. So departed the glory of Raghu's line, and I stood there looking on with a heart as of adamant.

मैं आपन किमि कहउँ कलेसू। जिअत फिरेउँ लेइ रामसँदेसू ॥
अस कहि सचिव बचन रहि गयेऊ। हानि गलानि सोच बस भयेऊ ॥

मैं अपना क्लेश कैसे कहूँ, जो श्रीरामजी का यह संदेश लेकर जीवित लौट आया! ऐसा कहकर मन्त्री की वाणी रुक गयी और वे (राम को छोड़ आने की) हानि से उत्पन्न ग्लानि[२] तथा सोच के वश हो गए ॥२॥

How can I describe my own anguish, who still lived to return and bring Rama's message ?' So saying, the minister stopped speaking and was overpowered by grief and remorse for having escorted Rama to the woods.

सूतबचन सुनतहिं नरनाहू। परेउ धरनि उर दारुन दाहू ॥
तलफत बिषम मोह मन मापा। माँजा मनहुँ मीन कहुँ ब्यापा ॥

सारथी (सुमन्त्र) के इन शब्दों को सुनते ही नरेश धरती पर गिर पड़े, उनके हृदय में तीव्र जलन होने लगी। वे तड़पने लगे, उनका मन भीषण मोह से व्याकुल हो उठा, मानो मछली को माँजा व्याप गया हो (पहली वर्षा का जल लग गया हो) ॥३॥

When he heard the charioteer's story, the monarch fell to the ground, his heart burning with deep anguish. His mind was agitated by an overpowering infatuation, and he writhed as fish writhe when inebriated by the foam of the early rains.

करि बिलाप सब रोवहिं रानी। महा बिपति किमि जाइ बखानी ॥
सुनि बिलाप दुखहू दुखु लागा। धीरजहू कर धीरजु भागा ॥

१. पल्लवित अर्थात् रोमांचयुक्त

२. उन्हें इस बात की भी ग्लानि है कि वे श्रीरामजी का संदेश लेकर जीवित ही लौट आए हैं... उन्हें वहीं मर जाना चाहिए था।

विलाप करके सब रानियाँ रो रही हैं। उस घोर विपत्ति का वर्णन कैसे किया जाय ? उनके विलाप को सुनकर दुःख को भी दुःख होने लगा और धैर्य का भी धैर्य जाता रहा ॥४॥

All the queens wailed and wept; how can so great a calamity be described ? At the sound of their wailings, Sorrow itself grew sorrowful and Endurance could no longer endure.

दो.–भयेउ कोलाहलु अवध अति सुनि नृप राउर सोरु।
बिपुल बिहग बन परेउ निसि मानहु कुलिस कठोरु ॥१५३॥

राजा के रनिवास में[१] (रोने का) शोर सुनकर अयोध्या-भर में बड़ा भारी हाहाकार मच गया, मानो पक्षियों के विशाल वन में रात के समय कठोर वज्रपात हुआ हो ॥१५३॥

Loud was the lamentation in Ayodhya at the sound of the outcry in the royal gynaeceum; it seemed as though a cruel thunderbolt had fallen at night in a thicket haunted by flocks of birds.

चौ.–प्रान कंठगत भयेउ भुआलू। मनि बिहीन जनु ब्याकुल ब्यालू ॥
इंद्री सकल बिकल भइँ भारी। जनु सर सरसिजबनु बिनु बारी ॥

राजा के प्राण कण्ठ में आ गए, (वे ऐसे व्याकुल हुए) जैसे मणि के बिना साँप व्याकुल (मरणासन्न) हो जाता है। उनकी सभी इन्द्रियाँ बहुत ही विकल हो गयीं, मानो जल के बिना तालाब में कमलों का वन मुरझा गया हो ॥१॥

The life-breath of the king flickered at his mouth; he felt distressed like a serpent robbed of its jewel, and his senses were all as badly blighted as a cluster of lotuses in a pond that has been drained of its water.

कौसल्याँ नृपु दीख मलाना। रबिकुल रबि अँथएउ जियँ जाना ॥
उर धरि धीर राममहतारी। बोली बचन समय अनुसारी ॥

राजा को बहुत दुःखी देखकर कौसल्याजी ने अपने मन में यह जान लिया कि सूर्यकुल का सूर्य अब अस्त हो चला। तब हृदय में धीरज धरकर श्रीरामचन्द्रजी की माता कौसल्या समयानुकूल वचन बोलीं– ॥२॥

When Kausalya saw the king in this sad state, she was inwardly aware that the sun of the Solar line was about to set. Summoning up courage, therefore, Rama's mother spoke words appropriate to the occasion:

नाथ समुझि मन करिअ बिचारू। रामबियोग पयोधि अपारू ॥
करनधार तुम्ह अवध जहाजू। चढ़ेउ सकल प्रिय पथिकसमाजू ॥

१. महारानी कौसल्या के महल में, जहाँ महाराज दशरथ थे।

हे नाथ ! आप मन में समझकर विचार कीजिए कि श्रीरामचन्द्र का वियोग अपार समुद्र है और आप अयोध्यारूपी जहाज के कर्णधार (खेनेवाले) हैं । सब प्रियजन ही यात्रियों का वह समाज है जो इस जहाज पर चढ़ा हुआ है – ॥३॥

'Ponder in your heart, my lord, and remember that separation from Rama is a boundless ocean, Ayodhya is the boat and yourself the helmsman, and all our dear ones form the travelling fraternity that has embarked.

धीरजु धरिअ त पाइअ पारू । नाहि त बूड़िहि सबु परिवारू ॥
जौं जिअ धरिअ बिनय पिअ मोरी । रामु लखनु सिय मिलहिं बहोरी ॥

यदि आप धीरज धारण कीजिएगा तो सब पार पहुँच जायँगे, नहीं तो हमारा सारा परिवार डूब जायगा । हे स्वामी ! यदि मेरी प्रार्थना को जी में धारण कीजिएगा तो श्रीराम, लक्ष्मण, सीता फिर आ मिलेंगे ! ॥४॥

We can hope to reach a shore only if you show courage; else will the whole family be drowned. If you take to heart my entreaty, dear lord, we are sure to see Rama, Lakshmana and Sita again.'

दो. –प्रियाबचन मृदु सुनत नृप चितएउ आँखि उघारि ।
तलफत मीन मलीन जनु सीचेउ सीतल बारि ॥१५४॥

अपनी प्रिया (कौसल्या) के मधुर वचन सुनते ही राजा ने आँखें खोलकर देखा, मानो तड़पती हुई दीन मछली पर किसी ने शीतल जल छिड़क दिया हो ॥१५४॥

When he heard these tender words of his dear wife, the king opened his eyes and looked up like a writhing wretched fish when sprinkled with cold water.

चौ. –धरि धीरजु उठि बैठ भुआलू । कहु सुमंत्र कहँ रामु कृपालू ॥
कहाँ लखनु कहँ रामु सनेही । कहँ प्रिय पुत्रबधू बैदेही ॥

धीरज धरकर राजा उठ बैठे (और बोले) – हे सुमन्त्र ! कहो, दयालु राम कहाँ हैं ? लक्ष्मण कहाँ हैं ? प्यारे राम कहाँ हैं ? मेरी प्यारी बहू जानकी कहाँ है ? ॥१॥

Recovering himself, the king sat up and said, 'Tell me, Sumantra, where is my gracious Rama ? Where is Lakshmana and where my loving Rama ? Where is my beloved daughter-in-law, Janaki ?'

बिलपत राउ बिकल बहु भाँती । भई जुग सरिस सिराति न राती ॥
तापस अंध साप सुधि आई । कौसल्यहि सब कथा सुनाई ॥

राजा विकल होकर नाना भाँति विलाप कर रहे हैं । वह रात युग के समान लम्बी हो गयी, बीतती ही नहीं । तभी राजा को अंधे तपस्वी (श्रवण के पिता) के अभिशाप का स्मरण हो आया । उन्होंने सारी कथा कौसल्या को कह सुनायी ॥२॥

In many ways did the restless monarch wail in his sorrow; the night seemed as long as an age and would never end. He was reminded of the blind ascetic's curse,[1] and he related the whole story to Kausalya.

भएउ बिकल बरनत इतिहासा । राम रहित धिग जीवन आसा ॥
सो तनु राखि करब मैं काहा । जेहिं न प्रेमपनु मोर निबाहा ॥

उस घटना का वर्णन करते-करते राजा विकल हो गए (और कहने लगे कि) श्रीराम के बिना जीने की आशा को धिक्कार है । इस शरीर को रखकर मैं क्या करूँगा जिसने मेरे प्रेम के प्रण का निर्वाह नहीं किया ॥३॥

As he told the tale, he was deeply agitated. 'A curse on the hope of surviving without Rama !' he cried. 'What shall I gain by clinging to a body that has failed to keep my vow of love ?

हा रघुनंदन प्रानपिरीते । तुम्ह बिनु जिअत बहुत दित बीते ॥
हा जानकी लखन हा रघुबर । हा पितु हित चित चातक जलधर ॥

हा प्राणप्यारे रघुनन्दन ! तुम्हारे बिना मुझे जीवित रहते बहुत दिन बीत गए । हा जानकी, लक्ष्मण ! हा रघुबर ! हा पिता के चित्तरूपी चातक के हित करनेवाले मेघ ! – ॥४॥

Alas, Raghunandana, dear to me as life ! Too long have I lived without you! Ah, Janaki and Lakshmana! Ah, Raghubara, the raincloud of a father's cuckoo-like heart !' (Just as a raincloud gladdens the cuckoo, so did you gladden your fond father's heart.)

दो. –राम राम कहि राम कहि राम राम कहि राम ।
तनु परिहरि रघुबरबिरह राउ गयेउ सुरधाम ॥१५५॥

राम-राम कहकर, फिर राम कहकर, फिर राम-राम कहकर और फिर राम कहकर रघुवर के वियोग में राजा शरीर छोड़कर सुरलोक सिधारे ॥१५५॥

Crying, 'Rama, Rama !' and again 'Rama !' and yet again 'Rama, Rama !, and 'Rama !', the king cast off his body in his agony of separation from Raghubara and ascended to the abode of the gods.

---

1. Long ago Dasharath, while hunting near the river Sarayu, had shot a young hermit, Shravana, who had been filling his pitcher for the use of his blind and aged parents. In accordance with the boy's dying request, he carried the water to the hermitage and informed the bereaved couple of their son's sad fate. It was then that the curse was pronounced and he was told that he, too, should die of grief for the loss of a son.

चौ. –जिअन मरन फलु दसरथ पावा। अंड अनेक अमल जसु छावा॥
जिअत राम बिधु बदनु निहारा। रामबिरह करि मरनु सँवारा॥

जीने-मरने का फल तो दशरथजी ने ही पाया, जिनका निर्मल यश अनेक ब्रह्माण्डों में छा गया। जीते-जी तो उन्होंने श्रीरामचन्द्रजी के मुखचन्द्र को देखा और श्रीराम के विरह में प्राण त्यागकर अपना मरण भी सुधार लिया॥१॥

Thus Dasharath reaped his reward, both in life and in death, and his spotless fame spread through countless universes. Living, he gazed on Rama's face, fair as the moon, and dying for his loss, had a glorious death.

सोकबिकल सब रोवहिं रानी। रूपु सीलु बलु तेजु बखानी॥
करहिं बिलाप अनेक प्रकारा। परहिं भूमितल बारहिं बारा॥

सब रानियाँ शोक-विह्वल हो रही हैं। राजा के रूप, शील, बल और तेज का बखानकर वे तरह-तरह से विलाप कर रही हैं और बार-बार धरती पर गिर-गिर पड़ती हैं॥२॥

Stricken with grief, all the queens bewailed him, speaking of his beauty, his amiability, his might and majesty. They lamented in manifold ways, throwing themselves upon the ground again and again.

बिलपहिं बिकल दास अरु दासी। घर घर रुदनु करहिं पुरबासी॥
अँथएउ आजु भानुकुल भानू। धरम अवधि गुन रूप निधानू॥

व्याकुल दास-दासीजन विलाप कर रहे हैं और अयोध्यावासी घर-घर रो रहे हैं। वे कहते हैं कि आज धर्म की मर्यादा, गुण और रूप के आधार सूर्यवंश के सूर्य अस्त हो गए!॥३॥

Men-servants and maid-servants, too, wailed in anguish, and there was weeping in every house throughout the city. 'Today', they cried, 'has set the sun of the Solar line, the perfection of righteousness, the repository of beauty and virtue.'

गारी सकल कैकइहि देहीं। नयन बिहीन कीन्ह जग जेहीं॥
येहि बिधि बिलपत रइनि बिहानी। आए सकल महामुनि ग्यानी॥

सब कैकेयी को गालियाँ देते हैं, जिसने सारे संसार को नेत्र-विहीन कर दिया। इस प्रकार रोते-कलपते रात बीत गयी। (सवेरा होने पर) सब बड़े-बड़े ज्ञानी मुनि आये॥४॥

Everyone abused Kaikeyi, who had robbed the world of its eyes. Thus they wailed till the close of night, when all the great and enlightened sages arrived.

दो. –तब बसिष्ठ मुनि समय सम कहि अनेक इतिहास।
सोक नेवारेउ सबहि कर निज बिग्यान प्रकास॥१५६॥

तब वसिष्ठ मुनि ने समयानुकूल अनेक इतिहास कहकर अपने विज्ञान के प्रकाश से सबके शोक का निवारण किया॥१५६॥

Then Vasishtha the sage narrated various legends befitting the occasion and dispersed the gloom that hung over them all by the light of his own spiritual wisdom.

चौ. –तेल नाव भरि नृपतनु राखा। दूत बोलाइ बहुरि अस भाषा॥
धावहु बेगि भरत पहिं जाहू। नृपसुधि कतहुँ कहहु जनि काहू॥

(वसिष्ठजी ने) नाव में तेल भरवाकर राजा के शव को उसमें रखवा दिया। फिर दूतों को बुलाकर उनसे ऐसा कहा – जल्दी दौड़कर भरत के पास जाओ, पर राजा की मृत्यु का समाचार कहीं भी किसी से न कहना!॥१॥

The sage caused a boat to be filled with oil and had the king's body placed in it (to guard against decomposition); he then summoned messengers and spoke to them thus, 'Run with all speed and go to Bharata, but break not the news about the king's death to anyone anywhere.

एतनेइ कहेहु भरत सन जाई। गुर बोलाइ पठये दोउ भाई॥
सुनि मुनि आएसु धावन धाए। चले बेग बर बाजि लजाए॥

जाकर भरत से केवल इतना ही कहना कि दोनों भाइयों को गुरुजी ने बुलवा भेजा है। मुनि के आदेश को सुनकर धावन (दूत) दौड़ चले। वे अपने वेग से उत्तम घोड़ों को भी लज्जित करते थे॥२॥

When you reach Bharata, tell him only this much: "The *guru* has sent for you two brothers." On hearing the sage's bidding, the messengers rushed along with a speed that would put the noblest steeds to shame.

अनरथु अवध अरंभेउ जब तें। कुसगुन होहिं भरत कहुँ तब तें॥
देखहिं राति भयानक सपना। जागि करहिं कटु कोटि कलपना॥

जबसे अयोध्या में अनर्थों का होना आरम्भ हुआ, तभी से भरतजी को अपशकुन होने लगे थे। रात को वे भयंकर स्वप्न देखते थे और जागने पर करोड़ों तरह की बुरी-बुरी कल्पनाएँ किया करते थे॥३॥

Ever since these troubles had begun at Ayodhya, Bharata was visited by evil omens; he had been dreaming fearful dreams at night and on waking had been a prey to all sorts of evil speculations.

बिप्र जेंवाइ देहिं दिन दाना। सिव अभिषेक करहिं बिधि नाना॥
मागहिं हृदय महेस मनाई। कुसल मातु पितु परिजन भाई॥

(अनिष्ट-शान्ति के लिए) वे नित्य ब्राह्मणों को भोजन कराकर दान देते थे और कई तरह की विधियों से रुद्राभिषेक करते थे। हृदय में महेश को मनाकर उनसे माता-पिता, कुटुम्बी और भाइयों के कुशलक्षेम के लिए प्रार्थना करते थे॥४॥

Every day he would feast Brahmans and bestow gifts on them. With elaborate lustral rites he would sprinkle water over an image of Shiva and invoking the great Lord in his heart, would implore him for the welfare of his parents, his family and his brothers.

दो. –एहि बिधि सोचत भरत मन धावन पहुँचे आइ ।
गुर अनुसासन श्रवन सुनि चले गनेसु मनाइ ॥१५७॥

इस प्रकार भरतजी अपने मन में सोच-विचार कर ही रहे थे कि दूत आ पहुँचे । गुरुजी की आज्ञा कानों से सुनते ही वे गणेशजी को मनाकर वहाँ से चल पड़े ॥१५७॥

Such were Bharata's forebodings when the heralds arrived. As soon as he heard the *guru*'s commands he set out with an invocation to Ganesha.

चौ. –चले समीरबेग हय हाँके । नाघत सरित सैल बन बाँके ॥
हृदय सोचु बड़ कछु न सोहाई । अस जानहिं जियँ जाउँ उड़ाई ॥

हवा की तरह तेज चलनेवाले घोड़ों को हाँकते हुए वे नदी, पहाड़ तथा विकट जंगलों को लाँघते हुए चले । उनके हृदय में भारी सोच भरा था और कुछ सुहाता न था । अपने मन में ऐसा विचार करते थे कि उड़कर पहुँच जाऊँ ॥१॥

Urging the horses to run with the speed of the wind, he went on his journey, crossing difficult streams and hills and impenetrable forests. So great was the anxiety in his heart that nothing would please him; he was only thinking 'Would that I could fly home !'

एक निमेष बरष सम जाई । येहि बिधि भरत नगरु निअराई ॥
असगुन होहिं नगर पैठारा । रटहिं कुभाँति कुखेत करारा ॥

उनके लिए एक-एक निमेष एक वर्ष की तरह बीत रहा था । इस तरह (सोचते-विचारते) भरतजी नगर के निकट आ पहुँचे । नगर में प्रवेश करते समय अपशकुन होने लगे । कौए बुरी जगहों में बैठकर बुरी तरह से काँव-काँव कर रहे हैं ॥२॥

Every moment hung heavy like a year. In this state Bharata drew near to the city, and evil omens occurred to him as he entered it; crows, perched in uncanny places, cawed dissonantly.

खर सिआर बोलहिं प्रतिकूला । सुनि सुनि होइ भरतमन सूला ॥
श्रीहत सर सरिता बन बागा । नगरु बिसेषि भयावनु लागा ॥

गधे और सियार अपशकुन-सूचक बोली बोल रहे हैं, जिसे सुन-सुनकर भरत के मन में बड़ी पीड़ा हो रही है । तालाब, नदी, वन, बगीचे – सब शोभाहीन हो गए हैं । नगर विशेष रूप से भयानक लग रहा है ॥३॥

Asses and jackals uttered presages of ill, which pierced Bharata to the heart as he listened. Lakes and rivers, groves and gardens seemed forlorn, and the city wore a particularly dismal look.

खग मृग हय गय जाहिं न जोएँ । रामबियोग कुरोग बिगोएँ ॥
नगर नारि नर निपट दुखारी । मनहुँ सबन्हि सब संपति हारी ॥

श्रीरामजी के वियोगरूपी कुरोग से सताये हुए[1] पक्षी-पशु, घोड़े-हाथी देखे नहीं जाते । नगर के स्त्री-पुरुष अत्यन्त दुःखी हैं, मानो सब अपनी-अपनी सारी सम्पत्ति हार बैठे हों ॥४॥

Birds and beasts, horses and elephants were too wretched to look at, undone by the fell disease of separation from Rama. The citizens were in despair, as though they had lost everything they had in their possession.

दो. –पुरजन मिलहिं न कहहिं कछु गवहिं जोहारहिं जाहिं ।
भरत कुसल पूँछि न सकहिं भय बिषादु मन माहिं ॥१५८॥

अयोध्यावासी (परस्पर) मिलते तो हैं, पर कुछ कहते नहीं; चुपके-से जोहार (प्रणाम) करके चले जाते हैं । भरतजी भी किसी से कुशल नहीं पूछ सकते, क्योंकि उनका मन भय और विषाद से भरा है ॥१५८॥

The citizens met him, but spoke not a word; they made obeisance to him in silence and passed on; nor could Bharata enquire after their welfare, his mind being obsessed with fear and grief.

चौ. –हाट बाट नहि जाइ निहारी । जनु पुर दहँ दिसि लागि दवारी ॥
आवत सुत सुनि कैकयनंदिनि । हरषी रबिकुल जलरुह चंदिनि ॥

बाजार और रास्ते देखे नहीं जाते, मानो नगर की दसों दिशाओं में दावाग्नि लगी है । सूर्यकुलरूपी कमल के लिए चाँदनी-सरीखी कैकेयी अपने पुत्र (भरत) को आते सुनकर बड़ी प्रसन्न हुई ॥१॥

The market places and the streets repelled the sight, as though a wild fire had swept through every quarter of the city. Kaikeyi, who was to the Solar race what the moon is to the lotuses, rejoiced to hear of her son's approach.

सजि आरती मुदित उठि धाई । द्वारेंहि भेंटि भवन लेइ आई ॥
भरत दुखित परिवारु निहारा । मानहुँ तुहिन बनज बनु मारा ॥

आरती सजाकर बड़े हर्ष से वह उठ दौड़ी और दरवाजे पर ही मिलकर (भरत को महल) में ले आयी । भरत ने अपने दुःखी परिवार को देखा, (उन्हें लगा) मानो कमलों के वन को पाला मार गया हो, ॥२॥

She prepared the lustral lamps and sprang up gladly

१. बिगोना=बिगाड़ना, नष्ट करना या गँवाना ।

and ran and met him at the door and conducted him into her apartments. Bharata saw that while the whole household was woe-begone, like a lotus-bed blasted by the frost,

कैकेई हरषित एहि भाँती । मनहुँ मुदित दव लाइ किराती ॥
सुतहि ससोच देखि मनु मारें । पूँछति नैहर कुसल हमारें ॥

लेकिन कैकेयी इस तरह प्रसन्न दीखती है मानो कोई भीलनी जंगल में आग लगाकर प्रसन्न हो रही हो । पुत्र को सोचवश और मनमारे (उदास) देखकर वह पूछने लगी – हमारे नैहर में लोग सकुशल तो हैं ? ॥३॥

—Kaikeyi was as jubilant as a Bhil woman who had set a whole forest ablaze. Seeing her son melancholy and depressed, she asked, 'Is all well at my mother's house ?'

सकल कुसल कहि भरत सुनाई । पूँछी निज कुल कुसल भलाई ॥
कहु कहँ तात कहाँ सब माता । कहँ सिय रामु लखन प्रिय भ्राता ॥

भरतजी ने सारा कुशल-समाचार कह सुनाया । फिर उन्होंने अपने कुल की कुशल-भलाई पूछी । (उन्होंने कहा –) कहो, पिताजी कहाँ हैं ? सब माताएँ कहाँ हैं ? सीताजी और मेरे प्यारे भाई राम-लक्ष्मण कहाँ हैं ? ॥४॥

'All is well,' replied Bharata, and then asked how his own family fared: 'Tell me, where is my father and where are the other queens ? Where is Sita and where my dear brothers, Rama and Lakshmana ?'

दो．－सुनि सुतबचन सनेहमय कपटनीर भरि नैन ।
भरत श्रवन मन सूल सम पापिनि बोली बैन ॥१५९॥

पुत्र के स्नेहभरे वचन सुनकर और आँखों में कपट के आँसू भरकर पापिनी कैकेयी भरत के कानों और मन में शूल के समान चुभनेवाले वचन बोली – ॥१५९॥

On hearing her son's affectionate words, the wicked woman brought crocodile tears to her eyes and spoke words that pierced Bharata's ears and soul like a spear:

चौ．－तात बात मैं सकल सँवारी । भइ मंथरा सहाय बिचारी ॥
कछुक काज बिधि बीच बिगारेउ । भूपति सुरपतिपुर पगु धारेउ ॥

हे तात ! मैंने सारी बातें बना ली थीं । (इसमें) बेचारी मन्थरा सहायक हुई; पर विधाता ने बीच में कुछ काम बिगाड़ दिया, (वह यह कि) राजा इन्द्रलोक को सिधार गए ॥१॥

'I had, my son, arranged everything to perfection, and poor Manthara had been of great help to me, but God somehow upset my plans a little before they could be completed; for the king has gone to Indra's realm.'

सुनत भरतु भये बिबस बिषादा । जनु सहमेउ करि केहरिनादा ॥
तात तात हा तात पुकारी । परे भूमितल ब्याकुल भारी ॥

यह सुनते ही भरत विषाद के मारे विवश (बेहाल) हो गए, मानो सिंह की दहाड़ को सुनकर हाथी सहम उठा हो । वे 'तात ! तात ! हा तात !' पुकार-पुकारकर अत्यन्त व्याकुल हो पृथ्वी पर गिर पड़े ॥२॥

As soon as he heard this, Bharata was overwhelmed with grief, trembling like an elephant who is terrified at the roar of a lion. Crying, 'Father! Father ! Ah, my father !' he fell to the ground in grievous affliction, and said:

चलत न देखन पाएउँ तोही । तात न रामहि सौंपेहु मोही ॥
बहुरि धीर धरि उठे सँभारी । कहु पितुमरन हेतु महतारी ॥

(और बिलखते हुए कहने लगे कि) हे तात ! मैं आपको (स्वर्ग के लिए) चलते समय देख भी न सका (अन्तिम दर्शन मेरे भाग्य में न था) । (हाय !) आप मुझे श्रीरामजी को सौंप भी नहीं गए । फिर धीरज धरकर वे सँभलकर उठ बैठे और कहने लगे कि हे माँ ! पिताजी की मृत्यु का कारण तो बताओ ! ॥३॥

'I could not see you before you left, nor did you, my father, entrust me to the care of Rama.' Then, collecting himself, he got up with some effort and said, 'Tell me, mother, the cause of my father's death.'

सुनि सुतबचन कहति कैकेई । मरमु पाँछि जनु माहुर देई ॥
आदिहु तें सब आपनि करनी । कुटिल कठोर मुदित मन बरनी ॥

पुत्र के वचन सुनकर कैकेयी कहने लगी, मानो मर्म-स्थान को पाछकर (चाकू से चीरकर) उसमें विष भर रही हो । कुटिल और कठोरहृदय कैकेयी अपनी सब करनी शुरू से (अंत तक बड़े) प्रसन्न मन से सुना गई ॥४॥

On hearing her son's words, Kaikeyi replied as one who had cut a vital part and poured poison into the wound. With a glad heart the cruel, wicked woman recounted from the beginning all that she had done.

दो．－भरतहि बिसरेउ पितुमरन सुनत राम बन गौनु ।
हेतु अपनपउ जानि जिय थकित रहे धरि मौनु ॥१६०॥

श्रीरामचन्द्रजी के वन जाने की बात सुनकर भरतजी को पिता का मरण बिसर गया और जी में इस सारे अनर्थ का कारण अपने को ही जानकर मौन धारण करते हुए वे स्तम्भित रह गए ॥१६०॥

When he heard of Rama's exile to the forest, Bharata forgot his father's death; and realizing in his heart that he was at the root of it, he was silent and stupefied.

चौ. –बिकल बिलोकि सुतहि समुझावति । मनहुँ जरे पर लोनु लगावति ॥
तात राउ नहि सोचइ जोगू । बिढ़इ सुकृत जसु कीन्हेउ भोगू ॥

पुत्र को क्षुब्ध देखकर कैकेयी उसे समझाने लगी, मानो वह जले पर नमक लगा रही हो । (वह बोली –) हे तात ! राजा सोच करने योग्य नहीं हैं । उन्होंने पुण्य और यश कमाकर पर्याप्त सुख-भोग किया ॥१॥

Observing her son's distress, she comforted him like one who applies salt to a burn: 'You should not, my son, grieve for your father, for he not only reaped a rich harvest of merit and renown but also led a life crowned with happiness.

जीवत सकल जनमफल पाए । अंत अमरपतिसदन सिधाए ॥
अस अनुमानि सोचु परिहरहू । सहित समाज राज पुर करहू ॥

अपने जीते-जी उन्होंने जन्म लेने के सभी फल पा लिये और अन्त में वे इन्द्रलोक को चले गए । ऐसा अनुमानकर सोच त्याग दो और समाजसहित नगर पर शासन करो ॥२॥

During his life-time he obtained all the rewards of human existence and in the end ascended to the abode of Indra (the lord of heaven). Reflect on this and cease sorrowing; now assume the sovereignty of the realm with royal circumstance.'

सुनि सुठि सहमेउ राजकुमारू । पाकें छत जनु लाग अँगारू ॥
धीरजु धरि भरि लेहिं उसासा । पापिनि सबहि भाँति कुल नासा ॥

राजकुमार (भरतजी) यह सुनकर एकदम सहम गए, मानो पके घाव से अंगारा छू गया हो । धीरज धरकर बड़ी लंबी साँस लेते हुए उन्होंने कहा – अरी पापिन ! तूने सभी तरह कुल का नाश कर दिया ! ॥३॥

The prince shrank back at her words, as though a live coal had touched a festering sore. Then he composed himself and heaved a deep sigh and said, 'Wicked woman, you have brought complete ruin to our house !

जौं पै कुरुचि रही अति तोही । जनमत काहे न मारे मोही ॥
पेड़ु काटि तैं पालउ सींचा । मीन जिअन निति बारि उलीचा ॥

हाय ! यदि तेरी ऐसी ही अत्यन्त बुरी रुचि थी तो तूने मुझे जन्म लेते ही क्यों न मार डाला ? तूने पेड़ काटकर उसके पत्ते को सींचा और मछली के जीने के लिए तूने जल उलीच फेंका ॥४॥

If you bore such deep malice, why did you not kill me at my birth ? You cut down a tree and water the leaves and drain off the water to keep the fish alive !

दो. –हंसबंसु दसरथु जनकु राम लखन से भाइ ।
जननी तूँ जननी भई बिधि सन कछु न बसाइ ॥१६१॥

(देख, मैं कैसा भाग्यवान् था कि) मुझे सूर्यवंश (सा वंश), दशरथजी (जैसे) पिता और राम-लक्ष्मण-सरीखे भाई मिले । पर हे जननी ! मुझे जन्म देनेवाली माता तू हुई ! (सच !) विधाता के सामने अपना कुछ भी वश नहीं चलता ॥१६१॥

Though born of the Solar race, with Dasharath for my father and Rama and Lakshmana for my brothers, I have had *you*, mother, for a mother! But it is useless striving against fate.

चौ. –जब तें कुमति कुमत जियँ ठयेऊ । खंड खंड होइ हृदय न गयेऊ ॥
बर मागत मन भइ नहि पीरा । गरि न जीह मुह परेउ न कीरा ॥

अरी कुमति ! जिस समय तूने मन में यह बुरा विचार ठाना, उसी समय तेरा हृदय खंड-खंड (क्यों) न हो गया ? वर माँगते समय तेरे मन में पीड़ा नहीं हुई ? तेरी जीभ गल नहीं गयी ? तेरे मुँह में कीड़े नहीं पड़ गए ? ॥१॥

When you, O malicious woman, plotted this vile scheme in your mind, did not your heart break into pieces ? When you asked the boons, did you not feel the stings of conscience? Did your tongue not fall off or your mouth breed worms ?

भूप प्रतीति तोरि किमि कीन्ही । मरनकाल बिधि मति हरि लीन्ही ॥
बिधिहुँ न नारिहृदय गति जानी । सकल कपट अघ अवगुन खानी ॥

महाराज (पिताजी) ने तेरा विश्वास कैसे कर लिया ? ऐसा प्रतीत होता है कि मरते समय प्रारब्ध ने उनकी बुद्धि हर ली थी । स्त्रियों के हृदय की गति ब्रह्मा भी न जान सके । उनके हृदय की गहराइयों में सारे कपट, पाप और अवगुण गड़े होते हैं ॥२॥

How could the king trust you ? Surely God must have robbed him of his senses in his last hour ! Not even God can fathom the ways of a woman's heart, the repository of all deceit, sin and vice !

सरल सुसील धरमरत राऊ । सो किमि जानइँ तीयसुभाऊ ॥
अस को जीव जंतु जग माहीं । जेहि रघुनाथ प्रानप्रिय नाहीं ॥

राजा तो सीधे-सादे, सुशील और धर्मपरायण थे । वे भला त्रिया-चरित्र को कैसे जानते ? अरे, विश्व के जीव-जन्तुओं में ऐसा कौन है जिसे श्रीरघुनाथजी प्राणों के समान प्रिय नहीं हैं ? ॥३॥

Being simple, amiable and pious, how could the king understand the nature of a woman ? What living creature is there in the world to whom Raghunatha is not dear as its own life ?

भे अति अहित रामु तेउ तोही । को तूँ अहसि सत्य कहु मोही ॥
जो हसि सो हसि मुहँ मसि लाई । आँखि ओट उठि बैठहि जाई ॥

वे श्रीरामजी भी तुझे वैरी जान पड़े ! तू कौन है ? मुझे सच-सच कह (स्त्री-रूप में राक्षसी तो नहीं है) ! तू जो है, सो है; अब मुँह में स्याही पोतकर उठ और मेरी आँखों की ओट में जा बैठ ! ॥४॥

Yet even that Rama appeared to you as a deadly enemy ! What are you ? Tell me the truth. (Are you not an ogress disguised as a woman ?) Well, what you are, you are ! Up, then, with your face blackened with ink and get out of my sight !

दो. –रामबिरोधी हृदय तें प्रगट कीन्ह बिधि मोहि ।
मो समान को पातकी बादि कहउँ कछु तोहि ॥१६२॥

विधाता ने मुझे श्रीराम से शत्रुता करनेवाले तेरे हृदय से उत्पन्न किया, इसलिए मेरे समान पापी और कौन है ! मैं व्यर्थ ही तुझे कुछ कहता हूँ ॥१६२॥

God has created me out of a womb hostile to Rama; then who so sinful a wretch as I ? But it is useless for me to say anything to you !'

चौ. –सुनि सत्रुघुन मातुकुटिलाई । जरहिं गात रिस कछु न बसाई ॥
तेहि अवसर कुबरी तहँ आई । बसन बिभूषन बिबिध बनाई ॥

माता की कुटिलता सुनकर शत्रुघ्नजी के अंग-अंग क्रोध से जल रहे हैं, पर कुछ वश नहीं चलता । उसी समय भाँति-भाँति के कपड़ों और गहनों से सजी-लदी कुबरी (मन्थरा) वहाँ आ पहुँची ॥१॥

When Shatrughna heard of his mother's wickedness, he burned all over with rage, but could do nothing. Just at that moment the hunchback (Manthara) appeared, clad in a variety of rich costumes and adorned with many jewels.

लखि रिस भरेउ लखन लघु भाई । बरत अनल घृत आहुति पाई ॥
हुमगि लात तकि कूबर मारा । परि मुह भर महि करत पुकारा ॥

उसे (सजी-धजी) देखकर लक्ष्मण के छोटे भाई (शत्रुघ्नजी) आगबबूला हो गए मानो जलती हुई आग ने घी की आहुति पा ली हो । उन्होंने हुमककर और ताक लगाकर कूबड़ पर एक लात जमा दी । वह चिल्लाती हुई मुँह के बल पृथ्वी पर गिर पड़ी ॥२॥

The very sight of that woman (so richly dressed up) filled Lakshmana's younger brother with anger, as though an offering of melted butter had been poured on to a blazing fire. He sprang forward and kicked her with such a steady aim at the hump that she fell flat on her face with a shriek.

कूबर टूटेउ फूट कपारू । दलित दसन मुख रुधिरप्रचारू ॥
आह दइअ मैं काह नसावा । करत नीक फलु अनइस पावा ॥

उसका कूबड़ टूट गया, सिर फूट गया, दाँत टूट गए और मुँह से खून बह निकला । (वह कराहती हुई बोली –) हाय दैव ! मैंने क्या बिगाड़ा, जो मुझे नेकी के बदले अनैस (अनिष्ट) मिला ? ॥३॥

Her hump was smashed, and her skull fractured, her teeth were broken and blood streamed from her mouth. 'Ah ! my God !' she cried. 'What harm have I done? Surely this is an ill recompense for all my services !'

सुनि रिपुहन लखि नख सिख खोटी । लगे घसीटन धरि धरि झोटी ॥
भरत दयानिधि दीन्ह छड़ाई । कौसल्या पहिं गे दोउ भाई ॥

यह सुनकर और उसे नख से चोटी तक दुष्टा जानकर शत्रुघ्नजी झोंटा पकड़-पकड़कर उसे घसीटने लगे । तब दयासागर भरतजी ने उसको छुड़ा दिया और तब दोनों भाई कौसल्याजी के पास गये ॥४॥

Hearing this and deeming her wicked from head to foot, Shatrughna seized her topknot and began to drag her about till the merciful Bharata rescued her. The two brothers then called on Kausalya.

दो. –मलिन बसन बिबरन बिकल कृस सरीरु दुखभारु ।
कनक कलप बर बेलि बन मानहु हनी तुसारु ॥१६३॥

कौसल्याजी के वस्त्र मैले हैं, चेहरे का रंग फीका (द्युतिहीन) है, वे व्याकुल हो रही हैं और दुःख के बोझ से उनका शरीर सूख गया है । वे ऐसी (हतप्रभ) दीख रही हैं मानो सोने की सुन्दर कल्पलता को वन में पाला मार गया हो ॥१६३॥

Dressed in sordid clothes, pale, agitated and oppressed with grief and with a wasted frame, she looked (nonplussed) like some fair celestial creeper of gold in the forest, smitten by the frost.

चौ. –भरतहि देखि मातु उठि धाई । मुरुछित अवनि परी झइँ आई ॥
देखत भरतु बिकल भये भारी । परे चरन तनदसा बिसारी ॥

भरत को देखते ही माता (कौसल्याजी) उठ दौड़ीं, किन्तु चक्कर आ जाने से मूर्च्छित हो पृथ्वी पर गिर पड़ीं । यह देखते ही भरतजी अत्यन्त विकल हो गए और शरीर की सुध-बुध खोकर चरणों में आ गिरे ॥१॥

When Kausalya saw Bharata, she sprang up and ran to him, but her head swam round and she dropped unconscious on the ground. Bharata was grievously distressed at the sight and forgetting his own condition, threw himself at her feet.

मातु तातु कहँ देहि देखाई । कहँ सिय रामु लखनु दोउ भाई ॥
कैकइ कत जनमी जग माँझा । जौं जनमि त भइ काहे न बाँझा ॥

(उन्होंने पूछा –) माँ, पिताजी कहाँ हैं ? उन्हें दिखा दो । सीताजी तथा मेरे दोनों भाई श्रीराम-लक्ष्मण कहाँ हैं ? जगत् के बीच कैकेयी जनमी ही क्यों और यदि जनमी ही तो फिर बाँझ क्यों न हुई – ॥२॥

'Mother,' he said, 'where is my father ? Where is Sita, and where my two brothers, Rama and Lakshmana ? Why was Kaikeyi born into this world at all, or, if born, why was she not barren,

कुलकलंकु जेहि जनमेउ मोही । अपजसभाजन प्रिय जन द्रोही ॥
को तिभुअन मोहि सरिस अभागी । गति असि तोरि मातु जेहि लागी ॥

जिसने मुझ-जैसे उस कुलकलंक को जन्म दिया, जो अपयश का पात्र और प्रियजनों का द्रोही है ? तीनों लोकों में मेरे समान अभागा कौन है, जिसके कारण, हे माता ! तेरी यह दशा हुई ? ॥३॥

— instead of bearing me, a blot on my family, a vessel of infamy, the enemy of all I love ? Who in the three spheres is so wretched as I, on whose account, mother, you have been brought to this plight ?

पितु सुरपुर बन रघुबर केतू । मैं केवल सब अनरथ हेतू ॥
धिग मोहि भयेउँ बेनुबन आगी । दुसह दाह दुख दूषन भागी ॥

पिताजी स्वर्ग में हैं और श्रीरामजी वन में[१] । केतु के समान केवल मैं इन सब अनर्थों का कारण हुआ ! मुझे धिक्कार है ! मैं बाँस के वन में आग हुआ और असह्य दाह, दुःख और दोषों का भागी बना ॥४॥

My father is in heaven and Rama in the woods, and I alone, like an evil star, the cause of all this calamity ! A curse upon me ! I am like a fire in the bamboo grove, a sharer in intolerable torment and anguish and a partner in crime !'

दो. –मातु भरत के बचन मृदु सुनि पुनि उठी सँभारि ।
लिये उठाइ लगाइ उर लोचन मोचति बारि ॥१६४॥

भरतजी के मधुर वचन सुनकर माता (कौसल्याजी) फिर सँभलकर उठीं । उन्होंने भरत को उठाकर हृदय से लगा लिया और आँखों से आँसू बहाने लगीं ॥१६४॥

On hearing Bharata's tender words, Kausalya recovered herself and arose; she lifted Bharata up and clasped him to her bosom, while her eyes shed floods of tears.

चौ. –सरल सुभाय माय हिय लाये । अति हित मनहुँ राम फिरि आये ॥
भेंटेउ बहुरि लखन लघु भाई । सोकु सनेहु न हृदय समाई ॥

सरल स्वभाववाली माता ने अत्यन्त स्नेहपूर्वक भरतजी को छाती से लगा लिया, मानो श्रीरामजी ही लौटकर आ गए हों । फिर लक्ष्मणजी के छोटे भाई शत्रुघ्न को हृदय से लगाया । उनका शोक और स्नेह हृदय में नहीं समाता ॥१॥

Simple-hearted and kind, Kausalya pressed Bharata to her bosom as lovingly as though Rama himself had come back. She then embraced Lakshmana's younger brother (Shatrughna), while her heart overflowed with sorrow and affection.

देखि सुभाउ कहत सबु कोई । राममातु अस काहे न होई ॥
माता भरतु गोद बैठारे । आँसु पौंछि मृदु बचन उचारे ॥

कौसल्याजी के स्वभाव को देखकर सब कोई कहता है – श्रीराम की माता ऐसी क्यों न हों ! माता ने भरतजी को गोद में बिठा लिया और वे उनके आँसू पोंछकर मधुर वचन बोलीं – ॥२॥

Everyone who witnessed her kindness said, 'Rama's mother that she is, no wonder she should be so loving.' Seating Bharata in her lap, the mother wiped away his tears and said soothingly,

अजहुँ बच्छ बलि धीरजु धरहू । कुसमउ समुझि सोक परिहरहू ॥
जनि मानहु हियँ हानि गलानी । काल करम गति अघटित जानी ॥

हे वत्स ! मैं बलैया लेती हूँ । अब भी धीरज धरो ! बुरा समय आया जानकर शोक का त्याग कर दो । काल और कर्म की गति को अमिट जानकर हृदय में हानि और ग्लानि को स्थान न दो ॥३॥

'I adjure you, my child, to compose yourself even now; knowing this to be an unpropitious time, sorrow no more. You know the course of destiny and fate to be unalterable; think no more then of your loss and vexation !

काहुहि दोसु देहु जनि ताता । भा मोहि सब बिधि बाम बिधाता ॥
जो एतेहुँ दुख मोहि जिआवा । अजहुँ को जानै का तेहि भावा ॥

हे तात ! किसी को दोष मत दो । विधाता सब प्रकार से मेरे प्रतिकूल हो गया है, जो इतने दुःख में भी मुझे जिला रहा है । अब भी कौन जानता है कि उसे क्या मंजूर है ! ॥४॥

Blame no one, my son, for it is God who has set his face against me in every way and will not let me die even in the midst of so much sorrow; who knows what may be his pleasure with me now ?

दो. –पितु आयेसु भूषन बसन तात तजे रघुबीर ।
बिसमउ हरषु न हृदयँ कछु पहिरे बलकलचीर ॥१६५॥

हे तात ! पिता के आदेश से श्रीरघुवीर ने भूषण-वस्त्र त्याग दिये और वल्कल-वस्त्र पहन लिये । उनके हृदय में कुछ भी हर्ष-विषाद न हुआ ॥१६५॥

At his father's command, dear son, Raghubira discarded his ornaments and his princely dress and put on the hermit's garb (of the bark of trees) without either sorrow or exultation.

१. अथवा, रघुकुलकेतु (श्रीरामचन्द्र) वन में ।

चौ. –मुख प्रसन्न मन रंगु न रोषू। सब कर सब बिधि करि परितोषू॥
चले बिपिन सुनि सिय सँग लागी। रहइ न रामचरन अनुरागी॥

उनका मुख प्रसन्न था; मन में न तो (किसी के प्रति) आसक्ति थी और न क्रोध; सबको सब तरह से संतुष्ट कर वे वन को चले गए। यह सुनकर सीता भी उनके साथ लग गयीं। श्रीराम के चरणों में अनुरक्त वे किसी तरह न रहीं॥१॥

With a cheerful countenance, and without either joy or anger, he comforted all in every way and set out for the forest. When she heard of it, Sita followed him and would not stay behind, so profound was her devotion to Rama's feet.

सुनतहिं लखनु चले उठि साथा। रहहिं न जतन किये रघुनाथा॥
तब रघुपति सबही सिरु नाई। चले संग सिय अरु लघु भाई॥

सुनते ही लक्ष्मण भी उठकर साथ चल दिए। श्रीरघुनाथ के बहुत यत्न करने पर भी वे न रुके। तब श्रीरघुनाथजी सबको सिर नवाकर सीता और छोटे भाई को साथ लेकर चले गए॥२॥

Lakshmana also, when he heard the news, rose up and accompanied them; he would not be left behind even though Raghunatha tried his best to dissuade him. Then Raghunatha bowed his head to all and set forth with Sita and his younger brother (Lakshmana).

रामु लखनु सिय बनहि सिधाए। गइउँ न संग न प्रान पठाए॥
एहु सबु भा इन्ह आँखिन्ह आगें। तउ न तजा तनु जीव अभागें॥

श्रीराम, लक्ष्मण और सीता वन को प्रस्थान कर गए। न तो मैं साथ गयी और न मैंने अपने प्राण ही उनके साथ लगा दिए। यह सब इन्हीं आँखों के सामने हुआ, फिर भी अभागे जीव ने शरीर नहीं त्यागा॥३॥

Thus Rama, Lakshmana and Sita left for the woods, whereas I neither accompanied them nor sent my spirit after them. All this took place before my eyes, and yet—luckless that I am—my soul did not desert my body.

मोहि न लाज निज नेहु निहारी। राम सरिस सुत मैं महतारी॥
जिअइ मरइ भल भूपति जाना। मोर हृदय सत कुलिस समाना॥

अपने प्रेम की ओर देखकर मुझे लज्जा भी नहीं आती[१] कि कहाँ तो राम-सरीखा पुत्र और कहाँ मुझ-जैसी माता! (कहाँ तो माता-पिता के प्रति राम का प्रेम और कहाँ राम के प्रति मेरा प्रेम!) जीना और मरना तो राजा ने ही अच्छी तरह जाना। मेरा हृदय तो सैकड़ों वज्रों के समान कठोर है!॥४॥

I am not ashamed of my love (as the king was, who refused to live bereft of Rama) that such a (devoted, self-abnegating) son as Rama should have a mother like me! (It is shameful that though I, his mother, claim to love Rama, I still cleave to life and continue to survive his exile to the woods.) The king knew well how to live and how to die, whereas my heart is as hard as a hundred thunderbolts.'

दो. –कौसल्या के बचन सुनि भरत सहित रनिवासु।
ब्याकुल बिलपत राजगृहु मानहु सोकनिवासु॥१६६॥

कौसल्याजी के वचन सुनकर भरत के साथ सारा रनिवास शोकाकुल होकर विलाप करने लगा। राजमहल मानो साक्षात् शोक का निवास बन गया॥१६६॥

When they heard Kausalya's words, Bharata and the whole gynaeceum wailed in distress; the king's palace seemed like the very abode of sorrow.

चौ. –बिलपहिं बिकल भरत दोउ भाई। कौसल्या लिए हृदयँ लगाई॥
भाँति अनेक भरतु समुझाये। कहि बिबेकमय बचन सुनाये॥

भरत, शुत्रुघ्न दोनों भाई व्याकुल होकर विलाप करने लगे। तब कौसल्याजी ने उन्हें छाती से लगा लिया। नाना प्रकार से भरतजी को समझाया और (उनकी सांत्वना के लिए) विवेकभरी बातें उन्हें कहकर सुनायीं॥१॥

Much agitated, the two brothers, Bharata and Shatrughna, wept unrestrainedly; Kausalya clasped them to her heart and comforted Bharata in every way with words of prudent wisdom.

भरतहुँ मातु सकल समुझाईं। कहि पुरान श्रुति कथा सुहाईं॥
छल बिहीन सुचि सरल सुबानी। बोले भरत जोरि जुग पानी॥

भरतजी ने भी सभी माताओं को पुराण और वेदों की सुहावनी कथाएँ कहकर समझाया-बुझाया। छलरहित, पवित्र और सीधी सुन्दर वाणी में उन्होंने दोनों हाथ जोड़कर कहा—॥२॥

Bharata, too, consoled all the queen-mothers with delightful legends from the Puranas and the Vedas, and with folded hands he addressed them in these guileless, innocent and straightforward words:

जे अघ मातु पिता सुत मारें। गाइगोठ महिसुरपुर जारें॥
जे अघ तिय बालक बध कीन्हे। मीत महीपति माहुर दीन्हे॥

जो पाप माता-पिता और पुत्र के मारने से तथा जो गौशाला और ब्राह्मणों के नगर जलाने से होते हैं; जो पाप स्त्री और बालक की हत्या करने से और जो मित्र और राजा को विष देने से होते हैं—॥३॥

---

१. लज्जा महाराज को थी जिन्होंने राम-विरह में प्राण त्याग दिए। लक्ष्मण और सीता के प्रेम को देखकर मुझे भी साथ हो लेना था। लेकिन न तो साथ गई और न प्राण ही दिए, जैसे राजा ने किया। दोनों में मेरे प्रेम की प्रशंसा थी, सो एक भी न किया। राम से विमुख होकर अभागे ही जीते हैं। राम से बिछुड़कर जीने में मुझे लज्जा होनी चाहिए।

'The crime of slaying father, mother or son, of burning cowsheds or a city of Brahmans, the crime of murdering wife or child, of poisoning a friend or a king;

जे पातक उपपातक अहहीं। करम बचन मन भव कबि कहहीं॥
ते पातक मोहि होहुँ बिधाता। जौं एहु होइ मोर मत माता॥

कर्म, वचन और मन से होनेवाले जितने भी बड़े-छोटे पाप हैं, जिन्हें कवियों ने कहा है, हे विधाता! यदि इस काम में मेरी सम्मति हो, तो हे माता! वे सब पाप मुझे लगें॥४॥

— every transgression, great or small, of thought, word and deed, as enumerated by the poets—may these sins be mine, O God, if, mother, I consented to this plot!

दो. –जे परिहरि हरि हर चरन भजहिं भूतगन घोर।
तिन्ह कइ गति मोहि देउ बिधि जौं जननी मत मोर॥१६७॥

जो श्रीहरि और श्रीशंकरजी के चरणों को छोड़कर डरावने भूत-प्रेतों को भजते-पूजते हैं, हे माता! यदि इसमें मेरा मत हो तो विधाता मुझे उनकी गति दे॥१६७॥

May God award me the lot of those who forsake the feet of Hari and Shankara and worship the frightful spirits of the dead, if, mother, I consented to this plot!

चौ. –बेचहिं बेदु धरमु दुहि लेहीं। पिसुन पराय पाप कहि देहीं॥
कपटी कुटिल कलहप्रिय क्रोधी। बेदबिदूषक बिस्वबिरोधी॥

जो वेदों को बेचते और धर्म को दुह लेते हैं, चुगलखोर हैं, पराये पापों को कह डालते हैं, जो कपटी, कुटिल, झगड़ालू और क्रोधी हैं तथा जो वेदों की निन्दा या परिहास करनेवाले और सारे विश्व के शत्रु हैं,॥१॥

If, mother, all this has my approval, let me share the awful lot of those who sell the Vedas and traffic in piety, backbiters and informers, who are deceitful, wicked, quarrelsome and irascible, who revile the Vedas and are hostile to the world,

लोभी लंपट लोलुपचारा। जे ताकहिं परधनु परदारा॥
पावउँ मैं तिन्ह कै गति घोरा। जौं जननी एहु संमत मोरा॥

जो लालची, व्यभिचारी और चंचल आचरण करनेवाले (या चटोर) हैं; जो पराये धन और परायी स्त्री की ताक में रहते हैं; हे जननी! यदि इस काम में मेरी सम्मति हो, तो मैं उनकी घोर गति को पाऊँ॥२॥

—who are covetous and lascivious and behave as the rapacious do, and who cast an envious eye on another's wealth or wife.

जे नहि साधुसंग अनुरागे। परमारथपथ बिमुख अभागे॥
जे न भजहिं हरि नरतनु पाई। जिन्हहि न हरि हर सुजसु सोहाई॥

जो सत्संग के प्रेमी नहीं हैं, जो अभागे परमार्थ के मार्ग से विमुख हैं, जो मानव-शरीर पाकर श्रीहरि का भजन नहीं करते, जिन्हें हरि-हर (विष्णु और शंकर) की सुकीर्ति नहीं सुहाती;॥३॥

The hapless wretches who love not the company of the virtuous, who have rejected the path of spiritual wisdom, who worship not Hari even though blessed with a human form, and take no delight in the glory of Hari and Hara,

तजि श्रुतिपंथु बाम पथ चलहीं। बंचक बिरचि बेषु जगु छलहीं॥
तिन्ह कइ गति मोहि संकरु देऊ। जननी जौं एहु जानउँ भेऊ॥

जो वेदमार्ग को छोड़कर वाममार्ग पर चलते हैं; जो ठग हैं और वेष बनाकर संसार को छलते हैं; हे माता! यदि मैं इस रहस्य को जानता भी होऊँ तो शंकरजी मुझे उन लोगों की गति दें![1]॥४॥

— who abandon the path of the Vedas and follow a contrary road, swindlers who deceive the world by assuming false appearances—may Shankara allot me a fate like theirs if, mother, I knew of this plot!'

दो. –मातु भरत के बचन सुनि साँचे सरल सुभाय।
कहति रामप्रिय तात तुम्ह सदा बचन मन काय॥१६८॥

भरतजी के सच्चे और स्वाभाविक ही सरल वचन सुनकर माता कौसल्या कहने लगीं – हे तात! तुम तो तन, मन और वचन से सदा ही श्रीरामचन्द्र के प्रिय हो॥१६८॥

Hearing Bharata's sincere, artless words, his mother Kausalya said, 'You, my son, have ever been Rama's friend in thought and word and deed.

चौ. –राम प्रानहु तें प्रान तुम्हारे। तुम्ह रघुपतिहि प्रानहु तें प्यारे॥
बिधु बिष चवइ स्रवइ हिमु आगी। होइ बारिचर बारिबिरागी॥

श्रीराम तो तुम्हारे प्राणों के भी प्राण हैं और तुम भी श्रीरघुनाथ को प्राणों से अधिक प्रिय हो। चन्द्रमा चाहे विष टपकाने लगे और पाला आग बरसाने लगे, जलचर जीव जल से प्रेम छोड़ दें,॥१॥

Rama is dearer to you than your own life, and dearer than life are you to Raghunatha. The moon may drop poison, snow emit fire, or an aquatic creature love not water,

१. रामचन्द्र शुक्ल के अनुसार, "कौसल्या के सामने जिन वाक्यों द्वारा भरतजी अपनी सफाई दे रहे हैं, उनके एक-एक शब्द से अन्तःकरण की स्वच्छता झलकती है। उनकी शपथ उनकी अन्तर्वेदना की व्यंजना है। इस सफाई के सामने हजारों वकीलों की सफाई कुछ नहीं है, इन कसमों के सामने लाखों कसमें कुछ भी नहीं हैं। यहाँ वह हृदय खोलकर रख दिया गया है जिसकी पवित्रता को देख जो चाहे अपना हृदय निर्मल कर ले।"

भयें ग्यानु बरु मिटइ न मोहू। तुम्ह रामहि प्रतिकूल न होहू॥
मत तुम्हार येहु जो जग कहहीं। सो सपनेहुँ सुख सुगति न लहहीं॥

और ज्ञान होने पर भी मोह भले ही न मिटे, पर तुम श्रीरामचन्द्र के प्रतिकूल (कदापि) नहीं हो सकते। इसमें तुम्हारी सम्मति है, जगत् में जो कोई ऐसा कहते हैं, उन्हें सपने में भी सुख और सद्गति की प्राप्ति नहीं होगी॥२॥

—or spiritual enlightenment may fail to eradicate error, but you can never be hostile to Rama. Those in this world who say that this plot was contrived with your connivance shall never even in their dream attain happiness or salvation.'

अस कहि मातु भरतु हिय लाए। थन पय स्रवहिं नयन जल छाए॥
करत बिलाप बहुत एहि भाँती। बैठेहिं बीति गई सब राती॥

ऐसा कहकर माता (कौसल्या) ने भरतजी को कलेजे से लगा लिया। उनके स्तनों से दूध बहने लगा और आँखों में जल भर आया। इस प्रकार बहुत विलाप करते-करते सारी रात बैठे-ही-बैठे बीत गयी॥३॥

With these words Kausalya clasped Bharata to her heart; milk began to trickle from her breasts and her eyes filled with tears. Thus, as they sat and made such long lamentations, the whole night was spent.

बामदेउ बसिष्ठ तब आए। सचिव महाजन सकल बोलाए॥
मुनि बहु भाँति भरत उपदेसे। कहि परमारथ बचन सुदेसे॥

तब वामदेव और वसिष्ठजी आये। उन्होंने सब मन्त्रियों तथा नगर के प्रतिष्ठित लोगों को बुलवाया। फिर मुनि वसिष्ठजी ने परमार्थ के सुन्दर समयानुकूल वचन कहकर भरतजी को बहुविध उपदेश दिया॥४॥

Then came the sages Vamadeva and Vasishtha, who summoned all the ministers and nobles of the city. Vasishtha gave Bharata much good advice, with a discourse on spiritual topics appropriate to the occasion.

दो.—तात हृदय धीरजु धरहु करहु जो अवसर आजु।
उठे भरतु गुरबचन सुनि करन कहेउ सबु साजु॥१६९॥

(मुनि ने कहा—) हे तात! हृदय में धीरज धरो और आज इस समय जो करने का अवसर है, उसे करो! गुरुजी के वचन सुनकर भरतजी उठे और उन्होंने (दाह-क्रिया की) सब तैयारी करने की आज्ञा दी॥१६९॥

'Take courage, dear son,' he said, 'and do what the occasion demands today.' Hearing his *guru*'s command, Bharata arose and ordered everything to be made ready.

चौ.—नृपतनु बेदबिहित अन्हवावा। परम बिचित्र बिमानु बनावा॥
गहि पग भरत मातु सब राखीं। रहीं रामदरसन अभिलाषीं॥

वेदों में बतायी हुई रीति के अनुसार राजा के शरीर को स्नान कराया गया और (शव के वहन के लिए) परम विचित्र विमान बनाया गया। भरतजी ने सब माताओं को चरण पकड़कर रखा (उनको सती होने से रोका)। वे रानियाँ भी (श्रीराम के) दर्शन की अभिलाषा से रुक गयीं॥१॥

He had the king's body bathed in accordance with rites prescribed in the Vedas and caused a most splendid funeral bier to be prepared. Then clasping the feet of each of the queens, Bharata bid them stay (entreated them not to ascend the funeral pyre with their husband); they all stayed in the hope of seeing Rama.

चंदन अगर भार बहु आए। अमित अनेक सुगंध सुहाए॥
सरजु तीर रचि चिता बनाई। जनु सुरपुरसोपान सुहाई॥

चन्दन, अगर तथा और भी तरह-तरह के अपार सुगन्धित द्रव्यो (कपूर, गुग्गुल, केसर, कस्तूरी, कचूर, सरस आदि) के बहुत-से बोझ आये। सरयूजी के तट पर[1] सुन्दर चिता रचकर बनायी गयी (जो ऐसी दीखती थी) मानो स्वर्ग की सुन्दर सीढ़ी ही हो॥२॥

There arrived many loads of sandalwood and aloes and countless kinds of other excellent aromatic herbs, and a funeral pyre was artistically built on the bank of the Sarayu, looking like a lovely ladder reaching to heaven.

एहि बिधि दाहक्रिया सब कीन्ही। बिधिवत न्हाइ तिलांजुलि दीन्ही॥
सोधि सुमृति सब बेद पुराना। कीन्ह भरत दसगातबिधाना॥

इस प्रकार सब दाहक्रिया की गयी और विधिपूर्वक सबने स्नान करके तिलांजलि दी। फिर वेद, स्मृति और पुराणों को शोधकर (उनसे प्रमाण देखकर) भरतजी ने पिता का दशगात्र-विधान[2] किया॥३॥

Thus were all the rites of cremation observed, followed by the ceremonial bathing by the funeral party and the offering of a handful of water mixed with sesame seeds to the departed soul. After ascertaining the views of all the Smriti texts, the Vedas and the Puranas, Bharata made the ten days' offering to the dead. (The ceremony of *dashagatra* consists in offering to the departed soul a ball of boiled rice on each of the ten days following the cremation of the deceased.)

जहँ जस मुनिबर आएसु दीन्हा। तहँ तस सहस भाँति सबु कीन्हा॥
भये बिसुद्ध दिये सब दाना। धेनु बाजि गज बाहन नाना॥

---

१. विल्वहरिघाट पर जिसे आजकल बेलहर घाट कहते हैं।

२. दाहक्रिया के बाद होनेवाला एक विधान, जो मनुष्य के मरने पर दस दिनों तक होता रहता है, जिसमें प्रतिदिन पिण्डदान किया जाता है। पुराणों में लिखा है कि इसी पिंड के द्वारा क्रम से प्रेत का शरीर बनता है।

मुनिवर वसिष्ठजी ने जहाँ जैसी आज्ञा दी, भरतजी ने वहाँ तब वैसा ही हजारों तरह से किया । विशुद्ध हो जाने पर उन्होंने सब दान किये । गौएँ तथा घोड़े, हाथी आदि नाना प्रकार की सवारियाँ, ॥४॥

Whatever order the high sage gave him at any time Bharata carried out a thousand times over. He bestowed abundant gifts on attaining purity. (The Hindus believe that the agnates and certain other relations of the deceased remain impure for a number of days and are purified only after the prescribed period is over). He gave away cows, horses, elephants and all kinds of carriages,

दो．－सिंघासन भूषन बसन अन्न धरनि धन धाम ।
दिये भरत लहि भूमिसुर भे परिपूरन काम ॥१७०॥

सिंहासन, भूषण, वस्त्र, अन्न, पृथ्वी, धन और मकान भरतजी ने दिये; ब्राह्मण दान पाकर परिपूर्णकाम हो गए (उनकी सारी मनोकामनाएँ तत्काल पूरी हो गयीं) ॥१७०॥

—thrones, ornaments and costumes, foodgrains, land, money and houses; and the Brahmans were well content on receiving them.

चौ．－पितुहित भरत कीन्हि जसि करनी । सो मुख लाख जाइ नहि बरनी ॥
सुदिनु सोधि मुनिबर तब आए । सचिव महाजन सकल बोलाए ॥

पिताजी के लिए भरतजी ने जैसी करनी (दशगात्र, एकादशाह आदि) की, उसका वर्णन लाखों मुखों से भी नहीं किया जा सकता । फिर शुभ दिन खोजकर मुनिवर वसिष्ठजी आये और उन्होंने मन्त्रियों तथा नगर के सब प्रतिष्ठित लोगों को बुलवाया ॥१॥

All the ceremonies that Bharata performed for his father were more than a hundred thousand tongues could tell. Then after determining an auspicious day, the great sage (Vasishtha) came and summoned all the ministers and nobles.

बैठे राजसभा सब जाई । पठये बोलि भरत दोउ भाई ॥
भरतु बसिष्ठ निकट बैठारे । नीति धरम मय बचन उचारे ॥

जब सब लोग राजसभा में जाकर बैठ गए, तब मुनि ने भरत तथा शत्रुघ्न दोनों भाइयों को बुला भेजा । भरतजी को वसिष्ठजी ने अपने निकट बिठाया और नीति तथा धर्म से भरे हुए वचन कहे ॥२॥

They all repaired to the royal council chamber and took their seats. The two brothers, Bharata and Shatrughna, were also sent for. Vasishtha seated Bharata by his side and addressed him in words full of wisdom and piety.

प्रथम कथा सब मुनिबर बरनी । कैकइ कुटिल कीन्हि जसि करनी ॥
भूप धरमब्रतु सत्य सराहा । जेहिं तनु परिहरि प्रेमु निबाहा ॥

पहले तो कैकेयी ने जैसी कुटिल करनी की थी, मुनिवर ने वह सारी कथा कह सुनायी; फिर राजा के धर्मव्रत और सत्य की सराहना की, जिन्होंने अपने तन को त्यागकर (रघुनाथजी के प्रति) प्रेम का निर्वाह किया था ॥३॥

First, the great sage repeated the whole story of Kaikeyi's monstrous doing and then extolled the king's loyalty to duty and truth, who by his death had proved his love to the end.

कहत राम गुन सील सुभाऊ । सजल नयन पुलकेउ मुनिराऊ ॥
बहुरि लखन सिय प्रीति बखानी । सोक सनेह मगन मुनि ग्यानी ॥

श्रीरामचन्द्रजी के गुण, शील और स्वभाव का वर्णन करते-करते तो मुनिराज के नेत्र सजल हो गए और शरीर पुलकित हो गया । फिर लक्ष्मणजी और सीताजी के प्रेम का वर्णन करते हुए ज्ञानी मुनि शोक-स्नेह में डूब गए ॥४॥

And as the lord of sages spoke of Rama's virtues and noble nature, tears came to his eyes and a thrill ran through his body. When he praised the affection that Lakshmana and Sita bore (towards Rama), the enlightened sage was overwhelmed with grief and love.

दो．－सुनहुँ भरत भावी प्रबल बिलखि कहेउ मुनिनाथ ।
हानि लाभु जीवनु मरनु जसु अपजसु बिधिहाथ ॥१७१॥

मुनिराज वसिष्ठ ने बिलखकर कहा — हे भरत ! सुनो, प्रारब्ध प्रबल होता है; हानि-लाभ, जीवन-मरण, यश-अपयश — ये सभी विधाता के अधीन हैं — ॥१७१॥

'Listen, Bharata,' said the lord of sages sorrowfully, 'fate is all-powerful; loss and gain, life and death, fame and infamy lie in the hands of Providence.

चौ．－अस बिचारि केहि देइअ दोसू । ब्यरथ काहि पर कीजिअ रोसू ॥
तात बिचारु करहु मन माहीं । सोचजोगु दसरथु नृपु नाहीं ॥

ऐसा विचारकर किसे दोष दिया जाय और व्यर्थ किस पर क्रोध किया जाय ? हे तात ! मन में विचार तो करो ! राजा दशरथ सोच करने योग्य नहीं हैं ॥१॥

This being so, who can be blamed and upon whom can one vent one's meaningless indignation? Ponder this in your heart, my son; king Dasharath is not to be pitied.

सोचिअ बिप्र जो बेद बिहीना । तजि निज धरमु बिषय लयलीना ॥
सोचिअ नृपति जो नीति न जाना । जेहि न प्रजा प्रिय प्रान समाना ॥

सोच उस ब्राह्मण का करना चाहिए जिसे वेदों का ज्ञान नहीं और जो

अपने धर्म को छोड़ विषय-भोगों में ही लवलीन रहता है। वह राजा सोच करने योग्य है जो नीति नहीं जानता और जिसे प्रजा प्राणों के समान प्रिय नहीं है; ॥२॥

Pity rather the Brahman who is ignorant of the Vedas, and who has abandoned his religious duty and is engrossed in the pleasures of sense; pity the king who understands not statecraft and who loves not his people as he loves his life.

सोचिअ बयसु कृपन धनवानू। जो न अतिथि सिव भगति सुजानू॥
सोचिअ सूद्रु बिप्र अवमानी। मुखरु मानप्रिय ग्यानगुमानी॥

सोच उस वैश्य का करना चाहिए जो धनी होकर भी कृपण (कंजूस) है और जो अतिथि-सत्कार तथा शिवजी की भक्ति करने में चतुर नहीं है। उस शूद्र का सोच करना चाहिए जो ब्राह्मणों का अपमान करता हो, बहुत बोलनेवाला, प्रतिष्ठा चाहनेवाला और ज्ञान का अभिमानी हो; ॥३॥

Pity the Vaishya who is rich but niggardly and who is unpractised in hospitality or in devotion to Shiva. Grieve for the Shudra who insults the Brahmans, who is garrulous, ambitious for honour and proud of his knowledge.

सोचिअ पुनि पतिबंचक नारी। कुटिल कलहप्रिय इच्छाचारी॥
सोचिअ बटु निज ब्रतु परिहरई। जो नहि गुर आयसु अनुहरई॥

फिर उस स्त्री का भी सोच करना चाहिए जो पति को छलनेवाली, कुटिल, कलहप्रिय और स्वेच्छाचारिणी है। वह ब्रह्मचारी सोच करने योग्य है जो अपने ब्रह्मचर्य-व्रत को छोड़ दे और गुरु की आज्ञा के अनुसार न चले ॥४॥

Grieve, too, for the woman who deceives her husband, is crooked and quarrelsome and self-willed. Grieve for the religious student who breaks his vows and obeys not his *guru*'s commands.

दो. —सोचिअ गृही जो मोहबस करइ करमपथ त्याग।
सोचिअ जती प्रपंचरत बिगत बिबेक बिराग॥१७२॥

सोच तो उस गृहस्थ का करना चाहिए जो मोह के वशीभूत हो कर्ममार्ग का त्याग कर देता है; फिर उस संन्यासी का सोच करना चाहिए जो दुनिया के छल-प्रपञ्च में लगा है और विवेक-वैराग्य से हीन है; ॥१७२॥

Grieve for the householder who, overcome by delusion, forsakes the path of duty; and grieve for the recluse who is devoted to this world of seeming and lacks discretion and dispassion.

चौ. —बैखानस सोइ सोचइ जोगू। तपु बिहाइ जेहि भावइ भोगू॥
सोचिअ पिसुन अकारन क्रोधी। जननि जनक गुर बंधु बिरोधी॥

वही वैखानस (वानप्रस्थ, तपस्वी) सोच करने योग्य है जिसे तप छोड़कर भोग ही अच्छे लगते हैं। सोच उसी का करना चाहिए जो चुगलखोर है, अकारण क्रोध करनेवाला तथा माता, पिता, गुरु एवं भाई-बन्धुओं के साथ वैर रखनेवाला है; ॥१॥

Pity the anchorite who has given up penance and developed a liking for luxuries; pity the backbiter who is angry without cause and at enmity with his own parents, preceptor and kin.

सब बिधि सोचिअ पर अपकारी। निज तनु पोषक निरदय भारी॥
सोचनीय सबही बिधि सोई। जो न छाड़ि छलु हरिजनु होई॥

सब प्रकार से सोच उसका करना चाहिए जो दूसरों का अपकार करता है, अपने ही शरीर का पोषक और बड़ा भारी निर्दय है। वह भी तो सभी प्रकार से सोच ही करने योग्य है जो छल छोड़कर हरि का भक्त नहीं हो जाता; ॥२॥

Pitiable in every way is he who injures others, who cherishes his own body and is utterly heartless. And pitiable above all is he who does not eschew guile and become a follower of Hari.

सोचनीय नहि कोसलराऊ। भुअन चारि दस प्रगट प्रभाऊ॥
भयेउ न अहइ न अब होनिहारा। भूपु भरत जस पिता तुम्हारा॥

कोसलाधिपति महाराज दशरथ सोच करने योग्य नहीं हैं, जिनका प्रभाव चौदहों लोकों में प्रकट है। हे भरत! तुम्हारे पिता-जैसा राजा तो न हुआ है, न अभी है और न आगे होगा ही ॥३॥

But the lord of Kosala is not to be pitied, for his mighty power is manifest through all the fourteen spheres. There never was, O Bharata, nor is, nor shall be hereafter such a monarch as your father.

बिधि हरि हरु सुरपति दिसिनाथा। बरनहिं सब दसरथ गुन गाथा॥

ब्रह्मा, विष्णु, शिव, इन्द्र और दिक्पाल — सब महाराज दशरथजी के गुणों की कथाएँ कहा करते हैं ॥४॥

Brahma, Vishnu, Shiva, Indra and the guardians of the quarters all relate the tales of Dasharath's perfections.

दो. —कहहु तात केहि भाँति कोउ करिहि बड़ाई तासु।
राम लखन तुम्ह सत्रुहन सरिस सुअन सुचि जासु॥१७३॥

हे तात! तुम्हीं कहो, जिनके श्रीराम, लक्ष्मण, तुम और शत्रुघ्न-सरीखे पवित्र पुत्र हों, उनकी बड़ाई कोई किस तरह कर सकता है? ॥१७३॥

Tell me, my son, who can exalt him who has such noble sons as Rama, Lakshmana, yourself and Shatrughna?

चौ. –सब प्रकार भूपति बड़भागी । बादि बिषादु करिअ तेहि लागी ॥
एहु सुनि समुझि सोचु परिहरहू । सिर धरि राजरजायसु करहू ॥

राजा सब तरह से बड़े भाग्यवान् थे । उनके लिए विषाद करना व्यर्थ है । यह सुन-समझकर सोच त्याग दो और सिर चढ़ाकर राजा की आज्ञा (का पालन) करो ! ॥१॥

The king was blessed in every way; it is no use grieving for him. Hear this and be discreet, and cease to sorrow; obediently submit to the royal command.

रायँ राजपदु तुम्ह कहुँ दीन्हा । पिताबचनु फुर चाहिअ कीन्हा ॥
तजे रामु जेहि बचनहि लागी । तनु परिहरेउ राम बिरहागी ॥

राजा ने राजपद तुम्हें ही दिया है । पिता के वचन को सत्य करना चाहिए, जिस वचन के लिए ही उन्होंने श्रीरामचन्द्रजी को त्याग दिया और राम-वियोग की अग्नि में अपने शरीर की आहुति दे दी ! ॥२॥

The king has bestowed the kingship on you, and you must honour your father's word. He abandoned Rama for the sake of his word and made an offering of his body in the fire of Rama's loss.

नृपहि बचन प्रिय नहि प्रिय प्राना । करहु तात पितुबचन प्रवाना ॥
करहु सीस धरि भूप रजाई । हइ तुम्ह कहँ सब भाँति भलाई ॥

राजा को वचन प्रिय थे, प्राण प्रिय न थे । इसलिए हे तात ! पिता के वचन को प्रमाणित (सत्य) करो । सिर चढ़ाकर राजा की आज्ञा का पालन करो । इसमें तुम्हारी सब तरह भलाई है ! ॥३॥

The king valued not his life as he did his word; honour, then, my son, your father's word; bow your head to the royal command, for in obedience lies your highest good.

परसुराम पितु अग्या राखी । मारी मातु लोक सब साखी ॥
तनय जजातिहि जौबनु दएऊ । पितु अग्या अघ अजसु न भएऊ ॥

परशुरामजी ने पिता की आज्ञा रख ली और माता को मार डाला; सारे लोक इस बात के साक्षी हैं । ययाति के पुत्र ने पिता को अपनी जवानी दे दी । पिता की आज्ञा के कारण उन्हें पाप और अपयश नहीं हुआ ॥४॥

Parashurama obeyed his father's order and slew his mother, as all the worlds bear witness; and Yayati's son (Puru) surrendered to him his youth and incurred neither sin nor disgrace for obedience to his father's command.

दो. –अनुचित उचित बिचारु तजि जे पालहिं पितु बैन ।
ते भाजन सुख सुजस के बसहिं अमरपति ऐन ॥१७४॥

उचित-अनुचित का विचार छोड़कर जो अपने पिता के वचन का पालन करते हैं, वे (लोक में) सुख और सुयश के पात्र बनकर (अन्त में) इन्द्रपुरी (स्वर्ग) में निवास करते हैं ॥१७४॥

Those who cherish their father's word, with no thought of right or wrong, are crowned with happiness and glory and dwell in the abode of Indra, the king of heaven.

चौ. –अवसि नरेसबचन फुर करहू । पालहु प्रजा सोकु परिहरहू ॥
सुरपुर नृपु पाइहि परितोषू । तुम्ह कहँ सुकृतु सुजसु नहि दोषू ॥

राजा के वचन को अवश्य ही सत्य करो । प्रजा का पालन करो और शोक को त्यागो । इससे स्वर्ग में राजा सुख-सन्तोष पावेंगे और तुमको पुण्य तथा सुयश की प्राप्ति होगी, दोष नहीं लगेगा ॥१॥

Then of a surety redeem the king's word; cherish your subjects and cease to grieve. The king will receive comfort in heaven, while you will earn merit and honour and shall incur no blame.

बेदबिहित संमत सबही का । जेहि पितु देइ सो पावइ टीका ॥
करहु राजु परिहरहु गलानी । मानहु मोर बचनु हित जानी ॥

यह वेदों द्वारा आदिष्ट है (वेदों में इसका विधान है) और (स्मृति-पुराणादि) सभी शास्त्रों के द्वारा सम्मत है कि पिता जिसको दे, वही राजतिलक पाता है । इसलिए तुम राज्य करो, ग्लानि त्यागो ! मेरे वचन को हितकारी जानकर मानो ! ॥२॥

It is laid down in the Vedas, and has the sanction of all the scriptures, that the crown goes to him on whom the father confers it. Reign, then, and yield not to remorse, but look upon my advice as salutary and follow it.

सुनि सुखु लहब राम बैदेही । अनुचित कहब न पंडित केही ॥
कौसल्यादि सकल महतारी । तेउ प्रजासुख होहिं सुखारी ॥

(तुम्हारे राजतिलक की बात) सुनकर राम और सीता को सुख होगा, कोई पण्डित भी इसे अनुचित नहीं कहेगा । कौसल्याजी आदि सब माताएँ भी प्रजा के सुख से सुखी होंगी ॥३॥

Rama and Sita will rejoice when they hear of it, and no one versed in sacred lore will call it wrong. Kausalya and all the other queens too will be happy in the happiness of your people.

परम तुम्हार राम कर जानिहि । सो सब बिधि तुम्ह सन भल मानिहि ॥
सौंपेहु राजु राम कें आएँ । सेवा करेहु सनेह सुहाएँ ॥

जो तुम्हारे और श्रीरामचन्द्रजी के श्रेष्ठ सम्बन्ध को जान लेगा, वह सभी प्रकार से तुमसे अच्छा ही मानेगा । श्रीरामचन्द्रजी के लौट आने पर उन्हें राज्य सौंप देना और सुन्दर स्नेहपूर्वक उनकी सेवा करना ! ॥४॥

He who knows the supreme affinity between you and Rama will take your action in good part. When Rama returns home, you can deliver up the kingdom to him and serve him with ideal affection.'

दो. –कीजिय गुर आयसु अवसि कहहिं सचिव कर जोरि।
रघुपति आएँ उचित जस तस तब करब बहोरि ॥१७५॥

मन्त्री हाथ जोड़कर कह रहे हैं – गुरुजी की आज्ञा का पालन अवश्य कीजिए। श्रीरामचन्द्रजी के लौट आने पर जैसा उचित हो, तब फिर वैसा ही कीजिएगा ॥१७५॥

With folded hands the ministers submitted, 'Be sure to obey your *guru*'s command; and when Rama comes back, you may then do what is right and fitting.'

चौ. –कौसल्या धरि धीरजु कहई। पूत पथ्य गुर आयेसु अहई ॥
सो आदरिअ करिअ हित मानी। तजिअ बिषादु कालगति जानी ॥

कौसल्याजी भी धीरज धरकर कह रही हैं – हे पुत्र ! गुरुजी की आज्ञा पथ्य है। उसका आदर करो और उससे अपनी भलाई मानकर उसका पालन करो ! समय का फेर समझकर विषाद छोड़ो ! ॥१॥

Mustering up her courage, Kausalya said, 'Salutary, my son, is your *guru*'s command; honour it, then, as such and carry it out, considering that it is conducive to your good; know all this to be the will of fate and cease to lament.

बन रघुपति सुरपुर नरनाहू। तुम्ह एहि भाँति तात कदराहू ॥
परिजन प्रजा सचिव सब अंबा। तुम्हहीं सुत सब कहँ अवलंबा ॥

श्रीरघुनाथजी वन में हैं, महाराज देवताओं के लोक में हैं और हे तात ! तुम इस प्रकार पीछे हट रहे हो। हे पुत्र ! कुटुम्ब, प्रजा, मन्त्री और सब माताओं के – सबके एकमात्र तुम ही सहारे हो ! ॥२॥

Raghunatha is in the forest and the king in heaven, and you, my son, are giving way to faintheartedness ! But you are now the sole refuge of your family and subjects, your ministers and all the queens, my son.

लखि बिधि बाम कालकठिनाई। धीरजु धरहु मातु बलि जाई ॥
सिर धरि गुर आयसु अनुसरहू। प्रजा पालि पुरजन दुखु हरहू ॥

विधाता को प्रतिकूल और काल को कठोर लखकर धीरज धरो ! माता तुम्हारी बलैया लेती है। गुरु की आज्ञा को शिरोधार्यकर उसी के अनुसार कार्य करो और प्रजा का पालनकर नगरवासियों के दुःखों का हरण करो ॥३॥

Seeing the antipathy of God and the relentlessness of fate, be of good courage—I, your mother, adjure you—reverently comply with your *guru*'s command, cherish your subjects and relieve the affliction of your kinsfolk.'

गुर के बचन सचिव अभिनंदनु। सुने भरत हिय हित जनु चंदनु ॥
सुनी बहोरि मातु मृदु बानी। सील सनेह सरल रस सानी ॥

भरतजी ने गुरु के वचन और मन्त्रियों के अभिनन्दन (अनुमोदन-समर्थन) को सुना, जो उनके हृदय के लिए मानो चन्दन थे। फिर उन्होंने शील, स्नेह और सरलता के रस में सनी हुई माता कौसल्या की कोमल मीठी वाणी भी सुनी ॥४॥

Bharata listened to the *guru*'s advice and the ministers' approval, which were as soothing to his heart as cooling sandal-paste. Then he heard the mother's gentle speech, so full of the nectar of amiability, affection and simplicity.

छं. –सानी सरल रस मातुबानी सुनि भरतु ब्याकुल भये।
लोचन सरोरुह स्रवत सींचत बिरह उर अंकुर नये ॥
सो दसा देखत समय तेहि बिसरी सबहि सुधि देह की।
तुलसी सराहत सकल सादर सींव सहज सनेह की ॥

सरलता के रस में सनी हुई माता की (छल-रहित) वाणी सुनकर भरतजी व्याकुल हो उठे। उनके कमल-सरीखे नेत्र आँसू बहाकर हृदय के नवीन विरह-अंकुर को सींचने लगे। उनकी वह दशा देखकर उस समय सबको अपने शरीर की सुध-बुध भूल गयी। तुलसीदासजी कहते हैं कि स्वाभाविक स्नेह की सीमा (श्रीभरतजी) की सब लोग आदरपूर्वक सराहना करने लगे।

When Bharata heard his mother's pathetic plea, so fully flavoured with simplicity, he was troubled; his lotus eyes shed tears that watered the fresh shoots of desolation in his heart. All those who saw his condition at that time lost all consciousness of self and reverently extolled him, says Tulasidasa, as the very pattern of artless love.

सो. –भरतु कमल कर जोरि धीरधुरंधर धीर धरि।
बचन अमिअ जनु बोरि देत उचित उत्तर सबहि ॥१७६॥

धैर्यवानों और बुद्धिमानों में श्रेष्ठ भरतजी धीरज धरकर, अपने कमल-समान हाथों को जोड़कर, वचन को मानो अमृत में डुबोकर, सबको उचित उत्तर देने लगे ॥१७६॥

Folding his lotus hands, Bharata, foremost among men of fortitude and wisdom, took courage and proceeded to make fitting answers to all in words that seemed dipped in nectar:

मासपारायण, अठारहवाँ विश्राम

चौ. –मोहि उपदेसु दीन्ह गुर नीका। प्रजा सचिव संमत सब ही का॥
मातु उचित धरि आयसु दीन्हा। अवसि सीस धरि चाहौं कीन्हा॥

गुरुजी ने मुझे बड़ा नेक उपदेश दिया। (फिर) प्रजा, मन्त्री आदि सभी को यह सम्मत भी है। माताजी ने भी उचित समझकर ही आदेश दिया है और मैं भी उसे अतिशय मान्य समझकर निश्चय ही वैसा ही करना चाहता हूँ॥१॥

'The *guru* has given me excellent advice, which has been approved by my people, ministers and all. My mother, too, has enjoined on me what she has thought fit and to me it is surely most gratifying; that is why I wish to obey her.

गुर पितु मातु स्वामि हित बानी। सुनि मन मुदित करिअ भलि जानी॥
उचित कि अनुचित किएँ बिचारू। धरमु जाइ सिर पातकभारू॥

गुरु, पिता, माता, स्वामी और मित्र (हितैषी) की वाणी सुनकर प्रसन्न मन से उसे अच्छी समझकर करना भी चाहिए। उचित-अनुचित का विचार करने से धर्म नष्ट हो जाता है और सिर पर पाप का भार लदता है॥२॥

The advice of a *guru*, a father, a mother, a master or a friend should be cheerfully followed as soon as heard, and as conducive to one's good. By pausing to think whether it is right or wrong one fails in one's duty and incurs a load of guilt.

तुम्ह तौ देहु सरल सिख सोई। जो आचरत मोर भल होई॥
जद्यपि यह समुझत हउँ नीकें। तदपि होत परितोषु न जी कें॥

आप तो मुझे वही सरल सीख दे रहे हैं जिस पर चलने से मेरा भला होगा। यद्यपि मैं यह अच्छी तरह समझता हूँ, तथापि जी को संतोष नहीं होता॥३॥

You are surely giving me honest advice which, if followed, will do me good; yet, though I fully understand this, my heart is not content.

अब तुम्ह बिनय मोरि सुनि लेहू। मोहि अनुहरत सिखावनु देहू॥
उतरु देउँ छमब अपराधू। दुखित दोष गुन गनहिं न साधू॥

अब आप मेरी विनती सुन लीजिए और मेरे योग्य मुझे शिक्षा दीजिए। मैं आपको उत्तर दे रहा हूँ, यह अपराध क्षमा कीजिए। महात्मा दुःखी मनुष्य के गुण-अवगुण नहीं गिनते॥४॥

Now listen to my prayer and give me such counsel as may suit me. Pardon my presumption in answering you, for good men reckon not the virtues or faults of the distressed.

दो. –पितु सुरपुर सिय रामु बन करन कहहु मोहि राजु।
एहि तें जानहु मोर हित कै आपन बड़ काजु॥१७७॥

पिताजी तो स्वर्ग में हैं और श्रीसीतारामजी वन में, और आप मुझे राज्य करने के लिए कह रहे हैं। क्या इसमें आप मेरी भलाई समझते हैं या अपना कोई बड़ा काम (होने की आशा रखते हैं)? ॥१७७॥

My father is in heaven and both Sita and Rama are in the forest, and you bid me govern the kingdom; is it my gain or some great advantage for yourselves that you expect to result from this?

चौ. –हित हमार सियपतिसेवकाई। सो हरि लीन्ह मातुकुटिलाई॥
मैं अनुमानि दीखि मन माहीं। आन उपायँ मोर हित नाहीं॥

मेरा हित तो सीतापति की चाकरी में है, सो माता की कुटिलता ने हरण कर लिया। मैंने मन में अनुमान करके देख लिया है कि दूसरे किसी उपाय से मेरा हित संभव नहीं है॥१॥

My good lies in the service of Rama, but of this I have been robbed by my mother's crookedness. I have searched my thoughts and realized that herein, and nowhere else, can I find happiness.

सोकसमाजु राजु केहि लेखें। लखन राम सिय पद बिनु देखें॥
बादि बसन बिनु भूषनभारू। बादि बिरति बिनु ब्रह्मबिचारू॥

शोक का समूह यह राज्य लक्ष्मण, श्रीरामचन्द्र और सीताजी के चरणों को देखे बिना किस गिनती में है? वस्त्रों के बिना गहनों का बोझ व्यर्थ है और वैराग्य के बिना ब्रह्म-विचार व्यर्थ है॥२॥

Of what account is a throne with all its cares unless I see the feet of Lakshmana, Rama and Sita? A load of jewels is of no use without clothes; of no use is the contemplation of the Absolute without dispassion;

सरुज सरीर बादि बहु भोगा। बिनु हरिभगति जायँ जप जोगा॥
जायँ जीव बिनु देह सुहाई। बादि मोर सबु बिनु रघुराई॥

यदि शरीर रोगी हो तो नाना प्रकार के भोग व्यर्थ हैं। हरि-भक्ति के बिना जप-योग और जीव के बिना सुन्दर देह व्यर्थ हैं। ठीक वैसे ही श्रीरघुनाथजी के बिना मेरा सब-कुछ व्यर्थ है॥३॥

—vain is any enjoyment to a diseased body; vain are prayer and penance without devotion to Hari. A handsome body is of no use without a soul and all I have is worthless apart from Raghunatha.

जाउँ राम पहिं आयसु देहू। एकहि आँक मोर हित एहू॥
मोहि नृपु करि भल आपन चहहू। सोउ सनेह जड़ता बस कहहू॥

मुझे आज्ञा दीजिए, मैं श्रीरामजी के पास जाऊँ, मेरे हित में यह एक ही आँक (निश्चय) है। मुझे राजा बनाकर आप अपना भला चाहते हैं, यह भी आप स्नेह की जड़ता (मोह) के वशीभूत होकर ही कह रहे हैं॥४॥

Give me leave to go where Rama is; this, and no other resolve, is to my interest; and if in crowning me king it is your own good that you desire, you say so under the influence of unwise affection.

दो. —कैकेई सुअ कुटिलमति रामबिमुख गतलाज ।
तुम्ह चाहत सुखु मोहबस मोहि से अधम के राज ॥१७८॥

कैकेयी के पुत्र, कुटिलबुद्धि, रामविमुख और निर्लज्ज मुझ-जैसे अधम के राज्य में आप मोहवश ही सुख चाहते हैं ॥१७८॥

If you expect happiness from the reign of such a wretch as I—Kaikeyi's son, perverse of nature, hostile to Rama and lost to shame—you do so in your infatuation.

चौ. —कहौं साचु सब सुनि पतिआहू । चाहिअ धरमसील नरनाहू ॥
मोहि राजु हठि देइहहु जबहीं । रसा रसातल जाइहि तबहीं ॥

मैं सत्य कहता हूँ, आप सब सुनकर पतियायें, विश्वास करें कि धर्मशील को ही राजा होना चाहिए । आपलोग हठ करके मुझे ज्यों ही राज्य देंगे, त्यों ही पृथ्वी रसातल को चली जायगी ॥१॥

I tell you truly—hear me, all of you, and believe it—in a king is required a righteous disposition. As soon as ever you constrain me to be king, the earth will sink into hell.

मोहि समान को पापनिवासू । जेहि लगि सीय राम बनबासू ॥
रायँ राम कहुँ काननु दीन्हा । बिछुरत गमनु अमरपुर कीन्हा ॥

मेरे समान पापों का घर और कौन होगा, जिसके कारण सीताजी और श्रीरामजी को वनवास मिला ? राजा ने श्रीरामजी को वनवास दिया और उनके बिछुड़ते ही स्वयं देवलोक को गमन किया ॥२॥

Who is such an inveterate sinner as I, on whose account Sita and Rama have been exiled to the forest ? The king banished Rama to the woods, and when he had lost him, himself passed to the realm of the gods;

मैं सठु सब अनरथ कर हेतू । बैठ बात सब सुनउँ सचेतू ॥
बिनु रघुबीर बिलोकि अबासू । रहे प्रान सहि जग उपहाँसू ॥

और मैं दुष्ट, जो सारे अनर्थों का मूल कारण हूँ, सावधान बैठा सब बातें सुन रहा हूँ । श्रीरघुनाथजी के बिना घर को देखकर और जगत् के उपहास को सहकर भी मेरे ये प्राण रह गए ! ॥३॥

—and I, the wicked root of all this wrongdoing, sit quietly and listen to all this talk unmoved ! Though I find the palace bereft of Raghunatha, I have survived and endured the mockery of the world

राम पुनीत बिषयरस रूखे । लोलप भूमि भोग के भूखे ॥
कहँ लगि कहौं हृदयकठिनाई । निदरि कुलिसु जेहिं लही बड़ाई ॥

(जाहिर है कि ये प्राण) श्रीरामरूपी पवित्र विषय-रस से उदासीन हैं । ये लालची भूमि और विषय-भोगों के ही भूखे हैं । मैं अपने हृदय की कठोरता कहाँ तक कहूँ ? जिसने (कठोरता में) वज्र का भी निरादर करके बड़ाई पायी है ॥४॥

Devoid of attraction for Rama, who is a sacred object of love, my soul is rapacious and hungers for land (dominion) and carnal pleasures. I have no words to express the hardness of my heart, which has won honour by pouring scorn upon the (hardest) adamant.

दो. —कारन तें कारजु कठिन होइ दोसु नहि मोर ।
कुलिस अस्थि तें उपल तें लोह कराल कठोर ॥१७९॥

कारण से कार्य कठिन होता ही है, (इसलिए) इसमें मेरा दोष नहीं । हड्डी से वज्र और पत्थर से लोहा भयंकर कठोर (घोर, भीषण) होता है । (कैकेयी मेरा कारण और मैं उसका कार्य हूँ, इसलिए मेरी कठोरता उसकी कठोरता से अधिक होगी ही ।) ॥१७९॥

An effect is as a rule harder than its cause, and I am not to blame for it; the thunderbolt is harder and more deadly than the bone[1] and iron than stone. (Since Kaikeyi is my cause and I her effect, no wonder I am crueller than she.)

चौ. —कैकेईभव तनु अनुरागे । पावर प्रान अघाइ अभागे ॥
जौं प्रियबिरह प्रान प्रिय लागे । देखब सुनब बहुत अब आगे ॥

कैकेयी से उत्पन्न शरीर से अनुरक्त ये नीच प्राण भरपूर अभागे हैं । जब प्रिय के वियोग में भी मुझे ये प्राण प्रिय लग रहे हैं, तब अभी आगे मैं और भी बहुत कुछ देखूँ-सुनूँगा ॥१॥

This wretched life of mine, which cleaves to a body born of Kaikeyi's womb, is exceedingly unfortunate. If, bereaved of my dear one, life continues to be dear to me, I shall have much hereafter to see and hear.

लखन राम सिय कहुँ बनु दीन्हा । पठइ अमरपुर पतिहित कीन्हा ॥
लीन्ह बिधवपन अपजसु आपू । दीन्हेउ प्रजहि सोकु संतापू ॥

लक्ष्मण, राम और सीताजी को तो वन दिया; देवलोक पठाकर पति का उपकार किया; आप विधवापन और अपयश लिया; प्रजा को शोक-सन्ताप दिया; ॥२॥

1. See App., s.v. Dadhichi.

She has banished Lakshmana, Rama and Sita to the forest and has done her husband a good turn by sending him to heaven; she has taken widowhood and infamy upon herself and brought grief and affliction on the people;

मोहि दीन्ह सुखु सुजसु सुराजू। कीन्ह कैकईं सब कर काजू॥
एहि तें मोर काह अब नीका। तेहि पर देन कहहु तुम्ह टीका॥

और मुझे सुख, सुकीर्ति और सुराज्य दिया ! कैकेयी ने सभी का काम (किस कौशल से) बना दिया ! अब मेरे लिए इससे अच्छा और क्या होगा ? तिसपर भी आपलोग मुझे राजतिलक देने को कहते हैं ! ॥३॥

— and on me she has bestowed happiness, fair reputation and a thriving kingdom ! She has indeed served the interests of all ! What greater blessing can I now have ? And over and above that you propose to crown my bliss with royal dignity !

कैकइ जठर जनमि जग माहीं। यह मोहि कहँ कछु अनुचित नाहीं॥
मोरि बात सब बिधिहिं बनाई। प्रजा पाँच कत करहु सहाई॥

कैकेयी के गर्भ से संसार में जन्म लेकर यह (तिलक लेना) मेरे लिए कुछ भी अनुचित नहीं है। मेरी सब बात तो विधाता ने ही बना दी है ! फिर प्रजा और आप पंच क्यों मेरी सहायता कर रहे हैं ? ॥४॥

Since I have been born into this world from Kaikeyi's womb, this is not at all unbecoming of me. God himself has accomplished everything for me; why, then, should my people and you (honourable body of arbiters) combine to give a helping hand ?

दो.—ग्रहग्रहीत पुनि बातबस तेहि पुनि बीछी मार।
तेहि पिआइअ बारुनी कहहु कौन उपचार॥१८०॥

जो (क्रूर) ग्रहों से ग्रसा हो (अथवा जो पिशाचग्रस्त हो), फिर जो वात रोग से पीड़ित हो और उसीको फिर बिच्छू ने डंक मार दिया हो, उसको यदि मदिरा पिलायी जाय तो कहिए, यह कैसा इलाज है ? ॥१८०॥

If a man stricken by unlucky stars (or possessed by an evil spirit) is also afflicted by organic disorders and then stung by a scorpion, and is given wine to drink, then, tell me, what kind of treatment is this ? (The ancient Hindu physicians believed that all organic disorders arise from one of the three humours of the body, *kapha*, phlegm, *vayu*, wind, and *pitta*, bile. The vitiated humour specified in these lines is wind, *vata*.)

चौ.—कैकइ सुअन जोगु जग जोई। चतुर बिरंचि दीन्ह मोहि सोई॥
दसरथतनय राम लघु भाई। दीन्हि मोहि बिधि बादि बड़ाई॥

कैकेयी के बेटे के लिए जगत् में जो कुछ योग्य था, चतुर विधाता ने मुझे वही दिया। पर यह बड़ाई कि मैं 'दशरथजी का पुत्र' और 'राम का छोटा भाई' हूँ, विधाता ने मुझे व्यर्थ ही दी ॥१॥

God in his wisdom has ordained for me everything that is worthy of Kaikeyi's son in this world ! But in vain has he bestowed on me the high honour of being a son of Dasharath and a younger brother of Rama.

तुम्ह सबु कहहु कढ़ावन टीका। रायरजायसु सब कहँ नीका॥
उतरु देउँ केहि बिधि केहि केही। कहहु सुखेन जथारुचि जेही॥

आप लोग भी मुझे टीका कराने के लिए कह रहे हैं। राजा की आज्ञा है और सबको भली लग रही है। मैं किस-किस को किस-किस प्रकार से उत्तर दूँ ? जिसको जैसा अच्छा लगे, वह वैसा ही सुखपूर्वक कहे ॥२॥

You all bid me assume sovereignty; this is the king's command of which you all approve. Then how and whom shall I answer ? Let each one tell me gladly what his pleasure is.

मोहि कुमातु समेत बिहाई। कहहु कहिहि के कीन्हि भलाई॥
मो बिनु को सचराचर माहीं। जेहि सिय रामु प्रानप्रिय नाहीं॥

मेरी कुमाता कैकेयी और मुझे छोड़कर, कहिए तो, दूसरा कौन कहेगा कि यह काम अच्छा किया गया ? जड़-चेतन जगत् में मेरे सिवा और कौन है जिसे राम-जानकी प्राणप्रिय न हों ? ॥३॥

Apart from myself and my wicked mother, tell me who will say that I have acted rightly ? Who else except myself is there in the whole animate and inanimate creation to whom Rama and Janaki are not dear as his own life ?

परम हानि सबु कहँ बड़ लाहू। अदिनु मोर नहि दूषन काहू॥
संसय सील प्रेम बस अहहू। सबुइ उचित सबु जो कछु कहहू॥

परम हानि में सबको बड़ा लाभ दीख रहा है। मेरे बुरे दिन हैं, इसमें किसी का दोष नहीं। आप लोग संशय, शील और प्रेम के वशीभूत हैं, इसलिए आप सब जो कुछ कहते हैं, वह सब उचित ही है ॥४॥

That this supreme loss should appear to you all as a great gain is my misfortune, and none is to be blamed for it. You are in the grip of anxious doubt and kindliness and affection; and whatever you say is all for the best.

दो.—राममातु सुठि सरल चित मो पर प्रेमु बिसेषि।
कहइ सुभाय सनेह बस मोरि दीनता देखि॥१८१॥

श्रीरामचन्द्रजी की माता अत्यन्त सरल-हृदय हैं और मुझ पर विशेष प्रेम रखती हैं। इसलिए मेरी दीनता देखकर ही वे स्वाभाविक स्नेहवश ऐसा कहती हैं ॥१८१॥

Rama's mother is utterly guileless and bears me such great love that she speaks from natural affection on seeing how wretched I am.

चौ．—गुर बिबेकसागर जगु जाना । जिन्हहि बिस्व कर बदर समाना ॥
मो कहँ तिलकसाज सज सोऊ । भयें बिधि बिमुख बिमुख सबु कोऊ ॥

गुरुजी विवेक के (अथाह) सागर हैं, इसे सारा जगत् जानता है; जिनके लिए सारा संसार हथेली पर रखे हुए बेर के समान है, वे भी मेरे लिए राजतिलक का साज सजा रहे हैं । (ठीक ही कहा है,) विधाता के प्रतिकूल होने पर सभी प्रतिकूल हो जाते हैं ॥१॥

My *guru* (Vasishtha), as all the world knows, is an ocean of wisdom, and the universe is like a plum in the hollow of his hand. He too is making preparations for my coronation; when Fate is adverse, everyone else turns hostile.

परिहरि रामु सीय जग माहीं । कोउ न कहिहि मोर मत नाहीं ॥
सो मैं सुनब सहब सुखु मानी । अंतहुँ कीच तहाँ जहँ पानी ॥

श्रीसीतारामजी को छोड़कर जगत् में कोई यह नहीं कहेगा कि इसमें (इस अनर्थ में) मेरी सम्मति नहीं है । मैं उसे सुनूँगा और सुख मानकर सहूँगा; क्योंकि जहाँ पानी होता है वहाँ अन्त में कीचड़ होता ही है ॥२॥

No one in the whole world, except Rama and Sita, will say that the scheme did not have my approval. All this I must hear and endure with a cheerful heart; for wherever there is water, there in the end is mud.

डरु न मोहि जगु कहिहि कि पोचू । परलोकहु कर नाहिन सोचू ॥
एकइ उर बस दुसह दवारी । मोहि लगि भे सिय रामु दुखारी ॥

संसार मुझे बुरा कहेगा, मुझे इसका डर नहीं और न मुझे परलोक की ही चिन्ता है । मेरे हृदय में तो बस, एक ही दुःसह दावाग्नि धधक रही है कि मेरे कारण श्रीसीतारामजी दुःखी हुए ॥३॥

I fear not to think that the world will call me vile; I have little anxiety about the other world either. There is one terrible anguish that plagues my heart: it is that through me Sita and Rama have been rendered unhappy.

जीवनलाहु लखनु भल पावा । सबु तजि रामचरन मनु लावा ॥
मोर जनम रघुबर बन लागी । झूठ काह पछिताउँ अभागी ॥

जीवन का सर्वोत्तम लाभ तो लक्ष्मण ने पाया, जिन्होंने सब कुछ तजकर श्रीरामजी के चरणों में चित्त लगाया । मेरा जन्म तो श्रीरामजी को वन भिजवाने के लिए ही हुआ था । मैं अभागा झूठ-मूठ क्यों पछताऊँ ? ॥४॥

Lakshmana has fully reaped the reward of his existence; discarding everything else, he has fixed his mind on Rama's feet. As for myself, I was born to banish Rama to the forest—but in vain do I lament, wretched that I am.

दो．—आपनि दारुन दीनता कहउँ सबहि सिरु नाइ ।
देखें बिनु रघुनाथपद जिय कै जरनि न जाइ ॥१८२॥

सबको सिर नवाकर मैं अपनी दारुण दीनता सुनाता हूँ । श्रीरघुनाथजी के चरणों के दर्शन बिना मेरे जी की जलन जाने की नहीं ॥१८२॥

I bow my head before you all and declare my grievous misery; until I see Raghunatha's feet the fever in my soul shall not abate.

चौ．—आन उपाउ मोहि नहि सूझा । को जिय कै रघुबर बिनु बूझा ॥
एकहि आँक इहइ मन माहीं । प्रातकाल चलिहौं प्रभु पाहीं ॥

मुझे दूसरा कोई उपाय नहीं दीखता । श्रीराम के बिना मेरे जी की बात और कौन जान सकता है ? मन में एक यही निश्चय है कि प्रातःकाल प्रभु (श्रीरामजी) के पास चल दूँगा ॥१॥

This is the only remedy that I can think of; who else but Rama can know what passes in my heart ? There is only one resolve in my mind: at daybreak I must proceed to meet the Lord.

जद्यपि मैं अनभल अपराधी । भइ मोहि कारन सकल उपाधी ॥
तदपि सरन सनमुख मोहि देखी । छमि सब करिहहिं कृपा बिसेषी ॥

यद्यपि मैं बुरा और अपराधी हूँ और मेरे ही कारण यह सब उपद्रव हुआ है, फिर भी मुझे शरण में सम्मुख देखकर श्रीरामचन्द्रजी मेरे सब अपराधों को क्षमा करके मुझपर विशेष कृपा करेंगे ॥२॥

Though I am a vile offender and am at the root of all this mischief, yet when the Lord finds me before him as a suppliant, he will forgive me all and shower his special grace on me.

सीलु सकुच सुठि सरल सुभाऊ । कृपा सनेह सदन रघुराऊ ॥
अरिहु क अनभल कीन्ह न रामा । मैं सिसु सेवकु जद्यपि बामा ॥

श्रीरघुनाथजी शील, संकोच, अत्यन्त सरल-स्वभाव, कृपा और स्नेह के घर हैं । उन्होंने कभी शत्रु का भी बुरा नहीं किया । यद्यपि मैं उनके प्रतिकूल हूँ, पर हूँ तो उनका शिशु और सेवक ही ॥३॥

Raghunatha is the home of modesty and meekness, extreme guilelessness of disposition, compassion and love. He has never injured even an enemy; and I, though I have done him wrong, am his son and servant.

तुम्ह पै पाँच मोर भल मानी । आयसु आसिष देहु सुबानी ॥
जेहि सुनि बिनय मोहि जनु जानी । आवहिं बहुरि रामु रजधानी ॥

आप पंच लोग भी इसी में मेरी भलाई मानकर सुन्दर वाणी से (श्रीरामचन्द्रजी को बुला लाने की) आज्ञा और आशीर्वाद दीजिए, जिससे मेरी विनती सुनकर और मुझे अपना दास समझकर श्रीरामचन्द्रजी राजधानी को लौट आवें ॥४॥

Believing, then, that this will lead to my well-being, be pleased, sirs, to permit me to depart and give me your gracious blessing that on hearing my supplication and recognizing me as his servant, Rama may return to his capital.

दो. –जद्यपि जनमु कुमातु तें मैं सठु सदा सदोस ।
आपन जानि न त्यागिहहिं मोहि रघुबीरभरोस ॥१८३॥

यद्यपि मैंने कुमाता (के गर्भ) से जन्म लिया है और मैं दुष्ट तथा सदा दोषी भी हूँ, तो भी मुझे श्रीराम का भरोसा है कि वे मुझे अपना समझकर त्याग नहीं देंगे ॥१८३॥

Though I was born of a wicked mother and am iniquitous and ever guilty, I am confident that Rama will know me for his own, and not abandon me.'

चौ. –भरतबचन सब कहँ प्रिय लागे । रामसनेह सुधा जनु पागे ॥
लोग बियोग बिषम बिष दागे । मंत्र सबीज सुनत जनु जागे ॥

भरतजी के वचन सबको प्रिय लगे, मानो वे श्रीरामजी के स्नेहरूपी अमृत में पगे हुए थे । वियोगरूपी भीषण विष से सब लोग दग्ध थे, वे मानो बीजयुक्त मन्त्र को सुनते ही जाग उठे (जिस प्रकार साँप का काटा कोई मनुष्य बीजयुक्त मंत्र[1] को सुनकर जाग उठता है) ॥१॥

Bharata's words pleased all, imbued as they were with the nectar of devotion to Rama. The people who had been burning with the deadly poison of separation woke to life as if at the sound of a healing charm (that revives a person bitten by some poisonous snake. In Tantrik philosophy the *bija mantras* are believed to contain the essential elements of the most powerful mystical charms. A charm with its seed *bija*—is exceedingly effectual.)

मातु सचिव गुर पुर नर नारी । सकल सनेहबिकल भये भारी ॥
भरतहि कहहिं सराहि सराही । रामप्रेम मूरति तनु आही ॥

माता, मन्त्री, गुरु, नगर के स्त्री-पुरुष सभी स्नेह के कारण अत्यन्त विह्वल हो गए । सब भरतजी को सराह-सराहकर उनसे कहते हैं कि आपका शरीर श्रीरामप्रेम की साक्षात् मूर्ति ही है (ऐसा जान पड़ता है कि श्रीरामचन्द्रजी का प्रेम भरत का शरीर धरकर मूर्तिमान् हो रहा है) ॥२॥

The mothers, the ministers, the preceptor and the people of the city were all overwhelmed with the vehemence of their affection and praised Bharata again and again, saying, 'Your body is the very personification of devotion to Rama.

तात भरत अस काहे न कहहू । प्रान समान रामप्रिय अहहू ॥
जो पावँरु अपनीं जड़ताईं । तुम्हहि सुगाइ मातुकुटिलाईं ॥

हे तात ! हे भरत ! आप ऐसा क्यों न कहें ? श्रीरामजी को आप प्राणों के समान प्रिय हैं । जो नीच अपनी जड़ता के कारण आपकी माता कैकेयी की कुटिलता को लेकर आप (जैसे रामप्रेमी) पर संदेह करेगा, ॥३॥

It is no wonder that you should say so, dear Bharata, for Rama loves you as his own life ! The vile man who in his ignorance hates you because of your mother's perversity,

सो सठु कोटिक पुरुष समेता । बसहि कलप सत नरकनिकेता ॥
अहि अघ अवगुन नहि मनि गहई । हरइ गरल दुख दारिद दहई ॥

वह दुष्ट करोड़ों पुरखों के साथ सौ कल्प पर्यंत नरक के घर में निवास करेगा । साँप के पाप और अवगुण को मणि ग्रहण नहीं करता, बल्कि वह विष को हर लेता है और दुःख तथा दरिद्रता का नाश कर देता है ॥४॥

—that wretch shall abide in hell for a hundred aeons with countless generations of his line. A jewel on the head of a serpent is not affected by the sins and baseness of the serpent; on the other hand, it is an antidote to poison and puts an end to pain and poverty.

दो. –अवसि चलिअ बन रामु जहँ भरत मंत्रु भल कीन्ह ।
सोक सिंधु बूड़त सबहि तुम्ह अवलंबनु दीन्ह ॥१८४॥

हे भरतजी ! आपने बड़ी अच्छी सलाह विचारी; जिस वन में राम हों, वहाँ अवश्य चलना चाहिए । शोकसमुद्र में डूबते हुए सब लोगों को आपने सहारा दे दिया ॥१८४॥

Yes, Bharata, you have thought out a good plan: by all means let us set out to seek Rama in the woods. You have held out a helping hand to us all as we were sinking in the ocean of grief.'

चौ. –भा सब कें मन मोदु न थोरा । जनु घनधुनि सुनि चातक मोरा ॥
चलत प्रात लखि निरनउ नीके । भरतु प्रानप्रिय भे सब ही के ॥

सबके मन में बड़ा भारी आनन्द हुआ, मानो मेघों की गर्जना सुनकर चातक और मोर आनन्दित हो रहे हों । प्रातःकाल चलने का सुन्दर निर्णय लखकर भरतजी सभी को प्राणप्रिय हो गए ॥१॥

Everyone felt as great a joy as when the cuckoo or the peacock hears the rumble of a thunder-cloud.

१. तांत्रिकों के अनुसार बीज-मंत्र वे मंत्र हैं जो बड़े-बड़े मंत्रों के मूलतत्त्व के रूप में माने जाते हैं । पूरे मंत्र का अर्थ बीज में निहित होता है । बीजयुक्त मंत्र बड़े प्रभावशाली होते हैं ।

When the people knew Bharata's welcome resolve to start the very next morning, they all began to love him as they loved themselves.

मुनिहि बंदि भरतहि सिरु नाई। चले सकल घर बिदा कराई ॥
धन्य भरत जीवनु जग माहीं। सीलु सनेहु सराहत जाहीं ॥

मुनि वसिष्ठजी की वन्दना और भरतजी को प्रणामकर सब लोग विदा लेकर अपने-अपने घर को चले। वे भरतजी के शील और स्नेह की सराहना करते जाते हैं कि जगत् में भरतजी का जीवन धन्य है! ॥२॥

After making obeisance to the sage and bowing their heads to Bharata, they all took leave and went to their several homes, praising as they went his loving-kindness and exclaiming, 'Blessed indeed is Bharata's life in this world !'

कहहिं परसपर भा बड़ काजू। सकल चलइ कर साजहिं साजू ॥
जेहि राखहिं रहु घर रखवारी। सो जानइ जनु गरदनि मारी ॥

वे परस्पर कहते हैं कि बड़ा काम बना। सभी चलने की तैयारी करने लगे। जिसे भी 'घर की रखवाली के लिए रहो' कहकर रखते हैं, वह यही समझता है कि मेरी गर्दन मारी गयी ॥३॥

They said to one another, 'A great object has been achieved !' and began to make ready for the journey. Whomsoever they left behind, saying, 'You should stay behind to keep watch at home,' he felt as if he had been smitten on the neck.

कोउ कह रहन कहिअ नहि काहू। को न चहइ जग जीवनलाहू ॥

कोई-कोई कहते हैं कि किसी को भी रहने के लिए मत कहो। जगत् में जीवन का लाभ लेना कौन नहीं चाहता! ॥४॥

Some said, 'Bid no one stay; who in this world would not have the reward of his life ?

दो.–जरउ सो संपति सदन सुखु सुहृद मातु पितु भाइ।
सनमुख होत जो रामपद करइ न सहस सहाइ ॥१८५॥

वह सम्पत्ति, घर, सुख, मित्र, माता, पिता, भाई–सब जल जाय जो श्रीरामजी के चरणों के सम्मुख होने में प्रसन्नतापूर्वक सहायता न करे ॥१८५॥

Perish that property, home and happiness and those friends, parents and brothers that do not gladly help one turn one's face towards Rama's feet !'

चौ.–घर घर साजहिं बाहन नाना। हरषु हृदयँ परभात पयाना ॥
भरत जाइ घर कीन्ह बिचारू। नगरु बाजि गज भवनु भँडारू ॥

घर-घर में लोग नाना प्रकार की सवारियाँ सजा रहे हैं। उनके हृदयमें बड़ा हर्षोल्लास है कि प्रातःकाल चलना है। भरतजी ने घर जाकर विचार किया कि नगर, घोड़े-हाथी, महल, खजाना आदि– ॥१॥

In every house they were getting ready carriages of all descriptions, rejoicing at the thought of starting early next morning. On reaching his own apartments Bharata thought to himself: 'The city, the horses and elephants, the palace and the treasury,

संपति सब रघुपति कै आही। जौं बिनु जतन चलउँ तजि ताही ॥
तौ परिनाम न मोरि भलाई। पापसिरोमनि साँइदोहाई ॥

सारी सम्पत्ति श्रीरघुनाथजी की है। यदि उसकी व्यवस्था किये बिना उसे ऐसे ही छोड़कर चल देता हूँ, तो परिणाम में मेरी भलाई नहीं होगी, क्योंकि स्वामी के प्रति द्रोह सब पापों का शिरोमणि है ॥२॥

—in short, everything belongs to Raghunatha. If I leave it unprotected and go away, in the end it will not be good for me; for disloyalty to one's master is the worst of sins.

करइ स्वामिहित सेवकु सोई। दूषन कोटि देइ किन कोई ॥
अस बिचारि सुचि सेवक बोले। जे सपनेहुँ निज धरम न डोले ॥

चाहे कोई करोड़ों दोष क्यों न दे, पर सेवक वही है जो स्वामी का हित करे। ऐसा विचारकर भरतजी ने ऐसे विश्वासपात्र सेवकों को बुलाया जो कभी स्वप्न में भी अपने धर्म-पथ से विचलित नहीं हुए थे ॥३॥

A servant is he who protects his master's interests, however much others may find fault with him.' So thinking, he sent for faithful servants who had never even dreamt of failing in their duty.

कहि सबु मरमु धरमु भल भाषा। जो जेहि लायक सो तेहि राखा ॥
करि सबु जतनु राखि रखवारे। राम मातु पहिं भरतु सिधारे ॥

भरतजी ने उनको मर्म की सभी बातें समझाकर फिर उत्तम धर्म का उपदेश दिया और जो जिस काम के योग्य था, उसे उसी काम पर नियुक्त कर दिया। रक्षा की सारी व्यवस्था करके और रक्षकों को रखकर भरतजी माता कौसल्याजी के पास गये ॥४॥

After declaring to them all he purposed, he taught them their paramount duty and entrusted them with the work for which they were severally fit. When he had made all these arrangements and posted the guards, Bharata went to see Rama's mother.

दो.–आरत जननी जानि सब भरत सनेहसुजान।
कहेउ बनावन पालकी सजन सुखासन जान ॥१८६॥

प्रेम के मर्म को जाननेवाले भरतजी ने सब माताओं को (राम-विरह में) आर्त जानकर उनके लिए पालकियाँ तैयार करने तथा सुखासन यान (सुखपाल, तामदान) सजाने के लिए कहा ॥१८६॥

Knowing all the queens in distress, Bharata, who understood the ways of love, ordered palanquins to be got ready and sedan-chairs to be equipped.

चौ. –चक्क चक्कि जिमि पुर नर नारी। चहत प्रात उर आरत भारी॥
जागत सब निसि भएउ बिहाना। भरत बोलाए सचिव सुजाना॥

चकवा-चकवी की भाँति नगर के नर-नारी हृदय में अत्यन्त आर्त होकर प्रातःकाल का होना चाहते हैं। सारी रात जागते-जागते सवेरा हो गया। तब भरतजी ने चतुर मन्त्रियों को बुलवाया– ॥१॥

The men and women of the city, like the *chakava* and his mate, desperately longed for the dawn (when they might start). They kept awake the whole night till it was daybreak, when Bharata summoned his wise counsellors,

कहेउ लेहु सबु तिलकसमाजू। बनहिं देब मुनि रामहि राजू॥
बेगि चलहु सुनि सचिव जोहारे। तुरत तुरग रथ नाग सँवारे॥

और कहा कि तिलक का सब सामान ले चलो, वन में ही मुनि (वसिष्ठजी) श्रीरामचन्द्रजी को राज्य देंगे। जल्दी चलने की आज्ञा सुनकर मन्त्रियों ने प्रणाम किया और शीघ्र ही घोड़े, रथ और हाथी सजवा दिए ॥२॥

—and said to them, 'Take with you all that is necessary for the coronation, for the sage (Vasishtha) will crown Rama even in the forest. Start expeditiously.' At his word the ministers made obeisance and had the horses, chariots and elephants immediately equipped.

अरुंधती अरु अगिनिसमाऊ। रथ चढ़ि चले प्रथम मुनिराऊ॥
बिप्रबृंद चढ़ि बाहन नाना। चले सकल तप तेज निधाना॥

पहले मुनिराज वसिष्ठजी अपनी पत्नी अरुन्धती और अग्निहोत्र के सब सामान के साथ रथ पर सवार होकर चले। फिर तपस्या और तेज के भण्डार सब ब्राह्मणों का समूह अनेक सवारियों पर चढ़कर चला ॥३॥

Taking with him his wife, Arundhati, and the materials for the burnt-offering, the chief of sages, Vasishtha, was the first to mount the chariot and set out; and then hosts of Brahmans, who were all repositories of austerity and spiritual glow, followed in vehicles of different kinds.

नगर लोग सब सजि सजि जाना। चित्रकूट कहँ कीन्ह पयाना॥
सिबिका सुभग न जाहिं बखानी। चढ़ि चढ़ि चलत भईं सब रानी॥

नगर के लोग रथों और सवारियों को सजा-सजाकर चित्रकूट के लिए चल पड़े। ऐसी सुन्दर पालकियों पर, जिनका वर्णन नहीं हो सकता, चढ़-चढ़कर सब रानियाँ चलीं ॥४॥

The people of the city followed next; having equipped their own carriages, they all set out for Chitrakuta, and all the queens journeyed in palanquins which were inexpressibly elegant.

दो. –सौंपि नगरु सुचि सेवकनि सादर सबहि चलाइ।
सुमिरि राम सिय चरन तब चले भरत दोउ भाइ॥१८७॥

विश्वासपात्र सेवकों को नगर सौंपकर और सबको आदर के साथ चलाकर, फिर श्रीसीतारामजी के चरणों का स्मरणकर भरत और शत्रुघ्न दोनों भाई चले ॥१८७॥

The two brothers, Bharata and Shatrughna, after entrusting the city to his faithful servants and courteously sending the whole party ahead, set forth last of all, with their thoughts on the feet of Rama and Sita.

चौ. –रामदरस बस सब नर नारी। जनु करि करिनि चले तकि बारी॥
बन सिय रामु समुझि मन माहीं। सानुज भरत पयादें हि जाहीं॥

श्रीराम-दर्शन की चाह में (दर्शन की असीम उत्कंठा से) सब नर-नारी इस प्रकार चले मानो प्यासे हाथी-हथिनी जल को तककर बड़ी तेजी से (बावले-से हुए) जा रहे हों। श्रीसीतारामजी वन की कठिनाइयों को भुगत रहे होंगे, मन में ऐसा विचारकर छोटे भाई शत्रुघ्नजी-सहित भरतजी पैदल ही चले जा रहे हैं ॥१॥

Seized with a longing for the sight of Rama, all the people, both men and women, made their way as elephants that run to quench their thirst. Reflecting in their hearts that Sita and Rama were (suffering hardship) in the woods, Bharata and his younger brother went on foot.

देखि सनेहु लोग अनुरागे। उतरि चले हय गय रथ त्यागे॥
जाइ समीप राखि निज डोली। राममातु मृदु बानी बोली॥

भरतजी के स्नेह को देखकर लोग प्रेम-मग्न हो गए और वे घोड़े, हाथी, रथों से उतर-उतरकर पैदल चलने लगे। तब भरतजी के पास जाकर और अपनी पालकी उनके समीप रखवाकर श्रीरामचन्द्रजी की माता कौसल्याजी कोमल वाणी से बोलीं– ॥२॥

When they saw Bharata's affectionate gesture, the people were overwhelmed with love and, dismounting, walked on foot, leaving their horses, elephants and chariots. But Rama's mother brought her palanquin to a halt by his side and softly said:

तात चढ़हु रथ बलि महतारी। होइहि प्रिय परिवारु दुखारी॥
तुम्हरे चलत चलिहि सबु लोगू। सकल सोककृस नहि मगजोगू॥

हे तात! माता तुम्हारी बलैया लेती है, तुम रथ पर चढ़ लो! नहीं तो प्यारे परिवार के सब लोग दुःखी हो जायँगे, तुम्हारे पैदल चलने से सब लोग पैदल चलेंगे। शोक के मारे सब दुबले हो रहे हैं, वे पैदल चलने के योग्य नहीं हैं! ॥३॥

'Mount your chariot, my son—your mother adjures you—or all our dear people will be put to trouble. If you walk, the whole party will follow suit, and you know they are all wasted with sorrow and hardly fit to walk.'

सिर धरि बचन चरन सिरु नाई। रथ चढ़ि चलत भए दोउ भाई॥
तमसा प्रथम दिवस करि बासू। दूसर गोमति तीर निवासू॥

माता के वचन को आदरपूर्वक मानकर और उनके चरणों में सिर नवाकर दोनों भाई रथ पर सवार हो चलने लगे। पहले दिन तमसा नदी के किनारे निवासकर दूसरे दिन गोमती के तीर पर निवास किया॥४॥

Obedient to her commands, the two brothers bowed their heads before her feet and mounted their chariots and so journeyed on. They halted the first day on the bank of the Tamasa and the second on the bank of the Gomati.

दो.—पय अहार फल असन एक निसि भोजन एक लोग।
करत राम हित नेम ब्रत परिहरि भूषन भोग॥१८८॥

कोई दूध ही पीते, कोई फलाहार करते और कोई रात में ही एक भोजन करते हैं। भूषण और भोग-विलास को त्यागकर सब लोग श्रीरामचन्द्रजी के लिए नेम-व्रत करते हैं॥१८८॥

Some of them lived only on milk, while others made a meal of fruit, and some took food but once in the night; for Rama's sake they had put off their ornaments and given up all luxuries and were observing strict ascetic rules.

चौ.—सई तीर बसि चले बिहाने। सृंगबेरपुर सब निअराने॥
समाचार सब सुने निषादा। हृदयँ बिचार करै सबिषादा॥

रातभर सई नदी के किनारे निवास करके दूसरे दिन विहान होने पर सब चल पड़े और शृङ्गवेरपुर के निकट जा पहुँचे। निषादराज ने सब समाचार सुने और वह दुःखी होकर हृदय में विचार करने लगा— ॥१॥

After halting on the bank of the Sai they resumed their journey at daybreak and all drew near to Shringaverapura. When the Nishada chief (Guha) heard all this news, he anxiously thought within himself;

कारन कवन भरतु बन जाहीं। है कछु कपटभाउ मन माहीं॥
जौं पै जियँ न होति कुटिलाई। तौ कत लीन्ह संग कटकाई॥

कौन ऐसा कारण है जिससे भरत वन को जा रहे हैं? इनके मन में कुछ कपट-भाव है! यदि इनके मन में कुटिलता न होती, तो साथ में सेना लाने की जरूरत ही क्या थी?॥२॥

'What motive can Bharata have in travelling to the forest? He must have some guileful purpose at heart. If he had no mischievous intention in his heart, why should he have brought an army with him?

जानहिं सानुज रामहि मारी। करौं अकंटक राजु सुखारी॥
भरत न राजनीति उर आनी। तब कलंकु अब जीवनहानी॥

इन्होंने समझा है कि छोटे भाई लक्ष्मणसहित श्रीराम को मारकर सुखपूर्वक निष्कण्टक राज्य करूँगा। पर भरत ने हृदय में राजनीति का विचार नहीं किया। तब तो इन्हें कलंक ही लगा था, पर अब तो जीवन से ही हाथ धोना पड़ेगा॥३॥

He must have thought that after killing Rama and his younger brother (Lakshmana), he would reign in ease and security. But Bharata did not take to heart the maxims of sound statecraft; first he brought on himself disgrace but now will meet a sure death.

सकल सुरासुर जुरहिं जुझारा। रामहि समर न जीतनिहारा॥
का आचरजु भरतु अस करहीं। नहि बिष बेलि अमिअ फल फरहीं॥

सब देव-दानव वीर जुट जायँ, तो भी श्रीरामजी को रण में पछाड़नेवाला कोई नहीं है। भरत जो ऐसा कर रहे हैं, इसमें अचरज ही क्या? विष की लताओं में अमृतफल नहीं फलते!॥४॥

Even if all the warriors of heaven and hell combine against Rama, they will fail to conquer him on the field. But what wonder that Bharata should act thus? Poison ivy does not bear ambrosial fruit!'

दो.—अस बिचारि गुह ग्याति सन कहेउ सजग सब होहु।
हथबासहु बोरहु तरनि कीजिअ घाटारोहु॥१८९॥

ऐसा विचारकर गुह (निषादराज) ने अपनी जातिवालों से कहा कि सब लोग सजग हो जाओ! डाँड़ों, पतवारों[१] और नावों को डुबा दो और सब घाटों की राह रोक लो॥१८९॥

Having thus reflected, Guha addressed his kinsfolk: 'Be on the alert, all of you; collect the boats and sink them with their oars and rudders and then close the ferry.

---

१. हथबाँस उस डाँड़-पतवार को कहते हैं जिसे हाथ में लेकर नाव खेते हैं। कई टीकाकारों ने 'हथबाँसना' का अर्थ 'अधिकार में करना' लगाया है, जिसके अनुसार इस पंक्ति का अर्थ होगा—'नावों को कब्जे में कर लो।'

चौ. –होहु सँजोइल रोकहु घाटा। ठाटहु सकल मरइ के ठाटा॥
सनमुख लोह भरत सन लेऊँ। जिअत न सुरसरि उतरन देऊँ॥

(लड़ाई के सामान से) सुसज्जित होकर घाटों को रोक लो और सब लोग मरने के ठाट-बाट सजा लो (मरने के लिए तैयार हो जाओ)! मैं सामने होकर भरतजी से लोहा लूँगा (युद्ध करूँगा) और जीते-जी उन्हें गङ्गापार न उतरने दूँगा॥१॥

'Equip yourselves well and close the ferry; and be ready, all of you, to die. I go to encounter Bharata in open combat and shall never let him cross the Ganga while I live.

समर मरनु पुनि सुरसरि तीरा। रामकाजु छनभंगु सरीरा॥
भरत भाइ नृप मैं जन नीचू। बड़े भाग असि पाइअ मीचू॥

एक तो युद्ध में मरण, फिर गङ्गाजी के किनारे, उसमें भी श्रीरामजी का काम और यह क्षणभङ्गुर शरीर (जो चाहे जब नाश हो जाय)! भरत श्रीरामजी के भाई और राजा (उनके हाथ से मरना) और मैं नीच सेवक – बड़े भाग्य से ऐसी मृत्यु मिलती है!॥२॥

To die in battle, and that too on the bank of the Ganga, and to lay down this fleeting body in Rama's cause! Then Bharata is Rama's own brother and a king, while I am an unworthy servant! Thrice blest were such a death!

स्वामिकाज करिहउँ रन रारी। जस धवलिहउँ भुअन दस चारी॥
तजउँ प्रान रघुनाथनिहोरें। दुहूँ हाथ मुद मोदक मोरें॥

अपने स्वामी के काम के लिए मैं रण में लड़ाई करूँगा और चौदहों लोकों को अपने यश से प्रकाशित कर दूँगा। श्रीरघुनाथजी के निमित्त मैं अपने प्राण त्याग दूँगा। मेरे तो दोनों ही हाथों में आनन्द के लड्डू हैं (जय और पराजय दोनों में आनन्द-ही-आनन्द है – जय में यश और पराजय में श्रीरामजी की नित्यसेवा का लाभ)॥३॥

I shall war and fight on the battle-field for my master and illuminate the fourteen spheres with my glory; if I lay down my life for the sake of Raghunatha, well, I shall be a gainer either way. (If I win, I will have served the cause of my master; if I die, I will attain the eternal abode of the Lord. There will thus be sweets of bliss in both my hands.)

साधुसमाज न जाकर लेखा। रामभगत महँ जासु न रेखा॥
जायँ जिअत जग सो महिभारू। जननी जौबन बिटप कुठारू॥

साधु-समाज में जिसकी गिनती नहीं और न राम-भक्तों में ही जिसका स्थान है, वह पृथ्वी का भार होकर संसार में व्यर्थ ही जीता है। वह माता के यौवनरूपी वृक्ष को काटने के लिए कुल्हाड़ीरूप है॥४॥

He who is not numbered among the virtuous nor counted among Rama's devotees lives in vain in this world; he is a useless burden to the earth and an axe to fell the tree of his mother's youth.'

दो. –बिगत बिषाद निषादपति सबहि बढ़ाइ उछाहु।
सुमिरि राम मागेउ तुरत तरकस धनुष सनाहु॥१९०॥

विषाद-रहित हो निषादराज ने सबका उत्साह बढ़ाकर तथा श्रीरामचन्द्रजी को सुमिरकर तुरंत ही तरकश, धनुष और कवच माँगा॥१९०॥

The Nishada chief, no longer downcast, aroused the zeal of his men and, fixing his thought on Rama, forthwith demanded his quiver, bow and buckler.

चौ. –बेगहु भाइहु सजहु सँजोऊ। सुनि रजाइ कदराइ न कोऊ॥
भलेहि नाथ सब कहहिं सहरषा। एकहि एक बढ़ावइ करषा॥

(और कहा –) हे भाइयो! जल्दी सब सामान सजा लो। मेरी आज्ञा सुनकर कोई मन में कायरता न लावे। सब सहर्ष बोल उठे – हे नाथ! बहुत अच्छा! और वे एक-दूसरे का उत्साह बढ़ाने लगे॥१॥

'Make haste, brothers,' he cried, 'to get ready the necessary equipment, and when you hear the word of command, let no one play the coward.' 'All right, my lord,' they all joyfully responded and roused one another's zeal.

चले निषाद जोहारि जोहारी। सूर सकल रन रूचइ रारी॥
सुमिरि रामपद पंकज पनहीं। भाथी बाँधि चढ़ाइन्हि धनहीं॥

निषादराज को प्रणाम कर-करके सब निषाद चल दिए। वे सब रण में बड़े शूरवीर हैं और युद्ध में लड़ना ही उन्हें अच्छा लगता है। श्रीरामचन्द्रजी के चरणकमलों की जूतियों का स्मरण करके उन्होंने भाथियाँ (छोटे-छोटे तरकश) बाँधकर धनुहियाँ चढ़ायीं॥२॥

Greeting their chief one after another, the Nishadas marched out, gallant warriors all, eager for the fray. Invoking the sandals of Rama's lotus feet, they girt themselves with quivers and strung their bows.

अँगरी पहिरि कूँडि सिर धरहीं। फरसा बाँस सेल सम करहीं॥
एक कुसल अति ओड़न खाँडें। कूदहिं गगन मनहु छिति छाँडें॥

कवच पहनकर सिर पर लोहे के टोप धारण करते हैं और फरसों, भालों तथा बरछों को सीधा करते हैं (सुधारते हैं)। कोई-कोई तलवार के वार रोकने में अत्यन्त कुशल हैं। वे उमंग में ऐसे भरे हैं मानो धरती छोड़कर आकाश में उछल रहे हों॥३॥

They donned their coats of mail, placed the helmets on their heads and sharpened their axes and lances and spears; some of them who were exceptionally clever at fencing, sprang with such agility that it seemed they never touched the ground and moved in the air.

निज निज साजु समाजु बनाई। गुह राउतहि जोहारे जाई॥
देखि सुभट सब लायक जाने। लइ लइ नाम सकल सनमाने॥

अपना-अपना साज-समाज बनाकर उन्होंने जाकर निषादराज गुह को प्रणाम किया। सब सुन्दर वीरों को देखकर और सबको सुयोग्य समझकर गुह ने नाम ले-लेकर सबका सम्मान किया॥४॥

Equipping themselves with their weapons and forming themselves into batches, they all went up to their chief, Guha, and greeted him. When he saw his gallant warriors and found them, each by his name, and duly honoured them.

दो.—भाइहु लावहु धोख जनि आजु काज बड़ मोहि।
सुनि सरोष बोले सुभट बीरु अधीरु न होहि॥१९१॥

(निषादराज गुह ने कहा—) हे भाइयो! धोखा न लाना (मरने से न घबड़ाना)! आज मेरा बड़ा भारी काम है। यह सुनकर सब शूरवीर बड़े उत्साह और रोष के साथ बोल उठे—हे वीर! अधीर मत हो॥१९१॥

'Do not play me false, brothers; there is a great issue before me today.' At this the gallant warriors spiritedly exclaimed, 'Have no fear, our brave chieftain!

चौ.—रामप्रताप नाथ बल तोरें। करहिं कटकु बिनु भट बिनु घोरें॥
जीवत पाउ न पाछें धरहीं। रुंड मुंड मय मेदिनि करहीं॥

हे नाथ! श्रीरामचन्द्रजी के प्रताप और आपके बल से हम भरत की सेना को बिना वीर और बिना घोड़े की कर देंगे। जीते-जी हम पाँव पीछे न रखेंगे। पृथ्वी को रुण्ड-मुण्डमयी कर देंगे॥१॥

By the majesty of Rama and your might, my lord, we shall leave no fighting man or horse in the enemy's ranks; we shall never retrace our steps while yet we live, but shall strew the earth with trunks and heads!'

दीख निषादनाथ भल टोलू। कहेउ बजाउ जुझाऊ ढोलू॥
एतना कहत छींक भइ बाएँ। कहेउ सगुनिअन्ह खेत सुहाएँ॥

निषादराज ने वीरों का अच्छा जत्था देखकर कहा—जुझाऊ (लड़ाई का सूचक) ढोल बजाओ! इतना कहते ही बायीं ओर छींक हुई। शकुन विचारनेवालों ने कहा कि खेत सुन्दर हैं, हमारी विजय होगी॥२॥

Observing the gallant band of warriors before him, the Nishada chief exclaimed, 'Beat the martial drum.' Even as he said so, someone sneezed on the left. The soothsayers said, 'The sneeze has come from an auspicious quarter;'

बूढ़ु एकु कह सगुन बिचारी। भरतहि मिलिअ न होइहि रारी॥
रामहि भरतु मनावन जाहीं। सगुन कहइ अस बिग्रहु नाहीं॥

किसी बूढ़े ने शकुन विचारकर कहा कि भरत से मिल लीजिए, उनसे लड़ाई न होगी। भरत श्रीरामचन्द्रजी को मनाने जा रहे हैं—शकुन ऐसा कहता है कि विरोध नहीं है, लड़ाई-झगड़ा न होगा॥३॥

An old man, reflecting on the omen, exclaimed, 'Let us go and meet Bharata; there will be no battle. Bharata is out to persuade Rama to return; the omen tells us that there will be no fighting'.

सुनि गुह कहइ नीक कह बूढ़ा। सहसा करि पछिताहिं बिमूढ़ा॥
भरत सुभाउ सीलु बिनु बूझें। बड़ि हितहानि जानि बिनु जूझें॥

यह सुनकर गुह ने कहा—बूढ़ा ठीक कहता है। जल्दी में कोई काम करके मूर्खलोग पीछे पछताते हैं। भरतजी का शील-स्वभाव समझे और जाने बिना युद्ध करने में हित की बड़ी हानि है॥४॥

On hearing this, Guha said, 'The old man has spoken well; fools act in haste and repent thereafter; if we fight without first knowing Bharata's intentions and ascertaining his temper and disposition, we shall be doing much harm to our cause.

दो.—गहहु घाट भट समिटि सब लेउँ मरमु मिलि जाइ।
बूझि मित्र अरि मध्य गति तब तस करिहौं आइ॥१९२॥

हे सैनिको! तुम सब इकट्ठे होकर सब घाटों को छेंक लो, मैं जाकर भरतजी से मिलकर उनका भेद लेता हूँ। उनका भाव मित्र का है या शत्रु का या मध्यस्थ (उदासीन) का, यह जानकर तब आकर उसी के अनुसार प्रबन्ध करूँगा॥१९२॥

Close up, all my warriors, and make a blockade around the river bank while I go to meet Bharata and find out his intention. When I have ascertained his friendly, hostile or neutral attitude, I shall return and plan accordingly.

चौ.—लखब सनेहु सुभायँ सुहाएँ। बैरु प्रीति नहि दुरइँ दुराएँ॥
अस कहि भेंट सँजोवन लागे। कंद मूल फल खग मृग मागे॥

उनके मनोहर स्वभाव से मैं उनके स्नेह को भाँप लूँगा क्योंकि वैर और प्रीति छिपाने से नहीं छिपती। ऐसा कहकर वह भेंट की सामग्री सजाने लगा। इसके लिए उसने कन्द, मूल, फल, पक्षी और हिरन मँगवाये॥१॥

If he is devoted to Rama, I shall discover it from his charming disposition; for hatred and love cannot be hid even if one tries to do so.' So saying, he began to prepare a present and sent for bulbs, roots and fruit as well as birds and deer.

मीन पीन पाठीन पुराने। भरि भरि भार कहारन्ह आने।
मिलनसाजु सजि मिलन सिधाए। मंगलमूल सगुन सुभ पाए॥

कहार लोग पुरानी और मोटी पहिना नामक मछलियों के भार भर-भरकर ले आये। भेंट के सब सामान सजाकर जब वे मिलने चले तब कल्याणसूचक शुभ शकुन होने लगे ॥२॥

Bearers also brought loads of fine fat sheat-fish, large *pahinas*. Thus equipping himself with presents, he went out to meet Bharata, and fair and auspicious omens attended him on his way.

देखि दूरि तें कहि निज नामू। कीन्ह मुनीसहि दंड प्रनामू॥
जानि रामप्रिय दीन्हि असीसा। भरतहि कहेउ बुझाइ मुनीसा॥

मुनिराज वसिष्ठजी को देखकर निषादराज ने अपना नाम कहकर दूर ही से दण्डवत् प्रणाम किया। मुनीश्वर (वसिष्ठजी) ने उसको राम का प्रिय जानकर आशीर्वाद दिया और भरतजी को समझाकर कहा (कि यह श्रीरामजी का सखा है) ॥३॥

As soon as he saw Vasishtha, the lord of sages, the Nishada chief declared his name and prostrated himself before the sage from a distance. The sage, who recognized him as Rama's friend, gave him his blessing and told Bharata who he was.

रामसखा सुनि संदनु त्यागा। चले उतरि उमगत अनुरागा॥
गाउँ जाति गुह नाउँ सुनाई। कीन्ह जोहारु माथ महि लाई॥

यह श्रीराम का सखा है, इतना सुनते ही भरतजी ने रथ त्याग दिया। वे उतरकर अनुराग में उमँगते हुए चले। तब गुह ने अपना गाँव, जाति और नाम सुनाकर पृथ्वी पर माथा टेककर प्रणाम किया ॥४॥

When he heard that he was Rama's friend, Bharata alighted from his chariot and, leaving it behind, went forward to greet him with a heart overflowing with love. Guha declared his village, his race and his name and made obeisance with his forehead on the ground.

दो. –करत दंडवत देखि तेहि भरत लीन्ह उर लाइ।
मनहु लखन सन भेंट भइ प्रेमु न हृदयँ समाइ॥१९३॥

उसको दण्डवत् करते देखकर भरतजी ने उसे छाती से लगा लिया। हृदय में प्रेम समाता नहीं है, मानो लक्ष्मणजी से भेंट हो गयी हो ॥१९३॥

When Bharata saw Guha prostrating himself, he clasped him to his bosom with much uncontrollable rapture as though it were Lakshmana he had met.

चौ. –भेंटत भरतु ताहि अति प्रीती। लोग सिहाहिं प्रेम कै रीती॥
धन्य धन्य धुनि मंगलमूला। सुर सराहि तेहि बरिसहिं फूला॥

भरतजी गुह को अत्यन्त प्रेम से गले लगा रहे हैं, उनके प्रेम की रीति को देखकर सब लोग सिहा रहे हैं। मङ्गल की मूल 'धन्य-धन्य' की ध्वनि करके देवता उनकी सराहना करते हुए फूल बरसा रहे हैं ॥१॥

Bharata embraced him with such great affection that everybody enviously extolled the expression of his love. There was a jubilant cry of 'Blessed, blessed is he !' as the gods applauded and rained down flowers upon him.

लोक बेद सब भाँतिहि नीचा। जासु छाँह छुइ लेइअ सींचा॥
तेहि भरि अंक राम लघु भ्राता। मिलत पुलक परिपूरित गाता॥

(वे कहते हैं –) लोक और वेद दोनों में जो सब तरह से नीच माना जाता है, जिसकी छाया के छू जाने पर स्नान करना पड़ता है, उसी निषाद से श्रीरामचन्द्रजी के छोटे भाई भरतजी अँकवार भरकर (लिपटकर) मिल रहे हैं और उनका शरीर रोमांचित हो रहा है ॥२॥

'Him,' they said, 'whom the world and the Vedas declare to be altogether vile, so that contact with his shadow requires a ceremonial cleaning, Rama's younger brother is taking to his heart and embracing, his body thrilling all over with joy.

राम राम कहि जे जमुहाहीं। तिन्हहि न पापपुंज समुहाहीं॥
यह तौ राम लाइ उर लीन्हा। कुल समेत जगु पावन कीन्हा॥

जो लोग 'राम-राम' कहकर जँभाई लेते हैं, उनके सामने पापों के समूह नहीं आते। फिर इस गुह को तो स्वयं श्रीरामचन्द्रजी ने छाती से लगा लिया और कुल-समेत इसे जगत्पावन बना दिया ! ॥३॥

Those who in the act of yawning say "Rama, Rama" need not fear the onset of a multitude of sins; and here is one whom Rama himself had clasped to his bosom and bestowed on him and his family the power to sanctify the world.

करमनास जलु सुरसरि परई। तेहि को कहहु सीस नहि धरई॥
उलटा नामु जपत जगु जाना। बालमीकि भये ब्रह्म समाना॥

जब कर्मनाशा नदी का जल गङ्गाजी में पड़ जाता है, तब कहिए तो कौन उसे सिर पर धारण नहीं करता ? संसार जानता है कि उलटा नाम (मरा-मरा) जपते-जपते वाल्मीकिजी ब्रह्म के समान हो गए ॥४॥

When the water of the Karmanasa joins the celestial stream (the Ganga), then tell me, who would not pour it on his head ! The whole world knows Valmiki became as good as Brahma (God himself) by repeating the Name (Rama) backwards.

दो. –स्वपच सबर खस जमन जड़ पाँवर कोल किरात ।
रामु कहत पावन परम होत भुवन बिख्यात ॥१९४॥

श्वपच (चाण्डाल), शबर, खस, यवन, कोल, किरात आदि मूर्ख और नीच भी राम-नाम कहते ही परम पवित्र और तीनों लोकों में विख्यात हो जाते हैं ॥१९४॥

Even a Chandala, a Shavara (Bhil), a Khasa, a Yavana, a Kol or a Kirata, ignorant and base though he be, by uttering the Name of Rama becomes wholly pure and renowned through all the spheres.

चौ. –नहि अचिरिजु जुग जुग चलि आई । केहि न दीन्हि रघुबीर बड़ाई ॥
राम नाम महिमा सुर कहहीं । सुनि सुनि अवध लोग सुखु लहहीं ॥

अतः यह कोई आश्चर्य की बात नहीं है (कि यह गुह इतना योग्य हो गया), ऐसी रीति तो युग-युगांतर से चली आ रही है । श्रीरघुनाथजी ने किसे बड़प्पन नहीं दिया ? (इस प्रकार) देवता रामनामकी महिमा कह रहे हैं और उसे सुन-सुनकर अवधवासी सुख पा रहे हैं ॥१॥

It is no wonder; it has been so age after age; who is there whom Raghunatha has not exalted ?' Thus did the gods glorify Rama's Name, and the people of Ayodhya rejoiced as they heard the praise.

रामसखहि मिलि भरतु सप्रेमा । पूँछी कुसल सुमंगल खेमा ॥
देखि भरत कर सीलु सनेहू । भा निषाद तेहि समय बिदेहू ॥

श्रीरामजी के मित्र निषादराज से बड़े प्रेम के साथ मिलकर भरतजी ने कुशल, मङ्गल और क्षेम पूछी । भरतजी के शील-स्वभाव और प्रेम को देखकर निषाद उस समय प्रेममुग्ध होकर देह की सुध भूल गया, विदेह हो गया ॥२॥

Bharata affectionately greeted Rama's friend (Guha) and enquired after his health and welfare; and when he saw Bharata's amiability and affection, the Nishada was at once utterly overpowered.

सकुच सनेहु मोदु मन बाढ़ा । भरतहि चितवत एकटक ठाढ़ा ॥
धरि धीरजु पद बंदि बहोरी । बिनय सप्रेम करत कर जोरी ॥

निषाद के मन में संकोच, स्नेह और आनन्द इतना बढ़ गया कि वह खड़ा-खड़ा भरतजी को एकटक देखता रहा । फिर धीरज धरकर भरतजी के चरणों में पुनः प्रणामकर प्रेम के साथ हाथ जोड़कर वह विनती करने लगा – ॥३॥

Ever greater grew his bashfulness, love and soul's delight, so that he stood gazing at Bharata with unwinking eyes. Then collecting himself, he again bowed at Bharata's feet and with folded hands lovingly submitted:

कुसलमूल पद पंकज पेखी । मैं तिहुँ काल कुसल निज लेखी ॥
अब प्रभु परम अनुग्रह तोरें । सहित कोटि कुल मंगल मोरें ॥

हे प्रभो ! कुशल के मूल आपके चरणकमलों को देखकर मैंने तीनों कालों में अपना कुशल समझ लिया । अब आपके परम अनुग्रह से करोड़ों कुलों सहित मेरा मंगल-ही-मंगल है ॥४॥

'Now that I have beheld your lotus feet, which are the very fountain of happiness, I have accounted myself blessed in time past, present and to come. Now, my lord, by your supreme grace my good fortune is assured for millions of generations.

दो. –समुझि मोरि करतूति कुलु प्रभुमहिमा जिय जोइ ।
जो न भजइ रघुबीरपद जग बिधिबंचित सोइ ॥१९५॥

मेरी करनी और मेरे कुल का विचारकर और प्रभु की महिमा को मन में देखकर जो श्रीरामजी के चरणों का भजन नहीं करता, वही जगत् में विधाता के द्वारा छला गया है ॥१९५॥

Reflecting on my past deeds and my descent and again considering the Lord's greatness, he who does not devote himself to Rama's feet must be a victim of divine delusion in this world.

चौ. –कपटी कायरु कुमति कुजाती । लोक बेद बाहेर सब भाँती ॥
राम कीन्ह आपन जबही तें । भएउँ भुवनभूषन तबही तें ॥

मैं कपटी, कायर, दुर्बुद्धि और कुजाति और लोक-वेद दोनों से सब तरह बाहर हूँ । (ऐसे मुझको भी) जब से श्रीरामचन्द्रजी ने अपनाया है, तभी से मैं विश्व का भूषणरूप बन गया ! ॥१॥

False, cowardly, evil-minded and low-born as I am, utterly outcast by the world and the Vedas, yet I have become the glory of the world from the day Rama made me his own.'

देखि प्रीति सुनि बिनय सुहाई । मिलेउ बहोरि भरत लघु भाई ॥
कहि निषाद निज नाम सुबानी । सादर सकल जोहारीं रानी ॥

(निषादराज की) प्रीति को देखकर और उसके सुन्दर विनय को सुनकर फिर शत्रुघ्नजी उससे मिले । निषाद ने अपना नाम ले-लेकर विनम्र और मधुर वाणी से सब रानियों को सादर प्रणाम किया ॥२॥

When he saw his devotion and heard his humble submission, Bharata's younger brother, Shatrughna, embraced him next. Then the Nishada chief introduced himself by name and courteously made obeisance to all the queens.

जानि लखन सम देहिं असीसा । जिअहु सुखी सय लाख बरीसा ॥
निरखि निषादु नगर नर नारी । भये सुखी जनु लखनु निहारी ॥

उसे लक्ष्मण के समान जानकर रानियाँ आशीर्वाद देती हैं कि (तुम) सौ लाख वर्षों तक सुखपूर्वक जिओ । अवधपुरी के स्त्री-पुरुष निषाद को देखकर ऐसे सुखी हुए मानो लक्ष्मणजी को देख रहे हों ॥३॥

They gave him their blessing as though he were Lakshmana himself : 'May you live happily for millions of years !' The men and women of the city were as glad to see the Nishada chief as though they were seeing Lakshmana.

कहहिं लहेउ एहि जीवनलाहू । भेंटेउ रामभद्र भरि बाहू ॥
सुनि निषादु निज भाग बड़ाई । प्रमुदित मन लै चलेउ लवाई ॥

वे कहते हैं कि जीवन का लाभ तो इसीने पाया है, जिसे कल्याणस्वरूप श्रीरामचन्द्रजी ने भुजाओं में बाँधकर (पूरी भुजा फैलाकर) गले लगाया है । अपने भाग्य की सराहना सुनकर प्रसन्नचित हो निषादराज सबको अपने साथ लिवा ले चला ॥४॥

They said, 'He has surely reaped the reward of his life, for Rama the blessed has folded him in his arms and embraced him.' When the Nishada heard them extol his good fortune, he led them with a cheerful heart.

दो. –सनकारे सेवक सकल चले स्वामिरुख पाइ ।
घर तरुतर सर बाग बन बास बनाएन्हि जाइ ।१९६॥

उसने अपने सभी सेवकों को इशारे से कह दिया । वे अपने स्वामी का रुख पाकर चले और उन्होंने घरों में, वृक्षों के नीचे, तालाबों पर तथा बागों और वनों में जाकर ठहरने के लिए स्थान बना दिए ॥१९६॥

He signalled to his attendants, and they all, understanding their master's will, dispersed and prepared resting-places in their houses, under the trees, by the ponds and in the gardens and the groves.

चौ. –सृंगबेरपुर भरत दीख जब । भे सनेह सब अंग सिथिल तब ॥
सोहत दिए निषादहि लागू । जनु तनु धरें बिनय अनुरागू ॥

जब भरतजी ने शृङ्गवेरपुर को देखा, तब उनके सब अङ्ग स्नेहवश शिथिल हो गए । वे निषादराज के कन्धे पर हाथ रखकर चलते हुए ऐसे शोभित हो रहे हैं मानो विनय और अनुराग ही शरीर धारण किये हुए हों ॥१॥

When Bharata saw Shringaverapura, he was overcome by emotion in every limb. Leaning on the Nishada chief he presented a goodly sight; it seemed as though Modesty and Love had taken bodily forms.

एहि बिधि भरत सेनु सबु संगा । दीखि जाइ जगपावनि गंगा ॥
रामघाट कहँ कीन्ह प्रनामू । भा मनु मगनु मिले जनु रामू ॥

इस प्रकार भरतजी ने सब सेना के साथ जाकर जगत् को पवित्र करनेवाली गङ्गाजी के दर्शन किये । उन्होंने श्रीरामघाट को प्रणाम किया और मन में वे इतने प्रसन्न हुए मानो उन्हें स्वयं श्रीरामजी मिल गए हों ॥२॥

In this manner Bharata with all his host went and saw the world-purifying stream of the Ganga; he made obeisance to the ford where Rama had bathed and said his prayers, and felt as enraptured as if Rama himself had met him.

करहिं प्रनाम नगर नर नारी । मुदित ब्रह्ममय बारि निहारी ॥
करि मज्जनु माँगहि कर जोरी । रामचंद्रपद प्रीति न थोरी ॥

नगर के स्त्री-पुरुष प्रणाम करते और ब्रह्ममय गंगा-जल को देख-देखकर प्रसन्न होते हैं । गङ्गाजी में स्नानकर हाथ जोड़कर सब यही वरदान माँगते हैं कि श्रीरामचन्द्रजी के चरणों में हमारी प्रीति कम न हो ॥३॥

The men and women of the city also did reverence and were delighted to see the divine stream, and after bathing prayed with folded hands: 'May our devotion to Ramachandra's feet never grow less !'

भरत कहेउ सुरसरि तव रेनू । सकल सुखद सेवक सुरधेनू ॥
जोरि पानि बर मागउँ एहू । सीय राम पद सहज सनेहू ॥

भरतजी ने कहा – हे गङ्गे ! तुम्हारी धूलि समस्त सुखों को देनेवाली और सेवकों के लिए तो कामधेनु ही है । हाथ जोड़कर मैं यही वर माँगता हूँ कि श्रीसीतारामजी के चरणों में मेरा स्वाभाविक स्नेह हो ॥४॥

Bharata exclaimed, 'Your sands, O holy stream, are the bestowers of happiness on all, the very cow of plenty to your votaries; with folded hands I ask of you only this boon: spontaneous devotion to the feet of Sita and Rama.'

दो. –एहि बिधि मज्जनु भरतु करि गुर अनुसासन पाइ ।
मातु नहानी जानि सब डेरा चले लवाइ ॥१९७॥

इस तरह स्नानकर और गुरुजी की आज्ञा पाकर तथा यह जानकर कि सब माताएँ स्नान कर चुकीं, भरतजी डेरा उठा ले चले ॥१९७॥

Thus after bathing and receiving his *guru*'s commands and on learning that all the queens had bathed, he had the tents shifted.

चौ. –जहँ तहँ लोगन्ह डेरा कीन्हा । भरत सोधु सब ही कर लीन्हा ॥
सुरसेवा करि आयेसु पाई । राममातु पहिं गे दोउ भाई ॥

जहाँ-तहाँ लोगों ने डेरा डाल दिया । भरतजी ने सबकी जाँच-पड़ताल कर ली (यह देख लिया कि सब लोग आ गए और आराम से टिक गए) । देवताओं की पूजा के बाद गुरुजी की आज्ञा पाकर दोनों भाई कौसल्याजी के पास गए ॥१॥

The people took up their lodgings here and there and Bharata made sure that all had come and comfortably settled. After worshipping the gods and taking leave of them, the two brothers (Bharata and Shatrughna) went up to Rama's mother (Kausalya).

चरन चाँपि कहि कहि मृदु बानी । जननी सकल भरत सनमानी ॥
भाइहि सौंपि मातुसेवकाई । आपु निषादहि लीन्ह बोलाई ॥

चरण दबाकर और मीठी वाणी कह-कहकर भरतजी ने सब माताओं का सम्मान किया । फिर भाई शत्रुघ्न को माताओं की सेवा सौंपकर आपने निषाद को बुला लिया ॥२॥

Bharata paid honour to all his mothers, rubbing and pressing their feet and speaking many tender words. Then having left them to the dutiful care of his brother, he himself summoned the Nishada chief,

चले सखा कर सों कर जोरें । सिथिल सरीरु सनेहु न थोरें ॥
पूँछत सखहि सो ठाउँ देखाऊ । नेकु नयन मन जरनि जुड़ाऊ ॥

हाथ से हाथ मिलाये हुए दोनों सखा – गुह और भरत – चले । अत्यधिक स्नेह के कारण उनके शरीर शिथिल हो रहे हैं । भरतजी अपने सखा गुह से पूछते हैं कि मुझे वह ठाँव दिखलाओ और नेत्र और मन की जलन जरा ठंडी करो – ॥३॥

—and went hand in hand with him, his body fainting with excess of love. He asked his friend to show him the spot—and thus assuage a little the agony of his eyes and soul—

जहँ सिय रामु लखनु निसि सोए । कहत भरे जल लोचनकोए ॥
भरतबचन सुनि भयेउ बिषादू । तुरत तहाँ लइ गयेउ निषादू ॥

जहाँ सीताजी, रामजी और लक्ष्मण रात को सोये थे । इतना कहते ही उनकी आँखों के कोनों में आँसू भर आए । भरतजी के वचन सुनकर निषाद को बड़ा दुःख हुआ । वह तुरंत उन्हें वहाँ ले गया – ॥४॥

—where Sita, Rama and Lakshmana had slept at night. Even as he spoke, the corners of his eyes were filled with tears. The Nishada chief was distressed at Bharata's words and quickly brought him to the spot—

दो. –जहँ सिंसुपा पुनीत तरु रघुबर किय बिश्रामु ।
अति सनेह सादर भरत कीन्हेउ दंड प्रनामु ॥१९८॥

जहाँ पवित्र शीशम के वृक्ष के नीचे रघुवर ने विश्राम किया था । भरतजी ने वहाँ बड़े प्रेम और आदर के साथ दण्डवत् प्रणाम किया ॥१९८॥

—where Raghubara had rested beneath the sacred *shisham* tree. There with the utmost affection and reverence Bharata prostrated himself.

चौ. –कुससाँथरी निहारि सुहाई । कीन्ह प्रनामु प्रदच्छिन जाई ॥
चरनरेख रज आँखिन्ह लाई । बनइ न कहत प्रीति अधिकाई ॥

(फिर) कुशों की सुहावनी साथरी देखकर उसकी प्रदक्षिणा (परिक्रमा) करके प्रणाम किया । श्रीरामचन्द्रजी के चरणचिह्नों की धूलि आँखों में लगायी । उस समय के प्रेम की अधिकता का वर्णन करते नहीं बनता ॥१॥

When he saw the delectable couch of *kusha* grass, he reverently paced round it and made obeisance. He also placed the dust of Rama's footprints on his eyes with an overflow of devotion beyond all telling.

कनकबिंदु दुइ चारिक देखे । राखे सीस सीय सम लेखे ॥
सजल बिलोचन हृदय गलानी । कहत सखा सन बचन सुबानी ॥

भरतजी ने दो-चार कनकबिन्दु (सोने के कुछ कण, तारे आदि जो सीताजी के वस्त्रों और गहनों से टूटकर गिर पड़े थे) देखे और उनको सीताजी के समान समझकर मस्तक पर धर लिया । उनके नेत्र सजल हो गए और हृदय ग्लानि से भर गया । वे अपने सखा से सुन्दर वाणी में ये वचन बोले – ॥२॥

He saw there two or three golden spangles, which he placed on his head as though they were Sita herself. With tears in his eyes and a heart full of remorse he spoke to his companion in gentle tones:

श्रीहत सीयबिरह दुतिहीना । जथा अवध नर नारि बिलीना ॥
पिता जनक देउँ पटतर केही । करतल भोगु जोगु जग जेही ॥

'ये (स्वर्ण-कण, तारे-आदि) भी सीताजी के विरह से ऐसे श्रीहत (निस्तेज) एवं कान्तिहीन हो गए हैं जैसे रामवियोग में अयोध्या के स्त्री-पुरुष मलिन पड़ गए हैं । जिन सीताजी के पिता राजा जनक हैं, संसार में भोग और योग दोनों ही जिनकी मुट्ठी में हैं, उन जनकजी की उपमा मैं किससे दूँ ? ॥३॥

'Separated from Sita, these spangles have lost their brilliance and are lying lustreless, just as the people of Ayodhya, both men and women, are wasted with sorrow. To whom shall I compare her father, Janaka, who in this world is a master of both asceticism and enjoyment ?

ससुर भानुकुलभानु भुआलू । जेहि सिहात अमरावतिपालू ॥
प्राननाथ रघुनाथ गोसाईं । जो बड़ होत सो रामबड़ाईं ॥

अमरावती के स्वामी इन्द्र भी ईर्ष्यापूर्वक जिनके ऐश्वर्य और प्रताप को पाना चाहते थे, वे सूर्यवंश के सूर्य राजा दशरथजी जिनके ससुर हैं, और प्रभु रामचन्द्रजी जिनके प्राणनाथ हैं, जिनकी बड़ाई से ही सब बड़े होते हैं, ॥४॥

And she had for her father-in-law Dasharath, the sun of the Solar race, whom even the lord of Paradise (Indra) envied. And her beloved lord is no other than Lord Rama, from whose glory all great ones derive their greatness !

दो. –पतिदेवता सुतीय मनि सीय साँथरी देखि ।
बिहरत हृदउ न हहरि हर पबि तें कठिन बिसेषि ।१९९॥

उन श्रेष्ठ पतिव्रता स्त्रियों में शिरोमणि सीताजी की साथरी को देखकर भी मेरा हृदय हहरकर फट नहीं जाता । हे शंकर ! यह वज्र से भी अधिक कठोर जान पड़ता है ! ॥१९९॥

Even as I gaze on the grassy couch used by Sita, that jewel of chaste and virtuous wives my heart breaks not in horror surely, O Shankara, it is far harder than a thunderbolt !

चौ. –लालनजोगु लखन लघु लोने । भे न भाइ अस अहहिं न होने ॥
पुरजन प्रिय पितु मातु दुलारे । सिय रघुबीरहि प्रानपिआरे ॥

लक्ष्मण प्यार करने योग्य, छोटे और सलोने हैं ! ऐसे भाइ न तो हुए, न हैं और न होने वाले ही हैं । जो लक्ष्मण नगर के लोगों को प्यारे, माता-पिता के दुलारे और श्रीसीतारामजी के प्राणप्यारे हैं; ॥१॥

No brother like Lakshmana, young, handsome and made to be fondled, has ever been or is or will be. Dear to the people of the city and the darling of his parents, he is dear as life to both Sita and Rama.

मृदु मूरति सुकुमार सुभाऊ । तात बाउ तन लाग न काऊ ॥
ते बन सहहिं बिपति सब भाँती । निदरे कोटि कुलिस एहि छाती ॥

जिनकी मूर्ति कोमल और जिनका स्वभाव सुकुमार है, जिनके शरीर में कभी गर्म हवा भी नहीं लगी, वही लक्ष्मणजी वन में सब प्रकार की विपत्तियों को सह रहे हैं ! मेरी इस कठोर छाती ने तो करोड़ों वज्रों का भी निरादर कर दिया ! ॥२॥

He who is so delicate of form and tender of disposition and whose body has never been exposed to hot winds, is suffering every kind of hardship in the woods. Oh ! this breast of mine has outdone a myriad thunderbolts !

राम जनमि जगु कीन्ह उजागर । रूप सील सुख सब गुन सागर ॥
पुरजन परिजन गुर पितु माता । रामसुभाउ सबहि सुखदाता ॥

श्रीरामचन्द्रजी ने अवतार लेकर सारे जगत् को प्रकाशित कर दिया । वे रूप, शील, सुख और सभी गुणों के सागर हैं । पुरवासी, कुटुम्बी, गुरु, पिता-माता सभी को श्रीरामजी का स्वभाव सुख देनेवाला है ॥३॥

As for Rama, his birth has brought radiance to the world, for he is an ocean of beauty, amiability, joy and all perfection. Rama's disposition is the delight of the people of Ayodhya and of his kinsfolk, *guru*, father and mother.

बैरिउ रामबड़ाई करहीं । बोलनि मिलनि बिनय मन हरहीं ॥
सारद कोटि कोटि सत सेषा । करि न सकहिं प्रभुगुन गन लेखा ॥

वैरी भी श्रीरामजी की प्रशंसा करते हैं । उनका बोलना, मिलना और उनकी विशेष नम्रता मन को मुग्ध कर लेती है । करोड़ों सरस्वती और अरबों शेषजी भी प्रभु श्रीरामचन्द्रजी के गुण-समूहों की गिनती नहीं कर सकते ॥४॥

Even his enemies glorify Rama, who steals every heart by his polite speech, his agreeable manners and his modesty of behaviour. Millions of Sharadas (goddesses of speech) and hundreds of millions of Sheshas (serpent-gods) are unable to reckon up the virtues of the Lord.

दो. –सुखसरूप रघुबंसमनि मंगल मोद निधान ।
ते सोवत कुस डासि महि बिधिगति अति बलवान ॥२००॥

जो सुख के स्वरूप रघुकुल-शिरोमणि श्रीरामचन्द्रजी आनंद-मंगल के भण्डार हैं, वे ही कुश बिछाकर पृथ्वी पर सोते हैं ! विधाता की गति अत्यन्त बलवती है ॥२००॥

Rama, the jewel of Raghu's line, who is Bliss personified and a mine of joy and fortune, strews *kusha* grass on the ground and sleeps on it ! The ways of Providence are inexorable indeed !

चौ. –राम सुना दुखु कान न काऊ । जीवनतरु जिमि जोगवइ राऊ ॥
पलकनयन फनिमनि जेहि भाँती । जोगवहिं जननि सकल दिनराती ॥

श्रीरामचन्द्रजी ने कानों से कभी दुःख का नाम तक नहीं सुना । राजा दशरथ स्वयं जीवन-तरु की तरह उनकी रक्षा करते थे । सब माताएँ भी रात-दिन उनकी उसी प्रकार सार-सँभाल करती थीं जिस तरह पलकें नेत्रों की और साँप अपनी मणि की करते हैं ॥१॥

Rama had never even heard of sorrow; the king (our father) tended him like the tree of life. All the queens cherished him day and night even as the eyelid guards the eyes or the serpent its jewel.

ते अब फिरत बिपिन पदचारी । कंद मूल फल फूल अहारी ॥
धिग कैकई अमंगलमूला । भइसि प्रान प्रियतम प्रतिकूला ॥

वही श्रीरामचन्द्रजी अब जंगलों में पैदल घूमते-फिरते हैं और कन्द-मूल तथा फल-फूलों का भोजन करते हैं । अमङ्गलों की जड़ कैकेयी को धिक्कार है, जो अपने प्राण-प्रियतम पति के भी प्रतिकूल हो गयी ॥२॥

The same Rama now roams the forest on foot and lives on bulbs, roots, fruit and flowers. Curses on

Kaikeyi (my mother), the root of all evil, who turned hostile to him (her own husband) who was the dearest object of her life !

मैं धिग धिग अघ उदधि अभागी। सबु उतपातु भयेउ जेहि लागी ॥
कुलकलंकु करि सृजेउ बिधाताँ। साइँदोह मोहि कीन्ह कुमाताँ ॥

मुझ पापों के समुद्र और अभागे को धिक्कार है, धिक्कार है, जिसके लिए ये सभी उपद्रव हुए। विधाता ने मुझे कुल के लिए कलंकरूप बनाकर पैदा किया और मेरी कुमाता ने मुझे स्वामी का वैरी बना दिया ॥३॥

And curses, curses on my own wretched self, that ocean of iniquity, on whose account all these calamities have come to pass. God brought me to birth to disgrace my family, and my wicked mother has made me the enemy of my lord.'

सुनि सप्रेम समुझाव निषादू। नाथ करिअ कत बादि बिषादू ॥
राम तुम्हहि प्रिय तुम्ह प्रिय रामहि। यह निरजोसु दोसु बिधि बामहि ॥

यह सुनकर निषादराज प्रेमपूर्वक समझाने लगा – हे नाथ ! आप क्यों व्यर्थ विषाद कर रहे हैं ? श्रीरामचन्द्रजी आपको प्यारे हैं और आप श्रीरामचन्द्रजी को प्रिय हैं। यही निश्चित सिद्धान्त है, दोष तो प्रतिकूल विधाता (एवं विधि की वामा सरस्वती) का है ॥४॥

When he heard this plaint, the Nishada chief lovingly comforted him: 'Why make these vain laments, my lord ? Rama is dear to you and you to Rama. Certain it is that the blame rests with an adverse fate.

छं. –बिधि बाम की करनी कठिन जेहिं मातु कीन्ही बावरी।
तेहि राति पुनि पुनि करहिं प्रभु सादर सरहना रावरी ॥
तुलसी न तुम्ह सो राम प्रीतमु कहतु हौं सोहें कियें।
परिनाम मंगलु जानि अपने आनिए धीरजु हियें ॥

प्रतिकूल विधाता की करनी बड़ी कठोर होती है, जिसने माता कैकेयी को पागल बना दिया। उस रात को प्रभु बार-बार आदरपूर्वक आपकी बड़ी सराहना करते रहे। तुलसीदासजी कहते हैं (निषादराज कहता है कि –) आपके समान श्रीरामचन्द्रजी को प्यारा और कोई नहीं है, मैं सौगंद खाकर कहता हूँ। अन्त में मङ्गल होगा, यह जानकर आप अपने हृदय में धीरज धारण कीजिए।

"Cruel indeed are the doings of an adverse fate that drove Kaikeyi mad ! That night the Lord reverently praised you again and again. There is no one, says Tulasidasa, so supremely dear to Rama as you are: I declare this on oath. Be assured that all will turn out well in the end, and take courage in your heart.

सो. –अंतरजामी रामु सकुच सप्रेम कृपायतन।
चलिअ करिअ बिश्रामु यह बिचारि दृढ़ आनि मन ॥२०१॥

श्रीरामचन्द्रजी अन्तर्यामी तथा संकोच, प्रेम और दया के स्थान हैं, इस विचार को दृढ़तापूर्वक मन में लाकर चलिए और आराम कीजिए ॥२०१॥

Rama knows the hearts of all; in him dwell meekness, affection and compassion. With this assurance firmly fixed in your mind come, take rest.

चौ. –सखाबचन सुनि उर धरि धीरा। बास चले सुमिरत रघुबीरा ॥
एह सुधि पाइ नगर नर नारी। चले बिलोकन आरत भारी ॥

अपने सखा के वचन सुनकर और हृदय में धीरज धरकर श्रीरामचन्द्रजी का स्मरण करते हुए भरतजी निवास-स्थान को चले। शृंगवेश्वर के सारे स्त्री-पुरूष यह खबर पाकर बड़ी उत्सुकता और दुःख के साथ उस स्थान को देखने चले ॥१॥

Bharata took comfort at the words of his companion and went to his tent with his thoughts directed towards Rama. On receiveing this news the men and women of Shringaverapura sallied forth with intense eagerness and woe to see Rama's resting-place.

परदखिना करि करहिं प्रनामा। देहिं कैकइहि खोरि निकामा ॥
भरि भरि बारि बिलोचन लेहीं। बाम बिधातहि दूषन देहीं ॥

वे उस स्थान की परिक्रमा करके प्रणाम करते हैं और कैकेयी को बहुत दोष देते हैं। आँखों में बार-बार आँसू भर लेते हैं और वाम विधाता को दोष देते हैं ॥२॥

They made obeisance to the spot and circled it with ceremonial paces and heaped reproaches on Kaikeyi to their hearts' content. Tears rushed to their eyes again and again as they reproached the hostility of fate.

एक सराहहिं भरतसनेहू। कोउ कह नृपति निबाहेउ नेहू ॥
निंदहिं आपु सराहि निषादहि। को कहि सकइ बिमोह बिषादहि ॥

कोई-कोई भरतजी के स्नेह की प्रशंसा करते हैं और कोई कहते हैं कि राजा ने अपने स्नेह का खूब पालन किया। सब अपनी निन्दा करके निषाद की सराहना करते हैं। उस समय के विमोह और विषाद को कौन कह सकता है ? ॥३॥

Some would praise Bharata's love, while others said the king had proved his affection to the full. They would reproach themselves and paise the Nishada chief; who can describe their confusion and distress ?

एहि बिधि राति लोगु सबु जागा। भा भिनुसार गुदारा लागा ॥
गुरहि सुनाव चढ़ाइ सुहाई। नईं नाव सब मातु चढ़ाईं ॥

इस प्रकार सब लोग सारी रात जागते रहे। भिनसार (सवेरा) होने पर खेवा लगा। सुन्दर नाव पर गुरुजी को चढ़ाकर फिर नयी नाव पर सब माताओं को चढ़ाया ॥४॥

In this manner they all kept vigil through the night, and at daybreak began to cross the river. The *guru* was embarked upon a fine handsome boat and all the queens on another newly-built one.

दंड चारि महँ भा सबु पारा। उतरि भरत तब सबहि सँभारा॥

चार दंड (घड़ी) के भीतर ही सब गङ्गाजी के पार उतर गए। तब भरतजी ने उतरकर सबको सँभाला ॥५॥

In an hour and a half everyone was taken across, and then Bharata disembarked and made sure that all had come.

दो. –प्रातक्रिया करि मातुपद बंदि गुरहि सिरु नाइ।
आगें किये निषादगन दीन्हेउ कटकु चलाइ ॥२०२॥

प्रातःकाल की शौच-आदि क्रियाओं को करके माताओं के चरणों की वंदना कर और गुरुजी को सिर नवाकर भरतजी ने निषादगणों को आगे कर लिया और सेना चल दी ॥२०२॥

After performing his morning rites Bharata adored his mothers' feet and bowed his head before the preceptor, and sending a party of the Nishadas on ahead, set the host in motion.

चौ. –कियेउ निषादनाथु अगुआईं। मातु पालकी सकल चलाईं॥
साथ बोलाइ भाइ लघु दीन्हा। बिप्रन्ह सहित गवनु गुर कीन्हा॥

निषादराज को अगुआ बनाकर सब माताओं की पालकियाँ पीछे चलायीं छोटे भाई शत्रुघ्न को बुलाकर उनके साथ कर दिया। फिर ब्राह्मणों के साथ गुरुजी ने भी यात्रा की ॥१॥

He made the Nishada chief lead the van and then started the palanquins carrying the queenmothers; he summoned his younger brother (Shatrughana) to be their escort; the *guru* set out next with the Brahamans.

आपु सुरसरिहि कीन्ह प्रनामू। सुमिरे लखन सहित सिय रामू॥
गवने भरत पयादेहिं पाएँ। कोतल संग जाहिं डोरिआएँ॥

तब स्वयं भरतजी ने गङ्गाजी को प्रणाम किया और लक्ष्मण-सहित श्रीसीतारामजी का स्मरण किया। भरतजी पैदल ही चल पड़े। उनके साथ बिना सवार के घोड़े बागडोर से बँधे हुए चले जा रहे हैं ॥२॥

He himself then made obeisance to the celestial river, invoked Sita, Rama and Lakshmana and went on foot, accompanied by riderless horses led by the bridle.

कहहिं सुसेवक बारहिं बारा। होइअ नाथ अस्व असवारा॥
रामु पयादेहिं पाय सिधाए। हम कहँ रथ गज बाजि बनाए॥

सच्चे सेवक बार-बार यह अनुरोध करते हैं हे नाथ! घोड़े पर सवार हो लीजिए! भरतजी जवाब देते है कि श्रीरामचन्द्रजी तो पैदल ही गए और हमारे लिए रथ, हाथी और घोड़े सजाये गये हैं! ॥३॥

Again and again his faithful servants said, 'Be pleased, my lord, to mount your horses'. But Bharata replied, 'Rama has gone on foot, and are chariots, elephants and horses made for me ?

सिरभर जाउँ उचित अस मोंरा। सब तें सेवकधरमु कठोरा॥
देखि भरतगति सुनि मृदु बानी। सब सेवकगन गरहिं गलानी॥

मेरे लिए उचित तो यह है कि मैं सिर के बल चलकर जाऊँ। सेवक-धर्म सभी धर्मों से कठिन है। भरतजी की गति-विधि देखकर और उनकी मधुर वाणी सुनकर सब सेवकगण ग्लानि के मारे गले जाते हैं ॥४॥

Rather ought I to walk on my head; for a servant's duty should always be the hardest.' When they saw Bharata's conduct and heard his gentle speech, all his servants were filled with grief and remorse.

दो. –भरत तीसरे पहर कहँ कीन्ह प्रबेसु प्रयाग।
कहत राम सिय राम सिय उमगि उमगि अनुराग ॥२०३॥

अनुराग में उमँग-उमँगकर 'सीताराम-सीताराम' कहते हुए भरतजी ने तीसरे पहर प्रयाग में प्रवेश किया ॥२०३॥

In the afternoon Bharata entered Prayaga, crying, 'Rama, Sita ! Rama, Sita !' with irrepressible devotion.

चौ. –झलका झलकत पायन्ह कैसें। पंकजकोस ओसकन जैसें॥
भरत पयादेहि आए आजू। भयेउ दुखित सुनि सकल समाजू॥

उनके चरणों में फफोले वैसे ही झलकते हैं, जैसे कमल की कलियों पर ओस की बूँदें चमकती हों। भरतजी आज पैदल ही आये हैं, यह (समाचार) सुनकर सारा समाज दुःखी हो गया ॥१॥

The blisters on the soles of his feet glistened like dewdrops on a lotus-bud. The whole company were distressed when they heard that Bharata had made the day's march on foot.

खबरि लीन्ह सब लोग नहाए। कीन्ह प्रनामु त्रिबेनिहि आए॥
सबिधि सितासित नीर नहाने। दिये दान महिसुर सनमाने॥

जब भरतजी को यह पता लग गया कि सब लोग नहा चुके, तब त्रिवेणी पर आकर उन्होंने प्रणाम किया। फिर विधिपूर्वक (गङ्गा-यमुना के) सफेद और काले जल में – संगम पर – स्नान किया और दान देकर ब्राह्मणों को सम्मानित किया ॥२॥

After ascertaining that everybody had bathed, he repaired to Triveni, the threefold stream, and made obeisance to it. He bathed with due ceremony in the white and dark waters and honoured the Brahmans with gifts.

देखत स्यामल धवल हलोरे। पुलकि सरीर भरत कर जोरे॥
सकल कामप्रद तीरथराऊ। बेदबिदित जग प्रगट प्रभाऊ॥

संगम की श्याम और सफेद लहरों को देखते ही भरतजी का शरीर पुलकित हो उठा और उन्होंने हाथ जोड़कर कहा – हे तीर्थराज ! आप सबकी सब कामनाओं को पूरा करनेवाले हैं। आपका प्रभाव वेदों में विख्यात और संसार में प्रकट है ॥३॥

As he gazed on the dark and white waves, Bharata felt a thrill of joy and prayed with folded hands, 'You are the bestower of all desired objects, O chief of sacred places; your glory is known to the Vedas and manifest throughout the world !

मागउँ भीख त्यागि निज धरमू। आरत काह न करइ कुकरमू॥
अस जिय जानि सुजान सुदानी। सफल करहिं जग जाचकबानी॥

(न माँगने के अपने क्षत्रिय) धर्म को त्यागकर आपसे भिक्षा माँगता हूँ। दुःख-कातर मनुष्य कौन-सा कुकर्म नहीं करता ? जी में ऐसा जानकर सुजान श्रेष्ठ दानी जगत् में याचकों की वाणी को सफल किया करते हैं ॥४॥

Abandoning my proper calling, I come as a beggar; for is there anything so vile that a man in distress will not do it ? With this in mind the wise and generous donors answer the prayers of the suppliant in this world.

दो. –अरथ न धरम न काम रुचि गति न चहउँ निरबान।
जनम जनम रति रामपद यह बरदानु न आन ॥२०४॥

मुझे न तो अर्थ की रुचि है, न धर्म की, न काम की और न मुझे निर्वाण-गति (मोक्ष) ही चाहिए। 'जन्म-जन्म-पर्यन्त श्रीरामजी के चरणों में मेरी प्रीति बनी रहे', बस, यही वरदान चाहता हूँ, दूसरा कुछ नहीं ॥२०४॥

I have no liking for wealth or religious merit or sensuous enjoyment, nor again do I ask for deliverance from transmigration; only this one boon I crave, devotion to the feet of Rama in every new birth.

चौ. –जानहु रामु कुटिल करि मोही। लोगु कहउ गुर साहिब द्रोही॥
सीता राम चरन रति मोरें। अनुदिन बढ़उ अनुग्रह तोरें॥

स्वयं श्रीरामचन्द्रजी मुझे कुटिल ही क्यों न समझें, लोग मुझे गुरुद्रोही तथा स्वामिद्रोही क्यों न कहें, पर आपकी कृपा से श्रीसीतारामजी के चरणों में मेरा प्रेम दिन-प्रतिदिन बढ़ता ही रहे ॥१॥

Though Rama himself should deem me evil, though the people should call me the ruin of my *guru* and my master, yet by your grace may my devotion to the feet of Sita and Rama grow ever greater day by day.

जलदु जनम भरि सुरति बिसारउ। जाचत जलु पबि पाहन डारउ॥
चातकु रटनि घटें घटि जाई। बढ़ें प्रेमु सब भाँति भलाई॥

मेघ चाहे जन्मभर पपीहे की सुध भुला दे और जल माँगने पर वह चाहे वज्र और ओले ही गिरावे, पर पपीहे की रटन घटने से तो उसकी बात (प्रतिष्ठा) ही घट जायगी। प्रेम बढ़ने में ही उसकी सब तरह से भलाई है ॥२॥

Though the cloud neglects the cuckoo all her life, and when she asks for rain pours down upon her thunderbolts and hail, yet were the bird to cease her importunity, she would be scorned; only as her love increases is she honoured.

कनकहि बान चढ़इ जिमि दाहें। तिमि प्रियतमपद नेम निबाहें॥
भरतबचन सुनि माँझ त्रिबेनी। भइ मृदु बानि सुमंगलदेनी॥

जिस प्रकार तपाने से सोने पर चमक-दमक आ जाती है, उसी प्रकार प्रियतम के चरणों में प्रेम-नियम निबाहने से (प्रेमी सेवक की) शोभा बढ़ जाती है। भरतजी के वचन सुनकर त्रिवेणी के बीच सुन्दर मङ्गल देनेवाली मधुर वाणी हुई – ॥३॥

Just as gold is refined by fire, so is the lover who fulfils his vow of devotion to the feet of the beloved.' In response to Bharata's speech there came from the midst of the Triveni a sweet and benedictory voice:

तात भरत तुम्ह सब बिधि साधू। रामचरन अनुराग अगाधू॥
बादि गलानि करहु मन माहीं। तुम्ह सम रामहि कोउ प्रिय नाहीं॥

हे तात भरत ! तुम सब प्रकार साधु हो। राम-चरणों में तुम्हारा अगाध प्रेम है। तुम मन में व्यर्थ ही ग्लानि कर रहे हो। श्रीरामचन्द्र को तुम्हारे समान कोई दूसरा प्यारा नहीं है ! ॥४॥

'Dear Bharata, you are altogether upright, and your love for Rama's feet is unbounded; in vain do you distress yourself, for there is no one so dear to Rama as you are.'

दो. –तनु पुलकेउ हिय हरषु सुनि बेनिबचन अनुकूल।
भरत धन्य कहि धन्य सुर हरषित बरषहिं फूल ॥२०५॥

त्रिवेणी के अनुकूल वचन सुनकर भरतजी का शरीर पुलकित हो गया, हृदय हर्षित हो उठा। 'भरतजी धन्य हैं, धन्य हैं !' कहकर देवता भी हर्षोल्लसित हो फूल बरसाने लगे ॥२०५॥

A thrill ran through Bharata's body and his soul rejoiced to hear Triveni's gracious speech. 'Blessed, blessed is Bharata !' cried the gods and gleefully showered down flowers.

चौ. –प्रमुदित तीरथराज निवासी। बैखानस बटु गृही उदासी॥
कहहिं परसपर मिलि दस पाँचा। भरत सनेहु सीलु सुचि साँचा॥

तीर्थराज प्रयाग में निवास करनेवाले वानप्रस्थ, ब्रह्मचारी, गृहस्थ और संन्यासी सब अत्यन्त प्रसन्न हैं और दस-पाँच मिलकर आपस में कहते हैं कि भरतजी का शील-स्नेह पवित्र और सच्चा है ॥१॥

The inhabitants of Prayaga—anchorites, religious students, householders and mendicants—were transported with joy. Meeting in small groups they said to one another, 'Bharata's affection and amiability are artless and genuine.'

सुनत राम गुन ग्राम सुहाए। भरद्वाज मुनिबर पहिं आए॥
दंड प्रनामु करत मुनि देखे। मूरतिमंत भाग्य निज लेखे॥

श्रीरामचन्द्रजी के सुहावने गुणसमूहों को सुनते हुए वे मुनिश्रेष्ठ भरद्वाजजी के पास पहुँचे। भरद्वाज मुनि ने भरतजी को साष्टांग प्रणाम करते देखा और उन्हें अपना मूर्तिमान् (पूर्वजन्म-कृत) सौभाग्य माना ॥२॥

Still hearing of Rama's many charming virtues, he came to the great sage Bharadvaja. The sage saw him falling prostrate before him and looked upon him as his own good luck incarnate.

धाइ उठाइ लाइ उर लीन्हे। दीन्हि असीस कृतारथ कीन्हे॥
आसनु दीन्ह नाइ सिरु बैठे। चहत सकुचगृह जनु भजि पैठे॥

दौड़कर उन्होंने भरतजी को उठाकर छाती से लगा लिया और आशीर्वाद देकर उन्हें कृतार्थ किया। जब मुनि ने उन्हें आसन दिया तब वे सिर झुकाकर इस प्रकार बैठे मानो भागकर संकोच के घर में घुस जाना चाहते हों ॥३॥

He ran and raised him up and clasped him to his bosom and gave him the blessing he desired and offered him a seat; with his head bent low, he sat down, looking as though he would run off and shrink into the inmost recesses of shamefacedness.

मुनि पूँछब किछु यह बड़ सोचू। बोले रिषि लखि सीलु सँकोचू॥
सुनहु भरत हम सब सुधि पाई। बिधिकरतब पर किछु न बसाई॥

भरतजी के मन में यह बड़ी चिन्ता है कि मुनि कुछ पूछेंगे (तो मैं उत्तर में क्या कहूँगा)। भरतजी के शील-संकोच को देखकर ऋषि बोले – 'भरत! सुनो, मुझे सब पता लग गया है। विधाता की करनी पर कुछ जोर नहीं चलता; ॥४॥

He was apprehensive that the sage would question him. But perceiving his embarrassment, the sage said to him, 'Listen, Bharata ! I have heard everything; God's doings are beyond our power.

दो. – तुम्ह गलानि जियँ जनि करहु समुझि मातुकरतूति।
तात कैकइहि दोसु नहि गई गिरा मति धूति॥२०६॥

इसे तुम माता की करतूत समझकर मन में ग्लानि मत करो। हे तात! इसमें कैकेयी का कोई दोष नहीं है, उसकी बुद्धि तो सरस्वती ठग ले गयी थी! ॥२०६॥

So be not distressed at heart by the thought of what your mother has done. Kaikeyi is not to blame, my son, for it was the goddess of speech who stole away her reason.

चौ. –यहउ कहत भल कहिहि न कोऊ। लोकु बेदु बुधसंमत दोऊ॥
तात तुम्हार बिमल जसु गाई। पाइहि लोकउ बेदु बड़ाई॥

ऐसा कहने को भी कोई भला न कहेगा, क्योंकि विद्वानों को लोक और वेद दोनों ही मान्य हैं।[1] किंतु हे तात! तुम्हारे निर्मल यश को गा-गाकर तो लोक और वेद दोनों बड़ाई पावेंगे (तब तुममें कोई किसी प्रकार का कोई दोषारोपण कैसे कर सकता है?) ॥१॥

But this judgment (that Kaikeyi is not to blame) will sound improper to many, for the wise accept as authorities both worldly opinion and the judgment of the Vedas. By singing of your unsullied glory, however, the world and the Vedas both will be exalted. (If I am holding Sarasvati, and not Kaikeyi, guilty, my authorities are the Vedas; the world will not exonerate Kaikeyi from the charge of exiling Rama. But neither the Vedas nor the world will hold you guilty.)

लोक बेद संमत सबु कहई। जेहि पितु देइ राजु सो लहई॥
राउ सत्यब्रत तुम्हहि बोलाई। देत राजु सुखु धरमु बड़ाई॥

सभी कहते हैं कि यह बात लोक और वेद दोनों को मान्य है कि पिता जिसे देता है, वही राज्य पाता है! राजा सत्यप्रतिज्ञ थे; तुमको बुलाकर राज्य देते तो उससे सुख होता, धर्म रह जाता और बड़ाई भी होती ॥२॥

Everyone admits that this is in accord with both custom and the Vedas that of a king's sons he alone gets the throne on whom his father bestows it. Had the king, who was above all true to his vow,

---

१. वेदमत से कैकेयी निर्दोष है, लोकमत से नहीं। वेदमत से सरस्वती दोषी हैं, लोकमत से कैकेयी। विद्वान् केवल वेदमत को स्वीकार नहीं करते, इसलिए लोकमत के अनुसार वे कैकेयी को दोषी मानेंगे। केवल वेदमत को कोई भला न कहेगा। मैंने जो कहा, वह केवल वेदमत है।

summoned you and bestowed on you the sovereignty, it would have brought happiness, religious merit and glory.

रामगवनु बन अनरथमूला। जो सुनि सकल बिस्व भइ सूला॥
सो भावीबस रानि अयानी। करि कुचालि अंतहुँ पछितानी॥

(किन्तु) श्रीरामजी का वन जाना सारे अनर्थों का कारण हो गया, जिसे सुनकर सारे जगत् को पीड़ा हुई। वह वनगमन भी हरि-इच्छावश हुआ। बेसमझ रानी तो भावीवश कुचाल करके अन्त में पछतायी ॥३॥

But the root of all the mischief was Rama's banishment to the forest and the whole world was grieved to hear of it. That was fate's decree, and the queen has in the end repented of the ill she has done in her senseless folly.

तहउँ तुम्हार अलप अपराधू। कहइ सो अधमु अयान असाधू॥
करतेहु राजु त तुम्हहि न दोसू। रामहिं होत सुनत संतोसू॥

यदि उसमें भी कोई तुम्हारा जरा भी अपराध कहे तो वह नीच, नासमझ और असाधु है। यदि तुम राज्य करते तो भी तुम्हें कोई दोष न होता। श्रीरामचन्द्रजी को भी यह सुनकर सन्तोष ही होता ॥४॥

But he who lays the least blame for it on you is vile, senseless and evil. Had you accepted the sovereignty, no blame would have attached to you, and Rama would have been well content to hear of it.

दो. –अब अति कीन्हेहु भरत भल तुम्हहि उचित मत एहु।
सकल सुमंगल मूल जग रघुबरचरन सनेहु ॥२०७॥

अब तो हे भरत! तुमने बड़ा ही अच्छा किया; यही मत तुम्हारे योग्य है। रघुवर के चरणों में स्नेह होना ही संसार में समस्त सुन्दर मङ्गलों का मूल है ॥२०७॥

But now, Bharata, what you have done is still better; this proposal is worthy of you; for devotion to Rama's feet is the root of all choice blessings in the world.

चौ. –सो तुम्हार धनु जीवनु प्राना। भूरि भाग को तुम्हहि समाना॥
यह तुम्हार आचरजु न ताता। दसरथसुअन राम प्रिय भ्राता॥

वही (श्रीरामचन्द्रजी के चरणों में प्रेम) तो तुम्हारे लिए धन और प्राणों का जीवन है। तुम्हारे समान बड़भागी और कौन है? हे तात! तुम्हारे लिए यह आश्चर्य की बात नहीं है, (क्योंकि तुम) दशरथजी के पुत्र और श्रीरामचन्द्रजी के प्यारे भाई जो ठहरे! ॥१॥

And that is your wealth and the very breath of your life. Who, then, is so highly blessed as you? Nor, my son, is this to be wondered at in your case, who are the son of Dasharath and Rama's beloved brother.

सुनहु भरत रघुपति मन माहीं। पेमपात्रु तुम्ह सम कोउ नाहीं॥
लखन राम सीतहि अति प्रीती। निसि सब तुम्हहि सराहत बीती॥

हे भरत! सुनो, श्रीरामचन्द्र के मन में तुम्हारे समान प्रेमपात्र कोई दूसरा नहीं है। लक्ष्मणजी, श्रीरामजी और सीताजी तीनों को उस दिन सारी रात अत्यन्त प्रेम के साथ तुम्हारी प्रशंसा करते-करते ही बीत गई थी ॥२॥

Listen, Bharata; there is none in Ramachandra's heart upon whom so much love is lavished as upon you. Lakshmana, Rama and Sita spent the whole night that day praising you with the utmost affection.

जाना मरमु नहात प्रयागा। मगन होहिं तुम्हरे अनुरागा॥
तुम्ह पर अस सनेहु रघुबर कें। सुख जीवन जग जस जड़ नर कें॥

जब वे प्रयागराज में स्नान कर रहे थे, तभी मैंने इस भेद को जाना। वे तुम्हारे प्रेम में मग्न हो जाया करते थे। तुम्हारे ऊपर श्रीरामचन्द्रजी का वैसा ही (अगाध) स्नेह है जैसा कि मूर्ख मनुष्य का संसार के सुखमय जीवन पर होता है ॥३॥

I came to know the secret only when they were bathing at Prayaga; they would often be overwhelmed with love for you. Rama's affection for you is as great as that of a fool for a life of worldly pleasure.

यह न अधिक रघुबीरबड़ाई। प्रनत कुटुंब पाल रघुराई॥
तुम्ह तउ भरत मोर मत एहू। धरें देह जनु रामसनेहू॥

यह श्रीरघुनाथजी की कुछ अधिक बड़ाई नहीं है, क्योंकि श्रीरघुनाथजी तो शरणागत के कुटुम्बभर को पालनेवाले हैं। हे भरत! मेरी धारणा तो यह है कि तुम मानो श्रीरामचन्द्रजी के स्नेह का ही शरीरधारी रूप हो (उनके प्रेम की सजीव मूर्ति हो!) ॥४॥

And this is no great tribute to Raghunatha, who cherishes all his suppliants and their kin. As for yourself, Bharata, my opinion is that you are the very incarnation of Rama's love.

दो. –तुम्ह कहँ भरत कलंक यह हम सब कहँ उपदेसु।
रामभगति रस सिद्धि हित भा यह समउ गनेसु ॥२०८॥

हे भरत! तुम्हारी समझ में यह कलंक है, पर हम सबके लिए तो यह उपदेश ही है। श्रीरामभक्तिरूपी रस की प्राप्ति के लिए यह समय ही गणेश (शुभ) हुआ है ॥२०८॥

That which seems a disgrace to you, Bharata, is a lesson to us all; for this event, propitious like

Ganesha, has ensured our success in attaining to the elixir of faith in Rama.

चौ. –नव बिधु बिमल तात जसु तोरा। रघुबरकिंकर कुमुद चकोरा॥
उदित सदा अँथइहि कबहूँ ना। घटिहि न जग नभ दिन दिन दूना॥

हे तात! तुम्हारा निर्मल यश नया चन्द्रमा है और श्रीरामचन्द्रजी के भक्त कुमुद और चकोर हैं।[1] परंतु यह तुम्हारा यशरूपी चन्द्रमा सदा उदित रहेगा, कभी अस्त होगा ही नहीं। संसाररूपी आकाश में यह घटेगा नहीं, बल्कि दिन-दिन दूना होगा। (चूँकि चन्द्रमा पुराना और घटता-बढ़ता है, इसलिए कुमुद और चकोर, दोनों ही दुःखी होते हैं। परंतु भरत का निर्मल यश नवीन चन्द्रमा है, कलंक-रहित और बढ़नेवाला है। इससे रामभक्तों को दुःख न होगा। कुमुद प्रवृत्तिमार्गवाले और चकोर निवृत्तिमार्गवाले भक्तों का प्रतीक है। भरत के निर्मल यश-चन्द्र से लोमश की तरह स्थावर और नारद की तरह जंगम, सभी प्रकार के भक्त – अथवा अवधवासी और वनवासी – स्त्री और पुरुष दोनों ही सुखी होंगे।)॥१॥

Your spotless glory, my son, is like the new moon, and Rama's devotees are so many water-lilies (that open only in moonlight) and partridges (that are equally fond of the moon). It shall always remain above the horizon and shall never set, nor shall it wane in the world, its heaven, but wax greater day by day.

कोक तिलोक प्रीति अति करिहीं। प्रभु प्रतापु रबि छबिहि न हरिहीं॥
निसि दिन सुखद सदा सब काहू। ग्रसिहि न कैकइकरतबु राहू॥

त्रिलोकरूपी चकवा इस यशरूपी चन्द्रमा से अत्यन्त प्रेम करेगा और प्रभु श्रीरामचन्द्रजी के प्रताप का सूर्य इसकी छवि का हरण नहीं करेगा। यह (चन्द्रमा) रात-दिन सदा सबको सुख देनेवाला होगा। कैकेयी का कुकर्मरूपी राहु इसे नहीं ग्रसेगा॥२॥

The three spheres, like the *chakavas*, shall be exceedingly enamoured of it, and the sun of Rama's majesty shall never rob it of its brilliance; by night and by day it will ever be bountiful to all and the demon Rahu—Kaikeyi's evil deeds—shall never eclipse it.

पूरन राम सुपेम पियूषा। गुर अवमान दोष नहि दूषा॥
रामभगत अब अमिअ अघाहूँ। कीन्हिहु सुलभ सुधा बसुधाहूँ॥

यह श्रीरामचन्द्रजी के सुन्दर प्रेमरूपी अमृत से पूर्ण है। गुरु के अपमानरूपी दोष से भी यह कलंकित नहीं है। यशरूपी चन्द्रमा की सृष्टि करके तुमने तो पृथ्वी पर भी अमृत को सुलभ कर दिया। अब श्रीरामजी के भक्त इस अमृत को पीकर तृप्त हो लें॥३॥

It is filled with the nectar of Rama's pure love and is unsullied by any stain caused by insulting a *guru*; now may Rama's votaries have their fill of nectar, for by creating the moon of your glory, you have brought it within the reach of the whole world.

भूप भगीरथ सुरसरि आनी। सुमिरत सकल सुमंगल खानी॥
दसरथ गुन गन बरनि न जाहीं। अधिकु कहा जेहि सम जग नाहीं॥

(तुम्हारी कुल-परम्परा के ही) राजा भागीरथ गङ्गाजी को लाये, जिन (गङ्गाजी) का स्मरण-मात्र ही सभी सुन्दर मङ्गलों की खान है। दशरथजी के अनेकानेक गुणों का तो वर्णन ही नहीं किया जा सकता; उनसे अधिक की कौन कहे, उनके समान भी संसार में दूसरा कोई नहीं है॥४॥

Of your forbears King Bhagiratha brought down the celestial river, the very thought of which is a fountain of all choice blessings. As for Dasharath's virtues, they are beyond all description; he has no equal in the world, much less is any greater.

दो. –जासु सनेह सकोच बस रामु प्रगट भए आइ।
जे हर हिय नयननि कबहुँ निरखे नहीं अघाइ॥२०९॥

जिनके स्नेह और संकोच के वशीभूत होकर स्वयं भगवान् श्रीरामचन्द्रजी आकर प्रकट हुए, जिन्हें शंकरजी अपने हृदय के नेत्रों से देखते-देखते कभी परितृप्त नहीं हुए॥२०९॥

Won by his affection and modesty, Rama himself appeared on earth—Rama whom the eyes of Shankara's heart are never wearied of beholding.

चौ. –कीरति बिधु तुम्ह कीन्ह अनूपा। जहँ बस रामपेम मृगरूपा॥
तात गलानि करहु जियँ जाएँ। डरहु दरिद्रहि पारसु पाएँ॥

(उनसे भी बढ़कर) तुमने यश का एक बड़ा ही अनोखा चन्द्रमा बनाया जिसमें श्रीरामप्रेम ही मृग के (चिह्न के) रूप में बसता है।[1] हे तात! तुम मन में व्यर्थ ही ग्लानि करते हो। पारस को पाकर भी तुम दरिद्रता से डरते हो!॥१॥

You have created a peerless moon of glory, in which for the figure of the hare is stamped the love of Rama. You feel distressed at heart, dear son, for no purpose; you fear poverty even though you have found the philosopher's stone.

सुनहु भरत हम झूठ न कहहीं। उदासीन तापस बन रहहीं॥
सब साधन कर सुफल सुहावा। लखन राम सिय दरसनु पावा॥

---

१. रामोपासक ही भरत-यश के प्रेमी होते हैं। तुम्हारे यश से रामभक्तों को सुख मिलता है; तुम्हारे यश-चन्द्र से सभी प्रकार के रामभक्त वैसे ही सुखी होते हैं जैसे चन्द्रमा से कुमुद और चकोर।

१. भाव यह है कि एक ने गंगा को प्रकट किया, दूसरे ने उनको जिनसे गंगा की उत्पत्ति है और तुमने वह कीर्तिचन्द्र प्रकट किया जो अनुपम है। चूँकि तुम्हारे कीर्तिचन्द्र में रामप्रेम का वैसे ही नित्य-निवास है जैसे चन्द्रमा में मृग का, इसलिए तुम्हारा कार्य उन दोनों से बढ़कर हुआ।

हे भरत ! सुनो, हम झूठ नहीं कहते, क्योंकि हम उदासीन हैं, तपस्वी हैं और वन में रहते हैं। सब साधनों की सुन्दर सफलता लक्ष्मण, राम और सीताजी के दर्शन पाना है ॥२॥

Listen, Bharata; I tell no falsehood; I am a solitary, an ascetic, and dwell in the forest; to be able to obtain a glimpse of Lakshmana, Rama and Sita is the most excellent fruit of all spiritual practices,

तेहि फल कर फलु दरसु तुम्हारा। सहित पयाग सुभाग हमारा ॥
भरत धन्य तुम्ह जसु जग जयेऊ। कहि अस पेममगन मुनि भयेऊ ॥

उस महान् फल का परम फल यह तुम्हारा दर्शन है। प्रयाग-सहित यह हमारा सौभाग्य है। हे भरत ! तुम धन्य हो, तुमने यश से सारे जगत् को जीत लिया। ऐसा कहकर मुनि प्रेम-विभोर हो गए ॥३॥

—and the reward of that reward is the sight of you. Most fortunate are both Prayaga and myself ! You deserve all praise, O Bharata, since by your glory you have conquered the whole world.' So saying, the sage was overwhelmed with affection.

सुनि मुनिबचन सभासद हरषे। साधु सराहि सुमन सुर बरषे ॥
धन्य धन्य धुनि गगन पयागा। सुनि सुनि भरतु मगन अनुरागा ॥

(भरद्वाज) मुनि के वचन सुनकर सभासद् प्रसन्न हो गए। 'साधु-साधु' कहकर सराहते हुए देवताओं ने फूलों की वर्षा की। आकाश और प्रयागराज में 'धन्य, धन्य !' की ध्वनि सुन-सुनकर भरतजी अनुराग-मग्न हो गए—प्रेम में डूब गए ॥४॥

As they heard the sage's words, the whole assembly rejoiced; the gods applauded Bharata's goodness and rained down flowers. Even as Bharata heard the shouts of 'Blessed, blessed is he !' resounding in the heavens and at Prayaga, he was in raptures at the sound.

दो.—पुलक गात हियँ रामु सिय सजल सरोरुह नैन।
करि प्रनामु मुनिमंडलिहि बोले गदगद बैन ॥२१०॥

उनका शरीर पुलकित है, हृदय में श्रीसीतारामजी हैं और कमल-सरीखे नेत्रों में जल भरा है। मुनिमण्डली को प्रणाम कर वे गद्गद वचन बोले— ॥२१०॥

He trembled with emotion, and with his heart full of Sita and Rama and his lotus eyes wet with tears, he made reverence to the assembly of sages and thus spoke in faltering accents:

चौ.—मुनिसमाजु अरु तीरथराजू। साचिहुँ सपथ अघाइ अकाजू ॥
एहि थल जौं किछु कहिय बनाई। एहि सम अधिक न अघ अधमाई ॥

मुनियों के समाज और फिर तीर्थराज प्रयाग में सच्ची शपथ खाने से भी भरपूर हानि होती है। फिर यदि इस स्थान पर कुछ बनाकर कहा जाय तो इसकी तुलना में कोई बड़ा पाप और नीचता न होगी ॥१॥

'In this assembly of sages and, above all, at Prayaga, chief of all holy places, it were the most heinous of sins to swear even to the truth. If in such a place one tells a lie, there will be no sin or vileness greater than this.

तुम्ह सर्बग्य कहउँ सतिभाऊ। उर अंतरजामी रघुराऊ ॥
मोहि न मातुकरतब कर सोचू। नहि दुख जियँ जगु जानिहि पोचू ॥

मैं सच्चे भाव से कहता हूँ, आप सर्वज्ञ हैं और श्रीरघुनाथजी हृदय के भीतर की (बात को, मन में छिपे भाव को) जाननेवाले हैं (यदि मैं झूठ कहूँगा तो आपसे और उनसे छिप नहीं सकता)। मुझे माता कैकेयी की करनी का सोच नहीं है और न मेरे मन में दुःख है कि जगत् मुझे नीच समझेगा ॥२॥

You are all-wise—I speak in all sincerity—and Raghunatha has access to the inmost secrets of the heart; I am not grieved for what my mother has done, nor pained at heart lest the world deem me base.

नाहिन डरु बिगरिहि परलोकू। पितहु मरन कर मोहि न सोकू ॥
सुकृत सुजस भरि भुअन सुहाए। लछिमन राम सरिस सुत पाए ॥

न तो मुझे इस बात का डर है कि मेरा परलोक बिगड़ जायगा और न पिताजी की मृत्यु का ही शोक है, क्योंकि उनका सुन्दर पुण्य और सुयश सारे विश्व में सुशोभित है। उन्होंने श्रीराम-लक्ष्मण-जैसे (अनुपम) पुत्र जो पाये ! ॥३॥

I have no dread of the loss of heaven, no sorrow for my father's death, whose meritorious deeds and fair renown shine forth throughout the universe, who had such sons as Lakshmana and Rama,

रामबिरह तजि तनु छनभंगू। भूपसोच कर कवन प्रसंगू ॥
राम लखन सिय बिनु पग पनहीं। करि मुनिबेष फिरहिं बन बनहीं ॥

फिर जिन्होंने श्रीरामचन्द्रजी के वियोग में अपने क्षणभङ्गुर नाशवान् शरीर को छोड़ दिया, ऐसे राजा के लिए सोच करने की बात ही क्या ! (सोच केवल इस बात का है कि) श्रीरामजी, लक्ष्मणजी और सीताजी पैरों में बिना जूती के मुनिवेष में वन-वन फिर रहे हैं ! ॥४॥

—and who dropped his fragile body when separated from Rama. Why should one mourn for such a king ? What pains me is that Rama, Lakshmana and Sita are wandering from forest to forest with feet unshod and clad in hermit's dress.

दो. –अजिन बसन फल असन महि सयन डासि कुस पात ।
बसि तरुतर नित सहत हिम आतप बरषा बात ॥२११॥

वे वल्कल-वस्त्र पहने, फलों का भोजन करते, पृथ्वी पर कुश और पत्ते बिछाकर सोते और वृक्षों के नीचे निवास कर नित्य सर्दी, गर्मी, वर्षा और हवा (के झकोरे) सहते हैं ॥२११॥

Wearing deerskins, feeding on wild fruits, reposing on the ground overspread with *kusha* grass and leaves, and halting beneath trees, they ever endure cold and sunshine and rain and storm !

चौ. –एहि दुख दाह दहइ दिन छाती । भूख न बासर नीद न राती ॥
एहि कुरोग कर औषधु नाहीं । सोधेउँ सकल बिस्व मन माहीं ॥

इसी दुःख-ताप से नित्य मेरी छाती जलती रहती है; न दिन में भूख लगती है, न रात को नींद आती है । मैंने मन-ही-मन सारे संसार को खोज डाला, पर इस बुरे रोग की दवा कहीं नहीं है ॥१॥

It is this burning agony that ceaselessly consumes my breast, so that I feel no appetite by day nor sleep at night. For this fell sickness there is no remedy: I have mentally ransacked the whole world.

मातुकुमत बढ़ई अघमूला । तेहिं हमार हित कीन्ह बँसूला ॥
कलि कुकाठ कर कीन्ह कुजंत्रू । गाड़ि अवध पढ़ि कठिन कुमंत्र ॥

माता का कुमत (बुरा विचार) पापों का मूल बढ़ई है । उसने हमारे हित का अपना बसूला बनाया । उससे कलहरूपी (बबूल-बहेड़े के) कुकाठ का कुयन्त्र बनाया और चौदह वर्ष की अवधिरूपी कठिन कुमन्त्र पढ़कर उस यन्त्र को गाड़ दिया[1] ॥२॥

My mother's evil design, the root of all this evil, was the carpenter who used my interests as an adze and fashioned out of the evil wood of jealousy a destructive magical contrivance, and muttering the terrible malevolent spell of Rama's banishment for a fixed term (of fourteen years), planted it (in the soil of Ayodhya).

मोहि लगि येहु कुठाटु तेहिं ठाटा । घालेसि सबु जगु बारह बाटा ॥
मिटइ कुजोगु राम फिरि आएँ । बसइ अवध नहि आन उपाएँ ॥

उसने मेरे लिए ही यह सारा बुरा साज सजाया और सारे जगत् को बारहबाट (छिन्न-भिन्न) करके नष्ट कर डाला । श्रीरामचन्द्रजी के लौट आने पर ही यह कुयोग मिट सकता है और तभी अयोध्या बस सकती है, दूसरे किसी उपाय से नहीं (यन्त्र बनानेवाले ने यह न समझा कि इससे भरत का हित नहीं हो सकता, उलटे देश उजड़ जायगा । रामजी का लौटना ही उस यन्त्र को उखाड़ना है । यदि वे लौट आवें तो अयोध्या पुनः बस सकती है ।) ॥३॥

It is for my sake that she employed this infamous contrivance and confounded and ruined the whole world. These disasters will come to an end only when Rama returns; and only then will Ayodhya thrive again; there is no other way.'

भरतबचन सुनि मुनि सुखु पाई । सबहिं कीन्हि बहु भाँति बड़ाई ॥
तात करहु जनि सोचु बिसेषी । सब दुखु मिटिहि रामपग देखी ॥

भरतजी के वचन सुनकर मुनियों ने सुख पाया और सभी ने उनकी तरह-तरह से बड़ाई की । (भरद्वाजजी ने कहा –) हे तात ! तुम इतना अधिक सोच मत करो ! श्रीरामचन्द्रजी के चरणों को देखते ही सारा दुःख मिट जायगा ॥४॥

When the sages heard Bharata's speech, they were gratified and all gave him high praise. 'Grieve not overmuch, dear son,' said Bharadvaja; 'all your woes will disappear the moment you see Rama's feet.'

दो. –करि प्रबोधु मुनिबर कहेउ अतिथि पेमप्रिय होहु ।
कंद मूल फल फूल हम देहिं लेहु करि छोहु ॥२१२॥

इस तरह मुनिश्रेष्ठ (भरद्वाज) ने उनको खूब ढाढ़स देकर कहा – अब आप हमारे प्रेमप्रिय अतिथि हों और हम कन्द-मूल, फल-फूल जो कुछ दें, उसे कृपा करके स्वीकार करें ! ॥२१२॥

Thus did the chief of the sages, Bharadvaja, comfort him, and added, 'Be you now our welcome guests, and graciously accept the bulbs and roots and fruit and flowers that we may offer you.'

चौ. –सुनि मुनिबचन भरतहियँ सोचू । भयेउ कुअवसर कठिन सँकोचू ॥
जानि गरुइ गुरगिरा बहोरी । चरन बंदि बोले कर जोरी ॥

मुनि के वचन सुनकर भरत के मन में सोच हुआ कि बेमौके यह बड़ी कठिन समस्या आ खड़ी हुई ! फिर गुरुजनों की वाणी को महत्त्वपूर्ण समझकर उनके चरणों की वन्दना करके वे हाथ जोड़कर बोले – ॥१॥

---

१. लाला भगवानदीन के अनुसार, "तन्त्रविद्या में एक प्रयोग होता है कि अमुक नक्षत्र में नंगे होकर बहेड़े की लकड़ी ले आवे फिर उस लकड़ी की खूँटी बनाकर उच्चाटन मंत्र पढ़कर जहाँ गाड़ दे वहाँ के निवासी वहाँ से भाग जाते हैं और वह स्थान उजाड़ हो जाता है । इसी प्रयोग का रूपक यहाँ है ।" टीकाकार यह भी कहते हैं कि यहाँ शत्रुदमन अभिचार प्रयोग का रूपक बाँधा गया है । यह उत्सादन या उन्मादन-प्रयोग है जिसका विवरण 'अभिचार-कल्पसूत्र' एवं तन्त्रशास्त्र में मिलता है । उन्मादन यन्त्र की रीति यह है कि शत्रु के अनिष्ट के लिए निकृष्ट मास में, जब शत्रु के सूर्य-चन्द्रादि ग्रह घातक हों, तब भिलावाँ अथवा बहेड़े की लकड़ी का कोल्हू बनाकर और शत्रु के पैरों के नीचे की मिट्टी लेकर उसका पुतला बनाकर प्राणप्रतिष्ठा करके उसकी छाती में शत्रु का नाम लिखकर उस पुतले को कोल्हू में दबाते हैं । फिर 'ओं ह्रां, ह्रीं, ह्रूंग ह्रैं, ह्रौं ह्रः ओं नमो भूतनाथाय अमुकस्य मर्दय मर्दय छेदय छेदय उच्चाटय उच्चाटय उन्मादनं कुरु कुरुओं फट् स्वाहा' मन्त्र को १०८ बार पढ़कर उपर्युक्त मुहूर्त्त के समय पृथ्वी में गाड़ देते हैं । इससे शत्रु का शीघ्र ही विनाश हो जाता है । अन्य तांत्रिकों का मत है कि उत्पादन यन्त्र बनाकर शत्रु के पुर में गाड़ते हैं । यह यन्त्र बबूल आदि कुकाष्ठ का बनता है । यह भी कहा जाता है कि यन्त्र बेर की लकड़ी का बनाया जाता है । शत्रु और जिसका शत्रु है, दोनों के पुतले मुहूर्त्त विचारकर मन्त्रित करके बनाये जाते हैं ।

On hearing the sage's words, Bharata was troubled at heart, for he was faced with a hard puzzle at a difficult time. Then, reflecting that an elder's word must outweigh his scruples, he adored the sage's feet and said with folded hands:

सिर धरि आयेसु करिअ तुम्हारा। परम धरम यहु नाथ हमारा॥
भरतबचन मुनिबर मन भाए। सुचि सेवक सिष निकट बोलाए॥

हे नाथ! आपकी आज्ञा शिरोधार्य कर उसका पालन करना हमारा परम धर्म है। भरतजी के ये वचन मुनिश्रेष्ठ के मन को प्रिय लगे। उन्होंने विश्वासपात्र सेवकों और शिष्यों को निकट बुलाया॥२॥

'I must needs bow to your behest, my lord, for this is my paramount duty.' Bharata's reply pleased the great sage Bharadvaja, who called up his trustworthy servants and disciples.

चाहिअ कीन्हि भरतपहुनाई। कंद मूल फल आनहु जाई॥
भलेंहि नाथ कहि तिन्ह सिर नाए। प्रमुदित निज निज काज सिधाए॥

(और उनसे कहा कि) भरत की मेहमानी करनी चाहिए। जाकर कन्द, मूल और फल ले आओ! उन्होंने 'हे नाथ! बहुत अच्छा' कहकर सिर झुकाया और बहुत प्रसन्न हो वे अपने-अपने काम को चल दिए॥३॥

'We must show hospitality to Bharata,' he said; 'go and bring bulbs and roots and fruit.' 'Very well, sir,' they said, and most cheerfully proceeded to perform their appointed duties.

मुनिहि सोचु पाहुन बड़ नेवता। तसि पूजा चाहिअ जस देवता॥
सुनि रिधि सिधि अनिमादिक आईं। आयेसु होइ सो करहिं गोसाईं॥

मुनि सोचने लगे कि मैंने बहुत बड़े मेहमान को न्योता है। अब जैसा देवता हो, वैसी ही उसकी पूजा भी होनी चाहिए। यह (मुनि का सोच) सुनकर ऋद्धियाँ और अणिमादि आठों सिद्धियाँ आ गयीं (और बोलीं—) हे प्रभो! जो आपकी आज्ञा हो सो हम करें॥४॥

The sage anxiously thought to himself: 'I have invited a distinguished guest; a deity must be worshipped according to his or her rank.' At his word Anima and the rest of Kuvera's attendants—Riddhis and Siddhis—appeared (in visible forms) and said, 'Give us your commands, master, and we obey!'

दो.—रामबिरह ब्याकुल भरतु सानुज सहित समाज।
पहुनाई करि हरहु श्रमु कहा मुदित मुनिराज॥२१३॥

मुनिश्रेष्ठ ने प्रसन्न होकर कहा—अपने छोटे भाई शत्रुघ्न और समाज के साथ भरतजी श्रीरामचन्द्रजी के विरह में व्याकुल हैं, इनकी पहुनाई करके इनके श्रम को दूर करो॥२१३॥

Cheerily replied the royal sage, 'Bharata as well as his younger brother (Shatrughna) and all their company are distressed by separation from Rama; entertain them and relieve them of their fatigue.'

चौ.—रिधि सिधि सिर धरि मुनिबर बानी। बड़भागिनि आपुहि अनुमानी॥
कहहिं परसपर सिसिधसमुदाई। अतुलित अतिथि राम लघु भाई॥

ऋद्धि-सिद्धियों ने मुनिराज की आज्ञा को शिरोधार्यकर अपने को बड़ी भाग्यवती समझा। सब सिद्धियाँ आपस में कहने लगीं कि श्रीरामचन्द्रजी के छोटे भाई भरत अद्वितीय मेहमान हैं॥१॥

The spirits in their embodied forms bowed to the command of the great sage and deemed themselves most highly favoured. The Siddhis said to one another, 'Rama's younger brother (Bharata) is indeed a guest beyond compare!

मुनिपद बंदि करिअ सोइ आजू। होहिं सुखी सब राजसमाजू॥
अस कहि रचेउ रुचिर गृह नाना। जेहि बिलोकि बिलखाहिं बिमाना॥

मुनि के चरणों की पूजा करके हमें आज वही करना चाहिए जिससे सारा राज-समाज सुखी हो। ऐसा कहकर उन्होंने अनेक सुन्दर घर बनाये, जिन्हें देखकर विमान भी विलखते हैं (लज्जित होते हैं)॥२॥

After doing homage to the sage's feet, let us do today that which may gratify the whole royal company.' So saying, they fashioned a number of dwellings of various patterns, which put to shame the aerial cars of the gods.

भोग बिभूति भूरि भरि राखे। देखत जिन्हहि अमर अभिलाषे॥
दासी दास साजु सब लीन्हे। जोगवत रहहिं मनहिं मनु दीन्हे॥

(उन घरों में) बहुत-से भोग और ऐश्वर्य का सामान भरकर रख दिया, जिन्हें देखकर देवता भी ललच गए। दासियाँ और दास सब सामग्री लिये हुए मन लगाकर उनके मन को ताकते रहते हैं (कि जिसकी जो रुचि हो, वही हम बिना माँगे दे दें)॥३॥

They were furnished with abundant luxuries and splendours, which the immortals beheld with longing eyes. Men-servants and maid-servants brought all that was needed and remained in attendance, giving their whole mind to the pleasure of the guests.

सबु समाजु सजि सिधि पल माहीं। जे सुख सपनेहुँ सुरपुर नाहीं॥
प्रथमहि बास दिये सब केही। सुंदर सुखद जथारुचि जेही॥

सुख के जो सामान स्वर्ग में सपने में भी नहीं हैं, ऐसे सब सामान सिद्धियों ने पलभर में सजा दिए। सर्वप्रथम उन्होंने सब किसी को यथारुचि सुन्दर-सुखद निवास-स्थान दिये॥४॥

The Siddhis supplied in an instant all the comforts that are not even dreamed of in heaven; first of all they assigned to each guest quarters, elegant and comfortable and suited to the taste of the occupant.

दो. —बहुरि सपरिजन भरत कहुँ रिषि अस आयसु दीन्ह
बिधि बिसमय दायकु बिभव मुनिबर तपबल कीन्ह ॥२१४॥

और तब कुटुम्बसहित भरतजी को (वैसे ही निवासस्थान) दिये, क्योंकि ऋषि (भरद्वाजजी) ने ऐसी ही आज्ञा दे रखी थी। मुनिश्रेष्ठ ने अपने तपोबल से ब्रह्मा को भी आश्चर्य में डाल देनेवाला ऐश्वर्य रच दिया ॥२१४॥

Then apartments were assigned to Bharata and his household, for such were the instructions given by the sage, who astonished the Creator by the magnificence produced by the power of his penance.

चौ. —मुनिप्रभाउ जब भरत बिलोका। सब लघु लगे लोकपति लोका ॥
सुखसमाजु नहि जाइ बखानी। देखत बिरति बिनारहिं ग्यानी ॥

जब भरतजी ने मुनि के प्रभाव को देखा, तब उस प्रभाव के सामने उन्हें (इन्द्र, वरुण, यम, कुबेर आदि) सभी लोकपालों के लोक तुच्छ लगे। सुख की सामग्री वर्णनातीत है, जिसे देखकर ज्ञानीलोग भी अपने वैराग्य को भूल जाते हैं ॥१॥

When Bharata beheld the sage's power, the realms of all the rulers of the spheres seemed to him as trifles. The luxuries provided were more than one could describe; even the wise would forget their dispassion on seeing them.

आसन सयन सुबसन बिताना। बन बाटिका बिहग मृग नाना ॥
सुरभि फूल फल अमिअ समाना। बिमल जलासय बिबिध बिधाना ॥

आसन, सेज, सुन्दर वस्त्र, चँदोवे, वन, बगीचे, तरह-तरह के पशु-पक्षी, सुगन्धित फूल और अमृत-तुल्य स्वादिष्ट फल, विविध प्रकार के (तालाब, कुएँ, बावली आदि) निर्मल जलाशय, ॥२॥

There were thrones and couches, drapery and canopies, groves and gardens with birds and beasts of every kind; sweet-scented flowers and fruits tasting like ambrosia, many a lake and pond of limpid water;

असन पान सुचि अमिअ अमी से। देखि लोग सकुचात जमी से ॥
सुरसुरभी सुरतरु सबही कें। लखि अभिलाषु सुरेस सची कें ॥

तथा अमृत के भी अमृत-जैसे पवित्र खाने-पीने के पदार्थ थे, जिन्हें देखकर सब लोग विरक्त मुनियों की भाँति सकुचा रहे हैं। सभी के डेरों में (मनचाही वस्तु देनेवाले) कामधेनु और कल्पवृक्ष हैं, जिन्हें देखकर इन्द्र और इन्द्राणी का भी मन ललचा जाता है ॥३॥

—food and drink, too, of an undefiled and innocent character, which were more delicious than nectar and ambrosia, and which the guests would hesitate to accept like so many ascetics. Every house was supplied with a celestial cow (the cow of plenty) and a tree of Paradise, the very sight of which made Indra and his consort, Shachi, envious.

रितु बसंत बह त्रिबिध बयारी। सब कहँ सुलभ पदारथ चारी ॥
स्रक चंदन बनितादिक भोगा। देखि हरष बिसमय बस लोगा ॥

वसन्त ऋतु में शीतल, मन्द, सुगन्ध -- तीनों प्रकार की हवा बह रही है और सभी को (धर्म, अर्थ, काम और मोक्ष) चारों पदार्थ सुलभ हैं। माला, चन्दन, स्त्री आदि भोग-विलास के पदार्थों को देखकर सब लोग हर्ष और विस्मय के वश[१] हो गए ॥४॥

The season was spring and a cool, fragrant and gentle breeze was blowing; everyone had all the four rewards of life[1] within one's easy reach. At the sight of luxuries like garlands, sandal-paste and women, the guests were overcome by mingled feelings of joy and dismay.

दो. —संपति चकई भरतु चक मुनि आयस खेलवार।
तेहि निसि आश्रम पिंजराँ राखें भा भिनुसार ॥२१५॥

सम्पत्ति (सुख का रचा गया सारा साज, भोग-विलास की सामग्री) चकवी है, भरतजी चकवा हैं, मुनि की आज्ञा खेल है, जिसने उस रात को आश्रमरूपी पिंजड़े में दोनों को बंद कर रखा। और रखे-ही-रखे सवेरा हो गया। (जैसे एक पिंजड़े में रखे जानेपर भी चकवी-चकवे का रात में कभी संयोग नहीं होता, वैसे ही भरद्वाजजी की आज्ञा से रातभर भोग-विलास के नाना प्रलोभनों के बीच रहने पर भी भरतजी ने मन से उनका स्पर्श तक नहीं किया।) ॥२१५॥

Affluence, like the *chakavi*, and Bharata, like her mate, were imprisoned together that night in the cage of the hermitage by the sage's command, as by a fowler. And they remained there till daybreak. (Affluence and luxury had no effect on Bharata's mind. Though the *chakavi* and her mate spend the night in the same cage, their abhorrence of physical union is well known.)

मासपारायण, उन्नीसवाँ विश्राम

---

१. भोग-सामग्री और मुनि के तपःप्रभाव को देखकर हर्ष होता है और विस्मय इस बात से होता है कि यहाँ ये सामान कैसे आ गए, लानेवाले कहीं दिखाई नहीं पड़ते! उन्हें डर है कि राम-वियोग में नियम-व्रत से रहनेवाले हम लोग कहीं भोग-सामग्री में ही आसक्त न हो जायँ!

1. These are: religious merit, worldly riches, sensuous enjoyment and final beatitude.

चौ. –कीन्ह निमज्जनु तीरथराजा । नाइ मुनिहि सिरु सहित समाजा ॥
रिषि आयसु असीस सिर राखी । करि दंडवत बिनय बहु भाषी ॥

प्रातःकाल भरतजी ने तीर्थराज प्रयाग की त्रिवेणी में स्नान किया और समाजसहित मुनि को प्रणामकर और ऋषि की आज्ञा तथा आशीर्वाद को शिरोधार्यकर उन्होंने दण्डवत् करके बहुत विनती की ॥१॥

Then Bharata bathed at Prayaga in the Triveni and with all his company bowed his head to the sage (Bharadvaja). Bharata reverently received his orders and blessings and prostrating himself, offered many humble prayers.

पथगति कुसल साथ सब लीन्हे । चले चित्रकूटहि चितु दीन्हे ॥
रामसखा कर दीन्हे लागू । चलत देह धरि जनु अनुरागू ॥

फिर रास्ते की पहचान रखनेवाले लोगों को और सब लोगों को साथ लिये हुए भरतजी चित्रकूट में चित्त लगाये चले । वे रामसखा गुह के हाथ में हाथ दिये हुए ऐसे जा रहे हैं, मानो साक्षात् अनुराग ही शरीर धारणकर चल रहा हो ॥२॥

Accompanied by guides well acquainted with the road and taking the whole host along with him, he set out with his thoughts directed towards Chitrakuta. Holding Rama's friend (Guha) by the hand, he walked along like the very incarnation of Love.

नहि पदत्रान सीस नहि छाया । पेमु नेमु ब्रतु धरमु अमाया ॥
लखन राम सिय पंथ कहानी । पूँछत सखहि कहत मृदु बानी ॥

उनके पैरों में न तो जूते हैं और न सिर पर छाया है । उनका प्रेम, नियम, व्रत और धर्म निश्छल है । वे सखा निषादराज से लक्ष्मणजी, श्रीरामचन्द्रजी और सीताजी के मार्ग की कथा पूछते हैं, और वह कोमल वाणी से कहता जाता है ॥३॥

With neither shoes to protect his feet nor shade for his head, his love and self-discipline, austerity and piety were unfeigned. He asked his companion to give an account of the wanderings of Lakshmana, Rama and Sita, and in gentle tones the Nishada told the story.

रामबास थल बिटप बिलोकें । उर अनुराग रहत नहि रोकें ॥
देखि दसा सुर बरिसहिं फूला । भइ मृदु महि मगु मंगलमूला ॥

श्रीरामचन्द्रजी के ठहरने की जगहों और वहाँ के वृक्षों को देखकर हृदय में प्रेम रोके नहीं रुकता । भरतजी की इस दशा को देखकर देवता फूल बरसाते हैं, पृथ्वी कोमल हो गयी है और रास्ता (कुश-कंटक से रहित हो) मंगल-मूल हो गया है ॥४॥

When he saw the spots where Rama had rested and the trees under which he had halted, his heart could not contain its devotion. The gods who beheld his condition showered down flowers; the earth became soft and the road a source of blessing.

दो. –किएँ जाहिं छाया जलद सुखद बहइ बर बात ।
तस मगु भयेउ न राम कहँ जस भा भरतहि जात ॥२१६॥

मेघ छाया किये जाते हैं, सुख देनेवाली (त्रिविध) सुन्दर हवा चल रही है । भरतजी के जाते समय मार्ग जैसा सुखदायक हुआ, वैसा श्रीरामचन्द्रजी के लिए भी नहीं हुआ था ॥२१६॥

The clouds afford him shade and a soft, gentle breeze is blowing; the road had not been so agreeable to Rama as it is now to Bharata.

चौ. –जड़ चेतन मग जीव घनेरे । जे चितये प्रभु जिन्ह प्रभु हेरे ॥
ते सब भये परमपद जोगू । भरतदरस मेटा भव रोगू ॥

मार्ग के वे सब असंख्य जड़-चेतन जीव, जिनको प्रभु श्रीरामचन्द्रजी ने देखा अथवा जिन्होंने प्रभु श्रीरामचन्द्रजी को देखा, (उसी समय) मोक्ष के अधिकारी हो गए । परंतु अब भरतजी के दर्शन ने तो उनके भव (जन्म-मरण) रूपी रोग को ही मिटा दिया ॥१॥

All created beings, dead or alive, that had seen the Lord or were seen by him had been rendered fit for the highest state, and now the sight of Bharata finally rid them of the disease of rebirth.

यह बड़ि बात भरत कइ नाहीं । सुमिरत जिन्हहि रामु मन माहीं ॥
बारक राम कहत जग जेऊ । होत तरन तारन नर तेऊ ॥

(उन) भरतजी के लिए यह कोई बड़ी बात नहीं है, जिन्हें स्वयं श्रीरामजी अपने मन में स्मरण करते रहते हैं । (देखिए,) संसार में जो भी व्यक्ति एक बार 'राम' कह लेता है, वह भी तरने और दूसरों को तारनेवाला हो जाता है ॥२॥

And yet this was no great thing for Bharata, whom Rama himself ever cherishes in his heart. Even they who in this world utter the name of Rama but once not only reach the other shore themselves but are also able to take others across.

भरतु रामप्रिय पुनि लघु भ्राता । कस न होइ मगु मंगलदाता ॥
सिद्ध साधु मुनिबर अस कहहीं । भरतहि निरखि हरषु हिय लहहीं ॥

भरतजी तो श्रीरामचन्द्रजी के प्रिय और फिर उनके छोटे भाई ठहरे ! तब भला, उनके लिए मार्ग मङ्गलदायक कैसे न हो ? सिद्ध, साधु और श्रेष्ठ मुनि ऐसा कहते और भरतजी को देखकर हृदय में आनन्द-लाभ करते हैं ॥३॥

As for Bharata, he is dearly loved by Rama and is his younger brother. No wonder, then, that the road should bring him every blessing ! Thus observed adepts and saints and sages, and rejoiced at heart when they saw Bharata.

देखि प्रभाउ सुरेसहि सोचू । जगु भल भलेहि पोच कहुँ पोचू ॥
गुर सन कहेउ करिअ प्रभु सोई । रामहि भरतहि भेंट न होई ॥

भरतजी के (इस प्रेम-) प्रभाव को देखकर इन्द्र को चिन्ता हो गई (कि कहीं प्रेमवश श्रीराम लौट न जायँ और हमारा बना-बनाया काम बिगड़ न जाय) । संसार भले के लिए भला और बुरे के लिए बुरा दीखता है (मनुष्य जैसा स्वयं होता है, संसार उसे वैसा ही लगता है) । इन्द्र ने गुरु बृहस्पतिजी से कहा — हे प्रभो ! वही (यत्न) कीजिए जिससे श्रीरामचन्द्रजी और भरतजी की भेंट ही न हो ! ॥४॥

But when Indra marked the intensity of Bharata's love, he was filled with anxiety (lest Rama should return to Ayodhya and spoil what the immortals had already accomplished). The world seems good to the good and vile to the vile. He said to his preceptor (the sage Brihaspati), 'Something must be done, my lord, to prevent the meeting between Rama and Bharata.

दो. –रामु सँकोची प्रेमबस भरतु सुपेम पयोधि ।
बनी बात बेगरन चहति करिअ जतनु छलु सोधि ॥२१७॥

श्रीरामचन्द्रजी संकोची और प्रेम के वशीभूत हैं और भरतजी पवित्र प्रेम के सागर हैं । बनी-बनायी बात अब बिगड़ना चाहती है, इसलिए छल ढूँढ़कर इसका कुछ उपाय कीजिए ॥२१७॥

Rama is modest by nature and is won by love, and Bharata is a very ocean of affection. The scheme we have devised threatens to be spoilt, so think out some guileful stratagem and use it as a remedial measure.'

चौ. –बचन सुनत सुरगुरु मुसुकाने । सहसनयनु बिनु लोचन जाने ॥
कह गुर बादि छोभु छलु छाँड़ू । इहाँ कपट करि होइअ भाँड़ू ॥

इन्द्र के वचन सुनते ही देवगुरु बृहस्पति मुसकराये और उन्होंने हजार आँखोंवाले इन्द्र को (ज्ञानरूपी) नेत्रों से रहित समझा । गुरु ने कहा — व्यर्थ की घबराहट और छल छोड़ो; यहाँ (इस अवसर पर) कपट करने से उसका भंडा फूट जायगा — भेद खुलते ही हँसी और दुर्दशा होगी ॥१॥

When he heard Indra's speech, the preceptor of the gods smiled and realized that, though endowed with a thousand eyes, Indra was really blind (lacked discernment). The *guru* of the gods said, 'Leave tricks alone and don't panic ! Any deception practised on this occasion will be exposed and get you into trouble.

मायापतिसेवक सन माया । करिअ त उलटि परइ सुरराया ॥
तब किछु कीन्ह रामरुख जानी । अब कुचालि करि होइहि हानी ॥

हे देवराज ! माया के स्वामी (श्रीरामचन्द्रजी) के सेवक के साथ यदि कोई माया करता है तो वह उलटकर उसके ही ऊपर आ पड़ती है । तब (पहले) जो कुछ किया था, वह श्रीरामजी के रुख को समझकर ही, परन्तु अब कुचाल करने पर हानि होगी ॥२॥

O king of heaven, any delusion practised on a servant of the lord of delusion recoils on the contriver's own head. Whatever I did earlier[1] was due to my feeling that it was Rama's will, but now deceitful action would only do harm.

सुनि सुरेस रघुनाथसुभाऊ । निज अपराध रिसाहिं न काऊ ॥
जो अपराधु भगत कर करई । रामरोष पावक सो जरई ॥

हे देवराज ! श्रीरघुनाथजी का स्वभाव सुनो । वे अपने प्रति किये गए अपराध पर कभी भी क्रुद्ध नहीं होते । पर जो कोई उनके भक्त का अपराध करता है, वह श्रीरामजी की क्रोधाग्नि में भस्म हो जाता है ॥३॥

Listen, O king of heaven; it is Raghunatha's nature never to be angry at any sin against himself; but he who wrongs his votary is surely consumed in the fire of his wrath.

लोकहुँ बेद बिदित इतिहासा । यह महिमा जानहिं दुरबासा ॥
भरत सरिस को रामसनेही । जगु जप राम रामु जप जेही ॥

लोक और वेद दोनों में यह इतिहास (कथा) प्रसिद्ध है; इस महिमा को दुर्वासाजी जानते हैं । (अम्बरीष-जैसे भगवद्भक्त पर क्रोध करने के कारण दुर्वासा को अनेक कष्ट झेलने पड़े थे ।) सारा संसार श्रीराम को जपता है, वे श्रीरामजी जिनको जपते हैं उन भरतजी के समान श्रीरामचन्द्रजी का प्रेमी और कौन होगा ? ॥४॥

There are well-known stories, both in popular tradition and in the Vedas to prove it; Durvasa knows well this great trait in Rama's character.[2] And is there anyone so devoted to Rama as Bharata ? The world repeats the name of Rama, and Rama the name of Bharata.

दो. –मनहुँ न आनिअ अमरपति रघुबरभगत अकाजु ।
अजसु लोक परलोक दुख दिन दिन सोकसमाजु ॥२१८॥

---

1. I practised delusion once; I interfered.

2. See App. s.v. Durvasa.

अतः हे इन्द्र ! रघुकुलश्रेष्ठ श्रीरामचन्द्रजी के भक्त के अनहित की बात मन में भी न लाइए, अन्यथा लोक में अपयश, परलोक में दुःख होगा और शोक का सामान नित्यप्रति बढ़ता ही जायगा ॥२१८॥

Never harbour in your mind, O lord of the immortals, even the thought of injuring a devotee of Rama, for it would bring you infamy in this world, sorrow in the next and an ever-increasing burden of remorse in your day-to-day life.

चौ. –सुनु सुरेस उपदेसु हमारा। रामहिं सेवकु परम पिआरा ॥
मानत सुखु सेवकसेवकाईं। सेवकबैर बैरु अधिकाईं ॥

हे देवराज ! तुम हमारा उपदेश सुनो। श्रीरामजी को अपने सेवक परम प्यारे हैं। वे अपने सेवक की सेवा से सुख मानते हैं और सेवक के प्रति वैर करनेवाले से बड़ा भारी वैर मानते हैं ॥१॥

Listen, O king of the gods, to my advice; a devotee is supremely dear to Rama; he is gratified when one serves his devotees, and bears great enmity to those who are hostile to them.

जद्यपि सम नहि राग न रोषू। गहहिं न पापु पूनु गुनु दोषू ॥
करम प्रधान बिस्व करि राखा। जो जस करइ सो तस फलु चाखा ॥

यद्यपि वे प्रभु 'सम' हैं – उनमें न राग है और न रोष। वे किसी का पाप-पुण्य और गुण-दोष ग्रहण नहीं करते। उन्होंने विश्व में कर्म को ही प्रधान बना रखा है; जो जैसा कर्म करता है, वह वैसा ही फल चखता है ॥२॥

Even though the Lord is alike to all without either love or anger and contracts neither sin nor virtue, neither merit nor demerit, and even though he has appointed fate the sovereign of the universe, so that one reaps what one sows,

तदपि करहिं सम बिषम बिहारा। भगत अभगत हृदय अनुसारा ॥
अगुन अलेप अमान एकरस। रामु सगुन भये भगत पेम बस ॥

फिर भी, वे भक्त और अभक्त के हृदय के अनुसार सम और विषम व्यवहार करते हैं (भक्त को गले लगा लेते हैं और अभक्त का संहारकर उसे तार देते हैं)। श्रीराम गुणरहित, निर्लेप, मानरहित और सदा एकरस हैं और अपने भक्तों के प्रेमवश ही सगुण हुए हैं ॥३॥

—yet according as one possesses the heart of a devotee or an unbeliever he appears to be impartial or hostile in his dealings. Though devoid of attributes, unattached, free from pride and ever immutable, yet for love of his votaries has he assumed a form with attributes.

राम सदा सेवकरुचि राखी। बेद पुरान साधु सुर साखी ॥
अस जिय जानि तजहु कुटिलाई। करहु भरतपद प्रीति सुहाई ॥

श्रीरामजी सदा अपने सेवकों की रुचि रखते आए हैं; वेद, पुराण, साधु, देवता इसके गवाह हैं। मन में ऐसा जानकर कुटिलता छोड़ो और भरतजी के चरणों में सुन्दर प्रीति करो ! ॥४॥

Rama has ever respected the wishes of his servants, as the Vedas and Puranas and holy men and gods bear witness. Knowing this, abandon perversity and show fitting devotion to the feet of Bharata.

दो. –रामभगत परहित निरत परदुख दुखी दयाल।
भगतसिरोमनि भरत तें जनि डरपहु सुरपाल ॥२१९॥

हे इन्द्र ! राम-भक्त सदा पराये हित में लगे रहते हैं, वे पराये दुःख से दुःखी और कृपालु होते हैं। फिर भरतजी तो भक्तों के शिरोमणि हैं, अतः उनसे तुम मत डरो ॥२१९॥

Rama's devotees, O Indra, are devoted to the good of others, share the sorrows of others, and are compassionate by nature; and Bharata is the very crest-jewel of devotees; then be not afraid of him, O king of heaven.

चौ. –सत्यसंध प्रभु सुरहितकारी। भरत राम आयस अनुसारी ॥
स्वारथ बिबस बिकल तुम्ह होहू। भरतदोसु नहि राउर मोहू ॥

प्रभु सत्यप्रतिज्ञ और देवताओं के हितकारी हैं तथा भरतजी श्रीरामजी की आज्ञा के अनुसार चलनेवाले हैं। तुम अपने स्वार्थ के विशेष वश में होकर व्याकुल हो रहे हो। भरतजी का कोई दोष नहीं, यह तुम्हारा ही अज्ञान है ॥१॥

The Lord is true to his word and a benefactor of the gods, and Bharata is obedient to his orders. You are troubled by your own selfish fear; Bharata is not to blame at all; it is your ignorance (which is responsible for your uneasiness).'

सुनि सुरबर सुरगुर बर बानी। भा प्रमोदु मन मिटी गलानी ॥
बरषि प्रसून हरषि सुरराऊ। लगे सराहन भरतसुभाऊ ॥

देवगुरु बृहस्पतिजी की श्रेष्ठ वाणी सुनकर इन्द्र का मन बड़ा आनन्दित हुआ और उनकी चिन्ता-ग्लानि सब मिट गयी। तब देवराज प्रसन्न होकर और फूल बरसाकर भरतजी के स्वभाव की सराहना करने लगे ॥२॥

The chief of the gods, Indra, was overjoyed when he heard the words of the divine *guru* and his depression of spirit was gone. In his joy the heavenly king rained down flowers and began to extol Bharata's noble disposition.

एहि बिधि भरतु चले मग जाहीं। दसा देखि मुनि सिद्ध सिहाहीं ॥
जबहिं रामु कहि लेहिं उसासा। उमगत पेम मनहु चहुँ पासा ॥

इस तरह भरतजी मार्ग में चले जा रहे हैं। उनकी (प्रेम-मग्न) दशा देखकर मुनि और सिद्ध सिहाते हैं। जब वे 'राम' कहकर लंबी साँस लेते हैं, तब मानो चारों ओर प्रेम उमड़ने लगता है ॥३॥

Thus did Bharata proceed on his way while sages and adepts were filled with envy at the sight of his rapture. Whenever he heaved a sigh with Rama's name upon his lips, it seemed as though Love bubbled over on every side.

द्रवहिं बचन सुनि कुलिस पषाना। पुरजनपेमु न जाइ बखाना॥
बीच बास करि जमुनहि आए। निरखि नीरु लोचन जल छाए॥

(प्रेम से ओतप्रोत) उनके वचन सुनकर वज्र और पत्थर भी पिघल जाते हैं। अयोध्यावासियों के प्रेम का वर्णन करते नहीं बनता। बीच में निवास (मुकाम) करके भरतजी यमुनाजी के तट पर आये। यमुनाजी के जल को देखकर उनकी आँखों में आँसू भर आए ॥४॥

Even thunderbolts and rocks melted at his words; as for the citizens, their devotion was beyond description. Encamping on the way, Bharata came to the bank of the Yamuna, and as he gazed upon its waters, his eyes filled with tears. (The river reminded him of Rama's swarthy form.)

दो. –रघुबरबरन बिलोकि बर बारि समेत समाज।
होत मगन बारिधि बिरह चढ़े बिबेक जहाज ॥२२०॥

श्रीरघुनाथजी के श्याम रंग के समान सुन्दर जल देखकर सारे समाज के साथ भरतजी (प्रेमविह्वल हो) श्रीरामजी के विरहरूपी समुद्र में डूबते-डूबते विवेकरूपी जहाज पर चढ़ गये ॥२२०॥

At the sight of the lovely stream, dark as Raghunatha, Bharata and his party sank into a sea of grief born of separation from Rama till they boarded the bark of discretion.

चौ. –जमुन तीर तेहि दिन करि बासू। भयेउ समय सम सबहि सुपासू॥
रातिहिं घाट घाट की तरनी। आईं अगनित जाहिं न बरनी॥

उस दिन यमुना-तट पर निवास किया। समयानुसार सबके लिए (खान-पान और शयन आदि की) सुव्यवस्था हुई। (निषादराज के संकेत पर) रातोंरात घाट-घाट की अगणित नावें वहाँ आ गयीं, जिनकी शोभा का वर्णन नहीं किया जा सकता ॥१॥

That day they halted on the bank of the Yamuna, and everyone was provided with comforts according to the occasion. In the night innumerable boats, all ineffably beautiful, arrived from the various *ghats*.

प्रात पार भये एकहिं खेवाँ। तोषे रामसखा कीं सेवाँ॥
चले नहाइ नदिहि सिरु नाई। साथ निषादनाथु दोउ भाई॥

सवेरे एक ही खेप में सब लोग पार हो गए और राम-सखा गुह की इस सेवा से संतुष्ट हुए। फिर नदी में स्नान और उसको प्रणामकर निषादराज गुह के साथ दोनों भाई चले ॥२॥

At daybreak the whole party crossed the river in a single trip; everyone was pleased with the service rendered by the Nishada chief. Then, after performing their ablutions and bowing their heads to the river (Yamuna), the two brothers (Bharata and Shatrughna) again set forth with the lord of the Nishadas.

आगें मुनिबर बाहन आछें। राजसमाजु जाइ सबु पाछें॥
तेहि पाछें दोउ बंधु पयादें। भूषन बसन बेष सुठि सादें॥

आगे-आगे अच्छी-अच्छी सवारियों पर श्रेष्ठ मुनि (विराजमान) हैं, उनके पीछे-पीछे सारा राजसमाज जा रहा है। उसके पीछे दोनों भाई बहुत ही सीधे-सादे भूषण-वस्त्र और वेष में पैदल जा रहे हैं ॥३॥

At the head of the cavalcade in their splendid carriages went the principal sages (Vamadeva, Vasishtha and so on), followed by the royal retinue. Next followed the two royal brothers, both on foot; their ornaments, costumes and style of dress were all of the very simplest.

सेवक सुहृद सचिवसुत साथा। सुमिरत लखनु सीय रघुनाथा॥
जहँ जहँ राम बास बिश्रामा। तहँ तहँ करहिं सप्रेम प्रनामा॥

सेवक, मित्र और मन्त्री के पुत्र उनके साथ हैं। वे लक्ष्मण, सीता और श्रीरघुनाथजी का स्मरण करते जा रहे हैं। जहाँ-जहाँ मार्ग में श्रीरामजी ने निवास और विश्राम किया था, वहाँ-वहाँ वे प्रेमपूर्वक प्रणाम करते हैं ॥४॥

With them went their servants and friends and the ministers' sons, with their thoughts fixed on Lakshmana, Sita and Raghunatha. They lovingly saluted each and every place where Rama had either encamped or rested awhile.

दो. –मगबासी नर नारि सुनि धाम काम तजि धाइ।
देखि सरूप सनेह सब मुदित जनमफलु पाइ ॥२२१॥

मार्ग में रहनेवाले स्त्री-पुरुष यह सुनते ही घर के काम-काज छोड़कर दौड़ पड़ते हैं और उनके स्वरूप और स्नेह को देख जन्म लेने का फल पाकर वे सब प्रसन्न होते हैं ॥२२१॥

When they heard of their arrival, men and women who lived by the roadside left their household work and ran out to see the royal travellers, and having seen their beauty and their affection, they all rejoiced, for they had achieved their life's reward.

चौ. –कहहिं सपेम एक एक पाहीं। रामु लखनु सखि होहिं कि नाहीं॥
बय बपु बरन रूपु सोइ आली। सीलु सनेहु सरिस सम चाली॥

(भरत-शत्रुघ्न की जोड़ी देखकर) स्त्रियाँ एक-दूसरी से प्रेमपूर्वक कहती हैं – सखी! ये राम-लक्ष्मण हैं कि नहीं? हे सखी! इनकी अवस्था, शरीर और रंग-रूप तो वही है। इनके शील, स्नेह उन्हीं के सदृश हैं और चाल भी वैसी ही है; ॥१॥

The women who saw the princes said to one another in affectionate tones, 'Friend, are these Rama and Lakshmana, or not? Their age and bodily form and complexion and beauty, friend, are the same, and they are like them, too, in amiability and affection and gait.

बेषु न सो सखि सीय न संगा। आगें अनी चली चतुरंगा॥
नहि प्रसन्नमुख मानस खेदा। सखि संदेहु होइ एहि भेदा॥

(परंतु) हे सखी! इनका न तो वह वेष है और न सीताजी ही साथ हैं; इनके आगे-आगे तो चतुरङ्गिणी सेना चल रही है। इनके मुख भी प्रसन्न नहीं हैं; (प्रसन्नता की जगह) इनके मन में खेद है। हे सखी! इस भेद को देखकर संदेह होता है ॥२॥

But their dress is not the same, sister, nor are they accompanied by Sita; and before them marches an army complete in its four divisions (*viz.*, horse and foot, elephants and chariots). Nor are they glad of countenance, and their hearts are heavy with sorrow. From this difference, O friend, a doubt arises.'

तासु तरक तियगन मन मानी। कहहिं सकल तोहि सम न सयानी॥
तेहि सराहि बानी फुरि पूजी। बोली मधुर बचन तिय दूजी॥

उसका तर्क अन्य स्त्रियों को अच्छा लगा। वे सब कहने लगीं कि तुम्हारे समान चतुर कोई नहीं है। उसकी सराहना करके और 'तेरी वाणी सत्य है', इस प्रकार उसका सम्मान करके एक अन्य स्त्री मीठे वचन बोली ॥३॥

Her argument appealed to the rest of the women; they said, 'There is no one so discerning as she!' After praising her and admiring the soundness of her judgement, another woman spoke in winning tones.

कहि सपेम सब कथाप्रसंगू। जेहि बिधि रामराज रसभंगू॥
भरतहि बहुरि सराहन लागी। सील सनेह सुभायँ सुभागी॥

श्रीरामजी के राज्याभिषेक का आनन्द जिस प्रकार नष्ट हुआ था, वह सब कथा-प्रसंग बड़े प्रेम के साथ कहकर फिर वह भरतजी के शील, स्नेह और सौभाग्य की सराहना करने लगी ॥४॥

She lovingly related the whole story, how the festivities in connection with Rama's installation had come to nought. She then began to praise Bharata's modesty, loving disposition and good luck.

दो. –चलत पयादें खात फल पिता दीन्ह तजि राजु।
जात मनावन रघुबरहि भरत सरिस को आजु॥२२२॥

(और कहने लगी) देखो, पिता के दिये हुए राज्य को त्यागकर ये पैदल चलते और फलाहार करते हुए श्रीरामजी को मनाने के लिए जा रहे हैं। आज भरत के समान और कौन है? ॥२२२॥

'Travelling on foot, feeding only on wild fruit and relinquishing the sovereignty his father gave him, Bharata is going to persuade Rama to return. Who in these times can equal Bharata?

चौ. –भायप भगति भरत आचरनू। कहत सुनत दुख दूषन हरनू॥
जो कछु कहब थोर सखि सोई। रामबंधु अस काहे न होई॥

भरतजी का भ्रातृभाव, इनकी भक्ति और इनके आचरण कहने-सुनने मात्र से दुःख और दोषों के हरनेवाले हैं। हे सखी! (इनके सम्बन्ध में) जो कुछ भी कहा जाय, वह थोड़ा होगा। भला, श्रीरामचन्द्रजी के भाई ऐसे क्यों न हों? ॥१॥

The telling and hearing of Bharata's brotherly love and devotion and conduct dispels all sin and sorrow. Whatever may be said about him, friend, will be all too little; he is Rama's brother; how can he be different from what he is?

हम सब सानुज भरतहि देखें। भइन्ह धन्य जुबतीजन लेखें॥
सुनि गुन देखि दसा पछिताहीं। कैकइ जननि जोगु सुतु नाहीं॥

छोटे भाई (शत्रुघ्न) के साथ भरतजी को देखने से हम सब भी आज धन्य स्त्रियों की गिनती में आ गयीं। भरतजी के गुण सुनकर और इनकी दशा देखकर स्त्रियाँ पछताती हैं (और कहती हैं) कि यह पुत्र कैकेयी-जैसी माता के योग्य नहीं है ॥२॥

All of us who have seen Bharata and his younger brother can now be accounted blessed among women.' When they heard of his virtues and saw his forlorn state, they lamented and said, 'Surely he is not a fit son for such a mother as Kaikeyi.'

कोउ कह दूषनु रानिहि नाहिन। बिधि सबु कीन्ह हमहि जो दाहिन॥
कहँ हम लोक बेद बिधि हीनी। लघु तिय कुल करतूति मलीनी॥

कोई कहती है कि इसमें रानी का भी दोष नहीं है, (कारण कि) यह सब विधाता ने ही किया है, जो हमारे प्रति अनुकूल है। कहाँ तो हम लोक और वेद की मर्यादा से हीन, कुल और करनी दोनों से मलिन-तुच्छ स्त्रियाँ, ॥३॥

One said, 'The queen-mother (Kaikeyi) is not to blame at all; all this has been accomplished by fate, who is so kind to us. Of what account are we, wretched females, excluded both from secular and Vedic rites and of base birth and unworthy conduct,

बसहिं कुदेस कुगाँव कुबामा। कहँ यह दरसु पुन्यपरिनामा॥
अस अनंदु अचिरिजु प्रतिग्रामा। जनु मरुभूमि कलपतरु जामा॥

जो बुरे देश और बुरे गाँव में बसती हैं और (स्त्रियों में भी) कुत्सित स्त्रियाँ हैं और कहाँ महान् पुण्यों का परिणामस्वरूप यह दर्शन! गाँव-गाँव में ऐसा ही आनन्द और अचरज हो रहा है, मानो मरुभूमि में कल्पवृक्ष जम आया हो! ॥४॥

—who dwell in a poor village in the wilds and are the worst of our class, that we should have such a vision, a sufficient reward for the highest religious merit ?' Such were the joy and wonder in every village, as though a celestial tree had sprung up in the desert.

दो.—भरतदरसु देखत खुलेउ मग लोगन्ह कर भागु।
जनु सिंघलबासिन्ह भयेउ बिधिबस सुलभ प्रयागु॥२२३॥

भरतजी के दर्शन करते ही रास्ते में बसनेवाले लोगों के भाग्य खुल गए, मानो दैवयोग से सिंहलद्वीप के निवासियों को तीर्थराज प्रयाग सुलभ हो गया हो! ॥२२३॥

At the sight of Bharata the good fortune of the people by the roadside manifested itself, as though by the will of Providence Prayaga had become accessible to the people of Lanka.

चौ.—निज गुन सहित राम गुन गाथा। सुनत जाहिं सुमिरत रघुनाथा॥
तीरथ मुनि आश्रम सुरधामा। निरखि निमज्जहिं करहिं प्रनामा॥

इस प्रकार अपने गुणों के साथ-साथ श्रीरामचन्द्रजी के गुणों की कथा सुनते और श्रीरघुनाथजी का स्मरण करते हुए भरतजी चले जा रहे हैं। वे तीर्थ देखकर स्नान और ऋषि-मुनियों के आश्रम तथा देवताओं के मन्दिर देखकर प्रणाम करते हैं, ॥१॥

Hearing these praises of his own and the tale of Rama's perfections, Bharata went on his way, meditating on Raghunatha. Whenever he saw a holy place, he bathed, and whenever he caught sight of a sage's hermitage or a temple, he made obeisance to it,

मनहीं मन माँगहिं बरु एहू। सीय राम पद पदुम सनेहू॥
मिलहिं किरात कोल बनबासी। बैखानस बटु जती उदासी॥

और मन-ही-मन (सब जगह) यही वरदान माँगते हैं कि श्रीसीतारामजी के चरणकमलों में मेरा स्नेह बना रहे। मार्ग में कोल-किरात आदि वनवासी तथा वानप्रस्थ, ब्रह्मचारी, संन्यासी और विरक्त मिलते हैं ॥२॥

—praying in his heart for the boon of devotion to the lotus feet of Sita and Rama. Whomsoever he met, be he a Kol, a Kirata, or any other forester or even if he were an anchorite, a religious student, a recluse or a hermit,

करि प्रनामु पूँछहिं जेहि तेही। केहि बन लखनु रामु बैदेही॥
ते प्रभु समाचार सब कहहीं। भरतहि देखि जनमफलु लहहीं॥

प्रणाम करके वे जिस-तिस से पूछते हैं कि बताइए, लक्ष्मणजी, श्रीरामजी और जानकीजी किस वन में हैं? वे प्रभु का सब समाचार सुना देते हैं और भरतजी को देखकर जन्म का फल पाते हैं ॥३॥

—he would salute him and ask him in what part of the forest Lakshmana and Rama and Videha's daughter (Sita) might be found. They told him all the news of the Lord, and at the sight of Bharata reaped their life's reward.

जे जन कहहिं कुसल हम देखे। ते प्रिय राम लखन सम लेखे॥
एहि बिधि बूझत सबहि सुबानी। सुनत राम बनबास कहानी॥

जो लोग यह कहते हैं कि हमने उन्हें सकुशल देखा है, उनको वे श्रीराम-लक्ष्मण के समान प्यारा मानते हैं। इस तरह वे सबसे मीठी वाणी से पूछते और श्रीरामजी के वनवास की कहानी सुनते हुए चले जाते हैं ॥४॥

Those who said they had seen the Lord safe and well were counted as dear as Rama and Lakshmana themselves. Thus he went on, making courteous inquiries of all and listening to the story of Rama's life in the forest.

दो.—तेहि बासर बसि प्रातहीं चले सुमिरि रघुनाथ।
रामदरस की लालसा भरत सरिस सब साथ॥२२४॥

उस दिन वहीं रुककर दूसरे दिन प्रातःकाल ही वे श्रीरघुनाथजी का सुमिरन कर चल दिए। साथ के सब लोगों को भी भरतजी के समान ही श्रीराम-दर्शन की लालसा (लगी) है ॥२२४॥

Halting that day, he started again early next morning, invoking Raghunatha; all who accompanied him were as eager to see Rama as Bharata himself.

चौ.—मंगल सगुन होहिं सब काहू। फरकहिं सुखद बिलोचन बाहू॥
भरतहि सहित समाज उछाहू। मिलिहहिं रामु मिटिहि दुखदाहू॥

सबको मङ्गल शकुन हो रहे हैं। सुख देनेवाले (पुरुषों के दाहिने और स्त्रियों के बायें) नेत्र और भुजाएँ फड़क रही हैं। समाज के साथ भरतजी (यह

सोचकर) उत्साहित हो रहे हैं कि श्रीरामचन्द्रजी मिलेंगे और तब सारा दुःख-दाह मिट जायगा ॥१॥

Auspicious omens occurred to all; they had propitious throbbings in their eyes and arms. Bharata and all his retinue rejoiced at the thought that they would see Rama and that their consuming grief would come to an end.

करत मनोरथ जस जिय जाकें। जाहिं सनेह सुरा सब छाकें ॥
सिथिल अंग पग मग डगि डोलहिं। बिहबल बचन पेमबस बोलहिं ॥

जिसके हृदय में जैसा भाव है, वह वैसा ही मनोरथ करता है। सब स्नेहरूपी मदिरा से छके हुए (प्रेम के नशे में चूर) चले जा रहे हैं। उनके अंग शिथिल हैं, रास्ते में उनके पैर डगमगा रहे हैं और वे प्रेमवश विह्वल वचन बोल रहे हैं ॥२॥

Each indulged in his own fancy, and all marched on, drunk with the wine of love, their limbs languid, their feet unsteady on the ground, their voices inarticulate from excess of emotion.

रामसखाँ तेहि समय देखावा। सैलसिरोमनि सहज सुहावा ॥
जासु समीप सरित पय तीरा। सीय समेत बसहिं दोउ बीरा ॥

उसी समय रामसखा निषादराज ने उन्हें सहज ही सुहावना पर्वतशिरोमणि (कामद गिरि) दिखलाया, जिसके समीप ही पयस्विनी नदी के किनारे सीताजी के साथ दोनों वीर (राम-लक्ष्मण) निवास करते हैं ॥३॥

Just then Rama's friend (Guha) pointed out a rocky hill, the crest-jewel of mountains (Kamadagiri) in all its great natural beauty, in the vicinity of which, on the bank of the Payasvini, the two heroes (Rama and Lakshmana) and Sita had made their home.

देखि करहिं सब दंड प्रनामा। कहि जय जानकिजीवन रामा ॥
प्रेममगन अस राजसमाजू। जनु फिरि अवध चले रघुराजू ॥

उस पर्वत को देखकर सब लोग 'जानकीजीवन श्रीरामचन्द्रजी की जय !' कहकर साष्टांग प्रणाम करते हैं। राजसमाज ऐसा प्रेममग्न है मानो श्रीरघुनाथजी अयोध्या लौट चले हों ॥४॥

When they saw it, they all fell prostrate on the ground with the cries of 'Glory to Rama, the life of Janaki !' The royal company was as overwhelmed with emotion as though Raghunatha had turned back towards Ayodhya.

दो. –भरतप्रेमु तेहि समय जस तस कहि सकइ न सेषु।
कबिहि अगम जिमि ब्रह्मसुखु अहमम मलिन जनेषु ॥२२५॥

उस समय जैसा भरतजी का प्रेम था, वैसा शेषजी भी नहीं कह सकते। कवि के लिए तो वह वैसा ही अगम है जैसा अहंकार और ममता से मलिन हृदयवाले मनुष्यों के लिए ब्रह्मानन्द ! ॥२२५॥

Not even Shesha[1] can describe the extent of Bharata's love at that moment; it is as far beyond the poet as the supreme transcendental joy is beyond those tarnished by egotism and attachment.

चौ. –सकल सनेह सिथिल रघुबर कें। गये कोस दुइ दिनकर ढरकें ॥
जलु थलु देखि बसे निसि बीतें। कीन्ह गवनु रघुनाथपिरीतें ॥

श्रीरामचन्द्रजी के प्रेम में शिथिल होने के कारण सब लोग सूर्यास्त होने तक दो ही कोस चल पाये और जल-स्थल की सुविधा देखकर रात को वहीं ठहर गए। रात बीतते ही श्रीरघुनाथजी के प्रेमी भरतजी ने आगे गमन किया ॥१॥

All were so enfeebled by their love for Ramachandra that they covered a distance of only four miles by sunset and halted when they perceived a suitable site for their encampment with water close by. At the close of night, Raghunatha's beloved brother sallied forth again.

उहाँ रामु रजनी अवसेषा। जागें सीय सपन अस देखा ॥
सहित समाज भरत जनु आए। नाथ बियोग ताप तन ताए ॥

उधर श्रीरामचन्द्रजी कुछ रात शेष रहते ही जागे। (रात को) सीताजी ने ऐसा स्वप्न देखा (जिसे वे श्रीरामजी को सुनाने लगीं), मानो समाजसहित भरतजी आ पहुँचे हों। प्रभु-वियोग की अग्नि के तप से उनका शरीर तप्त हो रहा है ॥२॥

Meanwhile, Rama awoke while it was still night, and Sita told him what she had seen in a dream that night: 'It seemed to me that Bharata had come with his retinue, his body burning with a fever caused by separation from his lord.

सकल मलिन मन दीन दुखारीं। देखीं सासु आन अनुहारीं ॥
सुनि सियसपन भरे जल लोचन। भए सोचबस सोचबिमोचन ॥

सब लोग मन में उदास, दीन और दुःखी हैं। सासुओं की और ही आकृति (सूरत) है। सीताजी के इस स्वप्न को सुनकर श्रीरामचन्द्रजी के नेत्रों में आँसू भर आए और सबको सोच से रहित करनेवाले प्रभु स्वयं सोच के अधीन हो गए ॥३॥

All who accompanied him were sad at heart, miserable and afflicted, and I saw that the queens were greatly altered in appearance.' On hearing Sita's dream, Rama's eyes filled with tears, and he who rids others of their sorrow became a prey to sorrow.

1. King of the Nagas, or Serpents, dwelling in Patala. He has a thousand heads and forms the couch of Vishnu when he rests upon the Ocean of Milk.

लखन सपन यह नीक न होई। कठिन कुचाह सुनाइहि कोई॥
अस कहि बंधु समेत नहाने। पूजि पुरारि साधु सनमाने॥

(और उन्होंने कहा –) हे लक्ष्मण! यह स्वप्न अच्छा नहीं है। कोई अत्यन्त अशुभ समाचार सुनावेगा। ऐसा कहकर उन्होंने भाई के साथ स्नान किया और त्रिपुरारि महादेवजी का पूजन कर साधुओं को सम्मानित किया॥४॥

'Lakshmana,' he said, 'I have a foreboding that this dream is inauspicious and that it will bring us some terribly bad tidings.' So saying, he and his brother bathed, worshipped Shiva and did homage to the saints.

छं. –सनमानि सुर मुनि बंदि बैठे उतर दिसि देखत भये।
नभ धूरि खग मृग भूरि भागे बिकल प्रभु आश्रम गये॥
तुलसी उठे अवलोकि कारनु काह चित सचकित रहे।
सब समाचार किरात कोलन्हि आइ तेहि अवसर कहे॥

देवताओं का सम्मान और मुनियों की पूजा-वन्दना करके श्रीरामचन्द्रजी बैठ गए और उत्तर दिशा की ओर देखने लगे। (उन्होंने देखा कि) आकाश में धूल छा रही है, बहुत-से पशु-पक्षी व्याकुल होकर भागे हुए उनके आश्रम को आ रहे हैं। तुलसीदासजी कहते हैं कि प्रभु श्रीरामचन्द्रजी यह देखकर उठ खड़े हुए और विचारने लगे कि इसका कारण क्या है! वे चित्त में आश्चर्यचकित हो गए। उसी समय कोल-किरातों ने आकर सब समाचार सुनाये।

After adoring the gods and reverencing the sages, he sat down and looked towards the north. He saw that the sky was darkened by clouds of dust, and a host of birds and beasts had taken to flight in panic and were making their way to the Lord's retreat. Says Tulasidasa: he got up when he saw it, anxious in mind as to the cause. Presently came the Kola and Kiratas and told him all the news.

सो. –सुनत सुमंगल बैन मन प्रमोद तन पुलक भर
सरदसरोरुह नैन तुलसी भरे सनेहजल॥२२६॥

तुलसीदासजी कहते हैं कि सुन्दर मङ्गल-वचन सुनते ही श्रीरामजी के मन में बड़ा आनन्द हुआ, उनका शरीर पुलकित हो गया और शरद्-ऋतु के कमल-सदृश नेत्र स्नेह के आँसुओं से भर गए॥२२६॥

When he heard the glad tidings, he felt overjoyed and a thrill ran through his body, while his eyes that resembled the autumn lotus, says Tulasidasa, filled with tears of love.

चौ. –बहुरि सोचबस भे सियरवनू। कारन कवन भरत आगवनू॥
एक आइ अस कहा बहोरी। सेन संग चतुरंग न थोरी॥

सीतापति श्रीरामजी फिर सोच में पड़ गए कि भरत के आने का कारण क्या है? फिर एक ने आकर कहा कि उनके साथ बड़ी भारी चतुरङ्गिणी सेना है॥१॥

Sita's lord became anxious the very next moment and said to himself, 'What can be the cause of Bharata's coming?' Then came one and said, 'He has with him a great army complete in its four limbs (*viz.*, foot, horses, elephants and chariots).'

सो सुनि रामहि भा अति सोचू। इत पितुबच इत बंधुसँकोचू॥
भरतसुभाउ समुझि मन माहीं। प्रभुचित हित थिति पावत नाहीं॥

यह सुनकर श्रीरामचन्द्रजी को बड़ा सोच हुआ। एक ओर तो पिता की आज्ञा और इधर भाई भरतजी का संकोच। मन में भरतजी के स्वभाव को समझकर प्रभु श्रीरामचन्द्रजी चित्त को ठहराने के लिए कोई स्थान ही नहीं पाते। (वे भरत के स्वभाव से परिचित हैं और जानते हैं कि भरत को मेरे चरणों में प्रेम है। इसलिए यह सम्भव है कि भरत राज्य स्वीकार न करें। तब क्या होगा? पिता की आज्ञा का पालन तो करना ही है, लेकिन भरत को कैसे मनाया जाय? ऐसी विकट स्थिति में तीसरा मार्ग क्या है? ऐसा कोई मार्ग दीख नहीं पड़ता।)॥२॥

Rama was greatly disturbed by the news; on the one hand there was his father's command, on the other his regard for his younger brother (Bharata). Pondering on Bharata's disposition, the Lord's mind found no sure ground on which it might take its stand.

समाधान तब भा यह जाने। भरतु कहें महुँ साधु सयाने॥
लखनु लखेउ प्रभुहृदयँ खभारू। कहत समय सम नीतिबिचारू॥

तब यह जानकर चित्त को सान्त्वना मिली कि भरत साधु, चतुर और मेरे आज्ञाकारी हैं। जब लक्ष्मणजी ने देखा कि प्रभु का हृदय क्षुब्ध है, तब वे उस समय के अनुसार अपने नीतियुक्त विचार कहने लगे –॥३॥

But at last he consoled himself with the reflection that Bharata was submissive, good and sensible. Lakshmana saw that the Lord was troubled at heart and spoke out what prudence demanded on the occasion:

बिनु पूँछें कछु कहउँ गोसाईं। सेवकु समयँ न ढीठु ढिठाईं॥
तुम्ह सर्बग्यसिरोमनि स्वामी। आपनि समुझि कहउ अनुगामी॥

हे स्वामी! आपके बिना पूछे ही मैं कुछ कहता हूँ; समय पर ढिठाई करने से सेवक ढीठ नहीं समझा जाता (अर्थात् जब आप पूछें तभी मैं बोलूँ, ऐसा अवसर नहीं है; अतः यदि कुछ कहता हूँ तो इसे ढिठाई न समझा जाय)। हे स्वामी! आप सर्वज्ञों में शिरोमणि हैं, मैं सेवक तो अपनी समझ की बात कहता हूँ –॥४॥

'I make bold, my lord, to say something before I am asked; but a servant ceases to be presumptuous if his presumption is not inopportune. You, master, are the crest-jewel of the omniscient; yet I, your servant, tell you my own mind.

दो._–नाथ सुहृद सुठि सरल चित सील सनेह निधान ।
सब पर प्रीति प्रतीति जियँ जानिअ आपु समान ॥२२७॥

हे नाथ ! आप परम सुहृद् (अकारण हित करनेवाले), सरलचित्त तथा शील स्नेह के सागर हैं । आपका सभी पर (समान) प्रेम और विश्वास है और आप अपने मन में सबको अपने ही समान जानते हैं; ॥२२७॥

You, my lord, are supremely loving by nature and very simple-hearted, a treasure-house of amiability and affection; you love and trust everyone and believe all to be just like yourself.

चौ._–बिषई जीव पाइ प्रभुताई । मूढ़ मोहबस होहिं जनाई ॥
भरतु नीतिरत साधु सुजाना । प्रभुपद प्रेमु सकल जगु जाना ॥

मूढ़ विषयी प्राणी प्रभुता पाकर अज्ञानवश अपने असली स्वरूप को जना देते हैं । भरत नीतिपरायण, साधु और चतुर हैं तथा प्रभु के चरणों में उनका प्रेम है, यह सारा जगत् जानता है; ॥१॥

Fools given to the pleasures of the senses become infatuated on attaining power and betray their true nature. Bharata was righteous and good and wise and devoted to the feet of the Lord, as all the world knows.

तेऊ आजु राजपदु पाई । चले धरममरजाद मेटाई ॥
कुटिल कुबंधु कुअवसरु ताकी । जानि रामु बनबास एकाकी ॥

वे (भरत) भी आज राजा का पद पाकर धर्म की मर्यादा को मिटाने चले हैं । कुटिल, खोटे भाई भरत कुसमय देखकर और यह जानकर कि रामजी वनवास में अकेले हैं, ॥२॥

But now that he has succeeded to the throne, he comes here transgressing the bounds of righteousness. Choosing this evil opportunity and knowing that Rama is all alone in the forest, this treacherous and wicked Bharata,

करि कुमंत्रु मन साजि समाजू । आए करइ अकंटक राजू ॥
कोटि प्रकार कलपि कुटिलाई । आए दलु बटोरि दोउ भाई ॥

अपने मन में बुरा विचार करके, समाज सजाकर राज्य को निष्कण्टक करने यहाँ आये हैं । (यद्यपि आपको राज्य की चाह नहीं है, फिर भी) ये दोनों भाई करोड़ों प्रकार की कुटिलताएँ रचकर सेना बटोरकर आये हैं ॥३॥

—has gathered together his men with designs against you and has come to make his sovereignty secure. After devising countless crooked schemes, the two brothers have assembled an army and come.

जौं जियँ होति न कपट कुचाली । केहि सोहाति रथ बाजि गजाली ॥
भरतहि दोसु देइ को जाएँ । जग बौराइ राजपदु पाएँ ॥

यदि इनके मन में कपट और कुचाल न होती तो रथों, घोड़ों और हाथियों का समूह किसे अच्छा लगता ? परन्तु भरत को ही व्यर्थ दोष कौन दे ? राजपद पा जाने पर तो संसार ही बावला हो जाता है ॥४॥

If they had no wicked intent and roguery in their hearts, why should they want to bring chariots and horses and elephants ? But why reproach Bharata needlessly when we know that all the world goes mad on winning sovereignty ?

दो._–ससि गुरतियगामी नहुषु चढ़ेउ भूमिसुर जान ।
लोक बेद तें बिमुख भा अधम न बेन समान ॥२२८॥

(जैसे) चंद्रमा गुरुपत्नी-गामी हुआ, नहुष ब्राह्मणों को सवारी में लगाकर उस पर चढ़ा और वेन के समान अधम तो कोई नहीं हुआ, जो लोक और वेद दोनों से ही विमुख हो गया ॥२२८॥

The moon seduced his *guru*'s wife, Nahusha mounted a palanquin borne by Brahmans, and there was none so vile as Vena, an enemy of established usage and the Vedas.[1]

चौ._–सहसबाहु सुरनाथु त्रिसंकू । केहि न राजमद दीन्ह कलंकू ॥
भरत कीन्ह यह उचित उपाऊ । रिपु रिन रंच न राखब काऊ ॥

सहस्रबाहु, इंद्र और त्रिशंकु आदि किसको राजमद ने कलङ्क नहीं दिया ? भरत ने यह उपाय उचित ही किया है, क्योंकि (ऐसी नीति है कि) शत्रु और ऋण को कभी थोड़ा भी शेष नहीं रखना चाहिए ॥१॥

Sahasrabahu, Indra and Trishanku (father of Harishchandra)—which of these was not brought to disgrace by the intoxication of sovereign power ? Bharata has devised this right expedient, so as not to leave himself an enemy or shadow of debt anywhere.

एक कीन्हि नहि भरत भलाई निदरे रामु जानि असहाई ॥
समुझि परिहि सोउ आजु बिसेषी । समर सरोष राममुखु पेखी ॥

पर भरत ने एक काम अच्छा नहीं किया जो आपको असहाय जानकर निरादर किया । आज संग्राम में आपका क्रोधपूर्ण मुख देखकर यह बात भी उनकी समझ में विशेषरूप से आ जायगी ! ॥२॥

---

1. See App. for notes on all mythological personages referred to by the poet.

But in one point Bharata has not been quite so clever, in despising you as if you had no helper; and he will discover his mistake today with a vengeance when he beholds your indignant face on the battle-field.'

एतना कहत नीतिरस भूला । रनरस बिटपु पुलक मिस फूला ॥
प्रभुपद बंदि सीस रज राखी । बोले सत्य सहज बलु भाषी ॥

इतना कहते ही लक्ष्मणजी को नीतिरस भूल गया और वीररस-रूपी वृक्ष पुलकावली के बहाने फूल उठा । वे प्रभु के चरणों की वन्दना करके और उनकी चरण-रज को सिर पर रखकर अपना सच्चा और स्वाभाविक बल कहते हुए बोले — ॥३॥

Thus bursting out, Lakshmana threw the sentiment of prudence (*niti rasa*) to the winds and thrilled with excitement as if the tree of the sentiment of heroism (*rana rasa*) had burst into flowers. Adoring the Lord's feet and placing their dust upon his head, he spoke in tones of natural, sincere vehemence.

अनुचित नाथ न मानब मोरा । भरत हमहिं उपचरा न थोरा ॥
कहँ लगि सहिअ रहिअ मनु मारें । नाथ साथ धनु हाथ हमारें ।

हे नाथ ! मेरे इस कथन को अनुचित न मानिएगा । भरत ने हमलोगों की कम पूजा नहीं की (माता, पिता, कुटुम्ब आदि सब छुड़वा दिए) ! आखिर हम कहाँ तक सहें और मन मारे रहें, जब स्वामी हमारे साथ हैं और धनुष भी हमारे हाथ में ही है ? ॥४॥

'Pray do not take offence, my lord, if I tell you that Bharata has sorely provoked me (by separating us from our parents and kinsfolk and subjects); how long shall I endure, how long restrain my passion when my lord is with me and my bow in my hand ?

दो. –छत्र जाति रघुकुल जनमु राम अनुग जगु जान ।
लातहुँ मारें चढ़ति सिर नीच को धूरि समान ॥२२९॥

जाति के हम क्षत्रिय हैं, रघुकुल में हमारा जन्म हुआ है और फिर श्रीरामजी के हम अनुगामी सेवक हैं, यह संसार जानता है । धूल के समान नीच और कौन-सी चीज है, परंतु वह भी लात मारने पर सिर ही चढ़ती है (हमलोग तो मनुष्य ठहरे !) ॥२२९॥

A Kshatriya (warrior) by caste and born in the house of Raghu, I am known throughout the world as Rama's faithful servant. What is so low as the dust (on a road) ? Yet if stirred by a kick, it rises and falls upon the head.'

चौ. –उठि कर जोरि रजायसु मागा । मनहुँ बीररस सोवत जागा ॥
बाँधि जटा सिर कसि कटि भाथा । साजि सरासनु सायकु हाथा ॥

यह कहकर लक्ष्मणजी ने उठकर और हाथ जोड़कर आज्ञा माँगी, मानो सोया हुआ वीर रस ही जाग उठा हो । सिर में जटा बाँधकर उन्होंने कमर में तरकश कस लिया और धनुष को सजकर तथा बाण को हाथ में लेकर कहा — ॥१॥

As he rose and with folded hands sought permission (to meet Bharata in an encounter), he looked like the heroic sentiment itself aroused from sleep. Binding up his matted locks in a knot and fastening the quiver to his waist with bow and arrows ready in his hands, he cried,

आजु रामसेवक जसु लेऊँ । भरतहि समरसिखावन देऊँ ॥
रामनिरादर कर फलु पाई । सोवहुँ समर सेज दोउ भाई ॥

आज मैं श्रीराम (आप) के सेवक होने की ख्याति लूँ और भरत को युद्ध में शिक्षा दूँ (कि श्रीराम के विरुद्ध लड़नेवाले की कैसी दुर्दशा होती है) । श्रीरामजी के अपमान का फल पाकर दोनों भाई (भरत-शत्रुघ्न) रणशय्या पर सोवें ॥२॥

Let me distinguish myself as Rama's servant today and teach Bharata a lesson in the battle. Both brothers shall reap the reward of their contempt for Rama and sleep on the couch of battle.

आइ बना भल सकल समाजू । प्रगट करउँ रिस पाछिल आजू ॥
जिमि करिनिकर दलइ मृगराजू । लेइ लपेटि लवा जिमि बाजू ॥

अच्छा हुआ जो सारा समाज आ जुटा । आज मैं पिछला सारा क्रोध प्रकट करूँगा । जैसे सिंह हाथियों के समूह को कुचल डालता है और बाज जैसे लवा को (चंगुल में) लपेट लेता है, ॥३॥

Well is it that the whole host has collected at one place; I shall, therefore, give vent this day to the wrath I have been nourishing. As a lion tears to pieces a herd of elephants, or a hawk carries off a quail in its clutches,

तैसेहि भरतहि सेन समेता । सानुज निदरि निपातउँ खेता ॥
जौं सहाय कर संकरु आई । तौ मारौं रन रामदोहाई ॥

वैसे ही भरत को सेनासमेत और छोटे भाई के साथ तिरस्कार करके युद्ध-भूमि में पछाड़ डालूँगा । यदि शंकरजी भी आकर उनकी सहायता करेंगे, तो भी रामजी की शपथ है, मैं उन्हें रण में मार गिराऊँगा ॥४॥

—so shall I contemptuously overthrow Bharata upon the field with his younger brother (Shatrughna) and his army. Even if Shankara himself should come to their aid, I swear by Rama that I would vanquish him in battle !'

दो. –अति सरोष माखे लखनु लखि सुनि सपथ प्रवान ।
सभय लोक सब लोकपति चाहत भभरि भगान ॥२३०॥

लक्ष्मणजी को उफनते क्रोध से तमतमाया (या रुष्ट) हुआ देखकर और प्रामाणिक (सत्य) शपथ सुनकर सब लोक भयभीत हो गए और लोकपाल घबड़ाकर (अपने-अपने लोकों से) भागना चाहने लगे ॥२३०॥

When they saw Lakshmana boiling with anger, his face flaming red, and heard his solemn oath, the spheres trembled with fear and their rulers longed to flee away in panic.

चौ. –जगु भयमगन गगन भइ बानी । लखन बाहु बलु बिपुल बखानी ॥
तात प्रताप प्रभाउ तुम्हारा । को कहि सकइ को जाननिहारा ॥

संसार भय में डूब गया । तब लक्ष्मणजी के बाहुबल की बहुत-बहुत प्रशंसा करती हुई आकाशवाणी हुई – हे तात ! तुम्हारे प्रताप और प्रभाव को कह सकने में कौन समर्थ है और उन्हें कौन जान सकता है ? ॥१॥

The world was seized with terror and a voice from heaven was heard in the air, magnifying the mighty strength of Lakshmana's arm: 'Who can tell, dear child, or who even knows your might and majesty ?

अनुचित उचित काजु कछु होऊ । समुझि करिअ भल कह सबु कोऊ ॥
सहसा करि पाछें पछिताहीं । कहहिं बेद बुध ते बुध नाहीं ॥

परंतु कोई भी अनुचित-उचित काम हो, उसे यदि खूब समझ-बूझकर किया जाय तों सब कोई अच्छा कहते हैं । वेदों और बुद्धिमान् पंडितों का कहना है कि जो बिना विचारे किसी काम को सहसा (प्रचंड वेग से) करके पीछे पछताते हैं, वे बुद्धिमान् नहीं हैं ! ॥२॥

But before doing anything one must weigh carefully whether it is right or wrong; then everyone will speak well of it. They who act rashly and repent afterwards are anything but wise, so declare the Vedas and the sages.'

सुनि सुरबचन लखन सकुचाने । राम सीय सादर सनमाने ॥
कही तात तुम्ह नीति सुहाई । सब तें कठिन राजमदु भाई ॥

देवताओं के वचन सुनकर लक्ष्मणजी सकुचा गए । श्रीरामचन्द्रजी और सीताजी ने उनका आदरपूर्वक सम्मान किया । श्रीरामजी ने कहा – हे तात ! तुमने बड़ी अच्छी नीति कही । हे भाई ! राज्यमद सब मदों से कठिन मद है; ॥३॥

On hearing this voice from heaven, Lakshmana was abashed, but both Rama and Sita addressed him courteously: 'What you have said, dear Lakshmana, is sound wisdom, for there is no such heady intoxication as that of kingly power.

जो अँचवत नृप मातहिं तेई । नाहिन साधुसभा जेहिं सेई ॥
सुनहु लखन भल भरत सरीसा । बिधिप्रपंच मह सुना न दीसा ॥

जिन्होंने साधु-समाज का सेवन नहीं किया, वे ही राजा राजमद की मदिरा को पीते ही मतवाले हो जाते हैं । हे लक्ष्मण ! सुनो, भरत के समान उत्तम पुरुष ब्रह्मा की इस सृष्टि में न तो कहीं सुना गया है, न देखा ही गया है; ॥४॥

Those rulers who have never waited on an assembly of saints are maddened by the merest taste of it. But I tell you, Lakshmana, in all God's creation I have never seen or heard of anyone so good as Bharata.

दो. –भरतहि होइ न राजमदु बिधि हरि हर पद पाइ ।
कबहुँ कि काँजीसीकरनि छीरसिंधु बिनसाइ ॥२३१॥

ब्रह्मा, विष्णु और शंकर का पद पाकर भी भरत को राजमद नहीं हो सकता । क्या कभी काँजी[1] की बूँदों से क्षीरसागर फट सकता है ? ॥२३१॥

Bharata would never be intoxicated with sovereign power, even though he attained to the position of Brahma, Vishnu and Shiva. What ! can a few drops of sour gruel curdle the Ocean of Milk ?

चौ. –तिमिरु तरुन तरनिहि मकु गिलई । गगनु मगन मकु मेघहि मिलई ॥
गोपदजल बूड़हिं घटजोनी । सहज छमा बरु छाड़इ छोनी ॥

अन्धकार चाहे तरुण (दोपहर के) सूर्य को निगल जाय, आकाश चाहे बादलों में तन्मय होकर मिल जाय, गौ के खुर-बराबर जल में (समुद्र पी जानेवाले) अगस्त्यजी डूब जायँ और पृथ्वी चाहे अपनी स्वाभाविक सहनशीलता छोड़ दे; ॥१॥

Sooner may darkness swallow the midday sun, sooner may the heavens be absorbed into the clouds, sooner may the jar-born sage Agastya (who swallowed up the ocean) be drowned in the puddle of a cow's footprint, or earth abandon its natural forbearance,

मसकफूँक मकु मेरु उड़ाई । होइ न नृपमदु भरतहि भाई ॥
लखन तुम्हार सपथ पितु आना । सुचि सुबंधु नहि भरत समाना ॥

मच्छर की फूँक से चाहे सुमेरु भले ही उड़ जाय, परंतु हे भाई ! भरत को राजमद कभी नहीं हो सकता । हे लक्ष्मण ! तुम्हारी और पिताजी की सौगंद खाकर मैं कहता हूँ, भरत-जैसा पवित्र और श्रेष्ठ भाई (कहीं) नहीं है ॥२॥

— sooner may Mount Meru be blown away by a puff of wind discharged from the mouth of a mosquito than Bharata, brother, suffer from pride of kingly

---

१. यह एक प्रकार का खट्टा रस है । दही के पानी में नमक मिलाने से यह राई पीसकर उसे पानी में घोलकर नमक, जीरा, सौंठ, सोडा पिपरामूल आदि मिलाने से काँजी तैयार होती है । छाँछ और खट्टे मट्ठे को भी काँजी कहते हैं । काँजी से दूध फट जाता है, पर दूध का समुद्र नहीं फटता । इसी तरह राज्य मिलने से भरत को अभिमान नहीं हो सकता ।

power. O Lakshmana, I swear by you and by our father, there is no brother so good and innocent as Bharata.

सगुनु खीरु अवगुन जलु ताता । मिलइ रचइ परपंचु बिधाता ॥
भरतु हंस रबिबंस तड़ागा । जनमि कीन्ह गुन दोष बिभागा ॥

हे तात ! सद्‌गुणरूप दूध और अवगुणरूप जल को मिलाकर विधाता इस जगत् को रचता है । परंतु सूर्यवंशरूपी तालाब में भरतरूपी हंस ने जन्म लेकर गुण और दोष दोनों को अलग-अलग कर दिया ! ।३॥

God, dear brother, creates the world by mixing the milk of virtue with the water of sin; Bharata is a swan born in the lake of the Solar race to separate the evil from the good.

गहि गुन पय तजि अवगुन बारी । निज जस जगत कीन्हि उजिआरी ॥
कहत भरत गुन सीलु सुभाऊ । पेम पयोधि मगन रघुराऊ ॥

सद्‌गुणरूपी दूध को ग्रहणकर और अवगुणरूपी जल को छोड़कर उन्होंने अपने यश से संसार में प्रकाश कर दिया ! भरतजी के गुण, शील और स्वभाव का वर्णन करते-करते श्रीरघुनाथजी प्रेमसागर में मग्न हो गए ॥४॥

He chose the milk of goodness and discarded the water of evil and with his glory illumined the whole world.' While he thus recited Bharata's virtues, amiability and noble disposition, Raghunatha was drowned in the ocean of love.

दो. –सुनि रघुबरबानी बिबुध देखि भरत पर हेतु ।
सकल सराहत राम सो प्रभु को कृपानिकेतु ॥२३२॥

श्रीरामचन्द्रजी की वाणी सुनकर और भरतजी पर उनका स्नेह देखकर सभी देवता उनकी सराहना करने लगे कि श्रीरामचन्द्रजी के समान दयामय स्वामी और कौन है ! ॥२३२॥

On hearing the speech of Rama and beholding his affection for Bharata, all the gods sang his praises, saying: 'What Lord is there so compassionate as Rama ?

चौ. –जौं न होत जग जनम भरत को । सकल धरम धुर धरनि धरत को ॥
कबि कुल अगम भरत गुन गाथा । को जानइँ तुम्ह बिनु रघुनाथा ॥

संसार में यदि भरत का जन्म न होता, तो पृथ्वी पर सभी धर्मों की धुरी को कौन धारण करता ? हे रघुनाथ ! कविकुल के लिए भी अगम्य (उनकी कल्पना-शक्ति से परे) भरतजी के गुणों की कथा आपके सिवा और कौन जान सकता है ? ॥१॥

If Bharata had not been born into the world, who would have upheld the cause of all righteousness upon the earth ? Who but yourself, O Raghunatha, can comprehend the tale of Bharata's good qualities that are unapproachable even to the race of bards ?'

लखनु रामु सिय सुनि सुरबानी । अति सुखु लहेउ न जाइ बखानी ॥
इहाँ भरतु सब सहित सहाए । मंदाकिनी पुनीत नहाए ॥

लक्ष्मण, राम और सीताजी ने देवताओं की वाणी सुनकर जो अत्यन्त सुख पाया, उसे कहते नहीं बनता । इधर भरतजी ने सारे समाज के साथ पवित्र मन्दाकिनी में स्नान किया ॥२॥

On hearing these words of the gods, Lakshmana, Rama and Sita were more delighted than words can tell. Meanwhile, Bharata with all his retinue bathed in Mandakini's sacred stream.

सरित समीप राखि सब लोगा । मागि मातु गुर सचिव नियोगा ॥
चले भरतु जहँ सिय रघुराई । साथ निषादनाथु लघु भाई ॥

सब लोगों को मन्दाकिनी नदी के पास ठहराकर तथा माता, गुरु और मन्त्री की आज्ञा माँगकर निषादराज और शत्रुघ्न को साथ लेकर भरतजी उस स्थान को चले, जहाँ श्रीसीताजी और श्रीरघुनाथजी थे ॥३॥

Then leaving all the people on the bank and asking permission of his mothers, his *guru* (the sage Vasishtha) and his minister (Sumantra), Bharata went on with the Nishada chief and his younger brother (Shatrughna) to the place where Sita and Raghunatha had their home.

समुझि मातुकरतब सकुचाहीं । करत कुतरक कोटि मन माहीं ॥
रामु लखनु सिय सुनि मम नाऊँ । उठि जनि अनत जाहिं तजि ठाऊँ ॥

भरतजी अपनी माता कैकेयी की करनी को यादकर संकोच करने लगे और मन में करोड़ों कुतर्क करने लगे कि कहीं ऐसा न हो कि श्रीराम, लक्ष्मण और सीताजी मेरा नाम सुनकर स्थान छोड़कर कहीं दूसरी जगह उठकर चले जायँ ॥४॥

As he remembered what his mother had done, he was ashamed and let his mind form a myriad ill-conjectures: 'What if Rama, Lakshmana and Sita, on hearing my name, should leave this place and go elsewhere ?

दो. –मातुमतें महुँ मानि मोहि जो कछु करहिं सो थोर ।
अघ अवगुन छमि आदरहिं समुझि आपनी ओर ॥२३३॥

मुझे माता के मत में मानकर वे जो कुछ भी करें वही थोड़ा है; पर वे अपनी ओर (अपने पक्ष में) समझकर मेरे पापों और अवगुणों को क्षमा करके मेरा आदर ही करेंगे (यदि वे मेरे पापों और अवगुणों को क्षमा करके आदर करेंगे तो अपनी ओर समझकर ही, अन्यथा मैं इस योग्य तो नहीं ही हूँ) ॥२३३॥

Taking me to be my mother's accomplice, nothing that he might do would be too much. But considering me on his own side, he will forgive my sin and folly and receive me kindly as his well-wisher. (He will pardon my sins and offences and receive me with kindness, regarding me as being on his side; otherwise, I am unworthy of his forgiveness.)

चौ. –जौं परिहरहिं मलिनमनु जानी। जौं सनमानहिं सेवकु मानी॥
मोरें सरन रामहि की पनहीं। रामु सुस्वामि दोसु सब जनहीं॥

चाहे मलिन-मन जानकर मुझे त्याग दें या सेवक मानकर मुझे सम्मानित करें (कुछ भी करें); मेरे लिए तो श्रीरामचन्द्रजी की जूतियाँ ही शरण हैं। श्रीरामचन्द्रजी बड़े भले स्वामी हैं, दोष तो सब उनके इस दास का ही है॥१॥

Whether he shuns me as a black-hearted wretch or honours me as his own servant, my only refuge is at Rama's sandals; he is really a noble master, the fault is all his servant's.

जग जसभाजन चातक मीना। नेम पेम निज निपुन नवीना॥
अस मन गुनत चले मग जाता। सकुच सनेह सिथिल सब गाता॥

संसार में चातक और मछली ही यश के पात्र हैं, जो अपने नेम और प्रेम को नया बनाये रखने में कुशल हैं। मन में ऐसा विचार करते हुए भरतजी मार्ग में चले जाते हैं। उनके सब अंग संकोच और स्नेह से शिथिल हो रहे हैं॥२॥

The only beings worthy of fame in the world are the cuckoo and the fish, who are clever in keeping ever fresh their vows of fidelity and love.' So reflecting, he went on his way, his whole body depleted by diffidence and affection.

फेरति मनहि मातुकृत खोरी। चलत भगतिबल धीरजधोरी॥
जब समुझत रघुनाथसुभाऊ। तब पथ परत उताइल पाऊ॥

माता द्वारा की गई दुष्टता मन को पीछे लौटाती है, पर वे भक्ति और धैर्यरूपी धोरी[1] के बल से आगे चले जाते हैं। जब वे श्रीरघुनाथजी के स्वभाव का स्मरण करते हैं, तब मार्ग में उनके पैर जल्दी-जल्दी पड़ने लगते हैं॥३॥

His mother's wickedness, as it were, dragged him back, while the strength of his devotion and fortitude, like some sturdy bull, drove him forward. Whenever he thought of Raghunatha's loving nature, his feet moved swifty along the road.

१. बैल – वह तीसरा बैल जो गाड़ी में अधिक बोझा होने पर आगे लगाया जाता है।

भरतदसा तेहि अवसर कैसी। जलप्रबाहँ जल अलि गति जैसी॥
देखि भरत कर सोचु सनेहू। भा निषाद तेहि समय बिदेहू॥

उस समय भरत की दशा कैसी है? वह जल के प्रवाह में जल के भौंरे की गति-जैसी है। भरतजी के सोच और स्नेह को देखकर उस समय निषाद विदेह हो गया (देह की सुध-बुध भूल गया)॥४॥

Bharata's state at that time resembled the movements of a water-fly carried along a stream. When he saw Bharata's anxiety and affection, the Nishada chief was entranced (experienced a kind of 'ecstatic anaesthesia' or annihilation of body-consciousness).

दो. –लगे होन मंगल सगुन सुनि गुनि कहत निषादु।
मिटिहि सोचु होइहि हरषु पुनि परिनाम बिषादु॥२३४॥

(तभी) मङ्गल-शकुन होने लगे। उन्हें सुन-समझकर निषाद कहने लगा – सोच मिट जायगा, हर्ष होगा, लेकिन फिर परिणाम तो दुःख ही होगा॥२३४॥

Auspicious omens began to occur, and when the Nishada chief heard them and reflected on them, he said, 'Sorrow will pass away and joy succeed; but again in the end there will be distress.'

चौ. –सेवकबचन सत्य सब जाने। आश्रम निकट जाइ निअराने॥
भरत दीख बन सैल समाजू। मुदित छुधित जनु पाइ सुनाजू॥

भरतजी ने सेवक (गुह) के सब वचन सत्य जाने और वे आश्रम के निकट जा पहुँचे। वहाँ के वन और पर्वतों के समूह को देखकर वे इतने आनन्दित हुए, मानो कोई भूखा अच्छा भोजन पा गया हो॥१॥

Bharata knew every word of his servant (Guha) to be true. He went on and drew near to the hermitage, and when he saw the woods and ranges of hills, he was as glad as a hungry wretch on getting a good meal.

ईति भीति जनु प्रजा दुखारी। त्रिबिध ताप पीड़ित ग्रह मारी॥
जाइ सुराज सुदेस सुखारी। होहिं भरतगति तेहि अनुहारी॥

जैसे खेती को हानि पहुँचानेवाले उपद्रवों के भय से दुःखी और तीनों (आध्यात्मिक, आधिदैविक और आधिभौतिक) तापों तथा क्रूर ग्रहों और महामारियों से सतायी हुई प्रजा किसी सुन्दर देश और उत्तम राज्य में पहुँचकर सुखी हो जाय, भरतजी की दशा ठीक उसी प्रकार की हो रही है। (अधिक जल बरसना, न बरसना, चूहों का उत्पात, टिड्डियाँ, पक्षियों की अधिकता और दूसरे राजा की चढ़ाई – खेतों में बाधा देनेवाले इन छः उपद्रवों को 'ईति' कहते हैं।)॥२॥

Bharata's feelings are just like those of a people

tormented by the fear of calamities[1] and afflicted with (physical, spiritual and worldly) torments, misfortune and pestilence, when they migrate to a well-governed and prosperous country.

रामबास बन संपति भ्राजा। सुखी प्रजा जनु पाइ सुराजा॥
सचिव बिरागु बिबेकु नरेसू। बिपिन सुहावन पावन देसू॥

श्रीरामजी के निवास से वन-सम्पदाएँ ऐसी शोभायमान हैं मानो अच्छे राजा को पाकर प्रजा सुखी हो। सुहावना वन-प्रान्त ही पवित्र देश है, विवेक उसका राजा है और वैराग्य उसका मन्त्री॥३॥

The (natural) wealth of the forest where Rama lived shone as resplendent and happy as a people who are ruled by a good king. The beautiful forest was like a holy realm, Discretion was its sovereign, Detachment its minister;

भट जम नियम सैल रजधानी। सांति सुमति सुचि सुंदर रानी॥
सकल अंग संपन्न सुराऊ। रामचरन आश्रित चित चाऊ॥

यम (अहिंसा, सत्य, अस्तेय, ब्रह्मचर्य और अपरिग्रह) तथा नियम (शौच, संतोष, तप, स्वाध्याय और ईश्वरप्रणिधान) उसके योद्धा हैं, पर्वत राजधानी है, शान्ति तथा सुबुद्धि दो सुन्दर पवित्र रानियाँ हैं। वह श्रेष्ठ राजा राज्य के सब अङ्गों से सम्पन्न है और श्रीरामचन्द्रजी के चरणों के आश्रित रहने के कारण उसके चित्त में आनन्द और उत्साह है। (स्वामी, अमात्य, सुहृद्, कोष, राष्ट्र, दुर्ग और सेना – राज्य के ये सात अंग हैं।)॥४॥

— the five Yamas (moral principles) and the five Niyamas (religious rules) were the champions of the realm, and Chitrakuta its capital; Peace and Good Understanding represented the virtuous and lovely queens. Thus the noble king was well equipped with all the (seven) limbs[2] of a kingdom and being dependent on 'Rama's feet, was filled with joy and zeal in his heart.

दो.–जीति मोह महिपालु दल सहित बिबेक भुआलु।
करत अकंटक राज्य पुरँ सुख संपदा सुकालु॥२३५॥

मोहरूपी राजा को उसके दल-बल के साथ जीतकर विवेकरूपी राजा निष्कण्टक (शत्रुहीन) राज्य कर रहा है। उसके नगर में सुख, सम्पत्ति और सुकाल, तीनों (सदैव) वर्तमान हैं॥२३५॥

Discretion, the monarch, having conquered King Delusion with all his host, held undisputed sway; and joy, prosperity and plenty reigned everywhere in his city.

चौ.–बनप्रदेस मुनिबास घनेरे। जनु पुर नगर गाउँ गन खेरे॥
बिपुल बिचित्र बिहग मृग नाना। प्रजासमाजु न जाइ बखाना॥

वनरूपी प्रान्त में मुनियों के जो बहुत-से आश्रम हैं, वे ही मानो शहरों, नगरों, गाँवों और खेड़ों के समूह हैं। बहुत प्रकार के विचित्र पक्षी और अनेक जातियों के पशु ही मानो प्रजाओं के समाज हैं, जिनका वर्णन नहीं किया जा सकता॥१॥

The numerous dwellings of the hermits in the woodland province were like so many cities and towns and villages and hamlets, and the many birds and beasts of all descriptions were his innumerable subjects.

खगहा हरि करि बाघ बराहा। देखि महिष बृष साजु सराहा॥
बयरु बिहाइ चरहिं एक संगा। जहँ तहँ मनहुँ सेन चतुरंगा॥

गैंडों, हाथियों, सिंहों, बाघों, सूअरों, भैंसों और बैलों को देखकर राजा के साज को सराहते ही बनता है। ये सब आपस के वैर-भाव को त्यागकर जहाँ-तहाँ एक साथ विचरते हैं। यही मानो चतुरंगिणी सेना है॥२॥

When one saw the rhinoceroses, elephants, lions, tigers and boars, buffaloes and bullocks, one was filled with admiration for this royal spectacle. Shedding their natural animosities, they grazed together, like a duly marshalled army complete in all its four divisions.

झरना झरहिं मत्त गज गाजहिं। मनहुँ निसान बिबिधि बिध बाजहिं॥
चक चकोर चातक सुक पिक गन। कूजत मंजु मराल मुदितमन॥

वहाँ पानी के झरने झर रहे हैं और मतवाले हाथी गरज रहे हैं, मानो वहाँ तरह-तरह के डंके-नगाड़े बज रहे हैं। चकवा, चकोर, पपीहा, तोता तथा कोयलों के समूह और सुन्दर हंस प्रसन्न मन से कूजते-चहचहाते हैं॥३॥

The mountain torrents poured down and wild elephants trumpeted, and their sound resembled the beating of kettledrums of various kinds. *Chakavas*, partridges, cuckoos, parrots and koels and swans made delightful and merry melody.

अलिगन गावत नाचत मोरा। जनु सुराज मंगल चहुँ ओरा॥
बेलि बिटप तृन सफल सफूला। सब समाजु मुद मंगल मूला॥

भौंरों के समूह गुंजार करते और मोर नाचते हैं, मानो उस अच्छे राज्य में चारों ओर मङ्गल-ही-मङ्गल हो रहा है। लताएँ, वृक्ष, तृण सब फलों और फूलों से युक्त हैं। इस प्रकार सारा समाज आनन्द और मङ्गल का मूल हो रहा है॥४॥

1. Public calamities, or visitations of God, *iti*, are reckoned as seven in number, *viz.*, flood, drought, rats, locusts, parrots, invasion and tyranny.

2. These are: the king, the realm, the minister, the army, the fortress, the treasury and friends.

Swarms of bees hummed and peacocks danced, as though joy held universal sway in that prosperous kingdom; and there were creepers, trees and blades of grass, with flowers and fruit, so that this entire community looked like a source of comfort and bliss.

दो. –रामसैल सोभा निरखि भरतहृदय अति पेमु ।
तापस तपफलु पाइ जिमि सुखी सिरानें नेमु ॥२३६॥

जैसे कोई तपस्वी नियम की समाप्ति होने पर तपस्या का फल पाकर सुखी हो, वैसे ही श्रीरामचन्द्रजी के पर्वत की शोभा देखकर भरतजी के हृदय में अत्यन्त प्रेम हुआ ॥२३६॥

When he saw the beauty of Rama's hill (Chitrakuta), Bharata's heart overflowed with love, like an ascetic who is overjoyed on the fulfilment of his vow and reaps the reward of his penance.

मासपारायण, बीसवाँ विश्राम
नवाह्नपारायण, पाँचवाँ विश्राम

चौ. –तब केवट ऊँचे चढ़ि धाई । कहेउ भरत सन भुजा उठाई ॥
नाथ देखिअहिं बिटप बिसाला । पाकरि जंबु रसाल तमाला ॥

तब केवट (गुह) दौड़कर ऊँचा चढ़ गया और भुजा उठाकर भरतजी से कहने लगा — हे नाथ ! पाकर, जामुन, आम और तमाल के विशाल वृक्षों को देखिए ॥१॥

Then Guha the boatman ran and climbed up an eminence, and stretching out his arm, cried to Bharata, 'See, my lord, those huge and noble trees — fig, rose-apple, mango and *tamala*—

तिन्ह तरुबरन्ह मध्य बटु सोहा । मंजु बिसाल देखि मनु मोहा ॥
नील सघन पल्लव फल लाला । अबिचल छाँह सुखद सब काला ॥

उन श्रेष्ठ वृक्षों के बीच एक सुन्दर विशाल बरगद का वृक्ष शोभा दे रहा है, जिसे देखकर मन मुग्ध हो जाता है, उसके पत्ते नीले और सघन हैं और उसमें लाल फल लगे हैं । उसकी घनी छाया सब ऋतुओं में सुखदायिनी है ॥२॥

— in the midst of which there stands a beautiful and stately banyan, charming to behold with its dark blue and dense foliage, red fruit and unbroken shade, which is pleasant throughout the year,

मानहु तिमिर अरुन मय रासी । बिरची बिधि सँकेलि सुषमा सी ॥
ए तरु सरित समीप गोसाँई । रघुबर परनकुटी जहँ छाई ॥

मानो परम शोभा को बटोरकर ब्रह्माजी ने अन्धकार और लालिमामयी राशि-सी रच दी है । हे स्वामी ! ये वृक्ष नदी के पास हैं, जहाँ श्रीरघुनाथजी की पर्णकुटी छायी है ॥३॥

— as if God had assembled all that was exquisitely beautiful and given it the shape of a dark and rosy mass. These trees, my lord, stand close to the river where Raghunatha's hut of leaves is roofed.

तुलसी तरुबर बिबिध सोहाए । कहुँ कहुँ सिय कहुँ लखन लगाए ॥
बटछायाँ बेदिका बनाई । सिय निज पानि सरोज सुहाई ॥

वहाँ भाँति-भाँति के तुलसी के सुन्दर वृक्ष सुशोभित हैं, जिन्हें कहीं-कहीं सीताजी ने और कहीं लक्ष्मणजी ने लगाया है । इसी बरगद की छाया में सीताजी ने अपने करकमलों से सुन्दर वेदी बनायी है ॥४॥

In front of it you will find a variety of lovely *tulasi* (basil) shrubs, planted here by Sita and there by Lakshmana; and in the shade of the banyan there is a beauteous altar built by Sita with her own lotus hands.

दो. –जहाँ बैठि मुनिगन सहित नित सिय रामु सुजान ।
सुनहिं कथा इतिहास सब आगम निगम पुरान ॥२३७॥

जहाँ सुविज्ञ (परम ज्ञानी) श्रीसीतारामजी मुनि-समाज के साथ नित्य बैठकर शास्त्र, वेद और पुराणों के सब कथा-इतिहास सुनते हैं ॥२३७॥

There the all-wise Sita and Rama are ever wont to sit with an assembly of hermits and listen to all kinds of stories and legends from the Agamas (Tantras) and Vedas and Puranas.'

चौ. –सखाबचन सुनि बिटप निहारी । उमगे भरतबिलोचन बारी ॥
करत प्रनाम चले दोउ भाई । कहत प्रीति सारद सकुचाई ॥

सखा निषादराज के वचन सुनकर और उन वृक्षों को देखकर भरतजी के नेत्रों में (आनन्द के) आँसू उमड़ आए । दोनों भाई प्रणाम करते हुए चले । उनकी इस प्रीति को कहने में सरस्वतीजी भी सकुचाती हैं ॥१॥

When Bharata heard his comrade's speech and saw the trees, his eyes overflowed with tears (of joy). The two brothers (Bharata and Shatrughna) made obeisance as they advanced; even Sharda (the goddess of speech) would fail to do justice to their devotion.

हरषहिं निरखि रामपद अंका । मानहुँ पारसु पाएउ रंका ॥
रज सिर धरि हियँ नयनन्हि लावहिं । रघुबरमिलन सरिस सुख पावहिं ॥

श्रीरामचन्द्रजी के चरणचिह्नों को देखकर दोनों भाई ऐसे प्रसन्न होते हैं मानो किसी दरिद्र ने पारस पा लिया हो । चरण-रज को सिर पर रखकर वे हृदय और नेत्रों में लगाते हैं और श्रीरघुनाथजी के मिलने के समान सुख पाते हैं ॥२॥

When they saw the prints of Rama's feet, they rejoiced like some beggar who finds the philosopher's stone. They placed the dust upon their heads and applied it to their hearts and eyes, with as much delight as if they had met Raghunatha himself.

देखि भरतगति अकथ अतीवा । प्रेममगन मृग खग जड़ जीवा ॥
सखहि सनेह बिबस मग भूला । कहि सुपंथ सुर बरषहिं फूला ॥

भरतजी की इस अत्यन्त अनिर्वचनीय दशा को देखकर वन के पशु-पक्षी और जड़-जीव (वृक्षादि) प्रेम-मग्न हैं । प्रेम के विशेष वशीभूत होने के कारण सखा निषादराज को भी रास्ता भूल गया, तब देवता सुन्दर रास्ता बतलाकर फूलों की वर्षा करने लगे ॥३॥

Perceiving Bharata's utterly indescribable condition, beasts and birds and inanimate creatures of the forest were overwhelmed with affection. Overpowered by devotion, Bharata's friend (Guha) lost the way, but the gods showed him the best road and showered down flowers.

निरखि सिद्ध साधक अनुरागे । सहज सनेहु सराहन लागे ॥
होत न भूतल भाउ भरत को । अचर सचर चर अचर करत को ॥

भरत के प्रेम की इस प्रकृत परिणति को देखकर सिद्ध और साधक भी अनुराग से ओतप्रोत हो गए और उनके स्वाभाविक प्रेम को सराहना करने लगे कि यदि इस भूतल पर भरत का जन्म (अथवा प्रेम) न होता, तो जड़ को चेतन और चेतन को जड़ कौन करता ? ॥४॥

Adepts and aspirants were no less overwhelmed with love at the sight of this natural flowering of Bharata's devotion and began forthwith to praise his true, unaffected love: 'If Bharata had not been born into the world (or if his love had not appeared on earth), who would have made the inanimate animate or the animate inanimate ?[1]

दो. – पेमु अमिअ मंदरु बिरहु भरतु पयोधि गभीर ।
मथि प्रगटेउ सुर साधु हित कृपासिंधु रघुबीर ॥२३८॥

यदि प्रेम अमृत है तो विरह मन्दराचल और भरतजी गहरे समुद्र हैं । कृपासागर रघुनाथजी ने देवताओं और साधुओं की भलाई के लिए स्वयं (भरतरूपी समुद्र को विरहरूपी मन्दराचल से) मथकर प्रेमरूपी अमृत प्रकट किया है ॥२३८॥

Raghunatha, the ocean of compassion, has churned the deep sea, Bharata, with the Mandara

of separation, and for the sake of gods and saints brought out from it the nectar of love.' (If love is nectar, separation is Mount Mandara and Bharata the deep sea. After churning the depths of Bharata's soul with the Mandara of separation, Raghunatha brought to light the nectar of love.)

चौ. – सखा समेत मनोहर जोटा । लखेउ न लखन सघन बन ओटा ॥
भरत दीख प्रभु आश्रमु पावन । सकल सुमंगल सदनु सुहावन ॥

सखा निषादराजसहित भरत-शत्रुघ्न की सुन्दर जोड़ी को घने वन की आड़ के कारण लक्ष्मणजी नहीं देख पाए । भरतजी ने प्रभु श्रीरामचन्द्रजी के सुन्दर पवित्र आश्रम को देखा जो समस्त सुमंगलों का धाम था ॥१॥

Owing to the dense shade of the forest, the two charming brothers and their guide were not visible to Lakshmana, but Bharata saw the Lord's holy hermitage, fair abode of all blessings.

करत प्रबेस मिटे दुख दावा । जनु जोगीं परमारथु पावा ॥
देखे भरत लखन प्रभु आगें । पूँछें बचन कहत अनुरागें ॥

(आश्रम में) प्रवेश करते ही भरतजी का दुःख-दाह मिट गया, मानो योगी को परमतत्त्व मिल गया हो । भरतजी ने देखा कि लक्ष्मणजी प्रभु के आगे खड़े हैं और पूछी हुई बात का बड़े प्रेम से उत्तर दे रहे हैं ॥२॥

Even as he entered it his burning grief was extinguished; it seemed as though an ascetic had realized the supreme truth. Bharata saw Lakshmana standing before the Lord and answering his questions in loving tones.

सीस जटा कटि मुनिपट बाँधें । तून कसें कर सर धनु काँधें ॥
बेदी पर मुनि साधु समाजू । सीय सहित राजत रघुराजू ॥

उनके सिर पर जटा है, कटि में मुनियों का (वल्कल) वस्त्र बाँधे और उसी में तरकश कसे हुए हैं । हाथ में बाण और कंधे पर धनुष है; वेदी पर मुनि तथा साधुओं का समाज और सीताजीसहित श्रीरघुनाथजी विराजमान हैं ॥३॥

His hair was knotted on his head and he had a hermit's robe girt about his loins; there was a quiver fastened to his waist, an arrow in his hand and a bow slung across his shoulder. On the altar in the midst of an assembly of hermits and holy men shone Sita and Raghunatha.

बलकल बसन जटिल तनु स्यामा । जनु मुनिबेषु कीन्ह रति कामा ॥
कर कमलनि धनु सायकु फेरत । जिय की जरनि हरत हँसि हेरत ॥

श्रीरामजी वल्कल-वस्त्र पहने और जटा धारण किये हुए हैं, श्याम शरीर है । (सीतारामजी को देखने से लगता है) मानो रति और कामदेव ने ही

---

1. Bharata's love made the animate adepts and aspirants gaze on him in ecstasy and filled the inanimate trees of the forest, rocks and rivers with rapture. It roused the senseless Gods to show Guha the way and so stupefied the ordinarily sensible Guha that he lost it.

मुनि का वेष धारण किया हो। श्रीरामजी अपने करकमलों से धनुष-बाण फेर रहे हैं और हँसकर देखते ही जी की जलन हर लेते हैं (जिसकी ओर एक बार भी हँसकर देख लेते हैं, उसी को परम आनन्द और शान्ति की प्राप्ति हो जाती है) ॥४॥

— who was clad in bark and had matted hair on his head and a swarthy complexion, as though Rati and Kamadeva had appeared there in hermit guise. He was turning about his bow and arrow between his lotus hands, and with one smiling glance dispelled the anguish of the heart.

दो. –लसत मंजु मुनिमंडली मध्य सीय रघुचंदु।
ग्यानसभाँ जनु तनु धरें भगति सच्चिदानंदु ॥२३९॥

सुन्दर मुनिमण्डली के बीच सीताजी और रघुकुलचन्द्र श्रीरामजी ऐसे शोभायमान हैं मानो ज्ञान की सभा में साक्षात् भक्ति और सच्चिदानन्द (ब्रह्म) शरीर धारण किये हुए विराजमान हों ॥२३९॥

In the midst of a glorious ring of hermits Sita and the Moon of Raghu's line shone forth like Devotion and the Supreme Spirit (who is Truth and Consciousness and Bliss combined) incarnate in the council-chamber of Wisdom.

चौ. –सानुज सखा समेत मगन मन। बिसरे हरष सोक सुख दुख गन॥
पाहि नाथ कहि पाहि गोसाईं। भूतल परे लकुट की नाईं॥

छोटे भाई (शत्रुघ्न) और सखा (निषादराज) सहित भरतजी का मन प्रेम-मग्न हो रहा है। हर्ष-शोक, सुख-दुःख आदि सब बिसर गए। 'हे नाथ! रक्षा कीजिए, हे गोसाईं! रक्षा कीजिए!' ऐसा कहकर वे लाठी की तरह पृथ्वी पर गिर पड़े ॥१॥

Bharata and his younger brother (Shatrughna) and his companion (Guha) were so enraptured that their joy and sorrow, pleasure and pain, were all forgotten. Uttering the words 'Save me, my lord! Save me, O holy one!' he fell prostrate to the earth, like a log.

बचन सपेम लखन पहिचाने। करत प्रनामु भरत जियँ जाने॥
बंधुसनेह सरस एहिं ओरा। उत साहिबसेवाँ बस जोरा॥

उनके प्रेममय वचनों से लक्ष्मणजी ने पहचान लिया और जी में जान लिया कि भरतजी प्रणाम कर रहे हैं। (वे श्रीरामजी की ओर मुँह किये खड़े थे और भरतजी पीठ-पीछे थे।) अब इस ओर तो भाई का सरस प्रेम और उधर स्वामी की सेवा की प्रबल परवशता! ॥२॥

Lakshmana recognized his loving speech and knew that it was Bharata making obeisance. On the one hand, there was the loving affection of an elder brother (Bharata); on the other, there was the stronger claim of obedience to his lord.

मिलि न जाइ नहि गुदरत बनई। सुकबि लखनमन की गति भनई॥
रहे राखि सेवा पर भारू। चढ़ी चंग जनु खैंच खेलारू॥

न तो जाकर मिलते ही बनता है और न (प्रेमवश) छोड़ते ही। कोई श्रेष्ठ कवि ही लक्ष्मणजी के चित्त की इस दशा का वर्णन कर सकता है। वे सेवा पर भार रखकर रह गए (उन्होंने सेवा को ही अधिक महत्त्व दिया), मानो चढ़ी हुई पतंग को खिलाड़ी खींच रहा हो[1] ॥३॥

He could neither go and greet his brother (Bharata) nor ignore him; only a skilled poet could describe the state of Lakshmana's mind. Considering that the side of service was the weightier, he stood where he was, like a kite-flier who pulls down his kite that has risen high in the air.

कहत सप्रेम नाइ महि माथा। भरत प्रनाम करत रघुनाथा॥
उठे रामु सुनि पेम अधीरा। कहुँ पट कहुँ निषंग धनु तीरा॥

पृथ्वी पर सिर नवाकर लक्ष्मणजी ने प्रेमपूर्वक कहा – हे रघुनाथजी! भरतजी प्रणाम कर रहे हैं! यह सुनते ही श्रीरघुनाथजी प्रेम में उतावले होकर उठे। कहीं वस्त्र गिरा, कहीं तरकश, कहीं धनुष और कहीं बाण। (पट वेद है, निषंग कर्म, धनुष काल, तीर लवनिमेषादि; भक्त के लिए प्रभु ने चारों को त्याग दिया।) ॥४॥

Bowing his head to the ground, he said affectionately, 'Bharata is making obeisance to you, O Raghunatha.' As soon as he heard these words, Rama started up in affectionate haste, and down in all directions dropped his robe, his quiver, his arrows and his bow.

दो. –बरबस लिए उठाइ उर लाये कृपानिधान।
भरत राम की मिलनि लखि बिसरे सबहि अपान ॥२४०॥

दयासागर श्रीरामचन्द्रजी ने उनको बलपूर्वक उठाकर हृदय से लगा लिया। भरत-राम-मिलाप को देखकर सब ऐसे मग्न हुए कि किसी को अपनी सुध न रही ॥२४०॥

The all-compassionate Lord raised him up perforce and clasped him to his bosom. Everyone who witnessed the meeting of Bharata and Rama lost all consciousness of self.

चौ. –मिलनि प्रीति किमि जाइ बखानी। कबिकुल अगम करम मन बानी॥
परम पेम पूरन दोउ भाई। मन बुधि चित अहमिति बिसराई॥

---

१. "पतंग चढ़ी हुई है। बिना उसे खींचकर उतारे खिलाड़ी उसे छोड़कर और काम कर ही नहीं सकता। लक्ष्मणजी प्रभु की सेवा में हैं। बीच में छोड़ कैसे सकते हैं? इसलिए न तो आप सेवा छोड़ मिल सकते हैं और न उपेक्षा करते बनता है। सेवा यह है कि पूछी बातों का अदब से, अनुराग से उत्तर दे रहे हैं। यही चढ़ी हुई चंग है। इसे ही खींचकर उतारते हैं – अर्थात् तुरंत अपनी बात खतम करके प्रेमपूर्वक सिर धरती से लगाकर कहते हैं – नाथ! भरतजी प्रणाम कर रहे हैं।" दे. मानस-पीयूष, ४, पृ. ८५३-८५४।

मिलन की प्रीति का वर्णन कैसे किया जाय ? वह तो कवि-समुदाय के लिए कर्म, मन, वाणी – तीनों से अगम है । दोनों भाई (राम-भरत) मन, बुद्धि, चित्त और अहंकार (चतुष्टय अन्तःकरण) को भुलाकर परम प्रेम से पूर्ण हो रहे हैं ॥१॥

How can such an affectionate meeting be described ? It was inaccessible to the poet in thought and word and deed. The two brothers overflowed with supreme affection, their mind, reason, understanding and their very selves having been all forgotten.

कहहु सुपेमु प्रगट को करई । केहि छाया कबिमति अनुहरई ॥
कबिहि अरथ आखर बलु साँचा । अनुहरि ताल गतिहि नटु नाँचा ॥

कहिए, उस सुन्दर प्रेम को कौन प्रकट करे ? कवि की बुद्धि किसकी छाया का अनुसरण करे ? कवि को तो अर्थ और (उसके मूल) अक्षर का ही सच्चा बल है । नर्तक ताल की गति के अनुसार ही नाचता है ॥२॥

Tell me, who can express such wondrous love ? By what shadow can the poet's mind attain to it ? The poet's real strength lies in the theme to be worked on and the expression he uses; a dancer regulates his movements according to the rhythm of the accompanying music.

अगम सनेहु भरत रघुबर को । जहँ न जाइ मनु बिधि हरि हर को ॥
सो मैं कुमति कहौं केहि भाँती । बाज सुराग कि गाँडर ताँती ॥

भरतजी और रघुनाथजी का स्नेह अगम्य है, जहाँ ब्रह्मा, विष्णु और महेश का भी मन नहीं जा सकता । उस प्रेम को मैं दुर्बुद्धि किस प्रकार कहूँ ? क्या गाँडर की ताँत से भी कहीं सुन्दर राग बज सकता है ?[१] ॥३॥

Inaccessible is the affection of Bharata and Raghunatha, beyond the conception even of Brahma (the Creator), Vishnu (the Protector) and Shiva (the Destroyer). How, then, can I, a dull-witted man, express it ? Can an instrument strung with *gandara* (a species of grass) produce sweet melody ?

मिलनि बिलोकि भरत रघुबर की । सुरगन सभय धकधकी धरकी ॥
समुझाए सुरगुरु जड़ जागे । बरषि प्रसून प्रसंसन लागे ॥

भरतजी और श्रीरामचन्द्रजी के मिलन को देखकर देवता भयभीत हो उठे, उनका कलेजा धड़कने लगा । जब देवगुरु बृहस्पतिजी ने समझाया, तब कहीं उनकी जड़ता गयी और वे फूल बरसाकर प्रशंसा करने लगे ॥४॥

When the gods saw the meeting of Bharata and Ramachandra, they were alarmed and their hearts throbbed; but when their *guru* admonished them, they got rid of their stupidity and rained down flowers and applauded.

दो. –मिलि सप्रेम रिपुसूदनहि केवटु भेंटेउ राम ।
भूरि भायँ भेंटे भरत लछिमन करत प्रनाम ॥२४१॥

प्रेमपूर्वक शत्रुघ्न से मिलकर श्रीरामजी ने केवट (निषादराज) से भेंट की । फिर लक्ष्मण को प्रणाम करते देखकर भरतजी बड़े प्रेम के साथ उनसे मिले ॥२४१॥

After fondly embracing Ripusudana (Shatrughna), Rama greeted the Nishada chief; and when Bharata saw Lakshmana making obeisance, he too affectionately greeted him.

चौ. –भेंटेउ लखन ललकि लघु भाई । बहुरि निषादु लीन्ह उर लाई ॥
पुनि मुनिगन दुहुँ भाइन्ह बंदे । अभिमत आसिष पाइ अनंदे ॥

तब लक्ष्मणजी ने ललककर छोटे भाई शत्रुघ्न से भेंट की । फिर उन्होंने निषादराज को हृदय से लगा लिया । फिर भरत-शत्रुघ्न दोनों भाइयों ने मुनिवृन्द को प्रणाम किया और मनोवांछित आशीर्वाद पाकर वे आनन्दित हुए ॥१॥

Lakshmana embraced his younger brother (Shatrughna) with overflowing eagerness and then clasped the Nishada chief to his heart. Next, the two brothers (Bharata and Shatrughna) greeted the host of hermits and rejoiced to receive from them the desired blessing.

सानुज भरत उमगि अनुरागा । धरि सिर सियपद पदुम परागा ॥
पुनि पुनि करत प्रनाम उठाए । सिर कर कमल परसि बैठाए ॥

छोटे भाई शत्रुघ्न के साथ भरतजी प्रेम में उमँगकर सीताजी के कमल-सरीखे चरणों की धूलि को माथे पर धरकर बार-बार प्रणाम करने लगे । सीताजी ने उन्हें उठाकर उनके सिर को अपने कर-कमलों से स्पर्शकर उन दोनों को बिठाया ॥२॥

Then in a rapture of love Bharata and his younger brother (Shatrughna) placed on their heads the dust of Sita's lotus feet and made obeisance to her again and again; but she raised them up each time and stroking their heads with her lotus hands, made them be seated.

सीयँ असीस दीन्हि मन माहीं । मगन सनेह देहसुधि नाहीं ॥
सब बिधि सानुकूल लखि सीता । भे निसोच उर अपडर बीता ॥

सीताजी ने मन-ही-मन आशीर्वाद दिया । वे प्रेम में इतनी मग्न हैं कि उन्हें अपनी देह की भी सुध-बुध नहीं है । सब प्रकार से सीताजी को अपने ऊपर प्रसन्न देखकर भरतजी सोच-रहित हो गए और उनके हृदय की आशंका जाती रही ॥३॥

---
१. गाँडर तालाबों और झीलों में होनेवाली एक तरह की घास है ।

Sita blessed them in her heart, for she was so love-enraptured that she lost all consciousness of her body. When he found Sita so graciously inclined, Bharata was rid of all anxiety and no more apprehensive.

कोउ किछु कहइ न कोउ किछु पूँछा । प्रेमभरा मनु निज गति छूँछा ॥
तेहि अवसर केवटु धीरजु धरि । जोरि पानि बिनवत प्रनामु करि ॥

न तो कोई कुछ कहता है, न कोई कुछ (कुशल-क्षेम ही) पूछता है । मन प्रेम से ओतप्रोत है और अपनी गति से खाली है (संकल्प-विकल्प और चाञ्चल्य से रहित है) । उस अवसर पर केवट धीरज धरकर और हाथ जोड़कर प्रणाम करके विनती करने लगा — ॥४॥

No one uttered a word nor put a question, for their souls were so full of love that they ceased to act. Then the Nishada chief took courage and bowing his head, submitted with folded hands :

दो. —नाथ साथ मुनिनाथ कें मातु सकल पुरलोग ।
सेवक सेनप सचिव सब आए बिकल बियोग ॥२४२॥

हे नाथ ! मुनिनाथ (वसिष्ठजी) के साथ सब माताएँ, पुरवासी, सेवक, सेनापति, मन्त्री — सब-के-सब आपके वियोग में व्याकुल होकर यहाँ आये हैं ॥२४२॥

'Distressed by your absence, my lord, all the queens and the people of the city, the servants, the generals and the ministers of state have come here along with the lord of sages, Vasishtha.'

चौ. —सीलसिंधु सुनि गुर आगवनू । सिय समीप राखे रिपुदवनू ॥
चले सबेग रामु तेहि काला । धीर धरमधुर दीनदयाला ॥

गुरु वसिष्ठजी के आगमन को सुनकर शील के समुद्र श्रीरामचन्द्रजी ने शत्रुघ्नजी को सीताजी के पास रख दिया और वे परम धीर, धर्म-धुरंधर, दीनदयाल श्रीरामचन्द्रजी उसी समय तेजी से चल पड़े । (कुलवधू अरक्षित नहीं छोड़ी जा सकती, इसलिए सीताजी की रक्षा के लिए शत्रुघ्नजी को छोड़ दिया । यों तो राम 'मत्तमंजु कुंजरवरगामी हैं', पर उस समय वेग से चले । गुरु के आगमन का समाचार सुनकर तुरंत लेने न जाते, यह कैसे हो सकता था ? 'सवेग' से श्रद्धा की विशेषता प्रकट होती है । इस तरह किसी और स्थान पर चलना नहीं पाया जाता ।) ॥१॥

When Rama, the ocean of amiability, heard that his *guru* had arrived, he left Shatrughna with Sita and the all-merciful went off in haste that very minute, a supremely steadfast champion of virtue that he was.

गुरहि देखि सानुज अनुरागे । दंड प्रनाम करन प्रभु लागे ॥
मुनिबर धाइ लिये उर लाई । प्रेम उमगि भेंटे दोउ भाई ॥

गुरुजी को देखकर भाई लक्ष्मणसहित प्रभु श्रीरामचन्द्रजी अनुराग से भर गए और दण्डवत् प्रणाम करने लगे । मुनिश्रेष्ठ वसिष्ठजी ने दौड़कर उन्हें छाती से लगा लिया और प्रेम में उमँगकर वे दोनों भाइयों से मिले ॥२॥

On seeing the *guru*, both the Lord and his younger brother (Lakshmana) were overwhelmed with affection and fell prostrate before him, but the great sage ran and clasped them to his bosom and rapturously greeted them.

प्रेम पुलकि केवट कहि नामू । कीन्ह दूरि तें दंड प्रनामू ॥
रामसखा रिषँ बरबस भेंटा । जनु महि लुठत सनेहु समेटा ॥

फिर प्रेम से पुलकित हो निषादराज ने अपना नाम लेकर दूर से ही (वसिष्ठजी को) दण्डवत् प्रणाम किया । ऋषि ने उसे राम-सखा जानकर बलात् हृदय से लगा लिया, मानो जमीन पर लोटते हुए स्नेह को समेट लिया हो ॥३॥

Trembling with emotion and giving his name, the boatman too prostrated himself at a respectable distance, but the sage forcibly embraced him as Rama's friend, as though he had gathered up Love rolling about on the ground.

रघुपतिभगति सुमंगलमूला । नभ सराहि सुर बरिसहिं फूला ॥
एहि सम निपट नीच कोउ नाहीं । बड़ बसिष्ठ सम को जग माहीं ॥

श्रीरघुनाथजी की भक्ति सुन्दर मङ्गलों की जड़ है, इस तरह प्रशंसा करते हुए देवगण आकाश से फूल बरसाते हैं । वे कहते हैं कि जगत् में इस (केवट) समान सर्वथा नीच कोई नहीं और वसिष्ठजी के समान बड़ा कौन है ? ॥४॥

'Devotion to Raghunatha is the root of all choice blessings !' Thus applauding, the gods in heaven rained down flowers. 'There is no one so utterly vile as this man nor one so great as Vasishtha in his world;

दो. —जेहि लखि लखनहुँ तें अधिक मिले मुदित मुनिराउ ।
सो सीतापति भजन को प्रगट प्रताप प्रभाउ ॥२४३॥

जिस (केवट) को देखकर मुनिराज वसिष्ठजी लक्ष्मणजी से भी अधिक उससे प्रसन्न होकर मिले, यह सब सीतापति के भजन का प्रकट प्रताप और प्रभाव है ॥२४३॥

— yet on seeing him, the lord of sages embraced him with greater joy than even Lakshmana; such is the manifest glory and the influence of faith in Sita's lord !'

चौ. —आरत लोगु राम सबु जाना । करुनाकर सुजान भगवाना ॥
जो जेहि भायँ रहा अभिलाषी । तेहि तेहि कै तसि तसि रुख राखी ॥

करुणा की खान, चतुर भगवान् श्रीरामजी ने सब लोगों को दुःखी जाना। तब जो जिस भाव से मिलने का अभिलाषी था, उस-उसकी उस-उस प्रकार की रुचि रखी ॥१॥

When Rama the all-compassionate, the all-wise and blessed Lord perceived that all the people were distressed, he gave everyone his wish in the manner he most desired.

सानुज मिलि पल महुँ सब काहू। कीन्ह दूरि दुखु दारुन दाहू ॥
यह बड़ि बात राम कै नाहीं। जिमि घट कोटि एक रबिछाहीं ॥

पल भर में उन्होंने लक्ष्मणजीसहित सब किसी से मिलकर उनके दुःख और कठिन जलन को मिटा दिया। श्रीरामचन्द्रजी के लिए यह कोई बड़ी बात नहीं है, जैसे कोटि-कोटि घट में एक ही सूर्य की (अलग-अलग) छाया (प्रतिबिम्ब) एक साथ ही दीखती है।[1] (पृथक्-पृथक् जल में प्रतिबिम्बित होनेवाले चन्द्रमा की तरह राम एक और अनेक रूपों में दिखाई देते हैं। जीवों का शरीर घट के ही सदृश है। सबमें रमण करनेवाले राम यदि पल भर में सबसे मिल लिये तो इसमें आश्चर्य ही क्या है ?) ॥२॥

In an instant he and his younger brother embraced them all and relieved the sore anguish of their pain; and this was no great achievement for Rama; for one can see the same sun casting its many reflections, all distinct from one another, in a myriad water-jars simultaneously.

मिलि केवटहि उमगि अनुरागा। पुरजन सकल सराहहिं भागा ॥
देखीं राम दुखित महतारीं। जनु सुबेलि अवलीं हिममारीं ॥

प्रेम में उमगकर सारे अयोध्यावासी केवट से मिलते और उसके भाग्य की प्रशंसा करते हैं। श्रीरामचन्द्रजी ने माताओं को दुःखी देखा, मानो सुन्दर लताओं की पंक्तियों को पाला मार गया हो ॥३॥

All the citizens embraced the Nishada chief with a heart overflowing with love and praised his good fortune. Rama found the queens as stricken with grief as a row of tender creepers that had been smitten by the frost.

प्रथम राम भेंटी कैकेई। सरल सुभायँ भगति मति भेई ॥
पग परि कीन्ह प्रबोधु बहोरी। काल करम बिधि सिर धरि खोरी ॥

पहले रामजी ने कैकेयी से भेंट की और अपने सरल स्वभाव तथा भक्ति से उसकी बुद्धि को तरबतर कर दिया। फिर चरणों में गिरकर काल, कर्म और विधाता के सिर दोष मँढ़कर उन्होंने उनको सान्त्वना दी ॥४॥

First of all he embraced Kaikeyi, and overwhelmed her mind with his sincerity and devotion; then, falling at her feet, he soothed her, attributing the blame to the wheel of time and destiny and providence.

दो. –भेंटीं रघुबर मातु सब करि प्रबोधु परितोषु।
अंब ईस आधीन जगु काहु न देइअ दोषु ॥२४४॥

फिर श्रीरघुनाथजी ने सब माताओं से भेंट की और सबको समझा-बुझाकर संतुष्ट किया (और कहा) कि हे माता ! संसार ईश्वर के अधीन है, किसी को भी दोष नहीं देना चाहिए ॥२४४॥

Raghunatha embraced all the queens and consoled them and exhorted them, saying, 'Mother, the world is controlled by the will of God; there is no one to blame.'

चौ. –गुरतिय पद बंदे दुहुँ भाईं। सहित बिप्रति जे सँग आईं ॥
गंग गौरि सम सब सनमानीं। देहिं असीस मुदित मृदु बानीं ॥

फिर दोनों भाइयों ने भरतजी के साथ आयी हुई ब्राह्मणों की स्त्रियों के साथ गुरुजी की पत्नी अरुन्धतीजी के चरणों की वन्दना की और उन सबका गङ्गा तथा गौरी के समान सम्मान किया। वे प्रसन्न होकर कोमल वाणी से आशीर्वाद देने लगीं ॥१॥

Then the two brothers (Rama and Lakshmana) adored the feet of the *guru*'s wife (Arundhati) as well as of all those Brahman ladies who had accompanied Bharata, paying them all the same honour as is due to Ganga and Gauri (Shiva's consort); happily the ladies blessed them in gentle tones.

गहि पद लगे सुमित्रा अंका। जनु भेंटी संपति अति रंका ॥
पुनि जननीचरननि दोउ भ्राता। परे पेमब्याकुल सब गाता ॥

तब दोनों भाई चरण पकड़कर (प्रणामकर) सुमित्राजी की गोद में जा लिपटे, मानो किसी अत्यन्त दरिद्र की सम्पत्ति से भेंट हो गयी हो। फिर दोनों भाई माता कौसल्याजी के चरणों में गिर पड़े। उनके सारे अंग प्रेम के मारे व्याकुल हैं ॥२॥

After clasping Sumitra's feet, they sought her lap even as some destitute beggar would hug a treasure. Then the two brothers fell at Kausalya's feet, their limbs altogether overwrought by love.

अति अनुराग अंब उर लाए। नयन सनेहसलिल अन्हवाए ॥
तेहि अवसर कर हरष बिषादू। किमि कबि कहइ मूक जिमि स्वादू ॥

बड़े ही अनुराग से माता ने उन्हें हृदय से लगा लिया और नेत्रों के प्रेमाश्रुओं से उन्हें नहला दिया। उस समय के हर्ष और शोक को कवि कैसे कहे ? जैसे गूँगा स्वाद को कैसे बतावे ? ॥३॥

The mother clasped them most fondly to her heart and bathed them with tears of affection from her

---

१. जैसे जल से भरे हुए करोड़ों घड़ों में एक ही सूर्य का प्रतिबिम्ब रहता है, वैसे ही एक श्रीरामचन्द्रजी ही समस्त प्राणियों के भीतर स्थित हैं। जो जहाँ है उसे वहीं दीख पड़े। दूसरों के लिए यह क्रिया असाध्य है, पर श्रीरामजी के लिए यह बड़ी बात नहीं है, एक कौतुक है।

eyes. How can a poet describe the mingled joy and grief of that hour any more than a dumb man can express the taste of what he has eaten ?

मिलि जननिहि सानुज रघुराऊ। गुर सन कहेउ कि धारिअ पाऊ॥
पुरजन पाइ मुनीसनियोगू। जल थल तकि तकि उतरेउ लोगू॥

श्रीरघुनाथजी ने छोटे भाई (लक्ष्मणजी) के साथ माता कौसल्या से मिलकर गुरुजी से कहा कि (आश्रम पर) पधारिए। फिर मुनीश्वर वसिष्ठजी की आज्ञा पाकर अयोध्यावासी जल-थल की सुविधा देख-देखकर उतर गए॥४॥

Having embraced their mother, Raghunatha and his brother (Lakshmana) requested the *guru* to accompany them to the hermitage, and the citizens, on receiving the sage's command, encamped themselves wherever they saw a suitable site and water close by.

दो.—महिसुर मंत्री मातु गुर गने लोग लिए साथ।
पावन आश्रमु गवन किए भरत लखन रघुनाथ॥२४५॥

ब्राह्मण, मन्त्री, माताएँ, गुरु आदि गिने-चुने लोगों को साथ लेकर भरतजी, लक्ष्मणजी और श्रीरघुनाथजी पवित्र आश्रम को चले। (पद-मैत्री से काम लेने और बार-बार मकार के प्रयोग की कला कोई तुलसीदास से सीखे ! 'महिसुर मंत्री मातु' तो पद-मैत्री की दृष्टि से सार्थक है ही, 'पावन', 'गवन', 'लखन' से व्यंजित शब्द-लालित्य भी कम आवर्जक नहीं है।)॥२४५॥

Taking with them the Brahmans, the ministers, the queen-mothers, the *guru* and some others chosen from the people, Bharata, Lakshmana and Raghunatha proceeded to the holy retreat.

चौ.—सीय आइ मुनिबर पग लागी। उचित असीस लही मन मागी॥
गुरपतिनिहि मुनितियन्ह समेता। मिलीं पेमु कहि जाइ न जेता॥

आकर सीताजी मुनिश्रेष्ठ (वसिष्ठजी) के चरणों में लगीं और उन्होंने मनमाँगी उचित आशिष पायी। फिर मुनियों की स्त्रियों के साथ वे गुरुपत्नी (अरुन्धतीजी) से मिलीं। उनका जितना प्रेम था, उतना कहा नहीं जा सकता॥१॥

Sita came and touched the sage's feet and received the fair blessing that her heart desired. Then she greeted the *guru*'s wife (Arundhati) and the wives of other sages with inexpressibly great affection.

बंदि बंदि पग सिय सबही के। आसिरबचन लहे प्रिय जी के॥
सासु सकल जब सीयँ निहारीं। मूँदे नयन सहमि सुकुमारीं॥

सभी के चरणों की अलग-अलग वन्दना करके सीताजी ने अपने मन को प्रिय लगनेवाले आशीर्वाद पाये। जब सीताजी ने सब सासुओं को देखा, तब सहमकर उस सुकुमारी ने अपनी आँखें बंद कर लीं॥२॥

Sita did reverence to the feet of each in turn and received their benediction dear to her heart. When Sita saw all the queen-mothers, the tender girl closed her eyes and shuddered.

परी बधिकबस मनहुँ मरालीं। काह कीन्ह करतार कुचालीं॥
तिन्ह सिय निरखि निपट दुखु पावा। सो सबु सहिय जो दैउ सहावा॥

उन्हें ऐसा प्रतीत हुआ मानो हंसिनियाँ व्याध के वश में पड़ गयी हों। (वे सोचने लगीं कि) विधाता ने यह कैसी दुष्टता कर डाली ? सासुओं ने भी सीताजी को देखकर बड़ा दुःख पाया। (उन्होंने सोचा –) जो कुछ दैव सहाता है, वह सब सहना ही पड़ता है॥३॥

They appeared to her like so many female swans fallen into the clutch of a fowler; what a cruel thing, she thought, God has done ! As they gazed at Sita, they too were distressed beyond measure; one must endure, they thought, all that fate imposes.

जनकसुता तब उर धरि धीरा। नील नलिन लोयन भरि नीरा॥
मिली सकल सासुन्ह सिय जाई। तेहि अवसर करुना महि छाई॥

तब जनकसुता जानकीजी हृदय में धीरज धरकर, नील कमल के समान अपनी आँखों में जल भरकर सब सासुओं से जाकर मिलीं। उस समय पृथ्वी पर करुणा छा गयी !॥४॥

Then Sita, Janaka's daughter, took courage and with her dark lotus eyes suffused with tears she went and embraced all her mothers-in-law; and at that hour the earth was enveloped in pity.

दो.—लागि लागि पग सबनि सिय भेंटति अति अनुराग।
हृदयँ असीसहिं पेमबस रहिअहु भरी सोहाग॥२४६॥

सबके पाँव लग-लगकर सीताजी अत्यन्त प्रेम से मिल रही हैं और सब सासुएँ प्रेमवश हृदय से आशीर्वाद दे रही हैं कि तुम सदा सुहाग से भरी-पूरी रहो॥२४६॥

Sita touched the feet of all by turns and greeted them with the utmost affection; and from their hearts came the loving benediction: 'May you ever remain a happy wedded wife !'

चौ.—बिकल सनेह सीय सब रानीं। बैठन सबहि कहेउ गुर ग्यानीं॥
कहि जगगति मायिक मुनिनाथा। कहे कछुक परमारथ गाथा॥

सीताजी और सब रानियाँ स्नेह से व्याकुल हैं। तब ज्ञानी गुरुजी ने सबको बैठने के लिए कहा। फिर मुनिनाथ (वसिष्ठजी) ने जगत् की गति को मायिक[1] कहकर कुछ परमार्थ की कथाएँ कहीं॥१॥

---

१. मिथ्या, अनित्य।

Finding Sita and all the queen-mothers thus affectionately perturbed, the learned *guru* bade them all be seated. Then the lord of sages expounded to them the impermanent, illusory nature of the world and discoursed a little upon spiritual matters.

नृप कर सुरपुर गवनु सुनावा। सुनि रघुनाथ दुसह दुखु पावा॥
मरन हेतु निज नेहु बिचारी। भे अति बिकल धीर धुर धारी॥

फिर उन्होंने राजा दशरथजी की स्वर्गयात्रा की बात सुनायी, जिसे सुनकर रघुनाथजी ने दुःसह दुख पाया और अपने प्रति उनके स्नेह को उनकी मृत्यु का कारण विचारकर धीरों में अग्रगण्य श्रीरामजी अत्यन्त व्याकुल हो गए ॥२॥

He then told them of the king's death. When Raghunatha heard it, he was deeply pained, for he thought that the king had died out of love for him; the firmest of the firm was thus grievously moved.

कुलिस कठोर सुनत कटु बानी। बिलपत लखन सीय सब रानी॥
सोकबिकल अति सकल समाजू। मानहुँ राजु अकाजेउ आजू॥

वज्र-जैसी कठोर-कड़वी वाणी सुनकर लक्ष्मणजी, सीताजी और सब रानियाँ रोने-धोने लगीं। सारा समाज अत्यन्त शोक-विह्वल हो गया, मानो राजा दशरथ आज ही मरे हों ॥३॥

On hearing the bitter news, cruel as a thunderbolt, Lakshmana, Sita and all the queens broke out into lamentations, and the whole company was as sore stricken with grief as though the king had died that very day.

मुनिबर बहुरि रामु समुझाए। सहित समाज सुसरित नहाए॥
ब्रतु निरंबु तेहि दिन प्रभु कीन्हा। मुनिहुँ कहें जलु काहु न लीन्हा॥

फिर जब मुनिश्रेष्ठ (वसिष्ठजी) ने श्रीरामजी को समझाया, तब उन्होंने समाज के साथ श्रेष्ठ मन्दाकिनी नदी में स्नान किया। उस दिन प्रभु ने निर्जल व्रत किया। मुनि के कहने पर भी किसी ने जल नहीं लिया ॥४॥

When the great sage (Vasishtha) exhorted Rama, he with the whole company bathed in Mandakini the heavenly stream. On that day the Lord vowed to fast and refrained from drinking water, and even though the sage allowed them, no one else would drink either.

दो. –भोरु भयें रघुनंदनहि जो मुनि आयसु दीन्ह।
श्रद्धा भगति समेत प्रभु सो सबु सादर कीन्ह ॥२४७॥

दूसरे दिन भोर होने पर मुनि ने श्रीरघुनाथजी को जो-जो आज्ञाएँ दीं, उन सबको प्रभु ने श्रद्धा-भक्तिसहित आदरपूर्वक किया ॥२४७॥

At daybreak the Lord Raghunatha reverently and devoutly did all that the sage bade him do.

चौ. –करि पितुक्रिया बेद जसि बरनी। भे पुनीत पातक तम तरनी॥
जासु नाम पावक अघ तूला। सुमिरत सकल सुमंगल मूला॥

वेदों ने जैसी विधि का वर्णन किया है, उसी के अनुसार अपने पिता की क्रिया करके, पाप के (निबिड) तम (अंधकार) को नष्ट करनेवाले सूर्यरूप श्रीरामचन्द्रजी पवित्र हुए। जिनका नाम पापरूपी रूई के (शीघ्र जला डालने के) लिए अग्नि है और जिनका केवल स्मरण ही समस्त सुन्दर मङ्गलों का कारण है, ॥१॥

Having performed his father's funeral rites as prescribed in the Vedas, the Lord became pure — even he, the sun who annihilates the darkness of sin, whose Name is a fire to consume the cotton of iniquity, and its remembrance the source of all choice blessings,

सुद्ध सो भयउ साधुसंमत अस। तीरथ आवाहन सुरसरि जस॥
सुद्ध भयें दुइ बासर बीते। बोले गुर सन राम पिरीते॥

वे (चिरशुद्ध) प्रभु श्रीरामजी शुद्ध हुए। यह साधु-सम्मत (कथन) है कि उनका शुद्ध होना वैसा ही है जैसा तीर्थों के आवाहन से गङ्गाजी का शुद्ध होना! (गङ्गाजी तो आप ही शुद्ध हैं; उनमें जिन तीर्थों का आवाहन किया जाता है, वे ही उनके सम्पर्क में आते ही शुद्ध हो जाते हैं। इसी प्रकार नित्यशुद्ध श्रीरामजी के संसर्ग से कर्म ही शुद्ध हो गए।) जब शुद्ध हुए दो दिन बीत गए, तब प्यारे श्रीरामचन्द्रजी प्रीतिपूर्वक गुरुजी से बोले — ॥२॥

— attained purity; it was—so the sages unanimously say—like the Ganga attaining purity by the invocation of holy places. (In the Ganga are concentrated the virtues of all holy places; it is therefore a work of supererogation for anyone to invoke any other power unless one wishes to purify the powers invoked by bringing them into contact with the Ganga. In like manner, Rama, the all-pure, purified the rituals themselves by his act of ceremonial purification.) When two days passed after his purification, Rama said affectionately to the *guru*:

नाथ लोग सब निपट दुखारी। कंद मूल फल अंबु अहारी॥
सानुज भरतु सचिव सब माता। देखि मोहि पल जिमि जुग जाता॥

हे नाथ! कन्द-मूल, फल और जल का आहार करते हुए सब लोग सर्वथा दुःखी हैं। भाई शत्रुघ्न के साथ भरत को, मंत्रियों और सब माताओं को देखकर मेरा एक-एक पल युग की भाँति जा रहा है। (श्रीराम अपने दुःख से दुःखी नहीं हैं, अपने प्रेमियों के दुःख से दुःखी हैं और कहते हैं कि इन लोगों का क्षणभर भी यहाँ रहना ठीक नहीं।) ॥३॥

'Lord, all the people are much inconvenienced, living as they do on nothing but bulbs and roots and fruit and water. When I look at Bharata and his younger brother (Shatrughna), the ministers and all the queens, every minute that passes seems to me to pass like an age.

सब समेत पुर धारिअ पाऊ । आपु इहाँ अमरावति राऊ ॥
बहुतु कहेउँ सब कियेउँ ढिठाई । उचित होइ तस करिअ गोसाँई ॥

इसलिए सभी पुरजनों के साथ आप (कृपया) अयोध्या को लौट जायँ । आप यहाँ हैं और राजा अमरावती में (अयोध्या सूनी है) । मैंने बहुत कहकर सब ढिठाई ही की है । हे गोसाईं ! जैसा उचित हो, वैसा कीजिए ! ॥४॥

Return, I pray, with them all to the city; for you are here and the king (my father) is in heaven (there is no one to look after the city). I have said enough and presumed greatly; but do, holy master, as you think best.'

दो. —**धरमसेतु करुनायतन कस न कहहु अस राम ।**
लोग दुखित दिन दुइ दरसु देखि लहहुँ बिश्राम ॥२४८॥

(गुरुजी ने कहा —) हे राम ! तुम धर्म के सेतु और करुणा के धाम हो, फिर तुम ऐसा क्यों न कहो ? लोग दुःखी हैं, दो दिन तुम्हारा दर्शनकर शान्ति-लाभ कर लें । (इन्हें तो तुम्हारे दर्शन से ही विश्राम मिल रहा है; यहाँ रहने से ही ये सुखी होंगे, वहाँ जाने से नहीं ।) ॥२४८॥

'O Rama,' replied the *guru*, 'it is no wonder that you, bulwark of righteousness and home of compassion, should speak thus. But the people are wearied, let them rest for a couple of days and enjoy your presence.'

चौ. —**रामबचन सुनि सभय समाजू । जनु जलनिधि महुँ बिकल जहाजू ॥**
सुनि गुरगिरा सुमंगलमूला । भयेउ मनहुँ मारुत अनुकूला ॥

रामजी के वचन सुनकर सारा समाज डर गया, मानो बीच समुद्र में ही जहाज (डूबने के डर से) व्याकुल हो उठा हो । उस पर जब उन्होंने गुरु वसिष्ठजी की सुन्दर मंगल-मूलक वाणी सुनी, तो (उस जहाज के लिए) मानो हवा अनुकूल हो गयी ॥१॥

On hearing Rama's words, the whole company had trembled with fear, like a ship tossed on the ocean; but when they heard the auspicious words of the *guru*, it was as though the wind had turned in their favour.

पावनि पय तिहुँ काल नहाहीं । जो बिलोकि अघ ओघ नसाहीं ॥
मंगलमूरति लोचन भरि भरि । निरखहिं हरषि दंडवत करि करि ॥

सब लोग (उस) पवित्र पयस्विनी नदी में (अथवा पवित्र जल में) तीनों समय स्नान करते हैं जिसके दर्शन से ही पाप-समूह नष्ट हो जाते हैं और मङ्गलमूर्ति श्रीरामजी को दण्डवत्-प्रणाम कर-करके उन्हें प्रसन्नतापूर्वक नेत्र भर-भरकर देखते हैं ॥२॥

Three times a day they bathed in the sacred Payasvini, the mere sight of which wipes out any multitude of sins; and they feasted their eyes on the incarnation of blessedness, looking joyfully at him with repeated prostrations.

राम सैल बन देखन जाहीं । जहँ सुख सकल सकल दुख नाहीं ॥
झरना झरहिं सुधा सम बारी । त्रिबिध ताप हर त्रिबिध बयारी ॥

सब (अयोध्यावासी) श्रीरामचन्द्रजी के पर्वत (चित्रकूट-कामदगिरि आदि) और वन को देखने जाते हैं, जहाँ सभी सुख उपलब्ध हैं और सभी दुःखों का अभाव है । झरने अमृत के समान जल स्रवते (झरते) हैं और तीनों प्रकार की (शीतल, मन्द, सुगन्ध) हवा तीनों (दैहिक, दैविक, भौतिक) तापों को हर लेती है ॥३॥

Then they went to see the hill and woods hallowed by the presence of Rama, where reigned joy of every kind and which was free from all sorrows; where flowed cascades of water sweet as nectar, and winds, soft, cool and fragrant, soothed every pain of mind and body.

बिटप बेलि तृन अगनित जाती । फल प्रसून पल्लव बहु भाँती ॥
सुंदर सिला सुखद तरुछाहीं । जाइ बरनि बनछबि केहि पाहीं ॥

अनगिनत जाति के वृक्ष, लताएँ और तृण हैं तथा नाना प्रकार के फल-फूल और पल्लव (पत्ते) हैं । सुन्दर शिलाएँ हैं; वृक्षों की छाया सुख देनेवाली है । वन की (ऐसी अनुपम) शोभा किससे वर्णन की जा सकती है ? ॥४॥

There, too, were trees and creepers and grasses of infinite variety, and fruit and flowers and leaves of many kinds; beautiful boulders and grateful shade of trees—who can describe this incomparable beauty of the forest ?

दो. —**सरनि सरोरुह जलबिहग कूजत गुंजत भृंग ।**
बैरबिगत बिहरत बिपिन मृग बिहंग बहुरंग ॥२४९॥

सरोवरों में कमल खिल रहे हैं, जल-पक्षी कूज रहे हैं, भौंरे गुंजार कर रहे हैं और रंग-विरंग के पशु-पक्षी वैर-रहित हो वन में विहार कर रहे हैं ॥२४९॥

Lotuses adorned the ponds, waterfowl cooed and bees hummed; while forgetful of mutual antipathies, beasts roamed about in the forest and birds of varied plumage.

चौ. –कोल किरात भिल्ल बनबासी । मधु सुचि सुंदर स्वाद सुधा सी ॥
भरि भरि परनपुटीं रचि रूरीं । कंद मूल फल अंकुर जूरीं ॥

कोल, किरात और भील आदि वनवासी पवित्र, सुन्दर एवं अमृत के समान स्वादवाले मधु को सुन्दर दौने बनाकर और उनमें भर-भरकर तथा कन्द, मूल, फल और अंकुर आदि की जूड़ियों (अँटियों) को – ॥१॥

The Kols, Kiratas, Bhils and other dwellers of the forest brought leaf-plates, daintily sewn, and filling them with honey, pure, fine and delicious as nectar, presented them with small bundles of bulbs and roots and fruit and shoots to all the newcomers,

सबहि देहिं करि बिनय प्रनामा । कहि कहि स्वाद भेद गुन नामा ॥
देहिं लोग बहु मोल न लेहीं । फेरत रामदोहाई देहीं ॥

विनय और प्रणाम करके तथा उन चीजों के अलग-अलग स्वाद, भेद (प्रकार), गुण और नाम बता-बताकर सबको देते हैं । लोग उनका बहुत दाम देते हैं, पर वे (उन चीजों के मूल्य) नहीं लेते और लौटा देने पर श्रीरामजी की दुहाई देते हैं ॥२॥

— with humble submission and salutations, severally explaining their taste and variety and quality and name. The people offered a liberal price, but the foresters would not accept the money but returned it, adjuring them by Rama's love to take it back.

कहहिं सनेहमगन मृदु बानी । मानत साधु पेम पहिचानी ॥
तुम्ह सुकृती हम नीच निषादा । पावा दरसनु रामप्रसादा ॥

स्नेह में मग्न हुए वे मीठी वाणी से कहते हैं कि साधुलोग प्रेम को पहचानकर उसको अंगीकार करते हैं (अर्थात् आप साधु लोग हमारे प्रेम को देखिए, दाम देकर या दी हुई वस्तुओं को लौटाकर इसका अपमान न कीजिए) । जहाँ आप पुण्यात्मा हैं वहीं हम नीच निषाद हैं । श्रीरामजी की कृपा से ही हमें आपके दर्शन प्राप्त हुए हैं ॥३॥

Overwhelmed with affection, they submitted in gentle tones: 'Good men respect true love when they see it. You are all virtuous and we are vile Nishadas; it is only by the grace of Rama that we have been blessed with the sight of you,

हमहि अगम अति दरसु तुम्हारा । जस मरुधरनि देवसरिधारा ॥
राम कृपाल निषाद नेवाजा । परिजन प्रजउ चहिअ जस राजा ॥

हमलोगों के लिए आपके दर्शन बड़े ही दुर्लभ हैं, जैसे मरुभूमि के लिए (या मारवाड़ देश के लिए) गङ्गाजी की धारा दुर्लभ है । (देखिए,) कृपालु श्रीरामचन्द्रजी ने निषाद पर कैसी कृपा की है ! जैसे राजा हैं, वैसा ही उनके कुटुम्बियों और प्रजा को भी होना चाहिए ॥४॥

— a vision as difficult of attainment for us as for the desert (or for Marwar) to be watered by Ganga. Look, how the all-merciful Rama has showered his grace on the Nishada chief! As is the king, so must be his kinsfolk and his subjects.

दो. –यह जियँ जानि सँकोचु तजि करिअ छोहु लखि नेहु ।
हमहिं कृतारथ करन लगि फल तृन अंकुर लेहु ॥२५०॥

जी में ऐसा जानकर संकोच त्यागकर और हमारे प्रेम को देखकर कृपा कीजिए और हमें कृतार्थ करने के लिए ही फल, तृण और अंकुर लीजिए ॥२५०॥

Consider this in your mind and without more demur look upon our love and show us your grace; and in order to gratify us to accept our fruit and herbs and shoots.

चौ. –तुम्ह प्रिय पाहुने बन पगु धारे । सेवाजोगु न भाग हमारे ॥
देब काह हम तुम्हहि गोसाईं । ईंधनु पात किरात मिताईं ॥

आप-जैसे प्यारे पाहुन वन में पधारे हैं । आपकी सेवा के योग्य हमारे भाग्य ही नहीं हैं । हे स्वामी ! हम आपको देंगे क्या ? कोल-भीलों की मित्रता तो बस, ईंधन (लकड़ी) और पत्तों ही तक (सीमित) है ॥१॥

You have come to this forest as our welcome guests, but we are not fortunate enough to be worthy of doing any service to you. What can we offer you, noble sirs ? Fuel and leaves are the only tokens of a Kirata's friendship !

यह हमारि अति बड़ि सेवकाई । लेहिं न बासन बसन चोराई ॥
हम जड़ जीव जीवगन घाती । कुटिल कुचाली कुमति कुजाती ॥

हमारी (ओर से तो) यही बड़ी भारी सेवा है कि हम आपके कपड़े और बर्तन नहीं चुरा लेते । हम जड़ जीव हैं, जीवों की हिंसा करनेवाले (हत्यारे) हैं, कुटिल, कुचाली, कुमति (दुर्बुद्धि) और कुजाति हैं ॥२॥

Indeed, our greatest service is not to steal and run off with your utensils and clothes ! Unfeeling creatures are we, often taking others' lives, crooked by nature, wicked, evil-minded and base-born.

पाप करत निसि बासर जाहीं । नहि पट कटि नहि पेट अघाहीं ॥
सपनेहुँ धरमबुद्धि कस काऊ । यह रघुनंदन दरस प्रभाऊ ॥

पाप करते-करते ही हमारे दिन-रात बीतते हैं, पर न तो कमर में कपड़ा है और न पेट ही भरते हैं । हम लोगों में स्वप्न में भी कभी धर्मबुद्धि कैसी ? यह सब तो श्रीरघुनाथजी के दर्शन का प्रभाव है ! ॥३॥

Our days and nights are spent in sinful pursuits, and yet we have no clothes to cover our loins, no food to fill our belly. How, then, could we ever have dreamt of entertaining pious sentiments but only by the virtue of having seen Raghunatha ?

जब तें प्रभुपद पदुम निहारे। मिटे दुसह दुख दोष हमारे॥
बचन सुनत पुरजन अनुरागे। तिन्ह के भाग सराहन लागे॥

हमलोगों ने जब से प्रभु के पदकमल देखे, तब से हमारे (सभी) असह्य दुःख और दोष दूर हो गए। (वनवासियों के) वचन सुनकर अयोध्या के लोग अनुरक्त हो गए (प्रेम में भर गए) और उनके भाग्य की प्रशंसा करने लगे ॥४॥

Ever since we beheld our Lord's lotus feet our intolerable woes and wickedness have disappeared.' When they heard these words, the citizens were immersed in love and broke out into praises of their good fortune.

छं. –लागे सराहन भाग सब अनुरागबचन सुनावहीं।
बोलनि मिलनि सिय राम चरन सनेहु लखि सुखु पावहीं॥
नर नारि निदरहिं नेहु निज सुनि कोल भिल्लनि की गिरा।
तुलसी कृपा रघुबंसमनि की लोह लै लौका तिरा॥

सब उनके भाग्य की प्रशंसा करने लगे और अनुरागभरे वचन सुनाने लगे। उन लोगों के बोलने-चालने और मिलने का ढंग तथा श्रीसीतारामजी के चरणों में उनका स्नेह देखकर सब सुख पाते हैं। उन कोल-भीलों की वाणी सुनकर सभी नर-नारी अपने प्रेम का निरादर करते हैं (उसे धिक्कारते हैं)। तुलसीदासजी कहते हैं कि यह रघुवंशमणि श्रीरामचन्द्रजी की कृपा ही है कि लोहा नौका को (या लौकी को) अपने ऊपर लेकर तैर गया। (सब उलटा हो गया। हिंसक निषादों के प्रेम को देखकर अवधवासियों में प्रेम बढ़ा। होना यह चाहिए था कि इनके प्रेम को देखकर निषादों में प्रेम बढ़ता। यहाँ अवधवासी लौका-रूप हैं और वनवासी लोहे की तरह तमोगुणी एवं अधर्मी हैं, पर आज रामकृपा से ये वनवासी ही ऐसे शुद्ध प्रेमी हो गए कि अवधवासी भी इनसे प्रेम की शिक्षा पा रहे हैं।)

All began to praise their good fortune and addressed them lovingly; everyone rejoiced to hear their talk and mark their courteous manners and their devotion to the feet of Sita and Rama. Men and women thought little of their own love when they heard the talk of the Kols and the Bhils; it was by the grace of the jewel of the house of Raghu, says Tulasidasa, that a block of iron could float with a boat loaded on it.[1]

सो. –बिहरहिं बन चहुँ ओर प्रतिदिन प्रमुदित लोग सब।
जल ज्यों दादुर मोर भये पीन पावस प्रथम॥२५१॥

सब लोग परम आनन्दित होकर प्रतिदिन वन में चारों ओर विचरते हैं, जैसे पहली वर्षा (पावस) के जल से मेंढक और मोर मोटे हो जाते हैं (आनन्द से फूल उठते हैं) ॥२५१॥

Day after day they roamed the forest in all directions, as joyful as frogs and peacocks reinvigorated by the early showers of the rains.

चौ. –पुर नर नारि मगन अति प्रीती। बासर जाहिं पलक सम बीती॥
सीय सासु प्रति बेष बनाई। सादर करइ सरिस सेवकाई॥

अयोध्यापुरी के स्त्री-पुरुष सभी प्रेम में अत्यन्त मग्न हो रहे हैं, (जिससे) उनके दिन पल के समान बीत जाते हैं। प्रत्येक सासु के लिए एक-एक वेष बनाकर[१] सीताजी उन सबकी आदरपूर्वक एक समान सेवा करती हैं ॥१॥

The men and women of the city remained so deeply immersed in love that the days passed like moments. Sita, assuming as many forms as she had mothers-in-law, waited reverently upon each with equal attention.

लखा न मरमु राम बिनु काहूँ। माया सब सियमाया माहूँ॥
सीयँ सासु सेवाबस कीन्ही। तिन्ह लहि सुख सिख आसिष दीन्ही॥

इस भेद को श्रीरामचन्द्रजी के सिवा और किसी ने नहीं जाना, (क्योंकि) सारी माया (पराशक्ति महामाया) श्रीसीताजी की माया में (उसके ही अन्तर्गत) है। सीताजी ने सासुओं को सेवा से अपने वश में कर लिया, इससे उन्होंने सुख पाकर उपदेश और आशीर्वाद दिये ॥२॥

No one but Rama knew the mystery behind it; for all delusive potencies form part of Sita's delusive power. Sita won over all the queens by her services, and they being pleased gave her both instruction and benediction.

लखि सिय सहित सरल दोउ भाई। कुटिल रानि पछितानि अघाई॥
अवनि जमहि जाचति कैकेई। महि न बीचु बिधि मीचु न देई॥

इस तरह सीताजी के साथ दोनों भाइयों (श्रीराम-लक्ष्मण) के सीधे स्वभाव को देखकर कुटिल रानी कैकेयी भरपेट पछताने लगी। वह पृथ्वी तथा यमराज से याचना करने लगी कि धरती फट क्यों नहीं जाती कि मैं समा जाऊँ और विधाता मुझे मौत क्यों नहीं देता! ॥३॥

Perceiving Sita and the two brothers straight in their dealings, the wicked queen bitterly repented and prayed to earth and the god of death: 'Why does earth not open up and swallow me, and why does God refuse me death ?'

लोकहुँ बेद बिदित कबि कहहीं। रामबिमुख थलु नरक न लहहीं॥
यहु संसउ सब कें मन माहीं। रामगवनु बिधि अवध कि नाहीं॥

यह बात लोक और वेदों में प्रसिद्ध है और कवि भी कहते हैं कि श्रीरामजी से विमुख मनुष्य को नरक में भी स्थान नहीं मिलता। सबके मन में यह

1. W. Douglas P. Hill suggests another interpretation : '. . .that a boat could float though laden with iron.' *The Holy Lake of the Acts of Rama* (O.U.P., 1971), p. 263.

१. अर्थात् सात सौ सासुओं के लिए सात सौ रूप बनाकर।

संदेह हो रहा था कि हे विधाता ! श्रीरामचन्द्रजी अयोध्या को लौटेंगे कि नहीं ॥४॥

Tradition and the Vedas have given currency to the idea, also repeated by the poets, that he who is hostile to Rama finds no resting-place even in hell. The doubt that troubled every mind now was: 'O God, will Rama return to Ayodhya or not ?'

दो. –निसि न नींद नहि भूख दिन भरतु बिकल सुचि सोच।
नीच कीच बिच मगन जस मीनहि सलिलसँकोच ॥२५२॥

भरतजी को न तो रात में नींद आती है और न दिन में भूख लगती है। वे पवित्र सोच में ऐसे व्याकुल हो रहे हैं जैसे नीचे (तल) के कीचड़ में[1] डूबी हुई मछली पानी के कम होने से व्याकुल होती है ॥२५२॥

Bharata could neither sleep by night nor eat by day; a pious anxiety troubled him, as a fish sunk in a shallow marsh is troubled about the lack of water. (When only a little mud is left, the fish just manage to live; if that too dries up, they all perish. Bharata was troubled for the same reason: the two days were now nearly over and he did not know how he would be able to survive when he would be left without Rama, the life-sustaining water to the fish of his heart.)

चौ. –कीन्हि मातु मिस काल कुचाली। ईति भीति जस पाकत साली ॥
केहि बिधि होइ राम अभिषेकू। मोहि अवकलत उपाउ न एकू ॥

(भरतजी सोचने लगे कि) ईति के भय से पकते हुए धान की जैसी दशा होती है, वैसी ही माता के मिस से काल ने कुचाल की है[2]। अब श्रीरामचन्द्रजी का राज्याभिषेक किस तरह हो ! मुझे एक भी उपाय नहीं सूझता ॥१॥

'Disguised as my mother,' he thought, 'it was fate that wrought this mischief, like the dread of drought or flood or some other calamity when the rice-crop is ripening for the harvest. How can Rama's coronation be accomplished ? I cannot think of a way out.

अवसि फिरहिं गुर आयसु मानी। मुनि पुनि कहब रामरुचि जानी ॥
मातु कहेंहु बहुरहिं रघुराऊ। रामजननि हठ करबि कि काऊ ॥

गुरुजी के आदेश को मानकर श्रीरामजी अवश्य ही अयोध्या को लौट चलेंगे, लेकिन वसिष्ठ मुनि तो श्रीरामचन्द्रजी की रुचि को जानकर ही कुछ कहेंगे (अर्थात् लौटने को बाध्य नहीं करेंगे)। माता कौसल्याजी के कहने से भी श्रीरघुनाथजी लौट सकते हैं, पर भला, श्रीरामजी को जन्म देनेवाली माता क्या कभी हठ करेंगी ? ॥२॥

He will certainly return in obedience to the *guru*'s commands, but then the sage will only bid Rama return when he knows to be his will. Raghunatha would return even at the bidding of his mother, but will Rama's mother ever insist on it ?

मोहि अनुचर कर केतिक बाता। तेहि महँ कुसमउ बाम बिधाता ॥
जौं हठ करउँ त निपट कुकरमू। हरगिरि तें गुरु सेवकधरमू ॥

(और यदि मैं कहूँ तो) मुझ सेवक की बात ही कितनी है ! उसमें भी मेरे दिन खराब हैं और विधाता विपरीत है। यदि मैं हठ करूँ तो यह घोर अधर्म होगा, क्योंकि सेवक का धर्म कैलास पर्वत से भी भारी (निबाहने में कठिन) है ॥३॥

As for myself, I am only his servant and as such count for nothing. Moreover, I have fallen upon evil times and have Providence against me. If I assert my own will, it would be a grievous sin, for the duty of a servant is more arduous than the lifting of Mount Kailasa.'

एकउ जुगुति न मन ठहरानी। सोचत भरतहि रैनि बिहानी ॥
प्रात नहाइ प्रभुहि सिरु नाई। बैठत पठये रिषयँ बोलाई ॥

भरतजी को सोचते-सोचते रात बीत गई पर एक भी युक्ति उनके मन में न जमी। प्रातःकाल भरतजी स्नान कर और प्रभु श्रीरामचन्द्रजी को सिर नवाकर बैठे ही थे कि वसिष्ठजी ने उनको बुला भेजा ॥४॥

Without being able to settle a single plan in his mind, Bharata spent the whole night in anxious thought. At daybreak he bathed and bowed his head to the Lord, and was just taking his seat when he was sent for by the sage (Vasishtha).

दो. –गुरपद कमल प्रनामु करि बैठे आयसु पाइ।
बिप्र महाजन सचिव सब जुरे सभासद आइ ॥२५३॥

गुरु के चरणकमलों में प्रणामकर भरतजी आज्ञा पाकर बैठ गए। (उसी समय) ब्राह्मण, महाजन, मन्त्री आदि सभी सभासद् लोग आकर इकट्ठे हुए ॥२५३॥

After making obeisance to the preceptor's lotus feet and receiving his permission, Bharata took his seat; presently the Brahmans, the elite of the city, the ministers and all other councillors came and assembled together.

---

१. या नीच कीचड़ के बीच में।

२. "यहाँ गुरु, पिता और प्रजा सब किसान हैं, रामराज्य जड़हन धान है जिसको अनेक सुकृतरूपी मेहनत से तैयार किया। जब पूरा पकने को एक दिन रह गया तब कैकेयी की कुमतिरूपी ईति की बाधा इसे हुई। ईतियों में से एक मूसों की बाधा भी है, वही बाधा यहाँ उपस्थित हो गई। उसने बालियों को काट डाला। अब रामतिलक कैसे हो ? भाव कि ठूँठ में बालियाँ फिर होती नहीं, वैसे ही तिलक का होना सम्भव नहीं।" दे. मानस-पीयूष, ४, पृ. ८९५।

चौ. –बोले मुनिबरु समय समाना। सुनहुँ सभासद भरत सुजाना॥
धरमधुरीन भानुकुलभानू। राजा रामु स्वबस भगवानू॥

मुनिवर वसिष्ठजी समय के अनुसार बोले – हे सभासदो! हे सुजान भरत! सुनो। राजा रामचन्द्रजी स्वतंत्र, भगवान्, धर्म के भार को वहन करनेवाले और सूर्यकुल में सूर्य-रूप हैं॥१॥

The great sage Vasishtha, addressed them in words appropriate to the occasion: 'Listen, O councillors, and you, wise Bharata! Rama the king is independent, the Blessed Lord (Narayana or Hari), the upholder of righteousness and the sun of the Solar race.

सत्यसंध पालक श्रुतिसेतू। रामजनमु जग मंगल हेतू॥
गुर पितु मातु बचन अनुसारी। खलदलु दलन देव हितकारी॥

वे सत्यप्रतिज्ञ और वेदों की मर्यादा के रक्षक हैं। श्रीरामजी का जन्म ही जगत् के कल्याण के लिए हुआ है। वे गुरु, पिता और माता के वचन के आज्ञाकारी हैं, दुष्टगणों के नाशक और देवताओं के हितकारी हैं॥२॥

He is true to his word and guardian of the bounds of the Vedas; his very advent is a source of blessing to the world. Obedient to the commands of his *guru* and his parents, he crushes the hosts of the wicked and befriends the gods.

नीति प्रीति परमारथ स्वारथु। कोउ न राम सम जान जथारथु॥
बिधि हरि हरु ससि रबि दिसिपाला। माया जीव करम कुलि काला॥

नीति, प्रीति, परमार्थ और स्वार्थ को श्रीरामजी के समान यथार्थ (सही-सही) कोई नहीं जानता।[१] ब्रह्मा, विष्णु, महादेव, चन्द्र, सूर्य, दिक्पाल, माया, जीव, सभी कर्म और काल, ॥३॥

No one knows more faultlessly than Rama the principles of morality and devotion and all spiritual and material truth. Brahma, Vishnu and Shiva, the moon-god, the sun-god and the guardians of the quarters, Maya (the deluding potency of God), Jiva (the individual soul), the various forms of Karma (the residue of actions) and time in their entirety,

अहिप महिप जहँ लगि प्रभुताईं। जोगसिद्धि निगमागम गाईं॥
करि बिचार जिय देखहु नीकें। रामरजाइ सीस सबही कें॥

सर्पराज और पृथ्वी के पालन करनेवाले राजा आदि जहाँ तक प्रभुता है और योग की सिद्धियाँ वेद और शास्त्रों में गायी गयी हैं, इन सबको मन में अच्छी तरह विचारकर देखो, (तो जान पड़ेगा कि) उन सबके माथे पर रामचन्द्रजी की आज्ञा विराज रही है (अर्थात् वे सब श्रीरामजी को ही एक मात्र प्रभु, महान् महेश्वर मानते हैं)॥४॥

— the Serpent King, the sovereigns of the earth and whatever other powers there are, and the accomplishments of Yoga extolled in the Vedas and other scriptures—ponder it in your heart and consider well—Rama's will exercises its authority over all!

दो. –राखें राम रजाइ रुख हम सब कर हित होइ।
समुझि सयाने करहु अब सब मिलि संमत सोइ॥२५४॥

इसलिए श्रीरामजी की आज्ञा और रुख रखने से हम सबका भला होगा। इस तत्त्व और रहस्य को समझकर अब सब चतुर लोग जो सबको सम्मत हो, मिलकर वही राय ठीक कीजिए॥२५४॥

If we carry out Rama's orders and respect his wishes, it will be well for us all. Now bearing this secret in mind, wise sirs, do that which you all unanimously resolve upon.

चौ. –सब कहँ सुखद राम अभिषेकू। मंगल मोद मूल मगु एकू॥
केहि बिधि अवध चलहिं रघुराऊ। कहहु समुझि सोइ करिअ उपाऊ॥

श्रीरामजी का अभिषेक सबके लिए सुखदायक है। मङ्गल और आनन्द का मूल मार्ग एक यही है कि श्रीरघुनाथजी अयोध्या किस तरह चलें? सब लोग सोचकर उपाय बताइए, वही किया जाय॥१॥

Rama's coronation will be delightful to all; that is the only way to ensure good luck and joy. In what way can Raghunatha be prevailed upon to return to Ayodhya? Ponder this and propose a plan that may be carried into effect.

सब सादर सुनि मुनिबर बानी। नय परमारथ स्वारथ सानी॥
उतरु न आव लोग भये भोरे। तब सिरु नाइ भरत कर जोरे॥

नीति, परमार्थ और स्वार्थ (लौकिक हित) में सनी हुई मुनिवर की वाणी सबने आदरपूर्वक सुनी। किन्तु उत्तर किसी से न बन पड़ा, सब लोग भोले हो गए; तब भरतजी सिर नवाकर और हाथ जोड़कर बोले – ॥२॥

Everybody listened with respect to the sage's speech, so full of prudence and spiritual and worldly wisdom; but no answer was forthcoming; all were dumb-founded. Then Bharata bowed his head and with folded hands said,

भानुबंस भये भूप घनेरे। अधिक एक तें एक बड़ेरे॥
जनमहेतु सब कहँ पितु माता। करम सुभासुभ देइ बिधाता॥

सूर्यवंश में बहुत से राजा हुए हैं, उनमें एक-से-एक अधिक बढ़कर और

१. "नीति, प्रीति, परमार्थ और स्वार्थ के भीतर ही सब-कुछ है। सो इन चारों विषयों को इनके समान कोई जाननेवाला नहीं है। चारों को विचार के ही वन में आये हैं।" विजयानन्दजी त्रिपाठी, विजया टीका, २, पृ. ५६६।

बड़े हुए। सबके जन्म के कारण माता-पिता हैं, पर उनके शुभ-अशुभ कर्मों के फल विधाता ही देते हैं ॥३॥

'The Solar race has produced many a king, each far greater than the others. All owe their birth to their parents, but it is God who dispenses the fruit of their good and evil deeds.

दलि दुख सजइ सकल कल्याना। अस असीस राउरि जगु जाना॥
सो गोसाँइ बिधिगति जेहिं छेकी। सकइ को टारि टेक जो टेकी॥

आपका आशीर्वाद ही एक ऐसा है जो दुखों का नाशकर (उनकी जगह) समस्त कल्याणों को सज देता है। इसे जगत् जानता है। हे स्वामी! आप वही हैं जिन्होंने विधाता की गति को भी छेक दिया। आपने जो टेक टेक दी (जो निश्चय कर लिया), उसे कौन टाल सकता है? ॥४॥

But it is your benediction, as all the world knows, that wipes out sorrow and confers all blessings. It is you, holy father, who have thwarted the course of Providence; who, then, can abrogate a decision you have made?

दो. –बूझिअ मोहि उपाउ अब सो सबु मोर अभागु।
सुनि सनेहमय बचन गुर उर उमगा अनुरागु॥२५५॥

अब आप मुझसे उपाय पूछते हैं, यह सब मेरे अभाग्य की बात है। भरतजी के ऐसे स्नेह भरे वचन सुनकर गुरुजी के हृदय में प्रेम उमड़ पड़ा ॥२५५॥

And yet now you ask advice of me: such is my ill luck.' When the *guru* heard this affectionate speech, he was enraptured.

चौ. –तात बात फुरि रामकृपाहीं। रामबिमुख सिधि सपनेहुँ नाहीं॥
सकुचउँ तात कहत एक बाता। अरध तजहिं बुध सरबसु जाता॥

(गुरुजी ने कहा –) हे तात! यह बात सच है, पर है रामजी की कृपा से ही। रामचन्द्रजी से विमुख को तो स्वप्न में भी सिद्धि नहीं मिल सकती। हे तात! मैं एक बात कहने में सकुचाता हूँ। बुद्धिमान् लोग सर्वस्व जाता देख (आधे को बचाने के लिए) आधा छोड़ दिया करते हैं ॥१॥

'My son,' he replied, 'your words are true, but it is all due to Rama's grace. He who is hostile to Rama can never dream of success. There is one way, my son, though I hesitate to propose it; the wise forgo the half when they see the whole in jeopardy.

तुम्ह कानन गवनहु दोउ भाई। फेरिअहिं लखनु सीय रघुराई॥
सुनि सुबचन हरषे दोउ भ्राता। भे प्रमोद परिपूरन गाता॥

इसलिए तुम दोनों भाई (भरत-शत्रुघ्न) वन को जाओ और लक्ष्मण, सीता और श्रीरामचन्द्र को लौटा दो। ऐसे सुन्दर वचन सुनकर दोनों भाई प्रसन्न हो गए। उनके सब अंग हर्ष से भर गए ॥२॥

You two brothers (Shatrughna and yourself) go into exile, and let Lakshmana, Sita and Rama be sent back.' On hearing these welcome words, the two brothers rejoiced and their whole body thrilled with joy.

मन प्रसन्न तन तेजु बिराजा। जनु जिए राउ रामु भये राजा॥
बहुतु लाभु लोगन्ह लघु हानी। सम दुख सुख सब रोवहिं रानी॥

उनके मन प्रसन्न हो गए और शरीर में तेज विराजमान हो गया, मानो राजा दशरथ जी उठे हों और श्रीरामचन्द्रजी राजा हो गए हों। सब लोगों के लिए इसमें लाभ अधिक और हानि थोड़ी थी। परंतु रानियों को दुख-सुख बराबर ही थे, इसलिए वे सब रोने लगीं ॥३॥

They were as pleased at heart and as radiant all over as though king Dasharath were alive again and Rama already enthroned. The people gained much and sacrificed but little; but the queen-mothers all wept, for their sorrow was equal to their joy. (They wept because they would recover two of their sons and would lose the other two.)

कहहिं भरतु मुनि कहा सो कीन्हे। फलु जग जीवन्ह अभिमत दीन्हे॥
कानन करउँ जनम भरि बासू। एहि तें अधिक न मोर सुपासू॥

भरतजी कहने लगे – मुनि ने जो कहा, उसको करने से जगत्भर के जीवों को मनोवांछित वस्तु देने का-सा फल होगा। (चौदह वर्ष की कोई अवधि तो कुछ भी नहीं है) मैं जन्मभर वन में निवास करूँगा। इससे बढ़कर मेरे लिए और कोई सुख नहीं है ॥४॥

'By doing the sage's bidding,' Bharata observed, 'one would reap the reward of giving the world what it most desires. I will stay all my life in the forest; there is no happiness I should like better.

दो. –अंतरजामी रामु सिय तुम्ह सर्बग्य सुजान।
जौं फुर कहहु त नाथ निज कीजिअ बचनु प्रवान॥२५६॥

श्रीराम और सीता दोनों ही अन्तर्यामी हैं और आप सर्वज्ञ एवं सुजान हैं। यदि आप यह सत्य (हृदय से) कह रहे हैं तो हे नाथ! अपने वचन को प्रमाण (पक्का) कीजिए (जिससे यह प्रस्ताव टलने न पावे) ॥२५६॥

Rama and Sita have access to all hearts, and you are omniscient and wise. If, lord, you mean what you say, then redeem your word.'

चौ. –भरतबचन सुनि देखि सनेहू। सभा सहित मुनि भयेउ बिदेहू॥
भरत महा महिमा जलरासी। मुनिमति ठाढ़ि तीर अबला सी॥

भरतजी के वचन सुनकर और उनके स्नेह को देखकर सभासहित मुनि वसिष्ठजी विदेह हो गए (किसी को अपने शरीर की सुध-बुध न रही)। भरतजी की महान् महिमा समुद्र के सदृश है, मुनि की बुद्धि उसके तट पर अबला स्त्री के समान खड़ी रह गई ॥१॥

When they heard Bharata's words and saw his love, the sage and the whole assembly were transported out of themselves. Bharata's transcendent glory resembled the ocean and the sage's wit stood on its brink like a helpless woman,

गा चह पार जतनु हियँ हेरा। पावति नाव न बोहितु बेरा॥
औरु करिहि को भरतबड़ाई। सरसीसीपि कि सिंधु समाई॥

वह (उस महिमा-समुद्र के) पार जाना चाहती है, इसके लिए उसने हृदय में उपाय भी ढूँढ़े, परंतु वह नाव, जहाज या बेड़ा कुछ भी नहीं पाती। भरतजी की बड़ाई और कौन करेगा ? क्या तलैया की सीपी में भी क्या कभी समुद्र समा सकता है ? ॥२॥

— anxious to cross it and trying many a device, but unable to find a boat or ship or raft. Who else, then, can glorify Bharata ? Can the ocean be contained in a shell from a pond ?

भरतु मुनिहि मन भीतर भाए। सहित समाज राम पहिं आए॥
प्रभु प्रनामु करि दीन्ह सुआसनु। बैठे सब सुनि मुनि अनुसासनु॥

वसिष्ठजी की अन्तरात्मा को भरतजी बहुत प्रिय लगे और वे समाजसहित श्रीरामजी के पास आये। प्रभु श्रीरामचन्द्रजी ने उन्हें प्रणामकर सुन्दर आसन दिये। मुनि की आज्ञा पाकर सब लोग बैठ गए ॥३॥

The sage's soul was inwardly charmed with Bharata, and together with the whole assembly he went to Rama. The Lord made obeisance and offered him a seat of honour; and all sat down on receiving the sage's permission.

बोले मुनिबरु बचन बिचारी। देस काल अवसर अनुहारी॥
सुनहुँ राम सर्बग्य सुजाना। धरम नीति गुन ग्यान निधाना॥

फिर मुनिवर देश, काल और अवसर के अनुसार विचारपूर्वक वचन बोले — हे सर्वज्ञ ! हे सुजान ! हे धर्म, नीति, गुण और ज्ञान के भण्डार राम ! सुनिये — ॥४॥

Then spoke the great sage in well-considered words appropriate to the place and time and occasion: 'Listen, Rama, you are omniscient and all-wise, a storehouse of piety, prudence, virtue and wisdom !

दो. —सबकें उर अंतर बसहु जानहु भाउ कुभाउ।
पुरजन जननी भरत हित होइ सो कहिअ उपाउ॥२५७॥

आप सबके हृदयों के भीतर बसते हैं और भले-बुरे भावों को — भाव-कुभाव को — जानते हैं। जिसमें पुरवासियों, माताओं और भरत का कल्याण हो, वही उपाय बतलाइये ॥२५७॥

You dwell in the hearts of all and know our good and evil intents; suggest now a remedy which will be propitious to the citizens and your mothers and Bharata.

चौ. —आरत कहहिं बिचारि न काऊ। सूझ जुआरिहि आपन दाऊ॥
सुनि मुनिबचन कहत रघुराऊ। नाथ तुम्हारेहि हाथ उपाऊ॥

दीन-दुखी कभी सोच-विचारकर नहीं कहते। जुआरी को अपना ही दाँव सूझता है। मुनि के वचन सुनकर श्रीरघुनाथजी कहने लगे — हे नाथ ! उपाय तो आपही के हाथ है ॥१॥

Those who are afflicted never speak with forethought, and a gambler is mindful only of his own throw.' On hearing the sage's words Raghunatha replied, 'My lord, the remedy is in your own hands.

सब कर हित रुख राउरि राखें। आयसु किएँ मुदित फुर भाषें॥
प्रथम जो आयसु मो कहँ होई। माथे मानि करउँ सिख सोई॥

आपका रुख रखने से और आपकी आज्ञा को सत्य कहकर प्रसन्नतापूर्वक पालन करने से ही सबका कल्याण है। पहले तो मुझे जो आज्ञा हो, मैं उस सीख को माथे पर चढ़ाकर करूँ ॥२॥

To attend to your wishes, to cheerfully carry out your behests and acknowledge them as truly wise will be best for all. First, then, whatever you bid me do, I will reverently carry out your orders and instructions.

पुनि जेहि कहँ जस कहब गोसाईं। सो सब भाँति घटिहि सेवकाईं॥
कह मुनि राम सत्य तुम्ह भाषा। भरत सनेह बिचारु न राखा॥

फिर हे गोसाईं ! आप जिस किसी को जैसा कहेंगे वह सब तरह से सेवा में लग जायगा। मुनि वसिष्ठजी कहने लगे — हे राम ! तुमने सच कहा, पर भरत के स्नेह के कारण मेरे विचार ठिकाने नहीं हैं ॥३॥

Next, holy father, whoever receives any order from you will fully devote himself to your service.' To this Vasishtha replied, 'What you say, Rama, is true, but Bharata's love has robbed me of my wits.

तेहि तें कहउँ बहोरि बहोरी। भरत भगति बस भइ मति मोरी॥
मोरें जान भरतरुचि राखी। जो कीजिअ सो सुभ सिव साखी॥

इसलिए मैं बार-बार कहता हूँ कि मेरी बुद्धि भरत की भक्ति के अधीन हो गयी है। मेरी समझ में तो भरत की रुचि का ध्यान रखकर जो कुछ किया जायगा, शंकरजी साक्षी हैं, वह शुभ होगा ॥४॥

That is why I say again and again that my judgement has been enthralled by Bharata's devotion. To my mind—Shiva be my witness—whatever you do with due deference to Bharata's wishes will be best.

दो. —भरतबिनय सादर सुनिअँ करिअँ बिचारु बहोरि।
करब साधुमत लोकमत नृपनय निगम निचोरि॥२५८॥

पहले भरत की प्रार्थना आदरपूर्वक सुन लीजिए; फिर उस पर (अच्छी तरह) विचार कीजिए। तब साधुमत, लोकमत, राजनीति और वेदों का निचोड़ (सिद्धान्त) निकालकर वैसा ही कीजिए ॥२५८॥

First, listen attentively to Bharata's prayer and then consider the matter thoroughly. Having done that, draw out the essential doctrines from the wisdom of the saints and popular tradition, from political ethics and the teaching of the Vedas, and act in accordance with them.'

चौ. –गुर अनुरागु भरत पर देखी। रामहृदयँ आनंदु बिसेषी॥
भरतहि धरमधुरंधर जानी। निज सेवक तन मानस बानी॥

भरतजी पर गुरुजी का अनुराग देखकर श्रीरामचन्द्रजी के हृदय में बड़ा आनन्द हुआ। वे भरतजी को धर्म के भार को वहन करनेवाला (धर्म-कर्म में अग्रणी) और तन, मन, वचन से अपना सेवक जानकर– ॥१॥

Rama was particularly delighted at heart to see the *guru*'s great love for Bharata; knowing Bharata to be a champion of righteousness and his own servant in thought and word and deed,

बोले गुर आयस अनुकूला। बचन मंजु मृदु मंगलमूला॥
नाथसपथ पितुचरन दोहाई। भयेउ न भुअन भरत सम भाई॥

गुरु की आज्ञा के अनुकूल मनोहर, कोमल और मंगलमूलक वचन बोले – हे नाथ! आपकी सौगंद और पिताजी के चरणों की दुहाई है, भुवन भर में भरत के समान भाई हुआ ही नहीं ॥२॥

– he spoke words that were sweet, soft and auspicious and harmonized well with the *guru*'s commands: 'I swear by you, my lord, and by my father's feet that in all the world there has never been such a brother as Bharata!

जे गुरपद अंबुज अनुरागी। ते लोकहुँ बेदहुँ बड़भागी।
राउर जा पर अस अनुरागू। को कहि सकइ भरत कर भागू॥

जो गुरु के चरणकमलों के प्रेमी हैं, वे लोक में भी और वेद में भी बड़े भाग्यवान (माने गए) हैं (फिर) जिस पर आपका ही ऐसा अनुराग है, उस भरत के भाग्य को कौन कह सकता है? ॥३॥

Highly blessed in the eyes of the world and the view of the Vedas are those who love the lotus feet of their *guru*; and who can describe Bharata's blessedness, to whom such love has been shown by you?

लखि लघु बंधु बुद्धि सकुचाई। करत बदन पर भरतबडाई॥
भरतु कहहिं सोइ कियें भलाई। अस कहि रामु रहे अरगाई॥

छोटा भाई जानकर भरत के मुँह पर उसकी बड़ाई करते हुए मेरी बुद्धि सकुचाती है। (फिर भी इतना तो कहूँगा ही कि) भरत जो कुछ कहें, वही करने में भलाई है। ऐसा कहकर श्रीरामचन्द्रजी चुप हो गए ॥४॥

He is my younger brother, and therefore my mind recoils when I proceed to praise him to his face. It will be best for us to do whatever Bharata proposes.' Having so said, Rama remained silent.

दो. –तब मुनि बोले भरत सन सबु सँकोचु तजि तात।
कृपासिंधु प्रिय बंधु सन कहहु हृदय कइ बात ॥२५९॥

तब मुनि वसिष्ठजी भरतजी से बोले – हे तात! तुम सब संकोच छोड़कर दयासागर प्यारे भाई से (रामचन्द्रजी) से अपने हृदय की बात कह डालो ॥२५९॥

Then the sage said to Bharata, 'Put aside all scruple, my son, and tell your dear brother, the ocean of grace, what is there in your heart.'

चौ. –सुनि मुनिबचन रामरुख पाई। गुर साहिब अनुकूल अघाई॥
लखि अपनें सिर सबु छरुभारू। कहि न सकहिं किछु करहिं बिचारू॥

मुनि के वचन सुनकर और श्रीरामचन्द्रजी का रुख पाकर – गुरु तथा स्वामी की अनुकूलता से तृप्त होकर – तथा सारा बोझ अपने ही सिर देखकर भरतजी कुछ कह नहीं सकते, वे विचार करने लगे ॥१॥

When Bharata heard the sage's words and knew what was in Rama's mind, he was fully satisfied that both his *guru* and his master were exceedingly propitious to him; but seeing the weight of the whole business put upon his head, he could say nothing and remained lost in thought.

पुलकि सरीर सभाँ भये ठाढ़े। नीरज नयन नेहजल बाढ़े॥
कहब मोर मुनिनाथ निबाहा। एहि तें अधिक कहौं मैं काहा॥

उनका शरीर पुलकित हो उठा और वे सभा में खड़े हो गए। कमल-सरीखे नेत्रों में प्रेम-जल की बाढ़ आ गयी। (उन्होंने कहा –) मेरा कहना तो मुनिनाथ ने ही निबाह दिया (जो कुछ मुझे कहना था, वह सब उन्होंने ही कह दिया)। इससे अधिक मैं क्या कहूँ! ॥२॥

Then trembling with emotion, he stood up in the assembly with tears of love gushing forth from his lotus eyes. 'The lord of sages,' he said, 'has already spoken for me: what more is there for me to say?

मैं जानउँ निज नाथ सुभाऊ। अपराधिहु पर कोह न काऊ॥
मो पर कृपा सनेहु बिसेषी। खेलत खुनिस न कबहूँ देखी॥

मैं अपने स्वामी का स्वभाव जानता हूँ कि वे अपराधी पर भी कभी क्रोध नहीं करते। मुझ पर तो बहुत ही कृपा और स्नेह रखते हैं। मैंने कभी खेल में भी उनको अप्रसन्न नहीं देखा ॥३॥

I know my master's disposition; he is never wroth even with the guilty; to me he has been particularly kind and affectionate. Never even in play did he give me an angry look.

सिसुपन तें परिहरेउँ न संगू। कबहुँ न कीन्ह मोर मनभंगू॥
मैं प्रभु कृपा रीति जियँ जोही। हारेंहु खेल जितावहिं मोही॥

लड़कपन से ही मैंने उनका संग नहीं छोड़ा और उन्होंने भी मेरे मन को कभी नहीं तोड़ा। मैंने प्रभु की कृपा की रीति को जी से अनुभव किया है। खेल में (मेरे) हारने पर भी प्रभु मुझे जिता देते रहे हैं॥४॥

From my infancy I have never left his company, and at no time has he hurt my feelings. I have experienced in my heart my lord's gracious ways, for even when I was losing in a game he would allow me to win.

दो. –महूँ सनेह सकोच बस सनमुख कही न बैन।
दरसन तृपित न आजु लगि पेमपिआसे नैन॥२६०॥

मैंने भी स्नेह और संकोच के वश कभी सामने बात नहीं की। प्रेम की प्यासी मेरी आँखें आजतक (प्रभु के) दर्शन से संतुष्ट नहीं हुईं॥२६०॥

My affection and modesty have ever constrained me not to open my lips before him; to this day my eyes, that have been thirsting for his love, have not been satiated with looking upon him.

चौ. –बिधि न सकेउ सहि मोर दुलारा। नीचँ बीचु जननी मिस पारा॥
यहउ कहत मोहि आजु न सोभा। अपनीं समुझि साधु सुचि का भा॥

किन्तु विधाता मेरे इस दुलार को न सहन कर सका। उसने नीच माता के बहाने (हम दोनों के बीच) भेद डाल दिया। यह भी कहते हुए आज मुझे शोभा नहीं देता, क्योंकि अपनी समझ से कौन साधु और पवित्र हुआ है? (अपनी समझ से साधु और पवित्र होने से क्या होता है? भले ही अपने मन से समझ लूँ कि सब ब्रह्मा का दोष है, पर संसार इसे नहीं मानेगा)॥१॥

But God could not endure my fondness for him and cruelly interposed and divided us by means of my mother. In saying this now I bring myself no credit, for who can claim to be saintly and pure on the basis of his own good estimation?

मातु मंदि मैं साधु सुचाली। उर अस आनत कोटि कुचाली॥
फरइ कि कोदव बालि सुसाली। मुकुता प्रसव कि संबुक काली॥

माता मंद (नीच) है और मैं सदाचारी और साधु हूँ, ऐसी बात मन में लाना ही करोड़ों बुरे कर्मों के समान है। क्या कोदों की बाली उत्तम धान फल सकती है? क्या काली घोंघी मुक्ता प्रसव कर सकती है (उससे मोती उत्पन्न हो सकता है)?॥२॥

To imagine that my mother is wicked and I virtuous and upright is a myriad times worse. Can ears of *kodo*[1] yield good rice and can a black shell produce a pearl?

सपनेहुँ दोस क लेसु न काहू। मोर अभाग उदधि अवगाहू॥
बिनु समुझें निज अघ परिपाकू। जारिउँ जायँ जननि कहि काकू॥

सपने में भी किसी को दोष का लेश भी नहीं है। मेरा दुर्भाग्य ही अथाह समुद्र है। अपने पापों का फल समझे बिना ही मैंने माता को कटु वचन कहकर व्यर्थ ही जलाया॥३॥

Not a shadow of blame attaches to anyone even in a dream; all is due to the fathomless ocean of my ill luck. In vain did I revile my mother and wound her, not perceiving that it is the fruit of my own wrong-doing.

हृदयँ हेरि हारेउँ सब ओरा। एकहि भाँति भलेंहि भल मोरा॥
गुरु गोसाँइ साहिब सिय रामू। लागत मोहि नीक परिनामू॥

अपने हृदय में सब ओर ढूँढ़कर मैं थक गया (मेरी भलाई का कोई उपाय नहीं दीखता)। एक ही प्रकार से भले ही मेरा भला है। वह यह है कि गुरु महाराज गोसाईं (मालिक, श्रेष्ठ, समर्थ) हैं और श्रीसीतारामजी मेरे स्वामी (इष्ट देव) हैं, इसलिए परिणाम मुझे अच्छा जान पड़ता है॥४॥

I search every corner of my heart, but am beaten all round. In one matter only is my well-being assured: with Vasishtha for my *guru* and Sita and Rama for my masters, I hold that all will turn out well.

दो. –साधुसभाँ गुर प्रभु निकट कहउँ सुथल सतिभाउ।
प्रेमप्रपंचु कि झूठ फुर जानहिं मुनि रघुराउ॥२६१॥

सज्जनों की इस सभा में गुरुजी और स्वामी के समीप इस पवित्र तीर्थ स्थान (चित्रकूट) में मैं सच्चे भाव से कहता हूँ। यह प्रेम है या प्रपञ्च, झूठ है या सच, इसे मुनि वसिष्ठजी और श्रीरघुनाथजी जानते हैं (गुरुजी सर्वज्ञ हैं और रघुनाथजी अन्तर्यामी, इसलिए उनसे कुछ छिपा नहीं है)॥२६१॥

In this assembly of holy men, in the presence of my *guru* and my master, and at this holy place, I speak in good faith. The sage and Raghunatha know whether there is any love in my heart or it is all simulation and whether what I say is true or false.

1. The *kodo* (Sanskrit *kodrava*) is the *Paspalum frumentaceum* or *scrobiculatum,* which bears a small grain of inferior quality, eaten mostly by the poor.

चौ. –भूपतिमरनु पेमपनु राखी। जननीकुमति जगतु सबु साखी॥
देखि न जाहिं बिकल महतारीं। जरहिं दुसह जर पुर नर नारीं॥
प्रेम-प्रण की रक्षा के लिए महाराज का मरना और माता की कुमति दोनों का सारा संसार साक्षी है। अब व्याकुल माताओं की ओर देखा नहीं जाता। अयोध्या के नर-नारी दुःसह ताप से जल रहे हैं ॥१॥
All the world will bear witness to the death of the king, who kept the oath he swore in love, and to my mother's evil intent. The queen-mothers are in such distress that one cannot bear to look at them; the citizens are consumed by intolerable pain.

महीं सकल अनरथ कर मूला। सो सुनि समुझि सहिउँ सब सूला॥
सुनि बनगवनु कीन्ह रघुनाथा। करि मुनिबेष लखन सिय साथा॥
बिनु पानहिन्ह पयादेंहि पाएँ। संकरु साखि रहेउँ एहि घाएँ॥
बहुरि निहारि निषादसनेहू। कुलिस कठिन उर भएउ न बेहू॥
इन सारे अनर्थों का मूल मैं ही हूँ, यह सुन-समझकर मैंने सब दुःख सह लिये। लक्ष्मण और सीताजी को साथ लेकर तथा मुनियों का-सा वेष बनाकर बिना जूते पहने ही रघुनाथजी पैदल वन को चले गये, यह सुनकर, शंकरजी साक्षी हैं, ऐसे घाव से भी मैं जीता ही रह गया! फिर निषादराज का स्नेह देखकर भी वज्र से भी कठोर इस हृदय में छेद नहीं हुआ ॥२-३॥
Having heard and understood that I am the cause of all these troubles, I endured all the anguish. Though I heard that clad in hermit's garb and accompanied by Lakshmana and Sita, Raghunatha had gone to the woods on foot and without shoes—Shankara is my witness—I still survived the wound! On top of it, when I beheld the Nishada's devotion, my heart, harder than a thunderbolt, refused to break!

अब सबु आँखिन्ह देखेउँ आई। जिअत जीव जड़ सबइ सहाई॥
जिन्हहि निरखि मग साँपिनि बीछीं। तजहिं बिषम बिषु तापस तीछीं॥
अब आकर मैंने सब अपनी आँखों से देख लिया। यह जड़ जीव जीते-जी सब-कुछ सहावेगा। जिनको देखकर रास्ते की साँपिन और बीछी भी तपस्वियों के लिए तीखे अपने भयानक विष का त्याग कर देती हैं— ॥४॥
And now I have come and seen everything with my own eyes; surely in this life my wretched soul will subject me to all kinds of sufferings. Those at the sight of whom serpents and scorpions on the road forget their virulent venom, deadly even to the ascetics—

दो. –तेइ रघुनंदनु लखनु सिय अनहित लागे जाहि।
तासु तनय तजि दुसह दुख दैउ सहावइ काहि॥२६२॥
वे ही श्रीरघुनन्दन, लक्ष्मण और सीता जिसे वैरी जान पड़े, उस कैकेयी के पुत्र को छोड़कर दैव असह्य दुःख और किसे सहावेगा? ॥२६२॥
—those like Raghunandana, Lakshmana and Sita—appeared to Kaikeyi as foes! On whom, then, should providence inflict intolerable pain if not on the son of Kaikeyi?

चौ. –सुनि अति बिकल भरत बर बानी। आरति प्रीति बिनय नय सानी॥
सोकमगन सब सभा खभारू। मनहुँ कमलबन परेउ तुसारू॥
दुःख, प्रेम, विनय और नीति में सनी हुई तथा अत्यन्त व्याकुल भरतजी की श्रेष्ठ वाणी सुनकर सब लोग शोक में डूब गए, सारी सभा में खलबली मच गई, मानो कमल के वन पर पाला पड़ गया हो ॥१॥
On hearing Bharata's moving speech, so full of agony and love and humility and prudence, wrung from his uneasy heart, everybody was plunged in sorrow and the whole assembly was in distress as if a bed of lotuses was smitten by the frost.

कहि अनेक बिधि कथा पुरानी। भरतप्रबोधु कीन्ह मुनि ग्यानी॥
बोले उचित बचन रघुनंदू। दिनकरकुल कैरवबन चंदू॥
तब ज्ञानी मुनि वसिष्ठजी ने अनेक प्रकार की पौराणिक कथाएँ कहकर भरतजी को समझाया। फिर सूर्यकुलरूपी कुमुद-वन के लिए चन्द्रमा-स्वरूप श्रीरघुनन्दन उचित वचन बोले— ॥२॥
The enlightened sage comforted Bharata by narrating ancient legends of various kinds, and Raghunandana, a veritable moon to the lily-like Solar race, spoke words which were right and proper:

तात जायँ जिय करहुँ गलानी। ईस अधीन जीवगति जानी॥
तीनि काल तिभुअन मत मोरें। पुन्यसिलोक तात तर तोरें॥
हे तात! जीव की गति को ईश्वर के अधीन जानकर भी तुम अपने हृदय में व्यर्थ ही ग्लानि करते हो। मेरे मत में तीनों कालों और तीनों लोकों के पवित्र यशवाले सब पुरुष तुम्हारे नीचे हैं ॥३॥
'Brother, even if you know that the course of life depends on God, yield not to the torment of contrition in vain. To my mind, all the men of fair renown in all time, past, present or future, and in the three spheres of creation, are not to be compared, dear brother, with yourself.

उर आनत तुम्ह पर कुटिलाई। जाइ लोकु परलोकु नसाई॥
दोसु देहिं जननिहि जड़ तेई। जिन्ह गुर साधु सभा नहिं सेई॥
हृदय में भी तुम पर कुटिलता का आरोप लाते ही यह लोक बिगड़ ही जाता है, परलोक भी नष्ट हो जाता है। वे ही मूर्ख माता कैकेयी को दोष देते हैं जिन्होंने गुरु और साधुओं की सभा का सेवन नहीं किया ॥४॥

He who attributes malevolence to you even in thought will be ruined in this world as well as in the next; and those fools alone blame your mother who have waited neither on the *guru* nor on the company of the holy.

दो. -मिटिहइ पापप्रपंच सब अखिल अमंगल भार ।
लोक सुजसु परलोक सुखु सुमिरत नामु तुम्हार ॥२६३॥

हे भरत ! तुम्हारे नाम के स्मरण-मात्र से सब पाप-प्रपञ्च और समस्त अमङ्गलों के बोझ मिट जायँगे तथा संसार में सुंदर यश और परलोक में सुख की प्राप्ति होगी ॥२६३॥

By the recollection of your name, O Bharata, all sin and ignorance and the burden of all that is unblest shall be obliterated; it will bring fair fame in this world and bliss hereafter.

चौ. -कहउँ सुभाउ सत्य सिव साखी । भरत भूमि रह राउरि राखी ॥
तात कुतरक करहु जनि जाएँ । बैर पेमु नहि दुरइ दुराएँ ॥

हे भरत ! मैं सच्चे भाव से सत्य कहता हूँ, शिवजी इसके साक्षी हैं, यह पृथ्वी तुम्हारे ही रखने से ठहरी हुई है । हे तात ! व्यर्थ कुतर्क न करो । वैर और प्रेम छिपाने से नहीं छिपते ॥१॥

Bharata, with Lord Shiva as my witness I speak the truth in good faith: the world depends on your support. Do not, dear brother, entertain vain apprehensions; enmity and love can in no way be hid.

मुनिगन निकट बिहग मृग जाहीं । बाधक बधिक बिलोकि पराहीं ॥
हित अनहित पसु पच्छिउ जाना । मानुषतनु गुन ग्यान निधाना ॥

देखो, पशु-पक्षी मुनियों के पास चले जाते हैं, पर हिंसा करनेवाले वधिकों को देखते ही भाग जाते हैं । जब पशु-पक्षी भी मित्र और शत्रु को पहचानते हैं, तब मनुष्य-शरीर तो गुण और ज्ञान का भण्डार ही है ॥२॥

Birds and beasts draw close to hermits, but flee at the sight of fierce huntsmen. If beasts and birds can distinguish between friend and foe, how much more can man, whose body is a treasure-house of virtue and wisdom ?

तात तुम्हहि मैं जानउँ नीकें । करउँ काह असमंजसु जी कें ॥
राखेउ रायँ सत्य मोहि त्यागी । तनु परिहरेउ पेमपनु लागी ॥

हे तात ! मैं तुम्हें खूब अच्छी तरह जानता हूँ, पर क्या करूँ ? मेरे जी में बड़ी दुविधा है । राजा ने मुझे त्यागकर सत्य की रक्षा की और प्रेम-प्रण के लिए अपना शरीर त्याग दिया ॥३॥

I know you, dear brother, through and through, but what am I to do ? My mind is sore perplexed. The king (our father), you know, kept his word and abandoned me; he gave up his life to keep his vow of love.

तासु बचन मेटत मन सोचू । तेहि तें अधिक तुम्हार सँकोचू ॥
ता पर गुर मोहि आयसु दीन्हा । अवसि जो कहहु चहउँ सोइ कीन्हा ॥

ऐसे पिता का वचन मिटाने में मन में सोच होता है, लेकिन उससे भी बढ़कर (मेरे मन में) तुम्हारा संकोच है (क्योंकि पिताजी ने चौथेपन तक राज्य भोगकर पुत्रप्रेम में प्राण दिये थे और तुम युवावस्था में भ्रातृप्रेम से राज्यादि का त्याग कर रहे हो; पिताजी ने तन दिया था, तुम सर्वस्व दे रहे हो; उन्होंने लोक-लज्जा, सत्यधर्म की रक्षा और दैवात् मुख से राम-शपथ निकलने के कारण मेरे हित के लिए मेरा त्याग किया था, लेकिन तुमने माता-पिता, गुरु आदि के वचनों को त्यागकर अनन्य परम भागवत धर्म का ही निर्वाह किया है) । उस पर भी मुझे गुरुजी ने आज्ञा दी है, अतः तुम जो कुछ कहो, मैं उसे ही अवश्य करना चाहूँगा ॥४॥

If I now break our father's promise, I shall be heartily grieved; yet my scruple on your account is greater still. On top of it the *guru* has laid his commands upon me; in any case I am ready to do whatever you say.

दो. -मनु प्रसन्न करि सकुच तजि कहहु करउँ सोइ आजु ।
सत्यसंध रघुबरबचन सुनि भा सुखी समाजु ॥२६४॥

मन को प्रसन्नकर और संकोच को छोड़कर जो कुछ कहो, वही मैं आज करूँ ! सत्यप्रतिज्ञ रघुकुलश्रेष्ठ श्रीरामजी के वचन सुनकर सभा प्रसन्न हो गई ॥२६४॥

Set your mind at ease and shaking off all scruple, speak out; I will do it at once.' The assembled people rejoiced when they heard these words of Raghubara, who was ever true to his word.

चौ. -सुरगन सहित सभय सुरराजू । सोचहिं चाहत होन अकाजू ॥
बनत उपाउ करत कछु नाहीं । रामसरन सब गे मन माहीं ॥

(उधर) देवगणों-सहित देवराज (इन्द्र) भयभीत हो सोचने लगे कि अब अनर्थ होना ही (बना-बनाया काम बिगड़ना ही) चाहता है । कुछ उपाय करते नहीं बनता, इसलिए (हारकर) मन-ही-मन सब श्रीरामजी की शरण गये ॥१॥

But the king of heaven (Indra) and all the celestial deities were alarmed and thought that all their plans were going to be wrecked; there was no scheme worth their while; mentally all took refuge with Rama. (If they had gone to him in person, their whole plan would have been spoilt and Ravana would thus have become aware of Rama's divinity.)

बहुरि बिचारि परसपर कहहीं। रघुपति भगतभगति बस अहहीं॥
सुधि करि अंबरीष दुरबासा। भे सुर सुरपति निपट निरासा॥

फिर वे आपस में विचारकर कहने लगे कि श्रीरघुनाथजी तो अपने भक्त की भक्ति के अधीन हैं। अम्बरीष और दुर्वासा (के चरित्र) को स्मरणकर देवता और देवराज (इन्द्र) बिल्कुल निराश हो गए॥२॥

Again they deliberated with one another and said, 'Raghunatha is subservient to the devotion of his votaries.' Remembering the legends of Ambarisha and Durvasa, the gods as well as their lord (Indra) were utterly dejected. (The stories of Ambarisha and Durvasa reminded them of Vishnu's readiness to hear the prayers of his followers and of the fierceness of his indignation against those who persecuted them; it was therefore useless for the gods to think of opposing Bharata; their only plan was to win him over to their side.)

सहे सुरन्ह बहु काल बिषादा। नरहरि किए प्रगट प्रहलादा॥
लगि लगि कान कहहिं धुनि माथा। अब सुरकाज भरत कें हाथा॥

(फिर कहने लगे कि) पहले देवताओं ने बहुत काल तक कष्ट सहे थे। तब प्रह्लादजी ने नृसिंह भगवान् को प्रकट किया था। सब देवता एक-दूसरे के कानों से लग-लगकर और सिर धुन-धुनकर कहते हैं कि इस बार देवताओं का काम भरतजी के हाथ है॥३॥

Long time had the gods endured distress, till at last it was Prahlada who revealed Lord Nrisimha. They beat their heads and whispered in one another's ears: 'This time the gods' only chance lies with Bharata;

आन उपाउ न देखिअ देवा। मानत रामु सुसेवक सेवा॥
हिय सपेम सुमिरहु सब भरतहि। निज गुन सील राम बस करतहि॥

(वे आपस में कहते हैं—) हे देवताओ! दूसरा कोई उपाय नहीं दीखता। श्रीरामजी अपने अनन्य भक्तों के प्रति की जानेवाली सेवा को मानते हैं (अर्थात् यदि कोई उनके भक्त की सेवा करता है तो वे उस सेवा से बहुत प्रसन्न होते हैं)। अतएव अपने गुण और शील से श्रीरामजी को वशीभूत करनेवाले भरतजी का ही सब लोग अपने-अपने हृदय में प्रेमपूर्वक स्मरण करो॥४॥

—there is no other remedy, O gods, that I can see. Our only hope is that Rama acknowledges service done to his noble servants. Do you all, therefore, with loving heart invoke Bharata, who has won over Rama by his virtue and amiability.'

दो.—सुनि सुरमत सुरगुर कहेउ भल तुम्हार बड़भागु।
सकल सुमंगल मूल जग भरतचरन अनुरागु॥२६५॥

देवताओं के इस मत को सुनकर देवगुरु बृहस्पतिजी ने कहा—अच्छा विचार किया, तुम्हारे बड़े भाग्य हैं, क्योंकि भरत के चरणों में अनुराग करना ही जगत् में सभी शुभ मंगलों का कारण है॥२६५॥

When the preceptor of the gods (the sage Brihaspati) heard of the gods' resolve, he said, 'Well done, great is your good fortune. Devotion to Bharata's feet is the source of all choice blessings in this world.

चौ.—सीतापति सेवक सेवकाई। कामधेनु सय सरिस सुहाई॥
भरतभगति तुम्हरें मन आई। तजहु सोचु बिधि बात बनाई॥

सीतापति श्रीरामजी के दास की सेवा सैकड़ों कामधेनुओं के समान उत्तम है। यदि तुम्हारे मन में भरतजी की भक्ति उत्पन्न हुई है, तो अब सोच छोड़ दो, विधाता ने बात बना दी॥१॥

Service done to a devotee of Sita's lord is as good as a hundred cows of plenty. Now that devotion to Bharata has appealed to your hearts cease to have any anxiety, for God has accomplished your object.

देखु देवपति भरतप्रभाऊ। सहज सुभायँ बिबस रघुराऊ॥
मन थिर करहु देव डरु नाहीं। भरतहि जानि रामपरिछाहीं॥

हे देवराज! भरतजी का प्रभाव तो देखो, जिनके सरल स्वभाव से रघुनाथजी उनके पूर्ण वश में हैं। हे देवताओ! भरतजी को श्रीरामचन्द्रजी की परछाईं समझकर अपने मन को शान्त करो, अब डर नहीं है॥२॥

Behold, O Indra, the extent of Bharata's supremacy and Raghunatha's utter submission to his artless temperament.[1] Knowing Bharata to be Rama's shadow, make your mind easy, O gods, and fear not.'

सुनि सुरगुर सुरसंमत सोचू। अंतरजामी प्रभुहि सँकोचू॥
निज सिर भारु भरत जियँ जाना। करत कोटि बिधि उर अनुमाना॥

देवगुरु (बृहस्पतिजी) और देवताओं की सम्मति (राय, सलाह) और उनका सोच सुनकर अन्तर्यामी प्रभु को संकोच हुआ। अपने मन में सब बोझा

१. हिरण्यकश्यप से बहुत सताये जाने पर देवता भगवान् की शरण गये थे। उन लोगों की प्रार्थना पर भगवान् ने तुरत दुःख दूर करना स्वीकार नहीं किया था लेकिन प्रह्लाद के लिए खम्भे से वे तुरत निकल पड़े थे। भरत-जैसे भक्त के आगे देवताओं की कुछ सुनवाई न होगी—देवता इसे समझने लगे।

1. *sahaja subhayan:* in the sense of 'artless' it refers to Bharata's artless disposition, as an adverbial phrase or in the sense of 'voluntary' to Raghunatha's *voluntary* submission to Bharata's will. According to the latter interpretation, 'Raghunatha has of his own free will submitted himself to Bharata'.

अपने ही सिर समझकर भरतजी हृदय में करोड़ों तरह के अनुमान करने लगे ॥३॥

The Lord, who has access to all hearts, was embarrassed when he heard the plans and fears of the gods and their *guru*. Bharata, knowing that the whole responsibility rested on his shoulders, pondered a myriad different arguments in his mind.

करि बिचारु मन दीन्ही ठीका । राम रजायस आपन नीका ॥
निज पनु तजि राखेउ पनु मोरा । छोहु सनेहु कीन्ह नहि थोरा ॥

अन्त में विचारकर उन्होंने मन में यही निश्चय किया कि श्रीरामजी की आज्ञा में (रहने में) ही अपना कल्याण है । उन्होंने अपने प्रण को त्यागकर मेरा प्रण रखा । मुझ पर यह कुछ कम कृपा और स्नेह नहीं किया ॥४॥

After much deliberation he came to the conclusion that in obedience to Rama's will lay his highest good. 'He has kept my vow, relinquishing his own,' he thought, 'and in this has shown me no little favour and affection.

दो. –कीन्ह अनुग्रह अमित अति सब बिधि सीतानाथ ।
करि प्रनामु बोले भरतु जोरि जलज जुग हाथ ॥२६६॥

मुझ पर श्रीजानकीनाथ ने सब प्रकार से अत्यन्त और अपरिमित कृपा की । तदनंतर दोनों कर-कमलों को जोड़कर और प्रणाम करके भरतजी बोले – ॥२६६॥

Great and unbounded favour has Sita's lord shown me in every way !' Then, bowing his head and folding his lotus hands, Bharata said:

चौ. –कहउँ कहावउँ का अब स्वामी । कृपा अंबुनिधि अंतरजामी ॥
गुर प्रसन्न साहिब अनुकूला । मिटी मलिन मन कलपित सूला ॥

हे स्वामी ! हे कृपासागर ! हे अन्तर्यामी ! अब मैं क्या कहूँ और क्या कहलाऊँ ? गुरु महाराज को प्रसन्न और स्वामी को अपने अनुकूल पाकर मेरे मलिन मन की कल्पित व्यथा मिट गयी ॥१॥

'O lord, the ocean of compassion, knower of all hearts, what now can I say myself or have others to say for me ? Now that my *guru* is pleased and my master is gracious, the imaginary torments of my troubled soul are all over.

अपडर डरेउँ न सोच समूलें । रबिहि न दोसु देव दिसि भूलें ॥
मोर अभागु मातुकुटिलाई । बिधिगति बिषम कालकठिनाई ॥

मैं झूठे डर से डर गया था, मेरा सोच निर्मूल था । यदि कोई दिशा भूल जाय तो हे देव ! इसमें सूर्य का दोष नहीं । मेरा दुर्भाग्य, माता की कुटिलता, विधाता की उलटी गति और काल की कठिनता – ॥२॥

False were the fears that frightened me, idle my anxiety. It is no fault of the sun, O Lord, if anyone mistakes his direction. My own ill luck, my mother's perversity, the crooked ways of providence and fate's malignity,

पाउ रोपि सब मिलि मोहि घाला । प्रनतपाल पन आपन पाला ॥
यह नइ रीति न राउरि होई । लोकहुँ बेद बिदित नहि गोई ॥

इन सबने मिलकर पाँव रोपकर (प्रतिज्ञापूर्वक) मेरा सत्यानाश कर दिया था, परंतु प्रणतपाल ने अपना (शरणागत की रक्षा का) प्रण निबाहा (मुझे बचा लिया) । यह आपकी कोई नयी रीति नहीं है । यह लोक और वेदों में प्रत्यक्ष है, छिपी नहीं है ॥३॥

—all conspired with the avowed object of ruining me, but the protector of his suppliants came to my rescue by redeeming his vow (of protecting his votaries). This is no novel procedure for you; it is well known to the world as well as to the Vedas, and is no secret.

जगु अनभल भल एकु गोसाईं । कहिअ होइ भल कासु भलाईं ॥
देउ देवतरु सरिस सुभाऊ । सनमुख बिमुख न काहुहि काऊ ॥

(यदि) सारा जगत् बुरा हो और हे स्वामी ! केवल एक आप ही भले हों तो फिर कहिए, किसकी भलाई से भला हो सकता है ?[1] हे देव ! आपका स्वभाव कल्पवृक्ष के समान है; वह न तो कभी किसी के प्रतिकूल है और न अनुकूल ॥४॥

If the whole world is evil and you alone are good, then tell me, my lord, through whose goodness, if not through yours, can one's good be accomplish-ed ? Your disposition, divine Lord, is like that of the tree of Paradise, which never treats any with favour or disfavour.

दो. –जाइ निकट पहिचानि तरु छाँह समनि सब सोच ।
मागत अभिमत पाव जगु राउ रंकु भल पोच ॥२६७॥

उस वृक्ष को पहचानकर (कोई) उसके निकट जाय, तो उसकी छाया ही सारी चिन्ताओं को नष्ट करनेवाली है । राजा हों या रंक, भले हों या बुरे, जगत् में सभी उससे माँगते ही मनोवांछित फल पा जाते हैं ॥२६७॥

Should anyone draw near to the tree of Paradise recognizing it as such, its shade relieves all anxiety, and prince and pauper, good and evil, all obtain in this world the fruit that they desire for the asking.

चौ. –लखि सब बिधि गुर स्वामि सनेहू । मिटेउ छोभु नहि मन संदेहू ॥
अब करुनाकर कीजिअ सोई । जन हित प्रभुचित छोभु न होई ॥

---

१. जगत् अनभलरूप है, इसलिए उससे भलाई संभव नहीं । एक आप ही भले हैं, इसलिए आप अनभल नहीं कर सकते । अतः निश्चय है कि आपकी ही भलाई से भला होता है ।

सब प्रकार गुरु और स्वामी का स्नेह देखकर मेरा क्षोभ मिट गया, अब मेरे मन में कुछ भी संदेह नहीं रह गया। हे करुणाकर ! अब वही कीजिए जिससे इस दास के लिए स्वामी के चित्त में क्षोभ (उद्वेग) न हो ॥१॥

Having seen my *guru* and my master (yourself) affectionate to me in every way, my anxiety is at an end and my mind is freed from doubt. Now, O mine of compassion, do whatever will be for your servant's good, without being a trouble to the soul of my lord.

जो सेवकु साहिबहि सँकोची। निज हित चहइ तासु मति पोची ॥
सेवकहित साहिबसेवकाई। करइ सकल सुख लोभ बिहाई ॥

जो सेवक अपने स्वामी को असमंजस में डालकर अपना हित चाहता है, उसकी बुद्धि नीच है। सेवक का हित तो इसी में है कि वह सभी सुखों और लोभों को त्यागकर स्वामी की ही सेवा करे—अपने 'साहिब' की सेवकाई करे ॥२॥

Mean-spirited is the servant who seeks his own advantage by placing his master in an embarrassing situation. A servant's gain is to lay aside all selfish pleasure, to do his master service, and not be greedy.

स्वारथु नाथ फिरें सब ही का। किएँ रजाइ कोटि बिधि नीका ॥
यह स्वारथ परमारथ सारू। सकल सुकृत फल सुगतिसिंगारू ॥

हे नाथ ! आपके लौटने में सभी का स्वार्थ है, परन्तु आपकी आज्ञा के पालन में तो करोड़ों प्रकार का भला है। यही स्वार्थ और परमार्थ का सार है, समस्त पुण्यों का फल और सम्पूर्ण सद्गतियों का भूषण है ॥३॥

If, my lord, you return to Ayodhya, everyone will be a gainer, but to yield to your command is a myriad times better. This is the essence of the highest good, both temporal and spiritual, and the consummation of all meritorious acts and the ornament of all good destinies.

देव एक बिनती सुनि मोरी। उचित होइ तस करब बहोरी ॥
तिलकसमाजु साजि सबु आना। करिअ सुफल प्रभु जौं मनु माना ॥

हे देव ! मेरी एक प्रार्थना सुनकर फिर जैसा उचित हो वैसा ही कीजिए। मैं राजतिलक की सारी सामग्री सजाकर लाया हूँ, यदि प्रभु का मन माने तो उसे सफल कीजिए (राजतिलक करा लीजिए) ! ॥४॥

Listen, divine lord, to this one petition of mine, and then do as you think proper. I have brought with me, duly arranged, all the requisites for your coronation; have it brought into use, my lord, if it pleases you.

दो.—सानुज पठइअ मोहि बन कीजिअ सबहि सनाथ।
नतरु फेरिअहिं बंधु दोउ नाथ चलउँ मैं साथ ॥२६८॥

मुझे शत्रुघ्न के साथ वन में भेज दीजिए और (अयोध्या जाकर) सबको सनाथ कीजिए। नहीं तो किसी तरह भी (यदि यह स्वीकार न हो तो) हे नाथ ! लक्ष्मण और शत्रुघ्न दोनों भाइयों को ही लौटा दीजिए और मैं आपके साथ चलूँ ! ॥२६८॥

Send me and my younger brother (Shatrughna) into the forest and let all your people feel secure again under your protection; or else send back our two brothers (Lakshmana and Shatrughna), Lord, and let me accompany you;

चौ.—नतरु जाहिं बन तीनिउँ भाई। बहुरिअ सीय सहित रघुराई ॥
जेहि बिधि प्रभु प्रसन्न मन होई। करुनासागर कीजिअ सोई ॥

नहीं तो हम तीनों भाई वन चले जायँ और हे श्रीरघुनाथजी ! आप श्रीसीताजी के साथ (अयोध्या) लौट जाइए। हे करुणासागर ! आप वही कीजिए जिसके करने से आपका मन प्रसन्न हो ॥१॥

—or else (as a third alternative) let us, your three brothers, remain in the forest, and you yourself, Raghunatha, return with Sita. O ocean of compassion, do whatever is most pleasing to yourself.

देवँ दीन्ह सबु मोहि अभारू। मोरें नीति न धरम बिचारू ॥
कहउँ बचन सब स्वारथहेतू। रहत न आरत कें चित चेतू ॥

'हे देव ! आपने सारी जिम्मेवारी मुझ पर ही रख दी, पर मुझे न तो नीति का विचार है और न धर्म का ही। मैं तो अपने स्वार्थ के लिए सब बातें कह रहा हूँ। आर्त्त मनुष्य के चित्त में चेत (विवेक) नहीं रह जाता ॥२॥

You have, my divine master, laid the whole burden of decision on me, but I am unversed both in politics and in theology; for I am actuated by self-interest in whatever I say; a man in distress loses his senses.

उतरु देइ सुनि स्वामिरजाई। सो सेवकु लखि लाज लजाई ॥
अस मैं अवगुन उदधि अगाधू। स्वामिसनेह सराहत साधू ॥

स्वामी की आज्ञा सुनकर जो उसका उत्तर दे, उस सेवक को देखकर लज्जा भी लजा जाती है। मैं अवगुणों का ऐसा ही अथाह सागर हूँ, किंतु स्वामी स्नेहवश मुझे साधु कहकर मेरी सराहना करते हैं ॥३॥

Shame herself would be ashamed to look at a servant who evades compliance with his master's will; yet though I do this and am a fathomless ocean of iniquity, still my master in his affection extols me as good !

अब कृपाल मोहि सो मत भावा। सकुच स्वामिमन जाइ न पावा ॥
प्रभुपद सपथ कहउँ सतिभाऊ। जगमंगल हित एक उपाऊ ॥

हे कृपालु ! अब तो मुझे वही मत भाता है जिससे स्वामी के मन में संकोच न होने पावे। प्रभु के चरणों की शपथ, मैं सत्यभाव से कहता हूँ कि संसार-भर के मंगल के लिए बस एक यही उपाय है ॥४॥

Now, O merciful one, that plan best pleases me which will cause my master's soul the least embarrassment. By my lord's feet I swear and affirm in good faith that this is the only way to ensure the happiness of the world.

दो. –प्रभु प्रसन्न मन सकुच तजि जो जेहि आयसु देब।
सो सिर धरि धरि करिहि सबु मिटिहि अनट अंवरेब ॥२६९॥

हे प्रभो ! आप प्रसन्नमन से संकोच छोड़कर जिसे जो आज्ञा देंगे, वह उसे अपने सिर चढ़ाकर पूरी तरह (पालन) करेगा और सब उपद्रव और उलझनें (आप ही) मिट जायँगी ! ॥२६९॥

Each one of us will dutifully obey the commands that the Lord may be pleased to give with a cheerful heart and without reserve, and all this trouble and perplexity will be at an end.'

चौ. –भरतबचन सुचि सुनि सुर हरषे। साधु सराहि सुमन सुर बरषे ॥
असमंजसबस अवधनेवासी। प्रमुदितमन तापस बनबासी ॥

भरतजी के पवित्र वचन सुनकर देवता प्रसन्न हुए और 'साधु-साधु'[१] कहकर सराहना करते हुए उन्होंने उनपर फूलों की वर्षा की। उस समय अयोध्यानिवासी असमंजस के वश हो उठे (कि देखें अब श्रीरामजी क्या कहते हैं), लेकिन तपस्वी तथा वनवासी लोग (श्रीरामजी के वन में बने रहने की आशा से) मन-ही-मन बहुत प्रसन्न हुए ॥१॥

The gods rejoiced when they heard Bharata's guileless speech and with repeated acclamations commended him and showered down flowers; but the people of Ayodhya were overwhelmed with uncertainty. The ascetics and dwellers in the forest were overjoyed.

चुपहिं रहे रघुनाथ सँकोची। प्रभुगति देखि सभा सब सोची ॥
जनकदूत तेहि अवसर आए। मुनि बसिष्ठ सुनि बेगि बोलाए ॥

परन्तु संकोच में पड़कर श्रीरघुनाथजी चुप ही रहे। प्रभु की इस स्थिति को देख सारी सभा सोच के वश हो गई। उसी समय राजा जनकजी के दूत आये। उनका आगमन सुनकर मुनि वसिष्ठजी ने उन्हें तुरंत बुलवा लिया ॥२॥

Embarrassed, Raghunatha maintained silence, and when they saw the Lord's condition, the whole assembly felt disquieted. At that very moment there arrived messengers from king Janaka. When the sage Vasishtha heard of it, he sent for them at once.

१. 'धन्य हो, धन्य हो !'

करि प्रनामु तिन्ह रामु निहारे। बेषु देखि भए निपट दुखारे ॥
दूतन्ह मुनिबरँ बूझी बाता। कहहु बिदेहभूप कुसलाता ॥

उन दूतों ने प्रणामकर श्रीरामचन्द्रजी को देखा। उनका मुनिवेष देखकर वे बहुत ही दुःखी हुए। मुनिवर वसिष्ठजी ने दूतों से यह बात पूछी कि कहो, राजा जनक कुशल तो हैं ? ॥३॥

They made obeisance and looked at Rama and were sorely grieved to behold his dress (which resembled that of a hermit). The great sage Vasishtha asked the messengers if all was well with king Janaka.

सुनि सकुचाइ नाइ महि माथा। बोले चरबर जोरें हाथा ॥
बूझब राउर सादर साँई। कुसलहेतु सो भयउ गोसाँई ॥

यह सुनकर वे श्रेष्ठ दूत सकुचा गए और पृथ्वी पर मस्तक नवाकर हाथ जोड़कर बोले – हे स्वामी ! आपका जो आदरपूर्वक पूछना है, वही हे गोसाईं ! कुशल का कारण हो गया ॥४॥

At this question the noble messengers felt abashed and bowed their heads to the ground and with folded hands replied, 'Your courteous inquiry itself, O lord, has proved conducive to our good, holy father.

दो. –नाहि त कोसलनाथ कें साथ कुसल गइ नाथ।
मिथिला अवध बिसेष तें जगु सब भयेउ अनाथ ॥२७०॥

नहीं तो, हे नाथ ! सारा कुशल-क्षेम कोसलनाथ (दशरथजी) के साथ ही चला गया। यों तो सारा जगत् ही अनाथ हो गया, पर मिथिला और अयोध्या विशेष रूप से अनाथ हो गईं ॥२७०॥

Otherwise, O lord, well-being died with the king of Kosala, whose death has left the whole world, especially Mithila (Janaka's capital) and Ayodhya, orphaned.

चौ. –कोसलपतिगति सुनि जनकौरा। भे सब लोग सोकबस बौरा ॥
जेहिं देखे तेहि समय बिदेहू। नामु सत्य अस लाग न केहू ॥

कोसलपति दशरथजी की गति (स्वर्गवास) सुनकर सब जनकपुर-वासी शोकवश पागल हो गए। उस समय जिन्होंने विदेह को (शोकमग्न) देखा, उनमें से किसी को ऐसा न लगा कि उनका विदेह नाम सत्य है ! (यदि वे सचमुच विदेह होते तो इस प्रकार शोकातुर कदापि न होते।) ॥१॥

On hearing of the death of Kosala's lord the people of Janakpur were all demented with grief. No one who saw Videha at that time thought his name (Videha or bodiless) truly appropriate. (For how could one who was bodiless be out of his mind, beside himself, for grief ?)

रानि कुचालि सुनत नरपालहि। सूझ न कछु जस मनि बिनु ब्यालहि॥
भरत राजु रघुबर बनबासू। भा मिथिलेसहि हृदयँ हराँसू॥

रानी की कुचाल सुनते ही राजा जनकजी को (वैसे ही) कुछ सूझ न पड़ा जैसे मणि के बिना साँप को कुछ नहीं सूझता। फिर भरतजी को राज्य और श्रीरामचन्द्रजी को वनवास (दिये जाने की बात) सुनकर जनकजी के हृदय में घोर चिन्ता और व्याकुलता हुई॥२॥

When the king heard of Kaikeyi's wickedness, he was as bewildered as a serpent without its head-jewel. Prince Bharata crowned king and Rama banished to the woods ! The news caused deep agony to the heart of Mithila's lord !

नृप बूझे बुध सचिव समाजू। कहहु बिचारि उचित का आजू॥
समुझि अवध असमंजस दोऊ। चलिअ कि रहिअ न कह कछु कोऊ॥

पंडितों और मन्त्रियों के समाज से राजा ने पूछा कि विचारकर कहिए, आज क्या उचित कर्तव्य है ? अयोध्या की दशा समझकर और दोनों प्रकार से असमंजस जानकर किसी ने भी कुछ नहीं कहा कि चलना चाहिए अथवा रहना चाहिए॥३॥

The king inquired of his wise men and ministers, "Tell me after careful deliberation what ought now to be done." But reflecting on the plight of Ayodhya and discomfited by the dilemma, "Should he go or should he stay ?", no one gave any answer.

नृपहिं धीर धरि हृदय बिचारी। पठए अवध चतुर चर चारी॥
बूझि भरत सतिभाउ कुभाऊ। आयेहु बेगि न होइ लखाऊ॥

(जब पंडितों और मंत्रियों ने कोई सम्मति न दी) तब राजा ने धीरज धरकर और हृदय में विचारकर चार चतुर गुप्तचर अयोध्या भेजे (और उनको आज्ञा दी कि) तुम लोग (श्रीरामजी के प्रति) भरतजी के सद्भाव या दुर्भाव का (ठीक-ठीक) पता लगाकर जल्दी लौट आना, (लेकिन) किसी को तुम्हारा पता न लगने पावे॥४॥

Then the king soothed and quieted himself, and after calm reflection sent four clever spies to Ayodhya to find out whether Bharata meant well or ill and to return at once without anyone recognizing them.

दो.—गये अवध चर भरतगति बूझि देखि करतूति।
चले चित्रकूटहि भरतु चार चले तेरहूति॥२७१॥

वे चारों जासूस अवध को चले गए और वहाँ उन्होंने भरतजी के रंग-ढंग की जानकारी प्राप्त की, देखी। फिर जैसे ही भरतजी चित्रकूट को चले, वे तिरहुत (मिथिला) को लौट चले॥२७१॥

The spies went to Ayodhya, and having ascertained Bharata's disposition and noted his actions, they proceeded back to Tirhut (Mithila) just as Bharata started for Chitrakuta.

चौ.—दूतन्ह आइ भरत कइ करनी। जनकसमाज जथामति बरनी॥
सुनि गुर पुरजन सचिव महीपति। भे सब सोच सनेह बिकल अति॥

उन गुप्तचरों ने आकर राजा जनकजी की सभा में भरतजी की करनी का यथामति वर्णन किया। उसे सुनकर गुरु, नगरवासी, मन्त्री और राजा सब-के-सब चिन्ता और प्रेम के मारे अत्यन्त विकल हो उठे॥१॥

On their arrival the spies gave an account in Janaka's court of Bharata's doings as best as they could. The *guru* (the sage Shatananda), the members of the royal family, the ministers and the king were all profoundly moved with anxiety and affection at the report.

धरि धीरजु करि भरतबड़ाई। लिए सुभट साहनी बोलाई॥
घर पुर देस राखि रखवारे। हय गय रथ बहु जान सँवारे॥

तब राजा जनक ने धीरज धरकर और भरतजी की सराहना करके अपने पराक्रमी योद्धाओं और सेनापतियों[1] को बुलाया। घर, नगर और देश में रखवालों को रखकर उन्होंने घोड़े, हाथी, रथ आदि अनेक सवारियाँ सजवायीं॥२॥

Then, collecting himself and glorifying Bharata, the king summoned his chosen warriors and commanders and, having stationed guards for the palace and city and realm, made ready his horses and elephants and chariots and many other conveyances.

दुघरी साधि चले ततकाला। किये बिश्रामु न मग महिपाला॥
भोरेहिं आजु नहाइ प्रयागा। चले जमुन उतरन सबु लागा॥

वे दुघड़िया मुहूर्त साधकर तत्काल निकल पड़े। राजा जनक ने मार्ग में (रुककर) कहीं विश्राम भी नहीं किया। आज ही प्रातःकाल प्रयागराज में स्नान करके उन्होंने पुनः प्रस्थान किया है। जब सब लोग यमुनाजी उतरने लगे,॥३॥

At a propitious moment (which occurs once in every forty-eight minutes every day) he set out at once and halted nowhere on the road, but this morning at daybreak bathed at Prayaga and marched on. When the whole host began to cross the Yamuna,

खबरि लेन हम पठए नाथा। तिन्ह कहि अस महि नायेउ माथा॥
साथ किरात छ सातक दीन्हे। मुनिबर तुरत बिदा चर कीन्हे॥

तब हे नाथ ! हमें खबर लेने को यहाँ भेजा। उन दूतों ने ऐसा कहकर पृथ्वी पर सिर झुकाया। मुनिवर (वसिष्ठजी) ने कोई छः-सात किरातों को साथ देकर उन दूतों को शीघ्र विदा कर दिया॥४॥

---
१. साहनी (सं. सेनानी)=सेना, अनुयायी वर्ग; (यहाँ) सेनापति।

—then, lord, he sent us ahead for news.' So saying, they bowed their heads to the ground. The great sage gave the messengers an escort of six or seven Kiratas and dismissed them at once.

दो. –सुनत जनक आगवनु सबु हरषेउ अवधसमाजु ।
रघुनंदनहि सकोचु बड़ सोच बिबस सुरराजु ॥२७२॥

जनकजी के आगमन का समाचार सुनकर अयोध्या का सारा समाज प्रसन्न हो उठा । श्रीरामजी को बड़ा संकोच हुआ और देवराज (इन्द्र) तो विशेषरूप से चिन्ता-मग्न हो गए ॥२७२॥

All the people of Ayodhya rejoiced to hear of Janaka's arrival, but Rama was greatly disquieted, and Indra, the king of heaven, overwhelmed with anxiety.

चौ. –गरइ गलानि कुटिल कैकेई । काहि कहइ केहि दूषनु देई ॥
अस मन आनि मुदित नर नारी । भयेउ बहोरि रहब दिन चारी ॥

कुटिला कैकेयी ग्लानि के मारे गली जाती है । वह किससे (अपने मन की व्यथा) कहे और किसको दोष दे ? सब नर-नारी मन में यह सोचकर प्रसन्न हो रहे हैं कि (चलो, जनकजी के आने से) कुछ दिन और रहना हो गया (नहीं तो आज ही विदाई हो जाती) ॥१॥

The malevolent Kaikeyi was writhing with remorse. To whom should she speak out her mind and on whom could she lay the blame ? Men and women rejoiced to think that their stay was ensured for a few more days.

एहि प्रकार गत बासर सोऊ । प्रात नहान लाग सबु कोऊ ॥
करि मज्जनु पूजहिं नर नारी । गनप गौरि तिपुरारि तमारी ॥

इसी तरह वह दिन भी बीत गया । दूसरे दिन सवेरे सब लोग नहाने लगे । स्नान कर चुकने के बाद सब नर-नारी गणपति, गौरी, त्रिपुरारि (शिव) और सूर्य भगवान् की पूजा करते हैं ॥२॥

In this manner the day passed. Early the next morning all bathed, and after their ablutions they all worshipped Ganesha, Gauri (Shiva's consort), Tripurari (the slayer of the demon Tripura) and the Sun.

रमारमन पद बंदि बहोरी । बिनवहिं अंजलि अंचल जोरी ॥
राजा रामु जानकी रानी । आनँद अवधि अवध रजधानी ॥

और फिर रमारमण (लक्ष्मीपति भगवान् विष्णु) के चरणों का पूजनकर पुरुष दोनों हाथ जोड़कर और स्त्रियाँ आँचल पसारकर विनय करती हैं कि रामजी हमारे राजा और जानकीजी हमारी रानी हों तथा राजधानी अवध आनन्द की सीमा होकर— ॥३॥

Next, they reverenced the feet of Lakshmi's lord and prayed, the men raising their joined palms, the women holding out the skirts of their robes (after the way of beggars): 'With Rama our king and Sita our queen, may Avadh, the capital, be brimful of all bliss,

सुबस बसउ फिरि सहित समाजा । भरतहि रामु करहुँ जुबराजा ॥
येहि सुख सुधा सींच सब काहू । देव देहु जग जीवनलाहू ॥

समाजसहित फिर सुखपूर्वक बस जाय और श्रीरामजी भरतजी को युवराज बना दें । हे देव ! इसी सुख-सुधा से (सुखरूपी अमृत से) सींचकर सब किसी को जगत् में जन्म लेने का लाभ दीजिए ॥४॥

—gloriously restored with all its people, and may Rama instal Bharata as heir-apparent! Bathing all in the nectar of this bliss, let everyone, O Lord, reap the reward of his existence in this world.

दो. –गुरसमाज भाइन्ह सहित रामराजु पुर होउ ।
अछत राम राजा अवध मरिअ माग सबु कोउ ॥२७३॥

गुरु, समाज और भाइयों के साथ अवधपुरी में राम-राज्य हो और श्रीरामजी के राजा अछते (रहते) ही अयोध्या में हमारी मृत्यु हो — सब कोई यही माँगते हैं ॥२७३॥

May Rama rule over this city, assisted by his guru, his councillors and his brothers; and may we die in Avadh while Rama still lives as our king !' This was the universal prayer.

चौ. –सुनि सनेहमय पुरजन बानी । निंदहिं जोग बिरति मुनि ग्यानी ॥
एहि बिधि नित्य करमकरि पुरजन । रामहि करहिं प्रनाम पुलकि तन ॥

अवधवासियों की स्नेहमयी वाणी सुनकर ज्ञानी मुनि भी अपने योग और विरति (वैराग्य) की निन्दा करते हैं । इसी तरह नित्यकर्म करके अवधवासी पुलकित-तन हो श्रीरामजी को प्रणाम करते हैं ॥१॥

When they heard the citizens' loving prayer, the enlightened sages talked disparagingly of their own asceticism and detachment. Having thus performed their daily devotions the citizens made obeisance to Rama with a thrill of joy.

ऊँच नीच मध्यम नर नारी । लहहिं दरसु निज निज अनुहारी ॥
सावधान सबही सनमानहि । सकल सराहत कृपानिधानहि ॥

ऊँच-नीच और मध्यम सभी वर्गों के स्त्री-पुरुष अपने-अपने भाव के अनुसार प्रभु श्रीराम के दर्शन प्राप्त करते हैं । श्रीरामचन्द्रजी सावधान होकर (यथायोग्य) सबका सम्मान करते हैं और सभी दयानिधान श्रीरामचन्द्रजी की बड़ाई करते हैं ॥२॥

Men and women of every class—high and low and of middle rank—had a sight of him, each according to his or her disposition. Rama scrupulously honoured them all, and all praised the treasure-house of compassion:

लरिकाइहि तें रघुबरबानी । पालत नीति प्रीति पहिचानी ॥
सील सकोच सिंधु रघुराऊ । सुमुख सुलोचन सरल सुभाऊ ॥

बचपन से ही श्रीरामजी की यह आदत है कि वे प्रीति को पहचानकर ही नीति का पालन करते हैं । श्रीरघुनाथजी शील-संकोच के सागर हैं । वे सुन्दर मुख के (या सबके प्रति कृपाभाव रखनेवाले), सुन्दर नेत्रवाले (या सबको स्नेह और करुणा से देखनेवाले) तथा सरलस्वभाव हैं ॥३॥

'From his very boyhood it has been Rama's habit to observe the rules of propriety and cherish all in whom he recognizes love. Raghunatha is a very ocean of amiability and modesty, gracious in both speech and look, of simple and sincere disposition.'

कहत राम गुन गन अनुरागे । सब निज भाग सराहन लागे ॥
हम सम पुन्यपुंज जग थोरे । जिन्हहिं रामु जानत करि मोरे ॥

श्रीरामजी के अनेकानेक गुणों को कहते-कहते सब लोग प्रेम-मग्न हो गए और अपने-अपने भाग्य की सराहना करने लगे (और कहने लगे) कि जगत् में हमारे समान पुण्य की बड़ी पूँजीवाले थोड़े ही हैं, जिन्हें श्रीरामजी अपना करके जानते हैं (ये मेरे हैं ऐसा जानते हैं) ॥४॥

Thus recounting the perfections of Rama, they all began rapturously to magnify their own good fortune: 'Few are there in the world as meritorious as we whom Rama recognizes as his own !'

दो. –प्रेममगन तेहि समय सब सुनि आवत मिथिलेसु ।
सहित सभा संभ्रम उठेउ रबिकुल कमल दिनेसु ॥२७४॥

उस समय मिथिलापति जनकजी को आते हुए सुनकर सब लोग प्रेम-मग्न हो गए और सूर्यकुलरूपी कमल के सूर्य श्रीरामचन्द्रजी सभा के साथ आदरपूर्वक जल्दी से उठ खड़े हुए ॥२७४॥

When they heard that the king of Mithila was approaching, all were at that time absorbed in love, and the sun of the lotuses of the Solar race rose with the whole assembly in courteous haste to receive him.

चौ. –भाइ सचिव गुर पुरजन साथा । आगें गवनु कीन्ह रघुनाथा ॥
गिरिबरु दीख जनकपति जबहीं । करि प्रनामु रथु त्यागेउ तबहीं ॥

(जनकजी की अगवानी में) भाइयों, मंत्रियों, गुरु और पुरवासियों के साथ श्रीरघुनाथजी आगे चले । जनकजी ने ज्यों ही पर्वतश्रेष्ट कामदनाथ को देखा, उन्होंने उसी समय प्रणाम करके रथ छोड़ दिया ।१॥

Raghunatha led the way, accompanied by his younger brothers, the minister (Sumantra), the *guru* (Vasishtha) and the citizens. As soon as king Janaka saw the holy hill of Kamadanatha, he made obeisance to it and dismounted from his chariot.

रामदरसु लालसा उछाहू । पथश्रम लेसु कलेसु न काहू ॥
मन तहँ जहँ रघुबर बैदेही । बिनु मन तन दुख सुख सुधि केही ॥

श्रीरामजी के दर्शन की तीव्र चाह और उत्साह के कारण किसी को लेश-मात्र भी रास्ते की थकावट और क्लेश नहीं है । मन वहाँ है, जहाँ श्रीराम और वैदेही हैं । मन के बिना शरीर के सुख-दुःख की सुध किसको हो ? ॥२॥

In their eagerness and excitement to see Rama, no one felt the least fatigue or pain from the journey, for their souls were with Rama and Vaidehi (Janaka's daughter); and who without a soul can be conscious of bodily pain or pleasure ?

आवत जनकु चले एहि भाँती । सहित समाज प्रेम मति माती ॥
आए निकट देखि अनुरागे । सादर मिलन परसपर लागे ॥

इसी तरह जनकजी चले आ रहे हैं । सारे समाज के साथ उनकी मति प्रेम में मतवाली हो रही है । निकट आया देखकर सब प्रेम-विभोर हो गए और आपस में आदरपूर्वक मिलने लगे ॥३॥

In this manner Janaka and his retinue came advancing, their minds intoxicated with love. When they drew near and saw one another, they were enraptured and began to greet one another with love and courtesy.

लगे जनकु मुनिजन पद बंदन । रिषिन्ह प्रनामु कीन्ह रघुनंदन ॥
भाइन्ह सहित रामु मिलि राजहि । चले लवाइ समेत समाजहि ॥

जनकजी (वसिष्ठ आदि अयोध्यावासी) मुनिजनों के चरणों की वन्दना करने लगे और श्रीरघुनाथजी ने भी (शतानन्द आदि जनकपुरवासी) ऋषियों को प्रणाम किया । फिर भाइयों के साथ श्रीरामजी राजा जनक से मिलकर उन्हें समाज-सहित (अपने आश्रम को) लिवा ले चले ॥४॥

King Janaka adored the feet of the hermits (who came from Ayodhya) and Raghunatha made obeisance to the seers (who accompanied Janaka). Then Rama and his younger brothers greeted the king (their father-in-law) and led him and his company to the hermitage.

दो. –आश्रम सागर सांतरस पूरन पावन पाथु ।
सेन मनहुँ करुना सरित लियें जात रघुनाथु ॥२७५॥

(श्रीरामजी का) आश्रम सागर है, वह शान्तरसरूपी पवित्र जल से परिपूर्ण है । जनकजी की सेना (एवं समाज) मानो करुणरस की नदी है, जिसे श्रीरघुनाथजी (अपने आश्रमरूपी सागर से संगम कराने के लिए) लिये जाते हैं ॥२७५॥

Rama's hermitage was an ocean overflowing with the pure water of quietude, and the host that accompanied Janaka was like a river of compassion, which Raghunatha was now conducting (to the ocean of his hermitage).

चौ．—बोरति ग्यान बिराग करारे । बचन ससोक मिलत नद नारे ॥
सोच उसास समीर तरंगा । धीरज तटतरुबर कर भंगा ॥

यह करुणा-नदी ज्ञान-वैराग्यरूपी किनारों को डुबाती चलती है । शोकभरे वचन नद और नालों की तरह हैं जो इस नदी में मिलते हैं । सोच की लंबी साँसें ही वायु के झकोरों से उठनेवाली लहरें हैं, जो धैर्यरूपी नदी-तट के बड़े-बड़े वृक्षों को उखाड़ती चलती हैं ॥१॥

The river flooded the banks of wisdom and detachment and was joined in its course by tributary streams and rivulets of sorrowful speeches. Sighs and lamentations were its wind-driven waves that uprooted the noble trees on its banks of fortitude.

बिषम बिषाद तोरावति धारा । भय भ्रम भवँर अबर्त अपारा ॥
केवट बुध बिद्या बड़ि नावा । सकहिं न खेइ ऐक नहि आवा ॥

प्रचंड विषाद ही उस नदी की वेगवती धारा है, भय और भ्रम ही उसके अनगिनत भँवर और चक्र हैं । पंडित लोग केवट हैं, विद्या ही बड़ी नाव है । परंतु वे उसे खे नहीं सकते (उस विद्या का उपयोग नहीं कर सकते), क्योंकि किसी को नदी का अंदाज ही नहीं मिल रहा है ॥२॥

It had grievous anguish for its swift-flowing current, and dread and delusion for its numberless eddies and whirlpools. Sages were ferrymen and knowledge their huge boat, but in no way could they row it, because they had no idea of the river's depth.

बनचर कोल किरात बिचारे । थके बिलोकि पथिक हियँ हारे ॥
आश्रम उदधि मिली जब जाई । मनहुँ उठेउ अंबुधि अकुलाई ॥

वन में विचरनेवाले बेचारे कोल-भील ही बटोही हैं, जो उस नदी को देखकर हृदय से हारकर थक रहे (स्तब्ध हो गए) । यह करुणानदी जब आश्रम-समुद्र में जा मिली तो मानो वह समुद्र भी अकुला उठा (क्षुब्ध हो उठा) ॥३॥

The poor Kols and Kiratas who roamed through the forest were the travellers who had lost heart at the sight of the turbulent stream and stood aghast. When the stream of compassion reached and mingled with the ocean of the hermitage, the sea seemed to swell, agitated with a sudden rush of waters.

सोकबिकल दोउ राजसमाजा । रहा न ग्यानु न धीरजु लाजा ॥
भूप रूप गुन सील सराही । रोवहिं सोक सिंधु अवगाही ॥

दोनों राजसमाज उस शोक से विकल हो गए । किसी को न ज्ञान रहा, न धैर्य और न लज्जा ही रही । राजा दशरथजी के रूप, गुण और शील की प्रशंसा करते हुए सब रो रहे हैं और शोक-सागर में डूब रहे हैं ॥४॥

The two royal hosts were so disquieted with grief that they had no wisdom, fortitude or sense of shame left. Extolling king Dasharath's majesty, goodness and amiability, they all wept and were drowned in a sea of sorrow.

छं．—अवगाहि सोक समुद्र सोचहिं नारि नर ब्याकुल महा ।
दै दोष सकल सरोष बोलहिं बाम बिधि कीन्हो कहा ॥
सुर सिद्ध तापस जोगिजन मुनि देखि दसा बिदेह की ।
तुलसी न समरथु कोउ जो तरि सकै सरित सनेह की ॥

शोक-सागर में डूबे हुए सभी स्त्री-पुरुष अत्यन्त व्याकुल हो सोच कर रहे हैं । वे सब विधाता को दोष देकर सरोष कह रहे हैं कि टेढ़े विधाता ने यह क्या किया ? तुलसीदासजी कहते हैं कि देवता, सिद्ध, तपस्वी, योगी और मुनिगणों में कोई भी (इतना) समर्थ नहीं है जो राजा जनक की दशा देखकर इस स्नेहरूपी नदी को पार कर सके ।

Drowned in a sea of sorrow, men and women were sore upset and filled with anxious thought. They all angrily and reproachfully exclaimed, 'Alas! What has cruel fate done!' Of the gods, adepts, ascetics, anchorites and sages, who witnessed Janaka's plight on that occasion, none, says Tulasidasa, was strong enough to cross the river of his love (to escape being drowned in it).

सो．—किए अमित उपदेस जहँ तहँ लोगन्ह मुनिबरन्ह ।
धीरजु धरिअ नरेस कहेउ बसिष्ठ बिदेह सन ॥२७६॥

मुनिवरों ने जहाँ-तहाँ लोगों को असंख्य उपदेश दिए और वसिष्ठजी ने राजा जनक से कहा — हे राजन्! आप धीरज धरिए ॥२७६॥

Here and there the great sages admonished people in countless ways; and Vasishtha said to Videha, 'Lose not heart, O king!'

चौ．—जासु ग्यानु रबिभव निसि नासा । बचन किरन मुनि कमल बिकासा ॥
तेहि कि मोह ममता निअराई । यह सिय राम सनेह बड़ाई ॥

जिन राजा जनक के ज्ञानरूपी सूर्य से आवागमन-रूपी रात्रि का नाश हो जाता है और जिनकी वचनरूपी किरणें मुनिरूपी कमलों को खिला देती हैं, क्या उनके निकट भी मोह-ममता आ सकती है ? यह तो श्रीसीतारामजी के प्रेम की (अलौकिक) महिमा है । (राजा जनक में जो मोह-ममता दिखलाई पड़ती है, वह रामभक्ति का उत्कर्ष है, लौकिक मोह-ममता नहीं ।) ॥१॥

Can the **darkness** of infatuation and attachment come near to one by the sun of whose wisdom the night of birth and death is driven away and in the bright light of whose speech sages bloom like the lotus ? Such is the divine majesty of the love of Sita and Rama !

बिषई साधक सिद्ध सयाने। त्रिबिध जीव जग बेद बखाने॥
रामसनेह सरस मन जासू। साधुसभाँ बड़ आदर तासू॥

विषयी, साधक और ज्ञानवान् सिद्ध जन – संसार में ये तीन प्रकार के जीव वेदों ने बताये हैं। जिसका चित्त श्रीरामजी के स्नेह से सरस (सराबोर) रहता है, सज्जनों के समाज में उसी का बड़ा आदर-सम्मान होता है॥२॥

According to the Vedas, there are three classes of beings in the world—the sensual, the aspirant and the wise adept. In the assembly of saints he alone is highly honoured whose soul is sweetened by love for Rama.

सोह न रामपेम बिनु ग्यानू। करनधार बिनु जिमि जलजानू॥
मुनि बहु बिधि बिदेहु समुझाए। रामघाट सब लोग नहाए॥

श्रीरामजी के प्रेम के बिना ज्ञान वैसे ही शोभा नहीं देता जैसे कर्णधार के बिना जहाज। वसिष्ठजी ने राजा जनक को अनेक प्रकार से समझाया। फिर सब लोगों ने रामघाट पर स्नान किया॥३॥

Wisdom without love for Rama is as devoid of beauty as a boat without a helmsman.' Thus the sage Vasishtha admonished Videha in many ways, and then all the people bathed at Rama's *ghat*.

सकल सोकसंकुल नर नारी। सो बासरु बीतेउ बिनु बारी॥
पसु खग मृगन्ह न कीन्ह अहारू। प्रिय परिजन कर कौनु बिचारू॥

सब नर-नारी शोक से भरे हुए थे। वह दिन बिना जल के ही बीत गया (अन्न की बात तो दूर रही)। जब पशु, पक्षी और मृगों तक ने आहार नहीं किया, तब प्यारे कुटुम्बियों का तो विचार ही क्या किया जाय ?॥४॥

All the men and women were so agitated with grief that the day passed without their even taking a drop of water. Even the beasts and birds and deer remained without food, to say nothing of Rama's own friends and kindred.

दो. –दोउ समाज निमिराजु रघुराजु नहाने प्रात।
बैठे सब बट बिटप तर मन मलीन कृस गात॥२७७॥

निमिराज जनकजी और रघुराज रामचन्द्रजी तथा दोनों ओर के सब लोग दूसरे दिन प्रातःकाल नहाकर बड़ के वृक्ष के नीचे जा बैठे। सब मन से उदास और शरीर से दुबले हो गए हैं॥२७७॥

Early the next morning both king Janaka (the royal son of Nimi) and Rama (the royal son of Raghu) bathed with all their retinue, and then all went and sat under the banyan tree, sad at heart and wasted in body.

चौ. –जे महिसुर दसरथ पुर बासी। जे मिथिलापति नगर निवासी॥
हंसबंस गुर जनक पुरोधा। जिन्ह जग मगु परमारथु सोधा॥

राजा दशरथ और मिथिलापति जनक के नगरों में रहनेवाले जो ब्राह्मण थे, वे तथा सूर्यवंश के गुरु वसिष्ठजी तथा जनकजी के पुरोहित शतानन्दजी, जिन्होंने सांसारिक अभ्युदय एवं परमार्थ का मार्ग छान डाला था,॥१॥

The Brahmans from Ayodhya and those from the capital of the king of Mithila, as well as Vasishtha, the *guru* of the Solar race, and Shatananda, the family priest of king Janaka, who had explored the way to worldly prosperity and the path of spiritual truth,

लगे कहन उपदेस अनेका। सहित धरम नय बिरति बिबेका॥
कौसिक कहि कहि कथा पुरानी। समुझाई सब सभा सुबानी॥

धर्म, नीति, वैराग्य तथा विवेक से भरे अनेक उपदेश देने लगे। विश्वामित्रजी ने पुरानी कथाएँ कह-कहकर सारी सभा को मधुर वाणी से समझाया॥२॥

—gave discourses on various topics—religion, ethics, dispassion and discernment; the sage Vishvamitra eloquently admonished the entire assembly with many a reference to old-time stories.

तब रघुनाथ कौसिकहि कहेऊ। नाथ कालि जल बिनु सबु रहेऊ॥
मुनि कह उचित कहत रघुराई। गयेउ बीति दिन पहर अढ़ाई॥

तब श्रीरघुनाथजी ने विश्वामित्रजी से कहा कि हे नाथ! कल सब लोग बिना जल के ही रह गए थे। विश्वामित्रजी ने कहा कि श्रीरघुनाथजी ठीक कहते हैं। (आज भी) ढाई पहर दिन बीत गया है॥३॥

Then Raghunatha said to Vishvamitra, 'Yesterday, my lord, everybody went without water.' Said the sage, 'Raghunatha has spoken in season; it is already past noon.'

रिषिरुख लखि कह तिरहुतिराजू। इहाँ उचित नहि असन अनाजू॥
कहा भूप भल सबहि सोहाना। पाइ रजायसु चले नहाना॥

ऋषि (विश्वामित्रजी) के चेहरे का भाव देखकर तिरहुतराज (जनकजी) ने कहा – यहाँ अन्न खाना उचित नहीं है। राजा की यह बात सबको अच्छी लगी। सब आज्ञा पाकर स्नान करने चले॥४॥

Reading what was in the seer's mind, the king of Tirhut (Mithila) replied, 'It will not be proper to take food here.'[1] The king's reasonable reply pleased all; and, having received the sage's permission, they all went to perform their midday ablutions.

दो. –तेहि अवसर फल फूल दल मूल अनेक प्रकार ।
पूज पितर सुर अतिथि गुर लगे करन फलहार ॥२७८॥

दो. –तेहि अवसर फल फूल दल मूल अनेक प्रकार ।
लइ आए बनचर बिपुल भरि भरि कावरि भार ॥२७८॥

उसी समय बहुत से वनवासी कोल-भील नाना प्रकार के फल, फूल, पत्ते, मूल आदि बहँगियों और बोझों में भर-भरकर ले आए ॥२७८॥

At that moment arrived the people of the forest with large quantities of fruits and flowers and leaves and roots of every kind loaded in their panniers.

चौ. –कामद भे गिरि रामप्रसादा । अवलोकत अपहरत बिषादा ॥
सर सरिता बन भूमि बिभागा । जनु उमगत आनँद अनुरागा ॥

श्रीरामचन्द्रजी के प्रसाद से (चित्रकूट के) सब पर्वत मनचाही वस्तु देनेवाले हो गए । वे दर्शन करने से ही दुःखों को सर्वथा हर लेते थे । वहाँ के तालाबों, नदियों, वन और पृथ्वी के सभी खंडों में मानो आनन्द और अनुराग उमड़ पड़े थे ॥१॥

By the grace of Rama the hills yielded all that the heart could desire and dispelled one's sorrow by their very sight. The lakes and streams, woods and forest glades all overflowed as it were with joy and love.

बेलि बिटप सब सफल सफूला । बोलत खग मृग अलि अनुकूला ॥
तेहि अवसर बन अधिक उछाहू । त्रिबिध समीर सुखद सब काहू ॥

लताएँ और वृक्ष फल-फूलों से लद गए । पशु-पक्षी और भौंरे मनोनुकूल बोली बोलने लगे । उस अवसर पर वन में बहुत उत्साह (छा गया) था, सब किसी के लिए सुखद शीतल, मन्द, सुगन्ध हवा चल रही थी ॥२॥

The trees and the creepers were all laden with fruits and blossoms; birds and beasts and bees all made a melodious concert. The forest was bursting with bliss at that hour, fanned by a cool, soft and fragrant breeze delightful to everyone.

जाइ न बरनि मनोहरताई । जनु महि करति जनकपहुनाई ॥
तब सब लोग नहाइ नहाई । राम जनक मुनि आयसु पाई ॥
देखि देखि तरुबर अनुरागे । जहँ तहँ पुरजन उतरन लागे ॥
दल फल मूल कंद बिधि नाना । पावन सुंदर सुधा समाना ॥

वन की रमणीयता का वर्णन नहीं किया जा सकता, (लगता था) मानो पृथ्वी जनकजी की पहुनाई कर रही हो । तब (जनकपुरवासी) सब लोग नहा-

---

1. This, says F.S. Growse, 'refers to the custom which forbids a Hindu ever to take food in the house of his son-in-law'.

धोकर श्रीरामचन्द्रजी, जनकजी और मुनि की आज्ञा पाकर, सुन्दर वृक्षों को देख-देखकर प्रेम से ओतप्रोत हो जहाँ-तहाँ उतरने लगे । पवित्र, सुन्दर और अमृत-तुल्य (सुस्वादु) नाना प्रकार के पत्ते, फल, मूल और कन्द ॥३-४॥

The enchantment of the forest beggared description; it was as though Earth herself were welcoming king Janaka as her guest. In the meantime all the citizens finished their ablutions and taking permission from Rama, Janaka and the sage, gazed with rapture on the many magnificent trees and began to encamp here and there, while leaves and fruits and roots and bulbs of every description—pure, lovely and delicious as ambrosia—

दो. –सादर सब कहँ रामगुर पठए भरि भरि भार ।
पूजि पितर सुर अतिथि गुर लगे करन फलहार ॥२७९॥

श्रीरामजी के गुरु (वसिष्ठजी) ने सबके पास बहँगियों में भर-भरकर आदरपूर्वक भेजे । तब पितर, देवता, अतिथि और गुरु को पूजने के बाद सब लोग फलाहार करने लगे ॥२७९॥

—were sent to all in heaps with due courtesy by Vasishtha, Rama's *guru*; and having worshipped the manes, the gods, the guests and the *guru*, they began to partake of this fine, frugal fare.

चौ. –एहि बिधि बासर बीते चारी । रामु निरखि नर नारि सुखारी ॥
दुहुँ समाज असि रुचि मन माहीं । बिनु सिय राम फिरब भल नाहीं ॥

इसी भाँति चार दिन बीत गए । श्रीरामचन्द्रजी को देख-देखकर सभी स्त्री-पुरुष सुखी होते थे । दोनों ओर (अयोध्या और जनकपुर) के समाज के मन में यही इच्छा थी कि श्रीसीतारामजी के बिना लौट चलना अच्छा नहीं ॥१॥

In this manner four days were spent; the people, both men and women, never tired of gazing on Rama and feeling gratified. In both camps the feeling uppermost in the hearts of all was : 'It is not good for us to return without Sita and Rama.'

सीता राम संग बनबासू । कोटि अमरपुर सरिस सुपासू ॥
परिहरि लखन रामु बैदेही । जेहि घर भाव बाम बिधि तेही ॥

श्रीसीतारामजी के साथ वनवास भी करोड़ों स्वर्गों के (निवास के) समान सुखदायक है । लक्ष्मण, राम और जानकीजी को छोड़कर जिसे घर प्यारा लगे, विधाता को उसके प्रतिकूल जानना चाहिए ॥२॥

Life in the woods in the society of Sita and Rama is as delightful as to live in a myriad heavens; adverse is his fate who, abandoning Lakshmana, Rama and Janaki, loves his home.

दाहिन दइउ होइ जब सबही। राम समीप बसिअ बन तबही॥
मंदाकिनिमज्जनु तिहुँ काला। रामदरसु मुद मंगल माला॥

जब दैव हम सबों के अनुकूल हो, तभी श्रीरामजी के पास वन में हम लोगों का निवास हो सकता है। मन्दाकिनीजी में तीनों समय स्नान और आनन्द तथा मङ्गलों के समूह श्रीरामजी के दर्शन, ॥३॥

The privilege of living in the woods near Rama can be had only when God is kind to us all. Bathing three times a day in the Mandakini, enjoying the sight of Rama, the abode of all joy and blessedness,

अटनु राम गिरि बन तापसथल। असनु अमिअ सम कंद मूल फल॥
सुख समेत संबत दुइ साता। पल सम होहिं न जनिअहिं जाता॥

श्रीरामजी के ही पर्वतों (कामदनाथ), वनों और तपस्वियों के स्थानों में विचरण और अमृत के समान कन्द, मूल, फलों का भोजन करते हुए चौदह वर्ष सुखपूर्वक पल के समान हो जायँगे (बीत जायँगे), जाते हुए जान ही न पड़ेंगे ॥४॥

—rambling about on Rama's hill and in the forest and among the hermitages of ascetics situated thereabout, and feeding on ambrosial bulbs and roots and fruit! In this way will the fourteen years pass like a moment without our knowing how they go.'

दो.—एहि सुख जोग न लोग सब कहहिं कहाँ अस भागु।
सहज सुभायँ समाज दुहुँ रामचरन अनुरागु॥२८०॥

सब लोग कह रहे हैं कि हम सुख के योग्य नहीं हैं, (भला,) ऐसे भाग्य हमारे कहाँ! दोनों ओर के समाजों का सहज स्वभाव से ही श्रीरामचन्द्रजी के चरणों में प्रेम है ॥२८०॥

'We are not worthy of such happiness,' they all exclaimed, 'How can we hope for such good luck?' Thus were both the camps naturally and spontaneously devoted to Rama's feet.

चौ.—एहि बिधि सकल मनोरथ करहीं। बचन सप्रेम सुनत मन हरहीं॥
सीयमातु तेहि समय पठाईं। दासीं देखि सुअवसरु आईं॥

सब लोग इसी तरह मनोरथ कर रहे हैं। उनके प्रेमयुक्त वचन सुननेवालों के मनों को हर लेते हैं। उसी समय सीताजी की माता (श्रीसुनयनाजी) की भेजी हुई दासियाँ (कौसल्याजी आदि रानियों से मिलने का) अच्छा अवसर देखकर आयीं ॥१॥

In this manner as all were expressing their hearts' desire in terms of affection ravishing to hear, Sita's mother (Sunayana) despatched her handmaidens to Dasharath's queens. Perceiving that it was a convenient hour, they returned with that information.

सावकास सुनि सब सियसासू। आएउ जनकराज रनिवासू॥
कौसल्याँ सादर सनमानी। आसन दिये समय सम आनी॥

उन (दासियों) से यह सुनकर कि सीताजी की सब सासुओं को इस समय फुरसत है, राजा जनक का रनिवास उनसे मिलने आया। कौसल्याजी ने उनका आदरपूर्वक सम्मान कर उन्हें समयोचित आसन लाकर दिये ॥२॥

On hearing from them that Sita's mothers-in-law were all at leisure, the ladies of Janaka's court called on them. Queen Kausalya welcomed them with due honour and courtesy and offered them such seats as suited the occasion.

सीलु सनेहु सकल दुहुँ ओरा। द्रवहिं देखि सुनि कुलिस कठोरा॥
पुलक सिथिल तन बारि बिलोचन। महि नख लिखन लगीं सब सोचन॥

दोनों ओर सबके शील और स्नेह को देखकर, अथवा सुनकर, कठोर वज्र भी द्रव (पिघल) जाता था। उनके शरीर पुलकित और शिथिल हो गए और नेत्रों से जल बहने लगा। सब अपने (पैरों के) नखों से जमीन कुरेदने और सोच करने लगीं ॥३॥

Such were the amiability and affection shown by all on either side that even the hardest thunderbolt melted at the sight and sound. With their bodies thrilling all over and overcome by emotion and eyes full of tears all began to sorrow and scratch the ground with the nails of their toes.

सब सिय राम प्रीति कि सि मूरति। जनु करुना बहु बेष बिसूरति॥
सीयमातु कह बिधिबुधि बाँकी। जो पयफेनु फोर पबिटाँकी॥

सभी स्त्रियाँ श्रीसीतारामजी के प्रेम की मूर्ति-सी थीं, मानो स्वयं करुणा ही अनेक रूप धारण कर बिलख रही हो। सीताजी की माता (सुनयनाजी) ने कहा — ब्रह्मा की बुद्धि बड़ी बाँकी (टेढ़ी) है, जो दूध के फेन-जैसी कोमल वस्तु को वज्र की टाँकी से फोड़ रहा है। ('मानस' में राज्य-सुख को दूध से भी उपमित किया गया है। रामजी का वनवास ही वज्र की टाँकी है। राजकुमार और सीता फेन के समान कोमल और निर्दोष हैं। उन्हें वनवास देकर दुःख दिया गया, यही वज्र की टाँकी से दूध के फेन का फोड़ना है। दूध का फेन तो मुख के श्वास से फूट सकता था। भरत के लिए राज्य माँग लेने से ही रामजी का अभिषेक टल सकता था।) ॥४॥

They were like incarnations of love for Sita and Rama, or tearful Compassion herself mourning in so many forms. Said Sita's mother, 'Perverse is the judgment of God, who is using the thunderbolt as a chisel to break up the froth of milk! (Rama's exile is the chisel of adamant, while the princes and Sita are as delicate and unblemished as the froth of milk!)

दो.—सुनिअँ सुधा देखिअहिं गरल सब करतूति कराल।
जहँ तहँ काक उलूक बक मानस सकृत मराल॥२८१॥

अमृत सुनने में ही आता है और विष (सबको, सर्वत्र) दिखाई पड़ता है। इस प्रकार उसकी सभी करतूतें भयंकर हैं। जहाँ-तहाँ कौए, उल्लू और बगुले ही दिखायी देते हैं; हंस तो केवल मानसरोवर में ही मिलते हैं ॥२८१॥

We hear of nectar but see only venom. Cruel are all God's doings ! Crows and owls and cranes are seen everywhere, but swans only in the inaccessible Manasa lake !'

चौ. –सुनि ससोच कह देवि सुमित्रा। बिधिगति बड़ि बिपरीत बिचित्रा॥
जो सृजि पालइ हरइ बहोरी। बालकेलि सम बिधिमति भोरी॥

यह सुनकर देवी सुमित्रा शोक के साथ बोलीं – विधाता की गति बड़ी ही उलटी और विचित्र है, जो सृष्टि की रचना करके पालता है और फिर संहार कर देता है। विधाता की बुद्धि बालकों के खेल-जैसी भोली (विवेकशून्य) है ॥१॥

Upon this, queen Sumitra said sorrowfully, 'The ways of Providence are most perverse and strange; he creates and maintains, and then destroys ! His designs are as silly as a game played by a child.'

कौसल्या कह दोसु न काहू। करम बिबस दुख सुख छति लाहू॥
कठिन करमगति जान बिधाता। जो सुभ असुभ सकल फल दाता॥

(इस पर) कौसल्याजी ने कहा – इसमें दोष किसी का नहीं है; दुःख-सुख, हानि-लाभ सब कर्म के अधीन ही होते हैं। कर्म की कठिन गति को विधाता ही जानता है, जो शुभ और अशुभ सभी (कर्मों के) फलों का देनेवाला है ॥२॥

'It is nobody's fault,' said Kausalya; 'sorrow and joy, loss and gain, are governed by our past actions. The inexorable ways of destiny—the effects of action are known to God alone, who dispenses all rewards, both good and bad.

ईसरजाइ सीस सबही कें। उतपति थिति लय बिषहु अमी कें॥
देवि मोहबस सोचिअ बादी। बिधिप्रपंचु अस अचल अनादी॥

जो ईश्वर विश्व की उत्पत्ति, पालन और विनाश करता है, जो विष और अमृत दोनों को देता है, उसकी आज्ञा सभी के सिर पर है (सर्वोपरि है)। हे देवि ! आप मोहवश व्यर्थ सोच करती हैं, ब्रह्मा का रचा हुआ संसार (भव-जाल) ऐसा ही अचल है और यह अनादि काल से ऐसा ही है ॥३॥

God's decree dominates over all, including the processes of creation, maintenance and dissolution, even over poison and nectar (which destroy and restore life). It is no use lamenting, O queen, out of infatuation, so immutable and eternal are God's schemes.

भूपति जिअब मरब उर आनी। सोचिअ सखि लखि निज हित हानी॥
सीयमातु कह सत्य सुबानी। सुकृती अवधि अवधपतिरानी॥

हे सखि ! महाराज के मरने और जीने की बात को हृदय में लाकर हम जो शोक करती हैं, वह तो अपने ही हित की हानि देखकर, स्वार्थवश करती हैं। सीताजी की माता ने कहा – आपकी यह सुन्दर उक्ति सत्य है। आप पुण्यात्माओं के सीमारूप अयोध्यापति दशरथजी की ही तो रानी हैं ! (फिर भला, ऐसा क्यों न कहेंगी ?) ॥४॥

If we call back to our hearts the king's life or death and sorrow for him, sister, it is because we are thinking of our own loss.' 'Your noble words are passing true,' said Sita's mother, 'O spouse of that paragon of virtue, the lord of Ayodhya !'

दो. –लखनु रामु सिय जाहुँ बन भल परिनाम न पोचु।
गहबरि हिय कह कौसिला मोहि भरत कर सोचु ॥२८२॥

कौसल्याजी ने शोकपूर्ण हृदय से कहा – श्रीराम, लक्ष्मण और सीता वन को जायँ, इसका परिणाम अच्छा ही होगा, बुरा नहीं, पर मुझे तो भरत की चिन्ता है ॥२८२॥

Said Kausalya with a heavy heart, 'If Lakshmana, Rama and Sita stay in the forest, all will be good in the end, not bad; but I am anxious about Bharata.

चौ. –ईसप्रसाद असीस तुम्हारी। सुत सुतबधूँ बिबुधसरि बारी॥
रामसपथ मैं कीन्हि न काऊ। सो करि कहौं सखी सतिभाऊ॥

ईश्वर की कृपा और आपके आशीर्वाद से मेरे (चारों) बेटे और बहुएँ गंगा-जल के समान पवित्र हैं। हे सखि ! मैंने कभी श्रीराम की सौगंद नहीं खायी, पर आज श्रीराम की शपथ करके सच्चे भाव से कहती हूँ – ॥१॥

By God's favour and your blessing my sons and their wives are all as pure as the water of the Ganga. Though I have never yet sworn by Rama, sister, I now swear by him and tell you in good faith,

भरत सील गुन बिनय बड़ाई। भायप भगति भरोस भलाई॥
कहत सारदहु कर मति हीचे। सागर सपि कि जाहिं उलीचे॥

भरत के शील, गुण, विनय, बड़प्पन, भाईपन, भक्ति, भरोसे और अच्छेपन को कहते हुए सरस्वतीजी की बुद्धि भी हिचकती है। सीप से कहीं समुद्र उलीचा जा सकता है ? ॥२॥

—that in extolling Bharata's amiability, virtue, modesty and nobility, his brotherly love and devotion, his faithfulness and goodness the wit of even Sarasvati falters; can the ocean be ladled out with an oyster-shell ?

जानउँ सदा भरत कुलदीपा। बार बार मोहि कहेउ महीपा॥
कसें कनकु मनि पारिखि पाएँ। पुरुष परिखिअहिं समय सुभाएँ॥

मैं सदा से भरत को कुल का चिराग जानती हूँ। महाराज ने भी बारंबार मुझसे यही कहा था। (जैसे) सोना कसौटी पर कसे जाने पर और रत्न पारखी के पाने पर ही पहचाना जाता है, वैसे ही पुरुष समय पड़ने पर अपने स्वभाव से सहज ही परखा जाता है ॥३॥

I have always known Bharata to be the light of our house, and the king had said so time and again. Gold is tested on the touchstone and a gem on reaching the hands of a jeweller; so also are men easily tested by their character in the hour of trial.

अनुचित आजु कहब अस मोरा। सोक सनेह सयानप थोरा ॥
सुनि सुरसरि सम पावनि बानी। भईं सनेहबिकल सब रानी ॥

पर आज मेरा ऐसा कहना अनुचित है, क्योंकि शोक और स्नेह में विवेक घट जाता है (लोग कहेंगे कि मैं स्नेहवश भरत की बड़ाई कर रही हूँ)। कौसल्याजी की गङ्गाजी के समान पवित्र (एवं निर्मल) वाणी सुनकर सब रानियाँ प्रेम-विह्वल हो उठीं ॥४॥

But it is not right for me today to have spoken thus; but you know sorrow and love leave one little judgment.' On hearing these words, as purifying as Ganga's stream, all the queens were beside themselves, deeply wounded with love.

दो. –कौसल्या कह धीर धरि सुनहु देवि मिथिलेसि।
को बिबेकनिधि बल्लभहि तुम्हहि सकइ उपदेसि ॥२८३॥

कौसल्याजी ने फिर धीरज धरकर कहा – हे मिथिलेश्वरी देवी! सुनिए, आप विवेक के समुद्र श्रीजनकजी की प्रिया हैं, आपको कौन उपदेश दे सकता है? ॥२८३॥

Kausalya collected herself and continued ; 'Listen, O venerable queen of Mithila; who is able to advise you, the consort of king Janaka, who is an ocean of wisdom ?

चौ. –रानि राय सन अवसरु पाई। अपनी भाँति कहब समुझाई ॥
रखिअहिं लखनु भरतु गवनहिं बन। जौं येह मत मानै महीपमन ॥

हे रानी! अवसर पाकर आप राजा को अपनी ओर से समझाकर कहिए कि लक्ष्मण घर रख लिये जायँ और भरत वन को जायँ। यदि यह सलाह राजा के मन में ठीक जान पड़े, ॥१॥

Having found an opportunity, O queen, speak to the king, as if on your own initiative, and suggest that Lakshmana should be detained at home and Bharata go to the forest. If the king agrees to this proposal,

तौ भल जतनु करब सुबिचारी। मोरें सोचु भरत कर भारी ॥
गूढ़ सनेह भरतमन माहीं। रहें नीक मोहि लागत नाहीं ॥

तो अच्छी तरह खूब विचारकर ऐसा यत्न करें। मुझे भरत की बड़ी चिन्ता है। भरत के मन में गूढ़ प्रेम है, इससे उनका घर रहना मुझे अच्छा नहीं लगता (डर लगता है कि कहीं राजा की तरह वे भी अपने प्राण न छोड़ दें) ॥२॥

—let him think it over carefully and do his best to arrange it; for I am greatly disturbed about Bharata, for his love is so profound that if he stays at home I fear some tragic consequence.'

लखि सुभाउ सुनि सरल सुबानी। सब भइँ मगन करुनरस रानी ॥
नभ प्रसूनझरि धन्य धन्य धुनि। सिथिल सनेह सिद्ध जोगी मुनि ॥

कौसल्याजी के स्वभाव को लखकर तथा उनकी सीधी और निष्कपट वाणी को सुनकर सब रानियाँ करुणरस में मग्न हो गयीं। आकाश से फूलों की झड़ी लग गयी और 'धन्य! धन्य!' की ध्वनि होने लगी। सिद्ध, योगी और मुनि स्नेहवश शिथिल हो गए ॥३॥

When they marked Kausalya's pure intent and heard her guileless and eloquent appeal, all the queens were immersed in compassion. There was a shower of blossoms from heaven and shouts of applause. Adepts, ascetics and hermits were so immersed in affection that they became languid.

सबु रनिवासु बिथकि लखि रहेऊ। तब धरि धीर सुमित्राँ कहेऊ ॥
देवि दंड जुग जामिनि बीती। राममातु सुनि उठी सप्रीती ॥

(यह) देखकर सारा रनिवास स्तब्ध रह गया, तब धैर्य धरकर सुमित्राजी ने कहा कि हे देवि! दो घड़ी रात बीत गई। यह सुनकर श्रीरामजी की माता कौसल्याजी प्रीतिपूर्वक उठ खड़ी हुईं ॥४॥

All the ladies of the gynaeceum were struck dumb when they saw it. Then, recovering herself, Sumitra interposed, 'Madam, nearly an hour of the night has passed.' At this Rama's mother (Kausalya) affectionately got up—

दो. –बेगि पाउ धारिअ थलहि कह सनेह सतिभायँ।
हमरें तव अब ईस गति कै मिथिलेसु सहायँ ॥२८४॥

और उन्होंने स्नेह और सच्चे भाव से कहा – अब आप शीघ्र डेरे को पधारिए। हमें तो अब ईश्वर ही का अवलम्ब है या मिथिलेश्वर जनकजी हमारे सहायक हैं ॥२८४॥

—and said affectionately and with good intent, 'Pray return at once to your tents. Our only refuge now is God and our only helper the king of Mithila.'

चौ. –लखि सनेहु सुनि बचन बिनीता। जनकप्रियाँ गहे पाय पुनीता ॥
देवि उचित असि बिनय तुम्हारी। दसरथघरिनि राममहतारी ॥

कौसल्याजी के स्नेह को देखकर और उनके विनीत वचन सुनकर राजा जनक की प्रिया सुनयनाजी ने उनके पवित्र चरण पकड़ लिये और कहा –

हे देवि ! आप राजा दशरथ की रानी और श्रीरामजी की माता हैं, (इसलिए) आपकी ऐसी नम्रता उचित ही है ! ॥१॥

Seeing her affection and hearing her modest speech, Janaka's beloved queen (Sunayana) clasped Kausalya's holy feet and said, 'This modesty on your part, O venerable lady, is quite becoming of you, for you are Dasharath's wife and Rama's mother.

प्रभु अपने नीचहु आदरहीं । अगिनि धूम गिरि सिर तिन धरहीं ॥
सेवकु राउ करम मन बानी । सदा सहाय महेसु भवानी ॥

स्वामी अपने से नीच जनों का भी आदर करते हैं । (देखिए,) अग्नि धुएँ को और पहाड़ घास को अपने सिर पर चढ़ाये रखते हैं । हमारे राजा (जनकजी) तो कर्म, मन और वाणी से आपके सेवक हैं और सहायक तो सदा शिव-पार्वतीजी हैं ॥२॥

Monarchs give honour even to the lowest of their servants, even as fire is crowned with smoke and mountains bear grass upon their summits. The king (of Mithila) is your servant in thought and word and deed, and the great Lord Shiva and Bhavani are your constant helpers.

रउरे अंग जोगु जग को है । दीपसहाय कि दिनकर सोहै ॥
रामु जाइ बनु करि सुरकाजू । अचल अवधपुर करिहहिं राजू ॥

संसार में आपका सहायक होने योग्य कौन है ? (यदि) दीपक सूर्य का सहायक बनाया जाय तो क्या वह शोभा पा सकता है ? श्रीरामचन्द्रजी वन जाकर देवताओं का कार्य करके (लौटकर) अवधपुर में अचल राज्य करेंगे ॥३॥

Who in the world is worthy to act as your helper ? If a lamp were appointed to help the sun, would such appointment add lustre to the lamp ? After serving the term of his exile in the woods and accomplishing the purpose of the gods, Rama will hold absolute sway at Ayodhya.

अमर नाग नर राम बाहु बल । सुख बसिहहिं अपने अपने थल ॥
येह सब जागबलिक कहि राखा । देवि न होइ मुधा मुनि भाषा ॥

देवता, नाग और मनुष्य सब श्रीरामचन्द्रजी के बाहुबल से अपने-अपने लोकों में सुखपूर्वक निवास करेंगे । यह सब याज्ञवल्क्य मुनि ने (पहले ही से) कह रखा है । हे देवि ! मुनि का वचन झूठा नहीं हो सकता ॥४॥

Protected by the might of Rama's arm, gods, serpents and human beings will dwell peacefully, each in his own sphere. This has all been prophesied by the sage Yajnavalkya, and a sage's prophecy, madam, can never go in vain.

दो. –अस कहि पग परि पेम अति सिय हित बिनय सुनाइ ।
सिय समेत सियमातु तब चली सुआयसु पाइ ॥२८५॥

ऐसा कहकर बड़े प्रेम से चरणों में प्रणामकर सीताजी (को साथ भेजने) के लिए विनती करके और अनुकूल आज्ञा पाकर सीताजी की माता तब सीताजी के साथ डेरे को चलीं ॥२८५॥

So saying, she fell at Kausalya's feet, and with the utmost affection requested that Sita might go with her. Permission was accorded, and then Sita's mother left for her camp with her daughter.

चौ. –प्रिय परिजनहि मिली बैदेही । जो जेहि जोगु भाँति तेहि तेही ॥
तापसबेष जानकी देखी । भा सबु बिकल बिषाद बिसेषी ॥

विदेहनन्दिनी सीताजी अपने प्यारे कुटुम्बियों से, जो जिस योग्य था, उससे उसी प्रकार मिलीं । जानकीजी का तपस्विनी-वेष देखकर सब लोग शोक से अत्यन्त विकल हो गए ॥१॥

Videha's daughter (Sita) greeted her dear kinsfolk as befitted each. When they saw Janaki in hermit's dress, they were all stricken with deep sorrow.

जनक राम गुर आयसु पाई । चले थलहि सिय देखी आई ॥
लीन्हि लाइ उर जनक जानकी । पाहुनि पावन पेम प्रान की ॥

श्रीरामजी के गुरु वसिष्ठजी की आज्ञा पाकर जनकजी डेरे को चले और वहाँ आकर उन्होंने सीताजी को देखा । जनकजी ने अपने प्रेम और प्राणों की पवित्र पाहुनी जानकीजी को हृदय से लगा लिया ॥२॥

Janaka, on receiving the permission of Rama's *guru*, Vasishtha, went to the tent and on arrival found Sita there; he clasped Janaki to his bosom, — Janaki who was an honoured guest of his unalloyed love and life.

उर उमगेउ अंबुधि अनुरागू । भयेउ भूपमनु मनहुँ पयागू ॥
सियसनेह बटु बाढ़त जोहा । ता पर रामपेम सिसु सोहा ॥

उनके हृदय में अनुराग का समुद्र उमड़ पड़ा । राजा का मन ही मानो प्रयाग हो गया । (उस समुद्र के अंदर) उन्होंने सीताजी के स्नेह-रूपी अक्षयवट को बढ़ते हुए देखा । उस पर राम-प्रेमरूपी बालक (बालरूप भगवान्) सुशोभित हो रहा है ॥३॥ (पं. विजयानन्दजी त्रिपाठी के शब्दों में "यहाँ जानकीजी को हृदय में लगाते ही राजा के हृदय में पुत्री-अनुराग का समुद्र उमड़ पड़ा । उस समुद्र में सारी मनोवृत्तियाँ डूब गयीं । फिर भी महाराज का ज्ञान नहीं डूबा । वह अनुराग के साथ ही साथ तैरता हुआ ऊपर ही रहा । उस अपार समुद्र में तैरते और तरङ्ग के थपेड़ों को सहते-सहते ज्ञान विकल हो चला । निरालम्ब होकर ज्ञान अधिक काल तक नहीं टिक सकता । उस समय सीताजी का प्रेम महाराज के हृदय का पता दे रहा था और उस प्रेम के आधार पर रामजी का प्रेम था । उसी रामप्रेम का आश्रय ग्रहण करके ज्ञान की रक्षा हुई ।")

In his heart welled up an ocean of affection, and his royal soul resembled Prayaga. He saw Sita's love growing like the imperishable fig-tree at Prayaga, on which the love of Rama appeared like a little child.[1]

चिरजीवी मुनि ग्यानु बिकल जनु । बूड़त लहेउ बाल अवलंबनु ॥
मोहमगन मति नहि बिदेह की । महिमा सिय रघुबर सनेह की ॥

मानो जनकजी के ज्ञानरूपी चिरंजीवी (मार्कण्डेय) मुनि व्याकुल होकर उस समुद्र में डूबने लगे । तभी उन्हें उस श्रीरामप्रेमरूपी बालक का सहारा मिल गया । विदेहराज जनक की बुद्धि मोह में मग्न होनेवाली नहीं है । यह तो श्रीसीतारामजी के स्नेह की महिमा है (जिसने उनके-जैसे महान् ज्ञानी के ज्ञान को भी विकल कर दिया) ॥४॥

When Janaka's bewildered senses were on the point of drowning in that ocean of love, like the sage Chiranjivi (Markandeya), he grasped that child—that love—for support. Though Videha's mind could not ordinarily be lost in infatuation, yet such was the mighty power of his affection for Sita and Rama.

दो. —सिय पितु मातु सनेह बस बिकल न सकी सँभारि ।
धरनिसुता धीरजु धरेउ समउ सुधरमु बिचारि ॥२८६॥

पिता-माता के स्नेह के मारे सीताजी ऐसी विह्वल हुईं कि अपने को सँभाल न सकीं । (फिर भी धैर्यवती) पृथ्वी की कन्या सीताजी ने समय और सद्धर्म का विचारकर धैर्य धारण किया ॥२८६॥

So moved was Sita by the affection of her parents that she could scarcely control herself, but calling to mind both the occasion and her noble duty, Earth's daughter summoned up courage.

चौ. —तापसबेष जनक सिय देखी । भयेउ पेमु परितोषु बिसेषी ॥
पुत्रि पवित्र किए कुल दोऊ । सुजस धवल जगु कह सबु कोऊ ॥

तपस्विनी-वेष में सीताजी को देखकर जनकजी को विशेष प्रेम और संतोष हुआ । (उन्होंने कहा—) बेटी ! तूने दोनों वंश पवित्र कर दिए । तेरे सुयश से सारा जगत् उजागर हो गया, यह सभी कहते हैं ॥१॥

When Janaka saw Sita clothed in her anchorite's dress, his heart was flooded with love and contentment. 'Daughter,' he said, 'you have brought

1. "The sage Markandeya had the presumption to ask Narayana to show him a specimen of his delusive power. The god in answer to his prayer drowned the whole world in a sudden flood. Only the Akshayabata, or the imperishable fig-tree at Prayaga, raised its head above the waters, with a little child seated on one of its topmost boughs, that put out its hand and rescued the terrified saint as he was on the point of sinking."—F.S. Growse, *The Ramayana of Tulasidasa* (Delhi, 1978), p. 329n.

sanctity to both our houses; everybody says your fair renown has illumined the whole world.

जिति सुरसरि कीरति सरि तोरी । गवनु कीन्ह बिधि अंड करोरी ॥
गंग अवनिथल तीनि बड़ेरे । येहि कियें साधुसमाज घनेरे ॥

तुम्हारी कीर्ति-नदी तो गङ्गाजी को भी जीतकर (एक की जगह) करोड़ों ब्रह्माण्डों में बह चली है । गङ्गाजी ने तो पृथ्वी पर तीन ही बड़े-बड़े स्थान (हरिद्वार, प्रयाग और गङ्गासागर) बनाये हैं, पर तेरी इस कीर्ति-नदी ने तो अनेक संतसमाजरूपी तीर्थस्थान बना दिए ॥२॥

The stream of your fame excels the celestial stream (Ganga) and is now flowing through millions of universes. The Ganga has exalted only three places on the earth,[1] but the river of your fame has added to the glory of countless congregations of holy men.'

पितु कह सत्य सनेह सुबानी । सीय सकुच महुँ मनहुँ समानी ॥
पुनि पितु मातु लीन्हि उर लाई । सिख आसिष हित दीन्हि सुहाई ॥

पिता जनकजी ने तो स्नेहयुक्त सच्ची शुभ वाणी कही, परंतु (अपनी बड़ाई सुनकर) सीताजी मानो संकोच में गड़ गयीं । पिता-माता ने उन्हें फिर हृदय से लगा लिया और सुन्दर हितकारी शिक्षा और आशीर्वाद दिये ॥३॥

Though her father spoke with all the eloquence of truth and love, Sita was abashed and shrank into herself. Again her parents pressed her to their bosoms and gave her good, salutary advice and blessings.

कहति न सीय सकुचि मन माहीं । इहाँ बसब रजनी भल नाहीं ॥
लखि रुख रानि जनायेउ राऊ । हृदयँ सराहत सीलु सुभाऊ ॥

सीताजी मन में संकोच करती हुई यह न कह सकीं कि रात में (सासुओं की सेवा छोड़कर) यहाँ रहना ठीक नहीं है । रानी सुनयनाजी ने जानकीजी के चेहरे का भाव देखकर (चेष्टा से उनकी रुचि जानकर) राजा जनकजी को बता दिया । तब दोनों अपने-अपने हृदय में सीताजी के शील-स्वभाव की सराहना करने लगे ॥४॥

Sita could not speak out, but was inwardly embarrassed by the thought that it was not well for her to stay there for the night. The queen (Sunayana) saw her wish and made it known to the king (her husband); both admired in their hearts their daughter's modesty and noble disposition.

दो. —बार बार मिलि भेंटि सिय बिदा कीन्हि सनमानि ।
कही समयसिर भरतगति रानि सुबानि सयानि ॥२८७॥

1. *i.e.*, Haridvara, Prayaga and Gangasagara.

उन्होंने बार-बार मिलकर और हृदय से लगाकर सीताजी को सम्मानपूर्वक विदा किया। चतुर रानी ने ठीक अवसर देखकर राजा से सुन्दर वाणी में भरतजी की दशा का वर्णन किया ॥२८७॥

Again and again they pressed Sita to their hearts and courteously bade her farewell. Having now an excellent opportunity, the prudent queen eloquently described Bharata's state of mind to the king.

चौ. –सुनि भूपाल भरतब्यवहारू। सोन सुगंध सुधा ससिसारू॥
मूदे सजल नयन पुलके तन। सुजसु सराहन लगे मुदितमन॥

सोने में सुगन्ध और अमृत में चन्द्रमा के सार-रूप अमृत के समान[1] भरतजी का व्यवहार सुनकर राजा ने अपनी अश्रुपूर्ण आँखें मूँद लीं। उनका शरीर पुलकित हो गया और प्रसन्न मन से वे (भरतजी के) सुयश की सराहना करने लगे ॥१॥

When the monarch heard of Bharata's conduct, rare as a combination of gold with fragrance or as nectar extracted from the moon, he closed his tearful eyes and trembled with emotion as he broke out into rapturous praises of his bright glory:

सावधान सुनु सुमुखि सुलोचनि। भरतकथा भवबंध बिमोचनि॥
धरम राजनय ब्रह्मबिचारू। इहाँ जथामति मोर प्रचारू॥

(वे बोले –) हे सुमुखि! हे सुलोचनि! सावधान होकर सुनो। भरतजी की कथा संसार-बंधन से मुक्त करनेवाली है। धर्म, राजनीति और ब्रह्मविचार – इन विषयों में अपनी बुद्धि के अनुसार मेरी (थोड़ी-बहुत) पहुँच है ॥२॥

'Attend to me, O fair-faced and bright-eyed lady! The story of Bharata loosens the bounds of worldly existence. Religion, statecraft and an inquiry into Brahma (the Infinite) are domains to which I have some access according to my ability.

सो मति मोरि भरत महिमाहीं। कहइ काह छलि छुअति न छाहीं॥
बिधि गनपति अहिपति सिव सारद। कबि कोबिद बुध बुद्धिबिसारद॥

मेरी वह बुद्धि भरतजी की महिमा का वर्णन तो क्या करे, किसी बहाने भी उसकी छाया तक को नहीं छू पाती। ब्रह्माजी, गणेशजी, शेषजी, महादेवजी, सरस्वतीजी, कवि, ज्ञानी, पण्डित और बुद्धिमान् – ॥३॥

But though acquainted with these subjects, that ability of mine cannot pretend to touch even the shadow of Bharata's greatness, much less describe it. To Brahma, Ganapati (Ganesha), Shesha (the Serpent King), Shiva and Sarasvati, seers, sages and wise men and others who are clever in judgement,

भरतचरित कीरति करतूती। धरम सील गुन बिमल बिभूती॥
समुझत सुनत सुखद सब काहू। सुचि सुरसरि रुचि निदर सुधाहू॥

सभी को भरतजी के चरित्र, कीर्ति, करनी, धर्म, शील, गुण और निर्मल ऐश्वर्य सुनने-समझने में सुख देनेवाले हैं और पवित्रता में गङ्गाजी का तथा स्वाद में अमृत का भी निरादर करनेवाले हैं ॥४॥

— to all these do Bharata's acts and glory, his doings, piety and amiability, his goodness and spotless majesty are delightful to hear and appreciate. They surpass the celestial stream in purity and nectar in taste.

दो. –निरवधि गुन निरुपम पुरुषु भरतु भरत सम जानि।
कहिअ सुमेरु कि सेर सम कबिकुल मति सकुचानि॥२८८॥

भरतजी के गुणों की सीमा नहीं है और वे उपमारहित पुरुष हैं। भरतजी के समान बस, भरतजी ही हैं, ऐसा जानना चाहिए। कवियों की बुद्धि उनकी उपमा किसी मनुष्य के साथ देने में वैसे ही सकुचाती है जैसे सुमेरु पर्वत को सेर कें बराबर बतलाने में ॥२८८॥

Possessed of infinite virtues is he and a man above comparison; know Bharata alone to be like Bharata. The wit of the whole race of poets shrinks from comparing him with any human being, even as it shrinks from declaring that Mount Sumeru weighs only a kilogram.

चौ. –अगम सबहि बरनत बरबरनी। जिमि जलहीन मीन गमु धरनी॥
भरत अमित महिमा सुनु रानी। जानहिं रामु न सकहिं बखानी॥

हे श्रेष्ठ वर्णवाली! जिस प्रकार जल-रहित भूमि पर मछली का चलना असम्भव है, उसी प्रकार भरतजी की महिमा का वर्णन करना सभी के लिए अगम है। हे रानी! सुनो, भरतजी की अपार महिमा को केवल श्रीरामचन्द्रजी ही जानते हैं; किंतु वे भी उसका वर्णन नहीं कर सकते ॥१॥

Bharata's greatness, O fair lady, is as impossible to describe as it is impossible for a fish to move upon dry land. Listen, O beloved queen: illimitable though Bharata's majesty is, Rama comprehends it, but not even he can describe it.'

बरनि सप्रेम भरत अनुभाऊ। तिय जिय की रुचि लखि कह राऊ॥
बहुरहिं लखनु भरतु बन जाहीं। सब कर भल सब कें मन माहीं॥

इस तरह प्रेम के साथ भरतजी के प्रभाव का वर्णन करके फिर पत्नी के मन की रुचि देखकर राजा जनक ने कहा – लक्ष्मणजी घर लौट जायँ और भरतजी वन को जायँ, इसी में सबका भला है और यही सबके मन में है ॥२॥

---

१. 'नागलोक में भी अमृत है, पर जो अमृत चन्द्रमा का सार-रूप है, वह सर्वोत्तम है। वैसे ही श्रीभरतजी के जितने धर्माचरण हैं, सभी उत्तम हैं, अमृतरूप हैं. . .' (सिद्धान्त-भाष्य, २, पृ. १४९१।) उनमें उनकी रामभक्ति चन्द्रमा का साररूप अमृत है, वही सर्वोत्तम है।'

Having thus affectionately described Bharata's glory, the king, who knew his queen's mind, continued: 'If Lakshmana returns to Ayodhya and Bharata goes to the forest, it may be well for all, and that is what all desire.

देवि परंतु भरत रघुबर की। प्रीति प्रतीति जाइ नहि तरकी ॥
भरतु अवधि सनेह ममता की। जद्यपि रामु सीम समता की ॥

परंतु हे देवि! भरत और श्रीरामचन्द्रजी की प्रीति और एक-दूसरे पर उनका विश्वास तर्क और अनुमान की सीमा में नहीं आ सकते। यद्यपि श्रीरामचन्द्रजी समता की सीमा हैं, (तथापि) भरतजी स्नेह और ममता की सीमा ॥३॥

But, O good lady, the mutual affection and trust of Bharata and Rama are beyond one's conception. Even though Rama is a model of even-mindedness, Bharata is the pattern of love and devoted attachment.

परमारथ स्वारथ सुख सारे। भरत न सपनेहुँ मनहुँ निहारे ॥
साधन सिद्धि रामपग नेहू। मोहि लखि परत भरतमत एहू ॥

भरतजी ने परमार्थ, स्वार्थ और अन्य सारे सुखों की ओर सपने में भी मन से नहीं देखा। श्रीरामजी के चरणों का प्रेम ही उनका (एकमात्र) साधन और वही (एकमात्र) सिद्धि है। भरतजी का केवल यही एक सिद्धान्त (सर्वोपरि) रहा है, मुझे ऐसा प्रतीत होता है ॥४॥

Bharata never even dreamt of turning his mind's eye towards the joys of this world or the next, for devotion to Rama's feet is his goal and his endeavour. To my mind, this is the single article of Bharata's creed.

दो. –भोरेहुँ भरत न पेलिहहिं मनसहुँ रामरजाइ।
करिअ न सोचु सनेहबस कहेउ भूप बिलखाइ ॥२८९॥

राजा ने विलखकर (प्रेमार्द्र होकर) कहा – भरतजी भूलकर भी श्रीरामचन्द्रजी की आज्ञा को मन से भी नहीं टालेंगे (कर्म-वचन से टालने का तो प्रश्न ही नहीं उठता)। अतः स्नेह के वश होकर चिन्ता नहीं करनी चाहिए ॥२८९॥

Never would Bharata even think of flouting Rama's will. Do not then in your affection give way to sorrow.' So spoke the king in choked accents.

चौ. –राम भरत गुन गनत सप्रीती। निसि दंपतिहि पलक सम बीती ॥
राजसमाज प्रात जुग जागे। न्हाइ न्हाइ सुर पूजन लागे ॥

(इस तरह) श्रीरामजी और भरतजी के गुणों को प्रेमपूर्वक कहते तथा विचारते हुए पति-पत्नी ने रात पलक के समान बिता दी। प्रातःकाल दोनों (अवध और मिथिला के) राजसमाज जागे और नहा-नहाकर (अपने इष्ट) देवताओं की पूजा करने लगे ॥१॥

As the royal pair (Janaka and Sunayana) were thus fondly recounting the virtues of Rama and Bharata, the night passed like a moment. At dawn both the royal companies awoke and after bathing, worshipped the gods.

गे नहाइ गुर पहिं रघुराई। बंदि चरन बोले रुख पाई ॥
नाथ भरतु पुरजन महतारीं। सोकबिकल बनबास दुखारीं ॥

श्रीरघुनाथजी स्नान करके गुरु वसिष्ठजी के पास गये और चरणों में प्रणामकर उनके मन के भाव को देखकर बोले – हे नाथ! भरत, अवधपुरवासी और माताएँ सब शोक से व्याकुल और वनवास से दुःखी हैं ॥२॥

Having bathed, Raghunatha called on his *guru* and adoring his feet spoke with his permission: 'Holy sir, Bharata, the citizens and the queens are all stricken with grief and wearied by their stay in the woods.

सहित समाज राज मिथिलेसू। बहुत दिवस भये सहत कलेसू ॥
उचित होइ सोइ कीजिअ नाथा। हित सब ही कर रौरें हाथा ॥

समाज के साथ मिथिलापति राजा जनकजी को भी क्लेश सहते हुए बहुत दिन हो गए। इसलिए हे नाथ! जो उचित हो वही कीजिए। सबका हित आपके ही हाथ है ॥३॥

The king of Mithila, too, and his retinue have been enduring hardships for many days; be pleased to do, my lord, what seems most proper to you, for the well-being of all is in your hands.'

अस कहि अति सकुचे रघुराऊ। मुनि पुलके लखि सीलु सुभाऊ ॥
तुम्ह बिनु राम सकल सुख साजा। नरक सरिस दुहुँ राजसमाजा ॥

ऐसा कहकर रामचन्द्रजी बहुत ही सकुचा गए। उनके इस शील-स्वभाव को देखकर मुनि वसिष्ठजी पुलकित हो उठे। (उन्होंने कहा –) हे राम! तुम्हारे बिना (घर-बार आदि) सम्पूर्ण सुखों के साधन दोनों राज-समाजों के लिए नरक के समान हैं ॥४॥

So saying, Rama felt much embarrassed. The sage thrilled with joy on seeing his modest disposition. 'Without you, Rama,' he replied, 'all amenities of life are like hell to both the royal hosts.

दो. –प्रान प्रान के जीव के जिव सुख के सुख राम।
तुम्ह तजि तात सोहात गृह जिन्हहि तिन्हहि बिधि बाम ॥२९०॥

हे राम! तुम प्राणों के भी प्राण, जीवों के भी जीव और सुखों के भी सुख हो। हे तात! तुम्हें छोड़कर जिन्हें घर सुहाता है, उन्हें विधाता प्रतिकूल है ॥२९०॥

You, O Rama, are the soul of their soul, the life of their life, the joy of their joy. Accursed are they, my child, who desert you and prefer the pleasures of home.

चौ. –सो सुखु करमु धरमु जरि जाऊ। जहँ न रामपद पंकज भाऊ॥
जोगु कुजोगु ग्यानु अग्यानू। जहँ नहि रामप्रेम परधानू॥

जिसमें श्रीराम के चरणकमलों में प्रेम न हो वह सुख, कर्म और धर्म जल जाय। वह योग कुयोग हैं और ज्ञान अज्ञान है जिसमें श्रीराम-प्रेम प्रधान न हो ॥१॥

Perish the pleasures, the actions and duties in which is found no devotion to Rama's lotus feet! That yoga is an abominable yoga and that wisdom unwisdom in which the love of Rama is not supreme!

तुम्ह बिनु दुखी सुखी तुम्ह तेहीं। तुम्ह जानहु जियँ जो जेहि केहीं॥
राउर आयसु सिर सब ही कें। बिदित कृपालहि गति सब नीकें॥

सब लोग तुम्हारे बिना ही दुःखी और तुम्हीं से सुखी हैं। जिसके जी में जो (भाव) है, उसे तुम जानते हो। आपकी आज्ञा सभी के सिर पर है। आप कृपालु को सभी की गति अच्छी तरह ज्ञात है ॥२॥

Miserable are all those who are without you, but if blest, their felicity is all due to you. You know the thoughts of every heart; your will rules all and the gracious Lord knows well what the destiny of each one is.

आपु आश्रमहिं धारिअ पाऊ। भयेउ सनेहसिथिल मुनिराऊ॥
करि प्रनामु तब रामु सिधाए। रिषि धरि धीर जनक पहि आए॥

अब आप आश्रम को पधारें! इतना कहकर मुनिराज स्नेहवश शिथिल हो गए। तब श्रीरामजी प्रणाम करके वहाँ से चल दिए और धीरज धरकर ऋषि वसिष्ठजी राजा जनक के पास आये ॥३॥

You may return to your hermitage now.' The lord of sages was overcome by love. Rama then made obeisance and departed, while the sage composed himself and called on Janaka.

रामबचन गुर नृपहि सुनाए। सील सनेह सुभायँ सुहाए॥
महाराज अब कीजिअ सोई। सब कर धरम सहित हित होई॥

गुरुजी ने श्रीरामचन्द्रजी के शील और स्नेह-युक्त स्वाभाविक सुन्दर वचन राजा जनकजी को सुनाये (और कहा –) हे महाराज! अब वही कीजिए जिसमें सबका धर्म और कल्याण हो (सबका धर्म भी बना रहे और सबको भला भी लगे)! ॥४॥

The *guru* repeated to the king Rama's naturally graceful words, which were full of amiability and affection, and added, 'O great monarch, now do whatever will be to the advantage of all, provided it conflict not with duty.

दो. –ग्याननिधान सुजान सुचि धरमधीर नरपाल।
तुम्ह बिनु असमंजससमन को समरथ एहि काल॥२९१॥

हे राजन्! तुम ज्ञान के आधार, सुजान, पवित्र और धर्म में दृढ़ हो। इस समय तुम्हारे बिना इस कठिनाई को मिटाने में और कौन समर्थ है? ॥२९१॥

You, O king, are a treasure-house of wisdom, prudent, pious and steadfast in upholding the cause of virtue. Who save you can at this time find a way out of this impasse?'

चौ. –सुनि मुनिबचन जनक अनुरागे। लखि गति ग्यानु बिरागु बिरागे॥
सिथिल सनेह गुनत मन माही। आए इहाँ कीन्ह भल नाहीं॥

मुनि (वसिष्ठजी) के वचन सुनकर जनकजी प्रेम-मग्न हो गए। उनकी इस दशा को देखकर ज्ञान और वैराग्य को भी वैराग्य हो गया। वे स्नेह (की अधिकता से) शिथिल हो गए और मन में सोचने लगे कि हमने यहाँ आकर अच्छा नहीं किया ॥१॥

Janaka was so moved by the sage's address and the sight of his emotion that his wisdom and dispassion were forgotten. Faint with love, he reasoned to himself, 'I have not done well in coming here.

रामहि राय कहेउ बन जाना। कीन्ह आपु प्रिय प्रेमु प्रवाना॥
हम अब बन तें बनहि पठाई। प्रमुदित फिरब बिबेकबड़ाई॥

राजा (दशरथ) ने श्रीरामजी को वन जाने के लिए कहा और स्वयं अपने प्रिय (पुत्र) के प्रेम को सच्चा कर दिखाया। परंतु अब हम इन्हें वन से भी (और गहन) वन को भेजकर अपने ज्ञान की बड़ाई में आनन्दित होते हुए लौटेंगे! ॥२॥

The king (Dasharath) ordered Rama into exile, and himself gave the best proof of his affection for his dear son; but we shall now send him from this forest to another and return in triumph, glorying over our wisdom!'

तापस मुनि महिसुर सुनि देखी। भये प्रेमबस बिकल बिसेषी॥
समउ समुझि धरि धीरजु राजा। चले भरत पहिं सहित समाजा॥

तपस्वी, मुनि और ब्राह्मण यह सब देख-सुनकर प्रेमवश बहुत ही बेचैन हो गए। समय का विचारकर राजा जनकजी धीरज धरकर अपने समस्त दल-बल के साथ भरतजी के पास चले ॥३॥

When they heard this and saw the king's condition, the ascetics, hermits and the Brahmans were utterly overwhelmed with emotion; but considering the circumstances, the king took heart and with his retinue set forth to visit Bharata.

भरत आइ आगें भइ लीन्हे। अवसर सरिस सुआसन दीन्हे ॥
तात भरत कह तेरहुतिराऊ। तुम्हहि बिदित रघुबीरसुभाऊ ॥

भरतजी ने सामने आकर उनका स्वागत किया और समयानुकूल सुन्दर-सुखद आसन दिये। तिरहुतराज जनकजी ने कहा – हे तात भरत ! श्रीरामजी के स्वभाव से तुम परिचित ही हो ॥४॥

Bharata advanced to receive him and offered him the best seat the time allowed. 'Bharata, my son,' said the king of Tirhut, 'You know Rama's disposition.

दो. –राम सत्यब्रत धरमरत सब कर सीलु सनेहु।
संकट सहत सकोचबस कहिअ जो आयसु देहु ॥२९२॥

श्रीराम सत्यप्रतिज्ञ और धर्मपरायण हैं, (उनके हृदय में) सबके प्रति शील और स्नेह है, इसीलिए वे संकोचवश संकट सहते हैं, अब तुम जो आदेश दो, वह उनसे कहा जाय ! ॥२९२॥

Rama is true to his vow and devoted to his duty; and such is his loving-kindness towards all that he endures inconvenience without murmuring. Tell me, then, your decision, which may be communicated to him.'

चौ. –सुनि तन पुलकि नयन भरि बारी। बोले भरतु धीर धरि भारी ॥
प्रभु प्रिय पूज्य पिता सम आपू। कुलगुरु सम हित माय न बापू ॥

यह सुनकर भरतजी का शरीर पुलकित हो गया, आँखों में जल भर आया और वे बहुत धीरज धरकर बोले – हे प्रभो ! आप पिता के समान प्रिय और पूज्य हैं, कुलगुरु (श्रीवसिष्ठजी) के समान हितकारी तो माँ-बाप भी नहीं हैं; ॥१॥

At these words a thrill ran through Bharata's body and his eyes filled with tears; but imposing a strong restraint upon himself, he said, 'My lord, I love and revere you as my father, and consider Vasishtha the *guru* of my family to be a greater benefactor than even a father or mother.

कौसिकादि मुनि सचिव समाजू। ग्यान अंबुनिधि आपुनु आजू ॥
सिसु सेवकु आयसु अनुगामी। जानि मोहि सिख देइअ स्वामी ॥

विश्वामित्रजी आदि मुनियों और मन्त्रियों का समाज (यहाँ वर्तमान) है और आज के दिन आप ज्ञान-सागर भी विराजमान हैं। हे स्वामी ! मुझे अपना बालक और आज्ञाकारी सेवक समझकर शिक्षा दीजिए ! ॥२॥

Here today is an assembly of sages like Vishvamitra as well as of ministers; and you yourself, an ocean of wisdom, are present in our midst. Know me, my master, to be a mere child and servant, obedient to your will, and instruct me accordingly.

एहि समाज थल बूझब राउर। मौन मलिन मैं बोलब बाउर ॥
छोटे बदन कहौं बड़ि बाता। छमब तात लखि बाम बिधाता ॥

इस सभा और (ऐसे धर्म) स्थल में आप (जैसे पूज्य ज्ञानी) का पूछना ! इस पर यदि मैं मौन रहता हूँ तो मलिन समझा जाऊँगा और यदि बोलता हूँ तो पागल। (वस्तुतः) मैं छोटे मुँह बड़ी बात कहता हूँ। हे तात ! आप विधाता को प्रतिकूल समझकर क्षमा कीजिएगा ॥३॥

To think that you should seek my advice in this assembly (of wise men) and at this holy place ! Yet if I remain silent, I shall be considered black of heart; if I speak, I shall appear mad. Yet with these beggarly lips I mouth mighty words—I pray you, father, forgive me, for you know that Providence looks not kindly on me !

आगम निगम प्रसिद्ध पुराना। सेवाधरमु कठिन जगु जाना ॥
स्वामिधरम स्वारथहि बिरोधू। बैरु अंध प्रेमहि न प्रबोधू ॥

(यह बात) वेद, शास्त्र और पुराणों में मशहूर है और संसार जानता है कि सेवाधर्म कठिन है। स्वामिधर्म और स्वार्थ में विरोध है (स्वामी की सेवा और स्वार्थ-सिद्धि एक साथ नहीं निभ सकती)। वैर (स्वभावतः) अंधा होता है और प्रेम ज्ञान से रहित (मैं स्वार्थवश कहूँ या प्रेमवश, दोनों में ही भूल होने की संभावना है), ॥४॥

It is fully recognized in the Tantras, the Vedas and the Puranas, and known to all the world, that loyal service is difficult to perform. Duty to a master is incompatible with self-interest; hatred is blind and love bereft of wisdom. (Whether I speak from self-interest or from affection for my master, I am liable to err.)

दो. –राखि रामरुख धरमु ब्रतु पराधीन मोहि जानि।
सब कें संमत सर्बहित करिअ पेमु पहिचानि ॥२९३॥

इसलिए मुझे पराधीन जानकर, श्रीरामचन्द्रजी की रुचि-धर्म और (सत्य-) व्रत को रखकर जो सबके सम्मत और सबके लिए कल्याणकर हो, आप प्रेम पहचानकर वही कीजिए ! ॥२९३॥

Remembering that my will is subject to my master and in due deference to Rama's wishes, his duty and his sacred vow, pray do what all approve and what is good for all, and forget not the love all feel for him.'

चौ. –भरतबचन सुनि देखि सुभाऊ। सहित समाज सराहत राऊ ॥
सुगम अगम मृदु मंजु कठोरे। अरथु अमित अति आखर थोरे ॥

भरतजी के वचन सुनकर और उनके स्वभाव को देखकर समाजसहित राजा जनक उनको सराहने लगे। भरतजी के वचन (एक साथ) सुगम और अगम, मीठे, कोमल और कठोर हैं। उनमें अक्षर तो थोड़े हैं, परंतु अत्यन्त अपार अर्थ भरा हुआ है ॥१॥

On hearing Bharata's speech and marking his disposition Janaka and all his retinue burst out into praises. Simple, yet incomprehensible; soft and sweet, yet hard; brief, yet packed with fathomless meaning;

ज्यों मुखु मुकुर मुकुरु निज पानी। गहि न जाइ अस अदभुत बानी॥
भूपु भरतु मुनि साधु समाजू। गे जहँ बिबुध कुमुद द्विजराजू॥

जिस तरह अपने हाथ में दर्पण रहने पर भी दर्पण में दीखता हुआ मुख का प्रतिबिम्ब पकड़ा नहीं जाता, इसी तरह भरतजी की यह अद्भुत वाणी भी पकड़ में नहीं आती (शब्दों से उसका अर्थ पकड़ा नहीं जाता)। तब राजा जनकजी, भरतजी तथा मुनि वसिष्ठजी पूरी मंडली के साथ वहाँ गये, जहाँ देवतारूपी कुमुदों के खिलानेवाले चन्द्रमा-स्वरूप श्रीरामचन्द्रजी थे ॥२॥

— his pregnant speech was as elusive as the reflection of a face in a glass held in the hand. Then Janaka and Bharata and the sage (Vasishtha), together with the whole assembly, called on Rama, who gladdens the gods even as the moon gladdens the lilies.

सुनि सुधि सोचबिकल सब लोगा। मनहुँ मीनगन नव जल जोगा॥
देव प्रथम कुलगुर गति देखी। निरखि बिदेह सनेह बिसेषी॥

इस बात को सुनकर सब लोग सोच में ऐसे व्याकुल हो गए जैसे (पहली वर्षा के) नये जल के संयोग से मछलियाँ व्याकुल होती हैं। देवताओं ने पहले कुलगुरु वसिष्ठजी की दशा देखी, फिर राजा जनक के विशेष स्नेह को देखा; ॥३॥

On hearing the news all the people were as tormented by anxiety as fish at the touch of the first showers (of the wet monsoon). The gods, observing first the condition of the family *guru* (the sage Vasishtha), then witnessing Janaka's exceeding affection —

रामभगतिमय भरतु निहारे। सुर स्वारथी हहरि हिय हारे॥
सब कोउ रामपेममय पेखा। भये अलेख सोचबस लेखा॥

(अन्त में) श्रीरामभक्ति में लवलीन भरतजी को देखा। इन्हें देखकर स्वार्थी देवता घबड़ाकर हृदय में हार मान गए। सब किसी को श्रीराम प्रेम में निमग्न देखकर देवता इतने सोच के वश हो गए कि उनके सोच का लेखा (हिसाब) ही न रह गया ॥४॥

— and Bharata's absorption in devotion to Rama, were selfishly dismayed and sunk into a state of utter despair. When they saw everyone immersed in love for Rama, they were all immeasurably alarmed.

दो. —रामु सनेह सकोच बस कह ससोच सुरराजु।
रचहु प्रपंचहि पंच मिलि नाहि त भयेउ अकाजु॥२९४॥

देवराज इन्द्र सोच के मारे (चिन्तातुर होकर) कहने लगे कि श्रीरामचन्द्रजी तो स्नेह और संकोच के वश हैं। इसलिए सब पंच लोग मिलकर कुछ प्रपञ्च (माया) रचो, नहीं तो काम बिगड़ा जाता है ॥२९४॥

'Rama is ruled by love and modesty,' cried the king of heaven anxiously. 'We must combine to devise some scheme, or else we are all doomed !'

चौ. —सुरन्ह सुमिरि सारदा सराही। देवि देव सरनागत पाही॥
फेरि भरतमति करि निज माया। पालु बिबुधकुल करि छलछाया॥

(उस समय) देवताओं ने सरस्वती का स्मरणकर उनकी स्तुति की और कहा — हे देवि ! देवता तुम्हारे शरणागत हैं, हमारी रक्षा करो ! अपनी माया रचकर भरतजी की बुद्धि को फेर दो और छलरूपी छायाकर देवकुल का पालन करो ॥१॥

So the gods invoked Sarasvati in flattering terms. 'O goddess,' they cried, 'we celestials have sought refuge in you; pray protect us. Alter Bharata's purpose by using your magic influence and by some deceptive artifice rescue the empyrean race.'

बिबुधबिनय सुनि देवि सयानी। बोली सुर स्वारथजड़ जानी॥
मो सन कहहु भरतमति फेरू। लोचन सहस न सूझ सुमेरू॥

देवताओं की प्रार्थना सुनकर और उन्हें स्वार्थ के वश होने से जड़ समझकर चतुर देवी सरस्वती बोलीं — मुझसे कह रहे हो कि भरतजी की बुद्धि पलट दो ? हजार नेत्रों से भी तुम्हें सुमेरु नहीं सूझ पड़ता ! ॥२॥

When the wise goddess heard the gods' petition and realized that selfishness had robbed them of their senses, she replied, 'You ask me to alter Bharata's purpose ! You cannot see Mount Sumeru for all your thousand eyes !

बिधि हरि हर माया बड़ि भारी। सोउ न भरतमति सकइ निहारी॥
सो मति मोहि कहत करु भोरी। चंदिनि कर कि चंडकरचोरी॥

ब्रह्मा, विष्णु और महेश की माया बड़ी प्रबल है; परंतु वह भी भरतजी की बुद्धि की ओर निहार नहीं सकती। उस बुद्धि को भुलावे में डालने के लिए तुम मुझे कह रहे हो ! भला, कहीं चाँदनी प्रचण्ड किरणवाले सूर्य को चुरा सकती है ? ॥३॥

Exceedingly great is the illusive power of Brahma, Vishnu and Shiva, but it cannot see through

Bharata's purpose, and that is the purpose you bid me pervert ! Look, can moonlight steal the flaming sun ?

भरतहृदयँ सिय राम निवासू । तहँ कि तिमिर जहँ तरनिप्रकासू ॥
अस कहि सारद गइ बिधिलोका । बिबुध बिकल निसि मानहुँ कोका ॥

भरतजी के हृदय में श्रीसीतारामजी का निवास है । भला, जहाँ सूर्य का प्रकाश हो, वहाँ कभी अँधेरा रह सकता है ? ऐसा कहकर सरस्वतीजी ब्रह्मलोक को चली गयीं । तब देवता ऐसे व्याकुल हुए जैसे रात में चकवा व्याकुल होता है ॥४॥

Bharata's heart is the abode of Sita and Rama; can darkness invade the splendour of the sun ?' So saying, Sarasvati withdrew to Brahma's heaven, leaving the gods as downcast as the *chakava* at night.

दो. –सुर स्वारथी मलीन मन कीन्ह कुमंत्र कुठाटु ।
रचि प्रपंचु माया प्रबल भय भ्रम अरति उचाटु ॥२९५॥

स्वार्थी और मन के मैले देवताओं ने खोटी सलाह का बुरा ठाट (षड्यन्त्र) रचा । अपना प्रबल माया-जाल रचकर उन्होंने भय, भ्रम, विरक्ति और उच्चाटन का प्रपंच फैला दिया ॥२९५॥

The self-seeking, mean-minded gods devised wicked plots and crafty schemes and weaving a powerful net of deceptive artifices, let loose dread and confusion, sorrow and disheartenment.

चौ. –करि कुचालि सोचत सुरराजू । भरतहाथ सबु काजु अकाजू ॥
गये जनकु रघुनाथ समीपा । सनमाने सब रबिकुलदीपा ॥

यह कुचाल करके इन्द्र सोचने लगे कि काम का सुधरना-बिगड़ना सब भरतजी के हाथ है । इधर राजा जनकजी (मुनि वसिष्ठ आदि के साथ) श्रीरघुनाथजी के पास गये । सूर्यकुल के दीप श्रीरामचन्द्रजी ने सबका सम्मान किया ॥१॥

Having practised this villainy, Indra thought that the success or failure of his plans lay in Bharata's hands. Now, when Janaka (and others) went to Raghunātha, the light of the Solar race received them all with honour.

समय समाज धरम अबिरोधा । बोले तब रघुबंसपुरोधा ॥
जनक भरत संबादु सुनाई । भरत कहाउति कही सुहाई ॥

तब रघुकुल के पुरोहित वसिष्ठजी समय, समाज और धर्म के अनुकूल (वचन) बोले । उन्होंने पहले जनकजी और भरतजी का संवाद सुनाकर फिर भरतजी का सुन्दर कथन कह सुनाया ॥२॥

Then spoke Vasishtha the priest of the house of Raghu in terms appropriate to the occasion, the assembly and the principles of righteousness. He reproduced the conversation of Janaka and Bharata, eloquently recounting all that Bharata had nobly urged.

तात राम जस आयसु देहू । सो सबु करइ मोर मत एहू ॥
सुनि रघुनाथ जोरि जुग पानी । बोले सत्य सरल मृदु बानी ॥

(फिर वे बोले –) हे तात राम ! मेरी तो यही सम्मति है कि तुम जैसी आज्ञा दो वैसा हो सब करें । यह सुनकर, दोनों हाथ जोड़कर श्रीरघुनाथजी सत्य, सीधी-सादी और मधुर वाणी बोले – ॥३॥

'Dear Rama,' he said, 'everyone will obey whatever command you may give; this is my conclusion.' Upon this Raghunatha folded his hands and in gentle accents spoke words which were true and guileless:

बिद्यमान आपुनि मिथिलेसू । मोर कहब सब भाँति भदेसू ॥
राउर राय रजायसु होई । राउरि सपथ सही सिर सोई ॥

आप और मिथिलेश्वर जनकजी की उपस्थिति में मेरा कुछ कहना सब तरह से भद्दा (अनुचित) रहेगा । आपकी और महाराज की जो कुछ आज्ञा होगी, मैं आपकी शपथ करके कहता हूँ, वही सत्य ही सबको शिरोधार्य होगी ! ॥४॥

'In the presence of yourself, sir, and the lord of Mithila, for me to speak is altogether unseemly. Whatever command you and the king may be pleased to give, by yourself I swear that it will be truly acceptable to all.

दो. –रामसपथ सुनि मुनि जनकु सकुचे सभा समेत ।
सकल बिलोकत भरतमुखु बनइ न ऊतरु देत ॥२९६॥

(इस तरह) श्रीरामचन्द्रजी की शपथ को सुनकर सभासमेत मुनि और राजा जनक सकुचा गए । किसी से उत्तर देते नहीं बनता, सब लोग भरतजी के मुख की ओर ताकने लगे ॥२९६॥

On hearing Rama's oath the sage and Janaka and the whole assembly were disconcerted. Unable to make reply, they all fixed their eyes on Bharata's face.

चौ. –सभा सकुचबस भरत निहारी । रामबंधु धरि धीरजु भारी ॥
कुसमउ देखि सनेहु सँभारा । बढ़त बिंधि जिमि घटज निवारा ॥

सभा को संकोच के वश में देखकर रामबन्धु भरतजी ने अपूर्व धैर्य धारण किया । जिस प्रकार बढ़ते हुए विन्ध्याचल पहाड़ को अगस्त्यजी ने रोका था, उसी प्रकार भरतजी ने कुसमय देखकर अपने उमड़ते हुए स्नेह को सँभाल लिया ॥१॥

When Bharata saw the assembly confounded, he, Rama's brother, exercised great self-restraint and realizing the unfitness of the time, he subdued his emotion even as the jar-born sage Agastya had arrested the growth of the Vindhya range. (He had compelled the Vindhya mountains to bow down before him; and when once down, they were never able to rear themselves again.)

सोक कनकलोचन मति छोनी। हरी बिमल गुनगन जगजोनी॥
भरतबिबेक बराह बिसाला। अनायास उधरी तेहिं काला॥

(जब) शोकरूपी हिरण्याक्ष ने (सभा की) बुद्धिरूपिणी पृथ्वी को हर लिया, तब निर्मल गुणसमूह वाले भरतरूपी ब्रह्मा से विवेकरूपी विशाल वराह (वराहरूपधारी भगवान्) ने प्रकट होकर बिना परिश्रम के उसका उद्धार कर दिया (जब शोक के कारण सभा की बुद्धि कुछ काम की न रह गई, तब भरतजी के विवेकमय वचन द्वारा वह शोक नष्ट हुआ)॥२॥

Grief carried away the judgement of the whole assembly, as Hiranyaksha carried away the earth, but from Bharata's spotless perfections, as from Brahma, sprang forth discernment like the mighty Boar and effortlessly wrought its deliverance. (It was when grief carried away the assembly's judgement, that from Bharata's noble perfections, as from the womb of the universe, came forth the Boar of discretion and wrought immediate deliverance. The allusion is to the third *avatara*, when Vishnu in the form of a Boar rescued the earth, which had been seized by the demon Hiranyaksha and carried off into the depths of the ocean.)

करि प्रनामु सब कहँ कर जोरे। रामु राउ गुर साधु निहोरे॥
छमब आजु अति अनुचित मोरा। कहउँ बदन मृदु बचन कठोरा॥

(भरतजी ने) प्रणाम कर सबके प्रति हाथ जोड़े तथा श्रीरामचन्द्रजी, राजा जनक, गुरु वसिष्ठजी और साधु-महात्मा सबसे विनती की और कहा— आज मेरे इस अत्यन्त अनुचित व्यवहार को क्षमा कीजिएगा। कोमल मुख से मैं कठोर वचन कह रहा हूँ—॥३॥

With folded hands Bharata bowed to all and with humble supplication said to Rama, the king, the *guru* and other holy men present there: 'Pardon me if today I act most unbecomingly and with my feeble lips utter biting words.'

हियँ सुमिरी सारदा सुहाई। मानस तें मुख पंकज आई॥
बिमल बिबेक धरम नय साली। भरतभारती मंजु मराली॥

फिर हृदय में स्मरण करते ही सुहावनी सरस्वतीजी उनके मनरूपी मानसरोवर से उनके मुख-कमल पर आ विराजीं। निर्मल विवेक, धर्म और नीति से संवलित भरतजी की वाणी सुन्दर हंसिनी (के समान नीर-क्षीर का विवेचन करनेवाली) है॥४॥

He now invoked in his heart the gracious goddess Sharada, who rose from the holy lake of his soul[1] to his lotus mouth. Bharata's speech, fraught with pure wisdom, piety and prudence, resembled a lovely swan. (As he mentally invoked the gracious goddess, from the depths of his soul there came to his lotus mouth a swan-like strain full of pure wisdom, piety and godness.)

दो.—निरखि बिबेक बिलोचनन्हि सिथिल सनेहँ समाजु।
करि प्रनामु बोले भरतु सुमिरि सीय रघुराजु॥२९७॥

विवेक की आँखों से सारे समाज को (उमड़ते) स्नेह के वश शिथिल देखकर सबको प्रणाम करते हुए तथा सीता-रामजी का स्मरण करके भरतजी बोले—॥२९७॥

With the eyes of prudence he saw that the whole assembly was faint with love. He made obeisance to all and, invoking Sita and Rama, spoke as follows:

चौ.—प्रभु पितु मातु सुहृद गुर स्वामी। पूज्य परमहित अंतरजामी॥
सरल सुसाहिबु सीलनिधानू। प्रनतपालु सर्बग्य सुजानू॥

हे प्रभो! आप मेरे पिता, माता, मित्र, गुरु, स्वामी, पूज्य, परम हितकारी और अन्तर्यामी हैं। सरलहृदय, श्रेष्ठ स्वामी, शील के आधार, शरणागत के पालक, सर्वज्ञ और चतुर हैं॥१॥

'O Lord, you are my father and mother, my friend, my *guru* and my master; you are the object of my adoration, my best benefactor and reader of my heart, sincere and best of masters, the root-foundation of amiability, the protector of the suppliant, all-knowing and all-wise,

समरथु सरनागत हितकारी। गुनगाहकु अवगुन अघ हारी॥
स्वामि गोसाइँहि सरिस गोसाईं। मोहि समान मैं साँइ दोहाईं॥

आप समर्थ, शरणागत के हितैषी, गुणों को ग्रहण करनेवाले और अवगुणों तथा पापों को हरनेवाले हैं। हे गोसाईं! आप-जैसे स्वामी तो आप ही हैं और स्वामी के साथ द्रोह करने में मेरे समान मैं ही हूँ[१] (अर्थात् न तो कहीं आप-जैसा क्षमाशील स्वामी है और न मुझ-जैसा नीच व्यक्ति ही)॥२॥

—all-powerful friend of those who take refuge in you, quick to appreciate merit and drive away vice and sin. You are the only master like yourself, my

1. *manasa*, that is, Manasarovara or *manasa*, the mind.

१. अथवा, स्वामी की दोहाई (कसम)! (अधमता और स्वामी के प्रति द्रोह करने में) मेरे समान मैं ही हूँ।

lord, and there is no enemy of his master like myself !

प्रभु पितु बचन मोहबस पेली । आएउँ इहाँ समाजु सँकेली ॥
जग भल पोच ऊँच अरु नीचू । अमिअ अमरपद माहुरु मीचू ॥

मैं प्रभु (आप) के और पिताजी के वचन का मोहवश उल्लंघन कर और पूरे समाज को बटोरकर यहाँ आया हूँ । संसार में भले-बुरे, ऊँचे और नीचे, अमृत और अमरत्व, विष और मृत्यु आदि (सब हैं) – ॥३॥

In my folly I assembled a host and came here in defiance of the commands of my lord and my father. In the world are good men and bad, high and low, nectar and immortality, venom and death;

रामरजाइ मेट मन माहीं । देखा सुना कतहुँ कोउ नाहीं ॥
सो मैं सब बिधि कीन्हि ढिठाई । प्रभु मानी सनेहसेवकाई ॥

परन्तु कहीं भी न तो देखा और न सुना ही कि किसी ने श्रीरामचन्द्रजी की आज्ञा को मन से भी टाल दिया हो । मैंने सब प्रकार से वही ढिठाई की, परंतु प्रभु ने उस धृष्टता को भी स्नेह और सेवा मान लिया ! ॥४॥

—but nowhere have I seen or heard of anyone who even in thought could frustrate Rama's will. Yet I have been altogether presumptuous, and my Lord in his love has taken my presumption as a token of affection and an act of service.

दो. –कृपाँ भलाईं आपनीं नाथ कीन्ह भल मोर ।
दूषन भे भूषन सरिस सुजसु चारु चहुँ ओर ॥२९८॥

हे नाथ ! आपने अपनी कृपा और भलाई से मेरा उपकार किया, जिससे मेरे दूषण भी भूषण के समान हो गए और चारों ओर मेरा सुन्दर यश फैल गया ! ॥२९८॥

Out of his own grace and goodness my Lord has done me a good turn; my failings have become my adornments and my fair fame has spread all around.

चौ. –राउरि रीति सुबानि बड़ाई । जगतबिदित निगमागम गाई ॥
कूर कुटिल खल कुमति कलंकी । नीच निसील निरीस निसंकी ॥

हे नाथ ! आपकी रीति और सुन्दर स्वभाव की बड़ाई जगत् में विख्यात है और वेद-शास्त्रों में बखानी गयी है । जो क्रूर, कुटिल, दुष्ट, कुबुद्धि, कलंकी, नीच, शील से वंचित, नास्तिक और निडर हैं, ॥१॥

Your conduct and the greatness of your noble disposition are known throughout the world and have been glorified in the Vedas and the Agamas. Even the cruel, the perverse, the wicked, the low-minded and the disgraced, the base, the impudent, the godless and the unscrupulous,

तेउ सुनि सरन सामुहें आए । सकृत प्रनामु कियें अपनाए ॥
देखि दोष कबहुँ न उर आने । सुनि गुन साधुसमाज बखाने ॥

सामने शरण में आया हुआ सुनकर एक बार प्रणाम करने पर ही आपने उन्हें भी अपना लिया । उन (शरणागतों) के दोषों को देखकर भी आप कभी ध्यान में नहीं लाये, पर उनके गुणों को सुनकर साधुओं की मंडली में उनकी प्रशंसा की ॥२॥

— are all received by you as your own when you hear that they have come to you for shelter, if but once they bow to you. You never take their faults to heart, though you see them with your own eyes, and if you but hear of their virtues, you proclaim them in the assembly of the saints.

को साहिब सेवकहि नेवाजी । आपु समाज साज सब साजी ॥
निज करतूति न समुझिअ सपनें । सेवक सकुच सोचु उर अपनें ॥

सेवक पर कृपा करनेवाला ऐसा और कौन स्वामी है जो आप ही सेवक का सारा साज-सामान सज दे (उसकी आवश्यकताओं की पूर्ति कर दे) और स्वप्न में भी अपनी कोई करनी न समझकर उलटे इसका सोच अपने हृदय में रखे कि सेवक को कोई संकोच या चिन्ता न हो ! ॥३॥

What other master is so gracious to his servant, who would provide him with all his necessaries himself and, far from reckoning even in a dream what he has done for his servant, would feel heartily vexed at any embarrassment caused to him ?

सो गोसाँइ नहि दूसर कोपी । भुजा उठाइ कहौं पन रोपी ॥
पसु नाचत सुक पाठप्रबीना । गुन गति नट पाठक आधीना ॥

भुजा उठाकर और प्रण रोपकर (प्रतिज्ञा करके) मैं कहता हूँ कि आपके सिवा ऐसा स्वामी दूसरा कोई नहीं है । (बंदर, रीछ आदि) पशु नाचते और तोते (पढ़ाये हुए) पाठ में निपुण हो जाते हैं । परंतु तोते का (यह) गुण और पशु के नाचने की गति (क्रमशः) पढ़ानेवाले और नचानेवाले के अधीन है ॥४॥

There is no such lord other than yourself—so I declare with arms upraised ! Animals dance and parrots attain proficiency in repeating what they have learnt, but this achievement of the parrot depends upon the teacher and the animal's movements on the dancing-master.

दो. –यों सुधारि सनमानि जन किये साधुसिरमोर ।
को कृपाल बिनु पालिहै बिरिदावलि बरजोर ॥२९९॥

अपने सेवकों की (बिगड़ी) बात को इसी प्रकार सुधारकर और सम्मान देकर आपने उन्हें साधुओं का सिरमौर बना दिया । कृपालु (आप) के सिवा अपनी विरदावली का और कौन बलपूर्वक पालन कर सकता है ? ॥२९९॥

Even so have you corrected your servants and treated them with honour and raised them to be the crest-jewels of holy men. Is there anyone save the Lord of mercy who will persistently maintain his high honour thus ?

चौ. –सोक सनेह कि बालसुभाएँ । आएउँ लाइ रजायसु बाएँ ॥
तबहुँ कृपाल हेरि निज ओरा । सबहि भाँति भल मानेउ मोरा ॥

शोक से या स्नेह से या बाल-स्वभाव से आपकी आज्ञा को न मानकर मैं चला आया, फिर भी कृपालु स्वामी (आप) ने अपनी ओर देखकर सब प्रकार से मेरी भलाई ही मानी ॥१॥

Whether it was from grief or affection or mere childishness that I came here in defiance of your commands, you in your compassion have taken my insolence in good part (approved of this act of impropriety).

देखेउँ पाय सुमंगलमूला । जानेउँ स्वामि सहज अनुकूला ॥
बड़े समाज बिलोकेउँ भागू । बड़ी चूक साहिब अनुरागू ॥

मैंने सभी सुन्दर मङ्गलों के उत्पत्तिस्थान आपके चरणों के दर्शन किये और जान लिया कि स्वामी मुझ पर स्वभाव से ही अनुकूल हैं । इस बड़े समाज में मैंने अपने भाग्य को देखा कि बड़ी भारी चूक होने पर भी स्वामी का मुझ पर कितना स्नेह है ! ॥२॥

I have seen your feet, the fountain-head of all blessings, and have learnt that my master (yourself) is naturally gracious to me. In this august assembly I have witnessed my good fortune, that I continue to enjoy my master's affection in spite of my grievous error.

कृपा अनुग्रहु अंगु अघाई । कीन्हि कृपानिधि सब अधिकाई ॥
राखा मोर दुलार गोसाईं । अपने सील सुभायँ भलाईं ॥

कृपानिधान की कृपा और अनुग्रह से मेरा अंग-अंग अघा गया है; आपने सब-कुछ अधिकता से ही किया है । हे गोसाईं ! आपने अपने शील और सहज उपकारक स्वभाव से मेरा दुलार रखा ॥३॥

The all-gracious Lord has filled me full with his compassion and favour and done all he could more than I have ever deserved. Holy master, by virtue of your native amiability and benevolent disposition you have ever been indulgent to me.

नाथ निपट मैं कीन्हि ढिठाई । स्वामि समाज सकोचु बिहाई ॥
अबिनय बिनय जथारुचि बानी । छमिहि देउ अति आरत जानी ॥

हे नाथ ! मैंने स्वामी और समाज के संकोच को त्यागकर यथारुचि (इच्छानुसार, मनमाने ढंग से) अविनय या विनयभरी वाणी कहकर सर्वथा ढिठाई की है । हे देव ! मुझे अत्यन्त आर्त्त जानकर क्षमा करें ॥४॥

Lord, great has been my audacity in discarding due respect for my master and this assembly and speaking boldly or humbly, just as the fancy moved me; but pardon me, Lord, as one grievously distressed.

दो. –सुहृद सुजान सुसाहिबहि बहुत कहब बड़ि खोरि ।
आयसु देइअ देव अब सबइ सुधारी मोरि ॥३००॥

सुहृद्, चतुर और श्रेष्ठ स्वामी से बहुत कहना भी बड़ा अपराध है । इसलिए हे देव ! अब मुझे आज्ञा दीजिए और मेरा सब कुछ सुधारदीजिए[1] (आज्ञा देकर मेरी बिगड़ी भी सुधार दीजिए) ॥३००॥

It is a great mistake to say overmuch to a loving, wise and good master. Now, Lord, be pleased to give me your commands and set me right (retrieve me, make me new).

चौ. –प्रभुपद पदुम पराग दोहाई । सत्य सुकृत सुख सींव सुहाई ॥
सो करि कहौं हिये अपने की । रुचि जागत सोवत सपने की ॥

प्रभु के चरणकमलों के रजकण की, जो सत्य, सुकृत (पुण्य) और सुख की सुन्दर सीमा हैं, शपथ खाकर मैं अपने हृदय की जागते, सोते और सपने में भी बनी रहनेवाली रुचि कहता हूँ ॥१॥

I swear by the dust of my Lord's lotus feet—the glorious consummation of truth and virtue and bliss - and declare that the desire of my soul at all time, whether waking, sleeping or dreaming,

सहज सनेह स्वामिसेवकाई । स्वारथ छल फल चारि बिहाई ॥
अग्या सम न सुसाहिबसेवा । सो प्रसादु जनु पावइ देवा ॥

वह है – कपट, स्वार्थ और (अर्थ, धर्म, काम और मोक्ष के) चारों फलों को त्यागकर सहज स्नेह से स्वामी की सेवा करना । आज्ञा-पालन के समान अच्छे स्वामी की और कोई सेवा नहीं है । हे देव ! अब वही (आज्ञारूप) प्रसाद सेवक को मिल जाय ॥२॥

— is to serve my master with sincere and spontaneous devotion, relinquishing my own interests and not seeking the four ends of human existence. The greatest service to a noble master is to obey his commands; so, Lord, let your servant win this favour.'

अस कहि प्रेम बिबस भये भारी । पुलक सरीर बिलोचन बारी ॥
प्रभुपद कमल गहे अकुलाई । समउ सनेहु न सो कहि जाई ॥

---

१. "भाव यह कि जिसकी आज्ञा चले वही राजा है । आपकी आज्ञा से मैं काम करूँगा तो राजा आप रहे, मैं सेवक रहा । मेरा सेवाधर्म बना रह जायगा । सरकार ने मेरे दूषण को भूषण तो किया । अब आज्ञा देकर मेरी बिगड़ी भी सुधार दें ।" – पं. विजयानन्दजी त्रिपाठी ।

ऐसा कहकर भरतजी प्रेम-विह्वल हो गए। उनका शरीर पुलकित हो उठा, आँखों में (प्रेमजन्य आँसुओं का) जल भर आया। अकुलाकर उन्होंने प्रभु के चरणकमल पकड़ लिये। उस समय का और स्नेह का वर्णन नहीं किया जा सकता ॥३॥

So saying, he was utterly overcome by loving emotion; a thrill ran through his body and his eyes filled with tears. In great agitation he clasped the Lord's lotus feet; the excitement of the moment and the intensity of affection defy description.

कृपासिंधु सनमानि सुबानी। बैठाए समीप गहि पानी ॥
भरतबिनय सुनि देखि सुभाऊ। सिथिल सनेह सभा रघुराऊ ॥

कृपासिन्धु (श्रीरामचन्द्रजी) ने मनोहर वाणी से भरतजी का सम्मान किया और हाथ पकड़कर उन्हें अपने पास बिठा लिया। भरतजी की विनती सुनकर और उनका स्वभाव देखकर सारी सभा और श्रीरघुनाथजी स्नेहवश शिथिल हो गए ॥४॥

The ocean of grace honoured him with kindly words, and taking him by the hand seated him by his side. The whole assembly, including Raghunatha himself, was faint with love after hearing Bharata's humble speech and marking his noble nature.

छं. –रघुराउ सिथिल सनेह साधुसमाजु मुनि मिथिलाधनी।
मन महुँ सराहत भरत भायप भगति की महिमा घनी ॥
भरतहि प्रसंसत बिबुध बरषत सुमन मानस मलिन से।
तुलसी बिकल सब लोग सुनि सकुचे निसागम नलिन से ॥

रघुराज रामचन्द्रजी, साधुओं की मंडली, मुनि वसिष्ठजी और मिथिलापति जनकजी स्नेह (की अधिकता) से शिथिल हो गए। सब मन-ही-मन भरतजी के भ्रातृभाव और उनकी भक्ति की अपार महिमा की सराहना करने लगे। देवता मलिन मन से भरतजी की सराहना करते हुए उनपर फूलों की वर्षा करने लगे। तुलसीदासजी कहते हैं – सब लोग भरतजी के भाषण को सुनकर[1] व्याकुल हो गए और ऐसे सकुचा गए जैसे रात्रि के आगमन से कमल सकुचा जाता है।

Raghuraja himself and the congregation of holy men, the sage and the king of Mithila almost swooned with love and praised in their hearts and exceeding greatness of Bharata's brotherly love and devotion. The gods, too, applauded Bharata and rained down flowers on him, though with a heavy heart. On hearing his speech all the people were distressed and shrank into themselves like lotuses that wither at the approach of night.

१. 'सभा में भरतजी के निर्णय को सुनकर' – **मानस-पीयूष,** ४, पृ. १०५७।

सो. –देखि दुखारी दीन दुहुँ समाज नर नारि सब।
मघवा महा मलीन मुए मारि मंगल चहत ॥३०१॥

दोनों समाजों के सभी स्त्री-पुरुषों को दीन और दुःखी देखकर महामलिन इन्द्र मरे हुए को मारकर अपना कल्याण चाहता है ॥३०१॥

When Indra saw every man and woman in both the assemblies so afflicted and downcast, the vile wretch still sought to gain his ends by slaying the already slain.

चौ. –कपट कुचालि सींव सुरराजू। पर अकाज प्रिय आपन काजू ॥
काक समान पाकरिपुरीती। छली मलीन कतहुँ न प्रतीती ॥

सुरराज इन्द्र कपट और कुचाल की सीमा है। पराये काम को बिगाड़कर अपना काम सुधारना ही उसे प्रिय है। इन्द्र[2] की रीति कौए के समान है। वह छली और मन का मैला है, उसका कहीं किसी पर विश्वास नहीं है ॥१॥

The king of heaven is the worst specimen of deceitfulness and villainy; he loves another's loss and his own gain. The ways of Indra are like those of a crow, crafty, malicious, putting faith in none. (*Pakaripu* or 'Paka's enemy' is one of Indra's names, in consequence of his having slain the demon Paka.)

प्रथम कुमत करि कपटु सँकेला। सो उचाटु सब कें सिर मेला ॥
सुरमायाँ सब लोग बिमोहे। रामप्रेम अतिसय न बिछोहे ॥

इन्द्र ने पहले तो कुमत (बुरा विचार) करके कपट एकत्र किया (बटोरा)। फिर वह (कपटजनित) उचाट सबके सिर डाल दिया। फिर उस देवमाया से सब लोगों को विमोहित कर दिया। परन्तु श्रीरामचन्द्रजी के अतिशय प्रेम से उनका अधिक विछोह नहीं हुआ (अर्थात् राम-प्रेम बना ही रहा) ॥२॥

Having in the first instance formed an evil design and gathered together all the forces of deceit, he piled up mental weariness on the heads of all. Though all were thus bewitched by the god's delusive power, they could not be wholly deprived of the affection they bore for Rama.

भय उचाट बस मन थिर नाहीं। छन बनरुचि छन सदन सोहाहीं ॥
दुबिध मनोगति प्रजा दुखारी। सरित सिंधु संगम जनु बारी ॥

किसी का भी मन भय और उचाट (विरक्ति, उदासी) के वश स्थिर नहीं है; क्षण में वन में रहने की इच्छा होती है और क्षण में घर अच्छे लगने लगते हैं। मन की इस दुविधामयी स्थिति से प्रजा दुःखी हो रही है, मानो वह नदी और समुद्र के सङ्गम का (क्षुब्ध, चंचल) जल हो ॥३॥

२. 'पाकरिपु'=पाक नामक दैत्य के शत्रु इन्द्र।

Overcome as they all were by fear and ennui, they were all distracted; at one moment they longed for the woods, at another for going back home. The people in this unsettled state had the current of their ideas as disturbed as the water where the river runs into the sea.

दुचित कतहुँ परितोषु न लहहीं। एक एक सन मरमु न कहहीं॥
लखि हियँ हँसि कह कृपानिधानू। सरिस स्वान मघवान जुवानू॥

चित्त के अस्थिर होने से वे कहीं भी संतोष नहीं पाते और न एक-दूसरे से अपना मर्म ही कहते हैं। यह दशा देखकर कृपानिधान श्रीरामचन्द्रजी मन-ही-मन हँसकर कहने लगे – कुत्ता, इन्द्र और नवयुवक (कामी पुरुष) एक-जैसे हैं। (पाणिनि ने श्वन्, युवन् और मघवन् को एक सूत्र में पिरोकर उनकी समानता ही सिद्ध की है। उनके व्याकरण के अनुसार, इन शब्दों के रुप एक-जैसे होते हैं[१] और व्यवहार में भी ये समान हैं – विषय-लोलुपता तीनों में समान है।) ॥४॥

Thus wavering in mind, they found no comfort anywhere, nor did any disclose his secret thoughts to another. When the all-compassionate Lord saw it, he smiled within himself and said, 'A dog, a young libertine and Indra are all alike!' (This refers to Panini's *shva-yuva-maghonamataddhite.* The grammarian mentions the three nowns as being subject to the same characteristics in their declension.)

दो. –भरतु जनकु मुनिगन सचिव साधु सचेत बिहाइ।
लागि देवमाया सबहि जथाजोगु जनु पाइ॥३०२॥

भरतजी, जनकजी, मुनिगण, मन्त्री और ज्ञानी महात्माओं के अतिरिक्त अन्य सभी लोगों को उनकी प्रकृति और स्थिति के अनुसार देवमाया लगी ॥३०२॥

Excepting Bharata, Janaka, the host of sages, the ministers and the enlightened saints, the delusive magic of the gods affected all, according to the susceptibility of the individual.

चौ. –कृपासिंधु लखि लोग दुखारे। निज सनेहँ सुरपति छल भारे॥
सभा राउ गुर महिसुर मंत्री। भरतभगति सब कै मति जंत्री॥

करुणासागर श्रीरामचन्द्रजी ने लोगों को अपने स्नेह और इन्द्र के भारी छल से दुःखी देखा। सभा, राजा जनक, गुरु, ब्राह्मण और मन्त्री आदि सभी की बुद्धि पर भरतजी की भक्ति ने ताला लगा दिया है (सभी मुग्ध होकर किंकर्तव्यविमूढ़ हो रहे हैं) ॥१॥

Rama, the ocean of compassion, saw the people disquieted by their love and by the potent deception of the king of heaven. The assembly, Janaka, the *guru*, the Brahmans and the ministers were all under the spell of Bharata's devotion and in something of a dilemma.

रामहि चितवत चित्र लिखे से। सकुचत बोलत बचन सिखे से॥
भरत प्रीति नति बिनय बड़ाई। सुनत सुखद बरनत कठिनाई॥

सब लोग लिखे हुए चित्र (तस्वीर) की तरह श्रीरामचन्द्रजी की ओर (एकटक) देख रहे हैं और सकुचाते हुए सिखाये हुए-से वचन बोलते हैं। भरतजी की प्रीति, नम्रता, विनय और बड़ाई सुनने में तो सुख देनेवाली हैं, पर उनके वर्णन करने में कठिनाई-ही-कठिनाई है ॥२॥

Like figures drawn in a painting they gazed on Rama, diffidently uttering words which they seemed to have learnt by rote. Bharata's affection, courtesy, modesty and nobility were pleasing to hear but difficult to describe.

जासु बिलोकि भगति लवलेसू। प्रेममगन मुनिगन मिथिलेसू॥
महिमा तासु कहै किमि तुलसी। भगति सुभाय सुमति हिय हुलसी॥

जिनकी भक्ति के कणमात्र को देखकर मुनिगण और मिथिलापति जनकजी प्रेम-मग्न हो गए, उन भरतजी की महिमा तुलसीदास कैसे कहे? उनकी भक्ति और सुन्दर भाव से कवि-हृदय में सुबुद्धि उल्लसित हो रही है ॥३॥

Seeing only the tiniest particle of his devotion, the host of sages and the king of Mithila were drowned in love; how, then, can I, Tulasidasa, speak of his glory? It is his devotion and noble sentiments that have inspired sublime wisdom in the poet's heart.

आपु छोटि महिमा बड़ि जानी। कबिकुल कानि मानि सकुचानी॥
कहि न सकति गुन रुचि अधिकाईं। मति गति बालबचन की नाईं॥

परंतु वह (बुद्धि) अपने को छोटी और भरतजी की महिमा को बड़ी जानकर कविकुल की मर्यादा को ध्यान में रखकर सकुचा गई (उसके वर्णन का साहस न कर सकी)। गुणों में रुचि तो बहुत है, पर उन्हें कह नहीं सकती। बुद्धि की दशा बालक के वचन-सी हो गयी (वह मन के भाव प्रकट करने में असमर्थ हो गयी) ॥४॥

But the poet's mind, realizing its own triviality and the greatness of Bharata's majesty, shrinks from the task out of respect for the dignity of the race of poets. Though greatly enamoured of his perfections, it cannot express them; it has become as helpless as an infant's speech.

दो. –भरत बिमल जसु बिमल बिधु सुमति चकोरकुमारि।
उदित बिमल जन हृदयनभ एकटक रही निहारि॥३०३॥

भरतजी का विमल यश निर्मल चन्द्रमा है और (कवि की) सुबुद्धि चकोर-कुमारी है, जो भक्तों के हृदयरूपी स्वच्छ आकाश में उस यश : चन्द्र

---

१. श्वयुवमघोनामतद्धिते (अष्टाध्यायी, अध्याय ६, पाद ४, सूत्र १३३)।

को उदित देखकर उसकी ओर टकटकी लगाये देखती ही रह गयी है (तब उस यश : चन्द्र का वर्णन कौन करे ?) ॥३०३॥

Bharata's unsullied fame is like the spotless moon and the poet's brilliant wit is like an unfledged partridge that looks with fixed gaze upon it, risen in the spotless sky of a votary's heart.

चौ. –भरतसुभाउ न सुगम निगमहूँ। लघुमति चापलता कबि छमहूँ॥
कहत सुनत सतिभाउ भरत को। सीय राम पद होइ न रत को॥

भरतजी के स्वभाव का वर्णन वेदों के लिए भी सरल-सुगम नहीं है। मेरी तुच्छ बुद्धि की चपलता को कविजन क्षमा करें! भरतजी के सद्भाव को कहने और सुनने से भला कौन मनुष्य श्रीसीतारामजी के चरणों में अनुरक्त न हो जायगा! ॥१॥

Not even the Vedas can easily grasp Bharata's noble disposition; wherefore O poets, pardon the frivolities of my poor wit. Who that hears or tells of Bharata's magnanimity will not be enamoured of the feet of Sita and Rama?

सुमिरत भरतहि प्रेमु राम को। जेहि न सुलभु तेहि सरिस बाम को॥
देखि दयाल दसा सब ही की। राम सुजान जानि जन जी की॥

भरतजी का स्मरण करते ही जिसे श्रीरामजी का प्रेम सुलभ न हुआ, उसके समान अभागा और कौन है? दयालु और सुजान श्रीरामजी ने सभी की दशा देखकर और अपने भक्त भरतजी के हृदय की बात को जानकर, ॥२॥

Is there anyone so unblest as the man who is not easily inspired with love for Rama by the very thought of Bharata? Seeing the plight of all the people and reading what was in the mind of his votary (Bharata),

धरमधुरीन धीर नयनागर। सत्य सनेह सील सुख सागर॥
देसु कालु लखि समउ समाजू। नीति प्रीति पालक रघुराजू॥

धर्मधुरन्धर, धीर, नीति-निपुण, सत्य, स्नेह, शील और सुख के सागर; नीति और प्रीति के पालक श्रीरघुनाथजी देश, काल, अवसर और समाज को देखकर– ॥३॥

—and after considering the place and the time, the occasion and the assembly, the all-merciful and all-wise Rama, the steadfast upholder of righteousness, self-possessed, master of policy, ocean of truth, love, amiability and joy, maintainer of justice and affection,

बोले बचन बानिसरबसु से। हित परिनाम सुनत ससिरसु से॥
तात भरत तुम्ह धरमधुरीना। लोक बेद बिद प्रेमप्रबीना॥

ऐसे वचन बोले जो मानो सरस्वती के सर्वस्व ही थे, जिनका परिणाम हितकर था और जो सुनने में चन्द्रमा के रस (अमृत) तुल्य थे। (उन्होंने कहा–)! हे तात भरत! तुम धर्म की धुरी को धारण करनेवाले हो तथा लोक और वेद दोनों के ज्ञाता और फिर प्रेम में पारंगत हो! ॥४॥

—-spoke words that were the quintessence of all eloquence, salutary in the end and sweet as the moon's nectar to hear: 'Bharata, my brother, you are the champion of righteousness, perfectly conversant with the world and the Vedas, an adept in the art of love.

दो. –करम बचन मानस बिमल तुम्ह समान तुम्ह तात।
गुरसमाज लघु बंधु गुन कुसमयँ किमि कहि जात॥३०४॥

हे तात! कर्म, वचन और मन से उज्ज्वल तुम्हारे समान केवल तुम्हीं हो! एक तो यह गुरुजनों का समाज, फिर तुम हमारे छोटे भाई, उस पर यह बुरा समय! तुम्हारे गुणों की प्रशंसा किस प्रकार की जा सकती है? (बड़ों के समाज में और ऐसे बुरे समय में छोटे भाई के गुण कैसे कहे जा सकते हैं?) ॥३०४॥

For purity of thought, word and deed, your only equal, dear brother, is yourself. In this assembly of *gurus* and in such distressing circumstances how can I glorify the virtues of a younger brother?

चौ. –जानहु तात तरनिकुल रीती। सत्यसंध पितु कीरति प्रीती॥
समउ समाजु लाज गुरजन की। उदासीन हित अनहित मन की॥

हे तात! तुम सूर्यवंश की रीति को, सत्यप्रतिज्ञ पिता की कीर्ति एवं प्रीति को, समय, समाज और गुरुजनों की मर्यादा को तथा उदासीन, मित्र और शत्रु – सबके मन की बात को भी जानते हो; ॥१॥

You are conversant, dear brother, with the custom of the Solar race, and know how truthful and how affectionate our father was. You are also alive to the gravity of the occasion and the honour due to this assembly and our *gurus*, and all that is in the mind of our friends and foes and neutrals.

तुम्हहिं बिदित सब ही कर करमू। आपन मोर परम हित धरमू॥
मोहि सब भाँति भरोस तुम्हारा। तदपि कहउँ अवसर अनुसारा॥

तुमको सबके कर्तव्यों का और अपने तथा मेरे परम हित और धर्म का (अथवा मेरे परम हितकारी धर्म का) भी ज्ञान है। यद्यपि मुझे सब प्रकार तुम्हारा भरोसा है, तो भी मैं समय के अनुसार कुछ कहता हूँ– ॥२॥

You know what everyone's duty is and what is best for you and me and the duty we should observe. Though I have complete confidence in you, yet I say something suited to the occasion.

तात तात बिनु बात हमारी। केवल गुरकुल कृपाँ सँभारी॥
नतरु प्रजा पुरजन परिवारू। हमहि सहित सबु होत खुआरू॥

हे तात ! पिताजी के बिना हमारी बात केवल कुलगुरु वसिष्ठजी की कृपा ने ही सँभाल रखी है; नहीं तो हमारे समेत प्रजा, नगरवासी और परिवार सभी दुर्दशा को प्राप्त हो जाते; ॥३॥

In the absence of our father, dear brother, only the favour of Vasishtha, the *guru* of the Solar line, has upheld us; otherwise all our subjects, our kinsmen, our people and ourselves would have been ruined.

जौं बिनु अवसर अँथव दिनेसू। जग केहि कहहु न होइ कलेसू॥
तस उतपातु तात बिधि कीन्हा। मुनि मिथिलेस राखि सबु लीन्हा॥

यदि अस्त होने के समय से पहले ही – सन्ध्या से पूर्व ही – सूर्य अस्त हो जाय, तो कहो, संसार में किसको क्लेश न होगा ? हे तात ! (पिताजी को असमय मारकर) वैसा ही अनर्थ विधाता ने कर दिया है, परन्तु गुरु वसिष्ठजी और राजा जनक ने सबकी रक्षा कर ली ! ॥४॥

If the sun sets before time, tell me who in this world will not be troubled ? Such a calamity, brother, had Providence ordained, but the sage Vasishtha and the lord of Mithila have saved us all.

दो. –राजकाज सब लाज पति धरम धरनि धन धाम।
गुरप्रभाउ पालिहि सबहि भल होइहि परिनाम॥३०५॥

सब राज-कार्य, लज्जा, प्रतिष्ठा, धर्म, पृथ्वी, धन, घर – इन सबका पालन-रक्षण गुरुजी का प्रताप करेगा और परिणाम भला होगा ॥३०५॥

All the affairs of the state, our honour and fair name, our virtue, land, riches and homes—all these our *guru*'s glory will defend; and everything will be well in the end.

चौ. –सहित समाज तुम्हार हमारा। घर बन गुरप्रसाद रखवारा॥
मातु पिता गुर स्वामि निदेसू। सकल धरम धरनीधरु सेसू॥

गुरुजी का प्रसाद (कृपा, अनुग्रह) ही घर में और वन में समाजसहित हमारा-तुम्हारा रखवाला है। माता, पिता, गुरु और स्वामी की आज्ञा (का पालन) मानो सभी धर्मों की पृथ्वी को धारण करनेवाले शेषजी के समान है ॥१॥

The *guru*'s grace is the only protector you and I and all our hosts of men and women have at home or in the woods. Obedience to one's father and mother, *guru* and master upholds all righteousness, even as Sheshanaga (the lord of serpents) upholds the world.

सो तुम्ह करहु करावहु मोहू। तात तरनिकुल पालक होहू॥
साधक एक सकल सिधि देनी। कीरति सुगति भूति मय बेनी॥

हे तात ! तुम उसी आज्ञा का पालन करो और मुझसे भी कराओ तथा सूर्यवंश के पालक-रक्षक बनो ! साधकों के लिए यही एक (आज्ञापालनरूपी साधना) सभी सिद्धियों की देनेवाली, कीर्तिमयी, सद्गतिमयी और ऐश्वर्यमयी त्रिवेणी है ॥२॥

Obey, then, their commands yourself and help me do the same, and so, dear brother, be the saviour of the Solar race. Obedience is for the aspirant the only means for the attainment of every success, a Triveni of glory, salvation and power. (Like the triple stream of the Ganga, the Yamuna and the fabled Sarasvati at Prayaga, obedience is the triple flood of glory, salvation and power.)

सो बिचारि सहि संकटु भारी। करहु प्रजा परिवारु सुखारी॥
बाँटी बिपति सबहि मोहि भाई। तुम्हहि अवधि भरि बड़ि कठिनाई॥

यह विचारकर भारी कष्ट सहकर भी प्रजा और परिवार को सुखी करो ! हे भाई ! मेरी विपत्ति तो सभी ने बाँट ली है[1], परंतु तुमको तो अवधि के पूरे होने तक बड़ी कठिनाई है ॥३॥

Having thus reflected, make your subjects and your kinsfolk happy, though the burden you must endure be grievous. My afflictions have been shared by all, brother, but upon you will be the full weight of the hardest lot for the period of my exile.

जानि तुम्हहि मृदु कहउँ कठोरा। कुसमयँ तात न अनुचित मोरा॥
होहिं कुठायँ सुबंधु सहायें। ओड़िअहिं हाथ असनिहुँ के घायें॥

तुमको कोमल जानकर भी मैं (वियोग की) कठोर बात कह रहा हूँ। हे तात ! यह कुसमय का प्रभाव है, मेरा कोई दोष नहीं। खोटे समय में उत्तम भाई ही सहायक होते हैं, जैसे वज्र के प्रहार हाथ को ही आगे बढ़ाकर रोके जाते हैं ॥४॥

I know you, brother, to be tender-hearted, yet what I am saying is harsh; but hold these evil times responsible for this, for the fault is not mine. In an emergency a noble-souled brother is used for a shield, in the same way as the stroke of a thunderbolt is parried by the hand.

दो. –सेवक पद कर नयन से मुख सो साहिबु होइ।
तुलसी प्रीति कि रीति सुनि सुकबि सराहहिं सोइ॥३०६॥

सेवक तो हाथ, पैर और नेत्रों के समान हो और स्वामी मुख के समान। तुलसीदासजी कहते हैं कि (सेवक-स्वामी की) प्रीति की ऐसी ही रीति को सुनकर सुकवि उसकी प्रशंसा करते हैं ॥३०६॥

A servant should be like the hand or foot or eye, a master like the mouth. When they hear of such self-denying, wholesome love (of love as a source of nourishment to others), great poets, says Tulasi, are filled with admiration.

१. अथवा, यह विपत्ति सबको और मुझको बाँटी (हिस्से में रखी) गई है।

चौ. –सभा सकल सुनि रघुबरबानी। प्रेम पयोधि अमिअ जनु सानी॥
सिथिल समाजु सनेहँ समाधी। देखि दसा चुप सारद साधी॥

सारी सभा ने श्रीरघुनाथजी की वाणी सुनी, जो मानो प्रेमरूपी समुद्र के (मन्थन से निकले हुए) अमृत में सनी हुई थी। उस समय सारा समाज शिथिल हो गया, सबको प्रेमसमाधि लग गयी। ऐसी दशा देखकर सरस्वती ने चुप्पी साध ली॥१॥

When they heard Raghunatha's speech, steeped, as it were, in nectar churned up from the ocean of love, the whole assembly fell into an overpowering trance of affection. Sharada herself was struck dumb at the sight of their condition.

भरतहि भयेउ परम संतोषू। सनमुख स्वामि बिमुख दुखु दोषू॥
मुखु प्रसन्न मन मिटा बिषादू। भा जनु गूँगेहि गिराप्रसादू॥

भरतजी को (यह देख) बड़ा संतोष हुआ, क्योंकि स्वामी के सम्मुख (अनुकूल) होते ही उनके दुःख-दोष दूर हो गए। उनका मुख प्रसन्न हो गया और मन का विषाद मिट गया, जैसे किसी गूँगे को सरस्वती का प्रसाद मिल गया हो (और वह बोलने लगा हो)॥२॥

Bharata derived supreme consolation; now that his master was propitious to him, his pain and sense of guilt took to flight. His face lit up with joy and his soul shed its sorrow; he looked like a dumb man to whom Sarasvati had granted the gift of speech.

कीन्ह सप्रेम प्रनामु बहोरी। बोले पानि पंकरुह जोरी॥
नाथ भएउ सुखु साथ गये को। लहेउँ लाहु जग जनमु भये को॥

भरतजी ने फिर प्रेम से प्रणाम किया और अपने करकनलों को जोड़कर कहा – हे नाथ! मुझे (आपके) साथ जाने का सुख मिल गया और मैंने संसार में जन्म लेने का लाभ भी पा लिया!॥३॥

He then made loving obeisance and spoke with his lotus hands folded: 'My lord, I have derived the joy of having accompanied you and reaped the reward of my birth into this world.

अब कृपाल जस आयसु होई। करउँ सीस धरि सादर सोई॥
सो अवलंब देउ मोहि देई। अवधिपारु पावउँ जेहि सेई॥

हे कृपालु! अब आपकी जैसी आज्ञा हो, उसी को मैं शिरोधार्य कर आदरपूर्वक करूँ। परंतु हे देव! आप मुझे वह अवलम्बन दीजिए जिसका सेवनकर मैं (वनवास की) अवधि का पार पा जाऊँ (चौदह वर्ष काट लूँ)॥४॥

Now, my gracious Lord, whatever be your command, that will I reverently and dutifully carry out. Pray vouchsafe to me, Lord, some support, by serving which I may struggle on to the end of the term of your exile.

दो. –देव देव अभिषेक हित गुर अनुसासन पाइ।
आनेउँ सब तीरथ सलिलु तेहि कहँ काह रजाइ॥३०७॥

हे देव! गुरुजी की आज्ञा पाकर आपके अभिषेक के लिए मैं सब तीर्थों का जल लेता आया हूँ, उसके लिए क्या आज्ञा होती है?॥३०७॥

In obedience to our *guru's* bidding, my Lord, I have brought here water from all the holy places for your coronation; what are your orders concerning it?

चौ. –एकु मनोरथु बड़ मन माहीं। सभय सकोच जात कहि नाहीं॥
कहहु तात प्रभु आयसु पाई। बोले बानि सनेह सुहाई॥

'मेरे मन में एक बड़ी अभिलाषा है, जो भय और संकोच के कारण मुझसे कही नहीं जाती। (तब श्रीरामचन्द्रजी ने कहा –) हे भाई! कहो। तब प्रभु की आज्ञा पाकर भरतजी स्नेहभरी सुन्दर वाणी बोले – ॥१॥

I have one great longing in my heart, but due to fear and diffidence I am unable to mention it.' 'Tell me, dear brother, what it is,' said the Lord, and at his bidding Bharata replied in affectionate, winning tones:

चित्रकूट मुनिथल तीरथ बन। खग मृग सरि सर निर्झर गिरि गन॥
प्रभुपद अंकित अवनि बिसेषी। आयसु होइ त आवउँ देखी॥

आज्ञा हो तो चित्रकूट के मुनियों के स्थान (आश्रम), तीर्थ, वन, पशु-पक्षी, नदी-तालाब, झरने और पर्वतों के समूह तथा विशेषकर प्रभु के चरण-चिह्नों से अङ्कित भूमि को देख आऊँ!॥२॥

'With your permission I would go and see Chitrakuta and all its sacred spots and holy places, the woods, the birds and beasts, the lakes and streams, springs and hills, and especially the land adorned with my lord's footprints.'

अवसि अत्रि आयसु सिर धरहू। तात बिगतभय कानन चरहू॥
मुनिप्रसाद बनु मंगलदाता। पावन परम सुहावन भ्राता॥

(श्रीरामचन्द्रजी ने कहा –) हे तात! अवश्य ही तुम अत्रि ऋषि की आज्ञा को शिरोधार्य कर और निर्भय होकर वन में विचरण करो। हे भाई! अत्रि मुनि के प्रसाद से वन कल्याणकारी, परम पवित्र और अत्यन्त सुहावना हो गया है – ॥३॥

'Yes, brother,' he replied, 'but first do as the sage Atri bids you do and then wander without fear through the woods. It is the sage's blessing, brother, that makes the forest so auspicious, holy and exquisitely beautiful.

रिषिनायकु जहँ आयसु देहीं। राखेहु तीरथजलु थल तेहीं॥
सुनि प्रभुबचन भरत सुखु पावा। मुनिपद कमल मुदित सिरु नावा॥

और ऋषियों के नायक अत्रिजी जहाँ आज्ञा दें, उसी स्थल पर तीर्थों का जल रख देना ! प्रभु के वचन सुनकर भरतजी को बड़ा सुख हुआ और उन्होंने अत्रि मुनि के चरणकमलों में प्रसन्नतापूर्वक सिर नवाया ॥४॥

In whatever place the chief of seers, Atri, may bid you, there deposit the water from the holy places.' On hearing the reply of his Lord Bharata rejoiced and cheerfully went and bowed his head at the sage's lotus feet.

दो. –भरत राम संबादु सुनि सकल सुमंगल मूल ।
सुर स्वारथी सराहि कुल बरषत सुरतरुफूल ॥३०८॥

सभी सुन्दर मङ्गलों का मूल श्रीभरत-राम-संवाद सुनकर स्वार्थी देवता रघुकुल की प्रशंसा करते हुए कल्पवृक्ष के फूल बरसाने लगे ॥३०८॥

When the selfish gods heard this conversation between Bharata and Rama, which was a fountain of all fair blessings, they applauded the house of Raghu and rapturously rained down flowers from the tree of Paradise.

चौ. –धन्य भरत जय राम गोसाईं । कहत देव हरषत बरिआईं ॥
मुनि मिथिलेस सभाँ सब काहू । भरतबचन सुनि भयेउ उछाहू ॥

भरतजी धन्य हैं, स्वामी श्रीरामजी की जय हो ! ऐसा कहते हुए देवता हठात् प्रसन्न होने लगे । भरतजी के वचन सुनकर मुनि वसिष्ठजी, मिथिलापति राजा जनक और सभा में उपस्थित सब किसी को बड़ा उत्साह (आनन्द) हुआ ॥१॥

'Blessed be Bharata and glory to our Lord Rama !' exclaimed the gods in their irrepressible joy. The sage Vasishtha, the king of Mithila and everyone in the assembly rejoiced on hearing Bharata's words.

भरत राम गुनग्राम सनेहू । पुलकि प्रसंसत राउ बिदेहू ॥
सेवक स्वामि सुभाउ सुहावन । नेमु पेमु अतिपावन पावन ॥

राजा जनक पुलकित होकर भरतजी और श्रीरामजी के गुणसमूहों की तथा प्रेम की प्रशंसा करने लगे । सेवक और स्वामी दोनों का स्वभाव सुन्दर है । इनके नियम और प्रेम पवित्र को भी अत्यन्त पवित्र करनेवाले हैं ॥२॥

Thrilling all over with joy, king Videha broke out into ecstatic praises of all the perfections of Bharata and Rama, the equally charming disposition of both master and servant, their constancy and affection, which can sanctify the purest of the pure.

मति अनुसार सराहन लागे । सचिव सभासद सब अनुरागे ॥
सुनि सुनि राम भरत संबादू । दुहुँ समाज हियँ हरषु बिषादू ॥

(फिर) मन्त्री और सभासद् सभी प्रेममग्न हो अपनी-अपनी बुद्धि के अनुसार (सेवक और स्वामी के नेम और प्रेम की) सराहना करने लगे । श्रीरामचन्द्र और भरत के संवाद सुन-सुनकर दोनों समाजों के मन में हर्ष और विषाद दोनों हुए (भरतजी की अनन्य भक्ति से हर्ष हुआ और श्रीरामजी से बिछुड़ने की संभावना से विषाद) ॥३॥

The ministers and the councillors, all immersed in love, began to praise them, each according to his ability. In both camps a mixed feeling of joy and sorrow throbbed in the hearts of all when they heard the conversation between Rama and Bharata.

राममातु दुखु सुखु सम जानी । कहि गुन दोष प्रबोधी रानी ॥
एक कहहिं रघुबीरबड़ाई । एक सराहत भरतभलाई ॥

श्रीरामचन्द्रजी की माता (कौसल्याजी) ने दुःख-सुख को एक समान जानकर श्रीरामजी के गुणों का वर्णनकर दूसरी रानियों को धैर्य बँधाया । कोई तो श्रीरामजी की बड़ाई करती हैं और कोई भरतजी की भलमनसाहत की सराहना करती हैं ॥४॥

Realizing that pleasure and pain were alike, Rama's mother comforted the other queen-mothers, recounting Rama's excellences. Some would glorify Rama, while others would praise Bharata's goodness.

दो. –अत्रि कहेउ तब भरत सन सैल समीप सुकूप ।
राखिअ तीरथतोय तहँ पावन अमिअ अनूप ॥३०९॥

तब अत्रि मुनि ने भरतजी से कहा – इस पर्वत के निकट ही एक सुन्दर कुआँ है । इस पवित्र, अनुपम और अमृत-जैसे तीर्थ-जल को उसीमें रख दीजिए ! ॥३०९॥

Then said Atri to Bharata, 'There is a beauteous well near the hill; there deposit the holy water, pure, ambrosial and without compare.'

चौ. –भरत अत्रि अनुसासन पाई । जलभाजन सब दिये चलाई ॥
सानुज आपु अत्रि मुनि साधू । सहित गये जहँ कूप अगाधू ॥

अत्रि मुनि की आज्ञा पाकर भरतजी ने जल के सब पात्र रवाना कर दिए और छोटे भाई शत्रुघ्न, अत्रि मुनि तथा अन्य साधु-संतों के साथ आप वहाँ गये जहाँ वह अथाह कुआँ था ॥१॥

At Atri's bidding, Bharata despatched all the vessels containing the holy water and himself, with his younger brother (Shatrughna), Atri the sage and the saints and holy men, went to the fathomless well;

पावन पाथु पुन्यथल राखा । प्रमुदित प्रेम अत्रि अस भाषा ॥
तात अनादि सिद्ध थल एहू । लोपेउ काल बिदित नहि केहू ॥

और उस पावन जल को उस पुण्यस्थल में रख दिया । तब अत्रि मुनि ने प्रेम से प्रसन्न होकर ऐसा कहा – हे तात ! यह स्थान अनादि काल से

सिद्ध है, लेकिन काल-क्रम से यह लोप हो गया था, इसलिए किसी को इसका पता न था ।।२।।

—and in that sacred place he deposited the holy water. Then thus spoke Atri in a rapture of affection: 'Son, this place has brought success to the striver from all eternity; but time had obscured it, and it was known to no one.

तब सेवकन्ह सरस थलु देखा । कीन्ह सुजल हित कूप बिसेषा ॥
बिधिबस भयेउ बिस्व उपकारू । सुगम अगम अति धरमबिचारू ॥

तब सेवकों (शिष्यों) ने उस सरस (जलयुक्त) स्थान को देखा और (तीर्थों के) उस पवित्र जल के लिए एक विशेष कुआँ बना लिया । दैवयोग से समस्त संसार का कल्याण हो गया । धर्म का विचार जो अत्यन्त अगम था, वह (इस कूप के माहात्म्य से) यहाँ सुगम हो गया ।।३।। (दैवयोग से ही इसमें समस्त तीर्थों का जल डाला जा सकता था । 'बिधिबस' इसलिए कहा कि जल राम के राज्याभिषेक के लिए लाया गया था, लेकिन वह आकर स्थापित यहाँ हुआ । सभी तीर्थों के एक ही जगह मिल जाने का विचार अगम था, वह भी विधिवश सुगम हो गया ।) ।।३।।

Then my servants (disciples) saw the spot was rich in subterranean springs of water and dug a deep well in it for a supply of good water. By the decree of fate the whole world has found in it a blessing, and now a merit most difficult to compass has been rendered easy. (It is by the decree of fate that water from all the holy places has been deposited in this sacred well. No human being could ever think of bringing all the holy places together at one place and doing what Providence has done by rendering this well so holy, a repository of the sacredness of all the great shrines. That which was unimaginable and most difficult earlier is now easily attainable.)

भरतकूप अब कहिहहिं लोगा । अतिपावन तीरथजल जोगा ॥
प्रेम सनेम निमज्जत प्रानी । होइहहिं बिमल करम मन बानी ॥

अब इसे लोग भरतकूप कहेंगे । तीर्थों के जल के संयोग से तो यह अत्यन्त ही पावन हो गया । इस जल से जो प्राणी प्रेमपूर्वक नियम से स्नान करेंगे, वे मन, वचन और कर्म से पवित्र हो जायँगे ।।४।।

Henceforth people will call it "Bharata's well", a well hallowed in a special degree by the water of the sacred places uniting in it, and all who bathe here with devotion and due ceremony will be made pure in thought and word and deed.

दो. —कहत कूपमहिमा सकल गये जहाँ रघुराउ ।
अत्रि सुनायेउ रघुबरहि तीरथ पुन्य प्रभाउ ।।३१०।।

उस कूप की महिमा का बखान करते हुए सब लोग वहाँ गये जहाँ श्रीरघुनाथजी थे । श्रीरामचन्द्रजी को अत्रि मुनि ने उस तीर्थ का पुण्य प्रभाव सुनाया ।।३१०।।

Speaking expansively of the well's great glory, they all returned to the hermitage of Raghunatha, where Atri the sage explained to Rama the blessed efficacy of that holy place.

चौ. —कहत धरम इतिहास सप्रीती । भयेउ भोरु निसि सो सुख बीती ॥
नित्य निबाहि भरत दोउ भाई । राम अत्रि गुर आयसु पाई ॥

प्रीतिपूर्वक धार्मिक इतिहास कहते-कहते वह रात सुख से बीत गई और सवेरा हो गया । भरत-शत्रुघ्न दोनों भाई नित्य-क्रिया समाप्त कर, श्रीरामजी, अत्रि मुनि और गुरु वसिष्ठजी की आज्ञा पाकर — ।।१।।

The night was happily spent in loving discourse on sacred legends until it was dawn. Having performed their daily duties, with the permission of Rama, Atri and the *guru* (Vasishtha), the two brothers, Bharata and Shatrughna,

सहित समाज साज सब सादें । चले रामबन अटन पयादें ॥
कोमल चरन चलत बिनु पनहीं । भइ मृदु भूमि सकुचि मन मनहीं ॥

समाज के साथ सब सादे साज से पैदल ही राम-वन में भ्रमण करने के लिए चले । उनके चरण कोमल हैं और वे बिना जूते के चल रहे हैं, यह देखकर पृथ्वी मन-ही-मन सकुचाकर कोमल हो गई ।।२।।

—went with all their retinue in simple attire to roam in Rama's wood. Feeling inwardly ashamed at the thought that the two brothers walked unshod on their delicate feet, Earth smoothed herself,

कुस कंटक काकरीं कुराईं । कटुक कठोर कुबस्तु दुराईं ॥
महि मंजुल मृदु मारग कीन्हे । बहत समीर त्रिबिध सुख लीन्हे ॥

कुश, काँटे, कंकड़ी, गड्ढे आदि कष्टदायक कठोर और बुरी वस्तुओं को छिपाकर पृथ्वी ने मार्ग को सुन्दर और कोमल कर दिया । सुखों से लदी हुई तीनों प्रकार की (शीतल, मन्द, सुगन्ध) हवा चलने लगी ।।३।।

—and hid into her body the prickly grass and thorns and stones and crevices and everything disagreeable and hard and rough; Earth made the paths beautifully soft for them, and they were refreshed by soft, cool and fragrant breezes.

सुमन बरषि सुर घन करि छाहीं । बिटप फूलि फलि तृन मृदुताहीं ॥
मृग बिलोकि खग बोलि सुबानी । सेवहिं सकल रामप्रिय जानी ॥

देवता फूल बरसाकर, मेघ छाया करके, वृक्ष फूल-फल प्रकट करके, तृण अपनी कोमलता से, पशु देखकर और पक्षी सुन्दर बोली बोलकर — सभी भरतजी को श्रीरामचन्द्रजी के प्यारे जानकर उनकी सेवा करने लगे ।।४।।

The gods rained down flowers; the clouds afforded shade; the trees broke out into blossom and fruit; the grass made a soft carpet; the beasts with their glances and the birds with their sweet notes offered their services to Bharata, whom they knew to be Rama's beloved brother.

दो. —सुलभ सिद्धि सब प्राकृतहु राम कहत जमुहात ।
राम प्रानप्रिय भरत कहुँ येह न होइ बड़ि बात ॥३११॥

जब (आलस्य या निद्रा से) जँभाई लेते समय भी 'राम' कह देने से सब सिद्धियाँ स्वभावतः सुलभ हो जाती हैं, तब श्रीरामचन्द्रजी के प्राणप्यारे भरतजी के लिए यह सब हो जाना कोई बड़ी बात नहीं है ॥३११॥

When an ordinary man finds the highest success easy of attainment if he merely utters Rama's name while yawning, this was no great matter for Bharata, Rama's most beloved brother !

चौ. —एहि बिधि भरतु फिरत बन माहीं । नेमु प्रेमु लखि मुनि सकुचाहीं ॥
पुन्य जलाश्रय भूमिबिभागा । खग मृग तरु तृन गिरि बन बागा ॥

इस तरह भरतजी वन में फिरने लगे । उनके नियम-प्रेम को देखकर मुनि लोग भी सकुचा जाते थे । पवित्र जलाशय (नदी, तालाब, कुण्ड आदि), पृथ्वी के अलग-अलग खंड, पशु-पक्षी, वृक्ष, तृण, पर्वत, वन और बाग — ॥१॥

In this manner Bharata roamed the woods, and the sages, who beheld his devotion and austerity, were abashed. The sacred ponds and tracts of land, the birds and beasts, the trees and herbs, the hills and woods and orchards,

चारु बिचित्र पवित्र बिसेषी । बूझत भरतु दिब्य सबु देखी ॥
सुनि मन मुदित कहत रिषिराऊ । हेतु नाम गुन पुन्य प्रभाऊ ॥

सबको विशेष रूप से सुन्दर, रंगबिरंगा, पवित्र और दिव्य देखकर भरतजी पूछते हैं और उनके प्रश्न को सुनकर ऋषिराज अत्रिजी मन में प्रसन्न हो उन सबके कारण, नाम, गुण और पुण्य प्रभाव का वर्णन करते हैं ॥२॥

—were all charming, wonderful and pre-eminently holy. Seeing them all so divine, Bharata asked the lord of seers about them, and the sage listened to his questions and with gladness of heart gave him the history of each, with its name, virtues and spiritual potency.

कतहुँ निमज्जन कतहुँ प्रनामा । कतहुँ बिलोकत मन अभिरामा ॥
कतहुँ बैठि मुनि आयसु पाई । सुमिरत सीय सहित दोउ भाई ॥

भरतजी कहीं स्नान और कहीं प्रणाम करते हैं, कहीं वे मनोहर स्थानों के दर्शन करते और कहीं मुनि अत्रिजी की आज्ञा पाकर बैठ जाते हैं और सीताजीसहित दोनों भाइयों (श्रीराम-लक्ष्मण) का स्मरण करते हैं ॥३॥

At one place Bharata would bathe, at another make obeisance; here he would admire the entrancing beauty of the woods and there sit down with the permission of the sage and meditate on Sita and his two brothers (Rama and Lakshmana).

देखि सुभाउ सनेहु सुसेवा । देहिं असीस मुदित बनदेवा ॥
फिरहिं गयें दिनु पहर अढ़ाई । प्रभुपद कमल बिलोकहिं आई ॥

उनके स्वभाव, स्नेह और सुन्दर सेवाभाव को देखकर वनदेवता प्रसन्न होकर उन्हें आशीर्वाद देते हैं । ढाई पहर दिन बीतने पर भरतजी लौट पड़ते हैं और आकर प्रभु के चरणकमलों के दर्शन करते हैं ॥४॥

Seeing Bharata's noble disposition and his affection and faithfulness in service, the sylvan gods gladly gave him their blessing. The third watch of the day was half spent when Bharata returned to gaze upon the Lord's lotus feet.

दो. —देखे थल तीरथ सकल भरत पाँच दिन माँझ ।
कहत सुनत हरि हर सुजसु गयेउ दिवसु भइ साँझ ॥३१२॥

इस प्रकार भरतजी ने पाँच दिनों में सब तीर्थ-स्थानों के दर्शन कर लिए । भगवान् विष्णु और शिवजी की निर्मल-सुन्दर कीर्ति कहते-सुनते वह (पाँचवाँ) दिन भी बीत गया और सन्ध्या हो गयी ॥३१२॥

In five days Bharata visited all the sacred spots. The last day was spent in discussing the resplendent glory of Hari (Vishnu) and Hara (Lord Shiva) till it was dusk.

चौ. —भोर न्हाइ सबु जुरा समाजू । भरत भूमिसुर तेरहुतिराजू ॥
भल दिनु आजु जानि मन माहीं । रामु कृपाल कहत सकुचाहीं ॥

(छठे दिन) सवेरे नहाकर भरतजी, ब्राह्मण, राजा जनक और सारा समाज आ जुटा । आज (यात्रा के लिए) अच्छा दिन है, मन में यह जानकर भी कृपालु श्रीरामजी कहते हुए सकुचाते हैं ॥१॥

(On the sixth day) early in the morning the whole company bathed and met again—Bharata, the Brahmans and the king of Tirhut (Mithila). Though Rama knew in his heart that the day was auspicious (for undertaking a return journey to Ayodhya), the gracious Lord hesitated to say so.

गुर नृप भरत सभा अवलोकी । सकुचि राम फिरि अवनि बिलोकी ॥
सीलु सराहि सभा सब सोची । कहुँ न राम सम स्वामि सँकोची ॥

गुरु वसिष्ठजी, राजा जनक, भरतजी और सभा की ओर देखकर किंतु फिर सकुचाकर श्रीरामचन्द्रजी पृथ्वी की ओर देखने लगे । उनके शील की सराहना करके सारी सभा सोचने लगी कि श्रीरामचन्द्रजी के समान संकोची स्वामी कहीं न होगा ॥२॥

He looked towards his *guru* (the sage Vasishtha), king Janaka and the assembly, but the very next moment diffidence made him turn his eyes to the ground. The whole assembly admired his courtesy and thought that nowhere could one find a master so considerate as Rama.

भरत सुजान रामरुख देखी । उठि सप्रेम धरि धीर बिसेषी ॥
करि दंडवत कहत कर जोरी । राखी नाथ सकल रुचि मोरी ॥

ज्ञानी भरतजी ने श्रीरामचन्द्रजी का रुख देखा । प्रेमपूर्वक उठकर और विशेष रूप से धैर्य धारणकर दण्डवत् करके वे हाथ जोड़कर कहने लगे – हे नाथ ! आपने मेरी सभी आकांक्षाएँ पूरी कर दीं ॥३॥

Bharata, who was clever enough to read Rama's wish, lovingly arose and with resolute courage fell prostrate and folding his hands, said, 'Lord, you have granted me all my desires.

मोहि लगि सबहिं सहेउ संतापू । बहुत भाँति दुखु पावा आपू ॥
अब गोसाँइ मोहि देउ रजाई । सेवउँ अवध अवधि भरि जाई ॥

मेरे कारण सब लोगों ने दुःख उठाये और आपने भी बहुत तरह से कष्ट झेले । अब स्वामी मुझे आज्ञा दें तो मैं जाकर अवधि-पर्यंत अयोध्या की सेवा करूँ ! ॥४॥

For me you have all borne every affliction, and you yourself have been put to much inconvenience. Now, my lord, grant me leave to return to Ayodhya and there to serve till your return.

दो. –जेहि उपाय पुनि पाय जनु देखइ दीनदयाल ।
सो सिख देइअ अवधि लगि कोसलपाल कृपाल ॥३१३॥

हे दीनदयाल ! जिस उपाय से यह सेवक फिर आपके चरणों के दर्शन करे – हे कोसलाधीश ! हे कृपालु ! अवधि समाप्त होने तक के लिए मुझे वही शिक्षा दीजिए ॥३१३॥

But, O gracious king of Kosala, compassionate to the lowly, teach me some means by practising which for the period of your exile your servant may see your feet again.

चौ. –पुरजन परिजन प्रजा गोसाईं । सब सुचि सरस सनेहँ सगाईं ॥
राउर बदि भल भवदुख दाहू । प्रभु बिनु बादि परमपद लाहू ॥

हे गोसाईं ! आपके स्नेह-सम्बन्ध के कारण अवधपुरवासी, कुटुम्बी और प्रजा सब सरस (स्नेह से परिपूर्ण) और पवित्र हैं । आपके हेतु (जन्म-मरण के) भवदुख की ज्वाला में जलना भी भला है और प्रभु के बिना परम पद का लाभ भी व्यर्थ है ॥१॥

Being bound to you, O holy Lord, by ties of affection, your citizens, your kinsfolk and your subjects are all blessed and steeped in love. It is good to be tormented by the agonies of birth and death for your sake, while without you, my lord, the prize of the supreme state (of blessedness) is a worthless gain.

स्वामि सुजानु जानि सब ही की । रुचि लालसा रहनि जन जी की ॥
प्रनतपाल पालिहि सब काहू । देउ दुहूँ दिसि ओर निबाहू ॥

हे स्वामी ! आप तो सुविज्ञ हैं, सबके हृदय की और मुझ सेवक के मन की रुचि, लालसा और 'रहनी' (आचरण, लगन, प्रेम) जानकर, हे प्रणतपाल ! आप सब किसी का पालन करेंगे और हे देव ! दोनों ओर का अन्त तक निर्वाह करेंगे (वनवास की प्रतिज्ञा भी रहेगी और मेरी रुचि, लालसा भी रहेगी; आप देवताओं का कार्य करेंगे और अयोध्या के बाहर मेरे साथ भी दिव्य शरीर से रहेंगे; आप राजा और स्वामी की तरह रहेंगे और मैं युवराज और सेवक की तरह रहूँगा । दोनों ओर का निर्वाह होगा ।) ॥२॥

Lord, being all-wise and knowing the fancies, longings and devotion of the hearts of all and of me, your servant, you, the protector of the suppliant, will protect us all and continue to support us 'on both sides' till the last. (You will keep our father's word and fulfil my desire as well; while serving the gods in the forest, you will take up your abode with me with your divine body; you will reign like a lord and master and I will obey you like a prince and follower. Thus the interests of both sides will be protected.)

अस मोहि सब बिधि भूरि भरोसो । किएँ बिचारु न सोचु खरो सो ॥
आरति मोरि नाथ कर छोहू । दुहुँ मिलि कीन्ह ढीठु हठि मोहू ॥

मुझे सब प्रकार से ऐसा बड़ा भरोसा है । विचार करने पर रंचमात्र भी[1] चिन्ता नहीं रह जाती । मेरी दीनता और स्वामी की कृपा, दोनों ने मिलकर मुझे हठात् ढीठ कर दिया है ॥३॥

I am absolutely confident of this in every way; and when I ponder this, I am not in the least disturbed about it. My own distress and my lord's tender love have combined to make me thus presumptuous.

येह बड़ दोषु दूरि करि स्वामी । तजि सकोचु सिखइअ अनुगामी ॥
भरतबिनय सुनि सबहि प्रसंसी । खीर नीर बिबरन गति हंसी ॥

हे स्वामी ! इस बड़े दोष को दूरकर और संकोच छोड़कर मुझ अनुचर को शिक्षा दीजिए ! दूध और पानी को अलग-अलग करनेवाली हंसिनी की गति के समान भरतजी की विनती सुनकर सब लोगों ने उनकी सराहना की ॥४॥

---

१. 'खरो सो' = खर (तिनका) बराबर भी, तनिक भी ।

So, lord, correct this my great offence and shrink not from instructing your servant.' Everyone who heard Bharata's humble petition applauded it, for, like a swan, it had separated the milk (of truth) from the water (of error).

दो. –दीनबंधु सुनि बंधु के बचन दीन छलहीन ।
देस काल अवसर सरिस बोले रामु प्रबीन ॥३१४॥

दीनजनों के सहायक और परम ज्ञानी श्रीरामजी ने भाई भरतजी के दीन और निष्कपट वचन सुनकर देश, काल और अवसर के अनुकूल कहा – ॥३१४॥

The all-wise Rama, the befriender of the afflicted, on hearing his brother's meek and guileless plea, replied in terms appropriate to the place and time and circumstance :

चौ. –तात तुम्हारि मोरि परिजन की । चिंता गुरहि नृपहि घर बन की ॥
माथे पर गुर मुनि मिथिलेसू । हमहिं तुम्हहिं सपनेहुँ न कलेसू ॥

हे तात ! तुम्हारी, मेरी, कुटुम्बियों की, घर और वन की सब चिन्ता गुरु वसिष्ठजी और राजा जनकजी को है । जब हमारे सिर पर गुरुजी, मुनि विश्वामित्रजी और मिथिला-नरेश हैं, तब हमें और तुम्हें स्वप्न में भी क्लेश नहीं है ॥१॥

'You and I and our kinsfolk, whether at home or in the forest, are, dear brother, the care of our *guru* Vasishtha and the king. So long as our *guru* and the sage (Vishvamitra) and the lord of Mithila are our guardians, neither you nor I can even dream of trouble.

मोर तुम्हार परम पुरुषारथु । स्वारथु सुजसु धरमु परमारथु ॥
पितु आयसु पालिअ दुहुँ भाईं । लोक बेद भल भूपभलाईं ॥

मेरा और तुम्हारा तो परम पुरुषार्थ, स्वार्थ, सुयश, धर्म और परमार्थ इसीमें है कि हम दोनों भाई पिताजी की आज्ञा का पालन करें, जिससे वेद और शास्त्रों की मर्यादा बनी रहे और राजा के व्रत की रक्षा हो ॥२॥

My highest achievement and yours, our material gain and glory, our duty and our highest spiritual welfare consist in this that we two brothers should obey our father's will, so that the dignity of the Vedas and the *shastras* is maintained and the king's vow kept.

गुर पितु मातु स्वामि सिख पालें । चलेहुँ कुमग पग परहिं न खालें ॥
अस बिचारि सब सोच बिहाई । पालहु अवध अवधि भरि जाई ॥

गुरु, पिता, माता और स्वामी की शिक्षा का पालन करने से यदि कुमार्ग पर भी चलना पड़े तो पैर गड्ढे में नहीं पड़ता । ऐसा विचारकर और सब सोच त्यागकर जाओ और अवधि-भर अयोध्या का पालन करो ! ॥३॥

Those who obey the instructions of their preceptor, father, mother and master, stumble not, however wrong the path they tread. Pondering thus and putting aside all regrets, go now and look after Ayodhya for the appointed time.

देसु कोसु पुरजन परिवारू । गुरपद रजहि लाग छरुभारू ॥
तुम्ह मुनि मातु सचिव सिख मानी । पालेहु पुहुमि प्रजा रजधानी ॥

देश, खजाने, नगरवासियों, परिवार आदि सबका भार (दायित्व) तो गुरुजी की चरणरज पर है । तुम तो मुनि वसिष्ठजी, माताओं और मन्त्रियों की शिक्षा के अनुसार पृथ्वी, प्रजा और राजधानी का पालन भर करते रहना ! ॥४॥

The responsibility for the protection of our land, the treasury, the family and the household rests on the dust of the *guru*'s feet. As for yourself, you should guard the land, your subjects and your capital in accordance with the directions of the sage (Vasishtha), your mothers and your ministers.'

दो. –मुखिआ मुखु सो चाहिअइ खान पान कहुँ एक ।
पालइ पोषइ सकल अँग तुलसी सहित बिबेक ॥३१५॥

तुलसीदासजी कहते हैं कि फिर श्रीरामजी ने कहा – मुखिया को मुख के समान होना चाहिए, जो अकेला ही खाता-पिता है, परंतु विवेकपूर्वक शरीर के समस्त अङ्गों का पालन-पोषण करता है; ॥३१५॥

A chief, says Tulasidasa, should be like the mouth, which alone does all the eating and drinking, yet maintains and nourishes all the other limbs with discretion.

चौ. –राजधरम सरबसु एतनोई । जिमि मन माँह मनोरथ गोई ॥
बंधुप्रबोधु कीन्ह बहु भाँती । बिनु अधार मन तोषु न साँती ॥

राजधर्म का सर्वस्व (सारतत्त्व) भी इतना ही है । जैसे मन के भीतर इच्छाएँ गुप्त रहती हैं (वैसे ही सभी नीतियाँ इसी में छिपी हैं) । श्रीरघुनाथजी ने भाई भरतजी को अनेक प्रकार से समझाया, पर बिना आधार के उनके मन को न तो संतोष हुआ और न शान्ति ही प्राप्त हुई ॥१॥

'Herein lies the whole essence of a king's duty, hidden in this maxim in the same way as desires lie buried in the mind.' In various ways the Lord comforted his brother (Bharata), but without some visible support his mind found no peace or contentment.

भरतसीलु गुर सचिव समाजू । सकुच सनेह बिबस रघुराजू ॥
प्रभु करि कृपा पाँवरी दीन्ही । सादर भरत सीस धरि लीन्ही ॥

भरतजी के शील-स्नेह और गुरुजनों, मंत्रियों तथा समाज की उपस्थिति के कारण श्रीरघुनाथजी संकोच और स्नेह के विशेष वशीभूत हो गए ।

(अन्ततः) प्रभु रामचन्द्रजी ने कृपाकर अपनी खड़ाऊँ[1] दे दीं और भरतजी ने उन्हें आदरपूर्वक सिर पर धर लिया ॥२॥

Bharata's modesty and affection and the presence of the elders, the ministers and the whole assembly overwhelmed Raghunatha with a mixed feeling of embarrassment and love. The Lord at last took compassion on him and gave him his sandals, which Bharata reverently received and placed upon his head.

चरनपीठ करुनानिधान के। जनु जुग जामिक प्रजाप्रान के॥
संपुट भरतसनेह रतन के। आखर जुग जनु जीवजतन के॥

दयानिधान श्रीरामचन्द्रजी की दोनों पादुकाएँ प्रजा के प्राणों के रक्षक मानो दो पहरेदार हैं। भरतजी के स्नेहरूपी रत्न के लिए मानो वे दो डिब्बे हैं और जीवों के उद्धार के लिए मानो राम-नाम के दो अक्षर हैं ॥३॥

The sandals of the all-merciful Lord were like twin watchmen entrusted with the duty of guarding the people's life; a pair of caskets for the jewel of Bharata's love; the two letters of Rama's name which bring salvation to individual souls (*jiva*);

कुल कपाट कर कुसल करम के। बिमल नयन सेवा सुधरम के॥
भरत मुदित अवलंब लहे तें। अस सुख जस सिय रामु रहे तें॥

रघुकुल की रक्षा के लिए मानो दो किवाड़ हैं, शुभ कर्म के लिए मानो वे दो हाथ हैं और सेवारूपी श्रेष्ठ धर्म को दिखाने के लिए निर्मल नेत्र हैं। इस अवलम्ब (पादुका) के पा जाने से भरतजी बड़े आनन्दित हैं। उन्हें वैसा ही सुख (पादुकाओं के मिल जाने से) हुआ, जैसा श्रीसीतारामजी के अयोध्या में रहने से होता ॥४॥

—twin doors to guard the house of Raghu; a pair of hands to assist in the performance of noble deeds; pure eyes to show the noble path of service and righteousness. Bharata was as glad to receive this support as if Sita and Rama had agreed to stay (in Ayodhya).

दो. —मागेउ बिदा प्रनामु करि राम लिए उर लाइ।
लोग उचाटे अमरपति कुटिल कुअवसरु पाइ ॥३१६॥

भरतजी ने श्रीरामचन्द्रजी को प्रणाम कर विदा माँगी, तब उन्होंने भरतजी को हृदय से लगा लिया। इधर कुटिल इन्द्र ने बुरा मौका पाकर लोगों के चित्त उचाट कर दिए ॥३१६॥

He made obeisance and begged permission to depart, and Rama took him and clasped him to his bosom. But the malevolent lord of the immortals seizing this sad opportunity instilled into the people a spirit of dull indifference.

चौ. —सो कुचालि सब कहँ भइ नीकी। अवधि आस सम जीवनि जी की॥
नतरु लखन सिय राम बियोगाँ। हहरि मरत सबु लोग कुरोगाँ॥

वह कुचाल भी सब के लिए हितकर हो गई, अवधि की आशा के समान ही वह जीवन की रक्षा करनेवाली संजीवनी हो गई। यदि ऐसा न होता तो (उच्चाटन न होता तो) लक्ष्मणजी, सीताजी और श्रीरामचन्द्रजी के वियोगरूपी बुरे रोग से सब लोग व्याकुल होकर (हहरकर) मर ही जाते ॥१॥

That mischief, however, turned out to be a boon to all; it helped to sustain their lives like the hope that the period of Rama's exile would soon be over; else would all have died of grief, as of the fell disease of separation from Lakshmana, Sita and Rama.

रामकृपा अवरेब सुधारी। बिबुधधारि भइ गुनद गोहारी॥
भेंटत भुज भरि भाइ भरत सो। राम प्रेम रसु कहि न परत सो॥

श्रीरामजी की कृपा ने सारी कठिनाई[1] सुधार दी (दूर कर दी)। देवताओं की सेना[2] जो लूटने आयी थी, वही गुणदायक गोहार (रक्षक) बन गई। श्रीरामजी भुजाओं में भरकर भाई भरत से मिल रहे हैं। श्रीरामजी का वह प्रेम-रस (आनन्द) कहते नहीं बनता ॥२॥

The grace of Rama solved this difficulty and the army of the immortals marshalled to plunder them became a group of serviceable allies (protectors). With a burst of affection no tongue can describe Rama locked his brother, Bharata, in a close embrace.

तन मन बचन उमग अनुरागा। धीरधुरंधर धीरजु त्यागा॥
बारिज लोचन मोचत बारी। देखि दसा सुरसभा दुखारी॥

उनके शरीर, मन और वचन तीनों से प्रेम उमड़ पड़ा। धीरों में अग्रगण्य श्रीरघुनाथजी ने भी धीरज त्याग दिया। वे कमलसदृश नेत्रों से प्रेमाश्रु बहाने लगे। उनकी दशा देख देवताओं की सभा दुःखी हो गयी ॥३॥

His body, mind and speech overflowed with love and the prince of firmness lost all firmness; his lotus eyes streamed with tears; even the assembled gods were grieved to see his condition.

मुनिगन गुर धुरधीर जनक से। ग्यान अनल मन कसे कनक से॥
जे बिरंचि निरलेप उपाए। पदुमपत्र जिमि जग जल जाए॥

---

१. काठ की बनी खूँटीदार, खुली पादुका।

१. अवरेब=उलझन, कठिनाई या टेढ़ी काट; (यहाँ) देवताओं की टेढ़ी चाल से उत्पन्न कठिनाई।

२. 'धरि' प्रायः उस सेना को कहते हैं जो लूट-मार करती है। भावार्थ यह कि जो सेना अहित करने चली थी, वही गोहार हो गई। देवताओं ने हानि पहुँचाने के लिए उच्चारन का प्रयोग किया था, पर रामकृपा से उनका उच्चारन करना हानिकारक न होकर लाभदायक हो गया। देवताओं ने चार प्रकार की माया रची थी — भय, भ्रम, अरति और उचाटे; यही सेना है।

ऋषिगण, गुरु वसिष्ठ और राजा जनक-जैसे धीर-धुरन्धर, जिनके मन ज्ञानरूपी अग्नि में सोने के समान तप चुके थे, जिनको ब्रह्माजी ने निर्लिप्त उत्पन्न किया और जो जगत्‌रूपी जल में कमल के पत्ते की तरह ही (जगत् से सर्वथा विरक्त) पैदा हुए, ॥४॥

The sages, Vasishtha the *guru* and so great a champion of firmness as Janaka, the gold of whose minds had been tested in the fire of wisdom, and whom Brahma had created as unimpressionable by worldly emotions as the leaves of the lotus by the water;

दो.—तेउ बिलोकि रघुबर भरत प्रीति अनूप अपार ।
भये मगन मन तन बचन सहित बिराग बिचार ॥३१७॥

वे लोग भी श्रीराम और भरत की अनुपम अपार प्रीति को देखकर वैराग्य और विवेकसहित तन-मन-वचन से प्रेम-मग्न हो गए (उनका विवेक और विचार भी डूबने लगा) ॥३१७॥

—even they, when they saw the incomparable, unfathomable affection of Rama and Bharata, found their bodies and minds and speech, their judgment and detachment and all overwhelmed with love.

चौ.—जहाँ जनक गुर गति मति भोरी । प्राकृत प्रीति कहत बड़ि खोरी ॥
बरनत रघुबर भरत बियोगू । सुनि कठोर कबि जानिहि लोगू ॥

जहाँ राजा जनक और गुरु वसिष्ठजी की बुद्धि की गति धोखे में आ गयी, वहाँ उस दिव्य प्रेम को महज़ प्राकृत या लौकिक कहकर विशेषित करने में बड़ा दोष है । श्रीरामचन्द्रजी और भरतजी के वियोग का वर्णन करते सुनकर लोग कवि को कठोर-हृदय समझेंगे ॥१॥

Where the wits of such enlightened men as king Janaka and Vasishtha were baffled, it would be very wrong to describe that divine love as ordinary or mundane. Men would account the poet hard-hearted if they heard him telling of the parting between Rama and Bharata.

सो सकोचु रसु अकथ सुबानी । समउ सनेहु सुमिरि सकुचानी ॥
भेंटि भरतु रघुबर समुझाए । पुनि रिपुदवनु हरषि हिय लाए ॥

वह संकोच-रस वाणी से अकथ्य है । अतएव कवि की सुन्दर वाणी उस समय के स्नेह का स्मरणकर सकुचा गयी । श्रीरघुनाथजी ने भरतजी से मिलकर उन्हें समझाया । फिर प्रसन्न होकर शत्रुघ्नजी को हृदय से लगा लिया ॥२॥

The poignancy of the scene was past all telling; the poet's eloquence, remembering the love that welled up on that occasion, shrank into itself with confusion. Raghunatha first embraced Bharata and consoled him, and then gladly clasped Shatrughna to his heart.

सेवक सचिव भरतरुख पाई । निज निज काज लगे सब जाई ॥
सुनि दारुन दुखु दुहूँ समाजा । लगे चलन के साजन साजा ॥

भरतजी की अनुमति पाकर सेवक और मन्त्री सभी अपने-अपने कामों में जाकर जुट गए । वे चलने की तैयारियाँ करने लगे, यह सुनकर दोनों समाजों में घोर दुःख छा गया ॥३॥

With Bharata's permission his servants and ministers all left and began each to attend to his own duties. The people in both camps were sore distressed at the news and began to prepare for the return journey.

प्रभुपद पदुम बंदि दोउ भाई । चले सीस धरि रामरजाई ॥
मुनि तापस बनदेव निहोरी । सब सनमानि बहोरि बहोरी ॥

प्रभु श्रीरामचन्द्रजी के चरणकमलों की वन्दना करके और उनकी आज्ञा को शिरोधार्यकर, मुनि, तपस्वी और वनदेवताओं की विनती एवं बार-बार सबका आदर-सम्मान करते हुए दोनों भाई (भरत-शत्रुघ्न) चले ॥४॥

The two brothers adored their Lord's lotus feet and bowing to Rama's will, set out on their journey. They supplicated the sages, the anchorites and the forest deities and honoured them again and again.

दो.—लखनहि भेंटि प्रनामु करि सिर धरि सियपद धूरि ।
चले सप्रेम असीस सुनि सकल सुमंगल मूरि ॥३१८॥

फिर लक्ष्मणजी से मिलकर उनको प्रणाम करके, सीताजी के चरणों की धूलि को सिर पर धारणकर और सभी सुमंगलों के मूल उनके आशीर्वाद को सुनकर वे प्रेमपूर्वक चल पड़े ॥३१८॥

Having greeted Lakshmana and made obeisance to him, both placed on their heads the dust of Sita's feet, and receiving her loving benediction, the root of all fair blessings, set out on their journey.

चौ.—सानुज राम नृपहि सिर नाई । कीन्हि बहुत बिधि बिनय बड़ाई ॥
देव दयाबस बड़ दुखु पायेउ । सहित समाज काननहि आयेउ ॥

छोटे भाई लक्ष्मणजी के साथ श्रीरामजी ने राजा जनक को प्रणाम किया और उनकी अनेक तरह से विनती और बड़ाई की (और कहा—) हे देव ! आपने दयावश बड़ा ही दुःख उठाया, जो समाज-सहित आप वन में आये ॥१॥

Rama and his younger brother (Lakshmana) bowed to king Janaka in humble supplication and praised him in many ways: 'Moved by compassion for us, my lord, you have greatly suffered by coming all the way to this forest with your retinue.

पुर पगु धारिअ देइ असीसा । कीन्ह धीर धरि गवनु महीसा ॥
मुनि महिदेव साधु सनमाने । बिदा किए हरि हर सम जाने ॥

अब आप हमें आशीर्वाद देकर अपने नगर को पधारिए ! तब राजा जनक धीरज धरकर चल पड़े । फिर श्रीरामचन्द्रजी ने मुनि, ब्राह्मण और साधुओं को विष्णु और महादेव के समान समझकर आदर-सम्मान करके विदा किया ॥२॥

Be pleased now to grant me your blessing and return to your city.' At this the monarch mastered his emotion and departed. The Lord also treated with honour the sages and other Brahmans and holy men and bade farewell to them with the same respect as is due to Hari (Vishnu) and Hara (Shiva).

सासु समीप गए दोउ भाई । फिरे बंदि पग आसिष पाई ॥
कौसिक बामदेव जाबाली । पुरजन परिजन सचिव सुचाली ॥

फिर दोनों भाई सास (सुनयनाजी) के पास गये और उनके चरणों की वन्दनाकर और आशीर्वाद पाकर लौट आये । फिर विश्वामित्र, वामदेव, जाबालि और शुभ आचरणवाले कुटुम्बी, नगरनिवासी और मन्त्री – ॥३॥

Then the two brothers called on their mother-in-law (Sunayana) and having adored her feet and received her blessing, came back. Next, to Vishvamitra, Vamadeva and Jabali, the loyal kinsfolk, the citizens and their ministers,

जथाजोगु करि बिनय प्रनामा । बिदा किए सब सानुज रामा ॥
नारि पुरुष लघु मध्य बड़ेरे । सब सनमानि कृपानिधि फेरे ॥

सबको यथायोग्य विनय-प्रणाम करके लक्ष्मणजी और रामचन्द्रजी ने विदा किया । कृपानिधान श्रीरामचन्द्रजी ने सब छोटे, मध्यम और बड़े स्त्री-पुरुषों का सम्मान करके उन्हें लौटाया ॥४॥

—Rama and his brother made humble obeisance, as was most befitting, and bade them all farewell. The gracious Lord courteously dismissed all the men and women, high, middle-class and low.

दो. –भरतमातु पद बंदि प्रभु सुचि सनेह मिलि भेंटि ।
बिदा कीन्हि सजि पालकी सकुच सोच सब मेंटि ॥३१९॥

कैकेयी के चरणों की वन्दनाकर प्रभु श्रीरामचन्द्रजी ने पवित्र स्नेह के साथ उनसे मिल-भेंटकर तथा उनके सारे सोच-संकोच का निवारणकर पालकी सजाकर उनको विदा किया ॥३१९॥

With sincere affection the Lord then did homage to the feet of Bharata's mother and embraced her and having dispelled all her embarrassment and grief, saw her off in a palanquin duly equipped for her.

चौ. –परिजन मातु पितहि मिलि सीता । फिरी प्रानप्रिय प्रेम पुनीता ॥
करि प्रनामु भेंटी सब सासू । प्रीति कहत कबिहिय न हुलासू ॥

(नैहर के) कुटुम्बियों और माता-पिता से मिलकर अपने प्राणप्रिय पति के प्रेम में पवित्र सीताजी लौट आयीं । फिर सब सासुओं को प्रणामकर उनसे मिलीं । उस समय की प्रीति को कहने में कवि के हृदय में उत्साह नहीं होता (उस समय प्रेम का जो दृश्य उपस्थित हुआ, वह ऐसा करुणामय था कि उसके लिखने में कविहृदय उल्लसित नहीं होता) ॥१॥

Sita, who cherished unalloyed love for her soul's beloved, returned after meeting her kinsfolk and her parents. To her mothers-in-law she made obeisance and embraced them all with an affection which the poet's soul shrinks from describing.

सुनि सिख अभिमत आसिष पाई । रही सीय दुहुँ प्रीति समाई ॥
रघुपति पटु पालकीं मगाईं । करि प्रबोधु सब मातु चढ़ाईं ॥

(सासुओं की) शिक्षा सुनकर और मनोवांछित आशीर्वाद पाकर सीताजी सासुओं तथा माता-पिता दोनों ओर की प्रीति में निमग्न हो गईं । (तब) श्रीरघुनाथजी ने सुन्दर पालकियाँ मँगवाकर सब माताओं को समझा-बुझाकर उन पर चढ़ाया ॥२॥

Listening to their instruction and receiving the blessing of her liking, Sita stood lost in the affection of both the families. Raghunatha sent for elegant palanquins and with words of consolation seated each of his mothers therein.

बार बार हिलि मिलि दुहुँ भाईं । सम सनेह जननीं पहुँचाईं ॥
साजि बाजि गज बाहन नाना । भूप भरत दल कीन्ह पयाना ॥

दोनों भाइयों ने बारंबार हिल-मिलकर समान स्नेह-भाव के साथ माताओं को (कुछ दूर) पहुँचाया । भरतजी और राजा जनकजी के दलों ने घोड़े, हाथी और नानाप्रकार की सवारियाँ सजाकर प्रस्थान किया ॥३॥

Again and again the two brothers embraced them with equal affection and sent them off. Making ready their horses and elephants and various carriages, the hosts of Bharata and king Janaka set out on their journey.

हृदयँ रामु सिय लखन समेता । चले जाहिं सब लोग अचेता ॥
बसह बाजि गज पसु हियँ हारें । चले जाहिं परबस मन मारें ॥

अपने-अपने हृदय में सीताजी और लक्ष्मणजी के साथ श्रीरामचन्द्रजी को रखकर सब लोग अचेत हुए चले जा रहे हैं । बैल, घोड़े, हाथी आदि पशु भी हृदय से हारे (लाचार और दुःखी) हुए परवश मन मारे चले जा रहे हैं ॥४॥

With their hearts full of Rama, Sita and Lakshmana, all the people departed in a daze; even the animals—bullocks, horses and elephants—trudged on against their will, sad at heart, their spirit overwhelmed with grief.

दो. –गुर गुरतिय पद बंदि प्रभु सीता लखन समेत ।
फिरे हरष बिसमय सहित आए परननिकेत ॥३२०॥

फिर गुरु (वसिष्ठजी) और गुरुपत्नी (अरुन्धतीजी) के चरणों की वन्दना-कर सीता-लक्ष्मण-समेत प्रभु श्रीरामचन्द्रजी हर्ष और शोक के साथ पर्णकुटी पर लौट आये ॥३२०॥

Adoring the feet of the *guru* and his wife (Arundhati), the Lord as well as Sita and Lakshmana returned to their leafy hut with mingled pleasure and pain in their hearts.

चौ. –बिदा कीन्ह सनमानि निषादू । चलेउ हृदयँ बड़ बिरहबिषादू ॥
कोल किरात भिल्ल बनचारी । फेरे फिरे जोहारि जोहारी ॥

फिर निषादराज (गुह) को सम्मानित कर विदा किया । वह चला तो सही, किंतु उसके हृदय में विरह की बड़ी गहरी वेदना थी । फिर श्रीरामजी ने कोल, किरात, भील आदि वनचरों को लौटाया । वे सब लौटाने से बार-बार जोहारकर (प्रणामकर) लौटे ॥१॥

The Nishada was then courteously sent away and he departed, sorely grieved at heart at the parting. Pressed to return, the Kols, Kiratas, Bhils and other people of the woods made repeated obeisance and went home.

प्रभु सिय लखन बैठि बटछाहीं । प्रिय परिजन बियोग बिलखाहीं ॥
भरत सनेहु सुभाउ सुबानी । प्रिया अनुज सन कहत बखानी ॥

बरगद की छाया में बैठकर प्रभु रामचन्द्रजी, सीताजी और लक्ष्मणजी अपने प्रिय कुटुम्बियों के वियोग से दुःखी हो रहे हैं । भरतजी के स्नेह, स्वभाव और मधुर बोली को बखान-बखानकर श्रीरामचन्द्रजी सीताजी और लक्ष्मणजी से कहने लगे ॥२॥

The Lord and Sita and Lakshmana sat down in the shade of the banyan tree and sorrowed at their separation from their friends and relatives. In eloquent terms Rama spoke to his beloved wife and younger brother of Bharata's affection, noble disposition and sweet, civil tongue.

प्रीति प्रतीति बचन मन करनी । श्रीमुख राम प्रेमबस बरनी ॥
तेहि अवसर खग मृग जल मीना । चित्रकूट चर अचर मलीना ॥

प्रेम के वशीभूत होकर श्रीरामचन्द्रजी ने भरतजी के वचन, मन, कर्म की प्रीति तथा विश्वास का अपने श्रीमुख से वर्णन किया । उस समय चित्रकूट के पक्षी, पशु और जल की मछलियाँ, सभी जड़-चेतन जीव उदास हो गए ॥३॥

Overpowered by love, Rama commended with his own holy lips the faith and devotion Bharata had displayed in thought and word and deed. At that hour the birds and beasts and the fish in the streams and every creature at Chitrakuta, whether animate or inanimate, felt disconsolate.

बिबुध बिलोकि दसा रघुबर की । बरषि सुमन कहि गति घर घर की ॥
प्रभु प्रनामु करि दीन्ह भरोसो । चले मुदित मन डरु न खरो सो ॥

श्रीरामचन्द्रजी की (प्रेममुग्ध) दशा देखकर देवताओं ने उन पर फूलों की वर्षा करते हुए घर-घर की दशा कही (दुखड़ा सुनाया[1]) । प्रभु ने उन्हें प्रणामकर ढाढ़स बँधाया । जब मन में जरा-सा भी डर न रहा तब वे प्रसन्न होकर चले ॥४॥

Seeing Rama's condition (his unmeasured love of Bharata), the gods rained down flowers and told him what had been going on in their several spheres (how the demons were hell-bent on torturing them). The Lord made obeisance and reassured them, and they returned rejoicing, relieved of all their fears.

दो. –सानुज सीय समेत प्रभु राजत परनकुटीर ।
भगति ग्यानु बैराग्य जनु सोहत धरें सरीर ॥३२१॥

पर्णकुटी में प्रभु रामचन्द्रजी छोटे भाई लक्ष्मण और सीताजी के साथ ऐसे शोभायमान हैं जैसे वैराग्य, भक्ति और ज्ञान शरीर धारणकर विराज रहे हों ॥३२१॥

So with Sita and his younger brother the Lord shone forth in his hut of leaves, as resplendent as Devotion and Dispassion and Wisdom in bodily form.

चौ. –मुनि महिसुर गुर भरत भुआलू । रामबिरहँ सबु साजु बिहालू ॥
प्रभु गुन ग्राम गनत मन माहीं । सब चुपचाप चले मग जाहीं ॥

मुनि, ब्राह्मण, गुरु वसिष्ठजी, भरतजी और राजा जनक – यह सारा समाज राम-विरह में विह्वल-व्याकुल है । मन में प्रभु के गुणसमूहों को याद करते हुए सब लोग मार्ग में चुपचाप चले जा रहे हैं ॥१॥

The sages, the Brahmans, the *guru*, Bharata and king Janaka felt much afflicted at parting with Rama, and they paced the road in silence, recalling the Lord's many perfections.

जमुना उतरि पारु सबु भयेऊ । सो बासरु बिनु भोजन गयेऊ ॥
उतरि देवसरि दूसर बासू । रामसखाँ सब कीन्ह सुपासू ॥

(पहले दिन) यमुना उतरकर सब लोग पार हुए । वह दिन बिना भोजन के ही बीता । दूसरे दिन गङ्गाजी उतरकर (शृङ्गवेरपुर में) डेरा डाला । वहाँ रामसखा निषादराज ने सारा सुप्रबन्ध किया ॥२॥

१. राक्षसों द्वारा दिये गए कष्टों के कारण अपने प्रवास की पीड़ा कह सुनायी ।

They all crossed the Yamuna and passed that day fasting. The next halt was made on the other bank of the Ganga (at Shringaverapura) where Rama's friend (Guha) made every arrangement for their comfort.

सई उतरि गोमतीं नहाए । चौथें दिवस अवधपुर आए ॥
जनकु रहे पुर बासर चारी । राजकाज सब साज सँभारी ॥

(तीसरे दिन) सई पार करके गोमती में स्नान किया और चौथे दिन सब अयोध्याजी जा पहुँचे । जनकजी चार दिन अयोध्या में ठहर गए और सब राजकाज, साज-सामान सँभालकर, ॥३॥

Then they crossed the Sai and bathed in the Gomati, and on the fourth day reached Ayodhya. King Janaka stayed in the city for four days and settled the entire administration and property of the state;

सौंपि सचिव गुर भरतहि राजू । तेरहुति चले साजि सबु साजू ॥
नगर नारि नर गुरसिख मानी । बसे सुखेन रामरजधानी ॥

मन्त्री, गुरु वसिष्ठजी तथा भरतजी को राज्य सौंपकर, सारा साज-सामान सजाकर (पूरी तैयारी कर) तिरहुत को चले । नगर के स्त्री-पुरुष गुरुजी की शिक्षा मानकर राजधानी अयोध्या में ही सुखपूर्वक रहने लगे ॥४॥

—and, entrusting the reins of the government to the minister, the *guru* (Vasishtha) and Bharata, he set out for Tirhut (his capital) after making all necessary preparations. In obedience to the preceptor's directions the men and women of the city settled down happily in Rama's capital (Ayodhya).

दो. —रामदरस लगि लोग सब करत नेम उपवास ।
तजि तजि भूषन भोग सुख जिअत अवधि की आस ॥३२२॥

श्रीरामचन्द्रजी के दर्शन की अभिलाषा से सब लोग नियम और व्रत करने लगे । वे भूषण और भोग-विलास को त्यागकर अवधि के समाप्त होने की आशा पर जी रहे हैं ॥३२२॥

Under the spur of their longing to see Rama once again the people practised religious austerities and fasted, and discarding all personal adornments and luxurious delights, lived only in the hope that the term of his exile would expire soon.

चौ. —सचिव सुसेवक भरत प्रबोधे । निज निज काज पाइ सिख ओधे ॥
पुनि सिख दीन्हि बोलि लघु भाई । सौंपी सकल मातु सेवकाई ॥

भरतजी ने मन्त्रियों और विश्वासी सेवकों को समझाया । वे सब शिक्षा पाकर अपने-अपने कामों में लग गए । फिर भरतजी ने छोटे भाई शत्रुघ्नजी को बुलाकर शिक्षा दी और सब माताओं की सेवा का भार उनको सौंपा ॥१॥

Bharata instructed his ministers and faithful servants, who performed their duties as bidden. Then, calling his younger brother (Shatrughna), he instructed him and entrusted to him the care of the dowager queens.

भूसुर बोलि भरत कर जोरे । करि प्रनाम बर बिनय निहोरे ॥
ऊँच नीच कारजु भल पोचू । आयसु देब न करब सँकोचू ॥

ब्राह्मणों को बुलाकर भरतजी ने हाथ जोड़कर प्रणाम किया और बड़ी नम्रता से प्रार्थना करते हुए कहा कि आपलोग ऊँच-नीच, अच्छा-बुरा जैसा भी कार्य हो, उसके लिए मुझे आज्ञा दीजिएगा, संकोच न कीजिएगा ॥२॥

Then Bharata summoned the Brahmans and, making obeisance with folded hands, prayed to them with great humility, saying, 'Charge me with any duty, high or low, good or bad, and hesitate not to issue your commands.'

परिजन पुरजन प्रजा बोलाए । समाधानु करि सुबस बसाए ॥
सानुज गे गुरगेहँ बहोरी । करि दंडवत कहत कर जोरी ॥

फिर परिवार के लोगों, नागरिकों तथा अन्य प्रजाजनों को बुलाकर उनका समाधान करके उनके सुखपूर्वक रहने का प्रबंध कर दिया । फिर छोटे भाई शत्रुघ्नजी के साथ भरतजी गुरुजी के घर गये और उन्हें दण्डवत् करके हाथ जोड़कर कहने लगे — ॥३॥

He also sent for his kinsfolk, the citizens and other subjects, and setting their minds at rest, settled them in comfortable dwellings. Accompanied by his younger brother (Shatrughna), he then called on his *guru* and fell down before him in devout supplication and said with folded hands:

आयसु होइ त रहउँ सनेमा । बोले मुनि तन पुलकि सपेमा ॥
समुझब कहब करब तुम्ह जोई । धरमसारु जग होइहि सोई ॥

(हे गुरुदेव !) आपकी आज्ञा हो तो मैं नियमपूर्वक रहूँ ! यह सुनकर मुनि वसिष्ठजी पुलकित हो प्रेमपूर्वक बोले — हे भरत ! तुम जो कुछ समझोगे, कहोगे और करोगे, वही संसार के लिए धर्म का सार होगा ॥४॥

'With your permission I will now live a life of penance.' Thrilling over with rapturous love, the sage replied, 'Whatever you think and say and do will be the essence of righteousness for this world.'

दो. —सुनि सिख पाइ असीस बड़ि गनक बोलि दिनु साधि ।
सिंघासन प्रभुपादुका बैठारे निरुपाधि ॥३२३॥

यह सुनकर और शिक्षा तथा बड़ा आशीर्वाद पाकर भरतजी ने ज्योतिषियों को बुलाया और अच्छा मुहूर्त साधकर प्रभु की चरणपादुकाओं को बिना किसी विघ्न के सिंहासन पर प्रतिष्ठित कर दिया ॥३२३॥

Hearing this, and receiving his instructions and his priceless blessing, Bharata sent for the astrologers and, fixing an auspicious day (and hour), installed on the throne the wooden sandals of his Lord without let or hindrance.

चौ. –राममातु गुर पद सिरु नाई। प्रभुपदपीठ रजायसु पाई॥
नंदिगाँव करि परनकुटीरा। कीन्ह निवासु धरम धुर धीरा॥

फिर श्रीरामजी की माता कौसल्याजी और गुरुजी के चरणों में मस्तक नवाकर और प्रभु की चरणपादुकाओं से आज्ञा लेकर धर्मश्रेष्ठ और धीर भरतजी नन्दिग्राम में पर्णकुटी बनाकर उसीमें निवास करने लगे॥१॥

After bowing his head at the feet of Rama's mother and the *guru* and receiving the commands of his Lord's sandals, Bharata, the staunch upholder of righteousness, made a hut of leaves at Nandigrama and took up his abode there.

जटाजूट सिर मुनिपट धारी। महि खनि कुस साँथरी सँवारी॥
असन बसन बासन ब्रत नेमा। करत कठिन रिषिधरम सपेमा॥

उन्होंने सिर पर जटाजूट बढ़ा लिये और मुनियों के (वल्कल) वस्त्र धारणकर, पृथ्वी खोदकर उसके अंदर कुश की आसनी बिछायी। फिर भोजन, वस्त्र, बरतन, व्रत, नियम आदि में वे ऋषियों के कठिन धर्म का प्रेमपूर्वक पालन करने लगे॥२॥

With his hair gathered up into a knot on his head and clad in hermit's robes, he dug the earth and spread thereon his couch of *kusha* grass. In matters of food, dress, utensils, sacred observances and strict vows, he devoutly kept the rigid rules of a religious life.

भूषन बसन भोग सुख भूरी। मन तन बचन तजे तिनु तूरी॥
अवधराजु सुरराजु सिहाई। दसरथधनु सुनि धनद लजाई॥

भरतजी ने भूषण, वस्त्र और समस्त सुख-भोगों को तन, मन और वचन से तृण के समान तोड़कर त्याग दिया। जिस अयोध्या के राज्य को देखकर देवराज इन्द्र भी ईर्ष्या करते थे और जहाँ के राजा दशरथजी की सम्पत्ति सुनकर कुबेर तक लज्जित हो जाते थे, ॥३॥

Bharata discarded in thought and body and speech, as of no more value than a blade of grass, all adornments, rich attire and every luxury and enjoyment. The sovereignty of Ayodhya was the envy even of Indra (the king of heaven), and the very report of the riches possessed by Dasharath put to shame even Kubera (the god of wealth);

तेहि पुर बसत भरत बिनु रागा। चंचरीक जिमि चंपकबागा॥
रमाबिलासु राम अनुरागी। तजत बमन जिमि जन बड़भागी॥

उसी अयोध्यापुरी में भरतजी राग-रहित होकर इस प्रकार निवास करने लगे जिस प्रकार चम्पा के बाग में भौंरा[1] निवास करता है। श्रीरामचन्द्रजी के प्रेमी बड़भागी जन लक्ष्मी के भोग-विलास को वमन की भाँति त्याग देते हैं॥४॥

—yet in that city dwelt Bharata free from all attachment, like a bee in a garden of *champa* flowers. (Though the *champa* bears a very sweet-scented flower, it is said that bees do not visit it.) The blessed souls who are devoted to Rama discard like vomit all Lakshmi's delights (*i.e.*, the sensual delights of wealth).

दो. –रामपेम भाजन भरतु बड़े न येहि करतूति।
चातक हंस सराहिअत टेंक बिबेक बिभूति॥३२४॥

फिर भरतजी तो श्रीरामचन्द्रजी के प्रेम-पात्र ठहरे! वे इस करतूत से (भोगैश्वर्य के त्याग से) बड़े नहीं हुए (उनके लिए यह त्याग कोई बड़ी बात नहीं)। टेक के लिए चातक की प्रशंसा ठीक है। विवेक-विभूति के लिए हंस की प्रशंसा उचित है (क्योंकि पक्षी होकर भी चातक और हंस अपनी टेक और विभूति का निर्वाह करते हैं)[2] ॥३२४॥

For Bharata, a worthy receptacle of Rama's love, this was no extraordinary achievement. The cuckoo is praised for its constancy and the swan for its discriminating taste. (The cuckoo and the swan, both birds, are praiseworthy for the rare gifts of constancy and discrimination they possess; not so Bharata, who is Rama's greatest favourite.)

चौ. –देह दिनहुँ दिन दूबरि होई। घटइ तेजु बलु मुखछबि सोई॥
नित नव रामपेम पनु पीना। बढ़त धरमदलु मनु न मलीना॥

भरतजी का शरीर दिन-दिन दुबला होता जाता है। तेज (अन्न, घृत आदि से उत्पन्न चर्बी, मांस) घट रहा है, पर बल और मुख की कान्ति ज्यों की त्यों बनी हुई है। राम-प्रेम का प्रण नित्य नया और दृढ़ (पुष्ट) होता है, धर्म का दल बढ़ता है और मन मलिन नहीं होता॥१॥

Day by day his body grew thinner, but though it continued to lose its fat, it never lost its vigour nor his face its lustre. Ever new and firm grew his vow

---

१. चम्पे की सुगंध भौंरा को अप्रिय है। "चम्पा में गुन बहुत हैं, रूप रंग अरु वास। पर यह अवगुन एक है, भँवर न आवे पास॥"

२. चातक पृथ्वी के जल को न पीने की टेक का और हंस नीर-क्षीर-विवेक की विभूति का निर्वाह करते हैं। पं. विजयानन्दजी त्रिपाठी का यह कथन सटीक है कि लक्ष्मीजी के प्रेमभाजन रामजी हैं और रामजी के प्रेमभाजन भरतजी। भरतजी के गुणों पर रामजी मुग्ध हैं और रामजी के गुणों पर लक्ष्मीजी। इसलिए यदि लक्ष्मी के गुणों पर भरतजी मुग्ध न हों तो उनके लिए कोई बात नहीं। उनके लिए 'तेहि पुर बसत भरत बिनु रागा' जैसी टेक और 'तजत बमन जिमि जन बड़भागी' जैसा विवेक *स्वाभाविक* है। टेक-विवेक के लिए चातक और हंस प्रशंसित होने चाहिए, भरत नहीं।

of devotion to Rama, always replenishing the hosts of his righteous deeds and refusing to darken his soul with despair.

जिमि जलु निघटत सरद प्रकासे । बिलसत बेतस बनज बिकासे ॥
सम दम संजम नियम उपासा । नखत भरतहिय बिमल अकासा ॥

जैसे शरद् ऋतु के प्रकाश (आगमन) से जल तो घटता है, किंतु बेंत शोभा पाते हैं और कमल खिल जाते हैं, वैसे ही शम, दम, संयम, नियम और उपवास आदि नक्षत्र भरतजी के हृदयरूपी निर्मल आकाश में शोभित होते हैं ॥२॥

As water falls low with the advent of the brightness of autumn, but the reeds thrive and the lotuses blossom forth, so in the cloudless sky of Bharata's heart shone forth the stars of tranquillity and control of the outer senses, self-restraint, religious observances and fasting.

ध्रुव बिस्वासु अवधि राका सी । स्वामिसुरति सुरबीथि बिकासी ॥
रामपेम बिधु अचल अदोषा । सहित समाज सोह नित चोखा ॥

उस आकाश में विश्वास ही ध्रुवतारा है, वनवास की अवधि (का ध्यान) पूर्णिमा के समान है और स्वामी श्रीरामजी की सुरति (स्मृति) आकाशगङ्गा के समान प्रकाशित हो रही है । रामप्रेम ही निश्चल और निष्कलंक चन्द्रमा है जो समाजरूपी नक्षत्रों के साथ नित्य उत्तम शोभा देता है ॥३॥

His faith stood like the pole-star, the prospect of Rama's return on the expiry of the period of exile represented the full-moon night, while his constant remembrance of the Lord glistened like the Milky Way; his affection for Rama was like the moon, fixed and unsullied, ever shining clear amid a galaxy of stars.

भरत रहनि समुझनि करतूती । भगति बिरति गुन बिमल बिभूती ॥
बरनत सकल सुकबि सकुचाहीं । सेस गनेस गिरा गमु नाहीं ॥

भरतजी का रहन-सहन, उनकी बुद्धि, उनके कार्य, उनकी भक्ति, वैराग्य, निर्मल गुण और ऐश्वर्य का वर्णन करने में सभी श्रेष्ठ कवि सकुचाते हैं; क्योंकि वहाँ (औरों को तो छोड़िए) स्वयं शेष, गणेश और सरस्वती भी नहीं पहुँच पाते ॥४॥

All the great poets shrink from describing Bharata's mode of living, his wisdom and his doings, his devotion and dispassion, his immaculate qualities and his splendour; they baffle the wits of Shesha (the thousand-headed lord of serpents), Ganesha (the god of wisdom) and Sarasvati (the goddess of speech).

दो. –नित पूजत प्रभुपाँवरी प्रीति न हृदय समाति ।
मागि मागि आयसु करत राजकाज चहुँ भाँति ॥३२५॥

वे नित्यप्रति प्रभु की पादुकाओं की पूजा करते हैं; (पूजा के अवसर पर उत्पन्न) प्रेम उनके हृदय में नहीं समाता । उन पादुकाओं से आज्ञा माँग-माँगकर वे सब प्रकार के राज-काज करते हैं ॥३२५॥

Ever paying homage to his Lord's sandals with a heart overflowing with devotion and constantly seeking their advice, he administered the many affairs of the state.

चौ. –पुलक गात हियँ सिय रघुबीरू । जीहँ नामजपु लोचन नीरू ॥
लखनु रामु सिय कानन बसहीं । भरतु भवन बसि तप तनु कसहीं ॥

(भरतजी का) शरीर पुलकित है, उनके हृदय में श्रीसीतारामजी हैं । जीभ से राम-नाम का जप चल रहा है, नेत्रों में प्रेम के आँसू भरे हैं । लक्ष्मणजी, श्रीरामजी और सीताजी तो वन में निवास कर रहे हैं, परंतु भरतजी घर पर रहकर ही तपस्या द्वारा शरीर को कस रहे हैं ॥१॥

With his body trembling with emotion and Sita and Rama in his heart, his tongue continually repeated Rama's name and his eyes brimmed over with tears. Lakshmana, Rama and Sita dwelt in the forest; Bharata, living at home, mortified his flesh with austerities.

दोउ दिसि समुझि कहत सबु लोगू । सब बिधि भरतु सराहनजोगू ॥
सुनि ब्रत नेम साधु सकुचाहीं । देखि दसा मुनिराज लजाहीं ॥

दोनों ओर की स्थिति समझकर सब लोग कहते हैं कि भरतजी सब तरह बड़ाई के योग्य हैं । उनके नेम-व्रत को सुनकर साधु-संत भी सकुचा जाते हैं और उनकी दशा देखकर मुनिराज भी लजा जाते हैं ॥२॥

Looking at the matter from both sides, everyone said that Bharata was in every way praiseworthy. Holy men were abashed when they heard of his religious vows and observances, and the greatest of saints were put to shame when they saw his condition.

परम पुनीत भरत आचरनू । मधुर मंजु मुद मंगल करनू ॥
हरन कठिन कलि कलुष कलेसू । महामोह निसि दलन दिनेसू ॥

भरतजी का आचरण परम पवित्र, मधुर, सुन्दर और आनन्द-मङ्गलों का कारण (करनेवाला) है, वह कलियुग के कठिन पापों और क्लेशों को मिटानेवाला है और महामोहरूपी रात्रि को नष्ट करने के लिए सूर्य है ॥३॥

Supremely unsullied was Bharata's conduct, sweet and fair and a fountain of joy and blessing. It drives away the terrible sins and afflictions of the Kali age; it is a veritable sun to scatter the night of great delusion;

पापपुंज कुंजर मृगराजू । समन सकल संतापसमाजू ॥
जनरंजन भंजन भवभारू । रामसनेह सुधा कर सारू ॥

(उनका आचरण) पापसमूहरूपी हाथी के लिए सिंह है और सभी संतापों के दल का निवारण करनेवाला है । वह भक्तों को आनन्द देनेवाला और संसार के भार का भञ्जन करनेवाला तथा श्रीरामचन्द्रजी के स्नेहरूपी चन्द्रमा का सार – उसका अमृत – है ॥४॥

—a lion to vanquish the elephant host of sin and a conqueror of all affliction. It delights the devotees, brings liberation from the burden of rebirth and is the ambrosial essence of the moon of devotion to Rama.

छं. –सिय राम पेम पिऊष पूरन होत जनमु न भरत को ।
मुनिमन अगम जम नियम सम दम बिषम ब्रत आचरत को ॥
दुख दाह दारिद दंभ दूषन सुजस मिस अपहरत को ।
कलिकाल तुलसी से सठन्हि हठि रामसनमुख करत को ॥

यदि श्रीसीतारामजी के प्रेमरूपी अमृत से भरे हुए भरतजी का जन्म ही न हुआ होता तो मुनियों के मन के लिए भी अगम यम-नियम एवं शम, दम आदि कठिन व्रतों का पालन कौन करता ? अपने सुयश के द्वारा दुःख, संताप, दरिद्रता, दम्भ आदि दोषों को कौन हरण करता ? कलियुग में भी तुलसीदास-जैसे शठों को हठ करके श्रीरामजी के सम्मुख कौन करता ?

If Bharata had never been born, imbued with the nectar of devotion to Sita and Rama, then who would have practised such self-control and penance, such continence, restraint and rigorous vows as transcend the imagination even of sages ? Who by virtue of his high renown would have

relieved us of our grief and burning sorrows, our poverty, pride and other sins, and in this Kaliyuga have forcibly diverted the mind of such crafty fools as Tulasidasa towards Rama ?

सो. –भरतचरित करि नेमु तुलसी जो सादर सुनहिं ।
सीय राम पद पेमु अवसि होइ भवरस बिरति ॥३२६॥

तुलसीदासजी कहते हैं कि जो लोग भरतजी के चरित्र को नियम से आदरपूर्वक सुनेंगे, उन्हें श्रीसीतारामजी के चरणों में अवश्य ही प्रेम होगा और सांसारिक विषय-रस से विरक्ति होगी ॥३२६॥

All, says Tulasidasa, who with strict regularity and reverent hearts listen to Bharata's acts shall assuredly be devoted to the feet of Sita and Rama and lose all interest in the pleasures of life.

मासपारायण, इक्कीसवाँ विश्राम

इति श्रीमद्रामचरितमानसे सकलकलिकलुषविध्वंसने द्वितीयः सोपानः समाप्तः ।

कलियुग के सम्पूर्ण पापों को विध्वस्त करनेवाले श्रीरामचरितमानस का यह दूसरा सोपान समाप्त हुआ ।

(PAUSE 21 FOR A THIRTY-DAY RECITATION)

Thus ends the second descent into the Manasa lake of Rama's exploits, that eradicates all the impurities of the kaliyuga.

अरण्यकाण्ड
ARANYAKANDA

Rama and Lakshmana emotionally upset searching for Sita

श्रीगणेशाय नमः

श्रीजानकीवल्लभो विजयते

श्रीरामचरितमानस

THE HOLY LAKE OF THE ACTS OF RAMA

तृतीय सोपान

अरण्यकाण्ड

ARANYAKANDA

श्लोक

मूलं धर्म्मतरोर्विवेकजलधेः पूर्णेन्दुमानन्ददं।
वैराग्याम्बुजभास्करं ह्यघघनध्वान्तापहं तापहम्।
मोहाम्भोधरपूगपाटनविधौ स्वःसम्भवं शङ्करं।
वन्दे ब्रह्मकुलं कलङ्कशमनं श्रीरामभूपप्रियम्॥१॥

धर्मरूपी वृक्ष के मूल, विवेकरूपी सागर को आनन्दित करनेवाले पूर्णचन्द्र, वैराग्यरूपी कमल को प्रफुल्लित करने के लिए सूर्य, पापरूपी घोर अंधकार को निश्चयपूर्वक नष्ट करनेवाले, (दैहिक, दैविक और भौतिक) तापों का हरण करनेवाले, मोहरूपी मेघों के समूह को छिन्न-भिन्न करने की विधि में आकाश से उत्पन्न वायुरूप, ब्रह्माजी के आत्मज तथा कलंक-नाशक, राजा श्रीरामचन्द्रजी के प्रिय श्रीशंकरजी को मैं प्रणाम करता हूँ[१] ॥१॥

I reverence Shankara, the very root of the tree of righteousness, the full moon that brings joy to the ocean of wisdom, the sun that opens the lotus of dispassion, who dispels the thick darkness of sin and relieves of every distress, the heaven-born wind to scatter the massed clouds of delusion, the progeny of Brahma and the destroyer of sin, the beloved of Lord Rama the king.

सान्द्रानन्दपयोदसौभगतनुं पीताम्बरं सुन्दरं।
पाणौ बाणशरासनं कटिलसत्तूणीरभारं वरम्।
राजीवायतलोचनं धृतजटाजूटेन संशोभितं।
सीतालक्ष्मणसंयुतं पथिगतं रामाभिरामं भजे॥२॥

जिनका शरीर जल से भरे हुए मेघों के समान शोभायुक्त (श्यामवर्ण) एवं आनन्दघन है, जो सुन्दर पीताम्बर धारण किये हुए हैं, जिनके हाथों में धनुष और बाण हैं, जिनकी कमर श्रेष्ठ (अक्षय) तरकस के भार से शोभित है, कमल के समान जिनके विशाल नेत्र हैं और मस्तक पर जो जटाजूट धारण किये हैं, उन अत्यन्त शोभायमान श्रीसीताजी और लक्ष्मणजी सहित मार्ग में चलते हुए, आनन्द देनेवाले श्रीरामचन्द्रजी को मैं भजता हूँ। ('रामाभिरामं भजे' ही यहाँ मुख्य वाक्य है। शेष विशेषणों से रामचन्द्रजी के स्वरूप आदि का वर्णन किया गया है।) ॥२॥

I worship him whose body is dark and beautiful like a rain-bearing cloud teeming with abundant delights; the yellow-apparelled and handsome; who carries a bow and arrows in his hands and has a beautiful, shining and well-equipped quiver fastened to his waist; with a pair of large lotus eyes and a tuft of matted locks on his head; the most glorious Rama, the delighter of all, travelling in the company of Sita and Lakshmana.

सो.–उमा रामगुन गूढ़ पंडित मुनि पावहिं बिरति।
पावहिं मोह बिमूढ़ जे हरिबिमुख न धर्मरति॥

हे उमा ! श्रीरामजी के गुण गूढ़-गम्भीर हैं, पण्डित एवं मुनि उनसे वैराग्य प्राप्त करते हैं। परंतु जो भगवान् से विमुख हैं और जिनकी धर्म में अनुरक्ति नहीं है, वे महामूर्ख जन उन्हें सुनकर मोह को प्राप्त होते हैं।

१. पूरे श्लोक का भाव 'शङ्करं वन्दे' में निहित है – 'मैं शंकर को प्रणाम करता हूँ'। शंकरजी कैसे हैं, इसे ही दस विशेषणों द्वारा बतलाया गया है। पंडितों ने सम्पूर्ण श्लोक का सरलार्थ यह कहकर दिया है कि 'धर्ममूल, परम विवेकी, वैराग्यवर्धक, पापसंहारक, अज्ञाननाशक, त्रिविध तापत्रासक, मोहविदारक, ब्रह्ममूर्ति, कलंकापहारी, परम रामभक्त, श्रीशंकरजी की मैं वन्दना करता हूँ।'

O Uma, Rama's perfections are profound; the learned and the sage develop dispassion (when they appreciate them), but fools, who are hostile to Hari and have no love for righteousness, reap only delusion.

चौ. –पुरनर भरत प्रीति मैं गाई। मति अनुरूप अनूप सुहाई॥
अब प्रभुचरित सुनहु अति पावन। करत जे बन सुर नर मुनि भावन॥

पुरवासियों और भरतजी की अनुपम सुन्दर प्रीति का मैंने अपनी बुद्धि के अनुसार वर्णन किया। अब देवताओं, मनुष्यों और मुनियों को भानेवाले प्रभु श्रीरामचन्द्रजी के उस अत्यन्त पवित्र चरित्र को सुनो, जिसे वे वन में रहकर करते हैं॥१॥

I have sung to the best of my ability the incomparable and charming devotion of the citizens and Bharata. Hear now the all-holy exploits of the Lord which he wrought in the forest, to the delight of gods and men and sages.

एक बार चुनि कुसुम सुहाए। निज कर भूषन राम बनाए॥
सीतहि पहिराए प्रभु सादर। बैठे फटिकसिला पर सुंदर॥

एक समय सुन्दर फूलों को चुनकर श्रीरामजी ने अपने हाथों से भाँति-भाँति के आभूषण बनाये और सुन्दर स्फटिक-शिला पर बैठे हुए प्रभु ने उन्हें आदरपूर्वक श्रीसीताजी को पहनाया॥२॥

One day Rama plucked some lovely flowers and with his own hands wove them together into ornaments of several kinds, with which he reverently decked Sita, as he sat on a beautiful crystal rock.

सुरपतिसुत धरि बायसबेषा। सठ चाहत रघुपतिबल देखा॥
जिमि पिपीलिका सागर थाहा। महा मंदमति पावन चाहा॥

(तभी) देवराज इन्द्र का शठमति पुत्र जयन्त कौए का वेष धारणकर श्रीरघुनाथजी का बल देखना – उनके माहात्म्य की परीक्षा लेना – चाहता है, जैसे महान् मन्दबुद्धि चींटी समुद्र की थाह पाना चाहती हो॥३॥

The foolish son of the king of the gods took the form of a crow and wickedly thought to test Raghunatha's might, like an ant so utterly dull-witted as to try to sound the depths of the ocean.

सीताचरन चोंच हति भागा। मूढ़ मंदमति कारन कागा॥
चला रुधिर रघुनायक जाना। सीक धनुष सायक संधाना॥

(एक निश्चित) कारण से[1] बना हुआ वह मूढ़, मन्दमति कौआ सीताजी के चरणों में चोंच मारकर भागा। जब (चोंच मारे हुए स्थल से) खून बह चला, तब श्रीरघुनाथजी ने जाना और धनुष पर सरकंडे का बाण संधान किया॥४॥

In its wretched stupidity the foolish crow (who was actuated by a certain motive) bit Sita in the foot with its beak and flew away. When the blood began to flow, Raghunatha saw it and fitted a reed shaft to his bow.

दो. –अति कृपाल रघुनायक सदा दीन पर नेह।
ता सन आइ कीन्ह छलु मूरख अवगुनगेह॥१॥

श्रीरघुनाथजी से भी, जो अत्यन्त ही कृपालु हैं और जिनका दीनों पर सदा स्नेह रहता है, अवगुणों के घर उस मूर्ख जयन्त ने आकर छल किया॥१॥

Raghunatha is extremely compassionate and is ever fond of the meek; and it was on him that this fool, this abode of all vices, came and played this trick !

चौ. –प्रेरित मंत्र ब्रह्मसर धावा। चला भाजि बायस भय पावा॥
धरि निज रूप गएउ पितु पाही। रामबिमुख राखा तेहि नाही॥

मंत्र-प्रेरित वह ब्रह्मबाण (लक्ष्य की ओर) दौड़ा। कौआ भयभीत होकर भाग चला। अपना असली रूप धरकर वह पिता इन्द्र के पास गया, परंतु श्रीराम-विरोधी जानकर इन्द्र ने उसे नहीं रखा॥१॥

Winged with a spell, the shaft presided over by Brahma sped forth; the crow in terror took to flight and assuming his proper form, fled to his father, but he would not shelter him, for he was Rama's enemy.

भा निरास उपजी मन त्रासा। जथा चक्रभय रिषि दुर्बासा॥
ब्रह्मधाम सिवपुर सब लोका। फिरा श्रमित ब्याकुल भय सोका॥

तब वह (जयन्त) निराश हो गया, उसके मन में (वैसे ही) भय उत्पन्न हो गया जैसे दुर्वासा ऋषि को चक्र से भय हुआ था। वह ब्रह्मलोक, शिवलोक आदि सभी लोकों में थका-माँदा, भय और शोक से व्याकुल हो भागता फिरा॥२॥

He was in despair and as panic-stricken at heart as was Durvasa the seer by the terror of Vishnu's discus. Weary and frightened and remorseful, he traversed the realm of Brahma, the city of Lord Shiva and every other region.

काहूँ बैठन कहा न ओही। राखि को सकै राम कर द्रोही॥
मातु मृत्यु पितु समन समाना। सुधा होइ बिष सुनु हरिजाना॥

(पर शरण देना तो दूर रहा) किसी ने उसे बैठने तक के लिए नहीं कहा। श्रीरामजी से द्रोह करनेवाले को कौन रख सकता है? (काकभुशुण्डिजी कहते हैं –) हे गरुड़! सुनिए, उसके लिए माता मृत्यु के समान, पिता

---

१. अथवा मन्दबुद्धि होने के कारण। इन्द्रपुत्र जयन्त का एक निश्चिंत लक्ष्य भी था। उसने प्रभु श्रीरामजी के बल की परीक्षा के लिए ही कौए का रूप धारण किया था।

यमराज के समान और अमृत विष के समान हो जाता है। (जयन्त के इस प्रसंग को इसी स्थल पर देकर अरण्यकाण्ड की कथा जना दी, उसका बीज यहाँ डाल दिया कि इसमें सीताहरण होगा और तब सुर-नर-मुनि को रावण-वध का पूर्ण विश्वास होगा, क्योंकि किंचित् अपराध से देवराज के पुत्र का यह हाल हुआ, तब त्रिलोकी का शत्रु सीता-हरण करके कब बच सकता है ?) ॥३॥

But no one even asked him to rest awhile. Who can dare afford shelter to an enemy of Rama ? Listen, Garuda; a mother becomes as terrible as death and a father assumes the role of Yama (the king of hell), ambrosia turns into poison,

मित्र करै सत रिपु कै करनी । ता कहुँ बिबुधनदी बैतरनी ॥
सब जगु ताहि अनलहु तें ताता । जो रघुबीरबिमुख सुनु भ्राता ॥

(श्रीराम-द्रोही के लिए) मित्र सैकड़ों शत्रुओं की-सी करनी करने लगता है, देवनदी (गङ्गाजी) उसके लिए वैतरणी (यमपुरी की नदी) हो जाती हैं। हे भाई ! सुनिए, जो श्रीरघुनाथजी से विमुख है, उसके लिए सारा जगत् अग्नि से भी अधिक दाहक (तप्त) हो जाता है ॥४॥

—and a friend becomes as hostile as a hundred foes, the celestial river (Ganga) is converted into the Vaitarani (river of hell), and—listen, brother—all the world burns hotter than fire when a man sets his face against Raghunatha.

नारद देखा बिकल जयंता । लागि दया कोमलचित संता ॥
पठवा तुरत राम पहि ताही । कहेसि पुकारि प्रनतहित पाही ॥

जब नारदजी ने जयन्त को बेचैन देखा तब उन्हें उस पर दया आ गयी, (क्योंकि) संतों का चित्त कोमल होता है। उन्होंने उसे अविलम्ब श्रीरामजी के पास भेज दिया। उसने पुकारकर कहा — हे शरणागत के हितकारी ! मेरी रक्षा कीजिए ॥५॥

When Narada saw Jayanta (Indra's son) in distress, he took pity on him, for saints are indeed tender-hearted and good, and sent him straight to Rama. 'Save me,' he cried, 'O friend of the suppliant !'

आतुर सभय गहेसि पद जाई । त्राहि त्राहि दयाल रघुराई ॥
अतुलित बल अतुलित प्रभुताई । मैं मतिमंद जानि नहि पाई ॥

अधीर एवं भयभीत जयन्त ने जाकर श्रीरामजी के पाँव पकड़ लिए और कहा — हे दयालु रघुनाथजी ! रक्षा कीजिए, रक्षा कीजिए ! आपके असीम बल और आपकी अपार प्रभुता को मैं मन्दमति आँक न सका था ॥६॥

Bewildered and terrified, he went and clasped his feet and cried, 'Protect me, O protect me, gracious Raghunatha ! Being a fool, I did not recognize your immeasurable might, your matchless majesty !

निज कृत कर्म जनित फल पाएउँ । अब प्रभु पाहि सरन तकि आएउँ ॥
सुनि कृपाल अति आरत बानी । एकनयन करि तजा भवानी ॥

अपनी करनी का फल मैंने पा लिया। अब हे प्रभो ! मेरी रक्षा कीजिए। मैं आपकी शरण तककर[1] आया हूँ। (शिवजी कहते हैं —) हे पार्वती ! कृपानिधान श्रीरघुनाथजी ने उसकी अत्यन्त दुःखभरी वाणी सुनकर उसे काना करके छोड़ दिया ॥७॥

I have reaped the fated fruit of my own actions and have now sought refuge in you. Protect me, my Lord !' When the all-merciful Lord heard his most piteous plea, O Bhavani, he let him go with the loss of one eye.

सो. —कीन्ह मोहबस द्रोह जद्यपि तेहि कर बध उचित ।
प्रभु छाड़ेउ करि छोह को कृपाल रघुबीर सम ॥२॥

जयन्त ने मोह में फँसकर वैर किया था, इसलिए यद्यपि उसका वध ही उचित था, तो भी प्रभु ने कृपा करके उसे छोड़ दिया। भला, श्रीरामजी के समान कृपालु और कौन होगा ? ॥२॥

Although in his infatuation Jayanta had antagonized him and therefore deserved to die, the Lord had compassion upon him and set him free. Who is so merciful as Rama ?

चौ. —रघुपति चित्रकूट बसि नाना । चरित किए श्रुति सुधा समाना ॥
बहुरि राम अस मन अनुमाना । होइहि भीर सबहि मोहि जाना ॥

श्रीरघुनाथजी ने चित्रकूट में बसकर अनेक चरित्र किये, जो कानों को अमृत के समान (सुखद) हैं। फिर श्रीरामजी ने मन में ऐसा अनुमान किया कि मुझे सब लोग जान गए हैं, इससे (यहाँ) बड़ी भीड़ होगी ॥१॥

Raghunatha stayed on at Chitrakuta and performed exploits of many kinds grateful as nectar to the ear. Rama then thought to himself, 'People will throng here, now that they all know who I am.'

सकल मुनिन्ह सन बिदा कराई । सीता सहित चले द्वौ भाई ॥
अत्रि के आश्रम जब प्रभु गएऊ । सुनत महामुनि हरषित भएऊ ॥

(इसलिए) सब मुनियों से विदा लेकर दोनों भाई सीताजीसहित (चित्रकूट से) चले। जब प्रभु अत्रि मुनि के आश्रम में पहुँचे, तब उनका आगमन सुनते ही महामुनि बहुत ही हर्षित हुए ॥२॥

Taking leave of all the sages, therefore, the two brothers (Rama and Lakshmana) left the place with Sita. When the Lord came to Atri's hermitage, the great sage rejoiced at the news.

१. देखकर, आश्रय लेकर। अनन्यता द्योतित करने के लिए कवि ने शरण का ताकना कहा। — मानस-पीयूष, ५, पृ. २७।

पुलकित गात अत्रि उठि धाए। देखि रामु आतुर चलि आए॥
करत दंडवत मुनि उर लाए। प्रेम बारि द्वौ जन अन्हवाए॥

पुलकित हो अत्रिजी उठकर दौड़े। उन्हें दौड़े आते देखकर श्रीरामजी और भी शीघ्रता से आगे बढ़े। दण्डवत् करते हुए ही श्रीरामजी को (उठाकर) मुनि ने हृदय से लगा लिया और प्रेमाश्रुओं से दोनों भाइयों को नहला दिया॥३॥

Trembling with emotion, Atri sprang up and ran to meet him, and seeing him come, Rama too advanced hurriedly and was falling prostrate before him, but the sage (raised him and) clasped him to his bosom and bathed the two brothers in tears of affection.

देखि रामछबि नयन जुड़ाने। सादर निज आश्रम तब आने॥
करि पूजा कहि बचन सुहाए। दिए मूल फल प्रभु मन भाए॥

श्रीरामजी के (अलौकिक) सौंदर्य को देखकर मुनि की आँखें जुड़ा गईं। तब वे उनको आदरपूर्वक अपने आश्रम में ले आये। उनकी पूजा-अर्चना करके और सुन्दर वचन कहकर मुनि ने मूल और फल दिये, जो प्रभु के मन को बहुत ही रुचिकर लगे॥४॥

His eyes were gladdened by the sight of Rama's beauty. Then he reverently escorted them to his own hermitage, where he worshipped them and addressed them in gracious terms and offered them such roots and fruit as the Lord's soul relished.

सो.–प्रभु आसन आसीन भरि लोचन सोभा निरखि।
मुनिबर परम प्रबीन जोरि पानि अस्तुति करत॥३॥

नेत्र भरकर आसन पर विराजमान प्रभु की शोभा निरखकर परम प्रवीण मुनिवर अत्रिजी हाथ जोड़कर स्तुति करने लगे– ॥३॥

As the Lord took his seat, Atri (the chief of sages), supremely wise, feasted his eyes on his loveliness, and then folding his hands in supplication, he sang this hymn of praise:

छं.–नमामि भक्तवत्सलं। कृपालुशीलकोमलं।
भजामि ते पदांबुजं। अकामिनां स्वधामदं॥१॥

हे भक्तवत्सल! हे दयालु! हे कोमल शील स्वभाववाले! मैं आपको प्रणाम करता हूँ। निष्काम वृत्तिवाले भक्तों को अपना परमधाम देनेवाले आपके चरणकमलों को मैं भजता हूँ॥१॥

'I reverence you, who are so fond of your faithful followers, compassionate and gentle of disposition. I worship your lotus feet, which bestow upon the desireless your own abode in heaven.

निकामश्यामसुंदरं। भवांबुनाथमंदरं।
प्रफुल्लकंजलोचनं। मदादिदोषमोचनं॥२॥

आप नितान्त सुन्दर, श्याम, संसाररूपी समुद्र को मथने के लिए मन्दराचल पर्वत के समान हैं। फूले हुए कमलों की भाँति आपके नेत्र हैं। आप मद आदि दोषों से छुटकारा दिलानेवाले हैं॥२॥

I worship you, O Lord, dark and exquisitely beautiful, Mount Mandara to churn the ocean of mundane existence, with eyes like the full-blown lotus, the dispeller of pride and every other vice.

प्रलंबबाहुविक्रमं। प्रभोऽप्रमेयवैभवं।
निषंगचापसायकं। धरं त्रिलोकनायकं॥३॥

हे प्रभो! आपकी लंबी (आजानु) भुजाओं का पराक्रम तथा आपका ऐश्वर्य अप्रमेय (बुद्धि के परे, अपार) है। तरकस और धनुष-बाण धारण करनेवाले आप तीनों लोकों के स्वामी, ॥३॥

Immense is the might of your long arms, O Lord, and immeasurable your glory. Equipped with quiver and bow and arrows, you are the ruler of the three spheres;

दिनेशवंशमंडनं। महेशचापखंडनं।
मुनींद्रसंतरंजनं। सुरारिवृंदभंजनं॥४॥

सूर्यवंश को सुशोभित करनेवाले (भूषणरूप), महादेवजी के धनुष को तोड़नेवाले, मुनिनायकों और साधु-संतों को आनन्द देनेवाले तथा देवताओं के शत्रु असुरों के समूहों के नाशक हैं॥४॥

—the ornament of the Solar race; the breaker of Shiva's bow; the delight of the greatest saints and sages; the destroyer of the demon hosts (the enemies of the gods);

मनोजवैरिवंदितं। अजादिदेवसेवितं।
विशुद्धबोधविग्रहं। समस्तदूषणापहं॥५॥

आप कामदेव के शत्रु शिवजी द्वारा वन्दित, ब्रह्मा आदि देवताओं द्वारा सेवित, विशुद्ध ज्ञान-स्वरूप[1] और समस्त दोषों के हरणकर्त्ता हैं॥५॥

—worshipped by Kamadeva's foe (Lord Shiva); reverenced by Brahma and the other divinities; the embodiment of pure consciousness; the dispeller of all error;

नमामि इंदिरापतिं। सुखाकरं सतां गतिं।
भजे सशक्तिसानुजं। शचीपतिप्रियानुजं॥६॥

हे लक्ष्मीपते! हे सुखों की खान और सज्जनों की (एकमात्र) गति! मैं आपको प्रणाम करता हूँ। हे शचीपति (इन्द्र) के प्रिय छोटे भाई

१. 'विशुद्धबोधविग्रहं'– अर्थात् आपका शरीर शुद्ध ज्ञानमय है; यथा–'चिदानंदमय देह तुम्हारी। बिगत बिकार जान अधिकारी॥' (अ. दो. १२६) आपका स्वरूप आधि-व्याधि से परे है।

(वामनजी)[१] ! आदि-शक्ति श्रीसीताजी और छोटे भाई लक्ष्मणजी के साथ मैं आपको जपता हूँ ॥६॥

Lakshmi's lord; the mine of felicity and the salvation of the saints. I worship you with your consort and your brother, yourself the beloved younger brother of Indra, Shachi's lord.

त्वदंघ्रिमूल ये नराः । भजंति हीनमत्सराः ॥
पतंति नो भवार्णवे । वितर्कवीचिसंकुले ॥७॥

जो मनुष्य द्वेष-रहित होकर आपने चरणकमलों को भजते हैं (उनका सेवन करते हैं), वे तर्क-वितर्क (अनेक प्रकार के संदेह) रूपी तरंगों से परिपूर्ण संसाररूपी सागर में नहीं गिरते ॥७॥

Men who unenviously worship your lotus feet slip not into the ocean of rebirth with all its billows of controversy.

विविक्तवासिनस्सदा । भजंति मुक्तये मुदा ।
निरस्य इंद्रियादिकं । प्रयांति ते गतिं स्वकं ॥८॥

जो एकान्तवासी लोग इन्द्रियों के विषयों से उदासीन होकर (इन्द्रिय-सुख को त्यागकर) मुक्ति के लिए आपका सदा आनन्दपूर्वक भजन करते हैं, वे स्वकीय गति को (कैवल्य-मुक्ति, नित्य मुक्ति या अपने स्वरूप को) प्राप्त होते हैं ॥८॥

Those solitaries who ever delightedly worship you in the hope of liberation, with absolute indifference to the pleasures of the senses, attain to final beatitude (*kaivalya-moksha*[1] or isolated freedom).

त्वमेकमद्भुतं प्रभुं । निरीहमीश्वरं विभुं ।
जगद्गुरुं च शाश्वतं । तुरीयमेव केवलं ॥९॥

उन (आप) को, जो एक (अप्रतिम), अद्भुत (मायाकृत जगत् से अनोखा) सर्वसमर्थ, चेष्टारहित, ईश्वर, व्यापक, जगद्गुरु, सनातन, तुरीय (तीनों गुणों से सर्वथा परे) और केवल (अपने स्वरूप में स्थित) हैं, ॥९॥

You I worship, the one mysterious Lord, the passionless and omnipresent sovereign, the *guru* of the world, eternal transcending the three gunas (*sattva*, *rajas* and *tamas*), the one absolute and universal spirit.

भजामि भाववल्लभं । कुयोगिनां सुदुर्ल्लभं ।
स्वभक्तकल्पपादपं । समं सुसेव्यमन्वहं ॥१०॥

(तथा) जो भावप्रिय, कुयोगियों के लिए अत्यन्त दुर्लभ, अपने भक्तों के लिए कल्पवृक्ष, समदर्शी और सदैव सुखपूर्वक सेवनीय हैं, मैं प्रतिदिन भजता हूँ ॥१०॥

I adore him who is fond of devotion, who is most difficult of access to the sensual, a wish-yielding tree to his own worshippers, impartial, ever worthy to be gladly worshipped.

अनूपरूपभूपतिं । नतोऽहमुर्विजापतिं ।
प्रसीद मे नमामि ते । पदाब्जभक्ति देहि मे ॥११॥

हे अनुपम रूपवाले पृथ्वीपति ! हे जानकीनाथ ! मैं आपको प्रणाम करता हूँ। मुझपर प्रसन्न होइए, मैं आपको नमस्कार करता हूँ। मुझे अपने चरणकमलों की भक्ति दीजिए ॥११॥

I reverently adore you, sovereign of incomparable beauty, Lord of the earth-born Sita; I reverence you; be gracious unto me and grant me devotion to your lotus feet !'

पठंति ये स्तवं इदं । नरादरेण ते पदं ।
व्रजंति नात्र संशयं । त्वदीयभक्तिसयुंताः ॥१२॥

जो मनुष्य इस स्तुति का आदरपूर्वक पाठ करते हैं, वे आपकी भक्ति से युक्त होकर निस्संदेह आपके परमपद (वैकुण्ठ) को प्राप्त होते हैं ॥१२॥

Those who reverently repeat this hymn will undoubtedly attain to your sphere with a heart instinct with devotion to you.

दो. –बिनती करि मुनि नाइ सिरु कह कर जोरि बहोरि ।
चरन सरोरुह नाथ जनि कबहुँ तजै मति मोरि ॥४॥

(इस प्रकार) अत्रि मुनि ने विनती करके और सिर नवाकर, फिर हाथ जोड़कर कहा – हे नाथ ! मेरा मन कभी भी आपके चरणकमलों को न त्यागे ॥४॥

Having prayed thus, the sage with bowed head and folded hands spoke again: 'Never, Lord, may my mind abandon your lotus feet !'

चौ. –अनसूया के पद गहि सीता । मिली बहोरि सुसील बिनीता ॥
रिषिपतिनी मन सुख अधिकाई । आसिष देइ निकट बैठाई ॥

फिर शीलवती, विनम्र श्रीसीताजी ने (अत्रिजी की पत्नी) अनसूयाजी के चरण पकड़कर उनसे भेंट की । ऋषि-पत्नी के मन में अत्यधिक सुख हुआ । उन्होंने आशीर्वाद देकर सीताजी को अपने पास बिठा लिया – ॥१॥

Then Sita, who was so urbane and modest, met Anasuya (Atri's wife) and clasped her feet. The seer's wife felt extremely pleased at heart; she blessed her and seated her by her side.

---

१. कश्यप के ज्येष्ठ पुत्र इन्द्र थे । वामनावतार में भगवान् रामचन्द्रजी ने कश्यप के घर में ही अवतार लिया था, जिससे वे इन्द्र के छोटे भाई हुए ।

1. *Kaivalya* is the transcendental state of absolute independence; it is *moksha*, isolation or emancipation. The *gyani* at once gets *jivanamukti* state by becoming one with Brahma, while living.

दिव्य बसन भूषन पहिराए। जे नित नूतन अमल सुहाए॥
कह रिषिबधू सरस मृदु बानी। नारिधर्म कछु ब्याज बखानी॥

और उन्हें ऐसे भव्य (दीप्तियुक्त) वस्त्र और गहने पहनाये, जो नित्य-नवीन, निर्मल और सुहावने बने रहते हैं। फिर ऋषि-पत्नी उनके बहाने मधुर और कोमल वाणी से कुछ स्त्री-धर्म का वर्णन करने लगीं— ॥२॥

Then she arrayed her in heavenly robes and jewels which remained ever new, unsullied and lustrous. In sweet and gentle accents the saintly woman then began to discourse on wifely duty, making her an occasion for such discourse:

मातु पिता भ्राता हितकारी। मितप्रद सब सुनु राजकुमारी॥
अमित दानि भर्ता बैदेही। अधम सो नारि जो सेव न तेही॥

हे राजकुमारी! सुनिए—माता, पिता, भाई सभी हितकारी तो हैं, परंतु ये सब एक सीमा तक ही (सुख) देनेवाले हैं। हे जानकी! पति तो असीम सुख देनेवाला होता है। वह स्त्री (सचमुच) अधम है जो अपने ऐसे पति की सेवा नहीं करती ॥३॥

'Listen, O princess; mother, father and brother are all friendly helpers in a limited degree; but a husband, Sita, is an unlimited blessing; and vile is the woman who refuses to serve him.

धीरजु धर्म मित्र अरु नारी। आपदकाल परिखिअहि चारी॥
बृद्ध रोगबस जड़ धनहीना। अंध बधिर क्रोधी अति दीना॥

विपत्ति के समय ही धैर्य, धर्म, मित्र और स्त्री—इन चारों की परीक्षा होती है। वृद्ध, रोगी, मूर्ख, निर्धन, अंधा, बहरा, क्रोधी और अत्यन्त ही दीन— ॥४॥

Fortitude, piety, a friend and a wife—these four are tested only in time of adversity. Though her lord be old, sick, dull-headed, indigent, blind, deaf, bad-tempered or utterly wretched,

ऐसेहु पति कर किए अपमाना। नारि पाव जमपुर दुख नाना॥
एकै धर्म एक ब्रत नेमा। काय बचन मन पतिपद प्रेमा॥

ऐसे पति का भी अपमान करने से स्त्री नरक में नाना प्रकार के दुःख पाती है। शरीर, मन और वचन से पति के चरणों में प्रेम करना ही स्त्री के लिए एकमात्र धर्म है, एकमात्र व्रत और नियम है ॥५॥

—yet if his wife treats him with disrespect, she shall suffer all the torments of hell. To be devoted in thought and word and deed to her husband's feet is her only religious duty, her only vow and her only guiding rule (for behaviour).

जग पतिब्रता चारि बिधि अहहीं। बेद पुरान संत सब कहहीं॥
उत्तम के अस बस मन माही। सपनेहु आन पुरुष जग नाही॥

जगत् में पतिव्रताएँ चार प्रकार की हैं। वेद, पुराण और संत सब कहते हैं कि उत्तम श्रेणी की पतिव्रता स्त्रियों के हृदय में ऐसा भाव बसा रहता है कि संसार में (मेरे पति को छोड़कर) दूसरा पुरुष स्वप्न में भी नहीं है ॥६॥

There are in the world four grades of faithful wives, so declare the Vedas, the Puranas and all the saints. The best are firmly convinced in their hearts that no other man exists in this world even in a dream.

मध्यम परपति देखै कैसे। भ्राता पिता पुत्र निज जैसे॥
धर्म बिचारि समुझि कुल रहई। सो निकृष्ट त्रिय श्रुति अस कहई॥

मध्यम श्रेणी की पतिव्रता पराये पति को वैसे ही देखती है जैसे वह अपना सगा भाई, पिता या पुत्र हो। जो धर्म को विचारकर और अपने कुल की मर्यादा को समझकर बची रहती है[1] वह स्त्री निकृष्ट है, ऐसा वेद कहते हैं ॥७॥

The next in order regard another's husband as their own brother, father or son. She who is restrained by consideration of her duty or by the thought of her family's honour is said in the Vedas to be a woman of low character.

बिनु अवसर भय तें रह जोई। जानेहु अधम नारि जग सोई॥
पतिबंचक परपति रति करई। रौरव नरक कलप सत परई॥

समय न मिलने के कारण या डर से जो स्त्री पतिव्रता बनी रहती है, संसार में उसे अधम स्त्री जानना। पति से छल करनेवाली जो स्त्री पराये पति से प्रेम करती है, वह तो सौ कल्पतक रौरव नरक में पड़ी रहती है ॥८॥

And reckon that woman the very lowest of all in the world whom fear alone restrains and want of opportunity. The woman who deceives her husband and loves a paramour is cast for a hundred aeons into the depths of the lowest hell.

छनसुख लागि जन्म सत कोटी। दुख न समुझ तेहि सम को खोटी॥
बिनु श्रम नारि परमगति लहई। पतिब्रतधर्म छाड़ि छल गहई॥

क्षणिक सुख के लिए जो स्त्री सौ करोड़ जन्मों के दुःख को नहीं समझती, उसके समान कुलटा कौन होगी? जो स्त्री छल-छद्म को छोड़कर पातिव्रत धर्म को अपनाती है, वह बिना परिश्रम परम गति को प्राप्त करती है ॥९॥

Who is so vile as she who for the sake of a moment's pleasure considers not the torments that

१. 'जो अपने मन को रोककर धर्म को रख लेती है।' यह निम्न श्रेणी की पतिव्रताओं के संबंध में कहा। मध्यम श्रेणी की पतिव्रताओं के संबंध में कहा कि वे समान अवस्थावाले को भाई के रूप में, बड़े को पिता के रूप में और छोटे को पुत्र के रूप में देखती हैं।

shall endure through a thousand million lives ? The wife who without guile takes a vow of fidelity to her husband attains to salvation with the greatest ease;

पतिप्रतिकूल जन्मि जहँ जाई । बिधवा होइ पाइ तरुनाई ॥

और पति के विरुद्ध चलनेवाली स्त्री जहाँ भी जाकर जन्म लेती है, वहीं जवानी पाकर वह विधवा हो जाती है ॥१०॥

—but she who is disloyal to her lord becomes a widow in her early youth wherever she be born.

सो. –सहज अपावनि नारि पति सेवत सुभ गति लहइ ।
जसु गावत श्रुति चारि अजहुँ तुलसिका हरिहि प्रिय ॥५(क)॥

जन्म से ही स्त्री अपवित्र (होती) है, किंतु पति की सेवा करके वह शुभ गति पा लेती है । (पातिव्रत धर्म के कारण ही) आज भी 'तुलसीजी' हरि को प्रिय हैं और चारों वेद उनका यशोगान करते हैं ॥५(क)॥

Though woman is inherently impure, she wins to a happy state (hereafter) by serving her lord. (It is due to her loyalty to her husband that) *tulasi* is beloved of Hari even to this day and her glory is sung by all the four Vedas.

सुनु सीता तव नाम सुमिरि नारि पतिब्रत करहिं ।
तोहि प्रानप्रिय राम कहेउ कथा संसार हित ॥५(ख)॥

हे सीते ! सुनो, तुम्हारे नाम को ही सुमिरकर स्त्रियाँ पातिव्रत धर्म का पालन करेंगी । तुम्हें तो श्रीरामजी प्राणों की तरह प्रिय हैं; (पातिव्रत धर्म की) यह कथा तो मैंने विश्व के कल्याण के लिए कही है ! ॥५(ख)॥

Listen, Sita; women will maintain their vow of fidelity by invoking your name, for Rama is dear to you as your own life. It is for the good of the world that I have spoken these words.'

चौ. –सुनि जानकी परम सुख पावा । सादर तासु चरन सिरु नावा ॥
तब मुनि सन कह कृपानिधाना । आएसु होइ जाउँ बन आना ॥

(इस उपदेश को) सुनकर जानकीजी ने परम सुख का अनुभव किया और आदरपूर्वक उनके चरणों में प्रणाम किया । तब कृपानिधान श्रीरामजी ने मुनि से कहा – आज्ञा हो तो अब किसी अन्य वन में जाऊँ ! ॥१॥

Janaki was overjoyed when she heard her and reverently bowed her head before Anasuya's feet. Then the gracious Lord said to the sage, 'With your permission I would go to some other forest.

संतत मो पर कृपा करेहू । सेवक जानि तजेहु जनि नेहू ॥
धर्मधुरंधर प्रभु कै बानी । सुनि सप्रेम बोले मुनि ग्यानी ॥

आप मुझपर सदैव कृपा करते रहिएगा और सेवक जानकर स्नेह न त्यागिएगा । धर्मधुरन्धर प्रभु श्रीरामजी की वाणी सुनकर ज्ञानी मुनि ने प्रेमपूर्वक कहा – ॥२॥

Continue to be ever gracious to me and knowing me to be your servant, cease not to love me.' Hearing these words of the Lord, the champion of righteousness, the enlightened sage affectionately replied,

जासु कृपा अज सिव सनकादी । चहत सकल परमारथबादी ॥
ते तुम्ह राम अकाम पिआरे । दीनबंधु मृदु बचन उचारे ॥

जिनकी कृपा ब्रह्मा, शिव और सनकादि सकल ब्रह्मज्ञानी (तत्त्वज्ञ) चाहते हैं, हे रामजी ! आप वही निष्काम पुरुषों के प्यारे और दीनों के बन्धु (भगवान्) हैं, जो ऐसे मधुर वचन बोल रहे हैं ! ॥३॥

'You are that same Rama (the Supreme Deity), the beloved of the desireless and the friend of the lowly, whose grace is sought by Brahma, Shiva, Sanaka and all other knowers of the essence of things (Brahmagyanis), and yet you are addressing these gentle words to me.

अब जानी मैं श्रीचतुराई । भजी तुम्हहि सब देव बिहाई ॥
जेहि समान अतिसय नहि कोई । ता कर सील कस न अस होई ॥

अब मुझे लक्ष्मीजी की चतुराई समझ में आयी, जिन्होंने सब देवताओं को त्यागकर केवल आपको ही भजा । जिसके समान अत्यन्त महान् और कोई नहीं है, उसका शील, भला, ऐसा क्यों न होगा ? ॥४॥

Now do I understand the wisdom of Lakshmi who chose you (as her lord) to the exclusion of all other gods. Such indeed must be the modesty of one whom there is none to rival.

केहि बिधि कहौं जाहु अब स्वामी । कहहु नाथ तुम्ह अंतरजामी ॥
अस कहि प्रभु बिलोकि मुनि धीरा । लोचन जल बह पुलक सरीरा ॥

मैं यह कैसे कहूँ कि हे स्वामी ! आप अब जाइए ? हे नाथ ! आप तो अन्तर्यामी ठहरे, आप ही कहिये । ऐसा कहकर धीर मुनि ने प्रभु को देखा । उनके नेत्रों से (प्रेमाश्रुओं का) जल बह रहा है और शरीर रोमांचित है ॥५॥

How can I say, "Depart now, my lord ?" Tell me, my master, knowing as you do the secrets of all hearts.' Having thus spoken, the steadfast sage gazed upon the Lord, thrilling all over with emotion and his eyes streaming with tears (of affection).

छं. –तन पुलक निर्भर प्रेम पूरन नयन मुख पंकज दिए ।
मन ग्यान गुन गोतीत प्रभु मैं दीख जप तप का किए ॥

जप जोग धर्म समूह तें नर भगति अनुपम पावई ।
रघुबीरचरित पुनीत निसि दिनु दास तुलसी गावई ॥

मुनि का शरीर रोमांचित है और वे प्रेमपूर्ण नेत्रों से श्रीरामजी के मुखकमल को देख रहे हैं । (वे मन में यह विचार कर रहे हैं कि) मैंने ऐसे कौन-से जप-तप किये थे, जिसके कारण मुझे मन, ज्ञान, गुण और इन्द्रियों से परे प्रभु के दर्शन हुए । जप, योग और धर्मसमूह से मनुष्य जिन भगवान् की अनुपम भक्ति को पाता है, उन्हीं श्रीरघुवीर के पवित्र चरित्र को तुलसीदास रात-दिन गाता है ।

Trembling with emotion in every limb, the sage riveted his loving eyes on the Lord's lotus face. He thought to himself, 'What prayers did I say, what austerity did I perform, that I should behold with my own eyes the Lord who transcends all thought and knowledge, the senses and the three *gunas* ?' It is by *japa* (uttering quiet prayers), yoga (concentration of mind) and a host of religious observances that man attains to the incomparable virtue of devotion to Raghubira, whose all-holy exploits Tulasidasa sings day and night.

दो.—कलिमल समन दमन मन राम सुजसु सुखमूल ।
सादर सुनहिं जे तिन्ह पर रामु रहहिं अनुकूल ॥६(क)॥

श्रीरामजी का सुयश कलियुग के पापों का नाश करनेवाला, मन को दमन करनेवाला और सुखों का आदि कारण (उत्पत्तिस्थान) है । जो लोग इसे आदरपूर्वक सुनते हैं, उन पर श्रीरामजी (सदा) प्रसन्न रहते हैं ॥६(क)॥

The praise of the glory of Rama destroys the impurities of the Kali age, subdues the mind and is the source of beatitude. Rama is ever propitious to those who reverently hear it.

सो.—कठिन काल मलकोस धर्म न ज्ञान न जोग जप ।
परिहरि सकल भरोस रामहि भजहिं ते चतुर नर ॥६(ख)॥

कलियुग का यह समय बड़ा ही कठिन और पापों का खजाना है; इसमें न धर्म है, न ज्ञान; न योग है, न जप । इसमें तो जो लोग सब भरोसों को त्यागकर (एकमात्र) श्रीरामजी को भजते हैं, वे ही चतुर हैं ॥६(ख)॥

This grievous Kaliyuga is a repertory of sins; piety, spiritual wisdom, austerity or prayer are out of place in this age. Prudent are those who discard trust in all else and worship Rama alone.

चौ.—मुनिपद कमल नाइ करि सीसा । चले बनहि सुर नर मुनि ईसा ॥
आगें राम अनुज पुनि पाछें । मुनिबर बेष बने अति काछें ॥

देवताओं, मनुष्यों और मुनियों के स्वामी श्रीरामजी मुनि के चरणकमलों में सिर नवाकर वन को चले । आगे श्रीरामजी हैं और उनके पीछे छोटे भाई लक्ष्मणजी । दोनों ही मुनियों के श्रेष्ठ वेष में अत्यन्त शोभायमान हैं ॥१॥

Bowing his head before the lotus feet of the sage, Rama, the Lord of gods and men and sages, set out for the woods. Rama walked foremost, while Lakshmana followed him in the rear, both appearing most lovely in their hermit's attire.

उभय बीच श्री सोहइ कैसी । ब्रह्म जीव बिच माया जैसी ॥
सरिता बन गिरि अवघट घाटा । पति पहिचानि देहिं बर बाटा ॥

दोनों भाइयों के बीच में सीताजी वैसी ही सुशोभित हैं जैसी ब्रह्म और जीव के बीच माया होती है । नदी, वन, पर्वत और दुर्गम घाटियाँ, ये सब-के-सब अपने स्वामी को पहचानकर श्रेष्ठ मार्ग दे देते हैं ॥२॥

Between the two shone forth Sita, like Maya (Illusion) between the Absolute and the Individual Soul. The rivers and thickets, hills and rugged valleys all recognized their Lord and made the way smooth for him.

जहँ जहँ जाहिं देव रघुराया । करहिं मेघ तहँ तहँ नभ छाया ॥
मिला असुर बिराध मग जाता । आवत ही रघुबीर निपाता ॥

जहाँ-जहाँ देव श्रीरामचन्द्रजी जाते हैं, वहाँ-वहाँ आकाश में मेघ उन पर छाया करते जाते हैं । मार्ग में जाते हुए उन्हें विराध नामक राक्षस मिला । श्रीरघुनाथजी ने उसे आते ही मार डाला ॥३॥

Wherever the divine Lord Ramachandra passed, the clouds made a canopy in the sky. As they went along the road the demon Viradha met them, and straightway Raghunatha slew him as he came.

तुरतहि रुचिर रूप तेहि पावा । देखि दुखी निज धाम पठावा ॥
पुनि आए जहँ मुनि सरभंगा । सुंदर अनुज जानकी संगा ॥

(श्रीरामजी के हाथों मरते ही) उसने तुरंत सुन्दर रूप प्राप्त कर लिया । दुःखी देखकर प्रभु ने उसे विष्णुलोक (वैकुंठ) भेज दिया । फिर वे सुन्दर छोटे भाई और सीताजी के साथ वहाँ पहुँचे जहाँ मुनि शरभंगजी थे ॥४॥

Then at once he assumed a beauteous (divine) form, and Rama, seeing him so woebegone, sent him to his own abode. Accompanied by his handsome younger brother and Sita, the Lord then came to the hermitage of the sage Sharabhanga.

दो.—देखि राममुख पंकज मुनिबर लोचन भृंग ।
सादर पान करत अति धन्य जनम सरभंग ॥७॥

श्रीरामचन्द्रजी के मुख-कमल को देखकर मुनिश्रेष्ठ के नेत्ररूपी भौंरे बड़े आदर के साथ उसका (मकरन्दरस) पान करने लगे । शरभंगजी का जन्म धन्य हो गया ॥७॥

At the sight of Rama's lotus face, the bee-like eyes of the great sage reverently drank in (the honey of) his beauty. Blessed indeed was Sharabhanga to have been born !

चौ. —कह मुनि सुनु रघुबीर कृपाला। संकरमानस राजमराला॥
जात रहेउँ बिरंचि कें धामा। सुनेउँ श्रवन बन अइहहिं रामा॥

शरभंग मुनि के कहा — हे कृपालु रघुवीर ! हे शंकरजी के मनरूपी मानसरोवर के राजहंस ! सुनिये, मैं ब्रह्मलोक को जा रहा था। (तभी मैंने) कानों से सुना कि श्रीरामजी वन में आवेंगे ॥१॥

'Listen, O gracious Raghubira,' said the sage, 'the swan disporting in the holy lake of Shankara's heart! I was about to leave for Brahma's realm when the report reached my ears that Rama was coming to the forest.

चितवत पंथ रहेउँ दिन राती। अब प्रभु देखि जुड़ानी छाती॥
नाथ सकल साधन मैं हीना। कीन्ही कृपा जानि जन दीना॥

तभी से मैं दिन-रात आपकी बाट जोह रहा था। अब प्रभु को देखकर मेरी छाती जुड़ा गयी। हे नाथ ! मैं सब साधनों से रहित हूं। परन्तु आपने मुझे दीन सेवक जानकर मुझ पर कृपा की ॥२॥

Day and night I have been watching the road, but now that I have seen my Lord my heart is soothed. I am destitute, Lord of all that is good, but you have shown me favour as your humble servant.

सो कछु देव न मोहि निहोरा। निज पन राखेहु जनमन चोरा॥
तब लगि रहहु दीन हित लागी। जब लगि तुम्हहि मिलौं तनु त्यागी॥

हे देव ! यह कुछ मुझ पर आपका उपकार नहीं है। हे भक्त-मनचोर ! ऐसा करके तो आपने केवल अपने प्रण की ही रक्षा की है। अब मुझ दीन के कल्याण के लिए तब-तक यहीं रुकिए जब तक मैं शरीर त्यागकर फिर आपसे (आपके धाम में न) मिलूँ ! ॥३॥

But, Lord, you have not done me a special favour; you have only redeemed your vow, O ravisher of your votaries' hearts ! For the sake of this humble servant stay here (before my eyes) until I discard this body and meet you in your own realm.'

जोग जग्य जप तप जत कीन्हा। प्रभु कहुँ देइ भगति बर लीन्हा॥
येहि बिधि सर रचि मुनि सरभंगा। बैठे हृदय छाड़ि सब संगा॥

मुनि ने जितना भी योग, यज्ञ, जप, तप आदि किया था, सब प्रभु को अर्पित कर बदले में भक्ति का वरदान ले लिया। इस प्रकार (दुर्लभ राम-भक्ति के वरदान को पा चुकने के अनंतर) चिता रचकर मुनि शरभंगजी हृदय से सब राग-विराग त्यागकर उस पर जा बैठे ॥४॥

So saying, the sage offered to the Lord whatever austerity and sacrifice, prayers and penance and vows he had observed, and received the gift of devotion. Thus the sage Sharabhanga built a funeral pyre and discarding all attachment from his heart, sat thereon, saying,

दो. —सीता अनुज समेत प्रभु नील जलद तनु स्याम।
मम हिय बसहु निरंतर सगुनरूप श्रीराम ॥८॥

(और बोले —) हे नीले मेघ-जैसे श्याम शरीरवाले सगुणरूप श्रीरामजी ! श्रीसीता और लक्ष्मणजी के साथ ही (आप) मेरे हृदय में निरन्तर निवास कीजिए ! ॥८॥

'May the Lord, whose body is dark as a dark rain-burdened cloud, incarnate in form as the divine Rama, dwell ever in my heart with Sita and his brother !'

चौ. —अस कहि जोग अगिनि तनु जारा। रामकृपा बैकुंठ सिधारा॥
तातें मुनि हरिलीन न भएऊ। प्रथमहि भेदभगति बर लएऊ॥

ऐसा कहकर मुनि ने योगाग्नि में अपने शरीर को भस्म कर डाला और श्रीराम-कृपा से वे वैकुण्ठ को चले गए। मुनि भगवान् में लीन इसलिए नहीं हुए कि उन्होंने पहले ही भेद-भक्ति का वर ले लिया था। (योगाग्नि में शरीर छोड़नेवाले को हरिपदलीन होना चाहिए, परन्तु शरभंगजी लीन नहीं हुए। इसका कारण यह कहकर दिया गया है कि अभेद-भक्ति से जीव लीन होता है, भेद-भक्ति से नहीं। सती के भी लीन न होने का यही कारण था।) ॥१॥

With these words he consumed his body in the fire of yoga and by Rama's grace rose to Vaikuntha. The sage was not absorbed into the person of Hari because he had received the boon of separate devotion before his death.

रिषिनिकाय मुनिबर गति देखी। सुखी भए निज हृदय बिसेषी॥
अस्तुति करहिं सकल मुनिबृंदा। जयति प्रनतहित करुनाकंदा॥

मुनिश्रेष्ठ (शरभंगजी) की यह गति देखकर ऋषिसमूह अपने हृदय में विशेष रूप से प्रसन्न हुए। समस्त मुनिवृन्द श्रीरामजी की स्तुति करते हैं (और कहते हैं) कि हे शरणागतों के हितकारी करुणाकन्द (करुणा के मूल) प्रभो ! आपकी जय हो ! ॥२॥

The multitude of seers who witnessed the great sage's liberation were greatly delighted at heart and all the hosts of sages broke forth into hymns of praise, crying, 'Glory to the friend of the suppliant, the fountain of all mercy !'

पुनि रघुनाथ चले बन आगे। मुनिबर बृंद बिपुल सँग लागे॥
अस्थिसमूह देखि रघुराया। पूँछा मुनिन्ह लागि अति दाया॥

श्रीरघुनाथजी फिर दूसरे वन को चले। श्रेष्ठ मुनियों के अनेक झुंड उनके साथ हो लिए। (रास्ते में) हड्डियों के ढेर को देखकर श्रीरघुनाथजी को बड़ी दया आयी और उन्होंने मुनियों से पूछा ॥३॥

Then Raghunatha went on further into the forest, accompanied by a great company of holy men. Seeing a heap of bones, he was moved with great compassion and asked the sages whose they were.

जानतहूँ पूँछिय कस स्वामी। सबदरसी तुम्ह अंतरजामी॥
निसिचरनिकर सकल मुनि खाए। सुनि रघुबीरनयन जल छाए॥

(मुनियों ने कहा –) हे स्वामी! आप तो सर्वज्ञ और अन्तर्यामी हैं। जानते हुए भी हमसे क्यों पूछ रहे हैं! राक्षसों के दल ने सब मुनियों को खा डाला है (ये सब उन्हीं की हड्डियों के ढेर हैं)! यह सुनकर श्रीरघुवीर की आँखों में आँसू भर आए॥४॥

'Though knowing everything,' they replied, 'how is it that you ask us, master? You are omniscient and can read the inmost feelings of all. These are the bones of all the sages whom the demon hosts have devoured, On hearing this, Raghubira's eyes filled with tears.

दो. –निसिचरहीन करौं महि भुज उठाइ पन कीन्ह।
सकल मुनिन्ह के आश्रम जाइ जाइ सुख दीन्ह॥९॥

तब श्रीरामजी ने भुजा उठाकर प्रतिज्ञा की कि मैं पृथ्वी को राक्षसों से (सर्वथा) हीन कर दूँगा। फिर उन्होंने सब मुनियों के आश्रम में जा-जाकर उन्हें (दर्शन एवं सम्भाषण का) सुख दिया॥९॥

With arms uplifted he took a vow: 'I shall rid the earth of demons.' Then he gladdened all the sages by visiting them all in turn at their hermitages.

चौ. –मुनि अगस्ति कर सिष्य सुजाना। नाम सुतीक्षन रति भगवाना॥
मन क्रम बचन रामपद सेवक। सपनेहु आन भरोस न देव क॥

अगस्त्य मुनि के एक सुतीक्ष्ण नामक चतुर शिष्य थे। वे भगवान् के भक्त और मन, वचन तथा कर्म से श्रीरामजी के चरणों के सेवक थे। उन्हें सपने में भी किसी दूसरे देवता का भरोसा न था॥१॥

The sage Agastya had a learned disciple named Sutikshna, who was a great lover of the Lord. He was devoted to Rama's feet in thought and word and deed and never even dreamt of putting trust in any other divinity.

प्रभु आगमनु श्रवन सुनि पावा। करत मनोरथ आतुर धावा॥
हे बिधि दीनबंधु रघुराया। मो से सठ पर करिहहिं दाया॥

प्रभु का आगमन कानों से सुनकर अनेक प्रकार के मनोरथ करते हुए वे आतुर हो दौड़ पड़े और कहने लगे कि हे विधाता! क्या दीनबन्धु श्रीरघुनाथजी मुझ-जैसे दुष्ट पर भी दया करेंगे?॥२॥

When he heard of the Lord's arrival, he rushed out hurriedly, indulging in his own fancy: 'O God,' he cried, 'will Raghunatha, the befriender of the humble, ever have mercy on a wretch like me?

सहित अनुज मोहि राम गोसाईं। मिलिहहिं निज सेवक कीं नाईं॥
मोरें जिय भरोस दृढ़ नाहीं। भगति बिरति न ग्यान मन माहीं॥

क्या छोटे भाई लक्ष्मणजी सहित स्वामी श्रीरामजी मुझसे अपने सेवक की तरह मिलेंगे? मेरे जी को दृढ़ विश्वास नहीं होता, क्योंकि मेरे मन में न भक्ति है, न वैराग्य और न ज्ञान ही॥३॥

Will Rama, my master, and his younger brother receive me as their servant? Of this I have no assured confidence, for there is no devotion or dispassion or wisdom in my soul.

नहि सतसंग जोग जप जागा। नहि दृढ़ चरन कमल अनुरागा॥
एक बानि करुनानिधान की। सो प्रिय जाके गति न आन की॥

न तो मैंने सत्सङ्ग, योग, जप अथवा यज्ञ ही किये और न प्रभु के चरणकमलों में दृढ़ अनुराग ही किया। हाँ, करुणानिधान प्रभु की एक बान है कि उन्हें वही प्रिय होता है जिसे किसी दूसरे का सहारा नहीं होता॥४॥

I have never sought the company of saints or practised yoga, prayer, or sacrifice; nor do I claim any steadfast devotion to the Lord's lotus feet. I bank on one characteristic of the all-merciful Lord: he is his friend who goes to none other.

होइहहिं सुफल आजु मम लोचन। देखि बदन पंकज भवमोचन॥
निर्भर प्रेम मगन मुनि ग्यानी। कहि न जाइ सो दसा भवानी॥

(इस बान का स्मरण आते ही मुनि मन-ही-मन कहने लगे –) अहा! सांसारिक बन्धन से छुड़ानेवाले प्रभु के मुखकमल को देखकर आज मेरे नेत्र सफल होंगे। (शिवजी कहते हैं –) हे भवानी! ज्ञानी सुतीक्ष्ण मुनि पूर्णरूप से प्रेम-मग्न हैं। उनकी उस दशा का वर्णन करते नहीं बनता॥५॥

This inspires me with the hope that my eyes shall today be blessed with the sight of the Lord's lotus face, that delivers one from the bondage of worldly existence.' The wise sage, Bhavani, was so utterly overwhelmed with love that his condition was beyond all description.

दिसि अरु बिदिसि पंथ नहि सूझा। को मैं चलेउँ कहाँ नहि बूझा॥
कबहुँक फिरि पाछे पुनि जाई। कबहुँक नृत्यक करइ गुन गाई॥

उन्हें दिशा-विदिशा, रास्ता आदि कुछ भी नहीं सूझता। मैं कौन हूँ और कहाँ जा रहा हूँ, वे यह भी नहीं जानते। वे कभी पीछे की ओर घूम पड़ते हैं, फिर आगे चलने लगते हैं और कभी प्रभु के गुण गा-गाकर नृत्य करने लगते हैं॥६॥

He could not see his way either in this direction or in that; he knew not who he was or where he was going; at one time he would turn and go back and then again resume his journey; at another he would dance and sing of Rama's virtues.

अबिरल प्रेम भगति मुनि पाई । प्रभु देखैं तरु ओट लुकाई ॥
अतिसय प्रीति देखि रघुबीरा । प्रगटे हृदय हरन भवभीरा ॥

मुनि ने अविरल (प्रगाढ़) प्रेम-भक्ति प्राप्त कर ली । प्रभु श्रीरामजी पेड़ की आड़ में लुक-छिपकर (यह दृश्य) देखने लगे । मुनि के अतिशय प्रेम को देखकर भव-भय (जन्म-मरण के भय) को हरनेवाले श्रीरघुनाथजी मुनि के हृदय में प्रकट हो गए ॥७॥

Yet more vehement grew the sage's love and devotion, while the Lord watched him, hiding behind a tree. Seeing his exceeding love, Raghunatha, who dispels the fear of transmigration, revealed himself in his heart.

मुनि मग माझ अचल होइ बैसा । पुलक सरीर पनसफल जैसा ॥
तब रघुनाथ निकट चलि आए । देखि दसा निज जन मन भाए ॥

सुतीक्ष्ण मुनि (प्रभु के दर्शन पाकर) बीच रास्ते में निश्चल होकर बैठ गए । उनका शरीर पुलकित होकर कटहल के फल के समान (कंटकित) हो गया । तब श्रीरघुनाथजी उनके निकट चले आये और अपने भक्त की प्रेम-विह्वल दशा देखकर मन में प्रसन्न हुए ॥८॥

The sage sat motionless in the middle of the road, his body bristling like a jackfruit with every hair on end. Then Raghunatha drew near, rejoicing to see the state of his devotee.

मुनिहि राम बहु भाँति जगावा । जाग न ध्यानजनित सुख पावा ॥
भूपरूप तब राम दुरावा । हृदय चतुरभुज रूप देखावा ॥

श्रीरामजी ने मुनि को अनेक प्रकार से जगाया, परन्तु मुनि नहीं जागे; क्योंकि उन्हें प्रभु के ध्यान से उत्पन्न सुख की प्राप्ति हो रही थी । तब श्रीरामजी ने अपने राजसी रूप को छिपा लिया और उनके हृदय में अपना चतुर्भुज रूप प्रकट किया ॥९॥

Rama tried every means to rouse the sage, but he awoke not, for he was lost in the ecstasy of contemplation. Then Rama withdrew his kingly guise and manifested his four-armed form in the sage's heart.

मुनि अकुलाइ उठा तब कैसें । बिकल हीनमनि फनिबर जैसें ॥
आगे देखि रामु तन स्यामा । सीता अनुज सहित सुखधामा ॥

तब (अपने आराध्य रामरूप के स्थान पर चतुर्भुजरूप को देखकर) मुनि वैसे ही व्याकुल होकर उठे जैसे श्रेष्ठ (मणिधर) सर्प मणि के बिना व्याकुल हो जाता है । मुनि ने अपने सामने सीताजी और लक्ष्मणजी के साथ श्याम शरीरवाले, सुखधाम श्रीरामजी को देखा ॥१०॥

The sage thereupon started up in agitation like a noble snake distressed by the loss of its jewel. But seeing before him the dark-hued Rama, the abode of bliss, with Sita and his brother,

परेउ लकुट इव चरनन्हि लागी । प्रेममगन मुनिबर बड़भागी ॥
भुज बिसाल गहि लिए उठाई । परम प्रीति राखे उर लाई ॥

बड़े भाग्यवाले श्रेष्ठ मुनि सुतीक्ष्ण प्रेम में मग्न होकर लाठी की तरह श्रीरामजी के चरणों में गिर पड़े । श्रीरामजी ने अपनी विशाल भुजाओं से पकड़कर उन्हें उठा लिया और बड़े प्रेम के साथ अपने हृदय से लगा रखा ॥११॥

—the great and blessed sage dropped like a log at his feet, drowned in love. Taking him in his long arms, the Lord raised him and with utmost affection clasped him to his bosom.

मुनिहि मिलत अस सोह कृपाला । कनकतरुहि जनु भेंट तमाला ॥
रामबदनु बिलोक मुनि ठाढ़ा । मानहु चित्र माझ लिखि काढ़ा ॥

मुनि से मिलते हुए कृपालु श्रीरामचन्द्रजी ऐसे शोभित हो रहे हैं मानो सोने के वृक्ष से तमाल का वृक्ष गले लगकर मिल रहा हो । (अविचल, स्तब्ध) खड़े होकर मुनि श्रीरामजी के मुख को इस प्रकार (एकटक) देख रहे हैं मानो वे चित्र में लिखकर बनाये गए हों ॥१२॥

While embracing the sage, the gracious Lord shone forth like a *tamala* tree meeting a tree of gold. As the sage gazed on Rama's face, he stood motionless like a figure painted in a picture.

दो. –तब मुनि हृदय धीर धरि गहि पद बारहि बार ।
निज आश्रम प्रभु आनि करि पूजा बिबिध प्रकार ॥१०॥

तब हृदय में धीरज धरकर मुनि ने बार-बार प्रभु के चरण पकड़े और अपने आश्रम में लाकर अनेक प्रकार से उनकी पूजा की ॥१०॥

Then the sage nerved himself and clasping his feet again and again conducted the Lord to his own hermitage and paid him reverence in many ways.

चौ. –कह मुनि प्रभु सुनु बिनती मोरी । अस्तुति करौं कवन बिधि तोरी ॥
महिमा अमित मोरि मति थोरी । रबिसनमुख खद्योत अजोरी ॥

मुनि ने कहा – हे प्रभो ! मेरी प्रार्थना सुनिए । मैं किस प्रकार आपकी स्तुति करूँ ? आपकी महिमा अपार है और मेरी बुद्धि (वैसी ही) थोड़ी है जैसे सूर्य के सामने जुगनू का प्रकाश ! ॥१॥

'Lord, listen to my humble prayer,' said the sage; 'how am I to hymn your praises ? Immeasurable is your majesty and scant my wit, like the glow of a fire-fly before the sun.

श्यामतामरसदामशरीरं । जटामुकुटपरिधनमुनिचीरं ॥
पाणिचापशरकटितूणीरं । नौमि निरंतर श्रीरघुवीरं ॥

हे नीलकमल की माला जैसे श्याम शरीरवाले ! हे जटाओं के मुकुट और मुनियों के (वल्कल) वस्त्र से लैस, हाथों में धनुष-बाण धारण किये हुए तथा कमर में तरकस कसे हुए श्रीरामजी ! मैं आपको निरन्तर नमस्कार करता हूँ ॥२॥

I ever adore Rama, whose body is dark as a wreath of blue lotuses, with a crown of knotted hair on his head and clad in hermit's robes, carrying a bow and arrows in his hands, with a quiver hanging at his side;

मोहविपिनघनदहनकृशानुः । संतसरोरुहकाननभानुः ।
निशिचरकरिबरूथमृगराजः । त्रातु सदा नो भवखगबाजः ॥

जो मोहरूपी सघन वन को भस्म करने के लिए अग्नि हैं, संतरूपी कमल-वन को प्रफुल्लित करने के लिए सूर्य हैं, राक्षसरूपी हाथियों के समूह को विदारने के लिए सिंह हैं और भव (जन्म-मरण) रूपी पक्षी के नाश के लिए बाजरूप हैं, वे प्रभु सदा हमारी रक्षा करें ! ॥३॥

—the fire which consumes the dense forest of delusion, the sun that brings delight to the lotus-bed of saints, the lion who slays the elephant herd of demons, the hawk that kills the bird of birth and death ! May he ever protect us !

अरुणनयनराजीवसुवेशं । सीतानयनचकोरनिशेशं ॥
हरहृदि मानसराजमरालं । नौमि राम उरबाहुविशालं ॥

लाल कमल के समान नेत्रवाले हे सुन्दर वेषधारी ! सीताजी के नेत्ररूपी चकोर के चन्द्रमा, शिवजी के हृदयरूपी मानसरोवर के राजहंस, विशाल हृदय और भुजावाले श्रीरामचन्द्रजी ! मैं आपको प्रणाम करता हूँ ॥४॥

I reverence Rama, whose eyes resemble the red lotus, who is elegantly dressed and is a full moon to Sita's partridge-like eyes, a cygnet disporting in the holy lake of Shiva's heart, broad-chested and long-armed,

संशयसर्पग्रसनउरगादः । शमनसुकर्कशतर्कविषादः ॥
भवभंजनरंजनजनयूथः । त्रातु सदा नो कृपावरूथः ॥

जो संदेहरूपी साँपों को निगलने के लिए गरुड़ हैं, अत्यन्त कठोर तर्क से उत्पन्न होनेवाले दुःख को मिटानेवाले हैं, आवागमन से छुड़ानेवाले और सेवकों के समूह के लिए आनन्ददायक हैं, वे कृपा के समूह श्रीरामजी सदा हमारी रक्षा करें ! ॥५॥

—a Garuda to devour the snake of doubt, the queller of despair induced by insensible reasoning, the uprooter of transmigration, the delighter of the gods, the embodiment of compassion ! May he ever protect us !

निर्गुणसगुणविषमसमरूपं । ज्ञानगिरागोतीतमनूपं ॥
अमलमखिलमनवद्यमपारं । नौमि राम भंजनमहिभारं ॥

हे निर्गुण, सगुण, विषम और समरूप ! हे ज्ञान, वाणी और इन्द्रियों से परे ! हे अनूप, निर्मल, सम्पूर्ण, निर्दोष, अनन्त एवं पृथ्वी का भार नष्ट करनेवाले श्रीरामचन्द्रजी ! मैं आपको प्रणाम करता हूँ ॥६॥

I reverence Rama, who is both with and without attributes, incomprehensible as well as simple, who transcends knowledge, speech and the senses and is peerless, all-pure, complete, faultless and illimitable, the reliever of earth's burden !

भक्तकल्पपादपआरामः । तर्जनक्रोधलोभमदकामः ॥
अतिनागरभवसागरसेतुः । त्रातु सदा दिनकरकुलकेतुः ॥

जो भक्तों के लिए कल्पवृक्ष के उपवन के समान सुखदायक हैं; क्रोध, लोभ, मद और काम को भयभीत करनेवाले हैं; अत्यन्त ही चतुर और संसाररूपी समुद्र को पार करने के लिए सेतुरूप हैं; वे सूर्यकुल के ध्वजरूप श्रीरामजी सदा मेरी रक्षा करें ! ॥७॥

A veritable garden of wish-yielding trees to his votaries, dread foe of wrath, greed, pride and lust, perfect in wisdom and the bridge to cross the ocean of mundane existence, may that banner of the Solar race ever protect me !

अतुलितभुजप्रतापबलधामः । कलिमलविपुलविभंजननामः ॥
धर्मवर्मनर्मदगुणग्रामः । संतत शं तनोतु मम रामः ॥

जिनकी भुजाओं का प्रताप अपार है, जो पराक्रम के धाम हैं, जिनका नाम कलियुग के बड़े भारी पापों को नष्ट करनेवाला है, जो धर्म की रक्षा करने में कवचरूप हैं और जिनके गुणसमूह आनन्द देनेवाले हैं, वे श्रीरामजी सदैव मेरे कल्याण का विस्तार करें ! ॥८॥

Matchless in might of arm, the home of all strength, the armour for the protection of righteousness, endowed with a host of delightful virtues, may that Rama whose Name destroys the many sins of the Kaliyuga, be ever propitious to me !

जदपि बिरज ब्यापक अबिनासी । सब के हृदय निरंतर बासी ॥
तदपि अनुज श्री सहित खरारी । बसतु मनसि मम काननचारी ॥

यद्यपि आप विशुद्ध हैं, सर्वव्यापी, अविनाशी और सबके हृदय में सदा निवास करनेवाले हैं, तथापि हे खर दानव के शत्रु श्रीरामजी ! लक्ष्मणजी और सीताजीसहित वन में विचरण करनेवाले ! आप इसी रूप में मेरे हृदय में निवास कीजिए ॥९॥

Though he is passionless, all-pervading and imperishable, ever dwelling in the hearts of all, yet may the slayer of Khara, roaming about in the woods with his younger brother and Sita, abide in my soul !

जे जानहिं ते जानहु स्वामी । सगुन अगुन उर अंतरजामी ॥
जो कोसलपति राजिवनयना । करौ सो रामु हृदय मम अयना ॥

हे स्वामी ! जो आपके सगुण, निर्गुण या अन्तर्यामी रूप को जानते हैं वे जाना करें, परन्तु मेरे हृदय को तो कमल के समान नेत्रोंवाले, अयोध्या के स्वामी श्रीरामजी ही अपना घर बनावें ! ॥१०॥

Let alone those, my Lord, who know you as personal, impersonal, and the witness of all hearts; but in my heart may that Rama who is the lotus-eyed lord of Kosala make his abode !

अस अभिमान जाइ जनि भोरें । मैं सेवक रघुपति पति मोरें ॥
सुनि मुनिबचन राममन भाए । बहुरि हरषि मुनिबर उर लाए ॥

ऐसा अभिमान भूल से भी न जाय कि मैं सेवक हूँ और श्रीरामचन्द्रजी मेरे प्रभु हैं । मुनि के वचन सुनकर श्रीरामजी मन-ही-मन बहुत प्रसन्न हुए । उन्होंने हर्षित होकर मुनिवर को हृदय से लगा लिया ॥११॥

Never let this exalted feeling disappear from my mind even in an unguarded moment that I am Rama's servant and he my master !' Rama was pleased when he heard the sage's words, and in his delight he took the great sage to his bosom again and said,

परम प्रसन्न जानु मुनि मोही । जो बर मागहु देउँ सो तोही ॥
मुनि कह मैं बर कबहुँ न जाचा । समुझि न परै झूठ का साचा ॥

(और कहा –) हे मुनिवर ! मुझे तुम अत्यन्त प्रसन्न जानो । जो वर माँगोगे, मैं तुम्हें वही दूँगा । मुनि सुतीक्ष्णजी ने कहा – मैंने तो कभी वर माँगा ही नहीं, इससे यह समझ में नहीं आता कि क्या झूठ है और क्या सच (क्या माँगूँ, क्या नहीं) ॥१२॥

'Know me to be supremely pleased, O sage; I will grant you any boon you may choose to ask.' 'I have never asked a boon,' replied the sage, 'and know not what is real and what unreal (what I should ask, what not).

तुम्हहि नीक लागै रघुराई । सो मोहि देहु दास सुखदाई ॥
अबिरल भगति बिरति बिग्याना । होहु सकल गुन ग्यान निधाना ॥

(अतः) हे दासों को सुख देनेवाले रघुनाथजी ! आपको जो अच्छा लगे, मुझे वही वरदान दीजिए । (श्रीरामचन्द्रजी ने कहा – हे मुनि !) 'तुम अविरल (प्रगाढ़) भक्ति, वैराग्य, विज्ञान और समस्त गुणों तथा ज्ञान के निधान हो जाओ ! ॥१३॥

Grant me, O Raghunatha, the delighter of your devotees, whatever you think best.' Said Rama, 'May you become a repository of deep devotion, dispassion and spiritual wisdom, all knowledge and every virtue !'

प्रभु जो दीन्ह सो बरु मैं पावा । अब सो देहु मोहि जो भावा ॥

(तब मुनि ने कहा –) प्रभु ने जो वर दिया वह तो मैंने पा लिया । अब मुझे जो अच्छा लगता है, वह (वरदान) दीजिए – ! ॥१४॥

'I have received the boon my Lord has been pleased to grant. Now grant me that which I cherish most.

दो. –अनुज जानकी सहित प्रभु चाप बान धर राम ।
मम हिय गगन इंदु इव बसहु सदा निहकाम ॥११॥

हे प्रभो ! हे श्रीरामजी ! लक्ष्मणजी और सीताजी के साथ धनुष-बाण धारण किये हुए आप चन्द्रमा की भाँति मेरे हृदयरुपी आकाश में निष्काम (स्थिर) होकर सदा निवास कीजिए ! ॥११॥

Armed with your bow and arrows and accompanied by your brother and Sita, O Rama, my Lord, pray dwell for ever unmoved in the firmament of my heart, like the moon in the sky.

चौ. –एवमस्तु कहि रमानिवासा । हरषि चले कुंभज रिषि पासा ॥
बहुत दिवस गुरदरसनु पाएँ । भए मोहि येहि आश्रम आएँ ॥

एवमस्तु (ऐसा ही हो) कहकर लक्ष्मीनिवास श्रीरामचन्द्रजी प्रसन्न हो (वहाँ से) अगस्त्य ऋषि के पास चले । (तब सुतीक्ष्णजी बोले –) गुरु अगस्त्यजी के दर्शन पाये और इस आश्रम में आये हुए मुझे बहुत दिन हो गए ॥१॥

'So be it !' said Lakshmi's lord, as he joyfully set out to visit the jar-born seer Agastya. Said Sutikshna, 'It is a long time since I last saw *my guru* and came to live in this hermitage.

अब प्रभु संग जाउँ गुर पाहीं । तुम्ह कहुँ नाथ निहोरा नाहीं ॥
देखि कृपानिधि मुनिचतुराई । लिए संग बिहसे द्वौ भाई ॥

अब मैं भी प्रभु के साथ गुरुजी के पास चलूँगा । इसमें हे नाथ ! आपके प्रति कोई उपकार नहीं है । मुनि की चतुराई देखकर कृपानिधि श्रीरामजी ने उन्हें साथ ले लिया और दोनों भाई हँसने लगे ॥२॥

Now, Lord, I will go with you to see my *guru*; I am not putting you, Lord, under any obligation.' The compassionate Lord saw through the sage's cleverness and took him with him, both the brothers smiling.

पंथ कहत निज भगति अनूपा । मुनि आश्रम पहुचे सुरभूपा ॥
तुरत सुतीक्षन गुर पहि गएऊ । करि दंडवत कहत अस भएऊ ॥

देवताओं के राजेश्वर श्रीरामजी मार्ग में अपनी अनुपम भक्ति का वर्णन करते हुए अगस्त्य मुनि के आश्रम पर पहुँचे। सुतीक्ष्ण अविलम्ब गुरु अगस्त्यजी के पास गये और दण्डवत् करके ऐसा कहने लगे — ॥३॥

Discoursing as he went on the incomparable excellence of faith in himself, the king of the gods arrived at the hermitage of the sage (Agastya). Sutikshna at once went to the *guru* and prostrating himself before him, spoke as follows:

नाथ कोसलाधीसकुमारा। आए मिलन जगत आधारा॥
राम अनुज समेत बैदेही। निसि दिनु देव जपत हहु जेही॥

हे नाथ! कोसलेश्वर महाराज दशरथजी के कुमार जगत् के आधार श्रीरामचन्द्रजी भाई लक्ष्मण और सीताजी के साथ आपसे मिलने आये हैं, जिनका हे देव! आप रात-दिन जप किया करते हैं ॥४॥

'My lord, the son of the sovereign of Kosala, the support of the world, has come to visit you, Rama, accompanied by his brother and Videha's daughter (Sita), to whom, sir, you make your prayer night and day.'

सुनत अगस्ति तुरत उठि धाए। हरि बिलोकि लोचन जल छाए॥
मुनिपद कमल परे द्वौ भाई। रिषि अति प्रीति लिये उर लाई॥

यह सुनते ही अगस्त्यजी उठकर शीघ्र दौड़ पड़े। भगवान् को देखते ही उनके नेत्र (आनन्द और प्रेम के आँसुओं से) सजल हो उठे। दोनों भाइयों ने मुनि के पदकमलों पर गिरकर साष्टांग किया। ऋषि ने उठाकर बड़े प्रेम से उन्हें हृदय से लगा लिया ॥५॥

As soon as he heard this, Agastya started up and ran, and at the sight of Hari his eyes filled with tears. The two brothers fell at the sage's lotus feet, but the sage raised them and clasped them to his bosom with the utmost affection.

सादर कुसल पूछि मुनि ग्यानी। आसन बर बैठारे आनी॥
पुनि करि बहु प्रकार प्रभुपूजा। मोहि सम भाग्यवंत नहि दूजा॥

फिर ज्ञानी अगस्त्य मुनि ने आदरपूर्वक कुशल पूछी और लाकर श्रेष्ठ आसन पर बिठाया। फिर नाना प्रकार से प्रभु की पूजा करके कहा — मेरे समान भाग्यवान् कोई दूसरा नहीं है ॥६॥

Courteously inquiring after their welfare, the enlightened sage conducted them to an exalted seat and then paid the Lord all possible reverence, saying, 'There is none so blessed as I.'

जहँ लगि रहे अपर मुनिबृंदा। हरषे सब बिलोकि सुखकंदा॥

वहाँ और भी जितने मुनिगण थे, वे सब आनन्दकन्द श्रीरामजी के दर्शन पाकर हर्षित हो गए ॥७॥

All the other sages assembled there were exceedingly delighted to behold the fountain of joy.

दो. —मुनिसमूह महँ बैठे सन्मुख सब की ओर।
सरद इंदु तन चितवत मानहु निकर चकोर ॥१२॥

ऋषि-मुनियों के समूह में श्रीरामचन्द्रजी सबकी ओर सम्मुख होकर बैठे हैं (और मुनिगण उनके मुखकमल को एकटक देख रहे हैं)। ऐसा जान पड़ता है मानो चकोरों का झुंड शरत्पूर्णिमा के चन्द्रमा की ओर देख रहा हो ॥१२॥

As he sat in the midst of the assembly of sages with his face turned towards all (and their eyes all fastened upon his moon-like face), they all looked like a bevy of partridges gazing on the autumn moon.

चौ. —तब रघुबीर कहा मुनि पाहीं। तुम्ह सन प्रभु दुराव कछु नाहीं॥
तुम्ह जानहु जेहि कारन आएउँ। तातें तात न कहि समुझाएउँ॥

तब श्रीरामजी ने अगस्त्य मुनि से कहा — हे प्रभो! आपसे तो कुछ दुराव-छिपाव है नहीं। जिस कारण मैं यहाँ आया हूँ, वह आप जानते ही हैं। इसीसे हे तात! मैंने उसे कहकर नहीं समझाया ॥१॥

Then said Rama to the sage, 'I have nothing, my lord, to hide from you; you know why I have come, and that, holy father, is why I have not explained it to you.

अब सो मंत्र देहु प्रभु मोही। जेहि प्रकार मारौं मुनिद्रोही॥
मुनि मुसुकाने सुनि प्रभुबानी। पूछेहु नाथ मोहि का जानी॥

हे प्रभो! अब आप मुझे वही मन्त्रणा (सलाह) दीजिए, जिससे मैं मुनियों के द्रोही (शत्रु) राक्षसों को मारूँ! प्रभु की बात सुनकर मुनि मुसकराये और बोले — हे नाथ! आपने क्या समझकर मुझसे यह प्रश्न किया? ॥२॥

Now, my good sir, give me some advice, by following which I may slay the hermits, foes.' The sage smiled when he heard the Lord's words. 'Lord,' he said, 'what makes you ask for my advice?

तुम्हरेइ भजन प्रभाव अघारी। जानौं महिमा कछुक तुम्हारी॥
ऊमरितरु बिसाल तव माया। फल ब्रह्मांड अनेक निकाया॥

हे पापनाशक! मैं तो आपही के भजन के प्रभाव से आपकी महिमा से थोड़ा बहुत परिचित हूँ। आपकी माया गूलर के विशाल वृक्ष के समान है और अनेक ब्रह्माण्डों के समूह ही उसके फल हैं ॥३॥

It is by virtue of my devotion to you, O destroyer of sin, that I know a little of your greatness. Your Maya (illusive power) is like a huge fig-tree with countless universes for its clustering fruit.

जीव चराचर जंतु समाना। भीतर बसहिं न जानहिं आना॥
ते फलभक्षक कठिन कराला। तव भय डरत सदा सोउ काला॥४॥

उन फलों के भीतर सब चर और अचर जीव कीड़ों के समान बसते हैं और वे (अपने उस छोटे-से जगत् के सिवा) और कुछ नहीं जानते। उन फलों को खानेवाला कठिन कराल काल है जो सदा आपसे भयभीत रहता है॥४॥

All creatures, animate and inanimate, are like the insects that dwell inside the fruit and know no other fruit (besides the one they inhabit). The relentless and dreadful Time devours that fruit, but even that (all-devouring) Time ever trembles for fear of you.

ते तुम्ह सकल लोकपति साईं। पूछेहु मोहि मनुज की नाईं॥
येह बर मागौं कृपानिकेता। बसहु हृदय श्री अनुज समेता॥

वही आप समस्त लोकपालों के स्वामी होकर भी मुझसे मनुष्य की तरह प्रश्न करते हैं! हे दयानिधान! मैं तो यही वरदान माँगता हूँ कि आप श्रीसीताजी और लक्ष्मणजीसहित मेरे हृदय में सदा निवास कीजिए॥५॥

You, who are the lord of all the rulers of the spheres, have sought my advice as though you were an ordinary man! This boon I ask of you, O home of mercy; pray dwell in my heart with Lakshmi and your brother (Lakshmana),

अबिरल भगति बिरति सतसंगा। चरन सरोरुह प्रीति अभंगा॥
जद्यपि ब्रह्म अखंड अनंता। अनुभवगम्य भजहिं जेहि संता॥

मुझे अविरल भक्ति, वैराग्य, सत्सङ्ग और अपने चरणकमलों में अटूट प्रेम दीजिए। यद्यपि आप अखण्ड और अनन्त ब्रह्म हैं, जो अनुभव से ही जाने जाते हैं और जिन्हें सब संतजन भजते हैं;॥६॥

—and grant me steadfast faith, dispassion, the company of the saints and ceaseless love for your lotus feet. Even though I know you to be the same as the indivisible and infinite Brahma (the Absolute), comprehensible only by (intuitive) experience, adored by the sages,

अस तव रूप बखानौं जानौं। फिरि फिरि सगुन ब्रह्म रति मानौं॥
संतत दासन्ह देहु बड़ाई। तातें मोहि पूछेहु रघुराई॥

यद्यपि मैं आपके ऐसे (निर्गुण) रूप को जानता हूँ और उसका वर्णन भी करता हूँ, फिर भी लौट-लौटकर मैं सगुण ब्रह्म में (आपके इसी सुन्दर साकार स्वरूप में) प्रेम मानता हूँ। आप अपने दासों को सदा ही बड़प्पन दिया करते हैं, इसी कारण हे रघुनाथजी! आपने मुझसे पूछा है॥७॥

—and even though I know and depict that (impersonal) form of yours, yet I constantly turn back from it and feel enamoured of your qualified (personal) form - of the Absolute made man! You have always exalted your servants, and that is why, Raghunatha, you have thought fit to seek my advice.

है प्रभु परम मनोहर ठाऊँ। पावन पंचबटी तेहि नाऊँ॥
दंडक बन पुनीत प्रभु करहू। उग्र श्राप मुनिबर कै हरहू॥

हे प्रभो! यहाँ एक बड़ा ही मनोहर और पवित्र स्थान है, जिसका नाम पञ्चवटी है। हे प्रभो! आप दण्डकवन को (जहाँ पञ्चवटी है) पवित्र कीजिए और श्रेष्ठ मुनि (शुक्राचार्य) के भयंकर शाप को हर लीजिए॥८॥

There is, O lord, a very charming and holy spot called Panchavati. Sanctify, Lord, the forest of Dandaka (where it is situated) and relieve it of the great sage's (*i.e.*, Shukracharya's) grievous curse.

बास करहु तहँ रघुकुलराया। कीजे सकल मुनिन्ह पर दाया॥
चले राम मुनि आएसु पाई। तुरतहि पंचबटी निअराई॥

हे रघुराई! आप सब मुनियों पर दयाकर वहीं वास कीजिए! इस प्रकार मुनि की आज्ञा पाकर श्रीरामचन्द्रजी वहाँ से चल दिए और शीघ्र ही पञ्चवटी के निकट आ पहुँचे॥९॥

There abide, O lord of the house of Raghu, and show your grace to all the sages.' On receiving the sage's permission, Rama set out and speedily drew near to Panchavati.

दो.—गीधराज सैं भेट भै बहु बिधि प्रीति दृढ़ाइ॥
गोदावरी निकट प्रभु रहे परनगृह छाइ॥१३॥

वहाँ गृध्रराज जटायु से (श्रीरामजी की) भेंट हुई। उसके साथ बहुत प्रकार से प्रेम दृढ़ कर प्रभु श्रीरामचन्द्रजी गोदावरी नदी के निकट पर्णकुटी बनाकर रहने लगे॥१३॥

After meeting the king of the vultures and variously strengthening the ties of love that held them together, the Lord stayed near the Godavari, where he built himself a cottage of leaves.

चौ.—जब तें राम कीन्ह तहँ बासा। सुखी भए मुनि बीती त्रासा॥
गिरि बन नदी ताल छबि छाए। दिन दिन प्रति अति होहिं सुहाए॥

जबसे श्रीरामजी ने वहाँ निवास किया तबसे मुनि सुखी हो गए, उनका भय दूर हो गया। पर्वत, वन, नदी और तालाब शोभा से ढक गए और वे दिनोंदिन अधिक सुहावने होने लगे॥१॥

From the time that Rama took up his abode there the hermits lived happily and without fear. The hills, woods, streams and lakes were suffused with new beauty and day by day grew lovelier.

खग मृग बृंद अनंदित रहहीं । मधुप मधुर गुंजत छबि लहहीं ॥
सो बन बरनि न सक अहिराजा । जहाँ प्रगट रघुबीर बिराजा ॥

पशु-पक्षियों के झुंड आनन्दित रहते हैं और भौंरे मधुर गुंजार करते हुए शोभा पा रहे हैं । सर्पों के राजा शेषनाग भी उस वन का वर्णन नहीं कर सकते जहाँ प्रत्यक्ष श्रीरामजी विराजमान हैं ॥२॥

The many birds and beasts were full of joy, and the bees with their sweet buzzing charmed the ear. Not even Shesha (the Serpent King) could describe the forest which was adorned by Rama in his manifest form.

एक बार प्रभु सुख आसीना । लछिमन बचन कहे छलहीना ॥
सुर नर मुनि सचराचर साईं । मैं पूछौं निज प्रभु की नाईं ॥

एक बार जब प्रभु श्रीरामजी सुखपूर्वक बैठे हुए थे, तब लक्ष्मणजी ने उनसे निश्छल भाव से कहा – हे देवता, मनुष्य, मुनि और चराचर के स्वामी ! मैं अपना स्वामी समझकर आपसे पूछता हूँ – ॥३॥

One day, as the Lord was sitting at ease, Lakshmana addressed him in guileless words: 'O Lord of gods and men and sages, and of all animate and inanimate creation ! I ask you as my own special master,

मोहि समुझाइ कहहु सो देवा । सब तजि करौं चरनरज सेवा ॥
कहहु ग्यान बिराग अरु माया । कहहु सो भगति करहु जेहि दाया ॥

हे देव ! मुझे समझाकर वही कहिए, जिससे सब कुछ त्यागकर मैं आपकी चरणरज का ही सेवन करूँ । ज्ञान, वैराग्य और माया (के स्वरुप और उनकी वृत्तियों) का वर्णन कीजिए, और उस भक्ति पर प्रकाश डालिए जिसके कारण आप दया करते हैं ! ॥४॥

—instruct me, my Lord, and tell me how I may adore the dust of your feet to the exclusion of everything else. Tell me of spiritual wisdom and dispassion and Maya (Illusion); tell me of that *bhakti* (devotion) which you make an occasion for extending your mercy.

दो. –ईस्वर जीवहि भेद प्रभु सकल कहहु समुझाइ ।
जातें होइ चरनरति सोक मोह भ्रम जाइ ॥१४॥

हे प्रभो ! ईश्वर और जीव के भेद को भी पूर्णतः समझाकर कहिए, जिससे आपके चरणों में मेरी भक्ति दृढ़ हो और शोक, मोह तथा भ्रम मिट जायँ ॥१४॥

Tell me, Lord, all the difference between God and the individual soul, and instruct me that I may be devoted to your feet and freed from all sorrow, infatuation and delusion.'

चौ. –थोरेहि महु सब कहउँ बुझाई । सुनहु तात मति मन चितु लाई ॥
मैं अरु मोर तोर तें माया । जेहि बस कीन्हे जीवनिकाया ॥

(श्रीरामजी ने कहा –) हे तात ! मैं थोड़े ही में सब समझाकर कह देता हूँ, तुम मन, चित्त और बुद्धि लगाकर (मनोयोगपूर्वक) सुनो । मैं और मेरा, तू और तेरा – यही माया (का स्वरूप) है, जिसने समग्र जीवों को अपने वश में कर रखा है ॥१॥

'Briefly, dear brother,' said Rama, 'will I explain it all; listen with your mind and intellect and reason fully absorbed. The sense of "I" and "mine", "you" and "yours" is illusion which holds sway over all individual souls.

गो गोचर जहँ लगि मन जाई । सो सब माया जानेहु भाई ॥
तेहि कर भेदु सुनहु तुम्ह सोऊ । बिद्या अपर अबिद्या दोऊ ॥

हे भाई ! इन्द्रियों और इन्द्रियों के विषयों को तथा जहाँ तक मन जाता है, उन सबको माया समझना । उस माया के दो भेद हैं – एक विद्या और दूसरी अविद्या । इन दोनों भेदों को भी तुम सुनो – ॥२॥

The senses and whatever is perceived by them and that which lies within the reach of the mind, all this, brother, know to be Maya. Of illusion there are two kinds - knowledge and ignorance; now hear the difference between the two.

एक दुष्ट अतिसय दुख रूपा । जा बस जीव परा भव कूपा ॥
एक रचै जग गुन बस जाकें । प्रभुप्रेरित नहि निज बल ताकें ॥

(इन दोनों में) एक (अविद्या) दुष्टा और अत्यन्त दुःख रूपा है जिसके वश होकर जीव संसाररूपी कुएँ में पड़ा हुआ है और दूसरी विद्या है जिसके वश में गुण है और जो प्रभु की प्रेरणा से जगत् को रचती है । उसमें अपना कोई बल नहीं है ॥३॥

The one (ignorance) is evil and utterly calamitous, under whose spell the soul has fallen into the pit of worldly existence; the other (knowledge), by virtue of which the world is created and which holds sway over the three *gunas*, is directed by the Lord and has no power of its own.

ग्यान मान जहँ एकौ नाहीं । देख ब्रह्म समान सब माहीं ॥
कहिअ तात सो परम बिरागी । तृन सम सिद्धि तीनि गुन त्यागी ॥

ज्ञान वह है जिसमें अभिमान आदि एक भी (दोष) न हो और जो सबमें ब्रह्म को समान रूप से देखे । हे तात ! जो सारी सिद्धियों और तीनों गुणों को तिनके के समान त्याग दे, उसी को परम वैरागी[1] कहना चाहिए ॥४॥

१. यह गीता के तेरहवें अध्याय में कहे हुए ज्ञान का बड़ा ही सूक्ष्म सारांश है । 'थोड़े शब्दों में बहुत आशय बोध करना वक्ता की श्रेष्ठता है और थोड़े ही में बहुत-कुछ समझ लेना श्रोता की उत्तमता है ।' अर्न्तयामी प्रभु जानते हैं कि शूर्पनखा चल चुकी है, समय थोड़ा है, इससे भी थोड़े ही में कहते हैं । सिद्धान्त-भाष्य, ३ पृ. १५२६ ।

Spiritual wisdom is that which is free from all blemishes, such as pride, etc. and which sees the Absolute equally in all things. He, dear brother, may be called a man of supreme dispassion who has abandoned all psychic power (*siddhi*, perfection) and the three elements (of which the universe is composed) as if of no more account than a blade of grass.

दो. –माया ईस न आपु कहुँ जान कहिअ सो जीव ।
बंध मोक्ष प्रद सर्बपर मायाप्रेरक सीव ॥१५॥

जो न तो माया, न ईश्वर और न अपने स्वरूप को ही जानता है, उसे जीव कहते हैं और जो जीवों को (कर्मफलानुसार) बन्धन और मोक्ष देता है, जो सबसे परे और माया का प्रेरक है, वह ईश्वर है ।

That is called the individual soul which knows not Maya nor God nor one's own self. And he who dispenses bondage and liberation (according to one's deserts) and transcends all and sends forth illusion, is God.

चौ. –धर्म तें बिरति जोग तें ग्याना । ग्यान मोक्षप्रद बेद बखाना ॥
जा तें बेगि द्रवउँ मैं भाई । सो मम भगति भगत सुखदाई ॥

धर्म से वैराग्य और योग से ज्ञान उत्पन्न होता है तथा ज्ञान मोक्ष का प्रदाता है – ऐसा वेदों ने कहा है । और हे भाई ! जिससे मैं शीघ्र ही पिघल जाता हूँ, वह मेरी भक्ति है जो भक्तों के लिए सुखदायिनी है ॥१॥

From the practice of virtue springs dispassion; from the practice of yoga (austerity), spiritual wisdom; spiritual wisdom is the bestower of liberation - so declare the Vedas. But, brother, that which melts my heart quickly is devotion, which is the delight of my votaries.

सो सुतंत्र अवलंब न आना । तेहि आधीन ग्यान बिग्याना ॥
भगति तात अनुपम सुखमूला । मिलइ जो संत होहिं अनुकूला ॥

वह (मेरी) भक्ति स्वतन्त्र है, उसको दूसरे साधन का अवलंब (सहारा) नहीं है । ज्ञान-विज्ञान तो उसके अधीन ही हैं । हे तात ! भक्ति अनुपम एवं सुख की मूल है; जब संत अनुकूल (प्रसन्न) होते हैं, तब उसकी प्राप्ति होती है ॥२॥

Devotion stands by itself and requires no other stay; on it depends all knowledge, spiritual or profane. Devotion, dear brother, is incomparable and the very source of bliss, but it can only be acquired by the favour of the virtuous.

भगति कि साधन कहौं बखानी । सुगम पंथ मोहि पावहिं प्रानी ॥
प्रथमहि बिप्रचरन अति प्रीती । निज निज धर्म निरत श्रुतिरीती ।

अब मैं भक्ति के साधनों का वर्णन करता हूँ – यह सुगम मार्ग है जिस पर चलकर प्राणी मुझे सहज ही पा जाते हैं । पहले तो ब्राह्मणों के चरणों में भरपूर श्रृद्धा-प्रेम हो और (भक्ति का याचक) वेद की रीति के अनुसार अपने-अपने कर्मों में लगा रहे ॥३॥

Now I tell you of the means of acquiring devotion, the easy path by which men may find me. First, one should cultivate exceeding devotion to the feet of the Brahmans and pay careful attention to one's own special duty, as the Vedas prescribe.

एहि कर फल पुनि विषयबिरागा । तब मम धर्म उपज अनुरागा ॥
श्रवनादिक नव भगति दृढ़ाहीं । मम लीला रति अति मन माहीं ॥

फिर इसके फलस्वरूप विषयों से विरक्ति होगी । विरक्ति उत्पन्न होने पर मेरे धर्म में अनुराग उपजेगा । तब श्रवण आदि नौ प्रकार की भक्तियाँ दृढ़ होंगी और मेरी लीलाओं में मन अधिक अनुरक्त होगा ॥४॥

Next, the fruit of this will be indifference to the pleasures of sense, and dispassion in its turn will give rise to a delight in my worship. This will bring steadfastness in the nine forms of devotion - listening to the Lord's praises and the rest - and there will be an exceeding love in the soul for my divine sport.

संतचरन पंकज अति प्रेमा । मन क्रम बचन भजन दृढ़ नेमा ॥
गुरु पितु मातु बंधु पति देवा । सब मोहि कहँ जानै दृढ़ सेवा ॥

संतों के चरणकमलों में जिसका अत्यन्त प्रेम हो, जो मन, वचन और कर्म से दृढ़ नियमपूर्वक मेरा भजन करे और जो मुझे ही गुरु, पिता, माता, भाई, पति और देवता सब कुछ जानकर दृढ़ता से मेरी सेवा करे; ॥५॥

(I am ever, dear brother, at the command of the votary) who is enamoured of the lotus feet of holy men and observes the strict rule of prayer and praise, in thought and word and deed; who recognizes none but me as his *guru*, father, mother, brother, spouse, god and all, and is steadfast in my service;

मम गुन गावत पुलक सरीरा । गदगद गिरा नयन बह नीरा ॥
काम आदि मद दंभ न जाकें । तात निरंतर बस मैं ताकें ॥

मेरा गुणगान करते समय जिसका शरीर पुलकित और वाणी गद्गद हो जाय, नेत्रों से स्नेह-जल बहने लगे और काम, मद और दम्भ आदि जिसमें न हों, हे भाई ! मैं सदा उसके वश में रहता हूँ; ॥६॥

—who experiences a thrill running through his body while singing my perfections with faltering voice and streaming eyes; in whom is found no lust or pride or hypocrisy.

दो. –बचन कर्म मोरि गति भजनु करहिं निष्काम ।
तिन्ह के हृदय कमल महु करौं सदा बिश्राम ॥१६॥

जिनको वचन, कर्म और मन से केवल मेरी ही आशा है, जो निष्काम होकर मेरा भजन करते हैं, उनके हृदय-कमल में मैं सदैव विश्राम करता हूँ ॥१६॥

In the lotus hearts of those who in thought and word and deed make me their place of refuge and worship me in a disinterested way I take up my abode eternally.

चौ. –भगतिजोग सुनि अति सुख पावा । लच्छिमन प्रभुचरनन्हि सिरु नावा ॥
एहि बिधि गए कछुक दिन बीती । कहत बिराग ग्यान गुन नीती ॥

भक्तियोग (के इस वर्णन) को सुनकर लक्ष्मणजी अत्यन्त सुखी हुए और उन्होंने प्रभु-चरणों में मस्तक नवाया । इस प्रकार वैराग्य, ज्ञान, गुण और नीति की व्याख्या करते हुए कुछ दिन बीत गए ॥१॥

On hearing the doctrine of *bhakti* (devotion) thus expounded, Lakshmana was exceeding glad and bowed his head at the feet of the Lord. In this manner some days were spent in discoursing on dispassion, spiritual wisdom, virtue and morality.

सूपनखा रावन कै बहिनी । दुष्ट हृदय दारुन जसि अहिनी ॥
पंचबटी सो गै एक बारा । देखि बिकल भइ जुगल कुमारा ॥

रावण की शूर्पणखा नाम एक बहन थी, जो दुष्टहृदय और नागिन के समान भयानक थी । एक बार वह पञ्चवटी में पहुँची और वहाँ दोनों राजकुमारों को देखकर विकल (कामातुर) हो गयी ॥२॥

Now Ravana (the demon king of Lanka) had a sister named Shurpanakha (*lit*., a woman having nails as big as a winnowing fan), who was foulhearted and cruel as a serpent. One day she came to Panchavati and was smitten with pangs of love when she saw the two princes.

भ्राता पिता पुत्र उरगारी । पुरुष मनोहर निरखत नारी ॥
होइ बिकल सक मनहि न रोकी । जिमि रबिमनि द्रव रबिहि बिलोकी ॥

(काकभुशुण्डिजी कहते हैं –) हे गरुड़जी ! (धर्म-ज्ञान से सर्वथा शून्य कामान्ध) स्त्री सुन्दर पुरुष को देखते ही, चाहे वह भाई, पिता, पुत्र ही क्यों न हो, विकल हो जाती है और अपने मन को रोक नहीं सकती, जैसे सूर्य को देखकर सूर्यकान्तमणि पिघल जाती है ॥३॥

At the very sight of a handsome man, be he her own brother, father or son, O Garuda, a (wanton) woman is excited and cannot check her passion, like the sunstone that melts at the sight of the sun.

रुचिर रूप धरि प्रभु पहि जाई । बोली बचन मधुर मुसुकाई ॥
तुम्ह सम पुरुष न मो सम नारी । येह सँजोग बिधि रचा बिचारी ॥

सुन्दर रूप धरकर वह प्रभु के पास जाकर और मुसकराकर मधुर वचन बोली – न तो तुम्हारे समान कोई पुरुष है और न मेरे समान कोई स्त्री ! ब्रह्मा ने बहुत विचारकर हमारा-तुम्हारा यह संयोग रचा है ॥४॥

Having assumed a beautiful form, she approached the Lord and with many a smile thus addressed him: 'There is no man like you, nor a woman like me. It is with great deliberation that God has planned this match.

मम अनुरूप पुरुष जग माहीं । देखिउँ खोजि लोक तिहुँ नाहीं ॥
ता तें अब लगि रहिउँ कुमारी । मनु माना कछु तुम्हहि निहारी ॥

मेरे योग्य कोई पुरुष जगत् भर में नहीं है । मैंने तीनों लोकों को खोजकर देख लिया । इसीसे मैं अबतक अविवाहिता रही । अब तुमको देखकर मन कुछ माना है (मन को शान्ति मिली है, तुम जँचे हो) ॥५॥

Though I have searched through the three spheres, I have found no suitable match for me in all the world. And for this reason I have till now remained a maiden; but now that I have seen you my mind is somewhat eased.'

सीतहि चितइ कही प्रभु बाता । अहै कुमार मोर लघु भ्राता ॥
गइ लछिमन रिपुभगिनी जानी । प्रभु बिलोकि बोले मृदु बानी ॥

सीताजी की ओर देखकर (प्रभु श्रीराम जी ने अपने विवाहित होने का संकेत करते हुए) यह बात कही कि मेरा छोटा भाई कुँआरा है (मैं विवाहित हूँ) । तब वह लक्ष्मणजी के पास गयी । उसे शत्रु की बहन समझकर और प्रभु की ओर देखकर लक्ष्मणजी ने मीठी वाणी में कहा – ॥६॥

The Lord glanced at Sita and said in reply, 'My younger brother is a bachelor.' Then she went to Lakshmana, who, knowing that she was their enemy's sister, looked at the Lord and spoke in gentle tones:

सुंदरि सुनु मैं उन्ह कर दासा । पराधीन नहि तोर सुपासा ॥
प्रभु समर्थ कोसलपुर राजा । जो कछु करहिं उन्हहि सब छाजा ॥

हे सुन्दरी ! सुन, मैं तो उनका दास हूँ, पराधीन हूँ; अतः तुम्हें (मुझे अपनाकर) सुख न होगा । प्रभु समर्थ हैं, अयोध्या के राजा हैं, वे जो कुछ करें उन्हें सब शोभा देता है ॥७॥

'Listen, fair lady; I am his servant and dependant; you would not be happy with me. My lord is the mighty king of Kosalapura (Ayodhya); whatever he does becomes him.

सेवक सुख चह मान भिखारी । ब्यसनी धन सुभ गति बिभिचारी ॥
लोभी जसु चह चार गुमानी । नभ दुहि दूध चहत ए प्रानी ॥

यदि सेवक होकर सुख चाहे, भिखारी होकर सम्मान चाहे, व्यसनी होकर धन और व्यभिचारी होकर शुभगति चाहे, यदि लोभी यश चाहे और

अभिमानी चारों फल (अर्थ, धर्म, काम, मोक्ष), तो ये सब प्राणी मानो आकाश को दुहकर दूध लेना चाहते हैं (अर्थात् जो नितान्त असम्भव है, उसे सम्भव करना चाहते हैं) ॥८॥

A servant who aspires after happiness, a beggar who expects honour, a dissolute man who hopes for riches, a profligate who seeks salvation, an avaricious man who covets fame and a proud man who craves the four rewards of life - all these are like men who would expect milk by milking the sky.'

पुनि फिरि राम निकट सो आई। प्रभु लछिमन पहिं बहुरि पठाई ॥
लछिमन कहा तोहि सो बरई। जो तृन तोरि लाज परिहरई ॥

(लक्ष्मणजी के इस उत्तर को सुनकर) वह लौटकर फिर श्रीरामजी के निकट आयी। प्रभु ने उसे पुनः लक्ष्मणजी के पास पठा दिया। लक्ष्मणजी ने कहा – तुम्हें वही वरेगा जो लज्जा को तृण तोड़कर (अर्थात् तिनके के समान तोड़कर, प्रतिज्ञा करके) त्याग देगा (जो निपट निर्लज्ज होगा) ॥९॥

Again she turned and came to Rama, but the Lord sent her back once more to Lakshmana. Said Lakshmana, 'He will be a match for you who has flung all sense of shame to the winds !'

तब खिसिआनि राम पहि गई। रूप भयंकर प्रगटत भई ॥
सीतहि सभय देखि रघुराई। कहा अनुज सन सयन बुझाई ॥

तब वह खिसियाकर श्रीरामजी के पास गयी और वहाँ उसने अपना भयावह रूप प्रकट किया। सीताजी को भयभीत देखकर श्रीरघुनाथजी ने लक्ष्मणजी को इशारे से कहा ॥१०॥

Then in a fury she returned to Rama revealing her own dreadful demon form. Raghunatha, seeing that Sita was frightened, made a sign to his brother.

दो. –लछिमन अति लाघव सो नाक कान बिनु कीन्हि।
ताके कर रावन कहुँ मनहु चुनौती दीन्हि ॥१७॥

लक्ष्मणजी ने बड़ी फुर्ती से शूर्पणखा के नाक-कान काट लिये, मानो उसके हाथ उन्होंने रावण को चुनौती दी हो ! ॥१७॥

With great agility Lakshmana struck off her nose and ears, sending, as it were, a challenge to Ravana by her hand.

चौ. –नाक कान बिनु भइ बिकरारा। जनु स्रव सैल गेरु कै धारा ॥
खर दूषन पहि गै बिलपाता। धिग धिग तव बल पौरुष भ्राता ॥

नाक-कान के बिना वह (और भी) विकराल हो गयी। (कटे हुए अंगों से रक्त इस प्रकार बह चला) मानो किसी (काले) पर्वत से गेरू की धारा बह रही हो। वह रोती-बिलखती खर-दूषण के पास गयी और बोली – हे भाई ! तुम्हारे बल-पौरुष को धिक्कार है, धिक्कार है ! ॥१॥

Robbed of her nose and ears, she wore a hideous aspect and looked like a mountain flowing with torrents of red ochre. She went sobbing to Khara and Dushana and cried, 'A curse, a curse, brothers, on your manhood and might !'

तेहि पूछा सब कहेसि बुझाई। जातुधान सुनि सेन बनाई ॥
धाए निसिचर बरन बरूथा। जनु सपक्ष कज्जल गिरि जूथा ॥

खर-दूषण के पूछने पर शूर्पणखा ने सब समझाकर कहा। उसे सुनकर राक्षसों ने अपनी (निशाचरी) सेना तैयार की। झुंड-के-झुंड राक्षस दौड़े, मानो काजल के पंखधारी पर्वतों के झुंड (उड़ चले) हों ॥२॥

When Khara and Dushana asked her what had happened, she told them all. On hearing her report, the demon chiefs gathered an army, and swarming multitudes of monsters of diverse shapes rushed forth like hosts of winged hills of soot,

नाना बाहन नानाकारा। नानायुध धर घोर अपारा ॥
सूपनखा आगे करि लीनी। असुभ रूप श्रुति नासा हीनी ॥

वे अनेक प्रकार की सवारियों पर अनेक आकार (सूरतों) के हैं। वे अपार हैं और अनेक प्रकार के अनगिनत भयानक अस्त्र-शस्त्र धारण किये हुए हैं। उन्होंने नाक-कान-रहित (नकटी-बूची) अमङ्गलरूपिणी शूर्पणखा को आगे कर लिया ॥३॥

—mounted on vehicles of various kinds and armed with every kind of weapon, formidable and innumerable. At the head went Shurpanakha, an hideous, ill-starred form, shorn of her ears and nose.

असगुन अमित होहिं भयकारी। गनहिं न मृत्यु बिबस सब झारी ॥
गर्जहिं तर्जहिं गगन उड़ाहीं। देखि कटकु भट अति हरषाहीं ॥

(उस समय उन्हें) अनगिनत भयानक अपशकुन हो रहे थे, परंतु मृत्यु के वश होने के कारण वे सब उन्हें कुछ गिनते ही नहीं। वे राक्षस गरजते हैं, ललकारते हैं और आकाश में उड़ते हैं। अपनी सेना देखकर योद्धा अत्यन्त हर्षित होते हैं ॥४॥

Countless fearful omens of evil occurred to them, but the host heeded them not, being all death-doomed. They roared, they challenged, they flew through the air; on seeing their army, the champions were transported with joy.

कोउ कह जिअत धरहु द्वौ भाई। धरि मारहु त्रिय लेहु छोड़ाई ॥
धूरि पूरि नभमंडल रहा। राम बोलाइ अनुज सन कहा ॥

कोई कहता है कि दोनों भाइयों को जीवित ही पकड़ लो, (कोई कहता है) उन्हें पकड़कर मार डालो और इनकी स्त्री को छुड़ा लो। (उस समय) नभमंडल धूल से छा गया। तब श्रीरामजी ने लक्ष्मणजी को बुलाकर कहा –

Cried one, 'Capture the two brothers alive, and having seized them, slay them and carry off the woman !' The vault of heaven was overstrewn with dust. Rama summoned his brother (Lakshmana) and said to him,

लै जानकिहि जाहु गिरिकंदर। आवा निसिचरकटकु भयंकर॥
रहेहु सजग सुनि प्रभु कइ बानी। चले सहित श्री सर धनु पानी॥

राक्षसों की भयंकर सेना आ गयी है, जानकीजी को लेकर तुम पर्वत की कन्दरा में चले जाओ। सचेत रहना! प्रभु के ऐसे वचन सुनकर लक्ष्मणजी हाथ में धनुष-बाण लिये श्री जानकीजी के साथ चले ॥६॥

'Go, take Janaki away to some mountain cave, for a formidable army of demons has come; remain on your guard.' Obedient to his Lord's command, he withdrew (to a safe retreat) with Sita, bow and arrows in hand.

देखि राम रिपुदल चलि आवा। बिहसि कठिन कोदंड चढ़ावा॥

शत्रुओं की सेना आ पहुँची है, यह देखकर श्रीरामजी ने हँसकर अपने (प्रचंड) धनुष को चढ़ाया ॥७॥

When Rama saw that the hostile forces had drawn near, he smiled as he strung his dreadful bow.

छं.—कोदंड कठिन चढ़ाइ सिर जटजूट बाँधत सोह क्यों।
मरकत सयल पर लरत दामिनि कोटि सों जुग भुजग ज्यों॥
कटि कसि निषंग बिसाल भुज गहि चाप बिसिख सुधारि कै।
चितवत मनहु मृगराज प्रभु गजराजघटा निहारि कै॥

अपने कठिन धनुष को चढ़ाकर मस्तक पर जटाओं का जूड़ा बाँधते हुए प्रभु वैसे ही शोभित हो रहे हैं जैसे मरकतमणि (पन्ने) के पर्वत पर करोड़ों बिजलियों से दो साँप लड़ रहे हों। कमर में तरकस बाँधे, विशाल भुजाओं में धनुष पकड़कर और बाण सुधारकर प्रभु श्रीरामचन्द्रजी राक्षसों की ओर ऐसे देख रहे हैं, मानो मतवाले हाथियों के झुंड को (आता) देखकर सिंह उनकी ओर ताक रहा हो।

As he strung his formidable bow and bound up his matted locks in a knot on his head, it looked as though a pair of snakes were contending with a myriad lightning flashes on a mountain of emerald. Having slung his quiver by his side and clasped the bow with his long arms and put his arrows in order, he fixed his gaze upon the foe as a lion glares at a herd of noble elephants.

सो.—आइ गए बगमेल धरहु धरहु धावत सुभट।
जथा बिलोकि अकेल बालरबिहि घेरत दनुज ॥१८॥

बड़े-बड़े राक्षस योद्धा 'पकड़ो-पकड़ो' चिल्लाते हुए बाग छोड़कर (बड़े वेग से) दौड़ते हुए आ पहुँचे। जैसे प्रातः कालीन बाल-सूर्य को अकेला देखकर मन्देह नामक दैत्य घेर लेते हैं (वैसे ही राक्षसों ने श्रीरामजी को घेर लिया) ॥१८॥

On came the champions with a rush, shouting, 'Seize him, seize him !' and closed in upon Rama as the demons called Mandeha close in upon the rising sun when they see it all alone.

चौ.—प्रभु बिलोकि सर सकहिं न डारी। थकित भई रजनीचरधारी॥
सचिव बोलि बोले खर दूषन। यह कोउ नृपबालक नरभूषन॥

(रूप-सम्पदा के आगार) प्रभु श्रीरामजी को देखकर राक्षसों की सेना विमुग्ध रह गयी। राक्षस उन पर बाण नहीं छोड़ सके। मन्त्री को बुलाकर खर-दूषण ने कहा—यह कोई राजकुमार तो मनुष्यों में भूषणरूप है! ॥१॥

But at the sight of the Lord (who was a perfect treasure of beauty), the demon host stood entranced, nor could they shoot their arrows. Then Khara and Dushana summoned their ministers and said, 'This prince, whoever he may be, is an ornament of the human race.

नाग असुर सुर नर मुनि जेते। देखे जिते हते हम केते॥
हम भरि जन्म सुनहु सब भाई। देखी नहि असि सुंदरताई॥

हे सब भाइयो! सुनो, जितने भी नाग, असुर, देवता, मनुष्य और मुनि हैं, उनमें से हमने न जाने कितने ही देखे, जीते और मार डाले हैं, परन्तु हमने ऐसी सुन्दरता जन्म भर कहीं नहीं देखी ॥२॥

Serpents, demons, gods, human beings and sages of all sorts have we seen and vanquished and slain; but listen, our brethren all, never have we seen such beauty !

जद्यपि भगिनी कीन्हि कुरूपा। बध लायक नहि पुरुष अनूपा॥
देहु तुरत निज नारि दुराई। जीवत भवन जाहु द्वौ भाई॥

यद्यपि इन्होंने हमारी बहन को कुरूपा (नकटी-बूची) कर डाला है, तथापि ये अनुपम पुरुष वध करने योग्य नहीं हैं। अपनी उस स्त्री को हमें तुरत सौंप दो जिसे तुमने छिपा रखा है और दोनों भाई जीते-जी घर लौट जाओ— ॥३॥

Though they have made our sister hideous to behold, even yet so incomparable a hero is not worthy of death. "Surrender to us at once the woman whom you have hidden, and you two brothers return home alive."

मोर कहा तुम्ह ताहि सुनावहु। तासु बचन सुनि आतुर आवहु॥
दूतन्ह कहा राम सन जाई। सुनत राम बोले मुसुकाई॥

उसे तुम (जाकर) मेरा यह कथन सुनाओ और उसका उत्तर सुनकर शीघ्र लौट आओ। दूतों ने जाकर यह सन्देश श्रीरामचन्द्रजी से कहा। सुनते ही श्रीरामचन्द्रजी मुसकराकर बोले— ॥४॥

Give him my message and return swiftly with his answer.' The heralds went to Rama and delivered the message to him, but Rama smilingly replied,

हम क्षत्री मृगया बन करहीं। तुम्ह से खल मृग खोजत फिरहीं॥
रिपु बलवंत देखि नहि डरहीं। एक बार कालहु सन लरहीं॥

हम क्षत्रिय हैं, जंगलों में शिकार करते हैं और तुम्हारे-जैसे दुष्ट पशुओं को तो ढूँढ़ते ही फिरते हैं। हम शत्रु को बलवान् देखकर नहीं डरते। एक बार तो हम काल से भी युद्ध कर सकते हैं॥५॥

'We are Kshatriyas and are given to hunting in the woods, and it is wretches like you that we seek for our prey. We are never dismayed at the sight of a mighty foe and would give battle to Death himself if he ever appeared before us.

जद्यपि मनुज दनुजकुल घालक। मुनिपालक खलसालक बालक॥
जौ न होइ बल गृह फिरि जाहू। समरबिमुख मैं हतौं न काहू॥

यद्यपि हम मनुष्य हैं, फिर भी दैत्यकुल के नाशक और मुनियों के पालक हैं। हम बालक हैं सही, परंतु हैं दुष्टों को दण्ड देनेवाले। यदि तुममें शक्ति न हो तो घर लौट जाओ। मैं ऐसे किसी भी व्यक्ति को नहीं मारता जो युद्धभूमि से भाग खड़ा हुआ हो— ॥६॥

Though human beings, we are the destroyers of the demon race and, though youthful in appearance, we are the protectors of the hermits and the torment of the wicked. If you are not strong enough to fight, you had better return home; I never kill an enemy in retreat.

रन चढ़ि करिअ कपटचतुराई। रिपु पर कृपा परम कदराई॥
दूतन्ह जाइ तुरत सब कहेऊ। सुनि खर दूषन उर अति दहेऊ॥

रण में चढ़ आकर कपट-चतुराई करना या शत्रु पर दया करना तो नितान्त कायरता है। दूतों ने जाकर तुरंत सब बातें कहीं, जिन्हें सुनते ही खर-दूषण का हृदय (क्रोधाग्नि में) बिलकुल जल उठा॥७॥

To play wily pranks on the field of battle or to show compassion to the enemy is utter cowardice.' The heralds returned forthwith and repeated all that they had been told. The hearts of Khara and Dushana were on fire when they heard it.

छं.—उर दहेउ कहेउ कि धरहु धाए बिकट भट रजनीचरा।
सर चाप तोमर सक्ति सूल कृपान परिघ परसु धरा॥
प्रभु कीन्हि धनुषटँकोर प्रथम कठोर घोर भयावहा।
भए बधिर ब्याकुल जातुधान न ग्यान तेहि अवसर रहा॥

(खर-दूषण का) हृदय जल उठा। उन्होंने (अपने पक्ष के वीरों से) कहा—पकड़ लो! (यह सुनते ही) निशाचरों के भयानक योद्धागण धनुष, बाण, तोमर, शक्ति (साँग), शूल (बरछी), कृपाण (कटार), परिघ और फरसा लेकर दौड़ पड़े। प्रभु श्रीरामजी ने पहले धनुष का बड़ा कठोर, घोर और भयंकर टङ्कार किया, जिसे सुनते ही राक्षस बहरे और व्याकुल हो गए। उस समय उन्हें कुछ भी ज्ञान न रहा।

Their hearts were on fire and they shouted, 'Seize him!' The fierce demon champions rushed forth, all armed with bows and arrows, steel clubs, pikes, spears, scimitars, maces and axes. First of all, the Lord gave his bow a twang—shrill, terrific and frightening—that deafened the ears of the demons and caused them great agitation and deprived them at that moment of all knowledge of what they were doing.

दो.—सावधान होइ धाए जानि सबल आराति।
लागे बरषन राम पर अस्त्र सस्त्र बहु भाँति॥१९(क)॥

फिर शत्रु को बलवान् जानकर उन्होंने सावधान हो धावा बोल दिया और (अब देखते-ही-देखते) श्रीरामचन्द्रजी के ऊपर राक्षस-सेना नाना प्रकार के अस्त्र-शस्त्र बरसाने लगी॥१९(क)॥

Having realized that they were confronting a redoubtable enemy, the demon warriors now ran on with caution and began to hurl on Rama all kinds of missiles and weapons.

तिन्ह के आयुध तिल सम करि काटे रघुबीर।
तानि सरासन श्रवन लगि पुनि छाड़े निज तीर॥१९(ख)॥

श्रीरघुवीरजी ने उनके हथियारों को काटकर तिल के समान (चूर्ण-विचूर्ण) कर डाला। फिर उन्होंने धनुष को कान तक तानकर अपने बाण छोड़े॥१९(ख)॥

But Raghubira tore their weapons into pieces as small as sesame seeds, and then drawing the bowstring to his ear, discharged his own arrows.

छं.—तब चले बान कराल। फुंकरत जनु बहु ब्याल॥
कोपेउ समर श्रीराम। चले बिसिख निसित निकाम॥

तब (श्रीरामजी के) भयंकर बाण ऐसे चले मानो बहुत-से सर्प फुफकारते हुए चले जा रहे हैं। जब श्रीरामचन्द्रजी संग्राम में क्रुद्ध हुए तब उनके अत्यन्त तीक्ष्ण बाण चलने लगे॥१॥

Then the terrible arrows sped forth, hissing like so many serpents. When Rama waxed wrathful in the strife, his arrows, of exceeding sharpness, flew forth.

अवलोकि खरतर तीर। मुरि चले निसिचर बीर॥
भए क्रुद्ध तीनिउ भाइ। जो भागि रन तें जाइ॥

अतिशय तेज नुकीले तीरों को देखकर वीर निशाचर पीठ दिखाकर भाग चले। तब (खर, दूषण और त्रिशिरा) तीनों भाई क्रुद्ध होकर बोले – जो युद्ध से भागकर जायगा, ॥२॥

When they saw his shafts so keen, the demon warriors turned to flee. The three brothers (Khara, Dushana and Trishira) now flew into a rage: 'Whoever flees from the battle-field,' they cried,

तेहि बधब हम निज पानि। फिरे मरन मन महु ठानि॥
आयुध अनेक अपार। सन्मुख ते करहिं प्रहार॥

हम अपने हाथों उसका वध करेंगे। तब मन में अपना मरना निश्चित कर भागते हुए राक्षस लौट आए और सामने खड़े होकर वे अनेक प्रकार के हथियारों से (श्रीरामजी पर) वार करने लगे॥३॥

'him will we slay with our own hands !' At this the warriors turned back, fully resolved to die, and faced their foe with weapons of every description.

रिपु परम कोपे जानि। प्रभु धनुष सर संधानि॥
छाड़े बिपुल नाराच। लगे कटन बिकट पिसाच॥

दुश्मन को अत्यन्त कुपित जानकर प्रभु श्रीरामजी ने धनुष पर बाण चढ़ाकर बहुत-से नाराच (लोहे के तीर) छोड़े जिनसे पिशाचरूप भयंकर राक्षस कटने लगे॥४॥

When the Lord saw that the enemy was exceedingly enraged, he fitted an arrow to his bow and let fly many an iron bolt of the *naracha* type, and the frightful fiends began to be mowed down.

उर सीस भुज कर चरन। जहँ तहँ लगे महि परन॥
चिक्करत लागत बान। धर परत कुधर समान॥

उनकी छाती, मस्तक, भुजाएँ, हाथ और पैर जहाँ-तहाँ पृथ्वी पर गिरने लगे। बाण लगने पर वे चिग्घाड़ते हैं। पहाड़ के समान उनके धड़ कट-कटकर गिर रहे हैं॥५॥

Their breasts and heads, arms, hands and feet began to drop to the ground here, there and everywhere. The shrill arrows struck; they yelled and their trunks, like mountains, fell.

भट कटत तन सत खंड। पुनि उठत करि पाषंड॥
नभ उड़त बहु भुज मुंड। बिनु मौलि धावत रुंड॥

योद्धाओं के शरीर कट-कटकर सौ-सौ टुकड़े हो जाते हैं। वे फिर (राक्षसी) माया करके उठ खड़े होते हैं। आकाश में बहुत-सी भुजाएँ और मस्तक उड़ रहे हैं तथा बिना सिर के रुंड दौड़ रहे हैं॥६॥

Though the warriors' bodies were cut into a hundred pieces, yet by demonic magic they rose again. A multitude of arms and heads flew through the air and headless trunks rushed to and fro.

खग कंक काक सृकाल। कटकटहिं कठिन कराल॥

(मांस खानेवाले) गिद्ध, कौए आदि पक्षी और गीदड़ कठोर और भयंकर कट-कट शब्द कर रहे हैं॥७॥

Fiercely and grimly did kites, crows and jackals gnash their teeth (and gnaw at the bones).

छं. –कटकटहिं जंबुक भूत प्रेत पिसाच खर्पर संचहीं।
बेताल बीर कपाल ताल बजाइ जोगिनि नंचहीं॥
रघुबीरबान प्रचंड खंडहिं भटन्ह के उर भुज सिरा।
जहँ तहँ परहिं उठि लरहिं धर धरु धरु करहिं भयकर गिरा॥१॥

गीदड़ कटकटाते हैं, भूत, प्रेत और पिशाच खप्पर (खोपड़ियाँ) बटोर रहे हैं। वीर-बैताल खोपड़ियों को बजाकर ताल दे रहे हैं और योगिनियाँ नाच रही हैं। श्रीरघुवीर के भीषण बाण योद्धाओं के कलेजों, भुजाओं और मस्तकों को टुकड़े-टुकड़े कर डालते हैं। उनके धड़ जहाँ-तहाँ गिरते, फिर उठते और लड़ते हैं और 'पकड़ो-पकड़ो' का भयानक शब्द करते हैं॥१॥

Jackals gnashed; ghosts, spirits and fiends collected skulls; more warlike devils beat time on the fleshless heads, and witches danced. Raghubira's fierce arrows tore to pieces the champions' breasts and arms and heads; their bodies fell on every side, but rose again to fight with terrible cries of 'Seize, capture !'

अंतावरीं गहि उड़त गीध पिसाच कर गहि धावहीं॥
संग्राम पुर बासी मनहु बहु बाल गुड़ी उड़ावहीं॥
मारे पछारे उर बिदारे बिपुल भट कहरत परे।
अवलोकि निज दल बिकल भट तिसिरादि खर दूषन फिरे॥२॥

(राक्षसों की) अँतड़ियों के एक छोर को पकड़कर गीध उड़ते हैं और उन्हीं के दूसरे छोर को हाथ से पकड़कर पिशाच दौड़ते हैं, मानो संग्रामरूपी नगर के वासी बहुत-से बालक पतंग उड़ा रहे हों। (श्रीरामजी के बाणों से) अनेक योद्धा मारे और पछाड़े गए। बहुत-से योद्धा, जिनके हृदय फाड़ दिये गए हैं, पड़े कराहते हैं। अपने दल को व्याकुल देखकर त्रिशिरा और खर-दूषण आदि योद्धा (श्रीरामजी की ओर) मुड़े॥२॥

Vultures flew away with the end of entrails in their claws; goblins scampered off with the other end that their hands had seized; it was as though a large number of children from the town of Battle were flying kites. Many a champion lay dead or vanquished; many others, whose breasts were torn in two, lay groaning. Seeing their army in distress, Trishira and Khara and Dushana and other champions turned towards Rama.

सर सक्ति तोमर परसु सूल कृपान एकहि बारहीं ।
करि कोप श्रीरघुबीर पर अगनित निसाचर डारहीं ॥
प्रभु निमिष महु रिपुसर निवारि पचारि डारे सायका ।
दस दस बिसिख उर माझ मारे सकल निसिचरनायका ॥३॥

कुपित होकर अनगिनत राक्षस श्रीरघुवीरजी पर एक साथ ही बाण, शक्ति, बरछा, फरसा, त्रिशूल और तलवार चलाने लगे। प्रभु श्रीरामजी ने क्षणभर में शत्रुओं के बाणों को रोक लिया और उन्हें ललकारकर अपने बाण छोड़े। निशाचरों के सभी सेनापतियों की छातियों में उन्होंने दस-दस बाण मारे ॥३॥

Countless demons hurled furiously on Raghubira arrows and spears, iron clubs, axes, javelins and scimitars all at once. In the twinkling of an eye the Lord warded off the enemy's shafts and with a shout of defiance sent forth his own arrows, driving ten shafts into the breast of each demon captain.

महि परत भट उठि भिरत मरत न करत माया अति घनी ।
सुर डरत चौदह सहस प्रेत बिलोकि एक अवधधनी ॥
सुर मुनि सभय प्रभु देखि मायानाथ अति कौतुक कर्‍यो ।
देखहिं परसपर राम करि संग्राम रिपुदल लरि मर्‍यो ॥४॥

(राक्षस) योद्धा पृथ्वी पर गिरते और फिर उठकर भिड़ते हैं। वे मरते नहीं, अनेक प्रकार की घनी माया रचते हैं। उधर देवता यह देखकर डरते हैं कि (जहाँ) राक्षस चौदह हजार हैं, (वहाँ) अवधपति श्रीरामजी अकेले। देवता और मुनियों को भयभीत देखकर मायानाथ प्रभु ने एक बड़ा भारी कौतुक किया, जिससे शत्रुओं की सेना एक दूसरे को रामरूप देखने लगी और आपस में ही संग्राम करती हुई लड़ मरी ॥४॥

Their warriors fell to the ground, but they rose again and joined in the fray; they would not die but played all their delusive tricks. The gods were afraid when they saw the demons fourteen thousand in number and Rama but one. Finding the gods and sages alarmed, the Lord, who is the controller of Maya (cosmic illusion), devised a merry spectacle, on account of which the enemy saw each of his own friends as Rama, and joining battle with one another perished fighting.

दो. –राम राम कहि तनु तजहिं पावहिं पद निर्बान ।
करि उपाय रिपु मारे छन महु कृपानिधान ॥२०(क)॥

(राक्षस 'इसे ही मारो, यही राम है' कहकर एक-दूसरे को ललकारते हैं। इस प्रकार) वे 'राम-राम' कहकर शरीर छोड़ते हैं और निर्वाण (कैवल्य-मोक्ष) पद पाते हैं। दयासागर श्रीरामजी ने उपाय रचकर क्षणभर में शत्रुओं को मार गिराया ॥२०(क)॥

(The demons bid defiance to one another, shouting, 'Kill him ! He is Rama !') Thus crying, 'Rama ! Rama !', they left their bodies and attained beatitude (*kaivalya-moksha* or final emancipation). By this means the compassionate Lord slew the enemy in an instant.

हरषित बरषहिं सुमन सुर बाजहिं गगन निसान ।
अस्तुति करि करि सब चले सोभित बिबिध बिमान ॥२०(ख)॥

देवता हर्षित होकर फूल बरसाने लगे। आकाश में नगाड़े बजने लगे। सब देवता श्रीरामजी की स्तुतिकर अनेक प्रकार के विमानों पर सुशोभित हो चले गए ॥२०(ख)॥

The gods in their exultation rained down flowers, and kettle-drums sounded in the heavens. Then hymning their praises of the Lord, they all departed, resplendent in their celestial cars.

चौ. –जब रघुनाथ समर रिपु जीते । सुर नर मुनि सब के भय बीते ॥
तब लछिमनु सीतहि लै आए । प्रभुपद परत हरषि उर लाए ॥

जब श्रीरघुनाथजी ने युद्ध में शत्रुओं पर विजय पा ली और देवता, मनुष्य, मुनि सबके भय मिट गए, तब लक्ष्मणजी सीताजी को ले आये। चरणों में पड़ते ही प्रभु ने प्रसन्न होकर उनको हृदय से लगा लिया ॥१॥

When Raghunatha had vanquished the foe in battle the gods, men and sages were all rid of fear. Then Lakshmana brought Sita back, and as he fell at his feet, the Lord rapturously took him to his heart.

सीता चितव स्याम मृदु गाता । परम प्रेम लोचन न अघाता ॥
पंचबटीं बसि श्रीरघुनायक । करत चरित सुर मुनि सुखदायक ॥

श्रीरामजी के श्यामल-कोमल शरीर को परम प्रेम के साथ देखते हुए सीताजी के नेत्र नहीं अघाते। इस प्रकार पञ्चवटी में निवासकर श्रीरघुनाथजी देवताओं और मुनियों को सुख पहुँचानेवाले चरित्र करने लगे ॥२॥

Sita fixed her gaze on his dark-hued, delicate body with utmost affection, but her eyes knew no satiety. Staying at Panchavati, the blessed Raghunatha performed deeds that gladdened gods and sages.

धुआँ देखि खर दूषन केरा । जाइ सुपनखा रावनु प्रेरा ॥
बोली बचन क्रोध करि भारी । देस कोस कै सुरति बिसारी ॥

खर-दूषण के विनाश को देखकर शूर्पणखा ने जाकर रावण को उत्तेजित किया। वह भारी क्रोध करके रावण से बोली – तूने तो देश और खजाने की सुधि ही भुला दी ! ॥३॥

Perceiving the destruction of Khara and Dushana, Shurpanakha went to incite Ravana. In a furious rage she cried, 'You have lost all thought of land and treasure;

करसि पान सोवसि दिनु राती । सुधि नहि तव सिर पर आराती ।
राजु नीति बिनु धनु बिनु धर्मा । हरिहि समर्पे बिनु सतकर्मा ॥
बिद्या बिनु बिबेक उपजाएँ । श्रम फल पढ़ें किएँ अरु पाएँ ॥
संग तें जती कुमंत्र तें राजा । मान तें ग्यान पान तें लाजा ॥

तू मदिरा पीता और दिन-रात पड़ा सोता रहता है । तुझे यह पता नहीं कि शत्रु तेरे सिर पर आ पहुँचा है ! नीति के बिना राज्य करने से, धर्म के बिना धन मिलने से, भगवान् को समर्पित किए बिना उत्तम कर्म करने से, बिना विवेक उत्पन्न किए (पढ़ी हुई) विद्या से परिणाम में केवल परिश्रम ही हाथ लगता है, फल नहीं मिलता । विषय-वासना के संग से संन्यासी, बुरी सलाह से राजा, अभिमान से ज्ञान, मदिरा-पान से लज्जा, ॥४-५॥

—day and night you drink and sleep and take no heed of the enemy, who is now at your very door. Sovereignty without statecraft, wealth divorced from virtue, noble deeds not dedicated to Hari (God), and learning that begets not discernment—these all bring no fruit but toil to the student, the doer or the possessor. A recluse is swiftly undone by attachment, a king by evil counsel, wisdom by conceit, modesty by drinking,

प्रीति प्रनय बिनु मद तें गुनी । नासहिं बेगि नीति असि सुनी ॥

नम्रता के बिना प्रीति और अहंकार से गुणवान् शीघ्र ही नष्ट हो जाते हैं, ऐसी नीति मैंने सुनी है; ॥६॥

—love by conceit and a man of merit by vanity; such is the maxim I have heard.

सो. –रिपु रुज पावक पाप प्रभु अहि गनिअ न छोट करि ।
अस कहि बिबिध बिलाप करि लागी रोदनु करन ॥२१(क)॥

शत्रु, रोग, अग्नि, पाप, स्वामी और सर्प, इन्हें छोटा करके नहीं समझना चाहिए । ऐसा कहकर शूर्पणखा विविध भाँति विलाप करके रोने लगी ॥२१(क)॥

An enemy, disease, fire, sin, a master and a serpent should never be treated with scorn.' So saying, and with bitter lamentation besides, she began to weep.

दो. –सभा माँझ परि ब्याकुल बहु प्रकार कह रोइ ।
तोहि जिअत दसकंधर मोरि कि असि गति होइ ॥२१(ख)॥

सभा के बीच व्याकुल होकर पड़ी हुई वह अनेक प्रकार से रो-धोकर कहती है कि अरे दशग्रीव ! तेरे जीते-जी क्या मेरी ऐसी ही दशा होनी चाहिए थी ? ॥२१(ख)॥

In her distress she threw herself down in Ravana's court and with many tears and cries said, 'Do you think, O Ten-headed, that I should be treated thus while yet you live ?'

चौ. –सुनत सभासद उठे अकुलाई । समुझाई गहि बाह उठाई ॥
कह लंकेस कहसि निज बाता । केइँ तव नासा कान निपाता ॥

(उसके विलाप को) सुनते ही सभासद् व्याकुल हो उठे । उन्होंने बाँह पकड़कर शूर्पणखा को उठाया और समझाया । लंकेश रावण ने कहा—अपनी बात तो बता, किसने तेरे नाक-कान काट लिये ? ॥१॥

At these words, the courtiers arose in great bewilderment and grasped her arms and raised her to her feet and consoled her. 'Tell me what has happened to you,' said the king of Lanka; 'who has struck off your nose and ears ?'

अवधनृपति दसरथ के जाए । पुरुषसिंघ बन खेलन आए ॥
समुझि परी मोहि उन्ह कै करनी । रहित निसाचर करिहहिं धरनी ॥

(वह बोली—) अयोध्या के राजा दशरथ के पुत्र, जो पुरुषों में सिंह के समान हैं, वन में (शिकार) खेलने आये हैं । मैं उनकी करतूत समझ गई । वे समस्त पृथ्वी को राक्षसों से हीन कर देंगे ॥२॥

'The sons of Dasharath, the lord of Ayodhya, who are lions among men, have come to hunt in the woods. I understood what they were about: they would rid the earth of demons.

जिन्ह कर भुजबल पाइ दसानन । अभय भए बिचरत मुनि कानन ॥
देखत बालक काल समाना । परम धीर धन्वी गुन नाना ॥

हे रावण ! जिनकी भुजाओं का बल पाकर मुनिलोग वन में निर्भय विचरने लगे हैं, वे देखने में तो बालक हैं, परन्तु हैं काल के समान—परम धीर धनुर्धर और अनेक गुणों से भूषित ॥३॥

Relying on the might of their arm, O Ravana, the hermits roam the woods without fear. Though quite young to look at, they are terrible as Death himself, the most unwavering of archers and most accomplished.

अतुलित बल प्रताप द्वौ भ्राता । खल बध रत सुर मुनि सुखदाता ॥
सोभाधाम राम अस नामा । तिन्ह कें संग नारि एक स्यामा ॥

उन दोनों भाइयों का बल और प्रताप अपार है, वे दुष्टों के वध में लगे हैं और देवताओं तथा मुनियों को सुख देनेवाले हैं । जो सुन्दरता के धाम हैं, उनका नाम राम है और उनके साथ एक श्यामा—षोडशवर्षीया—तरुणी है ॥४॥

Both brothers are unequalled in might and majesty, vowed to the extermination of the wicked and the relief of gods. and sages. He who is the very perfection of beauty is named Rama, and with him is a teenage girl,

रूपरासि बिधि नारि सँवारी । रति सत कोटि तासु बलिहारी ॥
तासु अनुज काटे श्रुति नासा । सुनि तव भगिनि करहिं परिहासा ॥

रूप की राशि उस युवती को ब्रह्मा ने सँवारकर बनाया है । उस पर सौ करोड़ रतियाँ निछावर हैं । उन्हीं के छोटे भाई ने मेरी नाक और कान काट लिये हैं । मैं तुम्हारी बहन हूँ, यह सुनते ही वे (मुझसे) हँसी करने लगे ॥५॥

—whom the Creator has fashioned the loveliest of women, a match for a thousand million Ratis (consorts of the god of love). It was his younger brother (Lakshmana) who chopped off my ears and nose and made a mock of me when he learnt that I was your sister.

खर दूषन सुनि लगे पुकारा । छन महु सकल कटकु उन्ह मारा ॥
खर दूषन तिसिरा कर घाता । सुनि दससीस जरे सब गाता ॥

खर और दूषण मेरी पुकार सुनकर युद्ध करने लगे, परन्तु उनकी समस्त सेना को उन्होंने क्षणभर में मार गिराया । खर, दूषण और त्रिशिरा का संहार सुनकर रावण के सारे शरीर में आग-सी लग गई ॥६॥

When Khara and Dushana heard my cry, they came to avenge the wrong done to me, but Rama slew the whole of their army in an instant !' When he heard of the destruction of Khara, Dushana and Trishira, the news burnt its way into Ravana's heart.

दो. –सूपनखहि समुझाइ करि बल बोलेसि बहु भाँति ।
गएउ भवन अति सोच बस नीद परइ नहि राति ॥२२॥

रावण ने शूर्पणखा को समझाकर बहुत प्रकार से अपने बल का वर्णन किया । फिर वह अपने भवन में गया, परन्तु सोच के मारे उसे रातभर नींद नहीं आई ॥२२॥

Having consoled Shurpanakha, he bragged and boasted of his might in whatever manner he could, but he retired to his palace in a state of great anxiety and could not sleep all night.

चौ. –सुर नर असुर नाग खग माहीं । मोरे अनुचर कहँ कोउ नाहीं ॥
खर दूषन मोहि सम बलवंता । तिन्हहि को मारइ बिनु भगवंता ॥

(रावण अपने मन में विचार करने लगा कि) देवता, मनुष्य, असुर, नाग और पक्षियों में मेरे सेवकों की बराबरी का भी कोई नहीं है; खर और दूषण तो मेरे ही समान बलशाली थे, अतः उन्हें भगवान् के सिवा और कौन मार सकता है ? ॥१॥

'Among gods and men and demons. serpents and birds,' he thought, 'there is none who can face my servants. As for Khara and Dushana, they were as mighty as myself; who else could have killed them, had it not been the Lord himself ?

सुररंजन भंजन महिभारा । जौं भगवंत लीन्ह अवतारा ॥
तौ मैं जाइ बयरु हठि करऊँ । प्रभुसर प्रान तजें भव तरऊँ ॥

यदि देवताओं को आनन्द देनेवाले भगवान् ने पृथ्वी के भार के भंजन (हरण) के लिए अवतार लिया है, तो मैं जाकर उनसे हठपूर्वक वैर करूँगा और प्रभु के बाणों से प्राण छोड़कर भवसागर के पार हो जाऊँगा ॥२॥

If the Lord himself has become incarnate to gladden the gods and relieve the earth of its burdens, then must I go and stubbornly fight with him and cross the ocean of mundane existence by falling to his arrows.

होइहि भजनु न तामस देहा । मन क्रम बचन मंत्र दृढ़ एहा ॥
जौ नररूप भूपसुत कोऊ । हरिहौं नारि जीति रन दोऊ ॥

मेरे इस तमोगुणी शरीर से तो भगवान् का भजन हो नहीं सकता, अतः मन, वचन और कर्म से मेरा यही विचार दृढ़ है । यदि वे मनुष्यरूप में कोई राजकुमार होंगे, तो उन दोनों को युद्ध में जीतकर उनकी स्त्री को हर लाऊँगा ॥३॥

Worshipping the Lord is out of question in this fallen form made up of darkness and ignorance; this therefore is my firm resolve, which I shall carry through in thought and word and deed; and if they be some mortal princelings, I shall overpower them both in battle and carry off the bride.'

चला अकेल जान चढ़ि तहवाँ । बस मारीच सिंधु तट जहवाँ ॥
इहाँ राम जसि जुगुति बनाई । सुनहु उमा सो कथा सुहाई ॥

(यह सोचकर) रावण रथ में बैठकर अकेला ही वहाँ चला जहाँ सिंधु-तट पर मारीच रहता था । (शंकरजी कहते हैं –) हे पार्वती ! यहाँ श्रीरामचन्द्रजी ने जैसी युक्ति रची, उस सुन्दर कथा को सुनो ॥४॥

Having thus made up his mind, he mounted his chariot and drove off alone to where Maricha lived on the seashore. Now listen, Uma, to the delectable account of the scheme that Rama devised.

दो. –लछिमनु गए बनहि जब लेन मूल फल कंद ।
जनकसुता सन बोले बिहसि कृपा सुख बृंद ॥२३॥

जब लक्ष्मणजी कन्द-मूल और फल लेने के लिए वन में गये तब कृपा और सुख के समूह श्रीरामचन्द्रजी ने हँसकर जानकीजी से कहा – ॥२३॥

When Lakshmana had gone into the woods to gather roots and fruit and bulbs, Rama, the very incarnation of compassion and joy, spoke with a smile to Janaka's daughter:

चौ. –सुनहु प्रिया ब्रत रुचिर सुसीला । मैं कछु करबि ललित नरलीला ॥
तुम्ह पावक महु करहु निवासा । जौ लगि करौं निसाचरनासा ॥

हे प्रिये ! हे सुन्दर पातिव्रत धर्म का पालन करनेवाली सुशीले ! सुनो, मैं अब कुछ मनोहर मनुष्य-लीला करूँगा । इसलिए तुम तबतक अग्नि में निवास करो जबतक मैं निशाचरों का नाश करूँ ॥१॥

'Listen, beloved wife, beautiful, faithful and amiable; I am about to act an alluring human part; let fire then be your dwelling-place till I have completed the extirpation of the demons.'

जबहि राम सबु कहा बखानी । प्रभुपद धरि हिय अनल समानी ॥
निज प्रतिबिंब राखि तहँ सीता । तैसेइ सील रूप सुबिनीता ॥

ज्योंही श्रीरामजी ने सब समझाकर कहा, त्योंही श्रीसीताजी प्रभु श्रीरामजी के चरणों को हृदय में धरकर अग्नि में प्रवेश कर गयीं । सीताजी ने अपनी ही प्रतिमूर्ति वहाँ रख दी, जो शील-स्वभाव, रूप और विनम्रता में उनकी ही जैसी थी ॥२॥

No sooner had Rama finished speaking than she impressed the image of the Lord's feet on her heart and entered into the fire, leaving only her image there, of exactly the same appearance and the same amiable and modest disposition.

लछिमनहूँ येह मरमु न जाना । जो कछु चरित रचेउ भगवाना ॥
दसमुख गएउ जहाँ मारीचा । नाइ माथ स्वारथरत नीचा ॥

भगवान् ने जो कुछ लीला रची, उस रहस्य को लक्ष्मणजी भी नहीं जान पाए । स्वार्थ में लीन और नीच रावण तब वहाँ गया जहाँ मारीच था और उसने सिर झुकाकर (मारीच को) नमस्कार किया ॥३॥

Not even Lakshmana knew the secret of what the Lord had done. Ravana, the self-absorbed, vile wretch, approached Maricha and bowed his head to him.

नवनि नीच कै अति दुखदाई । जिमि अंकुस धनु उरग बिलाई ॥
भयदायक खल कै प्रिय बानी । जिमि अकाल के कुसुम भवानी ॥

नीच का झुकना (नम्रता दिखाना) भी (वैसे ही) घोर दुःखदायी होता है जैसे अंकुश, धनुष, साँप और बिल्ली का झुकना । हे पार्वती ! दुष्ट की मधुर वाणी भी (उसी तरह) भयदायक होती है जिस तरह असमय खिले फूल (जो उत्पातसूचक होते हैं) ॥४॥

When a grovelling, mean creature bends, it is only to give more pain, like an elephant-goad, a bow, a snake, or a cat; and the ingratiating speech of a blackguard, Bhavani, is as portentous as flowers that bloom out of season.

दो. –करि पूजा मारीच तब सादर पूछी बात ।
कवन हेतु मन ब्यग्र अति अकसर आएहु तात ॥२४॥

तब मारीच ने उसकी पूजा करके आदरपूर्वक पूछा – हे तात ! किस कारण आपका मन इतना अधिक चिन्तित-व्याकुल है और आप अकेले ही कैसे आये ? ॥२४॥

After doing him reverence, Maricha respectfully asked him why he had come: 'Why, sire, are you so disturbed in mind and why have you come all the way alone ?'

चौ. –दसमुख सकल कथा तेहि आगें । कही सहित अभिमान अभागें ॥
होहु कपटमृग तुम्ह छलकारी । जेहि बिधि हरि आनौं नृपनारी ॥

अभागे रावण ने सारी कथा उसके सामने सगर्व कह सुनायी (और फिर कहा –) तुम छल करनेवाला कपट-मृग बनो, जिस युक्ति से मैं उस राजवधू को चुरा लाऊँ ! ॥१॥

The wretched Ravana boastfully repeated the whole story to him and added, 'Do you assume the deceptive form of a deer, so that I may (trick him and) carry off the princess.'

तेहि पुनि कहा सुनहि दससीसा । ते नररूप चराचर ईसा ॥
तासों तात बयरु नहि कीजै । मारें मरिअ जिआएँ जीजै ॥

इस पर मारीच ने कहा – हे दशशीश ! सुनो, वे मनुष्य के रूप में चराचर जगत् के ईश्वर हैं । हे तात ! उनसे वैर न करो । उन्हींके मारने से मरना और उन्हींके जिलाने से जीना होता है ॥२॥

To this Maricha replied, 'Listen, O Ten-headed; though disguised as a man, he is the Lord of all animate and inanimate creation; be not at enmity with him, sire; we die when he would have us die and live only by his sufferance.

मुनिमख राखन गए कुमारा । बिनु फर सर रघुपति मोहि मारा ॥
सत जोजन आएउँ छन माहीं । तिन्ह सन बयरु किएँ भल नाहीं ॥

यही राजकुमार विश्वामित्र मुनि के यज्ञ की रक्षा के लिए गये थे । (तभी) श्रीरघुनाथजी ने मुझे बिना फल का बाण मारा था, जिसके परिणामस्वरूप मैं क्षणभर में सौ योजन पर आ गिरा । (इसलिए) उनसे वैर करने में कल्याण नहीं है ! ॥३॥

It was this prince who, when he went to protect the sage's sacrifice, smote me with a headless arrow so that I was hurled a thousand miles in an instant. No good can come of showing hostility to him.

भइ मम कीट भृंग कै नाई । जहँ तहँ मैं देखौं दोउ भाई ॥
जौ नर तात तदपि अति सूरा । तिन्हहि बिरोधि न आइहि पूरा ॥

अब तो मेरी दशा भृंगी के कीड़े की-सी हो गयी है, मैं जहाँ-तहाँ दोनों भाइयों को ही देखता हूँ। हे तात ! यदि वे (सचमुच) मनुष्य हैं तो भी अत्यन्त शूरवीर हैं। उनसे विरोध करने में सफलता नहीं मिलेगी ॥४॥

Now I find myself reduced to the position of a grub caught by a *bhringi* (a large black bee), inasmuch as I see the two brothers wherever I look. Even if he be only a man, sire, he is a valiant hero, and opposition to him will do no good.

दो. –जेहि ताड़का सुबाहु हति खंडेउ हरकोदंड।
खर दूषन तिसिरा बधेउ मनुज कि अस बरिबंड ॥२५॥

जिसने ताड़का और सुबाहु को मार डाला, शिवजी का धनुष तोड़ डाला और खर, दूषण और त्रिशिरा का वध कर दिया – क्या मनुष्य भी ऐसा प्रचंड बली हो सकता है ? ॥२५॥

Can such a mighty champion, who killed Tadaka and Subahu, broke Shiva's bow, and slew Khara, Dushana and Trishira, be just an ordinary man ?

चौ. –जाहु भवन कुलकुसल बिचारी। सुनत जरा दीन्हिसि बहु गारी ॥
गुरु जिमि मूढ़ करसि मम बोधा। कहु जग मोहि समान को जोधा ॥

अतः अपने कुल की कुशलता का विचारकर घर लौट जाओ ! यह सुनकर रावण (क्रोध के मारे) जल-भुनकर राख हो गया और उसने बहुत-सी गालियाँ दीं। (कहा –) अरे मूर्ख ! तू गुरु की भाँति मुझे ज्ञान सिखाता है ? बता तो, विश्व में मेरे समान योद्धा कौन है ? ॥१॥

Think therefore of the welfare of your family and go home.' When he heard this, he flared up and directed a volley of abuses at Maricha: 'You fool, do you presume to teach me like a *guru* ? Tell me, which warrior in the world is a match for me ?'

तब मारीच हृदय अनुमाना। नवहि बिरोधें नहि कल्याना ॥
सस्त्री मर्मी प्रभु सठ धनी। बैद बंदि कबि भानसगुनी ॥

तब मारीच ने मन-ही-मन अनुमान किया कि शस्त्री (शस्त्रधारी), मर्मी (भेद जाननेवाला), समर्थ स्वामी, मूर्ख, धनवान्, वैद्य, भाट, कवि और रसोइया – इन नौ (प्रकार के) लोगों से वैर करने में कल्याण (की संभावना) नहीं ॥२॥

Then Maricha thought to himself: 'It does not do one good to make enemies of the following nine: an armed man, one who knows one's secrets, a powerful master, a dunce, a wealthy man, a physician, a panegyrist, a poet and a cook.'

उभय भाँति देखा निज मरना। तब ताकिसि रघुनायकसरना ॥
उतरु देत मोहि बधब अभागें। कस न मरौं रघुपतिसर लागें ॥

जब मारीच ने दोनों प्रकार से अपनी मृत्यु देखी, तब उसने श्रीरघुनाथजी की शरण जाने में ही अपना कल्याण समझा। उसने सोचा कि उत्तर देते ही अभागा (रावण) मुझे मार डालेगा, इसलिए श्रीरघुनाथजी के बाण लगने से ही क्यों न मरूँ ? ॥३॥

Realizing that he was doomed to death in either event, he sought refuge in Raghunatha. 'If I argue further,' he thought, 'the wretch would slay me; why then should I not die by a stroke of Raghunatha's shaft ?'

अस जिय जानि दसाननसंगा। चला रामपद प्रेमु अभंगा ॥
मन अति हरष जनाव न तेही। आजु देखिहउँ परम सनेही ॥

जी में ऐसा विचारकर वह रावण के साथ चला। श्रीरामजी के चरणों में उसका अटूट प्रेम है और उसके मन में अत्यन्त हर्ष है कि आज अपने परम स्नेही श्रीरामजी को देखूँगा। किंतु रावण के सामने उसने अपना हर्ष प्रकट नहीं किया ॥४॥

With these thoughts in mind, he accompanied Ravana, with unbroken devotion to Rama's feet and an exceeding gladness of heart that he would be able to behold his greatest friend (Rama). But he did not reveal his joy to Ravana.

छं. –निज परम प्रीतम देखि लोचन सुफल करि सुख पाइहौं।
श्री सहित अनुज समेत कृपानिकेत पद मनु लाइहौं ॥
निर्बानदायक क्रोध जा कर भगति अबसहि बसकरी।
निज पानि सर संधानि सो मोहि बधिहि सुखसागर हरी ॥

(वह सोचने लगा –) अपने परम प्रिय स्वामी को देखकर नेत्रों को सफल करके सुख पाऊँगा, जानकीजी और छोटे भाई लक्ष्मणजी समेत करुणानिधान श्रीरामजी के चरणों में अपना मन लगाऊँगा। जिनका क्रोध भी मोक्ष देनेवाला है और जिनकी भक्ति ही उन अवश (स्वतन्त्र भगवान्) को वश में करनेवाली है, अहा ! वे ही आनन्दसागर श्रीहरि अपने हाथों से बाण चलाकर मेरा वध करेंगे !

'I shall reward my eyes,' he thought, 'with the sight of my best-beloved and be happy. I shall be devoted to the feet of the gracious Lord, together with Sita and Lakshmana. Hari, the ocean of bliss, whose very wrath confers *moksha* (liberation) and who, though free, gives himself up entirely to the will of his devotees, will with his own hands fit an arrow to his bow and slay me !

दो. –मम पाछे धर धावत धरें सरासन बान।
फिरि फिरि प्रभुहि बिलोकिहौं धन्य न मो सम आन ॥२६॥

धनुष-बाण धारण किये हुए मेरे पीछे-पीछे धरने-पकड़ने के लिए दौड़ते हुए प्रभु श्रीरामजी को मैं फिर-फिरकर देखूँगा। मेरे समान दूसरा धन्य नहीं है ॥२६॥

As he runs after me to seize me, bearing his bow and arrows, I shall turn round again and again and look upon the Lord ! There is none else so blessed as I.'

चौ. –तेहि बन निकट दसानन गएऊ । तब मारीच कपटमृग भएऊ ॥
अति बिचित्र कछु बरनि न जाई । कनकदेह मनिरचित बनाई ॥

जब रावण उस दण्डक वन के निकट पहुँचा, तब मारीच (अपनी माया से) कपटमृग बन गया । वह (मृग) अत्यन्त ही विचित्र था, उसका कुछ वर्णन नहीं किया जा सकता । उसकी सोने की देह मणियों से जड़ी हुई थी ॥१॥

When Ravana drew near to the forest, Maricha, helped by his illusive power, assumed the false form of a deer, so marvellous as to defy description, with a body of gold artistically studded with gems.

सीता परम रुचिर मृग देखा । अंग अंग सुमनोहर बेषा ॥
सुनहु देव रघुबीर कृपाला । येहि मृग कर अति सुंदर छाला ॥

सीताजी ने उस परम सुन्दर मृग को देखा, जिसके अङ्ग-प्रत्यंग की रचना अत्यन्त मनोहर थी । (उन्होंने कहा –) हे देव ! हे कृपालु रघुवीर ! सुनिए, इस मृग की छाल अत्यन्त सुन्दर है ॥२॥

When Sita glimpsed the exquisitely ravishing deer, most lovely in every limb, she said, 'Listen, Raghubira, my gracious Lord; this deer has a most charming skin.

सत्यसंध प्रभु बधि करि एही । आनहु चर्म कहति बैदेही ॥
तब रघुपति जानत सब कारन । उठे हरषि सुरकाजु सँवारन ॥

हे सत्यप्रतिज्ञ प्रभो ! इसको मारकर इसकी छाल ला दीजिए ! तब श्रीरघुनाथजी सब कारण जानते हुए भी देवताओं का कार्य सँवारने के लिए प्रसन्न होकर उठे ॥३॥

Pray slay this animal, O Lord, ever as good as your word, and get me its hide. Raghunatha knew all the circumstances (that had led Maricha to assume the semblance of a golden deer) and gladly rose to accomplish the purpose of the gods.

मृग बिलोकि कटि परिकर बाँधा । करतल चाप रुचिर सर साँधा ॥
प्रभु लछिमनहि कहा समुझाई । फिरत बिपिन निसिचर बहु भाई ॥

उन्होंने मृग को देखकर कमर में फेंटा बाँधा और हाथ में धनुष लेकर उस पर सुन्दर दिव्य बाण चढ़ाया । फिर प्रभु रामचन्द्रजी ने लक्ष्मणजी को समझाकर कहा – हे भाई ! वन में बहुत-से निशाचर घूमते रहते हैं ॥४॥

Having marked the deer, he girded up his loins with a piece of cloth, took the bow in his hand and fitted to it a shining shaft. The Lord cautioned Lakshmana: 'A host of demons, brother, roam the woods.

सीता केरि करेहु रखवारी । बुधि बिबेक बल समय बिचारी ॥
प्रभुहि बिलोकि चला मृग भाजी । धाए रामु सरासन साजी ॥

इससे तुम बुद्धि और विवेक से बल और समय का विचार करते हुए सीता की रखवाली करना । (उधर) प्रभु को देखकर हिरन भाग चला और श्रीरामचन्द्रजी ने भी धनुष चढ़ाकर उसका पीछा किया ॥५॥

Take care of Sita, using thought and judgement and with due regard to your own strength and the needs of the hour.' The deer, seeing the Lord, took to flight, but Rama pursued it with ready bow.

निगम नेति सिव ध्यान न पावा । मायामृग पाछे सोइ धावा ॥
कबहुँ निकट पुनि दूरि पराई । कबहुँक प्रगटै कबहुँ छपाई ॥

जिनके विषय में वेद 'नेति-नेति' कहकर रह जाते हैं और शिवजी भी जिन्हें ध्यान में नहीं पाते, वे ही श्रीरामजी माया-मृग के पीछे दौड़ रहे हैं । कभी वह पास आ जाता है और फिर दूर भाग जाता है । कभी वह प्रकट होता है और कभी छिप जाता है ॥६॥

How strange that he whom the Vedas describe in negative terms, such as 'Not this, not this', and whom Shiva is unable to grasp by contemplation, ran in pursuit of an illusory deer ! Now close at hand, now far, it fled, at times in full view and at another into the invisible depths of the forest.

प्रगटत दुरत करत छल भूरी । एहि बिधि प्रभुहि गएउ लै दूरी ॥
तब तकि राम कठिन सर मारा । धरनि परेउ करि घोर पुकारा ॥

इस प्रकार प्रकट होता, छिपता और तरह-तरह के छल करता हुआ वह मृग प्रभु को दूर ले गया । तब श्रीरामचन्द्रजी ने निशाना साधकर कठोर बाण मारा, जिसके लगते ही वह घोर शब्द करता हुआ पृथ्वी पर गिर पड़ा ॥७॥

Thus alternately showing and concealing itself and practising many a wile, it drew the Lord far away. Now Rama took a steady aim and let fly the fatal shaft, when with a fearful cry the deer fell to the ground.

लछिमन कर प्रथमहि लइ नामा । पाछे सुमिरेसि मन महु रामा ॥
प्रान तजत प्रगटेसि निज देहा । सुमिरेसि रामु समेत सनेहा ॥

उसने पहले लक्ष्मणजी का नाम लेकर पुकारा, पीछे मन में श्रीरामजी का स्मरण किया । प्राण त्याग करते समय मारीच ने अपना (वास्तविक) शरीर प्रकट किया और प्रेमपूर्वक श्रीरामजी का स्मरण किया ॥८॥

First, it called aloud to Lakshmana, then mentally

invoked Rama. As life ebbed away, it manifested its real form and lovingly remembered Rama.

अंतरप्रेमु तासु पहिचाना । मुनिदुर्लभ गति दीन्हि सुजाना ॥

सर्वज्ञ-सुजान श्रीरामजी ने उसके अन्तस के प्रेम को पहचानकर उसे वह गति दी जो मुनियों को भी दुर्लभ है ॥९॥

The all-wise Lord, who recognized the love of its heart, conferred on it the state to which even sages hardly attain.

दो. –बिपुल सुमन सुर बरषहिं गावहिं प्रभु गुन गाथ ।
निज पद दीन्ह असुर कहुँ दीनबंधु रघुनाथ ॥२७॥

देवता ढेर-के-ढेर फूल बरसाते और प्रभु के गुणों की स्तुतियाँ गाते हैं । (वे कहते हैं –) दीनबंधु रघुनाथजी ने असुर को भी अपना परम पद दे दिया ! ॥२७॥

The gods showered down abundant flowers and hymned the Lord's perfections and said, 'Raghunatha is such a friend of the humble that he bestowed his own state (divinity) on a demon.'

चौ. –खल बधि तुरत फिरे रघुबीरा । सोह चाप कर कटि तूनीरा ॥
आरत गिरा सुनी जब सीता । कह लछिमन सन परम सभीता ॥

उस दुष्ट (मारीच) को मारकर श्रीरघुवीर तुरंत ही लौट पड़े । उनके हाथ में धनुष और कमर में तरकस शोभा दे रहे हैं । इधर जब सीताजी ने मारीच की दुःखभरी वाणी ('हा लक्ष्मण' की आवाज) सुनी तब वे अत्यन्त भयभीत हो लक्ष्मणजी से बोली – ॥१॥

As soon as he had slain the wretch, Raghubira at once turned back, radiant with the bow in his hand and the quiver at his side. When Sita heard the cry of distress, she was sorely alarmed and said to Lakshmana,

जाहु बेगि संकट अति भ्राता । लछिमन बिहसि कहा सुनु माता ॥
भृकुटिबिलास सृष्टि लय होई । सपनेहुँ संकट परै कि सोई ॥

तुम दौड़कर जाओ, तुम्हारे भाई बड़े संकट में हैं ! लक्ष्मणजी ने हँसकर कहा – हे माता ! सुनो, जिनकी भृकुटि के संकेत-मात्र से सारी सृष्टि का लय हो जाता है, वे (श्रीरामजी) क्या कभी सपने में भी संकट में पड़ सकते हैं ? ॥२॥

'Make haste and go; your brother is in great peril !' 'Listen, mother,' said Lakshmana with a smile: 'is it possible that he by the play of whose eyebrows the entire creation is annihilated should ever dream of being in danger ?'

मरम बचन जब सीता बोला । हरिप्रेरित लछिमनमन डोला ॥
बन दिसि देव सौंपि सब काहू । चले जहाँ रावन ससि राहू ॥

जब सीताजी कुछ मर्म-वचन (चुभनेवाली बात) कहने लगीं, तब हरि की प्रेरणा से लक्ष्मणजी का भी मन डोल उठा । श्रीसीताजी को वन और दिशाओं के देवताओं को सौंपकर वे वहाँ चले जहाँ रावणरूपी चन्द्रमा (को ग्रसने) के लिए राहुरूप श्रीरामजी थे ॥३॥

But when Sita urged him with cutting words, Lakshmana's resolve, under Hari's mystic influence, was shaken. Committing her to the care of all the sylvan gods and the deities presiding over the quarters, he went to find Rama, that Rahu to the moonlike Ravana.

सून बीच दसकंधर देखा । आवा निकट जती के बेषा ॥
जाकें डर सुर असुर डेराही । निसि न नीद दिन अन्न न खाहीं ॥

इधर आश्रम को सूना देखकर यति (संन्यासी) के वेष में रावण श्रीसीताजी के पास आया । जिसके भय से देवता और दैत्य ऐसे भयभीत होते हैं कि उन्हें रात को नींद नहीं आती और वे दिन में (भरपेट) अन्न नहीं खाते, ॥४॥

Meanwhile Ravana, seeing the hermitage deserted, drew near to Sita in the guise of a recluse. He who is so dreaded by gods and demons that they sleep not by night nor eat by day,

सो दससीस स्वान की नाईं । इत उत चितइ चला भँडिहाईं ॥
इमि कुपंथ पगु देत खगेसा । रह न तेज तन बुधि बल लेसा ॥

वही दस सिरवाला (रावण) कुत्ते की तरह इधर-उधर ताकता हुआ भड़िहाई (चोरी) के लिए (चुपके-चुपके) चला । (काकभुशुण्डिजी कहते हैं –) हे गरुड़जी ! इस प्रकार कुमार्ग पर पाँव धरते ही शरीर में तेज, बुद्धि और बल का लेश भी नहीं रह जाता ॥५॥

—even that Ravana went furtively on his mission of thieving, glancing this side and that like a dog. 'O Garuda,' said Kakabhushundi, 'when a man sets his foot on the path of evil, all bodily vigour, reason and strength desert him.'

नाना बिधि कहि कथा सुहाई । राजनीति भय प्रीति देखाई ॥
कह सीता सुनु जती गोसाईं । बोलेहु बचन दुष्ट की नाईं ॥

रावण ने तरह-तरह की सुन्दर कथाएँ कहकर सीताजी को राजनीति, भय और प्रेम दिखलाया । सीताजी ने कहा – हे यति गोसाईं ! सुनो, तुम दुष्ट की तरह वचन बोल रहे हो ! ॥६॥

He invented alluring stories of various sorts; he persuaded her with a show of political wisdom (tact or diplomacy); he had recourse to threats and blandishments. But Sita said, 'Listen, sir anchorite ! You speak like an unholy swindler !'

तब रावन निज रूप देखावा। भई सभय जब नामु सुनावा॥
कह सीता धरि धीरजु गाढ़ा। आइ गएउ प्रभु खल रहु ठाढ़ा॥

तब रावण ने अपना असली रूप दिखलाया और जब उसने अपना नाम सुनाया तब तो सीताजी भयभीत हो गईं। उन्होंने बड़े धैर्य के साथ कहा — अरे दुष्ट! खड़ा रह, मेरे स्वामी आ गए!॥७॥

Then Ravana revealed his proper form, and when he declared his name, Sita was terror-stricken. But summoning up all her courage, she said, 'Stay awhile, O wretch; my lord has come.

जिमि हरिबधुहि क्षुद्र सस चाहा। भयसि कालबस निसिचरनाहा॥
सुनत बचन दससीस रिसाना। मन महु चरन बंदि सुख माना॥

जैसे सिंहिनी को तुच्छ खरगोश चाहे, वैसे ही अरे राक्षसराज! तू (मुझे चाहकर) काल के वश हुआ है! सीताजी के वचन सुनते ही रावण को क्रोध आ गया। परंतु मन-ही-मन उसने सीताजी के चरणों की वन्दना की और सुख माना॥८॥

Even as a tiny hare would woo a lioness, so O king of demons, would you woo your own destruction (by setting your heart on me).' On hearing these defiant words the Ten-headed flew into a rage, though in his heart he rejoiced and adored her feet.

दो. —क्रोधवंत तब रावन लीन्हिसि रथ बैठाइ।
चला गगनपथ आतुर भय रथ हाँकि न जाइ॥२८॥

तब क्रोध से भरे हुए रावण ने सीताजी को रथ में बिठा लिया और वह बड़ी आतुरता के साथ आकाशमार्ग से चला, किंतु भय के मारे उससे रथ हाँका नहीं जाता था॥२८॥

Full of rage, Ravana now seated her in his chariot and in anxious haste drove through the air; he was so agitated with fear that he could scarcely drive the chariot.

चौ. —हा जगदेक बीर रघुराया। केहि अपराध बिसारिहु दाया॥
आरतिहरन सरन सुखदायक। हा रघुकुल सरोज दिननायक॥

(सीताजी विलाप करने लगीं —) हा विश्व के अद्वितीय वीर श्रीरघुनाथजी! आपने किस अपराध के कारण मुझ पर दया भुला दी? हे दुःखों के हरनेवाले, हे शरणागत को सुख देनेवाले, हे रघुकुलरूपी कमल के सूर्य!॥१॥

'Ah, Raghunatha,' she wailed, 'peerless champion of the world! For what fault of mine have you forgotten to be kind to me? Ah, reliever of distress and delighter of the suppliant! Ah, the sun that gladdens the lotus race of Raghu!

हा लछिमन तुम्हार नहि दोसा। सो फलु पाएउँ कीन्हेउँ रोसा॥
बिबिध बिलाप करति बैदेही। भूरि कृपा प्रभु दूरि सनेही॥

हा लक्ष्मण! तुम्हारा कुछ दोष नहीं मैंने जैसा क्रोध किया वैसा उसका फल पाया। सीताजी तरह-तरह से विलाप कर रही हैं — (हाय!) मेरे ऊपर असीम कृपा करनेवाले मेरे परम स्नेही प्रभु दूर निकल गए॥२॥

Ah, Lakshmana, it was no fault of yours! I have reaped the fruit of the temper I showed!' Many were the lamentations that Sita uttered. 'Though his mercies towards me have no limits, my affectionate and loving lord is far away.

बिपति मोरि को प्रभुहि सुनावा। पुरोडास चह रासभ खावा॥
सीता कै बिलाप सुनि भारी। भए चराचर जीव दुखारी॥

(हा!) मेरी यह विपत्ति प्रभु को कौन सुनावे? यज्ञ की हवि (खीर) को गदहा खाना चाहता है! सीताजी का भारी विलाप सुनकर स्थावर-जंगम (जड़-चेतन) सभी प्राणी दुःखी हो गए॥३॥

Who will tell my lord of my misfortune? That an ass should desire to devour the oblation offered to the gods!' When they heard Sita's grievous lament, all created beings, moving and unmoving, were distressed.

गीधराज सुनि आरत बानी। रघुकुलतिलक नारि पहिचानी॥
अधम निसाचर लीन्हे जाई। जिमि मलेछबस कपिला गाई॥

(मार्ग में) गृध्रराज जटायु ने सीताजी की दुःख-कातर वाणी सुनकर पहचान लिया कि ये रघुकुलश्रेष्ठ श्रीरामचन्द्रजी की पत्नी हैं। (उसने देखा कि) नीच निशाचर (रावण) इन्हें लिये जा रहा है, जैसे कपिला गाय किसी म्लेच्छ के अधीन हो गई हो॥४॥

Jatayu (the king of the vultures) heard the piteous cry and recognized her for the wife of the glory of the house of Raghu. He saw that the vile demon was carrying her away like a dun cow that had fallen into the hands of some savage.

सीते पुत्रि करसि जनि त्रासा। करिहौं जातुधान कर नासा॥
धावा क्रोधवंत खग कैसें। छूटै पबि पर्बत कहुँ जैसें॥

(वह बोला —) हे बेटी सीते! तू भय मत कर, मैं इस राक्षस का विनाश करूँगा। तब वह पक्षी क्रुद्ध होकर वैसे ही दौड़ा जैसे पर्वत की ओर वज्र छूटता हो॥५॥

'Fear not, Sita, my daughter,' he said; 'I will slay this monster.' The bird darted off in its fury like a thunderbolt hurled upon a mountain.

रे रे दुष्ट ठाढ़ किन होही। निर्भय चलेसि न जानेहि मोही॥
आवत देखि कृतांत समाना। फिरि दसकंधर कर अनुमाना॥

(उसने रावण को ललकारा —) रे-रे दुष्ट! खड़ा क्यों नहीं होता? निडर होकर चला जा रहा है! तूने मुझे नहीं पहचाना? यमराज के समान उसको

आता हुआ देखकर रावण घूमकर मन-ही-मन अनुमान करने लगा – ॥६॥

'You villain !' he cried, bidding defiance to Ravana; 'won't you stop ? How dare you go on thus as if you have not yet known me !' When he saw the vulture bearing down upon him like Death, the Ten-headed monster turned and reflected,

की मैनाक कि खगपति होई। मम बल जान सहित पति सोई॥
जाना जरठ जटायू एहा। मम कर तीरथ छाड़िहि देहा॥

चाहे तो यह मैनाक पर्वत है या पक्षियों का राजा गरुड़। पर वह तो अपने स्वामी विष्णुसहित मेरे बल से परिचित है। (कुछ पास आने पर) मैंने पहचान लिया, यह बूढ़ा जटायु है जो मेरे हाथरूपी तीर्थ में अपना शरीर छोड़ेगा ॥७॥

'Is this Mainaka[1] or Garuda, the king of the birds, who knows my might, as also his master (Vishnu) ?' When the bird drew near, he recognized it and said, 'It is only old Jatayu; he has come to shed his body at the shrine of my hands !'

सुनत गीध क्रोधातुर धावा। कह सुनु रावन मोर सिखावा॥
तजि जानकिहि कुसल गृह जाहू। नाहि त अस होइहि बहु बाहू॥

यह सुनते ही गीध क्रुद्ध हो बड़े वेग से दौड़ा और बोला – रावण ! मेरी सिखावन सुन (मेरी बात मान)। जानकीजी को छोडकर सकुशल अपने घर लौट जा। नहीं तो हे अनेक (बीस) भुजाओंवाले ! ऐसा होगा कि – ॥८॥

At this, the vulture sped on in the excitement of his fury, exclaiming, 'Heed my warning, Ravana; surrender Janaki and return home in peace; or else, Many-armed, it will turn out thus:

रामरोष पावक अति घोरा। होइहि सलभ सकल कुल तोरा॥
उतरु न देत दसानन जोधा। तबहि गीध धावा करि क्रोधा॥

श्रीरामजी की भयानक क्रोधाग्नि में तेरा सारा कुल पतिंगा होकर भस्म हो जायगा। योद्धा रावण से कुछ उत्तर देते नहीं बनता। तब जटायु क्रोध करके दौड़ा ॥९॥

—in the fierce flame of Rama's wrath the whole of your race will be consumed like a moth !' The Ten-headed warrior gave no answer. Then the vulture rushed at him in a rage,

धरि कच बिरथ कीन्ह महि गिरा। सीतहि राखि गीध पुनि फिरा॥
चोंचन्ह मारि बिदारेसि देही। दंड एक भइ मुरुछा तेही॥

उसने रावण को बाल पकड़कर रथ से नीचे उतार लिया, रावण धरती पर गिर पड़ा। सीताजी को एक ओर (अलग) बिठाकर गीध फिर लौटा और चोंचों से मार-मारकर उसने रावण के शरीर को विदीर्ण कर डाला जिससे एक घड़ी के लिए रावण मूर्च्छित हो गया ॥१०॥

—and clutching the demon by the hair hurled him from the chariot so that he fell to the ground. Then, having sheltered Sita, the vulture turned again towards Ravana and striking him with his beak, tore and rent his body. For the space of half an hour Ravana lay in a swoon.

तब सक्रोध निसिचर खिसिआना। काढ़ेसि परम कराल कृपाना॥
काटेसि पंख परा खग धरनी। सुमिरि रामु करि अद्‌भुत करनी॥

तब झुँझलाये हुए रावण ने क्रुद्ध होकर अत्यन्त भयानक तलवार निकाली और उससे जटायु के पंख काट डाले। श्रीरामजी की अद्‌भुत लीला का स्मरण करके पक्षी (जटायु) पृथ्वी पर गिर पड़ा ॥११॥

At this, being exasperated, the demon angrily drew his dreadful sword and cut off Jatayu's wings. The bird fell to the ground with his thoughts centred upon Rama's wondrous acts (*lila*).

सीतहि जान चढ़ाइ बहोरी। चला उताइल त्रास न थोरी॥
करति बिलाप जाति नभ सीता। ब्याध बिबस जनु मृगी सभीता॥

फिर सीताजी को रथ पर चढ़ाकर रावण बड़ी अधीरता के साथ चला, (क्योंकि) वह कम भयभीत न था। बहेलिये के वश में पड़ी हुई (जाल में फँसी हुई) भयभीत हिरनी की भाँति विलाप करती हुई सीताजी आकाश-मार्ग से जा रही थीं ॥१२॥

Ravana seated Sita again in his chariot and drove off in haste, greatly alarmed. Sita went on through the air, lamenting like a frightened doe caught in the trap of a huntsman.

गिरि पर बैठे कपिन्ह निहारी। कहि हरिनामु दीन्ह पट डारी॥
एहि बिधि सीतहि लइ सो गएऊ। बन असोक महु राखत भएऊ॥

(मार्ग में) एक पर्वत पर बैठे हुए बंदरों को देखकर सीताजी ने हरि का नाम लेकर अपना वस्त्र डाल दिया। इस प्रकार रावण सीताजी को ले गया और उन्हें अशोकवन में जा रखा ॥१३॥

Seeing some monkeys sitting on a hill, she dropped a garment with Hari's name on her lips. In this manner did Ravana carry off Sita and put her down in a grove of *ashoka* trees.

दो. —हारि परा खल बहु बिधि भय अरु प्रीति देखाइ।
तब असोक पादप तर राखिसि जतनु कराइ ॥२९(क)॥

---

1. Mainaka is the only mountain which is said to have retained its wings when Indira clipped those of the other peaks.

जब वह दुष्ट रावण सीताजी को तरह-तरह से भय और प्रीति दिखलाकर हार गया, तब उसने यत्नपूर्वक उन्हें अशोक वृक्ष के नीचे रख दिया ॥२९(क)॥

The villain tried every kind of threat and blandishment but failed to gain his end. At last with all care he kept her beneath an *ashoka* tree.

नवाह्नपारायण, छठा विश्राम

जेहि बिधि कपटकुरंग सँग धाइ चले श्रीराम ।
सो छबि सीता राखि उर रटत रहति हरिनाम ॥२९(ख)॥

जिस रूप में श्रीरामजी माया-मृग के साथ दौड़ चले थे, उसी छवि को हृदय में धारण किये वे हरिनाम रटती रहती हैं ॥२९(ख)॥

Having impressed Rama's beauteous image upon her heart as he appeared while running in pursuit of the false deer, Sita incessantly repeated the name of Hari.

चौ.–रघुपति अनुजहि आवत देखी । बाहिज चिंता कीन्हि बिसेषी ॥
जनकसुता परिहरिहु अकेली । आएहु तात बचन मम पेली ॥

(इधर) श्रीरघुनाथजी छोटे भाई (लक्ष्मणजी) को आते देखकर बाह्यरूप से (दिखावे के लिए) चिन्ता करने लगे । (उन्होंने कहा –) हे भाई ! जानकी को तुमने अकेली छोड़ दिया और मेरी आज्ञा का उल्लंघन कर यहाँ चले आये ! ॥१॥

When Raghunatha saw his brother coming, he felt, or appeared to feel, much concern. 'Brother,' he cried, 'have you left Janaki all alone and come here in defiance of my instructions ?

निसिचरनिकर फिरहिं बन माहीं । मम मन सीता आश्रम नाहीं ॥
गहि पद कमल अनुज कर जोरी । कहेउ नाथ कछु मोहि न खोरी ॥

वन में राक्षसों के झुंड फिरते रहते हैं । मेरा मन कहता है कि सीता आश्रम में नहीं हैं । छोटे भाई ने श्रीरामजी के चरणकमलों को पकड़कर हाथ जोड़कर कहा – प्रभो ! इसमें मेरा कुछ भी दोष नहीं ॥२॥

The forest is full of roaming monsters and I suspect Sita is not in the hermitage !' Lakshmana clasped Rama's lotus feet and cried with folded hands, 'Listen, my lord, it is no fault of mine !'

अनुज समेत गए प्रभु तहवाँ । गोदावरि तट आश्रम जहवाँ ॥
आश्रम देखि जानकीहीना । भए बिकल जस प्राकृत दीना ॥

(तब) लक्ष्मणजी के साथ प्रभु श्रीरामजी वहाँ गये जहाँ गोदावरी के तट पर उनका आश्रम बना था । आश्रम को जानकीजी के बिना सूना देखकर श्रीरामजी साधारण मनुष्य की तरह व्याकुल और दीन-दुःखी हो गए ॥३॥

Accompanied by his younger brother, the Lord went to his hermitage on the bank of the Godavari, and when he saw the hermitage bereft of Janaka's daughter, he was as agitated and afflicted as any ordinary mortal.

हा गुनखानि जानकी सीता । रूप सील ब्रत नेम पुनीता ॥
लछिमन समुझाए बहु भाँती । पूछत चले लता तरु पाँती ॥

(और विलाप करने लगे –) हा गुणों की खान जानकी ! हा रूप, शील, व्रत और नियमों से पवित्र सीते ! (तुम कहाँ हो ?) लक्ष्मणजी ने उन्हें बहुत प्रकार से समझाया । तब वे लताओं और वृक्षों की पंक्तियों से पूछते हुए चले – ॥४॥

He wailed, 'Alas ! Janaki, my divinely pure Sita, the very mine of virtues, of such flawless beauty, amiability, austerity and devotion !' Lakshmana comforted him in many ways, but he questioned all the creepers and trees as he went along (in search of her):

हे खग मृग हे मधुकरश्रेनी । तुम्ह देखी सीता मृगनयनी ॥
खंजन सुक कपोत मृग मीना । मधुप निकर कोकिला प्रबीना ॥

हे पशु-पक्षियो ! हे भ्रमर-समूह ! तुमने कहीं मृगलोचनी सीता को देखा है ? खंजन, तोता, कबूतर, हिरन, मछली, भौंरों का समूह, चतुर कोकिला, ॥५॥

'O ye birds and beasts, O ye swarms of bees, have you seen the fawn-eyed Sita ? The wagtails, parrots and pigeons, the deer and fish, the swarming bees and clever cuckoos,

कुंदकलीं दाड़िम दामिनी । कमल सरद ससि अहिभामिनी ॥
बरुनपास मनोजधनु हंसा । गज केहरि निज सुनत प्रसंसा ॥

कुन्दकली, अनार, बिजली, कमल, शरद् ऋतु का चन्द्रमा और नागिनी, वरुण का पाश, कामदेव का धनुष, हंस, गज और सिंह – ये सब आज अपनी-अपनी प्रशंसा सुनते हैं ॥६॥

—the jasmine buds and pomegranates, the lightning flash, the lotus and the autumn moon, the serpent, Varuna's noose, Kama's bow, the swan, the elephant and the lion can now hear themselves praised;

श्रीफल कनक कदलि हरषाहीं । नेकु न संक सकुच मन माहीं ॥
सुनु जानकी तोहि बिनु आजू । हरषे सकल पाइ जनु राजू ॥

बेल, सुवर्ण और केला – ये सब हर्षित हो रहे हैं । इनके मन में तनिक भी शंका और संकोच नहीं है । हे जानकी ! सुनो, तुम्हारे बिना ये सब आज ऐसे प्रसन्न दीखते हैं जैसे इन्होंने (कहीं का) राज्य पा लिया हो ।

(तुम्हारी अपूर्व रूप-सम्पदा के सामने ये अपनी निन्दा सुना करते थे, अब तुम्हारे न रहने पर प्रशंसा सुन रहे हैं।) ॥७॥

—the wood-apple, gold and the plantain rejoice, without any doubt or misgiving in their hearts. Listen, Janaka's daughter ! In your absence today they are all as happy[1] as if they had won a kingdom.

किमि सहि जात अनख तोहि पाहीं। प्रिया बेगि प्रगटसि कस नाहीं॥
एहि बिधि खोजत बिलपत स्वामी। मनहु महा बिरही अति कामी॥

तुमसे इनकी ईर्ष्या (अनख, स्पर्धा) कैसे सही जाती है? हे प्रिये! तुम शीघ्र ही प्रकट क्यों नहीं होतीं? इस प्रकार (श्रीसीताजी के) स्वामी श्रीरामजी विलाप करते हुए सीताजी को खोजते हैं, मानो कोई महाविरही और अत्यन्त विषयासक्त व्यक्ति (अपनी प्रियतमा को खोजता) हो॥८॥

How can you endure such rivalry ? Why do you not haste to reveal yourself quickly, my beloved ?' In this way did the Lord search for her and lament, like a fond lover sore smitten with pangs of separation.

पूरनकाम राम सुखरासी। मनुजचरित कर अज अबिनासी॥
आगे परा गीधपति देखा। सुमिरत रामचरन जिन्ह रेखा॥

पूर्णकाम, सुख की राशि, अजन्मा और अविनाशी श्रीरामजी मनुष्यों के समान चरित्र कर रहे हैं। आगे उन्होंने गृध्रराज जटायु को पड़ा देखा जो उनके (उन) चरणों का स्मरण कर रहा था जिनमें (ध्वजा, कुलिश आदि की) रेखाएँ अंकित थीं॥९॥

Rama, who has no wish unsatisfied. the sum (total) of all bliss, both unborn and immortal, was acting the part of a mortal man. As he went on, he saw the king of the vultures lying, with his thoughts fixed on Rama's feet and the marks (of banner, thunderbolt, etc.) they bore.

दो.—कर सरोज सिर परसेउ कृपासिंधु रघुबीर।
निरखि राम छबिधाम मुख बिगत भई सब पीर॥३०॥

कृपासिंधु श्रीरघुवीर ने अपने कमल-सरीखे हाथों से उसके सिर का स्पर्श किया। शोभाधाम श्रीरामजी के मुख को देखकर उसकी सब पीड़ा जाती रही॥३०॥

Raghubira, the ocean of grace, stroked Jatayu's head with his lotus hands. As the bird gazed on the exquisite beauty of Rama's face, he felt no more pain.

चौ.—तब कह गीध बचन धरि धीरा। सुनहु राम भंजन भवभीरा॥
नाथ दसानन येह गति कीन्ही। तेहि खल जनकसुता हरि लीन्ही॥

तब गीध जटायु ने धीरज धरकर कहा—हे भव (जन्म-मरण) के भय को नष्ट करनेवाले श्रीरामजी! सुनिए। हे नाथ! दशानन रावण ने मेरी यह दशा की है और वही दुष्ट जानकीजी को हर ले गया है!॥१॥

Then the vulture mustered his courage and said, 'Listen, Rama, the dispeller of the dread of transmigration ! Lord, it is the Ten-headed who has reduced me to this plight; it is that same wretch who has carried off Janaka's daughter.

लै दच्छिन दिसि गएउ गोसाईं। बिलपति अति कुररी की नाईं॥
दरस लागि प्रभु राखेउँ प्राना। चलन चहत अब कृपानिधाना॥

हे गोसाईं! वह उन्हें लेकर दक्षिण दिशा की ओर गया है। सीताजी कुररी (क्रौंच, टिटिहरी) की नाईं बहुत विलाप कर रही थीं। हे प्रभो! मैंने आपके दर्शन के लिए ही अपने प्राण रोक रखे थे। हे कृपानिधान! अब ये चलना ही चाहते हैं॥२॥

He took her away, holy sir, towards the south, and she was screaming as piteously as an osprey. I have kept alive, my lord, only to see you, but now, O fountain of mercy, I must breathe my last.

राम कहा तनु राखहु ताता। मुख मुसुकाइ कही तेहि बाता॥
जा कर नाम मरत मुख आवा। अधमौं मुकुत होइ श्रुति गावा॥

श्रीरामजी ने कहा—हे तात! शरीर को न त्यागिए। उसने मुसकराते हुए यह बात कही—मरते समय जिनका नाम मुख पर आ जाने से अधम व्यक्ति भी मुक्त हो जाता है, ऐसा वेद गाते हैं—॥३॥

Said Rama, 'No, friend, you must not die.' But he answered with a smile, 'He by the mention of whose name at the hour of death the vilest sinner wins salvation, so declare the Vedas,

सो मम लोचन गोचर आगें। राखौं देह नाथ केहि खाँगें॥
जल भरि नयन कहहिं रघुराई। तात कर्म निज तें गति पाई॥

वही आप मेरे नेत्रों के विषय होकर सामने उपस्थित हैं। फिर हे नाथ! अब मैं किस कमी (की पूर्ति) के लिए शरीर रखूँ? आँखों में आँसू भरकर श्रीरघुनाथजी कहते हैं—हे तात! आपने अपने कर्मों से ही सद्गति पायी है॥४॥

—is present now in bodily form before my eyes. What purpose, Lord, will my body serve when there is nothing more to desire ?' With his eyes full of tears Raghunatha replied, 'It is your own meritorious deeds, friend, that have brought you salvation.

1. The reason is that they no longer have a rival to fear. Poets will not now compare Sita's features and limbs to the objects here mentioned.

परहित बस जिन्ह के मन माहीं। तिन्ह कहुँ जग दुर्लभ कछु नाहीं ॥
तनु तजि तात जाहु मम धामा। देउँ काह तुम्ह पूरनकामा ॥

जिन लोगों के मन में परोपकार बसता है (जो दूसरों की भलाई करते हैं), उनके लिए संसार में कुछ भी दुर्लभ नहीं है। हे तात! शरीर त्यागकर आप मेरे परमधाम को जाइए। मैं आपको क्या दूँ? आप तो (स्वयं) पूर्णकाम हैं (सब-कुछ पा चुके हैं) ॥५॥

There is nothing in the world beyond the reach of those who have others' interests at heart. Casting off your body, friend, ascend now to my realm. What more shall I give you, when you have all you desire ?

दो. –सीताहरन तात जनि कहहु पिता सन जाइ।
जौ मैं रामु त कुल सहित कहिहि दसानन आइ ॥३१॥

हे तात! सीताहरण की बात आप (स्वर्ग) जाकर पिताजी से न कहिएगा। यदि मैं राम हूँ तो अपने कुटुम्बियों सहित दशमुख रावण ही वहाँ आकर कहेगा ॥३१॥

But on reaching there, friend, say nothing to my father about Sita's abduction. If I am no other than Rama (if I am what I am), the Ten-headed himself and all his house will come and tell him of it.

चौ. –गीध देह तजि धरि हरिरूपा। भूषन बहु पट पीत अनूपा ॥
स्याम गात बिसाल भुज चारी। अस्तुति करत नयन भरि बारी ॥

जटायु ने देह त्यागकर हरि का रूप धारण कर लिया और बहुत-से अनुपम आभूषण और पीताम्बर पहन लिए। साँवला शरीर है, चार विशाल भुजाएँ हैं और नेत्रों में प्रेमाश्रु भरकर वह स्तुति कर रहा है– ॥१॥

Dropping his vulture body, he put on Hari's own form, bedecked with many jewels and clad in a yellow attire of matchless splendour, and possessed of a dark-hued body and four long arms; and with his eyes full of tears he chanted this hymn of praise:

छं. –जय राम रूप अनूप निर्गुन सगुन गुनप्रेरक सही।
दससीसबाहु प्रचंड खंडन चंड सर मंडन मही ॥
पाथोद गात सरोज मुख राजीव आयत लोचनं।
नित नौमि राम कृपाल बाहु बिसाल भव भय मोचनं ॥१॥

हे राम! आपकी जय हो! आपका रूप उपमा-रहित है; आप निर्गुण तथा सगुण हैं और सत्य ही गुणों के प्रेरक (प्रयोजक, कारण) हैं। दस सिरवाले रावण की प्रबल भुजाओं के खण्डन के लिए तीक्ष्ण बाण धारण करनेवाले, पृथ्वी के भूषणरूप, जल से भरे हुए श्याम मेघ के समान शरीरवाले, कमल के समान मुख और लाल कमल के समान विशाल नेत्रोंवाले, विशाल भुजाओंवाले और भव-भय से मुक्त करनेवाले कृपालु श्रीरामजी को मैं नित्य प्रणाम करता हूँ– ॥१॥

'Glory to Rama of incomparable beauty, who is impersonal and personal, the true master of all modes of material nature ! His fierce arrows are potent enough to shatter the mighty arms of the Ten-headed ! I unceasingly worship the all-merciful Rama, the ornament of the earth, who is endowed with a form dark as the rain-burdened cloud, whose face is like the blue lotus, whose large eyes resemble the red lotus. Possessed of long arms, he rids his devotees of the dread of birth and death !

बलमप्रमेयमनादिमजमव्यक्तमेकमगोचरं।
गोबिंद गोपर द्वंद्वहर बिज्ञानघन धरनीधरं ॥
जो राममंत्र जपंत संत अनंत जन मन रंजनं।
नित नौमि राम अकाम प्रिय कामादि खल दल गंजनं ॥२॥

आप अपार बलवाले हैं; अनादि, अजन्मा, अदृश्य, एक (अद्वितीय) अगोचर, गोविन्द, इन्द्रियों से परे, जन्म-मरण, हर्ष-शोकादि द्वन्द्वों को हरनेवाले, विज्ञान की घन-मूर्ति और पृथ्वी को धारण करनेवाले हैं तथा जो संत राम-मन्त्र को जपते हैं, उन असंख्य सेवकों के चित्त को आनन्द देनेवाले हैं। उन निष्कामप्रिय तथा काम आदि दुष्ट वृत्तियों के दल का दलन करनेवाले श्रीरामजी को मैं नित्य नमस्कार करता हूँ– ॥२॥

Him I ever worship who is of immeasurable might, beginningless and unborn, unmanifest, (situated as) one, beyond perception, Govinda (the object of all pleasures for the cows and for the senses), who transcends all senses and destroys the duality of opposites (such as happiness and distress), the sum of mystic wisdom, the supporter of the earth and a delight to the souls of countless saints and servants who repeat the spell of Rama's name; I ever reverence Rama, the adorer of the desireless, the vanquisher of Lust and his brood.

जेहि श्रुति निरंजन ब्रह्म ब्यापक बिरज अज कहि गावहीं।
करि ध्यान ग्यान बिराग जोग अनेक मुनि जेहि पावहीं ॥
सो प्रगट करुनाकंद सोभाबृंद अग जग मोहई।
मम हृदय पंकज भृंग अंग अनंग बहु छबि सोहई ॥३॥

जिन्हें वेद निर्दोष[१], ब्रह्म, व्यापक, विरक्त और जन्मरहित कहकर गान करते हैं, जिन्हें मुनि लोग ध्यान, ज्ञान, वैराग्य और योग आदि अनेक साधनों द्वारा प्राप्त करते हैं, वे ही करुणाकन्द, शोभा के समूह स्वयं प्रकट होकर स्थावर-जंगम समस्त जगत् को मोहित कर रहे हैं। वे ही मेरे हृदयरूपी कमल के लिए भ्रमररूप हैं और उनके अंग-अंग में असंख्य कामदेवों की सुन्दरता विराजमान है–(इस समय करुणा की वर्षा हो रही है। रामावतार ही करुणावतार है। इससे और भी सुभीता है।

१. निरंजन=अंजनरहित, निर्दोष, अज्ञान से रहित।

भयानक रूप से प्रकट होते तो लोग घबराते। यहाँ तो सुन्दरता से संसार को मोहित कर रहे हैं। जटायुजी कहते हैं कि कहाँ तक करुणा कही जाय। मेरे हृदयकमल के भृङ्ग हो रहे हैं। अंग-अंग पर अनेक कामों की शोभा हो रही है।)[1] ॥३॥

He whom the Vedas hymn as pure (free from the taint of delusion), the Absolute, all-pervading, passionless and unborn; he to whom the sages attain by meditation, knowledge, dispassion and unswerving discipline (*yoga*), that fountain of mercy has become manifest as the very incarnation of beauty and enraptures all creation, animate and inanimate. He is the bee that dwells in the lotus of my heart and in his limbs glows the splendour of many a god of love.

जो अगम सुगम सुभाव निर्मल असम सम सीतल सदा।
पस्यंति जं जोगी जतनु करि करत मन गो बस जदा॥
सो राम रमानिवास संतत दासबस त्रिभुवनधनी।
मम उर बसउ सो समन संसृति जासु कीरति पावनी॥४॥

जो अगम, सुगम और निर्मलस्वभाव हैं, विषम तथा सम हैं और सदा शान्त हैं; मन और इन्द्रियों को सदा वश में करते हुए योगी बहुत यत्न करने पर जिन्हें देख पाते हैं, वे त्रिभुवन के स्वामी, लक्ष्मीनिवास श्रीरामजी सदैव अपने दासों के वश में रहते हैं। जिनकी पवित्र कीर्ति संसार के दुःखों का नाश करनेवाली है, वे ही मेरे हृदय में बसें! ॥४॥

May he who is at once inaccessible and accessible, who has a guileless disposition and is both partial and impartial and ever tranquil, whom the ascetics perceive when, ever subduing their minds and senses, they make untiring efforts, even that Rama, the ruler of the three worlds, Lakshmi's lord, ever subject to his votaries, whose holy renown destroys all worldly suffering, dwell in my heart!'

दो. –अबिरल भगति मागि बर गीध गएउ हरिधाम।
तेहि कइ क्रिया जथोचित निज कर कीन्ही राम॥३२॥

निरंतर भक्ति का वरदान माँगकर गृध्रराज जटायु श्रीविष्णुजी के धाम को चला गया। उसका यथोचित क्रियाकर्म (दाहकर्म आदि) श्रीरामचन्द्रजी ने अपने हाथों से किया॥३२॥

Asking for the boon of uninterrupted devotion, the vulture (Jatayu) ascended to Hari's realm. With his own hands Rama performed his obsequies with all due ceremony.

चौ. –कोमल चित अति दीनदयाला। कारन बिनु रघुनाथ कृपाला॥
गीध अधम खग आमिषभोगी। गति दीन्ही जो जाचत जोगी॥

प्रभु रामचन्द्रजी अत्यन्त कोमल चित्तवाले, दीनों पर दया करनेवाले और बिना कारण कृपालु हैं। (देखिए,) गीध (पक्षियों में) अधम पक्षी और मांसाहारी था, उसको भी उन्होंने वही दुर्लभ गति दी जिसके लिए योगी प्रार्थना करते रहते हैं॥१॥

The most tender-hearted Rama, who is compassionate to the humble and unaccountably gracious, bestowed upon a vulture, a vile carnivorous bird, that salvation which is solicited even by ascetics.

सुनहु उमा ते लोग अभागी। हरि तजि होहिं बिषय अनुरागी॥
पुनि सीतहि खोजत द्वौ भाई। चले बिलोकत बन बहुताई॥

(शंकरजी कहते हैं –) हे पार्वती! सुनो, वे लोग (सचमुच) अभागे हैं जो श्रीहरि को त्यागकर विषयों से प्रेम करते हैं! फिर दोनों भाई सीताजी को खोजने के लिए आगे बढ़े। वे वन की 'बहुताई' (अधिकता, सघनता) भी देखते जाते हैं॥२॥

Listen, Uma; the most unblessed of men are they who abandon Hari and become attached to carnal pleasures. The two brothers proceeded further in their search for Sita and marked the thickening of the forest even as they went.

संकुल लता बिटप घन कानन। बहु खग मृग तहँ गज पंचानन॥
आवत पंथ कबंध निपाता। तेहि सब कही श्राप कै बाता॥

लताओं और वृक्षों से भरा वह वन सघन है। उसमें बहुत-से पक्षी, मृग, हाथी और सिंह रहते हैं। श्रीरामजी ने रास्ते में आते हुए कबंध नामक राक्षस को मार डाला। उसने शाप की सारी बातें कह सुनायीं॥३॥

The thicket was full of creepers and trees and swarmed with birds and beasts, elephants and lions. As he went on his way, Rama overthrew the demon Kabandha, who told him the whole story of the curse pronounced on him:

दुर्बासा मोहि दीन्ही श्रापा। प्रभुपद देखि मिटा सो पापा॥
सुनु गंधर्ब कहौं मैं तोही। मोहि न सोहाइ ब्रह्मकुल द्रोही॥

(उसने कहा –) दुर्वासाजी ने मुझे शाप दिया था। अब वह पाप प्रभु के चरणों को देखने से मिट गया। (श्रीरामजी ने कहा –) हे गन्धर्व! जो मैं तुम्हें कहता हूँ उसे सुनो। ब्राह्मणकुल का शत्रु मुझे नहीं सुहाता॥४॥

'The sage Durvasa cursed me, but at the sight of the Lord's feet my sin has been blotted out.' 'Listen, Gandharva, to what I tell you,' said Rama; 'those who are hostile to Brahmans are displeasing to me.

दो. –मन क्रम बचन कपट तजि जो कर भूसुरसेव।
मोहि समेत बिरंचि सिव बस ताकें सब देव॥३३॥

१. विजया टीका, २, पृ. ८९०।

जो निष्कपट हो मन, वचन और कर्म से पृथ्वी के देवता ब्राह्मणों की सेवा करता है, मुझ-समेत ब्रह्मा, शिव आदि सब देवता उसके वश में हो जाते हैं ॥३३॥

He who in thought and word and deed does guileless service to the Brahmans, the very gods on earth, wins over Brahma, Shiva, myself and all other divinities.

चौ. –श्रापत ताड़त परुष कहंता । बिप्र पूज्य अस गावहिं संता ॥
पूजिअ बिप्र सील गुन हीना । सूद्र न गुनगन ग्यान प्रबीना ॥

संत ऐसा कहते हैं कि शाप देता हुआ, मारता हुआ और कठोर वचन कहता हुआ भी ब्राह्मण (सर्वथा) पूज्य है । शील और गुण से रहित ब्राह्मण भी पूजने योग्य है । परन्तु गुणगणों से युक्त और ज्ञान में प्रवीण होने पर भी शूद्र पूजनीय नहीं ॥१॥

A Brahman, even though he curse you and beat you and use harsh words to you, is still an object of reverence—so say the saints. A Brahman must be revered though he be devoid of amiability and virtue; not so a Shudra, however distinguished for all virtue and learning.'

कहि निज धर्म ताहि समुझावा । निज पद प्रीति देखि मन भावा ॥
रघुपतिचरन कमल सिरु नाई । गएउ गगन आपनि गति पाई ॥

श्रीरामजी ने अपना धर्म (ब्राह्मण-भक्ति) कहकर उसे समझाया और जब उन्होंने अपने चरणों में उसकी भक्ति देखी तब वह उनके मन को प्रिय लगा । तदनन्तर श्रीरघुनाथजी के चरणकमलों में सिर नवाकर वह अपनी गति (गन्धर्व-रूप) पाकर आकाश में चला गया ॥२॥

The Lord instructed Kabandha in his doctrine (of faith) and was pleased to see his devotion to his feet. Having regained his proper form (that of a Gandharva), he bowed his head before the lotus feet of Raghunatha and ascended to heaven.

ताहि देइ गति रामु उदारा । सबरी कें आश्रम पगु धारा ॥
सबरी देखि रामु गृह आए । मुनि के बचन समुझि जिय भाए ॥

उसे गति देकर उदार श्रीरामजी शबरी के आश्रम में पधारे । श्रीरामजी को घर में आया देख शबरी को मुनिवर (मतङ्गजी) के वचन याद आ गए और वह प्रसन्न हो गई ॥३॥

When the beneficent Rama had granted him salvation, he repaired to the hermitage of Shabari. When she saw that Rama had come to her abode, she recalled the words of the sage (Matanga) and was glad.

सरसिज लोचन बाहु बिसाला । जटा मुकुट सिर उर बनमाला ॥
स्याम गौर सुंदर द्वौ भाई । सबरी परी चरन लपटाई ॥

कमल के समान नेत्र और लम्बी भुजाओंवाले, सिर पर जटाओं का मुकुट और वक्षःस्थल पर वनमाला धारण किये हुए साँवले और गोरे दोनों सुन्दर भाइयों के चरणों में शबरी लिपट गई ॥४॥

With lotus eyes, long arms, a crown of knotted hair adorning their heads and garlands of forest flowers hanging upon their breasts, the two brothers looked exquisitely charming—the one dark of hue and the other fair. Shabari fell prostrate and embraced their feet.

प्रेममगन मुख बचनु न आवा । पुनि पुनि पद सरोज सिरु नावा ॥
सादर जल लै चरन पखारे । पुनि सुंदर आसन बैठारे ॥

वह (प्रभु के) प्रेम में ऐसी मग्न हो गई कि उसके मुख से वचन नहीं निकलता । वह बार-बार उनके चरणकमलों में सिर नवाती है, फिर जल लेकर आदरपूर्वक दोनों भाइयों के चरण धोकर उन्हें सुन्दर आसनों पर बिठाती है ॥५॥

She was so drowned in love that no words came to her lips, but again and again bowed her head before their lotus feet. She brought some water and reverently washed their feet and finally conducted them to seats of honour.

दो. –कंद मूल फल सुरस अति दिए राम कहुँ आनि ।
प्रेम सहित प्रभु खाए बारंबार बखानि ॥३४॥

शबरी ने बहुत ही रसीले और स्वादिष्ट कन्द, मूल और फल लाकर श्रीरामजी को दिये । प्रभु ने बार-बार सराहना करके उन्हें प्रेमपूर्वक खाया ॥३४॥

She brought and offered to Rama the most delicious bulbs and roots and fruits, and the Lord lovingly partook of them, again and again praising the savoury repast.

चौ. –पानि जोरि आगे भइ ठाढ़ी । प्रभुहि बिलोकि प्रीति अति बाढ़ी ॥
केहि बिधि अस्तुति करउँ तुम्हारी । अधम जाति मैं जड़मति भारी ॥

(तदनंतर) वह हाथ जोड़कर आगे खड़ी हो गई । प्रभु को देखकर उसकी प्रीति-भक्ति अत्यन्त बढ़ गई । (उसने कहा —) मैं किस तरह आपकी स्तुति करूँ ? मैं जाति की नीच और भारी जड़बुद्धि हूँ ॥१॥

She stood with folded hands before him; and as she gazed upon the Lord, her love grew yet more ardent. 'How can I hymn your praises ?' she said. 'I am a woman of mean descent and of dullest wit;

अधम तें अधम अधम अति नारी । तिन्ह महँ मैं अति मंद अघारी ॥
कह रघुपति सुनु भामिनि बाता । मानौं एक भगति कर नाता ॥

जो नीच से भी नीच हैं, स्त्रियाँ उनमें भी अत्यन्त नीच-निकृष्ट हैं; और

उनमें भी हे पापनाशक ! मैं जड़बुद्धि हूँ । श्रीरामजी ने कहा – हे भामिनि ! मेरी बात सुन, मैं तो केवल एक भक्ति का ही नाता मानता हूँ ॥२॥

—of those who are the lowest of the low, women are lower still; of women again I am the most dull-headed, O destroyer of sin !' 'Listen, lady, to my words,' said Rama; 'I recognize no relationship except that of faith.

जाति पाँति कुल धर्म बड़ाई । धन बल परिजन गुन चतुराई ॥
भगतिहीन नर सोहै कैसा । बिनु जल बारिद देखिअ जैसा ॥

जात-पाँत, कुल और धर्म, बड़ाई, धन, बल, कुटुम्ब, गुण और बुद्धिमत्ता – इन सबके होने पर भी भक्ति से रहित मनुष्य वैसा ही दीखता है जैसा जलहीन बादल ॥३॥

Despite caste, kinship, lineage, piety reputation, wealth, power, connections, accomplishments and ability, a man without faith is of no more account than a cloud without water.

नवधा भगति कहौं तोहि पाहीं । सावधान सुनि धरु मन माहीं ॥
प्रथम भगति संतन्ह कर संगा । दूसरि रति मम कथा प्रसंगा ॥

अब मैं तुझसे अपनी नवधा भक्ति[1] कहता हूँ । तू सावधान होकर उसे सुन और अपने मन में धारण कर । पहली भक्ति है संतों का सत्सङ्ग, दूसरी मेरी कथा-वार्ता में प्रेम ॥४॥

Now I tell you the nine types (or stages) of devotion; listen attentively and lay them up in your mind. The first in order is fellowship with the saints; and the second, fondness for the legends relating to me.

दो. –गुरपद पंकज सेवा तीसरि भगति अमान ।
चौथि भगति मम गुनगन करइ कपट तजि गान ॥३५॥

तीसरी भक्ति है अभिमान त्यागकर गुरु के चरणकमलों की सेवा और चौथी है, कपट छोड़कर मेरे गुणसमूहों का गान ॥३५॥

The third is selfless service to the lotus feet of the *guru*; the fourth consists in the hymning of all my virtues with a guileless heart.

चौ. –मंत्र जाप मम दृढ़ बिस्वासा । पंचम भजनु सो बेद प्रकासा ॥
छठ दम सील बिरति बहु कर्मा । निरत निरंतर सज्जनधर्मा ॥

पाँचवीं भक्ति है मेरे मन्त्र का[2] जाप और मुझमें दृढ़ विश्वास, जो (भक्ति) वेदों में प्रसिद्ध है । छठी भक्ति है इन्द्रियों का निग्रह, शील, बहुत से कर्मों से विरक्ति और निरन्तर संतपुरुषों के योग्य धर्माचरण में तत्परता ॥१॥

The repetition of my mystic Name with steadfast faith constitutes the fifth form of adoration revealed in the Vedas; the sixth consists in the practice of self-governance and virtue and detachment from manifold activities, with ceaseless pursuit of the course of conduct prescribed for the good.

सातवँ सम मोहि मय जग देखा । मो तें संत अधिक करि लेखा ॥
आठवँ जथालाभ संतोषा । सपनेहु नहि देखइ परदोषा ॥

सातवीं भक्ति है सारे जगत् को समान भाव से राममय देखना और संतों को मुझसे भी अधिक समझना । आठवीं भक्ति यह है कि जो कुछ मिल जाय उसी में संतुष्ट रहना और सपने में भी पराये दोषों को ध्यान में न लाना ॥२॥

He who practises the seventh type sees the entire world equally instinct with me and regards the saints as greater even than myself. He who cultivates the eighth type is content with whatever he has and never dreams of spying out faults in others.

नवम सरल सब सन छलहीना । मम भरोस हिय हरष न दीना ॥
नव महु एकौ जिन्ह कें होई । नारि पुरुष सचराचर कोई ॥

नवीं भक्ति है सबके साथ सरल और कपटरहित व्यवहार करना, हृदय में मेरा भरोसा रखना और हर्ष-विषाद को न लाना । इन नौ भक्तियों में (जिसके हृदय में) एक भी भक्ति होती है – चाहे वह स्त्री-पुरुष हो या जड़-चेतन – ॥३॥

The ninth form of devotion demands that one should be simple and undesigning in one's dealings with all and should in his heart cherish implicit faith in me without either exultation or depression. Whoever practises any of these—man or woman, animate or inanimate—

सोइ अतिसय भामिनि प्रिय मोरें । सकल प्रकार भगति दृढ़ तोरें ॥
जोगिबृंद दुर्लभ गति जोई । तो कहुँ आजु सुलभ भइ सोई ॥

हे भामिनि ! वही मुझे अत्यन्त प्रिय है । फिर तुझमें तो इन सभी प्रकार की[1] भक्तियाँ गाढ़-पुष्ट हो चुकी हैं । इस कारण जो गति योगियों को भी दुर्लभ है, वही आज तुम्हारे लिए सुलभ हो गई ॥४॥

—is, O lady, very dear to me; and you have them all in the highest degree. The blessed state which

---

१. नौ प्रकार की या नौ प्रकार से की जानेवाली भक्ति – श्रवण, कीर्तन, स्मरण, पाद-सेवन, अर्चन, वंदन, दास्य, सख्य और आत्मनिवेदन ।

२. राम-मन्त्र का ।

१. नवधा, प्रेमा, परा आदि ।

ascetics scarcely attain is today within your easy reach.

मम दरसन फल परम अनूपा । जीव पाव निज सहज सरूपा ॥
जनकसुता कइ सुधि भामिनी । जानहि कहँ करिबरगामिनी ॥

मेरे दर्शन का फल परम अनुपम है; उससे जीव अपने सहज स्वरूप (कैवल्य पद) को प्राप्त हो जाता है । हे भामिनि ! अब यदि तुम गजगामिनि जानकी का कुछ समाचार जानती हो तो बताओ ॥५॥

The most incomparable reward of seeing me is that the individual soul attains to its own original state. But tell me, lady, have you any news of that lady blessed with a graceful, carefree gait—Janaka's daughter ?'

पंपा सरहि जाहु रघुराई । तहँ होइहि सुग्रीवमिताई ॥
सो सब कहिहि देव रघुबीरा । जानतहूँ पूछहु मतिधीरा ॥

(शबरी ने कहा –) हे रघुनाथजी ! आप पंपा नामक सरोवर पर जाइए । वहाँ सुग्रीव से आपकी मित्रता होगी । हे देव ! हे रघुवीर ! वह सब समाचार कहेगा । हे धीरबुद्धि ! आप सब-कुछ जानते हुए भी (मुझसे) पूछते हैं ! ॥६॥

'Go to Lake Pampa, O Raghunatha,' said Shabari; there you will make friends with Sugriva. He will tell you all, divine Raghubira. Though you know everything, yet you ask me, O steadfast of soul !'

बार बार प्रभुपद सिरु नाई । प्रेम सहित सब कथा सुनाई ॥

फिर बार-बार प्रभु के चरणों में सिर नवाकर, प्रेमपूर्वक उसने सब कथा कह सुनायी ॥७॥

Bowing her head before the Lord's feet again and again, she lovingly related the whole story (of what the sage Matanga had told her and how eagerly she had waited for his approach all the time).

छं. –कहि कथा सकल बिलोकि हरिमुख हृदय पद पंकज धरे ।
तजि जोगपावक देह हरिपद लीन भै जहँ नहि फिरे ॥
नर बिबिध कर्म अधर्म बहु मत सोकप्रद सब त्यागहू ।
बिस्वास करि कह दास तुलसी रामपद अनुरागहू ॥

सारी कथा कहकर भगवान् के मुख के दर्शन कर शबरी ने हृदय में उनके चरणकमलों को धारण कर लिया और योगाग्नि से देह को त्यागकर वह उस हरिपद में लीन हो गयी जहाँ से कोई (जीव) फिर नहीं लौटता । तुलसीदासजी कहते हैं कि हे मनुष्यो ! अनेक प्रकार के कर्म, अधर्म और मत-मतांतर – इन सबको त्यागो, (क्योंकि) ये सब शोक देनेवाले हैं; विश्वास करके श्रीरामजी के चरणों में अनुराग करो !

After repeating the whole story of her life, she gazed on the Lord's face and imprinted the image of his lotus feet on her heart; and relinquishing her body in the fire of yoga (the sacrificial fire), she became absorbed in Hari's beatific state beyond return. 'O men,' says Tulasidasa, 'abandon your varied activities, sins and your many creeds, which yield only sorrow, and in full confidence be devoted to the feet of Rama.'

दो. –जातिहीन अघ जन्ममहि मुक्त कीन्हि असि नारि ।
महामंद मन सुख चहसि ऐसे प्रभुहि बिसारि ॥३६॥

जो जाति की नीच और पापों की जन्मभूमि थी, ऐसी स्त्री को भी जिन्होंने भवबंधन से छुड़ा दिया, अरे महादुर्बुद्धि मन ! तू ऐसे स्वामी को भुलाकर सुख चाहता है ? ॥३६॥

The Lord conferred final beatitude on a woman like Shabari, of such low descent and so altogether born in sin. O exceedingly stupid soul ! Do you expect happiness, though you have forgotten such a Lord ?

चौ. –चले रामु त्यागा बन सोऊ । अतुलित बन नरकेहरि दोऊ ॥
बिरही इव प्रभु करत बिषादा । कहत कथा अनेक संबादा ॥

श्रीरामचन्द्रजी ने उस वन को भी त्याग दिया और वे आगे चले । दोनों भाई अतुल बलशाली और मनुष्यों में सिंहरूप हैं । प्रभु विरही की नाईं विषाद करते हुए अनेक (करुण रस और विरह-विप्रलंभ की) कथाएँ और संवाद कहते हैं – ॥१॥

Rama left that forest and went on his way, he and his brother, both lions among men, possessed of immeasurable strength. The Lord lamented like one bereaved of his love and discoursed in various legends instinct with pathos :

लछिमन देखु बिपिन कइ सोभा । देखत केहि कर मन नहि छोभा ॥
नारि सहित सब खग मृग बृंदा । मानहु मोरि करत हहिं निंदा ॥

हे लक्ष्मण ! वन की शोभा तो देखो ! इसे देखते ही किसका मन क्षुब्ध नहीं होगा ? पक्षी और पशुओं के समूह सभी अपनी-अपनी स्त्रियों के साथ हैं, मानो वे मेरी निन्दा कर रहे हैं (कि यदि तुम भी अपनी पत्नी को साथ लिये रहते तो आज रोना क्यों पड़ता ?) ॥२॥

'Lakshmana, mark the beauty of the forest; whose heart will not be moved to see it ? United with their mates, all the birds and beasts seem to be reproaching me.

हमहि देखि मृगनिकर पराहीं । मृगीं कहहिं तुम्ह कहँ भय नाहीं ॥
तुम्ह आनंद करहु मृगजाए । कंचनमृग खोजन ए आए ॥

हमें देखकर जब हिरनों के झुंड भागने लगते हैं तब हिरनियाँ उनसे कहती हैं – तुम्हें कुछ डर नहीं है । साधारण हिरनों से पैदा हुए तुम लोग खुशियाँ

मनाओ, आनन्द करो। ये तो कंचनमृग को खोजने आये हैं। (अतः सोने के हिरनों को डरना चाहिए, तुम्हें नहीं।) ॥३॥

When the herds of deer see me and scamper away (in fear), their does stop them, saying, "You have nothing to fear; you may enjoy yourselves at will, for you are deer by birth; it is only a golden deer that they have come to look for !"

संग लाइ करिनी करि लेहीं। मानहु मोहि सिखावनु देहीं॥
सास्त्र सुचिंतित पुनि पुनि देखिअ। भूप सुसेवित बस नहि लेखिअ॥

हाथी हथिनियों को अपने साथ लगा लेते हैं और वे मानो मुझे यह शिक्षा देते हैं (कि स्त्री को कभी अकेली नहीं छोड़ना चाहिए)। भलीभाँति मनन किये हुए शास्त्र को भी निरंतर देखते रहना चाहिए। अच्छी तरह सेवा किये हुए राजा को भी वश में नहीं समझना चाहिए ॥४॥

The elephants keep their cow elephants close beside them, as if to teach me a lesson (that a man should never leave his wife alone): "The scriptures, however thoroughly studied, must be read over and over again; a king, however well served, should never be regarded as subject to one's influence;

राखिअ नारि जदपि उर माहीं। जुवती सास्त्र नृपति बस नाहीं॥
देखहु तात बसंत सुहावा। प्रियाहीन मोहि भय उपजावा॥

और स्त्री को चाहे हृदय में ही क्यों न रखा जाय, परंतु युवती स्त्री, शास्त्र और राजा – ये किसी के वश में नहीं रहते। हे तात! इस सुहावने वसन्त को तो देखो, प्रिया के बिना मुझमें यह भय उत्पन्न कर रहा है ॥५॥

—and though one cherish a wife in one's bosom, a young woman can no more be ruled by another's will than the scriptures or a king." See, brother, how pleasant the spring is, but to me, bereft of my beloved, it is frightful indeed.

दो. –बिरहबिकल बलहीन मोहि जानेसि निपट अकेल।
सहित बिपिन मधुकर खग मदन कीन्हि बगमेल ॥३७(क)॥

(प्रिया के) विरह में मुझे व्याकुल, निर्बल और नितांत अकेला जानकर कामदेव ने वन, भौंरों और पक्षियों (की सेना) को साथ लेकर मुझपर धावा बोल दिया है[१] ॥३७(क)॥

Kamadeva, finding me distressed by separation, languishing and all alone, has made a raid on me with the verdant forest, the bees and the birds.

देखि गएउ भ्राता सहित तासु दूत सुनि बात।
डेरा दीन्हेउ मनहु तब कटकु हटकि मनजात ॥३७(ख)॥

परंतु जब उसका दूत (पवन) यह देख गया कि मैं भाई के साथ हूँ, तब उसकी बात सुनकर कामदेव ने मानो (अपनी सुसज्जित) सेना को रोककर डेरा डाल दिया है ॥३७(ख)॥

But his spy (the wind) has seen me with my brother and on his report the mind-born Cupid has, as it were, held up his advancing army and pitched his camp.

चौ. –बिटप बिसाल लता अरुझानी। बिबिध बितान दिए जनु तानी॥
कदलि ताल बर ध्वजा पताका। देखि न मोह धीर मन जाका॥

विशाल वृक्षों से उलझी हुई लताएँ ऐसी मालूम होती हैं मानो भाँति-भाँति के तंबू तान दिये गए हैं। केले और ताड़ के वृक्ष सुन्दर ध्वजा-पताका (के समान) हैं। इन्हें देखकर वही मोहित नहीं होता जिसका मन धीर-गंभीर है ॥१॥

The creepers entwining round the spreading trees seem like so many pavilions that he has spread; the plantains and palms are his stately pennons and standards, that none but the boldest could see without amazement;

बिबिध भाँति फूले तरु नाना। जनु बानैत बने बहु बाना॥
कहुँ कहुँ सुंदर बिटप सुहाए। जनु भट बिलग बिलग होइ छाए॥

भाँति-भाँति के वृक्ष नाना प्रकार से फल-फूल रहे हैं, मानो वे अलग-अलग वर्दी धारण किये हुए बहुत-से तीरंदाज हों। कहीं-कहीं सुन्दर वृक्ष शोभायमान हैं, मानो वे योद्धा लोग हैं जो (सेना से) अलग-अलग होकर डेरा डाले हों ॥२॥

—and trees of every description are adorned with varied flowers, like archers arrayed in all their various kinds of panoply; here and there stand the magnificent forest-trees, looking like the several encampments of warrior chiefs.

कूजत पिक मानहु गज माते। ढेक महोख ऊँट बेसरा ते॥
मोर चकोर कीर बर बाजी। पारावत मराल सब ताजी॥

कोयलें कूज रही हैं, वे ही मानो मतवाले हाथी (चिंघाड़ते) हैं। ढेक और महोख (पक्षी) मानो ऊँट और खच्चर हैं। मोर, चकोर, तोते, कबूतर और हंस.– ये सब मानो श्रेष्ठ अरबी घोड़े हैं ॥३॥

The koels' voices are like the trumpeting of his infuriated elephants; the cranes and rooks are his camels and mules; the peacocks, partridges and parrots are his noble war horses; the pigeons and swans his Arab steeds;

तीतिर लावक पदचरजूथा। बरनि न जाइ मनोजबरूथा॥
रथ गिरिसिला दुंदुभी झरना। चातक बंदी गुनगन बरना॥

१. वन की शोभा, भौंरों का गुंजन और पक्षियों की बोली एवं रूप-रंग की शोभा विरह को अधिक उद्दीप्त कर देती है। इसलिए इन्हें लेकर काम की चढ़ाई करना कहते हैं।

तीतर और बटेर (मानो) पैदल सिपाहियों के समूह हैं । (वस्तुतः) कामदेव की सेना का वर्णन नहीं किया जा सकता । पर्वतों की शिलाएँ रथ और जल के झरने नगाड़े हैं, पपीहे गुणसमूहों का गान करनेवाले वंदीजन हैं ॥४॥

—the sand-grouse and quails are his foot soldiers; but no tongue can describe the whole of Love's host; the mountain rocks are his chariots; the rills his kettledrums; the pied cuckoos the bards that chant his virtues;

मधुकर मुखर भेरि सहनाई । त्रिबिध बयारि बसीठीं आई ॥
चतुरंगिनी सेन सँग लीन्हे । बिचरत सबहि चुनौती दीन्हे ॥

भौंरों का गुंजन (ही जैसे इस सेना की) भेरी और शहनाई है । शीतल, मन्द और सुगन्धित हवा मानो दूत बनकर आयी है । (ऐसी) चतुरङ्गिणी सेना को साथ लिये कामदेव मानो सबको चुनौती देता हुआ (वन में) विचर रहा है ॥५॥

—the buzzing bees are his trumpets and clarionets; the winds, soft, cool and fragrant, are his ambassadors. Thus with his army complete in all its four limbs (viz., the horse, the foot, the chariots and the elephants), he goes about challenging all to battle.

लछिमन देखत काम अनीका । रहहिं धीर तिन्ह कै जग लीका ॥
एहि के एक परम बल नारी । तेहि तें उबर सुभट सोइ भारी ॥

हे लक्ष्मण ! कामदेव की इस (विशाल चतुरङ्गिणी) सेना को देखकर भी जो स्थिरचित्त बने रहते हैं, विश्व में उन्हींकी प्रतिष्ठा होती है । स्त्री इस कामदेव का बड़ा भारी बल है । जो उससे बच जाय, वही परम योद्धा है ॥६॥

O Lakshmana, they who stand firm even at the sight of Cupid's battle-array are men of distinction in this world. His greatest strength lies in woman; he who can escape her toils is indeed a mighty champion !

दो. —तात तीनि अति प्रबल खल काम क्रोध अरु लोभ ।
मुनि बिग्यानधाम मन करहिं निमिष महु छोभ ॥३८(क)॥

हे तात ! काम, क्रोध और लोभ — ये तीनों बड़े प्रबल दुष्ट हैं । विज्ञान के धाम मुनियों के मन को भी निमिष-मात्र में (पलभर में) ये क्षुब्ध कर देते हैं ॥३८(क)॥

Brother, there are three evils most formidable of all—lust, wrath and greed. In an instant they agitate the souls of sages that are the very repositories of wisdom.

लोभ कें इच्छा दंभ बल काम के केवल नारि ।
क्रोध कें परुष बचन बल मुनिबर कहहिं बिचारि ॥३८(ख)॥

श्रेष्ठ मुनियों ने विचारकर कहा है कि यदि लोभ को इच्छा और दम्भ का बल है तो काम को केवल स्त्री का और क्रोध को केवल कठोर वचनों का बल ॥३८(ख)॥

The power of greed lies in desire and vanity, of lust in nothing but woman; the power of wrath lies in harsh speech; so declare the great sages after deep thought.'

चौ. —गुन अतीत सचराचर स्वामी । रामु उमा सब अंतरजामी ॥
कामिन्ह कै दीनता देखाई । धीरन्ह कें मन बिरति दृढ़ाई ॥

शिवजी कहते हैं कि हे उमा ! श्रीरामचन्द्रजी तीनों गुणों से (सत्त्व, रज और तम से) परे हैं, वे चराचर जगत् के स्वामी और सबके अन्तर्यामी हैं । (अपनी दशा दिखाकर, ऊपर की बातें कहकर) उन्होंने कामी लोगों की दीनता दिखाई और स्थिरचित्त पुरुषों के मन में वैराग्य को दृढ़ किया । ('बिरहबिकल बलहीन मोहि' इत्यादि कथन से कामियों की दीन दशा दिखाकर धीरमति पुरुषों को मानो चेतावनी दी कि स्त्रियों में आसक्ति के ऐसे ही परिणाम होते हैं, अतः ऐसी आसक्ति की अपेक्षा वैराग्य ही वरेण्य है ।) ॥१॥

(Says Shiva—) Rama, O Uma, transcends the three gunas (the qualities born of nature); he is the Lord of the animate and inanimate creation and knows the secrets of all hearts. Thus did he demonstrate the miserable plight of earthly lovers and strengthen dispassion in the minds of the wise.

क्रोध मनोज लोभ मद माया । छूटहिं सकल राम की दाया ॥
सो नर इंद्रजाल नहि भूला । जा पर होइ सो नट अनुकूला ॥

क्रोध, काम, लोभ, अहंकार और माया — ये सभी श्रीरामजी की कृपा से छूट जाते हैं । जिस पर वह नट (लीला-पुरुषोत्तम राम) प्रसन्न होता है, वह मनुष्य इन्द्रजाल (माया) में (अपने को) नहीं भूलता ॥२॥

Wrath, lust, greed, pride and delusion are all dissipated by the grace of Rama; he who wins the favour of that juggler is never deluded by his stage-trickery.

उमा कहउँ मैं अनुभव अपना । सत्य हरिभजनु जग सब सपना ॥
पुनि प्रभु गए सरोवर तीरा । पंपा नाम सुभग गंभीरा ॥

हे उमा ! मैं तुम्हें अपना यह अनुभव कहता हूँ कि हरि का भजन ही (एकमात्र) सत्य है, जगत् तो स्वप्नवत् (झूठा) है । फिर प्रभु श्री रामजी पंपा नामक सुन्दर और गहरे सरोवर के तट पर गये ॥३॥

I tell you, Uma, my own realization; the only thing real is the worship of Hari, and the whole world is but a dream. The Lord then went on from there to the shore of the lake called Pampa, beautiful and deep.

संतहृदय जस निर्मल बारी। बाँधे घाट मनोहर चारी॥
जहँ तहँ पिअहिं बिबिध मृग नीरा। जनु उदारगृह जाचकभीरा॥

उसका जल संतों के हृदय-जैसा निर्मल था। मन को हरनेवाले चार सुन्दर घाट बँधे हुए थे। विविध प्रकार के पशु जहाँ-तहाँ जल पी रहे थे, मानो उदार दानी पुरुषों के घर भिक्षुकों की भीड़ लगी हो! ॥४॥

Its water was as limpid as the hearts of saints and on all its four sides were built charming flights of steps. Beasts of all kinds drank of its water wherever they listed, like a crowd of beggars at the house of a generous man.

दो. —पुरइनि सघन ओट जल बेगि न पाइअ मर्म।
मायाछन्न न देखिअ जैसें निर्गुन ब्रह्म ॥३९(क)॥

(उस सरोवर में) घनी पुरइनों (कमल के पत्तों) के छा जाने से जल का जल्दी पता नहीं चलता, जैसे माया से ढका हुआ होने के कारण (मनुष्य को) निर्गुण ब्रह्म नहीं दीखता ॥३९(क)॥

Under its dense cover of lotus leaves the water was as difficult to discern as is the attributeless Absolute under the veil of illusion (Maya).

सुखी मीन सब एकरस अति अगाध जल माहिं।
जथा धर्मसीलन्ह के दिन सुखसंजुत जाहिं ॥३९(ख)॥

उस सरोवर के अत्यन्त गहरे जल में सब मछलियाँ सदा एक समान सुखी रहती हैं, जैसे धर्म के अनुसार आचरण करनेवाले मनुष्यों के सब दिन सुखपूर्वक बीतते हैं ॥३९(ख)॥

In the lake's fathomless depths were the fish all enjoying uninterrupted blessedness like the righteous who pass their days in peace.

चौ. —बिकसे सरसिज नाना रंगा। मधुर मुखर गुंजत बहु भृंगा॥
बोलत जलकुक्कुट कलहंसा। प्रभु बिलोकि जनु करत प्रसंसा॥

उसमें अनेक रंगों के कमल खिले हुए थे और बहुत-से भौंरे मधुर स्वर से गुंजार कर रहे थे। जल-मुर्ग और कलहंस ऐसे बोल रहे थे मानो प्रभु को देखकर वे उनकी प्रशंसा कर रहे हों ॥१॥

Lotuses of diverse colours were in full bloom, and swarms of buzzing bees sweetly hummed; swans and waterfowls poured forth their notes abroad as though on seeing the Lord they had burst into his praises.

चक्रवाक बक खग समुदाई। देखत बनइ बरनि नहि जाई॥
सुंदर खगगन गिरा सुहाई। जात पथिक जनु लेत बोलाई॥

चकवे, बगुले आदि पक्षियों के समूहों की शोभा देखते ही बनती थी, उसका वर्णन नहीं किया जा सकता। उन सुन्दर पक्षियों की बोलियाँ बड़ी सुहावनी लगती थीं, मानो (रास्ते में) जाते हुए बटोहियों को बुलाये लेती हों ॥२॥

So numerous were the *chakavas* and cranes and other birds that no words could describe them; one could form an idea of their beauty only after seeing them. The notes of all these beautiful birds were so captivating that they seemed to invite the wayfarers as they came.

ताल समीप मुनिन्ह गृह छाए। चहुँ दिसि कानन बिटप सुहाए॥
चंपक बकुल कदंब तमाला। पाटल पनस परास रसाला॥

उस सरोवर के निकट मुनियों ने आश्रम बना रखे थे और उसके चारों ओर वन के वृक्ष सुशोभित थे। चम्पा, मौलसिरी, कदम्ब, तमाल, पाटल, कटहल, पलाश और आम आदि — ॥३॥

By the side of the lake hermits had built their quiet thatched retreats; and all around stood the forest trees in all their magnificence. The *champa*, the *maulasiri*, the *kadamba* and *tamala*, the *patala*, the jackfruit, the *palasa*, the mango—

नव पल्लव कुसुमित तरु नाना। चंचरीकपटली कर गाना॥
सीतल मंद सुगंध सुभाऊ। संतत बहै मनोहर बाऊ॥

नाना प्रकार के वृक्ष नये-नये पत्तों और पुष्पों से युक्त थे, (जिन पर) झुंड के झुंड भौंरे गुंजार कर रहे थे। स्वाभाविक शीतल, मन्द, सुगन्धित एवं मन को हरनेवाली हवा वहाँ निरन्तर बहती रहती थी ॥४॥

—and many other varieties of trees had put forth new leaves and blossoms, all resonant with swarms of bees. A delightful breeze, cool, gentle and fragrant, ever breathed there.

कुहू कुहू कोकिल धुनि करहीं। सुनि रव सरस ध्यान मुनि टरहीं॥

कोकिलाएँ कुहू, कुहू की ध्वनि कर रही थीं। उनकी रसीली बोली सुनकर मुनियों का भी ध्यान टूट जाता था ॥५॥

'Kuhoo! Kuhoo!' cooed the cuckoos so melodiously that their notes disturbed the hermits in their contemplation.

दो. —फलभर नम्र बिटप सब रहे भूमि निअराइ।
पर उपकारी पुरुष जिमि नवहिं सुसंपति पाइ ॥४०॥

जैसे परोपकारी पुरुष बड़ी सम्पत्ति पाकर (नम्रता से) झुक जाते हैं, वैसे ही (वहाँ के) सारे वृक्ष फलों के भार से पृथ्वी को छू रहे थे ॥४०॥

Laden with fruit, the trees bowed low to the ground, as generous men bow humbly on getting a large fortune.

चौ. —देखि राम अति रुचिर तलावा। मज्जनु कीन्ह परम सुख पावा॥
देखी सुंदर बर तरु छाया। बैठे अनुज सहित रघुराया॥

श्रीरामजी ने उस अत्यन्त सुन्दर तालाब को देखकर उसमें स्नान किया और बड़ा सुख पाया। फिर एक सुन्दर और श्रेष्ठ वृक्ष की छाया देखकर श्रीरघुनाथजी लक्ष्मणजी सहित बैठ गए ॥१॥

When Rama saw this lovely lake, he bathed in it and felt supremely delighted. Seeing the pleasant shade of a stately tree, Raghunatha and his brother sat down beneath it.

तहँ पुनि सकल देव मुनि आए। अस्तुति करि निज धाम सिधाए॥
बैठे परम प्रसन्न कृपाला। कहत अनुज सन कथा रसाला॥

फिर वहाँ सब देवता और मुनि आये और (प्रभु की) स्तुति कर अपने-अपने स्थानों को लौट गए। (तब) दयालु श्रीरामजी परम प्रसन्न होकर बैठ गए और छोटे भाई लक्ष्मणजी से सरस कथाएँ कहने लगे ॥२॥

There all the gods and sages came once more and, having hymned his praises, returned to their several homes. The gracious Lord sat there in a most blithesome mood and recounted many an absorbing tale to his brother.

बिरहवंत भगवंतहि देखी। नारदमन भा सोच बिसेषी॥
मोर श्राप करि अंगीकारा। सहत रामु नाना दुख भारा॥

भगवान् श्रीरामजी को विरह-व्यथित देखकर नारदजी के मन में विशेष सोच हुआ। (उनके मन में आया कि) मेरे ही शाप को स्वीकार करके श्रीरामजी अनेक प्रकार के दुःखों का भार सह रहे हैं ॥३॥

When Narada saw the Blessed Lord thus grieving for the loss of his beloved, he was much disquieted. 'It is in submission to my curse,' he thought, 'that the Lord is bearing this weight of woe.

ऐसे प्रभुहि बिलोकौं जाई। पुनि न बनिहि अस अवसरु आई॥
येह बिचारि नारद कर बीना। गए जहाँ प्रभु सुख आसीना॥

मैं ऐसे (भक्तवत्सल) प्रभु के दर्शन करूँ। फिर ऐसा अवसर आकर बनने को नहीं। यह विचारकर नारदजी हाथ में वीणा लिये हुए वहाँ गये जहाँ प्रभु श्रीरामजी सुखपूर्वक बैठे हुए थे ॥४॥

I must therefore go and visit so noble a Lord, for I may never find so suitable an opportunity again.' Thus reflecting, Narada went, lute in hand, to the spot where the Lord was seated at ease.

गावत रामचरित मृदु बानी। प्रेम सहित बहु भाँति बखानी॥
करत दंडवत लिए उठाई। राखे बहुति बार उर लाई॥

वे अनेक प्रकार से मधुर स्वर में प्रेमपूर्वक बखान-बखानकर रामचरित का गान करते हुए चले आ रहे थे। दण्डवत् करते देखकर श्रीरामचन्द्रजी ने उन्हें उठा लिया और बड़ी देर तक हृदय से लगाये रखा ॥५॥

In dulcet tones he sang the exploits of Rama, affectionately dwelling upon them in all detail. As he prostrated himself, Rama raised him up and held him in his embrace for a long time.

स्वागत पूछि निकट बैठारे। लछिमन सादर चरन पखारे॥

फिर स्वागत (कुशल-समाचार) पूछकर उन्हें पास बिठा लिया। लक्ष्मणजी ने आदरपूर्वक उनके चरण धोये ॥६॥

Having asked him how he fared, he seated him by his side, while Lakshmana reverently washed his feet.

दो.—नाना बिधि बिनती करि प्रभु प्रसन्न जिय जानि।
नारद बोले बचन तब जोरि सरोरुह पानि॥४१॥

अनेक प्रकार से विनती करके और प्रभु को मन में प्रसन्न जानकर नारदजी ने अपने कर-कमलों को जोड़कर कहा— ॥४१॥

Perceiving that the Lord was pleased at heart, Narada made much supplication and folding his lotus hands, spoke as follows:

चौ.—सुनहु परम उदार रघुनायक। सुंदर अगम सुगम बर दायक॥
देहु एकु बरु मागउँ स्वामी। जद्यपि जानत अंतरजामी॥

हे स्वभाव से ही दानशील श्रीरघुनाथजी! सुनिए, आप सुन्दर, अप्राप्य और सुगम वरदान देनेवाले हैं। हे स्वामी! यद्यपि आप अन्तर्यामी होने के नाते सब जानते ही हैं, फिर भी मैं एक वर माँगता हूँ, वह मुझे दीजिए ॥१॥

'Listen, O most generous Raghunatha! You are the giver of gracious boons that are unattainable yet easy to attain. Grant me, O master, one boon that I ask, though you who know the secrets of all hearts already know it.'

जानहु मुनि तुम्ह मोर सुभाऊ। जन सन कबहुँ कि करौं दुराऊ॥
कवन बस्तु असि प्रिय मोहि लागी। जो मुनिबर न सकहु तुम्ह मागी॥

(श्रीरामजी ने कहा—) हे मुनि! तुम मेरे स्वभाव को जानते ही हो। क्या मैं अपने भक्तों से कभी दुराव-छिपाव करता हूँ? कौन-सी वस्तु मुझे ऐसी प्यारी लगती है कि हे मुनिश्रेष्ठ! तुम नहीं माँग सकते? ॥२॥

'You know my disposition, dear sage: do I ever hide anything from my devotees? What object do I hold so dear, O chief of sages, that you may not ask for it?

जन कहुँ कछु अदेय नहि मोरें। अस बिस्वास तजहु जनि भोरें॥
तब नारद बोले हरषाई। अस बर मागौं करौं ढिठाई॥

मेरे पास ऐसा कुछ भी नहीं है जिसे मैं अपने भक्त को न दे सकूँ। ऐसा विश्वास तुम भूलकर भी मत छोड़ो। तब नारदजी ने प्रसन्न होकर कहा—मैं ऐसा वरदान माँगता हूँ, यह मेरी ढिठाई है— ॥३॥

There is nothing that I would withhold from my votaries; never allow yourself to abandon this confidence even by mistake.' Then Narada gladly said, 'This is the boon I presume to ask.

जद्यपि प्रभु के नाम अनेका। श्रुति कह अधिक एक तें एका॥
राम सकल नामन्ह तें अधिका। होउ नाथ अघ खग गन बधिका॥

यद्यपि प्रभु के अनेक नाम हैं और वेदों का कहना है कि वे सब (नाम) एक-से-एक बढ़कर हैं, फिर भी हे नाथ! रामनाम ही सब नामों से बढ़कर हो और पापरूपी पक्षियों के लिए यह वधिक का काम करे! ॥४॥

Though my Lord has many names, each more potent than the other, as the Vedas declare, let the name "Rama," my lord, surpass all other names in exterminating, like a fowler, the many birds of sin!

दो. —राका रजनी भगति तव राम नाम सोइ सोम।
अपर नाम उड़गन बिमल बसहुँ भगत उर ब्योम॥४२(क)॥

आपकी भक्ति पूर्णिमा की रात है; उसमें राम नाम ही पूर्ण चन्द्रमा होकर और दूसरे नाम निर्मल तारागण होकर भक्तों के हृदयरूपी आकाश में निवास करें! ॥४२(क)॥

May your name "Rama" abide as the full moon and your other names as so many bright stars in the sky of your worshippers' hearts in the full-moon night of devotion.'

एवमस्तु मुनि सन कहेउ कृपासिंधु रघुनाथ।
तब नारद मन हरष अति प्रभुपद नाएउ माथ॥४२(ख)॥

दयासिन्धु श्रीरघुनाथजी ने मुनि से कहा — एवमस्तु (ऐसा ही हो)। तब नारदजी ने मन-ही-मन हर्ष से भरकर प्रभु के चरणों में प्रणाम किया ॥४२(ख)॥

Raghunatha, the ocean of grace said to the sage, 'Be it even so!' At this was Narada's soul exceeding glad and he bowed his head before the Lord's feet.

चौ. —अति प्रसन्न रघुनाथहि जानी। पुनि नारद बोले मृदु बानी॥
राम जबहि प्रेरेहु निज माया। मोहेहु मोहि सुनहु रघुराया॥

फिर श्रीरघुनाथजी को अति प्रसन्न जानकर नारदजी मधुर वचन बोले — हे रामजी! हे रघुनाथ! सुनिए, जब आपने अपनी माया को प्रेरित कर मुझे मोहित कर रखा था, ॥१॥

Perceiving that Raghunatha was graciously inclined, Narada spoke again in winning tones: 'O Rama, when you sent forth your illusive power and infatuated me—listen, O Raghunatha—

तब बिबाह मैं चाहौं कीन्हा। प्रभु केहि कारन करइ न दीन्हा॥
सुनु मुनि तोहि कहउँ सहरोसा। भजहिं जे मोहि तजि सकल भरोसा॥

तब मुझे विवाह करने की चाह थी। हे प्रभु! आपने किस कारण (विवाह) नहीं करने दिया? (प्रभु बोले —) हे मुनि! सुनो, मैं तुमसे प्रसन्नतापूर्वक कहता हूँ कि जो समस्त आशा-भरोसा तजकर केवल मेरी आराधना करते हैं, ॥२॥

I had a fervent desire to marry. Why, Lord, did you not let me accomplish my desire?' 'Listen, O sage,' said the Lord; 'most gladly will I tell you that I always take care of those who worship me with undivided faith,

करौं सदा तिन्ह कै रखवारी। जिमि बालकहि राख महतारी॥
गह सिसु बच्छ अनल अहि धाई। तहँ राखै जननी अरु गाई॥

मैं सदा उनकी रक्षा करता रहता हूँ, जैसे माता अपने बालक की रक्षा करती रहती है। जब बालक आग और साँप को पकड़ने दौड़ता है, तब माता उसे अलग करके उसकी रक्षा करती है ॥३॥

—even as a mother guards her child. If an infant child runs to lay hold of the fire or a snake, the mother draws it aside and rescues it.

प्रौढ़ भये तेहि सुत पर माता। प्रीति करै नहि पाछिलि बाता॥
मोरें प्रौढ़ तनय सम ग्यानी। बालक सुत सम दास अमानी॥

सयाना हो जाने पर उस पुत्र पर माता का स्नेह तो रहता है, परंतु पिछली बात नहीं रह जाती (क्योंकि वह माता पर निर्भर न होकर अपनी रक्षा स्वयं करने लगता है)। ज्ञानी भक्त मेरे सयाने पुत्र के समान हैं और (तुम्हारे-जैसे) मान-रहित सेवक मेरे शिशु पुत्र के समान हैं ॥४॥

But when her son grows up, she loves him still but not as before. The wise are like my grown-up sons, while simple, selfless worshippers (like you) are like my infant children.

जनहि मोर बल निज बल ताही। दुहुँ कहँ काम क्रोध रिपु आही॥
यह बिचारि पंडित मोहि भजहीं। पाएहु ग्यान भगति नहि तजहीं॥

भक्त को केवल मेरा ही बल होता है और उसे (ज्ञानी को) अपना बल। पर काम-क्रोधरूपी शत्रु तो दोनों के लिए हैं। (भक्त के शत्रुओं को मारने का दायित्व मुझ पर होता है, क्योंकि उसे मेरे ही बल का भरोसा होता है; परंतु अपने बल पर निर्भर होनेवाले ज्ञानी के शत्रुओं का नाश करने की जिम्मेवारी मुझ पर नहीं होती।) यह विचारकर पण्डित जन मुझको ही भजते हैं। वे ज्ञान प्राप्त कर लेने पर भी भक्ति को नहीं त्यागते ॥५॥

My worshippers depend upon my strength, the wise upon their own, but both have to fight against lust and anger. With this in mind the prudent worship me and even when they have acquired wisdom, they forsake not their devotion.

दो. —काम क्रोध लोभादि मद प्रबल मोह कइ धारि।
तिन्ह महँ अति दारुन दुखद मायारूपी नारि॥४३॥

काम, क्रोध, लोभ, अहंकार आदि मोह की प्रबल सेनाएँ हैं। इनमें भी अत्यन्त दारुण दुःख देनेवाली मायारूपिणी स्त्री है ॥४३॥

Lust, wrath, greed, pride and all other violent passions form the sturdy army of infatuation; but among them all the most formidable and calamitous is woman, illusion incarnate.

चौ. –सुनु मुनि कह पुरान श्रुति संता। मोह बिपिन कहुँ नारि बसंता॥
जप तप नेम जलाश्रय झारी। होइ ग्रीषम सोखै सब नारी॥

हे मुनि! सुनो, पुराण, वेद और संत कहते हैं कि मोहरूपी वन (को पल्लवित-पुष्पित करने) के लिए स्त्री वसन्तऋतु-जैसी है। जप, तप, नियमरूपी सभी जलाशयों को (वही) स्त्री ग्रीष्मरूप होकर बिल्कुल सोख लेती है ॥१॥

Listen, sage; the Puranas and the Vedas and the saints declare that woman is the vernal season to the forest of infatuation; like the heat of summer she dries up all the ponds and lakes of prayer and penance and devotional observances.

काम क्रोध मद मत्सर भेका। इन्हहिं हरषप्रद बरषा एका॥
दुर्बासना कुमुदसमुदाई। तिन्ह कहँ सदा सरद सुखदाई॥

काम, क्रोध, मद और द्वेष आदि मेढकों को वर्षाऋतु होकर हर्ष देनेवाली एकमात्र यही (स्त्री) है। बुरी वासनाएँ कुमुदों के समूह हैं जिनके लिए यह सदैव सुख देनेवाली शरदृऋतु है ॥२॥

Again, lust, wrath, pride and jealousy are so many frogs, and like the rainy season, she alone gladdens them all. Evil propensities are like a bed of lilies, to which, like the autumn, she is ever agreeable.

धर्म सकल सरसीरुहबृंदा। होइ हिम तिन्हहि देति दुख मंदा॥
पुनि ममता जवास बहुताई। पलुहइ नारि सिसिर रितु पाई॥

सारे धर्म कमलों के झुंड हैं। यह मंदबुद्धि स्त्री हिमऋतु होकर उन्हें कष्ट पहुँचाती है। फिर ममतारूपी जवास (के वन) को शिशिरऋतु होकर वह हरा-भरा कर देती है ॥३॥

All the different forms of piety are like a bed of lotuses, distressed and deadened by dull-witted woman as by the frost of winter; and lastly, she is like the cool, dewy season fostered by which the *javasa* grove of attachment thrives and grows.

पाप उलूकनिकर सुखकारी। नारि निबिड़ रजनी अँधिआरी॥
बुधि बल सील सत्य सब मीना। बनसी सम त्रिय कहहिं प्रबीना॥

पापरूपी उल्लुओं के समूह को सुख देने के लिए स्त्री घोर अँधेरी रात के समान है। बुद्धि, बल, शील और सत्य – ये सब मछलियाँ हैं, जिन्हें फँसाकर मारने के लिए स्त्री बंसी के समान है, ऐसा चतुर लोग कहते हैं ॥४॥

Woman, again, is a night, impenetrably murky, in which all the owls of sin delight, or a hook to catch the fish of reason and strength and honour and truth; so say the wise.

दो. –अवगुनमूल सूलप्रद प्रमदा सब दुख खानि।
तातें कीन्ह निवारन मुनि मैं येह जिय जानि॥४४॥

युवती स्त्री दोषों की जड़, पीड़ा पहुँचाने वाली और सब दुःखों की खान है। इसलिए हे मुनि! यह सब मन में सोचकर ही मैंने तुम्हें विवाह करने से रोका था! ॥४४॥

A young woman is the root of all evil, a source of torment and a mine of every woe. Bearing this in mind, O sage, I prevented your marriage.'

चौ. –सुनि रघुपति के बचन सुहाए। मुनि तन पुलक नयन भरि आए॥
कहहु कवन प्रभु कें असि रीती। सेवक पर ममता अरु प्रीती॥

श्रीरघुनाथजी के सुहावने वचन सुनकर नारद मुनि का शरीर रोमांचित हो गया और नेत्र भर आए। (उन्होंने मन-ही-मन कहा –) कहो, किस स्वामी की ऐसी रीति है, जिसका सेवक पर इतना ममत्व और प्रेम हो! ॥१॥

As the sage listened to Raghunatha's kindly words, a thrill ran through his body and his eyes filled with tears. He said to himself, 'Tell me, is there any other master whose property is to show such attachment and fondness to his servants?

जे न भजहिं अस प्रभु भ्रम त्यागी। ग्यानरंक नर मंद अभागी॥
पुनि सादर बोले मुनि नारद। सुनहु राम बिग्यानबिसारद॥

जो लोग भ्रम को त्यागकर ऐसे प्रभु को नहीं भजते, वे ज्ञान के दरिद्र, दुर्बुद्धि और अभागे हैं। फिर नारदमुनि ने आदरपूर्वक कहा – हे विज्ञानविशारद श्रीरामजी! सुनिए – ॥२॥

Those who abandon not their delusion to worship such a Lord are bankrupt of wisdom, dullwitted and wretched.' Then Narada the sage reverently spoke to the Lord, 'Listen, Rama, well-versed in all mystic wisdom!

संतन्ह के लच्छन रघुबीरा। कहहु नाथ भंजन भवभीरा॥
सुनु मुनि संतन्ह के गुन कहऊँ। जातें मैं उन्ह कें बस रहऊँ॥

हे रघुवीर! हे जन्म-मरण के भय के नाशक मेरे नाथ! अब आप संतों के लक्षण कहिए। (श्रीरामजी ने कहा –) हे मुनि! सुनो, मैं संतों के उन गुणों का उल्लेख करता हूँ जिनके कारण मैं उनके वश में रहता हूँ ॥३॥

Tell me, my Lord Raghubira, the distinguishing marks of saints, O destroyer of the dread of transmigration!' I tell you, reverend sir, the qualities of the saints, by virtue of which they hold me in subjection.

षड़ बिकार जित अनघ अकामा। अचल अकिंचन सुचि सुखधामा॥
अमितबोध अनीह मितभोगी। सत्यसार कबि कोबिद जोगी॥

वे संत (काम, क्रोध, लोभ, मोह, मद और मत्सर—इन) छः विकारों को जीते हुए, निष्पाप, निष्काम, स्थिरबुद्धि, सर्वत्यागी, बाहर-भीतर से निर्मल, सुख के धाम, अपार ज्ञानी, इच्छारहित, स्वल्पाहारी (मितभोगी), सत्यप्रतिज्ञ, कवि, विद्वान्, योगी, ॥४॥

They have conquered the six passions (lust, anger, greed, infatuation, pride and jealousy); are sinless, disinterested, firm, possessing nothing, pure (both within and without), full of bliss, of boundless wisdom, desireless, abstemious, truthful, inspired, scholarly and disciplined (*yogi*),

सावधान मानद मदहीना। धीर भगतिपथ परम प्रबीना॥

सावधान, दूसरों को मान देनेवाले, निरभिमान, धैर्यवान्, भक्तिपथ पर चलने में परम चतुर, ॥५॥

—circumspect, bestowing honour on others, devoid of pride, strong-minded and highly conversant with the ways of *dharma* (righteousness).

दो.—गुनागार संसार दुख रहित बिगत संदेह।
तजि मम चरन सरोज प्रिय तिन्ह कहुँ देह न गेह॥४५॥

गुणों के भंडार, संसार के दुःखों से रहित और निःशंक होते हैं। (ऐसे संतों को) मेरे चरणकमलों को छोड़कर न अपना शरीर प्रिय होता है, न अपना घर॥४५॥

They are abodes of virtue, free from the sorrows of the world and undisturbed by doubt, accounting neither life nor home precious but only my lotus feet.

चौ.—निज गुन श्रवन सुनत सकुचाहीं। परगुन सुनत अधिक हरषाहीं॥
सम सीतल नहि त्यागहिं नीती। सरल सुभाउ सबहि सन प्रीती॥

वे अपने गुणों को कानों से सुनने में सकुचाते हैं, परन्तु दूसरों के गुण सुनकर विशेष प्रसन्न होते हैं। वे (शत्रु-मित्र के प्रति) समान भाव रखनेवाले और शान्तचित्त होते हैं तथा न्याय का कभी त्याग नहीं करते। वे सीधे स्वभाव के होते हैं और सभी से प्रेम रखते हैं॥१॥

They blush to hear themselves praised but rejoice beyond measure to hear the praises of others; are even-minded and placid and persistent in right conduct; guileless by nature and loving;

जप तप ब्रत दम संजम नेमा। गुर गोबिंद बिप्र पद प्रेमा॥
श्रद्धा छमा मइत्री दाया। मुदिता मम पद प्रीति अमाया॥

वे जप, तप, व्रत, दम[1], संयम और नियम में संलग्न रहते और गुरु, श्रीविष्णु भगवान् तथा ब्राह्मणों के चरणों में प्रेम रखते हैं। उनमें श्रद्धा, क्षमा, मित्रता, दया, प्रसन्नता और मेरे चरणों में निश्छल अनुराग होता है, ॥२॥

—absorbed in prayer and penance and vows, in controlling the senses, in self-denial and in religious observances. They are devoted to the feet of their *guru*, Govinda (Vishnu) and the Brahmans; faithful, compassionate, friendly, merciful, cheerful and sincerely devoted to my feet.

बिरति बिबेक बिनय बिग्याना। बोध जथारथ बेद पुराना॥
दंभ मान मद करहिं न काऊ। भूलि न देहिं कुमारग पाऊ॥

तथा वैराग्य, विवेक, विनय, विज्ञान और वेद-पुराणों का वास्तविक ज्ञान रहता है। वे कभी दम्भ, अभिमान और अहंकार नहीं करते और न भूलकर ही कुमार्ग पर अपने पाँव रखते हैं॥३॥

They are perfect in dispassion, discretion, modesty and spiritual wisdom, with unfeigned knowledge of the Vedas and Puranas. They display no self-conceit or pride or arrogance, nor set their foot upon the path of wickedness even by mistake.

गावहिं सुनहिं सदा मम लीला। हेतु रहित परहित रत सीला॥
मुनि सुनु साधुन्ह के गुन जेते। कहि न सकहिं सारद श्रुति तेते॥

वे सदा मेरी लीलाओं को गाते और सुनते हैं और बिना किसी स्वार्थ के दूसरों के हित में तत्पर रहनेवाले होते हैं। हे मुनि! सुनो, साधुओं के जितने गुण हैं, उन्हें सरस्वती और वेद भी नहीं बखान सकते!॥४॥

They are ever engaged in singing or hearing my sportive acts and are unselfishly intent on doing good to others. In short, O good sage, the qualities that distinguish the saints are so numerous that not even Sharada or the Vedas could tell them all.

छं.—कहि सक न सारद सेष नारद सुनत पद पंकज गहे।
अस दीनबंधु कृपाल अपने भगत गुन निज मुख कहे॥
सिरु नाइ बारहिं बार चरनन्हि ब्रह्मपुर नारद गए।
ते धन्य तुलसीदास आस बिहाइ जे हरिरँग रए॥

'(संतो के गुण) सरस्वती और शेष भी नहीं कह सकते' यह सुनते ही नारदजी ने प्रभु श्रीरामजी के चरणकमल पकड़ लिये। ऐसे दीनबन्धु दयालु प्रभु ने (इस तरह) अपने श्रीमुख से अपने भक्तों के गुण कहे। श्रीरामजी के चरणों में बार-बार सिर नवाकर नारदजी ब्रह्मलोक को चले गये। तुलसीदासजी कहते हैं कि वे लोग धन्य हैं जो (संसार से) आशा त्यागकर केवल श्रीहरि के रंग में रँग गए।

---

१. बाहेंद्रियों को उनके विषयों से निवृत्त करना; बाह्य वृत्तियों का निग्रह।

No, not even Sharada or Shesha could tell them! As soon as he heard this, Narada clasped the Lord's lotus feet. Thus did the all-merciful Lord, the befriender of the lowly, proclaim with his own lips the virtues of his devotees. Narada bowed his head before the Lord's feet again and again and left for the realm of Brahma (the Creator). Blessed are they, says Tulasidasa, who giving up all other hope unite themselves to God by love (*i.e.*, who are caught up and transformed by him and led into fruition).

दो． –रावनारिजसु पावन गावहिं सुनहिं जे लोग ।
रामभगति दृढ़ पावहिं बिनु बिराग जप जोग ॥४६ (क)॥

जो लोग रावण के शत्रु श्रीरामजी के पवित्र यश को गाते और सुनते हैं, वे वैराग्य, जप और योग के बिना ही श्रीरामजी की दृढ़ भक्ति प्राप्त करते हैं ॥४६ (क)॥

Those who sing or hear the sanctifying praises of Ravana's foe shall be rewarded with steadfast devotion to Rama, even without dispassion, prayer or asceticism.

दीपसिखा सम जुवती मन जनि होसि पतंग ।
भजहि राम तजि काम मद करहि सदा सतसंग ॥४६ (ख)॥

युवती (स्त्री) दीपक की लौ के समान है; अरे मन ! तू उसका फतिंगा न बन । विषय-सुख की इच्छा और गर्व को त्यागकर श्रीरामचन्द्रजी का भजन और सदा सत्सङ्ग कर ॥४६ (ख)॥

A young woman is like the flame of a lamp; O my soul, be not as the moth to it ! Discarding lust and pride, worship Rama and ever seek the fellowship of the righteous.

मासपारायण, बाईसवाँ विश्राम ।

इति श्रीमद्रामचरितमानसे सकलकलिकलुषविध्वंसने तृतीयः सोपानः समाप्तः ।

कलियुग के सम्पूर्ण पापों को विध्वस्त करनेवाले श्रीरामचरितमानस का यह तीसरा सोपान समाप्त हुआ ।

(PAUSE 22 FOR A THIRTY-DAY RECITATION)

Thus ends the third descent into the Manasa lake of Rama's exploits, that eradicates all the impurities of the Kaliyuga

किष्किन्धाकाण्ड
KISHKINDHAKANDA

Bali and Sugriva fighting

श्रीगणेशाय नमः

श्रीजानकीवल्लभो विजयते

श्रीरामचरितमानस

THE HOLY LAKE OF THE ACTS OF RAMA

चतुर्थ सोपान

किष्किन्धाकाण्ड

KISHKINDHAKAND

श्लोक

कुन्देन्दीवरसुन्दरावतिबलौ विज्ञानधामावुभौ ।
शोभाढ्यौ वरधन्विनौ श्रुतिनुतौ गोविप्रवृन्दप्रियौ ।
मायामानुषरूपिणौ रघुवरौ सद्धर्मवर्मौ हितौ ।
सीतान्वेषणतत्परौ पथिगतौ भक्तिप्रदौ तौ हि नः ॥१॥

कुन्दपुष्प और नील कमल के समान सुन्दर, अत्यन्त बलशाली, विज्ञान के स्थान, शोभासम्पन्न, श्रेष्ठ धनुर्धर, वेदों से प्रशंसित, गौ एवं ब्राह्मणों के समूह के प्रिय (अथवा प्रेमी), माया से मनुष्यरूप धारण किये हुए, श्रेष्ठ धर्मों के लिए कवचरूप (रक्षक), सबके हितकारी, श्रीसीताजी की खोज में संलग्न, पथिकरूप दोनों रघुवर — श्रीरामजी और श्रीलक्ष्मणजी — निश्चय ही मुझे भक्ति देनेवाले हों ॥१॥

May the two noble scions of the house of Raghu, beautiful as the jasmine and the dark-blue lotus, both of surpassing sturdiness, repositories of all wisdom, endowed with natural grace, accomplished archers, hymned by the Vedas, dear to (or lovers of) cows and Brahmans, who by illusory power have appeared in the form of mortal men, protectors of righteousness, beneficent, wayfarers intent on their search for Sita — may they grant me devotion !

ब्रह्माम्भोधिसमुद्भवं कलिमलप्रध्वंसनं चाव्ययं
श्रीमच्छम्भुमुखेन्दुसुन्दरवरे संशोभितं सर्वदा ।
संसारामयभेषजं सुखकरं श्रीजानकीजीवनं
धन्यास्ते कृतिनः पिबन्ति सततं श्रीरामनामामृतम् ॥२ ।

जो वेदरूपी समुद्र से उत्पन्न, कलियुग के पापों के नाशक, अविनाशी, श्रीशंकरजी के सुन्दर श्रेष्ठ मुख-चन्द्र को सदैव शोभायमान करनेवाले, जन्म-मरणरूपी रोग के औषध, सुखदायी और जानकीजी के जीवन-स्वरूप रामनामरूपी अमृत का सदैव पान करते रहते हैं, वे पुण्यात्मा धन्य हैं ॥२॥

Blessed are those pious souls who unceasingly quaff the nectar of Rama's Name, churned up from the ocean of the Vedas, cleansing the Kaliyuga of its impurities, imperishable, ever glorifying the fair and beauteous moon of blessed Shankara's face, a remedy to heal the ills of life and death, full of blessings and the very life of Janaki !

सो. —मुक्ति जन्ममहि जानि ज्ञानखानि अघहानि कर ।
जहँ बस संभु भवानि सो कासी सेइअ कस न ॥

यह जानकर कि काशी मोक्ष की जन्मभूमि, ज्ञान की खान और पापों का नाश करनेवाली है और वहाँ श्रीशिव-पार्वती सदा बसते हैं, उसका सेवन कैसे न किया जाय ?

Why not dwell at Kashi, the abode of Shambhu and Bhavani, knowing it to be the birthplace of salvation, the mine of spiritual wisdom and abolisher of sin ?

जरत सकल सुर बृंद बिषम गरल जेहि पान किय ।
तेहि न भजसि मन मंद को कृपाल संकर सरिस ॥

(समुद्र-मंथन से उत्पन्न) जिस घोर हलाहल विष से सब देव-समूह जल रहे थे, उसे जिन्होंने स्वयं पी लिया ! रे मन्द मन ! तू उन शिवजी को क्यों नहीं भजता ? उनके समान कृपालु दूसरा कौन है ?

O foolish soul, how is it that you do not worship him who drank off the deadly poison (churned out of the ocean of milk), when due to its burning potency the hosts of heaven were in distress ? Who else is so merciful as Shiva ?

चौ. –आगे चले बहुरि रघुराया। रिष्यमूक पर्बत निअराया॥
तहँ रह सचिव सहित सुग्रीवा। आवत देखि अतुल बल सीवा॥

(उस पम्पासर से) श्रीरघुनाथजी फिर आगे चले और ऋष्यमूक पर्वत के निकट आ गए। वहाँ (उस पर्वत पर) मन्त्रियों के साथ सुग्रीव रहते थे। अतुल बल की सीमा श्रीरामचन्द्रजी और लक्ष्मणजी को आते देख – ॥१॥

Raghunatha again proceeded on his way and drew near to the hill of Rishyamuka. There dwelt Sugriva (a monkey chief) with his counsellors. When he saw the two brothers, the highest embodiments of immeasurable might, approaching,

अति सभीत कह सुनु हनुमाना। पुरुष जुगल बल रूप निधाना॥
धरि बटुरूप देखु तैं जाई। कहेसु जानि जिय सयन बुझाई॥

सुग्रीव ने अत्यन्त भयभीत होकर कहा – हे हनुमान ! सुनो, ये दोनों पुरुष बल और रूप के घर हैं। तुम ब्रह्मचारी का रूप धरकर जाओ और देखो। फिर अपने मन में सही बात जानकर मुझे संकेत से समझाकर कह देना ॥२॥

—he was utterly alarmed and cried (to one of his ministers), 'Listen, Hanuman ! These two men are abodes of valour and beauty. Assume the form of a celibate (Brahman student) and go and see them, and when you are sure what they want, acquaint me by a sign.

पठए बालि होहिं मन मैला। भागौं तुरत तजौं येह सैला॥
बिप्ररूप धरि कपि तहँ गयऊ। माथ नाइ पूछत अस भयऊ॥

यदि वे मन के मैले बालि के भेजे हुए हों तो मैं इस पर्वत को त्यागकर अविलंब भाग जाऊँ। (यह सुनकर) हनुमान्‌जी ब्राह्मण के वेष में वहाँ गये और नतमस्तक हो इस प्रकार पूछने लगे – ॥३॥

If they have been sent by the malicious Bali, then I must leave this hill and flee at once.' Taking the form of a Brahman, the monkey (Hanuman) went up to the two brothers and bowing his head, questioned them thus:

को तुम्ह स्यामल गौर सरीरा। क्षत्रीरूप फिरहु बन बीरा॥
कठिन भूमि कोमल पद गामी। कवन हेतु बिचरहु बन स्वामी॥

हे वीरो ! साँवले और गोरे शरीरवाले आप दोनों कौन हैं, जो क्षत्रियों के वेष में वन में फिर रहे हैं ? हे स्वामी ! कठोर धरती पर कोमल चरणों से (पैदल) चलनेवाले आप किस कारण वन में विचर रहे हैं ? ॥४॥

'Who are you, heroes, one dark, the other fair of hue, who roam the woods disguised as Kshatriyas ? Treading the hard ground with your soft feet, why are you wandering in the forest, my masters ?

मृदुल मनोहर सुंदर गाता। सहत दुसह बन आतप बाता॥
की तुम्ह तीनि देव मह कोऊ। नर नारायन की तुम्ह दोऊ॥

आपके कोमल, मनोहर और सुन्दर अङ्ग वन की दुःसह धूप और वायु को सह रहे हैं। क्या आप ब्रह्मा, विष्णु, महेश – इन तीन देवताओं में से कोई हैं या आप दोनों नर और नारायण हैं ? ॥५॥

Though possessed of delicate, charming and beautiful limbs, how is it that you have exposed yourself to the intolerable sun and stormy wind of these wild regions ? Are you some two of the three gods (*viz*., Brahma, Vishnu and Shiva) or are you Nara and Narayana,

दो. –जगकारन तारन भव भंजन धरनीभार।
की तुम्ह अखिल भुवन पति लीन्ह मनुज अवतार॥१॥

क्या आप जगत् को उत्पन्न करनेवाले, भवसागर से उद्धार करनेवाले, समस्त लोकों (चौदह भुवनों) के स्वामी हैं, जिन्होंने पृथ्वी के भार को हरण करने के लिए मनुष्य का अवतार लिया है ? ॥१॥

—or are you the first causes of the world and lords of all the spheres, manifested in human form to bear souls across the ocean of mundane existence and relieve the earth of its burdens ?'

चौ. –कोसलेस दसरथ के जाए। हम पितुबचन मानि बन आए॥
नाम राम लछिमन दोउ भाई। संग नारि सुकुमारि सुहाई॥

(श्रीरामचन्द्रजी ने उत्तर दिया –) हम कोसलराज दशरथजी के पुत्र हैं और पिता की आज्ञा मानकर वन आये हैं। हमारा नाम राम और लक्ष्मण है, हम दोनों भाई हैं। हमारे साथ एक सुन्दर सुकुमारी स्त्री थी ॥१॥

'We are the sons of Dasharath, lord of Kosala,' said Rama, 'and have come to the forest in obedience to our father's command. Our names are Rama and Lakshmana and we are brothers, and with me was my bride, young and beautiful;

इहाँ हरी निसिचर बैदेही। बिप्र फिरहिं हम खोजत तेही॥
आपन चरित कहा हम गाई। कहहु बिप्र निज कथा बुझाई॥

यहीं वन में (मेरी पत्नी) जानकी को कोई राक्षस चुरा ले गया है। हे ब्राह्मण ! हम उसे ही ढूँढ़ते फिरते हैं। हमने तो अपना चरित्र कह सुनाया, अब हे ब्राह्मण ! आप अपनी कथा समझाकर कहिए ! ॥२॥

—but some demon here has stolen Janaki away, it is in quest of her, O holy Brahman, that we wander. We have told you our affairs; now, Brahman, tell us your own.

प्रभु पहिचानि परेउ गहि चरना। सो सुख उमा जाइ नहि बरना॥
पुलकित तन मुख आव न बचना। देखत रुचिर बेष कै रचना॥

(अपने आराध्य) प्रभु को पहचानकर हनुमान्‌जी उनके चरण पकड़कर पृथ्वी पर गिर पड़े। (शिवजी कहते हैं –) हे उमा! उस सुख का वर्णन नहीं किया जा सकता। उनका शरीर पुलकित है और उनके मुख से वचन नहीं निकलते। वे अपने प्रभु के सुन्दर-रुचिर वेष की रचना देख रहे हैं!॥३॥

Now Hanuman recognized the Lord and falling to the ground, clasped his feet. That joy, Uma, no tongue could tell. A thrill ran through his body and all words failed his tongue as he gazed on the form of their ravishing disguise.

पुनि धीरजु धरि अस्तुति कीन्ही। हरष हृदय निज नाथहि चीन्ही॥
मोर न्याउ मैं पूछा साईं। तुम्ह पूछहु कस नर की नाईं॥

फिर उन्होंने धैर्यपूर्वक स्तुति की। अपने स्वामी को पहचान लेने से हृदय हर्षित हो रहा है। (हनुमान्‌जी ने कहा –) हे स्वामी! मैंने जो पूछा वह मेरा पूछना तो न्यायसंगत था (क्योंकि वर्षों बाद आपके दर्शन हुए; मेरी वानरी बुद्धि आपके तपस्वी-वेष को पहचान न सकी, इसलिए अपनी परिस्थिति से बाध्य हो मैंने कुछ प्रश्न किए), किन्तु आप मनुष्य की तरह कैसे पूछ रहे हैं?॥४॥

Then collecting himself, he hymned his praises and was glad at heart to have found his Lord. 'Master,' said Hanuman, 'for me it was fitting to inquire, but why should you ask, as though you were a mere man?

तव माया बस फिरौं भुलाना। ता तें मैं नहि प्रभु पहिचाना॥

मैं तो आपकी माया के कारण भूला-भटका फिरता हूँ, इसीसे मैंने अपने प्रभु को नहीं पहचाना॥५॥

I have been wandering in error under the influence of your illusive power and that is why I failed to recognize my Lord.

दो. –एकु मैं मंद मोहबस कुटिल हृदय अग्यान।
पुनि प्रभु मोहि बिसारेउ दीनबंधु भगवान॥२॥

एक तो मैं आप ही मन्दबुद्धि हूँ, दूसरे मोह के अधीन हूँ, तीसरे हृदय का कुटिल और ज्ञान से रहित हूँ, फिर हे दीनबन्धु भगवन्! आपने भी मुझे भुला दिया!॥२॥

In the first place, I am dull-witted and deluded, perverse of heart and ignorant, and then you, too, my Blessed Lord, friend of the humble, forgot me.

चौ. –जदपि नाथ बहु अवगुन मोरें। सेवक प्रभुहि परै जनि भोरें॥
नाथ जीव तव माया मोहा। सो निस्तरै तुम्हारेहि छोहा॥

हे नाथ! यद्यपि मुझमें अनेक अवगुण हैं, फिर भी सेवक स्वामी की विस्मृति में न पड़े – आप उसे न भूलें। हे नाथ! आपकी माया से मोहित जीव आपही की अनुकम्पा से निस्तार पा सकता है॥१॥

Although, master, my faults are many, yet let not the servant be cast into oblivion by the Lord. The soul, O Lord, is deluded by your illusive power and can be released only by your grace.

ता पर मैं रघुबीरदोहाई। जानौं नहि कछु भजन उपाई॥
सेवक सुत पति मातु भरोसें। रहै असोच बनै प्रभु पोसें॥

उस पर हे रघुवीर! मैं आपकी दुहाई करके – कसम खाकर – कहता हूँ कि मैं भजन आदि साधनों को कुछ भी नहीं जानता। सेवक अपने स्वामी के और पुत्र अपनी माता के भरोसे निश्चिन्त रहता है। प्रभु को तो सेवक का भरण-पोषण करना ही पड़ता है!॥२॥

On top of it, I swear by Raghubira, I know no devotional song, nor any other means (of pleasing you). It is because of his confidence in his master that a servant feels quite carefree as does a child that trusts its mother. A master needs must take care of his servent.'

अस कहि परेउ चरन अकुलाई। निज तनु प्रगटि प्रीति उर छाई॥
तब रघुपति उठाइ उर लावा। निज लोचन जल सीचि जुड़ावा॥

ऐसा कहकर हनुमान्‌जी अकुलाकर श्रीरघुनाथजी के चरणों पर जा गिरे; उन्होंने अपना वास्तविक शरीर प्रकट कर दिया। उनका हृदय प्रेम से तर-बतर हो उठा। तब श्रीरघुनाथजी ने उठाकर उन्हें अपने हृदय से लगा लिया और नेत्रों के जल से सींचकर उन्हें शीतल किया॥३॥

So saying, he fell at the Lord's feet much agitated; his heart was overwhelmed with love and he revealed his natural (monkey) form. Raghunatha then raised him and clasped him to his bosom, and soothed him with streams of tears from his own eyes.

सुनु कपि जिय मानसि जनि ऊना। तैं मम प्रिय लछिमन तें दूना॥
समदरसी मोहि कह सब कोऊ। सेवक प्रिय अनन्यगति सोऊ॥

(तब कहा –) हे कपि! सुनो, मन में ग्लानि मत मानना। तुम मुझे लक्ष्मण से भी दुगुने अधिक प्रिय हो। यों तो सब कोई मुझे समदर्शी कहते हैं, पर मुझे सेवक अधिक प्रिय है, क्योंकि वह अनन्यगति होता है (मेरे सिवा उसका कोई अन्य सहारा नहीं होता)॥४॥

'Listen, monkey,' he said; 'be not depressed at heart; you are twice as dear to me as Lakshmana. Although I am said to be like-minded toward all beings, yet a devotee is particularly dear to me because he looks to none other for salvation.

दो. –सो अनन्य जाकें असि मति न टरइ हनुमंत ।
मैं सेवक सचराचर रूप स्वामि भगवंत ॥३॥

हे हनुमान् ! अनन्य वह है जिसकी ऐसी बुद्धि (अपने निश्चय से) कभी नहीं टलती (इस बात पर दृढ़ रहती है) कि मैं सेवक हूँ और यह जड़-चेतन जगत् मेरे स्वामी भगवान् का ही रूप है ॥३॥

And he alone, Hanuman, is exclusively devoted to me who is steadfast in his conviction that he is the servant and the Lord the master, whose form is the entire creation, the moving and the unmoving,

चौ. –देखि पवनसुत पति अनुकूला । हृदय हरष बीती सब सूला ॥
नाथ सैल पर कपिपति रहई । सो सुग्रीव दास तव अहई ॥

स्वामी को अनुकूल देखकर पवनकुमार हनुमान्‌जी का हृदय हर्षित हो गया और उनके सारे दुःख जाते रहे । (उन्होंने कहा –) हे नाथ ! इस पर्वत पर वानरों का राजा रहता है, उसका नाम सुग्रीव है और वह आपका दास है ॥१॥

When Hanuman, the Son of the Wind, found his master so gracious to him, he rejoiced at heart and found every anxiety gone. 'My Lord,' he said, 'on the summit of this hill dwells the chief of the monkeys, Sugriva, a servant of yours.

तेहि सन नाथ मइत्री कीजे । दीन जानि तेहि अभय करीजे ॥
सो सीता कर खोज कराइहि । जहँ तहँ मरकट कोटि पठाइहि ॥

हे नाथ ! उसके साथ मित्रता कर लीजिए और दीन जानकर उसे निडर कर दीजिए । जहाँ-तहाँ करोड़ों वानरों को भेजकर वह सीताजी की खोज करावेगा ॥२॥

Make friends with him, Lord, and knowing him to be humble, set his mind at rest. He will have Sita tracked by sending millions of monkeys in all directions.'

येहि बिधि सकल कथा समुझाई । लिए दुवौ जन पीठि चढ़ाई ॥
जब सुग्रीव राम कहुँ देखा । अतिसय जन्म धन्य करि लेखा ॥

इस तरह सारी बातें समझाकर हनुमान्‌जी ने दोनों जनों (राम-लक्ष्मण) को पीठ पर चढ़ा लिया । जब सुग्रीव ने श्रीरामचन्द्रजी को देखा तब उसने अपने जन्म को अत्यन्त धन्य समझा ॥३॥

Having thus explained the whole situation, he mounted both the brothers on his back (and took them to the place where Sugriva was). When Sugriva saw Rama, he thought it a great blessing to have been born.

सादर मिलेउ नाइ पद माथा । भेटेउ अनुज सहित रघुनाथा ॥
कपि कर मन बिचार येहि रीती । करिहहिं बिधि मो सन ए प्रीती ॥

चरणों में सिर झुकाकर सुग्रीव आदरपूर्वक मिले । श्रीरघुनाथजी भी छोटे भाई के साथ उनसे गले लगकर मिले । सुग्रीव के मन में इस प्रकार के विचार उठते हैं कि हे विधाता ! क्या ये मुझ (वानर) से प्रीति करेंगे ? ॥४॥

He greeted him with reverence and bowed his head before his feet; and Raghunatha and his brother embraced him in return. The monkey chief pondered thus within himself, 'Will they, O God, offer me their friendship ?'

दो. –तब हनुमंत उभय दिसि की सब कथा सुनाइ ।
पावक साखी देइ करि जोरी प्रीति दृढ़ाइ ॥४॥

तब हनुमान्‌जी ने दोनों पक्षों की सब कथा सुनाकर अग्नि को साक्षी रखकर प्रतिज्ञापूर्वक उनकी मैत्री करवा दी ॥४॥

Then Hanuman explained the circumstances of either side, and having installed the holy fire to bear witness, he concluded a firm alliance of mutual aid.

चौ. –कीन्हि प्रीति कछु बीच न राखा । लछिमन रामचरित सब भाषा ॥
कह सुग्रीव नयन भरि बारी । मिलिहि नाथ मिथिलेसकुमारी ॥

दोनों ने ऐसी प्रीति की कि कुछ भी अन्तर नहीं रखा । तब लक्ष्मणजी ने श्रीरामचन्द्रजी का सारा चरित कह सुनाया । सुग्रीव ने आँखों में अश्रु भरकर कहा – हे नाथ ! मिथिलेशकुमारी जानकीजी मिल जायँगी ॥१॥

When the friendship had been thus cemented, nothing was kept in reserve; Lakshmana narrated all the past history of Rama. Said Sugriva with tears in his eyes, 'The daughter of Janaka, Lord, will be recovered.

मंत्रिन्ह सहित इहाँ एक बारा । बैठ रहेउँ मैं करत बिचारा ॥
गगनपंथ देखी मैं जाता । परबस परी बहुत बिलपाता ॥

एक बार मन्त्रियों के साथ बैठा हुआ मैं यहाँ कुछ विचार कर रहा था, तब मैंने परवश पड़ी बहुत रोती-बिलखती सीताजी को आकाशमार्ग से जाते देखा था ॥२॥

I was sitting here one day with my ministers, absorbed in reflection, when I saw Sita helpless in the power of an enemy and being borne through the air, weeping piteously—

राम राम हा राम पुकारी । हमहि देखि दीन्हेउ पट डारी ॥
मागा राम तुरत तेहि दीन्हा । पट उर लाइ सोच अति कीन्हा ॥

उन्होंने 'राम ! राम ! हा राम !' पुकारकर और हमें यहाँ देखकर वस्त्र गिरा दिया था । जब श्रीरामजी ने उसे माँगा, तब सुग्रीव ने तुरंत ही दे दिया । वस्त्र को हृदय से लगाकर रामचन्द्रजी सोच में डूब गए ॥३॥

—and crying, "Rama ! Rama ! O Rama !" On seeing us here, she had dropped a garment.' When Rama asked for it, Sugriva handed him the robe at once. Rama pressed it to his bosom, deeply sorrowing.

कह सुग्रीव सुनहु रघुबीरा। तजहु सोच मन आनहु धीरा ॥
सब प्रकार करिहौं सेवकाई। जेहि बिधि मिलिहि जानकी आई ॥

सुग्रीव ने कहा – हे रघुवीर ! सुनिए ! चिन्ता न कीजिए और मन में धैर्य लाइए। मैं सब प्रकार से आपकी सेवा करूँगा और जानकीजी आकर आपको मिल जायँ, इसके लिए सारे उपाय करूँगा ! ॥४॥

Sugriva said, 'Listen, Raghubira; be not so distressed; take courage; I will do all I can to help you to recover Janaki.

दो. –सखाबचन सुनि हरषे कृपासिंधु बलसीव।
कारन कवन बसहु बन मोहि कहहु सुग्रीव ॥५॥

दया के सागर और बल की सीमा श्रीरामजी मित्र सुग्रीव के वचन सुनकर आनन्दित हुए (और बोले –) हे सुग्रीव ! मुझे बताओ, किस कारण तुम वन में रहते हो ? ॥५॥

The Almighty and All-merciful Lord rejoiced to hear his friend's words. 'Tell me, Sugriva,' he said, 'why do you dwell in the forest ?'

चौ. –नाथ बालि अरु मैं द्वौ भाई। प्रीति रही कछु बरनि न जाई ॥
मयसुत मायाबी तेहि नाऊँ। आवा सो प्रभु हमरे गाऊँ ॥

(सुग्रीव ने उत्तर दिया –) हे नाथ ! हम दो भाई हैं – बालि और मैं। हम दोनों में ऐसी (गाढ़ी) प्रीति थी कि उसका वर्णन नहीं किया जा सकता। हे प्रभो ! मय दानव का एक पुत्र था जिसका नाम मायावी था। एक बार वह हमारे गाँव आया ॥१॥

'Lord,' he replied, 'Bali and I are brothers. The deep affection that existed between us was past all telling. Once upon a time, O Lord, the son of the demon Maya, Mayavi by name, came to our city (Kishkindha).

अर्ध राति पुरद्वार पुकारा। बाली रिपुबल सहइ न पारा ॥
धावा बालि देखि सो भागा। मैं पुनि गएउँ बंधु सँग लागा ॥

उसने आधी रात को नगर के दरवाजे पर आकर ललकारा। शत्रु के बल (ललकार) को न सह सकने के कारण बालि दौड़ा। उसे देखकर मायावी भागा। मैं भी भाई के संग लगा हुआ चला गया ॥२॥

At midnight he shouted defiance at the city gate. Bali could brook no challenge from his enemy and sallied forth. But at the sight of him the demon took to flight. Now I too had accompanied my brother.

गिरिबर गुहा पैठ सो जाई। तब बाली मोहि कहा बुझाई ॥
परिखेसु मोहि एक पखवारा। नहि आवौं तब जानेसु मारा ॥

वह मायावी पहाड़ की एक गुफा में जा घुसा। तब बालि ने मुझे समझाकर कहा – तुम एक पखवाड़े तक मेरी बाट जोहना (मेरी प्रतीक्षा करना) ! यदि मैं उतने दिनों में लौट न आऊँ तो समझ लेना कि मैं मारा गया ॥३॥

The enemy went and entered a cave in the mountain. Then Bali charged me to wait for him for a fortnight, saying, "If I come not out, conclude that I have been slain."

मासदिवस तहँ रहेउँ खरारी। निसरी रुधिरधार तहँ भारी ॥
बालि हतेसि मोहि मारिहि आई। सिला देइ तहँ चलेउँ पराई ॥

हे खरारि ! मैं महीने भर वहाँ रहा। उस गुफा से रक्त की बड़ी भारी धारा निकली। मैंने समझा कि उसने बालि को मार डाला; अब वह आकर मुझे मार डालेगा। इसलिए गुफा के द्वार पर एक चट्टान लगाकर मैं भाग आया ॥४॥

When I had waited there for a whole month, O slayer of Khara, there flowed out from the cave a tremendous stream of blood. I therefore concluded that the demon had slain Bali and that he would come and kill me too. So I closed the mouth of the cave with a rock and fled.

मंत्रिन्ह पुर देखा बिनु साईं। दीन्हेउ मोहि राजु बरिआईं ॥
बाली ताहि मारि गृह आवा। देखि मोहि जिय भेद बढ़ावा ॥

जब मन्त्रियों ने नगर को बिना स्वामी के देखा तब उन्होंने मुझे जबर्दस्ती राज्य दे दिया। लेकिन बालि उसे मारकर घर आ गया। (राजसिंहासन पर) मुझे देखकर उसने जी में बहुत ही विरोध माना (उसने सोचा कि राज्य के लोभ से ही मैं गुफा के द्वार पर चट्टान रख आया था, जिससे कि वह बाहर न निकल सके) ॥५॥

When the ministers saw the city without a master, they forced the government upon me. When Bali, who had slain the demon, came home and saw me (installed on the throne), he nursed a grudge against me.

रिपु सम मोहि मारेसि अति भारी। हरि लीन्हेसि सर्बसु अरु नारी ॥
ताकें भय रघुबीर कृपाला। सकल भुवन मैं फिरेउँ बिहाला ॥

उसने शत्रु की तरह मुझे बहुत अधिक पीटा और मेरा सर्वस्व तो लिया ही, मेरी स्त्री को भी मुझसे छीन लिया। हे कृपालु रघुवीर ! उसके डर से मैं सभी लोकों में बेहाल होकर फिरता रहा ॥६॥

He gave me a sound beating as he would an enemy and robbed me of all I possessed, my wife as well. For fear of him, O gracious hero of Raghu's line, I wandered through all the worlds in a state of utter wretchedness,

इहाँ श्रापबस आवत नाहीं। तदपि सभीत रहौं मन माहीं॥
सुनि सेवकदुख दीनदयाला। फरकि उठीं द्वौ भुजा बिसाला॥

शाप के कारण वह यहाँ नहीं आता। तो भी मैं मन-ही-मन डरा-डरा रहता हूँ। सेवक के दुःख को सुनकर दीनदयाल श्रीरघुनाथजी की दोनों विशाल भुजाएँ फड़क उठीं॥७॥

—and though a curse prevents him from coming here, yet I am ill at ease in mind.' When the compassionate Lord heard of his devotee's distress, his two mighty arms throbbed fiercely.

दो.—सुनु सुग्रीव मारिहौं बालिहि एकहि बान।
ब्रह्म रुद्र सरनागत गए न उबरहि प्रान॥६॥

(उन्होंने कहा—) हे सुग्रीव! सुनो, मैं बालि को एक ही बाण से मार गिराऊँगा। यदि वह ब्रह्म और शिव की भी शरण जाय, तो भी उसके प्राण नहीं बच सकते॥६॥

'Listen, Sugriva,' he said; 'I will slay Bali with a single shaft! Though he take refuge in Brahma and Shiva, he shall not escape alive!

चौ.—जे न मित्रदुख होहिं दुखारी। तिन्हहि बिलोकत पातक भारी॥
निज दुख गिरि सम रज करि जाना। मित्र क दुख रज मेरु समाना॥

जो मित्र की व्यथा से व्यथित नहीं होते, उन्हें देखने से ही भारी पाप लगता है। पर्वत के समान अपने दुःख को धूल के समान और मित्र के धूल के समान दुःख को सुमेरु (पर्वत) के समान जानना चाहिए॥१॥

It is a flagrant sin even to look on those who are not distressed at the sight of a sorrowing friend; one should regard one's own troubles, though they be mountain-like, as of no more account than a mere particle of dust, but a friend's troubles, though really no bigger than a particle of dust, should be regarded as Mount Sumeru.

जिन्ह कें असि मति सहज न आई। ते सठ कत हठि करत मिताई॥
कुपथ निवारि सुपंथ चलावा। गुन प्रगटइ अवगुनन्हि दुरावा॥

जिन्हें स्वभाव से ही ऐसी बुद्धि नहीं मिली, वे मूर्ख हठ करके क्यों किसी से दोस्ती करते हैं? मित्र का यह धर्म है कि वह अपने सखा को बुरे रास्ते पर चलने से रोककर अच्छे मार्ग पर चलावे, उसके गुणों को प्रकट करे और दोषों को छिपावे॥२॥

Those fools who are not naturally endowed with such wisdom presume in vain to make friends with anybody. A friend should divert his companion from the path of evil and set his foot on the path of righteousness; he should proclaim his virtues and conceal his faults;

देत लेत मन संक न धरई। बल अनुमान सदा हित करई॥
बिपतिकाल कर सतगुन नेहा। श्रुति कह संत मित्र गुन एहा॥

देते-लेते हुए मन में सन्देह न करे। अपनी शक्ति के अनुसार सदा भलाई ही करता रहे और विपत्तिकाल में तो सदा सौगुना (अधिक) स्नेह करे। वेद कहते हैं कि ये ही संत मित्र के गुण हैं॥३॥

—he should give and take things without any distrust and serve his friend's interest with all his power and, in time of misfortune, love him a hundred times more than ever. The Vedas declare these to be the properties of a true friend.

आगे कह मृदु बचन बनाई। पाछे अनहित मन कुटिलाई॥
जाकर चित अहिगति सम भाई। अस कुमित्र परिहरेहि भलाई॥

जो सामने बना-बनाकर मीठी-मीठी बातें करता है और पीठ पीछे अहित करता है तथा मन में कुटिलता रखता है—हे भाई! जिसका मन साँप की गति के समान टेढ़ा-मेढ़ा है, ऐसे कुमित्र को तो छोड़ने में ही भलाई है॥४॥

But if a man contrives to speak fair words to one's face and harms one behind one's back, a man who harbours crookedness in his soul and whose mind is as tortuous as the movements of a snake, then, brother, it is worthwhile to forsake such a fair-weather friend.

सेवक सठ नृप कृपन कुनारी। कपटी मित्र सूल सम चारी॥
सखा सोच त्यागहु बल मोरें। सब बिधि घटब काज मैं तोरें॥

मूर्ख सेवक, कृपण (कंजूस) राजा, कुलटा स्त्री और कपटी सखा—ये चारों शूल जैसे (दुःखदायी) हैं। हे सखा! मेरे सहारे अब तुम चिन्ता त्याग दो। मैं सब प्रकार तुम्हारे काम आऊँगा!॥५॥

A stupid servant, a niggardly monarch, an adulterous wife and a false friend—these four are painful like a pike. Rely on me, my friend, and grieve no more, for I shall serve your cause in every way possible.'

कह सुग्रीव सुनहु रघुबीरा। बालि महाबल अति रनधीरा॥
दुंदभि अस्थि ताल देखराए। बिनु प्रयास रघुनाथ ढहाए॥

तब सुग्रीव ने कहा—हे रघुवीर! सुनिए, बालि महान् बलवान् और युद्ध में अत्यन्त धीर-वीर है। फिर सुग्रीव ने श्रीरामजी को दुन्दुभि राक्षस की अस्थियाँ और ताल के वृक्ष दिखलाये। श्रीरघुनाथजी ने उन्हें बिना किसी प्रयास के ही (आसानी से) ढहा दिया॥६॥

'Listen, Raghubira,' said Sugriva; 'Bali is very strong and is exceedingly resolute in battle.' He then showed him Dundubhi's bones and the seven palm-trees, but Raghunatha without an effort razed them to the ground.

देखि अमित बल बाढ़ी प्रीती। बालीबध की भै परतीती॥
बार बार नावइ पद सीसा। प्रभुहि जानि मन हरष कपीसा॥

श्रीरामजी के अपार बल को देखकर सुग्रीव का प्रेम बढ़ गया और उन्हें बालि के वध का विश्वास हो गया। वे बार-बार (प्रभु के) चरणों में सिर नवाने लगे। प्रभु को पहचानकर वानरराज सुग्रीव का मन हर्षित हो रहा था॥७॥

At this exhibition of immeasurable strength, Sugriva's affection for him grew all the more and he was now confident that he would slay Bali. Again and again he bowed his head before his feet and was delighted at heart, knowing him to be the Lord.

उपजा ग्यान बचन तब बोला। नाथकृपा मन भएउ अलोला॥
सुख संपति परिवार बड़ाई। सब परिहरि करिहौं सेवकाई॥

जब उन्हें ज्ञान हुआ, तब वे बोले—हे नाथ! आपकी कृपा से अब मेरा मन (जो अशांत था) स्थिर हो गया। सुख, सम्पत्ति, परिवार और बड़ाई (बड़प्पन) सबको तिलांजलि देकर मैं आपकी सेवा करूँगा॥८॥

Then, when the light of wisdom had thus dawned on him, he said, 'By your favour, Lord, my mind is set at rest. Renouncing pleasure, prosperity, kinsfolk, personal glory and all, I will do you service;

ए सब रामभगति के बाधक। कहहिं संत तव पद अवराधक॥
सत्रु मित्र सुख दुख जग माहीं। मायाकृत परमारथ नाहीं॥

कारण कि आपके चरणों की उपासना करनेवाले संत कहते हैं कि ये सब (सुख-सम्पत्ति, परिवार, बड़ाई आदि) राम-भक्ति के बाधक हैं। जगत् में जितने भी शत्रु-मित्र, सुख-दुःख (आदि द्वन्द्व) हैं, सब-के-सब माया द्वारा रचित हैं, परमार्थतः (वस्तुतः) नहीं हैं॥९॥

—for all these are insuperable hindrances to devotion to Rama (yourself), so declare the saints given to the worship of your feet. The dualities of friend and foe, joy and sorrow, are but effects of delusion in the world, not eternal realities.

बालि परम हित जासु प्रसादा। मिलेहु राम तुम्ह समन बिषादा॥
सपने जेहि सन होइ लराई। जागे समुझत मन सकुचाई॥

हे श्रीरामजी! बालि तो मेरा परम हितैषी है, जिसकी कृपा से शोक का निवारण करनेवाले आप मुझे मिल सके; और जिसके साथ यदि अब सपने में भी लड़ाई हो तो जागने पर उस (लड़ाई) की याद से मन में संकोच होगा (कि सपने में भी मैं उससे क्यों लड़ा)॥१०॥

Bali is my greatest friend, O Rama, for it is by his favour that I have met you, the redresser of sorrow. (Now that I know the truth,) I cannot even dream of fighting with him; if I do, I will feel ashamed of it on waking and coming to my senses. (I will be ashamed of the illusion of fighting with such a benefactor by whose favour I have met you.)

अब प्रभु कृपा करहु एहि भाती। सब तजि भजनु करौं दिनु राती॥
सुनि बिरागसंजुत कपिबानी। बोले बिहसि रामु धनुपानी॥

हे प्रभो! अब तो इस तरह कृपा कीजिए कि सब-कुछ तजकर मैं दिन-रात आपका ही भजन करूँ। सुग्रीव की वैराग्ययुक्त वाणी सुनकर हाथ में धनुष धारण करनेवाले श्रीरामजी मुसकराकर बोले—॥११॥

Now, Lord, do me this favour that I may renounce all to worship you day and night.' On hearing Sugriva's speech replete with dispassion, Rama with bow in hand smiled and said,

जो कछु कहेहु सत्य सब सोई। सखा बचन मम मृषा न होई॥
नट मर्कट इव सबहि नचावत। रामु खगेस बेद अस गावत॥

तुमने जो कुछ कहा, वह सब सत्य है; परंतु हे सखा! मेरा वचन असत्य नहीं होता (अर्थात् बालि का मारा जाना और तुम्हारा राजा होना निश्चित है)। (काकभुशुण्डि कहते हैं कि—) हे पक्षियों के राजा गरुड़! नट (मदारी) के बंदर की तरह श्रीरामजी सबको नचाते हैं, वेद ऐसा गाते हैं॥१२॥

'Whatever you have said is all true; yet my words, friend, can never fail.' Rama (says Kakabhushundi), O Garuda, makes all men dance even as a juggler would make his monkey dance—so declare the Vedas.

लै सुग्रीव संग रघुनाथा। चले चाप सायक गहि हाथा॥
तब रघुपति सुग्रीव पठावा। गर्जेसि जाइ निकट बल पावा॥

सुग्रीव को साथ लेकर और हाथों में धनुष-बाण धारणकर श्रीरघुनाथजी चल पड़े। तब रघुपति ने सुग्रीव को बालि के पास भेजा। वह (श्रीरामजी का) बल पाकर बालि के निकट जाकर गरजा॥१३॥

Then taking Sugriva with him, Raghunatha set off, carrying his bow and arrows in his hand. Then Raghupati sent Sugriva on ahead, who, strengthened by Rama, roared with all his might under the very nose of Bali.

सुनत बालि क्रोधातुर धावा। गहि कर चरन नारि समुझावा॥
सुनु पति जिन्हहि मिलेउ सुग्रीवा। ते द्वौ बंधु तेज बल सींवा॥

सुनते ही बालि क्रोध में आपे से बाहर हो वेग से दौड़ा। उसकी स्त्री (तारा) ने चरण पकड़कर उसे समझाया कि हे नाथ! सुनिए, जिनसे सुग्रीव की भेंट हुई है, वे दोनों भाई तेज और बल की पराकाष्ठा हैं॥१४॥

On hearing his roar, Bali sallied forth frantic with fury, but his wife clasped his feet and warned him: 'Listen, my lord ! The two brothers with whom Sugriva has made alliance are of unapproachable majesty and might.

कोसलेससुत लछिमन रामा। कालहु जीति सकहिं संग्रामा॥

वे कोसलपति दशरथजी के पुत्र राम और लक्ष्मण युद्ध में काल को भी जीत सकते हैं॥५॥

They are no other than Rama and Lakshmana, the sons of king Dasharath (the lord of Kosala), who can conquer Death himself in battle.'

दो.–कह बाली सुनु भीरु प्रिय समदरसी रघुनाथ।
जौं कदाचि मोहि मारहिं तौ पुनि होउँ सनाथ॥७॥

बालि ने कहा–हे भीरु प्रिये! सुनो, श्रीरघुनाथजी समदर्शी हैं। यदि कदाचित् मैं मारा गया तो भी मैं सनाथ हो जाऊँगा (मोक्ष पा लूँगा)॥७॥

Said Bali, 'Listen, my timid darling, Raghunatha is equally disposed toward all. Even if he slay me, I shall have found my Lord (and attain liberation from the bondage of fruitive activities).

चौ.–अस कहि चला महा अभिमानी। तृन समान सुग्रीवहि जानी॥
भिरे उभौ बाली अति तर्जा। मुठिका मारि महा धुनि गर्जा॥

ऐसा कहकर वह घोर अभिमानी बालि सुग्रीव को तिनका-जैसा जानकर चला। दोनों (परस्पर) भिड़ गए। बालि ने सुग्रीव को बहुत धमकाया और घूँसा मारकर जोर की ध्वनि करता हुआ गरजा॥१॥

So saying, he sallied forth in his great arrogance, caring not a straw for Sugriva. The two brothers closed with each other; Bali browbeat Sugriva and striking him with his fist, roared like a clap of thunder.

तब सुग्रीव बिकल होइ भागा। मुष्टिप्रहार बज्र सम लागा॥
मैं जो कहा रघुबीर कृपाला। बंधु न होइ मोर यह काला॥

तब सुग्रीव व्याकुल होकर भाग खड़ा हुआ। घूँसे की चोट उसे वज्र के समान लगी। (उसने आकर कहा–) हे कृपालु रघुवीर! मैंने आपसे कहा था न कि बालि मेरा भाई नहीं, काल है!॥२॥

Sugriva now fled in dismay (and returned to Rama); the blow from Bali's clenched fist had fallen on him like a thunderbolt. 'Did I not tell you, O merciful Raghubira,' he cried, 'that he is no brother of mine but Death himself ?'

एकरूप तुम्ह भ्राता दोऊ। तेहि भ्रम तें नहि मारेउँ सोऊ॥
कर परसा सुग्रीवसरीरा। तनु भा कुलिस गई सब पीरा॥

(तब श्रीरामजी ने कहा–) तुम दोनों भाई एकरूप हो। उसी भ्रम से मैंने उसे नहीं मारा। श्रीरामजी ने सुग्रीव के शरीर को हाथ से स्पर्श किया, जिससे उसका शरीर वज्र-जैसा हो गया और सारी पीड़ा जाती रही॥३॥

'You two brothers are so much alike,' said Rama, 'that for fear of mistake I did not shoot him.' He stroked Sugriva's body with his hand and lo ! it became as hard as a thunderbolt and he felt no more pain.

मेली कंठ सुमन कै माला। पठवा पुनि बल देइ बिसाला॥
पुनि नाना बिधि भई लराई। बिटप ओट देखहिं रघुराई॥

तब (श्रीरामजी ने सुग्रीव के) गले में फूलों की माला डाल दी और उसे बड़ा भारी बल देकर फिर भेजा। दोनों में पुनः तरह-तरह से युद्ध हुए। श्रीरघुनाथजी वृक्ष की ओट से सब देख रहे थे॥४॥

He cast about his neck a wreath of flowers and arming him with irresistible strength, sent him back once more. Again the battle raged, while Raghunatha watched them from behind a tree.

दो.–बहु छल बल सुग्रीव कर हिय हारा भय मानि।
मारा बालि राम तब हृदय माझ सर तानि॥८॥

सुग्रीव ने बहुत-से छल-बल तो किये, किंतु अन्ततः भय मानकर वह हृदय से हार बैठा। तब श्रीरामजी ने तानकर बालि के हृदय में बाण मारा॥८॥

Sugriva tried many a trick, but at last he lost heart and felt much alarmed. Then Rama drew his bow and struck Bali in the heart.

चौ.–परा बिकल महि सर के लागें। पुनि उठि बैठ देखि प्रभु आगें॥
स्याम गात सिर जटा बनाएँ। अरुन नयन सर चाप चढ़ाएँ॥

बाण के लगते ही वह पछाड़ खाकर धरती पर गिर पड़ा, लेकिन प्रभु श्रीरामचन्द्रजी को सामने देखकर वह फिर उठ बैठा। भगवान् का साँवला शरीर है, उन्होंने सिर पर जटाजूट बना रखा है, लाल नेत्र हैं, बाण लिये और धनुष चढ़ाये हुए हैं॥१॥

Struck by the shaft, Bali fell to the ground smarting with pain; but when he saw the Lord before him, he sat up. There stood before him the Lord himself, dark of hue, with his matted hair coiled on his head, dawn-bright eyes and the bow still drawn.

पुनि पुनि चितइ चरन चित दीन्हा। सुफल जन्म माना प्रभु चीन्हा॥
हृदय प्रीति मुख बचन कठोरा। बोला चितइ राम की ओरा॥

भगवान् की ओर बारंबार देखकर बालि ने अपने चित्त को उनके चरणों में लगा दिया। प्रभु को चीन्हकर उसने अपना जन्म सफल माना। उसके हृदय में तो प्रीति थी, परंतु मुख में कठोर वचन थे। उसने श्रीरामजी की ओर देखकर कहा–॥२॥

Gazing on him again and again, Bali laid his heart at his feet; now that he recognized the Lord he accounted his life blessed. Though there was devotion in his heart, the words on his lips were harsh; looking towards Rama he said,

धर्म हेतु अवतरेहु गोसाईं । मारेहु मोहि ब्याध की नाईं ॥
मैं बैरी सुग्रीव पिआरा । अवगुन कवन नाथ मोहि मारा ॥

हे गोसाईं ! आपने धर्म (की रक्षा) के लिए अवतार लिया है और मुझे व्याध की तरह (लुक-छिपकर) मारा । मैं वैरी और सुग्रीव प्यारा ! हे नाथ ! किस अपराध के कारण आपने मुझे मारा ? ॥३॥

'Though, my Lord, you have become incarnate for upholding righteousness, you have shot me like some huntsman ! Am I your adversary and Sugriva your friend ? For what fault, Lord, did you take my life ?'

अनुजबधू भगिनी सुतनारी । सुनु सठ कन्या सम ए चारी ॥
इन्हहि कुदृष्टि बिलोकै जोई । ताहि बधें कछु पाप न होई ॥

(श्रीरामजी ने उत्तर दिया —) हे मूर्ख ! सुन, छोटे भाई की पत्नी, बहन, पुत्र-वधू और कन्या — ये चारों एक समान हैं । इन्हें जो कोई बुरी नजर से देखता है, उसे वध करने में कुछ भी पाप नहीं होता ॥४॥

'Listen, O wretch,' said Rama; 'a younger brother's wife, a sister, a daughter-in-law and one's own daughter are all alike. Whoever looks upon these with a lustful eye may be slain without any sin.

मूढ़ तोहि अतिसय अभिमाना । नारिसिखावन करसि न काना ॥
मम भुज बल आश्रित तेहि जानी । मारा चहसि अधम अभिमानी ॥

हे मूढ़ ! तुझे बहुत अधिक अभिमान है । तूने अपनी स्त्री के सिखाने पर भी ध्यान नहीं दिया । सुग्रीव को मेरी भुजाओं के बल पर आश्रित जानकर भी, रे अधम अभिमानी ! तूने उसे मारना चाहा ! ॥५॥

Fool ! So boundless is your petty pride that you paid no heed to your wife's warning; and though you knew that your brother had taken refuge under the might of my arm, yet in your overweening arrogance you sought to kill him !'

दो. —सुनहु राम स्वामी सन चल न चातुरी मोरि ।
प्रभु अजहूँ मैं पापी अंतकाल गति तोरि ॥९॥

(बालि ने कहा —) हे श्रीरामजी ! सुनिए, (आप-जैसे) स्वामी से मेरी चालाकी नहीं चल सकती । हे प्रभो ! (बताइए तो सही,) अन्तकाल में आपकी शरण पाकर क्या मैं अब भी पापी ही रहा ? ॥९॥

'Listen, Rama,' said Bali; 'my craftiness cannot avail against a lord like you; but am I still a sinner, Lord, even though I have found shelter in you in my last hour ?'

चौ. —सुनत राम अति कोमल बानी । बालिसीस परसेउ निज पानी ॥
अचल करौं तनु राखहु प्राना । बालि कहा सुनु कृपानिधाना ॥

बालि के अति कोमल वचन सुनकर श्रीरामजी ने उसके सिर को अपने हाथ से स्पर्श किया (और कहा —) मैं तुम्हारे शरीर को अचल कर दूँ; तुम अपने प्राणों को बचा रखो ! बालि ने कहा — हे कृपानिधान ! सुनिए — ॥१॥

When Rama heard this most pathetic plea, he touched Bali's head with his own hands. 'I make your body immortal,' he said, 'retain your life.' Said Bali, 'Listen, most gracious Lord;

जन्म जन्म मुनि जतनु कराहीं । अंत राम कहि आवत नाहीं ॥
जासु नाम बल संकर कासी । देत सबहि सम गति अबिनासी ॥

यद्यपि मुनिगण जन्म-जन्म तक (नाना प्रकार के) यत्न करते रहते हैं, फिर भी अन्तकाल में उनके मुख से रामनाम नहीं निकलता । जिनके नाम के बल से शंकरजी काशी में सबको समान अविनाशिनी गति (मोक्ष) देते हैं, — ॥२॥

—sages continue their efforts in their successive lives, yet at the last moment they fail to utter the name of Rama. But he by the power of whose name Shankara at Kashi bestows the gift of salvation on all alike,

मम लोचन गोचर सोइ आवा । बहुरि कि प्रभु अस बनिहि बनावा ॥

मेरे नेत्रों के सामने स्वयं वही (श्रीरघुनाथजी) विराजमान हो गए हैं । हे प्रभो ! क्या ऐसा संयोग फिर कभी बन सकेगा ? ॥३॥

—has appeared in visible form before my eyes ! Can I ever. Lord, get such an opportunity again ?

छं. —सो नयनगोचर जासु गुन नित नेति कहि श्रुति गावहीं ।
जिति पवन मन गो निरस करि मुनि ध्यान कबहुँक पावहीं ॥
मोहि जानि अति अभिमान बस प्रभु कहेउ राखु सरीरही ।
अस कवन सठ हठि काटि सुरतरु बारि करिहि बबूरही ॥१॥

श्रुतियाँ 'नेति-नेति' (=इतना ही नहीं है, यही नहीं है जो हमने कहा, इसकी इति नहीं) कहकर जिनका सदा गुणगान करती हैं और प्राण तथा मन को जीतकर एवं इन्द्रियों को नीरस (रूप, रस, गंध, शब्द और स्पर्श, इन पंचविषयों से विरक्त) बनाकर मुनि लोग जिन्हें कभी कहीं ध्यान में पाते हैं, वे ही प्रभु मेरे सामने विराजमान हैं, मेरे नेत्रों के विषय हुए हैं । मुझे अत्यन्त अभिमान के वश जानकर आपने कहा कि अपने शरीर को रख । ऐसा कौन मूर्ख होगा जो हठ से कल्पवृक्ष को काटकर उससे बबूल की बारी बनावेगा (अर्थात् कल्पवृक्ष से बबूल के वृक्ष को रूँधेगा, आपको छोड़कर अपने क्षणभंगुर शरीर की रक्षा चाहेगा) ? ॥१॥

He whose praises the Vedas ever hymn as "Not thus"; he whom the sages are scarcely able to perceive in their meditation even after they have controlled their breath, subdued their minds and freed their various senses from passion—he has appeared in visible form before my eyes. Knowing me to be the victim of excessive arrogance, the Lord has bidden me retain my body; but who would be such a fool as to insist on cutting down the tree of Paradise to fence about a mere acacia ?

अब नाथ करि करुना बिलोकहु देहु जो बर मागऊँ ।
जेहि जोनि जन्मौं कर्मबस तहँ रामपद अनुरागऊँ ॥
यह तनय मम सम बिनय बल कल्यानप्रद प्रभु लीजिए ।
गहि बाह सुर नर नाह आपन दास अंगद कीजिए ॥२॥

हे नाथ ! अब करुणा करके (मेरी ओर) देखिए और मैं जो वर माँगता हूँ, उसे दीजिए । कर्म के वश में होकर जिस योनि में मेरा जन्म हो, उसी में राम-पद में मेरा अनुराग हो । हे प्रभो ! हे कल्याणदाता ! यह मेरा पुत्र विनय और बल में मेरे ही समान है । इसकी बाँह पकड़ लीजिए (इसे स्वीकार कीजिए) और हे सुर-नर-नाथ ! इस अंगद को अपना दास बनाइए ! ॥२॥

Now, my Lord, look on me with compassion and grant me the boon I ask: whatever the womb in which it be my fate to be born, may I be devoted to Rama's feet. O my Lord, bestower of all blessings, this my son Angad is humble and strong like myself; grasp him by the hand, accept him, O king of gods and men, and make him your own servant.'

दो. –रामचरन दृढ़ प्रीति करि बालि कीन्ह तनुत्याग ।
सुमनमाल जिमि कंठ तें गिरत न जानै नाग ॥१०॥

जिस तरह हाथी अपने गले से फूलों की माला का गिरना नहीं जानता, उसी तरह श्रीरामजी के चरणों में दृढ़ प्रीति करके बालि ने अपने शरीर का (आसानी से) त्याग कर दिया (उसे शरीर-त्याग का कुछ भी दुःख न हुआ) ॥१०॥

After adoring Rama's feet with unshakable devotion Bali dropped his body as placidly as when a garland of flowers drops from an elephant's neck without his knowing it.

चौ. –राम बालि निज धाम पठावा । नगर लोग सब ब्याकुल धावा ॥
नाना बिधि बिलाप कर तारा । छूटे केस न देह सँभारा ॥

श्रीरामचन्द्रजी ने बालि को परमधाम (साकेत, वैकुंठ) भेज दिया (जिससे वह वानर-शरीर छोड़कर परमहंसों को भी दुर्लभ परमपद को प्राप्त हुआ) । नगरवासी व्याकुल होकर दौड़े और तारा अनेक प्रकार से विलाप करने लगी । उसके बाल छूटे (बिखरे) हुए हैं और देह सँभाली नहीं जाती ॥१॥

Rama sent Bali to his own abode. The people of the city ran in dismay, and Tara with dishevelled hair and a body she could scarcely steady broke forth into wild lamentation.

तारा बिकल देखि रघुराया । दीन्ह ग्यान हरि लीन्ही माया ॥
छिति जल पावक गगन समीरा । पंच रचित अति अधम सरीरा ॥

तारा को शोक-विकल देखकर श्रीरघुनाथजी ने उसे ज्ञान दिया और (इस प्रकार) उसकी माया (अज्ञान) हर ली । (उन्होंने कहा –) यह अत्यन्त अधम शरीर पृथ्वी, जल, अग्नि, आकाश और वायु – इन पाँच तत्त्वों से रचा गया है ॥२॥

Seeing Tara so deeply agitated, Raghunatha enlightened her and dispersed her delusion: 'Made up of the five elements, *viz.*, earth, water, fire, ether and air, this body is extremely vile.

प्रगट सो तनु तव आगे सोवा । जीव नित्य केहि लगि तुम्ह रोवा ॥
उपजा ग्यान चरन तब लागी । लीन्हेसि परम भगति बर मागी ॥

(पंचभूतों से बना) वह शरीर तुम्हारे आगे प्रत्यक्ष सोया हुआ है, लेकिन जीव नित्य है, फिर तुम किसके लिए रोती हो ? जब तारा को ज्ञान हुआ, तब वह श्रीरामजी के चरणों में लगी और उसने वर माँगकर परम भक्ति ले ली ॥३॥

The mortal frame lies buried in eternal sleep before your eyes, but the soul is imperishable. For whom, then, do you lament ?' When the light of wisdom dawned on her, she embraced his feet and chose the boon of supreme devotion.

उमा दारुजोषित की नाईं । सबहि नचावत रामु गोसाईं ॥
तब सुग्रीवहि आएसु दीन्हा । मृतककर्म बिधिवत सब कीन्हा ॥

(शिवजी कहते हैं –) हे उमा ! स्वामी श्रीरामजी सबको कठपुतली की नाईं नचाते हैं । तब श्रीरामजी ने सुग्रीव को आज्ञा दी । उसने सारे मृतक-कर्म विधिवत् सम्पन्न किये ॥४॥

(Says Shiva—) The almighty Rama, O Uma, makes all dance like so many marionettes. Then at Rama's bidding Sugriva performed all the funerary rites with due ceremony.

राम कहा अनुजहि समुझाई । राजु देहु सुग्रीवहि जाई ॥
रघुपतिचरन नाइ करि माथा । चले सकल प्रेरित रघुनाथा ॥

तब श्रीरामचन्द्रजी ने लक्ष्मण को समझाकर कहा कि तुम जाकर सुग्रीव को (किष्किन्धा का) राज्य दे दो । श्रीरघुनाथजी की प्रेरणा से सब लोग उनके चरणों में सिर नवाकर चले ॥५॥

He next instructed his brother (Lakshmana) to go and crown Sugriva king. Bowing their heads at Raghunatha's feet, they all departed in obedience to his orders.

दो. –लछिमन तुरत बोलाए पुरजन बिप्रसमाज ।
राजु दीन्ह सुग्रीव कहुँ अंगद कहुँ जुवराज ॥११॥

लक्ष्मणजी ने शीघ्र ही सब नगरवासियों और ब्राह्मणों के समाज को बुलाया और (सबके सामने) सुग्रीव को राज्य तथा अंगद को युवराज-पद दिया ॥११॥

Lakshmana immediately called together the citizens and all the Brahmans, and (in their presence) invested Sugriva with the sovereignty, with Angad as Crown Prince.

चौ. –उमा राम सम हित जग माहीं । गुरु पितु मातु बंधु प्रभु नाहीं ॥
सुर नर मुनि सब कें यह रीती । स्वारथ लागि करहिं सब प्रीती ॥

(शंकरजी कहते हैं –) हे उमा ! संसार में श्रीरामजी के समान हितकारी गुरु, पिता, माता, भाई और स्वामी कोई नहीं है । देवता, मनुष्य, मुनि आदि सबकी यह रीति है कि स्वार्थ के कारण ही सब प्रीति करते हैं ॥१॥

There is no such benefactor as Rama in the world, O Uma, no *guru*, father, mother, brother or master. It is the usual practice for gods, men and sages to make friends with motives of self interest;

बालित्रास ब्याकुल दिन राती । तन बहु ब्रन चिंता जर छाती ॥
सोइ सुग्रीव कीन्ह कपिराऊ । अति कृपाल रघुबीरसुभाऊ ॥

जो (सुग्रीव) बालि के भय से दिन-रात अशान्त रहता था, जिसके शरीर में बहुत से घाव हो गए थे और जिसकी छाती चिन्ता के मारे जला करती थी, उसी सुग्रीव को श्रीरामजी ने कपिराज बना दिया । रघुवीर का स्वभाव (सचमुच) अत्यन्त कृपालु है ॥२॥

—but Raghubira, from mere natural kindliness, made Sugriva king of the monkeys—Sugriva who trembled day and night in fear of Bali, who had many a wound on his body and whose heart ever burnt with the fire of anxiety.

जानतहूँ अस प्रभु परिहरहीं । काहे न बिपतिजाल नर परहीं ॥
पुनि सुग्रीवहि लीन्ह बोलाई । बहु प्रकार नृपनीति सिखाई ॥

जानते हुए भी जो लोग ऐसे प्रभु को छोड़ देते हैं, वे विपत्ति के जाल में क्यों न जा गिरें ? फिर श्रीरामजी ने सुग्रीव को बुलवा लिया और बहुत प्रकार से उन्हें नृपनीति (राजनीति) की शिक्षा दी ॥३॥

Mustn't those who knowingly abandon such a Lord be caught in the meshes of calamity ? The Lord then sent for Sugriva and instructed him in the various principles of statecraft.

कह प्रभु सुनु सुग्रीव हरीसा । पुर न जाउँ दस चारि बरीसा ॥
गत ग्रीषम बरषा रितु आई । रहिहौं निकट सैल पर छाई ॥

प्रभु श्रीरामजी ने कहा – हे वानरराज सुग्रीव ! सुनो, मैं चौदह वर्षपर्यंत किसी गाँव में नहीं जाऊँगा । अब ग्रीष्मऋतु बीत गई है और वर्षाऋतु का आगमन हो चुका है, अतः मैं पास ही पर्वत पर कुटी छाकर निवास करूँगा – ॥४॥

'Listen, O Sugriva, king of the monkey race,' said the Lord; 'I shall not enter a city for fourteen years. The hot season is now over and the rains have set in. I shall therefore encamp on the hills not far from you.

अंगद सहित करहु तुम्ह राजू । संतत हृदय धरेहु मम काजू ॥
जब सुग्रीव भवन फिरि आए । रामु प्रबरषन गिरि पर छाए ॥

अंगद के साथ तुम राज्य करो, परन्तु मेरे काम का हृदय में सदैव ध्यान रखना । तत्पश्चात् जब सुग्रीवजी घर लौट आये, तब श्रीरामजी प्रवर्षण पर्वत पर जाकर रहने लगे ॥५॥

Do you with Angad rule the kingdom, but remain ever mindful of my mission.' When Sugriva returned to his palace, Rama encamped on the Pravarshana hills,

दो. –प्रथमहि देवन्ह गिरिगुहा राखेउ रुचिर बनाइ ।
रामु कृपानिधि कछु दिन बास करहिंगे आइ ॥१२॥

यह सोचकर कि कृपानिधि श्रीरामचन्द्रजी यहाँ आकर कुछ दिन निवास करेंगे, देवताओं ने पहले से ही उस पर्वत की एक गुफा को सजा रखा था ॥१२॥

—where the gods had already kept ready a delightful mountain cave, knowing that the All-merciful Rama would come and stay there for some days.

चौ. –सुंदर बन कुसुमित अति सोभा । गुंजत मधुपनिकर मधुलोभा ॥
कंद मूल फल पत्र सुहाए । भए बहुत जब तें प्रभु आए ॥

फूलों से लदा हुआ सुन्दर वन अत्यन्त सुशोभित है । भौंरों के समूह मधु के लोभ से गुंजार कर रहे हैं । जबसे प्रभु पधारे, तभी से सुन्दर कन्द, मूल, फल और पत्तों की भरमार हो गयी ॥१॥

The magnificent forest laden with flowers presented a most splendid sight with its swarms of bees humming, greedy for honey. Delightful bulbs and roots and fruit and leaves grew in profusion from the time the Lord came there.

देखि मनोहर सैल अनूपा । रहे तहँ अनुज सहित सुरभूपा ॥
मधुकर खग मृग तनु धरि देवा । करहिं सिद्ध मुनि प्रभु कै सेवा ॥

चित्त को चुरानेवाले उस अनुपम पर्वत को देखकर सुरों के सम्राट् श्रीरामजी छोटे भाई लक्ष्मण के साथ वहाँ रह गए। देवता, सिद्ध और मुनि भौंरों, पक्षियों और वन्य पशुओं के शरीर धारणकर प्रभु की सेवा करने लगे ॥२॥

Seeing the hill incomparable in beauty, Rama, the Lord of gods, rested there with his younger brother. Gods, adepts and hermits, disguised as bees and birds and beasts, did service to their Lord.

मंगलरूप भएउ बन तब तें। कीन्ह निवास रमापति जब तें॥
फटिकसिला अति सुभ्र सुहाई। सुख आसीन तहाँ द्वौ भाई॥

जबसे लक्ष्मीपति श्रीरामजी ने वहाँ निवास किया, तबसे वह वन मङ्गलरूप हो गया। स्फटिक मणि की एक अत्यन्त उज्ज्वल सुन्दर शिला है। उसपर दोनों भाई सुखपूर्वक विराजमान हैं ॥३॥

From the time that Rama the lord of Lakshmi took up his abode there, the forest became a picture of felicity. There on a bright and glistening crystal rock the two brothers sat at ease.

कहत अनुज सन कथा अनेका। भगति बिरति नृपनीति बिबेका॥
बरषाकाल मेघ नभ छाए। गर्जत लागत परम सुहाए॥

श्रीरामचन्द्रजी छोटे भाई लक्ष्मण से भक्ति, वैराग्य, राजनीति और विवेक की अनेक (शिक्षाप्रद) कथाएँ कहते हैं। वर्षाऋतु में आकाश में छाये हुए मेघ गर्जन करते हुए बहुत ही आकर्षक लगते हैं ॥४॥

Rama related to his younger brother many a tale inculcating devotion, dispassion, statecraft and spiritual wisdom. As the rains had set in, the sky was canopied with clouds, which looked very pleasant with their frequent thunder.

दो. –लछिमन देखु मोरगन नाचत बारिद पेखि।
गृही बिरतिरत हरष जस बिष्नुभगत कहुँ देखि ॥१३॥

(श्रीरामजी कहते हैं –) हे लक्ष्मण! देखो, मोरों के समूह मेघों को देखकर (आनन्दातिरेक में) नाच रहे हैं, जैसे वैराग्य में प्रेम रखनेवाले गृहस्थ किसी विष्णुभक्त को देखकर आनन्दित होते हैं ॥१३॥

Says Rama—'See Lakshmana, how the peacocks dance at the sight of the clouds, just as a householder devoted to dispassion rejoices when he finds a true believer in Vishnu.

चौ. –घन घमंड नभ गर्जत घोरा। प्रियाहीन डरपत मन मोरा॥
दामिनि दमक रह न घन माहीं। खल कै प्रीति जथा थिर नाहीं॥

आसमान में मेघ उमड़-घुमड़कर (गर्व के साथ) घोर गर्जन कर रहे हैं। प्रिया (सीताजी) के बिना मेरा मन डर रहा है। बिजली की चमक बादलों में नहीं ठहरती, जैसे दुष्टों की प्रीति स्थिर नहीं रहती ॥१॥

The clouds gather and thunder deafeningly in the sky, but my darling is gone and my heart is afraid. The lightning flashes fitfully in the clouds, fickle as a villain's friendship.

बरषहिं जलद भूमि निअराएँ। जथा नवहिं बुध बिद्या पाएँ॥
बुंद अघात सहहिं गिरि कैसें। खल के बचन संत सह जैसें॥

बादल पृथ्वी के निकट आकर (नीचे झुककर) बरस रहे हैं, जैसे विद्या पाकर विद्वान् नम्र हो जाते हैं। बूँदों की चोट को पर्वत वैसे ही सहते हैं जैसे दुष्ट के वचनों को संत ॥२॥

The clouds pour forth their rain, cleaving close to the earth, like the learned stooping beneath accumulated lore. The hills endure the buffeting of the raindrops, even as good men put up with the taunts of the wicked.

छुद्र नदीं भरि चलीं तोराई। जस थोरेहु धन खल इतराई॥
भूमि परत भा ढाबर पानी। जनु जीवहि माया लपटानी॥

छोटी-छोटी नदियाँ भरकर वेग से (या किनारों को तोड़ती हुई, उमड़कर) वैसे ही चलीं जैसे थोड़े ही धन से खल प्राणी इतरा उठते हैं – गर्व करने लगते हैं। पृथ्वी पर पड़ते ही पानी गँदला हो गया है, मानो जीव से माया लिपट गई है (और वह मलिन हो गया है)। (माया की जड़ता से जीव जड़-सा हो जाता है और अपने को देह मानने लगता है। समुद्ररूपी हरि से भिन्न होकर जीव जबतक गर्भ में रहता है, उसे अपने स्वरूप का ज्ञान रहता है; भूमि पर पड़ते ही रज लिपट जाती है और वह मलिन हो जाता है।) ॥३॥

The swelling streamlets rush proudly along (bursting their banks), like mean men puffed up with a small fortune. No sooner does the water touch the ground than it becomes foul, like the individual soul (*jiva*) caught in the web of illusion!

समिटि समिटि जलँ भरहिं तलावा। जिमि सदगुन सज्जन पहि आवा॥
सरिताजल जलनिधि महुँ जाई। होइ अचल जिमि जिव हरि पाई॥

इकट्ठा हो-होकर जल तालाबों में वैसे ही भर रहा है जैसे सद्गुण (एक-एककर) सज्जनों के पास आकर एकत्र हो जाते हैं। नदी का जल समुद्र में जाकर वैसे ही गतिहीन हो जाता है जैसे जीव श्रीहरि को पाकर अचल (जन्म-मरण से मुक्त) हो जाता है ॥४॥

Continuously is the rain water gathering and filling the ponds, even as virtues find their way into the heart of a noble soul. The waters of the streams flow into the sea where they lie motionless like an individual soul that has found (the plenitude of) Hari.

दो. –हरित भूमि तृनसंकुल समुझि परहि नहि पंथ ।
जिमि पाषंडबाद तें गुप्त होहिं सदग्रंथ ॥१४॥

धरती घास से भरकर हरी हो गयी है, जिससे रास्ते वैसे ही दीख नहीं पड़ते, जैसे पाखण्डवाद के प्रचार से उत्तम ग्रन्थों का लोप हो जाता है ॥१४॥

The green earth is so choked with grass that the tracks cannot be distinguished, just as sacred books are obscured by the dissemination of heretical doctrines.

चौ. –दादुरधुनि चहुँ दिसाँ सुहाई । बेद पढ़हिं जनु बटु समुदाई ॥
नव पल्लव भये बिटप अनेका । साधकमन जस मिलें बिबेका ॥

चारों दिशाओं में (होनेवाली) मेंढकों की ध्वनि ऐसी सुहावनी लगती है मानो ब्रह्मचारियों के समूह वेद-पाठ कर रहे हों । अनेक वृक्षों में नये-नये पत्ते निकल आए हैं, जिससे वे ऐसे सुन्दर और हरे-भरे हो गए हैं जैसे साधक का मन ज्ञान की प्राप्ति पर हो जाता है ॥१॥

On every side is heard the delightful croaking of the frogs, which reminds one of a batch of celibates[1] chanting the Vedas. Clothed with new leaves, the trees of different species look as green and cheerful as the minds of aspirants who have attained spiritual wisdom.

अर्क जवास पात बिनु भएऊ । जस सुराज खल उद्यम गएऊ ॥
खोजत कतहुँ मिलइ नहि धूरी । करै क्रोध जिमि धरमहि दूरी ॥

मदार और जवासा बिना पत्तों के हो गए, जैसे श्रेष्ठ राज्य में दुष्टों का धन्धा नष्ट हो जाता है । कहीं खोजने से भी धूल नहीं मिलती, जैसे क्रोध करने से धर्म लुप्त हो जाता है ॥२॥

The *aka* and *javasa* have shed their leaves, as in a well-governed kingdom the schemes of the wicked never come to fruition. Search as you like, nowhere is dust to be traced, as righteousness is put out of sight by wrath.

ससिसंपन्न सोह महि कैसी । उपकारी कै संपति जैसी ॥
निसि तम घन खद्योत बिराजा । जनु दंभिन्ह कर मिला समाजा ॥

खेती से हरी-भरी पृथ्वी वैसी ही शोभा दे रही है जैसी शोभा उपकारी पुरुषों की सम्पत्ति देती है । रात के घने अन्धकार में जुगनू शोभित हो रहे हैं, मानो दम्भियों का समूह ही आ जुटा हो ॥३॥

The earth with its wealth of crops makes as goodly a sight as the riches of a generous man. In the thick darkness of the night the fireflies gleam like a mustered band of hypocrites.

महा बृष्टि चलि फूटि किआरीं । जिमि सुतंत्र भयें बिगरहिं नारी ॥
कृषी निरावहिं चतुर किसाना । जिमि बुध तजहिं मोह मद माना ॥

घनघोर वर्षा के कारण खेतों की क्यारियाँ फूट चली हैं, जैसे स्वतन्त्र होकर स्त्रियाँ बिगड़ जाती हैं । चतुर किसान खेतों को निरा रहे हैं (घास-फूस से खेतों को साफ कर रहे हैं), जैसे विद्वान् लोग मोह, मद और मान को त्याग देते हैं ॥४॥

The borders of the fields have been breached by the pelting rains like women spoiled by freedom. Clever farmers weed their land, just as the wise rid themselves of infatuation, vanity and pride.

देखिअत चक्रवाक खग नाहीं । कलिहि पाइ जिमि धर्म पराहीं ॥
ऊषर बरषे तृन नहि जामा । जिमि हरिजन जिय उपज न कामा ॥

(बरसात में) चक्रवाक पक्षी वैसे ही दिखायी नहीं देते जैसे कलियुग के आ जाने पर धर्म भाग जाते हैं । ऊसर भूमि में पानी बरसने पर भी घास नहीं उगती, जैसे हरिभक्त के हृदय में काम-वासनाएँ नहीं उत्पन्न होतीं ॥५॥

The *chakava* is no more to be seen, just as righteousness disappears at the coming of the Kaliyuga (iron age). However much it may rain, not a blade of grass sprouts on barren ground, just as lust takes no root in the heart of Hari's votary.

बिबिध जंतु संकुल महि भ्राजा । प्रजा बाढ़ जिमि पाइ सुराजा ॥
जहँ तहँ रहे पथिक थकि नाना । जिमि इंद्रियगन उपजें ज्ञाना ॥

अनेक प्रकार के जीव-जन्तुओं से भरी हुई पृथ्वी उसी तरह शोभायमान है जिस तरह अच्छे राजा को पाकर प्रजा की वृद्धि होती है और फिर (प्रजा-वृद्धि से) राजा की शोभा होती है । अनेक पथिक थककर जहाँ-तहाँ वैसे ही ठहर गए हैं जैसे ज्ञान उत्पन्न होने पर इन्द्रियों की चंचलता रुक जाती है ॥६॥

The earth gleams with swarms of creatures of every kind; so the subjects multiply in a well-ordered realm. Here and there rests many a weary wayfarer, like a man's bodily senses at the dawning of wisdom.

दो. –कबहुँ प्रबल बह मारुत जहँ तहँ मेघ बिलाहिं ।
जिमि कपूत कें उपजें कुल सद्धर्म नसाहिं ॥१५(क)॥

कभी-कभी हवा बड़े जोर से बहने लगती है जिससे बादल जहाँ-तहाँ वैसे ही छिन्न-भिन्न हो जाते हैं जैसे कुपुत्र के उत्पन्न होने से कुल के उत्तम धर्म नष्ट-भ्रष्ट हो जाते हैं ॥१५(क)॥

Sometimes a strong wind blows and scatters the clouds in all directions, like the birth of an

1. *Brahmachari*: celibate; one who belongs to the first of the four Ashramas or orders of life; one who lives in purity and studies the Vedas.

unworthy son, who destroys all the noble traditions of his family.

कबहुँ दिवस महु निबिड़ तम कबहुँक प्रगट पतंग ।
बिनसइ उपजइ ग्यान जिमि पाइ कुसंग सुसंग ॥१५(ख)॥

कभी तो (बादलों के कारण) दिन में ही घोर अँधेरा छा जाता है और कभी सूर्य प्रकट हो जाते हैं (प्रकाश हो जाता है) जैसे कुसंगति पाकर ज्ञान नष्ट हो जाता है और सत्संग पाकर उत्पन्न हो जाता है ।१५(ख)॥

There is at times thick darkness in the day and at times bright sunshine, just as wisdom is ruined by bad company and brought into existence by the company of the good.

चौ. –बरषा बिगत सरद रितु आई । लछिमन देखहु परम सुहाई ॥
फूले कास सकल महि छाई । जनु बरषाँ कृत प्रगट बुढ़ाई ॥

हे लक्ष्मण ! देखो, वर्षाऋतु बीत गयी और अत्यन्त सुहावनी शरद्‌ऋतु आ गयी । फूले हुए काँसों से समस्त पृथ्वी छा गयी, मानो वर्षाऋतु ने (काँसरूपी सफेद बालों के रूप में) अपनी वृद्धावस्था प्रकट की है ॥१॥

But see, Lakshmana ! The rains are over and autumn has returned. How exquisitely beautiful it is ! All the earth is carpeted with flowering *kansha* (silver) grass, as though the rainy season were exposing its old age.

उदित अगस्ति पंथजल सोखा । जिमि लोभहि सोखै संतोषा ॥
सरिता सर निर्मल जल सोहा । संतहृदय जस गत मद मोहा ॥

अगस्त्य नामक तारे के उदय होने से मार्ग का जल ऐसे सूख गया है जैसे सन्तोष लोभ को सोख लेता है । नदियों और तालाबों में निर्मल जल ऐसी शोभा दे रहा है जैसे मद और मोह से रहित संतों का हृदय (शोभा देता है) ॥२॥

The constellation Agastya (*i.e.*, Canopus) has risen and dried up the water on the roads, as contentment swallows greed. The pure, limpid water of the rivers and the lakes looks as charming as a saint's heart that knows no vanity and infatuation.

रस रस सूख सरित सर पानी । ममतात्याग करहिं जिमि ग्यानी ॥
जानि सरद रितु खंजन आए । पाइ समय जिमि सुकृत सुहाए ॥

नदियों और तालाबों का पानी धीरे-धीरे सूख रहा है जैसे ज्ञानी धीरे-धीरे ममता का त्याग करते हैं । शरद्‌ऋतु जानकर खंजन पक्षी ऐसे आ गए हैं जैसे समय पाकर सुन्दर पुण्य प्रकट हो जाते हैं (उनके फल दिखायी पड़ते हैं) ॥३॥

By slow degrees the water of the streams and lakes is drying up even as the enlightened gradually shake off all notions of mineness (*mamata*). Knowing that the autumn has set in, the wagtails have made their appearance, like the welcome fruit of one's meritorious deeds at the appointed time.

पंक न रेनु सोह असि धरनी । नीतिनिपुन नृप कै जसि करनी ॥
जलसंकोच बिकल भइ मीना । अबुध कुटुंबी जिमि धनहीना ॥

धरती पर न तो कहीं कीचड़ है और न धूल; इससे वह ऐसी शोभा दे रही है जैसे नीतिनिपुण राजा की करनी ! जल की कमी होने से मछलियाँ व्याकुल हो रही हैं, जैसे मूर्ख कुटुम्बी निर्धन होने से व्याकुल होता है ॥४॥

Free from mud and dust, the earth looks as bright and beautiful as the administration of a monarch well-versed in governance. The fish are distressed by the diminishing waters, like a foolish householder by the loss of his wealth.

बिनु घन निर्मल सोह अकासा । हरिजन इव परिहरि सब आसा ॥
कहुँ कहुँ बृष्टि सारदी थोरी । कोउ एक पाव भगति जिमि मोरी ॥

बादलों के नहीं रहने से निर्मल आकाश ऐसा शोभित हो रहा है जैसे भगवद्भक्त सब आशाओं को त्यागकर सुशोभित होते हैं । कहीं-कहीं शरद्‌ऋतु की थोड़ी-थोड़ी वर्षा हो जाती है, जैसे मेरी भक्ति विरले को ही मिलती है ॥५॥

The cloudless sky shines as bright as a devotee of Hari, who has abandoned trust in every other master. Here and there falls a light autumn shower, like those few who are fortunate enough to acquire faith in me.

दो. –चले हरषि तजि नगर नृप तापस बनिक भिखारि ।
जिमि हरिभगति पाइ श्रम तजहिं आश्रमी चारि ॥१६॥

(शरद्‌ऋतु में) राजा, तपस्वी, व्यापारी और भिखारी (क्रमशः विजय, तपस्या, व्यापार और भिक्षाटन के लिए) हर्षित हो नगर छोड़कर वैसे ही चले जैसे भगवान् की भक्ति पाकर चारों आश्रमवाले (आश्रम के) श्रमों (दुःखों) को छोड़ देते हैं ॥१६॥

Now kings and ascetics, merchants and mendicants are gladly leaving the city (kings for extending their dominions, ascetics in search of a suitable place for undertaking austerities, merchants for carrying on their trade, and mendicants for begging alms), even as men of the four orders give up their labours once they have attained to faith in Hari.

चौ. –सुखी मीन जे नीर अगाधा । जिमि हरिसरन न एकौ बाधा ॥
फूले कमल सोह सर कैसा । निर्गुन ब्रह्म सगुन भएँ जैसा ॥

वे मछलियाँ सुखी हैं जो अथाह जल में हैं, जैसे भगवान् की शरण में चले जाने पर एक भी बाधा नहीं रहती (भक्त सुखी हो जाता है)। कमलों के फूलने से तालाब वैसे ही शोभित हो रहा है जैसे निर्गुण ब्रह्म सगुण होने पर शोभित होता है ॥१॥

Happy indeed are the fish where the water is deep, like those who experience no hardship when they take refuge in Hari. Lovely are the lakes with their full-blown lotuses like the impersonal, attributeless Absolute become personal (*i.e.*, endowed with qualities like mercy, omnipotence, omniscience, etc., as distinguished from the undifferentiated Absolute).

गुंजत मधुकर मुखर अनूपा। सुंदर खगरव नाना रूपा॥
चक्रवाकमन दुख निसि पेखी। जिमि दुर्जन परसंपति देखी॥

अनुपम शब्द करते हुए भौंरे गूँज रहे हैं तथा पक्षी नाना प्रकार के सुन्दर शब्द कर रहे हैं। रात को देखकर चकवे के मन में वैसा ही दुःख हो रहा है जैसा दूसरे की सम्पत्ति देखकर दुर्जनों को होता है ॥२॥

The bees are making a humming sound which possesses a unique melody of its own and the birds a charming concert of diverse sounds; the *chakava* is sad at heart to see the night, just as a mean man is grieved at the sight of another's prosperity.

चातक रटत तृषा अति ओही। जिमि सुख लहइ न संकरद्रोही॥
सरदातप निसि ससि अपहरई। संतदरस जिमि पातक टरई॥

पपीहा रट लगाये रहता है और उसकी तीव्र प्यास नहीं बुझती, जैसे श्रीशंकरजी का द्रोही सुख नहीं पाता (सुख के लिए तरसता रहता है)। शरद्ऋतु के ताप को रात के समय चन्द्रमा हर लेता है जैसे संतों के दर्शन से पाप टल जाते हैं ॥३॥

The cuckoo cries out in its agony of excessive thirst, like an enemy of Shankara who knows no peace. The moon by night subdues the autumn heat, just as the sight of a holy man drives away sin.

देखि इंदु चकोरसमुदाई। चितवहिं जिमि हरिजन हरि पाई॥
मसक दंस बीते हिमत्रासा। जिमि द्विजद्रोह किएँ कुलनासा॥

चकोरों के समूहों ने चन्द्रमा को देखकर वैसे ही टकटकी लगा रखी है जैसे भगवद्भक्त हरि को पाकर (निर्निमेष नेत्रों से) उनके दर्शन करते हैं। मच्छर और डाँस जाड़े के डर से वैसे ही नष्ट हो गए जैसे ब्राह्मण के साथ द्वेष करने से कुल नष्ट हो जाता है ॥४॥

Looking up at the moon, flocks of partridges fix their gaze upon it, even as Hari's worshippers gaze on Hari when they find him. Mosquitoes and gadflies have perished for fear of the winter frost, just as hostility to Brahmans brings ruin to a family.

दो. –भूमि जीवसंकुल रहे गए सरद रितु पाइ।
सदगुर मिलें जाहिं जिमि संसय भ्रम समुदाइ ॥१७॥

(बरसात में) पृथ्वी पर जो जीव-जन्तु भर गए थे, वे शरद्ऋतु के आगमन से वैसे ही नष्ट हो गए जैसे सद्गुरु के मिल जाने पर संदेह और भ्रम के समूह मिट जाते हैं ॥१७॥

The insects that swarmed upon the earth have perished with the advent of the autumn, just as a man who has found a holy *guru* is rid of all doubt and error.

चौ. –बरषा गत निर्मल रितु आई। सुधि न तात सीता कै पाई॥
एक बार कैसेहुँ सुधि जानौं। कालहु जीति निमिष महु आनौं॥

वर्षा बीत गयी और निर्मल शरद्ऋतु भी आ गयी। परंतु हे तात! सीता की कोई खबर मुझे नहीं मिली! एक बार मैं किसी प्रकार भी सीता का पता पाऊँ तो काल को भी पराजित कर पलभर में उसे ले आऊँ ॥१॥

The rains are over and the clear season of autumn has arrived; yet, brother, we have no news of Sita. If I could once know of her whereabouts, however it might be, I would conquer Death himself and recover her in an instant.

कतहु रहौ जौ जीवति होई। तात जतनु करि आनौं सोई॥
सुग्रीवहु सुधि मोरि बिसारी। पावा राज कोस पुर नारी॥

हे तात! वह चाहे कहीं भी रहे, यदि जीती होगी तो प्रयत्न करके मैं उसे अवश्य ले आऊँगा। सुग्रीव ने भी राज्य, खजाना, नगर और स्त्री पाकर मेरी सुध भुला दी ॥२॥

Wherever she may be, if only she still lives, brother, I would strive to bring her back. Now that Sugriva has got a kingdom, a treasury, the amenities of city life and his own spouse, he has quite forgotten me.

जेहि सायक मारा मैं बाली। तेहि सर हतउँ मूढ़ कहँु काली॥
जासु कृपाँ छूटहिं मद मोहा। ता कहुँ उमा कि सपनेहु कोहा॥

जिस बाण से मैंने बालि को मारा था, उसी बाण से कल उस मूढ़ को भी मारूँगा। (शिवजी कहते हैं –) हे उमा! जिनकी कृपा से मद और मोह छूट जाते हैं, क्या उन श्रीराघव को कहीं स्वप्न में भी क्रोध हो सकता है? (कभी नहीं, यह तो विरह-विह्वल नर की लीला है।) ॥३॥

Tomorrow I shall slay the fool with that same arrow with which I slew Bali.' Could he, Uma, whose very grace rids one of pride and infatuation, ever dream of being angry ?

जानहिं यह चरित्र मुनि ग्यानी। जिन्ह रघुबीरचरन रति मानी॥
लछिमन क्रोधवंत प्रभु जाना। धनुष चढ़ाइ गहे कर बाना॥

जिन्होंने श्रीरघुनाथजी के चरणों में प्रीति जोड़ ली है, वे ज्ञानी मुनि ही इस चरित्र (रहस्य) को जानते हैं। जब लक्ष्मणजी ने प्रभु को कुपित जाना, तब उन्होंने धनुष चढ़ाया और हाथ में बाण लिया ॥४॥

Only enlightened sages who have a hearty devotion to the feet of Raghunatha can comprehend the mystery of these actions of his. When Lakshmana found the Lord angry, he strung his bow and grasped his arrows.

दो.—तब अनुजहि समुझावा रघुपति करुनासींव।
भय देखाइ लै आवहु तात सखा सुग्रीव ॥१८॥

तब करुणा की सीमा श्रीरघुनाथजी ने लक्ष्मणजी को समझाया कि हे तात! सुग्रीव सखा है, उसे केवल भय दिखलाकर यहाँ ले आओ (उसे मारना नहीं) ॥१८॥

Then Raghunatha, whose compassion knew no limits, instructed his brother, saying, 'Sugriva is our friend, brother; only threaten him and bring him here.'

चौ.—इहाँ पवनसुत हृदय बिचारा। रामकाजु सुग्रीवँ बिसारा॥
निकट जाइ चरनन्हि सिरु नावा। चारिहु बिधि तेहि कहि समुझावा॥

यहाँ (किष्किन्धा में) पवनपुत्र (श्रीहनुमान्‌जी) ने हृदय में सोचा कि सुग्रीव ने श्रीरामजी के कार्य को भुला दिया। उन्होंने सुग्रीव के पास जाकर चरणों में प्रणाम किया और (साम, दान, दण्ड और भेद) इन चारों तरह से कहकर उन्हें समझाया ॥१॥

There (at Kishkindha) Hanuman, the Son of the Wind, thought to himself, 'Sugriva has forgotten the task entrusted to him by Rama.' So approaching Sugriva, he bowed his head at his feet and admonished him by employing all the four modes of conduct.

सुनि सुग्रीवँ परम भय माना। बिषयँ मोर हरि लीन्हेउ ग्याना॥
अब मारुतसुत दूतसमूहा। पठवहु जहँ तहँ बानरजूहा॥

यह सब सुनकर सुग्रीव बहुत भयभीत हुआ। (उसने कहा—) विषय-वासनाओं ने मेरे ज्ञान को हर लिया था। अब हे पवनपुत्र! तुम दूतों के दल को वहाँ भेजो जहाँ वानरों के समूह रहते हैं ॥२॥

Hearing all this, Sugriva was stricken with terror; he said, 'Gross sensuality has robbed me of my senses. Now, O Son of the Wind, despatch a multitude of envoys to all the monkeys wherever they may be

कहेहु पाख महुँ आव न जोई। मोरें कर ता कर बध होई॥
तब हनुमंत बोलाए दूता। सब कर करि सनमान बहूता॥

उनसे कहना कि जो एक पखवाड़े में (पंद्रह दिनों में) न आवेगा, उसका मेरे हाथों वध होगा। तब हनुमान्‌जी ने दूतों को बुलाया और उन सबका बहुत सम्मान कर— ॥३॥

—and have it proclaimed that anyone who is not back in a fortnight shall meet death at my hand.' Whereupon Hanuman sent for the envoys, and after showing them all special honour—

भय अरु प्रीति नीति देखराई। चले सकल चरनन्हि सिर नाई॥
एहि अवसर लछिमनु पुर आए। क्रोध देखि जहँ तहँ कपि धाए॥

(सबको) भय, प्रीति और नीति दिखलायी। वे सब वानर चरणों में सिर झुकाकर चले। इसी अवसर पर लक्ष्मणजी भी नगर में आ पहुँचे। उनके क्रोध को देखकर बंदर जहाँ-तहाँ भाग खड़े हुए ॥४॥

—he employed threats and blandishments and diplomacy. They all bowed their heads at his feet and set forth. Just at that moment Lakshmana entered the city; seeing that he was angry, the monkeys fled in all directions.

दो.—धनुष चढ़ाइ कहा तब जारि करउँ पुर छार।
ब्याकुल नगरु देखि तब आयउ बालिकुमार ॥१९॥

तब लक्ष्मणजी ने धनुष चढ़ाकर कहा कि मैं नगर को जलाकर अभी भस्म कर दूँगा। इस पर सारे नगर को व्याकुल देखकर बालिपुत्र अंगद (उनके पास) आये ॥१९॥

Lakshmana then strung his bow and said, 'I shall burn the city to ashes!' Thereupon came Bali's son, Angad, seeing that the whole city was in dismay.

चौ.—चरन नाइ सिरु बिनती कीन्ही। लछिमन अभय बाँह तेहि दीन्ही॥
क्रोधवंत लछिमन सुनि काना। कह कपीस अति भयँ अकुलाना॥

उसने लक्ष्मणजी के चरणों में सिर नवाकर प्रार्थना की। तब उन्होंने उसे अभय बाँह दी (भुजा उठाकर कहा कि डरो मत)। अपने कानों से लक्ष्मणजी को क्रुद्ध सुनकर वानरों के राजा सुग्रीव ने भय से अत्यन्त व्याकुल होकर कहा— ॥१॥

He bowed his head at Lakshmana's feet and made humble petition, whereupon Lakshmana extended to him his protecting arms. But when the Monkey King heard of Lakshmana's wrath, he was terribly distracted with fear and said,

सुनु हनुमंत संग लै तारा। करि बिनती समुझाउ कुमारा॥
तारा सहित जाइ हनुमाना। चरन बंदि प्रभु सुजसु बखाना॥

हे हनुमान् ! सुनो, तुम तारा को साथ लेकर जाओ और विनती करके राजकुमार लक्ष्मण को समझाओ (शान्त करो)। तारा के साथ जाकर हनुमानजी ने लक्ष्मणजी के चरणों की वन्दना की और प्रभु के सुन्दर यश का गान किया ॥२॥

'Listen, Hanuman; take Tara with you and with suppliant prayers placate the prince.' Hanuman went with Tara and doing homage to his feet, hymned the Lord's praises.

करि बिनती मंदिर लै आए। चरन पखारि पलँग बैठाए॥
तब कपीस चरनन्हि सिरु नावा। गहि भुज लछिमन कंठ लगावा॥

और फिर प्रार्थना करके वे उन्हें महल में ले आये और वहाँ पाँव पखारकर उन्हें पलंग पर बिठाया। (जब लक्ष्मणजी शान्त हुए) तब वानरराज सुग्रीव ने उनके चरणों में प्रणाम किया और लक्ष्मणजी ने हाथ पकड़कर उन्हें गले से लगा लिया ॥३॥

With much supplication he conducted the prince to the palace and after washing his feet, seated him on a couch. Then the monkey lord (Sugriva) bowed his head at the prince's feet, while Lakshmana took him by the arm and embraced him.

नाथ बिषय सम मद कछु नाहीं। मुनिमन मोह करै छन माहीं॥
सुनत बिनीत बचन सुख पावा। लछिमन तेहि बहु बिधि समुझावा॥

(सुग्रीव ने कहा –) हे नाथ ! विषयों के समान (अहित करनेवाला) और कोई मद नहीं है। यह क्षणभर में मुनियों के मन में भी मोह उत्पन्न कर देता है (फिर हम वानर तो विषयी जीव ही ठहरे) ! सुग्रीव के विनम्र वचन सुनकर लक्ष्मणजी सुखी हुए और उन्होंने उनको तरह-तरह से समझाया ॥४॥

'Lord,' said Sugriva, 'there is nothing so intoxicating as the objects of enjoyment, which in an instant infatuate the soul of a sage.' Lakshmana was pleased with his humble apology and reassured him in many ways.

पवनतनय सब कथा सुनाई। जेहि बिधि गए दूतसमुदाई॥

तब जिस प्रकार दूतों के समूह भेजे गए थे, पवनसुत हनुमान्जी ने वह सब उन्हें समाचार कहा ॥५॥

Then the Son of the Wind, Hanuman, told him all that had been done and how a multitude of envoys had been despatched.

दो. –हरषि चले सुग्रीव तब अंगदादि कपि साथ।
रामानुज आगे करि आए जहँ रघुनाथ ॥२०॥

तब अंगद आदि वानरों को साथ लेकर और लक्ष्मणजी को आगे करके सुग्रीव हर्षित हो चल पड़ें और वहाँ आये जहाँ रघुनाथजी थे ॥२०॥

Accompanied by Angad and the other monkeys and placing Rama's younger brother at the head, Sugriva joyfully set out and came to Raghunatha.

चौ. –नाइ चरन सिरु कह कर जोरी। नाथ मोहि कछु नाहिन खोरी॥
अतिसय प्रबल देव तव माया। छूटै राम करहु जौ दाया॥

श्रीरघुनाथजीं के चरणों में सिर झुकाकर और हाथ जोड़कर सुग्रीव ने कहा – हे नाथ ! मेरा कुछ भी दोष नहीं है। हे देव ! आपकी माया अत्यन्त प्रबल है ! जब आप दया करते हैं, तभी हे राम ! वह छूटती है ॥१॥

Sugriva bowed his head at Rama's feet and cried, cupping his hands in reverence, 'Lord, it has been no fault of mine. Exceedingly powerful, O Lord, is your illusive power, which withdraws itself only when you, O Rama, show mercy.

बिषयबस्य सुर नर मुनि स्वामी। मैं पावर पसु कपि अतिकामी॥
नारिनयन सर जाहि न लागा। घोर क्रोध तम निसि जो जागा॥

हे स्वामी ! देवता, मनुष्य और मुनि सभी तो विषयों के वशीभूत हैं। फिर मैं तो नीच पशु और पशुओं में भी अत्यन्त कामी बंदर हूँ। जिसे स्त्री का नयन-बाण नहीं लगा, जो क्रोधरूपी घोर अँधेरी रात में भी जागता रहता है – ॥२॥

Gods, men and sages, master, are all slaves of their senses, and I am but a wretched animal, a monkey, the most libidinous of animals. He who is not transfixed by the shaft of a woman's eye, he who remains wakeful through the dark night of fierce passion,

लोभपास जेहि गर न बँधाया। सो नर तुम्ह समान रघुराया॥
येह गुन साधन तें नहि होई। तुम्हरी कृपा पाव कोइ कोई॥

और जिसने लोभ के फन्दे से अपना गला नहीं बँधाया, हे रघुनाथजी ! वह मनुष्य आपके ही समान है। ये गुण साधनों से नहीं प्राप्त होते, आपकी कृपा से कोई-कोई ही इन्हें पाते हैं ॥३॥

—and who lets not his neck be encircled by the noose of covetousness is your equal, O Raghunatha ! It is a virtue not attainable by personal endeavour; it is only by your grace that a few acquire it.'

तब रघुपति बोले मुसुकाई। तुम्ह प्रिय मोहि भरत जिमि भाई॥
अब सोइ जतनु करहु मन लाई। जेहि बिधि सीता कै सुधि पाई॥

तब श्रीरघुनाथजी मुसकराकर बोले – हे भाई ! तुम मुझे भरत की तरह प्रिय हो। अब तुम मन लगाकर वही यत्न करो जिससे सीता की खबर मिले ! ॥४॥

Then with a smile, Raghunatha spoke to Sugriva, 'You are, brother, as dear to me as Bharata ! Now then, with all your heart endeavour to get tidings of Sita.'

दो. –येहि बिधि होत बतकही आए बानरजूथ ।
नाना बरन सकल दिसि देखिअ कीसबरूथ ॥२१॥

इस प्रकार बातचीत हो ही रही थी कि वानरों के झुंड आ पहुँचे । जिधर देखिए उधर ही (सब दिशाओं में) अनेक रंगों के बन्दरों के झुंड दिखाई पड़ने लगे ॥२१॥

While they were thus conversing, multitudes of monkeys arrived; throngs of monkeys of every hue could be seen here, there and everywhere.

चौ. –बानरकटक उमा मैं देखा । सो मूरुख जो करन चहे लेखा ॥
आइ रामपद नावहिं माथा । निरखि बदनु सब होहिं सनाथा ॥

(शिवजी कहते हैं –) हे उमा ! मैंने वानरों की वह सेना देखी थी । वह मूर्ख है जो उनकी गिनती करना चाहे । सब वानर आ-आकर श्रीरामजी के चरणों में नतमस्तक हो प्रणाम करते हैं और श्रीमुख के दर्शन से सनाथ (कृतार्थ) होते हैं ॥१॥

I myself, Uma, saw the army of monkeys; only a fool would try to count them. They came and bowed their heads at Rama's feet and found their Lord in him when they saw his face.

अस कपि एक न सेना माहीं । राम कुसल जेहि पूछी नाहीं ॥
येह कछु नहि प्रभु कइ अधिकाई । बिस्वरूप ब्यापक रघुराई ॥

उस (विशाल) सेना में एक भी ऐसा वानर न था जिससे श्रीरामजी ने कुशल न पूछी हो । प्रभु के लिए यह कोई बड़ी बात नहीं है, क्योंकि श्रीरघुनाथजी विश्वरूप तथा सर्व-व्यापक हैं ॥२॥

In the whole host there was not one single monkey after whose well-being Rama did not ask. This was no great marvel for my master, Raghunatha, of cosmic form[1] and omnipresent.

ठाढ़े जहँ तहँ आएसु पाई । कह सुग्रीव सबहि समुझाई ॥
रामकाजु अरु मोर निहोरा । बानरजूथ जाहु चहुँ ओरा ॥

हुक्म पाकर सब वानर जहाँ-तहाँ खड़े हो गए । तब सुग्रीव ने सबको समझाकर कहा कि हे वानरवृंद ! यह श्रीरामचन्द्रजी का कार्य है और मेरा निहोरा (अनुरोध); तुम सभी दिशाओं में जाओ ॥३॥

They stood in martial array at the word of command and Sugriva exhorted them all: 'I commission you to do Rama's work; therefore, you monkey squadrons, go forth in every direction;

जनकसुता कहुँ खोजहु जाई । मासदिवस महु आएहु भाई ॥
अवधि मेटि जो बिनु सुधि पाएँ । आवइ बनिहि सो मोहि मराएँ ॥

और जाकर सीताजी का पता लगाओ । हे भाई ! महीनेभर में लौटकर आ जाना । जो (महीनेभर की) अवधि बिताकर सीताजी की खबर पाये बिना ही लौट आवेगा, मुझे उसका वध करवाना ही पड़ेगा ! ॥४॥

— go, search for Janaka's daughter and return, my brothers, within a month. He who comes back after that period without any news shall die at my hands.'

दो. –बचन सुनत सब बानर जहँ तहँ चले तुरंत ।
तब सुग्रीव बोलाए अंगद नल हनुमंत ॥२२॥

(सुग्रीव के) वचन सुनते ही (जब) सब वानर तुरंत जहाँ-तहाँ चल दिए, तब सुग्रीव ने अंगद, नल, हनुमान् आदि वीरों को बुलाया ॥२२॥

Hearing these words and driven by Sugriva's command, the monkeys set out at once in every direction. Sugriva then summoned Angad, Nala and Hanuman—

चौ. –सुनहु नील अंगद हनुमाना । जामवंत मतिधीर सुजाना ॥
सकल सुभट मिलि दक्षिन जाहू । सीतासुधि पूछेहु सब काहू ॥

(और कहा –) हे स्थिरबुद्धि और चतुर नील, अंगद, जाम्बवान् और हनुमान् ! तुम सब शूरवीर मिलकर दक्षिण (दिशा को) जाओ और सब किसी से सीताजी का समाचार पूछो ! ॥१॥

— and said, 'Listen, O Nila, Angad, Jambavan and Hanuman, resolute and sagacious champions all, go you together to the south and inquire of everyone you meet the whereabouts of Sita.

मन क्रम बचन सो जतनु बिचारेहु । रामचंद्र कर काजु सँवारेहु ॥
भानु पीठि सेइअ उर आगी । स्वामिहि सर्बभाव छल त्यागी ॥

मन, कर्म तथा वचन से वही यत्न विचारें (उपाय सोचें) और श्रीरामचन्द्रजी का कार्य सम्पन्न करें । सूर्य का पीठ से और अग्नि का हृदय से[1] सेवन करना चाहिए, परन्तु स्वामी की सेवा तो छल छोड़कर पूरी आत्मा[2] से करनी चाहिए ॥२॥

Let every thought and word and deed be applied to devising some ways of accomplishing Rama's

---

1. The universe is the cosmic form of the Supreme Lord. "The physical nature," says Krishna in the *Bhagavad-Gita* (VIII.4), "is known to be endlessly mutable. The universe is the cosmic form of the Supreme Lord, and I am that Lord represented as the Super Soul, dwelling in the heart of every embodied being."

१. धूप तापने में सूर्य की ओर पीठ करके बैठने की रीति है और आग तापने में अग्नि के सम्मुख बैठने की रीति । (सूर्य का सेवन पीछे से और अग्नि का आगे से करते हैं ।)
२. सर्वभाव = पूरी सत्ता; पूरी आत्मा ।

purpose. One must wait on the sun with one's back turned towards it and on fire with the breast facing it; but a master must be served with one's whole being, without any subterfuges.

तजि माया सेइअ परलोका। मिटहिं सकल भवसंभव सोका॥
देह धरे कर येह फलु भाई। भजिअ राम सब काम बिहाई॥

माया (ममता-आसक्ति) त्यागकर परलोक का सेवन (भगवत्सेवन) करना चाहिए, जिससे जन्म-मरण से उत्पन्न सारे शोक-संताप मिट जायँ। हे भाई! शरीर धारण करने का यही फल है कि सब कामों (कामनाओं) को छोड़कर श्रीरामजी का ही भजन-आराधन किया जाय!॥३॥

One must turn from things illusory (mine-ness and attachment) and be devoted to things spiritual, so shall all the cares connected with birth and death be destroyed. The consummation of human birth, brothers, lies in forsaking all worldly desires and worshipping Rama only.

सोइ गुनग्य सोई बड़भागी। जो रघुबीरचरन अनुरागी॥
आएसु मागि चरन सिरु नाई। चले हरषि सुमिरत रघुराई॥

वही गुणों को पहचाननेवाला (गुणवान्) और बड़ा भाग्यशाली है जो श्रीरघुनाथजी के चरणों का प्रेमी हो। (यह सुनते ही) आज्ञा माँगकर और चरणों में सिर नवाकर सब वानर श्रीरघुनाथजी का स्मरण करते हुए प्रसन्न होकर चले॥४॥

He only is truly discriminative and greatly blessed who is devoted to Raghunatha's feet.' Taking leave of Sugriva and bowing their heads at his feet, the monkeys set out rejoicing with their thoughts fixed on Raghunatha.

पाछे पवनतनय सिरु नावा। जानि काजु प्रभु निकट बोलावा॥
परसा सीस सरोरुह पानी। करमुद्रिका दीन्हि जन जानी॥

(सबसे) पीछे पवनसुत (श्रीहनुमान्जी) ने सिर नवाया। यह जानकर कि उनसे ही मेरा काम होगा, प्रभु ने उन्हें अपने पास बुलाया। उन्होंने अपने कर-कमलों से उनके सिर का स्पर्श किया तथा अपना भक्त जानकर उन्हें (अपने) हाथ की अँगूठी दी॥५॥

The last to make obeisance was Hanuman (the Son of the Wind). The Lord, knowing that his work was going to be accomplished by him, called him to himself. He touched his head with his lotus hands and recognizing him to be his devotee gave him the ring from his finger and said,

बहु प्रकार सीतहि समुझाएहु। कहि बल बिरह बेगि तुम्ह आएहु॥
हनुमँत जन्म सुफल करि माना। चलेउ हृदय धरि कृपानिधाना॥

(और कहा—) बहुत प्रकार से सीता को समझाना-बुझाना और मेरे बलएवं विरह को कहकर तुम शीघ्र लौट आना। हनुमान्जी ने (यह सुनकर) अपना जन्म सफल समझा और वे कृपानिधान प्रभु को हृदय में रखकर चले॥६॥

'Do what you can to comfort Sita; tell her of my might and the agony I endure in her absence and return with all speed.' Upon hearing this, Hanuman considered his life blest and set out with the image of the All-merciful enshrined in his heart.

जद्यपि प्रभु जानत सब बाता। राजनीति राखत सुरत्राता॥

देवताओं के रक्षक प्रभु यद्यपि सब बातें जानते हैं, तो भी वे राजनीति की रक्षा कर रहे हैं। (मनुष्य की तरह राजनीति से चल रहे हैं। रावण ने देवताओं का अपमान किया है इसलिए उन्हीं देवताओं के वानर-शरीर से वे उससे बदला लेंगे—इस कारण यहाँ उनका 'सुरत्राता' कहा जाना कितना सटीक है! राजनीति यह भी बतलाती है कि युद्ध करने के पहले दूत भेजकर शत्रु का समाचार ले लेना चाहिए।)॥७॥

Although the Lord knew everything, yet as protector of the gods he respected the recognized principles of statecraft.

दो.—चले सकल बन खोजत सरिता सर गिरि खोह।
रामकाज लयलीन मन बिसरा तन कर छोह॥२३॥

सब वानर वनों, नदियों, तालाबों, पर्वतों और पर्वतों की कन्दराओं को ढूँढ़ते हुए चले जा रहे हैं। उनका मन श्रीरामजी के काम में लवलीन है और उन्हें शरीर तक का ममत्व बिसर गया है॥२३॥

All the monkeys went forth, ransacking woods and streams and lakes and hills and ravines with their minds so wholly absorbed in Rama's concerns that they forgot all about their own bodily needs,

चौ.—कतहुँ होइ निसिचर सैं भेंटा। प्रान लेहिं एक एक चपेटा॥
बहु प्रकार गिरि कानन हेरहिं। कोउ मुनि मिलै ताहि सब घेरहिं॥

यदि कहीं किसी राक्षस से उनकी भेंट हो जाती है तो एक-एक चपत में ही उसके प्राण ले लेते हैं। वे पर्वतों और वनों को बहुत प्रकार से खोजते हैं। यदि कोई मुनि मिल जाता है तो (सीताजी का पता लेने के लिए) उसे सब घेर लेते हैं॥१॥

Whenever they came across a demon they would take his life with a single blow. They looked into every recess of forest and hill; and if they met a hermit, they would all crowd round him.

लागि तृषा अतिसय अकुलाने। मिलै न जल घन गहन भुलाने॥
मन हनुमान कीन्ह अनुमाना। मरन चहत सब बिनु जलपाना॥

बहुत प्यास लगने से सब वानर अत्यन्त व्याकुल हो गए, किन्तु कहीं जल न मिला। सघन वन में सब भुला गए। तब हनुमान्‌जी ने अपने मन में अनुमान किया कि जल पिये बिना सब वानर मरना ही चाहते हैं ॥२॥

Presently they felt much oppressed with thirst, and losing their way in the dense forest, could find no water. Hanuman thought to himself that without water to drink they were all likely to perish.

चढ़ि गिरिसिखर चहूँ दिसि देखा। भूमिबिबर एक कउतुक पेखा॥
चक्रबाक बक हंस उड़ाहीं। बहुतक खग प्रबिसहिं तेहि माहीं॥

उन्होंने पहाड़ के शिखर पर चढ़कर चारों ओर देखा तो पृथ्वी के अंदर एक खोह में उन्हें एक आश्चर्य दिखायी पड़ा। उस (गुफा) के ऊपर चकवे, बगुले और हंस उड़ रहे हैं और उसमें बहुत-से पक्षी प्रवेश कर रहे हैं ॥३॥

So he climbed a hill top and looked all round, and in a gaping hole in the earth saw a strange phenomenon. *Chakavas*, herons and swans hovered at its mouth and a great number of other birds were making their way into it.

गिरि तें उतरि पवनसुत आवा। सब कहुँ लै सोइ बिबर देखावा॥
आगें कै हनुमंतहि लीन्हा। पैठे बिबर बिलंबु न कीन्हा॥

पवनपुत्र हनुमान्‌जी पहाड़ से उतर आये और सबको ले जाकर (उन्हें भी) उन्होंने वह गुफा दिखलायी। (वानर-दल ने) हनुमान्‌जी को आगे कर लिया और वे उस कंदरा में घुस गए, विलंब नहीं किया ॥४॥

Coming down from the hill, the Son of the Wind brought all the monkeys and showed them the cavern. They put Hanuman at their head and entered the cave without delay.

दो.—दीख जाइ उपबन बर सर बिगसित बहु कंज।
मंदिर एक रुचिर तहँ बैठि नारि तपपुंज ॥२४॥

वानरों ने भीतर जाकर देखा कि एक उत्तम उपवन (बगीचा) और सरोवर है, जिसमें बहुत-से कमल खिले हुए हैं और वहीं एक सुन्दर मन्दिर भी है, जिसमें एक तपोमूर्ति स्त्री बैठी है ॥२४॥

Going further inside, they saw a lovely garden and a lake covered with full-blown lotuses; and there, too, was a magnificent temple where sat a woman who was austerity incarnate.

चौ.—दूरि तें ताहि सबन्हि सिरु नावा। पूछें निज बृत्तांत सुनावा॥
तेहि तब कहा करहु जलपाना। खाहु सुरस सुंदर फल नाना॥

दूर से ही सबने उसे प्रणाम किया और उसके पूछने पर अपना सब समाचार कह सुनाया। तब उस तपस्विनी ने कहा — पहले जलपान करो और अनेक रसीले सुन्दर फल खाओ ॥१॥

They all bowed their heads to her from a distance and in response to her request explained their circumstances. She then said, 'Drink and eat every kind of luscious and beautiful fruit.'

मज्जनु कीन्ह मधुर फल खाए। तासु निकट पुनि सब चलि आए॥
तेहि सब आपनि कथा सुनाई। मैं अब जाब जहाँ रघुराई॥

(यह सुनकर) सभी वानरों ने स्नान किया, मीठे फल खाये और फिर सब उसके पास चले आये। तब उसने अपनी सम्पूर्ण कथा सुनायी (और कहा —) मैं अब वहाँ जाऊँगी जहाँ श्रीरघुनाथजी हैं ॥२॥

They all bathed and ate the delicious fruit and then all came and drew near to her while she related to them her own story and added, 'I will now go and visit Raghunatha.

मूँदहु नयन बिबर तजि जाहू। पैहहु सीतहि जनि पछिताहू॥
नयन मूँदि पुनि देखहिं बीरा। ठाढ़े सकल सिंधु के तीरा॥

तुम लोग अपनी-अपनी आँखें मूँद लो और गुफा को छोड़कर बाहर निकल जाओ। सीताजी को पाने में तुम्हें सफलता मिलेगी, पछताओ मत (निराश न होओ)! आँखें मूँदकर फिर जब उन्होंने आँखें खोलीं तो वीर वानर देखते हैं कि वे सब समुद्र के किनारे खड़े हैं ॥३॥

Do you close your eyes and leave the cave; you shall recover Sita; do not despair.' The champions shut their eyes and when they opened them again, lo! they found themselves standing on the sea-shore.

सो पुनि गई जहाँ रघुनाथा। जाइ कमल पद नाएसि माथा॥
नाना भाँति बिनय तेहि कीन्ही। अनपायनी भगति प्रभु दीन्ही॥

और वह (तपस्विनी) स्वयं वहाँ गयी जहाँ श्रीरघुनाथजी थे। उसने जाकर प्रभु के चरण-कमलों में सिर झुकाया और अनेक प्रकार से प्रार्थना की। प्रभु ने उसे अपनी अविनाशिनी भक्ति दी ॥४॥

But she meanwhile had gone to Raghunatha and drawing near to him, bowed her head at his lotus feet and made much supplication; the Lord bestowed upon her the gift of unceasing devotion.

दो.—बदरीबन कहुँ सो गई प्रभु अग्या धरि सीस।
उर धरि रामचरन जुग जे बंदत अज ईस ॥२५॥

प्रभु की आज्ञा को सादर स्वीकार कर और श्रीरामजी के उन युगल चरणों को, जिनकी वन्दना ब्रह्मा और महेश भी करते हैं, हृदय में धारणकर वह (स्वयंप्रभा नामक तपस्विनी) बदरिकाश्रम को चली गयी ॥२५॥

In obedience to the Lord's command she[1] left for

1. In the *Ramayana* of Valmiki, her name is given as Svayamprabha, 'the self-shining'.

the forest of Badarinatha (in the Himalayas), cherishing in her heart Rama's two feet, which are adored by Brahma and Mahesha.

चौ. –इहाँ बिचारहिं कपि मन माहीं । बीती अवधि काजु कछु नाहीं ॥
सब मिलि कहहिं परसपर बाता । बिनु सुधि लएँ करब का भ्राता ॥

यहाँ (समुद्र-तट पर) वानरगण मन-ही-मन विचार कर रहे हैं कि अवधि तो बीत गयी, पर काम कुछ भी न हुआ। सब मिलकर परस्पर बातें करने लगे कि हे भाई! अब तो सीताजी का समाचार लिये बिना हम (लौटकर भी) क्या करेंगे? ॥१॥

Now the monkeys were thinking to themselves, 'The appointed time has passed and yet nothing has been done.' Sitting together, they all said to one another, 'Brother, if we abandon our pursuit and return to the city without any tidings of Sita, what shall we do there ?'

कह अंगद लोचन भरि बारी । दुहुँ प्रकार भइ मृत्यु हमारी ॥
इहाँ न सुधि सीता कै पाई । उहाँ गएँ मारिहि कपिराई ॥

अंगद ने आँखों में आँसू भरकर कहा कि हमारी दोनों ही प्रकार मृत्यु हुई। यहाँ तो सीताजी की खबर नहीं मिली और वहाँ जाने पर कपिराज सुग्रीव मार डालेंगे ॥२॥

Said Angad with his eyes full of tears, 'It is death for us either way. Here we have failed to get tidings of Sita and if we go home Sugriva the Monkey King will slay us.

पिता बधे पर मारत मोही । राखा राम निहोर न ओही ॥
पुनि पुनि अंगद कह सब पाहीं । मरन भएउ कछु संसय नाहीं ॥

सुग्रीव तो पिता का वध होते ही मुझे मार डालते, परन्तु श्रीरामजी ने मुझे बचा लिया, इसमें सुग्रीव का कोई एहसान नहीं है। अंगद बार-बार सबसे यही कह रहे हैं कि अब मौत आ गई, इसमें तनिक भी संदेह नहीं है ॥३॥

No sooner was my father slain than Sugriva would have killed me too, had not Rama come to my rescue. In no way am I therefore obliged to Sugriva. Again and again Angad told them all that they were doomed to certain death.

अंगदबचन सुनत कपि बीरा । बोलि न सकहिं नयन भरि नीरा ॥
छन एक सोच मगन होइ रहे । पुनि अस बचन कहत सब भए ॥

अंगद के वचन वीर वानर सुनते हैं, पर कुछ बोल नहीं सकते, उनके नेत्रों में जल भर आया है। एक क्षण के लिए सब सोच में डूब गए। फिर सब ऐसे वचन कहने लगे – ॥४॥

When the monkey warriors heard Angad's words, they could make no answer; tears rolled from their eyes. For a moment they were plunged in sorrow; but at last they all began to say,

हम सीता कै सुधि लीन्हे बिना । किमि जैहैं जुवराज प्रबीना ॥
अस कहि लवनसिंधु तट जाई । बैठे कपि सब दर्भ डसाई ॥

हे सुयोग्य युवराज! हमलोग सीताजी का पता लगाए बिना कैसे लौटेंगे? ऐसा कहकर सब वानर खारे समुद्र के तट पर कुशासन बिछाकर बैठ गए ॥५॥

'O sagacious prince, unless we get news of Sita we will not return.' So saying, all the monkeys went to the seashore and spreading *kusha* grass there, sat down.

जामवंत अंगददुख देखी । कही कथा उपदेस बिसेषी ॥
तात राम कहुँ नर जनि मानहु । निर्गुन ब्रह्म अजित अज जानहु ॥

जाम्बवान् ने अंगद के दुःख को देखकर विशेष उपदेश की कथाएँ कहीं। (और फिर कहा –) हे तात! श्रीरामजी को मनुष्य मत समझो, उन्हें निर्गुण ब्रह्म, अजेय और अजन्मा जानो! ॥६॥

Seeing Angad's distress, Jambavan (the old bear chief) recounted many an instructive tale: 'Imagine not Rama to be an earthling, dear friend; know him to be the same as Brahma (the Supreme Spirit), without attributes, invincible, unborn.

हम सब सेवक अति बड़भागी । संतत सगुन ब्रह्म अनुरागी ॥

हम सब सेवक बड़े ही भाग्यशाली हैं, जो निरन्तर सगुण ब्रह्म (श्रीरामजी) के प्रेमी हैं ॥७॥

We, his servants, are all highly blessed, ever devoted to the Absolute endowed with attributes!

दो. –निज इच्छा अवतरइ प्रभु सुर महि गो द्विज लागि ।
सगुन उपासक संग तहँ रहहिं मोक्षसुख त्यागि ॥२६॥

देवता, पृथ्वी, गौ और ब्राह्मणों के लिए अपनी इच्छा से प्रभु जहाँ कहीं अवतार लेते हैं, वहाँ सगुणोपासक भक्तजन (सालोक्य, सामीप्य, सारूप्य, सार्ष्टि और सायुज्य जैसे) सब मोक्ष-सुख को त्यागकर उनके साथ रहते हैं ॥२६॥

Wherever the Lord incarnates himself of his own will for the sake of gods, earth, cows and Brahmans, there the worshippers of his qualified form abandon all the joys of transcendental experience and abide with him.[1]

1. They wheel "round from the perishing world," as it were, to "the contemplation of the real world and the brightest part thereof."–Plato's *Republic*, VII. 518.

चौ. –येहि बिधि कथा कहहिं बहु भाती। गिरिकंदरा सुना संपाती ॥
बाहेर होइ देखे बहु कीसा। मोहि अहारु दीन्ह जगदीसा ॥

इसी तरह जाम्बवान् अनेक प्रकार से कथाएँ कह रहे हैं, जिन्हें पर्वत की कन्दरा में पड़े-पड़े सम्पाती (नामक गिद्ध) ने सुना। बाहर आने पर उसने बहुत-से वानर देखे। (उसने कहा –) जगदीश ने मुझे घर बैठे-बैठे बहुत-सा आहार भेज दिया! ॥१॥

While Jambavan was thus instructing Angad in many ways, Sampati (Jatayu's elder brother) heard him from his mountain-cave. When he came out of it and saw a host of monkeys, he said to himself, 'God has sent me a fine feast!

आजु सबन्ह को भच्छन करऊँ। दिन बहु चले अहार बिनु मरऊँ ॥
कबहुँ न मिलै भरि उदर अहारा। आजु दीन्ह बिधि एकहि बारा ॥

आज मैं इन सबका भक्षण करूँगा। बहुत दिन बीत गए, भोजन के बिना मैं मरा जा रहा था। भरपेट आहार कभी नहीं मिलता। आज विधाता ने एक ही बार (इकट्ठे) बहुत-सा भोजन दे दिया ॥२॥

I'll eat them all up today; I've been dying for want of a meal these many days past. I've never had a good bellyful, but today Providence has given me a large supply of food once and for all!'

डरपे गीधबचन सुनि काना। अब भा मरन सत्य हम जाना ॥
कपि सब उठे गीध कहँ देखी। जामवंतमन सोच बिसेषी ॥

गिद्ध के वचन कानों से सुनते ही सब वानर डर गए और कहने लगे कि अब सचमुच ही मरना हो गया (हम बच नहीं सकते), यह हमने जान लिया। फिर उस गिद्ध (सम्पाती) को देखकर सब वानर उठकर खड़े हो गए। जाम्बवान् के मन में विशेष चिन्ता हुई ॥३॥

The monkeys trembled with fear when they heard the vulture's words. 'Our doom is now sealed, we are sure,' they said to themselves. All the monkeys rose when they saw the vulture; Jambavan, too, was given over wholly to disquieting thoughts.

कह अंगद बिचारि मन माहीं। धन्य जटायू सम कोउ नाहीं ॥
रामकाज कारन तनु त्यागी। हरिपुर गयउ परम बड़भागी ॥

मन में विचारकर अंगद ने कहा – अहा! जटायु के समान पुण्यात्मा कोई नहीं है। वह परम बड़भागी श्रीरामजी के कार्य के लिए शरीर छोड़कर वैकुण्ठ चला गया! ॥४॥

But Angad, after due deliberation, exclaimed, 'Glory to Jatayu! There is none like him, who laid down his life in Rama's service and, most blessed, ascended to Hari's abode in heaven.'

सुनि खग हरष सोक जुत बानी। आवा निकट कपिन्ह भय मानी ॥
तिन्हहि अभय करि पूछेसि जाई। कथा सकल तिन्ह ताहि सुनाई ॥

हर्ष और शोक से युक्त (अंगद की) वाणी सुनकर वह पक्षी (सम्पाती) वानरों के समीप आया, इससे वानर डर गए। उनको निर्भय करके उसने पास जाकर (जटायु का) वृत्तान्त पूछा। तब उन्होंने उसे सारी कथा कह सुनायी ॥५॥

When the bird (Sampati) heard these words of mingled grief and triumph, he drew near to the monkeys, who felt alarmed. Reassuring them of safety, he went and inquired about his younger brother, and the monkeys told him all that had happened.

सुनि संपाति बंधु कै करनी। रघुपतिमहिमा बहु बिधि बरनी ॥

भाई जटायु की करनी सुनकर सम्पाती ने अनेक प्रकार से श्रीरघुनाथजी की महिमा का वर्णन किया ॥६॥

When Sampati heard of his brother's exploits, he gave all glory to Raghunatha.

दो. –मोहि लै जाहु सिंधु तट देउँ तिलांजलि ताहि।
बचन सहाय करबि मैं पैहहु खोजहु जाहि ॥२७॥

(सम्पाती ने कहा –) मुझे समुद्र-तट पर ले चलो, मैं अपने भाई को तिलांजलि दे दूँ। इस सेवा के बदले मैं वचन से तुम्हारी सहायता करूँगा (सीताजी का पता बतला दूँगा)। जिसे तुम ढूँढ़ रहे हो, उसे पा जाओगे! ॥२७॥

'Take me to the sea-shore,' he said, 'that I may make him an offering of funerary libations, and then in return for this service, I shall help you with my instructions, by following which you will recover her whom you seek.'

चौ. –अनुजक्रिया करि सागर तीरा। कह निज कथा सुनहु कपि बीरा ॥
हम द्वौ बंधु प्रथम तरुनाई। गगन गए रबि निकट उड़ाई ॥

समुद्र के तट पर छोटे भाई जटायु की श्राद्ध-क्रिया करके सम्पाती अपनी कथा कहने लगा – हे वीर वानरो! सुनो, हम दोनों भाई एक बार चढ़ती जवानी में – युवावस्था के आरम्भ में – आकाश में उड़कर सूर्य के निकट चले गए – ॥१॥

Having performed the funeral rites for his younger brother (Jatayu) on the sea-shore, Sampati related his own story. 'Listen, O monkey chiefs; in our first youth we two brothers (Jatayu and myself) flew up through the sky, winging our way towards the sun.

तेज न सहि सक सो फिरि आवा। मैं अभिमानी रबि निअरावा ॥
जरे पंख अति तेज अपारा। परेउँ भूमि करि घोर चिकारा ॥

जटायु (सूर्य के) तेज को न सह सका, इससे लौट आया, (किंतु) मैं अभिमानी था, इसलिए सूर्य के समीप चला गया। सूर्य के अत्यन्त अपार

तेज से मेरे पंख जल गए। तब मैं बड़े जोर से चीख मारकर भूमि पर गिर पड़ा— ॥२॥

Jatayu could not endure the heat and so turned back; but I in my pride went closer to the sun. My wings were scorched by the excessive heat and I fell to the earth with a fearful scream

मुनि एक नाम चंद्रमा ओही। लागी दया देखि करि मोही॥
बहु प्रकार तेहि ग्यान सुनावा। देहजनित अभिमान छड़ावा॥

वहाँ चन्द्रमा नामक एक मुनि थे। मुझे (गिरा हुआ) देखकर उन्हें बड़ी दया लगी। उन्होंने अनेक प्रकार से मुझे ज्ञान की बातें सुनायीं और मेरे देहजनित (देहविषयक) अहंकार को दूर कर दिया— ॥३॥

A sage named Chandrama[1] (who lived there) was moved with compassion when he saw me and instructed me in many a wise lesson and rid me of my inveterate pride.

त्रेता ब्रह्म मनुज तनु धरिही। तासु नारि निसिचरपति हरिही॥
तासु खोज पठइहि प्रभु दूता। तिन्हहि मिले तैं होब पुनीता॥

(मुनि ने कहा—) त्रेतायुग में स्वयं परब्रह्म मनुष्य-तन धारण करेंगे। उनकी स्त्री को राक्षस-राज रावण हर ले जायगा। उसका पता लगाने के लिए प्रभु दूत भेजेंगे। उनसे मिलने पर तू पावन हो जायगा, ॥४॥

'In the Tretayuga,' he said, 'the Absolute will take the form of a human being; the demon king (Ravana) will carry off his spouse. The Lord will send out spies to search for her, and when you meet them, you will be absolved of all sins,

जमिहहिं पंख करसि जनि चिंता। तिन्हहि देखाइ देहेसु तैं सीता॥
मुनि कै गिरा सत्य भइ आजू। सुनि मम बचन करहु प्रभु काजू॥

और तेरे पंख फिर जम जायेंगे, तू चिन्ता न कर! तू उन्हें सीताजी को दिखा देना। मुनि की वह वाणी आज सत्य हुई। मेरे वचन सुनकर तुम अब प्रभु श्रीरामजी का कार्य करो! ॥५॥

—and your wings will sprout again; do not be anxious; show them where Sita may be.' The sage's prophecy has come true today. Follow my instructions and accomplish the mission of the Lord.

गिरि त्रिकूट ऊपर बस लंका। तहँ रह रावन सहज असंका॥
तहँ असोक उपबन जहँ रहई। सीता बैठि सोचरत अहई॥

त्रिकूट पहाड़ पर लङ्का बसी हुई है। वहाँ स्वभाव ही से निःशंक (निर्भय) रावण रहता है। वहाँ अशोक नामक एक उपवन है, जहाँ सीताजी रहती हैं; (इस समय भी) वे वहीं सोच में डूबी बैठी हैं ॥६॥

On the summit of Mount Trikuta stands the city of Lanka. There lives Ravana in absolute security; and there, in a grove of *ashoka* trees, is lodged Sita, who sits there even now, plunged in grief.

दो.—मैं देखौं तुम्ह नाहीं गीधहि दृष्टि अपार।
बूढ़ भयउँ न त करतेउँ कछुक सहाय तुम्हार॥२८॥

मैं (उन्हें) देख रहा हूँ, तुम नहीं देख सकते, (क्योंकि) गिद्ध की दृष्टि अपार होती है (बहुत दूर तक देखती है)। (क्या करूँ?) मैं बूढ़ा हो गया हूँ, नहीं तो तुम्हारी कुछ तो सहायता करता ही! ॥२८॥

I see her, though you cannot; for there is no limit to a vulture's vision. I am now old, or else I would have given you some help.

चौ.—जो नाघै सत जोजन सागर। करै सो रामकाजु मति आगर॥
मोहि बिलोकि धरहु मन धीरा। रामकृपाँ कस भयउ सरीरा॥

जो सौ योजन (चार सौ कोस) समुद्र लाँघ सकेगा और बुद्धिनिधान होगा, वही (वीर) श्रीरामजी का कार्य कर सकेगा। मुझे देखकर मन में धीरज धरो। देखो, श्रीरामजी की कृपा से मेरा शरीर कैसा (सुन्दर) हो गया! (पंख निकल आए!)— ॥१॥

He who can leap a thousand miles across the ocean and is sharp-witted will accomplish Rama's mission. Just look at me and reassure yourselves; see how Rama's grace has rejuvenated my body (bestowed on me a new pair of wings).

पापिउ जाकर नाम सुमिरहीं। अति अपार भवसागर तरहीं॥
तासु दूत तुम्ह तजि कदराई। रामु हृदय धरि करहु उपाई॥

जिनका नाम-स्मरण करके पापी भी अत्यन्त अपार भवसागर को पार कर जाते हैं, तुम उनके दूत हो; अतः कायरता त्यागकर श्रीरामजी को हृदय में धरकर प्रयत्न करो! ॥२॥

Even sinners who meditate on Rama's name cross the infinitely boundless ocean of mundane existence. You, who are his envoys, should never lose your nerve but be up and doing with the image of Rama enshrined in your hearts.'

अस कहि उमा गीध जब गयऊ। तिन्ह के मन अति बिसमय भयऊ॥
निज निज बल सब काहूँ भाषा। पार जाइ कर संसय राखा॥

(शिवजी कहते हैं) हे उमा! ऐसा कहकर जब गिद्ध सम्पाती (नये पंखों से उड़कर) चला गया, तब उन (वानरों) के मन में अत्यन्त आश्चर्य हुआ। सब किसी ने अपना-अपना बल कहा, परन्तु समुद्र के पार जाने में सभी ने संदेह ही प्रकट किया ॥३॥

So saying, Garu'da, the vulture departed, leaving them much amazed at heart. Now each one of the

1. In the *Ramayana* of Valmiki he is called Nishakara, the night-maker, which also, like Chandrama, is a name for the moon.

monkeys boasted of his strength but doubted his ability to cross the ocean.

जरठ भएउँ अब कहइ रिछेसा । नहि तन रहा प्रथम बल लेसा ॥
जबहि त्रिबिक्रम भए खरारी । तब मैं तरुन रहेउँ बल भारी ॥

ऋक्षराज जाम्बवान् ने कहा — अब मैं बूढ़ा हो गया । शरीर में पहलेवाले बल का लेशमात्र भी नहीं रह गया (नहीं तो यह कार्य बड़ा सरल था) । जब खरारि (खर के शत्रु श्रीराम) वामन बने थे, तब मैं युवा था और मेरे शरीर में बड़ा बल था ॥४॥

Said Jambavan (the king of the bears), 'I am now advanced in years and not a particle of my former strength is left in my body. When Rama, the slayer of the demon Khara, took the form of Trivikrama (the Lord with three strides, Lord Vamana), I was young and tremendously strong.

दो. —बलि बाँधत प्रभु बाढ़ेउ सो तनु बरनि न जाइ ।
उभय घरी महु दीन्ही सात प्रदच्छिन धाइ ॥२९॥

राजा बलि को बाँधते समय प्रभु इतने बढ़े कि उस (विराट्) शरीर का वर्णन नहीं हो सकता । परन्तु मैंने दौड़कर दो ही घड़ी में उसकी सात प्रदक्षिणाएँ कर ली थीं ॥२९॥

In his effort to make Bali captive the Lord grew to an indescribable size; yet in less than an hour I devoutly ran right round him as many as seven times.'

चौ. —अंगद कहइ जाउँ मैं पारा । जिय संसय कछु फिरती बारा ॥
जामवंत कह तुम्ह सब लायक । पठइअ किमि सब ही कर नायक ॥

अंगद ने कहा — मैं पार तो चला जाऊँगा, परंतु लौटती बार के लिए मन में कुछ संदेह है । जाम्बवान् ने कहा — तुम सब लायक हो, परंतु तुम सबके नायक (प्रेषक, स्वामी) हो, तुम्हें कैसे भेजा जाय ? ॥१॥

'I', said Angad, 'will leap across; but I am rather doubtful about getting back again.' Jambavan, however, interposed, 'Even though you are competent in every way, how can we send you, the leader of us all ?'

कह रिछेस सुनहु हनुमाना । का चुप साधि रहेहु बलवाना ॥
पवनतनय बल पवन समाना । बुधि बिबेक बिग्यान निधाना ॥

ऋक्षराज जाम्बवान् ने श्रीहनुमान्जी से कहा — हे हनुमान् ! हे बलवान् ! सुनो, तुमने यह क्या चुप्पी साध रखी है ? तुम पवन के पुत्र हो और तुम्हारा बल पवन (के बल) के ही समान है । तुम बुद्धि, विवेक और विज्ञान के भंडार हो — ॥२॥

The king of the bears then turned towards Hanuman: 'Listen, O mighty Hanuman: why do you

remain silent, you who are so valorous ? You are the Son of the Wind and strong as your father, a storehouse of intelligence, discretion and spiritual wisdom.

कवन सो काजु कठिन जग माहीं । जो नहि तात होइ तुम्ह पाहीं ॥
रामकाज लगि तव अवतारा । सुनतहि भएउ पर्बताकारा ॥

विश्व में ऐसा कौन-सा कठिन काम है जो हे तात ! तुमसे नहीं हो सकता ? तुम्हारा अवतार ही श्रीरामचन्द्रजी के कार्य के लिए हुआ है । यह सुनते ही हनुमान्जी पर्वत के आकार के हो गए ॥३॥

What undertaking is there in the world, my friend, too difficult for you to accomplish ? It is to serve Rama's purpose that you have come down upon earth.' Hearing these words, he grew to the size of a mountain,

कनकबरन तन तेज बिराजा । मानहु अपर गिरिन्ह कर राजा ॥
सिंहनाद कर बारहि बारा । लीलहि नाघउँ जलनिधि खारा ॥

उनके शरीर का रंग सोने का-सा है, शरीर पर तेज विराजमान है, मानो वे दूसरे पर्वतराज सुमेरु हों । हनुमान्जी ने बार-बार सिंह की तरह गरज-गरजकर कहा — मैं इस खारे समुद्र को खेल ही खेल में लाँघ सकता हूँ — ॥४॥

—with a body yellow as gold and resplendent as though he was another monarch of mountains (Sumeru). Roaring again and again like a lion, he cried, 'I can spring across the salt abyss—it is no more than a child's play to me !

सहित सहाय रावनहि मारी । आनौं इहाँ त्रिकूट उपारी ॥
जामवंत मैं पूछउँ तोही । उचित सिखावनु दीजहु मोही ॥

और रावण को उसके सहायकों के साथ मारकर, त्रिकूट पर्वत को उखाड़कर यहाँ ला सकता हूँ । हे जाम्बवान् ! मैं तुमसे पूछता हूँ, तुम मुझे उचित सीख दो ॥५॥

And killing Ravana with all his army, I can root up Mount Trikuta and bring it here. But I ask you, Jambavan, give me sound advice.'

एतना करहु तात तुम्ह जाई । सीतहि देखि कहहु सुधि आई ॥
तब निज भुजबल राजिवनयना । कौतुक लागि संग कपिसयना ॥

(जाम्बवान् ने कहा —) हे तात ! तुम जाकर केवल इतना ही करो कि सीताजी को देखकर लौट आओ और उनकी खबर आकर कह दो । तब कमलनयन श्रीरामजी अपने बाहुबल से (ही रावण का संहार कर सीताजी को लौटा लायेंगे, केवल) कौतुक (लीला) करने के लिए ही वे वानरों की सेना साथ लेंगे (उसे लेकर शत्रु पर चढ़ाई करेंगे) — ॥६॥

'All that you have to do, my friend, is to go and see Sita and bring back news of her. Then the lotus-eyed Rama will recover her by the might of his own arm, taking with him in mere sport a host of monkeys.

छं. —कपिसेन संग सँघारि निसिचर रामु सीतहि आनिहैं ।
त्रैलोकपावन सुजसु सुर मुनि नारदादि बखानिहैं ॥
जो सुनत गावत कहत समुझत परमपद नर पावई ।
रघुबीरपद पाथोज मधुकर दास तुलसी गावई ॥

वानरी सेना को साथ लेकर निशाचरों का संहार करके श्रीरामजी सीताजी को ले आयेंगे। तब देवता और नारदादि मुनि तीनों लोकों को पवित्र करनेवाले इस सुन्दर यश का वर्णन करेंगे, जिसे सुनने, गाने, कहने और समझने से मनुष्य परमपद पाता है और जिसे श्रीरघुवीर के चरण-कमलों का भ्रमर तुलसीदास गाता है। (भगवान् के सुयश को सुनने, गाने, कहने और समझने से क्रमशः सालोक्य, सामीप्य, सारूप्य और सायुज्य मुक्ति मिलती है। 'सुनत' में श्रवण-भक्ति, 'गावत कहत' में कीर्त्तन-भक्ति, 'समुझत' में स्मरण और 'रघुबीरपद पाथोज मधुकर' में पाद-सेवन-भक्ति कही गई है।)

Taking with him his army of monkeys, Rama will exterminate the demons and bring back Sita; and the gods and Narada and the other sages will hymn his praises that sanctify the three spheres. Whoever hears, hymns, recites or meditates upon this glory attains to the supreme state—the glory sung by Tulasidasa, who is devoted like a bee to the lotus feet of Raghubira.

दो. —भव भेषज रघुनाथजसु सुनहिं जे नर अरु नारि ।
तिन्ह कर सकल मनोरथ सिद्ध करहिं त्रिसिरारि ॥३०(क)॥

श्रीरघुवीर का यश जन्म-मरणरूपी भवरोग की दवा है। जो स्त्री-पुरुष इसे सुनते हैं, त्रिशिरा के शत्रु श्रीरामजी उनके सारे मनोरथों को सिद्ध करते हैं ॥३०(क)॥

The glories of Raghubira are the remedy for all the ills of birth and death. All men and women who listen to them will have their every wish fulfilled by Trishira's foe.

सो. —नीलोत्पल तन स्याम काम कोटि सोभा अधिक ।
सुनिअ तासु गुन ग्राम जासु नाम अघ खग बधिक ॥३०(ख)॥

नील कमल के समान जिनका श्याम शरीर है, जिसमें करोड़ों कामदेवों से भी अधिक शोभा है और जिनका नाम पापरूपी पक्षियों के लिए (वध करनेवाला) व्याध है, उन (श्रीरामचन्द्रजी) के गुणों को अवश्य सुनना चाहिए ॥३०(ख)॥

Listen, then, to the praises of Rama, who possesses a form dark as the dark-blue lotus, more beautiful than a myriad Cupids, and whose name is a fowler who sweeps into his net the birds of sin.

मासपारायण, तेईसवाँ विश्राम

इति श्रीमद्रामचरितमानसे सकलकलिकलुषविध्वंसने चतुर्थः सोपानः समाप्तः ।

कलियुग के समस्त पापों के नाश करनेवाले श्रीरामचरितमानस का यह चौथा सोपान समाप्त हुआ।

(PAUSE 23 FOR A THIRTY-DAY RECITATION)

Thus ends the fourth descent into the Manasa lake of Rama's exploits, that eradicates all the impurities of the Kaliyuga.

सुन्दरकाण्ड

SUNDARAKANDA

Vibhishana in persuasive dialogue with Ravana

श्रीगणेशाय नमः

श्रीजानकीवल्लभो विजयते

श्रीरामचरितमानस

THE HOLY LAKE OF THE ACTS OF RAMA

पंचम सोपान

सुन्दरकाण्ड
THE BEAUTIFUL

शान्तं शाश्वतमप्रमेयमनघं निर्वाणशान्तिप्रदं
ब्रह्माशम्भुफणीन्द्रसेव्यमनिशं वेदान्तवेद्यं विभुम् ।
रामाख्यं जगदीश्वरं सुरगुरुं मायामनुष्यं हरिं
वन्देऽहं करुणाकरं रघुवरं भूपालचूडामणिम् ॥१॥

शान्त, नित्य, अप्रमेय (प्रमाण-रहित), निष्पाप, मोक्षरूपी परम शान्ति देनेवाले, ब्रह्मा, शम्भु और शेषजी से निरन्तर सेवित, वेदान्त से जानने योग्य, व्यापक एवं समर्थ, जगत् के ईश्वर, देवताओं के गुरु, माया से मनुष्य-रूप में दीखनेवाले, हरि, करुणा की खान, रघुकुल में श्रेष्ठ तथा राजाओं के शिरोमणि, राम नामवाले जगदीश्वर की मै वन्दना करता हूँ ॥१॥

Him I adore, the passionless, the eternal, beyond the ordinary means of cognition, the sinless; the bestower of the peace of final liberation; who is continually worshipped by Brahma (the Creator), Shambhu (Lord Shiva) and Shesha (the Serpent King); knowable by the Vedanta, omnipresent, the sovereign of the world, the preceptor of the gods, Hari himself in the delusive form of man; the mine of compassion, the chief of the house of Raghu, the jewel of kings, whose name is Rama !

नान्या स्पृहा रघुपते हृदयेऽस्मदीये
सत्यं वदामि च भवानखिलान्तरात्मा ।
भक्तिं प्रयच्छ रघुपुङ्गव निर्भरां मे
कामादिदोषरहितं कुरु मानसं च ॥२॥

हे रघुपते ! यह मैं सत्य कहता हूँ और फिर आप सबके अन्तरात्मा ही हैं (अन्तर्यामी हैं) कि मेरे हृदय में दूसरा कोई मनोरथ नहीं है। हे रघुकुलश्रेष्ठ ! मुझे आप अपनी पूर्ण भक्ति दीजिए और मेरे मन को काम आदि सभी विकारों से रहित कीजिए ! ॥२॥

O Raghupati, I declare in truth, and you, too, know the inmost secrets of all, that there is no other craving in my heart but that you should grant me perfect devotion, O crest-jewel of the Raghu house, and make my heart clean of lust and every other sin !

अतुलितबलधामं स्वर्णशैलाभदेहं
दनुजवनकृशानुं ज्ञानिनामग्रगण्यम् ।
सकलगुणनिधानं वानराणामधीशं
रघुपतिवरदूतं वातजातं नमामि ॥३॥

अतुल बल के स्थान, सोने के पर्वत (सुमेरु) के समान कान्तियुक्त शरीरधारी, दैत्यरूपी वन (को जलाने) के लिए अग्निरूप, ज्ञानियों में श्रेष्ठ गिने जानेवाले, सम्पूर्ण गुणों की खान, वानरों के स्वामी, श्रीरघुनाथजी के श्रेष्ठ दूत पवनपुत्र श्रीहनुमान्‌जी को मैं प्रणाम करता हूँ ॥३॥

I make obeisance to the Son of the Wind, the home of immeasurable strength, possessing a body shining like a mountain of gold (Sumeru), a fire to consume the forest of the demon race, the foremost among the wise, storehouse of every excellence, the chief of the monkeys, Raghupati's noble messenger !

चौ. –जामवंत के बचन सुहाए । सुनि हनुमंत हृदय अति भाए ॥
तब लगि मोहि परिखेहु तुम्ह भाई । सहि दुख कंद मूल फल खाई ॥

जाम्बवान् के सुहावने वचन सुनने पर हनुमान्‌जी के हृदय को बहुत ही प्रिय लगे। (वे बोले—) हे भाई! तुमलोग दुःख सहकर, कन्द-मूल-फल खाकर तब तक मेरी प्रतीक्षा करना, ॥१॥

Hanuman was greatly delighted at heart when he heard the heartening speech of Jambavan. 'Wait for me here, brothers,' he said, 'however great your discomfort, with only bulbs and roots and fruit for your food,

जब लगि आवौं सीतहि देखी। होइहि काजु मोहि हरष बिसेषी॥
अस कहि नाइ सबन्हि कहुँ माथा। चलेउ हरषि हिय धरि रघुनाथा॥

जबतक मैं सीताजी को देखकर लौट न आऊँ। काम तो होगा ही, क्योंकि मुझे विशेष प्रसन्नता हो रही है। यह कहकर और सबको सिर झुकाकर तथा हृदय में श्रीरघुनाथजी को धारणकर हनुमान्‌जी प्रसन्न होकर चल पड़े ॥२॥

—till I see Sita and come back. The task will be accomplished, for I am greatly pleased.' So saying, he bowed to them all and set out full of joy with the image of Raghunatha enshrined in his heart.

सिंधु तीर एक भूधर सुंदर। कौतुक कूदि चढ़ेउ ता ऊपर॥
बार बार रघुबीर सँभारी। तरकेउ पवनतनय बल भारी॥

सागर-तट पर एक सुन्दर पर्वत था। महाबली हनुमान्‌जी खेल-खेल में ही कूदकर उसके ऊपर जा चढ़े और बारंबार श्रीरघुवीर का स्मरण करके बड़े वेग से उछले ॥३॥

On the seashore stood a majestic hill and on to it he sprang as if in sport. Then, again and again invoking Raghubira, the Son of the Wind leapt with a mighty bound.

जेहि गिरि चरन देइ हनुमंता। चलेउ सो गा पाताल तुरंता॥
जिमि अमोघ रघुपति कर बाना। एही भाँति चला हनुमाना॥

जिस पर्वत पर हनुमान्‌जी ने चरण रखे थे (जिसपर से वे उछले थे) वह तुरंत ही पाताल में धँस गया। जिस प्रकार श्रीरघुनाथजी का अमोघ बाण चलता है, ठीक उसी प्रकार हनुमान्‌जी भी चले ॥४॥

The hill on which Hanuman had planted his foot sank down at once into the nethermost world. On sped Hanuman like Raghunatha's own unerring shaft.

जलनिधि रघुपतिदूत बिचारी। तइँ मैनाक होहि श्रमहारी॥

जलनिधि (सागर) ने उन्हें श्रीरघुनाथजी का दूत समझकर मैनाक पर्वत से कहा कि हे मैनाक! तू इनकी थकावट दूर करनेवाला हो (अर्थात् समुद्र में छिपा न रहकर ऊँचा उठ जा और इन्हें अपने ऊपर ठहरने दे) ॥५॥

Knowing him to be Raghunatha's envoy, Ocean bade Mainaka relieve him of his fatigue. (Don't hide yourself, he said; rise higher and offer him rest.)

दो.—हनूमान तेहि परसा कर पुनि कीन्ह प्रनाम।
रामकाजु कीन्हे बिनु मोहि कहाँ बिश्राम॥१॥

हनुमान्‌जी ने उसे हाथ से स्पर्श किया, फिर प्रणाम करके कहा—भाई! श्रीरामचन्द्रजी के कार्य को पूरा किये बिना मुझे विश्राम कहाँ? ॥१॥

Hanuman only touched the mountain with his hand and then made obeisance to him, saying, 'How can I rest before I have done Rama's business ?'

चौ.—जात पवनसुत देवन्ह देखा। जानैं कहुँ बल बुद्धि बिसेषा॥
सुरसा नाम अहिन्ह कै माता। पठइन्हि आइ कही तेहि बाता॥

जब देवताओं ने पवनपुत्र हनुमान्‌जी को जाते हुए देखा, तब उनकी विशेष बल-बुद्धि की परीक्षा लेने के लिए उन्होंने सुरसा नामक सर्पों की माता को भेजा। उसने (निकट) आकर हनुमान्‌जी से यह बात कही— ॥१॥

When the gods saw the Son of the Wind sweeping along, they wished to try his mighty strength and wisdom. So they sent Surasa, the Mother of Serpents, who came and said,

आजु सुरन्ह मोहि दीन्ह अहारा। सुनत बचन कह पवनकुमारा॥
रामकाजु करि फिरि मैं आवौं। सीता कइ सुधि प्रभुहि सुनावौं॥

देवताओं ने आज मुझे भोजन दिया है! इस बात को सुनते ही पवनकुमार हनुमान्‌जी ने कहा—श्रीरामजी का कार्य सिद्ध करके जब मैं लौट आऊँ और सीताजी का समाचार प्रभु को सुना दूँ, ॥२॥

'Today the gods have given me a meal !' Upon hearing these words, the Son of the Wind replied, 'When I have performed Rama's commission and return and give my Lord the news about Sita,

तब तव बदन पइठिहौं आई। सत्य कहौं मोहि जान दे माई॥
कवनेहु जतन देइ नहिं जाना। ग्रससि न मोहि कहेउ हनुमाना॥

तब मैं तुम्हारे मुँह में आ पैठूँगा (तुम मुझे खा लेना)। हे माता! मैं सत्य कहता हूँ, अभी मुझे चला जाने दे। परन्तु जब किसी भी उपाय से उसने जाने नहीं दिया, तब हनुमान्‌जी ने कहा—तो फिर मुझे निगल क्यों नहीं जाती? ॥३॥

—then will I enter your mouth: I tell you the truth, mother; only let me go just now.' But when she would not let him go on any account, Hanuman said, 'Then why not swallow me ?'

जोजन भरि तेहि बदनु पसारा। कपि तनु कीन्ह दुगुन बिस्तारा॥
सोरह जोजन मुख तेहि ठयऊ। तुरत पवनसुत बत्तिस भयऊ॥

(हनुमान्‌जी को ग्रसने के लिए) उसने योजनभर (चार कोस में) मुँह फैलाया। तब हनुमान्‌जी ने अपने शरीर को उससे दुगुना बढ़ा लिया। सुरसा ने सोलह योजन का मुख किया, तब पवनकुमार हनुमान्‌जी तुरंत ही बत्तीस योजन के हो गए ॥४॥

She opened her jaws full three leagues wide, but Hanuman made his body twice as broad. She stretched her mouth to a breadth of fifty leagues, but Hanuman at once became a hundred leagues in breadth.

जस जस सुरसा बदनु बढ़ावा। तासु दून कपि रूप देखावा ॥
सत जोजन तेहि आनन कीन्हा। अति लघु रूप पवनसुत लीन्हा ॥

जैसे-जैसे सुरसा अपने मुख का विस्तार करती जाती थी, (वैसे-वैसे) हनुमान्‌जी उसका दूना रूप दिखलाते जाते थे। अंत में जब उसने सौ योजन (चार सौ कोस) का मुख किया तब हनुमान्‌जी ने अत्यंत छोटा रूप बना लिया ॥५॥

However much Surasa expanded her jaws, Hanuman displayed a form twice as large again. But when at last she made her mouth three hundred leagues wide, Hanuman assumed a very minute form

बदन पइठि पुनि बाहेर आवा। मागा बिदा ताहि सिरु नावा ॥
मोहि सुरन्ह जेहि लागि पठावा। बुधि बल मरमु तोर मैं पावा ॥

और वे उसके मुख में पैठकर फिर (अविलंब) बाहर निकल आये और उसे प्रणामकर विदा माँगने लगे। (उसने कहा –) मैंने तुम्हारे बुद्धि-बल का मर्म (भेद) पा लिया (तुम्हारी परीक्षा कर ली) जिसके लिए देवताओं ने मुझे भेजा था – ॥६॥

—and crept into her mouth and then came out again and bowing his head to her, begged leave to proceed. 'I have gauged the extent of your wit and strength,' said Surasa, 'and it was to this end that the gods had sent me.

दो. –रामकाजु सबु करिहहु तुम्ह बल बुद्धि निधान।
आसिष देइ गई सो हरषि चलेउ हनुमान ॥२॥

तुम श्रीरामचन्द्रजी के सभी कार्य कर लोगे, (क्योंकि) तुम बल-बुद्धि के भण्डार हो। यह आशीर्वाद देकर वह चली गयी, और हनुमान्‌जी भी प्रसन्न होकर चले ॥२॥

You will carry out all that Rama has commanded, for in you dwell such might and wisdom.' Having blessed him thus, she departed, and Hanuman joyfully resumed his journey.

चौ. –निसिचरि एक सिंधु महुँ रहई। करि माया नभु के खग गहई ॥
जीव जंतु जे गगन उड़ाहीं। जल बिलोकि तिन्ह कै परिछाहीं ॥

समुद्र में ही एक राक्षसी रहती थी। आकाश में उड़ते हुए पक्षियों को वह माया करके पकड़ लेती थी। आसमान में जो जीव-जन्तु उड़ा करते थे, जल में उनकी परछाईं देखकर – ॥१॥

There dwelt a female demon in the ocean who by magic caught the birds of the air. Seeing in the water the reflections of the creatures that flew through the sky,

गहइ छाह सक सो न उड़ाई। एहि बिधि सदा गगनचर खाई ॥
सोइ छल हनूमान कहँ कीन्हा। तासु कपटु कपि तुरतहि चीन्हा ॥

वह उस परछाईं को पकड़ लेती थी, जिससे वे उड़ नहीं पाते थे। इस तरह वह सदा आकाश में उड़नेवाले जीवों को खा जाया करती थी। उसने वही छल हनुमान्‌जी से भी किया। हनुमान्‌जी ने तुरंत ही उसके इस छल-कपट को पहचान लिया ॥२॥

—she would catch their shadowy forms, so that they could not fly away; and in this manner she always had birds to eat. She practised the same craft on Hanuman, but the monkey at once saw through her trickery.

ताहि मारि मारुतसुत बीरा। बारिधि पार गएउ मतिधीरा ॥
तहाँ जाइ देखी बनसोभा। गुंजत चंचरीक मधुलोभा ॥

उसको मारकर पवनपुत्र धीर-बुद्धि वीर श्रीहनुमान्‌जी समुद्र के पार गये। वहाँ जाकर उन्होंने वन की शोभा देखी। मधु (पुष्परस) के लोभी भौंरे गुंजार कर रहे थे ॥३॥

The Son of the Wind, steadfast and valiant, slew her and swept across the ocean. Reaching the further shore of the sea, he gazed on the loveliness of the woods, with the bees buzzing in their greed for honey.

नाना तरु फल फूल सुहाए। खग मृग बृंद देखि मन भाए ॥
सैल बिसाल देखि एक आगे। ता पर धाइ चढ़ेउ भय त्यागे ॥

नाना प्रकार के वृक्ष फल-फूल से सुन्दर लग रहे थे। पक्षी और पशुओं के समूह को देखकर उनका मन प्रसन्न हो उठा। सामने एक विशाल पर्वत को देखकर वे निर्भय हो उसपर दौड़कर जा चढ़े ॥४॥

Trees of every kind all resplendent with fruit and flowers looked charming; and there were multitudes of birds and beasts delightful to behold. Seeing a lofty hill before him, he fearlessly sprang on the top of it.

उमा न कछु कपि कै अधिकाई। प्रभुप्रताप जो कालहि खाई ॥
गिरि पर चढ़ि लंका तेहि देखी। कहि न जाइ अति दुर्ग बिसेषी ॥

(शिवजी कहते हैं —) हे उमा ! इसमें हनुमान्‌जी की कुछ बड़ाई नहीं है । यह तो प्रभु की महिमा है, जो काल को भी खा जाती है । पर्वत पर चढ़कर उन्होंने लङ्का देखी । वहाँ एक बहुत ही बड़ा किला है जिसका वर्णन नहीं किया जा सकता ॥५॥

(Said Shiva—) But this, O Uma, was not at all the monkey's own special virtue; it was all attributable to the glory of the Lord, who devours Death himself. Mounted on the hill, he surveyed Lanka, a most marvellous fortress that defied description.

अति उतंग जलनिधि चहुँ पासा । कनककोट कर परम प्रकासा ॥

वह अत्यन्त ऊँचा है और उसके चारों ओर समुद्र (लहरा रहा) है । सोने के परकोटे (चहारदीवारी) का परम प्रकाश (व्याप्त) हो रहा है ॥६॥

It was very high and was enclosed by the ocean on all sides. The ramparts of gold shed great lustre all round.

छं. —कनककोट बिचित्र मनिकृत सुंदरायतना घना ।
चउहट्ट हट्ट सुबट्ट बीथीं चारु पुर बहु बिधि बना ॥
गज बाजि खच्चर निकर पदचर रथ बरूथन्हि को गनै ।
बहु रूप निसिचरजूथ अतिबल सेन बरनत नहि बनै ॥१॥

विचित्र-विचित्र मणियों से जड़ा हुआ सोने का परकोटा है, उसके अंदर अनेक सुन्दर-सुन्दर घर बने हैं । चौराहे, बाजार, सुन्दर रास्ते और गलियाँ हैं और वह सुन्दर नगर तरह-तरह से सजा-धजा है । हाथी, घोड़े और खच्चरों की टोलियों तथा पैदल और रथों के समूहों को कौन गिन सकता है ? अनेक रूपधारी राक्षसों के दल हैं, उनकी अत्यन्त बलवती सेना का वर्णन करते नहीं बनता ॥१॥

Golden were its ramparts, inlaid with gems of various kinds, and contained many splendid mansions, squares and bazars, well-planned streets and lanes, and all the other accessories of a fine city. Who could count the multitudes of elephants, horses and mules, the crowds of foot soldiers and chariots, and the troops of demons of every shape—a formidable host beyond all description ?

बन बाग उपबन बाटिका सर कूप बापीं सोहहीं ।
नर नाग सुर गंधर्ब कन्या रूप मुनिमन मोहहीं ॥
कहुँ मालदेह बिसाल सैल समान अतिबल गर्जहीं ।
नाना अखारेन्ह भिरहिं बहु बिधि एक एकन्ह तर्जहीं ॥२॥

वन, बाग, उपवन, फुलवारी, तालाब, कुएँ और बावलियाँ शोभा दे रही हैं । मनुष्यों, नागों, देवताओं और गन्धर्वों की कन्याएँ अपने रूप-वैभव से मुनियों के भी मनों को मुग्ध कर लेती हैं । कहीं-कहीं पर्वत के समान विशाल शरीरवाले महाबली मल्ल (पहलवान) गरज रहे हैं । वे भिन्न-भिन्न अखाड़ों में तरह-तरह से भिड़ते और एक-दूसरे को ललकारते हैं ॥२॥

Groves and orchards and gardens and parks, lakes and wells, big and small, were all charming to behold; daughters of men and serpents and gods and *gandharvas*[1] enraptured with their beauty the soul of a sage. Here mighty wrestlers, of monstrous stature like mountains, roared like thunder and grappled with one another in many an arena and closed and challenged one another with shouts of mutual defiance.

करि जतन भट कोटिन्ह बिकट तन नगर चहुँ दिसि रच्छहीं ।
कहुँ महिष मानुष धेनु खर अज खल निसाचर भच्छहीं ॥
एहि लागि तुलसीदास इन्ह की कथा कछु एक है कही ।
रघुबीर सर तीरथ सरीरन्हि त्यागि गति पइहहिं सही ॥३॥

करोड़ों विशालकाय एवं भयानक योद्धा बड़े यत्नपूर्वक चारों दिशाओं में नगर की रखवाली करते हैं । कहीं दुष्ट राक्षस भैंसों, मनुष्यों, गायों, गदहों और बकरों का भक्षण कर रहे हैं । तुलसीदास ने इनकी कथा इसीलिए कुछ थोड़ी-सी कही है कि ये निश्चय ही श्रीरामचन्द्रजी के बाणरूपी तीर्थ में शरीर त्यागकर सद्‌गति पावेंगे ॥३॥

Myriads of champions of frightful forms diligently guarded the city on all four sides; elsewhere evil demons feasted on buffaloes and men, cows and donkeys and goats. Tulasidasa has told their story in brief because they will drop their bodies at the holy shrine of Rama's shafts and will assuredly find salvation.

दो. —पुर रखवारे देखि बहु कपि मन कीन्ह बिचार ।
अति लघु रूप धरौं निसि नगर करौं पइसार ॥३॥

नगर को बहुसंख्यक रखवालों से सुरक्षित देखकर हनुमान्‌जी ने मन-ही-मन विचार किया कि मैं अत्यन्त छोटा रूप धारणकर रात के समय नगर में प्रवेश करूँ ॥३॥

Seeing a host of sentinels guarding the city, Hanunan thought to himself: 'I must assume a very tiny form and slip into the city by night.'

चौ. —मसक समान रूप कपि धरी । लंकहि चलेउ सुमिरि नरहरी ॥
नाम लंकिनी एक निसिचरी । सो कह चलेसि मोहि निंदरी ॥

मच्छर-जैसा (छोटा) रूप धारणकर नर-रूप में अवतरित भगवान् श्रीरामचन्द्रजी का स्मरण कर हनुमान्‌जी लङ्का को चले । (लङ्का के प्रवेश-

1. A class of semi-divine beings known for their musical abilities. *Gandharva* women are noted for their beauty.

द्वार पर ही) लङ्किनी नामक एक राक्षसी रहती थी। उसने कहा—मेरा निरादर करके (बिना मेरी अनुमति के) तू कहाँ चला जा रहा है ? ॥१॥

So Hanuman assumed a form as small as a mosquito[1] and, invoking the Lord in human semblance,[2] headed towards Lanka. (At the gateway of Lanka) lived a female demon, by name Lankini, who called out to him, 'Where should you be going heedless of me ?

जानेहि नही मरमु सठ मोरा। मोर अहार जहाँ लगि चोरा॥
मुठिका एक महा कपि हनी। रुधिर बमत धरनी ढनमनी॥

रे शठ ! क्या तूने मेरा भेद नहीं जाना ? (संसार में) जितने चोर हैं, वे सब-के-सब मेरे आहार हैं। महाकपि हनुमान्‌जी ने उसे एक ऐसा घूँसा मारा कि वह खून की उलटी करती हुई पृथ्वी पर लुढ़क पड़ी ॥२॥

You fool, don't you know my practice, that every thief hereabouts is my food ?' The mighty monkey struck her such a blow with his fist that she toppled down vomiting blood.

पुनि संभारि उठी सो लंका। जोरि पानि कर बिनय ससंका॥
जब रावनहि ब्रह्म बर दीन्हा। चलत बिरंचि कहा मोहि चीन्हा॥

फिर अपने को सँभालकर वह लङ्किनी उठी और डर से हाथ जोड़कर विनती करने लगी। (वह बोली—) ब्रह्माजी ने जब रावण को वरदान दिया था, तब चलते-चलते उन्होंने मुझे (राक्षसों के विनाश की) यह पहचान बता दी थी कि— ॥३॥

Recovering herself again, Lankini stood up and folding her hands in dismay, made this humble petition: 'When Brahma granted Ravana his boon, he spoke to me and gave me a sign before he left:

बिकल होसि तैं कपि कें मारे। तब जानेसु निसिचर संघारे॥
तात मोर अति पुन्य बहूता। देखेउँ नयन राम कर दूता॥

जब तू किसी बंदर के मारने से व्याकुल हो उठे, तब तू जान लेना कि राक्षसों का संहार होने ही वाला है। हे तात ! मेरे बड़े पुण्य हैं जिससे मैं श्रीरामचन्द्रजी के दूत को अपनी आँखों से (साक्षात्) देख पायी ॥४॥

"When you get discomfited by a blow from a monkey, know that it is all over with the demon race." I must have earned great merit, friend, that I have been rewarded with the sight of Rama's envoy.

दो.—तात स्वर्ग अपबर्ग सुख धरिअ तुला एक अंग।
तूल न ताहि सकल मिलि जो सुख लव सतसंग॥४॥

हे तात ! यदि स्वर्ग और मोक्ष के समस्त सुखों को तराजू के एक पलड़े पर रखा जाय, तो भी वे सारे सुख एक साथ मिलकर भी (दूसरे पलड़े पर रखे हुए) उस सुख के बराबर नहीं हो सकते जो लव (क्षण) मात्र के सत्संग से प्राप्त होता है ॥४॥

In one scale of the balance, my friend, put together all the joys of heaven and the bliss of liberation, but they will not outweigh the joy derived from a moment's communion with the saints.

चौ.—प्रबिसि नगर कीजे सब काजा। हृदय राखि कोसलपुरराजा॥
गरल सुधा रिपु करैं मिताई। गोपद सिंधु अनल सितलाई॥

अब आप कोसलराज श्रीरघुनाथजी को हृदय में रखकर लंका में प्रवेश करके सब काम कीजिए। उस (व्यक्ति) के लिए विष अमृत हो जाता है, शत्रु मित्रता करने लगते हैं, समुद्र गाय के खुर के समान हो जाता है, आग शीतल हो जाती है, ॥१॥

Enter the city with the lord of Ayodhya enshrined in your heart and accomplish all your business.' Poison becomes nectar, foes turn friends, the ocean shrinks to a mere puddle, fire is made cool

गरुड़ सुमेरु रेनु सम ताही। राम कृपा करि चितवा जाही॥
अति लघु रूप धरेउ हनुमाना। पैठा नगर सुमिरि भगवाना॥

और हे गरुड़ ! सुमेरु (पर्वत) उसके लिए धूल के समान हो जाता है, जिसे श्रीरामचन्द्रजी ने कृपा करके देख लिया। तब हनुमान्‌जी ने अत्यन्त छोटा रूप—सूक्ष्म रूप धारण किया और भगवान् का सुमिरन कर नगर में प्रवेश किया ॥२॥

—and Mount Sumeru, O Garuda, a grain of dust for him on whom Rama sheds his glance of grace. Hanuman assumed a very tiny form and invoking Rama, entered the city.

मंदिर मंदिर प्रति करि सोधा। देखे जहँ तहँ अगनित जोधा॥
गएउ दसाननमंदिर माहीं। अति बिचित्र कहि जात सो नाहीं॥

उन्होंने एक-एक महल को खोज डाला। जहाँ-तहाँ अनगिनत योद्धा (तैनात) देखे। फिर उन्होंने रावण के महल में प्रवेश किया। वह अत्यन्त विचित्र और अवर्णनीय था ॥३॥

---

1. *Masak*, according to F.S. Growse, is 'gnat'. In another glossary, he observes, "with reference to this particular passage, it is explained by *bilar*, 'a cat,'—as it would seem—because that is the animal mentioned in the Sanskrit *Ramayana*. In both cases the poet has no sooner stated transformation than he forgets all about it; for all Hanuman's subsequent actions are described as if performed by him in his natural shape. He may be supposed to have resumed it as soon as he had passed the guard..." *The Ramayana of Tulasidasa* (Delhi, 1978), p. 494n.

2. "*Nara-hari* stands for the more common Nar-sinha—*hari* and *sinha*, both meaning 'a lion'—and here denotes not that particular incarnation, but Visnu generally." F.S. Growse, *op. cit.*

He ransacked every mansion and saw countless warriors here and there. Then he made his way into Ravana's palace, which was too marvellous to be described.

सयन किएँ देखा कपि तेही । मंदिर महु न दीखि बैदेही ॥
भवन एक पुनि दीख सुहावा । हरिमंदिर तहँ भिन्न बनावा ॥

हनुमान्जी ने देखा कि वह सो रहा है । परंतु महल में जानकीजी न दीखीं । फिर एक सुन्दर महल दिखायी दिया जहाँ भगवान् का एक अलग मन्दिर बना हुआ था ॥४॥

Hanuman saw him buried in sleep, but no trace of the princess of Videha anywhere in the palace. He then noticed another magnificent mansion, with a temple sacred to Hari standing apart.

दो. –रामायुध अंकित गृह सोभा बरनि न जाइ ।
नव तुलसिका बृंद तहँ देखि हरष कपिराइ ॥५॥

उस महल पर श्रीरामजी के आयुध (धनुष-बाण) अङ्कित थे और उसकी शोभा वर्णनातीत थी । वहाँ तुलसी के नये-नये वृक्षसमूहों को देखकर कपिराज श्रीहनुमान्जी (अत्यन्त) हर्षित हुए ॥५॥

Emblazoned with Rama's weapons, the mansion was beautiful beyond words. The monkey chief rejoiced to see clusters of fresh *tulasi* plants there.

चौ. –लंका निसिचरनिकर निवासा । इहाँ कहाँ सज्जन कर बासा ॥
मन महु तरक करैं कपि लागा । तेहीं समय बिभीषनु जागा ॥

(वे मन में सोचने लगे कि) लङ्का तो राक्षसों के समूह का निवासस्थान है । यहाँ सज्जनों का निवास कहाँ ? हनुमान्जी मन में इस प्रकार तर्क-वितर्क करने लगे । उसी समय विभीषणजी जाग पड़े ॥१॥

'Lanka is the abode of a gang of demons; how comes the home of a pious man here ?' While the monkey chief was thus reasoning within himself, Vibhishana (Ravana's youngest brother) awoke.

राम राम तेहि सुमिरन कीन्हा । हृदय हरष कपि सज्जन चीन्हा ॥
एहि सन हठि करिहौं पहिचानी । साधु तें होइ न कारजहानी ॥

उन्होंने (विभीषण ने) राम-नाम का स्मरण किया । उन्हें सज्जन जानकर हनुमान्जी हृदय में हर्षित हुए । (हनुमान्जी ने मन में विचार किया कि) इनसे मैं हठ करके परिचय करूँगा, क्योंकि साधु पुरुषों से कार्य की हानि नहीं होती ॥२॥

He began to repeat Rama's name in prayer, and Hanuman was overjoyed to recognize a true believer. 'I shall make acquaintance with him at all events,' he thought, 'for one's cause would never suffer at the hands of a good man.'

बिप्ररूप धरि बचन सुनाए । सुनत बिभीषनु उठि तहँ आए ॥
करि प्रनामु पूँछी कुसलाई । बिप्र कहहु निज कथा बुझाई ॥

तब ब्राह्मण का रूप धारणकर हनुमान्जी ने उन्हें अपने वचन सुनाये (उन्हें पुकारा) । सुनते ही विभीषणजी उठकर वहाँ आये । उन्होंने प्रणाम करके कुशल पूछी और कहा कि हे ब्राह्मणदेव ! अपना वृतांत समझाकर कहिए ॥३॥

Having thus resolved, he took the form of a Brahman and accosted Vibhishana. As soon as he heard Hanuman's words, he arose and came to him. Making obeisance, he asked after his well-being and said, 'Tel me all about yourself, O Brahman.

की तुम्ह हरिदासन्ह महु कोई । मोरें हृदय प्रीति अति होई ॥
की तुम्ह रामु दीन अनुरागी । आएहु मोहि करन बड़भागी ॥

क्या आप हरि के सेवकों में से कोई हैं ? (कारण कि आपको देखकर) मेरे हृदय में तीव्र प्रेम उमड़ रहा है । या आप दीनों पर अनुराग रखनेवाले स्वयं श्रीरामजी ही हैं जो मुझे बड़भागी बनाने के लिए यहाँ पधारे हैं ? ॥४॥

Are you one of Hari's own servants ? For the sight of you has filled my heart with exceeding affection for you. Or are you Rama himself, a loving friend of the poor, come to make me greatly blessed ?'

दो. –तब हनुमंत कही सब रामकथा निज नाम ।
सुनत जुगल तनु पुलक मन मगन सुमिरि गुनग्राम ॥६॥

तब हनुमान्जी ने सारी राम-कथा (आद्योपांत) कहकर अपना नाम बताया । सुनते ही दोनों के शरीर पुलकित हो गए और श्रीरामजी के गुणसमूहों का स्मरणकर दोनों के मन आनन्दमग्न हो गए ॥६॥

Then Hanuman told him his own name and Rama's whole history, and while he listened they both thrilled with joy and lost themselves in the recollection of Rama's infinite virtues.

चौ. –सुनहु पवनसुत रहनि हमारी । जिमि दसनन्हि महु जीभि बिचारी ॥
तात कबहुँ मोहि जानि अनाथा । करिहहिं कृपा भानुकुलनाथा ॥

(विभीषणजी ने कहा —) हे पवनपुत्र ! अब मेरे रहने का ढंग सुनो । मैं यहाँ वैसे ही रहता हूँ जैसे दाँतों के बीच बेचारी जीभ । हे तात ! मुझे अनाथ जानकर सूर्यवंश के स्वामी श्रीरामचन्द्रजी क्या कभी मुझ पर अनुग्रह करेंगे ? ॥१॥

'Listen, O Son of the Wind,' said Vibhishana, 'I live here like the wretched tongue between the teeth. Will the Lord of the Solar race, my friend, ever have mercy on me as on one who is unprotected ?

तामस तनु कछु साधन नाहीं । प्रीति न पद सरोज मन माहीं ॥
अब मोहि भा भरोस हनुमंता । बिनु हरिकृपा मिलहिं नहि संता ॥

मेरा शरीर तामसी है और जिन साधनों से भगवान् मिलते हैं, मैं उनसे भी रहित हूँ।[1] मेरे मन में श्रीरामचन्द्रजी के चरणकमलों में प्रीति भी नहीं है। परंतु हे हनुमान् ! अब मुझे विश्वास हो गया (कि प्रभु की मुझपर कृपा है), क्योंकि हरि की अनुकंपा के बिना संत नहीं मिलते ॥२॥

My body is tamasic (*i.e.*, under the spell of the mode of ignorance and covered by darkness) and I know no means of realizing God, nor does my heart cherish any devotion to the Lord's lotus feet; but now, O Hanuman, I am confident that the Lord has been gracious to me, for without Hari's favour there is no meeting with the saintly.

जौ रघुबीर अनुग्रह कीन्हा। तौ तुम्ह मोहि दरसु हठि दीन्हा॥
सुनहु बिभीषन प्रभु कइ रीती। करहिं सदा सेवक पर प्रीती॥

जब श्रीरघुनाथजी ने मेरे ऊपर दया की है, तभी आपने हठ करके (जबरन्) मुझे दर्शन दिए हैं। (हनुमान्जी ने कहा–) हे विभीषणजी ! प्रभु श्रीरामचन्द्रजी की रीति सुनिए, वे सेवक पर सदा प्रीति करते हैं ॥३॥

It is only because Raghunatha has been kind to me that you of your own accord have revealed yourself to me.' 'Listen, Vibhishana,' said Hanuman, 'the Lord is ever affectionate to his servants, for such is his wont.

कहहु कवन मैं परम कुलीना। कपि चंचल सबहीं बिधि हीना॥
प्रात लेइ जो नाम हमारा। तेहि दिन ताहि न मिलै अहारा॥

आप ही कहिए, मैं कौन बड़ा कुलीन हूँ ! चञ्चल वानर हूँ और सब तरह से दीन-हीन। प्रातःकाल जो हम बंदरों का नाम ले ले तो उस दिन उसे भोजन न मिले ॥४॥

Tell me, what superior birth can I claim, a frivolous monkey, of no merit whatever ? Why, anyone who mentions our name in the early morning is sure to go fasting the rest of the day !

दो. –अस मैं अधम सखा सुनु मोहू पर रघुबीर।
कीन्ही कृपा सुमिरि गुन भरे बिलोचन नीर ॥७॥

हे मित्र ! सुनिए, मैं ऐसा ही नीच हूँ; पर श्रीरामचन्द्रजी ने तो मुझ पर भी दया ही की है। (भगवान् के) गुणों का स्मरण कर हनुमान्जी के दोनों नेत्र (प्रेमाश्रुओं से) भर आए ॥७॥

So utterly wretched am I ! But listen, friend, even to me has Rama shown favour !' And his eyes filled with tears as he recalled the Lord's virtues.

चौ. –जानतहूँ अस स्वामि बिसारी। फिरहिं ते काहे न होहिं दुखारी॥
एहि बिधि कहत राम गुन ग्रामा। पावा अनिर्बाच्य बिश्रामा॥

यह सब जानते हुए भी जो ऐसे स्वामी को बिसारकर (विषय-वासनाओं के पीछे) भटकते फिरते हैं, वे दुःखी क्यों न हों ! इस प्रकार श्रीरामजी के गुणसमूहों का वर्णन करते हुए उन्होंने अनिर्वचनीय शान्ति का अनुभव किया ॥१॥

'Most unblessed must they be who knowingly wander in pursuit of sense gratification, oblivious of his mercies !' Thus recounting Rama's infinite excellences, he felt an ineffable calm.

पुनि सब कथा बिभीषन कही। जेहि बिधि जनकसुता तहँ रही॥
तब हनुमंत कहा सुनु भ्राता। देखी चहउँ जानकी माता॥

फिर, श्रीजानकीजी जिस प्रकार वहाँ रहती थीं, विभीषणजी ने वह सारी कथा कह सुनायी। तब हनुमान्जी ने कहा – हे भाई ! सुनो, मैं जानकी माता के दर्शन करना चाहता हूँ ॥२॥

Then Vibhishana gave him a detailed account of the sort of life Janaka's daughter was living there. Thereupon Hanuman said, 'Listen, brother; I would fain see my mother, Janaki.'

जुगुति बिभीषन सकल सुनाई। चलेउ पवनसुत बिदा कराई॥
करि सोइ रूप गएउ पुनि तहवाँ। बन असोक सीता रह जहवाँ॥

विभीषणजी ने सारी युक्तियाँ कह सुनायीं (सब उपाय बतला दिए)। तब हनुमान्जी विदा होकर चले। फिर वही (मसक-सरीखा) रूप धरकर वे वहाँ गये जहाँ अशोकवन में सीताजी रहती थीं ॥३॥

When Vibhishana explained to him how he might succeed, Hanuman bade him farewell and proceeded on his errand. Assuming the same tiny shape as he had taken before, he repaired to the *ashoka* grove, where Sita dwelt.

देखि मनहि महु कीन्ह प्रनामा। बैठेहि बीति जात निसि जामा॥
कृस तनु सीस जटा एक बेनी। जपति हृदय रघुपति गुन श्रेनी॥

उन्हें देखकर हनुमान्जी ने मन-ही-मन प्रणाम किया। (उन्होंने यह भी देखा कि) रात्रि के चारों पहर उन्हें बैठे-ही-बैठे बीत जाते हैं। उनका शरीर दुबला हो गया है और सिर पर जटाओं की एक वेणी (चोटी) हो गई है। वे हृदय में श्रीरघुनाथजी के गुणसमूहों का (निरंतर) जाप करती रहती हैं ॥४॥

As soon as he saw her, he made mental obeisance and observed that she had been sitting the whole night through, emaciated in body, her hair knotted up in a single braid on her head, and was repeating to herself the host of Rama's excellences.

दो. –निज पद नयन दिएँ मन राम कमल पद लीन।
परम दुखी भा पवनसुत देखि जानकी दीन ॥८॥

[1]. 'कछु साधन नाहीं' कहकर अपने को कर्मरहित बताया। 'साधन करना कर्म है।'

वे नेत्रों को अपने चरणों में लगायी हुई हैं (नीचे देख रही हैं) और मन श्रीरामजी के चरणकमलों में तल्लीन है। जानकीजी को दुःखी देखकर पवनपुत्र हनुमान्जी भी अत्यन्त दुःखी हो गए ॥८॥

With her eyes fixed on her own feet, she was mentally absorbed in the contemplation of Rama's lotus feet. Hanuman, the Son of the Wind, was mightily distressed to see Sita so stricken with grief.

चौ. –तरु पल्लव महुँ रहा लुकाई। करै बिचार करौं का भाई॥
तेहि अवसर रावनु तहँ आवा। संग नारि बहु किएँ बनावा॥

वे वृक्ष के पत्तों में छिपे रहे और विचार करने लगे कि हे भाई! मैं क्या करूँ (इनका दुःख कैसे दूर करूँ)? उसी समय वहाँ रावण आ पहुँचा। उसके साथ बनाव-शृंगार किये हुए बहुत-सी स्त्रियाँ थीं ॥१॥

Hidden among the leaves of a tree, he mused within himself, 'Come, brother, what ought I to do?' Just at that moment Ravana arrived, with a troop of women bedecked in fine attire.

बहु बिधि खल सीतहि समुझावा। साम दान भय भेद देखावा॥
कह रावनु सुनु सुमुखि सयानी। मंदोदरी आदि सब रानी॥

दुष्ट रावण ने सीताजी को तरह-तरह से समझाया – साम, दान[1], भय और भेद दिखलाया। रावण ने कहा – हे सुमुखि! हे सयानी! सुनो, मन्दोदरी आदि सब रानियों को – ॥२॥

The wretch tried in every way to entice Sita, by blandishments, bribes, threats and the sowing of doubts in her mind. 'Listen,' said Ravana, 'O wise and fair-faced dame! Mandodari and all the other queens–

तव अनुचरीं करौं पन मोरा। एक बार बिलोकु मम ओरा॥
तृन धरि ओट कहति बैदेही। सुमिरि अवधपति परम सनेही॥

मैं तुम्हारी सेविका बना दूँगा, यह मेरी प्रतिज्ञा है। एक बार मेरी ओर देखो तो सही! अपने परम प्रिय अवधपति श्रीरामचन्द्रजी का स्मरण कर जानकीजी तिनके की आड़ करके कहने लगीं – ॥३॥

I will make your handmaids, I swear it, if you will look on me but once!' Interposing a blade of grass between herself and Ravana and fondly fixing her thoughts on her own most loving lord of Avadh, Videha's daughter replied,

सुनु दसमुख खद्योतप्रकासा। कबहुँ कि नलिनी करइ बिकासा॥
अस मन समुझु कहति जानकी। खल सुधि नहि रघुबीरबान की॥

हे दशानन! सुन, जुगनू के प्रकाश से क्या कभी कमलिनी विकास कर सकती है – खिल सकती है? जानकीजी फिर कहती हैं – तू मन में ऐसा ही समझ ले (अपने को जुगनू ही समझ)। रे दुष्ट! क्या तुझे श्रीरघुवीर के बाणों की खबर नहीं है? – ॥४॥

'Listen, Ten-headed! Will the lotus ever bloom in the glow of a fire-fly? Ponder this at heart,' continued Janaka's daughter; 'wretch, have you no fear of Raghubira's arrows?

सठ सूनें हरि आनेहि मोही। अधम निलज्ज लाज नहि तोही॥

रे शठ! तू मुझे सूने में चुरा लाया है। रे नीच! निर्लज्ज! तुझे लज्जा नहीं आती? ॥५॥

Villain! You carried me off when I was alone. Do you not feel ashamed, O vile and shameless monster?'

दो. –आपुहि सुनि खद्योत सम रामहि भानु समान।
परुष बचन सुनि काढ़ि असि बोला अति खिसिआन ॥९॥

उसने अपने को जुगनू के समान सुना और रामचन्द्रजी को सूर्य के समान। सीताजी के ऐसे कठोर वचन सुनकर रावण ने तलवार निकाल ली और वह बड़े गुस्से में आकर बोला – ॥९॥

Hearing himself compared to a glow-worm and Rama to the sun, and exasperated at her harsh words, the monster drew his sword and cried,

चौ. –सीता तैं मम कृत अपमाना। कटिहौं तव सिर कठिन कृपाना॥
नाहि त सपदि मानु मम बानी। सुमुखि होति न त जीवनहानी॥

सीता! तूने मेरा अपमान किया है, इसलिए मैं इस कठोर तलवार से तुम्हारा सिर काट डालूँगा। नहीं तो अविलंब मेरी बात मान ले। हे सुमुखि! नहीं तो जीवन से हाथ धोना पड़ेगा! ॥१॥

'Sita, you have insulted me. Therefore with my relentless sword will I cut off your head. If you do not want me to do so, obey my behest at once, my fair lady, or else you lose your life!'

स्याम सरोज दाम सम सुंदर। प्रभुभुज करिकर सम दसकंधर॥
सो भुज कंठ कि तव असि घोरा। सुनु सठ अस प्रवान पन मोरा॥

(सीताजी ने उत्तर दिया –) हे दशकंधर[1]! मेरे स्वामी की भुजाएँ जो श्याम कमल की माला के समान सुन्दर और हाथी की सूँड़ के समान सबल तथा विशाल हैं, या तो वे ही भुजाएँ मेरे कण्ठ में लगेंगी या तेरी घोर तलवार ही। रे शठ! सुन, यही मेरी सच्ची प्रतिज्ञा है ॥२॥

'Lovely as a string of dark lotuses, said' Sita, 'and mighty and long as an elephant's trunk are my lord's

१. शत्रु पर विजय पाने के साम आदि चार उपायों में से एक; कुछ देकर शत्रु को वश में करने की नीति (यहाँ 'दान' दाम का ही पर्याय है)।

१. दशकंठ, दशानन, रावण।

arms, Ten-headed ! Either those arms shall have my neck or else your dread sword. Hear me, you villain; I swear it solemnly !

चंद्रहास हर मम परितापं । रघुपतिबिरह अनल संजातं ॥
सीतल निसित बहसि बर धारा । कह सीता हरु मम दुखभारा ॥

सीताजी कहती हैं — हे चन्द्रहास (रावण की तलवार) ! श्रीरघुनाथजी के वियोग की अग्नि से उत्पन्न मेरे सन्ताप को तू हर ले । हे तलवार ! तू शीतल, तीव्र और श्रेष्ठ धारा बहाती है (अर्थात् तेरी धार ठंढी और तेज है), तू मेरे दुःख के भार का हरण कर । (चन्द्रहास और प्रभु की भुजा में एक समानता तो यह है कि दोनों को सीता की प्रतीक्षा है । दोनों ही सीता के दुःख को हरने में समर्थ हैं । चूँकि रावण तापदाता है, इसलिए उससे ताप हरने को नहीं कहा ।) ॥३॥

Put an end, O Chandrahasa (Ravana's gleaming scimitar), to the burning anguish of my heart, born of the fire of separation from Raghunatha ! The blade you wield is cool, sharp and kind; rid me of my burden of grief !'

सुनत बचन पुनि मारन धावा । मयतनयाँ कहि नीति बुझावा ॥
कहेसि सकल निसिचरिन्ह बोलाई । सीतहि बहु बिधि त्रासहु जाई ॥

सीताजी के वचन सुनते ही वह मारने दौड़ा । तब मय नामक दानव की कन्या मन्दोदरी ने नीति (की बात) बताकर उसे समझाया । तब रावण ने सब राक्षसियों को बुलाकर कहा — तुम लोग जाकर सीता को तरह-तरह से डराओ-धमकाओ ! ॥४॥

On hearing these words, he rushed forward to slay her; but Mandodari[1] (intervened and) restrained him with words of good counsel. Summoning all the female demons (posted there), he said, 'Go and intimidate Sita in every way.

मासदिवस महु कहा न माना । तौ मैं मारबि काढ़ि कृपाना ॥

यदि एक महीने में इसने मेरा कहना नहीं माना तो मैं इसे तलवार निकालकर मार डालूँगा ॥५॥

If she obey me not in a month's time, then will I draw my sword and slay her.'

दो. —भवन गएउ दसकंधर इहाँ पिसाचिनिबृंद ।
सीतहि त्रास देखावहिं धरहिं रूप बहु मंद ॥१०॥

(इतना कहकर) रावण घर को लौट गया । यहाँ राक्षसियों के समूह अनेक बुरे रूप धारणकर सीताजी को भय दिखलाने लगे ॥१०॥

(Having issued these instructions) the Ten-headed returned to his palace, while the host of female fiends here assumed many hideous shapes and intimidated Sita.

1. The daughter of the demon Maya, and Ravana's favourite wife.

चौ. —त्रिजटा नाम राक्षसी एका । रामचरन रति निपुन बिबेका ॥
सबन्हौ बोलि सुनाएसि सपना । सीतहि सेइ करहु हित अपना ॥

(उनमें ही) त्रिजटा नाम की एक राक्षसी थी । श्रीरामचन्द्रजी के चरणों में उसका अनुराग था और वह विवेक में निपुण थी । उसने सबों को बुलाकर अपना स्वप्न सुनाया और कहा कि सीताजी की सेवा करके अपना-अपना हित कर लो ॥१॥

One of these female demons, Trijata by name, was devoted to Rama's feet and perfect in spiritual wisdom. She summoned all her companions and told them of a dream and exhorted them to serve Sita and bless themselves.

सपने बानर लंका जारी । जातुधानसेना सब मारी ॥
खर आरूढ़ नगन दससीसा । मुंडित सिर खंडित भुज बीसा ॥

सपने में (मैंने देखा है कि) एक बंदर ने लङ्का जला दी और सारी राक्षसी सेना मार डाली गयी । रावण नंगा है और गधे पर सवार है । उसके सिर मुँड़े हुए हैं, बीसों भुजाएँ खंडित हैं ॥२॥

'In my dream,' she said, 'a monkey set fire to Lanka and slew the whole demon army. As for the Ten-headed Ravana, I saw him mounted on an ass, all naked, with his heads shaven and all his twenty arms hacked off.

एहि बिधि सो दच्छिन दिसि जाई । लंका मनहु बिभीषन पाई ॥
नगर फिरी रघुबीरदोहाई । तब प्रभु सीता बोलि पठाई ॥

इस प्रकार वह दक्षिण दिशा (यमपुरी) को जा रहा है और मानो लंका का राज्य विभीषण ने पा लिया है । नगरभर में श्रीरामचन्द्रजी की दुहाई फिर गयी है और तब प्रभु ने सीताजी को बुला भेजा है ॥३॥

In this fashion he went his way to the south;[1] and it so appeared that Lanka had passed into the hands of Vibhishana. Rama's victory was proclaimed (by beat of drum) throughout the city; it was then that the Lord sent for Sita.

येह सपना मैं कहौं पुकारी । होइहि सत्य गएँ दिन चारी ॥
तासु बचन सुनि ते सब डरीं । जनकसुता के चरनन्हि परीं ॥

मैं पुकारकर (निश्चित रूप से) कहती हूँ कि यह सपना कुछ ही दिनों बाद सत्य होकर रहेगा । उसकी बात सुनकर वे सब (राक्षसियाँ) डर गयीं और जानकीजी के पैरों पर जा गिरीं ॥४॥

This dream, I loudly proclaim, will assuredly be accomplished within a few days.' They were all

1. The realm of Yama, the god of Death, is said to be in the south.

dismayed when they heard her words and fell at the feet of Janaka's daughter.

दो. –जहँ तहँ गईं सकल तब सीता कर मन सोच ।
मासदिवस बीते मोहि मारिहि निसिचर पोच ॥११॥

तदनंतर वे सब जहाँ-तहाँ लौट गयीं । सीताजी मन-ही-मन सोच करने लगीं कि एक महीना बीत जाने पर यह नीच राक्षस (रावण) मुझे मार डालेगा ॥११॥

Then they all dispersed in different directions, and Sita anxiously thought within herself: 'At the end of a month the vile demon will slay me.'[1]

चौ. –त्रिजटा सन बोलीं कर जोरी । मातु बिपतिसंगिनि तइँ मोरी ॥
तजौं देह करु बेगि उपाई । दुसह बिरहु अब नहि सहि जाई ॥

सीताजी ने हाथ जोड़कर त्रिजटा से कहा – हे माता ! तू मेरे दुःखों की सहचरी हो । शीघ्र कोई ऐसा उपाय करो, जिससे मैं शरीर त्याग सकूँ । विरह असह्य हो चला है, अब यह सहा नहीं जाता ॥१॥

With folded hands she said to Trijata: 'Mother, you are my only companion in adversity. Speedily devise some plan that I may be rid of this body, for this bereavement, so hard to bear, can no longer be endured.

आनि काठ रचु चिता बनाई । मातु अनल पुनि देहि लगाई ॥
सत्य करहि मम प्रीति सयानी । सुनै को श्रवन सूल सम बानी ॥

लकड़ी लाकर चिता बनाकर सजा दो । हे माता ! फिर तुम उसमें आग लगा देना । हे सयानी ! तू (प्रियतम के प्रति) मेरी प्रीति को सत्य कर दो । (रावण की) शूल के समान दुःख देनेवाली वाणी कानों से कौन सुने ? (चिता में आग वही देता है जो संबंधी है, इसलिए सीताजी उसे माता कहकर सम्बोधित करती हैं । राक्षसियों के त्रास से बचाकर त्रिजटा ने उन्हें नया जन्म भी दिया था ।) ॥२॥

Bring some wood and build a pyre, and then, mother, set fire to it. So prove the genuineness of my love, wise dame. Who could bear to listen to Ravana's words that pierce the ear like a shaft ?'

सुनत बचन पद गहि समुझाएसि । प्रभु प्रताप बल सुजसु सुनाएसि ॥
निसि न अनल मिल सुनु सुकुमारी । अस कहि सो निज भवन सिधारी ॥

सीताजी की बात सुनकर त्रिजटा ने पाँव पकड़कर उन्हें समझाया और प्रभु श्रीरामजी का प्रताप, बल और सुयश सुनाया । (उसने कहा –) हे सुकुमारी ! सुनो, रात में आग नहीं मिलती – ऐसा कहकर वह अपने घर चली गयी ॥३॥

Upon hearing these words, she clasped Sita's feet and comforted her by recounting the majesty and might and great glory of her lord. 'Listen, O young princess,' she said, 'no fire can be had at night.' So saying, she went away home.

कह सीता बिधि भा प्रतिकूला । मिलिहि न पावक मिटिहि न सूला ॥
देखिअत प्रगट गगन अंगारा । अवनि न आवत एकौ तारा ॥

तब सीताजी (अपने मन में) कहने लगीं – (अब मैं क्या करूँ ?) विधाता ही प्रतिकूल हो गया । न तो आग मिलेगी, न पीड़ा मिटेगी । आकाश में अंगारे प्रकट दिखायी दे रहे हैं, परंतु धरती पर एक भी तारा नहीं आता ॥४॥

'Heaven itself has turned hostile to me !' cried Sita. 'There is no fire to be had and no end to my torture ! Sparks of fire are visibly seen in the heavens, but not one single star drops to the earth !

पावकमय ससि स्रवत न आगी । मानहु मोहि जानि हतभागी ॥
सुनहि बिनय मम बिटप असोका । सत्य नाम करु हरु मम सोका ॥

चन्द्रमा अग्निपिंड है, किंतु वह भी मानो मुझे अभागिनी जानकर आग नहीं स्रवता (बरसाता) ! हे अशोकवृक्ष ! तू मेरी विनती सुन, मेरा शोक हर ले और अपना (अशोक) नाम सच्चा कर दिखा । (चन्द्रमा से अग्नि न माँगने का कारण यह है कि चन्द्रमा 'बिरहिनी दुखदायी' है, वह कदापि अग्नि न देगा । अग्नि देकर विरह-व्यथा को मिटाना उसके स्वभाव के विरुद्ध है ।) ॥५॥

The moon, though all ablaze, casts no fire down, as if it knew what a luckless wretch I am. Hear my prayer, O *ashoka* tree; take away my sorrow and be true to your name.

नूतन किसलय अनल समाना । देहि अगिनि तनु करहि निदाना ॥
देखि परम बिरहाकुल सीता । सो छन कपिहि कलप सम बीता ॥

तेरे नये-नये (लाल) कोमल पत्ते अग्नि-जैसे हैं । अग्नि दे और मेरे शरीर का अन्त कर दे । इस प्रकार सीताजी को विरह से परम व्याकुल देखकर वह क्षण हनुमान्‌जी को कल्प के समान बीता ॥६॥

Your fresh young leaves are red like flames. Give me that fire to consume my body.' A single moment seemed like an aeon to Hanuman as he beheld Sita thus piteously lamenting the loss of her lord.

सो. –कपि करि हृदय बिचार दीन्हि मुद्रिका डारि तब ।
जनु असोक अंगार दीन्ह हरषि उठि कर गहेउ ॥१२॥

तब हनुमान्‌जी ने मन में विचारकर (सीताजी के सामने श्रीरामजी की) अँगूठी गिरा दी । मानो अशोक ने अंगारा दे दिया, यह समझकर सीताजी ने प्रसन्न हो उठकर उसे हाथ में ले लिया ॥१२॥

१. "As appears from what follows," says F.S. Growse, "it is not death that she dreads, but the long interval of a month, which has to elapse before her death takes place." *Op. cit.*, p. 498.

Then Hanuman pondered awhile and dropped down the signet ring, as though the *ashoka* tree had thrown a spark (in response to her prayer). Joyfully she arose and took it in her hand.

चौ. –तब देखी मुद्रिका मनोहर। रामनाम अंकित अति सुंदर॥
चकित चितव मुदरी पहिचानी। हरष बिषाद हृदय अकुलानी॥

तब उन्होंने रामनाम से अंकित वह अत्यन्त सुन्दर एवं मनोहर अँगूठी देखी। अँगूठी को पहचानकर वे आश्चर्यचकित हो उसे देखने लगीं और हर्ष तथा विषाद (की मिश्रित अनुभूति) के कारण हृदय में व्याकुल हो उठीं॥१॥

Now she looked at the lovely ring with the name of Rama most beautifully engraved on it. Recognizing the ring, she looked at it in amazement and was agitated at heart with mingled joy and sorrow.

जीति को सकै अजय रघुराई। माया तें असि रचि नहि जाई॥
सीता मन बिचार कर नाना। मधुर बचन बोलेउ हनुमाना॥

(वे सोचती हैं –) श्रीरघुनाथजी तो अजेय हैं, उन्हें भला कौन जीत सकता है? और माया से ऐसी (दिव्य, चिन्मय) अँगूठी रची नहीं जा सकती। सीताजी अपने मन में अनेक प्रकार के विचार कर ही रही थीं कि इसी समय हनुमान्‌जी ने मधुर शब्द कहे – ॥२॥

'Who could conquer the invincible Raghunatha? Yet no magic could have fashioned such a (divine) ring.' While many such fancies were passing through Sita's mind, Hanuman spoke in honeyed accents

रामचंद्रगुन बरनैं लागा। सुनतहि सीता कर दुख भागा।
लागीं सुनै श्रवन मन लाई। आदिहु तें सब कथा सुनाई॥

वे श्रीरामचन्द्रजी के गुणों का गान करने लगे, (जिन्हें) सुनते ही सीताजी का दुःख मिट गया। वे कान और मन लगाकर उन्हें सुनने लगीं। हनुमान्‌जी ने आरम्भ से लेकर (वर्तमान तक की) सारी कथा कह सुनायी॥३॥

—and began to recount Ramachandra's praises. As soon as she heard him, Sita's grief took flight. She listened with all her soul and ears, while Hanuman related his story from the beginning.

श्रवनामृत जेहि कथा सुहाई। कही सो प्रगट होत किन भाई॥
तब हनुमंत निकट चलि गएऊ। फिरि बैठीं मन बिसमय भएऊ॥

(सीताजी ने कहा –) जिसने कानों के लिए अमृत के समान प्रिय यह सुन्दर कथा कही, वह हे भाई! प्रकट क्यों नहीं होता? तब हनुमान्‌जी पास चले गये। उन्हें देखकर सीताजी मुँह फेरकर बैठ गयीं; उनके मन में विस्मय हुआ॥४॥

She said, 'You, my brother, who have told me a tale as refreshing as ambrosia to my ears, why do you not show yourself?' Then Hanuman advanced and drew near. As soon as she saw him, she turned her face away and sat down in bewilderment.

रामदूत मैं मातु जानकी। सत्य सपथ करुनानिधान की॥
एह मुद्रिका मातु मैं आनी। दीन्हि राम तुम्ह कहँ सहिदानी॥

(हनुमान्‌जी ने कहा –) हे माता जानकी! मैं श्रीरामजी का दूत हूँ, करुणानिधान श्रीरामजी की सौगंद, यह सत्य कहता हूँ। हे माता! यह अँगूठी मैं ही लाया हूँ। श्रीरामजी ने मुझे आपके लिए यह सहिदानी (निशानी) दी है॥५॥

'I am Rama's messenger, Janaki my mother,' he said; 'I solemnly swear it by the all-merciful Lord himself. I have brought this ring, mother, which Rama gave me for you as a token.'

नर बानरहि संग कहु कैसें। कही कथा भइ संगति जैसें॥

(सीताजी ने पूछा –)? कहो, नर और वानर का संग किस प्रकार हुआ? तब हनुमान्‌जी ने उस मैत्री की सारी कथा सिलसिलेवार कही॥६॥

'Tell me,' she said, 'how have men and monkeys come to consort together?' Hanuman then explained how they had entered into an alliance.

दो. –कपि के बचन सप्रेम सुनि उपजा मन बिस्वास।
जाना मन क्रम बचन येह कृपासिंधु कर दास॥१३॥

हनुमान्‌जी के प्रेमभरे वचन सुनकर सीताजी के मन में विश्वास उपज गया और उन्हें इस बात की प्रतीति हो गई कि यह मन, वचन और कर्म से कृपासिंधु (श्रीरघुनाथजी) का दास है॥१३॥

Upon hearing the monkey's loving speech, her heart trusted him, and she recognized him as a servant of the all-merciful Lord in thought and word and deed.

चौ. –हरिजन जानि प्रीति अति बाढ़ी। सजल नयन पुलकावलि ठाढ़ी॥
बूड़त बिरह जलधि हनुमाना। भएहु तात मो कहुँ जलजाना॥

भगवान् का सेवक जानकर (उसके प्रति) उनकी प्रीति अत्यन्त बढ़ गयी। नेत्रों में जल भर आया, शरीर अत्यन्त पुलकित हो गया, रोंगटे खड़े हो गए। (सीताजी ने कहा –) हे तात हनुमान्! मैं विरह-सागर में डूब रही थी, मेरे लिए तुम जहाज हुए॥१॥

Recognizing him to be a devotee of Hari, she developed an intense affection for him. Her eyes filled with tears and a thrill ran through her body. 'To me,' she said, 'who was sinking in the ocean of bereavement, Hanuman, dear friend, you have come like a ship to save me.

अब कहु कुसल जाउँ बलिहारी। अनुज सहित सुख भवन खरारी॥
कोमलचित कृपाल रघुराई। कपि केहि हेतु धरी निठुराई॥

मैं बलिहारी जाती हूँ, अब छोटे भाई लक्ष्मणजी के साथ खर के शत्रु,सुख के स्थान प्रभु का कुशल-क्षेम कहो। श्रीरघुनाथजी तो कोमलचित्त और दयालु हैं, फिर हे हनुमान्! किस कारण उन्होंने यह निष्ठुरता धारण कर रखी है?— ॥२॥

Now tell me, I adjure you, of the welfare of all-blissful Rama (the slayer of Khara) and his younger brother. Raghunatha is tender-hearted and compassionate; why, monkey, should he affect such cruelty?

सहज बानि सेवक सुखदायक। कबहुँक सुरति करत रघुनायक॥
कबहुँ नयन मम सीतल ताता। होइहहिं निरखि स्याम मृदु गाता॥

अपने सेवकों को सुख देना उनकी सहज-स्वाभाविक बान है। वे श्रीरघुनाथजी क्या कभी मेरी भी याद करते हैं? हे तात! क्या कभी उनके कोमल साँवले अंगों को निरखकर मेरी आँखें ठंढी होंगी? ॥३॥

It is his nature to bring joy to his votaries. Does he ever deign to remember me? Will my eyes, friend, be ever gladdened by the sight of his dark and delicate body?'

बचनु न आव नयन भरे बारी। अहह नाथ हौं निपट बिसारी॥
देखि परम बिरहाकुल सीता। बोला कपि मृदु बचन बिनीता॥

(सीताजी के मुँह से) वचन नहीं निकलते; नेत्रों में (विरहजन्य आँसुओं का) जल भर आया और वे शोकातुर हो उठीं— हा नाथ! आपने मुझे बिल्कुल भुला दिया! सीताजी को अत्यन्त विरह-विकल देखकर हनुमान्‌जी कोमल और विनम्र वचन बोले— ॥४॥

Words failed her and her eyes swam with tears. 'Alas, my lord! You have quite forgotten me!' Seeing Sita beside herself with the pain of separation, Hanuman addressed her in soft and courteous accents:

मातु कुसल प्रभु अनुज समेता। तव दुख दुखी सुकृपानिकेता॥
जनि जननी मानहु जिय ऊना। तुम्ह तें प्रेमु राम कें दूना॥

हे माता! असीम कृपा के स्थान प्रभु भाई लक्ष्मणजी के साथ कुशलपूर्वक हैं, परन्तु आपके दुःख से दुःखी हैं। हे माता! आप अपने मन में ग्लानि न मानिए (मन छोटा न कीजिए)। श्रीरामचन्द्रजी के हृदय में आपसे दूना अधिक प्रेम है ॥५॥

'Mother, the Lord and his brother are both well, except that the All-merciful sorrows with your sorrow. Yield not to remorse, mother; Rama loves you twice as much as you love him.

दो.—रघुपति कर संदेसु अब सुनु जननी धरि धीर।
अस कहि कपि गदगद भएउ भरे बिलोचन नीर॥१४॥

हे माता! अब धीरज धरकर श्रीरघुनाथजी का संदेश सुनिए। ऐसा कहकर हनुमान्‌जी गद्‌गद हो गए और उनकी आँखों में (प्रेमाधिक्य के कारण) आँसू भर आए ॥१४॥

Now, mother, compose yourself and hear Raghunatha's message.' Even as he uttered these words, the monkey's voice failed him and his eyes filled with tears.

चौ.—कहेउ राम बियोग तव सीता। मो कहुँ सकल भए बिपरीता॥
नव तरु किसलय मनहु कृसानू। काल निसा सम निसि ससि भानू॥

(वे बोले—) श्रीरामचन्द्रजी ने कहा है कि-हे सीते! तुम्हारे विरह में मेरे लिए सभी (सुखद पदार्थ) प्रतिकूल हो गए हैं। वृक्षों के नवजात सुकोमल पत्ते मानो अग्नि के समान, रात्रि कालरात्रि के समान, चन्द्रमा सूर्य के समान (संतापदायक)— ॥१॥

'These were Rama's words: "Separation from you, Sita, has turned my world upside down. The fresh and tender leaves upon the trees are like tongues of fire; the night appears as dreadful as the night of death and the moon scorches like the sun.

कुबलयबिपिन कुंतबन सरिसा। बारिद तपत तेल जनु बरिसा॥
जे हित रहे करत तेइ पीरा। उरग स्वास सम त्रिबिध समीरा॥

और कमलों के वन बरछियों के वन के समान हो गए हैं। मेघ मानो खौलते हुए तेल की वर्षा करते हैं। जो हितकर थे, वे ही अब पीड़ा देने लगे हैं। त्रिविध (शीतल, मन्द, सुगंध) वायु साँप की साँस के समान (जहरीली) हो गयी है ॥२॥

Beds of lotuses are like a forest of spears and the rain-clouds drop boiling oil. Those that were friendly before now add to my pain, and the winds, cool, gentle and fragrant, are like the breath of a serpent.

कहेहू तें कछु दुख घटि होई। काहि कहौं येह जान न कोई॥
तत्व प्रेम कर मम अरु तोरा। जानत प्रिया एकु मनु मोरा॥

कह डालने से भी मन का दुःख कुछ कम हो जाता है, पर कहूँ तो किससे? इसे कोई जानता नहीं। हे प्रिये! मेरे और तेरे प्रेम के तत्त्व (रहस्य) को एक मेरा ही मन जानता है— ॥३॥

One's agony is assuaged a little even by speaking of it; but to whom shall I tell it? No one can understand it. The essence of such love as yours and mine, beloved, is known to none but my own soul;

सो मनु सदा रहत तोहि पाहीं । जानु प्रीतिरसु एतनेहि माहीं ॥
प्रभुसंदेसु सुनत बैदेही । मगन प्रेम तन सुधि नहि तेही ॥

और वह मन सदैव तेरे ही पास रहता है । बस, मेरे प्रेम के सार को इतने में ही जान ले । प्रभु के इस संदेश को सुनते ही जानकीजी प्रेम-मग्न हो गयीं । उन्हें शरीर की सुध-बुध न रही ॥४॥

and this my soul ever abides with you. Know this to be the essence of my love !" As soon as Janaki heard the message of her lord, she became so absorbed in love that she lost all consciousness of her body.

कह कपि हृदय धीर धरु माता । सुमिरु राम सेवक सुखदाता ॥
उर आनहु रघुपतिप्रभुताई । सुनि मम बचन तजहु कदराई ॥

हनुमान्‌जी ने कहा – हे माता ! हृदय में धैर्य धारण करो और सेवकों को सुखी करनेवाले श्रीरामजी का सुमिरन करो । हृदय में श्रीरघुनाथजी की प्रभुता का ध्यान करो और मेरे वचन सुनकर कायरता से पिंड छुड़ाओ ॥५॥

'Compose yourself, mother,' said Hanuman, 'and fix your thoughts on Rama, delight of his servants. Reflect upon the glory of Raghunatha and, as you listen to my words, shake off all faint-heartedness.

दो. –निसिचरनिकर पतंग सम रघुपतिबान कृसानु ।
जननी हृदय धीर धरु जरे निसाचर जानु ॥१५॥

राक्षसों के समूह पतंगों के समान हैं और श्रीरघुनाथजी के बाण अग्नि के समान । हे माता ! अपने हृदय में धीरज धरो और राक्षसों को जला हुआ ही जानो ॥१५॥

The demon troops are like so many moths and Raghunatha's shafts are like flames; be of good cheer, mother, and take the demons as consumed already.

चौ. –जौं रघुबीर होति सुधि पाई । करते नहि बिलंबु रघुराई ॥
रामबान रबि उएँ जानकी । तम बरूथ कहँ जातुधान की ॥

यदि श्रीरामचन्द्रजी ने आपकी खबर पायी होती तो वे देर न करते । हे जानकीजी ! श्रीरामजी के बाणरूपी सूर्य के उदय होने पर राक्षसों का सेनारूपी अन्धकार कैसे ठहर सकता है ? ॥१॥

If Rama only knew, he would not have made delay. How can the darkness of the demon host linger on when Rama's shafts, Janaki, rise like the sun ?

अबहि मातु मैं जाउँ लवाई । प्रभु आएसु नहि रामदोहाई ॥
कछुक दिवस जननी धरु धीरा । कपिन्ह सहित अइहहिं रघुबीरा ॥

हे माता ! मैं (चाहूँ तो) आपको यहाँ से लिवा ले जाऊँ, पर श्रीरामचन्द्रजी की शपथ खाकर कहता हूँ, (ऐसा करने के लिए) मुझे प्रभु की आज्ञा नहीं है । हे माता ! कुछ दिन और धैर्य धरो । श्रीरामचन्द्रजी वानरों के साथ यहाँ आवेंगे, ॥२॥

This very moment, mother, would I have taken you to him myself, but—I swear it by Rama—I have no such orders from the Lord. Wait patiently, mother, for a few days more, till Rama comes with his troops of monkeys.

निसिचर मारि तोहि लै जैहहिं । तिहुँ पुर नारदादि जसु गैहहिं ॥
हैं सुत कपि सब तुम्हहि समाना । जातुधान अति भट बलवाना ॥

और राक्षसों का संहारकर आपको (यहाँ से) ले जायँगे । नारद आदि मुनि तीनों लोकों में उनके यश का मान करेंगे । (यह सुनकर सीताजी ने कहा –) हे पुत्र ! सब वानर तुम्हारे ही समान (छोटे-छोटे) होंगे, पर राक्षस तो बड़े बलवान् योद्धा हैं, ॥३॥

Slaughtering the demons, he will carry you away, and Narada and the other sages will hymn his glory throughout the three shperes.' 'But, my son,' she said, 'the monkeys must be all like you, whereas the demons are mighty great warriors;

मोरें हृदय परम संदेहा । सुनि कपि प्रगट कीन्हि निज देहा ॥
कनकभूधराकार सरीरा । समर भयंकर अति बलबीरा ॥

इससे मेरे हृदय में भारी संदेह होता है (कि वानरसेना राक्षसों का संहार कर पायगी) । यह सुनकर हनुमान्‌जी ने अपना शरीर प्रकट किया । उनका यह शरीर सोने के पर्वत (सुमेरु) के आकार का – भूधराकार – था, जो युद्ध में (शत्रु-हृदय में) भय उत्पन्न करनेवाला, महाबली और वीर था ॥४॥

—and so I have grave misgivings in my heart on this score.' On hearing this, the monkey showed himself in his own proper form, colossal like a mountain of gold, terrible in battle and exceedingly mighty and valorous.

सीतामन भरोस तब भयऊ । पुनि लघु रूप पवनसुत लयऊ ॥

तब जाकर सीताजी के मन में भरोसा हुआ । हनुमान्‌जी ने फिर वही छोटा रूप धारण कर लिया ॥५॥

Then Sita took courage, and the Son of the Wind resumed his diminutive form (and said,)

दो. –सुनु माता साखामृग नहि बल बुद्धि बिसाल ।
प्रभुप्रताप तें गरुड़हि खाइ परम लघु ब्याल ॥१६॥

हे माता ! सुनो, वानरों को बहुत अधिक बल-बुद्धि नहीं होती, परन्तु प्रभु के माहात्म्य से बहुत छोटा साँप भी गरुड को खा सकता है ॥१६॥

'Listen, mother; monkeys possess no great strength or wit of their own, but by the Lord's favour even a snake, tiny as it is, could swallow Garuda.'

चौ. –मन संतोष सुनत कपिबानी । भगति प्रताप तेज बल सानी ॥
आसिष दीन्हि रामप्रिय जाना । होहु तात बल सील निधाना ॥

हनुमान्‌जी की भक्ति, प्रताप, तेज और बल से ओत-प्रोत वाणी सुनकर सीताजी के मन को सन्तोष हुआ। यह जानकर कि हनुमान्‌जी श्रीरामचन्द्रजी के प्रिय हैं, सीताजी ने उन्हें आशीर्वाद दिया कि हे तात ! तुम बल और शील का आधार होओ ! ॥१॥

When she heard the monkey's speech, so full of devotion, dignity, brilliance and forcefulness, Sita felt gratified. Knowing him to be dear to Rama, she gave him her blessing: 'May you abound, my son, in strength and piety.

अजर अमर गुननिधि सुत होहू । करहुँ बहुत रघुनायक छोहू ॥
करहुँ कृपा प्रभु अस सुनि काना । निर्भर प्रेम मगन हनुमाना ॥

हे पुत्र ! तुम अजर (चिरयौवनप्राप्त), अमर और गुणों के भंडार होओ और श्रीरघुनाथजी का तुम पर बहुत स्नेह हो । 'प्रभु कृपा करें' – कानों से ऐसा सुनते ही हनुमान्‌जी पूर्ण प्रेम में निमग्न हो गए ॥२॥

May you never grow old nor die, my son; be a storehouse of virtue, and may Raghunatha be most gracious to you !' As soon as the words 'May the Lord be gracious to you' reached his ears, Hanuman was utterly overwhelmed with emotion.

बार बार नाएसि पद सीसा । बोला बचन जोरि कर कीसा ॥
अब कृतकृत्य भएउँ मैं माता । आसिष तव अमोघ बिख्याता ॥

हनुमान्‌जी ने बार-बार सीताजी के चरणों में प्रणाम किया और हाथ जोड़कर कहा – हे माता ! अब मैं सफलमनोरथ हो गया, आपका आशीर्वाद अमोघ (अचूक, अव्यर्थ) है, इसे सभी जानते हैं – ॥३॥

Again and again the monkey bowed his head at her feet and with folded hands addressed her thus: 'Now, mother, I am fully rewarded, for your blessing is unfailing, as all men know.

सुनहु मातु मोहि अतिसय भूखा । लागि देखि सुंदर फल रूखा ॥
सुनु सुत करहिं बिपिन रखवारी । परम सुभट रजनीचर भारी ॥

हे माता ! सुनो, सुन्दर फलों से युक्त वृक्षों को देखकर मुझे बड़ी भूख लग आयी है । (इस पर सीताजी ने कहा –) हे पुत्र ! सुनो, बड़े भारी राक्षस योद्धा इस वन की रखवाली करते हैं ॥४॥

But listen, mother; I am frightfully hungry at the sight of these trees laden with delicious fruit.' 'Know, my son, that this grove is guarded by most valiant warriors and formidable demons.'

तिन्ह कर भय माता मोहि नाहीं । जौ तुम्ह सुख मानहु मन माहीं ॥

(लेकिन हनुमान्‌जी ने उत्तर दिया –) हे माता ! यदि आप मन में सुख मानें (अप्रसन्न न हों) तो मुझे उन (राक्षस योद्धाओं) का भय बिल्कुल नहीं है ॥५॥

'I fear them not, mother, if only I have your hearty approval.'

दो. –देखि बुद्धि बल निपुन कपि कहेउ जानकी जाहु ।
रघुपतिचरन हृदय धरि तात मधुर फल खाहु ॥१७॥

बुद्धि और बल में हनुमान्‌जी को निपुण देखकर जानकीजी ने कहा – हे तात ! जाओ और श्रीरघुनाथजी के चरणों को हृदय में धरकर (उनका स्मरण करते हुए) मीठे-मीठे फल खाओ ॥१७॥

Seeing the monkey so perfect in strength and wit, Janaki said, 'Go then, my son, and eat the luscious fruit with your thoughts fixed on Raghunatha's feet.'

चौ. –चलेउ नाइ सिरु पैठेउ बागा । फल खाएसि तरु तोरैं लागा ॥
रहे तहाँ बहु भट रखवारे । कछु मारेसि कछु जाइ पुकारे ॥

वे सीताजी को सिर नवाकर चल पड़े और बाग में प्रवेश कर गए । वहाँ फल खाकर वे वृक्षों को तोडने लगे । वहाँ जो बहुत-से रखवाले योद्धा थे, उनमें से कुछ को मार डाला और कुछ ने जाकर रावण से पुकार की ॥१॥

He bowed his head and went and entered the grove and having eaten the fruit, began to break down the trees. A great many warriors had been stationed there as watchmen; some he slew and others took flight and cried for help:

नाथ एक आवा कपि भारी । तेहि असोकबाटिका उजारी ॥
खायेसि फल अरु बिटप उपारे । रक्षक मर्दि मर्दि महि डारे ॥

(और कहा –) हे नाथ ! एक बड़ा भारी बंदर आया है, जिसने अशोक-वाटिका उजाड़ डाली है, फल खाकर वृक्षों को उखाड़ डाला है और रखवालों को मसल-मसलकर जमीन पर फेंक दिया है ॥२॥

'O lord, an enormous monkey has come and laid waste the *ashoka* grove; he has eaten the fruit, uprooted the trees, and having crushed the watchmen, hurled them to the ground.'

सुनि रावन पठए भट नाना । तिन्हहि देखि गर्जेउ हनुमाना ॥
सब रजनीचर कपि संघारे । गए पुकारत कछु अधमारे ॥

यह सुनकर रावण ने बहुत-से योद्धा भेजे, जिन्हें देखकर हनुमान्‌जी ने गर्जना की और सब राक्षसों का संहार कर डाला । उनमें कुछ जो अधमरे थे, चिल्लाते हुए भागे ॥३॥

On hearing this, Ravana sent a company of his champions. Hanuman roared aloud when he saw them and overthrew the whole demon host, but some, more dead than alive, escaped shrieking.

पुनि पठएउ तेहिं अच्छकुमारा । चला संग लै सुभट अपारा ॥
आवत देखि बिटप गहि तर्जा । ताहि निपाति महा धुनि गर्जा ॥

फिर रावण ने अक्षयकुमार को भेजा, जो अनगिनत संग्रामनिपुण योद्धाओं को साथ लेकर चला । उसे आते देखकर हनुमान्जी ने एक वृक्ष उखाड़कर ललकारा और उसे मारकर बड़ी घोर गर्जना की ॥४॥

Ravana then sent his son, Prince Akshaya, who sallied forth with a vast number of his seasoned warriors. Seeing him approach, Hanuman grasped a tree and threatened him and having overthrown him, roared with a terrible yell.

दो. –कछु मारेसि कछु मर्देसि कछु मिलयसि धरि धूरि ।
कछु पुनि जाइ पुकारे प्रभु मर्कट बलभूरि ॥१८॥

(रावण-द्वारा भेजे गए योद्धाओं में) उन्होंने कुछ को मार डाला और कुछ को मसल डाला और कुछ को पकड़-पकड़कर धूल में मिला दिया । कुछ (राक्षसों) ने फिर जाकर पुकार की कि हे प्रभु ! यह बंदर बहुत ही बलवान् है ॥१८॥

Some he slew and some he crushed and some he seized and pounded into dust, but some who escaped cried, 'O lord, the monkey is mighty invincible !'

चौ. –सुनि सुतबध लंकेस रिसाना । पठएसि मेघनाद बलवाना ॥
मारसि जनि सुत बाँधेसु ताही । देखिअ कपिहि कहाँ कर आही ॥

पुत्र का मरना सुनकर लंकेश रावण आगबबूला हो उठा और उसने (अपने जेठे पुत्र) बलवान् मेघनाद को भेजा । (उसे समझाया कि –) हे पुत्र ! उसे मारना नहीं, (केवल) बाँध लाना । देखा जाय कि वह बंदर कहाँ का है ॥१॥

When he heard of his son's death, the king of Lanka flew into a rage. He sent out the valiant Meghanada, saying, 'Kill him not, my son, but bind him; let us see the monkey and find out where he has come from.'

चला इंद्रजित अतुलित जोधा । बंधुनिधन सुनि उपजा क्रोधा ॥
कपि देखा दारुन भट आवा । कटकटाइ गर्जा अरु धावा ॥

इन्द्र को भी जीतनेवाला अतुलित योद्धा मेघनाद चला । भाई का निधन सुनकर उसके हृदय में क्रोध हो आया । हनुमान्जी ने देखा कि इस बार भयानक योद्धा आया है । तब वे दाँत कट-कटाकर गरजे और उस पर टूट पड़े ॥२॥

Indrajit[1] sallied forth, a peerless champion, seized with fury at the news of his brother's death. When Hanuman saw this fierce warrior approach, he ground his teeth and with a roar rushed out to meet him.

अति बिसाल तरु एक उपारा । बिरथ कीन्ह लंकेसकुमारा ॥
रहे महा भट ताकें संगा । गहि गहि कपि मर्दइ निज अंगा ॥

उन्होंने एक बड़ा भारी वृक्ष उखाड़ लिया और उससे लङ्केश्वर रावण के बेटे को बिना रथ का कर दिया । उसके साथ जो पराक्रमी योद्धा थे, उनको पकड़-पकड़कर हनुमान्जी अपने अंगों से मसलने लगे ॥३॥

He rooted up a tree of enormous size and swept the prince of Lanka from his chariot. As for the valiant warriors who accompanied him, Hanuman seized them one by one and crushed them against his own body.

तिन्हहि निपाति ताहि सन बाजा । भिरे जुगल मानहु गजराजा ॥
मुठिका मारि चढ़ा तरु जाई । ताहि एक छन मुरुछा आई ॥

उन्हें मारकर हनुमान्जी मेघनाद से लड़ने लगे, मानो दो श्रेष्ठ हाथी (आपस में) भिड़े हों । मेघनाद को एक घूँसा मारकर हनुमान्जी वृक्ष पर जा चढ़े । इस (घूँसे) से मेघनाद को क्षणभर के लिए मूर्च्छा आ गई ॥४॥

Having disposed of them, he closed with Meghanada; it was like the encounter of two lordly elephants. He struck the opponent with his fist and bounded up a tree, while for a moment Meghanada lay unconscious.

उठि बहोरि कीन्हिसि बहु माया । जीति न जाइ प्रभंजनजाया ॥

(सचेत होने पर) फिर उठकर उसने बहुत (प्रकार की) माया रची; परंतु पवन-पुत्र हनुमान् उससे जीते नहीं जा सके ॥५॥

But he got up again and resorted to many a delusive device; still the Son of the Wind could not be vanquished.

दो. –ब्रह्म अस्त्र तेहि साँधा कपि मन कीन्ह बिचार ।
जौं न ब्रह्मसर मानौं महिमा मिटइ अपार ॥१९॥

जब अन्त में उसने ब्रह्मास्त्र का सन्धान (प्रयोग) किया, तब हनुमान्जी ने मन में यह विचार किया कि यदि मैं ब्रह्मास्त्र का सम्मान न करूँ (और इसे भी व्यर्थ कर दूँ) तो इसकी अपार महिमा मिट जायगी ॥१९॥

1. "Meghanada's name was changed by Brahma to Indrajit, after his victory over Indra."—F.S. Growse, *op. cit.*, p. 503 n.

When Meghanada fitted Brahma's weapon[1] to his bow, Hanuman thought to himself, 'If I yield not to Brahma's own weapon, its infinite glory will be cast to the winds.'

चौ. –ब्रह्मबान कपि कहुँ तेहि मारा। परतिहु बार कटकु संघारा॥
तेहि देखा कपि मुरुछित भएऊ। नागपास बाँधेसि लै गएऊ॥

मेघनाद ने हनुमान्‌जी को ब्रह्मबाण मारा (जिसके लगते ही वे वृक्ष से नीचे आ गिरे), परंतु गिरते समय भी उन्होंने उसकी बहुत-सी सेना नष्ट कर दी। जब उसने देखा कि वानर मूर्च्छित हो गया है, तब वह उसे नागपाश से बाँधकर ले गया॥१॥

Meghanada shot the monkey with Brahma's dart, but even as he fell he overthrew a great many of his foes. When he saw that the monkey had swooned, he bound him with a noose and carried him off.

जासु नाम जपि सुनहु भवानी। भवबंधन काटहिं नर ग्यानी॥
तासु दूत कि बंध तर आवा। प्रभुकारज लगि कपिहि बँधावा॥

(शिवजी कहते हैं–) हे पार्वती! सुनो, जिन (प्रभु रामचन्द्रजी) का नाम जपकर ज्ञानी मनुष्य संसार के बन्धन को काट डालते हैं, उनका दूत क्या किसी बन्धन में आ सकता है? किंतु अपने प्रभु के कार्य के लिए (अनन्य भक्त) हनुमान्‌जी ने स्वयं अपने को बँधा लिया॥२॥

(Said Shiva–) Now, Parvati, is it conceivable that the envoy of the Lord, whose very name enables the wise to sever the bonds of birth and death, should come under bondage? No, it was in the service of the Lord that Hanuman allowed himself to be bound.

कपिबंधन सुनि निसिचर धाए। कौतुक लागि सभाँ सब आए॥
दसमुखसभा दीखि कपि जाई। कहि न जाइ कछु अति प्रभुताई॥

बंदर के बाँधे जाने की बात सुनकर राक्षस दौड़े और तमाशा देखने के लिए वे सब सभा में आये। हनुमान्‌जी ने जाकर दशमुख की सभा देखी। उसकी इतनी अपार प्रभुता है कि उसका कुछ भी वर्णन नहीं किया जा सकता॥३॥

When the rangers of the night heard that the monkey had been bound, they all rushed to the court to see the spectacle. The monkey arrived and saw Ravana's court, the superb glory of which was beyond all description.

1. "The weapon had been given to Meghanada by Brahma with a promise that it should never fail. Hanuman therefore submits to it in order that Brahma's promise might not be falsified." F.S. Growse, *op. cit*.

कर जोरें सुर दिसिप बिनीता। भृकुटि बिलोकत सकल सभीता॥
देखि प्रताप न कपिमन संका। जिमि अहिगन महुँ गरुड़ असंका॥

देवता और दिक्पाल सब हाथ जोड़कर बड़े विनीत भाव से और डरते हुए रावण की भौं ताक रहे हैं। उसके ऐसे प्रताप को देखकर भी हनुमान्‌जी के मन में तनिक भी भय नहीं हुआ। शंकारहित हो वे इस प्रकार खड़े रहे जैसे सर्पों के समूह में गरुड़ निर्भय रहते हैं॥४॥

Even gods and regents of the quarters cupped their hands in utter humility, waiting upon his frown, stricken with fear. But the monkey's soul was no more awed at the sight of all this splendour than Garuda would be frightened by a multitude of snakes.

दो. –कपिहि बिलोकि दसानन बिहसा कहि दुर्बाद।
सुतबध सुरति कीन्हि पुनि उपजा हृदयँ बिषाद॥२०॥

हनुमान्‌जी को देखकर दशमुख दुर्वचन कहता हुआ खूब हँसा। फिर जब उसने पुत्र-वध का स्मरण किया तब उसके हृदय में विषाद उत्पन्न हो गया॥२०॥

When the Ten-headed saw the monkey he laughed and railed at him, but when he recalled the slaughter of his son, his soul grew sad.

चौ. –कह लंकेस कवन तइँ कीसा। केहि के बल घालेहि बन खीसा॥
कीधौं श्रवन सुनेहि नहि मोही। देखौं अति असंक सठ तोही॥

लंकेश्वर रावण ने कहा–रे बंदर! तू कौन है? किसके बल के भरोसे तूने वन को उजाड़कर नष्ट कर डाला? क्या तूने कभी मेरा नाम और यश कानों से नहीं सुना? रे शठ! तुझे अत्यन्त निर्भय देख रहा हूँ॥१॥

'Who are you, monkey?' said the king of Lanka, 'and on whose might do you so rely that you have wrought the destruction of my grove? What, did you never hear of me? You fool, I see you are an exceptionally bold wretch.

मारेहि निसिचर केहि अपराधा। कहु सठ तोहि न प्रान कै बाधा॥
सुनु रावन ब्रह्मांडनिकाया। पाइ जासु बल बिरचति माया॥

किस अपराध से तूने राक्षसों की हत्या की? रे मूर्ख! बता, क्या तुझे प्राण जाने का भय नहीं है? (हनुमान्‌जी ने उत्तर दिया–) हे रावण! सुन, जिनके बल को पाकर माया सम्पूर्ण ब्रह्माण्डों के समूहों की सृष्टि करती है,॥२॥

For what offence did you slay the rangers of the night? Tell me, you fool, are you not afraid of losing your life? (Said Hanuman–) 'Listen, Ravana; recall him by whose might Maya (Nature) fashions numberless universes;

जाकें बल बिरंचि हरि ईसा । पालत सृजत हरत दससीसा ॥
जा बल सीस धरत सहसानन । अंडकोस समेत गिरि कानन ॥

हे दशानन ! जिनके बल से ब्रह्मा, विष्णु, महेश (जगत् की) सृष्टि, पालन और संहार करते हैं; जिनके बल से सहस्र मुखवाले शेषजी पर्वतों और वनों के साथ समस्त ब्रह्माण्ड को अपने मस्तक पर धारण करते हैं[1], ॥३॥

—by whose might, O Ten-headed, Brahma creates, Hari (Vishnu) preserves and Isha (Shiva) destroys; by whose strength the thousand-headed Shesha supports the universe with all its mountains and forests on his head;

धरइ जो बिबिध देह सुरत्राता । तुम्ह से सठन्ह सिखावनु दाता ॥
हरकोदंड कठिन जेहि भंजा । तोहि समेत नृपदल मद गंजा ॥

जो देवताओं की रक्षा के लिए तरह-तरह के शरीर धारण करते हैं और जो तुम्हारे-जैसे शठों को शिक्षा देनेवाले हैं, जिन्होंने शिवजी के कठिन धनुष को तोड़ डाला और तुम्हारे साथ राजाओं के समूह का अभिमान नष्ट कर दिया, ॥४॥

who assumes various forms for the protection of the gods and teaches wretches like you a lesson; who broke the unbending bow of Hara and crushed with it the pride of a host of princes;

खर दूषन त्रिसिरा अरु बाली । बधे सकल अतुलित बल साली ॥

जिन्होंने खर, दूषण, त्रिशिरा और बालि-जैसे सभी बेजोड़ बलवानों को मार डाला, ॥५॥

who slew Khara, Dushana, Trishira and Bali, all champions of matchless strength;

दो. —जाके बल लवलेस तें जितेहु चराचर झारि ।
तासु दूत मैं जा करि हरि आनेहु प्रिय नारि ॥२१॥

जिनके बल के लेशमात्र से तुमने समस्त जड़-चेतन जगत् को जीत लिया और जिनकी प्रिय पत्नी को तुम हर लाये हो, मैं उन्हीं का दूत हूँ ॥२१॥

by the slightest exercise of whose might you were able to vanquish the entire creation, both animate and inanimate, and whose beloved spouse you have stolen away. Know me to be his messenger.

चौ. —जानउँ मैं तुम्हारि प्रभुताई । सहसबाहु सन परी लराई ॥
समर बालि सन करि जसु पावा । सुनि कपिबचन बिहसि बहरावा ॥

मैं तुम्हारी प्रभुता से अच्छी तरह परिचित हूँ । सहस्रबाहु से तुम्हारी लड़ाई हुई थी और बालि से युद्ध करके तुमने यश प्राप्त किया था । (सहस्रबाहु ने तुम्हें बाँध लिया था, फिर पुलस्त्य मुनि के छुड़ाने से तुम छूटे । जिस सहस्रबाहु से तुम हार गए थे, वह परशुरामजी द्वारा पराजित हुआ और परशुरामजी श्रीरामजी से हार गए । बालि ने भी तुम्हें काँखों तले दबा लिया था । उसी बालि को श्रीरामजी ने एक ही बाण से मार गिराया । फिर मैं श्रीरामजी का दूत होकर क्यों न अशंक रहूँ ?) हनुमान्‌जी के (व्यंग्यभरे) वचन सुनकर रावण ने हँसकर बात टाल दी ॥१॥

Yes, I've heard of your daring exploits—your encounter with Sahasrabahu and the distinction you won in your battle with Bali !' Ravana heard what Hanuman said, but laughed it off.

खाएउँ फल प्रभु लागी भूखा । कपिसुभाउ तें तोरेउँ रूखा ॥
सब के देह परम प्रिय स्वामी । मारहिं मोहि कुमारगगामी ॥

हे (राक्षसों के) स्वामी ! मुझे भूख लगी थी, (इसलिए) मैंने फल खाये और वानर-स्वभाव के कारण वृक्षों को तोड़ा । हे (निशाचरों के) मालिक ! देह सबको परम प्रिय होती है । बुरे मार्ग पर चलनेवाले निशाचर जब मुझे मारने लगे, ॥२॥

'I ate the fruit, O lord of the demons, because I was hungry, and I broke down the boughs because I am a monkey. Everybody, O lord (of the rangers of the night), loves his life more than anything else; so when those good-for-nothing fellows began to belabour me,

जिन्ह मोहि मारा ते मैं मारे । तेहि पर बाँधेउ तनय तुम्हारें ॥
मोहि न कछु बाँधे कइ लाजा । कीन्ह चहउँ निज प्रभु कर काजा ॥

तब जिन्होंने मुझे मारा, उन्हें मैंने भी मारा । उस पर तुम्हारे पुत्र ने मुझे बाँध लिया । लेकिन मुझे अपने बाँधे जाने की कुछ भी लाज नहीं है । मैं तो अपने स्वामी का कार्य करना चाहता हूँ ॥३॥

—I had no course left but to give them blow for blow. To climax that all your son (Meghanada) tied me up, but I'm not at all ashamed of having been bound, keen as I am to accomplish my master's purpose.

बिनती करउँ जोरि कर रावन । सुनहु मान तजि मोर सिखावन ॥
देखहु तुम्ह निज कुलहि बिचारी । भ्रम तजि भजहु भगत भय हारी ॥

हे रावण ! मैं हाथ जोड़कर तुमसे विनती करता हूँ, तुम अहंकार त्यागकर मेरी सिखावन (शिक्षा) सुनो ! तुम अपने कुल का विचारकर देखो और भ्रम को तजकर भक्तों के भय को हरनेवाले भगवान् का भजन करो ॥४॥

Now, Ravana, I implore you with folded hands, give up your haughtiness and attend to my advice. Have some regard for your lineage and view things in that perspective; in any case shed delusion and worship him who dispels the fear of his worshippers.

१. "रावण पर कटाक्ष भी है कि तुझे छोटा-सा कैलास ही उठा लेने का घमण्ड है ।" —श्री श्रीकान्तशरण, श्रीरामचरितमानस (सिद्धान्त-भाष्य), ३, पृ. १९४९ ।

जाकें डर अति काल डेराई । जो सुर असुर चराचर खाई ॥
तासों बयरु कबहुँ नहि कीजे । मोरें कहे जानकी दीजे ॥

जो सुर-असुरों को ही नहीं, वरन् समस्त चराचर जगत् को खा जाता है, वह काल भी जिनके डर से अत्यन्त भयभीत रहता है, उनसे कभी वैर न करो और मेरे कहने से जानकीजी को लौटा दो ॥५॥

Fight not against him who is a source of terror to Death himself, devourer of all created beings, both animate and inanimate, gods and demons. Surrender Janaka's daughter at my request.

दो. –प्रनतपाल रघुनायक करुनासिंधु खरारि ।
गएँ सरन प्रभु राखिहिं तव अपराध बिसारि ॥२२॥

खर के शत्रु श्रीरघुनाथजी शरणागतों के पालक और करुणा के सागर हैं । शरण में जाने पर प्रभु तुम्हारे अपराधों को भुलाकर अपनी शरण में रख लेंगे ॥२२॥

Raghunatha, the slayer of Khara, is a protector of the suppliant and an ocean of compassion. Forgetting your offences, he will shelter you if you but turn to him for refuge.

चौ. –रामचरन पंकज उर धरहू । लंका अचल राजु तुम्ह करहू ॥
रिषि पुलस्ति जसु बिमल मयंका । तेहि ससि महु जनि होहु कलंका ॥

तुम श्रीरामजी के चरणकमलों को अपने हृदय में धारण करो और लङ्का का अचल राज्य करो । पुलस्त्य ऋषि का यश विशुद्ध चन्द्रमा है । उस (यशरूपी) चन्द्रमा में तुम कलंक न बनो ॥१॥

Install the image of Rama's lotus feet in your heart and enjoy the uninterrupted sovereignty of Lanka. The glory of the seer Pulastya (your grandfather) shines like the stainless moon; be not a spot upon that moon.

रामनाम बिनु गिरा न सोहा । देखु बिचारि त्यागि मद मोहा ॥
बसनहीन नहि सोह सुरारी । सब भूषन भूषित बर नारी ॥

रामनाम के बिना वाणी नहीं शोभती; मद-मोह को त्यागकर और विचारकर देखो । हे देवशत्रु रावण ! सब आभूषणों से सजी-धजी सुन्दरी स्त्री भी कपड़ों के बिना शोभा नहीं पाती ॥२॥

Speech is charmless without the name of Rama; ponder and see for yourself, casting aside arrogance and infatuation. Without her clothes, O enemy of gods, a lovely woman decked with all adornments is a shameful sight.

रामबिमुख संपति प्रभुताई । जाइ रही पाई बिनु पाई ॥
सजल मूल जिन्ह सरितन्ह नाहीं । बरषि गएँ पुनि तबहि सुखाहीं ॥

श्रीरामजी से विमुख पुरुष की धन-सम्पत्ति और प्रभुता रही हुई भी चली जाती है और उनका पाना न पाने के समान है । जिन नदियों के मूल में कोई जलस्रोत नहीं होता (अर्थात् जिन्हें केवल वर्षा के जल का ही भरोसा है) वे बरसात बीत जाने पर उसी समय फिर सूख जाती हैं ॥३॥

The wealth and lordship of a man who is hostile to Rama eventually leave him even if they stay awhile, and are as good as lost if acquired anew. Those rivers that have no perennial source dry up as soon as the rain ceases to fall.

सुनु दसकंठ कहौं पन रोपी । बिमुख राम त्राता नहि कोपी ॥
संकर सहस बिष्नु अज तोही । सकहिं न राखि राम कर द्रोही ॥

हे दशानन ! सुनो, मैं प्रण रोपकर (प्रतिज्ञा करके) कहता हूँ कि श्रीरामजी से विमुख व्यक्ति का रक्षक कोई भी नहीं है । हजारों शंकर, विष्णु और ब्रह्मा भी श्रीरामजी के साथ शत्रुता करनेवाले तुझे नहीं बचा सकते ॥४॥

Listen, Ten-headed; I tell you on oath that there is none to protect him who is opposed to Rama. Shankara, Vishnu and Brahma in their thousands are unable to save you if you are Rama's enemy.

दो. –मोहमूल बहु सूल प्रद त्यागहु तम अभिमान ।
भजहु राम रघुनायक कृपासिंधु भगवान ॥२३॥

मोह से उत्पन्न और बहुत पीड़ा देनेवाले तमोगुणी अभिमान को तुम त्याग दो और रघुकुल के नायक कृपासागर भगवान् श्रीरामचन्द्रजी का भजन करो ॥२३॥

Abandon pride, a sin born of *tamas*[1] (darkness) and infatuation, a source of many woes, and adore Rama, chief of the house of Raghu, ocean of grace, the Blessed Lord !'

चौ. –जदपि कही कपि अति हित बानी । भगति बिबेक बिरति नय सानी ॥
बोला बिहसि महा अभिमानी । मिला हमहि कपि गुर बड़ ग्यानी ॥

यद्यपि हनुमान्‌जी ने भक्ति, ज्ञान, वैराग्य और नीति से युक्त बहुत ही हित करनेवाली बातें कहीं, तो भी वह महा अभिमानी रावण बहुत हँसकर (व्यंग्य से) बोला कि हमें यह वानर बड़ा ज्ञानी गुरु मिला ॥१॥

Though Hanuman gave him exceedingly salutary advice, full of devotion and discretion, dispassion and wisdom, that most arrogant demon, Ravana, laughed and said, 'What a sage *guru* we have found in this monkey !

1. *i.e.*, *tamoguna* or the mode of ignorance. "From the mode of goodness, real knowledge develops; from the mode of passion, grief develops; and from the mode of ignorance, foolishness, madness and illusion develop." (*Bhagavad Gita*, XIV. 17) Pride is *tamasic*, a dark, deadly sin.

मृत्यु निकट आई खल तोही। लागेसि अधम सिखावन मोही॥
उलटा होइहि कह हनुमाना। मतिभ्रम तोहि प्रगट मैं जाना॥

रे खल! तेरी मृत्यु निकट आ गई है, इसलिए रे अधम! तू मुझे शिक्षा देने चला है! हनुमान्‌जी ने कहा – ठीक उलटा होगा (अर्थात् अब मरना तुझे है; तेरी मौत निकट आ गई है)। यह तेरी बुद्धि का फेर है, मैंने यह प्रत्यक्ष जान लिया!॥२॥

Wretch, since death hangs over your head, you have dared, O vile creature, to offer me advice!' 'Nay,' retorted Hanuman, 'it will be contrariwise; I clearly perceive that you are labouring under some mental delusion.'

सुनि कपिबचन बहुत खिसिआना। बेगि न हरहु मूढ़ कर प्राना॥
सुनत निसाचर मारन धाए। सचिवन्ह सहित बिभीषनु आए॥

हनुमान्‌जी के वचन सुनकर रावण बहुत ही कुपित होकर बोला – अरे! इस मूर्ख के प्राण शीघ्र ही क्यों नहीं हर लेते! यह सुनते ही निशाचर उन्हें मारने दौड़े। तभी मन्त्रियों के साथ विभीषणजी भी वहाँ आ पहुँचे॥३॥

On hearing the monkey's retort, Ravana was beside himself with rage. 'Quick, some of you,' he cried, 'and put an end to this fool's life.' As soon as the demons heard it, they ran to slay him, but that very moment came Vibhishana (Ravana's youngest brother) with his ministers.

नाइ सीस करि बिनय बहूता। नीतिबिरोध न मारिय दूता॥
आन दंड कछु करिअ गोसाँई। सबहीं कहा मंत्र भल भाई॥

उन्होंने रावण को सिर नवाकर बहुत विनती की और कहा – दूत को मारना नहीं चाहिए, यह नीति के विरुद्ध है। हे गोसाईं! कोई दूसरा (सामान्य) दण्ड दीजिए! सब ने कहा – भाई! यह मंत्र (सलाह) तो उत्तम है॥४॥

Bowing his head before Ravana, he made humble entreaty: 'Slay not an envoy, sire; it is against all diplomatic usage; punish him in some other way.' All said, 'This is sound counsel, brother.'

सुनत बिहसि बोला दसकंधर। अंगभंग करि पठइअ बंदर॥

यह सुनते ही दशानन ने हँसकर कहा – इस बंदर को अंग-भंग करके लौटा दिया जाय –॥५॥

When he heard it, the Ten-headed said with a laugh, 'All right, let the monkey go, but then mutilate him first.

दो. –कपि कें ममता पूँछ पर सबहि कहौं समुझाइ।
तेल बोरि पट बाँधि पुनि पावक देहु लगाइ॥२४॥

बंदरों की ममता पूँछ पर होती है, यह मैं सबको समझाकर कहता हूँ। इसलिए तेल में कपड़ा डुबोकर उसे इसकी पूँछ में बाँधकर फिर आग लगा दो!॥२४॥

A monkey is deeply attached to his tail: I tell you this secret. Swathe his tail with rags soaked in oil and then set fire to it.

चौ. –पूँछहीन बानर तहँ जाइहि। तब सठ निज नाथहि लइ आइहि॥
जिन्ह कै कीन्हिसि बहुत बड़ाई। देखौं मैं तिन्ह कै प्रभुताई॥

जब यह पूँछहीन बंदर वहाँ लौट जायगा, तब यह मूर्ख अपने स्वामी को साथ ले आयेगा। मैं जरा उनका भी पुरुषार्थ देखूँ जिनकी इसने बहुत बड़ाई की है॥१॥

When the tailless monkey goes back home, the wretch will bring back his master with him, and then I shall see what power he has, whom he has so extravagantly exalted.'

बचन सुनत कपि मन मुसुकाना। भइ सहाय सारद मैं जाना॥
जातुधान सुनि रावनबचना। लागे रचैं मूढ़ सोइ रचना॥

(रावण के) वचन सुनते ही हनुमान्‌जी मन-ही-मन मुसकराये और बोले कि मैंने जान लिया, सरस्वतीजी (इसे ऐसी बुद्धि देने में) सहायक हुई हैं। रावण के वचन सुनकर मूढ़ निशाचर वही (आग लगाने की) तैयारी करने लगे॥२॥

Upon hearing these threats, the monkey smiled to himself and thought, 'Sarasvati, I believe, has helped me (by putting this idea into the demon's mind).' At Ravana's command the stupid demons set about doing as they were bid.

रहा न नगर बसन घृत तेला। बाढ़ी पूँछ कीन्ह कपि खेला॥
कौतुक कहँ आए पुरबासी। मारहिं चरन करहिं बहु हासी॥

(उनकी पूँछ में इतना अधिक कपड़ा और घी-तेल लगा कि) नगर में कपड़ा, घी और तेल नहीं बच गया। हनुमान्‌जी ने ऐसा खेल किया कि पूँछ बढ़ गयी। नगरवासी कौतुक देखने आये। वे हनुमान्‌जी को अपने पैरों से ठोकर मारते हैं और उनकी बहुत हँसी करते हैं॥३॥

Not a rag nor a drop of *ghi* or oil was left in the city, to such a length had the monkey grown his tail in sport. The citizens thronged to see the fun; they kicked Hanuman and jeered at him with loud guffaws.

बाजहिं ढोल देहिं सब तारी। नगर फेरि पुनि पूँछ प्रजारी॥
पावक जरत देखि हनुमंता। भएउ परम लघु रूप तुरंता॥

ढोल बजते हैं और सब लंकावासी तालियाँ देते हैं। हनुमान्‌जी को नगर

में घुमाकर फिर उनकी पूँछ में आग लगा दी गई। जब हनुमान्‌जी ने देखा कि आग जल रही है तब वे तुरंत बहुत छोटे हो गए ॥४॥

With beating of drums and clapping of hands they took him round the city and then set fire to his tail. When Hanuman saw the fire blazing, he immediately assumed an utterly diminutive form,

निबुकि चढ़ेउ कपि कनक अटारीं। भईं सभीत निसाचरनारीं॥

(बँधे हुए अंगों को छोटा करके) बन्धन से निकलकर हनुमान्‌जी सोने की अटारियों पर जा चढ़े। उनको देखकर निशाचर-स्त्रियाँ डर गयीं ॥५॥

—and then slipping out of his bonds, leapt on to the attics of gold, to the dismay of the demons' wives.

दो.—हरिप्रेरित तेहि अवसर चले मरुत उनचास।
अट्टहास करि गर्जा कपि बढ़ि लाग अकास ॥२५॥

भगवान् की प्रेरणा से उसी समय उनचासों पवन चलने लगे। हनुमान्‌जी अट्टहास कर गरज उठे और बढ़कर आकाश से जा लगे ॥२५॥

At that moment all the forty-nine winds, impelled by Hari, began to blow. Hanuman roared with a loud laugh and swelled to such a size that he touched the sky.

चौ.—देह बिसाल परम हरुआई। मंदिर तें मंदिर चढ़ धाई॥
जरइ नगर भा लोग बिहाला। झपट लपट बहु कोटि कराला॥

शरीर विशाल, लेकिन बहुत ही हल्का-फुर्तीला है। वे दौड़कर एक से दूसरे महल पर चढ़ जाते हैं। सारा नगर जल रहा है और लोग व्याकुल हो गए हैं। आग की करोड़ों विकराल लपटें झपट रही हैं ॥१॥

Though enormous in size, Hanuman appeared most nimble-bodied; he rushed and sprang from palace to palace. The city was all ablaze and the people were distraught as many millions of fierce flames leapt up

तात मातु हा सुनिअ पुकारा। एहि अवसर को हमहि उबारा॥
हम जो कहा येह कपि नहि होई। बानररूप धरें सुर कोई॥

हाय बप्पा! हाय मैया! इस समय हमारी कौन रक्षा करेगा? (सर्वत्र) यही पुकार सुनायी पड़ रही है। हमने तो पहले ही कहा था कि यह वानर नहीं, वानर के रूप में कोई देवता है! ॥२॥

—and piteous cries were heard everywhere: 'Alas! Father! Mother! Who will save us at this hour? Did we not say that this was no monkey, but some god in monkey form?

साधु अवग्या कर फलु ऐसा। जरै नगर अनाथ कर जैसा॥
जारा नगरु निमिष एक माहीं। एक बिभीषन कर गृह नाहीं॥

साधु-सज्जनों की अवहेलना का यही फल है कि नगर अनाथ के नगर की तरह जल रहा है। हनुमान्‌जी ने क्षणभर में सारे नगर को जला डाला। एक विभीषण का ही घर नहीं जलाया ॥३॥

Such is the result of scorning a noble soul; the city is burning as though it had no protector.' In the twinkling of an eye Hanuman burnt down the city, save only Vibhishana's house.

ता कर दूत अनल जेहि सिरिजा। जरा न सो तेहि कारन गिरिजा॥
उलटि पलटि लंका सब जारी। कूदि परा पुनि सिंधु मझारी॥

(शिवजी कहते हैं—) हे गिरिजे! जिन्होंने अग्नि की सृष्टि की, हनुमान्‌जी उन्हीं के दूत हैं। इसी कारण वे नहीं जले। उन्होंने उलट-पलटकर सारी लङ्का जला दी और फिर वे समुद्र में कूद पड़े ॥४॥

The reason why Hanuman went unscathed, Girija, was that he was the envoy of him who created the fire. Thus he consumed the whole of Lanka from one end to the other and then leapt into the ocean.

दो.—पूँछ बुझाइ खोइ श्रम धरि लघु रूप बहोरि।
जनकसुता कें आगें ठाढ़ भयउ कर जोरि ॥२६॥

पूँछ (की आग) बुझाकर, अपनी थकावट दूरकर और फिर लघु-रूप धारणकर हनुमान्‌जी सीताजी के संमुख हाथ जोड़कर जा खड़े हुए ॥२६॥

After extinguishing his tail and relieving his fatigue, he resumed his diminutive form and went and stood before Janaka's daughter with folded hands.

चौ.—मातु मोहि दीजे कछु चीन्हा। जैसें रघुनायक मोहि दीन्हा॥
चूड़ामनि उतारि तब दयऊ। हरष समेत पवनसुत लयऊ॥

(उन्होंने सीताजी से कहा—) हे माता! मुझे कोई चिह्न दीजिए, जैसे श्रीरघुनाथजी ने मुझे दिया था। तब जानकीजी ने अपना चूड़ामणि उतारकर दिया। हनुमान्‌जी ने उसे आनन्दपूर्वक ले लिया ॥१॥

'Be pleased, mother,' he said, 'to give me some token, such as Raghunatha gave me.' She unfastened the jewel in her hair and gave it to the Son of the Wind, who gladly accepted it.[1]

कहेहु तात अस मोर प्रनामा। सब प्रकार प्रभु पूरनकामा॥
दीनदयाल बिरिदु संभारी। हरहु नाथ मम संकट भारी॥

1. In *The Ramayana* of Valmiki, "Sita gives Hanuman the jewel before he destroys the grove and sets the city on fire. The second interview is not mentioned at all" in the Sanskrit text. See Growse, *op. cit.*, p. 508 n.

(सीताजी ने कहा –) हे तात ! मेरा प्रणाम निवेदन करते हुए इस प्रकार कहना – हे प्रभु ! यद्यपि आप सब प्रकार से पूर्णकाम हैं, तथापि दीन-दुखियों पर दया करना आपकी प्रसिद्धि (यश, कीर्ति) है (और मैं दीन हूँ) । अतः उस कीर्ति को याद करके, हे नाथ ! आप मेरे भारी संकट को दूर कीजिए ॥२॥

'Greet him respectfully for me, my son,' said Sita, 'and give him this message: "Though you, Lord, have no wish unfulfilled, yet recalling your vow of kindness to the afflicted, deliver me, O master, from my grievous distress."

तात सक्रसुत कथा सुनाएहु । बानप्रताप प्रभुहि समुझाएहु ॥
मासदिवस महु नाथु न आवा । तौ पुनि मोहि जिअत नहि पावा ॥

हे तात ! तुम इन्द्रपुत्र (जयन्त) की कथा सुनाना और (उसके द्वारा) प्रभु को उनके बाण के प्रताप का स्मरण कराना । यदि महीनेभर में स्वामी न आये तो फिर मुझे जीवित न पायेंगे ॥३॥

Repeat to him, friend, the episode of Indra's son (Jayanta) and remind my lord of the might of his arrows. If my lord does not come here within a month, he will not find me alive.

कहु कपि केहि बिधि राखौं प्राना । तुम्हहू तात कहत अब जाना ॥
तोहि देखि सीतलि भइ छाती । पुनि मो कहुँ सोइ दिनु सोइ राती ॥

हे कपि ! कहो, मैं किस तरह अपने प्राण रखूँ ? हे तात ! तुम भी तो अब लौट जाने को कह रहे हो । तुम्हें देखकर छाती शीतल हुई थी । अब फिर मुझे वही (दुःख के) दिन और (दुःख की) रातें काटनी पड़ेंगी ॥४॥

Tell me, Hanuman, how can I keep myself alive ? You too, my son, now speak of going, and it was only the sight of you that brought relief to my heavy heart; I have before me now the same dreary days and weary nights.'

दो. –जनकसुतहि समुझाइ करि बहु बिधि धीरजु दीन्ह ।
चरन कमल सिरु नाइ कपि गवनु राम पहि कीन्ह ॥२७॥

हनुमान्‌जी ने सीताजी को समझा-बुझाकर नाना प्रकार से धीरज दिया और फिर उनके चरणकमलों में मस्तक नवाकर श्रीरामजी के पास गमन किया ॥२७॥

Reassuring Janaka's daughter, he consoled her in many ways and, bowing his head at her lotus feet, set forth to rejoin Rama.

चौ. –चलत महा धुनि गर्जेसि भारी । गर्भ स्रवहिं सुनि निसिचरनारी ॥
नाघि सिंधु एहि पारहि आवा । सबद किलिकिला कपिन्ह सुनावा ॥

चलते समय हनुमान्‌जी ने महाध्वनि से भारी गर्जन किया, जिसे सुनकर निशाचरों की स्त्रियों के गर्भ गिरने लगे । समुद्र लाँघकर वे इस पार आ गए और उन्होंने वानरों को अपना 'किलकारी' का शब्द (हर्षध्वनि) सुनाया ॥१॥

As he went, he roared aloud with such a terrible roar that the wives of the demons, who heard it, began to miscarry. Taking a leap across the ocean, he reached the further shore and greeted his fellow-monkeys with a shrill cry of triumph.

हरषे सब बिलोकि हनुमाना । नूतन जन्म कपिन्ह तब जाना ॥
मुख प्रसन्न तन तेज बिराजा । कीन्हेसि रामचंद्र कर काजा ॥

हनुमान्‌जी को देखते ही सब प्रसन्न हो उठे और तब उन वानरों ने अपना नया जन्म हुआ समझा । हनुमान्‌जी का मुख प्रसन्न है और तन में तेज विराजमान है । (यह देखकर वानरों ने जान लिया कि) उन्होंने श्रीरामचन्द्रजी का कार्य सिद्ध कर लिया है ॥२॥

They were all delighted to see Hanuman and felt they had gained a new spell of life. He wore a cheerful countenance and his body shone with a brilliance which left no doubt in their minds that he had accomplished Ramachandra's mission.

मिले सकल अति भए सुखारी । तलफत मीन पाव जनु बारी ॥
चले हरषि रघुनायक पासा । पूँछत कहत नवल इतिहासा ॥

सब हनुमान्‌जी से मिलकर बहुत ही सुखी हुए, जैसे (जल के बिना) तड़पती हुई मछली जल मिल जाने से सुखी हो गई हो । सब प्रसन्न होकर नये-नये इतिहास (समाचार) पूछते-कहते हुए श्रीरघुनाथजी के पास चले ॥३॥

They all met him and felt as delighted as a floundering fish feels when it gets back into the water. They then set out with joy to see Raghunatha, asking and telling as they went all their latest news.

तब मधुबन भीतर सब आए । अंगदसंमत मधुफल खाए ॥
रखवारे जब बरजइ लागे । मुष्टिप्रहार हनत सब भागे ॥

तब सब वानर मधुवन के भीतर आये और अंगद की सम्मति से सबने मीठे-मीठे फल खाये । जब 'रखवाले' मना करने लगे, तब घूँसों का प्रहार करते ही सब रखवाले भाग खड़े हुए ॥४॥

Then they all entered Madhuvana and with Angad's consent began to eat its luscious fruit. When the watchmen interfered, they were beaten off with their fists till they all took to their heels.

दो. –जाइ पुकारे ते सब बन उजार जुवराज ।
सुनि सुग्रीव हरष कपि करि आए प्रभुकाज ॥२८॥

उन सबों ने जाकर पुकार की कि युवराज अंगद वन उजाड़ रहे हैं । यह (समाचार) सुनकर सुग्रीव आनन्दित हुए कि वानर प्रभु का कार्य कर लौट आये हैं ॥२८॥

They all went and cried out that the Crown Prince was laying waste the royal garden. Sugriva rejoiced to hear it, for he knew that the monkeys must have returned after successfully completing the Lord's business.

चौ. –जौ न होति सीतासुधि पाई । मधुबन के फल सकहिं कि खाई ॥
येहि बिधि मन बिचार कर राजा । आइ गए कपि सहित समाजा ॥

यदि उन्होंने सीताजी की खबर न पायी होती तो क्या वे मधुवन के फल खा सकते थे ? इसी तरह राजा सुग्रीव मन-ही-मन विचार कर रहे थे कि वानर अपने समाज के साथ आ गए ॥१॥

'If they had failed to hear tidings of Sita,' he said to himself, 'could they be eating the fruit of Madhuvana ?' While the king was thus musing, Hanuman and his party arrived.

आइ सबन्हि नावा पद सीसा । मिलेउ सबन्हि अति प्रेम कपीसा ॥
पूँछी कुसल कुसल पद देखी । रामकृपाँ भा काजु बिसेषी ॥

सभी वानरों ने आकर सुग्रीव के चरणों में प्रणाम किया । कपिराज सुग्रीव सभी से बड़े प्रेमपूर्वक मिले । उन्होंने कुशल पूछी, (तब वानरों ने कहा –) आपके चरणों के दर्शन से सब कुशल है । श्रीरामजी की कृपा से कार्य में विशेष सफलता मिली है ॥२॥

Drawing near, they all bowed their heads at his feet and the Monkey King embraced them all and asked after their well-being. 'Now that we have seen your feet,' they said, 'it is well with us; by Rama's grace the task has been accomplished.

नाथ काजु कीन्हेउ हनुमाना । राखे सकल कपिन्ह के प्राना ॥
सुनि सुग्रीव बहुरि तेहि मिलेऊ । कपिन्ह सहित रघुपति पहि चलेऊ ॥

हे नाथ ! हनुमान् ने ही कार्य कर डाला और हम सब वानरों के प्राण बचा लिये । यह सुनकर सुग्रीवजी उनसे फिर मिले और सब वानरों के साथ श्रीरघुनाथजी के पास चले ॥३॥

It is Hanuman, sire, who did everything and saved the lives of us all.' Hearing this, Sugriva embraced him again and then set out with the monkeys to where Raghunatha was.

राम कपिन्ह जब आवत देखा । किएँ काजु मन हरष बिसेषा ॥
फटिकसिला बैठे द्वौ भाई । परे सकल कपि चरनन्हि जाई ॥

जब श्रीरामजी ने वानरों को कार्य किये हुए आते देखा तब उनके मन में विशेष आनन्द हुआ ।[१] (गुफा से निकलकर) दोनों भाई स्फटिक शिला पर बैठे थे । सब वानर जाकर उनके चरणों पर गिर पड़े ॥४॥

When Rama saw the monkeys approaching, their mission duly accomplished, he was greatly delighted at heart. The two brothers were seated on a crystal rock, and all the monkeys went and fell at their feet.

दो. –प्रीति सहित सब भेटे रघुपति करुनापुंज ।
पूछी कुसल नाथ अब कुसल देखि पद कंज ॥२९॥

करुणानिधान श्रीरघुनाथजी सबसे प्रेमपूर्वक (गले लगकर) मिले और कुशल पूछी । (तब उन्होंने कहा –) हे नाथ ! आपके चरणकमलों के दर्शन से ही अब कुशल है ॥२९॥

Raghunatha, the sum total of all compassion, embraced them all with much affection and inquired after their well-being. 'All is well with us, Lord,' they replied, 'now that we have seen your lotus feet.'

चौ. –जामवंत कह सुनु रघुराया । जा पर नाथ करहु तुम्ह दाया ॥
ताहि सदा सुभ कुसल निरंतर । सुर नर मुनि प्रसन्न ता ऊपर ॥

जाम्बवान् ने कहा – हे रघुनाथजी ! सुनिए । हे नाथ ! जिसके ऊपर आप दया करते हैं, उसके लिए सदा कल्याण और निरन्तर कुशल है और उस पर देवता, मनुष्य तथा मुनि सभी प्रसन्न रहते हैं ॥१॥

'Listen, Raghunatha,' said Jambavan; 'he, Lord, on whom you bestow your favour is ever fortunate and eternally blessed and gods and men and sages are kind to him.

सोइ बिजयी बिनयी गुनसागर । तासु सुजसु त्रैलोक उजागर ॥
प्रभु कीं कृपा भएउ सबु काजू । जन्म हमार सुफल भा आजू ॥

वही विजयी, वही विनयी और वही गुणों का सागर है । उसी का सुयश तीनों लोकों में प्रकाशित होता है । स्वामी की कृपा से सब कार्य सिद्ध हुआ । आज हमारा जन्म सफल हुआ ॥२॥

He it is who is victorious, modest and an ocean of virtues, and his fair renown shines brightly through all the three spheres. By our Lord's favour the task has been accomplished and today our birth has borne fruit.

नाथ पवनसुत कीन्हि जो करनी । सहसहुँ मुख न जाइ सो बरनी ॥
पवनतनय के चरित सुहाए । जामवंत रघुपतिहि सुनाए ॥

हे नाथ ! पवनपुत्र हनुमान्‌जी ने जो करतूत की है उसका वर्णन हजार मुखों से भी नहीं किया जा सकता । तब जाम्बवान् ने हनुमान्‌जी के सुन्दर चरित श्रीरघुनाथजी को सुनाये ॥३॥

My Lord, not even a thousand tongues could tell the whole of the feat Hanuman, the Son of the

१. कतिपय अन्य टीकाकारों के अनुसार "जब श्रीरामजी ने वानरों को आते हुए देखा तब जान लिया कि इन्होंने कार्य सिद्ध कर लिया है, क्योंकि इनके मन में विशेष प्रसन्नता है" । प्रामाणिक टीकाकार इस अर्थ को स्वीकार नहीं करते ।

Wind, has performed.' Jambavan then proceeded to relate to Raghunatha Hanuman's daring exploits.

सुनत कृपानिधिमन अति भाए। पुनि हनुमान हरषि हिय लाए॥
कहहु तात केहि भाँति जानकी। रहति करति रच्छा स्वप्रान की॥

सुनने पर कृपानिधान श्रीरामचन्द्रजी के मन को (वे चरित) बहुत ही अच्छे लगे। हर्षित होकर उन्होंने हनुमान्‌जी को फिर अपने हृदय से लगा लिया और कहा – हे तात! कहो, जानकीजी किस तरह रहती और अपने प्राणों की रक्षा करती हैं?॥४॥

The All-merciful was charmed by the recital and again gladly clasped Hanuman to his bosom. 'Tell me, my son,' he said, 'how does Janaka's daughter pass her days and sustain her life?'

दो. –नाम पाहरू दिवस निसि ध्यान तुम्हार कपाट।
लोचन निज पद जंत्रित जाहिं प्रान केहि बाट॥३०॥

(हनुमान्‌जी ने कहा –) आपका नाम दिन-रात पहरा देनेवाला है, आपका ध्यान ही मानो किवाड़ है। नेत्रों को अपने चरणों में लगाये रहती हैं, यही ताला लगा है; तब फिर उनके प्राण जायँ तो किस रास्ते – ?॥३०॥

'Your name,' said Hanuman, 'is the watchman who guards her by day and night; her contemplation of you is the gate; her eyes fixed on her feet are the fetters; through what door, then, can her life flit away?

चौ. –चलत मोहि चूड़ामनि दीन्ही। रघुपति हृदय लाइ सोइ लीन्ही॥
नाथ जुगल लोचन भरि बारी। बचन कहे कछु जनककुमारी॥

चलते समय उन्होंने मुझे अपनी चूड़ा-मणि दी है। श्रीरघुनाथजी ने उसे लेकर हृदय से लगा लिया। (हनुमान्‌जी ने फिर कहा –) हे नाथ! दोनों नेत्रों में आँसू भरकर जानकीजी ने मुझसे कुछ वचन कहे हैं – ॥१॥

When I was leaving her, she gave me this jewel from her hair.' Raghunatha took it and clasped it to his heart. 'My Lord,' continued Hanuman, 'with her eyes overflowing with tears, Janaka's daughter has sent the following message:

अनुज समेत गहेहु प्रभुचरना। दीनबंधु प्रनतारति हरना॥
मन क्रम बचन चरन अनुरागी। केहि अपराध नाथ हौं त्यागी॥

(वे ये हैं कि) छोटे भाईसमेत प्रभु के चरण पकड़ना (और उनसे कहना कि) आप दीनबन्धु हैं, शरण में आये हुए दुःखियों के दुःखों को हरनेवाले हैं! मैं मन, वचन और कर्म से आपके चरणों में अनुरक्त हूँ। फिर हे नाथ! आपने मुझे किस अपराध से त्याग दिया?॥२॥

"Clasp the feet of my lord and those of his brother and say, 'O befriender of the distressed and reliever of your suppliant's pain, I am devoted to your feet in thought and word and deed; then for what offence, Lord, have you deserted me?

अवगुन एक मोर मैं माना। बिछुरत प्रान न कीन्ह पयाना॥
नाथ सो नयनन्हि को अपराधा। निसरत प्रान करहिं हठि बाधा॥

हाँ, मैं अपना एक दोष मानती हूँ कि आपसे बिछुड़ते ही मेरे प्राण नहीं चले गए, किंतु हे नाथ! यह अपराध तो नेत्रों का है जो प्राणों के निकलने में हठपूर्वक बाधा देते हैं। (इन्हें आपके दर्शन की लालसा और आशा है।)॥३॥

Of one offence I am myself conscious – that my life did not take flight the moment I was separated from you; but, Lord, this is the fault of my eyes which forcibly prevent my life from escaping.

बिरह अगिनि तनु तूल समीरा। स्वास जरइ छन माह सरीरा॥
नयन स्रवहिं जलु निज हित लागी। जरैं न पाव देह बिरहागी॥

विरह अग्नि है, शरीर रूई और साँस वायु; इस प्रकार (आग और वायु के संयोग से) यह शरीर क्षणभर में जल सकता है; परंतु नेत्र अपने हित के लिए (आपके दर्शन की लालसा से) जल बरसाते हैं, जिससे विरह की अग्नि से भी मेरा शरीर जलने नहीं पाता॥४॥

Bereavement is a fire, my body is a heap of cotton and my sighs a gust of wind; thus the fire aided by the wind can consume my body in a moment, but my eyes in their own interest[1] rain such a flood of tears that the body fails to catch the fire of bereavement."

सीता कै अति बिपति बिसाला। बिनहि कहें भलि दीनदयाला॥

सीताजी की विपत्ति अत्यन्त विशाल है। हे दीनदयालु! उसे बिना कहे ही भला है (उसके न कहने में ही भलाई है, सुनकर आपको बड़ा क्लेश होगा)॥५॥

O gracious Lord of the afflicted, Sita's misery is so overwhelmingly profound that it is better not to describe it.

दो. –निमिष निमिष करुनानिधि जाहिं कलप सम बीति।
बेगि चलिय प्रभु आनिय भुजबल खलदल जीति॥३१॥

हे करुणानिधान! उनका एक-एक पल कल्प के समान बीत रहा है। हे प्रभो! शीघ्र चलिए और अपनी भुजाओं के बल से दुष्ट-दल को जीतकर सीताजी को ले आइए॥३१॥

Her each single moment, O fountain of mercy, passes like an aeon. Set out at once, Lord, and vanquishing the villainous crew by the might of your arm, bring her back.'

1. *i.e.*, with a view to seeing Rama again.

चौ. –सुनि सीतादुख प्रभु सुख अयना। भरि आए जल राजिव नयना॥
बचन काय मन मम गति जाही। सपनेहुँ बूझिअ बिपति कि ताही॥

सीताजी का दुःख सुनकर सुख के केन्द्र प्रभु के कमल के समान नेत्रों में जल भर आया (और वे कहने लगे –) मन, वचन और शरीर से जिसे मेरी ही गति (मेरा ही आश्रय) है, स्वप्न में भी क्या उसे विपत्ति हो सकती है? ॥१॥

Upon hearing of Sita's woes, the lotus eyes of the Lord, the abode of bliss, filled with tears. He said, 'Do you think anyone who comes to me for refuge in thought and word and deed can ever dream of meeting with adversities?'

कह हनुमंत बिपति प्रभु सोई। जब तव सुमिरन भजनु न होई॥
केतिक बात प्रभु जातुधान की। रिपुहि जीति आनिबी जानकी॥

हनुमान्‌जी ने कहा – हे प्रभो! विपत्ति तो वही है जब आपका भजन-सुमिरन न हो। हे प्रभो! राक्षसों की बात ही कितनी है? शत्रु को जीतकर आप जानकीजी को ले आवेंगे ॥२॥

'There is no misfortune,' said Hanuman, 'other than ceasing to remember and adore you. Of what account are the demons to you, Lord? You shall vanquish the foe and bring back Janaka's daughter.'

सुनु कपि तोहि समान उपकारी। नहि कोउ सुर नर मुनि तनु धारी॥
प्रति उपकार करौं का तोरा। सन्मुख होइ न सकत मन मोरा॥

(भगवान् कहने लगे –) हे हनुमान्! सुनो! तुम्हारे समान उपकार करनेवाला शरीरधारी देवताओं, मनुष्यों और मुनियों में कोई भी नहीं है। मैं तुम्हारा प्रत्युपकार (उपकार के बदले में किया हुआ उपकार) तो क्या करूँ, मेरा मन भी तुम्हारे सामने नहीं हो सकता[१] (मैं लज्जित हो रहा हूँ) ॥३॥

'Listen, Hanuman,' said Rama; 'no god or man or sage that has ever been born into this world has been such a benefactor to me as you. What service can I do you in return? When I think of it, I am unable to look you in the face.

सुनु सुत तोहि उरिन मैं नाहीं। देखेउँ करि बिचार मन माहीं॥
पुनि पुनि कपिहि चितव सुरत्राता। लोचन नीर पुलक अति गाता॥

हे पुत्र! सुनो! मैंने मन में विचार कर देख लिया कि मैं तुमसे उऋण (ऋण-मुक्त) नहीं हो सकता! देवताओं के रक्षक (प्रभु श्रीरामजी) बार-बार हनुमान्‌जी को देखते हैं। उनकी आँखें सजल हैं और शरीर अत्यन्त पुलकित हो उठा है ॥४॥

Upon reflection, my son, I have come to the conclusion that I cannot ever repay you.' Again and again as the protector of the gods gazed on Hanuman, his eyes filled with tears and his whole body quivered with emotion.

दो. –सुनि प्रभुबचन बिलोकि मुख गात हरषि हनुमंत।
चरन परेउ प्रेमाकुल त्राहि त्राहि भगवंत ॥३२॥

प्रभु के वचन सुनकर और उनके (प्रसन्न-पुलकित) मुख तथा शरीर को देखकर हनुमान्‌जी भी हर्षित हो गए और प्रेम में व्याकुल होकर हे भगवन्! मेरी रक्षा करो! रक्षा करो कहते हुए (श्रीरामजी के) चरणों में गिर पड़े[१] ॥३२॥

When Hanuman heard what his Lord said and gazed on his face and body beaming with delight, he experienced a thrill of joy all over his body and fell at his feet, crying out in an ecstasy of devotion, 'Save me, save me, O Blessed Lord!'

चौ. –बार बार प्रभु चहै उठावा। प्रेममगन तेहि उठब न भावा॥
प्रभु कर पंकज कपि कें सीसा। सुमिरि सो दसा मगन गौरीसा॥

प्रभु (उनको) बार-बार उठाना चाहते हैं; परंतु प्रेम में मग्न हनुमान्‌जी को उठना सुहाता नहीं। प्रभु के करकमल हनुमान्‌जी के सिर पर हैं। उस स्थिति के स्मरण-मात्र से शिवजी भी प्रेममग्न हो गए ॥१॥

Again and again the Lord sought to raise him up, but he was so absorbed in love that he would not rise. The lotus hands of the Lord rested on his head. Gauri's lord (Shiva) was overcome by emotion when he recalled that scene.

सावधान मन करि पुनि संकर। लागे कहन कथा अति सुंदर॥
कपि उठाइ प्रभु हृदय लगावा। कर गहि परम निकट बैठावा॥

फिर अपने मन को सावधान कर शंकरजी अत्यन्त मनोहर कथा कहने लगे – हनुमान्‌जी को उठाकर प्रभु ने हृदय से लगा लिया और हाथ पकड़कर अत्यन्त निकट बिठाया ॥२॥

But again, composing himself, Shiva resumed the most charming narrative. The Lord raised Hanuman and clasped him to his heart; then he took him by the hand and seated him close by his side and said,

१. (क) उपकार के ऋण से मन थक गया है, वहाँ तक उसकी पहुँच नहीं होती, तब तन से क्या कर सकता हूँ? (ख) प्रत्युपकार के योग्य कुछ भी मेरे मन में आता ही नहीं। (ग) चूँकि मैं तुम्हारा कुछ प्रत्युपकार नहीं कर सका, इसलिए मेरा मन संमुख नहीं होता – मैं मन से लज्जित हो रहा हूँ। (घ) यहाँ प्रभु ने मन, वचन और कर्म, तीनों से अपनी हार दिखायी। देखिए मानस-पीयूष, ६, पृ. २३९-४०।

१. 'बड़ाई देने से हनुमान्‌जी सनेह सभीत हो गये। बड़ाई भजन में बाधक है....यहाँ हनुमान्‌जी का मनसा-वाचा-कर्मणा शरण में आना कहा। मनसा प्रेमाकुल। वाचा त्राहि त्राहि भगवंत। कर्मणा चरण परेउ।' विजया टीका, ३, पृ. २०३।

कहु कपि रावनपालित लंका। केहि बिधि दहेहु दुर्ग अति बंका॥
प्रभु प्रसन्न जाना हनुमाना। बोला बचन बिगत अभिमाना॥

(प्रभु ने पूछा—) हे हनुमान्! बताओ तो, रावण द्वारा पालित (सुरक्षित) लङ्का और उसके अत्यन्त बाँके किले को तुमने किस प्रकार जलाया? प्रभु को प्रसन्न जानकर हनुमान्‌जी अभिमान-रहित वचन बोले— ॥३॥

'Tell me, Hanuman, how could you contrive to burn Ravana's stronghold of Lanka, a most impregnable fortress?' When Hanuman found the Lord so gracious, he replied in words of singular modesty:

साखामृग कै बड़ि मनुसाई। साखा तें साखा पर जाई॥
नाघि सिंधु हाटकपुर जारा। निसिचरगन बधि बिपिन उजारा॥

शाखामृगों (वानरों) का यही बड़ा पुरुषार्थ है कि वे एक डाली से दूसरी डाली पर (उछलकर) चले जाते हैं। मैंने जो समुद्र लाँघकर (स्वर्णनिर्मित) लंका को जलाया और राक्षसों को मारकर अशोक वन को उजाड़ डाला, ॥४॥

'A monkey's greatest valour lies in his skipping about from one branch to another. That I should have been able to leap across the ocean, burn the golden city, slay the demon host and lay waste the *ashoka* grove,

सो सब तव प्रताप रघुराई। नाथ न कछू मोरि प्रभुताई॥

वह सब तो हे श्रीरघुनाथजी! आपही का प्रताप है।[1] हे नाथ! इसमें मेरी कुछ भी प्रभुता (बड़ाई) नहीं है॥५॥

—was all due to your might, Raghunatha; in no sense was the strength my own, my Lord.

दो.—ता कहुँ प्रभु कछु अगम नहि जा पर तुम्ह अनुकूल।
तव प्रभाव बड़वानलहि जारि सकइ खलु तूल॥३३॥

हे प्रभु! जिसपर आप प्रसन्न होते हैं, उसके लिए कुछ भी पहुँच के बाहर नहीं है। आपके प्रभाव से रुई भी बड़वानल को निश्चय ही जला सकती है॥३३॥

Nothing, Lord, is unattainable to him who enjoys your favour; through your might a mere shred of cotton can surely burn up the fire beneath the sea.

चौ.—नाथ भगति अति सुखदायनी। देहु कृपा करि अनपायनी॥
सुनि प्रभु परम सरल कपिबानी। एवमस्तु तब कहेउ भवानी॥

हे नाथ! कृपा करके मुझे अत्यन्त सुख देनेवाली अपनी निश्चल भक्ति दीजिए। जब प्रभु ने हनुमान्‌जी की अत्यन्त सरल वाणी सुनी, तब, हे भवानी! उन्होंने 'एवमस्तु' (ऐसा ही हो) कहा॥१॥

Be pleased, O Lord, to grant me unceasing devotion, which is a source of the highest bliss.' When the Lord, O Parvati, heard the most artless speech of Hanuman, he replied, 'So be it!'

उमा रामसुभाउ जेहि जाना। ताहि भजनु तजि भाव न आना॥
येह संबाद जासु उर आवा। रघुपतिचरन भगति सोइ पावा॥

हे उमा! जिसने भी श्रीरामजी का स्वभाव जान लिया, उसे उनका भजन छोड़कर दूसरी कोई बात नहीं सुहाती। यह (स्वामी-सेवक का) संवाद जिसके हृदय में आ गया, उसने ही श्रीरघुनाथजी के चरणों की भक्ति पा ली॥२॥

He, Uma, who understands the true nature of Rama has no relish for anything other than his worship, and he who takes this conversation to heart is blessed with devotion to Raghunatha's feet.

सुनि प्रभुबचन कहहिं कपिबृंदा। जय जय जय कृपाल सुखकंदा॥
तब रघुपति कपिपतिहि बोलावा। कहा चलैं कर करहु बनावा॥

प्रभु के वचन सुनकर वानरगण कहते हैं—कृपालु एवं आनन्दकन्द (आनन्द बरसानेवाले मेघरूप) श्रीरामजी की जय हो, जय हो, जय हो! तब श्रीरघुनाथजी ने वानरराज सुग्रीव को बुलाया और कहा—चलने का प्रबंध करो॥३॥

Upon hearing the words of the Lord, the whole host of monkeys cried, 'Glory, glory, all glory to the gracious Lord, the fountain of bliss!' Raghunatha then summoned Sugriva the Monkey King and said, 'Prepare now for the march.

अब बिलंबु केहि कारन कीजे। तुरत कपिन्ह कहुँ आएसु दीजे॥
कौतुक देखि सुमन बहु बरषी। नभ तें भवन चले सुर हरषी॥

अब किस कारण विलम्ब किया जाय? वानरों को शीघ्र आज्ञा दो! (भगवान् की) इस लीला (रावण-वध की तैयारी) को देखकर, बहुत से फूलों की वर्षा कर और प्रसन्न होकर देवता आकाश-मार्ग से अपने-अपने लोक को चले॥४॥

Why should we tarry any longer? At once issue your orders to the monkeys.' The gods who saw the spectacle showered down blossoms in profusion and then flew to their own celestial spheres rejoicing.

दो.—कपिपति बेगि बोलाए आए जूथप जूथ।
नाना बरन अतुल बल बानर भालु बरूथ॥३४॥

---

१. यह कहकर हनुमान्‌जी ने इन्द्रादि देवताओं को भी जीत लिया। देवासुर-संग्राम में जब देवताओं की विजय हुई थी, तब वे अभिमानवश यह मानने लगे थे कि हमने अपने ही बल-पौरुष से असुरों को पराजित किया है। देखिए केनोपनिषद्, ३४।

कपिराज सुग्रीव ने अविलंब बुलाया और सेनापतियों के समूह आ गए। वानर-भालुओं के झुंड रंग-विरंग के हैं और उनमें अपार बल है ॥३४॥

At once Sugriva the Monkey King summoned the commanders of the various troops and they presented themselves in multitudes. The troops of monkeys and bears, of many colours, were all unequalled in might.

चौ.–प्रभु पद पंकज नावहिं सीसा। गर्जहिं भालु महाबल कीसा॥
देखी राम सकल कपि सेना। चितइ कृपा करि राजिवनयना॥

वे प्रभु श्रीरामजी के चरणकमलों में सिर झुकाते हैं और वे महाबली वानर-भालू गर्जन करते हैं। श्रीरामजी ने सारी वानरी सेना देखी और अपने कमल-सरीखे नेत्रों से उन पर कृपादृष्टि डाली ॥१॥

The mighty bears and monkeys bowed their heads at the Lord's lotus feet and roared. Rama surveyed the whole monkey host and turned upon them the gracious glance of his lotus eyes.

राम कृपा बल पाइ कपिंदा। भए पक्षजुत मनहु गिरिंदा॥
हरषि राम तब कीन्ह पयाना। सगुन भए सुंदर सुभ नाना॥

श्रीरामजी की कृपा का बल पाकर श्रेष्ठ वानर मानो पंखवाले बड़े-बड़े पर्वत हो गए। तब प्रसन्न होकर श्रीरामजी ने प्रस्थान किया। (उस समय) अनेक प्रकार के सुन्दर और शुभ शकुन हुए ॥२॥

Emboldened by Rama's grace, the monkey captains became like huge mountains equipped with wings.[1] Rama then sallied forth glad of heart, and many were the fair auspicious omens that met him.

जासु सकल मंगलमय कीती। तासु पयान सगुन येह नीती॥
प्रभुपयान जाना बैदेहीं। फरकि बाम अँग जनु कहि देहीं॥

जिनकी कीर्ति सभी मङ्गलों से पूर्ण है, उनके प्रस्थान के समय शुभ शकुन होना, यह नीति की बात है (लीला की मर्यादा और उचित है)। प्रभु का प्रस्थान जानकीजी ने भी जान लिया। उनके बायें अंग फड़क-फड़ककर मानो कह देते हैं (कि प्रभु चल पड़े हैं) ॥३॥

It was only befitting that his setting forth should be attended by such omens, since in his glory abides all auspiciousness. The princess of Videha knew of the Lord's march, for the throbbing of her left side apprised her of it.

1. This simile, says Growse, "has a very unmeaning sound when expressed in English. The allusion is to the legend which represents all the mountains as once having had wings, till they were clipped by Indra; while the word *paksa* which primarily means 'a wing' has also the secondary signification of favour." *Op. cit.*, p. 513 n.

जोइ जोइ सगुन जानकिहि होई। असगुन भएउ रावनहि सोई॥
चला कटकु को बरनैं पारा। गर्जहिं बानर भालु अपारा॥

जानकीजी को जो-जो शकुन होते हैं, वही-वही रावण के लिए अपशकुन हुए।[१] सेना चल पड़ी, उसका वर्णन कौन कर सकता है? अनगिनत वानर और भालू गर्जन कर रहे हैं ॥४॥

But every good omen that befell Janaki foreboded ill for Ravana. Who could describe the army as it marched out with its countless monkeys and bears roaring?

नख आयुध गिरि पादप धारी। चले गगन महि इच्छाचारी॥
केहरिनाद भालु कपि करहीं। डगमगाहिं दिग्गज चिक्करहीं॥

नख ही जिनके शस्त्र हैं और जिन्होंने पर्वत और वृक्ष धारण कर रखा है, वे इच्छानुसार (बेरोक-टोक) चलनेवाले रीछ-वानर आकाशमार्ग से या पृथ्वी पर चले जा रहे हैं। वे सिंह के समान गर्जन करते हैं जिसे सुनकर दिशाओं के हाथी डगमगाते और चिंघाड़ते हैं ॥५॥

With no weapon other than their sharp claws, they brandished mountains and trees (that they had uprooted on the way) and marched through the air or on the ground, for they had unhampered motion everywhere. The bears and monkeys roared like lions; the elephants of the quarters reeled and trumpeted.

छं.–चिक्करहिं दिग्गज डोल महि गिरि लोल सागर खरभरे।
मन हरष दिनकर सोम सुर मुनि नाग किंनर दुख टरे॥
कटकटहिं मर्कट बिकट भट बहु कोटि कोटिन्ह धावहीं।
जय राम प्रबल प्रताप कोसलनाथ गुनगन गावहीं॥१॥

दिशाओं के हाथी चिंघाड़ने लगे, पृथ्वी हिलने लगी, पर्वत चंचल हो उठे और सागर खलबलाने लगे। सूर्य, चन्द्रमा, देवता, मुनि, नाग, किन्नर, सभी मन-ही-मन हर्षित हुए कि (अब) हमारे दुःख टल गए। अनेक करोड़ भयानक वानर योद्धा कटकटा रहे हैं और करोड़ों ही दौड़ रहे हैं। प्रबल प्रतापी कोसलराज श्रीरामचन्द्रजी की जय हो! इस प्रकार जय-जयकार करते हुए वे उनके गुणसमूहों का गान कर रहे हैं ॥१॥

The elephants of the quarters trumpeted, the earth rocked, the mountains shook and the oceans were in turmoil. The *gandharvas*, gods, sages, serpents and Kinnaras, all rejoiced to know that their troubles were over. Myriads of monkeys, formidable warriors all, gnashed their teeth, while many more millions rushed on, crying, 'Glory to

१. "सीताजी के इष्ट से ही रावण का अनिष्ट है अथवा रावण के अनिष्ट से ही सीताजी का इष्ट है। अतः सीताजी को शकुन और रावण को अपशकुन हो रहा है।" वि. टी. ३, पृ. २१०।

Rama, Kosala's lord, of mighty valour !' Thus they hymned his praises.

सहि सक न भार उदार अहिपति बार बारहि मोहई ।
गह दसन पुनि पुनि कमठपृष्ठ कठोर सो किमि सोहई ॥
रघुबीर रुचिर प्रयान प्रस्थिति जानि परम सुहावनी ।
जनु कमठखर्पर सर्पराज सो लिखत अबिचल पावनी ॥२॥

श्रेष्ठ और महान् सर्पाधिपति शेषनागजी भी इस भारी सेना का बोझ नहीं सह सकते । वे बार-बार मोहित हो जाते हैं (घबड़ा जाते हैं) और बार-बार कच्छप की कठोर पीठ को दाँतों से पकड़ते हैं । ऐसा करते समय वे जैसी शोभा दे रहे हैं उसे देखने से लगता है मानो श्रीरामचन्द्रजी की सुन्दर प्रस्थान-यात्रा को परम सुहावनी जानकर उसकी अचल पवित्र-कथा को वे (सर्पराज शेषनागजी) कच्छप की पीठ पर लिख रहे हों[१] ॥२॥

Even the great Serpent King found himself unable to support the crushing weight of the belligerent troops and staggered again and again, but each time saved himself by clutching with his teeth the hard back of the tortoise. While doing so, he looked beautiful, which made one feel as though the Serpent King considered Rama's splendid expedition supremely glorious and were inscribing its imperishable story on the shell of the tortoise (so that it might endure for ever) !

दो. –येहि बिधि जाइ कृपानिधि उतरे सागर तीर ।
जहँ तहँ लागे खान फल भालु बिपुल कपि बीर ॥३५॥

इस प्रकार करुणानिधि श्रीरामजी समुद्र-तट पर जा उतरे । बहुसंख्य भालू-वानर वीर जहाँ-तहाँ फल खाने लगे ॥३५॥

In this way Rama, abode of compassion, marched on and arrived at the seashore and halted there, and all around the hosts of valiant bears and monkeys began to devour fruit.

चौ. –उहाँ निसाचर रहहिं ससंका । जब तें जारि गएउ कपि लंका ॥
निज निज गृह सब करहिं बिचारा । नहि निसिचरकुल केर उबारा ॥

जबसे हनुमान्‌जी लङ्का को जलाकर लौटे, तबसे वहाँ राक्षस भयभीत रहने लगे । सब अपने-अपने घरों में[२] विचार करते हैं कि अब राक्षस-कुल की रक्षा नहीं हो सकती (हमारे कुल की कुशल नहीं है) ॥१॥

Ever since Hanuman had burnt Lanka and departed the demons there had been living in great fear. Each in his own home thought to himself: 'There is no hope of safety for the demon race.

जासु दूत बल बरनि न जाई । तेहि आएँ पुर कवन भलाई ॥
दूतिन्ह सन सुनि पुरजन बानी । मंदोदरी अधिक अकुलानी ॥

जिसके दूत के बल का वर्णन नहीं किया जा सकता, उसके स्वयं आने पर नगर की कौन भलाई होगी ? दूतियों से नगरवासियों की बातें सुनकर मंदोदरी बहुत व्याकुल हो उठी ॥२॥

If his envoy was so indescribably mighty, what good would result when the master himself enters our city ?' When Mandodari (Ravana's principal queen) heard from her female spies what the citizens were saying, she was still more disquieted.

रहसि जोरि कर पतिपद लागी । बोली बचन नीतिरस पागी ॥
कंत करष हरि सन परिहरहू । मोर कहा अति हित हिय धरहू ॥

वह एकान्त में हाथ जोड़कर पति (रावण) के चरणों में गिरी और नीतिरस में पगी हुई वाणी बोली – हे प्रियतम ! श्रीहरि से द्वेष छोड़ दीजिए । मेरे कहने को अत्यन्त कल्याणकर जानकर हृदय में धारण कीजिए ॥३॥

Meeting her lord in seclusion, she fell at his feet and with folded hands addressed to him words steeped in sound judgement: 'My lord, avoid all strife with Hari. Take my advice to heart, it is most wholesome.

समुझत जासु दूत कइ करनी । स्रवहिं गर्भ रजनीचरघरनी ॥
तासु नारि निज सचिव बोलाई । पठवहु कंत जो चहहु भलाई ॥

जिनके दूत की करनी का विचार करते ही राक्षसों की स्त्रियों के गर्भ गिर जाते हैं, हे प्यारे स्वामी ! यदि भलाई चाहते हो तो अपने मन्त्री को बुलाकर (उसके साथ) उनकी स्त्री को भेज दीजिए ॥४॥

Lord, if you value your own welfare, summon one of your ministers and send back with him the consort of him whose envoy did such deeds that the demons' wives are overtaken by premature labour when they recall them.

तव कुल कमल बिपिन दुखदाई । सीता सीत निसा सम आई ॥
सुनहु नाथ सीता बिनु दीन्हे । हित न तुम्हार संभु अज कीन्हे ॥

सीता, जो आपके कुलरूपी कमल-वन को दुख देनेवाली है, जाड़े की रात के समान आयी है । हे नाथ ! सुनिए, सीता को वापस किए बिना शम्भु और ब्रह्मा के किये भी आपका कल्याण नहीं हो सकता ॥५॥

---

१. "पृथ्वी के नीचे पहले दिग्गज हैं, उनके नीचे शेषजी और शेषजी के नीचे आधारभूत कमठ भगवान् हैं, उसी क्रम से भार का अनुभव होना भी कहा गया है । .... श्रीराम-यश पवित्र और अविनाशी है, इसीलिए उसे कठोर पृष्ठ पर लिख रहे हैं कि यह पावनी कीर्त्ति सदा अविचल रहे । दाँतों का एक बार कमठ-पृष्ठ पर से हट जाना मानो एक पंक्ति का पूरा होना है । पुनः पीठ पकड़ना दूसरी पंक्ति का प्रारम्भ करना है । ..." श्रीकान्तशरण, सिद्धान्त-भाष्य, ३, पृ. १९९८-९९ ।

२. रावण के डर से घर के बाहर विचार नहीं करते । यह भी भय है कि कहीं कोई गुप्तचर खबर न कर दे ।

Just as a frosty night spells disaster to a bed of lotuses, so has Sita come here for the ruin of your race. Listen, my lord; unless you surrender Sita, not even Shambhu and Brahma can be of any good to you.

दो. –रामबान अहिगन सरिस निकर निसाचर भेक ।
जव लगि ग्रसत न तव लगि जतनु करहु तजि टेक ॥३६॥

श्रीरामजी के बाण सर्पों के समूह के समान हैं और राक्षसों के समूह मेढकों के समान । जबतक वे इन्हें निगल नहीं लेते तबतक हठ छोड़कर उपाय कर लीजिए ॥३६॥

Rama's arrows are like a throng of serpents, and the demon host so many frogs; give up obstinacy and do the best you can before the serpents swallow them up.'

चौ. –श्रवन सुनी सठ ता करि बानी । बिहसा जगतबिदित अभिमानी ॥
सभय सुभाउ नारि कर साचा । मंगल महुँ भय मन अति काचा ॥

मूर्ख और जगत्प्रसिद्ध अभिमानी रावण कानों से उसकी वाणी सुनकर खूब हँसा (और बोला –) सच ही स्त्रियों का स्वभाव बहुत डरपोक होता है । इन्हें मङ्गल में भी भय होता है और इनका मन बहुत ही कच्चा है ॥१॥

When the foolish Ravana, who was known throughout the world for his arrogance, heard Mandodari's admonition, he roared with laughter. 'Of a truth,' he said, 'a woman is timorous by nature, ill at ease even in prosperity (when things go well) and weak-hearted too !

जौ आवै मर्कट कटकाई । जियहिं बिचारे निसिचर खाई ॥
कंपहिं लोकप जाकीं त्रासा । तासु नारि सभीत बड़ि हासा ॥

यदि वानरों की सेना आ जायगी तो उसे खा-खाकर बेचारे राक्षस जियेंगे । जिसके भय से लोकपाल भी थर-थर काँपते हैं, उसकी स्त्री इतनी डरपोक हो, यह बड़ी हँसी की बात है ॥२॥

If the monkey host does come, the poor demons would feast on them and live ! The very guardians of the spheres tremble for fear of me; it is quite ridiculous that you, my wife, should be afraid !'

अस कहि बिहसि ताहि उर लाई । चलेउ सभाँ ममता अधिकाई ॥
मंदोदरी हृदय कर चिंता । भएउ कंत पर बिधि बिपरीता ॥

ऐसा कहकर और हँसकर रावण ने उसे छाती से लगा लिया और ममता बढ़ाकर (अधिक स्नेह दिखाकर) वह सभा में चला गया । मन्दोदरी अपने हृदय में चिन्ता करने लगी कि (इस समय) मेरे स्वामी पर विधाता प्रतिकूल हो गए हैं ॥३॥

So saying, he laughed aloud and embraced her and then left for his council-chamber, exhibiting great affection for her.[1] But Mandodari was anxious at heart and thought that God was hostile to her lord.

बैठेउ सभाँ खबरि असि पाई । सिंधुपार सेना सब आई ॥
बूझेसि सचिव उचित मत कहहू । ते सब हसे मष्ट करि रहहू ॥

वह सभा में जाकर बैठा ही था कि उसने यह खबर पायी कि (शत्रु की) सारी सेना समुद्र के उस पार आ गयी है । उसने मन्त्रियों से कहा कि उचित सलाह दीजिए (अब क्या करना चाहिए) । वे सब हँसे और बोले – चुप होकर रहिए (सलाह देने की कौन-सी बात है ?); ॥४॥

When he took his seat in the council-chamber, news was brought to him that all the invading host had crossed the sea. Then he asked his ministers to tell him what they thought best to be done. They all laughed and submitted, 'Don't be uneasy;

जितेहु सुरासुर तब श्रम नाहीं । नर बानर केहि लेखे माहीं ॥

जब आपने देवताओं और राक्षसों को जीत लिया, तब तो कुछ परिश्रम हुआ ही नहीं । फिर (बेचारे) मनुष्य और वानर किस गिनती में हैं ? ॥५॥

you experienced no difficulty when you conquered gods and demons; of what account, then, are men and monkeys ?'

दो. –सचिव बैद गुर तीनि जौ प्रिय बोलहिं भय आस ।
राज धर्म तन तीनि कर होइ बेगिहीं नास ॥३७॥

मन्त्री, वैद्य और गुरु – ये तीनों यदि (स्वामी के अप्रसन्न होने के) भय या (उससे लाभ की) आशा से प्रिय बोलते हैं (ठकुरसुहाती कहने लगते हैं), तो राज्य, शरीर और धर्म – इन तीनों का शीघ्र ही नाश हो जाता है ॥३७॥

When a minister or a physician or a *guru*, these three speak pleasing words for fear or hope of reward, the result is that the kingdom, health and faith are all three quickly destroyed.

चौ. –सोइ रावन कहुँ बनी सहाई । अस्तुति करहिं सुनाइ सुनाई ॥
अवसर जानि बिभीषनु आवा । भ्राताचरन सीसु तेहि नावा ॥

रावण के लिए भी वैसा ही संयोग आ बना है । मन्त्री उसे सुना-सुनाकर स्तुति करते हैं । (इसी समय) अवसर जानकर विभीषणजी आये और उन्होंने बड़े भाई रावण के चरणों में सिर नवाया ॥१॥

1. " . . . full of inordinate conceit proceeded to the council-chamber." (F. S. Growse, *op. cit.*, p. 515.) " . . . proceeded to the council-hall, bursting with conceit." (W.D.P. Hill, *The Holy Lake of the Acts of Rama*, O.U.P., 1971, p. 355.)

That was the situation in which Ravana found himself; the ministers extolled him only to his face. Perceiving it to be an opportune hour, Vibhishana came to him and bowed his head before his brother's feet.

पुनि सिरु नाइ बैठ निज आसन। बोला बचन पाइ अनुसासन॥
जौं कृपाल पूँछिहु मोहि बाता। मति अनुरूप कहउँ हित ताता॥

फिर वे सिर नवाकर अपने आसन पर जा बैठे और (रावण की) आज्ञा पाकर बोले – हे कृपालु ! जब आपने मुझसे राय पूछी ही है, तो हे तात ! मैं अपनी बुद्धि के अनुरूप आपके कल्याण की बात कहता हूँ – ॥२॥

Bowing his head again, he sat upon his throne and, when ordered to speak, addressed him thus: 'If you ask my counsel, gracious lord, I tender it, brother, to the best of my ability and in your own interest.

जो आपन चाहइ कल्याना। सुजसु सुमति सुभ गति सुख नाना॥
सो परनारि लिलारु गोसाईं। तजउ चौथि के चंद कि नाईं॥

जो अपना कल्याण, सुयश, सुबुद्धि, शुभ गति और अनेक प्रकार के सुख चाहता हो, वह हे स्वामी ! परायी स्त्री के ललाट को चौथ के चन्द्रमा की तरह त्याग दे (अर्थात् परायी स्त्री का मुख ही न देखे); ॥३॥

Let him who desires his own welfare and glory, good understanding, a good destiny after his death and joys of various kinds, turn his eyes away from the face of another's wife as men turn their eyes away from the moon on its fourth night.

चौदह भुवन एक पति होई। भूतद्रोह तिष्ठै नहि सोई॥
गुनसागर नागर नर जोऊ। अलप लोभ भल कहै न कोऊ॥

जो अकेला ही चौदहों भुवनों का स्वामी हो, वह भी जीवों से वैर करके ठहर नहीं सकता (नष्ट हो जाता है)। जो मनुष्य गुणों का सागर और चतुर हो, उसे चाहे थोड़ा ही लोभ क्यों न हो, तो भी कोई उसे अच्छा नहीं कहता ! ॥४॥

Though a man were sole master of the fourteen spheres, he could not turn hostile to all creation and continue to exist. However perfect and accomplished a person may be, if he display the slightest trace of covetousness, no one will speak well of him.

दो. – काम क्रोध मद लोभ सब नाथ नरक के पंथ।
सब परिहरि रघुबीरहि भजहु भजहिं जेहि संत॥३८॥

हे नाथ ! काम, क्रोध, मद और लोभ – ये सब नरक के मार्ग हैं। इसलिए इन सबको त्यागकर श्रीरामचन्द्रजी को भजिए, जिन्हें संत लोग भजते हैं ॥३८॥

Lust, anger, vanity and covetousness, my lord, are all paths that lead to hell; abjure them all and adore Rama, whom the saints worship.

चौ. – तात राम नहि नरभूपाला। भुवनेस्वर कालहु कर काला॥
ब्रह्म अनामय अज भगवंता। ब्यापक अजित अनादि अनंता॥

हे तात ! श्रीरामजी मनुष्यों के ही राजा नहीं हैं, वे चौदहो लोकों और ब्रह्मांडों के स्वामी तथा काल के भी काल हैं। वे ब्रह्म हैं, विकार-रहित, अजन्मा, व्यापक, अजेय, अनादि और अनन्त भगवान् हैं ! ॥१॥

Rama, brother, is not merely a king of men; he is the lord of the universe, the death of Death himself, the Absolute, the pure, the uncreated God, all-pervading, invincible, without beginning or end.

गो द्विज धेनु देव हितकारी। कृपासिंधु मानुषतनु धारी॥
जनरंजन भंजन खलब्राता। बेद धर्म रच्छक सुनु भ्राता॥

उन कृपा के सागर भगवान् ने पृथ्वी, ब्राह्मण, गौ और देवताओं के हित के लिए ही मनुष्य-शरीर धारण किया है। हे भाई ! सुनिए, वे अपने सेवकों को आनन्द देनेवाले, दुष्ट-समूह के नाशक और वेद तथा धर्म के रक्षक हैं, ॥२॥

An ocean of compassion, he has assumed the form of humanity for the good of the earth and the Brahmans, the cows and the gods. Listen, brother: he delights his votaries and breaks the ranks of all the hosts of evil and is the champion of the Vedas and of righteousness.

ताहि बयरु तजि नाइअ माथा। प्रनतारतिभंजन रघुनाथा॥
देहु नाथ प्रभु कहुँ बैदेही। भजहु राम बिनु हेतु सनेही॥

उनसे वैर छोड़कर उनके सामने नतमस्तक होइए ! वे श्रीरघुनाथजी शरणागत के दुःखों को नष्ट करनेवाले हैं। हे नाथ ! उन प्रभु (सर्वेश्वर) को उनकी जानकी दे दीजिए और बिना कारण ही स्नेह करनेवाले श्रीरामजी का भजन कीजिए ॥३॥

Giving up enmity with him, bow your head to him, for Raghunatha relieves the distress of those who seek refuge in him. Surrender Videha's daughter to the Lord, O king, and adore Rama, the disinterested friend of all.

सरन गएँ प्रभु ताहु न त्यागा। बिस्वद्रोह कृत अघ जेहि लागा॥
जासु नाम त्रय ताप नसावन। सोइ प्रभु प्रगट समुझु जियँ रावन॥

जिसे सारे विश्व से द्रोह करने का पाप लगा है, शरण में जाने पर प्रभु ने उसे भी नहीं त्यागा। जिनका नाम तीनों तापों को मिटानेवाला है, वे

ही प्रभु (भगवान्) मनुष्य-रूप में प्रकट हुए हैं ।[1] हे रावण ! मन में यह समझ लीजिए ॥४॥

The Lord abandons not him who comes to him for protection, though he were guilty of being hostile to the whole world. Bear this in mind, Ravana: the same Lord whose name destroys every calamity is manifest (in human form).

दो. –बार बार पद लागउँ बिनय करउँ दससीस ।
परिहरि मान मोह मद भजहु कोसलाधीस ॥३९(क)॥

हे दशशीश ! मैं बारंबार आपके पाँव पड़ता हूँ और विनती करता हूँ कि मान, मोह और मद को त्यागकर आप कोसलराज श्रीरामजी का भजन कीजिए ॥३९(क)॥

Again and again I touch your feet and entreat you, O Ten-headed, to have done with pride, infatuation and arrogance and worship the king of Kosala.

मुनि पुलस्ति निज सिष्य सन कहि पठई येह बात ।
तुरत सो मैं प्रभु सन कही पाइ सुअवसरु तात ॥३९(ख)॥

फिर पुलस्त्य मुनि ने भी अपने शिष्य के द्वारा यह बात कहला भेजी है । हे तात ! सुअवसर पाकर मैंने तुरंत ही वह बात आपसे कह दी ! ॥३९(ख)॥

The sage Pulastya (our grandfather) has sent this message to us by his own disciple; availing myself of this opportunity, my brother, I have immediately conveyed it to you.'

चौ. –माल्यवंत अति सचिव सयाना । तासु बचन सुनि अति सुख माना ॥
तात अनुज तव नीतिबिभूषन । सो उर धरहु जो कहत बिभीषन ॥

माल्यवान् नामक एक अत्यन्त चतुर मन्त्री था । उसने विभीषण के वचन सुनकर बहुत सुख माना (और रावण से कहा –) हे तात ! आपके छोटे भाई नीतिविभूषण (नीतिमान्) हैं, वे जो कुछ कह रहे हैं उसे अपने हृदय में रख लीजिए ॥१॥

Now Ravana had a very old and prudent minister, Malyavan. He was gratified to hear Vibhishana's counsel and said, 'Your younger brother, sire, is the very ornament of wisdom; take to heart what he says.'

रिपु उतकरष कहत सठ दोऊ । दूरि न करहु इहाँ हइ कोऊ ॥
माल्यवंत गृह गएउ बहोरी । कहइ बिभीषनु पुनि कर जोरी ॥

(रावण ने कहा –) ये दोनों शठ शत्रु के उत्कर्ष (श्रेष्ठता) को बखान रहे हैं । यहाँ कोई है ? इन्हें दूर करो न ! तब माल्यवान् तो अपने घर को चला गया, परन्तु विभीषणजी हाथ जोड़कर फिर कहने लगे – ॥२॥

'These two wretches are glorifying the enemy,' said Ravana; 'is there no one here who will rid me of them ?' Malyavan thereupon returned home, but Vibhishana began again with folded hands:

सुमति कुमति सब के उर रहहीं । नाथ पुरान निगम अस कहहीं ॥
जहाँ सुमति तहँ संपति नाना । जहाँ कुमति तहँ बिपति निदाना ॥

हे नाथ ! पुराण और वेद ऐसा कहते हैं कि सुबुद्धि और कुबुद्धि, दोनों ही सभी के हृदयों में रहती हैं । जहाँ सुबुद्धि है वहाँ नाना प्रकार की सम्पदाएँ बसती हैं और जहाँ कुबुद्धि है वहाँ अन्त में विपत्ति रहती है (झेलनी पड़ती है) ॥३॥

'In the heart of every man, O king, is found either wisdom or unwisdom—so declare the Vedas and the Puranas; where there is wisdom, there too is every kind of prosperity, but where there is unwise judgement, there at the end is misfortune.

तव उर कुमति बसी बिपरीता । हित अनहित मानहु रिपु प्रीता ॥
कालराति निसिचरकुल केरी । तेहि सीता पर प्रीति घनेरी ॥

आपके हृदय में कुमति आ बसी है, जिससे आप हित को अहित और शत्रु को मित्र मान रहे हैं । जो राक्षस-कुल के लिए कालरात्रि (नाश करनेवाली) हैं, उन सीता पर आपकी घनी (बड़ी) प्रीति है ॥४॥

In your heart is lodged unwisdom, so that you take your friends for foes and your enemies for friends, and are extravagantly enamoured of that Sita who is the very night of destruction for all the demon race.

दो. –तात चरन गहि मागउँ राखहु मोर दुलार ।
सीता देहु राम कहुँ अहित न होइ तुम्हार ॥४०॥

हे तात ! मैं चरण पकड़कर आपसे यह माँगता हूँ कि आप मेरा दुलार रखिए (मेरी विनती को स्नेहपूर्वक स्वीकार कीजिए) । श्रीरामजी को सीताजी दे दीजिए, जिससे आपका (कोई) अमंगल न हो ॥४०॥

I clasp your feet, brother, and implore you to pay heed to me as one you love, and restore Sita to Rama, so that no harm may befall you.'

चौ. –बुध पुरान श्रुति संमत बानी । कही बिभीषन नीति बखानी ॥
सुनत दसानन उठा रिसाई । खल तोहि निकट मृत्यु अब आई ॥

पण्डितों, पुराणों और वेदों द्वारा सम्मत वाणी से विभीषण ने नीति को बखानकर कहा (नीति का प्रतिपादन किया) । पर उसे सुनते ही रावण आपे

---

1. उन्हें प्रकट करने की भी जरूरत नहीं हैं । "दूसरों ने बड़े-बड़े जप-तप करके उन्हें प्रकट किया है ।" आप केवल उनकी शरण में जाकर उन्हें अपना लें – वे स्वयं प्रकट हैं । उनके नाम से ही आध्यात्मिक, आधिदैविक और आधिभौतिक तापों का नाश होता है ।

से बाहर हो उठा[1] और बोला – रे दुष्ट ! अब मौत तेरे निकट आ गयी है ! ॥१॥

Thus did Vibhishana give sound advice supported by the authority of the wise, the Puranas and the Vedas; but when he heard it, the Ten-headed rose in a fury and cried, 'Wretch, your death is imminent now.

जियसि सदा सठ मोर जिआवा । रिपु कर पक्ष मूढ़ तोहि भावा ॥
कहसि न खल अस को जग माहीं । भुजबल जाहि जिता मैं नाहीं ॥

अरे शठ ! तू जीता तो है सदा मेरे जिलाने से (मेरे ही अन्न पर पलकर), पर हे मूढ़ ! पक्ष तुझे शत्रु का ही पसंद है । अरे दुष्ट ! बता न, संसार में ऐसा कौन है जिसे मैंने अपनी भुजाओं के बल से न जीता हो ? ॥२॥

You have always lived, you wretch, on my generosity, and yet, you idiot, you take the side of my enemy. Tell me, fool, if there is anyone in the whole world whom I have not vanquished by the might of my arm.

मम पुर बसि तपसिन्ह पर प्रीती । सठ मिलु जाइ तिन्हहि कहु नीती ॥
अस कहि कीन्हेसि चरनप्रहारा । अनुज गहे पद बारहि बारा ॥

मेरे नगर में बसकर भी तू प्रेम करता है तपस्वियों पर । अरे मूर्ख ! जा, उन्हींसे मिल और उन्हीं को नीति बता ! ऐसा कहकर रावण ने उन पर चरणों से प्रहार किया (उन्हें लात मारी) । परंतु छोटे भाई विभीषण ने बार-बार उसके चरण ही पकड़े ॥३॥

You live in my city but are in love with the hermits ! Go, you fool, and join hands with them and preach your moral sermons !' So saying, he gave him a kick, but Vibhishana clasped his brother's feet again and again.

उमा संत कइ इहइ बड़ाई । मंद करत जो करै भलाई ॥
तुम्ह पितु सरिस भलेहि मोहि मारा । रामु भजें हित नाथ तुम्हारा ॥

(शिवजी कहते हैं –) हे उमा ! संतों का यही बड़प्पन है कि वे बुराई करने पर भी भलाई ही करते हैं । (विभीषणजी ने कहा –) आप मेरे पिता-तुल्य हैं, मुझे मारा सो तो अच्छा ही किया, परंतु हे नाथ ! आपका हित श्रीरामजी को भजने में ही है ॥४॥

Uma, herein lies the greatness of a saint, who returns good for evil. 'You have done well to strike me,' Vibhishana said, 'for you are like a father to me, but your well-being, my lord, lies in worshipping Rama.'

सचिव संग लै नभपथ गएऊ । सबहि सुनाइ कहत अस भएऊ ॥

(इतना कहकर) विभीषण अपने मन्त्रियों को साथ लेकर आकाश-मार्ग में गये और सबको सुनाकर ऐसा कहने लगे – ॥५॥

Taking his ministers with him, Vibhishana went his way through the air, exclaiming aloud to them all:

दो. – रामु सत्यसंकल्प प्रभु सभा कालबस तोरि ।
मैं रघुबीरसरन अब जाउँ देहु जनि खोरि ॥४१॥

(हे रावण !) श्रीरामजी सत्यप्रतिज्ञ एवं (सर्वशक्तिसम्पन्न) प्रभु हैं और तुम्हारी सभा मृत्यु के वश है । अतः मैं अब श्रीरघुवीर की शरण जाता हूँ, मुझे दोष न देना ॥४१॥

'Rama is true to his resolve and all-powerful, while your court is all doomed ! I will now take refuge with Raghubira; lay not the blame on me !'

चौ. – अस कहि चला बिभीषनु जबहीं । आयूहीन भए सब तबहीं ॥
साधु अवज्ञा तुरत भवानी । कर कल्यान अखिल कै हानी ॥

ऐसा कहकर विभीषणजी ज्यों ही चले, त्यों ही सब (राक्षस) आयुहीन हो गए (उनकी आयु समाप्त हो गई) । (शिवजी कहते हैं –) हे भवानी ! साधु का अनादर तुरंत ही सम्पूर्ण कल्याण का नाश कर देता है ॥१॥

No sooner had Vibhishana left with these words than the doom of them all was assured. Disrespect to a saint, Parvati, immediately robs one of all blessings.

रावन जबहि बिभीषनु त्यागा । भयउ बिभव बिनु तबहि अभागा ॥
चलेउ हरषि रघुनायक पाहीं । करत मनोरथ बहु मन माहीं ॥

रावण ने जिस समय विभीषण का त्याग किया, उसी समय उस अभागे का वैभव नष्ट हो गया । विभीषणजी मन में तरह-तरह के मनोरथ करते हुए श्रीरघुनाथजी के पास हर्षित होकर चले ॥२॥

As soon as Ravana spurned Vibhishana, the wretch lost all his glory and good fortune. But Vibhishana rejoiced as he went to meet Raghunatha with many an agreeable longing in his heart.

देखिहौं जाइ चरन जलजाता । अरुन मृदुल सेवक सुखदाता ॥
जे पद परसि तरी रिषिनारी । दंडक कानन पावनकारी ॥

(वे सोचते जाते थे कि) मैं जाकर (भगवान् के) उन कोमल और लाल चरणकमलों के दर्शन करूँगा, जो सेवकों को सुख देनेवाले हैं; जिन चरणों को छूकर ऋषि-पत्नी (अहल्या) तर गयीं और जो दण्डक वन को पवित्र करनेवाले हैं ॥३॥

'On reaching there I shall behold those lotus feet with ruddy soles, so soft and so delightful to the votaries, at whose touch the seer's wife Ahalya was saved and the forest of Dandaka was sanctified,

---

१. उपदेश सुनकर मूर्ख क्रुद्ध होता है, शान्त नहीं । विभीषण की वाणी का राजसभा में आदर होना चाहिए था, लेकिन रावण की राजसभा में शिक्षा देनेवाले के लिए मृत्युदण्ड है । – वि. टी., ३, पृ. २२८ ।

जे पद जनकसुता उर लाए । कपटकुरंग संग धर धाए ॥
हर उर सर सरोज पद जेई । अहोभाग्य मैं देखिहौं तेई ॥

जिन चरणों को जानकीजी ने हृदय में ले रखा है, जो कपटमृग के साथ पृथ्वी पर उसे पकड़ने को दौड़े थे और जो चरणकमल शिवजी के हृदयरूपी सरोवर में विराजते हैं[1], मेरा अहोभाग्य है कि आज मैं उन्हींको (प्रत्यक्ष) देखूँगा ॥४॥

—the feet that Janaka's daughter locked up in her bosom, that chased the delusive deer over the ground and that dwell as a pair of lotuses in the lake of Shiva's heart ! Ah, how blest am I that I shall see them !

दो. —जिन्ह पायन्ह के पादुकन्हि भरतु रहे मनु लाइ ।
ते पद आजु बिलोकिहौं इन्ह नयनन्हि अब जाइ ॥४२॥

जिन चरणों की पादुकाओं में भरतजी ने अपना मन लगा रखा है, आज मैं उन्हीं चरणों को अभी जाकर इन्हीं आँखों से देखूँगा ॥४२॥

I shall go today and behold with my own eyes those feet on whose wooden sandals Bharata fixed his thoughts !

चौ. —एहि बिधि करत सप्रेम बिचारा । आएउ सपदि सिंधु येहि पारा ॥
कपिन्ह बिभीषनु आवत देखा । जाना कोउ रिपुदूत बिसेषा ॥

इस तरह प्रेमपूर्वक विचार करते हुए वे तुरन्त ही समुद्र के इस पार आ गए । जब वानरों ने विभीषण को आते देखा, तब उन्होंने समझा कि शत्रु का कोई खास दूत (आ रहा) है ॥१॥

With such fond expectations in his mind, Vibhishana instantly reached the further shore of the sea. When the monkeys saw Vibhishana coming, they took him for some special envoy from the enemy.

ताहि राखि कपीस पहिं आए । समाचार सब ताहि सुनाए ॥
कह सुग्रीव सुनहु रघुराई । आवा मिलन दसाननभाई ॥

उन्हें (पहरे पर ही) रोककर वे सुग्रीव के पास आये और उनको सब समाचार कह सुनाए । सुग्रीव ने (श्रीरामजी से जाकर) कहा—हे रघुनाथजी ! सुनिए, दशानन का भाई (विभीषण) आपसे मिलने आया है ॥२॥

Detaining him outside, they came to Sugriva the Monkey King and told him all the circumstances. Said Sugriva, 'Listen, Raghunatha; Ravana's brother (Vibhishana) has come to see you.'

कह प्रभु सखा बूझिए काहा । कहै कपीस सुनहु नरनाहा ॥
जानि न जाइ निसाचरमाया । कामरूप केहि कारन आया ॥

प्रभु ने कहा—हे मित्र ! तुम्हारी क्या राय है ? वानरराज सुग्रीव ने उत्तर दिया—हे महाराज ! सुनिए, निशाचरों की माया समझ में नहीं आती (उसे जानना कठिन है) । वह इच्छानुसार रूप धारण करनेवाला (कपटी) न जाने किस कारण आया है ॥३॥

'What do you advise, friend ?' said the Lord. 'Mark my words, sire,' replied the lord of the monkeys, 'the wiles of these demons are past all understanding. One does not know why he has come here, he who is capable of taking any form he likes.

भेद हमार लेन सठ आवा । राखिअ बाँधि मोहि अस भावा ॥
सखा नीति तुम्ह नीकि बिचारी । मम पन सरनागत भयहारी ॥

(ऐसा प्रतीत होता है कि) यह मूर्ख हमारा भेद लेने के लिए ही आया है । इसलिए मुझे तो यही पसंद है कि इसे बाँध रखा जाय । (तब श्रीरामजी ने कहा—) हे मित्र ! तुमने राजनीति तो नेक विचारी, परंतु शरणागत के भय को दूर करना (उसे निर्भय करना) मेरा प्रण है ॥४॥

The fool has come to spy out our secrets; what appeals to me is that he should be taken prisoner and kept under guard.' 'Friend,' said Rama, 'you have reasoned with much political wisdom, but my vow is to dispel all fears from the minds of those who come to me for refuge.'

सुनि प्रभुबचन हरष हनुमाना । सरनागत बच्छल भगवाना ॥

प्रभु श्रीरामजी के वचन सुनकर हनुमान्‌जी प्रसन्न हुए । (उन्होंने मन-ही-मन कहा कि) भगवान् श्रीरामचन्द्रजी शरण में आये हुए व्यक्ति के प्रति पुत्र-सा प्रेम करनेवाले हैं[1] ॥५॥

Hanuman rejoiced to hear the Lord's reply and said to himself, 'How like a loving father the Blessed Lord loves all who flee to him !'

दो. —सरनागत कहुँ जे तजहिं निज अनहित अनुमानि ।
ते नर पावर पापमय तिन्हहि बिलोकत हानि ॥४३॥

(श्रीरामजी ने फिर कहा—) जो मनुष्य अपने अहित का अनुमान कर शरणागत का त्याग कर देते हैं वे नीच हैं, पापमय हैं; उन्हें देखने से भी हानि होती है ! ॥४३॥

Then said Rama again, 'Those who forsake a suppliant from suspicion that he may do them an

---

१. यहाँ इस बात पर बल है कि राम-चरण की भक्ति में स्त्री, पुरुष, जड़, चेतन, छली, निश्छल—सबका समान अधिकार है । यदि उसमें पतिव्रता सीताजी का अधिकार है तो अहल्या-जैसी पतिता का भी । मारीच छली है और शिवजी तथा भरत निश्छल हैं, किन्तु अधिकार दोनों का है । दण्डक वन जड़ है और शेष सब चेतन हैं । दे. सिद्धान्त-भाष्य, ३, पृ. २०२२ ।

१. वत्सल अर्थात् पुत्र-प्रेम से युक्त । विष्णु का एक नाम वत्सल भी है ।

injury are vile and sinful; the very sight of them causes harm.

चौ. –कोटि बिप्र बध लागहि जाहू । आएँ सरन तजउँ नहि ताहू ॥
सन्मुख होइ जीव मोहि जबही । जन्म कोटि अघ नासहि तबही ॥

जिसे करोड़ों ब्राह्मणों के वध की हत्या लगी हो, शरण आने पर मैं उसका भी त्याग नहीं करता । जीव ज्यों ही मेरे सम्मुख (मेरी शरण में) होता है, त्यों ही उसके करोड़ों जन्मों के पाप-ताप नष्ट हो जाते हैं; ॥१॥

I would not abandon even the murderer of ten million Brahmans if he sought refuge in me. As soon as any creature appears before me, the sins of all his ten million lives are washed away.

पापवंत कर सहज सुभाऊ । भजनु मोर तेहि भाव न काऊ ॥
जौ पै दुष्ट हृदय सोइ होई । मोरें सन्मुख आव कि सोई ॥

पापी का यह जन्मजात स्वभाव होता है कि उसे मेरा भजन कभी अच्छा नहीं लगता । यदि वह (विभीषण) दुष्टहृदय होता तो क्या वह मेरे सम्मुख आ सकता था ? ॥२॥

A sinner's innate disposition is to abhor the worship of my person; if Vibhishana were wicked at heart, how could he come into my presence ?

निर्मल मन जन सो मोहि पावा । मोहि कपट छल छिद्र न भावा ॥
भेद लेन पठवा दससीसा । तबहुँ न कछु भय हानि कपीसा ॥

जो निर्मल मन का भक्त है, वही मुझे पाता है । मुझे कपट और छलछिद्र नहीं भाते । यदि उसे रावण ने भेद लेने को ही भेजा है, तब भी हे कपीश ! मुझे कुछ भी भय या हानि नहीं है – ॥३॥

Only a man of pure soul can find me; I have an aversion to duplicity, wiles and censoriousness. Even if Ravana has sent him to spy out our secrets, we have nothing to fear, Monkey King, and nothing to lose.

जग महु सखा निसाचर जेते । लछिमनु हनइ निमिष महु तेते ॥
जौ सभीत आवा सरनाईं । रखिहौं ताहि प्रान कीं नाईं ॥

(कारण कि) हे सखे ! संसार में जितने निशाचर हैं, उन सबको लक्ष्मण क्षणभर में मार सकते हैं । लेकिन यदि वह भयभीत होकर मेरी शरण में आया है तो मैं उसे अपने प्राणों की तरह रखूँगा ॥४॥

Lakshmana, my friend, can dispose of all the demons the world contains in the twinkling of an eye ! And if he has sought shelter with me out of fear, I shall protect him as I would my own life.

दो. –उभय भाँति तेहि आनहु हसि कह कृपानिकेत ।
जय कृपाल कहि कपि चले अंगद हनू समेत ॥४४॥

कृपानिधान श्रीरामजी हँसकर बोले – दोनों ही स्थितियों में उसे ले आओ । तब अंगद और हनुमानूजी के साथ सुग्रीवजी 'कृपालु श्रीराम की जय' कहते हुए चले ॥४४॥

In either case, bring him here,' said the Lord of grace with a smile. 'Glory to the Lord of mercy !' cried Sugriva as he went off, taking with him Angad and Hanuman.

चौ. –सादर तेहि आगें करि बानर । चले जहाँ रघुपति करुनाकर ॥
दूरिहि तें देखे द्वौ भ्राता । नयनानंद दान के दाता ॥

विभीषणजी को आदरपूर्वक आगे करके वानर वहाँ चले जहाँ करुणा की खान श्रीरघुनाथजी थे । नेत्रों को आनन्द-दान करनेवाले (अत्यन्त सुखप्रद) दोनों भाइयों को विभीषणजी ने दूर ही से देखा ॥१॥

Respectfully placing Vibhishana ahead of them, the monkeys proceeded to the place where Raghunatha, ocean of compassion, was. Vibhishana beheld from a distance the two brothers who ravished the eyes of all.

बहुरि राम छबिधाम बिलोकी । रहेउ ठठुकि एकटक पल रोकी ॥
भुज प्रलंब कंजारुन लोचन । स्यामल गात प्रनत भय मोचन ॥

फिर (अनन्त) सौंदर्य के स्थान श्रीरामजी को देखकर वे पलकों का गिरना रोककर ठिठककर (विस्मित तथा स्तब्ध होकर) एकटक देखते ही रह गए । भगवान् की भुजाएँ विशाल हैं, लाल कमल-जैसे नेत्र हैं और शरणागत के भय को छुड़ानेवाला साँवला शरीर है ॥२॥

Then as he beheld Rama, the home of beauty, he stopped winking and stood quite still with his gaze intently fixed on the Lord, who had long arms, dawn-bright lotus eyes and swarthy limbs that rid the suppliant of all fears.

सिंघ कंध आयत उर सोहा । आनन अमित मदन मन मोहा ॥
नयन नीर पुलकित अति गाता । मन धरि धीर कही मृदु बाता ॥

सिंह के-से कंधे हैं, विशाल वक्षःस्थल शोभा दे रहा है । अनगिनत कामदेवों के मन को मोहित करनेवाला मुख है । भगवान् के स्वरूप को देखकर विभीषणजी के नेत्र सजल हो गए और शरीर अत्यन्त पुलकित हो गया । फिर मन में धीरज धरकर उन्होंने मीठी बात कही – ॥३॥

His lion-like shoulders and magnificent broad chest exercised great charm, while his face bewitched the hearts of innumerable Loves. The sight brought tears to his eyes and a deep thrill ran through his body; then composing himself, he spoke in gentle accents:

नाथ दसानन कर मैं भ्राता । निसिचरबंस जन्म सुरत्राता ॥
सहज पापप्रिय तामस देहा । जथा उलूकहि तम पर नेहा ॥

हे नाथ ! मैं दशमुख (रावण) का भाई हूँ। हे देवताओं के रक्षक ! मेरा जन्म निशाचर-कुल में हुआ है। मेरा शरीर तामसी है, स्वभाव से ही मुझे पाप प्रिय हैं, जैसे उल्लू को अन्धकार पर (स्वाभाविक) स्नेह होता है ॥४॥

'Lord, I am Ravana's brother, born of demon race, O protector of the gods, with a *tamasic* body (full of inertia and ignorance), as naturally addicted to sin as an owl is partial to the night.

दो. –श्रवन सुजसु सुनि आएउँ प्रभु भंजन भवभीर।
त्राहि त्राहि आरतिहरन सरनसुखद रघुबीर ॥४५॥

आपके इस सुन्दर यश को मैं कानों से सुनकर आया हूँ कि प्रभु जन्म-मरण के भय का (भव-भय का) नाश करनेवाले हैं। हे दुःखियों के दुःख को हरनेवाले और शरणागत को सुख देने वाले श्री रघुवीर ! आप मेरी रक्षा करें, रक्षा करें ! ॥४५॥

Having heard of your glory, O Lord, I have come to you with the belief that you banish the dread of rebirth. Save me, save me, O Raghubira, reliever of distress and delighter of those who take refuge in you.

चौ. –अस कहि करत दंडवत देखा। तुरत उठे प्रभु हरष बिसेषा ॥
दीन बचन सुनि प्रभुमन भावा। भुज बिसाल गहि हृदय लगावा ॥

प्रभु ने उन्हें ऐसा कहकर दण्डवत् (साष्टांग) करते देखा तो वे विशेष हर्ष के साथ तुरंत उठे (अनादर पाकर आये हुए विभीषण को आदर देने में प्रभु ने विलंब नहीं किया)। विभीषणजी के दीन वचन सुनने पर प्रभु के मन को बहुत ही प्रिय लगे। उन्होंने विशाल भुजाओं से पकड़कर उनको अपने हृदय से लगा लिया ॥१॥

When the Lord saw Vibhishana prostrating himself with these words, he at once arose in great delight and, pleased to hear his humble address, took him in his mighty arms and clasped him to his bosom.

अनुज सहित मिलि ढिग बैठारी। बोले बचन भगतभय हारी ॥
कहु लंकेस सहित परिवारा। कुसल कुठाहर बास तुम्हारा ॥

छोटे भाई लक्ष्मणजी सहित उनसे गले मिलकर और अपने पास बिठाकर श्रीरामजी भक्तों के भय को हरनेवाले वचन बोले – हे लङ्केश ! परिवार-सहित अपनी कुशल कहो। तुम रहते तो बुरी जगह में हो, ॥२॥

Both Rama and his brother embraced him; then seating him by his side, spoke thus to dispel his votary's fears: 'Tell me, prince of Lanka, is it all well with you and your family ? Your home is in an evil place.

खलमंडलीं बसहु दिनु राती। सखा धर्म निबहइ केहि भाँती ॥
मैं जानौं तुम्हारि सब रीती। अति नयनिपुन न भाव अनीती ॥

दिन-रात दुष्टों के समाज में ही निवास करते हो। हे मित्र ! (ऐसी दशा में) तुम्हारा धर्म किस तरह निभता है ? मैं तुम्हारी सब रीतियों को जानता हूँ। तुम अत्यन्त नीति-निपुण हो, इसलिए तुम्हें अनीति अच्छी नहीं लगती; ॥३॥

Living as you do day and night encompassed by wicked men, how, my friend, do you practise the duties of religion ? I know all about your way of life, your great sagacity and your aversion to vice.

बरु भल बास नरक कर ताता। दुष्टसंग जनि देइ बिधाता ॥
अब पद देखि कुसल रघुराया। जौ तुम्ह कीन्हि जानि जन दाया ॥

हे तात ! नरक का वास वरन् अच्छा है, परंतु विधाता दुष्टों की संगति न दे। (विभीषणजी ने कहा –) हे रघुनाथजी ! अब आपके चरणों के दर्शन से कुशल से हूँ, जो आपने अपना भक्त जानकर मुझ पर दया की ॥४॥

May Providence keep us from the company of the wicked ! It were better, my son, to live in hell !' Said Vibhishana, 'Now that I have seen your feet, O Raghunatha, it is all well with me, since you have had mercy on me and recognized me as your true devotee.

दो. –तव लगि कुसल न जीव कहुँ सपनेहु मन बिश्राम।
जव लगि भजत न राम कहुँ सोकधाम तजि काम ॥४६॥

तब तक जीव का मंगल नहीं और न सपने में भी उसके मन को आराम है, जबतक वह शोक के स्थान काम (विषय-वासनाओं और कामनाओं) को छोड़कर श्रीरामजी को नहीं भजता[१] ॥४६॥

There can be no happiness for a creature nor can his mind know any peace even in a dream so long as he does not relinquish lust, that abode of sorrow, and worship Rama.

चौ. –तव लगि हृदय बसत खल नाना। लोभ मोह मच्छर मद माना ॥
जव लगि उर न बसत रघुनाथा। धरें चाप सायक कटि भाथा ॥

लोभ, मोह, मत्सर (जलन, द्वेष), मद और अभिमान आदि अनेक दुष्ट तभी तक हृदय में निवास करते हैं, जबतक धनुष-बाण और कमर में तरकश धारण किये हुए श्रीरघुनाथजी हृदय में नहीं बसते[२] ॥१॥

That monstrous horde—greed, infatuation, envy, arrogance and pride—haunts the mind so long as Raghunatha does not abide there, armed with his bow and arrows and with his quiver fastened at his side.

---

१. "राम और काम दोनों का भजन एक साथ हो नहीं सकता।"

२. "जब सब कामनाओं का त्याग करके जीव भगवान् के सम्मुख होता है तब उसे भीतरी शत्रुओं का परिज्ञान होता है।"

ममता तरुन तमी अँधिआरी । राग द्वेष उलूक सुखकारी ॥
तव लगि बसत जीव मन माहीं । जव लगि प्रभुप्रताप रबि नाहीं ॥

ममता पूर्ण अँधेरी रात है, जो राग-द्वेषरूपी उल्लुओं को सुख देनेवाली है। वह (अँधेरी रात) तभी तक जीव के मन में बसती है, जबतक प्रभु के प्रतापरूपी सूर्य का उदय नहीं होता। (भक्ति प्रकाशमयी रात है, ममता अँधेरी रात। चोर का उपद्रव रात में होता है। अविद्या-निशा में आधी रात ममता है।) ॥२॥

The absolutely dark night of attachment, so grateful to the owl-like passions of love and hate, abides in the heart until the sun of the Lord's glory rises therein.

अब मैं कुसल मिटे भय भारे । देखि राम पद कमल तुम्हारे ॥
तुम्ह कृपाल जा पर अनुकूला । ताहि न ब्याप त्रिबिध भवसूला ॥

हे श्रीरामजी ! आपके चरणकमलों के दर्शन कर अब मैं कुशल से हूँ; मेरे भारी भय दूर हो गए। हे कृपालु ! आप जिसपर अनुकूल होते हैं, उसे तीनों प्रकार के सांसारिक दुःख-ताप (आध्यात्मिक, आधिदैविक और आधिभौतिक ताप) नहीं व्यापते ॥३॥

Now that I have seen your lotus feet, Rama, all is well with me and all my grave fears are at an end. The threefold torments of mortal life cease to have any effect on him, O Lord of grace, who enjoys your favour.

मैं निसिचर अति अधम सुभाऊ । सुभ आचरनु कीन्ह नहि काऊ ॥
जासु रूप मुनिध्यान न आवा । तेहि प्रभु हरषि हृदय मोहि लावा ॥

मैं राक्षस हूँ और मेरा स्वभाव अत्यन्त नीच है। मैंने कभी कोई शुभ आचरण नहीं किया। जिनका रूप मुनियों के भी ध्यान में नहीं आता, उन प्रभु ने स्वयं प्रसन्न होकर मुझे हृदय से लगा लिया[१] ॥४॥

I am but a demon, so utterly vile of nature that I have never practised virtue. Yet the Lord, whose form even the sages fail to comprehend for all their profound meditation, has been pleased to clasp me to his heart !

दो. –अहोभाग्य मम अमित अति राम कृपा सुख पुंज ।
देखेउँ नयन बिरंचि सिव सेब्य जुगल पद कंज ॥४७॥

हे राम ! हे कृपा और सुख के पुञ्ज ! मेरा यह अत्यन्त अमित (असीम) सौभाग्य है कि मैंनें अपनी आँखों से ब्रह्मा और शिवजी के द्वारा सेवित युगल चरणकमलों के दर्शन किये ॥४७॥

I am blest beyond measure, O Rama, sum of all grace and bliss, in that I have beheld with my own eyes those lotus feet which even Brahma and Shiva adore !'

चौ. –सुनहु सखा निज कहौं सुभाऊ । जान भुसुंडि संभु गिरिजाऊ ॥
जौं नर होइ चराचरद्रोही । आवइ सभय सरन तकि मोही ॥

(तब श्रीरामजी बोले –) हे मित्र ! सुनो, मैं तुम्हें अपना स्वभाव कहता हूँ, जिसे काकभुशुण्डि, शिवजी और पार्वतीजी भी जानती हैं। जो मनुष्य जड़-चेतन जगत् का द्रोही होते हुए भी यदि भयभीत होकर मेरी शरण तककर आ जाता है, ॥१॥

Listen, my friend, while I declare to you my nature, which is known to Bhushundi, Shambhu (Lord Shiva) and Girija (Parvati). Even though a man should be the enemy of all animate and inanimate creation, if he comes trembling and looks to me for protection,

तजि मद मोह कपट छल नाना । करौं सद्य तेहि साधु समाना ॥
जननी जनक बंधु सुत दारा । तनु धनु भवनु सुहृद परिवारा ॥

और (साथ ही) मद, मोह तथा भिन्न-भिन्न प्रकार के छल-प्रपंच त्याग देता है तो मैं उसे बहुत शीघ्र साधु के समान कर देता हूँ। माता, पिता, भाई, पुत्र, स्त्री, शरीर, धन, घर, मित्र और परिवार –॥२॥

—abjuring all vanity, infatuation, guile and hypocrisy, then at once I make him like a saint. The ties of affection that bind a man to his mother, father, brother, son and wife, body, wealth, home, friends and family

सब कै ममता ताग बटोरी । मम पद मनहि बाँध बरि डोरी ॥
समदरसी इच्छा कछु नाहीं । हरष सोक भय नहि मन माहीं ॥

इन सबके प्रति अपनी ममता के धागों को बटोरकर और उन सबकी (धागों की) एक डोरी बँटकर[१] (ऐंठकर) उससे जो अपने मन को मेरे चरणों में बाँध देता है, जो समदर्शी है, जिसे कुछ चाह नहीं है और जिसके मन में हर्ष, शोक और भय नहीं है, ॥३॥

—are like so many threads which a pious soul gathers up and twists into one strong rope to bind his soul to my feet. Nay, he looks upon all with an impartial eye and has no craving, and in his heart is neither joy nor grief nor fear.

अस सज्जन मम उर बस कैसें । लोभीहृदय बसै धनु जैसें ॥
तुम्ह सारिखे संत प्रिय मोरें । धरौं देह नहि आन निहोरें ॥

---

१. अपने को 'निसिचर' कहकर विभीषणजी ने भजन का, 'अधम सुभाऊ' कहकर ज्ञान का और 'सुभ आचरनु' से रहित कहकर कर्म का अनधिकारी बतलाया। तीनों कांड के अनधिकारी को भी प्रभु ने हृदय से लगा लिया। उनकी प्रतिज्ञा थी – 'निसिचर हीन करौं महि भुज उठाइ प्रन कीन्ह'। विभीषणजी के लिए उन्होंने इस प्रतिज्ञा को भी त्याग दिया।

१. सूत, रेशम आदि के रेशों को धागा, डोरी, रस्सी आदि बनाने के लिए मिलाकर ऐंठने को 'बँटना' कहते हैं।

मेरे हृदय में ऐसा सज्जन वैसे ही बसता है जैसे लोभी के हृदय में धन। तुम-जैसे संत ही मुझे प्रिय हैं। मैं और किसी के निहोरे से (कृतज्ञतावश) देह धारण नहीं करता (तुम्हारे-जैसे संतों के लिए ही मेरा अवतार हुआ है) ॥४॥

Such a saint abides in my heart like riches in the heart of a covetous man. Only saints of your type are dear to me; for the sake of none else do I take on mortal form.

दो. –सगुन उपासक परहित निरत नीति दृढ़ नेम।
ते नर प्रान समान मम जिन्ह कें द्विजपद प्रेम ॥४८॥

जो मनुष्य सगुण (साकार) ब्रह्म के उपासक हैं, दूसरों के कल्याण में लगे रहते हैं, नीति और नियमों में अचल हैं और जिन्हें ब्राह्मणों के चरणों में प्रेम है, वे मेरे प्राणों के समान हैं ॥४८॥

Those men who worship my personal form and devote themselves to doing good to others, who firmly tread the path of righteousness and are steadfast in their vow, and love the feet of the Brahmans, are dear to me as my own life.

चौ. –सुनु लंकेस सकल गुन तोरें। तातें तुम्ह अतिसय प्रिय मोरें॥
रामबचन सुनि बानरजूथा। सकल कहहिं जय कृपाबरूथा॥

हे लंकेश! सुनो, तुम्हारे अंदर ये सब गुण हैं, इसलिए तुम मुझे अत्यन्त प्रिय हो[1]। श्रीरामजी के वचन सुनकर सब वानर-वृंद कहने लगे – कृपा के समूह श्रीरामजी की जय हो! ॥१॥

Listen, O prince of Lanka; you possess all these virtues, and that is why you are extremely dear to me.' On hearing the words of Rama, the monkey host exclaimed, 'Glory to the All-merciful!'

सुनत बिभीषनु प्रभु कै बानी। नहि अघात श्रवनामृत जानी॥
पद अंबुज गहि बारहि बारा। हृदय समात न प्रेमु अपारा॥

विभीषणजी प्रभु श्रीरामजी की वाणी सुनते हैं और उसे कानों के लिए अमृत जानकर नहीं अघाते। वे बारंबार श्रीरामजी के चरणकमलों को पकड़ते हैं। उनका अपार प्रेम हृदय में नहीं समाता ॥२॥

Vibhishana's eagerness to hear the Lord's speech, which was all nectar to his ears, knew no satiety. Again and again he clasped his lotus feet, his heart bursting with boundless devotion.

सुनहु देव सचराचर स्वामी। प्रनतपाल उर अंतरजामी॥
उर कछु प्रथम बासना रही। प्रभुपद प्रीति सरित सो बही॥

(ऐसे ही प्रेमभरे हृदय से विभीषणजी ने कहा –) हे देव! हे जड़-चेतन जगत् के स्वामी! हे शरण में आये हुए भक्तों के रक्षक! हे सबके हृदय की बात जाननेवाले! सुनिए, मेरे हृदय में पहले जो कुछ वासना थी, वह प्रभु के चरणों की प्रीतिरूपी सरिता में बह गयी ॥३॥

'Listen, Lord,' he said, 'ruler of the whole creation, animate as well as inanimate, protector of the suppliant and knower of the secrets of all hearts, formerly I did have some lurking sensual desire in my heart, but now it has been swept away by the stream of my devotion to the Lord's feet.

अब कृपाल निज भगति पावनी। देहु सदा सिवमन भावनी॥
एवमस्तु कहि प्रभु रनधीरा। मागा तुरत सिंधु कर नीरा॥

हे कृपालु! अब तो मुझे अपनी वह पवित्र भक्ति दीजिए जो शिवजी के मन को सदा प्रिय लगती है। एवमस्तु (ऐसा ही हो) कहकर रणधीर प्रभु श्रीरामजी ने तुरंत ही समुद्र का जल माँगा ॥४॥

Now, my gracious Lord, grant me that pure devotion (to your feet) which ever gladdens the heart of Shiva.' 'So be it,' replied the Lord, staunch in fight, and forthwith called for water from the sea.

जदपि सखा तव इच्छा नाहीं। मोर दरसु अमोघ जग माहीं॥
अस कहि राम तिलक तेहि सारा। सुमनबृष्टि नभ भई अपारा॥

(और विभीषणजी से कहा –) हे मित्र! यद्यपि तुम्हारी इच्छा नहीं है, फिर भी जगत् में मेरा दर्शन अमोघ है (वह निष्फल नहीं जाता)। ऐसा कहकर श्रीरामजी ने उनको राजतिलक कर दिया। आकाश से फूलों की अपार वर्षा हुई ॥५॥

'Although, my friend, you have no craving, yet the vision of myself never fails to bring its reward all over the world.' So saying, Rama applied on his forehead the sacred mark of sovereignty. An infinite shower of blossoms rained down from the sky.

दो. –रावन क्रोध अनल निज स्वास समीर प्रचंड।
जरत बिभीषनु राखेउ दीन्हेउ राजु अखंड ॥४९(क)॥

प्रभु श्रीरामचन्द्रजी ने रावण की उस क्रोधाग्नि में जलते हुए विभीषण को बचा लिया[1] जो उसकी (विभीषण की) साँस (वचन) रूपी पवन से प्रचंड

---

१. प्रभु श्रीरामचन्द्रजी ने पहले अपना स्वभाव कहा और विभीषणजी को बतलाया कि कौन-कौन से गुण मुझे प्रिय हैं। विभीषणजी की ग्लानि मिटाने के लिए फिर उन्होंने कहा कि वे सब गुण तुममें विद्यमान हैं। तुम शरणागत तो हो ही, तुम्हारी ममता की डोरी भी मेरे चरणों में बँध चुकी है।

१. रावण ने लात मारकर उसे लंका से निकाल दिया था। उसे विश्वास था कि रामजी के यहाँ जाकर विभीषण बाँधा या मारा जायगा, क्योंकि कोई शत्रु के भाई पर विश्वास नहीं करता। रावण समझता था कि विभीषण को शरण में रखने का साहस किसी में न होगा। फिर भी, श्रीरामजी ने रावण की क्रोधाग्नि से विभीषण की रक्षा की और विभीषण पर चलायी गई शक्ति को अपने ऊपर लिया।

हो रही थी और उसे अखंड राज्य दिया ॥४९(क)॥

Thus did Rama rescue Vibhishana, who was being consumed in the fire of Ravana's wrath, fanned to fury by the strong blast of his own (Vibhishana's) breath (words), and bestow on him undivided sovereignty.

जो संपति सिव रावनहि दीन्हि दिएँ दस माथ ।
सोइ संपदा बिभीषनहि सकुचि दीन्हि रघुनाथ ॥४९(ख)॥

जो सम्पत्ति शिवजी ने रावण को दसों सिरों की बलि देने पर दी थी, वही सम्पत्ति रघुनाथजी ने बहुत सकुचाते हुए विभीषण को दी ॥४९(ख)॥

Rama hesitatingly conferred on Vibhishana all that wealth which Shiva had bestowed on Ravana for the sacrifice of his ten heads.

चौ. –अस प्रभु छाड़ि भजहिं जे आना । ते नर पसु बिनु पूँछ बिषाना ॥
निज जन जानि ताहि अपनावा । प्रभुसुभाव कपिकुल मन भावा ॥

जो मनुष्य ऐसे (कृपालु) प्रभु को छोड़कर किसी दूसरे को भजते हैं, वे बिना सींग-पूँछ के पशु हैं । अपना भक्त जानकर विभीषण को श्रीरामजी ने अपना लिया । वानरकुल के मन को प्रभु का यह स्वभाव बहुत अच्छा लगा ॥१॥

Those who desert such a Lord to worship any other are mere beasts without tails and horns. Recognizing Vibhishana as his own votary, the Lord accepted him in his service; the amiability of the Lord's disposition gladdened the hearts of the whole monkey host.

पुनि सर्बग्य सर्ब उर बासी । सर्बरूप सब रहित उदासी ॥
बोले बचन नीति प्रतिपालक । कारन मनुज दनुजकुल घालक ॥

फिर सर्वज्ञ (सबकुछ जाननेवाले), सबके हृदयों में बसनेवाले, सब रूपों में प्रकट, सबसे परे (रहित), उदासीन, कारणवश (भक्तों पर कृपा करने के लिए) मनुष्य-शरीर धारण किये हुए तथा राक्षसों के कुल के नाशक श्रीरामजी नीति की रक्षा करनेवाले वचन बोले – ॥२॥

Then spoke the All-wise, who dwells in the hearts of all, assuming any form at will, though himself bereft of all and passionless, and who had appeared in human semblance for the purpose of destroying the demon race. Strictly observing the rules of decorum, he said,

सुनु कपीस लंकापति बीरा । केहि बिधि तरिअ जलधि गंभीरा ॥
संकुल मकर उरग झष जाती । अति अगाध दुस्तर सब भाती ॥

हे सुग्रीव और वीर विभीषण ! सुनो, इस गहरे सागर को किस भाँति पार किया जाय ? अनेक जातियों के मगर, साँप और मछलियों से भरा हुआ यह अत्यन्त अथाह समुद्र पार करने में सब भाँति कठिन है ॥३॥

'Listen, O Sugriva and valiant Vibhishana; how are we to cross the deep ocean full of all varieties of alligators, serpents and fish, most unfathomable and absolutely impassable ?'

कह लंकेस सुनहु रघुनायक । कोटि सिंधु सोषक तव सायक ॥
जद्यपि तदपि नीति असि गाई । बिनय करिअ सागर सन जाई ॥

लंकापति विभीषणजी ने कहा – हे रघुनाथजी ! सुनिए, यद्यपि आपका एक ही बाण करोड़ों समुद्रों को सोख सकता है, तथापि नीति ऐसी कहती है कि (पहले) जाकर समुद्र से (मार्ग देने के लिए) विनती की जाय ॥४॥

'Listen, Raghunatha,' said the king of Lanka; 'though your arrow itself could dry up a myriad oceans, yet it would be a better policy to go and make petition to Ocean.

दो. –प्रभु तुम्हार कुलगुर जलधि कहिहि उपाय बिचारि ।
बिनु प्रयास सागर तरिहि सकल भालु कपि धारि ॥५०॥

हे प्रभु ! आपके कुल में बड़े (पूर्वज) समुद्र विचारकर (कोई-न-कोई) उपाय बतला ही देंगे[1] । तब रींछ और वानरों की सारी सेना बिना किसी प्रयास के समुद्र के पार उतर जायगी ॥५०॥

For being an elder in your family, Ocean, my Lord, will think out and suggest a plan. The whole host of bears and monkeys will thus be able to cross the sea without an effort.' (Sagara, whose sixty thousand and one sons dug the bed of the ocean, was one of Rama's ancestors.)

चौ. –सखा कही तुम्ह नीकि उपाई । करिअ दैव जौ होइ सहाई ॥
मंत्र न येह लछिमनमन भावा । रामबचन सुनि अति दुख पावा ॥

(विभीषणजी के इस कथन को सुनकर श्रीरामजी ने कहा –) हे सखा ! तुमने (बड़ा ही) अच्छा उपाय बताया । यदि दैव सहायक हों तो यही किया जाय । यह सलाह लक्ष्मणजी के मन को अच्छी नहीं लगी । श्रीरामजी के वचन सुनकर तो उन्हें बहुत ही दुःख हुआ ॥१॥

'Friend,' said Rama, 'you have suggested an excellent plan; let us try it and see if fortune helps it.' But this advice did not please Lakshmana, who was very sorry to hear Rama's reply.

नाथ दैव कर कवन भरोसा । सोखिअ सिंधु करिअ मन रोसा ॥
कादरमन कहुँ एक अधारा । दैव दैव आलसी पुकारा ॥

(लक्ष्मणजी ने कहा –) हे नाथ ! दैव का कौन भरोसा ! मन में क्रोध

---

१. "श्रीरामजी के पूर्वज सगर ने इस अपार महासागर को खोदा था । इस सागर को अपने सजातीय राघव का कार्य अवश्य करना चाहिए ।" सागर अर्थात् सगर का पुत्र । इसलिए सागर को श्रीरामजी का पूर्वज कहा ।

कीजिए और सिन्धु को सोख डालिए। यह दैव तो कायर मन का एक आधार-मात्र है। आलसी लोग ही दैव-दैव पुकारते हैं ॥२॥

'Lord,' said Lakshmana, 'why trust the freaks of fortune ? Fill your mind with indignation ! Dry up the ocean ! This fortune is but a coward's crutch; it is the lazy who cry—fortune ! fortune !'

सुनत बिहसि बोले रघुबीरा। ऐसेइ करब धरहु मन धीरा॥
अस कहि प्रभु अनुजहि समुझाई। सिंधु समीप गए रघुराई॥

यह सुनते ही श्रीरघुवीर हँसकर बोले—ऐसे ही करेंगे, मन में धैर्य रखो! ऐसा कहकर लक्ष्मणजी को समझाकर प्रभु श्रीरघुनाथजी समुद्र के निकट गये ॥३॥

Upon hearing this, Raghubira laughed and said, 'We shall do it all the same; pray ease your mind.' Reassuring his brother with these words, Raghunatha went to the seashore.

प्रथम प्रनाम कीन्ह सिरु नाई। बैठे पुनि तट दर्भ डसाई॥
जबहि बिभीषनु प्रभु पहि आए। पाछे रावन दूत पठाए॥

पहले उन्होंने सिर झुकाकर प्रणाम किया। फिर तट पर कुश बिछाकर बैठ गए। इधर ज्यों ही विभीषणजी प्रभु श्रीरामजी के पास आये थे, त्यों ही रावण ने उनके पीछे दूत रवाना कर दिए थे ॥४॥

First he bowed his head and made obeisance and then, spreading some *kusha* grass on the shore, took his seat. As soon as Vibhishana had gone to seek the Lord, Ravana sent spies after him.

दो.—सकल चरित तिन्ह देखे धरें कपट कपि देह।
प्रभुगुन हृदय सराहहिं सरनागत पर नेह ॥५१॥

कपटी वानर-शरीर धारणकर उन दूतों ने सब लीलाएँ देखीं। वे अपने हृदय में प्रभु के गुणों की और शरणागत पर उनके स्नेह की सराहना करते हैं ॥५१॥

Disguised as monkeys, they watched all that was going on and inwardly applauded the Lord's perfections and his fondness for those who came to him for protection.

चौ.—प्रगट बखानहिं रामसुभाऊ। अति सप्रेम गा बिसरि दुराऊ॥
रिपु के दूत कपिन्ह तब जाने। सकल बाँधि कपीस पहिं आने॥

(भक्तिभाव से ओतप्रोत होकर) वे प्रकटरूप में भी श्रीरामजी के स्वभाव का अत्यन्त प्रेमपूर्वक गुणगान करते हैं, उन्हें दुराव (कपट-वेष) भूल गया। तब वानरों को मालूम हुआ कि ये शत्रु के दूत हैं और वे उन सबको बाँधकर सुग्रीव के पास ले आये ॥१॥

But when they began to extol Rama's magnanimity and in the intensity of their emotion forgot their disguise, the monkeys recognized them as enemy spies and bound them all and brought them to the Monkey King.

कह सुग्रीव सुनहु सब बानर। अंगभंग करि पठवहु निसिचर॥
सुनि सुग्रीवबचन कपि धाए। बाँधि कटक चहुँ पास फिराए॥

(वानरराज) सुग्रीव ने कहा—हे सब वानरो! सुनो, राक्षसों के अंग-भंग करके वापस भेज दो। सुग्रीव के वचन (आदेश) सुनकर वानर दौड़े। दूतों को बाँधकर उन्हें सेना के चारों ओर घुमाया ॥२॥

Said Sugriva, 'Listen, all you monkeys ; mutilate the demons and send them home!' Upon hearing Sugriva's bidding, the monkeys ran and paraded them in bonds all round the camp.

बहु प्रकार मारन कपि लागे। दीन पुकारत तदपि न त्यागे॥
जो हमार हर नासा काना। तेहि कोसलाधीस कै आना॥

बहुत तरह से वानर उन्हें मारने लगे। उन दीनों के पुकारने पर भी वानरों ने उन्हें नहीं छोड़ा। (तब रावण के दूतों ने पुकारकर कहा—) जो (वानर) हमारे नाक-कान काटेगा, उसे कोसलाधीश श्रीरामजी की सौगंद है ॥३॥

The monkeys then started belabouring them in every possible way and would not let them go though they piteously cried for help. At last they cried, 'We adjure you by Rama the king of Kosala not to rob us of our noses and ears !'

सुनि लछिमन सब निकट बोलाए। दया लागि हसि तुरत छोड़ाए॥
रावनकर दीजेहु येह पाती। लछिमनबचन बाँचु कुलघाती॥

(दूतों की पुकार) सुनकर लक्ष्मणजी ने सबको अपने पास बुलाया। उन्हें बड़ी दया आयी, जिससे हँसकर (उन्होंने राक्षसों को) तुरंत ही छुड़ा दिया (और उनसे कहा—) रावण के हाथ में यह चिट्ठी दे देना (और कहना—) हे कुलनाशक! लक्ष्मण के शब्दों (सँदेसे) को बाँचो (पढ़ो) ॥४॥

When Lakshmana heard their cry, he summoned them all to himself and, moved to pity, laughed and had them at once set free. 'Give this note into Ravana's hands,' he said, 'and tell him : "Read, destroyer of your race, what Lakshmana says."

दो.—कहेहु मुखागर मूढ़ सन मम संदेसु उदार।
सीता देइ मिलहु न त आवा कालु तुम्हार ॥५२॥

और फिर उस मूर्ख (रावण) से जबानी ही मेरा यह उदार संदेश कहना कि सीताजी को लौटाकर तुम उनसे (श्रीरामजी से) मिलो, नहीं तो तुम्हारा काल आ गया (समझो) ॥५२॥

Tell the fool by word of mouth my generous message: "Surrender Sita and make your peace with Rama; else your hour has come !"

चौ. –तुरत नाइ लछिमनपद माथा। चले दूत बरनत गुनगाथा॥
कहत रामजसु लंका आए। रावनचरन सीस तिन्ह नाए॥

लक्ष्मणजी के चरणों में मस्तक नवाकर, श्रीरामजी के गुणों की कथा कहते हुए दूत तत्काल चल दिए। श्रीरामजी का कीर्तिगान करते हुए वे लङ्का आये और उन्होंने रावण के चरणों में सिर झुकाकर प्रणाम किया॥१॥

Bowing their heads at Lakshmana's feet, the spies set out at once, recounting his perfections. With Rama's praises on their lips, they entered Lanka and bowed their heads at Ravana's feet.

बिहसि दसानन पूँछी बाता। कहसि न सुक आपनि कुसलाता॥
पुनि कहु खबरि बिभीषन केरी। जाहि मृत्यु आई अति नेरी॥

दशमुख (रावण) ने हँसकर पूछा – अरे शुक! तू अपनी कुशल क्यों नहीं कहता? फिर मृत्यु जिसके अत्यन्त निकट आ गयी है, उस विभीषण का भी समाचार सुना॥२॥

The ten-headed monster laughed and asked them the news: 'Tell me, Shuka, how you fared, and then let me hear about Vibhishana, whose death is imminent.

करत राजु लंका सठ त्यागी। होइहि जव कर कीट अभागी॥
पुनि कहु भालु कीस कटकाई। कठिन काल प्रेरित चलि आई॥

उस मूर्ख (विभीषण) ने राज्य करते हुए भी लङ्का को त्याग दिया। अभागा जौ का कीड़ा (घुन) बनेगा। (जैसे जौ के साथ घुन पिस जाता है, वैसे ही नर-वानरों के साथ विभीषण भी मारा जायगा।) फिर भालू और वानरों की उस सेना का हाल बता जो कठिन काल द्वारा प्रेरित होकर यहाँ चली आयी है॥३॥

The fool left Lanka, where he was ruling, and now the luckless wretch will be like the weevil in the barley. (He will be crushed with Rama's monkeys, as the weevil is crushed with the barley.) Tell me next about the army of bears and monkeys that has been driven over here by a cruel destiny.

जिन्ह के जीवन कर रखवारा। भएउ मृदुलचित सिंधु बिचारा॥
कहु तपसिन्ह कै बात बहोरी। जिन्ह कें हृदय त्रास अति मोरी॥

और जिन (भालूओं-वानरों) के जीवन का रखवाला कोमल चित्तवाला बेचारा समुद्र बन गया है (अर्थात् उनके और राक्षसों के बीच में यदि समुद्र न होता तो अबतक राक्षस उन्हें मारकर खा गए होते)। फिर उन तपस्वियों की बात बता, जिनके हृदय में मेरा बड़ा भय है॥४॥

It is the poor soft-hearted sea that has stood as a protector of their lives. Then tell me all about the ascetics (Rama and Lakshmana) whose hearts tremble for fear of me.

दो. –की भइ भेंट कि फिरि गए श्रवन सुजसु सुनि मोर।
कहसि न रिपुदल तेज बल बहुत चकित चित तोर॥५३॥

क्या उनसे तेरी भेंट हुई या वे कानों से मेरी सुकीर्ति सुनकर ही लौट गए? शत्रुसेना का तेज और बल बताता क्यों नहीं? तेरा चित्त बहुत ही चकित हो रहा है (तुम भौचक्के-से दीख रहे हो)॥५३॥

Did you meet them or did they turn back on hearing the report of my fair renown? Why don't you tell me about the enemy's might and magnificence? Your wits seem utterly dazed!'

चौ. –नाथ कृपा करि पूँछेहु जैसें। मानहु कहा क्रोध तजि तैसें॥
मिला जाइ जब अनुज तुम्हारा। जातहिं राम तिलक तेहि सारा॥

(इस पर दूत ने उत्तर दिया –) हे नाथ! आपने जैसे कृपा करके पूछा है, वैसे ही क्रोध त्यागकर मेरा कहना मानिए। जब आपका छोटा भाई (विभीषण) श्रीरामजी से जाकर मिला, तब उसके पहुँचते ही श्रीरामजी ने उसको राजतिलक कर दिया॥१॥

'My lord,' said Shuka, 'just as you have so kindly put these questions, so do you accept my report and be not wroth. No sooner had your brother met him than Rama applied the sacred mark of royalty on his forehead.

रावनदूत हमहि सुनि काना। कपिन्ह बाँधि दीन्हेउ दुख नाना॥
श्रवन नासिका काटइँ लागे। रामसपथ दीन्हे हम त्यागे॥

कानों से यह सुनकर कि हम रावण के दूत हैं, वानरों ने हमें बाँधकर बहुत कष्ट दिए, यहाँ तक कि वे हमारे नाक-कान काटने लगे। श्रीरामजी की शपथ दिलाने पर उन्होंने हमें छोड़ दिया॥२॥

When the monkeys heard that we were Ravana's spies, they bound us and ill-treated us in various ways. They were about to cut off our ears and noses, but when we adjured them by Rama not to do so, they let us go.

पूछिहु नाथ रामकटकाई। बदन कोटि सत बरनि न जाई॥
नाना बरन भालु कपि धारी। बिकटानन बिसाल भयकारी॥

आपने श्रीरामजी की सेना का हाल पूछा, सो हे नाथ! उसका तो सौ करोड़ मुखों से भी वर्णन नहीं किया जा सकता। अनेक रंगों के भालू और वानरों की सेना है, जो भयंकर मुखवाले, विशाल शरीरवाले और डरावने हैं॥३॥

You asked, O king, about Rama's army; but a thousand million tongues would not describe it. He has an army of bears and monkeys of various hues and gruesome faces, huge and formidable.

जेहि पुर दहेउ हतेउ सुत तोरा। सकल कपिन्ह मह तेहि बलु थोरा॥
अमित नाम भट कठिन कराला। अमित नाग बल बिपुल बिसाला॥

जिस वानर ने नगर को जलाया और आपके पुत्र (अक्षयकुमार) को मारा, उसका बल तो सब वानरों की अपेक्षा कम है[1] । असंख्य नामोंवाले बड़े ही कठोर और भयंकर योद्धा हैं, जिनमें अनगिन हाथियों का बल है और वे (सब-के-सब) अत्यन्त विशाल हैं – ॥४॥

He who burnt the city and slew your son is the weakest of all the monkeys. The army includes innumerable warriors with as many names, fierce and irresistible monsters of enormous size, as strong as countless elephants.

दो. –दुबिद मयंद, नील नल अंगद गद बिकटास्य ।
दधिमुख केहरि निसठ सठ जामवंत बलरासि ॥५४॥

द्विविद, मयंद नील, नल, अंगद, गद, विकटास्य, दधिमुख, केसरी, निशठ, शठ और जाम्बवान् – ये सभी बल की राशि हैं[2] ॥५४॥

Dvivida, Mayanda, Nila, Nala, Angad, Gada, Vikatasya, Dadhimukha, Kesari, Nishatha, Shatha and Jambavan are all valiant champions.

चौ. –ए कपि सब सुग्रीव समाना । इन्ह सम कोटिन्ह गनइ को नाना ॥
रामकृपा अतुलित बल तिन्हहीं । तृन समान त्रैलोकहि गनहीं ॥

ये सभी वानर (बल में) सुग्रीव के समान हैं और इनके-जैसे करोड़ों हैं; इस अपार संख्या को गिन ही कौन सकता है ? श्रीरामजी की कृपा से उनमें अतुल बल है । वे तीनों लोकों को तृण के समान (तुच्छ) गिनते हैं; ॥१॥

Each of these monkeys is as mighty as Sugriva, and there are myriads like them; who can dare count them ? By the grace of Rama they are unequalled in strength and regard the three spheres as of no more account than a blade of grass.

अस मैं श्रवन सुना दसकंधर । पदुम अठारह जूथप बंदर ॥
नाथ कटक मह सो कपि नाहीं । जो न तुम्हहि जीतइ रन माहीं ॥

हे दशानन ! मैंने अपने कानों से ऐसा सुना है कि अठारह पद्म तो केवल वानरों के यूथपति (सेनापति) हैं । हे नाथ ! उस सेना में ऐसा एक भी वानर नहीं है जो आपको रण में न जीत सके ॥२॥

I have heard it said, O Ten-headed, that the monkey captains alone number eighteen thousand billions, and in their army, O king, there is not a single monkey who could not conquer you in battle.

परम क्रोध मीजहिं सब हाथा । आएसु पै न देहिं रघुनाथा ॥
सोखहिं सिंधु सहित झष ब्याला । पूरहिं न त भरि कुधर बिसाला ॥

वे सब अत्यन्त क्रोध से हाथ मींजते हैं, पर श्रीरघुनाथजी उन्हें आज्ञा नहीं देते । हम मछलियों और साँपों के साथ समुद्र को सोख लेंगे, नहीं तो बड़े-बड़े पर्वतों से भरकर उसे पूर (पाट) देंगे ॥३॥

They are all itching to attack in excess of passion, but Raghunatha does not order them (to march). "We shall dry up the ocean with all its fish and serpents, or fill it up with mighty mountains,

मर्दि गर्द मिलवहिं दससीसा । ऐसेइ बचन कहहिं सब कीसा ॥
गर्जहिं तर्जहिं सहज असंका । मानहु ग्रसन चहत हहिं लंका ॥

और दशानन रावण को मसलकर गर्द में मिला देंगे – सब वानर ऐसे ही वचन कहते हैं । सब स्वभाव से ही निडर हैं; वे इस प्रकार गरजते-डपटते हैं मानो लङ्का को निगल जाना चाहते हैं; ॥४॥

—and then crush the Ten-headed and reduce him to dust !" Such were the words the monkeys uttered. Fearless by nature, they roared and bullied as if they would swallow up Lanka entire !

दो. –सहज सूर कपि भालु सब पुनि सिर पर प्रभु राम ।
रावन काल कोटि कहुँ जीति सकहिं संग्राम ॥५५॥

सब वानर-भालू स्वभाव ही से शूरवीर हैं, फिर उनके सिर पर प्रभु श्रीरामजी हैं । हे रावण ! वे करोड़ों कालों को भी युद्ध में जीत सकते हैं ॥५५॥

All the monkeys and bears are born warriors and, besides, they have Lord Rama for their commander. O Ravana, they could vanquish even millions of Deaths in battle !

चौ. –राम तेज बल बुधि बिपुलाई । सेष सहस सत सकहिं न गाई ॥
सक सर एक सोखि सत सागर । तव भ्रातहि पूँछेउ नयनागर ॥

श्रीरामचन्द्र का तेज (प्रभाव, दीप्ति), बल और बुद्धि का वैपुल्य (अधिकता) लाखों (सहस्र मुखवाले) शेष भी नहीं गा सकते । वे एक ही बाण से सैकड़ों समुद्रों को सोख सकते हैं, परंतु नीतिनिपुण श्रीरामजी ने आपके भाई से उपाय पूछा; ॥१॥

Not even a hundred thousand Sheshas could describe the greatness of Rama's refulgent glory and might and wisdom. With a single shaft he could dry up a hundred seas; yet, being a master of propriety, he took advice of your brother (Vibhishana),

तासु बचन सुनि सागर पाहीं । मागत पंथ कृपा मन माहीं ॥
सुनत बचन बिहसा दससीसा । जौ अति मति सहाय कृत कीसा ॥

१. यद्यपि उसके पुरुषार्थ में संदेह नहीं है, फिर भी "उसकी तो वहाँ गिनती ही नहीं है । न उससे कोई राय पूछी जाती है न किसी काम में आगे दिखाई पड़ता है । चुप्पी साधे बैठा रहता है । यहाँ निर्बलों में वह अपना पराक्रम दिखला गया । वहाँ बलवानों में उसकी एक नहीं चलती ।" वि. टी., ३, पृ. २६५ ।

२. इन्हीं वानरों के पास दूत को ले जाया गया था । ये वानर सुग्रीवजी के पास बैठे थे । इसलिए दूत ने इन सबके नाम कहे और आगे यह भी कहा कि ये सब वानर बल में सुग्रीव के समान हैं – "एकपि सब सुग्रीव समाना" ॥

उनके (विभीषण के) वचन सुनकर वे समुद्र से रास्ता माँग रहे हैं, उसे (सोखते नहीं, क्योंकि) उनके मन में कृपा भरी है। दूत के ये वचन सुनते ही रावण हँसा (और बोला –) जब उनकी ऐसी बुद्धि है, तभी तो उन्होंने वानरों को सहायक बनाया है ॥२॥

and in response to his suggestion and the compassion filling his heart asked Ocean to afford him passage.' On hearing this, the Ten-headed laughed and said,'If that's the sort of wisdom he possesses, no wonder he should have monkeys for his allies !

सहज भीरु कर बचन दृढ़ाई। सागर सन ठानी मचलाई ॥
मूढ़ मृषा का करसि बड़ाई। रिपु बल बुद्धि थाह मैं पाई ॥

जो स्वभाव से ही डरपोक है, उस विभीषण के वचन पर विश्वास करके उन्होंने समुद्र से मचलना (बालहठ) ठाना है। अरे मूर्ख ! उनकी झूठी बड़ाई क्या करता है, बस, मैंने शत्रु की शक्ति और बुद्धि की थाह पा ली – ॥३॥

He has acted on the advice of that arrant coward, my brother, and like a spoilt child, persisted in demanding of Ocean what he will never get ! You fool, why do you falsely extol the enemy, whose might and wisdom I have fathomed ?

सचिव सभीत बिभीषनु जाकें। बिजय बिभूति कहाँ लगि ताकें ॥
सुनि खलबचन दूतरिस बाढ़ी। समय बिचारि पत्रिका काढ़ी ॥

विभीषण-जैसा भीरुहृदय जिसका मन्त्री हो, उसकी विजय और विभूति ही कहाँ तक होगी ! दुष्ट रावण के वचन सुनकर दूत को क्रोध बढ़ आया। उसने अवसर देखकर पत्रिका निकाली ॥४॥

To what extent could one achieve triumph and glory in this world who had such a cowardly counsellor as Vibhishana ?' The wretch's speech infuriated the envoy and he thought it an opportune moment to produce the letter.

रामानुज दीन्ही येह पाती। नाथ बचाइ जुड़ावहु छाती ॥
बिहसि बाम कर लीन्ही रावन। सचिव बोलि सठ लाग बचावन ॥

(और उसे रावण को देते हुए कहा –) श्रीरामजी के छोटे भाई लक्ष्मण ने यह पत्रिका दी है। हे नाथ ! इसे पढ़ाकर अपनी छाती ठंडी कीजिए। रावण ने हँसकर उसे बायें हाथ में लिया[१] और मन्त्री को बुलवाकर वह मूर्ख उसे बँचवाने (पढ़वाने) लगा ॥५॥

'Rama's younger brother,' he said, 'gave me this note; have it read, my lord, and soothe your heart.' Ravana guffawed and took the letter in his left hand; and, summoning his minister, the fool had it read.

दो. –बातन्ह मनहि रिझाइ सठ जनि घालसि कुल खीस।
रामबिरोध न उबरसि सरन बिष्नु अज ईस ॥५६(क)॥

(लक्ष्मणजी ने लिखा था –) "अरे शठ ! केवल बातों से ही मन को रिझाकर अपने कुल का नाश न कर। श्रीरामजी से वैर करके विष्णु, ब्रह्मा और महेश की शरण जाने पर भी तेरा उद्धार न होगा ॥५६(क)॥

'Beguiling your mind with flattering words, O fool, bring not destruction upon your race. If you court enmity with Rama, you will not escape disaster, even though Vishnu, Brahma and Shiva be your protectors.

की तजि मान अनुज इव प्रभुपद पंकज भृंग।
होहि कि रामसरानल खल कुल सहित पतंग ॥५६(ख)॥

चाहें तो अभिमान त्यागकर अपने छोटे भाई विभीषण की तरह प्रभु के चरण-कमलों का भौंरा बन जा या रे दुष्ट ! श्रीरामजी की बाणरूपी अग्नि में अपने परिवार के साथ पतिंगा हो जा ! ॥५६(ख)॥

Either abandon your pride and like Vibhishana your brother seek as a bee the lotus feet of the Lord or, wretch, like a moth be consumed with your family in the fire of Rama's shafts !'

चौ. –सुनत सभय मन मुख मुसुकाई। कहत दसानन सबहि सुनाई ॥
भूमि परा कर गहत अकासा। लघु तापस कर बागबिलासा ॥

(लक्ष्मण की) पत्रिका को सुनते ही रावण मन में तो भयभीत हो गया, परंतु मुख से मुसकराता हुआ सबको सुनाकर कहने लगा – जैसे कोई पृथ्वी पर पड़ा हुआ (व्यक्ति) हाथ से आसमान पकड़ना चाहे, वैसे ही यह छोटा तपस्वी (लक्ष्मण) वाग्विलास करता है (डींग हाँकता है) ॥१॥

Ravana was inwardly terror-stricken as he listened to this message, but wore a feigned smile on his face and proclaimed aloud for all to hear: 'This young ascetic's grandiloquence is just like the attempt of a man lying on the ground to clutch the sky !'

कह सुक नाथ सत्य सब बानी। समुझहु छाड़ि प्रकृति अभिमानी ॥
सुनहु बचन मम परिहरि क्रोधा। नाथ राम सन तजहु बिरोधा ॥

तब शुक (दूत) ने कहा – हे नाथ ! अपने अभिमानी स्वभाव को छोड़कर (लक्ष्मणजी की) सब बातों को सत्य मानिए। क्रोध त्यागकर मेरी बात सुनिए। हे नाथ ! श्रीरामजी से विरोध छोड़ दीजिए ॥२॥

Said Shuka, 'Abandon, O king, your natural arrogance and take every word of it as true. Cease

---

१. वाम (शत्रु) का पत्र है, इसलिए उसे अपमानित करने के लिए हँसकर बायें हाथ से लिया और किसी और से पढ़वाया।

from wrath and give ear to my advice: make an end, lord, of your feud with Rama.

अति कोमल रघुबीरसुभाऊ । जद्यपि अखिल लोक कर राऊ ॥
मिलत कृपा तुम्ह पर प्रभु करिही । उर अपराध न एकौ धरिही ॥

यद्यपि वे समस्त लोकों के राजा हैं, फिर भी श्रीरघुवीर का स्वभाव अत्यन्त कोमल है । वे प्रभु मिलते ही आप पर कृपा करेंगे और आपका एक भी अपराध वे अपने हृदय में नहीं रखेंगे ॥३॥

Raghubira is exceedingly mild of disposition, though he is the sovereign of all the world. As soon as you meet him the Lord will be gracious to you and will not take to heart even one of your offences.

जनकसुता रघुनाथहि दीजे । एतना कहा मोर प्रभु कीजे ॥
जब तेहि कहा देन बैदेही । चरनप्रहार कीन्ह सठ तेही ॥

श्रीरघुनाथजी को सीता दे दीजिए । हे प्रभु ! मेरा इतना कहना कीजिए । जब उस (दूत) ने जानकीजी को देने की बात कही, तब दुष्ट रावण ने उसे लात मारी ॥४॥

Pray, restore Janaka's daughter to Raghunatha; concede just this request of mine, my lord.' When Shuka asked him to surrender Videha's daughter, the scoundrel kicked him with his foot

नाइ चरन सिरु चला सो तहाँ । कृपासिंधु रघुनायक जहाँ ॥
करि प्रनामु निज कथा सुनाई । रामकृपा आपनि गति पाई ॥

(विभीषण की तरह) वह भी चरणों में सिर झुकाकर वहीं चला जहाँ करुणासागर श्रीरघुनाथजी (समुद्र-तट पर बैठे) थे । प्रणाम करके उसने अपनी कथा सुनायी और श्रीरामजी की कृपा से वह अपनी गति (मुनि-स्वरूप) को प्राप्त हुआ ॥५॥

He bowed his head at Ravana's feet and went to join Raghunatha, the ocean of grace. Making obeisance to the Lord, he told him his story and by Rama's grace regained his proper state.

रिषि अगस्ति कीं श्राप भवानी । राछस भएउ रहा मुनि ग्यानी ॥
बंदि रामपद बारहि बारा । मुनि निज आश्रम कहुँ पगु धारा ॥

(शंकरजी कहते हैं –) हे भवानी ! वह पहले ज्ञानी मुनि था जो अगस्त्य ऋषि के शाप के कारण राक्षस हो गया था । श्रीरामजी के चरणों की बार-बार वन्दना करके वह मुनि अपने आश्रम को चला गया ॥६॥

(Said Shankara—) He was in reality an enlightened sage, Bhavani, turned into a demon by the curse of the seer Agastya. Over and over again the sage did homage to Rama's feet and then went his way to his own hermitage.

दो. –बिनय न मानत जलधि जड़ गए तीनि दिन बीति ।
बोले रामु सकोप तब भय बिनु होइ न प्रीति ॥५७॥

जब तीन दिन बीत गये और जड़ समुद्र ने विनती नहीं मानी, तब श्रीरामजी क्रुद्ध होकर बोले – बिना भय के प्रीति नहीं होती[1] ॥५७॥

Though three days passed, dull-witted Ocean paid no heed to the Lord's prayer; then cried Rama in a fury: 'He will do me no kindness unless I threaten him.

चौ. –लछिमन बान सरासन आनू । सोखौं बारिधि बिसिख कृसानू ॥
सठ सन बिनय कुटिल सन प्रीती । सहज कृपन सन सुंदर नीती ॥

हे लक्ष्मण ! (जरा) धनुष-बाण तो लाओ, मैं अग्निबाण चलाकर समुद्र को सोख डालूँ । मूर्ख से विनती, कुटिल के साथ प्रीति, स्वभाव से ही कंजूस से सुन्दर नीति (उदारता का उपदेश), ॥१॥

Lakshmana, bring me my bow and arrows that with a shaft of fire I may dry up the deep. To make petition to an idiot, to lavish affection upon a rogue, to give counsel (of liberality) to a born miser,

ममतारत सन ग्यानकहानी । अति लोभी सन बिरति बखानी ॥
क्रोधिहि सम कामिहि हरिकथा । ऊषर बीज बएँ फल जथा ॥

ममता में लीन मनुष्य से ज्ञान की कथा, अत्यंत लोभी से वैराग्य (के महत्त्व) का वर्णन, क्रोधी से अन्तःकरण और मन के संयम की बात और कामी से हरि-कथा – इनका वैसा ही फल होता है जैसा ऊसर भूमि में बीच बोने का ॥२॥

—to speak of wisdom to one absorbed in worldliness, to glorify dispassion before a man of excessive greed or advise mind-control to an irascible man and to discourse on the exploits of Hari to a lecher, is all the same as sowing seed in barren ground.'

अस कहि रघुपति चाप चढ़ावा । येह मत लछिमन कें मन भावा ॥
संधानेउ प्रभु बिसिख कराला । उठी उदधि उर अंतर ज्वाला ॥

ऐसा कहकर श्रीरघुनाथजी ने अपना धनुष चढ़ाया । यह मत (रघुनाथजी का ऐसा कहना) लक्ष्मणजी के मन को बहुत प्रिय लगा । प्रभु ने विकराल (अग्नि-)बाण का सन्धान किया, जिससे समुद्र के हृदय में ज्वाला उठी[2] ॥३॥

So saying, Raghunatha strung his bow, an attitude that pleased Lakshmana mightily. When the Lord

१. जब विभीषणजी की राय से काम न चला तब श्रीरामजी ने लक्ष्मणजी की सम्मति के अनुकूल कार्य किया । सिन्धु रावण का ही कृपापात्र था । उन्हीं के कारण लंका अगम्य थी ।

२. विकराल अग्नि-बाण अभी छोड़ा नहीं, केवल उसका संधान किया । लक्ष्य के स्थिर करते ही समुद्र के हृदय में ज्वाला उठी । आग न तो ऊपर लगी और न नीचे । यहाँ बीच से आग उठी ।

fitted the dread arrow to his bow, a blazing fire broke out in Ocean's breast.

मकर उरग झष गन अकुलाने । जरत जंतु जलनिधि जब जाने ॥
कनकथार भरि मनिगन नाना । बिप्ररूप आए तजि माना ॥

(अग्नि-बाण से प्रज्वलित सागर में) मगर, साँप तथा मछलियों के समूह विकल हो उठे । जब समुद्र ने जीवों को जलते जाना, तब सोने के थाल में अनेक मणियों (रत्नों) को भरकर अभिमान त्यागकर वह ब्राह्मण-वेश में आया ॥४॥

The crocodiles, serpents and fish felt distressed. When Ocean found the creatures burning, he swallowed his pride and, assuming the form of a Brahman, came with a golden dish filled with various gems.

दो. – काटेंहि पइ कदली फरै कोटि जतन कोउ सीच ।
बिनय न मान खगेस सुनु डाटेंहि पइ नव नीच ॥५८॥

(गरुड़जी से काकभुशुण्डिजी कहते हैं –) हे खगेश ! सुनिए, कोई करोड़ों उपाय करके क्यों न सींचे, पर केला तो काटने पर ही फलता है । नीच विनय नहीं मानता, वह डाँटने पर ही झुकता है ॥५८॥

Though one may take infinite trouble in watering a plaintain, it will not bear fruit unless it is pruned; even so, believe me, Garuda, a mean man heeds no prayer but yields only when reprimanded.

चौ. – सभय सिंधु गहि पद प्रभु केरे । छमहु नाथ सब अवगुन मेरे ॥
गगन समीर अनल जल धरनी । इन्ह कइ नाथ सहज जड़ करनी ॥

समुद्र ने डरकर प्रभु के चरण पकड़ लिये और कहा – हे नाथ ! मेरे सब अवगुणों को क्षमा कीजिए । हे नाथ ! आकाश, वायु, अग्नि, जल और पृथ्वी – इन सबकी करनी स्वभाव से ही जड़ है ॥१॥

Terrified, Ocean clasped the Lord's feet: 'Forgive, O Lord, all my sins ! The air, the wind, fire, water and earth are all, my Lord, naturally dull-witted (and slow to change).

तव प्रेरित माया उपजाए । सृष्टिहेतु सब ग्रंथन्हि गाए ॥
प्रभु आएसु जेहि कहँ जस अहई । सो तेहि भाँति रहें सुख लहई ॥

सभी ग्रंथों ने यही गाया है कि आपकी प्रेरणा से माया ने इन्हें सृष्टि के लिए उत्पन्न किया है । जिसके लिए स्वामी की जैसी आज्ञा है, वह वैसे ही रहने में सुख प्राप्त करता है ॥२॥

It is Maya (your illusive power) sent forth by you which brought them to birth for the purpose of creation – so declare all the holy books. One would find happiness in resting where one has been fixed by the Lord's command.

प्रभु भल कीन्ह मोहि सिख दीन्ही । मरजादा पुनि तुम्हरिअ कीन्ही ॥
ढोल गवार सूद्र पसु नारी । सकल ताड़ना के अधिकारी ॥

प्रभु ने यह अच्छा ही किया जो मुझे शिक्षा (दण्ड) दी । किंतु मर्यादा (जीवों का स्वभाव) भी आपकी ही रची हुई है । ढोल, गँवार, शूद्र, पशु और स्त्री – ये सब-के-सब दण्ड के ही अधिकारी हैं ॥३॥

The Lord has done well to teach me this lesson; but still it was you who first set my bounds. A drum, a rustic, a Shudra, a beast and a woman – all these are fit subjects for beating.

प्रभुप्रताप मैं जाब सुखाई । उतरिहि कटकु न मोरि बड़ाई ॥
प्रभु अग्या अपेल श्रुति गाई । करौं सो बेगि जो तुम्हहि सोहाई ॥

प्रभु की महिमा से मैं सूख जाऊँगा और सेना भी पार उतर जायगी, पर इसमें मेरी बड़ाई न रह जायगी (मेरी मर्यादा नहीं रहेगी)[1] । वेद कहते हैं कि प्रभु की आज्ञा अपेल है (अर्थात् आपकी आज्ञा का उल्लंघन नहीं हो सकता) । इसलिए आपको जो अच्छा लगे, मैं तत्काल वही करूँ ॥४॥

By the Lord's power I shall be dried up and the army will cross over, but my greatness will be at an end. The Vedas declare the Lord's decree to be unalterable; straightway shall I do what pleases You most.'

दो. – सुनत बिनीत बचन अति कह कृपाल मुसुकाइ ।
जेहि बिधि उतरइ कपिकटकु तात सो कहहु उपाइ ॥५९॥

(समुद्र के) अत्यन्त विनम्र वचन सुनकर कृपालु श्रीरामजी ने मुसकराकर कहा – हे तात ! जिस उपाय से वानरों की सेना (समुद्र-) पार उतर जाय, वह उपाय बताओ ॥५९॥

On hearing his most humble speech, the All-merciful smiled and said, 'Tell me, then, some plan, my friend, whereby the monkey host may cross over.'

चौ. – नाथ नील नल कपि द्वौ भाई । लरिकाईं रिषि आसिष पाई ॥
तिन्ह कें परस किएँ गिरि भारे । तरिहहिं जलधि प्रताप तुम्हारे ॥

(समुद्र ने उत्तर दिया –) हे नाथ ! नील और नल दो वानर भाई हैं । उन्होंने बचपन में ऋषि से आशीर्वाद पाया था । उनके छू लेने से ही भारी-भारी पहाड़ भी आपकी महिमा से समुद्र पर तैर जायँगे ॥१॥

'Lord, the two monkey brothers, Nila and Nala, were blessed in their childhood by a sage. Touched by them, the mightiest mountains will by your favour float upon the waves.

---

१. प्रभु तो दासों को बड़ाई देनेवाले हैं । मैं आपके प्रताप से सूख जाऊँगा और ऐसा सूख जाऊँगा कि सेना पैदल पार कर जायगी । लेकिन उसके साथ ही मेरी बड़ाई भी जाती रहेगी ।

मैं पुनि उर धरि प्रभुप्रभुताई । करिहौं बल अनुमान सहाई ॥
एहि बिधि नाथ पयोधि बँधाइअ । जेहि एह सुजसु लोक तिहुँ गाइअ ॥

प्रभु की प्रभुता को मैं भी हृदय में धारण कर अपने बल के अनुसार सहायता करूँगा । हे नाथ ! समुद्र को इस प्रकार बँधाइए जिससे तीनों लोकों में आपका सुन्दर यश गाया जाय ॥२॥

Keeping your majesty in mind, I too will help you with all my might. In this manner, my Lord, have the ocean bridged that your glory may be sung in all the three worlds.

एहि सर मम उत्तर तट बासी । हतहु नाथ खल नर अघरासी ॥
सुनि कृपाल सागरमन पीरा । तुरतहि हरी राम रनधीरा ॥

इस बाण से मेरे उत्तर तट पर निवास करनेवाले पाप के समूह दुष्ट मनुष्यों का वध कीजिए । कृपालु और रणधीर श्रीरामजी ने समुद्र के मन की पीड़ा सुनकर उसे तत्काल हर लिया ॥३॥

With this arrow, Lord, slay the race of the iniquitous criminals inhabiting my northern coast.' On hearing this, the compassionate and valorous Rama immediately relieved Ocean's troubles.

देखि राम बल पौरुष भारी । हरषि पयोनिधि भएउ सुखारी ॥
सकल चरित कहि प्रभुहि सुनावा । चरन बंदि पाथोधि सिधावा ॥

श्रीरामजी के भारी बल-पौरुष को देखकर समुद्र हर्षित होकर सुखी हो गया और उसने उन दुष्टों का सारा चरित्र प्रभु को कह सुनाया । फिर (श्रीरामजी के) चरणों की वन्दना करके समुद्र चला गया ॥४॥

Ocean rejoiced and was gratified to witness Rama's astounding strength and valour. He related to the Lord all the doings of those villains and after doing homage to his feet, departed.

छं. – निज भवन गवनेउ सिंधु श्रीरघुपतिहि येह मत भाएऊ ।
येह चरित कलिमल हर जथामति दास तुलसी गाएऊ ॥
सुखभवन संसयसमन दवन बिषाद रघुपति गुन गना ।
तजि सकल आस भरोस गावहि सुनहि संतत सठ मना ॥

समुद्र अपने घर को चला गया । श्रीरघुनाथजी को उसकी सलाह अच्छी लगी । कलियुग के पापों को दूर करनेवाले इस चरित्र को तुलसीदास ने अपनी बुद्धि के अनुसार गाया है । श्रीरघुनाथजी के गुण-समूह सुख के स्थान, सन्देह के नाशक और विषाद के दमनक (दमन करनेवाले) हैं । रे मूर्ख मन ! तू (संसार का) सब आशा-भरोसा छोड़ निरन्तर इन्हें ही गा और सुन ।

Ocean left for his home and his idea (of bridging the ocean) commended itself to Raghunatha. This story (of Rama's exploits) which wipes out the impurities of the Kaliyuga has been sung by Tulasidasa according to his own (poor) lights. The multitude of Raghunatha's perfections is an abode of delight, a panacea for all doubts and an unfailing remedy for sorrows. O foolish soul, forsake all other hope and confidence and sing or hear them sung.

दो. – सकल सुमंगल दायक रघुनायक गुन गान ।
सादर सुनहिं ते तरहिं भव सिंधु बिना जलजान ॥६०॥

श्रीरघुनाथजी का गुणगान सभी सुन्दर मङ्गलों का स्रोत है । जो इसे आदरपूर्वक सुनेंगे, वे बिना किसी जहाज (या अन्य साधन) के ही भवसागर को पार कर जायँगे ॥६०॥

A recital of the virtues of Raghunatha is the source of every blessing. Those who reverently hear them cross the ocean of mundane existence without any need for a boat.

मासपारायण, चौबीसवाँ विश्राम

इति श्रीमद्रामचरितमानसे सकलकलिकलुषविध्वंसने पञ्चमः सोपानः समाप्तः ।

कलियुग के समस्त पापोंका नाश करनेवाले श्रीरामचरितमानस का यह पाँचवाँ सोपान समाप्त हुआ ।

(PAUSE 24 FOR A THIRTY-DAY RECITATION)

Thus ends the fifth descent into the Manasa lake of Rama's exploits, that eradicates all the impurities of the Kaliyuga.

लंकाकाण्ड
LANKAKANDA

Sita passing through the fire ordeal

श्रीगणेशाय नमः

श्रीजानकीवल्लभो विजयते

श्रीरामचरितमानस

THE HOLY LAKE OF THE ACTS OF RAMA

षष्ठ सोपान

लंकाकाण्ड

LANKA KANDA

दो. –लव निमेष परमानु जुग बरष कल्प सर चंड ।
भजसि न मन तेहि राम कहुँ काल जासु कोदंड ॥

(तुलसीदासजी कहते हैं कि) हे मन ! तू उन श्रीरामजी का भजन क्यों नहीं करता जिनके लव, निमेष, परमाणु, युग, वर्ष और कल्प ही प्रचंड बाण हैं और काल जिनका धनुष है ?[1]

(Says Tulasidasa—) O soul, why do you not worship Rama, who has instants, moments, minutes, years, ages and aeons for his fierce arrows and Time for his bow ?

श्लोक

रामं कामारिसेव्यं भवभयहरणं कालमत्तेभसिंहं
योगीन्द्रं ज्ञानगम्यं गुणनिधिमजितं निर्गुणं निर्विकारम् ।
मायातीतं सुरेशं खलवधनिरतं ब्रह्मवृन्दैकदेवं
वन्दे कन्दावदातं सरसिजनयनं देवमुर्वीशरूपम् ॥१॥

कामदेव के शत्रु शिवजी के आराध्य[1], भव (आवागमन) के भय को नष्ट करनेवाले, कालरूपी मतवाले हाथी के लिए सिंह-रूप, योगियों के स्वामी (योगीश्वर), ज्ञान-द्वारा जानने योग्य, गुणसागर, अजेय, निर्गुण, निर्विकार, माया से परे, देवताओं के राजा, दुष्टों के वध में निरत, ब्राह्मणवृन्द के एकमात्र पूज्य देवता, मेघ के समान (श्याम) सुन्दर, कमल के समान नेत्रवाले पृथ्वीपति के रूप में परमदेव श्रीरामजी की मैं वन्दना करता हूँ ॥१॥

I do homage to Rama, the supreme Lord, whom Love's enemy, Shiva, adores, who dispels the dread of rebirth, a lion to slay the wild elephant, Death; the lord of ascetics, attainable through immediate knowledge; the storehouse of all good qualities, unconquerable, attributeless, immutable, beyond illusion; the sovereign of the gods, intent upon destroying the wicked, the only guardian deity of the Brahmans, dark and beautiful as a cloud laden with moisture, lotus-eyed, God who appeared in the form of an earthly king !

शङ्खेन्द्वाभमतीवसुन्दरतनुं शार्दूलचर्माम्बरं
कालव्यालकरालभूषणधरं गङ्गाशशाङ्कप्रियम् ।
काशीशं कलिकल्मषौघशमनं कल्याणकल्पद्रुमं
नौमीड्यं गिरिजापतिं गुणनिधिं कन्दर्पहं शङ्करम् ॥२॥

शङ्ख और चन्द्रमा की कान्ति के समान अत्यन्त सुन्दर (दैदीप्यमान) शरीरवाले, व्याघ्रचर्म के वस्त्रवाले, काल के समान (अथवा काले रंग के) भयानक सर्पों का भूषण धारण करनेवाले, गङ्गा और चन्द्रमा के प्रेमी,

---

१. अर्थात् श्रीरामचन्द्रजी सम्पूर्ण काल के नियन्ता हैं । निश्चय ही यह "काल बहुत ही सूक्ष्म समय से लेकर महाप्रलय तक फैला हुआ है ।" 'मानस-पीयूष' की एक टिप्पणी के अनुसार "(क) लङ्काकाण्ड में युद्ध का प्रयोजन है अतः युद्ध के सम्बन्ध से काण्ड के प्रारम्भ में ही धनुषबाण का रूपक देकर श्रीरामजी के वीररसयुक्त मूर्त्ति का मंगलाचरण ग्रन्थकार ने किया । (पं. रा. कु.) । (ख) लव, निमेष और परमाणु ये तीन छोटे बाण हैं । कितने ही जीव ऐसे हैं जो इतने ही अल्पकालमें जन्मते-मरते हैं । वर्ष, युग और कल्प ये तीन बड़े बाण हैं । बड़ी आयुवाले इन बाणों से मरते हैं । (बं. पा.) पंजाबीजी लिखते हैं कि रामबाण से असुर मरेंगे, । बाणों का पराक्रम देखकर कोई आश्चर्य न करे इस विचार ने इस दोहे में प्रभु के (बाणों के) महत्त्व को प्रथम कहा । (ग) 'सर चंड' – बाण को चंड विशेषण देने का भाव यह है कि कालरूपी बाण समस्त जीवों की आयु का नाश अवश्य करते हैं, व्यर्थ नहीं जाते । (घ) यहाँ कालवाची शब्द लव-निमेषादि क्रम से नहीं लिखे गये । कारण कि कालरूप बाण क्रम से नहीं चलते; जब जिसकी आयु पूरी हो जाती है तभी वह मृत्यु को प्राप्त हो जाता है । (पं. रा. कु.) । दे. मानस-पीयूष, ६, पृ. २-३ (षष्ठ सोपान) ।

१. अथवा, श्रीशंकरजी के द्वारा सेवा के योग्य ।

काशीपति, कलियुग के पाप-समूह के नाश करनेवाले, कल्याण के कल्पवृक्ष, गुणसागर और कामदेव को भस्म करनेवाले, वन्दनीय, पार्वतीपति श्रीशंकरजी को मैं नमस्कार करता हूँ ॥२॥

I reverence Shankara, who is as lustrous in hue as the conch and the moon; the all-beautiful in person, clad in tiger's skin and bedecked with horrible black snakes; lover of the Ganga and the moon, the lord of Kashi, the destroyer of the sins of the Kaliyuga; the tree of Paradise to yield the fruit of blessedness for the mere asking; the storehouse of all perfections; the vanquisher of Kamadeva (Love); the ever adorable lord of Parvati.

यो ददाति सतां शम्भुः कैवल्यमपि दुर्लभम् ।
खलानां दण्डकृद्योऽसौ शङ्करः शं तनोतु माम् ॥३॥

जो सज्जनों को अत्यन्त दुर्लभ कैवल्यमुक्ति तक दे डालते हैं और जो खलों को दण्ड देनेवाले हैं, वे शंकरजी मेरे कल्याण का विस्तार करें ॥३॥

May Shankara, who confers on the virtuous that final beatitude which is so hard to win and who punishes the wicked, may that same Shankara give me manifold blessings !

सो. –सिंधुबचन सुनि राम सचिव बोलि प्रभु अस कहेउ ।
अब बिलंबु केहि काम करहु सेतु उतरै कटकु ॥

सागर के वचन सुनकर प्रभु श्रीरामचन्द्रजी ने अपने मंत्रियों को बुलाकर कहा कि अब किस काम के लिए विलम्ब कर रहे हो ? (शीघ्र) पुल बना डालो, जिससे सेना पार उतर जाय !

On hearing Ocean's suggestion, Lord Rama summoned his counsellors and spoke to them thus: 'Why delay now ? Build the bridge that the army may pass over.'

सुनहु भानुकुलकेतु जामवंत कर जोरि कह ।
नाथ नाम तव सेतु नर चढ़ि भवसागर तरहिं ॥

जाम्बवान् ने हाथ जोड़कर (विनत भाव से) कहा – हे सूर्यकुल के ध्वजा-स्वरूप (श्रेष्ठ) श्रीरामजी ! सुनिए । हे नाथ ! आपका नाम ही तो (सबसे बड़ा) वह सेतु है जिसपर चढ़कर मनुष्य भवसागर से पार हो जाते हैं ।

'Listen, O Banner of the Solar race,' said Jambavan with folded hands, 'your name itself, Lord, is a bridge on which men mount and cross the ocean of mundane existence.

चौ. –येह लघु जलधि तरत कति बारा । अस सुनि पुनि कह पवनकुमारा ॥
प्रभु प्रताप बड़वानल भारी । सोखेउ प्रथम पयोनिधिबारी ॥

तब इस छोटे-से समुद्र को पार करने में कितनी देर लगेगी ? ऐसा सुनकर फिर पवनकुमार श्रीहनुमान्जी ने कहा – प्रभु की महिमा भारी बड़वानल (समुद्र की आग) के समान है । इसने पहले ही समुद्र के प्रथम जल को सोख लिया था । (पहले का जल मीठा था, 'पय' – अर्थात् दूध – के सदृश था, परन्तु अब खारा हो गया । खारा कहकर आँसू से समुद्र का भरना कहा । आँसू खारा होता है ।) ॥१॥

Should it then take long to cross this insignificant sea ?' Hearing these words, the Son of the Wind said, 'My Lord's might, like the fierce fire beneath the sea, had before now dried up the waters of the ocean.

तव रिपुनारि रुदन जलधारा । भरेउ बहोरि भएउ तेहि खारा ॥
सुनि अति उक्ति पवनसुत केरी । हरषे कपि रघुपति तन हेरी ॥

लेकिन आपके शत्रुओं की स्त्रियों के आँसुओं की धारा से समुद्र फिर भर गया और उसीसे वह खारा हो गया । हनुमान्जी की इस अत्युक्ति को सुनकर वानर श्रीरामजी की ओर देखकर आनन्दित हो गए ॥२॥

But then it was filled up again by the floods of tears shed by your enemies' weeping wives, and that is what makes it salt.' When the monkeys heard Hanuman's ingenious conceit, they were filled with rapture as they looked towards Rama.

जामवंत बोले द्वौ भाई । नल नीलहि सब कथा सुनाई ॥
रामप्रताप सुमिरि मन माही । करहु सेतु प्रयास कछु नाही ॥

जाम्बवान् ने नल-नील दोनों भाइयों को बुलाया और उन्हें सारी कथा कह सुनायी । (उन्होंने कहा –) मन में श्रीरामजी के प्रताप का स्मरण कर सेतु तैयार करो, (प्रभु-प्रताप से) इसमें कुछ भी श्रम न होगा (सेतु-निर्माण में तनिक भी कष्ट न होगा) ॥३॥

Jambavan sent for the two brothers, Nala and Nila, and related to them the whole story. 'Call to mind the glory of Rama,' he said, 'and build the bridge; you will find no difficulty.'

बोलि लिए कपिनिकर बहोरी । सकल सुनहु बिनती कछु मोरी ॥
रामचरन पंकज उर धरहू । कौतुक एक भालु कपि करहू ॥

फिर वानरों के दल को बुला लिया (और कहा –) आप सब मेरी कुछ विनती सुनिये । अपने-अपने हृदय में श्रीरामजी के चरणकमलों को धर लीजिए और सब रीछ और वानर एक कौतुक (खेल) कीजिए ॥४॥

Next, he summoned the monkey troops and said, 'Hear, all of you, this prayer of mine; enshrine in your hearts the lotus feet of Rama and, bears and monkeys, engage yourself in this sportive toil.[1]

1. '. . . you bears and monkeys will find the task a mere pastime.' F. S. Growse, *op. cit.*, p. 534.

धावहु मर्कट बिकट बरूथा । आनहु बिटप गिरिन्ह के जूथा ॥
सुनि कपि भालु चले करि हूहा । जय रघुबीर प्रताप समूहा ॥

भयंकर वानरों के झुंड (आप सब) दौड़ जाइए और वृक्षों तथा पर्वतों के ढेर (उखाड़) लाइए । यह सुनकर वानर और भालू हूह (हुंकार) करके और श्रीरघुनाथजी के प्रताप-समूह की (अथवा प्रताप-पुंज श्रीरामजी की) जय-जयकार करते हुए चले ॥५॥

Go forth, you hosts of formidable monkeys, and bring hither heaps of trees and hills.' On hearing this, the monkeys and bears set forth shouting, 'Hurrah ! Glory to Raghunatha and all his might !'

दो. —अति उतंग गिरि पादप लीलहिं लेहिं उठाइ ।
आनि देहिं नल नीलहि रचहिं ते सेतु बनाइ ॥१॥

वे अत्यन्त ऊँचे-ऊँचे पहाड़ों और वृक्षों को खेल में ही (उखाड़कर) उठा लेते और उन्हें ला-लाकर नल-नील को देते हैं । वे अच्छी तरह रचकर (सुन्दर) सेतु बनाते हैं ॥२॥

They would root up the tallest trees and hills in mere sport and bring them to Nala and Nila, who set to work to build the bridge.

चौ. —सैल बिसाल आनि कपि देहीं । कंदुक इव नल नील ते लेहीं ॥
देखि सेतु अति सुंदर रचना । बिहसि कृपानिधि बोले बचना ॥

वानर बड़े-बड़े पर्वतों को ला-लाकर देते हैं और नल-नील उन्हें गेंद की तरह ले लेते हैं । सेतु की अत्यन्त सुन्दर बनाबट देखकर दयासागर श्रीरामजी ने हँसकर कहा —

The monkeys brought huge mountains, which were handled like playballs by Nala and Nila. When the All-merciful saw the bridge so beautifully constructed, he smiled and said,

परम रम्य उत्तम येह धरनी । महिमा अमित जाइ नहि बरनी ॥
करिहौं इहाँ संभुथापना । मोरें हृदय परम कल्पना ॥

यहाँ की भूमि अत्यन्त सुन्दर और उत्तम है । इसकी अपार महिमा का वर्णन नहीं किया जा सकता । मैं यहाँ शंकरजी की स्थापना करूँगा । मेरे हृदय में यह महान् संकल्प है ॥२॥

'Most charming and delightful is this spot, too immeasurably glorious to be described in words; here will I set up (an image of) Shambhu. this is my firm resolve.'

सुनि कपीस बहु दूत पठाए । मुनिबर सकल बोलि लै आए ॥
लिंग थापि बिधिवत करि पूजा । सिव समान प्रिय मोहि न दूजा ॥

(प्रभु श्रीरामजी के वचन) सुनकर वानरों के स्वामी सुग्रीव ने अनेक दूत भेजे, जो सभी श्रेष्ठ मुनियों को बुलाकर ले आये । शिवलिङ्ग की स्थापना करके उसका यथाविधि पूजन किया । (फिर भगवान् बोले —) शिवजी के समान मुझे दूसरा कोई प्रिय नहीं है ॥३॥

On hearing this, the Monkey King, Sugriva, despatched a number of messengers, who invited and brought together all the great sages, who installed an emblem of Shiva and worshipped it with due solemnity. 'None is so dear to me as Shiva,' said the Lord;

सिवद्रोही मम भगत कहावा । सो नर सपनेहु मोहि न पावा ॥
संकरबिमुख भगति चह मोरी । सो नारकी मूढ़ मति थोरी ॥

जो शिव से द्रोह रखते हुए मेरा भक्त कहलाता है, वह मनुष्य तो सपने में भी मुझे नहीं पाता । शंकरजी से विमुख होकर जो मेरी भक्ति की कामना करता है, वह नरकगामी, मूर्ख और अल्पबुद्धि है — ॥४॥

'he who is opposed to Shiva and is called my worshipper can never dream of attaining to me; he who is opposed to Shankara and yet aspires after faith in me is doomed to perdition, stupid and dull-witted as he is.

दो. —संकरप्रिय मम द्रोही सिवद्रोही मम दास ।
ते नर करहिं कल्प भरि घोर नरक महुँ बास ॥२॥

जिन्हें शंकरजी प्रिय हैं, परंतु जो मेरे वैरी हैं; और जो शिवजी के वैरी हैं और मेरे दास (बनने को इच्छुक) हैं, वे मनुष्य कल्प-पर्यंत रौरव नरक में वास करते हैं ॥२॥

Those who are devoted to Shankara and are hostile to me, and those who are opposed to Shiva but would fain be my servants, shall have their abode in the deepest hell for a full aeon.

चौ. —जे रामेस्वरदरसनु करिहहिं । ते तनु तजि मम लोक सिधरिहहिं ॥
जो गंगाजलु आनि चढ़ाइहि । सो साजुज्य मुक्ति नरु पाइहि ॥

जो लोग रामेश्वरजी के दर्शन करेंगे, वे (अंत में) शरीर त्यागकर मेरे लोक को जायँगे और जो गङ्गाजल लाकर इनपर चढ़ावेगा, उस मनुष्य को सायुज्य मुक्ति मिलेगी (अर्थात् वह मेरे साथ मिलकर एक हो जायगा) ॥१॥

Those who make a pilgrimage to Rameshvara shall, on quitting the body, go direct to my realm, and he who brings the water of the Ganga and pours it on the Lord will attain liberation and be absorbed into my divine essence.

होइ अकाम जो छलु तजि सेइहि । भगति मोरि तेहि संकरु देइहि ॥
मम कृत सेतु जो दरसनु करिही । सो बिनु श्रम भवसागर तरिही ॥

निष्काम होकर और छल-प्रपंच त्यागकर जो श्रीरामेश्वरजी की सेवा करेगा, उसे शंकरजी मेरी भक्ति देंगे और जो मेरे बनाये हुए सेतु के दर्शन करेगा, वह बिना परिश्रम ही संसार-रूपी सागर को पार कर जायगा ! ॥२॥

Again, whosoever waits on Rameshvara in a disinterested spirit and with a guileless heart will be blessed by Shankara with devotion to me; and he who visits the bridge built by me shall without effort cross the ocean of birth and death.'

रामबचन सब के जिय भाए। मुनिबर निज निज आश्रम आए॥
गिरिजा रघुपति कै येह रीती। संतत करहिं प्रनत पर प्रीती॥

श्रीरामजी के ये वचन सबके जी को अच्छे लगे। तदनन्तर वे मुनिश्रेष्ठ अपने-अपने आश्रमों को लौट गए। (शिवजी कहते हैं–) हे गिरिजे! श्रीरघुनाथजी की यह रीति है कि वे अपने शरणागत पर सदा प्रीति करते हैं॥३॥

Rama's words gladdened the hearts of all, and the great sages thereupon returned each to his own hermitage. Girija, (says Shiva,) such is the way of Raghunatha; he is ever gracious to his suppliants.

बाँधेउ सेतु नील नल नागर। रामकृपा जसु भएउ उजागर॥
बूड़हिं आनहिं बोरहिं जेई। भए उपल बोहित सम तेई॥

चतुर नल-नील ने सेतु बाँधा–श्रीरामजी की कृपा से उनका (ऐसा उज्ज्वल) यश सर्वत्र फैल गया। जो पत्थर आप डूबते हैं और दूसरों को भी डुबा देते हैं, वे ही पत्थर जहाज-जैसे (तैरनेवाले और दूसरों को पार उतारनेवाले) हो गए॥४॥

Nala and Nila, clever craftsmen, constructed the bridge and by Rama's grace their renown spread far and wide. The rocks, which themselves sink and cause even other things to sink, floated like so many rafts;

महिमा येह न जलधि कै बरनी। पाहनगुन न कपिन्ह कै करनी॥

मैंने जिस महिमा का वर्णन किया, वह न तो समुद्र की है, न पत्थरों के गुण की और न वानरों की करतूत की॥५॥

nor is this to be ascribed to any miraculous power of the sea or the property of the rocks themselves or the skill of the monkeys.

दो.–श्रीरघुबीरप्रताप तें सिंधु तरे पाषान।
ते मतिमंद जे रामु तजि भजहिं जाइ प्रभु आन॥३॥

श्रीरघुवीर की महिमा से पत्थर भी समुद्र पर तैर गए। वे लोग मन्दबुद्धि हैं जो ऐसे श्रीरामजी को छोड़कर किसी दूसरे स्वामी को जाकर भजते हैं॥३॥

It was by the might of Raghubira that the rocks floated on the sea. How dull-witted, then, are they who turn to worship a Lord other than Rama!

चौ.–बाँधि सेतु अति सुदृढ़ बनावा। देखि कृपानिधि कें मन भावा॥
चली सेन कछु बरनि न जाई। गर्जहिं मर्कट भट समुदाई॥

(नल-नील ने) सेतु को बाँधकर उसे अत्यन्त सुदृढ़ बनाया। देखने पर वह करुणानिधान श्रीरामजी के मन को बड़ा ही प्रिय लगा। वानर-सेना चली, जिसका कुछ वर्णन नहीं किया जा सकता। वानर वीरों के झुंड-के-झुंड गरजते हैं॥१॥

Having built the bridge, Nala and Nila made it thoroughly secure; the gracious Lord was glad at heart when he saw it. As the army marched out, it was a sight beyond all telling, with the troops of valiant monkeys, roaring as they went.

सेतुबंध ढिग चढ़ि रघुराई। चितव कृपाल सिंधु बहुताई॥
देखन कहुँ प्रभु करुनाकंदा। प्रगट भए सब जलचर बृंदा॥

कृपानिधान श्रीरघुनाथजी सेतुबन्ध के पास (ऊँचे पर) चढ़कर समुद्र की व्यापकता देखने लगे। करुणाकन्द प्रभु के दर्शन के लिए सभी जलचरों के झुंड प्रकट हो गए॥२॥

Mounting a spot near the bridge, the gracious Raghunatha surveyed the great expanse of the ocean. All the creatures of the deep showed themselves in multitudes to behold the Lord, the very fountainhead of mercy.

मकर नक्र नाना झष ब्याला। सत जोजन तनु परम बिसालां॥
अइसेउ एक तिन्हहिं जे खाहीं। एकन्ह के डर तेपि डेराहीं॥

(उन जलचरों में) नाना प्रकार के मगर, नाक (घड़ियाल), मच्छ और सर्प थे–जिनके सौ-सौ योजन के बहुत बड़े विशाल शरीर थे और कुछ ऐसे भी जीव-जन्तु थे जो उनको भी खा जायँ। किसी-किसी के डर से तो वे (विशालकाय जीव-जन्तु) भी डर रहे थे॥३॥

Many kinds of crocodiles there were and alligators, fish and serpents, with enormous bodies eight hundred miles in length. There were others, too, who could devour even these, and these in turn were afraid of others.

प्रभुहि बिलोकहिं टरहिं न टारे। मन हरषित सब भए सुखारे॥
तिन्ह कीं ओट न देखिअ बारी। मगन भए हरिरूप निहारी॥

(आपस के वैर-विरोध को भूलकर) वे सब प्रभु के दर्शन कर रहे हैं और हटाने से भी नहीं हटते। सबके मन में हर्ष (प्रीति) है; सब सुखी हो गए हैं। उनकी आड़ के कारण जल नहीं दिखायी पड़ता। वे सब प्रभु (हरि) के रूप को देखकर (आनन्द और प्रेम में) निमग्न हो गए॥४॥

All gazed on the Lord and would not move even when diverted; glad were they at heart and jubilant. The water was hidden from view, so thickly they covered it, as they gazed on Hari's form and felt rapturously happy.

चला कटकु प्रभु आयसु पाई । को कहि सक कपिदल बिपुलाई ॥

प्रभु की आज्ञा पाकर सेना चल पड़ी । उस वानर-सेना की विशालता को कौन कह सकता है ? ॥५॥

Forward moved the army at the Lord's command; who can describe the vastness of the monkey host ?

दो. –सेतुबंध भइ भीर अति कपि नभपंथ उड़ाहिं ।
अपर जलचरन्हि ऊपर चढ़ि चढ़ि पारहि जाहिं ॥४॥

(देखते-ही-देखते) सेतुबन्ध पर भीड़ हो गयी, जिससे कुछ वानर आकाश-पथ से उड़ने लगे और कुछ दूसरे जलचर जीवों पर चढ़-चढ़कर पार जाने लगे ॥४॥

The bridge was so thronged with the crowd that some of the monkeys flew through the air, while others went across to the other side on the backs of the creatures of the deep;

चौ. –अस कौतुक बिलोकि द्वौ भाई । बिहसि चले कृपाल रघुराई ॥
सेन सहित उतरे रघुबीरा । कहि न जाइ कपिजूथप भीरा ॥

दोनों भाइयों (श्रीरघुनाथजी और लक्ष्मणजी) ने इस कौतुक को देखा । फिर हँसकर कृपालु रघुनाथजी चल पड़े और सेनासहित समुद्र के पार हो गए । वानरों तथा उनके सेनापतियों की इतनी भीड़ थी कि उसका वर्णन नहीं हो सकता ॥१॥

and the two brothers (Raghunatha and Lakshmana) laughed at the sight of this amusing spectacle. Then the gracious Raghunatha started out and reached the other shore with the army; the throng of monkeys and their captains was beyond all description.

सिंधु पार प्रभु डेरा कीन्हा । सकल कपिन्ह कहुँ आएसु दीन्हा ॥
खाहु जाइ फल मूल सुहाए । सुनत भालु कपि जहँ तहँ धाए ॥

प्रभु श्रीरामजी ने समुद्र के पार उतरकर डेरा डाला और सब वानरों को आज्ञा दी कि तुम लोग जाकर सुन्दर-सुन्दर फल-मूल खाओ । यह आज्ञा सुनते ही भालू-वानर जहाँ-तहाँ दौड़ पड़े ॥२॥

The Lord pitched his camp on the far side of the ocean and commanded all the monkeys to go and feast on the delightful fruit and roots. On hearing this, the bears and monkeys ran this way and that.

सब तरु फरे रामहित लागी । रितु अरु कुरितु कालगति त्यागी ॥
खाहिं मधुर फल बिटप हलावहिं । लंका सन्मुख सिखर चलावहिं ॥

श्रीरामजी की सेवा के लिए सब वृक्ष समय की गति को त्यागकर ऋतु-कुऋतु फल उठे । वानर-भालू मीठे-मीठे फल खाते हैं, वृक्षों को हिलाते और पर्वतों के शिखरों को लङ्का की ओर फेंकते हैं ॥३॥

All the trees bore fruit for Rama's sake, whether it was in season or out of season, without any regard to the time of year. The bears and monkeys ate the luscious fruit and shook the trees and hurled hill tops towards the city of Lanka.

जहँ कहुँ फिरत निसाचर पावहिं । घेरि सकल बहु नाच नचावहिं ॥
दसनन्हि काटि नासिका काना । कहि प्रभु सुजसु देहिं तब जाना ॥

जहाँ-कहीं घूमते-फिरते वे किसी राक्षस को पा जाते हैं तो वहीं सब उसे घेरकर बहुत नाच नचाते हैं और दाँतों से उसके नाक-कान काटकर, प्रभु का सुयश कहकर (अथवा उससे कहलाकर) तब उसे जाने देते हैं ॥४॥

If ever they found a straggling demon anywhere, they all hemmed him in and led him a merry dance; they would bite off his ears and nose with their teeth and sing the Lord's praises before they let him go.[1]

जिन्ह कर नासा कान निपाता । तिन्ह रावनहि कही सब बाता ॥
सुनत श्रवन बारिधिबंधाना । दसमुख बोलि उठा अकुलाना ॥

जिन निशाचरों के नाक-कान काट डाले गये, उन्होंने रावण से सब बातें कहीं । कानों से समुद्र पर सेतु के बाँधे जाने का समाचार सुनते ही रावण घबड़ाकर दसों मुखों से (एक साथ) बोल उठा –

Those who had thus lost their ears and noses went and related everything to Ravana. When he heard that the sea had been bridged, the ten-headed monster cried out in consternation with all ten mouths at once:

दो. –बाँध्यो बननिधि नीरनिधि जलधि सिंधु बारीस ।
सत्य तोयनिधि कंपति उदधि पयोधि नदीस ॥५॥

क्या सत्य ही वननिधि, नीरनिधि, जलधि, सिंधु, वारीश, तोयनिधि, कंपति, उदधि, पयोधि, नदीश को बाँध लिया ? ॥५॥

'What ! Has he really bridged the waves, the billows, the sea, the ocean, the floods, the deep, the main, the briny deep, the home of springs, the lord of rivers ?'[2]

चौ. –निज बिकलता बिचारि बहोरी । बिहसि गयउ गृह करि भय भोरी ॥
मंदोदरी सुन्यो प्रभु आयो । कौतुकहीं पाथोधि बँधायो ॥

---

1. Or, 'would not let him go till he had sung the Lord's praises.'
2. Each of the ten names for the ocean were uttered by Ravana with one of his ten mouths.

फिर अपनी व्याकुलता को समझकर (बनावटी हँसी) हँसता हुआ, डर को भुलाकर रावण घर को चला गया। (जब) मन्दोदरी ने यह सुना कि प्रभु (श्रीरामजी) आ गए हैं और उन्होंने खेल-खेल में ही समुद्र को बँधवा लिया है, ॥१॥

Then, realizing his own disquietude, he turned with a laugh to his palace, forgetting his fears. When Mandodari (Ravana's consort) heard that the Lord had arrived and bridged the ocean as though it were a child's play,

कर गहि पतिहि भवन निज आनी। बोली परम मनोहर बानी॥
चरन नाइ सिरु अंचलु रोपा। सुनहु बचन पिय परिहरि कोपा॥

तब वह पति को हाथ पकड़कर अपने महल में ले आयी और उसके चरणों में सिर नवाकर उसने अपना आँचल पसारा और अत्यन्त मनोहर वाणी में कहा — हे प्रियतम ! क्रोध त्यागकर मेरे वचन सुनिए ॥२॥

—she took her spouse by the hand, led him to her own chamber and addressed him in these winning words, bowing her head before his feet and spreading the hem of her garment as a token of supplication: 'Listen to my words, my beloved, and be not wroth.

नाथ बयरु कीजे ताही सों। बुधिबल सकिअ जीति जाही सों॥
तुम्हहि रघुपतिहि अंतरु कैसा। खलु खद्योत दिनकरहि जैसा॥

हे नाथ ! वैर उसी से करना चाहिए जिससे बुद्धि और बल के द्वारा हम जीत सकें। आपमें और श्रीरघुनाथजी में निश्चय ही वैसा ही अन्तर है जैसा जुगनू और सूर्य में ! ॥३॥

You should fight, sire, with one whom you may be able to conquer either by wit or by physical force. The disparity between yourself and Raghunatha is of a truth like that between a poor little firefly and the sun.

अतिबल मधु कैटभ जेहि मारे। महाबीर दितिसुत संघारे॥
जेहि बलि बाँधि सहसभुज मारा। सोइ अवतरेउ हरन महिभारा॥

जिन्होंने (विष्णुरूप होकर) अत्यन्त बलशाली मधु और कैटभ (जैसे दैत्य) मारे और (वाराह और नृसिंहरूप होकर) महान् शूरवीर दिति के पुत्रों (हिरण्याक्ष और हिरण्यकशिपु) का संहार किया; जिन्होंने (वामनरूप से) बलि को बाँधा और (परशुरामरूप से) सहस्रबाहु को मारा, उन्होंने ही पृथ्वी के भार को हरने के लिए अवतार लिया है ॥४॥

He who slew the valiant Madhu and Kaitabha and worsted the mighty sons of Diti (Hiranyakashipu and Hiranyaksha), he who bound Bali and despatched Sahasrabahu,[1] he it is who has now become incarnate to relieve earth of its burdens.

तासु बिरोध न कीजिअ नाथा। काल कर्म जिव जाके हाथा॥

हे नाथ ! जिनके हाथ में काल, कर्म और जीव सभी हैं, उनका विरोध न कीजिए ॥५॥

Oppose not him, my lord, in whose hand are fate and destiny and the lives of all creatures !

दो. — रामहि सौंपि जानकी नाइ कमल पद माथ।
सुत कहुँ राज समर्पि बन जाइ भजिअ रघुनाथ॥६॥

श्रीरामजी के चरणकमलों में मस्तक नवाकर उनको जानकी सौंप दीजिए और बेटे को राज्य सौंपकर वन में जाकर श्रीरघुनाथजी का भजन कीजिए ॥६॥

Bow your head before Rama's lotus feet and deliver up Janaka's daughter to him; then entrust the kingdom to your son and, retiring into the woods, worship Raghunatha.

चौ. — नाथ दीनदयाल रघुराई। बाघौ सन्मुख गए न खाई॥
चाहिअ करन सो सब करि बीते। तुम्ह सुर असुर चराचर जीते॥

हे नाथ ! श्रीरघुनाथजी तो दीनदयालु हैं, बाघ भी शरण होने (की मुद्रा से लम्बा पड़ जाने) पर नहीं खाता। आपको जो कुछ करना चाहिए था, वह सब तो आप कर ही चुके। आपने देवताओं, राक्षसों तथा चर-अचर सभी को जीत लिया — ॥१॥

Raghunatha, sire, is compassionate to the humble; even a tiger will not devour one who goes submissively to him (i.e., lies prostrate as if dead). You have already done all that you had to do: you have conquered not only gods and demons but all animate and inanimate creation.

संत कहहिं असि नीति दसानन। चौथेंपन जाइहि नृप कानन॥
तासु भजनु कीजिअ तहँ भर्ता। जो करता पालक संहर्ता॥

हे दशानन ! संत लोग ऐसी नीति कहा करते हैं कि चौथेपन (बुढ़ापे) में राजा को (राज्य छोड़कर) वन में चला जाना चाहिए। हे स्वामी ! वहाँ जाकर आप उनका भजन कीजिए जो सृष्टि को उत्पन्न करनेवाले, पालनेवाले और संहार करनेवाले हैं ॥२॥

Holy men, O Ten-headed, have laid down this rule that a monarch should retire to the forest when he is old. There, my husband, you should adore him who is the creator, preserver and destroyer of the universe.

सोइ रघुबीर प्रनत अनुरागी। भजहुँ नाथ ममता सब त्यागी॥
मुनिबर जतनु करहिं जेहि लागी। भूप राजु तजि होहिं बिरागी॥

1. Rama performed these exploits as Vishnu and in his various incarnations. See App., s.v. Vishnu.

हे नाथ! आप सब ममत्व छोड़कर शरणागत पर प्रेम करनेवाले उन्हीं श्रीरघुवीर का भजन-आराधन कीजिए, जिनके लिए श्रेष्ठ मुनि भी यत्न करते हैं और राजा राज्य त्यागकर वैरागी हो जाते हैं— ॥३॥

So, lord, renouncing all worldly ties, worship that Raghubira who is ever gracious to the suppliant. He for whose sake the greatest of sages undertake austerities and monarchs relinquish their thrones and shed every attachment,

सोइ कोसलाधीस रघुराया। आएउ करन तोहि पर दाया॥
जौं पिय मानहु मोर सिखावन। सुजसु होइ तिहुँ पुर अति पावन॥

वही कोसलपति श्रीरघुनाथजी आप पर दया करने के लिए पधारे हैं। हे प्रियतम! यदि आप मेरा कहा मान लेंगे, तो आपका अत्यन्त पवित्र और उज्ज्वल यश तीनों लोकों में व्याप जायगा ॥४॥

—even that Raghunatha, lord of Kosala, has come here to shower his grace upon you. If, my beloved, you submit to my advice, your renown, fair and exceedingly pure, shall spread through the three spheres.'

दो.—अस कहि नयन नीर भरि गहि पद कंपित गात।
नाथ भजहुँ रघुनाथहि अचल होइ अहिवात ॥७॥

ऐसा कहकर, नेत्रों में जल भरकर और पति के पाँव पकड़कर कम्पित शरीर से मन्दोदरी ने फिर कहा—हे नाथ! श्रीरघुनाथजी का भजन-पूजन कीजिए, जिससे मेरा सुहाग अखंड हो जाय ॥७॥

So saying, she clasped his feet, and with eyes full of tears and trembling all over, she added, 'My lord, worship Raghunatha, that my happy wedded life may last till eternity!'

चौ.—तब रावन मयसुता उठाई। कहइ लाग खल निज प्रभुताई॥
सुनु तैं प्रिया बृथा भय माना। जग जोधा को मोहि समाना॥

तब रावण ने मय की कन्या को उठाया और वह दुष्ट उससे अपनी प्रभुता का बखान करने लगा—हे प्रिये! सुन, तूने व्यर्थ ही डर मान रखा है। (कह तो सही,) जगत् में मेरे समान योद्धा है कौन? ॥१॥

Thereupon Ravana raised Maya's daughter (Mandodari) and the wretch began to boast of his own glory: 'Listen, darling; you are haunted by idle fears; what warrior in the world is my equal?

बरुन कुबेर पवन जम काला। भुजबल जितेउँ सकल दिगपाला॥
देव दनुज नर सब बस मोरें। कवन हेतु उपजा भय तोरें॥

वरुण, कुबेर, पवनदेव, यमराज आदि सभी दिक्पालों और (साथ-ही-साथ) काल को मैंने अपनी भुजाओं के बल से जीत रखा है। देवता, दैत्य और मनुष्य सभी मेरे अधीन हैं। फिर किस कारण तुझे भय पैदा हो गया? ॥२॥

I have subdued by the might of my arm not only Varuna (the god presiding over the waters), Kubera (the god of riches), the wind-god, Yama (the god of punishment), and all the other guardians of the quarters, but Death himself. Gods, demons and men are all in my power; what cause can have arisen for your fears, then?'

नाना बिधि तेहि कहेसि बुझाई। सभा बहोरि बैठ सो जाई॥
मंदोदरीं हृदय अस जाना। कालबस्य उपजा अभिमाना॥

रावण ने उसे बहुत तरह से समझाकर कहा, फिर वह जाकर सभा में बैठ गया। मन्दोदरी ने हृदय में ऐसा समझ लिया कि काल के वश होने से ही स्वामी को अभिमान हो गया है ॥३॥

Ravana thus reassured her in many ways and again went and took his seat in the council-chamber. Mandodari was now convinced in her heart that it was his impending death which had made him so arrogant.

सभाँ आइ मंत्रिन्ह तेहि बूझा। करब कवन बिधि रिपु सैं जूझा॥
कहहिं सचिव सुनु निसिचरनाहा। बार बार प्रभु पूछहु काहा॥

सभा में आकर रावण ने मन्त्रियों से पूछा कि शत्रु के साथ किस प्रकार युद्ध करना होगा? मन्त्रियों ने कहा—हे राक्षसराज! हे प्रभो! सुनिए, आप बार-बार क्या पूछते हैं?— ॥४॥

In the council he asked his ministers: 'How shall we do battle with the enemy?' 'Listen, Demon King,' replied the ministers; 'why do you question us thus again and again?

कहहु कवन भय करिअ बिचारा। नर कपि भालु अहार हमारा॥

कहिए तो सही, (ऐसा) कौन-सा भय है जिसके लिए इतना विचार किया जाय? मनुष्य और वानर-भालू तो हमारे भोजन ही हैं ॥५॥

Tell us, what is there to be afraid of, which should engage our thought? Men, monkeys and bears are food for us!'

दो.—सब के बचन श्रवन सुनि कह प्रहस्त कर जोरि।
नीतिबिरोध न करिअ प्रभु मंत्रिन्ह मति अति थोरि ॥८॥

कानों से (उन) सबके वचन सुनकर (रावण के पुत्र) प्रहस्त ने हाथ जोड़कर कहा—हे प्रभो! नीति के विरुद्ध कुछ भी न कीजिए, मन्त्रियों में बहुत ही थोड़ी बुद्धि है (चापलूस उचित सलाह नहीं दे सकते) ॥८॥

After listening to all they said, Prahasta, Ravana's son, said with folded hands, 'Transgress not the bounds of sound policy, my lord; your counsellors possess mighty little judgement.

चौ. –कहहिं सचिव सब ठकुरसोहाती । नाथ न पूर आव एहि भाँती ॥
बारिधि नाघि एकु कपि आवा । तासु चरित मन महुँ सबु गावा ॥

(आपके) सभी मन्त्री ठकुरसुहाती (मुँहदेखी) कह रहे हैं (चाटुकार हैं) । हे नाथ ! इस प्रकार की बातों से कार्य सम्पन्न न होगा । एक ही बंदर समुद्र लाँघकर आया था । उसका चरित्र सब लोग अब भी मन-ही-मन गाया (सराहा) करते हैं ॥१॥

All your stupid ministers tell you only that which is pleasing to their master; but that way, sire, you cannot win success. A stray monkey leapt across the ocean and came hither and all the people still extol his doings in their hearts.

क्षुधा न रही तुम्हहि तब काहू । जारत नगरु कस न धरि खाहू ॥
सुनत नीक आगें दुखु पावा । सचिवन अस मत प्रभुहि सुनावा ॥

(उसने सभा को सम्बोधित करते हुए कहा –) तुमलोगों में से किसीको भी तब भूख न थी ? (बंदर तो तुम्हारा भोजन ही हैं, तब) नगर जलाते समय उसे पकड़कर क्यों नहीं खा गए ? इन मन्त्रियों ने स्वामी को ऐसी सलाह सुनायी है, जो सुनने में तो नीक है, पर आगे जिससे दुःख पाना होगा ॥२॥

Was none of you hungry then ? Why did you not seize him and devour him when he set fire to the city ? Your ministers have given you, my lord, an advice which, though pleasant to hear, is fraught with future trouble.

जेहि बारीस बँधाएउ हेला । उतरेउ सेन समेत सुबेला ॥
सो भनु मनुज खाब हम भाई । बचन कहहिं सब गाल फुलाई ॥

जिसने खेल-ही-खेल में समुद्र बँधा लिया और जो सेनासहित सुबेल पर्वत पर आ उतरा, हे भाई ! कहो, वह मनुष्य है, जिसे कहते हो कि हम खा लेंगे ? सब मन्त्री गाल फुला-फुलाकर (पागलों की तरह) डींग हाँक रहे हैं ! ॥३॥

Come, my friend, tell me now, is he who has had the sea bridged in mere sport and has crossed over to Mount Suvela with all his army, an ordinary mortal whom you say you will devour ? What the counsellors say is all idle boasting.

तात बचन मम सुनु अति आदर । जनि मन गुनहु मोहि करि कादर ॥
प्रिय बानी जे सुनहिं जे कहहीं । ऐसे नरनिकाय जग अहहीं ॥

हे तात ! मेरी बातों को अत्यन्त आदरपूर्वक (गौर से) सुनिए । मुझे मन में डरपोक न समझ लीजिए । संसार में ऐसे मनुष्य झुंड-के-झुंड हैं, जो मुँह पर मीठी लगनेवाली बात ही सुनते-कहते हैं, ॥४॥

Father, listen to my words with due respect, and account me not a coward. There are multitudes of men in the world who are given to hearing and uttering pleasant speeches.

बचन परमहित सुनत कठोरे । सुनहिं जे कहहिं ते नर प्रभु थोरे ॥
प्रथम बसीठ पठउ सुनु नीती । सीता देइ करहु पुनि प्रीती ॥

(किन्तु) हे प्रभो ! सुनने में कठोर (अप्रिय) परंतु (परिणाम में) अत्यन्त कल्याणकारी वचन जो सुनते और कहते हैं, वे मनुष्य थोड़े हैं । नीति सुनिए, उसके अनुसार पहले अपना दूत भेजिए और तब सीता को देकर श्रीरामजी से प्रीति कर लीजिए ॥५॥

But there are few, my lord, who care to speak and listen to words that sound unpleasant to the ear but are most salutary. Now listen to this wise counsel: first send an envoy to Rama; and afterwards, when you have restored Sita, make friends with him.

दो. –नारि पाइ फिरि जाहिं जौं तौ न बढ़ाइअ रारि ।
नाहि त सन्मुख समरमहि तात करिअ हठि मारि ॥९॥

यदि वे अपनी स्त्री को पाकर लौट जायँ, तब तो झगड़ा न बढ़ाइए । नहीं तो (यदि वे न लौटें तो) हे तात ! सम्मुख रणभूमि में उनसे हठपूर्वक मार-काट कीजिए ॥९॥

If, having recovered his bride, he withdraws, you should have no more quarrel with him. If not, then, father, meet him face to face on the battlefield and give him a tough fight.

चौ. –येह मत जौ मानहुँ प्रभु मोरा । उभय प्रकार सुजसु जग तोरा ॥
सुत सन कह दसकंठ रिसाई । असि मति सठ केहिं तोहि सिखाई ॥

हे प्रभो ! यदि आप मेरी इस सलाह को मानेंगे, तो संसार में दोनों प्रकार से आपका सुयश होगा । दशानन रावण ने आगबबूला हो अपने बेटे से कहा – अरे मूर्ख ! तुझे ऐसी बुद्धि किसने सिखायी ? ॥१॥

In either case, my lord, if you accept my advice, you will be covered with glory in the world.' The Ten-headed asked his son (Prahasta) in a fury, 'You fool, who has taught you such wisdom ?

अब ही तें उर संसय होई । बेनुमूल सुत भएहु घमोई ॥
सुनि पितुगिरा परुष अति घोरा । चला भवन कहि बचन कठोरा ॥

अभी से तेरे मन में सन्देह (भय) हो रहा है; हे पुत्र ! तू तो बाँस की जड़ में घमोई[1] उत्पन्न हुआ । पिता की अत्यन्त घोर और कठोर वाणी सुनकर वह प्रहस्त ये निष्ठुर वचन कहता हुआ घर को चला गया – ॥२॥

१. बाँस का रोग; बाँस की जड़ के पास पैदा होनेवाली एक घास जो बाँस को नष्ट कर देती है । 'घमोई' नाम का एक कल्ला बाँस में होता है जो निकलते ही गुड़मुड़ाकर सूखकर रह जाता है । बाबा हरिहरप्रसादजी के अनुसार 'घमोई' बाँस की जड़ में उत्पन्न होनेवाला एक वंशनाशक रोग है । रामायणी रामबालकदासजी कहते हैं कि 'घमोई' बहुत तुच्छ और कोमल होता है जो छड़ी मार देने से ही कट जाता है ।

With your mind already seized with fear, you've proved yourself to be a prickly plant, my son, sprung at a bamboo root !' On hearing his father's brutal and malignant words, Prahasta went off home, uttering these bitter words :

हितमत तोहि न लागत कैसें । काल बिबस कहुँ भेषज जैसें ॥
संध्या समय जानि दससीसा । भवन चलेउ निरखत भुज बीसा ॥

भलाई की बात आपको वैसे ही नहीं लगती जैसे मरनेवाले रोगी को दवा नहीं लगती । सन्ध्या समय जानकर दशानन रावण अपनी बीसों भुजाओं को देखता हुआ अपने राजमहल को चला ॥३॥

'Words of good counsel are as much thrown away upon you as medicine on a sick man doomed to death !' Seeing that it was evening now, the Ten-headed turned towards his palace, fondly gazing on his twenty arms.

लंका सिखर उपर आगारा । अति बिचित्र तहँ होइ अखारा ॥
बैठ जाइ तेहि मंदिर रावन । लागे किंनर गुनगन गावन ॥

लङ्का के शिखर पर एक अत्यन्त विचित्र भवन था, जहाँ नाच-गाने का अखाड़ा जमता था । रावण उस भवन में जाकर बैठ गया । किन्नर उसके गुणसमूहों का गान करने लगे ॥४॥

On the topmost point of Lanka there stood a most wonderful hall, where music and dancing contests were held. Ravana went and took his seat in that hall and Kinnaras began to sing his praises,

बाजहिं ताल पखाउज बीना । नृत्य करहिं अपछरा प्रबीना ॥

ताल (करताल), पखावज (मृदंग) और वीणा (आदि बाजे) बज रहे हैं । नृत्य में कुशल अप्सराएँ नाच रही हैं ॥५॥

—to the accompaniment of cymbals, tabors and lutes, while skilful nymphs danced.

दो. —सुनासीर सत सरिस सो संतत करइ बिलास ।
परम प्रबल रिपु सीस पर तद्यपि सोच न त्रास ॥१०॥

सैकड़ों इन्द्रों के समान वह रावण निरन्तर भोग-विलास करता रहता है । यद्यपि (श्रीरामजी-सरीखा) अत्यन्त प्रबल शत्रु उसके सिर पर है, तथापि उसको न तो चिन्ता है और न भय ही ॥१०॥

The luxuries in which he perpetually revelled could be enjoyed only by a hundred Indras.[1] Though he had a most powerful foe threatening at his door, neither fear nor anxiety could disturb his repose.

चौ. —इहाँ सुबेल सैल रघुबीरा । उतरे सेन सहित अति भीरा ॥
सिखर एक उतंग अति देखी । परम रम्य सम सुभ्र बिसेषी ॥

यहाँ (इधर) श्रीरघुवीर सुबेल पर्वत पर सेना के एक बड़े जत्थे के साथ उतरे । उस सुबेल पर्वत का एक बहुत ऊँचा, परम सुन्दर, समतल और विशेष उज्ज्वल शिखर देखकर — ॥१॥

Now Raghubira had encamped with his army, a redoubtable regiment of warriors, on Mount Suvela. Observing a very lofty, supremely lovely, level and remarkably resplendent peak,

तहँ तरु किसलय सुमन सुहाए । लछिमन रचि निज हाथ डसाए ॥
ता पर रुचिर मृदुल मृगछाला । तेहि आसन आसीन कृपाला ॥

लक्ष्मणजी ने वृक्षों के नये कोमल पत्ते और सुहावने फूल अपने हाथों से सजाकर वहाँ बिछा दिए । उसके ऊपर सुन्दर और कोमल मृगछाला बिछा दी । उसी आसन पर कृपालु श्रीरामजी विराजे ॥२॥

Lakshmana with his own hands carefully spread on it lovely fresh leaves and blossoms from the trees and on them a charming soft deerskin; it was on that couch that the gracious Lord rested himself.

प्रभु कृत सीस कपीस उछंगा । बाम दहिन दिसि चाप निषंगा ॥
दुहुँ कर कमल सुधारत बाना । कह लंकेस मंत्र लगि काना ॥

प्रभु श्रीरामजी ने वानरराज सुग्रीव की गोद में अपना सिर रखा है । उनकी बायीं ओर धनुष तथा दाहिनी ओर तरकश रखा है । वे अपने दोनों कर-कमलों से बाण सुधार रहे हैं । लंकेश विभीषणजी (प्रभु के) कानों से लगकर मन्त्र कह रहे हैं (सलाह कर रहे हैं) ॥३॥

The Lord laid his head in the lap of Sugriva, the Monkey King, with his bow on his left and his quiver on his right; with his lotus hands he trimmed his arrows, while the prince of Lanka (Vibhishana) whispered some counsel[1] in his ears.

बड़भागी अंगद हनुमाना । चरन कमल चापत बिधि नाना ॥
प्रभु पाछे लछिमनु बीरासन । कटि निषंग कर बान सरासन ॥

बड़े भाग्यवान् अंगद और हनुमान् नाना प्रकार से प्रभु श्रीरामजी के चरणकमलों को दबा रहे हैं । कमर में तरकश कसे और हाथों में धनुष-बाण लिये लक्ष्मणजी वीरासन से प्रभु के पीछे विराजमान हैं ॥४॥

The blessed Angad and Hanuman rubbed and pressed his lotus feet, while behind the Lord sat Lakshmana in the warrior posture, with the quiver fastened at his side and bow and arrows ready in his hands.

---

1. Or, 'The delights that he here enjoyed exceeded a hundredfold those of Indra.' According to W.D.P. Hill's version, "He was perpetually holding revels a hundred times more splendid than those of Indra." *Op. cit.*, p. 371.

1. Or, 'some texts of scripture.'

दो०— एहि बिधि कृपा रूप गुन धाम रामु आसीन ।
धन्य ते नर एहि ध्यान जे रहत सदा लय लीन ॥११(क)॥

कृपा, रूप (सौन्दर्य) और गुणों के धाम श्रीरामजी इस प्रकार विराजमान हैं । वे मनुष्य धन्य हैं जो इस ध्यान में सदा लौ लगाये रहते हैं (लवलीन रहते हैं) ॥११(क)॥

Thus rested Rama, the abode of grace and beauty and all perfection. Blessed are those who remain ever immersed in contemplation of this scene.[1]

पूरुब दिसा बिलोकि प्रभु देखा उदित मयंक ।
कहत सबहि देखहु ससिहि मृगपति सरिस असंक ॥११(ख)॥

पूर्व दिशा की ओर दृष्टि करने पर प्रभु श्रीरामजी ने चन्द्रमा को उदित हुआ देखा । तब वे सबसे कहने लगे — चन्द्रमा को तो देखो, सिंह के समान यह कैसा निडर है ! ॥११(ख)॥

As he looked towards the east, the Lord saw the moon risen above the horizon and said to them all, 'Look at the moon, dauntless like the king of beasts !

चौ०— पूरुब दिसि गिरि गुहा निवासी । परम प्रताप तेज बल रासी ॥
मत्त नाग तम कुंभ बिदारी । ससि केसरी गगन बन चारी ॥

पूर्व दिशारूपी पर्वत की गुफा का निवासी, परम प्रतापी, तेजस्वी और बल की राशि यह चन्द्रमारूपी सिंह अन्धकार रूपी मतवाले हाथी के मस्तक को विदीर्ण (फाड़) कर आकाशरूपी वन में विचर रहा है ॥१॥

It has its dwelling in the east as in a mountain cave, pre-eminent in grandeur, glory and strength; as a lion, ranging through the woods, rends asunder the head of a wild elephant, so the moon, pacing the plain of heaven, dispels the darkness of the night.

बिथुरे नभ मुकुताहल तारा । निसि सुंदरी केर सिंगारा ॥
कह प्रभु ससि महुँ मेचकताई । कहहु काह निज निज मति भाई ॥

आसमान में बिखरे हुए तारे मोतियों के समूह हैं, जो रात्रिरूपी सुन्दर स्त्री के शृंगार हैं । प्रभु ने कहा — हे भाइयो ! अपनी-अपनी बुद्धि के अनुसार कहो कि चन्द्रमा में जो कालापन है, वह क्या है ? ॥२॥

The stars appear like so many pearls strewn all over the sky, which serve to adorn the Lady Night.' 'Now tell me, my brothers,' continued the Lord, 'what are the dark spots on the moon ? Let each one of you express his opinion.'

---

1. It affords, says F.S. Growse, "a very favourite subject for Hindu painters; partly, no doubt, on account of the blessing which Tulasi Dasa here promises to those who contemplate it." *Op. cit.,* p. 540n.

कह सुग्रीव सुनहु रघुराई । ससि महुँ प्रगट भूमि कै झाई ॥
मारेउ राहु ससिहि कह कोई । उर महुँ परी स्यामता सोई ॥

सुग्रीव ने कहा — हे रघुनाथजी ! सुनिए ! चन्द्रमा में पृथ्वी की छाया प्रकट हो रही है । किसी ने कहा — चन्द्रमा को राहु ने मारा था । वही (चोट का) काला धब्बा उसके हृदय पर पड़ा है ॥३॥

Said Sugriva, 'Listen, Raghunatha; it is only the shadow of the earth that is seen in the moon.' 'Rahu struck the moon,' said another, 'and that is why a scar is left on its bosom.'

कोउ कह जब बिधि रतिमुख कीन्हा । सारभाग ससि कर हरि लीन्हा ॥
छिद्र सो प्रगट इंदु उर माहीं । तेहि मग देखिअ नभपरिछाहीं ॥

कोई बोला कि जब ब्रह्मा ने कामदेव की स्त्री रति के मुख का निर्माण किया, तब उसने चन्द्रमा का सार-भाग निकाल लिया (जिससे चन्द्रमा के हृदय में छेद हो गया) । वही छेद चन्द्रमा के हृदय में दिखायी पड़ता है जिसकी राह से आकाश की नीली परछाईं उसमें दिखायी पड़ती है ॥४॥

A third suggested: 'When God fashioned Rati's face, he stole from the moon a part of its essence, and this is the hole that is still visible in the moon's breast, and in it can be seen the shadow of the sky.'

प्रभु कह गरल बंधु ससि केरा । अति प्रिय निज उर दीन्ह बसेरा ॥
बिषसंजुत करनिकर पसारी । जारत बिरहवंत नर नारी ॥

प्रभु श्रीरामजी बोले — विष चन्द्रमा का अत्यन्त प्रिय भाई है, इसीसे उसने उस विष को अपने हृदय में स्थान दे रखा है । विषयुक्त अपने किरणसमूह को फैलाकर वह विरही स्त्री-पुरुषों को जलाता रहता है ॥५॥

'Poison,' said the Lord, 'is the moon's most beloved brother; that is why it has lodged it in its bosom, and, darting abroad its poisonous rays, burns up parted lovers.'

दो०— कह हनुमंत सुनहु प्रभु ससि तुम्हार प्रिय दास ।
तव मूरति बिधु उर बसति सोइ स्यामता अभास ॥१२(क)॥

हनुमान्जी ने कहा — हे प्रभो ! सुनिए, चन्द्रमा आपका प्यारा दास है । आपकी (सुन्दर साँवली) मूर्ति चन्द्रमा के हृदय में निवास करती है, वही आपकी श्यामता की झलक चन्द्रमा में है ॥१२(क)॥

'Hear me, Lord,' said Hanuman; 'the moon is your own beloved servant and it is your image enshrined in its bosom that shadows forth the darkness.'

नवाह्नपारायण, सातवाँ विश्राम

पवनतनय के बचन सुनि बिहसे रामु सुजान ।
दच्छिन दिसि अवलोकि प्रभु बोले कृपानिधान ॥१२(ख)॥

पवनपुत्र हनुमान्‌जी के वचन सुनकर सुजान श्रीरामजी हँसे। फिर दक्षिण दिशा की ओर देखकर वे दयासागर प्रभु (विभीषणजी) से बोले– ॥१२(ख)॥

The all-wise Rama smiled to hear the words of the Son of the Wind. Then turning towards the south, the all-merciful Lord said,

चौ. –देखु बिभीषन दच्छिन आसा। घनघमंड दामिनीबिलासा॥
मधुर मधुर गरजै घन घोरा। होइ बृष्टि जनि उपल कठोरा॥

हे विभीषण! दक्षिण दिशा की ओर तो देखो, (गर्व से भरा) बादल कैसा उमड़-घुमड़ रहा है और बिजली चमक रही है! भयानक बादल मीठे-मीठे (हल्के-धीमे) स्वर से गरज रहा है। कहीं कठोर ओलों की वर्षा न हो! ॥१॥

'Look, Vibhishana, in the direction of the southern quarter and see how the clouds are gathering fast and the lightning flashes. A threatening cloud is gently rumbling and I fear lest a heavy hailstorm should ensue.'

कहत बिभीषन सुनहु कृपाला। होइ न तड़ित न बारिदमाला॥
लंका सिखर उपर आगारा। तहँ दसकंधर देख अखारा॥

विभीषणजी ने कहा– हे कृपालु! सुनिए। यह न तो बिजली है, न मेघों का समूह। लङ्का के शिखर पर एक महल है। दशकंधर रावण वहीं (नाच-गाने का) अखाड़ा देख रहा है; ॥२॥

'Mark me, gracious Lord,' replied Vibhishana, 'there is neither lightning nor a gathered mass of cloud. On the top of Lanka there stands a palace where Ravana is watching the sports of the arena.

छत्र मेघडंबर सिर धारी। सोइ जनु जलदघटा अति कारी॥
मंदोदरी श्रवन ताटंका। सोइ प्रभु जनु दामिनीदमंका॥

रावण ने अपने सिर पर जो मेघडंबर (बादलों के डंबर-जैसा विशाल और काला) छत्र धारण कर रखा है, वही मानो बादलों की नितान्त काली घटा है। मन्दोदरी के कानों में जो कर्णफूल हैं, हे प्रभो! वहीं (ऐसे चमक रहे हैं) मानो बिजली चमक रही है– ॥३॥

It is the large royal umbrella spread over his head which looks like a thick dark mass of cloud, and, Lord, the earrings in Mandodari's ears are like a flash of lightning;

बाजहिं ताल मृदंग अनूपा। सोइ रव मधुर सुनहुँ सुरभूपा॥
प्रभु मुसुकान समुझि अभिमाना। चाप चढ़ाइ बान संधाना॥

हे देवताओं के स्वामी! सुनिए, वहाँ जो अनुपम ताल और मृदंग बज रहे हैं, वही मधुर ध्वनि है। रावण के इस अभिमान को समझकर प्रभु मुसकराये। उन्होंने धनुष चढ़ाकर उसपर बाण का संधान किया (निशाना लगाया) ॥४॥

while the incomparable music of the cymbals and drums is the gentle rumble that you hear, O king of heaven.' The Lord smiled and perceiving Ravana's arrogance, strung his bow and fitted an arrow to the string.

दो. –छत्र मुकुट ताटंक तब हते एकहीं बान।
सब कें देखत महि परे मरमु न कोऊ जान॥१३(क)॥

और बस एक ही बाण से (रावण के) छत्र-मुकुट और (मन्दोदरी के) कर्णफूल सब काट गिराये। सबके देखते-देखते वे पृथ्वी पर आ गिरे, पर इसका भेद किसी ने नहीं जाना ॥१३(क)॥

Then with a single shaft the Lord struck down Ravana's umbrella, crowns and Mandodari's ear-rings, which fell to the ground in the sight of all, but none could explain the mystery.

अस कौतुक करि रामसर प्रबिसेउ आइ निषंग।
रावनसभा ससंक सब देखि महा रसभंग॥१३(ख)॥

ऐसा चमत्कार करके श्रीरामजी का वह बाण लौटकर (पुनः) तरकश में प्रवेश कर गया। इस महान् रस-भंग (रंग में भंग) को देखकर रावण की सारी सभा भयभीत हो गई ॥१३(ख)॥

Having performed this marvellous feat, Rama's shaft returned and dropped into his quiver again, and everybody in Ravana's assembly was alarmed when he saw the revels thus rudely interrupted.

चौ. –कंप न भूमि न मरुत बिसेषा। अस्त्र सस्त्र कछु नयन न देखा॥
सोचहिं सब निज हृदय मझारी। असगुन भएउ भयंकर भारी॥

न तो भूकम्प हुआ और न आँधी ही चली। कोई अस्त्र-शस्त्र भी नेत्रों ने नहीं देखे। (फिर ये छत्र-मुकुट और कर्णफूल कटकर कैसे गिरे?) सभी अपने-अपने मन में सोच रहे हैं कि यह भारी भयङ्कर अपशकुन हुआ! ॥१॥

'There was no earthquake, nor any strong gale, nor did we see any weapon or missile.' Thus they all thought to themselves that it was a most alarming ill omen.

दसमुख देखि सभा भय पाई। बिहसि बचन कह जुगुति बनाई॥
सिरौ गिरें संतत सुभ जाही। मुकुट परें कस असगुन ताही॥

(अपनी उस) सभा को भयभीत देखकर दशमुख रावण ने हँसकर बहाना बनाकर ये वचन कहे– सिरों का गिरना भी जिसके लिए सदा ही शुभ रहा है, उसके लिए मुकुट का गिरना अपशकुन कैसे हो सकता है? ॥२॥

When the Ten-headed saw that the courtiers had taken fright, he laughed and invented an ingenious argument: 'How can the mere dropping down of crowns be an ill omen to him in whose case even the loss of heads proved a lasting boon ?

सयन करहु निज निज गृह जाई । गवने भवन सकल सिर नाई ॥
मंदोदरी सोच उर बसेऊ । जब तें श्रवनपूर महि खसेऊ ॥

(निश्चिन्त और निर्भय होकर) अपने-अपने घर जाकर सो रहो । तब सब लोग सिर नवाकर घर गये । जबसे कर्णफूल पृथ्वी पर गिरा, तभी से मन्दोदरी के मन में सोच बस गया ॥३॥

Now return each to your own home and go to bed.' They all bowed and took their leave. But anxiety had settled in Mandodari's heart ever since her earrings had dropped to the ground.

सजल नयन कह जुग कर जोरी । सुनहु प्रानपति बिनती मोरी ॥
कंत रामबिरोध परिहरहू । जानि मनुज जनि हठ मन धरहू ॥

अपनी आँखों में अश्रु भरकर और दोनों हाथ जोड़कर वह (रावण से) बोली — हे प्राणनाथ ! मेरी विनती सुनिए । हे प्रियतम ! श्रीराम का विरोध करना छोड़ दीजिए । उन्हें मनुष्य समझकर मन में हठ न पकड़े रहिए ॥४॥

With eyes full of tears and folded hands she said, 'Listen to my prayer, O lord of my life ! Give up your hostility to Rama, O my husband, and do not indulge your obstinacy with the idea that he is a mortal man.

दो. —बिस्वरूप रघुबंसमनि करहु बचन बिस्वासु ।
लोककल्पना बेद कर अंग अंग प्रति जासु ॥१४॥

मेरी बात पर विश्वास कीजिए कि वे रघुकुल के शिरोमणि श्रीरामचन्द्रजी विश्वरूप हैं — सारा जगत् उन्हीं का रूप है । वेद उनके अङ्ग-अङ्ग में लोकों की कल्पना करते हैं ॥१४॥

Believe my word that the jewel of the house of Raghu is the omnipresent Lord; for the Vedas declare that in his every limb is the fabric of a distinct sphere.

चौ. —पद पाताल सीस अजधामा । अपर लोक अँग अँग बिश्रामा ॥
भृकुटिबिलास भयंकर काला । नयन दिवाकर कच घनमाला ॥

पाताल (उन्हीं विश्वरूप श्रीरामजी का) चरण है, ब्रह्मलोक मस्तक है, अन्य समस्त लोकों का विश्राम (निवास-स्थान) उनके अन्य भिन्न-भिन्न अंग हैं । भयंकर काल उनका भृकुटि-संचालन (भौंहों का चलना) है, सूर्य नेत्र है, बादलों का समूह बाल है; ॥१॥

The lower regions (patala) are his feet and the abode of Brahma his head, while the other (intermediate) spheres are located in his other limbs; dread death is the play of his eyebrows, the sun is his eyes and the massing clouds his locks.

जासु घ्रान अस्विनीकुमारा । निसि अरु दिवस निमेष अपारा ॥
श्रवन दिसा दस बेद बखानी । मारुत स्वास निगम निज बानी ॥

अश्विनीकुमार जिनकी नासिका हैं, तथा रात और दिन जिनके अपार निमेष (पलकों को खोलना और बन्द करना) हैं । वेदों ने कहा है कि उनके कान दसों दिशाएँ हैं, पवन श्वास है और वेद उनकी निजी वाणी हैं ॥२॥

The two Ashvins[1] are his nostrils and night and day the constant winking of his eyes; the ten quarters, so the Vedas declare, are his ears; the winds are his breath and the Vedas his own speech;

अधर लोभ जम दसन कराला । माया हास बाहु दिगपाला ॥
आनन अनल अंबुपति जीहा । उतपति पालन प्रलय समीहा ॥

लोभ उनका अधर है, यमराज भयानक दाँत है; माया हँसी है, दिक्पाल भुजाएँ हैं; अग्नि मुख है, वरुण जीभ है; उत्पत्ति, पालन और प्रलय उनकी चेष्टाएँ हैं; ॥३॥

—his lips are greed and his fearsome teeth the god of death; his smile is Maya (cosmic illusion) and his arms the regents of the ten quarters; fire is his mouth, Varuna (the lord of waters) his tongue and creation, preservation and dissolution his gestures.

रोमराजि अष्टादस भारा । अस्थि सैल सरिता नसजारा ॥
उदर उदधि अधगो जातना । जगमय प्रभु का बहु कल्पना ॥

अठारह प्रकार की असंख्य वनस्पतियाँ उनकी रोमावली हैं, पर्वत उनकी हड्डियाँ हैं, नदियाँ नसों का जाल हैं, समुद्र पेट है और नरक नीचे की इन्द्रियाँ (लिंग और गुदा) हैं । इस प्रकार प्रभु जगन्मय हैं, तब अधिक कल्पना (तर्क-वितर्क) क्या की जाय ? ॥४॥

The eighteen kinds of countless trees and shrubs are the hairs on his body; the hills are his bones and the rivers represent the network of his veins; the sea is his belly and hell his lower organs. In short, the universe is a manifestation of the omnipresent Lord and it is no use going into further details.

दो. —अहंकार सिव बुद्धि अज मन ससि चित्त महान ।
मनुज बास सचराचर रूप राम भगवान ॥१५(क)॥

शिवजी उनके अहङ्कार हैं, ब्रह्माजी बुद्धि हैं, चन्द्रमा मन और महान् (विष्णु) ही चित्त हैं । उन्हीं चराचररूप भगवान् श्रीरामजी ने मनुष्यरूप में निवास किया है ॥१५(क)॥

---

1. Twin deities of the Vedic pantheon renowned for their beauty.

Lord Shiva is his self-consciousness, Brahma his reason, the moon his mind and the great Vishnu his intelligence.[1] It is the same Lord Rama, who has assumed the form of this animate and inanimate creation and come to dwell with us as man.

अस बिचारि सुनु प्रानपति प्रभु सन बयरु बिहाइ।
प्रीति करहु रघुबीरपद मम अहिवात न जाइ ॥१५(ख)॥

हे प्राणनाथ ! सुनिए, ऐसा विचारकर प्रभु से वैर छोड़कर श्रीरामजी के चरणों में प्रीति कीजिए, जिससे मेरा सुहाग बना रहे (अचल रहे) ॥१५(ख)॥

Hear me then, O lord of my life; consider this and cease to contend with the Lord and devote yourself to the feet of Rama that my wedded happiness may never end !'

चौ. –बिहसा नारिबचन सुनि काना। अहो मोहमहिमा बलवाना ॥
नारिसुभाउ सत्य कबि कहहीं। अवगुन आठ सदा उर रहहीं ॥

अपनी पत्नी के वचन कानों से सुनकर (रावण) खूब हँसा (और बोला –) अहो ! मोह (अज्ञान) की महिमा बड़ी बलवती है। स्त्री-स्वभाव के सम्बन्ध में कवि सत्य ही कहते हैं कि उसके हृदय में आठ अवगुण सदा निवास करते हैं – ॥१॥

Ravana laughed when he heard his wife's admonition and said, 'Oh, mighty indeed is the power of infatuation ! Truly have the poets said of a woman's nature that eight evils ever abide in her heart:

साहस अनृत चपलता माया। भय अबिबेक अनौच अदाया ॥
रिपु कर रूप सकल तैं गावा। अति बिसाल भय मोहि सुनावा ॥

साहस, झूठ, चपलता, माया (छल), भय, अविवेक, अपवित्रता और निर्दयता। तूने शत्रु के सभी (विराट्) रूपों का गान किया और मुझे उसका अत्यन्त भारी भय सुनाया ॥२॥

—recklessness, falsity, fickleness, deceit, timidity, indiscretion, impurity and cruelty. You have proclaimed the enemy's cosmic form and given me a terrible account;

सो सबु प्रिया सहज बस मोरें। समुझि परा प्रसाद अब तोरें ॥
जानिउँ प्रिया तोरि चतुराई। एहि बिधि कहेहु मोरि प्रभुताई ॥

हे प्रिये ! वह सब (चराचर विश्व तो) स्वभाव से ही मेरे वश में है। अब तेरी कृपा से मुझे यह अब समझ पड़ा। हे प्रिये ! मैं तेरी चतुराई समझ गया। तू इसी बहाने मेरे ऐश्वर्य का बखान कर रही है (कि विश्वरूप शत्रु मेरे वश में है) ॥३॥

but all this universe, my beloved, whether animate or inanimate, is absolutely under my control; it is by your kind favour that I understand it all now. I recognize your cleverness, my dear, for it is but your way of exalting my glory.

तव बतकही गूढ़ मृगलोचनि। समुझत सुखद सुनत भयमोचनि ॥
मंदोदरि मन महुँ अस ठयऊ। पियहि कालबस मतिभ्रम भयऊ ॥

हे मृगनयनी[१] ! तेरी बातें बड़ी गूढ़ (गम्भीर भावयुक्त) हैं, समझने पर सुख देनेवाली और सुनने से भय छुड़ानेवाली हैं। मन्दोदरी ने अपने मन में ऐसा ठान लिया कि काल-वश होने से ही पति को मति-भ्रम हो गया है ॥४॥

Your words, O fawn-eyed lady, are profound; they afford delight when understood and dispel all fear even when heard.' Mandodari was inwardly assured that her husband's infatuation was the fated forerunner of his ruin.

दो. –एहि बिधि करत बिनोद बहु प्रात प्रगट दसकंध।
सहज असंक लंकपति सभा गएउ मद अंध ॥१६(क)॥

इस प्रकार बहुत हास-विलास करते हुए रावण को सवेरा हो गया। तब स्वभाव से ही निडर और मदांध लङ्कापति सभा में गया ॥१६(क)॥

While Ravana was thus amusing himself, the day broke and the lord of Lanka, fearless by nature and further blinded by pride, entered the council-hall.

सो. –फूलइ फरइ न बेत जदपि सुधा बरषहिं जलद।
मूरुखहृदय न चेत जौ गुर मिलहिं बिरंचि सत ॥१६(ख)॥

यद्यपि मेघ अमृत-सा जल बरसाते हैं, तो भी बेत फूलता-फलता नहीं।[२] इसी प्रकार चाहे सैकड़ों ब्रह्मा ही गुरु बनकर क्यों न मिल जायँ, तो भी मूर्ख के हृदय में ज्ञान नहीं होता ॥१६(ख)॥

Though the clouds rain nectar upon it, the reed neither blossoms nor bears fruit; so the heart of

1. *Cf.* Wordsworth's 'Composed a Few Miles Above Tintern Abbey,' 11. 95-102; *Bhagavad-gita*, Chap. 8, IV 'The universe is the cosmic form of the Supreme Lord. '

१. इस सम्बोधन की सार्थकता ध्यातव्य है। एक तो मृग के समान सुन्दर बड़े-बड़े नेत्रवाली जनाया और दूसरे यह दिखलाया कि मृग के नेत्र भ्रमयुक्त होते हैं। वे 'रविकर बारि' (मृगतृष्णा) को जल जानकर प्यास के मारे दौड़ते हैं। उनकी आँखों में भय भी होता है। मन्दोदरी को सुहाग का भय है।

२. श्यामसुन्दरदासजी के अनुसार 'बेत जरूर फलता-फूलता है'। उनके-जैसे आलोचक भूल जाते हैं कि बेत के दो प्रकार होते हैं। 'जलबेत' (सं. अम्बु-वेतस्), जो नदियों या तालाबों के किनारे होते हैं, फूलते-फलते हैं, परन्तु 'स्थलबेत, (सं. बंजुल) फूलते-फलते नहीं। ये पर्वतों पर होते हैं। चित्रकूट में रहने के कारण तुलसीदास बराबर ऐसे ही बेत देखते थे। फिर वे 'बेत' के लिए जलद की आवश्यकता बतलाते हैं, जिससे स्पष्ट है कि वे 'स्थलबेत' का उल्लेख कर रहे हैं, 'जलबेत' का नहीं। जलबेत के पास तो जल है ही।

a fool learns not wisdom though he may have a hundred Brahmas for his teachers.

चौ. –इहाँ प्रात जागे रघुराई। पूछा मत सब सचिव बोलाई॥
कहहु बेगि का करिअ उपाई। जामवंत कह पद सिरु नाई॥

यहाँ (सुबेल पर्वत पर) प्रातःकाल श्रीरघुनाथजी जागे और उन्होंने सब मन्त्रियों को बुलाकर उनसे सलाह पूछी कि शीघ्र बताइए, क्या उपाय किया जाय? श्रीरामजी के चरणों में सिर नवाकर जाम्बवान् ने कहा –॥१॥

Meanwhile Raghunatha awoke at daybreak and, summoning all his ministers, sought their counsel: 'Make haste and tell me what course should be adopted.' Jambavan bowed his head at the Lord's feet and said,

सुनु सर्बग्य सकल उर बासी। बुधि बल तेज धर्म गुन रासी॥
मंत्र कहौं निज मति अनुसारा। दूत पठाइअ बालिकुमारा॥

हे सर्वज्ञ! हे सब प्राणियों के अंतःकरण में निवास करनेवाले! हे बुद्धि, बल, तेज, धर्म और गुणों की राशि! सुनिए। मैं अपनी बुद्धि के अनुसार सलाह देता हूँ कि बालिपुत्र अंगद को दूत बनाकर भेजिए॥२॥

'Listen, O omniscient Supersoul, dwelling in the heart of every embodied being, sum of all wisdom, might and majesty, piety and goodness! I thus advise you to the best of my ability. Be pleased to send the son of Bali as an ambassador.'

नीक मंत्र सब कें मन माना। अंगद सन कह कृपानिधाना॥
बालितनय बुधि बल गुन धामा। लंका जाहु तात मम कामा॥

यह नेक मंत्र सबके मन को जँच गया। कृपासागर श्रीरामजी ने अंगद से कहा – हे बल, बुद्धि और गुणों के स्थान बालिपुत्र! हे तात! तुम मेरे काम के लिए लङ्का जाओ॥३॥

Everyone heartily approved this advice, and the All-merciful turned to Angad and said, 'O son of Bali, repository of wisdom, strength and virtue, go to Lanka, my friend, in my service.

बहुत बुझाइ तुम्हहि का कहऊँ। परम चतुर मैं जानत अहऊँ॥
काजु हमार तासु हित होई। रिपु सन करेहु बतकही सोई॥

बहुत समझाकर तुम्हें क्या कहूँ, मैं जानता हूँ कि तुम स्वयं परम चतुर हो। शत्रु से वही बातचीत करना जिससे हमारा काम बने और उसका हित भी हो॥४॥

What need is there for me to give you any lengthy instructions? I know you to be supremely clever. Just frame your speech to the enemy in such a way as to advance my cause and benefit him too.'

सो. –प्रभु अग्या धरि सीस चरन बंदि अंगद उठेउ।
सोइ गुनसागर ईस राम कृपा जा पर करहु॥१७(क)॥

प्रभु श्रीरामजी की आज्ञा शिरोधार्य कर और उनके चरणों में प्रणाम कर अंगदजी उठे (और बोले –) हे भगवान् श्रीरामजी! आप जिसपर कृपा करें, वही गुणों का सागर हो जाता है – ॥१७(क)॥

Bowing to the Lord's command and adoring his feet, Angad arose and said, 'O Rama, Lord God, anyone on whom you shed your favour becomes an ocean of every perfection.

स्वयंसिद्ध सब काज नाथ मोहि आदरु दिएउ।
अस बिचारि जुवराज तन पुलकित हरषित हिएउ॥१७ (ख)॥

आपके सब कार्य अपने-आप सिद्ध हैं। हे नाथ! यह तो आपने मुझे आदर दिया है (जो मुझे यह कार्य सौंप रहे हैं)। ऐसा विचारकर युवराज अंगद का हृदय हर्षित और शरीर रोमांचित हो गया॥१७ (ख)॥

Whatever my Lord undertakes to do accomplishes itself; you have honoured me, Lord, by sending me on this mission.' At this thought the Crown Prince rejoiced at heart and the hair of his body bristled with delight.

चौ. –बंदि चरन उर धरि प्रभुताई। अंगद चलेउ सबहि सिरु नाई॥
प्रभुप्रताप उर सहज असंका। रनबाँकुरा बालिसुत बंका॥

(श्रीरामजी के) चरणों की वन्दना कर और हृदय में उनकी प्रभुता को धारणकर अंगद सबको सिर नवाकर चले। प्रभु के प्रताप को हृदय में धारण किये हुए रणबाँकुरे वीर बालिपुत्र स्वाभाविक ही निडर हैं॥१॥

Adoring the Lord's feet and imprinting his majesty upon his heart, Angad bowed his head to the assembly and went forth. The gallant son of Bali, who was an adept in warfare, was dauntless by nature, cherishing as he did the might of the Lord.

पुर पैठत रावन कर बेटा। खेलत रहा सो होइ गइ भेटा॥
बातहि बात करष बढ़ि आई। जुगल अतुलबल पुनि तरुनाई॥

लंकापुरी में प्रवेश करते ही (मार्ग में) रावण के पुत्र से इनकी भेंट हो गयी, जो वहाँ खेल रहा था। बातों-ही-बातों में दोनों में झगड़ा बढ़ गया, (क्योंकि) दोनों ही अतुल बलशाली और युवावस्थावाले थे॥२॥

As soon as he entered the city, he came on one of Ravana's sons (Prahasta), who was playing there. Words led to a fight, for both were unrivalled in strength and in the prime of their youth.

तेहि अंगद कहुँ लात उठाई। गहि पद पटकेउ भूमि भवाई॥
निसिचरनिकर देखि भट भारी। जहँ तहँ चले न सकहिं पुकारी॥

उस (रावण के बेटे) ने अंगद पर लात उठायी। अंगद ने (वही) पैर पकड़कर उसे घुमाकर जमीन पर पटक दिया और मार डाला। राक्षस-समूह भारी योद्धा आया देखकर जहाँ-तहाँ (भाग) खड़े हुए। डर के मारे वे पुकार भी न मचा सके ॥३॥

He raised his foot to kick Angad, who at once seized his foot and, swinging him round, dashed him to the ground. Finding him a formidable warrior, the demon hosts dispersed hither and thither, too much frightened to give the alarm.

एक एक सन मरमु न कहहीं। समुझि तासु बध चुप करि रहहीं॥
भएउ कोलाहलु नगर मझारी। आवा कपि लंका जेहि जारी॥

वे एक-दूसरे को असली बात नहीं बतलाते, उसका वध समझकर सब चुप्पी साधकर रह जाते हैं। नगरभर में खलबली मच गई कि जिसने लङ्का जलायी थी, वही वानर फिर आ गया है ॥४॥

They did not even whisper to one another what had happened; they remained silent when they saw the demon prince was dead. But a rumour was noised through the city that the same monkey who had set Lanka on fire had come again.

अब धौं कहा करिहि करतारा। अति सभीत सब करहिं बिचारा॥
बिनु पूछें मगु देहिं दिखाई। जेहि बिलोक सोइ जाइ सुखाई॥

अत्यन्त भयभीत होकर सब विचार करने लगे कि अब न जाने विधाता क्या करेगा। वे बिना पूछे ही अंगद को (रावण-सभा की) राह बता देते हैं। जिसकी ओर अंगदजी देखते हैं, वही डर के मारे सूख जाता है ॥५॥

Fear gripped the demons, who began to wonder what Providence was going to do next. Unasked they showed him the way; if he but looked at anyone, that demon turned deadly pale.

दो. –गएउ सभा दरबार तब सुमिरि रामपद कंज।
सिंहठवनि इत उत चितव धीर बीर बलपुंज ॥१८॥

तब धीर, वीर और बल की राशि अंगदजी श्रीरामजी के चरणकमलों का स्मरणकर सभा-भवन के द्वार पर गये और इधर-उधर सिंह की-सी ऐंठ (शान) से (निर्भयतापूर्वक) देखने लगे ॥१८॥

Then, with his thoughts fixed on Rama's lotus feet, he reached the door of Ravana's council-chamber. And there he stood with the mien of a lion glancing on this side and on that, a stout-hearted warrior, a living mass of might.

चौ. –तुरत निसाचर एक पठावा। समाचार रावनहि जनावा॥
सुनत बिहसि बोला दससीसा। आनहु बोलि कहाँ कर कीसा॥

शीघ्र ही उन्होंने एक निशाचर भेजकर रावण को (अपने आने का) समाचार सूचित किया। सुनते ही दशशीश रावण ने हँसकर कहा – बुला लाओ, (देखें) कहाँ का बंदर है ॥१॥

Straightway he despatched a demon and apprised Ravana of his coming. On hearing the news the Ten-headed laughed and said, 'Go, bring him here—let's see where he comes from.'

आएसु पाइ दूत बहु धाए। कपिकुंजरहि बोलि लै आए॥
अंगद दीख दसानन बैसा। सहित प्रान कज्जल गिरि जैसा॥

(दशानन की) आज्ञा पाकर बहुत-से (निशाचर) दूत दौड़े और वानरों में हाथी-जैसे अंगद को बुला लाये। अंगद ने रावण को ऐसे बैठे हुए देखा जैसे कोई प्राणयुक्त (सजीव) काजल का पर्वत बैठा हो! ॥२॥

At his command a number of messengers ran and brought the monkey chief. Angad saw the Ten-headed seated on his throne like a black mountain of collyrium endued with life.

भुजा बिटप सिर सृंग समाना। रोमावली लता जनु नाना॥
मुख नासिका नयन अरु काना। गिरि कंदरा खोह अनुमाना॥

उसकी भुजाएँ वृक्षों के और सिर पर्वत-शिखरों के समान हैं। शरीर की रोमावलियाँ मानो बहुत-सी लताएँ हैं। मुँह, नाक, नेत्र और कान पर्वत की कन्दराओं और खोहों के समान लगते हैं ॥३॥

His arms appeared like trees and heads like mountain peaks, the hairs of his body like numerous creepers; his mouths, nostrils, eyes and ears like mountain caves and chasms.

गएउ सभाँ मन नेकु न मुरा। बालितनय अतिबल बाँकुरा॥
उठे सभासद कपि कहुँ देखी। रावन उर भा क्रोध बिसेषी॥

महान् बलशाली बाँके वीर बालिपुत्र अंगद सभा में गये, उनका मन (रावण का प्रभाव देखकर) जरा भी नहीं झिझका। अंगद को देखकर सभी सभासद् उठ खड़े हुए। यह देखकर रावण के हृदय में बड़ा क्रोध हुआ ॥४॥

Without the slightest trepidation of heart he entered the council-hall, the valiant son of Bali, compact of great might. The whole assembly rose at the sight of the monkey, but Ravana's heart was filled with ungovernable fury.

दो. –जथा मत्त गजजूथ महुँ पंचानन चलि जाइ।
रामप्रतापु सुमिरि मन बैठ सभा सिरु नाइ ॥१९॥

जैसे मतवाले हाथियों के झुंड में सिंह (निर्भय होकर) चला जाता है, वैसे ही हृदय में श्रीरामजी के प्रताप का स्मरण कर वे सभा में सिर नवाकर बैठ गए ॥१९॥

Like a lion that treads through a herd of mad elephants, so, after bowing to the assembly, he took his seat, his thoughts fixed on Rama's glorious grace.

चौ. –कह दसकंध कवन तैं बंदर। मैं रघुबीरदूत दसकंधर॥
मम जनकहि तोहि रही मिताई। तव हित कारन आएउँ भाई॥

दशग्रीव रावण ने कहा – अरे बंदर! तू कौन है? (अंगद ने उत्तर दिया –) हे दशग्रीव! मैं श्रीरघुवीर का दूत हूँ। मेरे पिता में और तुझमें मित्रता थी। इसलिए हे भाई! मैं तेरी भलाई के लिए ही आया हूँ॥१॥

'Monkey, who are you?' said the Ten-headed. 'I am a messenger from Raghubira, O Ravana. There was friendship between you and my father; so, brother, it is in your interest that I have come.

उत्तम कुल पुलस्ति कर नाती। सिव बिरंचि पूजेहु बहु भाँती॥
बर पाएहु कीन्हेहु सब काजा। जीतेहु लोकपाल सब राजा॥

तुम्हारा कुल उत्तम है, तुम पुलस्त्य मुनि के नाती हो। तुमने शिवजी और ब्रह्माजी की बहुत प्रकार से पूजा की है। उनसे वर भी पाये हैं और अपने सब कार्य सिद्ध किये हैं। लोकपालों और सब राजाओं को तुमने जीता है॥२॥

Of noble descent, the grandson of Pulastya (one of the mind-born sons of Brahma), you worshipped Shiva and Brahma with every rite, won boons from them, accomplished all your objects and conquered the guardians of the eight quarters and every earthly sovereign.

नृप अभिमान मोहबस किंबा। हरि आनिहु सीता जगदंबा॥
अब सुभ कहा सुनहु तुम्ह मोरा। सब अपराध छमिहिं प्रभु तोरा॥

राजमद के कारण या मोहवश तुम जगज्जननी सीताजी को हर लाये हो। अब तुम मेरे कल्याणकारी वचन सुनो! (मेरी सलाह मानने से) प्रभु श्रीरामजी तुम्हारे सब अपराध क्षमा कर देंगे॥३॥

And now, under the influence of royal arrogance or infatuation, you have carried off Sita, the Mother of the world. Yet listen to the friendly advice I give you; then the Lord will forgive all your sins.

दसन गहहु तृन कंठ कुठारी। परिजन सहित संग निज नारी॥
सादर जनकसुता करि आगे। एहि बिधि चलहु सकल भय त्यागे॥

तुम दाँतों में तिनका दबाओ, गले में कुल्हाड़ी डालो और कुटुम्बियों के साथ अपनी स्त्रियों के संग आदरपूर्वक जानकीजी को आगे करके – इस प्रकार सब भय त्यागकर चलो!॥४॥

Put a straw between your teeth and an axe to your throat and take all your family and your wives with you, reverently placing Janaka's daughter at the head. In this way repair to him, shedding all fear.

दो. –प्रनतपाल रघुबंसमनि त्राहि त्राहि अब मोहि।
आरत गिरा सुनत प्रभु अभय करैगो तोहि॥२०॥

और हे शरणागत के पालन करनेवाले रघुवंशशिरोमणि! अब मेरी रक्षा कीजिए, रक्षा कीजिए – (ऐसा कहने से) तुम्हारी आर्त वाणी सुनते ही प्रभु श्रीरामजी तुमको निर्भय कर देंगे॥२०॥

And address him thus: "O protector of the suppliant, jewel of the house of Raghu, save me, save me now!" When he hears your piteous cry, the Lord will surely set your mind at rest.'

चौ. –रे कपिपोत बोलु संभारी। मूढ़ न जानेहि मोहि सुरारी॥
कहु निज नाम जनक कर भाई। केहि नातें मानिएँ मिताई॥

(रावण ने कहा –) अरे वानर के बच्चे! सँभालकर बोल। अरे मूर्ख! तू मुझे नहीं जानता कि मैं देवताओं का शत्रु हूँ? अरे भाई! अपना और अपने बाप का नाम तो बता। किस नाते मुझसे मित्रता मानता है?॥१॥

(Said Ravana—) 'Pooh! you son of a monkey! Take care what you say! Fool, are you not aware that I am an avowed enemy of the gods? Tell me, young fellow, your name and your father's. What is the common ground on which you claim fellowship between your father and myself?'

अंगद नाम बालि कर बेटा। ता सों कबहुँ भई ही भेटा॥
अंगदबचन सुनत सकुचाना। रहा बालि बानर मैं जाना॥

(अंगद ने उत्तर दिया –) मेरा नाम अंगद है, मैं बालि का बेटा हूँ। उनसे कभी तेरी भेंट हुई थी? अंगद की बात सुनते ही रावण कुछ सकुचा गया और बोला कि हाँ, मैं जान गया (मुझे स्मरण हो आया), बालि नाम का एक वानर था॥२॥

'My name is Angad, son of Bali. Did you ever meet him?' When he heard Angad's reply, Ravana felt uncomfortable. 'Yes,' he said, 'I do remember that there was a monkey called Bali.

अंगद तहीं बालि कर बालक। उपजेहु बंस अनल कुलघालक॥
गर्भ न गएहु ब्यर्थ तुम्ह जाएहु। निज मुख तापसदूत कहाएहु॥

अरे अंगद! तू ही बालि का बेटा है? अरे कुलनाशक! तू तो अपने कुलरूपी बाँस के लिए अग्निरूप ही पैदा हुआ! तू अपनी माता के गर्भ में ही क्यों न नष्ट हो गया[१]? तूने व्यर्थ ही जन्म लिया जो अपने ही मुँह से तपस्वियों का दूत कहलाया –!॥३॥

Are you, Angad, the son of Bali? If you, destroyer of your race, are that Bali's son, you have been born as a fire in a cluster of bamboos for the destruction of your family. Why did you not perish in your

१. तेरी माता का गर्भ न गिर गया?

mother's womb ? In vain were you born who with your own lips call yourself a hermit's envoy.

अब कहु कुसल बालि कहँ अहई । बिहसि बचन तब अंगद कहई ॥
दिन दस गए बालि पहिं जाई । बूझेहु कुसल सखा उर लाई ॥

अब बालि की कुशल तो कह, वह कहाँ है ? तब अंगद ने हँसकर उत्तर दिया – दस (कुछ) दिन बीतने पर तुम्हीं बालि के पास जाकर, अपने सखा को हृदय से लगाकर, कुशल पूछ लेना ॥४॥

Now tell me, is Bali well ? Where is he ?' At this Angad laughed and said, 'Ten days hence you go to Bali and clasping your old friend to your bosom, ask after his well-being.

रामबिरोध कुसल जसि होई । सो सब तोहि सुनाइहि सोई ॥
सुनु सठ भेद होइ मन ता कें । श्रीरघुबीर हृदय नहि जा कें ॥

श्रीरामजी से वैर करने पर जैसी कुशल होती है, वह सब तुमको वे ही सुनावेंगे । अरे शठ ! सुन, भेद उसी के मन में पड़ सकता है (भेदनीति उसी पर कारगर हो सकती है) जिसके हृदय में श्रीरघुवीर न हों ॥५॥

He'll tell you all about the kind of welfare that results from showing hostility to Rama ! Listen, fool; the seeds of dissension can be sown in the mind of him alone whose heart is closed to Raghubira.

दो. –हम कुलघालक सत्य तुम्ह कुलपालक दससीस ।
अंधौ बधिर न अस कहहिं नयन कान तव बीस ॥२१॥

अरे दशानन ! सच है, मैं तो कुल का नाश करनेवाला हूँ और तुम अपने कुल के पालक हो ! ऐसी बात तो अंधे-बहरे भी नहीं कहते; तेरे तो बीस नेत्र और बीस कान हैं ! ॥२१॥

Indeed, Ten-headed, I am the exterminator of my race, while you, Ravana, are the preserver of yours ! Even the blind and the deaf would not say so, whereas you have twenty eyes and an equal number of ears !

चौ. –सिव बिरंचि सुर मुनि समुदाई । चाहत जासु चरनसेवकाई ॥
तासु दूत होइ हम कुल बोरा । अइसिहु मति उर बिहर न तोरा ॥

शिव, ब्रह्मा (आदि) देवताओं और मुनियों के समुदाय जिनके चरणों की सेवा करना चाहते हैं, उनका दूत होकर मैंने कुल को डुबो दिया ? अरे, ऐसी बुद्धि होने पर भी तेरी छाती फट नहीं जाती ? ॥१॥

Did I disgrace my family by acting as the envoy of one whose feet Shiva and Brahma and all the gods and sages long to serve ? It's strange that your heart doesn't burst asunder for entertaining such an idea.'

सुनि कठोर बानी कपि केरी । कहत दसानन नयन तरेरी ॥
खल तव कठिन बचन सब सहऊँ । नीति धर्म मैं जानत अहऊँ ॥

वानर अंगद की कठोर वाणी सुनकर दशमुख रावण आँखें तरेरकर कहने लगा – अरे खल ! मैं तेरे सब कठोर वचन इसीलिए सह रहा हूँ कि मैं नीति और धर्म को जानता हूँ ॥२॥

When he heard the monkey's fierce rejoinder, the Ten-headed glowered at him and said, 'Wretch, I put up with your insolence because I know the laws of courtesy and righteousness.'

कह कपि धर्मसीलता तोरी । हमहुँ सुनी कृत परत्रिय चोरी ॥
देखी नयन दूतरखवारी । बूड़ि न मरहु धर्म ब्रत धारी ॥

कपि अंगद ने कहा – तेरी धर्मशीलता (की बात) मैंने भी सुनी है कि तूने परायी स्त्री की चोरी की है ! और दूत की रक्षा की बात तो अपनी आँखों से देख ली । अरे धर्मव्रतधारी ! तुम डूब नहीं मरते ? ॥३॥

'Yes,' said the monkey, 'I too have heard of the piety you showed in stealing away another man's wife And I have witnessed with my own eyes the protection you vouchsafed to an envoy. An upholder of piety, why do you not drown yourself and thus end your life ?

कान नाक बिनु भगिनि निहारी । क्षमा कीन्हि तुम्ह धर्म बिचारी ॥
धर्मसीलता तव जग जागी । पावा दरसु महूँ बड़भागी ॥

अपनी बहन को नाक-कान से रहित देखकर धर्म विचारकर ही तो तुमने क्षमा कर दिया था ? तुम्हारी धर्मशीलता सारे संसार में जगमगा रही है । मैं भी बड़ा भाग्यवान् हूँ जो मैंने तुम्हारे दर्शन पाये ! ॥४॥

When you saw your sister with her ears and nose cut off, it was from considerations of piety that you forgave the wrong ! Your piety is famed throughout the world; thrice blest am I in being able to see you !'

दो. –जनि जल्पसि जड़ जंतु कपि सठ बिलोकु मम बाहु ।
लोकपाल बल बिपुल ससि ग्रसन हेतु सब राहु ॥२२(क)॥

(रावण ने कहा –) अरे जड़ ! जन्तु ! वानर ! व्यर्थ बक-बक न कर; अरे शठ ! मेरी भुजाओं को तो देख ! ये सब लोकपालों के विपुल बलरूपी चन्द्रमा को ग्रसने के लिए राहु हैं ॥२२(क)॥

'Prate no more, you shallow-brained brute of a monkey ! Look at my arms, O fool, that are like so many Rahus to swallow the great moon-like might of all the guardians of the spheres.

पुनि नभ सर मम कर निकर कमलन्हि पर करि बास ।
सोभत भएउ मराल इव संभु सहित कैलास ॥२२(ख)॥

फिर (तूने सुना ही होगा कि) आकाशरूपी सरोवर में मेरी भुजाओंरूपी कमलों पर कैलास-सहित बसकर शिवजी हंस के समान शोभित हुए थे ! ॥२२(ख)॥

Again, (you might have heard that) while resting on my lotus arms in the lake of the sky, Kailasa with Shiva shone resplendent like a swan.

चौ. —तुम्हरे कटक माझ सुनु अंगद । मो सन भिरिहि कवन जोधा बद ॥
तव प्रभु नारिबिरह बलहीना । अनुज तासु दुख दुखी मलीना ॥

सुन अंगद ! तेरी सेना में बता, ऐसा कौन योद्धा है जो मुझसे भिड़ सकेगा ? तेरा स्वामी तो स्त्री के विरह में बलहीन हो रहा है और उसका छोटा भाई उसी के दुःख से दुःखी और उदास है ॥१॥

Listen, Angad; tell me what warriors in your army will dare fight with me. Your master (Rama) has lost strength, mourning his separation from his wife, while his younger brother shares his grief and is all sad and forlorn.

तुम्ह सुग्रीव कूलद्रुम दोऊ । अनुज हमार भीरु अति सोऊ ॥
जामवंत मंत्री अति बूढ़ा । सो कि होइ अब समरारूढ़ा ॥

तुम और सुग्रीव दोनों तट के वृक्ष हो और जो मेरा छोटा भाई विभीषण है, वह भी बड़ा डरपोक है । मन्त्री जाम्बवान् अत्यन्त बूढ़ा है । वह क्या अब रण में ठहर सकता है ? ॥२॥

You and Sugriva are like trees on a river bank (that can be washed away any moment); as for my younger brother (Vibhishana), he is an utter coward. Your counsellor Jambavan, is too advanced in age to stand steadfast on the field of battle:

सिल्पिकर्म जानहिं नल नीला । है कपि एक महा बलसीला ॥
आवा प्रथम नगरु जेहि जारा । सुनत बचन कह बालिकुमारा ॥

नल-नील तो शिल्प-कर्म जानते हैं (ईंट-पत्थर जोड़नेवाले लड़ना क्या जानें ?) हाँ, (उस सेना में) एक वानर जरूर महान् बलवान् है, जो पहले आया था और जिसने लङ्का जलायी थी । यह सुनते ही बालिपुत्र अंगद ने कहा — ॥३॥

—while Nala and Nila are mere masons (and no warriors). There is one monkey of extraordinary might, he who came before and set fire to the city.' On hearing this, Bali's son (Angad) replied:

सत्य बचन कहु निसिचरनाहा । साचेहु कीस कीन्ह पुरदाहा ॥
रावननगरु अल्प कपि दहई । सुनि अस बचन सत्य को कहई ॥

हे राक्षसराज रावण ! सच्ची बात बताओ, क्या उस बन्दर ने सचमुच तुम्हारे नगर को जला दिया ? रावण (जैसे जगद्विजयी योद्धा) का नगर भला, एक छोटा-सा वानर जला डाले, ऐसे वचन सुनकर उन्हें कौन सत्य कहेगा ? ॥४॥

'Tell me truly, Demon King, is it a fact that a monkey burnt down your city ? A puny monkey set Ravana's city on fire ! Who, on hearing such a report, would say it was true ?

जो अति सुभट सराहेहु रावन । सो सुग्रीव केर लघु धावन ॥
चलै बहुत सो बीर न होई । पठवा खबरि लेन हम सोई ॥

हे रावण ! तुमने अत्यन्त उत्तम योद्धा कहकर जिसे सराहा, वह तो सुग्रीव का एक छोटा-सा दौड़कर चलनेवाला दूत (हरकारा) है । वह बहुत चलता है, वीर नहीं है । उसे तो हमने (केवल) खबर लेने के लिए भेजा था ॥५॥

He, Ravana, whom you have praised as a distinguished champion, is only one of Sugriva's petty errand-boys. He who walks long distances is no fighter; we sent him only to bring back news.

दो. —सत्य नगरु कपि जारेउ बिनु प्रभु आएसु पाइ ।
फिरि न गएउ सुग्रीव पहि तेहि भय रहा लुकाइ ॥२३(क)॥

क्या सचमुच ही उस वानर ने बिना स्वामी की आज्ञा पाये तुम्हारा नगर जला डाला ? इसी डर से वह लौटकर सुग्रीव के पास नहीं गया और कहीं छिप रहा ! ॥२३(क)॥

Did the monkey set fire to your capital without any order from his master ? That's why he didn't go back to Sugriva but stayed in hiding for fear.

सत्य कहहि दसकंठ सब मोहि न सुनि कछु कोह ।
कोउ न हमारें कटक अस तो सन लरत जो सोह ॥२३(ख)॥

हे दशकंठ ! तुम सब सत्य ही कहते हो, सुनकर मुझे रंचमात्र भी क्रोध नहीं हुआ । सचमुच हमारी सेना में ऐसा कोई भी नहीं है जो तुमसे लड़ने में शोभा पाये ! ॥२३(ख)॥

All you say, Ten-headed, is true, and I am not in the least angry when I hear it. There's none in our army who would fight with you with any amount of grace.

प्रीति बिरोध समान सन करिअ नीति असि आहि ।
जौ मृगपति बध मेडुकन्हि भल कि कहै कोउ ताहि ॥२३(ग)॥

प्रेम और विरोध बराबरीवाले से ही करना चाहिए, ऐसी ही नीति है । सिंह यदि मेढकों को मारे, तो क्या कोई उसे अच्छा कहेगा ? ॥२३(ग)॥

It's a good sound maxim that men should be fairly matched in love and war. If a lion were to kill frogs, will anyone speak well of him ?

जद्यपि लघुता राम कहुँ तोहि बधें बड़ दोष ।
तदपि कठिन दसकंठ सुनु छत्रजाति कर रोष ॥२३(घ)॥

यद्यपि तुम्हें मारने में श्रीरामजी की लघुता होगी और बड़ा दोष भी, तथापि हे दशानन ! सुनो, क्षत्रियजाति का क्रोध बड़ा भयंकर होना है ॥२३(घ)॥

Though it's no glory to Rama to kill you and he will incur great blame if he slew you, yet, mark me, Ten-faced, the wrath of the warrior caste[1] is hard to withstand.'

बक्र उक्ति धनु बचन सर हृदय दहेउ रिपु कीस ।
प्रतिउत्तर सड़सिन्ह मनहुँ काढ़त भट दससीस ॥२३(ङ)॥

वक्रोक्तिरूपी धनुष से वचन-बाण चलाकर अंगद ने दुश्मन के हृदय को जला डाला । योद्धा रावण मानो प्रत्युत्तररूपी सँड़सियों से उन बाणों को निकाल रहा है ॥२३(ङ)॥

The monkey (Angad) set the enemy's heart ablaze with the shafts of speech shot forth from the bow of sarcasm, and it was, so to speak, only with a pair of pincers that the valiant Ravana drew them out.

हसि बोलेउ दसमौलि तब कपि कर बड़ गुन एक ।
जो प्रतिपालै तासु हित करै उपाय अनेक ॥२३(च) ॥

तब रावण ने हँसकर कहा – बंदर में यह एक बड़ा गुण है कि जो उसका पालन करता हैं, उसके हित के लिए वह अनेक उपाय करता रहता है ॥२३(च)॥

'A monkey possesses one great virtue,' said Ravana with a laugh; 'he does everything in his power to serve the man who feeds him.

चौ. –धन्य कीस जो निज प्रभु काजा । जहँ तहँ नाचै परिहरि लाजा ॥
नाचि कूदि करि लोग रिझाई । पति हित करै धर्मनिपुनाई ॥

वह वानर धन्य है जो अपने स्वामी के कार्य के लिए लाज छोड़कर जहाँ-तहाँ नाचता है, नाच-कूदकर तथा लोगों को रिझाकर अपने मालिक की भलाई करता है । यह उसके धर्म की निपुणता है ॥१॥

Hurrah for a monkey who dances unabashed in the service of his master anywhere and everywhere ! Dancing and skipping about and amusing the people, he serves the interest of his master—that shows his keen devotion to duty.

अंगद स्वामिभक्त तव जाती । प्रभुगुन कस न कहसि एहि भाँती ॥
मैं गुनगाहक परम सुजाना । तव कटु रटनि करौं नहि काना ॥

हे अंगद ! तेरी जाति ही स्वामिभक्त है, (तब भला,) तू इस प्रकार अपने स्वामी के गुणों का बखान कैसे न करेगा ? मैं गुणों का आदर करनेवाला और परम सुजान (चतुर) हूँ, इसीसे तेरी कड़वी बक-बकपर कान (ध्यान) नहीं देता ॥२॥

All of your race, Angad, are devoted to their lord; how would you, then, fail to extol the accomplishments of your master like this ? I am a respecter of merit and too magnanimous to pay any attention to your offensive chatter.'

कह कपि तव गुनगाहकताई । सत्य पवनसुत मोहि सुनाई ॥
बन बिधंसि सुत बधि पुरु जारा । तदपि न तेहिं कछु कृत अपकारा ॥

अंगद ने कहा – तेरी गुणग्राहकता सत्य है, मुझे हनुमान् ने सुनायी थी । उसने अशोक वन को नष्टकर और तुम्हारे पुत्र को मारकर नगर को जला दिया था । फिर भी (अपनी गुणग्राहकता के कारण तुमने यही समझा कि) उसने तुम्हारा कुछ भी अहित नहीं किया ! ॥३॥

'Yes,' said Angad, 'the Son of the Wind told me how truly you appreciate merit. He laid waste your grove and killed your son and burnt your city and yet (in your eyes) he did you no harm.

सोइ बिचारि तव प्रकृति सुहाई । दसकंधर मैं कीन्हि ढिठाई ॥
देखेउँ आइ जो कछु कपि भाषा । तुम्हरें लाज न रोष न माखा ॥

तुम्हारी उसी सुहावनी प्रकृति का विचारकर, हे दशग्रीव ! मैंने कुछ ढिठाई की है । हनुमान् ने जो कुछ कहा था, उसे आकर मैंने (अपनी आँखों) देख लिया कि तुम्हें न लाज है, न क्रोध और न चिढ़ ही ॥४॥

It was in reliance upon your magnanimity, Ten-headed, that I have been so insolent in my behaviour. On coming here, I have seen for myself all that Hanuman told me, that you have no sense of shame, no anger, no resentment.'

जौ असि मति पितु खाएहु कीसा । कहि अस बचन हसा दससीसा ॥
पितहि खाइ खातेउँ पुनि तोही । अबहीं समुझि परा कछु मोही ॥

(तब रावण ने कहा –) अरे वानर ! जब तेरी ऐसी बुद्धि है तभी तो तू अपने बाप को खा गया ! ऐसी बात कहकर दशशीश रावण हँसा । अंगद ने कहा – पिता को खाकर फिर तुम्हें भी खा डालता, लेकिन अभी-अभी कुछ और ही बात मेरी समझ में आ गयी ॥५॥

'With a mentality like that, monkey,' said Ravana, 'you must have proved to be the death of your father !' and with that Ravana burst into a laugh. 'Having been the death of my father,' said Angad, 'I would have next claimed you as my victim, had I not just thought of something else.

बालि बिमल जस भाजनु जानी । हतौं न तोहि अधम अभिमानी ॥
कहु रावन रावन जग केते । मैं निज श्रवन सुने सुनु जेते ॥

अरे अधम अभिमानी ! बालि के निर्मल यश का पात्र (कारण) जानकर मैं तुझे नहीं मारता । अरे रावण ! कह तो सही कि संसार में कितने रावण हैं ? मैंने अपने कानों से जितने सुन रखे हैं, उन्हें सुन – ॥६॥

1. *i.e.*, the Kshatriya clan.

It's because I look upon you as a memorial to Bali's unsullied renown that I desist from slaying you, you wretched braggart ! Tell me, Ravana, how many Ravanas are there in the world ? Listen while I count how many I have heard of with my own ears.

बलिहि जितन एकु गएउ पताला । राखेउ बाँधि सिसुन्ह हयसाला ॥
खेलहिं बालक मारहिं जाई । दया लागि बलि दीन्ह छोड़ाई ॥

एक (रावण) तो बलि को जीतने के लिए पाताल गया था, तब उसे बच्चों ने घुड़साल में बाँध रखा था । बालक खेलते थे और जा-जाकर उसे (लातों से) मारते थे । बलि को उस पर दया लगी, तब उन्होंने उसे छुड़ा दिया; ॥७॥

who went to the lower world to conquer Bali and was tied up in a stable by the children, who made sport of him and gave him a sound drubbing till Bali took compassion on him and let him go.

एकु बहोरि सहसभुज देखा । धाइ धरा जिमि जंतु बिसेषा ॥
कौतुक लागि भवन लै आवा । सो पुलस्ति मुनि जाइ छोड़ावा ॥

फिर एक रावण को सहस्रबाहु ने देखा और उसने दौड़कर उसे एक विशेष (विचित्र) जन्तु की तरह (समझकर) पकड़ लिया । कौतुक के लिए वह उसे घर ले आया । तब उसे पुलस्त्य मुनि ने जाकर छुड़ाया; ॥८॥

Another again was discovered by Sahasrabahu, who ran and, considering him a strange wild creature, captured him and brought him home for a show, till the sage Pulastya came and secured his release.

दो. –एकु कहत मोहि सकुच अति रहा बालि कीं काँख ।
इन्ह महुँ रावन तैं कवन सत्य बदहि तजि माख ॥२४॥

एक (रावण) की बात कहने में मुझे अत्यन्त संकोच होता है – वह (लम्बे अरसे तक) बालि की काँख में दबा रहा । इनमें से तू कौन रावण है ? खीझना छोड़कर सच-सच बता । (ये सारी घटनाएँ तुम्हीं पर तो नहीं बीतीं ?) ॥२४॥

There was yet another of whom I can only speak with great embarrassment. He was held tight under Bali's arm. Be not angry, Ravana, but tell me plainly, which of all these Ravanas are you ?'

चौ. –सुनु सठ सोइ रावनु बलसीला । हरगिरि जान जासु भुजलीला ॥
जान उमापति जासु सुराई । पूजेउँ जेहि सिर सुमन चढ़ाई ॥

(रावण ने कहा –) अरे शठ ! सुन, मैं वही पराक्रमी रावण हूँ जिसकी भुजाओं की लीला शिव-पर्वत कैलास जानता है, जिसकी शूरता उमापति (महादेवजी) जानते हैं, जिनकी पूजा मैंने अपने सिररूपी पुष्प चढ़ा-चढ़ाकर की है ॥१॥

'Listen, you fool ! I am the same mighty Ravana, the might of whose arms is known to Kailasa (the peak sacred to Shiva) and whose valour to Uma's lord, in whose worship I offered my heads in place of flowers.

सिर सरोज निज करन्हि उतारी । पूजेउँ अमित बार त्रिपुरारी ॥
भुजबिक्रम जानहिं दिगपाला । सठ अजहूँ जिन्ह कें उर साला ॥

सिररूपी कमलों को अपने ही हाथों उतार-उतारकर असंख्य बार मैंने त्रिपुर दैत्य के शत्रु शिवजी की पूजा की है । अरे शठ ! दिक्पाल मेरी भुजाओं का पराक्रम जानते हैं जिनके हृदय में वह आज भी चुभ रहा है; ॥२॥

Times innumerable have I removed my lotus heads with my own hands and worshipped Tripurari (Shiva). The prowess of my arms is well known to the guardians of the quarters, whose hearts, you fool, still smart under the injuries inflicted by them.

जानहिं दिग्गज उरकठिनाई । जब जब भिरौं जाइ बरिआई ॥
जिन्ह के दसन कराल न फूटे । उर लागत मूलक इव टूटे ॥

दिशाओं के हाथी मेरे हृदय की कठोरता को जानते हैं, क्योंकि जब-जब मैं उनसे जबरदस्ती जा भिड़ा, तब-तब उनके विकराल दाँत मेरी छाती में कभी न धँसें (अपना चिह्न भी न बना सके), बल्कि उससे लगते ही वे मूली की तरह स्वयं टूट गए ॥३॥

The hardness of my breast is known to the elephants of the quarters, whose fierce tusks, whenever I impetuously grappled with them, failed to make any impression on it but broke off like radishes as soon as they struck against it.

जासु चलत डोलति इमि धरनी । चढ़त मत्त गज जिमि लघु तरनी ॥
सोइ रावनु जगबिदित प्रतापी । सुनेहि न श्रवन अलीकप्रलापी ॥

जिसके चलते समय धरती इस प्रकार काँपती है जैसे मतवाले हाथी के चढ़ते समय छोटी नाव ! मैं वही जगत्प्रसिद्ध प्रतापी रावण हूँ । अरे अलीकप्रलापी (व्यर्थ बकवाद करनेवाले) ! क्या तूने कभी मुझे कानों से नहीं सुना ? ॥४॥

He at whose movement earth quivers like a little boat when a savage elephant steps into it, even that Ravana am I, famed all over the world, for his might. Did you never hear of him, you lying chatterer ?

दो. –तेहि रावन कहँ लघु कहसि नर कर करसि बखान ।
रे कपि बर्बर खर्ब खल अब जाना तव ग्यान ॥२५॥

उस रावण को तू छोटा कहता है और मनुष्य की प्रशंसा करता है ? अरे दुष्ट, असभ्य, तुच्छ वानर ! अब मैंने तेरा ज्ञान जान लिया (तेरी बुद्धि की गहराई जाँच ली) ॥२५॥

And that's the Ravana you belittle while you exalt a mortal man ? Ah, barbarous monkey, infamous wretch, now I see the depth of your wisdom !'

चौ. –सुनि अंगदु सकोप कह बानी । बोलु सँभारि अधम अभिमानी ॥
सहसबाहु भुज गहन अपारा । दहन अनल सम जासु कुठारा ॥

रावण के वचन सुनकर अंगद ने क्रोधपूर्वक कहा – अरे अधम ! अरे अभिमानी ! सँभालकर बोल । जिनका फरसा सहस्रबाहु की सहस्र भुजाओंरूपी अपार वन को जलाने के लिए दावाग्नि के समान था, ॥१॥

Upon hearing this, Angad replied indignantly: 'Take care what you say, you pitiful boaster ! He whose axe was like a fire to consume Sahasrabahu's unbounded forest of arms,

जासु परसु सागर खर धारा । बूड़े नृप अगनित बहु बारा ॥
तासु गर्ब जेहि देखत भागा । सो नर क्यों दससीस अभागा ॥

जिनके फरसारूपी सागर की तीक्ष्ण धारा में असंख्य राजा बहुत बार डूब गए, जिन्हें देखते ही उन परशुरामजी का गर्व भाग गया, अरे अभागे दशशीश ! वे क्योंकर मनुष्य हैं ? (क्या वे नर हैं ? वे मनुष्य कैसे हो सकते हैं ?) ॥२॥

he whose axe was like the salt sea in whose swift tide kings innumerable have been drowned time after time, he at the sight of whom the same Parashurama's pride took to flight – can he be accounted a man, you wretched Ten-headed ?

रामु मनुज कस रे सठ बंगा । धन्वी कामु नदी पुनि गंगा ॥
पसु सुरधेनु कल्पतरु रूखा । अन्न दान अरु रस पीयूषा ॥

क्यों रे उद्दण्ड मूर्ख ! श्रीरामचन्द्रजी मनुष्य कैसे ? क्या कामदेव भी (साधारण) धनुर्धारी है ? और गङ्गाजी क्या (साधारण) नदी हैं ? कामधेनु क्या पशु है ? कल्पवृक्ष क्या पेड़ है ? अन्न भी क्या (साधारण) दान है ? और अमृत क्या (साधारण) रस है ? ॥३॥

How can Rama be a mere man, you arrogant fool ? Is the god of love an ordinary archer, the Ganga a mere stream, the cow of plenty just an ordinary beast, the tree of Paradise a mere tree, the gift of food an ordinary gift, nectar an ordinary drink,

बैनतेय खग अहि सहसानन । चिंतामनि पुनि उपल दसानन ॥
सुनु मतिमंद लोक बैकुंठा । लाभु कि रघुपतिभगति अकुंठा ॥

गरुड़जी[1] क्या (साधारण) पक्षी हैं ? सहस्र मुखवाले शेषजी[2] क्या (साधारण) सर्प हैं ? अरे दशमुख रावण ! चिन्तामणि भी क्या (सामान्य) पत्थर है ? अरे ओ मूर्ख ! सुन, वैकुण्ठ भी क्या लोक है ? और श्रीरघुनाथजी की अखण्ड भक्ति क्या (और लाभों-जैसा ही) लाभ है ? ॥४॥

– Garuda (the mount of Vishnu) just a bird, the thousand-headed Shesha no more than a snake and the philosopher's stone a mere pebble ? Listen, O dullard ! Is Vaikuntha a sphere like any other and unflinching faith in Raghunatha an ordinary blessing ?

दो. –सेन सहित तव मान मथि बन उजारि पुर जारि ।
कस रे सठ हनुमान कपि गएउ जो तव सुत मारि ॥२६॥

सेनासहित तेरा मान-मर्दनकर, अशोकवन को उजाड़कर, लंका को जलाकर और तेरे लड़के (अक्षयकुमार) को मारकर जो लौट गए, क्यों रे शठ ! वे हनुमान्‌जी क्या (सामान्य) वानर हैं ? ॥२६॥

And is Hanuman, O fool, an ordinary monkey, who got off unhurt after crushing your pride and that of your army, laid waste your *ashoka* grove, setting fire to your city and slaying your son ?

चौ. –सुनु रावन परिहरि चतुराई । भजसि न कृपासिंधु रघुराई ॥
जौ खल भएसि राम कर द्रोही । ब्रह्म रुद्र सक राखि न तोही ॥

अरे रावण ! धूर्तता (कपट) छोड़कर सुन । दयासागर श्रीरघुनाथजी का तू भजन क्यों नहीं करता ? अरे दुष्ट ! जो तू श्रीरामजी का द्रोही हुआ तो तुझे ब्रह्मा और शिव भी नहीं बचा सकते ॥१॥

Listen, Ravana, and have done with all deceit; why do you not worship Raghunatha, the All-merciful ? Oh wretch, if you persist in your hostility to Rama, neither Brahma nor Shiva can protect you.

मूढ़ बृथा जनि मारसि गाला । रामबयर अस होइहि हाला ॥
तव सिर निकर कपिन्ह कें आगें । परिहहिं धरनि रामसर लागें ॥

अरे मूढ़ ! व्यर्थ डींग न हाँक । श्रीरामजी से वैर करने से तेरी ऐसी दशा होगी कि तेरे सिर-समूह राम-बाण लगते ही वानरों के आगे भूमि पर गिरेंगे ॥२॥

Fool, brag not in vain; if you contend with Rama, such will be your fate: smitten by Rama's arrows, your many heads will come tumbling on the ground, in front of the monkeys,

ते तव सिर कंदुक सम नाना । खेलिहहिं भालु कीस चौगाना ॥
जबहिं समर कोपिहि रघुनायक । छुटिहहिं अति कराल बहु सायक ॥

और रीछ-वानर गेंद के समान तेरे उन अनेक मस्तकों से चौगान खेलेंगे । जब श्रीरघुनाथजी समर में क्रोध करेंगे और उनके बहुत-से अत्यन्त भयानक बाण छूटेंगे, ॥३॥

— and the bears and monkeys will play polo with

१. भगवान्‌ के वाहन, कामरूप, भगवान्‌ के सखा; इनके पंखों से सामवेद की ध्वनि होती है ।

२. अपने एक ही सिर पर समस्त ब्रह्माण्ड को धारण करनेवाले

those heads as with so many balls. When Raghunatha is filled with fury in battle and his arrows fly quick and terrible,

तब कि चलिहि अस गाल तुम्हारा। अस बिचारि भजु राम उदारा॥
सुनत बचन रावनु परजरा। जरत महानल जनु घृतु परा॥

तब क्या इस प्रकार तुम्हारा गाल चलेगा ? ऐसा विचारकर उदार (कृपालु) श्रीरामजी को भज। अंगद के वचन सुनते ही रावण बहुत अधिक जल उठा, मानो जलती हुई प्रचण्ड अग्नि में घी पड़ गया हो ॥४॥

—will you then be able to persist in your vain boasting ? Remember this and adore the high-souled Rama !' Hearing Angad's words, Ravana flared up like a great blazing fire upon which *ghi* has been cast.

दो. —कुंभकरन अस बंधु मम सुत प्रसिद्ध सक्रारि।
मोर पराक्रम नहि सुनेहि जितेउँ चराचर झारि ॥२७॥

(वह बोला – अरे मूर्ख !) कुम्भकर्ण-ऐसा तो मेरा भाई है इन्द्र का शत्रु विख्यात मेघनाद मेरा पुत्र है ! और तूने मेरा पराक्रम तो सुना ही नहीं कि मैंने सारे चराचर जगत् को जीत लिया है ! ॥२७॥

'I have,' he cried, 'a brother like Kumbhakarna and the famed Meghanada for a son. And have you never heard of my own valour too, how I conquered the whole of creation, both animate and inanimate ?

चौ. —सठ साखामृग जोरि सहाई। बाँधा सिंधु इहै प्रभुताई॥
नाघहिं खग अनेक बारीसा। सूर न होहिं ते सुनु सब कीसा॥

रे शठ ! वानरों की सहायता जुटाकर राम ने समुद्र (में सेतु) बाँध लिया; बस, यही उसकी शूरता है ! समुद्र को तो अनेक पक्षी लाँघ जाते हैं। पर (इस कर्म से) वे सभी शूर नहीं हो जाते। अरे मूर्ख बंदर ! सुन – ॥१॥

Fool, with the help of monkeys Rama has bridged the ocean and that's all his claim to valour. There are birds innumerable which fly across the ocean, yet listen, O monkey, they are no heroes all.

मम भुज सागर बल जल पूरा। जहँ बूड़े बहु सुर नर सूरा॥
बीस पयोधि अगाध अपारा। को अस बीर जो पाइहि पारा॥

मेरी एक-एक भुजारूपी सागर बलरूपी जल से भरा-पूरा है, जिसमें अनेक शूरवीर देवता और मनुष्य डूब चुके। (बता,) ऐसा कौन शूरवीर है जो मेरे इन अथाह और अपार बीस समुद्रों का पार पा जाय ? ॥२॥

Each one of my arms is a sea brimming over with a flood of strength in which many a valiant god and man has been drowned ! What champion is there so strong that he will reach the end of (or measure and overcome) these twenty oceans unfathomable and boundless ?

दिगपालन्ह मैं नीरू भरावा। भूप सुजसु खल मोहि सुनावा॥
जौ पै समर सुभट तव नाथा। पुनि पुनि कहसि जासु गुनगाथा॥

रे दुष्ट ! मैंने लोकपालों से पानी भरवाया[1] और तू एक राजा का मुझे सुयश सुनाता है ! यदि तेरा स्वामी, जिसकी गुणगाथा तू बार-बार गाता रहा है, संग्राम में लड़नेवाला सुभट (योद्धा) है – ॥३॥

I even made the guardians of the eight quarters draw water for me, while you, O wretch, prate to me of the glory of an earthly prince ! If that master of yours whose virtues you recount again and again, is valiant in battle,

तौ बसीठ पठवत केहि काजा। रिपु सन प्रीति करत नहि लाजा॥
हरगिरि मथन निरखु मम बाहू। पुनि सठ कपि निज प्रभुहि सराहू॥

तो वह दूत किसलिए भेजता है ? शत्रु से प्रीति करते उसे लज्जा नहीं आती ? (पहले) कैलास का मंथन करनेवाली मेरी भुजाओं को देख। फिर अरे मूर्ख वानर ! अपने प्रभु का गुणानुवाद करना ॥४॥

then why does he send an ambassador ? Isn't he ashamed of making terms with an enemy ? Just look at my arms that lifted and violently shook Kailasa and then, foolish monkey, extol your master, if you like.

दो. —सूर कवन रावन सरिस स्वकर काटि जेहि सीस।
हुने अनल अति हरष बहु बार साखि गौरीस ॥२८॥

रावण-जैसा शूरवीर कौन है जिसने अपने ही हाथों सिर काट-काटकर अत्यन्त हर्ष के साथ बहुत बार उन्हें अग्नि में हवन कर दिया ? स्वयं गौरीपति शिवजी इस बात के गवाह हैं ॥२८॥

What hero is there to equal Ravana, who with his own hands cut off his heads time after time and offered them to the sacrificial fire with great delight, Shiva, Gauri's lord, be my witness ?

चौ. —जरत बिलोकेउँ जबहि कपाला। बिधि के लिखे अंक निज भाला॥
नर कें कर आपन बध बाची। हसेउँ जानि बिधिगिरा असाची॥

जब मैंने मस्तकों के जलते समय अपने ललाटों पर लिखे हुए विधाता के अक्षर देखे तब मनुष्य के हाथों अपना वध पढ़कर और विधाता की वाणी को असत्य जानकर मैं हँसा; ॥१॥

When as my skulls began to burn I saw the decree traced on my forehead by the Creator, and read that I was to die at the hands of a mortal, I laughed, for I knew that Brahma's prophecy was a lie.

१. और ये लोकपाल या दिक्पाल देवता हैं, इनका बल मनुष्यों से कहीं अधिक है।

सोउ मन समुझि त्रास नहि मोरें। लिखा बिरंचि जरठ मति भोरें॥
आन बीर बल सठ मम आगें। पुनि पुनि कहसि लाज पति त्यागें॥

उस बात को स्मरण करके भी मेरे मन में (जरा भी) डर नहीं है, (क्योंकि मेरा ख्याल है कि) बूढ़े ब्रह्मा ने बुद्धि-भ्रम से ऐसा लिख दिया होगा। अरे शठ ! तू लज्जा और मर्यादा त्यागकर मेरे आगे बार-बार दूसरे वीर का बल (क्या) कहता है ? ॥२॥

I am not afraid when I remember that, for (I am sure) Brahma must have traced the decree in his half-witted senility. Yet, you fool, you repeatedly exalt the might of another hero in my presence, giving up all sense of shame and honour.'

कह अंगद सलज्ज जग माहीं। रावन तोहि समान कोउ नाहीं॥
लाजवंत तव सहज सुभाऊ। निज मुख निज गुन कहसि न काऊ॥

अंगद ने कहा – अरे रावण ! तेरे समान लज्जावान् संसार में कोई भी नहीं है ! लज्जाशीलता तो तेरा सहज स्वभाव ही है ! तू तो अपने मुँह से अपने गुण कभी कहता ही नहीं ! ॥३॥

Angad replied: 'Yes, there's no one in the world as shamefaced as you. You are so modest by innate disposition that you never trumpet forth your own merits !

सिर अरु सैल कथा चित रही। ता तें बार बीस तैं कही॥
सो भुजबल राखेहु उर घाली। जीतेहु सहसबाहु बलि बाली॥

अरे ! सिर काटने और कैलास उठाने की कथा चित्त में रह गई थी, इससे तूने वह कथा बीसों बार कही। भुजाओं के उस बल को तो तूने हृदय में ही डाल (छिपा) रखा है, जिससे तूने सहस्रबाहु, बलि और बालि को जीता था ! ॥४॥

Only the story of offering your heads (to Shiva) and lifting the mountain (Kailasa) has been foremost in your mind, and that's why you have repeated it twenty times over. As for (the remembrance of) that strength of arm with which you conquered Sahasrabahu, Bali and Bāli, you have kept it buried deep in your heart.

सुनु मतिमंद देहि अब पूरा। काटें सीस कि होइअ सूरा॥
इंद्रजालि कहुँ कहिअ न बीरा। काटै निज कर सकल सरीरा॥

अरे मन्दबुद्धि ! सुन, अब बस कर। मस्तकों के काटने से ही क्या कोई शूर हो जाता है ? इन्द्रजाल रचनेवाले को कोई वीर नहीं कहता, यद्यपि वह अपने ही हाथों अपनी सारी देह काट डालता है ॥५॥

Listen, O duil-witted fool and brag no more; can anyone turn a hero by cutting off one's head ? A juggler is never called a hero though he hacks his whole body to pieces with his own hands.

दो. –जरहिं पतंग मोहबस भार बहहिं खरबृंद।
ते नहि सूर कहावहिं समुझि देखु मतिमंद ॥२९॥

अरे मन्दबुद्धि ! समझकर देख कि पतंगे मोहवश (आग में) जल मरते हैं और गदहों के झुंड बोझ लादकर चलते हैं; पर वे शूरवीर नहीं कहे जाते ॥२९॥

Just ponder and see, you stupid wretch ! Moths are infatuated enough to burn themselves and donkeys carry loads, but they are never called heroes.

चौ. –अब जनि बतबढ़ाव खल करही। सुनु मम बचन मान परिहरही॥
दसमुख मैं न बसीठीं आएउँ। अस बिचारि रघुबीर पठाएउँ॥

अरे दुष्ट ! अब विवाद न बढ़ा, मेरे वचन सुन और अभिमान छोड़ दे ! रे दशमुख ! मैं दूत की तरह (सन्धि करने) नहीं आया। श्रीरघुवीर ने यह विचारकर मुझे भेजा है – ॥१॥

Cease wrangling, O wretch, and listen to my advice and do away with pride. I have not come to you as an envoy (to make terms), O Ten-headed; Raghubira has sent me from another motive.

बार बार अस कहइ कृपाला। नहि गजारिजसु बधें सृकाला॥
मन महुँ समुझि बचन प्रभु केरे। सहेउँ कठोर बचन सठ तेरे॥

वे कृपालु बार-बार ऐसा कहते हैं कि गीदड़ के मारने से सिंह को यश नहीं मिलता। अरे शठ ! प्रभु के वचन मन में समझकर ही मैंने तेरे कठोर वचन सहे ॥२॥

The All-merciful has said again and again: "A lion earns no glory by slaying a jackal." Bearing in mind the words of my Lord, I have put up, O fool, with your insolent speech.

नाहि त करि मुखभंजन तोरा। लै जातेउँ सीतहि बरजोरा॥
जानेउँ तव बलु अधम सुरारी। सूनें हरि आनिहि परनारी॥

नहीं तो तेरे मुखों को तोड़कर मैं सीताजी को जबरदस्ती ले जाता। अरे अधम ! देवताओं के दुश्मन ! तेरी शक्ति तो मैंने तभी जान ली जब सूने में तू परायी स्त्री को हर लाया ॥३॥

Otherwise, I would have smashed your jaws and carried off Sita by force. I could judge your strength, O vile foe of the gods, from the very fact that you stole away another's wife when she was all alone.

तैं निसिचरपति गर्ब बहूता। मैं रघुपतिसेवक कर दूता॥
जौ न राम अपमानहि डरऊँ। तोहि देखत अस कौतुक करऊँ॥

तू राक्षसों का स्वामी और बड़ा अभिमानी है, परंतु मैं तो श्रीरघुनाथजी के सेवक (सुग्रीव) का दूत हूँ। यदि मैं श्रीरामजी के मानभंग से न डरूँ तो तेरे देखते हुए ही ऐसा तमाशा करूँ कि – ॥४॥

You are the lord of the demons and exceedingly haughty, while I am only a messenger of one of Raghunatha's servants. If I were not afraid of insulting Rama, I would have wrought this wonder before your very eyes:

दो. –तोहि पटकि महि सेन हति चौपट करि तव गाउँ।
तव जुवतिन्ह समेत सठ जनकसुतहि लै जाउँ ॥३०॥

तुझे भूमि पर पटककर, तेरी सेना का हननकर और तेरे गाँव को नष्ट-भ्रष्ट कर, अरे शठ! तेरी स्त्रियोंसहित जानकीजी को ले जाऊँ ॥३०॥

I would dash you to the ground, overthrow your army, lay waste your city and carry off Sita, fool, with all the ladies of your household.

चौ. –जौ अस करौं तदपि न बड़ाई। मुएहि बधें नहि कछु मनुसाई ॥
कौल कामबस कृपिन बिमूढ़ा। अति दरिद्र अजसी अति बूढ़ा ॥

यदि मैं ऐसा करूँ तो भी इसमें कोई बड़ाई नहीं होगी – मरे हुए को मारने में कुछ भी पुरुषार्थ नहीं है। वाममार्गी, कामी, कंजूस, अत्यन्त मूढ़, अति दरिद्र, कलंकी, बहुत बूढ़ा, ॥१॥

But if I did so, it would hardly bring me any credit, for there's no great valour in slaying the dead. A follower of the *vamamarga*,[1] the left-handed Shakti cult, a man given over wholly to lust, a miser, a grossly foolish fellow, a destitute beggar, a man in disgrace, a very old man,

सदा रोगबस संतत क्रोधी। बिष्नुबिमुख श्रुति संत बिरोधी ॥
तनुपोषक निंदक अघखानी। जीवत सव सम चौदह प्रानी ॥

सदा रोगी रहनेवाला, निरन्तर क्रोध से भरा रहनेवाला, विष्णु से विमुख, वेद और संतों का वैरी, अपने ही शरीर का पोषण करनेवाला, औरों की निन्दा करनेवाला और पाप की खान – ये चौदह प्राणी जीते हुए भी मुरदे के समान हैं ॥२॥

one who is always ill or always in a passion, an enemy of Vishnu, a foe of the Vedas and the saints, one who is self-indulgent or given to slandering others and he who is thoroughly vicious—these fourteen are no better than corpses even while they live.

1. *i.e.,* the path followed by the Shakti-worshippers who practise the ritual of the tantras and take the greatest care "to keep secret, from the uninitiated, the doctrines and practices that regulate and form their worship. But enough is known to make the members generally ashamed of their connection with the system. See W.J. Wilkins, *Hindu Mythology* (Delhi, 1982), pp. 321 *et seq.*

अस बिचारि खल बधौं न तोही। अब जनि रिस उपजावसि मोही ॥
सुनि सकोप कह निसिचरनाथा। अधर दसन दसि मीजत हाथा ॥

अरे दुष्ट! ऐसा विचारकर मैं तेरा वध नहीं करता। अब तू मुझमें क्रोध पैदा न कर। अंगद के वचन सुनकर राक्षसराज रावण क्रुद्ध हो दाँतों से होंठ काटकर हाथ मलता हुआ बोला – ॥३॥

On this account, O wretch, I refrain from slaying you; but don't rouse my anger any more!' On hearing this, Ravana the Demon King bit his lips, wrung his hands and cried in a fury;

रे कपि अधम मरन अब चहसी। छोटें बदन बात बड़ि कहसी ॥
कटु जल्पसि जड़ कपि बल जा कें। बल प्रताप बुधि तेज न ता कें ॥

अरे अधम वानर! अब तू मरना ही चाहता है। इसीसे छोटे मुँह बड़ी बात कहता है। अरे मूर्ख वानर! तू जिसके बल पर कड़वे वचन बक रहा है, उसके पास बल, प्रताप, बुद्धि और तेज कुछ भी नहीं है ॥४॥

'Your death, vile monkey, is now imminent, for though small of stature, you've spoken big words. He on whose strength you dare blabber such wild, sharp words, O stupid ape, has no strength, glory, intelligence or majesty at all.

दो. –अगुन अमान जानि तेहि दीन्ह पिता बनबास।
सो दुखु अरु जुवतीबिरहु पुनि निसि दिनु मम त्रास ॥३१(क)॥

गुणहीन और आदर-प्रतिष्ठा-रहित समझकर ही तो पिता ने उसे वनवास दे दिया! उसे एक तो इसका दुःख, उस पर युवती स्त्री का विरह और फिर रात-दिन उसे मेरा भय बना रहता है ॥३१(क)॥

Seeing him to be of no worth or dignity, his father exiled him to the forest; apart from that sorrow the separation from his young bride is telling on him and above all he is oppressed with terror of me night and day.

जिन्ह के बल कर गर्ब तोहि अइसे मनुज अनेक।
खाहिं निसाचर दिवस निसि मूढ़ समुझु तजि टेक ॥३१(ख)॥

जिनके बल का तुझे घमंड है, ऐसे अनेक मनुष्यों को तो राक्षस रात-दिन भक्षण किया करते हैं। अरे मूढ़! हठ छोड़कर समझ (विचार कर) ॥३१(ख)॥

The demons devour every night and day many such men as he of whose might you are proud; come to your senses, O fool, and cease to be so obstinate.'

चौ. –जब तेहि कीन्हि राम कै निंदा। क्रोधवंत अति भएउ कपिंदा ॥
हरि हर निंदा सुनै जो काना। होइ पाप गोघात समाना ॥

जब उस रावण ने श्रीरामजी की निन्दा की, तब तो कपीन्द्र अंगदजी

अत्यन्त क्रोधित हुए, क्योंकि जो अपने कानों से भगवान् विष्णु और शिव की निन्दा सुनता है, उसे गोवध करने के बराबर पाप होता है ॥१॥

When he thus inveighed against Rama, the monkey prince grew furious; for he who even listens to blasphemy against Hari (Vishnu) or Hara (Shiva) incurs a sin equal to the slaughter of a cow.

कटकटान कपिकुंजर भारी । दुहुँ भुजदंड तमकि महि मारी ॥
डोलत धरनि सभासद खसे । चले भाजि भय मारुत ग्रसे ॥

वानरश्रेष्ठ अंगदजी बहुत जोर से कटकटाये (क्रोध से दाँत पीसे) और उन्होंने क्रोध में आकर (जोर से) अपने दोनों भुजदण्डों को पृथ्वी पर दे मारा । उससे पृथ्वी डोलने लगी, सभासद् गिर पड़े और भयरूपी वायु से ग्रस्त होकर भाग चले ॥२॥

The mighty monkey, Angad, gnashed his teeth and struck the earth furiously with his two mighty arms; the earth shook and the councillors were thrown off their seats and took to flight, as though struck by a hurricane of terror.

गिरत सँभारि उठा दसकंधर । भूतल परे मुकुट अति सुंदर ॥
कछु तेहि लै निज सिरन्हि सँवारे । कछु अंगद प्रभु पास पबारे ॥

रावण गिरते-गिरते सँभलकर उठ गया, पर उसके अत्यन्त सुन्दर मुकुट पृथ्वी पर गिर पड़े । कुछ तो उसने उठाकर अपने सिरों पर सजाकर रख लिये और कुछ अंगद ने प्रभु श्रीरामचन्द्रजी के पास फेंक दिए ॥३॥

Ravana too tottered from his seat, but recovered himself and got up. Yet his magnificent diadems lay strewn upon the ground; some he took and set straight upon his heads, some Angad sent flying to the Lord.

आवत मुकुट देखि कपि भागे । दिनहीं लूक परन बिधि लागे ॥
की रावन करि कोपु चलाए । कुलिस चारि आवत अति धाए ॥

उन मुकुटों को आते देखकर वानर भाग खड़े हुए । (वे सोचने लगे कि) हे विधाता ! क्या दिन में ही तारे टूटकर गिरने लगे ? अथवा क्या रावण ने क्रोध करके चार वज्र चलाये हैं, जो बड़े वेग से दौड़े हुए चले आते हैं ! ॥४॥

When they saw the crowns coming, the monkeys fled, crying, 'O God, have stars begun to shoot in the daytime ? Or is it that Ravana in his fury has hurled four thunderbolts that come with rushing speed ?'

कह प्रभु हसि जनि हृदय डेराहू । लूक न असनि केतु नहि राहू ॥
ए किरीट दसकंधर केरे । आवत बालितनय के प्रेरे ॥

(प्रभु श्रीरामजी ने उनसे) हँसकर कहा – मन में न डरो, ये न उल्का हैं, न वज्र हैं और न केतु या राहु ही हैं । ये तो दशानन रावण के मुकुट हैं, जो बालिपुत्र अंगद के फेंके हुए वेग से चले आ रहे हैं ॥५॥

'Fear not at heart,' said the Lord with a smile: 'these are neither meteors nor thunderbolts, nor are they the planets Rahu or Ketu; they are Ravana's crowns that are coming, despatched by Bali's son, Angad.

दो. – तरकि पवनसुत कर गहेउ आनि धरे प्रभु पास ।
कौतुक देखहिं भालु कपि दिनकर सरिस प्रकास ॥३२(क)॥

पवन-पुत्र श्रीहनुमान्‌जी ने उछलकर हाथों से उन्हें पकड़ लिया और लाकर प्रभु के पास रख दिया । रीछ और वानर यह कौतुक देखने लगे । उन (मुकुटों) का प्रकाश सूर्य के प्रकाश के समान था ॥३२(क)॥

The Son of the Wind, Hanuman, leapt up and caught them in his hands; he then brought them to the Lord and set them before him. The bears and monkeys gazed in astonishment at the spectacle, for their blazing splendour was like that of the sun.

उहाँ सकोप दसानन सब सन कहत रिसाइ ।
धरहु कपिहि धरि मारहु सुनि अंगद मुसुकाइ ॥३२(ख)॥

वहाँ (अपनी सभा में इसी समय) क्रोधयुक्त दशानन सबसे क्रोधित होकर कहने लगा कि इस वानर को पकड़ लो और पकड़कर मार डालो । यह सुनकर अंगद मुसकराने लगे ॥३२(ख)॥

Meanwhile the Ten-headed in his fury indignantly shouted to one and all, 'Seize the monkey, seize him and slay him.' Angad heard and smiled.

चौ. – एहि बधि बेगि सुभट सब धावहु । खाहु भालु कपि जहँ जहँ पावहु ॥
मर्कटहीन करहु महि जाई । जिअत धरहु तापस द्वौ भाई ॥

(रावण ने फिर कहा –) इसे मारकर सब योद्धा शीघ्र धावा करो (दौड़कर जाओ) और जहाँ-कहीं रीछ-वानरों को पाओ, वहीं खा डालो । पृथ्वी को वानर-रहित कर दो और जाकर दोनों तपस्वी भाइयों को जीता ही पकड़ लो ॥१॥

'After killing him, my mighty warriors, sally forth at once and devour every bear and monkey wherever you may find one. Go and rid the earth of monkeys, but capture the two ascetic brothers alive.'

पुनि सकोप बोलेउ जुवराजा । गाल बजावत तोहि न लाजा ॥
मरु गर काटि निलज कुलघाती । बल बिलोकि बिहरति नहि छाती ॥

तब (रावण के क्रोधभरे वचन सुनकर) युवराज अंगद आपे से बाहर होकर बोले – अरे ! तुझे गाल बजाते लज्जा नहीं आती ? अरे निर्लज्ज ! अरे कुलनाशक ! (अपने हाथों अपना) गला काटकर मर जा ! मेरा बल देखकर भी क्या तेरी छाती नहीं फटती ? ॥२॥

The monkey prince (Angad) was seized with fury and cried, 'Aren't you ashamed to wag your tongue like this ? Cut your throat and die, you shameless destroyer of your race ! Doesn't your heart crack even on seeing my strength ?

रे त्रियचोर कुमारगगामी । खल मलरासि मंदमति कामी ॥
सन्यपात जल्पसि दुर्बादा । भएसि कालबस खल मनुजादा ॥

अरे स्त्री-चोर ! अरे कुमार्ग पर चलनेवाले ! अरे दुष्ट, पाप-राशि, मूर्ख और कामी ! तू सन्निपात में दुर्वचन बक रहा है । अरे दुष्ट मनुष्यभक्षी राक्षस ! तू काल के अधीन हो गया है ! ॥३॥

Ah ! adulterous woman-stealer, compound of impurities, sense-bound dull-witted brute ! You babble such filthy abuse in a state of delirium, which shows that death has you in his toils, wicked cannibal !

या को फलु पावहिगो आगें । बानर भालु चपेटन्हि लागें ॥
रामु मनुज बोलत असि बानी । गिरहिं न तव रसना अभिमानी ॥

इसका फल तू भविष्य में पायेगा जब वानर और भालुओं के चपेटे लगेंगे । राम मनुष्य हैं, ऐसी वाणी बोलते ही, अरे अभिमानी ! तेरी जीभें गिर नहीं पड़तीं ? ॥४॥

You'll reap the fruit of this later on when the monkeys and bears belabour you; but when you thus speak of Rama as a mortal, it's strange that your tongues, O proud demon, do not drop off.

गिरिहहिं रसना संसय नाहीं । सिरन्हि समेत समरमहि माहीं ॥

इसमें सन्देह नहीं है कि तेरी जिह्वाएँ सिरों को लेकर रण-भूमि में गिरेंगी ॥५॥

Assuredly, your tongues will drop off to the ground, heads and all, on the battlefield !

सो. –सो नर क्यों दसकंध बालि बध्यो जेहि एक सर ।
बीसहु लोचन अंध धिग तव जन्म कुजाति जड़ ॥३३(क)॥

क्यों रे दशकन्ध ! क्या वह मनुष्य है जिसने एक ही बाण से बालि को मार डाला ? अरे कुजाति ! अरे जड़ ! तू बीसों आँखों का अंधा है । अतः तेरे जन्म को धिक्कार है ॥३३(क)॥

How can he be a mere man, Ten-headed, who killed Bali with a single shaft ? You're blind for all your twenty eyes; a curse on your ignoble birth, O base-born blockhead !

तव सोनित की प्यास तृषित रामसायक निकर ।
तजौं तोहि तेहि त्रास कटु जल्पक निसिचर अधम ॥३३(ख)॥

श्रीरामचन्द्रजी के बाणसमूह तेरे खून की प्यास से प्यासे हैं । (उनकी प्यास नहीं बुझेगी) इसी भय से, अरे कड़वी बकवाद करनेवाले अधम निशिचर ! मैं तुझे छोड़ देता हूँ ॥३३(ख)॥

Rama's arrows are all thirsting for your blood, and that's why I spare you, insolent wrangler, contemptible demon !

चौ. –मैं तव दसन तोरिबे लायक । आएसु मोहि न दीन्ह रघुनायक ॥
असि रिस होति दसौ मुख तोरौं । लंका गहि समुद्र महँ बोरौं ॥

मैं तेरे दाँत तोड़ने योग्य तो हूँ, (पर क्या करूँ,) श्रीरघुनाथजी ने मुझे आज्ञा ही नहीं दी । मुझे ऐसा क्रोध आता है कि तेरे दसों मुँह तोड़ डालूँ और तेरी लङ्का को पकड़कर समुद्र में डुबा दूँ ॥१॥

I'm capable of smashing your jaws, but I have no command from Raghunatha to do so; otherwise, I am so enraged that I would smash all your ten heads and lifting up Lanka, sink it in the sea.

गूलरिफल समान तव लंका । बसहु मध्य तुम्ह जंतु असंका ॥
मैं बानर फल खात न बारा । आएसु दीन्ह न राम उदारा ॥

तेरी लङ्का गूलर के फल के समान है । तुम सब जन्तु (छोटे-छोटे कीड़े) उसके भीतर निर्भय बस रहे हो । मैं बंदर हूँ, मुझे फल खाते देर न थी, पर उदार श्रीरामचन्द्रजी ने वैसी आज्ञा नहीं दी ॥२॥

Your Lanka is like a fig on a *gular* tree and you demons the unsuspecting insects that live in it. A monkey as I am, I would lose no time in gobbling up the fruit, but the gracious Rama has given me no order to do so.'

जुगुति सुनत रावन मुसुकाई । मूढ़ सिखिहि कहँ बहुत झुठाई ॥
बालि न कबहुँ गाल अस मारा । मिलि तपसिन्ह तैं भएसि लबारा ॥

(अंगद की) यह युक्ति सुनकर रावण मुसकराया (और बोला –) अरे मूढ़ ! बहुत झूठ बोलना कहाँ सीखा ? बालि ने तो कभी ऐसा गाल नहीं मारा । जान पड़ता है तू तपस्वियों से मिलकर झूठ बोलनेवाला – गप्पी और लबार – हो गया है ॥३॥

Upon hearing this ingenious comparison, Ravana smiled and said, 'You fool, where did you learn to tell such big lies ? Bali never boasted like this; it must be your association with the hermits that has made you such a vaunting liar.'

साँचेहुँ मैं लबार भुजबीहा । जौ न उपारिउँ तव दस जीहा ॥
समुझि रामप्रताप कपि कोपा । सभा माझ पन करि पद रोपा ॥

(अंगद ने कहा –) अरे बीस भुजावाले रावण ! यदि तेरी दसों जीभें मैं न उखाड़ डालूँ तो सचमुच ही मैं लबार हूँ । श्रीरामचन्द्रजी के प्रताप को

स्मरणकर अंगद आगबबूला हो उठे और उन्होंने रावण की सभा में प्रतिज्ञापूर्वक पैर जमा दिया ॥४॥

'I'm,' said Angad, 'a blustering liar indeed, O Twenty-armed, if I don't tear out your ten tongues by their roots !' Then, as he recalled Rama's might, Angad grew furious and planted his foot firm in the midst of the assembly.

जौ मम चरन सकसि सठ टारी । फिरहिं रामु सीता मैं हारी ॥
सुनहु सुभट सब कह दससीसा । पद गहि धरनि पछारहु कीसा ॥

(और कहा –) अरे शठ ! यदि तू मेरा चरण हटा सके तो श्रीरामजी लौट जायँगे, मैं सीताजी को हारता हूँ। रावण ने अपने योद्धाओं से कहा – हे सब वीरो ! सुनो, पैर पकड़कर वानर को पृथ्वी पर पछाड़ दो ॥५॥

(He offered this wager, saying,) 'If you can but move my foot, you wretch, Rama will turn back and I shall forgo Sita as a lost wager.' 'Listen, champions all,' said Ravana; 'seize the monkey by the leg and throw him to the ground.'

इंद्रजीत आदिक बलवाना । हरषि उठे जहँ तहँ भट नाना ॥
झपटहिं करि बल बिपुल उपाई । पद न टरै बैठहिं सिरु नाई ॥

इन्द्रजीत (मेघनाद) आदि अनेक बली योद्धा जहाँ-तहाँ से प्रसन्न होकर उठे। वे पूरे बल से और बहुत उपाय करके झपटते हैं, पर पैर नहीं टलता। तब सिर नीचा करके वे (सब जाकर) बैठ जाते हैं ॥६॥

Meghanada (the vanquisher of Indra) and many other stalwart warriors got up with delight from their several seats and rushed with all their might, employing many a trick, but Angad's foot did not stir, and they sat down again with their heads bent low in shame.

पुनि उठि झपटहिं सुर आराती । टरै न कीसचरन एहि भाती ॥
पुरुष कुजोगी जिमि उरगारी । मोह बिटप नहि सकहिं उपारी ॥

(काकभुशुण्डिजी कहते हैं –) वे देव-शत्रु निशाचर फिर उठकर झपटते हैं, परन्तु हे सर्पों के शत्रु गरुड़जी ! वानर का पाँव उनसे वैसे ही नहीं टलता जैसे विषयी पुरुष मोहरूपी वृक्ष को नहीं उखाड़ सकता ॥७॥

(Said Kakabhushundi–) Again the enemies of the gods arose and dashed forward,[1] but the monkey's foot moved no more than a sensuous striver, O Garuda, is able to root up the tree of error planted in his heart.

दो. –कोटिन्ह मेघनाद सम सुभट उठे हरषाइ ।
झपटहिं टरै न कपिचरन पुनि बैठहिं सिर नाइ ॥३४ (क)॥

(बल में) मेघनाद के समान करोड़ों वीर योद्धा प्रसन्न होकर उठे। वे बार-बार झपटते हैं, पर कपि का पैर नहीं उठता। तब (लज्जा के मारे) सिर नवाकर बैठ जाते हैं ॥३४ (क)॥

Myriads of great warriors of Meghanada's might eagerly arose and swooped down, but the monkey's foot did not budge, and they hung their heads and took their seats again.

भूमि न छाड़त कपिचरन देखत रिपुमद भाग ।
कोटि बिघ्न तें संत कर मन जिमि नीति न त्याग ॥३४ (ख)॥

जिस तरह कोटि विघ्नों के आने पर भी संत का मन नीति का त्याग नहीं करता, उसी तरह वानर (अंगद) का चरण पृथ्वी को नहीं छोड़ता। यह देखकर शत्रु का गर्व जाता रहा ! ॥३४ (ख)॥

The monkey's foot would no more leave the ground than the soul of a saint would give up the maxims of morality though assailed by a myriad hindrances. Broken was the pride of the foeman on seeing it.

चौ. –कपिबलु देखि सकल हिय हारे । उठा आपु कपि के परचारे ॥
गहत चरन कह बालिकुमारा । मम पद गहें न तोर उबारा ॥

कपि अंगद का बल देखकर सब राक्षस हृदय से हार गए। तब वानर के ललकारने पर रावण स्वयं उठा। जब वह अंगद का चरण पकड़ने लगा, तब बालिपुत्र अंगद ने कहा – मेरा चरण पकड़ने से तेरा उद्धार न होगा ॥१॥

Everyone who saw Angad's strength was discomfited at heart. Challenged by the monkey, Ravana himself arose. When he proceeded to grasp Angad's foot, Bali's son said, 'You won't be saved by clinging to *my* feet !

गहसि न रामचरन सठ जाई । सुनत फिरा मन अति सकुचाई ॥
भएउ तेजहत श्री सब गई । मध्य दिवस जिमि ससि सोहई ॥

अरे शठ ! तू जाकर श्रीरामजी के चरण क्यों नहीं पकड़ता ? यह सुनकर वह मन-ही-मन अत्यन्त सकुचाकर लौट पड़ा। उसका सारा तेज नष्ट हो गया, उसकी सारी शोभा जाती रही, जैसे मध्याह्न-समय (दोपहर में) चन्द्रमा की शोभा होती है ॥२॥

Why, fool, don't you go and grasp Rama's feet ?' At this Ravana turned away utterly abashed at heart, robbed of all his splendour, and his glory clean gone from him, as the moon waxes dim at mid-day.

सिंघासन बैठेउ सिर नाई । मानहु संपति सकल गवाई ॥
जगदातमा प्रानपति रामा । तासु बिमुख किमि लह बिश्रामा ॥

सिर नीचा करके वह सिंहासन पर जा बैठा, मानो सारी सम्पत्ति खो बैठा हो। श्रीरामचन्द्रजी जगत्‌भर की आत्मा और सबके प्राणों के स्वामी हैं।

1. Or, 'pounced' (upon him).

उनसे प्रतिकूल रहनेवाला – उनका वैरी – सुख-शान्ति कैसे पा सकता है ? ॥३॥

With drooping heads he took his seat upon his throne, as if despoiled of all his riches. How can there be any peace for one who is hostile to Rama, the soul of the world, the lord of life ?

उमा राम की भृकुटि बिलासा । होइ बिस्व पुनि पावै नासा ॥
तृन तें कुलिस कुलिस तृन करई । तासु दूत पन कहु किमि टरई ॥

(शिवजी कहते हैं –) हे उमा ! जिन श्रीरामचन्द्रजी के भ्रू-विलास (इच्छामात्र) से संसार उत्पन्न होता है और फिर नाश को प्राप्त होता है, जो तिनके को वज्र और वज्र को तिनका बना देते हैं, उनके दूत का प्रण, कहो तो भला, कैसे टल सकता है ? ॥४॥

The universe, Uma, says Shiva, springs into being and is again dissolved at the play of Rama's eye-brows. When he is capable of making a blade of grass into a thunderbolt and again a thunderbolt into a blade of grass, how then can his envoy fail in his challenge ?

पुनि कपि कही नीति बिधि नाना । मान न ताहि कालु निअराना ॥
रिपुमद मथि प्रभु सुजसु सुनायो । यह कहि चल्यो बालि नृप जायो ॥

फिर अंगद ने अनेक प्रकार की नीतियाँ कहीं । परंतु रावण ने नहीं माना, क्योंकि उसकी मौत समीप आ गई थी । शत्रु के घमंड को चूरकर अंगद ने उसे प्रभु श्रीरामचन्द्रजी की निर्मल कीर्ति सुनायी और फिर वह राजा बालि का पुत्र यह कहकर चल दिया – ॥५॥

Again the monkey (Angad) gave him all kinds of sound advice, but as his end had drawn near, he would not listen. So having crushed the enemy's pride, the son of King Bali exalted his Lord to his very face and departed, saying,

हतौं न खेत खेलाइ खेलाई । तोहि अबहि का करौं बड़ाई ॥
प्रथमहिं तासु तनय कपि मारा । सो सुनि रावनु भएउ दुखारा ॥

कि रणभूमि में जबतक तुझे खेल खेला-खेलाकर न मारूँ तब तक पहले से क्या बड़ाई करूँ ? अंगद ने सभा में आने के पूर्व ही उसके पुत्र को मार डाला था । वह समाचार सुनकर रावण दुःखी हो गया ॥६॥

'It's no use for me to sing my own praises until I give you a sound drubbing and slay you on the field.' Ravana was sad when he heard that Angad had already slain his son before coming to the council-chamber.

जातुधान अंगदपन देखी । भयब्याकुल सब भए बिसेषी ॥

अंगद की प्रतिज्ञा (सफल) देखकर सब निशाचर भय से बहुत ही बेचैन हो गए ॥७॥

Fear gripped the demons at the success of Angad's challenge.

दो. – रिपुबल धरषि हरषि कपि बालितनय बलपुंज ।
पुलक सरीर नयन जल गहे रामपद कंज ॥३५(क)॥

शत्रु की शक्ति को चूर्णकर, बल की राशि बालिपुत्र अंगदजी ने प्रसन्न होकर आकर श्रीरामचन्द्रजी के चरणकमल पकड़ लिये । उनका शरीर पुलकित है और नेत्रों में प्रेमाश्रु भरे हैं ॥३५(क)॥

After crushing the enemy's power, the mighty monkey, son of Bali, clasped Rama's lotus feet in delight; the hair of his body bristled with emotion and tears of love filled his eyes.

साँझ जानि दसकंधर भवन गएउ बिलखाइ ।
मंदोदरी रावनहि बहुरि कहा समुझाइ ॥३५(ख)॥

सन्ध्या हो गयी जानकर दशकंधर रावण बिलखता हुआ (उदास) घर गया । मन्दोदरी ने फिर रावण को समझाकर कहा – ॥३५(ख)॥

Seeing that it was evening, the Ten-headed returned disconsolately to his palace, where Mandodari once more spoke words of warning and said:

चौ. – कंत समुझि मन तजहु कुमतिही । सोह न समर तुम्हहि रघुपतिही ॥
रामानुज लघु रेख खचाई । सोउ नहि नाघेहु असि मनुसाई ॥

हे कान्त ! मन में (अच्छी तरह) विचारकर कुबुद्धि को त्याग दो । आपसे और श्रीरघुनाथजी में युद्ध शोभा नहीं देता ।[1] उनके छोटे भाई ने एक छोटी-सी लकीर खींच दी थी, उसे भी आप नहीं लाँघ सके, यही तो आपका पुरुषत्व है ! ॥१॥

'Reflect, my beloved lord, and abandon perversity; it does not behove you to fight with Raghunatha. Rama's younger brother (Lakshmana) had traced a thin line, and even this you could not cross; such is your valour !

पिय तुम्ह ताहि जितब संग्रामा । जा के दूत केर यह कामा ॥
कौतुक सिंधु नाघि तव लंका । आएउ कपिकेहरी असंका ॥

हे प्राणपति ! आप उन्हें संग्राम में जीत पायेंगे जिनके दूत के ये काम हैं ? खेल से ही समुद्र लाँघकर वह कपिसिंह (हनुमान्) आपकी लङ्का में निर्भय चला आया ॥२॥

Husband, do you expect to conquer him in battle whose messenger performs such exploits ? Leap-ing across the ocean as though in sport, that lion

१. आप उनसे युद्ध करने के योग्य नहीं हैं ।

among monkeys entered dauntless the city of Lanka,

रखवारे हति बिपिन उजारा । देखत तोहि अक्ष तेहि मारा ॥
जारि सकल पुर कीन्हेसि छारा । कहाँ रहा बल गर्ब तुम्हारा ॥

(अशोकवन के) रखवालों को मारकर उसने सारा वन उजाड़ डाला; आपके देखते हुए उसने अक्षयकुमार को मार डाला और सम्पूर्ण लंका को जलाकर राख कर दिया । तब आपके बल का घमंड कहाँ था ? ॥३॥

—slew your watchmen and laid waste the (ashoka) grove. Nay, he killed Aksha under your very nose, and, setting fire to the city, reduced the whole to ashes. Where did your pride of power remain lurking at that time ?

अब पति मृषा गाल जनि मारहु । मोर कहा कछु हृदय बिचारहु ॥
पति रघुपतिहि नृपति जनि मानहु । अग जग नाथ अतुलबल जानहु ॥

अब हे स्वामी ! झूठ गाल न मारिए (डींग न हाँकिए) । मेरे कहने पर कुछ हृदय में विचार कीजिए । हे पति ! श्रीरघुपति को निपट नर-राज मत मानिए, बल्कि चराचर का स्वामी और असीम बलवाला जानिए ॥४॥

Cease, my spouse, from idle boast and pay some heed to my words. Do not imagine that Raghupati is a mere king, my husband, but know him to be the Lord of the animate and inanimate creation, peerless in might.

बानप्रताप जान मारीचा । तासु कहा नहि मानेहि नीचा ॥
जनकसभा अगनित भूपाला । रहे तुम्हौं बल अतुल बिसाला ॥

उनके बाण के प्रताप को तो मारीच भी जानता था । परंतु आपने उसे नीच मानकर उसका कहा नहीं माना । जनक की सभा में असंख्य राजा थे । वहाँ विशाल और अतुलित बलवाले आप भी थे— ॥५॥

The might of his arrows was known to Maricha, but you heeded not his warning, for you counted him mean. In Janaka's court were assembled innumerable princes, and you too were there in all your incomparable and overwhelming might.

भंजि धनुष जानकी बिआही । तब संग्राम जितेहु किन ताही ॥
सुरपतिसुत जानै बल थोरा । राखा जिअत आँखि गहि फोरा ॥

वहाँ धनुष तोड़कर उन्होंने जानकी को ब्याहा, तब आपने उन्हें संग्राम में क्यों न जीत लिया ? देवराज इन्द्र का पुत्र जयन्त उनके बल को कुछ-कुछ जानता है । श्रीरामजी ने उसे पकड़कर, केवल उसकी एक आँख फोड़कर उसे जीवित ही छोड़ दिया— ॥६॥

There he broke the bow and won the hand of Janaka's daughter; why did you not conquer him in battle then ? Jayanta, the son of Indra (the lord of heaven), knew a little of Rama's might when he caught hold of him and spared his life after robbing him of an eye.

सूपनखा कै गति तुम्ह देखी । तदपि हृदय नहि लाज बिसेषी ॥

शूर्पणखा की दशा भी आपने देखी । तब भी आपके हृदय में (उनसे लड़ने की बात सोचते हुए) विशेष लज्जा न आयी ! ॥७॥

You have yourself seen Shurpanakha's condition, yet when you thought of fighting with him, weren't you ashamed ?

दो.—बधि बिराध खर दूषनहि लीला हत्यो कबंध ।
बालि एक सर मार्‌यो तेहि जानहु दसकंध ॥३६॥

जिन्होंने विराध और खर-दूषण का वधकर पुनः लीला से ही कबन्ध को भी मार डाला और जिन्होंने बालि को एक ही बाण से मार गिराया, हे दशकन्ध ! आप उन्हें जान लीजिए ॥३६॥

O Ten-headed, try to recognize him, who, having slain Viradha, Khara and Dushana, killed Kabandha in mere sport and laid Bali low with a single shaft.

चौ.—जेहि जलनाथु बँधाएउ हेला । उतरे प्रभु दल सहित सुबेला ॥
कारुनीक दिनकर कुल केतू । दूत पठाएउ तव हित हेतू ॥

जिन्होंने खेल में ही समुद्र को बँधा लिया और जो प्रभु सेना के साथ सुबेल पर्वत पर उतर पड़े, उन सूर्यकुल के ध्वजास्वरूप दयालु भगवान् ने आपही के कल्याण के लिए दूत भेजा ॥१॥

He who had the ocean bridged as a mere pastime, the Lord who has encamped with his host on Mount Suvela, the same gracious Banner of the Solar race sent you in your own interest an envoy,

सभा माझ जेहि तव बल मथा । करिबरूथ महु मृगपति जथा ॥
अंगद हनुमत अनुचर जा के । रनबाँकुरे बीर अति बाँके ॥

जिस (दूत) ने बीच सभा में आकर आपके बल को वैसे ही मथ डाला जैसे हाथियों के झुंड नें आकर सिंह (उसे मथ डालता है) । रण में बाँके और अत्यन्त विकट वीर अंगद तथा हनुमान् जिनके अनुगामी (सेवक) हैं, ॥२॥

—who, like a lion among a herd of elephants, trampled on your might in the very midst of the assembly. Though he has for his servants such formidable warriors as Angad and Hanuman, both lusty leaders of the fray,

तेहि कहुँ पिय पुनि पुनि नर कहहू । मुधा मान ममता मद बहहू ॥
अहह कंत कृत रामबिरोधा । काल बिबस मन उपज न बोधा ॥

उनको, हे पति ! आप बार-बार मनुष्य कहते हैं और व्यर्थ ही मान, ममता

और मद का बोझ ढो रहे हैं।[१] हा प्रियतम ! खेद है कि आपने श्रीरामजी से वैर किया ! काल के विशेष वश में होने के कारण आपके मन में ज्ञान उत्पन्न नहीं होता ॥३॥

still, husband, you speak of him over and over again as a mortal and vainly carry on your head the burden of pride, attachment and arrogance. O my lord, you have opposed Rama and, overtaken as you are by Doom, the light of wisdom does not dawn on your mind.

कालु दंड गहि काहु न मारा । हरै धर्म बल बुद्धि बिचारा ॥
निकट कालु जेहि आवत साईं । तेहि भ्रम होइ तुम्हारिहि नाईं ॥

काल दण्ड (लाठी) लेकर किसीको नहीं मारता, वरन् वह धर्म, बल, बुद्धि और विचार को हर लेता है । हे स्वामी ! काल जिसके समीप आ जाता है, उसे आपही की तरह भ्रम हो जाता है ॥४॥

Doom does not strike anyone with uplifted rod; all he does is to rob a man of piety, strength, reason and judgement. He whose Doom draws near falls a prey to delusion, even as you have now, my lord.

दो. –दुइ सुत मारेउ दहेउ पुर अजहुँ पूर पिय देहु ।
कृपासिंधु रघुनाथ भजि नाथ बिमल जसु लेहु ॥३७॥

आपके दो पुत्र मारे गए और नगर जलाया गया । हे प्रियतम ! अब भी (इस भूल की) पूर्ति कर दीजिए और हे नाथ ! दयासागर श्रीरघुनाथजी का भजनकर निर्मल यश लीजिए ॥३७॥

Two of your sons have been slain and your city has been burnt; retrace your step even now, my beloved; worship Raghunatha, ocean of grace, and thus, my lord, win for yourself the most spotless renown.'

चौ. –नारिबचन सुनि बिसिख समाना । सभा गएउ उठि होत बिहाना ॥
बैठ जाइ सिंघासन फूली । अति अभिमान त्रास सब भूली ॥

स्त्री के बाण-सरीखे वचन सुनकर सवेरा होते ही रावण उठकर सभा में चला गया और सारा डर भुलाकर अत्यन्त अभिमान में फूलकर राज-सिंहासन पर जा बैठा ॥१॥

Hearing the words of his consort that pierced him like a shaft, Ravana arose at daybreak and left for his council-chamber. Forgetting all his fears, he went and took his seat upon his throne, bloated with pride.

इहाँ राम अंगदहि बोलावा । आइ चरन पंकज सिरु नावा ॥
अति आदर समीप बैठारी । बोले बिहसि कृपाल खरारी ॥

इधर[१] श्रीरामजी ने अंगद को बुलवाया । उन्होंने आकर (प्रभु श्रीरामजी के) चरणकमलों में अपना सिर नवाया । बड़े ही आदर से उन्हें पास बिठाकर खर के शत्रु कृपालु श्रीरामजी हँसकर बोले – ॥२॥

Meanwhile, Rama summoned Angad, who came and bowed his head at Rama's lotus feet. Kharari, the gracious Lord, most courteously seated him by his side and then said with a smile,

बालितनय कौतुक अति मोही । तात सत्य कहु पूछउँ तोही ॥
रावनु जातुधान कुल टीका । भुजबल अतुल जासु जग लीका ॥

हे बालिपुत्र ! मुझे बड़ा ही कौतूहल (आश्चर्य) है; हे तात ! इसीसे मैं तुमसे पूछता हूँ, सत्य कहना । जो रावण राक्षसों के कुल का शिरोमणि है और जिसके अतुलित भुजबल की जगत्‌भर में प्रसिद्धि है, ॥३॥

'O son of Bali, I am very curious to know, answer truly, my friend, when I ask you. Ravana is the glory of the demon race and renowned throughout the world for his incomparable might of arm.

तासु मुकुट तुम्ह चारि चलाए । कहहु तात कवनी बिधि पाए ॥
सुनु सर्बग्य प्रनत सुखकारी । मुकुट न होहिं भूपगुन चारी ॥

तुमने उसके चार मुकुट (हमारे पास) फेंके । हे तात ! कहो तो, तुमने उनको किस प्रकार पाया ? (अंगद ने कहा –) हे सर्वज्ञ ! हे शरणागत को सुखी करनेवाले ! सुनिए, वे मुकुट नहीं हैं, वे तो राजा के चार गुण हैं ॥४॥

You tossed four of his crowns to me; pray tell me, my friend, by what device did you lay your hands on them ?' 'Listen, omniscient Lord,' said Angad, 'who bring joy to the suppliant: they were not crowns but the four virtues[1] of a king—

साम दान अरु दंड बिभेदा । नृप उर बसहिं नाथ कह बेदा ॥
नीति धर्म के चरन सुहाए । अस जिअ जानि नाथ पहि आए ॥

हे स्वामी ! वेद कहते हैं कि साम, दान, दण्ड और भेद – ये चारों राजा के हृदय में निवास करते हैं । ये नीति-धर्म के चार सुहावने चरण हैं । (किंतु रावण धर्महीन, प्रभुपद-विमुख है) ऐसा जी में जानकर ये स्वामी के पास आ गए हैं ॥५॥

—*viz.*, *sama* (conciliation), *dana* (gift),[2] *danda* (physical force or coercion)[3] and *bheda* (division), which dwell in the heart of a king, so declare the Vedas, my Lord; they are the noble pedestals on which kingly polity and religion stand; realizing

१. 'बहहू' = १. वहन करना, ढोना; २. बहना । (यदि दूसरा अर्थ सही है तो इस पंक्ति का भावार्थ होगा – "व्यर्थ ही मान, ममता और मद में बह रहे हैं ।")

१. सुबेल पर्वत पर ।

1. Or, prerogatives.

2. Concession or bribery.

3. Punishment or subjugation.

this, they came of themselves to my Lord (who is a true repository of all statesmanlike virtues).

दो. –धर्महीन प्रभुपद बिमुख काल बिबस दससीस ।
तेहि परिहरि गुन आए सुनहु कोसलाधीस ॥३८(क)॥

दशशीश रावण धर्महीन, प्रभु के चरण से विमुख और काल के अधीन है। इसलिए हे कोसलराज ! सुनिए, वे गुण रावण को त्यागकर आपके पास आ गए हैं ॥३८(क)॥

The ten-headed Ravana has no religion; he bears a settled aversion to the Lord's feet and is death-doomed; and—mark me, monarch of Kosala—that is why these virtues have deserted him and sought refuge in you.'

परम चतुरता श्रवन सुनि बिहसे रामु उदार ।
समाचार पुनि सब कहे गढ़ के बालिकुमार ॥३८(ख) ॥

(अंगद की) परम चतुराई की वाणी कानों से सुनकर उदार श्रीरामचन्द्रजी हँसने लगे। फिर बालिपुत्र ने लंका गढ़ के सब समाचार कहे ॥३८(ख)॥

The noble-souled Rama smiled to hear Angad's quaint conceit. Bali's son then gave him all the news of the fort of Lanka.

चौ. –रिपु के समाचार जब पाए । राम सचिव सब निकट बोलाए ॥
लंका बाँके चारि दुआरा । केहि बिधि लागिअ करहु बिचारा ॥

जब श्रीरामजी को शत्रु के समाचार प्राप्त हो गए, तब उन्होंने अपने सब मन्त्रियों को निकट बुलाया (और कहा–) लङ्का के चार बड़े विकट दरवाजे हैं। उन्हें किस प्रकार घेरा जाय, इस पर विचार कीजिए ॥१॥

When Rama had received his report of the enemy, he called to him all his counsellors and said, 'Consider how we may assail the four massive gates of Lanka.'

तब कपीस रिच्छेस बिभीषन । सुमिरि हृदय दिनकर कुल भूषन ॥
करि बिचार तिन्ह मंत्र दृढ़ावा । चारि अनी कपिकटकु बनावा ॥

तब वानरों के राजा सुग्रीव और ऋक्षपति जाम्बवान् तथा विभीषण ने हृदय में सूर्यकुलभूषण (श्रीरघुनाथजी) का स्मरण किया और विचार करके उन्होंने कर्तव्य निश्चित किया। उन्होंने वानर-सेना के चार दल बनाये ॥२॥

Then the Monkey King (Sugriva) and the king of the bears (Jambavan) and Vibhishana, with their thoughts fixed on the jewel of the Solar race, took counsel together and resolved upon a definite plan. They divided the monkey host into four companies

जथाजोगु सेनापति कीन्हे । जूथप सकल बोलि तब लीन्हे ॥
प्रभुप्रतापु कहि सब समुझाए । सुनि कपि सिंघनाद करि धाए ॥

और उनके लिए यथायोग्य सेनापति नियुक्त किये। तब उन्होंने सब यूथपतियों को बुला लिया और प्रभु श्रीरामजी का प्रताप कहकर उन सबको समझाया, जिसे सुनकर वानर सिंह के समान गर्जन करके दौड़े ॥३॥

—and appointed generals, each capable of doing a competent job. They then summoned all the company commanders together, and bringing the Lord's might home to them, issued their orders, hearing which the monkeys rushed forward roaring like lions.

हरषित रामचरन सिर नावहिं । गहि गिरि सिखर बीर सब धावहिं ॥
गर्जहिं तर्जहिं भालु कपीसा । जय रघुबीर कोसलाधीसा ॥

वे प्रसन्न होकर श्रीरामजी के चरणों में सिर झुकाते हैं और फिर पर्वतों के शिखर ले-लेकर सब वीर धावा करते हैं। 'कोसलराज श्रीरघुवीरजी की जय हो' पुकारते हुए रीछ और वानर गरजते और उछलते-ललकारते हैं ॥४॥

Joyfully they first bowed their heads at Rama's feet, and with mountain peaks in their hands, all the heroes sallied forth, roaring and leaping, bears and monkeys all, and shouting, 'Victory to Raghubira, king of Kosala !'

जानत परम दुर्ग अति लंका । प्रभुप्रताप कपि चले असंका ॥
घटाटोप करि चहुँ दिसि घेरी । मुखहिं निसान बजावहिं भेरी ॥

यह जानते हुए भी कि लङ्का अत्यन्त अजेय किला है, प्रभु श्रीरामचन्द्रजी के प्रताप से वानर निर्भय होकर चले। चारों ओर से घिरे हुए मेघों की तरह लङ्का को चारों दिशाओं से घेरकर वे मुँह से ही नगाड़े और भेरी बजाते हैं ॥५॥

Though they knew that Lanka was a most impregnable stronghold, on the monkeys went undismayed in the might of their Lord, Rama. Encompassing all the four quarters like a mass of clouds spreading over the horizon on all sides, they made martial music of drums and kettledrums at their mouths.

दो. –जयति राम जय लछिमन जय कपीस सुग्रीव ।
गर्जहिं सिंघनाद कपि भालु महा बलसींव ॥३९॥

अपार बल की सीमा वे वानर-भालू ऊँचे स्वर से 'श्रीरामजी की जय', 'लक्ष्मणजी की जय,' 'वानरराज सुग्रीव की जय' ऐसी गर्जना और सिंहनाद करते हैं ॥३९॥

'Victory to Rama ! Victory to Lakshmana ! Victory to Sugriva, lord of the monkeys !' Thus roared the monkeys and bears, unequalled in their great valour, like so many lions.

चौ. –लंका भएउ कोलाहल भारी। सुना दसानन अति अहँकारी॥
देखहु बनरन्ह केरि ढिठाई। बिहसि निसाचरसेन बोलाई॥

(उसे सुनकर) लङ्का में भारी कोलाहल मच गया। अत्यन्त अहंकारी रावण ने भी उसे सुना और कहा – वानरों की ढिठाई तो देखो! यह कहते हुए हँसकर उसने निशाचर-सेना बुलायी॥१॥

Lanka became a scene of loud uproar. When the arrogant Ravana heard it, he said with a smile, 'Look at the impudence of these monkeys!' and summoned his demon host.

आए कीस काल के प्रेरे। छुधावंत सब निसिचर मेरे॥
अस कहि अट्टहास सठ कीन्हा। गृह बैठें अहार बिधि दीन्हा॥

वानर काल की प्रेरणा से चले आए हैं और मेरे सब राक्षस भी भूखे हैं। विधानकर्ता ब्रह्माजी ने घर-बैठे ही आहार भेज दिया। ऐसा कहकर उस मूर्ख ने अट्टहास किया॥२॥

'The monkeys have come at the instance of Doom and all my demons are hungry. God has provided them with a meal, without their going abroad to seek it. So saying, the fool burst into a loud guffaw.

सुभट सकल चारिहु दिसि जाहू। धरि धरि भालु कीस सब खाहू॥
उमा रावनहि अस अभिमाना। जिमि टिट्टिभ खग सूत उताना॥

(और बोला –) हे सब वीरो! चारों दिशाओं में जाओ और रीछों और वानरों को पकड़-पकड़कर खाओ। (शिवजी कहते हैं –) हे उमा! रावण को वैसा ही अभिमान था जैसा टिटिहरी पक्षी को होता है जो पैर ऊपर की ओर करके सोता है। (इसके सम्बन्ध में ऐसा कहा जाता है कि यह रात को इस भय से कि कहीं आकाश न टूट पड़े, उसे रोकने के लिए दोनों पैर ऊपर करके चित सोता है।)॥३॥

'Sally forth in every direction, champions all; and wherever you find the bears and monkeys seize and devour the lot!' Ravana's conceit, (Uma, said Shiva,) was as great as that of the sandpiper which sleeps with its legs in the air (and thinks they help to support the sky).

चले निसाचर आएसु माँगी। गहि कर भिंडिपाल बर साँगी॥
तोमर मुद्गर परसु प्रचंडा। सूल कृपान परिघ गिरिखंडा॥

आज्ञा माँगकर और हाथों में उत्तम भिन्दिपाल, साँगी (बरछी), तोमर, मुद्गर, प्रचण्ड फरसे, त्रिशूल, दुधारी तलवार, परिघ और पहाड़ों के टुकड़े लेकर निशाचर चले॥४॥

Thus bidden, the rangers of the night sallied forth, armed with excellent slings and javelins, iron clubs and maces, trenchant battle-axes, pikes, scimitars, bludgeons and masses of mountain rock in their hands.

जिमि अरुनोपल निकर निहारी। धावहिं सठ खग माँस अहारी॥
चोंचभंग दुख तिन्हहि न सूझा। तिमि धाए मनुजाद अबूझा॥

जैसे मांसाहारी मूर्ख पक्षी लाल पत्थरों का समूह देखकर उस पर टूट पड़ते हैं, (पत्थरों पर लगने से) चोंच के टूटने का दुःख उन्हें नहीं सूझता, वैसे ही ये नासमझ राक्षस दौड़े॥५॥

Just as foolish carnivorous birds swoop down upon a heap of rubies the moment they see it, and have no idea of the pain of broken beaks, so did the stupid man-eating monsters rush forth to the fray.

दो. –नानायुध सर चाप धर जातुधान बलबीर।
कोटकगूरन्हि चढ़ि गए कोटि कोटि रनधीर॥४०॥

तरह-तरह के अस्त्र-शस्त्र और धनुष-बाण धारण किये हुए करोड़ों बलवान् और रण में धीर (स्थिर रहनेवाले) वीर राक्षस किले के कँगूरों पर चढ़ गए॥४०॥

Armed with bows and arrows and other weapons of various kinds, myriads of demons, mighty and valiant and staunch in battle, climbed up the battlements of the fort.

चौ. –कोटकगूरन्हि सोहहिं कैसे। मेरु के सृंगन्हि जनु घन बैसे॥
बाजहिं ढोल निसान जुझाऊ। सुनि धुनि होइ भटन्हि मन चाऊ॥

वे राजप्रासाद के कँगूरों पर वैसे ही शोभित हो रहे हैं मानो सुमेरु के शिखरों पर बादल बैठे हों। ढोल और डंके आदि जुझाऊ बाजे बज रहे हैं, जिनकी ध्वनि सुनकर योद्धाओं के मन में उत्साह होता है॥१॥

On the battlements of the palace they looked like dense clouds hanging on the peaks of Mount Sumeru. Martial drums and tabors sounded for the fray, and the souls of the warriors were stirred to fighting frenzy by their crash.

बाजहिं भेरि नफीरि अपारा। सुनि कादर उर जाहिं दरारा॥
देखेन्हि जाइ कपिन्ह के ठट्टा। अति बिसाल तनु भालु सुभट्टा॥

अनगिनत डंके-नगाड़े और शहनाइयाँ बज रही हैं, जिनके शब्द सुनकर कायरों के हृदय में दरारें पड़ जाती हैं। उन्होंने जाकर अत्यन्त विशाल शरीरवाले वानर और रीछ योद्धाओं के ठट्ट (समूह) देखे॥२॥

So fiercely brayed the countless trumpets and bugles that the hearts of cowards, on hearing them, cracked. Advancing further, the demons saw the throng of monkeys and bear champions, monstrous in size,

धावहिं गनहिं न अवघट घाटा। पर्बत फोरि करहिं गहि बाटा॥
कटकटाहिं कोटिन्ह भट गर्जहिं। दसन ओठ काटहिं अति तर्जहिं॥

(देखा कि) वे रीछ-वानर दौड़ रहे हैं; औघट (ऊँची-नीची, विकट) घाटियों को कुछ नहीं गिनते। पहाड़ों को हाथ से पकड़कर और फोड़कर रास्ता बना लेते हैं। करोड़ों योद्धा कटकटाते (दाँतों से कटकट शब्द करते) और गरजते हैं, दाँतों से ओंठ काटते और खूब डपटते हैं ॥३॥

—who rushed on, making no account of rugged valleys, but seizing and bursting asunder hills and so clearing a passage for themselves. Myriads of warriors ground their teeth and shouted aloud; they bit their lips with their teeth (in their excess of fury) and snarled threats.

उत रावन इत राम दोहाई। जयति जयति जय परी लराई ॥
निसिचर सिखरसमूह ढहावहिं। कूदि धरहिं कपि फेरि चलावहिं ॥

उधर रावण की और इधर श्रीरामजी की दुहाई हो रही है। 'जय' 'जय' 'जय' की ध्वनि होते ही लड़ाई छिड़ गयी। राक्षस पहाड़ों के ढेर-के-ढेर शिखरों को ढहाते-गिराते हैं और वानर उछलकर उन्हें पकड़ लेते हैं और लौटाकर उन्हीं की ओर चलाते हैं ॥४॥

There they called on Ravana and here on Rama to help them. With shouts of victory on both sides the grim battle began. When the demons cast down masses of rock, the monkeys seized them with a bound and hurled them back again.

छं. — धरि कुधरखंड प्रचंड मर्कट भालु गढ़ पर डारहीं।
झपटहिं चरन गहि पटकि महि भजि चलत बहुरि पचारहीं ॥
अति तरल तरुन प्रताप तर्पहिं तमकि गढ़ चढ़ि चढ़ि गए।
कपि भालु चढ़ि मंदिरन्ह जहँ तहँ रामजसु गावत भए ॥

भीषण वानर-भालू पर्वतों के टुकड़े ले-लेकर किले पर डालते हैं। वे निशाचरों पर झपटते हैं और पैर पकड़कर उन्हें पृथ्वी पर पटककर भाग चलते हैं और तब ललकारते हैं। अत्यन्त फुर्तीले और बड़े प्रतापवाले वानर-भालू बड़ी फुर्ती से उछलकर किले पर चढ़-चढ़ गए और जहाँ-तहाँ महलों पर चढ़कर श्रीरामजी का यश गाने लगे।

The fearsome monkeys and bears would lay hold of the mountain crags and hurl them at the fort. Darting against their foemen, they would catch them by the feet and dash them to the ground, and then would run off and again challenge them to the combat. Very agile, young and dignified, the monkeys and bears lightly leapt up on the fort and bounding up everywhere on the palaces, sang the praises of Rama.

दो. —एकु एक निसिचर गहि पुनि कपि चले पराइ।
ऊपर आपु हेठ भट गिरहिं धरनि पर आइ ॥४१॥

फिर एक-एक राक्षस को पकड़-पकड़कर वे वानर वीर भाग चले। ऊपर आप और नीचे निशाचर योद्धा — इस तरह वे (किले पर से) पृथ्वी पर आ गिरते हैं ॥४१॥

Again, each catching hold of a demon, the monkeys rushed back and then dropped to the ground with the demon foe beneath and themselves on the top.

चौ. —रामप्रताप प्रबल कपिजूथा। मर्दहिं निसिचर सुभट बरूथा ॥
चढ़े दुर्ग पुनि जहँ तहँ बानर। जय रघुबीर प्रताप दिवाकर ॥

श्रीरामजी के प्रभुत्व से प्रबल वानरों के झुंड राक्षस योद्धाओं के समूह को मसल रहे हैं। फिर वानर जहाँ-तहाँ किले पर चढ़ गए और सूर्य के समान प्रतापवाले श्रीरघुवीर की जय बोलने लगे ॥१॥

By the power of Rama, the strong monkey host crushed the ranks of the demon warriors. They then mounted the fort here and there and made it resound with shouts of glory to Raghubira, majestic as the sun.

चले निसाचरनिकर पराई। प्रबल पवन जिमि घनसमुदाई ॥
हाहाकार भएउ पुर भारी। रोवहिं बालक आतुर नारी ॥

राक्षस-समूह वैसे ही भाग चले जैसे जोर की हवा चलने पर मेघ-समूह तितर-बितर हो जाते हैं। नगर में भारी हाहाकार मच गया। बालक, स्त्रियाँ और रोगी रोने लगे[1] ॥२॥

The demon host fled like a mass of clouds driven by a mighty wind and the city burst into wails and howls; children, invalids and women wept distressfully.

सब मिलि देहिं रावनहि गारी। राजु करत एहि मृत्यु हकारी ॥
निज दल बिचल सुनी तेहि काना। फेरि सुभट लंकेसु रिसाना ॥

सब मिलकर रावण को गालियाँ देते हैं कि राज्य करते हुए इसने मृत्यु बुला ली। जब रावण ने अपनी सेना का विचलित होना कानों से सुना, तब (भागते हुए) योद्धाओं को लौटाकर वह क्रुद्ध हो बोला — ॥३॥

All joined in abusing Ravana, who, king though he was, had invited death. When he heard that his troops were routed, Ravana rallied his champions in a rage.

जो रनबिमुख फिरा मैं जाना। सो मैं हतब कराल कृपाना ॥
सर्बसु खाइ भोग करि नाना। समरभूमि भये बल्लभ प्राना ॥

मैं जिसे रण से पीठ देकर फिरा हुआ जानूँगा, उसे स्वयं भयानक दुधारी कृपाण से मार डालूँगा। मेरा सब-कुछ खाया, तरह-तरह के भोग-विलास किये और अब रणभूमि में प्राण प्यारे हो गए ? ॥४॥

---

१. अथवा, बालक और स्त्रियाँ आर्त्त होकर रोने लगीं।

'If I hear of anyone turning his back on the battlefield,' he shouted, 'I will slay him with my own dread sword. After devouring all my substance and enjoying every luxury, you now on the field of battle grudge to give your lives !'

उग्र बचन सुनि सकल डेराने। चले क्रोध करि सुभट लजाने ॥
सन्मुख मरन बीर कै सोभा। तब तिन्ह तजा प्रान कर लोभा ॥

रावण के उग्र (कठोर) वचन सुनकर वे सब वीर डर गए और लज्जित होकर क्रोध करके लड़ने चले। रण में सम्मुख लड़कर मरने में ही वीर की शोभा है, तब (यह सोचकर) उन्होंने प्राणों का लोभ छोड़ दिया ॥५॥

On hearing these stern words, the champions were all alarmed and ashamed; they marched against the enemy in great fury. To die with one's face to the foe is the glory of a warrior, they thought; and they were then no longer eager to lay great store by their lives.

दो.–बहु आयुध धर सुभट सब भिरहिं पचारि पचारि।
ब्याकुल किये भालु कपि परिघ त्रिसूलन्हि मारि ॥४२॥

अनेक अस्त्र-शस्त्रों से सुसज्जित सब वीर ललकार-ललकारकर भिड़ने लगे। उन्होंने परिघों (लोहदंडों) और त्रिशूलों से मार-मारकर सब रीछ-वानरों को परेशान कर दिया ॥४२॥

Armed with many a weapon, all the warriors pressed forward to the fray, challenging the foe again and again. Smiting the bears and monkeys with iron bludgeons and tridents, they sorely discomfited them.

चौ.–भय आतुर कपि भागन लागे। जद्यपि उमा जीतिहहिं आगे ॥
कोउ कह कहँ अंगद हनुमंता। कहँ नल नील दुबिद बलवंता ॥

(शिवजी कहते हैं–) हे उमा ! वानर डर के मारे व्याकुल हो भागने लगे, यद्यपि आगे चलकर (वे ही) जीतेंगे। कोई कहता है– अंगद और हनुमान् कहाँ हैं ? नल, नील और द्विविद जैसे बलवान् कहाँ हैं ? ॥१॥

Stricken with terror (continues Shiva) the monkeys began to flee, although, Uma, they would come out victorious in the end. Exclaimed one, 'Where are Angad and Hanuman ? Where are the valiant Nala, Nila and Dvivida ?'

निज दल बिकल सुना हनुमाना। पच्छिम द्वार रहा बलवाना ॥
मेघनादु तहँ करै लराई। टूट न द्वार परम कठिनाई ॥

जब बलवान् हनुमान्जी ने अपनी सेना को विकल हुआ सुना, उस समय वे पश्चिम द्वार पर थे। वहाँ उनसे मेघनाद युद्ध कर रहा था। उस द्वार को तोड़ने में भारी कठिनाई हो रही थी (वह टूटता न था) ॥२॥

When Hanuman heard that his army was routed, that valiant warrior held his position at the western gate, where Meghanada led the defence. The gate, however, would not give way and great was the opposition.

पवनतनय मन भा अति क्रोधा। गर्जेउ प्रबल काल सम जोधा ॥
कूदि लंक गढ़ ऊपर आवा। गहि गिरि मेघनाद कहुँ धावा ॥

(इसलिए) पवनपुत्र के मन में अत्यन्त क्रोध हुआ। तब काल के समान उस योद्धा ने बड़े जोर से गर्जन किया और वे कूदकर लङ्का के किले पर आ गए और एक पहाड़ लेकर मेघनाद पर टूट पड़े ॥३॥

Then the Son of the Wind was seized with fury, and the warrior, formidable as Doom, gave a loud roar. He made a bound and sprang upon the top of Lanka fort, and seizing a rock, rushed at Meghanada.

भंजेउ रथ सारथी निपाता। ताहि हृदय महुँ मारेसि लाता ॥
दुसरें सूत बिकल तेहि जाना। स्यंदन घालि तुरत गृह आना ॥

उन्होंने मेघनाद का रथ तोड़ डाला, सारथि को मार गिराया और मेघनाद की छाती में लात जमायी। जब दूसरे सारथि ने मेघनाद को व्याकुल जाना तब वह उसे रथ में डालकर अविलंब घर ले आया ॥४॥

He shattered Meghanada's chariot, overthrew the charioteer and planted a kick on Meghanada's breast. Another charioteer, who saw the distress of Meghanada, threw him on to his chariot and drove him home in haste.

दो.–अंगद सुना पवनसुत गढ़ पर गएउ अकेल।
रनबाँकुरा बालिसुत तरकि चढ़ेउ कपि खेल ॥४३॥

जब अंगद ने सुना कि पवनपुत्र अकेले ही किले पर जा चढ़े हैं, तब रण में बाँके बालिपुत्र भी वानरी खेल-खेल में ही उछल-कूदकर किले पर चढ़ गए ॥४३॥

When Angad heard that Hanuman had made his way into the fort alone, the son of Bali, that doughty warrior, reached the fort in a single bound as a monkey would do in sport.

चौ.–जुद्ध बिरुद्ध क्रुद्ध द्वौ बंदर। रामप्रतापु सुमिरि उर अंतर ॥
रावनभवन चढ़े द्वौ धाई। करहिं कोसलाधीसदोहाई ॥

शत्रुओं के विरुद्ध युद्ध करते हुए दोनों वानर क्रोध से भर गए। उन्होंने हृदय में श्रीरामजी के प्रभुत्व का स्मरण किया और दोनों दौड़कर रावण के महल पर जा चढ़े। वहाँ वे कोसलराज श्रीरामजी की दुहाई बोलने लगे ॥१॥

In the fight that ensued, the two monkeys let loose their fury against the foe and fixed their minds on

Rama's mighty power; then they sprang with a rush to the top of Ravana's palace and shouted, 'The king of Kosala to the rescue !'

कलस सहित गहि भवनु ढहावा । देखि निसाचरपति भय पावा ॥
नारिबृंद कर पीटहिं छाती । अब दुइ कपि आए उतपाती ॥

उन्होंने कलश के साथ महल को पकड़कर ढहा दिया। यह देखकर निशाचरराज रावण भयभीत हो गया। हाथों से सब स्त्रियाँ छाती पीटने लगीं (और कहने लगीं –) अब तो दो उत्पाती वानर (एक साथ) आ गए (न जानें क्या उत्पात मचावें) ॥२॥

Holding the edifice in their hands, they overthrew it, pinnacles and all, and the Demon King was dismayed at the sight, while the women beat their breasts with their hands, crying, 'Now two of these pestilent monkeys have come !'

कपि लीला करि तिन्हहि डेरावहिं । रामचंद्र कर सुजसु सुनावहिं ॥
पुनि कर गहि कंचन के खंभा । कहेन्हि करिअ उतपात अरंभा ॥

वानर-लीला करके (घुड़की देकर) दोनों उनको डराते हैं और श्रीरामचन्द्रजी का सुन्दर यश सुनाते हैं। फिर सोने के खंभों को हाथों से पकड़कर उन्होंने (एक-दूसरे से) कहा कि अब उपद्रव शुरू किया जाय ॥३॥

Angad and Hanuman frightened them with their monkey pranks and proclaimed aloud the glory of Ramachandra. Then, grasping the golden columns in their hands, the two champions cried, 'Let's now make a start on our ravaging job !'

गर्जि परे रिपुकटक मझारी । लागे मर्दइ भुजबल भारी ॥
काहुहि लात चपेटन्हि केहू । भजहु न रामहि सो फलु लेहू ॥

वे गर्जनकर शत्रु-सेना के बीच कूद पड़े और अपने भारी भुजबल से उसका मर्दन करने लगे। किसी-किसी को लातों से और किसी-किसी को थप्पड़ों से मारकर कहते हैं कि तुम श्रीरामजी का भजन नहीं करते, उसका यह फल लो ॥४॥

They roared and leapt down into the midst of the enemy's ranks and began to lay them low with their mighty strength of arms, kicking some and slapping others and crying, 'Take the consequences of not worshipping Rama !'

दो. –एक एक सों मर्दहिं तोरि चलावहिं मुंड ।
रावन आगें परहिं ते जनु फूटहिं दधिकुंड ॥४४॥

(वे दोनों वानर) एक को दूसरे से (रगड़कर) मसल डालते हैं और सिरों को धड़ से तोड़कर फेंकते हैं। वे सिर जाकर रावण के आगे गिरकर ऐसे फूटते हैं मानो दही के कूँड़े (हंडे) फूट रहे हों ॥४४॥

The two heroes crushed their adversaries one against another, and smashing off the victims' heads, hurled them with such precision that they came tumbling in front of Ravana and burst open like so many pots of curd.

चौ. –महा महा मुखिआ जे पावहिं । ते पद गहि प्रभु पास चलावहिं ॥
कहइ बिभीषनु तिन्ह के नामा । देहिं रामु तिन्हहू निज धामा ॥

वे जिन बड़े-बड़े राक्षस सरदारों को पकड़ पाते हैं, उनके पैर पकड़-पकड़कर उन्हें प्रभु श्रीरामजी के पास फेंक देते हैं। विभीषणजी उनके नाम बतलाते हैं और श्रीरामजी उन्हें भी अपना धाम (रामधाम, वैकुण्ठ, साकेत) दे देते हैं ॥१॥

Whenever the two monkey chiefs caught any great commander of the demon host, they would seize him by the foot and send him flying to the Lord. Vibhishana told him their names and Rama assigned even them his own sphere in heaven.

खल मनुजाद द्विजामिष भोगी । पावहिं गति जो जाचत जोगी ॥
उमा रामु मृदुचित करुनाकर । बयरभाव सुमिरत मोहि निसिचर ॥

वे नरभक्षी दुष्ट राक्षस भी जो ब्राह्मणों का मांस खाते हैं, वही सद्गति पाते हैं जिसकी योगी भी याचना किया करते हैं। (शिवजी कहते हैं –) हे उमा ! श्रीरामजी बड़े ही कोमलचित्त और करुणा के भंडार हैं। (वे सोचते हैं कि) राक्षस मुझे वैरभाव से ही सही, स्मरण तो करते ही हैं ॥२॥

Thus those monstrous cannibals who feasted on the flesh of holy Brahmans won to a blessed state that *yogis*[1] crave. O Uma, said Shiva, Rama is so tender-hearted and such a storehouse of compassion that he bestowed the highest state (final liberation) even upon the demons for this reason, that they had him in mind, though it be in a spirit of enmity.

देहिं परमगति सो जिय जानी । अस कृपाल को कहहु भवानी ॥
अस प्रभु सुनि न भजहिं भ्रम त्यागी । नर मतिमंद ते परम अभागी ॥

मन में ऐसा जानकर वे उन्हें सर्वोत्तम गति (मुक्ति) देते हैं। हे भवानी ! कहो तो ऐसा कृपालु (और) कौन है ? ऐसा सुनकर भी जो मनुष्य भ्रम त्यागकर प्रभु का भजन नहीं करते, वे अत्यन्त मन्दबुद्धि और परम अभागे हैं ॥३॥

Tell me, Bhavani, who else is so merciful as he ? Most dull-witted are they and utterly hapless who,

---

1. One who practises Yoga; one who strives earnestly for union with God; an aspirant going through any course of spiritual discipline; a spiritually advanced person with a perfectly unruffled mind under all conditions.

even on hearing of such a Lord, abandon not their errors to worship him.

अंगद अरु हनुमंत प्रबेसा । कीन्ह दुर्ग अस कह अवधेसा ॥
लंका द्वौ कपि सोहहिं कैसे । मथहिं सिंधु दुइ मंदर जैसे ॥

अवधपति (श्रीरामजी) ने (सुग्रीव, विभीषणादि से) कहा कि अंगद और हनुमान् किले में घुस गए हैं। दोनों वानर लङ्का में (विध्वंस करते) ऐसे शोभित हो रहे हैं जैसे दो मन्दराचल समुद्र को मथ रहे हों ॥४॥

'Angad and Hanuman have forced their way into the fort,' so said the lord of Avadh. 'Rampaging in Lanka, the two monkeys look like a pair of Mandarachalas churning up the ocean.'

दो. –भुजबल रिपुदल दलमलि देखि दिवस कर अंत ।
कूदे जुगल बिगतश्रम आए जहँ भगवंत ॥४५॥

बाहुबल से शत्रुसेना को कुचलकर और मसलकर, फिर दिन का अन्त देख हनुमान् और अंगद दोनों बिना परिश्रम (लीलापूर्वक) कूद पड़े और वहाँ आ गए जहाँ भगवान् श्रीरामजी थे ॥४५॥

Having crushed and destroyed the enemy's hosts with the might of their arms and perceiving that it was now the close of day, the two champions leapt down without any exertion and came into the presence of the Blessed Lord Rama.

चौ. –प्रभुपद कमल सीस तिन्ह नाए । देखि सुभट रघुपतिमन भाए ॥
राम कृपा करि जुगल निहारे । भए बिगतश्रम परम सुखारे ॥

उन्होंने (आकर) प्रभु के चरणकमलों में सिर झुकाकर प्रणाम किया। दोनों वीर योद्धा देखने पर श्रीरघुनाथजी के मन को प्रिय लगे। श्रीरामजी ने कृपा करके दोनों को देखा, जिससे वे श्रम-रहित और परम सुखी हो गए ॥१॥

They bowed their heads at the Lord's lotus feet, and Raghunatha was pleased to see his valiant warriors again. Graciously Rama looked upon them both, and at once their fatigue was gone and they were supremely happy.

गए जानि अंगद हनुमाना । फिरे भालु मर्कट भट नाना ॥
जातुधान प्रदोषबल पाई । धाए करि दससीसदोहाई ॥

अंगद और हनुमान् को (रणभूमि से) गये हुए जानकर अनेक भालू और वानर योद्धा लौट पड़े। राक्षसों ने प्रदोष (सायं) काल का बल पाकर रावण की दुहाई देते हुए वानरों पर धावा किया ॥२॥

On learning that Angad and Hanuman had left the field, the numerous monkey and bear champions turned to follow them, but the demons, recovering their strength at nightfall, made a fresh onslaught, shouting, 'Ravana to the rescue !'

निसिचर अनी देखि कपि फिरे । जहँ तहँ कटकटाइ भट भिरे ॥
द्वौ दल प्रबल पचारि पचारी । लरत सुभट नहि मानहिं हारी ॥

राक्षस-सेना को देखकर वानर लौट पड़े और वे योद्धा जहाँ-तहाँ दाँत कटकटाकर भिड़ गए। दोनों ही दल प्रबल हैं। ललकार-ललकारकर वे वीर योद्धा लड़ते हैं, कोई हार नहीं मानता ॥३॥

Seeing the demon host coming on, the monkey warriors turned again and gnashing their teeth in fury, closed with their opponents on every side. The two gallant armies stood formidable, their champions impatiently challenging the foe and coming to a grim fight without admitting defeat.

महाबीर निसिचर सब कारे । नाना बरन बलीमुख भारे ॥
सबल जुगल दल समबल जोधा । कौतुक करत लरत करि क्रोधा ॥

सभी निशाचर अत्यन्त वीर और काले हैं और वानर विशालकाय तथा नाना वर्णों के हैं। दोनों ही दल बलवान् हैं और योद्धा बराबर बलवाले हैं। वे क्रोध करके लड़ते और कौतुक करते (वीरता दिखलाते) हैं ॥४॥

The demons were all great warriors and black of hue, while the monkeys were stupendous in size and of many different colours. The two armies were equally strong, with equally matched champions; displaying their marvellous feats of prowess, they fought with fury,

प्राबिट सरद पयोद घनेरे । लरत मनहु मारुत के प्रेरे ॥
अनिप अकंपन अरु अतिकाया । बिचलत सेन कीन्ह इन्ह माया ॥

(निशाचर और वानर परस्पर लड़ते हुए ऐसे जान पड़ते हैं) मानो क्रमशः वर्षा और शरदृऋतु के बहुत-से बादल पवन से प्रेरित होकर लड़ रहे हों। अनिप, अकंपन और अतिकाय, इन सेनापतियों ने अपनी सेना के पैर उखड़ते देख माया की ॥५॥

as though masses of clouds of the rainy season were driven against autumn clouds by the force of the wind. When they saw that their troops had begun to lose ground, the generals, Anipa, Akampana and Atikaya, had recourse to a magic illusion;

भएउ निमिष महँ अति अँधिआरा । बृष्टि होइ रुधिरोपल छारा ॥

पलभर में घुप अँधेरा छा गया। खून, पत्थर और राख की वृष्टि होने लगी ॥६॥

—in an instant it became pitch dark, and there was a downpour of blood and stones and ashes.

दो. –देखि निबिड़ तम दसहु दिसि कपिदल भएउ खभार ।
एकहि एकु न देखई जहँ तहँ करहिं पुकार ॥४६॥

दसों दिशाओं में घोर सघन अन्धकार देखकर वानरों की सेना में खलबली मच गयी। एक को दूसरा नहीं देख सकता और सब जहाँ-तहाँ पुकार कर रहे हैं ॥४६॥

Beholding the dense darkness in all the ten directions, the monkey host was thrown into confusion; it was impossible to see one another, which led to an outcry everywhere.

चौ. –सकल मरमु रघुनायक जाना। लिए बोलि अंगद हनुमाना॥
समाचार सब कहि समुझाए। सुनत कोपि कपिकुंजर धाए॥

श्रीरघुनाथजी ने सब रहस्य जान लिया। उन्होंने अंगद और हनुमान् को बुला लिया और सब समाचार कहकर समझाया। यह सुनना था कि वे दोनों कपिश्रेष्ठ क्रोध करके दौड़े ॥१॥

But Raghunatha understood the secret of it all and, summoning Angad and Hanuman, he explained to them what was going on. The mighty monkeys had no sooner heard it than they rushed forth in a rage.

पुनि कृपाल हसि चाप चढ़ावा। पावकसायक सपदि चलावा॥
भएउ प्रकास कतहुँ तम नाहीं। ग्यान उदय जिमि संसय जाहीं॥

फिर कृपालु श्रीरामजी ने हँसकर धनुष चढ़ाया और शीघ्र ही अग्निबाण चलाया, जिससे प्रकाश हो गया; कहीं भी अँधेरा नहीं रह गया, जैसे ज्ञान के उदय के साथ संदेह दूर हो जाते हैं ॥२॥

The gracious Lord then strung his bow with a smile and straightway let fly a fiery dart. Lo! light shone forth, and there was no trace of darkness anywhere, even as doubts disappear with the dawn of enlightenment.

भालु बलीमुख पाइ प्रकासा। धाए हरषि बिगत श्रम त्रासा॥
हनूमान अंगद रन गाजे। हाक सुनत रजनीचर भाजे॥

(फिर क्या था,) भालू और वानर प्रकाश पाकर श्रम और भय से रहित हो प्रसन्नतापूर्वक दौड़े। हनुमान् और अंगद रण में गरज उठे। उनकी हाँक सुनते ही निशाचर भाग खड़े हुए ॥३॥

When they saw light again, the bears and monkeys were relieved of their fatigue and fear and pressed on joyously. Hanuman and Angad thundered aloud on the field of battle and at the sound of their menacing roar the demons took to flight.

भागत भट पटकहिं धरि धरनी। करहिं भालु कपि अद्‌भुत करनी॥
गहि पद डारहिं सागर माहीं। मकर उरग झष धरि धरि खाहीं॥

भागते हुए (राक्षस) योद्धाओं को पकड़कर वे पृथ्वी पर पटक देते हैं और अद्भुत करनी करते हैं (युद्धकौशल दिखलाते हैं)। पाँव पकड़कर वे उन्हें समुद्र में डाल देते हैं जहाँ मगर, साँप और मच्छ उन्हें पकड़-पकड़कर खा डालते हैं ॥४॥

Seizing the demon warriors in their flight, the bears and monkeys dashed them to the ground and performed marvellous feats of daring. They caught them by their feet and cast them into the sea, where crocodiles and serpents and fish snapped them up and devoured them.

दो. –कछु मारे कछु घायल कछु गढ़ चढ़े पराइ।
गर्जहिं भालु बलीमुख रिपु दल बल बिचलाइ ॥४७॥

(इस तरह) कुछ राक्षस मारे गए, कुछ घायल हुए, कुछ भागकर किले पर चढ़ गए। अपने बल से शत्रुदल को तितर-बितर कर रीछ और वानर (वीर) गरज रहे हैं ॥४७॥

Thus were some demons slain, some more were wounded, while others fled back to the fort. Having thus routed the enemy forces, the bears and monkeys gave an exultant roar.

चौ. –निसा जानि कपि चारिउ अनी। आए जहाँ कोसलाधनी॥
राम कृपा करि चितवा सबही। भए बिगतश्रम बानर तबही॥

यह जानकर कि रात हो गई, वानरों की चारों सेनाएँ वहाँ आयीं जहाँ कोसलपति श्रीरामजी थे। श्रीरामजी ने कृपा करके ज्यों ही सबको देखा त्यों ही वानर श्रम-रहित हो गए ॥१॥

Seeing that it was now night, the four divisions of the monkey host returned to the camp of the lord of Kosala. As soon as Rama cast his gracious glance upon them, the monkeys were all relieved of their weariness.

उहाँ दसानन सचिव हँकारे। सब सन कहेसि सुभट जे मारे॥
आधा कटकु कपिन्ह संघारा। कहहु बेगि का करिअ बिचारा॥

उधर रावण ने अपने मन्त्रियों को बुलाया और जो राक्षस योद्धा मारे गए थे उन्हें सबसे बतलाया। (उसने कहा –) वानरों ने हमारी आधी सेना नष्ट कर डाली। शीघ्र कहो, क्या विचार (उपाय) करना चाहिए? ॥२॥

There (in Lanka) Ravana sent for all his ministers and told them all what warriors had been killed in action. 'The monkeys have destroyed half our forces,' he said; 'now tell me at once what strategy should be adopted.'

माल्यवंत अति जरठ निसाचर। रावन मातु पिता मंत्रीबर॥
बोला बचन नीति अति पावन। सुनहु तात कछु मोर सिखावन॥

माल्यवंत (नामक एक) अति बूढ़ा राक्षस था। वह रावण की माता का पिता (रावण का नाना) और श्रेष्ठ मन्त्री था। वह अत्यन्त पवित्र नीति

के वचन बोला – हे तात ! कुछ मेरी भी सीख सुनो – ! ॥३॥

Thereupon Malyavan, a very old demon, who was Ravana's maternal grandfather and a sagacious counsellor, spoke words of the soundest advice: 'Listen, my son, to a few words of instruction from me.

जब तें तुम्ह सीता हरि आनी। असगुन होहिं न जाहिं बखानी ॥
बेद पुरान जासु जसु गायो। रामबिमुख काहुँ न सुखु पायो ॥

जबसे तुम सीता को हर लाये हो, तबसे इतने अपशकुन हो रहे हैं कि उनका वर्णन नहीं किया जा सकता। वेद-पुराणों ने जिनका यशोगान किया है, उन श्रीराम से विमुख होनेवाले किसी ने सुख नहीं पाया ![१] ॥४॥

Ever since you stole Sita and brought her here, there have been inauspicious omens more than one call tell. By opposing Rama, whose glory has been hymned by the Vedas and Puranas, no one has ever been at peace.

दो. – हिरन्याक्ष भ्राता सहित मधु कैटभ बलवान।
जेहि मारे सोइ अवतरेउ कृपासिंधु भगवान ॥४८(क)॥

भाई हिरण्यकशिपु-सहित हिरण्याक्ष दैत्य को और बलवान् मधु और कैटभ को जिन्होंने मारा था, वे ही दयासागर भगवान् अवतीर्ण हुए हैं ॥४८(क)॥

The same Blessed Lord of grace who slew Hiranyaksha and his brother, Hiranyakashipu, as well as the mighty Madhu and Kaitabha, has become incarnate on earth (in the person of Rama).

मासपारायण, पचीसवाँ विश्राम

कालरूप खल बन दहन गुनागार घनबोध।
सिव बिरंचि जेहि सेवहिं ता सों कवन बिरोध ॥४८(ख)॥

जो कालरूप हैं, दुष्टों के समूहरूपी वन के भस्म करनेवाले हैं, गुणों के धाम और पूर्ण (सम्यक्) ज्ञानवाले हैं एवं जिनकी सेवा शिवजी और ब्रह्माजी भी करते हैं, उनसे वैर कैसा ? ॥४८(ख)॥

Who can show hostility to him who is Death himself, a fire to consume the forest of wickedness, a repository of all perfection and wisdom, and who is adored even by Shiva, and Brahma ?

चौ. – परिहरि बयरु देहु बैदेही। भजहु कृपानिधि परम सनेही ॥
ता के बचन बान सम लागे। करिआ मुख करि जाहि अभागे ॥

१. माल्यवान् ने रावण को समझाने के लिए तीन बातें कहीं। सबसे पहले उसने अपशकुन की बात कहकर उसे डराया, फिर श्रीरामजी की प्रभुता का उल्लेख किया ('बेद पुरान जासु जसु गायो') और अन्ततः राम-विमुखता का फल बतलाया।

(अतः) वैर छोड़कर उन्हें वैदेही दे दो और दयासागर परम स्नेही श्रीरामजी का भजन करो। (रावण को) उसके वचन बाण-जैसे लगे। (वह बोला –) अरे अभागे ! मुँह काला करके निकल जा ॥१॥

Abandon all feelings of hostility towards Rama, but restore Videha's daughter to him and worship the Lord of infinite grace and love.' His words stung Ravana like shafts. 'Away, wretch, with your accursed face,' he cried.

बूढ़ भएसि न त मरतेउँ तोही। अब जनि नयन देखावसि मोही ॥
तेहि अपने मन अस अनुमाना। बध्यो चहत एहि कृपानिधाना ॥

तू बूढ़ा हो गया है, नहीं तो तुझे मार ही डालता। अब मेरी आँखों के सामने अपने को न दिखाना। माल्यवान् ने अपने मन में ऐसा अनुमान किया कि इसे कृपानिधान (श्रीरामजी अब) मारना ही चाहते हैं ॥२॥

'If it were not for your age, I would have you put to death; as it is, keep out of my sight.' Malyavan, however, thought to himself, 'The gracious Lord would soon slay him.'

सो उठि गएउ कहत दुर्बादा। तब सकोप बोलेउ घननादा ॥
कौतुक प्रात देखिअहु मोरा। करिहौं बहुत कहौं का थोरा ॥

दुर्वचन कहता हुआ वह उठकर चला गया। तब मेघनाद ने क्रोधपूर्वक कहा – प्रातःकाल मेरी करामात देखना। मैं बहुत-कुछ करूँगा; थोड़ा क्या कहूँ ? (करके ही दिखा दूँगा, कहने में उसका अल्पांश ही कह सकूँगा।) ॥३॥

He rose and departed, uttering words of reproof. Then exclaimed Meghanada in a fury: 'Just see what wonders I work in the morning ! My exploits will surely far surpass my ability to describe them ![1]

सुनि सुतबचन भरोसा आवा। प्रीति समेत अंक बैठावा ॥
करत बिचार भएउ भिनुसारा। लागे कपि पुनि चहूँ दुआरा ॥

पुत्र के वचन (मेघनाद का गर्जन) सुनकर (रावण को) भरोसा हुआ। प्रेम के साथ उसने उसे अपनी गोद में बिठा लिया। विचार करते-करते ही सवेरा हो गया। वानर फिर चारों दरवाजों पर जा डटे ॥४॥

Confidence returned to Ravana when he heard his son's boasts and he took him affectionately on his lap. While they were still deliberating, the day broke, and the monkeys mustered again at the four gates,

कोपि कपिन्ह दुर्घट गढ़ु घेरा। नगर कोलाहलु भएउ घनेरा ॥
बिबिधायुध धरि निसिचर धाए। गढ़ तें पर्बतसिखर ढहाए ॥

1. I shall accomplish more than I can say.

वानरों ने क्रोध करके दुर्गम किले को जा घेरा। नगर में बड़ा कोलाहल मच गया। अनेक प्रकार के शस्त्रों से लैस हो राक्षस दौड़े और दुर्ग के ऊपर से पहाड़ों के शिखर ढहाये ॥५॥

and in burning rage beleaguered the inaccessible citadel. This gave rise to an uproarious alarm in the city. The demons rushd into battle with their weapons of every description and hurled down mountain peaks from the ramparts.

छं. – ढाहे महीधरसिखर कोटिन्ह बिबिध बिधि गोला चले।
घहरात जिमि पबिपात गर्जत जनु प्रलय के बादले ॥
मर्कट बिकट भट जुटत कटत न लटत तन जर्जर भए।
गहि सैल तेहि गढ़ पर चलावहिं जहँ सो तहँ निसिचर हए ॥

उन्होंने करोड़ों पर्वत-शिखर ढहाये, नाना भाँति से गोले चलने लगे। वे गोले ऐसे घहराते हैं जैसे वज्रपात हुआ हो और योद्धा ऐसे गरजते हैं मानो वे प्रलय-काल के मेघ हों। भयंकर वानर योद्धा भिड़ते हैं, कट जाते हैं (घायल हो जाते हैं), उनके शरीर जर्जर (चलनी) हो जाते हैं, तब भी वे लटपटाते नहीं (न गिरें, न हार मानें)। वे पहाड़ों को हाथों से उठाकर उन्हें किले पर फेंकते हैं। राक्षस जहाँ-के-तहाँ (जो जहाँ होते हैं वहीं) मारे जाते हैं।

The demons hurled down myriads of mountain peaks and fired missiles of every description, which came loud-roaring like a bolt from heaven, and the warriors thundered like clouds on the day of dissolution. The formidable monkey champions clashed with the foe and were hacked to pieces, but they yielded no ground to the enemy though their bodies were riddled with wounds. They seized rocks and hurled them at the fort and the demons fell to them where they stood.

दो. – मेघनाद सुनि श्रवन अस गढ़ु पुनि छेका आइ।
उतर्‌यो बीरु दुर्ग तें सन्मुख चल्यो बजाइ ॥४९॥

कानों से ऐसा सुनकर कि वानरों ने आकर फिर किले को घेर लिया है, वीर मेघनाद किले से उतरा और डंका बजाकर उनके सामने चला ॥४९॥

When Meghanada heard that the monkeys had come again and besieged the fort, he gallantly left his stronghold and sallied forth with beat of drum to meet the enemy face to face.

चौ. – कहँ कोसलाधीस द्वौ भ्राता। धन्वी सकल लोक बिख्याता ॥
कहँ नल नील दुबिद सुग्रीवा। अंगद हनूमंत बलसीवा ॥

(उसने पुकारकर कहा –) कोसलाधीश दोनों भाई, जो समस्त लोकों में धनुर्धर प्रसिद्ध हैं, कहाँ हैं? नल, नील, द्विविद, सुग्रीव और बल की सीमा अंगद और हनुमान् कहाँ हैं – ? ॥१॥

'Where are the two brothers, princes of Kosala, those archers celebrated throughout all the spheres ? Where are Nala and Nila, Dvivida and Sugriva, Angad and Hanuman, whose might knows no limits ?

कहाँ बिभीषनु भ्राताद्रोही। आजु सठहि हठि मारौं ओही ॥
अस कहि कठिन बान संधाने। अतिसय क्रोध श्रवन लगि ताने ॥

अपने भाई का वैरी विभीषण कहाँ है ? आज मैं उस दुष्ट को तो हठपूर्वक मारूँगा ! ऐसा कहकर उसने कठिन बाणों का सन्धान किया और अत्यन्त क्रोध करके धनुष को कान तक खींचा ॥२॥

Where is Vibhishana, his brother's enemy ? I shall assuredly slay them all today, and him (Vibhishana) too. So saying, he fitted sharp arrows to his bow and in a transport of rage drew the bow-string to his ear.

सरसमूह सो छाड़ै लागा। जनु सपक्ष धावहिं बहु नागा ॥
जहँ तहँ परत देखिअहि बानर। सन्मुख होइ न सके तेहि अवसर ॥

वह (एक साथ) बाणों के समूह छोड़ने लगा। (वे बाण चलते हुए ऐसे दीखते थे) मानो बहुत-से पंखवाले साँप दौड़े जा रहे हों। वानर जहाँ-तहाँ गिरते दिखायी पड़ने लगे। उस समय कोई उसके सम्मुख न हो सका ॥३॥

He began to hurl showers of darts that sped like so many winged serpents. Everywhere monkeys might be seen falling to the ground; there was not one who could face him at that hour.

जहँ तहँ भागि चले कपि रीछा। बिसरी सबहि जुद्ध कै ईछा ॥
सो कपि भालु न रन महु देखा। कीन्हेसि जेहि न प्रान अवसेषा ॥

वानर और रीछ जहाँ-तहाँ भाग चले। सबको युद्ध की इच्छा ही भूल गयी। रणभूमि में ऐसा कोई भी वानर या भालू नहीं दिखायी पड़ा जिसको उसने मृतकवत् न कर दिया हो (अर्थात् जिसके केवल प्राण-मात्र ही न बचे हों) ॥४॥

The bears and monkeys took to flight in every direction and every wish to fight was clean forgotten. Not a monkey or a bear could be seen on the field of battle whom he had left with more than his bare life.

दो. – दस दस सर सब मारेसि परे भूमि कपि बीर।
सिंहनाद करि गर्जा मेघनाद बलधीर ॥५०॥

फिर उसने दस-दस बाण सबको मारे, (जिससे) वीर वानर पृथ्वी पर गिर पड़े। तब प्रबल और धीरे मेघनाद सिंह के समान नाद करके गरजने लगा ॥५०॥

He struck his opponents with ten shafts each, and

the monkey warriors fell to the ground. With the roar as of a lion, Meghanada thundered in the pride of his invincible might.

चौ. —देखि पवनसुत कटकु बिहाला । क्रोधवंत जनु धाएउ काला ॥
महा सैल एक तुरत उपारा । अति रिस मेघनाद पर डारा ॥

अपनी समस्त सेना को बेहाल देखकर पवनपुत्र हनुमान् क्रोध करके ऐसे दौड़े मानो साक्षात् काल दौड़ा आता हो । उन्होंने देखते-ही-देखते एक बड़ा भारी पहाड़ उखाड़ लिया और बड़े ही क्रोध से उसे मेघनाद पर पटक दिया ॥१॥

When Hanuman saw that his army was in distress, he was frantic with rage and rushed forth as if he were death personified; quickly tearing up an enormous mountain rock, he hurled it at Meghanada, his spirits swelling in rising wrath.

आवत देखि गएउ नभ सोई । रथ सारथी तुरग सब खोई ॥
बार बार पचार हनुमाना । निकट न आव मरमु सो जाना ॥

पर्वत को आते देख वह आकाश में उड़ गया । (उसने) रथ, सारथि और घोड़े सब नष्ट हो जाने दिए । हनुमान्जी उसे बार-बार ललकारते हैं । पर वह उनके निकट नहीं आता; क्योंकि वह उनके बल का मर्म जानता था ॥२॥

When he saw the rock coming, he sprang into the air, leaving his chariot, charioteer and horses to perish. Again and again did Hanuman shout a challenge, but the demon would not come nearer, for he was well aware of the monkey's mysterious might.

रघुपति निकट गएउ घननादा । नाना भाँति कहेसि दुर्बादा ॥
अस्त्र सस्त्र आयुध सब डारे । कौतुकहीं प्रभु काटि निवारे ॥

(तदनंतर) मेघनाद श्रीरामचन्द्रजी के निकट गया और उसने (उनके प्रति) नाना भाँति के दुर्वचनों का प्रयोग किया । (फिर) उसने उनपर सारे अस्त्र-शस्त्र और हथियार चलाये, लेकिन प्रभु श्रीरामजी ने खेल-खेल में ही सबको काटकर अलग कर दिया ॥३॥

Meghanada now approached Rama and assailed him with every kind of abuse and hurled at him showers of weapons and missiles of every description; but the Lord with the utmost ease snapped them asunder, warding them off.

देखि प्रताप मूढ़ खिसिआना । करैं लाग माया बिधि नाना ॥
जिमि कोउ करै गरुड़ सैं खेला । डरपावै गहि स्वल्प सपेला ॥

श्रीरामजी के बल-प्रताप को देखकर वह शठ लज्जित हो गया और तरह-तरह की माया रचने लगा, जैसे कोई व्यक्ति साँप का छोटा-सा बच्चा हाथ में लेकर गरुड़ से खेल करे और उसे डरावे ॥४॥

The fool was mortified on seeing Rama's mighty power and began to practise all kinds of illusory magic, as though one should take a poor little snakeling in one's hand and sport with Garuda and frighten him.

दो. —जासु प्रबल माया बस सिव बिरंचि बड़ छोट ।
ताहि दिखावै निसिचर निज माया मतिखोट ॥५१॥

नीचबुद्धि निशाचर उनको अपनी माया दिखलाता है जिनकी प्रबल माया के वश में शिवजी और ब्रह्माजी तक बड़े-छोटे सभी हैं ॥५१॥

The mean-minded demon displayed his illusory powers before him whose powerful Maya (deluding potency) holds sway over all, both great and small, Shiva and Brahma not excepted.

चौ. —नभ चढ़ि बरष बिपुल अंगारा । महि तें प्रगट होहिं जलधारा ॥
नाना भाँति पिसाच पिसाची । मारु काटु धुनि बोलहिं नाची ॥

आसमान में चढ़कर वह ढेर-के-ढेर अंगारों की वर्षा करने लगा । धरती से जल की धाराएँ फूट पड़ीं । नाना प्रकार के पिशाच तथा पिशाचिनियाँ नाच-नाचकर 'मारो-काटो !' की ध्वनि करने लगीं ॥१॥

Mounting up into the sky, he rained down a shower of firebrands, and streams of water gushed forth from the earth. All sorts of fiends, male and female, danced with uproarious shouts: 'Kill him ! Hack him to pieces !'

बिष्ठा पूय रुधिर कच हाड़ा । बरषै कबहुँ उपल बहु छाड़ा ॥
बरषि धूरि कीन्हेसि अँधिआरा । सूझ न आपन हाथु पसारा ॥

कभी तो वह विष्ठा, पीब, खून, बाल और हड्डियों की वर्षा करता था और कभी बेशुमार पत्थर फेंक देता था । फिर उसने धूल बरसाकर ऐसा घोर अंधकार कर दिया कि अपना ही फैलाया हुआ हाथ दिखायी नहीं पड़ता था ॥२॥

Now he rained down faeces, pus, blood, hair and bones, and then again hurled a volley of stones. He showered down dust and created such a darkness that if one held out one's own hand one could not see it.

कपि अकुलाने माया देखें । सब कर मरनु बना एहि लेखें ॥
कौतुक देखि रामु मुसुकाने । भए सभीत सकल कपि जाने ॥

(ऐसी) माया देखकर वानर व्याकुल हो उठे । (उनके मन में हुआ) कि इस हिसाब से तो सबका मरण आ बना । कौतुक देखकर श्रीरामजी मुसकराये । वे जान गए कि सारे वानर भयभीत हो गए हैं ॥३॥

The monkeys were greatly upset at the sight of this illusion and thought, 'If things went on like this, we must all of us perish.' Rama smiled when he saw this fun; at the same time he realized that the monkeys were all alarmed.

एक बान काटी सब माया । जिमि दिनकर हर तिमिरनिकाया ॥
कृपादृष्टि कपि भालु बिलोके । भए प्रबल रन रहहिं न रोके ॥

एक ही बाण से उन्होंने सारी माया काट डाली, जैसे सूर्य अन्धकार-समूह को नष्ट कर देता है । फिर उन्होंने कृपाभरी दृष्टि से वानर-भालुओं को देखा, (जिससे) वे इतने शक्तिसम्पन्न हो गए कि रण में रोकने पर भी नहीं रुकते थे ॥४॥

With a single arrow he tore asunder the whole illusion, as when the sun scatters the thick veil of darkness. He cast a gracious glance upon the monkeys and bears, and lo ! they grew so strong that there was no holding them back from fighting.

दो. –आएसु मागि राम पहिं अंगदादि कपि साथ ।
लछिमनु चले क्रुद्ध होइ बान सरासन हाथ ॥५२॥

श्रीरामजी से आज्ञा माँगकर अंगद आदि कपियों के साथ हाथों में धनुषबाण लेकर श्रीलक्ष्मणजी क्रुद्ध होकर चले ॥५२॥

Having obtained Rama's permission, Lakshmana, with Angad and the other monkeys, rushed forth wrathfully, bow and arrows in hand.

चौ. –क्षतज नयन उर बाहु बिसाला । हिमगिरिनिभ तनु कछुएक लाला ॥
इहाँ दसानन सुभट पठाए । नाना अस्त्र सस्त्र गहि धाए ॥

उनके नेत्र लाल हैं, छाती चौड़ी और भुजाएँ विशाल हैं । हिमाचल पर्वत के सदृश उज्ज्वल (गौरवर्ण) शरीर कुछ लालिमा लिये हुए है । इधर रावण ने भी बड़े-बड़े वीर योद्धा भेजे, जो अनेक अस्त्र-शस्त्र लेकर दौड़े ॥१॥

With bloodshot eyes, broad chest and long arms, his body, resplendent like the snow-capped Himalaya, was reddish-hued. Ravana, meanwhile, sent forth his gallant champions, who rushed out equipped with various missiles and other weapons.

भूधर नख बिटपायुध धारी । धाए कपि जय राम पुकारी ॥
भिरे सकल जोरिहि सन जोरी । इत उत जय इच्छा नहि थोरी ॥

पर्वत, नख और वृक्षरूपी आयुध (हथियार) धारण किये हुए वानरों ने 'श्रीरामचन्द्रजी की जय' पुकारकर धावा बोल दिया । (वानर और राक्षस) सब जोड़ी-से-जोड़ी भिड़ गए । इधर और उधर दोनों ओर विजय पाने की इच्छा कम न थी ॥२॥

Armed with mountains and claws and trees for weapons, the monkeys rushed at the demons, shouting, 'Victory to Rama !' They all closed in the fray, equally matched one with another, and each equally agog to win.

मुठिकन्ह लातन्ह दातेन्ह काटहिं । कपि जयसील मारि पुनि डाटहिं ॥
मारु मारु धरु धरु धरु मारू । सीस तोरि गहि भुजा उपारू ॥

वानर-सेना उन्हें घूँसों और लातों से मारती है, दाँतों से काटती है । विजयशील वानर उन्हें मार-मारकर फिर डाँटते भी हैं । 'मारो-मारो', 'पकड़ो-पकड़ो', 'पकड़कर मारो', 'सिर तोड़ डालो' और 'भुजाएँ पकड़कर उखाड़ लो' ॥३॥

The monkeys in their triumph fell upon them with their fists and feet and bit them with their teeth. They struck them down and browbeat them. 'Kill, kill ! Seize ! Seize ! Seize and slay ! Strike off their heads ! Clutch and rend off their arms !'

असि रव पूरि रही नव खंडा । धावहिं जहँ तहँ रुंड प्रचंडा ॥
देखहिं कौतुक नभ सुरबृंदा । कबहुँक बिसमय कबहुँ अनंदा ॥

ऐसे शब्द नवों खण्डों में भर रहे हैं । प्रचण्ड रुण्ड (धड़) इधर-उधर दौड़ रहे हैं । देवतागण आकाश से यह कौतुक देख रहे हैं । उन्हें कभी विस्मय होता है और कभी आनन्द ॥४॥

Such were the cries that rang through all the nine divisions of the globe, while headless bodies sprinted furiously hither and thither. From the sky above, the gods witnessed the wondrous spectacle, now in dismay and now in repture.

दो. –रुधिर गाड़ भरि भरि जम्यो ऊपर धूरि उड़ाइ ।
जनु अँगार रासिन्ह पर मृतकधूम रह्यो छाइ ॥५३॥

(युद्ध-भूमि में) खून गड्ढों में भर-भरकर जम गया है और उस पर धूल उड़कर इस प्रकार पड़ रही है मानो अंगारों की राशि पर राख छा रही हो ॥५३॥

Blood filled every hollow of the earth and dried up there while clouds of dust hung over it like ashes that conceal heaps of glowing embers.

चौ. –घायल बीर बिराजहिं कैसे । कुसुमित किंसुक के तरु जैसे ॥
लछिमन मेघनाद द्वौ जोधा । भिरहिं परसपर करि अति क्रोधा ॥

घायल वीर ऐसे शोभित हो रहे हैं जैसे फूले हुए पलास के पेड़ (शोभित होते हैं) । लक्ष्मण और मेघनाद दोनों योद्धा अत्यन्त क्रोध करके परस्पर भिड़ते हैं ॥१॥

The wounded warriors shone like so many *kimshuka*[1] tress in blossom. Lakshmana and Meghanada, champions both, closed in conflict, burning hot with wrath.

एकहि एक सकै नहि जीती । निसिचर छल बल करै अनीती ॥
क्रोधवंत तब भएउ अनंता । भंजेउ रथु सारथी तुरंता ॥

1. Or dhaka : Butea frondosa.

वे एक-दूसरे को जीत नहीं सकते। जब राक्षस मेघनाद छल-बल और अनीति (अधर्म) करने लगा, तब भगवान् अनन्तजी (लक्ष्मणजी) क्रोधित हुए और उन्होंने तुरंत उसके रथ को तोड़ डाला और सारथि को मार गिराया ॥२॥

Neither could get the better of the other. When the demon resorted to guile and trickery and all that was contrary to the code of chivalry, Lakshmana (Ananta or Shesha) then waxed furious and in a moment smashed the chariot and brought down the charioteer in the dust.

नाना बिधि प्रहार कर सेषा। राक्षस भएउ प्रान अवसेषा ॥
रावनसुत निज मन अनुमाना। संकट भएउ हरिहि मम प्राना ॥

शेषजी (लक्ष्मणजी) उस पर अनेक प्रकार से प्रहार करने लगे। राक्षस मेघनाद के केवल प्राण शेष रह गए। रावणपुत्र मेघनाद ने मन में अनुमान किया कि अब तो संकट आ पड़ा, यह मेरे प्राण हर लेगा ॥३॥

Shesha (Lakshmana) so smote him in various ways that the demon Meghanada was all but dead. The son of Ravana thought to himself, 'I am in mortal peril; he will surely slay me.'

बीरघातिनी छाड़िसि साँगी। तेजपुंज लछिमन उर लागी ॥
मुरुछा भई सक्ति कें लागें। तब चलि गएउ निकट भय त्यागें ॥

(यह सोचकर) उसने वीरघातिनी शक्ति चलायी। वह तेज की राशि शक्ति लक्ष्मणजी की छाती में लगी। शक्ति के लगने से उन्हें मूर्छा आ गयी। तब मेघनाद निर्भय होकर उनके पास चला गया ॥४॥

Then he let fly his javelin, the doom of warriors, glittering and keen; and lo! it struck Lakshmana in the breast. So great was the shock that he fell insensible, and Meghanada went near him, no longer afraid.

दो. –मेघनाद सम कोटि सत जोधा रहे उठाइ।
जगदाधार सेष किमि उठइ चले खिसिआइ ॥५४॥

मेघनाद-जैसे सौ करोड़ योद्धा उन्हें उठाने लगे। परंतु जगत् के आधार श्रीशेषजी (के अवतार लक्ष्मणजी) उनसे कैसे उठते? तब वे लजाकर चले गए ॥५४॥

Hundreds and thousands of champions as powerful as Meghanada strove to lift him up; but how could Shesha, the support of the world, be thus lifted? They went off, smarting with shame.

चौ. –सुनु गिरिजा क्रोधानल जासू। जारै भुवन चारि दस आसू ॥
सक संग्राम जीति को ताही। सेवहिं सुर नर अग जग जाही ॥

(शिवजी कहते हैं –) हे गिरिजे! सुनो, जिन (शेषनाग) की क्रोधाग्नि चौदहों लोकों को तुरंत ही जला देती है और देवता, मनुष्य तथा समस्त स्थावर-जंगम (जीव) जिनकी सेवा करते हैं, उनको युद्ध में कौन जीत सकता है? ॥१॥

Listen, Girija, said Shiva; who can conquer him in battle, the fire of whose wrath would consume in a moment all the fourteen spheres, whom gods and men and all beings, moving and unmoving, adore?

यह कौतूहल जानै सोई। जा पर कृपा राम कै होई ॥
संध्या भइ फिरि द्वौ बाहनी। लगे सँभारन निज निज अनी ॥

इस (अद्‌भुत) लीला को वही जान सकता है जिस पर श्रीरामजी की कृपा हो। संध्या होने पर दोनों पक्ष की सेनाएँ लौट गईं; सेनापति अपनी-अपनी सेनाएँ सँभालने लगे ॥२॥

He alone can understand this mystery on whom descends the grace of Rama. Now that day had faded, both the armies retired and the commanders of the different units began to muster their several troops.

ब्यापक ब्रह्म अजित भुवनेस्वर। लछिमनु कहाँ बूझ करुनाकर ॥
तव लगि लै आएउ हनुमाना। अनुज देखि प्रभु अति दुखु माना ॥

सर्वव्यापक, ब्रह्म, अजेय, सम्पूर्ण भुवनों के ईश्वर और करुणा के भंडार श्रीरामचन्द्रजी ने पूछा – लक्ष्मण कहाँ हैं? तबतक हनुमान्‌जी उन्हें ले आये। छोटे भाई की (दशा) देखकर प्रभु श्रीरामजी अत्यन्त दुःखी हो गए ॥३॥

The all-pervading and invincible Lord of the universe, the all-merciful Supreme Spirit, asked: 'Where is Lakshmana?' Meanwhile, Hanuman brought him in; seeing his younger brother (in a swoon), Rama felt sore distressed.

जामवंत कह बैद सुषेना। लंका रहइ को पठई लेना ॥
धरि लघु रूप गएउ हनुमंता। आनेउ भवन समेत तुरंता ॥

जाम्बवान् ने कहा – लङ्का में सुषेण वैद्य रहते हैं, उन्हें ले आने के लिए किसको भेजा जाय? तब हनुमान्‌जी छोटा रूप धरकर गये और सुषेण को उसके घर समेत तुरंत ही उठा लाये[1] ॥४॥

Jambavan said, 'Sushena the physician lives in Lanka; who will be sent to fetch him here?' Assuming a tiny (indiscernible) form, Hanuman straightway went and brought him, house and all.

---

१. यह जानकर कि यदि वह लक्ष्मणजी की चिकित्सा के लिए जायगा तो रावण सुषेण पर क्रुद्ध होगा, इसलिए वह चलने से इनकार कर सकता था। यदि वह चला भी आता तो वहाँ आकर कह सकता था कि औषधि घर भूल आया हूँ। अतः हनुमान्‌जी वैद्य को उसके घर समेत उठा लाये। (इस शंका का यही समाधान **है** कि लाना तो केवल वैद्य को था, फिर हनुमान्‌जी उसे घर-समेत क्यों उठा लाये?)

दो. –रामपदारबिंद सिरु नाएउ आइ सुषेन ।
कहा नाम गिरि औषधि जाहु पवनसुत लेन ॥५५॥

सुषेण ने आकर श्रीरामजी के चरण-कमलों में सिर नवाया । उसने पर्वत और औषध का नाम बताकर कहा कि हे पवनपुत्र ! तुम औषधि लेने जाओ ॥५५॥

Sushena came and bowed his head before Rama's lotus feet, and mentioning a certain mountain and a herb thereon, he bade the Son of the Wind go and bring it.

चौ. –रामचरन सरसिज उर राखी । चला प्रभंजनसुत बल भाषी ॥
उहाँ दूत एक मरमु जनावा । रावनु कालनेमि गृह आवा ॥

श्रीरामजी के चरणकमलों को हृदय में रखकर पवनपुत्र हनुमान्‌जी अपना बल बखानकर चले । उधर एक दूत ने जाकर रावण को यह सारा भेद बता दिया । तब रावण कालनेमि के घर आया ॥१॥

With Rama's lotus feet enshrined in his heart and assuring the Lord of his own might, the Son of the Wind set out. On the other side, a spy reported the matter to Ravana, who called at the house of Kalanemi.

दसमुख कहा मरमु तेहि सुना । पुनि पुनि कालनेमि सिरु धुना ॥
देखत तुम्हहि नगरु जेहि जारा । तासु पंथ को रोकन पारा ॥

दशमुख रावण ने उसे सारा मर्म बतलाया । कालनेमि ने सुना और बारंबार सिर पीटा (खेद प्रकट किया) । (उसने कहा –) तुम्हारे देखते-देखते जिसने लंका को जला डाला, उसका मार्ग रोकनेवाला कौन है ? ॥२॥

The Ten-headed told him all that he had to say, hearing which Kalanemi beat his head again and again, crying, 'Who can stay him on his way who burnt your city before your very eyes ?

भजु रघुपति करु हित आपना । छाड़हु नाथ मृषा जल्पना ॥
नीलकंज तनु सुंदर स्यामा । हृदय राखु लोचनभिरामा ॥

श्रीरघुनाथजी की आराधना करके तुम अपना हित करो । हे नाथ ! झूठी बकवाद त्याग दो । नेत्रों को आनन्द देनेवाले नीलकमल के समान सुन्दर श्याम शरीर को अपने हृदय में प्रतिष्ठित कर लो ॥३॥

Serve your own interests by worshipping Raghunatha and desist, lord, from all vain prattle. Lay upon your heart that lovely form, dark as the dark-blue lotus, the delight of all eyes.

मैं तैं मोर मूढ़ता त्यागू । महामोह निसि सूतत जागू ॥
कालब्याल कर भक्षक जोई । सपनेहु समर कि जीतिअ सोई ॥

मैं-तू (भेदभाव) और ममतारूपी मूढ़ता का त्याग कर दो । तुम महामोह-रूपी में सो रहे हो, अब जागो ! जो कालरूपी सर्प का भी भक्षण करनेवाला है, क्या उसे सपने में भी कोई रण में जीत सकता है ? ॥४॥

Have done with the folly of "I" and "You" and "Mine" and rouse yourself from slumber in the night of gross infatuation. Can anyone even dream of vanquishing him in battle who devours the serpent of Death ?"

दो. –सुनि दसकंठ रिसान अति तेहि मन कीन्ह बिचार ।
रामदूत कर मरौं बरु यह खल रत मलभार ॥५६॥

यह सुनकर रावण अत्यन्त क्रुद्ध हुआ । तब कालनेमि ने मन में विचार किया कि मैं श्रीरामजी के दूत के हाथ ही मरूँ तो अच्छा है । यह दुष्ट तो पाप-समूह में लिप्त है ॥५६॥

Ravana flew into a burning rage when he heard this. Thereupon Kalanemi reasoned to himself : 'Better were it to perish at the hands of Rama's messenger, for this wretch revels in his load of sins !'

चौ. –अस कहि चला रचिसि मग माया । सर मंदिर बर बाग बनाया ॥
मारुतसुत देखा सुभ आश्रम । मुनिहि बूझि जल पिअउँ जाइ श्रम ॥

(मन में) ऐसा कहकर कालनेमि चला और उसने मार्ग में माया रची । सरोवर, मन्दिर और सुन्दर बाग बनाये । पवनपुत्र हनुमान्‌जी ने सुन्दर आश्रम देखकर सोचा कि मुनि से पूछकर जल पी लूँ तो थकावट मिट जाय ॥१॥

These words uttered to himself, he departed and wrought an illusion on the wayside, fashioning a lake and a temple and a fine garden. Hanuman, the Son of the Wind, saw this pleasant hermitage and thought to himself : 'Let me ask the holy man's leave and drink some water, so that I may free myself from all weariness.'

राक्षस कपटबेष तहँ सोहा । मायापति दूतहि चह मोहा ॥
जाइ पवनसुत नाएउ माथा । लाग सो कहैं राम गुन गाथा ॥

राक्षस (कालनेमि) कपटवेष बनाये वहाँ विराजमान था । वह अपनी माया से मायापति श्रीरामजी के दूत को मोहित करना चाहता था । पवनसुत ने उसके पास जाकर सिर झुकाया । वह श्रीरामजी के गुणों की गाथा कहने लगा ॥२॥

The demon (Kalanemi) was already sitting there in disguise, keen on deluding the messenger of the Lord of delusion. When the Sun of the Wind went and bowed his head before him, the demon in his turn began to sing Rama's praises :

होत महा रन रावन रामहि । जितिहहिं रामु न संसय या महि ॥
इहाँ भएँ मैं देखौं भाई । ग्यानदृष्टि बलु मोहि अधिकाई ॥

(उसने कहा –) रावण और राम में घोर युद्ध हो रहा है। रामजी जीतेंगे, इसमें संदेह नहीं। हे भाई! यहाँ रहते ही मैं सब-कुछ देख रहा हूँ; मुझे ज्ञानदृष्टि का बहुत अधिक बल है ॥३॥

'The battle swells fierce between Rama and Ravana, but Rama will assuredly win the day; though I have not moved from here, my brother, I can see it all, for my great strength lies in my spiritual insight.'

मागा जल तेहि दीन्ह कमंडल। कह कपि नहि अघाउँ थोरें जल ॥
सर मज्जनु करि आतुर आवहु। दिक्ष्या देउँ ज्ञान जेहि पावहु ॥

जब हनुमान्‌जी ने उससे जल माँगा तब उसने अपना कमण्डलु दे दिया। हनुमान्‌जी ने कहा – थोड़े जल से मैं तृप्त नहीं होऊँगा। तब वह बोला – तालाब में स्नान करके शीघ्र वापस लौट आओ तो मैं तुम्हें दीक्षा (मंत्र) दूँ, जिससे तुम ज्ञान प्राप्त करो ॥४॥

On Hanuman's asking for water, the demon gave him his water-pot, but Hanuman said that a small quantity of water was not enough to satisfy his thirst. 'Go then and bathe in the lake,' said the demon, 'and come back straightway; and I will then grant you initiation, so that you may attain to spiritual insight.'

दो. –सर पैठत कपिपद गहा मकरीं तब अकुलान।
मारी सो धरि दिव्य तनु चली गगन चढ़ि जान ॥५७॥

सरोवर में प्रवेश करते ही एक मगरी ने अकुलाकर तभी हनुमान्‌जी के पैर पकड़ लिये। हनुमान्‌जी ने उसे मार डाला। तब वह दिव्य शरीर धारणकर विमान पर चढ़कर आकाश की ओर चली ॥५७॥

No sooner had Hanuman stepped into the lake than a female crocodile seized his foot in great alarm, whereupon he killed her. She then assumed a divine form and, mounting an aerial car, soared into the heavens.

चौ. –कपि तव दरस भइउँ निहपापा। मिटा तात मुनिबर कर श्रापा ॥
मुनि न होइ यह निसिचर घोरा। मानहु बचन सत्य कपि मोरा ॥

(और कहा –) हे वानर! मैं तुम्हारे दर्शन से निष्पाप हो गयी। हे तात! श्रेष्ठ मुनि (दुर्वासा) का शाप मिट गया। हे कपि! यह मुनि नहीं, घोर राक्षस है, मेरा वचन सत्य मानो ॥१॥

'The sight of you, O monkey,' she said, 'has cleansed me of my sins and, friend, the sage's curse has come to an end. This, monkey, is no hermit but a dreadful demon: doubt not the truth of my words.'

अस कहि गई अपछरा जबहीं। निसिचर निकट गएउ कपि तबहीं ॥
कह कपि मुनि गुरदछिना लेहू। पाछें हमहि मंत्र तुम्ह देहू ॥

ऐसा कहकर ज्यों ही वह अप्सरा गयी, त्यों ही हनुमान्‌जी उस राक्षस के पास गये। उन्होंने कहा – हे मुनि! पहले आप गुरु-दक्षिणा ले लीजिए, पीछे मुझे मन्त्र दीजिएगा ॥२॥

As soon as the heavenly nymph had said this and gone her way, Hanuman returned to the demon and said, 'First, O sage, receive the offering that is due to a *guru*, then afterwards tell me the charm.'

सिर लंगूर लपेटि पछारा। निज तनु प्रगटेसि मरतीं बारा ॥
राम राम कहि छाड़ेसि प्राना। सुनि मन हरषि चलेउ हनुमाना ॥

हनुमान्‌जी ने उसके सिर को अपनी पूँछ में लपेटकर उसे पछाड़ दिया। मरती बार कालनेमि ने अपना (वास्तविक राक्षसी) शरीर प्रकट किया। उसने 'राम-राम' कहकर अपने प्राण छोड़े। उसके मुँह से राम-नाम का उच्चारण सुनकर हनुमान्‌जी मन में प्रसन्न होकर चले ॥३॥

Hanuman then twisted his tail round his head and knocked him down. At the moment of his death, Kalanemi reassumed his proper (demoniac) form, and with a cry of 'Rama! Rama!' breathed his last. On hearing his cry, Hanuman went on his way rejoicing.

देखा सैल न औषध चीन्हा। सहसा कपि उपारि गिरि लीन्हा ॥
गहि गिरि निसि नभ धावत भएऊ। अवधपुरी ऊपर कपि गएऊ ॥

(जाकर) उन्होंने पर्वत को देखा, पर वे औषध न पहचान सके। तब हनुमान्‌जी ने पर्वत को ही सहसा उखाड़ लिया। पर्वत लेकर हनुमान्‌जी रातोंरात आकाशमार्ग से दौड़ चले और अयोध्यापुरी के ऊपर पहुँचे ॥४॥

He saw the mountain but failed to identify the herb; so he lost no time in tearing the mountain up by the roots. With the mountain in his grasp, Hanuman darted through the night air and passed over the city of Ayodhya.

दो. –देखा भरत बिसाल अति निसिचर मन अनुमानि।
बिनु फर सायक मारेउ चाप श्रवन लगि तानि ॥५८॥

भरतजी ने आकाश में एक अत्यन्त विशाल स्वरूप (उड़ते) देखा, तब उन्होंने अपने मन में अनुमान किया कि यह कोई निशाचर है। उन्होंने कान तक धनुष को खींचकर बिना फल (नोंक) का एक बाण मारा ॥५८॥

Bharata saw a huge shape coursing through the air and thinking it to be a demon, drew the bowstring to his ear and struck him with a headless arrow.

चौ. –परेउ मुरुछि महि लागत सायक। सुमिरत राम राम रघुनायक ॥
सुनि प्रिय बचन भरतु तब धाए। कपि समीप अति आतुर आए ॥

(भरतजी का) बाण लगते ही हनुमान्‌जी 'राम, राम, रघुपति' कहते हुए

मूर्च्छित होकर धरती पर गिर पड़े। प्रिय वचन (रामनाम) सुनकर भरतजी उठ दौड़े और अत्यन्त आतुरता से हनुमान्‌जी के पास आये ॥१॥

Struck by Bharata's dart, Hanuman dropped unconscious to the ground, muttering 'Rama, Rama, Raghupati !' When Bharata heard these beloved words, he rushed and came posthaste to the monkey.

बिकल बिलोकि कीस उर लावा। जागत नहि बहु भाँति जगावा ॥
मुख मलीन मन भए दुखारी। कहत बचन भरि लोचन बारी ॥

उन्होंने हनुमान्‌जी को विकल देखकर हृदय से लगा लिया। भरतजी ने उन्हें बहुत तरह से जगाया, पर वे जागते न थे। तब भरतजी का मुख मलिन हो गया। वे मन में बहुत दुःखी हुए और नेत्रों में जल भरकर ये वचन बोले— ॥२॥

Seeing Hanuman in pain, he clasped him to his bosom and tried in every way to arouse him, but all in vain. With a disconsolate face and sorrowing heart he spoke these words, while his eyes streamed with tears:

जेहि बिधि रामबिमुख मोहि कीन्हा। तेहिं पुनि यह दारुन दुखु दीन्हा ॥
जौ मोरें मन बच अरु काया। प्रीति रामपद कमल अमाया ॥

जिस प्रारब्ध ने मुझे राम-विमुख किया, उसी ने फिर यह भयानक दुःख भी दिया। यदि मन, वचन और शरीर से श्रीरामजी के चरणकमलों में मेरी निश्छल प्रीति हो, ॥३॥

'The Providence who alienated me from Rama has also inflicted this terrible suffering on me. If in thought and word and deed I cherish sincere devotion to Rama's lotus feet,

तौ कपि होउ बिगत श्रम सूला। जौ मो पर रघुपति अनुकूला ॥
सुनत बचन उठि बैठ कपीसा। कहि जय जयति कोसलाधीसा ॥

और यदि श्रीरघुनाथजी मुझ पर अनुकूल (प्रसन्न) हों तो यह वानर श्रम और पीड़ा से मुक्त हो जाय! इन शब्दों को सुनते ही कपिराज हनुमान्‌जी 'अयोध्यानाथ श्रीरामचन्द्रजी की जय हो, जय हो' कहते हुए उठ बैठे ॥४॥

and if Raghunatha is graciously inclined towards me, may this monkey be relieved of all his weariness and pain.' As soon as he heard these words, Hanuman arose and sat up, crying, 'Glory, all glory to the lord of Kosala !'

सो. —लीन्ह कपिहि उर लाइ पुलकित तनु लोचन सजल।
प्रीति न हृदय समाइ सुमिरि राम रघुकुलतिलक ॥५९॥

भरतजी ने हनुमान्‌जी को छाती से लगा लिया, उनका शरीर पुलकित हो गया और नेत्रों में जल भर आया। रघुकुलतिलक श्रीरामचन्द्रजी का स्मरण करके उनके हृदय में प्रीति समाती न थी ॥५९॥

With a thrill of joy running through his body and tears welling up in his eyes, Bharata clasped Hanuman to his bosom; his heart could scarce contain his affection at the very thought of Rama, the glory of the house of Raghu.

चौ. —तात कुसल कहु सुखनिधान की। सहित अनुज अरु मातु जानकी ॥
कपि सब चरित समास बखाने। भए दुखी मन महुँ पछिताने ॥

(भरतजी ने कहा—) हे तात! छोटे भाई (लक्ष्मण) तथा माँ जानकीसहित सुख के आधार श्रीरामजी की कुशल कहो। वानर (हनुमान्‌जी) ने संक्षेप में सारी कथा कह सुनायी। (उसे सुनकर) भरतजी दुःखी हुए और मन-ही-मन पछताने लगे ॥१॥

'Tell me, my friend,' said Bharata, 'is all well with the Lord of bliss and with his younger brother (Lakshmana) and the revered Janaki ?' Hanuman told him briefly all that had happened, whereat Bharata felt much distressed, his heart filled with remorse.

अहह दैव मैं कत जग जाएउँ। प्रभु कें एकहु काज न आएउँ ॥
जानि कुअवसरु मन धरि धीरा। पुनि कपि सन बोले बलबीरा ॥

हा दैव! मैंने संसार में जन्म ही क्यों लिया? मैं प्रभु श्रीरामजी के एक भी काम न आया। फिर विपरीत समय जानकर मन में धैर्य धरकर बलवीर भरतजी हनुमान्‌जी से बोले— ॥२॥

'Ah me, good heavens, why was I born into this world at all, if I could not be of any service to Rama, my Lord ?' Then, realizing that the circumstances were adverse, Bharata, that gallant and mighty prince, mastered his feelings and again addressed Hanuman:

तात गहरु होइहि तोहि जाता। काजु नसाइहि होत प्रभाता ॥
चढ़ु मम सायक सैल समेता। पठवउँ तोहि जहँ कृपानिकेता ॥

हे तात! तुम्हें वहाँ जाने में देर होगी और प्रभात (सबेरा) होते ही काम बिगड़ जायगा। इसलिए तुम पर्वत के साथ मेरे बाण पर चढ़ जाओ, मैं तुम्हें वहाँ भेज दूँगा जहाँ कृपा के स्थान श्रीरामजी हैं ॥३॥

'My friend, you will be late in reaching and nothing will avail after daybreak; mount therefore on my arrow, mountain and all, and I will send you straight into the presence of the Lord of grace.'

सुनि कपि मन उपजा अभिमाना। मोरें भार चलिहि किमि बाना ॥
रामप्रभाव बिचारि बहोरी। बंदि चरन कह कपि कर जोरी ॥

यह सुनकर (पहले तो) हनुमानजी के मन में यह अभिमान उत्पन्न हुआ कि मेरे बोझ से बाण कैसे चलेगा! (परन्तु) फिर श्रीरामचन्द्रजी के प्रभाव

का विचार कर वे भरतजी के चरणों की आराधना करके हाथ जोड़कर बोले – ॥४॥

On hearing this, Hanuman's pride was aroused. 'How,' he thought, 'can the arrow fly with my weight upon it ?' Then, recalling Rama's glory, he did reverence to Bharata's feet and spoke with folded hands:

दो. – तव प्रताप उर राखि प्रभु जैहौं नाथ तुरंत ।
अस कहि आएसु पाइ पद बंदि चलेउ हनुमंत ॥६०(क)॥

हे नाथ ! हे प्रभो ! आपका प्रताप हृदय में रखकर मैं तुरंत चला जाऊँगा । ऐसा कहकर और आज्ञा पाकर तथा भरतजी के चरणों की वन्दना करके हनुमान्‌जी चल पड़े ॥६०(क)॥

'Cherishing the thought of your majesty, O my lord and master, I'll set off on my journey right swiftly.' Thus speaking, Hanuman took his leave and after making obeisance to Bharata's feet, set forth.

भरत बाहुबल सील गुन प्रभुपद प्रीति अपार ।
मन महु जात सराहत पुनि पुनि पवनकुमार ॥६०(ख)॥

भरतजी के भुजबल, शील, गुण और प्रभु श्रीरामजी के चरणों में उनके अपार प्रेम की मन-ही-मन बारंबार प्रशंसा करते हुए पवनकुमार श्रीहनुमान्‌जी चले जा रहे हैं ॥६०(ख)॥

As he journeyed forth, the Son of the Wind again and again extolled to himself the might of Bharata's arm, his amiability and his virtue and his boundless devotion to the Lord's feet.

चौ. – उहाँ रामु लछिमनहि निहारी । बोले बचन मनुज अनुसारी ॥
अर्ध राति गइ कपि नहि आएउ । राम उठाइ अनुज उर लाएउ ॥

उधर लक्ष्मणजी को देखकर श्रीरामजी (सामान्य) मनुष्यों के समान वचन बोले – आधी रात बीत चुकी, पर हनुमान् नहीं आये । यह कहकर श्रीरामजी ने लक्ष्मणजी को उठाकर हृदय से लगा लिया ॥१॥

Meanwhile, having seen Lakshmana's condition, Rama uttered words after the fashion of an ordinary man. 'Though half the night has passed, Hanuman has not yet turned up !' So speaking and raising his brother, Rama clasped him to his bosom.

सकहु न दुखित देखि मोहि काऊ । बंधु सदा तव मृदुल सुभाऊ ॥
मम हित लागि तजेहु पितु माता । सहेहु बिपिन हिम आतप बाता ॥

(और कहा –) हे भाई ! तुम मुझे कभी दुःखी नहीं देख सकते थे । तुम्हारा स्वभाव सदा ही कोमल रहा । मेरे हित के लिए तुमने माता-पिता को भी त्याग दिया और वन में जाड़ा, धूप और हवा सहन की ॥२॥

'Brother,' he said, 'never could you endure to see me in sorrow; your disposition was ever so affectionate. On my account you left father and mother and exposed yourself to the hardships of the forest, the cold, the heat and the wind.

सो अनुरागु कहाँ अब भाई । उठहु न सुनि मम बच बिकलाई ॥
जौ जनतेउँ बन बंधुबिछोहू । पिताबचन मनतेउँ नहि ओहू ॥

हे भाई ! अब वह तुम्हारा प्रेम कहाँ है ? मेरी व्याकुलता के वचन सुनकर उठते क्यों नहीं ? यदि मैं जानता कि वन में बंधु का विछोह होगा तो पिता के उस वचन (अर्थात् चौदह वर्ष के वनवास की आज्ञा) को न मानता (दूसरे वचन को मानकर शृङ्गवेरपुर से लौट जाता) ॥३॥

Where, brother, is now that old love you bore me ? Why do you not rise in response to my lament ? Had I known that I should lose my brother in the forest, I should never have obeyed my father's command (to dwell in the forest for fourteen years; having obeyed the other command, I should have gone back from Shringaverapura).

सुत बित नारि भवन परिवारा । होहिं जाहिं जग बारहि बारा ॥
अस बिचारि जिय जागहु ताता । मिलै न जगत सहोदर भ्राता ॥

पुत्र, वित्त (धन), स्त्री, घर और परिवार – ये सब संसार में बार-बार मिलते और जाते हैं, परंतु हे तात ! हृदय में ऐसा विचारकर जागो कि संसार में सहोदर भाई बार-बार नहीं मिलते (सुत और वित्त, नारी, भवन और परिवार – सब मुझे फिर से प्राप्त हो सकते हैं, परन्तु अब सगा[१] भाई दूसरा नहीं प्राप्त हो सकता) ॥४॥

Sons and riches, wives, houses and kinsfolk come and go in the world time after time; not so a real brother. Reflect upon this, brother, and awake !

जथा पंख बिनु खग अति दीना । मनि बिनु फनि करिबर करहीना ॥
अस मम जिवन बंधु बिनु तोही । जौ जड़ दैव जिआवै मोही ॥

हे भाई ! यदि कहीं जड़ विधाता मुझे जीवित रखे तो तुम्हारे बिना मेरा जीवन भी वैसा ही (दीन-दुःखी) हो जायगा जैसा पंख बिना पक्षी, मणि बिना साँप और सूँड़ बिना श्रेष्ठ हाथी का जीवन अत्यन्त दीन-हीन हो जाता है ॥५॥

As a bird is utterly miserable without its wings, or a serpent without its head-jewel, or a noble elephant without its trunk, so will be my life without you, my brother, if wooden-headed fate preserves me alive.

---

१. "यहाँ पिता के ऊपर प्रधान लक्ष्य होने के कारण एक पिता से सहोदरता, अर्थात् सगा भाई होना, सिद्ध ही है.... ।" स्मरणीय है कि अग्निदेव के दिये हुए चरु से चारों भाई उत्पन्न हुए थे, अतः उनकी सहोदरता के विषय में शंका करना निरर्थक है ।

जैहौं अवध कवन मुहु लाई । नारि हेतु प्रिय भाइ गवाई ॥
बरु अपजसु सहतेउँ जग माहीं । नारिहानि बिसेष छति नाहीं ॥

स्त्री के लिए प्यारे भाई को खोकर मैं कौन-सा मुँह लेकर अयोध्या लौटूँगा ! मैं जगत् में (स्त्री के खो बैठने का) अपयश भले ही सह लेता, क्योंकि (भाई से बिछुड़ने की हानि को देखते हुए) स्त्री की हानि से कोई विशेष क्षति न थी ॥६॥

With what face shall I return to Ayodhya. having lost a beloved brother for the sake of a woman ? I would rather have endured the shame of her loss before the world (for my inability to recover her); for after all the loss of a wife is no great loss.

अब अपलोकु सोकु सुत तोरा । सहिहि निठुर कठोर उर मोरा ॥
निज जननी के एक कुमारा । तात तासु तुम्ह प्रान अधारा ॥

हे पुत्र ! अब तो मेरा निष्ठुर और कठोर हृदय यह अपयश और तुम्हारा शोक दोनों ही सहन करेगा । हे भाई ! मेरी जो माता है, उसके तुम एक कुमार और प्राणाधार हो । ('निज जननी' से कौसल्याजी की ओर संकेत है; वे सुमित्रा के दोनों कुमारों में एक लक्ष्मण को अपना प्राणाधार मानती थीं ।) ॥७॥

But now my pitiless and unfeeling heart will have to endure both that obloquy and the deep anguish of your loss, my son ! You, dear one, were like my mother's only son and the sole stay of her life.

सौंपेसि मोहि तुम्हहि गहि पानी । सब बिधि सुखद परमहित जानी ॥
उतरु काह दैहौं तेहि जाई । उठि किन मोहि सिखावहु भाई ॥

सब तरह से सुख देनेवाला और परम हितैषी जानकर ही उन्होंने (कौसल्याजी ने) तुम्हें हाथ पकड़कर मुझे सौंपा था[1] । अब मैं जाकर उन्हें क्या उत्तर दूँगा ? हे भाई ! तुम उठकर मुझे सिखाते क्यों नहीं ? ॥८॥

Yet she took you by the hand and entrusted you to me, knowing that I, your greatest well-wisher, would make you happy in every way. When I go back, what answer shall I give her ? Why do you not arise and give me counsel ?'

बहु बिधि सोचत सोचबिमोचन । स्रवत सलिल रजिवदल लोचन ॥
उमा एक अखंड रघुराई । नरगति भगतकृपाल देखाई ॥

(भक्तों को) सोच से मुक्त करनेवाले श्रीरामजी अनेक प्रकार से सोच कर रहे हैं । कमल की पँखुड़ियों के समान उनके नेत्रों से जल बह रहा है । (शिवजी कहते हैं—) हे उमा ! श्रीरघुनाथजी एक और अखण्ड हैं । भक्तवत्सल भगवान् ने (लीला करके) मनुष्य की दशा दिखलायी है ॥९॥

Thus grievously sorrowed the dispeller of sorrow (of his devotees); and tears streamed from his eyes which were like the petals of a lotus. Uma, (continues Lord Shiva) Raghunatha is one (without a second) and indivisible, and it was only in compassion to the faithful that he played a man's part.

सो.—प्रभुप्रलाप सुनि कान बिकल भए बानरनिकर ।
आइ गयउ हनुमान जिमि करुना महु बीररस ॥६१॥

प्रभु श्रीरामजी के प्रलाप को कानों से सुनकर वानरों के समूह विकल हो गए । (तभी) हनुमान्जी आ पहुँचे, मानो करुणरस (के प्रसंग) में वीररस (का सन्निवेश) हो गया हो ॥६१॥

The monkey hosts were sore distressed on hearing Rama's frantic wailing. Then arrived Hanuman like a heroic strain in the midst of a pathetic theme.

चौ.—हरषि राम भेटेउ हनुमाना । अति कृतग्य प्रभु परम सुजाना ॥
तुरत बैद तब कीन्हि उपाई । उठि बैठे लछिमनु हरषाई ॥

हर्षित होकर श्रीरामजी हनुमान्जी से गले लगकर मिले । प्रभु अत्यन्त कृतज्ञ और परम चतुर हैं । तब वैद्य (सुषेण) ने अविलंब उपाय किया, (फलस्वरूप) लक्ष्मणजी प्रसन्न होकर उठ बैठे ॥१॥

Immensely pleased, Rama embraced Hanuman; for the Lord is most grateful and supremely wise. The physician (Sushena) then quickly applied the remedy and Lakshmana gaily rose and sat up.

हृदय लाइ भेटेउ प्रभु भ्राता । हरषे सकल भालु कपि ब्राता ॥
कपि पुनि बैद तहाँ पहुचावा । जेहि बिधि तबहि ताहि लै आवा ॥

प्रभु श्रीरामचन्द्रजी भाई को हृदय से लगाकर मिले । रीछ और वानरों के सारे समूह प्रसन्न हो गए । फिर हनुमान्जी ने वैद्य को वैसे ही वहाँ पहुँचा दिया जैसे वे उस बार उसे ले आये थे ॥२॥

The Lord clasped his brother to this heart and all the bears and monkeys rejoiced. Then Hanuman carried the physician back home in the same manner as he had been brought away.

यह बृत्तांत दसानन सुनेऊ । अति बिषाद पुनि पुनि सिर धुनेऊ ॥
ब्याकुल कुंभकरन पहि आवा । बिबिध जतन करि ताहि जगावा ॥

यह समाचार सुनकर रावण अत्यन्त विषाद से बार-बार अपना सिर पीटने लगा । वह व्याकुल होकर कुम्भकर्ण के पास गया और तरह-तरह के उपाय करके उसने उसको जगाया ॥३॥

When Ravana heard what had happened, he beat his head again and again in utter despair. In sore perplexity he called on Kumbhakarna and with much trouble only managed to awaken him.

---

१. कौसल्याजी ने सौंपा था । उनके भवन में ही श्रीराम और लक्ष्मण एकत्र हुए थे । सुमित्राजो के भवन में अकेले लक्ष्मणजी के ही आज्ञा माँगने के लिए जाने का उल्लेख मिलता है ।

जागा निसिचरु देखिअ कैसा । मानहु कालु देह धरि बैसा ॥
कुंभकरन बूझा कहु भाई । काहें तव मुख रहे सुखाई ॥

जागने पर कुम्भकर्ण ऐसा दिखायी देता है मानो स्वयं काल ही शरीर धारण किये (साक्षात्) बैठा हो । कुम्भकर्ण ने पूछा – हे भाई ! कहो तो, तुम्हारे मुख सूख क्यों रहे हैं ? ॥४॥

Kumbhakarna awoke looking like Death himself in visible form. He asked, 'Tell me, brother, why do you look so withered up ?'

कथा कही सब तेहि अभिमानी । जेहि प्रकार सीता हरि आनी ॥
तात कपिन्ह सब निसिचर मारे । महा महा जोधा संघारे ॥

जिस प्रकार वह सीता को हर लाया था, अभिमानी रावण ने वह सारी कथा कही । (उसने फिर कहा –) हे तात ! वानरों ने सब राक्षस मार डाले । बड़े-बड़े योद्धाओं का भी संहार कर डाला ॥५॥

The imperious Ravana told him the whole story and how he had carried off Sita. 'Brother,' he said, 'the monkeys have killed all the demons and routed my stoutest warriors.

दुर्मुख सुररिपु मनुज अहारी । भट अतिकाय अकंपन भारी ॥
अपर महोदर आदिक बीरा । परे समरमहि सब रनधीरा ॥

दुर्मुख, देवशत्रु (देवान्तक), मनुष्यभक्षक (नरान्तक), भारी योद्धा अतिकाय और अकम्पन तथा महोदर आदि दूसरे सभी रणधीर वीर युद्धभूमि में धराशायी हुए हैं ॥६॥

Durmukha, Devantaka (the slayer of gods), Narantaka (the killer of men), the mighty champions Atikaya (of enormous size) and Akampana (who never trembles in fear) and many other heroes like Mahodara (the big-bellied), valiant warriors all, have fallen on the field of battle.'

दो. –सुनि दसकंधर बचन तब कुंभकरनु बिलखान ।
जगदंबा हरि आनि अब सठु चाहत कल्यान ॥६२॥

तब रावण के वचन सुनकर कुम्भकर्ण बिलखकर बोला – अरे मूर्ख ! जगन्माता जानकी को हर लाकर अब तू अपना हित चाहता है ? ॥६२॥

On hearing Ravana's plaint, Kumbhakarna grieved and said, 'Having carried off the Mother of the world, you fool, do you still expect good out of it ?

चौ. –भल न कीन्ह तैं निसिचरनाहा । अब मोहि आइ जगाएहि काहा ॥
अजहूँ तात त्यागि अभिमाना । भजहु राम होइहि कल्याना ॥

हे निशाचर-नाथ ! तूने ठीक नहीं किया । अब आकर तुमने मुझे क्यों जगाया ? हे तात ! अब भी अहंकार छोड़कर श्रीरामजी की आराधना करो तो कल्याण हो ॥१॥

You have not acted well, O Demon King ! And why have you come now and awakened me ? Even now, brother, abandon your pride and worship Rama: so shall you prosper.

हैं दससीस मनुज रघुनायक । जा कें हनूमान से पायक ॥
अहह बंधु तैं कीन्हि खोटाई । प्रथमहि मोहि न सुनाएहि आई ॥

हे दशानन ! जिनके हनुमान्-जैसे सेवक हैं, वे श्रीरघुनाथजी भी क्या कोई मनुष्य हैं ? हा भाई ! तूने बुरा किया जो पहले ही आकर मुझे यह नहीं सुनाया ॥२॥

Can Raghunatha, O Ten-headed, be no more than a man when he has one like Hanuman to serve him ? Alas, brother, you have acted unwisely in not coming and telling me so before.

कीन्हेहु प्रभु बिरोध तेहि देव क । सिव बिरंचि सुर जा के सेवक ॥
नारद मुनि मोहि ग्यान जो कहा । कहतेउँ तोहि समय निरबहा ॥

हे स्वामी ! तुमने उस देवता से वैर किया, जिसके शिव, ब्रह्मा आदि देवगण सेवक हैं । नारद मुनि ने मुझे जो ज्ञान कहा था, वह मैं तुझे सुना देता, पर अब तो समय निकल गया ॥३॥

You have shown hostility to the god who is adored by Shiva, Brahma and every other divinity. I would have confided to you the secret that Narada the sage once imparted to me, but now the time has passed.

अब भरि अंक भेटु मोहि भाई । लोचन सुफल करौं मैं जाई ॥
स्याम गात सरसीरुह लोचन । देखौं जाइ ताप त्रय मोचन ॥

हे भाई ! अब (अन्तिम बार) अँकवार भरकर मुझसे भेंट कर ले । मैं जाकर अपनी आँखों को सफल कर लूँ । तीनों तापों के नाशक, श्याम शरीर और कमल-सरीखे नेत्रोंवाले श्रीरामजी के जाकर दर्शन करूँ ॥४॥

Now for the last time, brother, embrace me, for I go to bless my eyes with the sight of the dark-hued, lotus-eyed deliverer from every affliction.[1]

दो. –राम रूप गुन सुमिरत मगन भएउ छन एक ।
रावन मागेउ कोटि घट मद अरु महिष अनेक ॥६३॥

श्रीरामचन्द्रजी के रूप और गुणों का स्मरण करते ही वह एक क्षण के लिए प्रेम-मग्न हो गया । फिर उसने रावण से करोड़ों घड़े मदिरा और बहुत-से भैंसे मँगवाये ॥६३॥

1. *Tapatraya*: sufferings or afflictions of three kinds, to which mortals are subject, *viz*., (1) those caused by one's own body (*Adhyatmika*), (2) those caused by beings around him (*Adhibhautika*), and (3) those caused by Devas (*Adhidaivika*).

As he recalled the beauty and virtue of Rama, he was for a moment lost in an ecstasy of love; then he asked Ravana for ten million jars full of wine and a whole herd of buffaloes.

चौ. –महिष खाइ करि मदिरा पाना । गर्जा बज्राघात समाना ॥
कुंभकरन दुर्मद रनरंगा । चला दुर्ग तजि सेन न संगा ॥

भैंसों को खाकर और मदिरा पीकर वह इस प्रकार गरजा मानो वज्रपात हो रहा हो (जैसे बिजली गिरी) । नशे में चूर रण के उत्साह से भरा हुआ कुम्भकर्ण किले को छोड़कर चला । उसने सेना भी साथ न ली ॥१॥

Having feasted on the buffaloes and drunk the wine, he roared like a crash of lightning. Heavily drunk and zealous for fray the high-mettled Kumbhakarna sallied forth from his stronghold without any troops.

देखि बिभीषनु आगें आएउ । परेउ चरन निज नाम सुनाएउ ॥
अनुज उठाइ हृदय तेहि लायो । रघुपतिभक्त जानि मन भायो ॥

कुम्भकर्ण को देखकर विभीषण आगे आये और चरणों में गिरकर अपना नाम सुनाया । अनुज विभीषण को उठाकर कुम्भकर्ण ने हृदय से लगा लिया और रघुपति श्रीरामजी का भक्त जानकर वे उसके मन को प्रिय लगे ॥२॥

When Vibhishana saw him, he came forward and falling at his feet declared his name. Kumbhakarna raised his brother and clasped him to his bosom and was delighted to learn that his brother was Raghupati's votary.

तात लात रावन मोहि मारा । कहत परम हित मंत्र बिचारा ॥
तेहि गलानि रघुपति पहि आएउँ । देखि दीन प्रभु के मन भाएउँ ॥

(विभीषण ने कहा –) हे तात ! परम कल्याणकर मंत्रणा एवं विचार कहने पर भी रावण ने मुझे लात मारी । उसी ग्लानि के मारे मैं श्रीरघुनाथजी के पास चला आया । जब प्रभु ने मुझे दीन (और असहाय) देखा, तभी मैं उनके मन को प्रिय लगने लगा ॥३॥

'Ravana struck me with his foot, dear brother,' said Vibhishana, 'when I gave him the most salutary and thoughtful advice. Disgusted with such treatment, I came to Raghunatha and the Lord's heart was drawn towards me when he perceived my distress.'

सुनु सुत भएउ कालबस रावनु । सो कि मान अब परम सिखावनु ॥
धन्य धन्य तैं धन्य बिभीषन । भएहु तात निसिचर कुल भूषन ॥

(कुम्भकर्ण ने कहा –) हे पुत्र ! सुनो, रावण तो काल के अधीन हो गया है (वह मरने ही वाला है, उसके सिर पर मौत नाच रही है) । क्या वह अब उत्तम सीख मान सकता है ? हे विभीषण ! तू धन्य है, धन्य है, धन्य है ! हे तात ! तू राक्षस-कुल का शृंगार है ॥४॥

'Listen, my son,' said Kumbhakarna; 'Ravana's doom is sealed;[1] how can he listen now to any sound advice ? Thrice blest are you, Vibhishana ! You, my brother, have become the glory of all the demon race.

बंधु बंस तैं कीन्ह उजागर । भजेहु राम सोभा सुख सागर ॥

हे भाई ! तूने अपने कुल को उजागर कर दिया, जो शोभा और सुख के सागर श्रीरामजी की आराधना की ॥५॥

You, my brother, have brought glory to our house by your worship of Rama, that ocean of beauty and felicity !

दो. –बचन कर्म मन कपटु तजि भजेहु राम रनधीर ।
जाहु न निज पर सूझ मोहि भएउँ कालबस बीर ॥६४॥

मन, वचन और कर्म से कपट त्यागकर रणधीर श्रीरामजी का भजन करते रहना हे भाई ! मैं काल के वशीभूत हो गया हूँ, मुझे अपना-पराया नहीं दीखता, इसलिए अब तुम जाओ ॥६४॥

Abandoning all guile in thought and word and deed, worship Rama the dauntless and resolute; but go now, for doomed as I am to death, brother, I can no longer distinguish between friend and foe.

चौ. –बंधुबचन सुनि चला बिभीषन । आएउ जहँ त्रैलोकबिभूषन ॥
नाथ भूधराकार सरीरा । कुंभकरन आवत रनधीरा ॥

भाई कुम्भकर्ण के वचन सुनकर विभीषण लौट गए और वहाँ आये जहाँ त्रिलोकी के आभूषण (श्रीरामजी) थे । (विभीषण ने कहा –) हे नाथ ! पर्वताकार (अत्यन्त विशाल) देहवाला रणधीर कुम्भकर्ण आ रहा है ॥१॥

On hearing the words of his brother, Vibhishana departed and came into the presence of Rama, the jewel of the three spheres, and said, 'My lord, here comes the valiant Kumbhakarna with a body as huge as a mountain.'

एतना कपिन्ह सुना जब काना । किलकिलाइ धाए बलवाना ॥
लिए उठाइ बिटप अरु भूधर । कटकटाइ डारहिं ता ऊपर ॥

जब अपने-अपने कानों से वानरों ने इतना सुना, तब वे शक्तिशाली बंदर किलकिलाकर (हर्षध्वनि करते हुए) दौड़े । उन्होंने वृक्ष और पर्वत उठा लिये और वे दाँत कटकटाकर उन्हें उसके ऊपर फेंकने लगे ॥२॥

The moment the mighty monkeys heard it they rushed forth, snapping and snarling, and plucked

1. *Cf.* "At last Diomedes of the loud war-cry spoke up. 'At this stage,' he said, 'let no one think of accepting anything from Paris, or of taking Helen either. Any fool can see that the Trojans' doom is sealed.' Homer, *The Iliad* (Penguin Classics, 1981), p. 142.

up trees and mountains and hurled them at him, gnashing their teeth in fury.

कोटि कोटि गिरि सिखर प्रहारा। करहिं भालु कपि एक एक बारा॥
मुरचो न मनु तनु टरचो टारचो। जिमि गज अर्कफलनि को मारचो॥

भालू और वानर एक-एक बार में ही करोड़-करोड़ पहाड़ों के शिखरों से उस पर वार करते हैं, लेकिन इससे न तो उसका मन ही विचलित हुआ और न शरीर ही टाले टला, जैसे मदार के फलों की मार से हाथी अविचलित रहता है॥३॥

Millions and millions of mountain peaks did the bears and monkeys launch upon him at a time; but neither did his spirit break nor did he stir from his position; he was like an elephant pelted with the fruit of the sun plant.

तब मारुतसुत मुठिका हन्यो। परचो धरनि ब्याकुल सिर धुन्यो॥
पुनि उठि तेहि मारेउ हनुमंता। घुर्मित भूतल परेउ तुरंता॥

तब पवनपुत्र हनुमान्‌जी ने उसे एक घूँसा हन दिया (मारा), जिससे वह जमीन पर गिर पड़ा और व्याकुल होकर सिर पीटने लगा। फिर उसने उठकर हनुमान्‌जी को मारा, जिससे वे चक्कर खाकर तुरंत ही धरती पर गिर पड़े॥४॥

Then Hanuman struck him with his fist so that he fell to the ground beating his head in dismay. Rising again, he struck Hanuman, who spun round and dropped at once to the ground.

पुनि नल नीलहि अवनि पछारेसि। जहँ तहँ पटकि पटकि भट डारेसि॥
चली बलीमुखसेन पराई। अति भय त्रसित न कोउ समुहाई॥

तदनंतर उसने नल-नील को जमीन पर पछाड़ दिया और अन्य योद्धाओं को भी जहाँ-तहाँ पटक-पटककर डाल दिया। कपि-सेना के पाँव उखड़ गए। अत्यन्त भयभीत होने के कारण कोई सामने नहीं आता॥५॥

Next, he overthrew Nala and Nila upon the ground and knocked down the other warriors this side and that, one after another. The monkey soldiery turned tail; struck with panic, not one dared to face him.

दो.–अंगदादि कपि मुरुछित करि समेत सुग्रीव।
काँख दाबि कपिराज कहुँ चला अमित बल सीव॥६५॥

सुग्रीवसहित अंगदादि सब वानरों को मूर्च्छित करके अपार बल की वह सीमा कुम्भकर्ण वानरराज सुग्रीव को काँख में दबाकर ले चला॥६५॥

Having rendered Angad and the other monkeys unconscious, and Sugriva as well, Kumbhakarna of indomitable strength pressed the king of the monkeys under his arm and went off.

चौ.–उमा करत रघुपति नरलीला। खेल गरुड़ जिमि अहिगन मीला॥
भृकुटिभंग जो कालहि खाई। ताहि कि सोहै ऐसि लराई॥

(शिवजी कहते हैं–) हे उमा! श्रीरघुनाथजी वैसे ही नरलीला कर रहे हैं जैसे साँपों के समूह में मिलकर गरुड़ खेलता हो। जो भृकुटि को टेढ़ा करते ही (भौंहों के इशारे से) काल को भी खा जाता है, उसे कहीं ऐसा युद्ध शोभा देता है?॥१॥

O Uma, continues Shiva, Raghunatha played the part of a man much as Garuda (the mount of Vishnu) would sport among a multitude of snakes. How can he whose slightest frown annihilates Death himself engage with any grace in such a combat as this?

जगपावनि कीरति बिस्तरिहहिं। गाइ गाइ भवनिधि नर तरिहहिं॥
मुरुछा गइ मारुतसुत जागा। सुग्रीवहि तब खोजन लागा॥

(इस युद्ध के द्वारा) भगवान् संसार को पवित्र करनेवाली उस कीर्ति का विस्तार करेंगे जिसे गा-गाकर मनुष्य भवसागर पार कर जायँगे। जब मूर्च्छा दूर हुई तब पवनसुत हनुमान्‌जी जाग पड़े और वे सुग्रीव को खोजने लगे॥२॥

By this means he will spread abroad the glory that sanctifies the world and takes all those mortals across the ocean of existence who make it their song. When Hanuman regained consciousness, he awoke and began to look for Sugriva.

सुग्रीवहु कै मुरुछा बीती। निबुकि गएउ तेहि मृतक प्रतीती॥
काटेसि दसन नासिका काना। गर्जि अकास चलेउ तेहि जाना॥

(उधर रास्ते में जब) सुग्रीव की भी मूर्च्छा दूर हुई, तब वे (मुर्दे-से होकर) खिसक गए (काँख से नीचे गिर पड़े)। कुम्भकर्ण ने उन्हें मुर्दा जाना। उन्होंने दाँतों से कुम्भकर्ण के नाक-कान काट लिये और गरजकर आकाश की ओर चले, तब कुम्भकर्ण ने जाना॥३॥

Meanwhile Sugriva also recovered from his swoon and slipped out of Kumbhakarna's clutches who had taken him for dead (and consequently loosened his grip). Kumbhakarna discovered his escape only when Sugriva bit off the monster's nose and ears and with a roar flew up into the air.

गहेउ चरन गहि भूमि पछारा। अति लाघव उठि पुनि तेहि मारा॥
पुनि आएउ प्रभु पहि बलवाना। जयति जयति जय कृपानिधाना॥

उसने पैर पकड़कर सुग्रीव को पृथ्वी पर दे पटका। बलवान् सुग्रीव ने फिर बड़ी शीघ्रता से उठकर उसे मारा और तब प्रभु के पास आकर कहा–कृपानिधान प्रभु की जय हो, जय हो, जय हो!॥४॥

But he caught Sugriva by the foot and, having thus secured him, dashed him to the ground. Sugriva, however, got up with the utmost agility and hit his adversary back. Then the valiant monkey betook himself to the presence of the Lord, crying, 'Victory, victory, victory to the Abode of all grace !'

नाक कान काटे जिय जानी । फिरा क्रोध करि भै मन ग्लानी ॥
सहज भीम पुनि बिनु श्रुति नासा । देखत कपिदल उपजी त्रासा ॥

मेरे नाक-कान काट लिये गए, ऐसा मन में जानकर कुम्भकर्ण को बड़ी ग्लानि हुई । वह क्रोध करके (मार्ग से) लौट पड़ा । एक तो वह स्वभाव (आकृति) से ही भयंकर था और फिर बिना नाक-कान का (नकटा-बूचा) होने से और भी भयानक हो गया । उसे देखते ही वानर-सेना भयभीत हो गई ॥५॥

When Kumbhakarna realized that his nose and ears had been slashed, he turned back in an access of remorse and rage; and when the monkeys saw him, his already dreadful form looking more frightful now with no nose or ears, they were filled with panic.

दो. –जय जय जय रघुबंसमनि धाए कपि दै हूह ।
एकहि बार तासु पर छाड़ेन्हि गिरि तरु जूह ॥६६॥

'रघुवंशमणि की जय हो, जय हो, जय हो' – ऐसी हर्षसूचक ध्वनि करके वानर दौड़े और सबने एक ही साथ उस पर पर्वतों और वृक्षों के समूह छोड़ दिए ॥६६॥

Raising a shout of 'Glory, glory, all glory to the jewel of the house of Raghu !' the monkeys rushed forward and rained upon him all at once a hail of mountains and trees.

चौ. –कुंभकरन रनरंग बिरुद्धा । सन्मुख चला काल जनु क्रुद्धा ॥
कोटि कोटि कपि धरि धरि खाई । जनु टीड़ी गिरिगुहाँ समाई ॥

वीररस के रंग में रँगा हुआ (रण के उत्साह में) कुम्भकर्ण विरुद्ध होकर (उनके) सामने ऐसा चला मानो काल ही क्रुद्ध होकर चला आ रहा हो । वह करोड़-करोड़ वानरों को पकड़-पकड़कर इस प्रकार खाने लगा मानो पर्वत की गुफा में टिड्डियाँ समा रही हों ॥१॥

Maddened with the lust of battle, Kumbhakarna marched against the enemy like Doom himself furious with rage. Myriads of monkeys he seized one after another and devoured them like swarms of locusts entering a mountain cave.

कोटिन्ह गहि सरीर सन मर्दा । कोटिन्ह मीजि मिलव महि गर्दा ॥
मुख नासा श्रवनन्हि कीं बाटा । निसरि पराहिं भालु कपि ठाटा ॥

उसने करोड़ों वानरों को पकड़कर अपनी देह से मसल डाला और करोड़ों को हाथों से मसलकर धरती की धूल में मिला दिया । (पेट में गये हुए) भालू और वानरों के झुंड-के-झुंड उसके मुँह, नाक और कानों की राह से निकल-निकलकर भागने लगे ॥२॥

Many more millions he caught and crushed against his body, and millions he levigated between his palms and mingled them with the dust of the earth. Multitudes of bears and monkeys escaped through his mouth and nostrils and ears, and fled.

रनमद मत्त निसाचर दर्पा । बिस्व ग्रसिहि जनु एहिं बिधि अर्पा ॥
मुरे सुभट सब फिरहिं न फेरें । सूझ न नयन सुनहिं नहि टेरें ॥

युद्ध के मद में मतवाला राक्षस कुम्भकर्ण इस प्रकार गर्वित हुआ जैसे विधाता ने उसे सारा विश्व अर्पित कर दिया हो और उसे वह निगल जायगा । सब योद्धा (पीठ दिखाकर) भाग खड़े हुए, वे लौटाने पर भी नहीं लौटते । आँखों से उन्हें दीख नहीं पड़ता और पुकारने से वे नहीं सुनते ! ॥३॥

Drunk with the frenzy of battle, Kumbhakarna stood in a challenging mood as though God had made over to him the whole universe and he would swallow it. All great champions darted off in flight and nothing could rally them again; they could neither see nor hear any call.

कुंभकरन कपिफौज बिडारी । सुनि धाई रजनीचरधारी ॥
देखी राम बिकल कटकाई । रिपु अनीक नाना बिधि आई ॥

कुम्भकर्ण ने वानरी फौज को तितर-बितर कर दिया – यह सुनते ही राक्षस-सेना भी दौड़ी । श्रीरामचन्द्रजी ने देखा कि हमारी सेना व्याकुल है और नाना प्रकार की शत्रु-सेना आ गयी है ॥४॥

When they learnt that Kumbhakarna had utterly destroyed the monkey host, the demon army also sallied forth. Rama saw the discomfiture of his forces and all kinds of enemy reinforcements pouring in.

दो. –सुनु सुग्रीव बिभीषन अनुज सँभारेहु सेन ।
मैं देखों खल बल दलहि बोले राजिवनयन ॥६७॥

तब कमलनयन श्रीरामजी ने कहा – हे सुग्रीव ! हे विभीषण ! और हे लक्ष्मण ! सुनो, तुम सेना को सँभालना । मैं इस दुष्ट की शक्ति और सेना को देखता हूँ ॥६७॥

'Listen, Sugriva, Vibhishana and Lakshmana,' said the lotus-eyed Rama; 'rally your troops while I test the might of this wretch and his host.,

चौ. –कर सारंग साजि कटि भाथा । अरि दल दलन चले रघुनाथा ॥
प्रथम कीन्हि प्रभु धनुषटँकोरा । रिपुदल बधिर भएउ सुनि सोरा ॥

हाथ में शार्ङ्गधनुष[1] और कमर में तरकश सजाकर रघुनाथजी शत्रुसेना को नष्ट करने के लिए चले। प्रभु ने पहले तो धनुष का टंकार किया, जिसकी घोर ध्वनि सुनते ही शत्रुदल बहरा हो गया ॥१॥

Taking the bow, Sharnga, in his hand and with a quiver fitted to his waist, Raghunatha went forth to destroy the enemy's forces. The Lord first twanged his bow and the hosts of the foe were deafened by the din.

सत्यसंध छाड़े सर लक्षा। कालसर्प जनु चले सपक्षा ॥
जहँ तहँ चले बिपुल नाराचा। लगे कटन भट बिकट पिसाचा ॥

सत्यप्रतिज्ञ श्रीरामजी ने एक लाख बाण छोड़े। वे इस तरह चले मानो पंखवाले कालसर्प चले हों। जहाँ-तहाँ बहुत-से लोहे के बाण चले, जिनसे भयंकर पिशाच योद्धा कट-कटकर गिरने लगे ॥२॥

Then Rama of unfailing resolve launched a hundred thousand arrows, which sped forth like winged serpents of death. The terrible volleys sped forth in every direction; the formidable demon warriors began to be cut to pieces.

कटहिं चरन उर सिर भुजदंडा। बहुतक बीर होहिं सत खंडा ॥
घुर्मि घुर्मि घायल महि पयहीं। उठि संभारि सुभट पुनि लरहीं ॥

किसी के पाँव, किसी की छाती, किसी का मस्तक और किसी के भुजदण्ड कट रहे हैं। बहुत-से वीरों के तो सौ-सौ टुकड़े हो जाते हैं। चक्कर खा-खाकर घायल पृथ्वी पर गिर रहे हैं। अच्छे योद्धा फिर सँभलकर उठते और लड़ते हैं ॥३॥

Their feet, breasts, heads and arms were dismembered; while many a hero was cut into a hundred pieces. The wounded reeled and fell to the ground, but the champions among them rose again and, recovering themselves, renewed the fight.

लागत बान जलद जिमि गाजहिं। बहुतक देखि कठिन सर भाजहिं ॥
रुंड प्रचंड मुंड बिनु धावहिं। धरु धरु मारु मारु धुनि गावहिं ॥

वे सब बाण लगते ही मेघ की तरह गर्जन करते हैं। बहुत-से राक्षस वीर तो कठिन बाण को देखते ही भाग खड़े होते हैं। बिना सिर के भयंकर धड़ दौड़ रहे हैं और 'पकड़ो, पकड़ो, मारो, मारो' का शब्द करते हुए चिल्ला रहे हैं (ऊँचे स्वर में अलाप रहे हैं) ॥४॥

Struck by the arrows, they roared like thunder-clouds, while many of them took to flight at the very sight of the fleet arrows. Headless trunks rushed fiercely on with the cries of 'Seize ! Seize ! Kill ! Kill !'

[1] विष्णु का धनुष।

दो. –छन महु प्रभु के सायकन्हि काटे बिकट पिसाच।
पुनि रघुबीर निषंग महु प्रबिसे सब नाराच ॥६८॥

प्रभु श्रीरामजी के बाणों ने क्षण भर में भयानक राक्षसों को काट डाला। फिर वे सब बाण लौटकर श्रीरघुनाथजी के तरकश में प्रवेश कर गए ॥६८॥

In a moment Rama's arrows mowed down the monstrous demons, and then all his shafts made their way back into his quiver.

चौ. –कुंभकरन मन दीख बिचारी। हति धन माझ निसाचरधारी ॥
भा अति क्रुद्ध महा बलबीरा। कियो मृगनायकनाद गभीरा ॥

कुम्भकर्ण ने मन में विचारकर देखा कि (मेरे देखते-देखते) श्रीरामजी ने पल भर में राक्षसी सेना मार डाली। तब वह महाबली वीर अत्यन्त क्रुद्ध हुआ और उसने गम्भीर सिंहनाद किया ॥१॥

When Kumbhakarna realized that the demon army had been blotted out in an instant, the formidable hero was beside himself with rage and uttered a grim roar like that of a lion.

कोपि महीधर लेइ उपारी। डारै जहँ मर्कट भट भारी ॥
आवत देखि सैल प्रभु भारे। सरन्हि काटि रज सम करि डारे ॥

क्रुद्ध होकर वह पर्वत उखाड़ लेता है और जहाँ भारी वानर-योद्धा होते हैं, वहीं उसे डाल देता है। बड़े-बड़े पहाड़ों को आते देखकर प्रभु ने उनको बाणों से काटकर धूल के समान कर डाला ॥२॥

In his fury, he rooted up mountains and hurled them upon the gallant monkey warriors. The Lord saw the huge mountains coming and with his arrows shattered them into dust.

पुनि धनु तानि कोपि रघुनायक। छाड़े अति कराल बहु सायक ॥
तनु महु प्रबिसि निसरि सर जाही। जिमि दामिनि घन माझ समाहीं ॥

फिर धनुष को तानकर रघुनाथजी ने क्रोध करके बहुत-से अत्यन्त भयानक बाण छोड़े। वे बाण कुम्भकर्ण के शरीर में घुसकर (उस पार) निकल जाते है, मानो बिजलियाँ मेघों में समा रही हों ॥३॥

Raghunatha, Stung with fiery indignation, once more pulled the string of his bow and let fly a volley of arrows all exceeding fierce. The arrows sank into Kumbhakarana's body and came out again like flashes of lightning disappearing into a cloud.

सोनित स्रवत सोह तनु कारे। जनु कज्जल गिरि गेरु पनारे ॥
बिकल बिलोकि भालु कपि धाए। बिहसा जबहिं निकट कपि आए ॥

कुम्भकर्ण के काले तन से बहता हुआ रुधिर ऐसी शोभा देता है, मानो काजल के पहाड़ से गेरू के पनाले बह रहे हों। उसे विकल देखकर भालू-वानर दौड़े। ज्यों ही वानर समीप आये, त्यों ही वह हँसा ॥४॥

The blood gushing out from his black frame looked like streams of red ochre issuing from a mountain of soot. Perceiving his discomfiture, the bears and monkeys dashed forward, but the monster laughed when the monkeys drew near.

दो. –महानाद करि गर्जा कोटि कोटि गहि कीस ।
महि पटकै गजराज इव सपथ करै दससीस ॥६९॥

और उसने घोर शब्द करते हुए गर्जन किया । करोड़-करोड़ वानरों को पकड़कर वह गजराज की तरह पृथ्वी पर पटकने और रावण की दुहाई देने लगा ॥६९॥

He burst into a loud roar and, seizing millions and millions of the monkeys, dashed them to the ground like a huge elephant, swearing by the name of Ravana the while.

चौ. –भागे भालु बलीमुख जूथा । बृकु बिलोकि जिमि मेषबरूथा ॥
चले भागि कपि भालु भवानी । बिकल पुकारत आरत बानी ॥

रीछ-वानरों के झुंड ऐसे भागे जैसे भेड़िये को देखकर भेड़ों के झुंड भागते हैं । (शिवजी कहते हैं –) हे पार्वती ! रीछ-वानर विकल होकर आर्त स्वर से पुकारते हुए भाग खड़े हुए ॥१॥

The hosts of bears and monkeys beat a hasty retreat like a flock of sheep at the sight of a wolf. The monkeys and bears, O Bhavani, turned tail in terror, uttering a piteous cry:

यह निसिचर दुकाल सम अहई । कपिकुल देस परन अब चहई ॥
कृपा बारिधर राम खरारी । पाहि पाहि प्रनतारति हारी ॥

(वे कहने लगे –) यह निशाचर (साक्षात्) अकाल के समान है जो अब वानरकुल-रूपी देश में पड़ना चाहता है । हे कृपारूपी मेघ ! हे खर के शत्रु ! हे शरणागत के दुःख हरनेवाले । रक्षा कीजिए, रक्षा कीजिए ! ॥२॥

'This demon is like a famine that threatens to devastate the land of the monkey race. O Rama, slayer of Khara, rain-cloud of compassion, reliever of the suppliants' agony, protect us, O protect us !'

सकरुन बचन सुनत भगवाना । चले सुधारि सरासन बाना ॥
राम सेन निज पाछे घाली । चले सकोप महा बलसाली ॥

ऐसे दर्दभरे वचन सुनते ही भगवान् ने धनुष-बाण सुधारकर वहाँ से प्रस्थान किया । महाबलशाली श्रीरामजी ने सेना को अपने पीछे कर लिया और वे क्रोधपूर्वक आगे बढ़े ॥३॥

When the Blessed Lord heard their piteous cry, he poised his bow and arrows and sallied out. Placing his army in the rear, Rama of resistless might strode out, full of indignation.

खैंचि धनुष सर सत संधाने । छूटे तीर सरीर समाने ॥
लागत सर धावा रिस भरा । कुधर डगमगत डोलति धरा ॥

धनुष खींचकर उन्होंने सौ बाण संधान किये । तीर छूटकर उसके शरीर में समा गए । बाणों के लगते ही वह क्रोध में भरकर दौड़ा । उसके दौड़ने से पर्वत डगमगाने लगे और धरती डोलने लगी ॥४॥

Pulling the string of his bow, he fitted a hundred arrows to it; they flew and sank into the demon's body. When the arrows struck him, he rushed forth maddened by rage; the mountains reeled and the earth shook as he ran.

लीन्ह एक तेहिं सैल उपाटी । रघुकुलतिलक भुजा सोइ काटी ॥
धावा बाम बाहु गिरि धारी । प्रभु सोउ भुजा काटि महि पारी ॥

कुम्भकर्ण ने एक पर्वत उखाड़ लिया । रघुकुलशिरोमणि श्रीरामजी ने उसकी वह भुजा ही काट डाली । तब वह बायें हाथ में पर्वत लेकर दौड़ा । प्रभु ने उसकी वह भुजा भी काटकर धरती पर गिरा दी ॥५॥

He tore up a hill, but the glory of the house of Raghu severed the arm that bore it. He then rushed forward with the hill in his left arm, but the Lord cut off that arm too and felled it to the ground.

काटें भुजा सोह खल कैसा । पच्छहीन मंदर गिरि जैसा ॥
उग्र बिलोकनि प्रभुहि बिलोका । ग्रसन चहत मानहु त्रैलोका ॥

भुजाओं के काटे जाने पर वह दुष्ट ऐसा शोभित हुआ जैसे बिना पंख का मन्दराचल शोभित हो । उसने कड़ी रौद्र दृष्टि से प्रभु को देखा, मानो तीनों लोकों को वह निगल जाना चाहता है ॥६॥

The wretch thus shorn of his arms looked like Mount Mandara without its wings. He cast a savage look on the Lord as though he would swallow up all the three spheres.

दो. –करि चिक्कार घोर अति धावा बदनु पसारि ।
गगन सिद्ध सुर त्रासित हा हा हेति पुकारि ॥७०॥

अत्यन्त घोर चिग्घाड़ करके वह मुँह फैलाकर दौड़ा । आकाश में सिद्ध और देवता भयभीत हो 'हा ! हा ! हा !' की पुकार करने लगे ॥७०॥

With a most terrible yell he rushed on with his mouth wide open. The adepts and gods in the skyey heaven shouted in great alarm, 'Alas ! Alas !'

चौ. –सभय देव करुनानिधि जानेउ । श्रवन प्रजंत सरासनु तानेउ ॥
बिसिखनिकर निसिचरमुख भरेऊ । तदपि महाबल भूमि न परेऊ ॥

दयासागर रघुनाथजी ने देवताओं को भयभीत जानकर धनुष को कान तक तानकर बाणों के समूह से राक्षस का मुख भर दिया । तो भी वह महाबलवान् पृथ्वी पर न गिरा ॥१॥

When Raghunatha the All-merciful saw that the gods were much alarmed, he drew his bowstring right up to his ear and with multitudes of arrows filled the demon's mouth, yet dropped not the valiant monster to the ground.

सरन्हि भरा मुख सन्मुख धावा। कालत्रोन सजीव जनु आवा॥
तब प्रभु कोपि तीव्र सर लीन्हा। धर तें भिन्न तासु सिरु कीन्हा॥

यद्यपि उसका मुख बाणों से भरा था, फिर भी वह (प्रभु के) आगे इस प्रकार दौड़ा मानो कालरूपी सजीव तरकश ही आ रहा हो। तब प्रभु ने क्रोध करके एक तीव्र बाण लिया और उसके सिर को धड़ से अलग कर दिया॥२॥

Though his mouth was full of arrows, he charged at the Lord like a living quiver of death. Then the Lord, infuriated, took a keen shaft and struck the demon's head right off his trunk,

सो सिरु परेउ दसानन आगें। बिकल भएउ जिमि फनि मनि त्यागें॥
धरनि धसै धर धाव प्रचंडा। तब प्रभु काटि कीन्ह दुइ खंडा॥

वह सिर दशानन के आगे जा गिरा। उसे देखकर रावण ऐसा हतोत्साह हुआ जैसे मणि के छूट जाने पर सर्प होता है। कुम्भकर्ण का विकराल धड़ दौड़ा, जिससे धरती धँसी जाती थी। तब प्रभु ने काटकर उसके दो खंड कर दिए॥३॥

The head dropped and lay before the Ten-headed, who was as dismayed at the sight as a snake that has lost its crest-jewel. The earth sank beneath the weight of the terrible trunk, as it still sprinted there till the Lord cut it into two pieces.

परे भूमि जिमि नभ तें भूधर। हेठ दाबि कपि भालु निसाचर।
तासु तेज प्रभुबदन समाना। सुर मुनि सबहिं अचंभौ माना॥

अपने नीचे वानर-भालू और निशाचरों को दबाते हुए वे दोनों टुकड़े पृथ्वी पर ऐसे गिरे जैसे आकाश से दो पहाड़ गिरे हों। उसका तेज प्रभु श्रीरामजी के मुख में समा गया। (यह देखकर) देव-मुनि सभी ने आश्चर्य माना॥४॥

The two pieces dropped to the ground like a pair of mountains from the sky, crushing beneath them monkeys, bears and demons alike. His spirit entered the Lord's mouth, to the astonishment of the gods and sages and all.

सुर दुंदुभी बजावहिं हरषहिं। अस्तुति करहिं सुमन बहु बरषहिं॥
करि बिनती सुर सकल सिधाए। तेही समय देवरिषि आए॥

देवगण नगाड़े बजाते, प्रसन्न होते और गुणगान करते हुए बहुत-से फूल बरसाते हैं। जब विनती करके सब देवता चले गए, उसी समय देवर्षि नारद आ पहुँचे॥५॥

The gods beat their drums in great exultation; with hymns of praise they showered down blossoms in abundance, and then having prayed to the Lord, went their way. At that moment arrived the celestial sage, Narada.

गगनोपरि हरि गुन गन गाए। रुचिर बीररस प्रभुमन भाए॥
बेगि हतहु खल कहि मुनि गए। रामु समरमहि सोभत भए॥

आकाश में ऊपर से उन्होंने भगवान् के सुन्दर वीररसयुक्त गुणसमूह का गान किया, जो प्रभु के मन को बहुत ही अच्छा लगा। नारद मुनि यह कहकर चले गए कि दुष्ट रावण को अविलंब मारिए। (उस समय) श्रीरामचन्द्रजी युद्ध-भूमि में आकर सुशोभित हुए॥६॥

Standing high in the heavens, he sang of Hari's infinite perfections in stirring heroic strains, which pleased the Lord's heart. The sage departed with the words, 'Pray despatch this wretch Ravana quickly.' At that moment Rama shone forth (in all his divine splendour) on the field of battle.

छं.—संग्रामभूमि बिराज रघुपति अतुलबल कोसलधनी॥
श्रमबिंदु मुख राजीव लोचन अरुन तन सोनितकनी॥
भुज जुगल फेरत सर सरासन भालु कपि चहुँ दिसि बने।
कह दास तुलसी कहि न सक छबि सेष जेहि आनन घने॥

अतुलित बलवाले कोसलराज श्रीरामचन्द्रजी रणभूमि में विराजमान हैं। उनके मुख पर पसीने की बूँदें हैं, कमल के समान नेत्र कुछ लाल हैं। तन पर रक्त के छींटे हैं। दोनों हाथों से धनुष-बाण फेर रहे हैं। उनके चारों ओर रीछ और वानर सुशोभित हैं। तुलसीदासजी कहते हैं कि प्रभु की इस सुन्दरता का वर्णन शेषजी भी नहीं कर सकते जिनके बहुत-से (हजार) मुख हैं।

Resplendent on the field of battle is Ramachandra, Kosala's king of immeasurable might, streaming with the sweat of his exertions on his face, his lotus eyes turned red and his person flecked with drops of blood, and both his arms brandishing his bow and arrows, while the bears and monkeys group all around him. Not even Shesha with his many tongues can describe all the beauty of the Lord, so says Tulasidasa.

दो.—निसिचर अधम मलाकर ताहि दीन्ह निज धाम।
गिरिजा ते नर मंदमति जे न भजहिं श्रीराम॥७१॥

(शिवजी कहते हैं—) हे गिरिजे! कुम्भकर्ण जो नीच निशाचर और पाप की खान था, उसे भी श्रीरामजी ने वैकुंठ दे दिया। वे मनुष्य (सचमुच) मन्दबुद्धि हैं जो ऐसे श्रीरामजी का भजन नहीं करते॥७१॥

To that vile demon, Kumbhakarna, who was a mine of all sins Rama vouchsafed a place in his own abode. Dull-witted are they, O Girija, who adore not the divine Rama !

चौ. –दिन के अंत फिरीं द्वौ अनी । समर भई सुभटन्ह श्रम घनी ॥
रामकृपा कपिदल बल बाढ़ा । जिमि तृन पाइ लाग अति डाढ़ा ॥

संध्या होने पर दोनों सेनाएँ लौट पड़ीं । (आज की लड़ाई में) योद्धाओं को बड़ी थकावट हुई । परंतु श्रीरामजी की कृपा से वानर-सेना का बल वैसे ही बढ़ गया जैसे तिनके का सहारा पाकर अग्नि बहुत बढ़ जाती है ॥१॥

At close of day the two armies retired; the battle had proved exceedingly strenuous even to the stoutest warrior, but the monkey host gathered fresh strength by the grace of Rama as a fire blazes up when fed with straw.

छीजहिं निसिचर दिनु अरु राती । निज मुख कहें सुकृत जेहि भाँती ॥
बहु बिलाप दसकंधर करई । बंधुसीस पुनि पुनि उर धरई ॥

उधर राक्षस दिन-रात इस तरह क्षीण होते (घटते) जा रहे हैं जिस तरह अपने ही मुख से कहने पर पुण्य क्षीण हो जाते हैं । रावण बहुत विलाप करता है और बार-बार भाई (कुम्भकर्ण) का सिर अपने कलेजे से लगाता है ॥२॥

The demon ranks thinned[1] day and night, as merit thins when one makes a display of it. Great was the lamentation that Ravana made as again and again he clasped his brother's head to his heart.

रोवहिं नारि हृदय हति पानी । तासु तेज बल बिपुल बखानी ॥
मेघनाद तेहि अवसर आयेउ । कहि बहु कथा पिता समुझायेउ ॥

स्त्रियाँ कुम्भकर्ण के तेज और बल का विपुल बखान कर हाथों से छाती पीट-पीटकर रोती हैं । उसी समय मेघनाद आया और उसने (धीरज बँधानेवाली) बहुत-सी कथाएँ कहकर पिता रावण को समझाया ॥३॥

The women wept and beat their breasts as they paid tribute to his pre-eminent majesty and vigour. Just then Meghanada arrived and with many a reassuring tale comforted his father:

देखेहु कालि मोरि मनुसाई । अबहि बहुत का करौं बड़ाई ॥
इष्टदेव सैं बल रथ पाएउँ । सो बलु तात न तोहि देखाएउँ ॥

(और कहा –) कल मेरा पराक्रम देखिएगा, अभी अपनी बहुत प्रशंसा क्या करूँ ? हे तात ! मैंने अपने इष्टदेव से जो बल और रथ पाया था, वह बल (और रथ) अबतक आपको नहीं दिखलाया ॥४॥

'Be witness tomorrow of the valiant feats I shall perform; need I make idle boasts now ? I have had no occasion to show you, father, the strength and the chariot I have acquired from my patron divinity.'

1. Or, 'the demons waxed fainter'.

एहि बिधि जल्पत भएउ बिहाना । चहुँ दुआर लागे कपि नाना ॥
इत कपि भालु काल सम बीरा । उत रजनीचर अति रनधीरा ॥

इस तरह डींग मारते हुए विहान हो गया । लङ्का के चारों फाटकों पर बहुत से वानर जा लगे । इधर काल-सरीखे वीर वानर-भालू हैं और उधर अत्यन्त रणधीर राक्षस ॥५॥

While he was thus vaunting, the day broke,[1] and throngs of monkeys swarmed round the four gates in a mass. On this side ranged the monkeys and the bears, warriors terrible as death, while on the other stood the demons, exceedingly staunch in battle.

लरहिं सुभट निज निज जय हेतू । बरनि न जाइ समर खगकेतू ॥

(दोनों पक्ष के) वीर अपनी-अपनी विजय के लिए लड़ते हैं । हे गरुड़ ! उनके (घमासान) युद्ध का वर्णन नहीं किया जा सकता ॥६॥

Valiantly the warriors on both sides battled, each thirsting for victory—a battle, Garuda, that baffles all description.

दो. –मेघनाद मायामय रथ चढ़ि गएउ अकास ।
गर्जेउ अट्टहास करि भइ कपिकटकहि त्रास ॥७२॥

मेघनाद उसी (इष्टदेव से प्राप्त) मायामय रथ पर चढ़कर आकाश में चला गया और ठहाके के साथ गरजा[१], जिससे वानरों की सेना त्रस्त (भयभीत) हो गई ॥७२॥

Mounting his magic chariot, Meghanada flew up into the air and roared with a peal of laughter, which struck the monkey host with terror.

चौ. –सक्ति सूल तरवारि कृपाना । अस्त्र सस्त्र कुलिसायुध नाना ॥
डारै परसु परिघ पाषाना । लागेउ बृष्टि करैं बहु बाना ॥

वह शक्ति, शूल, तलवार, कृपाण आदि अस्त्र-शस्त्र एवं वज्र आदि नाना आयुध चलाने तथा फरसे, परिघ, पत्थर आदि फेंकने और बहुत-से बाणों की वर्षा करने लगा ॥१॥

He hurled down a volley of lances and pikes, swords and scimitars, axes, bludgeons and stones, and other missiles and weapons of every description, terrible as a thunderbolt, followed by a shower of shafts in profusion.

1. In Homer, the day does not just break; in *The Iliad*, Dawn spreads her saffron mantle over the world.

१. अट्टहास करके गरजने से शत्रु-सेना के प्रति तिरस्कार और अपनी विजय पर विश्वास सूचित किया ।

दस दिसि रहे बान नभ छाई। मानहु मघा मेघ झरि लाई॥
धरु धरु मारु सुनिअ धुनि काना। जो मारै तेहि कोउ न जाना॥

आकाशमंडल की दसों दिशाओं में बाण छा गए मानो मघा नक्षत्र के मेघों ने वर्षा की झड़ी लगा दी हो। 'पकड़ो, पकड़ो, मारो' की ध्वनि तो कानों से सुनायी पड़ती है, परंतु जो मार रहा है, उसे किसी ने न जान पाया॥२॥

The ten quarters of the sky were thickly covered with arrows, as though the clouds of Magha (the tenth of the twenty-seven Nakshatras) had been pouring down torrential showers. The cries of 'Seize! Seize! Kill!' filled every ear, but no one could perceive who it was that struck them.

गहि गिरि तरु अकास कपि धावहिं। देखहिं तेहि न दुखित फिरि आवहिं॥
अवघट घाट बाट गिरि कंदर। मायाबल कीन्हेसि सरपंजर॥

पर्वतों और वृक्षों को ले-लेकर वानर आकाश में दौड़कर जाते हैं, पर उसे न देखकर दुःखी हो लौट आते हैं। मेघनाद ने दुर्गम घाटियों, रास्तों और पर्वत-कन्दराओं को माया-बल से बाणों के पिंजरे बना दिए॥३॥

Snatching up hills and trees, the monkeys rushed up into the air, but still they could not see him and fell back sore disappointed. Meanwhile by the power of his magic Meghanada had turned every inaccessible ravine, road and mountain cave into a veritable aviary of arrows.

जाहिं कहाँ ब्याकुल भए बंदर। सुरपतिबंदि परे जनु मंदर॥
मारुतसुत अंगद नल नीला। कीन्हेसि बिकल सकल बलसीला॥

यह सोचकर कि अब कहाँ जायँ, वानर ऐसे व्याकुल हुए जैसे पर्वत[१] इन्द्र की कैद में पड़े हों। मेघनाद ने पवनसुत हनुमान्, अंगद, नल, नील आदि सभी बलवानों को प्रभावहीन कर दिया॥४॥

The monkeys were distraught when they realized that they knew not where to find refuse and felt helpless like so many mountains thrown into prison by Indra. Meghanada had sapped the strength of all such gallant warriors as Hanuman, Angad, Nala, Nila and the rest.

पुनि लछिमन सुग्रीव बिभीषन। सरन्हि मारि कीन्हेसि जर्जर तन॥
पुनि रघुपति सैं जूझैं लागा। सर छाड़ै होइ लागहिं नागा॥

फिर उसने लक्ष्मणजी, सुग्रीव और विभीषण को बाण से मार-मारकर उनके शरीरों को छेदकर जर्जर बना दिया। फिर वह श्रीरघुनाथजी से युद्ध करने लगा। वह जो बाण छोड़ता है, वे सर्प होकर लगते हैं॥५॥

१. अथवा, जैसे मन्दराचल इन्द्र की कैद में होकर वज्र से मारे जाने पर व्याकुल हुआ, वैसे ही वानर राह न पाकर बाणों की मार से व्याकुल हो गए। (जब इन्द्र पर्वतों के पंख काटने लगा, तब उसने भी 'सरपंजर' (बाणों के पिंजरे) बनाकर पर्वतों की गति रोक दी थी।)

Next, he smote Lakshmana, Sugriva and Vibhishana, riddling their bodies with showers of darts. Then he joined in combat with Raghunatha himself and let fly his arrows, which as they struck him became serpents.

ब्यालपास बस भए खरारी। स्वबस अनंत एक अबिकारी॥
नट इव कपटचरित कर नाना। सदा स्वतंत्र रामु भगवाना॥

जो स्वतन्त्र, अनन्त, एक (अखण्ड) और निर्विकार हैं, वे खर के शत्रु श्रीरामजी (लीला से) नागपाश में बँध गए। श्रीरामचन्द्रजी सदा स्वतन्त्र, एक (अद्वितीय) भगवान् हैं। वे नट की भाँति अनेक प्रकार के बनावटी चरित (मनुष्य-लीला) करते हैं॥६॥

Rama the slayer of Khara, who is ever independent, infinite and immutable, the one without a second, was overpowered by the serpents' coils. Like a juggler he plays many a part—he, the one, ever-free and omnipotent Lord.

रनसोभा लगि प्रभुहि बधायो। नागपास देवन्ह भय पायो॥

युद्ध की शोभा के लिए प्रभु ने अपने को नागपाश में बँधा लिया। किंतु उनकी दशा देखकर देवताओं को भय हुआ॥७॥

It was to invest the battle with a glory of its own that the Lord let himself be bound by the serpents' coils, though the gods were in a panic at the sight.

दो.—गिरिजा जासु नामु जपि मुनि काटहिं भवपास।
सो कि बंध तर आवै ब्यापक बिस्वनिवास॥७३॥

(शिवजी कहते हैं—) हे गिरिजे! जिनका नाम जपकर मुनि भव (जन्म-मृत्यु) के बंधन को काट डालते हैं, वे सर्वव्यापक और जगन्निवास प्रभु कभी किसी के बन्धन में आ सकते हैं?॥७३॥

Is it, O Girija, possible that the Lord, who is the omnipresent abode of the universe and whose name when repeated enables the sages to sever the bonds of birth and death, should fall into bondage?

चौ.—चरित राम के सगुन भवानी। तर्कि न जाहिं बुद्धिबल बानी॥
अस बिचारि जे तग्य बिरागी। रामहि भजहिं तर्क सब त्यागी॥

हे पार्वती! श्रीरामजी के इन सगुण चरित्रों (लीलाओं) के विषय में बुद्धि और वाणी के बल से कुछ तर्क नहीं किया जा सकता। ऐसा विचारकर जो तत्त्वज्ञानी और विरागी पुरुष हैं, वे सब तर्क त्यागकर श्रीरामजी की आराधना करते हैं॥१॥

The actions of *saguna* Rama[1], Parvati, cannot be logically interpreted by the power of reason or by

1. *i.e.*, Rama with attributes; the Lord Rama in personal form.

speech; and that is why the enlightened ones and ascetics worship him without disputation.

ब्याकुल कटकु कीन्ह घननादा। पुनि भा प्रगट कहै दुर्बादा॥
जामवंत कह खल रहु ठाढ़ा। सुनि करि ताहि क्रोध अति बाढ़ा॥

मेघनाद ने बंदरों की सेना को व्याकुल कर दिया। फिर वह प्रकट हो गया और दुर्वचन कहने लगा। तब जाम्बवान् ने कहा – अरे दुष्ट ! खड़ा रह। यह सुनकर वह अत्यन्त क्रुद्ध हुआ॥२॥

Having thus confounded the monkey host, Meghanada at last manifested himself and began to fling forth many a word of abuse. Jambavan said, 'Just stay where you are, O wretch !' When he heard this, he seethed with anger.

बूढ़ जानि सठ छाड़ेउँ तोही। लागेसि अधम पचारैं मोही॥
अस कहि तरल त्रिसूल चलायो। जामवंत कर गहि सोइ धायो॥

अरे मूर्ख ! मैंने बूढ़ा जानकर तुझे छोड़ दिया था। अरे नीच ! अब तू मुझे ही ललकारने लगा ? ऐसा कहकर उसने देदीप्यमान (खूब चमकता हुआ) त्रिशूल चलाया। जाम्बवान् उसी त्रिशूल को हाथ से पकड़कर दौड़ा॥३॥

'Fool,' he cried, 'I spared you only on account of your age, and now, O vile wretch, you've had the audacity to challenge me !' These words uttered, he hurled his glittering trident, but Jambavan caught it in his hand and, darting forward,

मारेसि मेघनाद कै छाती। परा भूमि घुर्मित सुरघाती॥
पुनि रिसान गहि चरन फिरायो। महि पछारि निज बल देखरायो॥

और उसे मेघनाद की छाती पर दे मारा। वह देवताओं का शत्रु (मेघनाद) चक्कर खाकर धरती पर गिर पड़ा। जाम्बवान् ने फिर क्रोध में आकर पैर पकड़कर उसको घुमाया और पृथ्वी पर पछाड़कर उसे अपना बल दिखा दिया॥४॥

struck Meghanada in the chest so vehemently that the scourge of the gods reeled and fell to the ground. Once again Jambavan in his fury caught him by the foot and, whirling him round, dashed him to the earth as a display of his might.

बरप्रसाद सो मरै न मारा। तब गहि पद लंका पर डारा॥
इहाँ देवरिषि गरुड़ पठायो। राम समीप सपदि सो आयो॥

(किंतु) वरदान के प्रभाव से जब वह मारे न मरा तब जाम्बवान् ने पैर पकड़कर उसे लङ्का पर फेंक दिया। इधर देवर्षि नारदजी ने गरुड़ को भेजा। वे शीघ्र श्रीरामजी के पास आ पहुँचे॥५॥

But by virtue of the divine boon (granted to him by the Creator), he died not for all his killing. Thereupon Jambavan seized him by the foot and hurled him into Lanka. Meanwhile, the celestial seer Narada had despatched Garuda, who took no time in coming to Rama.

दो. – खगपति सब धरि खाए मायानाग बरूथ।
माया बिगत भए सब हरषे बानरजूथ॥७४(क)॥

पक्षिराज गरुड़जी सब माया-रचित सर्पों के समूहों को पकड़-पकड़कर खा गए। तब सब वानरों के झुंड माया से विमुक्त होकर प्रसन्न हो गए॥७४(क)॥

Garuda, the king of the birds, seized and gorged himself on the whole swarm of magic snakes. The delusion was thus dispelled, and all the divisions of the monkey host rejoiced again.

गहि गिरि पादप उपल नख धाए कीस रिसाइ।
चले तमीचर बिकलतर गढ़ पर चढ़े पराइ॥७४(ख)॥

पहाड़, पेड़, पत्थर के टुकड़े और नख धारण किये वानर क्रुद्ध होकर दौड़े। तब राक्षस विशेष व्याकुल होकर भाग चले और किले पर चढ़ गए॥७४(ख)॥

Equipped with rocks, trees, stones and claws, the monkeys rushed forth in rage, while the demons took to their heels in panic and climbed up to the top of the fort.

चौ. – मेघनाद कै मुरछा जागी। पितहि बिलोकि लाज अति लागी॥
तुरत गएउ गिरिबर कंदरा। करौं अजय मख अस मन धरा॥

जब मेघनाद की मूर्च्छा छूटी, तब पिता को देखकर उसे बड़ी लज्जा लगी। मैं अजय-यज्ञ करूँ, मन में ऐसा निश्चय कर वह तुरत[1] पर्वत की एक श्रेष्ठ गुफा में चला गया॥१॥

When Meghanada recovered from his swoon, he was greatly ashamed to find his father before him. Forthwith he betook himself to a convenient mountain cave, resolving to perform a sacrifice which would render him invincible.

इहाँ बिभीषन मंत्र बिचारा। सुनहु नाथ बल अतुल उदारा॥
मेघनाद मख करै अपावन। खल मायाबी देवसतावन॥

यहाँ (राम-दल में) विभीषन ने विचारकर यह सलाह दी कि हे अद्वितीय बलवान् और उदार प्रभो ! देवताओं को सतानेवाला दुष्ट, मायावी मेघनाद अपावन यज्ञ कर रहा है॥२॥

१. जिसमें शत्रु को इसकी सूचना न मिले और मैं यज्ञ पूरा करके अजेय हो जाऊँ। "विषादयुक्त होकर पूरा बदला लेने की इच्छा से मत्सरयुक्त होकर गया। यह दुष्ट अजय मख करने को गया है; सिद्ध होने से मरेगा नहीं, यह कवि जानते हैं। अतः उनके हृदय में धक्का लगा, अधीली में दो मात्राएँ कम देकर यह सूचित किया है।" मा.पी., ६, पृ. ३७२ (लंकाकाण्ड)।

In Rama's camp Vibhishana gave this considered counsel: 'Listen, Lord of incomparable might and generosity; Meghanada, that wretched sorcerer and scourge of heaven, is performing an unholy sacrifice.

जौ प्रभु सिद्ध होइँ सो पाइहि। नाथ बेगि पुनि जीति न जाइहि॥
सुनि रघुपति अतिसय सुखु माना। बोले अंगदादि कपि नाना॥

हे प्रभो! यदि वह यज्ञ सिद्ध हो जायगा, तो हे नाथ! फिर शत्रु शीघ्र जीता न जा सकेगा। यह सुनकर श्रीरघुनाथजी ने बड़ा सुख माना और अंगद आदि बहुत-से वानरों को बुलाया और कहा— ॥३॥

If, Lord, the sacrifice is brought to a successful issue, it will not be easy to overcome him.' Raghunatha was profoundly moved to hear this and summoned Angad and many other monkeys and said,

लछिमन संग जाहु सब भाई। करहु बिधंस जग्य कर जाई॥
तुम्ह लछिमन मारेहु रन ओही। देखि सभय सुर दुख अति मोही॥

हे भाइयो! सब लोग लक्ष्मण के साथ जाओ और जाकर यज्ञ को नष्ट-भ्रष्ट कर दो। हे लक्ष्मण! तुम उसे युद्ध में मार डालना, देवताओं को भयभीत देख मुझे बड़ा दुःख है॥४॥

'Go you, my brothers, with Lakshmana and wreck the sacrifice. And it is for you, Lakshmana, to slay him in battle. I am much distressed to see the gods in terror.

मारेहु तेहि बल बुद्धि उपाई। जेहि छीजै निसिचर सुनु भाई॥
जामवंत सुग्रीव बिभीषन। सेन समेत रहहुँ तीनिउ जन॥

हे भाई! सुनो, उसे ऐसे बल, बुद्धि और उपाय से मारना जिससे वह राक्षस नष्ट हो जाय। हे जाम्बवान्, सुग्रीव और विभीषण! तुम तीनों सेनासहित इनके साथ रहना॥५॥

Listen, brothers; so strike him either with open force or with stratagem—one way or another—that the demon may bite the dust and be destroyed. And you three, Jambavan, Sugriva and Vibhishana must keep by his side with your regiment to support him.'

जब रघुबीर दीन्हि अनुसासन। कटि निषंग कसि साजि सरासन॥
प्रभुप्रताप उर धरि रनधीरा। बोले घन इव गिरा गभीरा॥

जब श्रीरघुवीर ने ऐसी आज्ञा दी तब कमर में तरकश कसकर और धनुष चढ़ाकर रणधीर श्रीलक्ष्मणजी प्रभु का प्रताप हृदय में धारण कर मेघ के समान गम्भीर स्वर में बोले— ॥६॥

When Raghubira had issued his commands, the mighty Lakshmana, full of resolute valour, girt the quiver by his side and strung his bow and, cherishing the Lord's glory in his heart, spoke in a voice deep as a clap of thunder:

जौ तेहि आजु बधे बिनु आवउँ। तौ रघुपतिसेवकु न कहावउँ॥
जौ सत संकर करहिं सहाई। तदपि हतौं रघुबीरदोहाई॥

यदि मैं आज उसे बिना वध किये आऊँ तो श्रीरघुनाथजी का सेवक न कहलाऊँ। यदि सैकड़ों शिव[1] भी उसकी सहायता करें तो भी रघुवीर की शपथ, आज मैं उसे मार ही डालूँगा॥७॥

'If I return this day without slaying him, let me no more be called a servant of Raghunatha. Though a hundred Shivas come to his aid, yet shall I slay him in the name of Raghubira!'

दो.—रघुपतिचरन नाइ सिरु चलेउ तुरंत अनंत।
अंगद नील मयंद नल संग सुभट हनुमंत॥७५॥

श्रीरघुनाथजी के चरणों में सिर नवाकर श्रीलक्ष्मणजी तुरत चल पड़े। उनके साथ अंगद, नील, मयंद, नल और हनुमान् आदि (एक-से-एक) उत्तम योद्धा थे॥७५॥

Bowing his head at the feet of Raghunatha, Lakshmana darted forth at once, accompanied by stalwarts like Angad, Nila, Mayand, Nala and valiant Hanuman.

चौ.—जाइ कपिन्ह सो देखा बैसा। आहुति देत रुधिरु अरु भैंसा॥
कीन्ह कपिन्ह सब जग्य बिधंसा। जब न उठै तब करहिं प्रसंसा॥

वानरों ने जाकर देखा कि वह बैठा हुआ खून और भैंसे की आहुति दे रहा है। वानरों ने उसके सारे यज्ञ को विध्वंस कर डाला। इसके बावजूद जब वह न उठा तब वे उसकी सराहना करने लगे॥१॥

Arriving there, the monkeys found him squatting and offering an oblation of blood and live buffaloes to the sacrificial fire. The monkeys upset the whole sacrifice; yet, when the demon would not stir, they then took to praising him (ironically).

तदपि न उठै धरेन्हि कच जाई। लातन्हि हति हति चले पराई॥
लै त्रिसूल धावा कपि भागे। आए जहँ रामानुज आगे॥

जब प्रशंसा करने पर भी वह न उठा, तब उन्होंने जाकर उसके बाल पकड़े और लातों से मार-मारकर वे भाग चले। जब वह त्रिशूल लेकर दौड़ा, तब वानर भागकर वहाँ आ गए जहाँ आगे लक्ष्मणजी खड़े थे॥२॥

When still he made no move, the monkeys went and caught him by the hair and, striking him with the

१. क्योंकि शंकरजी के वरदान से ही वह इतना अभिमानी हो रहा है। लक्ष्मणजी ने शंकर का नाम इसलिए भी लिया कि वे रण के देवता हैं।

foot again and again, ran away. He rushed forth, trident in hand, while the monkeys fled and came where Lakshmana stood at the head of his army.

आवा परम क्रोध कर मारा। गर्ज घोर रव बारहि बारा॥
कोपि मरुतसुत अंगद धाए। हति त्रिसूल उर धरनि गिराए॥

अत्यन्त क्रोध का मारा हुआ वह आया और बार-बार भयानक ध्वनि करके गरजने लगा। पवनपुत्र (हनुमान्) और अंगद क्रोध करके दौड़े। उसने छाती में त्रिशूल भोंककर दोनों को पृथ्वी पर पछाड़ दिया॥३॥

On he came, maddened by the rage, and shouted again and again with a fearful roar. The Son of the Wind and Angad darted forward in seething wrath, but he smote them in the breast with his trident and flung them to the ground.

प्रभु कहुँ छाड़ेसि सूल प्रचंडा। सर हति कृत अनंत जुग खंडा॥
उठि बहोरि मारुति जुवराजा। हतहिं कोपि तेहि घाउ न बाजा॥

तदनंतर उसने प्रभु श्रीलक्ष्मणजी पर भयंकर त्रिशूल फेंका। अनन्त श्रीलक्ष्मणजी[१] ने बाण मारकर उसके दो टुकड़े कर डाले। हनुमान् और अंगद फिर उठकर तथा क्रोध करके उसे मारने लगे, पर उसे चोट न लगी॥४॥

He then shot forth his fierce pike at the Lord (Lakshmana), but Ananta struck it with his arrow and broke it in two. Meanwhile Hanuman and Angad had risen again and smote him furiously, but he received no injury.

फिरे बीर रिपु मरै न मारा। तब धावा करि घोर चिकारा॥
आवत देखि क्रुद्ध जनु काला। लछिमन छाड़े बिसिख कराला॥

शत्रु (मेघनाद) मारे नहीं मरता, यह देखकर जब वीर योद्धा लौट पड़े, तब वह घोर चिग्घाड़ करके दौड़ा। (विकराल) क्रुद्ध काल की तरह उसे आता देखकर लक्ष्मणजी ने उस पर तीक्ष्ण बाण छोड़े॥५॥

When the heroes withdrew thinking that nothing could kill the enemy, Meghanada, he rushed forth with a terrible yell. When Lakshmana saw him coming on like wrathful Death, he shot fierce arrows at him.

देखिसि आवत पबि सम बाना। तुरत भएउ खल अंतरधाना॥
बिबिध बेष धरि करै लराई। कबहुँक प्रगट कबहुँ दुरि जाई॥

वज्र-जैसे बाणों को आते देखकर वह दुष्ट तुरंत अन्तर्धान हो गया और फिर तरह-तरह के रूप धारण कर युद्ध करने लगा। कभी वह प्रकट होता था और कभी लुक-छिप जाता था॥६॥

When the wretch saw the shatts coming on like bolts of lightning, he at once vanished out of sight and began to fight in various guises, sometimes revealing himself and sometimes disappearing.

देखि अजय रिपु डरपे कीसा। परम क्रुद्ध तब भएउ अहीसा॥
लछिमन मन अस मंत्र दृढ़ावा। एहि पापिहि मैं बहुत खेलावा॥

दुश्मन को अजेय देखकर वानर डरे। तब सर्पराज शेषजी (लक्ष्मणजी) आपे से बाहर हो गए। लक्ष्मणजी ने मन में यह विचार दृढ़ किया कि इस पापी को मैं बहुत खेला चुका (अब इसे समाप्त कर देना ही युक्त होगा)॥७॥

When the monkeys saw that the foe was unconquerable, they were filled with dismay. Then Lakshmana, the incarnation of the Serpent King, was filled with great fury. 'I've played long enough with this wretch,' he thought, and made a firm resolve in his mind to slay him.

सुमिरि कोसलाधीसप्रतापा। सरसंधान कीन्ह करि दापा॥
छाड़ा बान माझ उर लागा। मरतीं बार कपटु सबु त्यागा॥

श्रीरामजी के प्रभुत्व का स्मरण कर लक्ष्मणजी ने वीरोचित दर्प करके बाण का संधान किया। बाण छुटते ही उसकी छाती के बीचोंबीच लगा। मरते समय उसने सब कपट त्याग दिया॥८॥

Recalling the might of Rama, the lord of Kosala, he defiantly fitted an arrow to his bow and shot it with such steady aim that it struck him full in the breast, and the demon abandoned all deception at the moment of death.

दो.–रामानुज कहँ रामु कहँ अस कहि छाड़ेसि प्रान।
धन्य धन्य तव जननी कह अंगद हनुमान॥७६॥

'राम के छोटे भाई (लक्ष्मण) कहाँ हैं? राम कहाँ हैं?' ऐसा कहते हुए उसने अपने प्राण छोड़े। अंगद और हनुमान् कहने लगे – तेरी माता धन्य है, धन्य है (जो तू लक्ष्मणजी के हाथों मारा गया और मरते समय तूने श्रीराम-लक्ष्मण के नामों का उच्चारण किया)!॥७६॥

'Where is Lakshmana, Rama's younger brother? Where is Rama?' So speaking, he expired. 'Blessed, blessed indeed is your mother!' said Angad and Hanuman. ('For you died at the hands of Lakshmana and while dying, uttered the names of Rama and Lakshmana.')

चौ.–बिनु प्रयास हनुमान उठायो। लंकाद्वार राखि पुनि आयो॥
तासु मरन सुनि सुर गंधर्बा। चढ़ि बिमान आए नभ सर्बा॥

हनुमान्‌जी ने उसे बिना परिश्रम ही उठा लिया और लङ्का के द्वार पर

१."इस युद्ध में कवि बार-बार लक्ष्मणजी को अनन्त कह रहे हैं। जिसका अन्त ही नहीं उसके अन्त को कोई कैसे पा सकता है?" विजया टीका, ३, पृ. ५०२।

रखकर वे फिर लौट आये। उसका मरना सुनकर देवता और गन्धर्व सब विमानों पर चढ़-चढ़कर आकाश में आये ॥१॥

Without an effort Hanuman lifted him up and after putting him down at the gate of Lanka returned. Hearing of his death, the gods and the Gandharvas all mounted their chariots and came thronging the sky.

बरषि सुमन दुंदभीं बजावहिं। श्रीरघुनाथ बिमल जसु गावहिं॥
जय अनंत जय जगदाधारा। तुम्ह प्रभु सब देवन्हि निस्तारा॥

वे (देवता और गन्धर्व) फूल बरसाकर नगाड़े बजाते और श्रीरघुनाथजी के निर्मल यश का गान करते हैं। हे अनन्त[१]! आपकी जय हो, हे जगत् के आधार! आपकी जय हो। हे प्रभो! आपने सब देवताओं का उद्धार किया ॥२॥

Raining down a shower of blossoms, the gods and the Gandharvas beat their drums and sang the spotless glory of Raghunatha. 'Glory to the Lord Ananta! Glory to the world-supporter! You, Lord, have delivered all the gods!'

अस्तुति करि सुर सिद्ध सिधाए। लछिमनु कृपासिंधु पहि आए॥
सुतबध सुना दसानन जबही। मुरुछित भएउ परेउ महि तबही॥

जब स्तुति करके देवता और सिद्ध चले गए; तब लक्ष्मणजी दयासागर श्रीरामजी के निकट आये। रावण ने ज्यों ही पुत्र की मृत्यु का समाचार सुना, त्यों ही वह मूर्च्छित होकर धरती पर गिर पड़ा ॥३॥

Having thus hymned his praises, the gods and adepts went their way, while Lakshmana returned to the All-merciful. When the Ten-headed heard of his son's death, he swooned away and fell to the ground.

मंदोदरी रुदनु कर भारी। उर ताड़न बहु भाँति पुकारी॥
नगर लोग सब ब्याकुल सोचा। सकल कहहिं दसकंधरु पोचा॥

मन्दोदरी छाती पीट-पीटकर[२] और अनेक प्रकार से पुकार-पुकारकर भारी विलाप करने लगी। लंका-निवासी सब लोग शोक से व्याकुल हो गए और कहने लगे कि रावण नीच है ॥४॥

Mandodari made grievous lamentation, beating her breast and crying in many ways, while the citizens were all smitten with grief, each one upbraiding Ravana.

दो. – तब दसकंठ बिबिध बिधि समुझाईं सब नारि।
नस्वर रूप जगत सब देखहु हृदय बिचारि ॥७७॥

तब दशकंठ रावण ने नाना प्रकार से सब स्त्रियों को समझाया-बुझाया और कहा कि सारे जगत् का यह (बाह्य और दृश्य) रूप नाशवान् है, हृदय में विचारकर देखो ॥७७॥

Ravana of the Ten Heads then comforted all the womenfolk in various ways. 'See and realize in your hearts,' he said, 'that the entire universe is perishable.'

चौ. – तिन्हहिं ग्यानु उपदेसा रावन। आपुनु मंद कथा सुभ पावन॥
पर उपदेस कुसल बहुतेरे। जे आचरहिं ते नर न घनेरे॥

रावण ने उन्हें ज्ञान का उपदेश किया। वह आप तो नीच है, पर उसकी कथा (उपदेश) शुभ और पवित्र है। दूसरों को उपदेश देने में तो बहुत लोग कुशल होते हैं, पर ऐसे लोगों की संख्या अधिक नहीं है जो उपदेश के अनुसार आचरण भी करते हैं ॥१॥

Ravana taught them sound wisdom; though evil-minded himself, his counsel was good and wholesome! Indeed there are hosts of people clever in instructing others, but few are those who practise good morals themselves.

निसा सिरानि भएउ भिनुसारा। लगे भालु कपि चारिहुँ द्वारा॥
सुभट बोलाइ दसानन बोला। रन सन्मुख जा कर मन डोला॥

जब रात बीत गयी और सबेरा हुआ तब भालू-वानर (फिर) चारों दरवाजों पर जा डटे। अपने वीर योद्धाओं को बुलाकर दशमुख ने कहा – युद्ध में शत्रु के सामने जिसका मन डोल जाय, ॥२॥

When the night was spent and the light of dawn spread, the bears and monkeys again beset the four gates. The Ten-headed summoned his champions and said, 'He whose heart quails before the enemy in battle,

सो अबहीं बरु जाउ पराई। संजुगबिमुख भएँ न भलाई॥
निज भुज बल मैं बयरु बढ़ावा। देहौं उतरु जो रिपु चढ़ि आवा॥

अच्छा होगा कि वह अभी से भाग जाय। रण में जाकर भागने में भलाई नहीं है। मैंने अपनी भुजाओं के भरोसे वैर बढ़ाया है। जो शत्रु चढ़ आया है उसको मैं उत्तर दे लूँगा ॥३॥

had better withdraw even now; for to slink back from the field of battle is but to incur obloquy. Relying on the strength of my own arms, I have picked up the gauntlet and shall give my answer to the foe who has invaded us.'

अस कहि मरुतबेग रथु साजा। बाजे सकल जुझाऊ बाजा॥
चले बीर सब अतुलित बली। जनु कज्जल कै आँधी चली॥

---

१. "आपका अन्त है नहीं, इसलिए मेघनाद अन्त नहीं पा सका। सब-कुछ लय हो जाने पर भी आप रह जाते हैं, इसीलिए शेष कहलाते हैं।" विजया टीका, ३, पृ. ५०५।

२. "पुत्र-वियोगिनी माता का कोमल हृदय कहाँ तक कठोर बने ?... हृदय में अति दारुण असह्य ज्वाला उठी और माता 'हा पुत्र! हा पुत्र!' कहकर बार-बार छाती पीटने लगी।" – दे. बाल विनोदिनी टीका, २, पृ. १८०।

ऐसा कहकर उसने वायु के समान तीव्रगामी रथ सजाया। सारे जुझाऊ (युद्ध के) बाजे बजने लगे। सब अतुल बलशाली वीर ऐसे चले मानो काजल की आँधी चली हो। (इस प्रकार पर्वताकार काले-काले वीर सब जहाँ-तहाँ दौड़ पड़े। वेग के कारण वे अंधड़-तूफान-जैसे मालूम पड़ते हैं।) ॥४॥
Thus speaking, he made ready his chariot, swift as the wind, while every instrument of music began to sound forth a strain of deadly combat. On marched all the peerless stalwarts in their unchallenged valiance, sweeping along like a whirlwind of soot.

असगुन अमित होहिं तेहि काला। गनै न भुजबल गर्ब बिसाला ॥

उस समय असंख्य अपशकुन होने लगे, पर अपनी भुजाओं के बल के बड़े गर्व के कारण रावण उन्हें गिनता नहीं है ॥५॥
At that time occurred innumerable omens of ill, but he heeded them not, in the overweening arrogance of the strength of his arms.

छं. –अति गर्ब गनइ न सगुन असगुन स्रवहिं आयुध हाथ तें।
भट गिरत रथ तें बाजि गज चिक्करत भाजहिं साथ तें ॥
गोमाय गीध कराल खर रव स्वान बोलहिं अति घने।
जनु कालदूत उलूक बोलहिं बचन परम भयावने ॥

अत्यन्त गर्व के कारण वह शकुन-अपशकुन की कुछ गिनती नहीं करता। हाथों से हथियार और रथ से योद्धा गिर पड़ते हैं। घोड़े, हाथी चिग्घाड़ते हुए साथ छोड़कर भाग रहे हैं। स्यार, गीध, कौए और गदहे शब्द कर रहे हैं तथा बहुत अधिक कुत्ते बोल रहे हैं। उल्लू ऐसे अत्यन्त भयंकर शब्द कर रहे हैं जैसे वे काल के दूत ही हों।
In his overweening pride he took no heed of the omens, good or bad. Weapons dropped from the hands and warriors fell from their chariots, while horses neighed and elephants trumpeted as they ran out of the battle-line; jackals, vultures and donkeys gave a shrill cry, while huge packs of dogs made a frightful clamour, and owls, like harbingers of doom, hooted weirdly.

दो. –ताहि कि संपति सगुन सुभ सपनेहु मन बिश्राम।
भूतद्रोह रत मोहबस रामबिमुख रतिकाम ॥७८॥

जो प्राणियों से वैर करने में लगा हो, मोह के वश हो रहा हो, रामविमुख हो और काम के वशीभूत रहता हो, उसको क्या कभी सपने में भी सम्पत्ति, शुभ शकुन और चित्त की शान्ति हो सकती है? ॥७८॥
Can he with a heart bent on hostility towards every creature or he who is under the spell of infatuation, an enemy of Rama and a slave of lust, even dream of enjoying prosperity, good omens and peace of mind?

चौ. –चलेउ निसाचरकटकु अपारा। चतुरंगिनी अनी बहु धारा ॥
बिबिध भाँति बाहन रथ जाना। बिपुल बरन पताक ध्वज नाना ॥

निशाचरों की अपार सेना चली। चतुरंगिणी सेना की कितनी ही टुकड़ियाँ हैं। अनेक प्रकार के वाहन, रथ और विमान हैं तथा तरह-तरह के रंगों की अनेक पताकाएँ और ध्वजाएँ हैं ॥१॥
The countless demon troops sallied forth, regiments of elephants and chariots, foot and horse, the four divisions of the army, well equipped with chariots and cars and other vehicles of every description, with numerous banners and standards of diverse hues.

चले मत्त गज जूथ घनेरे। प्राबिट जलद मरुत जनु प्रेरे ॥
बरन बरन बिरदैतनिकाया। समरसूर जानहिं बहु माया ॥

मतवाले हाथियों के झुंड के झुंड इस प्रकार चले मानो पवन से प्रेरित हुए वर्षाऋतु के मेघ हों। रंग-बिरंगे बाना धारण करनेवाले वीरों के जत्थे हैं जो युद्ध में बड़े शूरवीर हैं और अनेक प्रकार की माया जानते हैं ॥२॥
Countless herds of wrathful elephants move forth like rain clouds driven by the wind, and battalions of distinguished warriors wearing uniforms of various colours all valiant in battle and conversant with many illusive tricks.

अति बिचित्र बाहिनी बिराजी। बीर बसंत सेन जनु साजी ॥
चलत कटकु दिगसिंधुर डगहीं। क्षुभित पयोधि कुधर डगमगहीं ॥

अत्यन्त विचित्र सेना शोभित है, मानो वीर वसन्त ऋतु ने अपनी सेना सजायी हो। सेना के चलने से दिग्गज (दिशाओं के हाथी) डगमगाने लगे, समुद्र अशांत हो गए और पर्वत हिलने लगे ॥३॥
Exceedingly marvellous and magnificent was the army, like the mustered array of the gallant god of spring. Even as the army marched forth, the elephants of the quarters staggered under its vast weight, the ocean was stirred and the mountains rocked.

उठी रेनु रबि गएउ छपाई। मरुत थकित बसुधा अकुलाई ॥
पनव निसान घोर रव बाजहिं। प्रलय समय के घन जनु गाजहिं ॥

(सेना के चलने से) इतनी धूल उड़ी कि सूर्य छिप गए। (अचानक) पवन रुक गया और पृथ्वी व्याकुल हो उठी। ढोल और नगाड़े भयंकर ध्वनि करते हुए बज रहे हैं, मानो प्रलयकाल के मेघ गरज रहे हों ॥४॥
Dust rose in clouds that veiled the sun, the wind failed and the earth was troubled. Drums and kettledrums made an awful din, like the crash of thunder-clouds on the day of dissolution.

भेरि नफीरि बाज सहनाई। मारू राग सुभट सुखदाई॥
केहरिनाद बीर सब करहीं। निज निज बल पौरुष उच्चरहीं॥

नगाड़ा, नफीरी (तुरही) और शहनाई की ध्वनि में योद्धाओं को सुख देनेवाला मारू राग बज रहा है। सब वीर सिंहनाद करते हैं और अपने-अपने बल-पौरुष की घोषणा करते हैं॥५॥

Kettledrums, trumpets and clarionets sounded the martial strain that gladdens the warriors. All the heroes roared like lions, each glorifying his own might and valour.

कहै दसानन सुनहुँ सुभट्टा। मर्दहु भालु कपिन्ह के ठट्टा॥
हौं मारिहौं भूप द्वौ भाई। अस कहि सन्मुख फौज रेंगाई॥

तभी दशानन ने अपनी सेना को संबोधित किया—हे उत्तम योद्धाओ! सुनो। तुम रीछ-वानरों के ठट्ट को कुचल-मसल डालो। मैं दोनों राजकुमार भाइयों को मारूँगा। ऐसा कहकर उसने अपनी सेना सामने बढ़ायी॥६॥

'Listen, my valiant warriors!' cried the Ten-headed. 'Crush all the hordes of bears and monkeys! I myself shall slay the two brother princes!' So spoke he, and ordered his army to march forward.

यह सुधि सकल कपिन्ह जब पाई। धाए करि रघुबीरदोहाई॥

जब यह खबर वानरों को मिली, तब वे श्रीरघुवीर की दुहाई देते हुए दौड़ पड़े॥७॥

When the monkeys heard the news, they all rushed on, invoking the help of Rama.

छं.—धाए बिसाल कराल मर्कट भालु काल समान ते।
मानहु सपक्ष उड़ाहिं भूधरबृंद नाना बान ते॥
नख दसन सैल महाद्रुमायुध सबल संक न मानहीं।
जय राम रावन मत्त गज मृगराज सुजसु बखानहीं॥

बड़े-बड़े और काल के समान भयानक वे वानर-भालू दौड़े, मानो पंखवाले तथा अनेक वर्णों के पर्वतों के झुंड उड़ रहे हों। नख, दाँत, पर्वत और बड़े-बड़े वृक्ष ही उनके शस्त्रास्त्र हैं। वे बड़े बलशाली हैं और किसी से भी भयभीत नहीं होते। रावणरूपी मतवाले हाथी के लिए सिंह-जैसे श्रीरामजी का जय-जयकार करके वे उनके सुयश का गान करते हैं।

The monkeys and bears, gigantic and terrible like Doom, rushed on like so many winged mountains of diverse colours. With claws and teeth, rocks and lofty trees for weapons, they breathed valour and knew no fear. Shouting victory to Rama, a veritable lion to vanquish the wild elephant Ravana, they hymned his praises.

दो.—दुहुँ दिसि जय जयकार करि निज निज जोरी जानि।
भिरे बीर इत रामहि उत रावनहि बखानि॥७९॥

दोनों पक्ष के वीर जय-जयकार करके अपनी-अपनी जोड़ी पहचानकर इधर श्रीरामजी का और उधर रावण का बखान करके युद्ध करने लगे॥७९॥

With a shout of 'Victory! Victory!' on both sides and each finding his own match, the heroes closed in combat, the monkeys singing the glory of Rama and the demons extolling Ravana.

चौ.—रावनु रथी बिरथ रघुबीरा। देखि बिभीषनु भयउ अधीरा॥
अधिक प्रीति मन भा संदेहा। बंदि चरन कह सहित सनेहा॥

यह देखकर कि रावण रथ पर और श्रीरघुवीर बिना रथ के हैं, विभीषण अधीर हो उठे। प्रेम की अधिकता के कारण उनके मन में संदेह हो गया (कि वे 'विरथी राम' रावण को कैसे जीत सकेंगे)। श्रीरामजी के चरणों की पूजा-वन्दना करके वे सस्नेह कहने लगे॥१॥

Seeing Ravana mounted on a chariot and Raghubira on foot, Vibhishana was disconcerted, his extreme affection for the Lord making him doubtful of mind; he made obeisance to his feet and spoke tenderly,

नाथ न रथु नहि तन पद त्राना। केहि बिधि जितब बीर बलवाना॥
सुनहु सखा कह कृपानिधाना। जेहि जय होइ सो स्यंदनु आना॥

हे प्रभो! आपको न तो रथ है, न शरीर की रक्षा करनेवाला कवच और पैरों में जूते ही हैं। उस बलवान् वीर रावण को किस प्रकार जीता जा सकेगा? कृपालु श्रीरामजी ने कहा—हे मित्र! सुनो, जिससे विजय होती है, वह रथ कुछ दूसरा ही है॥२॥

'My lord, you have no chariot nor any protection either for your body or for your feet. How, then, can you expect to conquer this stalwart hero?' 'Listen, friend,' replied the All-merciful, 'the chariot which leads one to victory is of another kind.

सौरज धीरज तेहि रथ चाका। सत्य सील दृढ़ ध्वजा पताका॥
बल बिबेक दम परहित घोरे। छमा कृपा समता रजु जोरे॥

पराक्रम और धैर्य उस (असामान्य) रथ के पहिये हैं। सत्य तथा शील-सदाचार उसकी सुदृढ़ ध्वजा और पताका हैं। बल, विवेक, दम और परहित (परोपकार)—ये उसके घोड़े हैं, जो क्षमा, दया और समता की डोरी से रथ में जोड़ दिए गए हैं॥३॥

Valour and fortitude are the wheels of that chariot, while truthfulness and virtuous conduct are its enduring flags and pennants; strength, discretion, self-control and benevolence are its four horses, harnessed with the cords of forgiveness, compassion and evenness of mind.

ईसभजनु सारथी सुजाना। बिरति चर्म संतोष कृपाना॥
दान परसु बुधि सक्ति प्रचंडा। बर बिग्यान कठिन कोदंडा॥

भगवान् का भजन-आराधन ही (उस रथ को हाँकनेवाला) निपुण सारथि है, वैराग्य ढाल एवं सन्तोष तलवार है, दान फरसा है, बुद्धि प्रचण्ड शक्ति है, उत्तम विज्ञान कठिन धनुष है ॥४॥

The worship of God is its skilled charioteer, dispassion his shield and contentment his scimitar; charity is his axe and reason his fierce lance and the highest wisdom his relentless bow.

अमल अचल मन त्रोन समाना। सम जम नियम निलीमुख नाना॥
कवच अभेद बिप्र गुर पूजा। एहि सम बिजय उपाय न दूजा॥

सभी दोषों से मुक्त और स्थिर मन तरकश जैसा है। शम (मानसिक स्थिरता), यम और (शौचादि) नियम, ये अनेकानेक बाण हैं। ब्राह्मणों और गुरु की पूजा अभेद्य कवच है। इसके समान विजय का अन्य कोई उपाय नहीं है ॥५॥

A pure and steady mind is his quiver, filled with the arrows of quietude, restraint and religious observances. Homage to the Brahmans and to one's own preceptor is his impenetrable buckler; there is no other way to ensure victory than this.

सखा धर्ममय अस रथ जाकें। जीतन कहुँ न कतहुँ रिपु ताकें॥

हे सखे! जिसके पास ऐसा धर्ममय रथ हो उसके लिए जीतने को कहीं शत्रु ही नहीं होता ॥६॥

He, my friend, who rides upon such a chariot of righteousness has no enemy to conquer anywhere.

दो. – महा अजय संसार रिपु जीति सकै सो बीर।
जा कें अस रथ होइ दृढ़ सुनहु सखा मतिधीर ॥८०(क)॥

हे धीरमति सखे! सुनो, जिसके पास ऐसा मजबूत रथ हो, वह महाबली संसार (जन्म-मृत्यु) रूपी महान् अजेय शत्रु को भी पराजित कर सकता है ॥८०(क)॥

Listen, my resolute friend; he who owns so powerful a chariot as this is a hero who can vanquish even that mighty and invincible foe, birth and death.'

सुनि प्रभुबचन बिभीषन हरषि गहे पद कंज।
एहि मिस मोहि उपदेसेहु राम कृपा सुख पुंज ॥८०(ख)॥

प्रभु श्रीरामजी के वचन सुनकर विभीषणजी ने प्रसन्न होकर उनके दोनों चरणकमल पकड़ लिये (और कहा –) हे कृपा और सुख की राशि श्रीरामजी! इसी बहाने आपने मुझे (श्रेष्ठ एव हितकर) उपदेश दिया ॥८०(ख)॥

Hearing the Lord's exhortation, Vibhishana clasped his lotus feet in his joy and cried, 'You have taken this occasion to teach me a lesson of supreme wisdom, O Rama, storehouse of all grace and bliss!'

उत पचार दसकंधर इत अंगद हनुमान।
लरत निसाचर भालु कपि करि निज निज प्रभु आन ॥८०(ग)॥

उस ओर रावण ललकार रहा है और इस ओर अंगद तथा हनुमान्। राक्षस और रीछ-वानर अपने-अपने स्वामी की दुहाई दे-देकर युद्ध कर रहे हैं ॥८०(ग)॥

On the one side Ravana was bidding defiance to the foe, and on the other Angad and Hanuman. The demons marched to war with the bears and the monkeys, each host swearing allegiance to its lord.

चौ. – सुर ब्रह्मादि सिद्ध मुनि नाना। देखत रन नभ चढ़े बिमाना॥
हमहू उमा रहे तेहि संगा। देखत रामचरित रनरंगा॥

ब्रह्मा आदि देवता और सिद्ध-मुनि विमानों पर बैठकर आसमान से युद्ध (के दृश्य) देख रहे हैं। (शिवजी कहते हैं –) हे उमा! मैं भी उनके साथ श्रीरामजी के रण-रंग (रणोत्साह) के चरित – शौर्य-प्रदर्शन की लीलाएँ – देख रहा था ॥१॥

Mounted on their celestial cars, Brahma and all the other immortals and adepts and sages watched the contest from the sky. I too, Uma, was in that company, beholding Rama's exploits replete with martial zeal.

सुभट समररस दुहुँ दिसि माते। कपि जयसील रामबल ता तें॥
एक एक सन भिरहिं पचारहिं। एकन्ह एक मर्दि महि पारहिं॥

दोनों पक्ष के वीर-बाँकुरे रण-रस में मतवाले हो रहे हैं। वानर जयशील हैं (जीत रहे हैं) क्योंकि उन्हें श्रीरामजी का बल है। वे परस्पर भिड़ते और ललकारते हैं और एक दूसरे को मसल-कुचलकर पृथ्वी पर पटक देते हैं ॥२॥

The champions on both sides were maddened with a passion for war; the monkeys led the field through the might of Rama. With shouts of defiance they closed in single combat, each crushing the foe and hurling him to the ground.

मारहिं काटहिं धरहिं पछारहिं। सीस तोरि सीसन्ह सन मारहिं॥
उदर बिदारहिं भुजा उपारहिं। गहि पद अवनि पटकि भट डारहिं॥

वे मारते-काटते और पकड़ते-पछाड़ते हैं और सिर तोड़कर (उन्हीं) सिरों से मारते हैं। वे पेट फाड़ते तथा भुजाएँ उखाड़ते हैं और योद्धाओं के पैर पकड़-पकड़कर पृथ्वी पर पटक देते हैं ॥३॥

They struck, they hacked, they clutched, they overthrew; they smashed their skulls and used them as missiles; they ripped up their bellies and plucked up their arms and, seizing the warriors by the foot, dashed them to the ground.

निसिचर भट महि गाड़हिं भालू। ऊपर ढारि देहिं बहु बालू ॥
बीर बलीमुख जुद्ध बिरुद्धे। देखिअत बिपुल काल जनु क्रुद्धे ॥

निशाचर वीरों को भालू जमीन में (मारकर) गाड़ देते हैं और ऊपर से बालू के ढेर डाल देते हैं। युद्ध में शत्रुओं को ललकारते हुए वीर वानर ऐसे दिखायी पड़ते हैं जैसे वे बहुत-से क्रुद्ध काल हों ॥४॥

The bears buried the demon warriors in the earth and piled upon them large heaps of sand. The sturdy monkeys raging in the fight looked like so many wrathful Deaths.

छं.—क्रुद्धे कृतांत समान कपि तन स्रवत सोनित राजहीं।
मर्दहिं निसाचरकटकु भट बलवंत घन जिमि गाजहीं ॥
मारहिं चपेटन्हि डाटि दातेन्ह काटि लातन्ह मीजहीं।
चिक्करहिं मर्कट भालु छल बल करहिं जेहि खल छीजहीं ॥१॥

काल के समान वे क्रुद्ध वानर खून बहते हुए शरीरों से शोभायमान हैं। वे बलशाली वीर राक्षसों की सेना के योद्धाओं को कुचलते-मसलते और मेघ की तरह गर्जन करते हैं। डाँट-डपटकर वे उन्हें चपेटों से मारते और दाँतों से काटकर लातों से पीस डालते हैं। वानर-भालू चीत्कार करते और ऐसा छल-बल रचते हैं जिससे दुष्ट (निशाचर-योद्धा) नष्ट हो जायँ ॥१॥

With their bodies streaming with blood, the monkeys stood forth like so many raging Deaths. Crushing the demon host, their mighty warriors roared like thunder-clouds. They slapped them and browbeat them; they tore them with the teeth and trod them underfoot. The monkeys and bears sent out a shrill cry and employed strength and stratagem alike to annihilate the miscreant host.

धरि गाल फारहिं उर बिदारहिं गल अँतावरि मेलहीं।
प्रह्लादपति जनु बिबिध तनु धरि समर अंगन खेलहीं ॥
धरु मारु काटु पछारु घोर गिरा गगन महि भरि रही।
जय राम जो तृन तें कुलिस कर कुलिस तें कर तृन सही ॥२॥

(निशाचर-योद्धाओं के) गाल पकड़कर वीर वानर लड़ाके फाड़ डालते हैं, उनकी छाती चीर डालते हैं और अँतड़ियों को निकालकर गले में पहन लेते हैं। वे (रणरस में मतवाले) वानर ऐसे दीख पड़ते हैं मानो प्रह्लाद के स्वामी (श्रीनृसिंह भगवान्) अनेक शरीर धारण कर रणभूमि में क्रीड़ा कर रहे हों। 'पकड़ो, मारो, काटो, पछाड़ो' आदि भयानक शब्द आकाश और पृथ्वी में छा गए हैं। उन श्रीरामचन्द्रजी की जय हो जो सही ही तृण से वज्र और वज्र से तृण कर देते हैं ॥२॥

They seized and tore open their cheeks, rent their breasts asunder and hung the entrails round their necks, as though the lord of Prahlada (Nrisimha) had assumed a multiplicity of forms and was sporting on the field of battle. 'Seize ! Smite ! Bite ! Knock down !' were the fearsome cries with which heaven and earth resounded. Glory to Rama, who indeed can convert a blade of grass into a thunderbolt and a thunderbolt into a blade of grass !

दो.—निज दल बिचलत देखेसि बीसभुजा दसचाप।
रथ चढ़ि चलेउ दसानन फिरहु फिरहु करि दाप ॥८१॥

जब दशानन रावण ने अपनी सेना को घबड़ाते हुए देखा, तब बीस भुजाओं में दस धनुष लेकर और रथ पर चढ़कर वह गर्व करके 'लौटो, लौटो' पुकारता हुआ चल पड़ा ॥८१॥

When Ravana of the Ten Heads saw his troops breaking, he mounted his chariot, and drawing ten bows in his twenty arms marched on, bellowing commandingly, 'Turn ! Turn !'

चौ.—धाएउ परम क्रुद्ध दसकंधर। सन्मुख चले हूह दै बंदर ॥
गहि कर पादप उपल पहारा। डारेन्हि ता पर एकहि बारा ॥

अत्यन्त क्रोध में भरकर रावण दौड़ा। वानर हुंकार करते हुए (युद्ध के लिए तत्पर) उसके सामने चले। उन्होंने अपने-अपने हाथों में वृक्ष, पत्थर और पहाड़ लेकर रावण पर एक ही साथ पटक डाले ॥१॥

In wild fury Ravana rushed forth, and the monkeys hurried to confront him, shouting defiance. They seized trees and stones and rocks in their hands and hurled them upon him all at once.

लागहिं सैल बज्र तन तासू। खंड खंड होइ फूटहिं आसू ॥
चला न अचल रहा रथ रोपी। रनदुर्मद रावनु अति कोपी ॥

उसके वज्र-जैसे शरीर में लगते ही पर्वत तुरंत टुकड़े-टुकड़े होकर फूट जाते हैं। रणोन्मत्त और अत्यन्त क्रुद्ध रावण रथ रोककर अचल खड़ा रहा, जरा भी न डिगा ॥२॥

But as soon as the masses of stone struck his body, sturdy as the thunderbolt, the rocks immediately broke into pieces, while Ravana flinched not, but stood firm as a rock and stayed his chariot motionless, maddened with battle fury and boiling in anger.

इत उत झपटि दपटि कपि जोधा। मर्दइँ लाग भएउ अति क्रोधा ॥
चले पराइ भालु कपि नाना। त्राहि त्राहि अंगद हनुमाना ॥

वह इधर-उधर झपट-डपटकर वानर योद्धाओं को पीसने लगा। उसे बहुत ही क्रोध हुआ। अनेक वानर-भालू 'हे अंगद ! हे हनुमान् ! रक्षा करो' रक्षा करो' (चिल्लाते हुए) भाग खड़े हुए ॥३॥

Then swooping down on the enemy and bounding on this side and on that, he began to crush the monkey warriors in the fierceness of his wrath. Many a bear and monkey took to flight, crying, 'Save us, save us, Angad, Hanuman !

पाहि पाहि रघुबीर गोसाईं। यह खल खाइ काल कीं नाईं॥
तेहि देखे कपि सकल पराने। दसहु चाप सायक संधाने॥

'हे रघुनाथ ! हे गोसाईं ! हमारी रक्षा कीजिए, रक्षा कीजिए। काल की तरह यह दुष्ट हमें खाये जा रहा है।' जब रावण ने देखा कि सब वानर भाग छूटे तब उसने अपने दसों धनुषों पर बाण सन्धान किये॥४॥

Protect us, protect us, Raghunatha our lord ! This wretch is devouring us like Death himself !' When Ravana saw that all the monkeys had fled, he fitted an arrow to each of his ten bows.

छं.–संधानि धनु सरनिकर छाड़ेसि उरग जिमि उड़ि लागहीं।
रहे पूरि सर धरनी गगन दिसि बिदिसि कहँ कपि भागहीं॥
भयो अति कोलाहलु बिकल कपिदल भालु बोलहिं आतुरे।
रघुबीर करुनासिंधु आरतबंधु जनरक्षक हरे॥

रावण ने अपने धनुष पर सन्धान करके एक साथ अनेक बाण छोड़े। वे बाण उड़कर सर्प की तरह जा लगते और पृथ्वी-आकाश, दिशा-विदिशा सर्वत्र छा जाते हैं। वानर भागकर जायें तो कहाँ ? अत्यन्त कोलाहल मच गया। वानर-भालुओं की सेना घबड़ाकर आर्त पुकार करने लगी–हे रघुवीर ! हे करुणासिंधु ! हे दीन-दुःखियों के बन्धु ! हे भक्तों की रक्षा करके उनकी पीड़ा हरनेवाले हरि !

Fitting an arrow to each of his bows, he shot forth a volley of shafts, which flew on and struck them like winged serpents. Heaven and earth and all the eight quarters were filled with arrows, so that the monkeys knew not where to go. There was a terrible uproar in the ranks of the monkeys and bears, who cried in dismay: 'O Raghubira, ocean of compassion ! Befriender of the distressed ! O Hari, saviour of the faithful !'

दो.–निज दल बिकल देखि कटि कसि निषंग धनु हाथ।
लछिमनु चले क्रुद्ध होइ नाइ रामपद माथ॥८२॥

अपने सैन्य-दल को विकल देखकर, कमर में तरकश कसकर, हाथ में धनुष लेकर और श्रीरामजी के चरणों में मस्तक नवाकर लक्ष्मणजी क्रुद्ध होकर चले॥८२॥

Seeing the distress of his troops, Lakshmana fastened his quiver to his waist, took his bow in his hand and having bowed his head before Rama's feet, sallied forth in a fury.

चौ.–रे खल का मारसि कपि भालू। मोहि बिलोकु तोर मैं कालू॥
खोजत रहेउँ तोहि सुतघाती। आजु निपाति जुड़ावौं छाती॥

(उन्होंने निकट जाकर कहा–) अरे दुष्ट ! तू वानर-भालुओं को क्या मार रहा है ? मुझे देख, मैं तेरा काल हूँ। (रावण ने कहा–) अरे मेरे पुत्र के घातक ! मैं तुझे ही खोज रहा था। आज तुझे वधकर (अपनी) छाती जुड़ाऊँगा॥१॥

'You vile wretch !' he cried, coming nearer. 'You're making the monkeys and bears your target, are you ? But now look at me ! I am your doom !' 'I have been looking for you,' replied Ravana; 'you slayer of my son, today I shall soothe my soul by putting you to death !'

अस कहि छाड़ेसि बान प्रचंडा। लछिमन किए सकल सत खंडा॥
कोटिन्ह आयुध रावन डारे। तिलप्रवान करि काटि निवारे॥

उसने ऐसा कहकर प्रचण्ड बाण चलाये। लक्ष्मणजी ने उन सभी बाणों के सैकड़ों टुकड़े कर डाले। तब रावण ने करोड़ों अस्त्र-शस्त्रों से वार किया। लक्ष्मणजी ने उनको भी काट-काटकर तिल के बराबर (चूर-चूर) करके नष्ट कर दिया॥२॥

Thus speaking, he discharged a storm of fierce arrows, but Lakshmana cleft them all into a hundred pieces. Ravana hurled at him myriads of other missiles, but Lakshmana foiled them all by reducing them to particles as small as sesamum seeds.

पुनि निज बानन्ह कीन्ह प्रहारा। स्यंदनु भंजि सारथी मारा॥
सत सत सर मारे दस भाला। गिरिसृंगन्ह जनु प्रबिसहिं ब्याला॥

फिर उन्होंने अपने बाणों से (रावण पर) प्रहार किया और (उसके) रथ को नष्टकर सारथि को मार डाला। (रावण के) दसों मस्तकों में उन्होंने सत-सत बाण मारे। वे सिरों में ऐसे प्रवेश कर गए मानो पर्वत की चोटियों में सर्प प्रवेश कर रहे हों॥३॥

Then he assailed Ravana with his own shafts, shattering his chariot and slaying the charioteer; and into each of his ten heads he let fly a hundred arrows, which seemed like serpents boring their way into the peaks of a mountain.

पुनि सत सर मारा उर माहीं। परेउ धरनितल सुधि कछु नाहीं॥
उठा प्रबल पुनि मुरुछा जागी। छाड़िसि ब्रह्म दीन्हि जो साँगी॥

फिर उसकी छाती में सौ बाण मारे। वह धरती पर लुढ़क पड़ा और उसे कुछ भी होश न रहा। फिर मूर्च्छा से जागने पर वह प्रबल (रावण) उठा और उसने वह शक्ति छोड़ी जो ब्रह्माजी ने उसे दी थी॥४॥

Next, with a hundred arrows more he smote his breast so that he fell insensible to the ground. On recovering from his swoon Ravana the redoubtable demon rose again and launched the spear that Brahma had given him.

छं. –सो ब्रह्मदत्त प्रचंड सक्ति अनंत उर लागी सही ।
परयो बीरु बिकल उठाव दसमुख अतुलबल महिमा रही ॥
ब्रह्मांड भवन बिराज जा कें एक सिर जिमि रजकनी ।
तेहि चह उठावन मूढ़ रावन जान नहि त्रिभुवनधनी ॥

ब्रह्माजी की दी हुई वह प्रचण्ड शक्ति लक्ष्मणजी के ठीक सीने में लगी । वीर लक्ष्मणजी विकल होकर गिर पड़े । तब दशानन उन्हें उठाने लगा, पर उसके असीम बल की महिमा यों ही (व्यर्थ) रह गयी । जिनके एक ही मस्तक पर ब्रह्माण्डरूपी भवन धूल के एक कण के समान शोभित होता है, उन्हें मूढ़ रावण उठाना चाहता है । वह तीनों लोकों के स्वामी लक्ष्मणजी को नहीं पहचानता ।

That fierce spear, the gift of Brahma, struck Lakshmana full in the breast, and the hero dropped disconsolately to the ground. The Ten-headed tried to lift him up but failed for all the glory of his matchless strength. Ravana, the fool, sought to lift up him on whose one head rests the whole created universe like a mere grain of dust ! He recognized not the Lord of the three spheres, Lakshmana.

दो. –देखि पवनसुत धाएउ बोलत बचन कठोर ।
आवत कपिहि हन्यो तेहि मुष्टिप्रहार प्रघोर ॥८३॥

(लक्ष्मणजी को गिरा हुआ) देखकर पवनपुत्र हनुमान्‌जी कठोर वचन बोलते हुए दौड़े । वे आये ही थे कि रावण ने उन (हनुमान्‌जी) पर अत्यन्त भयंकर घूँसे से प्रहार किया ॥८३॥

When the Son of the Wind saw Lakshmana lying on the ground, he rushed forward with insults and abuse; but as the monkey came on, the monster struck him a terrible blow with his fist.

चौ. –जानु टेकि कपि भूमि न गिरा । उठा सँभारि बहुत रिस भरा ॥
मुठिका एक ताहि कपि मारा । परेउ सैल जनु बज्रप्रहारा ॥

हनुमान्‌जी जमीन पर न गिरे, वे घुटने टेककर रह गए । फिर क्रोध से भरकर वे सँभालकर उठे । उन्होंने रावण को एक घूँसा मारा । वह ऐसा गिरा मानो वज्र के प्रहार से पहाड़ गिरा हो ॥१॥

Hanuman dropped on his knees but fell not to the ground; on recovering himself, he rose in exceeding wrath and smote Ravana a blow with his fist; he fell like a mountain smitten by a thunderbolt.

मुरुछा गै बहोरि सो जागा । कपिबलु बिपुल सराहन लागा ॥
धिग धिग मम पौरुष धिग मोही । जौं तैं जिअत उठेसि सुरद्रोही ॥

मूर्च्छा के टूटते ही वह फिर जाग उठा और हनुमान्‌जी के भारी बल की सराहना करने लगा । (हनुमान्‌जी ने अविचलित भाव से कहा –) मेरे पौरुष को धिक्कार है, धिक्कार है और मुझे भी धिक्कार है, जो हे देवताओं के शत्रु ! तू अब भी जीता उठ गया ॥२॥

When he recovered from the swoon and regained his consciousness, he began to admire the monkey's marvellous strength; but Hanuman cried, 'Shame, shame on my manhood ! Shame on myself, if you, O enemy of the gods, yet remain alive !'

अस कहि लछिमन कहुँ कपि ल्यायो । देखि दसानन बिसमय पायो ॥
कह रघुबीर समुझु जिय भ्राता । तुम्ह कृतांतभक्षक सुरत्राता ॥

ऐसा कहकर हनुमान्‌जी लक्ष्मणजी को उठाकर (श्रीरघुनाथजी के पास) ले आये । यह देखकर रावण बहुत विस्मित हुआ । श्रीरघुवीर ने (लक्ष्मणजी से) कहा – हे भाई ! अपने जी में यह समझ लो कि तुम काल को भी खा जानेवाले और देवताओं की रक्षा करनेवाले हो ॥३॥

So speaking, Hanuman carried Lakshmana away; Ravana was amazed at this sight. 'My brother,' said Raghubira, 'remember that you are the devourer of Death and the saviour of the gods !'

सुनत बचन उठि बैठ कृपाला । गई गगन सो सक्ति कराला ॥
पुनि कोदंड बान गहि धाए । रिपु सन्मुख अति आतुर आए ॥

(श्रीरामजी के) ये वचन सुनते ही कृपालु (लक्ष्मणजी) उठ बैठे । वह विकराल शक्ति आसमान को चली गयी । लक्ष्मणजी फिर धनुष-बाण लेकर दौड़े और बड़ी आतुरता (शीघ्रता) से शत्रु के सामने आ गए ॥४॥

Upon hearing these words the gracious prince (Lakshmana) arose and sat up, while that fierce spear vanished into the heavens. Taking his bow and arrows again, Lakshmana sallied out with a high heart bent on war with the foe.

छं. –आतुर बहोरि बिभंजि स्यंदनु सूत हति ब्याकुल कियो ।
गिरयो धरनि दसकंधर बिकलतर बान सत बेध्यो हियो ॥
सारथी दूसर घालि रथ तेहि तुरत लंका लै गयो ।
रघुबीरबंधु प्रतापपुंज बहोरि प्रभुचरनन्हि नयो ॥

फिर लक्ष्मणजी ने बड़ी शीघ्रता से रावण के रथ को नष्ट-भ्रष्टकर और सारथि को मारकर उसे (रावण को) व्याकुल कर दिया । सौ बाणों से उन्होंने उसकी छाती वेध दी, जिससे रावण और अधिक व्याकुल होकर धरती पर जा गिरा । तब दूसरा सारथि उसे रथ में बिठाकर तुरंत ही लङ्का को ले गया । प्रताप की राशि श्रीरघुवीर के भाई लक्ष्मणजी ने पुनः आकर प्रभु के चरणों में (सिर झुकाकर) प्रणाम किया ।

Again Lakshmana speedily smashed Ravana's chariot, struck down his charioteer and put him (Ravana) to confusion. Ravana, whose heart he pierced with a hundred arrows, fell fainting to the ground. Another charioteer came and threw him on to his own chariot and brought him forthwith to Lanka, while Lakshmana, Raghubira's all-glorious brother, bowed before the Lord's feet again.

दो. – उहाँ दसानन जागि करि करैं लाग कछु जग्य ।
रामबिरोधी बिजय चह सठ हठबस अति अग्य ॥८४॥

उधर मूर्च्छा से जागकर रावण कुछ यज्ञ करने लगा । वह शठ और अत्यन्त अज्ञानी श्रीरघुनाथजी से हठवश विरोध करके विजय चाहता है ॥८४॥

Meanwhile, Ravana, on recovering, began to perform a sacrifice. In his rank ignorance the fool sought to gain victory in his stubborn opposition to Raghunatha.

चौ. – इहाँ बिभीषन सब सुधि पाई । सपदि जाइ रघुपतिहि सुनाई ॥
नाथ करै रावनु एक जागा । सिद्ध भएँ नहि मरिहि अभागा ॥

इधर जब विभीषणजी ने सब खबर पायी तब उन्होंने तुरन्त जाकर श्रीरघुनाथजी को सुना दी कि हे नाथ ! रावण एक यज्ञ कर रहा है, जिसके सिद्ध होने पर वह अभागा (मारे) नहीं मरेगा ॥१॥

At this end Vibhishana, on learning the news, hastened to Raghunatha and told him everything. 'My lord,' he said, 'Ravana is performing a sacrifice; if he completes it, the wretch will never be dealt to death.

पठवहु नाथ बेगि भट बंदर । करहिं बिधंस आव दसकंधर ॥
प्रात होत प्रभु सुभट पठाए । हनुमदादि अंगद सब धाए ॥

हे प्रभो ! वानर योद्धाओं को तुरंत भेजिए, जो यज्ञ को नष्ट करें, जिससे (बाध्य हो) दशानन युद्ध में आवे । प्रातःकाल होते ही प्रभु ने अपने वीर योद्धाओं को भेजा । हनुमान् और अंगद आदि सब दौड़े ॥२॥

Therefore, my lord, despatch some valiant monkeys at once to wreck his sacrifice, so that the Ten-headed may return to the fray.' As soon as the day broke the Lord sent out his champions, Hanuman, Angad and others, who all carted on.

कौतुक कूदि चढ़े कपि लंका । पैठे रावनभवन असंका ॥
जग्य करत जबही सो देखा । सकल कपिन्ह भा क्रोध बिसेषा ॥

वानर खेल-खेल में ही कूदकर लङ्का पर जा चढ़े और रावण के महल में निर्भय प्रवेश कर गए । ज्यों ही उन्होंने उसे यज्ञ करते देखा, त्यों ही सब वानरों को विशेष क्रोध हुआ ॥३॥

As in mere sport the monkeys bounded up into the fort of Lanka and entered Ravana's palace undaunted. As soon as they saw him engaged in the sacrifice, all the monkeys grew wildly furious.

रन तें निलज भाजि गृह आवा । इहाँ आइ बकध्यानु लगावा ॥
अस कहि अंगद मारा लाता । चितव न सठ स्वारथ मनु राता ॥

(वानर वीरों ने कहा –) अरे निर्लज्ज ! तू रणभूमि से भागकर घर आ गया और यहाँ आकर बगुले का-सा ध्यान लगाकर बैठा है ? ऐसा कहकर अंगद ने लात जमा दी । पर उसने इनकी ओर देखा तक नहीं; उस दुष्ट का मन स्वार्थ में लीन था ॥४॥

'You shameless wretch,' they cried, 'you've run away home from the battle and on getting here are practising feigned meditation !'[1] So speaking, Angad struck him with his foot; but the wretch did not even cast a glance at them, so absorbed was he in the pursuit of his own end.

छं. – नहि चितव जब करि कोप कपि गहि दसन लातन्ह मारहीं ।
धरि केस नारि निकारि बाहेर तेतिदीन पुकारहीं ॥
तब उठेउ क्रुद्ध कृतांत सम गहि चरन बानर डारई ।
एहि बीच कपिन्ह बिधंस कृत मख देखि मन महुँ हारई ॥

जब रावण ने उन्हें नहीं देखा तब वानर क्रोध करके उसे दाँतों से पकड़-पकड़कर (काटने और) लातों से मारने लगे । स्त्रियों की चोटी पकड़कर वे उन्हें घर से बाहर घसीट लाये; वे अत्यन्त दीन होकर पुकारने लगीं । तब रावण काल की तरह क्रुद्ध होकर उठा और वानरों को पैर पकड़-पकड़कर पटकने लगा । इस बीच वानरों ने उसके यज्ञ को विध्वंस कर डाला । यह देखकर रावण मन-ही-मन हारने लगा ।

When he refused to take notice of them, the monkeys in their fury bit him with their teeth and kicked him. His wives too they seized by the hair and dragged out of the palace while they cried most piteously. Then at last he dashed out, furious as Death, and, grasping the monkeys by their feet, cast them away. Meanwhile, when he saw that the monkeys had wrecked the sacrifice, Ravana's heart turned to water (and his courage ebbed away).

दो. – जज्ञ बिधंसि कुसल कपि आए रघुपति पास ।
चलेउ निसाचर क्रुद्ध होइ त्यागि जिवन कै आस ॥८५॥

यज्ञ को विध्वंस करने के अनंतर सब रण-कुशल वानर रघुनाथजी के पास लौट आये । तब रावण जीने की आशा त्यागकर क्रुद्ध होकर चला ॥८५॥

Having thus upset his sacrifice, the monkeys, all illustrious in war, returned to Raghunatha, while the demon set out burning fiercer with fury, abandoning all hope of life.

---

1. "*Vak-dhyana*, literally, 'the contemplation of a crane,' *i.e.*, the affectation of being absorbed in divine contemplation; while really thinking only of worldly interests; like the crane, which seems lost in abstraction, but is only waiting for a fish to pounce upon." Growse, *op. cit.*, p. 591 n.

चौ. –चलत होहिं अति असुभ भयंकर। बैठहिं गीध उड़ाइ सिरन्ह पर॥
भएउ कालबस काहु न माना। कहेसि बजावहु जुद्धनिसाना॥

(रावण के) चलते समय अत्यन्त भयानक अशुभ (अपशकुन) होने लगे। गीध उड़-उड़कर उसके मस्तकों पर बैठने लगे। किंतु काल के वश होने के कारण उसने किसी भी अपशकुन को नहीं माना (और युद्ध की घोषणा कर दी)। उसने कहा – युद्ध का डंका बजाओ॥१॥

As he went, terrible omens of ill occurred to him; vultures flew and perched on his heads. But he was marked out for death and heeded no omen. 'Beat the drums of war !' he cried.

चली तमीचर अनी अपारा। बहु गज रथ पदाति असवारा॥
प्रभु सन्मुख धाए खल कैसें। सलभसमूह अनल कहँ जैसें॥

(युद्ध करने के लिए) निशाचरों की असीम (चतुरंगिणी) सेना चली, जिसमें बहुत-से हाथी, रथ, घुड़सवार और पैदल हैं। वे दुष्ट प्रभु के सामने वैसे ही दौड़े जैसे पतंगों के समूह आग की ओर दौड़ते हैं॥२॥

Out marched the four divisions of the endless demon army—innumerable elephants, chariots, horsemen and foot-soldiers. The wicked demons rushed on to confront the Lord like swarms of moths darting towards the fire.

इहाँ देवतन्ह अस्तुति कीन्ही। दारुन बिपति हमहि येहि दीन्ही॥
अब जनि राम खेलावहु एही। अतिसय दुखित होति बैदेही॥

इधर देवताओं ने आकर प्रार्थना की कि हे श्रीरामजी ! इसने हमको घोर दुःख दिये हैं। अब आप इसे न खेलाइये। जानकीजी बहुत ही दुःखी हो रही हैं॥३॥

Meanwhile, the gods prayed to the Lord, saying, 'He has caused us grievous trouble; sport with him no more, O Rama, for Janaki is in sore distress.'

देवबचन सुनि प्रभु मुसुकाना। उठि रघुबीर सुधारे बाना॥
जटाजूट दृढ़ बाँधे माथें। सोहहिं सुमन बीच बिच गाथें॥

देवताओं के वचन सुनकर प्रभु रघुनाथजी मुसकराये। फिर उन्होंने उठकर अपने बाण सुधारे। सिर पर जटाओं के जूड़े को कसकर बाँधा। बीच-बीच में गूँथे हुए पुष्प सुहावने लग रहे हैं॥४॥

Raghunatha smiled when he heard the gods' prayer; then he arose and made ready his arrows. He bound his tresses tightly in a knot on his head, enchanting with flowers intertwined.

अरुन नयन बारिद तनु स्यामा। अखिल लोक लोचनभिरामा॥
कटितट परिकर कस्यो निषंगा। कर कोदंड कठिन सारंगा॥

उनके नेत्र लाल हैं और श्याम मेघ जैसा साँवला शरीर सम्पूर्ण लोकों के नेत्रों को आनन्द देनेवाला है। कमर में फेंटा तथा तरकश कसा हुआ है और हाथ में कठोर शार्ङ्गधनुष है॥५॥

With his ruddy eyes and his body dark as a rain-cloud he ravished the eyes of all in every sphere. There was a quiver fastened to a piece of cloth girt round his loins and in his hand the formidable Sharnga bow.[1]

छं. –सारंग कर सुंदर निषंग सिलीमुखाकर कटि कस्यो।
भुजदंड पीन मनोहरायत उर धरासुरपद लस्यो॥
कह दास तुलसी जबहि प्रभु सर चाप कर फेरन लगे।
ब्रह्मांड दिग्गज कमठ अहि महि सिंधु भूधर डगमगे॥

हाथ में सुन्दर शार्ङ्गधनुष है, कमर में बाणों की खान (कभी खाली न होनेवाला) सुन्दर तरकश कसा हुआ है। उनके भुजदण्ड पुष्ट हैं और मनोहर चौड़ी छाती पर ब्राह्मण (भृगुजी) का चरण-चिह्न शोभित है। तुलसीदासजी कहते हैं कि ज्यों ही प्रभु धनुष-बाण हाथ में लेकर फिराने लगे, त्यों ही ब्रह्माण्ड, दिशाओं के हाथी, कच्छप, शेषजी, पृथ्वी, समुद्र और पर्वत सभी डगमगाने लगे।

With the Sharnga bow in his hand and his beautiful quiver full of arrows fastened to his waist, with his lusty arms and fine broad chest adorned with the print of the Brahman's (Bhrigu's) foot, when the Lord—says Tulasidasa—began to twirl his bow and arrows in his hands, the whole universe, the elephants guarding the eight quarters, the divine tortoise, the serpent-god (Shesha) and the earth with its oceans and mountains, all began to reel.

दो. –सोभा देखि हरषि सुर बरषहिं सुमन अपार।
जय जय जय करुनानिधि छबि बल गुन आगार॥८६॥

(प्रभु श्रीरामजी की) शोभा देखकर देवता प्रसन्न होकर फूलों की अत्यधिक (अनवरत) वर्षा करते हुए 'शोभा, शक्ति और गुणों के धाम करुणानिधान प्रभु की जय हो, जय हो, जय हो' कहकर जयजयकार करने लगे॥८६॥

Beholding his beauty, the gods rejoiced and rained down flowers in an endless shower, exclaiming, 'Glory, glory, all glory to the Lord of mercy, the storehouse of beauty, strength and perfection !'

चौ. –एहीं बीच निसाचर अनी। कसमसात आई अति घनी॥
देखि चले सन्मुख कपिभट्टा। प्रलयकाल के जनु घनघट्टा॥

इसी बीच अत्यन्त घनी निशाचर-सेना कसमसाती हुई (आपस में टकराती हुई) आयी। उसे देखकर वानर योद्धा (इस प्रकार उसके) सामने चले मानो प्रलयकाल के बादलों का उमड़ता हुआ घना समूह हो॥१॥

1. *i.e.*, the bow of Vishnu.

Meanwhile, the demon hosts came jostling on in infinite number. When the monkey warriors saw them, they marched out to face them like the masses of clouds gathered on the day of dissolution.

बहु कृपान तरवारि चमंकहिं। जनु दह दिसि दामिनी दमंकहिं॥
गज रथ तुरग चिकार कठोरा। गर्जहिं मनहुँ बलाहक घोरा॥

बहुत-से कृपाण और तलवारें चमक रही हैं मानो दसों दिशाओं में बिजलियाँ दमक-चमक रही हों। हाथी, रथ और घोड़ों का भयानक चिग्घाड़ (सुनने में) ऐसा लगता है मानो बादल भयंकर गर्जन कर रहे हों॥२॥

Many a scimitar and sword flashed forth like gleams of lightning from every quarter of the heavens. The shrill cries of the elephants and horses and the rattling sound of the chariots resembled the fearsome peal of thunder-clouds.

कपि लंगूर बिपुल नभ छाए। मनहुँ इंद्रधनु उए सुहाए॥
उठै धूरि मानहु जलधारा। बान बुंद भै बृष्टि अपारा॥

वानरों की बहुत-सी पूँछें आकाश में छा गई हैं मानो सुन्दर इन्द्रधनुष उदय हुआ है। धूल ऐसी उठ रही है मानो जल की धारा हो। बाणरूपी बूँदों की अपार वृष्टि हो रही है॥३॥

The monkeys' many tails spreading over the sky look like the rising of an array of magnificent rainbows. The dust rose in thick columns like streams of water and the arrows shot forth in an endless shower like drops of pelting rain.

दुहुँ दिसि पर्बत करहिं प्रहारा। बज्रपात जनु बारहिं बारा॥
रघुपति कोपि बानझरि लाई। घायल भइ निसिचरसमुदाई॥

दोनों ओर से पर्वतों का प्रहार किया जा रहा है, मानो बारंबार वज्रपात हो रहा है। श्रीरघुनाथजी ने क्रुद्ध हो बाणों की झड़ी-सी लगा दी, (जिससे) निशाचर-सेना घायल हो गई॥४॥

The mountains hurled from either side fell in continuous showers like thunderbolts. Raghunatha in his wrath let fly streams of shafts which straightway wounded the demon troops.

लागत बान बीर चिक्करहीं। घुर्मि घुर्मि जहँ तहँ महि परहीं॥
स्रवहिं सैल जनु निर्झर भारी। सोनितसरि कादर भयकारी॥

बाणों के लगने से वीर चीत्कार कर उठते हैं और चक्कर खा-खाकर (मूर्च्छित हो) जहाँ-तहाँ पृथ्वी पर गिर पड़ते हैं। (उनके शरीर से खून का बहना ऐसा दीखता है) मानो पर्वत के भारी झरनों से जल बह रहा है। इस प्रकार डरपोकों को भयभीत करनेवाली रुधिर की नदी बह चली॥५॥

As the arrows struck, the demon warriors screamed with pain and reeled and fell here and there on the ground. Blood flowed forth from their bruised bodies like torrents down a hill and struck terror into timorous hearts.

छं.—कादर भयंकर रुधिरसरिता चली परम अपावनी।
दोउ कूल दल रथ रेत चक्र अबर्त बहति भयावनी॥
जलजंतु गज पदचर तुरग खर बिबिध बाहन को गने।
सर सक्ति तोमर सर्प चाप तरंग चर्म कमठ घने॥

कायरों के लिए भयंकर अत्यन्त अपवित्र रक्त की नदी बह चली। दोनों दल इस नदी के दोनों किनारे हैं, रथ रेत है और पहिये भँवर हैं। यह नदी अत्यन्त भयावनी बह रही है। हाथी, पैदल, घोड़े, गदहे तथा तरह-तरह की सवारियाँ ही, जिन्हें कौन गिन सकता है, इस नदी के जल-जीव हैं। बाण, शक्ति और तोमर सर्प हैं, धनुष तरंगें हैं और ढाल कछुओं के समूह हैं।

A most unholy river of blood that struck terror into timid hearts flowed on between the two armies for its banks, with chariots for sand and wheels for eddies—a frightful flood indeed—with elephants, footmen, horses, donkeys and all kinds of vehicles that none could count, for the fish; with arrows, lances and iron clubs for its snakes, bows for its waves and shields for its many tortoises.

दो.—बीर परहिं जनु तीरतरु मज्जा बहु बह फेन।
कादर देखि डरहिं तहँ सुभटन्ह कें मन चेन॥८७॥

वीर पृथ्वी पर इस प्रकार गिर रहे हैं, मानो नदी-तट के वृक्ष ढह-ढहकर गिर रहे हों। जो बहुत-सी मज्जा बह रही है, वही फेन है। जहाँ डरपोक यह देखकर डरते हैं, वहाँ महान् (पराक्रमी) योद्धाओं के मन में सुख होता है॥८७॥

Warriors fell here and there like trees upon the banks; the marrow of their bones oozed out in quantities like foam. Dastards shuddered at the sight; the champions were delighted.

चौ.—मज्जहिं भूत पिसाच बेताला। प्रमथ महा झोटिंग कराला॥
काक कंक लै भुजा उड़ाहीं। एक तें छीनि एक लै खाहीं॥

भूत, पिशाच, बैताल और बड़े-बड़े झोंटोंवाले महान् भयंकर झोटिंग[1] तथा प्रमथ (शिवगण) इस नदी में स्नान करते हैं। कौवे और चील भुजाओं को ले-लेकर उड़ते हैं और एक-दूसरे से छीनकर खा जाते हैं॥१॥

Ghosts, ghouls and goblins bathed in the stream, and frightful fiends with long shaggy masses of tangled hair and Pramathas (Shiva's attendants) too; crows and kites flew off with human arms, which they tore from one another and devoured.

---
१. झोंटेवाले, जटाधारी; जोटिंग = महाव्रती, कठिन तप करनेवाले।

एक कहहिं ऐसिउ सौंघाई। सठहु तुम्हार दरिद्र न जाई॥
कहरत भट घायल तट गिरे। जहँ तहँ मनहु अर्धजल परे॥

(छीना-झपटी के इस दृश्य को देखकर) कोई कहता है, अरे मूर्खों! ऐसी सस्ती में भी तुम्हारी दरिद्रता नहीं जाती? तट पर गिरे हुए घायल योद्धा कराह रहे हैं, मानो जहाँ-तहाँ अर्धजल (वे व्यक्ति जो मरने के समय आधे जल में रखे जाते हैं) पड़े हों॥२॥

Some said, 'What a pity, fools, that you should suffer from want even in such plenty!' Wounded warriors fallen on the bank groaned like the moribund lying strewn about half in and half out of the water (on the bank of a sacred river, lake etc. in order to ensure that they may breathe their last while their body is being washed by the sacred water).

खैंचहिं गीध आँत तट भएँ। जनु बनसी खेलत चित दएँ॥
बहु भट बहहिं चढ़े खग जाहीं। जनु नावरि खेलहिं सरि माहीं॥

गीध आँतें खींचते हैं, मानो मछलीमार नदी-तट पर मन लगाये बंसी खेल रहे हों (बंसी से मछली मार रहे हों)। बहुत-से योद्धा (नदी में) बहे जा रहे हैं और पक्षी उन पर चढ़े चले जा रहे हैं, मानो वे नदी में नौकाक्रीड़ा कर रहे हों॥३॥

Vultures pulled out the entrails of the dead like fishermen angling with rapt attention. A great many dead warriors floated down the stream with birds perched on them, as if they were sporting on river boats.

जोगिनि भरि भरि खप्पर संचहिं। भूत पिसाच बधूँ नभ नंचहिं॥
भट कपाल करताल बजावहिं। चामुंडा नाना बिधि गावहिं॥

खप्परों में भर-भरकर योगिनियाँ खून जमा कर रही हैं। भूत-पिशाचों की वधुएँ आकाश में नाच रही हैं। चामुण्डाएँ योद्धाओं की खोपड़ियों का करताल बजाती और नाना प्रकार से गाती हैं॥४॥

The Yoginis (female attendants of Durga) collected blood in skulls, while the wives of ghosts and goblins danced in the air. Chamundas[1] sang songs in various strains, clashing the heroes' skulls like so many pairs of cymbals.

जंबुकनिकर कटक्कट कट्टहिं। खाहिं हुआहिं अघाहिं दबट्टहिं॥
कोटिन्ह रुंड मुंड बिनु चल्लहिं। सीस परे महि जय जय बोल्लहिं॥

गीदड़ों के झुंड कट-कट शब्द करते हुए शव को काटते, खाते, हुआँ-हुआँ करते, अघाते और एक-दूसरे को डाँटते हैं। करोड़ों धड़ बिना सिर के चल रहे हैं और (कटे हुए) सिर पृथ्वी पर पड़े 'जय-जय' बोल रहे हैं॥५॥

Herds of jackals snapped and snarled as they tore the dead, feasted upon them and yelled and, when surfeited, howled. Myriads of headless trunks scampered about, while the heads lying on the ground shouted, 'Victory! Victory!'

छं.—बोल्लहिं जो जय जय मुंड रुंड प्रचंड सिर बिनु धावहीं।
खप्परिन्ह खग्ग अलुज्झि जुज्झहिं सुभट भटन्ह ढहावहीं॥
बानर निसाचरनिकर मर्दहिं रामबल दर्पित भए।
संग्राम अंगनि सुभट सोवहिं रामसर निकरन्हि हए॥

मुण्ड (कटे हुए सिर) 'जय-जय' बोलते और प्रचण्ड रुण्ड (धड़) बिना सिर के दौड़ते हैं। पक्षी खोपड़ियों में उलझ-उलझकर परस्पर लड़े मरते हैं; रण-कुशल योद्धा अन्य योद्धाओं को पछाड़ रहे हैं। श्रीरामजी के बल से दर्पित (गर्वित एवं क्रोधित) हुए वानर राक्षसों के समूहों को मसल डालते हैं। श्रीरामजी के बाण-समूहों से मारे गए योद्धा युद्ध-भूमि में (चिरनिद्रा में) सो रहे हैं।

The heads cried, Victory! Victory!' while the headless trunks darted wildly about. Birds squabbled and struggled among the skulls, while champions overthrew champions. Imperious through Rama's strength, the monkeys trampled down the demon crew; the champions, smitten by Rama's wrathful arrows, lay dead as everlasting slumber sealed their eyes on the field of battle.

दो.—रावन हृदय बिचारा भा निसिचरसंघार।
मैं अकेल कपि भालु बहु माया करउँ अपार॥८८॥

रावण ने अपने हृदय में विचार किया कि राक्षसों का सर्वनाश हो गया है, मैं अकेला (जीवित) हूँ और वानर-भालू बहुत हैं, इसलिए मैं अब अपार माया रचूँ (तभी लड़ सकता हूँ)॥८८॥

Ravana thought to himself, 'The demons have been wiped out and I am left alone, while the monkeys and the bears are still many; I must put forth my boundless magic power.'

चौ.—देवन्ह प्रभुहि पयादें देखा। उपजा उर अति छोभ बिसेषा॥
सुरपति निज रथु तुरत पठावा। हरष सहित मातलि लै आवा॥

जब देवताओं ने प्रभु को पैदल देखा तब उनके हृदय में भारी क्षोभ उत्पन्न हुआ। इन्द्र ने तुरंत अपना रथ भेज दिया। (उसका सारथि) मातलि हर्षपूर्वक उसे ले आया॥१॥

When the gods saw that the Lord was on foot, they were exceedingly disquieted. Indra at once sent his own chariot, which Matali (Indra's charioteer) gladly brought there.

तेजपुंज रथ दिब्य अनूपा। हरषि चढ़े कोसलपुरभूपा॥
चंचल तुरग मनोहर चारी। अजर अमर मन सम गतिकारी॥

1. *i.e.*, horrible black goddesses who wear garlands of corpses and are represented as grim beings with gaping mouths and lolling tongues.

(इन्द्र के) उस दिव्य, अनुपम और तेजोमय रथ पर कोसलपुर के राजा श्रीरामचन्द्रजी हर्षपूर्वक चढ़े। उसमें चार चञ्चल, मनोहर, अजर, अमर और मन की गति के समान द्रुतगामी घोड़े जुते थे ॥२॥

It was a splendid chariot, divine, incomparable, which Rama the king of Kosala was delighted to mount. It was driven by four high-mettled steeds, charming and deathless, ever young and swift as thought.

रथारूढ़ रघुनाथहि देखी। धाए कपि बलु पाइ बिसेषी ॥
सही न जाइ कपिन्ह कै मारी। तब रावन माया बिस्तारी ॥

रघुकुल के स्वामी श्रीरामजी को रथ पर सवार देखकर वानर विशेष बल पाकर दौड़े। जब उससे वानरों की मार सही नहीं जाती, तब रावण ने अपनी माया का विस्तार किया ॥३॥

Seeing Rama the lord of the House of Raghu mounted on this chariot, the monkeys rushed forward with renewed vigour. Their onset was irresistible. Then Ravana exerted his magic power.

सो माया रघुबीरहि बाँची। लछिमन कपिन्ह सो मानी साँची ॥
देखी कपिन्ह निसाचर अनी। अनुज सहित बहु कोसलधनी ॥

बस श्रीरघुवीर को ही वह माया नहीं लगी। लक्ष्मणजी तथा सब वानरों ने उस माया को सच मान लिया। वानरों ने निशाचरों की सेना में लक्ष्मणजी सहित बहुत-से रामों को देखा ॥४॥

The illusive creation did not touch Raghubira, but Lakshmana and the monkeys took it for reality. They saw among the demon ranks a multitude of Ramas and Lakshmanas.

छं. – बहु राम लछिमन देखि मर्कट भालु मन अति अपडरे।
जनु चित्रलिखित समेत लछिमन जहँ सो तहँ चितवहिं खरे ॥
निज सेन चकित बिलोकि हसि सर चाप सजि कोसलधनी।
माया हरी हरि निमिष महुँ हरषी सकल मर्कट अनी ॥

कई राम-लक्ष्मणों को देखकर वानर-भालू मन में झूठे डर से अत्यन्त भयभीत हो गए। लक्ष्मणजीसहित वे मानो चित्रलिखे-से जहाँ-के-तहाँ खड़े देखने लगे। अपनी सेना को विस्मित देखकर अयोध्यापति हरि (दुःखों के हरनेवाले श्रीरामजी) ने हँसकर धनुष पर बाण चढ़ाया और पलभर में सारी माया हर ली। (यह देखकर) समस्त वानर-सेना प्रसन्न हो उठी।

Seeing the multitude of Ramas and Lakshmanas, the monkeys and the bears were filled with great false fear. All of them, including Lakshmana, stood gazing like the figures in a picture wherever they were. The lord of Ayodhya smiled when he saw his army thus bewildered; he fitted an arrow to his bow, and in a trice Hari dissipated the delusion to the delight of the whole monkey host.

दो. – बहुरि रामु सब तन चितइ बोले बचन गभीर।
द्वंदजुद्ध देखहु सकल श्रमित भए अति बीर ॥८९॥

फिर सबकी ओर देखकर श्रीरामजी गम्भीर वचन बोले – तुम सब वीर बहुत ही थक गये हो, इसलिए (अब मेरा और रावण का) द्वन्द्व युद्ध देखो ॥८९॥

Then Rama looked upon them all and spoke in solemn tones: 'Watch now my duel (with Ravana); for you, my heroes, are all toilworn.'

चौ. – अस कहि रथु रघुनाथ चलावा। बिप्रचरन पंकज सिरु नावा ॥
तब लंकेस क्रोध उर छावा। गर्जत तर्जत सन्मुख धावा ॥

ऐसा कहकर श्रीरघुनाथजी ने ब्राह्मणों के चरणकमलों में सिर झुकाकर (प्रणाम किया और) रथ चला दिया। तब लंकापति रावण के हृदय में क्रोध छा गया और वह गरजता-डाँटता हुआ सामने आया ॥१॥

So speaking, Raghunatha bowed his head before the Brahmans' lotus feet and urged his chariot forward. Then did the king of Lanka burn hot with exceeding wrath and darted to meet him, challenging him in a thundering voice.

जीतेहु जे भट संजुग माहीं। सुनु तापस मैं तिन्ह सम नाहीं ॥
रावन नाम जगत जसु जाना। लोकप जा कें बंदीखाना ॥

(उसने कहा –) अरे तपस्वी ! सुन, युद्ध में तुमने जिन योद्धाओं को जीता है, मैं उनके जैसा नहीं हूँ। मेरा नाम रावण है, सारा जगत् मेरे यश को जानता है, लोकपाल तक जिसके बंदीखाने में पड़े हैं ॥२॥

'Listen, ascetic, ' he shouted, 'I am not like one of those warriors whom you have vanquished in battle ! Ravana is my name and my renown is noised throughout the world ! The regents of the spheres lie imprisoned in my dungeons.

खर दूषन बिराध तुम्ह मारा। बधेहु ब्याध इव बालि बिचारा ॥
निसिचरनिकर सुभट संघारेहु। कुंभकरन घननादहि मारेहु ॥

तुमने खर, दूषण और विराध को मारा और बेचारे बालि का व्याध की तरह (छिपकर) वध किया। बड़े-बड़े निशाचर वीरों के समूह का संहार किया और कुम्भकर्ण तथा मेघनाद के भी प्राण लिये ॥३॥

You forsooth have slain Khara and Dushana and Viradha and killed poor Bali even as a hunter would shoot his game; you wiped out troops of demon champions and murdered even Kumbhakarna and Meghanada.

आजु बयरु सबु लेउँ निबाही। जौ रन भूप भाजि नहि जाही ॥
आजु करौं खलु काल हवालें। परेहु कठिन रावन कें पालें ॥

अरे राजा ! यदि तुम रण से भाग खड़े न हुए तो आज मैं सबका वैर चुका लूँगा । आज निश्चय ही तुम्हें काल के हवाले कर दूँगा । तुम कठिन रावण के पाले पड़ गए हो ॥४॥

Today I will wreak vengeance on you for all this if, O prince, you flee not from the battlefield. Today I shall assuredly consign you to death; for it is the relentless Ravana with whom you have to deal.'

सुनि दुर्बचन कालबस जाना । बिहसि बचन कह कृपानिधाना ॥
सत्य सत्य सब तव प्रभुताई । जल्पसि जनि देखाउ मनुसाई ॥

(रावण के) दुर्वचन सुनकर और उसे काल के अधीन जान दयासागर श्रीरामजी ने हँसकर ये वचन कहे — तुम्हारी सारी प्रभुता, जैसा तुम कहते हो, सच है, सच है। पर अब व्यर्थ बको मत, अपना पुरुषार्थ दिखलाओ ॥५॥

On hearing these execrations and knowing him to be death-doomed, the All-merciful answered with a smile, 'True, true is all your greatness; but prate no more; show your valour if you can.

छं. —जनि जल्पना करि सुजसु नासहि नीति सुनहि करहि क्षमा ।
संसार महुँ पूरुष त्रिबिध पाटल रसाल पनस समा ॥
एक सुमनप्रद एक सुमन फल एक फलइ केवल लागहीं ।
एक कहहिं कहहिं करहिं अपर एक करहिं कहत न बागहीं ॥

निरर्थक बकबक करके अपने सुयश का नाश न कर । क्षमा कर, तुम्हें नीति सुनाता हूँ, सुन ! संसार में पुरुषों के तीन प्रकार होते हैं — पाटल (गुलाब), आम और कटहल के समान । एक (पाटल) फूल देता है, एक (आम) फूल और फल दोनों देता है और एक (कटहल) में केवल फल ही लगते हैं । इसी तरह (पुरुषों में) एक कहते भर हैं (परन्तु करते नहीं); दूसरे कहते और करते दोनों हैं और एक (तीसरे) केवल करते हैं, पर वाणी से नहीं कहते ।

Do not ruin your fair fame by bragging. Pray, excuse me and listen to a sound maxim. There are in the world three types of men: those resembling the rose, the mango and the bread-fruit tree. The one bears only blossoms, the second both flowers and fruit and the third only fruit. The one talks; the second talks and acts; the third only acts, but says not a word.'

दो. —रामबचन सुनि बिहसा मोहि सिखावत ग्यान ।
बयरु करत नहि तब डरे अब लागे प्रिय प्रान ॥९०॥

श्रीरामजी के वचन सुनकर वह बहुत हँसा (और बोला —) तुम मुझे ज्ञान सिखाते हो ? पहले तो वैर करते नहीं डरे, अब तुम्हें प्राण प्यारे लग रहे हैं ॥९०॥

On hearing Rama's speech, he laughed and said, 'So now you're teaching me wisdom, aren't you ? You did not shrink from waging war against me then; now it seems you hold your life dear.'

चौ. —कहि दुर्बचन क्रुद्ध दसकंधर । कुलिस समान लाग छाड़ैं सर ॥
नानाकार सिलीमुख धाए । दिसि अरु बिदिसि गगन महि छाए ॥

कटुवचन कहकर और क्रुद्ध हो रावण वज्र के समान बाण छोड़ने लगा । अनेक आकार के बाण दौड़े और दिशा-विदिशा में, आकाश और पृथ्वी में, सर्वत्र छा गए ॥१॥

Having uttered this taunt, Ravana in a fury began to shoot his arrows like so many thunderbolts. Shafts of various designs sped forth till all the cardinal and intermediate directions of heaven and earth were filled with them.

पावकसर छाड़ेउ रघुबीरा । छन महुँ जरे निसाचरतीरा ॥
छाड़िसि तीब्र सक्ति खिसिआई । बानसंग प्रभु फेरि चलाई ॥

श्रीरघुनाथजी ने अग्निबाण छोड़े, (जिससे) रावण के तीर क्षणभर में जलकर भस्म हो गए । तब उसने लज्जित होकर तीक्ष्ण शक्ति चलायी । (किंतु) श्रीरामचन्द्रजी ने उसको अपने बाण के साथ वापस चला दिया[1] ॥२॥

But Raghunatha discharged an arrow of fire, and in a moment the demon's bolts were all consumed. Maddened by the shame, he hurled forth his fierce lance, but the Lord sent it back again with his arrow.

कोटिन्ह चक्र त्रिसूल पबारइ । बिनु प्रयास प्रभु काटि निवारइ ॥
निफल होहिं रावनसर कैसें । खल के सकल मनोरथ जैसें ॥

रावण करोड़ों चक्र और त्रिशूल चलाता है, परंतु प्रभु उन्हें अनायास काटकर दूर हटा देते हैं । रावण के बाण उसी प्रकार निष्फल होते हैं, जिस प्रकार खल के सब मनोरथ ! ॥३॥

Myriads of discs and tridents then Ravana launched, but the Lord without an effort snapped them and cast them aside. Ravana's arrows were as unavailing as are always the ambitions of the wicked.

तब सत बान सारथी मारेसि । परेउ भूमि जय राम पुकारेसि ॥
राम कृपा करि सूत उठावा । तब प्रभु परम क्रोध कहुँ पावा ॥

तब उसने श्रीरामजी के सारथि (मातलि) को सौ बाण मारे । वह 'श्रीरामजी की जय हो' पुकारता हुआ भूमि पर गिर पड़ा । श्रीरामजी ने कृपाकर सारथि को उठाया और वे अत्यन्त क्रुद्ध हुए ॥४॥

१. "अर्थात् बाण से उसका मुख रावण की ओर फेर दिया जिससे वह उधर ही को लौट गयी ।" मा. पी., ६, पृ. ४७० (लं.कां.) ।

Then with a hundred arrows he smote Rama's charioteer (Matali), who fell to the ground, crying, 'Victory to Rama !' So Rama in his compassion raised the charioteer up again, but a terrible fury then possessed him.

छं. —भयो क्रुद्ध जुद्ध बिरुद्ध रघुपतित्रोन सायक कसमसे।
कोदंडधुनि अति चंड सुनि मनुजाद सब मारुत ग्रसे ॥
मंदोदरी उर कंप कंपति कमठ भू भूधर त्रसे।
चिक्करहिं दिग्गज दसन गहि महि देखि कौतुक सुर हसे ॥

(जब) रण में शत्रु के प्रति श्रीरघुनाथजी क्रुद्ध हुए, तब तरकश के बाण (बाहर निकलने के लिए) कसमसाने लगे। उनके धनुष की अत्यन्त प्रचण्ड टङ्कार सुनकर सब मनुष्यभक्षी राक्षस वातग्रस्त (भयभीत) हो गए। मन्दोदरी का हृदय काँप उठा; समुद्र, कच्छप, पृथ्वी और पर्वत डर गए। दिशाओं के हाथी (डर के मारे) पृथ्वी को दाँतों से पकड़कर चिग्घाड़ने लगे। यह कौतुक देखकर देवता हँसे (हर्षित हुए)[1]।

When Raghunatha flew into a passion in the fight against the foe, the arrows in his quiver began to fidget. At the dreadful twanging of his bow the man-eating demons were all seized with terror. Mandodari's heart quaked; the ocean, the tortoise, the earth and the hills trembled; the elephants of the quarters trumpeted and clutched the globe with their tusks. The gods laughed at this amusing sight.

दो. —तानेउ चाप श्रवन लगि छाड़े बिसिख कराल।
राम मारगन गन चले लहलहात जनु ब्याल ॥९१॥

धनुष को कान तक तानकर श्रीरामचन्द्रजी ने कई विकराल (भयानक) बाण छोड़े। उनके बाणसमूह ऐसे चले जैसे साँप लहराते हुए चले जा रहे हों ॥९१॥

Drawing the bowstring to his ear, Rama let fly many a dreadful dart, which sped forth quivering like so many serpents.

चौ. —चले बान सपक्ष जनु उरगा। प्रथमहि हत्यो सारथी तुरगा ॥
रथ बिभंजि हति केतु पताका। गर्जा अति अंतरबलु थाका ॥

वे बाण ऐसे चले जैसे पंखवाले सर्प उड़ रहे हों। उन्होंने पहले ही सारथि और घोड़ों को मार डाला, फिर रथ को तोड़कर ध्वजा और पताकाओं को काट गिराया। तब रावण बड़े जोर से गरजा, परन्तु हृदय में उसका बल थक गया था ॥१॥

The arrows flew forth like winged serpents and at the first onset slew the charioteer and the horses; then, smashing the chariot, they tore off his ensign and flags. Even though his strength had inwardly ebbed away, he roared aloud—

तुरत आन रथ चढ़ि खिसिआना। अस्त्र सस्त्र छाड़ेसि बिधि नाना ॥
बिफल होहिं सब उद्यम ता के। जिमि परद्रोह निरत मनसा के ॥

वह क्रुद्ध हो तुरंत दूसरे रथ पर चढ़कर अनेक प्रकार के अस्त्र-शस्त्र छोड़ने लगा। उसके सब प्रयत्न वैसे ही निष्फल हो रहे हैं जैसे परद्रोह में लगे हुए चित्तवाले मनुष्य के प्रयास व्यर्थ होते हैं ॥२॥

and, quickly mounting another chariot, wrathfully hurled missiles and other weapons of every description, but all his efforts were as fruitless as those of a man whose mind is ever intent on harming others.

तब रावन दस सूल चलावा। बाजि चारि महि मारि गिरावा ॥
तुरग उठाइ कोपि रघुनायक। खैंचि सरासन छाड़े सायक ॥

तब रावण ने दस त्रिशूल चलाये और उनसे श्रीरामजी के चारों घोड़ों को मारकर पृथ्वी पर गिरा दिया। घोड़ों को उठाकर श्रीरघुनाथजी ने फिर क्रुद्ध हो धनुष तानकर बाण छोड़े ॥३॥

Then Ravana hurled forth ten pikes, which struck the four horses of Rama's chariot and felled them to the ground, but Raghunatha raised up his horses and, drawing the bowstring, sent forth his darts in great fury.

रावनसिर सरोजबन चारी। चलि रघुबीर सिलीमुख धारी ॥
दस दस बान भाल दस मारे। निसरि गए चले रुधिरपनारे ॥

रावण के सिररूपी कमलवन में विचरण करनेवाले श्रीरघुवीर के बाणरूपी भौंरों की पाँती चली[1]। श्रीरामचन्द्रजी ने उसके दसों मस्तकों में दस-दस बाण मारे, जो आर-पार निकल गए और उनसे (उन्हीं छिद्रों से) रक्त के पनाले बह चले ॥४॥

Swarms of Raghubira's arrows flew at Ravana's heads as though they had been bees that haunt a lotus bed. Rama smote each of his ten heads with ten arrows, which pierced them through and through and blood gushed forth in torrents.

स्रवत रुधिर धाएउ बलवाना। प्रभु पुनि कृत धनु सर संधाना ॥
तीस तीर रघुबीर पबारे। भुजन्हि समेत सीस महि पारे ॥

---

१. सारथि के आहत होने से श्रीरामजी का क्रुद्ध होना स्वाभाविक है। यह 'विरुद्ध युद्ध' है, क्योंकि इसमें रथी को न मारकर सारथि को मारा गया है। "सरकार को क्रुद्ध जानकर अग्रसर होने के लिए तरकश के बाण कसमस करने लगे।" वि. टी., ३, पृ. ५५३।

१. "अभी तक रावण पर बाण नहीं चलाया था। रात के प्यासे भौंरों की पंक्ति प्रातःकाल कमलवन में मकरन्द पान के लिए वेग से जाती है। इसी भाँति रघुनाथजी के बाणों की पंक्ति रावण के मस्तकों के रक्त से अपनी प्यास बुझाने के लिए चली।" वि. टी., ३, पृ., ५५६।

रुधिर बहते रहने पर भी बलवान् रावण दौड़ा। प्रभु ने फिर धनुष पर बाण चढ़ाया। श्रीरघुवीर ने तीस बाण छोड़े और बीसों भुजाओं के साथ दसों मस्तक काटकर पृथ्वी पर गिरा दिए ॥५॥

On rushed the mighty Ravana streaming with blood. Again the Lord fitted an arrow to his bow; thirty shafts Raghubira shot and struck all his heads and arms to the ground;

काटतहीं पुनि भए नवीने। राम बहोरि भुजा सिर छीने॥
प्रभु बहु बार बाहु सिर हए। कटत झटिति पुनि नूतन भए॥

परन्तु काटते ही (रावण के सिर और हाथ) फिर नये उत्पन्न हो गए। श्रीरामजी ने फिर भुजाओं और सिरों को काट गिराया। इस तरह प्रभु ने बहुत बार भुजाएँ और मस्तक काटे। परंतु कटते ही वे तत्काल फिर नये हो गए ॥६॥

but they grew afresh as soon as they were severed. Then once more Rama struck off his heads and arms; time after time did the Lord thus smite off his arms and heads, but new ones sprang up again as soon as they were blown off.

पुनि पुनि प्रभु काटत भुज बीसा। अति कौतुकी कोसलाधीसा॥
रहे छाइ नभ सिर अरु बाहू। मानहु अमित केतु अरु राहू॥

प्रभु बार-बार उसकी बीसों भुजाओं को काट रहे हैं,[1] क्योंकि कोसलपति श्रीरामजी बड़े कौतुकी हैं। कटे हुए मस्तक और बाहु आकाश में ऐसे छा गये हैं, मानो असंख्य केतु और राहु हों ॥७॥

Again and again the Lord shred off his twenty arms, for very sportive is the king of Kosala ! The whole heaven was covered with the demons' heads and arms, like an infinite number of Ketus and Rahus.

छं.—जनु राहु केतु अनेक नभपथ स्रवत सोनित धावहीं।
रघुबीरतीर प्रचंड लागहिं भूमि गिरन न पावहीं॥
एक एक सर सिरनिकर छेदे नभ उड़त इमि सोहहीं।
जनु कोपि दिनकर कर निकर जहँ तहँ बिधुंतुद पोहहीं॥

मानो अनेक राहु और केतु आकाश मार्ग में रक्त बहाते हुए दौड़ रहे हों। श्रीरघुवीर के प्रचण्ड बाणों के (निरन्तर) लगने से वे पृथ्वी पर गिरने नहीं पाते। एक-एक बाण से छिदे हुए समूह-के-समूह सिर आकाश में उड़ते हुए ऐसे शोभित होते हैं, जैसे सूर्य की किरणें क्रुद्ध होकर जहाँ-तहाँ राहुओं को गूँथ रही हों।

It seemed as though multitudes of Rahus and Ketus were rushing along the path of the sky streaming with blood; hit by the dread arrows of Raghubira again and again, they could not fall to the ground. The arrows, as they flew through the sky, each transfixing a set of heads, seemed like so many rays of the wrathful sun threading Rahus here and there on a string.

दो.—जिमि जिमि प्रभु हर तासु सिर तिमि तिमि होहिं अपार।
सेवत बिषय बिबर्ध जिमि नित नित नूतन मार ॥९२॥

जैसे-जैसे प्रभु उसके सिरों को काटते हैं, वैसे-वैसे वे अपार होते चले जाते हैं, जैसे विषयों का सेवन करने से काम दिन-प्रति-दिन नया-नया बढ़ता जाता है (काम-वासना के उपभोग से काम का कभी शमन नहीं होता) ॥९२॥

As often as the Lord struck off his heads, so often they sprang up without end, as new lusts grow ever more and more in a man who is devoted to his senses.

चौ.—दसमुख देखि सिरन्ह कै बाढ़ी। बिसरा मरन भई रिस गाढ़ी॥
गर्जेउ मूढ़ महा अभिमानी। धाएउ दसउ सरासन तानी॥

सिरों की बाढ़ देखकर रावण को अपनी मृत्यु भूल गई और उसका क्रोध बड़ा गहरा हो गया। वह महाअभिमानी मूर्ख गरजा और दसों धनुषों को तानकर दौड़ा ॥१॥

When Ravana saw the multiplication of his heads, he thought no more of his death, but waxed still more furious. The great swollen-headed fool thundered aloud and dashed out with all his ten bows strung at once.

समरभूमि दसकंधर कोप्यो। बरषि बान रघुपतिरथ तोप्यो॥
दंड एक रथु देखि न परेऊ। जनु निहार महु दिनकर दुरेऊ॥

युद्धभूमि में रावण ने क्रोध किया और बाणों की वर्षाकर श्रीरघुनाथजी के रथ को ढक दिया। एक घड़ी तक रथ दिखाई न पड़ा, मानो कुहरे में सूर्य छिप गया हो ॥२॥

Raging wildly on the field of battle, Ravana let fly a shower of arrows and so hemmed Raghunatha's chariot that for a moment it was quite lost to sight like the sun hidden in a mist.

हाहाकार सुरन्ह जब कीन्हा। तब प्रभु कोपि कारमुक लीन्हा॥
सर निवारि रिपु के सिर काटे। ते दिसि बिदिसि गगन महि पाटे॥

जब देवताओं ने हाहाकार किया, तब प्रभु ने क्रुद्ध होकर धनुष उठाया और शत्रु के बाणों को हटाकर उसके मस्तक काट डाले और उनसे दिशा-विदिशा, आकाश और पृथ्वी सबको पाट दिया ॥३॥

When the gods raised a piteous cry, the Lord wrathfully grasped his bow, warded off the enemy's

१. "रावण ने श्रीशिवजी के लिए स्वयं काट-काटकर सिर चढ़ाया था, उन एक-एक का अमित फल देना है, इसलिए बार-बार काटते हैं। इस तरह उसके दान का प्रतिफल चुकाते हैं कि उसका पुण्य क्षीण हो जाय, तब मारें।" सिद्धान्त-भाष्य, ४, पृ. २३५६।

arrows and struck off his heads, which covered all the cardinal and intermediate directions, earth and sky.

काटे सिर नभमारग धावहिं। जय जय धुनि करि भय उपजावहिं॥
कहँ लछिमन सुग्रीव कपीसा। कहँ रघुबीर कोसलाधीसा॥

कटे हुए सिर आकाश-मार्ग में दौड़ते हैं और जय-जय की ध्वनि करके भय उत्पन्न करते हैं। (वे कहते हैं—) 'लक्ष्मण और वानरराज सुग्रीव कहाँ हैं? कोसलपति रघुवीर कहाँ हैं?' ॥४॥

The severed heads flew through the path of the heavens and struck terror into the monkeys' hearts with cries of 'Victory! Victory! Where is Lakshmana? Where is Sugriva, the Monkey King? Where is Raghubira, the lord of Kosala?'

छं.—कहँ रामु कहि सिरनिकर धाए देखि मर्कट भजि चले।
संधानि धनु रघुबंसमनि हसि सरन्हि सिर बेधे भले॥
सिरमालिका कर कालिका गहि बृंद बृंदन्हि बहु मिलीं।
करि रुधिरसरि मज्जनु मनहु संग्राम बट पूजन चलीं॥

'राम कहाँ हैं?' यह कहते हुए (रावण के कटे हुए) मस्तकों के झुंड दौड़े, वानर उन्हें देखकर भाग चले। तब धनुष सन्धान करके रघुकुलमणि श्रीरामजी ने हँसकर बाणों से सिरों को अच्छी तरह वेध डाला। हाथों में मुण्डों की मालाएँ लेकर बहुत-सी कालिकाएँ झुंड-की-झुंड मिलकर एकत्र हुईं और वे रक्त की नदी में स्नान करके चलीं, मानो वे संग्रामरूपी वटवृक्ष को पूजने जा रही हों।

'Where is Rama?' cried the multitudes of heads as they rushed about. The monkeys saw them and took to flight. Making ready his bow, the jewel of the house of Raghu laughed and with his arrows shot the heads through and through. Taking garlands of skulls in their hands, innumerable troops of Kalikas[1] assembled, as though having bathed in the stream of blood, they were going to worship at the banyan of war.

दो.—पुनि दसकंठ क्रुद्ध होइ छाड़ी सक्ति प्रचंड।
चली बिभीषन सन्मुख मनहु काल कर दंड॥९३॥

फिर दशानन ने क्रुद्ध होकर विभीषणजी पर प्रचण्ड शक्ति छोड़ी। वह विभीषण के सामने ऐसी चली मानो वह यमराज का दण्ड हो ॥९३॥

Then the Ten-headed in his fury hurled forth his fearful spear, which flew straight towards Vibhishana like the bludgeon of Death.

1. i.e., female attendants of *Kali*.

चौ.—आवत देखि सक्ति अति घोरा। प्रनत रतिभंजन पन मोरा॥
तुरत बिभीषनु पाछें मेला। सन्मुख राम सहेउ सोइ सेला॥

अत्यन्त विकराल शक्ति को आती देख और यह विचारकर कि मेरा प्रण शरणागत के दुःख को नष्ट करना है, श्रीरामजी ने विभीषण को तुरंत पीछे कर लिया और स्वयं सामने होकर वह शक्ति सह ली ॥१॥

When he saw the most dreadful spear coming and realizing that he had sworn to put an end to the distress of his suppliants, instantly Rama set Vibhishana behind him and exposed himself to the full force of the missile.

लागि सक्ति मुरुछा कछु भई। प्रभु कृत खेलु सुरन्ह बिकलई॥
देखि बिभीषनु प्रभु श्रम पायो। गहि कर गदा क्रुद्ध होइ धायो॥

उस शक्ति के लगने से उन्हें कुछ मूर्च्छा हो गयी। प्रभु ने तो यह खेल किया, पर देवताओं को (यह देखकर) व्याकुलता हुई। जब विभीषणजी ने देखा कि प्रभु को श्रम (कष्ट) हुआ है, तब वे हाथ में गदा लिये हुए क्रुद्ध होकर दौड़े ॥२॥

When the dread spear struck him, the Lord swooned for a while, a feint which filled the gods with dismay. When Vibhishana saw that the Lord had been hurt, he seized his club and rushed forward in a rage.

रे कुभाग्य सठ मंद कुबुद्धे। तैं सुर नर मुनि नाग बिरुद्धे॥
सादर सिव कहुँ सीस चढ़ाए। एक एक के कोटिन्ह पाए॥

(और बोले—) अरे अभागे! शठ, नीच, दुर्बुद्धि! तू ने सुर, नर, मुनि, नाग आदि सभी से विरोध किया। तू ने आदरपूर्वक शिवजी को सिर चढ़ाये थे। इसीसे एक-एक (सिर) के बदले करोड़ों सिर पाये ॥३॥

'You ill-starred wretch! You fool! Vile and perverse dullard!' he cried, 'you've shown hostility to gods, human beings, sages and serpents alike! And just because you devoutly offered your heads to Lord Shiva, you've received millions of heads in exchange for every one!

तेहि कारन खल अब लगि बाँच्यो। अब तव कालु सीस पर नाच्यो॥
रामबिमुख सठ चह संपदा। अस कहि हनेसि माझ उर गदा॥

उसी कारण, अरे दुष्ट! अब तक तू बचता रहा। (किंतु) अब तेरा काल तेरे सिर पर नाच रहा है। अरे शठ! तू रामविमुख होकर सुख-सम्पत्ति चाहता है? ऐसा कहकर उसने रावण की छाती के बीचोबीच गदा मारी ॥४॥

It is for this reason, O wretch, that you've been spared so far, but now death is dancing on your pate. Fool, do you hope to prosper in a quarrel with Rama?' So speaking, he struck Ravana full on the chest with his club.

छं. –उर माझ गदाप्रहार घोर कठोर लागत महि परयो ॥
दस बदन सोनित स्रवत पुनि संभारि धायो रिस भरयो ॥
द्वौ भिरे अतिबल मल्लजुद्ध बिरुद्ध एकु एकहि हने ।
रघुबीरबल दर्पित बिभीषनु घालि नहि ता कहुँ गने ॥

छाती के बीचोबीच कठोर गदा की घोर और कठिन चोट लगते ही वह धरती पर गिर पड़ा । उसके दसों मुखों से खून की धारा बह चली, वह फिर सँभालकर क्रोध में भरा हुआ दौड़ा । दोनों अत्यन्त बलशाली योद्धा परस्पर भिड़ गए और मल्लयुद्ध में एक-दूसरे के विरुद्ध होकर मार-काट मचाने लगे । श्रीरघुवीर के बल से गर्वित विभीषण उसको पसंगे के बराबर भी नहीं समझते ।

At the hard dread stroke of the mighty club on the chest, he fell to the ground, all his ten mouths spouting blood; but he picked himself up again and darted forward full of fury. The two mighty combatants closed with each other in savage wrestle, each mauling the other; proud in the strength of Raghubira, Vibhishana deemed his adversary as of no account.

दो. –उमा बिभीषनु रावनहि सन्मुख चितव कि काउ ।
सो अब भिरत काल ज्यों श्रीरघुबीर प्रभाउ ॥९४॥

(शिवजी कहते हैं –) हे उमा ! क्या विभीषण कभी रावण के सम्मुख आँख उठाकर भी देख सकता था ? परंतु अब वही कालतुल्य उससे भिड़ रहा है । यह श्रीरघुवीर का ही प्रताप है ॥९४॥

O Uma, could Vibhishana have dared of himself to look Ravana in the face ? Armed with the might of Raghubira, however, he now closed with his brother like Death himself.

चौ. –देखा श्रमित बिभीषनु भारी । धाएउ हनूमान गिरि धारी ॥
रथ तुरंग सारथी निपाता । हृदय माझ तेहि मारेसि लाता ॥

विभीषण को बहुत थका हुआ देखकर हनुमान्‌जी (हाथ में) पहाड़ लेकर दौड़े । उन्होंने (उस पर्वत से) रावण के रथ, घोड़े और सारथि को मार गिराया और उसकी छाती में लात जमायी ॥१॥

When Hanuman saw that Vibhishana was sorely exhausted, he rushed forward with a rock in his hand; overthrowing the chariot with its horses and the charioteer all at once, he gave Ravana a kick full in the breast.

ठाढ़ रहा अति कंपित गाता । गएउ बिभीषनु जहँ जनत्राता ॥
पुनि रावन कपि हतेउ पचारी । चलेउ गगन कपि पूँछ पसारी ॥

(यद्यपि) रावण खड़ा रहा, पर (लात की चोट से) उसका शरीर अत्यन्त काँपने लगा । विभीषण वहाँ गये जहाँ सेवकों की रक्षा करनेवाले श्रीरामजी थे । रावण ने फिर ललकारकर हनुमान्‌जी को मारा । वे अपनी पूँछ पसारकर आकाश में चले गए ॥२॥

The demon stood his ground but trembled violently all over. Meanwhile, Vibhishana withdrew into the presence of Rama, the protector of his servants. Then Ravana challenged and assailed Hanuman, who spread his tail and flew into the air.

गहिसि पूँछ कपि सहित उड़ाना । पुनि फिरि भिरेउ प्रबल हनुमाना ॥
लरत अकास जुगल सम जोधा । एकहि एकु हनत करि क्रोधा ॥

रावण ने उनकी पूँछ पकड़ ली, हनुमान्‌जी उसको साथ लिये ही ऊपर उड़ गए । फिर लौटकर महाबली हनुमान्‌जी उससे भिड़ गए । बराबरी के दोनों योद्धा आकाश में लड़ते हुए एक दूसरे को क्रोध करके मारने लगे ॥३॥

Ravana caught hold of his tail, but Hanuman flew on, carrying him aloft with him. Then the valiant Hanuman turned and closed with him; there in the sky they fought, the two well-matched warriors, each smiting the other in great fury.

सोहहिं नभ छल बल बहु करहीं । कज्जल गिरि सुमेरु जनु लरहीं ॥
बुधिबल निसिचर परै न पारयो । तब मारुतसुत प्रभु संभारयो ॥

दोनों बहुत छल-बल करते हुए आसमान में ऐसे शोभित होते हैं, मानो कज्जलगिरि और सुमेरु पर्वत लड़ रहे हों । बुद्धि और बल से जब राक्षस गिराये न गिरा, तब पवनपुत्र श्रीहनुमान्‌जी ने प्रभु को याद किया ॥४॥

As they employed all their strength and stratagem in the upper air, it looked as though Sumeru had come into collision with a mountain of soot. When the demon could not be overthrown either by wit or by force, the Son of the Wind invoked his Lord.

छं. –संभारि श्रीरघुबीर धीर पचारि कपि रावनु हन्यो ।
महि परत पुनि उठि लरत देवन्ह जुगल कहुँ जय जय भन्यो ॥
हनुमंत संकट देखि मर्कट भालु क्रोधातुर चले ।
रनमत्त रावन सकल सुभट प्रचंड भुजबल दलमले ॥

धीर हनुमान्‌जी ने श्रीरघुवीर का स्मरण करके ललकारकर रावण पर प्रहार किया । दोनों पृथ्वी पर गिरते और फिर उठकर लड़ते हैं; यह देखकर देवताओं ने दोनों का जय-जयकार किया । हनुमान्‌जी को सङ्कट में देखकर वानर-भालू क्रोधातुर होकर दौड़े, किंतु रण-मद-मत्त रावण ने सब योद्धाओं को अपने प्रचण्ड भुजाओं के बल से कुचल और मसल डाला ।

Invoking Raghubira, the resolute Hanuman shouted defiance and smote Ravana. The two fell to the ground, rose up again and resumed fighting, and the gods shouted, 'Victory !' 'Victory !' to both. Seeing Hanuman in such desperate straits, the monkeys and bears sallied forth in furious haste;

but Ravana, battle-mad, crushed all their champions with the might of his dread arms.

दो. –तब रघुबीर पचारे धाए कीस प्रचंड ।
कपिदल प्रबल देखि तेहिं कीन्ह प्रगट पाषंड ॥९५॥

तब श्रीरघुवीर से ललकारे जाने पर प्रचण्ड वीर वानर दौड़े । प्रबल वानर-दल को देखकर रावण ने अपनी माया प्रकट की ॥९५॥

Then, rallied by Raghubira, the monkeys, fierce and dauntless, rushed forward. Seeing them to be so overwhelmingly strong, Ravana put forth his magic power.

चौ. –अंतर्धान भयउ छन एका । पुनि प्रगटे खल रूप अनेका ॥
रघुपतिकटक भालु कपि जेते । जहँ तहँ प्रगट दसानन तेते ॥

एक क्षण के लिए वह अन्तर्धान हो गया । फिर उस दुष्ट ने अपने अनेकानेक रूप प्रकट किये । श्रीरघुनाथजी की सेना में जितने रीछ-वानर थे, उतने ही रावण जहाँ-तहाँ प्रकट हो गए ॥१॥

For a moment the wretch became invisible, then again revealed himself in multitudinous forms; on all sides were manifest as many Ravanas as there were bears and monkeys in the army of Raghunatha.

देखे कपिन्ह अमित दससीसा । जहँ तहँ भजे भालु अरु कीसा ॥
भागे बानर धरहिं न धीरा । त्राहि त्राहि लछिमन रघुबीरा ॥

वानरों ने असंख्य रावण देखे । (भयभीत हो) भालू और वानर सब इधर-उधर भाग खड़े हुए । वानर धैर्य नहीं धरते । 'हे लक्ष्मणजी ! हे रघुवीर ! बचाइये, बचाइये,' पुकारते हुए वे भागे जा रहे हैं ॥२॥

At the sight of such an infinity of Ravanas, the bears and monkeys fled in every direction. They had no courage to stay, but all fled, crying, 'Save us, O save us, Lakshmana and Raghubira !'

दह दिसि धावहिं कोटिन्ह रावन । गर्जहिं घोर कठोर भयावन ॥
डरे सकल सुर चले पराई । जय कै आस तजहु अब भाई ॥

दसों दिशाओं में कोटि-कोटि रावण दौड़ते और घोर कठोर, भयानक गर्जन करते हैं । सभी देवता डर गए और ऐसा कहते हुए भाग खड़े हुए कि – हे भाई ! अब विजय की आशा त्याग दो ! ॥३॥

Myriads of Ravanas darted in all directions, thundering aloud in a deep, shrill and awesome voice. The gods, all panic-stricken, took to flight, crying, 'Now, brother, abandon all hope of victory.

सब सुर जिते एक दसकंधर । अब बहु भए तकहु गिरिकंदर ॥
रहे बिरंचि संभु मुनि ग्यानी । जिन्ह जिन्ह प्रभुमहिमा कछु जानी ॥

(पहले) एक ही रावण ने सभी देवताओं पा विजय पर ली थी, अब तो बहुत-से रावण हो गए हैं । अतः अब पहाड़ की कंदराओं का आश्रय लो । वहाँ ब्रह्मा, शम्भु और ज्ञानी मुनि ही डटे रहे, जिन्होंने प्रभु की कुछ महिमा जानी थी ॥४॥

A single Ravana subdued the whole heavenly host, and now there are many ! Take refuge in the mountain caves !' Only Brahma, Shambhu and the wise sages, who had some understanding of the Lord's glory, stayed where they were.

छं. –जाना प्रताप ते रहे निर्भय कपिन्ह रिपु माने फुरे ।
चले बिचलि मर्कट भालु सकल कृपाल पाहि भयातुरे ॥
हनुमंत अंगद नील नल अतिबल लरत रनबाँकुरे ।
मर्दहिं दसानन कोटि कोटिन्ह कपट भू भट अंकुरे ॥

जिन्हें प्रभु के प्रताप का पता था, वे निडर डटे रहे । वानरों ने शत्रुओं (बहुसंख्य रावणों) को सच्चा ही मान लिया । (स्वभावतः) सब वानर-भालू विचलित होकर 'हे कृपालु ! रक्षा कीजिए' (पुकारते हुए) भय से आतुर होकर भाग चले । अत्यन्त बलशाली रणबाँकुरे हनुमान्‌जी, अंगद, नील और नल लड़ते हैं और कपटरूपी धरती से अंकुर की नाईं उपजे हुए करोड़-करोड़ योद्धा रावणों को मसलते हैं ।

They who knew the Lord's might stood fast and fearless, but the monkeys took the apparitions for real enemies, and they and the bears all lost courage and fled, crying in their panic, 'Protect us, Lord of mercy !' Only Hanuman, Angad, Nila and Nala, all valiant champions, fought bravely on and crushed the myriads and myriads of gallant Ravanas who had sprouted on the soil of deception.

दो. –सुर बानर देखे बिकल हस्यो कोसलाधीस ।
सजि सारंग एक सर हते सकल दससीस ॥९६॥

सुरों और वानरों को व्याकुल देखकर कोसलराज श्रीरामजी हँसे और शार्ङ्गधनुष पर एक बाण चढ़ाकर (माया-निर्मित) सब रावणों को मार गिराया ॥९६॥

Rama, the lord of Kosala, smiled when he saw the dismay of the gods and the monkeys, and fitting an arrow to his Sharnga, slew the whole host of phantom Ravanas.

चौ. –प्रभु छन महुँ माया सब काटी । जिमि रबि उएँ जाहिं तम फाटी ॥
रावनु एकु देखि सुर हरषे । फिरे सुमन बहु प्रभु पर बरषे ॥

प्रभु ने पलभर में सारी माया नष्ट कर डाली, जैसे सूर्य के उदय होते ही अन्धकार (का आवरण) फट जाता है । अब एक ही रावण को देखकर देवता प्रसन्न हो उठे और उन्होंने लौटकर प्रभु पर बहुत-से फूलों की वर्षा की ॥१॥

In an instant the Lord dispersed the whole phantom as the veil of darkness is torn asunder at the rising of the sun. The gods rejoiced when they saw only one Ravana and, turning back again, rained abundant blossoms on the Lord.

भुज उठाइ रघुपति कपि फेरे । फिरे एक एकन्ह तब टेरे ॥
प्रभुबलु पाइ भालु कपि धाए । तरल तमकि संजुगमहि आए ॥

भुजा उठाकर श्रीरघुनाथजी ने सब वानरों को वापस लौटाया । तब वे एक-दूसरे को पुकार-पुकारकर लौट आए । प्रभु के बल से शक्तिमान् हो रीछ-वानर दौड़ पड़े । जल्दी से कूदकर वे युद्धभूमि में आ गए ॥२॥

Raghunatha then raised his arms aloft and rallied the monkeys, who then returned, shouting to one another. Emboldened by the might of their Lord, the bears and monkeys rushed on and bouncing briskly returned to the battlefield.

अस्तुति करत देव तेहिं देखे । भएउँ एक मैं इन्ह के लेखे ॥
सठहु सदा तुम्ह मोर मरायल । अस कहि कोपि गगनपथ धायल ॥

देवताओं को श्रीरामजी का गुणगान करते देखकर रावण सोचने लगा कि मैं इनकी समझ में एक हो गया । (इन्हें यह नहीं मालूम कि इनके लिए मैं एक ही काफी हूँ) और कहा – अरे मूर्खों ! तुम तो सदा से ही मेरे मरैल (मुझसे मार खानेवाले) रहे हो । ऐसा कहकर वह क्रोध करके आकाश-मार्ग पर (देवताओं की ओर) दौड़ा ॥३॥

When Ravana saw the gods singing Rama's praises, he muttered, 'They think I am now reduced to one (though in truth a single Ravana is a match for any number of them); you fools, you've ever been my prey.' So speaking, he made a savage spring into the air.

हाहाकार करत सुर भागे । खलहु जाहु कहँ मोरें आगे ॥
देखि बिकल सुर अंगदु धायो । कूदि चरन गहि भूमि गिरायो ॥

हाहाकार करते हुए देवता भागे । (रावण ने कहा –) अरे दुष्टो ! तुम मेरे सामने से कहाँ जाने पाओगे ? देवताओं को व्याकुल देखकर अंगद दौड़े और उन्होंने उछलकर उसके पैर पकड़कर भूमि पर पटक दिया ॥४॥

The gods fled with a cry of despair. 'Wretches,' Ravana cried, 'whither would you go from my presence ?' Seeing the distress of the gods, Angad rushed out and with a bound seized him by the foot and hurled him to the ground.

छं. –गहि भूमि पार्‍यो लात मार्‍यो बालिसुत प्रभु पहि गयो ।
संभारि उठि दसकंठ घोर कठोर रव गर्जत भयो ॥
करि दाप चाप चढ़ाइ दस संधानि सर बहु बरषई ।
किए सकल भट घायल भयाकुल देखि निज बलु हरषई ॥

उसे पकड़कर पृथ्वी पर गिरा दिया । फिर लात मारकर बालिपुत्र अंगद प्रभु के पास चल गए । सँभलकर उठने पर रावण भयंकर कठोर शब्द से गरजने लगा । वह क्रोध करके दसों धनुष चढ़ाकर और उन पर बहुत-से बाण सन्धानकर बरसाने लगा । उसने सब योद्धाओं को घायल और डर से व्याकुल कर दिया । अपना बल देखकर उसे बड़ी प्रसन्नता हुई ।

Having seized him and hurled him to the ground, the son of Bali gave him a kick and then returned to the Lord. On recovering himself, Ravana rose again and thundered with a dread shrill voice. Haughtily drawing the string of all his ten bows, he fitted a dart to each and shot forth a flight of arrows, wounding all the warriors in the enemy's ranks to their utter dismay and confusion, and gloried in his own might.

दो. –तब रघुपति रावन के सीस भुजा सर चाप ।
काटे बहुत बढ़े पुनि जिमि तीरथ कर पाप ॥९७॥

तब रघुपति ने रावण के मस्तक, भुजाएँ, बाण और धनुष काट डाले । पर वे (मस्तक और बाहु) फिर बहुत बढ़ गए, जैसे तीर्थों में किये हुए पाप बढ़ जाते हैं ॥९७॥

Then Raghupati cut off Ravana's heads and arms, bows and arrows; but each time they all (*i.e.*, the heads and arms) multiplied like sins committed at a holy place.

चौ. –सिर भुज बाढ़ि देखि रिपु केरी । भालु कपिन्ह रिस भई घनेरी ॥
मरत न मूढ़ कटेहुँ भुज सीसा । धाए कोपि भालु भट कीसा ॥

शत्रु के मस्तकों और भुजाओं की बढ़ती देखकर रीछों और वानरों को बहुत क्रोध हुआ । अरे ! यह मूर्ख भुजाओं के और मस्तकों के कट जाने पर भी नहीं मरता, (ऐसा विचारते हुए) भालू और वानर योद्धा क्रोध करके दौड़े ॥१॥

The bears and monkeys grew furious when they saw their enemy's heads and arms multiplying, and dashed out after him in a fury, thinking, 'The wretch does not die though his heads and arms are all severed.'

बालितनय मारुति नल नीला । बानरराज दुबिद बलसीला ॥
बिटप महीधर करहिं प्रहारा । सोइ गिरि तरु गहि कपिन्ह सो मारा ॥

बालिपुत्र (अंगद), मारुति (हनुमान्‌जी), नल, नील, वानरराज (सुग्रीव) और द्विविद आदि महाबलवान् उस पर वृक्षों और पर्वतों का प्रहार करते हैं । वह उन्हीं पर्वतों और वृक्षों को पकड़कर वानरों को मारता है ॥२॥

Bali's son (Angad), the Son of the Wind (Hanuman), Nala and Nila, Sugriva, the king of the monkeys, and Dvivida, mighty heroes all, hurled trees and rocks on him, but he seized the rocks and trees and threw them back upon the monkeys.

एक नखन्हि रिपुबपुष बिदारी। भागि चलहिं एक लातन्ह मारी॥
तब नल नील सिरन्हि चढ़ि गए। नखन्हि लिलार बिदारत भए॥

कोई तो शत्रु के शरीर को नखों से फाड़कर भाग चलता है तो कोई उसे लातों से मारकर। तब नल और नील रावण के मस्तकों पर चढ़ गए और नखों से उसके ललाट को फाड़ने लगे॥३॥

One ripped up the enemy's body with his claws and ran away, another would run past and kick him. Then Nala and Nila leapt on to Ravana's heads and set to tearing his foreheads with their claws.

रुधिर देखि बिषाद उर भारी। तिन्हहि धरन कहुँ भुजा पसारी॥
गहे न जाहिं करन्हि पर फिरहीं। जनु जुग मधुप कमलवन चरहीं॥

रक्त (बहते) देखकर उसके हृदय में बड़ा दुःख हुआ। उसने उनको पकड़ने के लिए भुजाएँ फैलायीं पर वे पकड़ में नहीं आते, हाथों के ऊपर-ऊपर ही फिरते हैं मानो दो भौंरे कमलों के वन में विचरण कर रहे हों॥४॥

At the sight of his blood he was sore troubled in soul and stretched up his arms to catch them, but they were not to be caught and kept moving above his hands like two bees hovering over a bed of lotuses.

कोपि कूदि द्वौ धरेसि बहोरी। महि पटकत भजे भुजा मरोरी॥
पुनि सकोप दस धनु कर लीन्हे। सरन्हि मारि घायल कपि कीन्हे॥

फिर क्रोध करके उसने कूदकर दोनों को पकड़ लिया। भूमि पर पटकते समय वे उसकी भुजाओं को मरोड़कर भाग खड़े हुए। फिर उसने क्रोध करके हाथों में दसों धनुष लिये और वानरों को बाणों से मार-मारकर घायल कर दिया॥५॥

At last with a savage bound he clutched them both, but before he could dash them to the ground, they twisted his arms and escaped. Again in his fury he took up his ten bows in his hands and with his winged arrows smote and wounded the monkeys.

हनुमदादि मुरुछित करि बंदर। पाइ प्रदोष हरष दसकंधर॥
मुरुछित देखि सकल कपि बीरा। जामवंत धाएउ रनधीरा॥

हनुमान्‌जी आदि सभी वानरों को मूर्च्छित कर और सन्ध्या का समय पाकर दशानन बहुत प्रसन्न हुआ। सभी वानर योद्धाओं को मूर्च्छित देखकर रणधीर जाम्बवान् दौड़े॥६॥

Having rendered Hanuman and the other monkeys senseless and seeing that 'the bright lamp of the Sun had set', the Ten-headed rejoiced; but when the valiant Jambavan saw all the monkey chiefs in swoon, he rushed forward.

संग भालु भूधर तरु धारी। मारन लगे पचारि पचारी॥
भएउ क्रुद्ध रावनु बलवाना। गहि पद महि पटकै भट नाना॥

उनके साथ जो भालू थे, वे पर्वत और वृक्ष ले-लेकर रावण को बार-बार ललकारकर मारने लगे। शक्तिशाली रावण क्रुद्ध हुआ और पैर पकड़-पकड़कर वह अनेक योद्धाओं को पृथ्वी पर पटकने लगा॥७॥

The throng of bears who were with him began to hurl rocks and trees upon Ravana with repeated shouts of defiance. The mighty Ravana, in a fit of renewed fury, seized a number of warriors by the foot and began to dash them to the ground.

देखि भालुपति निज दल घाता। कोपि माझ उर मारेसि लाता॥

अपने दल का विध्वंस देखकर और क्रोध करके जाम्बवान्‌जी ने रावण की छाती में लात जमायी॥८॥

Jambavan flew into a rage when he saw the havoc wrought on his host, and gave Ravana a savage kick on the breast.

छं.—उर लात घात प्रचंड लागत बिकल रथ तें महि परा।
गहें भालु बीसहुँ कर मनहुँ कमलन्हि बसे निसि मधुकरा॥
मुरुछित बिलोकि बहोरि पद हति भालुपति प्रभु पहिं गयो।
निसि जानि स्यंदन घालि तेहि तब सूत जतनु करत भयो॥

जैसे ही छाती में लात का भयानक आघात लगा कि रावण विकल होकर रथ से भूमि पर आ गिरा। उसने अपने बीसों हाथों में भालुओं को पकड़ रखा था। (ऐसा जान पड़ता था) मानो रात्रि में भौंरे कमलों में बसे हुए हों। उसे मूर्च्छित देखकर, फिर लात मारकर भालुओं के स्वामी जाम्बवान् प्रभु के पास चले गए। यह जानकर कि रात हो गई है, सारथि रावण को रथ में डालकर उसे जगाने का उपाय करने लगा।

As soon as the dread blow smote him on the breast, Ravana fell senseless from his chariot to the ground, grasping a bear in each of his twenty hands, like bees reposing by night in the folds of the lotus. Seeing him unconscious, the king of the bears, Jambavan, struck him with his foot again and then returned to the Lord. Perceiving that it was night, the charioteer lifted him on to the car and tried to revive him.

दो.—मुरुछा बिगत भालु कपि सब आए प्रभु पास।
निसिचर सकल रावनहि घेरि रहे अति त्रास॥९८॥

मूर्च्छा टूटने पर सब रीछ-वानर प्रभु के पास आये। उधर सब निशाचरों ने बहुत ही त्रसित (भयभीत) होकर रावण को घेर लिया॥९८॥

On recovering from their swoon, the bears and monkeys all returned to the Lord, while all the rangers of the night rallied round Ravana in the utmost consternation.

मासपारायण, छब्बीसवाँ विश्राम

चौ. –तेहीं निसि सीता पहि जाई। त्रिजटा कहि सब कथा सुनाई॥
सिर भुज बाढ़ि सुनत रिपु केरी। सीता उर भइ त्रास घनेरी॥

त्रिजटा ने उसी रात सीताजी के पास जाकर उन्हें सारी कथा कह सुनायी। शत्रु के सिर और भुजाओं की बढ़ती का समाचार सुनकर सीताजी अत्यन्त भयभीत हो गईं॥१॥

That same night Trijata called on Sita and told her all that had happened. When she heard how the enemy's heads and arms had multiplied, Sita was sorely dismayed.

मुखं मलीन उपजी मन चिंता। त्रिजटा सन बोलीं तब सीता॥
होइहि काह कहसि किन माता। केहि बिधि मरिहि बिस्व दुखदाता॥

(उनका) मुख मलिन हो गया, मन में चिन्ता उत्पन्न हो गयी। तब सीताजी ने त्रिजटा से कहा – हे माता! बताती क्यों नहीं? क्या होगा? सारे विश्व के लिए दुःखदायी रावण किस प्रकार मरेगा?॥२॥

She wore a doleful countenance and her mind was filled with anxiety. 'Why don't you tell me, mother,' she said to Trijata, what is going to happen? How can this plague of the universe be put to death?

रघुपतिसर सिर कटेहुँ न मरई। बिधि बिपरीत चरित सब करई॥
मोर अभाग्य जिआवत ओही। जेहि हौं हरिपद कमल बिछोही॥

श्रीरघुनाथजी के बाणों से मस्तकों के कटने पर भी वह नहीं मरता। विधाता सारे चरित्र विपरीत कर रहा है। (वस्तुतः) मेरा दुर्भाग्य ही उसे जिला रहा है, जिसने मुझे हरि के चरण-कमलों से अलग कर रखा है॥३॥

Even though Raghunatha's arrows have shorn off his heads, he does not perish! God's actions are all so perverse! It is my ill fortune that keeps him alive—the misfortune that separated me from Hari's lotus feet.

जेहिं कृत कपट कनक मृग झूठा। अजहुँ सो दैव मोहि पर रूठा॥
जेहिं बिधि मोहि दुःख दुसह सहाए। लछिमन कहुँ कटु बचन कहाए॥

जिसने कपट के झूठे स्वर्णमृग की रचना की थी, वही दैव अब भी मुझसे रूठा है। जिस विधाता ने मुझसे असह्य दुख सहन कराये और लक्ष्मण को कड़ुवे वचन कहलाए,॥४॥

The fate which fashioned the phantom of the false golden deer still frowns at me! The same Providence who made me suffer such insupportable anguish and prompted me to utter reproaches to Lakshmana,

रघुपतिबिरह सबिष सर भारी। तकि तकि मार बार बहु मारी॥
ऐसेहु दुख जो राख मम प्राना। सोइ बिधि ताहि जिआव न आना॥

जिसने श्रीरघुनाथजी के विरहरूपी अति विषैले बाणों से ताक-ताककर मुझे बहुत बार मारा और ऐसे दुःख में भी जो मेरे प्राणों को रख रहा है, वही विधाता उस (रावण) को जिला रहा है, दूसरा कोई नहीं॥५॥

and who smote me over and over again, aiming at me the grievous poisoned shafts of separation from Raghunatha, and who keeps me alive even under such trying circumstances,—it is he and no other who keeps him (Ravana) alive!'

बहु बिधि कर बिलाप जानकी। करि करि सुरति कृपानिधान की॥
कह त्रिजटा सुनु राजकुमारी। उर सर लागत मरै सुरारी॥

कृपानिधान श्रीरामजी का बार-बार स्मरणकर जानकीजी तरह-तरह से विलाप करने लगीं। त्रिजटा ने कहा – हे राजकुमारी! सुनो, हृदय में बाण लगते ही देवताओं का शत्रु (रावण) मर जायगा॥६॥

With many such words did Janaki make piteous lament, as she constantly recalled to mind the Lord of grace. 'Listen, princess,' said Trijata, 'if an arrow pierce his heart, the enemy of the immortals will die.

प्रभु ता तें उर हतै न तेही। एहि कें हृदय बसति बैदेही॥

इसी कारण प्रभु उसके हृदय में बाण नहीं मारते कि उस हृदय में जानकीजी (आप) निवास करती हैं॥७॥

But the Lord is careful not to strike his heart, for he knows that the princess of Videha dwells therein.

छं. –एहि कें हृदय बस जानकी जानकी उर मम बास है।
मम उदर भुवन अनेक लागत बान सब कर नास है॥
सुनि बचन हरष बिषाद मन अति देखि पुनि त्रिजटाँ कहा।
अब मरिहि रिपु एहि बिधि सुनहि सुंदरि तजहि संसय महा॥

(प्रभु सोचते हैं कि) इसके हृदय में जानकी बसती हैं, जानकी के हृदय में मेरा निवास है और मेरे उदर में अनेक भुवन (समाहित, स्थित) हैं। अतः (रावण के) हृदय में बाण लगते ही सर्वनाश हो जायगा। यह वचन सुनकर सीताजी के मन में अत्यन्त हर्ष और विषाद हुआ। यह देखकर त्रिजटा ने फिर कहा – हे सुन्दरी! अपने इस महान् संदेह का त्याग कर दो; अब सुनो, शत्रु इस प्रकार मरेगा –

He is prevented by the thought that Janaki dwells in his (Ravana's) heart and that Janaki's heart is his own home; in his belly, again, are contained countless worlds, which will all perish the moment his arrow pierces Ravana's heart.' Hearing this, Sita's soul swayed between joy and grief; but seeing her still uneasy in mind, Trijata spoke again: 'Now listen, fair lady, how the enemy will be slain, and cease to doubt the issue.

दो. –काटत सिर होइहि बिकल छुटि जाइहि तव ध्यान।
तब रावनहिं हृदय महुँ मरिहहिं रामु सुजान॥९९॥

अपने मस्तकों के बार-बार काटे जाने से जब वह घबड़ा जायगा और उसे तुम्हारा ध्यान छूट जायगा, तब चतुर श्रीरामजी रावण के हृदय में बाण मारेंगे॥९९॥

The repeated severing of his heads will so disconcert him that the thought of you will escape his mind, and then the sagacious Rama will strike Ravana in the heart.'

चौ. –अस कहि बहुत भाँति समुझाई। पुनि त्रिजटा निज भवन सिधाई॥
रामसुभाउ सुमिरि बैदेही। उपजी बिरहब्यथा अति तेही॥

ऐसा कहकर और सीताजी को अनेक प्रकार से समझा-बुझाकर फिर त्रिजटा अपने घर लौट गयी। श्रीरामचन्द्रजी के स्वभाव का स्मरण कर जानकीजी के हृदय में घोर विरहव्यथा उत्पन्न हुई॥१॥

With many such accents Trijata comforted Sita and then returned to her own home. As she recalled Rama's loving disposition, Janaki was overwhelmed with the agony of separation.

निसिहि ससिहि निंदति बहु भाती। जुग सम भई सिराति न राती॥
करति बिलाप मनहि मन भारी। रामबिरह जानकी दुखारी॥

वे रात्रि और चन्द्रमा की नाना प्रकार से निन्दा करती हैं (और कहती हैं–) रात युग के समान बड़ी हो गयी और बिताये नहीं बीतती। श्रीरामजी के वियोग में दुःखी जानकीजी मन-ही-मन भारी विलाप कर रही हैं॥२॥

Reproaching the night and the moon in so many ways, she said, 'The night has assumed the length of an age and is never-ending.' Disconsolate at her separation from Rama, Janaki made sore lamentation within herself.

जब अति भएउ बिरह उरदाहू। फरकेउ बाम नयन अरु बाहू॥
सगुन बिचारि धरी मन धीरा। अब मिलिहहिं कृपाल रघुबीरा॥

जब (सीताजी के हृदय में) विरह की ज्वाला अत्यधिक दाहक हो गई, तब उनकी बाईं आँख और बाहु फड़क उठी। (शुभ) शकुन समझकर उन्होंने मन में धैर्य धारण किया कि अब कृपालु श्रीरघुवीर मिलेंगे॥३॥

When the anguish of bereavement was at its very height, her left eye and arm began to throb. Considering it to be a good omen, she took heart and said to herself, 'I shall now see the gracious Raghubira once again.'

इहाँ अर्ध निसि रावनु जागा। निज सारथि सन खीझन लागा॥
सठ रनभूमि छड़ाइसि मोही। धिग धिग अधम मंदमति तोही॥

यहाँ आधी रात को जब रावण की मूर्च्छा टूटी तब वह जागा और सारथि पर रुष्ट होकर कहने लगा – अरे मूर्ख! तूने मुझे रणभूमि से अलग कर दिया? अरे अधम! अरे जड़! तुझे धिक्कार है, धिक्कार है॥४॥

Meanwhile, Ravana awoke from his swoon at midnight and began to rage and fume against his charioteer: 'Fool, to have brought me away from the battlefield! Curses, curses on you, you vile dullard!'

तेहिं पद गहि बहु बिधि समुझावा। भोरु भएँ रथ चढ़ि पुनि धावा॥
सुनि आगवनु दसानन केरा। कपिदल खरभर भएउ घनेरा॥

उसने रावण के चरण पकड़कर बहुत प्रकार से समझाया। सबेरा होते ही रावण रथ पर सवार हो फिर दौड़ा। रावण का आना सुनते ही वानरों की सेना में बड़ी खलबली मच गयी॥५॥

The charioteer clasped Ravana's feet and endeavoured to soothe his anger. At daybreak Ravana mounted his car and sallied forth again. When they heard of Ravana's approach, the monkey ranks were wildly agitated.

जहँ तहँ भूधर बिटप उपारी। धाए कटकटाइ भट भारी॥

वे भारी वीर जहाँ-तहाँ से पर्वत और वृक्ष उखाड़कर (क्रोध से) दाँत कटकटाते हुए दौड़ पड़े॥६॥

Rooting up mountains and trees wherever they could find them, the mighty warriors rushed to the fray, gnashing their teeth.

छं. –धाए जो मर्कट बिकट भालु कराल कर भूधर धरा।
अति कोप करहिं प्रहार मारत भजि चले रजनीचरा॥
बिचलाइ दल बलवंत कीसन्ह घेरि पुनि रावनु लियो।
चहुँ दिसि चपेटन्हि मारि नखन्हि बिदारि तनु ब्याकुल कियो॥

जो विकट और विकराल वानर-भालू अपने-अपने हाथों में पर्वत लिये दौड़े, वे अत्यन्त क्रोध में भरकर प्रहार करते हैं। उनकी मार से राक्षसों के पाँव उखड़ गए। बलवान् वानरों ने शत्रु-सेना को विचलित कर फिर रावण को घेर लिया। चारों ओर से चपेटे मारकर और नखों से उसके शरीर को विदीर्णकर वानरों ने उसे व्याकुल कर दिया।

The fierce monkeys and formidable bears rushed on with mountains in their hands, which they hurled forth with the utmost fury. The demons, who were unable to resist the onslaught, took to their heels. Having thus humbled the enemy ranks into the dust, the valiant monkeys then closed around Ravana, and buffeting him on every side and tearing his body with their claws, utterly discomfited him.

दो. –देखि महा मर्कट प्रबल रावन कीन्ह बिचार ।
अंतरहित होइ निमिष महुँ कृत मायाबिस्तार ॥१००॥

महा प्रबल वानरों को देखकर रावण ने विचार किया और अन्तर्धान होकर उसने क्षणभर में अपनी माया का विस्तार किया ॥१००॥

When he saw the overwhelming might of the monkeys, Ravana took thought and becoming invisible in the twinkling of an eye-shed abroad a magic illusion.

छं. –जब कीन्ह तेहिं पाषंड । भए प्रगट जंतु प्रचंड ॥
बेताल भूत पिसाच । कर धरें धनु नाराच ॥१॥

जब उसने पाखण्ड रचा तब भयंकर जीव प्रकट हो गए । बेताल, भूत और पिशाच अपने-अपने हाथों में धनुष-बाण लिये (दीख पड़े) ॥१॥

As he let loose his illusive power, terrible beings came into view—goblins, ghosts and ghouls with bows and arrows in their hands;

जोगिनि गहें करवाल । एक हाथ मनुजकपाल ॥
करि सद्य सोनित पान । नाचहिं करहिं बहु गान ॥२॥

एक हाथ में तलवार और दूसरे हाथ में मनुष्य की खोपड़ी लिये योगिनियाँ ताजा खून पीकर नाचती और तरह-तरह के गीत गाती हैं ॥२॥

witches, grasping swords in one hand and human skulls in the other, from which they drank draughts of fresh blood, danced and sang their many songs.

धरु मारु बोलहिं घोर । रहि पूरि धुनि चहुँ ओर ॥
मुख बाइ धावहिं खान । तब लगे कीस परान ॥३॥

वे 'धरो, मारो' आदि भयानक शब्द बोलती हैं । चारों ओर यह ध्वनि व्याप्त हो जाती है । वे मुँह बाकर खाने दौड़ती हैं । तब वानर भागने लगते हैं ॥३॥

They uttered horrible cries of 'Seize and kill !', which re-echoed all around. With their mouths wide open they rushed on to devour the monkeys, who then took to flight.

जहँ जाहिं मर्कट भागि । तहँ बरत देखहिं आगि ॥
भए बिकल बानर भालु । पुनि लाग बरषै बालु ॥४॥

भागकर वानर जहाँ भी जाते हैं, वहीं वे जलती आग देखते हैं । जब वानर-भालू व्याकुल हो गये, तब फिर रावण बालू बरसाने लगा ॥४॥

But withersoever they turned in their flight, they saw a blazing fire. When the monkeys and the bears were thus at a loss, Ravana began rairing on them a shower of sand.

जहँ तहँ थकित करि कीस । गर्जेउ बहुरि दससीस ॥
लछिमन कपीस समेत । भए सकल बीर अचेत ॥५॥

वानरों को जहाँ-तहाँ थकित कर दशानन ने फिर गर्जन किया । लक्ष्मणजी और सुग्रीवसहित सभी वीरों की चेतना जाती रही ॥५॥

Having thus broken the spirit of the monkeys on all sides, Ravana of the Ten Heads roared again, and all the stalwarts, including Lakshmana and Sugriva, lost consciousness.

हा राम हा रघुनाथ । कहि सुभट मीजहिं हाथ ॥
एहिं बिधि सकल बल तोरि । तेहिं कीन्ह कपट बहोरि ॥६॥

'हा राम ! हा रघुनाथ !' पुकारते हुए रणवीर योद्धा अपने हाथ मलते (पछताते) हैं । इस प्रकार सारी सेना का बल तोड़कर रावण ने फिर और ही माया फैलायी ॥६॥

The warriors, most valiant in arms, wrung their hands, crying, 'Alas, O Rama ! O Raghunatha, alas !' Having thus crushed the might of all, Ravana wrought another delusion.

प्रगटेसि बिपुल हनुमान । धाए गहें पाषान ॥
तिन्ह रामु घेरे जाइ । चहुँ दिसि बरूथ बनाइ ॥७॥

उसने बहुसंख्य हनुमान् प्रकट किये, जो पत्थर लेकर दौड़े । उन्होंने झुंड बनाकर श्रीरामचन्द्रजी को चारों ओर से जा घेरा ॥७॥

He made appear a host of Hanumans, who rushed forward with rocks in their hands and girt Rama with their encircling thousands.

मारहु धरहु जनि जाइ । कटकटहिं पूँछ उठाइ ॥
दह दिसि लँगूर बिराज । तेहि मध्य कोसलराज ॥८॥

पूँछ उठाकर दाँत कटकटाते हुए वे पुकारने लगे, 'मारो, पकड़ो, जाने न पावे' । उनके लंगूर (पूँछ) दसों दिशाओं में शोभा दे रहे हैं और उनके बीच कोसलराज श्रीरामजी विराजमान हैं ॥८॥

With uplifted tails and gnashing teeth they shouted, 'Kill him ! Seize him ! Don't let him go !' Their tails looking beautiful massed on every side, and the lord of Kosala stood in their midst.

छं. –तेहि मध्य कोसलराज सुंदर स्याम तन सोभा लही ।
जनु इंद्रधनुष अनेक की बर बारि तुंग तमालही ॥
प्रभु देखि हरष बिषाद उर सुर बदत जय जय जय करी ।
रघुबीर एकहि तीर कोपि निमेष महु माया हरी ॥१॥

उन पूँछों के बीच में कोसलराज का श्याम सुन्दर शरीर ऐसी शोभा पा रहा है, मानो ऊँचे तमाल वृक्ष के चारों ओर अनेक इन्द्रधनुषों की उत्तम बाड़ (घेरा) लगी हो । प्रभु को देखकर देवता हर्ष और शोकयुक्त हृदय से

जय, जय, जय बोलने लगे। तब श्रीरघुवीर ने क्रोध करके एक ही बाण से पल भर में रावण की सारी माया हर ली ॥१॥

In the midst of those tails the beauteous, dark-hued body of the king of Kosala shone forth as resplendent as a lofty *tamala* tree girt with a magnificent ring of multitudinous rainbows. When they looked on the Lord, the gods experienced mingled feelings of joy and sorrow and raised the cries of 'Victory ! Victory ! Victory !' Then Raghubira's wrath swelled, and with a single shaft he instantly dispelled the delusion.

माया बिगत कपि भालु हरषे बिटप गिरि गहि सब फिरे।
सरनिकर छाड़े राम रावन बाहु सिर पुनि महि गिरे॥
श्रीराम रावन समर चरित अनेक कल्प जो गावहीं।
सत सेष सारद निगम कबि तेउ तदपि पार न पावहीं॥२॥

माया के नष्ट हो जाने पर वानर और भालू प्रसन्न हुए और सब वृक्ष तथा पर्वत ले-लेकर लौट पड़े। श्रीरामजी ने बाणों के समूह छोड़े, जिनसे रावण की भुजाएँ और सिर फिर कट-कटकर पृथ्वी पर गिर पड़े। श्रीराम-रावण के युद्ध के चरित्र को यदि सैकड़ों शेष, शारदा, वेद और कवि अनेक कल्पों तक गाते रहें तो भी ये (वक्ता) उसका पार नहीं पा सकते ॥२॥

The delusion having vanished, the monkeys and the bears in exultant joy returned to the fray with trees and rocks in their hands. Rama shot forth a volley of arrows, which once more cut off Ravana's arms and heads to the ground. If hundreds of Sheshas and Sharadas, Vedas and bards were to hymn through countless aeons the story of Rama's battle with Ravana, yet would they never come to the end of it.

दो.—ता के गुन गन कछु कहे जड़मति तुलसीदास।
जिमि निज बल अनुरूप तें माछी उड़ै अकास॥१०१(क)॥

मन्दबुद्धि तुलसीदास ने उसी चरित्र के कुछ गुण-समूहों का वर्णन किया है, जैसे अपने पुरुषार्थ के अनुसार मक्खी भी आकाश में उड़ती है ॥१०१(क)॥

The dull-witted Tulasidasa has told something of the wonders of their exploits, much as a fly mounts up into heaven in accordance with the capacity it possesses.

काटे सिर भुज बार बहु मरत न भट लंकेस।
प्रभु क्रीड़त सुर सिद्ध मुनि ब्याकुल देखि कलेस॥१०१(ख)॥

सिर और भुजाओं के बहुत बार कटने पर भी वीर लंकापति रावण मरता नहीं। प्रभु श्रीरामजी तो खेल कर रहे हैं, परंतु मुनि, सिद्ध और देवता उस क्लेश को देखकर (प्रभु को क्लेश से घिरा समझकर) व्याकुल हैं ॥१०१(ख)॥

Though his heads and arms were struck off again and again, the valiant lord of Lanka did not die. It was simply a pastime for the Lord, but gods, adepts and sages were distracted at the sight of his suffering.

चौ.—काटत बढ़हिं सीससमुदाई। जिमि प्रतिलाभ लोभ अधिकाई॥
मरै न रिपु श्रम भएउ बिसेषा। राम बिभीषन तन तब देखा॥

काटते ही सिरों का समूह बढ़ता ही जाता है, जैसे प्रत्येक लाभ पर लोभ बढ़ता है। शत्रु (रावण) मरता नहीं और परिश्रम विशेष हुआ। तब श्रीरामचन्द्रजी ने विभीषण की ओर देखा[१] ॥१॥

No sooner were the heads severed than a fresh crop sprang up anew like covetousness, which increases with every gain. For all his toil the enemy would not die; then Rama looked towards Vibhishana.

उमा कालु मर जाकी ईछा। सो प्रभु कर जन प्रीति परीछा॥
सुनु सर्बग्य चराचरनायक। प्रनतपाल सुर मुनि सुखदायक॥

(शिवजी कहते हैं—) हे उमा! जिनकी इच्छामात्र से काल भी मर जाता है, वे ही प्रभु श्रीरामजी अपने भक्त के प्रेम की परीक्षा ले रहे हैं। (विभीषणजी ने कहा—) हे सर्वज्ञ! हे चराचर के स्वामी! हे शरणागत के पालन करनेवाले! हे देवता और मुनियों को सुख देनेवाले! सुनिये— ॥२॥

O Uma, (says Shiva,) the Lord whose will causes the death of Death himself, tested the devotion of his servant. 'Listen,' said Vibhishana, 'O omniscient sovereign of all creation animate and inanimate, protector of the suppliant, delight of the gods and sages !

नाभिकुंड पियूष बस या कें। नाथ जिअत रावनु बल ता कें॥
सुनत बिभीषनबचन कृपाला। हरषि गहे कर बान कराला॥

रावण के नाभिकुण्ड में अमृत का निवास है। हे नाथ! रावण उसी के बल पर जीता है। विभीषण के वचन सुनकर कृपालु श्रीरघुनाथजी ने प्रसन्न हो हाथ में भीषण बाण लिये ॥३॥

In the depth of Ravana's navel there lies a pool of nectar, by virtue of which, my lord, his life is preserved.' On hearing such words uttered by

१. अठारह दिनों तक बराबर युद्ध होता रहा, फिर भी रावण न मरा, इसलिए विशेष श्रम हुआ। विभीषण की ओर देखकर सूचित किया कि तुम कुछ उपाय जानते हो तो कहो। "श्रीरामजी प्रणतकुटुम्बपाल हैं। अतएव विभीषण से कहलाकर कि 'इसे मारिये' तब रावण को मारेंगे।" मा. पी., ६, पृ. ४११।

Vibhishana, the gracious Raghunatha was pleased and grasped his fierce arrows.

असुभ होन लागे तब नाना। रोवहिं खर सृकाल बहु स्वाना॥
बोलहिं खग जग आरति हेतू। प्रगट भए नभ जहँ तहँ केतू॥

तब तरह-तरह के अपशकुन होने लगे। बड़ी संख्या में गदहे, स्यार और कुत्ते रोने लगे। संसार के दुःख (अशुभ) को सूचित करने के लिए पक्षी बोलने लगे और आकाश में जहाँ-तहाँ पुच्छल तारे दीख पड़ने लगे ॥४॥

Many evil omens then began to manifest themselves; numbers of donkeys, jackals and dogs set up a howling; birds screamed and portended universal calamity, and comets were seen in every quarter of the sky.

दस दिसि दाह होन अति लागा। भयउ परब बिनु रबि उपरागा॥
मंदोदरि उर कंपति भारी। प्रतिमा स्रवहिं नयनमग बारी॥

दसों दिशाओं में अत्यन्त दाह (ताप, जलन) होने लगा। बिना ही पर्व (योग) के सूर्यग्रहण हो गया। मन्दोदरी का हृदय बहुत काँपने लगा और मूर्तियाँ अपने नेत्रमार्ग से जल गिराने लगीं ॥५॥

Fierce flames broke out in all the ten quarters, and though there was no new moon, a solar eclipse occurred. Mandodari's heart beat wildly and idols shed tears from their eyes.

छं.—प्रतिमा रुदहिं पबिपात नभ अति बात बह डोलति मही।
बरषहिं बलाहक रुधिर कच रज असुभ अति सक को कही॥
उतपात अमित बिलोकि नभ सुर बिकल बोलहिं जय जये।
सुर सभय जानि कृपाल रघुपति चाप सर जोरत भये॥

प्रतिमाएँ रो पड़ीं, आसमान से वज्रपात होने लगे, अत्यन्त प्रचण्ड वायु बहने लगी, पृथ्वी काँप उठी, बादल खून, बाल और धूलि बरसाने लगे। इस तरह इतने अधिक अपशकुन होने लगे कि उनको कौन कह सकता है? असीम उत्पात देखकर आकाश में देवता विकल होकर 'जय-जय' पुकार उठे। देवताओं का भयाक्रांत जानकर कृपालु श्रीरघुनाथजी धनुष पर बाण सन्धान करने लगे।

Idols wept, thunderbolts fell from heaven, furious winds blew, the earth reeled, the clouds dropped blood and hair and dust; who could recount all the inauspicious omens? At the sight of these countless portents, the gods in heaven cried in dismay and shouted, 'Victory! Victory! Sensing that the gods were overcome by fear, the gracious Raghunatha set an arrow to his bow.

दो.—खैंचि सरासन स्रवन लगि छाड़े सर एकतीस।
रघुनायकसायक चले मानहुँ कालफनीस ॥१०२॥

धनुष को कानों तक खींचकर श्रीरघुनाथजी ने इकतीस बाण छोड़े। उनके बाण ऐसे चले मानो वे (बाण नहीं,) कालसर्प हों ॥१०२॥

Drawing the bow-string to his ear, Raghunatha shot forth thirty-one shafts, which sped forth like the serpents of doom.

चौ.—सायक एक नाभि सर सोखा। अपर लगे भुज सिर करि रोषा॥
लै सिर बाहु चले नाराचा। सिर भुज हीन रुंड महि नाचा॥

एक बाण ने (रावण की) नाभि के अमृतकुण्ड को सोख लिया। अन्य तीस बाण क्रुद्ध हो उसके (दस) सिरों और (बीस) भुजाओं में लगे। बाण सिरों और भुजाओं को काटकर साथ लेकर चले। सिरों और भुजाओं के बिना रुण्ड (धड़) पृथ्वी पर नाचने लगा ॥१॥

One arrow sucked up the depths of the navel, while the rest wrathfully smote his ten heads and twenty arms and carried them away with them. The headless, armless trunk still danced upon the plain.

धरनि धसै धर धाव प्रचंडा। तब सर हति प्रभु कृत दुइ खंडा॥
गर्जेउ मरत घोर रव भारी। कहाँ रामु रन हतौं पचारी॥

धड़ के प्रचण्ड वेग से दौड़ने के कारण पृथ्वी धँसने लगती है। तब प्रभु ने बाण मारकर उसके दो टुकड़े कर दिए। मरते समय रावण ने बड़े घोर शब्द से गरजकर कहा—राम कहाँ हैं? मैं ललकारकर (चुनौती देकर) उनको युद्ध में मारूँ ॥२॥

The earth sank down as the trunk rushed wildly on, till the Lord struck it with his arrows and split it in two. Even as he lay gasping his life away, he thundered aloud with a fierce yell, 'Where is Rama, that I may challenge him and slay him in combat?'

डोली भूमि गिरत दसकंधर। छुभित सिंधु सरि दिग्गज भूधर॥
धरनि परेउ द्वौ खंड बढ़ाई। चापि भालु मर्कट समुदाई॥

दशकंधर के गिरते ही पृथ्वी हिल गयी, समुद्र, नदियाँ, दिशाओं के हाथी और पर्वत सब क्षुब्ध हो उठे। धड़ के दोनों टुकड़ों को बढ़ाकर रावण भालू और वानरों के समुदाय को दबाता हुआ धरती पर गिर पड़ा ॥३॥

The earth shook as the Ten-headed tumbled; the ocean, the rivers, the elephants of the quarters, and the mountains stood agitated. Stretching out the two halves of his body, Ravana dropped to the ground, crushing beneath them a host of bears and monkeys.

मंदोदरि आगें भुज सीसा। धरि सर चले जहाँ जगदीसा॥
प्रबिसे सब निषंग महुँ जाई। देखि सुरन्ह दुंदुभी बजाई॥

(रावण की) भुजाओं और मस्तकों को मन्दोदरी के आगे रखकर राम-बाण वहाँ चले जहाँ जगदीश्वर श्रीरामजी थे। सब बाण जाकर तरकश में प्रवेश कर गए। यह देखकर देवताओं ने नगाड़े बजाये ॥४॥

After laying the arms and heads before Mandodari, the darts returned to Rama, lord of the universe, and all found their way back into the quiver. The gods saw it and beat their celestial drums.

तासु तेजु समान प्रभु आनन। हरषे देखि संभु चतुरानन॥
जय जय धुनि पूरी ब्रह्मंडा। जय रघुबीर प्रबल भुजदंडा॥

उसका तेज प्रभु के मुख में समा गया। यह देखकर शिवजी और ब्रह्माजी प्रसन्न हुए। ब्रह्माण्डभर में जयजयकार की ध्वनि छा गयी। 'प्रबल भुजदण्डोंवाले श्रीरघुवीर की जय हो' ॥५॥

His spirit entered the Lord's mouth; Shiva and Brahma rejoiced to see the sight. The whole universe resounded with cries of triumph: 'Victory to Raghubira, mighty of arm !'

बरषहिं सुमन देव मुनि बृंदा। जय कृपाल जय जयति मुकुंदा॥

देवता और मुनियों के समूह फूल बरसाते और कहते हैं – कृपालु की जय हो, मुकुन्द की जय हो, जय हो ! ॥६॥

Throngs of gods and sages showered down blossoms, crying, 'Victory to the All-merciful ! Victory, victory to Mukunda !

छं. –जय कृपाकंद मुकुंद द्वंदहरन सरन सुखप्रद प्रभो।
खलदल बिदारन परम कारन कारुनीक सदा बिभो॥
सुर सुमन बरषहिं हरष संकुल बाज दुंदुभि गहगही।
संग्राम अंगन राम अंग अनंग बहु सोभा लही॥१॥

हे कृपा के मेघ ! हे मोक्षदाता मुकुन्द (विष्णु) ! हे (राग-द्वेष, हर्ष-शोक, जन्म-मृत्यु आदि) द्वन्द्वों के हरनेवाले ! हे शरणागत को सुख देनेवाले प्रभो ! हे खल-दल के नाशक ! हे कारणों के भी परम कारण ! हे सदा करुणा करनेवाले ! हे सदा समर्थ एवं व्यापक ! आपकी जय हो ! देवता आनन्दातिरेक में फूल बरसाते हैं, घनघोर नगाड़े बजते हैं। युद्धभूमि में श्रीरामचन्द्रजी के अङ्गों ने बहुत-से कामदेवों का सौन्दर्य प्राप्त किया ॥१॥

Victory to Mukunda, the source and spring of mercy, the dispeller of the pairs of opposites, the delight of those who take refuge in you, destroyer of the ranks of the wicked, the First Cause, the compassionate, ever supreme !' Full of joy, the gods rained down flowers and loud thundered the drums. On the battlefield Rama's limbs displayed the beauty of many Loves.

सिर जटा मुकुट प्रसून बिच बिच अति मनोहर राजहीं।
जनु नील गिरि पर तड़ितपटल समेत उड़गन भ्राजहीं॥
भुजदंड सर कोदंड फेरत रुधिरकन तन अति बने।
जनु रायमुनीं तमाल पर बैठीं बिपुल सुख आपने॥२॥

(श्रीरानजी के) मस्तक पर जटाओं का मुकुट है, जिसके बीच-बीच में (गूँथे हुए) अत्यन्त मनोहर पुष्प शोभा दे रहे हैं, मानो नीले पर्वत पर बिजली के समूह नक्षत्रों के साथ शोभा दे रहे हों। श्रीरामजी अपने भुजदण्डों से धनुष और बाण फिरा रहे हैं। शरीर पर रक्त की बूँदों के छींटे अत्यन्त सुन्दर लगते हैं, मानो तमाल के वृक्ष पर ललमुनियाँ पक्षी अपने महान् सुख में मग्न निश्चल बैठे हों ॥२॥

The crown of knotted hair on Rama's head, intertwined with blossoms of surpassing loveliness, gleamed like flashes of lightning on the star-lit peaks of a dark mountain. As he stood twirling his bow and arrows between his arms, drops of blood adorned his person, like a flock of *rayamunis* joyously perched on a *tamala* tree.

दो. –कृपादृष्टि करि बृष्टि प्रभु अभय किए सुरबृंद।
भालु कीस सब हरषे जय सुखधाम मुकुंद॥१०३॥

प्रभु श्रीरामचन्द्रजी ने कृपादृष्टि की वर्षा करके देवसमूह को अभय कर दिया। सब वानर-भालू हर्षित हुए और बोले – हे सुख के स्थान ! हे मुकुंद ! आपकी जय हो ॥१०३॥

With a shower of gracious glances Rama dispelled the fears of the assembled gods; and the bears and monkeys all rejoiced and cried, 'Victory to Mukunda, abode of bliss !'

चौ. –पतिसिर देखत मंदोदरी। मुरुछित बिकल धरनि खसि परी॥
जुबतिबृंद रोवत उठि धाईं। तेहि उठाइ रावन पहिं आईं॥

अपने पति (रावण) के सिर देखते ही मन्दोदरी व्याकुल और मूर्च्छित होकर पृथ्वी पर गिर पड़ी। युवतियाँ (रानियाँ) रोती हुईं उठ दौड़ीं और उसे उठाकर रावण के पास आयीं ॥१॥

When she saw her lord's heads, Mandodari was distraught and dropped swooning to the ground. The other queens too arose and rushed to the spot in tears; they raised her and brought her to Ravana's body.

पतिगति देखि ते करहिं पुकारा। छूटे कच नहिं बपुष सँभारा॥
उर ताड़ना करहिं बिधि नाना। रोवत करहिं प्रताप बखाना॥

पति की ऐसी दशा देखकर वे पुकार-पुकारकर विलाप करने लगीं। उनके बाल खुल गए और वे शरीर को सँभाल न सकीं। वे अनेक प्रकार से छाती पीटती हैं और रो-रोकर रावण के प्रताप का बखान करती हैं – ॥२॥

Seeing their lord's condition, they cried aloud; their hair flew loose and they lost control of their limbs. Wildly beating their breasts and weeping, they recounted his glory :

तव बल नाथ डोल नित धरनी। तेजहीन पावक ससि तरनी॥
सेष कमठ सहि सकहिं न भारा। सो तनु भूमि परेउ भरि छारा॥

हे नाथ! तुम्हारे बल से धरती नित्य काँपती रहती थी। अग्निदेव, चन्द्रमा और सूर्य तुम्हारे सामने कान्तिहीन थे। शेष और कच्छप भी जिसके भार को सहने में असमर्थ थे, वही तुम्हारा शरीर आज धूल से भरा हुआ पृथ्वी पर पड़ा है!॥३॥

'Before your might, my lord, the earth ever shook; fire, moon and sun waxed dim before your splendour. Even Shesha and the divine tortoise could not bear the weight of your body, which is now lying upon the ground, a heap of dust!

बरुन कुबेर सुरेस समीरा। रन सन्मुख धर काहुँ न धीरा॥
भुजबल जितेहु काल जम साईं। आजु परेहु अनाथ कीं नाईं॥

वरुण, कुबेर, इन्द्र और वायु, इनमें से कोई भी रण में तुम्हारे सामने धीरज धारण न कर सका। हे स्वामी! तुमने अपनी भुजाओं के बल से काल और यमराज को भी जीत लिया था। आज वही तुम अनाथ की तरह पड़े हो॥४॥

Varuna, Kuvera, Indra, the Wind—none of these ever had the courage to confront you on the field. By the might of your arm, my husband, you conquered Death and the king of hell; yet now you lie there like a forlorn slave.

जगतबिदित तुम्हारि प्रभुताई। सुत परिजन बल बरनि न जाई॥
रामबिमुख अस हालु तुम्हारा। रहा न कोउ कुल रोवनिहारा॥

तुम्हारा प्रताप तो जगत् भर में विदित है। तुम्हारे पुत्रों और कुटुम्बियों के बल का तो वर्णन ही नहीं हो सकता। श्रीरामचन्द्रजी से शत्रुता करने से ही तुम्हारी ऐसी दुर्दशा हुई कि आज तुम्हारे वंश में कोई रोनेवाला भी न रह गया॥५॥

Your magnificence was renowned throughout the world; your sons and kinsmen were possessed of indescribable might; but hostility to Rama has reduced you to such a plight: not one of your stock survives to mourn you.

तव बस बिधिप्रपंच सब नाथा। सभय दिसिप नित नावहिं माथा॥
अब तव सिर भुज जंबुक खाहीं। रामबिमुख यह अनुचित नाहीं॥

हे नाथ! विधाता की रची हुई सारी सृष्टि तुम्हारे अधीन थी। लोकपाल डर के मारे सदा तुमको सिर नवाते थे। किंतु हाय! अब तुम्हारे सिर और भुजाओं को गीदड़ खा रहे हैं। राम के विरोधियों के लिए ऐसा होना अनुचित भी नहीं है॥६॥

All God's creation, lord, was in your power and the frightened regents of the quarters ever bowed their heads before you. Now jackals feast on your heads and arms, a fate in no way undeserved by an enemy of Rama.

काल बिबस पति कहा न माना। अग जग नाथु मनुज करि जाना॥

हे नाथ! काल के पूर्ण वश में होने के कारण तुमने (किसी की) बात नहीं मानी और चराचर के स्वामी परमात्मा को मनुष्य समझ लिया॥७॥

Deathdoomed, my husband, you heeded no advice and deemed the Lord of all creation, animate and inanimate, to be an ordinary mortal.

छं.—जानेउ मनुज करि दनुज कानन दहन पावक हरि स्वयं।
जेहि नमत सिव ब्रह्मादि सुर पिय भजेहु नहि करुनामयं॥
आजन्म तें परद्रोह रत पापौघ मय तव तनु अयं।
तुम्हहू दियो निज धाम राम नमामि ब्रह्म निरामयं॥

दैत्यरूपी वन को भस्म करने के लिए अग्नि-सरीखे स्वयं श्रीहरि को तुमने मनुष्य समझ लिया! शिव और ब्रह्मा आदि देवता जिन्हें नमस्कार करते हैं, उन करुणामय भगवान् का हे प्रियतम! तुमने भजन नहीं किया! तुम्हारा यह तन जन्म से ही दूसरों से द्रोह करने में लीन तथा पापसमूहमय रहा! तब भी जिन निर्विकार ब्रह्म श्रीरामजी ने तुमको अपना धाम दिया, उन्हें मैं नमस्कार करती हूँ।

You deemed to be but mortal man Hari Himself, a veritable fire to burn the forest of devildom, and you worshipped not the All-merciful, to whom, my beloved spouse, Shiva and Brahma and all the gods do homage. From its very birth this body of yours had taken delight in injuring others and has been a mass of multitudinous sins; yet Rama has granted you a place in his own highest realm: I bow to him, the blameless, all-inclusive Absolute!

दो.—अहह नाथ रघुनाथ सम कृपासिंधु नहि आन।
जोगिबृंद दुर्लभ गति तोहि दीन्हि भगवान॥१०४॥

अहह! नाथ! श्रीरघुनाथजी-जैसा कृपा-सागर और कोई नहीं है, जिन भगवान् ने तुमको वह (परम) गति दी जो योगियों के समाज को भी दुर्लभ है॥१०४॥

Ah, my lord, there is none else so gracious as Raghunatha, the Blessed Lord, who has bestowed on you a state which is difficult even for the company of contemplatives to attain.'

चौ. –मंदोदरीबचन सुनि काना। सुर मुनि सिद्ध सबन्हि सुखु माना॥
अज महेस नारद सनकादी। जे मुनिबर परमारथबादी॥

मन्दोदरी के वचन कानों से सुनकर देवता, मुनि और सिद्ध सभी सुखी हुए। ब्रह्मा, महेश, नारद और सनकादि तथा और भी जो परमार्थवादी (तत्त्वज्ञ, वेदांती) श्रेष्ठ मुनि थे ॥१॥

Gods, sages and adepts were all enraptured to hear Mandodari's lament. Brahma, Mahesha, Narada, Sanaka and his three brothers (Sanandana, Sanatana and Sanatkumara) and all the great seers who taught the highest truth,

भरि लोचन रघुपतिहि निहारी। प्रेममगन सब भए सुखारी॥
रुदन करत देखी सब नारी। गएउ बिभीषनु मन दुख भारी॥

वे सब-के-सब श्रीरघुनाथजी को नेत्र भरकर निरखकर प्रेम-विभोर हो गए और उन्हें अपार सुख मिला। अपने घर की सभी स्त्रियों को रुदन-क्रंदन करते देखकर विभीषणजी का मन बहुत दुःखी हो गया और वे उनके पास गये ॥२॥

feasted their eyes on Raghunatha and were immersed and inflamed in love and felt supremely gratified.[1] Seeing all the women making lamentation, Vibhishana went to them, his heart heavy with grief.

बंधुदसा बिलोकि दुख कीन्हा। तब प्रभु अनुजहि आएसु दीन्हा॥
लछिमन तेहि बहु बिधि समुझायो। बहुरि बिभीषनु प्रभु पहि आयो॥

भाई की दशा देखकर उन्हें दुःख हुआ। तब प्रभु श्रीरामजी ने लक्ष्मणजी को आज्ञा दी (कि जाकर विभीषण को समझाओ)। लक्ष्मणजी ने उन्हें बहुत प्रकार से सान्त्वना दी। तब विभीषण प्रभु के पास लौट आए ॥३॥

He was sorely pained to see his brother's condition. The Lord thereupon gave an order to his younger brother, Lakshmana, who did all he could to console him with kindly words. Then Vibhishana returned to the Lord,

कृपादृष्टि प्रभु ताहि बिलोका। करहु क्रिया परिहरि सब सोका॥
कीन्हि क्रिया प्रभु आएसु मानी। बिधिवत देस काल जिय जानी॥

अपनी करुणापूर्ण दृष्टि से प्रभु ने उनको देखा (और कहा –) सब शोक का परित्यागकर रावण की अन्त्येष्टि क्रिया करो। प्रभु की आज्ञा को शिरोधार्यकर और मन में देश तथा काल का विचारकर विभीषणजी ने विधिपूर्वक सब क्रिया की ॥४॥

who looked upon him with a compassionate eye and said, 'Abandon all sorrow and perform Ravana's funeral rites.' In obedience to the Lord's command Vibhishana performed the last rites, strictly observing the scriptural ordinance and with due regard to time and place.

दो. –मंदोदरी आदि सब देइ तिलांजलि ताहि।
भवन गईं रघुपति गुन गन बरनत मन माहि॥१०५॥

मन्दोदरी आदि सभी स्त्रियों ने उसे (रावण को) तिलाञ्जिलि दी और वे मन-ही-मन श्रीरघुनाथजी के गुणसमूहों का वर्णन करती हुई महल को लौट गयीं ॥१०५॥

After offering to the deceased handfuls of water and sesamum seeds, Mandodari and all the other queens returned to the palace, inwardly lauding Raghunatha's many excellences.

चौ. –आइ बिभीषनु पुनि सिरु नायो। कृपासिंधु तब अनुज बोलायो॥
तुम्ह कपीस अंगद नल नीला। जामवंत मारुति नयसीला॥
सब मिलि जाहु बिभीषनसाथा। सारेहु तिलकु कहेउ रघुनाथा॥
पिताबचन मैं नगर न आवौं। आपु सरिस कपि अनुज पठावौं॥

(जब क्रिया-कर्म हो चुका) तब विभीषण ने आकर पुनः सिर झुकाया। तब कृपासागर श्रीरामजी ने लक्ष्मणजी को बुलाया। श्रीरघुनाथजी ने कहा कि तुम और वानरराज सुग्रीव, अंगद, नल, नील, जाम्बवान् और मारुति सब नीति-कुशल लोग मिलकर विभीषण के साथ जाओ और उनका राजतिलक कर डालो। पिताजी की आज्ञा (न होने) के कारण मैं स्वयं नगर में नहीं आ सकता, परन्तु अपने ही समान वानर और अपने अनुज लक्ष्मण को भेज रहा हूँ ॥१-२॥

(After performing the funerary rites) Vibhishana returned and bowed his head once again, and the All-merciful then sent for his brother and said, 'Do you and the Monkey King, Sugriva, as well as Angad, Nala and Nila, Jambavan and the Son of the Wind, prudent as you are, together go with Vibhishana and crown him king. In deference to my father's command,' said Raghunatha, 'I will not enter the city, but I send the monkeys and my brother to take my place.'

तुरत चले कपि सुनि प्रभुबचना। कीन्ही जाइ तिलक कै रचना॥
सादर सिंघासन बैठारी। तिलकु सारि अस्तुति अनुसारी॥

प्रभु के वचन सुनते ही वानर तुरंत चल पड़े और उन्होंने जाकर राजतिलक की सारी व्यवस्था की। विभीषण को सिंहासन पर आदरपूर्वक बिठाकर राजतिलक किया और उनकी स्तुति की ॥३॥

On hearing the Lord's command the monkeys immediately departed and made ready for the

1. "Very often," says St. Teresa, describing the results of such rapturous communion with Pure Love as that from which St. Catherine came joyous and rosy-faced, "he who was before sickly and full of pain comes forth healthy and even with new strength; for it is something great that is given to the soul in rapture."

coronation. With due reverence they set him on the throne, and after marking his forehead with the royal sign, hymned his praises—

जोरि पानि सबहीं सिर नाए। सहित बिभीषन प्रभु पहि आए॥
तब रघुबीर बोलि कपि लीन्हे। कहि प्रिय बचन सुखी सब कीन्हे॥

हाथ जोड़कर सबों ने उनको प्रणाम किया, फिर विभीषणजी के साथ सब लोग प्रभु के पास आये। तब श्रीरघुवीर ने वानरों को बुला लिया और मीठे शब्द कहकर सबको सुखी किया॥४॥

and with folded hands bowed their heads before him. Then with Vibhishana they rejoined the Lord. Raghubira next called the monkeys together and gratified them all with gracious words.

छं.—किए सुखी कहि बानी सुधा सम बल तुम्हारें रिपु हयो।
पायो बिभीषन राजु तिहुँ पुर जसु तुम्हारो नित नयो॥
मोहि सहित सुभ कीरति तुम्हारी परम प्रीति जो गाइहैं।
संसार सिंधु अपार पार प्रयास बिनु नर पाइहैं॥

भगवान् ने अमृत-तुल्य यह मधुर वाणी कहकर सबको सुखी किया कि तुम्हारे ही दल-बल से (रावण-जैसा पराक्रमी) शत्रु मारा गया और विभीषण ने राज्य पाया, जिसके फलस्वरूप तुम्हारा यश तीनों लोकों में चिर नवीन बना रहेगा। जो लोग मेरी और तुम्हारी शुभ कीर्ति को परम प्रेमपूर्वक गायेंगे वे बिना परिश्रम ही इस अपार भवसागर का पार पा जायँगे।

The Lord put new heart into them with these ambrosial words: 'It is by your might that the enemy has been slain and Vibhishana crowned king. Your glory will remain ever fresh in all the three spheres. Whoever with perfect devotion shall sing your glorious renown and mine shall cross without effort the boundless ocean of existence (*i.e.*, birth and death).'

दो.—प्रभु के बचन श्रवन सुनि नहि अघाहिं कपिपुंज।
बार बार सिर नावहिं गहहिं सकल पद कंज॥१०६॥

अपने-अपने कानों से प्रभु के वचन सुनकर वानरसमूह ललचाए रह जाते हैं (तृप्त नहीं होते)। वे सब बार-बार सिर झुकाते और चरणकमलों को पकड़ते हैं॥१०६॥

The monkey host does not tire of listening to the Lord's words; again and again they all bowed their heads and clasped his lotus feet.

चौ.—पुनि प्रभु बोलि लिएउ हनुमाना। लंका जाहु कहेउ भगवाना॥
समाचार जानकिहि सुनावहु। तासु कुसल लै तुम्ह चलि आवहु॥

फिर प्रभु ने हनुमान्‌जी को बुला लिया और कहा—तुम लंका जाओ और जानकी को सब समाचार सुना दो। उसका कुशल-समाचार लेकर तुम लौट आना॥१॥

The Lord then summoned Hanuman. 'Go you to Lanka,' said the Blessed Lord, 'and tell Janaki all the news and then return with tidings of her welfare.'

तब हनुमंत नगर महुँ आए। सुनि निसिचरी निसाचर धाए॥
बहु प्रकार तिन्ह पूजा कीन्ही। जनकसुता देखाइ पुनि दीन्ही॥

तब हनुमान्‌जी नगर में पहुँचे। यह सुनकर राक्षसी और राक्षस (उनके स्वागत-सत्कार के लिए) दौड़े हुए आये। उन्होंने तरह-तरह से हनुमान्‌जी की पूजा-वंदना की और फिर जाकर श्रीजानकीजी को दिखला दिया॥२॥

Then Hanuman entered the city. Upon hearing of it, the demons, male and female, ran to receive him. They did him every possible reverence and showed him where Janaki was.

दूरिहि तें प्रनामु कपि कीन्हा। रघुपतिदूत जानकी चीन्हा॥
कहहु तात प्रभु कृपानिकेता। कुसल अनुज कपि सेन समेता॥

हनुमान्‌जी ने (सीताजी को) दूर से ही प्रणाम किया। जानकीजी ने रघुपति के दूत को पहचान लिया (और पूछा—) हे तात! कहो, कृपा के धाम मेरे स्वामी छोटे भाई और वानरों की सेना-समेत कुशल से तो हैं?॥३॥

Hanuman made obeisance to her from a distance, and Janaki recognized him as Raghupati's own envoy. 'Tell me son,' she said, 'is my Lord, abode of grace, well and his brother and all the monkey host?'

सब बिधि कुसल कोसलाधीसा। मातु समर जीत्यो दससीसा॥
अबिचल राजु बिभीषन पायो। सुनि कपिबचन हरष उर छायो॥

(हनुमान्‌जी ने कहा—) हे माता! कोसलनरेश श्रीरामजी सब भाँति सकुशल हैं। उन्होंने युद्ध में दशानन रावण को जीत लिया है और विभीषण ने अचल राज्य पा लिया है। हनुमान्‌जी के वचन सुनकर सीताजी के हृदय में हर्ष छा गया॥४॥

'All is well,' said Hanuman, 'with the lord of Kosala, and, mother, he has conquered Ravana of the Ten Heads in battle; Vibhishana is now securely possessed of the throne.' Upon hearing Hanuman's words Sita's heart was filled with joy.

छं.—अति हरष मन तन पुलक लोचन सजल कह पुनि पुनि रमा।
का देउँ तोहि त्रैलोक महुँ कपि किमपि नहि बानी समा॥
सुनु मातु मैं पायो अखिल जग राजु आजु न संसयं।
रन जीति रिपुदल बंधु जुत पस्यामि राममनामयं॥

श्रीजानकीजी का मन हर्षित और उनका शरीर पुलकित हो गया, नेत्र सजल हो गए। वे बार-बार कहती हैं—हे हनुमान्! मैं तुझे क्या दूँ? इस वाणी (समाचार) के जैसा तो तीनों लोकों में और कुछ भी नहीं है! (हनुमान्‌जी

ने कहा –) हे माता ! सुनिए, आज मैंने निःसन्देह सारे विश्व का राज्य पा लिया, जो मैं संग्राम में शत्रुसेना पर विजय पाकर भाईसहित निर्विकार श्रीरामजी को देख रहा हूँ ।

Her heart was overjoyed; the hair of her body bristled with delight and with eyes full of tears she said again and again, 'What can I give you, Hanuman ? There is nothing in all the three worlds to be compared to your tidings.' 'Listen, mother,' Hanuman replied, 'assuredly today I have attained the sovereignty of the whole world when I behold the unblemished Rama and his brother triumphant over the ranks of the enemy.'

दो. –सुनु सुत सदगुन सकल तव हृदय बसहुँ हनुमंत ।
सानुकूल कोसलपति रहहुँ समेत अनंत ॥१०७॥

(जानकीजी ने कहा –) हे बेटे ! सुन, सारे सद्गुण तेरे हृदय में निवास करें और हे हनुमान् ! अनंत (लक्ष्मणजी) सहित कोसलपति (प्रभु) सदा तुम्हारे प्रति अनुकूल (प्रसन्न) रहें ॥१०७॥

'Listen, my son,' said Janaki; 'may every virtue, Hanuman, abide in your heart and may the lord of Kosala and Ananta (Lakshmana) be ever gracious to you !

चौ. –अब सोइ जतनु करहु तुम्ह ताता । देखौं नयन स्याम मृदु गाता ॥
तब हनुमान राम पहि जाई । जनकसुता कै कुसल सुनाई ॥

हे तात ! अब तुम वही यत्न करो जिससे मैं अपनी इन आँखों से प्रभु के कोमल साँवले शरीर के दर्शन करूँ । तब हनुमान्‌जी ने श्रीरामचन्द्रजी के पास जाकर जानकीजी का कुशल-समाचार सुनाया ॥१॥

Now, my son, devise some plan by which I may see with my own eyes the dark and delicate form of my lord.' Then Hanuman returned to Rama and told him of Sita's continuing well-being.

सुनि संदेसु भानुकुलभूषन । बोलि लिए जुवराज बिभीषन ॥
मारुतसुत कें संग सिधावहु । सादर जनकसुतहि लै आवहु ॥

सूर्यकुल के आभूषणरूप श्रीरामजी ने (सीताजी के) सन्देश को सुनकर युवराज अंगद और विभीषण को बुलवा लिया (और कहा –) तुम पवनपुत्र हनुमान् के साथ जाओ और जानकी को आदरपूर्वक ले आओ ॥२॥

On hearing these tidings the jewel of the Solar race sent for Prince Angad and Vibhishana and said, 'Go with Hanuman and with due respect escort Janaki here.'

तुरतहि सकल गए जहँ सीता । सेवहिं सब निसिचरीं बिनीता ॥
बेगि बिभीषन तिन्हहि सिखायो । तिन्ह बहु बिधि मज्जनु करवायो ॥

वे दोनों अविलम्ब वहाँ गये जहाँ सीताजी थीं । सब-की-सब निशाचर स्त्रियाँ विनीत भाव से उनकी सेवा कर रही थीं । विभीषणजी ने शीघ्र ही उन लोगों को समझा-बुझा दिया । उन सबों ने बहुत प्रकार से सीताजी को स्नान कराया ॥३॥

Forthwith they went to the spot where Sita was and found all the demon ladies waiting on her in all humility. Promptly Vibhishana gave them their instructions, and they attended her to the bath with all formality;

बहु प्रकार भूषन पहिराए । सिबिका रुचिर साजि पुनि ल्याए ॥
ता पर हरषि चढ़ी बैदेही । सुमिरि राम सुखधाम सनेही ॥

(उन्होंने सीताजी को) बहुत प्रकार के गहने पहनाये । फिर वे एक सुन्दर पालकी सजाकर ले आयीं । सुख के स्थान प्रियतम श्रीरामजी का स्मरण कर सीताजी उस पर आनन्दपूर्वक चढ़ीं ॥४॥

they also adorned her with jewels of every description and then brought a charming palanquin duly equipped. Sita joyously mounted it with her thoughts fixed on her loving lord Rama, abode of bliss.

बेतपानि रक्षक चहुँ पासा । चले सकल मन परम हुलासा ॥
देखन भालु कीस सब आए । रक्षक कोपि निवारन धाए ॥

हाथों में छड़ी लिये चारों ओर रक्षक चले । सबके मन में परम उल्लास है । जब रीछ-वानर सब दर्शन के लिए आये, तब रक्षक क्रुद्ध होकर उन्हें रोकने दौड़े ॥५॥

On all four sides (of the palanquin) went guards with staves in their hands, all supremely delighted at heart. The bears and the monkeys all came to catch a glimpse of her, but the guards darted in a fury to keep them back.

कह रघुबीर कहा मम मानहु । सीतहि सखा पयादें आनहु ॥
देखहुँ कपि जननी कीं नाईं । बिहसि कहा रघुनाथ गोसाईं ॥

श्रीरघुवीर ने कहा – मेरा कहना मानो और हे मित्र ! सीता को पैदल ही ले आओ जिससे वानर उसे माता की तरह देख सकें । गोसाईं श्रीरामजी ने हँसकर यह बात कही ॥६॥

But said Raghubira, 'Attend to what I say, my friend, and bring Sita on foot, that the monkeys may look on her as they would on their own mothers.' Thus said the holy Lord Rama and smiled.

सुनि प्रभुबचन भालु कपि हरषे । नभ तें सुरन्ह सुमन बहु बरषे ॥
सीता प्रथम अनल महु राखी । प्रगट कीन्हि चह अंतर साखी ॥

प्रभु के वचन सुनकर रीछ-वानर प्रसन्न हो गए । आसमान से देवताओं ने फूलों की बहुत वर्षा की । सीताजी (के असली स्वरूप) को पहले अग्नि

में रखा था। अब अन्तस (हृदय) के साक्षी भगवान् उनको प्रकट करना चाहते हैं ॥७॥

The bears and the monkeys rejoiced to hear the Lord's words, while from the heavens the gods rained down a great shower of blossoms. The real Sita had earlier been lodged in the fire, and now the Blessed Lord who witnesses the secrets of all hearts sought to bring her back to light.

दो. –तेहि कारन करुनानिधि कहे कछुक दुर्बाद।
सुनत जातुधानी सब लागीं करैं बिषाद ॥१०८॥

इसी कारण करुणासागर श्रीरामजी ने (लीला से) कुछ कठोर वचन कहे,[१] जिन्हें सुनकर सब निशाचर-स्त्रियाँ शोक करने लगीं ॥१०८॥

For this reason the All-merciful addressed some reproachful words, on hearing which the female demons all began to grieve.

चौ. –प्रभु के बचन सीस धरि सीता। बोलीं मन क्रम बचन पुनीता ॥
लछिमन होहु धरम के नेगी। पावक प्रगट करहु तुम्ह बेगी ॥

प्रभु के वचन को शिरोधार्य कर मन, वचन और कर्म से पवित्र श्रीसीताजी ने कहा – हे लक्ष्मण ! तुम मेरे धर्म के नेगी (धर्म की रक्षा में सहायक) बनो और शीघ्र आग तैयार करो ॥१॥

Sita, who was ever pure in thought and word and deed, bowed to her lord's command and said, 'Lakshmana, be sharer in this pious rite and prepare the fire forthwith.'

सुनि लछिमन सीता कै बानी। बिरह बिबेक धरम निति सानी ॥
लोचन सजल जोरि कर दोऊ। प्रभु सन कछु कहि सकत न ओऊ ॥

विरह, विवेक, धर्म और नीति से सनी हुई सीताजी की वाणी सुनकर लक्ष्मणजी की आँखें (विषाद के आँसुओं के) जल से भर आईं। वे दोनों हाथ जोड़े खड़े रहे। वे भी प्रभु से कुछ नहीं कह सकते ॥२॥

When Lakshmana heard Sita's words, so full of desolation, discretion, piety and prudence, tears rushed to his eyes and he folded his palms in prayer but could not speak a word to his Lord.

देखि रामरुख लछिमनु धाए। पावक प्रगटि काठ बहु लाए ॥
पावक प्रबल देखि बैदेही। हृदय हरष नहि भय कछु तेही ॥

श्रीरामजी के रुख को देखकर लक्ष्मणजी दौड़े और आग तैयार कर बहुत-सी लकड़ी ले आये। अग्नि को प्रज्वलित देखकर सीताजी का हृदय प्रसन्न हो गया। उन्हें लेशमात्र भी भय नहीं हुआ ॥३॥

Reading Rama's tacit approval in his looks, Lakshmana ran and after kindling a fire, brought a heap of fire-wood. Sita rejoiced at heart to see the fiercely blazing flames, and felt no fear.

जौ मन बच क्रम मम उर माहीं। तजि रघुबीर आन गति नाहीं ॥
तौ कृसानु सब कै गति जाना। मो कहुँ होउ श्रीखंड समाना ॥

(सीताजी बोलीं –) यदि मन, वाणी और कर्म से मेरे हृदय में श्रीरघुवीर को छोड़ दूसरी गति (अन्य आश्रय) नहीं है, तो अग्निदेव, जो सबके मन की गति जानते हैं, (मेरे भी मन की बात जानकर) मेरे लिए चन्दन-जैसे शीतल हो जायँ ॥४॥

'If in thought and word and deed,' she said, 'I have never set my heart on anyone other than Raghubira, may this Fire, who knows the thoughts of all, become as cooling as sandal-paste !'

छं. –श्रीखंड सम पावक प्रबेसु कियो सुमिरि प्रभु मैथिली।
जय कोसलेस महेसबंदित चरन रति अति निर्मली ॥
प्रतिबिंब अरु लौकिक कलंक प्रचंड पावक महुँ जरे।
प्रभुचरित काहुँ न लखे नभ सुर सिद्ध मुनि देखहिं खरे ॥१॥

प्रभु श्रीरामजी का सुमिरन कर और जिनके चरण महादेवजी-द्वारा पूजित हैं तथा जिनमें सीताजी का अत्यन्त विशुद्ध प्रेम है, उन कोसलपति की जय बोलकर जानकीजी ने चन्दन की तरह शीतल अग्नि में प्रवेश किया। प्रतिबिम्ब (छायामूर्ति) और सीताजी का लौकिक कलंक, दोनों ही उस प्रचण्ड अग्नि में जल गए। प्रभु के इन चरित्रों का किसी को पता न लगा, देवता, सिद्ध और मुनि सब आकाश में खड़े-खड़े देखते रहे ॥१॥

With her thoughts fixed on the Lord, Janaki entered the flames as though they were cool like sandal-paste, saying, 'Glory to the lord of Kosala, whose feet Mahadeva adores and for which I cherish the purest devotion !' Both her shadow-form as well as the stigma of public shame were consumed in the blazing fire; but no one understood the secret of the Lord's doings. Even the gods, adepts and sages stood gazing in the heavens.

धरि रूप पावक पानि गहि श्री सत्य श्रुति जग बिदित जो।
जिमि क्षीरसागर इंदिरा रामहि समर्पी आनि सो ॥
सो राम बाम बिभाग राजति रुचिर अति सोभा भली।
नव नील नीरज निकट मानहु कनकपंकज की कली ॥२॥

तब अग्नि ने (स्थूल) रूप धारण कर वेदों और संसार में प्रसिद्ध वास्तविक श्री (सीताजी) का हाथ पकड़ उन्हें श्रीरामजी को उसी प्रकार समर्पित किया जिस प्रकार क्षीरसागर ने विष्णु भगवान् को लक्ष्मी समर्पित की थी। वे सीताजी श्रीरामचन्द्रजी की बायीं ओर सुशोभित हुईं। उनकी उत्तम शोभा

१. जिस प्रकार वैद्य रोगी के हित के लिए कड़वी दवाएँ देता है, उसी प्रकार प्रभु ने सीताजी की निष्कलंकता स्थापित करने के लिए दुर्वचन कहे।

अत्यन्त मनोहर है, मानो नये खिले हुए नीले कमल के पास सोने के कमल की कली शोभायमान हो ॥२॥

Then Fire assumed a bodily form and, taking by the hand the real Shri (Sita) famed alike in the Vedas and the world, escorted her and committed her to Rama, even as the Ocean of Milk committed Lakshmi to Lord Vishnu. Standing on the left side of Rama, she shone forth resplendent in her exquisite beauty like a golden lotus bud beside a blue lotus newly opened.

दो. –बरषहिं सुमन हरषि सुर बाजहिं गगन निसान ।
गावहिं किंनर सुरबधू नाचहिं चढ़ीं बिमान ॥१०९(क)॥

हर्षित होकर देवता फूलों की वर्षा करने लगे । आकाश में डंके की ध्वनि होने लगी । किन्नर गाने लगे । विमानों पर चढ़ी अप्सराएँ नाचने लगीं ॥१०९(क)॥

The gods in their delight showered down flowers and kettledrums sounded in the sky; Kinnaras sang their melodies and the celestial nymphs danced, all mounted on their celestial cars.

जनकसुता समेत प्रभु सोभा अमित अपार ।
देखि भालु कपि हरषे जय रघुपति सुखसार ॥१०९(ख)॥

श्रीजानकीजी के साथ प्रभु श्रीरामचन्द्रजी के अपरिमित और अपार सौन्दर्य को देखकर रीछ-वानर फूले न समाये और सुख के सार रघुपति की जय बोलने लगे ॥१०९(ख)॥

When they beheld the boundless, measureless beauty of Rama and Janaki, the bears and monkeys were rapturously happy and shouted, 'Glory to Raghupati, the quintessence of bliss !'

चौ. –तब रघुपति अनुसासन पाई । मातलि चलेउ चरन सिरु नाई ॥
आए देव सदा स्वारथी । बचन कहहिं जनु परमारथी ॥

फिर रघुपति की आज्ञा पाकर (इन्द्र का सारथि) मातलि चरणों में प्रणाम कर चला गया । तदनन्तर स्वार्थ में नित्य रत रहनेवाले देवता आये । वे ऐसे वचन कहते हैं मानो बड़े तत्त्वज्ञानी और परोपकारी हों ॥१॥

Then with Raghupati's permission Matali, Indra's charioteer, bowed his head before his feet and went away. Now came the gods, ever alive to their own selfish interests, and spoke words as though they were enlightened altruists.[1]

दीनबंधु दयाल रघुराया । देव कीन्हि देवन्ह पर दाया ॥
बिस्वद्रोह रत यह खल कामी । निज अघ गएउ कुमारगगामी ॥

1. *i.e.*, they "addressed him with feigned piety;" they "made this seemingly pious prayer."

हे दीनबन्धु ! हे कृपालु रघुराज ! हे देव ! आपने हम देवताओं पर बड़ी कृपा की । विश्व के द्रोह में डूबा हुआ यह दुष्ट, कामी और कुपथगामी (कुचाली, अधर्मी) रावण अपने ही पाप से नष्ट हो गया ॥२॥

O gracious Raghuraja, friend of the destitute, a god yourself, you have had pity on the gods ! This lustful wretch, at enmity with all creation, ever treading an evil path, has perished by his own sins.

तुम्ह समरूप ब्रह्म अबिनासी । सदा एकरस सहज उदासी ॥
अकल अगुन अज अनघ अनामय । अजित अमोघसक्ति करुनामय ॥

आप समरूप, ब्रह्म, नाशरहित, नित्य, सदा एकरस, स्वभाव से ही विरक्त,[१] अखण्ड,[२] निर्गुण,[३] अजन्मा, निष्पाप, निर्विकार, अजेय, अमोघशक्ति और करुणामय हैं ॥३॥

You are alike to all, the imperishable Brahma, ever the same, detached by nature, indivisible, devoid of material properties, unborn, sinless, invincible, unfailing in power, and full of compassion.

मीन कमठ सूकर नरहरी । बामन परसुराम बपुँ धरी ॥
जब जब नाथ सुरन्ह दुखु पायो । नाना तन धरि तुम्हइँ नसायो ॥

आपने ही मत्स्य, कच्छप, वाराह, नृसिंह, वामन और परशुराम के शरीर धारण किये । हे नाथ ! जब-जब देवता दुःखी हुए, तब-तब अनेक शरीर धारण कर आपने ही उनके दुःखों का नाश किया ॥४॥

It was you who assumed the forms of fish and tortoise and boar, Nrisimha, dwarf and Parashurama. Whenever, O Lord, the gods were bowed down in distress, you have put an end to their affliction by assuming manifold forms.

यह खल मलिन सदा सुरद्रोही । काम लोभ मद रत अति कोही ॥
अधमसिरोमनि तव पद पावा । यह हमरें मन बिसमय आवा ॥

यह दुष्ट पापी, देवताओं का नित्य शत्रु, काम, लोभ और मद में आसक्त तथा अत्यन्त क्रोधी था । अधमों के ऐसे शिरोमणि ने भी आपका परम पद (मोक्ष, वैकुंठ) पा लिया । इससे हमारे मन में विस्मय हुआ ॥५॥

This impure wretch, the persistent plague of the gods, was given up to lust and greed and vanity, and very passionate too. Even this monster of monsters has won to your sphere; at this we marvel !

हम देवता परम अधिकारी । स्वारथरत प्रभुभगति बिसारी ॥
भवप्रवाह संतत हम परे । अब प्रभु पाहि सरन अनुसरे ॥

श्रेष्ठ अधिकारी होकर भी हम देवता स्वार्थ-रत हो आपकी भक्ति को

१. शत्रु-मित्र के भाव से परे । २. पूर्ण । ३. गुणातीत, मायिक गुणों से रहित ।

बिसारकर निरन्तर भवसागर के प्रवाह[1] में पड़े हैं। अब हे नाथ! हम आपकी शरण में आ गए हैं, हमारी रक्षा कीजिए ॥६॥

We gods, though supremely qualified (for the highest state), in our flagrant selfishness have forgotten the worship of our Lord and are ever tossed about in the flood of birth and death. Redeem us now, O Lord, who have come to you for refuge !'

दो. –करि बिनती सुर सिद्ध सब रहे जहँ तहँ कर जोरि।
अति सप्रेम तन पुलकि बिधि अस्तुति करत बहोरि ॥११०॥

फिर विनती करके देवता और सिद्ध सब-के-सब जहाँ-तहाँ हाथ जोड़े खड़े रहे। तब पुलकितशरीर होकर ब्रह्माजी अत्यन्त प्रेमपूर्वक स्तुति करने लगे ॥११०॥

Having thus made their supplication, the gods and the adepts stood where they were with folded hands. Then, thrilling all over with excess of devotion, Brahma broke out into this hymn of praise:

छं. –जय राम सदा सुखधाम हरे। रघुनायक सायक चाप धरे ॥
भव बारन दारन सिंह प्रभो। गुनसागर नागर नाथ बिभो ॥

हे नित्य सुखधाम और (दुःखों को हरनेवाले) हरि! हे धनुष-बाण धारण किये हुए रघुनायक! आपकी जय हो। हे प्रभो! आप भव (जन्म-मरण) रूपी हाथी को विदीर्ण करने के लिए सिंह-तुल्य हैं। हे नाथ! हे सर्वव्यापक! आप गुणों के सागर और परम नागर (चतुर) हैं ॥१॥

'Glory to Hari (the reliever of suffering), abode of eternal bliss, foremost of the Raghus, with the bow and arrows ! You, O Lord, are a lion to rend in pieces the elephant of earthly existence, the ocean of all perfections, the all-wise omnipresent master !

तन काम अनेक अनूप छबी। गुन गावत सिद्ध मुनींद्र कबी ॥
जसु पावन रावन नाग महा। खगनाथ जथा करि कोप गहा ॥

आपके शरीर की छबि अनेक कामदेवों की छबि के समान, परंतु अनुपम है। सिद्ध, बड़े-बड़े मुनि और कवि आपके गुणों का गान करते रहते हैं। आपका यश (परम) पवित्र है। आपने रावणरूपी महासर्प को गरुड़ की तरह क्रोध करके पकड़ लिया ॥२॥

Though the beauty of your form is like that of a multitude of Loves, yet it is incomparable; adepts and great sages and poets hymn your perfections; supremely unblemished is your glory. You in your wrath did seize Ravana as Garuda might seize some monstrous serpent.

१. इसे ही 'जन्म-मरण का चक्र' कहा गया है।

जनरंजन भंजन सोक भयं। गतक्रोध सदा प्रभु बोधमयं ॥
अवतार उदार अपार गुनं। महिभार बिभंजन ग्यानघनं ॥

हे प्रभो! आप सेवकों के आनंददाता, शोक और भय के नाशक, सदा क्रोधरहित और नित्य ज्ञानरूप हैं। आपका अवतार श्रेष्ठ, अपार दिव्य गुणोंवाला, पृथ्वी के भार को नष्ट करनेवाला और ज्ञान का समूह है ॥३॥

Delight of the faithful and dispeller of their grief and fear, you, Lord, are quintessence of wisdom and ever unmoved by passion. Noble are your incarnations and full of untold excellence, sum of all spiritual knowledge, reliever of earth's burdens.

अज ब्यापकमेकमनादि सदा। करुनाकर राम नमामि मुदा ॥
रघुबंसबिभूषन दूषनहा। कृत भूप बिभीषनु दीनु रहा ॥

(किंतु अवतार लेकर भी) आप अजन्मा, व्यापक, एक (अप्रतिम) और नित्य (अनादि) हैं। हे दया की खान श्रीरामजी! मैं आपको सहर्ष प्रणाम करता हूँ। हे रघुकुल के भूषण! हे दूषण राक्षस का संहार करनेवाले तथा समस्त दोषों को हरनेवाले! विभीषण दीन था, उसे आपने (रंक से) राजा बना दिया ॥४॥

(In spite of all your descents into the world) you are ever unborn, all-pervading, one (without a second) and beginningless. I rapturously bow to you; O Rama, fountain of eternal compassion ! O jewel of the house of Raghu, slayer of Dushana and eradicator of all blemishes, you made a king of Vibhishana, your humble servant !

गुन ग्यान निधान अमान अजं। नित राम नमामि बिभुं बिरजं ॥
भुजदंड प्रचंड प्रताप बलं। खलबृंद निकंद महाकुसलं ॥

हे गुण और ज्ञान के निधान! हे निरभिमान[1]! हे अजन्मा, व्यापक और निर्विकार श्रीराम! मैं आपको नित्य नमस्कार करता हूँ। आपके भुजदण्डों का प्रताप और बल प्रचण्ड है। दुष्टसमूह को नष्ट करने में आप अत्यन्त कुशल हैं ॥५॥

Storehouse of virtue and wisdom, free from vanity, unborn, you I constantly adore, O Rama, omnipresent, passionless ! Terrible is the glory and might of your arms, which are deft in exterminating the hordes of the wicked.

बिनु कारन दीनदयाल हितं। छबिधाम नमामि रमासहितं ॥
भवतारन कारन काज परं। मनसंभव दारुन दोष हरं ॥

हे बिना ही कारण दीनों पर दया तथा उनका कल्याण करनेवाले और शोभा के धाम! मैं श्रीजानकीजी के साथ आपको प्रणाम करता हूँ। आप संसार-सागर से तारनेवाले हैं, कारण (माया) और कार्य (जगत्) दोनों से

१. या असीम, परिमाणरहित।

परे हैं[1] और मन से उत्पन्न होनेवाले कठिन दोषों को हरनेवाले हैं ॥६॥

O bounteous, selfless one who is compassionate to the lowly and their befriender, I worship you, in whom all beauty dwells, and Sita too ! Deliverer from the rounds of birth and death, you are beyond both cause (Maya) and effect (the phenomenal universe) and eradicate the dreadful sins born of the mind.

सर चाप मनोहर त्रोन धरं । जलजारुन लोचन भूपबरं ॥
सुखमंदिर सुंदर श्रीरमनं । मद मार मुधा ममता समनं ॥

आप मनोहर बाण, धनुष और तरकश धारण करनेवाले हैं । कमल-सरीखे आपके लाल नेत्र हैं । आप राजाओं में श्रेष्ठ, सुख के मन्दिर, सुन्दर श्री (लक्ष्मीजी) के वल्लभ तथा अहंकार, काम और झूठी ममता के नाशक हैं ॥७॥

Armed with a beauteous bow and arrows and quiver, with eyes resembling a rose-red lotus, king of kings, home of bliss, Lakshmi's lovely consort, subduer of arrogance and lust and the false sense of mineness,

अनबद्य अखंड न गोचर गो । सब रूप सदा सब होइ न सो ॥
इति बेद बदंति न दंतकथा । रबि आतप भिन्नमभिन्न जथा ॥

आप अनिन्द्य, (दोषरहित), अखण्ड और इन्द्रियों के विषय नहीं हैं । सदा सर्वरूप होते हुए भी आप वह सब कभी हुए ही नहीं, ऐसा वेद कहते हैं । यह (कोई) कपोलकल्पना (मनगढ़ंत) नहीं है । जैसे सूर्य और सूर्य का प्रकाश अलग-अलग हैं और अलग नहीं भी हैं, वैसे ही आप भी (संसार से) भिन्न तथा अभिन्न दोनों ही हैं ॥८॥

you are free from blemish, indivisible and imperceptible to the senses. Though manifest in all forms, you never transmuted yourself into them all—so declare the Vedas, it is no mere cock-and-bull story—like the sun and the sunshine, which are separate and yet not separate !

कृतकृत्य बिभो सब बानर ए । निरखंति तवानन सादर जे ॥
धिग जीवन देवसरीर हरे । तव भक्ति बिना भव भूलि परे ॥

हे व्यापक प्रभो ! ये सब वानर सफलमनोरथ हैं, जो ये आदरपूर्वक आपका मुख निहार रहे हैं (और) हे हरे ! हमारे (अमर) जीवन और देव (दिव्य) —शरीर को धिक्कार है जो हम आपकी भक्ति के बिना संसार में (पार्थिव विषयों में) भूले पड़े हैं ॥९॥

Blessed are all these monkeys, O all-pervading Lord, who reverently gaze on your countenance; while accursed, O Hari, is our (so-called) immortal existence and our ethereal bodies, wherein we have neglected your worship and are lost in worldly pleasures.

अब दीनदयाल दया करिए । मति मोरि बिभेदकरी हरिए ॥
जेहि तें बिपरीत क्रिया करिए । दुख सो सुखु मानि सुखी चरिए ॥

हे दीनदयालु ! अब दया कीजिए और मेरी विभेद पैदा करनेवाली उस बुद्धि को हर लीजिए जिससे मैं विपरीत क्रियाएँ करता हूँ और दुःख को सुख मानकर आनन्दपूर्वक विचरता हूँ ॥१०॥

Now, O you who are compassionate to the afflicted, have mercy upon me and take away that differentiating sense which causes me to do what I should not and to pass my days in merriment, mistaking woe for happiness.

खलखंडन मंडन रम्य छमा । पद पंकज सेवित संभु उमा ॥
नृपनायक दे बरदानमिदं । चरनांबुज प्रेमु सदा सुभदं ॥

आप दुष्टों का विनाश करनेवाले और पृथ्वी के मनोहर भूषण हैं । आपके चरण-कमल शिव-पार्वती-द्वारा सेवित हैं । हे राजाओं के शिरोमणि ! मुझे यह वरदान दीजिए कि आपके चरणकमलों में मेरा सदा कल्याणप्रद (शुभद) प्रेम हो ॥११॥

Destroyer of the wicked and beauteous jewel of the earth, your lotus feet are worshipped even by Shiva and Parvati. O king of kings, grant me this boon, that I may ever cherish loving devotion to your lotus feet and so be blessed !'

दो. —बिनय कीन्हि चतुरानन प्रेम पुलकि अति गात ।
सोभासिंधु बिलोकत लोचन नहीं अघात ॥१११॥

ब्रह्माजी ने अत्यन्त प्रेम-पुलकित शरीर से स्तुति की शोभासिंधु श्रीरामजी के दर्शन करते-करते उनके नेत्र अघाते न थे ॥१११॥

With his whole body quivering with excess of devotion, Brahma made his humble prayer; his eyes did not tire of gazing at Rama, the ocean of beauty.

चौ. —तेहि अवसर दसरथु तहँ आए । तनय बिलोकि नयन जल छाए ॥
अनुज सहित प्रभु बंदन कीन्हा । आसिर्बाद पिता तब दीन्हा ॥

उसी समय दशरथजी वहाँ आये । पुत्र को देखकर उनकी आँखों में जल छा गया । लक्ष्मणजीसहित प्रभु ने उनकी वन्दना की और तब पिता ने उन्हें आशीर्वाद दिये ॥१॥

---

१. कारण और कार्य दोनों माया हैं । ''जिसने आत्मदृष्टि खींचकर ईश्वरांश को त्रिगुण के बंधन में डालकर जीवत्व किया सो कारणमाया है और जिसने इन्द्रियविषयों को वश में करके जीव को कामादि के वश कर रखा है वह कार्यमाया है ।'' ब्रह्मा के मुख से कवि ने श्रीरामजी को कारण माया और कार्य जगत्, इन दोनों से परे कहा है । इनके सम्यक् आधार होते हुए भी श्रीरामजी इनसे निर्लिप्त हैं । लेकिन वे अपने दीन-दुखी भक्तों से निर्लिप्त नहीं हैं । वस्तुतः वे निर्हेतु कृपालु और 'कारनरहित दयाल' हैं ।

At that moment Dasharath arrived, and when he saw his son, his eyes were flooded with tears. The Lord and his younger brother made obeisance and their father gave them his blessings.

तात सकल तव पुन्य प्रभाऊ। जीत्यो अजय निसाचरराऊ॥
सुनि सुतबचन प्रीति अति बाढ़ी। नयन सलिल रोमावलि ठाढ़ी॥

(श्रीरामजी ने कहा—) हे तात! यह सब आपके पुण्यों का ही प्रभाव है जो मैं अजेय राक्षसराज को जीत सका। पुत्र के वचन सुनकर उनका स्नेह अत्यन्त बढ़ गया, आँखें सजल हो गईं और रोमावली खड़ी हो गई॥२॥

'It is all due, father,' said Rama, 'to your religious merit that I have conquered the invincible demon king.' Upon hearing his son's words, his affection increased still more; tears rushed to his eyes again and he trembled with emotion.

रघुपति प्रथम प्रेमु अनुमाना। चितै पितहि दीन्हेउ दृढ़ ग्याना॥
ता तें उमा मोक्ष नहि पायो। दसरथ भेदभगति मनु लायो॥

श्रीरघुनाथजी ने पहले के (जीवित काल के) प्रेम को विचारकर, पिता की ओर देखकर ही उन्हें (अपने स्वरूप का) दृढ़ ज्ञान दे दिया। दशरथजी ने भेदभक्ति में अपना मन रमाया था, इसीसे हे उमा! उन्होंने (कैवल्य) मुक्ति नहीं पाई॥३॥

Remembering the affection that his father had borne him in life and looking at him, Raghunatha bestowed upon him absolute knowledge. Dasharath had set his heart on devotion while maintaining his separate identity, and that, Uma, is why he had not received the boon of liberation.

सगुनोपासक मोक्ष न लेहीं। तिन्ह कहुँ रामु भगति निज देहीं॥
बार बार करि प्रभुहि प्रनामा। दसरथ हरषि गए सुरधामा॥

सगुणस्वरूप की उपासना करनेवाले भक्त इस प्रकार का मोक्ष लेते भी नहीं। उन्हें श्रीरामजी अपनी भक्ति देते हैं। प्रभु को बार-बार प्रणाम करके दशरथजी प्रसन्न होकर देवलोक को चले गए॥४॥

Worshippers of God in his embodied form do not in fact accept final beatitude: to them Rama vouchsafes faith in his own person. Making obeisance to the Lord again and again, Dasharath returned with joy to his abode in heaven.

दो.—अनुज जानकी सहित प्रभु कुसल कोसलाधीस।
सोभा देखि हरषि मन अस्तुति कर सुर ईस॥११२॥

लक्ष्मणजी और जानकीजी के साथ परम कुशल प्रभु श्रीकोसलाधीश की शोभा देखकर देवराज इन्द्र मन-ही-मन प्रसन्न होकर स्तुति करने लगे॥११२॥

Beholding the beauty of the Lord, the all-wise king of Kosala, and of his brother and Janaki, Indra, the lord of the celestials, joyfully intoned this hymn of praise:

छं.—जय रामसोभाधाम। दायक प्रनत बिश्राम॥
धृत त्रोन बर सर चाप। भुजदंड प्रबल प्रताप॥१॥

शोभा के स्थान, शरणागत को विश्राम देनेवाले, श्रेष्ठ तरकश, धनुष और बाण धारण किये हुए, प्रबल प्रतापी भुजदण्डोंवाले श्रीरामचन्द्रजी की जय हो!॥१॥

'Glory to Rama, the home of beauty, the bestower of peace on the suppliant, bearer of the beauteous quiver, bow and arrows, glorious and mighty of arms!

जय दूषनारि खरारि। मर्दन निसाचरधारि॥
यह दुष्ट मारेउ नाथ। भए देव सकल सनाथ॥२॥

हे खर और दूषण के शत्रु और राक्षसों की सेना को कुचलकर नष्ट करनेवाले! आपकी जय हो। हे नाथ! आपने इस दुष्ट (निशाचरराज रावण को) मारा, जिससे सब देवता सनाथ हो गए॥२॥

Glory to the foe of Dushana and Khara, annihilator of the demon host! Now that you have slain this wretch (Ravana, the demon king), my lord, all the gods feel secure again.

जय हरन धरनीभार। महिमा उदार अपार॥
जय रावनारि कृपाल। किए जातुधान बिहाल॥३॥

हे पृथ्वी के भार को हरनेवाले। हे अपार श्रेष्ठ महिमावाले! आपकी जय हो। हे रावण के शत्रु! हे कृपालु! आपकी जय हो। आपने राक्षसों को बेहाल कर दिया॥३॥

Glory to the reliever of earth's burden, of unbounded and surpassing majesty! Glory to Ravana's foe, the all-merciful, who made the demons bite the dust!

लंकेस अति बल गर्ब। किए बस्य सुर गंधर्ब॥
मुनि सिद्ध नर खग नाग। हठि पंथ सब कें लाग॥४॥

लंकेश रावण को अपने बल का बहुत गर्व था। उसने देवताओं और गन्धर्वों को अपने वश में कर लिया था और वह मुनि, सिद्ध, मनुष्य, पक्षी और नाग आदि सभी के हठपूर्वक पीछे पड़ गया था॥४॥

Outrageous was the pride of the king of Lanka, who had overthrown gods and Gandharvas and relentlessly pursued sages and adepts, men, birds and serpents.

परद्रोह रत अति दुष्ट । पायो सो फलु पापिष्ट ॥
अब सुनहु दीनदयाल । राजीवनयन बिसाल ॥५॥

वह दूसरों से द्रोह करने में लीन और अति दुष्ट था । उस पापी ने वैसा ही फल पाया । अब हे दीनदयालु ! हे कमल के समान विशाल नेत्रोंवाले ! सुनिये ॥५॥

That implacable, wicked sinner, ever bent on injuring others, has now reaped the fruit of his misdeeds. Listen now, O gracious Lord of the large lotus eyes, who has compassion on the lowly !

मोहि रहा अति अभिमान । नहि कोउ मोहि समान ॥
अब देखि प्रभुपद कंज । गत मान प्रद दुखपुंज ॥६॥

मुझे (इस बात का) अत्यन्त अभिमान था कि मेरे-जैसा और कोई नहीं है, पर अब प्रभु के चरणकमलों के दर्शन से दुःख-समूह का देनेवाला मेरा वह गर्व जाता रहा ॥६॥

Inordinate was my pride and I accounted no one equal to me; but at the sight of your lotus feet, fled is my pride that caused me so much misery.

कोउ ब्रह्म निर्गुन ध्याव । अब्यक्त जेहि श्रुति गाव ॥
मोहि भाव कोसलभूप । श्रीराम सगुनसरूप ॥७॥

कोई-कोई उन निर्गुण ब्रह्म का ध्यान करते हैं जिनका वेद अव्यक्त (निराकार) कहकर गान करते हैं । परंतु हे रामजी ! मुझे तो आपका यह सगुण कोसलराज-स्वरूप ही रुचता है (प्रिय लगता है) ॥७॥

Some there are who meditate on the attributeless Brahma (the Absolute), whom the Vedas hymn as unmanifest, but my delight is in your embodied, personal form, the form of Rama, the king of Kosala.

बैदेहि अनुज समेत । मम हृदय करहु निकेत ॥
मोहि जानिएँ निज दास । दे भक्ति रमानिवास ॥८॥

श्रीजानकीजी और छोटे भाई लक्ष्मणजी के साथ आप मेरे हृदय में अपना घर बनाइये । हे रमानिवास (विष्णु) ! मुझे अपना सेवक समझिये और अपनी भक्ति दीजिए ॥८॥

Together with Janaki and your younger brother Lakshmana, pray abide in my heart; and, recognizing me as your own servant, O Lakshmi's lord, bless me with devotion !

छं.–दे भक्ति रमानिवास त्रासहरन सरन सुखदायकं ।
सुखधाम राम नमामि काम अनेक छबि रघुनायकं ॥
सुरबृंद रंजन द्वंदभंजन मनुजतनु अतुलितबलं ।
ब्रह्मादि संकर सेब्य राम नमामि करुनाकोमलं ॥

हे रमापति ! हे शरणागत के भय को दूर करनेवाले और उसे सुख देनेवाले ! मुझे अपनी भक्ति दीजिए । हे सुख के धाम ! हे अनेक कामदेवों की छबिवाले रघुकुलशिरोमणि श्रीरामचन्द्रजी ! मैं आपको प्रणाम करता हूँ । हे देवसमूह को आनन्दित करनेवाले, (जन्म-मृत्यु, सुख-दुःख आदि) द्वन्द्वों के नाशक, मनुष्यशरीरधारी, अपार बलवाले, ब्रह्मा और शिव आदि से सेवनीय, करुणा-से कोमल श्रीरामजी ! मैं आपको प्रणाम करता हूँ ।

Grant me devotion to your feet, O Lakshmi's lord, dispeller of your suppliants' fear and bestower of peace on them ! I worship you, O Rama, abode of bliss, prince of the house of Raghu, beauteous as a myriad Loves ! Delight of the hosts of heaven and destroyer of the pairs of opposites, incarnate as a man of incomparable might, object of the adoration of Brahma, Shiva and all the gods, you I adore, O Rama the tender, the benign !

दो.–अब करि कृपा बिलोकि मोहि आएसु देहु कृपाल ।
काह करौं सुनि प्रिय बचन बोले दीनदयाल ॥११३॥

हे कृपालु ! अब मेरी ओर कृपा-दृष्टि से देखकर आज्ञा दीजिए कि मैं क्या करूँ ? इन्द्र के ये सुहावने वचन सुनकर दीनदयालु (श्रीरामजी) ने कहा – ॥११३॥

Now cast your gracious look on me, O merciful Lord, and command me what to do ! On hearing Indra's loving plea, Rama, the protector of the poor, replied:

चौ.–सुनु सुरपति कपि भालु हमारे । परे भूमि निसिचरन्हि जे मारे ॥
मम हित लागि तजे इन्ह प्राना । सकल जिआउ सुरेस सुजाना ॥

हे देवराज इन्द्र ! सुनो, हमारे वानर-भालू, जिन्हें राक्षसों ने मार डाला है, पृथ्वी पर (मृत) पड़े हैं । इन्होंने मेरी भलाई के लिए अपने प्राण त्याग दिये । हे चतुर और ज्ञानी देवराज ! इन सबको जिला दो ॥१॥

'Listen, O king of heaven; our monkeys and bears whom the demons have slain are lying there on the ground. They have laid down their lives on my account; restore them all to life, wise lord of the gods !'

सुनु खगेस प्रभु कै येह बानी । अति अगाध जानहिं मुनि ग्यानी ॥
प्रभु सक त्रिभुवन मारि जिआई । केवल सक्रहि दीन्हि बड़ाई ॥

(काकभुशुण्डिजी कहते हैं –) हे गरुड़ ! सुनिये, प्रभु के ये वचन अत्यन्त गूढ़-गम्भीर हैं । ज्ञानी मुनि ही इन्हें समझ सकते हैं । प्रभु श्रीरामजी तीनों लोकों को मारकर पुनः जिला सकते हैं । यहाँ तो उन्होंने केवल इन्द्र को बड़ाई दी है ॥२॥

Listen, O king of birds: this request of the Lord is so great a mystery that only the enlightened seers can comprehend. The Lord can himself destroy the three spheres and bring them to life; only he wished to do Indra honour.

सुधा बरषि कपि भालु जिआए। हरषि उठे सब प्रभु पहिं आए॥
सुधावृष्टि भै दुहुँ दल ऊपर। जिए भालु कपि नहि रजनीचर॥

(इन्द्र ने) अमृत की वर्षा कर वानर-भालुओं को जिला दिया। सब आनन्दित होकर उठे और प्रभु के पास आये। यद्यपि अमृत की वर्षा दोनों ही दलों के ऊपर हुई, फिर भी रीछ-वानर ही जीवित हुए, निशाचर नहीं!॥३॥

With a shower of nectar Indra restored the monkeys and bears to life, and they all arose with joy and betook themselves to the Lord. Although the shower of nectar promiscuously fell on the dead of both the hosts, it is the bears and monkeys that came to life, not the demons.

रामाकार भए तिन्ह के मन। मुक्त भए छूटे भवबंधन॥
सुर अंसिक सब कपि अरु रीछा। जिए सकल रघुपति कीं ईछा॥

राक्षसों के मन तो (मरते समय) रामाकार हो गए थे। अतः वे मुक्त हो गए और उनके (आवागमन के) भव-बन्धन छूट गए। किंतु वानर और भालू तो सब देवांश[1] थे। इसलिए वे सब रघुपति की इच्छा से जीवित हो गए॥४॥

(At the time of death) their souls had taken Rama's form; thus they were freed from the fetters of birth and death and were liberated; but the monkeys and the bears were all in essence divine, and so were brought to life by the will of Raghupati.

राम सरिस को दीनहितकारी। कीन्हे मुक्त निसाचर झारी॥
खल मलधाम कामरत रावन। गति पाई जो मुनिबर पाव न॥

श्रीरामचन्द्रजी-जैसा दीन-हितकारी कौन है, जिन्होंने सारे राक्षसों को भी मुक्त कर दिया? दुष्ट, पापों के घर और कामी रावण ने भी वह (सर्वोच्च, परम) गति पायी जिसे श्रेष्ठ मुनि भी नहीं पाते॥५॥

Who is there so kind to the destitute as Rama, who granted liberation to the whole demon host? And even Ravana, that wicked, lecherous sink of impurities, attained to that exalted state which the greatest of sages fail to reach.

दो.–सुमन बरषि सब सुर चले चढ़ि चढ़ि रुचिर बिमान।
देखि सुअवसरु प्रभु पहि आएउ संभु सुजान॥११४(क)॥

फूलों की झड़ी लगाने के बाद सब देवता आकर्षक विमानों पर चढ़-चढ़कर चले। तब सुअवसर जानकर सुविज्ञ शिवजी प्रभु श्रीरामचन्द्रजी के पास आये–॥११४(क)॥

After showering down blossoms, the gods mounted their splendid cars and departed. Seizing upon the opportunity, the all-wise Shiva drew near to Rama.

परम प्रीति कर जोरि जुग नलिन नयन भरि बारि।
पुलकित तनु गदगद गिरा बिनय करत त्रिपुरारि॥११४(ख)॥

अत्यधिक प्रेम से दोनों हाथ जोड़कर, कमल-सदृश नेत्रों में प्रेमाश्रु भरकर, पुलकित शरीर और गद्गद वाणी से त्रिपुरारि शिवजी विनती करने लगे–॥११४(ख)॥

Folding his hands most lovingly, with his lotus eyes full of tears, his body trembling with emotion and his voice choked with an access of devotion, Shiva the slayer of Tripura intoned this prayer:

छं.–मामभिरक्षय रघुकुलनायक। धृत बर चाप रुचिर कर सायक॥
मोह महा घनपटल प्रभंजन। संसय बिपिन अनल सुररंजन॥

हे रघुकुलश्रेष्ठ! अपने सुन्दर हाथों में श्रेष्ठ धनुष और सुन्दर दीप्तिमान बाण धारण किये हुए आप मेरी रक्षा कीजिए। आप महामोहरूपी मेघसमूह के लिए प्रचण्ड वायु हैं, संशयरूपी वन के लिए साक्षात् अग्नि हैं और देवताओं के लिए आनन्द-स्रोत हैं॥१॥

'Protect me, O Lord of the house of Raghu, equipped with your glorious bow and shining arrows in your hands. O furious wind to scatter the murky clouds of ignorance, O fire to consume the thickets of doubt, delight of the gods,

अगुन सगुन गुनमंदिर सुंदर। भ्रम तम प्रबल प्रताप दिवाकर॥
काम क्रोध मद गज पंचानन। बसहु निरंतर जनमन कानन॥

आप निर्गुण, सगुण और (दिव्य) गुणों के सुन्दर मन्दिर हैं, भ्रमरूपी अँधेरे के लिए प्रबल प्रतापी सूर्य हैं; काम, क्रोध और मदरूपी हाथियों के लिए सिंहरूप आप मुझ सेवक के मनरूपी वन में नित्य वास कीजिए॥२॥

both with and without attributes, fair shrine of all perfections, sun to disperse the darkness of delusion by the might of your brilliant rays, lion to kill the elephants of lust and wrath and pride, pray take up your abode for ever in the grove of your servant's soul!

बिषय मनोरथ पुंज कंजबन। प्रबल तुषार उदार पारमन॥
भव बारिधि मंदर परमं दर। बारय तारय संसृति दुस्तर॥

विषय-वासनाओं के समूहरूपी कमलवन के लिए आप प्रबल पाला हैं, उदार और मन की पहुँच से परे हैं। भवसागर (को मथने) के लिए आप मन्दराचल हैं। आप हमारे परम भय को दूर कीजिए और हमें दुस्तर संसार-सागर से पार कीजिए॥३॥

---

१. देवताओं के रक्षक और राक्षसों के नाशक। देवीशभूत वानर-भालू सगुणोपासक हैं, इसलिए वे प्रभु से बिछुड़ना नहीं चाहते। उन्हें जिलाकर प्रभु ने सबको अपने साथ रखा। यदि राक्षसों की तरह वे भी मुक्त हो जाते तो ऐसा न होता।

Severe frost to blast the lotus bed of sensual desires, gracious and transcending thought, Mount Mandara to churn up the ocean of birth and death, pray deliver me from that which I most dread[1] and transport me across the stormy ocean of mundane existence.

स्याम गात राजीव बिलोचन । दीनबंधु प्रनतारति मोचन ॥
अनुज जानकी सहित निरंतर । बसहु राम नृप मम उर अंतर ॥
मुनिरंजन महिमंडल मंडन । तुलसिदास प्रभु त्रास बिखंडन ॥

हे श्यामसुन्दर-शरीर ! हे कमल-दल के समान विशाल नेत्रोंवाले ! हे दीनबन्धु ! हे शरणागत के दुःख को छुड़ानेवाले ! हे राजा रामचन्द्रजी ! आप छोटे भाई लक्ष्मण और जानकीजी के साथ मेरे हृदय के अंदर नित्य निवास कीजिए । आप मुनियों को आनन्द देनेवाले, पृथ्वीमण्डल के आभूषण, तुलसीदास के प्रभु और भय के विध्वंसक हैं ॥४-५॥

O Rama, dark-hued and lotus-eyed, friend of the humble, reliever of the sorrows of the suppliant, do you, O king, with Janaki and your brother, take up your abode ever in my heart ! You gladden the sages and adorn the round globe, O lord of Tulasidasa, destroyer of dread !

दो．—नाथ जबहि कोसलपुरीं होइहि तिलकु तुम्हार ।
कृपासिंधु मैं आउब देखन चरित उदार ॥११५॥

हे नाथ ! अयोध्यापुरी में जब आपका राजतिलक होगा, तब हे दयासिंधु ! मैं वहाँ आपकी उदार लीला देखने आऊँगा ॥११५॥

When, my lord, your coronation takes place in the city of Ayodhya, I shall come to witness your gracious sport, O ocean of mercy !'

चौ．—करि बिनती जब संभु सिधाए । तब प्रभु निकट बिभीषनु आए ॥
नाइ चरन सिरु कह मृदु बानी । बिनय सुनहु प्रभु सारँगपानी ॥

जब विनती करके शिवजी चले गये, तब विभीषणजी प्रभु के निकट आये और चरणों में मस्तक नवाकर उन्होंने कोमल वाणी में कहा — हे शार्ङ्गधनुष के धारण करनेवाले प्रभो ! मेरी विनती सुनिये — ॥१॥

When Shiva had made his humble petition and gone away, Vibhishana approached the Lord. Bowing his head before his feet, he submitted in pleasing tones: 'Hear my prayer, O Lord, the wielder of the Sharanga bow !

---

1. Witness John Donne's 'A Hymn to God the Father' and his supplication for deliverance from the same dread, the dread 'that when I have spun/My last thread, I shall perish on the shore.'

सकुल सदल प्रभु रावन मार्‍यो । पावन जसु त्रिभुवन बिस्तार्‍यो ॥
दीन मलीन हीन मति जाती । मो पर कृपा कीन्हि बहु भाती ॥

हे प्रभो ! आपने कुल और सेनासहित रावण का संहार किया, तीनों लोकों में अपने पवित्र यश का विस्तार किया और मुझ-जैसे दीन, पापी, बुद्धिहीन और जातिहीन पर अनेक प्रकार से कृपा की ॥२॥

You, Lord, have slain Ravana with all his kindred and army and spread your unsullied renown throughout the three spheres. On me, who is so wretched and sinful, without either sense or breeding, you have in every way shed your favours.

अब जनगृह पुनीत प्रभु कीजे । मज्जनु करिअ समरश्रम छीजे ॥
देखि कोस मंदिर संपदा । देहु कृपाल कपिन्ह कहुँ मुदा ॥

अब हे प्रभु ! इस सेवक के घर को पवित्र कीजिए और चलकर स्नान कीजिए, जिससे युद्ध की थकावट मिट जाय । हे कृपालु ! खजाना, महल और सम्पत्ति का निरीक्षण कर वानरों को सहर्ष दीजिए ॥३॥

Now, Lord, consecrate your servant's house by bathing there and refreshing yourself after the toil of the battle. Then inspect my treasure, my palace and my wealth and gladly bestow, my gracious Lord, whatever you please on the monkeys.

सब बिधि नाथ मोहि अपनाइअ । पुनि मोहि सहित अवधपुर जाइअ ॥
सुनत बचन मृदु दीनदयाला । सजल भए द्वौ नयन बिसाला ॥

हे नाथ ! मुझे सब विधि अपना लीजिए और फिर हे प्रभो ! मेरे साथ ही अयोध्यापुरी को पधारिये । विभीषणजी के कोमल वचन सुनते ही दीनदयालु प्रभु के दोनों विशाल नेत्र (प्रेमाश्रुओं से) सजल हो गए ॥४॥

Lord, accept me as your own in every way and then take me with you when you go to the city of Ayodhya.' When the All-merciful heard Vibhishana's gentle speech, both his large eyes filled with tears.

दो．—तोर कोस गृह मोर सब सत्य बचन सुनु भ्रात ।
भरतदसा सुमिरत मोहि निमिष कल्प सम जात ॥११६(क)॥

(श्रीरामजी ने कहा —) हे भाई ! सुनो, तुम्हारी सम्पदा, महल आदि सब मेरे ही हैं, यह बात सच है, परंतु भरत की दशा का स्मरणकर मुझे एक-एक पल कल्प के समान बीत रहा है ॥११६(क)॥

'Listen, brother,' he said, 'all you say is true: your treasure and your house and all you have are as my own, but when I think of Bharata's plight, every moment that passes seems to me like an aeon.

तापस बेष गात कृस जपत निरंतर मोहि ।
देखौं बेगि सो जतनु करु सखा निहोरौं तोहि ॥११६(ख)॥

तपस्वी के वेष में अपने दुबले शरीर से वे निरन्तर मेरा नाम-जप कर रहे

हैं । हे मित्र ! वही उपाय करो जिससे मैं जल्द-से-जल्द उन्हें देख सकूँ । मैं तुमसे निहोरा करता हूँ ॥११६(ख)॥

Clad in ascetic garb, with emaciated body, he is ever repeating my name in prayer. So, friend, I entreat you to make an effort that I may see him soon.

बीते अवधि जाउँ जौ जिअत न पावौं बीर ।
सुमिरत अनुजप्रीति प्रभु पुनि पुनि पुलक सरीर ॥११६(ग)॥

यदि मैं अवधि के समाप्त होने पर जाता हूँ तो भाई को जीता न पाऊँगा । छोटे भाई भरतजी के प्रेम का स्मरण कर प्रभु का शरीर बार-बार रोमांचित हो रहा है ॥११६(ग)॥

If I reach there on the expiry of the period of my exile, I may not find my brother still alive.' And even as the Lord recalled his younger brother's affection, his body quivered again and again with emotion.

करेहु कल्प भरि राजु तुम्ह मोहि सुमिरेहु मन माहिं ।
पुनि मम धाम पाइहहु जहाँ संत सब जाहिं ॥११६(घ)॥

(श्रीरामजी ने फिर कहा —) हे विभीषण ! तुम कल्पभर राज्य करना और मन-ही-मन मेरा स्मरण करते रहना । फिर तुम मेरे उस (परम) धाम को पा लोगे जहाँ (मरणोपरांत) सब संत जाते हैं ॥११६(घ)॥

'May you reign, O Vibhishana,' continued Rama, 'for a full aeon, your thoughts fixed on me, and in the end enter my realm, where all good men go.'

चौ. —सुनत बिभीषन बचन राम के । हरषि गहे पद कृपाधाम के ॥
बानर भालु सकल हरषाने । गहि प्रभुपद गुन बिमल बखाने ॥

श्रीरामचन्द्रजी के वचन सुनते ही विभीषणजी ने प्रसन्न होकर दयानिधान श्रीरामजी के पाँव पकड़ लिये । सभी वानर-भालू प्रसन्न होकर और प्रभु के चरण पकड़कर उनके दिव्य गुणों का गान करने लगे ॥१॥

When he heard Rama's words, Vibhishana joyfully clasped the feet of the all-merciful Lord, and the monkeys and the bears all rejoiced, and clasping the Lord's feet, began to praise his transcendent virtues.

बहुरि बिभीषनु भवन सिधायो । मनिगन बसन बिमान भरायो ॥
लै पुष्पक प्रभु आगें राखा । हसि करि कृपासिंधु तब भाषा ॥

तदनंतर विभीषणजी अपने महल को गये और उन्होंने मणियों के समूहों और वस्त्रों से विमान को भरा दिया । फिर उस पुष्पकविमान को लाकर प्रभु के सामने रखा । तब दयासागर श्रीरामजी ने हँसकर कहा — ॥२॥

Then Vibhishana proceeded to the palace and had his car loaded with jewels and raiment in abundance. He then brought the aerial car, Pushpaka, and set it before the Lord, whereupon the all-merciful Rama said with a smile,

चढ़ि बिमान सुनु सखा बिभीषन । गगन जाइ बरषहु पट भूषन ॥
नभ पर जाइ बिभीषन तबही । बरषि दिए मनि अंबर सबही ॥

हे मित्र विभीषण ! सुनो, विमान पर चढ़कर आकाश में जाकर वस्त्रों और गहनों को बरसा दो । उसी क्षण विभीषणजी ने आसमान में जाकर सारे मणि और वस्त्र बरसा दिए ॥३॥

'Listen, Vibhishana, my friend; step into the car and ascending to the sky, shower down the clothes and ornaments.' Vibhishana at once mounted aloft into the air and rained down all the jewels and garments.

जोइ जोइ मन भावै सोइ लेहीं । मनि मुख मेलि डारि कपि देहीं ॥
हसे रामु श्री अनुज समेता । परम कौतुकी कृपानिकेता ॥

जिसके मन को जो रुचता है, वह वही ले लेता है । मणियों को मुँह में डालकर वानर फिर उन्हें खाने की चीज न समझकर उगल देते हैं । इस कौतुक को देखकर परम विनोदी कृपानिकेत श्रीरामजी सीताजी और लक्ष्मणजीसहित हँसने लगे ॥४॥

Each picked up anything that pleased him best, cramming the jewels into his mouth (thinking them to be some edible substance) but throwing them down again (the moment monkeys realized their mistake). Rama and his brother and Sita felt amused at the sight; so sportive is the All-merciful.

दो. —मुनि जेहि ध्यान न पावहिं नेति नेति कह बेद ।
कृपासिंधु सोइ कपिन्ह सन करत अनेक बिनोद ॥११७(क)॥

जो मुनियों को ध्यान में भी प्राप्त नहीं होते, जिन्हें वेद 'नेति-नेति' कहते हैं, वे ही कृपासागर श्रीरामजी वानरों के साथ तरह-तरह के विनोद कर रहे हैं ॥११७(क)॥

That Lord of grace, whom sages are unable to reach even in meditation and whom the Vedas describe only in negative terms, saying, 'Not that, not that,' amused himself with the monkeys in diverse ways.

उमा जोग जप दान तप नाना मख ब्रत नेम ।
रामु कृपा नहि करहिं तसि जसि निष्केवल प्रेम ॥११७(ख)॥

(शिवजी कहते हैं —) हे उमा ! नाना प्रकार के योग, जप, दान, तप, यज्ञ, व्रत और नियम करने पर भी श्रीरामजी वैसी कृपा नहीं करते जैसी शुद्ध प्रेम होने पर करते हैं ॥११७(ख)॥

O Uma, ascetic practice and prayer, charity and penance, performance of sacrifice, vows and other religious observances fail to evoke Rama's compassion to the same degree as unalloyed devotion does !

चौ. –भालु कपिन्ह पट भूषन पाए। पहिरि पहिरि रघुपति पहिं आए॥
नाना जिनस देखि सब कीसा। पुनि पुनि हसत कोसलाधीसा॥

भालू और वानर वस्त्र और आभूषण पाकर तथा उन्हें पहन-पहनकर श्रीरघुनाथजी के पास आये। अनेक जातियों के वानरों को देखकर कोसलपति श्रीरामजी बार-बार हँस रहे हैं ॥१॥

Having thus picked up the clothes and the jewels, the bears and the monkeys adorned themselves with them and appeared before Raghunatha. The king of Kosala laughed again and again when he saw the monkeys, a motley host indeed.

चितै सबन्ह पर कीन्ही दाया। बोले मृदुल बचन रघुराया॥
तुम्हरें बल मैं रावनु मार्‍यो। तिलकु बिभीषन कहुँ पुनि सार्‍यो॥

श्रीरघुनाथजी ने सबकी ओर देखकर उन पर दया की। फिर वे कोमल-मधुर वचन बोले – हे भाइयो ! तुम्हारे ही बल से मैंने रावण को मारा है और फिर विभीषण का तिलक किया है ॥२॥

Raghunatha looked upon them all and was moved with pity. Then he said in gracious tones: 'It was by your might that I succeeded first in slaying Ravana and then in setting Vibhishana on the throne.

निज निज गृह अब तुम्ह सब जाहू। सुमिरेहु मोहि डरपहु जनि काहू॥
सुनत बचन प्रेमाकुल बानर। जोरि पानि बोले सब सादर॥

अब तुम सब अपने-अपने घर जाओ। (वहाँ) मेरा स्मरण करते रहना और किसी से न डरना। ये वचन सुनते ही सब वानर प्रेम-विह्वल हो गए। उन्होंने हाथ जोड़कर आदरपूर्वक कहा – ॥३॥

Now return, all of you, to your several homes; remember me and fear no one.' The monkeys, distraught with affection when they heard these words, reverently addressed him with folded hands:

प्रभु जोइ कहहु तुम्हहि सब सोहा। हमरे होत बचन सुनि मोहा॥
दीन जानि कपि किए सनाथा। तुम्ह त्रैलोक ईस रघुनाथा॥

हे प्रभो ! आप जो कुछ भी कहें, आपको सब शोभा देता है, परन्तु आपके वचन सुनकर हमें मोह होता है। हे रघुनाथजी ! आप तीनों लोकों के स्वामी हैं। हम वानरों को दीन जानकर ही आपने हमें सनाथ किया है ॥४॥

'O Lord, whatever you say well becomes you; yet we are bewildered on hearing such words. You, O Raghunatha, are the Lord of the three spheres and know the low estate of us monkeys, which is why you have taken us under your protection.

सुनि प्रभुबचन लाज हम मरहीं। मसक कहूँ खगपतिहित करहीं॥
देखि रामरुख बानर रीछा। प्रेममगन नहि गृह कै ईछा॥

प्रभु के वचन सुनकर हम लाज के मारे मरे जा रहे हैं। कहीं मच्छर भी गरुड़ की भलाई कर सकते हैं ? श्रीरामजी का रुख देखकर रीछ-वानर प्रेम-विभोर हो गए। उन्हें घर जाने की इच्छा नहीं होती ॥५॥

When we hear our Lord's words, we die of shame; is it possible for a mosquito to help Garuda, the king of birds ?' Observing how well disposed the Lord was towards them, the monkeys and the bears were lost in love and had no longing for their own home.

दो. –प्रभुप्रेरित कपि भालु सब रामरूप उर राखि।
हरष बिषाद सहित चले बिनय बिबिध बिधि भाषि॥११८(क)॥

परंतु प्रभु-द्वारा प्रेरित होकर सब वानर-भालू श्रीरामजी के रूप को हृदय में धारणकर और तरह-तरह से विनती करके हर्ष और विषाद के साथ घर को चले ॥११८(क)॥

But in obedience to the Lord's command the monkeys and the bears all went their way with mingled joy and sorrow and with many a humble prayer, enshrining Rama's image in their hearts.

कपिपति नील रीछपति अंगद नल हनुमान।
सहित बिभीषन अपर जे जूथप कपि बलवान॥११८(ख)॥

वानरराज (सुग्रीव), नील, ऋक्षराज (जाम्बवान्), अंगद, नल और हनुमान् तथा विभीषणसहित और जितने महाबली वानर सेनापति हैं ॥११८(ख)॥

The Monkey King, Nila, Jambavan, Angad, Nala, Hanuman and all the other valiant monkey captains, together with Vibhishana,

कहि न सकहिं कछु प्रेमबस भरि भरि लोचन बारि।
सन्मुख चितवहिं राम तन नयन निमेष निवारि॥११८(ग)॥

वे कुछ बोल नहीं सकते, प्रेमवश आँखों में जल भर-भरकर पलक मारना छोड़कर सम्मुख होकर श्रीरामजी के शरीर की ओर एकटक देख रहे हैं ॥११८(ग)॥

were so overcome by their feelings that they could not utter a word. With eyes full of tears they stood facing Rama and gazing so intently on him that they had no time to wink.

चौ. –अतिसय प्रीति देखि रघुराई। लीन्हे सकल बिमान चढ़ाई॥
मन महुँ बिप्रचरन सिरु नायो। उत्तर दिसिहि बिमानु चलायो॥

श्रीरघुनाथजी ने उनके अत्यधिक प्रेम को देखकर सबको विमान पर बिठा लिया। तदनन्तर मन-ही-मन ब्राह्मणों के चरणों में सिर नवाकर उत्तर दिशा की ओर विमान चलाया ॥२॥

When he saw their ecstatic devotion, Raghunatha took them all up with him into his car and, after inly bowing his head before the Brahmans' feet, directed the chariot towards the north.

चलत बिमानु कोलाहलु होई । जय रघुबीर कहै सबु कोई ॥
सिंहासनु अति उच्च मनोहर । श्री समेत प्रभु बैठे ता पर ॥

विमान के चलते समय बड़ा शोर हो रहा है । सब कोई श्रीरघुवीर की जय-जयकार कर रहे हैं । विमान में एक अत्यन्त ऊँचा मनोहर सिंहासन है । उस पर सीताजी के साथ प्रभु श्रीरामचन्द्रजी विराजमान हुए ॥२॥

As the car took off, a tumultuous noise burst forth, all shouting, 'Glory to Raghubira !' In the car was a throne, lofty and magnificent, and on it the Lord Rama and Sita took their seat.

राजत रामु सहित भामिनी । मेरुसृंग जनु घनु दामिनी ॥
रुचिर बिमानु चलेउ अति आतुर । कीन्ही सुमनबृष्टि हरषे सुर ॥

पत्नीसहित श्रीरामजी ऐसे सुशोभित हो रहे हैं मानो सुमेरु के शिखर पर बिजलीसहित श्याम मेघ हो । सुन्दर विमान अत्यन्त वेग से चला । देवताओं ने प्रसन्न होकर फूल बरसाये ॥३॥

Accompanied by his spouse, Rama shone resplendent, like a dark cloud on a peak of Mount Meru with attendant lightning. Very swiftly sped the beauteous car on its way, to the joy of the gods, who showered down flowers on it.

परम सुखद चलि त्रिबिध बयारी । सागर सर सरि निर्मल बारी ॥
सगुन होहिं सुंदर चहुँ पासा । मन प्रसन्न निर्मल नभ आसा ॥

तीन प्रकार की (शीतल, मन्द और सुगन्धित) परम सुखद हवा चलने लगी । समुद्र, तालाब और नदियों का जल निर्मल हो गया । चारों ओर सुन्दर शुभ शकुन होने लगे । सबके मन में प्रसन्नता है और आकाश तथा दिशाएँ निर्मल हैं ॥४॥

A most delightful breeze breathed soft and cool and fragrant; the water of the ocean, lake and river became transparent and omens of good fortune were met on every side; everyone felt cheerful at heart; the whole expanse of the sky and the four quarters were clear.

कह रघुबीर देखु रन सीता । लछिमन इहाँ हत्यो इँद्रजीता ॥
हनूमान अंगद के मारे । रनमहि परे निसाचर भारे ॥

श्रीरघुनाथजी ने कहा – हे सीते ! (यह) रणभूमि देखो, लक्ष्मण ने यहाँ इन्द्र को भी पराजित करनेवाले (मेघनाद) को मारा था । हनुमान् और अंगद के मारे हुए ये बड़े-बड़े निशाचर युद्धभूमि में पड़े हैं ॥५॥

'Sita,' said Raghunatha, 'look at the battlefield; here Lakshmana slew Meghanada, the subduer of Indra; these huge demons that strew the field were slaughtered by Hanuman and Angad.

कुंभकरन रावन द्वौ भाई । इहाँ हते सुर मुनि दुखदाई ॥

देवताओं और मुनियों को दुःख देनेवाले दोनों भाई, कुम्भकर्ण और रावण, यहाँ मारे गए ॥६॥

And here fell the two brothers, Kumbhakarna and Ravana, the torment of gods and sages.

दो. –इहाँ सेतु बाँध्यो अरु थापेउँ सिव सुखधाम ।
सीता सहित कृपानिधि संभुहि कीन्ह प्रनाम ॥११९(क)॥

मैंने यहाँ पुल बाँधा (बँधवाया) और सुख के धाम श्रीशिवजी की स्थापना की । (यह कहकर) सीताजी समेत कृपानिधान प्रभु श्रीरामजी ने शिवजी को प्रणाम किया ॥११९(क)॥

Here I had a bridge built and installed an image of Shiva, abode of bliss.' So speaking, the all-merciful Rama and Sita both made obeisance to Shiva.

जहँ जहँ कृपासिंधु बन कीन्ह बास बिश्राम ।
सकल देखाए जानकिहि कहे सबन्हि के नाम ॥११९(ख)॥

वन में कृपासागर श्रीरामजी ने जहाँ-जहाँ निवास और विश्राम किया था, वे सब स्थान प्रभु ने सीताजी को दिखलाये और सबके नाम बतलाये ॥११९(ख)॥

Every spot in the woods, where the Lord of grace had either encamped or rested, he pointed out to Sita and told her the names of them all.

चौ. –तुरत बिमानु तहाँ चलि आवा । दंडक बन जहँ परम सुहावा ॥
कुंभजादि मुनिनायक नाना । गए रामु सब कें अस्थाना ॥

(पुष्पक) विमान शीघ्र ही वहाँ आ पहुँचा, जहाँ अति सुन्दर दण्डकवन था और जहाँ अगस्त्य आदि अनेक मुनीश्वर रहते थे । श्रीरामजी उन सबके स्थानों पर गये ॥१॥

Swiftly the car reached the most charming forest of Dandaka, the abode of many a great sage like Kumbhaja (the jar-born Agastya) and others; Rama visited the hermitages of them all.

सकल रिषिन्ह सन पाइ असीसा । चित्रकूट आए जगदीसा ॥
तहँ करि मुनिन्ह केर संतोषा । चला बिमानु तहाँ तें चोखा ॥

समस्त ऋषि-समूह से आशीर्वाद पाकर जगदीश्वर (श्रीरामजी) चित्रकूट पधारे । वहाँ मुनियों को प्रसन्न किया । (फिर) वहाँ से विमान शीघ्र आगे चला ॥२॥

After receiving the blessing of all the seers, the Lord of the world arrived at Chitrakuta; and, having gladdened the hermits there, the chariot again sped swiftly on.

बहुरि राम जानकिहि देखाई । जमुना कलिमल हरनि सोहाई ॥
पुनि देखी सुरसरी पुनीता । राम कहा प्रनाम करु सीता ॥

फिर श्रीरामजी ने जानकीजी को कलियुग के पापों का नाश करनेवाली सुन्दर यमुनाजी के दर्शन कराये । फिर पवित्र गङ्गाजी को देखकर श्रीरामजी ने कहा – हे सीते ! इन्हें प्रणाम करो ॥३॥

Rama next pointed out to Janaki the beautiful Yamuna, the noble river that washes away the impurities of the Kaliyuga. Then beholding the only Ganga, Rama said, 'Sita, make obeisance.

तीरथपति पुनि देखु प्रयागा । निरखत जन्म कोटि अघ भागा ॥
देखु परम पावनि पुनि बेनी । हरनि सोक हरिलोक निसेनी ॥
पुनि देखु अवधपुरी अति पावनि । त्रिबिध ताप भवरोग नसावनि ॥

फिर तीर्थराज प्रयाग के दर्शन करो, जिनको देखने से ही करोड़ों जन्मों के पाप-ताप भाग जाते हैं । फिर परम पवित्र त्रिवेणीजी को देखो, जो शोकों को हरनेवाली और श्रीहरि के परम धाम (पहुँचने) के लिए सीढ़ी के सदृश हैं । फिर अत्यन्त पवित्र अयोध्यापुरी के दर्शन करो, जो त्रिविध – दैहिक, दैविक, भौतिक – तापों और संसार की (जन्म-मरण रूपी) व्याधियों को नष्ट करनेवाली है ॥४-५॥

Now have a look at Prayaga, most sacred of all holy places, the sight of which drives away the sins committed in a myriad lives. See again the all-sanctifying Triveni (the confluence of the Ganga, the Yamuna and the subterranean Sarasvati), the dispeller of sorrow and a ladder to Hari's realm; and now behold the most holy city of Ayodhya, which heals all the three kinds of pains and destroys the sickness of birth and death.

दो. –सीता सहित अवध कहुँ कीन्ह कृपाल प्रनामु ।
सजल नयन तन पुलकित पुनि पुनि हरषित रामु ॥१२०(क)॥

कृपालु श्रीरामजी ने सीताजीसहित अयोध्यापुरी को प्रणाम किया । उनके नेत्र सजल हो गए, शरीर पुलकित हो गया, और वे बार-बार हर्षित हो रहे हैं ॥१२०(क)॥

The gracious Rama and Sita did obeisance to the city of Ayodhya. Tears rushed to his eyes and the hair of his body bristled as again and again he experienced unbounded joy.

पुनि प्रभु आइ त्रिबेनी हरषित मज्जनु कीन्ह ।
कपिन्ह सहित बिप्रन्ह कहुँ दान बिबिध बिधि दीन्ह ॥१२०(ख)॥

फिर त्रिवेणी पर आकर प्रभु ने प्रसन्न होकर स्नान किया और वानरोंसहित ब्राह्मणों को अनेक प्रकार के दान किये ॥१२०(ख)॥

Then the Lord landed at Triveni and bathed there with much joy, and both he and the monkeys bestowed a variety of gifts on the Brahmans.

चौ. –प्रभु हनुमंतहि कहा बुझाई । धरि बटुरूप अवधपुर जाई ॥
भरतहि कुसल हमारि सुनाएहु । समाचार लै तुम्ह चलि आएहु ॥

प्रभु श्रीरामजी ने हनुमान्‌जी को समझाकर कहा – तुम ब्रह्मचारी का वेष धारणकर अवधपुरी जाओ । वहाँ भरत को हमारी कुशल सुनाना और उनका समाचार लेकर आ जाना ॥१॥

The Lord Rama then gave this instruction to Hanuman: 'Assume the guise of a Brahman student and go into the city of Avadh. Tell Bharata of my well-being, and then return with all the news of him.'

तुरत पवनसुत गवनत भएऊ । तब प्रभु भरद्वाज पहि गएऊ ॥
नाना बिधि मुनि पूजा कीन्ही । अस्तुति करि पुनि आसिष दीन्ही ॥

पवनपुत्र हनुमान्‌जी तुरंत ही चल दिए । तब प्रभु भरद्वाजजी के पास गये । मुनि ने उनकी अनेक प्रकार से पूजा और स्तुति की और फिर आशीर्वाद दिया (ऐश्वर्य-दृष्टि से स्तुति की, इस पर जब श्रीरामजी को संकोच हुआ, तब उन्होंने माधुर्य-दृष्टि से आशीर्वाद दिया) ॥२॥

The Son of the Wind was off at once, and the Lord called on Bharadvaja. The sage paid him all reverence and, after hymning his praises, gave him his blessing.

मुनिपद बंदि जुगल कर जोरी । चढ़ि बिमान प्रभु चले बहोरी ॥
इहाँ निषाद सुना प्रभु आए । नाव नाव कह लोग बोलाए ॥

दोनों हाथ जोड़कर भरद्वाज मुनि के चरणों की वन्दना करके प्रभु श्रीरामजी विमान पर चढ़कर फिर चल पड़े । इधर जब निषादराज ने सुना कि प्रभु आ गए, तब उसने 'नाव कहाँ है ? नाव कहाँ है ?' कहते हुए लोगों को बुलाया ॥३॥

After doing homage to Bharadvaja's feet, with his hands folded in reverence, the Lord Rama mounted his car and travelled on again. Now, when the Nishada chief heard that the Lord had come, he cried, 'A boat ! Where's the boat ?' and summoned his people.

सुरसरि नाघि जान तब आयो । उतरेउ तट प्रभु आएसु पायो ॥
तब सीता पूजी सुरसरी । बहु प्रकार पुनि चरनन्हि परी ॥

इतने में ही विमान गङ्गाजी को लाँघकर पार आ गया और प्रभु की आज्ञा पाकर वह तट पर उतरा । तब सीताजी ने बहुत प्रकार से गंगाजी की पूजा की और फिर वे उनके चरणों पर गिरीं ॥४॥

In the meantime the car flew across the Ganga and in obedience to the Lord's command landed on the river bank (adjoining Shringaverapura). Then Sita devoutly worshipped the celestial stream and threw herself at its feet.

दीन्हि असीस हरषि मन गंगा । सुंदरि तव अहिवात अभंगा ॥
सुनत गुहा धाएउ प्रेमाकुल । आएउ निकट परम सुख संकुल ॥

मन में प्रसन्न होकर गङ्गाजी ने आशीर्वाद दिया — हे सुन्दरी ! तुम्हारा सुहाग अचल हो । (यह सुनकर कि प्रभु आ गए हैं) निषादराज गुह प्रेमातुर होकर दौड़ा । परम सुख से परिपूर्ण होकर वह प्रभु के निकट आया ॥५॥

In gladness of soul the Ganga blessed her : 'O fair lady, may your wedded life be eternally blessed !' At the news Guha ran in a transport of love and drew near to the Lord, full of ecstatic joy.

प्रभुहि सहित बिलोकि बैदेही । परेउ अवनि तनसुधि नहि तेही ॥
प्रीति परम बिलोकि रघुराई । हरषि उठाइ लियो उर लाई ॥

श्रीजानकीजी के साथ प्रभु को देखकर वह (आनन्दातिरेक में) पृथ्वी पर गिर पड़ा, उसे शरीर की सुधि न रही । श्रीरघुनाथजी ने उसके परम प्रेम को देखकर प्रसन्नतापूर्वक उसे उठाकर हृदय से लगा लिया ॥६॥

When he saw the Lord and Janaki, he fell flat upon the ground quite out of his senses. Perceiving his supreme devotion, Raghunatha joyfully raised him up and clasped him to his bosom.

छं. —लियो हृदय लाइ कृपानिधान सुजानराय रमापती ।
बैठारि परम समीप बूझी कुसल सो कर बीनती ॥
अब कुसल पद पंकज बिलोकि बिरंचि संकर सेब्य जे ।
सुखधाम पूरनकाम राम नमामि राम नमामि ते ॥१॥

सुविज्ञ-शिरोमणि, लक्ष्मीपति, कृपा के स्थान भगवान् ने निषादराज को हृदय से लगा लिया और उसे अत्यन्त समीप बिठाकर उसकी कुशल पूछी । वह प्रार्थना करते हुए कहने लगा — आपके जो चरणकमल ब्रह्माजी और शंकरजी से सेवित हैं, उनके दर्शन से मैं अब सकुशल हूँ । हे सुखधाम और हे पूर्णकाम श्रीरामजी ! मैं आपको नमस्कार करता हूँ, नमस्कार करता हूँ ॥१॥

He clasped the Nishada chief to his heart, even Lakshmi's spouse, the abode of grace, foremost among the wise. He seated him close by his side and inquired after his well-being. Guha humbly submitted in reply: 'Now all is well with me, for I have beheld those lotus feet which Brahma and Shankara adore. O Rama, abode of bliss, self-sufficient as you are, I do obeisance to you ! O Rama, I do obeisance to you !

सब भाँति अधम निषाद सो हरि भरत ज्यों उर लाइयो ।
मतिमंद तुलसीदास सो प्रभु मोहबस बिसराइयो ॥
यह रावनारिचरित्र पावन रामपद रतिप्रद सदा ।
कामादि हर बिग्यान कर सुर सिद्ध मुनि गावहिं मुदा ॥२॥

सब प्रकार से नीच उस निषाद को प्रभु श्रीरामजी ने भरतजी की तरह (सगे भाई की नाईं) हृदय से लगा लिया । तुलसीदासजी कहते हैं — इस मन्दबुद्धि ने (मैंने) मोहवश उस स्वामी को बिसार दिया । रावण के शत्रु श्रीरामजी का यह पवित्र करनेवाला चरित्र सदा ही श्रीरामजी के चरणों में अनुराग उत्पन्न करनेवाला है । यह कामादि शत्रुओं का नाशक और विशेष ज्ञान (गुणातीत अवस्था) उत्पन्न करनेवाला है । देवता, सिद्ध और मुनि इसे आनन्दपूर्वक गाते हैं ॥२॥

That Nishada, who was so utterly base-born, the Lord Rama clasped to his bosom as though he were Bharata himself ! A victim of infatuation, this dull-witted Tulasidasa has cast out of his mind even such a benign Lord ! These holy acts of Ravana's foe have a sanctifying effect and ever inspire devotion to Rama's feet; they stamp out lust and other evil passions and beget true mystic wisdom; rapturously are they therefore hymned by gods, adepts and sages !

दो. —समरबिजय रघुबीर के चरित जे सुनहिं सुजान ।
बिजय बिबेक बिभूति नित तिन्हहि देहिं भगवान ॥१२१(क)॥

जो सुविज्ञ (चतुर) लोग श्रीरघुवीर की समरविजय-सम्बन्धी चरित को सुनते हैं, उनको भगवान् नित्य (अविनाशी) विजय, विवेक और विभूति (ऐश्वर्य) देते हैं ॥१२१(क)॥

To those wise men who listen to the story of Raghubira's triumphant exploits on the battlefield the Blessed Lord grants everlasting victory, wisdom and magnificence.

यह कलिकाल मलायतन मन करि देखु बिचार ।
श्रीरघुनाथनामु तजि नाहिन आन अधार ॥१२१(ख)॥

हे मन ! विचारकर देख ! यह कलियुग पापों का घर है । इसमें श्रीरघुनाथजी के नाम को छोड़कर (जीवों के लिए) कोई दूसरा आधार नहीं है ॥१२१(ख)॥

Ponder well and see for yourself, O soul ! This Kaliyuga is the very home of defilement; there is nothing to fall back upon in this age other than the name of the illustrious Raghunatha !

मासपारायण, सत्ताईसवाँ विश्राम

इति श्रीमद्रामचरितमानसे सकलकलिकलुषविध्वंसने षष्ठः सोपानः समाप्तः ।

कलियुग के समस्त पापों का नाश करनेवाले श्रीरामचरितमानस का यह छठा सोपान समाप्त हुआ ।

(PAUSE 27 FOR A THIRTY-DAY RECITATION)

Thus ends the sixth descent into the Manasa lake of Rama's exploits, that eradicates all the impurities of the Kaliyuga.

उत्तरकाण्ड
UTTARAKANDA

Rama back on the throne

श्रीगणेशाय नमः

श्रीजानकीवल्लभो विजयते

श्रीरामचरितमानस

THE HOLY LAKE OF THE ACTS OF RAMA

सप्तम सोपान

उत्तरकाण्ड

THE SEQUEL

श्लोक

केकीकण्ठाभनीलं सुरवरविलसद्विप्रपादाब्जचिह्नं
शोभाढ्यं पीतवस्त्रं सरसिजनयनं सर्वदा सुप्रसन्नम् ।
पाणौ नाराचचापं कपिनिकरयुतं बन्धुना सेव्यमानं
नौमीड्यं जानकीशं रघुवरमनिशं पुष्पकारूढरामम् ॥१॥

मयूर के कण्ठ की द्युति के समान (हरिताभ) नीलवर्ण, देवताओं में श्रेष्ठ, ब्राह्मण (भृगु ऋषि) के चरणकमल के चिह्न से सुशोभित, शोभा-सम्पन्न, पीताम्बर धारण किये हुए, कमलनयन, सदैव सुप्रसन्न, हाथो में नाराच-बाण और धनुष लिये हुए, वानरसमूह से युक्त, भाई लक्ष्मणजी से सेवित, स्तुति किये जाने योग्य, श्रीजानकीजी के स्वामी, रघुकुलतिलक, पुष्पक-विमान पर विराजमान श्रीरामचन्द्रजी को मैं निरन्तर नमस्कार करता हूँ ॥१॥

I ever worship Rama, the adorable lord of Janaki, the noblest of the sons of Raghu, mounted on Pushpaka, dark as the dark-blue sheen of a peacock's neck, the highest of the immortals, adorned with the print of the Brahman's (Bhrigu's) lotus foot, rich in splendour, clad in yellow robes, lotus-eyed, ever propitious, holding a bow and arrows in his hands, attended by a host of monkeys and served by his brother (Lakshmana).

कोसलेन्द्रपदकञ्जमञ्जुलौ कोमलावजमहेशवन्दितौ ।
जानकीकरसरोजलालितौ चिन्तकस्य मनभृङ्गसङ्गिनौ ॥२॥

अयोध्यापति[1] श्रीरामचन्द्रजी के सुन्दर, कोमल दोनों चरणकमल ब्रह्माजी और शिवजी द्वारा वन्दित हैं, श्रीजानकीजी के करकमलों द्वारा दुलराये हुए हैं और चिन्तन करनेवालों के मनरूपी भौंरों के साथी हैं (अर्थात् चिन्तन करनेवालों का मनरूपी भौंरा सदा उन चरणकमलों में बसा रहता है; मेरा मन उन्हीं चरणकमलों में भौंरे की तरह लगा रहे ॥२॥

Beautiful and tender are the lotus feet of Rama, the lord of Ayodhya, worshipped by Brahma and Shiva, fondled by the lotus hands of Janaki and haunted by the bee-like souls of the contemplatives. (May the bee of my soul be similarly absorbed in the lotus feet of the Lord !)

कुन्दइन्दुदरगौरसुन्दरं अम्बिकापतिमभीष्टसिद्धिदम् ।
कारुणीककलकञ्जलोचनं नौमि शङ्करमनङ्गमोचनम् ॥३॥

कुन्द के फूल, चन्द्रमा और शङ्ख-जैसा सुन्दर गौरवर्ण, जगज्जननी श्रीपार्वतीजी के स्वामी, मनचाहे फल को देनेवाले, (दीन-दुःखियों पर सदैव) करुणा करनेवाले, सुन्दर कमल सदृश नेत्रवाले, कामदेव से मुक्ति दिलानेवाले (कल्याणकारी) श्रीशंकरजी को मैं नमस्कार करता हूँ ॥३॥

I worship the all-merciful Shankara, beautiful and white as the jasmine or the moon or the conch, with eyes resembling a lovely lotus, lord of Parvati, granter of all the heart desires and deliverer from the power of Love.

दो. –रहा एक दिन अवधि कर अति आरत पुर लोग ।
जहँ तहँ सोचहिं नारि नर कृसतन रामबियोग ॥

(श्रीरामजी के अयोध्या लौटने की) अवधि का बस एक ही दिन बच गया, जिसके कारण नगर के लोग बहुत अधीर हो रहे हैं । राम के वियोग में

१. आरम्भिक श्लोक का 'नौमि' नमस्कारात्मक मंगल का सूचक है और इस दूसरे श्लोक का आरम्भिक 'कोसलेन्द्र' वस्तुनिर्देशात्मक मंगलाचरण का सूचक । पहले श्लोक में रूप का और दूसरे में चरणों का मंगलाचरण किया । दे. मा.पी., ७, पृ. ५ ।

दुबले हुए स्त्री-पुरुष जहाँ-तहाँ सोच-विचार कर रहे हैं (कि श्रीरामजी क्यों नहीं लौटे)।

Of the period of Rama's exile there remained but one day, which made the people of the city very impatient. Wasted in body by sorrow for Rama's absence, men and women alike were plunged in thought everywhere.

सगुन होहिं सुंदर सकल मन प्रसन्न सब केर।
प्रभु आगवन जनाव जनु नगर रम्य चहुँ फेर॥

(लेकिन देखते-ही-देखते) सब सुन्दर (शुभ) शकुन होने लगे और सभी नगरवासियों के मन प्रसन्न हो गए। नगर भी चारों ओर से रमणीक हो गया, मानो ये सब-के-सब चिह्न प्रभु के आने की सूचना दे रहे हों।

Meanwhile auspicious omens of every kind occurred and the citizens were of good cheer. The city itself brightened up in every part, as if to announce the Lord's coming.

कौसल्यादि मातु सब मन अनंद अस होइ।
आए प्रभु श्री अनुज जुत कहन चहत अब कोइ॥

कौसल्या आदि माताओं के मन में ऐसा हर्ष हो रहा है जैसे अभी कोई कहना ही चाहता है कि सीताजी और लक्ष्मणजी के साथ प्रभु श्रीरामचन्द्रजी आ गए।

Kausalya and all the other queen mothers were glad at heart as if someone was about to tell them that the Lord had come with Sita and Lakshmana.

भरत नयन भुज दच्छिन फरकत बारहि बार।
जानि सगुन मन हरष अति लागे करैं बिचार॥

भरतजी की दाहिनी आँख और भुजा निरन्तर फड़क रही हैं। इसे (मंगलदायक) शकुन जानकर उनका मन अत्यन्त हर्षित हुआ और वे विचार करने लगे–

Bharata's right eye and arm throbbed again and again; recognizing this as a lucky omen, he rejoiced and yet began to ponder deeply.

चौ.–रहेउ एकु दिन अवधि अधारा। समुझत मन दुख भएउ अपारा॥
कारन कवन नाथु नहि आएउ। जानि कुटिल किधौं मोहि बिसराएउ॥

अवधि का एक ही दिन जो (प्राणों का) आधार था, शेष रह गया! यह विचार आते ही भरतजी के मन में अपार दुःख हुआ। क्या कारण है कि स्वामी नहीं आये? कुटिल जानकर उन्होंने कहीं मुझे भुला तो नहीं दिया? ॥१॥

'Of the period on whose end I had set my hope there remains but one day.' The thought filled Bharata's mind with unutterable grief. 'Why has the Lord not come?' he said to himself. 'Has he cast me out of his mind, knowing me to be crooked?

अहह धन्य लछिमनु बड़भागी। रामपदारबिंद अनुरागी॥
कपटी कुटिल मोहि प्रभु चीन्हा। ता तें नाथ संग नहिं लीन्हा॥

अहह! लक्ष्मण धन्य एवं बड़े भाग्यवान् हैं जो श्रीरामचन्द्रजी के चरणकमल के प्रेमी हैं। मुझे तो प्रभु ने कपटी और कुटिल पहचान लिया, इसी से स्वामी ने मुझे साथ नहीं लिया! ॥२॥

Ah, how blest and fortunate is Lakshmana, who is truly devoted to Rama's lotus feet! The Lord knew me to be guileful and wicked, and that is why he refused to take me with him.

जौ करनी समुझै प्रभु मोरी। नहि निस्तार कलप सत कोरी॥
जन अवगुन प्रभु मान न काऊ। दीनबंधु अति मृदुल सुभाऊ॥

यदि प्रभु मेरी करनी पर ध्यान दें तो सौ करोड़ कल्पों तक भी मेरा निस्तार नहीं हो सकता। (परंतु) प्रभु सेवकों के अवगुण कभी नहीं देखते। वे दीनबन्धु हैं और उनका स्वभाव अत्यन्त कोमल है ॥३॥

If the Lord were to consider my doings, there would be no redemption for me for tens of millions of ages. But the Lord regards not the offences of his servants, for he is the friend of the humble and most tender-hearted.

मोरें जिय भरोस दृढ़ सोई। मिलिहहिं रामु सगुन सुभ होई॥
बीते अवधि रहहिं जौ प्राना। अधम कवन जग मोहि समाना॥

मेरे हृदय में ऐसा दृढ़ विश्वास है कि श्रीरामजी अवश्य मिलेंगे, (क्योंकि) मुझे बड़े शुभ शकुन हो रहे हैं। किंतु अवधि बीत जाने पर यदि मेरे प्राण रह गए तो जगत् में मेरे समान अधम कौन होगा? ॥४॥

I have firm conviction in my heart that Rama will come, for the omens are so propitious. But if my life holds out after the term once expires, who in the world would be so despicable a wretch as I?'

दो.–रामबिरह सागर महुँ भरत मगनमन होत।
बिप्ररूप धरि पवनसुत आइ गएउ जनु पोत॥१(क)॥

श्रीरामजी के विरह-सागर में भरतजी का मन डूबा जा रहा था कि इतने में पवनपुत्र हनुमान्‌जी ब्राह्मण का रूप धारण किये हुए इस तरह आ गए मानो (उन्हें डूबने से बचाने के लिए) नाव आ गयी हो ॥१(क)॥

While Bharata's mind was thus drowning in the sea of separation from Rama, the Son of the Wind came disguised as a Brahman, like a boat come to his rescue.

बैठे देखि कुसासन जटामुकुट कृसगात।
राम राम रघुपति जपत स्रवत नयन जलजात ॥१(ख)॥

हनुमान्‌जी ने देखा कि दुर्बलशरीर भरतजी जटाओं का मुकुट बनाये, 'राम ! राम ! रघुपति !' जपते और कमल के समान नेत्रों से आँसू बहाते हुए कुश के आसन पर बैठे हैं ॥१(ख)॥

Hanuman saw Bharata seated on a mat of *kusha* grass, with a crown of knotted hair and emaciated frame, ever repeating, 'Rama, Rama, Raghupati', with his lotus eyes streaming with tears.

चौ. –देखत हनूमान अति हरषेउ। पुलक गात लोचन जलु बरषेउ ॥
मन महँ बहुत भाँति सुख मानी। बोलेउ श्रवन सुधा सम बानी ॥

भरतजी को देखते ही हनुमान्‌जी अत्यन्त प्रसन्न हुए। उनका शरीर रोमांचित हो गया, नेत्रों से प्रेम के आँसू बरसने लगे। मन में तरह-तरह से सुख मानकर वे कानों के लिए अमृततुल्य मधुर वाणी बोले– ॥१॥

When he saw Bharata, Hanuman was overjoyed; his body trembled with emotion and tears of love poured from his eyes. With his heart filled with rapture he addressed Bharata in words sweet as nectar to the ear:

जासु बिरह सोचहु दिनु राती। रटहु निरंतर गुन गन पाँती ॥
रघुकुलतिलक सो जन सुखदाता। आएउ कुसल देव मुनि त्राता ॥

जिनके वियोग में आप दिन-रात चिन्तामग्न रहते हैं और जिनके गुण-समूह की पंक्तियों को आप सदैव रटा करते हैं, वे ही रघुकुल को शोभित करनेवाले, भक्तों को सुख देनेवाले, देवताओं तथा मुनियों के रक्षक श्रीरामजी सकुशल आ गए ॥२॥

'He for whose absence you grieve night and day, ever repeating the roll of his virtues, the glory of the house of Raghu, the delight of the faithful and the deliverer of gods and sages, has arrived in safety.

रिपु रन जीति सुजसु सुर गावत। सीता अनुज सहित पुर आवत ॥
सुनत बचन बिसरे सब दूखा। तृषावंत जिमि पाइ पियूषा ॥

शत्रु को युद्ध में जीतकर सीताजी और लक्ष्मणजी के साथ प्रभु नगर में पधार रहे हैं; देवता उनके सुन्दर यश का गान कर रहे हैं। यह सुनते ही (भरतजी को) सारे दुःख (वैसे ही) भूल गए जैसे प्यासा आदमी अमृत पाकर प्यास के दुःख को भूल जाता है ॥३॥

Having conquered the foe in battle, with the gods to hymn his glory, the Lord is now on his way to the city with Sita and Lakshmana.' On hearing these words Bharata forgot all his sorrows, like a thirsty man who finds (a stream of) nectar.

को तुम्ह तात कहाँ तें आए। मोहि परम प्रिय बचन सुनाए ॥
मारुतसुत मैं कपि हनुमाना। नाम मोर सुनु कृपानिधाना ॥

(भरतजी ने पूछा –) हे तात ! तुम कौन हो और कहाँ से आये हो (जो) तुमने मुझे परम प्रिय वचन सुनाये ? (हनुमान्‌जी ने उत्तर दिया –) हे कृपानिधान ! सुनिये, मैं पवन का पुत्र एक वानर हूँ; मेरा नाम हनुमान् है ॥४॥

'Who are you, friend,' he said, 'and where have you come from ? Most welcome are the tidings you have brought me !' 'Listen, O fountain of mercy,' he replied, 'I am Son of the Wind, a monkey, and my name is Hanuman.

दीनबंधु रघुपति कर किंकर। सुनत भरत भेटेउ उठि सादर ॥
मिलत प्रेमु नहि हृदय समाता। नयन स्रवत जल पुलकित गाता ॥

मैं दीनबंधु श्रीरामजी का दास हूँ। इतना सुना ही था कि भरतजी उठकर आदरपूर्वक हनुमान्‌जी से गले लगकर मिले। मिलते समय प्रेम हृदय में नहीं समाता। आँखों से आँसू बहने लगे और शरीर रोमांचित हो गया ॥५॥

I am a humble servant of Rama, the befriender of the humble.' Thereupon Bharata arose and reverently embraced him. The affection with which he embraced him was too great for his heart to contain; his eyes streamed with tears and he trembled with emotion.

कपि तव दरस सकल दुख बीते। मिले आजु मोहि रामु पिरीते ॥
बार बार बूझी कुसलाता। तो कहुँ देउँ काह सुनु भ्राता ॥

(भरतजी ने कहा –) हे हनुमान् ! तुम्हारे दर्शन से मेरे सभी दुःख दूर हो गए। (तुम क्या मिले कि) आज मुझे प्यारे रामजी ही मिल गए। भरतजी ने बार-बार कुशल पूछी (और कहा –) हे भाई ! सुनो; (इस उपकार के बदले) मैं तुम्हें क्या दूँ ? ॥६॥

'Hanuman,' said Bharata, 'at the sight of you all my sorrows are gone, for today I have met in you my beloved Rama !' Again and again he inquired after Rama's well-being and said, 'Listen, brother; what shall I give you (in return for this happy news) ?

एहि संदेस सरिस जग माहीं। करि बिचार देखेउँ कछु नाहीं ॥
नाहिन तात उरिन मैं तोही। अब प्रभुचरित सुनावहु मोही ॥

मैंने यह विचारकर देख लिया है कि इस सन्देश-जैसा संसार में कुछ भी नहीं है। (इसलिए) हे तात ! मैं तुमसे किसी प्रकार भी ऋणमुक्त नहीं हो सकता। अब मुझे प्रभु का चरित्र (हाल) सुनाओ ॥७॥

After taking thought, I find no tidings in the world to match those you have brought. Friend, I am ever in your debt. Pray tell me now of the Lord's adventures.'

तब हनुमंत नाइ पद माथा। कहे सकल रघुपति गुन गाथा॥
कहु कपि कबहुँ कृपाल गोसाईं। सुमिरहिं मोहि दास कीं नाईं॥

तब हनुमान्‌जी ने भरतजी के चरणों में नतमस्तक हो रघुपति श्रीरामजी की सारी गुण-गाथा कही। (भरतजी ने पूछा—) हे हनुमान्! कहो, दयालु स्वामी श्रीरामचन्द्रजी कभी मुझे अपने सेवक की नाईं याद भी करते हैं? ॥८॥

Then Hanuman bowed his head at Bharata's feet and told him the whole tale of Raghupati's great doings. 'Tell me, Hanuman,' said Bharata, 'does the gracious Lord Rama ever remember me as his servant?'

छं.—निज दास ज्यों रघुबंसभूषन कबहुँ मम सुमिरन करय्यो।
सुनि भरतबचन बिनीत अति कपि पुलकि तन चरनन्हि परय्यो॥
रघुबीर निज मुख जासु गुन गन कहत अग जग नाथ जो।
काहे न होइ बिनीत परम पुनीत सदगुनसिंधु सो॥

रघुकुलभूषण श्रीरामजी ने क्या कभी अपने दास की तरह मुझे याद किया है? भरतजी के अत्यन्त विनीत वचन सुनकर हनुमान्‌जी पुलकित-तन होकर उनके पैरों पर गिर पड़े (और मन में विचारने लगे कि) जो चराचर जगत् के स्वामी हैं, वे श्रीरघुनाथजी अपने श्रीमुख से जिनके गुणसमूहों का वर्णन करते हैं, वे भरतजी ऐसे विनीत, परम पवित्र और सद्‌गुणों के सागर क्यों न हों?

Has the jewel of the house of Raghu ever remembered me—his servant?' On hearing Bharata's very humble speech, Hanuman was in a rapture and fell at his feet, saying to himself, 'How can he be otherwise than humble, the holiest of the holy and an ocean of perfections, whose virtues Raghunatha, Lord of all creation, recites with his own lips?'

दो.—राम प्रानप्रिय नाथ तुम्ह सत्य बचन मम तात।
पुनि पुनि मिलत भरत सुनि हरष न हृदय समात॥२(क)॥

(हनुमान्‌जी ने कहा—) हे नाथ! आप श्रीरामजी को प्राणों के समान प्यारे हैं। हे तात! मेरा यह वचन सत्य है। यह सुनकर भरतजी बार-बार मिलते हैं, हर्ष उनके हृदय में नहीं समाता॥२(क)॥

'Lord,' he said, 'to Rama you are dear as life itself; take my words to be true, dear master.' Hearing this, Bharata embraced him again and again with a joy which was more than his heart could contain.

सो.—भरतचरन सिरु नाइ तुरत गयउ कपि राम पहिं।
कहीं कुसल सब जाइ हरषि चलेउ प्रभु जान चढ़ि॥२(ख)॥

फिर भरतजी के चरणों में प्रणाम कर हनुमान्‌जी तुरन्त श्रीरामजी के पास (लौट) गए और जाकर उन्होंने सारी कुशल कही। तब प्रभु श्रीरामचन्द्रजी प्रसन्न होकर विमान पर चढ़कर चले॥२(ख)॥

After bowing his head before Bharata's feet, Hanuman swiftly returned to Rama and told him that all was well. Joyfully the Lord then mounted his chariot and flew on.

चौ.—हरषि भरत कोसलपुर आए। समाचार सब गुरहि सुनाए॥
पुनि मंदिर महुँ बात जनाई। आवत नगर कुसल रघुराई॥

भरतजी भी प्रसन्न होकर अयोध्यापुरी आये और उन्होंने आकर गुरुजी को सारा समाचार कह सुनाया। फिर राजमहल में बात जनायी कि श्रीरघुनाथजी सकुशल नगर को आ रहे हैं॥१॥

Filled with joy, Bharata returned to the city of Ayodhya and told the *guru* all the news. He then made it known in the palace that Raghunatha was coming to the city and was safe and sound.

सुनत सकल जननीं उठि धाईं। कहि प्रभु कुसल भरत समुझाईं॥
समाचार पुरबासिन्ह पाए। नर अरु नारि हरषि सब धाए॥

(श्रीरघुनाथजी के आने का समाचार) सुनते ही सब माताएँ उठ दौड़ीं। भरतजी ने प्रभु की कुशल कहकर सबको समझाया। जब नगर-निवासियों ने यह समाचार पाया तब स्त्री-पुरुष सभी हर्षोल्लसित होकर दौड़े॥२॥

On hearing the tidings, all the queen mothers started up and ran; but Bharata calmed them by assuring them of the Lord's welfare. When the news reached the citizens, all ran out in their joy (to meet their lord), both men and women.

दधि दुर्बा रोचन फल फूला। नव तुलसीदल मंगलमूला॥
भरि भरि हेमथार भामिनी। गावत चलिं सिंधुरगामिनी॥

(श्रीरामजी के स्वागत-निमित्त) दही, दूब, गोरोचन, फल, फूल और मङ्गल के मूल नवीन तुलसीदल आदि वस्तुएँ सोने के थालों में भर-भरकर सौभाग्यवती गजगामिनी स्त्रियाँ (उन्हें लेकर मंगल गीत) गाती हुई चलीं॥३॥

With golden dishes laden with curds and *durva* grass and the sacred yellow pigment, fruit and flowers and fresh leaves of the sacred *tulasi* (basil) plant, the root of all blessings, matrons sallied forth with the stately gait of an elephant, singing as they went.

जे जैसें तैसेहिं उठि धावहिं। बाल बृद्ध कहुँ संग न लावहिं॥
एक एकन्ह कहुँ बूझहिं भाई। तुम्ह देखे दयाल रघुराई॥

जो जिस दशा में हैं वे उसी दशा में उठ दौड़ते हैं। (जल्दी में) बालकों

और बूढ़ों को कोई साथ नहीं लाते। वे एक-दूसरे से पूछते हैं – भाई! तुमने कृपालु श्रीरघुनाथजी को देखा है? ॥४॥

All got up and ran just as they were, without stopping to bring with them either the children or the old; and people asked one another, 'Brother, have you seen the gracious Raghunatha?'

अवधपुरी प्रभु आवत जानी। भई सकल सोभा कै खानी॥
भइ सरऊ अति निर्मल नीरा। बहै सुहावन त्रिबिध समीरा॥

यह जानकर कि प्रभु आ रहे हैं, अवधपुरी सम्पूर्ण शोभाओं की खान हो गयी। सरयूजी अति निर्मल जलवाली हो गयीं और तीनों प्रकार की सुहावनी वायु बहने लगी ॥५॥

Having learnt that the Lord was coming, the city of Avadh became a mine of all loveliness. The water of the Sarayu flowed crystal clear, and a grateful breeze blew, soft, cool and fragrant.

दो. –हरषित गुर परिजन अनुज भूसुरबृंद समेत।
चले भरत अति प्रेम मन सन्मुख कृपानिकेत ॥३(क)॥

गुरु वसिष्ठजी, कुटुम्बियों, छोटे भाई शत्रुघ्न तथा ब्राह्मणों के समूह के साथ प्रसन्न होकर भरतजी कृपाधाम श्रीरामजी के सामने अत्यन्त प्रेमपूर्ण मन से (उनकी अगवानी के लिए) चले ॥३(क)॥

Accompanied by his *guru*, his kinsfolk, his younger brother and a company of Brahmans, with a heart overflowing with deep devotion, Bharata joyfully went forth to meet the all-merciful Rama.

बहुतक चढ़ीं अटारिन्ह निरखहिं गगन बिमान।
देखि मधुर सुर हरषित करहिं सुमंगल गान ॥३(ख)॥

बहुत-सी स्त्रियाँ अटारियों पर चढ़कर आकाश में विमान देख रही हैं और उसे आते देख प्रसन्न होकर मधुर स्वर से सुन्दर मङ्गलगीत गा रही हैं ॥३(ख)॥

Many women mounted to the upper storeys and looked for the chariot in the sky; and when they saw it, they began in their joy to sing songs of welcome in melodious strains.

राकाससि रघुपति पुर सिंधु देखि हरषान।
बढ़ेउ कोलाहल करत जनु नारि तरंग समान ॥३(ग)॥

रघुपति पूर्णिमा के चन्द्रमा हैं तथा अयोध्या समुद्र है, जो उस पूर्णचन्द्र को देखकर हर्षित हो रहा है और कोलाहल करता हुआ बढ़ रहा है। (इधर-उधर लहराती-दौड़ती हुई) स्त्रियाँ उसकी तरंगों के समान दीखती हैं ॥३(ग)॥

As the waves of the sea rise and swell at the sight of the full moon, so poured forth the women of the city with an uproarious rapture at the sight of Raghupati. (Raghupati was the full moon and Ayodhya the sea that swept along in boisterous rapture to behold him, and the women were like the waves.)

चौ. –इहाँ भानुकुल कमल दिवाकर। कपिन्ह देखावत नगरु मनोहर॥
सुनु कपीस अंगद लंकेसा। पावन पुरी रुचिर यह देसा॥

इधर (विमान पर बैठे) सूर्यकुलरूपी कमल को खिलानेवाले सूर्य श्रीरामजी वानरों को मनोरम नगर दिखला रहे हैं और कहते हैं – हे सुग्रीव! हे अंगद! हे लङ्कापति विभीषण! सुनो, यह अयोध्यापुरी पवित्र है और यह देश सुन्दर है ॥१॥

Meanwhile, Rama, who brought delight to the Solar race as the sun to the lotus, was pointing out the beauties of the city to the monkeys! 'Listen, Sugriva, Angad and Vibhishana (lord of Lanka): Ayodhya is a holy city and this land a land of beauty.

जद्यपि सब बैकुंठ बखाना। बेद पुरान बिदित जगु जाना॥
अवध सरिस प्रिय मोहि न सोऊ। यह प्रसंग जानै कोउ कोऊ॥

यद्यपि सबने वैकुण्ठ की प्रशंसा की है – यह वेद-पुराणों में भी प्रसिद्ध है और इसे सारा जगत् जानता है; परंतु अयोध्यापुरी के समान मुझे वह भी प्रिय नहीं है। इस रहस्य को विरले ही जानते हैं ॥२॥

Though all have extolled Vaikuntha, renowned in the Vedas and the Puranas and known throughout the world, yet it is not so dear to me as this city of Ayodhya; and rare are they who comprehend this mystery.

जन्मभूमि मम पुरी सुहावनि। उत्तर दिसि बह सरऊ पावनि॥
जा मज्जन तें बिनहिं प्रयासा। मम समीप नर पावहिं बासा॥

यह सुन्दर नगरी मेरी जन्मभूमि है। इसके उत्तर दिशा में पवित्र सरयू बहती है, जिसमें स्नान करने से मनुष्य बिना किसी प्रयास के मेरे समीप निवास (सामीप्य मुक्ति) पा जाते हैं ॥३॥

This lovely city is my birthplace; to the north there flows the holy Sarayu, by bathing in which men effortlessly win a home near me.

अति प्रिय मोहि इहाँ के बासी। मम धामदा पुरी सुखरासी॥
हरषे सब कपि सुनि प्रभुबानी। धन्य अवध जो राम बखानी॥

अयोध्या के निवासी मुझे अत्यन्त प्रिय हैं। यह पुरी मेरे परमधाम को देनेवाली और सुख की राशि है। प्रभु की वाणी सुनकर सब वानर प्रसन्न हुए और कहने लगे कि जिस अयोध्या की स्वयं श्रीरामजी ने प्रशंसा की, वह (सचमुच) धन्य है ॥४॥

Very dear to me are the citizens of Ayodhya, a city that grants its inhabitants a home in my own heaven hereafter and is the abode of perfect bliss.' The monkeys rejoiced to hear the Lord's words and cried, 'Blessed is Ayodhya that Rama has praised !'

दो. —आवत देखि लोग सब कृपासिंधु भगवान ।
नगर निकट प्रभु प्रेरेउ उतरेउ भूमि बिमान ॥४(क)॥

जब दयासागर भगवान् श्रीरामचन्द्रजी ने सब लोगों को आते देखा तब उन्होंने विमान को नगर के निकट उतरने के लिए प्रेरित किया । तब वह भूमि पर उतरा ॥४(क)॥

When the Blessed Lord, the ocean of compassion, saw all the people coming out to meet him, he bade the chariot approach the city and touch down there. Then the car came down to land.

उतरि कहेउ प्रभु पुष्पकहि तुम्ह कुबेर पहि जाहु ।
प्रेरित राम चलेउ सो हरष बिरह अति ताहु ॥४(ख)॥

उतरकर प्रभु ने पुष्पक (विमान) से कहा कि तुम कुबेर के पास जाओ । वह श्रीरामजी से प्रेरित होकर चला, उसे (अपने स्वामी के पास जाने का) हर्ष है और प्रभु श्रीरामचन्द्रजी से बिछुड़ने की अत्यन्त विरह-वेदना भी ॥४(ख)॥

Having alighted from the car, the Lord directed Pushpaka to return to Kubera.[1] At Rama's bidding, it departed, full of mingled joy and sorrow at parting.

चौ. —आए भरत संग सब लोगा । कृसतन श्रीरघुबीरबियोगा ॥
बामदेव बसिष्ठ मुनिनायक । देखे प्रभु महि धरि धनु सायक ॥

भरतजी के साथ सब लोग आये । श्रीरघुवीर के वियोग में सबके शरीर दुबले हो गए हैं । वामदेव, वसिष्ठ आदि मुनिश्रेष्ठों को देखकर प्रभु ने धनुष-बाण पृथ्वी पर रख दिए ॥१॥

With Bharata came all the people, emaciated in body by their separation from Raghubira. When the Lord saw such great sages as Vamadeva, Vasishtha and others, he laid his bow and arrows on the ground

धाइ गहे गुरचरन सरोरुह । अनुज सहित अति पुलक तनोरुह ॥
भेटि कुसल बूझी मुनिराया । हमरे कुसल तुम्हारिहिं दाया ॥

छोटे भाई लक्ष्मणजीसहित दौड़कर उन्होंने गुरुजी के चरणकमल पकड़ लिए; उनके रोम-रोम अत्यन्त रोमांचित हो रहे हैं । मुनिराज वसिष्ठजी ने गले लगाकर उनसे कुशल पूछी । (प्रभु ने कहा —) आप ही की कृपा में हमारी कुशलता है ॥२॥

and ran with his brother to clasp his *guru*'s lotus feet, every hair of their bodies bristling with delight. Vasishtha, the lord of sages, embraced them and asked after their well-being. 'By your favour,' said the Lord, 'all is well with us.'

सकल द्विजन्ह मिलि नाएउ माथा । धर्मधुरंधर रघुकुलनाथा ॥
गहे भरत पुनि प्रभुपद पंकज । नमत जिन्हहिं सुर मुनि संकर अज ॥

धर्मधुरंधर (धर्म की धुरी धारण करनेवाले) रघुकुल के स्वामी श्रीरामजी ने सभी ब्राह्मणों से मिलकर प्रत्येक को प्रणाम किया । फिर भरतजी ने प्रभु के उन चरणकमलों को पकड़ा जिन्हें देवता, मुनि, शिव और ब्रह्मा (भी) नमस्कार करते हैं ॥३॥

The lord of the house of Raghu, the champion of righteousness, greeted all the Brahmans and bowed his head before them. Then Bharata clasped the Lord's lotus feet, ever worshipped by gods and sages, Shiva and Brahma.

परे भूमि नहिं उठत उठाए । बर करि कृपासिंधु उर लाए ॥
स्यामल गात रोम भए ठाढ़े । नव राजीव नयन जल बाढ़े ॥

(भरतजी) पृथ्वी पर पड़े हुए उठाये उठते ही नहीं । तब कृपासिन्धु श्रीरामजी ने बलपूर्वक उन्हें उठाकर छाती से लगा लिया । (उनके) साँवले शरीर पर रोएँ खड़े हो गए । नवीन कमल के समान नेत्रों में आँसू उमड़ पड़े ॥४॥

Bharata lay prostrate on the ground and would not be raised, but Rama, the ocean of grace, pressed him to his bosom perforce. Every hair on his swarthy form stood erect and his eyes, as lovely as the newly opened lotus, were flooded with tears.

छं. —राजीव लोचन स्रवत जल तन ललित पुलकावलि बनी ।
अति प्रेम हृदय लगाइ अनुजहि मिले प्रभु त्रिभुवनधनी ॥
प्रभु मिलत अनुजहि सोह मो पहिं जाति नहि उपमा कही ।
जनु प्रेम अरु सिंगार तनु धरि मिले बर परमा लही ॥१॥

कमल के समान नेत्रों से आँसू बहने लगे और सुन्दर शरीर पुलकित हो उठा । त्रिलोकी के स्वामी प्रभु श्रीरामजी छोटे भाई भरतजी से अत्यन्त प्रेमपूर्वक हृदय से लगाकर मिले । भाई से मिलते समय प्रभु जैसे शोभित हो रहे हैं उसकी उपमा मुझसे दी नहीं जाती, मानो प्रेम और शृंगार दोनों शरीर धारण कर मिल रहे हों और श्रेष्ठ शोभा को प्राप्त हुए हों ॥१॥

Tears streamed from his lotus eyes and his beauteous body quivered with emotion. The Lord Rama, the sovereign of the three worlds, embraced Bharata and clasped him to his bosom. There is no

1. The car Pushpaka, which originally belonged to Kubera, had been stolen from him by Ravana.

similitude by which I can illustrate the beauty of the Lord meeting with his brother: it was as though the Erotic sentiment and Affection had met together in exquisite bodily form.

बूझत कृपानिधि कुसल भरतहि बचनु बेगि न आवई ।
सुनु सिवा सो सुख बचन मन तें भिन्न जान जो पावई ॥
अब कुसल कोसलनाथ आरत जानि जन दरसनु दियो ।
बूड़त बिरह बारीस कृपानिधान मोहि कर गहि लियो ॥२॥

दयानिधान श्रीरामजी भरतजी से कुशल-समाचार पूछते हैं, परंतु (आनन्दमग्न) भरतजी के मुख से वचन तुरत नहीं निकलते । (शिवजी कहते हैं —) हे पार्वती ! सुनो, (भरतजी का) वह सुख वचन और मन से परे है; उसे वही जान सकता है जो उसे पाता है । (भरतजी ने कहा —) हे कोसलनाथ ! आपने आर्त (दुःखी) जानकर मुझ सेवक को दर्शन दिये, इससे अब कुशल है । विरह-सागर में डूबते हुए मुझको कृपानिधान ने हाथ पकड़कर बचा लिया ! ॥२॥

The all-merciful Rama asked after Bharata's well-being, but it was with difficulty that he found words to reply. Listen, Parvati, such bliss as Bharata's is beyond one's speech and thought; it is known only to those who feel it. 'Now is all well with me, O lord of Kosala,' said Bharata, 'for seeing your servant's distress, you have allowed him to see you and have taken him by the hand, O gracious Lord, and rescued him when he was sinking in the sea of bereavement.'

दो. –पुनि प्रभु हरषि सत्रुहन भेटे हृदय लगाइ ।
लछिमनु भरतु मिले तब परम प्रेम दोउ भाइ ॥५॥

फिर प्रभु श्रीरामचन्द्रजी प्रसन्नतापूर्वक शत्रुघ्नजी को छाती से लगाकर मिले । तब लक्ष्मणजी और भरतजी दोनों भाई परम प्रेमपूर्वक मिले ॥५॥

With great gladness in his heart the Lord then embraced Shatrughna and pressed him to his bosom. Next, the two brothers, Lakshmana and Bharata, embraced each other, their hearts overflowing with love.

चौ. –भरतानुज लछिमनु पुनि भेटे । दुसह बिरहसंभव दुख मेटे ॥
सीताचरन भरत सिरु नावा । अनुज समेत परम सुख पावा ॥

फिर लक्ष्मणजी शत्रुघ्नजी से गले लगकर मिले और वियोगजन्य असह्य दुःख का नाश किया । फिर भाई शत्रुघ्नजीसहित भरतजी ने सीताजी के चरणों में प्रणाम कर परम सुख का अनुभव किया ॥१॥

Then Lakshmana embraced Shatrughna, thus relieving each other of the intolerable grief of separation. Bharata and Shatrughna bowed their heads before Sita's feet and experienced supreme happiness.

प्रभु बिलोकि हरषे पुरबासी । जनित बियोग बिपति सब नासी ॥
प्रेमातुर सब लोग निहारी । कौतुक कीन्ह कृपाल खरारी ॥

प्रभु श्रीरामचन्द्रजी को देखकर अयोध्यावासी अत्यन्त प्रसन्न हुए । विरह से उत्पन्न उनके सारे दुःख नष्ट हो गए । सब लोगों को प्रेमविह्वल देखकर खर के शत्रु दयालु श्रीरामजी ने एक कौतुक (चमत्कार) किया ॥२॥

The citizens rejoiced at the sight of the Lord, and their sorrow caused by his absence now ended. Seeing all the people affectionately impatient to greet him, the all-merciful Rama, the slayer of Khara, wrought a miracle.

अमित रूप प्रगटे तेहिं काला । जथाजोग मिले सबहि कृपाला ॥
कृपादृष्टि रघुबीर बिलोकी । किए सकल नर नारि बिसोकी ॥

उसी समय कृपानिधान ने अपने असंख्य रूप प्रकट किए और सबसे वे (एक ही साथ) यथायोग्य मिले । श्रीरघुवीर ने दयादृष्टि से देखकर सब नर-नारियों को शोक रहित कर दिया ॥३॥

At one and the same moment the Lord of grace became manifest in countless forms and greeted everyone with due ceremony. Looking on them all with compassionate eyes, Raghubira made every man and woman supremely happy.

छन महुँ सबहि मिले भगवाना । उमा मरमु येह काहुँ न जाना ॥
एहि बिधि सबहि सुखी करि रामा । आगे चले सील गुन धामा ॥

भगवान् क्षणमात्र में ही सबसे मिल लिये । हे उमा ! किसी ने भी इस रहस्य को नहीं जाना । इस तरह शील और गुणों के स्थान श्रीरामजी सबको सुखी करके वहाँ से आगे बढ़े ॥४॥

In a moment the Blessed Lord greeted them all; this was a mystery, Uma, which none could fathom. Having thus gratified all, Rama, the home of amiability and every virtue, went on his way.

कौसल्यादि मातु सब धाईं । निरखि बच्छ जनु धेनु लवाईं ॥

(इतने में) कौसल्या आदि सभी माताएँ ऐसे दौड़ीं मानो थोड़े दिन की ब्यायी हुई गौएँ अपने बछड़ों को देखकर दौड़ी हों ॥५॥

Kausalya and the other queen mothers all ran out to meet him, as cows that have lately calved run at the sight of their little ones;

छं. –जनु धेनु बालक बच्छ तजि गृह चरन बन परबस गईं ।
दिन अंत पुर रुख स्रवत थन हुंकार करि धावत भईं ॥
अति प्रेम प्रभु सब मातु भेटीं बचन मृदु बहु बिधि कहे ।
गइ बिषम बिपति बियोगभव तिन्ह हरष सुख अगनित लहे ॥

मानो थोड़े दिन की ब्यायी हुई गौएँ अपने छोटे बछड़ों को घर में छोड़ परवश होकर वन में चरने गयी हों और संध्या होने पर हुंकार करके थन से दूध गिराती हुई नगर की ओर दौड़ी हों। प्रभु ने अत्यन्त प्रेम से सब माताओं से मिलकर उनसे बहुत प्रकार के कोमल वचन कहे। वियोग से उत्पन्न भयानक विपत्ति दूर हो गयी और सबने अपार सुख और हर्ष प्राप्त किए।

as cows that have recently calved and have been driven by force to graze in the woods, leaving their young calves at home, hurry on lowing with dripping udders towards the city at close of day. The Lord embraced all the queen mothers with the utmost affection and spoke many a tender word to them. The dread calamity that his absence had brought upon them came to an end and they derived infinite joy and gratification.

दो. –भेटेउ तनय सुमित्राँ रामचरन रति जानि।
रामहि मिलत कैकई हृदय बहुत सकुचानि ॥६(क)॥

श्रीरामजी के चरणों में लक्ष्मणजी की प्रीति जानकर सुमित्राजी अपने पुत्र से मिलीं। श्रीरामजी से मिलते समय कैकेयीजी हृदय में बहुत सकुचायीं ॥६(क)॥

Sumitra embraced her son (Lakshmana), remembering how devoted he was to Rama's feet. Kaikeyi too embraced Rama, but with a heart utterly ill at ease.

लछिमनु सब मातन्ह मिलि हरषे आसिष पाइ।
कैकइ कहुँ पुनि पुनि मिले मन कर छोभ न जाइ ॥६(ख)॥

सब माताओं से मिलकर और आशीर्वाद पाकर लक्ष्मणजी भी प्रसन्न हुए। वे कैकेयीजी से बार-बार मिले, किन्तु उनके मन का क्षोभ नहीं जाता ॥६(ख)॥

Lakshmana too embraced all the queens and was delighted to receive their blessing; but though he embraced Kaikeyi again and again, his bitterness of feeling was not dispelled.

चौ. –सासुन्ह सबन्ह मिली बैदेही। चरनन्हि लागि हरष अति तेही ॥
देहिं असीस बूझि कुसलाता। होउ अचल तुम्हार अहिवाता ॥

जानकीजी अपनी सब सासुओं से मिलीं। उनके चरणों में लगने से उन्हें अत्यन्त प्रसन्नता हुई। सासुओं ने कुशल पूछकर आशिष दिया कि तुम्हारा सुहाग अचल हो ॥१॥

Janaki greeted all her mothers-in-law and was overjoyed to clasp their feet. They asked after her well-being and blessed her, saying, 'May your happy wedded life last for ever !'

सब रघुपतिमुख कमल बिलोकहिं। मंगल जानि नयनजल रोकहिं ॥
कनकथार आरती उतारहिं। बार बार प्रभुगात निहारहिं ॥

सब (माताएँ) श्रीरघुनाथजी के कमल-से मुखड़े को देख रही हैं। मङ्गल का समय जानकर वे आँसुओं को नेत्रों में ही रोक रखती हैं। सोने के थाल से वे आरती उतारती हैं और बारंबार प्रभु के श्रीअङ्गों को निहारती हैं ॥२॥

They all gazed upon the lotus face of Raghunatha and, remembering that it was an auspicious hour, checked their tears. Burning festal lights in golden dishes, they waved them about Rama's head again and again, contemplating the Lord's divine form.

नाना भाँति निछावरि करहीं। परमानंद हरष उर भरहीं ॥
कौसल्या पुनि पुनि रघुबीरहि। चितवति कृपासिंधु रनधीरहि ॥

वे नाना प्रकार से निछावरें करती हैं और हृदय में परमानन्द तथा हर्ष का अनुभव करती हैं। कौसल्याजी बार-बार दयासागर, रणधीर श्रीरघुवीर को देख रही हैं ॥३॥

They lavished on him every kind of offering (in order to avert an evil eye), their hearts full of supreme felicity and jubilation. Again and again did Kausalya gaze upon Raghubira, the gracious and invincible warrior,

हृदय बिचारति बारहि बारा। कवन भाँति लंकापति मारा ॥
अति सुकुमार जुगल मेरे बारे। निसिचर सुभट महाबल भारे ॥

वे बार-बार अपने मन में यही विचारती हैं कि इन्होंने लङ्कापति रावण को कैसे मारा होगा ? मेरे ये दोनों बच्चे अत्यन्त सुकुमार हैं और राक्षस तो बड़े भारी योद्धा और पराक्रमी थे ॥४॥

each time wondering within herself how he had slain the lord of Lanka. 'Daintily delicate,' she thought, 'are my two boys, while the demons were great warriors of extraordinary might !'

दो. –लछिमन अरु सीता सहित प्रभुहि बिलोकति मात।
परमानंद मगन मन पुनि पुनि पुलकित गात ॥७॥

माता कौसल्याजी लक्ष्मणजी और सीताजी के साथ प्रभु श्रीरामचन्द्रजी को देख रही हैं। उनका मन परमानन्द में डूबा हुआ है और शरीर बार-बार रोमांचित हो रहा है ॥७॥

As the mother (Kausalya) gazed upon the Lord and Lakshmana and Sita, her soul drank the cup of ecstasy and her whole being quivered with emotion.

चौ. –लंकापति कपीस नल नीला। जामवंत अंगद सुभसीला ॥
हनुमदादि सब बानर बीरा। धरे मनोहर मनुजसरीरा ॥

लङ्कापति विभीषण, वानरराज सुग्रीव, नल, नील, जाम्बवान् और अंगद तथा हनुमान्‌जी आदि सभी श्रेष्ठ स्वभाववाले वीर वानरों ने सुन्दर-सुन्दर मानव-शरीर धारण कर लिये ॥१॥

Vibhishana (the lord of Lanka), Sugriva (the Monkey King), Nala and Nila, Jambavan, Angad, Hanuman and the other monkey heroes, all high-minded champions, assumed charming human forms.

भरत सनेहु सील ब्रत नेमा । सादर सब बरनहिं अति प्रेमा ।
देखि नगरबासिन्ह कै रीती । सकल सराहहिं प्रभुपद प्रीती ॥

सब भरतजी के प्रेम, सुन्दर स्वभाव, (त्याग के) व्रत और नियमों की अत्यन्त प्रेम और आदर के साथ बड़ाई करते हैं और नगरवासियों के (प्रेम, शील और विनय से पूर्ण) व्यवहार को देखकर वे सब प्रभु के चरणों में उनके प्रेम की सराहना करते हैं ॥२॥

With great reverence and devotion all lauded Bharata's affection and goodness and his austerities and discipline. When they saw the citizens' mode of life, they all praised their devotion to the feet of the Lord.

पुनि रघुपति सब सखा बोलाए । मुनिपद लागन कुसल सिखाए ॥
गुर बसिष्ठ कुलपूज्य हमारे । इन्ह की कृपा दनुज रन मारे ॥

फिर श्रीरघुनाथजी ने अपने सब मित्रों को बुलाया और सबको इस बात की शिक्षा दी कि मुनि के चरणों में लगने में ही कुशलता है । गुरु वसिष्ठजी हमारे कुलगुरु, कुलपूज्य हैं । इन्हींकी कृपा से रण में राक्षस मारे गए हैं ॥३॥

Then Raghunatha called all his comrades and exhorted them to touch the *guru*'s feet: 'The *guru* Vasishtha,' he said, 'is highly to be reverenced by the whole of my house; it is by his favour that the demons were slaughtered in battle.

ए सब सखा सुनहुँ मुनि मेरे । भए समर सागर कहुँ बेरे ॥
मम हित लागि जन्म इन्ह हारे । भरतहु तें मोहि अधिक पिआरे ॥

(फिर उन्होंने गुरुजी से कहा –) हे मुनि ! सुनिये, ये सब मेरे मित्र हैं । ये संग्राम-सागर में मेरे लिए बेड़े (जहाज) के समान हुए । मेरे हित के लिए इन्होंने अपने जन्मतक हार दिए (अपने प्राणों की बाजी लगा दी) । ये मुझे भरत से भी अधिक प्यारे हैं ॥४॥

And listen, O sage; all these are my friends; they were the boats that bore me safely out of the sea of battle; they staked their lives for my sake and are dearer to me than Bharata himself.'

सुनि प्रभुबचन मगन सब भए । निमिष निमिष उपजत सुख नए ॥

प्रभु के इन शब्दों को सुनकर सब प्रेम और आनन्द में डूब गए । इस प्रकार उन्हें प्रतिपल नये-नये सुख उत्पन्न हो रहे हैं ॥५॥

When they heard the Lord's words, all were greatly enraptured; every moment that passed gave birth to ever new delights.

दो. –कौसल्या के चरनन्हि पुनि तिन्ह नाएउ माथ ।
आसिष दीन्हि हरषि तुम्ह प्रिय मम जिमि रघुनाथ ॥८(क)॥

फिर उन लोगों ने कौसल्याजी के चरणों में प्रणाम किया । कौसल्याजी ने प्रसन्न हो आशिषें दीं (और कहा –) तुम मुझे रघुनाथ के समान प्यारे हो ॥८(क)॥

Then they bowed their heads before Kausalya's feet, who rejoiced to give them her blessing and said, 'You are as dear to me as Raghunatha.'

सुमनबृष्टि नभ संकुल भवन चले सुखकंद ।
चढ़ी अटारिन्ह देखहिं नगर नारि बर बृंद ॥८(ख)॥

जब आनन्दकन्द श्रीरामजी अपने महल को चले, तब फूलों की वर्षा से आसमान छा गया । कुलीन स्त्रियों के झुंड अटारियों पर चढ़कर उनके दर्शन करते हैं ॥८(ख)॥

The sky was obscured with showers of blossoms as the Lord of bliss went on to the palace, and throngs of men and women of the city mounted to the upper storeys to see him.

चौ. –कंचन कलस बिचित्र सँवारे । सबहिं धरे सजि निज निज द्वारे ॥
बंदनवार पताका केतू । सबन्हि बनाए मंगलहेतू ॥

स्वर्ण-कलशों को विचित्र ढंग से (मणि-रत्नादि से) सँवार-सजाकर सब लोगों ने अपने-अपने दरवाजों पर रख लिये । उन्होंने मङ्गल के लिए बंदनवार, ध्वजा और पताकाएँ लगायीं ॥१॥

They ornamented all kinds of golden pitchers with various designs and set everyone of these at their doors; they all fashioned festoons, flags and buntings, to make a glad show.

बीथीं सकल सुगंध सिचाईं । गजमनि रचि बहु चौक पुराईं ॥
नाना भाँति सुमंगल साजे । हरषि नगर निसान बहु बाजे ॥

सभी गलियों को सुगन्धित द्रवों से तर किया गया । गजमुक्ताओं से रचकर बहुत-सी चौकें पुरायी गयीं । नाना भाँति के सुन्दर मङ्गल साज सजाये गए और हर्षपूर्वक नगर में बहुत-से डंके बजने लगे ॥२॥

All the streets were sprinkled with perfumes and scented water and many a mystic square was traced and filled in with pearls. Every kind of festive preparation was made and a large number of kettledrums began to sound joyous music in the city.

जहँ तहँ नारि निछावरि करहीं। देहिं असीस हरष उर भरहीं॥
कंचनथार आरती नाना। जुवती सजें करहिं सुभ गाना॥

स्त्रियाँ जहाँ-तहाँ निछावर करती हैं और हृदय में आनन्द भरकर आशीर्वाद देती हैं। बहुत-सी (सौभाग्यवती) युवतियाँ कंचन-थालों में नाना प्रकार की आरती सजाकर मङ्गलगान करती हैं॥३॥

Everywhere women scattered their offerings (on his path), invoking blessings with hearts full of joy. Many young women set festal lamps in golden dishes and sang auspicious songs the while.

करहिं आरती आरतिहर कें। रघुकुल कमल बिपिन दिनकर कें॥
पुर सोभा संपति कल्याना। निगम सेष सारदा बखाना॥

वे आर्तिहर (दुःखों को हरनेवाले) और सूर्यकुलरूपी कमलवन को खिलानेवाले सूर्य श्रीरामजी की आरती करती हैं। वेद, शेष और सरस्वतीजी नगर के सौन्दर्य, वैभव और कल्याण का वर्णन करते हैं॥४॥

They waved the festal lamps about the head of Rama who banishes all woe, who is the sun that delights the lotus bed of the Solar race. The splendour, the wealth, the blessedness of the city are all hymned by the Vedas, Shesha and Sarasvati,

तेउ येह चरित देखि ठगि रहहीं। उमा तासु गुन नर किमि कहहीं॥

परंतु वे भी इस चरित्र को देखकर आश्चर्यचकित हो रहते हैं। (शिवजी कहते हैं—) हे उमा! तब भला, मनुष्य उनके गुणों का वर्णन कैसे कर सकते हैं?॥५॥

but even they are struck dumb before the spectacle; how, then, can any mortal, O Uma, recount his perfections?

दो.—नारि कुमुदिनी अवध सर रघुपतिबिरह दिनेस।
अस्त भएँ बिगसत भईं निरखि रामु राकेस॥९(क)॥

अयोध्यारूपी सरोवर में स्त्रियाँ कुमुदिनी हैं और श्रीरघुनाथजी का वियोग सूर्य है। (इस विरह-सूर्य के ताप से वे मुरझा गयी थीं।) अब उस विरहरूपी सूर्य के अस्त होते ही श्रीरामरूपी पूर्णचन्द्र को निरखकर वे खिल उठीं॥९(क)॥

The women were like water-lilies growing in the lake of Ayodhya and Raghunatha's absence the sun;[1] but now the sun had set and the lilies opened their blossoms again at the sight of Rama, the full moon.

1. "Rama's absence, like the heat of the sun, had withered the lily-like women in the Avadh lake."

होहिं सगुन सुभ बिबिधि बिधि बाजहिं गगन निसान।
पुर नर नारि सनाथ करि भवन चले भगवान॥९(ख)॥

अनेक प्रकार के मंगलकारक शकुन प्रकट हो रहे हैं और आकाश में नगाड़ों की ध्वनि हो रही है। नगर के नर-नारियों को सनाथ (कृतार्थ) करके भगवान् श्रीरामचन्द्रजी महल को चले॥९(ख)॥

Favourable omens of every description were seen and kettledrums sounded in the heavens as the Lord moved to the palace after blessing the men and women of the city with his protecting presence.

चौ.—प्रभु जानी कैकई लजानी। प्रथम तासु गृह गए भवानी॥
ताहि प्रबोधि बहुत सुख दीन्हा। पुनि निज भवन गवनु हरि कीन्हा॥

(शिवजी कहते हैं—) हे भवानी! प्रभु से यह बात छिपी न रही कि माता कैकेयी लज्जित हो गयी हैं। (इसलिए) वे पहले उन्हीं के महल को गये और उन्हें समझा-बुझाकर बहुत सुख दिया। तदनंतर श्रीहरि अपने महल को गये॥१॥

The Lord, Bhavani, knew that Kaikeyi was ashamed; so he went to her apartments first; thereafter reassuring and gratifying her, Hari moved on to his own palace.

कृपासिंधु जब मंदिर गए। पुर नर नारि सुखी सब भए॥
गुर बसिष्ठ द्विज लिए बोलाई। आजु सुघरी सुदिनु सुभदाई॥

जब कृपासागर श्रीरामजी अपने महल को गये तब अयोध्या के नर-नारी सब सुखी हुए। गुरु वसिष्ठजी ने ब्राह्मणों को बुला लिया (और कहा—) आज शुभ घड़ी, सुन्दर दिन आदि सभी शुभ करनेवाले योग हैं॥२॥

When the all-merciful Lord Rama entered the palace, every man and woman of the city felt gratified. The *guru* Vasishtha called the Brahmans and said, 'The day and the hour and all the omens are propitious today.

सब द्विज देहु हरषि अनुसासन। रामचंद्र बैठहिं सिंघासन॥
मुनि बसिष्ठ के बचन सुहाए। सुनत सकल बिप्रन्ह अति भाए॥

आप सभी ब्राह्मण प्रसन्न मन से आज्ञा दीजिए जिसमें श्रीरामचन्द्रजी सिंहासन पर विराजमान हों। वसिष्ठ मुनि के सुंदर वचन सुनते ही सब ब्राह्मणों को बहुत ही प्रिय लगे॥३॥

Do all you Brahmans be pleased to command that Ramachandra take his seat upon the throne.' On hearing the sage Vasishtha's gracious address, the Brahmans were all delighted.

कहहिं बचन मृदु बिप्र अनेका। जग अभिराम राम अभिषेका॥
अब मुनिबर बिलंबु नहिं कीजे। महाराज कहँ तिलकु करीजे॥

अनेक ब्राह्मणों ने कोमल स्वर में कहा कि श्रीरामजी का राज्याभिषेक सारे विश्व को आनन्द देनेवाला है। हे मुनिश्रेष्ठ! अब विलम्ब न कीजिए और महाराज का तिलक यथाशीघ्र कर डालिए ॥४॥

Many of the Brahmans spoke in gentle accents, 'Rama's coronation will bring gladness to the whole world. Delay no more, O great sage, but mark the king's forehead with the sign of sovereignty.'

दो. –तब मुनि कहेउ सुमंत्र सन सुनत चलेउ सिरू नाइ।
रथ अनेक बहु बाजि गज तुरत सँवारे जाइ ॥१०(क)॥

तब मुनि ने सुमन्त्रजी से कहा, वे सुनते ही मस्तक नवाकर चले। उन्होंने अविलम्ब जाकर अनेक रथ, घोड़े और हाथी सजाये ॥१०(क)॥

Then the sage instructed Sumantra, who, as soon as he received the order, merrily proceeded and speedily made ready a multitude of chariots, horses and elephants.

जहँ तहँ धावन पठै पुनि मंगल द्रब्य मगाइ।
हरष समेत बसिष्ठपद पुनि सिरु नाएउ आइ ॥१०(ख)॥

और जहाँ-तहाँ दूतों को भेजकर माङ्गलिक वस्तुएँ मँगवायीं। फिर उन्होंने आनन्दपूर्वक आकर वसिष्ठजी के चरणों में प्रणाम किया ॥१०(ख)॥

Despatching messengers in every direction, he sent for articles of good omen. Thereafter he joyfully returned to Vasishtha and bowed his head before his feet.

नवाह्नपारायण, आठवाँ विश्राम

चौ. –अवधपुरी अति रुचिर बनाई। देवन्ह सुमनबृष्टि झरि लाई ॥
राम कहा सेवकन्ह बुलाई। प्रथम सखन्ह अन्हवावहु जाई ॥

अयोध्या को बहुत ही सुन्दर सजाया गया। देवताओं ने फूलों की वर्षा की झड़ी लगा दी। श्रीरामचन्द्रजी ने सेवकों को बुलाकर कहा कि जाकर पहले मेरे साथियों को स्नान कराओ ॥१॥

The city of Ayodhya was most splendidly decorated and the gods showered down a continuous cascade of blossoms. Rama summoned his servants and said, 'Go and first assist my friends at their ablutions.'

सुनत बचन जहँ तहँ जन धाए। सुग्रीवादि तुरत अन्हवाए ॥
पुनि करुनानिधि भरतु हकारे। निज कर राम जटा निरुआरे ॥

प्रभु श्रीरामजी के वचन सुनते ही सेवकगण जहाँ-तहाँ दौड़ पड़े और शीघ्र ही उन्होंने सुग्रीवादि को नहवाया। फिर करुणानिधान श्रीरामजी ने भरतजी को बुला भेजा और उनकी जटाओं को अपने हाथों से सुलझाया ॥२॥

As soon as they heard the Lord Rama's command the servants ran this way and that and quickly bathed Sugriva and the rest. Then Rama, the Lord of grace, summoned Bharata and with his own hands untied his knotted coil of hair.

अन्हवाए प्रभु तीनिउँ भाई। भगतबछल कृपाल रघुराई ॥
भरतभाग्य प्रभुकोमलताई। सेष कोटि सत सकहिं न गाई ॥

फिर भक्तवत्सल दयालु प्रभु श्रीरघुनाथजी ने तीनों भाइयों को नहवाया। भरतजी के भाग्य और प्रभु की कोमलता का गान अरबों शेषजी भी नहीं कर सकते ॥३॥

Then the Lord, the gracious Raghunatha, who is the cherisher of all pious souls, bathed his three brothers. Not a thousand million Sheshas would be able to declare the blessedness of Bharata and the Lord's tenderness.

पुनि निज जटा राम बिबराए। गुर अनुसासन मागि नहाए ॥
करि मज्जनु प्रभु भूषन साजे। अंग अनंग कोटि छबि छाजे ॥

फिर श्रीरामजी ने अपनी जटाएँ खोलीं और गुरुजी की आज्ञा माँगकर स्नान किया। स्नान करने के बाद प्रभु ने आभूषण पहने। उनके अङ्ग करोड़ों (असंख्य) कामदेवों की सुन्दरता से सुशोभित थे ॥४॥

Next, Rama unloosed his own matted hair and with the *guru*'s permission took his bath. After his ablutions the Lord decked himself with jewels, his every limb as immeasurably resplendent as a myriad Loves.

दो. –सासुन्ह सादर जानकिहि मज्जनु तुरत कराइ।
दिब्य बसन बर भूषन अँग अँग सजे बनाइ ॥११(क)॥

(इधर) सासुओं ने सीताजी को आदरपूर्वक तुरंत ही स्नान कराया और उनके अंग-प्रत्यंग में दिव्य वस्त्र और श्रेष्ठ आभूषण भलीभाँति सजा दिए ॥११(क)॥

Forthwith the queens bathed Sita with all tenderness and carefully dressed her in heavenly apparel and decked her every limb with rich jewels.

राम बाम दिसि सोभति रमारूप गुनखानि।
देखि मातु सब हरषीं जन्म सुफल निज जानि ॥११(ख)॥

श्रीराम की बायीं ओर रूप-गुण की खान सीताजी शोभित हैं। उन्हें देखकर सब माताएँ अपना जन्म सफल हुआ जानकर प्रसन्न हुईं ॥११(ख)॥

At Rama's left hand shone forth Sita, the perfection of beauty and virtue; the queens were all overjoyed at the sight, each thinking her birth had borne fruit.

सुनु खगेस तेहिं अवसर ब्रह्मा सिव मुनिबृंद ।
चढ़ि बिमान आए सब सुर देखन सुखकंद ॥११(ग)॥

(काकभुशुण्डिजी कहते हैं –) हे पक्षिराज गरुड़जी ! सुनिये, उसी समय ब्रह्माजी, शिवजी और मुनिवृंद तथा विमानों पर चढ़कर अन्य सब देवता आनन्दकन्द भगवान् के दर्शन के लिए आये ॥११(ग)॥

Listen, O king of birds: at that hour Brahma, Shiva and multitudes of sages and all the other gods mounted their chariots and came to see the source and spring of joy.

चौ. –प्रभु बिलोकि मुनिमनु अनुरागा । तुरत दिब्य सिंघासनु मागा ॥
रबि सम तेज सो बरनि न जाई । बैठे रामु द्विजन्ह सिरु नाई ॥

प्रभु श्रीरामजी को देखते ही मुनि वसिष्ठजी के मन में प्रेम उमड़ आया । उन्होंने तत्काल दिव्य सिंहासन मँगवाया, जिसका तेज सूर्य के समान था और उसका सौन्दर्य अवर्णनीय । ब्राह्मणों को प्रणाम कर श्रीरामचन्द्रजी उस पर विराजमान हुए ॥१॥

The sage Vasishtha was enraptured as he gazed upon the Lord, and he sent at once for a gorgeous throne, effulgent as the sun, indescribably beautiful. Bowing his head to the Brahmans, Rama took his seat thereon.

जनकसुता समेत रघुराई । पेखि प्रहरषे मुनिसमुदाई ॥
बेदमंत्र तब द्विजन्ह उचारे । नभ सुर मुनि जय जयति पुकारे ॥

जनक-कन्या सीताजी के साथ श्रीरघुनाथजी को देखकर मुनि समुदाय अत्यन्त हर्षित हुआ । तब ब्राह्मणों ने वेदमन्त्रों का उच्चारण किया और आसमान में देवता तथा मुनि 'जय हो, जय हो' कहकर पुकार उठे ॥२॥

The whole saintly throng was in ecstasies at the sight of Raghunatha and Janaka's daughter. Then the Brahmans intoned the Vedic spells, while in the heavens above the gods and sages shouted 'Glory ! Glory !'

प्रथम तिलक बसिष्ठ मुनि कीन्हा । पुनि सब बिप्रन्ह आएसु दीन्हा ॥
सुत बिलोकि हरषीं महतारीं । बार बार आरतीं उतारीं ॥

सर्वप्रथम मुनि वसिष्ठजी ने तिलक किया । फिर उन्होंने सब ब्राह्मणों को (तिलक करने का) आदेश दिया । पुत्र का तिलक किया जाना देखकर माताएँ बहुत प्रसन्न हुईं और उन्होंने बार-बार श्रीरामजी की आरती उतारी ॥३॥

First, the sage Vasishtha applied the sacred mark, and then directed all the Brahmans to do so too. The queens were transported with joy at the sight of their son, and again and again waved their festal lamps about his head.

बिप्रन्ह दान बिबिधि बिधि दीन्हे । जाचक सकल अजाचक कीन्हे ॥
सिंघासन पर त्रिभुवनसाईं । देखि सुरन्ह दुंदुभीं बजाईं ॥

ब्राह्मणों को उन्होंने अनेक प्रकार के दान किये और सम्पूर्ण याचकों को अयाचक बना दिया (समृद्ध कर दिया) । त्रिभुवन के स्वामी श्रीरामचन्द्रजी को सिंहासन पर (विराजमान) देखकर देवताओं ने नगाड़े बजाये ॥४॥

They bestowed a variety of gifts on the Brahmans and not a beggar remained with a want unsatisfied. Perceiving the Lord of the three spheres seated on the throne, the gods sounded their drums.

छं. –नभ दुंदुभीं बाजहिं बिपुल गंधर्ब किंनर गावहीं ।
नाचहिं अपछराबृंद परमानंद सुर मुनि पावहीं ॥
भरतादि अनुज बिभीषनांगद हनुमदादि समेत ते ।
गहे छत्र चामर ब्यजन धनु असि चर्म सक्ति बिराजते ॥१॥

आकाश में बहुत-से नगाड़े बज रहे हैं । गन्धर्व और किन्नर (प्रभु का) यशोगान कर रहे हैं । झुंड-की-झुंड अप्सराएँ नाच रही हैं और देवता तथा मुनि परमानन्द का अनुभव कर रहे हैं । विभीषण, अंगद, हनुमान् और सुग्रीव आदि के साथ भरत, लक्ष्मण और शत्रुघ्न क्रमशः छत्र, चँवर, पंखा, धनुष, तलवार, ढाल और शक्ति लिये हुए विराजमान हैं ॥१॥

Many a drum sounded in the heavens above; Gandharvas and Kinnaras (the celestial musicians) sang and bands of heavenly nymphs danced to the supreme delight of the gods and sages. Bharata, Lakshmana and Shatrughna, together with Vibhishana, Angad, Hanuman and the rest, shone forth beside the Lord, each holding severally the royal umbrella, the whisk, the fan, the bow, the sword, the shield and the spear.

श्री सहित दिनकर बंस भूषन काम बहु छबि सोहई ।
नव अंबुधर बर गात अंबर पीत मुनिमन मोहई ॥
मुकुटांगदादि बिचित्र भूषन अंग अंगन्हि प्रति सजे ।
अंभोज नयन बिसाल उर भुज धन्य नर निरखंति जे ॥२॥

श्रीसीताजी के साथ सूर्यकुलभूषण श्रीरामजी के शरीर में अनेक कामदेवों का सौंदर्य निखर रहा है । जलयुक्त नवीन मेघों के सदृश सुन्दर साँवले शरीर पर पीताम्बर मुनियों के मन को भी मुग्ध कर रहा है । मुकुट, बाजूबंद आदि विचित्र आभूषण अंग-प्रत्यंग में सजे हुए हैं । कमल-तुल्य नेत्र हैं, विशाल (चौड़ी) छाती है और भुजाएँ लम्बी हैं; जो उनके दर्शन करते हैं वे मनुष्य धन्य हैं ॥२॥

With Lakshmi (Sita) by his side, the jewel of the Solar race shone forth with the beauty of many Loves; his exquisite body, lovely as a fresh rain-cloud, clad in yellow robes, enthralled the soul of the gods; his diadem and bracelets and other marvellous ornaments bedecked his every limb;

blessed indeed are those who behold such a form, such lotus eyes, such stalwart chest and such long arms.

दो. –वह सोभा समाज सुख कहत न बनै खगेस ।
बरनैं सारद सेष श्रुति सो रस जान महेस ॥१२(क)॥

हे पक्षिराज गरुड़जी ! वह सुन्दरता, समाज और सुख अवर्णनीय है (मुझसे कहते नहीं बनता) । सरस्वतीजी, शेषजी और वेद उसका वर्णन करते हैं; और उसका आनन्द शिवजी ही जानते हैं ॥१२(क)॥

I cannot describe, Garuda, the beauty of the scene, the uniqueness of the assembly and the delight of the occasion. Sarasvati, Shesha and the Vedas recount them, but Shiva alone knows all the sweetness of them.

भिन्न भिन्न अस्तुति करि गए सुर निज निज धाम ।
बंदीबेष बेद तब आए जहँ श्रीराम ॥१२(ख)॥

सब देवता भिन्न-भिन्न स्तुति करके अपने-अपने लोक को लौट गए । तब भाटों के रूप में चारों वेद वहाँ आये जहाँ श्रीरामजी विराजमान थे ॥१२(ख)॥

Having severally hymned the Lord's praises, the gods returned each to his own sphere. Then came the Vedas, in the form of bards, into the presence of Rama.

प्रभु सर्बग्य कीन्ह अति आदर कृपानिधान ।
लखेउ न काहूँ मरमु कछु लगे करन गुनगान ॥१२(ग)॥

कृपा के स्थान सर्वज्ञ प्रभु ने उनका बहुत आदर किया । इसका रहस्य किसी ने कुछ भी नहीं जाना । वेद गुणगान करने लगे ॥१२(ग)॥

The omniscient Lord of grace received them with all honour, though no one else could penetrate the mystery. The Vedas began to hymn his excellent virtues:

छं. –जय सगुन निर्गुन रूप रूप अनूप भूपसिरोमने ।
दसकंधरादि प्रचंड निसिचर प्रबल खल भुजबल हने ॥
अवतार नर संसारभार बिभंजि दारुन दुख दहे ।
जय प्रनतपाल दयाल प्रभु संजुक्त सक्ति नमामहे ॥१॥

हे सगुण-निर्गुणरूप ! हे अनुपम रूप-लावण्य से भूषित ! हे राजाओं के शिरोमणि ! आपकी जय हो । आपने रावण आदि प्रचण्ड, प्रबल और दुष्ट राक्षसों को अपने बाहुबल से मार डाला । आपने मनुष्य रूप में अवतार लेकर संसार के भार को नष्टकर अत्यन्त दारुण दुःखों को भस्म कर डाला । हे दयालु ! हे प्रणतपाल प्रभो ! आपकी जय हो । हम शक्ति (सीताजी) सहित शक्तिमान् आपको नमस्कार करते हैं ॥१॥

'O you who are personal and impersonal, incomparable in beauty, crest-jewel of kings, you have slain by the might of your arm Ravana and all the other dread demons, monsters of iniquity ! Appearing in human garb, you rid the world of its burdens and put an end to its tormenting woes. Hail, merciful Lord, protector of the suppliant ! You, omnipotent Lord, and your consort, Sita, we adore !

तव बिषम माया बस सुरासुर नाग नर अग जग हरे ।
भवपंथ भ्रमत श्रमित दिवस निसि काल कर्म गुनन्हि भरे ॥
जे नाथ करि करुना बिलोके त्रिबिध दुख ते निर्बहे ।
भव खेद छेदन दक्ष हम कहुँ रक्ष राम नमामहे ॥२॥

हे हरे ! आपकी प्रचंड माया के वश में होने के कारण देवता, राक्षस, नाग, मनुष्य और चर-अचर – सभी काल, कर्म और गुणों से भरे हुए दिन-रात संसार (जन्म-मरण) के मार्ग में थके भटक रहे हैं । हे नाथ ! इनमें से जिनको आपने अपनी कृपादृष्टि से देख लिया, वे तीनों प्रकार के दुःखों से मुक्त हो गए । हे जन्म-मरण के श्रम को मिटाने में निपुण श्रीरामजी ! हमारी रक्षा कीजिए । हम आपको नमस्कार करते हैं ॥२॥

'Subject to your relentless illusion, O Hari, gods and demons, serpents[1] and men and all creation, animate and inanimate, wearily wander night and day on the unending path of birth and death, impelled by fate and *karma* (destiny) and the gunas (modes of material nature); but they whom you regard, O Lord, with compassion have been rid of the threefold affliction. Protect us, Rama, prompt as you are in putting an end to the weariness of mortality; we adore you !

जे ज्ञान मान बिमत्त तव भवहरनि भगति न आदरी ।
ते पाइ सुरदुर्लभ पदादपि परत हम देखत हरी ॥

---

1. "Many tribes assumed in modern and ancient times the name of snakes (Nagas) whether in order to assert their autochthonic right to the country in which they lived, or because, as Diodorus supposes, the snake had been used as their banner, their rallying sign or crest. At the same time, Diodorus points out, people may either have chosen the snake for their banner, because it was their deity, or it may have become their deity because it was their banner. At all events, nothing would be more natural than that people who, for some reason or other, called themselves snakes should in time adopt a snake for their ancestor, and finally for their god. In India the snakes assume, at an early time, a very prominent part in epic and popular traditions. They soon became what fairies or bogies are in our nursery tales, and they thus appear in company with Gandharvas, Apsaras, Kinnaras etc. in some of the most ancient architectural ornamentations of India." — Max Muller's *Hibbert Lectures*. Quoted by F. S. Growse, *op. cit.*, p. 635.

बिस्वास करि सब आस परिहरि दास तव जे होइ रहे।
जपि नाम तव बिनु श्रम तरहिं भवनाथ सो समरामहे ॥३॥

जिन लोगों ने झूठे ज्ञान के अभिमान में विशेष मतवाले होकर आवागमन (के भय) को हरनेवाली आपकी भक्ति का सम्मान नहीं किया, हे हरि! देवदुर्लभ पद को पाकर भी हम उन्हें उस पद से नीचे गिरते देखते हैं। जो सब आशाओं को त्यागकर विश्वास करके आपके दास हो रहते हैं, वे केवल आपके नाम को जपकर ही बिना परिश्रम भवसागर से पार उतर जाते हैं। हे नाथ! ऐसे आपका हम स्मरण करते हैं ॥३॥

'Intoxicated with the pride of wisdom, they who respect not devotion to you, which takes away the fear of rebirth, may reach that goal, O Hari, which even gods may fail to reach; yet we see them fall from that estate; but they who confidently abandon all other hope and with unqualified faith choose to remain your servants, ever repeating your name, O Lord, in prayer, cross the ocean of birth and death without any effort; this is the Lord on whom we fix our thoughts!

जे चरन सिव अज पूज्य रज सुभ परसि मुनिपतिनी तरी।
नखनिर्गता मुनिबंदिता त्रैलोकपावनि सुरसरी॥
ध्वज कुलिस अंकुस कंज जुत बन फिरत कंटक किन लहे।
पद कंज द्वंद मुकुंद राम रमेस नित्य भजामहे ॥४॥

जो चरण शिवजी और ब्रह्माजी के लिए पूज्य हैं तथा जिन चरणों की मंगलप्रद रज के स्पर्शमात्र से गौतम ऋषि की पत्नी (अहल्या) का उद्धार हो गया; जिन चरणों के नख से ऋषियों-द्वारा वन्दित, त्रैलोक्य को पावन करनेवाली गङ्गाजी निकलीं और ध्वजा, वज्र, अंकुश और कमल, इन चिह्नों से युक्त जिन चरणों में वन में फिरते समय काँटे चुभ जाने से घट्ठे पड़ गए, हे मुकुन्द! हे राम! हे रमापति! हम आपके उन्हीं दोनों चरणकमलों को सदैव भजते हैं ॥४॥

'O Mukunda,[1] Rama, Lakshmi's lord, we ever adore your lotus feet, which Shiva and Brahma worship, the touch of whose blessed dust redeemed the sage's wife (Ahalya), from whose nails sprang forth the heavenly stream (Ganga), reverenced by sages and purifying all the three spheres, and the soles of which, while bearing the marks of a flag, thunderbolt, goad and lotus, are further adorned by scars left by the thorns that pierced them in the course of your wanderings in the woods.

अब्यक्तमूलमनादि तरु त्वच चारि निगमागम भने।
षट कंध साखा पंच बीस अनेक पर्न सुमन घने॥

1. Bestower of liberation.

फल जुगल बिधि कटु मधुर बेलि अकेलि जेहि आस्रित रहे।
पल्लवत फूलत नवल नित संसार बिटप नमामहे ॥५॥

वेद-शास्त्र कहते हैं कि इस संसार-रूपी वृक्ष की जड़ अव्यक्त[१] (ब्रह्म या माया) है; यह वृक्ष अनादि काल से है; इसमें चार त्वचाएँ (खाल, छिलके) हैं और छह स्कंध (तना) हैं। (इस वृक्ष में) पचीस शाखाएँ, अनेक पत्ते और बहुत-से फूल हैं तथा कड़वे-मीठे दोनों प्रकार के फल लगे हैं। इस पर एक ही बेलि है जो इसके आश्रित रहती है (इस वृक्ष पर फैली है)। यह नित्य नया फूलता और नये पत्तों से युक्त रहता है — ऐसे संसार वृक्ष-रूप (ब्रह्म) को मैं नमस्कार करता हूँ। (यहाँ जगत् को भगवान् के परिणामरूप में प्रवाहतः नित्य कहा गया है। यह विशिष्टाद्वैतवादियों का मत है।) ॥५॥

'We adore you as the tree of the manifest world, which, as the Vedas and the Agamas (Tantras) declare, has its root in the Unmanifest (Brahma) and has existed from time without beginning; which has four coats of bark, six boughs, twenty-five branchlets, innumerable leaves and abundant flowers; which bears two kinds of fruit, one bitter, one sweet, which has but one creeper clinging to it and which ever puts forth fresh foliage and new blossoms.

जे ब्रह्म अजमद्वैतमनुभवगम्य मनपर ध्यावहीं।
ते कहहुँ जानहुँ नाथ हम तव सगुनजसु नित गावहीं॥
करुनायतन प्रभु सदगुनाकर देव येह बर मागहीं।
मन बचन कर्म बिकार तजि तव चरन हम अनुरागहीं ॥६॥

ब्रह्म अज है (जन्म नहीं लेता), अद्वैत है (वही सब-कुछ है), केवल अनुभव से ही जाना जाता है और मन से परे है — जो (ऐसा कहकर उस) ब्रह्म का ध्यान करते हैं, वे ऐसा कहें और जानें। हम तो, हे नाथ! नित्य आपका सगुण यश ही गाते हैं। हे करुणा के धाम प्रभो! हे सद्गुणों की खान! हे देव (दिव्य शरीरवाले)! हम आपसे यह वरदान माँगते हैं कि मन, वचन और कर्म से विकारों को तजकर आपके चरणों में ही प्रेम करें ॥६॥

'Let those who meditate on the Absolute as unborn and without a second, perceptible only by intuition, beyond intellectual reach, speak of It and know It; we, O Lord, ever hymn the glories of your visible form. O all-merciful and all-effulgent Lord, O mine of noble virtues, this is the boon we ask of

१. वेदान्त ने ब्रह्म को जगत् का कारण है। तमोगुण, रजोगुण और सत्त्वगुण क्रमशः काले, लाल और श्वेत रंगों की त्वचाएँ हैं। चौथी महीन त्वचा तीनों गुणों की साम्यावस्था सूक्ष्म कारणावस्थापन्न प्रकृति है। यहाँ तना जीव है, जिस पर ये त्वचाएँ लिपटी हुई हैं। पाँच तत्त्व और मन — ये छह स्कंध हैं। मूल प्रकृति, महत्, अहंकार, पञ्च तन्मात्रा, पञ्च महाभूत, दस इन्द्रिय और मन एवं पुरुष — ये पचीस शाखाएँ हैं। (प्रत्येक तत्त्व की पाँच-पाँच प्रकृतियाँ होती हैं।) प्रारब्धानुसार शुभाशुभ कर्म के अनेक पत्ते हैं। अविद्या माया बेलि है।

you, that in thought and word and deed we may impeccably maintain devotion to your feet.'

दो. –सब कें देखत बेदन्ह बिनती कीन्हि उदार ।
अंतरधान भए पुनि गए ब्रह्म आगार ॥१३(क)॥

सबके देखते (दर्शकों की उपस्थिति में) वेदों ने यह सुन्दर (उचित) विनती की। फिर वे अन्तर्धान होकर ब्रह्मलोक को चले गए ॥१३(क)॥

Thus in the sight of all the Vedas uttered this noble prayer, and then vanished and returned to Brahma's realm (Satyaloka).

बैनतेय सुनु संभु तब आए जहँ रघुबीर ।
बिनय करत गदगद गिरा पूरित पुलक सरीर ॥१३(ख)॥

(काकभुशुण्डिजी कहते हैं –) हे गरुड़जी ! सुनिये, वेदों के चले जाने के अनंतर शिवजी वहाँ आये जहाँ श्रीरघुनाथजी थे और गद्गद वाणी से विनती करने लगे। उनका सारा शरीर पुलकित था ।१३(ख)॥

Listen, Garuda; then came Shiva to Raghunatha and with a faltering voice and every hair on his body erect he thus made supplication:

जय राम रमारमनं समनं । भवताप भयाकुल पाहि जनं ॥
अवधेस सुरेस रमेस बिभो । सरनागत मागत पाहि प्रभो ॥

हे राम ! हे रमारमण ! आपकी जय हो ! हे भवतापों के विध्वंसक ! आवागमन के भय से पीड़ित इस जन की रक्षा कीजिए। हे अयोध्यानाथ ! हे देवताओं के स्वामी ! हे रमापति ! हे विभो ! हे प्रभो ! शरण में आकर मैं आपसे यही माँगता हूँ कि मेरी रक्षा कीजिए ! ॥१॥

'Glory to you, Rama, Lakshmi's lord, queller of all worldly pains ! Protect your servant, harassed with the terrors of birth and death ! O sovereign of Ayodhya, Lord of the immortals, Lakshmi's spouse, all-pervading Master, having fled to you for refuge, I implore you : pray extend your protection to me !

दससीस बिनासन बीसभुजा । कृत दूरि महा महि भूरि रुजा ॥
रजनीचरबृंद पतंग रहे । सर पावक तेज प्रचंड दहे ॥

हे दस मस्तकों और बीस भुजाओंवाले रावण का संहार कर धरती के सभी भयानक रोगों को दूर करनेवाले श्रीरामजी ! निशाचर-समूहरूपी जो पतंग थे, वे सब आपके बाणरूपी अग्नि के प्रचण्ड तेज में जलकर भस्मीभूत हो गए ॥२॥

O destroyer of the ten-headed and twenty-armed Ravana, remover of earth's sore burden, the demon hosts were like moths that were reduced to ashes by the fierce flame of your fiery arrows.

महिमंडल मंडन चारुतरं । धृत सायक चाप निषंग बरं ॥
मद मोह महा ममता रजनी । तमपुंज दिवाकर तेज अनी ॥

आप सम्पूर्ण पृथ्वी-मण्डल के बड़े ही सुन्दर भूषण हैं और श्रेष्ठ बाण, धनुष और तरकश धारण किये हुए हैं। घोर अहंकार, मोह और ममतारूपी रात्रि के घोर अन्धकार को दूर करने के लिए आप सूर्य के जाज्वल्यमान (तेजोमंडित) किरणसमूह हैं ॥३॥

An exceedingly beauteous ornament of the terrestrial sphere, you have armed yourself with an excellent bow and arrows and quiver; you are radiant as the sun to dispel the deep darkness of the night of pride, gross ignorance and attachment.

मनजात किरात निपात किए । मृग लोग कुभोग सरेन हिए ॥
हति नाथ अनाथन्हि पाहि हरे । बिषया बन पावर भूलि परे ॥

कामदेवरूपी व्याध ने मनुष्यरूपी मृगों के हृदय में कुभोगरूपी बाण मारकर उनको गिरा दिया है। हे नाथ ! हे (पाप-ताप को हरनेवाले) हरे ! आप उस (कामदेवरूपी व्याध) को मारकर विषयरूपी वन में भूले पड़े हुए नीच अनाथ जनों की रक्षा कीजिए ॥४॥

Love, like a huntsman, has laid low the human deer by smiting him to the heart with the shafts of lustful desire. Pray kill the hunter, O Lord Hari, and save your poor helpless creatures, lost in the wilderness of sensuality !

बहु रोग बियोगन्हि लोग हए । भवदंघ्रि निरादर के फल ए ॥
भवसिंधु अगाध परे नर ते । पद पंकज प्रेमु न जे करते ॥

बहुत-से रोगों और वियोगों के द्वारा लोग मारे हुए हैं। ये सब आपके चरणकमलों के निरादर के फल हैं। आपके चरणकमलों में जो मनुष्य प्रेम नहीं करते, वे (वस्तुतः) अथाह भवसागर में पड़े हुए हैं ॥५॥

Men are afflicted with a host of diseases and bereavements, which are surely the fruit of this disregard for your lotus feet. Those men who have no love for your holy feet continue to drift in the bottomless ocean of existence.

अति दीन मलीन दुखी नितहीं । जिन्ह कें पद पंकज प्रीति नहीं ॥
अवलंब भवंत कथा जिन्ह कें । प्रिय संत अनंत सदा तिन्ह कें ॥

आपके चरणकमलों में जिन्हें प्रीति नहीं, वे सदा अत्यन्त दीन, मलिन (उदास) और दुःखी रहते हैं, पर जिन्हें आपकी कथा का सहारा है, उन्हें साधु-संत और भगवान् सदा प्यारे लगते हैं ॥६॥

Very wretched indeed and melancholy and sorrowful for ever are they who have no affection for your lotus feet, but those who derive their sustenace from your story ever hold the sages and the eternal Lord dear to them.

नहि राग न लोभ न मान मदा । तिन्ह कें सम बैभव वा बिपदा ॥
एहि तें तव सेवक होत मुदा । मुनि त्यागत जोग भरोस सदा ॥

उनमें न राग (पदार्थों में आसक्ति) है, न लोभ; न अभिमान है, न मद। सम्पत्ति और विपत्ति दोनों उन्हें समान दिखती हैं। इसी से मुनिलोग योग (साधन) का भरोसा सदा के लिए छोड़ देते हैं और आनन्दपूर्वक आपके सेवक बन जाते हैं ॥७॥

They are free from passion, greed, arrogance and pride, and regard prosperity and adversity as both alike. Thus it is that sages abandon for ever all confidence in ascetic practice and gladly become your servants.

करि प्रेमु निरंतर नेमु लिएँ। पद पंकज सेवत सुद्ध हिएँ॥
सम मानि निरादर आदरहीं। सब संत सुखी बिचरंति महीं॥

वे प्रेमपूर्वक नियम धारणकर नित्य-निरन्तर शुद्ध हृदय से आपके चरणकमलों की सेवा करते हैं और निरादर और आदर को बराबर समझते हुए वे सब संत पृथ्वी पर सुख से विचरण करते हैं ॥८॥

With a pure heart and strict observance they unceasingly and lovingly wait upon your lotus feet. Regarding honour and ignominy as one, all such saints wander happily about the earth.

मुनि मानस पंकज भृंग भजे। रघुबीर महा रनधीर अजे॥
तव नाम जपामि नमामि हरी। भवरोग महागद मान अरी॥

हे मुनियों के मन-कमल के भ्रमर! हे रण में महाधीर एवं अजेय श्रीरघुवीर! मैं आपको भजता हूँ। हे हरि! मैं आपका नाम जपता हूँ और आपको प्रणाम करता हूँ। आप भव (जन्म-मरणरूपी) रोग की महान् औषध और अभिमान के शत्रु हैं ॥९॥

O you who haunt as a bee the lotus-like souls of sages! O Raghubira, invincible and exceedingly staunch hero, I worship you. Your name, O Hari, I repeat in prayer and adore you, sovereign remedy for the sickness of birth and death and enemy of pride!

गुनसील कृपा परमायतनं। प्रनमामि निरंतर श्रीरमनं॥
रघुनंद निकंदय द्वंदघनं। महिपाल बिलोकय दीनजनं॥

(आपके गुणादि का वर्णन कोई कहाँ तक करेगा,) आप तो गुण, शील और कृपा के परम स्थान ही हैं। आप लक्ष्मीपति हैं, मैं आपको सदैव प्रणाम करता हूँ। हे रघुनन्दन! (आप जन्म-मरण, सुख-दुःख, रागद्वेषादि) मेरे द्वन्द्वसमूहों का नाश कीजिए। हे महिपाल (पृथ्वी का पालन करनेवाले स्वामी)! इस दीन सेवक की ओर भी कृपा-दृष्टि डालिए ॥१०॥

I constantly greet you, Lakshmi's lord, supreme abode of goodness, amiability and grace! Destroy, O delight of the Raghus, all pairs of contraries (such as joy and sorrow, birth and death, attraction and repulsion, etc.)! O sovereign of earth, look graciously upon your humble servant!

दो.—बार बार बर मागौं हरषि देहु श्रीरंग।
पद सरोज अनपायनी भगति सदा सतसंग॥१४(क)॥

आपसे मैं बार-बार यही वर माँगता हूँ कि मुझे आपके पदकमल की अविनाशिनी अटल भक्ति और आपके भक्तों का सत्सङ्ग निरंतर प्राप्त होता रहे। हे लक्ष्मीपते! प्रसन्न होकर मुझे यही दीजिए ॥१४(क)॥

Again and again I beg of you this boon—be pleased to grant it, O lord of Lakshmi—that I may never cease to be devoted to your lotus feet and may enjoy constant communion with your devotees!'

बरनि उमापति रामगुन हरषि गए कैलास।
तब प्रभु कपिन्ह देवाये सब बिधि सुखप्रद बास॥१४(ख)॥

श्रीरामचन्द्रजी के गुणों का वर्णनकर उमापति महादेवजी प्रसन्न होकर कैलास को चले गए, तब प्रभु ने वानरों को सब भाँति सुख देनेवाले निवास-स्थान दिलवाए ॥१४(ख)॥

Having thus hymned Rama's virtues, Uma's lord (Mahadeva) joyously returned to Kailasa. The Lord then allotted to the monkeys abodes that were pleasant in every respect.

चौ.—सुनु खगपति येह कथा पावनी। त्रिबिध ताप भव भय दावनी॥
महाराज कर सुभ अभिषेका। सुनत लहहिं नर बिरति बिबेका॥

(श्रीभुशुण्डिजी कहते हैं—) हे गरुड़जी! सुनिये, यह कथा (श्रोताओं को) पवित्र करनेवाली है, (दैहिक, दैविक, भौतिक) तीनों प्रकार के तापों का और जन्म-मरण के भय का—भव-भय का—नाश करनेवाली है। महाराज श्रीरामजी के कल्याणमय राज्यभिषेक का वर्णन (भक्ति-भाव से) सुनकर मनुष्य वैराग्य और ज्ञान प्राप्त करते हैं ॥१॥

Listen, king of birds; this story purifies the heart and rids one of the threefold affliction and of the fear of birth and death. By devoutly hearing the narrative of the great king's blessed coronation men acquire dispassion and discernment.

जे सकाम नर सुनहिं जे गावहिं। सुख संपति नाना बिधि पावहिं॥
सुरदुर्लभ सुख करि जग माहीं। अंतकाल रघुपतिपुर जाहीं॥

और जो मनुष्य किसी कामना से सुनते और जो गाते हैं, वे भाँति-भाँति के सुख और सम्पत्ति पाते हैं। वे संसार में देवताओं को भी दुर्लभ सुखों को भोगकर अन्तकाल में श्रीरघुनाथजी के परम धाम (साकेत, स्वर्ग) को जाते हैं ॥२॥

Even those who hear it sung or sing of it with some selfish motive gain happiness and prosperity of every kind; after enjoying in this world a bliss, to which even gods can scarce attain, they ascend to Raghunatha's divine realm at their end.

सुनहिं बिमुक्त बिरत अरु बिषई। लहहिं भगति गति संपति नई ॥
खगपति रामकथा मैं बरनी। स्वमति बिलास त्रास दुख हरनी ॥

(इस कथा को) जो जीवन्मुक्त, वैराग्यवान् और विषयी सुनते हैं, वे (क्रमशः) भक्ति, मुक्ति और नयी सम्पत्ति (नित्य नये भोग) उपलब्ध करते हैं। हे पक्षिराज गरुड़जी ! मैंने अपनी बुद्धि के अनुसार रामकथा कही, जो (जन्म-मरण के) भय और दुःख को हरनेवाली है ॥३॥

The finally emancipated, the detached and the worldly, who hear it, severally obtain devotion, final liberation and ever-increasing prosperity. O king of birds, this story of Rama that I have recounted according to my own lights banishes the fear of birth and death and rids one of sorrow.

बिरति बिबेक भगति दृढ़ करनी। मोह नदी कहँ सुंदर तरनी ॥
नित नव मंगल कौसलपुरीं। हरषित रहहिं लोग सब कुरीं ॥

यह कथा वैराग्य, विवेक और भक्ति को सुदृढ़ करनेवाली है तथा मोह-नदी को पार करने के लिए सुन्दर नौका है। अयोध्या में नित्य नूतन मङ्गलोत्सव होते हैं। सभी वर्गों के लोग प्रसन्न रहते हैं ॥४॥

It confirms one's dispassion, discernment and devotion and is a splendid boat to carry men across the river of ignorance. Every day there was some new festivity in the city of Ayodhya, and people of every class were happy.

नित नइ प्रीति रामपद पंकज। सब कें जिन्हहिं नमत सिव मुनि अज ॥
मंगन बहु प्रकार पहिराए। द्विजन्ह दान नाना बिधि पाए ॥

जिन्हें श्रीशिवजी, मुनिगण और ब्रह्माजी भी नमस्कार करते हैं, श्रीरामजी के उन चरणकमलों में सबकी नित्य नवीन प्रीति है। भिक्षुकों को भाँति-भाँति के वस्त्राभूषण पहनाये गए और ब्राह्मणों ने नाना प्रकार के दान पाये ॥५॥

All felt an ever-growing affection for Rama's lotus feet, which are adored by Shiva, Brahma and the sages. Clothes of various kinds were lavishly bestowed on mendicants, and the twice-born (Brahmans) received abundant gifts.

दो. –ब्रह्मानंद मगन कपि सब के प्रभुपद प्रीति।
जात न जाने दिवस तिन्ह गए मास षट बीति ॥१५॥

ब्रह्मानन्द में वानर मग्न हैं। प्रभु के चरणों में उन सबका प्रेम है। उन्होंने यह भी न जाना कि दिन कैसे बीत गए और (देखते-ही-देखते) छः महीने गुजर गए ॥१५॥

The monkeys were all immersed in rapturous communion with Brahma, devoted to the feet of their Lord; day and night passed unnoticed till now six months had been spent.

चौ. –बिसरे गृह सपनेहु सुधि नाहीं। जिमि परद्रोह संतमन माहीं ॥
तब रघुपति सब सखा बोलाए। आइ सबन्हि सादर सिर नाए ॥

उन्हें अपने घर तक भूल गए, (यहाँ तक कि) उन्हें सपने में भी उसकी याद नहीं आती, जैसे दूसरों से द्रोह करने की बात संतों के मन में कभी नहीं आती। तब श्रीरघुनाथजी ने सब सखाओं को बुलाया। सबने आकर आदरपूर्वक सिर झुकाया ॥१॥

They had forgotten their homes so completely that they never even dreamt of them, just as the idea of harming others never enters the soul of a saint. Raghunatha then called together all his friends; they came and reverently bowed their heads.

परम प्रीति समीप बैठारे। भगत सुखद मृदु बचन उचारे ॥
तुम्ह अति कीन्हि मोरि सेवकाई। मुख पर केहिं बिधि करौं बड़ाई ॥

श्रीरामजी ने अत्यन्त प्रेमपूर्वक उन्हें अपने पास बिठाया और भक्तों के लिए सुखद मधुर वचन कहे – तुम लोगों ने मेरी बड़ी सेवा की है, मुँह पर किस तरह तुम्हारी प्रशंसा करूँ ? ॥२॥

Most lovingly he seated them by his side and addressed them in gentle words which were the delight of his worshippers: 'Very great is the service you have done me; but how can I praise you to your faces ?

ता तें तुम्ह मोहि अति प्रिय लागे। मम हित लागि भवन सुख त्यागे ॥
अनुज राज संपति बैदेही। देह गेह परिवार सनेही ॥

मेरे हित के लिए तुम लोगों ने घर-गृहस्थी के सारे सुखों को त्याग दिया, जिससे तुम मुझे अत्यन्त ही प्रिय लग रहे हो। छोटे भाई, राज्य, सम्पत्ति, जानकी, अपना शरीर, घर, कुटुम्ब और मित्र – ॥३॥

You renounced your homes and comforts solely on my account; therefore you have endeared yourselves most to me. My younger brothers, my kingdom, my wealth, Sita (my spouse), my life, my home, my kinsfolk and my friends—

सब मम प्रिय नहिं तुम्हहिं समाना। मृषा न कहौं मोर येह बाना ॥
सब के प्रिय सेवक येह नीती। मोरें अधिक दास पर प्रीती ॥

सब-के-सब मुझे प्रिय हैं, परंतु तुम्हारे जैसा नहीं। मैं असत्य नहीं कहता, यह मेरा स्वभाव है। सेवक सभी को प्रिय लगते हैं, यह नीति (नियम) है, (पर) मेरा तो दास पर (स्वभावतः) विशेष प्रेम है ॥४॥

all these are dear to me, but none so dear as you; I tell you no untruth, I simply reveal my nature to you. Every master, as a rule, loves his servant; but I feel a special affection for those who serve me.

दो. –अब गृहँ जाहु सखा सब भजेहु मोहि दृढ़ नेम।
सदा सर्बगत सर्बहित जानि करेहु अति प्रेम ॥१६॥

हे मेरे मित्र ! अब सब लोग घर लौट जाओ; वहाँ दृढ़ नियमपूर्वक मुझे भजते रहना। सदा सर्वव्यापक और सबका कल्याण करनेवाला समझकर (मुझसे) अत्यन्त प्रेम करना ॥१६॥

Now, my comrades, return to your homes all of you, and worship me with a steadfast vow. Knowing me as always present everywhere and a benefactor of every creature, fervently devote yourselves to me.'

चौ. —सुनि प्रभुबचन मगन सब भए। को हम कहाँ बिसरि तन गए॥
एकटक रहे जोरि कर आगे। सकहिं न कहि कछु अति अनुरागे॥

प्रभु के वचन सुनते ही सब-के-सब प्रेममग्न हो गए। हम कौन और कहाँ हैं, इसका ज्ञान न रहा। देह की सुध-बुध भी भूल गयी ! प्रभु के सामने हाथ जोड़कर वे एकटक देखते ही रह गए। प्रेमाधिक्य के कारण मुख से वचन नहीं निकलते ॥१॥

On hearing the Lord's words all were so completely entranced that they forgot who they were, or where they were, and were ravished out of fleshly feeling. Joining their palms, they stood before him and looked on him with unwinking eyes, unable to speak from excess of devotion.

परम प्रेमु तिन्ह कर प्रभु देखा। कहा बिबिध बिधि ग्यान बिसेषा॥
प्रभु सन्मुख कछु कहै न पारहिं। पुनि पुनि चरन सरोज निहारहिं॥

जब प्रभु ने उनके प्रेम की उत्कटता देखी, (तब) उन्हें तरह-तरह से विशेष ज्ञान का उपदेश दिया। प्रभु के सम्मुख उन्हें कुछ कहते नहीं बनता। वे बार-बार प्रभु के चरणकमलों को निहारते हैं ॥२॥

When the Lord perceived the intensity of their devotion, he did his best to instruct them in wisdom. They, however, could make no reply in the Lord's presence, but again and yet again turned their eyes to his lotus feet.

तब प्रभु भूषन बसन मगाए। नाना रंग अनूप सुहाए॥
सुग्रीवहि प्रथमहिं पहिराए। बसन भरत निज हाथ बनाए॥

तब प्रभु ने रंग-बिरंग के अनुपम और सुन्दर भूषण और वस्त्र मँगवाये। भरतजी ने अपने हाथ से सँवारकर सबसे पहले सुग्रीव को वस्त्राभूषण पहनाये ॥३॥

Then the Lord called for jewels and costumes of various colours, incomparably beautiful; and first of all, Bharata with his own hands made ready a dress in which he clothed Sugriva.

प्रभुप्रेरित लछिमन पहिराये। लंकापति रघुपतिमन भाये॥
अंगद बैठ रहा नहि डोला। प्रीति देखि प्रभु ताहि न बोला॥

फिर प्रभु की प्रेरणा से लक्ष्मणजी ने विभीषणजी को भूषण-वस्त्र पहनाये, जो श्रीरघुनाथजी के मन को प्रिय लगे। अंगद बैठे ही रहे, वे अपनी जगह से हिले-डुले तक नहीं। उनके प्रगाढ़ प्रेम को देखकर प्रभु ने उन्हें नहीं बुलाया ॥४॥

By the Lord's command Lakshmana dressed Vibhishana, which gladdened the heart of Raghunatha; but Angad remained seated and stirred not from his place; the Lord, perceiving his affection, did not call him.

दो. —जामवंत नीलादि सब पहिराए रघुनाथ।
हियँ धरि रामरूप सब चले नाइ पद माथ ॥१७(क)॥

जाम्बवान्, नील आदि सबको श्रीरघुनाथजी ने (स्वयं) वस्त्राभूषण पहनाये। वे सब अपने हृदयों में श्रीरामचन्द्रजी के स्वरूप को धारणकर उनके चरणों में सिर नवाकर चले ॥१७(क)॥

Then Raghunatha himself invested Jambavan and Nila and all the rest, who, with Rama's image enshrined in their hearts, bowed their heads before his feet and took their leave.

तब अंगद उठि नाइ सिरु सजल नयन कर जोरि।
अति बिनीत बोलेउ बचन मनहु प्रेमरस बोरि ॥१७(ख)॥

तब अंगद ने उठकर अपना मस्तक नवाकर, नेत्रों में आँसू भरकर और हाथ जोड़कर अत्यन्त विनम्र तथा मानो प्रेम-रस में डुबोये हुए (मधुर) वचन कहे ॥१७(ख)॥

Then Angad arose and bowed his head and with folded hands and weeping eyes addressed him very humbly in words steeped as it were in the very essence of devotion.

चौ. —सुनु सर्बग्य कृपा सुख सिंधो। दीन दयाकर आरतबंधो॥
मरतीं बार नाथ मोहि बाली। गयउ तुम्हारेहिं कोंछें घाली॥

हे सर्वज्ञ ! हे कृपा एवं सुख के सागर ! दीनों पर दया करनेवाले ! हे दुःखीजनों के बन्धु ! हे नाथ ! सुनिये। मरते समय मेरा पिता बालि मुझे आपकी ही गोद में डाल गया था ॥१॥

'Do give ear, O all-wise, all-gracious and all-blissful Lord, merciful to the meek, befriender of the afflicted ! It was to your protection, my Lord, that Bali (my father) entrusted me in his last moments.

असरनसरन बिरदु संभारी। मोहि जनि तजहु भगत हितकारी॥
मोरें तुम्ह प्रभु गुर पितु माता। जाउँ कहाँ तजि पद जलजाता॥

अतः हे भक्त-हितकारी ! अशरण-शरण होने का अपना बाना यादकर मुझे त्यागिये नहीं। मेरे तो स्वामी, गुरु, पिता और माता, सब आप ही हैं। आपके चरणकमलों को त्यागकर मैं कहाँ जाऊँ ? ॥२॥

Therefore, recalling your vow of affording

protection to the forlorn, forsake me not, O benefactor of your devotees ! You are my master, my preceptor, my father and my mother, all in one; whither shall I go, leaving your lotus feet ?

तुम्हइँ बिचारि कहहु नरनाहा। प्रभु तजि भवन काजु मम काहा॥
बालक ग्यान बुद्धि बल हीना। राखहु सरन नाथ जन दीना॥

हे नृपति ! आप ही सोच-विचारकर बताइए, प्रभु (आप) को छोड़कर घर में मेरा कौन-सा काम है ? हे नाथ ! इस ज्ञान-बुद्धि-बल से सर्वथा रहित बालक तथा दीन सेवक को शरण में रखिए ॥३॥

Consider, O sovereign Lord, and tell me, of what use is my home to me apart from you ? Extend your protection to this humble servant, O Lord, for I am but a child without knowledge, understanding or strength.

नीचि टहल गृह कै सब करिहौं। पद पंकज बिलोकि भव तरिहौं॥
अस कहि चरन परेउ प्रभु पाही। अब जनि नाथ कहहु गृह जाही॥

मैं आपके घर की सब नीची-से-नीची सेवा-टहल करूँगा और आपके चरणकमलों को देख-देखकर भवसागर पार कर जाऊँगा। ऐसा कहकर वे श्रीरामजी के चरणों में गिर पड़े (और बोले—) हे प्रभो ! मेरी रक्षा कीजिए और हे नाथ ! अब यह न कहिए कि तू घर जा ॥४॥

I will do all the most menial housework and shall cross the ocean of birth and death by the mere sight of your lotus feet.' Thus speaking, he fell at Rama's feet, adding, 'Save me, my lord, and command me not now, my Master, to go home !'

दो.—अंगदबचन बिनीत सुनि रघुपति करुनासींव।
प्रभु उठाइ उर लाएउ सजल नयन राजीव॥१८(क)॥

अंगद के विनीत वचन सुनकर करुणा की सीमा प्रभु श्रीरघुनाथजी ने उनको उठाकर अपने हृदय से लगा लिया। प्रभु के नेत्रकमलों में स्नेहाश्रु भर आए ॥१८(क)॥

Hearing Angad's humble entreaty, Raghunatha, the Lord of perfect compassion, raised him and clasped him to his bosom, his lotus eyes streaming with tears.

निज उर माल बसन मनि बालितनय पहिराइ।
बिदा कीन्हि भगवान तब बहु प्रकार समुझाइ॥१८(ख)॥

तब अपने हृदय की माला, वस्त्र और मणि बालिपुत्र अंगद को पहनाकर और तरह-तरह से समझाकर भगवान् ने उनको विदा किया ॥१८(ख)॥

Investing Bali's son (Angad) with the garland that hung on his own bosom and with his own robes and jewels, the Blessed Lord then bade him farewell with many words of consolation.

चौ.—भरत अनुज सौमित्रि समेता। पठवन चले भगत कृत चेता॥
अंगदहृदय प्रेमु नहि थोरा। फिरि फिरि चितव राम कीं ओरा॥

(अंगद-जैसे परम) भक्त की करनी को स्मरण कर भरतजी छोटे भाई शत्रुघ्नजी और लक्ष्मणजी के साथ उनको पहुँचाने चले। अंगद के हृदय में थोड़ा प्रेम नहीं है, (इसलिए चलते समय) वे फिर-फिरकर श्रीरामजी की ओर देखते हैं ॥१॥

Conscious of the votary's services, Bharata, Shatrughna and Lakshmana proceeded to escort him. Angad's heart was so full of love that he would turn again and again for one more look at Rama.

बार बार कर दंड प्रनामा। मन अस रहन कहहिं मोहि रामा॥
राम बिलोकनि बोलनि चलनी। सुमिरि सुमिरि सोचत हसि मिलनी॥

और बारंबार दण्ड-प्रणाम करते हैं। उनके मन में ऐसा आता है कि श्रीरामजी मुझे रोक लें, रहने को कह दें। वे श्रीरामजी के देखने, बोलने, चलने तथा हँसकर मिलने-जुलने के ढंग को यादकर दुःखी होते हैं ॥२॥

He would repeatedly prostrate himself and hope that Rama might bid him stay. He became sad as he recalled the characteristic way Rama looked and talked and walked and smilingly greeted his friends.

प्रभुरुख देखि बिनय बहु भाषी। चलेउ हृदय पद पंकज राखी॥
अति आदर सब कपि पहुँचाए। भाइन्ह सहित भरत पुनि आए॥

किंतु प्रभु की इच्छा देखकर, तरह-तरह के विनय-वचन कहकर तथा हृदय में उनके चरणकमलों को रखकर वे चले। अत्यन्त आदरपूर्वक सब वानरों को पहुँचाकर भाइयों सहित भरतजी फिर लौट आए ॥३॥

But when he saw it was the Lord's will, he set forth with many words of fervent prayer, cherishing his lotus feet in his heart. Having escorted all the monkeys with the utmost respect, Bharata and his brothers returned.

तब सुग्रीव चरन गहि नाना। भाँति बिनय कीन्ही हनुमाना॥
दिन दस करि रघुपति पद सेवा। पुनि तव चरन देखिहौं देवा॥

तब सुग्रीव के चरण पकड़कर हनुमान्‌जी ने नाना भाँति विनती की और कहा—हे देव ! दस (कुछ) दिन श्रीरघुनाथजी के चरणों की सेवा करने के अनंतर फिर मैं आकर चरणों के दर्शन करूँगा ॥४॥

Then Hanuman clasped Sugriva's feet and earnestly sought his favour: 'After spending some ten days more in the service of Raghunatha I shall return to behold your feet again, my master.'

पुन्यपुंज तुम्ह पवनकुमारा। सेवहु जाइ कृपा आगारा॥
अस कहि कपि सब चले तुरंता। अंगद कहै सुनहु हनुमंता॥

(सुग्रीव ने उत्तर दिया —) हे पवनकुमार ! तुम पुण्य-राशि हो (जो प्रभु श्रीरामजी ने तुम्हें अपनी सेवा में रख लिया) । जाकर दयानिधान श्रीरामजी (के चरणों) की सेवा करो ! सब वानर ऐसा कहकर यथाशीघ्र चल पड़े । अंगद ने कहा — हे हनुमान् ! सुनो — ॥५॥

'O Son of the Wind,' said Sugriva, 'a storehouse of merit as you are, you go and serve the All-merciful.' Thereupon all the monkeys forthwith departed; but Angad said, 'Listen, Hanuman:

दो. —कहेहु दंडवत प्रभु सैं तुम्हहिं कहौं कर जोरि ।
बार बार रघुनायकहि सुरति कराएहु मोरि ॥१९(क)॥

मैं हाथ जोड़कर तुमसे कहता हूँ कि प्रभु से मेरा दण्डवत् प्रणाम कहना और श्रीरघुनाथजी को बार-बार मेरा स्मरण कराते रहना ॥१९(क)॥

with folded hands I beg of you to offer my most humble reverence to the Lord and continually remind Raghunatha of me.'

अस कहि चलेउ बालिसुत फिरि आएउ हनुमंत ।
तासु प्रीति प्रभु सन कही मगन भये भगवंत ॥१९(ख)॥

ऐसा कहकर बालिपुत्र (अंगद) चले, तब हनुमान्‌जी लौट आए और आकर उन्होंने प्रभु श्रीरामजी से उनका प्रेम कह सुनाया । उसे सुनकर भगवान् आनन्दमग्न हो गए ॥१९(ख)॥

These words uttered, Bali's son (Angad) started on his journey, while Hanuman came back and told the Lord of Angad's devotion, and the Blessed Lord was filled with ecstatic delight.

कुलिसहु चाहि कठोर अति कोमल कुसुमहु चाहि ।
चित्त खगेस राम कर समुझि परै कहु काहि ॥१९(ग)॥

(भुशुण्डिजी कहते हैं —) हे गरुड़जी ! श्रीरामजी का हृदय वज्र से भी अत्यधिक कठोर और फूल से भी अत्यधिक कोमल है । तब (आप ही) कहिये, वह किसकी समझ में आ सकता है ? ॥१९(ग)॥

Harder far than adamant and softer than a flower is the heart of Rama, O king of birds; then tell me, who can comprehend it ?

चौ. —पुनि कृपाल लियो बोलि निषादा । दीन्हे भूषन बसन प्रसादा ॥
जाहु भवन मम सुमिरन करेहू । मन क्रम बचन धर्म अनुसरेहू ॥

तब दयालु श्रीरामजी ने निषादराज को बुला लिया और प्रसाद में उसे वस्त्राभूषण अर्पित किए । (और कहा —) अब तुम भी घर जाओ और जाकर वहाँ मेरा स्मरण करते रहना और मन, वचन तथा कर्म से धर्मानुकूल आचरण करना ॥१॥

Next, the merciful Rama summoned the Nishada chief and graciously bestowed on him jewels and raiment, saying, 'Now return to your home, but ever remember me, and in thought and word and deed hold to the path of righteousness.

तुम्ह मम सखा भरत सम भ्राता । सदा रहेहु पुर आवत जाता ॥
बचन सुनत उपजा सुख भारी । परेउ चरन भरि लोचन बारी ॥

तुम मेरे सखा और भरत के समान भाई हो । अयोध्या सदा आते-जाते रहना । यह सुनते ही उसे भारी सुख हुआ । नेत्रों में (प्रेमाश्रुओं का) जल भरकर वह प्रभु के चरणों पर गिर पड़ा ॥२॥

You, my friend, are as much my brother as Bharata; you must continue to visit Ayodhya every now and then.' Guha was greatly delighted to hear these words and fell at the Lord's feet, his eyes full of tears.

चरन नलिन उर धरि गृह आवा । प्रभुसुभाउ परिजनन्हि सुनावा ॥
रघुपतिचरित देखि पुरबासी । पुनि पुनि कहहिं धन्य सुखरासी ॥

(प्रभु श्रीरामजी के) चरणकमलों को हृदय में धारणकर वह घर लौट आया और यहाँ आकर उसने अपने कुटुम्बियों को प्रभु का स्वभाव सुनाया । श्रीरघुनाथजी के इस चरित्र को देखकर अयोध्यावासी बार-बार कहते हैं कि सभी सुखों की राशि श्रीरामचन्द्रजी धन्य हैं ॥३॥

With the image of his lotus feet laid upon his heart, he returned home and told all his kinsfolk of the Lord's loving-kindness. Upon beholding Raghunatha's acts, the citizens shouted again and again, 'Blessed is Rama the storehouse of all bliss !'

राम राज बैठे त्रैलोका । हरषित भए गए सब सोका ॥
बयरु न कर काहू सन कोई । रामप्रताप बिषमता खोई ॥

श्रीरामचन्द्रजी के सिंहासन पर प्रतिष्ठित होने पर तीनों लोक प्रसन्न हो गए, उनके सारे शोक-संताप मिट गए । कोई किसी से वैर नहीं करता । श्रीरामचन्द्रजी की महिमा से सबकी विषमता (भेदभाव) जाती रही ॥४॥

When Rama ascended the throne, all the three spheres rejoiced and all sorrow was at an end. No one felt any enmity towards another, for Rama's glorious grace had extinguished every variance.

दो. —बरनाश्रम निज निज धरम निरत बेदपथ लोग ।
चलहिं सदा पावहिं सुख नहि भय सोक न रोग ॥२०॥

(राम-राज्य में) सब लोग अपने-अपने वर्ण और आश्रम के अनुसार धर्म में तत्पर हुए सदा वेद-पथ पर चलकर सुख पाते हैं । उन्हें न भय है, न शोक और न कोई रोग ही ॥२०॥

Devoted to duty, the people trod the path of the Vedas, each according to his caste and stage of life, and enjoyed happiness, unvexed by fear, or sorrow, or sickness.

चौ. –दैहिक दैविक भौतिक तापा। रामराज नहि काहुहि ब्यापा॥
सब नर करहिं परसपर प्रीती। चलहिं स्वधर्मनिरत श्रुतिरीती॥

श्रीरामजी के राज्य में दैहिक, दैविक और भौतिक ताप किसी को नहीं व्यापते (इन त्रिविध दुखों का लेश भी नहीं रह गया)। सब लोग परस्पर प्रेम करते और वेदों में बतायी गई नीति (मर्यादा) में तत्पर रहकर अपने-अपने धर्म का निर्वाह करते हैं॥१॥

Nowhere in Rama's realm could one find a person who suffered from bodily pain, ill fortune or evil circumstance.[1] All the men and women loved one another, conducted themselves in accordance with righteousness and were devoted to the injunctions of the Vedas.

चारिहुँ चरन धर्म जग माहीं। पूरि रहा सपनेहुँ अघ नाहीं॥
रामभगति रत नर अरु नारी। सकल परमगति के अधिकारी॥

अपने चारों चरणों (सत्य, शौच, दया और दान) के साथ धर्म जगत् में परिपूर्ण हो रहा है; सपने में भी कहीं कोई पाप नहीं रह गया। पुरुष-स्त्री सभी रामभक्ति में लीन हैं और सभी (अयोध्यावासी) परम गति के अधिकारी हैं॥२॥

Righteousness with its four pillars (*viz.*, truth, purity, compassion, and charity) reigned throughout the world and no one ever dreamt of sin. Men and women alike, all earnestly devoted to Rama, were heirs of final beatitude.

अल्प मृत्यु नहि कवनिउँ पीरा। सब सुंदर सब बिरुज सरीरा॥
नहिं दरिद्र कोउ दुखी न दीना। नहि कोउ अबुध न लच्छनहीना॥

न तो छोटी अवस्था में मृत्यु होती है और न किसी को कोई पीड़ा सताती है। सभी के शरीर स्वस्थ-सुन्दर और नीरोग हैं। न कोई दरिद्र है, न दीन-दुःखी ही; न कोई मूर्ख है और न शुभ लक्षणों से हीन॥३॥

There was no premature death nor suffering of any kind; everyone was comely and healthy. No one was destitute or sorrowful or miserable; no one was ignorant or devoid of auspicious marks.

सब निर्दंभ धर्मरत धुनी। नर अरु नारि चतुर सब गुनी॥
सब गुनग्य पंडित सब ग्यानी। सब कृतग्य नहिं कपट सयानी॥

सभी विनम्र (दम्भरहित), धर्मपरायण और पुण्यात्मा हैं। पुरुष और स्त्री सभी चतुर एवं गुणी हैं। सभी गुणों का समुचित आदर करनेवाले, पण्डित तथा ज्ञानी हैं। सभी कृतज्ञ (उपकार को माननेवाले) तथा कपटचतुराई से रहित हैं॥४॥

All the men and women were unaffectedly good, pious and upright, clever and accomplished; all recognized the merits of others, all were learned and wise; all were grateful for kindnesses and guilelessly prudent.

दो. –रामराज नभगेस सुनु सचराचर जग माहिं।
काल कर्म सुभाव गुन कृत दुख काहुहि नाहिं॥२१॥

(भुशुण्डिजी कहते हैं) हे पक्षिराज गरुड़जी! सुनिये। राम-राज्य में सम्पूर्ण जड़-चेतन जगत् में काल, कर्म, स्वभाव और गुणों से उत्पन्न हुए दुःख किसी को भी नहीं सताते॥२१॥

Listen, O king of birds; during Rama's reign there was not a creature in the world, moving or unmoving, that suffered from any of the ills caused by time, past action, personal temperament or character.

चौ. –भूमि सप्त सागर मेखला। एक भूप रघुपति कोसला॥
भुवन अनेक रोम प्रति जासू। येह प्रभुता कछु बहुत न तासू॥

कोसलपुरी में सात समुद्रों की मेखला (करधनी) वाली पृथ्वी के श्रीरघुनाथजी एक ही (एकच्छत्र) सम्राट् हैं। जिनके एक-एक रोम में अनेकानेक ब्रह्माण्ड हैं, उनके लिए (सात समुद्रों से घिरे हुए सप्त द्वीपों की) यह प्रभुता कुछ बहुत नहीं है॥१॥

Undisputed sovereign of the entire globe girdled by the seven seas was Raghunatha, the lord of Kosala. This lordship (of the entire globe) was nothing great for him, each of whose several hairs contained many a sphere of creation.

सो महिमा समुझत प्रभु केरी। येह बरनत हीनता घनेरी॥
सो महिमा खगेस जिन्ह जानी। फिरि एहिं चरित तिन्हहुँ रति मानी॥

(सच तो यह है कि) प्रभु की उस महिमा (के मर्म) को समझ लेने पर यह कहने में (कि वे सात समुद्रों की मेखलावाली सप्तद्वीपमयी पृथ्वी के एकाधिपति हैं) उनकी घोर हीनता ही प्रकट होती है। परंतु हे गरुड़जी! जिन्होंने उस महिमा के मर्म को जान भी लिया है, उन्हें भी फिर इस लीला से बड़ा प्रेम है॥२॥

To him who rightly understands that infinite greatness of the Lord, this description (of his universal sovereignty) will sound highly disparaging. But even they, O king of birds, who have realized that greatness of the Lord take supreme delight in these actions of his.

सोउ जाने कर फल येह लीला। कहहिं महामुनिबर दमसीला॥
रामराज कर सुख संपदा। बरनि न सक फनीस सारदा॥

1. In that most excellent realm, says Tulasidasa, there was no subject who suffered from *tapatraya*, *i.e.*, from afflictions caused by one's own body (*daihika*) or by the gods (*daivika*) or by those around him (*bhautika*). These three kinds of sufferings are therefore *adhyatmika*, *adhidaivika* and *adhibhautika*.

इन्द्रियों का दमन करनेवाले श्रेष्ठ महामुनि ऐसा कहते हैं कि उस महिमा को जानने का भी फल इस लीला का अनुभव ही है। रामराज्य की सुख-सम्पदा का वर्णन सरस्वतीजी और शेषजी भी नहीं कर सकते ॥३॥

Delight in these divine exploits is the reward of knowing his infinite greatness—so declare the greatest of sages and ascetics. The bliss and prosperity of Rama's reign were more than the Serpent King and Sarasvati could describe.

सब उदार सब पर उपकारी। बिप्रचरन सेवक नर नारी॥
एकनारि ब्रत रत सब झारी। ते मन बच क्रम पति हितकारी॥

सभी नर-नारी उदार, सभी परोपकारी हैं और सभी ब्राह्मणों के चरणों के सेवक हैं। सभी पुरुष एकपत्नीव्रती हैं और उनकी स्त्रियाँ भी मनसा-वाचा-कर्मणा अपने-अपने स्वामी का हित करनेवाली हैं ॥४॥

All the men and women were generous and charitable and devoted to the feet of the Brahmans. Every husband was pledged to a vow of monogamy and each wife was devoted to her husband in thought and word and deed.

दो.–दंड जतिन्ह कर भेद जहँ नर्तक नृत्य समाज।
जीतहु मनहिं सुनिअ अस रामचंद्र कें राज ॥२२॥

राम-राज्य में दण्ड संन्यासियों के हाथों में है और जहाँ नाच-मण्डलियों में नाचनेवाले हैं, वहीं भेद है और 'जीतो' शब्द मन ही के लिए (काम, क्रोध आदि विकारों को जीतने के प्रसंग में) सुनायी पड़ता है[१] ॥२॥

Throughout all Ramachandra's realm a rod was never seen save in the hands of ascetics; the word 'difference' had ceased to exist except in relation to tune and measure in the dancers' troupes; and the word 'conquer' was heard only with reference to the mind (for the only victory known was self-conquest).

चौ.–फूलहिं फरहिं सदा तरु कानन। रहहिं एक सँग गज पंचानन॥
खग मृग सहज बयरु बिसराई। सबन्हि परसपर प्रीति बढ़ाई॥

वन के वृक्ष सदा फूलते-फलते हैं। हाथी और सिंह (वैर-भाव भूलकर) एक साथ रहते हैं। पक्षियों और वन्य पशुओं ने भी स्वाभाविक वैर भुलाकर आपस में प्रेम बढ़ा लिया है ॥१॥

The trees in the forest blossomed and bore fruit throughout the year; the elephant and the lion lived together as friends; birds and beasts of every description forgot their instinctive animosities and lived in the greatest harmony with one another.

कूजहिं खग मृग नाना बृंदा। अभय चरहिं बन करहिं अनंदा॥
सीतल सुरभि पवन बह मंदा। गुंजत अलि लै चलि मकरंदा॥

पक्षी कलरव करते हैं, भाँति-भाँति के पशुओं के झुंड निडर होकर विचरते और आनन्द करते हैं। शीतल, मन्द, सुगन्धित हवा बहती रहती है और भौंरे फूलों का पराग लेकर चलते हुए गुंजार करते जाते हैं ॥२॥

Birds sang and beasts wandered fearlessly through the forest in distinct herds, making merry all the time. Cool, mild and fragrant blew the breezes, and bees made a pleasant humming even as they moved about laden with honey.

लता बिटप मागे मधु चवहीं। मन भावतो धेनु पय स्रवहीं॥
ससिसंपन्न सदा रह धरनी। त्रेता भै कृतजुग कै करनी॥

लताएँ और वृक्ष माँगने से ही मधु टपका देते हैं। गौएँ मनचाहा दूध देती हैं और पृथ्वी सदा अन्न से भरी रहती है। त्रेता में सत्ययुग की सब बातें होने लगीं ॥३॥

Creepers and trees dropped honey to those who asked for it; cows yielded milk to one's heart's content. The earth was ever rich in crops; even in the Tretayuga every feature of the Satyayuga was repeated.[1]

प्रगटी गिरिन्ह बिबिध मनिखानी। जगदातमा भूप जग जानी॥
सरिता सकल बहहिं बर बारी। सीतल अमल स्वाद सुखकारी॥

समस्त जगत् की आत्मा भगवान् को विश्व का सम्राट् जानकर पर्वतों ने अनेक प्रकार के रत्नों की खानें प्रकट कर दीं। सब नदियाँ उत्तम, शीतल, निर्मल, सुखद और सुस्वादु जल बहाने लगीं ॥४॥

Conscious of the fact that the Universal Spirit was no other than king of the world, the hills disclosed their mines of jewels of every description. Every river flowed with fair water, cool, transparent, refreshing and delicious to the taste.

सागर निज मरजादा रहहीं। डारहिं रत्न तटन्हि नर लहहीं॥
सरसिजसंकुल सकल तड़ागा। अति प्रसन्न दस दिसा बिभागा॥

---

१. चूँकि राम-राज्य में कोई अपराध करता ही न था, इसलिए दण्ड देने की आवश्यकता न रह गई थी। 'दण्ड' शब्द केवल यतियों के सम्बन्ध में सुना जाता था (कि ये दण्डी हैं और ये त्रिदण्डी)। सर्पादि का भी भय न था, इसलिए प्रजा तक ने छड़ी का त्याग कर दिया था। साम, दाम, भेद और दण्ड की नीतियाँ शत्रु को जीतने के लिए काम में लायी जाती हैं। राम-राज्य में न कोई शत्रु रह गया था और न कोई अपराधी। इसलिए सब नीतियाँ व्यर्थ हो गई थीं। 'भेद' की भी आवश्यकता न रह गई थी (क्योंकि शत्रुओं के बीच में फूट करा देना भेद-नीति है और शत्रु नहीं थे)। नाचने में सुर-ताल के भेद के लिए ही इस शब्द का प्रयोग रह गया था। जब रावण पर विजय हो चुकी थी और राजा का कोई शत्रु ही न था, तब 'जीतो' शब्द कहाँ सुनायी पड़ता?

1. *i.e.*, in the Age of Silver were found all the blessings of the Golden Age.

सागर अपनी मर्यादा में रहते हैं। वे किनारों पर रत्न डाल देते हैं, जिन्हें मनुष्य ले लिया करते हैं। सब तालाब कमलों से भरे हुए हैं। दसों दिशाओं के विभाग (सभी प्रदेश) अत्यन्त प्रसन्न हैं ॥५॥

The oceans kept within their bounds and cast forth jewels on the shore for men to gather. All the ponds were thick with lotuses, and all the cardinal and intermediate directions[1] enjoyed perfect happiness.

दो. –बिधु महि पूर मयूखन्हि रबि तप जेतनेहिं काज।
मागें बारिद देहिं जल रामचंद्र कें राज ॥२३॥

राम-राज्य में चन्द्रमा अपनी किरणों से पृथ्वी को भर देता है। जितनी आवश्यकता होती है, सूर्य उतना ही तपता है और मेघ माँगने से (आवश्यकतानुसार ही) जल बरसाते हैं ॥२३॥

The moon flooded the earth with her radiance; the sun gave as much heat as was necessary; the clouds poured forth showers for the mere asking in the days when Rama was king.

चौ. –कोटिन्ह बाजिमेध प्रभु कीन्हे। दान अनेक द्विजन्ह कहुँ दीन्हे ॥
श्रुतिपथ पालक धर्मधुरंधर। गुनातीत अरु भोग पुरंदर ॥

प्रभु श्रीरामजी ने करोड़ों अश्वमेध (यज्ञ) किये और ब्राह्मणों को अनेक दान दिये। वे वेदमार्ग के संरक्षक, धर्म की धुरी को धारण करनेवाले, (प्रकृति के सत्त्व, रज और तम) तीनों गुणों से परे और ऐश्वर्य में इन्द्र-जैसे हैं ॥१॥

The Lord performed myriads of horse-sacrifices and bestowed innumerable gifts on the Brahmans; he preserved the Vedic usage and was the champion of righteousness, himself transcending the three modes of nature (*sattva*, *rajas* and *tamas*), yet another Indra (the lord of Paradise) in opulence and grandeur.

पति अनुकूल सदाँ रह सीता। सोभाखानि सुसील बिनीता ॥
जानति कृपासिंधु प्रभुताई। सेवति चरन कमल मनु लाई ॥

शोभा की खान, सुशील और विनीत सीताजी सदा पति के मनोनुकूल रहती हैं (आचरण करती हैं)। वे दयासागर श्रीरामजी की प्रभुता को जानती हैं और मन लगाकर उनके चरणारविंदों की सेवा किया करती हैं ॥२॥

A mine of beauty, virtuous and modest, Sita was ever submissive to her lord. She knew the majesty of the Lord of grace and adored his lotus feet with a devoted heart.

1. *i.e.*, the whole country.

जद्यपि गृह सेवक सेवकिनी। बिपुल सकल सेवाँ बिधि गुनी ॥
निज कर गृहपरिचरजा करई। रामचंद्र आयस अनुसरई ॥

यद्यपि घर में बहुत-सी दास-दासियाँ हैं और वे सभी सेवा की विधियों में कुशल हैं, तथापि श्रीसीताजी घर के सभी कामकाज अपने ही हाथों करती हैं और श्रीरामचन्द्रजी की आज्ञा का पालन करती हैं ॥३॥

Although there were many manservants and handmaidens in the palace, all well-skilled in the art of service, she did all household work with her own hands and carried out Rama's behests.

जेहिं बिधि कृपासिंधु सुख मानइ। सोइ कर श्री सेवाबिधि जानइ ॥
कौसल्यादि सासु गृह माहीं। सेवइ सबन्हि मान मद नाहीं ॥

जिस प्रकार कृपासिंधु श्रीरामचन्द्रजी सुख मानते हैं, सीताजी वही करती हैं, क्योंकि वे सेवा-विधि में पारंगत हैं। वे घर में कौसल्या आदि सभी सासुओं की सेवा करती हैं, उन्हें किसी बात का अभिमान और मद नहीं है ॥४॥

Sita herself skilfully performed what would afford delight to the gracious Lord, conversant as she was with the art of service. Devoid of pride and conceit, she waited upon Kausalya and all the other queens within the palace.

उमा रमा ब्रह्मादि बंदिता। जगदंबा संततमनिंदिता ॥

(शिवजी कहते हैं –) हे उमा! जगज्जननी रमा (सीताजी) ब्रह्मा आदि देवताओं से पूजित और सदैव सर्वगुणसम्पन्न हैं ॥५॥

Ever blameless, O Uma, is Rama (Sita), Mother of the world, the object of the adoration of Brahma and all the divinities.

दो. –जासु कृपाकटाक्ष सुर चाहत चितव न सोइ।
रामपदारबिंद रति करति सुभावहि खोइ ॥२४॥

जिनके कृपा-कटाक्ष को देवता चाहते हैं, परंतु जो उनकी ओर देखती तक नहीं, वे ही लक्ष्मीजी (जानकीजी) अपने स्वभाव को छोड़कर (अपने ऐश्वर्य को छिपाकर) श्रीरामचन्द्रजी के चरणकमलों में प्रीति करती हैं[१] ॥२४॥

She whose gracious glance is coveted by the gods, but who looked not towards them, was devoted to Rama's lotus feet, forgetting her own natural majesty.

चौ. –सेवहिं सानुकूल सब भाई। रामचरन रति अति अधिकाई ॥
प्रभुमुख कमल बिलोकत रहहीं। कबहुँ कृपाल हमहिं कछु कहहीं ॥

१. "जैसे प्रभु अपना ऐश्वर्य छिपाये माधुर्य में राजकुमार बने हैं, वैसे ही ये राजकुमारी बनीं पत्नीधर्म से प्रभु की सेवा में तत्पर रहती हैं। . . . इस तरह जगज्जननी सर्वलोकेश्वरीजी अपने आदर्श आचरण से जगत्-मात्र को और विशेषतः राजमहिलाओं, रईसों की स्त्रियों को शिक्षा दे रही हैं।" मा. पी., ७, पृ. १६५।

सब भाई अनुकूल रहकर सेवा करते हैं। श्रीरामजी के चरणों में उनकी अत्यधिक प्रीति है। वे सदा प्रभु के मुख-कमल को देखते रहते हैं कि कृपालु श्रीरामजी कभी हमें कुछ (सेवा करने को) कहें, कुछ आज्ञा दें ॥१॥

All his brothers, too, served the Lord with great fidelity; for their devotion to Rama's feet knew no bounds. They never ceased to watch his lotus face in the hope that the gracious Lord might be pleased to give some orders to them.

रामु करहिं भ्रातन्ह पर प्रीती। नाना भाँति सिखावहिं नीती॥
हरषित रहहिं नगर के लोगा। करहिं सकल सुरदुर्लभ भोगा॥

श्रीरामजी का भी भाइयों पर स्नेह है और वे उन्हें अनेक प्रकार की नीतियाँ सिखलाते हैं। नगरवासी प्रसन्न रहते हैं और देवताओं को भी दुर्लभ सब प्रकार के सुख भोगते हैं ॥२॥

Rama too felt great affection for his brothers and taught them wisdom of every kind. The citizens lived very happily and all enjoyed delights to which even the immortal gods could scarce attain.

अहनिसि बिधिहि मनावत रहहीं। श्रीरघुबीरचरन रति चहहीं॥
दुइ सुत सुंदर सीता जाए। लव कुस बेद पुरानन्हि गाए॥

वे दिन-रात ब्रह्माजी को मनाते रहते और (उनसे) श्रीरघुवीर के चरणों में प्रीति-भक्ति चाहते हैं। सीताजी ने लव और कुश नामक दो पुत्र उत्पन्न किए, जिनका वेद-पुराणों ने वर्णन किया है ॥३॥

Day and night they prayed to God and sought the boon of devotion to the feet of the Lord Raghubira. Sita gave birth to two pretty sons, Lava and Kusha, hymned in the Vedas and Puranas.

द्वौ बिजई बिनई गुनमंदिर। हरिप्रतिबिंब मनहुँ अति सुंदर॥
दुइ दुइ सुत सब भ्रातन्ह केरे। भए रूप गुन सील घनेरे॥

दोनों ही विजयी, विनम्र और गुणों के आगार हैं और अत्यन्त सुन्दर हैं, मानो श्रीहरि के ही प्रतिबिम्ब हों। सभी भाइयों के दो-दो पुत्र हुए, जो बड़े ही सुन्दर, गुणी और सुशील थे ॥४॥

Both were victorious in battle, modest and accomplished and so handsome that they seemed the very images of Hari (Rama). Each of Rama's brothers also had two sons, pre-eminent in comeliness of form, in merit and in virtue.

दो. –ज्ञान गिरा गोतीत अज माया मन गुन पार।
सोइ सच्चिदानंद घर कर नरचरित उदार ॥२५॥

जो (बौद्धिक) ज्ञान, वाणी और इन्द्रियों की पहुँच से बाहर और अजन्मा हैं तथा माया, मन और गुणों से परे हैं, वही सच्चिदानंदघन भगवान् सुन्दर मनुष्य-चरित्र करते हैं ॥२५॥

The Supreme Spirit who is beyond all knowledge, speech and sense-perception, the unborn, transcending illusion, the workings of mind and the elements of nature, even he it was—the sum of True Being, Thought and Bliss—who thus exhibited and exalted the behaviour of a mortal man.

चौ. –प्रातकाल सरऊ करि मज्जन। बैठहिं सभा संग द्विज सज्जन॥
बेद पुरान बसिष्ठ बखानहिं। सुनहिं रामु जद्यपि सब जानहिं॥

प्रातःकाल सरयूजी में स्नान कर (श्रीरामचन्द्रजी) ब्राह्मणों और सज्जनों के साथ सभा में बैठते हैं। वसिष्ठजी वेद और पुराणों का वर्णन करते हैं और सब जानते हुए भी श्रीरामजी उसे (मनोयोगपूर्वक) सुनते हैं ॥१॥

Early in the morning Rama would bathe in the Sarayu and take his seat in his court together with the Brahmans and holy men. Vasishtha would expound the Vedas and Puranas, while Rama listened to the exposition, though he knew it all.

अनुजन्ह संजुत भोजन करहीं। देखि सकल जननी सुख भरहीं॥
भरत सत्रुहन दुनौं भाई। सहित पवनसुत उपबन जाई॥

वे भाइयों को साथ लेकर भोजन करते हैं। यह देख सभी माताएँ सुख से परिपूर्ण हो जाती हैं। भरतजी और शत्रुघ्नजी दोनों भाई हनुमान्‌जी के साथ उपवनों में जाकर ॥२॥

He took his meals with his younger brothers, the royal matrons watching them with great delight. The two brothers, Bharata and Shatrughna, would accompany the Son of the Wind to some grove,

बूझहिं बैठि रामगुन गाहा। कह हनुमान सुमति अवगाहा॥
सुनत बिमल गुन अति सुख पावहिं। बहुरि बहुरि करि बिनय कहावहिं॥

और वहाँ बैठकर श्रीरामजी के (लोकात्तर) गुणों की कथाएँ पूछते हैं और हनुमान्‌जी अपनी सुबुद्धि से प्रभु के उन गुणों में गोता लगाकर उनका वर्णन करते हैं। प्रभु के निर्मल गुणों को सुनकर दोनों भाई अत्यन्त सुखी होते हैं और विनय करके (उन गुणों को) बार-बार कहलवाते हैं ॥३॥

where they would sit and ask Hanuman to tell them the story of Rama's divine perfections, and Hanuman would dive into the ocean of his virtues with profoundest wisdom and then recount them. The two brothers derived much joy from the discourse on his immaculate virtues and with much entreaty had it repeated over and over again.

सब के गृह गृह होहिं पुराना। रामचरित पावन बिधि नाना॥
नर अरु नारि रामगुन गानहिं। करहिं दिवस निसि जात न जानहिं॥

(नगरवासियों के) घर-घर में पुराणों की कथाएँ और नाना भाँति के पवित्र श्रीराम-चरित होते हैं। स्त्री-पुरूष सभी श्रीरामजी के गुणों का गान करते हैं और इस आनन्द में दिन-रात का बीतना नहीं जान पाते ॥४॥

In every house the Puranas were read, and the various sacred stories of Rama's exploits. Men and women alike joined in hymning Rama's praises and noticed not the passing of night and day.

दो. –अवधपुरी बासिन्ह कर सुख संपदा समाज।
सहस सेष नहिं कहि सकहिं जहँ नृप राम बिराज ॥२६॥

जहाँ राजा श्रीरामचन्द्रजी स्वयं विराजमान हैं, उस अयोध्यापुरी के निवासियों के सुख-सम्पत्ति के समुदाय का वर्णन हजारों शेषजी भी नहीं कर सकते ॥२६॥

Not a thousand Sheshas could describe all the happiness and prosperity of the people of Ayodhya where Rama reigned as king.

चौ. –नारदादि सनकादि मुनीसा। दरसन लागि कोसलाधीसा ॥
दिन प्रति सकल अजोध्या आवहिं। देखि नगरु बिराग बिसरावहिं ॥

नारद और सनक आदि मुनीश्वर सब कोसलाधीश श्रीरामजी के दर्शन के लिए नित्य अयोध्या आते हैं और नगर को देखकर वैराग्य भुला देते हैं ॥१॥

Every day Narada and Sanaka and other great sages all came to Ayodhya to have a sight of Rama, the lord of Kosala, and forgot all their asceticism when they saw the city,

जातरूप मनि रचित अटारीं। नाना रंग रुचिर गच ढारीं ॥
पुर चहुँ कोट अति सुंदर। रचे कगूरा रंग रंग बर ॥

सोने और रत्नों से निर्मित अटारियाँ हैं, जिनमें रंग-बिरंगी सुन्दर ढली हुई फर्शें हैं। नगर के चारों ओर अत्यन्त सुन्दर कोट (घेरा, शहरपनाह) बना है, जिस पर रंग-बिरंग के सुन्दर कँगूरे रचकर बनाए गए हैं ॥२॥

with its balconies inlaid with gold and jewels and splendid pavements laid in diverse colours. A most beautiful boundary wall crowned with turrets of diverse hues enclosed the city on all sides,

नव ग्रह निकर अनीक बनाई। जनु घेरी अमरावति आई ॥
महि बहु रंग रचित गच काँचा। जो बिलोकि मुनिबर मन नाचा ॥

(ऐसा मालूम होता है) मानो नवग्रहों ने विशाल सेना बनाकर (इन्द्र की पुरी) अमरावती को आकर घेर लिया हो। पृथ्वी पर अनेकानेक रंगों के काँचों (रत्नों) की गच बनायी (ढाली) गयी है, जिसे देखकर मुनीश्वरों के भी मन नाच उठते हैं ॥३॥

as though the nine planets had mustered a large army to beleaguer Indra's capital, Amaravati. The ground (the streets and squares, etc.) was so beautifully paved with many-coloured crystals that great sages who saw it were enraptured.

धवल धाम ऊपर नभ चुंबत। कलस मनहु रबि ससि दुति निंदत ॥
बहु मनि रचित झरोखा भ्राजहिं। गृह गृह प्रति मनिदीप बिराजहिं ॥

उज्ज्वल महल की चोटियाँ ऊपर आकाश को चूम रही हैं। महलों पर के कलश (अपनी उज्ज्वलता से) मानो सूर्य और चन्द्रमा की चमक की भी निन्दा करते हैं। (महलों में) ढेर की ढेर मणियों से रचे हुए झरोखे प्रकाशित हैं और घर-घर में मणियों के दीपक शोभित हो रहे हैं ॥४॥

The glistening palaces were so lofty that they touched the sky with their pinnacles that put to shame the brightness of sun or moon; the lattice windows gleamed, set close with jewels, while every house was lit up with gem-encrusted lamps.

छं. –मनिदीप राजहिं भवन भ्राजहिं देहरी बिद्रुम रचीं।
मनिखंभ भीति बिरंचि बिरची कनक मनि मरकत खचीं ॥
सुंदर मनोहर मंदिरायत अजिर रुचिर फटिक रचे।
प्रति द्वार द्वार कपाट पुरट बहु बजन्हि खचे ॥

महलों में मणियों के दीपक शोभित हो रहे हैं। मूँगों से रची हुई देहलियाँ चमक रही हैं। मणियों के खम्भे हैं। मरकतमणियों (पन्नों) से जड़ी हुई सोने की दीवारें इतनी सुन्दर हैं मानो ब्रह्मा ने उन्हें विशेष सँवारकर बनायी हों। घर सुन्दर, मनोहर और विशाल हैं, जिनमें आँगन सुन्दर स्फटिक के बने हैं। प्रत्येक द्वार पर बहुत-से खरादे हुए हीरों से जड़े हुए सोने के किवाड़ हैं।

In the mansions shone jewelled lamps, and their thresholds glittered with coral paving. The pillars of jewels and walls of gold inlaid with emeralds were such as the Creator (Brahma) himself might have fashioned. Beautiful, charming and spacious as the palaces were, they had their courtyards inworked with crystal, and every gateway was fitted with folding doors of gold embossed with diamonds.

दो. –चारु चित्रसाला गृह गृह प्रति रचि लिखे बनाइ।
रामचरित जे निरखत मुनिमन लेहिं चोराइ ॥२७॥

घर-घर में सुन्दर चित्रशालाएँ हैं, जिनमें अच्छी तरह सँवारकर श्रीरामजी के चरित्र अङ्कित किये हुए हैं। जो मुनि इन्हें देखते हैं, उनके मन को ये चरित्र-चित्र चुरा लेते हैं ॥२७॥

In every house was a beautiful and well-furnished picture-gallery, where the story of Rama's exploits was so skilfully set forth that the souls of the sages would be ravished at the sight.

चौ. –सुमनबाटिका सबहिं लगाईं। बिबिध भाँति करि जतन बनाई॥
लता ललित बहु जाति सुहाईं। फूलहिं सदा बसंत कि नाईं॥

सभी लोगों ने तरह-तरह की फुलवारियाँ यत्न करके लगा रखी हैं, जिनमें बहुत जातियों की ललित-सुहावनी लताएँ सदा वसंत की तरह फूलती रहती हैं॥१॥

Everyone had a garden planted with all kinds of flowers and trimmed with the greatest care, in which beautiful and lovely creepers of every variety ever blossomed as though it were perpetual spring.

गुंजत मधुकर मुखर मनोहर। मारुत त्रिबिध सदा बह सुंदर॥
नाना खग बालकन्हि जिआए। बोलत मधुर उड़ात सुहाए॥

उनमें भौंरे मधुर ध्वनि से गुंजार करते हैं। तीनों प्रकार की सुन्दर वायु सदा बहती रहती है। बालकों ने अनेक पक्षी पाल रखे हैं, जो मधुर बोली बोलते हैं और उड़ने में बड़े प्रिय लगते हैं॥२॥

Bees hummed in a pleasant strain and delightful breezes always blew, cool, soft and fragrant. Birds of all kinds, reared by the children, sang in melodious notes and looked graceful in their flight.

मोर हंस सारस पारावत। भवनन्हि पर सोभा अति पावत॥
जहँ तहँ निरखहिं निज परिछाहीं। बहु बिधि कूजहिं नृत्य कराहीं॥

महलों के ऊपर मोर, हंस, सारस और कबूतर बड़े ही सुन्दर लगते हैं। वे पक्षी (मणियों की दीवारों और छत में) जहाँ-तहाँ अपनी परछाईं देखकर बहुत प्रकार से कूजते और नृत्य करते हैं॥३॥

Peacocks, swans, cranes and pigeons made a charming show on the tops of the houses, warbling and dancing in a variety of ways at the sight of their own shadows reflected everywhere (on the glossy surface of the roofs and balconies).

सुक सारिका पढ़ावहिं बालक। कहहु राम रघुपति जनपालक॥
राजदुआर सकल बिधि चारू। बीथीं चौहट रुचिर बजारू॥

बच्चे तोतों और मैनाओं को पढ़ाते हैं कि कहो – 'राम' 'रघुपति' 'जनपालक'[१]। राजमहल का प्रवेश-द्वार सब प्रकार से सुन्दर है। गलियाँ, चौराहे और बाजार सभी मनोहर हैं॥४॥

Children taught parrots and *mainas* to say 'Rama' and 'Raghupati' and 'Saviour'. The palace gates were magnificent in every way; the streets and squares and market-places were all elegantly laid out.

१. अथवा, जीव-मात्र के एवं अपने जनों के पालन करनेवाले रघुकुल के राजा का 'राम' नाम कहो। राम कहो, रघुपति कहो, जनपालक कहो।

छं. –बाजारु चारु न बनइ बरनत बस्तु बिनु गथ पाइए।
जहँ भूप रमानिवास तहँ की संपदा किमि गाइए॥
बैठे बजाज सराफ बनिक अनेक मनहु कुबेर ते।
सब सुखी सब सच्चरित सुंदर नारि नर सिसु जरठ जे॥

बाजार इतना सुन्दर है कि उसका वर्णन करते नहीं बनता; वहाँ वस्तुएँ बिना मूल्य दिये ही मिल जाती हैं। जहाँ के राजा स्वयं लक्ष्मीपति हों, वहाँ की सम्पत्ति का वर्णन कैसे किया जाय? बजाज, शराफ (रुपये-पैसे का लेन-देन करनेवाले) आदि व्यापारी बैठे हुए ऐसे दिख पड़ते हैं मानो वे अनेक कुबेर हों। स्त्री-पुरुष, बच्चे-बूढ़े जो भी हैं, सभी सुखी, सच्चरित्र और सुन्दर हैं।

Ineffably elegant were the market-places where things could be had without price. How can anyone tell of the riches of the city where the spouse of Lakshmi himself reigned as king? Cloth-merchants, money-changers and other tradesmen sat at their stalls like so many Kuberas (gods of riches); men and women, children and aged folk - all were happy, of impeccable conduct and fair to see.

दो. –उत्तर दिसि सरजू बह निर्मल जल गंभीर।
बाँधे घाट मनोहर स्वल्प पंक नहिं तीर॥२८॥

अयोध्या की उत्तर दिशा में सरयूजी बह रही हैं, जिनका जल निर्मल और गहरा है। सुन्दर घाट बने हुए हैं; तट पर तनिक भी कीचड़ नहीं है॥२८॥

To the north (of the city) flowed the deep and limpid stream of the Sarayu, with a row of splendid bathing spots and no trace of mud upon its banks.

चौ. –दूरि फराक रुचिर सो घाटा। जहँ जल पिअहिं बाजि गज ठाटा॥
पनिघट परम मनोहर नाना। तहाँ न पुरुष करहिं अस्नाना॥

दूर, सबसे अलग और लम्बा-चौड़ा वह सुन्दर घाट है, जहाँ घोड़ों और हाथियों के ठट्ठ-के-ठट्ठ जल पीते हैं। पानी भरने के लिए अनेक जनाने पनघट हैं, जो बड़े ही मनोहर हैं; वहाँ पुरुष स्नान नहीं करते॥१॥

Some distance away was a fine spacious *ghat* where multitudes of horses and elephants came to drink. There were also numerous splendid *ghats* where women drew water and men did not bathe.

राजघाट सब बिधि सुंदर बर। मज्जहिं तहाँ बरन चारिउ नर॥
तीर तीर देवन्ह के मंदिर। चहुँ दिसि जिन्ह कीं उपबन सुंदर॥

सभी दृष्टियों से राजघाट सुन्दर और श्रेष्ठ है। वहाँ चारों वर्णों के पुरुष स्नान करते हैं। सरयूजी के किनारे-किनारे देवताओं के मन्दिर हैं और उन मन्दिरों के चारों ओर सुन्दर बगीचे लगे हैं॥२॥

The most beautiful of all was the royal *ghat*, where men of all the four castes could bathe. All along the banks stood temples of the gods, surrounded by pleasant groves.

कहुँ कहुँ सरिता तीर उदासी । बसहिं ग्यानरत मुनि संन्यासी ॥
तीर तीर तुलसिका सुहाई । बृंद बृंद बहु मुनिन्ह लगाई ॥

सरिता (सरयू) के तीर पर कहीं-कहीं वैरागी, मुनि और संन्यासी निवास करते हैं जो ज्ञान में सदैव रत (लगे हुए) हैं । नदी के किनारे-किनारे तुलसीजी के झुंड-के-झुंड बहुत-से सुन्दर पेड़ मुनियों ने लगा रखे हैं ॥३॥

Here and there on the river banks dwelt hermits, sages and anchorites unconcerned with the world and devoted to spiritual wisdom, and all along the margins were clusters of many a fragrant *tulasi*, planted by sages.

पुरसोभा कछु बरनि न जाई । बाहेर नगर परम रुचिराई ॥
देखत पुरी अखिल अघ भागा । बन उपबन बापिका तड़ागा ॥

नगर (अयोध्या) की सुन्दरता तो कुछ कही नहीं जाती । नगर के बाहर भी (वैसी ही) परम सुन्दरता व्याप्त है । श्रीअयोध्यापुरी के दर्शन से ही सभी पाप-ताप भाग जाते हैं । (वहाँ) वन, उपवन, बावलियाँ और तालाब सुशोभित हैं ॥४॥

Not only was the splendour of the city beyond all description but its outskirts too were most picturesque. The very sight of the city with its groves and gardens, wells and ponds, put to flight every sin.

छं. –बापी तड़ाग अनूप कूप मनोहरायत सोहहीं ।
सोपान सुंदर नीर निर्मल देखि सुर मुनि मोहहीं ॥
बहु रंग कंज अनेक खग कूजहिं मधुप गुंजारहीं ।
आराम रम्य पिकादि खग रव जनु पथिक हंकारहीं ॥

अति सुन्दर बावलियाँ, तालाब और मनोहर तथा विशाल कुएँ शोभा बिखेर रहे हैं, जिनकी सुन्दर सीढ़ियाँ और पवित्र जल देखकर देवता और मुनि तक मुग्ध हो जाते हैं । (तालाबों में) रंग-बिरंग के कमल खिल रहे हैं, अनेकानेक पक्षी कलरव कर रहे हैं और भौंरे गुंजार कर रहे हैं । कोयल आदि पक्षियों की (मधुर बोली से) रमणीय बगीचे मानो राह चलनेवालों को आमंत्रित कर रहे हैं ।

Its peerless ponds and tanks and beautiful and broad wells with their elegant flights of steps and pellucid water so entranced the eye that even gods and sages were fascinated by the sight. The lakes were adorned with many-coloured lotuses and resounded with the cooing of innumerable birds and the murmur of the bees: and cuckoos and other birds with their sweet warble seemed to invite wayfarers to rest.

दो. –रमानाथ जहँ राजा सो पुर बरनि कि जाइ ।
अनिमादिक सुख संपदा रहीं अवध सब छाइ ॥२९॥

जहाँ स्वयं लक्ष्मीपति ही राजा हों, क्या उस नगर का वर्णन किया जा सकता है ? अणिमा आदि आठों सिद्धियाँ और समस्त सुख-सम्पदाएँ अयोध्या में छा रही हैं ॥२९॥

Is it possible to describe the city of which Sita's lord was king ? Anima[1] and all the other supernatural powers filled Ayodhya full of every happiness and prosperity.

चौ. –जहँ तहँ नर रघुपति गुन गावहिं । बैठि परसपरं इहै सिखावहिं ॥
भजहु प्रनत प्रतिपालक रामहि । सोभा सील रूप गुन धामहि ॥

जहाँ-तहाँ लोग श्रीरघुनाथजी का गुणानुवाद करते हैं और बैठकर एक-दूसरे को यही शिक्षा देते हैं कि शरणागत का पालन करनेवाले श्रीरामजी का भजन करो; शोभा, शील, रूप और गुणों के स्थान श्रीरघुनाथजी को भजो ॥१॥

Everywhere men sang the praises of Raghunatha and sitting down together thus exhorted one another : 'Worship Rama, protector of the suppliant, the home of all elegance, amiability, beauty and virtue ;

जलज बिलोचन स्यामल गातहि । पलक नयन इव सेवकत्रातहि ॥
धृत सर रुचिर चाप तूनीरहि । संत कंजबन रबि रनधीरहि ॥

कमल-सरीखे नेत्रोंवाले और साँवले शरीरधारी (प्रभु श्रीरामजी) को भजो । पलकें जिस प्रकार आँखों की रक्षा करती हैं, उसी प्रकार अपने भक्तों की रक्षा करनेवाले का भजन करो । सुन्दर बाण, धनुष और तरकश धारण करनेवाले को भजो । संतरूपी कमलवन के (खिलाने के) लिए सूर्यरूप रणधीर (श्रीरामजी) को भजो ॥२॥

the lotus-eyed and dark-complexioned, who protects his servants even as the eyelid protects the eye; who is armed with a beauteous bow and arrows and quiver, and is valiant, a very sun to rejoice the lotus bed of righteous men;

काल कराल ब्याल खगराजहि । नमत राम अकाम ममता जहि ॥
लोभ मोह मृगजूथ किरातहि । मनसिज करि हरि जन सुखदातहि ॥

कालरूपी विकराल सर्प के भक्षण करनेवाले श्रीरामरूप खगराज गरुड़जी को भजो, कामना (स्वार्थ)-रहित भाव से प्रणाम करते ही ममता को नष्ट

1. One of the eight miraculous powers of the *siddha;* power of becoming infinitesimally small.

करनेवाले श्रीरामजी को भजो। लोभ-मोहरूपी मृग-समूह के नाश करनेवाले श्रीरामरूप किरात को भजो। कामदेवरूपी हाथी के लिए सिंहरूप तथा भक्तों को सुख देनेवाले प्रभु श्रीराम को भजो ॥३॥

who is a king of birds to devour the dreadful serpent, Death; who banishes all thought of mineness as soon as a person bows to him without desire; who is a Kirata to kill the deer-like herds of greed and infatuation; a lion to subdue the wild elephant, Love; the granter of happiness to the faithful;

संसय सोक निबिड़ तम भानुहि। दनुज गहन घन दहन कृसानुहि ॥
जनकसुता समेत रघुबीरहि। कस न भजहु भंजन भवभीरहि ॥

शोक-संकटरूपी निबिड़ (सघन) अन्धकार के नाशक श्रीरामरूप सूर्य को भजो। राक्षसरूपी घने वन को भस्मीभूत करनेवाले श्रीरामरूप अग्नि को भजो। जन्म-मरण के भय को नष्ट-विनष्ट करनेवाले श्रीजानकीजीसमेत श्रीरघुवीर को क्यों नहीं भजते? ॥४॥

a sun to scatter the thick darkness of doubt and grief, and a fire to burn up the dense forest of the demon race. Why not worship Janaki and Raghubira, who dispels the fear of rebirth,

बहु बासना मसक हिमरासिहि। सदा एकरस अज अबिनासिहि ॥
मुनिरंजन भंजन महिभारहि। तुलसिदास के प्रभुहि उदारहि ॥

बहुसंख्य वासनाओं रूपी मच्छरों के नाशक श्रीरामरूप हिमराशि को भजो। सदा एकरस, अजन्मा और अविनाशी को भजो। मुनियों को आनन्द देनेवाले, पृथ्वी का भार उतारनेवाले और तुलसीदास के उदार (दानशील) प्रभु श्रीरामजी को भजो ॥५॥

and slays the swarm of manifold sensual desires as frost kills a swarm of mosquitoes; who is ever unchangeable, unborn and imperishable, the delight of the sages, the reliever of the earth's burdens, the munificent Lord of Tulasidasa?'

दो. –एहि बिधि नगर नारि नर करहिं राम गुन गान।
सानुकूल सब पर रहहिं संतत कृपानिधान ॥३०॥

इस तरह नगर के नर-नारी श्रीरामजी का गुणानुवाद करते हैं और दयानिधि श्रीरामजी सदैव सब पर अत्यन्त प्रसन्न रहते हैं ॥३०॥

Thus did the men and women of the city sing Rama's praises, while on his part the Lord of grace was ever propitious to them all.

चौ. –जब तें रामप्रताप खगेसा। उदित भएउ अति प्रबल दिनेसा ॥
पूरि प्रकास रहेउ तिहुँ लोका। बहुतेन्ह सुख बहुतेन्ह मन सोका ॥

(काकभुशुण्डिजी कहते हैं –) हे पक्षिराज गरुड़जी! जबसे श्रीरामजी के प्रभुत्वरूपी अति प्रचण्ड सूर्य का उदय हुआ, तबसे तीनों लोकों में पूर्ण प्रकाश छा गया है। इससे बहुतों को सुख और बहुतों के मन में शोक हुआ ॥१॥

From the time, O king of birds, when the most dazzling sun of Rama's glory arose, the three spheres were all suffused with radiance, which brought delight to many and sorrow to many others.

जिन्हहिं सोक ते कहौं बखानी। प्रथम अबिद्या निसा नसानी ॥
अघ उलूक जहँ तहाँ लुकाने। काम क्रोध कैरव सकुचाने ॥

जो-जो दुःखी हुए, मैं उन सबका वर्णन करता हूँ। (तीनों लोकों में प्रकाश के भरते ही) पहले तो अविद्यारूपी रात्रि का अन्त हो गया। पापरूपी उल्लू जहाँ-तहाँ लुक-छिप गए और काम-क्रोधरूपी कुमुद सकुचाकर मुँद गए ॥२॥

First to enumerate the sorrowful: to begin with, the night of ignorance was dispelled; the owls of sin hid themselves wherever they could, and the white lilies of lust and anger closed and withered.

बिबिध कर्म गुन काल सुभाऊ। ए चकोर सुख लहहिं न काऊ ॥
मत्सर मान मोह मद चोरा। इन्ह कर हुनर न कवनिहुँ ओरा ॥

(बन्धन में डालनेवाले) विविध कर्म, गुण, काल और स्वभाव – ये ऐसे चकोर हैं जो (प्रभु के व्यापक प्रभुत्वरूपी सूर्य के प्रकाश में) कभी सुख नहीं पाते। डाह, मान, मोह और मदरूपी जो चोर हैं, उनका नैपुण्य (हुनर) भी किसी ओर नहीं चल पाता ॥३॥

Formalism of various kinds,[1] the elements of nature, time and individualism were as ill at ease as the partridge; envy, pride, infatuation and arrogance were like thieves who had no occasion to display their skill in any quarter.

धरम तड़ाग ग्यान बिग्याना। ए पंकज बिकसे बिधि नाना ॥
सुख संतोष बिराग बिबेका। बिगत सोक ए कोक अनेका ॥

धर्म-सरोवर में ज्ञान-विज्ञान के नानाविध कमल खिल उठे। सुख-संतोष, विवेक-वैराग्य के अनेकानेक चकवे शोकरहित हो गए ॥४॥

But on the pools of piety blossomed the varied lotuses of wisdom and understanding; and happiness, contentment, dispassion and discernment, like so many *chakavas*, were rid of sorrow.

1. "By *Karma*, which I here translate 'Formalism', is meant ceremonial as opposed to contemplative religion: the ordinary routine of fasts, sacrifices, ablutions and other outward observances as distinct from the interior and purely spiritual exercises of the soul..." F.S. Growse, *op. cit.*, p. 649 n.

दो. –येह प्रताप रबि जा कें उर जब करै प्रकास ।
पछिले बाढ़हिं प्रथम जे कहे ते पावहिं नास ॥३१॥

(प्रभु श्रीरामजी का) प्रतापरूपी यह सूर्य जिसके हृदय में जब प्रकाश करता है, तब वे (धर्म, ज्ञान, विज्ञान, सुख, संतोष, वैराग्य और विवेक) बढ़ जाते हैं जिनका वर्णन पीछे किया गया है और वे (अविद्या, पाप, काम, क्रोध, कर्म, काल, गुण, स्वभाव आदि) नष्ट हो जाते हैं जिनका वर्णन पहले किया गया है ॥३१॥

When the sun of Rama's glory illumines a man's heart, these latter qualities grow and increase and the first mentioned die away.

चौ. –भ्रातन्ह सहित रामु एक बारा । संग परम प्रिय पवनकुमारा ॥
सुंदर उपबन देखन गए । सब तरु कुसुमित पल्लव नए ॥

एक बार भाइयों को लेकर श्रीरामचन्द्रजी परम प्रिय हनुमान्‌जी के साथ सुन्दर उपवन देखने गए । बगीचे के सभी वृक्ष फूले हुए और नये पत्तों से सुशोभित थे ॥१॥

One day Rama and his brothers together with their special favourite Hanuman went out to visit a beautiful grove, where the trees were all blossoming and putting forth fresh leaves.

जानि समय सनकादिक आए । तेजपुंज गुन सील सुहाए ॥
ब्रह्मानंद सदा लयलीना । देखत बालक बहुकालीना ।

उपयुक्त समय जानकर सनकादि मुनि आये, जो तेज की राशि, सुन्दर गुण-शील से सम्पन्न तथा ब्रह्मानन्द में सदा लवलीन रहते हैं । यद्यपि देखने में वे बालक-से लगते हैं, तथापि हैं वे वयोवृद्ध ॥२॥

Finding it a good opportunity, the sage Sanaka and his three brothers (Sanandana, Sanatana and Sanatkumara)[1] arrived there, all embodiments of spiritual glow, adorned with amiability and other noble qualities, ever absorbed in the ecstasy of transcendental bliss, and still children in appearance despite their immemorial years.

रूप धरें जनु चारिउ बेदा । समदरसी मुनि बिगत बिभेदा ॥
आसा बसन ब्यसन येह तिन्हहीं । रघुपतिचरित होहि तहँ सुनहीं ॥

(उन्हें देखने से ऐसा लगता है) मानो चारों वेद ही साक्षात् प्रकट हो गए हों । वे मुनि समदर्शी और भेद-भाव से परे हैं । दिशाएँ ही उनके वस्त्र हैं । उनके बस एक ही व्यसन है कि जहाँ श्रीरघुनाथजी के चरित्र की कथाएँ होती हैं, वहाँ जाकर वे उसे जरूर सुनते हैं ॥३॥

It seemed as though the four Vedas had each assumed a bodily form; gifted with equanimity, the sages knew no distinctions and had no covering on their bodies except the quarters,[1] and their only ambition was to hear the recital of Raghunatha's exploits wherever it was carried on.

1. Four mind-born sons of Brahma. They declined to create progeny and remained for ever in the form of innocent boys, all celebrated for their wisdom and devotion.

तहाँ रहे सनकादि भवानी । जहँ घटसंभव मुनिबर ज्ञानी ॥
रामकथा मुनि बहु बिधि बरनी । ज्ञानजोनि पावक जिमि अरनी ॥

(शिवजी कहते हैं-) हे भवानी ! सनकादि मुनि वहीं ठहरे थे जहाँ ज्ञानी मुनिश्रेष्ठ श्रीअगस्त्यजी का निवास था । मुनि ने श्रीरामजी की (उस) कथा का भाँति-भाँति से वर्णन किया था, जो ज्ञान उत्पन्न करने में वैसे ही समर्थ है जैसे अरणि (लकड़ी) से अग्नि उत्पन्न होती है ॥४॥

Sanaka and his brothers, O Bhavani, had stayed in the hermitage of the enlightened sage Agastya, who had told them the whole of Rama's story, the source of true enlightenment as the fire-stick is the source of fire.

दो. –देखि राम मुनि आवत हरषि दंडवत कीन्ह ।
स्वागत पूछि पीत पट प्रभु बैठन कहुँ दीन्ह ॥३२॥

जब श्रीरामजी ने सनकादि मुनियों को आते देखा तब उन्होंने प्रसन्न होकर साष्टांग प्रणाम किया और कुशल पूछकर उनके बैठने के लिए अपना पीताम्बर बिछा दिया ॥३२॥

When Rama saw the sages approaching, he rejoiced and prostrated himself before them. Having asked after their continuing well-being, the Lord spread his own yellow robe for them to sit on.

चौ. –कीन्ह दंडवत तीनिहुँ भाईं । सहित पवनसुत सुख अधिकाईं ॥
मुनि रघुपतिछबि अतुल बिलोकी । भए मगन मन सके न रोकी ॥

तदनंतर हनुमान्‌जीसहित तीनों भाइयों ने साष्टांग प्रणाम किया । इससे सब-के-सब अत्यन्त सुखी हुए । श्रीरघुनाथजी के अप्रतिम सौन्दर्य को देखकर मुनि उसीमें मग्न हो गए । वे मन को रोक न सके ॥१॥

All his three brothers then prostrated themselves along with Hanuman and were greatly delighted. The sages, as they gazed on Raghunatha's peerless beauty, were beside themselves with rapture; they had drunk the cup of ecstasy.

स्यामल गात सरोरुह लोचन । सुंदरतामंदिर भवमोचन ॥
एकटक रहे निमेष न लावहिं । प्रभु कर जोरे सीस नवावहिं ॥

वे भव-भय (जन्म-मरण के चक्र) से छुड़ानेवाले, साँवले शरीरवाले, कमलनयन, सुन्दरता के स्थान, श्रीरामजी को निर्निमेष (एकटक) देखते ही

1. *i.e.*, the sky.

रह गए, पलक नहीं मारते और प्रभु हाथ जोड़े सिर झुका (प्रणाम कर) रहे हैं ॥२॥

They remained gazing with unwinking eyes on the abode of comeliness, who brings about release from worldly existence and has a dark-hued frame and lotus eyes. With folded hands the Lord in his turn bowed his head before them.

तिन्ह कै दसा देखि रघुबीरा। स्रवत नयन जल पुलक सरीरा॥
कर गहि प्रभु मुनिबर बैठारे। परम मनोहर बचन उचारे॥

उनकी (प्रेमपुलकित) दशा देखकर श्रीरघुनाथजी की आँखों से भी प्रेमाश्रु बहने लगे और शरीर रोमांचित हो गया। फिर प्रभु ने हाथ पकड़कर उन श्रेष्ठ मुनियों को बिठाया और परम मधुर वचन कहे— ॥३॥

When Raghunatha perceived how they were enraptured, his eyes streamed with tears and the hair of his body bristled with delight. Taking the great sages by the hand, the Lord seated them and addressed them in these most gracious accents:

आजु धन्य मैं सुनहु मुनीसा। तुम्हरें दरस जाहिं अघ खीसा॥
बड़े भाग पाइअ सतसंगा। बिनहिं प्रयास होइ भवभंगा॥

सुनिये मुनीश्वरो! आज मैं धन्य हो गया! आपके दर्शन-मात्र से (सारे) पापों का नाश हो जाता है। बड़े भाग्य से सत्सङ्ग की उपलब्धि होती है, जिससे बिना परिश्रम जन्म-मरण का चक्र नाश को प्राप्त होता है ॥४॥

'Listen, noble sages; blest am I today, for at the sight of you all sins are annihilated. By extreme good luck one is able to enjoy the company of the good, for through such communion the round of birth and death is brought to an end without the least exertion.

दो.—संत पंथ अपबर्ग कर कामी भव कर पंथ।
कहहिं संत कबि कोबिद श्रुति पुरान सब ग्रंथ॥३३॥

संतों का मार्ग मोक्ष (जन्म-मृत्यु के चक्र से छूटने) का और कामी का सङ्ग भव-बन्धन में बँधने का मार्ग है। संत, कवि, पण्डित तथा वेद-पुराण (आदि) सभी ग्रन्थ ऐसा ही कहते हैं ॥३३॥

Communion with the saints is the road to liberation, but the fellowship of the sensual is the road to endless transmigration; so declare the saints themselves, the men of wisdom and the learned, the Vedas and the Puranas and all holy books.'

चौ.—सुनि प्रभुबचन हरषि मुनिचारी। पुलकितँ तन अस्तुति अनुसारी॥
जय भगवंत अनंत अनामय। अनघ अनेक एक करुनामय॥

प्रभु श्रीरामजी के वचन सुनकर चारों मुनि हर्षित हो उठे और वे पुलकित शरीर से स्तुति करने लगे — हे भगवन्! आपकी जय हो। आप अनंत, निर्विकार, निष्पाप, अनेक (सब रूपों में प्रकट), एक (अप्रतिम) और करुणामय हैं ॥१॥

The four sages rejoiced to hear the Lord's words, and with quivering bodies they began to hymn his praises: 'Glory to the Almighty Lord, infinite, immutable and sinless, one and many, the all-gracious!

जय निर्गुन जय जय गुनसागर। सुखमंदिर सुंदर अति नागर॥
जय इंदिरारमन जय भूधर। अनुपम अज अनादि सोभाकर॥

हे त्रिगुणों से रहित (निर्गुण)! आपकी जय हो। हे गुणसागर! आपकी जय हो, जय हो। आप सुख के स्थान, (परम) सुन्दर और अति चतुर हैं। हे लक्ष्मीपति! आपकी जय हो। हे पृथ्वी के धारण करनेवाले! आपकी जय हो। आप अनुपम, अजन्मा, अनादि और सौन्दर्य की खान हैं ॥२॥

Glory to the Lord who is beyond the modes of nature! Glory, glory to the ocean of goodness, the shrine of bliss, handsome and most urbane in manners! Glory to Indira's (Lakshmi's) spouse! Glory to the supporter of the earth, peerless, unborn and from everlasting, a mine of elegance.

ग्याननिधान अमान मानप्रद। पावन सुजसु पुरान बेद बद॥
तग्य कृतग्य अग्यताभंजन। नाम अनेक अनाम निरंजन॥

आप ज्ञान के आधार, (स्वयं) मान-मद रहित और (दूसरों को) मान-यश देनेवाले हैं। वेद-पुराण आपके पावन-सुन्दर यश का गान करते हैं। आप तत्त्वज्ञ, की हुई सेवा को माननेवाले और अज्ञान के भंजक हैं। हे निरञ्जन (मायारहित)! आपके अनन्त नाम हैं और आप अनाम (नामों के परे) हैं ॥३॥

A storehouse of wisdom, you are free from pride and yet bestow honour on others; the Vedas and the Puranas tell of your holy fame. Knower of essential truth, you acknowledge the service that your devotees do you and destroy their ignorance. Untained by illusion, you bear innumerable names and are yet beyond all.

सर्ब सर्बगत सर्ब उरालय। बससि सदा हम कहुँ परिपालय॥
द्वंद बिपति भवफंद बिभंजय। हृदि बसि राम काम मद गंजय॥

आप सर्वस्व (सर्वरूप) हैं, सर्वत्र व्याप्त हैं और सदा सबके हृदयरूपी घर में निवास करते हैं; आप हमारा परिपालन कीजिए। (राग-द्वेष, हर्ष-विषाद, जन्म-मृत्यु आदि) द्वन्द्व, विपत्ति और जन्म-मृत्यु के फंदे को — जग-जंजाल को काट दीजिए। हे रामजी! आप हमारे हृदय में निवासकर काम और मद का नाश कर दीजिए ॥४॥

You are manifest as all, pervade all and dwell in the hearts of all. Be you ever our protector ! Tear asunder the bonds of the pairs (of opposites such as hate and love, joy and grief, etc.) and of all troubles and the meshes of birth and death ! Abiding in our hearts, O Rama, eradicate our sensuality and conceit !

दो. –परमानंद कृपायतन मन परिपूरन काम।
प्रेमभगति अनपायनी देहु हमहिं श्रीराम ॥३४॥

हे परमानन्दस्वरूप, कृपा के धाम और मनोकामनाओं को परिपूर्ण करनेवाले ! हे श्रीरामजी ! हमें अपनी अविचल प्रेम-भक्ति दीजिए ॥३४॥

'O supreme bliss, O home of grace, fulfiller of the soul's desires ! Pray grant me the boon of unwavering love and devotion, O Rama !

चौ. –देहु भगति रघुपति अति पावनि। त्रिबिधि ताप भवदाप नसावनि ॥
प्रनत कामधुक धेनु कलपतरु। होइ प्रसन्न दीजे प्रभु येह बरु ॥

हे रघुनाथ ! आप हमें अत्यन्त पवित्र करनेवाली और दैहिक, दैविक तथा भौतिक तापों और जन्म-मरण के (चक्रजनित) क्लेशों का नाश करनेवाली भक्ति दीजिए। हे शरण में आये हुए सेवकों की कामनाओं को पूर्ण करने के लिए कामधेनु और कल्पवृक्षरूप प्रभो ! प्रसन्न होकर हमें यही वर दीजिए ॥१॥

Bestow on us, O Raghunatha, that most sanctifying devotion which destroys every distress[1] and the sorrowful cycle of birth and death. O cow of plenty and tree of Paradise, ready to satisfy the desires of the suppliant, be propitious unto us, my Lord, and grant us this boon !

भवबारिधि कुंभज रघुनायक। सेवत सुलभ सकल सुखदायक ॥
मनसंभव दारुन दुख दारय। दीनबंधु समता बिस्तारय ॥

हे रघुनाथजी ! आप जन्म-मृत्यु रूपी समुद्र के (सोखने के) लिए अगस्त्य मुनि-जैसे हैं। आप सेवा करने में सुलभ तथा सब सुखों के दाता हैं। हे दीनबन्धो ! मन से उद्भूत असह्य दुःखों का नाश कीजिए और (हममें) समदृष्टि का विस्तार कीजिए ॥२॥

O Raghunatha, a veritable jar-born Agastya to swallow up the ocean of birth and death, you are both easy of access to those who wish to serve you and giver of joy to all ! Put an end, O befriender of the lowly, to the grievous sufferings caused by the mind and grant us equanimity (*i.e.*, freedom from attachment and aversion) ![1]

आस त्रास इरिषादि निवारक। बिनय बिबेक बिरति बिस्तारक ॥
भूप मौलि मनि मंडन धरनी। देहि भगति संसृति सरि तरनी ॥

आप (पार्थिव, कामजन्य) आशा, भय और ईर्ष्या आदि को दूर करनेवाले तथा विनय, विवेक और वैराग्य के विस्तारक हैं। हे राजाओं के मुकुटमणि एवं पृथ्वी के आभूषण श्रीरामजी ! संसृति (जन्म-मरण के अनवरत प्रवाह) रूपी नदी के लिए नौकारूप अपनी भक्ति प्रदान कीजिए ॥३॥

O banisher of hope (of gratifying oneself through self-indulgence), fear, jealousy and other evil passions, and disseminator of humility, right judgment and dispassion. O crown of kings and ornament of the earth, grant us devotion to your feet, which serves as a boat to carry one across the river of rebirth !

मुनिमन मानस हंस निरंतर। चरन कमल बंदित अज संकर ॥
रघुकुल केतु सेतु श्रुति रक्षक। काल करम सुभाव गुन भक्षक ॥

हे मुनि-मनरूपी मानसरोवर में सदा निवास करनेवाले हंस ! आपके चरणकमल ब्रह्माजी और शंकरजी द्वारा पूजित हैं। आप रघुकुल के केतु, वेद-मर्यादा की रक्षा करनेवाले और काल, कर्म, स्वभाव तथा गुण (रूप-बन्धनों) के भक्षक हैं ॥४॥

O you who ever dwell like a swan in the Manasa lake of the sages' mind, your lotus feet are worshipped even by Brahma and Shankara. You are the Banner of the house of Raghu, the custodian of the Vedic bounds, devourer of time, destiny, *prakriti* (primordial nature) and the three *gunas* (or modes).[2]

तारन तरन हरन सब दूषन। तुलसिदास प्रभु त्रिभुवनभूषन ॥

आप तरन-तारन (उद्धार करनेवाले) तथा सब दोषों को मिटानेवाले हैं। त्रिभुवन के भूषण आप ही तुलसीदास के स्वामी हैं ॥५॥

You are the saviour, the ark of salvation, and the extirpator of all sin, O jewel of the three spheres, Lord of Tulasidasa !'

दो. –बार बार अस्तुति करि प्रेम सहित सिरु नाइ।
ब्रह्मभवन सनकादि गे अति अभीष्ट बर पाइ ॥३५॥

बार-बार स्तुति कर और प्रेमपूर्वक सिर नवाकर तथा अपना अत्यन्त मनचाहा वरदान पाकर सनकादि मुनि ब्रह्मलोक को लौट गए ॥३५॥

---

1. Another reference to *tapatraya* (*tribidha tapa*) or afflictions of three kinds, viz., (i) those caused by one's own body (*adhyatmika*), (ii) those caused by beings around us (*adhibrautika*) and (iii) those caused by Devas (*adhidaivika*).

1. Those, says the Gita, whose minds are established in sameness and equanimity have already conquered the conditions of birth and death. Chap. 5, xix.

2. Material nature consists of the three modes—goodness, passion and ignorance.

Having thus extolled the Lord again and again, Sanaka and his three brothers devoutly bowed their heads and, having won their most cherished boon, departed to Brahma's realm.

चौ. –सनकादिक बिधिलोक सिधाए। भ्रातन्ह रामचरन सिर नाए॥
पूछत प्रभुहि सकल सकुचाहीं। चितवहिं सब मारुतसुत पाहीं॥

(जब) सनकादि मुनि ब्रह्मलोक को चले गए, तब भाइयों ने श्रीरामजी के चरणों में सिर नवाया। सब भाई प्रभु से पूछने में संकोच करते हैं। (इसलिए) सभी हनुमान्‌जी की ओर देख रहे हैं ॥१॥

When Sanaka and his brothers had left for Brahma's realm, the three brothers (Bharata, Lakshmana and Shatrughna) bowed their heads before Rama's feet; but being too modest themselves to put a question to the Lord, they all looked towards Hanuman.

सुनी चहहिं प्रभुमुख कै बानी। जो सुनि होइ सकल भ्रम हानी॥
अंतरजामी प्रभु सब जाना। बूझत कहहु काह हनुमाना॥

वे प्रभु के श्रीमुख की वाणी सुनना चाहते हैं, जिसे सुनकर सभी भ्रम नष्ट हो जाते हैं। अन्तर्यामी प्रभु सब जान जाते हैं और पूछते हैं – कहो, हनुमान्! क्या बात है? ॥२॥

They wished to hear from the Lord's own lips a lesson which would eradicate all their misconceptions. The Lord, however, who regulates the internal feelings of all, perceived their thoughts and said, 'What is it you wish to know, Hanuman?'

जोरि पानि कह तब हनुमंता। सुनहु दीनदयाल भगवंता॥
नाथ भरत कछु पूछन चहहीं। प्रस्न करत मन सकुचत अहहीं॥

तब हनुमान्‌जी ने हाथ जोड़कर कहा – हे दीनदयालु भगवान्! सुनिये। हे नाथ! भरतजी कुछ पूछना चाहते हैं, पर प्रश्न करने में उनका मन सकुचाता है ॥३॥

Then Hanuman replied with folded hands, 'Listen, O Lord God, compassionate to the poor; Bharata, Lord, wishes to ask you something, but is too diffident at heart to put the question.'

तुम्ह जानहु कपि मोर सुभाऊ। भरतहि मोहि कछु अंतरु काऊ॥
सुनि प्रभुबचन भरत गहे चरना। सुनहु नाथ प्रनतारति हरना॥

(प्रभु श्रीरामजी ने कहा –) हनुमान्! तुम तो मेरे स्वभाव से परिचित ही हो। मेरे और भरत के बीच में कभी भी कोई अन्तर रहा है? प्रभु के वचन सुनकर भरतजी ने उनके पाँव पकड़ लिए (और कहा –) हे नाथ! हे शरणागत के दुःखों को हरनेवाले! सुनिये ॥४॥

'You know my disposition, Hanuman,' said the Lord; 'are there any secrets between Bharata and myself?' On hearing the Lord's words, Bharata clasped his feet and said, 'Listen, my Lord, reliever of the suppliants' agony!

दो. –नाथ न मोहि संदेह कछु सपनेहु सोक न मोह।
केवल कृपा तुम्हारिहि कृपानंद संदोह ॥३६॥

हे नाथ! मुझे न तो कुछ संदेह है और न सपने में भी शोक और मोह ही। हे कृपा और आनन्द के समूह! यह केवल आपकी ही कृपा का फल है ॥३६॥

I have no doubts at all, my Lord, nor any dejection or infatuation whatever; and this is all of your grace, O all-merciful and all-blissful Lord.

चौ. –करौं कृपानिधि एक ढिठाई। मैं सेवक तुम्ह जन सुखदाई॥
संतन्ह कै महिमा रघुराई। बहु बिधि बेद पुरानन्हि गाई॥

फिर भी हे कृपानिधान! मैं आपसे एक ढिठाई करता हूँ। मैं सेवक हूँ और आप अपने सेवकों को सुख देनेवाले हैं। हे रघुनाथजी! वेद-पुराणों ने संतों की महिमा का बहुत प्रकार से गान किया है ॥१॥

But if I may be so bold as to make one submission, gracious Lord—for I am your servant and you are the delight of your devotees—the glory of the saints, Raghunatha, has been sung in various ways by the Vedas and the Puranas.

श्रीमुख तुम्ह पुनि कीन्हि बड़ाई। तिन्ह पर प्रभुहि प्रीति अधिकाई॥
सुना चहौं प्रभु तिन्ह कर लच्छन। कृपासिंधु गुन ग्यान बिचच्छन॥

आपने भी अपने श्रीमुख से उनकी प्रशंसा की है और उनपर प्रभु का प्रेम भी अधिक है। हे प्रभो! मैं उनके लक्षण सुनना चाहता हूँ। आप दयासागर हैं और गुण तथा ज्ञान में अत्यन्त निपुण ॥२॥

You too have exalted them with your own blessed lips, for my Lord has a special affection for them. I would fain hear, Lord, their distinctive marks, for you, O Lord of grace, are skilful at discerning character and wisdom.

संत असंत भेद बिलगाई। प्रनतपाल मोहि कहहु बुझाई॥
संतन्ह के लच्छन सुनु भ्राता। अगनित श्रुति पुरान बिख्याता॥

हे शरणागत की रक्षा करनेवाले! साधु-असाधु के भेद को अलग-अलग करके मुझे समझाकर कहिए। (श्रीरामजी ने कहा –) हे भाई, सुनो! संतों के असंख्य लक्षण हैं, जो वेद और पुराणों में प्रसिद्ध हैं ॥३॥

Instruct me, O protector of the suppliant, in the several qualities that distinguish the good from the wicked.' 'Hear then, brother, the marks of the saint which, as recorded in the Vedas and the Puranas, are innumerable.

संत असंतन्हि कै असि करनी। जिमि कुठार चंदन आचरनी॥
काटै परसु मलय सुनु भाई। निज गुन देइ सुगंध बसाई॥

संत और असंतों की करनी वैसी ही है जैसी कुल्हाड़ी और चन्दन की। हे भाई! सुनो, कुल्हाड़ी चन्दन को काटती है; किंतु चन्दन (स्वभाववश) अपना गुण देकर उसे (काटनेवाली कठोर कुल्हाड़ी को) सुगन्ध से सुवासित कर देता है॥४॥

The conduct of the saint and the sinner is analogous to that of the sandal tree and the axe; for—mark it, brother—the axe cuts down the tree, but the fragrant sandal imparts its perfume to the very axe that fells it.

दो.—ता तें सुर सीसन्ह चढ़त जगबल्लभ श्रीखंड।
अनल दाहि पीटत घनन्हि परसु बदनु येह दंड॥३७॥

अपने इसी (स्वाभाविक) गुण के कारण चन्दन देवताओं के मस्तकों पर चढ़ता है और जगत् का प्रिय है, जबकि कुल्हाड़ी के मुख को यह दण्ड मिलता है कि उसे आग में तपाकर फिर घन से पीटते हैं।

For this reason sandal finds its way to the heads of gods (their images) and is the desire of the world too, while the axe, for its punishment, has its steel edge heated in the fire and beaten with a hammer.

चौ.—बिषय अलंपट सील गुनाकर। परदुख दुख सुख सुख देखें पर॥
सम अभूतरिपु बिमद बिरागी। लोभामरष हरष भय त्यागी॥

संत विषय-वासनाओं में लिप्त नहीं होते, वरन् शील और सद्‌गुणों के आगार होते हैं। उन्हें पराये दुःख को देख कर दुःख और सुख को देखकर सुख प्राप्त होता है। वे (सबमें, सर्वत्र, सब समय) समता रखते हैं, उनके मन में कोई उनका शत्रु नहीं होता, वे अभिमान से रहित और वैरागी होते हैं तथा उनमें लोभ, क्रोध, हर्ष और भय का लेश भी नहीं होता॥१॥

Indifferent to sensual objects, storehouses of amiability and other virtues, grieving when they see others in distress and rejoicing at the sight of others' joy, even-minded and looking upon none as their enemy, free from vanity and passion, they are conquerors of greed, intolerance, exultation and fear.

कोमलचित दीनन्ह पर दाया। मन बच क्रम मम भगति अमाया॥
सबहि मानप्रद आपु अमानी। भरत प्रान सम मम ते प्रानी॥

उनका हृदय बड़ा कोमल होता है। वे दीन-दुःखियों पर दया करते हैं तथा मन, वचन और कर्म से मेरी निष्कपट भक्ति करते हैं। वे स्वयं मानरहित होते हुए सबको सम्मान देते हैं। हे भरत! ऐसे प्राणी (संतजन) मेरे प्राणों के समान हैं॥२॥

Tender-hearted and compassionate to the poor, they cherish unfeigned devotion to me in thought and word and deed, and giving honour to all, they claim none for themselves. Such souls, Bharata, are dear to me as my own life.

बिगत काम मम नाम परायन। सांति बिरति बिनती मुदितायन॥
सीतलता सरलता मइत्री। द्विजपद प्रीति धर्मजनयित्री॥

वे कामनारहित होते हैं और मेरे नाम में आसक्त। संत शान्ति, वैराग्य, विनय और प्रसन्नता के घर होते हैं। उनमें शीतलता, सरलता, मित्रभाव और ब्राह्मण के चरणों में प्रीति होती है, जो धर्मों की जननी है॥३॥

Free from all desire, they are devoted to my name and are abodes of peace, dispassion, humility and joy. In their hearts dwell all such noble qualities as placidity, guilelessness, friendliness and devotion to the feet of the Brahmans, which is the fountain of all righteousness.

ए सब लक्षन बसहिं जासु उर। जानेहु तात संत संतत फुर॥
सम दम नियम नीति नहि डोलहिं। परुष बचन कबहूँ नहि बोलहिं॥

हे भाई! ये सब लक्षण जिस किसी के हृदय में बसते हों, उसे सदा सच्चा संत जानना। जो शम (मन के निग्रह), दम (इन्द्रियों के निग्रह), नियम और नीति (-पथ) से कभी नहीं हटते और न कभी परुष (कठोर) वचन ही बोलते हैं,॥४॥

Ever regard him as a true saint, brother, who never swerves from the control of his mind and senses, religious observances and correct behaviour and never speaks a harsh word.

दो.—निंदा अस्तुति उभय सम ममता मम पद कंज।
ते सज्जन मम प्रान प्रिय गुनमंदिर सुखपुंज॥३८॥

जिनके लिए निन्दा और स्तुति दोनों बराबर हैं और मेरे चरणकमलों में जिनकी (अगाध) ममता है, वे गुणों के धाम और सुख की राशि सज्जन मुझे प्राणों-जैसे प्रिय हैं॥३८॥

They who regard praise and blame as both alike and who claim my lotus feet as their only possession—all such abodes of virtue and living masses of bliss and all such saintly souls are dear to me as life itself.

चौ.—सुनहु असंतन्ह केर सुभाऊ। भूलेहुँ संगति करिय न काऊ॥
तिन्ह कर संग सदा दुखदाई। जिमि कपिलहि घालै हरहाई॥

अब असंतों के लक्षण (स्वभाव) सुनो, भूलकर भी कभी उनकी संगति नहीं करनी चाहिए। उनका संग सदा दुःखदायी होता है, जैसे हरहाई (बुरी जाति की) गाय कपिला (सीधी और दुधार) गाय को अपनी संगति से नष्ट कर डालती है॥१॥

Hear now the characteristics of sinners,

association with whom should be scrupulously avoided; for their company ever brings woe in its train, even as a vicious cow spoils by its company a cow of noble breed.

खलन्ह हृदय अति ताप बिसेषी। जरहिं सदा परसंपति देखी॥
जहँ कहुँ निंदा सुनहिं पराई। हरषहिं मनहु परी निधि पाई॥

जो दुष्ट हैं, उनके हृदय में बहुत अधिक संताप रहता है। वे परायी सुख-सम्पदा देखकर सदा जलते रहते हैं। जहाँ कहीं वे परायी निन्दा सुन पाते हैं, वहाँ ऐसे आनन्दित होते हैं, मानो उन्हें रास्ते में पड़ा हुआ खजाना मिल गया हो॥२॥

The heart of the wicked is a consuming fire, which is ever ablaze at the sight of another's prosperity. Wherever they hear another slandered, they feel delighted as though they had stumbled upon a treasure lying on the road.

काम क्रोध मद लोभ परायन। निर्दय कपटी कुटिल मलायन॥
बयरु अकारन सब काहू सों। जो कर हित अनहित ताहू सों॥

वे काम, क्रोध, मद और लोभ में अति आसक्त तथा निर्दय, कपटी, कुटिल और पापों के घर होते हैं। वे अकारण सब किसी से वैर किया करते हैं। जो उनकी भलाई करता है, उसकी भी वे बुराई ही करते हैं॥३॥

Devoted to lust and wrath, arrogance and greed, they are merciless, deceitful, crooked and utterly foul. They cherish causeless animosity against everyone and return evil for good.

झूठेइ लेना झूठेइ देना। झूठेइ भोजन झूठ चबेना॥
बोलहिं मधुर बचन जिमि मोरा। खाइ महा अहि हृदय कठोरा॥

उनका लेन-देन सब झूठा होता है, झूठा ही भोजन होता है और झूठा ही चबेना होता है (वे सभी बातों में झूठ ही बोला करते हैं)। जिस तरह मोर (बोलता तो मधुर है, परन्तु उस) का हृदय इतना कठोर होता है कि वह महान् विषैले साँपों को भी खा जाता है, उसी तरह वे भी ऊपर से मीठे वचन बोलते हैं (परन्तु हृदय के बड़े निष्ठुर होते हैं)॥४॥

They are false in their dealings (lying is their stock in-trade); falsehood is their dinner and falsehood their breakfast (whatever they do is intended to deceive others). They speak honeyed words just like the peacock that is ruthless of heart and devours the most venomous snake.[1]

दो.—परद्रोही परदार रत परधन पर अपबाद।
ते नर पावर पापमय देह धरे मनुजाद॥३९॥

(असाधुओं का यह भी लक्षण है कि) वे दूसरों से वैर करते हैं और परायी स्त्री, पराये धन तथा परायी निन्दा में लीन रहते हैं। वे नीच और पापमय मनुष्य नर-शरीर धारण किये हुए राक्षस ही हैं॥३९॥

Malevolent by nature, they covet others' wives and wealth and take delight in slandering others. Such vile and sinful men are fiends in human form.

चौ.—लोभइ ओढ़न लोभइ डासन। सिस्नोदरपर जमपुरत्रास न॥
काहू कै जौ सुनहिं बड़ाई। स्वास लेहिं जनु जूड़ी आई॥

(खलों के लिए) लोभ ही ओढ़ना और लोभ ही बिछौना होता है, वे आहार और मैथुन में ही तत्पर होते हैं[१] और उन्हें यमपुर का भय नहीं होता। जब वे किसी की बड़ाई (वृद्धि) सुन पाते हैं, तब वे ऐसी साँस लेते हैं, मानो उन्हें जूड़ी आ गयी हो॥१॥

Covetousness is their dress and covetousness their bed (they wallow in greed); they are addicted to lechery and gluttony and have no fear of punishment in the abode of Death. If they ever hear anyone exalted, they heave deep sighs as though they had an attack of ague.

जब काहू कै देखहिं बिपती। सुखी भए मानहु जगनृपती॥
स्वारथरत परिवारबिरोधी। लंपट काम लोभ अति क्रोधी॥

जब वे किसी के ऊपर आई विपत्ति को देखते हैं, तब ऐसे सुखी होते हैं मानो सारे विश्व के राजा हो गए हों। वे स्वार्थरत, कुटुम्बियों के वैरी, काम और लोभ के कारण लंपट और अत्यन्त क्रोधी होते हैं॥२॥

But when they see anyone in distress, they rejoice as though they had been made kings of the world. Devoted to their own selfish interests, hostile to their kinsfolk, dissolute, avaricious and most irascible,

मातु पिता गुर बिप्र न मानहिं। आपु गए अरु घालहिं आनहिं॥
करहिं मोहबस द्रोह परावा। संतसंग हरिकथा न भावा॥

---

1. This verse is variously interpreted by the commentators. The sinners, according to one English version, are "false in taking, false in giving, false in great matters and false in small; speaking plausible words, but ruthless of heart, like the peacock that sings so melodiously and devours the biggest snake." W.D.P. Hill is more literal when he says that the sinners are "false about receipts and false about disbursements, false about meals and false about parched gram. They speak you soft but are cruel at heart, like the peacock that sings so sweetly and devours large snakes." In a footnote appended to this verse Hill explains: "This obscure verse is thus interpreted by the *tika:* 'they deceive others in matters of business, *or* falsely boast that they have made a lot of money and given thousands in charity; also, they eat a frugal meal of gram and pretend they have enjoyed a banquet, *or* eat gram and falsely explain that they have taken a vow of abstinence.' "

१. शिश्नोदर = शिश्न + उदर = लिंग और पेट। पर = तत्पर, परायण। असंतों का बस एक ही काम है — परस्त्रीगमन और पेटपालन। लम्पट और पेटू कभी तृप्त नहीं होते — "पाप करत नहि पेट अघाहीं।"

वे माता, पिता, गुरु और ब्राह्मण, इनमें किसी को नहीं मानते। आप तो नष्ट हुए ही रहते हैं, (साथ ही) दूसरों को भी नष्ट करते हैं। मोहवश दूसरों से वैर करते हैं। उन्हें न तो संतों की संगति अच्छी लगती है, न हरि की कथा ही रुचिकर लगती है ॥३॥

they recognize neither mother nor father nor *guru nor* Brahmans; utterly ruined themselves, they bring ruin upon others. Overcome by infatuation, they bear malice to others and take no pleasure in the fellowship of saints nor in the stories of Hari.

अवगुनसिंधु मंदगति कामी। बेदबिदूषक परधन स्वामी॥
बिप्रद्रोह सुरद्रोह बिसेषा। दंभ कपट जिय धरें सुबेषा॥

वे अवगुणों के सागर, मन्दबुद्धि, कामुक, वेदों की हँसी उड़ानेवाले (निन्दक) और पराये धन के लुटेरे होते हैं। वे ब्राह्मणों से द्रोह तो करते ही हैं, परंतु विशेषकर देवताओं से द्रोह करते हैं। उनके हृदय में पाखंड और कपट भरा रहता है। परंतु वे (दिखावे के लिए) सुन्दर वेष धारण किए रहते हैं ॥४॥

Oceans of immorality, dull of understanding and lascivious, they revile the Vedas and usurp others' wealth. Though bearing malice to the Brahmans, they are enemies of the gods in particular; and full of hypocrisy and treachery in their hearts, they outwardly wear a saintly appearance.

दो. –ऐसे अधम मनुज खल कृतजुग त्रेताँ नाहिं।
द्वापर कछुक बृंद बहु होइहहिं कलिजुग माहिं॥४०॥

ऐसे अधम और दुष्ट मनुष्य सत्ययुग और त्रेता में नहीं होते। द्वापर में तो कुछ, लेकिन कलियुग में इनके अपार झुंड होंगे ॥४०॥

Such vile and wicked men are not to be found in the Satya or the Tretayuga; a sprinkling of them will appear in the Dvapara, but in the Kaliyuga there will be swarms of them.

चौ. –परहित सरिस धर्म नहिं भाई। परपीड़ा सम नहिं अधमाई॥
निर्नय सकल पुरान बेद कर। कहेउँ तात जानहिं कोबिद नर॥

हे भाई! परोपकार के समान कोई धर्म नहीं है और दूसरों को पीड़ा पहुँचाने के समान कोई पाप नहीं है। हे तात! सभी पुराणों और वेदों का यह निर्णय मैंने तुमसे कहा है, इसे पण्डित जानते हैं ॥१॥

Brother, there is no religious duty like benevolence, no sin like oppressing others. I have declared to you, dear brother, the verdict of all the Vedas and the Puranas, and the learned also know it.

नर सरीर धरि जे परपीरा। करहिं ते सहहिं महा भवभीरा॥
करहिं मोहबस नर अघ नाना। स्वारथरत परलोक नसाना॥

मानव-शरीर धारणकर जो लोग दूसरों को पीड़ा पहुँचाते हैं, उन्हें जन्म-मरण के घोर संकट सहने पड़ते हैं। मनुष्य मोहवश स्वार्थ में लीन होकर अनेक पाप करते हैं, जिससे उनका परलोक नष्ट हो जाता है ॥२॥

Men who inflict pain on others even after attaining the human body have to suffer the terrible pangs of rebirth. Dominated by infatuation and devoted to their own selfish interests, men commit many sins and ruin their prospects for the next world.

कालरूप तिन्ह कहुँ मैं भ्राता। सुभ अरु असुभ करम फल दाता॥
अस बिचारि जे परम सयाने। भजहि मोहि संसृति दुख जाने॥

हे भाई! मैं उनके लिए काल-सदृश (साक्षात् यम) हूँ और उनके भले-बुरे कर्मों का (समुचित) फल देनेवाला हूँ। ऐसा विचारकर जो लोग परम चतुर हैं, वे संसार (के प्रवाह) को दुःखरूप जानकर मेरा ही भजन करते हैं ॥३॥

To such, brother, I reveal myself as Doom and apportion the fruit of their deeds whether good or evil. Those who are supremely clever realize this, and regarding the cycle of births and deaths as full of pain, worship only me.

त्यागहिं कर्म सुभासुभ दायक। भजहिं मोहि सुर नर मुनि नायक॥
संत असंतन्ह के गुन भाषे। ते न परहिं भव जिन्ह लखि राखे॥

इसलिए वे शुभ-अशुभ फल देनेवाले कर्मों को तिलांजलि देकर देवता, मनुष्य और मुनियों के अधीश्वर (नायक) मुझे ही भजते हैं। मैंने संतों और असंतों के लक्षण कहे। जिन लोगों ने इन गुणों को समझ रखा है, वे जन्म-मरण (के चक्कर) में नहीं पड़ते ॥४॥

They renounce action that yields good or evil fruit and take refuge in me, the Lord of gods and men and sages. Thus have I told you the characteristics of saints and sinners; they who understand them fall not into the toils of birth and death.

दो. –सुनहु तात माया कृत गुन अरु दोष अनेक।
गुन यह उभय न देखिअहिं देखिअ सो अबिबेक॥४१॥

हे तात! सुनो, माया-द्वारा रचे गए अनेक गुण और दोष हैं (जिनकी कोई वास्तविक सत्ता नहीं है)। विवेक इसीमें है कि दोनों ही न देखे जायँ; इन्हें देखना ही अविवेक है ॥४१॥

Listen, dear brother: there are multitudinous merits and demerits created by illusion; they have no real existence whatever; discretion lies in regarding neither; to notice them is unwisdom.'

चौ. –श्रीमुख बचन सुनत सब भाई। हरषे प्रेमु न हृदय समाई॥
करहिं बिनय अति बारहि बारा। हनूमानहिय हरष अपारा॥

प्रभु श्रीरामजी के श्रीमुख से ये वचन सुनकर सब भाई प्रसन्न हो गए।

स्नेह (का वह प्राबल्य) उनके हृदयों में नहीं समाता । वे बार-बार बड़ी विनती करते हैं । विशेषतः हनुमान्‌जी के हृदय में आनन्द का पारावार नहीं ॥१॥

On hearing this from Rama's blessed lips, the brothers rejoiced and their hearts overflowed with love. Again and again they did him profound reverence, while a boundless delight filled the heart of Hanuman also.

पुनि रघुपति निज मंदिर गए । एहिं बिधि चरित करत नित नए ॥
बार बार नारद मुनि आवहिं । चरित पुनीत राम के गावहिं ॥

फिर श्रीरामचन्द्रजी अपने महल को गये । इस तरह वे नित्यप्रति नयी-नयी लीला करते हैं । नारद मुनि अयोध्या में बार-बार आते हैं और आकर परम पावन रामचरित का गान करते हैं ॥२॥

Rama then withdrew to his own palace; and every day he enacted some such sport anew. Narada the sage paid frequent visits to Ayodhya and sang of Rama's holy exploits.

नित नव चरित देखि मुनि जाहीं । ब्रह्मलोक सब कथा कहाहीं ॥
सुनि बिरंचि अतिसय सुख मानहिं । पुनि पुनि तात करहु गुनगानहिं ॥

(नारद) मुनि नित्य नये-नये चरित्र (और चमत्कार) देखकर जाते हैं और ब्रह्मलोक में पहुँचकर सारी कथा कह सुनाते हैं । ब्रह्माजी उसे सुनकर अत्यन्त सुखी होते हैं (और कहते हैं —) हे तात ! बार-बार श्रीरामजी के गुणों का गान करो ॥३॥

After witnessing fresh deeds every day, the sage would go to Brahma's realm and recite the whole story there. Brahma the Creator felt overjoyed to hear it and said, 'Dear son, hymn his praises over and over again.'

सनकादिक नारदहि सराहहिं । जद्यपि ब्रह्म निरत मुनि आहहिं ॥
सुनि गुनगान समाधि बिसारी । सादर सुनहिं परम अधिकारी ॥

सनकादि मुनि नारदजी की प्रशंसा करते हैं । यद्यपि वे (सनकादि) मुनि ब्रह्मनिष्ठ हैं, तथापि श्रीरामजी के गुणगान को सुनकर वे भी अपनी ब्रह्मसमाधि भूल जाते हैं और उसे श्रद्धापूर्वक सुनते हैं । वे (इस कथा को सुनने के) योग्यतम अधिकारी हैं ॥४॥

Sanaka and his brother sages praised Narada, and although they were established in the direct knowledge of Brahma the Infinite Absolute,[1] they awoke from their contemplative trance on hearing the story of Rama's perfections and listened to it with reverence, supremely qualified as they were.

1. A *Brahmanishtha* is one who is established in the direct knowledge of Brahma; one who is devoted to the pursuit of mystic wisdom or absorbed in the contemplation of the Supreme Spirit.

दो. —जीवनमुक्त ब्रह्मपर चरित सुनहिं तजि ध्यान ।
जे हरिकथा न करहिं रति तिन्ह के हिय पाषान ॥४२॥

(सनकादि मुनि-जैसे) जीवन्मुक्त और ब्रह्मनिष्ठ पुरुष भी ध्यान (ब्रह्मसमाधि) त्यागकर (प्रभु के दिव्य) चरित्र सुनते हैं । जो श्रीहरि की कथा से प्रेम नहीं करते, उनके हृदय (सचमुच ही) पत्थर हैं ॥४२॥

Even those (like Sanaka and others) who are liberated though embodied and are intent upon the contemplation of the Supreme, turn from their meditations to listen to the tale. Truly theirs must be a heart of stone who take no delight in the story of Hari.

चौ. —एक बार रघुनाथ बोलाए । गुर द्विज पुरबासी सब आए ॥
बैठे सदसि अनुज मुनि सज्जन । बोले बचन भगत भय भंजन ॥

एक बार श्रीरघुनाथजी के बुलाये हुए गुरु वसिष्ठजी, ब्राह्मण और अन्य सब नगरवासी आये । जब सभा में सब भाई मुनि तथा अन्य सज्जन यथायोग्य बैठ गए, तब भक्तों के भय को मिटानेवाले श्रीरामजी ने कहा — ॥१॥

One day, summoned by Raghunatha, the *guru* (Vasishtha) and the Brahmans and all the other citizens assembled (in the royal court). When the brothers, the sages and the nobles had taken their seats in the assembly, the Lord Rama who puts an end to his votaries' fears addressed them thus:

सुनहु सकल पुरजन मम बानी । कहौं न कछु ममता उर आनी ॥
नहि अनीति नहि कछु प्रभुताई । सुनहु करहु जौ तुम्हहि सोहाई ॥

हे समस्त नगरवासियों ! मेरी बात सुनिये । यह मैं हृदय में कुछ ममता लाकर (भावुकतावश) नहीं कहता । न तो मैं अनीति की बात कहता हूँ और न इसमें कुछ प्रभुता ही है । इसलिए (ध्यान देकर) मेरी बात सुनें और (फिर) वही करें जो आपको प्रिय लगे ॥२॥

'Give ear to my words, all you people of the city! What I am about to say is not due to any sentimental attachment at heart. I would neither say anything improper nor seek to use my authority;[1] listen to me and act as may seem good to you.

सोई सेवक प्रियतम मम सोई । मम अनुसासन मानै जोई ॥
जौ अनीति कछु भाषौं भाई । तौ मोहि बरजहु भय बिसराई ॥

जो मेरा अनुशासन (आज्ञा) माने वही मेरा सेवक और वही प्रियतम है । हे भाई ! यदि मैं कुछ अनीति की बात कहूँ तो निर्भय होकर मुझे रोक देना ॥३॥

1. Another meaning: "I speak not to disparage you nor to exalt myself." W.D.P. Hill, *op.cit.*, p. 453.

He is my servant and my best beloved who does my bidding. If I say anything that seems improper, my brothers, then be not afraid to check me.

बड़ें भाग मानुषतनु पावा। सुरदुर्लभ सब ग्रंथन्हि गावा॥
साधनधाम मोक्ष कर द्वारा। पाइ न जेहिं परलोक सँवारा॥

बड़े भाग्य से ही यह मनुष्य-तन मिला है। सभी ग्रन्थों ने यही कहा है कि यह शरीर (मनुष्यों को तो क्या) देवताओं को भी दुर्लभ है। यह साधन का धाम और मोक्ष (परम गति) का दरवाजा है। इसे (देव-दुर्लभ तन को) पाकर भी जिसने परलोक न सँवार लिया, ॥४॥

It is great good fortune that you have secured a human body, which—as all the scriptures declare—is difficult even for the gods to attain. It is a tabernacle suitable for spiritual endeavours, the gateway to deliverance; and he who receives it and still wins not heaven,

दो.—सो परत्र दुख पावइ सिरु धुनि धुनि पछिताइ।
कालहि कर्महि ईस्वरहि मिथ्या दोष लगाइ॥४३॥

वह परलोक में दुःख भोगता है, सिर धुन-धुनकर (पीट-पीटकर) पछताता है तथा (अपना दोष न स्वीकार कर) काल, कर्म और ईश्वर पर मिथ्या दोष लगाता है॥४३॥

reaps torment in the next world and beats his head in vain remorse, wrongly attributing the blame to time, fate and God.

चौ.—एहि तन कर फल बिषय न भाई। स्वरगौ स्वल्प अंत दुखदाई॥
नरतनु पाइ बिषय मनु देहीं। पलटि सुधा ते सठ बिष लेहीं॥

हे भाई! इस तन (के प्राप्त होने) का फल विषयभोग नहीं है। (भौतिक भोगों की तो बात ही क्या) स्वर्ग का भोग भी स्वल्प(बहुत थोड़ा) है और उसका अन्त दुःखद होता है। अतः जो लोग मानव-तन पाकर विषयों में मन लगा रखते हैं, वे मूर्ख अमृत के बदले विष ले लेते हैं॥१॥

Sensuous enjoyment, brothers, is not the object of the human body; why, even heavenly enjoyment is short-lived and ends in sorrow. Those born as men who give themselves up to sensual delights are fools who would choose poison in exchange for nectar.

ताहि कबहुँ भल कहै न कोई। गुंजा ग्रहै परसमनि खोई॥
आकर चारि लक्ष चौरासी। जोनि भ्रमत येह जिव अबिनासी॥

उसे कभी कोई भला (चतुर, विवेकी) नहीं कहता, जो पारस मणि को खोकर घुँघची ले लेता है। यह अविनाशी जीव (अण्डज, स्वेदज, जरायुज और उद्भिज्ज) चार खानों और चौरासी लाख योनियों में भ्रमता रहता है॥२॥

No one will ever speak well of him who picks up a peppercorn[1] and throws away the philosopher's stone. His immortal soul wanders endlessly through eighty-four lakhs of living species by the four modes of birth.

फिरत सदा माया कर प्रेरा। काल कर्म सुभाव गुन घेरा॥
कबहुँक करि करुना नरदेही। देत ईस बिनु हेतु सनेही॥

माया से प्रेरित होकर काल, कर्म, स्वभाव और गुण से घिरा हुआ (इनके वशीभूत यह सदा (एक योनि से दूसरी योनि में) भटकता रहता है। बिना किसी कारण के स्नेह करनेवाले ईश्वर कभी दया करके इसे मनुष्य का शरीर देते हैं॥३॥

Driven by illusion (my deluding potency) and encompassed by time, destiny, innate nature and phenomenal existence, it ever drifts along. Sometimes God of his mercy and without any reason for the affection bestows on him a human body,

नरतनु भवबारिधि कहुँ बेरो। सन्मुख मरुत अनुग्रह मेरो॥
करनधार सदगुर दृढ़ नावा। दुर्लभ साजु सुलभ करि पावा॥

भवसागर (से पार उतरने) के लिए यह मानव-शरीर बेड़ा (जहाज) है। मेरा अनुग्रह (कृपा) ही अनुकूल पवन है। सद्गुरु इस मजबूत जहाज के कर्णधार हैं। इस प्रकार दुर्लभ साधन सहज-सुलभ होकर (भगवत्कृपा से) उसे प्राप्त हो गए हैं, ॥४॥

a raft to carry him across the ocean of mundane existence, with my grace for a favourable wind and a worthy teacher for a helmsman to steer the course of this strong boat—a combination which, though hard to win, has been made easily available to him.

दो.—जो न तरै भवसागर नर समाज अस पाइ।
सो कृतनिंदक मंदमति आतमहन गति जाइ॥४४॥

जो व्यक्ति ऐसे साधन पाकर भी भवसागर से न उबरे (पार जाये) वह कृतघ्न और बुद्धि का मन्द है और आत्महत्या करनेवाले की गति प्राप्त करता है॥४४॥

The man who, though equipped with such means as these, fails to cross the ocean of birth and death, is an ungrateful dull-witted wretch, bent on his own destruction.

चौ.—जौ परलोक इहाँ सुख चहहू। सुनि मम बचन हृदय दृढ़ गहहू॥
सुलभ सुखद मारग येह भाई। भक्ति मोरि पुरान श्रुति गाई॥

यदि यहाँ और (मरणोपरांत) परलोक में सुख चाहते हो, तो मेरी बात सुनकर उसे दृढ़ता से हृदय में पकड़ रखो। हे भाई! मेरी भक्ति का यह मार्ग सुलभ और सुखप्रद है, पुराणों और वेदों ने ऐसा कहा है॥१॥

If you would seek happiness here as well as hereafter, listen to my words and store them deeply in your hearts. The way of devotion to me, my brothers, is easy and enjoyable, so say the Puranas and the Vedas.

ज्ञान अगम प्रत्यूह अनेका। साधन कठिन न मन कहुँ टेका॥
करत कष्ट बहु पावै कोऊ। भक्तिहीन प्रिय मोहि न सोऊ॥

(उपासना का) ज्ञान (-मार्ग) अगम है (और) उसमें अनेकानेक विघ्न हैं। उसका साधन कठिन है और उसमें मन के लिए कोई आधार नहीं होता। बहुत कष्ट करने पर किसी-किसी को ज्ञान की उपलब्धि हो जाती है, लेकिन वह भी भक्तिरहित होने से मुझे प्रिय नहीं होता॥२॥

The way of knowledge is difficult to pursue and beset with numerous impediments; its appliances are cumbrous[1] and there is no sure footing for the mind to rest on. There are some who do with infinite trouble attain wisdom, yet, lacking in faith, they fail to win my love.

भक्ति स्वतंत्र सकल सुख खानी। बिनु सतसंग न पावहिं प्रानी॥
पुन्यपुंज बिनु मिलहिं न संता। सतसंगति संसृति कर अंता॥

भक्ति स्वतंत्र और सब सुखों की खान है। लेकिन संतों की संगति के बिना प्राणी इसे नहीं पा सकते और पुण्यसमूह के बिना संत नहीं मिलते। सत्संगति (की महिमा तो इतनी है कि वह) संसृति (जन्म-मरण के चक्र) का अन्त कर डालती है॥३॥

Faith is independent and a mine of every blessing; but men cannot attain it without the fellowship of saints. Saints for their part are inaccessible without a stock of meritorious deeds; it is their fellowship in any case that brings to an end the cycle of births and deaths.

पुन्य एक जग महुँ नहि दूजा। मन क्रम बचन बिप्र पद पूजा॥
सानुकूल तेहि पर मुनि देवा। जो तजि कपटु करै द्विजसेवा॥

संसार में एक ही पुण्य है, (उसके समान) दूसरा नहीं। वह है मन, कर्म और वचन से ब्राह्मणों के चरणों की पूजा। जो छल-छद्म को छोड़कर ब्राह्मणों की सेवा करता है, उसपर मुनि और देवता प्रसन्न रहते हैं॥४॥

There is only one deed of merit in the world and no other- to adore the feet of the Brahmans in thought and word and deed. Gods and sages are propitious to him who with unfeigned devotion serves the twice-born (Brahmans).

1. *i.e.*, the means thereto are difficult. (*Sadhan* may also signify any of the following: equipment, device, resources, realization, etc.)

दो.–औरौ एक गुपुत मत सबहि कहौं कर जोरि।
संकरभजन बिना नर भगति न पावै मोरि॥४५॥

और भी एक गुप्त मत है, जिसे आप सबसे हाथ जोड़कर (विनीत भाव से) कहता हूँ: शंकरजी के भजन बिना मनुष्य मेरी भक्ति नहीं पाता॥४५॥

With folded hands I now lay before you one more secret doctrine: without adoring Shankara no man can attain to faith in me.

चौ.–कहहु भगतिपथ कवन प्रयासा। जोग न मख जप तप उपवासा॥
सरल सुभाव न मन कुटिलाई। जथालाभ संतोष सदाई॥

कहिए तो, भक्तिमार्ग में कौन-सा परिश्रम है? इसमें न योग चाहिए, न यज्ञ, जप, तप और उपवास ही! केवल सरल स्वभाव हो, मन में छल-प्रपंच न हो और जितना लाभ हो, उतने में ही सदा संतोष रखे॥१॥

Tell me, what are the pains involved in treading the path of faith? It requires neither mind-control, nor sacrifice, nor *japa* (muttering of prayers), nor penance, nor fasting; only a guileless disposition, a mind free from perversity and perfect contentment with whatever may be got.

मोर दास कहाइ नर आसा। करै त कहहु कहाँ बिस्वासा॥
बहुत कहौं का कथा बढ़ाई। एहि आचरन बस्य मैं भाई॥

मेरा सेवक कहलाकर यदि कोई मनुष्यों का भरोसा करे तो आप ही कहें, उसका क्या विश्वास है? इस प्रसंग को बढ़ाकर बहुत क्या कहूँ? हे भाइयो! मैं तो इसी आचरण के अधीन हूँ॥२॥

If he who is called a devotee of mine puts confidence in man, tell me, what faith does he have in me? But why should I dwell on the subject at greater length? These are the principles of conduct, brothers, by which I am won:

बैर न बिग्रह आस न त्रासा। सुखमय ताहि सदा सब आसा॥
अनारंभ अनिकेत अमानी। अनघ अरोष दक्ष बिग्यानी॥

न किसी से वैर करे, न लड़ाई-झगड़ा; न आशा रखे, न भय करे। उसके लिए सभी दिशाएँ सर्वदा सुखमयी हैं। जो फल की इच्छा से कर्म नहीं करता, जिसे अपना कोई घर नहीं है, जो मानहीन, पापरहित और क्रोधहीन है, जो (भक्ति-भाव में) कुशल और विज्ञानवान् है॥३॥

to avoid enmity, to pick no quarrel, to hope for nothing and fear nothing. To such a man all the quarters are ever full of joy. Undertaking nothing (with an interested motive), homeless, without pride and without sin, free from wrath, clever and wise,

प्रीति सदा सज्जनसंसर्गा। तृन सम बिषय स्वर्ग अपबर्गा॥
भगतिपक्ष हठ नहि सठताई। दुष्ट तर्क सब दूरि बहाई॥

सज्जनों की संगति से जिसे सदा प्रेम है, जिसके लिए सब विषय ही नहीं, स्वर्ग और मुक्ति भी (मेरी भक्ति के समाने) तृण के सनान (तुच्छ) हैं, जो भक्ति के पक्ष में ही हठ ठानता है, पर (अन्य किसी मत के खण्डन की) मूर्खता नहीं करता तथा जिसने सब कुतर्कों को दूर बहा दिया है, ॥४॥

ever loving the fellowship of the good and accounting the enjoyments even of heaven as well as final release as no more than a blade of grass, persistent in faith and innocent of folly, giving up all contentious arguments,

दो. –मम गुन ग्राम नाम रत गत ममता मद मोह ।
ता कर सुख सोइ जानै परानंद संदोह ॥४६॥

जो मेरे गुणसमूहों और मेरे नाम में लीन है, एवं ममता, मद और मोह से सर्वथा परे है, उसका सुख तो वही जानता है, जो (परमात्मारूप) परानन्दराशि को प्राप्त है ॥४६॥

devoted to my perfections and my name, free from attachment to the world and arrogance and infatuation–such a man's bliss is known to him alone who has become one with God, the sum of transcendental felicity.'

चौ. –सुनत सुधा सम बचन राम के । गहे सबन्हि पद कृपाधाम के ॥
जननि जनक गुर बंधु हमारे । कृपानिधान प्रान तें प्यारे ॥

श्रीरामजी के अमृत-तुल्य वचन सुनकर सबने कृपाधाम के पाँव पकड़ लिये (और कहा –) हे कृपानिधान ! आप हमारे माता-पिता, गुरु, भाई सब कुछ हैं, आप हमें प्राणों से भी अधिक प्रिय हैं ॥१॥

On hearing Rama's ambrosial words, they all (who had assembled there) clasped the feet of the All-merciful and said, 'You, O fountain of grace, are our father and our mother, our preceptor and our kinsman, dearer to us than life itself.

तनु धनु धाम राम हितकारी । सब बिधि तुम्ह प्रनतारति हारी ॥
असि सिख तुम्ह बिनु देइ न कोऊ । मातु पिता स्वारथरत ओऊ ॥

हे शरणागत के दुःखों के निवारक श्रीरामजी ! आप ही हमारे तन-धन, घरबार और सब भाँति हितैषी हैं । ऐसी शिक्षा आपके बिना और कोई नहीं दे सकता । माता-पिता भी स्वार्थपरायण ही हैं ॥२॥

You, O Rama, are our selves, our property, our homes, our greatest benefactor, relieving as you do the sorrows of your suppliant ! None other than you could give us such instruction; for even a father and a mother are devoted to their own interests.

हेतु रहित जग जुग उपकारी । तुम्ह तुम्हार सेवक असुरारी ॥
स्वारथमीत सकल जग माहीं । सपनेहुँ प्रभु परमारथ नाहीं ॥

हे असुरों के शत्रु ! संसार में बिना कारण उपकार करनेवाले तो एक आप और दूसरे आपके सेवक हैं । जगत् में (शेष) सभी स्वार्थ के मीत हैं । हे प्रभो ! उन सबों में सपने में भी परमार्थ का भाव नहीं होता ॥३॥

O foe of demons, the only two disinterested benefactors in the world are yourself and your servants; everyone else in this world has his own interests to serve; no one, Lord, thinks of others' highest (spiritual) interests even in a dream.'

सब के बचन प्रेमरस साने । सुनि रघुनाथ हृदय हरषाने ॥
निज गृह गए सुआएसु पाई । बरनत प्रभुबतकही सुहाई ॥

प्रेमरस में सने हुए सबके वचन सुनकर श्रीरघुनाथजी का हृदय बहुत ही प्रसन्न हुआ । फिर आज्ञा पाकर और प्रभु की सुन्दर बातचीत का वर्णन करते हुए सब अपने-अपने घर लौट गए ॥४॥

When Raghunatha heard them all speak in terms full of the nectar of love, he was overjoyed. On receiving the Lord's permission they returned each to his own home, making the Lord's gracious converse the theme of all their talk.

दो. –उमा अवधबासी नर नारि कृतारथरूप ।
ब्रह्म सच्चिदानंद घन रघुनायक जहँ भूप ॥४७॥

(शिवजी कहते हैं –) हे उमा ! अयोध्यावासी स्त्री-पुरुष सभी कृतार्थ-स्वरूप हैं, जहाँ के राजा स्वयं सच्चिदानन्दघन ब्रह्म श्रीरघुनाथजी हैं ॥४७॥

O Uma, the people of Ayodhya, both men and women, were the very pictures of blessedness: for Raghunatha, who was none other than the Absolute (Brahma), the very embodiment of truth, intelligence and bliss, ruled there as king.

चौ. –एक बार बसिष्ठ मुनि आए । जहाँ रामु सुखधाम सुहाए ॥
अति आदरु रघुनायक कीन्हा । पद पखारि चरनोदक लीन्हा ॥

एक बार वसिष्ठ मुनि वहाँ आये जहाँ सुख के धाम श्रीरामजी विराजमान थे । श्रीरघुनाथजी ने उनका बहुत ही आदर-सम्मान किया और उनके चरण पखारकर चरणामृत लिया ॥१॥

One day the sage Vasishtha came to visit Rama, the glorious home of blessedness. Raghunatha received him with great reverence, washed his feet and drank of the sacred water.[1]

राम सुनहु मुनि कह कर जोरी । कृपासिंधु बिनती कछु मोरी ॥
देखि देखि आचरन तुम्हारा । होत मोह मम हृदय अपारा ॥

1. *Charanodaka* or *charanamrita* is the water in which the idol of a deity has been bathed or the feet of a revered person have been washed (considered to be a sacred drink).

वसिष्ठ मुनि ने हाथ जोड़कर कहा – हे कृपासिंधु श्रीरामजी ! मेरी कुछ विनती सुनिये । आपके (मानवोचित) आचरणों को देख-देखकर मेरे हृदय में अपार मोह (भ्रम) उत्पन्न होता है ॥२॥

'Hear my prayer, Rama,' said the sage with folded hands. 'Listen, O ocean of mercy ! As I witness your deeds from time to time, a boundless bewilderment possesses my soul.

महिमा अमिति बेद नहि जाना । मैं केहि भाँति कहौं भगवाना ॥
उपरोहिती कर्म अति मंदा । बेद पुरान सुमृति कर निंदा ॥

हे भगवन् ! आपकी महिमा असीम है, उसे वेद भी नहीं जानते, फिर मैं उसे कैसे कह सकता हूँ ? पुरोहिती का कर्म अत्यन्त निकृष्ट है । वेद, पुराण और स्मृति सभी इसकी निन्दा करते हैं ॥३॥

Immeasurable is your greatness and beyond the comprehension of the Vedas; how, then can I describe it, O Lord God Almighty ? The business of a family priest is very contemptible; the Vedas, the Puranas and the Smriti texts treat it with contempt.

जब न लेउँ मैं तब बिधि मोही । कहा लाभु आगे सुत तोही ॥
परमातमा ब्रह्म नररूपा । होइहि रघुकुल भूषन भूपा ॥

जब मैं उसे (रघुवंशियों की पुरोहिती का काम) नहीं लेता था, तब मुझसे ब्रह्माजी ने कहा था – हे पुत्र ! (इसे स्वीकार कर लो, क्योंकि) इससे तुमको आगे चलकर लाभ होगा । स्वयं ब्रह्म परमात्मा मनुष्य-रूप में रघुकुल के भूषण राजा होंगे ॥४॥

When at first I refused the office, Brahma (my father) said to me, "You will be a gainer hereafter, my son. Brahma, the Supreme Spirit, will appear in human semblance as a king, the jewel of the house of Raghu."

दो. –तब मैं हृदय बिचारा जोग जग्य ब्रत दान ।
जा कहुँ करिअ सो पैहौं धर्म न येहि सम आन ॥४८॥

तब मैंने अपने हृदय में विचार किया कि जिसके लिए योग, यज्ञ व्रत और दान (आदि धर्म) किए जाते हैं, उसी परमात्मा को मैं (इसी कर्म से) पा जाऊँगा; तब तो इसके जैसा दूसरा कोई धर्म ही नहीं है ॥४८॥

Then I thought to myself that if I shall attain to him who is the object of all contemplation, sacrifice, vows and almsgiving, there could be no nobler vocation than this.

चौ. –जप तप नियम जोग निज धर्मा । श्रुतिसंभव नाना सुभ कर्मा ॥
ग्यान दया दम तीरथ मज्जन । जहँ लगि धर्म कहत श्रुति सज्जन ॥

जप, तप, नियम, (अष्टांग) योग, अपने-अपने (वर्णाश्रम के) धर्म, वेदों से प्रकट होनेवाले अनेक शुभ कर्म, ज्ञान, दया, दम (इन्द्रियनिग्रह), तीर्थस्नान आदि जहाँ तक वेदों और सज्जनों ने धर्म कहा है, ॥१॥

Prayer, penance, religious observances, yogic practices, the performance of one's own caste-duties, the various pious acts recommended by the Vedas, the pursuit of spiritual enlightenment, compassion and self-control, bathing at holy places and all the other religious duties ordained by the Vedas and holy men,

आगम निगम पुरान अनेका । पढ़ें सुनें कर फल प्रभु एका ॥
तव पद पंकज प्रीति निरंतर । सब साधन कर येह फल सुंदर ॥

हे प्रभो ! उन सबके करने का तथा अनेक तन्त्रों, वेदों और पुराणों के पढ़ने और सुनने का मुख्य फल एक यही है और सब साधनों का भी यह एक ही सुन्दर फल है कि आपके चरणकमलों में निरन्तर (अविच्छिन्न, एकरस) प्रेम हो ॥२॥

and the recitation and hearing of the various Tantra texts and of the Vedas and the Puranas have but one great reward, my Lord, and all spiritual endeavours lead to only one glorious end, *viz.*, a constant devotion to your lotus feet.

छूटै मल कि मलहि कें धोयें । घृत कि पाव कोउ बारि बिलोयें ॥
प्रेमभगति जल बिनु रघुराई । अभिअंतर मल कबहुँ न जाई ॥

क्या मैल ही से धोने से मैल छूट सकता है ? क्या जल के मथने से कोई घी पा सकता है ? (ऐसे ही) हे रघुनाथजी ! प्रेम-भक्तिरूपी जल के बिना अन्तःकरण का मैल (अज्ञान) कभी नहीं जा सकता ॥३॥

Can dirt be removed by cleansing with dirt ? Can anyone obtain melted butter (ghee) by churning water ? So, Raghunatha, only by cleansing with the water of love and faith can the impurity accumulated within be washed away.

सोई सर्बग्य तग्य सोइ पंडित । सोइ गुनगृह बिग्यान अखंडित ॥
दच्छ सकल लच्छनजुत सोई । जा कें पद सरोज रति होई ॥

वही सर्वज्ञ है, वही तत्त्वज्ञ और पण्डित है, वही सब गुणों का भंडार और अखण्ड विज्ञानी है, वही निपुण और वही सब सुलक्षणों से युक्त है, जिसकी प्रीति आपके चरणकमलों में है ॥४॥

He alone is all-wise, the knower of truth, the scholar, the thoroughly accomplished, endowed with knowledge,[1] total and entire, of the Self,

---

1. Vijnana, according to Swami Sivananda's *Yoga Vedanta Dictionary* (Delhi, 1973), is the principle of pure intelligence, secular knowledge or knowledge of the Self.

skilled and possessed of all auspicious attributes, who is devoted to your lotus feet.

दो. –नाथ एक बर मागौं राम कृपा करि देहु ।
जन्म जन्म प्रभुपद कमल कबहुँ घटै जनि नेहु ॥४९॥

हे नाथ ! हे श्रीरामजी ! मैं आपसे एक वरदान माँगता हूँ, कृपा करके दीजिए। (वह यह है कि) प्रभु (आप) के चरणकमलों में मेरा स्नेह जन्म-जन्मान्तर तक अक्षुण्ण रहे – कभी न घटे ॥४९॥

There is, Lord, just one boon I crave; grant it in your mercy, O Rama. May my love for your lotus feet, O Lord, never grow less in all my future births.'

चौ. –अस कहि मुनि बसिष्ठ गृह आए । कृपासिंधु कें मन अति भाए ॥
हनूमान भरतादिक भ्राता । संग लिए सेवक सुखदाता ॥

ऐसा कहकर वसिष्ठ मुनि घर आये। वे दयासागर श्रीरामजी के मन को बहुत ही प्रिय लगे। फिर सेवकों को सुख देनेवाले श्रीरामजी ने हनुमान्‌जी तथा भरतजी आदि भाइयों को साथ लिया ॥१॥

So speaking, the sage Vasishtha returned home, and the all-compassionate Rama was greatly pleased with him at heart. Then, being ever gracious to his servants, he took with him Hanuman, Bharata and his other brothers (Lakshmana and Shatrughna)

पुनि कृपाल पुर बाहेर गए । गज रथ तुरग मगावत भए ॥
देखि कृपा करि सकल सराहे । दिए उचित जिन्ह जिन्ह जेइ चाहे ॥

फिर दयालु श्रीरामजी नगर के बाहर गए और वहाँ उन्होंने हाथी, रथ और घोड़े मँगवाए। उन्हें देखकर, कृपा करके प्रभु ने सबकी प्रशंसा की और जिस-जिसने जो कुछ चाहा, उस-उसको उन्होंने वही उचित जानकर दिया ॥२॥

and in his benignity went outside the city and ordered elephants, chariots and horses to be immediately brought. Reviewing them with kindness, he praised them all, and then distributed them among the people, giving each person the one that he wished.

हरन सकल श्रम प्रभु श्रम पाई । गए जहाँ सीतल अबराई ॥
भरत दीन्ह निज बसन डसाई । बैठे प्रभु सेवहिं सब भाई ॥

समस्त श्रमों को हरनेवाले प्रभु (गज, रथ, घोड़े आदि बाँटने में) श्रम का अनुभव कर वहाँ गए जहाँ शीतल अमराई थी। वहाँ भरतजी ने अपना वस्त्र बिछा दिया। उस पर प्रभु बैठ गए और सब भाई उनकी सेवा करने लगे ॥३॥

The Lord, the reliever of all fatigue, himself grew weary and retired to the cool shade of a mango grove, where Bharata spread his own robe. There the Lord took his seat, with all his brothers in attendance,

मारुतसुत तब मारुत करई । पुलक बपुष लोचन जल भरई ॥
हनूमान समान बड़भागी । नहि कोउ रामचरन अनुरागी ॥
गिरिजा जासु प्रीति सेवकाई । बार बार प्रभु निज मुख गाई ॥

तब पवनपुत्र हनुमान्‌जी पंखा डुलाने लगे। उनका शरीर रोमांचित हो गया और आँखों में प्रेमाश्रु भर आए। (शिवजी कहने लगे –) हे गिरिजे ! हनुमान्‌जी-जैसा न तो कोई बड़भागी है और न कोई श्रीरामजी के चरणों का वैसा अनुरागी ही। उनके प्रेम और सेवा को प्रभु ने अपने श्रीमुख से बार-बार सराहा है ॥४-५॥

while the Son of the Wind fanned him, the hair of his body bristling with delight and with eyes streaming with tears. There is no one, O Girija, so blessed as Hanuman, no one so devoted to Rama's lotus feet! How often has the Lord with his own lips extolled his love and devotion !

दो. –तेहि अवसर मुनि नारद आए करतल बीन ।
गावन लगे राम कल कीरति सदा नबीन ॥५०॥

उसी समय हाथ में वीणा लिये नारद मुनि आये। वे श्रीरामजी की सुन्दर और नित्य नयी कीर्ति गाने लगे ॥५०॥

At that time came Narada the sage, lute in hand, and began to hymn Rama's fair renown, that ageless theme.

चौ. –मामवलोकय पंकजलोचन । कृपाबिलोकनि सोकबिमोचन ॥
नील तामरस स्याम कामअरि । हृदय कंज मकरंद मधुप हरि ॥

हे कमलनयन ! मेरी ओर देखिए।[1] हे शोक-नाशक ! आप मेरी ओर कृपादृष्टि कीजिए। हे हरि ! आप नील कमल के समान श्याम वर्ण हैं और कामदेव के शत्रु श्रीशिवजी के हृदय-कमल के (प्रेम-रूपी) मकरन्द के पान करनेवाले भौंरा हैं ॥१॥

'O Lotus-eyed, look upon me ! In your great compassion turn to me, O destroyer of grief ! Dark of hue as the dark-blue lotus, O Hari, you sip like a bee the honey of the lotus heart of Shiva, the destroyer of Cupid !

जातुधान बरूथ बल भंजन । मुनि सज्जन रंजन अघगंजन ॥
भूसुर ससि नव बृंद बलाहक । असरनसरन दीन जन गाहक ॥

आप राक्षसी सेना के बल को नष्ट करनेवाले मुनियों और संतजनों को

१. भगवान् हनुमान्‌जी की प्रशंसा कर रहे थे, वे नारदजी की ओर देखते ही नहीं। इसलिए नारदजी 'मामवलोकय' से अपनी स्तुति प्रारम्भ करते हैं।

आनन्द देनेवाले और पापनाशक हैं । ब्राह्मणरूपी खेती के लिए आप नये मेघसमूह हैं और शरणहीनों को शरण देनेवाले तथा दीनजनों को ग्रहण करनेवाले (अनाथों के पालक) हैं ॥२॥

Shattering the might of the demon hosts, you bring delight to saints and sages and destroy sin; you are beneficent to Brahmans as are rain-clouds to the new-sprung crops. You are the refuge of the helpless and the befriender of the helpless.

भुजबल बिपुल भार महि खंडित । खर दूषन बिराध बध पंडित ॥
रावनारि सुखरूप भूपबर । जय दसरथकुल कुमुद सुधाकर ॥

अपने पराक्रम से धरती के भारी बोझ को खंडित (नष्ट) करनेवाले, खर-दूषण और विराध के वध करने में पारंगत, रावण के शत्रु, आनन्दस्वरूप, राजाओं के शिरोमणि और दशरथ के कुलरूपी कुमुदिनी के चन्द्रमा श्रीरामजी ! आपकी जय हो ॥३॥

By the might of your arm you have destroyed earth's grievous burden and ingeniously slain the demons Khara, Dhushana and Viradha. Glory to you, O foe of Ravana, very bliss, noblest of kings, a moon to the lily of the house of Dasharath !

सुजसु पुरान बिदित निगमागम । गावत सुर मुनि संत समागम ॥
कारुनीक ब्यलीक मदखंडन । सब बिधि कुसल कोसलामंडन ॥

आपका सुयश पुराणों, वेदों में और तन्त्रादि शास्त्रों में वर्णित है । देवता, मुनि और संत-समुदाय उसे गाते हैं । आप करुणा करनेवाले और झूठे अभिमान के नाशक, सर्वतः निपुण और श्री अयोध्याजी के भूषण ही हैं ॥४॥

Your fair renown is known to the Puranas, the Vedas and the Agamas and is hymned in the congregations of gods, sages and saints. Compassionate are you, exterminator of false pride, altogether wise, jewel of Ayodhya !

कलिमल मथन नाम ममताहन । तुलसिदास प्रभु पाहि प्रनत जन ॥

कलियुग के पापों को मथ डालनेवाला आपका नाम ममता का नाश करनेवाला है । हे तुलसीदास के प्रभु ! मुझ शरणागत की रक्षा कीजिए ॥५॥

Your name wipes out the impurities of the Kaliyuga and puts an end to worldly attachment. Pray protect your humble suppliant, O Lord of Tulasidasa !'

दो．–प्रेम सहित मुनि नारद बरनि राम गुन ग्राम ।
सोभासिंधु हृदय धरि गए जहाँ बिधिधाम ॥५१॥

श्रीरामचन्द्रजी के गुणसमूहों का प्रेमपूर्वक वर्णन करने के अनन्तर मुनि

नारदजी शोभासिंधु प्रभु को हृदय में धारणकर वहाँ चले गए जहाँ ब्रह्मलोक है ॥५१॥

Having devoutly proclaimed Rama's numerous perfections, Narada the sage returned to Brahma's realm, enshrining the ocean of beauty in his heart.

चौ．–गिरिजा सुनहु बिसद येह कथा । मैं सब कही मोरि मति जथा ॥
रामचरित सत कोटि अपारा । श्रुति सारदा न बरनैं पारा ॥

(शिवजी कहते हैं –) हे गिरिजे ! सुनो, जैसी मेरी बुद्धि थी, वैसी मैंने यह उज्ज्वल कथा पूरी कह डाली । श्रीरामजी के चरित्र सौ करोड़ (तथा) अनन्त-अपार हैं । श्रुति और शारदा के लिए भी वे अवर्णनीय हैं ॥१॥

Listen, O Girija; I have told you in full this glorious story to the best of my ability. But Rama's acts are a thousand million and beyond all reckoning; not even the Vedas and Sharada (the goddess of speech) can tell them all.

रामु अनंत अनंत गुनानी । जन्म कर्म अनंत नामानी ॥
जलसीकर महिरज गनि जाहीं । रघुपतिचरित न बरनि सिराहीं ॥

जैसे प्रभु श्रीरामचन्द्रजी अनन्त हैं, वैसे ही उनके गुणों का अन्त नहीं है; उनके जन्म, कर्म और नाम भी अन्तहीन हैं । जल की बूँदें और पृथ्वी के रज-कण चाहे गिने जा सकें, पर श्रीरघुनाथजी के चरित्र वर्णन करने से नहीं चुकते ॥२॥

Rama is infinite, and infinite his excellences; infinite are his births, his deeds and his names. Drops of water (in a shower of rain) may be counted or the particles of earth's dust, but the exploits of Raghunatha cannot be recounted in full.

बिमल कथा हरिपद दायनी । भगति होइ सुनि अनपायनी ॥
उमा कहेउँ सब कथा सुहाई । जो भुसुंडि खगपतिहि सुनाई ॥

यह पावन-निर्मल कथा हरि के परम पद — मोक्ष — को देनेवाली है । इसके सुनने से (हृदय में) अविचल भक्ति का जन्म होता है । हे उमा ! मैंने वही सब सुन्दर कथा कही, जिसे काकभुशुण्डिजी ने गरुड़जी को सुनाया था ॥३॥

This sacred story enables one to reach the abode of Hari and whoever hears it is blessed with unwavering devotion. O Uma, I have related in full the delectable story that Bhushundi recited to the king of the birds.

कछुक रामगुन कहेउँ बखानी । अब का कहौं सो कहहु भवानी ॥
सुनि सुभ कथा उमा हरषानी । बोलीं अति बिनीत मृदु बानी ॥

मैंने श्रीरामजी के कुछ थोड़े-से गुणों का वर्णन किया है । हे भवानी ! अब मैं और क्या कहूँ, यह बताओ ? श्रीरामजी की कल्याणप्रद कथा सुनकर

पार्वतीजी प्रसन्न हो उठीं और अत्यन्त विनम्र तथा मधुर वाणी बोलीं ॥४॥

I have thus recounted a few of Rama's virtues; now tell me, Bhavani, what am I to recount next ?' Parvati rejoiced to have heard the blessed tale, and in exceedingly polite and soft accents she replied,

धन्य धन्य मैं धन्य पुरारी। सुनेउँ रामगुन भव भय हारी॥

हे त्रिपुरारि ! मैं धन्य-धन्य हूँ, कृतार्थ हूँ जो मैंने जन्म-मृत्यु के भय को हरनेवाले श्रीरामजी के गुण (चरित्र) सुने ॥५॥

'Thrice blessed am I, O foe of the demon Tripura, to have heard the story of Rama's excellences that put an end to the dread of rebirth.

दो. –तुम्हरीं कृपा कृपाल मैं अब कृतकृत्य न मोह।
जानेउँ रामप्रताप प्रभु चिदानंद संदोह ॥५२(क)॥

हे दयालु ! आपकी कृपा से अब मैं कृतकृत्य और मोह-रहित हो गई। हे प्रभु ! मैं सच्चिदानन्दघन प्रभु श्रीरामजी के प्रताप को जान गई ॥५२(क)॥

By your grace, O Lord of mercy, I have now attained the object of my life and have no delusion left in me; for I have realized the greatness of Rama, the Lord who is the sum of all knowledge and joy.'

नाथ तवानन ससि स्रवत कथा सुधा रघुबीर।
श्रवन पुटन्हि मन पान करि नहि अघात मतिधीर ॥५२(ख)॥

हे नाथ ! आपका मुख-चन्द्र श्रीरघुवीर की कथारूपी अमृत की वर्षा करता है। हे धीरबुद्धि ! मेरा मन कर्णपुटों से उस कथामृत को पीकर तृप्त नहीं होता ॥५२(ख)॥

Your lips, O Lord of resolute mind, let flow the story of Raghubira as the moon lets flow nectar, and my soul knows no satiety as I drink it in through the pitchers of my ears.

चौ. –रामचरित जे सुनत अघाहीं। रस बिसेष जाना तिन्ह नाहीं॥
जीवनमुक्त महामुनि जेऊ। हरिगुन सुनहिं निरंतर तेऊ॥

रामकथा के श्रवण से जो अघा जाते हैं (परितृप्त हो जाते हैं) उन्हें तो उसके विशेष रस की अनुभूति ही नहीं हुई ! जो जीवन्मुक्त महामुनि हैं, वे भी भगवान् के गुणों का निरन्तर रसास्वादन करते रहते हैं – उन्हें सुनते रहते हैं ॥१॥

Those who tire of hearing the exploits of Rama have little known their peculiar savour. Even those great sages who have won final beatitude while yet alive listen for ever to the praise of the Lord's virtues.

भवसागर चह पार जो पावा। रामकथा ता कहुँ दृढ़ नावा॥
बिषइन्ह कहँ पुनि हरि गुन ग्रामा। श्रवन सुखद अरु मन अभिरामा॥

जो भव-सागर का पार पाना चाहता है (जन्म-मरण के चक्र में पड़ना नहीं चाहता), उसके लिए तो रामकथा दृढ़ नौका के समान है। श्रीहरि के गुणसमूह तो विषयी लोगों के लिए भी कानों को सुखद और मन को आनन्दप्रद हैं ॥२॥

To him who seeks to cross the sea of worldly existence, the story of Rama serves as a secure bark. To the sensualist, too, the hearing of Hari's perfections is pleasant to the ear and grateful to the mind.

श्रवनवंत अस को जग माहीं। जाहि न रघुपतिचरित सोहाहीं॥
ते जड़ जीव निजातम घाती। जिन्हहिं न रघुपतिकथा सोहाती॥

संसार में कानवाला ऐसा कौन है, जिसे रामचरित-कथा न सुहाती हो ? जिन्हें श्रीरघुनाथजी की कथा रुचिकर नहीं लगती, वे जड़ प्राणी तो आत्मघाती हैं (अपनी आत्मा का हनन करते हैं) ॥३॥

Is there anyone in the world with ears to hear whom the story of Rama's acts does not delight ? Stupid indeed are those creatures and self-destroyers to whom the story of Raghunatha gives no pleasure.

हरिचरित्रमानस तुम्ह गावा। सुनि मैं नाथ अमिति सुख पावा॥
तुम्ह जो कहा येह कथा सुहाई। काकभुसुंडि गरुर प्रति गाई॥

हे नाथ ! आपने 'हरिचरित्रमानस' (श्रीरामचरितमानस) का गान किया, उसे सुनकर मेरे सुख का पारावार न रहा। आपने जो यह कहा कि यह सुन्दर कथा काकभुशुण्डिजी ने गरुड़जी से कही थी – ॥४॥

While you sang of the Manasa Lake of Rama's Acts, I listened, my Lord, with boundless joy; but inasmuch as you said that this charming story was recited by Kakabhushundi to Garuda,

दो. –बिरति ज्ञान बिज्ञान दृढ़ रामचरित अति नेह।
बायसतन रघुपतिभगति मोहि परम संदेह ॥५३॥

सो कौए का तन पाकर भी काकभुशुण्डि वैराग्य और ज्ञान-विज्ञान में दृढ़ हैं तथा उनका रामकथा में अत्यन्त प्रेम है और उन्हें श्रीरघुनाथजी की भक्ति भी प्राप्त है, इस बात का मुझे अत्यन्त संदेह हो रहा है ॥५३॥

I am filled with great doubt that one in the body of a crow should possess such steadfastness in dispassion, knowledge and mystic wisdom, such staunch devotion to Raghunatha and such love for the story of his exploits.

चौ. –नर सहस्र महँ सुनहुँ पुरारी। कोउ एक होइ धर्म ब्रत धारी॥
धर्मसील कोटिक महँ कोई। बिषयबिमुख बिरागरत होई॥

हे त्रिपुरारि ! सुनिये, हजारों मनुष्यों में कोई एक ही धर्मव्रत को धारण करनेवाला (धर्मपथ पर अडिग) होता है और करोड़ों धर्मात्माओं में कोई एक ही धर्मपरायण व्यक्ति विषय से विमुख (विषयों का त्यागी) और वैरागी होता है ॥१॥

Listen, O foe of the demon Tripura: among a thousand men there is scarce one who is steadfast in his vow of piety; and among ten million souls devoted to righteousness there may be one who loathes sensuality and delights in dispassion.

कोटि बिरक्त मध्य श्रुति कहई। सम्यक ग्यान सकृत कोउ लहई ॥
ग्यानवंत कोटिक महुँ कोऊ। जीवनमुक्त सकृत जग सोऊ ॥

श्रुति का कथन है कि करोड़ों वैरागियों में कोई एक ही सम्यक् ज्ञान को उपलब्ध करता है और करोड़ों ज्ञानियों में कोई एक जीवन्मुक्त होता है। जगत् में ऐसा (जीवन्मुक्त) कोई विरला ही होगा ॥२॥

Among millions of souls free from worldly attachment — so declare the Vedas — scarce one succeeds in acquiring perfect wisdom; and among millions of enlightened souls in this world, there is hardly one who wins final beatitude even when living.

तिन्ह सहस्र महुँ सब सुख खानी। दुर्लभ ब्रह्मलीन बिग्यानी ॥
धर्मसील बिरक्त अरु ग्यानी ॥ जीवनमुक्त ब्रह्मपर प्रानी ॥

हजारों जीवन्मुक्तों में भी सब सुखों की खान, ब्रह्म में लवलीन विज्ञानी पुरुष और भी विरल है। धर्मपरायण, विरक्त, ज्ञानी, जीवन्मुक्त और ब्रह्मलीन – ॥३॥

Among a thousand such liberated souls, hard is it to find one who is a fountain of all bliss and who, well-equipped with knowledge of the Self, is one with the Absolute. Of the righteous, the unattached, the enlightened and the emancipated, as well as of those absorbed in the Absolute,

सब तें सो दुर्लभ सुरराया। रामभगति रत गत मद माया ॥
सो हरिभगति काग किमि पाई। बिस्वनाथ मोहि कहहु बुझाई ॥

हे देवाधिदेव महादेवजी ! इन सबमें वह प्राणी तो और भी दुर्लभ है जो गर्व और माया से सर्वथा मुक्त होकर श्रीरामजी का भक्ति में लीन हो। हे विश्वनाथ ! ऐसी अनन्य हरिभक्ति को एक कौए ने कैसे पा लिया, मुझे समझाकर कहिए ॥४॥

he, O Lord of gods, who is free from pride and delusion and devotes himself to Rama, is most difficult to find. Tell me, O Lord of the universe, how a crow could win to such faith in Hari.

दो. –रामपरायन ग्यानरत गुनागार मतिधीर।
नाथ कहहु केहि कारन पाएउ काकसरीर ॥५४॥

हे नाथ ! कहिये, श्रीरामजी में ऐसे आसक्त, ज्ञानरत, गुणों के भांडार और स्थिरचित्त भुशुण्डिजी ने कौए का शरीर किस कारण पाया ? ॥५४॥

Tell me, Lord, what was the reason that Bhushundi, who was so devoted to Rama, so steeped in wisdom, so full of all good qualities and resolute of purpose, had the body of a crow ?

चौ. –येह प्रभुचरित पवित्र सुहावा। कहहु कृपाल काग कहँ पावा ॥
तुम्हँ केहिं भाँति सुना मदनारी। कहहु मोहि अति कौतुक भारी ॥

हे कृपालु ! बताइये, उस कौए ने प्रभु का यह दिव्य सुहावना चरित्र कहाँ पाया ? हे कामदेव के शत्रु ! आपने इसे किस प्रकार सुना ? यह बताइए, मुझे बड़ी भारी उत्सुकता हो रही है ॥१॥

Pray tell me, O merciful Lord, wherefrom did the crow get this holy and delectable story ? Tell me, too, O foe of Love, how came you to hear it; for all this fills me with great curiosity.

गरुड़ महाग्यानी गुनरासी। हरिसेवक अति निकट निवासी ॥
तेहि केहि हेतु काग सन जाई। सुनी कथा मुनिनिकर बिहाई ॥

गरुड़जी तो महाज्ञानी, सद्‌गुणों की राशि, हरि के भक्त और उनके अत्यन्त निकट रहनेवाले (उनके वाहन ही) हैं। उन्होंने ऋषि-मुनियों के झुंड को छोड़कर कौए से जाकर रामकथा किस कारण सुनी ? ॥२॥

Garuda, again, is a bird highly enlightened, a storehouse of virtues, a votary of Hari (being his own mount) and always very close to him. Leaving the host of sages, wherefore did he approach a crow and hear Rama's story from him ?

कहहु कवन बिधि भा संबादा। द्वौ हरिभगत काग उरगादा ॥
गौरिगिरा सुनि सरल सुहाई। बोले सिव सादर सुख पाई ॥

बताइए, काकभुशुण्डि और गरुड़, इन दोनों हरिभक्तों की परस्पर बातचीत किस तरह हुई ? पार्वतीजी की सरल, सुहावनी वाणी सुनकर शिवजी सुखी होकर आदरपूर्वक बोले –

Tell me, how the dialogue proceeded between Kakabhushundi and Garuda (the devourer of serpents), both of whom are votaries of Hari.' Shiva rejoiced to hear the simple and charming speech of his consort (Parvati) and courteously replied:

धन्य सती पावनि मति तोरी। रघुपतिचरन प्रीति नहि थोरी ॥
सुनहु परम पुनीत इतिहासा। जो सुनि सकल सोक भ्रम नासा ॥

हे सती ! तुम धन्य हो; तुम्हारी बुद्धि अत्यन्त पवित्र है। श्रीरघुपतिजी के

चरणों में तुम्हारा प्रेम कम नहीं है। अब वह परम पावन चरित सुनो, जिसे सुनने से सारे दुःख और भ्रम नष्ट हो जाते हैं ॥४॥

'A blessing, O Sati, on your holy thoughts ! Great indeed is your love for Raghupati's feet Now listen to the very sacred story which, when heard, puts an end to every sorrow and delusion,

उपजै रामचरन बिस्वासा। भवनिधि तर नर बिनहि प्रयासा ॥

और श्रीरामजी के चरणों में विश्वास उपज जाता है और मनुष्य अनायास संसाररूपी समुद्र से पार उतर जाता है ॥५॥

and brings to birth an implicit faith in Rama's feet and enables a man to cross the abyss of birth and death without any difficulty.

दो. –ऐसिअ प्रस्न बिहंगपति कीन्हि काग सन जाइ।
सो सब सादर कहिहौं सुनहु उमा मन लाइ ॥५५॥

पक्षिराज (गरुड़जी) ने भी जाकर काकभुशुण्डिजी से कुछ ऐसे ही प्रश्न किए थे। हे उमा ! मैं उन्हें आदरपूर्वक कहूँगा, तुम मन लगाकर सुनो ॥५५॥

Somewhat similar were the questions that Garuda, the king of birds, put to Kakabhushundi. As I shall reverently explain it to you in full, listen, Uma, with all attention.

चौ. –मैं जिमि कथा सुनी भवमोचनि। सो प्रसंग सुनु सुमुखि सुलोचनि ॥
प्रथम दक्षगृह तव अवतारा। सती नाम तब रहा तुम्हारा ॥

जिस प्रकार मैंने जन्म-मृत्यु से छुड़ानेवाली वह कथा सुनी है, हे सुमुखी ! हे सुलोचनी ! वह प्रसङ्ग सुनो। पहले तुम्हारा अवतार दक्ष के घर हुआ था। उस (अवतार) में तुम्हारा नाम सती था ॥१॥

Hear now, O beautiful and bright-eyed lady, the circumstances in which I heard the story that delivers one from the cycle of births and deaths. You first became incarnate in the house of Daksha and the name you then bore was Sati.

दक्षजग्य तव भा अपमाना। तुम्ह अति क्रोध तजे तब प्राना ॥
मम अनुचरन्ह कीन्ह मखभंगा। जानहु तुम्ह सो सकल प्रसंगा ॥

दक्ष के यज्ञ में तुम्हारा अपमान हुआ था। तब अत्यन्त क्रुद्ध हो तुमने अपने प्राण त्याग दिए थे और फिर मेरे अनुचरों (गणों) ने यज्ञ विध्वंस कर दिया था। उन सभी प्रसङ्गों को तुम जानती ही हो ॥२॥

At a sacrifice performed by Daksha you were subjected to contumely and in a fit of passion yielded up your life. My servants then wrecked the sacrifice—but you know the whole episode already.

तब अति सोच भयउ मन मोरे। दुखी भयउँ बियोग प्रिय तोरे ॥
सुंदर बन गिरि सरित तड़ागा। कौतुक देखत फिरौं बिरागा ॥

तब मेरे मन में बहुत चिन्ता होने के कारण हे प्रिये ! मैं तुम्हारे वियोग से दुःखी हो गया। विरक्त होकर मैं सुन्दर वन, पर्वत, नदी और तालाबों के दृश्य देखता फिरता था ॥३॥

Then I was sorely troubled at heart, for your loss had left me disconsolate, my beloved. I wandered among beauteous woods and mountains and rivers and lakes, seeing sights but indifferent to their beauty.

गिरि सुमेरु उत्तर दिसि दूरी। नील सैल एक सुंदर भूरी ॥
तासु कनकमय सिखर सुहाए। चारि चारु मोरें मन भाए ॥

सुमेरु पर्वत की उत्तर दिशा में, और भी दूर एक अत्यन्त सुन्दर नीला पहाड़ है। उसके स्वर्णमय सुहावने शिखरों में चार सुन्दर शिखर मेरे मन को बहुत ही पसंद आए ॥४॥

Far away, to the north of Mount Sumeru, there is a most magnificent purple mountain with many a majestic peak of gold, four of which were so lovely that my soul was enraptured.

तिन्ह पर एक एक बिटप बिसाला। बट पीपर पाकरी रसाला ॥
सैलोपरि सर सुंदर सोहा। मनिसोपान देखि मन मोहा ॥

उन शिखरों में प्रत्येक पर बरगद, पीपल, पाकर और आम का एक-एक विशाल वृक्ष है। पहाड़ के ऊपर एक सुन्दर तालाब भी शोभित है। उसमें जो मणियों की सीढ़ियाँ हैं, उन्हें देखकर मन मुग्ध हो जाता है ॥५॥

On each stood one spreading tree, a banyan, a *pipala*,[1] a *pakara*[2] and a mango. On the top of the mountain sparkled a beautiful lake, with jewelled flights of steps, which it was a delight to behold.

दो. –सीतल अमल मधुर जल जलज बिपुल बहुरंग।
कूजत कलरव हंसगन गुंजत मंजुल भृंग ॥५६॥

उस सरोवर का जल शीलत; अनाविल (निर्मल) और मीठा है; उसमें बहुत-से बहुरंगे कमल खिले हुए हैं। हंसगण मीठे स्वर से बोल रहे हैं और भौंरे मधुर गुंजार कर रहे हैं ॥५६॥

Its water was cool, limpid and sweet, its lotuses abundant and many-coloured. Flocks of swans uttered their melodious notes and bees softly murmured.

चौ. –तेहि गिरि रुचिर बसै खग सोई। तासु नास कल्पांत न होई ॥
मायाकृत गुन दोष अनेका। मोह मनोज आदि अबिबेका ॥

उसी मनोहर पर्वत पर वही पक्षी (काकभुशुण्डि) बसता है। उसका नाश

1. The sacred bo-tree (*Ficus religiosa*).
2. The Indian fig tree (*Ficus infectoria*).

कल्पांत (कल्प के अन्त) में भी नहीं होता। माया द्वारा रचे गए अनेक गुण-दोष, मोह, काम आदि अविवेक ॥१॥

On that splendid mountain dwelt that bird (Kakabhushundi), indestructible aeon after aeon. All the virtues and vices that are born of Maya (the cosmic illusion), together with ignorance and lust and other errors of judgement.

रहे ब्यापि समस्त जग माहीं। तेहि गिरि निकट कबहुँ नहिं जाहीं ॥
तहँ बसि हरिहि भजै जिमि कागा। सो सुनु उमा रहित अनुरागा ॥

जो सारे विश्व में व्याप्त हैं, उस पर्वत के पास कभी फटकते तक नहीं। वहाँ निवास करते हुए जिस प्रकार वह काक हरि का भजन करता है, हे उमा ! उसे प्रेमपूर्वक सुनो ॥२॥

which permeate the whole world, never touched the precincts of that mountain. Listen now, O Uma, with tender affection, while I explain how the crow passed his life there and worshipped Hari.

पीपर तरु तर ध्यान सो धरई। जाप जग्य पाकरि तर करई ॥
आँबछाह कर मानसपूजा। तजि हरिभजनु काजु नहि दूजा ॥

वह पीपल के पेड़ के नीचे ध्यान करता है, पाकर के नीचे जपयज्ञ करता है, और आम की छाँह में मानसिक पूजा करता है। हरि-भजन के सिवा उसे दूसरा कोई काम नहीं है ॥३॥

Beneath the *pipala* tree he practised meditation; beneath the *pakara*, prayer and sacrifice; in the shade of the mango he offered mental worship to the Lord, having no other occupation whatever save the worship of Hari;

बर तर कह हरिकथा प्रसंगा। आवहिं सुनै अनेक बिहंगा ॥
रामचरित बिचित्र बिधि नाना। प्रेम सहित कर सादर गाना ॥

बरगद के नीचे वह हरि-कथाओं के प्रसङ्ग करता है। कथा सुनने के लिए वहाँ अनेक पक्षी एकत्र होते हैं। नाना प्रकार की विचित्र विधियों से वह प्रेम और आदर के साथ रामचरित्र का गान करता है ॥४॥

beneath the banyan he recited episodes from the story of Hari, which countless birds flocked to hear. With reverence and devotion and in varying wondrous ways he sang of the marvellous exploits of Rama.

सुनहिं सकल मति बिमल मराला। बसहिं निरंतर जे तेहिं ताला ॥
जब मैं जाइ सो कौतुक देखा। उर उपजा आनंद बिसेषा ॥

विशुद्ध बुद्धिवाले सब हंस, जो सदा उस तालाब पर निवास करते हैं उसे सुनते हैं। वहाँ जाकर इस कौतुक (दृश्य) को देखने से मेरे हृदय में विशेष आनन्द उत्पन्न हुआ ॥५॥

All the pure-souled swans that ever dwell in that lake listened to the lay. When I arrived there and saw the spectacle, an intense joy welled up in my heart.

दो. –तब कछु काल मरालतनु धरि तहँ कीन्ह निवास।
सादर सुनि रघुपतिगुन पुनि आएउँ कैलास ॥५७॥

तब कुछ समय मैंने हंस का शरीर धारण कर वहाँ निवास किया और श्रीरघुनाथजी के गुणों को श्रद्धापूर्वक सुनकर पुनः कैलास को लौट आया ॥५७॥

Then, assuming the form of a swan, I took up my abode there for some time, and after reverently listening to the story of Raghunatha's virtues, returned to Kailasa.

चौ. –गिरिजा कहिउँ सो सब इतिहासा। मैं जेहिं समय गएउँ खग पासा ॥
अब सो कथा सुनहुँ जेहिं हेतू। गएउ काग पहिं खगकुलकेतू ॥

हे गिरिजे ! जिस समय मैं काकभुशुण्डि के पास गया था (उस समय का) वह सब इतिहास मैंने कह सुनाया। अब वह कथा सुनो जिस कारण पक्षिकुल के ध्वजारूप गरुड़जी उस काक के पास गए थे।

I have thus told you, Girija, the whole story of the occasion on which I visited Kakabhushundi. Now listen to the circumstances under which Garuda, the glory of the feathered kingdom, called on the crow.

जब रघुनाथ कीन्हि रनक्रीड़ा। समुझत चरित होति मोहि ब्रीड़ा ॥
इंद्रजीतकर आपु बँधायो। तब नारद मुनि गरुड़ पठायो ॥

जब रघुपति ने ऐसी रणलीला की जिसके स्मरण-मात्र से मुझे लज्जा होती है – उन्होंने मेघनाद के हाथों अपने को बँधवा लिया – तब नारदमुनि ने गरुड़ को भेजा ॥२॥

When Raghupati was playing at fighting a battle (with Meghanada, Ravana's son)—the very thought of which fills me with shame—and allowed himself to be bound by Meghanada, Narada the sage despatched Garuda.

बंधन काटि गयो उरगादा। उपजा हृदय प्रचंड बिषादा ॥
प्रभुबंधन समुझत बहु भाती। करत बिचार उरग आराती ॥

जब सर्पों के भक्षक गरुड़जी बन्धन काटकर गये, तब उनके मन में प्रचंड विषाद उत्पन्न हुआ। प्रभु के बन्धन को यादकर सर्पों के शत्रु गरुड़जी तरह-तरह से सोच-विचार करने लगे – ॥३॥

When Garuda the snake-eater cut the bonds and departed, a grievous dejection possessed his soul. Recalling how the Lord had been bound, the enemy of snakes pondered the matter to himself:

ब्यापक ब्रह्म बिरज बागीसा। माया मोह पार परमीसा॥
सो अवतरा सुनेउँ जग माहीं। देखेउँ सो प्रभाव कछु नाहीं॥

जो व्यापक, निर्विकार, वाणी के स्वामी और माया-मोह से परे परमेश्वर हैं, सुना है कि उन्होंने ही जगत् में अवतार लिया है। पर मैंने उस (अवतार) का प्रभाव कुछ भी नहीं देखा ॥४॥

'It was the all-pervading and passionless Brahma, the Lord of speech, God Supreme, transcending illusion and infatuation, who had, I was told, become incarnate in the world, but I saw none of his divine glory.

दो. –भवबंधन तें छूटहिं नर जपि जा कर नाम।
खर्ब निसाचर बाँधेउ नागपास सोइ राम॥५८॥

जिनके नाम को जपकर मनुष्य भव-बन्धन से (जन्म-मृत्यु, आवागमन के चक्र से) छूट जाते हैं उन्हीं राम को एक तुच्छ राक्षस ने नागपाश से बाँध लिया ॥५८॥

The same Rama, by the repetition of whose name men are set free from the bonds of birth and death, was bound by a wretched demon in serpent coils.'

चौ. –नाना भाँति मनहिं समुझावा। प्रगट न ग्यान हृदय भ्रम छावा॥
खेदखिन्न मन तर्क बढ़ाई। भएउ मोहबस तुम्हरिहिं नाई॥

गरुड़जी ने तरह-तरह से अपने मन को समझाया। उनमें ज्ञान तो प्रकट नहीं हुआ, (उलटे) हृदय में भ्रम और भी अधिक छा गया। (भ्रम से उत्पन्न) दुःख से दुःखी होकर, मन में कुतर्क बढ़ाकर वे तुम्हारी ही तरह मोह के अधीन हो गए ॥१॥

Garuda did his best to reassure himself, but light of understanding did not dawn on him; on the other hand, illusion overshadowed his soul all the more. Distracted with grief and full of mental questionings, he fell a prey to delusion just like yourself.

ब्याकुल गएउ देवरिषि पाहीं। कहेसि जो संसय निज मन माहीं॥
सुनि नारदहि लागि अति दाया। सुनु खग प्रबल राम कै माया॥

व्याकुल होकर वे देवर्षि (नारदजी) के पास गए और उनके मन में जो संदेह था, उसे उन्होंने कर सुनाया। सुनकर नारद को अत्यन्त दया आयी। (मुनि ने कहा –) हे गरुड़! सुनिये। श्रीरामजी की माया अत्यन्त बलवती है ॥२॥

In his perplexity he went to the divine seer (Narada) and told him the doubts that preyed upon his mind. On hearing his tale, Narada was deeply moved with compassion and said, 'Listen, Garuda; formidable is Rama's delusive power,

जो ग्यानिन्ह कर चित अपहरई। बरिआई बिमोह मन करई॥
जेहिं बहु बार नचावा मोही। सोइ ब्यापी बिहंगपति तोही॥

जो ज्ञानियों के चित्त का भी अपहरण कर लेती है और उनके मन में बलपूर्वक भारी मोह उत्पन्न कर देती है तथा जिसने मुझे भी बहुत बार नचाया है, हे पक्षिराज! वही माया आप पर भी छा गयी है ॥३॥

for it robs the wise of their wits and bringing them under its sway, clouds their mind with utter infatuation. The same Maya that befooled me many a time has, O king of birds, laid its hold on you.

महामोह उपजा उर तोरें। मिटिहि न बेगि कहें खग मोरें॥
चतुरानन पहिं जाहु खगेसा। सोइ करेहु जो देहिं निदेसा॥

हे गरुड़! आपके हृदय में जो महामोह उत्पन्न हो गया है, वह मेरी बातों से शीघ्र मिटने को नहीं। अतः हे पक्षिराज! आप ब्रह्माजी के पास जाइए और वही कीजिए जिसे करने की वे आज्ञा दें ॥४॥

A blinding infatuation has arisen in your soul, O Garuda, and it will not be readily removed by any words of mine. Go then, king of birds, to Brahma the four-faced Creator and do whatever he enjoins you.'

दो. –अस कहि चले देवरिषि करत राम गुन गान।
हरिमाया बल बरनत पुनि पुनि परम सुजान॥५९॥

ऐसा कहकर परम ज्ञानी देवर्षि (नारदजी) श्रीरामजी का गुणगान करते हुए और श्रीहरि की माया के बल का बार-बार वर्णन करते हुए चले ॥५९॥

So speaking, the most enlightened divine seer went his way, chanting Rama's praises and repeatedly recalling to his mind the power of Hari's illusion.

चौ. –तब खगपति बिरंचि पहिं गएऊ। निज संदेह सुनावत भएऊ॥
सुनि बिरंचि रामहि सिरु नावा। समुझि प्रताप प्रेम उर छावा॥

तब पक्षिराज गरुड़ ब्रह्माजी के पास गये और उन्हें अपना सन्देह कह सुनाया। उसे सुनकर ब्रह्माजी ने श्रीरामचन्द्रजी को सिर नवाया और उनके प्रताप का स्मरण कर उनका हृदय प्रेम से भर आया ॥१॥

Then Garuda, the king of birds, went to the Creator and told him his doubts. On hearing his story, Brahma bowed his head to Rama, and as he recalled his majesty, his heart was filled with love.

मन महुँ करै बिचार बिधाता। मायाबस कबि कोबिद ग्याता॥
हरिमाया कर अमित प्रभावा। बिपुल बार जेहि मोहि नचावा॥

ब्रह्माजी मन-ही-मन विचार करने लगे कि कवि, पंडित और ज्ञानी सभी माया के अधीन हैं। भगवान् की माया का प्रभाव अपार है, जिसने मुझे अनेक बार नचाया है ॥२॥

Brahma mused within himself: 'Poets, scholars and wise men are all subject to delusion. Unbounded is the power of Hari's Maya, which has often made a puppet of me.

अग जग मय जग मम उपराजा। नहि आचरज मोह खगराजा॥
तब बोले बिधि गिरा सुहाई। जान महेस रामप्रभुताई॥

यह समग्र जड़-चेतन विश्व तो मेरा रचा हुआ है, लेकिन जब मैं ही मायावश नाचने लगता हूँ, तब पक्षिराज गरुड़ का मोह के वश होना कोई आश्चर्य (की बात) नहीं है। तब ब्रह्माजी ने मधुर वाणी में कहा— श्रीरामजी की महिमा को महेश (अच्छी तरह) जानते हैं॥३॥

All creation, animate and inanimate, is my work; but when I — Brahma — dance to the tune of this illusion, need one be surprised if it beguiles the king of birds ?' Then said Brahma in gracious accents: 'Mahesha is well aware of the majesty of Rama.

बैनतेय संकर पहिं जाहू। तात अनत पूछहु जनि काहू॥
तहँ होइहि तव संसय हानी। चलेउ बिहंग सुनत बिधिबानी॥

अतः हे गरुड़! तुम महादेवजी के पास जाओ। हे तात! और कहीं किसीसे न पूछना। तुम्हारा सन्देह वहीं दूर होगा। ब्रह्माजी की वाणी सुनते ही गरुड़ चल पड़े॥४॥

Go then, Garuda, to Mahadeva and ask no question of anyone elsewhere, my son. There will you find the solution of your doubts.' On hearing Brahma's advice, Garuda went his way.

दो.—परमातुर बिहंगपति आएउ तब मोहि पास।
जात रहेउँ कुबेरगृह रहिहु उमा कैलास॥६०॥

तब बड़ी आतुरता से पक्षिराज गरुड़ मेरे पास पहुँचे। हे उमा! मैं कुबेर के घर जा रहा था और तुम उस समय कैलास पर्वत पर थीं॥६०॥

Then in anxious haste came the king of birds to me. At that time, Uma, I was on my way to Kubera's palace and you were here at Kailasa.

चौ.—तेहि मम पद सादर सिरु नावा। पुनि आपन संदेह सुनावा॥
सुनि ता करि बिनीत मृदु बानी। प्रेम सहित मैं कहेउँ भवानी॥

गरुड़ ने मेरे चरणों में आदरपूर्वक सिर नवाया और फिर मुझे अपना सन्देह कह सुनाया। हे भवानी! उनकी विनती और मधुर वाणी सुनकर मैंने उनसे सप्रेम निवेदन किया— ॥१॥

Garuda reverently bowed his head at my feet and then told me his doubts. On hearing his humble and honeyed plea, Bhavani, I replied thus lovingly:

मिलेहु गरुड़ मारग महँ मोही। कवन भाँति समुझावौं तोही॥
तबहि होइ सब संसय भंगा। जब बहु काल करिअ सतसंगा॥

हे गरुड़! तुम मुझे (कुबेर के घर के) रास्ते में मिले हो। (राह चलते) मैं तुम्हें किस प्रकार समझाऊँ? जब दीर्घकाल तक सत्सङ्ग किया जाए, तभी सब सन्देहों का नाश हो सकता है।॥२॥

'You have met me, Garuda, on the road; how can I give you instruction here ? Doubts are completely resolved when one enjoys the fellowship of the saints for a considerable time

सुनिअ तहाँ हरिकथा सुहाई। नाना भाँति मुनिन्ह जो गाई॥
जेहि महुँ आदि मध्य अवसाना। प्रभु प्रतिपाद्य रामु भगवाना॥

वहाँ (सत्सङ्ग में) सुहावनी हरिकथा सुनी जाय, जिसका मुनियों ने नाना भाँति गान किया है और जिसके आरम्भ, मध्य और अन्त में भगवान् श्रीरामचन्द्रजी ही प्रतिपाद्य प्रभु हैं॥३॥

and listens there to the delightful story of Hari, which has been sung by sages in many ways and sole theme of which—at the beginning, in the middle as well as at the end—is the Lord, the great God Rama.

नित हरिकथा होति जहँ भाई। पठवौं तहाँ सुनहु तुम्ह जाई॥
जाइहि सुनत सकल संदेहा। रामचरन होइहि अति नेहा॥

हे भाई! जहाँ नित्य-निरन्तर हरिकथा होती रहती है, मैं तुम्हें वहीं भेजता हूँ, तुम जाकर सुनो। उसे सुनते ही तुम्हारा सारा सन्देह मिट जायगा और तुम्हें श्रीरामजी के चरणों में अनन्य नेह (स्नेह, प्रेम) होगा॥४॥

So I will send you, brother, to a place where Hari's story is told without ceasing; go there and listen to it. As you hear it, all your doubts will be resolved and intense will be your affection for Rama's feet.

दो.—बिनु सतसंग न हरिकथा तेहि बिनु मोह न भाग।
मोह गए बिनु रामपद होइ न दृढ़ अनुराग॥६१॥

सत्सङ्ग के बिना हरिकथा सुनने को नहीं मिलती, हरिकथा के बिना मोह का नाश नहीं होता और मोह से रहित हुए बिना श्रीरामचन्द्रजी के चरणों में अचल प्रेम नहीं होता॥६१॥

Except in the company of saints, one does not hear the story of Hari, and not till that be heard will delusion take to flight; and till delusion is dispelled, one cannot have unwavering affection for Rama's feet.

चौ.—मिलहिं न रघुपति बिनु अनुरागा। किएँ जोग जप ग्यान बिरागा॥
उत्तर दिसि सुंदर गिरि नीला। तहँ रह काकभुसुंडि सुसीला॥

योग, तप, ज्ञान और वैराग्यादि के करने पर भी बिना अनुराग के श्रीरघुनाथजी नहीं मिलते। (अतः सत्सङ्ग के लिए) उत्तर दिशा में (जाओ जहाँ) एक सुन्दर नील पर्वत है; वहाँ परम सुशील काकभुशुण्डिजी रहते हैं ॥१॥

Without such affection Raghunatha is not won though you may practise Yoga (mind-control) or austere penance or cultivate spiritual wisdom or dispassion. In the north there is a beautiful purple mountain called Nilagiri, where lives the amiable Kakabhushundi,

रामभगति पथ परम प्रबीना। ग्यानी गुनगृह बहुकालीना॥
रामकथा सो कहै निरंतर। सादर सुनहिं बिबिध बिहंगबर॥

वे रामभक्ति के मार्ग में अत्यन्त निपुण हैं, ज्ञानी हैं, गुणों के स्थान हैं, और बहुत काल के (पुराने) हैं। वे निरन्तर श्रीरामचन्द्रजी की कथा कहते रहते हैं, जिसे भाँति-भाँति के अनेक सुन्दर श्रेष्ठ पक्षी आदर के साथ सुना करते हैं ॥२॥

supremely conversant with the path of devotion to Rama, enlightened, full of all good qualities and very aged. He unceasingly recites the story of Rama and all sorts of noble birds reverently listen.

जाइ सुनहु तहँ हरिगुन भूरी। होइहि मोहजनित दुख दूरी॥
मैं जब तेहि सब कहा बुझाई। चलेउ हरषि मम पद सिरु नाई॥

वहाँ जाकर तुम श्रीहरि के गुणसमूहों को सुनो। सुनने से मोह-जनित दुःख दूर हो जायगा। मैंने जब उसे सब समझाकर कहा, तब वह मेरे चरणों में सिर नवाकर प्रसन्न हो चला गया ॥३॥

Go there and listen to the tale of Hari's many virtues; so shall your distress born of delusion then disappear.' When I had thus given him full instructions, he bowed his head at my feet and went on his way rejoicing.

ता तें उमा न मैं समुझावा। रघुपति कृपा मरमु मैं पावा॥
होइहि कीन्ह कबहुँ अभिमाना। सो खोवै चह कृपानिधाना॥

हे उमा! मैंने उसको इस कारण नहीं समझाया कि मैं श्रीरघुनाथजी की कृपा से उसका मर्म (भेद) जान गया था। उसने कभी अहंकार किया होगा, जिसे दयानिधि (श्रीरामजी) दूर करना चाहते हैं ॥४॥

The reason, Uma, why I did not myself instruct him was that by the grace of Raghunatha I knew the secret (of Garuda's infatuation). He must on some occasion have given vent to his pride, and the gracious Lord Rama evidently wished to cure him of it.

कछु तेहि तें पुनि मैं नहि राखा। समुझै खग खग ही कै भाषा॥
प्रभुमाया बलवंत भवानी। जाहि न मोह कवन अस ग्यानी॥

फिर कुछ इसलिए भी मैंने उसे अपने पास नहीं रखा कि पक्षी पक्षी की ही भाषा समझते हैं। हे भवानी! प्रभु की माया बड़ी बलवती है, ऐसा ज्ञानी कौन है, जिसे वह माया न मोह ले? ॥५॥

Partly for this reason too I did not detain him that to a bird, the only speech comprehensibe is the speech of birds.[1] Formidable, O Bhavani, is the Lord's delusive power! What man is there so wise as not to be led astray by it?

दो.—ग्यानी भगतसिरोमनि त्रिभुवनपति कर जान।
ताहि मोह माया नर पावर करहिं गुमान॥६२(क)॥

जो ज्ञानियों और भक्तों के सिरमौर हैं एवं तीनों लोकों के स्वामी भगवान् के वाहन हैं, उन (गरुड़) को भी माया ने मोह लिया। फिर भी नीच लोग – राधम – घमंड किया करते हैं ॥६२(क)॥

Even Garuda, the very crest-jewel of votaries and enlightened souls, and the mount of Lord Vishnu (the sovereign of the three spheres), was deluded by Maya; how absurd it is for poor mortals to vaunt their immunity from it!

मासपारायण, अट्ठाईसवाँ विश्राम

सिव बिरंचि कहुँ मोहै को है बपुरा आन।
अस जियँ जानि भजहिं मुनि मायापति भगवान॥६२(ख)॥

जब यह माया शिवजी और ब्रह्माजी (जैसे ज्ञानियों) को भी मोह लेती है, तब दूसरा बेचारा क्या चीज है? मन में ऐसा समझकर ही मुनिलोग उस मायापति भगवान् का भजन करते हैं ॥६२(ख)॥

When illusion can beguile even Shiva and Brahma, then of what account is any other wretched creature? Bearing this in mind, do sages adore the Blessed Lord of illusion.

चौ.—गयउ गरुड़ जहँ बसै भुसुंडी। मति अकुंठ हरिभगति अखंडी॥
देखि सैल प्रसन्न मन भयऊ। माया मोह सोच सब गयऊ॥

अखंड (निश्चल) हरिभक्ति और तीव्र बुद्धिवाले काकभुशुण्डि जहाँ रहते थे, वहाँ गरुड़जी गए। उस पर्वत (नीलगिरि) को देखकर उनका मन प्रसन्न हो गया और सब माया, मोह और सोच जाते रहे ॥१॥

Garuda went to the abode of Kakabhushundi, that bird of keen intelligence and uninterrupted devotion to Hari. At the sight of the mountain his heart rejoiced and he was rid of all Maya (delusion), infatuation and care.

---

1. *i.e.*, being a bird himself, the only speech he could understand was the speech of birds.

करि तड़ाग मज्जनु जल पाना। बट तर गएउ हृदय हरषाना॥
बृद्ध बृद्ध बिहंग तहँ आए। सुनै राम के चरित सुहाए॥

(काकभुशुण्डिजी) तालाब में स्नान और जलपान करके मन में प्रसन्न हो वट वृक्ष के नीचे गए। वहाँ श्रीरामजी के सुन्दर-सुहावने चरित्र को सुनने के लिये बूढ़े-बूढ़े पक्षी एकत्र हुए थे ॥२॥

After bathing in the lake and drinking of its water, he went under the banyan tree, delighted at heart. Aged birds of all kinds flocked there to hear the wondrous story of Rama's exploits.

कथा अरंभ करैं सोइ चाहा। तेहीं समय गएउ खगनाहा॥
आवत देखि सकल खगराजा। हरषेउ बायस सहित समाजा॥

काकभुशुण्डिजी कथा का आरम्भ करना ही चाहते थे कि उसी समय पक्षिराज गरुड़जी आ पहुँचे। पक्षियों के राजा गरुड़जी को आते देख काकभुशुण्डिजी सारे पक्षिसमाज के साथ हर्षित हुए ॥३॥

Kakabhushundi was just about to begin his narration when Garuda, the king of birds, arrived. All were glad to see him approach, Kakabhushundi no less than the rest of the company of birds.

अति आदरु खगपति कर कीन्हा। स्वागत पूछि सुआसन दीन्हा॥
करि पूजा समेत अनुरागा। मधुर बचन तब बोलेउ कागा॥

उन्होंने पक्षिराज गरुड़जी का बड़ा सम्मान किया और कुशल-क्षेम पूछकर बैठने के लिए सुन्दर आसन दिया। फिर बड़े प्रेम से पूजा करके काकभुशुण्डिजी मीठे वचन बोले— ॥४॥

They received the king of birds with the utmost respect and, having asked after his continuing well-being, motioned him to an exalted seat. After paying him loving homage, Kakabhushundi addressed him in these honeyed accents:

दो.—नाथ कृतारथ भएउँ मैं तव दरसन खगराज।
आएसु देहु सो करौं अब प्रभु आएहु केहि काज॥६३(क)॥

हे नाथ! हे पक्षिराज! आपके दर्शन से मैं कृतार्थ हुआ। आप जो आज्ञा दें, मैं अब वही करूँ! हे प्रभो! आपका आगमन किस हेतु हुआ है? ॥६३(क)॥

'The sight of you, lord, has satisfied all my desires; now, O king of birds, let me do whatever you bid me. What is the object of your visit, lord ?'

सदा कृतारथरूप तुम्ह कह मृदु बचन खगेस।
जेहि कै अस्तुति सादर निज मुख कीन्हि महेस॥६३(ख)॥

पक्षिराज (गरुड़जी) ने मधुर वचन कहे— जिनकी प्रशंसा स्वयं महादेवजी ने बड़े आदर के साथ अपने श्रीमुख से की है, वे आप तो सदैव कृतार्थरूप हैं ॥६३(ख)॥

'You have always been a picture of blessedness,' replied Garuda in gentle tones. 'For with his own lips the great Lord Mahadeva has reverently sung your praises.

चौ.—सुनहुँ तात जेहिं कारज आएउँ। सो सब भएउ दरस तव पाएउँ॥
देखि परम पावन तव आश्रम। गएउ मोह संसय नाना भ्रम॥

हे तात! सुनिये, जिस कारण मैं आया था, वह सब (तो आते ही) पूरा हो गया और आपके दर्शन भी प्राप्त हो गए। आपके परम पवित्र आश्रम को देखकर ही मोह, सन्देह और नाना प्रकार के भ्रम सब मिट गए ॥१॥

Listen, dear father; the object for which I came was attained as soon as I came and I have also had the privilege of seeing you. At the very sight of your most holy hermitage all my infatuation, doubts and misconceptions fled.

अब श्रीरामकथा अति पावनि। सदा सुखद दुखपुंज नसावनि॥
सादर तात सुनावहु मोही। बार बार बिनवौं प्रभु तोही॥

अब हे तात! हे प्रभो! मैं बारंबार आपसे यही विनती करता हूँ कि आप मुझे श्रीरामजी की अत्यन्त पवित्र करनेवाली, सदा सुखदायिनी और दुःख-समूहों को मिटानेवाली कथा आदरपूर्वक सुनाइए ॥२॥

Now, father, narrate to me with due reverence the most sanctifying story of Rama, which is ever delightful and a remedy for every sorrow; this, my lord, is what I insistently entreat you to do.'

सुनत गरुड़ कै गिरा बिनीता। सरल सप्रेम सुखद सुपुनीता॥
भएउ तासु मन परम उछाहा। लाग कहै रघुपति गुन गाहा॥

गरुड़जी की विनीत, सरल, प्रेमयुक्त, सुखद और अत्यन्त पवित्र वाणी को सुनकर भुशुण्डिजी के मन में बड़ा उत्साह हुआ और वे श्रीरघुनाथजी के गुणों की कथा कहने लगे ॥३॥

On hearing Garuda's prayer, humble, sincere, loving, delightful and pious, Bhushundi was filled with supreme joy and thus began to recount the story of Raghunatha's perfections.

प्रथमहि अति अनुराग भवानी। रामचरितसर कहेसि बखानी॥
पुनि नारद कर मोह अपारा। कहेसि बहुरि रावन अवतारा॥

हे भवानी! पहले तो उन्होंने रामचरितरूपी-मान सरोवर का अत्यन्त प्रेमपूर्वक वर्णन किया, फिर नारदजी के अपार मोह और तदनंतर रावण के अवतार की कथा कही ॥४॥

First of all, Bhavani, he expounded with fervent devotion the meaning of the Holy Lake of Rama's Acts. Then he told the story of Narada's unbounded infatuation and of Ravana's birth *as a demon*.

प्रभु अवतार कथा पुनि गाई । तब सिसुचरित कहेसि मन लाई ॥

फिर उन्होंने प्रभु के अवतार की कथा का गान किया । इसके बाद मन लगाकर (चाव से) श्रीरामजी की बाललीलाएँ कहीं ॥८॥

Thereafter he sang the story of the Lord's incarnation and then recounted with deep interest his childish sports.

दो. –बालचरित कहि बिबिध बिधि मन महुँ परम उछाह ।
रिषि आगवनु कहेसि पुनि श्रीरघुबीर बिवाह ॥६४॥

मन में परम उमंग भरकर नाना प्रकार से बाललीलाएँ कहकर, फिर ऋषि (विश्वामित्रजी) के अयोध्या आगमन और श्रीरघुवीरजी के विवाह का वर्णन किया ॥६४॥

After relating all his various boyish sports with the utmost rapture of soul, he next told of the sage's (Vishvamitra's) arrival at Ayodhya and the marriage of the Lord Raghubira.

चौ. –बहुरि राम अभिषेक प्रसंगा । पुनि नृपबचन राजरस भंगा ॥
पुरबासिन्ह कर बिरह बिषादा । कहेसि राम लछिमन संबादा॥

तदनन्तर श्रीरामजी के राज्याभिषेक के प्रसङ्ग और राजा दशरथजी के वचन से राज्याभिषेक के आनन्द में भङ्ग पड़ने की कथा कही । फिर नगरनिवासियों का वियोगजनित दुःख और श्रीराम-लक्ष्मण का संवाद कहा ॥१॥

Then he recounted the episode of Rama's coronation and how the festivities connected with the installation were cut short by Dasharath's solemn pledge (to Kaikeyi); the citizens' sorrow at parting and the dialogue between Rama and Lakshmana;

बिपिनगवनु केवट अनुरागा । सुरसरि उतरि निवास प्रयागा ॥
बालमीकि प्रभु मिलब बखाना । चित्रकूट जिमि बसे भगवाना ॥

श्रीराम का वनगमन, केवट का प्रेम, गंगा पार कर प्रयाग में निवास, वाल्मीकिजी और प्रभु श्रीरामजी की परस्पर भेंट और जैसे भगवान् चित्रकूट में रहे, वह सब कहा ॥२॥

their journey to the forest, the devotion of the boatman, the crossing of the Ganga and the stay at Prayaga. He described also the Lord's meeting with the sage Valmiki, and how the Blessed Lord dwelt at Chitrakuta.

सचिवागमनु नगर नृपमरना । भरतागमनु प्रेम बहु बरना ॥
करि नृपक्रिया संग पुरबासी । भरतु गए जहँ प्रभु सुखरासी ॥

फिर मन्त्री (सुमन्त्रजी) का वन से अयोध्या लौटना, राजा दशरथ का स्वर्गवास, भरतजी का (ननिहाल से) अयोध्या आना और उनके प्रेम का विस्तारपूर्वक वर्णन किया । राजा की अन्त्येष्टि क्रिया करके अयोध्यावासियों को साथ लेकर भरतजी वहाँ गए, जहाँ सुख के भंडार प्रभु श्रीरामचन्द्रजी थे ॥३॥

He then told of the minister's (Sumantra's) return to the city and the king's death, and of Bharata's return to Ayodhya and the greatness of his devotion (to Rama); how after performing the king's obsequies Bharata with all the citizens betook himself to where the all-blissful Lord Rama was.

पुनि रघुपति बहु बिधि समुझाए । लै पादुका अवधपुर आए ॥
भरतरहनि सुरपतिसुत करनी । प्रभु अरु अत्रि भेट पुनि बरनी ॥

फिर श्रीरघुनाथजी ने उन्हें बहुविध समझाया; जिससे वे चरणपादुका (खड़ाऊँ) लेकर अयोध्यापुरी लौट आये, यह सब कथा कही । भरतजी की नन्दिग्राम में रहने की रीति, इन्द्रपुत्र जयन्त की (नीच) करनी और फिर प्रभु श्रीरामचन्द्रजी और अत्रिजी की भेंट का वर्णन किया ॥४॥

Then he related how Raghunatha did all he could to console him and how he took the Lord's sandals and returned to the city of Ayodhya; Bharata's mode of life at Nandigrama, the (mischievous) conduct of Indra's son, Jayanta, and the Lord Rama's meeting with Atri.

दो. –कहि बिराधबध जेहि बिधि देह तजी सरभंग ।
बरनि सुतीछनप्रीति पुनि प्रभु अगस्ति सन संग ॥६५॥

जिस प्रकार विराध का वध हुआ और शरभंगजी ने देह छोड़ी, उसका वर्णन करके, फिर सुतीक्ष्ण का प्रेम तथा प्रभु और अगस्त्यजी का सत्सङ्ग प्रसंग कहा ॥६५॥

After giving an account of Viradha's death (at the hands of the Lord), he told of the manner in which the sage Sharabhanga dropped his body; then of Sutikshna's devotion and the Lord's holy communion with Agastya.

चौ. –कहि दंडक बन पावनताई । गीधमइत्री पुनि तेहि गाई ॥
पुनि प्रभु पंचबटी कृत बासा । भंजी सकल मुनिन्ह कै त्रासा ॥

दण्डकवन का पवित्र करना कहकर फिर भुशुण्डिजी ने गृध्रराज के साथ मित्रता का वर्णन किया । फिर प्रभु के पंचवटी-निवास की कथा कहने के अनन्तर यह बतलाया कि उन्होंने सब मुनियों के भय का नाश किस प्रकार किया ॥१॥

After telling him also of the purification of the Dandaka forest, Bhushundi went on to sing of the Lord's friendship with the vulture king (Jatayu) and of how the Lord took up his abode at Panchavati and put an end to the fears of all the hermits.

पुनि लछिमन उपदेस अनूपा । सूपनखा जिमि कीन्हि कुरूपा ॥
खर दूषन बध बहुरि बखाना । जिमि सबु मरमु दसानन जाना ॥

तदनंतर जिस प्रकार लक्ष्मणजी को अनुपम उपदेश दिया और (दंडकारण्य में रावण की बहन) शूर्पणखा को कुरूप किया, उन सबका वर्णन किया । फिर खर-दूषण-वध और जिस प्रकार रावन ने सब समाचार जाना, उसे बखानकर कहा ॥२॥

Next, he repeated the incomparable exhortation to Lakshmana and the story of Shurpanakha's mutilation; then the slaying of Khara and Dushana and how Ravana (the ten-headed monster) got all the information.

दसकंधर मारीच बतकही । जेहि बिधि भई सो सब तेहिं कही ॥
पुनि मायासीता कर हरना । श्रीरघुबीरबिरह कछु बरना ॥

जिस तरह रावण और मारीच की परस्पर बातचीत हुई, वह सब भी उन्होंने कही । फिर माया की सीता के हरे जाने और श्रीरघुवीर के विरह का थोड़ा वर्णन किया ॥३॥

He then told in detail of Ravana's conversation with Maricha, then of the abduction of the illusory Sita and briefly of the Lord Raghubira's bereavement.

पुनि प्रभु गीधक्रिया जिमि कीन्ही । बधि कबंध सबरिहि गति दीन्ही ॥
बहुरि बिरह बरनत रघुबीरा । जेहि बिधि गए सरोवर तीरा ॥

फिर प्रभु ने जिस प्रकार गिद्ध जटायु की क्रिया की, कबन्ध का वध कर शबरी को परम गति (मुक्ति) दी और फिर जिस तरह विरह-वर्णन करते हुए श्रीरघुवीरजी पंपा सरोवर के किनारे गये, वह सारा प्रसंग कहा ॥४॥

After this, he described how the Lord performed the vulture's funerary rites, slew the demon Kabandha and bestowed the highest state (final beatitude) upon Shabari (the Bhil woman); then how Raghubira came to the bank of the Pampa lake, bewailing his desolation all the way.

दो. –प्रभु नारद संबाद कहि मारुतिमिलन प्रसंग ।
पुनि सुग्रीवमिताई बालिप्रान कर भंग ॥६६(क)॥

प्रभु श्रीरामजी और नारदजी का संवाद और हनुमान् के मिलने का प्रसङ्ग सुनाकर फिर सुग्रीव से मित्रता और बालि के वध का वर्णन किया ॥६६(क)॥

Next, he repeated the Lord Rama's conversation with the sage Narada and the episode of his meeting with Hanuman, and told of his alliance with Sugriva and his taking Bali's life.

कपिहि तिलक करि प्रभु कृत सैल प्रबरषन बास ।
बरनन बरषा सरद कर रामरोष कपित्रास ॥६६(ख)॥

वानर सुग्रीव का राज्याभिषेक करके प्रभु ने प्रवर्षण पर्वत पर निवास किया, तथा वर्षा ऋतु और शरद् का वर्णन, श्रीरामजी का सुग्रीव पर क्रोध और सुग्रीव का भयभीत होना आदि (अनेक) प्रसङ्ग कहे ॥६६(ख)॥

He related how after installing Sugriva (on the throne of Kishkindha), the Lord took up his abode on Mount Pravarshana; he gave an account of the rains and the autumn, Rama's wrath and Sugriva's terror.

चौ. –जेहि बिधि कपिपति कीस पठाए । सीताखोजन सकल सिधाए ॥
बिबरप्रबेस कीन्ह जेहि भाँती । कपिन्ह बहोरि मिला संपाती ॥

फिर जिस प्रकार वानरराज सुग्रीव ने वानरों को भेज और वे सब सीताजी को ढूँढ़ने जिस प्रकार सब दिशाओं में गये, जिस प्रकार वे बिल में घुसे और वानरों को सम्पाती मिला, वह सब कथा कह सुनायी ॥१॥

He told how Sugriva, the Monkey King, sent out his monkeys, who rushed forth in every direction in quest of Sita; how the monkeys entered the cavern and found Sampati (Jatayu's elder brother).

सुनि सब कथा समीरकुमारा । नाघत भयेउ पयोधि अपारा ॥
लंका कपि प्रबेस जिमि कीन्हा । पुनि सीतहि धीरजु जिमि दीन्हा ॥

जिस तरह संपाती से सब वृत्तांत सुनकर हनुमान्जी अथाह सागर को लाँघ गए, फिर हनुमान्जी ने जैसे लङ्का में प्रवेश किया और फिर जैसे सीताजी को धीरज दिया, वह सब कहा ॥२॥

how Hanuman, having heard all the circumstances from Sampati, leapt across the boundless ocean, made his way into Lanka and reassured Sita;

बन उजारि रावनहि प्रबोधी । पुर दहि नाघेउ बहुरि पयोधी ॥
आये कपि सब जहँ रघुराई । बैदेही कै कुसल सुनाई ॥

अशोक वाटिका को उजाड़कर, रावण को समझाने के बाद लङ्का को जलाकर फिर जैसे उन्होंने समुद्र को लाँघा और जैसे सब वानर वहाँ आये जहाँ श्रीरघुनाथजी थे और आकर उन्होंने श्रीजानकीजी की कुशल सुनायी, ॥३॥

how he laid waste the grove (where Sita had been lodged), warned Ravana, set fire to the city and leapt back across the ocean, and how all the monkeys rejoined Raghunatha and told him of Janaki's welfare.

सेन समेत जथा रघुबीरा । उतरे जाइ बारिनिधि तीरा ॥
मिला बिभीषनु जेहि बिधि आई । सागरनिग्रह कथा सुनाई ॥

फिर जैसे सेना के साथ श्रीरघुवीर जाकर समुद्र-तट पर उतरे और जिस तरह विभीषणजी आकर उनसे मिले, वह सब और समुद्र के बाँधने की कथा उसने कह सुनायी ॥४॥

Then he described how Raghubira went and encamped with his army on the sea-shore, and how Vibhishana came and met him and how the ocean was bridged.

दो. –सेतु बाँधि कपिसेन जिमि उतरी सागर पार ।
गएउ बसीठीं बीरबर जेहि बिधि बालिकुमार ॥६७(क)॥

पुल बाँधकर जैसे वानरों की सेना सागर-पार उतरी और जिस तरह वीरश्रेष्ठ बालिपुत्र अंगद दूत बनकर गये, वह सब (वृत्तांत) कहा ॥६७(क)॥

He told of the building of the bridge across the ocean and how the monkey host crossed over to the further shore, and how Angad, the most valiant son of Bali, went as an envoy *to Ravana*.

निसिचर कीस लराई बरनिसि बिबिध प्रकार ।
कुंभकरन घननाद कर बल पौरुष संघार ॥६७(ख)॥

फिर निशाचरों और वानरों के (घमासान) संग्राम का विविध प्रकार से वर्णन किया । फिर कुम्भकर्ण और मेघनाद के बल, पौरुष और संहार की कथा सुनायी ॥६७(ख)॥

He described in considerable detail the story of the fierce battles between the demons and the monkeys, the might and valour and destruction of Kumbhakarna and Meghanada.

चौ. –निसिचरनिकर मरन बिधि नाना । रघुपति रावन समर बखाना ॥
रावनबध मंदोदरिसोका । राजु बिभीषन देब असोका ॥

तरह-तरह के राक्षससमूहों के संहार तथा श्रीरघुनाथजी और रावण के अनेक युद्धों का वर्णन किया । रावणवध, मन्दोदरी के शोक, विभीषण के राज्याभिषेक और देवताओं के शोकरहित होने का प्रसंग कहकर, ॥१॥

He related in detail the destruction of the demon host and various phases of the combat between Raghunatha and Ravana; the slaying of Ravana and the mourning of Mandodari, the coronation of Vibhishana and the cessation of the gods' sorrow;

सीता रघुपति मिलन बहोरी । सुरन्ह कीन्हि अस्तुति कर जोरी ॥
पुनि पुष्पक चढ़ि कपिन्ह समेता । अवध चले प्रभु कृपानिकेता ॥

फिर सीताजी और श्रीरघुनाथजी के मिलन की कथा कही । जिस तरह देवताओं ने हाथ जोड़कर स्तुति की और फिर जिस तरह वानरों के साथ पुष्पकविमान पर चढ़कर कृपाधाम प्रभु श्रीरामचन्द्रजी अवधपुरी को चले, उन सबका वर्णन किया ॥२॥

Sita's reunion with Raghunatha, how the gods with folded hands hymned the Lord's praises and how the all-merciful Lord then mounted the aerial car, Pushpaka, along with the monkeys and flew to Avadh (Ayodhya).

जेहिं बिधि रामु नगर निज आए । बायस बिसद चरित सब गाए ॥
कहेसि बहोरि राम अभिषेका । पुर बरनन नृपनीति अनेका ॥

जिस तरह श्रीरामचन्द्रजी अपनी राजधानी अयोध्या आये, उन सब उज्ज्वल घटनाओं का काकभुशुण्डिजी ने विशद वर्णन किया । फिर उन्होंने श्रीरामजी के राज्याभिषेक की कथा कही । (शिवजी कहते हैं –) अनेक प्रकार की राजनीति और अयोध्यापुरी का वर्णन करते हुए –

All these glorious acts Kakabhushundi recited in full detail and told of Rama's arrival at Ayodhya, his own capital. He then told the story of Rama's coronation and described the city and all its royal polity.

कथा समस्त भुसुंडि बखानी । जो मैं तुम्ह सन कही भवानी ॥
सुनि सब रामकथा खगनाहा । कहत बचन मन परम उछाहा ॥

भुशुण्डिजी ने वह सारी कथा विस्तारपूर्वक कह सुनायी जो हे भवानी ! मैंने तुमसे कही । उस सम्पूर्ण रामकथा को सुनकर पक्षिराज गरुड़जी मन में बहुत उत्साहित होकर बोले – ॥४॥

Bhushundi related the whole story that I have recounted to you, Bhavani. When he heard the whole of Rama's narrative, Garuda's mind was filled with rapture and he said:

सो. –गएउ मोर संदेह सुनेउँ सकल रघुपतिचरित ।
भएउ रामपद नेह तव प्रसाद बायसतिलक ॥६८(क)॥

मैंने श्रीरघुनाथजी के सारे चरित्र सुने, जिससे मेरा सन्देह मिट गया । हे काककुल-शिरोमणि ! आपकी कृपा से श्रीरामजी के चरण-(कमलों) में मेरा प्रेम (दृढ़) हो गया ॥६८(क)॥

'Dispelled are my doubts, now that I have heard a full account of Raghunatha's deeds, and by your grace, O best of crows, I have developed a devotion to Rama's (lotus) feet.

मोहि भएउ अति मोह प्रभुबंधन रन महुँ निरखि ।
चिदानंद संदोह रामु बिकल कारन कवन ॥६८(ख)॥

रणभूमि में प्रभु का नागपाश से बँधना देखकर मुझे अत्यधिक मोह हो गया था (और मैं जानना चाहता था) कि श्रीरामजी तो सच्चिदानन्दघन हैं, वे किस कारण व्याकुल हैं ॥६८(ख)॥

A mighty bewilderment possessed me when I saw the Lord in bondage on the battlefield; I wondered why Rama, who is the sum of all truth, consciousness and bliss, should be in such straits.

चौ. –देखि चरित अति नर अनुसारी। भयउ हृदय मम संसय भारी॥
सोइ भ्रम अब हित करि मैं जाना। कीन्ह अनुग्रह कृपानिधाना॥

नितान्त मुनष्यों का-सा (लौकिक) चरित्र देखकर मेरे हृदय में भारी संदेह उत्पन्न हो गया। उस भ्रम को मैं अब अपने लिए हितकर (शुभ) मानता हूँ। कृपानिधान प्रभु श्रीरामजी ने मुझपर यह बड़ा अनुग्रह किया॥१॥

As I found his ways so entirely consistent with those of an ordinary man, a grievous doubt arose in my soul; and now I regard that error as a blessing and feel that the All-merciful has bestowed upon me a favour.

जो अति आतप ब्याकुल होई। तरुछाया सुख जानै सोई॥
जौ नहि होत मोह अति मोही। मिलतेउँ तात कवन बिधि तोही॥

धूप से अत्यन्त व्याकुल व्यक्ति ही वृक्ष की छाया के आनन्द की अनुभूति करता है। हे तात! यदि मुझे ऐसा प्रबल मोह न होता तो मैं आपसे किस प्रकार मिलता?॥२॥

The pleasure afforded by the shade of a tree is best appreciated by him who is tormented by the scorching heat of the sun. Had I not fallen a prey to this gross delusion, how should I have met you, father,

सुनतेउँ किमि हरिकथा सुहाई। अति बिचित्र बहु बिधि तुम्ह गाई॥
निगमागम पुरान मत एहा। कहहिं सिद्ध मुनि नहि संदेहा॥

और किस तरह यह अत्यन्त विचित्र और सुन्दर हरिकथा सुनता, जिसे आपने बहुत प्रकार से गाया है? वेद, शास्त्र और पुराणों का यही (सुविचारित) सिद्धान्त है; सिद्ध और मुनि भी यही कहते हैं और इसमें संदेह नहीं कि– ॥३॥

and how should I have heard the delightful story of Hari, the most wondrous lay sung in all its details? This is the doctrine of the Vedas, the Agamas and the Puranas and a pronouncement of all the adepts and sages—of this there is no doubt—

संत बिसुद्ध मिलहिं परि तेही। चितवहिं रामु कृपा करि जेही॥
रामकृपा तव दरसनु भएऊ। तव प्रसाद मम संसय गएऊ॥

सच्चे-शुद्ध संत उसीको प्राप्त होते हैं, जिसे श्रीरामजी कृपा करके देखते हैं। रामकृपा से ही मुझे आपके दर्शन हुए और आपकी कृपा से मेरा संदेह मिट गया॥४॥

that the fellowship of pure and holy saints is attained only by those on whom Rama looks with an eye of grace. By Rama's grace I have been blessed with your sight, and by your favour all my doubts have disappeared.'

दो. –सुनि बिहंगपति बानी सहित बिनय अनुराग।
पुलकगात लोचन सजल मन हरषेउ अति काग॥६९(क)॥

पक्षिराज (गरुड़जी) की विनय और प्रेमभरी वाणी सुनकर काकभुशुण्डिजी का शरीर पुलकित हो गया, आँखों में प्रेमाश्रु छा गए और वे मन-ही-मन अत्यन्त हर्षित हुए॥६९(क)॥

On hearing Garuda's speech, so modest and affectionate, Kakabhushundi felt a thrill of joy, the hair of his body bristled with delight and tears rushed to his eyes.

श्रोता सुमति सुसील सुचि कथारसिक हरिदास।
पाइ उमा अति गोप्यमपि सज्जन करहिं प्रकास॥६९(ख)॥

हे उमा! सुबुद्धिवाले, सुशील, पवित्र कथा के (सच्चे) प्रेमी और हरि के सेवक श्रोता को पाकर सज्जन (कथावाचक) अत्यन्त गोपनीय रहस्य को भी प्रकाशित कर देते हैं॥६९(ख)॥

O Uma, when good men find a listener who is intelligent and courteous, a devotee of Hari who delights to hear his sacred history, they reveal to him even the deepest mysteries.

चौ. –बोलेउ काकभुसुंडि बहोरी। नभगनाथ पर प्रीति न थोरी॥
सब बिधि नाथ पूज्य तुम्ह मेरे। कृपापात्र रघुनायक केरे॥

काकभुशुण्डिजी ने फिर कहा – पक्षिराज पर उनका प्रेम अथोर था (कम न था)। हे नाथ! आप सर्वविधि मेरे आराध्य हैं और श्रीरघुनाथजी के कृपापात्र हैं॥१॥

Then said Kakabhushundi, who had no small affection for the king of birds, 'My lord, you are in every way entitled to my reverence, a recipient as you are of Raghunatha's grace.

तुम्हहि न संसय मोह न माया। मो पर नाथ कीन्हि तुम्ह दाया॥
पठै मोह मिस खगपति तोही। रघुपति दीन्हि बड़ाई मोही॥

आपको न संदेह है, न मोह और न माया ही। हे नाथ! आपने तो मुझपर कृपा की है। हे पक्षिराज! मोह के ही बहाने श्रीरघुनाथजी ने आपको यहाँ भेजकर मुझे बड़प्पन दिया है (गौरवान्वित किया है)॥२॥

You had in reality no doubts, infatuation or delusion; it was only an excuse, my lord, for doing me a kindness. By sending you, O king of birds, as a victim of infatuation Raghunatha has conferred an honour upon me.

तुम्ह निज मोह कहा खगसाईं। सो नहि कछु आचरज गोसाईं॥
नारद भव बिरंचि सनकादी। जे मुनिनायक आतमबादी॥

हे खगपति (पक्षियों के स्वामी)! आपने अपना मोह कहा, सो हे गोसाईं!

यह कुछ आश्चर्य (की बात) नहीं है। नारदजी, शिवजी, ब्रह्माजी और सनकादि जो आत्मवादी (आत्मतत्त्व के ज्ञाता और उपदेशक) मुनिवर हैं, ॥३॥

Yet, my lord, there is nothing strange in the delusion of which you have told me, O king of birds; for Narada, Shiva, Brahma, Sanaka and his brothers, greatest of sages and exponents of spiritualism -

मोह न अंध कीन्ह केहि केही। को जग काम नचाव न जेही ॥
तृष्ना केहि न कीन्ह बौरहा। केहि कर हृदय क्रोध नहि दहा ॥

उन श्रेष्ठ मुनियों में भी किस-किस को मोह ने अंधा नहीं किया ? इस (चराचर) जगत् में ऐसा कौन है जिसे काम ने न नचाया हो ? तृष्णा ने किसको बावला नहीं बनाया ? क्रोध ने किसके हृदय को नहीं जलाया ? ॥४॥

who among these has not been blinded by infatuation ? Who is there in the world whom lust has not made a puppet of ? Whom has craving not driven mad ? Whose heart has anger not inflamed ?

दो. –ज्ञानी तापस सूर कबि कोबिद गुन आगार।
केहि कै लोभ बिडंबना कीन्हि न एहि संसार ॥७०(क)॥

इस संसार में ऐसा कौन ज्ञानी, तपस्वी, शूरवीर, कवि, पंडित और गुणों का भांडार है, जिसे लोभ ने उपहास का विषय न बनाया हो (न छला हो) ॥७०(क)॥

Is there any wise man, ascetic, hero, poet, scholar or man of parts in this world, whom greed has not made a laughing-stock ?[1]

श्रीमद बक्र न कीन्ह केहि प्रभुता बधिर न काहि।
मृगलोचनि लोचन सर को अस लाग न जाहि ॥७०(ख)॥

संपत्ति के अभिमान ने किस (श्रीमान्) को टेढ़ा और प्रभुता ने किस (प्रभूष्णु, समर्थ) को बहरा नहीं कर दिया ? ऐसा कौन है, जिसे मृगनयनी के नेत्र-बाण घायल न किए हों ? ॥७०(ख)॥

Whom has the pride of wealth not perverted ? Who has not been deafened by power ? Is there anyone who has not been smitten by a shaft from the glances of a fawn-eyed maiden ?

चौ. –गुन कृत सन्यपात नहि केही। कोउ न मान मद तजेउ निबेही ॥
जौबन ज्वर केहि नहि बलकावा। ममता केहि कर जसु न नसावा ॥

(रज, तम आदि) गुणों द्वारा किये गए सन्निपात से कौन बच सका ? ऐसा कोई नहीं है जिसे मान और मद ने अछूता छोड़ा हो। यौवन के ज्वर ने किससे प्रलाप नहीं करवाया ? ममता ने किस के यश को नष्ट नहीं किया ? ॥१॥

Has anyone ever escaped from the fatal fever caused by the three modes—goodness, passion and ignorance ?[1] There is none whom arrogance and pride have not influenced. Whom has the fever of youth not driven wild ? Whose reputation has not been marred by worldly attachment ?

मच्छर काहि कलंक न लावा। काहि न सोक समीर डोलावा ॥
चिंता सापिनि काहि न खाया। को जग जाहि न ब्यापी माया ॥

मत्सर (ईर्ष्या-द्वेष) ने किसे कलङ्क नहीं लगाया ? शोकरूपी वायु ने किसे नहीं डुला दिया (विचलित कर दिया) ? चिन्तारूपी साँपिन ने किसका भक्षण नहीं किया ? जगत् में ऐसा कौन है, जिसे माया न व्यापी हो ? ॥२॥

Who does not incur obloquy through envy, or is not shaken by the blast of grief ? Who has not been bitten by the serpent of care ? And is there anyone in the world who has not been overcome by illusion (the delusive potency of God) ?

कीट मनोरथ दारु सरीरा। जेहि न लाग घुन को अस धीरा ॥
सुत बित लोक ईषना तीनी। केहि कै मति इन्ह कृत न मलीनी ॥

मनोरथ कीड़ा और शरीर लकड़ी है। ऐसा धीर कौन है, जिसके शरीररूपी काठ में कामनारूपी यह कीड़ा न लगा हो ? पुत्र, धन और लोकप्रतिष्ठा – इन तीन प्रबल इच्छाओं ने किसकी बुद्धि को मलिन नहीं कर दिया ? ॥३॥

Desire is a worm and the body is wood; is there anyone so resolute of mind whose body is not consumed by desire as wood by the wood-louse ? Whose mind has not been sullied by the three passions—the desire of progeny, of wealth and of renown ?

यह सब माया कर परिवारा। प्रबल अमित को बरनै पारा ॥
सिव चतुरानन जाहि डेराहीं। अपर जीव केहि लेखे माहीं ॥

यह सब माया का प्रबल और अपार परिवार है; इसका वर्णन कौन कर सकता है ? शिव और ब्रह्मा भी इससे डरते हैं, फिर दूसरे जीव किस गिनती में हैं ? ॥४॥

All these constitute the retinue of Illusion, formidable and infinite in number, more than any can tell. Even Shiva and Brahma stand in awe of her; of what account, then, are other creatures ?

1. *i.e.*, has not beguiled ?

1. See Shrimad Bhagavad Gita, XIV, 5 ff. When the living entity comes in contact with nature, he becomes conditioned by these modes. The reason why we are born in good and evil wombs is our attachment to the modes. God transcends the modes, and at the same time is the master of all modes (of material nature.)

दो. –ब्यापि रहेउ संसार महु मायाकटक प्रचंड।
सेनापति कामादि भट दंभ कपट पाषंड ॥७१(क)॥

माया की प्रचण्ड सेना समस्त संसार में फैली हुई है। काम, क्रोधादि उसके सेनापति हैं और दम्भ, कपट और पाखण्ड उसके योद्धा ॥७१(क)॥

Illusion's formidable army is spread over the whole world; lust and its fellows (viz., anger and greed) are her generals; hypocrisy, deceit and heresy her champions.

सो दासी रघुबीर कै समुझें मिथ्या सोपि॥
छूट न रामकृपा बिनु नाथ कहौं पद रोपि ॥७१(ख)॥

वह माया श्रीरघुवीर की सेविका है। यद्यपि समझ लेने पर (ज्ञान होने पर) वह मिथ्या ही है, तथापि वह श्रीरामजी की कृपा के बिना नहीं छूटती। हे नाथ! यह बात मैं पाँव रोपकर (प्रण करके) कहता हूँ ॥७१(ख)॥

That illusion is Raghubira's own handmaid; though unreal when understood, there is no release from her grip except by Rama's grace; this I assert, my lord, and vouch for the truth of it.

चौ. –जो माया सब जगहि नचावा। जासु चरित लखि काहुँ न पावा॥
सोइ प्रभु भ्रूबिलास खगराजा। नाच नटी इव सहित समाजा॥

जो माया सारे संसार को नचाती है और जिसका चरित्र कोई लख (समझ) न सका, हे पक्षिराज गरुड़जी! वही माया प्रभु श्रीरामचन्द्रजी की भौंहों के संकेत पर अपने समाज के साथ नटी की भाँति नाचती है ॥१॥

The same illusion that has made a puppet of the whole world and whose ways are unknown to anyone, is herself set a-dancing with all her troupe, like an actress on the stage, O king of birds, by the play of the Lord's eyebrows.

सोइ सच्चिदानंद घन रामा। अज बिग्यानरूप गुनधामा॥
ब्यापक ब्याप्य अखंड अनंता। अखिल अमोघ सक्ति भगवंता॥

प्रभु श्रीरामचन्द्रजी वही सच्चिदानन्दघन हैं जो अजन्मा, विज्ञानरूप और गुणों के स्थान, सर्वव्यापक एवं व्याप्य (सर्वरूप), अखण्ड (पूर्ण), अनन्त, सम्पूर्ण, अमोघशक्ति (अव्यर्थशक्ति) और षडैश्वर्यवान् (छः ऐश्वर्यो से युक्त) भगवान् है ॥२॥

For Rama is the sum of truth and intelligence and bliss (the One self-existing Brahma), the uncreated, wisdom personified, the home of all perfections, pervading all and all that is pervaded, indivisible, infinite, the Blessed Lord of unfailing power,

अगुन अदभ्र गिरा गोतीता। सबदरसी अनबद्य अजीता॥
निर्मल निराकार निर्मोहा। नित्य निरंजन सुखसंदोहा॥

वे निर्गुण (मायिक गुणों से रहित), महान्, वाणी और इन्द्रियों से परे सर्वदर्शी (सब कुछ देखनेवाले), निर्दोष, अजेय, ममतारहित, निराकार (प्राकृत आकार से रहित), मोह से अछूते, नित्य, मायारहित, सुखपुंज,[1] ॥३॥

unqualified, supreme, transcending speech and the other senses, all-seeing, irreproachable and invincible, unattached, formless, without illusion, eternal and untainted by Maya, very bliss,

प्रकृतिपार प्रभु सब उर बासी। ब्रह्म निरीह बिरज अबिनासी॥
इहाँ मोह कर कारन नाहीं। रबि सन्मुख तम कबहुँ कि जाहीं॥

प्रकृति से परे, सर्वसमर्थ, सदा सबके हृदय में निवास करनेवाले, इच्छारहित, निर्मल और अविनाशी ब्रह्म हैं। यहाँ (श्रीराम में) मोह का (कोई) कारण ही नहीं है। क्या अन्धकार कभी सूर्य के सामने जा सकता है? ॥४॥

beyond nature, the omnipotent Lord who dwells in every heart, desireless, free from passion and imperishable Absolute. In him delusion finds no ground to stand upon; can the shades of darkness ever face the sun?

दो. –भगत हेतु भगवान प्रभु राम धरेउ तनु भूप।
किए चरित पावन परम प्राकृत नर अनुरूप ॥७२(क)॥

भगवान् प्रभु श्रीरामचन्द्रजी ने अपने भक्तों के लिए राजा का शरीर धारण किया और सामान्य मनुष्यों के सदृश अनेक परम पवित्र चरित किये ॥७२(क)॥

For the sake of his devotees, the Blessed Lord Rama assumed the form of an earthly soverign and played his most holy part in the manner of an ordinary man,

जथा अनेक बेष धरि नृत्य करै नट कोइ।
सोइ सोइ भाव देखावै आपुनु होइ न सोइ ॥७२(ख)॥

जिस प्रकार कोई नट (खेल करनेवाला) अनेक रूप धारण कर नृत्य (तमाशा) करता है, और वही-वही (वेष के अनुकूल) भाव दिखलाता है; पर स्वयं वह उनमें से कोई रूप हो नहीं जाता। (इसी प्रकार परमात्मा जब नर-रूप धारण करते हैं, तब वे मनुष्य की नाईं आचरण तो करते हैं, परन्तु मनुष्य नहीं हो जाते।) ॥७२(ख)॥

just as an actor, while playing upon the stage, assumes a variety of disguises and exhibits different characters in keeping with his dress, but himself remains the same.

चौ. –असि रघुपतिलीला उरगारी। दनुज बिमोहनि जन सुखकारी॥
जे मतिमलिन बिषयबस कामी। प्रभु पर मोह धरहिं इमि स्वामी॥

१. इन सभी विशेषणों का प्रयोग पहले भी हो चुका है। देखिए – बालकांड दो. १३, चौ. २; दो. १९८, १९९, २०५ इत्यादि।

हे गरुड़जी ! श्रीरघुनाथजी की ऐसी लीला राक्षसों को विशेष मोहित करनेवाली और राम-भक्तों को सुख देनेवाली है । हे नाथ ! जो मूर्ख, विषयों के अधीन और कामी हैं, वे ही प्रभु पर इस प्रकार के मोह का आरोप करते हैं (इस प्रकार की शंका किया करते हैं) ॥१॥

Such, O Garuda, is the pastime of Raghunatha, a bewilderment to the demons but a delight to the faithful. Those who are dull-witted, victims of the pleasures of sense and slaves of passion, impute such infatuation to the Lord, my master.

नयनदोष जा कहुँ जब होई । पीत बरन ससि कहुँ कह सोई ॥
जब जेहि दिसिभ्रम होइ खगेसा । सो कह पच्छिम उएउ दिनेसा ॥

जब किसी मनुष्य को (पीलिया-जैसा) नेत्ररोग हो जाता है, तब वह चन्द्रमा को पीले रङ्ग का कहता है । हे पक्षिराज ! जब किसी को दिशाभ्रम हो जाता है, तब वह कहता है कि सूर्य पश्चिम में उदय हुआ है ॥२॥

He who has a defective vision or a jaundiced eye says that the moon is of a yellow colour; when a man has no sense of direction, O king of birds, he affirms that the sun has risen in the west.

नौकारूढ़ चलत जग देखा । अचल मोहबस आपुहि लेखा ॥
बालक भ्रमहिं न भ्रमहिं गृहादी । कहहिं परस्पर मिथ्याबादी ॥

नाव पर बैठा हुआ मनुष्य संसार को चलता हुआ देखता है और मोह के कारण अपने को अचल मानता है । बालक घूमते (चक्राकार दौड़ते) हैं, घर आदि नहीं घूमते; पर वे आपस में एक-दूसरे को झूठा कहते हैं (और यह नहीं मानते कि उनके चारों ओर के पदार्थ स्थिर हैं) ॥३॥

A man who is sailing in a boat finds the world moving and deludes himself with the idea that he is motionless. Children in play spin round and round, but not the surrounding buildings, etc.; yet they dub one another a liar (when told that their house and all are not spinning round).

हरिबिषइक अस मोह बिहंगा । सपनेहुँ नहि अग्यानप्रसंगा ॥
मायाबस मतिमंद अभागी । हृदय जमनिका बहु बिधि लागी ॥

हे गरुड़जी ! श्री हरि के विषय में मोह की कल्पना[1] भी ऐसी ही है, (उनसे तो) स्वप्न में भी अज्ञान का लगाव (सम्बन्ध) नहीं है । किंतु जो माया के अधीन, मन्दबुद्धि और भाग्यहीन हैं और जिनके हृदय पर बहुत तरह के परदे पड़े हुए हैं, ॥४॥

To impute delusion to the Lord, O Garuda, is as gross a lie as this; never even in a dream is he really subject to ignorance. Those dull-witted wretches who are dominated by illusion and who have a thick mass of veils over their soul,

ते सठ हठबस संसय करहीं । निज अग्यान राम पर धरहीं ॥

वे ही मूर्ख हठ के वश होकर सन्देह करते हैं और अपने अज्ञान को श्रीरामजी पर आरोपित करते हैं ('नयनदोष' के कारण स्वयं मोह में पड़े हुए लोग अज्ञान से प्रभु में मोह का होना कहते हैं) ॥५॥

foolishly and stubbornly raise doubts, laying their own ignorance on Rama.

दो. –काम क्रोध मद लोभ रत गृहासक्त दुखरूप ।
ते किमि जानहिं रघुपतिहि मूढ़ परे तम कूप ॥७३(क)॥

जो काम, क्रोध, मद और लोभ में आसक्त हैं और दुःखरूप घर के जंजाल में पड़े हैं वे, श्रीरघुनाथजी को कैसे जान सकते हैं ? वे मूढ़ तो अंधकूप[1] में पड़े हुए हैं ॥७३(क)॥

Steeped in lust, anger, arrogance and greed and attached to their home, which is a picture of misery, how can such fools understand Raghunatha, fallen as they are into the depths of darkness (ignorance) ?

निर्गुनरूप सुलभ अति सगुन न जानहि कोइ ।
सुगम अगम नाना चरित सुनि मुनिमन भ्रम होइ ॥७३(ख)॥

(भगवान् का) निर्गुण रूप अत्यन्त सरल-सुगम है, परंतु उनके सगुणरूप को कोई जान ही नहीं पाता । इसलिए सगुणरूप के अनेक प्रकार के सुगम और अगम चरित्रों को सुनकर मुनियों के भी मन में भ्रम उत्पन्न हो जाता है ॥७३(ख)॥

The impersonal aspect of the Blessed Lord is easy to understand, but no one can comprehend the personal; even a sage's soul is perplexed on hearing of his various exploits, at once simple and mysterious.

चौ. –सुनु खगेस रघुपतिप्रभुताई । कहौं जथामति कथा सुहाई ॥
जेहि बिधि मोह भयउ प्रभु मोही । सोउ सब कथा सुनावउँ तोही ॥

हे गरुड़जी ! श्रीरघुनाथजी की प्रभुता सुनिये । मैं अपनी बुद्धि के अनुसार वह सुन्दर कथा कहता हूँ । हे प्रभो ! जिस प्रकार मुझे मोह हुआ, वह सब कथा भी मैं आपको सुनाता हूँ ॥१॥

Listen now, O Garuda, to the delightful story of Raghunatha's sovereign power, which I will tell you to the best of my ability. I shall also narrate to you the whole story of how I, my lord, became a prey to delusion.

१. भक्त-क्लेश-हरणार्थ अवतीर्ण भगवान् के विषय का मोह (श्रीरामजी तो मोह के नाशक हैं, इसलिए वह पास जा ही नहीं सकता । उन्होंने नरवेष धारण किया है, अतः नर का पूरा स्वाँग निभाते हैं । नरनाट्य करने से वे प्राकृत नर नहीं हो जाते ।)

१. वह कुआँ जिसका मुँह घास-पात से ढका हो; एक नरक ।

रामकृपाभाजन तुम्ह ताता। हरिगुन प्रीति मोहि सुखदाता ॥
ता तें नहि कछु तुम्हहि दुरावौं। परम रहस्य मनोहर गावौं ॥

हे तात! आप श्रीरामजी के कृपापात्र हैं। भगवान् के गुणों में आपकी प्रीति है, और इसीलिए आप मुझे सुख देनेवाले हैं। इसीसे मैं आपसे कुछ भी नहीं छिपाता और अत्यन्त गुप्त और मनोहर चरित का वर्णन करता हूँ। (श्रीरामजी के कृपापात्र होने से आप हरिगुणरसिक हैं और इसी कारण मेरे सुखदाता भी। यही सजातित्व और अनुकूलता देखकर परम रहस्य भी आपसे कहता हूँ।) ॥२॥

You, my friend, are a receptacle of Rama's favour, and cherish a special devotion to the Lord's perfections and are moreover a joy to myself; therefore will I hide nothing from you but reveal a profound and delectable mystery.

सुनहु राम कर सहज सुभाऊ। जन अभिमान न राखहिं काऊ ॥
संसृतिमूल सूलप्रद नाना। सकल सोक दायक अभिमाना ॥

श्रीरामचन्द्रजी का सहज स्वभाव सुनिये; वे अपने सेवक के अभिमान को कभी नहीं रहते देते, क्योंकि अभिमान ही जन्म-मरण का मूल कारण है और तरह-तरह के क्लेशों तथा सारे शोकों का देनेवाला है ॥३॥

Hear of Rama's natural disposition : he never lets pride possess his servants, for pride is the mainspring of the cycle of birth and death and the source of many pains and the origin of every form of grief.

ता तें करहिं कृपानिधि दूरी। सेवक पर ममता अति भूरी ॥
जिमि सिसुतन ब्रन होइ गोसाईं। मातु चिराव कठिन की नाईं ॥

इसीसे (कि भक्त अभिमान से भव में न पड़े) कृपानिधि उसे दूर कर देते हैं; क्योंकि भक्तों पर उनकी बहुत अधिक ममता रहती है। हे गोसाईं! जैसे बच्चे के शरीर में फोड़ा हो जाता है, तब माता उसे कठोर हृदय व्यक्ति की भाँति चिरा डालती है ॥४॥

That is why the all-merciful Lord gets rid of it in his extreme fondness for his servants, as when a boil appears on the body of a child, my lord, the mother gets it lanced with seeming cruelty.

दो.–जदपि प्रथम दुख पावै रोवै बाल अधीर।
ब्याधिनास हित जननी गनइ न सो सिसुपीर ॥७४(क)॥

यद्यपि बच्चा पहले (फोड़ा चिराते समय) दुःख पाकर अधीर हो रोता है, तो भी रोग के नाश के लिए माता बच्चे की उस पीड़ा की ओर ध्यान नहीं देती (और फोड़े को चिरवा डालती है) ॥७४(क)॥

Although the child feels the pain at first and cries helplessly, the mother minds not the child's agony, her object being to relieve its sickness.

तिमि रघुपति निज दास कर हरहिं मान हित लागि।
तुलसिदास ऐसे प्रभुहि कस न भजसि भ्रम त्यागि ॥७४(ख)॥

उसी प्रकार श्रीरघुनाथजी अपने सेवक के कल्याण के लिए उसके अभिमान का हरण करते हैं। तुलसीदासजी कहते हैं कि (हे मन!) भ्रम त्यागकर ऐसे प्रभु को क्यों नहीं भजते? ॥७४(ख)॥

In the same way Raghunatha takes away his servant's pride for his own good. Forswearing all error, Tulasidasa, why should you not worship such a Lord as this ?

चौ.–रामकृपा आपनि जड़ताई। कहौं खगेस सुनहुँ मन लाई ॥
जब जब राम मनुजतनु धरहीं। भक्त हेतु लीला बहु करहीं ॥

हे पक्षिराज! श्रीरामजी की कृपा और अपनी मूर्खता की बात कहता हूँ, ध्यान देकर सुनिये। जब-जब श्रीरामचन्द्रजी मनुष्य धारण करते हैं और अपने भक्तों के लिए (एवं उनके स्नेहवश) बहुत-सी लीलाएँ करते हैं, ॥१॥

Now, O king of birds, I tell you the story of Rama's kindness and my own stupidity; listen attentively. Whenever Rama appears in human form and plays his many parts for his votaries' sake,

तब तब अवधपुरी मैं जाऊँ। बालचरित बिलोकि हरषाऊँ ॥
जन्म महोत्सव देखौ जाई। बरष पाँच तहँ रहउँ लोभाई ॥

तब-तब मैं अयोध्यापुरी जाता हूँ और उनके बालचरित्र देखकर प्रसन्न होता हूँ। वहाँ जाकर मैं उनका जन्ममहोत्सव देखता हूँ और बाललीला में लुभाकर पाँच वर्ष पर्यन्त वहीं रहता हूँ ॥२॥

I always betake myself to the city of Ayodhya and delight to watch his childish pranks. I go there and witness his birthday rejoicings and, fascinated (by the charm of his childish sports), stay there for full five years.

इष्टदेव मम बालक रामा। सोभा बपुष कोटि सत कामा ॥
निज प्रभु बदन निहारि निहारी। लोचन सुफल करौं उरगारी ॥

बालरूप श्रीरामचन्द्रजी मेरे इष्टदेव हैं, जिनके तन में अरबों कामदेवों का सौन्दर्य है। हे गरुड़जी! अपने स्वामी के मुख को देख-देखकर मैं अपनी आँखों को सफल करता हूँ ॥३॥

The child Rama is my patron deity, who sums up in his person the beauty of a myriad Loves. Ever gazing on the face of my Lord, I satisfy the desire of my eyes, O Garuda !

लघु बायस बपु धरि हरिसंगा। देखौं बालचरित बहु रंगा ॥

छोटे कौए का शरीर धरकर[1] हरि के साथ मैं उनके बहुरंगे (अनेक रसों

१. बालचरित देखने के लिए लघु बायस रूप ही उपयुक्त है। 'बहुरंग' कहकर अनेक रसों के चरित्र का द्योतन किया। (रंग अर्थात् रस, जैसे रणरंग = वीररस।)

और अनेक प्रकार के) बालचरित्रों को देखा करता हूँ ॥४॥

Assuming the form of a little crow, I keep close to Hari and witness his manifold childish sports.

दो. –लरिकाईं जहँ जहँ फिरहिं तहँ तहँ संग उड़ाउँ।
जूठनि परइ अजिर महुँ सो उठाइ करि खाउँ ॥७५(क)॥

बालपन में श्रीरामजी जहाँ-जहाँ फिरते हैं, वहाँ-वहाँ मै उनके साथ-साथ उड़ता हूँ और आँगन में उनकी जो जूठन पड़ती है वही उठा-उठाकर खाता हूँ ॥७५(क)॥

Wherever he roams in his boyish play, I flutter about close to him and pick up and eat whatever crumbs he lets fall in the courtyard.

एक बारँ अति सैसवँ चरित किए रघुबीर।
सुमिरत प्रभुलीला सोइ पुलकित भएउ सरीर ॥७५(ख)॥

एक बार श्रीरघुवीर ने अत्यन्त लड़कपन वाले सब चरित्र किये। प्रभु की उस लीला का स्मरण करते ही काकभुशुण्डिजी का शरीर पुलकित हो गया। (भुशुण्डिजी कहते हैं कि जब-जब रामावतार होता है, तब-तब मैं अयोध्या जाकर 'बहुरंगा' बालचरित देखता हूँ, पर मुझे मोह नहीं हुआ। परन्तु एक बार तो लड़कपन के चरित्र में ऐसा माधुर्य दिखलाया कि मुझे मोह हो गया।) ॥७५(ख)॥

One day Raghubira played all the merry pranks of his early childhood.' As soon as Kakabhushundi recalled the Lord's playfulness, the hair of his body bristled with rapture.

चौ. –कहै भुसुंडि सुनहु खगनायक। रामचरित सेवक सुखदायक॥
नृपमंदिर सुंदर सब भाँती। खचित कनक मनि नाना जाती॥

भुशुण्डिजी कहते हैं – हे पक्षिराज गरुड़जी ! सुनिये, श्रीरामजी का चरित्र सेवकों के लिए (अत्यन्त) सुखप्रद है। (अयोध्या का) राजमहल सब प्रकार सुन्दर है। सोने के महल में अनेक जाति एवं प्रकार के रत्न जड़े हुए हैं ॥१॥

Bhushundi continued: 'Listen, king of birds; the acts of Rama are ever the delight of his servants. The king's palace (at Ayodhya) was altogether beautiful, for it was all of gold studded with precious stones of every kind.

बरनि न जाइ रुचिर अगनाई। जहँ खेलहिं नित चारिउ भाई॥
बालबिनोद करत रघुराई। बिचरत अजिर जननि सुखदाई॥

उस (दीप्तिमान्) सुन्दर आँगन का वर्णन नहीं किया जा सकता, जहाँ चारों भाई नित्य खेलते हैं। माताओं को सुख देनेवाले बाल-विनोद (बालक्रीड़ा, लीला) करते हुए श्रीरघुनाथजी आँगन में विचरते हैं ॥२॥

The courtyard, where the four brothers played every day, was magnificent beyond description. In that courtyard Raghunatha frolicked about, to the delight of the queen-mothers, and enjoyed his childish amusements.

मरकत मृदुल कलेवर स्यामा। अंग अंग प्रति छबि बहु कामा॥
नव राजीव अरुन मृदु चरना। पदज रुचिर नख ससिदुति हरना॥

नीलमणि के समान हरिताभ श्याम और कोमल शरीर है। अङ्ग-अङ्ग में अनेक कामदेवों की छबि छायी हुई है। नवीन (खिले हुए लाल) कमल के समान लाल-लाल कोमल चरण हैं। अँगुलियाँ सुन्दर हैं और नखों की चमक चन्द्रमा की कान्ति को हरनेवाली है ॥३॥

His delicate frame was dark of hue with a greenish tinge resembling that of the emerald; every limb had the loveliness of countless Loves all over. His feet were soft and ruddy like a budding lotus, with lustrous toes and nails that outshone the radiance of the moon.

ललित अंक कुलिसादिक चारी। नूपुर चारु मधुर रव कारी॥
चारु पुरट मनि रचित बनाई। कटि किंकिनि कल मुखर सुहाई॥

(चरण के तलवों में) वज्रादि (वज्र, अङ्कुश, ध्वजा और कमल) के चार सुन्दर चिह्न (रेखाएँ) हैं। चरणों में मधुर शब्द करनेवाले सुन्दर नूपुर हैं। मणियों (रत्नों) से जड़ी हुई उत्तम सोने की बनी हुई सुन्दर करधनी का मधुर शब्द सुहावना लग रहा है (अथवा, सुन्दर शब्द वाली करधनी कमर में शोभित हो रही है) ॥४॥

They had soles bearing the four beauteous marks of the thunderbolt, the elephant-goad, the flag and the lotus, and were circled with pretty sweet-tinkling anklets. Round his waist shone a beautiful girdle fashioned of gold and bossed with gems, a girdle with bells that made melodious music.

दो. –रेखा त्रय सुंदर उदर नाभि रुचिर गंभीर।
उर आयत भ्राजत बिबिध बाल बिभूषन चीर ॥७६॥

उनके पेट पर सुन्दर तीन रेखाएँ (त्रिवली) हैं, नाभि सुन्दर और गहरी है। चौड़े वक्षःस्थल पर अनेक प्रकार के बालकों के भूषण और वस्त्र शोभा दे रहे हैं ॥७६॥

There were three pretty creases on his belly with a navel shapely and deep; the broad chest gleamed with jewels and raiment of various kinds, all befitting a child.

चौ. –अरुन पानि नख करज मनोहर। बाहु बिसाल बिभूषन सुंदर॥
कंध बालकेहरि दर ग्रीवा। चारु चिबुक आनन छबिसीवा॥

लाल-लाल हथेलियाँ, नख और हाथ की अँगुलियाँ मन को हरनेवाली (अत्यन्त सुन्दर) हैं और विशाल भुजाओं पर आकर्षक आभूषण हैं।

बालसिंह के-से कंधे और शङ्ख के समान (सुडौल और तीन रेखाओं से युक्त) गर्दन है। सुन्दर ठुड्डी है और मुख तो छबि की सीमा ही है ॥१॥

His roseate hands, nails and fingers were all entrancing and his long arms bedecked with bracelets. He had shoulders resembling those of a lion-cub and a (dimpled) neck shaped like a conch, a rounded chin and a face which was the very perfection of beauty.

कलबल बचन अधर अरुनारे। दुइ दुइ दसन बिसद बर बारे ॥
ललित कपोल मनोहर नासा। सकल सुखद ससिकर सम हासा ॥

कलबल (तोतली) बोली है, लाल-लाल ओंठ हैं। उज्ज्वल, श्रेष्ठ और छोटी-छोटी (ऊपर-नीचे) दो-दो दँतुलियाँ हैं, सुन्दर गाल, मन को हरनेवाली नासिका और सब सुखों को देनेवाली चन्द्रमा की (अथवा समस्त कलाओं से पूर्ण चन्द्रमा की) किरणों के समान मुस्कान है ॥२॥

He spoke with a lisp and had ruddy lips and a pair of pretty teeth, small and white, both above and below. He had lovely cheeks, an entrancing nose and a smile which gladdened all and was as winsome as the rays of the moon.

नीलकंज लोचन भवमोचन। भ्राजत भाल तिलक गोरोचन ॥
बिकट भृकुटि सम श्रवन सुहाए। कुंचित कच मेचक छबि छाए ॥

नीले कमल-जैसे नेत्र जन्म-मृत्यु (भव-बन्धन) से छुड़ानेवाले हैं। माथे पर गोरोचन का तिलक शोभायमान है। भौंहें टेढ़ी हैं, कान बराबर और सुन्दर हैं। काले और घुँघराले बालों की शोभा छा रही है ॥३॥

His eyes, which resembled a pair of dark-blue lotuses, delivered souls from worldly existence, while his forehead gleamed with a sacred sect-mark made with yellow pigment. He had arched eyebrows, pretty level ears and dark and curling locks that scattered their loveliness all around.

पीत झीनि झगुली तन सोही। किलकनि चितवनि भावति मोही ॥
रूपरासि नृप अजिर बिहारी। नाचहिं निज प्रतिबिंब निहारी ॥

पीली और महीन झँगुली (अँगरखी) शरीर पर सोह (शोभा दे) रही है। उनकी किलकारी और चितवन मुझे बहुत ही भाती है। राजा दशरथ के आँगन में विहार (विचरण) करनेवाले रूप की राशि श्रीरामचन्द्रजी अपनी परछाहीं देखकर नाचते हैं ॥४॥

A fine yellow tunic looked lustrous on his body, and his shrill gleeful cry and merry glance captivated me. Thus frolicking in king Dasharath's courtyard, the All-beautiful danced at the sight of his own shadow

मो सन करहिं बिबिध बिधि क्रीड़ा। बरनत चरित होति मोहि ब्रीड़ा ॥
किलकत मोहि धरन जब धावहिं। चलौं भागि तब पूप देखावहिं ॥

और मुझसे भाँति-भाँति की बाल-क्रीड़ाएँ करते हैं, जिन का वर्णन करते हुए मुझे लज्जा आती है। किलकारी मारते हुए जब वे मुझे पकड़ने दौड़ते और मैं (अपने पक्षी-स्वभाव से) भाग चलता तब मुझे पूआ दिखलाते थे ॥५॥

and played with me in diverse ways, which I blush to tell you. When he ran to catch me with a merry laugh, and I flew away, he then showed me a piece of cake.

दो. –आवत निकट हसहि प्रभु भाजत रुदनु कराहिं।
जाउँ समीप गहन पद फिरि फिरि चितै पराहिं ॥७७(क)॥

मेरे समीप आने पर प्रभु श्रीरामजी हँसते हैं और भाग जाने पर रोते हैं और जब मैं उनका चरण स्पर्श करने के लिए पास जाता हूँ, तब वे पीछे फिर-फिरकर (मेरी ओर) देखते हुए भाग जाते हैं (भय प्रकट करते हुए भागते हैं और फिर घूम-घूमकर देखते हैं कि मैं उनके पीछे आता हूँ कि नहीं) ॥७७(क)॥

When I went near, the Lord would laugh; when I flew away again, he would fall a-crying. When I approached to touch his feet, he would scamper off, turning round again and again to look at me.

प्राकृत सिसु इव लीला देखि भएउ मोहि मोह।
कवन चरित्र करत प्रभु चिदानंद संदोह ॥७७(ख)॥

साधारण बच्चों के समान लीला देखकर मुझे मोह (शंका) हुआ कि सच्चिदानन्दघन प्रभु यह कौन चरित (लीला) कर रहे हैं ॥७७(ख)॥

Seeing him play like an ordinary child, I was overcome by bewilderment and wondered what these sports of the Lord meant who is the sum of truth, intelligence and bliss.

चौ. –एतना मन आवत खगराया। रघुपतिप्रेरित ब्यापी माया ॥
सो माया न दुखद मोहि काहीं। आन जीव इव संसृति नाहीं ॥

हे पक्षिराज गरुड़जी ! मन में इतनी (शङ्का) का आना था कि श्रीरघुनाथजी की प्रेरणा से माया मुझपर छा गयी। परंतु वह माया न तो मेरे लिए दुःखद हुई और न दूसरे जीवों की तरह संसार में डालनेवाली ही हुई ॥१॥

While I was thus perplexed, O king of birds, illusion, sent forth by Raghunatha, took possession of me. Yet that illusion was in no way painful to me, nor did it throw me like other creatures into the whirlpool of birth and death.

नाथ इहाँ कछु कारन आना। सुनहु सो सावधान हरिजाना ॥
ग्यान अखंड एक सीताबर। मायाबस्य जीव सचराचर ॥

हे नाथ ! यहाँ इसका कुछ और ही कारण है। हे हरि के वाहन गरुड़जी ! सावधान होकर उसे सुनिये। एक सीतापति श्रीरामजी ही पूर्ण ज्ञानस्वरूप हैं और जड़-चेतन, चर-अचर जितने भी जीव-वर्ग हैं, वे सभी माया के वशीभूत हैं ॥२॥

This, my lord, is attributable to another person. Now listen attentively, O mount of Hari. Sita's spouse alone is absolute intelligence; every creature, animate or inanimate, is subject to illusion.

जौं सब के रह ग्यान एकरस। ईस्वर जीवहि भेद कहहु कस॥
मायाबस्य जीव अभिमानी। ईसबस्य माया गुनखानी॥

यदि सभी (जड़-चेतन) जीवों को एकरस (अखण्ड) ज्ञान रहे तो फिर कहिये, ईश्वर और जीव में अन्तर ही कैसा ? अभिमानी जीव माया के अधीन है औरं वह (सत्त्व, रज, तम – इन) तीनों गुणों की खान माया ईश्वर के अधीन है ॥३॥

If all possessed the same perfect wisdom, tell me, what would be the distinction between God and the individual soul ? The arrogant soul (which indentifies itself with a particular psycho-physical organism) is subject to illusion, and illusion itself, the source of the three *gunas*,[1] is subject to God.

परबस जीव स्वबस भगवंता। जीव अनेक एक श्रीकंता॥
मुधा भेद जद्यपि कृत मायाँ। बिनु हरि जाइ न कोटि उपायाँ॥

जीव पराधीन (माया के वश) है, भगवान् स्वाधीन हैं; जीव अनेक हैं, लक्ष्मीपति ईश्वर एक हैं। यद्यपि माया-द्वारा किया गया यह भेद असत्य है, तथापि वह हरि की कृपा के बिना करोड़ों उपायों से भी नहीं मिट सकता ॥४॥

The soul is dependent (subject to illusion), God is self-dependent. *Jivas* (souls) are many, but Lakshmi's lord is one (without a second). Even though this distinction, created by illusion, is false, yet it cannot disappear except by Hari's grace, whatever you may do.

दो. –रामचंद्र के भजन बिनु जो चह पद निर्बान।
ग्यानवंत अपि सो नर पसु बिनु पूछ बिषान ॥७८(क)॥

श्रीरामचन्द्रजी के भजन बिना जो मोक्षपद (कैवल्य मुक्ति) चाहता है, वह मनुष्य ज्ञानी होने पर भी बिना पूँछ-सींग का पशु ही है ॥७८(क)॥

The man who hopes for liberation (from the bondage of karma and the wheel of birth and death) without worshipping Ramachandra is but a beast without tail and horns, however wise he may be.

1. *i.e.*, the three modes of material nature - goodness, passion and ignorance. See Bhagavad Gita, Chap. XIV, 5 ff.

राकापति षोड़स उअहिं तारागन समुदाइ।
सकल गिरिन्ह दव लाइअ बिनु रबि राति न जाइ ॥७८(ख)॥

समस्त तारागणों के समूह के साथ सोलह कलाओं से पूर्ण चन्द्रमा उग आए और जितने पर्वत हैं, उन सबमें दावाग्नि लगा दी जाय, तो भी सूर्य के (उदय हुए) बिना रात का अन्त नहीं हो सकता ॥७८(ख)॥

Though the moon were to rise with all its sixteen *kalas*[1] and the whole starry host, and though the forests on every mountain were set on fire, night would not yield except to the sun.

चौ. –ऐसेहिं बिनु हरिभजन खगेसा। मिटै न जीवन्ह केर कलेसा॥
हरिसेवकहि न ब्याप अबिद्या। प्रभुप्रेरित ब्यापै तेहि बिद्या॥

हे गरुड़जी ! इसी तरह हरि-भजन बिना जीवों का दुःख दूर नहीं होता। हरि के सेवक को अविद्या (माया) नहीं व्यापती, प्रभु की प्रेरणा से उसे विद्या (ज्ञान-ज्योति) व्यापती है ॥१॥

Even so, O Garuda, men's souls cannot be rid of their suffering without worshipping Hari. Ignorance affects not a servant of Hari, for it is knowledge, directed by the Lord, that pervades his whole being.

ता तें नास न होइ दास कर। भेदभगति बाढ़ै बिहंगबर॥
भ्रम तें चकित राम मोहि देखा। बिहसे सो सुनु चरित बिसेषा॥

हे पक्षिश्रेष्ट गरुड़जी ! इसीसे हरि के सेवक का नाश नहीं होता और भेद-भक्ति बढ़ती है। जब श्रीरामजी ने मुझे भ्रम से आश्चर्यचकित देखा, तब वे हँसे। अब वह विशेष चरित्र भी सुनिये ॥२॥

Therefore, best of birds, the servant is not destroyed; on the other hand his devotion to his master grows ever stronger. When Rama saw me bewildered by confusion, he laughed. Now hear that wondrous act as well.

तेहि कौतुक कर मरमु न काहूँ। जाना अनुज न मातु पिताहूँ॥
जानुपानि धाए मोहि धरना। स्यामल गात अरुन कर चरना॥

उस कौतुक (लीला) का मर्म न तो छोटे भाइयों ने और न माता-पिता ने ही जाना – किसी ने भी नहीं। वे श्याम शरीर और लाल-लाल हथेली तथा चरणतलवाले (बालरूप) श्रीरामजी घुटने और हाथों के बल मुझे पकड़ने दौड़े ॥३॥

The secret of this diversion nobody could comprehend, neither his younger brothers nor yet his father or mother. With his swarthy form and rosy hands and feet Rama crawled on his hands and knees to catch me.

1. *i.e.*, digits. The reference is to the moon rising in the brilliance of its fullness.

तब मैं भागि चलेउँ उरगारी। राम गहन कहुँ भुजा पसारी॥
जिमि जिमि दूरि उड़ाउँ अकासा। तहँ हरिभुज देखौं निज पासा॥

हे सर्पों के शत्रु गरुड़जी! तब मैं भाग चला। श्रीरामजी ने मुझे पकड़ने के लिए अपनी भुजा पसारी। जैसे-जैसे मैं आकाश में दूर उड़ता जाता था, वैसे-वैसे श्रीरामजी की भुजा को अपने पास देखता था॥४॥

Then, O enemy of serpents, I took to flight and Rama stretched out his arms to seize me. High as I flew into the sky, I still saw Rama's arms close beside me.

दो. —ब्रह्मलोक लगि गएउँ मैं चितएउँ पाछ उड़ात।
जुग अंगुल कर बीच सब रामभुजहि मोहि तात॥७९(क)॥

मैं (उड़ता-उड़ता) ब्रह्मलोक तक चला गया[१] और जब उड़ते हुए मैंने पीछे फिरकर देखा, तब हे तात! श्रीरामजी की भुजा और मुझमें केवल दो अङ्गुल का अन्तर था॥७९(क)॥

I flew off to Brahma's realm, but when I looked back in my flight, O my friend, two fingers' breadth was all the distance between me and Rama's arms!

सप्ताबरन भेदि करि जहाँ लगें गति मोरि।
गएउँ तहाँ प्रभु भुज निरखि ब्याकुल भएउँ बहोरि॥७९(ख)॥

(पृथ्वी, जल, अग्नि आदि) सातों आवरणों को पारकर[२] जहाँ तक मेरी जीवगति थी, वहाँ तक मैं चला गया, पर वहाँ भी प्रभु श्रीरामजी की भुजा को देखकर मैं फिर व्याकुल हो उठा॥७९(ख)॥

Piercing the seven veils of the universe (consisting of earth, water, fire, air, ether, the cosmic ego and the cosmic intellect), I mounted to the utmost height I could reach; but when I saw the Lord's arms even there, I was again dumbfounded.

चौ. —मूदेउँ नयन त्रसित जब भएऊँ। पुनि चितवत कोसलपुर गएऊँ॥
मोहि बिलोकि रामु मुसुकाहीं। बिहसत तुरत गएउँ मुख माहीं॥

जब मैं डर गया, तब मैंने अपनी आँखें मूँद लीं। फिर आँखें खोलते ही अयोध्यापुरी पहुँच गया। मुझे देखकर श्रीरामजी मुसकराने लगे और उनके हँसते ही मैं तुरंत उनके मुख के भीतर चला गया॥१॥

In my terror I closed my eyes, and when I opened them again, I found myself in the city of Ayodhya. Rama looked at me with a smile, and as he laughed, I was straightway driven into his mouth.

---

१. भूः, भुवः, स्वः, महः, जनः और तपः लोकों को पार करने पर सातवाँ सत्य (ब्रह्म) लोक मिलता है। सत्यलोक में ही सनकादिक-लोक, उमा-लोक और शिव-लोक हैं। शिव-लोक के आगे फिर सप्तावरण प्रारम्भ होते हैं।

२. सप्तावरणः, पृथ्वी, जल, अग्नि, पवन, आकाश, अहंकार और महत्तत्व।

उदर माझ सुनु अंडजराया। देखेउँ बहु ब्रह्मांडनिकाया॥
अति बिचित्र तहँ लोक अनेका। रचना अधिक एक तें एका॥

हे पक्षिराज गरुड़जी! सुनिये, उनके पेट के भीतर मैंने बहुत-से ब्रह्माण्डों के समूह देखे। वहाँ (उन ब्रह्माण्डों में) अनेक विलक्षण लोक थे, जिनकी रचना एक-से-एक बढ़कर थी।

Listen, king of birds; in his belly I beheld a cluster of multitudinous universes, with many strange spheres, each more wonderful than the other,

कोटिन्ह चतुरानन गौरीसा। अगनित उड़गन रबि रजनीसा॥
अगनित लोकपाल जम काला। अगनित भूधर भूमि बिसाला॥

करोड़ों चतुर्मुख ब्रह्मा और शिव, असंख्य तारागण, सूर्य और चन्द्र, अनगिनत लोकपाल, यमराज और काल, अनगिनत पर्वत और विस्तृत पृथ्वी,॥३॥

with millions of Brahmas and Shivas, countless stars and suns and moons, innumerable guardians of the spheres and gods of Death and times, numberless mountains and vast terrestrial plains,

सागर सरि सर बिपिन अपारा। नाना भाँति सृष्टिबिस्तारा॥
सुर मुनि सिद्ध नाग नर किंनर। चारि प्रकार जीव सचराचर॥

अनगिनत समुद्र, नदी, तालाब, वन तथा और भी नाना भाँति की सृष्टियों का विस्तार देखा। देवता, मुनि, सिद्ध, नाग, मनुष्य, किन्नर तथा चारों प्रकार के स्थावर-जंगम (जड़-चेतन) जीव देखे॥४॥

oceans, rivers, lakes and forests without end and manifold other varieties of creation, with gods and sages, adepts, serpents, human beings and Kinnaras, and all the four kinds of creatures, moving and unmoved.

दो. —जो नहि देखा नहि सुना जो मनहू न समाइ।
सो सब अद्भुत देखेउँ बरनि कवनि बिधि जाइ॥८०(क)॥

जो न कभी देखा था, न सुना था और न जो विचार में आ सकता था (अर्थात् जो कल्पनातीत था), वही सब आश्चर्यजनक सृष्टि मैंने देखी। तब किस प्रकार उसका वर्णन किया जाय?॥८०(क)॥

I saw there all such marvels as I had never seen or heard of, such as had never entered my mind; how, then, can I describe them?

एक एक ब्रह्मांड महुँ रहौं बरष सत एक।
एहि बिधि देखत फिरौं मैं अंडकटाह अनेक॥८०(ख)॥

एक-एक ब्रह्माण्ड में मैं सौ-सौ वर्ष रहा। इस प्रकार मैं अनेक (अण्डाकार) ब्रह्माण्डों को देखता फिरा॥८०(ख)॥

In each universe I stayed a hundred years, and in

this manner went round and beheld many a globe having the shape of an egg.[1]

चौ. –लोक लोक प्रति भिन्न बिधाता। भिन्न बिष्नु सिव मनु दिसित्राता॥
नर गंधर्ब भूत बेताला। किंनर निसिचर पसु खग ब्याला॥

प्रत्येक लोक में भिन्न-भिन्न ब्रह्मा, भिन्न-भिन्न विष्णु, शिव, मनु, दिक्पाल, मनुष्य, गन्धर्व, भूत, वैताल, किन्नर, राक्षस, पशु, पक्षी, सर्प ॥१॥

In each sphere were separate Brahmas, separate Vishnus, Shivas, Manus and guardians of the quarters, men, Gandharvas, ghosts and goblins, Kinnaras, demons, beasts and birds and serpents,

देव दनुज गन नाना जाती। सकल जीव तहँ आनहि भाती॥
महि सरि सागर सर गिरि नाना। सब प्रपंच तहँ आनहि आना॥

तथा अनेक जाति के देव और दैत्यगण थे। सभी जीव वहाँ और ही प्रकार के थे। अनेकानेक पृथ्वी, नदी, समुद्र, तालाब, पर्वत तथा सब (भौतिक) सृष्टियाँ वहाँ भिन्न-भिन्न प्रकार की थीं ॥२॥

hosts of gods and devils of many kinds, all peculiar to that sphere, with lands, rivers, seas, lakes and mountains, and the entire mechanism of creation also quite distinct.

अंडकोस प्रति प्रति निज रूपा। देखेउँ जिनस अनेक अनूपा॥
अवधपुरी प्रति भुअन निनारी। सरजू भिन्न भिन्न नर नारी॥

प्रत्येक ब्रह्माण्ड में मैंने अपना रूप देखा और अनेक अनुपम पदार्थ देखे। प्रत्येक भुवन में पृथक्-पृथक् अयोध्यापुरी, भिन्न-भिन्न सरयू और भिन्न-भिन्न स्त्री-पुरुष थे ॥३॥

In every universe[2] I saw my own self as well as many an object beyond compare. Each universe had its own Ayodhya with its own Sarayu and its own men and women.

दसरथ कौसल्या सुनु ताता। बिबिध रूप भरतादिक भ्राता॥
प्रतिब्रह्मांड राम अवतारा। देखौं बालबिनोद उदारा॥

हे तात! सुनिये, दशरथजी, कौसल्याजी और भरतजी आदि भाई भी अनेक रूपवाले थे। मैं प्रत्येक ब्रह्माण्ड में श्रीरामजी के अवतार और उनकी अपार बालक्रीड़ाओं को देखता फिरता था ॥४॥

And listen, friend; Dasharath and Kausalya and Bharata and his brothers were all there in various forms. In each such universe I witnessed the descent of Rama with all his infinite variety of childish sports.

1. "*Andakataha*, which I translate 'globes', is simply a synonym for *Brahmanda*, which occurs in the previous lines. It would be more precisely rendered 'half-globe,' *kataha* here standing for the common Hindi *karaha*, a large shallow iron vessel used for boiling sugar, etc". F.S. Growse, *op. at.*, p. 678n.

2. *i.e.*, in each mundane egg.

दो. –भिन्न भिन्न सबु दीख मैं अति बिचित्र हरिजान।
अगनित भुअन फिरेउँ प्रभु रामु न देखेउँ आन॥८१(क)॥

हे हरिवाहन! मैंने सब कुछ भिन्न-भिन्न और अत्यन्त विचित्र देखा। मैं असंख्य ब्रह्माण्डों में फिरा, पर मैंने प्रभु श्रीरामचन्द्रजी को अन्य प्रकार का (भिन्न आकृति में) नहीं देखा ॥८१(क)॥

Everything I saw, O mount of Hari, had a distinctive stamp of its own universe and was exceedingly marvellous too. But in my round of the countless worlds I saw not the Lord Rama in any other guise.[1]

सोइ सिसुपन सोइ सोभा सोइ कृपाल रघुबीर।
भुवन भुवन देखत फिरौं प्रेरित मोह समीर॥८१(ख)॥

सर्वत्र वही बालपन, वही सुन्दरता और वही दयालु श्रीरघुवीर! इस प्रकार मोहरूपी वायु से प्रेरित मैं भुवन-भुवन में देखता फिरता था।८१(ख)॥

Driven by the wind of infatuation, I saw, in each successive world that I visited, the same child-like ways, the same beauty, the same gracious Raghubira!

चौ. –भ्रमत मोहि ब्रह्मांड अनेका। बीते मनहु कलप सत एका॥
फिरत फिरत निज आश्रम आएउँ। तहँ पुनि रहि कछु काल गवाएउँ॥

इस प्रकार अनेक ब्रह्माण्डों में भ्रमण करते हुए मुझे मानो एक सौ कल्प बीत गए। फिरता-फिरता मैं अपने आश्रम में आया और कुछ काल वहाँ रहकर बिताया ॥१॥

It seemed as though a hundred aeons had passed in my wanderings through many a universe. I wandered on until at last I came to my own hermitage and there I stayed some little time.

निज प्रभु जन्म अवध सुनि पाएउँ। निर्भर प्रेम हरषि उठि धाएउँ॥
देखौं जन्म महोत्सव जाई। जेहि बिधि प्रथम कहा मैं गाई॥

फिर जब अपने स्वामी का अयोध्या में जन्म (अवतार) सुन पाया, तब स्नेह से परिपूर्ण और प्रसन्न होकर उठ दौड़ा। वहाँ जाकर मैंने जन्म-महोत्सव देखा, जैसा कि मैंने पहले गाकर (विस्तारपूर्वक) कहा है ॥२॥

When I heard of my Lord's birth at Ayodhya, I

1. Compare : "Jesus Christ is the same yesterday, today, and for ever." *Hebrews*, 13.8.

started up and ran in an overwhelming ecstasy of love and went and witnessed the festive birthday scene, just as I described to you in my foregoing lay.

राम उदर देखेउँ जग नाना। देखत बनइ न जाइ बखाना॥
तहँ पुनि देखेउँ राम सुजाना। मायापति कृपाल भगवाना॥

श्रीरामचन्द्रजी के उदर में मैंने अनेक संसार देखे, जो देखते ही बनते थे, बखाने नहीं जा सकते। वहाँ फिर मैंने माया के स्वामी चतुर एवं कृपालु भगवान् श्रीराम को देखा॥३॥

Thus in the belly of Rama I beheld many worlds, but what I saw could only be seen with one's eyes: it was beyond all telling. Then once more I beheld the divine Rama, the gracious and all-wise Lord of illusion.

करौं बिचार बहोरि बहोरी। मोह कलिल ब्यापित मति मोरी॥
उभय घरी महँ मैं सब देखा। भयउँ भ्रमित मन मोह बिसेषा॥

मैं बार-बार विचार करता था, पर मेरी बुद्धि मोहरूपी दलदल में ओतप्रोत (फँसी) एवं मोह के गंदे आवरण से व्याप्त थी। दो ही घड़ी में मैंने सब कुछ देखा। मन में विशेष मोह होने से मैं थक गया।

Again and again I pondered; but my understanding was confused and obscured by the mists of delusion. In less than an hour I had seen everything. My soul being utterly bewildered, I was weary.

दो.–देखि कृपाल बिकल मोहि बिहसे तब रघुबीर।
बिहसतहीं मुख बाहेर आएउँ सुनु मतिधीर॥८२(क)॥

तब मुझे व्याकुल देखकर दयालु श्रीरघुवीर हँस दिए। हे धीरबुद्धि गरुड़जी! सुनिये, उनके हँसते ही मैं मुँह के बाहर आ गया[1]॥८२(क)॥

Seeing my distress, the gracious Raghubira laughed; and—mark me, O Garuda of resolute mind—as soon as he laughed, I came out of his mouth.

सोइ लरिकाई मो सन करन लगे पुनि राम।
कोटि भाँति समुझावौं मनु न लहै बिश्राम॥८२(ख)॥

श्रीरामचन्द्रजी मेरे साथ फिर वही लड़कपन करने लगे। मैं करोड़ों प्रकार मन को समझाता था, पर वह विश्राम नहीं पाता था (बोध न होने से उसे शान्ति नहीं मिलती थी)॥८२(ख)॥

Again Rama began to play the same childish pranks with me. I reasoned with myself in every way I could, but my mind could know no peace.

चौ.–देखि चरित यह सो प्रभुताई। समुझत देहदसा बिसराई॥
धरनि परेउँ मुख आव न बाता। त्राहि त्राहि आरत जन त्राता॥

(प्रभु का) यह बालचरित देखकर और (पेट के भीतर देखी हुई) उस प्रभुता को यादकर मैं अपने शरीर की सुध-बुध भूल गया और 'हे आर्तजनों के रक्षक! मेरी कीजिए, रक्षा कीजिए' कहता हुआ धरती पर गिर पड़ा। मैं अवाक् हो गया था॥१॥

Seeing this childish play and recalling that majestic scene (which I had witnessed inside the Lord's belly), I lost consciousness and crying, "Save me, save me, O protector of all distressed worshippers!" dropped to the ground. No other word came to my mouth.

प्रेमाकुल प्रभु मोहि बिलोकी। निज माया प्रभुता तब रोकी॥
कर सरोज प्रभु मम सिर धरेऊ। दीनदयाल सकल दुख हरेऊ॥

मुझे प्रेमविह्वल देखकर प्रभु ने अपनी माया की प्रभुता रोक ली। दीनदयालु प्रभु ने अपना कर-कमल मेरे सिर पर रखा। उन्होंने मेरा सम्पूर्ण दुःख हर लिया॥२॥

When the Lord saw me distraught with love, he checked the influence of his delusive potency. The Lord, who is ever merciful to the afflicted, placed his lotus hand on my head and relieved me of all my sorrow.

कीन्ह राम मोहि बिगत बिमोहा। सेवक सुखद कृपासंदोहा॥
प्रभुता प्रथम बिचारि बिचारी। मन महँ होइ हरष अति भारी॥

सेवकों के सुखदायी, कृपा-पुंज श्रीरामजी ने मुझे मोह से सर्वथा मुक्त (रहित) कर दिया। उनकी पहलेवाली प्रभुता को विचार-विचारकर मेरा मन हर्षातिरेक से भर उठा॥३॥

The gracious Rama, the delight of his servants, dispelled all my deep-rooted delusion. As I reflected on his former glory, my heart was flooded with joy.

भगतबछलता प्रभु कै देखी। उपजी मम उर प्रीति बिसेषी॥
सजल नयन पुलकित कर जोरी। कीन्हिउँ बहु बिधि बिनय बहोरी॥

भक्तों के प्रति प्रभु स्नेह को देखकर मेरे हृदय में विशेष प्रीति उत्पन्न हुई। फिर मैंने नेत्रों में प्रेमाश्रु भरकर, रोमांचित शरीर से और हाथ जोड़कर बहुत प्रकार से विनती की॥४॥

१. "सरकार कृपालु हैं, दास की विकलता सह्य नहीं है, अतः फिर हँस पड़े। भुशुण्डिजी कहते हैं कि पहिले हँसने में मैं पेट के भीतर चला गया था और इस बार के हँसने में बाहर निकल आया। माया ही मन है और मनोविकास ही हास है। अतः दूसरे हास में माया पलटा खा गयी। मैं बाहर आ गया। ...समझना तो यह चाहा था कि कौन चरित्र करन प्रभु चिदानंद.संदोह। यह बात तो समझ में आयी नहीं और अगनित आश्चर्य की बातें सामने आ गयीं, जो कुछ भी समझ नहीं पड़तीं।" वि.टी. ३, पृ. ८६७।

Beholding the Lord's loving kindness to his votaries, my heart began to throb with a profound devotion. With streaming eyes and quivering frame and hands folded in prayer, I made my earnest petition.

दो. –सुनि सप्रेम मम बानी देखि दीन निज दास ।
बचन सुखद गंभीर मृदु बोले रमानिवास ॥८३(क)॥

मेरी प्रेमभरी वाणी सुनकर और अपने सेवक को दीन-हीन देखकर रमानिवास श्रीरामजी ने सुख देनेवाले गम्भीर और कोमल वचन कहे – ॥८३(क)॥

When he heard my loving words and saw his servant's wretched plight, Rama's lord made me this gracious speech, profound and tender:

काकभुसुंडि मागु बर अति प्रसन्न मोहि जानि ।
अनिमादिक सिधि अपर रिधि मोक्ष सकल सुख खानि ॥८३(ख)॥

हे काकभुशुण्डि ! मुझे अत्यन्त प्रसन्न जानकर तू मुझसे वर माँग । अणिमा आदि आठों सिद्धियाँ, दूसरी ऋद्धियाँ तथा समस्त सुखों की खान मोक्ष, ॥८३(ख)॥

"Kakabhushundi, ask of me a boon, for know that I am highly pleased with you; be it the eight perfections such as Anima (the power of assuming a form as small as an atom), or fabulous wealth (such as that possessed by Kubera, the god of riches), or final liberation, the fountain of all bliss;

चौ. –ग्यान बिबेक बिरति बिग्याना । मुनिदुर्लभ गुन जे जग जाना ।
आजु देउँ सब संसय नाहीं । मागु जो तोहि भाव मन माहीं ॥

ज्ञान, विवेक, वैराग्य, विज्ञान (तत्त्वज्ञान) और वे अनेकानेक गुण जो संसार में मुनियों के लिए भी दुर्लभ हैं, ये सब मैं आज तुझे दूँगा, इसमें संदेह नहीं । अपना मनचाहा (वर) माँग ले ॥१॥

or knowledge and discernment, dispassion and mystic wisdom, or those numerous virtues which sages scarcely attain in the world. Today I will grant you all these; doubt not, but ask whatever your soul desires."

सुनि प्रभुबचन अधिक अनुरागेउँ । मन अनुमान करन तब लागेउँ ॥
प्रभु कह देन सकल सुख सही । भगति आपनी देन न कही ॥

प्रभु के वचन सुनकर मुझे अत्याधिक अनुराग हुआ । तब मैं अपने मन में अनुमान करने लगा कि प्रभु ने सब सुखों के देने की बात कही सही, पर अपनी भक्ति देने की बात नहीं कही ॥२॥

On hearing the Lord's words, I was overwhelmed with love and began to reason thus within myself: "The Lord, it is true, has promised me all kinds of blessings, but has said nothing about the gift of faith in himself.

भगतिहीन गुन सब सुख ऐसे । लवन बिना बहु ब्यंजन जैसे ॥
भजनहीन सुख कवने काजा । अस बिचारि बोलेउँ खगराजा ॥

भक्ति के बिना सब गुण और सब सुख वैसे ही (नीरस) हैं, जैसे नमक के बिना बहुत प्रकार के भोज्य पदार्थ ! भजन से सर्वथा शून्य सुख किस काम के ? हे पक्षिराज ! ऐसा विचारकर मैंने कहा – ॥३॥

Without faith all virtues and blessings are as insipid as any quantity of condiments without salt. Of what avail is any blessing unaccompanied by devotion ?" Having thus pondered, O king of birds, I replied :

जौं प्रभु होइ प्रसन्न बर देहू । मो पर करहु कृपा अरु नेहू ॥
मन भावत बर मागउँ स्वामी । तुम्ह उदार उर अंतरजामी ॥

हे प्रभो ! यदि आप प्रसन्न होकर मुझे वरदान देते हैं और मुझपर कृपा एवं स्नेह करते हैं, तो हे स्वामी ! मैं अपना मनचाहा वर माँगता हूँ, क्योंकि आप उदार और अन्तस् की बात (विना कहे) जाननेवाले हैं ॥४॥

"If, Lord, you are pleased with me and would grant me a boon and if you are kind and affectionate to me, then, master, I will ask the boon which my soul desires, for you are generous and know the secrets of all hearts;

दो. –अबिरल भगति बिसुद्ध तव श्रुति पुरान जो गाव ।
जेहि खोजत जोगीस मुनि प्रभुप्रसाद कोउ पाव ॥८४(क)॥

आपकी जिस अविरल (प्रगाढ़) एवं विशुद्ध (निष्काम) भक्ति का गान श्रुति और पुराण करते हैं, जिसे बड़े-बड़े योगीश्वर मुनि खोजते-फिरते और जिसे प्रभु की कृपा से कोई विरला ही पाता है ॥८४(क)॥

it is that uninterrupted and unalloyed devotion to your person which the Vedas and the Puranas hymn, which the greatest ascetics and sages search after and few by my Lord's grace can find !

भगतकल्पतरु प्रनतहित कृपासिंधु सुखधाम ।
सोइ निज भगति मोहि प्रभु देहु दया करि राम ॥८४(ख)॥

हे भक्तों के (मनोवांछित फल देनेवाले) कल्पतरु ! हे शरणागतों के हितैषी ! हे कृपासागर ! हे सुख के निवासस्थान श्रीरामजी ! दया करके मुझे अपनी वही (अनन्य) भक्ति दीजिए ॥८४(ख)॥

O Lord Rama, tree of Paradise to the devotees, friend of the suppliant, ocean of compassion, abode of bliss ! Of your clemency grant me that devotion to yourself !"

चौ. – एवमस्तु कहि रघुकुलनायक। बोले बचन परम सुखदायक॥
सुनु बायस तैं सहज सयाना। काहे न मागसि अस बरदाना॥

'एवमस्तु' (ऐसा ही हो, वह भक्ति तुझे प्राप्त हो) कहकर रघुकुल के स्वामी परम सुख देनेवाले वचन बोले – हे काक! सुन, तू स्वभाव से ही चतुर है, अतः ऐसा वरदान कैसे न माँगता? ॥१॥

"So be it !" said the lord of the house of Raghu, and added these most comforting words: "Listen, crow; you are by nature sagacious; no wonder, therefore, that you ask for such a boon as this.

सब सुख खानि भगति तैं मागी। नहि जग कोउ तोहि सम बड़भागी॥
जो मुनि कोटि जतन नहि लहहीं। जे जप जोग अनल तन दहहीं॥

तूने सब सुखों की खान भक्ति माँग ली, संसार में तुम्हारे-जैसा बड़भागी कोई नहीं है। जिसे करोड़ों यत्न के बावजूद वैसे मुनि भी नहीं पाते जो जप और योग की अग्नि में अपने शरीर को जलाते रहते हैं ॥२॥

No one in the world is so highly blessed as you, for you have sought the gift of devotion, which is the fountain of every blessing and which even sages cannot win for all their infinite labours, though they consume their bodies in the fires of prayer and yoga.

रीझेउँ देखि तोरि चतुराई। मागेहु भगति मोहि अति भाई॥
सुनु बिहंग प्रसाद अब मोरे। सब सुभ गुन बसिहहिं उर तोरे॥

तेरी चतुराई देखकर मैं मुग्ध हो गया। तूने भक्ति माँगी, यह चतुराई मुझे बहुत ही अच्छी लगी। हे पक्षी! सुन, मेरी कृपा से अब सभी शुभ गुण तेरे हृदय निवास करेंगे ॥३॥

I am charmed to mark your prudence; by seeking devotion you have shown a judiciousness most pleasing to me. Listen, bird; now by my grace all qualities, good and propitious, shall dwell in your bosom.

भगति ग्यान बिग्यान बिरागा। जोग चरित्र रहस्य बिभागा॥
जानब तैं सब ही कर भेदा। मम प्रसाद नहि साधन खेदा॥

भक्ति, ज्ञान, विज्ञान, वैराग्य, योग, मेरी लीलाएँ और उनके रहस्य तथा विभाग[1] – इन सबके भेद को तू मेरी कृपा से ही जान जायगा। तुझे साधन का कष्ट उठाना न पड़ेगा ॥४॥

Faith, knowledge, spiritual wisdom, dispassion, yoga, my exploits as well as their secrets and the several distinctions of devotion, knowledge, etc.—you shall understand the mysteries of all these by my favour and shall need no other means thereto.

दो. – मायासंभव भ्रम सब अब न ब्यापिहहिं तोहि।
जानेसु ब्रह्म अनादि अज अगुन गुनाकर मोहि ॥८५(क)॥

माया से उत्पन्न सब भ्रम अब तुझे नहीं व्यापेंगे। मुझे अनादि, अजन्मा, अगुण (प्रकृति के गुणों से रहित) और (गुणातीत दिव्य) गुणों की खान ब्रह्म जानना। (मैंने तेरे लिए माया की प्रभुता अब रोक दी है। मुझ बालकरूप राम को अनादि ब्रह्म जानना। मेरा जन्म नहीं होता। मैं नित्य निर्गुण होने पर भी गुणों का आकार हूँ – ऐसा मुझे समझना।) ॥८५(क)॥

None of the errors that arise from illusion shall cloud your mind any more. Know me to be the Absolute, without beginning, birthless, devoid of the three modes of material nature and yet a mine of all (transcendent divine) virtues.

मोहि भगत प्रिय संतत अस बिचारि सुनु काग।
काय बचन मन मम पद करेसु अचल अनुराग ॥८५(ख)॥

हे काक! सुन, मुझे भक्त सदा ही प्यारे हैं, ऐसा विचारकर तुम शरीर, वचन और मन से मेरे चरणों में अटल अनुराग करना ॥८५(ख)॥

Listen, crow; my devotees are ever dear to me; realizing this, cherish steadfast devotion to my feet in thought and word and deed.

चौ. – अब सुनु परम बिमल मम बानी। सत्य सुगम निगमादि बखानी॥
निज सिद्धांत सुनावौं तोही। सुनि मन धरु सब तजि भजु मोही॥

अब मेरी सत्य, सुगम, वेदादि-द्वारा वर्णित अत्यन्त निर्मल वाणी सुन। मैं तुझे अपना यह सिद्धान्त सुनाता हूँ। सुनकर मन में इसे धारण कर और सब त्यागकर मेरा ही भजन कर ॥१॥

Now listen to my words, most simple and true and easily intelligible, which have also been echoed by the Vedas and other scriptures. I declare to you my own doctrine; listen to it and imprint it on your mind and abjuring everything else, worship only me.

मम माया संभव संसारा। जीव चराचर बिबिध प्रकारा॥
सब मम प्रिय सब मम उपजाए। सब तें अधिक मनुज मोहि भाए॥

समस्त विश्व मेरी माया से उत्पन्न हुआ है। (इसमें) विविध प्रकार के जड़-चेतन जीव हैं। वे सभी मुझे प्रिय हैं, क्योंकि सभी मेरी ही सृष्टि हैं। (किंतु) मनुष्य मुझे सबसे अधिक प्रिय लगते हैं ॥२॥

The world with all its varieties of life, both moving

---

१. यहाँ भक्ति, ज्ञानादि के भेदों, उपभेदों की ओर संकेत है। भक्ति नवधा प्रकार की कही गई है। इस नवधा में भी एक-एक के अनेक भाग और भेद हैं। वाल्मीकि ने चौदह प्रकार की भक्ति का उल्लेख किया है। नवधा के पश्चात् दशधा प्रेमा और परा भक्तियाँ हैं। इसमें सन्देह नहीं कि भक्त-भक्त की भावना पृथक्-पृथक् देखी जाती है। प्रयोजन तथा अधिकारी भेद से भक्ति के अनेक विभाग हो जाते हैं। ज्ञान भी कई प्रकार का होता है – वस्तुज्ञान, देशज्ञान, कालज्ञान, शास्त्रज्ञान, अनुभवज्ञान, इत्यादि। योग के आठ अंग हैं और अंगों के भी भेद हैं। दे. मा. पी. ७. पृ. ४३०।

and unmoved, is a creation of my illusion. All are dear to me, for all are my creation; but man is the creature I delight in most.

तिन्ह महँ द्विज द्विज महँ श्रुतिधारी। तिन्ह महुँ निगमधर्म अनुसारी॥
तिन्ह महँ प्रिय बिरक्त पुनि ग्यानी। ग्यानिहु तें अति प्रिय बिग्यानी॥

उनमें भी ब्राह्मण, ब्राह्मणों में भी वेदों को (कण्ठ में) धारण करनेवाले, उनमें भी वेदोक्त धर्म का अनुसरण करनेवाले, उनमें भी वैराग्यवान् मुझे प्रिय हैं। विरागियों में फिर ज्ञानी और ज्ञानियों से भी अत्यन्त प्रिय विज्ञानी (तत्त्वज्ञ) हैं ॥३॥

Of men, the Brahmans, and of the Brahmans, those well-versed in the Vedas; of these, those who follow the course of conduct prescribed in the Vedas; of these again, celibates are my favourites, and yet more the wise; of the wise too I love best the spiritually wise,

तिन्ह तें पुनि मोहि प्रिय निज दासा। जेहि गति मोरि न दूसरि आसा॥
पुनि पुनि सत्य कहउँ तोहि पाहीं। मोहि सेवक सम प्रिय कोउ नाहीं॥

परम तत्व के ज्ञानी-विज्ञानियों से भी प्रिय मुझे अपना वह सेवक है, जिसे मेरी ही गति (आश्रय) है, दूसरी कोई आशा नहीं। मैं तुझसे बार-बार सत्य (अपने सिद्धान्त की बात) कहता हूँ कि मुझे अपने सेवक-जैसा प्रिय कोई भी नहीं है ॥४॥

but dearer to me than these is my own servant (devotee), who looks to me for refuge and has no other hope. Again and again I declare to you the doctrine that none is so dear to me as my servant.

भगतिहीन बिरंचि किन होई। सब जीवहु सम प्रिय मोहि सोई॥
भगतिवंत अति नीचउ प्रानी। मोहि प्रानप्रिय असि मम बानी॥

भक्ति-भाव से रहित ब्रह्मा ही क्यों न हो, वह मुझे सब (सांसारिक) जीवों के समान ही प्रिय है। लेकिन भक्ति-भाव से भरा-पूरा अत्यन्त नीच प्राणी भी मुझे प्राणों के समान प्रिय है, ऐसा मेरा कथन है ॥५॥

One without devotion, be he the Creator himself, is no dearer to me than any other creature, but the humblest creature that breathes, if he be possessed of devotion, is dear to me as my own life: such is my doctrine.

दो.—सुचि सुसील सेवक सुमति प्रिय कहु काहि न लाग।
श्रुति पुरान कह नीति असि सावधान सुनु काग॥८६॥

पवित्र, सुशील और सुन्दर बुद्धिवाला सेवक किसे प्यारा नहीं लगता? वेद-कहो, पुराण ऐसी ही नीति की घोषणा करते हैं। हे काक! सावधान होकर सुन ॥८६॥

Tell me, who would not love a faithful, amiable and intelligent servant? That is a principle laid down both in the Vedas and in the Puranas. O crow, now listen attentively.

चौ.—एक पिता के बिपुल कुमारा। होहिं पृथक गुन सील अचारा॥
कोउ पंडित कोउ तापस ग्याता। कोउ धनवंत सूर कोउ दाता॥

एक पिता के बहुत-से पुत्र अलग-अलग गुण, स्वभाव और आचरणवाले होते हैं। कोई विद्वान होता है, कोई तपस्वी, कोई ज्ञानी, कोई धनधान्य से पूर्ण, कोई शूरवीर, कोई दानी ॥१॥

A father has many sons, differing in attainments, disposition and conduct; one is learned, another given to austerities, a third spiritually enlightened, a fourth rich, a fifth possessed of valour, a sixth charitably disposed,

कोउ सर्बग्य धर्मरत कोई। सब पर पितहि प्रीति सम होई॥
कोउ पितुभगत बचन मन कर्मा। सपनेहुँ जान न दूसर धर्मा॥

कोई सर्वज्ञ और कोई धर्मरत (धर्मात्मा) होता है। (पृथक-पृथक गुणवाले पुत्रों के) पिता का प्रेम इन सभी पर एक जैसा होता है। परन्तु इनमें से यदि कोई मन, वचन और कर्म से पिता का ही भक्त होता है, सपने में भी कोई दूसरा धर्म-कर्म नहीं जानता ॥२॥

a seventh all-wise and an eighth intent on piety; but the father loves them all equally. But if there is one devoted to his father in thought and word and deed, and never even dreams of any other duty.

सो सुत प्रिय पितु प्रान समाना। जद्यपि सो सब भाँति अयाना॥
एहि बिधि जीव चराचर जेते। त्रिजग देव नर असुर समेते॥

तो वह पुत्र पिता को प्राणों के समान प्यारा होता है, चाहे वह सब प्रकार से मूर्ख ही क्यों न हो। इसी प्रकार तिर्यक् (पशु-पक्षी), देव, मनुष्य और असुरों सहित जितने भी जड़-चेतन जीव हैं ॥३॥

that son the father loves as his own life, even though he be a perfect ignoramus. In like manner all animate and inanimate beings, including brute beasts, gods, men and demons,—

अखिल बिस्व यह मोर उपाया। सब पर मोहि बराबरि दाया॥
तिन्ह महँ जो परिहरि मद माया। भजइ मोहि बच अरु काया॥

(उनका) यह समस्त संसार मेरी ही रचना है। अतः सब पर मेरी बराबर कृपा है। परन्तु इनमें से जो मद और माया त्यागकर मन, वचन और शरीर से मुझे भजता है, ॥४॥

in short, the entire universe is my creation and I am equally compassionate to all. Of these, however, he who worships me in thought and word and deed, forswearing arrogance and trickery,

दो. –पुरुष नपुंसक नारि वा जीव चराचर कोइ।
सर्बभाव भज कपट तजि मोहि परम प्रिय सोइ ॥८७(क)॥

वह पुरुष हो, नपुंसक हो, स्त्री हो अथवा जड़-चेतन कोई भी प्राणी हो, छल-प्रपंच छोड़कर जो भी सबकुछ मुझे ही मानकर मेरा भजन करता है, वह मुझे अत्यन्त प्यारा है ॥८७ (क)॥

whether man, eunuch or woman, animate creature or inanimate, if with all his heart and soul he worships me, giving up all guile, is most dear of all to me.

सो. –सत्य कहौं खग तोहि सुचि सेवक मम प्रानप्रिय।
अस बिचारि भजु मोहि परिहरि आस भरोस सब ॥८७(ख)॥

हे पक्षी ! मैं तुझे सत्य कहता हूँ, पवित्र (निष्काम) सेवक मुझे प्राणों की तरह प्रिय है। ऐसा विचारकर सब आशा-भरोसा त्यागकर मेरा ही भजन कर ॥८७(ख)॥

O bird, I tell you in all sincerity that a selfless servant is dear to me as my own life. Remember this and worship only me, abandoning all other hope and trust.

चौ. –कबहूँ काल न ब्यापिहि तोही। सुमिरेसु भजेसु निरंतर मोही ॥
प्रभुबचनामृत सुनि न अघाऊँ। तनु पुलकित मन अति हरषाऊँ ॥

तुझे काल कभी नहीं व्यापेगा किन्तु निरन्तर मेरा स्मरण और भजन करते रहना। प्रभु के ऐसे अमृततुल्य वचन सुनकर मैं तृप्त नहीं होता था। मेरा शरीर रोमांचित था और मन में मैं बड़ा आनन्दित हो रहा था ॥१॥

Time shall have no power over you, but meditate on me and worship me without ceasing." I could never have tired of listening to my Lord's ambrosial discourse; my body quivered all over and my soul was enraptured.

सो सुख जानै मनु अरु काना। नहि रसना पहिं जाइ बखाना ॥
प्रभु सोभा सुख जानहिं नयना। कहि किमि सकहिं तिन्हहिं नहिं बयना ॥

उस सुख को तो मन और कान ही जानते हैं। जीभ से उसका वर्णन नहीं किया जा सकता। प्रभु की सुन्दरता का वह सुख आँखें ही जानती हैं। पर वे कह कैसे सकती है ? उन्हें वाणी तो है नहीं ॥२॥

The joy I felt on the occasion was shared only by my mind and my ears; the tongue had no power to tell it. Only the eyes had the blissful experience of beholding the beauty of the Lord; but how could they describe it, devoid of speech as they are ?

बहु बिधि मोहि प्रबोधि सुख देई। लगे करन सिसुकौतुक तेई ॥
सजल नयन कछु मुख करि रूखा। चितै मातु लागी अति भूखा ॥

मुझे अनेक प्रकार से अच्छी तरह समझाकर और सुख देकर प्रभु फिर वही शिशु-कौतुक (बालकों के खेल) करने लगे। नेत्रों में जल भरकर और मुख को कुछ रूखा (-सा) बनाकर उन्होंने माता की ओर देखा (जिससे माता समझ गईं कि उन्हें) बहुत भूख लगी है ॥३॥

After he had thus instructed and comforted me, he began once more to sport like a child. With streaming eyes and looking somewhat cross, he glanced towards his mother (Kausalya) as if he were very hungry.

देखि मातु आतुर उठि धाई। कहि मृदु बचन लिए उर लाई ॥
गोद राखि कराव पयपाना। रघुपतिचरित ललित कर गाना ॥

देखते ही माता अधीर हो उठ दौड़ीं और कोमल वचन कहकर उन्होंने श्रीरामजी को अपने हृदय से लगा लिया। वे गोद में बिठाकर उन्हें दूध पिलाने लगीं और श्रीरघुनाथजी की सुन्दर लीलाओं का गान करने लगीं ॥४॥

Seeing this, the mother started up in a hurry and ran and addressing him in tender words, clasped him to her bosom. Then taking him on her lap, she began to suckle him, singing the while of Raghunatha's charming sports.

सो. –जेहि सुख लागि पुरारि असुभ बेष कृत सिव सुखद।
अवधपुरी नर नारि तेहि सुख महु संतत मगन ॥८८(क)॥

जिस सुख के लिये (सबके) सुखदाता मंगलरूप त्रिपुरारि शिवजी ने अशुभ वेष धारण किया, उसी सुख में अयोध्या के स्त्री-पुरुष सदैव मग्न रहते हैं ॥८८(क)॥

The men and women of the city of Ayodhya remained ever absorbed in that (transcendental) bliss, to attain which Tripurari, the blessed delighter of all, assumes his unsightly garb.

सोई सुखलवलेस जिन्ह बारक सपनेहु लहेउ।
ते नहिं गनहिं खगेस ब्रह्मसुखहि सज्जन सुमति ॥८८(ख)॥

जिन्होंने एक बार स्वप्न में भी उस सुख का लवलेशमात्र पा लिया, हे पक्षिराज ! वे सुन्दर मतिवाले सज्जन उसके सामने ब्रह्मसुख की भी कुछ परवाह नहीं करते ॥८८(ख)॥

The wise and virtuous who have once realized even in a dream the least atom of that bliss, think nothing, O king of birds, of the bliss of the infinite Absolute.[1]

चौ. –मैं पुनि अवध रहेउँ कछु काला। देखेउँ बालबिनोद रसाला ॥
रामप्रसाद भगति बर पायेउँ। प्रभुपद बंदि निजाश्रम आयेउँ ॥

1. *Brahmasukha* or supreme transcendental joy.

मैं और कुछ समय तक अयोध्या में रहा और वहाँ मैंने श्रीरामजी की (अनेक) रसपूर्ण बाललीलाएँ देखीं। श्रीरामजी की अनुकम्पा से मैंने भक्ति का (अनमोल) वरदान पाया और तदनन्तर प्रभु के चरणों की वन्दनाकर मैं अपने आश्रम को लौट आया ॥१॥

After that I stayed for some time at Ayodhya and watched Rama's delightful boyish amusements. Having by Rama's grace obtained the boon of faith, I did homage to my Lord's feet and returned to my own retreat.

तब तें मोहि न ब्यापी माया। जब तें रघुनायक अपनाया ॥
यह सब गुप्त चरित मैं गावा। हरिमाया जिमि मोहे नचावा ॥

जबसे श्रीरघुनाथजी ने मुझे अपनाया, तबसे मुझे (उनकी) माया कभी नहीं व्यापी। जिस प्रकार श्रीहरि की माया ने मुझे नचाया, उस सारे गुप्त चरित्र का मैंने गान किया (गाकर वर्णन किया) ॥२॥

Ever since Raghunatha accepted me as his own, no delusion has ever affected me. I have told you at length the whole mysterious story of how Hari's delusive power made a puppet of me.

निज अनुभव अब कहौं खगेसा। बिनु हरिभजन न जाहिं कलेसा ॥
रामकृपा बिनु सुनु खगराई। जानि न जाइ रामप्रभुताई ॥

हे पक्षिराज ! अब मैं अपना निजी अनुभव कहता हूँ। (वह यह है कि) हरि-भजन के बिना क्लेश दूर नहीं होते। हे पक्षिराज ! सुनिये, श्रीरामजी की अनुकम्पा के बिना श्रीरामजी की प्रभुता का ज्ञान नहीं हो सकता ॥३॥

Now I relate to you, O king of birds, my own experience. Unless one worships Hari, one's troubles will not end. Listen, Garuda; without Rama's grace, there is no understanding his almighty power.

जाने बिनु न होइ परतीती। बिनु परतीति होइ नहिं प्रीती ॥
प्रीति बिना नहिं भगति दृढ़ाई। जिमि खगपति जल कै चिकनाई ॥

उनकी प्रभुता का ज्ञान हुए बिना उनपर विश्वास नहीं जमता, विश्वास के अभाव में प्रेम नहीं होता और प्रेम बिना भक्ति वैसे ही पक्की (अटल) नहीं होती जैसे हे पक्षिराज ! जल की चिकनाई पक्की नहीं होती (ठहरती नहीं) ॥४॥

Without such understanding there can be no confidence, and without confidence there can be no love; shorn of love, devotion will not abide, O king of birds, any more than the lubricity produced by water.

सो.–बिनु गुर होइ कि ग्यान ग्यान कि होइ बिराग बिनु।
गावहिं बेद पुरान सुख कि लहिअ हरिभगति बिनु ॥८९(क)॥

क्या गुरु के बिना ज्ञान हो सकता है ? वैराग्य के बिना कहीं ज्ञान संभव है ? वेद और पुराण कहते हैं कि हरि की भक्ति के बिना क्या सुख की प्राप्ति हो सकती है ? ॥८९(क)॥

Is spiritual illumination possible without a *guru* ? Is it possible to acquire wisdom without detachment ? Can happiness be won without faith in Hari ?—so declare the Vedas and the Puranas.

कोउ बिश्राम कि पाव तात सहज संतोष बिनु।
चलै कि जल बिनु नाव कोटि जतन पचि पचि मरिअ ॥८९(ख)॥

हे तात ! सहज-स्वाभाविक सन्तोष के बिना क्या कोई विश्राम (शान्ति) पा सकता है ? (चाहे) करोड़ों यत्न करके पच-पच मरिये, (फिर भी) क्या कभी जल के अभाव में नाव चल सकती है ? ॥८९(ख)॥

Again, my friend, can one win peace without innate content ? Can a boat ever float without water, though you strain every nerve, enough to kill yourself ?

चौ.–बिनु संतोष न काम नसाहीं। काम अछत सुख सपनेहु नाहीं ॥
रामभजन बिनु मिटहिं कि कामा। थलबिहीन तरु कबहुँ कि जामा ॥

सन्तोष न हुआ तो कामना का (काम-वासनाओं का) नाश नहीं होता और कामनाओं के रहते सपने में भी सुख नहीं हो सकता। और श्रीराम के भजन बिना कामनाओं का कहीं नाश हो सकता है ? बिना धरती के भी कहीं पेड़ जम सकता है ? ॥१॥

Without contentment there is no cessation of desire; and so long as desire continues, one can never dream of happiness. Can desire be overcome without worshipping Rama ? Can a tree ever take root without soil ?

बिनु बिग्यान कि समता आवै। कोउ अवकास कि नभ बिनु पावै ॥
श्रद्धा बिना धर्म नहि होई। बिनु महि गंध कि पावै कोई ॥

क्या विज्ञान (तत्त्वज्ञान) के बिना समभाव का आना सम्भव है ? आकाश के बिना क्या कोई अवकाश (पोल) पा सकता है ? (निश्चय ही) श्रद्धा के बिना धर्माचरण नहीं होता। क्या पृथ्वीतत्त्व के बिना किसी ने गन्ध पायी है ? ॥२॥

Can even-mindedness be attained without spiritual enlightenment ? Can anyone find space without ether ? There can be no piety without faith. Can anyone experience odour without the element of earth ?

बिनु तप तेज कि कर बिस्तारा। जल बिनु रस कि होइ संसारा ॥
सील कि मिल बिनु बुधसेवकाई। जिमि बिनु तेज न रूप गोसाँई ॥

तपस्या के बिना क्या तेज अपना विस्तार कर सकता है ? जलतत्त्व के बिना

संसार में क्या रस सम्भव है ? ज्ञानियों की सेवा किये बिना क्या शील की उपलब्धि हो सकती है ? हे गोसाईं ! जैसे बिना तेज (अग्नि-तत्त्व) के रूप नहीं मिलता ॥३॥

Can fame spread without austere penance ? Can there be any taste in the world without the element of water ? Can virtue be acquired without waiting upon the wise, my lord, any more than form can exist without the element of fire ?

निज सुख बिनु मन होइ कि थीरा । परस कि होइ बिहीन समीरा ॥
कवनिउ सिद्धि कि बिनु बिस्वासा । बिनु हरिभजन न भव भय नासा ॥

क्या आत्मानन्द के अभाव में मन स्थिर हो सकता है ? वायु-तत्त्व के बिना क्या स्पर्श सम्भव है ? क्या विश्वास के बिना कोई भी, किसी प्रकार की भी सिद्धि हो सकती है ? इसी तरह हरिभजन बिना जन्म-मृत्यु के भय का भी विनाश नहीं होता ॥४॥

Can the mind be at rest without experiencing the joy inherent in one's own self ?[1] Can there be any sensation of touch without the element of air,[2] and any perfection without trust ? In like manner the dread of rebirth can never cease without worship of Hari.

दो. –बिनु बिस्वास भगति नहिं तेहि बिनु द्रवहिं न रामु ।
रामकृपा बिनु सपनेहु जीव न लह बिश्रामु ॥९०(क)॥

विश्वास के बिना भक्ति नहीं होती, बिना भक्ति के श्रीरामजी द्रवते (पिघलते) नहीं और श्रीरामजी की कृपा के बिना जीव सपने में भी शान्ति नहीं पाता ॥९०(क)॥

Without trust there can be no devotion, and without devotion Rama's heart melts not; without the grace of Rama no creature can dream of peace.

सो. –अस बिचारि मतिधीर तजि कुतर्क संसय सकल ।
भजहु राम रघुबीर करुनाकर सुंदर सुखद ॥९०(ख)॥

हे धीरमति ! (मन में) ऐसा विचारकर सभी कुतर्कों और शंकाओं को त्यागकर करुणा की खान सुन्दर-सुखद श्रीरघुवीर का भजन कीजिए ॥९०(ख)॥

Pondering thus, O Garuda of resolute mind, abandon all cavilling and scepticism, and worship the all-beautiful Rama, the hero of the house of Raghu, the fountain of mercy, the delight of all.

चौ. –निज मति सरिस नाथ मैं गाई । प्रभु प्रताप महिमा खगराई ॥
कहेउँ न कछु करि जुगुति बिसेषी । यह सब मैं निज नयनन्हि देखी ॥

1. *i.e.*, without inward peace.
2. "The five elements, ether, earth, water, light and air and their several properties are here enumerated."

हे नाथ ! हे पक्षिराज ! अपनी बुद्धि के अनुसार मैंने प्रभु के प्रताप और महिमा का गान किया । मैंने इसमें कोई बात युक्ति से बढ़ाकर (मनगढ़ंत) नहीं कही, यह सब अपनी आँखों देखी (सच-सच) कही है ॥१॥

Thus, O lord and king of birds, have I sung according to my ability the greatness of the Lord's glory; nor have I anywhere had recourse to any inventive skill, for I have seen it all with my own eyes.

महिमा नाम रूप गुन गाथा । सकल अमित अनंत रघुनाथा ॥
निज निज मति मुनि हरिगुन गावहिं । निगम सेष सिव पार न पावहिं ॥

श्रीरघुनाथजी की महिमा, नाम, रूप और गुणों की गाथाएँ सब-की-सब अपार एवं अनन्त हैं तथा श्रीरघुनाथजी स्वयं भी निस्सीम हैं । मुनिगण अपनी-अपनी बुद्धि के अनुसार (यथार्मात) श्रीहरि के गुणों का गान करते हैं । वेद, शेष और शिवजी भी उनका पार (थाह) नहीं पाते ॥२॥

Raghunatha's greatness, his name, his beauty and the song of his perfections, are all boundless and infinite, for Raghunatha himself is infinite. Sages hymn Hari's virtues, each according to his wits; but neither the Vedas nor Shesha (the serpent god) nor the blessed Shiva can reach their end.

तुम्हहि आदि खग मसक प्रजंता । नभ उड़ाहिं नहि पावहिं अंता ॥
तिमि रघुपतिमहिमा अवगाहा । तात कबहुँ कोउ पाव कि थाहा ॥

आपसे लेकर मच्छर तक जितने भी (छोटे-बड़े) जीव आसमान में उड़ते तो हैं, परन्तु वे आसमान का अन्त (ओर छोर) नहीं पाते । इसी प्रकार हे तात ! श्रीरघुनाथजी की महिमा भी अथाह है । क्या कभी कोई उसकी थाह पा सकता है ? ॥३॥

All winged creatures, from yourself to a mosquito, take their flight across the sky but never reach its limit. Even so, my friend, can anyone over gauge the extent of Rama's greatness, unfathomable as it is ?

रामु काम सत कोटि सुभगतन । दुर्गा कोटि अमित अरिमर्दन ॥
सक्र कोटि सत सरिस बिलासा । नभ सत कोटि अमित अवकासा ॥

श्रीरामजी सौ करोड़ कामदेवों के समान सुन्दर शरीरवाले हैं । वे अनन्त कोटि दुर्गाओं के समान शत्रुओं का नाश करनेवाले हैं । अरबों इन्द्रो के समान उनका भोग-विलास है । अरबों आकाशों के समान वे अनन्त अवकाश (विस्तार) वाले हैं ॥४॥

Rama is beautiful of body as a myriad Loves; inexorable in crushing his foes as countless myriads of Durgas; luxurious as a myriad Indras; immeasurable in expanse as a myriad firmaments.

दो. –मरुत कोटि सत बिपुल बल रबि सत कोटि प्रकास ।
ससि सत कोटि सुसीतल समन सकल भवत्रास ॥९१(क)॥

सौ करोड़ पवन के समान उनमें विपुल बल है और सौ करोड़ सूर्यों के समान प्रकाश । सौ करोड़ चन्द्रमाओं के समान वे अत्यधिक शीतल और संसार के समस्त भयों का शमन (नाश) करनेवाले हैं ॥९१(क)॥

He has the might of a myriad winds and the brilliance of a myriad suns; he is as cooling as a myriad moons and allays all the terrors of mundane existence;

काल कोटि सत सरिस अति दुस्तर दुर्ग दुरंत ।
धूमकेतु सत कोटि सम दुराधरष भगवंत ॥९१(ख)॥

सौ करोड़ कालों के समान वे अत्यन्त दुस्तर, दुर्गम और अन्तहीन हैं । वे भगवान् सौ करोड़ धूमकेतुओं (पुच्छल तारों) के समान अत्यन्त प्रबल हैं ॥९१(ख)॥

as irresistible, unapproachable and endless as a myriad Deaths; as irrepressible as the fire of a myriad comets, our very God.

चौ. –प्रभु अगाध सतकोटि पताला । समन कोटि सत सरिस कराला ॥
तीरथ अमित कोटि सम पावन । नाम अखिल अघपूग नसावन ॥

सौ करोड़ पातालों के समान प्रभु अथाह हैं, सौ करोड़ यमराजों के समान भयंकर हैं और अनन्त कोटि तीर्थों के समान वे पवित्र करनेवाले हैं । उनका नाम सम्पूर्ण पापसमूहों का नाशक है ॥१॥

The Lord is as unfathomable as a myriad nether worlds; as dreadful as a myriad gods of death; as sanctifying as countless myriads of holy places; his very name obliterates all traces of accumulated sin.

हिम गिरि कोटि अचल रघुबीरा । सिंधु कोटि सत सम गंभीरा ॥
कामधेनु सत कोटि समाना । सकल काम दायक भगवाना ॥

श्री रघुवीर करोड़ों हिमालयों के समान अचल (स्थिर) हैं और अरबों समुद्रों के सदृश गम्भीर (गहरे) हैं । भगवान् अरबों कामधेनुओं की तरह सब कामनाओं के दाता (पूर्ति करनेवाले) हैं ॥२॥

Raghubira is as immovable as a myriad Himalayas and as deep as a myriad oceans. The Blessed Lord is as liberal in bestowing all cherished objects as a myriad cows of plenty.

सारद कोटि अमित चतुराई । बिधि सत कोटि सृष्टिनिपुनाई ॥
बिष्नु कोटि सम पालनकर्ता । रुद्र कोटि सत सम संहर्ता ॥

उनमें अनन्त कोटि सरस्वतियों के समान (अपरिमित) चतुरता और अरबों ब्रह्माओं जैसी सृष्टिरचना की निपुणता है । वे करोड़ों विष्णुओं के समान पालनकर्ता और अरबों रुद्रों के समान संहारकर्ता हैं ॥३॥

He is as illimitably eloquent as countless myriads of Sarasvatis and possesses the creative skill of a myriad Brahmas; he is as good a preserver as a myriad Vishnus and as thorough a destroyer as a myriad Rudras.

धनद कोटि सत सम धनवाना । माया कोटि प्रपंचनिधाना ॥
भारधरन सत कोटि अहीसा । निरवधि निरुपम प्रभु जगदीसा ॥

वे सौ करोड़ कुबेरों के समान धनवान् और करोड़ों मायाओं के समान सृष्टि के खजाने (अथवा, आधार-स्थान) हैं । बोझ उठाने में वे सौ करोड़ शेषों के समान हैं । (कहाँ तक कहा जाय) जगदीश्वर प्रभु श्रीरामजी सीमारहित और उपमारहित हैं ॥४॥

He is as wealthy as a myriad Kuberas and as capable of bringing forth material universes as a myriad Mayas. He is as good a supporter (of the universes) as a myriad Serpent Kings. The Lord Rama, the sovereign of the world, is infinite and incomparable.

छं. –निरुपम न उपमा आन राम समान रामु निगम कहे ।
जिमि कोटि सत खद्योत सम रबि कहत अति लघुता लहे ॥
एहि भाँति निज निज मति बिलास मुनीस हरिहि बखानहीं ।
प्रभु भावगाहक अति कृपाल सप्रेम सुनि सुख मानहीं ॥

वेद कहते हैं कि श्रीरामजी उपमारहित हैं, उनकी अन्य कोई उपमा है ही नहीं । श्रीराम के समान स्वयं श्रीराम ही हैं । जैसे सौ करोड़ जुगनुओं के समान कहने से सूर्य (प्रशंसा की जगह) अत्यन्त लघुता को ही प्राप्त होता है, उसी प्रकार अपनी-अपनी बुद्धि के विकास के अनुसार मुनीश्वर श्रीहरि का वर्णन करते हैं, किन्तु प्रभु 'भावग्राहक' हैं, वे भक्तों के भावमात्र को ग्रहण करनेवाले और अत्यन्त दयालु हैं । वे उस वर्णन को प्रेमपूर्वक सुनकर सुख मानते हैं ।

Incomparable as he is, he has no equal; Rama alone is Rama's peer, so declare the Vedas. It would be a slight to the sun if one should compare it to a myriad fireflies; but even so do the great sages describe Hari, each according to the play of his own wit, and the Lord of his great clemency hears it with affection and feels delighted (however inadequate the description may be); for he appreciates the loving intent of his devotees.

दो. –रामु अमित गुनसागर थाह कि पावै कोइ ।
संतन्ह सन जस किछु सुनेउँ तुम्हहि सुनायेउँ सोइ ॥९२(क)॥

श्रीरामजी असंख्य गुणों के सागर हैं, क्या उनकी कोई थाह पा सकता है ? मैंने संतों से जैसा कुछ सुना था, वही आपको सुना दिया ॥९२(क)॥

Rama is an ocean of countless perfections; can anyone sound his depth ? I have only repeated to you the little I have myself heard from the saints.

सो. –भावबस्य भगवान सुखनिधान करुनाभवन ।
तजि ममता मद मान भजिअ सदा सीतारवन ॥९२(ख)॥

सुखों के भंडार, करुणा के स्थान भगवान् भाव (प्रेम) के वश हैं, (इसलिए) ममता, मद और मान को त्यागकर सदा श्रीजानकीनाथ (श्रीरामजी) का ही भजन करना चाहिए ॥९२(ख)॥

The Blessed Lord, fountain of bliss and abode of compassion, is won only by sincere devotion. Abjure then all worldly attachment, vanity and pride, and ever worship Janaki's spouse, Rama !'

चौ. –सुनि भुसुंडि के बचन सुहाए । हरषित खगपति पंख फुलाए ॥
नयन नीर मन अति हरषाना । श्रीरघुपतिप्रताप उर आना ॥

भुशुण्डिजी के सुन्दर-सुहावने वचन सुनकर पक्षिराज ने प्रसन्न होकर अपने पंख फुला लिये । उनकी आँखों में प्रेमाश्रु भर आए और मन अत्यन्त हर्षित हो उठा । उन्होंने श्रीरघुनाथजी का प्रताप अपने हृदय में धारण किया ॥१॥

On hearing Bhushundi's delightful discourse, the king of birds was overjoyed and preened his feathers. Tears rushed to his eyes and his soul was flooded with joy as he laid upon his heart the majesty of Raghunatha.

पाछिल मोह समुझि पछिताना । ब्रह्म अनादि मनुज करि माना ॥
पुनि पुनि कागचरन सिरु नावा । जानि राम सम प्रेम बढ़ावा ॥

अपने पिछले मोह को याद कर वे (गरुड़जी) पछताने लगे कि अनादि ब्रह्म को मैंने मनुष्य समझ रखा था । उन्होंने बार-बार काकभुशुण्डिजी के चरणों में सिर नवाया और उनको श्रीरामजी के समान जानकर उनसे प्रेम बढ़ाया ॥२॥

When he recalled his earlier delusion, he was filled with remorse at the thought that he had taken the eternal Absolute for a mere man. Again and again he bowed his head before the crow's feet and felt for him an ever greater love, as though he were a second Rama.

गुर बिनु भवनिधि तरै न कोई । जौं बिरंचि संकर सम होई ॥
संसय सर्प ग्रसेउ मोहि ताता । दुखद लहरि कुतर्क बहु ब्राता ॥

गुरु (की कृपा) के बिना कोई भवसागर पार नहीं होता, चाहे वह ब्रह्मा और शंकर के समान (समर्थ) ही क्यों न हो । (गरुड़जी ने कहा –) हे तात ! संशयरूपी सर्प ने मुझे डस लिया था और (जैसे विष चढ़ने से लहरें आती हैं वैसे ही) बहुत-सी कुतर्करूपी दुःखद लहरें उठ रही थीं ॥३॥

No one can cross the ocean of existence without a spiritual guide, though he be the equal of Brahma (the Creator) or Shankara. 'Father,' he said, 'I was bitten by the serpent of doubt; (as an effect of this snake-bite) I had several painful fits of wordy scepticism;

तव सरूप गारुड़ि रघुनायक । मोहि जिआएउ जन सुखदायक ॥
तव प्रसाद मम मोह नसाना । रामरहस्य अनूपम जाना ॥

आपके स्वरूपरूपी गारुड़ी[१] के द्वारा[२] भक्तों को सुख देनेवाले श्रीरघुनाथजी ने मुझे जिला लिया । आपकी कृपा से मेरा अज्ञान नष्ट हो गया और मुझे अनुपम राम-रहस्य का ज्ञान हुआ ॥४॥

but Raghunatha, the delight of his devotees, has revived me by sending me to a charmer in your person. By your favour my delusion has ceased and I have learnt the matchless mystery of Rama.'

दो. –ताहि प्रसंसि बिबिध बिधि सीस नाइ कर जोरि ।
बचन बिनीत सप्रेम मृदु बोलेउ गरुड़ बहोरि ॥९३(क)॥

भुशुण्डिजी की तरह-तरह से प्रशंसा करके, सिर झुकाकर और हाथ जोड़कर फिर गरुड़जी प्रेमपूर्वक विनीत एवं कोमल वचन बोले – ॥९३(क)॥

After eulogizing Kakabhushundi in every possible way and bowing his head before him with folded hands, Garuda once more addressed him in gentle words full of affection and modesty.

प्रभु अपने अबिबेक तें बूझौं स्वामी तोहि ।
कृपासिंधु सादर कहहु जानि दास निज मोहि ॥९३(ख)॥

हे प्रभो ! हे स्वामी ! मैं अपने अज्ञान के कारण आपसे पूछता हूँ । हे दयासागर ! मुझे 'निज दास' जानकर आदरपूर्वक (विचारपूर्वक) (मेरे प्रश्न का उत्तर) कहिये ।

'In my ignorance, O my lord and master, I would put a question to you; graciously be pleased, O ocean of compassion, to answer it, regarding me as your own servant.

चौ. –तुम्ह सर्बग्य तग्य तमपारा । सुमति सुसील सरल आचारा ॥
ग्यान बिरति बिग्यान निवासा । रघुनायक के तुम्ह प्रिय दासा ॥

आप सर्वज्ञ (तीनों कालों के सब पदार्थों के ज्ञाता), ब्रह्मतत्त्व को जाननेवाले, (अविद्यादि) माया-अंधकार से परे, उत्तम बुद्धि से युक्त, सुशील, सरल आचरणवाले, ज्ञान, वैराग्य और विज्ञान के धाम तथा श्रीरघुनाथजी के प्रिय दास हैं ॥१॥

You are omniscient and know the essence of things;[1] you are beyond the darkness of delusion,

---

१. गारुड़ = सर्प के विष को उतारने का मंत्र जिसके देवता गरुड़ हैं । गारुड़ मंत्र से झाड़नेवाले को गारुड़ी कहते हैं ।

२. अथवा, आपके स्वरूपरूपी गारुड़ मंत्र से ।

1. *Tagya* or *tattvavit* is one who knows the essential truth; sage or Brahmagyani.

intelligent, amiable, upright in your dealings and a storehouse of wisdom, dispassion and spiritual intuition. Above all, you are a beloved servant of Raghunatha.

कारन कवन देह यह पाई । तात सकल मोहि कहहु बुझाई ॥
रामचरितसर सुंदर स्वामी । पायेहु कहाँ कहहु नभगामी ॥

आपने किस कारण यह काकशरीर पाया ? हे तात ! मुझे सब समझाकर कहिये । हे स्वामी ! हे आकाशगामी (भुशुण्डिजी) ! आपने यह सुन्दर रामचरितमानस कहाँ पाया, सो कहिये ॥२॥

Yet wherefore did you get this form (of a crow) ? Explain all this to me in full, my father, and tell me, too, my winged master, where you learnt this excellent history of Rama's deeds.

नाथ सुना मैं अस सिव पाहीं । महाप्रलयेहुँ नास तव नाहीं ॥
मुधा बचन नहि ईस्वर कहई । सोउ मोरे मन संसय अहई ॥

हे नाथ ! शिवजी से मैंने ऐसा सुना है कि महाप्रलय मे भी आपका नाश नहीं होता और ईश्वर (शिवजी) कभी झूठी बात नहीं कहते । (अतः) यह सन्देह भी मेरे मन में है ॥३॥

Further, my Lord, I have heard from Shiva that not even at the Great Dissolution do you perish (when Brahma himself retires into the Lord's body after completing the 100 years of his existence). The divine Lord Shiva would never utter an idle word, and therefore this doubt arises in my mind.

अग जग जीव नाग नर देवा । नाथ सकल जगु कालकलेवा ॥
अंडकटाह अमित लयकारी । कालु सदा दुरतिक्रम भारी ॥

हे नाथ ! नाग, मनुष्य, देवता आदि स्थावर और जंगम सभी जीव एवं सारा जगत् ही काल का कलेवा है । असंख्य ब्रह्माण्डों का लय करनेवाला काल सदा ही अत्यन्त अनिवार्य है ॥४॥

The whole universe, lord, with all its animate and inanimate beings, including serpents, men and gods, is but a morsel for Death to devour. Death, which swallows up countless universes, is ever mighty and irresistible.

सो. –तुम्हहि न ब्यापत काल अति कराल कारन कवन ।
मोहि सो कहहु कृपाल ज्ञानप्रभाव कि जोगबल ॥९४(क)॥

वह अत्यन्त विकराल काल आपको नहीं व्यापता (आपको प्रभावित नहीं करता) – इसका क्या कारण है ? हे कृपालु ! मुझे कहिये, यह ज्ञान का प्रभाव है कि योगबल ? ॥९४(क)॥

Then how is it that the most formidable Death has no power over you ? Be pleased to inform me, my gracious lord, whether it be the effect of spiritual insight, or the virtue of your ascetic contemplation.

दो. –प्रभु तव आश्रम आएँ मोर मोह भ्रम भाग ।
कारन कवन सो नाथ सब कहहु सहित अनुराग ॥९४(ख)॥

हे प्रभो ! आपके आश्रम में आते ही मेरे मोह और भ्रम दूर हो गए ! इसका क्या कारण है ? हे नाथ ! यह सब प्रेमपूर्वक कहिये ॥९४(ख)॥

O lord, my infatuation and delusion disappeared as soon as I entered your hermitage. How could all this happen ? Be pleased, my lord, to explain it all.'

चौ. –गरुड़गिरा सुनि हरषेउ कागा । बोलेउ उमा परम अनुरागा ॥
धन्य धन्य तव मति उरगारी । प्रस्न तुम्हारि मोहि अति प्यारी ॥

हे उमा ! गरुड़जी की वाणी सुनकर काकभुशुण्डिजी प्रसन्न हुए और अत्यन्त अनुरागपूर्वक बोले – हे उरगारि (सर्पों के शत्रु) ! आपकी बुद्धि धन्य है, धन्य है ! आपके प्रश्न मुझे बड़े ही प्यारे लगे ॥१॥

The crow (Kakabhushundi) rejoiced to hear Garuda's petition, Uma, and replied with the utmost affection: 'Blessed, blessed indeed is your intellect, Garuda ! Your questions are most agreeable to me.

सुनि तव प्रस्न सप्रेम सुहाई । बहुत जनम कै सुधि मोहि आई ॥
सब निज कथा कहौं मैं गाई । तात सुनहु सादर मन लाई ॥

आपके प्रेमभरे सुहावने प्रश्न को सुनकर मुझे अपने बहुत जन्मों का स्मरण हो आया । मैं अपनी सब कथा विस्तारपूर्वक कहता हूँ । हे तात ! आदर के साथ मन लगाकर सुनिये ॥२॥

On hearing your loving and sensible questions, I recalled a great many of my former lives. Listen, my son, with full and reverent attention while I tell you the whole of my story.

जप तप मख सम दम ब्रत दाना । बिरति बिबेक जोग बिग्याना ॥
सब कर फल रघुपतिपद प्रेमा । तेहि बिनु कोउ न पावै छेमा ॥

अनेक जप, तप, यज्ञ, शम[1], दम[2], व्रत, दान, वैराग्य, विवेक, योग, विज्ञान[3] आदि सबका फल श्रीरघुनाथजी के चरणों में अनुराग है । इसके बिना कोई मंगल (सुरक्षा, मुक्ति) नहीं पा सकता ॥३॥

Prayer, austere penance, sacrifice, subjugation of

१. अंतःकरण और मन का संयम, मानसिक स्थिरता ।

२. बह्य वृत्तियों का निग्रह, बाह्येन्द्रियों को उनके विषयों से निवृत्त करना या कुकर्मों से मन को हटाना ।

३. तत्त्वज्ञान ।

the mind and the senses, undertaking sacred vows, charity, dispassion, discernment, austerity and mystic intuition—the fruit of all these is devotion to Raghunatha's feet, without which no one can enjoy lasting peace.

एहि तन रामभगति मैं पाई। ता तें मोहि ममता अधिकाई॥
जेहि तें कछु निज स्वारथ होई। तेहि पर ममता कर सब कोई॥

मैंने इसी (काक) शरीर से श्रीरामजी की भक्ति पायी है। इसीसे इस पर मुझे बहुत मोह है। जिससे अपना कुछ स्वार्थ होता है, उससे सभी कोई ममता (स्नेह) रखते हैं॥४॥

It was in this form that I was blessed with devotion to Rama, and that is why I have a special liking for it. Everyone loves that by means of which he gains his private end.

सो.—पन्नगारि असि नीति श्रुतिसंमत सज्जन कहहिं।
अति नीचहु सन प्रीति करिअ जानि निज परम हित॥९५(क)॥

हे गरुड़जी! ऐसी वेदसम्मत नीति है और सज्जन भी कहते हैं कि अपना परम कल्याण होता हुआ जानकर अत्यन्त नीचे से भी प्रेम करना चाहिए॥९५(क)॥

This is a sound maxim, O Garuda, approved by the Vedas and declared by holy men, that love should be shown even to the meanest, if you think it is doing you a great good.

पाट कीट तें होइ तेहि तें पाटंबर रुचिर।
कृमि पालै सबु कोइ परम अपावन प्रान सम॥९५(ख)॥

रेशम कीड़े से निकलता है और उससे सुन्दर रेशमी कपड़े बनाए जाते हैं। इसीसे उस अत्यन्त अपवित्र (रेशम के) कीड़े को भी सब लोग प्राणों के समान पालते हैं॥९५(ख)॥

Silk, for instance, comes from a worm, but of it are beautiful silken garments made; therefore, utterly vile as the worm is, everyone tends it as he would tend his own life.

चौ.—स्वारथ साच जीव कहुँ एहा। मन क्रम बचन रामपद नेहा॥
सोइ पावन सोइ सुभग सरीरा। जो तनु पाइ भजिअ रघुबीरा॥

जीव के लिए सच्चा स्वार्थ तो यही है कि मन, वचन और कर्म से उसे श्रीरामजी के चरणों में स्नेह हो। जिस शरीर को पाकर श्रीरघुवीर का भजन किया जाय वही शुद्ध और सुन्दर है॥१॥

The real self-interest of every living creature lies in cultivating devotion to the feet of Rama in thought and word and deed. That body is the holiest, that the comeliest, in which one is able to worship Raghubira.

रामबिमुख लहि बिधि सम देही। कबि कोबिद न प्रसंसहिं तेही॥
रामभगति एहि तन उर जामी। ता तें मोहि परम प्रिय स्वामी॥

यदि श्रीरामजी से विमुख व्यक्ति को ब्रह्माजी के समान शरीर मिल जाय तो भी कवि और पण्डित उसकी प्रशंसा नहीं करते। इसी शरीर से मेरे हृदय में रामभक्ति ने जन्म लिया। इसीसे हे स्वामी! यह मुझे अत्यन्त प्रिय है॥२॥

If a man be hostile to Rama, though he acquire a body as exalted as that of Brahma, no poet or scholar will praise him. Devotion to Rama first took root in my heart in this bodily form, and on that account, my master, I hold it supremely dear.

तजौं न तनु निज इच्छा मरना। तन बिनु बेद भजनु नहि बरना॥
प्रथम मोह मोहि बहुत बिगोवा। रामबिमुख सुख कबहुँ न सोवा॥

यद्यपि मेरी मृत्यु मेरी अपनी इच्छा पर है, फिर भी यह शरीर मैं नहीं छोड़ता, क्योंकि वेदों ने वर्णन किया है कि शरीर के बिना भजन नहीं होता। पहले मोह ने मेरी बड़ी दुर्दशा की (मुझे बहुत भटकाया) श्रीरामजी से विमुख होने के कारण मैं कभी सुख से नहीं सोया॥३॥

Though my death depends on my own will, yet I refuse to quit this body, for, as the Vedas say, adoration of the Lord is not possible without a corporeal frame. In former days infatuation led me greatly astray; so long as I resisted Rama I never had a restful sleep.

नाना जन्म कर्म पुनि नाना। किए जोग जप तप मख दाना॥
कवन जोनि जनमेउँ जहँ नाहीं। मैं खगेस भ्रमि भ्रमि जग माहीं॥

अनेक जन्म लेकर मैंने अनेक प्रकार के योग, जप, तप, यज्ञ और दान आदि कर्म किये। हे खगराज गरुड़जी! संसार में ऐसी कौन-सी योनि है, जिसमें मैंने घूम-फिरकर (बार-बार) जन्म न लिया हो॥४॥

Throughout my various births I practised different courses of action, essaying austerity, prayer, penance, sacrifice and charity; what womb is there in the world, O king of birds, in which I was not born during my round of births?

देखेउँ करि सब करन गोसाईं। सुखी न भएउँ अबहि की नाईं॥
सुधि मोहि नाथ जन्म बहु केरी। सिवप्रसाद मति मोह न घेरी॥

हे गोसाईं! मैंने सब कर्म करके देख लिये, पर अब (इस जन्म) की तरह मैं कभी सुखी नहीं हुआ। हे नाथ! मुझे बहुत-से जन्मों की सुधि बनी है, (क्योंकि) शिवजी की कृपा से मोह ने कभी मेरी बुद्धि को नहीं घेरा॥५॥

I have had experience of all kinds of pursuits, my lord, but was never so happy as I am now. I still recollect many of my former lives, my lord, for by Shiva's grace infatuation never clouded my understanding.

दो. –प्रथम जन्म के चरित अब कहौं सुनहु बिहगेस ।
सुनि प्रभुपद रति उपजै जा तें मिटहिं कलेस ॥९६(क)॥

हे पक्षिराज ! सुनिये, अब मैं अपने पहले जन्म के चरित्र कहता हूँ । उन्हें सुनकर प्रभु के चरणों में रति (प्रीति) उत्पन्न होती है, जिससे (सभी सांसारिक) क्लेश मिट जाते हैं ॥९६(क)॥

Listen, O king of birds, while I now tell you the story of my very first birth (within my memory), hearing which will give rise to love for the Lord's feet, which is the remedy for all afflictions.

पुरुब कल्प एक प्रभु जुग कलिजुग मलमूल ।
नर अरु नारि अधर्मरत सकल निगमप्रतिकूल ॥९६(ख)॥

हे प्रभो ! पूर्व के एक कल्प में पापों का मूल युग कलियुग हुआ, जिसमें स्त्री-पुरुष सभी अधर्मों में लीन और वेदों के विरुद्ध (आचरण करनेवाले) थे ॥९६(ख)॥

In a former aeon, my lord, there was an age, the Kaliyuga, the hotbed of sin, in which men and women were all steeped in unrighteousness and acted contrary to Vedic doctrine.

चौ. –तेहि कलिजुग कोसरपुर जाई । जन्मत भएउँ सूद्रतनु पाई ॥
सिवसेवक मन क्रम अरु बानी । आन देव निंदक अभिमानी ॥

उस कलियुग में अयोध्यापुरी में जाकर मैंने शूद्र तन पाकर जन्म लिया । मन, वचन और कर्म से मैं शिवजी का सेवक और दूसरे देवताओं का निन्दक तथा अभिमानी था ॥१॥

In that Kaliyuga I was born in the city of Ayodhya in the body of a Shudra (a member of the labouring and artisan classes). A devotee of Shiva in thought, word and deed, I was a reviler of all other gods and arrogant too.

धन मद मत्त परम बाचाला । उग्र बुद्धि उर दंभ बिसाला ॥
जदपि रहेउँ रघुपतिरजधानी । तदपि न कछु महिमा तब जानी ॥

मैं धन के मद से उन्मत्त, बहुत ही वाचाल और उग्रबुद्धिवाला था और मेरे हृदय में बड़ा भारी दम्भ था । यद्यपि मैं श्रीरघुनाथजी की राजधानी (अयोध्या) में रहता था, तथापि मैंने उस समय उसका कुछ माहात्म्य न जाना ॥२॥

Intoxicated with the pride of wealth, I was most loquacious and savage of purpose and swollen with arrogance. Even though I lived in Raghunatha's capital, I had at the time no knowledge of its glory.

अब जाना मैं अवधप्रभावा । निगमागम पुरान अस गावा ॥
कवनेहुँ जन्म अवध बस जोई । रामपरायन सो परि होई ॥

अब मैंने अयोध्या का प्रभाव जाना । वेद, शास्त्र और पुराणों ने ऐसा कहा है कि किसी भी जन्म में जो कोई भी अयोध्या में बस जाता है, वह अवश्य ही रामपरायण (रामानुरागी) हो जायगा ॥३॥

It is only now that I have come to understand the influence of Ayodhya. Thus has it been sung by the Vedas, the Tantras and the Puranas that whoever in any life dwells in Ayodhya will surely become a votary of Rama.

अवधप्रभाव जान तब प्रानी । जब उर बसहिं राम धनुपानी ॥
सो कलिकाल कठिन उरगारी । पापपरायन सब नर नारी ॥

अयोध्या के प्रभाव को प्राणी तभी जानता है, जब हाथ में धनुष धारण किये हुए श्रीरामजी उसके हृदय में निवास करते हैं । हे गरुड़जी ! वह कलिकाल बड़ा कठिन था । उसमें सभी स्त्री-पुरुष पापपरायण (पापों में लिप्त) थे ॥४॥

It is only when Rama with bow in hand takes up his abode in a man's heart that he knows the virtue of Ayodhya. That Kaliyuga, Garuda, was of terrible wickedness; every man and woman was a devotee of sin.

दो. –कलिमल ग्रसे धर्म सब लुप्त भए सदग्रंथ ।
दंभिन्ह निज मति कल्पि करि प्रगट किए बहु पंथ ॥९७(क)॥

कलियुग के पापों ने सब धर्मों को ग्रस लिया,[1] सद्ग्रन्थ लुप्त हो गए । पाखंडियों ने अपनी बुद्धि से गढ़-गढ़कर बहुत-से पंथ (मार्ग) प्रकट कर दिये ॥९७(क)॥

The sinfulness of that age stifled religion and all the sacred books disappeared; impostors invented and promulgated a number of heretical creeds.

भए लोग सब मोहबस लोभ ग्रसे सुभ कर्म ।
सुनु हरिजान ग्यानिधि कहौं कछुक कलिधर्म ॥९७(ख)॥

सब लोग मोह के अधीन हो गए, लोभ ने शुभ कर्मों को हड़प लिया । हे ज्ञानसागर श्रीहरि के वाहन ! सुनिये, अब मैं कलियुग के कुछ धर्म कहता हूँ ॥९७(ख)॥

The people were all over-mastered by delusion and all acts of piety were swallowed by greed. Now listen, all-wise mount of Hari, while I tell you something of what passes for righteousness in these evil times.

चौ. –बरनधर्म नहिं आश्रम चारी । श्रुतिबिरोध रत सब नर नारी ॥
द्विज श्रुति बेचक भूप प्रजासन । कोउ नहि मान निगम अनुसासन ॥

१. धर्म से पाप दूर होते हैं, पर यहाँ कलि के काम, क्रोध, लोभादि पापों ने ही सब धर्मों को खा लिया । धर्म न रह गया, इसलिए धर्म ग्रंथ भी लुप्त हो गए ।

(कलियुग में) चारों वर्णों एवं चारों आश्रमों के धर्म नहीं रह जाते। सब पुरुष-स्त्री वेद के विरोध में तत्पर रहते हैं। ब्राह्मण वेदों के बेचनेवाले और राजा प्रजा को खा जानेवाले होते हैं। वेदशास्त्र की आज्ञा कोई नहीं मानता ॥१॥

No regard is paid to the rules of caste and the four orders of life; men and women all delight in opposing the precepts of the Vedas. Brahmans sell the Vedas for a price and kings devour their subjects; no one respects the injunctions of revelation.

मारग सोइ जा कहुँ जोइ भावा। पंडित सोइ जो गाल बजावा ॥
मिथ्यारंभ दंभरत जोई। ता कहुँ संत कहै सब कोई ॥

जिसे जो पसंद आ जाय, वही मार्ग है। जो डींग हाँकता है, वही पण्डित है। जो मिथ्या आरम्भ करता (आडम्बर रचता) है और जो पाखंड में (आपादमस्तक) डूबा हुआ है, उसीको सब लोग संत कहते हैं ॥२॥

The right course for every individual is any that catches his fancy; a man of erudition is he who brags the loudest. Whoever launches spurious undertakings and is given over to hypocrisy, him does everyone call a saint.

सोइ सयान जो परधन हारी। जो कर दंभ सो बड़ आचारी ॥
जो कह झूठ मसखरी जाना। कलिजुग सोइ गुनवंत बखाना ॥

चतुर वही है जो (जिस किसी तरह) दूसरे का धन हर ले। जो पाखंड करता है, वही बड़ा आचारी है, जो झूठ बोलता है और हँसी-दिल्लगी करना जानता है, कलियुग में वही गुणी (गुणों से भूषित) कहा जाता है ॥३॥

The prudent man is he who plunders his neighbour; he who keeps up appearances is an ardent follower of the established usage; he who is given to lying and is clever at joking is called accomplished in that age.

निराचार जो श्रुतिपथ त्यागी। कलिजुग सोइ ग्यानी सो बिरागी ॥
जा के नख अरु जटा बिसाला। सोइ तापस प्रसिद्ध कलिकाला ॥

जो आचारहीन है और वेद पथ का त्यागी, कलियुग में वही ज्ञानी और वही वैरागी है। जिसके बड़े-बड़े नख और लंबी-लंबी जटाएँ हैं, कलियुग में वही प्रसिद्ध तपस्वी है ॥४॥

A reprobate who has abandoned the Vedic way is a man of wisdom and dispassion in that Kaliyuga, and he who has grown long nails and bound his hair in massive coils is a renowned ascetic in those evil days.

दो. –असुभ बेष भूषन धरें भक्षाभक्ष जे खाहिं।
तेइ जोगी तेइ सिद्ध नर पूज्य ते कलिजुग माहिं ॥९८(क)॥

जो अशुभ (अमंगल) वेश-भूषण धारण करते हैं और भक्ष्य-अभक्ष्य (खाने और न खाने योग्य) सब-कुछ खा लेते हैं, वे ही मनुष्य योगी हैं, वे ही सिद्ध और वे ही कलियुग में पूज्य हैं ॥९८(क)॥

Those who clothe themselves in grisly rags and deck themselves in appalling adornments and feed indiscriminately on any kind of food, forbidden or permitted, are ascetics and adepts and objects of veneration in that age.

सो. –जे अपकारी चार तिन्ह कर गौरव मान्य तेइ।
मन क्रम बचन लबार तेइ बकता कलिकाल महुँ ॥९८(ख)॥

जिन लोगों के आचरण (दूसरों का) अपकार करनेवाले हैं, उन्हीं का बड़ा गौरव होता है और वे ही सम्मान के योग्य होते हैं। जो मन, वचन और कर्म से लबार (झूठे और बकवादी) हैं, वे ही कलिकाल में वक्ता समझे जाते हैं ॥९८(ख)॥

Those who do harm to others are held in great esteem and honour, and those who are babblers in thought and word and deed are orators in the Kaliyuga.

चौ. –नारि बिबस नर सकल गोसाईं। नाचहिं नट मर्कट की नाईं ॥
सूद्र द्विजन्ह उपदेसहिं ग्याना। मेलि जनेऊ लेहिं कुदाना ॥

हे गोसाईं ! सभी मनुष्य स्त्रियों के वशीभूत हैं और बाजीगर के बंदर की तरह (उनके इशारों पर) नाचते हैं। ब्राह्मणों को शूद्र ज्ञान की शिक्षा देते हैं और गले में जनेऊ डालकर कुत्सित दान लेते हैं ॥१॥

Dominated by women, my lord, all men dance to their tune like acrobats' monkeys. Shudras instruct the twice-born in spiritual wisdom and, putting on the sacred thread, accept abominable alms.

सब नर काम लोभ रत क्रोधी। देव बिप्र श्रुति संत बिरोधी॥
गुनमंदिर सुंदर पति त्यागी। भजहिं नारि परपुरुष अभागी ॥

सभी पुरुष काम और लोभ में डूबे हुए क्रोधी और देवता, ब्राह्मण, वेद तथा संतों के विरोधी होते हैं। अभागिन स्त्रियाँ सर्वगुणसम्पन्न सुन्दर पति को ठुकराकर पराये पुरुष का सेवन करती हैं ॥२॥

Everyone is addicted to sensuality and greed and passion, and is hostile to the gods, the Brahmans, the Vedas and the saints. Unfortunate wives desert their husbands, however accomplished and handsome, and pay court instead to other women's husbands.

सौभागिनी बिभूषनहीना। बिधवन्ह के सिंगार नवीना ॥
गुर सिख बधिर अंध कर लेखा। एक न सुनै एक नहि देखा ॥

सुहागिन स्त्रियों के तन पर आभूषण नहीं होते, पर विधवाओं के नित्य नये-नये शृंगार होते हैं। गुरु-शिष्य में बहरे और अंधे का-सा हिसाब होता है। एक (शिष्य) गुरु की दी हुई शिक्षा को सुनता नहीं, एक (गुरु) देखता नहीं (उसे ज्ञानदृष्टि नहीं मिली) ॥३॥

Married women appear without any ornaments while widows make a parade of their new jewels every day. The *guru* and the pupil are of no more account than the blind and the deaf; the pupil would not listen, the *guru* has no insight.

हरै सिष्यधन सोक न हरई। सो गुर घोर नरक महु परई॥
मातु पिता बालकन्हि बोलावहिं। उदर भरै सोइ धर्म सिखावहिं॥

जो गुरु शिष्य का धन हरता है, पर शोक हरण नहीं करता, वह बुरे और भयानक नरक में पड़ता है। माता-पिता बालकों को बुलाकर उसी धर्म की शिक्षा देते हैं, जिससे पेट भरे ॥४॥

The *guru* who robs his pupil of money but fails to rid him of his troubles is cast into a terrible hell. Parents call their children together and teach them the duty of filling their belly.

दो. –ब्रह्मज्ञान बिनु नारि नर कहहिं न दूसरि बात।
कौड़ी लागि लोभबस करहिं बिप्र गुर घात ॥९९(क)॥

(कलियुग में पाखंड की पराकाष्ठा होती है।) स्त्री-पुरुष ब्रह्मज्ञान के अतिरिक्त दूसरी बात नहीं करते, पर वे लोभवश कौड़ियों (नगण्य लाभ) के लिए ब्राह्मण और गुरु की हत्या कर डालते हैं ॥९९(क)॥

(In their extreme hypocrisy) they talk only about spiritual wisdom, never about anything else, and are greedy enough to murder a Brahman or a *guru* to gian a cowrie.

बादहिं सूद्र द्विजन्ह सन हम तुम्ह तें कछु घाटि।
जानै ब्रह्म सो बिप्रबर आँखि देखावहिं डाटि ॥९९(ख)॥

शूद्र ब्राह्मणों से वाद-विवाद करते हैं (और सगर्व कहते हैं) कि क्या हम तुमसे कुछ कम हैं? ब्रह्म को जाननेवाला ही श्रेष्ठ ब्राह्मण है। (ऐसा कहकर) वे उन्हें डाँट डपटकर आँखें दिखलाते हैं ॥९९(ख)॥

Shudras dispute with Brahmans, "Are we inferior to you? A good Brahman is he who knows the truth of Brahma!" Thus do they defiantly glower at them.

चौ. –परत्रिय लंपट कपट सयाने। मोह द्रोह ममता लपटाने॥
तेइ अभेदबादी ग्यानी नर। देखा मैं चरित्र कलिजुग कर॥

जो परायी स्त्री में आसक्त, कपट करने में निपुण और मोह, द्रोह तथा ममता में डूबे हुए हैं, वे ही मनुष्य अभेदवादी (ब्रह्म और जीव की अभिन्नता के समर्थक) ज्ञानी हैं। मैंने कलियुग की इन विशेषताओं को देखा है ॥१॥

Those who are covetous of their neighbours' wives, clever at wiles and steeped in delusion, malice and selfishness are enlightened men swearing by the identity of the individual soul with Brahma. Such is the practice I have seen in every Kaliyuga.

आपु गए अरु तिन्हहू घालहिं। जे कहुँ सतमारग प्रतिपालहिं॥
कल्प कल्प भरि एक एक नरका। परहिं जे दूषहिं श्रुति करि तरका॥

वे स्वयं तो नष्ट हुए ही रहते हैं, उनको भी वे नष्ट कर देते हैं जो कहीं सन्मार्ग का प्रतिपालन करते हैं, जो तर्क करके वेद-शास्त्रों को दूसते (निन्दा करते) हैं, वे कल्प-कल्पभर एक-एक नरक में पड़े रहते हैं ॥२॥

Eternally lost themselves, such people drag down those rare souls who tread the path of virtue. Aeon after aeon are those condemned to each abyss of hell who criticize and find fault with the Vedas.

जे बरनाधम तेलि कुम्हारा। स्वपच किरात कोल कलवारा॥
नारि मुई गृहसंपति नासी। मूड़ मुड़ाइ होहिं सन्यासी॥

जो (चारों वर्गों में) नीच वर्ण के तेली, कुम्हार, चाण्डाल, भील, कोल और कलवार आदि हैं, वे सब स्त्री के मरने पर अथवा घर की सम्पत्ति के नष्ट हो जाने पर सिर मुँड़ाकर संन्यासी हो जाते हैं ॥३॥

People of the lowest castes – oilmen, potters, Chandals (dog-eaters), Kiratas, Kols, distillers – shave their heads and turn religious mendicants when their wives die or they lose their household goods.

ते बिप्रन्ह सन आपु पुजावहिं। उभय लोक निज हाथ नसावहिं॥
बिप्र निरक्षर लोलुप कामी। निराचार सठ बृषली स्वामी॥

वे ब्राह्मणों से अपने को पुजवाते हैं और (इस प्रकार) अपने ही हाथों दोनों लोक नष्ट करते हैं। ब्राह्मण अपढ़, लोभी, विषयासक्त, आचारहीन, मूर्ख और नीची जाति की व्याभिचारिणी स्त्रियों के पति होते हैं ॥४॥

They allow themselves to be worshipped by the Brahmans and ruin themselves in this world and the next. As for the Brahmans themselves, they are unlettered, grasping and lascivious, reprobate and stupid and the husbands of lewd outcastes.

सुद्र करहिं जप तप ब्रत नाना। बैठि बरासन कहहिं पुराना॥
सब नर कल्पित करहिं अचारा। जाइ न बरनि अनीति अपारा॥

शूद्र लोग नाना प्रकार के जप-तप एवं व्रत करते हैं तथा ऊँचे आसन (व्यासगद्दी) पर बैठकर पुराण कहते हैं। सब मनुष्य स्वेच्छानुसार (मनमाना) आचरण करते हैं। (कलियुग की इस) अपार अनीति का वर्णन नहीं किया जा सकता ॥५॥

Shudras, on the other hand, indulge in all sorts of

prayers and penances and vows and expound the Puranas from an exalted seat. Everybody follows a course of conduct of his own imagination, and the endless perversions of morality are beyond all description.

दो. –भए बरनसंकर कलि भिन्न सेतु सब लोग ।
करहिं पाप पावहिं दुख भय रुज सोक बियोग ॥१००(क)॥

कलिकाल में सब लोग वर्णसंकर होकर मर्यादा से फिसल गए । वे पाप करते हैं और (अपने कर्मों के परिणामस्वरूप) दुःख, भय, रोग, शोक और (प्रिय वस्तु का) वियोग पाते हैं ॥१००(क)॥

In the Kaliyuga there ensues a confusion of castes (due to promiscuous intermarriages) leading to universal lawlessness. Men practise sin and reap its reward — pain, terror, sickness, sorrow and bereavement.

श्रुतिसंमत हरिभक्ति पथ संजुत बिरति बिबेक ।
तेहिं न चलहिं नर मोहबस कल्पहिं पंथ अनेक ॥१००(ख)॥

मोहवश मनुष्य उस पथ पर नहीं चलते जो वेदसम्मत तथा वैराग्य और ज्ञान से युक्त हरिभक्ति का पथ है । वे नये-नये पंथों की (निरर्थक) कल्पना किया करते हैं ॥१००(ख)॥

Overcome by delusion, men walk not on the path of devotion to Hari, the path of dispassion and wisdom, the way approved by the Vedas, but invent diverse heresies of their own.

छं. –बहु दाम सँवारहिं धाम जती । बिषया हरि लीन्हि रही बिरती ॥
तपसी धनवंत दरिद्र गृही । कलिकौतुक तात न जात कही ॥

बहुत धन लगाकर सन्यासी अपना घर सजाते हैं । उनमें वैराग्य नहीं रहा, विषयों ने उसे हर लिया । तपस्वी धनी हो गए और गृहस्थ दरिद्र । हे तात ! कलियुग की लीला सचमुच अवर्णनीय है ॥१॥

The so-called recluses build themselves houses and furnish them at considerable expense; having been wiped out by their sensuality, abstinence is no more to be seen in them. Ascetics amass wealth and householders go penniless; the freaks of the Kaliyuga, my son, are beyond all description.

कुलवंति निकारहिं नारि सती । गृह आनहिं चेरि निबेरि गती ॥
सुत मानहिं मातु पिता तब लों । अबलानन दीख नहीं जब लों ॥

लोग अपनी कुलवती और पतिव्रता स्त्री को निकाल देते हैं और अच्छी चाल को छोड़कर घर में दासी को ला रखते हैं । पुत्र अपने माता-पिता को तभी तक मानते हैं, जबतक उन्हें अपनी स्त्री का मुँह नहीं दिखायी पड़ता ॥२॥

Men drive out their wives, well-born and virtuous though they are, and bring home servant girls, violating all laws of decent behaviour. Sons respect their parents so long only as they see not a woman's face.

ससुरारि पिआरि लगी जब तें । रिपुरूप कुटुंब भए तब तें ॥
नृप पापपरायन धर्म नहीं । करि दंड बिडंब प्रजा नितहीं ॥

जबसे ससुराल प्यारी लगने लगी, तबसे परिवार के लोग (सगे-सम्बन्धी) शत्रुरूप हो गए । राजा पापों में तत्पर हो गए, उनमें धर्म (का लेश) नहीं रहा । वे प्रजा को नित्य (अनुचित) दण्ड देकर उसकी विडम्बना (दुर्दशा) किया करते हैं ॥३॥

From the time when they take a fancy to their wife's kinsfolk they begin to regard their own family as enemies. Kings, addicted to sin and with no regard for virtue, ever oppress their subjects with unmerited punishments.

धनवंत कुलीन मलीन अपी । द्विजचिन्ह जनेउ उघार तपी ॥
नहि मान पुरान न बेदहि जो । हरिसेवक संत सही कलि सो ॥

धनवान् लोग मलिन (नीच जाति के) होने पर भी कुलीन माने जाते हैं । केवल जनेऊ ही ब्राह्मणों का चिह्न रह गया और नंगे बदन रहना तपस्वी का । जो वेदों और पुराणों को नहीं मानते, कलियुग में वे ही हरि के सच्चे सेवक और संत कहलाते हैं ॥४॥

The meanest churl, if only he is rich, is accounted noble. A Brahman is known only by his sacred thread and an ascetic by his naked body. Anyone who rejects the Vedas and Puranas is held to be a true saint and servant of Hari in the Kaliyuga.

कबिबृंद उदार दुनी न सुनी । गुनदूषक ब्रात न कोपि गुनी ॥
कलि बारहिं बार दुकाल परे । बिनु अन्न दुखी सब लोग मरे ॥

कवि तो झुंड के झुंड हो गए, पर संसार में उदार (कवियों का संरक्षक और आश्रय-दाता) सुनायी नहीं पड़ता । दूसरों के गुणों में दोष लगानेवाले बहुत हैं, पर सच्चा गुणी कोई नहीं । कलियुग में बारबार अकाल पड़ते हैं । अन्न के बिना सब लोग दुःखी होते और मरते हैं ॥५॥

Poets are seen in large numbers; but the munificent (who reward them) are seldom heard of. Those who carp at others' virtues can be had in any number, but not one to practise them. In the Kaliyuga famines are of frequent occurrence and people perish miserably for want of food.

दो. –सुनु खगेस कलि कपट हठ दंभ द्वेष पाषंड ।
मान मोह मारादि मद ब्यापि रहे ब्रह्मंड ॥१०१(क)॥

हे पक्षिराज गरुड़जी ! सुनिये, कलियुग में कपट, हठ, दम्भ, द्वेष, पाखण्ड, मान, मोह, काम आदि और मद सम्पूर्ण विश्व में छा गए ॥१०१(क)॥

Listen, O kings of birds in the Kaliyuga duplicity, perversity, hypocrisy, malice, heresy, arrogance, infatuation, lust, pride and the like pervade the whole universe.

तामस धर्म करहिं नर जप तप मख ब्रत दान।
देव न बरषै धरनी बए न जामहिं धान ॥१०१(ख)॥

तामसी भाव से ही मनुष्य जप-तप, यज्ञ-व्रत और दान आदि धर्म करते हैं। देवता (इन्द्र) धरती पर न तो जल बरसाते है और न बोया हुआ अन्न ही जमता (उगता) है ॥१०१(ख)॥

Men practise prayer, penance and charity, perform sacrifices and undertake sacred vows with some unholy design; the gods rain not upon the earth and foodgrains sown in the soil do not germinate.

चौ.—अबला कच भूषन भूरि छुधा। धनहीन दुखी ममता बहुधा॥
सुख चाहहिं मूढ़ न धर्मरता। मति थोरि कठोरि न कोमलता॥

स्त्रियों के बाल ही भूषण हैं (उनके शरीर पर यही एकमात्र आभूषण रह गया है) और उन्हें भूख बहुत लगती है (वे सदा अतृप्त रहती हैं)। निर्धन होने के कारण वे दुःखी रहती हैं। पर बहुत प्रकार की ममता से भरी हुई वे मूर्ख सुख चाहती हैं, पर धर्म में उनका मन नहीं रमता। वे अल्पमति और कठोर हैं तथा उनमें कोमलता (का लेश भी) नहीं है ॥१॥

Women have no ornament except their tresses and have an enormous appetite (are never satisfied). Though miserable for want of money, they are rich in attachment of various kinds. Though hankering after happiness, they have no regard for piety, stupid as they are. Though they are poor in wits, their minds are hardened and know no tenderness.

नर पीड़ित रोग न भोग कहीं। अभिमान बिरोध अकारनहीं॥
लघु जीवन संबत पंचदसा। कलपांत न नास गुमानु असा॥

मनुष्य रोगों से पीड़ित हैं, भोग (सुख) कहीं नहीं है। वे अकारण घमंड और विरोध करते हैं। दस-पाँच वर्ष का छोटा-सा (अल्पायु) जीवन है; परंतु गुमान ऐसा है, मानो कल्पान्त (प्रलय) होने पर भी उनका नाश नहीं होगा ॥२॥

As for men, they are afflicted with disease and find no enjoyment anywhere. They are conceited and contend with others without cause. Though their lives are short, some five or ten years, yet in their pride they reckon on outliving the end of the aeon.

कलिकाल बिहाल किए मनुजा। नहि मानत कौ अनुजा तनुजा॥
नहि तोष बिचार न सीतलता। सब जाति कुजाति भए मँगता॥

कलियुग ने मनुष्यों को बेहाल (अस्त-व्यस्त) कर डाला। कोई बहन-बेटी को भी नहीं मानता (उनका विचार नहीं करता)। न कहीं संतोष है, न विवेक और न शीतलता ही। जाति-कुजाति सभी लोग भीख माँगनेवाले हो गए ॥३॥

The Kaliyuga has so unsettled mankind that no one respects the sanctity of one's sister or daughter. There is no contentment, discrernment or composure. People of all classes, whether of high or low degree, have taken to begging.

इरिषा परुषाक्षर लोलुपता। भरि पूरि रही समता बिगता॥
सब लोग बियोग बिसोक हए। बरनाश्रम धर्म अचार गए॥

ईर्ष्या, कठोर-कड़वे वचन और लोभ भरपूर (खूब) हो रहे हैं, समता का भाव मिट गया है। सब लोग वियोग और विशेष शोक से मरे पड़े हैं। वर्णाश्रम-धर्म के आचरण (आचार-विचार) नष्ट हो गए हैं ॥४॥

Envy, harsh words and covetousness are rampant, while placidity of temper is absent. People are all smitten with bereavement and despair. The duties and rules of conduct prescribed for the four orders of society and stages of life are abandoned.

दम दान दया नहि जानपनी। जड़ता परबंचनताति घनी॥
तनुपोषक नारि नरा सगरे। परनिंदक जे जग मो बगरे॥

दम[1], दान, दया और बुद्धिमानी नहीं रह गई। मूर्खता और दूसरों को छलना, यह अत्यधिक बढ़ गया। स्त्री-पुरुष सभी शरीर के ही पोषक हो गए। जो परायी निन्दा करनेवाले हैं जगत् में वे ही फैले हैं ॥५॥

Self-restraint, charity, compassion and understanding disappear; stupidity and dishonest dealing multiply exceedingly. Men and women alike pamper the flesh and slanderous tongues are diffused throughout the world.

दो.—सुनु ब्यालारि काल कलि मल अवगुन आगार।
गुनौ बहुत कलिजुग कर बिनु प्रयास निस्तार ॥१०२(क)॥

हे सर्पों के शत्रु गरुड़जी ! सुनिये, कलियुग पाप और अवगुणों का भांडार है, किंतु इस कलियुग में गुण भी बहुत हैं; इसमें बिना परिश्रम ही जन्म-मरण से छुटकारा मिल जाता है ॥१०२(क)॥

Listen, O enemy of serpents; the Kaliyuga is a storehouse of pollution and vice. But it has many virtues too; escape from the cycle of birth and death is easy (in this age).

कृतजुग त्रेता द्वापर पूजा मख अरु जोग।
जो गति होइ सो कलि हरि नाम तें पावहिं लोग ॥१०२(ख)॥

सत्ययुग, त्रेता और द्वापर में जो गति पूजा, यज्ञ और योग से प्राप्त होती

१. इन्द्रियों का दमन।

है, कलियुग में वही गति लोग केवल भगवान् के नाम से पा जाते हैं ॥१०२(ख)॥

Moreover, the goal which in the first three ages[1] is reached by solemn worship, sacrifice and austerity men are able to attain in the Kaliyuga only by Hari's name.

चौ. –कृतजुग सब जोगी बिग्यानी। करि हरिध्यान तरहिं भव प्रानी ॥
त्रेता बिबिध जग्य नर करहीं। प्रभुहि समर्पि कर्म भव तरहीं ॥

सत्ययुग में सब योगी और विज्ञानी होते हैं। उसमें वे प्राणी भगवान् का ध्यान करके भवसागर तर जाते हैं। त्रेता में मनुष्य भाँति-भाँति के यज्ञ करते हैं और सब कर्मों को प्रभु को समर्पित कर भवसागर पार हो जाते हैं ॥१॥

In the Satyayuga everyone is possessed of mystic powers and wisdom too; in that age men cross the ocean of birth and death by meditating on God. In the Tretayuga men perform sacrifices of various kinds and escape rebirth by dedicating their actions to the Lord.

द्वापर करि रघुपति पद पूजा। नर भव तरहिं उपाउ न दूजा ॥
कलिजुग केवल हरि गुन गाहा। गावत नर पावहिं भवथाहा ॥

द्वापर में श्रीरघुनाथजी के चरणों की पूजा करके मनुष्य संसार से तर जाते हैं, दूसरा उपाय नहीं है। कलियुग में तो केवल श्रीहरि के गुणों की कथा का गान करने से ही मनुष्य संसार-सागर की थाह पा जाते हैं ॥२॥

In the Dvaparayuga men have no other expedient than the ritual worship of Raghunatha's feet. But in the Kaliyuga men sound the depths of the ocean of mortality by merely chanting the story of Hari's perfections.

कलिजुग जोग न जग्य न ग्याना। एक अधार राम गुन गाना ॥
सब भरोस तजि जो भज रामहि। प्रेम समेत गाव गुनग्रामहि ॥

कलियुग में न तो योग है न यज्ञ है और न ज्ञान ही। श्रीरामजी का गुणगान ही एकमात्र अवलम्ब है। अतएव सब (योगादि) का भरोसा त्यागकर जो श्रीरामजी को भजता है और प्रेम-सहित उनके गुणसमूहों का गान करता है, ॥३॥

In the Kaliyuga austerity, sacrifice or spiritual wisdom are of no avail; one's only hope lies in hymning Rama's praises. Abjuring all other hopes, whosoever worships Rama and devoutly chants the praise of his perfections,

सोइ भव तर कछु संसय नाहीं। नामप्रताप प्रगट कलि माहीं ॥
कलि कर एक पुनीत प्रतापा। मानस पुन्य होहिं नहि पापा ॥

वही भवसागर पार कर जाता है, इसमें कुछ भी सन्देह नहीं। कलियुग में नाम का प्रताप प्रत्यक्ष है। कलियुग का एक पवित्र प्रताप (महिमा) यह है कि मानसिक पुण्य तो (पुण्य में परिगणित) होते हैं, किन्तु (मानसिक) पाप नहीं ॥४॥

most assuredly passes over the sea of mundane existence. The power of the Name is manifest in the Kaliyuga and has this one sanctifying influence, that any merit conceived in the mind is rewarded but the demerit earned by the mind is not punished.[1]

दो. –कलिजुग सम जुग आन नहि जौ नर कर बिस्वास।
गाइ राम गुन गन बिमल भव तर बिनहि प्रयास ॥१०३(क)॥

यदि मनुष्य विश्वास करे तो कलियुग के समान दूसरा कोई युग नहीं है (क्योंकि) इसमें श्रीरामजी के विमल गुणसमूहों को गा-गाकर मनुष्य बिना प्रयास किये ही संसार (रूपी सागर) से पार उतर जाता है ॥१०३(क)॥

No other age can compare with the Kaliyuga provided that a man has faith (in its virtue). If he devotes himself to praising Rama's spotless virtues, he passes over the sea of birth and death without effort.

प्रगट चारि पद धर्म के कलि महुँ एक प्रधान।
जेन केन बिधि दीन्हे दान करै कल्यान ॥१०३(ख)॥

धर्म के चार चरण (सत्य, दया, तप और दान) प्रसिद्ध हैं, लेकिन कलि में एक (दानरूपी) चरण ही मुख्य है। जिस-किसी प्रकार से भी किये जाने पर दान कल्याण ही करता है।

Religion has four well-known pillars,[2] of which one is predominant in the Kaliyuga; it is charity that conduces to one's spiritual good, in whatsoever way it is practised.

चौ. –नित जुगधर्म होहिं सब केरे। हृदय राममाया के प्रेरे ॥
सुद्ध सत्व समता बिग्याना। कृतप्रभाव प्रसन्न मन जाना ॥

श्रीरामजी की माया की प्रेरणा से सभी लोगों के हृदयों में सब युगों के धर्म नित्य हुआ करते हैं। शुद्ध सत्त्वगुण (की वृत्ति), समता, विज्ञान और मन का प्रसन्न होना, इसे सत्ययुग का प्रभाव जानना चाहिए ॥१॥

Prompted by Rama's delusive power, the peculiar characteristics of each several age manifest themselves in the hearts of all. The presence of

1. i.e., in the Ages of Gold (Satyayuga), Silver (Treta) and Brass (Dvapara).

1. "... that merit stores in the soul abides but not demerit." W.D.P. Hill, *op. cit.*, p. 479.

2. *i.e.*, Truth, Compassion, Penance and Charity.

pure *sattva* (Goodness), tranquillity, wisdom and cheerfulness in the heart is the special virtue of the Satyayuga.

सत्व बहुत रज कछु रतिकर्मा। सब बिधि सुख त्रेता कर धर्मा॥
बहु रज स्वल्प सत्व कछु तामस। द्वापरधर्म हरष भय मानस॥

सत्त्वगुण की अधिकता हो, कुछ रजोगुण भी हो, कर्मों में प्रीति हो, सब भाँति सुख हो – यह त्रेता का धर्म है। रजोगुण बहुत हो, सत्त्वगुण बहुत थोड़ा हो, कुछ तमोगुण हो तथा मन में हर्ष और भय हों, यह द्वापर का धर्म है॥२॥

Abundance of the element of Goodness, with a slight admixture of Passion and an attachment to action, together with a general sense of happiness, are the characteristics of the Tretayuga. Much Passion, very little Goodness, and some Ignorance, together with a feeling of mingled joy and terror in the heart, are the distinguishing marks of the Dvaparayuga.

तामस बहुत रजोगुन थोरा। कलिप्रभाव बिरोध चहुँ ओरा॥
बुध जुगधर्म जानि मन माहीं। तजि अधर्म रति धर्म कराहीं॥

तमोगुण बहुत हो, रजोगुण थोड़ा हो और चारों ओर वैर-विरोध हो – ऐसा कलियुग का प्रभाव है। पण्डित लोग मन में युगों के धर्म को जान कर अधर्म त्यागकर धर्म में प्रेम करते हैं॥३॥

A large proportion of Ignorance and only a modicum of Passion, with universal antagonism, are the effects of the Kaliyuga. The wise discern the special characteristics of each age in their minds and forswearing unrighteousness, devote themselves to religion.

कालधर्म नहिं ब्यापहिं ताही। रघुपतिचरन प्रीति अति जाही॥
नट कृत बिकट कपट खगराया। नटसेवकहि न ब्यापै माया॥

श्रीरघुनाथजी के चरणों में जिसकी अत्यन्त प्रीति होती है, उसे कालधर्म (युगधर्म) नहीं व्यापते। हे पक्षिराज! नट (बाजीगर) का किया हुआ कपट-चरित्र बड़ा विकट (दुर्गम) होता है, पर नट के सेवक (जंभूरे) को वह माया (इन्द्रजाल) नहीं व्यापती॥४॥

These characteristics of the several ages have no effect on him who is devoutly fond of Raghunatha's feet. The deception practised by a juggler, O king of birds, is formidable indeed, but the tricks of the conjurer cannot deceive his own servants.

दो. –हरिमाया कृत दोष गुन बिनु हरिभजन न जाहिं।
भजिअ राम तजि काम सब अस बिचारि मन माहिं॥१०४(क)॥

श्री हरि की माया-द्वारा किये गए दोष और गुण श्रीहरि के भजन बिना दूर नहीं होते। अपने मन में ऐसा विचारकर, सब कामानाओं को तजकर (निष्काम भाव से) श्रीरामजी को भजना चाहिए॥१०४(क)॥

The good and evil, which are the creation of Hari's delusive power, cannot be dispersed unless Hari be worshipped. Bearing this in mind and forswearing all desire, one should worship Hari.

तेहि कलिकाल बरष बहु बसेउँ अवध बिहगेस।
परेउ दुकाल बिपतिबस तब मैं गएउँ बिदेस॥१०४(ख)॥

हे पक्षिराज गरुड़जी! उसी कलिकाल में मैंने बहुत वर्षों तक अयोध्या में निवास किया। फिर जब वहाँ अकाल पड़ा, तब मैं विपत्ति का मारा परदेश चला गया॥१०४(ख)॥

In that Kaliyuga, O king of birds, I lived for many years at Ayodhya, till a famine occurred, when, stricken with adversity, I had to move to another country.

चौ. –गएउँ उजेनी सुनु उरगारी। दीन मलीन दरिद्र दुखारी॥
गएँ काल कछु संपति पाई। तहँ पुनि करौं संभुसेवकाई॥

हे सर्पों के शत्रु (गरुड़जी)! सुनिये, मैं दीन, मलिन (उदास), दरिद्र और दुःखी होकर उज्जैन चला गया। कुछ समय बीतने पर जब कुछ सम्पत्ति पा ली तब फिर मैं वहीं शिवजी की सेवा (आराधना) करने लगा॥१॥

Listen, O enemy of serpents; I went to Ujjain in a state of utter wretchedness, poverty and affliction. There after some time I acquired some wealth and once more began to practise devotion to Shiva.

बिप्र एक बैदिक सिवपूजा। करै सदा तेहि काजु न दूजा॥
परम साधु परमारथबिंदक। संभु उपासक नहि हरिनिंदक॥

एक ब्राह्मण वैदिक रीति से[1] सदा शिवजी की पूजा करते थे, उन्हें दूसरा कोई काम-काज न था। वे परम साधु और परमार्थ के जाननेवाले थे। वे शम्भु के उपासक थे, पर विष्णु के निन्दक न थे॥२॥

There was a Brahman who constantly worshipped Shiva according to Vedic rules and had no other occupation. He was a very saintly man, a knower of the highest truth, who worshipped Shambhu but showed no disrespect to Vishnu.

तेहि सेवौं मैं कपट समेता। द्विज दयाल अति नीतिनिकेता॥
बाहिज नम्र देखि मोहि साईं। बिप्र पढ़ाव पुत्र की नाईं॥

---

१. पूजा के तीन प्रकार हैं – वैदिक, पौराणिक और तांत्रिक। वैदिक पूजा सात्त्विक, पौराणिक रजोगुणी और तांत्रिक तमोगुणी कही गई है। वैदिक पूजा वेद-मंत्रों से होती है और वैदिक पूजक किसी से द्वेष नहीं करता। तांत्रिक वैष्णवों से प्रायः द्वेष करते हैं। इसलिए शिवोपासना वैदिक कही गई।

मैं कपट-भाव से उनकी सेवा किया करता था। वे ब्राह्मण बड़े ही दयालु और नीति के मानो घर थे। हे स्वामी! बाहर से नम्र देखकर वे ब्राह्मण मुझे पुत्र की नाईं पढ़ाते थे ॥३॥

I served him though with a guileful heart. The Brahman was kindness itself and an abode of piety. Seeing me outwardly so humble, my lord, he instructed me as his own son.

संभुमंत्र मोहि द्विजबर दीन्हा। सुभ उपदेस बिबिध बिधि कीन्हा॥
जपौं मंत्र सिवमंदिर जाई। हृदय दंभ अहमिति अधिकाई॥

उन श्रेष्ठ ब्राह्मण ने मुझे शिवजी का मन्त्र दिया और फिर अनेक प्रकार से शुभ उपदेश किये। मैं शिवजी के मन्दिर से जाकर (नित्य) मन्त्र जपता, पर मेरे हृदय में दम्भ और अहंकार बढ़ते ही गए ॥४॥

That excellent Brahman imparted to me a secret spell sacred to Shiva and gave me every kind of good advice. I used to go to a temple of Shiva and repeat the spell there, but my pride and self-conceit were on the increase.

दो.—मैं खल मलसंकुल मति नीच जाति बस मोह।
हरिजन द्विज देखें जरौं करौं बिष्नु कर द्रोह ॥१०५(क)॥

मैं दुष्ट, नीच जाति और 'मलसंकुल' (पापमयी मलिन) बुद्धिवाला मोह के वशीभूत हो हरि-भक्तों और ब्राह्मणों को तो देखते ही जल उठता और विष्णु भगवान् से वैर करता था ॥१०५(क)॥

A wretched blockhead that I was, with a soul full of impurity, low-born and overcome by infatuation, I seethed with rage at the very sight of the Brahmans and the votaries of Hari and vented my spleen on Vishnu!

सो.—गुर नित मोहि प्रबोध दुखित देखि आचरन मम।
मोहि उपजै अति क्रोध दंभिहि नीति कि भावई ॥१०५(ख)॥

गुरुजी मेरा आचरण देखकर दुःखी हुआ करते थे। वे मुझे नित्य ही बहुत समझाते, पर उलटे मुझे बहुत क्रोध उत्पन्न होता था। क्या दम्भी मनुष्य को कभी नीति अच्छी लगती है? ॥१०५(ख)॥

Distressed to see my behaviour, my *guru* would always admonish me, but on hearing his admonition I only burnt with rage. Can pride gladly accept sober counsel?

चौ.—एक बार गुर लीन्ह बोलाई। मोहि नीति बहु भाँति सिखाई॥
सिवसेवा कर फल सुत सोई। अबिरल भगति रामपद होई॥

एक दिन गुरुजी ने मुझे बुला लिया और अनेक प्रकार से (परमार्थ) नीति सिखायी (और कहा) कि हे पुत्र! शिवजी की सेवा का यही फल है कि श्रीरामजी के चरणों में निरंतर भक्ति हो ॥१॥

One day my preceptor sent for me and instructed me at length in all the principles of right conduct. "The reward, my son," he said, "of worshipping Shiva is a steadfast devotion to the feet of Rama.

रामहि भजहिं तात सिव धाता। नर पावर कै केतिक बाता॥
जासु चरन अज सिव अनुरागी। तासु द्रोह सुख चहसि अभागी॥

हे तात! शिवजी और ब्रह्माजी भी श्रीरामजी का भजन करते हैं, (फिर) नीच मनुष्यों की बात ही कितनी है? ब्रह्माजी और शिवजी जिनके चरणों के अनुरागी हैं, अरे अभागे! उनसे वैर करके तू सुख चाहता है? ॥२॥

Shiva himself as well as Brahma (the Creator), my boy, worships Rama; of what account, then, is a miserable mortal? Do you hope to secure happiness, you luckless boy, by regarding him with rancour whose feet are loved by Brahma and Shiva?"

हर कहुँ हरिसेवक गुर कहेऊ। सुनि खगनाथ हृदय मम दहेऊ॥
अधम जाति मैं बिद्या पाएँ। भएउँ जथा अहि दूध पिआएँ॥

गुरुजी ने शिवजी को हरि का सेवक कहा। हे पक्षिराज! यह सुनते ही मेरा हृदय जल-भुन गया। नीच जाति का मैं विद्या पाकर वैसा ही हो गया जैसा दूध पिलाने से साँप हो जाता है[1] ॥३॥

When I heard the *guru* speak of Shiva as a votary of Hari, my heart, O king of birds, was ablaze with anger. Vile of descent as I was, I had become puffed up by the little learning I had acquired, like a snake fed on milk!

मानी कुटिल कुभाग्य कुजाती। गुर कर द्रोह करौं दिनु राती॥
अति दयाल गुर स्वल्प न क्रोधा। पुनि पुनि मोहि सिखाव सुबोधा॥

अभिमानी, कुटिल, दुर्भाग्य (से ग्रस्त) और कुजाति मैं दिन-रात गुरुजी से द्रोह करने लगा। परन्तु गुरुजी तो अत्यन्त दयालु थे, अतः उनको थोड़ा भी क्रोध नहीं होता। वे बार-बार मुझे उत्तम ज्ञान की शिक्षा देते ही रहे ॥४॥

Proud, perverse, ill-starred and ill-bred, I would set myself against my *guru* day and night; but he was too tender-hearted to show any resentment; on the other hand, he refrained not from giving me his wisest counsel.

जेहि तें नीच बड़ाई पावा। सो प्रथमहि हति ताहि नसावा॥
धूम अनलसंभव सुनु भाई। तेहि बुझाव घनपदवी पाई॥

---

१. "आगे सर्प होने का शाप होगा, उसका बीज अभी से पड़ गया, सर्प की उपमा दी गई।" दूध पिलाने से साँप का विष बढ़ता है। दूध सात्त्विक वस्तु है, तमोगुण-नाशक है, परन्तु कुपात्र के योग से विष बढ़ाता है। इसी प्रकार विद्या उत्तम वस्तु है, अज्ञानहारक है, परन्तु कुपात्र के अहंकार और उसकी दुष्टता को बढ़ाता है।

नीच मनुष्य जिससे बड़प्पन पाता है, सबसे पहले वह उसी को मारकर उसी का नाश करता है। हे भाई! सुनिये, धुआँ आग से उत्पन्न तो होता है, पर मेघ की पदवी पाकर वह उसी आग को (पानी बरसाकर) बुझा देता है ॥५॥

The first thing a mean-minded man does is to kill and destroy the very man who has been instrumental in exalting him. Listen, brother; smoke, which is produced by fire, extinguishes that fire when it is exalted to the dignity of a cloud.

रज मग परी निरादर रहई। सब कर पदप्रहार नित सहई॥
मरुत उड़ाव प्रथम तेहि भरई। पुनि नृप नयन किरीटन्हि परई॥

धूल मार्ग में पड़ी हुई निरादृत (अपमानित) रहती है और सदा सबकी लातों की चोट सहती है। पर जब पवन उसे ऊँचा उठाता है, तब सबसे पहले वह नीच धूल (पवन) को ही भरती है और फिर राजाओं के नेत्रों और किरीटों (मुकुटों) पर पड़ती है[1] ॥६॥

The dust lying on the road is held in contempt and is ever trodden under travellers' feet, but, when carried aloft by the wind, it first envelopes the air itself and then descends on the eyes or sullies the crowns of kings.

सुनु खगपति अस समुझि प्रसंगा। बुध नहिं करहिं अधम कर संगा॥
कबि कोबिद गावहिं असि नीती। खल सन कलह न भल नहि प्रीती॥

हे पक्षिराज गरुड़जी! सुनिये, इस प्रसंग को समझकर बुद्धिमान लोग अधमों की संगति नहीं करते। कवि और पण्डित ऐसी नीति कहा करते हैं कि दुष्ट से न कलह ही अच्छा है और न प्रेम ही ॥७॥

Listen, O king of birds; realizing this state of things, the wise shun the company of the vile; poets and scholars have laid down this precept that it is good neither to quarrel with a bad man nor to make friends with him.

उदासीन नित रहिअ गोसाईं। खल परिहरिअ स्वान की नाईं॥
मैं खल हृदय कपट कुटिलाई। गुर हित कहै न मोहि सोहाई॥

हे गोसाईं! खल से तो नित्य उदासीन ही रहना चाहिए। कुत्ते की तरह उसे दूर से ही त्याग देना चाहिए। मैं दुष्ट था, हृदय में कपट और कुटिलता भरी थी। गुरुजी तो हित की बात कहते थे, पर मुझे वह अच्छी नहीं लगती थी ॥८॥

From the wicked, my lord, one should always hold aloof and avoid them as one would a dog. Vicious as I was, with a heart full of falsehood and perversity, the *guru*'s admonition pleased me not, even though it was for my good.

१. इस प्रकार धूल और धुएँ की नीचता उपकारी के प्रति अधिक बढ़ जाती है।

दो. —एक बार हरमंदिर जपत रहेउँ सिवनाम।
गुर आएउ अभिमान तें उठि नहि कीन्ह प्रनाम॥१०६(क)॥

एक दिन मैं शिवजी के मन्दिर में शिवनाम का जप कर रहा था। उसी समय गुरुजी वहाँ आ पहुँचे, किन्तु घमंड के मारे मैंने उठकर उनको प्रणाम नहीं किया ॥१०६(क)॥

One day I was repeating Shiva's name in a temple sacred to Shiva when my *guru* came in; but in my arrogance I did not rise and do obeisance.

सो दयाल नहि कहेउ कछु उर न रोषलवलेस।
अति अघ गुर अपमानता सहि नहि सके महेस॥१०६(ख)॥

गुरुजी तो दयालु थे, (मेरी धृष्टता देखकर भी) उन्होंने कुछ नहीं कहा; उनके हृदय में लेशमात्र (तनिक) भी क्रोध नहीं हुआ। पर गुरु का निरादर जघन्य पाप है; अतः महादेवजी उसका सहन न कर सके ॥१०६(ख)॥

He was too gracious to say anything nor did he feel the least resentment; but the heinous sin of disrespect to a *guru* was more than Mahadeva (the great Lord Shiva) could tolerate.

चौ. —मंदिर माझ भई नभबानी। रे हतभाग्य अग्य अभिमानी॥
जद्यपि तव गुर के नहि क्रोधा। अति कृपाल चित सम्यकबोधा॥

मन्दिर में आकाशवाणी हुई कि अरे हतभाग्य! मूर्ख! अभिमानी! यद्यपि तेरे गुरु को क्रोध नहीं है, (क्योंकि) वे अत्यन्त कृपालु-चित्त हैं और उन्हें सम्यक् (परिपूर्ण) ज्ञान है, ॥१॥

A heavenly voice sounded within the temple: "You wretched and conceited fool! Though your *guru* be not wroth, being so kind-hearted and of such true and perfect wisdom,

तदपि श्राप सठ देहौं तोही। नीतिबिरोध सुहाइ न मोही॥
जौ नहि दंड करौं खल तोरा। भ्रष्ट होइ श्रुतिमारग मोरा॥

तथापि रे शठ! मैं तुझको शाप दूँगा, क्योंकि नीति का विरोध मुझे नहीं सुहाता। अरे दुष्ट! यदि मैं तुझे दंडित न करूँ तो मेरा वेदमार्ग (धर्माचरण का मार्ग) ही भ्रष्ट हो जाय[1] ॥२॥

yet, O fool, will I pronounce a curse upon you; for any transgression of propriety is loathsome to me. If, wretch, I were not to punish you, the sanctity of my Vedic ordinance would be set at nought.

जे सठ गुर सन इरिषा करहीं। रौरव नरक कोटि जुग परहीं॥
त्रिजगजोनि पुनि धरहिं सरीरा। अयुत जन्म भरि पावहिं पीरा॥

१. सब लोग यही कहेंगे कि धर्माचरण से कुछ नहीं होता; इसने शिवजी के सामने ही गुरु का अपमान किया, तब भी इसका कुछ नहीं बिगड़ा।

जो मूर्ख गुरु से ईर्ष्या करते हैं, वे करोड़ों युगों तक रौरव[1] नरक में पड़े रहते हैं। फिर (उस नरक से निकलकर) वे तिर्यग् (पशु, पक्षी आदि) योनियों में जन्म लेते हैं और दस हजार जन्मों तक (निरंतर) दुःख पाते रहते हैं ॥३॥

The fools who bear malice against their *guru* are cast for a myriad ages into the lowest hell. After that they take birth in the brute creation and suffer pain for full ten thousand successive existences.

बैठि रहेसि अजगर इव पापी। सर्प होहि खल मल मति ब्यापी॥
महाबिटप कोटर महु जाई। रहु अधमाधम अधगति पाई॥

अरे पापी! तू गुरु के सामने अजगर की भाँति बैठा रह गया! अरे दुष्ट! तेरी बुद्धि पाप से व्याप्त (ढक गयी) है, अतः तू सर्प हो जा। और, अरे नीच से भी नीच! इस अधोगति (सर्प की अधम योनि) को पाकर किसी बड़े भारी पेड़ के खोखले में जाकर रह ॥४॥

Since you, O vile sinner, whose mind is steeped in impurity, remained rooted to your seat like a python, you shall become a snake! Condemned to that vile state, O vilest of the vile, crawl into the hollow of some huge forest tree and there abide!"

दो. —हाहाकार कीन्ह गुर दारुन सुनि सिवश्राप।
कंपित मोहि बिलोकि अति उर उपजा परिताप ॥१०७(क)॥

शिवजी के भयंकर शाप को सुनकर गुरुजी ने हाहाकार किया। मुझे काँपता हुआ देखकर उनके हृदय में अत्यन्त दुःख हुआ ॥१०७(क)॥

When the *guru* heard Shiva's terrible curse, he raised a piteous wail, and seeing me all in a tremble, he was sore distressed.

करि दंडवत सप्रेम द्विज सिव सन्मुख कर जोरि।
बिनय करत गदगद स्वर समुझि घोर गति मोरि ॥१०७(ख)॥

मेरी भयंकर गति (दंड) का विचारकर प्रेमपूर्वक दण्डवत् करके वे ब्राह्मण श्रीशिवजी के सामने हाथ जोड़कर गद्गद वाणी से विनती करने लगे — ॥१०७(ख)॥

As he reflected on my horrifying fate, the Brahman devoutly prostrated himself before Shiva and with folded hands and faltering voice uttered this humble prayer:

नमामीशमीशाननिर्वाणरूपं। विभुं व्यापकं ब्रह्मवेदस्वरूपं॥
निजं निर्गुणं निर्विकल्पं निरीहं। चिदाकाशमाकाशवासं भजेऽहं ॥१॥

हे मोक्षस्वरूप, समर्थ, व्यापक, ब्रह्म और वेदस्वरूप, ईशान दिशा के स्वामी[1] श्रीशिवजी! मैं आपको नमस्कार करता हूँ। स्वतंत्र एवं स्वयं प्रकट होनेवाले, तीनों गुणों से रहित, भेदरहित[2], इच्छारहित, चेतन, आकाशरूप एवं आकाश को ही वस्त्ररूप में धारण करनेवाले दिगम्बर (अथवा आकाश को भी आच्छादित करनेवाले, आकाश के समान निर्लिप्त और सबके आधारभूत)! आपको मैं भजता हूँ ॥१॥

"I reverence the sovereign Lord, the embodiment of salvation, the omnipotent and all-pervading Absolute, manifest in the form of the Vedas! I worship the self-contained, the unqualified, undifferentiated, desireless, intelligence, the heavens themselves, wearing the heavens as his garment!

निराकारमोंकारमूलं तुरीयं। गिराज्ञानगोतीतमीशं गिरीशं॥
करालं महाकालकालं कृपालं। गुणागारसंसारपारं नतोऽहं ॥२॥

निराकार, ओङ्कार (प्रणव) के मूल, सदा तुरीय (तीनों गुणों से अतीत) अवस्था में रहनेवाले, वाणी, ज्ञान और इन्द्रियों से परे, कैलासपति, विकराल, महाकाल के भी काल (अर्थात् महामृत्युंजय) कृपालु, गुणों के धाम, संसार से परे आप परमेश्वर को मैं प्रणाम करता हूँ ॥२॥

I bow to the supreme Lord, who is formless, source of the sacred syllable (Om) symbolizing Brahma, the noumenal Self of creatures which transcends all conditions and states, beyond all speech, understanding or sense-perception, terrible yet gracious, the ruler of Kailasa, the devourer even of Death, the almighty, the abode of virtues, immortal!

तुषाराद्रिसंकाशगौरं गभीरं। मनोभूतकोटिप्रभाश्रीशरीरं॥
स्फुरन्मौलिकल्लोलिनीचारुगंगा। लसद्भालबालेन्दु कंठे भुजंगा ॥३॥

जो हिमालय के सदृश गौरवर्ण तथा गम्भीर हैं, जिनके शरीर में करोड़ों कामदेवों की कान्ति एवं छटा है, जिनके सिर के जटाजूट पर सुन्दर तरंगों से युक्त गंगाजी विराजमान हैं, जिनके ललाट पर द्वितीया का बाल चन्द्र और कंठ में सर्प[3] सुशोभित हैं, ॥३॥

I worship Shankara, solemn and white as the snow-clad Himalaya, radiant with the beauty of a myriad Loves, with the fair rippling Ganga sparkling out from his matted locks, the crescent moon adorning his brow and snakes coiling round his neck;

---

१. रुरु नामक कीड़े सर्पों से भी अधिक विषैले होते हैं। ये महाक्रूर कीड़े जिस नरक में रहते हैं, उसे रौरव नरक कहते हैं। कहा जाता है कि जो प्राणी किसी पापी के हाथ निरपराध मारे जाते हैं, वे ही रुरु बनकर उससे बदला लेते हैं और उसके मांस को चारों ओर से नोचते-खाते हैं। रौरव नरक के वर्णन के लिए देखिए भाग. ५/२६/१०-१२।

१. सर्वसम्पदा के स्वामी, जिसकी सत्ता से सबकी सत्ता है; ईश्वरों के ईश्वर; ब्रह्मादि के नियन्ता तथा ईशान कोण में ग्यारह रुद्र-रूप से रहनेवाले।

२. विकल्प, परिवर्तन या प्रभेदों आदि से रहित।

३. काल को गले का हार बनाया है। मस्तक पर द्वितीया के चन्द्रमा को धारण करना दीनवत्सलता प्रकट करता है।

चलत्कुंडलं भ्रूसुनेत्रं विशालं। प्रसन्नाननं नीलकंठं दयालं॥
मृगाधीशचर्माम्बरं मुण्डमालं। प्रियं शंकरं सर्वनाथं भजामि॥४॥

जिनके कानों में कुण्डल हिल रहे हैं, सुन्दर भ्रुकुटी और विशाल नेत्र हैं; जो प्रसन्नमुख, नीलकण्ठ और दयालु हैं; बाघाम्बरधारी और मुण्डमाला पहने हैं; उन सबके प्रिय और सबके स्वामी श्रीशंकरजी को मैं भजता हूँ[1]॥४॥

who is the beloved Lord of all, with tremulous pendants hanging from his ear-lobes, beauteous eyebrows and large eyes, who is pitiful, with a cheerful countenance and a blue speck on his throat, a lion-skin wrapped round his waist and necklace of skulls round his neck!

प्रचंडं प्रकृष्टं प्रगल्भं परेशं। अखंडं अजं भानुकोटिप्रकाशं॥
त्रयःशूलनिर्मूलनं शूलपाणिं। भजेऽहं भवानीपतिं भावगम्यं॥५॥

प्रचण्ड (बल-तेज-वीर्य से युक्त), सबमें श्रेष्ठ, तेजस्वी, परमेश्वर, अखण्ड, जन्मरहित, करोड़ों सूर्यों के समान प्रकाशवाले, (दैहिक, दैविक, भौतिक आदि) तीनों प्रकार के शूलों (दुःखों) को निर्मूल करनेवाले, हाथ में त्रिशूल धारण किये हुए, (भक्तों को) भाव (प्रेम) के द्वारा प्राप्त होनेवाले भवानी-पति श्रीशङ्करजी को मैं भजता हूँ॥५॥

I worship Shankara, Bhavani's spouse, the fierce, the exalted, the luminous, the Supreme Lord; the indivisible, unbegotten, brilliant with the radiance of a myriad suns; tearing up by the root the threefold pains, trident in hand, accessible only to love.

कलातीतकल्याणकल्पान्तकारी। सदा सज्जनानन्ददाता पुरारी॥
चिदानंदसंदोहमोहापहारी। प्रसीद प्रसीद प्रभो मन्मथारी॥६॥

कलाओं से परे, (सर्वकलापूर्ण, अकल) कल्याणस्वरूप, कल्प का अन्त (प्रलय) करनेवाले, सज्जनों के सदा आनन्ददाता, त्रिपुर के शत्रु, चिदानन्दराशि, मोह के नाशक, कामदेव के शत्रु, हे प्रभो! प्रसन्न होइए, प्रसन्न होइए॥६॥

O you who are without parts, ever blessed, cause of universal destruction at the end of each round of creation, a source of perpetual delight to the virtuous, slayer of the demon Tripura, intelligence and bliss personified, dispeller of delusion; have mercy, O my Lord, have mercy, O foe of Love.

न यावद् उमानाथपादारविन्दं। भजंतीह लोके परे वा नराणां॥
न तावत्सुखं शान्तिसन्तापनाशं। प्रसीद प्रभो सर्वभूताधिवासं॥७॥

हे उमापति! जबतक आपके चरणकमलों को (मनुष्य) नहीं भजते, तबतक उन्हें न तो इस लोक और परलोक में सुख-शान्ति मिलती है और न उनके संतापो का नाश होता है। अतः हे समस्त जीवों के हृदय में निवास करनेवाले तथा सब प्राणियों के निवासस्थान प्रभो! प्रसन्न होइए॥७॥

O lord of Uma, so long as men worship not your lotus feet, neither in this world nor in the next is there any happiness for them, nor peace of mind, nor cessation of their miseries. Have mercy, Lord, who dwell in the hearts of all creatures and are the abode of all!

न जानामि योगं जपं नैव पूजां। नतोऽहं सदा सर्वदा शंभु तुभ्यं॥
जराजन्मदुःखौघतातप्यमानं। प्रभो पाहि आपन्नमामीशशंभो॥८॥

न तो मैं योग जानता हूँ, न जप और न पूजा ही। हे शम्भो! मैं आपको सदा-सर्वदा प्रणाम करता हूँ। हे प्रभो! बुढ़ापा तथा जन्म (-मरण) के दुःखसमूहों से जलते हुए मुझ दुःखी की रक्षा कीजिए। हे समर्थ! हे शम्भो! मैं आपको नमस्कार करता हूँ॥८॥

I know nothing of contemplation, prayer or worship, but at all times and in all places I pay obeisance to you, O Shambhu! Have mercy, my Lord and my God, on a wretch so sore beset by all the pains attendant on old age and rebirth!"

श्लोक—रुद्राष्टकमिदं प्रोक्तं विप्रेण हरतोषये।
ये पठन्ति नरा भक्त्या तेषां शम्भुः प्रसीदति॥९॥

रुद्र भगवान् की स्तुति का यह अष्टक (आठ वृत्तों में की हुई स्तुति) उन शंकरजी की तुष्टि (प्रसन्नता) के लिए ब्राह्मणद्वारा कहा गया। जो मनुष्य इसे भक्तिपूर्वक पढ़ते हैं, उनपर भगवान् शम्भु प्रसन्न होते हैं। (शिवजी को प्रसन्न करने के लिए यह स्तुति की गई और वे प्रसन्न भी हुए। इसलिए कहा गया कि भक्तिपूर्वक इस अष्टक का पाठ करना चाहिए।)॥९॥

This eightfold hymn of praise was uttered by the Brahman to propitiate Shankara. To those who devoutly repeat it the Blessed Lord Shambhu shows his favour.

दो.—सुनि बिनती सर्बग्य सिव देखि बिप्र अनुरागु।
पुनि मंदिर नभबानी भइ द्विजबर बर मागु॥१०८(क)॥

सर्वज्ञ शिवजी ने स्तुति सुनी और (अपने चरणों में) ब्राह्मण का अनुराग देखा। तब मन्दिर में आकाशवाणी हुई कि हे द्विजश्रेष्ठ! वर माँगो॥१०८(क)॥

When the all-wise Shiva heard the Brahman's prayer and marked his devotion, a heavenly voice issued from the temple again: "O noble Brahman, ask a boon!"

---

१. "नीलकण्ठ होना ही उनके महादेव होने का प्रमाण है। इसलिए साथ ही दयाल कहा। क्रोध को जय किया है, इसलिए व्याघ्राम्बर है। विश्वरूप हैं इसलिए मुण्डमाल हैं। सब मुण्ड उन्हीं के हैं।...प्रिय हैं क्योंकि शङ्कर हैं।" वि. टी. ३, पृ. ५३८।

जौ प्रसन्न प्रभु मो पर नाथ दीन पर नेहु ।
निज पद भगति देइ प्रभु पुनि दूसर बर देहु ॥१०८(ख)॥

(ब्राह्मण ने कहा –) हे प्रभो ! यदि मुझपर आप प्रसन्न हैं और हे नाथ ! इस दीन पर आपका स्नेह है, तो पहले आप अपने चरणों की (अविरल) भक्ति देकर फिर दूसरा वरदान दीजिए ॥१०८(ख)॥

"If, Lord", said the Brahman, "you are pleased with me, and if, my Master, you will extend your love to this wretch, then bless me, Lord, with devotion to your feet and then grant me yet another boon.

तव माया बस जीव जड़ संतत फिरै भुलान ।
तेहि पर क्रोध न करिअ प्रभु कृपासिंधु भगवान ॥१०८(ग)॥

हे प्रभो ! यह जड़ प्राणी आपकी माया के अधीन होकर नित्य-निरन्तर भूला फिरता है । हे कृपासागर भगवन् ! उसपर क्रोध न कीजिए ॥१०८(ग)॥

Overcome by your delusive power, O Lord, this stupid creature ever wanders astray; be not then wroth with him, O all-merciful God !

संकर दीनदयाल अब एहि पर होहु कृपाल ।
श्राप अनुग्रह होइ जेहि नाथ थोरेहीं काल ॥१०८(घ)॥

हे दीन-दुःखियों पर दया करनेवाले शंकर ! अब इसपर कृपालु होइए जिससे हे नाथ ! थोड़े ही समय में इसपर शाप के बाद अनुग्रह (शाप से मुक्ति) हो जाय ॥१०८(घ)॥

Now be gracious to this creature, O Shankara, compassionate as you are to the poor and the afflicted, so that, Lord, after a little time your kindness may release him from the curse.

चौ.–एहि कर होइ परम कल्याना । सोइ करहु अब कृपानिधाना ॥
बिप्रगिरा सुनि परहित सानी । एवमस्तु इति भै नभबानी ॥

हे कृपानिधान ! जिससे इसका परम कल्याण हो, अब वही कीजिए । पराये कल्याण की भावना से सनी हुई ब्राह्मण की वाणी सुनकर फिर आकाशवाणी हुई –'एवमस्तु' (ऐसा ही हो) ॥१॥

Pray do that which may bring him supreme blessedness, O fountain of mercy !" On hearing the Brahman's words so pregnant with feeling, the heavenly voice declared, "So be it !

जदपि कीन्ह एहि दारुन पापा । मैं पुनि दीन्हि क्रोध करि श्रापा ॥
तदपि तुम्हारि साधुता देखी । करिहौं एहि पर कृपा बिसेषी ॥

यद्यपि इसने भयानक पाप किया है (इसका अपराध क्षमायोग्य नहीं है) और मैंने भी क्रोध करके इसे शाप दिया है; फिर भी तुम्हारी साधुता (करुणा आदि श्रेष्ठ गुण) देखकर मैं इसपर विशेष कृपा करूँगा ॥२॥

Though he has committed a grievous sin, and I in my wrath have pronounced a curse on him, yet in recognition of your goodness, I shall do him a special favour.

क्षमासील जे पर उपकारी । ते द्विज मोहि प्रिय जथा खरारी ॥
मोर श्राप द्विज ब्यर्थ न जाइहि । जन्म सहस्र अवसि यह पाइहि ॥

हे ब्राह्मण ! जो क्षमाशील (दयालु) और परोपकारी हैं, वे मुझे (वैसे ही) प्रिय हैं जैसे खर के शत्रु श्रीरामजी । हे द्विज ! मेरा शाप व्यर्थ नहीं जायगा । इसे हजार जन्म अवश्य मिलेंगे ॥३॥

O holy Brahman, those who are of a forgiving disposition and beneficent are as dear to me as Rama, the slayer of Khara. Nonetheless, O Brahman, my curse shall not go in vain; he must assuredly be born a thousand times.

जन्मत मरत दुसह दुख होई । एहि स्वल्पौ नहि ब्यापिहि सोई ॥
कवनेउ जन्म मिटिहि नहि ग्याना । सुनहि सूद्र मम बचन प्रवाना ॥

किन्तु जन्म लेने और मरने में जो असह्य दुःख होता है वह इसे तनिक भी न व्यापेगा और किसी भी जन्म में इसका ज्ञान नष्ट नहीं होगा । हे शूद्र ! मेरे प्रामाणिक वचन को सुन ॥४॥

But the insupportable pains involved in each successive birth and death shall not have the least effect on him. (Turning to me, the voice continued:) Now listen, O Shudra, to my unfailing promise: in none of your births shall your awareness (of previous existences) leave you.

रघुपतिपुरी जन्म तब भयेऊ । पुनि तैं मम सेवा मन दयेऊ ॥
पुरीप्रभाव अनुग्रह मोरें । रामभगति उपजिहि उर तोरें ॥

(एक तो) तेरा जन्म श्रीरघुनाथजी की पुरी (अयोध्या) में हुआ । फिर तू मेरी सेवा में दत्तचित्त हुआ । नगर के प्रभाव और मेरे अनुग्रह तेरे हृदय में रामभक्ति (कृपा) से उपजेगी ॥५॥

(In the first place) you were born in Raghunatha's city; moreover, you devoted yourself to my worship. By the influence of the holy city and by my favour faith in Rama shall spring up in your heart.

सुनु मम बचन सत्य अब भाई । हरितोषन ब्रत द्विजसेवकाई ॥
अब जनि करहि बिप्र अपमाना । जानेसु संत अनंत समाना ॥

अब हे भाई ! मेरा सत्य वचन सुन ! ब्राह्मणों की सेवा ही हरि को तुष्ट (प्रसन्न) करनेवाला व्रत है । अब कभी ब्राह्मण का निरादर न करना । संतों को अनन्त के समान – भगवान् – जानना ॥६॥

Now listen, brother, to my solemn pronouncement: a vow to do service to the Brahmans is the surest means of propitiating Hari. Never again insult a

Brahman, but hold a saint to be the equal of the infinite Lord himself.

इंद्रकुलिस मम सूल बिसाला । कालदंड हरिचक्र कराला ॥
जो इन्ह कर मारा नहि मरई । बिप्रद्रोह पावक सो जरई ॥

जो इन्द्र के वज्र, मेरे विशाल त्रिशूल, काल के दण्ड और श्रीहरि के भयानक चक्र के मारे भी नहीं मरता, वह विप्रद्रोह की आग में (जलकर) नष्ट हो जाता है। (ब्राह्मणों से द्रोह करनेवालों की रक्षा संभव नहीं है।) ॥७॥

Even he who succumbs not to the stroke of Indra's thunderbolt, my massive trident, the rod of Death and the dreadful discus of Hari, is burnt to ashes in the fire of hostility to the Brahmans.

अस बिबेक राखेहु मन माहीं । तुम्ह कहँ जग दुर्लभ कछु नाहीं ॥
औरौ एक आसिषा मोरी । अप्रतिहति गति होइहि तोरी ॥

मन में ऐसा ही विवेक रखना। फिर तुम्हारे लिए संसार में कुछ भी अप्राप्य न होगा। मैं एक और आशीर्वाद देता हूँ कि तुम्हारी सर्वत्र अबाध गति होगी (अर्थात् तुम जहाँ भी आना-जाना चाहोगे वहीं निर्विरोध और निष्कंटक आ-जा सकोगे) ॥८॥

Treasure up this wise counsel in your heart and there will be nothing in the world too difficult for you to attain. One other blessing I bestow upon you: you shall have unobstructed access everywhere."

दो. –सुनि सिवबचन हरषि गुर एवमस्तु इति भाषि ।
मोहि प्रबोधि गयेउ गृह संभुचरन उर राखि ॥१०९(क)॥

शिवजी के वचन सुनकर गुरुजी प्रसन्न हुए और 'ऐसा ही हो' कहकर उन्होंने मुझे बहुत समझाया। तदनंतर शिवजी के चरणों को हृदय में रखकर वे अपने घर गये ॥१०९(क)॥

The *guru* rejoiced when he heard Shiva's promise and cried, "So be it!" Then after admonishing me, he returned home, with the image of Shiva's feet impressed upon his heart.

प्रेरित काल बिंधि गिरि जाइ भएउँ मैं ब्याल ।
पुनि प्रयास बिनु सो तनु तजेउँ गएँ कछु काल ॥१०९(ख)॥

कालद्वारा प्रेरित हो मैं विन्ध्याचल में जाकर सर्प बना। फिर कुछ समय बीतने पर बिना किसी परिश्रम के ही मैंने उस शरीर का त्याग किया ॥१०९(ख)॥

Driven by the doom decreed, I went to Vindhya mountains and was reborn as a serpent, and again after some time dropped that form without the least effort.

जोइ तनु धरौं तजौं पुनि अनायास हरिजान ।
जिमि नूतन पट पहिरै नर परिहरै पुरान ॥१०९(ग)॥

हे हरिवाहन ! मैं जो भी शरीर धारण करता, उसे अनायास वैसे ही सुखपूर्वक त्याग देता जैसे मनुष्य पुराने वस्त्र को त्यागकर नया वस्त्र पहन लेता है ॥१०९(ग)॥

Whatever form I assumed, O mount of Hari, I dropped again with the utmost ease, like a man who takes off his old clothes and puts on new ones.

सिव राखी श्रुतिनीति अरु मैं नहि पावा क्लेस ।
एहि बिधि धरेउँ बिबिध तनु ग्यान न गयेउ खगेस ॥१०९(घ)॥

(इस प्रकार) शिवजी ने वेद की मर्यादा रख ली और मैंने क्लेश भी नहीं पाया। हे पक्षिराज ! मैंने इसी तरह अनेक शरीर धारण किये (और अनेक योनियों में जन्म लिया) पर मेरा ज्ञान नहीं गया ॥१०९(घ)॥

Thus Shiva vindicated the Vedic ordinances and I suffered no pain. In this manner, O king of birds, I assumed various forms, but never did my understanding leave me.

चौ. –त्रिजग देव नर जोइ तनु धरऊँ । तहँ तहँ रामभजन अनुसरऊँ ॥
एक सूल मोहि बिसर न काऊ । गुर कर कोमल सील सुभाऊ ॥

तिर्यक् योनि (पशु-पक्षी), देवता या मनुष्य का, जो भी शरीर धारण करता, उस-उस शरीर में मैं श्रीरामजी का भजन जारी रखता – करता ही रहता। परंतु एक शूल मुझे (सदा) बना रहा। गुरुजी का कोमल, सुशील स्वभाव मुझे कभी नहीं भूलता (अर्थात् गुरु के अपमान का दुःख होता ही रहा) ॥१॥

Whatever form I assumed, whether brute or divine or human, I retained therein the practice of worshipping Rama; but one thing ever stung my conscience – the remembrance of the *guru*'s tender and amiable disposition.

चरम देह द्विज कै मैं पाई । सुरदुर्लभ पुरान श्रुति गाई ॥
खेलौं तहूँ बालकन्ह मीला । करौं सकल रघुनायकलीला ॥

मैंने अन्तिम देह ब्राह्मण की पायी, जिसे पुराण और वेद देवताओं के लिए भी दुर्लभ बताते हैं। मैं वहाँ (द्विज-देह में) भी बालकों में मिलकर खेला करता और श्रीरघुनाथजी की ही सब लीलाएँ किया करता था ॥२॥

Finally I was born in the form of a Brahman, a form which – as the Vedas and the Puranas declare – even the gods find it difficult to attain; and when in that incarnation I joined in play with other children, I would enact all Raghunatha's boyish sports.

प्रौढ़ भएँ मोहि पिता पढ़ावा। समुझौं सुनौं गुनौं नहि भावा॥
मन तें सकल बासना भागी। केवल रामचरन लय लागी॥

बड़ा होने पर मुझे पिताजी पढ़ाने लगे। मैं समझता, सुनता और विचार करता, परंतु (वह विद्या पढ़ना) मुझे अच्छा नहीं लगता था। मेरे मन से सारी वासनाएँ भाग गयीं[1]। केवल श्रीरामजी के चरणों में लौ लग गयी॥३॥

When I grew up, my father gave me lessons (in secular subjects), but though I tried to understand things and listened to his lessons and turned them over in my mind, they failed to attract me. All worldly cravings clean deserted my soul, for I was utterly absorbed in my devotion to Rama's feet.

कहु खगेस अस कवन अभागी। खरी सेव सुरधेनुहि त्यागी॥
प्रेममगन मोहि कछु न सोहाई। हारेउ पिता पढ़ाइ पढ़ाई॥

हे गरुड़जी! कहिये तो, ऐसा कौन अभागा होगा जो कामधेनु को त्यागकर गदही की सेवा करेगा? प्रेम में डूबा हुआ रहने से मुझे कुछ भी सुहाता न था। पिताजी पढ़ा-पढ़ाकर हार गए॥४॥

Tell me, O king of birds, would anyone be so foolish as to abandon the cow of plenty to serve a she-ass? With my soul flooded with love, I had no charm left for anything, and my father was quite tired of trying to teach me.

भए कालबस जब पितु माता। मैं बन गएउँ भजन जनत्राता॥
जहँ जहँ बिपिन मुनीस्वर पावौं। आश्रम जाइ जाइ सिरु नावौं॥

जब मेरे माता-पिता काल-कवलित हो गए (मर गए), तब मैं भक्तरक्षक[2] श्रीरामजी का भजन करने के लिए वन में चला गया। वन में जहाँ-जहाँ मुनीश्वरों के आश्रम पाता, वहाँ-वहाँ आश्रम में जा-जाकर उन्हें मस्तक नवाता था॥५॥

When my father and mother passed away, I withdrew to the forest to worship Rama, the protector of his servants. Wherever I discovered any great sages living in the woods, I visited them in their hermitages and made obeisance.

बूझौं तिन्हहि राम गुन गाहा। कहहिं सुनौं हरषित खगनाहा॥
सुनत फिरौं हरिगुन अनुबादा। अब्याहत गति संभुप्रसादा॥

हे गरुड़जी! उनसे मैं श्रीरामजी के गुणों की गाथाएं (कथाएँ) पूछा करता। वे कहते और मैं आनन्दपूर्वक सुना करता। (इस भाँति) मैं सदा-सर्वदा श्रीहरि का गुणानुवाद सुनता फिरता। शिवजी के प्रसाद से मेरी सर्वत्र अबाधित गति थी (अर्थात् मैं जहाँ चाहता वहीं बिना रोक-टोक या परिश्रम के जा सकता था)॥६॥

I would ask them to tell me stories of Rama's excellences and would listen, Garuda, with delight to what they told me. Thus I roamed about, listening to the recital of Hari's virtues, for by Shiva's grace there was no check to my movements.

छूटी त्रिबिध ईषना गाढ़ी। एक लालसा उर अति बाढ़ी॥
रामचरन बारिज जब देखौं। तब निज जन्म सुफल करि लेखौं॥

मेरी तीनों प्रकार की (पुत्र, धन और मान की) गहरी प्रबल इच्छाएँ छूट गयीं और हृदय में केवल एक ही लालसा अत्यन्त बढ़ गयी कि जब श्रीरामजी के चरणकमलों को देख पाउँ तब अपने जन्म की सफलता समझूँ॥७॥

The threefold passionate concern (*viz.*, desire for a son, for wealth and for fame) left me and one solitary longing grew to inordinate proportions in my heart, that I shall deem the purpose of my life fully accomplished when I shall behold Rama's lotus feet.

जेहि पूछौं सोइ मुनि अस कहई। ईस्वर सर्बभूतमय अहई॥
निर्गुनमत नहि मोहि सोहाई। सगुन ब्रह्म रति उर अधिकाई॥

मैं जिस मुनि से पूछता, वही ऐसा कहते कि ईश्वर सर्वभूतमय है[1]। किंतु मुझे यह निर्गुण मत सुहाता न था। हृदय में सगुण ब्रह्म पर प्रीति बढ़ती जाती थी॥८॥

All the seers whom I questioned told me that God abides in all beings; but the doctrine that God is impersonal did not satisfy me, and I became ever more attached *saguna* Brahma (*i.e.*, the incarnate Rama).

दो.—गुर के बचन सुरति करि रामचरन मनु लाग।
रघुपतिजस गावत फिरौं छन छन नव अनुराग॥११०(क)॥

गुरुजी के वचन का स्मरण कर मेरा मन श्रीरामजी के चरणों में रम गया। मैं क्षण-क्षण नये-नये अनुराग के साथ श्रीरघुनाथजी का यशोगान करता फिरता था (और क्षण-क्षण नया-नया अनुराग उत्पन्न होता जाता था)॥११०(क)॥

Even as I recalled the words of my erstwhile *guru*, my mind conceived a fondness for Rama's feet, and

---

१. कोई भी सांसारिक वासना किंचित भी मन में रह गयी। विद्या की भी वासना नहीं रह गयी। पाठ-ग्रहण के समय समझने और मनन करने का प्रयत्न करते अवश्य थे, परंतु अच्छा नहीं लगता था।

२. घर छूटने पर भगवान् ही एकमात्र रक्षक रह जाते हैं। वे अपने जन (भक्त) की सदा रक्षा करते हैं, यह भरोसा रख वन को गये; अतः 'जनत्राता' कहा। जनत्राता हैं, इसलिए उन्हें वन में भय नहीं। वन ही भजन का सर्वोत्तम स्थान भी है।

१. इससे यह बतलाया कि सगुणोपासक रामानुरागी भक्त मुनीश्वर थोड़े हैं, निर्गुणरूप के उपासक शान्तरसवाले बहुत हैं। यह इतना गोप्य रहस्य है कि कोई बतलाता ही न था।

I wandered about, hymning the praises of Raghunatha with a love which every moment grew even greater.

मेरुसिखर बटु छाया मुनि लोमस आसीन।
देखि चरन सिरु नाएउँ बचन कहेउँ अति दीन ॥११०(ख)॥

सुमेरुपर्वत के शिखर पर बरगद की छाँह में लोमश मुनि को बैठे देखकर मैंने उनके चरणों में सिर नवाया और अत्यन्त दीन वचन कहे ॥११०(ख)॥

On a peak of Mount Meru, under the shade of a banyan tree, sat Lomasha the sage. On seeing him, I bowed my head before his feet and addressed him very humbly.

सुनि मम बचन बिनीत मृदु मुनि कृपाल खगराज।
मोहि सादर पूछत भए द्विज आयेहु केहि काज ॥११०(ग)॥

हे पक्षिराज ! मेरे अत्यन्त नम्र और कोमल वचन सुनकर दयालु मुनि मुझसे आदरपूर्वक पूछने लगे – हे ब्राह्मण ! आप किस कार्य से यहाँ पधारे हैं ? ॥११०(ग)॥

When the gracious sage heard my modest and gentle address, O king of birds, he courteously asked me, "With what object have you come here, Brahman?"

तब मैं कहा कृपानिधि तुम्ह सर्बग्य सुजान।
सगुन ब्रह्म अवराधन मोहि कहहु भगवान ॥११०(घ)॥

तब मैंने कहा – हे दयासागर ! आप सर्वज्ञ और सुजान हैं। हे भगवन् ! मुझे सगुण ब्रह्म की उपासना (की प्रक्रिया) कहिये ॥११०(घ)॥

"O ocean of mercy," I replied, "you are omniscient and sagacious. Teach me, blessed one, how to worship the *saguna* Brahma." (By *saguna* Brahma he means the incarnate Rama, rather than the Ishvara who abides in all things.)

चौ.–तब मुनीस रघुपति गुन गाथा। कहे कछुक सादर खगनाथा ॥
ब्रह्मग्यान रत मुनि बिग्यानी। मोहि परम अधिकारी जानी ॥

तब हे पक्षिराज ! मुनीश्वर ने आदरपूर्वक कुछ श्रीरघुनाथजी के गुणों की कथाएँ कहीं। फिर ब्रह्मज्ञान में तत्पर, ब्रह्मज्ञान में सदा लीन वे विज्ञानी मुनि मुझे परम अधिकारी जानकर – ॥१॥

Then, O king of birds, the holy sage reverently recounted some tales of Raghunatha's excellent virtues; but being himself an illumined seer devoted to the knowledge of Brahma (the Absolute), and knowing me to be the fittest person (to be initiated into such knowledge), the enlightened sage

लागे करन ब्रह्म उपदेसा। अज अद्वैत अगुन हृदयेसा ॥
अकल अनीह अनाम अरूपा। अनुभवगम्य अखंड अनूपा ॥

ब्रह्म का उपदेश करने लगे कि वह जन्मरहित, अद्वितीय, निर्गुण और हृदय का स्वामी (सबमें अन्तर्यामी रूप से बसा) है। वह अखंड[1] (निराकार, कलाहीन), इच्छारहित, नामरहित, अनुभव से प्राप्त होने या जानने योग्य, अखण्ड और उपमारहित है ॥२॥

began a sermon on the nature of the Absolute, the unborn, the one without a second and without attributes, the sovereign of the heart (the inner controller), unchangeable (without parts), desireless, nameless, formless, comprehensible only by realization, indivisible and incomparable,

मन गोतीत अमल अबिनासी। निर्बिकार निरवधि सुखरासी ॥
सो तें ताहि तोहि नहि भेदा। बारि बीचि इव गावहिं बेदा ॥

वह मन और इन्द्रियों की पहुँच से परे, निर्मल, विनाशरहित, निर्विकार, सीमारहित और सुख की राशि है। वेद कहते हैं कि वही तू है (तत्त्वमसि), जल और जल की लहर की भाँति उसमें और तुझमें कोई भेद नहीं है। (जो तत्त्व ब्रह्म है, वही तू है। जैसे वायु की उपाधि से ऊँचा उठने से लहर भिन्न दीख पड़ती है, वैसे ही वासनारूपी उपाधि से जीव भिन्न-भिन्न प्रकारों में दीख पड़ते हैं।) ॥३॥

transcending the mind and the senses, spotless and indestructible, immutable, illimitable and all-blissful. "The Vedas declare," he said, "that You are It, and that there is no more difference between It and You than between water and its ripples."

बिबिध भाँति मोहि मुनि समुझावा। निर्गुनमत मम हृदय न आवा ॥
पुनि मैं कहेउँ नाइ पद सीसा। सगुन उपासन कहहु मुनीसा ॥

(लोमश) मुनि ने मुझे अनेक प्रकार से समझाया, पर निर्गुण मत मेरे हृदय में न बसा। मुनि के चरणों में सिर नवाकर मैंने फिर कहा – हे मुनीश्वर ! मुझे सगुण ब्रह्म की उपासना कहिये ॥४॥

The sage gave me the fullest possible instruction, but the *nirguna* doctrine did not captivate my heart. Once more I bowed my head at his feet and said, "Tell me, O holy sage, how to worship the personal (the embodied Brahma).

रामभगति जल मम मन मीना। किमि बिलगाइ मुनीस प्रबीना ॥
सोइ उपदेस कहहु करि दाया। निज नयनन्हि देखौं रघुराया ॥

(क्योंकि) रामभक्तिरूपी जल में मेरा मन मछली हो रहा है (उसी में रम

१. 'अकल' – वह घटता-बढ़ता नहीं। 'अनीह' – चेष्टारहित, उदासीन। 'अनाम अरूपा' – नाम-रूप भौतिक पदार्थों के होते हैं, परिमित वस्तुओं के लिए हैं। ब्रह्म तो चिति-मात्र है, अतः अनुभव से ही जाना जा सकता है।

रहा है)। हे प्रवीण (चतुर) मुनीश ! ऐसी दशा में (वह उससे) कैसे अलग हो सकता है ? अतः आप दया करके मुझे वही उपदेश (उपाय) कीजिए जिससे मैं श्रीरघुनाथजी को अपनी आँखों से देख सकूँ ॥५॥

Devotion to Rama is like the element of water and my soul is as it were a fish; how then, O wise lord of the sages, can the one exist without the other? Of your mercy so instruct me that I may behold Raghunatha with my own eyes.

भरि लोचन बिलोकि अवधेसा। तब सुनिहौं निर्गुन उपदेसा ॥
मुनि पुनि कहि हरिकथा अनूपा। खंडि सगुनमत अगुन निरूपा ॥

(पहले) श्रीअयोध्यानाथ को नेत्र भरकर देखकर तब निर्गुण ब्रह्म का उपदेश सुनूँगा। फिर मुनि ने अनुपम हरिकथा कहकर, सगुण मत का खण्डनकर निर्गुण मत का प्रतिपादन किया ॥६॥

First let me fill my eyes by seeng the lord of Ayodhya, then I will listen to your discourse on *nirguna* (the attribteless, impersonal Brahma)."[1] Again the sage recited the incomparable story of Hari and demolishing the doctrine of the personal expounded the impersonal. (He rejected the dogma of the incarnation and established that Brahma the absolute is altogether attributeless.)

तब मैं निर्गुनमत करि दूरी। सगुन निरूपौं करि हठ भूरी ॥
उत्तर प्रतिउत्तर मैं कीन्हा। मुनितन भए क्रोध के चीन्हा ॥

तब मैं निर्गुण मत को हटाकर (खण्डन कर) बहुत हठ करके सगुण मत का प्रतिपादन करने लगा। जब मैंने उत्तर-प्रत्युत्तर किया, तब मुनि के शरीर में क्रोध के चिह्न प्रकट हो गए ॥७॥

But I rejected the view that God is ever *nirguna* (impersonal or attributeless) and established with great obstinacy the doctrine of his concrete manifestation (*i.e.*, the doctrine of the incarnate, personal Absolute). When I went on arguing with him, signs of resentment appeared on the sage's person.

सुनु प्रभु बहुत अवज्ञा किये। उपज क्रोध ज्ञानिन्ह के हिये ॥
अति संघरषन जौ कर कोई। अनल प्रगट चंदन तें होई ॥

हे प्रभो ! सुनिये, बहुत अनादर करने से ज्ञानियों के भी हृदय में क्रोध उत्पन्न हो जाता है। यदि कोई चन्दन की लकड़ी को (आपस में) बहुत अधिक रगड़े, तो उससे भी आग प्रकट हो जायगी ॥८॥

Listen, my lord; discourtesy carried to excess rouses even the wise to wrath. If one rubs sandalwood with excessive violence, the friction will surely produce fire from it.

दो. —बारंबार सकोप मुनि करै निरूपन ज्ञान।
मैं अपने मन बैठ तब करौं बिबिध अनुमान ॥१११(क)॥

मुनि बारंबार क्रोधसहित (क्रोधावेश में) ज्ञान का निरूपण करते थे। तब मैं बैठा-बैठा अपने मन में अनेक प्रकार के अनुमान करता—॥१११(क)॥

Again and again the sage angrily expatiated on spiritual wisdom, while I sat still and argued the matter from every point of view in my own mind:

क्रोध कि द्वैतबुद्धि बिनु द्वैत कि बिनु अज्ञान।
मायाबस परिछिन्न जड़ जीव कि ईस समान ॥१११(ख)॥

(कि) बिना द्वैतबुद्धि के क्रोध हो सकता है ? क्या अज्ञान के बिना द्वैतबुद्धि हो सकती है ? माया के अधीन रहनेवाला परिच्छिन्न जड़ जीव क्या ईश्वर के समान हो सकता है ? ॥१११(ख)॥

"Can there be anger without duality, or duality without ignorance ? Can an individual soul, dull, finite and subject to delusion, ever be like God ?

चौ. —कबहुँ कि दुख सब कर हित ताके। तेहि कि दरिद्र परसमनि जाके ॥
परद्रोही की होहिं निसंका। कामी पुनि कि रहहिं अकलंका ॥

सबका भला चाहने से क्या कभी दुःख हो सकता है ? जिसके पास पारसमणि है, क्या उसे दरिद्रता सता सकती है ? दूसरे से द्रोह (वैर) करनेवाले क्या निर्भय हो सकते हैं ? और क्या कामी कलङ्करहित (बेदाग) रह सकते हैं ? ॥१॥

Can suffering ensue from solicitude for others' welfare ? Can the possessor of the philosopher's stone suffer poverty ? Can the malicious be free from fear or the sensualist from stain ?

बंस कि रह द्विज अनहित कीन्हे। कर्म कि होहिं स्वरूपहि चीन्हे ॥
काहू सुमति कि खलसँग जामी। सुभ गति पाव कि परत्रियगामी ॥

क्या ब्राह्मण का अनभल करने से वंश रह सकता है ? क्या अपना स्वरूप पहचान लेने पर (आसक्तिपूर्वक) कर्म हो सकते हैं ? क्या दुष्टों के सङ्ग से किसी में सुबुद्धि उत्पन्न हुई है ? क्या परस्त्रीगामी शुभ (उत्तम) गति पा सकता है ? ॥२॥

Can one's line prosper if one injures a Brahman ? Can one continue to perform actions (with attachment) even after attaining true self-knowledge ? Can sound wisdom issue from association with the wicked ? Can an adulterer attain to the felicity of salvation ?

---

1. Tulasidasa "integrates the *Adhyatma* stress upon the transcendent and immanent Rama, but he subordinates it to *bhakti* or to the Name of the loving Lord." See Frank Whaling, *The Rise of the Religious Significance of Rama* (Delhi, 1980), p. 279.

भव कि परहिं परमात्माबिंदक। सुखी कि होहिं कबहुँ हरिनिंदक॥
राजु कि रहै नीति बिनु जाने। अघ कि रहहिं हरिचरित बखाने॥

क्या परमात्मा को जाननेवाले (परमात्वतत्त्वज्ञानी) कहीं जन्म-मरण (के चक्कर) में पड़ सकते हैं? क्या भगवान् की निन्दा करनेवाले कभी सुखी हो सकते हैं? क्या नीति जाने बिना राज्य रह सकता है? क्या श्रीहरि के चरित्र गाने से पाप रह सकते हैं? ॥३॥

Can those who have realized God experience rebirth? Can the revilers of the Blessed Lord ever be happy? Can a kingdom stand without a knowledge of statecraft? Can sins coexist with a recital of Hari's exploits?

पावन जस कि पुन्य बिनु होई। बिनु अघ अजस कि पावै कोई॥
लाभु कि किछु हरिभगति समाना। जेहि गावहिं श्रुति संत पुराना॥

क्या पुण्य के बिना पवित्र यश (प्राप्त) हो सकता है? क्या बिना पाप के भी कोई अपयश पा सकता है? जिसकी महिमा का गान वेद, संत और पुराण करते हैं उस हरिभक्ति के सदृश क्या कोई दूसरा लाभ भी है? ॥४॥

Can there be spotless renown without religious merit? Does one earn ill repute except when one sins? Is there any blessing as valuable as devotion to Hari, as hymned alike by the saints, the Vedas and the Puranas?

हानि कि जग एहि सम किछु भाई। भजिअ न रामहि नरतनु पाई॥
अघ कि पिसुनता सम कछु आना। धर्म कि दया सरिस हरिजाना॥

हे भाई! क्या संसार में इसके समान दूसरी कोई हानि है कि मनुष्य-शरीर पाकर भी श्रीरामजी का भजन न किया जाय? क्या चुगलखोरी के समान कोई दूसरा पाप है? और हे हरिवाहन गरुड़जी! क्या दया के समान कोई दूसरा धर्म है? ॥५॥

And, brother, is there any loss in the world as grievous as that of being born as a man and yet not worshipping Rama? Is there any other sin, Garuda, so bad as backbiting, or any virtue so great as compassion?"

एहि बिधि अमिति जुगति मन गुनऊँ। मुनि उपदेस न सादर सुनऊँ॥
पुनि पुनि सगुनपक्ष मैं रोपा। तब मुनि बोलेउ बचन सकोपा॥

इस प्रकार मैं अपने मन में अनगिनत युक्तियाँ सोच्ता-विचारता था और आदरपूर्वक मुनि का उपदेश नहीं सुनता था। जब मैंने बारंबार सगुणोपासना का पक्ष स्थापित किया, तब मुनि (कुपित होकर) क्रोधयुक्त वचन बोले— ॥६॥

Thus I reasoned and thought out countless arguments (in my favour), never bothering to listen to the sage's teaching with due respect. Again and again I insisted on my belief in the *saguna*[1] form of worship, till at last the sage said angrily,

मूढ़ परम सिख देउँ न मानसि। उत्तर प्रतिउत्तर बहु आनसि॥
सत्य बचन बिस्वास न करही। बायस इव सब ही तें डरही॥

अरे मूढ़! मैं तुझे सर्वोत्तम शिक्षा देता हूँ, पर तू उसे नहीं मानता और बहुत-से उत्तर-प्रत्युत्तर (दलीलें) देता चला जाता है। मेरी सच्ची बातों पर विश्वास नहीं करता। कौए की भाँति सभी से डरता है (शंका करता है) ॥७॥

"You fool, though I am giving you the most sublime teaching, yet you are not convinced and persist in endless arguments and counter arguments. You attach no credence to my authentic words and, like a crow, look on everything with distrust!

सठ स्वपच्छ तव हृदय बिसाला। सपदि होहि पच्छी चंडाला॥
लीन्ह श्राप मैं सीस चढ़ाई। नहि कछु भय न दीनता आई॥

अरे मूर्ख! तेरे हृदय में अपने पक्ष का बड़ा भारी हठ है। तू शीघ्र चाण्डाल पक्षी (कौआ) हो जा। मैंने मुनि के शाप को (आदरपूर्वक) सिर पर चढ़ा लिया (शिरोधार्य कर लिया)। उससे न तो मुझे कुछ भय हुआ और न दीनता ही आयी ॥८॥

Fool, as your soul is so exceedingly self-opinionated, you shall this very moment take the form of a crow (the pariah among birds)." I willingly took the curse on my head and felt neither alarmed nor mortified.

दो.—तुरत भयेउँ मैं काग तब पुनि मुनिपद सिरु नाइ।
सुमिरि राम रघुबंसमनि हरषित चलेउँ उड़ाइ॥११२(क)॥

तब (मुनि के शाप देते ही) मैं तुरंत कौआ हो गया। फिर मुनि के चरणों में सिर नवाकर और रघुकुलश्रेष्ठ श्रीरामजी का स्मरण कर मैं हर्षपूर्वक उड़ चला ॥११२(क)॥

I was immediately transformed into a crow. Then I bowed my head before the sage's feet again and, fixing my thoughts on Rama, the jewel of the house of Raghu, joyfully flew away.

उमा जे रामचरन रत बिगत काम मद क्रोध।
निज प्रभुमय देखहिं जगत केहि सन करहिं बिरोध॥११२(ख)॥

(शिवजी कहते हैं—) हे उमा! जो श्रीरामजी के चरणों में अनुरक्त हैं, और काम, अभिमान तथा क्रोध से (सर्वथा) रहित हैं, वे जगत् को

1. *Saguna*, literally 'with attributes'. He who worshipsthe saguna form of the Absolute worships an embodied Deity or an Incarnation.

प्रभुमय – अपने प्रभु से भरा हुआ – देखते हैं, फिर वे वैर किससे करें ?[1] ॥११२(ख)॥

O Uma, those who are devoted to Rama's feet and abjure lust, vanity and anger look upon the whole world as full of their own Lord; to whom, then, can they be hostile ?

चौ. –सुनु खगेस नहि कछु रिषिदूषन । उरप्रेरक रघुबंसबिभूषन ॥
कृपासिंधु मुनिमति करि भोरी । लीन्ही प्रेमपरिच्छा मोरी ॥

(काकभुशुण्डिजी ने कहा –) हे पक्षिराज गरुड़जी ! सुनिये, (शाप देने में) लोमश ऋषि का कुछ भी दोष न था । रघुकुलभूषण श्रीरामजी ही सबके हृदय के प्रेरक हैं । दयासागर प्रभु ने मुनि की बुद्धि को भुलावा देकर मेरे प्रेम की परीक्षा ली ॥१॥

Listen, king of birds; the seer was in no way at fault, for Rama, the jewel of the house of Raghu, prompts all hearts. The All-merciful had put my devotion to the test by clouding the sage's mind.

मन बच क्रम मोहि निज जन जाना । मुनिमति पुनि फेरी भगवाना ॥
रिषि मम सहनसीलता देखी । रामचरन बिस्वास बिसेषी ॥

मन, वचन और कर्म से जब प्रभु ने मुझे अपना सेवक जान लिया तब भगवान् ने मुनि की बुद्धि फिर फेर दी । ऋषि ने मेरी सहनशीलता और श्रीरामजी के चरणों में बहुत विश्वास देखा, ॥२॥

When he perceived that I was his own devoted servant in thought and word and deed, the Blessed Lord restored the sage to his senses again. On beholding my forbearance and perfect confidence in Rama's feet,

अति बिसमय पुनि पुनि पछिताई । सादर मुनि मोहि लीन्ह बोलाई ॥
मम परितोष बिबिध बिधि कीन्हा । हरषित राममंत्र तब दीन्हा ॥

तब मुनि ने बहुत दुःख के साथ बारंबार पछताते हुए मुझे सादर बुला लिया । उन्होंने अनेक प्रकार से मुझे संतुष्ट किया और फिर प्रसन्न होकर मुझे राममन्त्र दिया ॥३॥

the seer was overwhelmed with astonishment and remorse and courteously summoned me near. He consoled me in every possible way and then gladly taught me the spell sacred to Rama.

बालकरूप राम कर ध्याना । कहेउ मोहि मुनि कृपानिधाना ॥
सुंदर सुखद मोहि अति भावा । सो प्रथमहि मैं तुम्हहि सुनावा ॥

दयासागर मुनि ने मुझे बालकरूप श्रीरामजी के ध्यान की विधि बतलायी । सुन्दर और सुख देनेवाला यह ध्यान मुझे बहुत अच्छा लगा । उसे मैं आपको पहले ही सुना चुका हूँ (अब उसे दुहराने की आवश्यकता नहीं है) ॥४॥

The gracious sage also taught me how to meditate on Rama as a child. The beauty and blissfulness of this mode of contemplation pleased me well—but I have told you all about it before.

मुनि मोहि कछुक काल तहँ राखा । रामचरितमानस तब भाषा ॥
सादर मोहि यह कथा सुनाई । पुनि बोले मुनि गिरा सुहाई ॥

मुनि ने कुछ समय तक मुझे वहीं (अपने पास) रखा । तब उन्होंने रामचरितमानस का वर्णन किया । उन्होंने आदरपूर्वक मुझे यह कथा सुनायी और फिर वे मुझसे सुन्दर वाणी बोले – ॥५॥

The sage kept me in his hermitage for some little time, and then recited the *Holy Lake of Rama's Acts*. Having reverently repeated to me the narrative, the sage then addressed me in these gracious words:

रामचरितसर गुप्त सुहावा । संभुप्रसाद तात मैं पावा ॥
तोहि निज भगत राम कर जानी । ता तें मैं सब कहेउँ बखानी ॥

हे तात ! इस गुप्त और सुन्दर रामचरितमानस को मैंने शिवजी के अनुग्रह से पाया था ! तुम्हें श्रीरामजी का 'निज भक्त' जानकर मैंने तुमसे सब चरित्र विस्तारपूर्वक कहा ॥६॥

"I discovered this secret and delectable *Lake of Rama's Acts*, my son, by Shiva's favour, and I have recited it all to you because I know you to be one of Rama's most peculiar votaries.

रामभगति जिन्ह के उर नाहीं । कबहुँ न तात कहिअ तिन्ह पाहीं ॥
मुनि मोहि बिबिध भाँति समुझावा । मैं सप्रेम मुनिपद सिरु नावा ॥

हे तात ! जिनके हृदय में राम-भक्ति नहीं है, उनके सामने इसे कभी भी कहना नहीं चाहिए । मुनि ने मुझे अनेक प्रकार से समझाया, तब मैंने प्रेमपूर्वक मुनि के चरणों में मस्तक नवाया ॥७॥

But never, my son, repeat it in the presence of those whose hearts are void of devotion to Rama." The sage admonished me in various ways and I devoutly bowed my head before his feet.

निज कर कमल परसि मम सीसा । हरषित आसिष दीन्ह मुनीसा ॥
रामभगति अबिरल उर तोरे । बसिहि सदा प्रसाद अब मोरे ॥

अपने कर-कमलों से मेरे सिर को स्पर्श करके तथा हर्षित होकर मुनीश्वर ने आशीर्वाद दिया कि अब मेरी कृपा से तेरे हृदय में प्रगाढ़ रामभक्ति का सदा निवास होगा ॥८॥

---

१. यस्तुव्यः दुस्तुव्मर्वाणि भूतान्यात्मन्येवानुपश्यति ।
सर्वभूतेषु चात्मानं ततो न विजुगुप्सते ॥ – ईशावास्योपनिषद्, ६ ॥

The great sage touched my head with his lotus hands and rejoiced to give me his blessing: "Henceforth by my grace," he said, "devotion to Rama shall ever abide in your heart and know no interruption !

दो. –सदा रामप्रिय होब तुम्ह सुभ गुन भवन अमान ।
कामरूप इच्छामरन ग्यान बिराग निधान ॥११३(क)॥

तुम सदा श्रीरामजी को प्रिय होगे और शुभ गुणों के स्थान, मानरहित, कामरूप (इच्छानुसार रूप धारण करने में समर्थ), इच्छामृत्यु(शरीर छोड़ने की इच्छा करने पर ही मृत्यु को प्राप्त होने वाला) एवं ज्ञान तथा वैराग्य के भण्डार बने रहोगे ॥११३(क)॥

You shall ever be a favourite with Rama and a storehouse of all blessed virtues, free from pride, changing your form at will and choosing your own time to die, a repository of wisdom and dispassion;

जेहि आश्रम तुम्ह बसब पुनि सुमिरत श्रीभगवंत ।
ब्यापिहि तहँ न अबिद्या जोजन एक प्रजंत ॥११३(ख)॥

फिर श्रीभगवान् का स्मरण करते हुए तुम जिस आश्रम में रहोगे वहाँ एक योजन (चार कोस) तक अविद्या (माया-मोह) नहीं व्यापेगी ॥११३(ख)॥

and in whatever hermitage you hereafter abide with your thought fixed on the Blessed Lord, there ignorance will have no access for a distance of three leagues around.

चौ. –काल कर्म गुन दोष सुभाऊ । कछु दुख तुम्हहि न ब्यापिहि काऊ ॥
रामरहस्य ललित बिधि नाना । गुप्त प्रगट इतिहास पुराना ॥

काल, कर्म, गुण, दोष और स्वभाव जनित कुछ भी दुःख तुम्हें कभी नहीं व्यापेगा । अनेक प्रकार के सुन्दर राम-रहस्य, जो इतिहास और पुराणों में गुप्त और प्रकट हैं, ॥१॥

No suffering occasioned by time and fate, merit, demerit and disposition shall ever torment you. All the various and exquisite mysteries of Rama recorded in the chronicles and Puranas either plainly or in parables,

बिनु श्रम तुम्ह जानब सब सोऊ । नित नव नेह रामपद होऊ ॥
जो इच्छा करिहहु मन माहीं । हरिप्रसाद कछु दुर्लभ नाहीं ॥

उन सबको भी तुम बिना परिश्रम जान जाओगे । श्रीरामजी के चरणों में तुम्हारा नित्य नया अनुराग होगा । तुम अपने मन में जो कुछ इच्छा करोगे, हरि-कृपा से वह कुछ भी दुर्लभ न होगी (तुम्हारे सब मनोरथ पूर्ण होते रहेंगे) ॥२॥

you shall comprehend without any difficulty, and your devotion to Rama's feet shall never grow old! Whatever desire you may form in your mind shall be easy of attainment by the blessing of Hari !"

सुनि मुनि आसिष सुनु मतिधीरा । ब्रह्मगिरा भइ गगन गँभीरा ॥
एवमस्तु तव बच मुनि ग्यानी । यह मम भगत कर्म मन बानी ॥

हे धीरबुद्धि गरुड़जी ! सुनिये, (लोमश) मुनि के आशीर्वाद को सुनकर आकाश में यह गम्भीर ब्रह्मवाणी गूँज उठी कि हे ज्ञानी मुनि ! तुम्हारा वचन ऐसा ही (सत्य) हो, (क्योंकि) यह कर्म, मन और वचन से मेरा भक्त है ! ॥३॥

On hearing the sage's benediction—mark me, O Garuda of steadfast reason—a solemn voice was heard from heaven : "May your words come to pass, O enlightened sage, for he is my votary in thought and word and deed."

सुनि नभगिरा हरष मोहि भएऊ । प्रेममगन सब संसय गएऊ ॥
करि बिनती मुनि आयसु पाई । पदसरोज पुनि पुनि सिरु नाई ॥

उस आकाशवाणी को सुनकर मुझे बड़ा हर्ष हुआ ! मैं प्रेम-मग्न हो गया और मेरी सब शंकाएँ जाती रहीं । (तदनन्तर) मुनि की विनती करके, उनकी आज्ञा पाकर और उनके चरण-कमलों में बार-बार मस्तक नवाकर – ॥४॥

I rejoiced to hear this voice from heaven and stood overwhelmed with love and rid of all my doubts. Then after making humble petition and taking leave of the sage, I repeatedly bowed my head before his lotus feet

हरष सहित एहि आश्रम आएउँ । प्रभुप्रसाद दुर्लभ बर पाएउँ ॥
इहाँ बसत मोहि सुनु खगईसा । बीते कलप सात अरु बीसा ॥

हर्षोल्लसित हो मैं इस आश्रम में आया । प्रभु श्रीरामजी की अनुकम्पा से मैंने दुर्लभ (दुष्प्राप्य) वर पा लिया । हे पक्षिराज ! मुझे यहाँ निवास करते सत्ताईस कल्प बीत गए ॥५॥

and arrived with great joy at this hermitage. By the grace of the Lord Rama I had obtained an inestimable boon. Listen, king of birds; here have I lived for the past twenty-seven cycles of creation.

करौं सदा रघुपति गुन गाना । सादर सुनहिं बिहंग सुजाना ॥
जब जब अवधपुरी रघुबीरा । धरहिं भगतहित मनुजसरीरा ॥

मैं (यहाँ) श्रीरघुनाथजी के गुणों का निरंतर गान किया करता हूँ और चतुर पक्षिगण उसे सादर सुनते हैं । जब-जब श्रीरघुवीर भक्तों के (हित के) लिए अयोध्यापुरी में मानव-शरीर धारण करते हैं, ॥६॥

I am ever engaged (here) in hymning the praises of Raghunatha while enlightened birds reverently listen. Each time Raghubira takes upon him the form of a man in the city of Ayodhya to bless his votaries,

तब तब जाइ रामपुर रहऊँ। सिसुलीला बिलोकि सुख लहऊँ ॥
पुनि उर राखि राम सिसुरूपा। निज आश्रम आवौं खगभूपा ॥

तब-तब मैं जाकर श्रीरामजी की नगरी में रहता हूँ और शिशुलीला देख-देखकर सुखी होता हूँ। फिर, हे पक्षिराज ! श्रीरामजी के बालरूप को हृदय में रखकर मैं अपने आश्रम को लौट आता हूँ ॥७॥

I go and stay in Rama's city and enjoy the spectacle of his childish games. Again, enshrining the child Rama's image in my heart, I return, O king of birds, to my own cell.

कथा सकल मैं तुम्हहि सुनाई। कागदेह जेहि कारन पाई ॥
कहिउँ तात सब प्रस्न तुम्हारी। रामभगति महिमा अति भारी ॥

मैंने जिस कारण कौए का शरीर पाया, वह सारी कथा आपको सुना दी। हे तात ! मैंने आपके सब प्रश्नों के उत्तर कहे। (सचमुच) रामभक्ति की महिमा बड़ी भारी है ॥८॥

I have now told you the whole story of how I came to be born in the form of a crow and have replied, my friend, to all your questions. The glory of devotion to Rama is marvellous indeed !

दो. —ता तें यह तन मोहि प्रिय भएउ रामपद नेह।
निज प्रभु दरसन पाएउँ गए सकल संदेह ॥११४(क)॥

यह काकशरीर मुझे इसीलिए प्रिय है कि इसमें मुझे श्रीरामजी के चरणों में स्नेह हुआ। इसी काक शरीर से मैंने अपने प्रभु के दर्शन प्राप्त किए और मेरे सब संदेह मिट गए ॥११४(क)॥

I love this body because it was in it that devotion to the feet of Rama sprang up in my heart; in it I was blessed with the sight of my own Lord and all my doubts were resolved.

मासपारायण, उन्तीसवाँ विश्राम

भगतिपक्ष हठ करि रहेउँ दीन्हि महारिषि श्राप।
मुनिदुर्लभ बर पाएउँ देखहु भजनप्रताप ॥११४(ख)॥

हठ करके मैं भक्तिपक्ष में दृढ़ रहा, जिससे महर्षि (लोमश) ने मुझे शाप दिया। परन्तु अन्त में जो मुनियों को भी दुर्लभ है, वह वरदान मैंने पाया। भजन का (यह) प्रताप तो देखिये ! ॥११४(ख)॥

I stubbornly upheld the cause of devotion, for which the great sage Lomasha cursed me; yet in the end I obtained a boon which even the sages scarce may obtain; witness the efficacy of prayer !

चौ. —जे असि भगति जानि परिहरहीं। केवल ग्यान हेतु श्रम करहीं ॥
ते जड़ कामधेनु गृह त्यागी। खोजत आकु फिरहिं पय लागी ॥

भक्ति की ऐसी महिमा जानकर भी जो उसे त्याग देते हैं और केवल ज्ञान के लिए श्रम-साधन करते हैं, वे मूर्ख अपने ही घर की कामधेनु को त्यागकर दूध के लिए मदार के पेड़ को खोजते फिरते हैं ॥१॥

Those who knowingly reject this way of faith and strive merely to tread the way of knowledge, are fools who would leave alone the cow of plenty standing at their door and knock about in search of the *aka* plant (the milk-weed) to give them milk.

सुनु खगेस हरिभगति बिहाई। जे सुख चाहहिं आन उपाई ॥
ते सठ महासिंधु बिनु तरनी। पैरि पार चाहहिं जड़ करनी ॥

हे पक्षिराज ! सुनिये, जो लोग हरि-भक्ति को छोड़कर अन्य उपायों से सुख चाहते हैं, वे मूर्ख और जड़ करनीवाले (दुष्ट) बिना ही जहाज के महासागर को तैरकर पार जाना चाहते हैं ॥२॥

Listen, king of birds; those who abandon the worship of Hari and seek happiness by any other means are like wretched bunglers who seek to swim across the vast ocean without the help of a boat.'

सुनि भुसुंडि के बचन भवानी। बोलेउ गरुड़ हरषि मृदु बानी ॥
तव प्रसाद प्रभु मम उर माहीं। संसय सोक मोह भ्रम नाहीं ॥

(शिवजी कहते हैं —) हे भवानी ! काकभुशुण्डि के वचन सुनकर गरुड़जी प्रसन्न होकर कोमल वाणी में बोले — हे प्रभो ! आपकी कृपा से मेरे हृदय में अब संदेह, शोक, मोह और भ्रम कुछ भी नहीं रहा ॥३॥

Garuda, O Bhavani, rejoiced to hear Kakabhushundi's words and made reply in gentle accents: 'By your grace, my lord, doubt, care, error and delusion have all disappeared from my heart.

सुनेउँ पुनीत राम गुन ग्रामा। तुम्हरी कृपा लहेउँ बिश्रामा ॥
एक बात प्रभु पूछौं तोही। कहहु बुझाइ कृपानिधि मोही ॥

आप की कृपा से मैंने श्रीरामचन्द्रजी के पवित्र गुणसमूह सुने और शान्ति पायी। हे प्रभो ! मैं आपसे एक बात और पूछता हूँ, हे दया सागर ! मुझे समझाकर कहिए (उत्तर दीजिए) ॥४॥

Through your clemency I have heard the sacred tale of Rama's perfections and have gained peace. But there is still one question I would put, my lord; in your infinite compassion be pleased to explain this problem to me.

कहहिं संत मुनि बेद पुराना। नहि कछु दुर्लभ ग्यान समाना ॥
सोइ मुनि तुम्ह सन कहेउ गोसाईं। नहि आदरेहु भगति की नाईं ॥

संत, मुनि, वेद और पुराण कहते हैं कि ज्ञान के समान दुर्लभ कुछ भी नहीं । हे गोसाईं । वही (ज्ञान) मुनि ने आपसे कहा, परंतु आपने भक्ति की तरह उसको सम्मानित नहीं किया ॥५॥

The saints and sages, the Vedas and Puranas declare that there is nothing so difficult of attainment as knowledge. That, my lord, is precisely what the sage (Lomasha) was teaching you, but you did not show the same amount of regard for knowledge as for faith.

ज्ञानहि भगतिहि अंतरु केता । सकल कहहु प्रभु कृपानिकेता ॥
सुनि उरगारिबचन सुख माना । सादर बोलेउ काग सुजाना ॥

हे दया के स्थान ! हे प्रभो ! ज्ञान और भक्ति में कितना अन्तर है ? यह सब (मुझसे) कहिये । सर्पों के शत्रु गरुड़जी के वचन सुनकर ज्ञानी काकभुशुण्डिजी सुखी हो गए और उन्होंने आदरपूर्वक कहा – ॥६॥

Explain to me, my gracious lord, all the difference between knowledge and faith.' The wise crow delighted to hear Garuda's question and courteously replied.

भगतिहि ज्ञानहि नहि कछु भेदा । उभय हरहिं भवसंभव खेदा ॥
नाथ मुनीस कहहिं कछु अंतर । सावधान सोउ सुनु बिहंगबर ॥

भक्ति और ज्ञान में कुछ भी भेद नहीं है । ये दोनों ही संसार से उत्पन्न दुःखों को हरते हैं;[१] किन्तु हे नाथ ! मुनीश्वर लोग इनमें कुछ भेद (अन्तर, पार्थक्य) बतलाते हैं । हे पक्षिश्रेष्ठ ! उसे भी सावधान होकर सुनिये ॥७॥

'There is no real difference between the ways of faith and those of knowledge, for both are equally efficacious in putting an end to the torments of birth and death. Great sages nonetheless point out some difference between the two, my lord; listen carefully, O noblest of birds, while I explain the matter.

ज्ञान बिराग जोग बिज्ञाना । ए सब पुरुष सुनहु हरिजाना ॥
पुरुष प्रताप प्रबल सब भाती । अबला अबल सहज जड़ जाती ॥

हे हरिवाहन ! सुनिये, ज्ञान, वैराग्य, योग और विज्ञान – ये सब पुरुषवर्गीय हैं । पुरुष का प्रताप सब प्रकार प्रबल होता है । अबला (स्त्री) स्वभावतः निर्बल और जाति (जन्म) से ही जड़ (जड़प्रकृति) होती है[२] ॥८॥

Wisdom, dispassion, yoga (abstract meditation or union with the Supreme Being) and knowledge of the Self—mark me—are all masculine in conception, O mount of Hari ! The might of the masculine is formidable indeed, while the feminine is weak and naturally inferior.

दो. –पुरुषु त्यागि सक नारिहि जो बिरक्त मतिधीर ।
न तु कामी बिषयाबस बिमुख जो पद रघुबीर ॥११५(क)॥

परंतु जो वैराग्यवान् और धीरबुद्धि पुरुष हैं, वे ही स्त्री को त्याग सकते हैं, न कि वे कामी जो विषयों के वशीभूत और रघुवीर-पद-विमुख हैं ॥११५(क)॥

Men who are unattached and resolute can forswear women, but not the sensual voluptuaries who have turned their faces against the feet of Raghubira.

सो. –सोउ मुनि ज्ञाननिधान मृगनयनी बिधुमुख निरखि ।
बिबस होइ हरिजान नारि बिष्नुमाया प्रगट ॥११५(ख)॥

वैसे ज्ञान के स्थान मुनि भी मृगनयनी के चन्द्रमुख को निरखकर उसके अधीन हो जाते हैं । हे गरुड़जी ! भगवान् विष्णु की माया ही स्त्री के रूप में प्रकट है ॥११५(ख)॥

But even a very enlightened sage may succumb to the charms of a fawn-eyed damsel when he sees her moon-bright face. Now it is the Lord Vishnu's Illusion, O mount of Hari, that is revealed as a woman.

चौ. –इहाँ न पक्षपात कछु राखौं । बेद पुरान संत मत भाषौं ॥
मोह न नारि नारि के रूपा । पन्नगारि यह रीति अनूपा ॥

यहाँ मैं कुछ पक्षपात नहीं रखता (यह मैं किसी पक्षपात के कारण नहीं कहता), वेद, पुराण और संतों का मत ही कहता हूँ । हे गरुड़जी ! यह विलक्षण रीति है कि एक स्त्री दूसरी स्त्री के रूप पर मोहित नहीं होती ॥१॥

Here I am speaking in no partisan spirit, but I am only declaring the doctrine of the Vedas, the Puranas and the saints. That one woman is not fascinated by the beauty of another is, O enemy of serpents, a strange practice.

माया भगति सुनहु तुम्ह दोऊ । नारिबर्ग जानै सब कोऊ ॥
पुनि रघुबीरहि भगति पिआरी । माया खलु नर्तकी बिचारी ॥

आप सुनिये, माया और भक्ति – ये दोनों ही स्त्री वर्ग की हैं, इसे सभी जानते हैं । फिर यदि श्रीरघुवीर को प्यारी है तो भक्ति । बेचारी माया तो निश्चय ही नाचनेवाली (नर्तकीमात्र) है ॥२॥

But, mark me, Illusion and Faith are both feminine, as everyone knows; further, Faith is beloved of

---

१. भव-हरण-सामर्थ्य दोनों में है । भेद इतना ही है कि भक्ति में 'मैं सेवक, मैं जीव' यह भाव है, भक्त पृथक् रहता है ।

२. भाव यह है कि चेतना पुरुष और जड़ प्रकृति के योग से ही सृष्टि बनी है, अर्थात् चेतन और जड़ की ग्रंथि जगत् का मूल है । ज्ञान, विराग, योग, विज्ञान इस ग्रंथि को तोड़कर मोक्ष देनेवाले हैं । अतः ये बड़े स्वात्मावलम्बी पुरुषार्थी हैं, पुरुषपदवाच्य के योग्य हैं । ये माया के प्रतिद्वन्द्वी हैं । अतः इनकी गिनती चेतन में है । – मा.पी., ७ पृ. ५७८ ।

Raghubira, while poor Illusion is no more than a dancing-girl.

भगतिहि सानुकूल रघुराया । ता तें तेहि डरपति अति माया ॥
रामभगति निरुपम निरुपाधी । बसै जासु उर सदा अबाधी ॥

श्रीरघुनाथजी भक्ति के प्रति विशेष अनुकूल रहते हैं । इसी कारण माया उससे अत्यन्त भयभीत रहती है । जिस किसी के हृदय में उपमारहित (अप्रतिम) और उपाधिरहित (विशुद्ध) रामभक्ति सदा बिना किसी विघ्न-बाधा के निवास करती हैं,॥३॥

Because Faith stands high in Rama's favour, Illusion is greatly afraid of her and is confounded at the very sight of anyone in whose heart faith in Rama abides, incomparable, irreproachable and ever unobstructed;

तेहि बिलोकि माया सकुचाई । करि न सकै कछु निज प्रभुताई ॥
अस बिचारि जे मुनि बिग्यानी । जाचहिं भगति सकल सुख खानी ॥

उसे देखते ही माया सकुचा जाती है । उसपर वह अपनी प्रभुता कुछ भी नहीं दिखा सकती । ऐसा विचारकर ही जो मुनि विज्ञानी हैं, वे समस्त सुखों की खान भक्ति की ही माँग करते हैं ॥४॥

over such an one she cannot exercise her authority. Knowing this, the most enlightened sages solicit Faith, the fountain of every blessing.

दो. –यह रहस्य रघुनाथ कर बेगि न जानै कोइ ।
जो जानै रघुपतिकृपा सपनेहु मोह न होइ ॥११६(क)॥

श्रीरघुनाथजी के इस रहस्य (गुप्त मर्म) को कोई जल्दी नहीं जान पाता । श्रीरघुनाथजी के प्रसाद से जो इसे जान लेता है, उसे सपने में भी मोह नहीं व्यापता ॥११६(क)॥

No one can grasp this mystery of Raghunatha all at once; but whoever by his grace does understand it can never even in sleep fall a prey to delusion.

औरौ ग्यान भगति कर भेद सुनहु सुप्रबीन ।
जो सुनि होइ रामपद प्रीति सदा अबिच्छिन ॥११६(ख)॥

हे परम चतुर गरुड़जी ! ज्ञान और भक्ति का और भी अन्तर सुनिये, जिसके श्रवण से श्रीरामजी के चरणों में सदा अविच्छिन्न (अटूट, अबाध) प्रीति हो जाती है ॥११६(ख)॥

Hear now, O wisest of birds, yet another distinction between knowledge and faith, the hearing of which induces an uninterrupted love for Rama's feet.

चौ. –सुनहु तात यह अकथ कहानी । समुझत बनै न जाइ बखानी ॥
ईस्वर अंस जीव अबिनासी । चेतन अमल सहज सुखरासी ॥

हे तात ! यह अकथनीय कहानी (मर्मभरी वार्ता) सुनिये । यह समझते ही बनती है, इसका वर्णन नहीं किया जा सकता । जीव ईश्वर का अंश है । (अतः) वह अनश्वर (अमर), चेतन शुद्ध और स्वभावतः सुख की राशि है ॥१॥

Attend, my friend, to this unutterable romance, which can be understood but not expressed. The individual soul is a part of God, immortal, conscious, untainted by illusion and by nature perfectly blissful.

सो मायाबस भयेउ गोसाईं । बँध्यो कीर मर्कट की नाईं ॥
जड़ चेतनहि ग्रंथि परि गई । जदपि मृषा छूटत कठिनई ॥

हे गोसाईं ! वह माया के वश में होकर तोते और वानर की नाईं अपने-आप ही बँध गया । इस प्रकार जड़ और चेतन में ग्रन्थि (गाँठ) पड़ गयी । यद्यपि वह (गाँठ) असत्य ही है, फिर भी उसके छूटने में कठिनाई है ॥२॥

Such a soul, my lord, has allowed itself to be dominated by illusion and is trapped like a parrot or a monkey;[1] the conscious and the unconscious are bound with a knot which, though unreal, is difficult to untie.

तब तें जीव भयेउ संसारी । छूट न ग्रंथि न होइ सुखारी ॥
श्रुति पुरान बहु कहेउ उपाई । छूट न अधिक अधिक अरुझाई ॥

(जबसे जड़ माया और चेतन जीव का गठबंधन हुआ) तभी से जीव सांसारिक (जन्म लेनेवाला-मरनेवाला) हो गया । अब न तो वह गाँठ छूटती है और न वह सुखी होता है । वेदों और पुराणों ने अनेक उपाय बतलाए हैं, पर वह (गाँठ) सुलझती नहीं, उलटे अधिकाधिक उलझती ही जाती है ॥३॥

Thenceforward[2] the soul becomes worldly and is subject to birth and death; now neither that (good, firm) bond is broken nor is the soul (free and) blissful. The Vedas and Puranas offer many

---

1. "The allusion is to two modes of catching parrots and monkeys, which, whether ever really practised or not, have at all events passed into a proverb. A stick with a bait at the end and a string attached to it is so set in the ground that it revolves from the weight of the parrot when it lights upon it, and the bird confused by the motion fancies it is entangled in the string, though it is really loose and might fly away if it tried. For the monkey a large jar with a narrow mouth is sunk in the ground full of grain; the monkey puts in his paw and clutches a handful, but being unable to draw out his closed fist on account of the smallness of the jar's mouth, he fancies himself caught, though if he opened his hand he could extricate it immediately. Two apt illustrations are thus afforded of the way in which man allows himself to be caught by delusive phenomena." F.S. Growse, *op.cit.*, p. 705 n.

2. *i.e.*, from the moment the inanimate Illusion and the animate Soul tie themselves in a firm knot.

remedies, but there is no loosing the knot; on the contrary, it becomes even more involved.

जीवहृदय तम मोह बिसेषी। ग्रंथि छूट किमि परै न देखी॥
अस संजोग ईस जब करई। तबहुँ कदाचित सो निरुअरई॥

जीव के हृदय में मोहरूपी अन्धकार विशेषरूप से छा रहा है, (इससे) गाँठ दीख ही नहीं पड़ती, छूटे तो कैसे ? जब ईश्वर ऐसा संयोग (जैसा आगे कहा जाता है) कर देते हैं, तब भी कदाचित् ही वह (चित्-अचित् की गाँठ) छूट पाती है ॥४॥

The heart of the creature being utterly clouded over with the darkness of ignorance, the knot cannot even be perceived; how then can it be untied ? If God were to bring about such conditions (as are mentioned below), even then the disentanglement of the knot is problematical.

सात्त्विक श्रद्धा धेनु सुहाई। जौ हरिकृपा हृदय बस आई॥
जप तप ब्रत जम नियम अपारा। जे श्रुति कह सुभ धर्म अचारा॥

यदि भगवान् की कृपा से सात्त्विकी श्रद्धारूपी सुन्दर गौ हृदयरूपी घर में आकर बसे, अनगिनत जप, तप, व्रत, यम और नियमादि कल्याणप्रद धर्म और आचार (आचरण), जो श्रुतियों ने कहे हैं, ॥५॥

If by God's favour a spirit of genuine piety, like a beauteous cow, comes to abide in one's heart, if countless prayers, austere penances, steadfast vows, self-restraint, internal purification (with contentment, mortification, study and worship of God) and observances, which the Vedas declare to be proper righteous conduct—

तेइ तृन हरित चरै जब गाई। भाव बच्छ सिसु पाइ पेन्हाई॥
नोइ निबृत्ति पात्र बिस्वासा। निर्मल मन अहीर निज दासा॥

उन्हीं (धर्माचाररूपी) हरी घास को जब वह गौ चरे तब आस्तिक भावरूपी छोटे बछड़े को पाकर उसके थन में दूध उतर आयगा[१]। निवृत्ति (विषय-वासनाओं और प्रपञ्च से मुक्ति) नोई (गौ के पिछले पैरों को बाँधने की रस्सी) है, विश्वास (दूध दुहने का) बरतन है, निर्मल (शुद्ध) मन जो स्वयं अपना दास है (अपने अधीन है), दुहनेवाला अहीर है ॥६॥

these be the green grass, and if the cow grazes it, she would bear and give milk to the calf of faith. The spirit of resignation (from worldly activity) is the rope with which her hind legs are tied, faith the bowl in which the cow is milked; the spotless mind that is its own slave is the milkman.

परमधर्ममय पय दुहि भाई। अवटै अनल अकाम बनाई॥
तोष मरुत तब छमा जुड़ावै। धृति सम जावनु देइ जमावै॥

हे भाई ! इस तरह परम धर्ममय दूध दूहकर उसे निष्काम-भावरूपी आग पर भलीभाँति औंटे। फिर क्षमा और संतोषरूपी हवा से उसे ठंढा करे और धैर्य तथा शम (अंतःकरण और मन का संयम) रूपी जामन (दूध को जमाने के लिए डाला जानेवाला दही) देकर उसे जमावे ॥७॥

Having thus drawn off the milk of perfect righteousness, let a man boil it, brother, on the fire of desirelessness. When boiled, let him cool it with the wind of contentment and forbearance and make it into curd with the rennet of fortitude and self-control.

मुदिता मथै बिचार मथानी। दम अधार रजु सत्य सुबानी॥
तब मथि काढ़ि लेइ नवनीता। बिमल बिराग सुभग सुपुनीता॥

तब मुदिता (प्रसन्नता) रूपी मटकी में तत्त्वविचाररूपी मथानी से दम (बाह्य वृत्तियों का निग्रह, कुकर्मों से मन को हटाना) के आधार पर (इन्द्रिय-निग्रह रूपी खंभे आदि के सहारे) सत्य और मधुर वाणीरूपी रस्सी लगाकर उसे मथे और मथकर तब उससे वैराग्यरूपी शुद्ध, सुन्दर और अत्यन्त पवित्र मक्खन निकाल ले ॥८॥

In the bowl of cheerfulness let him churn it with the churning-stick of reflection, with continence for base and truthful and agreeable words for cord. By this process of churning let him extract the butter of dispassion, pure and excellent and holy.

दो.—जोग अगिनि करि प्रगट तब कर्म सुभासुभ लाइ।
बुद्धि सिरावै ग्यान घृत ममता मल जरि जाइ॥११७(क)॥

तब योगरूपी अग्नि प्रकट करके उसमें शुभाशुभ कर्मरूपी ईंधन लगावे (सभी कर्मों का योगाग्नि में भस्म कर दे)। जब (वैराग्यरूपी मक्खन का) ममतारूपी मैल जल जाय और ज्ञानरूपी घी रह जाय, तब (निश्चयात्मिका) बुद्धि उसे शीतल करे[१] ॥११७(क)॥

After kindling the fire of abstract meditation with the fuel of one's past actions, good and evil, let him place the butter on it. When the scum of worldly attachment is burnt, let him cool the *ghee* of knowledge with reason.

---

१. अर्थात् सात्त्विक श्रद्धापूर्वक जप-तपादि शुभ कर्म प्रेमपूर्वक करे तब सुख होगा। यहाँ श्रद्धा वत्सभाव (प्रेम) है और पेन्हाना सुख। सत्य, शौच, तप और दान धर्म के चारों चरण श्रद्धा गौ के चारों थन हैं।

१. 'परमात्मा से संयोग की उत्कट इच्छा उत्पन्नकर योग से शुभाशुभ कर्मों को नष्ट करने से ममतात्याग (शुद्ध ज्ञान) प्रकट होता है जिसे बुद्धि अपना लेती है। तात्पर्य यह कि वैराग्यरूपी नवनीत में अशुभ कर्मों का स्मरणरूपी जल लपटा रहता है तथा शुभकर्मों की चाहनारूपी छाँछ मिली रहती है। सो ये दोनों जल जाते हैं अर्थात् निष्काम कर्म रह जाते हैं। मक्खन गर्म करने से छाँछ जलने पर शुद्ध घी रह जाता है, यह अभी गर्म है... ज्ञानघृत में मानरूपी उष्णता है। इसे बुद्धिरूपिणी स्त्री विवेचन द्वारा शीतल करती है।' मा. पी. ७, पृ. ६१६-१७।

तब बिज्ञानरूपिनी बुद्धि बिसद घृत पाइ ।
चित्त दिया भरि धरै दृढ़ समता दिअटि बनाइ ॥११७(ख)॥

तब विज्ञानरूपिणी बुद्धि उस (ज्ञान के) स्वच्छ घी को पाकर उससे चित्तरूपी दिये को भरे और समता की दीवट (दीपक रखने का आधार) बनाकर उसपर उसे दृढ़ करके (जमाकर) रखे ॥११७(ख)॥

Then let reason, master of highest wisdom, take the unsullied *ghee* and filling with it the lamp of intelligence, set it securely on the stand of even-mindedness.

तीनि अवस्था तीनि गुन तेहि कपास तें काढ़ि ।
तूल तुरीय सँवारि पुनि बाती करै सुगाढ़ि ॥११७(ग)॥

कपास से (जाग्रत, स्वप्न और सुषुप्ति) तीनों अवस्थाएँ और (सत्त्व, रज और तम) तीनों गुण निकालकर तुरीयावस्थारूपी रूई को सँवारकर फिर उसकी सुन्दर कड़ी बत्ती बनावे ॥११७(ग)॥

Next, drawing out the cotton of the superconscious state out of the boll of the three states of consciousness (*viz., sattva, rajas* and *tamas*), let him work it up and fashion it into a wick exquisite and sturdy.

सो. –एहि बिधि लेसै दीप तेजरासि बिज्ञानमय ।
जातहिं जासु समीप जरहिं मदादिक सलभ सब ॥११७(घ)॥

इस प्रकार तेज की राशि तत्त्वज्ञानरूपी दीपक को जलावे, जिसके निकट जाते ही मद आदि सब पतंगे जल जाएँगे ॥११७(घ)॥

In this manner let him light the splendid lamp, aglow with the knowledge of Brahma, by merely approaching which all the moths of vanity and other vices are consumed.

चौ. –सोहमस्मि इति बृत्ति अखंडा । दीपसिखा सोइ परम प्रचंडा ॥
आतम अनुभव सुख सुप्रकासा । तब भवमूल भेद भ्रम नासा ॥

'सोऽहमस्मि' (वह ब्रह्म मैं हूँ) यह जो अखण्ड (कभी न टूटनेवाली अविरल) वृति है, वही (ज्ञानदीपक की) अत्यन्त प्रचण्ड दीपशिखा (लौ) है । जब आत्मज्ञान के सुख का सुन्दर समुज्जवल (निरावरण) प्रकाश फैलता है,[१] तब संसार के मूल (कारण) भेदरूपी भ्रम का नाश हो जाता है (मायाजनित द्वैतबुद्धि की जगह स्वरूपज्ञान – अद्वैतभाव – फलित होता है) ॥१॥

The constant awareness that "I am That (Brahma)" is the lamp's most brilliant flame. In this way when the bliss of self-knowledge sheds its bright lustre, the error of duality, the root of worldly existence, is dispersed,

प्रबल अबिद्या कर परिवारा । मोह आदि तम मिटै अपारा ॥
तब सोइ बुद्धि पाइ उजियारा । उर गृह बैठि ग्रंथि निरुआरा ॥

और अविद्या के प्रबल परिवार – मोह आदि का अपार (घना) अन्धकार नष्ट हो जाता है । तब वही (विज्ञानरूपी) बुद्धि (आत्मानुभवरूप) प्रकाश को पाकर हृदयरूपी घर में बैठकर उस (जड़-चेतन की) गाँठ को सुलझा डालती है ॥२॥

and the deep darkness of infatuation and the rest, that form the family of *avidya* (ignorance), disappear. Having thus found the light of self-realization, reason rests in the chamber of the heart, and so unties the knot.

छोरन ग्रंथि पाव जौ सोई । तौ यह जीव कृतारथ होई ॥
छोरत ग्रंथि जानि खगराया । बिघ्न अनेक करै तब माया ॥

यदि वह (विज्ञानरूपिणी बुद्धि) उस गाँठ को खोलने पावे तो यह जीव कृतार्थ हो जाय । परंतु हे पक्षिराज[१] गरुड़जी ! यह जानकर कि गाँठ छुड़ा लेने में अब देर नहीं है, माया फिर अनेक विघ्न उत्पन्न करती है ॥३॥

The soul can hope to attain its end only in the event of reason untying the knot; but when, O king of birds, illusion finds that the knot is about to be disentangled, she creates many hindrances.

रिद्धि सिद्धि प्रेरै बहु भाई । बुद्धिहि लोभ दिखावहिं आई ॥
कल बल छल करि जाहिं समीपा । अंचलबात बुझावहिं दीपा ॥

हे भाई ! वह बहुत-सी ऋद्धि-सिद्धियों को भेजती है, जो आकर बुद्धि को लोभ दिखाती हैं (प्रलोभन देती हैं) वे कल (कला), बल और छल करके पास जाती हैं और आँचल की हवा से उस (ज्ञानरूपी) दीपक को बुझा देती हैं (आँचल की हवा दूर नहीं जाती, इसलिए समीप आती हैं) ॥४॥

She sends forth, brother, innumerable elves and fairies (prosperity and success in their embodied forms) that tempt the reason to avarice. By artifice or force or fraud they get near and put out the light with the wind of their robes.

होइ बुद्धि जौ परम सयानी । तिन्ह तन चितव न अनहित जानी ॥
जौ तेहि बिघ्न बुद्धि नहि बाधी । तौ बहोरि सुर करहिं उपाधी ॥

यदि बुद्धि बहुत ही सयानी (विकसित, प्रौढ़) हुई तो वह उन (ऋद्धि-सिद्धियों) को अहित करनेवाली समझकर उसकी ओर देखती तक

१. 'आत्म अनुभव सुख' स्वरूपानन्द है जो 'सोऽहमस्मि' की अखण्ड वृत्ति के होने से हुआ है । माया को सत्य जानना यह भ्रम है । अज्ञान भव का मूल (कारण) है । यहाँ ब्रह्मानन्द ही आत्मानुभव सुख है ।

१. 'खगराया' कहकर यह व्यंजित किया कि आप राजा हैं और जानते हैं कि स्वतंत्रता चाहनेवालों का मार्ग विघ्नों से भरा होता है । दुष्टों का यह स्वभाव ही है कि वे दूसरों का भला नहीं देख सकते । आत्मानुभव के प्रकाश से माया का दिव्य रूप दिखायी पड़ता है, इसके पहले तो इसका परिच्छिन्न स्थूलरूपमात्र दिखायी पड़ता था ।

नहीं। इस प्रकार यदि माया के विघ्नों से बुद्धि बाधित न हुई, तो फिर देवता उपाधि (विघ्न) उत्पन्न करते हैं ॥५॥
Reason, if she be altogether ripe and cautious, perceives their pernicious intent and will not look at them. If these hindrances fail to distract her, the gods next proceed to create trouble

इंद्रीद्वार झरोखा नाना। तहँ तहँ सुर बैठे करि थाना॥
आवत देखहिं बिषय बयारी। ते हठि देहिं कपाट उघारी॥

इन्द्रियों के द्वार हृदयरूपी घर के बहुत-से झरोखे हैं वहाँ-वहाँ (उन सब पर) देवता थाना किये (जमकर) बैठे हैं। जैसे ही वे विषयरूपी हवा को आते देखते हैं, वैसे ही वे हठपूर्वक किवाड़ खोल देते हैं ॥६॥
The gates of the senses are so many oriel windows in the chamber of the heart, at each of which a god sits and keeps watch. When they see a gust of sensuality approaching the chamber, the gods wantonly throw the doors wide open.

जब सो प्रभंजन उर गृह जाई। तबहि दीप बिग्यान बुझाई॥
ग्रंथि न छूटि मिटा सो प्रकासा। बुद्धि बिकल भइ बिषय बतासा॥

हृदयरूपी घर में जैसे ही वह आँधी जाती है, वैसे ही वह विज्ञान-दीपक बुझ जाता है। गाँठ भी न खुली और वह (आत्मानुभवरूप) प्रकाश भी मिट गया। विषयरूपी पवन से बुद्धि विकल हो गयी ॥७॥
As soon as that fierce blast enters the chamber of the heart, it forthwith extinguishes the lamp of wisdom. The knot is not untied; the light (of self-realization) is put out and reason is distracted by the blast of sensuality.

इंद्रिन्ह सुरन्ह न ग्यान सोहाई। बिषयभोग पर प्रीति सदाई॥
बिषय समीर बुद्धि कृत भोरी। तेहि बिधि दीप को बार बहोरी॥

क्योंकि इन्द्रियों के देवताओं को ज्ञान अच्छा नहीं लगता, विषय-भोगों में उनकी सदा ही आसक्ति रहती है। और बुद्धि को भी विषयरूपी हवा ने बावली बना दिया। तब दुबारा उस ज्ञानदीपक को उसी प्रकार से कौन जलावे ? (इस जन्म में मोक्षप्राप्ति सम्भव नहीं है। दैवयोग से न जानें कैसे एक बार इतना परिश्रम बन पड़ा था। विषय-समीर ने बना-बनाया सब व्यर्थ कर दिया, तब दूसरी बार साहस कैसे हो सके ?) ॥८॥
knowledge is welcome neither to the senses nor to their deities, who are ever fond of sensual enjoyment. And when reason too has been thus distracted by the breath of sensuality, who can light the lamp again as it was before ?

दो.—तब फिरि जीव बिबिध बिधि पावै संसृति क्लेस।
हरिमाया अति दुस्तर तरि न जाइ बिहगेस ॥११८(क)॥

(ज्ञानदीपक के बुझ जाने पर) तब फिर जीव अनेक प्रकार से आवागमन (जन्म-मरण की परम्परा) के क्लेश पाता है। हे पक्षिराज ! हरि की माया को पार करना अत्यन्त कठिन है, वह तरी नहीं जा सकती ॥११८(क)॥
(When the light of wisdom is thus extinguished) the soul again experiences all the manifold miseries of transmigration. Hari's deluding potency, O king of birds, is exceedingly insurmountable, an ocean none can cross.

कहत कठिन समुझत कठिन साधत कठिन बिबेक।
होइ घुनाच्छर न्याय जौ पुनि प्रत्यूह अनेक ॥११८(ख)॥

विवेक कहने (समझाने), समझने और साधने में भी कठिन है। यदि घुणाक्षरन्याय से (संयोगवश) कदाचित् यह ज्ञान हो भी जाय, तो भी (उसकी रक्षा में) अनेक कठिनाइयाँ हैं ॥११८(ख)॥
Difficult to expound, difficult to grasp and difficult to gain by practice is discernment. If by any lucky chance[1] one succeeds in attaining it, still many impediments block the way of preserving it.

चौ.—ग्यानपंथ कृपान कै धारा। परत खगेस होइ नहि बारा॥
जो निर्बिघ्न पंथ निर्बहई। सो कैवल्य परमपद लहई॥

ज्ञान-मार्ग तलवार की धार के समान है। हे खगेश ! इस मार्ग से गिरते (पथभ्रष्ट होते) देर नहीं लगती। जो इस पथ को निर्विघ्न निबाह ले जाता है, वही कैवल्य (मोक्ष) रूपी परमपद को उपलब्ध करता है ॥१॥
The way of knowledge is the edge of a sword; one is apt to fall therefrom very soon, O king of birds. He who treads this path and misses not his footing attains to the supreme state of final liberation.

अति दुर्लभ कैवल्य परमपद। संत पुरान निगम आगम बद॥
राम भजत सोइ मुकुति गोसाईं। अनइच्छित आवै बरिआईं॥

संत, पुराण, वेद और तन्त्र आदि शास्त्र सब कहते हैं कि कैवल्यरूप परमपद की प्राप्ति अत्यन्त कठिन है; किंतु हे गोसाईं ! वही अत्यन्त दुर्लभ मुक्ति राम-भजन करते हुए इच्छा न करने पर भी जबरदस्ती आ जाती है ॥२॥
But this supreme state of final liberation is immensely hard of attainment—so declare the saints, the Puranas, the Vedas and the Agamas (Tantras). By the worship of Rama, my lord, the same beatitude comes unsolicited, even against our will.

जिमि थल बिनु जल रहि न सकाई। कोटि भाँति कोउ करइ उपाई॥
तथा मोच्छसुख सुनु खगराई। रहि न सकै हरिभगति बिहाई॥

1. *ghunacchara:* the marks made by the wood-louse on the wood may by chance read like intelligible letters.

जैसे स्थल (गहरी भूमि) के बिना जल नहीं रुक सकता, चाहे कोई करोड़ों उपाय क्यों न करे, वैसे ही, हे खगराज ! सुनिये, मोक्षसुख भी भगवद्भक्ति को छोड़कर नहीं रह सकता ॥३॥

As water cannot stay without earth beneath it, though one devise a myriad schemes for making it, even so—believe me, king of birds—the joy of final salvation cannot stay apart from devotion to the Blessed Lord.

अस बिचारि हरिभगत सयाने । मुक्ति निरादर भगति लुभाने ॥
भगति करत बिनु जतन प्रयासा । संसृतिमूल अबिद्या नासा ॥

ऐसा विचारकर चतुर हरिभक्त भक्ति पर लुभाये रहकर मुक्ति का निरादर कर देते हैं । भक्ति करने से संसृति (आवागमन की परम्परा) की जड़ अविद्या का बिना ही यत्न और परिश्रम के वैसे ही नाश हो जाता है, ॥४॥

So thinking, the wise worshippers of Hari spurn final release and remain enamoured of faith. As soon as one has faith, ignorance, which is the root of metempsychosis, is destroyed without any effort or exertion,

भोजन करिअ तृप्ति हित लागी । जिमि सो असन पचवै जठरागी ॥
असि हरिभगति सुगम सुखदाई । को अस मूढ़ न जाहि सोहाई ॥

जैसे भोजन किया तो जाता है पेट भरने (भूख को शान्त करने) के लिए और उस भोजन को जठराग्नि (बिना हमारी चेष्टा के) पचा डालती है । हरिभक्ति ऐसी ही सुगम और सुखदायिनी है । ऐसा कौन मूढ़ होगा जिसे वह अच्छी न लगे ? ॥५॥

In the same way as we eat for our own satiey but the gastric fire digests what is eaten (without any effort on our part). What fool is there who finds no delight in a path so easy and blissful as devotion to Hari ?

दो. —सेवक सेब्य भाव बिनु भव न तरिअ उरगारि ।
भजहु रामपद पंकज अस सिद्धांत बिचारि ॥११९(क)॥

हे सर्पों के शत्रु गरुड़जी ! मैं सेवक हूँ और भगवान श्रीरामचन्द्रजी मेरे सेव्य (स्वामी) हैं, इस भाव के बिना संसार-सागर से तरना सम्भव नहीं । ऐसा सिद्धान्त विचारकर (मानकर) श्रीरामचन्द्रजी के चरणकमलों का भजन कीजिए ॥११९(क)॥

"I am the servant and the Lord Rama my master"—without this relationship, Garuda, it is not possible to cross the ocean of birth and death. Holding to this established doctrine, worship the lotus feet of Rama.

जो चेतन कहँ जड़ करै जड़हि करै चैतन्य ।
अस समर्थ रघुनायकहि भजहिं जीव ते धन्य ॥११९(ख)॥

जो चेतन को जड़ कर देता है और जड़ को चेतन, ऐसे समर्थ श्रीरघुनाथजी को जो जीव भजते हैं, वे धन्य हैं ॥११९(ख)॥

Blessed are the souls that worship Raghunatha, with whom is the power to make the living dead and the dead alive.

चौ. —कहेउँ ग्यानसिद्धांत बुझाई । सुनहु भगति मनि कै प्रभुताई ॥
रामभगति चिंतामनि सुंदर । बसै गरुड़ जा के उर अंतर ॥

मैंने ज्ञान का सिद्धान्त तो समझाकर कह दिया, अब भक्तिरूपी मणि की महिमा सुनिये । राम-भक्ति सुन्दर चिन्तामणि है । हे गरुड़जी ! यह जिसके हृदय में बसे, ॥१॥

I have thus stated and expounded the doctrine of knowledge; now hear of the power of the jewel of faith. Faith in Rama is a glorious wish-yielding gem (a philosopher's stone). He in whose heart it abides, O Garuda,

परम प्रकास रूप दिन राती । नहि कछु चहिअ दिआ घृत बाती ॥
मोह दरिद्र निकट नहि आवा । लोभ बात नहि ताहि बुझावा ॥

वह दिन-रात परम प्रकाशरूप रहता है, उसे दीपक, घी और बत्ती कुछ भी नहीं चाहिए । मोहरूपी दरिद्रता उसके पास नहीं आती (क्योंकि मणि आप ही अमूल्य है), और न लोभरूपी हवा उसे (उस मणिमय दीप को) बुझा सकती है ॥२॥

is all infinite radiance day and night, requiring neither lamp nor *ghee* nor wick (to light it); the poverty of ignorance comes not near, nor does the blast of covetousness ever extinguish the light.

प्रबल अबिद्या तम मिटि जाई । हारहिं सकल सलभ समुदाई ॥
खल कामादि निकट नहि जाहीं । बसै भगति जा के उर माहीं ॥

(उसके प्रकाश से) अविद्यारूपी प्रबल अन्धकार का नाश हो जाता है, (मदादि) पतंगों का सारा समूह हार बैठता है । जिसके हृदय में भक्ति निवास करती है, काम-क्रोध और लोभ आदि दुष्ट तो उसके पास भी नहीं फटकते ॥३॥

The overpowering gloom of ignorance is dispelled, and all the swarms of moths (of vanity, etc.) keep away utterly overcome. Evil propensities like lust, anger and covetousness dare not approach him in whose heart the gem of faith abides.

गरल सुधा सम अरि हित होई । तेहि मनि बिनु सुख पाव न कोई ॥
ब्यापहिं मानसरोग न भारी । जिन्ह के बस सब जीव दुखारी ॥

उसके लिए विष अमृत-तुल्य और शत्रु मित्र हो जाता है । उस मणि के बिना कोई सुख नहीं पाता । जिनके अधीन होकर सभी जीव दुःखी हो रहे हैं, वे भारी मानस-रोग उसको नहीं व्यापते ॥४॥

For him venom is changed to nectar and enemies to friends, and without this jewel no one can find happiness. He is never affected by those grievous mental afflictions by the influence of which all living creatures suffer pain.

रामभगति मनि उर बस जा कें। दुखलवलेस न सपनेहु ता कें॥
चतुरसिरोमनि तेइ जग माहीं। जे मनि लागि सुजतन कराहीं॥

जिसके हृदय में श्रीराम-भक्तिरूपी मणि बसती है, उसे सपने में भी रंचमात्र दुःख नहीं होता। जगत् में वे ही लोग चतुरों में श्रेष्ठ हैं जो उस (भक्तिरूपी) मणि के लिए पूर्ण यत्न करते हैं॥५॥

He in whose heart abides the jewel of faith in Rama cannot have the least woe even in a dream. They are the wisest of the wise in this world who spare no pains to secure this jewel.

सो मनि जदपि प्रगट जग अहई। रामकृपा बिनु नहि कोउ लहई॥
सुगम उपाय पाइबे केरे। नर हतभाग्य देहिं भटभेरे॥

यद्यपि वह मणि जगत् में प्रत्यक्ष है, तथापि श्रीरामजी की कृपा के बिना कोई उसे नहीं पाता। उसकी प्राप्ति के उपाय भी सुगम ही हैं, पर अभागे लोग उन्हें ठुकरा देते हैं॥६॥

Yet though this jewel is manifest in the world, no one can find it without the grace of Rama. There are easy ways to its attainment, but luckless souls contemptuously reject them.

पावन पर्बत बेद पुराना। रामकथा रुचिराकर नाना॥
मर्मी सज्जन सुमति कुदारी। ग्यान बिराग नयन उरगारी॥

वेद-पुराण पावन पर्वत हैं। श्रीरामजी की नाना कथाएँ उन पर्वतों में सुन्दर खानें हैं। संत पुरुष (इन खानों के मर्म जाननेवाले) मर्मी हैं और सुन्दर बुद्धि (खोदकर रत्न निकालनेवाली) कुदाल है। हे गरुड़जी! ज्ञान और वैराग्य – ये दो उनके नेत्र हैं॥७॥

The Vedas and Puranas are holy mountains and the stories of Rama their many glorious mines. The saints are the expert mineralogists and penetrating intellect their pickaxe; while spiritual wisdom and detachment (from worldly affairs), Garuda, are their eyes (surveying the mines).

भाव सहित खोजै जो प्रानी। पाव भगति मनि सब सुख खानी॥
मोरे मन प्रभु अस बिस्वासा। राम तें अधिक राम कर दासा॥

जो प्राणी उसे प्रेमपूर्वक खोजता है, वही सब सुखों की खान इस भक्तिरूपी मणि को पाता है। हे प्रभो! मेरे मन में ऐसा विश्वास है कि श्रीरामजी से भी बढ़कर श्रीरामजी के सेवक हैं॥८॥

Any creature who searches with love finds the jewel, faith, in itself a mine of every blessing. I have in my heart this conviction, my lord, that the servant of Rama is greater than Rama himself.

राम सिंधु घन सज्जन धीरा। चंदनतरु हरि संत समीरा॥
सब कर फल हरिभगति सुहाई। सो बिनु संत न काहूँ पाई॥

(यदि) श्रीरामचन्द्रजी समुद्र हैं तो धीर सज्जन मेघ हैं; (यदि) श्रीहरि चन्दन के वृक्ष हैं तो संत पवन हैं। सुन्दर हरिभक्ति ही सब साधनों का फल है। उसे संत की सहायता के बिना किसी ने भी नहीं पाया॥९॥

Rama is the ocean, the good and steadfast are the rain-clouds; Hari is the sandal-tree, the saints are the winds (that shed abroad its perfume). Firm faith in Hari is the reward of all spiritual endeavour, but no man has ever won it without the help of the saints.

अस बिचारि जोइ कर सतसंगा। रामभगति तेहि सुलभ बिहंगा॥

ऐसा विचारकर जो भी सत्संग करता है, हे गरुड़जी! उसके लिए राम-भक्ति सुलभ हो जाती है॥१०॥

Whoever bears this in mind, O Garuda, and communes with the good finds devotion to Rama easy of attainment.

दो.–ब्रह्म पयोनिधि मंदर ग्यान संत सुर आहिं।
कथा सुधा मथि काढ़हिं भगति मधुरता जाहिं॥१२०(क)॥

ब्रह्म (वेद) समुद्र, ज्ञान मन्दराचल और संत देवता हैं, जो उस समुद्र का मंथनकर कथामृत – कथारूपी अमृत – निकालते हैं। उस (अमृत) में भक्तिरूपी मधुरता बसी रहती है॥१२०(क)॥

Brahma[1] is the ocean (of milk), spiritual wisdom Mandarachala and the saints the gods who churn out the nectar of the sacred legends wherein is the sweetness of faith.

बिरति चर्म असि ग्यान मद लोभ मोह रिपु मारि।
जय पाइअ सो हरिभगति देखु खगेस बिचारि॥१२०(ख)॥

वैराग्यरूपी ढाल से अपनी रक्षा करते हुए और ज्ञानरूपी तलवार से मद, लोभ और मोहरूपी शत्रुओं को मारकर जो विजय पाती है, वह हरिभक्ति ही है; हे पक्षिराज! इसे विचारकर देखिए॥१२०(ख)॥

That which defends itself with the shield of continence, slays the enemy—pride, covetousness and ignorance with the sword of knowledge and wins the victory is but faith in Hari. Take thought, O king of birds, and see (if it be not so).'

1. Brahma : here, the Vedas.

चौ. –मुनि सप्रेम बोलेउ खगराऊ। जौ कृपाल मोहि ऊपर भाऊ॥
नाथ मोहि निज सेवक जानी। सप्त प्रस्न मम कहहु बखानी॥

पक्षिराज गरुड़जी फिर प्रेमपूर्वक बोले – हे कृपालु ! यदि मुझपर आपका स्नेह है। तो हे नाथ ! मुझे अपना सेवक जानकर मेरे सात प्रश्नों के उत्तर समझाकर कहिए ॥१॥

Then Garuda, the king of birds, replied in loving tones : 'If you love me, my gracious master, acknowledge me as your own servant and answer me these seven questions.

प्रथमहि कहहु नाथ मतिधीरा। सब तें दुर्लभ कवन सरीरा॥
बड़ दुख कवन कवन सुख भारी। सोउ संक्षेपहि कहहु बिचारी॥

हे नाथ ! हे धीरमति ! पहले तो यह बतलाइए कि कौन-सा शरीर सबसे दुर्लभ है ? फिर सबसे बड़ा दुःख कौन है और सबसे बड़ा सुख कौन है, यह भी विचारकर संक्षेप में ही कहिए ॥२॥

Tell me first, my resolute lord, what form is the most difficult of all to obtain. Next, consider and tell me briefly what is the greatest pain and what is the highest pleasure.

संत असंत मरम तुम्ह जानहु। तिन्ह कर सहज सुभाव बखानहु॥
कवन पुन्य श्रुतिबिदित बिसाला। कहहु कवन अघ परम कराला॥

संत और असंत के मर्म (भेद) को आप जानते हैं, उनके सहज स्वभाव का बखान कीजिए। फिर कहिए कि श्रुतियों में वर्णित सबसे बड़ा पुण्य कौन-सा है और सबसे भयंकर पाप कौन है ? ॥३॥

Explain the inherent characteristics both of the good and of the bad, for this is a secret into which you have deep insight. Tell me also what is the highest religious merit as made known in the Vedas and what the most deadly sin.

मानसरोग कहहु समुझाई। तुम्ह सर्बग्य कृपा अधिकाई॥
तात सुनहु सादर अति प्रीती। मैं संक्षेप कहौं यह नीती॥

फिर मानस-रोगों को समझाकर कहिए। आप सब-कुछ जाननेवाले हैं और मुझपर आपकी अत्यधिक कृपा भी है। (भुशुण्डिजी ने कहा –) हे तात ! अत्यन्त आदर और प्रेम के साथ सुनिए। मैं यह नीति संक्षेप में ही कहूँगा ॥४॥

Tell me further the diseases of the mind, for you are all-wise and richly endowed with compassion.' 'Listen, my friend, with the greatest reverence and devotion while I briefly expound these rules of moral philosophy.

नरतन सम नहि कवनिउ देही। जीव चराचर जाचत जेही॥
नरक स्वर्ग अपबर्ग निसेनी। ग्यान बिराग भगति सुभ देनी॥

मनुष्य-शरीर के समान कोई दूसरा शरीर नहीं है। जड़-चेतन, चर-अचर सभी प्राणी उसकी याचना करते हैं। यह (मनुष्य-शरीर) नरक, स्वर्ग और मोक्ष की सीढ़ी है तथा मंगलकारी ज्ञान, वैराग्य और भक्ति प्रदान करनेवाला है ॥५॥

There is no form as good as the form of man, a form every living creature, moving or motionless, most fervently desires. It is the ladder that takes the soul either to hell or to heaven or to final liberation, and is the bestower of the blessings of wisdom, dispassion and devotion.

सो तनु धरि हरि भजहिं न जे नर। होहिं बिषयरत मंद मंदतर॥
काँचु किरिच बदले ते लेहीं। कर तें डारि परसमनि देहीं॥

ऐसे शरीर को धारण करके भी जो मनुष्य श्रीहरि को नहीं भजते और नीच से भी नीच विषयों में लीन रहते हैं, वे पारस मणि को हाथ से फेंककर बदले में काँच के टुकड़े ले लेते हैं ॥६॥

Those who have attained to this body and yet worship not Hari but wallow in the very basest of sensual lusts throw away the philosopher's stone which they had in their hands to grasp instead bits of common glass.

नहि दरिद्र सम दुख जग माहीं। संतमिलन सम सुख जग नाहीं॥
पर उपकार बचन मन काया। संत सहज सुभाउ खगराया॥

जगत् में दारिद्रय जैसा दुःख नहीं है और न संत-मिलन (सत्संग) के समान जगत् में सुख ही। हे पक्षिराज ! मन, वचन और काया से परोपकार करना – यही संतों का जन्मजात स्वभाव है ॥७॥

There is no misery in the world so terrible as poverty and no blessing to equal the communion with the saints. To be charitable to others in thought and word and deed, O king of birds, is the innate disposition of the good.

संत सहहिं दुख परहित लागी। परदुख हेतु असंत अभागी॥
भूर्जतरू सम संत कृपाला। परहित निति सह बिपति बिसाला॥

संत दूसरों के हित के लिए दुःख सहते हैं और अभागे असंत दूसरों को दुःख पहुँचाने के लिए। दयालु संत भोज के वृक्ष की तरह दूसरों की भलाई के लिए भारी विपत्ति सहते हैं (अपनी खालतक खिंचवा लेते हैं) ॥८॥

The good endure pain in the interest of others, but evil wretches do so to give others pain. Tender-hearted saints, like the birch tree, submit to the direst distress (even allow their bark to be torn off) for the good of their neighbours;

सन इव खल परबंधन करई। खाल कढ़ाइ बिपति सहि मरई॥
खल बिनु स्वारथ पर अपकारी। अहि मूषक इव सुनु उरगारी॥

परन्तु दुष्ट लोग सन की तरह दूसरों को बाँधते हैं और (ऐसा करने के लिए) अपनी खाल खिंचवाकर विपत्ति सहकर मर जाते हैं। हे सर्पों के शत्रु गरुड़जी ! सुनिये; दुष्ट लोग बिना स्वार्थ के ही साँप और चूहे की तरह (अकारण) दुसरों का अहित करते हैं ॥९॥

but the wicked, like the hemp, have their skin flayed off and perish in agony in order to be able to bind others with ropes. Listen, O enemy of serpents; like snakes and rats, the wicked do harm to others, even though they have no purpose of their own to serve.

परसंपदा बिनासि नसाहीं। जिमि ससि हति हिम उपल बिलाहीं ॥
दुष्ट उदय जग आरति हेतू। जथा प्रसिद्ध अधम ग्रह केतू ॥

वे परायी सम्पदा को नष्ट करके स्वयं नष्ट हो जाते हैं, जैसे खेती का नाश करके ओले आप भी नष्ट हो जाते हैं। दुष्टों का अभ्युदय (उन्नति) प्रसिद्ध अधम ग्रह केतु के उदय के समान संसार के दुःख के लिए ही होता है ॥१०॥

Having destroyed their neighbours' property, they perish themselves, like the hail which melts away to nothing after ruining the crops. The rising of the wicked, like that of the notorious and contemptible planet Ketu, is a source of calamity to the world.

संत उदय संतत सुखकारी। बिस्व सुखद जिमि इंदु तमारी ॥
परमधर्म श्रुतिबिदित अहिंसा। परनिंदा सम अघ न गरीसा ॥

और संतों का उदय सदा ही सुखप्रद होता है, जैसे चन्द्रमा और सूर्य का उदय समस्त विश्व के लिए सुखदायक होता है। वेदों ने अहिंसा को परम धर्म माना है। दूसरों की निन्दा के समान भारी पाप नहीं है ॥११॥

The rise of the good, on the other hand, like that of the sun and the moon, is ever conducive to universal joy. The highest religious merit known to the Vedas is to do no harm; and there is no sin as heinous as speaking ill of others.

हर गुर निंदक दादुर होई। जन्म सहस्र पाव तन सोई ॥
द्विजनिंदक बहु नरक भोग करि। जग जन्मै बायससरीर धरि ॥

शंकरजी और गुरु का निंदक मनुष्य (अगले जन्म में) मेढक होता है और हजार जन्मतक वही मेढक-शरीर पाता है। ब्राह्मणों का निंदक अनेकानेक नरक भोगकर कौए का शरीर धारण कर फिर संसार में जन्म लेता है ॥१२॥

A reviler of Shankara or his *guru* takes the form of a frog (after his death) and retains that form throughout a thousand lives. A reviler of the Brahmans, after suffering in many hells, is reborn in the world in the form of a crow.

सुर श्रुति निंदक जे अभिमानी। रौरव नरक परहिं ते प्रानी ॥
होहिं उलूक संत निंदा रत। मोह निसा प्रिय ग्यान भानु गत ॥

जो अहंकारी जीव देवताओं और वेदों की निन्दा करते हैं, वे रौरव नरक में पड़ते हैं। संतों की निन्दा में रत लोग उल्लू होते हैं, जिन्हें अज्ञानरूपी रात्रि प्रिय होती है और ज्ञानरूपी सूर्य जिनके लिए डूब गया रहता है ॥१३॥

Those who revile the gods and the Vedas in their presumption are cast into the lowest hell, while those who delight in vilifying the good are reborn as owls, who love the night of ignorance and for whom the sun of wisdom is set.

सब कै निंदा जे जड़ करहीं। ते चमगादुर होइ अवतरहीं ॥
सुनहु तात अब मानसरोगा। जिन्ह तें दुख पावहिं सब लोगा ॥

जो जड़ मनुष्य सबकी निन्दा करते हैं, वे चमगीदड़ होकर जन्म लेते हैं। हे तात ! अब मानस-रोग सुनिये, जिनसे सब लोग दुःख पाते हैं ॥१४॥

Those dull-witted simpletons who slander all are reborn as bats. Now hear, my friend, the diseases of the mind, from which all people suffer pain.

मोह सकल ब्याधिन्ह कर मूला। तिन्ह तें पुनि उपजहिं बहु सूला ॥
काम बात कफ लोभ अपारा। क्रोध पित्त नित छाती जारा ॥

मोह (अज्ञान) सब रोगों की जड़ है। उन व्याधियों से फिर और अनेक शूल पैदा होते हैं। काम वात है, अपार लोभ कफ है और क्रोध पित्त है जो नित्य छाती जलाता रहता है ॥१५॥

Ignorance is the root of all ailments from which again arise many other torments. Lust is wind[1] and insatiable greed is phlegm; anger is bile, that constantly inflames the breast.

प्रीति करहिं जौ तीनिउ भाई। उपजै सन्यपात दुखदाई ॥
बिषय मनोरथ दुर्गम नाना। ते सब सूल नाम को जाना ॥

यदि ये तीनों भाई (वात, पित्त और कफ) परस्पर प्रीति कर लें (एक साथ आ मिलें) तो (घोर) दुःखदायी सन्निपात (रोग) उत्पन्न होता है। कठिनाई से सिद्ध होनेवाले जो विषयों के मनोरथ हैं, वे ही सब प्रकार के शूल (पीड़ा पहुँचानेवाले रोग) हैं; उनके नाम किसने जाना (अर्थात् वे अनन्त हैं) ॥१६॥

Should these three brothers (wind, bile and phlegm) form an alliance, there results a painful state of miserable paralysis. The cravings for all sorts of sensual pleasures, so difficult to realize, are the various painful distempers, which are too numerous to name.

1. *Vata* : wind (one of the three humours of the body, the other two being *pitta* or bile and *kaph* or phlegm).

ममता दादु कंडु इरषाई। हरष बिषाद गरह बहुताई॥
परसुख देखि जरनि सोइ छई। कुष्ट दुष्टता मन कुटिलई॥

ममता दाद है, ईर्ष्या खुजली है, सुख-दुःख गले के रोगों की अधिकता है (गलगण्ड, कण्ठमाला या घेघा आदि रोग हैं), पराये सुख को देखकर होनेवाली जलन ही क्षयी रोग है। दुष्टता और मन की कुटिलता ही कोढ़ है॥१७॥

There are the ringworm of attachment, the itch of envy, the swollen goitre of joy and sorrow, the consumption of jealousy at the sight of another's prosperity, the leprosy of wickedness and perversity of soul,

अहंकार अति दुखद डमरुआ। दंभ कपट मद मान नेहरुआ॥
तृष्ना उदरबृद्धि अति भारी। त्रिबिध ईषना तरुन तिजारी॥

अहंकार अत्यन्त दुःखद डमरू (गाँठ का) रोग, दम्भ, कपट, मद और मान नहरुआ (नसों का) रोग तथा तृष्णा बड़ा भारी उदरवृद्धि (जलोदर) रोग है। तीन प्रकार (पुत्र, धन और मान) की तीव्र कामनाएँ प्रबल तिजारी हैं॥१८॥

the excruciating gout of egoism, the sciatica of hypocrisy, deceit, arrogance and pride, the dreadful dropsy of greed, the violent tertian ague of the three cravings,[1]

जुग बिधि ज्वर मत्सर अबिबेका। कहँ लगि कहौं कुरोग अनेका॥

मत्सर और अविवेक दो प्रकार के ज्वर हैं। वस्तुतः अनेक बुरे रोग हैं; कहाँ तक उनके नाम गिनाऊँ?॥१९॥

the two fevers of covetousness and indiscrimination—but why make a catalogue of all the many diseases?

दो.—एक ब्याधि बस नर मरहिं ए असाधि बहु ब्याधि।
पीड़हिं संतत जीव कहुँ सो किमि लहइ समाधि॥१२१(क)॥

एक ही रोग के मारे मनुष्य मर जाते हैं, फिर ये तो अनेक असाध्य रोग हैं। जब ये जीव को निरन्तर पीड़ा पहुँचाते रहते हैं, तब वह (बेचारा जीव) समाधि (शान्ति) को कैसे प्राप्त करे?॥१२१(क)॥

Men die even of one disease; but I have spoken of many, malignant and incurable, that constantly afflict the soul. How then can it find peace?

नेम धर्म आचार तप ग्यान जग्य जप दान।
भेषज पुनि कोटिन्ह नहि रोग जाहिं हरिजान॥१२१(ख)॥

नियम, धर्म, आचार (श्रेष्ठ आचरण), तप, ज्ञान, यज्ञ, जप, दान तथा और भी करोड़ों दवाएँ (इनके लिए कही गयी) हैं, परन्तु हे हरिवाहन गरुड़जी! उनसे ये रोग नहीं जाते॥१२१(ख)॥

There are myriads of different remedies, Garuda,—sacred vows, religious observances, right conduct, austere penances, spiritual wisdom, sacrifices, prayers and charity—but the maladies just enumerated do not yield to these.

चौ.—एहि बिधि सकल जीव जग रोगी। सोक हरष भय प्रीति बियोगी॥
मानसरोग कछुक मैं गाए। हहिं सब के लखि बिरलेन्ह पाए॥

इस तरह संसार के सभी प्राणी रोगी हैं, जो शोक, हर्ष, भय, प्रीति और वियोग के दुःख से और भी दुःखी हो रहे हैं। मैंने कुछ थोड़े-से मानस-रोगों का वर्णन किया। ये रोग हैं तो सबको, परंतु इन्हें लख पाये हैं कोई विरले ही॥१॥

Thus every creature in the world is sick of these diseases, prey alternately to agony and ecstasy, fear and love and bereavement. I have mentioned only some of the diseases of the mind; although everyone is suffering from them, only a few are able to detect them.

जाने तें छीजहिं कछु पापी। नास न पावहिं जन परितापी॥
बिषय कुपथ पाइ अंकुरे। मुनिहु हृदय का नर बापुरे॥

प्राणियों को विशेष ताप देनेवाले ये पापी (रोग) जान लेने से कुछ कम अवश्य हो जाते है; परंतु नाश को नहीं प्राप्त होते। विषयरूपी कुपथ्य पाकर ये मुनियों के हृदयों में भी अंकुरित हो आते हैं, तब बेचारे साधारण मनुष्य क्या हैं?॥२॥

These wretched afflictions, the plague of mankind, diminish to a certain extent on being detected, but are not wholly cured. Fed by the unwholesome food of sensuality, they sprout up even in the hearts of sages; how much more in those of poor ordinary mortals?

रामकृपा नासहिं सब रोगा। जौ इहि भाँति बनै संजोगा॥
सदगुर बैद बचन बिस्वासा। संजम यह न बिषय कै आसा॥

श्रीरामकृपा से यदि इस तरह का संयोग बन जाय (जैसा आगे कहा गया है) तो ये सब रोग नष्ट हो जायँ। सद्गुरुरूपी वैद्य के वचन में विश्वास हो। विषयों की आशा न करे, यही संयम (परहेज) हो॥३॥

All these diseases can no doubt be cured if by Rama's grace the following factors combine. There must be a holy *guru* for physician and faith in his prescription; the regimen is indifference to the pleasures of sense.

1. These are for progeny, for riches, and for honour.

रघुपतिभगति सजीवन मूरी। अनूपान श्रद्धा मति पूरी ॥
एहि बिधि भलेही रोग नसाहीं। नाहि त जतन कोटि नहि जाहीं ॥

श्रीरघुनाथजी की भक्ति सञ्जीवनी जड़ी (बूटी) है। श्रद्धा से पूर्ण बुद्धि ही अनुपान (दवा के साथ लिया जानेवाला मधु आदि) है। इस तरह भले ही वे रोग नष्ट हो जायँ, नहीं तो करोड़ों उपायों से भी नहीं जाते ॥४॥

Devotion to Raghunatha is the life-giving herb (to be used as a recipe) and a mind full of faith the vehicle in which it is administered. By this process the diseases will assuredly be healed; otherwise all our efforts go for nothing.

जानिअ तब मन बिरुज गोसाँई। जब उर बल बिराग अधिकाई ॥
सुमति क्षुधा बाढ़ै नित नई। बिषय आस दुर्बलता गई ॥

हे गोसाईं ! मन को निरोग हुआ तब जानना चाहिए, जब हृदय में वैराग्यरूपी बल की अधिकता हो, उत्तम बुद्धिरूपी भूख नित्य-नयी बढ़ती जाय और विषयों की आशारूपी दुर्बलता चली जाय ॥५॥

The mind should be accounted as cured, my lord, only when the heart gathers strength in detachment, and good sense, the appetite, grows stronger every day and the weakness of material hopes recedes from view.

बिमल ज्ञान जल जब सो नहाई। तब रह रामभगति उर छाई ॥
सिव अज सुक सनकादिक नारद। जे मुनि ब्रह्म बिचार बिसारद ॥

जब वह (रोगरहित) मनुष्य निर्मल ज्ञानरूपी जल में स्नान करता है, तब उसके हृदय में रामभक्ति छा जाती है। शिवजी, ब्रह्माजी, शुकदेवजी, सनकादि और नारद आदि जो मुनि ब्रह्मतत्त्व-विचार में परम प्रवीण हैं, ॥६॥

(Being thus rid of all diseases) when the soul bathes in the pure, pellucid stream of divine knowledge, the heart is suffused with faith in Rama. Shiva, Brahma, Shukadeva, Sanaka and his three brothers, Narada and other sages adept in the investigation of the divine,

सब कर मत खगनायक एहा। करिअ रामपद पंकज नेहा ॥
श्रुति पुरान सब ग्रंथ कहाहीं। रघुपतिभगति बिना सुख नाहीं ॥

उन सबों का मत, हे पक्षिराज ! यही है कि श्रीरामजी के पदकमलों में प्रेम करना चाहिए। वेद-पुराण (आदि) सभी ग्रन्थ कहते हैं कि श्रीरघुनाथजी की भक्ति के बिना सुख नहीं हो सकता[1]। (यहाँ 'पद' शब्द में सर्वांग का भाव है। पद अर्थात् स्वरूप, लोक, चरण। चरण शरीर का मूल आधार है।) ॥७॥

all agree, O king of birds, in the doctrine that one must practise devotion to Rama's lotus feet. The Vedas and Puranas and all other scriptures proclaim that without practising devotion to Raghunatha there can be no happiness.

कमठपीठ जामहिं बरु बारा। बंध्यासुत बरु काहुहि मारा ॥
फूलहिं नभ बरु बहु बिधि फूला। जीव न लह सुख हरिप्रतिकूला ॥

कछुए की पीठ पर भले ही बाल जम आवें, बाँझ का बेटा भले ही किसी को मार डाले, आकाश में भले ही अनेक प्रकार के फूल खिल उठें (यह अनहोनी हो जाय तो हो जाय), परन्तु हरि-विमुख होकर जीव सुख नहीं पा सकता ॥८॥

It would be easier for hair to grow on the shell of a tortoise, or for the son of a barren woman to commit murder, or for flowers of all sorts to bloom in the sky than for a soul to find happiness if it be hostile to Hari.

तृषा जाइ बरु मृगजल पाना। बरु जामहिं सससीस बिषाना ॥
अंधकारु बरु रबिहि नसावै। रामबिमुख न जीव सुख पावै ॥

मृगतृष्णा के जल के पान से भले ही प्यास बुझ जाय, खरगोश के सिर पर भले ही सींग जम आवें, अन्धकार भले ही सूर्य को नष्ट कर दे; (यह असंभव संभव हो जाय तो हो जाय) परंतु राम-विमुख जीव सुख नहीं पा सकता ॥९॥

Sooner may thirst be quenched by drinking at a mirage, or horns sprout on a hare's head, or darkness efface the sun than a creature with his face turned against Rama find happiness.

हिम तें अनल प्रगट बरु होई। बिमुख राम सुख पाव न कोई ॥

बर्फ से भले ही आगा निकल आय (ये सब अनहोनी बातें हो जाय तो हो जाय) परंतु राम-विमुख होकर कोई भी सुख नहीं पा सकता ॥१०॥

Sooner may fire spring to light from snow than anyone at odds with Rama enjoy happiness.

दो. –बारि मथे घृत होइ बरु सिकता तें बरु तेल।
बिनु हरिभजन न भव तरिअ यह सिद्धांत अपेल ॥१२२(क)॥

जल को मथने से भले ही घी निकल आए और बालू (को पेरने) से तेल; परंतु हरि-भजन बिना संसार-समुद्र से नहीं तरा जा सकता, यह अटल सिद्धान्त है ॥१२२(क)॥

Sooner may *ghee* be produced by churning water, or oil by crushing sand, than the ocean of worldly existence be traversed without worshipping Hari. This is an irrefutable doctrine.

---

१. वि. त्रिपाठी के मतानुसार यहाँ पाँच बार सुख का निषेध किया गया है, यथा – (१) 'सुख नाहीं', (२) 'जीव न लह सुख', (३) 'न जीव सुख पावै', (४) 'सुख पाव न कोई' और (५) 'न भव तरिअ'। यहाँ पर वेदान्तकथित पाँचों आनन्द (योगानन्द, आत्मानन्द, अद्वैतानन्द, विद्यानन्द और विषयानन्द) माने बिना अर्थ नही बनता।

मसकहि करै बिरंचि प्रभु अजहि मसक तें हीन ।
अस बिचारि तजि संसय रामहि भजहिं प्रबीन ॥१२२(ख)॥

प्रभु (चाहें तो) मच्छर को ब्रह्मा बना सकते हैं और ब्रह्मा को भी मच्छर से हीन (तुच्छ) बना सकते हैं । ऐसा विचारकर चतुर पुरुष सन्देह त्यागकर श्रीरामजी का ही भजन करते हैं ॥१२२(ख)॥

The Lord can turn a mosquito into Brahma or degrade Brahma himself to a position lower than that of a mosquito. This the sagacious realize and worship Rama, discarding all doubt.

श्लोक—विनिश्चितं वदामि ते न अन्यथा वचांसि मे ।
हरिं नरा भजन्ति येऽतिदुस्तरं तरन्ति ते ॥१२२(ग)॥

मैं आपसे सुनिश्चित किया हुआ (यह) सिद्धान्त कहता हूँ—मेरे वचन मिथ्या नहीं हैं—कि जो मनुष्य श्रीहरि को भजते हैं, वे अत्यन्त दुस्तर संसार-सागर को (अनायास) तर जाते हैं ॥१२२(ग)॥

I tell you an established truth—and my words can never be untrue—that men who worship Hari are able to traverse the most turbulent ocean of mundane existence (without much effort).

चौ.—कहेउँ नाथ हरिचरित अनूपा । ब्यास समास स्वमति अनुरूपा ॥
श्रुतिसिद्धांत इहै उरगारी । राम भजिअ सब काज बिसारी ॥

हे नाथ ! मैंने श्रीहरि के अनुपम चरित्र का अपनी बुद्धि के अनुसार कहीं विस्तारपूर्वक और कहीं संक्षेप में वर्णन किया । हे सर्पों के शत्रु गरुड़जी ! श्रुतियों का यही सिद्धान्त है कि सब काम-काज छोड़कर श्रीरामजी को ही भजना चाहिए ॥१॥

I have told you, my lord, of the incomparable acts of Hari, in full or in brief, as best I can. The crowning doctrine of the Vedas, O foe of snakes, is this that one should abandon all worldly entanglements and take to worshipping Rama.

प्रभु रघुपति तजि सेइअ काही । मोहि से सठ पर ममता जाही ॥
तुम्ह बिग्यानरूप नहि मोहा । नाथ कीन्हि मो पर अति छोहा ॥

प्रभु श्रीरघुनाथजी को त्यागकर और किसकी सेवा की जाय, जिनका मुझ-जैसे मूर्ख पर भी ममत्व है ? हे नाथ ! आप विज्ञानरूप हैं, आपको मोह-माया नहीं है । आपने तो (तथा रघुनाथजी ने तो) मुझपर अति कृपा की है ॥२॥

Who else is worth serving if you renounce the Lord Raghunatha, who is compassionate even to such a wretch as myself ? You, my lord, are the very embodiment of divine wisdom and have no infatuation, and you have done me this great favour,

पूछिहु रामकथा अति पावनि । सुक सनकादि संभु मन भावनि ॥
सतसंगति दुर्लभ संसारा । निमिष दंड भरि एकौ बारा ॥

जो आपने मुझसे शुकदेवजी, सनकादि और शिवजी की मनभावनी अत्यन्त पवित्र रामकथा पूछी । संसार में पलभर या दण्डभर या एकबार का भी सत्सङ्ग मिलना दुर्लभ है ॥३॥

that you have asked me to tell you the most sacred story of Rama, that gladdens the souls even of Shukadeva, Sanaka and his brothers and Shiva. The fellowship of the godly is hard to get in the world even for once, be it for a moment or for half an hour.

देखु गरुड़ निज हृदय बिचारी । मैं रघुबीरभजन अधिकारी ॥
सकुनाधम सब भाँति अपावन । प्रभु मोहि कीन्ह बिदित जगपावन ॥

हे गरुड़जी ! आप अपने मन में विचार कर तो देखिए, क्या मैं श्रीरामजी के भजन का अधिकारी हूँ ? पक्षियो में सबसे अधम और सब प्रकार अपवित्र हूँ । परंतु ऐसा होने पर भी प्रभु ने मुझे सम्पूर्ण विश्व को पवित्र करनेवाला 'जगपावन' प्रसिद्ध कर दिया । (अथवा प्रभु ने मुझे जगत्प्रसिद्ध पावन कर दिया) ॥४॥

See, Garuda, and consider for yourself whether I am fit to worship Rama. Though I am the meanest of birds and altogether abominable, the Lord has made me known as a purifier[1] of the world.

दो.—आजु धन्य मैं धन्य अति जद्यपि सब बिधि हीन ।
निज जन जानि राम मोहि संतसमागम दीन ॥१२३(क)॥

यद्यपि मैं सब तरह हीन (नीच) हूँ, तो भी आज मैं धन्य हो गया, अत्यन्त धन्य हो गया, जो श्रीरामजी ने मुझे अपना सेवक जानकर संत-समागम दिया (आप-जैसे संत से मेरी भेंट करायी) ॥१२३(क)॥

Vilest of the vile though I be, yet blessed, most blessed am I today that Rama has acknowledged me as his own faithful servant and vouchsafed to me the fellowship of a saint !

नाथ जथामति भाषेउँ राखेउँ नहि कछु गोइ ।
चरित सिंधु रघुनायक थाह कि पावै कोइ ॥१२३(ख)॥

हे नाथ ! मैंने अपनी बुद्धि के अनुसार (सारा चरित) कहा, कुछ भी छिपा नहीं रखा । (फिर भी) श्रीरघुवीर के चरित-समुद्र की कोई थाह पा सकता है ? ॥१२३(ख)॥

I have told you everything, my lord, according to my ability and have concealed nothing; but the acts of Raghubira are an (unfathomable) ocean; can anyone find the bottom of it ?'

चौ.—सुमिरि राम के गुन गन नाना । पुनि पुनि हरष भुसुंडि सुजाना ॥
महिमा निगम नेति करि गाई । अतुलित बल प्रताप प्रभुताई ॥

1. or, all the world knows that the Lord has made me pure.

श्रीरामचन्द्रजी के नाना गुणसमूहों का स्मरण कर विज्ञ भुशुण्डिजी बार-बार आनन्दित हो रहे हैं। वेदों ने जिनकी महिमा 'नेति-नेति' कहकर गायी है; जिनका बल, प्रताप और प्रभुत्व अतुलनीय (अनुपम, बेजोड़) है ॥१॥

As he pondered over Rama's many excellent perfections, the all-wise Kakabhushundi rejoiced again and yet again. 'He whose glory is sung by the Vedas in such negative terms as "Not this, not this,"[1] whose might and majesty and lordship are unequalled

सिव अज पूज्य चरन रघुराई। मो पर कृपा परम मृदुलाई ॥
अस सुभाउ कहुँ सुनउँ न देखौं। केहि खगेस रघुपति सम लेखौं ॥

जिन श्रीरघुनाथजी के चरणों को शिवजी और ब्रह्माजी पूज्य समझते हैं, उनकी मुझपर कृपा होनी यह उनकी परम कोमलता है। किसी का ऐसा स्वभाव कहीं न सुनता हूँ, न देखता हूँ। अतः हे पक्षिराज ! मैं श्रीरघुनाथजी-जैसा और किसे गिनूँ (समझूँ) ? ॥२॥

and whose feet are worshipped by Shiva and Brahma, even he, Raghunatha, has in his supreme tenderness of heart shown mercy to me ! Nowhere have I heard of, much less seen, such loving-kindness; to whom, then, O king of birds, can I compare Raghunatha ?

साधक सिद्ध बिमुक्त उदासी। कबि कोबिद कृतग्य सन्यासी ॥
जोगी सूर सुतापस ग्यानी। धर्मनिरत पंडित बिग्यानी ॥

साधक और सिद्ध, जीवन्मुक्त और उदासीन (विरक्त), कवि और विद्वान, कर्म (रहस्य) के जाननेवाले, सन्यासी, योगी, शूरवीर, बड़े तपस्वी, ज्ञानी, धर्मतत्पर, पण्डित और तत्त्वज्ञानी ॥३॥

Aspirants, adepts, those already liberated, anchorites, inspired bards, scholars, seers in possession of the secrets of *karma* (duty) and wandering mendicants, ascetics, valiant heroes, great penitents, wise men, religious devotees, doctors, and men who have known the subtle nature of things[२]

तरहिं न बिनु सेएँ मम स्वामी। राम नमामि नमामि नमामी ॥
सरन गएँ मो से अघरासी। होहिं सुद्ध नमामि अबिनासी ॥

इनमें कोई भी मेरे स्वामी श्रीरामजी का सेवन-भजन किये बिना तर नहीं सकता। मैं उन्हीं श्रीरामजी को बारंबार नमस्कार करता हूँ। जिनकी शरण जाने पर मुझ-सरीखे पापपुंज भी निष्पाप हो जाते हैं, उन कालजयी श्रीरामजी को मैं नमस्कार करता हूँ ॥४॥

none of these can find salvation unless they wait on and worship my master, Rama, before whom I bow myself again and again and yet again. The imperishable Lord I adore, by taking refuge with whom even such confirmed reprobates as myself are chastened !

दो. —जासु नाम भव भेषज हरन घोर त्रय सूल।
सो कृपाल मोहि तोहि पर सदा रहौ अनुकूल ॥१२४(क)॥

जिनका नाम जीवन-मरणरूपी रोग की (अचूक) दवा और तीनों भयंकर शूलों (आधिदैविक, आधिभौतिक और आध्यात्मिक दुःखों) को हरनेवाला है, वे दयालु श्रीरामजी मुझपर और आपपर सदैव प्रसन्न रहें (कृपा करें) ॥१२४(क)॥

May that gracious Lord, whose name is an unfailing remedy for the ills of rebirth and an alleviator of the three grievous pains, ever remain propitious both to me and to you !'

सुनि भुसुंडि के बचन सुभ देखि रामपद नेह।
बोलेउ प्रेम सहित गिरा गरुड़ बिगत संदेह ॥१२४(ख)॥

भुशुण्डिजी के मङ्गलकारी वचन सुनकर और श्रीरामजी के चरणों में उनका अपूर्व स्नेह (भक्ति, प्रेम) देखकर सन्देह से सर्वथा रहित गरुड़जी ने प्रेमपूर्वक कहा ॥१२४(ख)॥

On hearing Bhushundi's blessed discourse and perceiving his love for Rama's feet, Garuda, now rid of all doubts, replied in endearing terms:

चौ. —मैं कृतकृत्य भयउँ तव बानी। सुनि रघुबीरभगति रस सानी ॥
रामचरन नूतन रति भई। मायाजनित बिपति सब गई ॥

श्रीरघुवीर के प्रति भक्ति के रस में सनी हुई आपकी वाणी सुनकर मैं कृतार्थ हो गया। श्रीरामजी के चरणों में नवीन प्रीति उत्पन्न हो गई और मायाजनिक समस्त विपदाएँ मिट गईं ॥१॥

'Now that I have heard your discourse, imbued with the savour of faith in Raghubira, I have attained the object of my life. My love for Rama's feet has been renewed and all my troubles created by illusion have disappeared.

मोह जलधि बोहित तुम्ह भए। मो कहँ नाथ बिबिध सुख दए ॥
मो पहिं होइ न प्रतिउपकारा। बंदौं तव पद बारहिं बारा ॥

मोह-समुद्र में डूबते हुए मेरे लिए आप जहाज रूप हुए। हे नाथ ! आपने मुझे अनेक प्रकार के सुख दिये। मुझसे इसका प्रत्युपकार नहीं हो सकता

1. Neti-neti : "Not this, not this"; the analytical process of progressively negating all names and forms in order to arrive at the eternal underlying Truth. *Yoga Vedanta Dictionary* (Delhi, 1973), p. 113.

२ Tattvajnana : knowledge of Brahman; same as Brahmajnana. Tattvajnani is also a sage who knowns the subtle nature of things.

(मैं ऋणमुक्त नहीं हो सकता, आपको कैसे उपकृत करूँ ?) । मैं तो आपके चरणों की बारंबार वन्दना ही करता हूँ ॥२॥

You have been a boat to me, drifting as I was in the sea of delusion and have bestowed on me, my lord, manifold blessings. I can in no way requite you (and spill out my gratitude in thanks to you); but again and again I reverence your feet.

पूरनकाम राम अनुरागी । तुम्ह सम तात न कोउ बड़भागी ॥
संत बिटप सरिता गिरि धरनी । परहित हेतु सबन्ह कै करनी ॥

आप पूर्णकाम तथा श्रीरामजी के प्रेमी हैं । हे तात ! आप-जैसा कोई भाग्यशाली नहीं है । संत, वृक्ष, नदी, पर्वत और पृथ्वी – इन सबके कार्य पराये हित के लिए ही होते हैं ॥३॥

A devotee of Rama, you have no wish unfulfilled and are thus so blessed, father, that none can equal you. Saints, trees, rivers, mountains and the earth, all operate for the good of others.

संतहृदय नवनीत समाना । कहा कबिन्ह परि कहै न जाना ॥
निज परिताप द्रवै नवनीता । परदुख द्रवहिं संत सुपुनीता ॥

संत-हृदय मक्खन के समान होता है, ऐसा कवियों ने कहा है, परन्तु उन्हें कहना नहीं आया; क्योंकि मक्खन तो तप्त होने पर (अपने ही ताप से) पिघलता है, परन्तु पवित्र संत दूसरों के दुःख से द्रवित हो (पिघल) जाते हैं ॥४॥

Poets have said that the heart of a saint is as soft as butter, but they have missed the essential truth; for butter melts of its own heat, but the most holy saints melt at others' trials.

जीवन जन्म सुफल मम भएऊ । तव प्रसाद संसय सब गएऊ ॥
जानेहु सदा मोहि निज किंकर । पुनि पुनि उमा कहइ बिहंगबर ॥

मेरा जीवन और जन्म, दोनों ही सफल हो गए । आपकी कृपा से सारे सन्देह भी मिट गए । आप मुझे सदा अपना सेवक ही जानिएगा । (शिवजी कहते हैं –) हे उमा ! पक्षिश्रेष्ठ गरुड़जी बार-बार यही कहते हैं ॥५॥

My birth has borne fruit and my life has been rewarded, for by your favour my doubts have disappeared. Regard me ever as your servant.' So, Uma, spoke the noblest of birds again and again.

दो. –तासु चरन सिर नाइ करि प्रेम सहित मतिधीर ।
गएउ गरुड़ बैकुंठ तब हृदय राखि रघुबीर ॥१२५(क)॥

उन (भुशुण्डिजी) के चरणों में प्रेमपूर्वक मस्तक नवाकर और हृदय में श्रीरघुवीर को प्रतिष्ठित कर (रखकर) धीरबुद्धि गरुड़जी तब वैकुण्ठ को चले गए ॥१२५(क)॥

Lovingly bowing his head before Kakabhushundi's feet, the resolute Garuda then flew away to Vaikuntha with Raghubira in his heart.

गिरिजा संतसमागम सम न लाभ कछु आन ।
बिनु हरिकृपा न होइ सो गावहिं बेद पुरान ॥१२५(ख)॥

हे गिरिजे ! संत-समागम जैसा दूसरा कोई लाभ नहीं है । पर वह (संत-समागम) हरिकृपा के बिना नहीं होता, वेद और पुराण ऐसा कहते हैं ॥१२५(ख)॥

O Girija, there is no gain so valuable as the fellowship of the saints; but, as the Vedas and Puranas declare, that is attainable only by Hari's grace.

चौ. –कहेउँ परम पुनीत इतिहासा । सुनत श्रवन छूटहिं भवपासा ॥
प्रनतकल्पतरु करुनापुंजा । उपजै प्रीति राम पद कंजा ॥

मैंने यह परम पवित्र इतिहास (रामचरित) कहा । इसे कानों से सुनते ही संसार के (समस्त) बन्धन (अनायास) छूट जाते हैं और शरणागतों को (मनोवांछित फल देनेवाले) कल्पवृक्ष तथा करुणापुंज श्रीरामजी के पदकमलों में प्रीति उत्पन्न होती है ॥१॥

I have told you the most sacred story, by the hearing of which one is freed from the bonds of birth and death and there springs up devotion to the lotus feet of the all-merciful Rama, the tree of Paradise to the suppliant.

मन क्रम बचन जनित अघ जाई । सुनहिं जे कथा श्रवन मन लाई ॥
तीर्थाटन साधनसमुदाई । जोग बिराग ज्ञाननिपुनाई ॥

जो कानों से और मन लगाकर इस कथा को सुनते हैं (इस कथामृत का पान करते हैं), उनके मन, वचन और कर्म से उत्पन्न सारे पाप नष्ट हो जाते हैं । तीर्थयात्रा आदि अनेकानेक साधन, योग, वैराग्य और ज्ञान में कुशलता – ॥२॥

Those who listen to this story with mindful ear are absolved of all sins of thought and word and deed. Pilgrimages to shrines and other means of self-purification, meditation, detachment, perfection in wisdom,

नाना कर्म धर्म ब्रत दाना । संजम दम जप तप मख नाना ॥
भूतदया द्विज गुर सेवकाई । बिद्या बिनय बिबेक बड़ाई ॥

नाना प्रकार के धर्म-कर्म, व्रत और दान; अनेक संयम, दम, जप-तप और यज्ञ; प्राणियों पर करुणा, ब्राह्मण और गुरु की सेवा; विद्या, विनय और विवेक की बड़ाई (आदि) – ॥३॥

the various works of religious merit, vows and almsgiving, self-denial and self-control, prayer, penance and manifold sacrifices, compassion shown to all living beings, ministering to the Brahmans and *gurus*, learning, modesty and sound judgement,

जहँ लगि साधन बेद बखानी। सब कर फल हरिभगति भवानी॥
सो रघुनाथभगति श्रुति गाई। रामकृपा काहूँ एक पाई॥

जहाँ तक वेदों ने साधनों का वर्णन किया है, हे भवानी ! उन सबका फल हरि-भक्ति ही है। किंतु श्रुतियों में वर्णित वह रघुनाथ-भक्ति श्रीरामजी के अनुग्रह से किसी एक (विरले) ने ही पायी है॥४॥

in short, all the expedients that the Vedas have prescribed, Bhavani, have but one reward—devotion to Hari. But to that devotion to Raghunatha which the scriptures describe scarce any has attained, and then only by the grace of Rama.

दो.—मुनिदुर्लभ हरिभगति नर पावहिं बिनहि प्रयास।
जे यह कथा निरंतर सुनहिं मानि बिस्वास॥१२६॥

किंतु जो मनुष्य विश्वासपूर्वक यह कथा नित्य-निरन्तर सुनते हैं, वे अनायास उस मुनिदुर्लभ हरिभक्ति को पा लेते हैं॥१२६॥

Although such devotion to Hari is scarce attainable even by sages, it can be effortlessly won by those who continually listen to this story and put their trust in it.

चौ.—सोइ सर्बग्य गुनी सोइ ग्याता। सोइ महि मंडित पंडित दाता॥
धर्मपरायन सोइ कुलत्राता। रामचरन जाकर मन राता॥

जिसका मन श्रीरामजी के चरणों में अनुरक्त है, वहो सर्वज्ञ, गुणी और वही ज्ञानी है; वही पृथ्वी का आभूषण, विद्वान और दानी है; वही धर्म-परायण और वही कुल-रक्षक है॥१॥

He is the man of infinite knowledge, accomplishment and wisdom, he is the ornament of the world, learned and munificent, and he is the pious devotee and saviour of his house, whose mind is utterly devoted to Rama's feet.

नीतिनिपुन सोइ परम सयाना। श्रुतिसिद्धांत नीक तेहिं जाना॥
सोइ कबि कोबिद सोइ रनधीरा। जो छल छाड़ि भजै रघुबीरा॥

जो छल-छद्म त्यागकर श्रीरघुवीर को भजता है, वही नीति-निपुण है, वही परम चतुर है। उसी ने वेदों के सिद्धान्तों को ठीक-ठीक जाना समझा है। वही कवि, वही विद्वान् तथा वही रणधीर है॥२॥

He is well-versed in moral philosophy, supremely sagacious, endowed with a thorough understanding of Vedic doctrines, an inspired bard, scholar and staunch warrior, who worships Raghubira with genuine devotion.

धन्य देस सो जहँ सुरसरी। धन्य नारि पतिब्रत अनुसरी॥
धन्य सो भूपु नीति जो करई। धन्य सो द्विज निज धर्म न टरई॥

वह देश धन्य है जहाँ देवनदी श्रीगङ्गाजी हैं, वह स्त्री धन्य है जो (आजीवन, चाहे कुछ भी हो) पातिव्रत्य-धर्म का अनुसरण (पालन) करती है। वह राजा धन्य है जो नीति (का पालन) करता है और वह ब्राह्मण धन्य है जो अपने धर्म से नहीं डिगता॥३॥

Blessed is the land where the Ganga flows! Blessed is the wife who is faithful to her husband ! Blessed is the king who administers justice ! Blessed the Brahman who swerves not from his duty !

सो धन धन्य प्रथम गति जाकी। धन्य पुन्यरत मति सोइ पाकी॥
धन्य घरी सोइ जब सतसंगा। धन्य जन्म द्विजभगति अभंगा॥

वह धन-सम्पदा धन्य है जिसकी पहली गति होती है (जिसका व्यय दान देने में होता है[1]), वही बुद्धि धन्य और पकी हुई है जो पुण्य में तत्पर है। वही घड़ी धन्य है जब सत्सङ्ग हो और वही जन्म धन्य है जिसमें ब्राह्मण की अविरल (अखण्ड) भक्ति हो॥४॥

Blessed is the wealth that is dispensed in charity! Blessed and ripe the intellect that devotes itself to works of piety ! Blessed the hour spent in communion with the saints ! Blessed the life unceasingly devoted to the Brahmans !'

दो.—सो कुल धन्य उमा सुनु जगतपूज्य सुपुनीत।
श्रीरघुबीरपरायन जेहि नर उपज बिनीत॥१२७॥

हे उमा ! सुनो, वह कुल धन्य है, सारे संसार के लिए पूज्य है और अत्यन्त पवित्र है, जिसमें श्रीरघुवीरपरायण (रामभक्त) विनम्र पुरुष उत्पन्न हो॥१२७॥

Listen, O Uma; blessed is that house, worthy of veneration throughout the world and most holy, in which is born a humble worshipper of the Lord Raghubira !

चौ.—मति अनुरूप कथा मैं भाषी। जद्यपि प्रथम गुप्त करि राखी॥
तव मन प्रीति देखि अधिकाई। तौ मैं रघुपतिकथा सुनाई॥

मैंने अपनी बुद्धि के अनुरूप यह कथा कह सुनायी, यद्यपि पहले इसे गुप्त कर रखा था। जब तुम्हारे मन में प्रीति की बाढ़ देखी तब मैंने श्रीरघुनाथजी की यह कथा तुमको (सुयोग्य पात्र जानकर) सुनायी॥१॥

I have told you the story to the best of my ability, though at first I kept it secret. It was when I perceived your soul overflowing with love that I related the story of Raghunatha.

---

१. धन की तीन गतियाँ बतायी जाती हैं — दान, भोग और नाश। दान उत्तम है, भोग मध्यम है और नाश नीच गति है। जो पुरुष न देता है, न भोगता है, उसके धन की तीसरी गति होती है।

यह न कहिअ सठही हठसीलहि । जो मन लाइ न सुन हरिलीलहि ॥
कहिअ न लोभिहि क्रोधिहि कामिहि । जो न भजइ सचराचर स्वामिहि ॥

जो शठ हों, हठी स्वभाव के हों और श्रीहरि की लीला को मन लगाकर न सुनते हों, उनसे यह कथा न कहनी चाहिए । लोभी, क्रोधी और कामी को, जो चराचर के स्वामी श्रीरामजी का भजन नहीं करते, यह कथा नहीं कहनी चाहिए ॥२॥

It should not be repeated to the crafty or the stubborn or those who refuse to listen attentively to the tale of Hari's sportive manifestations; nor yet to the covetous, choleric or lustful, who worship not the Lord of all animate and inanimate creation.

द्विजद्रोहिहि न सुनाइअ कबहूँ । सुरपति सरिस होइ नृप जबहूँ ॥
रामकथा के तेइ अधिकारी । जिन्ह के सतसंगति अति प्यारी ॥

ब्राह्मण-वैरी को, यदि वह देवराज इन्द्र के समान प्रतापी राजा भी हो, तो भी यह कथा कभी न सुनानी चाहिए । राम-कथा के अधिकारी तो वे ही हैं जिन्हें सत्सङ्गति अत्यन्त प्यारी है ॥३॥

It must never be repeated to one hostile to the Brahmans, be he a sovereign as powerful as Indra, the king of heaven. They are fit for instruction in Rama's story who dearly love the fellowship of the saints.

गुरुपद प्रीति नीतिरत जेई । द्विजसेवक अधिकारी तेई ॥
ता कहँ यह बिसेषि सुखदाई । जाहि प्रानप्रिय श्रीरघुराई ॥

गुरु के चरणों में जिनकी प्रीति है, जो नीतिपरायण और ब्राह्मणों के सेवक हैं, वे ही इसके अधिकारी (सुयोग्य-पात्र) हैं । उस व्यक्ति को तो यह कथा बहुत ही सुख देनेवाली है, जिसे श्रीरघुनाथजी प्राणों की तरह प्रिय हैं ॥४॥

Those, too, are fit recipients who are devoted to the feet of their *guru* and the precepts of morality and who minister to the Brahmans. The story affords special delight to him who loves Raghunatha as he loves his own life.

दो. –रामचरन रति जो चह अथवा पद निर्बान ।
भाव सहित सो यहि कथा करौ श्रवन पुट पान ॥१२८॥

जो श्रीरामजी के चरणों में प्रेम का अभिलाषी हो या मोक्षपद की कामना करता हो, वह इस कथारूपी अमृत को प्रेमपूर्वक अपने कानरूपी दोने से पिये ॥१२८॥

Whoever wishes to love Rama's feet or to attain to the blessed state of liberation should devoutly drink in this story from the cups of his ears.

चौ. –रामकथा गिरिजा मैं बरनी । कलिमल समनि मनोमल हरनी ॥
संसृति रोग सजीवन मूरी । रामकथा गावहिं श्रुति सूरी ॥

हे गिरिजे ! मैंने कलियुग के पापों को नष्ट करनेवाली और मन के मल का हरण करनेवाली रामकथा कही । यह रामकथा संसृति (जन्म-मरण) रूपी रोग के (निवारण के) लिए संजीवनी जड़ी (बूटी) है, वेद और विद्वान ऐसा कहते हैं ॥१॥

I have told you, Girija, the story of Rama that wipes out the sins of the Kaliyuga and cleanses all the impurities of the mind, the story that is a life-giving remedy for the disease of birth and death, as is hymned by the Vedas and the learned.

एहि मह रुचिर सप्त सोपाना । रघुपतिभगति केर पंथाना ॥
अति हरिकृपा जाहि पर होई । पाउ देइ एहि मारग सोई ॥

इसमें सात सुन्दर सोपान (सीढ़ियाँ) हैं । ये श्रीरघुनाथजी की भक्ति को प्राप्त करने के लिए मार्गरूप हैं । जिसपर श्रीहरि की अत्यन्त कृपा होती है, वही इस पथ पर पाँव रखता है ॥२॥

It has seven beautiful steps, being so many roads leading up to the goal of faith in Raghunatha. He who enjoys the utmost grace of Hari can set his feet upon this road (the road to devotion).

मनकामना सिद्धि नर पावा । जे यह कथा कपट तजि गावा ॥
कहहिं सुनहि अनुमोदन करहीं । ते गोपद इव भवनिधि तरहीं ॥

जो कपट त्यागकर इस कथा का गान करते हैं, वे मनुष्य अपनी मनोकामना की सिद्धि कर लेते हैं । जो इसे कहते-सुनते और इसका अनुमोदन (प्रशंसा) करते हैं, वे संसाररूपी समुद्र को गौ के खुर से बने गड्ढे की नाईं पार कर जाते हैं ॥३॥

Those who guilelessly sing this story attain the object of their soul's desire; and those who recite or hear and gladly assent to it pass over the sea of birth and death as they would a mere puddle.

सुनि सब कथा हृदय अति भाई । गिरिजा बोली गिरा सोहाई ॥
नाथकृपा मम गत संदेहा । रामचरन उपजेउ नव नेहा ॥

(याज्ञवल्क्यजी कहते हैं –) सब कथा सुनकर श्रीपार्वतीजी के हृदय को बहुत ही प्रिय लगी और वे सुहावनी वाणी बोलीं – स्वामी की कृपा से मेरा संदेह मिट गया और श्रीरामजी के चरणों में नया स्नेह उत्पन्न हो गया ॥४॥

Parvati was greatly pleased to have heard the whole story and replied in joyous tones: 'By my Lord's grace my doubts have disappeared and my love for Rama's feet has sprung up afresh !

दो. –मैं कृतकृत्य भइउँ अब तव प्रसाद बिस्वेस ।
उपजी रामभगति दृढ़ बीते सकल कलेस ॥१२९॥

हे विश्वनाथ ! आपकी कृपा से अब मैं कृतकृत्य हो गयी । मुझमें अटल रामभक्ति का उदय हो गया और मेरे सारे क्लेश बीत गए ॥१२९॥

By your favour, O Lord of the world, I have now attained the object of my life. Unswerving devotion to Rama has sprung up in my heart and all my afflictions have vanished.'

चौ. –यह सुभ संभु उमा संबादा । सुखसंपादन समन बिषादा ॥
भवभंजन गंजन संदेहा । जनरंजन सज्जनप्रिय येहा ॥

शम्भु-उमा का यह मंगलप्रद संवाद सुख उत्पन्न करनेवाला और शोक का नाशक है; यह जन्म-मरण का अन्त करनेवाला, संदेहों को नष्ट करनेवाला, भक्तों के लिए आनन्ददायक – जनरंजन – और संत पुरुषों को प्रिय है ॥१॥

This blessed converse between Shambhu and Uma is fraught with bliss and destructive of sorrow. It puts an end to transmigration and dispels all doubt; it delights the faithful and is dear to the saintly.

राम उपासक जे जग माहीं । यहि सम प्रिय तिन्ह के कछु नाहीं ॥
रघुपतिकृपा जथामति गावा । मैं यह पावन चरित सुहावा ॥

संसार में जो श्रीरामजी के उपासक हैं, उनको तो इस रामकथा की तरह कुछ भी प्रिय नहीं है । श्रीरघुनाथजी की कृपा से ही मैंने यह सुन्दर और पवित्र करनेवाला चरित्र यथामति गाया है ॥२॥

To the worshippers of Rama, there is nothing in the world so dear as this (story). By Raghunatha's favour I have sung to the best of my ability this holy and gracious story.

एहि कलिकाल न साधन दूजा । जोग जग्य जप तप ब्रत पूजा ॥
रामहि सुमिरिअ गाइअ रामहि । संतत सुनिअ राम गुन ग्रामहि ॥

(तुलसीदासजी कहते हैं –) इस कलियुग में योग, यज्ञ, जप, तप, व्रत और पूजन आदि कोई अन्य साधन नहीं है । बस, श्रीरामजी का ही सुमिरन करना, श्रीरामजी का ही गुण गाना और निरन्तर उनके ही गुणसमूहों को सुनना चाहिए ॥३॥

In this Kaliyuga there is no other means of grace, neither abstract meditation, sacrifice, prayer, penance, vows, nor ritual worship. Meditate only on Rama; sing only of Rama; and give ear only to the sum of Rama's infinite perfections !

जासु पतितपावन बड़ बाना । गावहिं कबि श्रुति संत पुराना ॥
ताहि भजहि मन तजि कुटिलाई । राम भजे गति केहिं नहि पाई ॥

पतितों को पवित्र करना जिनका प्रसिद्ध बाना है – कवि, वेद, संत और पुराण ऐसा कहते हैं – रे मन ! टेढ़ापन (खुटाई) त्यागकर उन्हीं का भजन कर । श्रीराम को भजने से किसने परमगति (मोक्ष) नहीं पायी ? ॥४॥

Forswearing all perversity, O soul, worship him whose special vow it is to sanctify the fallen, as is declared by poets and saints, by the Vedas and Puranas. Who has not found redemption by the worship of Rama ?

छं. –पाई न केहिं गति पतितपावन राम भजि सुनु सठ मना ।
गनिका अजामिल ब्याध गीध गजादि खल तारे घना ॥
आभीर जमन किरात खस स्वपचादि अति अघरूप जे ।
कहि नाम बारक तेपि पावन होहिं राम नमामि ते ॥१॥

अरे शठ मन ! सुन, पतितपावन श्रीराम को भजकर किसने परमगति नहीं पायी (कोई हो तो बता) ? गणिका, (पिंगला, कान्होयात्रा इत्यादि) अजामिल, व्याध, गीध (जटायु, संपाती इत्यादि), गज आदि बहुत-से दुष्टों को उन्होंने तार दिया । आभीर (जो समुद्र को दुःख दिया करते थे), यवन, (जिसने हराम कहा था), किरात, खस, श्वपच (चाण्डाल) आदि जो अत्यन्त पापरूप ही हैं, वे भी केवल एक बार जिनका नाम लेकर पवित्र हो जाते हैं, उन श्रीरामजी को मैं नमस्कार करता हूँ ॥१॥

Listen, O stupid soul ! Who has not found salvation by worshipping Rama, the purifier of the fallen ? The harlot (Pingala), Ajamila, the huntsman (Valmiki), the vulture (Jatayu), the elephant and many other wretches have been delivered by him. An Abhir, a Yavana, a Kirata, a Khasha, a Chandal, and all who are the very embodiments of sin are purified if they but once repeat the name of Rama whom I adore.

रघुबंसभूषन चरित यह नर कहहिं सुनहिं जे गावहीं ।
कलिमल मनोमल धोइ बिनु श्रम रामधाम सिधावहीं ॥
सत पंच चौपाई मनोहर जानि जो नर उर धरे ।
दारुन अबिद्या पंचजनित बिकार श्रीरघुबर हरे ॥२॥

जो मनुष्य रघुवंशभूषण श्रीरामजी का यह चरित कहते-सुनते और गाते हैं, वे कलियुग के पाप और मन के मल को धोकर बिना परिश्रम ही रामधाम को सीधे चले जाते हैं । (अधिक क्या) जो मनुष्य पाँच-सात[१] चौपाइयों को भी मनोहर जानकर (अथवा मानस की चौपाइयों को श्रेष्ठ पञ्च जानकर) हृदय में धारण कर लेता है, उसके भी पाँच प्रकार की अविद्याजनित विकारों – काम, क्रोध, लोभ, मोह, मत्सरादि – को श्रीरामजी हरण कर लेते हैं । ॥२॥

Those who recite, or hear, or sing this story of the

१. 'सत पंच' के कई अर्थ हैं । ग्रन्थकार को पूरा ख्याल था कि रामचरितमानस में किसी तरह के क्षेपक न जोड़े जायँ । इसलिए ग्रन्थ के अन्त में उन्होंने चौपाइयों की संख्या दे दी है । 'संत पंच' से चौपाइयों की इसी संख्या का द्योतन होता है । 'अङ्कानों वामतो गतिः' के अनुसार 'सत पंच' का अर्थ होता है – ५१०० । रामचरितमानस में आदि से अन्त तक कुल ५१०० चौपाइयाँ हैं । चूँकि इस ग्रन्थ का महत्त्व किसी मन्त्रशास्त्र या संहिता से कम नहीं है, इसलिए इसे क्षेपकों से बचाने के लिए मानसकार ने चौपाइयों की संख्या – पाँच हजार एक सौ – दे दी । चौपाइयों की ही संख्या दी, क्योंकि मानस 'चौपाई रामायण' है, चौपाई छन्द ही इसमें प्रधान है । 'पाठक का जी ऊब न जाय, इसीलिए बीच-बीच में छन्द, सोरठा, दौहा इत्यादि देकर चौपाइयों की शोभा बढ़ायी गयी है ।' द्रष्टव्य – मा.पी., ७, पृ. ७२६-२७ ।

jewel of the house of Raghu wipe out the stains of the Kaliyuga and the impurities of the soul and ascend without effort to Rama's home in heaven. Anyone who appreciates the beauty of only five or six *chaupais* and treasures them up in his heart is delivered by the Lord Rama from the perversions caused by the five monstrous kinds of ignorance.

सुंदर सुजान कृपानिधान अनाथ पर कर प्रीति जो ।
सो एक राम अकामहित निर्बानप्रद सम आन को ॥
जाकी कृपा लवलेस तें मतिमंद तुलसीदासहूँ ।
पायो परम बिश्रामु राम समान प्रभु नाही कहूँ ॥३॥

सौन्दर्यनिधान, सुजान और दयासागर, जो अनाथों पर प्रेम करते हैं, ऐसे (विशेषणयुक्त) एक श्रीरामचन्द्रजी ही हैं। इनके समान निष्काम कल्याण करनेवाला और (संसार-बन्धन से) मोक्ष देनेवाला दूसरा कौन है ? जिनकी लेशमात्र कृपा से मन्दबुद्धि मुझ तुलसीदास ने भी परम विश्राम पाया, उन श्रीरामजी के सदृश प्रभु कहीं भी नहीं है ॥३॥

Rama alone is all-beautiful, all-wise, all-merciful and full of loving-kindness for the destitute; who else can compare with him as a disinterested benefactor and a bestower of final deliverance ? Nowhere is there a Lord like Rama, by whose grace, however slight, even I, the dull-witted Tulasidasa, have found supreme peace.

दो. –मो सम दीन न दीनहित तुम्ह समान रघुबीर ।
अस बिचारि रघुबंसमनि हरहु बिषम भवभीर ॥१३०(क)॥

हे श्रीरघुवीर ! मुझ-जैसा न तो कोई दीन है और न दीनों का आप-जैसा कोई हितैषी ही। ऐसा विचारकर हे रघुवंशमणि ! मेरे जन्म-मरण के भयानक भवसंकट का हरण कर लीजिए ॥१३०(क)॥

There is none so miserable as I, and none, O Raghubira, so gracious to the miserable as you. Remember this, O jewel of the house of Raghu, and rid me of the awesome cycle of birth and death.

कामिहि नारि पिआरि जिमि लोभिहि प्रिय जिमि दाम ।
तिमि रघुनाथ निरंतर प्रिय लागहु मोहि राम ॥१३०(ख)॥

जैसे कामी को स्त्री प्रिय लगती है और जैसे लोभी को दाम (रुपया-पैसा) प्रिय लगता है, वैसे ही हे रघुनाथजी ! हे रामजी ! आप मुझे निरन्तर प्रिय लगिए ॥१३०(ख)॥

As a lustful man loves his mistress and as one given over to greed loves his money, so, O Raghunatha, O Rama, may you for ever and ever be beloved by me !

श्लोक – यत्पूर्वं प्रभुणा कृतं सुकविना श्रीशम्भुना दुर्गमं
श्रीमद्रामपदाब्जभक्तिमनिशं प्राप्त्यै तु रामायणम् ।
मत्वा तद्रघुनाथनामनिरतं स्वान्तस्तमःशान्तये
भाषाबद्धमिदं चकार तुलसीदासस्तथा मानसम् ॥१॥

श्रीरामजी के चरणकमलों में निरन्तर भक्ति प्राप्त होने के लिए समर्थ श्रेष्ठ कवि श्रीशंकरजी ने पहले जिस दुरूह मानस-रामायण की रचना की थी, उसी रामनाम में तत्पर मानस-रामायण को पाकर अपने अन्तःकरण के अन्धकार को मिटाने के लिए तुलसीदास ने इस मानस के रूप में भाषाबद्ध किया ॥१॥

While in former days the blessed Lord Shankara, that excellent poet, composed a *Ramayana*, full of obscurity, for the attainment of unceasing faith in the lotus feet of the blessed Lord Rama, Tulasidasa, considering that poem to be alive with the name of Rama, has composed this *Manasa* in the vulgar tongue in order to disperse the gloom of his own inner self.

पुण्यं पापहरं सदा शिवकरं विज्ञानभक्तिप्रदं
मायामोहमलापहं सुविमलं प्रेमाम्बुपूरं शुभम् ।
श्रीमद्रामचरित्रमानसमिदं भक्त्यावगाहन्ति ये
ते संसारपतङ्गघोरकिरणैर्दह्यन्ति नो मानवाः ॥२॥

यह श्रीरामचरितमानस पुण्यरूप, पापों का हरण करनेवाला, सदा कल्याणकारी, विज्ञान और भक्ति को देनेवाला, माया, मोह और मल का नाशक, अत्यन्त निर्मल प्रेमजल से परिपूर्ण तथा मङ्गलकारी है। जो मनुष्य भक्तिपूर्वक इस मानसरोवर में स्नान करते हैं, वे संसाररूपी सूर्य की अति प्रखर किरणों से नहीं जलते (परम शान्ति पाकर सदा प्रसन्न रहते हैं) ॥२॥

This Holy Lake of Rama's Acts is a lake of merit, a lake that destroys all defilements and ever blesses the soul and grants wisdom and faith, washing away the filth of ignorance and illusion by its pure, clear waters brimful with love. Those who plunge with faith into it are never burnt by the scorching rays of the sun of birth and death.

मासपारायण, तीसवाँ विश्राम ।

नवाह्नपारायण, नवाँ विश्राम

(PAUSE 9 FOR A NINE-DAY RECITATION)

इति श्रीमद्रामचरितमानसे सकलकलिकलुषविध्वंसने सप्तमसोपानः समाप्तः ।

कलियुग के समस्त पापोंका नाश करनेवाले श्रीरामचरितमानस का यह सातवाँ सोपान समाप्त हुआ ।

(उत्तरकाण्ड समाप्त)

Thus ends the seventh descent into the Manasa Lake of Rama's exploits, that eradicates all the impurities of the kaliyuga.

श्रीगणेशाय नमः

श्रीजानकीवल्लभो विजयते

श्रीरामचरितमानस

THE HOLY LAKE OF THE ACTS OF RAMA

APPENDIX A

अष्टम सोपान

लवकुशकाण्ड

LAVA KUSHA KANDA

श्लोक

जयति रघुवंशतिलकः कौशल्याहृदयनन्दनो रामः ।
दशवदननिधनकारी दाशरथिः पुण्डरीकाक्षः ॥१॥

कौसल्या के हृदय को आनन्द देनेवाले, दशरथजी के पुत्र, रघुकुलतिलक, दस मुँहवाले रावण को मारनेवाले कमललोचन श्रीरामचन्द्रजी की जय हो ! ॥१॥

Glory to Rama, the lotus-eyed. the bliss of Kausalya's heart, Dasharath's son, the ornament of the house of Raghu and the slayer of the ten-headed demon, Ravana !

दो. —सुनि भुसुंडि के बचन मृदु देखि रामपदनेह ।
बोलेउ प्रेमसहित गिरा गरुड़ बिगत संदेह ॥१॥

काकभुशुण्डि के मीठे वचन सुनकर और श्रीरामचन्द्रजी के चरणों में उनका स्नेह देखकर गरुड़जी संदेहरहित हो प्रेम-पगी वाणी बोले — ॥१॥

When Garuda heard Bhushundi's loving speech and saw his devotion to Rama's feet, he was rid of all doubt and said affectionately :

छं. —नमामीशघनज्ञानरघुवंशदासं सदानंददातासुविद्याप्रकाशम् ।
विशदशैलनीलं कृपालुं निवासं चरणांबुजं सेवितं पापनाशम् ॥
गतं मोहमारादिशूलं विशालं हरंतापसंतापभवशोकजालम् ।
नमो काकपादं सुबुद्धिं सुशीलं सदाभक्तवात्सल्यवासाद्रिनीलम् ॥१॥

हे गुरो ! मैं आपको नमस्कार करता हूँ । आप ज्ञान के सागर, रघुनाथजी के सेवक, सदा आनन्ददाता और सुन्दर तथा श्रेष्ठ विद्या से प्रकाशित हैं । हे कृपालु ! यह सुन्दर नील पर्वत आपका निवास-स्थान है और आपके चरणकमल पापों को नष्ट करनेवाले तथा सेवन करने योग्य हैं । आपके दर्शनमात्र से मोह, कामादि बड़े-बड़े शूल दूर हो जाते हैं । आप पाप-संताप एवं जगत् के शोकमय जाल को हरनेवाले हैं और सुबुद्धि तथा सुशीलता के घर हैं । अपने भक्तों पर सर्वदा दया करते हुए आप नील पर्वत पर निवास करते हैं । आपको (आपके चरणों को) नमस्कार है ! ॥१॥

"I do obeisance to you, O *guru*, for you are an ocean of wisdom and Raghunatha's servant, a perennial source of bliss and radiant with learning of the highest kind. You dwell, O gracious lord, on this beautiful blue mountain, Nilagiri, and your lotus feet that destroy all defilement deserve loving ministration. The very sight of you destroys all infatuation and such burning pains as are caused by lustfulness and the like, for you are the reliever of grief and sorrow born of the cycle of birth and death. You, who dwell on this blue mountain, Nilagiri, are the very abode of noble understanding and modesty and are compassionate to your votaries. I do obeisance to your feet !

प्रसन्नाननं नीलवदनं सुश्यामं नमो पाहि शरणं सुरामाभिरामम् ।
भाष्यो उमानाथ यशनाथनामं देख्यो कृपासिन्धुकोरामधामम्[1] ॥२॥

---

१. प्रसन्नाननं नीलगात्र मनोज्ञं नमो पाहि मां देव दुःखौधमग्नम् ।
कृपासिन्धुरूपं महेशादभिन्नं मया दृष्यमद्य प्रभो ते स्वरूपम् ॥

आपका मुख सदैव प्रसन्न और आपका शरीर नील तथा श्यामरूप है। (हे प्रभो !) आपको नमस्कार है ! आप शरण में आये हुए (शरणागतों) को अद्वितीय सुख देनेवाले हैं, आप मेरी रक्षा कीजिए। आपने शिवजी के स्वामी श्रीरामचन्द्रजी का (संकट काटनेवाला) नाम और यश कहा। उस नाम के प्रभाव से कृपासिंधु श्रीरामचन्द्रजी के परम धाम को (मैं अपने ज्ञान-नेत्रों से) देख रहा हूँ ॥२॥

I do obeisance to you whose countenance is ever cheerful and whose body is dark-blue of hue. You, lord, are the bestower of rare bliss upon all who seek refuge with you; pray protect me. You have proclaimed the glory of the name of Rama, Shiva's Lord, a name by the favour of which I am beholding with my eyes of wisdom the heavenly abode of the ocean of mercy (Rama).

इच्छावपुष काक कल्याणकारी जिन्है एक आशा अयोध्याबिहारी।
भागीं सकल वासना त्रासभारं दयानाथ कीन्हो अविद्याप्रहारम् ॥३॥

हे कल्याण करनेवाले काकराज ! आपने अपनी इच्छा से अपना शरीर धारण कर रखा है और आपको अयोध्याविहारी श्रीरामचन्द्रजी की ही आशा है। हमारी सभी वासनाएँ और संसार के भयों का भार-समूह मिट गया है। हे दयानाथ ! आपने (ज्ञान देकर) मेरी सब अविद्या दूर कर दी ॥३॥

You have of your own will, O gracious king of crows, assumed your form and your trust is ever only in Rama, the blessed lord of Ayodhya. All my fears and desires have been destroyed; you have, O lord of grace, dispelled my ignorance by giving me insightful wisdom.

सगुण ब्रह्मलीला धराभारनाशं सुन्यो रामअवतार मोहं विनाशम्।
जान्यो दनुजनाशनं विश्ववासं चिदानन्दसंदोहभक्तिं विलासम् ॥४॥

प्रभु के सगुण अवतार की लीला केवल पृथ्वी के भार को दूर करने के निमित्त होती है, किन्तु मैंने रामावतार की जो कथा सुनी, वह मोह को दूर करनेवाली है। जिनका सम्पूर्ण विश्व में निवास है और जो दैत्यों के नाश करनेवाले हैं, उन सच्चिदानन्दस्वरूप (हरि) को मैंने जाना कि वे भक्ति (की प्रतिष्ठा) के लिए (विविध) लीलाएँ किया करते हैं ॥४॥

The blessed Lord assumes a personal form (with attributes) and performs his sportive acts to relieve the earth of its burden; but the story of Rama's incarnation that I heard is the destroyer of all infatuation. I now know that the Lord who dwells in the whole universe and who destroyed the demons is the very incarnation of Being, Consciousness and Bliss, and plays his human part for the vindication of devotion.

अचल ज्ञानगोतीत मन्त्रं विशालं पायो कृपानाथ निज भाग्यमालम्।
बिगत षष्ठरोगं अयोगं दयालुं नमो पाहि शरणं नमामी कृपालुम् ॥५॥

हे कृपालु ! आप इन्द्रियों से परे अचल ज्ञानवाले हैं, आपका राममंत्र शक्तिशाली है और आपका स्वरूप (सर्व-) व्यापक है। आपकी शरण आया हूँ, मेरी रक्षा करें। हे कृपानिधि ! मैंने बड़े भाग्य से आपको पाया है; आपकी कृपा से अब मेरे (सारे) कुरोग और इन्द्रियों के कामादि छहों रोग मिट गए ॥५॥

O gracious lord, you have subdued your senses and possess immutable wisdom; the spell of the word Rama is exceedingly potent and your form immanent. Pray protect me, for I have come to take refuge in you. O abode of compassion, it is my great good fortune that I have realized you; by your grace all my six grievous ills and the disease of sensuality have been cured.

दो. —सुरसरिसम पावन भयउ नाथ हृदय अब मोर।
जन्म जन्म छूटै नहि कबहुँ पदाम्बुज तोर ॥२॥

हे नाथ ! अब मेरा हृदय गंगाजी के समान पवित्र हो गया। आपके चरणकमल मुझसे जन्म-जन्मान्तर तक कभी न छूटें (यही मेरी मनोभिलाषा और प्रार्थना है) ॥२॥

My heart, O lord, is now as pure as the Ganga; may I remain devoted to your feet throughout all time !

चौ. —सुने सकल गुणगण प्रभु केरे। पूजे नाथ मनोरथ मेरे ॥
तव प्रसाद बायसकुलनाथा। हृदय बसहिं अब प्रभुगुणगाथा ॥१॥

हे स्वामी ! मैंने प्रभु श्रीरामचन्द्रजी के सम्पूर्ण गुण सुने और मेरे सब मनोरथ पूरे हो गए। हे काककुल के स्वामी ! आपकी कृपा से अब मेरे हृदय में प्रभु के गुणों की कथा बसेगी ॥१॥

I have, lord, heard all the infinite perfections of the Blessed Lord Rama, and all my desires have been fulfilled. Now by your favour, O king of birds, the whole story of the Lord's perfections shall abide in my heart.

मन सन्तोष न हृदय अघाहीं। यथा उदधि सरिता सब जाहीं ॥
पसु पक्षी जड़ जङ्गम जाती। चर अरु अचर बरन किहि भाती ॥२॥

जिस प्रकार नदियों और तालाबों के मिलने से समुद्र नहीं भरता, उसी प्रकार मेरे मन में तो संतोष है, किन्तु चित्त नहीं अघाता। पशु-पक्षी, स्थावर-जङ्गम, चर-अचर योनियों का वर्णन किस प्रकार किया जा सकता है ? ॥२॥

Though my soul is content, my heart is not; just as the ocean is never full though streams and ponds (in infinite numbers) mingle with its waters. How can all the species of life—moving and unmoved, animals and birds—be described ?

जे जन बसहिं अवध सुखधामा । लिये संग सादर श्रीरामा ॥
तजि सब अवध गये सह देहा । येह मोहि नाथ परम सन्देहा ॥३॥

हे प्रभु ! जो मनुष्य सुख की खान अयोध्यापुरी में बसते थे, उन्हें सादर साथ लेकर श्रीरामचन्द्रजी अयोध्यापुरी को छोड़ सदेह वैकुंठ गये – यह सुनकर मुझे अत्यन्त सन्देह होता है ॥३॥

Respectfully taking along with him all those who lived at Ayodhya, the repository of every blessing, Rama left the capital and ascended to heaven bodily. I am, O lord, filled with considerable disbelief when I hear it.

अब प्रभु मोहि सब कहहु बुझाई । पिता जानि मैं करौं ढिठाई ॥
येह इतिहास पुनीत कृपाला । जिमि मख कीन्ह राम महिपाला ॥४॥

हे स्वामी ! अब मुझे सब समझाकर कहिए । आपको पितातुल्य समझकर ही मैं ऐसी ढिठाई करता हूँ । हे कृपालु ! यह पवित्र इतिहास और जिस प्रकार राजा श्रीरामचन्द्रजी ने यज्ञ किया, सब (आद्योपांत) कहिये ॥४॥

Now, O lord, tell me all this clearly and in detail. This audacity results from my regard for you as my father. Pray tell me, O gracious master, the story of the sacrifice performed by Rama, lord of the world."

दो. –अस कहि गदगद बचन मृदु पुलकावली सरीर ।
सुनि सप्रेम हरषे बिहग बायस मति अति धीर ॥३॥

गद्‌गद स्वर में ऐसे कोमल वचन कहकर गरुडजी पुलकित हो उठे । अत्यन्त धीरबुद्धि काकभुशुंडिजी प्रेमभरे शब्द सुनकर और प्रसन्न होकर बोले – ॥३॥

When he uttered these tender words in a voice choked with emotion, the hair of his body bristled with delight; Kakabhushundi of the most resolute mind rejoiced at heart when he heard such endearing words.

चौ. –धन्य धन्य तुम धनि खगराया । कीन्हीं अमित मोहि पर दाया ॥
रामकृपा तुम्हरे मन माहीं । संसय सोक मोह भ्रम नाहीं ॥१॥

हे पक्षिराज ! आपको बार-बार धन्यवाद है ! आपने मुझ पर अपार दया की । श्रीरामजी की कृपा से आपके मन में संशय, शोक, मोह और भ्रम के लिए कोई स्थान न होगा ॥१॥

"Blessed, blessed indeed are you, O king of birds," he said; "you have been exceedingly kind to me and by Rama's favour your mind shall be altogether free from doubt, grief, ignorance and delusion.

अति प्रिय बचन रसज्ञ तुम्हारे । लागत नाथ मोहिं अति प्यारे ॥
सो सब बिसद कथा बिस्तारी । कहौं सुनहु जगहित उरगारी ॥२॥

हे नाथ ! आप-जैसे हरि-कथा-रसज्ञ के अत्यन्त प्रिय वचन मुझे बहुत प्यारे लगे । हे सर्पों के शत्रु ! अब मैं जगत् के उपकार के लिए श्रीरामचन्द्रजी की निर्मल कथा को विस्तारपूर्वक सुनाता हूँ, सुनो ॥२॥

Since you delight in listening to the story of Hari, I am, lord, overjoyed to hear your delectable words. I will not tell you, O foe of the serpent race, the blameless story of Rama in detail, a story that will bring blessings to the world.

तव मन प्रीति देखि खगराया । मिटहिं अमंगल कोटिहु माया ॥
सुनु अब रामरहस्य अनूपा । चरित पुनीत अवधपुर भूपा ॥३॥

हे पक्षिराज ! आपके मन की प्रीति को देखकर सारे अमंगलों और करोड़ों मायाओं का नाश हो गया । अब श्रीरामचन्द्रजी के रहस्यपूर्ण, अनुपम एवं विशुद्ध चरित्र सुनिये ॥३॥

Myriads of evils and illusions have, O king of birds, disappeared at the sight of your boundless love. Now listen to the incomparable mysteries of the holy acts of Rama, lord of Ayodhya.

अज अद्वैत अमल अबिनासी । रहित सकल कलिमल भवफाँसी ॥
रुद्र सहस्र बर्ष खगईसा । कीन्ह चरित रहि पुर जगदीसा ॥४॥

श्रीरामचन्द्रजी जन्मरहित, द्वैतरहित, निर्मल, अमर (अनश्वर) और कलियुग के पापों और संसार के कर्मबन्धनों से (सर्वथा) रहित हैं । हे गरुड़जी ! ग्यारह हजार वर्षों तक अयोध्या में रहकर जगत् के स्वामी श्रीरामचन्द्रजी ने अनेक चरित्र किये ॥४॥

Rama is birthless, without a second, immaculate, indestructible and altogether free from the sinful snares of the Kaliyuga. While living at Ayodhya, O Garuda, for eleven thousand years the lord of the universe wrought many a wonderful deed.

दो. –बिधि बर बचन सँभारि उर राजत करुना ऐन ।
जुगल जोरि सोभा निरखि लजत कोटि सत मैन ॥४॥

ब्रह्माजी के श्रेष्ठ शब्दों को हृदय में रखकर करुणासिन्धु श्रीरामचन्द्रजी अयोध्या में विराजमान हैं । श्रीसीतारामजी की सुन्दरता को देखकर करोड़ों कामदेव भी लज्जित हो जाते हैं ॥४॥

With Brahma's excellent words laid in his heart, Rama, the ocean of compassion, is sitting in all his magnificence. Even myriads of Loves stand abashed when they behold the beauty of the couple (Rama and Sita).

चौ. –अनुज सचिव प्रभु प्रजा बुलाये । गुरगृह सादर तिन कहँ लाये ॥
मकर मास रबि परब सुहावा । बिदा माँगि गुरपद सिरु नावा ॥१॥

एक दिन श्रीरामचन्द्रजी ने अपने छोटे भाइयों, मंत्रियों और प्रजा को बुलाया और वे उन्हें आदरपूर्वक गुरु वसिष्ठजी के आश्रम में ले आये। मकर-संक्रांति को सुन्दर सूर्यपर्व जानकर गुरूजी के चरणों में प्रणाम कर श्रीरामचन्द्रजी ने (काशीक्षेत्र जाने के लिए) उनसे आज्ञा माँगी ॥१॥

One day the Lord Rama summoned his younger brothers, ministers and subjects and reverently conducted them to the *guru*'s house. Seeking his leave to go to Kashi on the auspicious day of the solar eclipse in February (Magha) when the sun enters the mansion Capricorn, Rama bowed his head before the feet of the *guru*.

काासी धर्मक्षेत्र अति पावन। चले सकल सब बिधि सजि वाहन ॥
चुतरंगिनी अनी सब साथा। येहि बिधि गवनु कीन्ह रघुनाथा ॥२॥

काशी अत्यन्त पवित्र धर्मक्षेत्र (तीर्थ) हैं; (तीर्थाटन के लिए) सभी अपनी-अपनी सवारियों को बहुविध सुसज्जित कर चल पड़े। अपनी चतुरंगिणी सेना को साथ लेकर रघुनाथजी ने भी प्रस्थान किया ॥२॥

Counting Kashi and its precincts as holy, they all had their several carriages well-equipped before they set out. Thus did Raghunatha too leave with all the four divisions of the army.

बीच बास करि सिवपुर आये। सादर पुरिहि सीस तिन्ह नाये ॥
आइ सुरसरिहि कीन्ह प्रनामा। अभय अनंत पाय बिसरामा ॥३॥

बीच-बीच में रुककर वे काशी पहुँचे। सबों ने आदरपूर्वक नगर को प्रणाम किया। फिर उन्होंने गंगाजी का अभिवादन किया। सब-के-सब श्रमरहित और निर्भय हो गए ॥३॥

Encamping on the way, they came to Kashi and did obeisance to the city. Then when they had done homage to the Ganga and taken rest, they were rid of all fatigue and fear.

महिसुर दंडि जती संन्यासी। पूजेउ कृपासिंधु सुखरासी ॥
दीन्ह दान कछु बरनि न जाई। धनद कुबेर सुरेस लजाई ॥४॥

कृपासागर और सुख की राशि श्रीरामचन्द्रजी ने ब्राह्मणों, दंडियों, यतियों और सन्यासियों का पूजन किया और इतना अधिक दान दिया कि उसका वर्णन नहीं किया जा सकता। उसे देखकर धन के स्वामी कुबेर और देवताओं के स्वामी इन्द्र भी लज्जित हो गए ॥४॥

Rama, the ocean of grace and the source of all bliss, did obeisance to the Brahmans, mendicants, ascetics and recluses, and bestowed upon them such gifts as were beyond telling and put both Kubera and Indra to shame.

दो. –येहि बिधि रहि प्रभु बिपुल दिन सुखी किये मुनिबृंद।
आये पुनि निज नगर महँ हर्षित करुनाकंद ॥५॥

इस प्रकार बहुत दिनों तक वहाँ रहकर भगवान् ने मुनि-समाज को सुखी किया। तदनंतर करुणासागर श्रीरामचन्द्रजी प्रसन्नतापूर्वक अयोध्या लौट आए ॥५॥

In this manner the Lord passed many days at Kashi and gladdened the sages with his presence. Then Rama, the source and spring of mercy, returned to his own capital.

चौ. –प्रतिदिन अवध अनन्द उछाहू। दान देहिं प्रतिदिन नरनाहू ॥
हठ परपंच न दुख दिन काहू। ब्याप न कबहुँ सुना खगनाहू ॥१॥

अयोध्या में प्रतिदिन आनन्दोत्सव होने लगे और राजा श्रीरामचन्द्रजी नित्य (याचकों, ब्राह्मणों को) दान देने लगे। हे गरुड़जी ! ऐसा नहीं सुना कि वहाँ किसी को हठ, प्रपंच या शोक व्यापा हो ॥१॥

Every day at Ayodhya there were joyous festivities and Rama, the lord of men, bestowed numerous gifts on the needy (wandering mendicants and Brahmans). No one in that city, O Garuda, was ever heard of falling a prey to mulishness, delusion and grief.

सुनहिं जहाँ तहँ बेद पुराना। दूसर धर्म न काहू जाना ॥
दिन दिन प्रीति देखि भगवाना। अमित अनन्द सकल पुर जाना ॥२॥

सर्वत्र वेद-पुराण की ही चर्चा सुनाई पड़ती थी और किसी को भी किसी अन्य धर्म का पता न था। प्रतिदिन उनके स्नेह को बढ़ते देखकर श्रीरामचन्द्रजी ने पुरवासियों को प्रसन्न जाना ॥२॥

Wherever one went, one found people talking only of the Vedas and Puranas, for they had no knowledge whatever of other faiths. Perceiving that their devotion to him was ever on the increase, Rama knew that the citizens were all utterly happy.

सत संबत परिमानु हमारा। भये सोचबस राम उदारा ॥
अस्वमेध मख करौं सुहाई। गाइ तरहिं भव नर समुदाई ॥३॥

यह सोचकर कि हमारी अवधि सौ वर्ष की है (अब हमें केवल सौ वर्ष रहना है), उदार श्रीरामचन्द्रजी कुछ सोच में पड़ गए। उन्होंने विचार किया कि मैं एक ऐसा अश्वमेध यज्ञ करूँ जिसे गाकर मानव-जाति जन्म-मरण के दुःखों से मुक्त हो जाय (भवसागर पार कर जाय)।

When he knew that he would have to live for another hundred years, the kind-hearted Rama was somewhat distressed. "I must now perform the sacred Horse Sacrifice" he said to himself, "by hymning which men will pass over the sea of rebirth.

पुनि निज धामहिं तुरत सिधावौं। बिधि के बचन बिलम्ब न लावौं ॥
प्रात जाइ गुरु भवन सप्रीती। कहौं करौं सब सुन्दर रीती ॥४॥

फिर अपने परम धाम को तुरत चला जाऊँगा; ब्रह्माजी के वचन को पूरा करने में विलम्ब नहीं करूँगा। अतः प्रातःकाल प्रेमपूर्वक गुरुजी के घर जाकर उनके कथानुसार उत्तम रीति से यज्ञ (की तैयारियाँ) करूँगा ॥४॥
Then I will return at once to my own sphere in heaven; I must not evade carrying out the Creator's orders. I shall go to the *guru*'s dwelling in the morning and begin work for the sacrifice as well as I can in keeping with both righteousness and sound policy."

दो. –अस बिचारि उर राखि निज कृपासिंधु मतिधीर।
करत चरित नाना अमित हरन सोक भवभीर ॥६॥

कृपासागर धीरमति श्रीरामचन्द्रजी ने हृदय में ऐसा विचार रखकर संसार के भय और शोक को हरनेवाले नाना प्रकार के असंख्य चरित्र किये ॥६॥
Thus reflecting, the resolute Rama, who is an ocean of compassion, wrought many deeds that destroyed all grief and dread of rebirth.

चौ. –कहौं सुनौं रघुपतिप्रभुताई। जो पुरान ऋषि नारद गाई ॥
रामचन्द्रमहिमा अति भूरी। सो बरनत कबिमन कदरूरी ॥१॥

महर्षि नादरजी ने रघुनाथजी की जिस प्रभुता का वर्णन पुराणों में किया है, उसे ही कहता हूँ, सुनिये! श्रीरामचन्द्रजी की महिमा इतनी अपार है कि उसके वर्णन में कवियों के मन भी धीरज खो बैठते हैं ॥१॥
Now I sing of the glory of Rama that has been hymned in the Puranas by the great sage Narada. Listen, Rama's majesty is so immeasurable that the seers intent upon describing it lose their patience.

मैं मतिमंद कहौं केहि भाँती। सोहइ बक कि हंस सुपाँती ॥
सुनिय न पुहुमि कतहुँ अध काना। पढ़हिं चतुर नर बेद पुराना ॥२॥

मंदबुद्धि मैं उसे किस प्रकार कहूँ? क्या (कर्पूरी) बगला भी हंसों की सुन्दर पंक्ति में शोभा पा सकता है? राम-राज्य में कानों से पाप का नाम भी नहीं सुना जाता था। चतुर मनुष्य वेद, पुराण पढ़ते थे ॥२॥
How then can I, a wretched blockhead, describe it? Can in a graceful row of lovely swans a (hypocritical) heron claim praise? Nowhere in Rama's kingdom could one hear of any act of sin, and the citizens, enlightened and wise, were all devoted to the Vedas and Puranas.

गावहिं प्रभुगुनगन भयहारी। निंदहिं अमरलोक नर नारी ॥
आज्ञा मातु पिता गुर करहीं। जप तप दान सदा अनुसरहीं ॥३॥

(जन्म-मरण के) भय को हरनेवाले प्रभु के गुण-समूहों को गाते हुए स्त्री-पुरुष स्वर्गलोक की भी निंदा करते थे (स्वर्गिक सुखों को भी तुच्छ समझते थे)। सब लोग अपने माता-पिता और गुरु की आज्ञा का पालन करते तथा जप-तप और दानादि कर्मों का अनुसरण करते थे ॥३॥
As they sang the praise of the Lord's virtues that destroy all fear of rebirth, men and women alike attached scant value to heaven; everybody obeyed his parents and his *guru* and practised prayer and penance and charity.

प्रजा अनंद राज प्रभु केरे। मानहुँ सक्र कुबेर घनेरे ॥
राजहिं सब रनिवास अनंदा। सुखी चकोर लखत जिमि चंदा ॥४॥

प्रभु श्रीरामचन्द्रजी के राज्य में प्रजा इतनी आनन्दित (सुखी) थी कि लगता था वह अनेकानेक इन्द्रों और कुबेरों का समूह हो। सारा रनिवास आनन्द में भरकर वैसे ही शोभित था जैसे शरत् के चन्द्रमा को देखकर चकोर सुखी होता है ॥४॥
In Rama's kingdom men were happy, like so many Indras and Kuberas, and the apartments of the queens overflowed with joy as do the partridges on seeing the lovely autumn moon.

छं. –जिमि सरदचंद्र चकोर देखति मातु प्रभुमुख जोहहीं।
तिमि भरत लछिमन सत्रुसूदन वेष लखि मन मोहहीं ॥
नित जात प्रभु चौगान खेलन साथ लै चतुरंगिनी।
जब गये भूतलभार टारन संग मरकट लै अनी ॥१॥

जिस प्रकार शरत् के चन्द्रमा को चकोरी देखती (और प्रसन्न होती) है, उसी प्रकार माताएँ प्रभु के मुख को देखती हैं। भरत, लक्ष्मण और शत्रुघ्न के वेश को देखकर तो वे मुग्ध ही हो जाती हैं। अपनी चतुरंगिणी सेना को साथ लेकर प्रभु श्रीरामचन्द्रजी नित्य चौगान (गेंद) खेलने जाते हैं, लेकिन जब वे पृथ्वी का भार उतारने गए थे तब उनके साथ वानरों की सेना थी ॥१॥
Just as the female partridge looks at the autumn moon and is delighted, so did the queen mothers gaze on the countenance of the Lord and were entranced to behold Bharata, Lakshmana and Shatrughna. With the four divisions of the army to form his entourage, the Lord Rama would go and play polo, but when he had set out to relieve the world of its burden, he had a host of monkeys with him.

चढ़ि बाजि गज रथ नगर देखहिं श्रमित पुनि गृह आवहीं।
सारंग हेम बिलोकि सादर त्रान बिनु प्रभु धावहीं ॥
कहुँ कुसुम कंटक अंग लागत मोरि मुख मुसुकावनी।
सो सत्रु संमुख सही तीक्षण सक्ति असि रिपुदावनी ॥२॥

हाथी, घोड़े और रथ पर चढ़कर वे नगर देखते जाते हैं और थककर फिर (संध्या समय) घर लौट आते हैं। जहाँ वे पीले रंग का मृग देखते हैं, वहाँ वे तत्काल वाहन छोड़कर उसके सामने दौड़ जाते हैं। वन में फिरते हुए

जब कहीं फूलों के काँटे उनके अंगों में लगते हैं, तब वे मुख मोड़कर मुसकराते हैं। (ये वे ही सुकोमल अंगोंवाले प्रभु हैं जिन्होंने) लंका के युद्ध में वैरी के सामने महा भयंकर शत्रुघातिनी तीक्ष्ण शक्ति भी सह ली थी ॥२॥

Mounted on a horse, an elephant or a chariot, he would often have a look round the city and, when overcome by weariness, would again come back home. Wherever in the woods he beheld a yellow-hued deer, he would dismount and run towards it, and when his delicate frame was touched by prickly flowers, he would just turn his head round and smile. The Lord, so delicate of frame, was also so valorous that he had taken the shock of the dreadful and fatal spear hurled forth by his foe in the field of battle.

निसि नींद बासर भूख साधत बर्ष चौदह सारहीं।
सहजात संग लै करत कीडा खेलते खेलवारहीं॥
व्यंजन बनत षट रस अमित घृतमधुर बिनु जेंवत नही।
निज भगत हेतु समेत लछिमन बैठि रिपु मार्‍यो सही॥३॥

जिन प्रभु ने अपने भक्तों के दुःख को दूर करने के लिए चौदह वर्ष तक भूख और नींद का साधन किया, वे ही अब अनेक प्रकार के षड्रस व्यंजनों को देखकर घी और मिठाई के बिना भोजन नहीं करते। वे अपने भाइयों को साथ लेकर क्रीड़ा और लीला करते हैं। अपने भक्तों के ही कारण लक्ष्मणजी ने संग्राम-भूमि में महाशत्रु मेघनाद को मार डाला था ॥३॥

The Lord who for the sake of his devotees suffered hunger and passed many sleepless nights for fourteen years would, on beholding dainties of every kind and flavour, prefer only those that were sweet and fried in *ghee*. (It is for the sake of his devotees that) Rama wrought many marvellous deeds in the company of his brothers; it is to protect his devotees that Lakshmana too had slain Meghanada, the foremost of his foes, in the battlefield.

दो.—रघुबरराज बिराज अति सकल अवनि अघ भाग।
बिचहिं मुनि कानन बिपुल बसहिं सहित अनुराग॥७॥

श्रीरामजी का राज्य अत्यन्त शोभायमान था, उससे पृथ्वी के समस्त पाप-ताप भाग गए। (परिणामतः) मुनी लोग प्रेमपूर्वक वनों में विचरने और रहने लगे ॥७॥

Rama's kingdom was unequalled in splendour and so purifying that it cleansed the world of its impurities. Full of love and affection for one another, sages in multitude roamed the woods at will and took up their abode there.

चौ.—भूमि सुहावनि कानन चारू। खग मृग इक सँग करहिं बिहारू॥
बैर न सुनिय राम कें राजा। मिलि बिचरहिं बन सकल समाजा॥१॥

पृथ्वी सुहावनी और वन सुन्दर हो गए। उनमें पशु-पक्षी एक साथ (निर्भय हो) विचरने लगे। श्रीरामचन्द्रजी के राज्य में वैर का लेश भी न रह गया, जिससे सब एक साथ मिल-जुलकर वन में घूमने-फिरने लगे ॥१॥

The earth looked splendid and the woods lovely, wherein birds of every kind flew fearless and beasts wandered about. No one heard of any animosity in Rama's realm where all lived together in mutual harmony and roamed the woods in perfect happiness.

नाना ग्रंथ समृति समुदाई। सकहिं न गाइ रामप्रभुताई॥
सारद कोटि कोटि अहिईसा। अगनित चतुरानन गौरीसा॥२॥

अनेक ग्रंथों और स्मृतियों के समूह भी श्रीरामजी की प्रभुता का गान नहीं कर सकते। करोड़ों सरस्वतियाँ, करोड़ों शेष, असंख्य ब्रह्मा तथा महादेव, — ॥२॥

Even a multitude of books and scriptures cannot describe Rama's majesty, nor can myriads of Sarasvatis, myriads of Serpent Kings and countless Brahmas and Mahadevas,

जहँ लगि जग कोबिद कबिराई। रामराजगुन नहि सक गाई॥
असित आदि कज्जलगिरि भूरी। पात्र समुद्र मसी भरि पूरी॥३॥

एवं संसार में जितने भी पंडित और कवि हैं, उनसे भी रामराज्य के गुणों का वर्णन संभव नहीं है। यदि कज्जल पर्वत की बहुत-सी स्याही बनाकर समुद्ररूपी दावात में भर दी जाय, — ॥३॥

or any of the innumerable poets and scholars living in the world sing of all the virtues of Rama's realm. If one were to fill the hollow of the sea with the ink made from a mountain of soot,

जौं कर लेखनी सुरतरुडारी। सप्तद्वीप महिपत्र बिचारी॥
सारद नारद हरि हर सेषा। सहस कल्प सत लिखैं बिसेषा॥४॥

और कल्पवृक्ष की डाली की कलम एवं सातों द्वीप की धरती का कागज बनाया जाय तथा सरस्वती, नारद, विष्णु, महादेव और शेषनाग सौ हजार कल्पों तक उस (कागज) पर विशेष रूप से लिखें, — ॥४॥

and make one of the boughs of the tree of Paradise into a pen to write on the parchment of the earth's surface encompassing all the seven islands, and if Sarasvati, Narada, Vishnu, Mahadeva and Sheshanaga were especially to write for millions of aeons,

सो.—तदपि न पावहिं पार रामराज कौतुक अमित।
सुनु अब चरित अपार जस खगपति आगे भयउ॥८॥

फिर भी वे रामराज्य के अनगिनत अद्‌भुत चरित्रों का पार नहीं पा सकते। हे गरुड़जी! जिस प्रकार आगे अपार चरित्र हुए, अब उन्हें भी सुनिये ॥८॥

even then they would find the countless marvels of Rama's reign unfathomable. Now listen, O Garuda, to the mysterious acts of the Lord as they took place later.

चौ. –राजत राजसभा सह भ्राता। तहँ आयउ एक द्विज बिलखाता ॥
परुष बचन मुख कहत पुकारा। हंसबंस बूड़ेउ संसारा ॥१॥

(एक समय) श्रीरामचन्द्रजी अपने भाइयों के साथ राजसभा में विराजमान थे, तभी एक रोता-बिलखता हुआ ब्राह्मण वहाँ आ पहुँचा। वह अपने मुख से पुकार-पुकारकर यह कठोर वचन कहने लगा कि संसार में सूर्यवंश डूब गया ॥१॥

One day as Rama sat resplendent in the royal court with all his brothers, there appeared a Brahman sore distressed and wailing. "The sun of the Solar race has set in the world," he cried in bitter accents.

रघु दिलीप सिबि सगर नरेसा। अतुल प्रभाव भये अवधेसा ॥
पितु जीवित सुत त्यागेउ प्राना। अंतरजामी प्रभु सुनी काना ॥२॥

रघु, दिलीप, शिवि और सगर अयोध्या के बड़े-बड़े प्रतापी राजा हुए, (किन्तु ऐसा कभी न हुआ कि) पिता के जीवित रहते पुत्र मर गया हो। सबके हृदय की बात जाननेवाले प्रभु श्रीरामजी ने इसे अपने कानों से सुना ॥२॥

Raghu, Dilip, Shivi and Sagara were kings of Ayodhya, all men of incomparable might, but never in their realm had a son died in the lifetime of his father." The Lord who knows the inmost thoughts of all heard this with his own ears.

नरलीला कर राम कृपाला। लगे बिचार करन तेहि काला ॥
कारन कवन मृतक सुत भयऊ। द्विजदुख देखि बिकल प्रभु भयऊ ॥३॥

उस समय कृपालु श्रीरामचन्द्रजी मनुष्योचित लीला करके विचार करने लगे – क्या कारण है जो इस ब्राह्मण का बेटा मर गया? ब्राह्मण के दुःख को देखकर प्रभु व्याकुल हो उठे ॥३॥

Playing the part of an ordinary mortal, the gracious Lord Rama brooded over the cause of the boy's death. He was sore distressed to find the Brahman grieving.

प्रभुचित देखि गगन भइ बानी। सूद्र तपै सुनु सारँगपानी ॥
बिंध्याचल गँभीर बन माँहा। द्विजसुत हेतु मरन नरनाहा ॥४॥

प्रभु के मन ही बात जानकर आकाशवाणी हुई – हे शार्ङ्ग धनुष को धारण करनेवाले रामजी! सुनिये, विंध्याचल पर्वत में जहाँ वन अति सघन हो गया है, वहीं एक शूद्र तपस्या कर रहा है। हे राजन्! ब्राह्मण-पुत्र के मरने का यही कारण है ॥४॥

Sensing the thoughts that were passing through the Lord's mind, a voice from heaven said, "Listen, O Rama, who bears the Sharnga bow! A Shudra is practising austerities in the dense forest of the Vindhyachala; the Brahman's son, O king of men, has died on this account."

छं. –येहि हेतु द्विजसुत मृतक सुनि रथ साजि प्रभु आतुर चले।
दोउ परम सैल बिलोकि पावन मुदितचित सनमुख भले ॥
सुचि रुचिर आश्रम बेदिका तहँ देखि मुनिमन भावनी।
बहु बाग सुभग तड़ाग गुँजत मंजु मधुकर सावनी ॥१॥

ब्राह्मण-पुत्र की मृत्यु का यही कारण सुनकर श्रीरामचन्द्रजी रथ सजाकर अविलंब चल पड़े। आगे दो बड़े-बड़े सुन्दर पर्वत देखकर उनका हृदय प्रसन्न हो गया। मुनियों के मन को मुग्ध करनेवाली पवित्र सुन्दर वेदी और (वैसे ही सुन्दर) आश्रम भी देखे। वहाँ अनेकानेक सुन्दर बगीचे और सरोवर थे और वृक्षों पर भौंरे मधुर गुंजार कर रहे थे ॥१॥

Upon hearing why the Brahman's son had died, the Lord had his chariot adorned and equipped, and he set forth at once. He was overjoyed to see before him two peaks, beauteous and majestic, and altars and hermitages, too, no less holy and beautiful, that enchanted the souls of the sages. Many a lovely park and pond was there with black bees humming sweetly among the trees.

पिक मोर हंस चकोर किलकहिं कीर सोभा पावहीं।
बन बृद्ध कोल किरात सादर सर्वदा तहँ आवहीं ॥
पुनि क्रोधसंजुत बिसिख छाँड़ेउ सूद्र को सिर कटि गिरचो।
बर भगति पावन जानि तेहि दै आपु तीरथ ब्रत करचो ॥२॥

पपीहे, मोर, हंस, चकोर आदि पक्षी किलकारी मार रहे थे (हर्षध्वनि कर रहे थे), तोते शोभा दे रहे थे और वृद्ध कोल-किरात वहाँ सदा आदरपूर्वक आते-जाते रहते थे। प्रभु श्रीरामचन्द्रजी ने क्रुद्ध होकर बाण छोड़ा, जिससे उस तपस्वी शूद्र का सिर कटकर (धरती पर) गिर पड़ा। प्रभु ने उसे पवित्र समझकर अपनी भक्ति का श्रेष्ठ वरदान दिया और स्वयं (उस हत्या के प्रायश्चित-स्वरूप) व्रत और तीर्थ-यात्रा की ॥२॥

The cuckoo, the peacock, the goose, the partridge and many other birds warbled in ecstasy, parrots displayed lusture and aged Kols and Kiratas wandered reverently through the forest. Filled with great fury, Rama aimed an arrow on the Shudra and severed his head that tumbled to the ground.

Deeming him holy, the Lord then bestowed upon him his excellent boon of devotion and as an act of contrition himself went off to practise penance at a holy place.

दो. –द्विजबर बालक मृतक सो उठि बैठेउ हरषाय ।
आये पुर रघुपति भगत भयभंजन सुखदाय ॥९॥

उस श्रेष्ठ ब्राह्मण का मरा हुआ बेटा (उसी समय) प्रसन्न होकर उठ बैठा । भक्तों के भय को नष्ट करनेवाले सुखों के दाता रघुनाथजी अपने नगर में पधारे ॥९॥

The dead son of that illustrious Brahman arose with a delighted expression. Raghunatha, who rids his votaries of all fear and gladdens his servants, entered the city.

चौ. –तेहि अवसर एक स्वान पुकारी । पाहि पाहि प्रनतारतिहारी ॥
बिनु अघ नाथ कृपालु खरारी । हतेउ मोहि द्विज अतिबल भारी ॥१॥

उसी समय एक कुत्ते ने पुकार की – हे शरणागतों के दुःखों को दूर करनेवाले ! मेरी रक्षा कीजिए, रक्षा कीजिए । हे खर के शत्रु कृपालु श्रीरामचन्द्रजी ! हे नाथ ! बिना किसी अपराध के ही इस अत्यन्त बलशाली ब्राह्मण ने मुझे मारा है ॥१॥

Just then a dog barked out: "Protect me, O Lord who relieves the suppliants of their woes, protect me ! O foe of the demon Khara, O Lord Rama, this mighty Brahman has belaboured me though I have done no wrong."

सुनि सो बचन दीन प्रभु काना । सपदि दूत पठवा भगवाना ॥
आनेउ बिप्र तुरत तेहि काला । कहे बचन इमि दीनदयाला ॥२॥

यह सुनते ही प्रभु ने ध्यान दिया और ब्राह्मण को बुलाने के लिए तत्काल दूत भेजा । उसी समय वह (दूत) ब्राह्मण को बुला लाया । तब दीन-दुःखियों पर दया करनेवाले प्रभु श्रीरामजी ने उससे इस प्रकार कहा – ॥२॥

When the Lord heard what the dog had said, he resolved to act upon it and at once dispatched a messenger to summon the Brahman. When he came, the Lord Rama, who is ever compassionate to the humble and the miserable, said these words to him:

हनेउ स्वान कहु केहि अपराधा । सुनु सर्बज्ञ न कछु ब्रत बाधा ॥
क्रोधबिबस प्रभु बिनहिं बिचारा । नाथ प्रबल मैं या कहँ मारा ॥३॥

कहिए, किस अपराध के कारण आपने कुत्ते को मारा ? ब्राह्मण ने कहा – हे सर्वज्ञ ! सुनिए, इसने मेरा कुछ भी अपराध नहीं किया । हे प्रभों ! बिना विचार किए ही मैंने क्रोध-वश इसे जोर से मारा । ॥३॥

"Tell me, for what offence did you strike the dog ?" The Brahman replied, "Listen, O omniscient Lord; he did me no wrong, but I was so seized with fury, Lord, that I struck him a heavy blow."

कहहु दंड द्विज सकल समाजा । बिप्र अदंड देव रघुराजा ॥
उचित दंड तस देब बनायी । कहौ स्वान जस तुमहि सुहायी ॥४॥

तब प्रभु ने (वहाँ उपस्थित) सारे जगत से पूछा – कहिए, इस ब्राह्मण को कौन-सा दंड दिया जाय ? सभासद बोले – हे देव श्रीरघुनाथजी ! ब्राह्मण तो दंड के योग्य है नहीं, किन्तु आप जो उचित समझें, वही दंड दें । तब श्रीरामजी ने कुत्ते से कहा – तुझे जो दंड अच्छा लगे, वही बता (मैं वही दंड इसे दूँ) । ॥४॥

Then the Lord asked all the courtiers present there, "Pray suggest the punishment to be meted out to the Brahman ?" The courtly retinue made this reply : "Though the Brahman, O divine Raghunatha, is not deserving of punishment, you may inflict upon him whatever penalty you deem proper." Then the Lord Rama said these words to the dog, "Tell me the punishment that you wish to give him and I shall do accordingly."

दो. –करिअ मठपति याहि प्रभु मनभावत सुख ऐन ।
तुरत मँगावा पीत पट गज कुंडल सुखदैन ॥१०॥

तब कुत्ते ने कहा – हे भगवन् ! इसे किसी मठ का स्वामी बना डालिए । हे सुखसागर ! यह इसमें सुखी होगा और इसे यही इच्छा भी है । प्रभु ने तुरत पीले वस्त्र, हाथी और कुंडल मँगवाए ॥१०॥

Then the dog replied, "Entrust him, O Blessed Lord, with the governance of some monastery. He will, O ocean of bliss, be delighted, for this is just what he has been longing to attain." Then the Lord caused yellow garments, earrings and an elephant to be brought.

चौ. –पूजि चरन गज बिप्र चढ़ायो । दुंदुभि बाजत मठहि पठायो ॥
कहहिं परसपर सब नर नारी । देखहु स्वान दंड अति भारी ॥१॥

ब्राह्मण के चरणों की पूजा कर उसे हाथी पर चढ़ाया और नगाड़े की ध्वनि के साथ उसे मठ भेज दिया । सभी स्त्री-पुरुष परस्पर यही कहते हैं कि देखो, कुत्ते ने कैसा अत्यंत कड़ा दंड दिया ! ॥१॥

Having paid homage to the Brahman, the Lord then caused him to mount the elephant and with a great flourish of drums sent him to a monastery. Amazed, both men and women said to one another, "Look, what a severe punishment has the dog inflicted !

कीन्ह रंक ते राउ कृपाला । कीन्ह चरित यह कौन दयाला ॥
बिनती अधिक स्वान जब कीन्हा । उचित सुफल प्रभु वैसहि दीन्हा ॥२॥

कृपालु श्रीरामचन्द्रजी ने उसे रंक से राजा बना दिय – दयासागर ने यह कैसा चरित्र किया ! जब कुत्ते ने अधिक विनती की तब प्रभु ने उसे भी वैसा ही उचित और श्रेष्ठ फल दिया ॥२॥

The all-gracious Rama has turned a pauper into a prince—what an extraordinary miracle to accomplish !" When the dog too fervently entreated, the Lord rewarded him with the same favour, at once proper and salutary.

तासु अनंद देखि नर नारी । कहिय दंडफल कृपा खरारी ॥
पूछहु ताहि कहेउ सो बाता । पूरब सब प्रसंग सुखदाता ॥३॥

स्त्री-पुरुष उस कुत्ते को आनंदित देखकर बोले – हे खर के शत्रु श्रीरामचन्द्रजी ! इस दंड का फल तो बतलाइए । उन्होंने कहा कि कुत्ते से ही पूछ लो । (पूछने पर) वह सब पहला प्रसंग कहने लगा ॥३॥

When they found the dog overjoyed, the men and women said, "Tell us, O slayer of Khara, what happened after the punishment was pronounced." The Lord then asked him to put this question to the dog. When they did so, the dog began to recount the story of his former lives.

कौलाधिप कालिंजर माहीं । भयेउँ बिप्र मैं संपसय नाहीं ॥
देवधान्य अनुचित मैं पायौं । सुरद्विज भाग सदा मन लायौं ॥४॥

एक जन्म में मैं ब्राह्मण और कालिंजर देश में कौल नामक मठ का अधिपति था, इसमें संदेह नहीं । जो देवताओं को दिया गया द्रव्य हुआ करता था, उसे मैं देवताओं और ब्राह्मणों को न देकर स्वयं हड़प लिया करता था ॥४॥

In a former life I was born in the body of a Brahman in Kalinjara and, in truth, was the chief of a monastery named Kaula. The offerings made to the gods were never given either to them or the Brahmans; in my overmastering greed I would grab them all.

दो. –बिबिध भाँति भोजन करत नित खावौं सुरभाग ।
भ्रमत फिरौं योनिन्ह बिबिध मिटत न सो अनुराग ॥११॥

विविध प्रकार के भोजन से संतुष्ट न रहकर देवताओं को अर्पित भाग भी खा जाया करता था । इस कारण उस पाप से अनेक योनियों में भ्रमता फिरा, फिर भी अभी तक वह अनुराग (आसक्ति, ममत्व) न मिटा ॥११॥

Not content at heart with eating all kinds of food, I would eat even the portion offered to the gods, a sin that constrained me to wander through countless wombs; but not even today have I been cleansed of my worldly attachment."

चौ. –राजसभहि सिर नाइ बहोरी । चला स्वान मन त्रास न थोरी ॥
उठि मध्याह्न कीन्ह रघुनंदन । पूजि पुरारि भक्तउरचंदन ॥१॥

फिर राजसभा को सिर नवाकर मन में कुछ भी दुःख न मानता हुआ वह कुत्ता चला गया । तब श्रीरघुनाथजी ने उठकर संध्या की और भक्तों के हृदय को शीतल करनेवाले चंदनस्वरूप शिवजी का पूजन किया ॥१॥

Bowing his head again before the royal court, the dog, not in the least distressed, departed. Then the Lord arose and went off to perform his evening devotions and to worship Shiva, who comforts and soothes, like the cooling sandal paste, the hearts of his devotees.

भोजन सयन जगतपति कीन्हा । निज निज धाम सबन्हि पग दीन्हा ॥
रहा दिवस जब घटिका चारी । जुरी सभा तब आय खरारी ॥२॥

फिर संसार के स्वामी श्रीरघुनाथजी ने भोजन करके थोड़ी देर शयन किया । सभासद भी अपने-अपने घर गये । जब चार घड़ी दिन शेष रहा तब श्रीरामचन्द्रजी और सभी सभासद फिर आकर जुट गए (एकत्र हो गए) ॥२॥

Then, after eating his midday dinner, the Lord of the world had a nap; the courtiers too returned to their several homes, but when Rama came back, they all assembled again about an hour and a half before sunset.

सुनि पुरान सब अनुज समेता । संध्या भई दान सुभ देता ॥
सबहीं संध्या कीन्ह सुहाई । भवन चले प्रभु आयसु पाई ॥३॥

अपने सभी छोटे भाइयों के साथ प्रभु ने पौराणिक कथाएँ सुनीं और संध्या होने पर सब ने दान-पुण्य किये । संध्यावंदन के अनंतर प्रभु की आज्ञा पाकर सब अपने-अपने घर को लौट गए ॥३॥

Then the Lord and the three younger brothers listened to a recitation of the stories from the Puranas and at sunset bestowed alms and gifts upon the indigent. Having performed their evening devotions, they all took leave of the Lord and returned home.

दूत अवध निसि बासर धावहिं । साँझ समय सब खबर सुनावहिं ॥
पृथक पृथक सुनि चरबर बानी । बोल न एक सो सुनहु भवानी ॥४॥

अयोध्यापुरी में रात-दिन गुप्तचर घूमा करते और संध्या समय आकर प्रभु को सब हाल सुना दिया करते थे । एक दिन सब चतुर दूतों के मुख से प्रभु ने अलग-अलग समाचार सुने । हे पार्वती ! सुनो, उनमें से एक दूत ने कुछ नहीं कहा ॥४॥

Day and night would the secret agents roam through Ayodhya and at sunset report to the Lord what they had seen. One day, when the accomplished agents came to report the tidings, the Lord listened to each separately; but, Parvati, one of the agents refused to open his lips.

छं. —कछु कहि न सक तेहि पूछ सादर बचन बेगि न आवई।
एक रजक पत्निहि कहत डाटत व्यंग कहि समुझावई॥
सुनि बचन कृपानिधान चरके मध्य उर राखे हरी।
निसि सपन देखत जगतपति पुनि जागि दारुन दुखकरी॥

उस दूत के न बोलने पर श्रीरामचन्द्रजी ने उससे आदरपूर्वक पूछा, किन्तु तब भी उसके मुख से वचन जल्द नहीं निकलते थे। (बहुत पूछने पर उसने कहा —) एक धोबी अपनी स्त्री को (जो चुपके से कहीं चली गई थी, उसके लौट आने पर) कड़े शब्दों में डाँटकर कह रहा था (कि मैं राम नहीं हूँ, जिन्होंने रावण के घर में रही हुई सीता को फिर रख लिया। तू मेरे घर से निकल जा)। दूत के इस वचन को सुनकर जगतपति श्रीरामचन्द्रजी ने उसे हृदय में रख लिया और रात में भी वही स्वप्न देखा। प्रातःकाल जागने पर वे बहुत दुःखी हुए।

But when that secret agent opened not his lips, Rama courteously asked him to speak. Then, coaxing and cajoling at an end, the agent said: "A washerman was scolding his wife who had sneaked away and then returned; he was telling her in a harsh voice that he was no Rama who had taken back his consort, though she had lived with the Ten-headed, her abductor." When he heard the words that the agent had spoken, Ramachandra, the Lord of the world, laid them up in his heart and dreamt of them at night. When he awoke in the morning, he was sore distressed.

दो. —बीती अवधि प्रमान जुग कीन्ह बिचार कृपाल।
इक सहस्र पितुराज को भोगब मैं येहि काल॥१२॥

जब अयोध्या में रहते हुए श्रीरामचन्द्रजी को एक युग का समय बीत गया, तब भगवान् ने विचारा कि पिता के राज्य को मैं एक हजार वर्षों तक और भोगूँगा॥१२॥

When Rama had reigned for a very long time at Ayodhya he, the Blessed Lord, reflected that he would rule his father's kingdom for yet another thousand years.

चौ. —त्यागौं जनकसुता बन माहीं। राखौं स्रुतिपथ धर्म न जाहीं॥
तुरतहिं राम गये जहँ सीता। सादर बोले बचन पुनीता॥१॥

(प्रभु ने मन में विचारा कि) अब जानकीजी को त्यागकर वेद की मर्यादा का पालन करूँगा, जिससे धर्म का लोप न हो। (मन में ऐसा निश्चय करके) श्रीरामजी तुरंत सीताजी के पास गये और आदरपूर्वक पवित्र वचन बोले — ॥१॥

(The Lord then resolved that) he would rather abandon Janaki than let the vedic propriety be transgressed; in no case would he allow righteousness to suffer an eclipse. Setting his mind on this (the sending away of Sita), he came near her and spoke in sweet and courteous tones:

सुमुखि न कछु माँगेहु केहि काला। हँसि कह कृपानिकेत दयाला॥
निज छाया महि राखि बिनीता। रहहु जाइ निज धाम पिरीता॥२॥

कृपानिधान दयालु श्रीरामचन्द्रजी ने हँसकर कहा — हे सुन्दरि! आजतक कभी तुमने मुझसे कुछ नहीं माँगा। (बस, एक कार्य यह करो कि) तुम अपनी विनीत छाया को पृथ्वी पर छोड़कर अपने प्रिय धाम में जा रहो। ॥२॥

"O beauteous lady," said Rama, the abode of grace and compassion, "never yet have you asked for a boon. Just do one thing : leave behind your humble shadow on earth and abide in your own heavenly sphere."

प्रभुपद बंदि गयी नभ सोई। जीव चराचर लखी न कोई॥
तेहि सन प्रभु अस कहेउ बुझायी। मनभावत माँगहु सुखदायी॥३॥

प्रभु श्रीरामजी के चरणों को प्रणामकर सीताजी आकाश को चली गयीं, जिसे चराचर जीवधारियों में से किसी ने नहीं देखा। (उस मायारूपिणी सीता से) प्रभु श्रीरामचन्द्रजी ने समझाकर कहा कि तुम कोई मनचाहा सुखद वरदान माँगो॥३॥

Bowing her head before Rama's feet and doing him homage, Sita then flew heavenward, a phenomenon none of the creatures, moving or unmoved, perceived. The Lord said to that illusory Sita, 'Now name the boon your soul desires."

नाथ साथ मुनिधाम बिहायी। आयउँ तव गृह मन सकुचायी॥
मुनितिय भूषन बसन सुहायें। पहिराउँ प्रभु जो मन भायें॥४॥

सीताजी ने कहा — हे नाथ! ऋषियों के स्थान को त्यागकर मैं तुम्हारे घर आयी हूँ, (इससे फिर वहाँ जाने को कहूँ तो) मन बहुत सकुचाता है। हे प्रभो! मेरी इच्छा है कि स्त्रियों के पहनने योग्य सब सुन्दर आभूषण और वस्त्र उन मुनि-पत्नियों को पहनाऊँ जो मुझे बहुत प्रिय हैं। ॥४॥

"I have, O lord," said Sita, "forsaken the retreats of the seers and come to you; to tell you, therefore, that I long to go back to them, is so embarrassing. I wish, lord, to deck all those sages' wives with jewels and garments, all befitting and beautiful, whom I like most.

हँसि कह कृपानिकेत सकारे। पूरैं मन अभिलाष तुम्हारे॥५॥

फिर दयानिधान ने हँसकर कहा कि प्रातःकाल तुम्हारे मन की अभिलाषा पूरी होगी॥५॥

"Tomorrow at daybreak," said the all-gracious Lord with a smile, "the desire of your soul will be fulfilled."

–होत प्रात जब जगतपति जागे रमानिबास ।
जाचकगन गावत मुदित लखि मुखकंजप्रकास ॥१३॥

प्रातःकाल होते ही जब संसार के स्वामी लक्ष्मीपति प्रभु श्रीरामचन्द्रजी जागे तब उनके मुखकमल के प्रकाश को देखकर याचकगण प्रसन्न होते हुए उनके गुण-समूहों का गान करने लगे ॥१३॥

When at daybreak Rama, the Lord of the world and Lakshmi's spouse, awoke, the mendicants were overjoyed to see his lotus face, lit with his own beams, and began to hymn his perfections.

चौ. –भरत लषन रिपुदमन समेता । आये जहँ प्रभु कृपानिकेता ॥
कीन्ह प्रनामु माथ महि लाई । बोले नहि कछु श्रीरघुराई ॥१॥

फिर भरत, लक्ष्मण और शत्रुघ्न वहाँ आये जहाँ कृपा के स्थान प्रभु श्रीरामचन्द्रजी थे । उन्होंने पृथ्वी पर सिर धरकर प्रणाम किया, परन्तु श्रीरामचन्द्रजी कुछ न बोले ॥१॥

Then Bharata, Lakshmana and Shatrughna came to the spot where Rama, that abode of compassion, was. They did obeisance with their foreheads on the ground, but Rama did not utter a word.

बदन बिलोकि ससंकित अंगा । श्रीहत देखि बपुष कर रंगा ॥
थर थर काँपहिं तीनिउँ भाई । जानि न जाइ चरित रघुराई ॥२॥

उनके शरीर को कांतिहीन और मुख को व्याकुल तथा शंकायुक्त देखकर तीनों भाई बहुत डर गए – थर-थर काँपने लगे । श्रीरघुनाथजी का चरित्र जाना नहीं जाता ॥२॥

When they saw him bereft of his radiant splendour, his countenance reflecting his soul's agitation and distress, the brothers were seized with fear and their limbs trembled. Rama's acts were surely incomprehensible !

ऐंचि साँस तकि समुझि सुजानी । बोलेउ गूढ़ मनोहर बानी ॥
बचन मोर उर राखउ भ्राता । लै बन जाउ जानकी ताता ॥३॥

साँस चढ़ाकर और फिर समय का विचारकर श्रीरामचन्द्रजी गूढ़ मनोहर वाणी बोले । (उन्होंने कहा –) हे लक्ष्मण, सुनो । सीता को साथ लेकर वन को जाओ ॥३॥

Drawing a deep breath and giving the situation some thought, Rama spoke these profoundly agreeable words to Lakshmana. "Listen, Lakshmana;" he said, "escort Sita to the forest."

सूखि सहमि सुनि बचन कराला । जरेउ गात उपजी उर ज्वाला ॥
हँसत कि साँच कहत रघुराई । असमंजस मन दुख अधिकाई ॥४॥

इस कठोर वचन को सुनते ही सब भाई सकुचाकर (मानो) सूख गए । उनका शरीर जलने लगा और हृदय में ज्वाला उठने लगी । श्रीरघुनाथजी हँसी करते हैं या सच कहते हैं – इस दुविधा में उनके चित्त को बड़ा दुःख हुआ ॥४॥

Hearing these words of cruel strain, the brothers felt utterly dismayed; as their bodies broiled and their hearts blazed, they all grew faint and were at a loss to know whether Raghunatha was jesting or he was really serious. Placed in this dilemma, their hearts were sick with deep distress.

दो. –भरत आदि ब्याकुल अनुज नहि आवत कहि बैन ।
जोरि जुगल कर सत्रुहन कहत नीर भरि नैन ॥१४॥

भरत आदि अनुज व्याकुल हो गए, उनके मुख से शब्द नहीं निकलते । तब शत्रुघ्नजी ने दोनों हाथ जोड़ लिये और आँखों में आँसू भरकर कहा – ॥१४॥

Bharata and others were so sorely agitated that they became speechless. With folded hands and streaming eyes, Shatrughna said,

चौ. –सुनि प्रभुबचन हृदय बिलखाना । जगतजननि सिय सब जगु जाना ॥
जगतपिता प्रभु सब उरबासी । जड़ चेतन घन आनँदरासी ॥१॥

श्रीरघुनाथजी के वचन सुनकर हृदय में घबराहट छा गई । सीताजी तो जगत् की माता हैं, इस बात को सारा संसार जानता है । हे प्रभो ! आप संसार के पिता हैं, सबके हृदय में निरंतर निवास करते हैं और जड़ तथा चेतन में व्याप्त सच्चिदानंदघन और आनन्द की राशि हैं ॥१॥

"Raghunatha's words have robbed us of our self-assurance; Sita is the mother of the world, a fact known to all the world. You, Lord, are the father of the world and ever abide in every heart; you are the sum of all joy, the source of all Being, Consciousness and Bliss, immanent in every creature, animate and inanimate.

कारन कवन जानकी त्यागी । मन बच क्रम तव पदअनुरागी ॥
सुनु सर्बज्ञ सुगर्भिनि जानी । रिस परिहास कि सत्य सुबानी ॥२॥

क्या कारण है जो आपने मन, वचन और कर्म से चरणों से प्रीति करनेवाली सीताजी को त्याग दिया ? हे सर्वज्ञ ! सुनिये, उन्हें गर्भिणी जानते हुए भी आपने यह हँसी में कहा या सच्ची बात कही ? ॥२॥

Why have you forsaken Sita, devoted though she has been to your feet in thought and word and deed? Listen, O omniscient Lord; since you know that she is in the family way, aren't you just jesting, or is what you said true ?"

पंकज नयन नीर भरि आये । कहि प्रिय बचन अनुज समुझाये ॥
आयसु मोर जो टारहु ताता । रहइ न प्रान तात मम गाता ॥३॥

श्रीरामचन्द्रजी के कमल-सरीखे नेत्रों में जल भर आया और उन्होंने मधुर वचन कहकर सब भाइयों को समझाया। (उन्होंने कहा –) हे तात ! यदि तुम मेरे वचन को टालोगे (मेरी अवज्ञा करोगे) तो मेरे शरीर में प्राण नहीं रहेंगे ॥३॥

Tears coursed from Rama's lotus eyes and, explaining to his brothers in sweet and tender accents, he said, "If, my brother, you refuse to obey me, I would joyfully welcome death.

बिधिइच्छा भावी बलवाना। तुम कहँ तात सर्ब कल्याना॥
येह मम बचन पालु लघु भाई। प्रात जानकिहिं जाहु लिवाई॥४॥

हे भाई ! ब्रह्मा की इच्छा और होनहार बलवान् है, पर तुम्हें तो सदा सब भाँति कल्याण ही है। हे छोटे भाई ! मेरी इस आज्ञा का पालन करो और सबेरे जानकीजी को ले जाओ ॥४॥

The Creator's will, O brother, and what is decreed by destiny are paramount; but you are ever blest in every way. Do what I tell you, brother, and, bless you, take away Janaki to the woods at dawn."

सो. –सुनि प्रभुबचन कठोर भरत कहेउ जुग जोरि कर॥
नाथ हमहिं मति थोर सुनिय बिनय सर्बज्ञ प्रभु॥१५॥

प्रभु श्रीरामचन्द्रजी के कठोर वचन सुनकर भरतजी दोनों हाथ जोड़कर बोले – हे सर्वज्ञ प्रभो ! मेरी विनती सुनिये; मेरी बुद्धि तो बहुत थोड़ी है (मैं मंदबुद्धि और अल्पज्ञ हूँ) ॥१५॥

When Bharata heard the Lord Rama's words, so hard and cruel, he folded his hands and said: "Give ear to my supplication, O omniscient Lord; I am a dull-witted person;

चौ. –हंसबंस जग महँ बिख्याता। दसरथ पिता कौसिला माता॥
त्रिभुवनपति प्रभु सब जग जाना। गावहिं जाहि सेष श्रुति नाना॥१॥

सूर्यवंश संसार में प्रसिद्ध है और दशरथजी आपके पिता और कौसल्याजी आपकी माता हैं। हे प्रभो ! सारा संसार जानता है कि आप तीनों लोकों के (वही) स्वामी हैं जिसके गुणों का गान शेषनाग और वेद करते हैं ॥१॥

The Solar dynasty is renowned in the world and Dasharath and Kausalya are your father and mother. The whole world knows, Lord, that you are that sovereign of the three worlds whose virtues are hymned by Sheshanaga and the Vedas.

सत्यसक्ति तव प्रगट गोसाईं। बरनि न सकहिं बेद अहिराई॥
सोभाखानि जनक कर जाता। रहित अमंगल मंगलदाता॥२॥

हे नाथ ! आपकी सत्यशक्ति (तीनों लोकों में) प्रकट है, लेकिन उसका वर्णन न तो वेद कर सकते हैं और न शेषनाग ही। जनक-कन्या सीताजी शोभा की खान हैं, वे सभी अमंगलों से रहित और मंगलदायिनी हैं ॥२॥

That you are true to your vows, Lord, is mani[illegible] throughout the three worlds, and yet the Vedas a[illegible] Sheshanaga find your devotion to righteousne[illegible] inexpressible. Janaka's daughter is a blesse[illegible] repository of beauty, a harbinger of all that i[illegible] propitious, and is altogether free from evil.

छाया जासु पतिब्रत धरहीं। ते नारी भवकूप न परहीं॥
सीता बिपिन अकेलि न रहहीं। तुमहिं बिहाय छेनहु किमि जियहीं॥३॥

जो पतिव्रता स्त्रियाँ उनकी छाया भी ग्रहण कर लेती हैं, वे संसाररूपी कुएँ में नहीं गिरतीं (उनकी छाया से भी स्त्रियाँ पातिव्रत्य ग्रहण कर लेती हैं)। सीता वन में अकेली नहीं रहेंगी, आपको छोड़कर वे क्षणमात्र भी कैसे जी सकेंगी ? ॥३॥

Those faithful women who cherish her merest shadow fall not into the well of worldliness. Surely Sita will never dwell alone in the woods; how can she live even for a moment apart from you ?

जल बिनु मीन कि जियै कृपाला। रह कि कृषि बिनु बारिदमाला॥
अस तुम बिन छिन जियैं न सीता। ज्ञानवंत अति निपुन बिनीता॥४॥

हे कृपालु ! क्या जल के बिना मछली जी सकती है ? क्या बादलों के बिना खेती रह सकती हैं ? इसी प्रकार आपके बिना अत्यन्त चतुर, ज्ञानवती और विनम्र सीता क्षणभर भी जी सकती हैं ? ॥४॥

Can a fish, O gracious Lord, live without water or can crops survive without the protective covering of rain clouds ? In the same fashion, Lord, can Sita, who is so exceedingly sagacious, wise and courteous, endure even a moment's separation from you ?

सुनि करुनामय बचन सप्रीती। कही भरत तुम सुन्दर नीती॥५॥

करुणा और प्रेम से भरे भरतजी के इन शब्दों को सुनकर श्रीरामजी ने कहा – हे भरत ! तुमने तो सुन्दर नीतिपूर्ण बात कही ! ॥५॥

Upon hearing Bharata's speech, replete with loving-kindness, Rama Said, "You, O Bharata, have spoken words in keeping with sound moral judgement.

दो. –तदपि नृपहिं चाहिय सदा राजनीति धन धर्म।
बसुधा पालहिं सोच तजि बचन प्रीति सुचि कर्म॥१६॥

फिर भी, राजा को सदा राजनीति, धन और धर्म की रक्षा करनी चाहिए और सोच त्यागकर प्रेमभरी बातों तथा पवित्र कर्मों के द्वारा पृथ्वी का पालन करना चाहिए ॥१६॥

Nevertheless, a king must be well-versed in the science of statecraft and protect wealth and righteousness; forswearing all misgiving, he must nourish the earth with his blameless deeds and affectionate words.

चौ. –दूतन कहा सो अपजस कहेऊ। कुलकलंक यह दारुन भयऊ॥
तरनिबंस नृप भये अनेका। एक एक तें निपुन बिबेका॥१॥

फिर श्रीरामचन्द्रजी ने दूत के मुख से सुना हुआ अपयश बतलाते हुए कहा – हे भाई! हमारे कुल के लिए यह घोर दुःखदायी कलंक हुआ है। देखो, सूर्यवंश में अनेक राजा हुए जो एक से एक ज्ञानी और बुद्धिमान् थे॥१॥

Then Rama told them the infamous words he had heard from the agent, and added, "This, O brother, is a grievous blot on our house. In the Solar dynasty – mark me, brother – there has been a succession of rulers, each greater than the other in spiritual knowledge and wisdom.

स्वायंभुव मनु रघु नृप जानहीं। सगर भगीरथ बिरद बखानहीं॥
दसरथ बिदित जान जग नीकें। बचन न टारेउ लालच जी कें॥२॥

स्वायम्भुव मनु, राजा रघु, सगर और भगीरथ की कीर्ति की प्रशंसा सब लोग करते हैं। राजा दशरथ को तो जगत् में सब लोग अच्छी तरह जानते हैं; उन्होंने प्राणों के लोभ से (अपने दिये हुए) वचन को न टाला (प्राण त्याग दिए पर वचन नहीं)॥२॥

Everyone extols the glory of Manu the self-begotten, of King Raghu, Sagar and Bhagiratha. All men in the world know King Dasharath who, though covetous of life, valued his word (and remained true to his vows), preferring death to disgrace.

तेहि कुल रंचक सुनत कलंकू। रहै जीव तौ अधम असंकू॥
सुनु सर्बज्ञ सकल अघहारी। रहित कलंकु बिदेहकुमारी॥३॥

उस कुल में तनिक भी कलंक सुनकर यदि मेरे प्राण रह जायँ तो समझो कि मैं बड़ा ही नीच और निधड़क हूँ। (तब भरतजी ने कहा –) हे सर्वज्ञ! आप तो सभी पापों को हरनेवाले हैं। सुनिए, जनककन्या सीताजी सर्बथा निष्कलंक हैं (निर्दोष और पवित्र हैं)॥३॥

If on hearing of the least disgrace on that dynasty I remain alive, I should be reckoned among the most shameless and wretched of men." "Listen, O omniscient Lord;" said Bharata, "you are the destroyer of all defilement, and you know that Sita is unrivalled in purity.

बिधि हरि हर दिबि देखि सुनाई। पावक अबिटि कनक सम भाई॥
जे सुर नर मुनि सपनेहु माहीं। येहि चरित जग लखि हरषाहीं॥४॥

हे भाई! ब्रह्मा, विष्णु, महादेव आदि देवताओं ने भलीभाँति देख-सुन लिया और आग में सोने की तरह तपाकर आपने भी इनकी परीक्षा ले ली। संसार में इस चरित्र को सपने में भी देखकर जो देवता, मनुष्य और मुनी प्रसन्न होते हैं,॥४॥

Brahma, Vishnu, Mahadeva and many other gods have all put her to the severest test, as you, too, have by causing her stain of public shame to be burnt up in the fire, as if she were but a mass of impure gold. Those of the gods and men and sages who take delight in such an act even while dreaming,

दो. –ते सठ रौरव नरक महँ कोटि कल्प करि बास।
रहहिं कल्प सत रोगबस भोगहिं नरक निवास॥१७॥

वे करोड़ों कल्प तक रौरव नरक में निवासकर और सौ कल्पों तक रोग से पीड़ित रहेंगे और नरक भोगेंगे॥१७॥

first dwell myriads of aeons in the lowest hell and then, afflicted with illness for a hundred aeons, continue to suffer all the agonies of an infernal life.

चौ. –रिसरुख देखि नयन करि तीछें। आयउ भरत लषन के पीछें॥
सुनु सौमित्र छाँड़ि हठ सोचू। जग भल कहै कहै वरु पोचू॥१॥

श्रीरामचन्द्रजी के क्रोधभरे मनोभाव को देखकर भरतजी ने (भय से) अपनी दृष्टि फेर ली और वे लक्ष्मणजी के पीछे आ गए। तब प्रभु श्रीरामचन्द्रजी ने कहा – हे सुमित्रानन्दन! हठ और सोच त्यागकर सुनो। संसार चाहे भला कहे या बुरा,॥१॥

Perceiving that the Lord was displeased, Bharata, overcome by fear, turned his eyes about and came and stood behind Lakshmana. "O Lakshmana," the Lord Rama then said, "abandon all stubbornness and misgiving, and listen: whatever the world may say, good or evil,

तजि अज्ञा प्रति उत्तर करिहौ। मोहि बिनु सोच जन्मभरि मरिहौ॥
जनकसुतहि रथ तुरत चढ़ाई। गंग समीप फिरहु पहुँचाई॥२॥

यदि आज्ञा को न मानकर कुछ जवाब दोगे तो (मैं प्राण त्याग दूँगा और) तुम मेरे न रहने पर जन्मभर सोच में (धुल-धुलकर) मरते रहोगे। इसलिए जनक-कन्या सीता को जल्दी से रथ में चढ़ाकर गंगाजी के निकट पहुँचाकर लौट आओ॥२॥

if you obey not my command but counter it with all manner of replies, I will put an end to my life. You will then be ashamed of yourself and become a prey to endless grief. So, cause Sita to mount the chariot and dart off to a spot near the Ganga and then, dropping her there, drive back home.

अति गहवर बन जहाँ न कोई। छाँड़हु तात जतन करि सोई॥
फेरहु तुम मति बचन उदासा। भरन ठानि करि चलेउ निरासा॥३॥

हे तात ! तुम जानकीजी को अत्यन्त सघन वन में, जहाँ कोई न हो, यत्न करके छोड़ आओ। (जब प्रभु ने यह कहा कि) तुम उदास होकर मेरी बात को मत टालो, तब लक्ष्मणजी निराश हो मन-ही-मन अपनी मृत्यु ठानकर चल पड़े ॥३॥

Do what you can, brother, to abandon her in the dense woods where no soul abides, and let not grief cause you to evade my instruction." Then determined to die and utterly disconsolate, Lakshmana departed.

सुभग बिमान सीय बैठारी। भूषन पट बहु धरे सँभारी ॥
अति अनन्द मन चली जानकी। अतिसय प्रिय करुनानिधान की ॥४॥

(लक्ष्मणजी ने) सुन्दर रथ में सीताजी को बिठाया और बहुत से गहने और कपड़े सँभाल कर रखे। करुणानिधान श्रीरामचन्द्रजी की अत्यन्त प्यारी सीताजी मन में प्रसन्न होकर चलीं ॥४॥

In a splendid chariot, carefully stocked with jewels and raiment, Lakshmana seated Sita, the most beloved spouse of the all-merciful Rama. With a heart full of gladness, she set out.

दो. –बिबरन लषन निहारि कै सोच बिकल भइ बाल।
हृदय बिचार न कहि सकति मनि बिनु ब्याकुल ब्याल ॥१८॥

परन्तु लक्ष्मणजी को उदास देखकर सीताजी सोच में ऐसी व्याकुल हुईं जैसे मणि के बिना साँप व्याकुल हो जाता है। वे मन-ही-मन सोचती हैं, किन्तु कुछ कह नहीं सकतीं ॥१८॥

Perceiving that Lakshmana was dismayed, Sita was as agitated as a serpent without its head jewel. Though she brooded over this, she uttered not a word.

चौ. –उतरि देवसरि यान सुहावा। देखत घन बन मन भय पावा ॥
कारन अपर जानि भयभीता। बोली बचन मनोहर सीता ॥१॥

गंगाजी को पारकर वह सुन्दर रथ एक घने वन के निकट पहुँचा। उसे देखकर सीताजी भयभीत हो गईं। वहाँ आने का कोई दूसरा कारण समझकर वे भय के साथ मन को हरनेवाली वाणी बोलीं ॥१॥

Having crossed the Ganga, that exquisite chariot approached a dense forest, at the sight of which Sita was sore afraid. Apprehending some other reason for coming here, Sita, though frightened, spoke these enchanting words:

लखि नहि परत मुनिन कर धामा। जात कहाँ प्रभुअनुज सकामा ॥
खग मृग केहरि बिषधर ब्याला। करि बराह बृक बाघ कराला ॥२॥

हे स्वामी के छोटे भाई ! यहाँ मुनियों के आश्रम नहीं दिखाई पड़ते। तुम कहाँ और किस काम से जा रहे हो ? यहाँ तो पक्षी, हिरन, सिंह, विषैले साँप, जंगली हाथी, सूअर, भेड़िये और भयानक बाघ हैं ॥२॥

"Nowhere in these woods, O Lakshmana, my lord's younger brother, can I see any hermitage; where and for what purpose are you therefore going ? The forest is full of birds, and deer, lions, poisonous snakes and wild elephants, boars, wolves and dreadful hyenas.

कोउ मुनि मिलत न आवत जाता। निकसत प्रान तात मम गाता ॥
सीय बिकल लखि मनहिं अहीसा। कीन्ह कहा बिधि हरि गौरीसा ॥३॥

कोई मुनि आता-जाता नहीं दिखाई देता। हे तात ! भय के मारे मेरे शरीर से प्राण निकलना चाहते हैं। सीताजी को विकल देखकर लक्ष्मणजी मन में कहने लगे कि हे ब्रह्मा, विष्णु, महेश ! आपने यह क्या किया ? ॥३॥

I cannot see any sage or seer roaming these woods and I am filled with mortal fear." Perceiving Sita so deeply distressed (and in terror for her life), Lakshmana inwardly laid the blame on Brahma, Vishnu and Mahesha, saying: "What have you, O gods, decreed ?"

मुरुछित रथ तें भये बिकरारा। भूमि गिरत तबु आपु सँभारा ॥
सिय बिलोकी मन धीरजु आना। तृषा बिना जल निकसत प्राना ॥४॥

बेकरार होकर वे रथ में ही मूर्च्छित हो गए, लेकिन जब वे पृथ्वी पर गिरने लगे, तब उन्होंने अपने आपको सँभाल लिया। सीताजी को देखकर उनके मन को धीरज हुआ और वे कहने लगे – जल के बिना प्यास के मारे अब प्राण निकले जाते हैं। ॥४॥

Exceedingly distraught, he fell unconscious in the chariot and tottered from it, but recovering, he soon steadied himself. When he saw sita, he regained his composure, but said that he was dying of thirst.

दो. –धरनिसुता ब्याकुल निरखि प्रान कंठगत जानि।
तजन चहत तनु सेष तब धिक धिक जीवन मानि ॥१९॥

लक्ष्मणजी के प्राणों पर संकट देखकर जानकीजी बहुत व्याकुल हो उठीं और बोली – (मेरे ही कारण) लक्ष्मणजी शरीर को छोड़ना चाहते हैं, मेरे जीवन को धिक्कार है ! ॥१९॥

Seeing that Lakshmana's life was in danger, Janaki was in dire affright and said, "Shame on my life, to save which Lakshmana would forsake his own !"

चौ. –देखि लखनु सिय मुरुछा आई। गगनगिरा तब भई सुहाई ॥
सुनु सौमित्र जाहु सिय त्यागी। जनकतनया बच जियहि सुभागी ॥१॥

लक्ष्मणजी की दशा देखकर सीताजी को भी मूर्च्छा आ गई ! उस समय सुहावनी आकाशवाणी हुई – हे सुमित्रानन्दन लक्ष्मण ! सुनो, सीताजी को

(इस घने वन में, यहीं) छोड़ जाओ। सौभाग्यशालिनी (जनककन्या) सीताजी जीवित रहेंगी ॥१॥

When she saw Lakshmana so sore distressed, she, too, fell unconscious. Then was heard a voice, sweet and grateful, from heaven: "O Lakshmana, delight of Sumitra, listen; go and surrender Sita to these dense woods, for (know that) the blessed woman will surely keep alive."

गगनगिरा सुनि धीरज कीन्हा। हाथ जोरि परदच्छिन दीन्हा॥
लै रथ चरन बंदि सिय केरे। चले अवधपुर त्रास घनेरे ॥२॥

आकाशवाणी सुनकर लक्ष्मणजी ने धैर्य धारण किया और हाथ जोड़कर सीताजी की परिक्रमा की। सीताजी के चरणों की वन्दना करके रथ लेकर वे बड़े भय के साथ अयोध्यापुरी को लौट चले ॥२॥

Upon hearing the heavenly voice, Lakshmana took courage and with hands folded in reverence walked around Sita.[1] Then having done homage to Sita's feet, he, with fear filling his heart even now, sped up in his chariot towards Ayodhya.

जागि सिया इत उत दिसी देखा। नहि रथ अस्व नहि कहुँ सेखा॥
सहि दुख प्रथम रहे मम प्राना। पुनि सोइ चहत न करत पयाना ॥३॥

जब जानकीजी मूर्च्छा से जागीं तो चारों ओर देखने लगीं। न वहाँ रथ था, न घोड़े और न कहीं लक्ष्मणजी। (वे दुःखी हो बोलीं –) ये प्राण पहले से ही दुःख सह रहे हैं, परन्तु अब भी निकलना नहीं चाहते ॥३॥

On regaining consciousness, Janaki began to look all around, but she could see neither the chariot nor the horses nor Lakshmana anywhere. Utterly heartbroken, she said, "Though there has been no end to my torture, my spirit still clings to my body."

करुना करति बिपिन अति भारी। बालमीकि आये बनचारी॥
पुत्री बालमीकि कह ज्ञानी। बन आवन निज चरित बखानी ॥४॥

जानकीजी वन में बहुत विलाप कर रही थीं, इतने में बाल्मीकि ऋषि घूमते हुए वहाँ आ पहुँचे। ज्ञानी बाल्मीकिजी ने कहा – हे बेटी! वन में अपने आने का कारण बताओ ॥४॥

But even as Janaki was piteously lamenting in the woods, Valmiki the seer came roaming there. The enlightened seer thus spoke: "Tell me, daughter, the purpose of your coming to the woods."

दो. –मुनि तनया मैं जनक की रामप्रिया जग जान।
त्यागन हेतु न जान कछु बिधिगति अति बलवान ॥२०॥

(सीताजी ने कहा –) हे मुनि! मैं राजा जनक की पुत्री और श्रीरामचन्द्रजी की पत्नी हूँ जिन्हें संसार जानता है। परन्तु मैं अपने छोड़े जाने का कारण कुछ नहीं जानती। विधाता की गति बहुत बलवान् है ॥२०॥

"I am Janaka's daughter, O sage," said Sita, "and the wife of Rama, who is renowned throughout the world. But I know not why I have been forsaken, so relentlessly does the Creator pursue his course!

चौ. –देवर लषन गयेउ पहुँचाई। तब सब हेतु लखेउ मुनिराई॥
सुनु सीता मिथिलापति मोरा। परम सिष्य मम अरु पितु तोरा ॥१॥

मेरे देवर लक्ष्मणजी मुझे यहाँ पहुँचा गए हैं। तब मुनीश्वर ने (ध्यानस्थ हो) सब कारण जान लिया। वे बोले – हे सीते! सुनो, तुम्हारे पिता जनक मेरे परम शिष्य हैं ॥१॥

Lakshmana, my husband's brother, has left me here." As soon as his mind harked back to what had happened, the reason was revealed to him. "Listen, O Sita," he said, "Janaka, your father, is my beloved disciple.

चिंता अब जनि करसि कुमारी। मिलिहहिं तोहि सेष हितकारी॥
सादर पर्नकुटी सिय आनी। करि मज्जन पुनि सब गति जानी ॥२॥

हे जनककुमारी! अब चिन्ता न करो, तुम्हारे हितैषी लक्ष्मणजी तुम्हें (अवश्य) मिलेंगे। (तदनंतर बाल्मीकिजी) जानकीजी को आदरपूर्वक अपनी पर्णकुटी में ले आये और यहाँ स्नानादि से निवृत्त होकर उन्होंने फिर सब लीला जान ली ॥२॥

Yield not to anxiety, O princess, for you shall surely find Lakshmana, your succourer." Then Valmiki courteously brought Sita to his own forest retreat, where he bathed and then had all the wondrous acts (of the Lord) revealed to him again.

बिबिध भाँति मुनि धीरजु दीन्हा। सिय तब सुरसरि मज्जनु कीन्हा॥
सुमिरि राममूरति उर राखी। दीन्हे फल मुनि आयसु भाखी ॥३॥

मुनि ने बहुत प्रकार से उन्हें धीरज बँधाया, तब सीताजी ने गंगा में स्नान किया और श्रीरामचन्द्रजी का स्मरण कर उनकी मूर्ति हृदय में धारण की। मुनि ने भोजन के लिए उन्हें मीठे-मीठे फल लाकर दिये और कहा – इन्हें खाओ ॥३॥

The sage did all he could to comfort her. Then having bathed in the Ganga, she recalled Rama and conjuring up his image, treasured it in her heart. The sage offered her forest fruits, at once sweet and luscious, and asked her to partake of them.

मुनिबर कथा अनेक प्रसंगा। कहहिं सुनहिं सियसंग बिहंगा॥
ज्ञान अनेक प्रकार दृढ़ाये। लछिमन अवधपुरी जब आये ॥४॥

1. *i.e.*, circled her reverently.

मुनीश्वर बहुत प्रकार की कथाएँ कहकर सुनाते और सीताजी पक्षियों के साथ उन्हें (ध्यानपूर्वक) सुनतीं । फिर मुनि ने तरह-तरह से उन्हें ज्ञान का उपदेश किया । उधर लक्ष्मणजी अयोध्या पहुँच गए ॥४॥

Then the lord of sages related tales of every kind, to which Sita and the woodland birds listened with rapt attention. Afterwards the sage gave her instructions in spiritual knowledge. Meanwhile Lakshmana returned to Ayodhya.

छं. –आये जो लछिमन त्यागि सीतहिं बिकल निज आस्रम गये ।
बहु भाँति रोवत मातु सन कहि सीय दारुन दुख दये ॥
सुनि सहमि मुरुछित मातु बाणी बिकल फनि जिमि मनि गये ।
तिमि मातु बिलपति जानि ब्याकुल कौसलहि दुखबस भये ॥१॥

सीताजी को त्यागकर जब लक्ष्मणजी लौटे तब वे व्याकुल होकर अपने भवन को गये और माता के सामने बहुत रोने लगे कि सीताजी को अत्यन्त कठोर दंड दिया गया । इस बात को सुनकर वे घबरा गईं और ऐसी मूर्च्छित हो गईं जैसे मणि के बिना साँप हो जाता है । सब माताओं को इस प्रकार व्याकुल और रोती देखकर श्रीरामचन्द्रजी दुःखी हुए ॥१॥

When Lakshmana left Sita in the forest and returned to Ayodhya, he was terribly upset; he went into the palace and cried piteously before his mother, lamenting over the severity of punishment inflicted upon Sita. Upon hearing it, the mother was so disquieted at heart that she fell unconscious like a serpent that has lost its jewel. Rama was beside himself with grief when he saw his mothers so distraught and wailing.

रोदति बदति बहु भाँति को कह बिपति यह दारुन अये ।
सुनि सोर राउर सहित लछिमन रामु निज मंदिर गये ॥
निज ज्ञान दिय समुझाय तेहिं तब खुले पट अन्तर नये ।
हम जानि तुम सुत मानि प्रभु जग भूलि भ्रम फंदन भये ॥२॥

उनके विलाप को किस प्रकार कहें ? सब लोग कह रहे थे कि अत्यन्त कठिन विपत्ति आ पड़ी है । इस कोलाहल को सुनकर श्रीरामचन्द्रजी लक्ष्मणजी को साथ लेकर अपने राजभवन में गए और उन्होंने अपने ज्ञानोपदेश द्वारा माताओं को समझाया, जिससे उनके हृदय के किवाड़ खुल गए (उनके अन्तःकरण का विषाद मिट गया) । (वे कहने लगीं –) हे प्रभो ! हम आपको अपना (सांसारिक) पुत्र समझकर भूल से भ्रम के जाल में पड़ी हुई थीं ॥२॥

How can one describe the weeping and lamentation which the queens made ? They all grieved about the terrible misfortunes which had befallen them. Hearing this outcry, Rama accompanied by Bharata went to the palaces and comforted the queen-mothers with many a discourse imbued with spiritual wisdom, as a result of which their hearts were relieved of gloom and delusion, and they said "By looking upon you, Lord, as our ordinary human son, we had yielded to error and lay caught in the toils of delusion.

अब कृपा करि जगदीस रघुबर देहु भगति सुहावनी ।
जेहि खोजि मुनि जोगीस तापस परम अबिचल पावनी ॥
वर चहेउ सोइ सोइ दियो मातुहिं कारुनिक रघुपति तबै ।
तनु सोधि करि निज जोग पावक तजहिं तनु सादर सबै ॥३॥

हे जगत् के स्वामी श्रीरामचन्द्रजी ! अब कृपा करके हमें अपनी सुन्दर, अचल तथा परम पवित्र भक्ति दीजिए, जिसे मुनि, योगी और तपस्वी ढूँढ़ते हैं । माताओं ने जो-जो वर चाहे, करुणासागर श्रीरामचन्द्रजी ने वही-वही वर दिये । तब सब माताओं ने उनसे मन को शुद्ध करके योग की अग्नि मे आदरपूर्वक अपने-अपने शरीर त्याग दिए ॥३॥

Now be pleased, O Lord of the world, to grant us that devotion to yourself which is so delectable, unwavering and supremely holy and which the sages and penitents and ascetics assiduously seek." Whatever boons the queen-mothers named the all-gracious Rama granted. Then, with their minds thoroughly cleansed with them and with profound reverence the queen-mothers consumed their bodies in the sacrificial fire.

दो. –जोग अगिनि तन भसम करि सकल गईं पतिधाम ।
भरत सत्रुसूदन लषन सोकभवन भे राम ॥२१॥

योगाग्नि में शरीर को भस्म कर सब पतिलोक को चली गईं । (उस समय) भरत, शत्रुघ्न, लक्ष्मण और श्रीरामचन्द्रजी शोक के वशीभूत हो गए ॥२१॥

Having consumed their bodies in the sacrifical fire, they all went to the world of their husband. Then Bharata, Shatrughna, Lakshmana and the Lord Rama were all overwhelmed with grief.

चौ. –बिधिवत किये कर्म स्रुति गाये । प्रभु तें गुर सादर करवाये ॥
दीन दान पुनि कोटि प्रकारा । को असि कवि जग बरनै पारा ॥१॥

जैसा वेदों में लिखा है, प्रभु ने उनके सब कर्म यथाविधि किये और गुरुजी ने भगवान् से उन्हें आदरपूर्वक करवाया । फिर श्रीरामजी ने करोड़ों प्रकार के दान किये । संसार में ऐसा कौन कवि है जो कहकर उनका अन्त पा सकता है ? ॥१॥

Following the Vedic prescription, the Lord undertook to perform the funeral obsequies according to the ritual injunctions, and the *guru* had them performed reverently. On that occasion

Rama gave gifts of countless kinds, so many that no poet could reach the end of them.

धेनु बसन हाटक मनि हीरा। हय रथ गो मुक्ताबर चीरा॥
पुनि परलोक हेतु धन धामा। दीन्ह कीन्ह द्विज पूरन कामा॥२॥

गाय, वस्त्र, सोना, मणि और हीरों तथा गजमोतियों से जड़े हुए अनेक प्रकार के कपड़े और परलोक के लिए धन और मकान देकर श्रीरामचन्द्रजी ने ब्राह्मणों को संतुष्ट किया॥२॥

Rama satisfied the Brahmans by bestowing on them all manner of gifts—cows, raiment, gold, jewels, diamond and clothes set with elephant-pearls—all these he gave and money and houses too for use in the other world.

रही न चाह जाचकन केरी। रंक धनद पदवी जनु हेरी॥
बेद पढ़हिं द्विज देहिं असीसा। चिर जीवहु कोसलपुर ईसा॥३॥

माँगनेवालों को फिर कुछ लेने की इच्छा न रही, मानो कंगाल को कुबेर की पदवी मिल गई। ब्राह्मण वेद पढ़ते और यह आशीर्वाद देते हैं कि अयोध्यापुरी के राजा चिरकाल तक जीवित रहें॥३॥

Now that they were well content, the beggars desired nothing, as if they had all become so many Kuberas. The Brahmans intoned the Vedas and blessed the lord of Ayodhya, saying, "May he be blest with eternal life!"

राम दान दै सब बिधि तोषे। भये निबृत्त काज करि चोषे॥
गृह द्विज जाचक सकल सिधाये। अमित प्रकार राम सुख पाये॥४॥

श्रीरामजी ने दान देकर ब्राह्मणों को सब प्रकार संतुष्ट किया और उत्तम विधि से काम करके निवृत्त हुए। जब समस्त ब्राह्मण और याचक अपने-अपने घर लौट गए तब जाकर श्रीरामचन्द्रजी को अपार सुख मिला॥४॥

Rama satisfied the Brahmans in every possible way by giving them appropriate gifts and, completing the ceremonies in the most correct manner (according to the rite specified in the Vedas), felt free. The Brahmans and the mendicants returned each to his own dwelling. Great was the delight of Rama on that occasion.

दो.–करौं अजय मख एक पुनि अस्वमेध जग जान।
कलुष सकल संताप हर जगत परम सुख दान॥२२॥

(फिर श्रीरामजी ने विचार किया कि) अब तक दिग्विजय करनेवाला जगत्प्रसिद्ध अश्वमेध यज्ञ करूँ जो समस्त पापों और दुःखों को दूरकर जगत् को सुख देनेवाला है॥२२॥

Then a thought occurred to Rama: "Let me perform the world-conquering Horse Sacrifice, famed throughout the world for its power to eradicate all pain and defilement and to make men happy.

चौ.–एक बार गुरगृह अवधेसा। गये अनुज सँग सचिव खगेसा॥
कीन्ह दंडवत पद सिरु नाई। सादर हरषि मिले मुनिराई॥१॥

हे गरुड़जी! एक बार श्रीरामजी छोटे भाइयों और मंत्री के साथ गुरुजी के घर गये और उनके चरणों में माथा रखकर प्रणाम किया। तब मुनिराज प्रसन्न होकर आदरपूर्वक उनसे मिले॥१॥

One day, O Garuda, accompanied by his brothers and minister, Rama went to the *guru*'s dwelling and prostrating himself before his feet, did him obeisance. Then the lord of sages was delighted and in his joy courteously took Rama to his bosom.

देखि कुसल पूछी मृदु गाता। कुसल देखि तव पद जलजाता॥
गुरपद बंदि द्विजन सिरु नाई। बैठे प्रभु बर आसिस पाई॥२॥

कोमल शरीरवाले श्रीरामचन्द्रजी को देखकर गुरुजी ने कुशल पूछी। (श्रीरामजी ने कहा–) आपके चरण-कमलों को देखकर सब कुशल ही है। गुरु के चरणों को प्रणामकर श्रीरामजी ने अन्य ब्राह्मणों को भी सिर झुकाकर प्रणाम किया। तदनंतर वे सुन्दर आशीर्वाद पाकर बैठ गए॥२॥

Seeing before him the delicate-bodied Rama, he asked after his welfare. "The very sight of your lotus feet," said Rama, "ensures all well-being." Having bowed before the *guru*'s feet, he also reverenced the other Brahmans with his head bowed (in a gesture of homage), and was pleased to receive their blessing.

कहत पुरान नवल इतिहासा। सुनत कृपानिधि परम हुलासा॥
भाइन्ह राम अमित सुखु दीन्हा। मुनितन लखेउ प्रेम कर चीन्हा॥३॥

वसिष्ठ मुनि पुराण और नवीन इतिहास कहने और दयासागर (श्रीरामजी) बड़े आनन्द से उन्हें सुनने लगे। श्रीरामजी ने भाइयों को बहुत सुख और उत्तम शिक्षा दी और वे बड़े प्रेम से गुरुजी की ओर देखने लगे॥३॥

The sage Vasishtha began to relate stories, old and new, and Rama, the ocean of compassion, joyfully listened to them. Having made his brothers greatly happy, Rama gave them instructions of the noblest kind and affectionately looked towards the *guru*.

दोउ कर जोरि सच्चिदानन्दा। बोले बचन भानुकुलचन्दा॥
नाथ चरन तव सकल प्रसादा। भइ जग बिदित मोरि मरजादा॥४॥

सूर्यकुल के चन्द्रमा सच्चिदानन्दस्वरुप श्रीरामचन्द्रजी दोनों हाथ जोड़कर बोले–हे नाथ! आपके चरणों की कृपा से संसार में मेरी मर्यादा विदित है॥४॥

Rama, the moon of the Solar dynasty, True Being,

Consciousness and Bliss incarnate, folded his hands in reverence and said, "By the grace of your feet, O lord, I am famed for my impeccable propriety and dignity throughtout the world."

दो. –समय समुझि करुनायतन सादर बचन बहोरि ।
प्रभु अन्तरजामी करहु सफल कामना मोरि ॥२३॥

फिर दयानिधान श्रीरामचन्द्रजी उत्तम समय जानकर आदरसहित वचन बोले – हे अन्तर्यामी प्रभो ! आप मेरी मनोकामना पूरी कीजिए ॥२३॥

Deeming that it was the most propitious time, Rama, the abode of mercy, reverently addressed him once more. "Pray grant me my wish, O you who know the secrets of all hearts !

चौ. –तव प्रसाद जपु जग्य अनेका । कीन्हें अमित एक तें एका ॥
नाथ सकल पुरजन मन अहहीं । देखन अस्वमेध अब चहहीं ॥१॥

आपकी कृपा से मैंने अनेक एक-से-एक बढ़कर उत्तम जप और यज्ञ किये हैं । हे नाथ ! सब नगरवासियों के मन में अब अश्वमेध यज्ञ देखने की चाह है ॥१॥

By your favour, lord, I have performed many a sacrifice, each greater than the other, and engaged myself in ceaseless chanting of the holy name; still my citizens have one great longing in their hearts: they wish now to see a Horse Sacrifice.

प्रगट भरत नहि तुमहिं सुनावहिं । डर राउर मत मोहि जनावहिं ॥
जस कछु आयेसु दीजिय नाथा । सो सब करौं नाय पद माथा ॥२॥

डर के मारे भरतजी आपसे तो कहते नहीं हैं, पर अपना मत (अपने मन की बात) मुझसे कहा करते हैं । हे नाथ ! आप जैसी आज्ञा देंगे, उसे मैं आपके चरणों में मस्तक नवाकर करूँगा ॥२॥

Bharata does not express his heart's desire for fear of offending you, but he has been quite open with me. Tell me, lord, what you wish done; with my head bowed before your feet I will carry it out fully."

सुनि पुलके मुनि बचन सप्रीती । कस न कहहु तुम सुन्दर नीती ॥
पूजिहिं बिधि अभिलाष तुम्हारी । उठहु भरत पनु सत्य हमारी ॥३॥

प्रेमभरे वचन सुनकर मुनि का शरीर पुलकित हो उठा । वे बोले – तुम सुन्दर नीति क्यों न कहो ! विधाता तुम्हारी अभिलाषा पूरी करेंगे । हे भरत ! अब उठो, मेरी प्रतिज्ञा असत्य नहीं होती ॥३॥

When he heard these affectionate words, the hairs of the sage's body bristled with delight. "How could you," he replied, "say aught but what is right ? May Providence grant you your wish ! Arise, O Bharata, and know that my resolve is unshakeable."

सुनि मुनि बचन भरत रिपुदमनू । हरषि सचिव लछिमन गृह गमनू ॥
बिबिध प्रकार चरन करि सेवा । चले भरत सँग सब महिदेवा ॥४॥

मुनि के वचन सुनकर भरत और शत्रुघ्न, लक्ष्मण और मंत्री प्रसन्न होकर घर को चल दिए । अनेक प्रकार से मुनि के चरणों की सेवाकर सब ब्राह्मण भरतजी के साथ चले ॥४॥

Upon hearing the sage's words, Bharata and Shatrughna, Lakshmana and the minister all rejoiced and returned home. Having waited on the feet of the sage with unflagging zeal, all the Brahmans and Bharata departed.

दो. –सेवक पुरजन सचिव सब सादर तुरत बुलाय ।
हाट बाट पुरद्वार गृह रचहु बितान बनाय ॥२४॥

तब श्रीरामचन्द्रजी ने सेवकों, नगरवासियों और मंत्रियों को एक साथ अविलंब तथा आदरपूर्वक बुलवाया और कहा कि नगर के बाजारों, रास्तों, नगर-द्वारों और घरों को सजाओ और स्थान-स्थान पर (सुन्दर) मंडप बनाओ ॥२४॥

Then at once did Rama courteously summon his attendants, citizens and ministers and bade them decorate the markets and the streets, the gateways and the houses, and construct and set up splendid pavilions here and there.

चौ. –चले सकल सेवक सुनि बानीं । सुनि राउरि हरषीं सब रानी ॥
रचे बितान अनेक प्रकारा । देखि अवध निज मन बिधि हारा ॥१॥

इस बात को सुनकर सब सेवक चल पड़े और रानियां भी इस समाचार को सुनकर (अत्यन्त) प्रसन्न हुईं । अनेक प्रकार के मंडप बनाये गए । उस समय अयोध्या की शोभा देखकर ब्रह्मा की बुद्धि भी हार गई ॥१॥

At the behest of their lord, the attendants departed forthwith and the queens, too, on getting the tidings, rejoiced. Pavilions of all sorts were set up, and the Creator was dumbfounded at the sight of Ayodhya's rich splendour.

लगे सँवारन रथ गज बाजी । सुनि मख गगन दुंदुभी बाजी ॥
तुरत सचिव चर बिपुल बुलाये । कहि जयजीव सीस तिन्ह नाये ॥२॥

सब लोग हाथियों, घोड़ों और रथों को सजाने लगे । यज्ञ का विधान सुनकर देवता आकाश में नगाड़े बजाने लगे । मंत्री ने (एक साथ) अनेक सेवकों को शीघ्र बुलवाया । उन्होंने 'जयजीव' कहकर सिर नवाया ॥२॥

They all began to deck their elephants, horses and chariots and on hearing that the stage had been prepared for the performance of a sacrifice, the gods sounded their drums in the sky. Then the minister immediately called together a number of servants who came and bowed their heads, crying, "Long live the minister !"

जाहु मुनिन के आस्रम माहीं । सादर नेवत देहु सबु काहीं ॥
उहाँ राम पूछेउ गुरदेवा । आज्ञा होइ करौं सो सेवा ॥३॥

(उन्हें आज्ञा दी कि) वन में मुनियों के आश्रमों में जाओ और आदरपूर्वक सबको न्योता दे आओ । उधर श्रीरामचन्द्रजी ने गुरुदेव से कहा कि आपकी जो आज्ञा हो, वही करूँ ॥३॥

He bade them go to the forest retreats of the sages and reverently invite them all (to the sacrifice), while Rama went to his *guru* and said, "Now, holy master, tell me what I should do."

प्रभुमन की गति मुनिबर जानी । बोले अति सनेह बर बानी ॥
पठवहु दूत जनकपुर आजू । आवहिं जनक समेत समाजू ॥४॥

प्रभु श्रीरामजी के मन की बात जानकर मुनिश्रेष्ठ बड़े स्नेह से मीठी वाणी बोले – आज ही जनकपुर को दूत भेज दो, जिससे राजा जनक भी समाज सहित यहाँ आ जायँ ॥४॥

The foremost of sages read Rama's thought and affectionately spoke these sweet and agreeable words: "Dispatch right today a messenger to the city of Janaka that he may come with all the great company of his men.

दो. –सुनहु राम रघुबंसमनि नेवतहु सकल पुर जाति ।
बरुन कुबेरहि इन्द्र जम मुनि महिसुर गुर ग्याति ॥२५॥

हे रघुवंशमणि श्रीरामचन्द्रजी ! सुनिये, समस्त नगर और जाति के लोगों को तथा वरुण, कुबेर, इन्द्र, यम, मुनियों, ब्राह्मणों और पूज्य गोतियों[1] को भी आमंत्रित कीजिए ॥२५॥

Listen, O Rama, the jewel of the house of Raghu; invite all the city folk, whatever their caste or class, as well as Varuna, Kubera, Indra, Yama and the Brahmans, the sages and all who belong to your family line.

चौ. –गुर समेत प्रभु अवधहिं आये । देखि बनाव अमित सुख पाये ॥
मिथिलापुर चर तुरत सिधाये । देस देस के नृपति बुलाये ॥१॥

गुरुजी के साथ प्रभु श्रीरामजी अवधपुरी आये और नगर की सजावट देखकर बहुत प्रसन्न हुए । उसी समय जनकपुर के लिए एक दूत चल पड़ा और देश-देश के राजा बुलाये गए ॥१॥

The Lord came with the *guru* to the city of Avadh and was delighted to see its festal decorations. Forthwith a messenger was dispatched to Janaka's city and (the righteous) kings from all lands were invited.

जामवंत सुग्रीव विभीषन । अरु नल नील द्विविद कुलभूषन ॥
आये सब जहँ राम कृपाला । बरुन कुबेर इन्द्र जम काला ॥२॥

जाम्बवान्, सुग्रीव, विभीषण, नल, नील और द्विविद जो अपने-अपने कुल के भूषण थे, आमंत्रित हुए । वरुण, कुबेर, इन्द्र, यमराज और काल भी कृपालु श्रीरामचन्द्रजी के पास आये ॥२॥

Jambavan, Sugriva, Vibhishana, Nala, Nila and Dvivida, each a jewel of his house, were also invited. Varuna, Kubera, Indra, Yama and Kala also came to the all-gracious Rama.

चढ़ि बिमान सुरनारि सिहाहीं । करहिं गान कलकंठ लजाहीं ॥
आये मुनिबरजूथ घनेरे । देहिं कृपानिधि सुंदर डेरे ॥३॥

विमानों पर चढ़कर देवताओं की स्त्रियाँ प्रसन्न होकर इस प्रकार गाती हैं कि सुनकर कोकिला भी लज्जित हो जाती है । मुनीश्वरों के झुंड के झुंड आते हैं और श्रीरामचन्द्रजी उन्हें ठहरने के लिए सुन्दर स्थान देते हैं ॥३॥

Seated in their celestial cars, the wives of the immortals sang jubilant strains, on hearing which even the cuckoo felt abashed. Throngs of high sages came and joined and were allotted beauteous guest-chambers.

ससि हर हरि बिधि रबि सनकादी । आये सुर जे परम अनादी ॥
बिस्वामित्र संग मुनि झारी । सहस सात ऋषि इच्छाचारी ॥४॥

चन्द्रमा, शिव, विष्णु, ब्रह्मा, सूर्य, सनकादि और अनादि काल के सब देवता आये । विश्वामित्रजी के साथ अपनी इच्छा से विचरनेवाले सात हजार ऋषि पधारे ॥४॥

All the immortal gods—Shiva, Vishnu, Brahma, the Sun and the Moon—as well as Sanaka and his brothers arrived. Seven thousand seers who wandered at will in the company of Vishvamitra also came.

दो. –पारासर भृगु अंगिरा नारद ब्यास अगस्त्य ।
आये यूथप मुनि सकल देवल सहित पुलस्त्य ॥२६॥

मुनियों के नेता पराशर, भृगु, अंगिरा, नारद, व्यास, अगस्त्य और अन्य सारे मुनि आये । इनके अतिरिक्त देवल और पुलस्त्य भी पहुँचे ॥२६॥

Led by Parashara, Bhrigu, Angira, Narada, Vyasa and Agastya, multitudes of sages, came, as well as Devala and Pulastya.

चौ. –मखथल बर अति दीख सुहाये । नाना भाँति देखि सुखु पाये ॥
मिथिलापुर जे दूत पठाये । देखि नगरवासिन मनु भाये ॥१॥

यज्ञ-स्थल को बहुत सुहावना देखकर श्रीरामजी ने अनेक प्रकार से सुख पाया । मिथिलापुर को जो दूत भेजा गया था, उसे देखकर वहाँ नगरवासियों के मन प्रसन्न हो गए ॥१॥

---

१. ज्ञाति अर्थात् पितृवंश में उत्पन्न व्यक्ति, गोतिया ।

Seeing that the sacrificial ground was magnificent, Rama felt a thrill of heartfelt joy. Right glad were the city folk of Mithila to see the messenger sent by Rama.

द्वारपाल सब खबरि जनाई । अवधनगर सन पाती आई ॥
सुनि बिदेह सहसा उठि धाये । तन मन पुलकि नयन जल छाये ॥२॥

द्वारपाल ने जाकर सब समाचार (राजा जनक को) कह सुनाया । (उसने कहा –) अयोध्या से चिट्ठी आई है । यह सुनते ही राजा जनक तुरत उठकर चले । उनका शरीर पुलकित हो उठा और आँखों में आँसू भर आए ॥२॥

The guard went and told Janaka all the news and said that he had been handed a letter from Ayodhya. As soon as Janaka heard the happy tidings, he arose in affectionate haste; he felt a thrill of rapturous delight and his eyes filled with tears.

भयेउ भूपमन आनँद जेता । कहि न सकैं सारद अहि तेता ॥
सिथिल अंग नृप द्वारे आये । देखि दूत अतिसय सुखु पाये ॥३॥

राजा के मन को जितना आनन्द हुआ, उसे सरस्वती और शेषनाग भी नहीं कह सकते । शिथिलअंग होकर राजा आप ही द्वार पर आये और दूत को देखकर बहुत प्रसन्न हुए ॥३॥

The joy he felt cannot be described even by Sarasvati and the Serpent King. Overpowered by affection, the king waxed faint and, coming to the portal, was overjoyed to see the messenger.

कहहु कुसल रघुपति सब भाई । पाती देइ सब कुसल सुनाई ॥
हृदय राखि पुनि नयन लगाई । गद्‌गद कंठ न कछु कहि जाई ॥४॥

(जनकजी बोले –) श्रीरामचन्द्रजी अपने भाइयों-सहित कुशल तो हैं ? दूत ने पत्र देकर सब कुशल-संवाद कह सुनाया । जनकजी ने उस चिट्ठी को प्रेमपूर्वक अपने हृदय और नेत्रों से लगाया । प्रेम से उनका कंठ रुँध गया और कुछ कहते न बना ॥४॥

"Tell me," said Janaka, "are Rama and his brothers well ?" The messenger handed him the letter and related the welcome tidings. Affectionately did Janaka clasp the letter to his heart and greet it with his eyes. He was so deeply affected that he could not utter a single word.

दो. –भूप नेह तेहि समय जस तस न कहिय मतिधीर ।
तुलसी भयेउ उछाहबस जय जय सबद गभीर ॥२७॥

उस समय राजा जनक के हृदय में जैसा स्नेह उत्पन्न हुआ, उसका वर्णन मतिधीर (विद्वान् या कवि) भी नहीं कर सकते । आनन्द में मग्न होकर वे ऊँचे स्वर से 'जय जय' शब्द कहने लगे ॥२७॥

The love that was born in Janaka's bosom on that occasion no scholar or poet, however resolute, could describe. Rapt in blissful ecstasy, he pitched his tone high and cried, "Glory, glory !"

चौ. –बाँचत प्रेम न हृदय समाता । चरवर बोलि कहेउ हँसि बाता ॥
नगर गाउँ पुर मंगल साजहु । बाजन अमित अपार बजावहु ॥१॥

जिस समय वे पत्र पढ़ रहे थे, उस समय उनके हृदय में प्रेम नहीं समाता था । चतुर दूतों को राजा ने बुलाया और हँसकर कहा – नगर, गाँव और शहर में मंगल के साज सजाओ और असंख्य बाजे बजवाओ ॥१॥

When he was reading the letter, his heart could scarce contain his feeling of affection. The king then summoned the skilled messengers and said with a smile, "Go and adorn the city and villages with festal decorations and let myriads of instruments sound."

सचिव बोलि नृप पाती दीन्ही । उठि कर जोरि विनय करि लीन्ही ॥
पढ़ी सचिव अति प्रेम अनन्दा । सुमिरि राम कोसलपुर चन्दा ॥२॥

फिर मंत्री को बुलाकर राजा ने वह चिट्ठी दी । उसने उठकर हाथ जोड़कर विनयपूर्वक वह पत्र ले लिया । फिर बड़े प्रेम और आनन्द के साथ अवधेश-चन्द्र श्रीरामजी का स्मरण करते हुए उसे पढ़ा ॥२॥

Then the king summoned the minister and handed him that letter; he arose and took it with his hands folded in courtesy. With his heart overflowing with joy and affection, he fixed his thoughts on Rama, the moon of Kosala, and read it.

घर घर खबरि ब्यापि छन माहीं । मंगल कलस साजि सब पाहीं ॥
भये अनंद नहि जाय बखाना । दीन्हेउ बिबिध भाँति नृप दाना ॥३॥

क्षणभर में यह खबर चारों ओर फैल गई । सब लोगों ने अपने-अपने घरों में मंगल के कलशे सजाए । उस समय इतना आनन्द हुआ कि उसका वर्णन नहीं किया जा सकता । राजा ने अनेक प्रकार के दान किये ॥३॥

In a trice the welcome news spread through the city. All the city folk decorated their houses with festal vessels and were ineffably overjoyed, while the king gave alms of various sorts.

धरि तनु देव अमित नभवासी । आये भूपनगर सुखरासी ॥
कहहिं बचन नृप के हितकारी । चलहु अवध सबु काजु बिसारी ॥४॥

स्वर्ग में निवास करनेवाले असंख्य देवता मनुष्य की देह धारणकर सुखसमूह जनकपुर आये । वे राजा के लिए कल्याणप्रद वचन कहने लगे कि आप सब काम-धाम छोड़ अयोध्यापुरी चलिए ॥४॥

Myriads of gods disguised themselves as mortal men and came to Janakpur, the home of all blessings. They gave this salutary advice to the king that, dropping all other concerns, he should leave for Ayodhya.

दो. –कहि कहि सुर सादर चले बाहन रुचिर बनाइ ।
जोरि जुगल कर मुकुटमनि अस्तुति करहिं सुहाइ ॥२८॥

ऐसा कहकर देवता उत्तम विमान सजाकर आदरसहित चल पड़े और राजाओं के मुकुटमणि जनकजी दोनों हाथ जोड़कर सुन्दर स्तुति करने लगे ॥२८॥

Thus speaking, the gods got ready their splendid aerial cars and mounted them and went their way, while Janaka, the chiefest of kings, folded his hands in reverence and intoned this beautiful hymn :

छं. –सुमिरत चरन श्रीराम रघुकुलचंद सीतानायकम् ।
सियसहित अनुज समेत सुस्थिर बसहु मम उरलायकम् ॥
अम्भोज नयन बिसाल भाल कृपाल दशरथनन्दनम् ।
सत कोटि मार अपार सोभा अतुल बल महिमण्डनम् ॥१॥

हे श्रीराम ! हे रघुवंश में चन्द्रमास्वरूप सीतानाथ ! हम आपके चरणों का स्मरण करते हैं, आप सीताजी और लक्ष्मणजी के साथ मेरे हृदय में सदैव निवास कीजिए । आपके नेत्र कमल-सरीखे हैं और मस्तक विशाल है । हे दशरथनन्दन ! आप दयालु हैं, आपकी अपार शोभा सौ करोड़ कामदेवों (की शोभा) के समान है । आपके बल का अन्त नहीं है; आप पृथ्वी के आभूषण हैं ॥१॥

O Rama, the moon of the house of Raghu, who is the lord of Sita, I meditate on your feet; pray dwell ever in my heart with Sita and Lakshmana. Your eyes resemble the (full-blown) lotus and, O delight of Dasharath, you are highbrowed, compassionate and immeasurably beautiful like myriads of Loves. Endowed with measureless might, you are the ornament of the earth,

सजि तून कटि कर सर सरासन कपटमृगमदगंजनं ।
बैदेहि अनुज समेत कृपानिकेत जनमनरंजनं ॥
मम हृदय बास निबास कुरु करुनायतन करुनामयं ।
महिमा न कोउ जन जान सुनु हरियान ज्ञान विशालयं ॥२॥

जो कमर में तरकश बाँधे और हाथ में धनुष-बाण लिये हुए हैं तथा जो कपटमृग के अहंकार को तोड़नेवाले हैं, वे ही कृपासागर, भक्तों को आनन्द देनेवाले, करुणानिधान, करुणामय प्रभु सीताजी और लक्ष्मणजी के साथ मेरे हृदय में निवास करें । हे गरुड़जी ! आप बड़े ज्ञानी हैं, भगवान् की महिमा कोई पुरुष नहीं जान सकता ॥२॥

With a quiver tied to your waist, bearing bow and arrows in your hand; destroyer of the pride of the illusory deer; ocean of compassion, gladdener of your votaries, abode of mercy ! May the gracious Lord ever abide in my heart with Sita and Lakshmana ! You, O Garuda, are supremely enlightened; no human being can comprehend the glory of God.

सो हेतु कर बृषकेतु प्रभु खर दूषनादि निकंदनं ।
नर अधम पामर कामबसमति भजत नहि रघुनंदनं ॥
तव ललित लीला बसहिं जेहि उर सगुन प्रभु धरनीधरं ।
कहि सक न सारद सेष नारद जान किमि जन बापुरं ॥३॥

शिवजी के हितकारी और खर-दूषण आदि राक्षसों के संहारक श्रीरामजी को ये मनुष्य क्यों नहीं भजते जो बड़े अधम और काम के वशीभूत हैं ? हे पृथ्वी को धारण करनेवाले प्रभु श्रीरामजी ! जिसके हृदय में आपकी मनोहर लीलाएँ बसती हैं, उसकी महिमा नारद, शेषनाग और शारदा (सरस्वती) भी नहीं कह सकतीं, तब साधारण मनुष्य की क्या सामर्थ्य है ? ॥३॥

Why do men, who are so wretched and so utterly overcome by lust, refrain from worshipping Rama, the benefactor of Shiva and slayer of Khara and Dushana ? When Narada, Seshanaga and Sharada shrink from describing the majesty of him in whose heart dwell your entrancing pranks, is an ordinary mortal capable of doing so ?

सोइ आनि तुलसीदास निज उर सरन अब काकी गहौं ।
सुख पाय मन बच काय नहि गति दूसरी सपने लहौं ॥
सब कुसल पूछि महीप सादर बिहँसि आनँद उर छयो ।
मन भाय बचन सुनाय बिधिपद दान बहु बिप्रन्ह दियो ॥४॥

(तुलसीदासजी कहते हैं –) उस महिमा को अपने हृदय में धारणकर मैं अब किसकी शरण में जाऊँ ? इस सुख को पाकर मन, वचन और कर्म से स्वप्न में भी मैं दूसरी गति नहीं चाहता । (स्तुति समाप्त होने पर) महाराज जनक ने सादर कुशल-समाचार पूछा । (सुनकर) उनका चित्त प्रसन्न हुआ और मन में आनन्द छा गया । मनोवांछित (मीठे-मीठे) वचन कहकर और विधाता के चरणों में मस्तक नवाकर उन्होंने ब्राह्मणों को बहुत-सा दान दिया ॥४॥

"With that divine glory treasured up in my heart," says Tulasidasa, "in whom now shall I take refuge? Having been thus blest, I never even dream, in thought and word and deed, of any other end." Prayer over, the king inquired about Rama's well-being and was delighted to hear that all was well with him. Bowing his head before the feet of the Creator, he bestowed all kinds of gifts upon the Brahmans, eloquently speaking the words they liked most.

गज बाजि भूषन भूमि सुरभी बस्तु नाना को गनै ।
एक बार लै नृपद्वार दीन्हो कहहु कबि कैसे भनै ॥
सनमानि कै परितोष कीन्हो सबै आदर भाव सों ।
मन हरष पुलकित कहहिं जय जय सुनहु खगपति राव सों ॥५॥

हाथी, घोड़े, गहने, भूमि, गौएँ और अनेक प्रकार की वस्तुएँ ब्राह्मणों को दी गईं जिन्हें कौन गिन सकता है ? राजद्वार पर एक ही साथ इतनी अधिक वस्तुएँ दी गईं कि उनका वर्णन कोई कवि कैसे करे ? (राजा जनक ने) सम्मानित कर सबको संतुष्ट कर दिया । हे गरुड़जी ! सुनिये, राजा से सब कोई प्रसन्न और पुलकित हो 'जय जय' कहने लगे ॥५॥

Who can count the innumerable gifts—elephants, horses, ornaments, land, cows and many other things—that were showered on the Brahmans ? How can a poet describe the objects that were distributed, heap upon heap, at the palace gate ? Janaka honoured them all, so that everybody, content at heart, was greatly pleased with the king. Listen, O Garuda; they all trembled with emotion and cried, "Glory ! Glory !"

दो. –पूजे बिबिध प्रकार नृप सादर दूत हँकारि ।
गुरगृह गवनेउ मुकुटमनि पाय पदारथ चारि ॥२९॥

राजा ने दूत को आदरपूर्वक बुलाया और बहुत प्रकार से उसका सम्मान किया । फिर राजाओं में शिरोमणि जनकजी मानो चारों पदार्थों (धर्म, अर्थ, काम, मोक्ष) को पाकर (कृतार्थ होकर) अपने गुरु शतानन्द के घर गए ॥२९॥

The king courteously summoned the messenger to his presence and did him honour. Then having won the four rewards (ethical perfection, wealth, sensual delights and final release) while still alive, Janaka, the foremost of kings, went to his *guru*'s (Shatananda's) house.

चौ. –सकल कथा महिपाल सुनाई । सतानन्द आनँद अधिकाई ॥
चलहु नृपति मख देखिय जाई । साजहु जाय सकल कटकाई ॥१॥

राजा ने सारा संवाद गुरुजी को सुनाया, जिससे शतानन्दजी आनन्द में मग्न होकर बोले – हे राजन् ! चलिए, यज्ञ देख आवें । जाकर सेना को सजाइए ॥१॥

The king related the whole story to the *guru*. When Shatananda heard the news, he was utterly absorbed in joy and said, "Let us go, O king, and witness the sacrifice. Make ready your army."

करि बिनती नृप मंदिर आये । सादर सेवक सकल बुलाये ॥
सजहु सेन चतुरंग सुहाई । भवन गये सबही समुझाई ॥२॥

गुरु से आज्ञा लेकर राजा राजमहल में आये और आदरपूर्वक अपने सभी सेवकों को बुलाया और कहा – सुन्दर चतुरंगिनी सेना सजाओ । सबको ऐसी आज्ञा देकर वे भीतर गए ॥२॥

With the *guru*'s leave the king came to the palace and with due respect summoned all his servants and said, "Go, prepare the four divisions of my excellent army." Having given them this command, he went inside the palace.

पत्री सहित नारिगृह आये । बाँचि पत्रिका सकल सुनाये ॥
आनँद सब रनिवास बुलाई । दिये दान महिदेवन आई ॥३॥

पत्र को हाथ में लिये हुए वे रनिवास में आये और उसे पढ़कर उन्होंने सबको सुनाया । प्रसन्न होकर रानियों ने ब्राह्मणों को बुलाकर बहुत-सा दान दिया ॥३॥

With the letter in his hand he came to the gynaeceum and read it aloud. The queens were all filled with joy at the news, and they called together the Brahmans and gave them a myriad gifts.

जाचक सकल अजाचक कीन्हे । सादर बोलि अवधचर लीन्हे ॥
बिलग बिलग सब पूछहिं बामा । सुनहिं रामकृत पूरन कामा ॥४॥

राजा ने सब भिखारियों को बहुत-सा धन देकर अयाचक कर दिया (उन्हें फिर माँगने की आवश्यकता न रह गई, वे समृद्ध हो गए ।) फिर उन्होंने अयोध्या से आये हुए दूत को आदरपूर्वक बुलवाया । सब रानियाँ उससे अलग-अलग पूछती थीं और उसके मुख से ही श्रीरामजी के चरित्र की पूरी कथा सुनती थीं ॥४॥

The limitless profusion of gifts lavished upon the mendicants made them rich indeed. The king then courteously summoned the messenger from Ayodhya, who separately related to each of the queens the whole story of Rama's acts.

छं. –सब काम पूरन राम के सुनि बिपुल बाजन बाजहीं ।
पुर द्वार घर रखवार राखे सेन भट सब साजहीं ॥
दस सहस रथ सिंधूर षट सत बाजि पदचर को गनै ।
जगमगति पाखर जटित जीन बिलोकि कबि कैसे भनै ॥१॥

श्रीरामजी के सब काम पूर्ण हुए – यह सुनकर (नगर में) बहुत-से बाजे बजने लगे । नगर-द्वार पर और घर में पहरेदारों को रखकर सब योद्धा सेना सजाने लगे । दस हजार रथ, छह सौ हाथी (सजाये गए), घोड़े और पैदलों की तो गिनती ही नहीं हो सकती ! (घोड़ों की) जगमगाती हुई जीनों को, जिनमें सूर्यकान्तमणि जड़ी है, देखकर कौन कवि उनका वर्णन कर सकता है ? ॥१॥

Hearing that all that Rama desired had been fulfilled, many an instrument began to play; the warriors set watchmen at the city gate and at their homes and began to prepare their army. They made ready ten thousand chariots and six hundred elephants, in addition to horses and infantry men beyond all telling. What poet is able to describe the horses' saddles glittering with jasper set into them ?

चढ़ि सूर प्रबल नवीन जे असि चलत सब सादर भये ।
सुखपाल परम बिसाल जुग चढ़ि गुरहि लै आदर नये ॥
महि डोल धसकत कमठ अहिदल देखि अमित बिदेह को ।
रथ जूथ पदचर अमित बरनहिं जगत अस कबि मूढ़ को ॥२॥

तलवार चलाने में कुशल योद्धा (घोड़ों पर) चढ़कर आदरपूर्वक चले । राजा जनक ने दो बड़े सुखपाल सजवाये जिनमें एक पर तो गुरुजी चले और दूसरे पर स्वयं राजा । जनकजी की उस बड़ी सेना को देखकर पृथ्वी डोलने लगी, कच्छप और शेषजी धसकने लगे । संसार में ऐसा कौन मूढ़ कवि होगा जो इस सेना में रथों और पैदलों के अपार समूह का वर्णन कर सके ?

Warriors skilled in the swordsman's art went forth, each riding a noble steed. Janaka had two large palanquins most magnificently equipped; in one set forth the *guru* and in the other the king himself. Perceiving that great and formidable army, Earth reeled, the Tortoise and Sheshanaga were struck with dismay. What poet in the world is so dull-witted as to venture a description of this procession of chariots and footmen ?

दो. –चलेउ राउ मुनिगन सहित बिपुल बजाइ निसान ।
प्रात तीसरे पहर को अवध नगर नियरान ॥३०(क)॥

राजा जनकजी मुनियों के साथ अनेक बाजे बजाकर चले और सबेरे तीसरे पहर अयोध्या के निकट पहुँच गए ॥३०(क) ॥

Then in the company of the sages Janaka set forth to the jubilant sound of many a musical instrument. They reached Ayodhya in the early afternoon.

नृप आगमन बिचारि प्रभु सादर आये लेन ।
मिले परसपर प्रीति अति चले सुथल थल देन ॥३०(ख)॥

राजा जनक के आगमन को सुनकर प्रभु श्रीरामजी उन्हें आदरपूर्वक लेने के लिए आये और बड़े प्रेम से परस्पर मिलकर फिर उच्छे स्थान में डेरा देने के निमित्त चले ॥३०(ख)॥

When the Lord Rama heard of Janaka's arrival, he came to greet him with appropriate courtesy. Exchange of greetings over, Rama went to allot him a comfortable lodging.

चौ. –पुर बाहर सरजू सुचि तीरा । बास दीन्ह हर्षित रघुबीरा ॥
सौंपि अनुज कहँ राजसमाजू । आये प्रभु जहँ नृप मनिराजू ॥१॥

प्रसन्न होकर श्रीरामचन्द्रजी ने नगर के बाहर पवित्र सरयू के किनारे रहने के लिए स्थान दिया । सब छोटे भाइयों को राजसमाज सौंपकर प्रभु राजाओं के शिरोमणि जनकजी के पास आये ॥१॥

Joyfully Raghunatha gave him a lodging on the outskirts of the city, a beauteous lodging situated on the bank of the holy Sarayu. Having entrusted the royal retinue to the care of his younger brothers, the Lord then came to Janaka, the foremost of kings.

मिलि पुनि नृपति निकट बैठारे । गद्गद हैव मृदु बचन उचारे ॥
बदन मयंक निरखि सब गाता । आनँद उमँग न हृदय समाता ॥२॥

फिर राजा ने मिल-भेंटकर पास बिठा लिया और गद्गद वाणी से वे पुलकित होकर मीठे वचन बोले । चन्द्रमुख और सब (सुन्दर) अंगों को देखकर प्रसन्न हो गए । उनके हृदय में आनंद और उमंग नहीं समाता था ॥२॥

Then having embraced them, the king seated him affectionately by his side and with faltering voice and a thrill of rapturous delight addressed him in winning words. Seeing his handsome face and charming form, he was so enraptured that he could not contain his joy.

प्रभु बिनीत सब करि सेवकाई । सचिव भरत पुनि लिये बुलाई ॥
नृपसेवा सब भरत सँभारी । सुनु खगपति जस कीन्ह खरारी ॥३॥

फिर विनम्र प्रभु श्रीरामजी ने सबकी सेवाकर मंत्री और भरत को बुलाया । हे गरुड़ ! राजा (जनक) की सेवा का सब भार उन्होंने भरत को सौंप दिया । तरनंतर उन्होंने जो किया सो सुनिए ॥३॥

When he had attended on all the guests, the unassuming Lord summoned both Bharata and his minister and made his brother responsible for the care of Janaka. Now, O Garuda, listen to what he did afterwards.

आय गुरुहिं सादर सिर नाई । भनभावत वर आसिष पाई ॥
फिरि प्रभु सकल देव गुर बन्दे । अभिमत आसिष पाइ अनंदे ॥४॥

उन्होंने आकर गुरु को आदरपूर्वक सिर नवाया और मनचाहे आशीर्वाद पाये । फिर प्रभु ने सब देवताओं और गुरूमंडली को प्रणाम किया और इच्छानुसार आशीर्वाद पाकर वे आनन्दित हुए ॥४॥

He came and reverently bowed his head before the *guru* and received all the blessings his soul desired. Then the Lord did homage to the company of gods and *gurus* and rejoiced when he received their blessings.

दो. –दस सहस्र मुनिबर सहित आये प्रभु मखधाम ।
बोले बचन बिनीत गुर मंत्र सुनहु मम राम ॥३१॥

दस हजार श्रेष्ठ मुनियों के साथ प्रभु श्रीरामजी यज्ञमंडप में आये। (तब) गुरु वसिष्ठजी विनम्र वचन बोले – हे श्रीराम ! मेरी सलाह सुनो ॥३१॥
Accompanied by ten thousand illustrious sages, the Lord Rama came to the sacrificial ground. Then Vasishtha the guru spoke this courteous speech (to the Lord), "Pay heed to my advice, O Rama;

चौ. –धर्म सकल जेहि बेद बखाने। संत पुरान लोक सब जाने॥
बिनु तिय सफल न होहिं खरारी। अब चाहिय मिथिलेस कुमारी॥१॥

वेदों ने जिस धर्म का वर्णन किया है, उसे संत, पुराण और सारे लोग जानते हैं। हे खर के शत्रु श्रीराम ! बिना स्त्री के यज्ञ का फल नहीं मिल सकता, इसलिए अब जानकीजी का (यहाँ) होना आवश्यक है ॥१॥
all the saints, the Puranas and men throughout the world know the injunctions of the ritual texts set down in the Vedas. You cannot, O slayer of the demon Khara, acquire any merit for the performance of the ritual apart from your consort. You must, therefore, have Janaki brought here.

सुनि मुनि बचन मौन गहि रहेऊ। सत्य असत्य न एकौ कहेऊ॥
मम प्रन बिरद जान मुनिराया। रहै सुकृत जेहि करहु सो दाया॥२॥

मुनि के वचन सुनकर श्रीरामजी चुप रह गए – सच या झूठ कुछ भी नहीं कहा। (अन्त में उन्होंने कहा –) हे मुनिराज ! मेरे प्राण और कुल की कीर्ति को तो आप जानते ही हैं, अतः यही दया कीजिए कि मेरा यश रह जाय ॥२॥
When Rama heard these words of the sage, he fell silent; he could neither lie nor tell the truth. At last he said, "You know, O lord of sages, the tradition of my house and my vows; pray act in a manner that this glory is not lost."

दोउ गुर मिलि नारद सनकादि। बचन कहेउ सुनु पुरुष अनादी॥
कनकजटित मनि सुन्दर बाला। रचि सिय रूप सुसील बिसाला॥३॥

दोनों ओर के गुरुओं, नारद और सनकादि ने मिलकर कहा – हे अनादि पुरुष ! सुनिये, सीताजी के समान रूपवती और सुशील मणिजटित स्वर्ण की सुन्दर स्त्री बनवाइये ॥३॥
The *gurus* of the two families and Narada and Sanaka and his brothers said these words together, "Listen, O eternal Man; let a beauteous woman, as lovely and modest as Sita, be sculptured out of gold set with jewels,

अंग अंग सब भूषन साजे। तासु रूप लखि रतिपति लाजे॥
सहसा लखि न सकहिं नर नारी। सिय देखेउ सब अचरज भारी॥४॥

उसके अंगप्रत्यंग उत्तम गहनों से इस प्रकार सजे हों कि उस रूप को देखकर कामदेव भी लज्जित हो जाय। कोई भी स्त्री-पुरुष उस मूर्ति को पहचान न सके (कि यह नकली सीता है)। सीताजी को देखकर सभी लोगों को बड़ा आश्चर्य हो ॥४॥
and let her every limb be so adorned with ornaments of grace and charm that the sight of her shall put even Love to shame. Let no man or woman recognize her;[1] everybody must marvel at her wondrous beauty.

दो. –तेहि अवसर सोभा अमित को कबि बरनै पार।
जगदाधार कृपालु प्रभु कीन्हे चरित अपार॥३२॥

उस अवसर की अपार शोभा का वर्णन कर कौन कवि पार पा सकता है ? जगत् के आधार कृपालु प्रभु ने अपार चरित्र किये ॥३२॥
What poet can describe and compass all the limitless splendour of that hour ? Then the gracious, world-supporting Lord performed countless marvellous deeds.

चौ. –जटित कनक सुन्दर मृगछाला। तेहि आसन आसीन कृपाला॥
सीय सहित लखि सुर मुसुकाहीं। कीन्ह प्रनाम सबन हरषाहीं॥१॥

सुवर्ण से जड़े हुए सुन्दर मृगचर्म के आसन पर कृपालु श्रीरामचन्द्रजी बैठे थे। सीताजी के साथ प्रभु को (बैठे) देखकर देवता मुसकराने लगे और प्रसन्न होकर सबने प्रणाम किया ॥१॥
The Lord of mercy sat on a beauteous deerskin bed studded with gold. When they beheld him sitting with Sita, the gods in their delight did him devout homage.

भीर अपार देखि गुर ज्ञानी। रिधि सिधि बोलि सकल सनमानी॥
कहा जाहु जो उचित सो करहू। जो जेहि चहिय सकल अनुसरहू॥२॥

ज्ञानी गुरु ने बहुत बड़ी भीड़ देखकर ऋद्धि-सिद्धियों को आदरपूर्वक बुलाकर कहा – जो उचित हो सो जाकर करो और जिसे जो वस्तु चाहिए उसे वह दो ॥२॥
Beholding a dense crowd, the enlightened *guru* (Vasishtha) courteously summoned Kubera's attendants[2] and said, "Go and attend the guests and give everybody what he needs."

सुनि रजाइ रघुपति रुख पाई। रचे कोटि गृह बिधिहु सिहाई॥
सुर सुरभी सुरतरु सुखखानीं। सारद सेष न सकहिं बखानीं॥३॥

आज्ञा सुनकर और श्रीरामजी का रुख पाकर सिद्धियों ने करोड़ों घर बना

1. *i.e.*, she must not be known for false.
2. *Riddhis* and *Siddhis*, wealth and prosperity personified, are said to be Kubera's attendants.

दिए, जिन्हे देखकर ब्रह्मा भी सराहने लगे। कामधेनु और कल्पवृक्ष, जो सभी सुखों की खान हैं, सबके घरों में हो गए; उनका वर्णन सरस्वती और शेष भी नहीं कर सकते ॥३॥

At the behest of Rama and knowing his will, the supernatural spirits constructed myriads of dwellings (complete with all amenities), at the sight of which the Creator burst into praise. Every house came to have a cow of plenty and that tree of Paradise which is the mine of all bliss and which Sarasvati and Shesha themselves shrink from describing.

पुर गृह बाहर गली अटारी। भरि सुगंध सब रची सँवारी॥
रहे तहाँ दिसिपाल अनेका। जे परमारथ निपुन बिबेका॥४॥

नगर, घर, बाहर, गली और अटारी – सब अच्छी तरह सँवारकर सुगंध से भर दिए। वहाँ दिशाओं के अनेक रक्षक नियत कर दिए जो परमार्थ और विवेक में बड़े चतुर थे ॥४॥

The city, the houses, the surroundings, the lanes and the attics were all decorated and sprinkled with perfumes. Then the guardians of the spheres, all well versed in spiritual knowledge and discernment, were set there.

छं. –जे निपुन परम बिबेक पावन भरत लै राखे तहीं।
निज भाग्य प्रबल सराहि निदरहिं धनद की पदवी सही॥
आये त्रिलोकी नाग खग सुर असुर जे बिधि के रचे।
सनमानि सकल सनेह सादर राम सन कोउ नहि बचे॥

जो बड़े विवेकशील और पवित्र थे, उनको ही भरतजी ने उस स्थान पर रखा। वे अपने भाग्य की प्रबलता को सराहते थे और कुबेर की पदवी की भी (अपने वैभव के सामने) निंदा करते थे। तीनों लोकों के नागों, पक्षियों, देवताओं, राक्षसों और ब्रह्मा के बनाये जितने भी जीव थे, उनमें कोई भी ऐसा न था जिससे श्रीरामचन्द्रजी प्रेम और आदर के साथ न मिले हों॥

Bharata stationed only those of the guardians there who were exemplary of discernment and impeccability. They praised their great good fortune and looked down upon Kubera's title. There was no serpent or bird, god or demon—none in the three worlds fashioned by the Creator—whom Rama did not greet with great affection and respect.

दो. –जुग सहस्र जे बिप्रबर सुन्दर परम प्रबीन।
जानहिं स्रुतिकर मत सकल रहि मख संग अधीन॥३३॥

दो हजार उत्तम ब्राह्मणों को, जो बड़े चतुर और वेद के मत को जानते थे, उस यज्ञ के अधीन किया गया (यज्ञ का कार्य सौंपा गया) ॥३३॥

The services of two thousand supreme Brahmans, skilled in ritual performances and masters of the Vedic injunctions, were requisitioned.

चौ. –मकरमास रितु सिसिर सुहाई। मखमंडप बैठे रघुराई॥
तब बोले गुर बचन सुहाए। आनहु बाजि जो बेद बताए॥१॥

माघ महीने की सुहावनी शिशिर ऋतु में श्रीरामचन्द्रजी यज्ञ-मंडप में बैठे। तब गुरु वसिष्ठजी ने यह सुहावनी बात कही – जैसा कि वेदों ने कहा है, एक उत्तम घोड़ा ले आओ ॥१॥

Rama took his seat in the sacrificial pavilion; it was the pleasant winter month of Magha.[1] Then Visishtha the preceptor spoke in an endearing tone, "Bring an excellent horse in accordance with the injunctions of the Vedas."

लछिमन सुनि गुर बचन अनन्दे। बार बार पदपंकज बन्दे॥
हयसाला सादर चलि आए। बिबिध बिभूषन तेहि पहिराए॥२॥

गुरुजी के वचन सुनकर लक्ष्मणजी प्रसन्न हुए। बार-बार उनके चरणकमलों को नमस्कार कर वे शीघ्र ही अस्तबल में पहुँचे और अनेक प्रकार के आभूषण उस घोड़े को पहनाये ॥२॥

Lakshmana rejoiced when he heard these words of the *guru*. Having repeatedly done homage to his lotus feet, he came at once to the stable and decked that noble horse with many an ornament.

स्वेत बरन सुन्दर स्रुति कारी। रबिहय निदरि मनोज सँवारी॥
जीन जराव न जाय बखाना। चढ़ि रबिरथ आवत जगजाना॥३॥

वह सफेद रंग का घोड़ा था जिसके कान काले थे और जो सूर्य के घोड़ों को भी लज्जित करता था। ऐसा जान पड़ता था मानो उसे कामदेव ने ही बनाया है। उसके जड़ाऊ जीन का वर्णन नहीं हो सकता। संसार को ऐसा जान पड़ा मानो स्वयं सूर्यदेव रथ पर चढ़े हुए आ रहे हैं ॥३॥

It was a white, black-eared horse which put the sun's steeds to shame and seemed to have been fashioned by Kamadeva himself. Studded with gems, its saddle beggared description and it seemed as though the sun-god himself was advancing mounted on his chariot.

माथे मोरपंख मनि लागे। सोइ नभ नखत देव अनुरागे॥
सेवक चारु पाटमय डोरी। दामिनि दमकि निपट अति थोरी॥४॥

माथे पर मणि-जटित मोरपंख शोभायमान था जो आकाश के तारों-जैसा जगमगा रहा था। उसे देखकर देवता प्रसन्न हो गए। सेवक के हाथ में उत्तम रेशम की डोरी भी जिसके सामने बिजली की चमक भी अत्यन्त तुच्छ दीखती थी ॥४॥

1. *Magha* : Januaray-February.

On its head shone resplendent its glossy peacock feather set with jewels of dazzling brilliance like that of stars; the gods were filled with gladness when they saw it. The splendid silk string in the hand of the attendant outshone the sparkling glitter of lightning flashes.

दो. –साठि सहस दस बीर बर रामानुज रनधीर।
मध्य ताहि आनेउ तहाँ जहाँ राम रघुबीर ॥३४॥

रणधीर लक्ष्मणजी साठ हजार और दस बड़े वीर योद्धाओं के बीच उस (सुन्दर श्यामकर्ण) घोड़े को श्रीरामचन्द्रजी के पास लाये ॥३४॥

Lakshmana, who was resolute in battle, brought that black-eared horse to Rama in the midst of sixty thousand and ten stalwart warriors.

चौ. –पूजेउ प्रभु हय जगजय हेतू। जस कछु कहेउ गाधिकुलकेतू ॥
दीन्हि बिबिध बिधि दान अनेका। लिखेउ पत्र सो कर अभिषेका ॥

विश्वामित्रजी के कथनानुसार विश्व-विजय के लिए प्रभु ने घोड़े का पूजन किया, अनेक प्रकार के दान किये और घोड़े का अभिषेक करके एक पत्र लिखा – ॥१॥

Acting on Vishvamitra's instructions, the Lord adored the horse for the conquest of the world and gave alms to the beggars and after consecrating the sacrificial animal, wrote a letter:

एक बीर कोसलपुर माहीं। अरिदलदलन सुरेस सकाहीं ॥
जेलि बस होइ गहै सोइ बाजी। दंड देहु बन जाहु कि भाजी ॥२॥

अयोध्यापुरी में एक वीर शत्रुओं की सेना का नाश करनेवाला है, जिससे इन्द्र भी डरते हैं। जिसमें बल हो वह इस घोड़े को पकड़े या कर दे, नहीं तो वन को भाग जाये ॥२॥

"A champion of the city of Ayodhya, of whom even Indra is afraid, is intent upon destroying the enemy hosts. Let him who is capable either hold this horse captive, pay tribute or, failing, flee to the forest.

लिखि बाँधेउ हय सीस सँभारी। येह सुनि बचन चले मुनिचारी ॥
भार्गव आदि सकल मुनि संगा। रहे जहाँ रघुवंशपतंगा ॥३॥

ऐसा लिखकर घोड़े के मस्तक पर सँभालकर बाँध दिया। यह बात सुनकर बहुत-से मुनि चले। भार्गव आदि सब मुनि इकट्ठे होकर रघुकुल के सूर्य श्रीरामचन्द्रजी के पास आये ॥३॥

Having written it, he fastened the letter securely to the head of the horse. When they heard of it, hosts of sages went forth. Bhargava and all other seers came in company to Rama, the sun of the house of Raghu.

कथा सकल लवनासुर केरी। मुनिन त्रास जिन दीन्ह घनेरी ॥
सुनि रिषि बचन नयन जल छाए। बहुरि राम निज त्रोन मँगाए ॥४॥

उन्होंने लवणासुर की सब कथा कही, जिसने मुनियों को बहुत दुःख दिया था। ऋषियों के वचन सुनकर श्रीरामचन्द्रजी के नेत्रों में जल भर आया। उन्होंने तुरंत अपना तरकश मँगवाया ॥४॥

They told him in detail the whole story of the demon Lavana, who had caused the sages sore affliction. Upon hearing the words of the seers, tears welled up in Rama's eyes and he called at once for his quiver,

दो. –दीन्हे रिपुसूदनहि सोइ बान अमोघ कराल।
मंत्र मोर पढ़ि ताहि हति जीतहु सकल भुआल ॥३५॥

(और) उसमें से वही बाण शत्रुघ्नजी को दिया जो अमोघ और तीक्ष्ण था (निष्फल न होनेवाला था)। फिर कहा – मेरा मंत्र पढ़कर लवणासुर को मारना एवं सब राजाओं को पराजित करना ॥३५॥

and taking from it a shaft, unfailing and keen, gave it to Shatrughna and said, "Inwardly dwelling on my mystic spell, slay the demon and vanquish all those kings who offer resistance."

चौ. –बहुरि बिभीषन राम बुलाये। सादर आये माथ तिन्ह नाये ॥
लवनासुर के चरित अपारा। पूछेउ दिनमनिबंस उदारा ॥१॥

फिर श्रीरामजी ने विभीषण को बुलाया। उन्होंने आकर आदरपूर्वक सिर नवाया। सूर्यवंश में उदार श्रीरामचन्द्रजी ने उनसे लवणासुर का सब चरित्र पूछा ॥१॥

Then Rama summoned Vibhishana, who came and bowed his head in homage. Then Rama, the magnanimous Lord of the Solar race, asked who the demon Lavana was.

कर जुग जोरि निसाचरनाहा। सत्य कहौं अब सुनु अवगाहा ॥
भगिनि बिमात्र नाथ सोइ मोरी। कुंभनिसा तेहि नाम बहोरी ॥२॥

निशाचरों के राजा विभीषण ने दोनों हाथ जोड़कर कहा – हे भगवन्! सब सत्य कहता हूँ, सुनिए। हे नाथ! मेरी एक सौतेली बहन थी जिसका नाम कुंभनिशा था ॥२॥

Vibhishana, the king of the rangers of the night, folded his hands in reverence and said, "Listen, O Blessed Lord, what I am saying is all true. I had, Lord, a half-sister named Kumbhanisha.

मधु दानव कहँ रावन दीन्ही। बहु बिनती करि तेहि तब लीन्ही ॥
तनय तासु लवनासुर भयेऊ। सिवसेवा सादर मन दयेऊ ॥३॥

मधु दानव से बहुत विनती और नम्रता के साथ रावण ने उसे ब्याह दिया।

उसी का पुत्र लवणासुर हुआ जिसने महादेवजी की नेवा में आदरपूर्वक मन लगाया ॥३॥

With great humility and supplication Ravana married her to the demon Madhu who fathered on her this Lavana, who devoted himself to the worship of Mahadeva (Shiva).

अगम तासु तप संकर जाना । दीन्ह त्रिसूल तव कृपानिधाना ॥
जेहि कर रहै अस्त्र सो भारी । चौदह भुवन जीति सब झारी ॥४॥

हे दयानिधे ! शंकरजी ने उसके अपार तप को देखकर उसे त्रिशूल दिया और कहा कि जिसके हाथ में यह भारी शस्त्र रहेगा, वह चौदहों लोकों में सबको जीत लेगा ॥४॥

When Shankara beheld his interminable penance, O treasure-house of mercy, he gave him a trident and said, 'He whose hands will hold this mighty weapon shall conquer all the fourteen worlds.'

दो. –तेहि बल प्रभु सो नहि गनहि अमर दनुज नर नाग ।
जीति सकल निज बस किए हठ करि पथ सबु लाग ॥३६॥

हे प्रभो ! उसी के बल पर वह देवता, मनुष्य और नाग किसी को भी नहीं गिनता । उसने इन सबको जीतकर अपने वश में कर लिया है और हठपूर्वक सबके पीछे पड़ा रहता है ॥३६॥

On the strength of that weapon, O Lord, he does not count gods and men and serpents for anything. Gaining victory over them all, he has subdued them and is relentless in his pursuit of them."

चौ. –तासु चरित सुनि मन मुसुकाने । रिपुहंतहि बल दै सनमाने ॥
सैन सुभग चतुरंग बनाई । लिये साथ दोउ तनय सुहाई ॥१॥

उसका चरित्र सुनकर श्रीरामजी मन-ही-मन मुसकराये और शत्रुघ्नजी को अपना बल देकर सम्मानित किया । शत्रुघ्नजी ने उत्तम चतुरंगिणी सेना सजायी और अपने दोनों सुन्दर पुत्रों को साथ ले लिया ॥१॥

When he heard his story, Rama smiled to himself and honoured Shatrughna by arming him with his own might. Shatrughna rallied all the four divisions of his formidable army and took his two handsome sons with him.

सुनि प्रभुबचन निसान अपारा । तीनि सहस्र हने इक बारा ॥
धसकै बसुधा कुंजर गाजै । दस सहस्र रथ रविरथ लाजै ॥

प्रभु के मुख से जाने की आज्ञा सुनते ही तीन हजार नगाड़े एक साथ बजाये गए । हाथियों की चिंघाड़ से पृथ्वी धसकने लगी । दस हजार ऐसे रथ सजाये गए जो सूर्य के रथ को भी लज्जित करते थे ॥२॥

As soon as the Lord bade the army march forth, three thousand kettledrums sounded at once and the elephants trumpeted so loud that earth sank. Ten thousand of such chariots were got ready that put to shame the chariots of the sun.

पूरेउ संख चलेउ दल साजी । अमित अकास दुंदुभी बाजी ॥
पुर बाहेर सब अनी सँभारी । तनय जुगुल लखि परम सुखारी ॥३॥

जिस समय शत्रुघ्नजी सेना सजाकर और शंख बजाकर चले, उस समय आकाश में बहुत-से नगाड़े बजने लगे । शत्रुघ्नजी ने नगर के बाहर सब सेना सजाकर खड़ी की और उसमें अपने दोनों पुत्रों को देखकर वे बहुत प्रसन्न हुए ॥३॥

When Shatrughna sallied forth with his army fully equipped and a clamour of conches, many a kettledrum made loud music in the sky. Outside the city Shatrughna rallied his forces, all ready for the fray, and was delighted to behold his sons there.

द्वादस दिवस बीति मग माहीं । पहुँचे जाय जमुनतट पाहीं ॥
दिन प्रति दान देहिं बहु भाँती । प्रभुपद पूजहिं दिन अरु राती ॥४॥

जब रास्ते में बारह दिन बीत गए तब वे यमुना के किनारे पहुँचे । वे प्रतिदिन अनेक प्रकार के दान देते और रात-दिन प्रभु के चरणों की पूजा करते थे ॥४॥

Having spent twelve days on the way, he reached the bank of Yamuna; every day he would offer alms of every kind and day and night would do devout homage to the Lord's feet.

दो. –रबितनया मज्जन कियो सादर पूजि पुरारि ॥
चलेउ सत्रुसूदन सुमिरि साहब राम खरारि ॥३७॥

यमुना में स्नान करने के अनंतर शत्रुघ्नजी ने आदरपूर्वक शिवजी का पूजन किया और फिर वे अपने स्वामी (खर-दूषण के शत्रु) श्रीरघुनाथजी का स्मरण कर चले ॥३७॥

When he had bathed in the Yamuna, Shatrughna reverently worshipped Shiva and then set out, inwardly dwelling on his lord Raghunatha, the chastiser of Khara and Dushana.

चौ. –चमू चपल अति सुभट जुझारा । घेरेउ नगर बीर बरियारा ॥
बिपुल निसान हने तेहि काला । सुनि निसिचरपति गर्व बिसाला ॥१॥

चपल सेना और पराक्रमी योद्धाओं ने जाकर वीर लवणासुर के नगर को घेर लिया । उस समय अनेक नगाड़े बजने लगे, जिन्हें सुनकर निशाचरों के राजा लवणासुर को बड़ा अभिमान हुआ ॥१॥

Then marched forth the restless army and the valorous warriors and beleaguered the demon Lavana's city. When at that moment the drums began to beat loud, Lavanasura, the king of demons, was filled with overweening vanity.

साठि सहस वर सूर जुझारा। लवनासुर सँग अनी अपारा॥
सुभट प्रचारत गर्जत आवा। देखि कटकु निज अति सुखु पावा॥२॥

लवणासुर की अपार सेना में साठ हजार जुझाऊ योद्धा थे। वह अपने वीरों को ललकारता और गर्जन करता हुआ आया और अपनी सेना को देखकर बहुत प्रसन्न हुआ॥२॥

There were sixty thousand valiant warriors in Lavanasura's army of innumerable demons. Shouting defiance and roaring aloud, he came and was delighted to see his troops.

मारहु खावहु नृप धरि बाँधहु। जेहि जय होय जतन सोइ साधहु॥
अस कहि सनमुख सेन चलाई। जनु कज्जल गिरि आँधी आई॥३॥

(वह कहने लगा —) मारो, खाओ और राजा को पकड़कर बाँध लो। जिस प्रकार भी हमारी जय हो, वही यत्न करो। ऐसा कहकर उसने सेना को सामने चलाया, मानो काजल की आँधी चली हो॥३॥

"Slay them," he cried, "and devour them and seize the king and bind him; do what you can to win victory." Thus speaking, he brought his army forward as if he had let loose a storm of soot.

मारू राग सुनहिं भट गाजहिं। बिपुल बाजने दुहुँ दिसि बाजहिं॥
निज प्रभु कहि जय जोरी जानी। हरषि भिरे भट हठ मन ठानी॥४॥

मारू राग को सुनकर योद्धा गरजने लगे और दोनों ओर (युद्ध के) अनेक बाजे बजने लगे। अपने-अपने स्वामी की जय बोलकर और अपने समान योद्धाओं को चुनकर दोनों ओर के वीर आनन्द में भरकर जूझने लगे॥४॥

When they heard the martial strain sounding, the warriors began to roar, and on both sides many a martial instrument played. Shouting victory to his lord, each champion in the two camps chose his match and joyfully closed.

छं. —हठ ठानि प्रबल प्रबीन जे असि भिरे रिपु अति प्रबल से।
एक मल्लजुद्ध सराहि रोकहिं एकु एकहि कर खसे॥
सर सक्ति तोमर सूल परसु कृपान सूर चलावहीं।
कर चरन सिर हति तीर धारहिं भूमि जान न पावहीं॥१॥

तलवार चलाने में निपुण योद्धा बलशाली शत्रुओं से हठ ठानकर भिड़ गए। कुछ योद्धा मल्लयुद्ध की प्रशंसा कर एक-दूसरे का हाथ पकड़कर रोकते हैं और कुछ बाण, शक्ति, बरछा, त्रिशूल, फरसे और तलवार चलाते है। वे हाथ, पैर, सिर काट-काटकर बाण ही पर रोकते हैं, (उन्हें) पृथ्वी पर गिरने नहीं देते॥१॥

Heroes skilled in the swordsman's art grappled furiously with their mighty foes. While some of the combatants, who loved to close and wrestle, grasped one another's hand and prevented the enemy from striking, others hurled down lances and pikes, tridents, axes and swords, followed by a shower of arrows, which so severed the enemy's hands, feet and heads that they could not fall to earth.

भट गिरहिं पुनि उठि भिरहिं पुनि पुनि करहिं माया अति घनी।
प्रभुतनय सुन्दर बीर बाँके हनहिं रिपु निसिचर अनी॥
देखहिं परसपर जुद्धकौतुक सुभट एकहिं एक हनैं।
सजि कोटि रथ सुर आय नभपथ सुमन झरि जय जय भनैं॥२॥

योद्धा गिरते हैं, फिर उठकर लड़ने लगते हैं और बारंबार बड़ी माया करते हैं। शत्रुघ्नजी के बलवान् बाँके पुत्र राक्षसों की बड़ी सेना का संहार करते हैं और (उधर) योद्धा आपस में युद्ध का तमाशा देखते हुए एक-दूसरे को मारते हैं। देवगण सजे हुए करोड़ों रथों पर बैठकर आये और आकाशमार्ग से पुष्पवृष्टि करते हुए जयजयकार करने लगे॥२॥

Warriors fall to the ground, get up again and fight, and repeatedly put forth their magic power. The valorous and gallant sons of Shatrughna rout the huge demon host even while the combatants watch the gory spectacle or smite one another. The gods came mounted on myriads of chariots all beautifully decorated, and showering down blossoms from the sky, cried, "Victory ! Victory !"

दो. —बिचलित अनी बिलोकि निज लवनासुर बरिबंड।
संग तनय मातंग भट दूसर केतु अखंड॥३८॥

अपनी सेना को भागते देखकर बलवान् लवणासुर वीर मतंग और अखंडकेतु नामक पुत्रों को अपने साथ लेकर आया॥३८॥

Seeing that his army was turning tail, the mighty Lavanasura brought with him his sons, the valorous Matanga and Akhandaketu.

चौ. —अरिसुत जेठ सुबाहु बिसाला। भिरयो मतंगहि जनु दुइ काला॥
जूपकेतु अरु केतु प्रचारी। लरहिं सुखेन न मानहिं हारी॥१॥

शत्रुघ्नजी के बड़े पुत्र सुबाहु के साथ मतंग काल के समान लड़ने लगा (ऐसा जान पड़ा मानो दो काल लड़ रहे हों)। दूसरे पुत्र यूपकेतु और केतु एक-दूसरे को ललकार सुखपूर्वक लड़ते हैं, किन्तु हार नहीं मानते॥१॥

Matanga fought with Subahu, Shatrughna's elder son, like Death himself. Yupaketu, the younger son, and Ketu fought hopefully with one another, shouting defiance, and refused to admit defeat.

लवनासुर रिपुहन बल भारी। कौतुक करहिं पचारि पचारी॥
अनी समूह जानि निज जोरी। अस्त्र सस्त्र गहि भिरे बहोरी॥२॥

लवणासुर और शत्रुघ्नजी इन महा बलवानों को ललकार-ललकारकर कौतुक करने लगे। सेना के सब योद्धा अस्त्र-शस्त्र लेकर अपनी-अपनी जोड़ी से लड़ने लगे ॥२॥

By repeatedly inciting these mighty warriors, Lavanasura and Shatrughna began to make sport on the field of battle. All the warriors in the army joined in close combat, their weapons in hand, one champion equally matched with another.

बिषम जुद्ध लखि देव सकाने। पूछा सुरगुरु कहि मुसुकाने ॥
जनि जिय सोच अमरपति करहू। रामप्रताप सुमिरि उर धरहू ॥३॥

इस भयंकर युद्ध को देखकर देवता डर गए और बृहस्पतिजी से पूछने लगे कि किसकी विजय होगी। बृहस्पतिजी ने हँसकर कहा कि हे इन्द्र ! मन में सोच मत करो; हृदय में श्रीरामचन्द्रजी के प्रताप का स्मरण करो ॥३॥

When fear gripped the gods on seeing this awesome battle, they asked Brihaspati who the victor would be. Brihaspati laughed and said, "You need have no anxiety in your heart, O Indra; just fix your thoughts on the power of the Lord."

जूपकेतु करि कोप अपारा। रिपुकेतु मारि खंड महि डारा ॥
इहाँ सुबाहु मतंगहि मारी। कर पद काटि अवनि महँ डारी ॥४॥

अत्यन्त क्रुद्ध हो यूपकेतु ने रिपुकेतु को मारकर पृथ्वी पर गिरा दिया। इधर सुबाहु ने भी मतंगा को मार डाला और हाथ-पैर काटकर उसे पृथ्वी पर डाल दिया ॥४॥

Seething with anger, Yupaketu struck Ripuketu and felled him to the ground. On the other side Subahu overthrew Matanga, and striking down his arms and feet, made him bite the dust.

छं. –महि डारि कर पद सीस आतुर त्रोन सर प्रबिसत भए।
रबिबंस के अवतंस दोउ महि समर महँ सोभित भए ॥
सुनि मरन जुग सुत बिकल निसिचर भूमि पर घुर्मित गिर्‍यो।
पुनि जागि सूल सँभारि प्रभु के समर सनमुख सो भिर्‍यो ॥१॥

वे बाण शत्रु के हाथ, पैर और सिर को काटकर फिर शीघ्रता से तरकश में आकर प्रवेश कर गए और सूर्यवंश के भूषण दोनों बालक रणभूमि में शोभित हुए। अपने दोनों पुत्रों का मरना सुनकर लवणासुर व्याकुल हो चकराकर पृथ्वी पर गिर पड़ा। मूर्च्छा टूटने पर वह त्रिशूल सँभालकर युद्ध (-भूमि) में शत्रुघ्नजी के सम्मुख लड़ने लगा ॥१॥

The arrows severed the enemy's arms, feet and head and returned and entered the quiver in a trice, and the two boys, the jewels of the Solar race, looked resplendent on the battlefield. When he heard of the death of his two sons, Lavanasura fell unconscious to the ground. Recovering from his swoon, he rushed out to meet Shatrughna, grasping his trident securely, and flung himself on the foe.

दोउ प्रबल बीर प्रताप निसिचर सेन दुहु दिसि मुरि चली।
सिर बाहु चरन उड़ात नभपथ जोगिनी आनँद भली ॥
बहु रुधिर मज्जन करहिं सादर गुहहिं नरसिरमालिका।
आनंद भरि मन मुदित गावहिं गीत खेचर बालिका ॥२॥

दोनों वीर बहुत बली और प्रतापी थे, इसलिए दोनों ओर की सेनाएँ लौट गईं (लौटकर युद्ध करने लगीं)। सिर, हाथ, पैर, कट-कटकर आकाशमार्ग में उड़ने लगे, जिससे योगिनियों को बड़ी प्रसन्नता हुई। वे उत्साह के साथ रुधिर की नदी में स्नानकर पुरुषों के सिरों की मालाएँ गूथने लगीं और आनन्द में भरकर मुदितमना अप्सराएँ गीत गाने लगीं ॥२॥

The two heroes were immeasurably valiant and powerful; so the two armies returned to the battlefield. Severed, the heads and arms and feet flew through the sky, bringing joy to the witches, who joyfully bathed in the river of blood and began to weave garlands of men's heads even as the nymphs of heaven burst into song with a heart full of joy and a thrill of rapture.

धुनि बढ़हिं संख मृदंग की सुनि सूर हर्ष बढ़ावहीं।
गति लेत नृत्यत प्रेततिय सिरमाल हरषि चढ़ावहीं ॥
कहुँ करत पान प्रमान नर कहुँ भरी सोनित साकिनी।
सब मेद माँस अहार करि नभ मुदित बोलहिं डाकिनी ॥३॥

शंख और मृदंग की ध्वनि बढ़ने लगी, जिसे सुनकर वीर बहुत प्रसन्न होने लगे। प्रेतों की स्त्रियाँ गति के साथ नाचने लगीं और शंकरजी के ऊपर मुंडमालाएँ चढ़ाने लगीं। कहीं शाकिनियाँ योद्धाओं के रुधिर का पान करने लगीं तो कहीं डाकिनियाँ सब चर्बी और मांस का आहार कर आकाश में प्रसन्नता से शब्द करने लगीं ॥३॥

With the sound of conches and drums beginning to swell, the heores were filled with joyous excitement and the wives of the goblins danced about and offered wreaths of skulls to Shankara. While at some places the *shakinis*[1] drank the heroes' blood, at others the *dakinis* partook of their grease and flesh and chattered joyously in the sky.

दो. –मारे रघुबर बीर बहु परे समर रणधीर।
छिन महँ निसिचर बध निरखि अन्तर हैव बलबीर ॥३९॥

1. *shakinis* and *dakinis* : these are said to be the female attendants of Durga; witches.

शत्रुघ्नजी ने अनेक रणधीर वीरों को मार डाला । वे सब युद्धक्षेत्र में गिर पड़े । राक्षसों का मरना देखकर बली लवणासुर क्षणभर में अंतर्धान हो गया ॥३९॥

Many a valiant hero did Shatrughna slay; they all fell dead on the battlefield. When he saw that the demons were dead, the valorous Lavanasura became invisible in a moment.

चौ. –करि छल प्रगटेसि बिबुध बरूथा । अस्त्र सस्त्र गहि सब सुरजूथा ॥
धाए अज अरु सिव सनकादी । जे मुनि अपर रहे स्तुतिवादी ॥१॥

माया करके उसने अस्त्र-शस्त्रधारी देवताओं के अनेक समूह प्रकट किये । ब्रह्मा, शिव, सनकादि तथा अन्य मुनीश्वर, जो वेदों के ज्ञाता थे, आये ॥१॥

Creating an illusion, he brought into view multitudes of gods bearing weapons and missiles. Brahma, Shiva, Sanaka and his brothers, and many other supreme seers, learned in the Vedas, came.

सक्ति सूल असि चर्म सुहाई । गदा परसु धनु बान बनाई ॥
धरु धरु मारु मारु सुर कहहीं । लरहिं न भट बिस्मित ह्वै रहहीं ॥२॥

शक्ति, शूल, तलवार, ढाल, गदा, फरसा और धनुष-बाण लेकर वे देवता 'पकड़ो-पकड़ो', 'मारो-मारो' कहने लगे । यह सुनकर योद्धाओं ने लड़ना बन्द कर दिया और वे चकित होकर (निष्क्रिय) रह गए ॥२॥

Grasping lances and pikes, swords and shields, clubs and axes, bows and arrows, the gods cried, "Seize them ! Seize them ! Kill them ! Kill them ! When they heard it, the combatants ceased fighting and were utterly amazed and confounded.

निसिचर प्रबल भए रघुनाथा । केतिक बीर मलहिं निज हाथा ॥
सेन बिकल लखि नारद आए । समाचार सब कहि समुझाए ॥३॥

जब राक्षस शत्रुघ्नजी की सेना से अधिक प्रबल हो गए तब कितने ही वीर (शत्रुघ्नजी की ओर के) अपने हाथ मलने लगे । सेना को व्याकुल देखकर नारदजी आए । उन्होंने सब समाचार समझाकर कहा (कि यह राक्षस की माया है) ॥३॥

When Shatrughna's troops were outmanoeuvred by the demons, many of his heroes were seriously disquieted. When he saw the army fleeing in confusion, Narada appeared and comforted them, saying that it was a demonic illusion.

रिपुसूदन प्रभु बिसिख सँभारी । जोरि धनुष सुमिरे त्रिपुरारी ॥
जिमि तम अँचै तरनि गो सोई । समर अमर नहि देखिय कोई ॥४॥

शत्रुघ्नजी ने महादेवजी का स्मरणकर सावधानी से श्रीरामचन्द्रजी का दिया हुआ बाण धनुष पर चढ़ाया । जिस प्रकार सूर्य के निकट गये हुए अंधकार को सूर्य पी लेता है (नष्ट कर देता है), उसी प्रकार युद्ध में (राक्षसी माया का) कोई भी देवता दिखाई नहीं पड़ता ॥४॥

Fixing his thoughts on Mahadeva, Shatrughna carefully fitted Rama's arrow to the bow; just as the sun sucks up and dispels all the darkness that comes near it, so did the shaft destroy all the phantom gods.

दो. –मंत्र प्रेरि चल कोटि सर रह जहँ तहँ नभ छाय ।
मनहुँ बलाहक प्रबल बहु मारुत देखि बिलाय ॥४०॥

जब शत्रुघ्नजी ने मंत्र पढ़कर बाण चलाया तब करोड़ों बाण निकलकर आकाश में इधर-उधर छा गए (और माया का वैसे ही नाश हो गया) जैसे हवा के झोकों से प्रबल बादलों का नाश हो जाता है ॥४०॥

When Shatrughna intoned a spell and shot forth the arrow, myriads of shafts flew on at once and covered all the quarters of the sky. Thus the illusion was completely dispelled, just as massed clouds are dispersed by a mighty wind.

चौ. –सुरसमाज कतहूँ नहि देखा । चलेउ सुबाहु काल जनु भेखा ॥
खल सँभारु गहु सूल सुरारी । अस कहि गदा कोपि उर मारी ॥१॥

जब सुबाहु ने देवताओं का समूह कहीं नहीं देखा तब वह काल के समान चला और बोला – अरे दुष्ट ! देवताओं का शत्रु ! त्रिशुल को सँभालकर पकड़ । ऐसा कहकर क्रुद्ध हो सुबाहु ने उसके हृदय पर गदा का प्रहार किया ॥१॥

When Subahu did not see the phantom gods, he rushed furiously forth like Death and cried, "You vile creature, enemy of the gods ! Hold the trident fast." So saying, he waxed furious and struck him with his club in the chest.

सहि न सकेउ सो तेज अपारा । मूर्छित अवनि परेउ बिकरारा ॥
निज पति बिकल देखि भट भारी । धाए बहु कर सस्त्र सँभारी ॥२॥

उस गदा की कठिन चोट को वह न सह सका और व्याकुल तथा मूर्च्छित होकर पृथ्वी पर गिर पड़ा । अपने स्वामी को व्याकुल देखकर सब योद्धा हाथ में बहुत-से शस्त्र लेकर दौड़े ॥२॥

Smitten by this violent blow which he was unable to endure, he fell helpless and unconscious to the ground. When they saw their master so disquieted, the warriors grasped their numerous weapons and rushed out.

कैटभ नाम बीर बलवाना । मुरुछित लवनासुर मनु जाना ॥
तीन सहस्र लिये रन गाढ़े । आइ सुबाहु सामुहे ठाढ़े ॥३॥

कैटभ नामक एक वीर राक्षस अपने मन में लवणासुर को मूर्च्छित समझकर

लड़ने में निपुण तीन हजार योद्धाओं को साथ लेकर सुबाहु के सामने (युद्ध करने के लिए) आ खड़ा हुआ ॥३॥

Perceiving that Lavanasura was lying unconscious, a brave demon called Kaitabha appeared before Subahu with three thousand warriors, all skilled in warfare.

कटुक बचन कहि छाँड़ेसि बाना । काटे प्रभुसुत तीव्र कृपाना ॥
तब खिसियान सूल लै धावा । यूपकेतु के सनमुख आवा ॥४॥

वह कटु वचन कहकर बाण छोड़ने लगा । उन बाणों को शत्रुघ्नकुमार सुबाहु ने तीक्ष्ण तलवार से काट डाला । तब वह राक्षस खिसियाकर त्रिशूल लेकर दौड़ा और यूपकेतु के सामने आया ॥४॥

Uttering bitter insults, he began to shoot his arrows, but Shatrughna's son cleft those shafts with his sharp sword, whereupon the demon rushed forth in impotent rage, trident in hand, and came before Yupaketu.

सो. –मारिसि हृदयँ सँभारि गिरे जपत करुनायतन ।
मूरछित बेर पुकारि रामचन्द्र दिनमनितिलक ॥४१॥

(और) उस त्रिशूल को सँभालकर (निशाना साधकर) यूपकेतु की छाती में मारा, जिससे वे दयानिधान सूर्यवंशशिरोमणि श्रीरामचन्द्रजी का स्मरण करते हुए मूर्च्छित हो गए ॥४१॥

He aimed and launched at Yupaketu's chest his trident so that he fell unconscious with his thoughts fixed on Rama, the abode grace, the jewel of the Solar race.

चौ. –मूरुछित बंधु सुबाहु बिलोकी । भै रिस अमित रहै नहि रोकी ॥
कठिन बान करि क्रोध अपारा । छाँड़ेउ तीनि सहस इक बारा ॥१॥

अपने भाई को मूर्च्छित देखकर सुबाहु बहुत क्रुद्ध हुए । उनका क्रोध रोके नहीं रुकता था । उन्होंने अपार क्रोध करके तीन हजार भयंकर बाण एक ही साथ छोड़े ॥१॥

Seeing his brother stunned, Subahu waxed so furious that for all his effort, he could not restrain his wrath. In burning rage he shot forth three thousand dread arrows all at once.

ताहि बिकल करि अनुज समीपा । आतुर आए तब निज कुलदीपा ॥
लाग्यो बान तासु उर माहीं । पर्‍यो अवनितल सुधि कछु नाहीं ॥२॥

राक्षस को व्याकुल करके अपने कुल के दीपक (सुबाहु) छोटे भाई यूपकेतु के पास तुरत आये । राक्षस के हृदय में ऐसे बाण लगे कि वह पृथ्वी पर गिर पड़ा और उसे अपनी कुछ भी सुध न रही ॥२॥

Having thus disquieted the demon, Subahu, that blazing splendour of his house, came at once to Yupaketu, his younger brother. His arrows so struck the demon in his heart that he fell unconscious to the ground.

खैंचि सूल उर बाहर कीन्हा । रामनाम बर औषधि दीन्हा ॥
उठि सुचि अंग अनुज के संगा । लीन्ह बिहँसि धनु बान निषंगा ॥३॥

सुबाहु ने युपकेतु के हृदय से त्रिशुल खींचकर बाहर किया और रामनाम की श्रेष्ठ औषधि दी । (रामनाम सुनते ही) उनका शरीर पवित्र हो गया और वे उठकर धनुष-बाण तथा तरकश लेकर भाई के साथ हँसते हुए चल दिए ॥३॥

Having drawn out the trident from Yupaketu's heart, Subahu applied the excellent remedy of Rama's name. Hallowed forthwith by hearing this (sacred) name, he got up and joyfully marched forth with his brother, his bow, arrow and quiver in hand.

आय समर महँ सुभट प्रचारे । बानन बिपुल देवअरि मारे ॥
मूरुछागत कैटभ बलवाना । तेहि चढ़ाय रथ तुरत सिधाना ॥४॥

युद्धभूमि में आकर उन्होंने योद्धाओं को ललकारा और बाणों से देवताओं के अनेक शत्रुओं को मारा । बलवान् कैटभ को मूर्च्छित देख लवणासुर उसे रथ पर चढ़ाकर शीघ्र ले गया ॥४॥

Coming to the battlefield, he challenged the demon warriors and killed with his arrows many of the gods' enemies. Seeing the brave Kaitabha writhing unconscious, Lavanasura threw him on to his chariot and brought him swiftly away.

दो. –करि उपाय रथ राखि तेहि भवन पठै रनधीर ।
आय समर गर्जत भयउ संग महा बलबीर ॥४२॥

रथ में चढ़ाकर लवणासुर ने उस योद्धा को बड़े यत्न के साथ घर भेज दिया और बड़े पराक्रमी योद्धाओं को साथ लेकर वह रणभूमि में गरजने लगा ॥४२॥

With great effort Lavanasura seated the warrior in his chariot and sent him home. Then, accompanied by so many stalwart champions, he began to roar on the field of battle.

चौ. –जागेउ कैटभ पुनि घर जाई । आयउ कुमक संग निज भाई ॥
सुरबैरी तेहि काल सकाई । हारेउ समर सुनहु खगराई ॥१॥

घर जाकर कैटभ मूर्च्छा से जागा और अपने भाई की कुमक (सेना) को साथ लेकर आया । वह इतना बलशाली था कि उससे काल भी डरता था । हे गरुड़ ! सुनिए, वह भी इस लड़ाई में हार गया ॥१॥

Once at home, Kaitabha recovered consciousness and rushed back with his brother's troops to fight. Listen, O Garuda; though he was so valiant a warrior that even Death was afraid of him, he was utterly vanquished in this battle.

जानेउ कैटभ जाम्यक आवा। समर धीर नहि चलै चलावा ॥
नायउ माथ आनि कर जोरी। तात समर रुचि पूजेउ मोरी ॥२॥

कैटभ ने जाना कि जाम्यक आया, जो समर में धीर और अचल है। आकर कैटभ ने हाथ जोड़कर सिर झुकाया और कहा – हे तात ! आज युद्ध में मेरी इच्छा पूरी हुई ॥२॥

When Kaitabha learnt that Jamyaka, a resolute and steadfast warrior, had arrived, he came and with folded hands bowed his head, saying, "In the battle today, brother, my wish has come true.

रावनरिपु लघु भ्राता जानू। तनय तासु बलशील निधानू ॥
कोटिन सूर समर हम मारे। बालक नृपति निरखि हिय हारे ॥३॥

रावण के शत्रु श्रीरामजी के छोटे भाई के जो दोनों पुत्र हैं, वे बल और शील की खान हैं। मैंने युद्धभूमि में करोड़ों वीर मारे हैं, किन्तु राजा के उन बालकों को देखकर मेरा धीरज जाता रहा ॥३॥

The two nephews of Rama, foe of Ravana, are the treasure-house of might and modesty. I have slain myriads of champions on the battlefield, but when I saw those boys, my heart failed me."

रिपुबल सुनि करि उर अति दापू। कहेउ करउ जनि हृदय बिलापू ॥
रवितनया महँ सैनहि डारौं। तनय अनुज समेत रिपु मारौं ॥४॥

(तब जाम्यक) शत्रु की प्रशंसा सुनकर और हृदय में बड़ा अहंकार कर बोला – तुम अपने मन में दुःख मत मानो। मैं सेना को यमुना में डाल दूँगा और भाई तथा पुत्रसहित वैरी को मार डालूँगा ॥४॥

After listening to the enemy's praises, Jamyaka said, swollen with conceit: "Put sorrow and fear away; I'll cast the enemy hosts into the Yamuna and kill the foe, the brother, the brother's sons and all.

छं. –रिपुअनुज मारउँ सैन जमुनहि डारि नृपसिर नावऊँ।
तजि सोच सैन सँभारि चलु भट बेगि जो अरि पावऊँ ॥
दोउ मत्त गर्ब बिसाल निसिचर आय रन गर्जत भये।
इत यूपकेतु सुबाहु सर धनु हाथ लै आतुर गये ॥१॥

शत्रुघ्न को मारकर और सेना को यमुना में डालकर राजा को सिर नवाऊँगा। वह चिन्ता छोड़ सेना को सँभालकर शीघ्रता के साथ शत्रुओं के पास आया। दोनों बड़े अभिमानी और मतवाले राक्षस आकर लड़ाई में गरजने लगे। इधर यूपकेतु और सुबाहु हाथ में धनुष-बाण लेकर शीघ्रता से आ गए ॥१॥

After slaying Shatrughna and casting his troops into the Yamuna, I will bow my head before the king." Abandoning all misgivings and mustering up his forces, he strode swiftly to where the enemy troops were. The two demons, maddened by their arrogance, began to roar on the battlefield, while Yupaketu and Subahu grasped their bows and arrows and arrived, striding swiftly.

भट भिरे निज निज जयति कहि निज जानि जोरी समर की।
सिर कटत खंडत चरन जोगिन खात बालक बालकी ॥
हठि गीध जंबुक काग सोनित पियहिं अति सुखु पावहीं।
बहु दान देहिं अनेक बिधि मन बिहँसि मंगल गावहीं ॥२॥

दोनों ओर के योद्धा अपनी-अपनी जय कहकर और अपनी जोड़ी जान (चुन) कर युद्ध करने लगे। सिर और पैर कट-कटकर गिरने लगे, जिन्हें योगिनियों के लड़के और लड़कियाँ खाने लगीं। गिद्ध, गीदड़, कौए, रुधिर पीते और अत्यन्त सुख का अनुभव करते हैं। वे तरह-तरह से रुधिर का दान करते और हँसते हुए मंगल (गीत) गाते हैं ॥२॥

Shouting victory to himself, each champion on both sides chose his match and closed. Heads and feet began to fall, severed one after another, and to be devoured by the sons and daughters of the witches. Vultures, jackals and crows drank blood and were utterly delighted. They offered blood in charity and laughed and sang auspicious lays.

दो. –भिरे सूर सहरोष अति फिरे सकाने कूर।
लागे लोहे हठि रहे समर बीर बलपूर ॥४३॥

दोनों ओर के वीर क्रोधपूर्वक लड़ने लगे, किन्तु कायर लोग भाग गए। लोहा बजने लगा और जो वीर तथा बलशाली थे, वे युद्धभूमि में डटे रहे ॥४३॥

The champions on both sides began to fight, waxing fiercely wroth, but the cowards took to their heels. Their swords clashed, and the valorous and brawny stood unshaken on the battlefield.

चौ. –कहहिं सूर किमि होत न ठाढ़े। फिरहिं लजाय क्रोध करि गाढ़े ॥
फिरे प्रचारि सुभट समुदाई। भयो युद्ध तेहि बरनि न जाई ॥१॥

(भागे हुए वीरों से) योद्धा कहते हैं कि तुम खड़े क्यों नहीं रहते ? तब वे अत्यन्त लज्जित हो मन में क्रोध बढ़ाकर लौट पड़ते हैं। योद्धाओं के झुंड ललकारकर लड़ने लगते हैं। तब ऐसा घमासान युद्ध हुआ जिसका वर्णन नहीं हो सकता ॥१॥

"Why don't you stay where you are ?" cried the warriors, whereupon they returned shamefaced and beside themselves with rage. Multitudes of warriors shouted defiance and came to grips with the enemy. Then the battle swelled unspeakably fierce.

बरषहिं समर सूर सर कैसें । प्राबिट समय जलद जल जैसें ॥
हयपग उठे धूरि नभ छाई । भयउ प्रदोष मनहुँ निसि आई ॥२॥

योद्धा बाणों की ऐसी झड़ी लगा रहे हैं जैसे वर्षा ऋतु में बादल जल की वर्षा करते हैं । घोड़ों की टापों से उड़कर धूल आकाश में छा गई और अँधेरा हो गया, मानो रात आ गई ॥२॥

Warriors shot forth arrows that fell in ceaseless showers like drops of pelting rain. Dust rose from the horses' hooves and blanketed the heavens, causing darkness as though the night had fallen.

समरखेत रिपु प्रबल चलाए । प्रभु समीप सादर सुत आए ॥
देखि तनयबल बिपुल बिसाला । रिपुहन हरष ननुज सुर ब्याला ॥३॥

युद्ध में शत्रुओं का प्रबल दल भाग चला और शत्रुघ्नजी के दोनों पुत्र (अपने पिता के पास) आदरपूर्वक आये । उन बालकों के अपार बल को देखकर शत्रुघ्नजी, देवताओं और नागों को प्रसन्नता हुई ॥३॥

The formidable demon hosts ran away from the battle (in panic), and the two sons of Shatrughna came and courteously joined their father. Seeing the indomitable strength of his sons, Shatrughna, no less than the gods and the serpents, was delighted.

जातुधान बल बुद्धि गँवाई । निज पुर गए पराजय पाई ॥
निसि निसिचर सब बात बिचारी । होत प्रात पुनि लागु गुहारी ॥४॥

बल और बुद्धि गवाँकर तथा पराजित हो राक्षसगण अपने नगर को चले गए । रात में वे (राक्षस) सब बातों को समझकर सबेरा होते ही फिर युद्ध करने को चले ॥४॥

Robbed of such might and wits as they possessed and utterly routed, the demons retreated to the city (in disgrace). Having examined the issue thoroughly at night, they rushed into battle once again at daybreak.

दो. –साजि बाजि गज बाहनहिं गह गह हने निसान ।
आयो समर सकोप अति लवनासुर बलवान ॥४४॥

हाथी, घोड़े और सवारियों को सजाकर तथा युद्ध के बाजों को बजाकर बलवान् लवणासुर स्वयं लड़ने को आया ॥४४॥

Having decked the horses, elephants and carriages and sounded martial music, the mighty Lavanasura himself reached the front with a heart bent on war.

चौ. –सिवहि सुमिरि लै सूल बिसाला । रिपुदल परेउ मनहुँ जम काला ॥
छनक माहिं मारेसि बहु जोधा । चले सकोप अनुज करि क्रोधा ॥१॥

शिवजी का स्मरणकर और विशाल त्रिशूल उठाकर वह शत्रुदल पर ऐसा झपटा मानो साक्षात् कालरूप यमराज हो । क्षणभर में उसने बहुत-से योद्धाओं को मार डाला और शत्रुघ्नजी की ओर क्रोध करके चला ॥१॥

Inwardly dwelling on Shiva and raising a huge trident, he flung himself, fierce as the god of death, upon the enemy troops. He slew many of the warriors in an instant and, enraged, dashed out after Shatrughna.

आवत सूल हनेसि प्रभु छाती । घुर्मित धरनि परेउ अरिघाती ॥
मूरुछित देखि खंग लै धावा । निरखि सुबाहु क्रोध उर छावा ॥२॥

उसने आते ही शत्रुघ्नजी की छाती में त्रिशूल मारा जिससे वे चक्कर खाकर धरती पर गिर पड़े । उन्हें मूर्च्छित देखकर वह तलवार लेकर दौड़ा । यह देखकर सुबाहु के मन में क्रोध छा गया ॥२॥

Forthwith he smote Shatrughna full in the breast with his trident so that he whirled about and fell fainting to the ground. Seeing him insensible, he rushed out with his sword, whereupon Subahu was seized with great fury.

प्रबल गदा रथ सारथि भंजेउ । बिंहसि महाबल रिपुदल गंजेउ ॥
रथबिहीन ब्याकुल मनमाहीं । मूरुछित अवनि परेउ सुधि नाहीं ॥३॥

सुबाहु ने अपनी विशाल गदा से लवणासुर के रथ को तोड़कर सारथी को मार डाला । फिर पराक्रमी सुबाहु ने हँसकर शत्रु-सेना को नष्ट कर दिया । मन में व्याकुल होकर रथ-रहित लवणासुर मूर्च्छित हो पृथ्वी पर गिर पड़ा और उसे कुछ भी सुध-बुध न रही ॥३॥

With his mighty club Subahu shattered Lavanasura's chariot and slew his charioteer. Next, that gallant champion laughed and destroyed the enemy hosts. Now in utter confusion and without his chariot, Lavanasura fell insensible to the ground.

पुनि उठि गर्जि सकोप सुरारी । अस्त्र सँभारि क्रोध करि भारी ॥
बिस्मित बिकल देव जब जाने । रामबाण रिपुहन तब आने ॥४॥

फिर देवताओं का शत्रु (लवणासुर) उठकर क्रोध के साथ गरजता हुआ अस्त्र सँभालकर चला । जब शत्रुघ्नजी ने देवताओं को व्याकुल और विस्मित देखा तब उन्होंने श्रीरामजी के दिये हुए बाण को लिया ॥४॥

Then the enemy of the gods arose and, furiously roaring, marched forth with his weapons ready in hand. When Shatrughna saw that the gods were confounded and dazed, he grasped the arrow that Rama had given him.

दो. –सुमिरि अवधपति चरन जुग छाँड़ेउ तीव्र नाराच ।
परेउ अवनितल भिन्न ह्वै ब्याकुल बिकट पिसाच ॥४५॥

अयोध्यापति श्रीरामचन्द्रजी के चरणों का स्मरणकर उन्होंने तीव्र बाण छोड़ा जिससे उस भयानक राक्षस का धड़ सिर से अलग होकर धरती पर गिर पड़ा ॥४५॥

Fixing his thoughts on Rama's lotus feet, he shot forth the keen arrow which so pierced the dreadful demon that his trunk fell to the ground shorn of his head.

चौ. –तासु मरन लखि सब सुरजूथा । चढ़ि बिमान नभ सकल बरूथा ॥
बाजहिं दुंदुभि बरसहिं फूला । आज नाथ बीते सब सूला ॥१॥

उसका मरना देखकर देवताओं के अनेक समूह विमानों पर चढ़कर आकाश में आये और नगाड़े बजाकर फूलों की वर्षा करने लगे और बोले – हे नाथ ! आज हमारे सब दुःख दूर हो गए ॥१॥

Seeing that he was dead, companies of gods mounted their cars and thronged the heavens and beat their drums, raining down flowers and crying, "Today, O Lord, all our woes have ended."

जय जय धुनि सब देव सुकरहीं । बेदमंत्र पढ़ि आसिष बरहीं ॥
जातुधानपति दीन बिलोकी । कैटभ पुनि रिस सकेउ न रोकी ॥२॥

देवता जय-जयकार करने और वेद-मंत्र पढ़कर आशीर्वाद देने लगे । राक्षसों के राजा लवणासुर को मरा हुआ देखकर कैटभ अपने क्रोध को न रोक सका ॥२॥

Raising a cry of triumph, the gods began to intone spells from the Vedas and called down blessings. Seeing that Lavanasura, the king of the demons was dead, Kaitabha could not restrain his anger.

करि किलकार गर्जि अति घोरा । सिला एक मेला बहु जोरा ॥
सर हति सैल सुबाहु प्रचारी । काटी दुष्ट भुजा महि डारी ॥३॥

किलकारी मारकर उसने घोर गर्जना की और बड़े वेग से एक बड़ी शिला चलायी । सुबाहु ने बाण मारकर उस शिला को चूर्ण कर दिया और ललकार कर उस दुष्ट की भुजाएँ काटकर पृथ्वी पर डाल दी ॥३॥

Then shrieking joyfully and roaring aloud, he hurled with full force a huge mountain rock. But Subahu reduced it to pieces with his shaft and, shouting defiance, severed the arms of that wicked demon and threw them on the ground.

बदन पसारि ताहि तकि धावा । बान बेधि महि माथ गिरावा ॥
मरत धरनि करि घोर चिकारा । कठिन कृपान खंड करि डारा ॥४॥

तब वह राक्षस मुँह फैलाकर और सुबाहु को तककर (निशाना साधकर) दौड़ा किन्तु सुबाहु ने बाण मारकर उसका सिर धरती पर गिरा दिया । मरते समय जब वह घोर चीत्कार कर पृथ्वी पर गिरा, तब कुमार ने तलवार से उसके दो टुकड़े कर दिए ॥४॥

Then that demon opened his mouth wide and, taking careful aim, rushed out to meet Subahu, but the latter shot forth an arrow and struck his head to the ground. As he fell down with a fearful shriek, when dying, the prince struck his body with his sword, and cut it in two.

दो. –मारि असुर रघुबंसमनि देवन अति सुख दीन्ह ।
बरसि सुमन आकास तें सुरगन जय जय कीन्ह ॥४६॥

रघुवंशमणि सुबाहु ने कैटभ को मारकर देवताओं को बहुत सुख दिया । देवताओं ने भी आकाश से फूलों की वर्षा कर जय-जयकार किया ॥४६॥

By slaying Kaitabha, Subahu, that jewel of the house of Raghu, brought joy to the gods, who showered down blossoms from the sky and cried, "Glory ! Glory !"

चौ. –बाजहिं निकर निसान सुहाए । जय जय जय करि सुर सब गाए ॥
पढ़हिं बेद मुनि आसिष देहीं । बंदीजन निवछावरि लेहीं ॥१॥

अनेक प्रकार के सुन्दर नगाड़े बजने लगे और सब देवगण जय-जयकार कर गुणगान करने लगे । मुनि वेद पढ़कर आशीर्वाद देने लगे और बंदी जनों को निछावर मिलने लगी ॥१॥

While all kinds of celestial drums thundered and there rose the cry of triumph, all the hosts of gods recited songs of praise. Intoning Vedic spells, the sages gave their glad blessings and the panegyrists received gifts.

दीन्ह दान जो जेहि मन भावा । सुनासीर आतुर चलि आवा ॥
जोरि जुगल कर अति अनुरागे । बोले बचन प्रेमरस पागे ॥२॥

जिसके मन को जो अच्छा लगा, उसे वही दान किया । उस समय इन्द्र भी शीघ्रता से वहाँ आ पहुँचे । दोनों हाथ जोड़कर प्रसन्नतापूर्वक प्रेमरस में पगे वचन कहने लगे ॥२॥

Each received the gift he most desired. Indra, too, came there with all haste and the two folded their hands and joyfully uttered words steeped as it were in the quintessence of love.

अस्तुति जोग्य जीभ नहि नाथा । अदितिपुत्र सब कीन्ह सनाथा ॥
सुर सुरपति लखि लघु भाई । कीन्ह प्रनाम माथ महि लाई ॥३॥

हे नाथ ! आपकी स्तुति करने योग्य हमारी जिह्वा नहीं; आपने हम सब अदिति-पुत्रों को सनाथ कर दिया । प्रभु श्रीरामजी के छोटे भाई शत्रुघ्नजी ने देवताओं और इन्द्र को देख पृथ्वी पर माथा धरकर प्रणाम किया ॥३॥

"I, O Lord," said Indra, " do not possess the tongue worthy of hymning your praises; we the sons of

Aditi[1] have now found a protector in you." When he saw Indra, Shatrughna, the Lord's younger brother, prostrated himself before him and did him homage,

तव प्रताप हति खल समुदाई। रामकृपाँ हम जय जग पाई॥
अस्तुति बिनय सक्र बहु कीन्हीं। बार बार अति आसिष दीन्हीं॥४॥

(और कहा—) आपके ही प्रताप से हमने सब दुष्टों को मारकर श्रीरामचन्द्रजी की कृपा से जगत् में जय पाई। फिर इन्द्र ने भी बहुत विनती और स्तुति की और बार-बार अनेकानेक आशीर्वाद दिये॥४॥

saying that if he had slain the wicked and won the day, it was by the power of him and Rama's grace. Upon hearing this, Indra, too, made supplication and, singing his praises, repeatedly showered his blessings on him.

दो.—देवन सहित सुदेवगुरु आए जहँ मखधाम।
समाचार सादर सकल कहे सबनि के नाम॥४७॥

उधर बृहस्पतिजी देवताओं के साथ श्रीरामचन्द्रजी के यज्ञ-मंडप में आये। उन्होंने आदरपूर्वक सब समाचार सुनाये और सबके नाम भी बताये॥४७॥

Accompanied by the gods, their preceptor Brihaspati came to the sacrificial pavilion. Courteously he told them all the tidings and the names of the gods (who had come with him).

चौ.—तहँ जुग नगर रचे अति रूरे। राखे तनय जुगल बलपूरे॥
मथुरा नाम जगत जस जाना। दूसर बिस्व जो बेद बखाना॥१॥

शत्रुघ्नजी ने वहाँ दो बहुत उत्तम नगर बसाए, जिनमें दोनों बलशाली पुत्रों को रखा (वहाँ का राज्य दोनों कुमारों को दे दिया)। एक नगर का नाम 'मथुरा' है, जिसका यश सारा जगत् जानता है। दूसरे का नाम 'विश्व' रखा, जिसकी महिमा को वेदों ने गाया है॥१॥

There Shatrughna built and populated two majestic cities, where he stationed his two mighty sons. One of the cities was Mathura, a city famous throughout the world, and the other was Vishva, the glory of which has been sung by the Vedas.

जेठ तनय बल बुद्धि बिसाला। नाम सुबाहु बिदित महिपाला॥
राखेउ जमुना तट बल भूरी। बिस्व नगर पच्छिम दिसि दूरी॥२॥

सुबाहु नामक बड़े पुत्र को, जो बल और बुद्धि में भी बड़ा था, यमुना-तट पर बसे मथुरा का राज्य दिया। बलवान् यूपकेतु को विश्व नामक नगर का राज्य दिया जो वहाँ से पश्चिम दिशा में दूर था॥२॥

He consecrated Subahu, the elder son, who excelled in might and wisdom, as king of Mathura, which was situated on the bank of the Yamuna. He consecrated his heroic son Yupaketu as ruler of Vishva, which was situated far in the west.

यूपकेतु पुनि साथ रखावा। राजनीति दोउ सुत समुझावा॥
सौंपि नगर बहु आसिष दीन्हीं। नृपमनि गवन बिजय कहँ कीन्हीं॥३॥

फिर यूपकेतु को अपने साथ लिया और (शत्रुघ्नजी ने) दोनों कुमारों को राजनीति समझायी। उन्होंने नगर सौंपकर अनेक आशीर्वाद दिए और तब राजरत्न शत्रुघ्नजी विजय करने को चले॥३॥

Having explained to the two princes how state affairs are managed, Shatrughna took Yupaketu with him. That jewel of kings then entrusted the cities to their care and set out on a conquering campaign.

चिरंजीव कहि हने निसाना। दच्छिन अस्व चला जग जाना॥
सचिव समेत राखि सुतसंगा। उतरे सब जल जमुन तरंगा॥४॥

'चिरंजीव' कहकर बाजे बजाये। तब दक्षिण दिशा की ओर घोड़ा चला जिसे सारा संसार जानता है। मंत्री-सहित पुत्रों को रखकर सब यमुनाजी की लहरों के पार हुए॥४॥

'May you live long !' said he, and sounded the drums. The whole world knows that the horse then galloped off towards the south. They all crossed the Yamuna, leaving behind the minister and the sons.

दो.—रबितनया पद बंदि कै चली सैन हय संग।
हरषहिं सूर समूह अति निरखि अनी चतुरंग॥४८॥

यमुनाजी के चरणों की वंदना करने के अनंतर सेना घोड़ों के साथ चल पड़ी। योद्धाओं के समूह चतुरंगिणी सेना देखकर अत्यन्त प्रसन्न होने लगे॥४८॥

The army of cavaliers offered devotion to the feet of the Yamuna, daughter of the sun, and marched out. When they saw the four divisions of the army, the multitudes of warriors were all filled with rapture.

चौ.—बालमीकि थल सैन समेता। कानन घन गे कृपानिकेता॥
सियसुत जुगल बीर बरबंडा। भुजबल अमित दिनेस प्रचंडा॥१॥

वे अपनी सेना के साथ उस घने वन में पहुँचे जहाँ कृपानिधान बाल्मीकि का आश्रम था। वहीं सीताजी के दोनों पराक्रमी पुत्र थे, जिनकी भुजाओं का अपार बल सूर्य के समान प्रचंड था॥१॥

Followed by their army, they all reached the dense

---

1. Aditi: the mother of the gods. She was the daughter of Daksha and married to Kashyapa.

forest where Valmiki, the abode of grace, had built his hermitage. The two valorous sons of Sita were there, the might of whose arms was as fierce as the sun.

बीर बली हय देखेउ आई। पत्र बँधेउ सिर बाँचेउ धाई॥
घोड़ा तिन तुरंत तरु बाँधेउ। नेकु बिचार न उर महँ साँचेउ॥२॥

उन बलवान् वीरों ने आकर घोड़े को देखा और उसके सिर में बँधे हुए पत्र को पढ़ा। उन्होंने तत्काल घोड़े को एक पेड़ से बाँध दिया और मन में तनिक भी विचार न किया॥२॥

The two mighty heroes (Lava and Kusha) came and saw the horse and read the proclamation tied to its head. Forthwith they tied the horse to a tree, without giving a thought to the consequences.

कसि कटि त्रोन हाथ धनु तीरा। समर हेतु उमँगे बलबीरा॥
सूर सहस्र साठि हय साथा। आय गए जहँ रघुकुलनाथा॥३॥

कमर में तरकश कसकर और हाथ में धनुष-बाण लेकर वे बलवान् योद्धा युद्ध के लिए उत्साहित हो गए। घोड़े के साथ साठ हजार योद्धा थे। वे उन राजकुमारों के पास आए॥३॥

The two stalwarts, eager to grapple with the enemy, armed themselves with bows and arrows in their hands and the quivers girt round their waists. The sixty thousand champions, who accompanied the horse, came to the two princes.

तरु तर बाँध्यो बाजि बिलोकी। बालक जानि सकल रिस रोकी॥
देहु तुरग गृह जाहु सुहाये। धन्य मातु पितु जिन्ह तुम जाये॥४॥

उन्होंने घोड़े को पेड़ के नीचे बँधा हुआ देखा, लेकिन उन कुमारों को बालक जानकर योद्धाओं ने क्रोध को रोक लिया और वे बोले – घोड़ा देकर घर को सकुशल लौट जाओ। वे माता-पिता धन्य हैं जिन्होंने तुम्हें जन्म दिया है॥४॥

When they saw the horse bound beneath a tree, they, regarding them as mere children, restrained their rage and said, "Deliver up the horse to us and go back home safe and sound. Blessed are the parents who gave you birth."

माँगहु भीख समर चढ़ि भाई। क्षत्रिय कुलहि कलंक लगाई॥५॥

(तब कुमार बोले –) भाइयो! युद्धभूमि में आकर भीख माँगकर क्षत्रिय-वंश को कलंकित करते हो?॥५॥

The princes then said, "You beg for alms on the battlefield, O brethren, and bring disgrace to the Kshatriya race!

छं. – जनि क्षत्रिय कुलहि कलंक लावहु समर सूर सुहावने।
बलहीन तुरंग प्रबीन छाँड़हु धरा बिनु भट जानने॥
सुनि बचन कटुक कठोर बालक जानि भट धावत भए।
सर तानि एकहिं बाण लव हँसि हने तनु जर्जर किए॥१॥

हे युद्धभूमि के सुहावने योद्धाओ! क्षत्रिय-कुल को कलंकित न करो। हे चतुरो! यदि तुमने बिना बल के ही घोड़ा छोड़ दिया तो क्या पृथ्वी को योद्धाओं से रहित समझा था? ऐसे कठोर और कड़वे वचन सुनते ही वे वीर योद्धा उन्हें बालक समझकर उनके ऊपर दौड़े। तब लव ने धनुष तानकर हँसते हुए एक बाण ऐसा मारा कि सबके शरीर जर्जर हो गए॥१॥

O mighty warriors on a great battlefield! Do not bring disgrace to the Kshatriya race. Did you, O wise ones, who let loose the horse, though destitute of strength, consider the world devoid of warriors?" When they heard these harsh and bitter words, the champions flung themselves upon the princes, regarding them as no more than mere children. Then Lava strung his bow and smilingly let fly a shaft and riddled their bodies with it.

महि गिरे पुनि कछु भिरे जोधा जाय रिपुहन सों कहा।
मुनिबाल हति संग्राम सेनहि बाजि लै रन महँ रहा॥
सुनि कोप करि अति सत्रुहन तब सैन लै धावत भयो।
रन माहिं गाजत बीर बाँके बेष लखि लज्जित रह्यो॥२॥

कुछ वीर तो पृथ्वी पर गिरे, कुछ फिर भिड़ गए और (कुछ ने) जाकर शत्रुघ्नजी से कहा – मुनिबालकों ने संग्राम में सेना को मारकर घोड़े को पकड़ लिया है। यह सुनकर शत्रुघ्नजी क्रुद्ध हो सेना लेकर उन पर झपटे। वे दोनों बाँके वीर युद्ध में गरज रहे थे, उनके उस वीर रूप को देखकर शत्रुघ्नजी लज्जित हो उठे॥२॥

Some of the warriors licked the dust, others closed in combat again, while a few others went to Shatrughna and said, "The seer's children, O king, have slain many of our warriors and caught the horse." Upon hearing these words, Shatrughna flew into a rage, rallied his army and rushed upon them. He stood abashed at the sight of the two gallant heroes roaring on the field of battle.

सो. – सुनु मुनिबालमराल देहु अस्व तजि कोप निज।
पूजि तुमहिं तेहि काल करिहहिं सफल निज जन्म प्रभु॥४९॥

(शत्रुघ्नजी बोले –) हे मुनियों के हंसतुल्य बालको! अपना क्रोध छोड़कर घोड़े को दे दो। उस समय तुम्हारा भी पूजन करके प्रभु अपना जन्म सफल करेंगे॥४९॥

Then said Shatrughna, "Listen, O swan-like children of the sage: pray cease being furious and deliver up the horse; then the Lord will do you homage and deem to have his life amply rewarded."

चौ. –कौन नाम नृप केहि पुरवासू। फिरहु बिपिन निज सेन प्रकासू॥
छाँड़ेउ बाजि हेतु केहि लागी। लिखेउ पत्र बाँधेउ भय त्यागी॥१॥

(तब कुमार बोले –) हे नृप! आपका नाम क्या है? आप किस नगर के रहनेवाले हैं? किसलिए वन में अपनी सेना लिये प्रकाश करते फिर रहे हैं? घोड़े को किसलिए छोड़ा है? निडर हो पत्र लिखकर (घोड़े के मस्तक में) किसलिए बाँधा है?॥१॥

"O king," said the princes, "what name do you bear and to which city do you belong? What makes you roam the woods with your army, shedding radiance all around? Why have you let loose your horse and why have you been so dauntless as to tie a proclamation to it?

नहि तव तनु बल पौरुष भाई। छाँड़हु पत्र बाजि गृह जाई॥
सुनि रिपुहन कटु गिरा लजाने। गहहु अस्त्र अस कहि मुसुकाने॥२॥

हे भाइयो! यदि आपके शरीर में बल-पौरुष नहीं है तो पत्र के साथ घोड़े को यहीं छोड़कर अपने घर लौट जाइए। ऐसे कटु वचन सुनकर शत्रुघ्नजी लज्जित हो गए और मुसकरा कर बोले – अच्छा, हाथ में शस्त्र लो॥२॥

If, O brethren, you are devoid of all might and manliness, then abandon the horse and the proclamation, and retreat to your homes." When Shatrughna heard these scurrilous taunts, he felt embarrassed and smilingly said, "Well, hold fast your weapons."

हमहिं प्रचारत नृप बल भारी। डरपहिं सिंह बजाये तारी॥
अस कहि धनुष बान कर लीन्हे। मुनिबर बिनय चरन चित दीन्हे॥३॥

(बालकों ने कहा –) ये ऐसे बलशाली राजा हैं जो हमें भी ललकारते हैं! भला, कहीं ताली बजाने से सिंह डरते हैं? ऐसा कहकर उन्होंने हाथ में धनुष-बाण लिया और मुनिराज (वाल्मीकिजी) के चरणों में विनयपूर्वक मन लगाया॥३॥

"Look at this mighty monarch, " said Lava and Kusha, "who shouts defiance at us; can one frighten lions with a clap of one's hands?" Thus speaking, they took up their bows and arrows and reverently brought to their memory the feet of the high sage.

मारेन्हि रथ सारथी तुरंगा। कोटिन बान हने सब अंगा।
करि मुरुछित नृपकटक सँहारा। खाहिं माँस खग गिद्ध करारा॥४॥

फिर शत्रुघ्नजी के रथ को तोड़कर और घोड़े तथा सारथी को मारकर उनके शरीर में करोड़ों बाण मारे। उनको मूर्च्छित कर राजा की सेना का संहार किया। गिद्धादि विकराल पक्षी उनके मांस का भक्षण करने लगे॥४॥

Having destroyed Shatrughna's chariot and slain his charioteer and horses, they shot forth myriads of shafts into all his limbs; then, having struck the whole army unconscious, they slaughtered it. Fearsome vultures and other birds began to gorge themselves on their flesh.

दो. –एकहि एक प्रचारि कै हने सकल रन सूर।
आये तब रघुबीर पहँ कायर करनी धूर॥५०॥

(बालकों ने) एक-एक को ललकारकर रण में सब वीरों को मार गिराया। तब वे कायर अपनी करनी को मिट्टी में मिलाकर श्रीरामचन्द्रजी के पास (भागकर) आये॥५०॥

Shouting defiance at each of the warriors, they slew all the hosts of the enemy; then, abjectly routed and lost to shame, the cowards fled the field and came back to Rama.

चौ. –पूछेउ सबहिं भानुकुलनाथा। रिपु के सबन्ह कहे गुनगाथा॥
मुनिबालक दोउ सेन सँहारा। रिपुहन आदि समर महँ डारा॥१॥

जब श्रीरघुनाथजी उन सबसे (समाचार) पूछा तब उन सबने शत्रु के गुणों का बखान किया। (उन्होंने कहा –) मुनि के दोनों बालकों ने सब सेना मार डाली और शत्रुघ्न आदि को युद्धभूमि में गिरा दिया॥१॥

When the lord of the house of Raghu asked them how they fared, they recounted all the heroic deeds of the foe. They said that the two sons of the seer had slaughtered all their army and felled Shatrughna and others down in the dust.

मुनिबालक सुनि बिकल खरारी। पुनि साहस करि कहेउ हँकारी॥
लछिमन संग जाहु तुम भाई। मुनिबालक बाँधेउ बरियाई॥२॥

युद्ध करनेवाले मुनिकुमार हैं – यह सुनकर रघुनाथजी व्याकुल हुए, किन्तु फिर धैर्य धरकर उन्होंने सबको बुलाकर कहा कि हे भाइयो! तुम सब लक्ष्मणजी के साथ जाओ और बलपूर्वक मुनि के बालकों को बाँध लाओ॥२॥

When he heard that the warriors were the young sons of a seer, Raghunatha was discomfited but, composing himself, summoned them all and said, "Go you, dear brethren, with Lakshmana, and binding them forcibly, bring them here;

मारेहु जनि आनेहु पुरमाहीं। ऋषिसुत बध न उचित नहि काहीं॥
चली लखन संग सेन अपारा। आए तुरत समर जहँ भारा॥३॥

उन्हें मारना मत, किन्तु नगर में ले आना; मुनि के बालकों को मारना कहीं उचित नहीं। लक्ष्मणजी बहुत बड़ी सेना लेकर चले और शीघ्रता से वहाँ पहुँचे जहाँ घोर युद्ध हो रहा था॥३॥

You must not kill them; bring them to the city, for nowhere is it proper to kill the sons of seers." A vast army marched forth with Lakshmana and came at once to the spot where a furious battle raged.

लै घर जीव जाहु मुनिबालक। दिनकरबंस देव द्विज पालक॥
आँखिन ओट होहु अब ताता। लखि अति कोप बढ़त मम गाता॥४॥

(तब लक्ष्मणजी उन कुमारों से बोले –) हे मुनि के बालको ! तुम अपने प्राण बचाकर घर लौट जाओ, क्योंकि सूर्यवंशी देवताओं और ब्राह्मणों का पालन करते हैं (उन्हें मारते नहीं)। हे बालको ! अब आँखों के सामने से हट जाओ, क्योंकि तुम्हें देखकर मेरे शरीर में बड़ा क्रोध होता है ॥४॥

(Then said Lakshmana to those princes,) "Go away alive to your home, O youths, the Solar race is the protector of gods and Brahmans. Now, O young warriors, remove yourselves from my sight, for when I see you, I am seized with fury."

दो. –सुनि लछिमन के बचन तब बिहँसे बालक बीर।
अनुज बिलोकहु जाइ अब प्रबल महारनधीर॥५१॥

लक्ष्मण के वचन सुनकर वे दोनों वीर बालक हँसे और कहने लगे – हे महारणधीर ! पहले जाकर अपने भाई को तो देखो ॥५१॥

Upon hearing Lakshmana's words, the two heroes smiled and said, "O mighty man, resolute in battle, go and behold your brother's plight."

चौ. –अनुज बिलोकहु अस सुनि काना। धनुष चढ़ाय गहे कर बाना॥
बेष बिलोकि बाल मुनि जानी। निज कुल समुझि करौं मनकानी॥१॥

अपने भाई को तो देखो – वे वचन कानों से सुनते ही लक्ष्मणजी ने धनुष चढ़ाकर हाथ में बाण लिया और कहा – वेश देखकर और तुम कुमारों को मुनि-पुत्र जानकर अपने कुल की मर्यादा के कारण मन में संकोच होता है ॥१॥

As soon as he heard these words: "Go and behold your brother's plight", Lakshmana strung his bow and, grasping a shaft, said, "Considering your appearance and that you are the sons of a sage, and in keeping with the dignity of my house, I am constrained;

निज सहाय सठ लाहु बुलाई। केवल तोहि न हते भलाई॥
सुनि कुस कठिन बान संधाने। काँपी पुहुमि सेष अकुलाने॥२॥

रे शठ ! तू अपने सहायकों को बुला ला, क्योंकि केवल तुम्हें मारने से कोई भलाई न होगी। यह सुनते ही कुश ने कठिन बाण चढ़ाए, जिससे पृथ्वी काँप उठी, शेषजी व्याकुल हो गए ॥२॥

You wretches, go and muster up your attendants, for your death alone will not serve any purpose." When he heard this, Kusha fitted his dreadful arrows to his bow, which caused the earth to reel and Shesha to be confounded.

छूटे बिसिख रहे नभ छाई। बान भानु प्रतिबिंब छिपाई॥
रिपुहिं प्रबल लखि चले सकोपी। डरे न मनहिं रहे रथ रोपी॥३॥

वे बाण छूटते ही आकाश में ऐसे छा गए कि सूर्य भी छिप गए। शत्रु को प्रबल देखकर लक्ष्मणजी क्रुद्ध हो चले और निर्भय हो रथ को (युद्धभूमि में) खड़ा कर दिया ॥३॥

As soon as the shafts were shot forth, they covered the heavens and hid the sun. Perceiving that the enemy was formidable, Lakshmana flew into a rage and sallied forth. Not in the least perturbed, he stationed his chariot right in the middle of the battlefield.

काटहिं बिसिख बिसिख सन भाई। कौतुक करहिं बिबिध खगराई॥
झपटि गदा लछिमन तब मारी। गिरेउ भूमि कुस मुरुछित भारी॥४॥

हे गरुड़ ! बाण से बाण को काटकर वे अनेक प्रकार के कौतुक करने लगे। (फिर) लक्ष्मणजी ने झपटकर बड़े वेग से एक गदा मारी, जिससे अत्यन्त व्याकुल और मूर्च्छित होकर कुश पृथ्वी पर गिर पड़े ॥४॥

Their arrows O Garuda, shattered one another and performed marvellous feats of all sorts. Then, making a sudden swoop, Lakshmana hurled his club with great force, due to which Kusha fell unconscious to the ground.

दो. –मुरुछित कुसहि निहारि कै धाये लव करि सोर।
आवत ही सर उर हनेउ परेउ न महि बल जोर॥५२॥

कुश के मूर्च्छित देखकर लव गरजते हुए दौड़े और आते ही लक्ष्मणजी की छाती में एक बाण मारा। परन्तु अधिक बली होने के कारण वे पृथ्वी पर न गिरे ॥५२॥

Seeing Kusha unconscious, Lava roared and rushed towards the enemy, and forthwith shot an arrow into Lakshmana's breast, but mighty as he was, he did not fall to the ground.

चौ. –मल्लजुद्ध दोउ भिरे प्रचारी। लरहिं सुखेन न मानहिं हारी॥
करहिं उपाय बिपुल बल करहीं। गिरतहि धरनि बहुरि उठि लरहीं॥१॥

फिर दोनों एक-दूसरे को ललकारकर सुखपूर्वक मल्लयुद्ध करने और लड़ने लगे। कोई भी हार नहीं मानता था। वे अनेक उपाय और बल करते तथा पृथ्वी पर गिरते ही फिर उठकर लड़ने लगते ॥१॥

Then they wrestled with each other, fighting joyously and not conceding defeat. They devise many stratagems of battle and rise up again and again and close in combat.

बिकल सैन सबु मानि सँहारी । सुमिर कोसलाधीस खरारी ॥
मारेउ बान लवहिं छिति डारा । मुरुछित होय गिरेउ विकरारा ॥२॥

सब सेना को व्याकुल और मरा हुआ समझकर लक्ष्मणजी ने अवधपति श्रीरामचन्द्रजी का स्मरण किया और लव को बाण मारकर भूमि पर गिरा दिया जिससे वे व्याकुल और मूर्च्छित होकर गिर पड़े ॥२॥

When he saw his army in a state of panic and assuming that it had been destroyed, Lakshmana fixed his thoughts on Rama, the lord of Avadh, and struck Lava to the ground with an arrow; he fell reeling to the ground and became unconscious.

सुमिरि सिया मुनिचरन सुहाये । गत मुरुछा कुस आतुर आये ॥
बिकल बिलोकि बंधु लघु जानी । चलेउ बीर मन बहुत गलानी ॥३॥

सीता और वाल्मीकिजी के सुन्दर चरणों का स्मरण कर कुश मूर्च्छा से उठे और शीघ्रता से लक्ष्मणजी के सामने आये । अपने छोटे भाई को मूर्च्छित देखकर वह वीर मन में अत्यन्त ग्लानि मानकर चला ॥३॥

Inwardly dwelling on the comely feet of Sita and Valmiki, Kusha regained consciousness and, arising, came at once, and, finding his younger brother in so miserable a plight, the warrior was filled with exceeding remorse and sallied forth.

लछिमन देखि बीरबर आये । धनुष बान धरि आगे आये ॥
सक्रजीतअरि जे सर मारे । ते बालक काटि महि डारे ॥४॥

जब लक्ष्मणजी ने देखा कि वह श्रेष्ठ वीर आ गया है तब वे धनुष-बाण लेकर आगे आये । मेघनाद के वैरी लक्ष्मणजी ने जो बाण मारे, उन सबको उस बालक ने काटकर पृथ्वी पर डाल दिया ॥४॥

When Lakshmana saw that a valiant fighter stood before him, he rushed forward with his bow and arrows. The young champion shattered the shafts shot forth by Meghanada's foe, Lakshmana, and threw them upon the ground.

दो. –रामानुज बिस्मित बिकल देखि सकल आराति ।
सीयत्याग उर सोच बड़ प्रान देन बर भाँति ॥५३॥

शत्रु को (ऐसा) बलवान् देखकर लक्ष्मणजी विस्मित और व्याकुल हुए । मन में सीताजी के त्यागने का बड़ा सोच हुआ और प्राण छोड़ना ही अच्छा लगा ॥५३॥

Lakshmana was struck with wonder and fear when he saw so doughty a foe. He was utterly disquieted by the thought of Sita's abandonment and reflected that death would have been preferable.

चौ. –कुस करि क्रोध बिसिख सो लीन्हे । मंत्र प्रेरि मुनिबर जो दीन्हे ॥
नाक रसातल भूतल माहीं । येह सर छुटे बचै कोउ नाहीं ॥१॥

इतने में कुश ने क्रोध में आकर वह मंत्र-प्रेरित बाण लिया जिसे वाल्मीकिजी ने दिया था और जिस बाण के छूटने से स्वर्ग, पाताल और मृत्युलोक में कोई भी नहीं बच सकता था ॥१॥

Then, waxing furious, Kusha took up the arrow blessed with potent spells, which the high sage Valmiki had given him; it was a shaft from which none could protect himself on earth, in the heavens and in the nether worlds.

मोहन बान नाम तेहि जानो । बिष्नु बिरंचि सम्भु जेहि मानो ॥
मारेउ ताकि सेष उर माहीं । परे धरनितल सुधि कछु नाहीं ॥२॥

उस बाण का नाम मोहन था जिसका ब्रह्मा, विष्णु और महादेव भी सम्मान करते हैं । तब कुश ने तककर (निशाना साधकर) लक्ष्मणजी के हृदय में मोहन-बाण मारा, (जिसके लगते ही) वे अचेत हो पृथ्वी पर गिर पड़े ॥२॥

It was a shaft called Mohan which was held in great esteem by Brahma,Vishnu and Mahadeva. Taking aim, Kusha shot that arrow into the bosom of Lakshmana, felling him unconscious to the ground.

चली भाजि सब अनी अपारा । कोसलपुर महँ जाय पुकारा ॥
करनी सकल जुद्ध की बरनी । लछिमन बीर परे जिमि धरनी ॥३॥

वह समस्त अपार सेना भागकर अयोध्यापुरी पहुंची और उसने वहाँ जाकर पुकार की, युद्धक्षेत्र में हुई लड़ाई का वर्णन किया और जिस प्रकार वीर लक्ष्मण धराशायी हुए थे, वह भी कह सुनाया ॥३॥

The whole army turned tail and fled to Ayodhya; there they gave an account of the battle and also recounted how the valorous Lakshmana had fallen to the ground.

जेहि बिधि सकल कटकु संहारा । निज लोचन हम नाथ निहारा ॥
बय किसोर दोउ बाल अनूपा । तुव प्रतिबिंब मनहुँ सुरभूपा ॥४॥

(उसने कहा –) हे नाथ ! जिस प्रकार हमारी सेना का संहार हुआ, वह सब हमने अपनी आँखों से देखा है । हे देवराज, वे दोनों सुन्दर बालक किशोर अवस्थावाले हैं और ऐसे हैं मानों आपकी की परछाईं हों ॥४॥

"O Lord," they said, " we have seen with our own eyes how the whole army has been slaughtered. The two beauteous boys, O Lord of gods, are still in their adolescence and look as if they are your own images.

काकपक्ष सिर धरे बनाई । बालक बीर बरनि नहि जाई ॥५॥

उनके सिर पर घुँघराले बालों के पट्टे शोभायमान हैं और वे ऐसे योद्धा है कि उनकी वीरता का वर्णन नहीं किया जा सकता ॥५॥

They have beautiful looks of curly hair bound into a knot upon their heads and they are warriors so great that their valour cannot be described.

दो. –भरत जोरि कर कहेउ तब बचन अमित बिलखाइ।
सीयत्यागफल दीन्ह बिधि प्रभु कह देखहु जाइ ॥५४॥

तब भरतजी ने बहुत बिलखकर हाथ जोड़कर कहा – विधाता ने हमें सीताजी को त्यागने का यह फल दिया है। तब प्रभु श्रीरामजी ने कहा – तुम जाकर देखो ॥५४॥

Then with folded hands and in a piteous voice Bharata cried, "This is the punishment Providence has given us for abandoning Sita." Then the Lord said, "Go and see.

चौ. –अनुज समर महँ तुम हिय हारे। साजहु हय गय रथ मतवारे ॥
रहौ जज्ञ रिपु देखहु जाई। बालक रावन कें दुखदाई ॥१॥

हे भाई! क्या तुम्हारा मन युद्ध से हार गया? मतवाले हाथियों, घोड़ों और रथों को सजाओ। यज्ञ भले ही रह जाय, परन्तु तुम जाकर शत्रुओं को अवश्य देखो। हो न हो, वे रावण के दुःखदायी बालक हैं ॥१॥

Has your courage, O brother, ebbed away in battle? Go and get ready the horses, chariots and inebriated elephants. Let the operations of the sacrifice be stopped, but you must go and challenge the foe. In all likelihood they are Ravana's troublesome children."

तीब्र बचन सुनि भरत लजाने। बिबिध भाँति रघुपति सनमाने ॥
प्रथम सखा सब लेहु बुलाई। हनुमदादि अंगद समुदाई ॥२॥

ऐसे कड़े वचन सुनकर भरतजी लज्जित हो गए। तब रघुनाथजी ने उन्हें अनेक प्रकार से सम्मानित किया और कहा – पहले हनुमान, अंगदादि को, जो तुम्हारे मित्र थे, बुला लो ॥२॥

When he heard these cruel words, Bharata felt abashed. Then Raghunatha honoured him in every way and said, "First summon Hanuman and Angad and others, who were your allies,

जामवंत कपिराज बिभीषन। द्विविद मयन्द नील नल भूषन ॥
रिपुहि मारि कै समर भगाई। तात अनुज दोउ आनहु जाई ॥३॥

और जाम्बवान्, वानरराज सुग्रीव, विभीषण, द्विविद, मयन्द, नील और नल को भी, जो अपने कुल के भूषण हैं। हे तात! इन्हें साथ लेकर शत्रु को मारकर या युद्धभूमि से भगाकर तुम दोनों भाइयों को ले आओ ॥३॥

and Jambavan, Sugriva the Monkey King, and Vibhishana, Dvivida, Mayanda, Nila and Nala, who are jewels of their house. Accompanied by them, brother, destroy the enemy ranks or drive them away from the battlefield and bring the two brothers here.

माथ नाय सँग कटकु बिसाला। चले भरत उर उपजी ज्वाला ॥
सोनित सरिता समर बिलोकी। डरपेउ बीर आस रन रोकी ॥४॥

भरतजी सिर नवाकर विशाल सेना साथ लेकर चले। उनके हृदय में बड़ा क्रोध उत्पन्न हुआ। योद्धाओं ने युद्धभूमि में रुधिर की नदी देखी जिससे वे डर गए और उन्होंने लड़ने की आशा त्याग दी ॥४॥

Having bowed his head, Bharata set out with a vast army, his heart filled with fury. The warriors saw a stream of blood on the battlefield, which terrified them and forced them to abandon the hope for battle.

दो. –समर सीयसुत बीर दोउ आय गए बलवान।
देखि डरे सब भालु कपि, तब बोलेउ हनुमान ॥५५॥

इसी समय सीताजी के दोनों महाबली पुत्र रण में आ गए; उन्हें देखकर सब रीछ और बन्दर डर गए। तब हुनमानूजी ने कहा – ॥५५॥

At this very moment came Sita's two mighty sons, at the sight of whom the monkeys and bears were terror-stricken. Then said Hanuman :

चौ. –धन्य मातु पितु जेहि तुम जाये। पुरुष जुगल गृह जाहु सुहाये ॥
समर बिमुख सुनि भट बिलखाने। हनुमत सन बोले रिस ठाने ॥१॥

वे माता-पिता धन्य हैं जिन्होंने तुम्हें उत्पन्न किया है। तुम दोनों सुन्दर कुमार अपने घर को लौट जाओ। रण से लौट जाओ – ये शब्द सुनकर वे क्रुद्ध हो हनुमानूजी से बोले – ॥१॥

"Thrice blest are your father and mother who gave you birth! Go back home, you two comely brothers." Hearing the words, "Retreat from the battlefield", they flew into a rage and said to Hanuman,

नहि बल होय जाहु गृह भाई। हतौं न खेत जो रन कदराई ॥
भाषे बचन भरत सुनि काना। लेहु सँभारि बाल धनु बाना ॥२॥

हे भाई! यदि तुममें सामर्थ्य नहीं है तो घर चले जाओ। हम युद्ध में कायरों को नहीं मारते। इन शब्दों को सुनकर भरतजी ने कहा – बालको! धनुष-बाण सँभालो ॥२॥

"If, O brother, you are bereft of strength, go back home; cowards we do not slay in battle." When Bharata heard these words, he said, "Get your bows and arrows ready, O youths!"

कटकटाइ कपि भालु समूहा। लीन्ह उपारि प्रबल तरुजूहा ॥
एकहि बार सकल तिन्ह मारा। सकल काटि लव रज करि डारा ॥३॥

वानरों और रीछों के दल ने (क्रोध से दाँत) कटकटाकर बड़े-बड़े वृक्षों के समूह उखाड़ लिए। सबने एक ही साथ उन वृक्षों से लव को मारा, परन्तु लव ने उन्हें काटकर धूल कर डाला ॥३॥

Then the host of bears and monkeys gnashed their teeth in fury and rooted up enormous crags and trees and together they all hurled them at once, but Lava reduced them to powder.

रिपु सर काटि निमिष एक माहीं। जथा मनोरथ खल मिटि जाहीं॥
करि लव क्रोध बाण फटकारे। मारे वीर निमिष महि डारे ॥४॥

पलभर में शत्रुओं के बाण इस भाँति काट डाले जिस भाँति दुष्टों के मनोरथ निष्फल हो जाते हैं। लव ने क्रोध में भरकर बाण छोड़े, जिन्होंने वीरों को मारकर क्षणभर में पृथ्वी पर गिरा दिया ॥४॥

The shafts of the enemy were cut to pieces in a trice, just as the desires of the wicked are brought to naught. When Lava in a fury let fly a volley of arrows, many of the heroes were felled to the earth in an instant.

छं.–गज बाजि घने रथ भूमि परे तहँ सोनित बीर बरूथ भरे।
लव तानि सरासन बाण भले रिपु संगर बीर प्रचारि दले॥
कहुँ झूमहिं कुंजर पुंज खरे महि लोटहिं सोनित भार भरे।
सर लागत घायल बीर गिरे कहँ हाँक उठे रन धीर धरे ॥१॥

रथों, हाथियों और घोड़ों के समूह पृथ्वी पर गिरने लगे और शूर-वीर खून से लथपथ हो गए। (तभी) लव ने धनुष तानकर ऐसे बाण मारे कि अनेक वीर संग्राम में व्याकुल हो धराशायी हो गए। कहीं हाथियों के समूह खड़े हुए झूम रहे हैं और कहीं खून से आतेप्रोत हो पृथ्वी में लोट रहे हैं; बाण लगने से कहीं वीर घायल गिरते हैं और कहीं हाँक देकर तथा धैर्य धरकर उठ खड़े होते हैं ॥१॥

Multitudes of chariots were shattered, elephants and horses began to lick the dust, and the host of stalwart warriors were bathed in blood. Drawing the bowstring, Lava so shot his shafts that many of the heroes were discomfited and fell dead on the battlefield. Here herds of elephants were seen swaying, there they rolled on the ground, all covered in gore; here, smitten by arrows, the champions lay wounded, there, calling aloud for help, they struggled to rise up.

उर लगत सक्ति बरबीर गिरे झझकैं उठिकै तहँ धीर धरे।
रनबीर बरूथन भालु कटे गिरि से जनु मेदनिखंड परे॥
रन सोनित की सरिता उमड़ी अति तीक्षण धार अपार बड़ी।
तहँ योगिनि भूत पिसाच घने पल भक्षक कंक कराल बने ॥२॥

हृदय में शक्ति लगते ही श्रेष्ठ वीर भी गिर जाते हैं; उनमें कोई झिझककर तथा धीरज धरकर उठ खड़े होते हैं। (इस प्रकार) अनेक रणवीर वानरों और भालुओं का संहार हो गया, जिससे वे पंख कटे पर्वत के समान दीख पड़ते थे। युद्धभूमि में रुधिर नदी बह चली, जिसकी धार अत्यन्त तेज थी। वहाँ झुंड की झुंड योगिनियाँ, भूत-पिशाच, भयानक चील, कौए, गिद्धादि आकर मांस का भक्षण करने लगे ॥२॥

Smitten in the breasts by the lance, even mighty heroes fell insensible to the ground; some faltered and rose up and, mustering up courage, stepped out. Many of the monkeys and bears, all valiant in battle, were thus slain and looked like mountains shorn of their wings. A stream of blood flowed forth on the battlefield, a stream in which the current was exceedingly swift. Hosts of witches, ghosts and goblins of all kinds gorged themselves, while dreadful kites, vultures and crows devoured the flesh.

पल भषहिं कंक कराल जहँ तहँ गीध सब प्रमुदित भए।
तहँ प्रेत भूत समाज सोहत ब्याह प्रति मंगल ठए॥
तहँ डाकिनी मन मुदित डोलहिं साकिनी सोनित भरी।
दोउ करनि खैंचहिं कालिका सिवप्रेत करत क्रीड़ा खरी ॥३॥

चील और गिद्ध मन में प्रसन्न होकर जहाँ-तहाँ मांस खा रहे हैं। वहाँ भूत-प्रेतों का समाज आकर शोभायमान हो गया और वे सब मानों विवाहोत्सव मनाने लगे। डाकिनियाँ मन-ही-मन प्रसन्न होकर विचरण करने लगीं, शाकिनियाँ रुधिर से तर-बतर हो गईं और कालिकाएँ शवों को दोनों हाथों से खींचने लगीं। महादेवजी के प्रेतगण मग्न हो क्रीड़ा करने लगे ॥३॥

While the kites and vultures were joyously devouring the flesh here and there, a company of ghosts and goblins appeared on the scene, as if they were joining in nuptial festivities. While the witches joyfully roamed about and the *shakinis*[1] bathed in blood, the *kalikas*[2] pulled at the corpses with their hands and Mahadeva's attendants revelled on the battlefield.

अन्तावरी गहि गर लपेटहिं पियत सोनित आतुरे।
गजखाल खैंचहिं भूत संकर प्रेत संगर चातुरे॥
बैताल बीर कराल करबर करीकर इककर धरे।
हवै भार रुधिर प्रवाह पूरन पान करत हरे हरे ॥४॥

वे आँतों को पकड़कर गले में लपेटकर आतुर हो रुधिर-पान करते हैं। युद्ध में महादेवजी के चतुर भूत-प्रेतगण हाथियों की खाल खींचते और वीर वैताल भयंकर हाथियों की सूंड को हाथ में लेकर खेल करते तथा उनके रुधिर को पीकर तृप्त हो 'हरहर' करते हैं ॥४॥

They pulled out entrails and, hanging them round their necks, greedily quaffed blood; the wise

1. Durga's attendants.
2. Grim goddesses.

ghosts and spirits, the attendants of Mahadeva, tore out the hide of elephants, while the brave goblins grasped their fearsome trunks and sported with them. When satiated with blood, they cried, "Hara, Hara !"

रघुबंस समर सराहि दुहुँ दिसि करहिं निज मनभावने ।
गज बाजि नर कपि भालु जहँ तहँ गिरे महि सुभ पावने ॥
दोउ रामतनय प्रचार बहु बिधि निकट कोउ न आवहीं ।
जे त्रसित ब्याकुल त्राहि त्राहि सुबीर निज गुहरावहीं ॥५॥

दोनों रघुवंशी कुमार संग्राम में मनोहर, सराहनीय चरित्र करते हैं । (परिणामस्वरूप) हाथी, घोड़े, सैनिक, रीछ, वानर संग्राम में आकर जहाँ-तहाँ धराशायी हो जाते हैं । रघुनाथजी के दोनों पुत्र युद्ध के लिए (शत्रु को) तरह-तरह से ललकारते हैं, लेकिन उनके निकट कोई नहीं आता । भयभीत और व्याकुल होकर वे 'बचाओ, रक्षा करो' कहकर एक-दूसरे को पुकारते हैं ॥५॥

The two princes of the house of Raghu performed many a feat of valour on the field of battle, all entrancing and praiseworthy, as a result of which elephants, horses, bears, monkeys and men-at-arms fell here and there, while both the sons of Raghunatha challenged their foe in every way, but none would dare come near. Panic-stricken, they cried to one another in piteous dismay, "Save us, save us !"

दो. —बिषम जुद्ध दोउ बंधु करि जीते कपि संग्राम ।
आयउ पुनि तहँ नृप भरत सुमिरि बिधाता बाम ॥५६॥

दोनों भाइयों ने भयंकर युद्ध कर संग्रामभूमि में बन्दरों को जीत लिया । तब भरतजी प्रतिकूल विधाता का स्मरण कर युद्धभूमि में आये ॥५६॥

In the dreadful battle that raged, the two brothers routed the monkeys host. Then, propitiating, Bharata fixed his thoughts on the adverse Providence and entered the battlefield.

चौ. —कपि भालुहि घायल सब आवहिं । बानत्रास मन अति दुख पावहिं ॥
जांबवत कपिराज बुलाये । अंगद हनूमान सुनि आये ॥१॥

रीछ और वानर सब-के-सब घायल होकर आते हैं और बाणों के भय से अत्यन्त दुःख पाते हैं । भरतजी ने जाम्बवान् और सुग्रीव को बुलाया, जिसे सुनकर अंगद और हनुमान् भी आये ॥१॥

The bears and monkeys came all wounded and were distraught with fear of the enemies' shafts. When Bharata summoned Jambavan and Sugriva, they came, followed by Angad and Hanuman.

सब मिलि सहित निसाचर राजा । धरि आनहु दोउ बालसमाजा ॥
आए जुटे कपि भालु भवानी । तिन कछु प्रभुमहिमा नहि जानी ॥२॥

(उन्होंने कहा —) विभीषण के साथ सब लोग जाओ और दोनों बालकों को उनके समाजसहित पकड़ लाओ । (शिवजी कहते हैं —) हे पार्वती ! यह सुनते ही सब रीछ और वानर आकर लड़ने लगे, उन्होंने भगवान् की कुछ भी महिमा न जानी ॥२॥

"Go together, Vibhishana and you," said Bharata, "and catch hold of the youths and their company and bring them here." As soon as they heard these words, O Parvati, all the bears and monkeys rushed on to the fray; they knew not the glory of the Blessed Lord.

बोले कुस सुनु बालिकुमारा । तव बल बिदित जान संसारा ॥
पितहि मराइ मातु पर हेली । सकल लाज आए तुम ठेली ॥३॥

कुश ने कहा — बालिकुमार अंगद ! तुम्हारा बल संसार में विदित है ! तूने अपने पिता को मरवाकर माता दूसरे को दे दी और सब लाज त्यागकर यहाँ लड़ने आ गए ! ॥३॥

"O Angad, son of Bali," said Kusha; "your might is famed throughout the world; having got your father slain, you gave away your mother to someone else and, abandoning all sense of shame, have come here to fight.

सो फल लेहु समर महँ आजू । त्यागहु सकल कलंक समाजू ॥
सुनत क्रोध अंगद उर छावा । गहि गिरि एक ताहि पर धावा ॥४॥

आज युद्धभूमि में उसका फल चखो और कलंक मिटा लो । यह सुनते ही अंगद के हृदय में क्रोध भर आया और वे एक पहाड़ लेकर कुश पर झपटे ॥४॥

Now reap the fruit thereof on the field of battle and wipe out the disgrace." Upon hearing these words, Angad flew into a rage and, grasping a mountain rock, rushed upon Kusha.

दो. —आवत सैल बिसाल लखि तिल सम सर हत कीन्ह ।
जस अंगद गर्ब अति तस प्रभु उत्तर दीन्ह ॥५७॥

उस बड़े पहाड़ को आता हुआ देखकर कुश ने बाण से काटकर उसे तिल-तिल कर दिया । अंगद को जैसा अभिमान था वैसा ही प्रभु ने उनको फल दिया ॥५७॥

Seeing a huge mountain crag hurtling towards him, Kusha smashed it into tiny pieces. The Blessed Lord made full requital for Angad's overweening vanity.

चौ. —तमकि ताकि कुस बाण चलावा । अंगद नील अकास उड़ावा ॥
आवत जानि पुहुमि कपि भारी । मारे बाण प्रचारि प्रचारी ॥१॥

ताककर कुश ने एक ऐसा बाण चलाया कि उससे अंगद और नील आकाश को उड़ गए। फिर जब उन बन्दरों को पृथ्वी पर आता हुआ देखा तब कुश ने उन्हें ललकारकर फिर बाण मारे ॥१॥

Then, taking aim, Kusha shot a keen arrow, hurling Angad and Nila up in the air. When Kusha saw those monkeys descending to the earth again, he challenged them and let fly a volley of arrows.

इत उत जान कतहुँ नहि पावै। पवन बहै जिमि महि नहि आवै ॥
छिन अकास छिन भूतल ओरा। बोलेउ सरन नाथ अब तोरा ॥२॥

उन बाणों के प्रहार से वे कहीं जाने नहीं पाते। जैसे हवा चलती तो है परन्तु पृथ्वी पर नहीं आती, वैसे ही वे क्षण में आकाश की ओर और क्षण में पृथ्वी की ओर आते थे। तब (घबराकर) वे बोले — हे प्रभो! हम आपकी शरण हैं ॥२॥

Struck by the arrows, they could not go anywhere; they remained suspended in the air, like the wind that touches not the earth. In one moment they would fly up into the air and again in the very next would descend to earth. Disquieted, they said, "We seek refuge with you, O Lord:

रहेउ गर्व हम कहँ भगवाना। अगजगनाथ न हम पहिचाना ॥
पाँच बाण बेधेउ कपि दोऊ। दीन जानि त्यागेउ हँसि सोऊ ॥३॥

हे भगवन्! हम अभिमान के वश थे, इसलिए हमने समस्त विश्व के स्वामी आपको नहीं पहचाना। तब कुश ने उन दोनों बन्दरों को पाँच बाण मारकर बेध दिया और फिर दीन-दुःखी जानकर उन्हें हँसकर छोड़ दिया ॥३॥

It was because we were under the influence of arrogance, O Lord God, that we refused to recognize you, the sovereign Lord of the world." Kusha riddled the bodies of the two monkeys with five shafts and then, deeming them miserable, smilingly let them go.

भिरेउ भरत के सन्मुख जाई। देखी दसा कपि कटकाई ॥
जामवंत हनुमान कपीसा। धायउ तहँ गिरि लै बहु कीसा ॥४॥

कुश भरतजी के सामने जाकर लड़ने लगे। जब वानर-सेना ने भरतजी की दशा देखी तब जाम्बवान्, हनुमान्, सुग्रीव आदि अनेक वानर वृक्ष और पर्वत लेकर (लड़ने को) दौड़े ॥४॥

Kusha met Bharata face to face. When the monkey host saw Bharata's plight, Jambavan, Hanuman, Sugriva and many other monkeys flung themselves into the fight with trees and mountain rocks for their weapons.

दो. —हँसेउ कुमार देखि कपि अनुजहि कहेउ बुझाइ।
आजु समर जितिहहुँ भरतु भालु कपिन्ह बिलगाइ ॥५८॥

उन वानरों को आते देखकर कुश ने अपने छोटे भाई से हँसकर कहा — रीछ-वानरों को अलग कर दो, मैं आज भरतजी को संग्राम में जीतूँगा ॥५८॥

Beholding those monkeys rushing on towards him, Kusha smiled and said to his younger brother, "Leave aside the bears and the monkeys; I shall this day overcome Bharata in the battle-front."

चौ. —प्रभुसुत समर कीन्ह जस करनी। निगम सेष सारद नहि बरनी ॥
चरित तासु सुनु सैलकुमारी। मारेउ समर सूर कपि भारी ॥१॥

युद्धभूमि में रघुनाथजी के पुत्रों ने जैसा कौशल किया, उसका वर्णन वेद, सरस्वती और शेषजी भी नहीं कर सकते। हे पार्वती! उनके चरित्र सुनो; उन्होंने युद्धभूमि में बड़े पराक्रमी बन्दरों को मारा ॥१॥

Not even the Vedas, Sarasvati and Shesha can describe the exploits performed on the battlefield by Raghunatha's sons. Now listen, O Parvati, to their acts and how they slaughtered the mighty monkeys on the field of battle.

समर धीर दोउ बाल बिराजे। निरखि भालु कपि मन अति लाजे ॥
खैंचि धनुष गुन छाँड़ेउ सायक। कपिपति आदि हने कपिनायक ॥२॥

रणभूमि में दोनों वीर बालक आकर विराजमान हुए, जिन्हें देखकर रीछ और वानर मन-ही-मन बहुत लज्जित हुए। कुश ने धनुष खींचकर जो बाण छोड़े उनसे सुग्रीव आदि अनेक श्रेष्ठ कपि हताहत हुए ॥२॥

The two valiant youths stood resplendent in the battle-front, at the sight of which the bears and monkeys felt exceedingly abashed. When Kusha drew his bowstring and shot forth his dread arrows, Sugriva and the other stalwarts in the monkey ranks fell down wounded.

मुरुछित सैन परी महि माहीं। नहि कोउ कपि घायल जो नाहीं ॥
देखि भरत सब सैन निपाती। कोपि बान मारेउ लव छाती ॥३॥

सब सेना मूर्च्छित हो पृथ्वी पर गिर पड़ी और कोई भी ऐसा बन्दर न बचा जो घायल न हुआ हो। भरतजी ने सब सेना को गिरी हुई (मूर्च्छित) देखकर क्रोधसहित एक बाण लव की छाती में मारा ॥३॥

The whole host fell insensible to the ground, and there was not a single monkey who was not wounded. When Bharata saw his army lying unconscious, he furiously struck Lava full in the breast with an arrow.

मुरुछित बिकल परेउ महि माहीं। अति अचेत तन की सुधि नाहीं ॥
दुखित देखि कुस अमित रिसाना। चाप चढ़ाय बान संधाना ॥४॥

वे व्याकुल और मूर्च्छित होकर पृथ्वी पर गिर पड़े, उन्हें अपने शरीर की

सुध-बुध न रही । कुश ने लव को दुःखी देख बड़े क्रोध से बाण को धनुष पर चढ़ाया ॥४॥

Sore disquieted, he fell unconscious to the ground and lay in a swoon. Beholding Lava so utterly helpless, Kusha, seized with overwhelming fury, fitted an arrow to his bow.

स्रवन प्रयंत खैंचि धनु उन बलबीरा । भरतहृदय मारेउ सत तीरा ॥
भयो जुद्ध तहँ बिबिध प्रकारा । बीर बाँकुरे सुभट अपारा ॥५॥

उस वीर ने धनुष को कान तक खींचकर भरत के हृदय में सौ बाण मारे । उन दोनों महा पराक्रमी योद्धाओं में अनेक प्रकार से घनघोर युद्ध हुआ ॥५॥

Drawing the bowstring to his ear, the stalwart warrior shot forth a hundred arrows into Bharta's bosom. Then the two stout champions, immeasurably mighty both, fought a battle royal.

दो. –समरभूमि सोये भरत लवहि लीन्ह उर लाय ।
सुमिरि मातुगुरचरण जुग रहे समर जय पाय ॥५९॥

युद्धभूमि में जब भरतजी मूर्च्छित हो गए तब (अपनी विजय से प्रसन्न होकर) कुश ने लव को हृदय से लगा लिया और युद्ध में विजयी होकर मन-ही-मन माता एवं गुरु के चरणों को स्मरण किया ॥५९॥

When Bharata fell unconscious on the battlefield, Kusha (rejoiced at his victory and) clasped Lava to his heart; having won the battle, he inwardly dwelt on the lotus feet of his mother and the *guru* Valmiki.

आये खबर लेन चर चारी । भरत सैन तिन सकल निहारी ॥
सोनितसरिता देखि डरानें । हय गय बहे जात रथ जानें ॥१॥

(अयोध्या से) चार दूत युद्ध का समाचार लेने आए थे । उन्होंने भरतजी की समस्त सेना की यह दशा देखी । रक्त की नदी को देखकर वे डर गए; उसमें हाथी, घोड़े और रथ बहे जाते थे ॥१॥

Four heralds (from Ayodhya) had come to collect the tidings of the battle; they saw the plight to which Bharata's army had been reduced. In the stream of blood which they beheld and which struck terror into their hearts, elephants and horses and chariots were being swept away.

देखि सरित भयंकर भारी । कठिन कराल सुनहु उरगारी ॥
बहतहिं उछरि बूड़ि पुनि जाईं । चर्म मनहुँ कच्छप की नाईं ॥२॥

हे गरुड़ ! सुनिए, उन्होंने उस अत्यन्त भयानक नदी को देखा जिसमें बहती हुई ढालें कछुओं के समान उछलकर फिर डूब जाती थीं ॥२॥

Listen, O Garuda; they saw that exceedingly dreadful stream in which shields, like so many tortoises, leapt up and sank again and again.

लहरि तरंग बीर बह जाहीं । घायल परे तीर छपराहीं ॥
फिरे दूत कौसलपुर आए । समाचार सब राम सुनाए ॥३॥

(रुधिर की उस नदी की) लहरों और तरंगों में वीरों की लोथें बही जाती थीं और घायल वीर उसके तट पर छटपटा रहे थे । वे दूत लौटकर अयोध्यापुरी पहुंचे और आकर उन्होंने श्रीरामचन्द्रजी को सब समाचार कह सुनाया ॥३॥

In the swift currents of the river of blood, the dead bodies of the warriors were seen floating, while the wounded writhed about on the bank. The heralds returned to Ayodhya and gave Rama a full account of the battle.

चरबर बचन सुनत दुख पावा । त्यागेउ मख निज कटकु बनावा ॥
चले सकोप कृपालु उदारा । आए प्रभु जहँ सेन सँहारा ॥४॥

उन श्रेष्ठ दूतों के वचन सुनकर श्रीरामचन्द्रजी बहुत दुःखी हुए । उन्होंने यज्ञ को छोड़कर अपनी सेना सजायी । कृपालु भगवान् क्रुद्ध होकर चले और वहाँ आए जहाँ समस्त सेना का संहार हुआ था ॥४॥

When Rama heard this report from the loyal messengers, he was sore distressed; abandoning the sacrifice, he made ready his army. The all-gracious Lord set out angrily and came to the spot where his battalions lay slaughtered.

मुनिबरबालक देखि सुहाए । सर निवारि प्रभु निकट बुलाए ॥५॥

मुनिवर के सुन्दर बालकों को देखकर प्रभु ने बाणों का चलाना बंदकर उन्हें अपने निकट बुलाया ॥५॥

When he saw the gallant sons of the high sage, the Lord, instead of shooting his arrows, bade them come near.

दो. –पूछेउ बाल बुलाए दोउ कहहु मातु पितु नाम ।
देस ग्राम निज कहहु सब बड़ जीतेउ संग्राम ॥६०॥

उन दोनों बालकों को बुलाकर पूछा – तुम अपने माता-पिता, देश और गाँव के नाम बताओ । तुमने संग्राम में बड़े-बड़े वीरों को जीता है ॥६०॥

"Tell me your parents' names," he said, summoning the youths to him, "and your village and country's. You've overthrown many a staunch warrior on the battlefield."

चौ. –गहहु अस्त्र जनि कहहु कहानी । पूछेउ नाम गाँव कह जानी ॥
समर बात बहु अति कदराई । छाँड़ि सोच अब करहु लराई ॥१॥

(बालकों ने उत्तर दिया –) कहानी मत कहिए, शस्त्र धारण कीजिए । नाम

और गाँव क्या जानकर पूछते हैं ? युद्धभूमि में बहुत बातें करना अत्यन्त कायरपन है, इसलिए अब सोच त्यागकर युद्ध कीजिए ॥१॥

"Don't weave tales !" said the youths; "take up your weapons; why on earth must you know our names and village ? It is stark cowardice to blabber on the battlefield; be not, then, anxious at all and do battle."

बंस नाम बिनु पूछे ताता। हतौं न बाल मनोहर गाता ॥
माता सीय जनक कै जाता। बाल्मीकि मुनि पालेउ ताता ॥२॥

(श्रीरामचन्द्रजी ने कहा –) तुम मनोहर शरीरवाले बालकों का वंश और नाम पूछे बिना बाण नहीं मारूँगा। (बालकों ने उत्तर दिया –) हे तात ! हमारी माता का नाम सीता है, वे जनकजी की कन्या हैं और वाल्मीकि मुनि ने हमारा पालन किया है ॥२॥

"I will not," said Rama, "strike your beauteous bodies without knowing your names and lineage." "Our mother is called Sita, daughter of Janaka," said the youths; "we have been brought up by the sage Valmiki.

पिताबंस नहि जानहिं आजू। लव कुस नाम रिषिबर कर काजू ॥
सुनी सब कथा राखि मनमाहीं। बाल बिलोकी बधब भल नाहीं ॥३॥

हम अपने पिता के वंश को आजतक नहीं जानते। हमारा नाम लव और कुश है और हम ऋषिवर वाल्मीकि के सेवक हैं, उन्हीं के काम करते हैं। सारी बात सुनकर श्रीरामजी ने मन-ही-मन विचारा कि अपने इन बालकों को मारना उचित नहीं है ॥३॥

Our father's ancestry is unknown to us to this day, but we, who attend on Valmiki the sage, are called Lava and Kusha." When he heard these words, Rama considered it improper to slay his own young children.

आवत सुभट समूह हमारे। लरिहहिं तुम सन समर सुखारे ॥
अस कहि अंगद नील उठावा। जामवंत कपिपतिहि बुलावा ॥४॥

(उन्होंने कहा –) हमारे योद्धाओं के झुंड आते ही हैं, वे तुम्हारे साथ सुखपूर्वक लड़ेंगे। यह कहकर उन्होंने अंगद और नील को उठाकर जाम्बवान् तथा सुग्रीव को बुलाया ॥४॥

"The hosts of our stalwart warriors," he said, "will soon be arriving; they will exult to do battle with you." Thus speaking, he raised up both Angad and Nila and summoned Jambavan and Sugriva.

छं. –कपिराज अंगद जामवंतहि बोलि निसिचरनायकं।
हनुमान द्विविद मयंद नीलहि सुभट जे अति लायकं ॥
तब हरन सूलहि पापनासन कह्यो हँसि रघुनंदनं।
भरतादि रिपुहनसहित लछिमन परे खलमदगंजनं ॥१॥

तब पापों के नाश करनेवाले श्रीरामचन्द्रजी ने सुग्रीव, अंगद, जाम्बवान, विभीषन, हनुमान्, द्विविद, मयंद और नील को, जो लड़ने में बड़े निपुण योद्धा थे, बुलाया और उनसे हँसकर कहा – दुष्टों का मान-मर्दन करनेवाले वीर भरत, शत्रुघ्न और लक्ष्मण आदि (लड़ाई में) मूर्च्छित पड़े हैं ॥१॥

Then Rama, the exterminator of all sins, summoned Sugriva, Angad, Jambavan, Vibhishana, Hanuman, Dvivida, Mayanda and Nila, all of whom were champions adept in warfare, and smilingly said, "Bharata, Shatrughna and Lakshmana, valiant warriors and destroyers of the arrogance of the wicked, are lying in a swoon on the battlefield.

लंकेस आदिक सुभट मारे बीर जे महिमंडनं।
ते आजु बालक बिप्र सो रन परे रिपुमदगंजनं ॥
कुलकानि अब निज जानि लरहु सो सैल तरु बहु लै चले।
करि हूह बानर जूह पर्बत डारि पुनि रन मुरि चले ॥२॥

जो समस्त पृथ्वी के वीरों के शिरोमणि थे और जिन्होंने रावण आदि वीरों को मारा, शत्रुओं के घमंड को चूर करनेवाले वे ही आज युद्ध में ब्राह्मण के बालकों से पराजित हो गए हैं। इसलिए अब तुमलोग लड़कर अपने कुल की लाज रखो। (यह सुनते ही) बन्दरों के समूह हूह (हुंकार) करते हुए बहुत-से वृक्षों और पर्वतों को लेकर युद्धभूमि को फिर लौट पड़े ॥२॥

Those who were the crest-jewels among the heroes of the world and who slew such mighty stalwarts as Ravana, the same champions who crushed their enemy's pride, are this day lying utterly vanquished on the battlefield; so now you must do battle and preserve the honour of your house." Hearing these words, the multitudes of monkeys seized so many trees and mountains and returned to the battlefield shouting "Hurrah !"

दो. –सावधान धनु बाल लै धायउ लव बलवान।
संमुख आइ बिभीषनहि बोलेउ बहुत रिसान ॥६१॥

बलवान् लव बड़ी सावधानी से धनुष-बाण लेकर रणभूमि में आए और विभीषण के सामने आकर अत्यन्त क्रुद्ध हो बोले – ॥६१॥

With exceeding circumspection the valiant Lava came to the battlefield, bow and arrows in hand, and, confronting Vibhishana, spoke in anger:

चौ. –सुनु सठ बंधुहि समर जुझाई। सत्रुहिं मिलेउ निपट कदराई ॥
पिता समान बंधु बड़ तोरा। त्रिया तासु लै घर बरजोरा ॥१॥

रे मुर्ख ! सुन, तूने युद्धभूमि में अपने भाई का वध कराया और बड़े

कायरपन से शत्रु से जा मिला और फिर उस बड़े भाई की, जो तेरे पिता के समान था, स्त्री को बलपूर्वक अपने घर में रख लिया ॥१॥

"Listen, senseless fool, you had your brother slaughtered in battle and with surpassing cowardice joined the enemy ranks; you forcibly brought the wife of your elder brother who was as a father to you, and kept her in your house.

पापी मातु कहेउ कै बारा । सो पत्नी यह धर्म तुम्हारा ॥
बूड़ि मरहु सागर महँ जाई । मरु गर काटि अधम अन्याई ॥२॥

रे पापी ! तूने कई बार उसे माता कहकर पुकारा है, उसी को स्त्री बना लिया । क्या यही तेरा धर्म है ? रे नीच ! तू समुद्र में जाकर डूब मर । रे अन्यायी ! तू अपना गला काटकर मर जा ॥२॥

You have, O sinful wretch, addressed her as mother several times; now you have kept her as a concubine; is this your sense of righteousness? Go and drown yourself, you stupid idiot ! Go you, O iniquitous one, and cut your throat and die.

समरभूमि मम संमुख आवा । लाज होत नहि गाल बजावा ॥
आँखिन आगे ते टरि जाई । नाहि त मृत्यु निकट खल आई ॥३॥

अब तू युद्धभूमि में मेरे सामने आया है ! गाल बजाते तुझे लाज नहीं आती ! मेरी आँखों के सामने से टल जा, नहीं तो, रे दुष्ट ! अपनी मृत्यु निकट ही आयी जान ॥३॥

How dare you face me on the battlefield ? Aren't you ashamed to brag and bluster ? Get out of my sight or else, O villain, deem yourself doomed to death."

सुनि खिसियान गदा तेहि लीन्हीं । सर हति खंड खंड लव कीन्हीं ॥
सात बान मारेउ करि क्रोधा । गिरेउ धरनि सर लागत जोधा ॥४॥

यह सुनते ही विभीषण ने खिसियाकर हाथ में गदा ली, जिसे लव ने बाणों से काटकर टुकड़े-टुकड़े कर डाला । फिर क्रोध में आकर लव ने सात बाण मारे, जिनके लगते ही वह वीर पृथ्वी पर गिर पड़ा ॥४॥

Upon hearing these words, Vibhishana grasped his club in exasperation, but Lava shattered it to pieces with his arrow. He furiously discharged seven arrows which struck down that valiant warrior.

गिरत कोप करि सूल चलावा । लव तनु तड़ित समान समावा ॥५॥

परन्तु गिरने के साथ ही विभीषण ने एक ऐसा त्रिशूल मारा जो लव के शरीर में बिजली के समान समा गया ॥५॥

As Vibhishana fell, he so launched his trident in a rage that it entered Lava's body like a thunderbolt.

दो. —दूरि सूल करि बंधु दोउ सर मारेउ पुनि दाप ।
जामवंत कपिराज नल अंगद करहिं बिलाप ॥६२॥

उन दोनों भाइयों ने त्रिशूल को निकाल डाला और फिर क्रोधपूर्वक बाण मारे । (यह देख) जाम्बवान्, सुग्रीव, नल और अंगद विलाप करने लगे ॥६२॥

The two brothers drew out the trident and in blazing fury shot volleys of arrows, seeing which Jambavan, Sugriva, Nala and Angad began to wail aloud.

जो गिरि तरु कपि डारहिं आई । रजसम करि तेहिं देहिं उड़ाई ॥
निज बानन कपि घायल कीन्हे । जेहि जस उचित सो तस फल दीन्हे ॥१॥

वे (वानर-समूह) जो पर्वत और वृक्ष आकर डालते हैं, दोनों भाई उन्हें धूल के समान कर उड़ा देते है । (इस प्रकार लव-कुश ने) अपने बाणों से सब वानरों को घायल कर दिया और जिसको जैसा उचित था, उसे वैसा ही फल दिया ॥१॥

The trees and mountains which the monkeys hurled were reduced to dust and blown away by the two brothers. Thus did Lava and Kusha wound all the monkeys and punish each according to his deserts.

रघुकुलतिलक प्रचारत पाछें । बीर धुरीन हने सब आछें ॥
अंगद हनुमान भट भारी । ते धाए तरु सैल उपारी ॥२॥

पीछे से रघुवंशतिलक श्रीरघुनाथजी ललकारते थे, परन्तु अच्छे श्रेष्ठ वीरों पर लव-कुश ने प्रहार किया । अंगद, हनुमानादि जो भारी योद्धा थे, वृक्ष और पर्वत उखाड़कर दौड़े ॥२॥

On his side, Raghunatha, the jewel of the house of Raghu, emboldened the monkey warriors (and put new heart and daring into everyone of them) but Lava and Kusha charged at the best of them. Rooting up trees and mountains, the champions like Angad and Hanuman also flung themselves into the fight.

डारि सैल दोउ भिरे रिसाईं । खडगन हने बीर बरिआईं ॥
कपिन कोप भरि उर हत तेहीं । जिमि खग मसक चोट गज देहीं ॥३॥

उन पर्वतों को कुमारों पर फेंककर वे दोनों उनसे क्रोधपूर्वक जा भिड़े, लेकिन वीर कुमारों ने उन पर तलवारों से आक्रमण किया । वानरों ने क्रुद्ध हो उनके हृदय पर-बड़े वेग से आघात किया । वह आघात उन्हें वैसा ही लगा जैसे हाथी को मच्छर की चोट लगे ॥३॥

Launching those mountain rocks at the two princes, the two combatants furiously grappled with them, but the valiant youths struck them with their swords. Then the monkeys dealt a heavy blow at their bosoms, but it was no more than the onslaught of a mosquito on an elephant.

हति दोनों कपि भूमि गिराए । जामवंत कपिपति पहँ आए ॥
येहि तनु कोटिक समर लड़ाई । जीते लड़े बहुत हम भाई ॥४॥

जब उन्होंने उन दोनों वानरों को मारकर पृथ्वी पर गिरा दिया, तब जाम्बवान् सुग्रीव के पास आकर बोले – भाई ! हमने इस शरीर से करोड़ों संग्राम जीते हैं (अनेक योद्धाओं को मार डाला और अनेक को जीता है) ॥४॥

Then with a blow they felled Angad and Hanuman to the ground, beholding which Jambavan came to Sugriva and said,"We have, O brother, won myriads of battles in this life and slaughtered and conquered innumerable heroes and men-at-arms.

दो. –येह बालक त्रिभुवन बली जीत सकै नहि कोय ।
चलहु प्रान दीजिय समर अमर जगत नहि होय ॥६३॥

किन्तु ये बालक ऐसे बलशाली हैं कि इन्हें तीनों लोकों में कोई नहीं जीत सकता । संसार में कोई अमर नहीं है, इसलिए हम चलकर लड़ाई में प्राण दे डालें ॥६३॥

But these youths are so valorous that none can conquer them in the three worlds. Come, let us die fighting, for no one in the world is immortal."

चौ. –आये भालु बली भट नाना । तानि सरासन सर संधाना ॥
हृदय ताकि लव मारेउ सायक । जोजन सात गयो कपिनायक ॥१॥

(लव ने) जब बहुत-से शक्तिशाली रीछों और वानरों को आते देखा तब धनुष तानकर उस पर बाण चढ़ाया और ताककर सुग्रीव के हृदय में ऐसा मारा कि वह सात योजन पर जाकर गिरा ॥१॥

When he saw so many mighty bears and monkeys approaching him, Lava put his arrow on the string and, drawing it, so smote his heart that he fell down at a distance of three score miles.

धाय भालु कपि कोप बढ़ाई । मल्लजुद्ध कुस कीन्ह तहाँई ॥
निज बल भालुहिं अवनि पछारा । दोउ कर चरन बाँधि बिकरारा ॥२॥

जब रीछ और वानर बहुत क्रुद्ध होकर दौड़े तब कुश उनसे मल्लयुद्ध करने लगे । कुश ने बलपूर्वक जाम्बवान् को पृथ्वी पर पटक दिया और दोनों हाथ-पाँव बाँधकर व्याकुल कर दिया ॥२॥

When the bears and monkeys rushed forth in an access of wrath, Kusha joined in close combat and dashed Jambavan to the ground; then, having bound his hands and feet, he utterly disquieted him.

हनुमंतहिं बाँधेउ पुनि धाई । राखेउ निकट अस्व थल आई ॥
रखवारी छाँड़ेउ लव बीरा । आप गयउ रघुनायक तीरा ॥३॥

(कुश ने) फिर दौड़कर हनुमान्जी को बाँध लिया और घोड़े के निकट लाकर बिठाया । उनकी रखवाली के लिए लव को वहीं छोड़कर आप (कुश) श्रीरघुनाथजी के पास गए ॥३॥

Then he bound Hanuman and positioned him near the horse. Having left Lava to keep watch over him, Kusha betook himself to Rama.

देखेउ रथ पर श्रीपति सोए । फिरेउ बीर निज लाज बिगोए ॥
सुभग अस्त्र पट भूषन नाना । चले अस्व धरि लै हनुमाना ॥४॥

परन्तु श्रीरामचन्द्रजी को रथ पर सोते हुए देखकर वीर कुश लाज से पीछे लौट गए । फिर घोड़े पर उत्तमोत्तम अस्त्र, आभूषण और वस्त्र डालकर वे हनुमान्जी के साथ आश्रम को चले ॥४॥

Seeing that Rama lay slumbering in his chariot, Kusha felt embarrassed and retraced his steps. Then, having placed many glittering weapons, coats of mail and ornaments on the horse, Kusha went off to his retreat with Hanuman in tow.

छं. –सुभ अस्त्र पट भूषन सुमर्कट रीछ सँग हय घर चले ।
सिय निकट नायो माथ दोउ सुत भेंट भूषन जे भले ॥
पहिचानि दोउ भट निरखि भूषन सहमि सिय धरनी परी ।
येहि बीच मुनिबर सघन आए सियहि अति बिनती करी ॥१॥

उत्तम अस्त्र, कपड़े, गहने और रीछों तथा वानरों को घोड़े के साथ लेकर वे आश्रम को चले । सीताजी के निकट आकर दोनों पुत्रों ने उन्हें प्रणाम किया और उत्तम आभूषण भेंट किए । सीताजी ने दोनों वीरों को पहचान लिया और भूषणादि देख सहमकर पृथ्वी पर गिर पड़ीं । उसी समय मुनिराज (वाल्मीकि) वन से आश्रम पधारे । उन्हें देखते ही सीताजी ने उनकी बड़ी विनती की ॥१॥

The two youths went off to the retreat, the horse laden with splendid weapons, garments and jewels, and the bears and monkeys following them. As soon as they came near her, they did obeisance to Sita and offered her gifts of those splendid jewels. When Sita saw the jewels and monkeys and recognized them, she, greatly panicked, fell down to the ground. At that very moment there came the high sage Valmiki. When she saw him, Sita did him great homage.

हनुमंत भालुहि छोरि बेगहि त्यागि बहु समुझायऊ ।
रिपुदमन लछिमन सहित भरत राम समर सुवायऊ ॥
सुत कीन्ह कर्म कलंक कुल महँ मोहि बिधि बिधवा करी ।
तजि सोच चंदन अगरु आनहु जाउँ पियसँग अब जरी ॥२॥

फिर अपने पुत्रों को बहुत समझाते हुए उन्होंने कहा – हे बेटे ! तुम हनुमान् और जाम्बवान् को अविलंब छोड़ दो । शत्रुघ्न, लक्ष्मण, भरत और श्रीरामचन्द्रजी को रण में मूर्च्छित कर तुमने अपने कुल को कलंकित किया है । विधाता ने मुझे विधवा कर दिया ! अब सोच त्यागकर चंदन और अगर की लकड़ियाँ ले आओ; मैं अपने पति के साथ सती हो जाउँगी ॥२॥

Then, exhorting them, Sita said, "Set Hanuman and Jambavan free forthwith, my sons; you have brought disgrace to your house by striking Shatrughna, Lakshmana, Bharata and Rama unconscious on the battlefield. Providence has inflicted widowhood on me, so now abandon all grief and build the funeral pyre of sandalwood and incense so that I may immolate myself with my husband."

मुनि धीर जानकि देइ लव कुस सँग लै सादर चले ।
रन देखि बालकचरित देखत बिहँसि मन प्रमुदित भले ॥
रथ देखि हय पहिचानि प्रभु कहँ जाय मुनि आगे भए ।
उठि बैठु कोसलनाथ आरत तनय तव आगे छए ॥३॥

सीताजी को धीरज बँधाकर और लव-कुश को आदरपूर्वक साथ लेकर वाल्मीकिजी रणभूमि में आए । उन बालकों के चरित्र को देखकर वे मन में बड़े प्रसन्न हुए । श्रीरामजी के रथ और घोड़ों को पहचानकर मुनिवर प्रभु के आगे जाकर बोले – हे कोसलनाथ ! उठिए, आपके दोनों दीन पुत्र आगे खड़े हैं ॥३॥

Valmiki consoled Sita and with due courtesy brought Lava and Kusha to the battlefield. He was glad at heart when he reflected on the performance of the princes on the field of battle. Having recognized the chariot and the horses, the high sage went to the Blessed Lord and said, "Arise, O king of Kosala; both your humble sons are standing before you."

सो. –सुनि मुनिबर बर बैन जागे रघुपति भयहरन ।
बिहँसि उघारे नैन लीन्हे हृदय लगाय मुनि ॥६४॥

मुनिवर (वाल्मीकि) के सुन्दर वचन सुनकर (भक्तों के) भय को नष्ट करनेवाले रघुनाथजी जागे और हँसकर ज्यों ही उन्होंने अपने नेत्र खोले कि मुनि ने उनको हृदय से लगा लिया ॥६४॥

Upon hearing the sweet and agreeable words of the great sage, the Blessed Lord, the destroyer of all wordly terrors, awoke and as soon as he smilingly opened his eyes, the sage clasped him to his heart.

चौ. –प्रभुहि देखि मुनि अति हरषाने । बार बार निज भाग बखाने ॥
जेहि बिधि सेष सीय बन आनी । मुनिबर सो सब कथा बखानी ॥१॥

प्रभु श्रीरामचन्द्रजी को देखकर मुनि बड़े प्रसन्न हुए और उन्होंने बार-बार अपने भाग्य की प्रशंसा की । जिस प्रकार लक्ष्मणजी ने सीताजी को वन में लाया था, मुनिराज ने वह सारी कथा कह सुनाई ॥१॥

The sage was exceeding glad at heart to see the Lord and repeatedly praised his good fortune. Then he recounted in detail how Lakshmana had abandoned Sita in the woods.

लव कुस कथा सकल मुनि भाखी । सिव बिंरचि सूरज करि साखी ॥
मिले तनय दोउ हृदय लगाई । सुधा बरषि सुर सेन जियाई ॥२॥

वाल्मीकिजी ने ब्रह्मा, शिव तथा सूर्य को साक्षी रखकर लव-कुश की सारी कथा कह सुनायी । तब श्रीरामचन्द्रजी ने दोनों पुत्रों को हृदय से लगा लिया और देवताओं ने अमृत की वर्षा करके सेना को जीवित कर दिया ॥२॥

Calling on Brahma, Shiva and the Sun to bear witness, Valmiki recounted in detail the story of Lava and Kusha. Thereupon Rama took his sons in his arms and the gods rained showers of nectar and revived the whole army.

भरत आदि जागेउ सब भ्राता । लछिमन चले जहाँ सिय माता ॥
बहुरि राम लछिमनहिं बुलाए । सुनहु तात बचन मन लाए॥३॥

भरत आदि सब भाई जागे । तब लक्ष्मणजी सीताजी के पास चले । फिर श्रीरामजी ने लक्ष्मण को बुलाकर कहा – हे तात ! मन लगाकर मेरे वचन सुनो[१] ।

When Bharata and his brothers awoke, Lakshmana went forth to join Janaki. Summoning Lakshmana, however, Rama thus spoke: "Do give ear, brother, to my words,[1]

तात बचन मम मानहु भाई । सिय सन सपथ लेहु तुम जाई ॥
लछिमन जाय सीस सिय नावा । कुसल कही बहु बिधि समुझावा ॥४॥

हे तात ! हे भाई ! मेरी बात मानो और तुम जाकर जानकीजी से शपथ लो । लक्ष्मणजी ने जाकर सीताजी के चरणों में सिर झुकाया और कुशल-समाचार कहकर अनेक प्रकार से समझाया ॥४॥

and, brother, do just as I tell you; go and obtain an oath of fidelity from Janaki." Then Lakshmana went and bowed his head before Sita's feet and, having spoken about his welfare, exhorted her in many ways.

---

१. ऐसी नीरस, काव्यगुणरहित और सपाट पंक्तियों से ही जाहिर है कि 'लवकुशकांड' गोस्वामीजी की रचना न होकर क्षेपक-मात्र है ।

1. Such flat and insipid lines void of all poetic beauty reveal the extent to which the whole Book, Lava-Kusha-Kanda, may be regarded as an elaborate interpolation.

हरिइच्छा सियमनु अस भावा। सेष सहस फनि आनि दिखावा॥
जाय सभा महिं जनक दुलारी। सत्यरूप अस गेराँ उचारी॥५॥

नारायण की इच्छा से सीताजी के मन को भी यह बात अच्छी लगी (शपथ करने की प्रेरणा हो गई) और उन्होंने हजार मुखवाले शेषजी को साक्षात् लाकर दिखा दिया। तब सभा में जाकर जानकीजी ने यह सत्यरूप वाणी कही — ॥५॥

By the will of Narayana,[1] Sita approved this advice (for she was inwardly inspired to take the oath) and invoked the thousand-headed Serpent King in a manner that he appeared in bodily form. Then she made this solemn declaration before the assembled sages:

मन वच कर्म बिना भगवाना। सपनेहुँ पुरुष न जानौं आना॥
तौ धरनी माता सुनि लीजै। निज महँ ठौर मोहि अब दीजै॥६॥

यदि मन, वचन और कर्म से प्रभु श्रीरामचन्द्रजी के अतिरिक्त मैंने स्वप्न में भी किसी दूसरे पुरुष का ध्यान नहीं किया हो तो हे धरती माता! सुनिए, मुझे अपनी गोद में रहने के लिए स्थान दीजिए॥६॥

"If never in thought and word and deed I have permitted myself even in a dream to dwell on any person other than my lord, then, O Mother Earth, listen, let me abide in your lap."

जब सीता असि गिरा उचारी। बिदरी भूमि सब्द भा भारी॥
तामें ते अति सुभ्र सुहायो। निर्मल सिंहासन प्रगटायो॥७॥

जब सीताजी ने ऐसी बात कही तब घोर शब्द हुआ और पृथ्वी फट गई। उससे एक अत्यन्त मनोहर और निर्मल सिंहासन प्रकट हुआ॥७॥

When Sita uttered these words, a deafening sound was heard and the earth opened up. Then an impeccably beauteous throne appeared,

ताको सर्प रहे करि धारन। बैठी बसुधा सब जग तारन॥
तुरत गोद सीता तेहि लीन्ही। सावधान करि आसिष दीन्ही॥८॥

उसे (पृथ्वी को) सहस्रमुख शेषजी ने धारण कर रखा था — अर्थात् समस्त विश्व को तारनेवाली पृथ्वी उन पर सशरीर बैठी थी। उसने जानकीजी को तुरत अपनी गोद में ले लिया और सावधान कर आशीर्वाद दिए॥८॥

borne by the thousand-headed Serpent King, and Earth, the redeemer of the world, was seated incarnate upon it. At once she took Janaki into her lap and, admonishing, blessed her and said :

सही सुता तुम दुख अति भारी। चलो लोक मम होहु सुखारी॥९॥

हे बेटी! तुमने बहुत बड़े-बड़े दुःख सहे, अब हमारे लोक में चलकर सुखोपभोग करो॥९॥

1. Hari, Vishnu.

"You have, daughter, suffered greatly; now come and enjoy the blessings available in my realm."

दो. —जटित मनिन सिंहासनहि सादर सीय चढ़ाय।
भयो अलोप पताल महँ महिमा किमि कहि जाय॥६५॥

(धरती ने) मणिजटित सिंहासन के ऊपर सीताजी को आदरपूर्वक चढ़ाया। वह सिंहासन पाताल में विलुप्त हो गया — इस महिमा का वर्णन कैसे किया जाय?

With due courtesy the goddess of the earth set Sita upon the bejewelled throne, which vanished into the nether wold—a glorious marvel beyond words;

लछिमन चरित देख सब ठाढ़े। नयन प्रबाह चलत अति गाढ़े॥
सकल चरित सुनि कृपानिधाना। चलन हमार सीय मन जाना॥१॥

लक्ष्मणादि इस चरित्र को खड़े-खड़े देखते रह गए; सबके नेत्रों से आँसू बहने लगे। कृपानिधान श्रीरामचन्द्रजी इन सब चरित्रों को सुनकर जान गए कि सीता मन-ही-मन समझ गई थीं कि (अब) हम भी अपने लोक को जायेंगे॥१॥

Lakshmana and others were utterly dumbfounded at this marvel, their eyes streaming with tears. Having witnessed all this, the all-gracious Lord realized that Sita had a premonition of his return to his own (Saket, Vaikuntha).

तनय सहित प्रभु निज पुर आए। दान दीन्ह सुभ जज्ञ कराए॥
जेहि जेहि बिधि सुर आयसु दीन्हें। कोटि कोटि बिधि प्रभु सोइ कीन्हें॥२॥

(तदनंतर) अपने पुत्रों के साथ प्रभु अपने नगर को आए और उस शुभ यज्ञ को पूर्णकर अनेकानेक दान किए। देवताओं ने जैसी-जैसी आज्ञा दी, प्रभु ने उसे करोड़-करोड़ प्रकार से किया॥२॥

Then the Lord returned to his capital with his sons and, having performed the auspicious sacrifice, distributed alms of every kind. The Lord did a myriad times what the gods had bidden him do.

कोटिक धेनु धाम धन धरनी। दीन्ह कृपानिधि को सक बरनी॥
भोजन बिबिध भाँति करवाई। बिदा किए मुनिबृन्द बुलाई॥३॥

कृपासागर प्रभु ने करोड़ों गौएँ, धन, घर और पृथ्वी का इतना अधिक दान किया कि उसका वर्णन कौन कर सकता है? उन्होंने अनेकानेक मुनि बुलाए और उत्तम प्रकार के भोजन कराकर उन्हें विदा किया॥३॥

Who can tell of the countless cows, dwellings, riches and lands which the gracious Lord gave away in charity? The Lord invited companies of seers to an excellent feast and then bade them farewell.

जनकहि पूजि बिदा प्रभु कीन्हा। दोउ गुर पूजि पदोदक लीन्हा॥
आए जनक गुरहि पहुँचाई। बैठे प्रभु महिसुरन बुलाई॥४॥

जनकजी का भी पूजन कर प्रभु ने विदा कर दिया। इसके बाद उन्होंने दोनों गुरुओं की पूजा की और चरणामृत लिया। जनकजी और गुरुओं को पहुँचाने के बाद वे ब्राह्मणों को बुलाकर बैठे ॥४॥

Having done worshipful homage to Janaka and bidden him farewell, he worshipped the two preceptors and washed their feet and sipped the water. When Janaka and the preceptors had departed, he summoned the Brahmans and took his seat.

दो. —लक्ष लक्ष बर धेनु धन पूजि पूजि द्विज पाँय।
एक एक बिप्रन्ह दई हरषित कोसलराय ॥६६॥

सभी ब्राह्मणों के चरणों का पूजन कर प्रभु श्रीरामचन्द्रजी ने प्रसन्न होकर प्रत्येक को एक-एक लाख श्रेष्ठ गौओं और धन का दान किया ॥६६॥

Filled with gladness, the Lord Rama did obeisance to the Brahmans' feet and graciously bestowed on each riches in plenty and a hundred thousand cows of the best breed.

चौ. —मुदित गये मुनि निज निज धामा। पाये अमित परम सुख रामा ॥
पुरवासी आये सब झारी। सुनहिं पुरान सो होहिं सुखारी ॥१॥

सब सज्जन मुनीश्वर अपने-अपने आश्रम को चले गए, जिससे श्रीरामचन्द्रजी को परम सुख हुआ। सब अयोध्यावासी प्रभु के दर्शन के लिए आए और पौराणिक कथाएँ सुनकर प्रसन्न हुए ॥१॥

When all those noble sages departed to their several retreats, their hearts content, Rama was greatly pleased and gratified. All the citizens then thronged to see the Lord and were greatly delighted to hear from him many a legend from the Puranas.

जे जड़ चेतन जीव घनेरे। सचर अचर कोसलपुर केरे ॥
तिन पटतर सुख नहि सुरराया। करहिं बिनोद बिहाय अमाया ॥२॥

अयोध्यापुरी के जितने जड़-चेतन तथा चराचर जीव थे, उनके सुख के बराबर इन्द्र को भी सुख न था। वे माया-कपट त्यागकर आनन्द मनाते थे ॥२॥

Even Indra, lord of gods, was not as blessed as the objects of creation, animate and inanimate, moving and unmoving, existing in Ayodhya; abandoning delusion and deceit, they all lived joyfully.

येहि बिधि बिपुल काल चलि गयऊ। निज पुर गमन सुअवसर भयउ।
बीती अवधि ब्रह्म जब जानी। नारद मुनि सन कहा बखानी ॥३॥

इस प्रकार बहुत समय बीत गया और रघुनाथजी का अपने लोक में (लौट) जाने का समय आ गया। जब ब्रह्माजी को यह ज्ञान हुआ कि प्रभु की पृथ्वी पर रहने की अवधि बीत चुकी, तब उन्होंने नारद मुनि को समझाकर कहा — ॥३॥

When a long time had elapsed and the opportune moment had arrived for Raghunatha to return to his realm (Vaikuntha), Brahma, realizing that the period of Rama's sojourn in the world had ended, explained to Narada:

निज पुर आवन चहहिं खरारी। धर्मराज कहँ करहु हँकारी ॥
बिनती बहु बिरंचि जब भाखी। चलेउ धर्म रघुपति उर राखी ॥४॥

खर राक्षस के शत्रु प्रभु श्रीरामजी अपने धाम को आना चाहते हैं, इसलिए तुम धर्मराज (यमराज) को बुला लाओ। उनके आने पर जब ब्रह्माजी ने बहुत विनती की, तब धर्मराज श्रीरामचन्द्रजी को हृदय में रखकर चले ॥४॥

"Rama, the chastiser of Khara, desires to return to his realm; go and summon Dharmaraja (Death)." When Brahma made many earnest entreaties on his arrival, Dharmaraja took leave of him and set out, laying Rama's image on his heart.

दो. —आयउ यम रघुबीरपुर मुनिबर बेष बनाय।
तेजपुंज सुन्दर तरुन कटि मृगचर्म सुहाय ॥६७॥

मुनि का वेष धारणकर यमराज अयोध्यापुरी आए। वे तेजस्वी और सुन्दर युवक थे और उनकी कमर में मृगचर्म शोभित था ॥६७॥

Yamaraja came to Rama's city in the guise of a seer. Resplendent in his deerskin robe round his waist, he was young, comely and blazing with inner radiance.

द्वारपाल लछिमन कहँ जानी। बोलेउ तापस अति मृदुबानी ॥
तुरत सेष तब खबर जनाई। सुनत बचन आये रघुराई ॥१॥

उस तपस्वी ने लक्ष्मणजी को द्वारपाल समझकर अत्यन्त मधुर वाणी में अपना संदेश कहा। तब लक्ष्मणजी ने तत्काल जाकर सब समाचार श्रीरामचन्द्रजी से कह सुनाया। सुनकर वे द्वार पर आए ॥१॥

Mistaking Lakshmana for a mere guard, the ascetic spoke in an exceedingly gentle tone (bidding him go and announce to Rama that he had come). As soon as Lakshmana brought the news, Rama, hearing of the arrival of the sage, came to the gate.

मुनिहि निरखि प्रभु कीन्ह प्रनामा। सादर उचित कहेउ श्रीरामा ॥
अर्घ्य दीन्ह आसन बैठारी। मुनिबर सादर गिरा उचारी ॥२॥

मुनि को देखकर प्रभु श्रीरामजी ने उन्हें प्रणाम किया और आदरपूर्वक उचित वचन कहे। फिर उन्हें आसन पर बिठाकर अर्घ्य दिया। तब मुनिवर ने आदरपूर्वक कहा — ॥२॥

When he saw the seer, Rama did him homage and with due honour spoke words appropriate to the occasion. Then, having given him an honourable seat, he offered him oblation and respectfully spoke:

सुनु सर्बज्ञ कृपालु दिनेसा। आयउँ मैं मुनिबर के वेषा॥
मैं तुम रहउँ और नहि कोई। तिसरे सुनत नास तेहि होई॥३॥

हे सर्वज्ञ कृपानिधान! हे सूर्यकुलतिलक रघुनाथजी! सुनिए, मैं मुनिवर के वेष में आया हूँ। (मैं समाचार उस समय कहूँगा जब इस स्थान में) मेरे और आपके सिवा कोई तीसरा न रहेगा और जो तीसरा सुनेगा, उसका नाश हो जायगा॥३॥

"Listen, O all-wise Raghunatha, the ocean of grace and jewel of the Solar race, I have come in the guise of a seer; I will tell you everything when there is no third person here save you and myself, for the third who will hear me will perish.

सुनहि बचन तेहि देहहुँ सापू। सिव बिधि हरि जो एेहहुँ आपू॥
सुनहु लषन बैठहु चलि द्वारे। नहि कोउ आब न गिरा उचारे॥४॥

जो भी मेरी बात सुनेगा उसे मैं शाप दूँगा। यदि शिव, ब्रह्मा और विष्णु भी स्वयं आवें (तो नहीं बच सकते)। (तब रघुनाथजी ने कहा –) लक्ष्मण! सुनो, तुम दरवाजे पर जाकर बैठो, जिससे न कोई यहाँ आने पावे और न कुछ आकर बोल सके॥४॥

Accursed will be any other person who hears me, be he Shiva, Brahma or Vishnu!" "Listen, Lakshmana," said Raghunatha; "go and be seated at the gate; let no one intrude nor utter a word.

इतनेहु पर आवै पुनि कोई। मरिहहि सत्य मृषा नहि होई॥५॥

यह जानते हुए भी यदि कोई यहाँ आवेगा तो निश्चय ही उसकी मृत्यु होगी – यह बात झूठ नहीं हो सकती॥५॥

If, in spite of all this, someone has the effrontery to encroach on our privacy, he will be put to death, you may be sure!

दो. –बोलेउ तापस वचन मृदु पाहि पाहि रघुनाथ।
कहा सकल इतिहास मुनि कहि पुनि नायउ मथ॥६८॥

(निर्जन स्थान में) उस तपस्वी ने मीठी वाणी में कहा – हे रघुनाथजी! रक्षा कीजिए, रक्षा कीजिए। सब-कुछ वर्णन करने के बाद[१] उसने बार-बार सिर झुकाकर प्रणाम किया।

Retreating to a secluded spot, the ascetic exclaimed gently: "Save me, Save me, O Lord!" And then, having recounted the whole story, he repeatedly bowed his head before him.

१. नरलीला की दृष्टि से बतलाया कि उन्हें अब अपने धाम को लौट चलना है और अब अपनी सब पार्थिव लीला समेट लेनी है।

प्रभु इच्छा भावी बलवाना। दुर्बासा मुनि आय सुजाना॥
मुनिहि देखि लछिमन चले आगे। गए निकट बिनती अनुरागे॥१॥

हरि की इच्छा और होनहार अति बलवान् है। (तभी तो) उसी समय सुविज्ञ दुर्वासा ऋषि वहाँ आ पहुँचे। मुनि को देख लक्ष्मणजी उन्हें लेने के लिए आगे आए और निकट आकर उन्होंने प्रेम से उनकी विनती की॥१॥

Mighty is the will of Hari and Providence, for at that moment there appeared the seer Durvasa. Beholding the sage, Lakshmana went out to receive him and, drawing near, made affectionate supplication.

पूछा मुनि कहँ रघुकुलईसा। तहाँ जाब मैं सुनहु अहीसा॥
जो प्रति उत्तर करिहहु आजू। भस्म करब तव घर पुर राजू॥२॥

दुर्वासा ऋषि ने पूछा – हे लक्ष्मण! बताओ, रघुनाथजी कहाँ हैं? मैं उनके पास जाऊँगा। यदि तुम इस समय कुछ कहासुनी या रोकटोक करोगे तो मैं तुम्हारे घर, नगर और राज्य को भस्म कर डालूँगा॥२॥

"Tell me, Lakshmana," said the seer Durvasa, "where Raghunatha is; I will go to him; if you be contentious this moment, I will reduce your city, your home and your kingdom to ashes."

काँपेउ लषन सुनत मुनि बानी। निज बध ठानिसु चले भवानी।
दोउ कर जोरि कहेउ प्रभु सनहीं। दुर्वासा मुनि आवन चहहीं॥३॥

हे पार्वती! मुनि की वाणी सुनते ही लक्ष्मणजी काँप गए और अपनी मृत्यु निश्चित जानकर श्रीरामजी के पास चले। उन्होंने दोनों हाथ जोड़कर उनसे कहा – महाराज! दुर्वासा ऋषि आना चाहते हैं॥३॥

Upon hearing these words of the seer, Lakshmana, O Parvati, trembled with fear and, deeming his death certain, went forth to Rama. With folded hands he said that the seer Durvasa was eager to see him.

तात अपराध कीन्ह तुम भारी। काल कर्म गति टरै न टारी॥
कीन्ह बचन दिनकर कुलकेतू। सुनु खग अपर कथाकर हेतू॥४॥

(तब रघुनाथजी ने कहा –) भाई! तुमने यह बहुत बड़ा अपराध किया जो यहाँ चले आए। (सच है,) काल-कर्म की गति टाले नहीं टलती। प्रभु श्रीरामचन्द्रजी ने ये वचन अपने प्रण के अनुसार कहे। हे गरुड़जी! अब आगे की कथा सुनिए॥४॥

"Dear brother," said Raghunatha, "You have committed a grievous sin by coming in here. No power can annul the law of time or prevent the fruit of action from being reaped." The Lord Rama said all this in fulfilment of his vow. Now, O Garuda, listen to what follows next.

दो. –तुरत कहेउ मुनि आनहु सादर कृपानिधान।
चलहु बेगि मुनिनाथ अब कहा राम भगवान ॥६९॥

(धर्मराज के चले जाने के बाद श्रीरामजी ने कहा –) मुनि को तुरत आदरपूर्वक ले आओ। तब लक्ष्मणजी ने जाकर कहा – मुनिराज ! शीघ्र चलिए, प्रभु रामचन्द्रजी ने बुलाया है ॥६९॥

"Bring the seer in with all due honour," said Rama, when Dharmaraja departed. "O lord of seers, " said Lakshmana, "pray come in at once, the blessed Lord Rama has thus made the welcome offering."

छं. –अति तेजपुंज बिलोकि प्रमुदित उचित उठि आसन दियो।
जल आनि सादर चरन धोये सुभग पादोदक लियो ॥
जन जाति मुनिबर देहु आयसु बेगि सो सादर करौं।
बहु काल क्षुधित कृपायतन अब असन बिनु भूखों मरौं ॥१॥

अति तेजस्वी मुनि को आते देख रघुनाथजी ने प्रसन्नता से उठकर उचित आसन दिया, फिर आदरपूर्वक चरणों को धोकर चरणामृत लिया और कहा – हे मुनिराज ! मुझे अपना दास समझकर आज्ञा दीजिए जिसे मैं यथाशीघ्र सादर पूरा करूँ। तब मुनिराज ने कहा – हे कृपानिधान ! मैं बहुत दिनों से भूखा हूँ और भोजन के बिना मर रहा हूँ ॥१॥

When he saw the seer approaching, aglow with an inner radiance, Raghunatha joyfully arose and gave him the most appropriate seat. Then, having respectfully washed his feet and taken a sip of the water as if it were nectar, he said, "O king of sages, look upon me as your humble servant and give me your commands; I will carry them out at once with all due devotion." "O gracious Lord," said the lord of sages, "I have been famished for many days now and am dying of hunger."

मनभाव भोजन दीन्ह रघुपति बहुत बिधि बिनती करी।
संतोष पाय मुनीस अस्तुति बिनय करि आसिष भरी ॥
करि बिदा मुनिबर देखि लछिमन हृदय दारुन दुख भए।
भरतादि अनुज समेत पुरजन ताहि छिन देखत भए ॥२॥

यह सुनते ही रघुनाथजी ने मुनि को मनचाहा भोजन कराया और बहुत प्रकार से विनती की। तब मुनिराज ने संतुष्ट हो प्रार्थना की और आशीर्वाद दिए। तदनंतर प्रभु ने मुनिवर को विदा कर दिया। लक्ष्मण को देखकर वे मन में बड़े दुःखी हुए। उस समय भरत आदि भाइयों के साथ सब नगरवासी उन्हें देखने आए ॥२॥

Upon hearing this, Raghunatha offered the sage the food of his choice and did him homage in every way, Then the lord of sages, content at heart, hymned his glory and, having supplicated him, lavished his benediction upon him. Then the Lord bade him farewell, but when he saw Lakshmana, he was sore distressed at heart. That very moment Bharata with all his brothers and the citizens also went to see Lakshmana.

पद बंदि ठाढ़े जोरि कर दोउ बदन लखि अति काँपहीं।
भरि नयन पंकज नीर आरत भरत सन प्रभु सब कहीं ॥
अब गुरहि आनहु बेगि सादर दुखित अति आतुर गए।
सब कथा गुरहि सुनाय आरत यान चढ़ि आवत भए ॥३॥

सब लोग प्रभु के चरणों की वन्दना कर और दोनों हाथ जोड़कर खड़े हुए और उनके मुख-मंडल को देखकर काँपने लगे। तब अपने कमल के समान नेत्रों में जल भरकर श्रीरामजी ने बहुत दुःखी हो भरतजी से सारा वृतांत सुनाकर कहा – गुरुजी को शीघ्र आदरपूर्वक बुला लाओ। यह सुनते ही भरतजी दुःखी होकर अविलम्ब चल पड़े और सब बात गुरुजी को सुनाकर उन्हें रथ पर चढ़ाकर ले आए ॥३॥

After doing reverence to the feet of the Lord, they all stood with folded hands and began to tremble in panic when they saw his countenance. Then, with his lotus eyes streaming with tears and sore distraught, the Lord recounted to Bharata all that had happened and said, "Brother, go at once and with all due courtesy bring the revered *guru* (Vasishtha) here." Upon hearing this, he went off in great haste, sore distressed, and told the preceptor all the tidings. Mounted on a chariot, he came immediately.

आए बसिष्ठ बिलोकि रघुपति बिकल उठि चरनन पड़े।
संबाद सुनि मुनि समय जानेउ त्यागिहैं हमको हरे ॥
सुनि बचन सेष बिचारि निज उर रामबिनु धिग जीवना।
गहि चरन सरयूतीर आए देखि जल सुभ पीवना ॥४॥

वसिष्ठजी को आया देखकर रघुनाथजी व्याकुल होकर उनके चरणों पर गिर पड़े। सारी बातें सुनकर वसिष्ठजी समझ गए कि श्रीरामचन्द्रजी हमें छोड़ जाना चाहते हैं। (जब उन्होंने अपने मन की बात प्रकट की तब) यह सुनकर लक्ष्मणजी ने अपने मन में विचार किया कि श्रीरामजी के बिना जीवन को धिक्कार है। प्रभु के चरण छूकर लक्ष्मणजी सरयू-तट पर आए और उसके पवित्र जल से आचमन किया ॥४॥

At the sight of the *guru*, Raghunatha arose in a flurry of agitation and fell at his feet. (He told him of his vow and of Lakshmana's encroachment upon his privacy.) Hearing this news, the preceptor knew that the Lord was about to leave them. On hearing of his fears, Lakshmana reflected that life bereft of Rama was not worth living. He then did obeisance to Rama's feet and, coming to the bank of the Sarayu, drank of its holy water.

दो. –कटिप्रमान जल मध्य में कीन्हेउ ध्यान अखंड ।
योग यत्न करि राम कहि फोड़्यो निज ब्रह्मंड ॥७०॥

कमर के बराबर जल में खड़ा होकर उन्होंने अखंड ध्यान किया और 'राम' शब्द को जपते हुए प्राणायाम के द्वारा अपने ब्रह्मांड को फोड़ दिया ॥७०॥

Standing in waist-deep water, he steadied and fixed his mind on the Lord and, muttering 'Rama' and practising breath control, let the life-force within him escape through the aperture in his skull.

रामधाम पहुँचे तुरत लषन चतुर्थ सुभाग ।
सुनि व्याकुल रघुपति भरत मिटेउ सकल अनुराग ॥७१॥

इस प्रकार श्रीरघुनाथजी के चौथे अंश लक्ष्मणजी तुरत उनके धाम को गए । यह सुनकर श्रीरघुनाथजी और भरत, दोनों ही बड़े व्याकुल हुए और जीवन के प्रति उनका सारा अनुराग जाता रहा ॥७१॥

Thus Lakshmana, who constituted a quarter of Rama's being, reached Vaikuntha forthwith. Hearing this, both Raghunatha and Bharata were exceedingly agitated and all their zest for life vanished.

चौ. –मैं नहि तज्यों तज्यो मोहिं ताता । अब करु यत्न सो देखेउँ भ्राता ॥
करहु भरत पुरराज्य सुखारी । सुनत गिरेउ महि व्याकुल भारी ॥१॥

(श्रीरामजी ने कहा –) मैंने लक्ष्मण को नहीं त्यागा. उन्होंने ही मुझे त्याग दिया । इसलिए अब वह उपाय करो जिससे मैं अपने भाई को देख सकूँ । हे भरत ! तुम नगर और राज्य को (अपने शासनकाल में) सुखी करो । यह सुनते ही भरत अत्यन्त व्याकुल हो पृथ्वी पर गिर पड़े ॥१॥

"I did not forsake Lakshmana," said Rama, "he forsook me; so now devise a way for me to see my brother. Let there be, O Bharata, bliss and prosperity in your city and realm." When he heard this, Bharata, utterly disquieted, fell down to the ground.

चलन चहत अब प्रान गुसाईं । प्रभु लछिमन बिनु रहि न सकाईं ॥
तात चलहु कहि तनय बुलाए । कीन्ह तिलक बहु नीति सिखाए ॥२॥

(और बोले –) हे स्वामी ! मेरे प्राण अब निकलना ही चाहते हैं; हे प्रभो ! मैं लक्ष्मणजी के बिना जीवित नहीं रह सकता । (श्रीरामजी ने कहा –) हे तात ! अच्छा, तुम भी चलो । यह कहकर उन्होंने अपने पुत्रों को बुलाया और राजतिलक कर तरह-तरह की राजनीति सिखायी ॥२॥

"O Lord," he said, "my death is imminent, for, sire, I cannot live apart from Lakshmana." "Bless you, my brother," said Rama, "let us then go together." So saying, he summoned his sons and, consecrating them, taught them many a lesson in statecraft.

भरततनय सुतक्ष जेहि नामा । दक्षिन नगर दीन्ह तेहि रामा ॥
दूसर पुष्कर जेहि जग जाना । पुहकर नगर दीन्ह भगवाना ॥३॥

रघुनाथजी ने भरतजी के सुतक्ष नामक पुत्र को दक्षिण नगर का राज्य दिया । दूसरे पुत्र पुष्कर को, जो जगद्विख्यात था, भगवान् ने पुष्कर नगर का राज्य दिया ॥३॥

Raghunatha consecrated Bharata's son, Sutaksha, as king of the south; to his second son, the world-renowned Pushkara, he gave the kingdom of the city of Pushkara.

प्रथम दैत्य हति तहाँ बसाए । दीन्ह कृपानिधि जेहि मन भाए ॥
चित्रकेतु अंगद रनधीरा । लछिमनतनय सुभट गँभीरा ॥४॥

दैत्यों को मारकर उन्होंने पहले जहाँ अनेक नगर बसाए थे, उनके राज्य कृपासागर ने भरत के पुत्रों को उनकी इच्छा से दिया । लक्ष्मणजी के चित्रकेतु और अंगद नामक दो पुत्र थे जो बड़े ही रणधीर योद्धा थे ॥४॥

The kingdom of the cities founded by him earlier on the spots where he had slain the demons the ocean of grace gave away to the sons of Bharata as they had desired. Lakshmana had two sons, Chitraketu and Angad, who were both exceeding resolute in battle.

दो. –पच्छिम दिसा पिसाच बहु जीति हते संग्राम ।
तहँ राखे सुत सरिस दोउ बिलग बिलग कहि नाम ॥७२॥

उन्होंने पश्चिम दिशा के बहुत-से राक्षसों को रण में मारा था । श्रीरामचन्द्रजी ने वहीं पर उन नगरों के अलग-अलग नाम रखकर वहाँ का राज्य पुत्र के समान (लक्ष्मणजी के) उन दोनों पुत्रों को दिया ॥७२॥

They had slaughtered in battle many of the demons of the west. Giving a name to each of the cities where the battles were fought, Rama crowned Lakshmana's two sons, who were like his own, kings of those places.

चौ. –अवध नृपति कुस कीन्ह बहोरी । सिखै नीति पुनि कह्यो निहोरी ॥
भ्रातन पर सुत दया करेहू । राजनीति उर माहिं धरेहू ॥१॥

फिर अयोध्या का राज्य अपने बड़े पुत्र कुश को दिया और उसे राजनीति सिखाकर कहा – हे पुत्र ! अपने भाइयों पर दया करना और हृदय में राजनीति धारण किए रहना ॥१॥

Then he consecrated his son Kusha as king of Ayodhya and, having given him instruction in statecraft, spoke to him tenderly: "Look upon your brothers, O son, with compassion and keep enshrined in your heart the law of sound policy."

उत्तर नगर सु उत्तर दूरी । सुख सम्पदा जहाँ अति भूरी ।
लव कहँ दीन्ह कृपानिधि सोई । पटतर अवध नगर नहि कोई ॥२॥

बहुत दूर उत्तर दिशा का राज्य, जहाँ सब सुख-सम्पदाओं का आधिक्य है, कृपानिधान श्रीरामजी ने लव को दिया। फिर भी, अयोध्या के समान दूसरा नगर नहीं है ॥२॥

Lava was then assigned a kingdom in the farthest north which overflowed with all bliss and prosperity, though Ayodhya was still a city without any parallel.[1]

आठ सहस रथ तुरंग पचासा। दस सहस्र गजमत्त बिलासा ॥
लजहिं इन्द्रगज तिनहिं बिलोकी। दिगपालन निज प्रभुता रोकी ॥३॥

आठ हजार रथ, पचास हजार घोड़े और दस हजार मतवाले हाथी, जिन्हें देखकर इन्द्र के हाथी भी लज्जित होते थे और जिन्होंने दिक्पालों की प्रभुता को भी तुच्छ कर दिया था, (प्रभु ने अपने प्रत्येक पुत्र को दिए) ॥३॥

(The Lord gave to each of his illustrious sons) eight thousand chariots, fifty thousand horses and ten thousand high-spirited elephants, which put to shame Indra's own elephants and before which the glory of the guardians of the quarters paled into insignificance.

सक्र कुबेर देखि सकुचाने। तिनकी महिमा कौन बखाने ॥
इक इक सुतन दीन्ह रघुराया। बरनि को सकै सुनहु खगराया ॥४॥

उस अपार राशि को देखकर इन्द्र और कुबेर भी सकुचा उठे, फिर उनकी महिमा का वर्णन कौन कर सकता है ? हे गरुड़जी ! सुनिए, श्रीरामचन्द्रजी ने प्रत्येक पुत्र को इतना दिया कि उसका वर्णन नहीं हो सकता ॥४॥

When they saw those immeasurable gifts, both Indra and Kubera felt abashed. Who can describe, O king of birds, the glory of the Lord who bestowed upon each of his sons wealth beyond telling ?

धनद कोटि सम भरे भँडारा। यथायोग्य करि भाग उदारा ॥५॥

उदार प्रभु ने करोड़ों कुबेरों (की धनराशि) के तुल्य अपने धन-भांडार को सब पुत्रों में यथायोग्य बाँट दिया ॥५॥

The munificent Lord, whose treasury contained the wealth of myriads of Kuberas, apportioned all his riches among his sons according as each deserved.

दो. –सकल तनय परितोष करि बिदा कीन्ह रघुबीर।
बिप्रबृंद जाचक सकल लिए बोलि मतिधीर ॥७३॥

धीरबुद्धि श्रीरघुनाथजी ने सब पुत्रों को संतुष्ट कर विदा किया और फिर उन्होंने ब्राह्मणों के समूह और सभी याचकों को बुलाया ॥७३॥

Having gratified all his sons, Raghunatha bade them farewell and then the Lord, resolute and steadfast, summoned companies of Brahmans and all the mendicants.

चौ. –धेनु बसन धरती धन धामा। दिए द्विजन किए पूरन कामा।
जाचक सबै अवध के बासी। बोले प्रभु सुनु अज अबिनासी ॥१॥

गाय, वस्त्र, पृथ्वी, धन, गृह आदि ब्राह्मणों को देकर उन्हें इच्छारहित कर दिया (वे पूर्णकाम हो गए)। फिर अयोध्यानिवासी याचकों ने कहा – हे अजन्मा और अविनासी प्रभो ! सुनिए।

When he had bestowed cows, raiment, land, riches and dwelling-places upon the Brahmans, they were rid of all desire. Then the mendicants of Ayodhya said, "O self-existent and indestructible Lord, listen :

हम भरि जन्म चरन अनुरागी। अंतकाल अब होत अभागी ॥
जो जन जानि लेहु प्रभु साथा। करहु कृपानिधि सकल सनाथा ॥२॥

हम आजीवन आपके चरणों के भक्त रहे, परन्तु अंत समय में हम अभागे हो रहे हैं। इससे, हे कृपानिधान ! यदि आप हमें अपना दास समझकर साथ ले लें तो हम सब पुनः सनाथ हो जायँगे ॥२॥

We who have been devoted to your feet all our lives are now at the end being deprived of our good fortune. If, O Ocean of Mercy, you deem us your own servants and allow us to accompany you, we shall once again be restored to our great good fortune."

सुनि सनेहमय बचन सुहाए। चलहु कहेउ प्रभु अति सुख पाए ॥
समय जानि कपिपति तहँ आवा। अंगद राज दीन्ह सुख पावा ॥३॥

उन प्रेमभरे शब्दों को सुनकर प्रभु श्रीरामजी बहुत प्रसन्न होकर बोले – (अच्छा भाई !) चलो। समय जानकर सुग्रीवजी भी वहाँ आ पहुँचे और (किष्किन्धा का) राज्य अंगद को देकर सुखी हुए ॥३॥

Upon hearing these words, all steeped in affection, the Lord was overjoyed. "Well, brethren, " he said, "come with me." Considering the moment to be opportune, Sugriva also arrived and rejoiced to give away the kingdom of Kishkindha to Angad.

जामवंत लंकापति वीरा। नल अरु नील द्विविद रनधीरा ॥
कोटिन कीस जे सुर अवतारी। आए जहाँ कृपालु खरारी ॥४॥

जाम्बवान्, लंकापति वीर विभीषण, नल, नील, रणधीर द्विविद और करोड़ों वानर, जो देवताओं के अवतार थे, वहाँ आए जहाँ कृपालु श्रीरामजी – खर के शत्रु – थे ॥४॥

Jambavan and the valiant Vibhishana, the lord of Lanka, Nala and Dvivida, who was resolute in battle, and myriads of monkeys, who were each an

1. Thus was founded the city Lavapura, now called Lahore.

incarnation of a god, came together to the spot where the all-merciful Rama, the chastiser of Khara, was.

सो. –कह प्रभु सुनु लंकेस राज करहु सत कल्प तुम ।
बचन अचल मम सेष अंत अमरपुर गमन रुरु ॥७४॥

प्रभु श्रीरामचन्द्रजी ने कहा – हे विभीषण ! सुनो तुम सौ कल्प तक लंकापुरी का राज्य करो, मेरे ये वचन अटल सत्य हैं । अन्त में तुम्हें देवलोक (स्वर्गलोक) की प्राप्ति होगी ॥७४॥

"Listen, Vibhishana," said the Lord, "may you rule over Lanka for a hundred aeons–irrefutable is this pronouncement–and dying, may you ascend to the world of the immortals (whither all good men go).

जामवंत सुनु मम मृदु बानी । रहु द्वापर भर अस जिय जानी ॥
कृष्णरूप धरि मिलिहौं तोहीं । समरभूमि तब जानेसे मोहीं ॥१॥

प्रभु श्रीरामजी ने जाम्बवान् से मृदुल स्वर में कहा – तुम (पृथ्वी पर) द्वापरयुग तक निश्चय रूप से रहो । जब मैं कृष्णरूप धारणकर तुमसे संग्राम करूँगा, तब मुझे पहचान लेना ॥१॥

And you, Jambavan," added the Lord in sweet accents, "dwell on earth for full Dvaparayuga. When I will incarnate myself as Krishna and do battle with you, you must then recognize me."

सब कहँ सब बिधि धीरज दीन्हा । आपु गमन सरयूतट कीन्हा ॥
दच्छिन भरत बाम रिपुदमनू । पुरबासी सब निज कुल तरनू ॥२॥

इस प्रकार सबको सब प्रकार से धैर्य देकर स्वयं रघुनाथजी सरयू नदी के तट पर गए । दाहिनी ओर भरतजी, बाईं ओर शत्रुघ्नजी और पीछे सब अयोध्यावासी तथा कुटुम्बी लोग मुक्ति के निमित्त चले ॥२॥

Having thus lifted up the spirits of all in every way, Raghunatha himself came to the bank of the Sarayu. On his right was Bharata, on the left Shatrughna and in the rear all the citizens of Ayodhya with the kinsfolk, all desirous of attaining liberation.

अग्नि वेद गायत्री छंदा । धरि निज रूप चले सुरबृंदा ॥
पीताम्बर पट सुन्दर धारी । जड़ चेतन चर अचर सुखारी ॥३॥

(उस समय) अग्नि, वेद, गायत्री, छंद आदि देवताओं के समूह अपना-अपना रूप धारणकर चले । सब जड़-चेतन, चर-अचर पीताम्बर पहनकर सुखपूर्वक निकले ॥३॥

Such companies of gods as Fire, Vedas, Gayatri and Metres joyously set forth, each in his own true form, clad in yellow robes, together with all beings, conscious or unconscious, moving or unmoving.

अमर रूप धरि सुन्दर आई । जस कछु कीन्ह सो सुनु खगराई ॥
समय जानि तब पवनकुमारा । बोले बचन कृपा आगारा ॥४॥

सब देवता सुन्दर रूप धारणकर वहाँ पहुँचे । हे गरुड़जी ! उस समय प्रभु श्रीरामजी ने जो चरित्र किए, उन्हें सुनिए । अनुकूल समय जानकर कृपासागर रघुनाथजी ने हनुमान्‌जी से कहा – ॥४॥

Assuming beauteous forms, all the gods arrived there. Now, O Garuda, listen to what the Blessed Lord Rama did then. Perceiving the moment to be appropriate, the all-gracious Raghunatha said to the Son of the Wind :

दो. –चिंरजीव सुत रहहु तुम जब लगि रवि ससि सेष ।
तुहि सेवत मिटिहहिं सकल दुस्तर कठिन कलेस ॥७५॥

हे पुत्र ! तुम तबतक जीवित रहो जबतक सुर्य, चन्द्रमा और शेषनाग रहें । जो मनुष्य तुम्हारी सेवा करेगा उसके सब कठिन-से-कठिन कष्ट दूर हो जायँगे ॥७५॥

"You live, O son, as long as the sun, the moon and the Serpent King endure. He who will attend on you shall find all his greatest pains and sorrows destroyed.

चौ. –चतुरानन पहँ धर्म सिधाए । सरयू तीर जगतपति आए ॥
चले देव अज भव सनकादी । जे मुनि अपर अलोकि अनादी ॥१॥

उधर ब्रह्माजी के पास आकर धर्मराज (यमराज) ने कहा – जगन्नाथ रघुनाथजी सरयू के किनारे आ गए हैं । यह सुनते ही देवताओं के साथ ब्रह्माजी, शिवजी, सनकादि बहुत से ऋषीश्वर, जो संसार से परे और अनादि थे, चल पड़े ॥१॥

Meanwhile, coming to Brahma, Dharmaraja (Death) said, "Raghunatha, lord of the world, has come to the bank of the Sarayu for his last journey." Upon hearing this, Brahma, Shiva, Sanaka and his brothers, and a stream of ascetics, all finally liberated and living in Brahmaloka from time immemorial, set out.

कोटिन रथ बाहन बिधि नाना । अरुन अकास न जाइ बखाना ॥
नभ पर जय जय जय धुनि होई । पावहिं वर सुर जाचहिं जोई ॥२॥

करोड़ों रथों और अनेक प्रकार के विमानों से आकाश ऐसा लाल हो गया कि उसका वर्णन नहीं हो सकता । देवता आकाश में जयजयकार करते और इच्छानुसार वर पाते थे ॥२॥

The myriads of chariots and the aerial cars of many kinds covered the heavens and made them ineffably red, and the sky resounded with cries of triumph raised by the gods who received the boons they asked for.

देखि नाकरथ मग परिछाहीं। जिमि गिरि कृमि नभपंथ उड़ाहीं॥
करहिं परस जल जो तुनधारी। पाइ चतुर्भुजरूप सुखारी॥३॥

रास्ते में आकाश के रथों की परछाईं टिड्डियों के समान उड़ती हुई जान पड़ती थी। (उस समय प्रभु-कृपा से) जो मनुष्य सरयू के जल का स्पर्श करता था, वह चतुर्भुजरूप धारणकर सुखी हो जाता था॥३॥

The shadows cast on the pathways by the aerial cars looked like swarms of locusts in flight. Whosoever touched the water of the Sarayu at once assumed the form of the four-armed Creator and attained great bliss.

चढ़ि बिमान प्रभु धाम सिधाए। सकल अमरपति कहँ सकुचाए॥
सुमनबृष्टि नभ होत अपारा। होइ नाद बिधि बेद उचारा॥४॥

वे विमानों में चढ़कर प्रभु के धाम को चले गए और अपने ऐश्वर्य से उन सबों ने इन्द्र को भी लज्जित कर दिया। आकाश से फूलों की अपार वर्षा और (सरयूतट पर) वेदध्वनि होने लगी (ब्रह्माजी वेदध्वनि करने लगे)॥४॥

Mounting innumerable chariots, they all departed to the Lord's realm, at the splendid sight of which even Indra felt abashed. There was an unending shower of blossoms and the river bank resounded with Vedic chants.

उच्चरत बेद प्रसन्न भरत कृपालु हँसि सादर लयो।
जल परसि कर रिपुदमन सादर पद्मवन राजा भयो॥
कपि आदि यूथप राखि उर प्रभु सकल निज लोकन गए।
सुग्रीव प्रभुपद बंदि बारहिं बार रविमंडल छए॥१॥

प्रसन्नतापूर्वक वेद का उच्चारण करते हुए भरतजी आदरपूर्वक कृपालु श्रीरामचन्द्रजी के स्वरूप में लीन हो गए। जल का स्पर्शकर शत्रुघ्नजी भी आदरपूर्वक पद्मवन के राजा हुए। वानरों आदि के समस्त सेनापति प्रभु को हृदय में रखकर अपने-अपने लोक को चले गए। सुग्रीव ने प्रभु के चरणों का बार-बार वंदन किया और वे सूर्यमंडल में प्रवेश कर गए॥१॥

Joyfully intoning the Vedas, Bharata smiled and respectfully lost himself in Rama's being. With a touch of the consecrated water, Shatrughna, too, ascended the throne of Padmavana with due honour. All the commanders of the monkey and other ranks departed to their several spheres, laying the Lord upon their hearts, while Sugriva departed to the solar sphere after repeatedly doing reverence to the Lord's feet.

सुरसहित दिनकरबंसभूषन आय जल आश्रित रहे।
तेहि समय बोलि अनादि प्रभुजू बचन पावनमय कहे॥
इक मास रहु येहि तीर तुम मम पुरी जीव जे आवहीं।
तिन्ह सुभग देहु विमान पद निर्बान जो मम पावहीं॥२॥

सूर्यवंश के शिरोमणि श्रीरामचन्द्रजी देवताओं के साथ जल के निकट आए और उसी समय उन्होंने ब्रह्मा आदि देवताओं को बुलाकर ये पावन शब्द कहे – तुमलोग एक मासतक सरयू के तट पर रहो। जो कोई यहाँ हमारी पुरी में आना चाहें, उन्हें उत्तम (समस्त् ऐश्वर्यपूर्ण) विमान में चढ़ाकर लाओ, मुझे पाकर वे मोक्ष पा लेंगे।

Rama, the jewel of the Solar race, and the gods came near the waters of the river and, invoking Brahma and other deities, uttered these sacred words, "Dwell for a month on this river bank and escort to my realm those on their way to it; let them come to Saket (attain liberation) in a chariot radiant with blazing splendour. Having won me, they will all attain liberation.

यह परम पावन भूमि सरयू एक पल जे आवहीं।
तरि जाहिं सुरपुर सकल सादर सर्वदा तेहि पावहीं॥
जे जन्म भरि मम संग कोसलपुर रहे निसिबासर सदा।
ते तुरत आनहु सहित आदर सुनहु मम बाणी मुदा॥३॥

इस परम पवित्र सरयू-भूमि में जो कोई एक पल के लिए भी आयेगा, वह (स्नानगात्र से) भवसागर तर जायेगा और अन्ततः उसे निश्चय ही वैकुंठ की प्राप्ति होगी। जितने अयोध्यावासी मेरे साथ आजीवन रात-दिन रहे हैं, उन्हें सम्मानपूर्वक वैकुठ ले आओ और प्रसन्नतायुक्त मेरे वचन स्वीकार करो॥३॥

Those who will come to the supremely holy land of the Sarayu even for a moment shall assuredly win liberation and reach my abode in Vaikuntha. Go and bring with due honour all those men and women of Ayodhya who have lived with me day and night for all their lives. Carry out my command with a glad heart."

कहि बचन अंतर्धान प्रभु जिमि दामिनी घन में धँसे।
नभ जयति जय जयकार जय जय जयतिकर लै सुर लँसे॥
येहि भाँति रघुपति सह चराचर लै गए निज धाम को।
सो कहेउ उमहि कृपायतन उर राखि सादर राम को॥४॥

यह कहकर प्रभु श्रीरामजी ऐसे अदृश्य हो गए जैसे बादल में (कौंधकर) बिजली लुप्त हो जाती है। (यह देखकर) सब देवता (आनन्द-विह्वल हो) आकाश में जय-जयकार करने लगे। इस प्रकार श्रीरामचन्द्रजी चराचर को साथ लेकर अपने लोक को गए। हृदय में प्रभु श्रीरामजी को सादर धारणकर कृपासागर शिवजी ने वही कथा पार्वतीजी से कही थी॥४॥

Having spoken these words, the Lord Rama disappeared as lightning disappears among the rain clouds. In the heavens the gods raised cries of triumph in an ecstasy of joy. Thus did Raghunatha ascend to his abode, taking along with him every being, moving and unmoving. Laying the image of the Lord Rama upon his heart, Shiva, the ocean of compassion, respectfully recounted this story to Parvati.

दो. –गिरिजा संतसमागम सम न लाभु कछु आन ।
बिनु हरिकृपाँ न होइ सों गावहिं बेद पुरान ॥७६(क)॥

(शिवजी ने कहा –) हे पार्वती ! महात्माओं के सत्संग के समान और कोई लाभ नहीं है, परन्तु वेद और पुराणों का मत है कि वह सत्संग हरि की कृपा के बिना उपलब्ध नहीं होता ॥७६(क)॥

"O Parvati," said Shiva, "there is no reward as great as communion with the saints, and that communion—so say the Vedas and the Puranas—is not possible without the grace of Hari."

येहि बिधि सब संवाद सुनि प्रफुलित गरुड़ सरीर ।
बार बार तेहि चरन गहि जानि दास रघुबीर ॥७६(ख)॥

इस प्रकार (भुशुण्डिजी से) सब संवाद सुनकर गरुड़जी का शरीर प्रेम से पुलकित हो उठा । उन्होंने (भुशुण्डिजी को) श्रीरामजी का सेवक जानकर बारंबार उनके चरणों में प्रणाम किया ॥७६(ख)॥

When he thus heard the story from Kakabhushundi, the hair of Garuda's body bristled with delight and, considering him to be a great votary of Rama, he repeatedly did homage to his feet.

चौ. –कहेउँ परम पुनीत इतिहासा । सुनत स्रवन छूटहिं भवत्रासा ॥
प्रनत कल्पतरु करुनापुंजा । उपजै प्रीति रामपदकंजा ॥१॥

(शिवजी ने कहा –) हे पार्वती ! मैंने जो परम पवित्र कथा सुनाई, उसके सुनते ही सांसारिक (आवागमन के) दुःख मिट जाते हैं और जो दीनों के लिए कल्पतरु और करुणा के आगार हैं, उन प्रभु के चरण-कमलों में प्रीति उत्पन्न होती है ॥१॥

"Parvati," said Shiva, "the holy chronicle which I have related destroys all worldly sufferings of the hearer and gives birth to devotion to the feet of the all-gracious Lord, the tree of Paradise for the poor and exterminator of the sufferings of the meek and the lowly.

मन क्रम बचन जनित अघ जाई । सुनहिं जो कथा श्रवन मन लाई ॥
तीर्थ अटन साधन समुदाई । जोग बिराग ग्यान निपुनाई ॥२॥

जो इस कथा को मन लगाकर सुनते हैं, उनके मन कर्म और वचन से उत्पन्न पाप-ताप नष्ट हो जाते हैं । जितने तीर्थ तथा साधन हैं, योग, वैराग्य, ज्ञान और चतुरता है, – ॥२॥

Those who attentively listen to this holy tale are rid of the transgressions born of their thought and word and deed. The reward of all pilgrimages, austere practices, yoga, dispassion, spiritual knowledge, sagacity,

नाना कर्म धर्म व्रत दाना । संयम दम तप जप मख नाना ॥
भूत दया द्विज गुरसेवकाई । विद्या बिनय बिबेक बड़ाई ॥३॥

नाना प्रकार के कर्म, व्रत, संयम, दम, जप, तप, अनेक यज्ञ, प्राणियों पर दया, गुरु और ब्राह्मणों की सेवा, विद्या, विद्या, विनय, और बड़ाई हैं, – ॥३॥

actions of all sorts, vows, restraint, control of the outer senses, repetition of God's name, ascetic self-denial, many sacrifices, compassion for creatures, service to the preceptor and Brahmans, wisdom, humility, discretion, honour,

जहँ लगि साधन बेद बखानी । सब कर फल हरिभक्ति भवानी ॥
सो रघुनाथ भक्ति स्रुति गाई । रामकृपाँ काहू एक पाई ॥४॥

हे पार्वती ! जहाँ तक वेदों ने साधन बखानकर कहे हैं, उन सबका फल हरिभक्ति ही है । श्रीरघुनाथजी की वही भक्ति, जिसका वेदों ने गान किया है, श्रीरामजी की कृपा से किसी एक ने ही पाई है ॥४॥

and, Parvati, of all the rites and rituals described at length in the Vedas—is the devotion to Hari. Just one in a multitude has by the favour of Rama attained that devotion to Raghunatha which has been hymned by the Vedas.

दो. –मुनिदुर्लभ हरिभक्ति नर पावहिं बिनहिं प्रयास ।
जे यह कथा निरंतर सुनहिं मानि बिस्वास ॥७७(क)॥

किन्तु, मुनियों को भी दुर्लभ यह हरिभक्ति वे मनुष्य बिना प्रयास ही पा लेंगे जो निरन्तर इस कथा को विश्वासपूर्वक सुनेंगे ॥७७(क)॥

Those men will, however, effortlessly attain that devotion to Hari which even ascetics find it difficult to achieve, who will listen everyday to the recital of this story with faith.

गयउ गरुड़ बैकुंठ इमि भयो सुभग संबाद ।
छेपक करि भाषांतर रामचन्द्र परसाद ॥७७(ख)॥

उधर गरुड़जी वैकुंठ गए और इधर यह कथा भी समाप्त हुई । इस क्षेपक का (सर्वप्रथम) भाषांतर रामचन्द्र प्रसाद ने किया ॥७७(ख)॥

When Garuda departed to Vaikuntha, the beauteous tale he had been recounting came to an end.

This interpolation, the Lavakushakanda, has been rendered into English for the first time by Ram Chandra Prasad.

श्रीहनुमानचालीसा
SHRI HANUMANCHALISA

Hanuman with the Sanjivani bearing rock

APPENDIX B

श्रीहनुमानचालीसा

दोहा

श्रीगुरु चरन सरोज रज
निज मनु मुकुरु सुधारि ॥
बरनउँ रघुबर बिमल जसु
जो दायकु फल चारि ॥

श्रीगुरुदेवजी के चरणकमल की परागरूप धूलि से अपने मन-दर्पण को स्वच्छ कर रघुकुल में श्रेष्ठ श्रीरामचन्द्रजी के निर्मल यश का वर्णन कर रहा हूँ, जो चारों फलों को देनेवाला है।

Having cleansed the mirror of my soul
with the dust of the *guru*'s lotus feet,
I describe Raghuvara's spotless glory,
the bestower of life's four fruits.

बुद्धिहीन तनु जानिके,
सुमिरौं पवन-कुमार ॥
बल बुधि विद्या देहु मोहिं,
हरहु कलेस बिकार ॥

अपने शरीर को बुद्धि से हीन जानकर मैं पवनपुत्र हनुमानजी का स्मरण कर रहा हूँ। हे प्रभो ! आप मुझे बल, बुद्धि तथा विद्या प्रदान करें तथा क्लेश एवं विकारों को हर लें (समाप्त कर दें)।

Realizing that I am void of all wisdom,
I meditate on the Son of the Wind;
May he bless me with strength, wisdom and knowledge
and rid me of my sufferings and sins.

चौपाई

जय हनुमान ज्ञान गुन सागर ।
जय कपीस तिहुँ लोक उजागर ॥
राम दूत अतुलित बल धामा ।
अंजनि-पुत्र पवनसुत नामा ॥

समस्त शास्त्रीय ज्ञान एवं गुणों के समुद्र श्रीहनुमानजी ! आपकी जय हो ! हे तीनों लोकों को प्रकाशित करनेवाले[२] तथा वानरों में श्रेष्ठ आञ्जनेय ! आपकी जय हो ! आप श्रीरामजी के विश्वस्त दूत तथा अतुलनीय बल के आश्रय हैं; आप अंजनीपुत्र एवं पवनपुत्र के नाम से जाने जाते हैं।

१. श्रीहनुमानचालीसा की सर्वश्रेष्ठ व्याख्या के लिए देखें महाबीरी व्याख्या, जिसके लेखक हैं प्रज्ञाचक्षु आचार्य श्रीरामभद्रदासजी। श्रीहनुमानचालीसा के प्रस्तुत भाष्य का आधार श्रीरामभद्रदासजी की ही वैदुष्यमंडित टीका है। इसके लिए मैं आचार्य-प्रवर का ऋणी हूँ।

२. अथवा, तीनों लोकों में प्रसिद्ध।

Glory to you, O Hanuman, ocean of all knowledge and virtue!
Glory to the Monkey Lord, enlightener of the worlds triple;
You are Rama's envoy, abode of might incomparable,
Anjani's son called Pavansuta.

महाबीर बिक्रम बजरंगी ।
कुमति निवार सुमति के संगी ॥
कंचन बरन बिराज सुबेसा ।
कानन कुंडल कुंचित केसा ॥

आप महावीर, शक्तिसम्पन्न (श्रेष्ठ, उत्तम) एवं वज्रमय हैं। आप कुबुद्धि को नष्ट करनेवाले एवं भगवद्भक्तिपूर्ण बुद्धि से युक्त व्यक्ति का साथ देनेवाले उचित संगी हैं। आपका वर्ण (तप्त) स्वर्ण के समान तेजपूर्ण है तथा आप अत्यन्त सुन्दर वेष में विराज रहे हैं। आपके कानों में कुण्डल चमक रहे हैं और केश घुँघराले हैं।

You are mighty valiant, radiant as the thunderbolt,
banisher of wickedness, of the wise befriender,
Golden-hued and brilliant and charmingly bedecked,
with pendants sparkling in your ears, on the head curly hair.

हाथ बज्र औ ध्वजा बिराजै ।
काँधे मूँज जनेऊ साजै ॥
संकर सुवन केसरीनंदन ।
तेज प्रताप महा जग बंदन ॥

आपके सुदृढ़ हाथों में वज्र तथा श्रीरामजी की (विजय-)ध्वजा शोभायमान है और आपके कंधों पर मूँज का यज्ञोपवीत शोभित हो रहा है। आप श्रीशंकर के पुत्र (अभिन्न अंश) तथा केशरी-नंदन (क्षेत्रज पुत्र) हैं। आपका तेज एवं प्रताप महान् है तथा आप सम्पूर्ण जगत् के द्वारा वंदित हैं।

In your hands flash the thunderbolt and banner
and across your shoulder the sacred thread of *munja*.
O Shankara's son, the delight of Keshari,
the greatness of your glory is adored all the world over.

बिद्यावान गुनी अति चातुर ।
राम काज करिबे को आतुर ॥
प्रभु चरित्र सुनिबे को रसिया ।
राम लषन सीता मन बसिया ॥

आप समस्त विद्याओं के प्रशस्त भांडार हैं। आपमें समस्त गुणों का निवास है और आप अत्यन्त चतुर हैं। प्रभु श्रीरामजी के कार्य को (सर्वतोभावेन, अच्छी

तरह) पूरा करने के लिए आप (सदैव) उत्सुक रहा करते हैं। श्रीरामजी के चरितामृत को सुनने के आप (अद्वितीय) रसिक हैं और आपके मन-मन्दिर में श्रीराम, लक्ष्मण एवं जानकीजी का निवास है।

Learned, accomplished and exceedingly wise,
ever eager to carry out Rama's behests;
You delight in listening to the Lord's ambrosial acts,
with Rama, Lakshmana and Sita dwelling in your heart

सूक्ष्म रूप धरि सियहिं दिखावा।
विकट रूप धरि लंक जरावा॥
भीम रूप धरि असुर सँहारे।
रामचंद्र के काज सँवारे॥

(अशोक वाटिका में) आपने सीताजी को अपना अत्यन्त सूक्ष्म रूप दिखाया, परन्तु विशाल और भयंकर रूप धारणकर आपने लंका को जला दिया। आपने (महाकाल को भी भयभीत करनेवाले) भीम रूप को धारणकर रावण-पक्ष के असुरों का संहार किया और इस प्रकार श्रीरामजी के (समस्त) कार्यों को सँवारा।

You appeared before Sita in a subtle form,
burnt Lanka in a form awesome to behold;
You slew the demons by assuming a gigantic form
and thus accomplished Rama's mission all.

लाय संजीवन लखन जियाये।
श्रीरघुबीर हरषि उर लाये॥
रघुपति कीन्ही बहुत बड़ाई।
तुम मम प्रिय भरतहि सम भाई॥

(हे पवननन्दन!) आपने (द्रोणाचल से) मृत संजीवनी लाकर लक्ष्मणजी को पुनरुज्जीवित किया। प्रसन्न होकर श्रीरामचन्द्रजी ने आपको अपने हृदय से लगा लिया। रघुकुल के स्वामी श्रीरामचन्द्रजी ने आपकी बड़ी प्रशंसा की और कहा कि तुम मुझे भाई भरत के समान ही प्रिय हो।

You brought the life-giving herb and Lakshmana to life;
Joyously then Rama clasped you to his bosom
And your praises sang.
'You're as dear to me as Bharata,' he said.

सहस बदन तुम्हरो जस गावैं।
अस कहि श्रीपति कंठ लगावैं॥
सनकादिक ब्रह्मादि मुनीसा।
नारद सारद सहित अहीसा॥

सहस्र मुखवाले शेषजी भी आपका यश गाते हैं। ऐसा कहकर श्रीसीताजी के पति श्रीरामजी हनुमान्‌जी को (बार-बार) गले से लगाते हैं। (वे कहते हैं कि हे वत्स!) तुम्हारे इस पावन यश को न केवल शेषजी वरन् सनकादि ऊर्ध्वरेता ऋषि, ब्रह्मादि देवगण, मुनियों में श्रेष्ठ नारद, सरस्वती के साथ अहीश्वर, विष्णु और शंकर भी गाते रहेंगे।

'The thousand-headed Serpent hymns your glory!'
So saying, Sita's lord embraces you fondly.
'Sanaka, his brothers, Brahma and the other high sages,
Narada, Sharada and the Serpent King,

जम कुबेर दिगपाल जहाँ ते।
कवि कोबिद कहि सके कहाँ ते॥
तुम उपकार सुग्रीवहिं कीन्हा।
राम मिलाय राज पद दीन्हा॥

यम, कुबेर आदि जितने दिक्पाल हैं, वे भी तुम्हारे सुयश का गान करेंगे। तुम्हारे इस अनन्त यश को सामान्य कवि एवं वेदज्ञ विद्वान कहाँ से कह सकते हैं? (तुलसीदास कहते हैं—) आपने सुग्रीव का महान् उपकार किया और उन्हें श्रीरामजी से मिलाकर किष्किन्धा का साम्राज्य दिलवा दिया।

'Yama, Kubera and all the guardians of the directions,
poets and scholars cannot your glory sing
You rendered great service to Sugriva;
having brought him to Rama crowned him king.

तुम्हरो मंत्र बिभीषन माना।
लंकेस्वर भए सब जग जाना॥
जुग सहस्र जोजन पर भानू।
लील्यो ताहि मधुर फल जानू॥

विभीषण ने आपके (रामप्रेमरूप) मूल मंत्र को स्वीकारा। इसके परिणामस्वरूप वे लंका के (कल्पान्त) शासक बन गए। इसे सारा संसार जानता है। धरातल से हजारों योजन दूर ऊपर वर्तमान सूर्यनारायण को आपने (अपने जन्म के एक दिन बाद) मधुर फल की भाँति (फल जानकर) निगल लिया था।

Vibhishana heeded your advice
and became Lanka's lord which the whole world knows.
Considering him to be a sweet fruit, you swallowed the sun
from a distance of sixteen thousand miles;

प्रभु मुद्रिका मेलि मुख माहीं।
जलधि लाँघि गये अचरज नाहीं॥
दुर्गम काज जगत के जेते।
सुगम अनुग्रह तुम्हरे तेते॥

प्रभु श्रीरामजी की दी हुई (रामनामांकित) मुद्रिका को मुँह में लेकर आप सौ योजन विस्तीर्ण समुद्र को लाँघ गए—इसमें कोई आश्चर्य नहीं। संसार के जितने भी कठिन-से-कठिन कार्य हैं, वे सब आपकी कृपा से सरल हो जाते हैं।

No wonder you leapt across the ocean,
carrying the Lord's ring in your mouth.
All the tasks of the world, however difficult,
by your favour are rendered easily possible.

राम दुआरे तुम रखवारे।
होत न आज्ञा बिनु पैसारे॥
सब सुख लहै तुम्हारी सरना।
तुम रच्छक काहू को डर ना॥

आप श्रीरामचन्द्रजी के राजद्वार के रक्षक (द्वारपाल) हैं। आपकी आज्ञा के बिना

किसी का भी वहाँ प्रवेश नहीं हो सकता। आपकी शरण में जाकर साधक जन समस्त सुख प्राप्त कर लेते हैं। आप रक्षक हैं, अतः अब किसी का डर नहीं हैं।

You're the sentinel posted at Rama's gate
which none can enter unless you let him in.
He who seeks refuge in you enjoys all bliss
and with you as protector experiences no fear;

आपन तेज सम्हारो आपै।
तीनों लोक हाँक तें काँपै॥
भूत पिसाच निकट नहिं आवै।
महाबीर जब नाम सुनावै॥

जब आप अपने तेज का स्मरण कर लेते हैं, तब आपकी हाँक से ही तीनों लोक काँप उठते हैं। जब (भावुक भक्त) महावीर नाम सुना-सुनाकर कीर्तन करते हैं, उस समय भूत-पिशाच उनके निकट नहीं आते।

Your blazing splendour you alone control,
and your deafening roar causes tremor in the three spheres;
When your name Mahavira is incessantly repeated
ghosts and goblins come not near.

नासै रोग हरै सब पीरा।
जपत निरंतर हनुमत बीरा॥
संकट तें हनुमान छुड़ावै।
मन क्रम बचन ध्यान जो लावै॥

आपके (नाम के) निरंतर जप से रोग-राग नष्ट हो जाते हैं और आप समस्त पीड़ाओं को हर लेते हैं। जो मन, वचन और कर्म से एकाग्र हो हनुमान्जी को ध्यान में लाता है, उसे वे सभी संकटों से मुक्त कर देते हैं।

Constant repetition of your name, valiant Hanuman,
destroys all illness, all suffering dispels.
If one meditates on him with thought, word and deed,
Hanuman rids one of every calamity.

सब पर राम तपस्वी राजा।
तिन के काज सकल तुम साजा॥
और मनोरथ जो कोइ लावै।
सोई अमित जीवन फल पावै॥

राम, परब्रह्म एवं तपस्वी राजा हैं। (फिर भी) आपने ही उनके सभी कार्य सम्पन्न किये। जो आपके समक्ष कोई भी मनोरथ लेकर आता है, वह व्यक्ति अपने इसी जीवन में उस इच्छा का असीम फल पा लेता है।

Though Rama himself is a supreme ascetic, lord of all,
yet you, Hanuman, fulfilled all his missions successfully
Whoever expresses a longing to you
is rewarded with countless fruits of life.

चारिउ जुग परताप तुम्हारा।
है परसिद्ध जगत उजियारा॥
साधु संत के तुम रखवारे।
असुर निकंदन राम दुलारे॥

आपका प्रताप (कृत, त्रेता, द्वापर एवं कलियुग) इन चारों युगों में प्रसिद्ध है। इससे ही सारे जगत् में उजाला छाया हुआ है। हे राक्षसों को नष्ट करनेवाले श्रीरामजी के दुलारे हनुमान्जी! आप साधु-संतों के रक्षक हैं।

Your glory is famed through all the four ages,
shedding its lustre on the terrestrial sphere.
You're the protector of every saint and sage,
destroyer of the demons, and Rama's pet.

अष्ट सिद्धि नौ निधि के दाता।
अस बर दीन जानकी माता॥
राम रसायन तुम्हरे पासा।
सदा रहो रघुपति के दासा॥

आप आठों सिद्धियों एवं नवों निधियों के दाता हैं – जनकनन्दिनी सीता माता ने आपको ऐसा वरदान दिया है। रामप्रेमरस का भांडार आपके ही पास है और आप निरंतर रघुपति श्रीरामचन्द्रजी के सेवक बने रहते हैं। (चूंकि आप रामभक्तिरस के आचार्य हैं, इसलिए आपने श्रीराघव से अनपायिनी भक्ति माँगी।)

'Be thou the bestower of the eight *siddhis* and the nine *nidhis*,'
such is the boon Mother Janaki bestowed.
You possess Rama—the philosopher's stone—
and Raghupati's servant you ever remain.

तुम्हरे भजन राम को पावै।
जनम जनम के दुख बिसरावै॥
अंत काल रघुबर पुर जाई।
जहाँ जन्म हरि-भक्त कहाई॥

आपके भजन से साधक श्रीरामजी को पा जाता है और (उन्हें पाकर) वह अपने अनेकानेक जन्मों के दुःखों को भूल जाता है। आपके भजन के प्रताप से वह इसी भौतिक शरीर से साकेत (वैकुंठ) जाकर पुनः मर्त्यलोक में जहाँ भी जन्म लेता है, वहाँ श्रीहरि का भक्त ही कहलाता है। (पुनर्जन्म में भी भक्ति के उसके संस्कार धूमिल नहीं होते।)

By hymning your praises the aspirant attains Rama
and forgets the sufferings of all transmigratory births
At last your votary goes to the city of Raghuvara,
where, taking birth, he is called Hari's devotee.

और देवता चित्त न धरई।
हनुमत सेइ सर्ब सुख करई॥
संकट कटै मिटै सब पीरा।
जो सुमिरै हनुमत बलबीरा॥

जो भक्त किसी अन्य देवता को अपने चित्त में न धारणकर केवल हनुमान्जी की सेवा करता है, वह समस्त सुखों को प्राप्त कर लेता है। जो अपार बलयुक्त वीर हनुमान्जी का स्मरण करता है, उसके सभी संकट कट जाते हैं और सभी पीड़ाएँ मिट जाती हैं।

He who does not cherish any other god,
by serving Hanuman enjoys all bliss.

If one constantly repeats the valiant Hanuman's name,
all calamities disappear all sufferings end.

जै जै जै हनुमान गोसाईं ।
कृपा करहु गुरु देव की नाईं ॥
जो सत बार पाठ कर कोई ।
छूटहि बंदि महा सुख होई ॥

हे गोसाईं हनुमानजी ! आपकी जय हो, जय हो, जय हो ! आप गुरुदेव की भाँति (वात्सल्यपूर्ण) कृपा करें । जो कोई (श्रद्धा एवं भक्ति से) सौ बार इसका पाठ करेगा, उसके (लौकिक एवं पारलौकिक) बंधन छूट जायँगे और उसे महासुख की प्राप्ति होगी ।

Glory, glory, all glory to the lord Hanuman !
Be gracious to me like my own *guru.*
He who recites this a hundred times
is freed from bondage and enjoys supreme bliss.

जो यह पढ़ै हनुमान चलीसा ।
होय सिद्धि साखी गौरीसा ॥
तुलसीदास सदा हरि चेरा ।
कीजै नाथ हृदय महँ डेरा ॥

जो इस हनुमानचालीसा को पढ़ेगा, उसे (लौकिक तथा पारलौकिक) सिद्धि अवश्य प्राप्त होगी । इस प्रतिज्ञा के साक्षी भगवान् शिव हैं । (हे कीशनाथ श्रीहनुमानजी महाराज !) आप श्रीरामजी की सेवा में सदैव निरत रहते हैं । उसी (कृपालुतावश) तुलसीदास के हृदय में निवास कीजिए ।

He who reads this *Hanumanachalisa* attains perfection,
to which the Lord Shiva testifies .
Says Tulasi, 'O Lord! make my heart your dwelling-place,
you who are forever in Rama's service.

दोहा

पवनतनय संकट हरन,
मंगल मूरति रूप ।
राम लखन सीता सहित,
हृदय बसहु सुर भूप ॥

हे पवनपुत्र! हे समस्त संकटों का हरण करनेवाले, मंगलमूर्तिरूप एवं समस्त देवताओं के अधिष्ठान-स्वरूप श्रीहनुमान्‌जी ! आप श्रीरामजी, लक्ष्मण एवं सीताजी के साथ मेरे हृदय में निवास कीजिए ।

O Son of the Wind, dispeller of all calamities,
the very embodiment of all blessings!
O king of the immortals, dwell in my heart
with Lakshmana and Sita and Rama.

APPENDIX C

SHRI RAMASHALAKA PRASHNAVALI

Lovers of the *Manasa* are well-acquainted with the usefulness and importance of *Shri Ramashalaka Prashnavali.* I would, therefore, briefly describe the mode of using it and of obtaining the answers to the questions which the readers wish to ask. The *Prashnavali* is as follows:

सु	प्र	उ	वि	हो	मु	ग	व	सु	नु	बि	घ	ध्रि	इ	द
र	रु	फ	सि	सि	रें	बस	है	मं	ल	न	ल	य	न	अं
सुज	सो	ग	सु	कु	म	स	ग	त	न	ई	ल	ध	वे	नो
त्य	र	न	कु	जो	म	रि	र	र	अ	की	हो	स	रा	य
पु	सु	थ	सी	जे	इ	ग	म	सं	क	रे	हो	स	स	नि
त	र	त	र	स	इ	ह	ब	ब	प	चि	स	य	स	तु
म	का	ा	र	र	मा	मि	मी	म्हा	ा	जा	हू	हीं	ा	जू
ता	रा	रे	री	ह्र	का	फ	खा	जि	ई	र	रा	पू	द	ल
नि	को	मि	गो	न	म	ज	य	ने	मनि	क	ज	प	स	ल
हि	र	म	स	रि	ग	द	न	ष	म	खि	जि	मनि	त	जं
सिं	मु	न	न	कौ	मि	ज	र	ग	धु	ख	सु	का	स	र
गु	क	म	अ	ध	नि	म	ल	ा	न	ब	ती	न	रि	भ
ना	पु	व	अ	ढा	र	ल	का	ए	तु	र	न	नु	ब	थ
सि	ह	सु	म्ह	रा	र	स	हिं	र	त	न	ष	ा	जा	ा
र	सा	ा	ला	धी	ा	री	ज	हू	हीं	षा	जू	ई	रा	रे

Before using it and seeking your answer, fix your mind on the Blessed Lord Rama and with unswerving faith in him concentrate on the question, placing your finger or a piece of straw on any of the small squares. You should then write the letter printed in the square on a piece of blank paper or a clean slate, so ticking off the square itself that it is neither missed nor soiled. Now, proceeding further, count the ninth square from the one initially picked and then another ninth, making note of all the letters printed in the squares. Thus must the inquirer continue to write down the letter in every ninth square, beginning from the first one he has ticked off till all the letters collected from the squares complete a chaupai. The couplet thus formed will provide the answer to the question he has in mind. He should also remember that in certain squares only the sign standing for a vowel sound has been given. Such squares must not be left out nor should those squares be counted twice which contain two letters. The vowel symbol when reached in the relevant square should be added to the preceding letter, and where the square with two letters is reached both the letters should be written together as part of the chaupai to be formed.

If someone, for example, has placed his finger on the square containing an asterisk with the letter 'म', the next letter in the following ninth square is 'र' and the next 'चि', and so on. The chaupai thus formed will be:

हो इ है सो ई जो रा म र चि रा खा ।
को क रि त र क ब ढा व हिं सा षा ॥

It occurs in Book I (Childhood) and forms part of a conversation between Shiva and Parvati. The tenor of the lines reveals that the question is of doubtful merit and that the questioner's wishes are, therefore, unlikely to be fulfilled. He is advised to surrender to God's will for its fruition.

Many are the chaupais the questioner will obtain from the squares:

१. सुनु सिय सत्य असीस हमारी । पूजिहि मन कामना तुम्हारी ॥

This chaupai, occurring as it does in the context of Sita's worship of Gauri, is propitious and the question is excellent; it will yield the desired fruit.

२. प्रबिसि नगर कीजै सब काजा । हृदय राखि कोसलपुर राजा ।

This again indicates the questioner's welfare; he is advised to go ahead, assured of his success. The lines occur in Book V (The Beautiful) and refer to Hanuman's entry into Lanka.

३. उघरें अंत न होइ निबाहू । कालनेमि जिमि रावन राहू ॥

It occurs in Book I (Childhood) where communion

with the good and the noble has been described. The question forebodes failure.

४. बिधिबस सुजन कुसंगत परहीं । फनि मनि सम निज गुन अनुसरहीं ॥

This chaupai occurs in the same context as the preceding one. The questioner is advised to forswear the company of the evil. His undertaking is likely to end in failure.

५. मुद मंगलमय संत समाजू । जिमि जग जंगम तीरथराजू ॥

Here, in Book I, the poet describes the holy company of the saints. Being excellent and most propitious, the question will bring success.

६. गरल सुधा रिपु करय मिताई । गोपद सिंधु अनल सितलाई ॥

The sixth chaupai alludes to Hanuman's entry into Lanka and betokens success.

७. बरुन कुबेर सुरेस समीरा । रन सनमुख धरि काह न धीरा ॥

Here the allusion is to Mandodari bewailing the death of Ravana. The question forebodes failure.

८. सुफल मनोरथ होहुँ तुम्हारे । रामु लखनु सुनि भए सुखारे ॥

This refers to the two brothers, Rama and Lakshmana, returning to their *guru* and the latter blessing them with these words: 'May your desires be happily fulfilled!' (Childhood C.234) The question is auspicious and will bear the desired fruit.

The *Ramashalaka* square contains nine chaupais in all, the meanings of which provide all the answers to the inquirer's questions.

APPENDIX D

MODE OF RECITATION
(*Parayana-Vidhi*)

Those who are desirous of reciting the *Manasa* according to the ritual injunctions and in the correct manner are required to begin with the preliminary offerings to and the ritual invocation of Lord Shiva and Hanuman. Having done that, they should invoke Lord Rama and Sita along with his three brothers. They should be worshipped in all the sixteen ways (*asana*, *svagata*, *arghya*, *achamana*, *madhuparka*, *snana*, *vastrabharana*, *yagyopaveeta*, *chandana*, *pushpa*, *dhoopa*, *deepa*, *naivedya*, *tambool*, *parikrama* and *vandana*) and fixed in the worshipper's mind. Then should one begin the recitation. The modes of worship, invocation and meditation have distinct mantras, which are as follows:

अथ आवाहनमन्त्रः

तुलसीक नमस्तुभ्यमिहागच्छ शुचिव्रत ।
नैर्ऋत्य उपविश्येदं पूजनं प्रतिगृह्यताम् ॥१॥

ॐ तुलसीदासाय नमः

श्रीवाल्मीक नमस्तुभ्यमिहागच्छ शुभप्रद ।
उत्तरपूर्वयोर्मध्ये तिष्ठ गृह्णीष्व मेऽर्चनम् ॥२॥

ॐ वाल्मीकाय नमः

गौरीपते नमस्तुभ्यमिहागच्छ महेश्वर ।
पूर्वदक्षिणयोर्मध्ये तिष्ठ पूजां गृहाण मे ॥३॥

ॐ गौरीपतये नमः

श्रीलक्ष्मण नमस्तुभ्यमिहागच्छ सहप्रियः ।
याम्यभागे समातिष्ठ पूजनं संगृहाण मे ॥४॥

ॐ श्रीसपत्नीकाय लक्ष्मणाय नमः

श्रीशत्रुघ्न नमस्तुभ्यमिहागच्छ सहप्रियः ।
पीठस्य पश्चिमे भागे पूजनं स्वीकुरुष्व मे ॥५॥

ॐ श्रीसपत्नीकाय शत्रुघ्नाय नमः

श्रीभरत नमस्तुभ्यमिहागच्छ सहप्रियः ।
पीठकस्योत्तरे भागे तिष्ठ पूजां गृहाण मे ॥६॥

ॐ श्रीसपत्नीकाय भरताय नमः

श्रीहनुमन्नमस्तुभ्यमिहागच्छ कृपानिधे ।
पूर्वभागे समातिष्ठ पूजनं स्वीकुरु प्रभो ॥७॥

ॐ हनुमते नमः

अथ प्रधानपूजा च कर्तव्या विधिपूर्वकम् ।
पुष्पाञ्जलिं गृहीत्वा तु ध्यानं कुर्यात्परस्य च ॥८॥
रक्ताम्भोजदलाभिरामनयनं पीताम्बरालङ्कृतं
श्यामाङ्गं द्विभुजं प्रसन्नवदनं श्रीसीतया शोभितम् ।
कारुण्यामृतसागरं प्रियगणैर्भ्रात्रादिभिर्भावितं
वन्दे विष्णुशिवादिसेव्यमनिशं भक्तेष्टसिद्धिप्रदम् ॥९॥
आगच्छ जानकीनाथ जानक्या सह राघव
गृहाण मम पूजां च वायुपुत्रादिभिर्युतः ॥१०॥

इत्यावाहनम्

सुवर्णरचितं राम दिव्यास्तरणशोभितम् ।
आसनं हि मया दत्तं गृहाण मणिचित्रितम् ॥११॥

इति षोडशोपचारैः पूजयेत्

ॐ अस्य श्रीमन्मानसरामायणश्रीरामचरितस्य
श्रीशिवकाकभुशुण्डियाज्ञवल्क्यगोस्वामितुलसीदासा ऋषयः
श्रीसीतारामो देवता श्रीरामनाम बीजं भवरोगहरी भक्तिः
शक्तिः मम नियन्त्रिताशेषविघ्नतया श्रीसीतारामप्रीतिपूर्वक-
सकलमनोरथसिद्ध्यर्थं पाठे विनियोगः ।

अथाचमनम्

श्रीसीतारामाभ्यां नमः । श्रीरामचन्द्राय नमः । श्रीरामभद्राय नमः ।
इति मन्त्रत्रितयेन आचमनं कुर्यात् ॥ श्रीयुगलबीजमन्त्रेण प्राणायामं कुर्यात् ॥

अथ करन्यासः

जग मंगल गुन ग्राम राम के । दानि मुकुति धन धरम धाम के ॥

अङ्गुष्ठाभ्यां नमः

राम राम कहि जे जमुहाहीं । तिन्हहि न पापपुंज समुहाहीं ॥

तर्जनीभ्यां नमः

राम सकल नामन्ह ते अधिका । होउ नाथ अघ खग गन बधिका ॥

मध्यमाभ्यां नमः

उमा दारु जोषित की नाईं। सबहि नचावत रामु-गोसाईं ॥

अनामिकाभ्यां नमः

सन्मुख होइ जीव मोहि जबहीं। जन्म कोटि अघ नासहिं तबहीं ॥

कनिष्ठिकाभ्यां नमः

मामभिरक्षय रघुकुलनायक। धृत बर चाप रुचिर कर सायक ॥

करतलकरपृष्ठाभ्यां नमः

इति करन्यासः

अथ हृदयादिन्यासः

जग मंगल गुन ग्राम राम के। दानि मुकुति धन धरम धाम के ॥

हृदयाय नमः।

राम राम कहि जे जमुहाहीं। तिन्हहि न पापपुंज समुहाहीं ॥

शिरसे स्वाहा।

राम सकल नामन्ह ते अधिका। होहु नाथ अघ खग गन बधिका ॥

शिखायै वषट्।

उमा दारु जोषित की नाईं। सबहि नचावत रामु गोसाईं ॥

कवचाय हुम्।

सन्मुख होइ जीव मोहि जबहीं। जन्म कोटि अघ नासहिं तबहीं ॥

नेत्राभ्यां वौषट्।

मामभिरक्षय रघुकुलनायक। धृत बर चाप रुचिर कर सायक ॥

अस्त्राय फट्।

इति हृदयादिन्यासः

अथ ध्यानम्।

मामवलोकय पंकजलोचन। कृपा बिलोकनि सोच बिमोचन ॥
नील तामरस स्याम काम अरि। हृदय कंज मकरंद मधुप हरि ॥
जातुधान बरूथ बल भंजन। मुनि सज्जन रंजन अघ गंजन ॥
भूसुर ससि नवबृंद बलाहक। असरन सरन दीन जन गाहक ॥
भुजबल बिपुल भार महि खंडित। खर दूषन बिराध बध पंडित ॥
रावनारि सुखरूप भूपबर। जय दसरथ कुल कुमुद सुधाकर ॥
सुजस पुरान बिदित निगमागम। गावत सुर मुनि संत समागम ॥
कारुनीक ब्यलीक मद खंडन। सब बिधि कुसल कोसला मंडन ॥
कलिमल मथन नाम ममताहन। तुलसिदास प्रभु पाहि प्रनत जन ॥

इति ध्यानम्।

ध्यान

रक्ताम्भोजदलाभिरामनयनं पीताम्बरालङ्कृतं श्यामाङ्गं द्विभुजं प्रसन्नवदनं श्रीसीतया शोभितम्। करुण्यामृतसागरं प्रियगणैर्भ्रात्रादिभिर्भावितं वन्दे विष्णुशिवादिसेव्यमनिशं भक्तेष्टसिद्धिप्रदम् ॥

'जो भक्तों की अभिलाषा पूर्ण करनेवाले हैं; ब्रह्मा, विष्णु, शिव आदि निरन्तर जिनकी सेवा किया करते हैं; हनुमान्, सुग्रीव एवं भरत आदि भाई बड़े प्रेम से जिनकी आराधना में लगे रहते हैं; जो अहैतुक और अनन्त करुणारूपी अमृत के सागर हैं; जिनके साथ श्रीसीताजी शोभायमान हो रही हैं; उन श्यामसुन्दर, द्विभुज, पीताम्बरधारी, प्रसन्नमुख, लाल कमल के दल के समान सुन्दर नेत्रवाले भगवान् श्रीराम की मैं वन्दना करता हूँ।'

श्रीरामायणजी की आरती

आरति श्रीरामायनजी की।
कीरति कलित ललित सिय पी की ॥
गावत ब्रह्मादिक मुनि नारद।
बालमीक बिग्यान बिसारद ॥
सुक सनकादि सेष अरु सारद।
बरनि पवनसुत कीरति नीकी ॥१॥
गावत बेद पुरान अष्टदस।
छहो सास्त्र सब ग्रंथन को रस ॥
मुनि जन धन संतन को सरबस।
सार अंस संमत सबही की ॥२॥
गावत संतत संभु भवानी।
अरु घटसंभव मुनि बिग्यानी ॥
ब्यास आदि कबिबर्ज बखानी।
कागभुसुंडि गरुड़ के ही की ॥३॥
कलिमल हरनि बिषय रस फीकी।
सुभग सिंगार मुक्ति जुबती की ॥
दलन रोग भव मूरि अमी की।
तात मात सब बिधि तुलसी की ॥४॥

APPENDIX E

i) Indian Criticisms

BANARSI PRASAD SAKSENA

It would be perfectly relevant to note that Tulasidasa was consumed with the passion of an ideal god, and he found it in Rama to whom he surrendered himself just as a loyal servant surrenders himself to his master. To Tulasidasa Rama was the symbol and quintessence of all virtues. His role as a son, as a brother, as a husband, and as a ruler was simply superb. Tulasi speaks again and again of Ramarajya in which the ruler was just and the people were happy and prosperous, truth-loving and peace-loving. And this was the very ideal pursued by his contemporary sovereign Akbar. His description of court scenes and royal processions echoes the glory and grandeur of the Great Moghul. The very fact that the *Ramacharitamanasa* has a very large sprinkling of Persian words reveals the influence of contemporary culture on its author.

Tulasidasa was a prolific writer. Though not interested in politics, he does refer to the contemporary political conditions and principles of politics. But he appears to be obsessed with the evils of the *Kaliyuga* and the dominance of the *Yavanas*. When he says that a saintly and benevolent king has in him some divine element, he echoes the dictum of Abul Fazl that the ruler is a ray of divine light, and when he says that a ruler's policy should be based on discrimination, fear, statecraft and punishments, he unwittingly portrays the character of Akbar.

Tulasidasa left no sphere of human life untouched. Philosophy, religion, society, literature, all fall within his purview, and he does not hesitate to give candid expression to his views. He was thus a beacon-light illuminating the heart and soul of mankind. He has left a legacy which has proved inspiring and exhilarating to successive generations. The *Ramacharitamanasa* has become the Bible of the Hindu masses. It inspires the literate and illiterate alike. It has accorded food for thought to all and sundry. It enshrines the highest ideals and enjoins the simplest practices. It resounds with the spirit of the age. And, verily, Tulasidasa was one of the architects of his age. But the faith which he propounded, though not devoid of depth, lacked the fervour of emotion, the silver link between the lover and the beloved. His Rama has a stern code of moral conduct and strict ethical standards. He is to be feared and venerated, but he cannot be loved. And love was the passion and mood of that age.

MATA PRASAD GUPTA

Tulasidasa was in all probability born in the year 1532 A.D.

It is difficult to say for certain what his birth-place was but on the strength of available evidence, one tends to believe that it was Rajapur (in the district of Banda) or some place thereabout. It is proved beyond doubt that for a fairly long time he had a close association with Rajapur. He was born in a Brahman family, but it cannot again be said with any degree of certainty as to what sub-caste of the Brahmans he belonged to. His parents were utterly indigent.

Tulasidasa sufferd separation from his parents at a very early age. Other relatives also appear to have steered clear of their responsibility. The poet had, therefore, to go abegging for subsistence. It was perhaps at this stage of utter helplessness that he came into contact with some saints who advised him to submit himself to the never-failing care of Rama. This marked a turn in his career and led him on to the path of devotion to Rama. He got himself associated with a Hanuman Temple and filled his belly with whatever was given him from out of the offerings to the deity. He recalled this phase of his life gratefully time and again in his writings.

Not much is known about Tulasidasa's preceptor. We only know that he was a devotee of Rama and used to recite His story to devout listeners. When Tulasidasa came into contact with his *guru*, he was not mentally equipped to comprehend the subtleties of the narrative. He listened to the story recounted by his *guru* in Sukarkheta.It is not possible again to locate this venue with certitude since there are quite a few places designated as 'Sukarkheta'. Tulasidasa's *guru* was a well-versed scholar and a well-informed man who directed Tulasidasa on to the path of devotion to Rama. His teachings left an indelible imprint on Tulasidasa, and his devotion to the Lord grew deeper as time passed on.

On attaining youth, the poet appears to have married, but possibly his inner self somehow revolted against this life, and he soon bade goodbye to it for ever. He then lived in Chitrakuta for some time—and this was before 1621 Vik., *i.e.* 1564 A.D. Thereafter he migrated to Kashi—this also presumably happened before 1564 A.D. Although he paid occasional visits to several places of pilgrimage associated with Rama, his permanent residence was in Kashi. He commenced the composition of the *Manasa* in Ayodhya, but came back to Kashi.

Tulasidasa's reputation got an unprecedented spurt after the composition of the *Manasa*, and gradually he came to be known as an incarnation of Valmiki. This gave rise to a sense of jealousy and hostility against him in certain quarters. They cast all kinds of aspersions on his parentage, his caste, his asceticism, and ultimately attacked his person. All this, however, left Tulasidasa unmoved.

In Kashi, Tulasidasa became the head of a monastery in Lolarka Kunda and was designated as 'Gosain'. His life thereafter was comfortable. As his age advanced, he suffered from rheumatic trouble and was also a victim to other ailments. About 1669 Vik. (1612 A.D.) he suffered from acute arm-pain, which spread to other parts of the body and caused him acute agony, but later on it subsided. Almost at this very time, the town, hit by a disastrous epidemic, fell into the grip of utter indigence. There were other kinds of disturbances, too, disturbances common during Jahangir's reign in places remote from the centre on account of laxity of administrative control. During this period, Tulasidasa suffered from boils which were caused by the uprooting of hair. It is not known whether he got rid of this affliction at all or this was the cause of his death. He expired in 1680 Vik., *i.e.*, in 1623 A.D., probably on the third day of the dark fortnight in the month of Shravana.

VISHWANATH MISHRA

Tulasidasa has himself stated that he started writing *Ramacharitamanasa* in 1631 of the Vikram era. The work was begun at Ayodhya and was later completed at Varanasi. Scholars are of opinion that the poet must have taken four to five years to complete this monumental work. In this work, Tulasidasa has made a definite departure from Valmiki and other poets who had narrated the story of Rama's acts before him. He has presented Rama as an incarnation of God the Almighty. Tulasidasa has narrated Rama's life right from his birth to his coronation and thereafter to the establishment of an ideal kingdom. The poet has metaphorically depicted Rama's life as Manasa, *i.e.*, as Manasarovara, a mythological reservoir of water, on the four banks of which four batches of a speaker and a listener each have been set up to narrate various episodes of Rama's life through their dialogues. These four batches consist of Yajnavalkya and Bharadvaja; Shiva and Parvati; Kakabhushundi and Garuda; and Tulasi and an assembly of saints.

Tulasidasa has described Rama's life more or less in the mythological style, and in doing so he has incorporated the essence of all the material that was available to his time. It is absolutely essential for a narrative poet to place himself in all the situations of life and experience the emotions aroused by them, and for this it is equally essential that the poet should possess a broad and also profound outlook. Tulasidasa possessed this and as such he has presented a very correct picture of life. He has, however, not confined himself to the presentation of reality alone; he has also conceived of the ideal form of life, *i.e.* life in its highest perfection. The main plot and sub-plots are closely knit together and have been arranged very artistically. The poet has recognized unmistakably the most touching incidents of Rama's life and described them with all the emotional warmth needed for the purpose. The most touching incidents of Rama's life are: his departure from Ayodhya together with Lakshmana to look after the hermitage of Vishvamitra, his marriage with Sita, his banishment for fourteen years, the meeting of Rama and Bharata at Chitrakuta, the abduction of Sita by Ravana and Rama's miserable plight in her absence, the great war between Rama and Ravana, Rama's return to Ayodhya, and finally his coronation. The poet has done full justice to all these episodes.

Tulasidasa has presented all types of human beings, men from all walks of life, of all age-groups, of all temperaments, of all social strata. Thus the epic poem is an album of human life in all its phases, and in this respect the poet can be compared with the great English dramatist—Shakespeare. Whereas Shakespeare has depicted the varieties of human character in his thirty-seven plays, Tulasidasa has performed this major task in one single book. Then, Tulasidasa has not portrayed these different characters as they are but also as they ought to be. Rama, Sita, Kausalya, Bharata, Hanuman, Janaka, etc. are ideal characters; Dasharath, Kaikeyi, Lakshmana, Shatrughna, Sugriva, etc. have been presented as human beings with mixed qualities. The greatness of the poet, however, lies in his presentation of ideal human characters in a large number and almost from all walks of life.

The literary stature of Tulasidasa rests mostly on his idealistic vision. He has given expression in his *Manasa* to almost all kinds of emotions, desires, and thoughts which generate in human mind, and he has presented them mostly in their sublimated forms.

R. C. PANDEYA

Bhakti as understood by Tulasidasa is a state of mind characterized by active and intense devotion to Rama. The state of mind can be sustained only when Rama is a person. Hence psychologically the object of devotion has to be a concrete entity with which a *bhakta* can establish his emotional relation and can expect a response from him. Therefore, *bhakti* is possible only when God is *saguna*, endowed with all the good qualities that a man can imagine; Rama, the incarnation of Vishnu and the son of Dasharath, gifted with all imaginable noble qualities at their best, is therefore the object of *bhakti* for Tulasidasa. But it would be wrong to say that this kind of Rama is the end, the highest goal of a person. When Ravana was killed, all gods came to Rama to pay their homage and to express their gratitude to him. Dasharath also was present among gods. Tulasidasa states that Dasharath could not attain *moksha* because he was attached to Rama, the *saguna* Brahman who was born as his son. As a result he, after death, was born again among gods. Rama therefore gave him knowledge, so that he could attain *moksha*. In Tulasidasa's philosophy, therefore, though *bhakti* involves an emotional attachment to *saguna* God, yet in order to achieve *paramartha*, the highest goal of life, one has to transcend the *saguna* aspect of God and has to realize his *nirguna* state. But then *bhakti* is not possible with regard to that God who defies all qualities and characterizations. This absolute, abstract God, Brahman as he is called in Indian philosophical tradition, can at least be described in negative terms as 'not this' — *neti neti* — after the Upanishads. Any attempt to ascribe any quality to him would amount to indirectly asserting that there is some domain which Brahman does not include within him and to that extent he is deficient. Tulasidasa is not prepared to accept the position that anything real and conceivable by the human mind could remain outside Brahman.

Since there is nothing outside Brahman, he cannot be distinguished from it. Similarly no distinction is possible within Brahman as that would amount to saying that a part of Brahman is not the whole of Brahman. In other words, a part would logically negate the whole. Thus the absolute real has to remain free from any kind of distinction (*bheda*)—internal or external. Even the person who aspires to achieve *moksha* is ontologically not distinct from Brahman. Such state of realization is not possible as long as *bhakta* is able to address his God as 'you'; in other words, *saguna bhakti* has to give place to *nirguna* knowledge (*jnana*) whereby he realizes that he is not different from Brahman. This state is achieved, according to Tulasidasa, by means of *viveka* or *jnana*, and a person who has *jnana* is specially liked by God.

R.K. DASGUPTA

The most significant achievement of Tulasidasa as a religious thinker is that he has integrated the essence of *advaita vedanta* with a living faith in a personal God. His Rama is the Absolute incarnate in history, the Eternal descending into time. He conceived his *Ramacharitamanasa* as an epic of the Absolute in time, as a myth of a new metaphysic of religion which his people could understand and accept as the breath of their spiritual and moral life. It is said about Ramanuja's philosophy that it is a synthesis of the *prasthanatraya*—the Upanishads, Badarayana's *Brahma*-Sutra and the *Bhagavad-Gita*. The *Ramacharita-manasa* presents this synthesis in the form of a myth. That is as much the expression of the entire faith of a people as it is the lyric of a deeply felt personal experience. Sri Aurobindo has called the *Ramacharitamanasa* a combination of 'lyric intensity' and 'the sublimity of the epic imagination' and Louis Renou calls it 'a lyrical epic'. The lyricism of the work is in this personal realization of a faith which the poet wanted to share with his people. Recent religious historiography speaks of the spiritual development of a nation through an interaction between the ideas of the 'above' and the ideas of the 'below', the ideas of the intellectual elite and the ideas of the masses. In the *Ramacharitamanasa* the philosophy of the 'above' achieves a new dimension through its assimilation by the masses in terms of their ideas. If ever in our future spiritual development we think of a Vedanta for the people, we must begin with this Hindi poem of the sixteenth century.

Those of us who find only Ramanuja in the poem must not forget Tulasi's epithets for the Supreme Being—*aniha*, *arupa*, *anama*, *anadi*, *avinashi*, *avikari*, *abheda*, etc. And the poet who sings the deeds of his Lord in his epic has really nothing to say about his true nature. Doha 12 in *Balakanda* is the essence of the poet's philosophy of the Supreme Being.

> sarada sesa mahesa vidhi, agama nigama purana
> neti neti kahi jasu guna karahin nirantara gana

Sharada, Shesha, Maheshvara, Brahma, the Vedas, Puranas and Agamas are ever singing his perfection, yet can but say "not this, not this".

R.K. TRIPATHI

Tulasidasa has enumerated not only the different forms of *bhakti* but also the different levels of spirituality leading to *bhakti*. The nine kinds of *bhakti* propounded by Rama to Shabari are well-known. They are:

1. cultivation of the company of sadhus,
2. deep interest in the lila of the Lord,
3. service to the feet of the Guru,
4. singing the glory of the Lord,
5. nama-japa or repetition of His name and strong faith in the Lord,
6. practice of self-control fostering the spirit of renunciation and craving for virtuous life,
7. to regard the whole world as permeated by God and to respect the saint even more than God,
8. contentment with whatever one gets and not finding fault with others,
9. dependence on the Lord, simplicity, freedom from all wile, no elation and no depression.

Rama assures Shabari that even one of these is enough.

Valmiki[1] in the *Manasa* describes the various modes of *bhakti* somewhat differently. A *bhakta* is one whose ears are like the ocean to which the lila-stories of the Lord rush like rivers, whose eyes are constantly eager to see the Lord, and who always likes to sing the glory of the Lord; a *bhakta* is one whose nose smells the fragrance of offerings to the Lord and who eats only what has been offered to the Lord; one whose head bows to the *guru* and the Brahmans in reverence, who worships the Lord and depends on none else and whose

---

1. This refers to Rama's meeting in Ayodhyakanda with the sage Valmiki in the latter's hermitage which the former visited on his way from Prayaga to Chitrakuta.

—Ed

feet take him only to places of pilgrimage; one who repeats the name of the Lord, worships Him along with one's whole family, performs sacrifice, feeds the Brahmans and gives them alms, serves the *guru* and regards him greater than the Lord, who wants only love for God in return; one who is free from lust, anger and greed, infatuation, pride and conceit, etc.; one who is dear to all and does good to all, regards pleasure and pain, praise and abuse alike, speaks only what is pleasant and true, and always takes shelter under the Lord; one who regards all women as mothers, others' property as poison, feels happy to see others prosperous and unhappy to see them in trouble, and who loves the Lord as one's very Life; one who regards the Lord as his master, friend, father, mother and preceptor; one who adopts virtues and rejects vices, suffers for the sake of the cow and the Brahman and whose mind has assimilated the principles of *dharma*; one who regards virtues as emanating from the Lord, and vices as emanating from himself, who depends wholly on God and who loves the devotees of the Lord; one who gives up the pride of caste, social position, property, religion, family, etc. and cherishes the Lord in his heart; one who looks upon hell, heaven and salvation as being alike because he sees the Lord everywhere and obeys Him; one who wants nothing from the Lord and has genuine love for Him.

In Uttarakanda Kakabhushundi spells out different stages which one has to pass through before reaching the level of *bhakti*. Out of thousands, only one leads his life according to *dharma*, out of millions of the followers of *dharma*, just one develops the spirit of renunciation, out of millions who have attained the state of renunciation, just one is able to attain real knowledge, out of millions of *jnanis* just one becomes a *vijnani*. But even rarer than the *vijnani* is the *bhakta* who is wholly devoted to the Lord. This passage shows how rare *bhakti* is.

The stages mentioned above have been enumerated by the Lord Himself on different occasions. The whole universe has been created by Him and is dear to Him, but out of the whole creation man is particularly dear to Him; out of men Brahmans; out of Brahmans the scholars of the Vedas, those who live according to the edicts of the Vedas; out of those who live according to the edicts of the Vedas, those who have developed the spirit of detachment; out of the detached those who are *jnanis*; out of the *jnanis* those who are *vijnanis* and even more than the *vijnanis* the Lord loves those who depend wholly on Him and serve Him wholeheartedly. Even Brahma is not dear to Him if he is without *bhakti*, but a man of a lower order is dear to Him if he is devoted to Him. The Lord illustrates His point. A father has many sons; one may be a scholar, the other an ascetic, another a *jnani*, still another a rich man, and so on. The father loves them all; but if there is one who obeys and serves him, the father loves him best. Similarly though all the creatures are dear to the Lord, He loves those who serve Him most.

Bhakti is indeed a rare thing; it is really a gift from God, but if there is some initial inclination, there are ways of developing it. The most important thing is the company of the sages, and that is available to man by the grace of God. Except by the company of the sages, there is no other way of realizing the misery of worldly life, of appreciating the difference between the permanent and the transient and the need for *bhakti*. The company of the wise inspires faith and removes doubts. There is one thing more which seems to be Tulasidasa's specific contribution—not emphasized by other saints, and that is the worship of Lord Shiva. Ramachandra Himself says that without the worship of Shiva, one cannot cultivate His *bhakti*. In this way the poet resolved the conflict between the Shaivas and the Vaishnavas. Probably for this reason, in North India the conflict never assumed such proportions as it did in the South. It should not be imagined that Tulasi regarded Shiva as inferior to Rama. The relation between Rama and Shiva is very peculiar. Rama worships Shiva and Shiva worships Rama. Tulasi says that Shiva is at once the servant, the friend and the Lord of Rama. It only means that the two are one with different forms; this is possible only in Mayavada.

In Aranyakanda, Ramachandra Himself explains to Lakshmana the ways and means of *bhakti*. First of all, there should be reverence for the Brahmans. A Brahman is to be worshipped even if he curses and is completely destitute of virtue. Secondly, everyone should do his own duties as prescribed by the *shastras*, all this for the development of the spirit of detachment leading to love for the Lord and His commandments. Then different forms of *bhakti* get rooted in his heart, the devotee develops love for the saints and regards the Lord as all-in-all, sings His glories and becomes free from lust, anger, etc.

So far as the poet himself is concerned, he seems to consider *nama-japa*, *i.e.* repetition of name, to be the best means of *bhakti*. He has devoted many pages in Balakanda to explain the importance of Nama—name, especially of the name of Rama. Firstly because the name and the named are one, secondly because it is the name which makes the named intelligible and is, therefore, even superior to *rupa*—form. The name is superior even to Rama. It is the mediator between the abstract Absolute and the Personified Absolute. Through *nama-japa* Hanuman was able to have a control over Rama. In the Kaliyuga especially, *nama-japa* is most effective. The name of Rama is effective whether it is uttered with love or with spite, in anger or even in moments of boredom and laziness. The importance of name is so great that even Rama cannot describe it fully.

When the climax of *bhakti* is reached, the devotee leaves everything to God, does not ask for anything, and accepts only that which the Lord considers best for him. When the Lord is pleased to appear before the devotee, He offers to grant him whatever he wants and does not impose His will on him. This is because He wants that the devotee should first be free from all desires and then be granted *bhakti*.

When the *bhakta* has no personal desires, he begs only *bhakti* of the Lord. There is an interesting anecdote regarding Kakabhushundi. When the Lord appeared before him, He offered him all supernatural powers, knowledge, reason, special enlightenment—whatever he wanted. Then Kakabhushundi began to reflect that the Lord had offered to grant him everything except *bhakti*. So he said, "O Lord, if you are pleased, grant me pure and deep-rooted *bhakti*." Hearing this, the Lord granted him pure *bhakti* and complimented him saying, "Kaka, you are naturally clever. Why should you not ask for such a boon? There is none more fortunate than you, as you have asked for *bhakti* which is the source of all happiness. The *bhakta* is dear to me indeed...No one is as dear to me as my devotee!"

RAMDATT BHARDWAJ

Tulasidasa traces the direct origin of morality to Maya, the Cosmic Illusion, and its indirect origin to Brahman, the Ultimate Reality, Maya subsisting on Brahman. God is free to act as He chooses, but the individual is bound like a caged parrot or a roped monkey. The individual's course is predestined by Divine Will, which can be glimpsed but slightly only, through astrological calculations, physiognomical readings or ominous divinations. The Divine Will, in its phenomenal aspect, is the Law of Action (*Karma*), which leads to a series of sufferings and transmigrations. The individual is endowed with the faculty of discrimination; he must, therefore, be held responsible, although there is possibility of vicarious responsibility also. Good actions tend to happy results; so they are recommended. For the effective regulation of good conduct the company of saints and holy persons is advisable. The *summum bonum* is Kaivalya or fellowship (with God); at any rate cessation of sufferings and transmigrations depends finally on the grace of God, which can be obtained easily and more effectively by the repetition of the divine name, Rama.

The law of *Karma* is immutable and applicable to all without exception. Accordingly, as one sows so one reaps. To quell or neutralize an evil, pacificatory rites should be performed, although it is not necessary that by doing good, evil must subside. In spite of meditations, pilgrimages, penances and other good actions, the evil may continue cropping up like the demon Raktabija. The only penance, therefore, is that which aims at attaining divine grace.

Metaphysically speaking, goodness is nothing but truth (*satya*) and badness nothing but falsehood (*asatya*). Ethically considered, goodness is benevolence (*parahita*) and badness is injury to others (*para-pidana*). One should mind one's own station in life (varnashrama) and eschew Kama or the lusty tangles of a woman which obstruct Shiva-marga or the path of righteousness.

N.K. DEVARAJA

Tulasidasa is one of the greatest among poets who popularized and propagated the way of devotion centring round Vishnu and even Shiva. Even apart from this he is one of the greatest spokesmen of India's religious culture. That culture lays emphasis on two central virtues of the religious person or the saint, namely, total detachment towards the self and selfish interests, and the attitudes of friendliness and compassion towards all living creatures. In the hands of the poet, Rama, the son of a Kshatriya king, as also his brother Bharata have become almost saintly personages. Both are absolutely indifferent to possessing the kingdom of their father. When Kaikeyi, the step-mother of Rama, made the king Dasharath agree to send him into exile, Rama tried to put an agreeable interpretation on the sordid affair... Rama's supreme detachment from worldly goods is lauded by the poet in the second verse of the Sanskrit invoction preceding the commencement of the epic story in the Ayodhyakanda. The verse embodies a characteristic expression of the Indian religious attitude. It runs as follows:

> May he who neither rejoiced when anointed king, nor was saddened by painful exile in the woods; the worthy descendant of Raghu of the lotus face; may he ever vouchsafe to me success and prosperity.

Here it is noteworthy that the quality of detachment attributed to Rama by Tulasidasa was also noticed and celebrated by Kalidasa who wrote: "People witnessed with astonishment the sameness of colour on Rama's face, both when he had put on auspicious robes (for the anticipated moment of being anointed king) and when he put on bark clothing (for going to the woods in exile) (*Raghuvamsha*, XII.8)." A similar tribute is paid by Rama to Bharata when the latter was suspected of having become intoxicated with power which had prompted him to march with his army against Rama into the forest. To Lakshmana, who had voiced the suspicion, Rama said, "Hearken, O Lakshmana, in the whole of god's creation I have never seen nor heard of anyone so good as Bharata. He would never be intoxicated with power, even though he sat upon the thrones of Brahma, Vishnu and Shiva. Can a few drops of *kanji* ever curdle the milky ocean?" (Ayodhya, Doha 222).

Tulasidasa himself was a great saint and he has created his twin heroes, Rama and Bharata, almost in his own image. Even apart from his saintly detachment, Rama has been depicted as a paradigm of virtues or virtuous life. He is generous and forgiving; a born pacifist, he takes to force only as the last resort. He confers the kingdom of Lanka, that had been won by Ravana after severe penance, on Vibhishana, all along feeling uncomfortable for what he considered to be a small gift. He did not show any resentment or anger against Kaikeyi, his step-mother, who had been responsible for his exile.

RAMESH KUNTAL MEGH

The perennial source of Tulasi's vital inspiration lies in the innocent rural life around him. After the *Ramacharitamanasa*, he makes a departure from the nexus of 'caste' (varna) to ally himself with the consciousness of the peasantry, overtly and covertly. The nameless and the unknown common man could be seen in Shabari, Guha, Nishada, Vanara and in so many totemic tribes; he could also be identified in the poor and the suppressed peasant, in the unemployed labourer and artisan.

Axiomatically it can be said that in Tulasidasa ruralization of the feudal and medieval society has numerous ramifications. His conception of the feudal society has a bias. Initially, like a priestly Brahman, he appears as a man of the medieval times, later on after the creation of the *Ramacharitamanasa*, he becomes the attendant of Rama. The process of his self-liberation was thus moving parallel to the revival of the rural India of those days.

Tulasi had a limited freedom of choice for historical, social and personal change. He had freedom to choose any relevant aspect of the story of Rama and to interpret the problems facing him and his milieu. The appropriateness of his choice of the specific aspects of Rama's story is evinced by most of his works, except two—*Parvati Mangala* and *Hanuman Bahuka*—and this choice reveals his historical vision in a social perspective linked up with rural foresight and peasant romanticism.

Thus, in the process of his choice and judgements, Tulasidasa has given expression by different methods to his consciousness of social history.

The first of such methods is the multilinear expression of folklore and the community sentiment. He has poured Ramakatha into a folk medium, and this has been achieved by making *bhakti* the axis of collective emotions.

The second method is the study of the behaviours and actions of the ruling minorities as also of the rival creative and rebel minorities trying to supplant them. In his bipolar treatment of the ruling groups and the creative cultural minorities of poets, devotees and saints, the complex social reality of the age is given a concrete form.

The last method he subjectively employed is the development of the ideas that eventually condition and guide the living of the innocent folk. By this method, he has also incorporated his autobiography and the struggle of his personal life—thereby transforming the 'self' into society because Tulasidasa's creations present many of his self-assertions and self-alienations. The birds and the animals are depicted there through allusions, allegories, symbols, etc. to represent new characters and characteristics, new problems and situations. In the *Ramacharitamanasa*, the cow, the eagle, the vulture, the hare and the monkeys are either sacred totems or mythical personages. *Vinayapatrika* on the contrary abounds in metaphors and illustrations of donkeys, dogs, crocodiles, reptiles, pigs, etc.

Another major theme which catches our attention is the radical change or shift of emotional configuration in the different works of Tulasidasa which delineate the critical turning points in the development of his social consciousness. While in *Vinayapatrika* the feelings of pity and fear predominate, in *Kavitavali*, anger and piety are overflowing, whereas in *Hanuman Bahuka* we are faced with the fierce, the grotesque, the terrible and the horrible, all merging into an intrinsic Goodness. Ceaselessly encountering situations of fear and horror, suffering, self-condemnation and self-alienation, braving doubts and anxiety, the poet is eternally at war to stretch his bow of faith to achieve deathless victory.

As he was compelled by the contradictions of the social reality of his times to transmute Ravana into the decline of the political state (*Ravanu so rajarogu*) and abject poverty (*darida dasanana*)—both of them macrocosmic symbols—so he also fought a great battle within himself to sublimate, superhumanize, aestheticize, and asceticize the instinct of sex (Kama) into dedication to spiritualism (Rama).

SAVITRI CHANDRA SHOBHA

Tulasi's concept of the role of the different *Varnas* in society is traditional. He expects learning from the Brahmans, obedience from the Shudras, and protection and safeguarding of society from the Kshatriyas or Rajaputs. Protection includes cherishing of the weaker elements in society. The ruler is asked to look upon the people as his children and as being as dear to him as his own life. In addition to this concept of benevolence, the ruler is conceived of as being well-versed in *niti*. *Niti*, according to Tulasi, is all-comprehensive: it includes kingly duties (*raja dharma*) as well as the defence of righteousness which, in turn, is linked with the defence of the four-fold division of society.

Tulasi equates the ruler with Kshatriyas. It is the duty of the Kshatriyas, or the rulers, to expand their territories by means of war. He condemns the rulers who depart from the traditional practice of returning the kingdom conquered to the defeated ruler after forcing him to pay tribute.

Although Tulasi does not describe Vaishyas separately, in his description of towns and town life, he lays adequate stress on the role and affluence of the trading classes. It is apparent from Tulasi's description that the *banika* or the trader was expected not to live in penury, but as a man of means to be generous towards the poor and the needy.

Tulasi's attitude towards the position of *sadhus* and saints in the caste system is ambivalent. He says that caste restrictions do not apply to saints. He goes to the extent of saying that even a *chandala*, i.e. a man of the lowest caste, is better than a man of high caste (*kula*) if the former is a devotee of Rama and the latter is not. Similarly, even a low-caste *sadhu* is superior to a man of high caste (*kulina*) since the former recites the name (of God) every day. In fact, Tulasi ascribes good qualities to the low born, and vicious snake-like qualities to the high born. He says that a saint has no caste, nor has he any religious restrictions: he can beg from anyone, or sleep (even) in a mosque. Elsewhere he condemns the *sadhus* of the time who had had no real learning or saintly qualities, yet who preached to others. Many of these, he says, belonged to the low castes.

U.B. SINGH

Tulasidasa's Rama, though a prince by birth and position, was a man of the people and he worked for the people. He did not feel shy of playing with the children of common folk in Ayodhya. While in Mithila, he moved about the place of Bow-Trial with the boys of Janakpur, chattering with them politely and pleasantly. Fourteen years of his exile are particularly marked by his association with the common people, most of them living in forests. He was a source of pleasure, security and inspiration to them. When Sita was kidnapped by Ravana he made friends with Sugriva and organized an army of monkeys and bears (representing the lowest stratum of society) to recover his wife. He expressed gracefully his deep sense of gratitude to them for rendering help in need.

His role as a king was magnanimous. He devoted himself entirely to the people. No one suffered throughout his kingdom from any kind of afflictions of mind and body or from the tyranny of fate or wild animals. Ramarajya has since become a symbolic expression for an ideal state in which all the citizens are happy, dutiful, healthy, wealthy and wise. Tulasidasa was not happy with the political situation around him. The circumstance did not permit him to criticize openly the despotic rulers. He, therefore, resorted to the suggestive power of words. He described Ravana and other demons as criminal desperadoes and ruthless tyrants; and Rama as a saviour of the people. Symbolically, Rama's victory over Ravana signifies the victory of virtue over vice, of justice over injustice, of truth over untruth and of knowledge over ignorance.

Unlike Kalidasa and other poets, Tulasidasa has not described the departure of Rama from earth, even though Parvati had specifically asked Shiva to explain how Rama returned to His heavenly abode. Tulasidasa is silent on this issue. He intends to suggest two points. Firstly, Rama, the Universal Self, is omnipresent. He only manifests Himself in the form of incarnations. The question of His departure, therefore, does not arise. Secondly, death is not the goal of life. Life is real and earnest—a continuous struggle for existence and ceaseless endeavour for sublimation. Rama set an example in this regard. He took life to be duty and observed it sincerely in various capacities—as a son, as a disciple, as a brother, as a master, as a husband, as a friend and above all as a king....

In spite of all this commendable record, Rama was not completely free from blemish. He dispatched a woman (Tadaka) at the instigation of Vishvamitra. He incited Lakshmana to cut off the nose and ears of a woman (Shurpanakha). He killed Bali treacherously. He exiled his wife and brother in order to please the citizens and a sage respectively. He assassinated Shambuka only because the poor fellow was practising penance. These actions have been defended from one angle of vision and criticized from another. A devotee views them as the *lila* of Rama (mere sport of God) performed for universal good. This idealism does not appeal to the modern humanist. He judges them by social standards and declares them as objectionable. A literary critic may agree or disagree with either of them, but he appreciates the depiction of human nature in particular situations. Man is said to be a bundle of weaknesses and these weaknesses make the ideal Rama appear more real and human. The fusion of ideality and reality adds to the poetic excellence of Tulasidasa's compositon.

Valmiki had depicted Rama as a great man, Tulasidasa established him as God. The Puranas had described Rama as God, Tulasidasa humanized him, made him a living and lively character, a subject of human emotions and an object of popular appeal, love and respect. Thus we can see that God has descended to the level of man, and man has ascended to the status of God in the Rama of Tulasidasa.

RAM CHANDRA SHUKLA

The richness of a poet's emotional faculty consists in his capacity to place himself in all possible human situations and experience corresponding emotions. Rama's life-story provides the largest scope for the play of this faculty. Where else can one find such a wide variety of circumstances? And who can match the emotional sensibility of a poet who proves his mettle in this field? Those who specialize in delineating conjugal love or excel in putting across an impressive account of unbounded valour can claim to possess only an imperfect emotional sensibility. Perfection lies in the identification of all kinds of emotive situations and in recreating them through the expressive power of words. Amongst the galaxy of outstanding Hindi poets, we find only Tulasidasa possessing such an all-round emotional faculty, and it is because of this rare quality that the *Ramacharitamanasa* has been the most popular work of poetry in the whole of North India. After passing through a phase of parental affection, the reader has a direct view of the exploits of Rama and Lakshmana in an alien land, exploits that help to develop a sense of self-reliance in the princes..... The pathetic scene of their exit from Ayodhya reflects the irony of fate, involving those unforeseen vicissitudes of life which take a man unawares. The reader then follows the couple to the forests where he experiences a peculiar kind of love embosomed in rural folk, a love which defies all definitions and is yet so natural.

Seeing a tender princess being escorted by two valiant self-reliant princes amongst the scenic beauties of hills and forests, turning their affliction into joy, the village-folk realize by direct experience the validity of the dictum that those who are brave enjoy the bounties of the earth. Passing through the agony suffered by Rama after Sita was kidnapped by Ravana, we witness the scenes of horror at Lanka set ablaze by Hanuman and ultimately land into the ferocious battle between Rama and Ravana. There are touches of the emotion of tranquillity in between. The sentiment of humour, though not present as an integral part of the actual life-history of Rama, does find a place in the episode of 'Narada Moha'—the infatuation of Narada. Thus, those who cherish higher ideals of poetry are captivated by effective representations of a myriad forms of joy and sorrow which constitute human life, whereas others, who are content with only a superficial view, are delighted to find detailed portrayals of all the nine *rasas* and a skilful use of a large variety of figures of speech enumerated by the rhetoricians.

One may very well argue that if Tulasidasa succeeded in incorporating such a rich variety of human situations in the *Manasa*, the credit goes to the richness of the theme—the life-story of Rama, where all this is more or less automatic. While agreeing with this contention to a certain extent, it must also be pointed out that a live depiction of all these situations is not possible without magnanimity of heart, an all-embracing empathy, without the power to invent effective forms and contexts—and lastly, of course, without a complete mastery of the medium of communication. In Tulasidasa we find a deep emotive sensibility capable of identification with multifarious aspects of human nature which was not possible for any other Hindi poet....

While admitting the expanse of his emotive faculty, one may very well ask if his emotions have the same depth and intensity? If they did not have that intensity, if his words were not filled with emotional richness, how could they have such universal appeal? Expressions of ordinary emotion do not produce that effect. Quite obviously, the emotion that comes most naturally to the poet finds the deepest and most powerful expression. And that is devotion—the most exalted form of love which is unearthly, steady and unique....

What attracts our attention in this relationship is the fact that this love is not directed towards an equal but towards one who is greater or higher. Tulasidasa considers this form of love to be better than the love between equals.

What he really implies is that in the relationship between the great and the small, a sense of righteous duty is inherent. If the beloved is small, our love towards him will arouse feelings of kindness, favour, forgiveness, compassion, support, etc.; on the other hand, if he is great, our feeling of love for him shall arouse faith, respect, humbleness, modesty, politeness, gratitude, sense of obedience, and so on. The feeling of love our poet cherishes for his Master belongs, undoubtedly, to the latter category—it is devotion charged with deep reverence. The sense of elevation attained through self-surrender to the exalted can certainly not be achieved through submission to an equal.... piety is an inherent attribute of the object of devotion, as depicted by Tulasidasa. The relation between devotion and piety is the same as between an image and its reflection: it is a correlation between the subject and the object. Moving one step further, we realize that the correlation between the subject and the object is exactly the same as between the 'knower' and the 'knowable'. The 'knower' and the 'knowable' in the field of knowledge have the subject (*ashraya*) and the object (*alambana*) as their counterparts in the field of emotion. As the knower and the knowable merge into one at the climax of knowledge, so do the subject and the object at the climax of emotion. This should suffice for understanding the identity of piety and devotion.

Conjugal love, too, has been depicted by Tulasidasa most tastefully and with a remarkable sense of restraint. He would never transgress the bounds of decency like the authors of 'nayikabheda' (classification and categorization of traditional heroines) or like the poets who were so full of Krishna's amorous activities. The serenity of the pious love between Sita and Rama that finds its first manifestation in Mithila, acquires an ever-exalted form of conjugal relationship in different situations of life.[1]

NAGENDRA

By assigning a broad base to the devotional sentiment, Tulasidasa has effected a remarkable synthesis between the objective structure of the epic and the subjective art pattern of devotional poetry—which is unprecedented in world literature. The intensity with which he has championed its cause throughout leaves no doubt regarding the supremacy of the devotional sentiment, but this also is equally certain that *bhakti* in the *Manasa* is inspired by a zest for the ethical values of life. Explaining the emotive pattern of the *Manasa* in technical terms of Indian poetics, we could say that the poet is the subject of the devotional sentiment, the object is Rama, and his magnanimous conduct, being an attribute of the object, is the stimulant. Just as in the erotic sentiment the beauty and graceful behaviour of the object adds to the intensity of the basic emotion—love, and in the heroic sentiment the nobility of the cause stimulates the underlying emotion of valour, in the same way, in the context of the devotional sentiment, the qualities of piety, energy, and beauty and the noble deeds of the object contribute to the consummation of the aesthetic bliss.

All the aspects of Rama's life—the sports of his childhood, the sobriety and restraint in his love, his deep sense of reverence for the parents and the preceptor, his sincere affection and gentle behaviour towards the younger members of the family and his attendants, the various deeds of chivalry, an unflinching sense of public duty, his com-

1. Nagendra (ed.), *Tulasidasa: His Mind and Art* (Delhi: 1977), p. 200 *et seq.*

mitment towards the weak and the oppressed, and his generous behaviour towards the enemy—all these act as stimulants to the poet's devout love in the natural course. They serve not only as stimulants, but also impart a deep human import and a broad social basis to the devotional sentiment which is otherwise a personal experience primarily: the attributes of the object affect the resultant emotion also. Tulasidasa is a worshipper of the heroic, of the almighty God who is the saviour of humanity, which is why the devotional sentiment which permeates his epic is infused with the ideals of human welfare and is supported by healthy values of life. While the poetic sensibility of Valmiki, as it passes through the various phases of Rama's noble life, identifies itself with the hero's greatness, the poet in Tulasidasa goes a step further: after a full identification with the greatness of his hero, he ultimately merges his identity into the infinite personality of the hero who is the Supreme Being. Whereas the reader of Valmiki's *Ramayana* enjoys a sense of elevation, the reader of the *Ramacharitamanasa* has the more rarified experience of a complete dissolution of his elevated self. And that explains the difference between the aesthetic sensibility of a sage and that of a devotee.

...there are two levels of aesthetic experience in the *Ramacharitamanasa*—nay, in all devotional poetry; one is the level of the fable or the story and the other of the poet's sensibility. At the level of the fable, the medium of aesthetic experience is Rama's character whose dominant impulse determines the basic sentiment. The basic impulse in Rama is sense of duty—the zest for righteous life which finally develops into a feeling of dedication to the service of humanity. His life is a heroic struggle for upholding live values. The underlying sentiment in this case is obviously the heroic sentiment. The other major traits of Rama's personality are love, pathos and spiritual peace, all of which support the basic impulse, namely, the heroic sentiment. At the level of the story, the aesthetic experience of the reader is the result of his identification with these basic as well as auxiliary stimulant of the devotional sentiment. The circle of aesthetic experience in the case of the *Ramacharitamanasa* starts with a feeling of zest for the higher values of life and is complete in the experience of a full and final dedication to God.

SHAMBHU NATH SINGH

There is no doubt that the aesthetic qualities of the *Manasa* are of a high order, but the question of the main sentiment is undoubtedly difficult to answer. Some scholars believe that it represents the heroic sentiment, others find in it an undercurrent of serenity, but most of the scholars consider it to be a work of devotional poetry—of *bhakti* rasa. From the view-point of the main plot, it is definitely an epic representing the heroic sentiment, because the main objec-

tive of its hero is to establish an ideal kingdom after killing his opponent. To accomplish this aim, he shows extreme prowess, patience, forbearance and valour. In Valmiki's *Ramayana*, Rama has been represented as a great, fearless and brave man. In the *Manasa*, however, this heroic personality has become slightly subdued on account of his modesty and love for his devotees. Even then heroic actions predominate in his life, and in the end he kills Ravana, the conqueror of the world. After the death of Ravana, the whole world comes under his domination. The atmosphere of terror caused by the tyranny of the demons vanishes from the earth and Rama establishes a sovereign kingdom based on righteousness. Thus, if we exclude the first and the seventh cantos and some of the unnecessary episodes, the sermons, hymns and philosophical disquisitions scattered all over the book, the *Manasa* would appear to be an epic fully depicting the heroic sentiment in all its forms.

But the total effect of the *Manasa* is not that of a heroic poem, and the reasons are also very clear. Tulasidasa himself has not designed it to be a heroic poem. His Rama is not a mortal hero but the Supreme Being Himself; he is not only the hero of the epic but also the personal god of the poet. Most of the characters of the *Manasa* are the devotees of Rama; even Ravana adores Rama as an enemy and after his death at his hands his spirit enters into Rama's body. The real purpose of including the episodes of Shiva and Bhushundi in the main plot is to depict Rama as the Supreme Being who loves His devotees. The poet himself at the beginning and at the end of the epic has described in detail the importance of Rama-nama and Rama-bhakti through hymns, sermons and philosophical discourses. The motive underlying Rama's incarnation is not only the suppression of the tyranny of Ravana but also the fulfilment of the desire of Kashyapa-Aditi and Manu-Shatarupa to have him as their son, and the realization of the curse of Narada and Bhrigu. Thus, by creating a supernatural atmosphere around the personality of Rama and interpreting it at a metaphysical level, the poet has infused into his poem an aesthetic experience which is very much different from the traditional aesthetic sentiments (*rasas*) of the drama or the poetic narrative. This experience is obviously *bhakti*. Why is it not the feeling of quietude—some scholars may question. But the answer is clear. Quietude is based on detachment whereas this whole work is characterized by intense attachment. Thus the underlying sentiment in the *Ramacharitamanasa* is *bhakti* to a sovereign deity whose character has deeply influenced its poetic style.

The final and essential keynote of an epic is that it voices the spirit of the age and conforms to the need of the people to whom it is addressed. The *Ramacharitamanasa* satisfies this condition more than any other work of the medieval period.....[1]

---

1. Indranath Chaudhury (tr.). See Dr. Nagendra, *op. cit.*, p. 242 *et seq.*

VIDYA NIWAS MISHRA

The evolution of a new language is thus a sequence of the new aspirations of the Bhakti movement. What Tulasidasa has done to enrich this language can be summed up as follows:

1. He infused a new life in a rich but old language through the use of seemingly un-poetic structures and idioms, breaking the conventions which lost their meaning, as in:

"I had been licking the left-overs like a dog and was never satisfied!"

This enabled him to arouse the latent power in a familiar expression and also to awaken confidence in the minds of the common people who were feeling so insecure both physically and spiritually.

2. Tulasidasa, even at the cost of being considered a plagiarist, made copious use of stock comparisons and stock metaphysical aphorisms only to make people feel at home with the high ideas accessible only to a few privileged people.

3. Tulasidasa's language has a broad spectrum; it could be both easily comprehensible and very deep, harsh-sounding and very sweet, very elaborate and very concise, loaded with Sanskrit and extremely colloquial.

A very conscientious artist, he knows his tools and knows how and where to use them. He knows how to break automation in language and how to surcharge a very common expression with a deep significance, which can be felt but not fully grasped like one's own image in a mirror:

"Tho' your face you can see in the mirror you hold,
You can't grasp; like that the great things he has told".
(Atkins)

4. Tulasidasa arrays a set of synonyms in one sequence, surcharging each one of them with a different and particular significance. For example:

"Viraha agini tanu tula samira,
Swasa jarahi chhana mahin sarira.
Nayana sravahin jalu nija hita lagi,
Jarain na pava deha virahagi."

Here the use of *tanu*, *sarira*, and *deha* to mean 'body' sparks off a meaning of its own; *tanu* as a very delicate thing being consumed by the fire of separation, *sarira* as a perishable thing, and *deha* as a fortress which contains the fire.

5. Tulasidasa has effortlessly used pregrounding as a powerful instrument, e.g.

"Fourteen years the full-moon day, his faith the pole star,
Thoughts of Rama the Milky Way stretching afar."
(Atkins)

He compares the unshaken belief in the time-limit of the exile, i.e. fourteen years, to the full-moon night and infinite memories of the Lord to the intertwined arrays of myriads of stars of the galaxy. Thus he aims at indicating the endless nature of belief and the multiplicity of memories mingled with one another.

6. Tulasidasa has successfully struggled against the incapacity of language to articulate a unique experience and has come out victorious through the use of inversion: "There is a compelling urge to say, and no sooner than it has been said, it becomes an insipid statement and all the flavour of what was to be said is lost." He speaks more about the impressions of the thing than about the thing itself. It is, therefore, natural (though seemingly incompatible with the usual concept of an epic poem dominated by one hero) that he should speak of Bharata more than he speaks of Rama. Bharata is the unfathomable love of Rama, so that nobody else but Rama can comprehend him, but even he cannot depict Bharata. Since love for Rama is a process which is ever renewing itself, how can that be put into words even by Rama? It is the Becoming of the Supreme Being. The Supreme Being is revealed in the Becoming, so that more importance has to be given to the Becoming than to the Being which is always there in the Becoming. Tulasidasa very appropriately compares Bharata with Rasa (a transformational process) and Rama with Bhava (a latent mode of consciousness). Thus apparently though Tulasidasa transgresses the prescriptions of the traditional poetics, he builds a new edifice through a new inversion of literary language, which enforces a new hierarchy in which Rasa fades into insignificance.

NIRMALA JAIN

Tulasidasa's place in literature is rather unique in that he is a poet of both—the masses and the classes. He composed the epic in the common man's dialect in order to make it popular, but as a composer he had had his own conception of an ideal reader in his mind. He declares that his work, the *Ramacharitamanasa*, should be viewed by the eyes of intellect. He goes a step further and asserts that any composition which is not respected by the intelligentsia is a waste of labour on the part of the poet. For him an ideal reader is an intelligent person possessed of the faculty of discrimination and a sense of propriety. In his *Dohavali* he goes to the extent of defining his reader as a sensitive and knowledgeable person who is conversant with the various Rasas, attributes, flaws, etc. mentioned in poetics. And, last but not the least, his reader has to be a devotee of Rama because, for Tulasidasa, poetry means only devotional poetry. Only those who have faith in Rama and are his devotees can therefore achieve the state of identification with the poet. It is evident from a number of references that Tulasidasa believed in the communication of the poet's experience to his reader and implicitly supported the theory of transpersonalization in poetry. It explains why Tulasidasa is so popular among the various classes of society. The levels of his poetic appeal are many and varied and the reasons for his popularity among different classes are different.

Tulasidasa's works do not offer much material to a theorist, and...one does not find in them any systematic and sustained analysis of the problems relating to poetics and rhetorics. But it is equally evident that he was well conversant with different schools of literary art and was a scholar poet in the true sense of the word.

RAM AWADH DWIVEDI

But the greatness of Tulasidasa as a poet arises more particularly from the wide and comprehensive scope of his poetry. He represents neither a small fragment of life nor life in any one restricted aspect but almost the whole of it. The characters, who play their parts in his great epic, are drawn from different sections and strata of the people, representing life from royalty down to the commonest of men, and they are all endowed with socially characteristic sentiments and behaviours. Likewise an extraordinary versatility is manifested in the representation of settings and situations. Scenes in the royal court at Ayodhya, in the modest hut in the forest which was the abode of the exiled trio, the quiet atmosphere of Chitrakuta and the tumult and hideousness of the battlefield are depicted with equal dexterity. All the nine *rasas* have their proper place in the poetry of Tulasidasa, who was sensitive to human feelings and could react sympathetically to beauty and pathos whenever they were to be found. Consequently the *Ramacharitamanasa* and also some of his other poems are full of episodes that touch the heart and make a powerful impression. We might, for example, mention Rama's departure with his wife and younger brother for the forest, Bharata's meeting with Rama at Chitrakuta, Hanuman's exploits in Ashoka grove, Lakshmana's revival after his injuries on the field of battle, and many others. The poet has presented these episodes elaborately and has sought with care and enthusiasm to develop their full implications in terms of moral ideals and human feelings.

In the poetry of Tulasidasa nature is almost as important as human life. While Rama, accompanied by his wife and brother roamed about for fourteen years, he enjoyed the constant and close companionship of nature. Thus in the *Ramacharitamanasa* nature provides the background against which the human drama embodied in the great poem primarily develops. And it is for this reason that we come across numerous and prolonged descriptions of forests, mountains, rivers, trees, flowers, birds and beasts. These elements of nature also serve to sharpen human sensibility for pleasure or pain and in their own turn seem to reflect human sentiments. While Rama is disconsolate and the search for Sita is going on, flowers that blossom and the soft breeze that wafts across the forest serve to accentuate Rama's suffering. Moreover, the poet often suggests that the sorrows of Rama are shared by the objects of nature. The woodland looked dreary and melancholy as if its charms had faded away, and birds and beasts offered to Rama not only their sympathy but also their services. While Rama is journeying on the path to the forest, clouds provide a canopy overhead to protect him and his companions from the scorching rays of the sun. These episodes should not be regarded merely as examples of pathetic fallacy or of personal metaphor; they are a clear indication of Tulasidasa's attitude towards nature. He attributes to nature generous impulses and a capacity for reacting to human feelings and fortunes. Thus conceived, nature becomes a living presence, exercising a powerful influence upon human lives.

Tulasidasa has stated that his aim in composing the great epic of Rama was the pleasure that he would derive from singing of Rama, of His exalted character and noble exploits. This should not lead us to forget or miss in any way the importance of his works as a means of social amelioration. As a matter of fact the most characteristic note of his poetry arises from its spiritual and moral quality. We have already seen how the poetry of Tulasidasa is ritual in its origin and must be considered primarily as an outcome of devotion or *bhakti*. Spirituality flourishes best on moral soil and hence conjugal fidelity is deemed sacrosanct, and not merely something subsisting on a sensuous relationship between the wife and the husband. The ideal of fraternal love is emphasized in the love of Lakshmana or Bharata for Rama. The moral code that might be gleaned from the works of Tulasidasa would be a comprehensive one. Love and regard on a reciprocal basis between master and servant, prince and subject, and absolute loyalty to friends are all enjoined as necessary. But all this does not mean that Tulasidasa's attitude is obtrusively didactic. On the contrary, the moral outlook, though it permeates all his works, is never allowed to mar or vitiate their human or aesthetic quality.

The works of Tulasidasa are remarkably free from any intolerance or traces of conflict between different ideologies. He seeks to reconcile in his poetry the worship of Rama with the worship of Shiva. This perhaps saved North India from the fury of the clash between the *Shaivaites* and *Vaishnavaites* which was a sad feature of the social and religious life in certain other parts of India. He was essentially a *bhakta* but also acknowledged the claims of the rival paths of *karma* and *jnana*. He also brought about a harmonious adjustment between asceticism and domestic life, and although in one way his poetry is an expression of his own devotional thoughts and feelings, yet in another it is a guide to good life for people who have not renounced the world. The poet of the *Ramacharitamanasa* differs from Kabir in that his voice never grows trenchant nor his poetry void of tolerance and sweet agreeableness. This is one of the reasons for the great popularity of his works.

The *Ramacharitamanasa*, the famous masterpiece of Tulasidasa, is one of the great books of the world. The story of Rama's life and exploits had been told earlier by Valmiki, and it was also the theme of *Adhyatma Ramayana*. The main facts were available to the poet ready to hand. He made minor alterations here and there in the presentation of situations and modified the main characters to suit his own devotional purpose, thus constructing the fable of his great epic....

The action develops in a steady and easy manner from the beginning to the end, progressing through a number of significant or critical situations which sustain the interest throughout. The apt and elaborate descriptions are another source of attraction. The dialogues are natural and appropriate to characters and theme, while the characters—the hero, the heroine and several others—have the greatness and nobility proper to epic poetry. Hence we all feel greatly interested in their affairs, sharing their sorrows and feeling happy in their happiness. The background of the poem is fascinating in its own way. Contemporary life and the beauties of nature enter equally into its composition. The *Ramacharitamanasa* is a religious epic, and an atmosphere of piety and devotion broods over it from start to finish, yet it never loses the human touch, nor does it grow cold or exclusive in its appeal, as the great religious epic of Milton sometimes does. The scope of Tulasidasa's poetry is wide and it is capable of producing diverse effects. Yet the poet's claim to greatness is as a devotional poet. He articulated in his exquisite verses the genuine and intense feelings of his heart. Poetic composition was for him an act of prayer, a mode of worship. Consequently the *shanta rasa* provides the fundamental emotional pattern to his poems. The great achievement of Tulasidasa as a poet was that he succeeded in giving to his spiritual conviction and yearning an excellent artistic form.

In his little book *A Sketch of Hindi Literature* Greaves is at pains to prove that as a poet Shakespeare is greater than Tulasidasa. Comparisons are proverbially odious, but this comparison between Shakespeare and Tulasidasa is especially fantastic. Shakespeare wrote a number of secular plays and some poems. Tulasidasa composed a great religious epic and a number of shorter pieces all characterized by devotional fervour. The fact that Tulasidasa is an oriental poet is not a blemish and many who are equally conversant with Shakespeare and Tulasidasa would find it difficult to accept the assertion that the scope of Shakespeare's works is wider than that of Tulasidasa. A comparison between the *Ramacharitamanasa* and Milton's *Paradise Lost* is likely to be more fruitful, but, comparisons apart, it cannot be denied that Tulasi has definite claims to be considered among the greatest poets of all times and all countries. His immense popularity as well as his merits should give him this status.

R.L. HANDA

The *magnum opus* of Tulasidasa is *Ramacharitmanasa*. It is the life-story of Rama as narrated by Valmiki in his *Ramayana* with slight modifications. This great work reflects the poet's maturity and well-settled views on life and religion. The *Manasa* has been adjudged to be the best Hindi work with devotion as its theme and to be one of the best epics in any tongue anywhere. No other book has made such a deep impact on the minds of the people's lives and their socio-religous make-up these four hundred years. It presents Rama as an ideal man in all respects, as a son, as a brother, as a husband, as a friend, as a warrior and as a king. With all the uncommon virtues and qualities vested in him it would be logical to think that the hero of the *Manasa* is a divine or superhuman person. For Tulasidasa, Rama is an incarnation of God (Vishnu), pure and simple. The many anecdotes, turns and twists, ups and downs in the life-story of the hero lend substance to this central idea. On the rligious and philosophical plane, the story of the *Ramacharitamanasa* is flawless and is possessed of exceptional merits as a piece of literature. Indian and some foreign critics, too, think that there is a close parallel between the *Manasa* and Milton's *Paradise Lost*. For instance, H.C. Kala says:

Tulasi and Miltion had much in common, especially in their outlook on life. Both believed in a life with spirituality and truth as the dominant note. Both believed in an eternal struggle between good and evil, and in the ultimate triumph of good. Both wanted man to renounce greed and lust and lead a life of purity and piety. The two classics are similar in another way. Both draw on old classical tales for their theme and subject-matter. If Tulasi repeated the story of Rama and Ravana, Milton made use of the tale of Adam and Eve.
But the *Ramacharitamanasa*, in a way, steals a march over all other books of its type, not excluding, in the opinion of some bilingual scholars, even Milton's *Paradise Lost*. It is an immaculate combination of art and thought; it is devotion presented in a supremely aesthetic way. The language used is simple and effective; the choice of words shows a love for rhyme and rhythm. Very few in letters have couched high philosophical truths in as commonplace an idiom as Tulasi.

The *Manasa* is unique not only because of its literary merit and the form in which the story has been presented, but also because of the theme and the subject-matter of the story. It has been said that if one were to draw an ideal picture of any householder and of any of one's near relatives, it is impossible to improve upon the picture that Tulasidasa has drawn of all of these in different situations in the course of his story. Apart from Rama, the characterization of Bharata, Sita, Lakshmana and Kausalya is equally superb.

The language of the *Manasa* is elegant Avadhi. The selection of words and idioms, though simple and dignified, is in keeping with the theme and every situation in the story. In portraying human feelings and presenting a life-like picture of a given situation, Tulasidasa has no peer in Hindi. He has set a standard and reached a height in this respect which no subsequent writer of this theme has been able to surpass. It is for this reason that Grierson has described Tulasidasa as the 'greatest public leader of India after the Buddha'.

CHANDRA KUMARI HANDOO

No story of Rama is complete without a description of Ravana, the powerful king of Lanka, unscrupulous in his ways and bent upon the fulfilment of his ambitions and desires by fair means or foul. Though he was the villain of this drama, he was not without his own good qualities. He was so invincible that God had to incarnate Himself in the form of a man in order to kill him. A grandson of the sage Pulastya, he had an inheritance of learning and culture to his credit. Some people think that his title of *dasa-sisa*, or 'ten-headed one', was a tribute to his intelligence, but Pandit Ramchandra Dvivedi in his book on Tulasidasa explains the ten heads of Ravana in a different manner altogether. He says that Ravana had ten military commanders, who were known as 'the heads', and the army, divided into twenty units, was known as his 'arms'. Thus his strength consisted in his ten heads and twenty arms, or, in other words, it was centred in a well-equipped and trained army. In the battle with Rama, it is clearly stated that as soon as one 'head' was cut off another grew in its place and the 'arms' also were similarly replaced. Tulasi says that 'Many times the Lord destroyed the heads and arms (of Ravana) but immediately new ones appeared'. He says again, 'The heads all came forward together saying "Where is Rama?" and seeing them the monkeys ran (for their lives). Rama, the jewel of the Raghu family, laughed and wounded them with his arrows.' This last line in particular makes Pandit Dvivedi's explanation seem very plausible. As far as we are concerned, the very rationality and simplicity of the idea is convincing....

Ravana, known to be a great devotee of Shiva, composed a hymn in Sanskrit which is still recited by many. Martial music and power are inherent in the very sound of the words and the hymn for this reason is a reflection of the best qualities of Ravana himself. By reading it one can easily understand that the *Rakshasa* king, though wicked, had rare qualities of strength and courage. But his devotion to Shiva, however sincere, was grossly selfish and was used only towards the gaining of material ends.

Tulasi describes the tyranny of Ravana in the *Balakanda* of the *Manasa* in the following words:

As far as Brahma's creation of embodied beings existed,
All men and women were under the control of Ravana.
Through fear of him they carried out his orders
And humbly came to touch his feet every day.
Through his strength of arms he conquered the world,
He did not allow anyone to be free.
Though the jewel of all the important kings
Ravana ruled according to his caprice.

The one aim of the *Rakshasas*, according to Tulasidasa, was,

To strike at the root of *dharma*,
To act against the Vedic injunctions.
Wherever they found cattle and brahmins,
Hamlet, village or town they burnt.

No one respected the gods, *gurus* and brahmins,
There was no devotion, sacrifice, austerity or knowledge,
And *Vedas* and *Puranas* were not to be heard
Even in one's dreams.

Again, says Tulasi, 'The evil deeds of the *Rakshasas* could not be described, for can the sins of blood-thirsty people ever be limited? Those who coveted the wealth and wives of others, thieves, gamblers and the wicked increased in numbers. No one cared for the gods or for their parents and they (the *Rakshasas*) forced the sages to serve them.'

Thus thorough lawlessness prevailed under the rule of Ravana, but in many respects he is a typical man of our own age. Though unscrupulous and immoral, the appreciation of higher values that he occasionally showed gives a glimpse into the working of his mind and is of great interest to us who are also suffering from a conflict of ideas and ideologies. For instance, hearing of the death of his brothers, Khara and Dushana, in a battle with Rama and Lakshmana, he thinks to himself:

Amongst gods, men, *Rakshasas*, *Nagas* and birds,
No one can stand (the might of) my servants.
Khara and Dushana were as strong as I.
Who could have killed them except God Himself?
If He who gives happiness to the gods
Is born, to lighten the earth's burden,
Then I shall force the enmity of the Lord
And, dying with his arrow in my heart,
Will cross the ocean of birth and death.
This indolent body is incapable of prayer,
Hence in thought, word and deed (will I seek
The enmity of God), this is my determination.
If they are princes and mere human beings,
Defeating them in battle, I shall capture the wife.

But in practice his behaviour was very different:

> When the contemptible Ravana saw the deserted her-
> mitage He approached it in the garb of a hermit.
> He through fear of whom the gods and the *Rakshasas*
> Slept not at night nor ate by day,
> That same Ravana, fearful as a dog,
> Looked around on all sides like a thief.
> (Bhushundi says,) Thus, O king of birds,
> Those who follow the downward path
> Lose the strength of their bodies
> And their serenity and intelligence altogether.

When he revealed his identity to Sita, she spoke brave words, freely expressing her anger and scorn.

> Hearing her words, Ravana was angry,
> But in his heart he touched
> The dust of her feet and was happy.

This fundamental conflict, so clearly expressed in these lines, does not come to the fore again, and Tulasi speaks of him only as the wicked one, full of anger, arrogance and pride. Shiva also remarks to Parvati, 'O Uma, Ravana's pride is like that of the *tittiri* bird, which sleeps with its feet upwards and imagines that it is holding up the sky.'

> Ravana proudly says of himself to Angad:
> O thou who speakest foolish words!
> Hast thou never heard my name?
> The world-renowned warrior Ravana am I,
> Whose footsteps make the earth tremble
> Like a small boat (in water)
> Which a mad elephant tries to enter.

When Sita heard the news that fierce fighting was going on and that in spite of the destruction of his 'heads' and 'arms' Ravana still lived, she became anxious and wept. She confided her fears to Trijata, the only friendly companion she had amongst the women guards appointed by Ravana to keep a close watch over her.

> Trijata said, O Princess, listen:
> When an arrow pierces the heart
> Of the enemy of the gods,
> Death will surely overtake him.
> But knowing that Ravana's heart
> Is the place where Sita dwells
> The Lord does not aim at it.

> Wounded in the head and through pain
> His remembrance of you will be lost;
> Then Rama the wise will kill him
> With his arrow in Ravana's heart.

At last Rama aimed twenty-one arrows at Ravana, which looked like deadly snakes. Deprived of his arms and legs, his trunk was also cut into two. His body reeled and writhed with pain for a moment and he died. But the poet says, 'While dying he roared in a thunderous voice and said, "Where is Rama? I shall challenge him and kill him in battle."

Thus died Ravana, meeting his death in a manner befitting a brave warrior, but the world, already oppressed by his misdeeds, heaved a sigh of relief. His ignoble aims and overbearing ways had estranged the sympathy of his near and dear ones, and there was no one to lament his death. And what a reputation he has left to posterity! For thousands of years India has sung of his evil ways and has rejoiced again and again at his death. His name, now a word often used in common parlance, stands for the forces of evil. He is looked upon as the Satan of the Indian tradition. When on *Vijaya Dashami* day in North Indian towns a big effigy of Ravana is burnt, little children clap their hands in glee and a wave of happiness passes through the onlookers.

But let us look at the other side of the picture. In the strictly devotional tradition, Ravana is classed as a devotee—not one whom we should emulate but one who stormed his way into the very gates of heaven, as it were. In keeping with his dual nature, he seemed to have inherited a dual legacy and so, though blamed by man, he was yet liberated by God. His contumely was his just and well-deserved retribution for defying the moral law, and his deliverance was the reward for his enmity to Rama. Had he lived longer, his constant remembrance of Sita would have surely transformed his character here on earth.

The greatest liberality of thought is shown by the Hindu scriptures with regard to the possible approaches of the human soul to the attainment of God. Innumerable are the methods recognized by the sages of old. Love of God, they say, may be cultivated by looking upon Him not only as father, mother, son, brother or friend, but even as an enemy. The point they emphasize is that somehow or the other we have to keep our thoughts fixed on God, and this can be done by knowledge, dedicated activity or sustained and one-pointed emotion, be it love, anger, fear or hatred. Introspection was developed into a science and a most practical and verifiable one at that. The teachers of religion knew that once the search sets in, the divinity immanent in man would do the rest. In devotional language this is called the working of divine grace. All of us are mixtures of good and evil in various proportions, so the liberation of a confirmed sinner like Ravana cannot but bring hope to our weak hearts and strength to our faltering footsteps.

Another ancient example of Ravana's variety of devotion was that of Kansa who attained salvation by his enmity to Krishna. Knowing that Krishna was destined to kill him, he ever lived in fear of Him: The *Bhagavata* says, 'Sitting or standing, sleeping or awake, while eating or walking, Kansa's thoughts were centred on Him. In this way the whole world to him became full of Krishna.' That enmity to God brings its own reward is also confirmed by the *Manasa*. While the battle was in progress and the *Rakshasas* were dying every moment, Shiva said to Parvati:

O Uma! Rama is tender-hearted and kind.
The *Rakshasas* remember me with the attitude of an enemy.
Thinking thus in His heart, He gives them liberation.
Tell me, Bhavani, who can be as compassionate as He?

S. S. PRASAD

The radical quality of Tulsidasa's political tenets in the *Manasa* is discernible on two levels. First, he set himself free from the cultural and religious hegemony of orthodox Brahman intellectuals and identified himself with the toiling masses. To narrate Rama's legend he chose the dialogue form or 'sambad' and forged a unity with the oral tradition... The dialogue form facilitated recital and helped Tulasidasa to converse with the people and achieve a kind of tacit agreement with them. Moreover, the four dialogues establish Rama in the objectified and anthropomorphic world of interpersonal relationships and extend the possibilities of the *Manasa* to the art of drama. Tulasidasa well understood that the dialogue carries the drama, hence he enriched the folk form of *Ramalila* by utilizing verses from the *Manasa* as dialogues and reached and captivated the masses in Avadhi, the actual speech of the people, in its whole gamut of elocutionary potentialities in the various social contexts. Avadhi is much more than an incidental linguistic medium of the *Manasa*, it is the pivot of Tulasidasa's conceptual framework. Hence its selection and the code-switchings from Sanskrit to Avadhi in the text symbolize his social values and allegiance which governed the adoption of the linguistic norms of the peasantry. Tulasidasa reinforces his pro-people ideal of simplicity in poetic discourse by using proverbs and accentuating his totality of vision in the traditional context. Instead of individualizing him, the proverbs communalize him as the transmitter of collective wisdom. Thus very consciously and skilfully, Tulasidasa resolves the problems of narrative technique and style to propagate integral equality and social harmony, to arouse the people's conscience for dynamic resistance against autocratic feudal oppression.

The second level of Tulasidasa's political position is more explicit as it is rooted in his use of the structural principle of a binary contrast between Rama and Ravana, the two rulers symbolizing two sets of socio-political organizations. *Ramarajya*, in spite of theocentricity and a few contradictions, is a social utopia, a nostalgia for the past golden age of peace and plenty. The stylistic features utilized in the description of this ideal state lead to sympathetic identification on the part of the implied audience and reinforce authorial intention. On the other hand the portrayal of Ravana, the embodiment of all evils, is negative. The scathing attack on him by his sister Shurpanakha symbolizes the agony of the masses of Tulasi's age, which he calls the *Kaliyuga*. The critical outlook towards bureaucratic oppression, joblessness, unjust taxes and scarcity recurs in *Kavitavali* and *Dohavali*. Social welfare is neglected in Ravana's rule, hence it leads to an ironic distance and implicitly establishes the validity of a code of conduct to oppose it, under Rama's leadership, who is not only a divine protagonist but also a human being, a victim of mundane pains and pleasures. Through him Tulasidasa projects a positive norm for the ideal king on the basis of the Sanskrit tradition of Kautilya and others along with the Persian 'Adab' tradition as propagated by Khusro and Jayasi. Thus Tulasidasa impregnated the peasantry with political emotions and affirmed the potentiality of public opinion which led to solidarity and at critical junctures inspired mass action for self-preservation.

Under British colonialism the peasants were the worst sufferers. Therefore during the 1920's Baba Ramachandra organized Kisan Sabhas to fight the tyrannical Taluquedars in Oudh. Jawaharlal Nehru informs us that this peasant leader wandered about reciting the *Manasa*, the favourite book of the masses. His recitations and the use of appropriate quotations from the epic helped him in his political organization. He raised the slogan of *Sita Ram*, an old common cry, and gave it an almost war-like significance.

Tulasidasa was the favourite of Mahatma Gandhi also, and he once said to Mahadev Desai, "The *chandas* of Tulasidasa are sublime; I can never read Ayodhyakanda without tears," and always elaborated upon the lessons one should draw from the *Manasa*. Its critical and deep study shaped his political ideology and strategy. It made him familiar with the mental and emotional make-up of the rural community. Hence the 'peasant appeal of Gandhi' was also possible due to his use of the imagery of Tulsidasa's monumental epic so deep-rooted in the popular religion and consciousness of the North Indian rural masses.

Tulasidasa, a visionary social philosopher, achieved an immediacy of appeal by using the language of the people and utilizing images which reflect a whole community in a fused way. This accounts for the difficulty of translating the *Manasa*, a multidimensional work, into English, which has a totally different socio-cultural and linguistic network. The sound system, vocabulary, syntax, semantic implications, and supra-segmental features of Avadhi in the *Manasa* are rooted in a definite culture and world outlook. Therefore, Professor Ram Chandra Prasad asserts that most of the earlier English translations of the *Manasa* are peripheral and fail to transmit the different nuances of its message, as the translators were ignorant of the socio-cultural context of the poet, the text and the implied audience. Hill's translation is an improvement as compared to Growse's, but it too often overlooks the positive assertion of man's hope, meaningfulness and spiritual development which is the core of the *Manasa's* intended response. Therefore Professor Prasad was inspired to objectively interpret the work in its totality and evaluate the impact of the literal and oral traditions in its composition. This has enabled him to find out appropriate linguistic equivalents in English and to do justice to Tulasidasa's creativity . The project has been very satisfying psychologically. It has inspired Professor Prasad to understand and accept the value of commitment and humility, the two important ingredients of Tulasidasa's *bhakti*,

for the Indian intellectual to now shed his colonial hangovers and side with the exploited by submerging his individuality in the collective struggle for overcoming the antagonistic contradictions in our developing society:

Poets have said that the heart of a saint is as soft as butter, but they have missed the essential truth, for butter melts of its own heat, but the most holy saints melt at other's trials.

(Uttarakanda)

ii) European and American Criticisms

EDMOUR J. BABINEAU

The systematic comparison of the *Ramacharitamanasa* with the *Valmiki Ramayana* and the *Adhyatma Ramayana* warrants the conclusion that on the question of the relation between love of God and social duty, Tulasidasa consciously introduced new dimensions to the Ramayanic tradition of North India. While both the Valmiki *Ramayana* and the *Adhyatma Ramayana* maintained the "middle stream", neither had considered love of God as the predominent "message" of the Rama story. Neither had emphasized the tension between love of God and social duty. Neither had justified the desire of certain devotees to forsake social duty out of love for the Lord.

It also follows from the above analysis that the *Ramacharitamanasa* agrees with the *Bhagavad Gita* in preferring loving devotion as the easiest way to God, in considering one's appointed duties as a way of conforming to God's will, and in proposing the obligation to fulfil one's social duties as the general rule. However, contrary to the *Bhagavad Gita*, the *Ramacharitamanasa* provides justification for the exceptional devotees who, like Tulasidasa himself, considered spending their whole time in worship and praise of the Lord as a special calling.

On the other hand, Tulasidasa's closeness to the Puranic views on these same issues can now be affirmed on the basis of several elements common to both the *Bhagavata Purana* and the *Ramacharitamanasa*. Both consider love of God as the pre-eminent path leading to salvation. Both hold the view that the mere pursuit of social duty without love of God is meaningless. Both hold that the intensity of one's devotion does not necessarily entail the abolition of one's social and domestic duties. Both consider the will of the Lord as the ultimate criterion of man's actions, with the consequence that one's social duty is to be observed not as an end in itself, but because it is the mysterious will of God. Both consider with admiration certain devotees who, moved by an intense devotion to the Lord, neglect their duty to follow Him. There can be little doubt that in his *rifacimento* of the *Ramayana*, Tulasidasa had in mind the *Bhagavata Purana*, and that the influence of the latter is reflected in his attempt to integrate love of God and social duty. It may be affirmed, therefore, that Tulasidasa revived the middle stream by adopting a position better attuned to the temperament of his milieu, a position distinct not only from that of the *Valmiki Ramayana* but also from that of the *Bhagavad Gita*, both of which in other times and for different purposes had also reaffirmed the middle stream of orthodox theism. The subordination of social duty to love of God had become

a part of the Krishnaite doctrine with the spread of the *Bhagavata Purana*, and this doctrine had gained acceptance in North India, particularly under the influence of Vallabhacharya and Sur Das. Although there is no documentary evidence to prove it, it seems likely that the same doctrine had by the sixteenth century become accepted among Rama devotees.

It has also been shown, however, that the emergence of love of God as the preeminent salvific path does not entail, in the *Ramacharitamanasa*, any inherent incompatibility with the obligation to perform one's social duties. In fact, most of the subjects of Ayodhya are asked to perform their social duty at the cost of enduring physical separation from Rama. Such emphasis on sastric values, at a time when the influence of antinomian theism pervaded contemporary cultic trends, can be interpreted as the reaffirmation of the middle stream of orthodox theism. In a context where a growing number of devotees tended to oppose genuine love of God to the traditional paths expounded "in the *Vedas* and the *Puranas*", Tulasidasa maintains that respect for the traditional is certification that one's love of God is real and not illusory.

Thus, while he disagreed with the exclusivistic views of the "extreme" positions, namely Vedic orthodoxy and antinomian theism, Tulasidasa's marked sympathy for the devotional trends of his time favoured a rapprochement with his antinomian hearers, and his insistence on the fulfilment of social and domestic duties favoured a similar rapprochement with his orthodox listeners. In this respect, one could, with few alterations, say of Tulasidasa what R.S.D. Sen said of Valmiki himself:

> The old traditions and tales may get a new and up-to-date interpretation at the hands of the epic master, or otherwise undergo some change or modification in his poem as far as details are concerned, but it is the old story told again with greater eloquence, force and refinement than ever being interpreted in the light of contemporary thought. The more the poet forgets himself and loses himself in the life of the nation, the wider will be the circle of his admirers and the more lasting his performance.

Until the advent of Tulasidasa, it seems that no complete version of the *Ramayana* had attempted to apply to the Ramayanic tradition his approach to the problem of relating love of God and social duty. The fact that he was able to give enduring expression to such a change of approach without alienating himself from the admirers of the old epic bears witness to his special aptitude for acclaiming renovation without destroying tradition, for promoting change without sacrificing continuity.

F. E. KEAY

The story of Rama had been told long before by the Sanskrit poet Valmiki, who lived probably in the fourth century B.C., and it has been a frequent theme of Indian poets in the various languages of India. The *Ramayan* of Tulasidasa is not, however, a translation of that of his Sanskrit predecessor. The general outline of the story is the same, but there is a great deal of difference in treatment. It is only in the broadest outline that the two agree. Not only are there different episodes in each, but even in the main story the incidents are differently placed and often have quite a different complexion. The main difference, however, between the work of Valmiki and that of Tulasidasa is in their theological outlook. In books II to VI of Valmiki's poem Rama appears as a man and only a man, except in one passage which has been interpolated into the sixth book. The first book, in which Rama and his brothers are regarded as partial incarnations of Vishnu, is considered by scholars as a later addition. In the poem of Tulasidasa, however, Rama appears throughout as an incarnation of the Supreme God. The same theological position as that of Tulasidasa was also characteristic of a Sanskrit work by an unknown poet called the *Adhyatma Ramayan*, the date of which is not earlier than the fourteenth century A.D. It is not unlikely that it was this work which was the real precursor of Tulasidasa's *Ramayan*. Besides their theological attitude they have other points in common, but even a casual acquaintance with the two poems will make it clear that the work of Tulasidasa is far superior in poetic merit.

Tulasidasa was in line with that tendency of the *bhakti* movement...in using the vernacular for his great poem. But he knew he would meet with his critics, especially amongst the Sanskrit pandits, who would affect to despise his work as a concession to the uneducated multitude. There is quite a long passage in the introduction to the *Ramayan* in which he vindicates his style against the critics. 'My lot,' he writes, 'is low, my purpose high; but I am confident of one thing, that the good will be gratified to hear me though fools may laugh. The laughter of fools will be grateful to me—as they have no taste for poetry nor love for Rama. I am glad that they should laugh. If my homely speech and poor wit are fit subjects for laughter, let them laugh; it is no fault of mine. If they have no understanding of true devotion to the Lord, the tale will seem insipid enough; but to the true and orthodox worshippers of Hari and Hara the story of Raghubar will be sweet as honey.' The wonderful acceptance, however, which the poem of Tulasidasa has received has

been its greatest vindication. Amongst all classes of the Hindu community in North India, with the exception perhaps of a few Sanskrit pandits, it is today everywhere appreciated and venerated whether by rich or poor, old or young, learned or unlearned, and it has sometimes been called the Bible of the Hindu people of North India.

One most commendable feature of the *Ramayan* is its pure and lofty moral tone, in which it compares very favourably with the literature put forth by some of the devotees of Krishna. In one passage, which Tulasidasa has been explaining why he calls his poem the 'Lake (or "pond") of Rama's deeds,' he says, 'Sensual wretches are like the cranes and crows that have no part in such a pond nor ever come near it; for here are no prurient and seductive stories, like snails or frogs and scum on the water, and therefore the lustful crow and the greedy crane, if they do come, are disappointed.' This claim made by Tulasidasa was a just one, and it is this feature of his poem which has given it so much value in holding up a high moral ideal before its readers.

The dialect which Tulasidasa uses is the old Baiswari, or Avadhi, dialect of Eastern Hindi, and through his influence Ramaite poetry since his day has generally been in this dialect. He uses, however, many words from other dialects, especially from Braj Bhasha. His language abounds in colloquialisms, and Tulasidasa has little scruple in altering a word, or adopting a corrupt pronunciation, to make it fit into his metre or rhyme. Like other Indian poets, he makes use of many conventional similes and stereotyped phrases. The gem which is supposed to be in the serpent's head, and the mythical power of the swan to separate milk from the water with which it has been mixed, and his constant use of such phrases as 'lotus feet', are examples. But there are many other passages which show that Tulasidasa was a true observer and lover of nature. In one place he speaks of King Dasharath, in his great distress, writhing 'like a fish in the scour of a turbid river', a passage which, Mr. Growse tells us, puzzled commentators until someone discovered that this was a true phenomenon of nature. Tulasidasa's love of nature comes out in many such passages as the following, taken from the *Aranyakand*:

The Lord went on from there to the shore of the deep and beautiful lake called Pampa; its water as clear as the soul of the saints; with charming flights of steps on each of its four sides; where beasts of different kinds came as they listed, to drink of the flood, like crowds of beggars at a good man's gate. Under its cover of dense lotus leaves the water was as difficult to distinguish as is the unembodied supreme spirit under the veil of delusive phenomena. The happy fish were all in placid repose at the bottom of the deep pool, like the days of the righteous that are passed in peace. Lotuses of many colours displayed their flowers; there was a buzzing of garrulous bees, both honeymakers and bumblebees;

while swans and water fowl were so noisy you would think they had recognised the Lord and were telling His praises. The geese and cranes and other birds were so numerous that only seeing would be believing, no words could describe them. The delightful voice of so many beautiful birds seemed as an invitation to the wayfarers. The saints had built themselves a house near the lake, with magnificent forest-trees all round—the *champa*, and *malsari*, the *kadamb* and *tamala*, the *patala*, the *kathal*, the *dhak* and the mango. Every tree had put forth its new leaves and flowers and was resonant with swarms of bees. A delightful air, soft, cool and fragrant, was ever in delicious motion, and the cooing of the cuckoos was so pleasant to hear that a saint's meditation would be broken by it. The trees, laden with fruits, bowed low to the ground, like a generous soul whom every increase of fortune renders only more humble than before.

The story is divided into seven chapters, or *kands*, named respectively *Bal, Ayodhya, Aranya, Kishkindha, Sundar, Lanka*, and *Uttar*. Of these the second, which describes the scenes at Ayodhya that led up to Rama's banishment to the forest, is considered the best. The characters are consistently drawn, and many of the scenes are full of deep pathos. The grief of Dasharath, the filial piety, meekness, generosity and nobility of Rama, the wifely devotion of Sita, the courage and enthusiasm of Lakshmana, the unselfishness of Bharat, as the genius of Tulasidasa has described them, cannot but awaken a response in the heart of the reader.

The object which Tulasidasa had in mind, however, was not merely to tell in beautiful verse a wonderful story, but to use it as a vehicle for preaching the supreme value of the worship of Rama. Though Tulasidasa accepted, like other leaders of the Vaishnava movement, the pantheistic teaching of the Vedanta, it was tempered by belief in a personal God, whom he identified with the incarnation of Rama. His poem is a passionate appeal to men to devote themselves to the worship of this God. The theological digressions which Tulasidasa sometimes makes, and the frequent hymns he inserts, may be to some extent a drawback to the literary value of the *Ramayana*, but they are excused by the purpose which Tulasidasa had in view. In these hymns the powers of Tulasidasa as a poet are manifest, and even those who do not accept his religious ideas cannot but admire the spiritual earnestness which the hymns display....

The *Ramayana* is undoubtedly a great poem, worthy to rank amongst the great classical masterpieces of the world's literature. It is not indeed without its literary defects, and other Hindi poets, such as Sur Das, may have excelled Tulasidasa in the polish of their verse and their handling of metres. But the *Ramayana* of Tulasidasa will always hold its place as the work of a great literary genius. The importance of its influence, too, cannot be exaggerated. Tulasidasa founded no sect, and indeed added nothing to the theology of that school of Hinduism to which he belonged, but there is no doubt that the *Ramayana* has been the most potent factor in making Vaishnavism the accepted cult of that vast majority of Hindus in North India today.

FRANK WHALING

Tulasidasa, as it were, synthesises the two extremes represented by *Valmiki* and the *Adhyatma Ramayana*. He gives more importance than the *Adhyatma* to Rama's human level of significance as an example of dharma, of human relationships, of heroism, and of kingship. In this respect he goes back to *Val*. However, he does not abandon the concept of Rama's *nirguna* nature—he retains it but gives it less importance than the *Adhyatma* had done. He thus retains the emphases of *Val.*[1] upon Rama's *nirguna* level of representation but he integrates both into his own highest level of portrayal of Rama as devotional Lord. For Tulasidasa, Rama is not just a symbol of God who is the Lord of His devotees, He is God who is Lord of His devotees. The levels of Rama as human and as *nirguna* are symbols of Rama's highest level as Lord. *Val.*'s stress upon dharma (the thesis) and the *Adhyatma*'s stress upon *nirguna* Rama (the antithesis) are integrated in Tulasi's stress upon *bhakti* (the synthesis).

Historically, Tulasi's work fulfilled a deep need in the Rama community. The *Adhyatma Ramayana*'s Advaita tenets prevented it from becoming a popular work for the common man; a work on Rama was needed that would speak to the hearts of men and women in North India. Tulasidasa supplied that work and fulfilled the need. The Rama symbol that he portrays is an integral one. There is no discontinuity between the levels of portrayal within that symbol, and when one knows and serves Rama as devotional Lord the levels of Rama as human and *nirguna* are not seen to be illusory. A devotee of Rama reading Tulasi can use the human Rama as a model for his moral life without the feeling that this level of meaning may be illusory; he can order his understanding of the cosmos by reference to *nirguna* Rama without the feeling that the cosmos may be unreal; he may love his Lord Rama knowing that *bhakti* does not transcend but rather illumines and gives significance to the other areas of life; he knows that final salvation will not mean absorption into *nirguna* Rama but the consummation of his loving relationship to his Lord.

Theologically, Tulasidasa continues the process, begun in the *Adhyatma*, whereby Rama is seen to be higher than Vishnu. We see this in Tulasi's stress upon the Name of Rama; we see it also in Tulasi's assertions that Rama is Brahman whereas Vishnu is not. It may well be that Tulasi was influenced by Kabir and the Sant movement in their assertion that Rama was not an *avatara* of Vishnu. He does not go so far as to say this, but the direction of his thought

---

1. Valmiki

is clear. Tulasi uses the word Rama in the sense of God, and in this he fulfils the *Adhyatma* but differs theologically from the Christians. The usual comparison has been between Rama and Christ... but perhaps an apter comparison would be between Rama and the Christian God, for, in terms of Ramology, Rama is equivalent to God the Father, Son, and Holy Spirit.

We have traced the growth of the religious significance of Rama in North India historically, symbolically, and theologically. Do our findings have any wider significance? Could our approach to Rama be applied to other facets of Indian religious life? I offer one or two suggestions for future possibilities.

First, we have noticed that at each stage in the development of the Rama symbol, the old levels are not discarded but integrated into the ongoing Rama symbol. The unfolding of the Rama tradition may well be seen as a paradigm of the unfolding of Indian religious tradition. Old insights are not abandoned, they are integrated at a lower level into the ongoing tradition. They thus remain within the symbol waiting to be revalorized in the light of a later situation. An example of this revalorization occurs in the case of the concept of Ramarajya which played an important part in the thinking of some of the leaders of the Indian Independence movement. This ability to retain the old while accepting the new is an important feature of Indian religious life. It exemplifies the willingness to accept new elements, the openness, the ability to integrate the new and the old characteristic of religious man in India.

Second, the Rama symbol developed within the context of the Rama tradition. It was not something eternal in the heavens. It was taken, used, and appropriated by men. The Rama symbol is not real in abstraction, it is only real as it is made so by men. The name Rama occurs once in the Rigveda, though without any indication of which Rama is meant. So does the name Ikshvaku. Although the word Dasharatha is in the Rigveda, it cannot be adduced as evidence for the name of a man. It was not until Valmiki compiled his story (presumably from "floating literature" also used by the Buddhist Rama story and the *Drona* and *Shantiparva* sections of the Mahabharata) that the Rama symbol became a living reality. It was not until the concept of the *avataras* of Vishnu became important that the Rama *avatara* became part of the Rama symbol. It was only after Advaita philosophy became current in India that Rama as *nirguna* Brahman could become part of the Rama symbol. It was only with the rise of *bhakti*, the formation of the Ramanandins, and the sixteenth-century upsurge of devotion, that Tulasi's integral Rama symbol became possible.

And yet, while acknowledging that the Rama symbol was independent of man, we have found it useful to talk in terms of a Rama symbol with different levels of meaning. For, from the time that the *Ramayana* was compiled, Rama has functioned as a symbol in the life of religious men in India....

This concept of symbolical development involves four related ideas. In the first place there is the actual development of the symbol, and the opening up of deeper levels within it with the passage of time. Secondly, there is the analysis of the different levels of the symbol within each particular text. Thirdly, there is the awareness that at its deepest level the symbol ceases to be (for the author) a merely cognitive symbol; it becomes "real". For example, the author of the *Adhyatma Ramayana* conceived Rama to be symbol of dharma and Lordship, but at the highest level of *nirguna* Brahman he conceived Rama to be more than a symbol. Tulasidasa conceived Rama to be a symbol of humanity and *nirguna* Brahman, but at the highest level of a loving Lord he conceived Him to be more than a symbol. Although the lower levels of the symbol operate at the cognitive level, the highest level is beyond this outward knowledge. It is only open to a subject who is appropriated by the Lord or the Ultimate. Fourthly, the Rama symbol portrayed by each author will function for different people at different levels. Each person sees the level of the Rama symbol that is appropriate for his stage of development and spiritual maturity. Thus it is true to say that for most North Indians, if not most Indians, Rama has remained a symbol of dharma, human relationships, heroism and kingship; for others He has been a symbol of Brahman or a symbol of the loving Lord, but for others he has actually *been* Brahman or the loving Lord. It may well be that this concept of symbolical development and symbolical levels will illuminate other facets of Indian religious life.

P. A. BARANNIKOV

The character of the *Manasa*, like the personality of man, is multidimensional and that is the reason of its popularity.... As all the threads woven together make up the total strength of a rope, so the integrated power of the various facets of the *Manasa* accounts for its popularity. It cannot be said for certain whether the accepted religious beliefs, or the story of Rama, the explication of high philosophical thoughts and morality or artistic excellence is solely responsible for the popularity of the poem, although each one of these factors is extremely significant in its own way. It is, therefore, appropriate to consider the cumulative effect of the *Manasa* as the basis of its popularity. The moral dicta presented in an artistic form still reverberate in the voice of the semi-educated and illiterate masses of India. Simple exposition of serious moral issues supported by highly picturesque descriptions and emotional overtones is responsible for its wide appeal.

The happy combination of the poetic and moral qualities in the epic attracted vast numbers of admirers and the image of Tulasidasa was firmly engraven in the hearts of the people. It was indeed a rare coincidence. The poet and the devotee in Tulasidasa did not function in disjunction: they served as complements to each other, which is why the *Manasa* uniformly serves a dual purpose: the ethical and the artistic. Moral values and the art of expression have received equal attention from its composer. For him the primary object of poetry is the welfare of the people.

> "Fame, poetry and prosperity are effective indeed,
> Only when, like the River of Heaven, they lead to the welfare of all!"

But Tulasidasa is not satisfied with this. The capacity to do good will gratify the devotee but not the poet, because moral teaching is not his aim. Nobility of sentiment must be matched with artistic excellence. Therefore, apart from moral righteousness, poetry is measured on the touchstone of artistic skill. Poetry is addressed to the enlightened reader who is its real judge. If the sensible readers do not appreciate a work of art, it is a sheer waste of the poet's labour. Therefore, Tulasidasa prays before starting the composition of the *Manasa* that his work may be respected in the proper circles.

> Be pleased and give me a blessing,
> My work should win the esteem of the noble;
> A work not admired by the wise,
> Is a waste of time on the part of the poet.

Thus, the poet presents the two-fold standard of morality and art for poetry, and this was really a unique event in the literary world of that age. By setting such a sound standard for poetry, the poet expresses his opinion (in conformity with the tenets of poetics) that poetic talent cannot be acquired: it is God-given. Like devotion, it also depends on God's grace. If God is pleased, the Muse dances to the tune of the heartbeats of the poet like puppets dancing to the tune of the master:

> The Muse is like a puppet,
> Rama is like the master;
> In the heart of the poet favoured
> She dances in her full charms.

Poetic talent, therefore, is a gift of God. While expanding the metaphor of the Manasa, the pool, the poet hints at the creative process also. Poetry is the result of the combination of sentiments, intellect, and divine inspiration. When the feelings or emotions in the heart, coupled with the intellect, are infused with noble thoughts, by the grace of Sharada, then the pearl of poetry comes into being.

> The heart is like an ocean,
> And the intellect like the mother-pearl;
> Sharada is like Swati, so say the wise;
> When it pours the rain of beautiful thoughts,
> Poetry springs beautiful like a pearl.

The poet describes through a metaphor the mental process involved in poetic creation. It cannot be conceived through sensory organs; it requires a vision, an insight. When the poet dives deep, his mind becomes clear, his heart is filled with emotions, and the overflow from the creative mind assumes the form of poetry.

The source of this poetic flow is the reservoir full of the glorious deeds of Rama. Passing through the intellect, this water settles down in the deep recesses of the mind whence the poetic stream gushes out.

The probing intellect and the depth of heart receive equal importance. The poet believes that emotive and cognitive elements are both responsible for poetic creation. Sensitivity and sensibility combine to give poetry its prestigious place. Noble thoughts and the intellect are the bases, and their significant role is acknowledged without doubt, though the poet makes it clear that the mind is not opposed to the heart. The intellect is like a mother-pearl in the ocean of heart. The 'ocean of heart', with its depth and expanse, denotes the profundity and expansiveness of emotions....

Another element which has contributed to his success and popularity is...the poet's catholic vision or his sympathetic outlook or his humanitarian views. Though his portrayals are not realistic, he definitely had an eye for realism. His penetrating insight lays bare the deep, complex and dark recesses of the human heart, yet he does not mock at human nature but elevates it with a touch of compassion. In spite of a positive recognition of the illusory nature of the world, he gives a faithful representation of this so-called illusion and only then offers an advice to liberate oneself from it. Similarly, the poet has given a realistic picture of the misery and the miserable creatures of this world. They are also illusions, but he does not take them lightly or ignore them. The anomalies of real life, its misery, pain and torture are presented in a matter-of-fact way. The poet has also described vividly his own sufferings. These descriptions, with a stress on the factual experience, have the force of realism.... An example of this can be found in the poet's statement about the curses of poverty. "There is no misery greater than poverty". According to him, there are fourteen types of creatures who live like the dead and a poor man is one of them....

Besides his bias for realism, another feature of Tulasi's poetry is its universal character. The poet had an extensive as well as intensive experience of the complexities of life. He had passed through sorrows and joys. His circle of friends included beggars as well as kings and emperors; he had dealt with illiterate fools and scholars both...he had been to many places and had become familiar with different types of people. The essence of all this experience is reflected in his poetry. In his pictures of society people find glimpses of their own lives.... Thus realism, idealism, humanism and catholicity of vision (coupled with aesthetic merits, of course) established his image for all times to come in the hearts of the rich and the poor, the scholar and the ignoramus, the high and the low. His place is permanent and his popularity everlasting.[1]

J.L. BROCKINGTON

Although Tulsidasa was not the first to narrate the Rama story in Hindi, his version has become so much the standard that to many it is the Ramayana. His *Ramacharitamanasa*, 'Lake of the Deeds of Rama', was begun in 1574 at Ayodhya and finished after some considerable period at Varanasi; in addition, he wrote several other works covering greater or lesser parts of the Rama story. Tulasi repeatedly states that his doctrine derives from the Vedas and Puranas and often refers to Valmiki as the prime source for the Rama story. However, it is clear that he has borrowed extensively from the *Adhyatma Ramayana*, giving his work the same framework of a dialogue between Shiva and Parvati. Tulasi himself seems to have been a Ramanandin, which may well link with his following of the *Adhyatma Ramayana*. He is nevertheless fairly eclectic in his use of sources and is indebted also to the *Shiva* and *Bhagavata Puranas* the *Yogavasistha*, *Adbhuta* and *Bhushundi Ramayanas* and the Vaisnava dramas, the *Prasannaraghava* and the *Hanumannataka*.

The proportions of Tulasi's work are very different from Valmiki's. The Balakanda is the longest of the seven books and, with the Ayodhyakanda (which is only a little shorter), comprises about two-thirds of the total, whereas the Aranya, Kishkindha and Sundara kandas are much briefer. After a lengthy prologue, the Balakanda continues with the story, closely modelled on the *Shiva Purana*, of the meeting of Shiva and Sati with Rama as he searches for Sita, leading into the legend of Daksa's sacrifice and the marriage of Parvati taken from the same source, before the dialogue itself between Shiva and Parvati, which is derived through the *Adhyatma* or *Bhushundi Ramayanas* from the *Padma Purana*.

Then, one third of the way through the Balakanda, Tulasi moves on the Rama story proper with an account of the reasons for Vishnu's incarnation through the legends of Jaya and Vijaya, Jalandhara, Narada, Manu and Satarupa, and Pratapabhanu. The first of these develops the *Bhagavata Purana* story of Vishnu's doorkeepers, Jaya and Vijaya, becoming as the result of a curse the demons Hiranyaksa and Hiranyakashipu with their subsequent incarnation as Ravana and Kumbhakarna, thus further transforming the enemies of Rama into devotees. Jalandhara also is incarnate as Ravana intent on revenging himself on Vishnu, who in the form of this legend found in the *Padma Purana* seduces Jalandhara's wife in a mirror-image of Ravana's

seizure of Sita; the story had probably already been bowdlerized before reaching Tulasi.

As in the *Adhyatma*, the Earth in the form of a cow goes to Brahma but Vishnu then, as in the original, through the divided oblation takes birth Dasharatha's four sons. In his account of Rama's childhood and adolescence Tulasi follows the *Adhyatma*, itself modelled on the *Bhagavata Purana*, in assimilating Rama to Krishna, though with more discretion, just as he makes only a passing reference to the story of Ahalya. The description of Mithila on the arrival of Rama and Lakshmana with Vishvamitra is apparently based on that of Mathura in the *Bhagavata Purana* (10.41). Rama and Sita meet before the svayamvara, as in most of the dramas, among which Tulasi seems to have followed most closely the *Prasannaraghava*. The contest over the bow and Sita's svayamvara are described at length and, despite borrowings from the Rama dramas, in an original manner, which enhances the individuality of the participants. The episode of Parashurama, which the dramas link closely with the svayamvara, is narrated similarly by Tulasi. The Balakanda closes with the marriage celebrations, which as in the original are of all four brothers with Janaka's daughters and nieces, and the return to Ayodhya.

The Ayodhyakanda begins with the return of Rama and Sita to Ayodhya and ends with Bharata's return there after his visit to Rama in exile. Manthara's incitement of Kaikeyi is ascribed to her being the goddess Sarada (= Sarasvati), as in the *Adhyatma*. From the same source Tulasi takes his treatment of Lakshmana's discourse to Guha, and of the boatman's reluctance to ferry them over the Ganga; the latter, motivated by the story of Ahalya, in the *Adhyatma* more naturally follows that episode immediately, but occurs in this position also in the *Hanumannataka* (3.133-4). Between the visits to Bharadvaja and Valmiki, Tulasi gives a description of various encounters along the Yamuna into which is abruptly inserted the arrival of an ascetic devotee; this has plausibly been seen as in a sense autobiographical, for in his more personal *Vinayapatrika* Tulasi alludes to having visions of Rama. Valmiki gives a long discourse praising Rama and also affirming the divinity of Sita and Lakshmana in a way frequent in the *Adhyatma* but exceptional in the *Ramacharitamanasa*. The death of Dasharatha is narrated in a compressed manner, close to the original.

The second part of the Ayodhyakanda is taken up with Bharata's activities, to which Tulasi attaches exceptional importance and which he narrates with some novelty, though generally following Valmiki. Vasishtha's long speech of consolation to Bharata is based on the *Adhyatma* but Tulasi emphasizes Dasharatha's adherence to his caste duties and his sanctity as Rama's father. Tulasi has a further innovation in Sita's dream of Bharata's approach and then the news brought by the Kolas and Kiratas to Rama. Rama and Lakshmana greet Vasishtha, Guha and Dasharatha's queens, and Kaikeyi, full of remorse, is

1. Ashok Kalra (tr.), 'Tulasidasa: His Mind and Art' in Nagendra, *op. cit.*

forgiven by Rama. Rama multiplies himself in order to embrace all the citizens of Ayodhya and subsequently, when the Kolas and Kiratas provide a feast for them, Sita multiplies herself to serve her mothers-in-law with equal respect. Tulasi also removes the debate between Rama and Bharata where each seeks to persuade the other to rule; he suppresses the figure of Jabali, though mentioning him among those who soon take their leave, and adds Janaka, arriving from Mithila. The book ends in accord with the original with Bharata establishing himself and enthroning the sandals at Nandigrama. Indeed, by contrast with the other books, Tulasi seems often in the Ayodhyakanda to have based himself directly on Valmiki with relatively little indebtedness to the *Adhyatma*. Also, in this book Rama's deeds are attributed to himself and not to *maya* whereas in the rest of the poem they are called *lila* 'play, sport'.

The Aranyakanda opens with the subsequent events at Chitrakuta and Tulasi includes here (3.2.3) the episode of the crow molesting Sita found in the Sundarakanda of Valmiki (but in the fourth stage also added to the end of the Ayodhyakanda, to which this passage corresponds); the occurrence of Bhushundi as narrator indicates the immediate source of this episode as the *Bhushundi Ramayana*, as also of the condemnation of women added to the Shurpanakha episode (3.17.3) and the loss by Ravana of his glory (*tejas*) after seizing Sita (3.28.5). Tulasi's extremely concise account of the Viradha episode seems based on the *Adhyatma*, which he also follows in his narration of meetings with Atri, Shutiksna and Agastya, the story of the illusory Sita (and the return of the real Sita in the fire-ordeal), the meeting with Sabari and Rama's discourse to her on the nine types or stages of *bhakti*. However, in the battle with the fourteen thousand Rakshasas he borrows directly from Valmiki, from whom he presumably derives his narration of Rama's laments near lake Pampa, for the *Adhyatma* ignores them; from an unknown source he then adds the arrival of Narada and a discourse on the Name of Rama, a theme he greatly favours.

The Kishkindhakanda is very brief, but still contains a strong didactic element owed to the *Adhyatma* in the hymns of Sugriva and Valin to Rama and Rama's discourse to Tara. The descriptions of the Rains and of Autumn, though occurring in the same location as in Valmiki's Ramayana, in fact are modelled on the *Bhagavata Purana* (10.20). In the narrative, Tulasi follows the *Adhyatma* in making Svayamprabha, after helping the Vanaras, go to Rama, who grants her the gift of *bhakti*.

The Sundarkanda in its first part sees Hanuman particularly prominent. The narrative broadly follows Valmiki but with frequent borrowings from the dramas, especially the *Prasannaraghava*, as in the dialogue between Ravana and Sita overheard by Hanuman and in Sita's subsequent despair. An innovation is that in his search of Lanka Hanuman sees signs of Vaishnava worship and is thus led

to Vibhishana, with whom he has an edifying conversation.

In the Lankakanda, Rama erects a *linga* at the causeway as in the *Adhyatma*, but most of the battle preliminaries, which are particularly developed compared with the rest of the book, show the influence of the dramas. Thus, Mandodari's first efforts to dissuade Ravana from battle are based on the *Prasannaraghava* (7.27-74) and the *Hanumannataka* (8.498) and the description of Rama on mount Suvela on the *Prasannaraghava* (7.139.61); later the embassy of Angada to Ravana is based on the *Hanumannataka* (7.451.-88) and Trijata's informing Sita of Ravana's state during the final battle on the *Hanumannataka* (14.26). However, the shattering of Ravana's umbrella follows the *Adhyatma* and the ensuing discourse by Mandodari (*Mandodarigita*) is modelled on a passage of the *Bhagavata Purana*;... The incident where Hanuman, flying to collect the healing herbs, passes over Ayodhya and is nearly shot by Bharata, until he reveals his identity and narrates Rama's activities, is drawn from the fourth stage of the Ramayana... since it is omitted in the *Adhyatma*, which also lacks Garuda freeing Rama from the snake-arrows of Indrajit, taken therefore by Tulasi from the Ramayana (6.40). On the other hand the intervening episodes of Vibhishana's encounter with Kumbhakarna and Narada's prophecy follow the *Adhyatma*, as does the subsequent episode of Ravana's sacrifice.... The death of Ravana is followed by a series of *stutis*, hymns of praise to Rama, in which Tulasi models his work closely on the *Adhyatma*. However, he introduces an innovation into the return journey to Ayodhya with a visit to Guha also on the way, used to underline the grace of Rama even to the impure.

Tulasi postpones to the Uttarakanda the return to Ayodhya itself, the reunion with Bharata and the installation, which form the end of the Yuddhakanda of the original and of the *Adhyatma*. Then Bhushundi abruptly takes up the narration and the hymns of the gods and sages to Rama which he narrates to Garuda are doctrinally very different from the *Adhyatma* and obviously come from the *Bhushundi Ramayana*....

The second half of the Uttarakanda begins with Uma asking Shiva how a crow became a devotee of Rama, thus going back to the opening framework in the Balakanda. However, though nominally introducing the story of the Garuda and Bhushundi, Shiva in reality introduces another Ramayana narrated to Garuda by Bhushundi, who effectively becomes the narrator of the rest of the work; this is not just a resumé of the main work, for it omits certain episodes and gives others a greater importance. Although Bhushundi narrates the story of Rama, his main aim is to instruct Garuda about *maya* and salvation by devotion to Rama; thus it is very much theologically oriented. The prime source for this section is clearly the *Bhushundi Ramayana*, as it is for the other occasions on which Bhushundi intervenes as a narrator.

GEORGE GRIERSON

We now come to the greatest star in the firmament of medieval Indian poetry, Tulasidasa, the author of the well-known vernacular *Ramayana* which competes in authority with the Sanskrit work of Valmiki.

The importance of Tulasidasa in the history of India cannot be overrated. Putting the literary merits of his work out of the question, the fact of its universal acceptance by all classes from Bhagalpur to the Punjab and from the Himalaya to the Narmada, is surely worthy of note. "The book is in everyone's hands, from the court to the cottage, and is read or heard and appreciated alike by every class of the Hindu community, whether high or low, rich or poor, young or old." It has been inter-woven into the life, character, and speech of the Hindu population for more than three hundred years, and is not only loved and admired by them for its poetic beauty, but is reverenced by them as their scriptures. It is the Bible of a hundred millions of people, and is looked upon by them as much inspired as the Bible is considered inspired by the English clergyman. Pandits may talk of the Vedas and of the Upanishads, and a few may ever study them; others may say they pin their faith on the Puranas: but to the vast majority of the people of Hindustan, learned and unlearned alike, their sole norm of conduct is the so-called *Tulasi-krit Ramayana*. It is indeed fortunate for Hindustan that this is so, for it has saved the country from the tantric obscenities of Shaivism. Ramananda was the original saviour of Upper India from the fate which has befallen Bengal, but Tulasidasa was the great apostle who carried his doctrine east and west and made it an abiding faith.

The religion he preached was a simple and sublime one—a perfect faith in the name of God. But what is most remarkable in it, in an age of immorality, when the bonds of Hindu society were loosened and the Moghul empire being consolidated, was its stern morality in every sense of the world. Tulasi was the great preacher of one's duty towards one's neighbour. Valmiki praised Bharata's sense of duty, Lakshamana's brotherly affection, and Sita's wifely devotion, but Tulasi taught them as an example.

So, too, in an age of licence no book can be purer in tone than his *Ramayana*. He himself justly exclaims—"Here are no prurient and seductive stories, like snails, frogs, and scum on the pure water of Rama's legend, and therefore the lustful crow and the greedy cranes, if they do come, are disappointed." Other Vaishnava writers, who inculcated the worship of Krishna, too often debased their muse to a harlotry to attract their hearers; but Tulasidasa had a nobler trust in his countrymen, and that trust has been amply rewarded.

His most famous work is the Ramacharitamanasa, which he commenced to write in Ayodhya on Tuesday, the 9th Chaitra, Sambata 1631 (A.D. 1574-75). It is often incorrectly called the *Ramayana*, or the *Tulasî-krit Ramâyana*, or (alluding to its metre) the *Chaupai Ramayana*, but according to the forty-fourth *Chaupai* of the *Balakanda* of the poem, the above is its full and proper name. Two copies of this work are said to have existed in the poet's own handwriting. One of them, which was kept at Rajapur, has disappeared, all but the second book. The lenged is that the whole copy which existed was stolen, and that the thief being pursued flung the manuscript into the river Jamuna, whence only the second book was rescued. I have photographs of ten pages of this copy, and the marks of water are evident. The other copy exists in Malihabad, of which only one leaf is missing. I am in possession of an accurate literatim copy of so much of the Rajapur manuscript as exists. I have also a printed copy of the poem carefully compared with, and corrected from a manuscript in the possession of the Maharaja of Banaras, which was written in Sambat 1704 (A.D. 1647), or only about twenty-four years after the author's death.

Regarding Tulasidasa's style, he was a master of all varieties, from the simplest flowing narration to the most complex emblematic verses. He wrote always in the old Baiswari dialect, and, once the peculiarities of this are mastered, his *Ramacharitamanasa* is delightful and easy reading.

Regarding his poetic powers, I think it is difficult to speak too highly. His characters live and move with all the dignity of a heroic age. Dasharatha, the man of noble resolves which fate had doomed to be unfruitful; Rama, of lofty and unbending rectitude, well contrasted with his loving but impetuous brother Lakshamana; Sita, the perfect woman nobly planned, and Ravana, like Dasharatha, predestined to failure, but fighting with all his demon force against his fate, almost like Satan in Milton's epic, the protagonist of half the poem—all these are as vivid before my mind's eye as I write as any character in the whole range of English literature. Then what a tender devotion there is in Bharata's character, which by its sheer truth overcomes the false schemes of his mother Kaikeyi and her maid. His villains, too, are not one black picture. Each has his own character, and none is without his redeeming virtue.

For sustained and varied dramatic interest I suppose the *Ramacharitamanasa* is his best work; but there are fine passages in his other poems. What can be more charming than the description of Rama's babyhood and boyhood in the commencement of *Gitabali*, or the dainty touches of colour given to the conversation of the village women as they watch Rama, Lakshamana and Sita treading their dreary way during their exile. Again, what mastery of words is there in the *Sundarakanda* of the *Kavitavali* throughout the description of the burning of Lanka. We can hear the crackling of the flames and the crash of the falling houses, the turmoil and confusion amongst the men, and the cries of the helpless women as they shriek for water.

Still even Tulasidasa was not able to rise altogether

superior to the dense cloud which fashion has imposed upon Indian poetry. I must confess that his battle descriptions are often luridly repulsive, and sometimes overstep the border which separates the tragic from the ludicrous. To native minds these are the finest passages which he has written; but I do not think that the cultivated European can ever find much pleasure in them. He was hampered, too, by the necessity of representing Rama as an incarnation of Vishnu...

The reasons for the excellence of this great poet's work are not far to seek. The most important of all was the great modesty of the man. The preface to the *Ramacharitamanasa* is one of the most remarkable portions of the book. Kalidasa may begin his *Raghuvansha* with a comparison of himself to a dwarf, and of his power over language to a skiff on the boundless ocean; but from under his modest statement there gleams a consciousness of his own superiority. His modesty is evidently a mock one, and the poet is really saying to himself all the time, "I shall soon show my readers how learned I am, and what a command I have over all the nine *rasas*." But (and this is another reason for his superiority) Tulasi never wrote a line in which he did not himself believe heart and soul. He was full of his theme, the glory and love of his master; and so immeasurably above him did that glory and that love seem, that he was full of humility with regard to himself. As he expresses it: "My intellect is beggarly, while my ambition is imperial. May good people all pardon my presumption and listen to my childish babbling as a father and mother delight to hear the lisping prattle of their little one." Kalidasa took Rama as a peg on which to hang his graceful verses; but Tulasidasa wove wreaths of imperishable fragrance, and humbly laid them at the feet of the God whom he adored. One other point I would urge, which has, I believe, escaped the notice of even native students of the author. He is perhaps the only great Indian poet who took his similes direct from the book of Nature and not from his predecessors. He was so close an observer of concrete things that many of his truest and simplest passages are unintelligible to his commentators, who were nothing but learned men, and who went through the beautiful world around them with eyes blinded by their books. Shakespeare, we know, spoke of the white generation of the willow leaves in the water, and thus puzzled all his editors who said in their wisdom that willow leaves were green. It was, I think, Charles Lamb who thought of going to the river and seeing if Shakespeare was right, and who thereby swept away a cloud of proposed emendations. So, too, it has been reserved for Mr. Growse to point out that Tulasidasa knew far more about Nature than his commentators do.

W.D.P.HILL

For ordinary social purposes Tulasidasa, if not as exclusive

as Ramanuja and his disciples of the South, was as strict as the more liberal Ramananda. His first homage, after that due to his *guru*, is paid to the Brahmans (B.C.2), whom he is never tired of exalting as Gods on earth' (*bhusura*: A.C. 126). The greatest sin Kakabhushundi could commit was disrespect to a Brahman (U.D. 106ff). 'A Brahman is to be reverenced,' says Rama to Kabandha, even though he curses you and beats you and uses harsh words—so say the saints. A Brahman must be revered though he be devoid of goodness or virtue; but a Sudra never, however virtuous and learned' (Ar.C. 32). There are stories, too, such as that of Pratapabhanu in the *Balakanda*, which illustrate the irrevocable power of the Brahman's curse, and Brahman seers and sages throughout are greeted with the most profound reverence by the Ksatriya Rama and his brothers. Rama teaches his friends that the worship of the Brahmans' feet is the 'one deed of merit in the world' (U.C. 43). So also Kakabhushundi, in his lurid description of the iniquity rampant in the Kaliyuga, lays stress on the self-exaltation of the Sudra and the degradation of the Brahman and the general neglect of the rules of caste (U.C. 96ff.).

In contrast to this attitude is Tulasidasa's doctrine that all creatures in the world—men, women, outcastes, demons and even animals and unclean vultures—are eligible for final liberation if only they put their faith in Rama or even repeat the sacred Name at the time of death. 'Chandals, Savaras, Khasas, Yavanas, Kols and Kirats, ignorant and base though they be, by uttering the Name of Rama become wholly pure' (A.D. 194); and again, 'He saved the harlot, Ajamila, the huntsman, the vulture, the elephant and many another wicked wretch; an Abhir, too, a Yavana, a Kirat, a Khasa, a Chandal and all who are most defiled by sin are purified if they repeat but once the Name of Rama' (U.Ch. 14). If Rama and his brothers, and even Vasishtha, do not reverence the low-born Nisada Guha, at least they treat him with the utmost affection as a true *Rama-bhakta* (A.C. 196; A.C. 243ff.). Marica, Kumbhakarna and even Ravana, and all the demons slain by Rama's arrows, enter his realm; but their inclusion, and that of the elephant and the vulture, is hardly consistent with the doctrine that only those born in human form are eligible for release without undergoing further rebirth (U.C. 41ff; U.C. 116; cf. U.C. 84; U.C. 105).

Tulasi's attitude to women has often been criticized. He is able to draw the perfect pattern of womanhood, Sita, the faithful wife, whom Anasuya instructs in conjugal duty. Yet even Anasuya says that woman is 'inherently impure' and only wins to highest bliss if she serves her husband faithfully (Ar. S. 5). There are *bhaktas*, too, such as the low-caste Savari (Ar.C. 32ff) and the female ascetic who entertained Hanuman and his friends (K.D. 24ff). Kausalya is the perfect mother. But for the most part Tulasidasa appears to hold women in very low esteem. He himself makes, and puts into the mouths of his characters, the most derogatory remarks about them.

A woman, as such, is not worthy to hear the story of Rama (B.C. 110); woman, according to Narada, is all that is evil, 'a most dangerous and tormenting foe; a night, impenetrably dark, to bring delight to all the owls of sin; a hood to catch all the fish of sense and strength and goodness and truth', and he attributes his censure to the saints and the sacred books (Ar.D. 43ff). A young woman, says the poet, is like the flame of a lamp, and the soul of a moth (Ar.D. 46). A woman, says Ocean, is only fit for beating, like a drum, a village boor, a Shudra and a beast (S.C. 59). Ravana lists eight defects in a woman's nature—foolhardiness, falsity, fickleness, deceit, timidity, folly, impurity and cruelty (L.C. 16). Rama himself, when grieving over wounded Lakshmana, says the loss of a wife is no great matter compared with the loss of a brother (L.C. 61).

In short, even when allowance has been made for the fact that some of these scathing remarks are made by characters in the drama, Tulasidasa seems to relegate women to a very low place in the order of creation and to consider them innately sensual, born to tempt the male; but he admits the possibility of their final liberation if, like Sita, exceptional because divine, they devote themselves as *bhaktas* to *Rama* and fulfil their function as faithful wives. 'He for God only, she for God in him'. (See Ar.C. 4; A.C. 145).

GLOSSARY

(Important Proper Nouns and Epithets)

Abhira (आभीर) : Ahir, or cowherd

Aditi (अदिति) : daughter of Daksha, wife of Kashyapa. Devas are sons born to Kashyapa by Aditi and are therefore known as Adityas also

Agastya (अगस्त्य) : famous sage born in a water-jar, and was therefore called Kumbhaja, Ghatayoni, Ghatasambhava, etc.; descended from Vishnu in this order: Brahma-Marichi Kashyapa-Surya-Agastya

Agni (अग्नि) : god of fire, descended from Vishnu in this order: Vishnu-Brahma-Angiras-Brihaspati-Agni

Ahalya (अहल्या) : princess of the Puru dynasty; turned into stone by the curse of her husband, Gautama, after she was seduced by the god Indra

Ahiraja (अहिराज) : king of serpents, Sheshanaga

Aja (अज) : a king of the Solar dynasty; the unborn, i.e. Brahma; also used to mean Surya, Shiva, Vishnu, Shri Krishna and Bija (seed)

Ajamila (अजामिल) : a Brahman whose story is related in the Bhagavata as an example to illustrate that even the most wicked person can attain salvation. He married a beautiful Shudra woman, a harlot, and came to be regarded as a great sinner. When he was about to die, the sight of Death's messengers so terrified him that he called for his eldest son Narayana. Hearing him call on Narayana, Mahavishnu appeared there and dismissing the messengers of Death, took him to heaven

Akampana (अकंपन) : a mighty demon warrior, who brought Ravana the news of Khara's death

Akshaya (अक्षय) : Ravana's son slain by Hanuman

Amaravati (अमरावती) : the city of the god Indra

Ambarisha (अंबरीष) : a king of the Ikshvaku dynasty; early king of Ayodhya and ancestor of Rama

Ambika (अम्बिका) : Parvati

Anala (अनल) : Agni (Fire)

Ananga (अनंग) : 'bodiless,' an epithet of Kama, god of love

Ananta (अनंत) : Sheshanaga

Anasuya (अनसूया) : wife of the sage Atri, famous for her devotion and chastity. The power of her austerities enabled her to bring the sacred river Mandakini to flow by Chitrakuta

Angad (अंगद) : son of Bali, the Monkey King of Kishkindha; general in Sugriva's army

Apsara (अप्सरा) : celestial maidens or nymphs, known for their beauty. Valmiki and the Puranas trace their origin to the churning of the Ocean of Milk

Arimardana (अरिमर्दन) : son of king Satyaketu and brother of Pratapabhanu

Arundhati (अरुंधती) : wife of Vasishtha and a model of wifely excellence

Asamashara (असमशर) : Kamadeva, who has an odd number of arrows

Ashoka grove (अशोक वाटिका) : site of Sita's confinement in the city of Lanka

Ashvinikumara (अश्विनीकुमार) : Satya and Dasra, twin deities of the Vedic pantheon renowned for their beauty; celestial physicians of the gods

Atikaya (अतिकाय) : a demon warrior

Atri (अत्रि) : a great sage, one of the *manasputras* of Brahma and one of the *saptarshis* (seven seers), or stars of the Great Bear

Avadha (अवध) : Rama's capital, Ayodhya

Avanikumari (अवनिकुमारी) : epithet of Sita, daughter of Earth

Badarivana (बदरीवन) : Badrikashrama, a place of pilgrimage in Garhwal, on the west bank of the river Alakananda

Bali (बलि) : son of Virochana and grandson of Prahlada

Bali (बालि) : the Monkey King of Kishkindha, who drove out Sugriva, his brother, and was slain by Rama; son of Indra and father of Angad

Bhagiratha (भगीरथ) : son of Dilipa and great-great-grandson of Sagara. His severe austerities enabled him to bring the Ganga down from heaven to purify the ashes of the 60,000 sons of Sagara

Bhagirathi (भागीरथी) : epithet of the Ganga

Bhanupratapa (भानुप्रताप) : Pratapabhanu

Bharadvaja (भरद्वाज) : a sage who had his hermitage at Prayaga, where he listens to the story of Rama as recited by Yajnavalkya

Bharata (भरत) : Dasharath's second son by Kaikeyi

Bharati (भारती) : epithet of Saraswati

Bhava (भव) : epithet of Shiva

Bhavani (भवानी) : epithet of Parvati

Bhilla (fem. Bhillini) (भिल्ल, भिल्लिनी) : probably the modern Bhils, an aboriginal tribe inhabiting the Vindhya mountains, the forests of Malwa and Mewar and the regions to the north of Pune

Bhogavati (भोगवती) : Nagaloka or Patala, a city infested with serpents and guarded by them. Vasuki, the Serpent King, lives there

Bhrigu (भृगु) : a great Vedic seer, numbered among the *saptarshis*, or stars of the Great Bear; patriarch of the Bhargava family and an ancestor of Parashurama

Bhringi (भृंगी) : a great seer, known for his devotion to Shiva; a Maharshi with three legs

Bhushundi (भुशुंडि) : a dispassionate and large-hearted crow, who recounts his adventures in former lives to Garuda and repeats the story of Rama to resolve his doubts

Brahma (ब्रह्मा) : god who is the creator of the universe. According to the Puranas, Brahma creates, Vishnu preserves and Paramashiva (Shiva) destroys the universe. One of the *trimurtis* of the Hindu pantheon who is regarded as the Grandfather of all living creatures

Brahmani (ब्रह्माणी) : epithet of Sarasvati

Chandrama (चन्द्रमा) : a seer who imparted spiritual knowledge to Sampati and advised Jatayu to help Rama's scouts to find Sita

Chaturanana (चतुरानन) : an epithet of Brahma, who is four-faced

Chiranjivi (चिरंजीवी) : the sage Markandeya (मार्कण्डेय)

Chitraketu (चित्रकेतु) : an emperor who remained childless for a long time, though he had a thousand wives. At last, by the blessing of the seer Angira, "one of them bore him a son; but when the child was a year old, they all conspired together and poisoned it. The king was weeping sorely with the dead child in his arms, when Narada came and after much persuasion consented to restore it to life. It at once sat up and began to speak, saying that in former state of existence it had been a king, who had retired from the world into a hermitage. There one day a woman in charity gave him a cake of fuel, which he put on the fire without perceiving that there were in it a thousand little ants. These innocent creatures all perished in the flames, but were born again in a more exalted position as Chitraketu's wives; while the woman who gave the fuel, and the hermit who used it, became the mother and the child, whom inexorable fate had thus punished for their former sinful inadvertence. After finishing this explanation the child again fell back dead, and Chitraketu, giving up all hope of an heir, abandoned the throne and began a course of penance."—F.S. Growse

Chitrakuta (चित्रकूट) : hill where Rama, Sita and Lakshamana first live during their exile

Dadhichi (दधीचि) : a renowned Vedic rishi. According to a story related in the Mahabharata, the diamond weapon of Indra was made of a bone of Dadhichi

Dadhimukha (दधिमुख) : a monkey in Rama's army

Daksha (दक्ष) : one of the ten mind-born sons of Brahma; he is said to have had many daughters. On account of his annoyance at an insult offered to him by Shiva, he did not invite him to the sacrifice. Though Daksha, it is said, bade his many sons multiply the race, Narada persuaded them not to do so. Daksha therefore pronounced a curse upon Narada, that he should always be a homeless wanderer on the face of the earth

Dakshasuta (दक्षसुता) : an epithet of Parvati, as Sati, daughter of Daksha

Danavas (दानव) : a class of demons descended from Danu

Dandaka (दण्डक) : the extensive forest, lying between the Vindhya range and the Godavari, where Rama, Sita and Lakshmana spent part of their exile

Danujari (दनुजारि) : enemy of the sons of Danu, one of Daksha's daughters; an epithet of Vishnu. One hundred sons were born to Danu, and from these sons ten families of *danavas* (asuras, demons) arose

Dasharath (दशरथ) : Rama's father and king of Ayodhya

Devahuti (देवाहूति) : daughter of Svayambhuva Manu and Shatarupa, wife of Kardama and mother of Kapila, who founded the Sankhya school of Indian philosophy

Dhanada, Dhanesha (धनद, धनेश) : epithets of Kubera, god of wealth

Dharmaruchi (धर्मरुचि) : Pratapabhanu's minister, reborn as Vibhishana

Dhenumati (धेनुमति) : the river Gomati

Dhruva (ध्रुव) : son of Uttanapada and grandson of Svayambhuva Manu. Dhruva's step-mother, Suruchi, treated him with contempt, forcing him to renounce his claim to the throne. He joined a company of hermits and undertook a rigid course of austerities. Moved with compassion, Vishnu raised him to the skies as the pole-star, declaring that he would live in a lofty place as a star till the end of the *kalpa* (aeon) along with his mother, Suniti, who would be an eternal star near Shiva

Dhumaketu (धूमकेतु) : a demon warrior in Ravana's army

Diti (दिति) : Daksha's daughter and mother of the demons known as *daityas*, two of whom were Hiranyaksha, whom Vishnu slew as the Boar, and Hiranyakashipu, whom he slew as Narasimha

Dundubhi (दुंदुभि) : a huge and dreadful demon, father of Mayavi, whom Bali slew in a cavern and hurled his blood-spattered body some miles away. Rama kicked the corpse of the demon to demonstrate his strength to Sugriva

Durga (दुर्गा) : the consort of Shiva. As Durga she was a most powerful warrior, and appeared on earth under many names, for the destruction of the demons who were obnoxious to gods and men

Durmukha (दुर्मुख) : a demon warrior in Ravana's army

Durvasa (दुर्वासा) : a sage, famous for his irascible temper. King Ambarisha was a devout worshipper of Vishnu and thereby excited the jealousy of the sage Durvasa, the most intolerant of all the adherents of Shiva. On some trivial pretext he cursed the king who at once fell senseless to the ground, but Vishnu was ready at hand to succour his faithful follower and sent his fiery discus upon Durvasa, which chased him all over the world and up into heaven, where the gods dwell, but nothing could be done for him till he went back and humbly begged pardon of Ambarisha

Dushana (दूषण) : a demon; brother of Ravana, who with Khara and Trishira and an army of 14,000 demons attacked Rama after Shurpanakha's ears and nose had been cut off. The demon and his formidable army were routed and slain by Rama

Dvivida (द्विविद) : a monkey warrior in Rama's army

Gaadhi (गाधि) : son of Kushanabha and father of Vishvamitra

Gada (गद) : a monkey warrior in Rama's army

Gadhisuta, Gadhitanaya (गाधिसुत, गाधितनय) : son of Gaadhi, Vishvamitra

Galava (गालव) : a pupil of Vishvamitra. When he had completed his studies, he asked his tutor what fee he ought to pay. He was told there was no fee. However, he still persisted in asking, till at last Vishvamitra was annoyed and, to get rid of him, said he would be satisfied with nothing less than a thousand black-eared horses. After a long search and many inquiries Galava discovered three childless rajas who had each 200 horses of the kind that he required, and they agreed to let him have them, but only on this condition, that he got each of them a son. Galava then went to Yayati, whose daughter had the miraculous gift of bearing a son for any one she wished, and yet herself remaining a virgin. By her means each of the three kings became a father. The 600 horses were made over to Galava, and he presented them to Vishvamitra, who as an equivalent for the other 400 horses, wanting to make up the thousand, had himself two sons by the same mysterious bride

Gananayaka, Ganapa, Ganapati, Ganarau (गणनायक, गणप, गणपति, गणराऊ) : all epithets of Ganesha (गणेश)

Gandharva (गंधर्व) : a class of semi-divine beings known for their musical abilities. According to the epics, they dwell in Amaravati and attend the banquets of Indra and the gods

Ganga (गंगा) : the chief of the sacred streams of India, whose waters are said to have the power of cleansing from all past, present and future sins. Ganga is believed to be divine, and the account of her birth and appearance on earth forms an interesting episode in Valmiki's *Ramayana*. She is personified as the daughter of Mt. Himalaya and sister of Parvati. She appeared first at Bindusaras, when Bhagiratha induced her to come to earth to baptise the bones of Sagara's sons, since till that was done these sons could not attain to heaven. She is called 'daughter of Jahnu', Jahnusuta and Jahnavi, and 'daughter of Bhagiratha', by adoption, though her true patronymic is not Bhagirathi but Himavati, as she is the daughter of the Himalaya mountain. Her title among the gods is Alakananda, and as she is regarded as identified with other streams so she is identified with Pushpodaka Vaitarni

Ganesha (गणेश) : the Hindu god of Prudence and Policy and the reputed eldest son of Shiva and Parvati. He is represented with an elephant's head — an emblem of sagacity — and is frequently attended by, or is riding upon, a rat. All sacrifices and religious ceremonies, all serious compositions in writing, and all worldly affairs of importance are begun with an invocation to Ganesha. According to the legend, the gods were disputing among themselves as to which of them should be accounted the greatest. To settle the matter Brahma proposed that they all should race round the world. They started accordingly, each on the animal which he most delighted to ride; and Ganesha being mounted, as was his custom, on nothing better than a rat, was of course soon left far behind. In his distress the sage Narada appeared to him and suggested that he should write the word Rama in the dust and pace round that, for in it was virtually included all creation. This he did, and returned to Brahma, who at once awarded him the prize.

Garuda (गरुड़) : name of the king of the birds. Brother of Sumati, Sagara's younger wife. Vishnu's mount. According to E.W. Hopkins, Garuda "is brother of Aruna, the foregoer of the Sun-god, and may have been originally a form of the sun (as bird)....He is the egg-born son of Vinata, hatched after a thousand years.... Garuda is always son of Kashyapa, and an Aditya, though called Vainateya from his mother, swift as wind or thought, and especially distinguished as a rending, tearing, snake-devouring monster. As king of the birds he is called Khagesha, Khagapati, etc.; as Vishnu's mount, Hariyana; and as the enemy and devourer of snakes, Uragari, Pannagari, Uragada, etc.

Gauri (गौरी) : Parvati

Gautama (गौतम) : a sage, husband of Ahalya and father of Shatananda

Gaya (गया) : a sacred city in Bihar, chiefly famous for the Bodhi tree under which Buddha attained enlightenment and as a place where *shraddha* must be performed to secure the liberation of ancestors

Ghananada (घननाद) : Meghanada (मेघनाद)

Ghatasambhava, (घटसम्भव) **Ghatayoni** (घटयोनि) : Agastya (अगस्त्य)

Gira (गिरा) : Sarasvati

Girija, Girinandini (गिरिजा, गिरिनन्दिनी) : Parvati (पार्वती)

Godavari (गोदावरी) : a river rising near Nasik and flowing into the Bay of Bengal

Gomati (गोमती) : a tributary of the Ganga

Govinda (गोविन्द) : (Gam vindat) a common title for Vishnu as Krishna. Vishnu is the boar-form of Govinda. Krishna got this name because he saved the people and cows of Ambadi by lifting up the Govardhana mountain and using it as an umbrella

Guha (गुह) : king of the Nishadas and lord of Shringavera; an ally of Rama, who helps him during his exile

Haladhara, or Balarama (हलधर, बलराम) : Krishna's elder brother, brought up with him by Yashoda, their foster-mother

Hanuman (हनुमान्) : son of Vayu, the 'life of the world' (wind as breath); Rama's monkey companion who aids in the finding of Sita and the destruction of the demon king Ravana; plays a most conspicuous part in Rama's expedition in search of Sita. He is called indifferently Pavanasuta, Pavanakumara, Pavanatanaya, Marutasuta, Samirakumara, Vatajata and Prabhanjanajaya

Hara (हर) : epithet of Shiva

Hari (हरि) : Vishnu

Harishchandra (हरिश्चन्द्र) : son of Trishanku; was king of Ayodhya and the twenty-eighth in descent from Ikshvaku, the founder of the Solar dynasty. "In order to satisfy the claims of Vishvamitra who wanted to make trial of his integrity, he sold his kingdom and all that he had, together with his wife Satyavati and his only son, and hired himself out as the servant of a man who kept a burning ghat. Whenever a corpse was brought, he had to take the fee and make it over to his master. One day a woman brought her dead child and he recognized them as his own wife and son. She had no money and he was so zealous in his employer's interests that he would not allow the body to be burnt till the regular fee was paid. As the only way to satisfy his demand, she was stripping off the one poor rag that covered her nakedness, when the gods interposed and restored the king to his throne and all his former prosperity." (F.S. Growse)

Hariyana (हरियान) : Vishnu's mount, Garuda (गरुड़)

Hatakalochana (हाटकलोचन) : Hiranyaksha (हिरण्याक्ष)

Himachala, Himagiri, Himavan (हिमाचल, हिमगिरि, हिमवान) : variants of Himalaya; name of a mountain range and king of the mountains. He has two daughters: Uma, the wife of Shiva, and the river Ganga

Himashailasuta (हिमशैलसुता) : Parvati

Hiranyakashipu (हिरण्यकशिपु) : a demon (*daitya*). He had a son named Prahlada, who was a very devout worshipper of Vishnu, whom his father hated most intensely. The demon was put to death by Vishnu in the form of the man-lion. In the Bhagavata we are told that Prahlada had said that Vishnu was in him, in his father; in fact, was everywhere. "Hiranyakashipu says, 'Why, if Vishnu is everywhere, is he not visible in this pillar?' Being told that Vishnu, though unseen, was really present there, he struck the pillar, saying, 'Then I will kill him.' Immediately Vishnu, in the form of a being half-man and half-lion, came forth from the pillar, laid hold of Hiranyakashipu by the thighs with his teeth, and tore him up the middle...." He is mentioned in Balakanda 79 as one was ruined by Narada's advice. When his wife, Kayadhu, was with child, Narada came and instructed her in spiritual wisdom. His words were heard by Prahlada, still in the womb, and caused him to become a votary of Vishnu. The son's devotion to the Lord brought about Hiranyakashipu's downfall

Hiranyaksha (हिरण्याक्ष) : Hiranyakashipu's brother who, in a former birth, was a doorkeeper of Vishnu's palace. He having refused admission to a number of ascetics, so enraged them that they cursed him; in consequence of this he was re-born as a son of Diti. When he dragged the earth down to the lower regions, Vishnu was seen by this demon in the act of raising it. Hiranyaksha claimed the earth, and defying Vishnu, they fought, and the demon was slain

Hulasi (हुलसी) : said to be the mother of Tulasidasa

Indira (इन्दिरा) : Lakshmi

Indra (इन्द्र) : king of the gods; leader of their hosts against the *asuras*; the god of the firmament, in whose hands are the thunder and the lightning; at whose command the refreshing showers fall to render the earth fruitful. "To the poetic minds of the Vedic age," says W.J. Wilkins, "the clouds that the winds brought from the ocean were enemies who held their treasures in their fast embrace until, conquered by Indra, they were forced to pour them upon the parched soil." Sensual and lascivious, he seduced Ahalya and was cursed by her husband, Gautama, Indra in consequence lost his manhood, and Ahalya was doomed to live for many years invisible in a forest, until Rama should come to restore her to her former state. One result of this sin of Indra was the fact that he was defeated and carried off to Lanka by Meghanada, Ravana's son. His wife is Indrani, or Sachi, and one of his sons Jayanta. Some of Indra's names are Sunasira, Shakra (powerful), Maghavan (or Maghava, rich and benevolent), Pakaripu (enemy of Paka, a demon, whom he slew), Purandara (destroyer of cities) and Suresha (king of the gods)

Indrajit (इन्द्रजित) : epithet of Meghanada, son of Ravana

Isha, Ishvara (ईश, ईश्वर) : God, the term is rather freely used for Vishnu, Krishna and others, especially for Shiva

Jalacharaketu (जलचरकेतु) : Love (Kamadeva)

Jalandhara (जलंधर) : a mighty and valiant demon who fought with Indra for the possession of Amaravati. Shiva, who espoused Indra's cause, could not overcome him because his wife, Vrinda, never ceased to worship Brahma. So Vishnu transformed himself into a Brahman, built a hermitage near that of Jalandhara where Vrinda was staying while her husband was fighting with the gods. Then taking the form of Jalandhara, Vishnu approached Vrinda, who at once ceased to pray, as a result of which Jalandhara fell down dead. Before burning herself on her husband's pyre, she cursed Vishnu that he, too, would suffer a similar fate

Jambavan (जाम्बवान) : the old and wise king of the bears; also called Richcharaja, Richchesha and Richchapati. He rendered help to Rama in his battle with Ravana

Janaka (जनक) : lord of Mithila and the father of Sita, who arose from the furrow when Janaka was ploughing the ground in preparation for a sacrifice; also called Videha (the Bodiless) from the name of his kingdom

Janakasuta, Janakatanaya, Janaki (जनकसुता, जनकतनया, जानकी): all epithets of Sita, daughter of Janaka and wife of Rama

Jatayu (जटायु) : a vulture, son of Aruna and brother of Sampati

Javali (जाबालि) : a friend of Dasharath and a philosopher. His name is included among those present at the meeting between Rama and Bharata (Ayodhyakanda 319)

Jaya (जय) : brother of Vijaya. They were Vishnu's doorkeepers, who refused admittance to Sanaka and his brethren. Sanaka cursed them, causing them to be born three times as demons

Jayanta (जयन्त) : Indra's son, who assumed the form of a crow and pecked Sita's foot

Jhashaketu (झषकेतु) : Love, or Kamadeva

Kabandha (कबंध) : name of a *rakshasa* slain by Rama in the forest. When at his request Rama burnt his body, he came out of the fire in his original beauty and rose to heaven after counselling Rama as to the conduct of the war against Ravana

Kadru (कद्रू) : mother of Shesha and other serpents, and sister of Surasa. Kadru and Vinata were the two wives of Kashyapa. They were disputing one day about the colour of the horses of the sun, Vinata insisting that it was white and Kadru that it was black. It was agreed that whichever of the two was proved to be in the wrong should become the servant of the other. Kadru then contrived to fasten one of her black snakes on to the horse's back and Vinata, taking it to be the animal's real tail, admitted herself defeated

Kaikeya, or Kekaya (कैकेय, केकय) : a land said to have been in the Punjab, of which Satyaketu was king. Kaikeyi was the daughter of Ashvapati, a later king of the country, and it was to Kaikeya that Bharata had gone to visit Yudhajit, his maternal uncle

Kaikeyi (कैकेयी) : younger wife of Dasharath and mother of Bharata

Kailasa (कैलास) : mountain peak in the Himalayas where Shiva and Parvati are traditionally said to reside. Kubera, the lord of wealth, is also said to reside there

Kaitabha (कैटभ) : a demon. Both Kaitabha and Madhu sprang from Vishnu's ear while he slept. At the sight of Brahma lying on the lotus that sprang from Vishnu's navel, they were about to kill him, when Vishnu awoke and slew them

Kakabhushundi (काकभुशुण्डि, भुशुण्डि) : Bhushundi, q.v.

Kala (काल) : time incarnate, name of the god of death

Kalaketu (कालकेतु) : a demon who led Pratapabhanu astray in the form of a boar; described by the poet as a master of countless devious wiles. He had had a hundred sons and ten brothers, very wicked, invincible, and a torment to the gods; but they were all slain in battle by Pratapabhanu. The wretch, nursing this old quarrel, combined with the false hermit king in devising a plot for the destruction of his enemy (see Balakanda 156ff)

Kalanemi (कालनेमि) : the demon uncle of Ravana who deceiv-ed Hanuman in the guise of a hermit, but Hanuman kill-ed him

Kalika (कालिका) : name of Parvati in her terrible form

Kamadeva (कामदेव) : god of love, husband of Rati; also called Mara (destroyer), Kandarpa (how haughty, or inflamer of the chief of gods), Madana (intoxicating with desire), Manmatha (mind-churning), Manobhava, Manoja, Manasija (mind-born), Jhashaketu, Varicharaketu, Jalacharaketu (he on whose banner is the fish), Asamashara (he who carries an odd number of arrows) and Mayana

Kamala (कमला) : Lakshmi

Kamalapati (कमलापति) : Vishnu

Kamari, Kamaripu (कामारि, कामरिपु) : Shiva, foe of Kama, who he destroyed with the fire of his (third) eye

Kandarpa (कंदर्प) : epithet of Kama

Kapila (कपिल) : a sage who burnt the sixty thousand sons of Sagara for disturbing his penances

Kardama (कर्दम) : father of Kapila; a Prajapati sprung from Brahma; married Devahuti, daughter of Svayambhuva Manu

Karmanasha (कर्मनाशा) : a river, supposed to have been form-ed from the spittle of Trishanku; a tributary of the Ganga which is said to destroy all accumulated merit when touched

Karttikeya (कार्तिकेय) : god of war and generalissimo of the ar-mies of the gods, though called the younger son of Shiva and Parvati, according to most of the Puranic legends. Brahma is said to have arranged for his birth in answer to the prayers of the gods for a competent leader of their forces. Since he was fostered by the Pleiades (Krittika), he is called Karttikeya and is en-dowed with six heads to suck their six breasts. He has three other popular names : Shadanana, Shadvadana and Shanmukha (six-faced)

Kashi (काशी) : the modern Banaras, a sacred city on the Ganga. The poet spent the latter part of his life here, thus helping to perpetuate the age-old belief that those who die at Kashi win liberation and are taught by Shiva himself the power of the name of Rama

Kashypa (कश्यप) : name of a famous Vedic seer, husband of Diti and Aditi; one of the *saptarshis*, the stars of the Great Bear. In the Tretayuga he and Aditi were born as Dasharath and Kausalya

Kausalya (कौसल्या) : senior wife of Dasharath, mother of Rama

Kaushika (कौशिक) : grandson of Kushika, generally used in reference to Vishvamitra

Kesari (केसरि) : a monkey warrior

Ketu (केतु) : see Rahu

Khara (खर) : brother of Ravana and Shurpanakha. He was slain by Rama when he attempted to avenge Shur-panakha's mutilation

Kharari (खरारि) : Vishnu

Khasha (खश) : a tribe identified with the Khasiyas of Garhwal and the regions to the north of it

kinnaras (किन्नर) : mythical creatures with the head of a horse and a human body; the *kinnara* women are famed for their beauty

Kirata (किरात) : foresters living in the mountains of the east; hunters who served Rama in the forest

Kola (कोल) : name of an aboriginal tribe, dwelling in the forests of central India and speaking a language of the *Munda* family

Kosala (कोसल) : name of Dasharath's kingdom whose capital was Ayodhya situated on the river Sarayu

Krishna (कृष्ण) : (Sanskrit, *Krishna*; Hindi form Kanha): the 'dark one' who as the incarnation of Vishnu plays a leading role in the *Mahabharata*. Also referred to as Shyama, dark, and as Nanda's son. Shiva promised Rati that her husband, Kamadeva, whom he had reduced to ashes, would be born again as Krishna's son, Pradyumna

Krishnu(कृष्णु) : the god of fire (Agni) of the Rigveda

Kubera (कुबेर) : god of wealth, son of Vishravas and step-brother of Ravana. Kubera is the king of the *yakshas* and the *kinnaras*

Kulisharada (कुलिशरद) : a demon in Ravana's army

Kumbhaja (कुम्भज) : see Agastya

Kumbhakarna (कुम्भकर्ण) : a demon, the brother of Ravana, known for his insatiable appetite. Brahma caused him to sleep for six months continuously and remain awake for one day only to satisfy his hunger

Kumukha (कुमुख) : a demon warrior

Kusha (कुश) : one of the twin sons of Rama and Sita (see also Lava)

Kushaketu, Kushadhvaja (कुशकेतु, कुशध्वज) : Janaka's younger brother. His two daughters, Màndavi and Shrutakirti, marry Bharata and Shatrughna, respectively

Lakshmana (लक्ष्मण) : the younger brother of Rama, and twin brother of Shatrughna. He is Rama's constant companion and is frequently spoken of as an incarnation of Sheshanaga or Ananta

Lakshmi (लक्ष्मी) : the consort of Vishnu, whose incarnation Sita is considered to be. Lakshmi is popularly regarded as the goddess of wealth and fortune, whence she is known as Shri. She was one of the eighteen precious objects that sprang from the oceean when it was churned. Specially worshipped during the festivals of Divali and Dhanaterasa, Lakshmi is also called Indira, Rama and Shri

Lanka (लंका, लङ्का) : name of the island of Ceylon and of its capital city, the seat of the demon Ravana; location of Sita's confinement

Lankini (लंकिनी) : a female demon who was overthrown by Hanuman

Lava (लव) : one of the twin sons of Rama and Sita

Lomasha (लोमश) : name of a Rishi (seer) who taught the doctrine of the impersonal Absolute. When Bhushundi refused to accept this doctrine, the seer turned him into a crow

Madana (मदन) : epithet of Kamadeva, the god of love

Madanari (मदनारि) : Shiva

Madhava (माधव) : Vishnu, who is worshipped under this name at Prayaga

Madhu (मधु) : name of a demon slain by Vishnu, who is therefore called Madhusudana

Madhuvana (मधुवन) : literally the 'honey grove', is here the name of a garden or grove raided by the monkeys as they return to Rama with news of Sita

Magadh (मगध) : Bihar, regarded as impure compared with Kashi and Gaya

Maghavan, Maghava (मघवान, मघवा) : Indra

Mahadeva, Mahesha (महादेव, महेश) : Shiva

Mahishesha (महिषेश) : lord of the buffalo. (a) Yama, who rides on a buffalo; (b) Mahishasura, a demon who looked like a buffalo

Mahodara (महोदर) : a demon warrior in Ravana's army

Maina (मैना) : wife of Himalaya

Mainaka (मैनाक) : name of a mountain, said to be son of Himalaya and Menaka. All mountains, it is said, had wings in the Kritayuga, but Indra shot them off. Helped by the wind, Mainaka hid in the depths of the ocean, where his duty is to guard the demons in prison.

Malava (मालव) : Malwa, a fertile region in central India, contrasted with barren Marwar

Malaya (मलय) : a mountain range in Malabar, abounding in sandal trees

Malyavan (माल्यवान) : a demon minister and kinsman of Ravana

Manasa (मानस) : lake on Mt. Kailasa created by Brahma; the Sarayu river flows from it

Manasija (मनसिज) : Kamadeva

Mandakini (मंदाकिनी) : a tributary of the Payasvini, flowing by Chitrakuta. It was brought there by Atri's wife, Anasuya.

Mandara (मंदर) : the mountain which the gods employed in their churning of the ocean, sometimes located in eastern India near Bhagalpur

Mandavi (मांडवी) : elder daughter of Kushadhvaja, cousin of Sita and wife of Bharata

Mandodari (मंदोदरी) : wife of the demon Ravana, daughter of the demon Maya, whence she is also referred to as Mayanandini

Manmatha, Manobhava, Manoja (मंमथ, मनोभव, मनोज) : all epithets of Kama, the god of love

Manojanashavan, Manojari (मनोजनशावन, मनोजरि) : Shiva

Manthara (मंथरा) : Kaikeyi's humpbacked handmaid

Manu (मनु) : traditionally considered the father of the human race and first man; he is the legendary founder of the Ikshvaku dynasty; also a name given to fourteen progenitors of mankind and rulers of the earth, each of

Valmiki (वाल्मीकि) : sage and composer of the *Ramayana*

Vamadeva (वामदेव) : a seer at Dasharath's court

Vana (वाण) : the eldest son of Bali, a friend of Shiva and an enemy of Vishnu. This thousand-armed *daitya* was overthrown by Krishna

Vani (वाणी) : Sarasvati

Varicharaketu (वारिचरकेतु) : Kamadeva

Varidanada (वारिदनाद) : Meghanada

Varuna (वरुण) : god of the ocean; a Vedic deity, often associated with Mitra

Vasishtha (वसिष्ठ) : Dasharath's family preceptor; reckoned among the *saptarshis* and the Prajapatis

Vasudeva (वासुदेव) : Vishnu

Vatajata (वातजात) : Hanuman

Vedashira (वेदशिरा) : son of Markandeya and progenitor of the Bhargava Brahmans

Vena (वेण) : mentioned in the poem (*see* Ayodhyakanda 228) as an example of inordinate pride

Veni (वेणी) : Triveni, the confluence at Prayaga of the Ganga, Jamuna and underground Sarasvati

Vibhishana (विभीषण) : a *rakshasa*, brother of Ravana. He joins Rama's army and, after the defeat of the demon troops and the death of his brother, is installed by Rama as king of Lanka

Videha (विदेह) : Janaka's kingdom, now north Bihar, of which Mithila was the capital; epithet of Janaka

Videhakumari (विदेहकुमारी) : Sita

Vidhata (विधाता) : Brahma the Creator; Providence

Vidhatri (विधात्री) : Sarasvati

Vidhi (विधि) : Brahma

Vidhuntuda (विधुंतुद) : Rahu, the tormentor of the moon

Vijaya (विजय) : *see* Jaya

Vikatasya (विकटास्य) : a monkey warrior in Rama's army

Vinata (विनता) : mother of Garuda

Vinayaka (विनायक) : Ganesha

Vindhyachala (विंध्याचल) : a mountain range running through central India

Virabhadra (वीरभद्र) : a monstrous being created from Shiva's mouth; *see* Balakanda 65

Viradha (विराध) : a demon, who, having attempted to abduct Sita, is slain by Rama just before he reached Sharabhanga's hermitage

Viranchi (विरंचि) : Brahma

Vishnu (विष्णु) : one of the three main gods of the Hindu 'trinity,' along with Brahma and Shiva; incarnates himself on earth in the form of Rama in order to kill the demon Ravana. Of his innumerable incarnations, ten are regarded as principal: (1) Matsya, or incarnation as a fish, (2) Kurma, or incarnation as a tortoise, (3) Varaha, or incarnation as a boar, (4) Narasimha, or incarnation as a man-lion, (5) Vamana, or incarnation as a dwarf, (6) Parashurama, or Rama with the axe, (7) Rama, the hero of this as well as of many other epics, (8) Krishna, of the *Mahabharata* and the *Gita* fame, (9) Gautama Buddha and (10) Kali. The first four of these *avataras* took place in the Kritayuga, the fifth, sixth and seventh in the Treta. Krishna is said to be a complete *avatara* of Vishnu, while other incarnations are believed to be partial. Hindus have adopted Buddha as an incarnation of Vishnu, who, it is said, has appeared in this form to encourage heresy and thus to bring about the destruction of the wicked. The tenth incarnation is yet to take place. Vishnu is expected to incarnate himself once again at the close of the Kaliyuga

Vishvamitra (विश्वामित्र) : an important sage, who serves as teacher to Rama. Originally a kshatriya, he becomes a Brahman through his severe austerities. Being the son of Kushika, he is called Kaushika; as Gaadhi's son, he is called Gadhisuna or Gadhitanaya

Vishvamohani (विश्वमोहनी) : Created for Narada's humiliation, she is the princess of Vishnu's magic city and daughter of Shilanidhi. She is said to be "so beautiful that even Lakshmi would be put to the blush, and by Hari's delusive power was in every way so exquisite that no words could describe her". *See* Balakanda 130

Vishvanatha (विश्वनाथ) : epithet of Shiva

Vrihaspati (वृहस्पति) : a seer, regent of the planet Jupiter, and father of Bharadvaja. He is the family priest of the gods and a deity in the Vedas who intercedes with gods on behalf of men and protects mankind from the wicked. There is a popular legend that Vrihaspati, the *guru* of the gods, on one occasion when he returned from his bath in the Ganga, found his wife in the embraces of Soma, the Moon-god. He was not able to seize the adulterer, but threw his dripping bathing robe at him and hit him in the face, thus causing the spots that are still to be seen there.

Vrishaketu (वृषकेतु) : Shiva

Vyasa (व्यास) : son of Parashara and Satyavati, also called Krishna Dvaipayana, father of Dhritarashtra and Pandu; as Vedavyasa, he is said to have arranged the Vedas and compiled the *Mahabharata*, laid the foundation of the Vedanta philosophy and edited the Puranas. The word 'vyasa', however, means 'arranger' or 'editor'

Yadu (यदु) : son of Yayti of the Lunar race and founder of the Yadava line to which Krishna belonged

Yajnavalkya (याज्ञवल्क्य) : a sage, who is believed to have written the *White Yajurveda*, the *Satapatha Brahmana*, the *Brihadaranyaka* and a code of law. He had two wives, Maitreyi and Katyayani, and appears in the *Manasa* as reciting the story of Rama to Bharadvaja

Yama (यम) : a terrible deity, called in this poem Shamana and Mahishesha. He "is described as dressed in blood-red garments, with a crown on his head and a noose in his hand, with which he binds the spirit after drawing it from the body, in size about the measure of a man's thumb. He rides on a buffalo."

Yamuna (यमुना) : Jamuna, a river that rises in the Himalayas and joins the Ganga at Prayaga. As daughter of the sun, she is called in this poem Ravitanuja and Ravinandini

Yashoda (यशोदा) : Nanda's wife and foster-mother of Krishna

Yavana (यवन) : Mentioned in this poem as one whom Rama in his compassion forgave and saved, though the word 'yavana' is applied to a Greek, or Ionian

Yayati (ययाति) : Nahusha's son and fifth king of the Lunar race. Of his five sons, Yadu founded the Yadava line and Puru the Paurava. His infidelity to Devayani so enraged her father that he cursed him with old age and decrepitude, but he was allowed to transfer it to a son, if one would consent to such an exchange. Puru consenting, Yayati then spent a thousand years in sensual pleasures. At the end of this period he restored his youth to Puru and became a hermit. As a reward for his austerities and sacrifices, he was exalted to heaven, where Indra met him, ceremoniously conducted him to the throne, and then craftily drew him out to speak of all the meritorious acts he had done. The more he boasted, the more his virtue evaporated till at last he was left without any merit at all. The gods then turned him out of heaven.